Fromm/Nordemann

Urheberrecht

Urheberrecht

Kommentar
zum Urheberrechtsgesetz
und zum Urheberrechtswahrnehmungsgesetz

mit den Texten der Urheberrechtsgesetze
der früheren DDR, Österreichs und der Schweiz

begründet von
Friedrich Karl Fromm und Wilhelm Nordemann

fortgeführt von

Prof. Dr. Wilhelm Nordemann

Dr. Kai Vinck

Prof. Dr. Paul W. Hertin

Rechtsanwälte in Berlin

8., überarbeitete und ergänzte Auflage

1994
Verlag W. Kohlhammer
Stuttgart Berlin Köln

Die Deutsche Bibliothek – CIP-Einheitsaufnahme

Nordemann, Wilhelm:
Urheberrecht : Kommentar zum Urheberrechtsgesetz und zum Urheberrechtswahrnehmungsgesetz ; mit den Texten der Urheberrechtsgesetze der früheren DDR, Österreichs und der Schweiz / fortgef. von Wilhelm Nordemann ; Kai Vinck ; Paul W. Hertin. Begr. von Friedrich Karl Fromm und Wilhelm Nordemann. – 8., überarb. und erg. Aufl. –
Stuttgart ; Berlin ; Köln : Kohlhammer, 1994
(Kohlhammer-Kommentare)

ISBN 3-17-012677-6
NE: Vinck, Kai:; Hertin, Paul W.:; Fromm, Friedrich Karl [Begr.]

Verlagsort: Stuttgart
Gesamtherstellung: W. Kohlhammer Druckerei GmbH + Co.
Stuttgart
Printed in Germany

Vorwort

Das vorliegende Erläuterungswerk ist aus der Praxis für die Praxis geschrieben. Es soll nicht nur dem Fachjuristen, sondern auch dem rechtlich interessierten Laien den täglichen Umgang mit dem Urheberrecht erleichtern und ihm eine rasche Orientierung ermöglichen. Deshalb haben wir auf eine Erörterung der theoretischen Grundlagen des Urheberrechts und die Darstellung seiner geschichtlichen Entwicklung verzichtet und statt dessen versucht, die Wirklichkeit des künstlerischen Schaffens in Beispielen und literarischen Exkursen hinter der zwar schützenden, aber doch gläsern spröden Fassade des Rechts immer wieder sichtbar werden zu lassen. Um den Kommentar auch für den Nichtjuristen lesbar zu machen, haben wir dort, wo im Gesetz oder in den Erläuterungen auf allgemeines Recht zu verweisen war, uns zumeist nicht mit dem Zitat der einschlägigen Vorschriften begnügt, sondern kurz erläutert, worum es sich handelt. Die Kommentierung der Einzelbestimmungen enthält ferner vielfach einen Hinweis auf das frühere Recht, um die Rechtsentwicklung deutlich zu machen.

Wir haben uns bemüht, die Rechtsprechung zum Urheber- und Leistungsschutzrecht seit 1945 lückenlos zu verarbeiten. Dafür haben wir im Interesse der Übersichtlichkeit und Kürze auf das Zitat älterer Entscheidungen weitgehend verzichtet. Sie sind nur dort genannt, wo ihnen noch heute richtungweisende Bedeutung zukommt, weil Urteile aus neuerer Zeit zum gleichen Problemkreis nicht vorliegen. Aus dem gleichen Grunde enthält unsere Darstellung nur vereinzelt einen Hinweis auf Lehrmeinungen aus der Zeit vor dem Zusammenbruch. Jüngeres Schrifttum wird genannt, soweit es sich um Einzeldarstellungen zu Spezialfragen oder darum handelt, Zahl und Gewicht der verschiedenen Meinungen bei Streitfragen zu verdeutlichen.

Das Sachregister war bis zur 2. Auflage von dem inzwischen verstorbenen Oberregierungsrat i. R. Dr. phil. Wilhelm Nordemann, Lüneburg, betreut worden. Wir haben seine Arbeit fortgeführt. Es wurde so umfassend wie möglich gestaltet. Die meisten Begriffe erscheinen unter mehreren Stichworten, um Laien wie nicht spezialisierten Juristen das Zurechtfinden zu erleichtern. Es enthält zugleich ein Register der zitierten Autoren und der besonderen Namen, mit denen im Urheberrecht die Entscheidungen der Obergerichte gekennzeichnet zu werden pflegen.

Die 7. Auflage berücksichtigte Rechtsprechung und Schrifttum bis zum 1. 12. 1987 und die Novelle 1985, leider jedoch noch nicht den Kommentar von Schricker, der erst einige Monate später erschien. Der Kommentarteil war an vielen Stellen überarbeitet, zum Teil neu gefaßt worden. In einzelnen – jeweils besonders kenntlich gemachten – Fällen hatten wir uns schon in früheren Auflagen besserer Einsicht gebeugt und unsere Meinung geändert. Auch diesmal ist das so (z. B. § 5 Bem. 4 – Karten –; § 97 Bem. 26 – Aufbrauchsfrist –; vor § 31 Bem. 28 – Frist bei Kündigungserklärungen –). Ganz neu gefaßt sind die Einleitung, die einleitenden Darstellungen zum

Urheberpersönlichkeitsrecht (vor § 12), zum Urhebervertragsrecht (vor § 31) und zum Schutz des ausübenden Künstlers (vor § 73); den §§ 120ff. ist eine Einführung in das internationale Urheberrecht neu vorangestellt.

Die vorliegende 8. Auflage erscheint zu einem eigentlich wenig glücklichen Zeitpunkt: Die – verspätete – Umsetzung der sog. Computer-Richtlinie der Europäischen Gemeinschaft durch die §§ 69aff., die am 24. 6. 1993 in Kraft getreten sind, ließ nur eine vorläufige Kommentierung zu, weil praktische Erfahrungen noch nicht vorliegen. Die Neufassung der §§ 54ff., die durch die Abschaffung der Binnengrenzen im Europäischen Markt zum 1. 1. 1993 nötig wurde, haben wir überhaupt nur mit dem Text des Referentenentwurfs berücksichtigen können, weil mit ihrer Verabschiedung erst im Herbst 1993 zu rechnen ist; der Text ist im Anhang I 10 abgedruckt. Für die sog. Vermiet- und Verleihrichtlinie der Europäischen Gemeinschaft (Anhang III 2), die bis zum 1. 7. 1994 umgesetzt sein soll, gibt es bisher noch keine Vorlage. Vor dem Ende der gegenwärtigen Legislaturperiode sollte ferner mit einer Änderung der Vergütungssätze der Anlage zu § 54 und mit weiteren kleinen Änderungen zu rechnen sein, etwa in § 105 Abs. 4, sobald die geplante Simultanzulassung der Rechtsanwälte bei allen Landgerichten verwirklicht wird. Aber nach fünfeinhalb Jahren schien uns das Bedürfnis der Benutzer dieses Buches vorrangig zu sein, wieder über einen Kommentar verfügen zu können, der die seither entstandene Rechtsprechung und Literatur ebenso berücksichtigt wie die Wiedervereinigung und die internationale, insbesondere die europäische Entwicklung.

Seit der zweiten Auflage enthält der Anhang auch die Urheberrechtsgesetze Österreichs und der Schweiz, deren neues URG am 1. 7. 1993 in Kraft getreten ist. Auch das Urheberrechtsgesetz der bisherigen DDR haben wir noch einmal abgedruckt, weil es für Verträge, die unter seiner Geltung abgeschlossen wurden, noch von Bedeutung ist. Wir wollen damit eine Orientierungshilfe im Urheberrecht des gesamten deutschen Sprachraums bieten. Um dem Leser wenigstens einen Überblick zu ermöglichen, war bisher in der Einleitung ein Fundstellennachweis der in der Bundesrepublik erschienenen Literatur zum ausländischen Urheberrecht enthalten. Er ist mittlerweile so umfangreich geworden, daß wir ihn dem Abkürzungs- und Literaturverzeichnis angefügt haben.

Die mehrseitigen internationalen Abkommen, an denen die Bundesrepublik Deutschland beteiligt ist, waren früher im Anhang III wiedergegeben. Nachdem wir sie inzwischen gesondert kommentiert haben (Nordemann/Vinck/Hertin, Internationales Urheberrecht und Leistungsschutzrecht der deutschsprachigen Staaten, Düsseldorf 1977, franz. Ausgabe Brüssel 1982, englische – aktualisierte – Ausgabe Weinheim 1990), verzichten wir seither auf ihren Abdruck. Im Anhang sind ferner die für das Urheberrecht relevanten Bestimmungen des Einigungsvertrages und der Gesetze abgedruckt, mit denen das Urheberrechtsgesetz geändert wurde, ferner die VO über die Urheberrolle, die SchiedsstellenVO und die §§ 22, 23 und 33 KUG (Recht am eigenen Bild).

Die Satelliten- und die Schutzdauer-Richtlinien der EG sind erst unmittelbar vor der Drucklegung dieser Auflage verabschiedet worden. Wir haben die Texte noch mit aufnehmen können (Anh. V 3 und 4).

Das – nochmals um mehr als 400 Stichwörter erweiterte – Register mit jetzt rund 2900 Stichwörtern findet seit der 7. Auflage seine Ergänzung durch ein Verzeichnis der Parallelfundstellen urheberrechtlicher Entscheidungen, dessen Erstfassung wir Herrn Dr. Joachim Lübbert verdanken; Herr Prof. Dr. Artur Wandtke hat es für die vorliegende Auflage aktualisiert. Im Interesse der Kürze wird in der vorliegenden Auflage, soweit möglich, allein nach BGHZ bzw. GRUR zitiert. Parallelfundstellen in den anderen wichtigen Zeitschriften wie ZUM und NJW lassen sich über das Fundstellenverzeichnis leicht ermitteln.

Druckfehler werden sich leider nie ganz ausmerzen lassen, obwohl wir sie auch diesmal mit Akribie zu vermeiden gesucht haben. Wir sind unseren Lesern dankbar, wenn sie uns auf solche Fehler hinweisen.

Berlin, im Oktober 1993

Wilhelm Nordemann
Kai Vinck
Paul W. Hertin

Inhaltsverzeichnis

Gesetz über die Wahrnehmung von Urheberrechten und verwandten Schutzrechten

(Urheberrechtswahrnehmungsgesetz) v. 9. September 1965

Anhang I: *Ergänzende Vorschriften*

Anhang II: *Ehemalige Deutsche Demokratische Republik: Gesetz über das Urheberrecht vom 13. September 1965*

Anhang III: *Österreichisches Urheberrecht*

Anhang IV: *Schweizerisches Urheberrecht*

Anhang V: *Europäische Gemeinschaften*

Anhang VI: *Fundstellenverzeichnisse*

Abkürzungs- und Literaturverzeichnis

a. A.	anderer Ansicht
a. a. O.	am angegebenen Ort
Abb.	Abbildung
AcP	Archiv für die civilistische Praxis
ÄndG	Änderungsgesetz (Novelle)
AfP	Archiv für Presserecht
AGBG	Gesetz zur Regelung des Rechts der Allgemeinen Geschäftsbedingungen (AGB-Gesetz) vom 9. Dezember 1976 (BGBl. I 3317)
Ahlberg	Rechtsverhältnis zwischen Komponisten und Textdichter, Diss. Hamburg 1968
Ahrens	Wettbewerbsverfahrensrecht, Köln/Berlin/Bonn/München 1983
AktG	Aktiengesetz vom 6. September 1965 (BGBl. I 1089)
Allfeld	Das Urheberrecht an Werken der Literatur und der Tonkunst, 2. Aufl., München 1928
allg. M.	allgemeine Meinung
Altenpohl	Der urheberrechtliche Schutz von Forschungsresultaten, Bern 1987
a. M.	anderer Meinung
AP	Arbeitsrechtliche Praxis, Nachschlagewerk des Bundesarbeitsgerichts
Anm.	Anmerkung
ArbGG	Arbeitsgerichtsgesetz vom 3. September 1953 (BGBl. I 1267) in der Fassung vom 2. Juli 1979 (BGBl. I 853, berichtigt 1036)
Arends	Das Urhebervertragsrecht der DDR, Berliner Hochschulschriften zum gewerblichen Rechtsschutz und Urheberrecht, Band 14, Frankfurt/Berlin/Bern/New York 1990
Arquint	Schutz des Slogans, Basel 1958
Aufl.	Auflage
BAG	Bundesarbeitsgericht
BAGE	Amtliche Sammlung von Entscheidungen des Bundesarbeitsgerichts
BAnz	Bundesanzeiger
Bappert/Maunz/Schricker	Verlagsrecht, Kommentar zum Gesetz über das Verlagsrecht vom 19. Juni 1901, 2. Aufl., München 1984
Bappert/Wagner	Rechtsfragen des Buchhandels, 2. Aufl., Frankfurt 1958, zit. Bappert/Wagner, Rechtsfragen[2]
	Internationales Urheberrecht, München/Berlin 1956
Baudenbacher/Klauer	Zur Europafähigkeit der URG-Reform, Sankt Gallen/Berlin 1991
Baucks	Die französische Urheberrechtsreform von 1985, Baden-Baden 1991

Baumbach/Hefermehl	Wettbewerbsrecht, Kommentar, 17. Aufl., München/Berlin 1993
Baumgarten/Meyer	Die Bedeutung des Beitritts der USA zur Berner Übereinkunft, GRUR Int. 1989, 620
BauR	Baurecht – Zeitschrift für das gesamte öffentliche und zivile Baurecht, Düsseldorf
BB	Der Betriebs-Berater, Heidelberg
Beck	Der Lizenzvertrag im Verlagswesen, München 1966
Becker	(Hrsg.), Musik im Film. VI. Münchner Symposion zum Film- und Medienrecht am 26. Juni 1992, Schriftenreihe der UFITA, Band 100, Baden-Baden 1993
Becker/Rehbinder	Europäische Co-Produktion in Film und Fernsehen, UFITA-Schriftenreihe, Band 83, Baden-Baden 1989
Begr.	Amtliche Begründung zum Regierungsentwurf eines Urheberrechtsgesetzes, Drucksache IV/270 des Deutschen Bundestages (abgedruckt in UFITA 45 [1966], 240ff.) und Amtliche Begründung zum Regierungsentwurf eines Verwertungsgesellschaftengesetzes, Drucksache IV/271 des Deutschen Bundestages (abgedruckt in UFITA 46 [1966], 271ff.)
Beigel	Urheberrecht des Architekten, Wiesbaden 1984
Beilharz	Der Bühnenvertriebsvertrag als Beispiel eines urheberrechtlichen Wahrnehmungsvertrages, München 1970
Bem.	Bemerkung (wird in diesem Werk *mittels Randnummer* gekennzeichnet)
BFH	Bundesfinanzhof
BGB	Bürgerliches Gesetzbuch für das Deutsche Reich vom 18. August 1896 (RGBl. 195)
BGBl.	Bundesgesetzblatt
BGH	Bundesgerichtshof
BGHSt	Amtliche Sammlung von Entscheidungen des Bundesgerichtshofs in Strafsachen
BGHZ	Amtliche Sammlung von Entscheidungen des Bundesgerichtshofs in Zivilsachen
BlPMZ	Blatt für Patent-, Muster- und Zeichenwesen, München
Boguslawskij	Urheberrecht in den internationalen Beziehungen, Berlin 1977
Bohr	Die Urheberrechtsbeziehungen der an der Filmherstellung Beteiligten, UFITA-Schriftenreihe, Heft 57, Berlin 1978
de Boor	Vom Wesen des Urheberrechts, 1933
Bosse	Autorschaft ist Werkherrschaft, Paderborn 1981
Boytha	Das Urheberrecht der Ungarischen Volksrepublik, Berlin 1974
BRAGO	Bundesgebührenordnung für Rechtsanwälte vom 26. Juli 1957 (BGBl. I 907)
Brandi-Dohrn	Der urheberrechtliche Optionsvertrag, München 1967
Breloer	Verfilmung, Verfilmungsrecht und Fernsehfilm, UFITA-Schriftenreihe, Heft 44, Berlin 1973
Brutschke	Urheberrecht und EDV, München 1972
BT-Drucks.	Bundestags-Drucksache
BuB	Buch und Bibliothek, Fachzeitschrift des Vereins der Bibliothekare an öffentlichen Büchereien e.V., Reutlingen

Bullinger	Rechtsfragen der elektronischen Textkommunikation: Videotext, Bildschirmtext, Kabeltext; Medien- und Urheberrecht in rechtsvergleichender Sicht, München 1984
BVerfG	Bundesverfassungsgericht
BVerfGE	Amtliche Sammlung von Entscheidungen des Bundesverfassungsgerichts
BVerwG	Bundesverwaltungsgericht
BVerwGE	Amtliche Sammlung von Entscheidungen des Bundesverwaltungsgerichts
Chatelain	Mittel zur Bekämpfung des Diebstahls von Kunstwerken und ihres unerlaubten Handels im Europa der Neun, Baden-Baden 1978
Christ	Das Urheberrecht der Filmschaffenden, Basel 1982
Copyright	Offizielles Publikationsorgan der WIPO, englische Ausgabe
CR	Computer und Recht, München/Köln (ab 1985)
Davies/von Rauscher	Das Recht der Hersteller von Tonträgern – Zum Urheber- und Leistungsschutzrecht in der Europäischen Gemeinschaft, Schriftenreihe des Max-Planck-Instituts, Heft 21, München 1983
DdA	Droit d'Auteur, offizielles Publikationsorgan der WIPO, französische Ausgabe
Degginger	Beiträge zum urheberrechtlichen Schutz der Gegenwartskunst, Bern 1987
Delp	Der Verlagsvertrag, 4. Aufl., Neuwied/Darmstadt 1978, zit. Delp[4]
Desbois/Françon/Kérever	Les Conventions Internationales du Droit d'Auteur et des Droits Voisins, Paris 1976
Deutsch/Reyermuth/Koenig	Die Vervielfältigung von Filmen durch Hochschulen und ihre Einrichtungen, Berlin/Heidelberg/New York/Tokio 1985
d. h.	das heißt
Dietz	Das Urheberrecht in der Europäischen Gemeinschaft, Baden-Baden 1978, zit. Dietz 1978
	Das primäre Urhebervertragsrecht in der Bundesrepublik Deutschland und in den anderen Mitgliedstaaten der Europäischen Gemeinschaft, Legislatorischer Befund und Reformüberlegungen, München 1984
Dillenz	Materialien zum Verwertungsgesellschaftengesetz, Österreichische Schriftenreihe zum gewerblichen Rechtsschutz, Urheber- und Medienrecht (ÖSGRUM), Band 5, Wien 1987
	Direktsatellit und die Grenzen des klassischen Senderechts, Baden-Baden 1990
Diss.	Dissertation
Dittrich	Arbeitnehmer und Urheberrecht, Intergu-Schriftenreihe, Band 55, Wien 1978
	Österreichisches und internationales Urheberrecht, Wien 1974, mit Ergänzungsband 1982; 2. Aufl. 1988, mit Nachtrag 1990
	(Hrsg.) Woher kommt das Urheberrecht und wohin geht es? Wurzeln, geschichtlicher Ursprung, geistesgeschichtlicher Hintergrund und Zukunft des Urheberrechts, Österreichische

	Schriftenreihe zum gewerblichen Rechtsschutz, Urheber- und Medienrecht (ÖSGRUM), Band 7, Wien 1988
	Die Notwendigkeit des Urheberrechtsschutzes im Lichte seiner Geschichte, Österreichische Schriftenreihe zum gewerblichen Rechtsschutz, Urheberrecht und Medienrecht (ÖSGRUM), Band 9, Wien 1991
DJ	Deutsche Justiz
Dreier	Kabelweiterleitung und Urheberrecht, München 1991
Drexl	Entwicklungsmöglichkeiten des Urheberrechts im Rahmen des GATT. Inländerbehandlung, Meistbegünstigung, Maximalschutz – Eine prinzipienorientierte Betrachtung im Lichte bestehender Konventionen, Münchner Universitätsschriften, Band 80, München 1990
Duchemin	Der Schutz der Schöpfungen von Kunsthandwerkern, Baden-Baden 1978
DVBl.	Deutsches Verwaltungsblatt, Köln/Berlin/Bonn/München
DVR	Datenverarbeitung im Recht, Berlin/München
EDV	Elektronische Datenverarbeitung
Ehrengabe Ulmer	Der Urheber und seine Rechte, Ehrengabe für Eugen Ulmer, UFITA-Schriftenreihe, Heft 29, hrsg. von Roeber, Baden-Baden 1969
Einl.	Einleitung (ohne Zusatz: Kommentarteil dieses Werkes vor § 1 UrhG)
Eisenmann	Grundriß Gewerblicher Rechtsschutz und Urheberrecht, Uni-Taschenbücher 1356, Heidelberg 1985
Erbel	Inhalt und Auswirkungen der verfassungsrechtlichen Kunstfreiheitsgarantie, Berlin 1966
Erdmann	Neue höchstrichterliche Rechtsprechung zum Urheberrecht und Geschmacksmusterrecht, RWS-Skript 152, Köln 1985
EV	Einigungsvertrag vom 31. August 1990 (BGBl. II 889 = GBl. DDR I 1629)
FGG	Gesetz über die Angelegenheiten der freiwilligen Gerichtsbarkeit vom 17. Mai 1898 (RGBl. 189)
Fink-Hooijer	Fristlose Kündigung im Urhebervertragsrecht, Berliner Hochschulschriften zum gewerblichen Rechtsschutz und Urheberrecht, Band 11, Frankfurt 1991
Fischer/Reich	Der Künstler und sein Recht, Ein Handbuch für die Praxis, München 1992
Flechsig	Der Leistungsintegritätsanspruch des ausübenden Künstlers, UFITA-Schriftenreihe, Heft 56, Berlin 1978
Foerster	Das Urheberrecht des Theaterregisseurs, Berlin 1973
	Der Schutz des Werbeslogans vor Nachahmung, Frankfurt/Bern/New York 1989
Föhr	Der Copyright-Vermerk, München 1990
Forkel	Gebundene Rechtsübertragungen, Erlanger Juristische Abhandlungen, Band 17, Köln/Berlin/München 1977
Fromm	Grenzen der Kritik, Intergu-Schriftenreihe, Band 27, Berlin/Frankfurt 1962
FS GRUR	Gewerblicher Rechtsschutz und Urheberrecht in Deutschland,

	Festschrift zum hundertjährigen Bestehen der Deutschen Vereinigung für gewerblichen Rechtsschutz und Urheberrecht und ihrer Zeitschrift, 2 Bände, hrsg. v. Friedrich-Karl Beier/Alfons Kraft/Gerhard Schricker/Elmar Wadle, Weinheim 1991
FS Hubmann	Beiträge zum Schutz der Persönlichkeit und ihrer schöpferischen Leistungen, Festschrift für Heinrich Hubmann zum 70. Geburtstag, hrsg. von Forkel und Kraft, Frankfurt 1985
FS Hübner	Festschrift für Heinz Hübner zum 70. Geburtstag am 7. November 1984, hrsg. von Baumgärtel/Becker/Klingmüller/Wacker, Berlin 1984
FSK	Freiwillige Selbstkontrolle der deutschen Filmwirtschaft
FS Klaka	Schriften zum gewerblichen Rechtsschutz, Urheber- und Medienrecht (SGRUM), Band 16, Festschrift für Rainer Klaka, hrsg. von Herbst, München 1987
FS Knap	Jan Kříž (Hrsg.) Aktuální Otázky (Present Problems of Copyright and Industrial Property), Festschrift für Karel Knap zum 80. Geburtstag, Prag 1989
FS Kreile	Jürgen Becker (Hrsg.) Die Verwertungsgesellschaften im Europäischen Binnenmarkt, Symposium für Reinhold Kreile zum 60. Geburtstag, UFITA-Schriftenreihe, Band 91, Baden-Baden 1990
FS Möhring	Festschrift für Philipp Möhring zum 65. Geburtstag, München/Berlin 1965
FS östUrhG	Festschrift 50 Jahre Urheberrechtsgesetz, ÖSGRUM 4, hrsg. von Dittrich, Wien 1986
FS Oppenhoff	Festschrift für Walter Oppenhoff zum 80. Geburtstag, hrsg. von Jagenburg/Maier-Reimer, München 1985
FS Pedrazzini	Ernst Brem/Jean Nicolas Druey/Ernst A. Kramer/Ivo Schwancker (Hrsg.) Festschrift zum 65. Geburtstag von Mario M. Pedrazzini, Bern 1990
FS Quack	Harm Peter Westermann/Wolfgang Rosener/Friedrich Bekker/Kay Jacobsen (Hrsg.) Festschrift für Karlheinz Quack zum 65. Geburtstag am 3. Januar 1991, Berlin/New York 1991
FS Reichardt	Andreas Scheuermann/Angelika Strittmatter (Hrsg.) Urheberrechtliche Probleme der Gegenwart, Festschrift für Ernst Reichardt zum 70. Geburtstag, UFITA-Schriftenreihe, Band 92, Baden-Baden 1990
FS Reischl	Entwicklung des Europäischen Urheberrechts, Wissenschaftliches Kollognium anläßlich des 70. Geburtstages von Gerhard Reischl, hrsg. von Ress, Baden-Baden 1989
FS Roeber I	Festschrift für Georg Roeber, UFITA-Schriftenreihe, Heft 46, Berlin 1973
FS Roeber II	Festschrift für Georg Roeber zum 10. Dezember 1981, hrsg. von Herschel/Hubmann/Rehbinder, Freiburg 1982
FS Schönherr	Wirtschaftsrecht in Theorie und Praxis, Gedenkschrift für Fritz Schönherr, hrsg. von Barfuß/Torggler/Hauer/Wiltschek/Kucsko, Wien 1986
FS Troller	Homo creator, Festschrift für Alois Troller, Basel 1976
FS Uchtenhagen	Urheberrecht und kulturelle Entwicklung, Festschrift zum 60. Geburtstag von Ulrich Uchtenhagen, UFITA-Schriftenreihe, Band 75, hrsg. von der Schweizerischen Vereinigung für Urheberrecht, Baden-Baden 1987

FS Wendel	Festschrift für Senatspräsident Wilhelm Wendel, München 1969
Fuhr	ZDF-Staatsvertrag, 2. Aufl., Mainz 1987
FuR	Film und Recht, Zeitschrift für Urheber- und Medienrecht, München (bis 1984, seither ZUM)
Furler	Geschmacksmustergesetz, 4. Aufl. 1985
G	Gesetz
Gavrilov	GUS – Die neuere Entwicklung des sowjetischen Urheberrechts, GRUR Int. 1991, 338
v. Gamm	Urheberrechtsgesetz, Kommentar, München 1968
FS von Gamm	Willi Erdmann/Hans-Kurt Mees/Henning Piper/Otto Teplitzky/Wolfgang Hefermehl/Peter Ulmer (Hrsg.), Festschrift für Otto-Friedrich Frhr. von Gamm, Köln/Berlin/Bonn/München 1990
GBl. DDR	Gesetzblatt der Deutschen Demokratischen Republik
GebrMG	Gebrauchsmustergesetz vom 5. Mai 1933 in der Fassung vom 28. August 1986 (BGBl. I 1455)
Gerstenberg	Die Urheberrechte an Werken der Kunst, der Architektur und der Photographie, München 1968
GEMA	Gesellschaft für musikalische Aufführungs- und mechanische Vervielfältigungsrechte, Berlin/München
Genthe	Der Umfang der Zweckübertragungstheorie im Urheberrecht, Frankfurt 1981
GeschmMG	Gesetz betreffend das Urheberrecht an Mustern und Modellen (Geschmacksmustergesetz) vom 11. Januar 1876 (RGBl. 11), in der Fassung vom 18. Dezember 1986 (BGBl. I 2501)
GewO	Gewerbeordnung vom 21. Juni 1869 in der Fassung vom 1. Januar 1987 (BGBl. I 425)
GG	Grundgesetz für die Bundesrepublik Deutschland vom 23. Mai 1949 (BGBl. 1)
ggf.	gegebenenfalls
Gieseke	Die geschichtliche Entwicklung des deutschen Urheberrechts, Göttingen 1957
GmbHG	Gesetz betreffend die Gesellschaften mit beschränkter Haftung vom 20. April 1892 in der Fassung vom 20. Mai 1898 (RGBl. 846)
Goldbaum	Urheberrecht und Urhebervertragsrecht, 2. Aufl., Baden-Baden 1927
Götze	Gefahren des schrankenlosen Fotokopierens, Aschaffenburg 1976
Goose	Die urheberrechtliche Beurteilung von elektronischen und Mikrofilm-Datenbanken, UFITA-Schriftenreihe, Heft 53, Berlin 1975
Gotzen	Das Recht der Interpreten in der Europäischen Wirtschaftsgemeinschaft, Baden-Baden 1980
	Die Verträge über die Verwertung der Rechte von ausübenden Künstlern, 1985
Gounalakis	Kabelfernsehen im Spannungsfeld von Urheberrecht und Verbraucherschutz. Zur urheberrechtlichen Problematik der Einspeisung von Rundfunksendungen in Kabelanlagen aus

	nationaler, internationaler und rechtsvergleichender Sicht, Schriftenreihe der UFITA, Band 80, Baden-Baden 1989
v. Gravenreuth	Das Plagiat aus strafrechtlicher Sicht, Köln/Berlin/Bonn/München 1986
GRUR	Gewerblicher Rechtsschutz und Urheberrecht, Weinheim/Bergstraße
GRUR Int.	Gewerblicher Rechtsschutz und Urheberrecht, Internationaler Teil, Weinheim/Bergstraße
GVL	Gesellschaft zur Verwertung von Leistungsschutzrechten, Hamburg
Haberstumpf	Zur Individualität wissenschaftlicher Sprachwerke, Schriftenreihe der UFITA, Heft 64, Freiburg 1982
Haberstumpf/Hintermeier	Einführung in das Verlagsrecht, Darmstadt 1985
Hagen	Der Bestsellerparagraph im Urheberrecht, UFITA-Schriftenreihe, Band 94, Baden-Baden 1990
Hamann	Der urheberrechtliche Originalbegriff der bildenden Kunst, Frankfurt 1980
v. Hartlieb	Handbuch des Film-, Fernseh- und Videorechts, 3. Aufl., München 1991
v. Hase	Der Musikverlagsvertrag, München/Berlin 1961
Hefti	Die Parodie im Urheberrecht, UFITA-Schriftenreihe, Heft 54, Berlin 1977
Hegemann	Das Nachforderungsrecht im deutschen und der Rückruf im amerikanischen Urheberrecht, Diss. München 1987
Heker	Der urheberrechtliche Schutz von Bühnenbild und Filmkulisse, Schriftenreihe der UFITA, Heft 90, Baden-Baden 1990
Hempel	Die Freiheit der Kunst. Eine Darstellung des schweizerischen, deutschen und amerikanischen Rechts, Zürcher Studien zum öffentlichen Recht, Band 101, Zürich 1991
Herbst	Die rechtliche Ausgestaltung der Lizenz und ihre Einordnung in das System des bürgerlichen Rechts, Diss. Göttingen 1968
Hess	Urheberrechtsprobleme der Parodie, UFITA-Schriftenreihe, Band 104, Baden-Baden 1993
Hesse/Schoffeld/Rübenack	Arbeitsrecht der Pressejournalisten, Stuttgart 1988
Heuer	Die Besteuerung der Kunst, Schriftenreihe Steuerwissenschaft, Band 17, Köln 1983
Hillig	Urheberrecht, Beck-Texte, 5. Aufl., München 1991
h. M.	herrschende Meinung
Hodeige	Das Recht am Geistesgut, Studien zum Urheber-, Verlags- und Presserecht, Festschrift für Walter Bappert, Freiburg 1964
Hoffmann	Die Begriffe Literatur, Wissenschaft und Kunst, Berliner Hochschulschriften zum Gewerblichen Rechtsschutz und Urheberrecht, Heft 10, Frankfurt 1988
Hrsg.	Herausgeber
Hubmann	(Hrsg.) Rechtsprobleme musikwissenschaftlicher Editionen, München 1982
Hubmann/Rehbinder	Urheber- und Verlagsrecht, 7. Aufl., München 1992

Hummel	Die volkswirtschaftliche Bedeutung des Urheberrechts. Gutachten im Auftrag des Bundesministers der Justiz, Berlin 1989
100 Jahre URG	Festschrift zum einhundertjährigen Bestehen eines eidgenössischen Urheberrechtsgesetzes, hrsg. von der Schweizerischen Vereinigung für Urheberrecht, Band 11 der Schriften zum Medienrecht, Bern 1983
Intergu-Jahrbücher	Jahrbücher der Internationalen Gesellschaft für Urheberrecht, Band 1, 1964; Band 2, 1973; Band 3, 1975; Band 4, 1979; Band 5, 1983; Band 6, 1987, hrsg. von Erich Schulze, Wien
IPRax	Praxis des internationalen Privat- und Verfahrensrechts, Bielefeld
i. S. d.	im Sinne des
Isenegger	Die urheberrechtlichen Probleme bei der Weiterübertragung von Sendungen, Zürich 1983
Jörger	Das Plagiat in der Popularmusik, UFITA-Schriftenreihe, Band 99, Baden-Baden 1992
i. V. m.	in Verbindung mit
JR	Juristische Rundschau, Berlin
Junker	Computerrecht, Baden-Baden 1988
JuS	Juristische Schulung, München/Berlin
JZ	Juristenzeitung, Tübingen
Kälin	Der urheberrechtliche Vergütungsanspruch bei der Werkverwertung mit Hilfe des Satellitenrundfunks und der Kabelweiterverbreitung, Schriften zum Medien- und Immaterialgüterrecht, Band 15, Bern 1986
KG	Kammergericht
Kircher	Tatbestandsirrtum und Verbotsirrtum im Urheberrecht, Diss. Nürnberg 1973
Kirchhof	Der Gesetzgebungsauftrag zum Schutz des geistigen Eigentums gegenüber modernen Vervielfältigungstechniken, Heidelberg 1988
Kleine	Urheberrechtsverträge im internationalen Privatrecht, Frankfurt/Bern/New York 1986
Knies	Schranken der Kunstfreiheit als verfassungsrechtliches Problem, München 1967
Knorr	Die Schutzfristberechnung bei Filmwerken, Diss. Berlin 1981
Köhler	Der urheberrechtliche Schutz der Rechenprogramme, München 1968
Kraßer/Schricker	Patent- und Urheberrecht an Hochschulen. Die Verwertung von Erfindungen und urheberrechtlich geschützten Werken an Hochschulen wissenschaftlich Tätiger, Baden-Baden 1988
KUG	Gesetz betreffend das Urheberrecht an Werken der bildenden Künste und der Photographie vom 9. Januar 1907 (RGBl. 7)
Kullmann	Der Schutz von Computerprogrammen und -chips in der BRD und in den USA, Veröffentlichungen des Instituts für Internationales Recht an der Universität Kiel, Band 102, Berlin 1988
Kummer	Das urheberrechtlich schützbare Werk, Bern 1968
Kunst und Recht	mit Beiträgen von Cassens/Deutsch/Götte/Krauss/Maiwald/Mußgnug/Nicolaus/Picker/Schmitz, Justiz und Recht, Schriften der Deutschen Richterakademie, Band 2, Heidelberg 1985

L	nur Leitsatz abgedruckt
LAG	Landesarbeitsgericht
Lambsdorff/Skora	Handbuch des Werbeagenturrechts, Frankfurt am Main 1975
Lang	Die Haftung für Fehler in Druckwerken, München 1982
Lange	Der Lizenzvertrag im Verlagswesen, Bern 1979
Langen/Niederleithinger/Schmidt	Kommentar zum Kartellgesetz, 6. Aufl., Neuwied 1982
Leiss	Verlagsgesetz, Kommentar mit Vertragsmustern, Berlin/New York 1974
Lerche/Ulmer	Kurzberichterstattung im Fernsehen, Schriftenreihe der UFITA, Heft 84, Baden-Baden 1989
Lessmann	Übertragbarkeit und Teilübertragung urheberrechtlicher Befugnisse, Münster 1967
v. Lewinski	Die urheberrechtliche Vergütung für das Verleihen und Vermieten von Werkstücken (§ 27 Urhg.). Eine rechtsvergleichende Untersuchung. Urheberrechtliche Abhandlungen des Max-Planck-Institutes, Heft 24, München 1980
LG	Landgericht
Liebrecht	Die Zweckübertragungslehre im ausländischen Urheberrecht, Deutschsprachige Länder und Europäische Gemeinschaft, Schriftenreihe des Max-Planck-Instituts, Heft 19, München 1983
Lit.	Literatur
Lit. Verz.	Abkürzungs- und Literaturverzeichnis (dieses Werkes)
Locher	Das Recht der bildenden Kunst, München 1970
Loeber	Urheberrecht der Sowjetunion, Einführung und Quellen, Frankfurt/M. 1966
Loewenheim	Herstellerbegriff und Geräteabgabe bei Audio- und Videogeräten, Schriftenreihe der UFITA, Band 68, Freiburg 1984
LUG	Gesetz betreffend das Urheberrecht an Werken der Literatur und der Tonkunst vom 19. Juni 1901 (RGBl. 277)
Lukes	Urheberrechtsfragen bei überbetrieblichen technischen Normen, Köln/Berlin/Bonn/München 1967
LVG	Literarische Verwertungsgesellschaft, Wien
Maaß	Der Kontrollzuschlag der GEMA bei unberechtigter Musikwiedergabe und seine Erweiterungsfähigkeit, Pfaffenweiler 1986
Magazin-Dienst	Publikationsorgan des Verbandes Sozialer Wettbewerb e. V., Berlin
Manthey	Die Filmrechtsregelungen in den wichtigsten filmproduzierenden Ländern Europas und den USA, UFITA-Schriftenreihe, Band 101, Baden-Baden 1992
Marbach	Rechtsgemeinschaften an Immaterialgütern, dargestellt am Beispiel von Erfinder- und Urhebergemeinschaften, Bern 1987
Marwitz-Möhring	Das Urheberrecht, Kommentar, Berlin 1929
Mathis	Der Arbeitnehmer als Urheber. Die Auslegung und Problematik des § 43, Frankfurt/Bern/New York 1988
Mauhs	Der Wahrnehmungsvertrag, Schriftenreihe der UFITA, Heft 96, Baden-Baden 1991
May	Das neue Urheberrecht für Fotographen, Frankfurt 1985

MDR	Monatsschrift für Deutsches Recht, Hamburg
Melanges Joseph Voyame	Recueil de travaux offerts à M. Joseph Voyame, hrsg. von François Dessemontet, Lausanne 1989
Melichar	Die Wahrnehmung von Urheberrechten durch Verwertungsgesellschaften am Beispiel der VG Wort, München 1983
Melullis	Wettbewerbsrechtliche Prozeßpraxis, Frankfurt 1985
Menzel	Die Aufsicht über die GEMA durch das Deutsche Patentamt, Heidelberg 1986
Mestmäcker-Schulze	Urheberrechts-Kommentar, 2. Aufl., Frankfurt 1974 (mit Ergänzungslieferungen)
Meyers Lexikon	Taschenlexikon Urheberrecht, hrsg. von Püschel; Verfasser: Glücksmann/Münzer/Püschel/Staat/Wendt, Leipzig 1975
Mielke	Urheberrechtsfragen der Videogramme, UFITA-Schriftenreihe, Heft 74, Baden-Baden 1987
MinE	Ministerialentwurf
Mitt.	Mitteilungen der deutschen Patentanwälte, Köln/Berlin/Bonn/München
Möhring-Nicolini	Urheberrechtsgesetz (Kommentar), Berlin/Frankfurt 1970
Möller	Die Urheberrechtsnovelle '85, Entstehungsgeschichte und verfassungsrechtliche Grundlagen, Heidelberg 1986
v. Moltke	Das Urheberrecht an den Werken der Wissenschaft, UFITA-Schriftenreihe, Band 97, Baden-Baden 1992
Moser	Der urheberrechtliche Schutz von wissenschaftlich-technischen Darstellungen in Deutschland und Großbritannien, 1986
Moser/Scheuermann	Handbuch der Musikwirtschaft, Starnberg/München 1992
Movsessian/Seifert	Einführung in das Urheberrecht der Musik, Wilhelmshaven 1982
Münchener Kommentar	Münchener Kommentar zum Bürgerlichen Gesetzbuch, Band I, Allgemeiner Teil (§§ 1–240) und AGB-Gesetz, Redakteur: Säcker, München 1978
Münchener Vertragshandbuch	Band 3: Handels- und Wirtschaftsrecht, Teil IX, Werbe- und Wettbewerbsrecht (bearb. von Gloy/Klosterfelde) sowie Teil IX, Verlags- und Urheberrecht (bearb. von Nordemann/Vinck/Hertin), 3. Aufl., München 1992
Nikoletopoulos	Die zeitliche Begrenzung des Persönlichkeitsschutzes nach dem Tode, Berliner Hochschulschriften zum Gewerblichen Rechtsschutz und Urheberrecht, Heft 4, Frankfurt 1984
Nimmer/Geller	International Copyright Law and Practice, 2 Bände, New York 1988ff.
Nirk	Gewerblicher Rechtsschutz, Urheber- und Geschmacksmusterrecht, Erfinder-, Wettbewerbs-, Kartell- und Warenzeichenrecht, Studienbücher Rechtswissenschaft, Stuttgart 1981
NJW	Neue Juristische Wochenschrift, München
NJW-RR	NJW-Rechtsprechungs-Report, München (seit 1986)
Nordemann, Axel	Die künstlerische Fotografie als urheberrechtlich geschütztes Werk, Baden-Baden 1992
Nordemann	Wettbewerbsrecht, Schriftenreihe Recht und Praxis, 7. Aufl., Baden-Baden 1993

Nordemann/Roeber	(Hrsg.) Das neue US-Copyright-Law, UFITA-Schriftenreihe, Heft 61, Berlin 1978 (= UFITA 82 [1978])
Nordemann/Vinck/Hertin	Internationales Urheberrecht und Leistungsschutzrecht der deutschsprachigen Länder unter Berücksichtigung auch der Staaten der Europäischen Gemeinschaft, Düsseldorf 1977
n. rkr.	nicht rechtskräftig
NStZ	Neue Zeitschrift für Strafrecht, München
öBGBl.	österreichisches Bundesgesetzblatt
ÖBl.	Österreichische Blätter für gewerblichen Rechtsschutz und Urheberrecht, Wien
OGH	Oberster Gerichtshof für die Britische Zone, Köln (vgl. auch Öst. OGH)
v. Olenhusen	Handbuch des Medienrechts. Teil 3: Filmarbeitsrecht. Kommentar zu den Tarifverträgen der Bereiche Filmproduktion, Filmtechnik und Filmtheater, Vertragsrecht für Film- und Fernsehschaffende, Filmarbeitsrecht der Schweiz und Österreichs, Schriftenreihe der UFITA, Band 69/3, Freiburg 1990
OLG	Oberlandesgericht
OMPI	Organisation Mondiale de la Propriété Intellectuelle (= WIPO)
Osenberg	Die Unverzichtbarkeit des Urheberpersönlichkeitsrechts, Diss. Berlin 1979
ÖSGRUM	Österreichische Schriftenreihe zum gewerblichen Rechtsschutz, Urheber- und Medienrecht
Öst. OGH	Österreichischer Oberster Gerichtshof
Öst. VwGH	Österreichischer Verwaltungsgerichtshof
Pastor	Der Wettbewerbsprozeß, Verwarnung – Einstweilige Verfügung – Unterlassungsklage, 3. Aufl., Köln/Berlin/Bonn/München 1980
PatG	Patentgesetz vom 5. Mai 1936 in der Fassung vom 16. Dezember 1980 (BGBl. 1981 I 1)
Platho	Urheberrechtsprobleme der Weiterverbreitung von Sendungen in Kabelnetzen, Köln 1983
Plett	Urheberschaft, Miturheberschaft und wissenschaftliches Gemeinschaftswerk, München 1984
p. m. a.	post mortem auctoris
Poll	Der angestellte Urheber im deutschen und amerikanischen Recht, Diss. Augsburg 1972
Prantl	Die journalistische Information zwischen Ausschlußrecht und Gemeinfreiheit, Bielefeld 1983
Püschel	Urheberrecht der Deutschen Demokratischen Republik, Berlin 1969
	(Hrsg.) Urheberrecht, Lehrbuch, Verfasser: Püschel/Münzer/Glücksmann/Staat/Sauerstein/Wendt/Barthel/Wandtke/John, 2. Aufl., Berlin 1986
Quellen	Möhring/Schulze/Ulmer/Zweigert, fortgeführt von Katzenberger, Puttfarcken, Schricker, Schulze, Schulze, Zweigert, Quellen des Urheberrechts, Frankfurt/M. ab 1961, 29. Erg.Lief. 1993

Quercu	Falsch aus der Feder geflossen, München 1964
Raschèr	Für ein Urheberrecht des Bühnenregisseurs. Eine rechtsvergleichende Studie mit spezieller Berücksichtigung der Theatersemiotik und der Folgen für die Bühnenpraxis, Baden-Baden 1989
Rau	Antikunst und Urheberrecht, UFITA-Schriftenreihe, Heft 58, Berlin 1978
Rauch	Publizistische Fotografie – Honorare + Handelsbräuche, 4. Aufl., Baden-Baden 1981
RBÜ	Revidierte Berner Übereinkunft
RdA	Recht der Arbeit
Rdnr.	Randnummer
RefE	Referentenentwurf (vgl. Einl. 4)
RegE	Regierungsentwurf (vgl. Einl. 4)
Rehbinder/Grossenbacher	Schweizerisches Urhebervertragsrecht, Bern 1979
Reinbothe	Schlichtung im Urheberrecht, Urheberrechtliche Abhandlungen des Max-Planck-Instituts, Heft 16, München 1978
RG	Reichsgericht
RGBl.	Reichsgesetzblatt
RGSt	Amtliche Sammlung von Entscheidungen des Reichsgerichts in Strafsachen
RGZ	Amtliche Sammlung von Entscheidungen des Reichsgerichts in Zivilsachen
RIDA	Revue Internationale du Droit d'Auteur, Paris
Riedel	Urheberrechtsgesetz und Verlagsgesetz mit Nebengesetzen, Loseblattsammlung, Wiesbaden ab 1967
	Originalmusik und Musikbearbeitung, Berlin 1971, zit. Originalmusik
Riepenhausen	Das Arbeitsrecht der Bühne, 2. Aufl., Berlin 1956, Ergänzungsband 1965
Ritscher	Der Schutz des Design, Zum Grenzbereich von Muster-/Modellrecht und Urheberrecht in der Schweiz, Schriften zum Medien- und Immaterialgüterrecht, Band 14, Bern 1986
Rochlitz	Der strafrechtliche Schutz des ausübenden Künstlers, des Tonträger- und Filmherstellers und des Sendeunternehmens, Berliner Hochschulschriften zum Gewerblichen Rechtsschutz und Urheberrecht, Heft 9, Frankfurt/Bern/New York 1987
Roeber/Jacoby	Handbuch der filmwirtschaftlichen Medienbereiche, Pullach 1973
Röder	Schutz des Werktitels, Schriftenreihe zum gewerblichen Rechtsschutz des Max-Planck-Instituts, Band 20, Köln/Berlin/Bonn/München 1970
Rojahn	Der Arbeitnehmerurheber in Presse, Funk und Fernsehen, München 1978
Rossbach	Die Vergütungsansprüche im deutschen Urheberrecht, Baden-Baden 1990
Rspr.	Rechtsprechung
RuStAG	Reichs- und Staatsangehörigkeitsgesetz vom 22. Juli 1913 (RGBl. 583)

Ruzicka	Die Problematik eines „ewigen Urheberpersönlichkeitsrechts", UFITA-Schriftenreihe, Heft 62, Berlin 1979
r. V.	rechtsfähiger Verein
Samson	Urheberrecht, Pullach 1973
Schadel	Das französische Urhebervertragsrecht, München/Berlin 1966
Schaefer	Die urheberrechtliche Schutzfähigkeit von Werken der Gartengestaltung. Zugleich ein Beitrag zu Fragen des Urheberrechtsschutzes von Raumgestaltungen, UFITA-Schriftenreihe, Band 98, Baden-Baden 1992
Scheuermann	Urheber- und vertragsrechtliche Probleme der Videoauswertung von Filmen, München 1990
Schilcher	Der Schutz des Urhebers gegen Werkänderungen, München (Florenz) 1989
Schlaak	Werkverbindung und Werkverwertung, Diss. Berlin 1985
Schlingloff	Unfreie Benutzung und Zitierfreiheit bei urheberrechtlich geschützten Werken der Musik, Frankfurt/Berlin/Bern/New York 1990
Schmidt, Rainer	Urheberrecht und Vertragspraxis des Graphik-Designers, Ein Handbuch für Rechts- und Honorarfragen im Bereich der visuellen Kommunikation, Braunschweig 1983
Schmidt, Stefan	Urheberrechtsprobleme in der Werbung, München 1982
Schmitt-Kammler	Die Schaffensfreiheit des Künstlers in Verträgen über künftige Geisteswerke, Erlanger Juristische Abhandlungen, Band 21, Köln/Berlin/Bonn/München 1978
Schneider	Softwarennutzungsverträge im Spannungsfeld von Urheber- und Kartellrecht, Heft 22 der urheberrechtlichen Abhandlungen des Max-Planck-Instituts für ausländisches und internationales Patent-, Urheber- und Wettbewerbsrecht, München 1988
Schöfer	Die Rechtsverhältnisse zwischen dem Urheber eines Werkes der bildenden Kunst und dem Eigentümer des Originalwerkes, München 1984
Schricker	Urheberrecht, München 1987 (Kommentar)
	Kabelrundfunk. Urheberrechtliche Probleme des Kabelrundfunks. Studie im Auftrag der Medienkommission der Länder zur wissenschaftlichen Begleitung der vier Kabelprojekte, Baden-Baden 1986
Schulze BGHZ (usw.)	Rechtsprechung zum Urheberrecht (Entscheidungssammlung), München
Schulze, Erich	Kulturabgabe und Kulturfonds, 1959
	Urheberrecht in der Musik, 5. Aufl., Berlin 1981
	Urhebervertragsrecht (Materialsammlung), 3. Aufl., München 1982
Schulze, Gernot	Die kleine Münze und ihre Abgrenzungsproblematik bei den Werkarten des Urheberrechts, Schriftenreihe der UFITA, Heft 66, Freiburg 1983
	Meine Rechte als Urheber, München 1991
Schulze/Voigt	Fragen des Urheberrechts und der verwandten Schutzrechte zum Kabelfernsehen, Intergu-Schriftenreihe, Band 54, Wien 1976
SchVG	Gesetz zur Verlängerung der Schutzfristen im Urheberrecht vom 13. 12. 1934 (RGBl. II 1395)

Schwarze	(Hrsg.) Fernsehen ohne Grenzen, Baden-Baden 1985
Schweiz.BG	Schweizerisches Bundesgericht
Schweyer	Die Zweckübertragungstheorie im Urheberrecht, München 1982
Seetzen	Der Verzicht im Immaterialgüterrecht, München 1969
Sellier	Die Rechte der Herausgeber, Mitarbeiter und Verleger bei Sammelwerken, Diss. München 1964
SGRUM	Schriften zum gewerblichen Rechtsschutz, Urheber- und Medienrecht
Sieber	Computerkriminalität und Strafrecht, Köln/Berlin/Bonn/München 1980
Siefarth	US-amerikanisches Filmurheberrecht, UFITA-Schriftenreihe, Band 95, Baden-Baden 1991
Sieg	Das zulässige Anbringen der richtigen Urheberbezeichnung, Berliner Hochschulschriften zum gewerblichen Rechtsschutz und Urheberrecht, Band 5, Frankfurt/Bern/New York 1985
Siegwart	Der urheberrechtliche Schutz der wissenschaftlichen Werke, Diss. Bern 1954
Simon	Das allgemeine Persönlichkeitsrecht und seine gewerblichen Erscheinungsformen, Berlin 1981
Soergel/Siebert	Bürgerliches Gesetzbuch, Kommentar, 12. Aufl., Stuttgart/Köln/Berlin 1987ff.
sog.	sogenannt
Stelzl	Das Recht der Galerien, Diss. Bielefeld 1974
Stern	Die Weiterverbreitung von Radio- und Fernsehsendungen, Zürich 1970
Sternberg/Lieben	Musikdiebstahl, Schriften zum gesamten Wirtschaftsstrafrecht, Band 11, Köln 1985
StGB	Strafgesetzbuch vom 15. Mai 1871 (RGBl. 127) in der Fassung vom 10. März 1987 (BGBl. I 945, 1160)
Stolz, Frank	Die Rechte der Sendeunternehmen nach dem Urheberrechtsgesetz und ihre Wahrnehmung, UFITA-Schriftenreihe, Band 73, Baden-Baden 1987
Stolz, Hansjörg	Der Ghostwriter im deutschen Recht, Urheberrechtliche Abhandlungen des Max-Planck-Instituts, Heft 11, München 1971
st. Rspr.	ständige Rechtsprechung
Stroh	Werkeinheit und Werkmehrheit im Urheberrecht, Diss. München 1969
StVO	Straßenverkehrsordnung vom 16. November 1970 (BGBl. I 1565; 1971 I 38)
Tahrli	Der urheberrechtliche Werkbegriff im Bereich der bildenden Kunst, Schriften zum Medien- und Immaterialgüterrecht, Heft 26, Bern 1989
Thoms	Der urheberrechtliche Schutz der Kleinen Münze, Diss. München 1980
Traub	Wettbewerbsrechtliche Verfahrenspraxis, Frankfurt 1984
Troller	Immaterialgüterrecht, Patentrecht, Markenrecht, Urheberrecht, Muster- und Modellrecht, Wettbewerbsrecht, Band I, 3. Aufl., Basel/Frankfurt 1983

u. ä.	und ähnliches
UFITA	Archiv für Urheber-, Film-, Funk- und Theaterrecht Bern (vormals Berlin)
Ulmer	Elektronische Datenbanken und Urheberrecht, München 1971
	Gedanken zur Weiterentwicklung des Urhebervertragsrechts; in: Neuordnung des Urhebervertragsrechts? Schriftenreihe des Instituts für Rundfunkrecht an der Universität Köln, Band 21, München 1977
	Der Rechtsschutz der ausübenden Künstler, der Hersteller von Tonträgern und der Sendegesellschaften, Urheberrechtliche Abhandlungen des Max-Planck-Instituts, Heft 1, München/Berlin 1957
	Urheber- und Verlagsrecht, 2. Aufl., Berlin/Heidelberg 1960, zit. Ulmer², 3. Aufl. 1980, zit. Ulmer³
	Der Urheberschutz wissenschaftlicher Werke unter besonderer Berücksichtigung der Programme elektronischer Rechenanlagen, München 1967, zit. Urheberschutz
	Urhebervertragsrecht, Gutachten zum Urhebervertragsrecht, hrsg. vom Bundesminister der Justiz, Bonn 1977
UNESCO	United Nations Educational, Scientific and Cultural Organization (= Organisation der Vereinten Nationen für Erziehung, Wissenschaft und Kultur)
v. Ungern-Sternberg	Die Rechte der Urheber an Rundfunk- und Drahtfunksendungen, Urheberrechtliche Abhandlungen des Max-Planck-Instituts, Heft 13, München 1973
URG	Urheberrechtsgesetz (des im Zusatz genannten Staates; s. auch UrhG)
UrhG	a) ohne Zusatz: Gesetz über Urheberrecht und verwandte Schutzrechte (Urheberrechtsgesetz) vom 9. September 1965 (BGBl. I 1273) b) mit Zusatz: Urheberrechtsgesetz (des im Zusatz genannten Staates; s. auch URG)
u. U.	unter Umständen
UWG	Gesetz gegen den unlauteren Wettbewerb vom 7. Juni 1909 (RGBl. 499)
VerlG	Gesetz über das Verlagsrecht vom 19. Juni 1901 (RGBl. 217)
VerwGes.	Verwertungsgesellschaft (allgemein); s. auch „VG . . .“
VG Bild-Kunst	Verwertungsgesellschaft „Bild-Kunst“, Frankfurt/München
VG Wort	Verwertungsgesellschaft „Wort“, München
Vigano	Urheberrecht und Entwicklungsländer, Schriftenreihe der UFITA, Heft 87, Baden-Baden 1989
Vinck	Die Rechtsstellung des Urhebers im Arbeits- und Dienstverhältnis, UFITA-Schriftenreihe, Heft 41, Berlin 1972
Vogel	Urheber- und Verlagsrechtsgeschichte zwischen 1450 und 1850, Beilage zum „Börsenblatt“, Frankfurt/M., Ausg. Nr. 19 vom 7. 3. 1978; abgedruckt ferner in: Archiv für die Geschichte des Buchwesens, Band 19, Frankfurt 1979, S. 1–190
VwGO	Verwaltungsgerichtsordnung vom 21. Januar 1960 (BGBl. I 17)
VwZG	Verwaltungszustellungsgesetz vom 3. Juli 1952 (BGBl. I 379)

Wadle	v. Savignys, Beitrag zum Urheberrecht, Köln/Berlin/Bonn/München 1992
Wadle	Historische Studien zum Urheberrecht in Europa, Entwicklungslinien und Grundfragen, Berlin 1993
Wagner-Silva Tarouca	Der Urheberschutz der ausübenden Künstler und der Tonträgerproduzenten in den USA, Schriftenreihe des Max-Planck-Instituts, Heft 20, München 1983
WahrnG	Gesetz über die Wahrnehmung von Urheberrechten und verwandten Schutzrechten (Urheberrechtswahrnehmungsgesetz) vom 9. September 1965 (BGBl. I 1294)
Waltl	Geschützte und nicht geschützte Computerprogramme, Diss. Berlin 1988
Wasserburg	Der Schutz der Persönlichkeit im Recht der Medien, Heidelberg 1988
Wassner	Kunst, Geschmack und unlauterer Wettbewerb, Berlin 1975
Weber	Der strafrechtliche Schutz des Urheberrechts, Tübingen 1976
Wehrmann	Verträge in der Werbung, Essen 1973
Weisthanner	Urheberrechtliche Probleme neuer Musik, Urheberrechtliche Abhandlungen des Max-Planck-Instituts, Heft 14, München 1974
Wenzel	Urheberrecht für die Praxis, AfP-Schriftenreihe, Stuttgart 1990
Werberger	Die kartellrechtliche Beurteilung von Verlagsverträgen, München 1985
WIPO	Word Intellectual Property Organization = Weltorganisation für geistiges Eigentum, Genf (frz. Abkürzung: OMPI)
Wittmer	Der Schutz von Computersoftware – Urheberrecht oder Sonderrecht? Bern 1981
Wohlfarth	Das Taschenbuchrecht – seine Entstehung und das Problem der Fortgeltung des Taschenbuch-Lizenzrechts bei Beendigung des Stammrechts des Lizenzgebers, Frankfurt/Main 1991
WRV	Weimarer Reichsverfassung vom 11. August 1919 (RGBl. 1383)
WUA	Welturheberrechtsabkommen
WZG	Warenzeichengesetz vom 2. Januar 1968 (BGBl. I 29)
Zabre	Randnutzung durch Rundfunkanstalten. Eine Untersuchung der Rechtsstellung von Urhebern, ausübenden Künstlern und Rundfunkanstalten bei der audiovisuellen Verwertung von Fernsehproduktionen, Berliner Hochschulschriften zum gewerblichen Rechtsschutz und Urheberrecht, Band 13, Frankfurt 1991
Zimmermann	Die Ausstellung als Werk, Diss. Berlin (Humboldt) 1993
zit.	zitiert
ZPO	Zivilprozeßordnung vom 30. Januar 1877 (RGBl. 83) in der Fassung vom 12. September 1950 (BGBl. 533)
ZPÜ	Zentralstelle für private Überspielungsrechte, München
ZUM	Zeitschrift für Urheber- und Medienrecht (ab 1985; früher Film und Recht), Baden-Baden

Schrifttumsverzeichnis zum innerstaatlichen Recht des Auslands

Das Verzeichnis gibt einen Überblick über die wichtigsten Monographien sowie die in den deutschen Fachzeitschriften und in Festschriften erschienenen Beiträge seit 1960. Die Gesetzestexte sind, mit Einführung versehen, in den Quellen (Lit.Verz.)in deutscher Sprache gesammelt. Eine Gesetzessammlung in englischer und französischer Sprache wird unter dem Titel

COPYRIGHT AND NEIGHBORING RIGHTS LAWS AND TREATIES

von der Weltorganisation für geistiges Eigentum (WIPO), 34 Rue des Colombettes, Genf/Schweiz, herausgegeben. Hingewiesen sei auch auf die *Quellen* (Lit.Verz.), die in Copyright/Droit d'Auteur erscheinenden Länderberichte sowie auf Melville B. Nimmer / Paul E. Geller (Lit.Verz.), das zum Urheberrecht inzwischen fast aller wichtigen Staaten jeweils eine ausführliche Gesamtdarstellung bietet (in englischer Sprache).

Albanien

Stoppel, Das Urheberrecht in Albanien, GRUR Int. 1985, 654

Australien

Cornish/McGonigal, Die urheber- und kartellrechtliche Beurteilung von Parallelimporten in Australien, GRUR Int. 1980, 25

Eisenreich, Der Schutz des Urheberpersönlichkeitsrechts in Großbritannien, Kanada und Australien, GRUR Int. 1988, 36

Belgien

Gotzen, Gibt es im belgischen Urheberrecht ein Rückrufsrecht wegen gewandelter Überzeugung? GRUR Int. 1978, 177

Brasilien

Leonardos, Vertrieb und Schutz von Computer-Software in Brasilien, GRUR Int. 1988, 921

Bulgarien

Avramov, Das Urheberrecht und das Urhebervertragsrecht der Volksrepublik Bulgarien, UFITA 50 (1967), 98

Chile

Beiträge im Intergu-Jahrbuch 6, Wien 1987

China

Dietz, Zum neuen Urheberrechtsgesetz der Volksrepublik China – Eine Einführung, GRUR Int. 1990, 905

Dietz, Die neuen Durchführungsvorschriften zum chinesischen Urheberrechtsgesetz – Eine Einführung, GRUR Int. 1991, 703

Gao, Linghan, Zur Durchführung der Berner Übereinkunft in der Volksrepublik China, GRUR Int. 1993, 120

Loeber, Urheberrecht und Verlagswesen in der Volksrepublik China, GRUR Int. 1976, 388

Röttinger, Der Urheberrechtsschutz von Computerprogrammen in China, ZUM 1992, 244

Dänemark

Arnadottir, Datenverarbeitung und Urheberrecht in Dänemark – Die erste nordische Urheberrechtsnovelle im Vergleich, GRUR Int. 1990, 290

Europäische Gemeinschaft

a) *Bis Ende 1990*

v. Bar, Europäisches Gemeinschaftsrecht und deutsches Urheberrecht – Ein kritischer Rechtsprechungsbericht, UFITA 97 (1984), 167

Chatelain, Mittel zur Bekämpfung des Diebstahls von Kunstwerken und ihres unerlaubten Handels im Europa der Neun, Baden-Baden 1978

Cohen Jehoram, Photokopie und europäische Harmonisierung des Urheberrechts, GRUR Int. 1978, 119

Cornish, Die Verbreitung urheberrechtlich geschützter Werke, GRUR Int. 1978, 115

Davies/v. Rauscher, Das Recht der Hersteller von Tonträgern – Zum Urheber- und Leistungsschutzrecht in der Europäischen Gemeinschaft, Schriftenreihe des Max-Planck-Instituts, Heft 21, München 1983

Demaret, Patent- und Urheberschutz, Zwangslizenzen und freier Warenverkehr im Gemeinschaftsrecht, GRUR Int. 1987, 1

Deringer, Fernsehen ohne Grenzen, ZUM 1985, 229

Deringer, Wandlungen des Urheberrechts unter dem Einfluß des europäischen Gemeinschaftsrechts, NJW 1985, 513

Dietz, Möglichkeiten der Harmonisierung des Urheberrechts in Europa, GRUR Int. 1978, 101

Dietz, Das Urheberrecht in der Europäischen Gemeinschaft, Baden-Baden 1978

Dietz, Das primäre Urhebervertragsrecht in der Bundesrepublik Deutschland und in den anderen Mitgliedsstaaten der Europäischen Gemeinschaft, Legislatorischer Befund und Reformüberlegungen, München 1984

v. Gamm, Urheberrechtliche Verwertungsverträge und Einschränkungen durch den EWG-Vertrag, GRUR Int. 1983, 403

Gotzen, Angleichung des Rechts der ausübenden Künstler im Rahmen der EG, GRUR Int. 1980, 471

Gotzen, Das Recht der Interpreten in der Europäischen Wirtschaftsgemeinschaft, Baden-Baden 1980

Gotzen, Gewerbliche Schutzrechte und Urheberrecht in der Rechtsprechung des Europäischen Gerichtshofs zu Art. 30–36 des EWG-Vertrags, GRUR Int. 1984, 146

Herrmann, Europa und die Medien, ZUM 1985, 175

Herrmann, Grenzüberschreitende Fernseh- und Hörfunksendungen im gemeinsamen Markt, GRUR Int. 1984, 578

Knöpfle, Das Recht des Urhebers zur Abwehr von Importen und das Europäische Recht, UFITA 79 (1977), 123

Liebrecht, Die Zweckübertragungslehre im ausländischen Urheberrecht, Deutschsprachige Länder und Europäische Gemeinschaft, Schriftenreihe des Max-Planck-Instituts, Heft 19, München 1983

van Lingen und Vreeken, Die urheberrechtliche und urhebervertragsrechtliche Position literarischer Übersetzer in den Mitgliedstaaten der EG, GRUR Int. 1982, 347

Loewenheim, Schallplattenimport und freier Warenverkehr im gemeinsamen Markt, UFITA 95 (1983), 41

Movsessian, Fernsehen ohne Grenzen und Urheberrechte, ZUM 1985, 306

Nordemann/Vinck/Hertin, Internationales Urheberrecht und Leistungsschutzrecht der deutschsprachigen Länder unter Berücksichtigung auch der Staaten der Europäischen Gemeinschaft, Düsseldorf 1977

Reimer, Urheberrecht und freier Warenverkehr, GRUR Int. 1981, 70

Reischl, Die neueste Entwicklung des Urheberrechts in der Europäischen Gemeinschaft, Intergu-Jahrbuch 6, Wien 1987, S. 363

Reischl, Gewerblicher Rechtsschutz und Urheberrecht in der Rechtsprechung des EuGH, GRUR Int. 1982, 151

Ress (Hrsg.), Entwicklung des Europäischen Urheberrechts, Baden-Baden 1989

Schorn, Das Recht der Interpreten in der Europäischen Wirtschaftsgemeinschaft, GRUR Int. 1983, 167

Schricker, Grenzüberschreitende Fernseh- und Hörfunksendungen im gemeinsamen Markt, GRUR Int. 1984, 592

Schulze, Die Wahrnehmung von Urheberrechten auf dem gemeinsamen Markt, UFITA 71 (1974), 1

Stauder, Die Anwendung des EWG-Gerichtsstands- und Vollstreckungsübereinkommens auf Klagen im Gewerblichen Rechtsschutz und Urheberrecht, GRUR Int. 1976, 465 und 510

Ubertazzi, Urheberrecht und freier Warenverkehr, GRUR Int. 1984, 327

b) *Seit dem „Arbeitsprogramm“ der Kommission 1991*

Castendyk/v. Albrecht, Der Richtlinienvorschlag der EG-Kommission zum Satellitenfernsehen, GRUR Int. 1992, 734

Dreier, Rundfunk und Urheberrecht im Binnenmarkt, GRUR Int. 1991, 13

Gyertyánfty, Zur Angleichung des Urheberrechts der ehemaligen RGW-Staaten an das Urheberrecht der EG-Staaten, GRUR Int. 1992, 176

Haupt, Die völkerrechtlichen Verträge der DDR auf dem Gebiet des Urheberrechts im Blickwinkel der politischen Veränderungen in Europa, ZUM 1992, 285

Karnell, Die Verwertungsgesellschaften in einem zusammenwachsenden Europa, GRUR Int. 1991, 583

Kreile/Becker, Stand der Harmonisierungsbemühungen der EG auf dem Gebiet des Urheberrechts am Vorabend des Europäischen Binnenmarktes, ZUM 1992, 581

Lehmann, Die Europäische Richtlinie über den Schutz von Computerprogrammen, GRUR Int. 1991, 327

v. Lewinski, Der EG-Richtlinienvorschlag zur Harmonisierung der Schutzdauer im Urheber- und Leistungsschutzrecht, GRUR Int. 1992, 725

Loewenheim, Vergütungsregelungen für das private Kopieren von Ton- und audiovisuellen Trägern in der EG, ZUM 1992, 109

Moritz, Die EG-Richtlinie vom 14. Mai 1991 über den Rechtsschutz von Computerprogrammen im Lichte der Bestrebungen zur Harmonisierung des Urheberrechts, GRUR Int. 1991, 697

Röttinger, Der Rechtsschutz von Datenbanken nach EG-Recht, ZUM 1992, 594

Schricker, Urheberrecht zwischen Industrie- und Kulturpolitik, GRUR 1992, 242

Finnland

Schraut, Die Reform des finnischen Urheberrechts von 1984, insbesondere die Einführung einer Leerkassettenabgabe, UFITA 101 (1985), 149, Gesetzestexte, UFITA 101 (1985), 243ff.

Frankreich

Bancks, Eckhard, Die französische Urheberrechtsreform von 1985, Baden-Baden (Nomos) 1991

Desbois, La protection des artistes, interprètes et exécutants d'œuvres musicales et dramatiques en France, UFITA 63 (1972), 109

Dessemontet, Schadenersatz für die Verletzung geistigen Eigentums nach schweizerischem und französischem Recht, GRUR Int. 1980, 272

Flechsig, Der französische Entwurf zur Änderung und Ergänzung des Urheberrechts, GRUR Int. 1985, 287

Françon, Urheberrechtliche Probleme der Reprografie in Forschung und Lehre: Die Rechtslage im internationalen Bereich und in Frankreich, GRUR Int. 1984, 385

Larese, Zum originären Rechtserwerb des Arbeitgebers am Werk des Arbeitnehmers nach französischem Urheberrecht, UFITA 74 (1975), 41

Larese, Zur Unterscheidung der komplexen Werke im französischen Urheberrecht, UFITA 75 (1976), 131

Mellert, Die Urhebervergütung im französischen Urheberrechtsgesetz, Bern 1975

Plaisant, Der Schutz ausländischer Urheber in Frankreich, GRUR Int. 1962, 14

Pollaud-Dulian, Das „Bestimmungsrecht“ (droit de destination), GRUR Int. 1989, 811

Savatier, La distinction, en droit français, de l'œuvre collective et de l'œuvre de collaboration, UFITA 64 (1972), 1

Schadel, Das französische Urhebervertragsrecht, München/Berlin 1966

Schmidt-Szalewski, Die theoretischen Grundlagen des französischen Urheberrechts im 19. und 20. Jahrhundert, GRUR Int. 1993, 187

Schwab, Recht und Praxis der Urheberverwertungsgesellschaften in Frankreich, München (Florentz) 1989

Schulze, Zum Tarifstreit zwischen der französischen Verwertungsgesellschaft SACEM und dem französischen Diskothekenbesitzern, GRUR Int. 1991, 26

Thurow, Das neue französische Urheberrecht, UFITA 104 (1987), 9

Walter, Gemeinschaftsantennen und Rundfunkvermittlungsanlagen im französischen Urheberrecht, UFITA 71 (1974), 93

Griechenland

Asprogerakas-Grivas, Das Urheberrecht in Griechenland, UFITA 51 (1968), 127 und 52, 3

Koutsouradis, Die Entwicklung des Urheberrechts in Griechenland, UFITA 118 (1992), 5

Oekonomidis, Die neueste griechische Rechtsprechung auf dem Gebiet des Urheberrechts, UFITA 66 (1973), 37

Sinanioti, Zum Schutz von Computer-Software nach griechischem Recht, GRUR Int. 1989, 905

Großbritannien

Abel, Die Entwicklung in Großbritannien auf den Gebieten des Urheberrechts und der benachbarten Rechte im Jahre 1969, UFITA 60 (1971), 101

Cornish, Der Schutz des Urheberpersönlichkeitsrechts nach dem neuen britischen Urheberrechtsgesetz von 1988, GRUR Int. 1990, 500

Durie, Der englische Copyright, Design and Patents Act von 1988, GRUR Int. 1990, 832

Eisenreich, Der Schutz des Urheberpersönlichkeitsrechts in Großbritannien, Kanada und Australien, GRUR Int. 1988, 36

Gruber, Urteilsanmerkung zu House of Lords, GRUR Int. 1982, 386, 390 *Past the Post*

Hegemann, Neue Vertragsnormen im britischen Buchverlagswesen, Die Minimum Terms Agreement vom 4. 2. 1987, UFITA 108 (1988), 131

Jackson, Das neue britische Urheberrecht und die internationale Filmindustrie – im Dickicht der Paragraphen, ZUM 1993, 125

Koch, Das englische Urheberrecht unter besonderer Berücksichtigung der Trägerschaft von Urheberrechten bei angestellten Urhebern, UFITA 103 (1986), 85

Pilny, Der englische Verlagsvertrag, München (Florenz) 1990

Rehbinder, Die Neuordnung des englischen Theaterrechts durch den theatres act von 1968, UFITA 57 (1970), 101

Stauder, Umfang und Grenzen der Auskunftspflicht im gewerblichen Rechtsschutz und Urheberrecht, Zur neueren Entwicklung im englischen und deutschen Recht, GRUR Int. 1982, 226

Theatres Act (Text), UFITA 57 (1970), 276

Honkong

Corinth, Gewerblicher Rechtsschutz und Urheberrecht in der brit. Kronkolonie Hongkong, GRUR Int. 1970, 286

Indonesien

Antons, Entwicklung des gewerblichen Rechtsschutzes und Urheberrechts in Indonesien: vom Kolonialen zum nationalen Recht, GRUR Int. 1991, 202

Iran

Gesetz betreffend die Übersetzung und Vervielfältigung von Büchern, Publikationen und Phonogrammen vom 22. 1. 1974, mit Anm. von Dillenz UFITA 72 (1975), 301

Israel

Blum, Grundzüge des gewerblichen Rechtsschutzes und Urheberrechts in Israel, GRUR Int. 1969, 237

Blum, Eine Novelle zum Urheberrechtsgesetz in Israel, GRUR Int. 1970, 364

Weismann, Neuere Entwicklungen im israelischen Urheberrecht, GRUR Int. 1989, 903

Italien

Drude, 10 Jahre drahtloser Privatfunk in Italien – ein Rückblick, UFITA 107 (1988), 127

Fabiani, Der Schutz der Persönlichkeit im Urheberrecht, FS Hubmann S. 87

Liuzzo, Die Verletzung des Urheberpersönlichkeitsrechts durch Werbeeinblendungen in Fernsehprogrammen, GRUR Int. 1989, 110

v. Münchhausen, Der Verlagsvertrag im italienischen Recht, München (Florentz) 1988

Padorani, Die Rechte des Filmproduzenten im italienischen Urheberrecht, GRUR Int. 1988, 664

Patti, Zur Entwicklung des Urheberrechts in Italien, in: FS Reischl, S. 109

Rundfunkgesetz 1975 (Text), UFITA 77 (1976), 179

Straus, Schranken der Verwertungsrechte im italienischen Urheberrecht, GRUR Int. 1980, 350

Ubertazzi, Die italienische Fernsehordnung, UFITA 105 (1987), 119

Ubertazzi, Der urheberrechtliche Schutz von elektronischen Datenbanken in Italien, GRUR Int. 1985, 294

Japan

Gassmann, Japans Rundfunkwesen im Wandel, Der Bericht der Kommission zur Rundfunkpolitik, UFITA 108 (1988), 161

Handa, Ausländische Werke und das innerstaatliche japanische Recht, ZUM 1988, 565

Kitagawa, Allgemeiner Urheberrechtsschutz oder Sonderrecht für Computerprogramme in Japan? – Ein Zwischenbericht, GRUR Int. 1985, 173

Matsukawa, Die juristische Person als Urheber im japanischen Recht, UFITA 118 (1992), 147

Matsumoto, CurrentDevelopments in Japanese Copyright Law, UFITA 102 (1986), 63

Rahn, Sonderschutzgesetz für Computerprogramme in Japan? GRUR Int. 1984, 217

Rahn, Reprografische Vervielfältigung und Urheberrecht in Japan, GRUR Int. 1979, 139

Rehbinder, JASRAC – Die Verwertungsgesellschaft für musikalische Urheberrechte in Japan, FuR 1983, 647

Rehbinder, Urheberrechtsrevisionen in Japan, ZUM 1986, 277

Rehbinder, Gerichtliche Verfügungen und Gesetz gegen den Musikkassettenverleih in Japan, FuR 1984, 378

Saito, Die Sammlung und Verbreitung von Informationen in urheberrechtlicher Sicht, UFITA 102 (1986), 33

Saito, Das neue Urheberrechtsgesetz in Japan, GRUR Int. 1972, 9

Shiono, Telecommunications Law in Japan, UFITA 101 (1985), 121

Jugoslawien

Cigoj, Der Schutz ausländischer Urheber nach jugoslawischem Recht, UFITA 103 (1986), 113

Dietz, Das neue jugoslawische Urheberrechtsgesetz von 1978 aus rechtsvergleichender Sicht, UFITA 94 (1982), 1

Krneta, Zur Entwicklung des Urheberrechts in Jugoslawien, GRUR Int. 1981, 663

Krneta, Das ewige Urheberpersönlichkeitsrecht aus der Sicht des jugoslawischen Rechts, GRUR Int. 1983, 473

Rechtsgrundlage für den Schutz ausübender Künstler in Jugoslawien: Urteil des Obersten Wirtschaftsgerichts vom 20. 12. 1972 m. Anm. v. Straus, GRUR Int. 1974, 329

Spaic, Neue Entwicklungstendenzen im jugoslawischen Urheberrecht, UFITA 50 (1967), 92

Verona, Die Reform des jugoslawischen Urheberrechts, GRUR Int. 1967, 231

Kanada

v. Dewall, Die rechtliche Ordnung des Rundfunks in Kanada, FuR 1973, 154 und 289

Eisenreich, Der Schutz des Urheberpersönlichkeitsrechts in Großbritannien, Kanada und Australien, GRUR Int. 1988, 36

Hayhurst, Gewerblicher Rechtsschutz und Urheberrecht in Kanada, GRUR Int. 1981, 745

Luxemburg

Roeber, Neues Urheberrechtsgesetz in Luxemburg, FuR 1973, 72

Deutscher Text des neuen UrhG UFITA 69 (1973), 199

Mexiko

Nahme, Kulturelle, ideologische und soziale Bedeutung des mexikanischen Urheberrechts, GRUR Int. 1969, 381

Niederlande

Cohen Jehoram, Urheber und Werk: Zwei Kernbegriffe des niederländischen Urheberrechts, GRUR Int. 1991, 605

Cohen Jehoram, Urheberrecht: Eine Sache des Rechts oder der Opportunität? Eine alte Debatte ohne Ende in den Niederlanden, GRUR Int. 1993, 118

Cohen Jehoram, Zehn Cents Urhebervergütung je Photokopie in den Niederlanden, GRUR Int. 1975, 161

Cohen Jehoram, Die Reform des niederländischen Urheberrechtsgesetzes, GRUR Int. 1974, 22

Cohen Jehoram, Erneute Regelung des Reprographierechts im niederländischen Urheberrechtsgesetz? GRUR Int. 1981, 438

Heevel, Leistungsschutz für ausübende Künstler und Tonträgerhersteller in den Niederlanden, GRUR Int. 1990, 204

Krawczyk, Erschöpfungslehre und Vermietungsrechte im niederländischen Urheberrecht, GRUR Int. 1990, 196

Rundfunkgesetz 1967 (Text), UFITA 60 (1971), 202

Verkade, Urteilsanmerkung zu GRUR Int. 1982, 391 (Urheberrecht an wissenschaftlichen Werken)

van Vollenhoven, Das niederländische Rundfunkgesetz von 1967 in urheberrechtlicher Sicht, UFITA 60 (1971), 127

Österreich

Barnas, Die Geschichte der AKM, Österr. Autorenzeitung 4/77, S. 6 und 2/78, S. 8

Dillenz, Die Vergütung für private Überspielung und der Grundsatz der Inländerbehandlung, GRUR Int. 1988, 906

Dittrich, Arbeitnehmer und Urheberrecht, Intergu-Schriftenreihe, Band 55, Wien 1978

Dittrich, Zur urheberrechtlichen Beurteilung von Münzkopierautomaten nach österreichischem Recht, GRUR Int. 1973, 257

Dittrich (Hrsg.), Festschrift 50 Jahre Urheberrechtsgesetz, ÖSGRUM 4, Wien 1986 mit Beiträgen von Blum, Buchner, Dillenz, Dittrich, Edlbauer, Fischer-See, Frotz, Hodik, Holeschofsky, Juranek, Korn, Kuesko, Kunst, Röttinger, Seelik und Walter

Dittrich, Gedanken zum österreichischen Filmurheberrecht, UFITA 59 (1971), 105

Dittrich, Über die Schutzdauer der Opern von Giacomo Puccini in Österreich, FS Roeber II S. 53

Dittrich, Der Stand des österreichischen Urheberrechts im Lichte der neueren Rechtsprechung, GRUR Int. 1963, 11

Dittrich, Der Stand des österreichischen Urheberrechts im Lichte der neueren Rechtsprechung, GRUR Int. 1967, 231

Dittrich, Rechtspolitische Überlegungen zur Schaffung eines Urhebervertragsrechts aus österreichischer Sicht, in: Neuordnung des Urhebervertragsrechts? Schriftenreihe des Instituts für Rundfunkrecht an der Universität zu Köln, Band 21, München 1977, S. 18

Dittrich, Die Übertragung der Rechte des Verlegers nach österreichischem Recht, UFITA 50 (1967), 72

Dittrich, Österreichisches und internationales Urheberrecht, Wien 1974, mit Ergänzungsband 1982

Dittrich, Die österreichische Urheberrechtsgesetznovelle 1972, GRUR Int. 1973, 627

Dittrich, Die österreichische Urheberrechtsgesetznovelle 1980, GRUR Int. 1981, 8

Dittrich, Die österreichische Urheberrechtsnovelle 1982, GRUR Int. 1983, 30

Dittrich, Zum Urheberrechtsschutz von Übersetzungen, UFITA 100 (1985), 139

Dittrich, Zum Schutzumfang nach österreichischem Urheberrecht – Bemerkungen zur „Mart-Stam"-Entscheidung des OGH, GRUR Int. 1993, 200

Dittrich, Die Weiterentwicklung des österreichischen Urheberrechts, GRUR Int. 1971, 50, 78, 124

Dittrich, Die Weiterentwicklung des österreichischen Urheberrechts, GRUR Int. 1991, 774

Dittrich, Urheberrechtsfragen in der täglichen Arbeit des Notariats, FS Kurt Wagner, S. 63

Dittrich, Die Weiterentwicklung des österreichischen Urheberrechts, ZUM 1987, 359

Gounalakis, Urheberrechtliche Probleme der Kabelverbreitung ausländischer Rundfunksendungen, FuR 1983, 463

Handl, Urheberrecht und Kabelfernsehen, Intergu-Jahrbuch 6, Wien 1987

Handl, Zur Novellierung des österreichischen Urheberrechtsgesetzes, FuR 1973, 60

Handl, Der Sozialanteil an der Leercassettenvergütung in Österreich, ZUM 1986, 271

Handl, Die österreichische Urheberrechtsgesetznovelle 1986 in ihren sozialen, kulturellen und ökonomischen Dimensionen, ZUM 1987, 171

Handl, Urheberrechtsprobleme der Filmberichterstattung in Österreich, UFITA 62 (1971), 159

Hillig, Betrachtungen zur Regelung des Kabelfernsehens in der österreichischen Urheberrechtsgesetznovelle 1980 aus nationaler und internationaler Sicht, UFITA 91 (1981), 1

Hodik, Änderungen im österreichischen Urheberrecht, eine Novelle zur Novelle, GRUR Int. 1987, 34 (ders.: ZUM 1987, 171)

Hodik, Immaterialgüter und das Vollrecht daran im österreichischen Recht, UFITA 100 (1985), 109

Hodik, Der Rechtsschutz des Theater- und Konzertveranstalters in Deutschland, Österreich und der Schweiz, GRUR Int. 1984, 421, 605

Hodik, Der Schutz ausländischer Schallträgerhersteller in Österreich, GRUR Int. 1989, 120

Hodik, Die österreichische Urheberrechtsgesetznovelle 1988 – Ein Schritt zur EG? GRUR Int. 1989, 380

Holeschofsky, Die Lehre von der Zweckübertragung im österreichischen Urheberrecht, ÖSGRUM 2, Wien 1987

Holeschofsky, Zur Reform des Urheberrechts in Österreich, UFITA 91 (1981), 81

Holeschofsky, Urheberrechtlich geschützte Werke im Schulgebrauch, FuR 1977, 821

Hunziker, Leistungsschutzrechte nach dem Tode des Interpreten, FuR 1983, 591

Nordemann/Vinck/Hertin, Internationales Urheberrecht und Leistungsschutzrecht der deutschsprachigen Länder unter Berücksichtigung auch der Staaten der Europäischen Gemeinschaft, Düsseldorf 1977

Novelle zum UrhG: Regierungsvorlage, Erläuterungen und Anlagen dazu, UFITA 65, 215; Text der Neufassung und Materialien UFITA 70 (1974), 236

Öhlinger, „Das Gespenst“ und die Freiheit der Kunst in Österreich, ZUM 1985, 190

Röttinger, Neuerungen im österreichischen Urheber- und Wettbewerbsrecht, GRUR Int. 1989, 827

Schönherr/Kucsko, Schadenersatz im Gewerblichen Rechtsschutz und Urheberrecht Österreichs, GRUR Int. 1980, 282

Walter, Zum Begriff des „Medienstücks“ im österreichischen Mediengesetz, ZUM 1985, 200

Walter, Die Film- und Funkberichterstattung über Tagesereignisse, GRUR Int. 1971, 384

Walter, Die Regelung des Kabelfernsehens in der österreichischen Urheberrechtsgesetznovelle 1980, UFITA 91 (1981), 29

Walter, Zur Revision des österreichischen Urheberrechts, GRUR Int. 1974, 429 und 1975, 11

Walter, Der strafrechtliche Schutz im österreichischen Urheber- und Leistungsschutzrecht, FuR 1980, 360

Peru

Dekret Nr. 18, vom 12. 5. 1959 nebst AusführungsVO, UFITA 31 (1960), 96

Polen

Barta/Markiewicz, Das polnische Immaterialgüterrecht im Zeichen des Wandels, GRUR Int. 1990, 89

Dobosz, Allgemeines Persönlichkeitsrecht und Urheberpersönlichkeitsrecht in Polen, GRUR Int. 1984, 745

Kopff, Zur Reform des polnischen Urheberrechts, GRUR Int. 1989, 821

Markiewicz, Freie Verwertung literarischer Werke in fremdem Schaffen im Lichte des polnischen Urheberrechts, UFITA 105 (1987), 45

Portugal

Ohmer, Gewerblicher Rechtsschutz und Urheberrecht in Portugal – Eine Darstellung der neueren Entwicklung, GRUR Int. 1983, 839

Rumänien

Eminescu, Les particularités de la protection des œuvres cinématographiques en droit roumain, GRUR Int. 1973, 260

Eminescu, Aktuelle Probleme des Urheberrechts der europäischen sozialistischen Länder, GRUR Int. 1980, 387

Schweden

Karnell, Die rechtliche Beurteilung der Reprografie in den nordischen Staaten, GRUR Int. 1984, 388

Koktvedgaard, Legal Position of the Performing Artist in Nordic Copyright Law, GRUR Int. 1983, 422

v. Kur, Bestrebungen zur gesetzlichen Regelung der Reprografie für den Schulgebrauch in den nordischen Ländern, GRUR Int. 1981, 441

Lögdberg, Einige Anmerkungen zum schwedischen Recht am fotografischen Bild, FS Roeber II S. 277

Lögdberg, Einige aktuelle Fragen im schwedischen Urheberrecht, UFITA 63 (1972), 67

Lögdberg, Zu den Voraussetzungen des Urheberschutzes nach schwedischem Recht, insbesondere zur Gestaltungshöhe, GRUR Int. 1977, 255

Strömholm, Die neue schwedische Gesetzgebung über die Verantwortlichkeit des Rundfunks, UFITA 57 (1970), 35

Strömholm, Zum Persönlichkeitsschutz im Urheberrecht und im gewerblichen Rechtsschutz, UFITA 62 (1970), 77

Strömholm, Das schwedische Urheberrecht im Spannungsfeld von Kulturpolitik und Technologie, GRUR Int. 1983, 457

Strömholm, Der urheberrechtliche Werkbegriff in der neueren nordischen Rechtslehre, GRUR Int. 1963, 433, 481

Schweiz (s. auch Einl. 7)

Braendli, 100 Jahre schweizerisches Urheberrecht, UFITA 96 (1983), 1

v. Büren, Gedanken zum Werkbegriff in der Praxis des Bundesgerichts und im Entwurf für eine Totalrevision des schweizerischen Urheberrechtsgesetzes, GRUR Int. 1985, 385

v. Büren, Zur Totalrevision des schweizerischen Urheberrechtsgesetzes, GRUR Int. 1988, 569

Dessemontet, Schadenersatz für die Verletzung geistigen Eigentums nach schweizerischem und französischem Recht, GRUR Int. 1980, 272

Dietz, Entwickelt sich das Urheberrecht zu einem gewerblichen Schutzrecht? FS Schönherr S. 111

Festschrift zum einhundertjährigen Bestehen eines eidgenössischen Urheberrechtsgesetzes, hrsg. von der Schweizerischen Vereinigung für Urheberrecht, Schriften zum Medienrecht, Band 11, Bern 1983

Filmgesetz mit Materialien, UFITA 61 (1971), 149

Hefti, Reprografie und Urheberrecht in der Schweiz, FuR 1983, 258

Hodik, Der Rechtsschutz des Theater- und Konzertveranstalters in Deutschland, Österreich und der Schweiz, GRUR Int. 1984, 421, 605

Hunziker, Monismus oder Dualismus im schweizerischen Urheberrecht? UFITA 97 (1984), 127

Hunziker, Urheberrechtliche Schutzfristen, ZUM 1986, 180

Isenegger, Die urheberrechtlichen Probleme bei der Weiterübertragung von Sendungen, Zürich 1983

Kälin, Der urheberrechtliche Vergütungsanspruch bei der Werkverwertung mit Hilfe des Satellitenrundfunks und der Kabelweiterverbreitung, Schriften zum Medien- und Immaterialgüterrecht, Bd. 15, Bern 1986

Kölln, Die Vergütung für Kabelweitersendungen in der Schweiz, GRUR Int. 1984, 267

Larese, Zur Voraussetzung der Untrennbarkeit miturheberrechtlicher Werke nach schweizerischem Recht (Art. 7 URG), UFITA 61 (1971), 9

Nordemann, Stillstand oder Fortschritt? Bemerkungen zur Reform des Urheberrechts in der Schweiz, UFITA 81 (1978), 1

Nordemann, Zum Stand der Urheberrechtsreform in der Schweiz, FS Schönherr (1986), S. 137

Nordemann, Entwicklungsland Schweiz?, in: FS Pedrazzini (1990), S. 629

Portmann, Zur Entwicklung der Rechtsstellung des Arbeitgebers im schweizerischen Urheberrecht, UFITA 106 (1987), 245

Rehbinder, Die Beschränkungen des Urheberrechts zugunsten der Allgemeinheit, FuR 1983, 573

Rehbinder, Rundfunk und Urhebervertragsrecht in der Schweiz, FuR 1978, 660

Rehbinder/Grossenbacher, Schweizerisches Urhebervertragsrecht, Bern 1979

Schlatter-Krüger, Zur Urheberschutzfähigkeit choreographischer Werke in der Bundesrepublik Deutschland und in der Schweiz, GRUR Int. 1985, 299

Spoendlin, Zur staatlichen Prüfung der Tarife der urheberrechtlichen Verwertungsgesellschaften, UFITA 102 (1986), 41

Stern, Zu den Kabelfernsehurteilen des Schweizerischen Bundesgerichts, GRUR Int. 1981, 625

Troller, Der Rechtsschutz von Computerprogrammen in der Schweiz, CR 1987, 232

Uhl, Von der Übertragbarkeit zur Unübertragbarkeit im schweizerischen Urheberrecht? FS Uchtenhagen S. 149

Wyler, Der Kunstverlag aus urheber- und urhebervertragsrechtlicher Sicht, FuR 1983, 481

Senegal

Ndiaye, Bemerkungen zum Urheberrecht im Senegal, GRUR Int. 1993, 123
–, Der Schutz der Folklore im Senegal, GRUR Int. 1993, 296

Singapur

Streitferdt/Rust, Das neue Urheberrecht der Republik Singapur, GRUR Int. 1988, 233

Sowjetunion (s. auch § 121 Bem. 3)

Boguslavskij, Die Bildung der Gemeinschaft unabhängiger Staaten und der gegenwärtige Stand des gewerblichen Rechtsschutzes und des Urheberrechts in der ehemaligen Sowjetunion, GRUR Int. 1992, 341

Boytha, Das Urheberrechtsabkommen zwischen der Sowjetunion und Ungarn im Spiegel der jüngsten Entwicklung der Urheberrechte beider Staaten, GRUR Int. 1962, 439

Charuto, Einige Fragen des Sowjetischen Urheberrechts und rechtliche Aspekte der Tätigkeit der VAAP, FuR 1977, 371

Dietz, Die Änderungen des sowjetischen Urheberrechts anläßlich des Beitritts der Sowjetunion zum Welturheberrechtsabkommen, FuR 1973, 214

Dillenz, Die Sowjetunion und das Urheberrecht, FuR 1973, 613

Gavrilov, Die neuere Entwicklung des sowjetischen Urheberrechts, GRUR Int. 1991, 338

Gavrilov, Gegenwärtiger Stand und Perspektiven des Schutzes des geistigen Eigentums in der Russischen Föderation, GRUR Int. 1992, 893

Gavrilov, Zur Entwicklung des sowjetischen Urheberrechts, GRUR Int. 1983, 782

Knap, Neues Urheberrechtsgesetz in der RSFSR, UFITA 43 (1964), 113

Loeber, Urheberrecht der Sowjetunion (Einführung und Quellen), Frankfurt/M. 1966

Straus, Grundfragen des sowjetischen Urheberrechts, GRUR Int. 1979, 194

Tschechoslowakei

Haupt, Zur Novellierung des Urheberrechts, insbesondere zur Einführung einer Kassettenabgabe und Ausleihtantieme in der CSFR, GRUR Int. 1992, 41 (dazu Bericht in GRUR Int. 1990, 891)

Knap, Besteuerung der Urheber und ausübenden Künstler in der Tschechoslowakei, FuR 1976, 757

Knap, Entwicklungstendenzen im Urheberrecht der Tschechoslowakei, FuR 1984, 300

Knap, Grundzüge der persönlichkeitsrechtlichen Theorie im sozialistischen Urheberrecht, UFITA 79 (1977), 99

Knap, Die Stellung der Tschechoslowakei im internationalen Urheberrecht, UFITA 34 (1961), 129

Knap, Die neue tschechoslowakische Urheberrechtsgesetzgebung, UFITA 44 (1965), 313

Knap, Urheberstrafrecht in den sozialistischen Ländern Europas, FuR 1980, 374

Knap, Der Werkbestellungsvertrag im tschechoslowakischen Urheberrecht, UFITA 49 (1967), 77

Tunesien

Mezghani, Zum Stand des Urheberrechts in Tunis, GRUR Int. 1983, 792

Türkei

Doganay, Wer kann gemäß den Vorschriften des Gesetzes über Geistes- und Kunstwerke nach dem Tode des Urhebers dessen immaterielle Rechte wahrnehmen? UFITA 98 (1984), 71

Hirsch, Die Reform des türkischen Urheberrechtsgesetzes, UFITA 98 (1984), 83

Mentha, Türkisches Urheberrecht und Berner Übereinkunft, UFITA 36 (1962), 55

Ungarn

Boytha, Film und Fernsehen im ungarischen Urheberrecht, UFITA 64 (1972), 83

Boytha, Das Urheberrecht der Ungarischen Volksrepublik, Berlin 1974

Gyertyánfy, Durch mehrere Urheber verfaßte Werke, FS Uchtenhagen S. 221

Gyertyánfy, Zur Angleichung des Urheberrechts der ehemaligen RGW-Staaten an das Urheberrecht der EG-Staaten, GRUR Int. 1992, 176

Palàgyi, Das neue ungarische Urheberrechtsgesetz, GRUR Int. 1970, 185

Vida, Die Immaterialgüterrechte im ungarischen Gesetz über das Internationale Privatrecht, GRUR Int. 1980, 213

Vida, Gewerblicher Rechtsschutz und Urheberrecht in Ungarn, GRUR Int. 1967, 94

Vida, Der ungarische Sachverständigenausschuß für Urheberrecht und die Rechtsprechung, GRUR Int. 1983, 462

Vida, Urheberrechtlicher Schutz von Computer-Software in Ungarn, GRUR Int. 1982, 521

USA

a) *Altes Recht:*

Cary, Copyright – Eintragung und Rechenprogramme, GRUR Int. 1964, 623

Colby, Die Dauer des Urheberrechtsschutzes in den Vereinigten Staaten, UFITA 32 (1960), 1

Derenberg, Die Rechtssituation in den USA 1969 und 1970, UFITA 62 (1971), 29

Pöllath, Die Besteuerung der Erträge von gewerblichen Schutzrechten und Urheberrechten in den USA, GRUR Int. 1976, 375

Rie, Zur Problematik des amerikanischen Folgerechts, UFITA 60 (1971), 87

Rumphorst, Das Filmurheberrecht in den USA, GRUR Int. 1973, 10

Schneider, Freigabe der deutschen Alturheberrechte in den Vereinigten Staaten von Amerika, UFITA 39 (1963), 40

Schumann, Fair Use im amerikanischen Urheberrecht, GRUR Int. 1969, 125

b) *Reform und neues Recht:*

Bauer, Urheberrechtsschutz von Computerprogrammen in den USA, GRUR Int. 1984, 136

Bauer, Videoaufzeichnung von Fernsehsendungen in den USA, GRUR Int. 1984, 395

Baumgarten/Meyer, Die Bedeutung des Beitritts der USA zur Berner Übereinkunft, GRUR Int. 1989, 620

Billings, Kopierfreiheit für Bibliotheken und Archive in den USA, GRUR Int. 1986, 614

Colby, Auftragswerke im Urheberrechtsgesetz der Vereinigten Staaten, FuR 1983, 303 (ausführliche englische Fassung: UFITA 97 (1984), 141).

Colby, The First Sale Doctrine – The Defense that never was? UFITA 100 (1985), 165

v. Dewall, Zum rundfunkrechtlichen Entgegnungsrecht in den USA, UFITA 69 (1973), 121

Dieselhorst, Das Ende des „amoralen" Copyrights? GRUR Int. 1992, 902

Dietz, Die USA und das „droit moral": Idiosynkrasie oder Annäherung? GRUR Int. 1989, 627

Dreier, Das Urheberpersönlichkeitsrecht in den USA: Erste gesetzliche Ansätze im Bereich der bildenden Kunst, GRUR Int. 1985, 525

Drexl, Zur Dauer des US-amerikanischen Urhebern gewährten Schutzes in der Bundesrepublik Deutschland, GRUR Int. 1990, 35

Ginsburg, Urheberpersönlichkeitsrechte im Rechtssystem des Common Law, GRUR Int. 1991, 593

Goldman, Vorarbeiten und Empfehlungen zur Urheberrechtsreform in den USA, GRUR Int. 1962, 234

Goldstein, Was ist Copyright? GRUR Int. 1991, 767

Hegemann, Der „Rückruf" im US-Urheberrechtsgesetz von 1976: Eine selbstgerechte Sachnorm? UFITA 108 (1988), 91

Hegemann, Der Rückruf im US-amerikanischen Urheberrechtsgesetz, GRUR Int. 1988, 402

Hoeren, Charles Dickens und das internationale Urheberrecht, GRUR Int. 1993, 195

Kroher, USA – Änderung des Urheberrechtsgesetzes mit Blick auf den Verleih von Tonträgern, GRUR Int. 1985, 71

Kunstadt, Folgerecht im amerikanischen Bundesstaat Kalifornien, GRUR Int. 1977, 325

Kunstadt, Urheberschutz für ausländische Kunstwerke in den USA: Die ungelöste Frage der „Veröffentlichung“, GRUR Int. 1977, 22

Mössdorf, Die Rechte des Bearbeiters im Fall einer Erneuerung des Urheberrechts nach dem Recht der Vereienigten Staaten, UFITA 116 (1991), 113

Nordemann/Roeber (Hrsg.), Das neue Copyright Law der USA, Berlin 1978 (= UFITA 82 [1978]), mit folgenden Beiträgen:

Nordemann, Einführung, S. 1

Oman, Urheberrecht, Halbleiterprogramme und Computerchips in den USA, GRUR Int. 1992, 886

v. Westerholt-Weissthanner, Das neue amerikanische Urheberrecht – ein Überblick über die wichtigsten Bestimmungen, S. 5

v. Bar, Die Schutzfristenregelung im neuen US-Copyrightgesetz und ihre Bedeutung für den internationalen Urheberrechtsschutz, S. 37

Bernstein, Zeitliche Elemente im neuen Urheberrecht der USA, S. 53

Braveman, Revolutionärer Kompromiß: Urheberrechtsinhaber und Übertragung des Urheberrechts im Urheberrechtsgesetz der Vereinigten Staaten, S. 77

Françon, Reflexions d'un juriste français à propos de la loi américaine de 1976 sur le droit d'auteur, S. 129; Überlegungen eines französischen Juristen hinsichtlich des amerikanischen Urheberrechtsgesetzes von 1976 (Deutsche Fassung), S. 145

Kunstadt, Das Copyright Law von 1976 und die RBÜ: Annäherung ohne Einklang, S. 161

Meyer, Urheberrechtsschutzklage nach dem neuen US-Urheberrechtsgesetz (Copyright Act), S. 169

Meyers, Tonaufzeichnungen und das neue US-Copyrightgesetz, S. 191

Rie, Kabelfernsehen und Copyright. Ein Beitrag zur Durchforstung des neuen US-Urheberrechtsgesetzes, S. 213

Ropski/Cooperman, Schadenersatz bei Verletzungen geistigen Eigentums in den USA, GRUR Int. 1990, 411

Rumphorst, Hörfunk – Fernsehen – Film im neuen US Copyright Act, S. 235

Schulze, Copyright Royalty Tribunal, S. 297

Sieger, Die Übersetzungs-Lizenzverträge im deutsch-amerikanischen Rechtsverkehr, S. 287

Nordemann, A./Scheuermann, Der Beitritt zur USA zur Revidierten Berner Übereinkunft – Bericht über ein Berliner Urheberrechts-Symposium, GRUR Int. 1990, 945

Pagenberg, Die amerikanische Schadenersatzpraxis im gewerblichen Rechtsschutz und Urheberrecht, GRUR Int. 1980, 286

Platho, Die gesetzliche Lizenz für Kabelverbreitung im amerikanischen Urheberrechtsgesetz und ihre praktische Durchführung durch das Copyright Office, GRUR Int. 1984, 598

Poll, Der angestellte Urheber im deutschen und amerikanischen Recht, Diss. Augsburg 1972

Rie, Ein neues Copyright, Darstellung des Entwurfs einer neuen Urheberrechtsakte der Vereinigten Staaten: Eine Studie de lege ferenda, UFITA 54 (1969), 37

Rie, Das Folgerecht in den Vereinigten Staaten, UFITA 87 (1980), 165

Rie, Stil und Copyright. Zum Problem der Schutzwürdigkeit des ausübenden Künstlers im amerikanischen Urheberrecht, UFITA 84 (1979), 27

Rie, Das amerikanische Tantiemengericht. Eine neue Behörde und ihre Verfahrensordnung, UFITA 86 (1980), 145

Spindler, Das neue amerikanische Urheberrechtsgesetz, GRUR Int. 1977, 421

Spindler, Die Urheberrechtsreform in den Vereinigten Staaten, GRUR Int. 1970, 171

Sterling, Die Urheberrechtsreform in den Vereinigten Staaten, UFITA 50 (1967), 853

Text des neuen Copyright Law, UFITA 82 (1978), 317 = Nordemann/Roeber S. 317

Wagner-Silva Tarouca, Der Urheberschutz der ausübenden Künstler und der Tonträgerproduzenten in den USA, Schriftenreihe des Max-Planck-Instituts, Heft 20, München 1983

Wente, Grundzüge des Rundfunkrechts in den Vereinigten Staaten von Amerika, UFITA 103 (1986), 131

Winkel, Das Verhältnis von Markenschutz zu Musterschutz und Urheberrecht in den USA, GRUR Int. 1978, 18

Vatikanstaat

Schulz, Der Schutz des geistigen Eigentums im Vatikanstaat, in: FS Reischl, S. 119

Gesetz über Urheberrecht und verwandte Schutzrechte (Urheberrechtsgesetz)

vom 9. September 1965 (BGBl. I 1273)

In der Fassung des Ersten Gesetzes zur Reform des Strafrechts vom 25. Juni 1969 (BGBl. I 645) – § 111 –, des Kostenermächtigungs-Änderungsgesetzes vom 23. Juni 1970 (BGBl. I 805) – § 138 –, des Gesetzes zur Änderung des Urheberrechtsgesetzes vom 10. November 1972 (BGBl. I 2081) – §§ 26, 27, 46, 62, 135a –, des Gesetzes vom 17. August 1973 (BGBl. II 1069) – § 133 –, des Einführungsgesetzes zum StGB vom 2. März 1974 (BGBl. I 469) – §§ 106–111 –, des Gesetzes zur Änderung von Vorschriften auf dem Gebiet des Urheberrechts vom 24. Juni 1985 (BGBl. I 1137) – §§ 2, 3, 47, 49, 52–54, 68, 72, 87, 108a, 111, 137a –, des Opferschutzgesetzes vom 18. Dezember 1986 (BGBl. I 2496) – § 110 –, des Produktpirateriegesetzes vom 7. März 1990 (BGBl. I 422) – §§ 54, 70, 71, 82, 98, 99, 101a, 102, 106, 107, 108, 108a, 110, 111a, 137b, 137c – und des Zweiten Gesetzes zur Änderung des Urheberrechtsgesetzes vom 9. Juni 1993 (BGBl. I 910) – §§ 69a bis 69g –, des Gesetzes zur Anpassung des EWR-Ausführungsgesetzes vom 27. September 1993 (BGBl. I 1666) – §§ 69c, 111a –.

Erster Teil · **Urheberrecht**

Erster Abschnitt · **Allgemeines**

§ 1

Die Urheber von Werken der Literatur, Wissenschaft und Kunst genießen für ihre Werke Schutz nach Maßgabe dieses Gesetzes.

Zweiter Abschnitt · **Das Werk**

§ 2 Geschützte Werke

(1) Zu den geschützten Werken der Literatur, Wissenschaft und Kunst gehören insbesondere:

1. Sprachwerke, wie Schriftwerke, Reden und Computerprogramme;
2. Werke der Musik;
3. pantomimische Werke einschließlich der Werke der Tanzkunst;
4. Werke der bildenden Künste einschließlich der Werke der Baukunst und der angewandten Kunst und Entwürfe solcher Werke;
5. Lichtbildwerke einschließlich der Werke, die ähnlich wie Lichtbildwerke geschaffen werden;
6. Filmwerke einschließlich der Werke, die ähnlich wie Filmwerke geschaffen werden;
7. Darstellungen wissenschaftlicher oder technischer Art, wie Zeichnungen, Pläne, Karten, Skizzen, Tabellen und plastische Darstellungen.

(2) Werke im Sinne dieses Gesetzes sind nur persönliche geistige Schöpfungen.

§ 3 Bearbeitungen

Übersetzungen und andere Bearbeitungen eines Werkes, die persönliche geistige Schöpfungen des Bearbeiters sind, werden unbeschadet des Urheberrechts am bearbeiteten Werk wie selbständige Werke geschützt. Die nur unwesentliche Bearbeitung eines nicht geschützten Werkes der Musik wird nicht als selbständiges Werk geschützt.

§ 4 Sammelwerke

Sammlungen von Werken oder anderen Beiträgen, die durch Auslese oder

Anordnung eine persönliche geistige Schöpfung sind (Sammelwerke), werden unbeschadet des Urheberrechts an den aufgenommenen Werken wie selbständige Werke geschützt.

§ 5 Amtliche Werke

(1) Gesetze, Verordnungen, amtliche Erlasse und Bekanntmachungen sowie Entscheidungen und amtlich verfaßte Leitsätze zu Entscheidungen genießen keinen urheberrechtlichen Schutz.

(2) Das gleiche gilt für andere amtliche Werke, die im amtlichen Interesse zur allgemeinen Kenntnisnahme veröffentlicht worden sind, mit der Einschränkung, daß die Bestimmungen über Änderungsverbot und Quellenangabe in § 62 Abs. 1 bis 3 und § 63 Abs. 1 und 2 entsprechend anzuwenden sind.

§ 6 Veröffentlichte und erschienene Werke

(1) Ein Werk ist veröffentlicht, wenn es mit Zustimmung des Berechtigten der Öffentlichkeit zugänglich gemacht worden ist.

(2) Ein Werk ist erschienen, wenn mit Zustimmung des Berechtigten Vervielfältigungsstücke des Werkes nach ihrer Herstellung in genügender Anzahl der Öffentlichkeit angeboten oder in Verkehr gebracht worden sind. Ein Werk der bildenden Künste gilt auch dann als erschienen, wenn das Original oder ein Vervielfältigungsstück des Werkes mit Zustimmung des Berechtigten bleibend der Öffentlichkeit zugänglich ist.

Dritter Abschnitt · **Der Urheber**

§ 7 Urheber

Urheber ist der Schöpfer des Werkes.

§ 8 Miturheber

(1) Haben mehrere ein Werk gemeinsam geschaffen, ohne daß sich ihre Anteile gesondert verwerten lassen, so sind sie Miturheber des Werkes.

(2) Das Recht zur Veröffentlichung und zur Verwertung des Werkes steht den Miturhebern zur gesamten Hand zu; Änderungen des Werkes sind nur mit Einwilligung der Miturheber zulässig. Ein Miturheber darf jedoch seine Einwilligung zur Veröffentlichung, Verwertung oder Änderung nicht wider Treu und Glauben verweigern. Jeder Miturheber ist berechtigt, Ansprüche aus Verletzungen des gemeinsamen Urheberrechts geltend zu machen; er kann jedoch nur Leistung an alle Miturheber verlangen.

(3) Die Erträgnisse aus der Nutzung des Werkes gebühren den Miturhebern nach dem Umfang ihrer Mitwirkung an der Schöpfung des Werkes, wenn nichts anderes zwischen den Miturhebern vereinbart ist.

(4) Ein Miturheber kann auf seinen Anteil an den Verwertungsrechten (§ 15) verzichten. Der Verzicht ist den anderen Miturhebern gegenüber zu erklären. Mit der Erklärung wächst der Anteil den anderen Miturhebern zu.

§ 9 Urheber verbundener Werke

Haben mehrere Urheber ihre Werke zu gemeinsamer Verwertung miteinander verbunden, so kann jeder vom anderen die Einwilligung zur Veröffentlichung, Verwertung und Änderung der verbundenen Werke verlangen, wenn die Einwilligung dem anderen nach Treu und Glauben zuzumuten ist.

§ 10 Vermutung der Urheberschaft

(1) Wer auf den Vervielfältigungsstücken eines erschienenen Werkes oder auf dem Original eines Werkes der bildenden Künste in der üblichen Weise als Urheber bezeichnet ist, wird bis zum Beweis des Gegenteils als Urheber des Werkes angesehen; dies gilt auch für eine Bezeichnung, die als Deckname oder Künstlerzeichen des Urhebers bekannt ist.

(2) Ist der Urheber nicht nach Absatz 1 bezeichnet, so wird vermutet, daß derjenige ermächtigt ist, die Rechte des Urhebers geltend zu machen, der auf den Vervielfältigungsstücken des Werkes als Herausgeber bezeichnet ist. Ist kein Herausgeber angegeben, so wird vermutet, daß der Verleger ermächtigt ist.

Vierter Abschnitt · **Inhalt des Urheberrechts**

1. Allgemeines

§ 11

Das Urheberrecht schützt den Urheber in seinen geistigen und persönlichen Beziehungen zum Werk und in der Nutzung des Werkes.

2. Urheberpersönlichkeitsrecht

§ 12 Veröffentlichungsrecht

(1) Der Urheber hat das Recht zu bestimmen, ob und wie sein Werk zu veröffentlichen ist.

(2) Dem Urheber ist es vorbehalten, den Inhalt seines Werkes öffentlich mitzuteilen oder zu beschreiben, solange weder das Werk noch der wesentliche Inhalt oder eine Beschreibung des Werkes mit seiner Zustimmung veröffentlicht ist.

§ 13 Anerkennung der Urheberschaft

Der Urheber hat das Recht auf Anerkennung seiner Urheberschaft am Werk. Er kann bestimmen, ob das Werk mit einer Urheberbezeichnung zu versehen und welche Bezeichnung zu verwenden ist.

§ 14 Entstellung des Werkes

Der Urheber hat das Recht, eine Entstellung oder eine andere Beeinträchtigung seines Werkes zu verbieten, die geeignet ist, seine berechtigten geistigen oder persönlichen Interessen am Werk zu gefährden.

3. Verwertungsrechte

§ 15 Allgemeines

(1) Der Urheber hat das ausschließliche Recht, sein Werk in körperlicher Form zu verwerten; das Recht umfaßt insbesondere
1. das Vervielfältigungsrecht (§ 16),
2. das Verbreitungsrecht (§ 17),
3. das Ausstellungsrecht (§ 18).

(2) Der Urheber hat ferner das ausschließliche Recht, sein Werk in unkörperlicher Form öffentlich wiederzugeben (Recht der öffentlichen Wiedergabe); das Recht umfaßt insbesondere
1. das Vortrags-, Aufführungs- und Vorführungsrecht (§ 19),
2. das Senderecht (§ 20),
3. das Recht der Wiedergabe durch Bild- oder Tonträger (§ 21),
4. das Recht der Wiedergabe von Funksendungen (§ 22).

(3) Die Wiedergabe eines Werkes ist öffentlich, wenn sie für eine Mehrzahl von Personen bestimmt ist, es sei denn, daß der Kreis dieser Personen bestimmt abgegrenzt ist und sie durch gegenseitige Beziehungen oder durch Beziehung zum Veranstalter persönlich untereinander verbunden sind.

§ 16 Vervielfältigungsrecht

(1) Das Vervielfältigungsrecht ist das Recht, Vervielfältigungsstücke des Werkes herzustellen, gleichviel in welchem Verfahren und in welcher Zahl.

(2) Eine Vervielfältigung ist auch die Übertragung des Werkes auf Vorrichtungen

zur wiederholbaren Wiedergabe von Bild- oder Tonfolgen (Bild- oder Tonträger), gleichviel, ob es sich um die Aufnahme einer Wiedergabe des Werkes auf einen Bild- oder Tonträger oder um die Übertragung des Werkes von einem Bild- oder Tonträger auf einen anderen handelt.

§ 17 Verbreitungsrecht

(1) Das Verbreitungsrecht ist das Recht, das Original oder Vervielfältigungsstücke des Werkes der Öffentlichkeit anzubieten oder in Verkehr zu bringen.

(2) Sind das Original oder Vervielfältigungsstücke des Werkes mit Zustimmung des zur Verbreitung im Geltungsbereich dieses Gesetzes Berechtigten im Wege der Veräußerung in Verkehr gebracht worden, so ist ihre Weiterverbreitung zulässig.

§ 18 Ausstellungsrecht

Das Ausstellungsrecht ist das Recht, das Original oder Vervielfältigungsstücke eines unveröffentlichten Werkes der bildenden Künste oder eines unveröffentlichten Lichtbildwerkes öffentlich zur Schau zu stellen.

§ 19 Vortrags-, Aufführungs- und Vorführungsrecht

(1) Das Vortragsrecht ist das Recht, ein Sprachwerk durch persönliche Darbietung öffentlich zu Gehör zu bringen.

(2) Das Aufführungsrecht ist das Recht, ein Werk der Musik durch persönliche Darbietung zu Gehör zu bringen oder ein Werk öffentlich bühnenmäßig darzustellen.

(3) Das Vortrags- und das Aufführungsrecht umfassen das Recht, Vorträge und Aufführungen außerhalb des Raumes, in dem die persönliche Darbietung stattfindet, durch Bildschirm, Lautsprecher oder ähnliche technische Einrichtungen öffentlich wahrnehmbar zu machen.

(4) Das Vorführungsrecht ist das Recht, ein Werk der bildenden Künste, ein Lichtbildwerk, ein Filmwerk oder Darstellungen wissenschaftlicher oder technischer Art durch technische Einrichtungen öffentlich wahrnehmbar zu machen. Das Vorführungsrecht umfaßt nicht das Recht, die Funksendung solcher Werke öffentlich wahrnehmbar zu machen (§ 22).

§ 20 Senderecht

Das Senderecht ist das Recht, das Werk durch Funk, wie Ton- und Fernsehrundfunk, Drahtfunk oder ähnliche technische Einrichtungen, der Öffentlichkeit zugänglich zu machen.

§ 21 Recht der Wiedergabe durch Bild- oder Tonträger

Das Recht der Wiedergabe durch Bild- oder Tonträger ist das Recht, Vorträge oder Aufführungen des Werkes mittels Bild- oder Tonträger öffentlich wahrnehmbar zu machen. § 19 Abs. 3 gilt entsprechend.

§ 22 Recht der Wiedergabe von Funksendungen

Das Recht der Wiedergabe von Funksendungen ist das Recht, Funksendungen des Werkes durch Bildschirm, Lautsprecher oder ähnliche technische Einrichtungen öffentlich wahrnehmbar zu machen. § 19 Abs. 3 gilt entsprechend.

§ 23 Bearbeitungen und Umgestaltungen

Bearbeitungen oder andere Umgestaltungen des Werkes dürfen nur mit Einwilligung des Urhebers des bearbeiteten oder umgestalteten Werkes veröffentlicht oder verwertet werden. Handelt es sich um eine Verfilmung des Werkes, um die Ausführung von Plänen und Entwürfen eines Werkes der bildenden Künste oder um den Nachbau eines Werkes der Baukunst, so bedarf bereits das Herstellen der Bearbeitung oder Umgestaltung der Einwilligung des Urhebers.

§ 24 Freie Benutzung

(1) Ein selbständiges Werk, das in freier Benutzung des Werkes eines anderen geschaffen worden ist, darf ohne Zustimmung des Urhebers des benutzten Werkes veröffentlicht und verwertet werden.

(2) Absatz 1 gilt nicht für die Benutzung eines Werkes der Musik, durch welche eine Melodie erkennbar dem Werk entnommen und einem neuen Werk zugrunde gelegt wird.

4. Sonstige Rechte des Urhebers

§ 25 Zugang zu Werkstücken

(1) Der Urheber kann vom Besitzer des Originals oder eines Vervielfältigungsstückes seines Werkes verlangen, daß er ihm das Original oder das Vervielfältigungsstück zugänglich macht, soweit dies zur Herstellung von Vervielfältigungsstücken oder Bearbeitungen des Werkes erforderlich ist und nicht berechtigte Interessen des Besitzers entgegenstehen.

(2) Der Besitzer ist nicht verpflichtet, das Original oder das Vervielfältigungsstück dem Urheber herauszugeben.

§ 26 Folgerecht

(1) Wird das Original eines Werkes der bildenden Künste weiterveräußert und ist hieran ein Kunsthändler oder Versteigerer als Erwerber, Veräußerer oder Vermittler beteiligt, so hat der Veräußerer dem Urheber einen Anteil in Höhe von fünf vom Hundert des Veräußerungserlöses zu entrichten. Die Verpflichtung entfällt, wenn der Veräußerungserlös weniger als einhundert Deutsche Mark beträgt.

(2) Der Urheber kann auf seinen Anteil im voraus nicht verzichten. Die Anwartschaft darauf unterliegt nicht der Zwangsvollstreckung; eine Verfügung über die Anwartschaft ist unwirksam.

(3) Der Urheber kann von einem Kunsthändler oder Versteigerer Auskunft darüber verlangen, welche Originale von Werken des Urhebers innerhalb des letzten vor dem Auskunftsersuchen abgelaufenen Kalenderjahres unter Beteiligung des Kunsthändlers oder Versteigerers weiterveräußert wurden.

(4) Der Urheber kann, soweit dies zur Durchsetzung seines Anspruchs gegen den Veräußerer erforderlich ist, von dem Kunsthändler oder Versteigerer Auskunft über den Namen und die Anschrift des Veräußerers sowie über die Höhe des Veräußerungserlöses verlangen. Der Kunsthändler oder Versteigerer darf die Auskunft über Namen und Anschrift des Veräußerers verweigern, wenn er dem Urheber den Anteil entrichtet.

(5) Die Ansprüche nach den Absätzen 3 und 4 können nur durch eine Verwertungsgesellschaft geltend gemacht werden.

(6) Bestehen begründete Zweifel an der Richtigkeit oder Vollständigkeit einer Auskunft nach Absatz 3 oder 4, so kann die Verwertungsgesellschaft verlangen, daß nach Wahl des Auskunftspflichtigen ihr oder einem von ihm zu bestimmenden Wirtschaftsprüfer oder vereidigten Buchprüfer Einsicht in die Geschäftsbücher oder sonstige Urkunden soweit gewährt wird, wie dies zur Feststellung der Richtigkeit oder Vollständigkeit der Auskunft erforderlich ist. Erweist sich die Auskunft als unrichtig oder unvollständig, so hat der Auskunftspflichtige die Kosten der Prüfung zu erstatten.

(7) Die Ansprüche des Urhebers verjähren in zehn Jahren.

(8) Die vorstehenden Bestimmungen sind auf Werke der Baukunst und der angewandten Kunst nicht anzuwenden.

§ 27 Vermieten und Verleihen von Vervielfältigungsstücken

(1) Für das Vermieten oder Verleihen von Vervielfältigungsstücken eines Werkes, deren Weiterverbreitung nach § 17 Abs. 2 zulässig ist, ist dem Urheber eine angemessene Vergütung zu zahlen, wenn das Vermieten oder Verleihen Erwerbszwecken des Vermieters oder Verleihers dient oder die Vervielfältigungs-

stücke durch eine der Öffentlichkeit zugängliche Einrichtung (Bücherei, Schallplattensammlung oder Sammlung anderer Vervielfältigungsstücke) vermietet oder verliehen werden. Der Vergütungsanspruch kann nur durch eine Verwertungsgesellschaft geltend gemacht werden.

(2) Absatz 1 ist nicht anzuwenden, wenn das Werk ausschließlich zum Zweck des Vermietens oder Verleihens erschienen ist oder die Vervielfältigungsstücke im Rahmen eines Arbeits- oder Dienstverhältnisses ausschließlich zu dem Zweck verliehen werden, sie bei der Erfüllung von Verpflichtungen aus dem Arbeits- oder Dienstverhältnis zu benutzen.

Fünfter Abschnitt · **Rechtsverkehr im Urheberrecht**

1. Rechtsnachfolge in das Urheberrecht

§ 28 Vererbung des Urheberrechts

(1) Das Urheberrecht ist vererblich.

(2) Der Urheber kann durch letztwillige Verfügung die Ausübung des Urheberrechts einem Testamentsvollstrecker übertragen. § 2210 des Bürgerlichen Gesetzbuchs ist nicht anzuwenden.

§ 29 Übertragung des Urheberrechts

Das Urheberrecht kann in Erfüllung einer Verfügung von Todes wegen oder an Miterben im Wege der Erbauseinandersetzung übertragen werden. Im übrigen ist es nicht übertragbar.

§ 30 Rechtsnachfolger des Urhebers

Der Rechtsnachfolger des Urhebers hat die dem Urheber nach diesem Gesetz zustehenden Rechte, soweit nichts anderes bestimmt ist.

2. Nutzungsrechte

§ 31 Einräumung von Nutzungsrechten

(1) Der Urheber kann einem anderen das Recht einräumen, das Werk auf einzelne oder alle Nutzungsarten zu nutzen (Nutzungsrecht). Das Nutzungsrecht kann als einfaches oder ausschließliches Recht eingeräumt werden.

(2) Das einfache Nutzungsrecht berechtigt den Inhaber, das Werk neben dem Urheber oder anderen Berechtigten auf die ihm erlaubte Art zu nutzen.

(3) Das ausschließliche Nutzungsrecht berechtigt den Inhaber, das Werk unter Ausschluß aller anderen Personen einschließlich des Urhebers auf die ihm erlaubte Art zu nutzen und einfache Nutzungsrechte einzuräumen. § 35 bleibt unberührt.

(4) Die Einräumung von Nutzungsrechten für noch nicht bekannte Nutzungsarten sowie Verpflichtungen hierzu sind unwirksam.

(5) Sind bei der Einräumung des Nutzungsrechts die Nutzungsarten, auf die sich das Recht erstrecken soll, nicht einzeln bezeichnet, so bestimmt sich der Umfang des Nutzungsrechts nach dem mit seiner Einräumung verfolgten Zweck.

§ 32 Beschränkung von Nutzungsrechten

Das Nutzungsrecht kann räumlich, zeitlich oder inhaltlich beschränkt eingeräumt werden.

§ 33 Weiterwirkung einfacher Nutzungsrechte

Ein einfaches Nutzungsrecht, das der Urheber vor Einräumung eines ausschließlichen Nutzungsrechts eingeräumt hat, bleibt gegenüber dem Inhaber des ausschließlichen Nutzungsrechts wirksam, wenn nichts anderes zwischen dem Urheber und dem Inhaber des einfachen Nutzungsrechts vereinbart ist.

§ 34 Übertragung von Nutzungsrechten

(1) Ein Nutzungsrecht kann nur mit Zustimmung des Urhebers übertragen werden. Der Urheber darf die Zustimmung nicht wider Treu und Glauben verweigern.

(2) Werden mit dem Nutzungsrecht an einem Sammelwerk (§ 4) Nutzungsrechte an den in das Sammelwerk aufgenommenen einzelnen Werken übertragen, so genügt die Zustimmung des Urhebers des Sammelwerkes.

(3) Ein Nutzungsrecht kann ohne Zustimmung des Urhebers übertragen werden, wenn die Übertragung im Rahmen der Gesamtveräußerung eines Unternehmens oder der Veräußerung von Teilen eines Unternehmens geschieht.

(4) Abweichende Vereinbarungen zwischen dem Inhaber des Nutzungsrechts und dem Urheber sind zulässig.

(5) Ist die Übertragung des Nutzungsrechts nach Vertrag oder kraft Gesetzes ohne Zustimmung des Urhebers zulässig, so haftet der Erwerber gesamtschuldnerisch für die Erfüllung der sich aus dem Vertrag mit dem Urheber ergebenden Verpflichtungen des Veräußerers.

§ 35 Einräumung einfacher Nutzungsrechte

(1) Der Inhaber eines ausschließlichen Nutzungsrechts kann einfache Nutzungsrechte nur mit Zustimmung des Urhebers einräumen. Der Zustimmung bedarf es nicht, wenn das ausschließliche Nutzungsrecht nur zur Wahrnehmung der Belange des Urhebers eingeräumt ist.

(2) Die Bestimmungen in § 34 Abs. 1 Satz 2, Abs. 2 und Abs. 4 sind entsprechend anzuwenden.

§ 36 Beteiligung des Urhebers

(1) Hat der Urheber einem anderen ein Nutzungsrecht zu Bedingungen eingeräumt, die dazu führen, daß die vereinbarte Gegenleistung unter Berücksichtigung der gesamten Beziehungen des Urhebers zu dem anderen in einem groben Mißverhältnis zu den Erträgnissen aus der Nutzung des Werkes steht, so ist der andere auf Verlangen des Urhebers verpflichtet, in eine Änderung des Vertrages einzuwilligen, durch die dem Urheber eine den Umständen nach angemessene Beteiligung an den Erträgnissen gewährt wird.

(2) Der Anspruch verjährt in zwei Jahren von dem Zeitpunkt an, in dem der Urheber von den Umständen, aus denen sich der Anspruch ergibt, Kenntnis erlangt, ohne Rücksicht auf diese Kenntnis in zehn Jahren.

(3) Auf den Anspruch kann im voraus nicht verzichtet werden. Die Anwartschaft darauf unterliegt nicht der Zwangsvollstreckung; eine Verfügung über die Anwartschaft ist unwirksam.

§ 37 Verträge über die Einräumung von Nutzungsrechten

(1) Räumt der Urheber einem anderen ein Nutzungsrecht am Werk ein, so verbleibt ihm im Zweifel das Recht der Einwilligung zur Veröffentlichung oder Verwertung einer Bearbeitung des Werkes.

(2) Räumt der Urheber einem anderen ein Nutzungsrecht zur Vervielfältigung des Werkes ein, so verbleibt ihm im Zweifel das Recht, das Werk auf Bild- oder Tonträger zu übertragen.

(3) Räumt der Urheber einem anderen ein Nutzungsrecht zu einer öffentlichen Wiedergabe des Werkes ein, so ist dieser im Zweifel nicht berechtigt, die Wiedergabe außerhalb der Veranstaltung, für die sie bestimmt ist, durch Bildschirm, Lautsprecher oder ähnliche technische Einrichtungen öffentlich wahrnehmbar zu machen.

§ 38 Beiträge zu Sammlungen

(1) Gestattet der Urheber die Aufnahme des Werkes in eine periodisch erscheinende Sammlung, so erwirbt der Verleger oder Herausgeber im Zweifel ein ausschließliches Nutzungsrecht zur Vervielfältigung und Verbreitung. Jedoch darf

der Urheber das Werk nach Ablauf eines Jahres seit Erscheinen anderweit vervielfältigen und verbreiten, wenn nichts anderes vereinbart ist.

(2) Absatz 1 Satz 2 gilt auch für einen Beitrag zu einer nicht periodisch erscheinenden Sammlung, für dessen Überlassung dem Urheber kein Anspruch auf Vergütung zusteht.

(3) Wird der Beitrag einer Zeitung überlassen, so erwirbt der Verleger oder Herausgeber ein einfaches Nutzungsrecht, wenn nichts anderes vereinbart ist. Räumt der Urheber ein ausschließliches Nutzungsrecht ein, so ist er sogleich nach Erscheinen des Beitrags berechtigt, ihn anderweit zu vervielfältigen und zu verbreiten, wenn nichts anderes vereinbart ist.

§ 39 Änderungen des Werkes

(1) Der Inhaber eines Nutzungsrechts darf das Werk, dessen Titel oder Urheberbezeichnung (§ 10 Abs. 1) nicht ändern, wenn nichts anderes vereinbart ist.

(2) Änderungen des Werkes und seines Titels, zu denen der Urheber seine Einwilligung nach Treu und Glauben nicht versagen kann, sind zulässig.

§ 40 Verträge über künftige Werke

(1) Ein Vertrag, durch den sich der Urheber zur Einräumung von Nutzungsrechten an künftigen Werken verpflichtet, die überhaupt nicht näher oder nur der Gattung nach bestimmt sind, bedarf der schriftlichen Form. Er kann von beiden Vertragsteilen nach Ablauf von fünf Jahren seit dem Abschluß des Vertrages gekündigt werden. Die Kündigungsfrist beträgt sechs Monate, wenn keine kürzere Frist vereinbart ist.

(2) Auf das Kündigungsrecht kann im voraus nicht verzichtet werden. Andere vertragliche oder gesetzliche Kündigungsrechte bleiben unberührt.

(3) Wenn in Erfüllung des Vertrages Nutzungsrechte an künftigen Werken eingeräumt worden sind, wird mit Beendigung des Vertrages die Verfügung hinsichtlich der Werke unwirksam, die zu diesem Zeitpunkt noch nicht abgeliefert sind.

§ 41 Rückrufsrecht wegen Nichtausübung

(1) Übt der Inhaber eines ausschließlichen Nutzungsrechts das Recht nicht oder nur unzureichend aus und werden dadurch berechtigte Interessen des Urhebers erheblich verletzt, so kann dieser das Nutzungsrecht zurückrufen. Dies gilt nicht, wenn die Nichtausübung oder die unzureichende Ausübung des Nutzungsrechts überwiegend auf Umständen beruht, deren Behebung dem Urheber zuzumuten ist.

(2) Das Rückrufsrecht kann nicht vor Ablauf von zwei Jahren seit Einräumung oder Übertragung des Nutzungsrechts oder, wenn das Werk später abgeliefert wird, seit der Ablieferung geltend gemacht werden. Bei einem Beitrag zu einer Zeitung beträgt die Frist drei Monate, bei einem Beitrag zu einer Zeitschrift, die monatlich oder in kürzeren Abständen erscheint, sechs Monate und bei einem Beitrag zu anderen Zeitschriften ein Jahr.

(3) Der Rückruf kann erst erklärt werden, nachdem der Urheber dem Inhaber des Nutzungsrechts unter Ankündigung des Rückrufs eine angemessene Nachfrist zur zureichenden Ausübung des Nutzungsrechts bestimmt hat. Der Bestimmung der Nachfrist bedarf es nicht, wenn die Ausübung des Nutzungsrechts seinem Inhaber unmöglich ist oder von ihm verweigert wird oder wenn durch die Gewährung einer Nachfrist überwiegende Interessen des Urhebers gefährdet würden.

(4) Auf das Rückrufsrecht kann im voraus nicht verzichtet werden. Seine Ausübung kann im voraus für mehr als fünf Jahre nicht ausgeschlossen werden.

(5) Mit Wirksamwerden des Rückrufs erlischt das Nutzungsrecht.

(6) Der Urheber hat den Betroffenen zu entschädigen, wenn und soweit es der Billigkeit entspricht.

(7) Rechte und Ansprüche der Beteiligten nach anderen gesetzlichen Vorschriften bleiben unberührt.

§ 42 Rückrufsrecht wegen gewandelter Überzeugung

(1) Der Urheber kann ein Nutzungsrecht gegenüber dem Inhaber zurückrufen, wenn das Werk seiner Überzeugung nicht mehr entspricht und ihm deshalb die Verwertung des Werkes nicht mehr zugemutet werden kann. Der Rechtsnachfolger des Urhebers (§ 30) kann den Rückruf nur erklären, wenn er nachweist, daß der Urheber vor seinem Tode zum Rückruf berechtigt gewesen wäre und an der Erklärung des Rückrufs gehindert war oder diese letztwillig verfügt hat.

(2) Auf das Rückrufsrecht kann im voraus nicht verzichtet werden. Seine Ausübung kann nicht ausgeschlossen werden.

(3) Der Urheber hat den Inhaber des Nutzungsrechts angemessen zu entschädigen. Die Entschädigung muß mindestens die Aufwendungen decken, die der Inhaber des Nutzungsrechts bis zur Erklärung des Rückrufs gemacht hat; jedoch bleiben hierbei Aufwendungen, die auf bereits gezogene Nutzungen entfallen, außer Betracht. Der Rückruf wird erst wirksam, wenn der Urheber die Aufwendungen ersetzt oder Sicherheit dafür geleistet hat. Der Inhaber des Nutzungsrechts hat dem Urheber binnen einer Frist von drei Monaten nach Erklärung des Rückrufs die Aufwendungen mitzuteilen; kommt er dieser Pflicht nicht nach, so wird der Rückruf bereits mit Ablauf dieser Frist wirksam.

(4) Will der Urheber nach Rückruf das Werk wieder verwerten, so ist er verpflichtet, dem früheren Inhaber des Nutzungsrechts ein entsprechendes Nutzungsrecht zu angemessenen Bedingungen anzubieten.

(5) Die Bestimmungen in § 41 Abs. 5 und 7 sind entsprechend anzuwenden.

§ 43 Urheber in Arbeits- oder Dienstverhältnissen

Die Vorschriften dieses Unterabschnitts sind auch anzuwenden, wenn der Urheber das Werk in Erfüllung seiner Verpflichtungen aus einem Arbeits- oder Dienstverhältnis geschaffen hat, soweit sich aus dem Inhalt oder dem Wesen des Arbeits- oder Dienstverhältnisses nichts anderes ergibt.

§ 44 Veräußerung des Originals des Werkes

(1) Veräußert der Urheber das Original des Werkes, so räumt er damit im Zweifel dem Erwerber ein Nutzungsrecht nicht ein.

(2) Der Eigentümer des Originals eines Werkes der bildenden Künste oder eines Lichtbildwerkes ist berechtigt, das Werk öffentlich auszustellen, auch wenn es noch nicht veröffentlicht ist, es sei denn, daß der Urheber dies bei der Veräußerung des Originals ausdrücklich ausgeschlossen hat.

Sechster Abschnitt · **Schranken des Urheberrechts**

§ 45 Rechtspflege und öffentliche Sicherheit

(1) Zulässig ist, einzelne Vervielfältigungsstücke von Werken zur Verwendung in Verfahren vor einem Gericht, einem Schiedsgericht oder einer Behörde herzustellen oder herstellen zu lassen.

(2) Gerichte und Behörden dürfen für Zwecke der Rechtspflege und der öffentlichen Sicherheit Bildnisse vervielfältigen oder vervielfältigen lassen.

(3) Unter den gleichen Voraussetzungen wie die Vervielfältigung ist auch die Verbreitung, öffentliche Ausstellung und öffentliche Wiedergabe der Werke zulässig.

§ 46 Sammlungen für Kirchen-, Schul- oder Unterrichtsgebrauch

(1) Zulässig ist die Vervielfältigung und Verbreitung, wenn Teile von Werken, Sprachwerke oder Werke der Musik von geringem Umfang, einzelne Werke der bildenden Künste oder einzelne Lichtbildwerke nach dem Erscheinen in eine Sammlung aufgenommen werden, die Werke einer größeren Anzahl von Urhebern vereinigt und nach ihrer Beschaffenheit nur für den Kirchen-, Schul- oder Unterrichtsgebrauch bestimmt ist. Auf der Titelseite oder an einer entsprechenden Stelle der Sammlung ist deutlich anzugeben, wozu sie bestimmt ist.

(2) Absatz 1 gilt für Werke der Musik, die in eine für den Musikunterricht bestimmte Sammlung aufgenommen werden, nur, wenn es sich um eine Sammlung für den Musikunterricht in Schulen mit Ausnahme der Musikschulen handelt.

(3) Mit der Vervielfältigung darf erst begonnen werden, wenn die Absicht, von der Berechtigung nach Absatz 1 Gebrauch zu machen, dem Urheber oder, wenn sein Wohnort oder Aufenthaltsort unbekannt ist, dem Inhaber des ausschließlichen Nutzungsrechts durch eingeschriebenen Brief mitgeteilt worden ist und seit Absendung des Briefes zwei Wochen verstrichen sind. Ist auch der Wohnort oder Aufenthaltsort des Inhabers des ausschließlichen Nutzungsrechts unbekannt, so kann die Mitteilung durch Veröffentlichung im Bundesanzeiger bewirkt werden.

(4) Für die Vervielfältigung und Verbreitung ist dem Urheber eine angemessene Vergütung zu zahlen.

(5) Der Urheber kann die Vervielfältigung und Verbreitung verbieten, wenn das Werk seiner Überzeugung nicht mehr entspricht, ihm deshalb die Verwertung des Werkes nicht mehr zugemutet werden kann und er ein etwa bestehendes Nutzungsrecht aus diesem Grunde zurückgerufen hat (§ 42). Die Bestimmungen in § 136 Abs. 1 und 2 sind entsprechend anzuwenden.

§ 47 Schulfunksendungen

(1) Schulen sowie Einrichtungen der Lehrerbildung und der Lehrerfortbildung dürfen einzelne Vervielfältigungsstücke von Werken, die innerhalb einer Schulfunksendung gesendet werden, durch Übertragung der Werke auf Bild- oder Tonträger herstellen. Das gleiche gilt für Heime der Jugendhilfe und die staatlichen Landesbildstellen oder vergleichbare Einrichtungen in öffentlicher Trägerschaft.

(2) Die Bild- oder Tonträger dürfen nur für den Unterricht verwendet werden. Sie sind spätestens am Ende des auf die Übertragung der Schulfunksendung folgenden Schuljahres zu löschen, es sei denn, daß dem Urheber eine angemessene Vergütung gezahlt wird.

§ 48 Öffentliche Reden

(1) Zulässig ist

1. die Vervielfältigung und Verbreitung von Reden über Tagesfragen in Zeitungen sowie in Zeitschriften oder anderen Informationsblättern, die im wesentlichen den Tagesinteressen Rechnung tragen, wenn die Reden bei öffentlichen Versammlungen oder im Rundfunk gehalten worden sind, sowie die öffentliche Wiedergabe solcher Reden,
2. die Vervielfältigung, Verbreitung und öffentliche Wiedergabe von Reden, die bei öffentlichen Verhandlungen vor staatlichen, kommunalen oder kirchlichen Organen gehalten worden sind.

(2) Unzulässig ist jedoch die Vervielfältigung und Verbreitung der in Absatz 1 Nr. 2 bezeichneten Reden in Form einer Sammlung, die überwiegend Reden desselben Urhebers enthält.

§ 49 Zeitungsartikel und Rundfunkkommentare

(1) Zulässig ist die Vervielfältigung und Verbreitung einzelner Rundfunkkommentare und einzelner Artikel aus Zeitungen und anderen lediglich Tagesinteressen dienenden Informationsblättern in anderen Zeitungen und Informationsblättern dieser Art sowie die öffentliche Wiedergabe solcher Kommentare und Artikel, wenn sie politische, wirtschaftliche oder religiöse Tagesfragen betreffen und nicht mit einem Vorbehalt der Rechte versehen sind. Für die Vervielfältigung, Verbreitung und öffentliche Wiedergabe ist dem Urheber eine angemessene Vergütung zu zahlen, es sei denn, daß es sich um eine Vervielfältigung, Verbreitung oder öffentliche Wiedergabe kurzer Auszüge aus mehreren Kommentaren oder Artikeln in Form einer Übersicht handelt. Der Anspruch kann nur durch eine Verwertungsgesellschaft geltend gemacht werden.

(2) Unbeschränkt zulässig ist die Vervielfältigung, Verbreitung und öffentliche Wiedergabe von vermischten Nachrichten tatsächlichen Inhalts und von

Tagesneuigkeiten, die durch Presse oder Funk veröffentlicht worden sind; ein durch andere gesetzliche Vorschriften gewährter Schutz bleibt unberührt.

§ 50 Bild- und Tonberichterstattung

Zur Bild- und Tonberichterstattung über Tagesereignisse durch Funk und Film sowie in Zeitungen oder Zeitschriften, die im wesentlichen den Tagesinteressen Rechnung tragen, dürfen Werke, die im Verlauf der Vorgänge, über die berichtet wird, wahrnehmbar werden, in einem durch den Zweck gebotenen Umfang vervielfältigt, verbreitet und öffentlich wiedergegeben werden.

§ 51 Zitate

Zulässig ist die Vervielfältigung, Verbreitung und öffentliche Wiedergabe, wenn in einem durch den Zweck gebotenen Umfang

1. einzelne Werke nach dem Erscheinen in ein selbständiges wissenschaftliches Werk zur Erläuterung des Inhalts aufgenommen werden,
2. Stellen eines Werkes nach der Veröffentlichung in einem selbständigen Sprachwerk angeführt werden,
3. einzelne Stellen eines erschienenen Werkes der Musik in einem selbständigen Werk der Musik angeführt werden.

§ 52 Öffentliche Wiedergabe

(1) Zulässig ist die öffentliche Wiedergabe eines erschienenen Werkes, wenn die Wiedergabe keinem Erwerbszweck des Veranstalters dient, die Teilnehmer ohne Entgelt zugelassen werden und im Falle des Vortrages oder der Aufführung des Werkes keiner der ausübenden Künstler (§ 73) eine besondere Vergütung erhält. Für die Wiedergabe ist eine angemessene Vergütung zu zahlen. Die Vergütungspflicht entfällt für Veranstaltungen der Jugendhilfe, der Sozialhilfe, der Alten- und Wohlfahrtspflege, der Gefangenenbetreuung sowie für Schulveranstaltungen, sofern sie nach ihrer sozialen oder erzieherischen Zweckbestimmung nur einem bestimmt abgegrenzten Kreis von Personen zugänglich sind. Dies gilt nicht, wenn die Veranstaltung dem Erwerbszweck eines Dritten dient; in diesem Fall hat der Dritte die Vergütung zu zahlen.

(2) Zulässig ist die öffentliche Wiedergabe eines erschienenen Werkes auch bei einem Gottesdienst oder einer kirchlichen Feier der Kirchen oder Religionsgemeinschaften. Jedoch hat der Veranstalter dem Urheber eine angemessene Vergütung zu zahlen.

(3) Öffentliche bühnenmäßige Aufführungen und Funksendungen eines Werkes sowie öffentliche Vorführungen eines Filmwerkes sind stets nur mit Einwilligung des Berechtigten zulässig.

§ 53 Vervielfältigungen zum privaten und sonstigen eigenen Gebrauch

(1) Zulässig ist, einzelne Vervielfältigungsstücke eines Werkes zum privaten Gebrauch herzustellen. Der zur Vervielfältigung Befugte darf die Vervielfältigungsstücke auch durch einen anderen herstellen lassen; doch gilt dies für die Übertragung von Werken auf Bild- oder Tonträger und die Vervielfältigung von Werken der bildenden Künste nur, wenn es unentgeltlich geschieht.

(2) Zulässig ist, einzelne Vervielfältigungsstücke eines Werkes herzustellen oder herstellen zu lassen

1. zum eigenen wissenschaftlichen Gebrauch, wenn und soweit die Vervielfältigung zu diesem Zweck geboten ist,
2. zur Aufnahme in ein eigenes Archiv, wenn und soweit die Vervielfältigung zu diesem Zweck geboten ist und als Vorlage für die Vervielfältigung ein eigenes Werkstück benutzt wird,
3. zur eigenen Unterrichtung über Tagesfragen, wenn es sich um ein durch Funk gesendetes Werk handelt,
4. zum sonstigen eigenen Gebrauch,
   a) wenn es sich um kleine Teile eines erschienenen Werkes oder um einzelne Beiträge handelt, die in Zeitungen oder Zeitschriften erschienen sind,

b) wenn es sich um ein seit mindestens zwei Jahren vergriffenes Werk handelt.

(3) Zulässig ist, Vervielfältigungsstücke von kleinen Teilen eines Druckwerkes oder von einzelnen Beiträgen, die in Zeitungen oder Zeitschriften erschienen sind, zum eigenen Gebrauch

1. im Schulunterricht, in nichtgewerblichen Einrichtungen der Aus- und Weiterbildung sowie in Einrichtungen der Berufsbildung in der für eine Schulklasse erforderlichen Anzahl oder
2. für staatliche Prüfungen und Prüfungen in Schulen, Hochschulen, in nichtgewerblichen Einrichtungen der Aus- und Weiterbildung sowie in der Berufsbildung in der erforderlichen Anzahl

herzustellen oder herstellen zu lassen, wenn und soweit die Vervielfältigung zu diesem Zweck geboten ist.

(4) Die Vervielfältigung

a) graphischer Aufzeichnungen von Werken der Musik,
b) eines Buches oder einer Zeitschrift, wenn es sich um eine im wesentlichen vollständige Vervielfältigung handelt,

ist, soweit sie nicht durch Abschreiben vorgenommen wird, stets nur mit Einwilligung des Berechtigten zulässig oder unter den Voraussetzungen des Absatzes 2 Nr. 2 oder zum eigenen Gebrauch, wenn es sich um ein seit mindestens zwei Jahren vergriffenes Werk handelt.

(5) Die Vervielfältigungsstücke dürfen weder verbreitet noch zu öffentlichen Wiedergaben benutzt werden. Zulässig ist jedoch, rechtmäßig hergestellte Vervielfältigungsstücke von Zeitungen und vergriffenen Werken sowie solche Werkstücke zu verleihen, bei denen kleine beschädigte oder abhanden gekommene Teile durch Vervielfältigungsstücke ersetzt worden sind.

(6) Die Aufnahme öffentlicher Vorträge, Aufführungen oder Vorführungen eines Werkes auf Bild- oder Tonträger, die Ausführung von Plänen und Entwürfen zu Werken der bildenden Künste und der Nachbau eines Werkes der Baukunst sind stets nur mit Einwilligung des Berechtigten zulässig.

§ 54 Vergütungspflicht*

(1) Ist nach der Art eines Werkes zu erwarten, daß es durch Aufnahme von Funksendungen auf Bild- oder Tonträger oder durch Übertragung von einem Bild- oder Tonträger auf einen anderen nach § 53 Abs. 1 oder 2 vervielfältigt wird, so hat der Urheber des Werkes gegen den Hersteller

1. von Geräten und
2. von Bild- und Tonträgern,

die erkennbar zur Vornahme solcher Vervielfältigungen bestimmt sind, Anspruch auf Zahlung einer angemessenen Vergütung für die durch die Veräußerung der Geräte sowie der Bild- oder Tonträger geschaffene Möglichkeit, solche Vervielfältigungen vorzunehmen; neben dem Hersteller haftet als Gesamtschuldner, wer die Geräte oder die Bild- oder Tonträger in den Geltungsbereich dieses Gesetzes gewerblich einführt oder wiedereinführt.

(2) Ist nach der Art eines Werkes zu erwarten, daß es nach § 53 Abs. 1 bis 3 durch Ablichtung eines Werkstücks oder in einem Verfahren vergleichbarer Wirkung vervielfältigt wird, so hat der Urheber des Werkes gegen den Hersteller von Geräten, die zur Vornahme solcher Vervielfältigungen bestimmt sind, Anspruch auf Zahlung einer angemessenen Vergütung für die durch die Veräußerung oder ein sonstiges Inverkehrbringen der Geräte geschaffene Möglichkeit, solche Vervielfältigungen vorzunehmen; neben dem Hersteller haftet als Gesamtschuldner, wer die Geräte in den Geltungsbereich dieses Gesetzes gewerblich einführt oder wiedereinführt. Werden Geräte dieser Art in Schulen, Hochschulen sowie Einrichtungen der Berufsbildung oder der sonstigen Aus- und Weiterbildung

---

* Siehe Anlage Seite 13.

(Bildungseinrichtungen), Forschungseinrichtungen, öffentlichen Bibliotheken oder in Einrichtungen betrieben, die Geräte für die Herstellung von Ablichtungen entgeltlich bereithalten, so hat der Urheber auch gegen den Betreiber des Gerätes einen Anspruch auf Zahlung einer angemessenen Vergütung. Die Höhe der von dem Betreiber insgesamt geschuldeten Vergütung bemißt sich nach der Art und dem Umfang der Nutzung des Gerätes, die nach den Umständen, insbesondere nach dem Standort und der üblichen Verwendung, wahrscheinlich ist.

(3) Der Anspruch nach den Absätzen 1 und 2 Satz 1 entfällt, soweit nach den Umständen mit Wahrscheinlichkeit erwartet werden kann, daß die Geräte oder die Bild- oder Tonträger zur Vornahme der Vervielfältigungen im Geltungsbereich dieses Gesetzes nicht benutzt werden.

(4) Als angemessene Vergütung nach den Absätzen 1 und 2 gelten die in der Anlage bestimmten Sätze, soweit nicht etwas anderes vereinbart wird. In Rechnungen für die Veräußerung oder ein sonstiges Inverkehrbringen der Geräte nach Absatz 2 Satz 1 ist auf die auf das Gerät entfallende Urhebervergütung hinzuweisen.

(5) Der Urheber kann von den nach den Absätzen 1 und 2 zur Zahlung der Vergütung Verpflichteten Auskunft über die Art und Stückzahl der im Geltungsbereich dieses Gesetzes veräußerten oder in Verkehr gebrachten Geräte und Bild- oder Tonträger verlangen. Der Urheber kann von dem Betreiber eines Gerätes in einer Einrichtung im Sinne des Absatzes 2 Satz 2 die für die Bemessung der Vergütung erforderliche Auskunft verlangen. Kommt der Auskunftspflichtige seiner Auskunftspflicht nicht, nur unvollständig oder sonst unrichtig nach, so kann der doppelte Vergütungssatz verlangt werden.

(6) Die Ansprüche nach den Absätzen 1, 2 und 5 können nur durch eine Verwertungsgesellschaft geltend gemacht werden. Jedem Berechtigten steht ein angemessener Anteil an den nach den Absätzen 1 und 2 gezahlten Vergütungen zu.

*** Anlage zu § 54: Vergütungssätze**

I. Vergütung nach § 54 Abs. 1:
Die Vergütung aller Berechtigten beträgt
1. für jedes Tonaufzeichnungsgerät 2,50 DM
2. für jedes Bildaufzeichnungsgerät: mit oder ohne Tonteil 18,00 DM
3. bei Tonträgern für jede Stunde Spieldauer: bei üblicher Nutzung 0,12 DM
4. bei Bildträgern für jede Stunde Spieldauer: bei üblicher Nutzung 0,17 DM
5. Für jedes Ton- und Bildaufzeichnungsgerät, für dessen Betrieb nach seiner Bauart gesonderte Träger (Nummern 3 und 4) nicht erforderlich sind, das Doppelte der Vergütungssätze nach den Nummern 1 und 2.

II. Vergütung nach § 54 Abs. 2:
1. Die Vergütung aller Berechtigten nach § 54 Abs. 2 Satz 1 beträgt für jedes Vervielfältigungsgerät mit einer Leistung
von 2 bis 12 Vervielfältigungen je Minute 75.– DM
von 13 bis 35 Vervielfältigungen je Minute 100.– DM
von 36 bis 70 Vervielfältigungen je Minute 150.– DM
über 70 Vervielfältigungen je Minute 600.– DM
2. Die Vergütung aller Berechtigten nach § 54 Abs. 2 Satz 2 beträgt für jede DIN-A4-Seite der Ablichtung
a) bei Ablichtungen, die aus ausschließlich für den Schulgebrauch bestimmten, von einer Landesbehörde als Schulbuch zugelassenen Büchern hergestellt werden 0,05 DM
b) bei allen übrigen Ablichtungen 0,02 DM
3. Bei Vervielfältigungsgeräten, mit denen mehrfarbige Ablichtungen hergestellt werden können, und bei mehrfarbigen Ablichtungen ist der doppelte Vergütungssatz anzuwenden.
4. Bei Vervielfältigungsverfahren vergleichbarer Wirkung sind diese Vergütungssätze entsprechend anzuwenden.

§ 55 Vervielfältigung durch Sendeunternehmen

(1) Ein Sendeunternehmen, das zur Funksendung eines Werkes berechtigt ist, darf das Werk mit eigenen Mitteln auf Bild- oder Tonträger übertragen, um diese zur Funksendung über jeden seiner Sender oder Richtstrahler je einmal zu benutzen. Die Bild- oder Tonträger sind spätestens einen Monat nach der ersten Funksendung des Werkes zu löschen.

(2) Bild- oder Tonträger, die außergewöhnlichen dokumentarischen Wert haben, brauchen nicht gelöscht zu werden, wenn sie in ein amtliches Archiv aufgenommen werden. Von der Aufnahme in das Archiv ist der Urheber unverzüglich zu benachrichtigen.

§ 56 Vervielfältigung und öffentliche Wiedergabe durch Geschäftsbetriebe

(1) In Geschäftsbetrieben, die Bild- oder Tonträger, Geräte zu deren Herstellung oder Wiedergabe oder zum Empfang von Funksendungen vertreiben oder instandsetzen, dürfen Werke auf Bild- oder Tonträger übertragen und mittels Bild- oder Tonträger öffentlich wiedergegeben sowie Funksendungen von Werken öffentlich wahrnehmbar gemacht werden, soweit dies notwendig ist, um Kunden diese Geräte und Vorrichtungen vorzuführen oder um die Geräte instandzusetzen.

(2) Nach Absatz 1 hergestellte Bild- oder Tonträger sind unverzüglich zu löschen.

§ 57 Unwesentliches Beiwerk

Zulässig ist die Vervielfältigung, Verbreitung und öffentliche Wiedergabe von Werken, wenn sie als unwesentliches Beiwerk neben dem eigentlichen Gegenstand der Vervielfältigung, Verbreitung oder öffentlichen Wiedergabe anzusehen sind.

§ 58 Katalogbilder

Zulässig ist, öffentlich ausgestellte sowie zur öffentlichen Ausstellung oder zur Versteigerung bestimmte Werke der bildenden Künste in Verzeichnissen, die zur Durchführung der Ausstellung oder Versteigerung vom Veranstalter herausgegeben werden, zu vervielfältigen und zu verbreiten.

§ 59 Werke an öffentlichen Plätzen

(1) Zulässig ist, Werke, die sich bleibend an öffentlichen Wegen, Straßen oder Plätzen befinden, mit Mitteln der Malerei oder Graphik, durch Lichtbild oder durch Film zu vervielfältigen, zu verbreiten und öffentlich wiederzugeben. Bei Bauwerken erstrecken sich diese Befugnisse nur auf die äußere Ansicht.

(2) Die Vervielfältigungen dürfen nicht an einem Bauwerk vorgenommen werden.

§ 60 Bildnisse

(1) Der Besteller eines Bildnisses oder sein Rechtsnachfolger darf es durch Lichtbild vervielfältigen oder vervielfältigen lassen. Handelt es sich bei dem Bildnis um ein Lichtbildwerk, so ist die Vervielfältigung auch auf andere Weise als durch Lichtbild zulässig. Die Vervielfältigungsstücke dürfen unentgeltlich verbreitet werden.

(2) Die gleichen Rechte stehen bei einem auf Bestellung geschaffenen Bildnis dem Abgebildeten, nach seinem Tode seinen Angehörigen zu.

(3) Angehörige im Sinne des Absatzes 2 sind der Ehegatte und die Kinder oder, wenn weder ein Ehegatte noch Kinder vorhanden sind, die Eltern.

§ 61 Zwangslizenz zur Herstellung von Tonträgern

(1) Ist einem Hersteller von Tonträgern ein Nutzungsrecht an einem Werk der Musik eingeräumt worden mit dem Inhalt, das Werk zu gewerblichen Zwecken auf Tonträger zu übertragen und diese zu vervielfältigen und zu verbreiten, so ist der Urheber verpflichtet, jedem anderen Hersteller von Tonträgern, der im Geltungsbereich dieses Gesetzes seine Hauptniederlassung oder seinen Wohnsitz hat, nach Erscheinen des Werkes gleichfalls ein Nutzungsrecht mit diesem Inhalt zu angemessenen Bedingungen einzuräumen; dies gilt nicht, wenn das bezeichnete Nutzungsrecht erlaubterweise von einer Verwertungsgesellschaft wahrgenommen wird oder wenn das Werk der Überzeugung des Urhebers nicht mehr entspricht, ihm deshalb die Verwertung des Werkes nicht mehr zugemutet werden kann und er ein etwa bestehendes Nutzungsrecht aus diesem Grunde zurückgerufen hat. Der Urheber ist nicht verpflichtet, die Benutzung des Werkes zur Herstellung eines Films zu gestatten.

(2) Gegenüber einem Hersteller von Tonträgern, der weder seine Hauptniederlassung noch seinen Wohnsitz im Geltungsbereich dieses Gesetzes hat, besteht die Verpflichtung nach Absatz 1, soweit in dem Staat, in dem er seine Hauptniederlassung oder seinen Wohnsitz hat, den Herstellern von Tonträgern, die ihre Hauptniederlassung oder ihren Wohnsitz im Geltungsbereich dieses Gesetzes haben, nach einer Bekanntmachung des Bundesministers der Justiz im Bundesgesetzblatt ein entsprechendes Recht gewährt wird.

(3) Das nach den vorstehenden Bestimmungen einzuräumende Nutzungsrecht wirkt nur im Geltungsbereich dieses Gesetzes und für die Ausfuhr nach Staaten, in denen das Werk keinen Schutz gegen die Übertragung auf Tonträger genießt.

(4) Hat der Urheber einem anderen das ausschließliche Nutzungsrecht eingeräumt mit dem Inhalt, das Werk zu gewerblichen Zwecken auf Tonträger zu übertragen und diese zu vervielfältigen und zu verbreiten, so gelten die vorstehenden Bestimmungen mit der Maßgabe, daß der Inhaber des ausschließlichen Nutzungsrechts zur Einräumung des in Absatz 1 bezeichneten Nutzungsrechts verpflichtet ist.

(5) Auf ein Sprachwerk, das als Text mit einem Werk der Musik verbunden ist, sind die vorstehenden Bestimmungen entsprechend anzuwenden, wenn einem Hersteller von Tonträgern ein Nutzungsrecht eingeräumt worden ist mit dem Inhalt, das Sprachwerk in Verbindung mit dem Werk der Musik auf Tonträger zu übertragen und diese zu vervielfältigen und zu verbreiten.

(6) Für Klagen, durch die ein Anspruch auf Einräumung des Nutzungsrechts geltend gemacht wird, sind, sofern der Urheber oder im Falle des Absatzes 4 der Inhaber des ausschließlichen Nutzungsrechts im Geltungsbereich dieses Gesetzes keinen allgemeinen Gerichtsstand hat, die Gerichte zuständig, in deren Bezirk das Patentamt seinen Sitz hat. Einstweilige Verfügungen können erlassen werden, auch wenn die in den §§ 935 und 940 der Zivilprozeßordnung bezeichneten Voraussetzungen nicht zutreffen.

(7) Die vorstehenden Bestimmungen sind nicht anzuwenden, wenn das in Absatz 1 bezeichnete Nutzungsrecht lediglich zur Herstellung eines Filmes eingeräumt worden ist.

§ 62 Änderungsverbot

(1) Soweit nach den Bestimmungen dieses Abschnitts die Benutzung eines Werkes zulässig ist, dürfen Änderungen an dem Werk nicht vorgenommen werden. § 39 gilt entsprechend.

(2) Soweit der Benutzungszweck es erfordert, sind Übersetzungen und solche Änderungen des Werkes zulässig, die nur Auszüge oder Übertragungen in eine andere Tonart oder Stimmlage darstellen.

(3) Bei Werken der bildenden Künste und Lichtbildwerken sind Übertragungen des Werkes in eine andere Größe und solche Änderungen zulässig, die das für die Vervielfältigung angewendete Verfahren mit sich bringt.

(4) Bei Sammlungen für Kirchen-, Schul- oder Unterrichtsgebrauch (§ 46) sind außer den nach den Absätzen 1 bis 3 erlaubten Änderungen solche Änderungen von Sprachwerken zulässig, die für den Kirchen-, Schul- oder Unterrichtsgebrauch erforderlich sind. Diese Änderungen bedürfen jedoch der Einwilligung des Urhebers, nach seinem Tode der Einwilligung seines Rechtsnachfolgers (§ 30), wenn dieser Angehöriger (§ 60 Abs. 3) des Urhebers ist oder das Urheberrecht auf Grund letztwilliger Verfügung des Urhebers erworben hat. Die Einwilligung gilt als erteilt, wenn der Urheber oder der Rechtsnachfolger nicht innerhalb eines Monats, nachdem ihm die beabsichtigte Änderung mitgeteilt worden ist, widerspricht und er bei der Mitteilung der Änderung auf diese Rechtsfolge hingewiesen worden ist.

§ 63 Quellenangabe

(1) Wenn ein Werk oder ein Teil eines Werkes in den Fällen des § 45 Abs. 1, der §§ 46 bis 48, 50, 51, 58, 59 und 61 vervielfältigt wird, ist stets die Quelle deutlich anzugeben. Bei der Vervielfältigung ganzer Sprachwerke oder ganzer Werke der Musik ist neben dem Urheber auch der Verlag anzugeben, in dem das Werk erschienen ist, und außerdem kenntlich zu machen, ob an dem Werk Kürzungen oder andere Änderungen vorgenommen worden sind. Die Verpflichtung zur Quellenangabe entfällt, wenn die Quelle weder auf dem benutzten Werkstück oder bei der benutzten Werkwiedergabe genannt noch dem zur Vervielfältigung Befugten anderweit bekannt ist.

(2) Soweit nach den Bestimmungen dieses Abschnitts die öffentliche Wiedergabe eines Werkes zulässig ist, ist die Quelle deutlich anzugeben, wenn und soweit die Verkehrssitte es erfordert.

(3) Wird ein Artikel aus einer Zeitung oder einem anderen Informationsblatt nach § 49 Abs. 1 in einer anderen Zeitung oder in einem anderen Informationsblatt abgedruckt oder durch Funk gesendet, so ist stets außer dem Urheber, der in der benutzten Quelle bezeichnet ist, auch die Zeitung oder das Informationsblatt anzugeben, woraus der Artikel entnommen ist; ist dort eine andere Zeitung oder ein anderes Informationsblatt als Quelle angeführt, so ist diese Zeitung oder dieses Informationsblatt anzugeben. Wird ein Rundfunkkommentar nach § 49 Abs. 1 in einer Zeitung oder einem anderen Informationsblatt abgedruckt oder durch Funk gesendet, so ist stets außer dem Urheber auch das Sendeunternehmen anzugeben, das den Kommentar gesendet hat.

Siebenter Abschnitt · **Dauer des Urheberrechts**

§ 64 Allgemeines

(1) Das Urheberrecht erlischt siebzig Jahre nach dem Tode des Urhebers.

(2) Wird ein nachgelassenes Werk nach Ablauf von sechzig, aber vor Ablauf von siebzig Jahren nach dem Tode des Urhebers veröffentlicht, so erlischt das Urheberrecht erst zehn Jahre nach der Veröffentlichung.

§ 65 Miturheber

Steht das Urheberrecht mehreren Miturhebern (§ 8) zu, so erlischt es siebzig Jahre nach dem Tode des längstlebenden Miturhebers.

§ 66 Anonyme und pseudonyme Werke

(1) Ist der wahre Name oder der bekannte Deckname des Urhebers weder nach § 10 Abs. 1 noch bei einer öffentlichen Wiedergabe des Werkes angegeben worden, so erlischt das Urheberrecht siebzig Jahre nach der Veröffentlichung des Werkes.

(2) Die Dauer des Urheberrechts berechnet sich auch im Falle des Absatzes 1 nach den §§ 64 und 65,

1. wenn innerhalb der in Absatz 1 bezeichneten Frist der wahre Name oder der

bekannte Deckname des Urhebers nach § 10 Abs. 1 angegeben oder der Urheber auf andere Weise als Schöpfer des Werkes bekannt wird,
2. wenn innerhalb der in Absatz 1 bezeichneten Frist der wahre Name des Urhebers zur Eintragung in die Urheberrolle (§ 138) angemeldet wird,
3. wenn das Werk erst nach dem Tode des Urhebers veröffentlicht wird.

(3) Zur Anmeldung nach Absatz 2 Nr. 2 sind der Urheber, nach seinem Tode sein Rechtsnachfolger (§ 30) oder der Testamentsvollstrecker (§ 28 Abs. 2) berechtigt.

(4) Die vorstehenden Bestimmungen sind auf Werke der bildenden Künste nicht anzuwenden.

§ 67 Lieferungswerke

Bei Werken, die in inhaltlich nicht abgeschlossenen Teilen (Lieferungen) veröffentlicht werden, ist in den Fällen des § 64 Abs. 2 und des § 66 Abs. 1 für die Berechnung der Schutzfrist der Zeitpunkt der Veröffentlichung der letzten Lieferung maßgebend.

§ 68 (aufgehoben)

§ 69 Berechnung der Fristen

Die Fristen dieses Abschnitts beginnen mit dem Ablauf des Kalenderjahres, in dem das für den Beginn der Frist maßgebende Ereignis eingetreten ist.

Achter Abschnitt · **Besondere Bestimmungen für Computerprogramme**

§ 69a Gegenstand des Schutzes

(1) Computerprogramme im Sinne dieses Gesetzes sind Programme in jeder Gestalt, einschließlich des Entwurfsmaterials.

(2) Der gewährte Schutz gilt für alle Ausdrucksformen eines Computerprogramms. Ideen und Grundsätze, die einem Element eines Computerprogramms zugrunde liegen, einschließlich der den Schnittstellen zugrundeliegenden Ideen und Grundsätze, sind nicht geschützt.

(3) Computerprogramme werden geschützt, wenn sie individuelle Werke in dem Sinne darstellen, daß sie das Ergebnis der eigenen geistigen Schöpfung ihres Urhebers sind. Zur Bestimmung ihrer Schutzfähigkeit sind keine anderen Kriterien, insbesondere nicht qualitative oder ästhetische, anzuwenden.

(4) Auf Computerprogramme finden die für Sprachwerke geltenden Bestimmungen Anwendung, soweit in diesem Abschnitt nichts anderes bestimmt ist.

§ 69b Urheber in Arbeits- und Dienstverhältnissen

(1) Wird ein Computerprogramm von einem Arbeitnehmer in Wahrnehmung seiner Aufgaben oder nach den Anweisungen seines Arbeitgebers geschaffen, so ist ausschließlich der Arbeitgeber zur Ausübung aller vermögensrechtlichen Befugnisse an dem Computerprogramm berechtigt, sofern nichts anderes vereinbart ist.

(2) Absatz 1 ist auf Dienstverhältnisse entsprechend anzuwenden.

§ 69c Zustimmungsbedürftige Handlungen

Der Rechtsinhaber hat das ausschließliche Recht, folgende Handlungen vorzunehmen oder zu gestatten:
1. Die dauerhafte oder vorübergehende Vervielfältigung, ganz oder teilweise, eines Computerprogramms mit jedem Mittel und in jeder Form. Soweit das Laden, Anzeigen, Ablaufen, Übertragen oder Speichern des Computerpro-

gramms eine Vervielfältigung erfordert, bedürfen diese Handlungen der Zustimmung des Rechtsinhabers;
2. die Übersetzung, die Bearbeitung, das Arrangement und andere Umarbeitungen eines Computerprogramms sowie die Vervielfältigung der erzielten Ergebnisse. Die Rechte derjenigen, die das Programm bearbeiten, bleiben unberührt;
3. jede Form der Verbreitung des Originals eines Computerprogramms oder von Vervielfältigungsstücken, einschließlich der Vermietung. Wird ein Vervielfältigungsstück eines Computerprogramms mit Zustimmung des Rechtsinhabers im Gebiet der Europäischen Gemeinschaften oder eines anderen Vertragsstaates des Abkommens über den Europäischen Wirtschaftsraum im Wege der Veräußerung in Verkehr gebracht, so erschöpft sich das Verbreitungsrecht in bezug auf dieses Vervielfältigungsstück mit Ausnahme des Vermietrechts.

§ 69d Ausnahmen von den zustimmungsbedürftigen Handlungen

(1) Soweit keine besonderen vertraglichen Bestimmungen vorliegen, bedürfen die in § 69c Nr. 1 und 2 genannten Handlungen nicht der Zustimmung des Rechtsinhabers, wenn sie für eine bestimmungsgemäße Benutzung des Computerprogramms einschließlich der Fehlerberichtigung durch jeden zur Verwendung eines Vervielfältigungsstücks des Programms Berechtigten notwendig sind.

(2) Die Erstellung einer Sicherungskopie durch eine Person, die zur Benutzung des Programms berechtigt ist, darf nicht vertraglich untersagt werden, wenn sie für die Sicherung künftiger Benutzung erforderlich ist.

(3) Der zur Verwendung eines Vervielfältigungsstücks eines Programms Berechtigte kann ohne Zustimmung des Rechtsinhabers das Funktionieren dieses Programms beobachten, untersuchen oder testen, um die einem Programmelement zugrundeliegenden Ideen und Grundsätze zu ermitteln, wenn dies durch Handlungen zum Laden, Anzeigen, Ablaufen, Übertragen oder Speichern des Programms geschieht, zu denen er berechtigt ist.

§ 69e Dekompilierung

(1) Die Zustimmung des Rechtsinhabers ist nicht erforderlich, wenn die Vervielfältigung des Codes oder die Übersetzung der Codeform im Sinne des § 69c Nr. 1 und 2 unerläßlich ist, um die erforderlichen Informationen zur Herstellung der Interoperabilität eines unabhängig geschaffenen Computerprogramms mit anderen Programmen zu erhalten, sofern folgende Bedingungen erfüllt sind:
1. Die Handlungen werden von dem Lizenznehmer oder von einer anderen zur Verwendung eines Vervielfältigungsstücks des Programms berechtigten Person oder in deren Namen von einer hierzu ermächtigten Person vorgenommen;
2. die für die Herstellung der Interoperabilität notwendigen Informationen sind für die in Nummer 1 genannten Personen noch nicht ohne weiteres zugänglich gemacht;
3. die Handlungen beschränken sich auf die Teile des ursprünglichen Programms, die zur Herstellung der Interoperabilität notwendig sind.

(2) Bei Handlungen nach Absatz 1 gewonnene Informationen dürfen nicht
1. zu anderen Zwecken als zur Herstellung der Interoperabilität des unabhängig geschaffenen Programms verwendet werden,
2. an Dritte weitergegeben werden, es sei denn, daß dies für die Interoperabilität des unabhängig geschaffenen Programms notwendig ist,
3. für die Entwicklung, Herstellung oder Vermarktung eines Programms mit im wesentlichen ähnlicher Ausdrucksform oder für irgendwelche anderen das Urheberrecht verletzenden Handlungen verwendet werden.

(3) Die Absätze 1 und 2 sind so auszulegen, daß ihre Anwendung weder die normale Auswertung des Werkes beeinträchtigt noch die berechtigten Interessen des Rechtsinhabers unzumutbar verletzt.

§ 69f Rechtsverletzungen

(1) Der Rechtsinhaber kann von dem Eigentümer oder Besitzer verlangen, daß alle rechtswidrig hergestellten, verbreiteten oder zur rechtswidrigen Verbreitung bestimmten Vervielfältigungsstücke vernichtet werden. § 98 Abs. 2 und 3 ist entsprechend anzuwenden.

(2) Absatz 1 ist entsprechend auf Mittel anzuwenden, die allein dazu bestimmt sind, die unerlaubte Beseitigung oder Umgehung technischer Programmschutzmechanismen zu erleichtern.

§ 69g Anwendung sonstiger Rechtsvorschriften; Vertragsrecht

(1) Die Bestimmungen dieses Abschnitts lassen die Anwendung sonstiger Rechtsvorschriften auf Computerprogramme, insbesondere über den Schutz von Erfindungen, Topographien von Halbleitererzeugnissen, Warenzeichen und den Schutz gegen unlauteren Wettbewerb einschließlich des Schutzes von Geschäfts- und Betriebsgeheimnissen, sowie schuldrechtliche Vereinbarungen unberührt.

(2) Vertragliche Bestimmungen, die in Widerspruch zu § 69d Abs. 2 und 3 und § 69e stehen, sind nichtig.

Zweiter Teil · **Verwandte Schutzrechte**

Erster Abschnitt · **Schutz bestimmter Ausgaben**

§ 70 Wissenschaftliche Ausgaben

(1) Ausgaben urheberrechtlich nicht geschützter Werke oder Texte werden in entsprechender Anwendung der Vorschriften des Ersten Teils geschützt, wenn sie das Ergebnis wissenschaftlich sichtender Tätigkeit darstellen und sich wesentlich von den bisher bekannten Ausgaben der Werke oder Texte unterscheiden.

(2) Das Recht steht dem Verfasser der Ausgabe zu.

(3) Das Recht erlischt zehn Jahre nach dem Erscheinen der Ausgabe, jedoch bereits zehn Jahre nach der Herstellung, wenn die Ausgabe innerhalb dieser Frist nicht erschienen ist. Die Frist ist nach § 69 zu berechnen.

§ 71 Ausgaben nachgelassener Werke

(1) Wer ein nicht erschienenes Werk im Geltungsbereich dieses Gesetzes nach Erlöschen des Urheberrechts erscheinen läßt, hat das ausschließliche Recht, das Werk zu vervielfältigen und zu verbreiten sowie die Vervielfältigungsstücke des Werkes zur öffentlichen Wiedergabe zu benutzen. Das gleiche gilt für nicht erschienene Werke, die im Geltungsbereich dieses Gesetzes niemals geschützt waren, deren Urheber aber schon länger als siebzig Jahre tot ist. Die §§ 5, 15 bis 24, 27 und 45 bis 63 sind sinngemäß anzuwenden.

(2) Das Recht ist übertragbar.

(3) Das Recht erlischt zehn Jahre nach dem Erscheinen des Werkes. Die Frist ist nach § 69 zu berechnen.

Zweiter Abschnitt · **Schutz der Lichtbilder**

§ 72

(1) Lichtbilder und Erzeugnisse, die ähnlich wie Lichtbilder hergestellt werden, werden in entsprechender Anwendung der für Lichtbildwerke geltenden Vorschriften des Ersten Teils geschützt.

(2) Das Recht nach Absatz 1 steht dem Lichtbildner zu.

(3) Das Recht nach Absatz 1 erlischt für Lichtbilder, die Dokumente der Zeitgeschichte sind, fünfzig Jahre nach dem Erscheinen des Lichtbildes, jedoch bereits fünfzig Jahre nach der Herstellung, wenn das Lichtbild innerhalb dieser Frist nicht erschienen ist; für alle anderen Lichtbilder tritt an die Stelle der Frist von fünfzig Jahren eine Frist von fünfundzwanzig Jahren. Die Frist ist nach § 69 zu berechnen.

Dritter Abschnitt · **Schutz des ausübenden Künstlers**

§ 73 Ausübender Künstler

Ausübender Künstler im Sinne dieses Gesetzes ist, wer ein Werk vorträgt oder aufführt oder bei dem Vortrag oder der Aufführung eines Werkes künstlerisch mitwirkt.

§ 74 Bildschirm- und Lautsprecherübertragung

Die Darbietung des ausübenden Künstlers darf nur mit seiner Einwilligung außerhalb des Raumes, in dem sie stattfindet, durch Bildschirm, Lautsprecher oder ähnliche technische Einrichtungen öffentlich wahrnehmbar gemacht werden.

§ 75 Vervielfältigung

Die Darbietung des ausübenden Künstlers darf nur mit seiner Einwilligung auf Bild- oder Tonträger aufgenommen werden. Die Bild- oder Tonträger dürfen nur mit seiner Einwilligung vervielfältigt werden.

§ 76 Funksendung

(1) Die Darbietung des ausübenden Künstlers darf nur mit seiner Einwilligung durch Funk gesendet werden.

(2) Die Darbietung des ausübenden Künstlers, die erlaubterweise auf Bild- oder Tonträger aufgenommen worden ist, darf ohne seine Einwilligung durch Funk gesendet werden, wenn die Bild- und Tonträger erschienen sind; jedoch ist ihm hierfür eine angemessene Vergütung zu zahlen.

§ 77 Öffentliche Wiedergabe

Wird die Darbietung des ausübenden Künstlers mittels Bild- oder Tonträger oder die Funksendung seiner Darbietung öffentlich wahrnehmbar gemacht, so ist ihm hierfür eine angemessene Vergütung zu zahlen.

§ 78 Abtretung

Der ausübende Künstler kann die nach den §§ 74 bis 77 gewährten Rechte und Ansprüche an Dritte abtreten; jedoch behält er stets die Befugnis, die in den §§ 74, 75 und 76 Abs. 1 vorgesehene Einwilligung auch selbst zu erteilen.

§ 79 Ausübende Künstler in Arbeits- oder Dienstverhältnissen

Hat ein ausübender Künstler eine Darbietung in Erfüllung seiner Verpflichtung aus einem Arbeits- oder Dienstverhältnis erbracht, so bestimmt sich, wenn keine besonderen Vereinbarungen getroffen sind, nach dem Wesen des Arbeits- oder Dienstverhältnisses, in welchem Umfang und unter welchen Bedingungen der Arbeitgeber oder Dienstherr die Darbietung benutzen und anderen ihre Benutzung gestatten darf.

§ 80 Chor-, Orchester- und Bühnenaufführungen

(1) Bei Chor-, Orchester- und Bühnenaufführungen genügt in den Fällen der §§ 74, 75 und 76 Abs. 1 neben der Einwilligung der Solisten, des Dirigenten und des Regisseurs die Einwilligung der gewählten Vertreter (Vorstände) der mitwirkenden Künstlergruppen, wie Chor, Orchester, Ballett und Bühnenensemble. Hat eine Gruppe keinen Vorstand, so wird die Einwilligung der ihr angehörenden ausübenden Künstler durch die Einwilligung des Leiters der Gruppe ersetzt.

(2) Zur Geltendmachung der sich aus den §§ 74 bis 77 ergebenden Rechte mit Ausnahme der Einwilligungsrechte sind bei Chor-, Orchester- und Bühnenaufführungen für die mitwirkenden Künstlergruppen jeweils deren Vorstände und, soweit für eine Gruppe ein Vorstand nicht besteht, der Leiter dieser Gruppe allein ermächtigt. Die Ermächtigung kann auf eine Verwertungsgesellschaft übertragen werden.

§ 81 Schutz des Veranstalters

Wird die Darbietung des ausübenden Künstlers von einem Unternehmen veranstaltet, so bedarf es in den Fällen der §§ 74, 75 und 76 Abs. 1 neben der Einwilligung des ausübenden Künstlers auch der Einwilligung des Inhabers des Unternehmens.

§ 82 Dauer der Rechte

Ist die Darbietung des ausübenden Künstlers auf einen Bild- oder Tonträger aufgenommen worden, so erlöschen die Rechte des ausübenden Künstlers fünfzig Jahre, diejenigen des Veranstalters fünfundzwanzig Jahre nach dem Erscheinen des Bild- oder Tonträgers; die Rechte des ausübenden Künstlers erlöschen jedoch bereits fünfzig Jahre nach der Darbietung, wenn der Bild- oder Tonträger innerhalb dieser Frist nicht erschienen ist. Die Frist ist nach § 69 zu berechnen.

§ 83 Schutz gegen Entstellung

(1) Der ausübende Künstler hat das Recht, eine Entstellung oder eine andere Beeinträchtigung seiner Darbietung zu verbieten, die geeignet ist, sein Ansehen oder seinen Ruf als ausübender Künstler zu gefährden.

(2) Haben mehrere ausübende Künstler gemeinsam eine Darbietung erbracht, so haben sie bei der Ausübung des Rechts aufeinander angemessene Rücksicht zu nehmen.

(3) Das Recht erlischt mit dem Tode des ausübenden Künstlers, jedoch erst fünfundzwanzig Jahre nach der Darbietung, wenn der ausübende Künstler vor Ablauf dieser Frist verstorben ist; die Frist ist nach § 69 zu berechnen. Nach dem Tode des ausübenden Künstlers steht das Recht seinen Angehörigen (§ 60 Abs. 3) zu.

§ 84 Beschränkung der Rechte

Auf die dem ausübenden Künstler und dem Veranstalter nach diesem Abschnitt zustehenden Rechte sind die Vorschriften des Sechsten Abschnitts des Ersten Teils mit Ausnahme des § 61 sinngemäß anzuwenden.

Vierter Abschnitt · **Schutz des Herstellers von Tonträgern**

§ 85 Vervielfältigungs- und Verbreitungsrecht

(1) Der Hersteller eines Tonträgers hat das ausschließliche Recht, den Tonträger zu vervielfältigen und zu verbreiten. Ist der Tonträger in einem Unternehmen hergestellt worden, so gilt der Inhaber des Unternehmens als Hersteller. Das Recht entsteht nicht durch Vervielfältigung eines Tonträgers.

(2) Das Recht erlischt fünfundzwanzig Jahre nach dem Erscheinen des Tonträgers, jedoch bereits fünfundzwanzig Jahre nach der Herstellung, wenn der Tonträger innerhalb dieser Frist nicht erschienen ist. Die Frist ist nach § 69 zu berechnen.

(3) Die Vorschriften des Sechsten Abschnitts des Ersten Teils mit Ausnahme des § 61 sind sinngemäß anzuwenden.

§ 86 Anspruch auf Beteiligung

Wird ein erschienener Tonträger, auf dem die Darbietung eines ausübenden Künstlers aufgenommen ist, zur öffentlichen Wiedergabe der Darbietung benutzt, so hat der Hersteller des Tonträgers gegen den ausübenden Künstler einen Anspruch auf angemessene Beteiligung an der Vergütung, die dieser nach § 76 Abs. 2 und § 77 erhält.

Fünfter Abschnitt · **Schutz des Sendeunternehmens**

§ 87

(1) Das Sendeunternehmen hat das ausschließliche Recht,

1. seine Funksendung weiterzusenden,
2. seine Funksendung auf Bild- oder Tonträger aufzunehmen, Lichtbilder von seiner Funksendung herzustellen sowie die Bild- oder Tonträger oder Lichtbilder zu vervielfältigen,
3. an Stellen, die der Öffentlichkeit nur gegen Zahlung eines Eintrittsgeldes zugänglich sind, seine Fernsehsendung öffentlich wahrnehmbar zu machen.

(2) Das Recht erlischt fünfundzwanzig Jahre nach der Funksendung. Die Frist ist nach § 69 zu berechnen.

(3) Die Vorschriften des Sechsten Abschnitts des Ersten Teils mit Ausnahme des § 47 Abs. 2 Satz 2, des § 54 Abs. 1 und des § 61 sind sinngemäß anzuwenden.

Dritter Teil · **Besondere Bestimmungen für Filme**

Erster Abschnitt · **Filmwerke**

§ 88 Recht zu Verfilmung

(1) Gestattet der Urheber einem anderen, sein Werk zu verfilmen, so liegt darin im Zweifel die Einräumung folgender ausschließlicher Nutzungsrechte:

1. das Werk unverändert oder unter Bearbeitung oder Umgestaltung zur Herstellung eines Filmwerkes zu benutzen;
2. das Filmwerk zu vervielfältigen und zu verbreiten;
3. das Filmwerk öffentlich vorzuführen, wenn es sich um ein zur Vorführung bestimmtes Filmwerk handelt;
4. das Filmwerk durch Funk zu senden, wenn es sich um ein zur Funksendung bestimmtes Filmwerk handelt;
5. Übersetzungen und andere filmische Bearbeitungen oder Umgestaltungen des Filmwerkes in gleichem Umfang wie dieses zu verwerten.

(2) Die in Absatz 1 bezeichneten Befugnisse berechtigen im Zweifel nicht zu einer Wiederverfilmung des Werkes. Der Urheber ist im Zweifel berechtigt, sein Werk nach Ablauf von zehn Jahren nach Vertragsabschluß anderweit filmisch zu verwerten.

(3) Die vorstehenden Bestimmungen sind auf die in den §§ 70 und 71 bezeichneten Schutzrechte entsprechend anzuwenden.

§ 89 Rechte am Filmwerk

(1) Wer sich zur Mitwirkung bei der Herstellung eines Filmes verpflichtet, räumt damit für den Fall, daß er ein Urheberrecht am Filmwerk erwirbt, dem Filmhersteller im Zweifel das ausschließliche Recht ein, das Filmwerk sowie Übersetzungen und andere filmische Bearbeitungen oder Umgestaltungen des Filmwerkes auf alle bekannten Nutzungsarten zu nutzen.

(2) Hat der Urheber des Filmwerkes das in Absatz 1 bezeichnete Nutzungsrecht im voraus einem Dritten eingeräumt, so behält er gleichwohl stets die Befugnis, dieses Recht beschränkt oder unbeschränkt dem Filmhersteller einzuräumen.

(3) Die Urheberrechte an den zur Herstellung des Filmwerkes benutzten Werken, wie Roman, Drehbuch und Filmmusik, bleiben unberührt.

§ 90 Einschränkung der Rechte

Die Bestimmungen über das Erfordernis der Zustimmung des Urhebers zur Übertragung von Nutzungsrechten (§ 34) und zur Einräumung einfacher Nutzungsrechte (§ 35) sowie über das Rückrufsrecht wegen Nichtausübung (§ 41) und wegen gewandelter Überzeugung (§ 42) gelten nicht für die in § 88 Abs. 1 Nr. 2 bis

5 und § 89 Abs. 1 bezeichneten Rechte. Dem Urheber des Filmwerkes (§ 89) stehen Ansprüche aus § 36 nicht zu.

§ 91 Rechte an Lichtbildern

Die Rechte zur filmischen Verwertung der bei der Herstellung eines Filmwerkes entstehenden Lichtbilder erwirbt der Filmhersteller. Dem Lichtbildner stehen insoweit keine Rechte zu.

§ 92 Ausübende Künstler

Ausübenden Künstlern, die bei der Herstellung eines Filmwerkes mitwirken oder deren Darbietungen erlaubterweise zur Herstellung eines Filmwerkes benutzt werden, stehen hinsichtlich der Verwertung des Filmwerkes Rechte nach § 75 Satz 2, §§ 76 und 77 nicht zu.

§ 93 Schutz gegen Entstellung

Die Urheber des Filmwerkes und der zu seiner Herstellung benutzten Werke sowie die Inhaber verwandter Schutzrechte, die bei der Herstellung des Filmwerkes mitwirken oder deren Leistungen zur Herstellung des Filmwerkes benutzt werden, können nach den §§ 14 und 83 hinsichtlich der Herstellung und Verwertung des Filmwerkes nur gröbliche Entstellungen oder andere gröbliche Beeinträchtigungen ihrer Werke oder Leistungen verbieten. Sie haben hierbei aufeinander und auf den Filmhersteller angemessene Rücksicht zu nehmen.

§ 94 Schutz des Filmherstellers

(1) Der Filmhersteller hat das ausschließliche Recht, den Bildträger oder Bild- und Tonträger, auf den das Filmwerk aufgenommen ist, zu vervielfältigen, zu verbreiten und zur öffentlichen Vorführung oder Funksendung zu benutzen. Der Filmhersteller hat ferner das Recht, jede Entstellung oder Kürzung des Bildträgers oder Bild- und Tonträgers zu verbieten, die geeignet ist, seine berechtigten Interessen an diesem zu gefährden.

(2) Das Recht ist übertragbar.

(3) Das Recht erlischt fünfundzwanzig Jahre nach dem Erscheinen des Bildträgers oder Bild- und Tonträgers, jedoch bereits fünfundzwanzig Jahre nach der Herstellung, wenn der Bildträger oder Bild- und Tonträger innerhalb dieser Frist nicht erschienen ist.

(4) Die Vorschriften des Sechsten Abschnitts des Ersten Teils mit Ausnahme des § 61 sind sinngemäß anzuwenden.

Zweiter Abschnitt · **Laufbilder**

§ 95

Die §§ 88, 90, 91, 93 und 94 sind auf Bildfolgen und Bild- und Tonfolgen, die nicht als Filmwerke geschützt sind, entsprechend anzuwenden.

Vierter Teil · **Gemeinsame Bestimmungen für Urheberrecht und verwandte Schutzrechte**

Erster Abschnitt · **Verwertungsverbot**

§ 96

(1) Rechtswidrig hergestellte Vervielfältigungsstücke dürfen weder verbreitet noch zu öffentlichen Wiedergaben benutzt werden.

(2) Rechtswidrig veranstaltete Funksendungen dürfen nicht auf Bild- oder Tonträger aufgenommen oder öffentlich wiedergegeben werden.

Zweiter Abschnitt · **Rechtsverletzungen**

1. Bürgerlich-rechtliche Vorschriften; Rechtsweg

§ 97 Anspruch auf Unterlassung und Schadenersatz

(1) Wer das Urheberrecht oder ein anderes nach diesem Gesetz geschütztes Recht widerrechtlich verletzt, kann vom Verletzten auf Beseitigung der Beeinträchtigung, bei Wiederholungsgefahr auf Unterlassung und, wenn dem Verletzer Vorsatz oder Fahrlässigkeit zur Last fällt, auch auf Schadenersatz in Anspruch genommen werden. An Stelle des Schadenersatzes kann der Verletzte die Herausgabe des Gewinns, den der Verletzer durch die Verletzung des Rechts erzielt hat, und Rechnungslegung über diesen Gewinn verlangen.

(2) Urheber, Verfasser wissenschaftlicher Ausgaben (§ 70), Lichtbildner (§ 72) und ausübende Künstler (§ 73) können, wenn dem Verletzer Vorsatz oder Fahrlässigkeit zur Last fällt, auch wegen des Schadens, der nicht Vermögensschaden ist, eine Entschädigung in Geld verlangen, wenn und soweit es der Billigkeit entspricht. Der Anspruch ist nicht übertragbar, es sei denn, daß er durch Vertrag anerkannt oder daß er rechtshängig geworden ist.

(3) Ansprüche aus anderen gesetzlichen Vorschriften bleiben unberührt.

§ 98 Anspruch auf Vernichtung oder Überlassung der Vervielfältigungsstücke

(1) Der Verletzte kann verlangen, daß alle rechtswidrig hergestellten, verbreiteten oder zur rechtswidrigen Verbreitung bestimmten Vervielfältigungsstücke, die im Besitz oder Eigentum des Verletzers stehen, vernichtet werden.

(2) Statt der in Absatz 1 vorgesehenen Maßnahmen kann der Verletzte verlangen, daß ihm die Vervielfältigungsstücke, die im Eigentum des Verletzers stehen, gegen eine angemessene Vergütung überlassen werden, welche die Herstellungskosten nicht übersteigen darf.

(3) Sind die Maßnahmen nach den Absätzen 1 und 2 gegenüber dem Verletzer oder Eigentümer im Einzelfall unverhältnismäßig und kann der durch die Rechtsverletzung verursachte Zustand der Vervielfältigungsstücke auf andere Weise beseitigt werden, so hat der Verletzte nur Anspruch auf die hierfür erforderlichen Maßnahmen.

§ 99 Anspruch auf Vernichtung oder Überlassung der Vorrichtungen

Die Bestimmungen des § 98 sind entsprechend auf die im Eigentum des Verletzers stehenden, ausschließlich oder nahezu ausschließlich zur rechtswidrigen Herstellung von Vervielfältigungsstücken benutzten oder bestimmten Vorrichtungen anzuwenden.

§ 100 Haftung des Inhabers eines Unternehmens

Ist in einem Unternehmen von einem Arbeitnehmer oder Beauftragten ein nach diesem Gesetz geschütztes Recht widerrechtlich verletzt worden, so hat der Verletzte die Ansprüche aus den §§ 97 bis 99 mit Ausnahme des Anspruchs auf Schadenersatz auch gegen den Inhaber des Unternehmens. Weitergehende Ansprüche nach anderen gesetzlichen Vorschriften bleiben unberührt.

§ 101 Ausnahmen

(1) Richten sich im Falle der Verletzung eines nach diesem Gesetz geschützten Rechts die Ansprüche des Verletzten auf Beseitigung oder Unterlassung (§ 97), auf Vernichtung oder Überlassung der Vervielfältigungsstücke (§ 98) oder der Vorrichtungen (§ 99) gegen eine Person, der weder Vorsatz noch Fahrlässigkeit zur Last fällt, so kann diese zur Abwendung der Ansprüche den Verletzten in Geld entschädigen, wenn ihr durch die Erfüllung der Ansprüche ein unverhältnismäßig großer Schaden entstehen würde und dem Verletzten die Abfindung in Geld

zuzumuten ist. Als Entschädigung ist der Betrag zu zahlen, der im Falle einer vertraglichen Einräumung des Rechts als Vergütung angemessen gewesen wäre. Mit der Zahlung der Entschädigung gilt die Einwilligung des Verletzten zur Verwertung im üblichen Umfange als erteilt.

(2) Den in den §§ 98 und 99 vorgesehenen Maßnahmen unterliegen nicht:
1. Bauwerke;
2. ausscheidbare Teile von Vervielfältigungsstücken und Vorrichtungen, deren Herstellung oder Verbreitung nicht rechtswidrig ist.

§ 101a Anspruch auf Auskunft hinsichtlich Dritter

(1) Wer im geschäftlichen Verkehr durch die Herstellung oder Verbreitung von Vervielfältigungsstücken das Urheberrecht oder ein anderes nach diesem Gesetz geschütztes Recht verletzt, kann vom Verletzten auf unverzügliche Auskunft über die Herkunft und den Vertriebsweg dieser Vervielfältigungsstücke in Anspruch genommen werden, es sei denn, daß dies im Einzelfall unverhältnismäßig ist.

(2) Der nach Absatz 1 zur Auskunft Verpflichtete hat Angaben zu machen über Namen und Anschrift des Herstellers, des Lieferanten und anderer Vorbesitzer der Vervielfältigungsstücke, des gewerblichen Abnehmers oder Auftraggebers sowie über die Menge der hergestellten, ausgelieferten, erhaltenen oder bestellten Vervielfältigungsstücke.

(3) In Fällen offensichtlicher Rechtsverletzung kann die Verpflichtung zur Erteilung der Auskunft im Wege der einstweiligen Verfügung nach den Vorschriften der Zivilprozeßordnung angeordnet werden.

(4) Die Auskunft darf in einem Strafverfahren oder in einem Verfahren nach dem Gesetz über Ordnungswidrigkeiten wegen einer vor der Erteilung der Auskunft begangenen Tat gegen den zur Auskunft Verpflichteten oder gegen einen in § 52 Abs. 1 der Strafprozeßordnung bezeichneten Angehörigen nur mit Zustimmung des zur Auskunft Verpflichteten verwertet werden.

(5) Weitergehende Ansprüche auf Auskunft bleiben unberührt.

§ 102 Verjährung

Die Ansprüche wegen Verletzung des Urheberrechts oder eines anderen nach diesem Gesetz geschützten Rechts verjähren in drei Jahren von dem Zeitpunkt an, in dem der Berechtigte von der Verletzung und der Person des Verpflichteten Kenntnis erlangt, ohne Rücksicht auf diese Kenntnis in dreißig Jahren von der Verletzung an. § 852 Abs. 2 des Bürgerlichen Gesetzbuchs ist entsprechend anzuwenden. Hat der Verpflichtete durch die Verletzung auf Kosten des Berechtigten etwas erlangt, so ist er auch nach Vollendung der Verjährung zur Herausgabe nach den Vorschriften über die Herausgabe einer ungerechtfertigten Bereicherung verpflichtet.

§ 103 Bekanntmachung des Urteils

(1) Ist eine Klage auf Grund dieses Gesetzes erhoben worden, so kann im Urteil der obsiegenden Partei die Befugnis zugesprochen werden, das Urteil auf Kosten der unterliegenden Partei öffentlich bekanntzumachen, wenn sie ein berechtigtes Interesse dartut. Das Urteil darf erst nach Rechtskraft bekanntgemacht werden, wenn nicht das Gericht etwas anderes bestimmt.

(2) Art und Umfang der Bekanntmachung werden im Urteil bestimmt. Die Befugnis zur Bekanntmachung erlischt, wenn das Urteil nicht innerhalb von sechs Monaten nach Eintritt der Rechtskraft bekanntgemacht wird.

(3) Die Partei, der die Befugnis zur Bekanntmachung zusteht, kann beantragen, die unterliegende Partei zur Vorauszahlung der Bekanntmachungskosten zu verurteilen. Über den Antrag entscheidet das Prozeßgericht erster Instanz durch Beschluß ohne mündliche Verhandlung. Vor der Entscheidung ist die unterliegende Partei zu hören.

§ 104 Rechtsweg

Für alle Rechtsstreitigkeiten, durch die ein Anspruch aus einem der in diesem Gesetz geregelten Rechtsverhältnisse geltend gemacht wird (Urheberrechtsstreitsachen), ist der ordentliche Rechtsweg gegeben. Für Urheberrechtsstreitsachen aus Arbeits- oder Dienstverhältnissen, die ausschließlich Ansprüche auf Leistung einer vereinbarten Vergütung zum Gegenstand haben, bleiben der Rechtsweg zu den Gerichten für Arbeitssachen und der Verwaltungsrechtsweg unberührt.

§ 105 Gerichte für Urheberrechtsstreitsachen

(1) Die Landesregierungen werden ermächtigt, durch Rechtsverordnung Urheberrechtsstreitsachen, für die das Landgericht in erster Instanz oder in der Berufungsinstanz zuständig ist, für die Bezirke mehrerer Landgerichte einem von ihnen zuzuweisen, wenn dies der Rechtspflege dienlich ist.

(2) Die Landesregierungen werden ferner ermächtigt, durch Rechtsverordnung die zur Zuständigkeit der Amtsgerichte gehörenden Urheberrechtsstreitsachen für die Bezirke mehrerer Amtsgerichte einem von ihnen zuzuweisen, wenn dies der Rechtspflege dienlich ist.

(3) Die Landesregierungen können die Ermächtigungen nach den Absätzen 1 und 2 auf die Landesjustizverwaltungen übertragen.

(4) Vor einem Landgericht, dem nach Absatz 1 die Urheberrechtsstreitsachen aus den Bezirken mehrerer Landgerichte zugewiesen sind, können sich die Parteien auch durch Rechtsanwälte vertreten lassen, die bei dem sonst zuständigen Landgericht zugelassen sind. Das Entsprechende gilt für die Vertretung vor dem Oberlandesgericht als Berufungsgericht.

(5) Die Mehrkosten, die einer Partei dadurch erwachsen, daß sie sich nach Absatz 4 durch einen nicht beim Prozeßgericht zugelassenen Rechtsanwalt vertreten läßt, sind nicht zu erstatten.

2. Strafrechtliche Vorschriften

§ 106 Unerlaubte Verwertung urheberrechtlich geschützter Werke

(1) Wer in anderen als den gesetzlich zugelassenen Fällen ohne Einwilligung des Berechtigten ein Werk oder eine Bearbeitung oder Umgestaltung eines Werkes vervielfältigt, verbreitet oder öffentlich wiedergibt, wird mit Freiheitsstrafe bis zu drei Jahren oder mit Geldstrafe bestraft.

(2) Der Versuch ist strafbar.

§ 107 Unzulässiges Anbringen der Urheberbezeichnung

(1) Wer

1. auf dem Original eines Werkes der bildenden Künste die Urheberbezeichnung (§ 10 Abs. 1) ohne Einwilligung des Urhebers anbringt oder ein derart bezeichnetes Original verbreitet,
2. auf einem Vervielfältigungsstück, einer Bearbeitung oder Umgestaltung eines Werkes der bildenden Künste die Urheberbezeichnung (§ 10 Abs. 1) auf eine Art anbringt, die dem Vervielfältigungsstück, der Bearbeitung oder Umgestaltung den Anschein eines Originals gibt, oder ein derart bezeichnetes Vervielfältigungsstück, eine solche Bearbeitung oder Umgestaltung verbreitet,

wird mit Freiheitsstrafe bis zu drei Jahren oder mit Geldstrafe bestraft, wenn die Tat nicht in anderen Vorschriften mit schwererer Strafe bedroht ist.

(2) Der Versuch ist strafbar.

§ 108 Unerlaubte Eingriffe in verwandte Schutzrechte

(1) Wer in anderen als den gesetzlich zugelassenen Fällen ohne Einwilligung des Berechtigten

1. eine wissenschaftliche Ausgabe (§ 70) oder eine Bearbeitung oder Umgestaltung einer solchen Ausgabe vervielfältigt, verbreitet oder öffentlich wiedergibt,
2. ein nachgelassenes Werk oder eine Bearbeitung oder Umgestaltung eines solchen Werkes entgegen § 71 verwertet,
3. ein Lichtbild (§ 72) oder eine Bearbeitung oder Umgestaltung eines Lichtbildes vervielfältigt, verbreitet oder öffentlich wiedergibt,
4. die Darbietung eines ausübenden Künstlers entgegen den §§ 74, 75 oder 76 Abs. 1 verwertet,
5. einen Tonträger entgegen § 85 verwertet,
6. eine Funksendung entgegen § 87 verwertet,
7. einen Bildträger oder Bild- und Tonträger entgegen §§ 94 oder 95 in Verbindung mit § 94 verwertet,

wird mit Freiheitsstrafe bis zu drei Jahren oder mit Geldstrafe bestraft.

(2) Der Versuch ist strafbar.

§ 108a Gewerbsmäßige unerlaubte Verwertung

(1) Handelt der Täter in den Fällen der§§ 106 bis 108 gewerbsmäßig, so ist die Strafe Freiheitsstrafe bis zu fünf Jahren oder Geldstrafe.

(2) Der Versuch ist strafbar.

§ 109 Strafantrag

In den Fällen der §§ 106 bis 108 wird die Tat nur auf Antrag verfolgt, es sei denn, daß die Strafverfolgungsbehörde wegen des besonderen öffentlichen Interesses an der Strafverfolgung ein Einschreiten von Amts wegen für geboten hält.

§ 110 Einziehung

Gegenstände, auf die sich eine Straftat nach den §§ 106, 107 Abs. 1 Nr. 2, §§ 108 und 108a bezieht, können eingezogen werden. § 74a des Strafgesetzbuches ist anzuwenden. Soweit den in den §§ 98 und 99 bezeichneten Ansprüchen im Verfahren nach den Vorschriften der Strafprozeßordnung über die Entschädigung des Verletzten (§§ 403 bis 406c) stattgegeben wird, sind die Vorschriften über die Einziehung nicht anzuwenden.

§ 111 Bekanntgabe der Verurteilung

Wird in den Fällen der §§ 106 bis 108a auf Strafe erkannt, so ist, wenn der Verletzte es beantragt und ein berechtigtes Interesse daran dartut, anzuordnen, daß die Verurteilung auf Verlangen öffentlich bekanntgemacht wird. Die Art der Bekanntmachung ist im Urteil zu bestimmen.

3. Vorschriften über Maßnahmen der Zollbehörde

§ 111a Beschlagnahme

(1) Verletzt die Herstellung oder Verbreitung von Vervielfältigungsstücken das Urheberrecht oder ein anderes nach diesem Gesetz geschütztes Recht, so unterliegen die Vervielfältigungsstücke auf Antrag und gegen Sicherheitsleistung des Rechtsinhabers bei ihrer Einfuhr oder Ausfuhr der Beschlagnahme durch die Zollbehörde, sofern die Rechtsverletzung offensichtlich ist. Dies gilt für den Verkehr mit anderen Mitgliedsstaaten der Europäischen Wirtschaftsgemeinschaft sowie mit den anderen Vertragsstaaten des Abkommens über den Europäischen Wirtschaftsraum nur, soweit Kontrollen durch die Zollbehörden stattfinden.

(2) Ordnet die Zollbehörde die Beschlagnahme an, so unterrichtet sie unverzüglich den Verfügungsberechtigten sowie den Antragsteller. Dem Antragsteller sind

Herkunft, Menge und Lagerort der Vervielfältigungsstücke sowie Name und Anschrift des Verfügungsberechtigten mitzuteilen; das Brief- und Postgeheimnis (Artikel 10 des Grundgesetzes) wird insoweit eingeschränkt. Dem Antragsteller wird Gelegenheit gegeben, die Vervielfältigungsstücke zu besichtigen, soweit hierdurch nicht in Geschäfts- oder Betriebsgeheimnisse eingegriffen wird.

(3) Wird der Beschlagnahme nicht spätestens nach Ablauf von zwei Wochen nach Zustellung der Mitteilung nach Absatz 2 Satz 1 widersprochen, so ordnet die Zollbehörde die Einziehung der beschlagnahmten Vervielfältigungsstücke an.

(4) Widerspricht der Verfügungsberechtigte der Beschlagnahme, so unterrichtet die Zollbehörde hiervon unverzüglich den Antragsteller. Dieser hat gegenüber der Zollbehörde unverzüglich zu erklären, ob er den Antrag nach Absatz 1 in bezug auf die beschlagnahmten Vervielfältigungsstücke aufrechterhält.

1. Nimmt der Antragsteller den Antrag zurück, hebt die Zollbehörde die Beschlagnahme unverzüglich auf.
2. Hält der Antragsteller den Antrag aufrecht und legt er eine vollziehbare gerichtliche Entscheidung vor, die die Verwahrung der beschlagnahmten Vervielfältigungsstücke oder eine Verfügungsbeschränkung anordnet, trifft die Zollbehörde die erforderlichen Maßnahmen.

Liegen die Fälle der Nummern 1 oder 2 nicht vor, hebt die Zollbehörde die Beschlagnahme nach Ablauf von zwei Wochen nach Zustellung der Mitteilung an den Antragsteller nach Satz 1 auf; weist der Antragsteller nach, daß die gerichtliche Entscheidung nach Nummer 2 beantragt, ihm aber noch nicht zugegangen ist, wird die Beschlagnahme für längstens zwei weitere Wochen aufrechterhalten.

(5) Erweist sich die Beschlagnahme als von Anfang an ungerechtfertigt und hat der Antragsteller den Antrag nach Absatz 1 in bezug auf die beschlagnahmten Vervielfältigungsstücke aufrechterhalten oder sich nicht unverzüglich erklärt (Absatz 4 Satz 2), so ist er verpflichtet, den dem Verfügungsberechtigten durch die Beschlagnahme entstandenen Schaden zu ersetzen.

(6) Der Antrag nach Absatz 1 ist bei der Oberfinanzdirektion zu stellen und hat Wirkung für zwei Jahre, sofern keine kürzere Geltungsdauer beantragt wird; er kann wiederholt werden. Für die mit dem Antrag verbundenen Amtshandlungen werden vom Antragsteller Kosten nach Maßgabe des § 178 der Abgabenordnung erhoben.

(7) Die Beschlagnahme und die Einziehung können mit den Rechtsmitteln angefochten werden, die im Bußgeldverfahren nach dem Gesetz über Ordnungswidrigkeiten gegen die Beschlagnahme und Einziehung zulässig sind. Im Rechtsmittelverfahren ist der Antragsteller zu hören. Gegen die Entscheidung des Amtsgerichts ist die sofortige Beschwerde zulässig; über sie entscheidet das Oberlandesgericht.

Dritter Abschnitt · **Zwangsvollstreckung**

1. Allgemeines

§ 112

Die Zulässigkeit der Zwangsvollstreckung in ein nach diesem Gesetz geschütztes Recht richtet sich nach den allgemeinen Vorschriften, soweit sich aus den §§ 113 bis 119 nichts anderes ergibt.

2. Zwangsvollstreckung wegen Geldforderungen gegen den Urheber

§ 113 Urheberrecht

Gegen den Urheber ist die Zwangsvollstreckung wegen Geldforderungen in das Urheberrecht nur mit seiner Einwilligung und nur insoweit zulässig, als er Nutzungsrechte einräumen kann (§ 31). Die Einwilligung kann nicht durch den gesetzlichen Vertreter erteilt werden.

§ 114 Originale von Werken

(1) Gegen den Urheber ist die Zwangsvollstreckung wegen Geldforderungen in die ihm gehörenden Originale seiner Werke nur mit seiner Einwilligung zulässig. Die Einwilligung kann nicht durch den gesetzlichen Vertreter erteilt werden.

(2) Der Einwilligung bedarf es nicht,
1. soweit die Zwangsvollstreckung in das Original des Werkes zur Durchführung der Zwangsvollstreckung in ein Nutzungsrecht am Werk notwendig ist,
2. zur Zwangsvollstreckung in das Original eines Werkes der Baukunst,
3. zur Zwangsvollstreckung in das Original eines anderen Werkes der bildenden Künste, wenn das Werk veröffentlicht ist.

In den Fällen der Nummern 2 und 3 darf das Original des Werkes ohne Zustimmung des Urhebers verbreitet werden.

3. Zwangsvollstreckung wegen Geldforderungen gegen den Rechtsnachfolger des Urhebers

§ 115 Urheberrecht

Gegen den Rechtsnachfolger des Urhebers (§ 30) ist die Zwangsvollstreckung wegen Geldforderungen in das Urheberrecht nur mit seiner Einwilligung und nur insoweit zulässig, als er Nutzungsrechte einräumen kann (§ 31). Der Einwilligung bedarf es nicht, wenn das Werk erschienen ist.

§ 116 Originale von Werken

(1) Gegen den Rechtsnachfolger des Urhebers (§ 30) ist die Zwangsvollstreckung wegen Geldforderungen in die ihm gehörenden Originale von Werken des Urhebers nur mit seiner Einwilligung zulässig.

(2) Der Einwilligung bedarf es nicht
1. in den Fällen des § 114 Abs. 2 Satz 1,
2. zur Zwangsvollstreckung in das Original eines Werkes, wenn das Werk erschienen ist.

§ 114 Abs. 2 Satz 2 gilt entsprechend.

§ 117 Testamentsvollstrecker

Ist nach § 28 Abs. 2 angeordnet, daß das Urheberrecht durch einen Testamentsvollstrecker ausgeübt wird, so ist die nach den §§ 115 und 116 erforderliche Einwilligung durch den Testamentsvollstrecker zu erteilen.

4. Zwangsvollstreckung wegen Geldforderungen gegen den Verfasser wissenschaftlicher Ausgaben und gegen den Lichtbildner

§ 118

Die §§ 113 bis 117 sind sinngemäß anzuwenden
1. auf die Zwangsvollstreckung wegen Geldforderungen gegen den Verfasser wissenschaftlicher Ausgaben (§ 70) und seinen Rechtsnachfolger,
2. auf die Zwangsvollstreckung wegen Geldforderungen gegen den Lichtbildner (§ 72) und seinen Rechtsnachfolger.

5. Zwangsvollstreckung wegen Geldforderungen in bestimmte Vorrichtungen

§ 119

(1) Vorrichtungen, die ausschließlich zur Vervielfältigung oder Funksendung eines Werkes bestimmt sind, wie Formen, Platten, Steine, Druckstöcke, Matrizen und Negative, unterliegen der Zwangsvollstreckung wegen Geldforderungen nur, soweit der Gläubiger zur Nutzung des Werkes mittels dieser Vorrichtungen berechtigt ist.

(2) Das gleiche gilt für Vorrichtungen, die ausschließlich zur Vorführung eines Filmwerkes bestimmt sind, wie Filmstreifen und dergleichen.

(3) Die Absätze 1 und 2 sind auf die nach den §§ 70 und 71 geschützten Ausgaben, die nach § 72 geschützten Lichtbilder und die nach § 75 Satz 2, §§ 85, 87, 94 und 95 geschützten Bild- und Tonträger entsprechend anzuwenden.

Fünfter Teil · **Anwendungsbereich Übergangs- und Schlußbestimmungen**

Erster Abschnitt · **Anwendungsbereich des Gesetzes**

1. Urheberrecht

§ 120 Deutsche Staatsangehörige

(1) Deutsche Staatsangehörige genießen den urheberrechtlichen Schutz für alle ihre Werke, gleichviel, ob und wo die Werke erschienen sind. Ist ein Werk von Miturhebern (§ 8) geschaffen, so genügt es, wenn ein Miturheber deutscher Staatsangehöriger ist.

(2) Deutschen Staatsangehörigen stehen Deutsche im Sinne des Artikels 116 Abs. 1 des Grundgesetzes gleich, die nicht die deutsche Staatsangehörigkeit besitzen.

§ 121 Ausländische Staatsangehörige

(1) Ausländische Staatsangehörige genießen den urheberrechtlichen Schutz für ihre im Geltungsbereich dieses Gesetzes erschienenen Werke, es sei denn, daß das Werk oder eine Übersetzung des Werkes früher als dreißig Tage vor dem Erscheinen im Geltungsbereich dieses Gesetzes außerhalb dieses Gebietes erschienen ist. Mit der gleichen Einschränkung genießen ausländische Staatsangehörige den Schutz auch für solche Werke, die im Geltungsbereich dieses Gesetzes nur in Übersetzung erschienen sind.

(2) Den im Geltungsbereich dieses Gesetzes erschienenen Werken im Sinne des Absatzes 1 werden die Werke der bildenden Künste gleichgestellt, die mit einem Grundstück im Geltungsbereich dieses Gesetzes fest verbunden sind.

(3) Der Schutz nach Absatz 1 kann durch Rechtsverordnung des Bundesministers der Justiz für ausländische Staatsangehörige beschränkt werden, die keinem Mitgliedstaat der Berner Übereinkunft zum Schutze von Werken der Literatur und der Kunst angehören und zur Zeit des Erscheinens des Werkes weder im Geltungsbereich dieses Gesetzes noch in einem anderen Mitgliedstaat ihren Wohnsitz haben, wenn der Staat, dem sie angehören, deutschen Staatsangehörigen für ihre Werke keinen genügenden Schutz gewährt.

(4) Im übrigen genießen ausländische Staatsangehörige den urheberrechtlichen Schutz nach Inhalt der Staatsverträge. Bestehen keine Staatsverträge, so besteht für solche Werke urheberrechtlicher Schutz, soweit in dem Staat, dem der Urheber angehört, nach einer Bekanntmachung des Bundesministers der Justiz im Bundesgesetzblatt deutsche Staatsangehörige für ihre Werke einen entsprechenden Schutz genießen.

(5) Das Folgerecht (§ 26) steht ausländischen Staatsangehörigen nur zu, wenn der Staat, dem sie angehören, nach einer Bekanntmachung des Bundesministers der Justiz im Bundesgesetzblatt deutschen Staatsangehörigen ein entsprechendes Recht gewährt.

(6) Den Schutz nach den §§ 12 bis 14 genießen ausländische Staatsangehörige für alle ihre Werke, auch wenn die Voraussetzungen der Absätze 1 bis 5 nicht vorliegen.

§ 122 Staatenlose

(1) Staatenlose mit gewöhnlichem Aufenthalt im Geltungsbereich dieses Gesetzes genießen für ihre Werke den gleichen urheberrechtlichen Schutz wie deutsche Staatsangehörige.

(2) Staatenlose ohne gewöhnlichen Aufenthalt im Geltungsbereich dieses Gesetzes genießen für ihre Werke den gleichen urheberrechtlichen Schutz wie die Angehörigen des ausländischen Staates, in dem sie ihren gewöhnlichen Aufenthalt haben.

§ 123 Ausländische Flüchtlinge

Für Ausländer, die Flüchtlinge im Sinne von Staatsverträgen oder anderen Rechtsvorschriften sind, gelten die Bestimmungen des § 122 entsprechend. Hierdurch wird ein Schutz nach § 121 nicht ausgeschlossen.

2. Verwandte Schutzrechte

§ 124 Wissenschaftliche Ausgaben und Lichtbilder

Für den Schutz wissenschaftlicher Ausgaben (§ 70) und den Schutz von Lichtbildern (§ 72) sind die §§ 120 bis 123 sinngemäß anzuwenden.

§ 125 Schutz des ausübenden Künstlers

(1) Den nach den §§ 73 bis 84 gewährten Schutz genießen deutsche Staatsangehörige für alle ihre Darbietungen, gleichviel, wo diese stattfinden. § 120 Abs. 2 ist anzuwenden.

(2) Ausländische Staatsangehörige genießen den Schutz für alle ihre Darbietungen, die im Geltungsbereich dieses Gesetzes stattfinden, soweit nicht in den Absätzen 3 und 4 etwas anderes bestimmt ist.

(3) Werden Darbietungen ausländischer Staatsangehöriger erlaubterweise auf Bild- oder Tonträger aufgenommen und sind diese erschienen, so genießen die ausländischen Staatsangehörigen hinsichtlich dieser Bild- oder Tonträger den Schutz nach § 75 Satz 2, § 76 Abs. 2 und § 77, wenn die Bild- oder Tonträger im Geltungsbereich dieses Gesetzes erschienen sind, es sei denn, daß die Bild- oder Tonträger früher als dreißig Tage vor dem Erscheinen im Geltungsbereich dieses Gesetzes außerhalb dieses Gebietes erschienen sind.

(4) Werden Darbietungen ausländischer Staatsangehöriger erlaubterweise durch Funk gesendet, so genießen die ausländischen Staatsangehörigen den Schutz gegen Aufnahme der Funksendung auf Bild- oder Tonträger (§ 75 Satz 1) und Weitersendung der Funksendung (§ 76 Abs. 1) sowie den Schutz nach § 77, wenn die Funksendung im Geltungsbereich dieses Gesetzes ausgestrahlt worden ist.

(5) Im übrigen genießen ausländische Staatsangehörige den Schutz nach Inhalt der Staatsverträge. § 121 Abs. 4 Satz 2 sowie die §§ 122 und 123 gelten entsprechend.

(6) Den Schutz nach den §§ 74, 75 Satz 1 und § 83 genießen ausländische Staatsangehörige für alle ihre Darbietungen, auch wenn die Voraussetzungen der Absätze 2 bis 5 nicht vorliegen. Das gleiche gilt für den Schutz nach § 76 Abs. 1, soweit es sich um die unmittelbare Sendung der Darbietung handelt.

§ 126 Schutz des Herstellers von Tonträgern

(1) Den nach den §§ 85 und 86 gewährten Schutz genießen deutsche Staatsangehörige oder Unternehmen mit Sitz im Geltungsbereich dieses Gesetzes für alle ihre Tonträger, gleichviel, ob und wo diese erschienen sind. § 120 Abs. 2 ist anzuwenden.

(2) Ausländische Staatsangehörige oder Unternehmen ohne Sitz im Geltungsbereich dieses Gesetzes genießen den Schutz für ihre im Geltungsbereich dieses Gesetzes erschienenen Tonträger, es sei denn, daß der Tonträger früher als dreißig Tage vor dem Erscheinen im Geltungsbereich dieses Gesetzes außerhalb dieses Gebietes erschienen ist.

(3) Im übrigen genießen ausländische Staatsangehörige oder Unternehmen ohne Sitz im Geltungsbereich dieses Gesetzes den Schutz nach Inhalt der Staatsverträge. § 121 Abs. 4 Satz 2 sowie die §§ 122 und 123 gelten entsprechend.

§ 127 Schutz des Sendeunternehmens

(1) Den nach § 87 gewährten Schutz genießen Sendeunternehmen mit Sitz im Geltungsbereich dieses Gesetzes für alle Funksendungen, gleichviel, wo sie diese ausstrahlen.

(2) Sendeunternehmen ohne Sitz im Geltungsbereich dieses Gesetzes genießen den Schutz für alle Funksendungen, die sie im Geltungsbereich dieses Gesetzes ausstrahlen.

(3) Im übrigen genießen Sendeunternehmen ohne Sitz im Geltungsbereich dieses Gesetzes den Schutz nach Inhalt der Staatsverträge. § 121 Abs. 4 Satz 2 gilt entsprechend.

§ 128 Schutz des Filmherstellers

(1) Den nach den §§ 94 und 95 gewährten Schutz genießen deutsche Staatsangehörige oder Unternehmen mit Sitz im Geltungsbereich dieses Gesetzes für alle ihre Bildträger oder Bild- und Tonträger, gleichviel, ob und wo diese erschienen sind. § 120 Abs. 2 ist anzuwenden.

(2) Für ausländische Staatsangehörige oder Unternehmen ohne Sitz im Geltungsbereich dieses Gesetzes gelten die Bestimmungen in § 126 Abs. 2 und 3 entsprechend.

Zweiter Abschnitt · **Übergangsbestimmungen**

§ 129 Werke

(1) Die Vorschriften dieses Gesetzes sind auch auf die vor seinem Inkrafttreten geschaffenen Werke anzuwenden, es sei denn, daß sie zu diesem Zeitpunkt urheberrechtlich nicht geschützt sind oder daß in diesem Gesetz sonst etwas anderes bestimmt ist. Dies gilt für verwandte Schutzrechte entsprechend.

(2) Die Dauer des Urheberrechts an einem Werk, das nach Ablauf von fünfzig Jahren nach dem Tode des Urhebers, aber vor dem Inkrafttreten dieses Gesetzes veröffentlicht worden ist, richtet sich nach den bisherigen Vorschriften.

§ 130 Übersetzungen

Unberührt bleiben die Rechte des Urhebers einer Übersetzung, die vor dem 1. Januar 1902 erlaubterweise ohne Zustimmung des Urhebers des übersetzten Werkes erschienen ist.

§ 131 Vertonte Sprachwerke

Vertonte Sprachwerke, die nach § 20 des Gesetzes betreffend das Urheberrecht an Werken der Literatur und der Tonkunst vom 19. Juni 1901 (Reichsgesetzbl. S. 227) in der Fassung des Gesetzes zur Ausführung der revidierten Berner Übereinkunft zum Schutze von Werken der Literatur und Kunst vom 22. Mai 1910 (Reichsgesetzbl. S. 793) ohne Zustimmung ihres Urhebers vervielfältigt, verbreitet und öffentlich wiedergegeben werden durften, dürfen auch weiterhin in gleichem Umfang vervielfältigt, verbreitet und öffentlich wiedergegeben werden, wenn die Vertonung des Werkes vor dem Inkrafttreten dieses Gesetzes erschienen ist.

§ 132 Verträge

(1) Die Vorschriften dieses Gesetzes sind mit Ausnahme der §§ 42, 43 und 79 auf Verträge, die vor dem Inkrafttreten dieses Gesetzes abgeschlossen worden sind, nicht anzuwenden. Die §§ 40 und 41 gelten für solche Verträge mit der Maßgabe, daß die in § 40 Abs. 1 Satz 2 und § 41 Abs. 2 genannten Fristen frühestens mit dem Inkrafttreten dieses Gesetzes beginnen.

(2) Vor dem Inkrafttreten dieses Gesetzes getroffene Verfügungen bleiben wirksam.

§ 133 Tonträger (aufgehoben)

§ 134 Urheber

Wer zur Zeit des Inkrafttretens dieses Gesetzes nach den bisherigen Vorschriften, nicht aber nach diesem Gesetz als Urheber eines Werkes anzusehen ist, gilt, abgesehen von den Fällen des § 135, weiterhin als Urheber. Ist nach den bisherigen Vorschriften eine juristische Person als Urheber eines Werkes anzusehen, so sind für die Berechnung der Dauer des Urheberrechts die bisherigen Vorschriften anzuwenden.

§ 135 Inhaber verwandter Schutzrechte

Wer zur Zeit des Inkrafttretens dieses Gesetzes nach den bisherigen Vorschriften als Urheber eines Lichtbildes oder der Übertragung eines Werkes auf Vorrichtungen zur mechanischen Wiedergabe für das Gehör anzusehen ist, ist Inhaber der entsprechenden verwandten Schutzrechte, die dieses Gesetz ihm gewährt.

§ 135a Berechnung der Schutzfrist

Wird durch die Anwendung dieses Gesetzes auf ein vor seinem Inkrafttreten entstandenes Recht die Dauer des Schutzes verkürzt und liegt das für den Beginn der Schutzfrist nach diesem Gesetz maßgebende Ereignis vor dem Inkrafttreten dieses Gesetzes, so wird die Frist erst vom Inkrafttreten dieses Gesetzes an berechnet. Der Schutz erlischt jedoch spätestens mit Ablauf der Schutzdauer nach den bisherigen Vorschriften.

§ 136 Vervielfältigung und Verbreitung

(1) War eine Vervielfältigung, die nach diesem Gesetz unzulässig ist, bisher erlaubt, so darf die vor Inkrafttreten dieses Gesetzes begonnene Herstellung von Vervielfältigungsstücken vollendet werden.

(2) Die nach Absatz 1 oder bereits vor dem Inkrafttreten dieses Gesetzes hergestellten Vervielfältigungsstücke dürfen verbreitet werden.

(3) Ist für eine Vervielfältigung, die nach den bisherigen Vorschriften frei zulässig war, nach diesem Gesetz eine angemessene Vergütung an den Berechtigten zu zahlen, so dürfen die in Absatz 2 bezeichneten Vervielfältigungsstücke ohne Zahlung einer Vergütung verbreitet werden.

§ 137 Übertragung von Rechten

(1) Soweit das Urheberrecht vor Inkrafttreten dieses Gesetzes auf einen anderen übertragen worden ist, stehen dem Erwerber die entsprechenden Nutzungsrechte (§ 31) zu. Jedoch erstreckt sich die Übertragung im Zweifel nicht auf Befugnisse, die erst durch dieses Gesetz begründet werden.

(2) Ist vor dem Inkrafttreten dieses Gesetzes das Urheberrecht ganz oder teilweise einem anderen übertragen worden, so erstreckt sich die Übertragung im Zweifel auch auf den Zeitraum, um den die Dauer des Urheberrechts nach den §§ 64 bis 66 verlängert worden ist. Entsprechendes gilt, wenn vor dem Inkrafttreten dieses Gesetzes einem anderen die Ausübung einer dem Urheber vorbehaltenen Befugnis erlaubt worden ist.

(3) In den Fällen des Absatzes 2 hat der Erwerber oder Erlaubnisnehmer dem Veräußerer oder Erlaubnisgeber eine angemessene Vergütung zu zahlen, sofern anzunehmen ist, daß dieser für die Übertragung oder die Erlaubnis eine höhere Gegenleistung erzielt haben würde, wenn damals bereits die verlängerte Schutzdauer bestimmt gewesen wäre.

(4) Der Anspruch auf die Vergütung entfällt, wenn alsbald nach seiner Geltendmachung der Erwerber dem Veräußerer das Recht für die Zeit nach Ablauf der bisher bestimmten Schutzdauer zur Verfügung stellt oder der Erlaubnisnehmer für diese Zeit auf die Erlaubnis verzichtet. Hat der Erwerber das Urheberrecht vor dem Inkrafttreten dieses Gesetzes weiterveräußert, so ist die Vergütung insoweit nicht zu zahlen, als sie den Erwerber mit Rücksicht auf die Umstände der Weiterveräußerung unbillig belasten würde.

(5) Absatz 1 gilt für verwandte Schutzrechte entsprechend.

§ 137 a Lichtbildwerke

(1) Die Vorschriften dieses Gesetzes über die Dauer des Urheberrechts sind auch auf Lichtbildwerke anzuwenden, deren Schutzfrist am 1. Juli 1985 nach dem bis dahin geltenden Recht noch nicht abgelaufen ist.

(2) Ist vorher einem anderen ein Nutzungsrecht an einem Lichtbildwerk eingeräumt oder übertragen worden, so erstreckt sich die Einräumung oder Übertragung im Zweifel nicht auf den Zeitraum, um den die Dauer des Urheberrechts an Lichtbildwerken verlängert worden ist.

§ 137 b Bestimmte Ausgaben

(1) Die Vorschriften dieses Gesetzes über die Dauer des Schutzes nach den §§ 70 und 71 sind auch auf wissenschaftliche Ausgaben und Ausgaben nachgelassener Werke anzuwenden, deren Schutzfrist am 1. Juli 1990 nach dem bis dahin geltenden Recht noch nicht abgelaufen ist.

(2) Ist vor dem 1. Juli 1990 einem anderen ein Nutzungsrecht an einer wissenschaftlichen Ausgabe oder einer Ausgabe nachgelassener Werke eingeräumt oder übertragen worden, so erstreckt sich die Einräumung oder Übertragung im Zweifel auch auf den Zeitraum, um den die Dauer des verwandten Schutzrechts verlängert worden ist.

(3) Die Bestimmungen in § 137 Abs. 3 und 4 gelten entsprechend.

§ 137 c Ausübende Künstler

(1) Die Vorschriften dieses Gesetzes über die Dauer des Schutzes nach § 82 sind auch auf die Darbietungen anzuwenden, die vor dem 1. Juli 1990 auf Bild- oder Tonträger aufgenommen worden sind, wenn am 1. Januar 1991 seit dem Erscheinen des Bild- oder Tonträgers 50 Jahre noch nicht abgelaufen sind. Ist der Bild- oder Tonträger innerhalb dieser Frist nicht erschienen, so ist die Frist von der Darbietung an zu berechnen. Der Schutz nach diesem Gesetz dauert in keinem Fall länger als 50 Jahre nach dem Erscheinen des Bild- oder Tonträgers oder, falls der Bild- oder Tonträger nicht erschienen ist, 50 Jahre nach der Darbietung.

(2) Ist vor dem 1. Juli 1990 einem anderen ein Nutzungsrecht an der Darbietung eingeräumt oder übertragen worden, so erstreckt sich die Einräumung oder

Übertragung im Zweifel auch auf den Zeitraum, um den die Dauer des Schutzes verlängert worden ist.

(3) Die Bestimmungen in § 137 Abs. 3 und 4 gelten entsprechend.

§ 137d Computerprogramme

Die Vorschriften des Achten Abschnitts des Ersten Teils sind auch auf Computerprogramme anzuwenden, die vor dem 24. Juni 1993 geschaffen worden sind. § 69g Abs. 2 ist auch auf Verträge anzuwenden, die vor diesem Zeitpunkt abgeschlossen worden sind.

Dritter Abschnitt · **Schlußbestimmungen**

§ 138 Urheberrolle

(1) Die Urheberrolle für die in § 66 Abs. 2 Nr. 2 vorgesehenen Eintragungen wird beim Patentamt geführt. Das Patentamt bewirkt die Eintragungen, ohne die Berechtigung des Antragstellers oder die Richtigkeit der zur Eintragung angemeldeten Tatsachen zu prüfen.

(2) Wird die Eintragung abgelehnt, so kann der Antragsteller gerichtliche Entscheidung beantragen. Über den Antrag entscheidet das für den Sitz des Patentamts zuständige Oberlandesgericht durch einen mit Gründen versehenen Beschluß. Der Antrag ist schriftlich bei dem Oberlandesgericht einzureichen. Die Entscheidung des Oberlandesgerichts ist endgültig. Im übrigen gelten für das gerichtliche Verfahren die Vorschriften des Gesetzes über die Angelegenheiten der freiwilligen Gerichtsbarkeit entsprechend. Für die Gerichtskosten gilt die Kostenordnung; die Gebühren richten sich nach § 131 der Kostenordnung.

(3) Die Eintragungen werden im Bundesanzeiger öffentlich bekanntgemacht. Die Kosten für die Bekanntmachung hat der Antragsteller im voraus zu entrichten.

(4) Die Einsicht in die Urheberrolle ist jedem gestattet. Auf Antrag werden Auszüge aus der Rolle erteilt; sie sind auf Verlangen zu beglaubigen.

(5) Der Bundesminister der Justiz wird ermächtigt, durch Rechtsverordnung

1. Bestimmungen über die Form des Antrags und die Führung der Urheberrolle zu erlassen,
2. zur Deckung der Verwaltungskosten die Erhebung von Kosten (Gebühren und Auslagen) für die Eintragung, für die Ausfertigung eines Eintragungsscheins und für die Erteilung sonstiger Auszüge und deren Beglaubigung anzuordnen sowie Bestimmungen über die Kostenschuldner, die Fälligkeit von Kosten, die Kostenvorschußpflicht, Kostenbefreiungen, die Verjährung, das Kostenfestsetzungsverfahren und die Rechtsbehelfe gegen die Kostenfestsetzung zu treffen. Die Gebühr für die Eintragung darf 30 Deutsche Mark nicht übersteigen.

(6) Eintragungen, die nach § 56 des Gesetzes betreffend das Urheberrecht an Werken der Literatur und der Tonkunst vom 19. Juni 1901 beim Stadtrat in Leipzig vorgenommen worden sind, bleiben wirksam.

§ 139 Änderung der Strafprozeßordnung

§ 374 Abs. 1 Nr. 8 der Strafprozeßordnung erhält folgende Fassung:

„8. alle Verletzungen des Patent-, Gebrauchsmuster-, Warenzeichen- und Geschmacksmusterrechtes, soweit sie als Vergehen strafbar sind, sowie die Vergehen nach §§ 106 bis 108 des Urheberrechtsgesetzes."

§ 140 Änderung des Gesetzes über das am 6. September 1952 unterzeichnete Welturheberrechtsabkommen

In das Gesetz über das am 6. September 1952 unterzeichnete Welturheberrechtsabkommen vom 24. Februar 1955 (Bundesgesetzbl. II S. 101) wird nach Artikel 2 folgender Artikel 2a eingefügt:

„Artikel 2 a

Für die Berechnung der Dauer des Schutzes, den ausländische Staatsangehörige für ihre Werke nach dem Abkommen im Geltungsbereich dieses Gesetzes genießen, sind die Bestimmungen in Artikel IV Nr. 4 bis 6 des Abkommens anzuwenden."

§ 141 Aufgehobene Vorschriften

Mit dem Inkrafttreten dieses Gesetzes werden aufgehoben:

1. die §§ 57 bis 60 des Gesetzes betreffend das Urheberrecht an Schriftwerken, Abbildungen, musikalischen Kompositionen und dramatischen Werken vom 11. Juni 1870 (Bundesgesetzblatt des Norddeutschen Bundes S. 339);
2. die §§ 17 bis 19 des Gesetzes betreffend das Urheberrecht an Werken der bildenden Künste vom 9. Januar 1876 (Reichsgesetzbl. S. 4);
3. das Gesetz betreffend das Urheberrecht an Werken der Literatur und der Tonkunst vom 19. Juni 1901 in der Fassung des Gesetzes zur Ausführung der revidierten Berner Übereinkunft zum Schutze von Werken der Literatur und Kunst vom 22. Mai 1910 und des Gesetzes zur Verlängerung der Schutzfristen im Urheberrecht vom 13. Dezember 1934 (Reichsgesetzbl. II S. 1395);
4. die §§ 3, 13 und 42 des Gesetzes über das Verlagsrecht vom 19. Juni 1901 (Reichsgesetzbl. S. 217) in der Fassung des Gesetzes zur Ausführung der revidierten Berner Übereinkunft zum Schutze von Werken der Literatur und Kunst vom 22. Mai 1910;
5. das Gesetz betreffend das Urheberrecht an Werken der bildenden Künste und der Photographie vom 9. Januar 1907 (Reichsgesetzbl. S. 7) in der Fassung des Gesetzes zur Ausführung der revidierten Berner Übereinkunft zum Schutze von Werken der Literatur und Kunst vom 22. Mai 1910, des Gesetzes zur Verlängerung der Schutzfristen im Urheberrecht vom 13. Dezember 1934 und des Gesetzes zur Verlängerung der Schutzfristen für das Urheberrecht an Lichtbildern vom 12. Mai 1940 (Reichsgesetzbl. I S. 758), soweit es nicht den Schutz von Bildnissen betrifft;
6. die Artikel I, III und IV des Gesetzes zur Ausführung der revidierten Berner Übereinkunft zum Schutze von Werken der Literatur und Kunst vom 22. Mai 1910;
7. das Gesetz zur Erleichterung der Filmberichterstattung vom 30. April 1936 (Reichsgesetzbl. I S. 404);
8. § 10 des Gesetzes über die Rechtsstellung heimatloser Ausländer im Bundesgebiet vom 25. April 1951 (Bundesgesetzbl. I S. 269).

§ 142 Geltung im Land Berlin

Dieses Gesetz gilt nach Maßgabe des § 13 Abs. 1 des Dritten Überleitungsgesetzes vom 4. Januar 1952 (Bundesgesetzbl. I S. 1) auch im Land Berlin. Rechtsverordnungen, die auf Grund dieses Gesetzes erlassen werden, gelten im Land Berlin nach § 14 des Dritten Überleitungsgesetzes.

§ 143 Inkrafttreten

(1) Die §§ 64 bis 67, 69, 105 Abs. 1 bis 3 und § 138 Abs. 5 treten am Tage nach der Verkündung dieses Gesetzes in Kraft.

(2) Im übrigen tritt dieses Gesetz am 1. Januar 1966 in Kraft.

Urheberrechtsgesetz

vom 9. September 1965

Einleitung

Allgemeines. Wer sich dem Recht der Urheber von Werken der Wort-, Ton- und Bildkunst zuwendet, wird dem Rechte und diesen Künsten verschworen sein müssen. Ohne musischen Bezug ist dieses Spezialgebiet des Rechts nicht zu meistern. Ob Fragen des Plagiats, des Werkbegriffes, der Bearbeiterrechte, der freien Nachschöpfung oder der Rechte an gemeinfreien Werken zur Erörterung stehen, immer wird das Einfühlungsvermögen des Juristen in die Reiche der neun Musen zu fordern sein, wie umgekehrt für den Künstler heute die Kenntnis wenigstens der Grundlagen des Rechts, das ihn und sein Werk schützt, unerläßlich geworden ist. So fordert das Urheberrecht den musisch interessierten Juristen und den rechtlich interessierten Künstler und wird für den unerreichbar sein, der zwischen Themis, der alten Göttin des Rechts, und den neun Musen glaubt wählen zu können. Der atemberaubende und unaufhaltsame Fortschritt der Technik bedingt aber auch eine enge Beziehung zu Forschung und Ergebnissen der technischen Wissenschaften. Während in der geschichtlich überblickbaren Zeit der letzten drei Jahrtausende die Vermittlung menschlichen Geistesgutes auf Hand- und Druckschrift, persönlichen Vortrag und Aufführung beschränkt blieb, haben die Erfindungen der Photo- und Phonographie, der Foto- und Mikrokopie, des Hörfunks und Fernsehens, der Laser- und Satellitenphysik, der Kybernetik, Elektronik und Computertechnik, des Lichtsatzverfahrens und der Bildschirmzeitung für die Nutzung und Verbreitung der Geisteswerke ungeahnte neue Wege eröffnet. Einzelne dieser Errungenschaften sind nicht bei der Nutzung vorhandener Geistesgüter stehengeblieben, sondern dringen in die Schaffensvorgänge selbst ein. Elektronische Musik, Computer-Dichtung und -Übersetzung, maschinelle Malerei und Plastik, Pop-Art werfen neue rechtliche Probleme auf und erschüttern die gefestigten Grundlagen des bisherigen urheberrechtlichen Denkens. 1

So kann das moderne Urheberrecht für sich in Anspruch nehmen, nicht nur ein Grenzgebiet zwischen Jurisprudenz auf der einen und Literatur, Musikwissenschaft sowie Kunstgeschichte auf der anderen Seite zu sein, sondern ebenso das verbindende Glied zwischen Recht und Technik zu bilden.

Seine wirtschaftliche Bedeutung ist lange verkannt worden. Erst mit der Vorlage des sog. Künstlerberichts der Bundesregierung (Bericht über die Auswirkungen der Urheberrechtsnovelle 1985 und Fragen des Urheber- und Leistungsschutzrechts, BT-Drucks. 11/4929 vom 7. 7. 1989, dazu Hummel – Lit.-Verz. –) ist der Öffentlichkeit bewußt geworden, daß der Anteil der urheberrechtsbezogenen Wirtschaftsbereiche am Produktionswert der Gesamtwirtschaft der (Alt-) Bundesrepublik schon 1986 bei 2,7% lag und damit etwa denjenigen der gesamten Elektrizitäts- und Fernwärmeversorgung entsprach (Hummel S. 10; zu dem Bericht Kreile ZUM 1990, 1; zur internationalen wirtschaftlichen Bedeutung des Urheberrechts Cohen Jehoram GRUR Int. 1989, 23). Um so wichtiger ist es, das Urheber- und Leistungsschutzrecht fortlaufend den sich verändernden wirtschaftlichen wie technischen Gegebenheiten anzupassen.

2 Dieser Aufgabe sind die deutschsprachigen Länder, nachdem sie zu Beginn des Jahrhunderts erste **gesetzliche Grundlagen** geschaffen hatten (Deutschland 1901 und 1907, Österreich 1920, die Schweiz 1922), nur noch in sehr unterschiedlichen Zeiträumen gerecht geworden. Das öst. UrhG wurde schon 1936 erneuert (Anhang II 2). Die in Deutschland parallel dazu begonnenen Vorarbeiten konnten erst 20 Jahre nach dem Ende des zweiten Weltkrieges abgeschlossen werden, wobei die deutsche Teilung zwei zwar fast zeitgleiche, in Einzelregelungen aber unterschiedliche Gesetze produzierte: das hier kommentierte Urheberrechtsgesetz der Bundesrepublik vom 9. 9. 1965 und das vom 13. 9. 1965 stammende Gesetz über das Urheberrecht der DDR (Anhang II 1); beide traten im wesentlichen am 1. 1. 1966 in Kraft. Die Schweiz hat gar volle 70 Jahre gebraucht, um das Gesetz von 1922 durch ein neues URG zu ersetzen, das seit dem 1. 7. 1993 gilt; es übertrifft seine beiden Schwestern allerdings in der Kürze und Klarheit seiner Diktion bei weitem (Anhang II 3).

3 Die immer rascher fortschreitende Entwicklung neuer Techniken und Marktgewohnheiten hat den deutschen wie den österreichischen Gesetzgeber mehrfach zu **Novellierungen** der geltenden Gesetze veranlaßt. Die neuen Bundesländer haben die überfälligen Reformen mit der Wiedervereinigung am 3. 10. 1990 nachgeholt, die Schweiz mit dem neuen URG zum 1. 7. 1993. In Deutschland gab es im wesentlichen vier Novellen:

– Zum **1. 1. 1973** wurde neben einer weitgehenden Verbesserung des Folgerechts (§ 26) die Bibliothekstantieme eingeführt (§ 27) sowie für die Aufnahme von Werken in Schulbüchern deren Urhebern eine angemessene Vergütung zugestanden (§ 46); endlich wurde die Schutzfrist für ältere, noch unter der Geltung des § 2 Abs. 2 LUG entstandene Aufnahmen korrigiert (§ 135a). Das ÄndG ist in Anhang I 4 wiedergegeben.

– Dann brachte das **ÄndG 1985,** das am 1. 7. 1985 in Kraft getreten ist (Anhang I 5), neben einer Verbesserung des § 52 (Vergütungsregelung für nicht zu Erwerbszwecken stattfindende Aufführungen) eine durchgreifende Reform des Rechts der Vervielfältigung für private und sonstige eigene Zwecke (§§ 53, 54); die Anlage zu § 54 Abs. 4 schreibt erstmals bestimmte Vergütungssätze für Überspielungen und Fotokopien fest. Zugleich wurde die – von uns in den Vorauflagen zu § 68 als verfassungswidrig beanstandete – Schlechterstellung der künstlerischen Fotografie gegenüber allen anderen Werken beseitigt (Schutzfrist früher 25 Jahre ab Herstellung oder Erscheinen gegen sonst 70 Jahre p. m. a., also im Regelfall mehr als das Vierfache), dies freilich nur für noch geschützte Lichtbildwerke (§ 137a); endlich gab es eine Verschärfung des durch Raubdrucke, Tonträgerpiraterie und Kunstfälschungen aktuell gewordenen Urheberstrafrechts sowie einige Verbesserungen im WahrnG, die die Durchsetzung von Ansprüchen der VerwGes. erleichtern sollten.

– Eine weitere Verbesserung des Rechtsschutzes der Urheber und Leistungsschutzberechtigten brachte das **ProduktpiraterieG** vom 7. 3. 1990 (Anhang I 7). Neben einigen, durch die inzwischen vorliegenden praktischen Erfahrungen veranlaßten Korrekturen in den §§ 54, 98–99, 102 und im Urheberstrafrecht, einem neuen Auskunftsanspruch gegen Rechtsverletzer (§ 101a) und einer Regelung über Maßnahmen der Zollbehörde gegen Piraterieprodukte (§ 111a) enthält das Gesetz die bedeutsame Heraufsetzung der Schutzfrist für Darbietungen ausübender Künstler von 25 auf 50 Jahre (§ 82); davon sind auch die zwischen dem 1. 1. 1941 und dem 1. 1. 1966 entstandenen älteren Aufnahmen erfaßt, für die schon § 135a eine Sonderregelung getroffen hatte (§ 137c). Auch die – in der Tat unangemessen kurzen – Schutzfristen für die Edition wissenschaftlicher Ausgaben (§ 70) und nachgelassener Werke (§ 71) wurde von 10 auf 25 Jahre erhöht, freilich wiederum nur für die noch geschützten Ausgaben (§ 137b).

– Endlich hat das **ÄndG vom 24. 5. 1993** (Anhang I 9) die Umsetzung der sog. Computer-Richtlinie der EG (Anhang III 1) ins deutsche Recht gebracht (§§ 69a–g).

Die Organe der **Europäischen Gemeinschaft** haben, abgesehen von 4
gelegentlichen Attacken aus Gründen des EWG-Kartellrechts gegen VerwGes. und dem – allerdings segensreichen – Auftrag zu einer rechtsvergleichenden Studie an Adolf Dietz (Lit.-Verz.), zunächst jahrzehntelang kein besonderes Interesse für das Urheberrecht erkennen lassen. Das schließlich 1988 von der Brüsseler Kommission vorgelegte *Grünbuch über das Urheberrecht und die technologische Herausforderung* (vgl. GRUR Int. 1988, 719f.) ließ wenig Verständnis für die Besonderheiten dieses Rechtsgebiets erwarten. Mit der Vorlage des *Arbeitsprogramms auf dem Gebiet des Urheberrechts und der verwandten Schutzrechte* im Januar 1991 (vgl. GRUR Int. 1991, 756) hat sich dieses Bild jedoch nachhaltig verändert. In rascher Folge hat die EG-Kommission seither eine Reihe von Richtlinienvorschlägen zur Harmonisierung des nationalen Rechts der Mitgliedsstaaten produziert, von denen bis zur Drucklegung dieser Auflage zwei vom Rat verabschiedet worden sind:

– die Richtlinie zum Schutz von Computerprogrammen vom 14. 5. 1991 (Anhang III 1),

– die Richtlinie zum Vermietrecht und Verleihrecht sowie zu bestimmten dem Urheberrecht verwandten Schutzrechten im Bereich des geistigen Eigentums vom 19. 11. 1992 (Anhang III 2).

Erstere hätte schon zum 1. 1. 1993 von den Mitgliedsstaaten umgesetzt werden müssen, für letztere muß dies bis zum 1. 7. 1994 geschehen sein. Wir haben das am 24. 6. 1993 in Kraft getretene 2. ÄndG, mit dem die neuen §§ 69a–69g in das UrhG eingefügt wurden, bereits kommentiert.

Der Wegfall der Binnengrenzen innerhalb der EG am 1. 1. 1993 hat die mit dem ÄndG 1985 eingeführte Importkontrolle für Geräte und Trägermaterial durch das Bundesamt für gewerbliche Wirtschaft hinfällig werden lassen (vgl. die 58. VO zur Änderung der AußenwirtschaftsVO, Anhang I 7 der Vorauflage, und § 20a WahrnG). Der Entwurf der Bundesregierung für neue §§ 54–54h, der dem Rechnung trägt, konnte bis zur Drucklegung dieser Auflage nicht verabschiedet werden; wir haben ihn – mit Begründung – in Anhang I 10 abgedruckt.

Über die jüngste europäische Entwicklung auf dem Gebiet des Urheber- und Leistungsschutzrechts unterrichten Kreile/Becker ZUM 1992, 581 (mit weiteren Nachw.). S. ferner die Literaturhinweise im Schrifttumsverzeichnis zum innerstaatlichen Recht des Auslands (S. XXVIIIff.) unter „Europäische Gemeinschaft".

5 Die **deutsche Wiedervereinigung** am 3. 10. 1990 hat Änderungen des bundesdeutschen UrhG nicht erforderlich gemacht, aber zu einschneidenden Veränderungen im Urheberrecht der bisherigen DDR geführt. Die genial einfache Regelung des Einigungsvertrages (Anhang I 8; zur Vorgeschichte Faupel Mitt. 1990, 202) läßt sich in einen einzigen Satz fassen: In den neuen Bundesländern gilt das hier kommentierte UrhG. Damit ist zunächst die Rechtseinheit auch für die Deutschen in den neuen Bundesländern wieder hergestellt; sie waren im Altbundesgebiet ja auch bisher schon nach den Vorschriften des UrhG geschützt (§ 120). Der Unterschied der Schutzfristen, der sich deshalb nur innerhalb der DDR (und im Schutzfristenvergleich mit den anderen Mitgliedsländern von RBÜ und WUA) ausgewirkt hatte, ist aufgehoben (s. die Beispiele in § 64 Bem. 5). Wer Nutzungsrechte für die bisherige DDR-Schutzdauer erworben hatte, bleibt Rechtsinhaber, muß aber für die Fristverlängerung eine angemessene Vergütung zahlen. Nutzungshandlungen, die vor dem 1. 7. 1990 begonnen worden waren, durften unter der gleichen Bedingung fortgesetzt werden. Das UrhG der DDR gilt für Verträge fort, die unter seiner Geltung abgeschlossen wurden (vor § 31 Bem. 33). Das Problem der geteilt vergebenen Nutzungsrechte hat sich durch den „Ausverkauf" der DDR-Verlage an bundesdeutsche Unternehmen in der Praxis von selbst geregelt. Der Versuch insbesondere von Filmproduzenten und Sendeunternehmen, über die Lehre von Wegfall der Geschäftsgrundlage diejenigen Nutzungsrechte auf die neuen Bundesländer zu erstrecken, die sie vor der „Wende" unter Beschränkung auf das Altbundesgebiet erworben hatten (vgl. Flechsig ZUM 1991, 1 und FS Nirk S. 263; Schmits ZUM 1993, 72), ist an der Rechtsprechung gescheitert (OLG Hamm GRUR 1992, 907 *Strahlende Zukunft* und dazu Schricker IPrax 1992, 216; LG München I GRUR 1992, 169 *DDR-Sendelizenzen* und GRUR Int. 1993, 82 *Duo Gismondi-Vasconcelos;* s. dazu vor § 31 Bem. 33). Ungeklärt ist dagegen das rechtliche Schicksal der Lichtbildwerke, die nach dem UrhG der DDR noch geschützt, nach bundesdeutschem Urheberrecht aber schon gemeinfrei waren (dazu Axel Nordemann GRUR 1991, 418 und § 64 Bem. 7).

Wegen weiterer Einzelfragen sei auf die Beiträge von Artur Wandtke (Rechtsvergleichendes zum Urheberrecht der DDR und der BRD, UFITA 115 [1991], 23; Auswirkungen des Einigungsvertrages auf das Urheberrecht in den neuen Bundesländern, GRUR 1991, 263; Zur Stellung des Fernsehregisseurs und dessen Rechte im Zusammenhang mit dem Einigungsvertrag, GRUR 1992, 21 – mit Haupt –; Zu den Leistungsschutzrechten der ausübenden Künstler im Zusammenhang mit dem Einigungsvertrag, GRUR 1993, 18), Stefan Haupt (Videotechnik und Urheberrecht, ZUM 1991, 20; Urheberrechtliche Probleme im Zusammenhang mit der Vereinigung von BRD und DDR unter besonderer Berücksichtigung der Videoauswertung, ZUM 1991, 285; Die völkerrechtlichen Verträge der DDR auf dem Gebiet des Urheberrechts im Blickwinkel der politischen Veränderungen in Europa, ZUM 1992, 285), Heinz Püschel (Einigungsvertrag und Geltungsbereich des Urheberrechtsgesetzes, GRUR 1992, 579), Frank Stolz (Der Einigungsvertrag zwischen der BRD und DDR und seine Auswirkungen auf die Urheberrechtsgesetze beider Staaten, UFITA 115 [1991], 5), Gernot

Schulze (Zählt die DDR rückwirkend zum Geltungsbereich des Urheberrechtsgesetzes? GRUR 1991, 731), Erich Schulze (Das Urheberrecht im Prozeß der Deutschen Einigung, GRUR 1991, 573), Herbert Bethge (Haftungsprobleme aus Anlaß der Förderalisierung des vormaligen DDR-Rundfunks, AfP 1992, 13) und Tobias Hemler (Bestehen Verlagsrechte nach dem Beitritt der DDR fort? GRUR 1993, 371) verwiesen. Eine ausführliche Darstellung der Gesamtproblematik gibt Paul Katzenberger GRUR Int. 1993, 2.

Deutschland hat den **internationalen Schutz** seiner Urheber und Leistungsschutzberechtigten vor allem durch den Beitritt zu den bestehenden multilateralen Konventionen gesichert; daneben bestehen einige bilaterale Übereinkünfte. Näheres vor § 120 und in der Kommentierung zu den §§ 121–128. **6**
Über die Bemühungen des **GATT,** einen verbreiterten internationalen Schutz auf RBÜ-Niveau oder gar darüber hinaus („Bern plus") auch in Nicht-RBÜ-Staaten zu erreichen, unterrichtet Jörg Reinbothe GRUR Int. 1992, 707. S. dazu schon Drexl und (Lit.-Verz.).

Zur **Geschichte des Urheberrechts** liegen die Monographien von Gieseke, Martin Vogel, Elmar Wadle und Fedor Seifert sowie die von Robert Dittrich bzw. Elmar Wadle herausgegebenen Sammelbände *Woher kommt das Urheberrecht und wohin geht es?*, *Historische Studien zum Urheberrecht* vor (s. Lit.-Verz.). Die UFITA hat den Band 106 (1987) ausschließlich historischen Themen gewidmet. Verwiesen sei ferner auf die Arbeiten von Boytha und Kisch in UFITA 110 (1989), 5 und 79, von Martin Vogel in GRUR 1987, 873 und 1991, 16, von Fedor Seifert in NJW 1992, 1270 und von Schulz UFITA 116 (1991), 153. Einen raschen Gesamtüberblick ermöglichen Schricker-Vogel Einl. 49–79 und Elmar Wadle FS Reischl S. 9. **7**

Erster Teil · **Urheberrecht**

Erster Abschnitt · **Allgemeines**

§ 1

Die Urheber von Werken der Literatur, Wissenschaft und Kunst genießen für ihre Werke Schutz nach Maßgabe dieses Gesetzes.

Abweichend vom früheren Recht (§ 1 LUG, § 1 KUG), das *den Urhebern* schlechthin Schutz gewährte, und im Gegensatz zum Referenten- und zum Ministerialentwurf, die *die Werke* schützen wollten, findet § 1 die zutreffende Formulierung, daß **die Urheber für ihre Werke** Schutz genießen, und verweist die nähere Definition der zu schützenden Werke in die nachfolgenden Bestimmungen. Damit wird der personenbezogene Zweck des Gesetzes deutlich. Es schützt nicht etwa das Werk als *abstractum,* als einen von der Person seines Schöpfers losgelösten, selbständigen Rechtsgegenstand (Möhring/Nicolini Bem. 1 b aa); ein solcher Schutz würde dem jeweiligen Eigentümer des Werkstücks, dem jeweiligen Inhaber der Rechte am Werk zugute kommen. Der Zweck des Gesetzes ist vielmehr der Schutz des Urhebers selbst: *Nicht das Werk, auf das sich der Schutz bezieht, sondern die Person des Urhebers steht im Vordergrund* (Begr. S. 37). Von dieser Wertentscheidung zugunsten des Urhebers ist bei der Auslegung und Anwendung des UrhG auszugehen. Sie hat zur Folge, daß allgemein im Zweifel zugunsten des Urhebers zu entscheiden ist (ebenso Abel bei Schulze Ausl. Australien 2; Riedel § 2 Bem. B 3 S. 11 ff.; Gerlach GRUR 1976, 613, 615: „in dubio pro auctore"). Das gilt sowohl bei der Abwägung einander widerstreitender Interessen von Urheber und Verwerter als auch bei der Entscheidung darüber, ob ein bestimmtes geistiges Produkt noch urheberschutzfähig ist oder schon nicht mehr. Schulbeispiel für den ersten Fall ist die Entwicklung der Zweckübertragungstheorie durch die Rechtsprechung, die eine weit über die allgemeinen Regeln der §§ 133, 157 BGB hinausgehende Vertragsauslegung zugunsten des Urhebers ermöglicht (§§ 31/32 Bem. 19–51). Der zweite Fall findet seinen Niederschlag in der Anerkennung der sog. kleinen Münze im Urheberrecht (§ 2 Bem. 19, 22). – Zum Begriff des Urhebers s. § 7. 1

Die **Werke** müssen der Literatur, der Wissenschaft oder der Kunst angehören. Man kann darüber streiten, ob diese Terminologie glücklich ist. Die Zusammenfassung von Ton- und Bildkunst unter dem Begriff „Kunst" ist willkürlich. Aus der besonderen Erwähnung der Wissenschaft neben der Literatur folgert Ulmer, Urheberschutz, S. 12f., daß die Wissenschaft andere Schutzvoraussetzungen hat als die (sonstige) Literatur, insbesondere keinen ästhetischen Gehalt aufweisen muß (ebenso Nordemann FS Roeber II S. 300; anders v. Gamm WRP 1969, 96, 99; s. auch Colin Hoffmann S. 112ff. und § 2 Bem. 23). Dem Gesetzgeber lag zugleich daran, sich der internationalen Terminologie (Art. I WUA, Art. 2 RBÜ) anzupassen (Begr. S. 37). 2

Aus der Formulierung *nach Maßgabe dieses Gesetzes* ergibt sich, daß das UrhG einen **Sonderrechtsschutz** gewährt. Gleichwohl geht es nicht einfach nach dem Grundsatz *lex specialis derogat legi generali* allen übrigen Rechtsnormen vor. Vielmehr ist zu unterscheiden: 3

a) **Persönlichkeitsrechte** haben immer **Vorrang.** Das gilt sowohl im Verhältnis des allgemeinen Persönlichkeitsrechts (vor § 12 Bem. 9) zum Urheberrecht als auch umgekehrt im Verhältnis der persönlichkeitsrechtlichen Befugnisse des Urhebers (vor § 12 Bem. 1–8) zu Rechten Dritter, gleichviel, ob diese Rechte aus dem UrhG oder aus anderen Rechtsnormen hergeleitet werden. Wird z. B. das Gemälde einer nur mit blauen Perlen bekleideten jungen Frau ohne deren Einwilligung ausgestellt, so geht das Recht der Abgebildeten auf Achtung ihrer Persönlichkeit (vgl. §§ 22, 23 KUG; Anh. I 3) dem Ausstellungsrecht des Künstlers aus § 18 vor. Wird durch den Zeicheninhaber in das von einem Künstler entworfene Bildzeichen eingegriffen, so läßt sich mit dem WZG gegen das Entstellungsverbot aus § 14 nichts ausrichten. – Treffen mehrere Persönlichkeitsrechte zusammen, so hat eine Güter- und Interessenabwägung stattzufinden, die regelmäßig zur Durchsetzung des allgemeinen gegenüber dem Sonder-Persönlichkeitsrecht führt: Ein Urheber, der mit seinem Werk einen Dritten beleidigt oder dessen Intimsphäre verletzt hat, muß sich trotz des § 14 zu einer Änderung der Wesenszüge seines Werkes bequemen (Einzelheiten vor § 12 Bem. 12 und § 60 Bem. 2).

b) Im Verhältnis zum **Sacheigentum** und zu den anderen **Immaterialgüterrechten** (dazu eingehend v. Gamm Einf. 132ff.) ist das Urheberrecht **gleichrangig,** soweit Persönlichkeitsrechte nicht berührt sind. Der Entwurf eines Künstlers für ein Bildzeichen ist urheberrechtlich und warenzeichenrechtlich geschützt, wenn dafür die Voraussetzungen gegeben sind. Ein Erzeugnis der angewandten Kunst kann sowohl nach dem UrhG als auch – wenn die Formerfordernisse erfüllt wurden – nach dem GeschmMG geschützt sein (vgl. die Nachweise in § 2 Bem. 54). Das Erlöschen des Rechts am **Werktitel** aus § 16 UWG bei Ablauf der Schutzfrist des UrhG (§ 64 Bem. 3) ist nur eine scheinbare Ausnahme von dem Grundsatz der Selbständigkeit der Immaterialgüterrechte nebeneinander: § 16 UWG schützt den Titel einer Druckschrift, weil bei Verwendung desselben oder eines verwechslungsfähigen Titels für eine andere Druckschrift die *Werke* miteinander verwechselt werden könnten. Die Bestimmung ordnet den Titel also einem bestimmten Werk zu. An dieser Zuordnung ändert sich nichts, wenn das Werk gemeinfrei wird; sie wird andererseits ggf. auch schon vor Ablauf der Schutzfrist gegenstandslos, wenn die Benutzung des Titels für das Werk vorher endgültig eingestellt wird. Die wettbewerbsrechtliche Regelung des UWG wird also vom UrhG nicht beeinflußt.

c) **Sonstige Rechtsnormen,** aus denen ein Schutz der Urheber für ihre Werke hergeleitet werden könnte, sind dem UrhG **nachgeordnet.** Sie haben lediglich ergänzende Funktion dort, wo das UrhG keine Regelung trifft (z. B. für Mittäter, Anstifter und Gehilfen: § 830 BGB). Neben den allgemeinen Vorschriften des BGB kommt vor allem das UWG in Betracht (s. z. B. § 10 Bem. 40f.; § 24 Bem. 18; § 78 Bem. 4; § 81 Bem. 11; §§ 85, 86 Bem. 17; § 87 Bem. 16; s. auch BGH GRUR 1976, 322 *Unsterbliche Stimmen* und Schricker Einl. 39ff. mit weiteren Nachweisen). Allerdings scheidet ein Rechtsschutz auch nach anderen Rechtsnormen dort aus, wo das UrhG keinen Schutz gewähren *wollte;* insbesondere kann nach Ablauf der Schutzfrist die Benutzung des gemeinfrei gewordenen Werkes vom früheren Rechtsinhaber nicht etwa als unlautere Nachahmung aus § 1 UWG verfolgt werden (BGHZ 44,

288, 296 *Apfelmadonna*). Über das Verhältnis des UrhG zum Kartellrecht s. vor § 31 Bem. 31.

In der Feststellung, daß die Urheber für i h r e Werke Schutz genießen, liegt die Anerkennung des **geistigen Eigentums** der Urheber an ihren Schöpfungen durch den Gesetzgeber. Dazu eingehend BGHZ 17, 266, 278 *Tonband/Grundig-Reporter* mit Nachweisen; ferner BVerfGE 31, 229 *Kirchen- und Schulgebrauch;* BVerfGE 31, 270 *Schulfunksendungen;* BVerfGE 31, 255 *Tonbandvervielfältigungen;* BVerfGE 31, 248 *Bibliotheksgroschen;* BVerfGE 31, 275 *Schallplatten;* BVerfGE 49, 382 *Kirchenmusik;* BVerfGE 79, 1, 25 *Leerkassettenabgabe;* BVerfG GRUR 1989, 193, 196 *Vollzugsanstalten;* für die Leistungsschutzrechte der Tonträgerhersteller BVerfGE 81, 12, 16 *Vermietungsvorbehalt;* für die Leistungsschutzrechte ausübender Künstler BVerfGE 81, 208, 219 *Bob Dylan;* BGHZ 97, 37, 43 *Filmmusik;* Hubmann GRUR Int. 1973, 270 und ZUM 1988, 4; Maunz GRUR 1973, 107; v. Gamm UFITA 94 (1982), 73; Dt. Vereinigung f. Gewerbl. Rechtsschutz und Urheberrecht GRUR 1980, 1060, 1065; Schricker Einl. 16 und Schricker-Reinbothe Rz. 7 zu § 13 WahrnG mit weiteren Nachweisen. Wie schon BGHZ 17, 266, 278 *Tonband/Grundig-Reporter* zutreffend feststellt, ist für die Auslegung aller urheberrechtlichen Gesetzesbestimmungen der Rechtsgedanke maßgebend, daß die Herrschaft des Urhebers über sein Werk die natürliche Folge dieses seines geistigen Eigentums ist. Daraus folgt nicht nur, daß allgemein im Zweifel zugunsten des Urhebers zu entscheiden ist (Bem. 1), sondern auch, daß der Urheber beanspruchen kann, für jede Nutzung seines Werkes ein Entgelt zu erhalten, mag diese auch keinen wirtschaftlichen Ertrag abwerfen (BGH *Tonband/Grundig-Reporter* a.a.O. S. 282; Schricker-Katzenberger GRUR 1985, 87, 92f.; Kreile FuR 1976, 599, 600; Schricker Einl. 16); inzwischen findet dieser Grundsatz auch im Gesetz selbst Ausdruck (§§ 47 Abs. 2 Satz 2, 52 Abs. 1 Satz 2 und Abs. 2 Satz 2; § 13 Abs. 3 Satz 2 WahrnG). Da das geistige Eigentum des Urhebers ein naturgegebenes Recht ist, das durch die positive Gesetzgebung nur seine Anerkennung und Ausgestaltung findet (BGH a.a.O. S. 278), wird diese Rechtsstellung des Urhebers nur durch die Sozialbindung begrenzt, der jedes Eigentumsrecht nach Art. 14 Abs. 1 Satz 2 GG unterliegt (BVerfGE 31, 229, 244; vgl. auch die übrigen vorstehend zitierten Entscheidungen des Bundesverfassungsgerichts). Diese kann im Einzelfall dazu führen, daß das dem Urheber zustehende umfassende Herrschaftsrecht an seinem Werk für bestimmte Nutzungsvorgänge zu beschränken ist, dies freilich nur, soweit es im Interesse der Allgemeinheit *unumgänglich* erscheint; das geistige Eigentum steht schon wegen Art. 14 Abs. 1 GG nicht zur beliebigen Disposition des Gesetzgebers. Der Gesetzgeber darf also, wenn es denn gar nicht anders geht, ausnahmsweise eine dem Urheber vorbehaltene Nutzungsart in eine erlaubnisfreie Nutzung für jedermann umwandeln mit der Maßgabe, daß dem Urheber für die Nutzung eine *angemessene* Vergütung zu zahlen ist. Er darf freilich weder das bestehende System der ausschließlichen Verwertungsrechte durch ein System von Vergütungsansprüchen ersetzen (Nordemann GRUR 1979, 280; Boytha GRUR Int. 1983, 379) noch gar den Vergütungsanspruch unangemessen mindern oder ganz ausschließen; dergleichen könnte allenfalls durch solche Gemeinwohlerwägungen gerechtfertigt sein, denen auch bei Beachtung des Grundsatzes der Verhältnismäßigkeit der Vorrang vor dem grundrechtlich geschützten Anspruch des Urhebers zukommt (so wörtlich BVerfGE 49, 382, 400 *Kirchenmusik;* vgl. auch Krüger-Nieland FS Oppenhoff

4

S. 173 und die Kritik an BVerfG GRUR 1989, 193, 196 *Vollzugsanstalten* vor § 45 Bem. 10 sowie von Fedor Seifert FS Reichardt S. 225ff. und Kreile GEMA-Jahrbuch 1992 S. 48ff.).

Zweiter Abschnitt · **Das Werk**

§ 2 Geschützte Werke

(1) Zu den geschützten Werken der Literatur, Wissenschaft und Kunst gehören insbesondere:
1. Sprachwerke, wie Schriftwerke, Reden und Computerprogramme;
2. Werke der Musik;
3. pantomimische Werke einschließlich der Werke der Tanzkunst;
4. Werke der bildenden Künste einschließlich der Werke der Baukunst und der angewandten Kunst und Entwürfe solcher Werke;
5. Lichtbildwerke einschließlich der Werke, die ähnlich wie Lichtbildwerke geschaffen werden;
6. Filmwerke einschließlich der Werke, die ähnlich wie Filmwerke geschaffen werden;
7. Darstellungen wissenschaftlicher oder technischer Art, wie Zeichnungen, Pläne, Karten, Skizzen, Tabellen und plastische Darstellungen.

(2) Werke im Sinne dieses Gesetzes sind nur persönliche geistige Schöpfungen.

Übersicht

I. Allgemeines

Die Vorschrift behandelt den Begriff des urheberrechtlich geschützten 1
Werkes. Eine positive, umfassende Definition enthält sie nicht. In Abs. 1 werden die wesentlichen Werkarten aufgeführt, in Abs. 2 findet sich das, was ein Werk im Sinne des Urheberrechts in jedem Fall sein muß, nämlich eine **persönliche geistige Schöpfung** (Bem. 8ff.). Wo bei Leistungen des menschlichen Geistes eine solche nicht anzunehmen ist, kann kein vom Urheberrecht erfaßtes und geschütztes Werk vorliegen.
Der **Katalog** des Gesetzes in Abs. 1 ist **nicht erschöpfend.** Erzeugnisse geistiger Tätigkeit des Menschen, die den Anforderungen, die an eine persönliche geistige Schöpfung zu stellen sind, genügen, ohne in der Aufstellung von Abs. 1 zu erscheinen, sind dennoch Werke von Kunst und Wissenschaft. Für den Bereich der Kunst setzt der Begriff der Schöpfung einen ästhetischen Gehalt voraus (Bem. 15), für den Bereich der Wissenschaft eine individuelle Eigenart des Werkes (Bem. 23). Damit ergibt sich auch, daß die wissenschaftliche Entdeckung, die keine individuelle Eigenart eines schöpferischen Geistes zuläßt, sondern nur die objektive Richtigkeit einer in der Natur vorgegebenen Gesetzmäßigkeit, dem Urheberschutz nicht zugänglich ist (Bem. 30).
Wo jedoch die persönliche geistige Schöpfung vorliegt, ohne daß sie von der Aufzählung des Abs. 1 erfaßt wird, besteht, insbesondere bei Kunstwerken, uneingeschränkter Schutz. Die fortschreitende geistige, kulturelle, aber auch technische Entwicklung schafft neue Kunstgattungen und Werkformen. Nach Inkrafttreten des UrhG waren es z. B. sog. *Ton-Collagen,* bei denen aus Politiker-Reden Textstellen herausgeschnitten, musikalisch unterlegt und dann rhythmisch montiert waren (OLG München Schulze OLGZ 178 *Pol(h)itparade* mit Anm. von Nordemann), *Tonbandcollagen* mit der Mischung von Geräuschen und Musik oder sog. *O-Ton-Collagen* (Original-Ton-Collagen) mit einer akustischen Zusammenstellung von Interviews, Geräuschen des täglichen Lebens und elektronischen Sphärenklängen. Das gleiche gilt für das Gebiet optisch wahrnehmbarer Werke etwa bei der sog. *Land-Art* von Walter de Maria (z. B. Ziehen von 2 weißen, 1 Meile langen Kreidestrichen durch Kalifornien oder im Winkel aufeinander zulaufende Erdfurchen in der Wüste Nevadas) oder das sog. *Lightningfield* in New Mexico. Dort hat der gleiche Künstler Walter de Maria 400 in den Wüstenboden gerammte Stahlpfähle so angeordnet, daß bei den offenbar häufigen Gewittern faszinierende Lichterscheinungen bewirkt werden (Die Zeit, Nr. 42 v. 9. 10. 1992, S. 71). Soweit seit Inkrafttreten des UrhG Werkarten eine besondere, vorher nicht absehbare Bedeutung erlangt haben oder künftig erlangen werden, bietet sich auch eine Ergänzung des Werkkatalogs an, wie dies der Gesetzgeber im Falle der Computerprogramme (Abs. 1 Nr. 1 und dazu Bem. 42) für zweckmäßig gehalten hat.

II. Werkbegriff

Das **Werk** im Sinne des Urheberrechts ist ein **unbestimmter Rechtsbe-** 2
griff. Es handelt sich dabei um Begriffe im Recht, die der Ausfüllung und

Konkretisierung im Einzelfall entweder in tatsächlicher oder rechtlicher Hinsicht bedürfen. Ob eine Schöpfung ein urheberrechtlich geschütztes Werk ist, kann deshalb noch in der Revisionsinstanz nachgeprüft werden (vgl. BVerwGE 23, 104, 106ff. *Die Rechnung ohne den Wirt* u. Gerstenberg Anm. zu Schulze BGHZ 169, 12). Schricker-Loewenheim gehen in § 2 Rdnr. 3 davon aus, daß der Werkbegriff fünf Voraussetzungen aufweist: Vorliegen einer Schöpfung, Feststellung eines geistigen Gehalts, Vorhandensein einer Form, Bestehen von Individualität und Anerkennung einer Gestaltungshöhe. Nach unserer Auffassung kann auf die gesonderte Erwähnung der Gestaltungshöhe verzichtet werden, denn die Schöpfung ist mehr als bloßes Tätigwerden, sondern setzt eine bestimmte Gestaltungshöhe des Handelns und Schaffens voraus. Maßgeblich ist ohnehin der vom Gesetzgeber gewählte Begriff der persönlichen geistigen Schöpfung.

3 1. Satz 1 stellt klar, daß der Werkbegriff **zweckneutral** ist. Wesentlich ist damit nicht der Wille des Werkschöpfers, ein belehrendes oder unterhaltendes Werk zu verfassen. Was früher unter ganz anderen gesellschaftlichen und politischen Gegebenheiten ernst und erzieherisch wirken sollte, heute aber nur noch Lachen oder Unverständnis hervorruft, bleibt dennoch urheberrechtlich geschützt, wenn die erforderlichen Werkeigenschaften vorliegen und die Schutzfrist noch nicht abgelaufen ist. Auch der praktische Zweck eines Werkes – etwa eine Reklamegrafik oder ein Formular (BGH GRUR 1959, 251, 252 *Einheitsfahrschein*) oder die völlig fehlende Zweckbestimmung durch den Urheber – möglich z. B. bei Tagebüchern – spielen für die Werkeigenschaft keine Rolle. Entscheidend ist nur, ob eine persönliche geistige Schöpfung festgestellt werden kann (Abs. 2).

4 a) Der Werkbegriff ist **objektiv.** Gemeint ist damit, daß es nicht allein der subjektiven Bewertung des Urhebers überlassen bleiben kann, ob das, was er geschaffen hat, als Kunstwerk anzusehen ist oder nicht (so auch Schricker-Loewenheim § 2 Rdnr. 6; Ulmer GRUR 1968, 527; Samson UFITA 56 [1970], 117; Gerstenberg FS Wendel S. 89, 94ff.). Kummer in seiner an sich sehr wertvollen Untersuchung über moderne Kunst will an die Stelle des objektiven Werkbegriffes die subjektive Bestimmung des Urhebers setzen (S. 75). Dies würde dazu führen, daß jedermann sich subjektiv absolute Rechte, wie die aus dem Urheberrecht fließenden Befugnisse, nach Belieben selbst gewähren könnte – eine mit unserem Rechtssystem schlechthin unvereinbare Vorstellung. Eigene Werkbegriffe entwickeln Schmieder UFITA 52 (1969), 107, 113 mit der „Marktfähigkeit" des Werkes und seiner „Billigung" durch den Werkschöpfer sowie Jöstlein UFITA 56 (1970), 111, 113, der die Gestaltungshöhe für maßgeblich ansieht und auf das Merkmal des „ästhetischen Überschusses" weitgehend verzichten möchte. Damit wären die Grenzen zur Erfindung verwischt. Rau S. 27ff. sieht keine Abgrenzungsmöglichkeiten zwischen Kunstwerk und (nach geltendem Recht nicht schutzfähigem) künstlerischen Erzeugnis und will jedes Ergebnis künstlerischer Tätigkeit letztlich unter Urheberschutz stellen.

5 b) Es soll nicht übersehen werden, daß gerade in der **modernen Kunst** von Kunstinteressierten, von Kritikern, vom Kunsthandel und naturgemäß auch von den Werkschöpfern selbst Gegenstände als Kunstwerke angesehen werden, bei denen man sich fragt, ob auch bei weiter Auslegung des Begriffes der persönlichen geistigen Schöpfung und damit des Werkbegriffs noch

Werkeigenschaft angenommen werden kann. Rau S. 15 gibt drei Maler an (Ferrari, Manzoni, Rauschenberg), die einfarbig weiße Bilder malten, und verweist als weiteres Beispiel für „Das Nichts als Kunst" auf das „Blank Song Paper" von Charles Ives, wobei es sich um ein leeres Notenblatt lediglich mit seiner Signatur und einem Wiederholungszeichen handelt. Bei derartigen Beispielen, die sich vermehren lassen, stellt sich in aller Schärfe die Frage nach ihrem urheberrechtlichen Kunstschutz. Wird er zuerkannt, muß man sich die Frage gefallen lassen, ob man damit nicht alles schützt, was irgendjemand als Kunst bezeichnet. Wird urheberrechtlicher Schutz verweigert, sieht man sich dem Vorwurf der Ignoranz und Weltfremdheit im Hinblick auf das Schaffen einer Vielzahl moderner Künstler ausgesetzt. Rechtlich maßgebend kann nur das Gesetz und damit die „persönliche geistige Schöpfung" in § 2 Abs. 2 sein. Wir teilen nicht die Auffassung des OLG Köln (AfP 1978, 223, 224), wonach jedenfalls bei bestimmten Werken moderner Kunst allein das Urteil eines Kunstsachverständigen maßgebend dafür sein soll, ob es sich um ein Kunstwerk handelt oder nicht. Die Auffassungen darüber werden immer auseinandergehen, zumal derartige Bewertungen hinsichtlich ihrer Richtigkeit jedenfalls in aller Regel rational nicht beweisbar sind. Die Wertschätzung durch den Kunsthandel ist jedoch ein *Indiz* für die Schutzfähigkeit, das häufig schon deshalb ausreichen wird, weil im Zweifel zugunsten eines Urheberschutzes zu entscheiden ist (§ 1 Bem. 1). Wo aber letztlich – Beispiel der naturbelassenen oder auch weißen Leinwand – nicht mehr nachvollziehbar die Frage beantwortet werden kann, worin bei Anlegung auch großzügigster Maßstäbe die schöpferische Leistung gesehen werden kann, muß die Antwort nach der urheberrechtlichen Schutzfähigkeit auf die Verneinung eines solchen Schutzes hinauslaufen. Dies gilt auch für den Fall, daß ein derartiges „künstlerisches Nichts" (für uns ein Widerspruch in sich selbst) etwa vom Kunsthandel oder sonst interessierten Kreisen zu erheblichen Preisen gehandelt wird, weil es etwa von einem ansonsten renommierten Künstler stammt.

Es sind insbesondere *drei Erscheinungsformen der modernen Kunst,* die nicht ohne 6
weiteres den Voraussetzungen des § 2 Abs. 2 genügen: die Antikunst, die Aleatorik und die Minimalisierung. Als frühester Antikünstler gilt Duchamp, der einen Flaschentrockner und andere banale Gegenstände des täglichen Gebrauchs in den Rang von Kunstwerken erhebt. Auf derselben Linie liegen die Readymades und einige Erscheinungsformen der Pop-Art: Von der Natur geformte Steine, Wurzeln, Konsumgegenstände wie Coca-Cola-Flaschen, Suppendosen usw. werden vom Künstler lediglich ausgewählt, mit der „Aura" der Kunst umgeben und in einen neuen „Umraum" gestellt (Rau S. 61). Bei der Aleatorik (z. B. Computer-Kunst) wird das Ergebnis künstlerischer Hervorbringung weitgehend Zufallsgesichtspunkten unterworfen. Allerdings bleibt es der Mensch, der das Programm eingibt. Die Computer-Anlage ist lediglich das Werkzeug. Die Programmeingabe kann nach wie vor nach den Kriterien der Individualität und Schöpfungshöhe überprüft werden. Bei den Minimalisierungen geht es den Künstlern darum, einen künstlerischen Weg konsequent zu Ende zu führen. Derartige Konsequenzen sind dann das schwarze Quadrat auf weißem Grund von Malewitsch, aufgeschlitzte einfarbige Leinwände von Fontana oder die schon erwähnten einfarbigen, zum Teil einfach weißen Flächen mehrerer Maler. In der Musik ist neben dem leeren Notenblatt von Ives (Bem. 5) das

Werk „4'33"" von John Cage, das Beachtung gefunden hat (vgl. Rau S. 43 nebst Abb. auf S. 67ff.; auch Bem. 49).

7 *Andere Erscheinungsformen moderner Kunst* enthalten Elemente der Antikunst, Aleatorik und Minimalisierung in kombinierter Form. Die Fallenbilder von Spoerri (Rau S. 72) sind eine Kombination von Antikunst und Aleatorik, Hervorbringungen der Land-Art (de Maria und Christo) kombinieren Antikunst und Minimalisierung. In den meisten Fällen sind trotz des Bestrebens des Künstlers, an absolute Grenzen in der Kunst zu stoßen, noch Individualität und Schöpfungshöhe im Werk selbst feststellbar. Bei den wenigen Extremfällen, bei denen eine individuelle Schöpfung nach unserer Auffassung nicht mehr festgestellt werden kann (Duchamp, Malewitsch, Cage), besteht keine Veranlassung, den Werkbegriff des § 2 Abs. 2 zu verlassen. Das Schaffen dieser Künstler ist besonders stark an ihren Namen und ihre „Aura", insbesondere ihren Ruf als Schöpfer bestimmter charakteristischer, ungewöhnlicher Leistungen, gebunden. Ohne Anerkennung der persönlichkeitsrechtlichen Bindung des Objekts an einen berühmten Namen würde es als Kunstobjekt nicht existieren können. Ein Flaschentrockner ohne die Benennung, daß es sich um den berühmten Gegenstand von Duchamp handelt, ist wertlos. Der Anspruch des Avantgarde-Künstlers auf Anerkennung seiner künstlerischen „Tat" (wiederum das Beispiel Duchamp) sowie gegen entstellende Wiedergabe seiner Hervorbringung ist durch das allgemeine Persönlichkeitsrecht geschützt. Auch Verwertungsrechte können substantiell nicht berührt sein. Da in den angeführten extremen Fällen künstlerischen Schaffens gemeinfreie Bestandteile die Grundlage bilden, entfallen ungenehmigte Vervielfältigung und Plagiat. Eine einzige Ausnahme gilt für das Folgerecht (§ 26): Natürlich kann auch das leere Notenblatt von Charles Ives Objekt des Kunsthandels sein. Es sollte erwogen werden, in § 26 UrhG auch Objekte des Kunsthandels einzubeziehen, die zwar von Handel und Kritik als Werke der Kunst anerkannt werden, es urheberrechtlich jedoch nicht sind (vgl. auch Bem. 53).

8 2. Von einer **Schöpfung** kann nur dort gesprochen werden, wo ein Tätigwerden zur Entstehung von etwas **Neuem** führt. Wer lediglich das wiederholt, was ein anderer vor ihm genau so gesagt, geschrieben oder gemalt hat, bewirkt keine Schöpfung, sondern nur eine Wiedergabe (BGHZ 44, 288, 292 *Apfel-Madonna*). Ebenso entsteht nichts Neues, wenn vorgefundene Gegenstände nur als Kunstwerke präsentiert werden (Schricker-Loewenheim § 2 Rdnr. 4 sowie oben Bem. 7). Der Begriff der Neuheit ist nicht in der Weise zu verstehen, daß etwas objektiv bisher nicht Vorhandenes geschaffen werden müßte (sonst gäbe es den – allerdings sehr seltenen – Fall der Doppelschöpfung nicht; näheres § 24 Anh. Bem. 5), sondern es reicht bereits das aus der Sicht des Werkschöpfers subjektiv Neue (anders für das Geschmacksmusterrecht BGH GRUR 1969, 90, 94 *Rüschenhaube* mit zustimmender Anm. von Heydt, wonach sich der Neuheitsbegriff nur nach objektiven Merkmalen richtet).

9 Bei einer Schöpfung im Sinne des Urheberrechts braucht es sich **nicht** um etwas **völlig Neues** zu handeln. Es wird deshalb in der Rechtsprechung auch keine Neuheitsprüfung wie etwa im gewerblichen Rechtsschutz vorgenommen, sondern die Neuheit im Urheberrecht wird eher in einer schöpferischen Eigentümlichkeit gesehen (BGHZ 27, 351, 356, *Candida-Schrift;* BGHZ 94, 276, 286/287 *Inkasso-Programm;* vgl. auch von Rauscher auf Weeg GRUR 1967, 572). Würde man strengere Maßstäbe an den Begriff der Schöpfung legen, würde der Urheberschutz auf wenige Werke großer Meister zusammenschrumpfen, denen eine Art Revolution der Ausdrucksform oder des Sinngehaltes gelang. Der geistig Schaffende baut vielmehr stets in mehr oder weniger starkem Maße auf dem auf, was er an Kulturgütern vorfindet (vgl. § 24 Bem. 1). In der Regel beschränkt sich seine schöpferische Leistung auf eine *neue Kombination bekannter Elemente* untereinander oder mit etwas Neuem in Inhalt oder Form des Werkes (Möhring/Nicolini Bem. 10cbb). Deshalb genügt es, daß das Werk durch seinen Inhalt oder durch seine Form etwas Neues in dem Sinne darstellt, daß es sich von dem bisher Bekannten unterscheidet. Größe und Art des Unterschiedes haben dabei lediglich für die Einordnung des Werkes als selbständige Schöpfung (§ 2), Bearbeitung (§ 3) oder Sammelwerk (§ 4) Bedeutung. Dennoch ist nicht alles, was sich vom bisher Bekannten unterscheidet, schon als Schöpfung anzusehen. Der Schöpfungsbegriff enthält vielmehr zugleich ein qualitatives Moment: Nur wer etwas *Besonderes,* aus der Masse alltäglicher Gebilde Herausragendes schafft, ist im wahren Sinne des Wortes „schöpferisch" tätig. Die alltägliche Unterhaltung, der gewöhnliche Brief, das durchschnittliche industrielle Erzeugnis sind deshalb keine schutzfähigen Werke, mögen sie auch in ihrer speziellen Form oder gar in ihrem jeweiligen Inhalt unterschiedlich gegenüber anderen Erscheinungen der gleichen Art, also neu, sein. Gernot Schulze (GRUR 1984, 400, 416) hebt zu Recht hervor, daß es ein für alle Werkarten gleiches Maß für das, was eine urheberschutzfähige Schöpfung genannt werden könnte, nicht gibt. Rechtsprechung (BGH GRUR 1983, 377, 378 *Brombeer-Muster*) und Literatur (statt aller Schricker-Loewenheim Rdnr. 16) sprechen von einer für den Urheberschutz erforderlichen Gestaltungshöhe. Anders als Schricker/Loewenheim a.a.O. gehen wir dabei von einem mehr qualitativen Aspekt der Individualität aus als von einem quantitativen.

10 3. Das Erfordernis einer **geistigen** Schöpfung bedeutet, daß eine Gedankenäußerung (geistiges Tätigwerden) vorliegen muß. Dies schließt die Anerkennung solcher Erzeugnisse aus, die ohne Ausdruck der Gedanken- und Gefühlswelt des Schaffenden, sondern lediglich durch mechanische Tätigkeit entstanden sind (Zufallswerke). Die gedankenlose Spielerei, das blinde Waltenlassen der Natur, die dem Zufall überlassene Schöpfung erzeugen kein schutzwürdiges Werk, mag das Ergebnis solcher menschlichen Betätigung auch noch so neu und noch so absonderlich sein. So ist derjenige kein Komponist, der die Tonfolge durch Würfeln ermittelt. Der Maler, der Farben blind über den Rücken wahllos gegen eine Leinwand wirft und sich nach dieser Aktion diejenigen Teile der Leinwand herausschneidet, auf denen die Farben besonders wirkungsvoll zueinanderliegen, mag wegen der – freilich geringen – individuellen Leistung, die in der Sichtung und Ordnung des willkürlich gewonnenen Materials liegt, gerade noch als Urheber angesehen werden können. Wer dagegen, wie es schon vorgekommen ist, wahllos Farben auf eine am Boden liegende Bildfläche gießt und sich dann darauf setzt, um durch Drehbewegungen mit dem Hosenboden ein

kreisrundes Farbenmischmasch zu erzeugen, bringt trotz der unbestreitbaren Individualität des benutzten „Werkzeugs“ keine geistige Schöpfung, sondern nur ein ungeschütztes Zufallsprodukt hervor.

11 4. Mit dem Merkmal der **persönlichen** Schöpfung kommt zum einen zum Ausdruck, daß Urheber nur der Mensch als Individuum oder innerhalb einer Gruppe (Miturheber § 8) sein kann. Zum anderen muß in der Schöpfung die Persönlichkeit ihres Urhebers ihren Niederschlag finden, und sei dies auch bei manchen Werkarten in nur schwer erkennbarer Weise. Das Erfordernis einer persönlichen Schöpfung für die Erlangung urheberrechtlichen Werkschutzes ist in anderen Rechtsordnungen nicht aufrechtzuerhalten. Nach Sect. 9 Abs. 3 des britischen Copyright Act von 1988 genießen Werke, die von einem Computer ohne menschliches Zutun als sprachliche oder musikalische Produkte hergestellt werden, Urheberschutz. Urheber ist derjenige, der die für die Schaffung des Werkes erforderlichen Bedingungen gesetzt hat, also die Computeranlage aufgestellt und in Betrieb genommen hat (s. Cohen Jehoram GRUR Int. 1991, 687, 694).

12 a) **Schöpfer** eines Werkes kann nach deutschem Recht **nur der Mensch** – als Miturheber in einer Gruppe von natürlichen Personen – sein (§§ 1, 7). Bilder, die ein Affe gemalt hat, sind ebensowenig geschützt wie die Erzeugnisse eines Roboters, der beim Einwurf von Münzen ein abstraktes Aquarell oder eine melodische Tonfolge auswirft. Von diesen selbsttätigen technischen Apparaten sind allerdings die technischen Hilfsmittel zu trennen, die der schaffende Mensch benutzt. Wo ein Gerät nicht ungesteuert und damit nicht nur nach den Naturgesetzen oder dem Gesetz des Zufalls verfährt, sondern der menschliche Wille und entsprechende Schöpferkraft entscheiden, liegt eine persönliche Schöpfung vor (Näheres Fromm GRUR 1964, 304; Möhring UFITA 50 [1967], 835; Kummer S. 170–205; zu weitgehend Schmieder UFITA 52 [1969], 105; außerdem § 3 Bem. 4).
Interessant ist in diesem Zusammenhang die Frage, wem das Urheberrecht am **Automatenfoto** (Werk nach § 2 Abs. 1 Nr. 5 oder Schutz über § 72) zusteht. Da nur die Person, die sich selbst fotografiert, auf Entstehen und Gestaltung der Aufnahme Einfluß nehmen kann, kommt nur sie als Urheber in Betracht. Wenn bei geistigem und künstlerischem Schaffen durch Verwendung von Hilfsmitteln der Zufall eine Rolle bei der Entstehung des Werkes spielt (Komposition eines Computers, Malerei mit mechanischer Farbverteilung), wird man entgegen der Auffassung von Möhring a.a.O. S. 842 nicht von vornherein Urheberschutz verneinen müssen, sondern es bleibt in jeden konkreten Einzelfall die Frage nach Vorliegen und Umfang der eigenschöpferischen Leistung des die Maschine einsetzenden schaffenden Menschen zu beantworten. Mit Schricker-Loewenheim Rdnr. 5 ist davon auszugehen, daß der **Zufall** bei der Entstehung vieler Werke eine Rolle spielt, so daß dann, wenn der Werkschöpfer dem Zufall eine Einflußnahme auf sein Werk gestattet, damit noch keineswegs ein vom menschlichen Geist gesteuerter Schöpfungsvorgang ausgeschlossen ist. Wenn dem Schöpfer Auswahl- und Einwirkungsmöglichkeiten bleiben und die dabei zu entfaltende Tätigkeit schöpferisch mit der entsprechenden Gestaltungshöhe bleibt, sind Apparat und Zufall nur Hilfsmittel. Bei einem **in Trance geschaffenes Werk** (Medium hält in Trancezustand Vorträge) hat das Schweiz-BG (ZUM 1991, 236) die Urheberschaft zu Recht der in diesem Zustand befindlichen Person zuerkannt, da der Schöpfungsvorgang Realakt sei und

Geschäftsfähigkeit beim Werkschöpfer nicht Voraussetzung für die Urheberschaft sei. Offenbar zur Ausschließung von Mißverständnissen hat das Gericht sogar im Leitsatz angemerkt, daß „jenseitige Wesen keine Subjekte schweizerischen Rechts" seien.

b) Die Schöpfung muß von der **Persönlichkeit** des Urhebers geprägt sein. **13**
Dabei ist nicht zu verkennen, daß es entscheidend auf die Werkart und das konkrete Werk selbst ankommt, wieweit die Prägung durch die Persönlichkeit des Werkschöpfers geht. Der Autor eines biografischen Romans, der Komponist einer Sinfonie oder der Maler eines Portraits seiner Ehefrau wird von seiner Persönlichkeit weit mehr in sein Werk fließen lassen, als dies etwa bei einem Werbetexter, einem Schlagerkomponisten oder Designer der Fall ist. Bei letzteren Beispielen ist es zumindest für unbeteiligte Dritte oft nahezu unmöglich, die „persönliche Handschrift" des Urhebers zu erkennen. Von der Prägung des Werkes durch die Persönlichkeit des Werkschöpfers bleibt daher häufig nur der „Ausdruck eines individuellen Geistes" im Werk (Hubmann/Rehbinder[7] S. 82) oder eine dem geistigen Schaffen entspringende „individuelle Prägung" (BGHZ 9, 262, 268 *Lied der Wildbahn*). Bei Computerprogrammen ist nach der neu (1993) eingeführten Vorschrift des § 69a Abs. 3 nur noch maßgebend, ob es sich um „individuelle Werke" handelt, die „das Ergebnis der eigenen geistigen Schöpfung ihres Urhebers" sind. Eine Prägung des Programms durch die Persönlichkeit des Schöpfers (z. B. Programmierers) ist für die Werkeigenschaft nicht erforderlich (unten Bem. 42–44).

5. **Abgrenzungsfragen.** Für die urheberrechtliche Werkeigenschaft ist der **14**
künstlerische oder auch wissenschaftliche Wert eines Werkes nicht maßgebend (st. Rspr. z. B. BGH GRUR 1981, 267, 268 *Dirlada;* allg. Auff. auch im Schrifttum, statt aller Schricker-Loewenheim Rdnr. 22; vgl. außerdem Nordemann UFITA 50 [1967], 906, 908). Die qualitative Bewertung von insbesondere künstlerischen Werken unterliegt starken Veränderungen (Beispiel van Gogh). Auf die Feststellung einer Schöpfung i.S.d. § 2 Abs. 2 kann jedoch nicht verzichtet werden. Sie muß auch bei Werken und Werkarten erkennbar sein, die als sog. „kleine Münze" (Bem. 19, 55–69, 81, 84–87) den Grenzbereich bilden, innerhalb dessen noch Urheberschutz gewährt werden kann.

a) Die Bewertung insbesondere eines künstlerischen Werkes findet allerdings **15**
insoweit statt, als ein **ästhetischer Gehalt** gefordert wird. Bei Werken wissenschaftlicher und technischer Art (§ 1 Abs. 1 Nr. 7) gilt dies nicht, weil ihnen eine ästhetische Wirkung nicht innewohnt, ebensowenig wie den Computer-Programmen. Hier tritt an Stelle der ästhetischen Wirkung die individuelle Eigenart (vgl. Bem. 23). Bei Werken der Kunst wird nur dann eine Schöpfung und damit Werkcharakter angenommen, wenn der ästhetische Gehalt des Werkes wenigstens einen so bescheidenen Grad erreicht hat, daß nach den „im Leben herrschenden Anschauungen" noch von Kunst gesprochen werden könne (z. B. BGHZ 16, 4, 6 *Mantelmodell* mit Nachweisen; BGH GRUR 1983, 377, 378 *Brombeer-Muster*). Diese Anschauungen sollen dabei der Meinung „des für Kunst empfänglichen und mit Kunstdingen einigermaßen vertrauten Menschen" entsprechen (BGHZ 27, 351, 356 *Candida,* ähnlich BGH GRUR 1972, 38, 39 *Vasenleuchter*). Diese vom RG

zunächst für die Abgrenzung von Kunst- und Geschmacksmusterschutz entwickelte Formel (vgl. RGZ 79, 339, 344 *Schulfraktur*) hat sich im Laufe der Jahrzehnte durch ständige Wiederholung in jedem einschlägigen Bundesgerichtshofs-Urteil derart verfestigt, daß sie zu einem Tabu der Urheberrechtslehre zu werden droht (vgl. z. B. auch BGH GRUR 1980, 234, 237 *Play-Family* für die Feststellung von Nachbildungen; ferner BGH GRUR 1981, 517, 519 *Rollhocker;* gegen diese Formel auch OLG München GRUR 1974, 484, 485 *Betonstrukturplatten* und GRUR 1977, 555, 556 *Eddi*). Auch wir hatten uns der formelhaften Rechtssprechung des BGH in der 1. Auflage zunächst kommentarlos angeschlossen (dort Bem. 6).

16 b) Bei näherer Prüfung erweist sich die Formel des BGH als unhaltbar. Richtig ist lediglich, daß im Bereich von Literatur und Kunst (nicht aber bei wissenschaftlichen Werken oder technischen Darstellungen, unten Bem. 23) *überhaupt irgendeine* ästhetische Wirkung gleich welchen Grades vorhanden sein muß; sonst wäre die Unterscheidung urheberrechtlich geschützter Werke von rein technischen Produkten nicht möglich. Ob eine ästhetische Wirkung überhaupt vorhanden ist, läßt sich stets objektiv feststellen. In dem Augenblick jedoch, in dem der Richter beginnt, den „Grad“ dieser Wirkung zu ermitteln, also zu prüfen, ob der zu beurteilende Gegenstand eine stärkere oder schwächere ästhetische Wirkung entfaltet, muß er zwangsläufig sein eigenes *subjektives* Empfinden an die Stelle *objektiver* Feststellungen setzen, die zu treffen allein seine Aufgabe wäre. Entgegen v. Gamm (Bem. 16) läßt sich eine Objektivierung der Beurteilung auch nicht dadurch erreichen, daß man die „im Leben herrschenden Anschauungen“ ermittelt. Man weiß spätestens seit Ibsens *Nora,* daß die herrschende nicht immer die richtige Auffassung zu sein braucht. Davon abgesehen, gibt es auch kein zuverlässiges Mittel dafür, die „im Leben herrschende Anschauung“ festzustellen. Weder das RG noch der BGH haben nach unserer Kenntnis jemals einen Versuch in dieser Richtung unternommen. Vgl. im einzelnen Nordemann UFITA 50 (1967), 906ff. Wie hier Hubmann/Rehbinder[7] S. 92, im Ergebnis auch OLG München GRUR 1974, 484, 485 *Betonstrukturplatten* u. OLG München GRUR 1977, 555, 556 *Eddi;* dagegen Riedle Bem. B 3 S. 15; unentschieden Schricker-Loewenheim Rdnr. 92.

17 c) Mit der Beschränkung darauf, daß überhaupt eine ästhetische Wirkung bei Werken der Literatur und Kunst vorliegen muß, dies dann aber für die Werkeigenschaft auch ausreicht, wird ein qualitativer Werkbegriff keineswegs geleugnet. Ein vollständiger Verzicht auf Werturteile ist im Urheberrecht undenkbar (Ulmer GRUR 1968, 527, 529 gegen Kummer S. 75 und Knies S. 118f.; vgl. oben Bem. 2–7); sonst wäre eine Abgrenzung des Kunstwerks vom Allerweltserzeugnis nicht möglich. Nur darf der Wertmesser eben nicht in solchen Kriterien gesucht werden, die ausschließlich eine Frage des subjektiven Geschmacks sind. Der Richter kann nur beurteilen, was *objektiv feststellbar* ist. Aus diesem Grunde können wir uns auch der Auffassung von Schricker-Loewenheim Rdnr. 93, wonach letztlich immer ein Entscheidungsspielraum bleibe, der vom Richter ausgefüllt werden muß, nicht anschließen.

d) Das urheberrechtlich geschützte Kunstwerk unterscheidet sich von der **Nicht-Kunst** – das Vorhandensein *irgendeiner* ästhetischen Wirkung vorausgesetzt (oben Bem. 16) – durch seine *individuelle Eigenart* (ebenso Hubmann/Rehbinder[7] S. 93). Diese fehlt dem Allerweltserzeugnis, der rein handwerklichen Leistung, die jedermann mit durchschnittlichen Fähigkeiten ebenso zustande bringen würde, mag sie auch auf anerkennenswertem Fleiß und auf solidem Können beruhen (vgl. BGHZ 94, 276, 287 *Inkasso-Programm*). Hubmann/Rehbinder a.a.O. weisen zu Recht darauf hin, daß Kunstschutz die subjektiv-individuelle Leistung voraussetzt; was nur objektiv-eigenartig ist und nur den Geschmack der Masse oder eine Moderichtung ausdrückt, ist jedenfalls urheberrechtlich (möglicherweise aber über das Geschmacksmustergesetz oder das Wettbewerbsrecht) nicht geschützt. 18

e) Der Bereich der individuellen Eigenart ist allerdings weit zu ziehen. Grundsätzlich trägt jede sprachliche, musikalische oder bildnerische Gedankenäußerung den unsichtbaren Stempel ihres Verfassers auf der Stirn. Auch der Dreigroschenroman, der billige Kriminalreißer, die verkitschte Liebesgeschichte, der Sportkommentar, der primitive Schlager und die einfache Witzblattzeichnung sind in dieser Weise individuell geprägt. Dabei muß die individuelle Prägung nicht soweit gehen, daß ein Außenstehender eine Zuordnung auf einen bestimmten Urheber vornehmen kann; es genügt eine *Individualisierbarkeit der Leistung* durch einen Fachmann oder einen mit dem Sachverhalt Vertrauten. Es reicht festzustellen, daß ein anderer denselben Gegenstand möglicherweise anders behandelt hätte, daß also die vorliegende eigenständige Behandlung einem bestimmten Urheber persönlich zugerechnet werden kann. Deshalb gibt es im Urheberrecht die sog. **kleine Münze** einfacher, aber gerade noch geschützter Produkte menschlichen Geistes (Näheres Bem. 55–69, 81, 84–87). Für die kleine Münze ist charakteristisch, daß das Maß der Individualität und Eigenständigkeit auf ein Minimum herabgesetzt wird. Auf diese Weise gelangt man zum urheberrechtlichen Schutz etwa von Adreßbüchern, Gebrauchsanweisungen usw. Mit Hubmann/Rehbinder[7] S. 30 halten auch wir es für erwägenswert, bei Werken dieser Art es mit einem Wettbewerbsschutz bewenden zu lassen oder ein gesondertes Leistungsschutzrecht gesetzlich ins Leben zu rufen. Eingehend zur kleinen Münze auch Schraube UFITA 61 (1971), 127; Thomas und Gernot Schulze in ihren Monografien sowie letzterer in GRUR 1984, 400ff. Die geringen Schutzanforderungen für Computerprogramme in § 69a Abs. 3 – es genügt die Individualität des Programms zur Erfüllung der Werkeigenschaft – deuten darauf hin, daß auch künftig die kleine Münze im Urheberrecht ihren Platz behaupten wird. 19

Da das Urheberrecht erst seit 1965 als Voraussetzung für den Urheberschutz eine persönliche geistige Schöpfung erfordert, sind einige ältere Entscheidungen, die allzu großzügig waren, als überholt anzusehen. Erzeugnisse, die den Anforderungen des § 2 Abs. 2 nicht entsprechen, haben jedenfalls zum urheberrechtlichen Werkschutz keinen Zutritt. Abgesehen von dem bereits erwähnten wettbewerbsrechtlichen Schutz kommt für derartige Gegenstände das **Geschmacksmustergesetz** in Betracht, das vom UrhG unangetastet gelassen worden ist (vgl. § 141). Wenn die „kleine Münze" für derartige Gegenstände keinen Urheberrechtsschutz ermöglicht, wird man sich bei Erzeugnissen, die nicht für ein Geschmacksmuster in Betracht kommen, Gedanken darüber machen müssen, ob und in welchem Umfang ein Schutz 20 erfolgen soll. Gegenwärtig kennt das Urheberrecht nur einen einheitlichen Werkbegriff in § 2 Abs. 2. Die Rechtsprechung muß also entweder bei der Abgrenzung des Kunstschutzes vom Geschmacksmusterschutz von der bisherigen strengen Beurteilung (z. B. BGHZ 27, 351, 354 *Candida;* BGHZ 22, 209, 214f. *Europapost;* OLG München GRUR 1957, 145 *Kakteengießkanne*) abgehen, um die „kleine Münze" der übrigen Werkbereiche weiterhin schützen zu können (dafür Gerstenberg Bem. 11; Schmieder GRUR 1969, 79ff.; Loewenheim GRUR 1987, 765, 769), oder sich dazu entschließen, auf den urheberrechtlichen Schutz dieser wenig individuellen Geisteswerke praktisch ganz zu verzichten (dafür vor allem v. Heydt GRUR 1968, 530, 535; v. Rauscher auf Weeg GRUR 1967, 572, 576 und offenbar auch OLG Schleswig GRUR 1980, 1072, 1073 *Luisenland* für Bauwerke). Für einen Schutz auf neuer Rechtsgrundlage sind. G. Schulze GRUR 1987, 769ff. und auch LG München I Schulze LGZ 127, 6. Durch Rechtsvereinheitlichung entstandene Lücken kann nur der Gesetzgeber, nicht der Richter schließen.

21 f) **Kunstwerk und Geschmacksmusterschutz** unterscheiden sich nach dem *Grad ihrer individuellen Eigenart.* Wo individuelle Anschauungs- und Gestaltungsweisen des Schöpfers dem Werk nicht das Gepräge geben, sondern nur im Hintergrund erkennbar bleiben, kommt allein ein Geschmacksmusterschutz in Betracht (Hubmann/Rehbinder[7] S. 59; Schricker-Loewenheim Rdnr. 101). Soziale Funktion des Gegenstandes, Spielraum für die schöpferische Gestaltung usw. sind häufig leicht feststellbare *Indizien* für das Vorliegen der Schutzfähigkeit eines Gegenstandes nach Geschmacksmusterrecht, zwingend für die Anwendbarkeit des UrhG oder des GeschmMG sind sie allerdings nicht (Näheres bei Nordemann UFITA 50 [1967], 906, 912; mißverstanden von v. Heydt GRUR 1968, 530, 534; a. A. auch Knap UFITA 61 [1971], 109, 116). Das OLG Schleswig (GRUR 1985, 289, 290 *Tonfiguren*) geht von einer Überordnung des Urheberschutzes gegenüber dem Geschmacksmusterschutz aus. Die Anwendung des GeschmMG setzt jedoch einen *Gebrauchszweck* des zu schützenden Gegenstandes voraus (Hubmann/Rehbinder[7] S. 58ff.; Beil UFITA 79 [1977], 1, 3). Bei Tonfiguren ist ein Gebrauchszweck nicht erkennbar. Soweit bei geschmacksmusterschutzfähigen Gegenständen die ästhetische eigenschöpferische Leistung hinzutritt, genießen diese Urheberschutz (vgl. Bem. 16 und Hubmann/Rehbinder[7] S. 60). Der Unterschied zwischen Urheber- und Geschmacksmusterschutz ist, wenn man einmal davon absieht, daß das Urheberrecht keinen Gebrauchszweck verlangt, im Hinblick auf die Gestaltungs- und Schöpfungshöhe graduell: Beim Geschmacksmuster wird nur eine Eigentümlichkeit des Musters verlangt, während Werkeigenschaft nach Urheberrecht erst dann vorliegt, wenn eine persönliche geistige Schöpfung (§ 2 Abs. 2) anzunehmen ist (Schricker-Loewenheim Rdnr. 101 und die dort angeführte Rspr. u. Lit.).

22 g) In **Grenzfällen,** in denen sich die Frage der Alternativität zwischen Geschmacksmusterschutz und Urheberschutz stellt, wird zugunsten des (weitergehenden) Urheberschutzes zu entscheiden sein (§ 1 Bem. 1 u. 4; ebenso Riedel Bem. 3 S. 12f.). Soweit gleichzeitig urheberrechtlicher Werkschutz und Geschmacksmusterschutz in Betracht kommen, weil die Voraussetzungen nach UrhG und GeschmMG vorliegen, bestehen beide Schutzmöglichkeiten nebeneinander (Schricker-Loewenheim Rdnr. 101).

h) Bei **wissenschaftlichen Werken** und den **Darstellungen nach Abs. 1 Nr. 7** kommt es auf ästhetische Gesichtspunkte **nicht** an. Ein Lehrbuch der Physik oder ein juristischer Kommentar werden nicht geschrieben, um eine ästhetische Wirkung zu erzeugen, sondern um Informationen zu vermitteln. Gleiches gilt für technische Zeichnungen usw. und vor allem für Computer-Programme (so schon Ulmer, Der Urheberschutz wissenschaftlicher Werke unter besonderer Berücksichtigung der Programme elektronischer Rechenanlagen, 1967, S. 12f.; Nordemann Festschrift Roeber II S. 297, 300; ausführlich Schricker-Loewenheim Rdnr. 125ff.). Bei diesen Werken ist allein ihre *individuelle Eigenart* Schutzvoraussetzung, nicht etwa die Richtigkeit oder Unrichtigkeit ihrer Inhalte. Die individuelle Eigenart bei wissenschaftlichen Werken liegt in der sprachlichen Ausdrucksform und/oder in der äußeren Form der Darstellung (äußere Form vgl. Bem. 24–25) oder in dem dem Werk zugrundeliegenden inneren Ordnungssystem (innere Form); letzteres ist freilich nur schutzfähig, wenn sie sich nicht aus der Natur der Sache, d. h. aus praktischen oder logischen Notwendigkeiten, von selbst ergibt, vgl. OLG München ZUM 1986, 292, 294 für ein Warenzeichenlexikon. Wenn für die innere und äußere Form ein individueller Spielraum für Darstellung und Gestaltung nicht bleibt – etwa bei formelhaften wissenschaftlichen Erkenntnissen –, kann eine urheberrechtliche Schöpfung nicht vorliegen, allenfalls eine wissenschaftliche Entdeckung (vgl. im übrigen Bem. 30 und Hubmann/Rehbinder[7] S. 94ff.). Die wissenschaftliche Erkenntnis selbst – etwa das neu entdeckte Naturgesetz – kann jedenfalls über das Urheberrecht nicht geschützt und für den Entdecker monopolisiert werden. Für Computerprogramme ist in § 69a Abs. 2 ausdrücklich bestimmt, daß Ideen und Grundsätze bei dieser Werkart nicht schutzfähig sind. 23

III. Schutzgegenstand

1. Geschützt ist zunächst die **Form des Werkes,** d. h. die sinnlich wahrnehmbare Gestaltungsform, die das Werk konkret gefunden hat. Das Werk muß in seiner konkreten Ausdrucksform der sinnlichen Wahrnehmung zugänglich sein (BGHZ 94, 276, 281 *Inkasso-Programm*). Dabei findet ein allgemeiner Schutz des Stilmittels, d. h. der vom Inhalt losgelösten, äußeren Formgestaltung als Merkmal eine bestimmte Gattung von Kunstwerken, nicht statt (BGHZ 18, 175, 177 *Nachschlagewerk*). Deshalb kann jedermann die Malweise anwenden, in der Lyonel Feininger oder Oskar Kokoschka gearbeitet haben, solange ein selbständiges Werk geschaffen wird. Dies gilt auch dann, wenn das Stilmittel von einem Künstler neu geschaffen wurde; die Zwölftonmusik steht, obwohl sie von Arnold Schönberg eingeführt wurde, jedermann zur kompositorischen Benutzung offen. Verschiedentlich wird versucht (vgl. Ulmer[3] S. 120 mit Nachweisen), der **äußeren Form** eine **innere Form** gegenüberzustellen. Mit äußerer Form ist eine bestimmte, individuelle Art und Weise der Werkgestaltung umfaßt, zu der wir auch die erkennbare Gliederung und den gedanklichen Aufbau eines Sprachwerkes rechnen, so daß für die „innere Form" nur der Werkinhalt in der eigenen, charakteristischen Art der Darstellung des Werkschöpfers bleibt (streitig, Nachweise bei Plander UFITA 76 [1976], 25ff.). Jedenfalls können über die 24

innere Form eines Werkes nicht die von jeder Form losgelösten Inhalte geschützt werden, auch wenn im Einzelfall der Inhalt eines Werkes (unten Bem. 25) durchaus geschützt sein kann. Ebenso, wie das entdeckte naturwissenschaftliche Gesetz als solches allen für Wissenschaft und Forschung zur Verfügung steht (s. o.), sind wissenschaftliche Lehren, Theorien und Ergebnisse als solche – losgelöst von der möglicherweise geschützten Form – für jedermann benutzbar (Schricker-Loewenheim Rdnr. 29ff. mit Rspr. u. Lit.). Dieser Gedanke liegt auch der Neuregelung des Urheberschutzes bei Computerprogrammen (§ 69a Abs. 2 u. 3) zugrunde.

25 2. Der **Inhalt des Werkes** wurde früher als nicht schutzfähig angesehen (vgl. die Nachw. bei Ulmer[3] S. 120f.). Dieses Mißverständnis, das auf einer unzutreffenden Gleichsetzung von Idee und Inhalt beruht, war schon vor dem UrhG erkannt worden und dürfte endgültig beseitigt sein. (Begr. S. 38 versteht unter Werken „Erzeugnisse, die *durch ihren Inhalt oder durch ihre Form* etwas Neues und Eigentümliches darstellen"). Der (mögliche) Schutz des Werkinhaltes ist von dem (nicht möglichen) Schutz einer Idee (denkbare Ausnahme allenfalls: Schutz über das Wettbewerbsrecht) sorgfältig abzugrenzen. Der Idee als bloßer Gedanke fehlt die Eigenschaft einer „Schöpfung" im Sinne von § 2 Abs. 2 (vgl. Ulmer[3] S. 131). Die *Idee* ist dabei als bloßer „Gedanke" oder als „Anregung" zu verstehen. In dieser Form ist sie urheberrechtlich schutzlos (BGH GRUR 1977, 547, 551 *Kettenkerze* mit zustimmender Anm. von Henssler und BGH GRUR 1979, 705, 706 *Notizklötze*). Sobald die Idee in Form einer gedanklichen Aussage ihren Ausdruck gefunden hat und damit auch das Erfordernis der „Schöpfung" erfüllt ist, ist der Gedanke *in dieser Form* geschützt. Erst die konkrete Ausgestaltung kann zum Werkschutz führen (dazu BGHZ 5, 1, 4 *Hummel I* sowie Schricker-Loewenheim Rdnr. 26). Schricker-Loewenheim lassen den Schutz der Idee an ihrer mangelnden Individualität scheitern, was im Endergebnis mit der hier vertretenen Auffassung übereinstimmen dürfte. Wenn sich die Idee nach Gedankenführung und äußerer Form konkretisiert und verdichtet (die Filmidee wird in ein Filmexposé umgearbeitet), kann urheberrechtlicher Werkschutz auch hinsichtlich der Fabel, die dann deutlich in Erscheinung treten muß, bestehen (BGH GRUR 1963, 40, 41 *Straßen gestern und morgen*). Unabdingbar ist, daß die Idee in Form einer gedanklichen Aussage ihren Ausdruck gefunden hat, erst dann kann die schöpferische Fantasie des Urhebers *in der vorliegenden Form* Schutz verlangen, wenn Werkeigenschaft anzunehmen ist (BGH GRUR 1959, 379, 381 *Gasparone I;* OLG München GRUR 1956, 432 *Solange Du da bist;* Schramm UFITA 30 [1960], 129ff.). Die Werkinhalt gewordene Idee ist allerdings nur soweit geschützt, als nicht Gemeingut anzunehmen ist (Gemeinfreiheit der Handlung) und auch nicht eine tatsächliche Begebung zugrunde liegt, denn niemand kann aus der Fantasie etwas schaffen und sich schützen lassen, was längst bekannt ist (BGHZ 15, 249, 254 *Cosima Wagner;* OLG Celle GRUR 1961, 141 *La Chatte;* OLG München GRUR 1956, 432 *Solange Du da bist;* KG UFITA 25 [1958], 246 *Felix Krull*). BGHZ 9, 262, 268 *Lied der Wildbahn I* äußert zu Recht Zweifel darüber, ob ein Drehbuch, das den einfachen Kreislauf der Natur zugrundelegt, inhaltlich geschützt sein kann. Das OLG München (ZUM 1989, 588, 591 *Ein bißchen Frieden*) versagte Urheberschutz für die Konzeption eines Liedtextes, weil diese Konzeption Allgemeingut und nicht individuell ausgeformt sei. Schutz für den Inhalt eines Werkes –

nicht für die zugrundeliegende Idee – kann es erst dann geben, wenn dieser Inhalt in einem Werk niedergelegt ist. Was nur im Kopf des Urhebers existiert, ist nicht geschützt. Die schöpferische Leistung muß einen, wenn auch unvollkommenen, Ausdruck gefunden haben (BGHZ 18, 175, 177/178 *Nachlagewerk* mit dem – nicht gewährten – Schutz für eine Werbeidee; OLG München a.a.O.). Ebensowenig, wie der „Geistesblitz“ etwa für eine Handlung oder deren Schauplätze (Operette Frau Luna mit den Handlungsschauplätzen Erde und Mond) geschützt werden kann, kann auch die in einem Sprachwerk wiedergebene wissenschaftliche Lehre über das Urheberrecht monopolisiert werden (vgl. OLG München ZUM 1986, 292, 294 für die Konzeption eines Warenzeichenlexikons). Weitere Rechtsprechung und Literatur bei Schricker-Loewenheim Rdnr. 26, wo auch zutreffend darauf hingewiesen wird, daß der wettbewerbsrechtliche Schutz einer Idee nur ausnahmsweise stattfinden kann. Wegen des fehlenden Schutzes für Ideen, Konzepte und Lehren, aber auch für Stilrichtungen, Techniken und Methoden sind diese für den Werkschöpfer frei. Wer unter Verwendung bekannter Stilmittel ein schutzfähiges Werk schafft, genießt uneingeschränkten Urheberschutz (BGH GRUR 1988, 690 *Kristallfiguren* mit Anm. von Gernot Schulze). Demgegenüber hält auch die neuere Rechtsprechung an der Schutzunfähigkeit der bloßen Idee fest (OLG München ZUM 1990, 311; OLG Frankfurt GRUR 1992, 699), was für Computerprogramme in § 69a Abs. 2 seit 1993 festgeschrieben ist.

Sog. Anweisungen an den menschlichen Geist, vor allem **Spielregeln,** sind, **26**
wie die Idee als solche, nicht schutzfähig. Anders liegt es nur dann, wenn die besondere Individualität der Darstellung diesen Anweisungen Werkcharakter verleiht (vgl. Ulmer[3] S. 132). Die Rechtsprechung ist zurückhaltend (RGZ 143, 412; unter Hinweis auf die deutsche Literatur Öst. OGH GRUR Int. 1983, 310 *Glücksreiter*), erkennt in Einzelfällen jedoch Urheberschutz an (BGH GRUR 1962, 51 *Zahlenlotto*). Urheberschutz wird auch Kreuzwort- und Silbenrätseln zuerkannt (OLG München GRUR 1992, 510 *Rätsel*). Zu den Anweisungen an den menschlichen Geist im weiteren Sinn gehören auch Computerprogramme (s. Bem. 42–44 und Troller FS Roeber II S. 413f.), die jetzt in den §§ 69a ff. eine gesonderte Regelung erfahren haben.

3. **Werkteile** genießen dann selbständigen Schutz, wenn sie für sich allein als **27**
persönliche geistige Schöpfung anzusehen sind (BGHZ 9, 262, 266 ff. *Lied der Wildbahn I;* BGHZ 28, 234, 237 *Verkehrskinderlied; Öst. OGH ÖBl 1978, 54, 55 ff. Evviva Amico;* Deutsch NJW 1967, 1393, 1394 sowie die in § 24 Bem. 4–10 genannten Quellen). Mit Hubmann/Rehbinder[7] S. 86 und Ulmer[3] S. 134 ist davon auszugehen, daß auch kleinste Teile Schutz genießen, sofern sie noch in Form und Inhalt individuelle Prägung aufweisen. Anderenfalls besteht die Gefahr, daß besonders geschickte Plagiatioren Werke in der Weise ausschlachten, daß jeweils Teile entlehnt und in das eigene Werk eingebaut werden (etwa bei wissenschaftlichen Werken, Lehrbüchern usw.). Indiz dafür, ob eine bewußte unzulässige Entlehnung von Werkteilen vorliegt, ist neben dem Umfang der Verwertung auch, ob diese Teile bei ihrer Wiederkehr in einem anderen Werk als „Fremdbestandteile“ kenntlich gemacht werden. Auch dann ist die Übernahme nur im Rahmen des Zitatrechts statthaft (vgl. § 51 Bem. 4).

28 4. Eine **Festlegung des Werkes** ist nicht mehr Voraussetzung seines Schutzes. Es genügt, daß das Werk eine Ausdrucksform gefunden hat; daß es sich um eine *dauerhafte* Form handelt, ist nicht erforderlich. Selbst die flüchtige, jeder Festlegung entbehrende Mitteilung durch mündliche Erzählung erzeugt demnach ein schutzfähiges Werk. Die frühere aus § 1 Abs. 2 LUG abgeleitete Auffassung, als Werk könne nur die in einer bestimmten Form festgelegte Geistestätigkeit angesehen werden (RGZ 66, 227, 230 *Theaterprogramme*), ist überholt. Sie hatte zur Folge, daß beispielsweise Vorträge und Reden nur dann geschützt waren, wenn sie schriftlich vorlagen oder unmittelbar auf Band mitgeschnitten wurden. Wer sich dagegen ein aus dem Stegreif gesprochenes Gedicht oder die Improvisation einer Jazzband beim bloßen Zuhören einprägte, um das Gedicht bei nächster Gelegenheit als eigene Schöpfung vorzutragen oder die Improvisation in der eigenen Jazzband zu spielen, beging nach dieser Auffassung keine Urheberrechtsverletzung. Auch die unmittelbare Live-Sendung einer Stegreifrede im Hörfunk ohne Zwischenschaltung einer Bandaufnahme war nach dieser Auffassung urheberrechtlich schutzlos, weil ein Werk nicht vorlag; man hätte sonst schon der deutschen Sprache Gewalt antun und den in kleinsten Bruchteilen von Sekunden sich vollziehenden Aufnahme- und Sendevorgang als „Festlegung" bezeichnen müssen. Die neuere Rechtsprechung sieht demgegenüber den als Urheber an, der durch mündliche Erzählung einer Fabel die Grundlage für ein Filmtreatment (BGH GRUR 1962, 531, 533 *Bad auf der Tenne II;* OLG München GRUR 1956, 432 *Solange Du da bist*) bzw. für einen Memoirenband (OLG Köln GRUR 1953, 499, 500 *Kronprinzessin Cäcilie*) lieferte, obwohl die Fabel in ihrer Originalgestalt niemals festgelegt worden war und auch die Festlegung der Bearbeitung erst sehr viel später erfolgte.

IV. Einzelne Werkarten

1. Sprachwerke (Nr. 1)

29 a) Sprachwerke sind Schöpfungen, deren Gehalt mit den Mitteln der Sprache zum Ausdruck gebracht wird (Ulmer[3] S. 134). Dabei führt die Vorschrift Schriftwerke, Reden und Computerprogramme beispielhaft an um zu verdeutlichen, daß sowohl die geschriebene als auch die gesprochene Sprache mitumfaßt sind. In welcher Sprache das Werk zum Ausdruck gebracht wird, ist ohne Bedeutung. Sprachwerke sind in einer lebenden oder toten Sprache, in einer Kunstsprache wie Esperanto, Bildersprache, Geheimschrift oder auch „Computersprache" (vgl. Bem. 42) möglich (Hubmann/Rehbinder[7] S. 86). Auch eine Sprache über Zahlen (RGZ 121, 357, 358) ist denkbar, ebenso die Flaggensprache in der Seefahrt, die Taubstummensprache durch Gebärden oder akustische Zeichen. Seit der Gesetzesänderung 1985 waren als Sprachwerke Programme für die Datenverarbeitung ausdrücklich erwähnt, was die Schutzfähigkeit von Computerprogrammen auch gesetzlich klarstellte (vgl. Bem. 42). Durch die Gesetzesänderung 1993 ist der Begriff „Programme für die Datenverarbeitung" dem internationalen Sprachgebrauch entsprechend in „Computerprogramme" geändert worden. Eine Änderung in dem Gehalt der Vorschrift ist damit jedoch nicht verbunden. Zu den **Sprachwerken** gehören Gedichte, Liedtexte (auch dann,

wenn sie nur einen geringen Grad an Individualität aufweisen: OLG Düsseldorf GRUR 1978, 640, 641 *Fahr'n auf der Autobahn*), Romane, Novellen, Kurzgeschichten, Bühnenwerke aller Art, Libretti, Hörspiele, Filmdrehbücher, Treatments, Exposés (Definitionen: OLG München UFITA 60 [1971], 317, 318 und 320 *Vorstufen zum Drehbuch*), wissenschaftliche Bücher und Vorträge, politische Reden, Predigten, kritische Kommentare zu politischen und kulturellen Ereignissen, Theater- und Konzertkritiken. Aus der Rechtsprechung sind Ausschreibungsunterlagen zu nennen, sofern ihre konkrete Formgestaltung eine „das durchschnittliche Ingenieurschaffen deutlich überragende individuelle Eigenart" aufweist (BGH GRUR 1984, 659, 661 *Ausschreibungsunterlagen* mit Anm. von Rojahn), historische Dokumentationen (BGH GRUR 1962, 37 *WK-Dokumentation*) bei eigenschöpferischer Aufbereitung anstelle von nur ungestalteter Materialwiedergabe oder Exposés für Fernsehserien (OLG München GRUR 1990, 674, 675 *Forsthaus Falkenau*). Voraussetzung für ein Sprachwerk ist jeweils, daß die Sprache zur Mitteilung eines gedanklichen Inhalts benutzt wird, nicht etwa nur zum Schmuck wie bei Ornamenten in Buchstabenform.

b) **Wissenschaftliche Sprachwerke** sind wie Darstellungen wissenschaftli- **30**
cher und technischer Art, Konstruktionszeichnungen, Computerprogramme usw. (Bem. 80–89, 42–44b) wegen der in ihrer individuellen Darstellung liegenden geistigen Leistung geschützt. Auf ästhetische Gesichtspunkte kommt es nicht an (so ausdrücklich § 69a Abs. 3 für Computerprogramme). Der BGB-Kommentar Palandt will weder „schön" noch „erbaulich" sein, sondern ist wegen seiner sich auf das Wesentliche beschränkenden, übersichtlichen Darstellungsweise besonders geschätzt. Ein wissenschaftliches Sprachwerk ist mithin eine sich durch individuelle Darstellung auszeichnende sprachliche Schöpfung auf wissenschaftlichem Gebiet, deren äußere Form und/oder inhaltliche Gestaltung sich von vergleichbaren Werken deutlich abhebt (vgl. oben Bem. 23). Ein „erheblicher ästhetischer Überschuß über die Zweckform", wie ihn z. B. das OLG Stuttgart für den Urheberschutz von Texthandbüchern verlangt hat (berichtet von Baumann GRUR 1983, 628), kann also nicht gefordert werden (wie hier auch BGH GRUR 1982, 37, 39 *WK-Dokumentation* und GRUR 1984, 659, 660 *Ausschreibungsunterlagen;* Nordemann FS Roeber II S. 279, 300 und ZUM 1985, 10, 12). Eine persönliche Gestaltungsfreiheit bleibt dem Wissenschaftler bei der Darstellung objektiver Wahrheiten aus der Natur nicht. So kann niemand über das Urheberrecht eine von ihm gefundene mathematische, physikalische oder chemische Formel für sich monopolisieren. Auch eine physikalische Theorie kann der Entdecker nicht für sich allein beanspruchen; geschützt ist für ihn nur seine individuelle Form der Darstellung (BGH GRUR 1980, 227, 230 *Monumenta Germaniae Historica*), falls eine solche überhaupt möglich ist. Dies wäre allerdings nicht der Fall, wenn die Theorie etwa nur in Form einer Formel darstellbar wäre. Vgl. BGH GRUR 1981, 352, 353 *Staatsexamensarbeit;* LG Hamburg GRUR 1987, 167, 168 *Gesellschaftsvertrag* (Anwaltsentwurf); LG Frankfurt GRUR 1987, 168f. *Krankheit auf Rezept* für Statistiken (zu Nr. 7); aus der umfangreichen Literatur: Siegwarth; Trüeb, Schweizerische Mitteilungen über gewerblichen Rechtsschutz und Urheberrecht, 1958, 58ff.; Plander UFITA 76 (1976), 25; Katzenberger, Urheberrecht und Naturwissenschaften, Die Naturwissenschaften 62 (1975), 555ff.; Haberstumpf UFITA 96 (1983), 41; Mutmann FS Uchtenhagen S. 175. Auf dem Gebiet der Geisteswissenschaften hat das Kammergericht

(KG GRUR 1991, 596, 598 *Schopenhauer-Ausgabe*) Urheberschutz für eine Gesamtausgabe Schopenhauers im Hinblick auf eigene Ergänzungen, Anmerkungen, Kommentierungen, Modernisierung des Textes und Schaffung von Registern zuerkannt. Demgegenüber sind bloße Forschungsergebnisse und Quellenmaterial als solche nicht geschützt (OLG Frankfurt GRUR 1990, 125/126 *Unternehmen Tannenberg*). Eine Übersicht über Werke der Wissenschaft bietet v. Moltke, UFITA-Schriftenreihe Bd. 97 (1992).

31 Bei **anwaltlichen Schriftsätzen** geht die Rechtsprechung von einer Schutzfähigkeit aus, wenn eine qualifizierte Darstellung oder ein wissenschaftlich bedeutender Inhalt (z. B. Revisionsbegründung) anzunehmen ist (BGH GRUR 1986, 739, 741 *Anwaltsschriftsatz*). Ein Schutz als Werk der Wissenschaft findet allerdings nur dann statt, wenn „ein deutliches Überragen des Alltäglichen" feststellbar ist. Unter diesen sicherlich seltenen Ausnahmefällen können Schriftsätze auch Werke der Literatur sein (OLG Düsseldorf GRUR 1983, 758). Ebenso kann anwaltlicher Vertragsentwurf bei nötiger Gestaltungshöhe urheberrechtlichen Schutz beanspruchen (LG Hamburg GRUR 1987, 167). Nichtamtliche Leitsätze bei gerichtlichen Entscheidungen können ebenfalls Werkcharakter haben (OLG Köln GRUR 1989, 821 *Entscheidungsleitsätze,* bestätigt durch BGH ZUM 1993, 23 *Leitsätze;* allgemein zu gerichtlichen Leitsätzen Fischer NJW 1993, 1228).

32 Bei **Sachverständigengutachten** ist unter der Voraussetzung einer individuellen schöpferischen Darstellung – ähnlich wie bei Anwaltsschriftsätzen – der Schutz als Werk der Wissenschaft möglich (vgl. Korn FS Öst. UrhG S. 179).

33 **Allgemeine Geschäftsbedingungen** (AGB) genießen, wenn sie die allerdings nicht zu hoch anzusetzenden Voraussetzungen der eigenen schöpferischen Leistung ihres Verfassers erfüllen, den Schutz eines wissenschaftlichen Sprachwerkes (Birkenmayer UFITA 83 [1983], 107 mit Nachweisen). Schricker-Loewenheim Rdnr. 62 weisen zu Recht darauf hin, daß damit ein Schutz ihres Inhalts (konkrete rechtliche Regelung) nicht verbunden ist. Schutzfähig ist lediglich das vertragliche Konzept in seiner individuellen Ausgestaltung. Die **DIN-Normen** und andere privatrechtliche Rechtssetzungen sind unter den gleichen Voraussetzungen schutzfähig, wenn sie nicht gerade – wie die DIN-Normen – amtliche Werke infolge ihrer Zweckbestimmung geworden sind (§ 5 Bem. 4). Rehbinder (UFITA 80 [1977], 73) geht auch von einem möglichen Werkcharakter privater Normen aus, will jedoch in analoger Anwendung von § 5 einen Werkschutz im Ergebnis verneinen (a.a.O. S. 79). Die Ausnahmevorschrift des § 5 gestattet jedoch keine ausdehnende analoge Anwendung (siehe auch § 5 Bem. 4). Allgemeine Geschäftsbedingungen bei Leasingverträgen sind als Sprachwerk anerkannt worden (LG München I GRUR 1991, 50, 51).

34 c) Sehr streitig ist die Frage, ob ein **Regiewerk** des Bühnenregisseurs anerkannt werden kann. Ausgangspunkt für eine lebhafte Kontroverse in der Literatur war eine nach überwiegender Auffassung der Kritik mißglückte Inszenierung der Wagner-Oper „Götterdämmerung" in Frankfurt (1975). Gegen den Willen des Regisseurs brachte die Frankfurter Oper eine veränderte Fassung nach dem Mißerfolg auf die Bühne. Der Regisseur versuchte, – vor dem Landgericht mit, vor dem Oberlandesgericht ohne Erfolg – die geänderte Aufführung zu verhindern (OLG Frankfurt GRUR 1976, 199 *Götterdämmerung*). Nach der klaren Unterscheidung, die das Urheberrechtsgesetz getroffen hat, erwirbt der Regisseur nur Leistungsschutzrechte (§§ 73ff.), jedoch keine Urheberrechte (OLG Koblenz GRUR Int. 1968, 164 *Liebeshändel in Chioggia;* ebenso inzwischen BGHZ 90, 219, 224f. *Filmregisseur* für den umgekehrten Fall des Erwerbs von Urheber-, aber nicht Leistungsschutzrechten). Dazu gibt es zahlreiche Literatur: Krüger-Nieland UFITA 64 (1972), 129; Schmieder UFITA 63 (1972), 133; Samson GRUR 1976, 191; Krüger FS Klaka S. 139 sowie die bei § 3 Bem. 12 und § 73 Bem. 2 angegebenen Nachweise.

d) Bei **Briefen** ist zu differenzieren: Alltägliche Mitteilungen sind urheber- 35
rechtlich nicht geschützt, wohl aber unter Umständen über das allgemeine Persönlichkeitsrecht (BGHZ 31, 308, 311 *Alte Herren;* BGHZ 36, 77, 83 *Waffenhandel*). Auch Allerweltsmitteilungen berühmter Personen genießen nicht etwa deshalb Urheberschutz, weil sie von einem bekannten Schriftsteller stammen. Dagegen sind Briefe, die nach Form und Inhalt über übliche Mitteilungen hinausgehen und aufgrund ihres literarisch-geistigen Gehalts als Schöpfung anzusehen sind, geschützt (RGZ 69, 401, 404 *Nietzsche-Briefe;* LG Berlin UFITA 56 [1970], 349 *Alfred-Kerr-Briefe*). Vgl. auch die den Persönlichkeitsschutz berücksichtigende Darstellung von v. Olenhusen UFITA 67 (1973), 57 und Koumantos FS Hubmann S. 193. **Tagebücher** sind unter den gleichen Voraussetzungen urheberrechtlich geschützt (BGHZ 15, 249, 255 *Cosima Wagner*). Allerdings kann auch hier nicht unbesehen bei jedem Tagebuch eines bekannten Autors Werkcharakter vorausgesetzt werden (KG GRUR 1973, 602, 604 *Hauptmann-Tagebücher*).

e) Interviews genießen dann Urheberrechtsschutz, wenn sie in der Art des 36
Gesprächs oder in der eingearbeiteten kritischen Würdigung des behandelten Gegenstandes eine individuelle Prägung aufweisen (Öst. OGH UFITA 45 [1965], 364 *Silberbauer;* LG Hamburg UFITA 54 [1969], 324 *Spiegel-Artikel;* zu weitgehend Heyn UFITA 20 [1955], 58, 62, der an die „Rhetorik" anknüpft; danach wäre das gesprochene Interview geschützt, seine Niederschrift jedoch u. U. nicht). Ist Urheberschutz anzunehmen, wird der Interviewer dann als Alleinurheber des gesamten Interviews anzusehen sein, wenn er (etwa bei einem nicht routinierten Interview-Partner) die Antworten vorformuliert. Miturheberschaft liegt vor, wenn ein echtes Zwiegespräch anzunehmen ist (dazu Vinck AfP 1973, 460).

f) Entwürfe zu **Resolutionen** sind urheberrechtlich geschützt (Hertin 37
GRUR 1975, 246).

g) Keinen Urheberschutz genießen **Programme** von Rundfunk, Fernsehen, 38
Theater, Sport (so schon RGZ 66, 227, 230 *Theaterprogramme;* 140, 137, 141; 144, 75 *Renntips;* offenbar auch BGHZ 27, 264, 271 *Boxprogramme;* unrichtig OLG Hamburg GRUR 1955, 206, 207 *Trabrennen*). Allgemein zum Theaterprogramm Rehbinder UFITA 67 (1973), 31. Richtig ist bei der Kritik von Schricker-Loewenheim Rdnr. 70 an unserer Ablehnung für Werkschutz von Theater- und vergleichbaren Programmen, daß diese im Einzelfall auch einmal so kunstsinnig und individuell gestaltet sein können, daß Kunstschutz möglich ist. Dies wird allerdings nur in seltenen Ausnahmefällen

praktisch werden, weil insbesondere die zeitliche Abfolge bei Programmen dieser Art einen inhaltlichen Gestaltungsspielraum nicht zuläßt und nur eine neuartige, individuelle Form die Schutzvoraussetzungen erfüllen würde. Spiel- und Gewinnpläne bei Automaten sollen schutzfähig sein (OLG Düsseldorf GRUR 1990, 263 *Automatenspielplan*). Zu Computerprogrammen siehe Bem. 23 und 42–44b. Zur Schutzfähigkeit von **Lehrplänen** führt BGH GRUR 1991, 130, 132, 133 *Themenkatalog* aus, daß ein Schutz als Sprachwerk dann gegeben ist, wenn eine eigenschöpferische Prägung der Darstellung vorliegt. Ob dies anhand der im Urteil erscheinenden katalogartigen Aufstellung bejaht werden kann, erscheint zweifelhaft.

39 h) **Werbesprüche** und **Slogans** sind in der Regel keine geschützten Sprachwerke (Hubmann[6] S. 39; OLG Braunschweig GRUR 1955, 205, 206 *Hamburg geht zu E ...;* OLG Stuttgart GRUR 1956, 481, 482 *JA ... JACoBI;* offengelassen BGH GRUR 1966, 691, 692 *Ein Himmelbett als Handgepäck;* OLG Frankfurt GRUR 1987, 44 *WM Slogan* für „das aufregendste Ereignis des Jahres"). Es fehlt an der nötigen „Schöpfungshöhe", da derartige Sprüche nur Merkbarkeit und werbegemäße Originalität benötigen. Anders liegt es bei **Werbeliedern und -versen** (BGHZ 28, 234, 237 *Verkehrskinderlied;* OLG Düsseldorf GRUR 1978, 640, 641 *Fahr'n auf der Autobahn*), da sie mehr sind als ein bloßer schlagwortartiger Einfall (allgemein hierzu Arquint S. 79–83).

40 **Werbeprospekte** enthalten im Gegensatz zu einfachen Rundfunk- und Fernsehprogrammen (Bem. 38) eine eigenschöpferische Leistung und sind damit schutzfähig (LG Berlin GRUR 1974, 412 *Werbeprospekt;* LG München I GRUR 1984, 737 *Bauherrenmodell-Prospekt;* vgl. Bem. 69). Abgelehnt für Kataloge: OLG Hamm GRUR 1981, 130 *Preislisten-Druckvorlage;* LG München I Schulze LGZ 149 und Öst. OGH ÖBl 1976, 141. Entsprechendes gilt für Bedienungsanweisungen (BGH GRUR 1993, 34 *Bedienungsanweisung*).

41 i) Übliche **Werktitel** können keinen urheberrechtlichen Schutz beanspruchen. Ihre Kürze erlaubt es nicht, von einer persönlichen geistigen Schöpfung zu sprechen (BGHZ 26, 52, 60 *Sherlock Holmes;* BGH GRUR 1977, 543, 544 *Der 7. Sinn;* OLG Celle GRUR 1961, 141 *La Chatte;* KG Schulze KGZ 39, 9 *Die goldene Stimme;* OLG Hamburg Schulze OLGZ 154 *Herzen haben keine* Fenster; LG München I Schulze LGZ 140 *Glücksspirale*). Die Großzügigkeit der früheren Rechtsprechung hat deshalb mit Recht einer strengeren Auffassung Platz gemacht (Ulmer[3] S. 172f. mit Nachweisen; abwegig OLG München UFITA 23 [1957], 217 *Bis daß der Tod Euch scheidet* und OLG Köln GRUR 1962, 534 *Der Mensch lebt nicht vom Lohn allein* mit zahlreichen Quellen, die sogar in geflügelten Worten der Umgangssprache eine eigenpersönliche Prägung sehen wollen). Der Titel ist vielmehr nur nach § 16 UWG (BGHZ 83, 52 *Point;* vgl. § 3 Bem. 24) und nach § 39 UrhG (dort Bem. 5) geschützt. Nach Auffassung des KG (Schulze KGZ 55, 22 *Puppenfee*) soll der Titelschutz aus § 16 UWG dann enden, wenn das Werk mit diesem Titel gemeinfrei wird. Mit Hubmann/Rehbinder[7] S. 257 und v. Gamm Einf. 54 gehen wir davon aus, daß zwar Werk und Titel frei werden, der Titel aber nur zusammmen mit dem Werk – allerdings einschränkungslos durch jedermann – verwandt werden darf (ähnlich BGH GRUR 1980, 227, 232 *Monumenta Germaniae Historica;* vgl. § 64 Bem. 3 a. E. und § 1 Bem. 3b). Im Hinblick darauf, daß urheberrechtlicher Schutz des Titels nur selten in Betracht kommt – und zwar auch nicht als gesonderter Werkteil (BGH NJW 1989, 391, 392 *Verschenktexte*) –, liegt das Schwergewicht beim Titelschutz (dann aber als Kennzeichenschutz) bei § 16 UWG. Eine gute Übersicht zum Schutz des Titel insoweit geben Schricker-Loewenheim Rdnr. 38–52. Einzelheiten zum Titelschutz auch bei Roeder (Lit.-Verz.); zum Titelschutz von Hörfunk- und Fernsehsendungen Gerstenberg ZUM 1985, 346. Bei Titelrechtsverletzungen ist neben dem Verleger auch der Autor befugt, die Rechte aus § 16 UWG gerichtlich geltend zu machen (OLG München Schulze OLGZ 145 *Mord ohne Mörder* und § 97 Bem. 9). Zu sogenannten *Merchandising-Verträgen* über Werktitel vor § 31 Bem. 10. Noch weniger als Werktitel können **Wortverbindungen** urheberrechtlich geschützt sein (OLG München UFITA 51 [1968], 375 *Minicar-Minipreis;* dazu Knefel GRUR 1968, 352, 354; OLG Frankfurt WRP 1973, 162 *Orgware*). Dagegen ist das sogenannte **Anagramm** (Adolf Hitler zu Folterhilda) urheberrechtlich geschützt (KG GRUR 1971, 368, 370 *Buchstabenschütteln*), da trotz der Kürze des Werkes die persönliche geistige Leistung in der beziehungsvollen Neuzusammenstellung der Buchstaben des Namens zu sehen ist.

k) **Computerprogramme,** vom Gesetzgeber bis 1993 als Programme für die Datenverarbeitung bezeichnet und jetzt in § 69a definiert, sind fast ausnahmslos Sprachwerke. Diese Zuordnung (und nicht eine nach § 2 Abs. 1 Nr. 7) rechtfertigt sich dadurch, daß sie auch bei Benutzung anderer mathematisch-technischer Ausdrucksmittel jedenfalls in die menschliche Sprache übertragen werden können (Nordemann GRUR 1985, 837). Soweit Programme in einer rein optischen Darstellung bestehen, können sie über § 2 Abs. 1 Nr. 7 Werkschutz genießen. Schon vor der ausdrücklichen Aufnahme in den Werkkatalog durch die 1985 erfolgte Gesetzesänderung und auch vor den höchstrichterlichen Entscheidungen BGHZ 94, 276 *Inkassoprogramm* = BGH GRUR 1985, 1041 = BGH NJW 1986, 192 und BAG GRUR 1984, 429 *Statikprogramme* ging die herrschende Literatur bereits von einem möglichen Urheberschutz für Computerprogramme aus (Ulmer[3] S. 141; Kolle GRUR 1982, 443, 454; Haberstumpf GRUR 1982, 142; Nordemann FS Roeber II S. 297ff.; Kindermann GRUR 1983, 977), während die Gegenmeinung (Zahn GRUR 1987, 207, 218; Gernot Schulze UFITA 66 [1973], 257; Troller FS Roeber II S. 413; zurückhaltend auch von Gamm WRP 1969, 96), der entweder überhaupt keinen Schutz oder einen solchen nur unter bestimmten einschränkenden Voraussetzungen gewähren wollte (jetzt großzügiger GRUR 1993, 203). Der Meinungsstreit ist heute, vor allem auch seit der Einfügung der §§ 69aff., bedeutungslos (Näheres zur Entwicklung bei Schricker-Loewenheim Rdnr. 74; Haberstumpf NJW 1991, 2105, 2106). Auch im Ausland war und ist der Schutz von Programmen („Software") durch Gesetz oder Gerichtsurteil weitestgehend anerkannt (vgl. Kolle ZUM 1985, 15; GRUR Int. 1983 669, 674; Oman GRUR Int. 1992, 886ff. für die USA). 42

Für die Staaten der Europäischen Gemeinschaft ist die **Richtlinie des Rates vom 14. 5. 1991 über den Rechtsschutz von Computerprogrammen** – abgedruckt in GRUR Int. 1991, 545ff. – maßgeblich (zur Bedeutung ausführlich Lehmann NJW 1991, 2112ff. und Broy-Lehmann GRUR 1992, 419ff.). Sie legt in Art. 1 Abs. 3 fest, daß Programme zu schützen sind, „wenn sie individuelle Werke in dem Sinn darstellen, daß sie das Ergebnis der eigenen geistigen Schöpfung ihres Urhebers sind", wobei zur Bestimmung ihrer Schutzfähigkeit „keine anderen Kriterien" anzuwenden sind.

Damit steht fest, daß die Richtlinie von den Staaten der Gemeinschaft die Aufrechterhaltung bzw. Einführung von Urheberschutz (nicht etwa Leistungsschutz, wie Ernsthaler GRUR 1991, 881, 891 und auch Wenzel GRUR 1991, 105, 110 meinen) verlangt. Auf den ersten Blick sieht es damit so aus, als sei die Rechtslage, wie sie sich nach bisherigem Recht darstellte, übernommen worden, wenn man nämlich die „eigene geistige Schöpfung" aus der Richtlinie mit der „persönlichen geistigen Schöpfung" in § 2 Abs. 2 gleichsetzt. Ein wesentlicher Teil des neueren Schrifttums war demgegenüber der Meinung, daß die bisherigen Maßstäbe, die der BGH in der Inkasso-Programm-Entscheidung (BGHZ 94, 276) für die Schöpfungshöhe aufgestellt hatte, deutlich überhöht und mit der Richtlinie, die als Schutzvoraussetzung nur „einfache Individualität" verlange (so Broy-Lehmann GRUR 1992, 419, 420; Haberstumpf NJW 1991, 2105, 2110; außerdem Erdmann-Bornkamm GRUR 1991, 877) nicht in Einklang zu bringen seien. Die Auseinandersetzungen sind durch die Einfügung der §§ 69a ff. zum größten Teil erledigt. Tatsache ist allerdings, daß kein Bereich des Urheberrechts so aktuell ist und in den letzten Jahren so viele Äußerungen aus dem Schrifttum hervorgebracht hat, wie der Problemkreis des Schutzes von Computerprogrammen. Jeder Kommentierung zum Urheberrecht bei Computerprogrammen dürfte es Schwierigkeiten bereiten, mit der stürmischen Entwicklung in Rechtsetzung, Literatur und Rechtsprechung Schritt zu halten, ganz zu schweigen von dem unaufhaltsamen technischen Fortschritt.

43 **Bisherige Voraussetzungen für Schutzfähigkeit.** Ein Computerprogramm ist ein Satz von Anweisungen an ein informationsverarbeitendes Gerät und den mit diesem Gerät arbeitenden Menschen zur Erzielung eines Ergebnisses (so Kindermann ZUM 1985, 2, 3). DIN 44300 definiert das Computerprogramm als eine in einer beliebigen Programmiersprache verfaßte vollständige Arbeitsvorschrift zur Lösung einer bestimmten Aufgabe mit allen erforderlichen Vereinbarungen. In der Programmschrift werden die einzelnen Arbeitsschritte so konkret festgelegt, daß das Verfahren ohne Spielraum, mithin rein mechanisch abläuft. Als Oberbegriff für Computerprogramme einschließlich des Begleitmaterials (Benutzungshandbuch), der Programmbeschreibung und weiterer benötigter Informationsunterlagen hat sich der Begriff „Software" durchgesetzt, während das Gerät selbst die „Hardware" ist. Zur Rechtslage, insbesondere nach der unter Bem. 42 zitierten BGH-Entscheidung: Bauer CR 1986, 5; Betten Mitt. 1984, 201; Brandi-Dohrn GRUR 1985, 179; Erdmann CR 1986, 249; Haberstumpf GRUR 1986, 222; Kindermann ZUM 1985, 2; Köhler (Lit.-Verz.) u. BB 1969, 1114; Kolle GRUR 1973, 611; 1974, 7; 1985, 1016; Loewenheim ZUM 1985, 26; Nordemann ZUM 1985, 10; Öhlschlegel GRUR 1986, 679; G. Schulze GRUR 1985, 997; Sieber BB 1983, 977; Troller CR 1987, 232; Ulmer/Kolle GRUR Int. 1982, 489.

König GRUR 1989, 559; Schulze GRUR 1990, 103; Holzinger GRUR 1991, 366; Wenzel GRUR 1991, 105; Ernsthaler GRUR 1991, 881 sowie die unter Bem. 42 angegebene Literatur geben den neueren Meinungsstand wieder. Außerdem verweisen wir auf die instruktiven Darlegungen von Schricker-Loewenheim Rdnr. 73–81.

Zu den urheberrechtlichen Problemen von **Datenbanken** s. Hackemann ZUM 1987, 269; Raczinski-Rademacher GRUR 1989 324; Katzenberger GRUR 1990, 94; Hübenett GRUR 1992, 664. Werkschutz für Benutzeroberflächen von Software verlangt Koch GRUR 1991, 180.

In der **Rechtsprechung** ist die Entscheidung Inkasso-Programm des BGH (BGHZ 94, 276 = GRUR 1985, 1041) trotz der neuen §§ 69a ff. nach wie vor weitgehend maßgeblich. Das Urteil unterscheidet für das Verständnis der bei der Erstellung eines Computerprogramms anfallenden Formgestaltungen zwischen drei Entwicklungsphasen, nämlich der generellen Problemlösung (Problem- oder Systemanalyse), der näheren Projektion der Problemlösung im Datenfluß- und Programmablaufplan sowie der eigentlichen Codierung des Programms (Quellenprogramm, Objektprogramm). Die Begründung von Urheberschutz war schon nach der insoweit zutreffenden Meinung des Bundesgerichtshofs auch vor den §§ 69a ff. in allen drei Phasen möglich, der Werkschutz kann sich also in der Problemanalyse, dem Datenfluß- und Programmablaufplan sowie auch in der Codierung des Quellenprogramms manifestieren. Die im Computerprogramm berücksichtigte, sich auf einen vorgegebenen Rechner beziehende Rechenregal als solche gehört dagegen der wissenschaftlichen Lehre an und ist deshalb dem Urheberschutz nicht zugänglich (BGH GRUR 1985, 1047). Auf derselben Linie liegt die These von Ulmer/Kolle GRUR Int. 1982, 489, 493, 497, wonach die abstrakten Elemente bzw. die mathematischen Prinzipien, auf denen die Programme beruhen, gemeinfrei zu bleiben haben. Der hiergegen vorgebrachten Kritik (Haberstumpf S. 18 f. sowie derselbe GRUR 1986, 222, 231 f.) ist lediglich insoweit beizupflichten, als nicht etwa alles das, was mit „Algorithmus" bezeichnet werden kann, vom Urheberschutz auszunehmen ist. Der Algorithmus als die Beschreibung der zu verarbeitenden Daten und der Verarbeitungsprozeduren ist das Herzstück des Computerprogramms und verkörpert bei entsprechender Profilierung die Individualität des Programmschöpfers (Bem. 44). Zu trennen von den das Computerprogramm kennzeichnenden Verarbeitungsprozeduren sind die dabei angewandten, bis auf die Grundrechenarten zurückgehenden allgemeinen Rechenregeln als solche sowie die abstrakte Lösungsidee. Deren Abgrenzung von den schutzfähigen Elementen dürfte nicht schwieriger sein als die Unterscheidung zwischen den gemeinfreien allgemeinen Sprachregeln (Syntax, Semantik) und dem aus ihrer Anwendung individuell geformten und deshalb schutzfähigen Sprachwerk. Ihre Fortsetzung findet die Rechtsprechung des BGH in der Betriebssystem-Entscheidung (GRUR 1991, 449 = NJW 1991, 1231 mit Anm. von Betten und von v. Gravenreuth). Dabei wird ausdrücklich an den Grundsätzen der Inkasso-Programm-Entscheidung festgehalten (BGH a.a.O. S. 252 l. Sp.), es ist jedoch nicht zu verkennen, daß mit dem Urteil die Anforderungen an die urheberrechtliche Schutzfähigkeit von Programmen herabgesetzt worden sind (so auch Haberstumpf NJW 1991, 2105, 2106 l. Sp.; v. Gravenreuth GRUR 1991, 455/456). Kriterium ist nicht mehr der „Durchschnittskönner", dessen Leistungen bei der Schaffung von Programmen keinen Schutz genießen sollen, sondern der BGH (GRUR 1991, 449, 450 l. Sp.) stellt auf einen „Gesamtvergleich gegenüber vorbestehenden Gestaltungen" ab. Damit ist das Tor aufgestoßen für eine Annäherung des BGH an seine sonstige Rechtsprechung zur „kleinen Münze", um einen möglichst weitgehenden Schutz von Programmen durch das Urheberrecht zu erreichen. Dieser Schutz ist jetzt durch § 69a Abs. 3 erzielt.

44 Bei einer **eigenen Stellungnahme zur Rspr. des BGH** wird man davon ausgehen müssen, daß das Gericht geltendes Recht anzuwenden, nicht aber wünschenswerte Ergebnisse vorzulegen hat (Betten GRUR 1951, 453). Die Frage ist jedoch, ob es erforderlich war, bei den urheberrechtlich geschützten Darstellungen nach § 2 Abs. 1 Nr. 7 die kleine Münze anzuerkennen, während bei den Computerprogrammen unter Hinweis auf „vielfältige Möglichkeiten einer individuellen schöpferischen Gestaltung" (BGH GRUR 1991, 449, 452 1. Sp.) die Gestaltungshöhe deutlich höher angesetzt wurde. Letztlich hing der urheberrechtliche Werkcharakter vor der Neuregelung in § 69a Abs. 1 davon ab, ob das zu beurteilende Computerprogramm nicht nur eine geistige, sondern auch eine *persönliche* Schöpfung war. Persönlich bedeutet in diesem Zusammenhang *individuell* (Ulmer[3] S. 133), d. h. es müssen in dem Programm eigene Gestaltungsmöglichkeiten verwirklicht sein. Innerhalb welcher Schaffensphasen bei Computerprogrammen Raum für die Entfaltung von *Individualität* bleibt und wann dieser als genutzt anzusehen ist, beschreiben Gernot Schulze CR 1986, 779 und eingehend Waltl (Lit.-Verz.). Wo es dagegen nur eine einzige Lösung gibt und geben kann, liegt eine nicht schutzfähige Entdeckung vor. Wo es überhaupt an etwas neuem fehlt, weil nur bereits bekanntes übernommen wurde, fehlt es an einer Schöpfung. Nur dort, wo es alternative Lösungen gibt und eine bisher nicht bekannte Lösung vorliegt, ist das Computerprogramm durch das Urheberrecht geschützt (vgl. Nordemann ZUM 1985, 10, 14). Nach der Inkasso-Programm-Entscheidung des BGH wurden an den schöpferischen Eigentümlichkeitsgrad der Leistung des Programmschöpfers besonders hohe Anforderungen gestellt: Anhand des geistig-schöpferischen Gesamteindrucks der konkreten Gestaltung, des Gesamtvergleichs gegenüber vorbestehenden Gestaltungen und der mechanisch-technischen Vorgegebenheiten und Erfordernisse war zu ermitteln, ob die Leistungen eines Durchschnittsprogrammierers deutlich übertroffen werden (BGH GRUR 1985, 1041, 1047; Erdmann CR 1086, 249). Für die Geltendmachung urheberrechtlicher Ansprüche bei Softwareverletzungen waren damit erhebliche praktische Schwierigkeiten vor allem hinsichtlich der Substantiierung der eigenen Schutzposition verbunden. Nach BGH GRUR 1991, 449, 452 *Betriebssystem* war es dem Hersteller von Programmen schon vor die Neuregelung in den §§ 69aff. leichter möglich, die Schutzfähigkeit seiner Leistung darzulegen und unter Beweis zu stellen, zumal der BGH (a.a.O. S. 453) unter Berufung auf Ulmer das „Gewebe" eines Programms für den Urheberrechtsschutz entscheidend ansah. Dabei wurde ausdrücklich darauf hingewiesen, daß die eigenschöpferische Verwendung von Algorithmen, die für sich nicht schutzfähig sind, den Urheberschutz herbeiführen kann. Dies entspricht dem urheberrechtlichen Prinzip, daß auch die Verwendung bereits bekannter, urheberrechtlich nicht schutzfähiger „Teile" der Schaffung eines Werkes nicht entgegensteht, wenn eine besondere An- und Zuordnung stattfindet. Der klagende Anspruchsteller wird auch in Zukunft im Regelfall die Programmlisten seines Programms vorlegen müssen, damit im Wege des Sachverständigenbeweises die Schutzfähigkeit festgestellt werden kann. Ob und inwieweit er von vornherein darlegen muß, daß er den gebotenen Abstand vom vorbekannten „Formengut" eingehalten hat, hängt von den Umständen des Einzelfalls ab, insbesondere von der Art des Programms. Im Bestreitensfall wird der Kläger darzutun haben, wie die Aufgabenstellung des Programms üblicherweise zu lösen ist, wie sie bislang gelöst wurde, welcher Spielraum an Gestaltungsvarianten übrig bleibt und durch welche

Darstellungsweise er Gebrauch von diesen Möglichkeiten gemacht hat (vgl. Sieber BB 1983, 977, 981; G. Schulze CR 1986, 779, 783). Der in Anspruch genommene Verletzer kann hiergegen einwenden, die vom Verletzten in Anspruch genommene Lösung sei in anderen Programmen ebenfalls enthalten und damit vorbekannt. Zu verkennen ist allerdings nicht, daß die Neuregelung des Computerprogrammschutzes in den §§ 69a ff., wobei es auf die **Individualität des Programms** ankommt, dazu führen wird und auch soll, daß Programme, denen man bisher die nötige Schöpfungshöhe absprechen konnte, auch dann geschützt sind, wenn der „Abstand" zu bereits existierenden ähnlichen Programmen gering ist. Der im Verletzungsprozeß zu stellende **Unterlassungsantrag** muß, um zur Vollstreckung geeignet zu sein, das vom Verbot zu umfassende Programm hinreichend genau bestimmten. Dazu genügt es nicht, etwa ein Programm nur mit seinem Titel anzuführen. Bei der vorzunehmenden Spezifizierung empfiehlt sich eine Bezugnahme auf Programmlisten oder Programmträger wie z. B. Disketten. Übernimmt der Verletzte nur Teile des geschützten Programms, hat der Verletzte seinen Unterlassungsantrag entsprechend einzuschränken, indem er z. B. diejenigen Programmschritte auf dem einzureichenden Programmaterial kennzeichnet, die dem Verbot unterliegen sollen (Brandi-Dohrn CR 1985, 67, 68 und GRUR 1985, 1979; G. Schulze CR 1986, 779, 789).

Wo das Urheberrecht versagt oder die Erfüllung seiner Schutzgrundlagen zu aufwendig erscheint, kann ggf. der **wettbewerbsrechtliche Leistungsschutz** weiterhelfen. Bei einem Vergleich zwischen dem Urheberrechtsschutz und dem Leistungsschutz nach § 1 UWG läßt sich verkürzt sagen, daß beim Vorgehen aus § 1 UWG die auf die Qualität des verletzten Programms gestellten Voraussetzungen tendentiell gemildert, die Anforderungen an den Unwertgehalt der Verletzungshandlung jedoch verschärft sind und daß die Rechtsfolgen des Wettbewerbsrechts hinter denjenigen des Urheberrechts teilweise zurückbleiben. § 1 UWG schützt vor Software-Diebstahl unter dem Gesichtspunkt, daß sich niemand schutzwürdige Leistungsergebnisse auf Kosten desjenigen aneignen dürfen soll, dem „billigerweise die Früchte davon zukommen müssen" (BGH GRUR 1969, 186, 188 *Reprint*; LG München CR 1986, 332 mit Anm. Brandi-Dohrn; Harte-Bavendamm CR 1986, 615, 617). Das Wettbewerbsrecht eröffnet auch für solche Programme einen Schutz, bei denen das vom Bundesgerichtshof für den Urheberschutz geforderte deutliche Überragen der Gestaltungstätigkeit gegenüber dem allgemeinen Durchschnittsprogrammierer nicht festgestellt werden kann, denen aber die Eigenschaft eines besonderen Leistungsergebnisses einzuräumen ist. Der Schutz beschränkt sich darauf, zu verhindern, daß der Nachahmer sich gegenüber dem Originalschöpfer einen Wettbewerbsvorsprung verschafft und diesen an der angemessenen Amortisation seiner Investitionen hindert. Der wettbewerbsrechtliche Leistungsschutz wird deshalb teilweise nur in engeren zeitlichen Grenzen gewährt. Feste „Schutzfristen" haben sich bisher nicht herausgebildet; die Dauer des Schutzes wird vielmehr von den Umständen des Einzelfalls abhängig gemacht (vgl. z. B. OLG Frankfurt GRUR 1983, 757 *Donkey Kong junior I*; GRUR 1984, 509 *Donkey Kong junior II*: Im Falle der Nachahmung von Videospielen Einschränkung des Schutzes auf sechs Monate). Bisher läßt sich der höchstrichterlichen Rechtsprechung noch keine eindeutige Tendenz dahin ablesen, ob der wettbewerbsrechtliche Leistungsschutz lediglich die Markteinführung des verletzten Produkts absichern soll oder ob er dazu 44a herangezogen werden kann, einer Behinderung der aktuellen Marktnutzung entgegenzutreten, ggf. bis zu einer Amortisationsgrenze, deren Ermittlung nach unterschiedlichen Kriterien denkbar wäre. Durch die jetzt niedrigen Voraussetzungen für die Erlangung von Werkschutz für Computerprogramme (§§ 69a ff.) dürfte der wettbewerbsrechtliche Schutz über § 1 UWG an Bedeutung künftig verlieren.

44b Nach § 1 Abs. 2 Nr. 3 PatG sowie Art. 52 Abs. 2 lit. c Europäisches Patentübereinkommen (EPÜ) sind „Programme für Datenverarbeitungsanlagen" dem **Patentschutz** nicht zugänglich. Gemeint sind damit jedoch nicht die sog. technischen Programme. Patentierbar sind solche Programme, denen „eine Lehre zum planmäßigen Handeln unter Einsatz beherrschbarer Naturkräfte zur Erreichung eines kausal übersehbaren Erfolges" zugrunde liegt. In der Praxis geht es schwerpunktmäßig um technische Programme im Bereich der Steuerungs- und Regeltechnik sowie der Kommunikations- und Automatisierungstechnik (bejaht im Falle BGH GRUR 1980, 849 *Antiblokkiersystem*; verneint im Falle BGH CR 1986, 313 *Flugkostenminimierung*; vgl. Betten CR 1986, 311; Gall CR 1986, 523; v. Hellfeld Mitt. 1986, 190 u. GRUR 1985, 1025). Auch die Neuregelung des Schutzes von Computerprogrammen liegt fest (§ 69g), daß für Programme der Schutz aus anderen als urheberrechtlichen Vorschriften wie bisher bestehen bleibt.

45 b) Der Katalog der möglichen Sprachwerke ist damit nicht abgeschlossen. Es sind, wie bei der Aufstellung des § 2 für Werkformen überhaupt, *weitere Werkarten* denkbar, wie z. B. die unter Bem. 1 angesprochenen Ton-Collagen („montierte" Politiker-Reden). Nicht zu den Sprachwerken gehören demgegenüber die wissenschaftlichen Ausgaben und Ausgaben nachgelassener Werke der §§ 70, 71. Derjenige, der bei der Ausgabe urheberrechtlich nicht oder nicht mehr geschützter Texte eine wissenschaftlich sichtende Tätigkeit entfaltet (§ 70) oder bisher nicht erschienene Werke nach Ablauf des Urheberrechts an diesen Werken erscheinen läßt (§ 71), schafft kein Werk im Sinne des § 2 Abs. 2, sondern erbringt eine Leistung, die das Gesetz über ein dem „Verfasser" derartiger Werke zuerkanntes Leistungsschutzrecht schützt (vgl. dazu Bem. 1 vor § 70 sowie die Kommentierung zu §§ 70, 71).

46 2. **Werke der Musik** sind Schöpfungen im Bereich der Tonkunst (Ulmer³ S. 152). Dabei bedient sich der Werkschöpfer (Komponist) der in der Natur erzeugbaren Töne, bei denen es unerheblich ist, auf welche Weise die Erzeugung stattfindet (Schricker-Loewenheim Bem. 82). Geschützt ist das individuelle Tongefüge, das, um Werkcharakter zu erlangen, eine persönliche geistige Schöpfung (§ 2 Abs. 2) darstellen muß. Musikalische Werke reichen von Sinfonien bis zu einfachster Tanz- und Schlagermusik, vom Kirchenlied bis zur Marschmusik. Eine körperliche Festlegung des Werkes in Notenschrift oder auf Tonträgern ist nicht nötig; auch die gesummte Melodie, ihre Eigenschaft als individuelle Schöpfung vorausgesetzt, ist schutzfähig. Werke der Musik sind auch solche, die mit Hilfe komplizierter technischer Geräte entstehen, solange ihre Entstehung vom Willen des Komponisten abhängig ist (z. B. elektronische Musik; vgl. Fromm GRUR 1964, 304; Fabiani, Der rechtliche Schutz am musikalischen Werk, Intergu-Schriftenreihe Heft 37, 1974; oben Bem. 12). Schutzfähig ist innerhalb des musikalischen Werkes nicht etwa nur die **Melodie,** sondern insgesamt der individuell-ästhetische Eindruck des Werkes (BGH GRUR 1981, 267, 268

l. Sp.). Auch der Rhythmus und der Aufbau der Tonfolgen, die Instrumentierung, das Wechselspiel Solo/Chor usw. können die erforderliche Eigentümlichkeit für ein Werk der Musik schaffen (BGH a.a.O.). Der Schutz einer Melodie oder einzelner Motive daraus ist nach den Voraussetzungen zu beurteilen, die für den Schutz von Werkteilen gelten (Bem. 27). Bestimmte Formen der Instrumentierung, z. B. der Sound des Glenn-Miller-Orchesters mit der Melodieführung in den Saxophonen, sind ebensowenig schutzfähig wie Stilrichtungen in der Musik, etwa Schlagermusik unter Zugrundelegung der charakteristischen Merkmale bayerischer Volksmusik (vgl. Tenschert ZUM 1987, 612 zu Fragen des Schutzes des Sounds).

Ob bei der **Entwurfsmusik** noch musikalische Werke vorliegen, hängt vom **47** Einzelfall ab. Bei der Entwurfsmusik wird dem Dirigenten und den Musikern weitgehend freie Hand in der Wahl der Tonlage, der Auswahl der Instrumente, der Rhythmik und auch der Melodik gegeben. Eine persönliche geistige Schöpfung nach § 2 Abs. 2 ist nur dann anzunehmen, wenn der Komponist wenigstens einen musikalischen Grundgedanken durchführt, einen bestimmten, in der Niederschrift festgehaltenen schöpferischen Willen zum Ausdruck bringt und dafür Sorge trägt, daß die entsprechende Gestaltung von den Musikern bei der Aufführung auch zum Ausdruck gebracht wird, ohne daß deren eigener Gestaltungswille einschließlich dessen des Dirigenten die Schöpfung des Komponisten zurücktreten oder sogar unkenntlich machen lassen. Wo der persönliche Stempel des Komponisten nicht mehr erkennbar ist, wo also die Freiheit der Ausführenden so überwiegt, daß von einer individuellen Prägung nicht mehr gesprochen werden kann, liegt kein Werk vor. Aber auch dort, wo der Komponist den ausübenden Künstlern Freiräume für eine eigene Gestaltung gelassen hat, liegt nur ein unvollkommenes Werk vor; die Ausführenden, die den Charakter der Aufführung bestimmen (insbesondere der Dirigent), sind Bearbeiter (§ 3). Einzelfälle bei Hirsch Ballin UFITA 50 (1967), 843; s. auch § 73 Bem. 1; besonders umfassend und instruktiv für moderne Musik Weissthanner GRUR 1974, 377 und Lit.-Verz.

Zu beachten ist die **Computer-Musik** (einführend dazu Haller ZUM 1985, **48** 427). Dabei findet eine elektronische Klangumformung statt. Haller a.a.O. berichtet von der Uraufführung der Oper *Prometto* von Luigi Nono 1985 in Venedig, wobei für die Vokal- und Instrumentalsolisten 36 räumlich verteilte Mikrofone verwandt wurden, die Klänge dann im Wege elektronischer Klangumformung mit Hilfe von Rechnern umgewandelt und über 24 getrennt aufgestellte Lautsprecher hörbar gemacht wurden. Auch hier entstehen bei schöpferischer Leistung des Komponisten, der gleichzeitig Programmierer ist, urheberrechtlich geschützte Werke. Das gleiche gilt für Werke, die – programmiert – für Computerorgeln komponiert werden. Überhaupt steht die Benutzung neuer Klangmittel sowie ungewohnter Harmonik, Melodik und Rhythmik der Schutzfähigkeit musikalischer Werke nicht entgegen (Näheres bei Schricker-Loewenheim Rdnr. 85). Die Grenze zur Werkeigenschaft ist jedoch bei der **aleatorischen Musik** überschritten, weil dort der reine Zufall die Individualität der Komposition bestimmt (Schricker-Loewenheim a.a.O.). Das **Sound-Sampling** (dazu Hertin GRUR 1989, 578 und Hören GRUR 1989, 11) ist die in der Regel originalgetreue Entnahme von Geräuschsequenzen aus vorbestehenden Schallaufnahmen und deren Einspeisung in Sound-Datenbanken. Es handelt sich hier gewissermaßen um „Versatzstücke", die in eigene oder fremde Komposition als „Fremdbestandteile" eingebaut und zu Gehör gebracht werden. Dieses Sound-Sampling genießt keinen Urheberschutz, kann aber ein Leistungsschutzrecht für den Hersteller des Tonträgers nach § 85 schaffen.

49 Die Frage, ob überhaupt noch ein Werk der Musik vorliegt, stellt sich konkret bei dem Stück von John Cage *4'33"*. Bei diesem Werk sitzt der Pianist 4 Minuten und 33 Sekunden untätig am Klavier, wenn man davon absieht, daß er während dieser Zeit dreimal die Arme hebt, um die drei Sätze des Werkes aufzuzeigen. Die „Musik" des Komponisten besteht aus den Geräuschen, die während dieser Zeit – vor allem vom Publikum erzeugt – hörbar sind. Musik wird hier als Aneinanderreihung und Überlagerung von zufällig entstehenden Geräuschen verstanden. Es handelt sich wohl mehr um ein Happening, das auch urheberrechtlichen Schutz genießen kann (unten Bem. 53; Jacobs GRUR 1985, 529). – Bei **Schlagern** genügt der allgemein für die Schutzfähigkeit der sog. kleinen Münze (Bem. 19) ausreichende geringe Schöpfungsgrad. Dabei ist auch die Verarbeitungsweise – also vor allem das Arrangement – zu berücksichtigen; in ihr prägt sich keineswegs nur handwerkliches Können aus (BGH GRUR 1981, 267, 268 *Dirlada*). Der „Sound" eines bestimmten Werkschöpfers oder Interpreten ist – für sich genommen – nicht geschützt (oben Bem. 47), wohl aber die konkrete Gestaltung innerhalb eines bestimmten Arrangements, wenn dieses schöpferische Eigenart aufweist. Monopolisierbar für einzelne Künstler ist der Sound als eine klangliche Gestaltung mit der Folge eines Unterlassungsanspruchs gegen Nachahmer im übrigen jedoch nicht.

50 3. Das Wesen der **pantomimischen Werke** (Nr. 3) liegt in der optischen Darstellung eines Gedankeninhalts durch Mimik und Bewegung (LG München UFITA 87 [1980], 335, 337 *Godspell*). Das Gesetz geht von pantomimischen Werken als dem Oberbegriff aus und schließt Werke der Tanzkunst ein. Man wird die Pantomime, den Tanz und das Ballett nebeneinander zu den Werken in Nr. 3 zu rechnen haben (vgl. Wandtke ZUM 1991, 115ff.). Die von Wandtke und auch von Schricker-Loewenheim Rdnr. 87 gestellte und im Ergebnis verneinte Frage, ob sportliche und akrobatische Leistungen unter diese Werke fallen können, ist nur für den Einzelfall zu beantworten. Es ist nicht einzusehen, weshalb z. B. im Eiskunstlauf die Kür eines Paares, die häufig einen auch künstlerisch hohen Anspruch erheben kann, von vornherein vom Werkschutz nach Nr. 3 ausgeschlossen sein sollte, ebenso wie die Vorführung im Kunstschwimmen oder in der Gymnastik, obwohl derartige Darbietungen nur in seltenen Ausnahmefällen Werkcharakter erreichen dürften. Bei den Werken der Tanzkunst taucht sogleich die Frage auf, ob hierunter auch ein Teil der Leistung des Schauspielers fällt. Sein stummes Spiel kann einer pantomimischen Leistung gelegentlich sehr nahe kommen. Dann würde der Schutz der schauspielerischen Leistung gespalten sein: Hinsichtlich des stummen Spiels wäre der Schauspieler Urheber, hinsichtlich des gleichzeitigen Vortrages nur ausübender Künstler (§ 73). Das hat der Gesetzgeber ersichtlich nicht gewollt. Vielmehr ist davon auszugehen, daß nur der reine Pantomime oder der Balletttänzer als Urheber geschützt sein sollten; der Begriff des „pantomimischen Werkes" in Abs. 1 Nr. 3 wird also nicht extensiv ausgelegt werden können. Pantomimen, die sich selbst interpretierten, wie Marcel Marceau und Sammy Molcho, sind zugleich als Urheber (§ 7) und als ausübende Künstler (§ 73) geschützt. Auch Ballettaufführungen in der Art von Volkstänzen können als Werke der Tanzkunst angesehen werden (OLG München UFITA 74 [1975], 320/322 *Brasiliana*). Eine körperliche Festlegung des Werkes (etwa als Sprachwerk oder über Bild- und Tonträger) ist nicht erforderlich. Wer eine Tanzszene, die er auf der Bühne sah, kopiert, kann auch dann eine Urheberrechtsverletzung begehen, wenn eine Aufzeichnung der Szene nicht existiert. Zur Schutzfähigkeit choreographischer Werke s. Schlatter-Krüger GRUR Int. 1985, 299 sowie § 73 Bem. 2. Keine derartigen Werke sind demgegenüber Tierdressuren, Volks- und Gesellschaftstänze sowie Happenings (vgl. Schricker-Loewenheim Rdnr. 87). Die Darbietungen einer Eisrevue können unter der Voraussetzung einer künstlerischen Schöpfung Werkcharakter aufweisen (BGH GRUR 1960, 604 *Eisrevue I* und GRUR 1960, 606 *Eisrevue II*).

4. **Werke der bildenden Kunst** (Nr. 4) 51

„Kunst – wenn ich wüßte, was das ist,
würde ich es für mich behalten."
(Pablo Picasso)

a) Der **Oberbegriff des Werkes der bildenden Kunst** als künstlerische Gestaltung von Flächen und Raumkörpern ist weit gespannt (Definition und Einzelheiten bei Möhring/Nicolini § 2 Bem. 6a; s. auch Gerstenberg Bem. 6 und GRUR 1963, 245ff.; Schramm UFITA 51 [1968], 55). Einen guten Überblick über die zahlreichen Kunstdefinitionen überhaupt gibt Mosel UFITA 50 (1967), 592. Die Frage, was Kunst ist und was nicht, ist uralt und allgemeingültig nicht zu beantworten. Nach der alten Definition des Reichsgerichts (RGZ 76, 339, 344 *Drucktypen*) wird ebenso umfassend wie im Grunde nichtssagend ein Werk dann als Kunstwerk bezeichnet, wenn bei ihm ein „ästhetischer Überschuß" in einem Grade vorliegt, daß nach den im Leben herrschenden Anschauungen – noch – von Kunst gesprochen werden kann. Diese Formel verwendet auch der Bundesgerichtshof in ständiger Rechtsprechung (z. B. BGHZ 16, 4, 6 *Mantelmodell*; 24, 55, 64 *Ledigenheim*, jeweils mit weiteren Nachweisen; vgl. auch Möhring/Nicolini a.a.O. und oben Bem. 14 und 15). Bei der Beurteilung der bildenden Kunst ist die Gefahr besonders groß, daß das Gericht in die Rolle einer Jury gedrängt wird. Der Jurist, der über den Urheberschutz einer modernen Plastik, einer Collage, eines Pop-Art-Gemäldes entscheiden soll, hat nur danach zu fragen, ob es sich um ein Allerweltserzeugnis handelt, dem jede individuelle Prägung fehlt. Ob das zu beurteilende Werk „schön" ist oder nicht, ob man sich darunter etwas vorstellen kann oder nicht, ob es ihm als eine sinnlose Spielerei erscheint, geht ihn nichts an, selbst wenn er die Urheber solcher Werke für „verrückt" hält. Vgl. auch Bem. 9, 14–19. 52

b) Der Begriff des **Werkes der bildenden Kunst im eigentlichen (engeren) Sinn** – also nicht als gesetzlicher Oberbegriff des § 2 Abs. 1 Nr. 4 verstanden – umfaßt die Malerei einschließlich der Grafik, die Plastik, Bildhauerei und viele ähnliche moderne Formen künstlerischen Schaffens (Collagen, Happenings usw.). Happenings sind zum Teil in ihrem Ablauf vorher festgelegte künstlerische Ereignisse; zum Teil wird das, was künstlerisch geschieht oder geschehen soll, fast völlig dem Zufall überlassen. Lehrreich zu einem Happening mit alleiniger Urheberschaft des Künstlers 53

BGH GRUR 1985, 529 *Happening* mit interessanter Anmerkung von Jacobs zu verschiedenen Formen des Happenings. Urheberrechtliche Schutzfähigkeit genießen derartige Ereignisse nur dann, wenn sie durch konkrete Ausführungs- und Handlungsanweisungen eine künstlerische Form erlangen und damit Werkcharakter haben. Das Austeilen etwa je eines Teelöffels an jeden Besucher mit der Bitte, bei einem entsprechenden Einsatzzeichen nach Lust und Laune auf die Rückenlehne des Vordersitzes zu schlagen, würde diesen Anforderungen nicht genügen. Das bei Schöpfungen der bildenden Kunst entstehende Kunstwerk zeichnet sich durch seine ausschließlich ästhetische Zielsetzung aus; es ist „zweckfrei", also nicht für einen Gebrauchszweck geschaffen. Auf den ohnehin objektiv nicht feststellbaren „künstlerischen Wert" kommt es nicht an (vgl. dazu Jöstlein UFITA 62 [1971], 175).

54 c) **Werke der angewandten Kunst** dagegen erfüllen zusätzlich einen Gebrauchszweck (Bem. 21). Sie umfassen nicht nur das **Kunstgewerbe,** sondern eine Vielzahl weiterer Bereiche wie künstlerische Industrieformen, Mode, Gebrauchsgrafik usw. Die Grenze zum urheberrechtlich ungeschützten Allerweltsgegenstand, zum Geschmacksmuster oder auch Gebrauchsmuster ist nicht immer leicht zu ziehen (Bem. 20–21). Gegenstände, die dem Geschmacksmusterschutz unterliegen, sind häufig als Werke der angewandten Kunst auch nach dem Urheberrechtsgesetz geschützt (s. dazu Wassner u. Beil UFITA 79 [1977], 1).

Einzelfälle

55 **Alltägliche Gegenstände** können keinen Urheberrechtsschutz beanspruchen (OLG München GRUR 1957, 145 *Gießkanne*; LG Düsseldorf GRUR 1966, 156 *Bienenkorb-Spardose*; vgl. aber auch OLG Hamburg WRP 1980, 159 *Toilettensitz*). Dabei wird unter einem alltäglichen Gegenstand eine körperliche Sache verstanden, die dem alltäglichen Gebrauch dient und weder einer künstlerischen Ausgestaltung bedarf noch diese erfahren hat. Selbstverständlich ist es möglich, auch einen derartigen alltäglichen Gegenstand mit einem „ästhetischen Überschuß" zu versehen und auf diese Weise die Qualität eines Werkes nach dem Urheberrecht zu erreichen.

56 **Ausstellungen** können als Sammelwerk geschützt sein (§ 4 Bem. 1,2).

57 **Banknoten,** d. h. Entwürfe dazu, werden in Österreich (Öst. OGH ÖBl. 1975, 150, 151) und der Schweiz (Schweiz. BG GRUR Int. 1974, 295 *Werbung mit Banknoten*) geschützt. Auch in der Bundesrepublik müßte Schutz bei Vorliegen einer persönlichen geistigen Schöpfung gewährt werden. Entsprechendes gilt für Entwürfe zu **Briefmarken** (LG München I GRUR 1987, 436 *Briefmarke*). *Ausgegebene* Banknoten oder Briefmarken sind aber als amtliche Werke gemeinfrei (§ 5 Bem. 4). In einer ausführlichen Untersuchung kommt Schricker (GRUR 1991 563ff. u. 645, 653) zu dem Ergebnis, daß bei amtlichen Postwertzeichen ein amtliches Werk auch nach § 5 Abs. 2 nicht vorliege. Das amtliche Interesse gehe nicht auf (ungenehmigten) Nachdruck und Verbreitung, sondern auf Bestehenbleiben der Funktion als Wertzeichen. Demgegenüber kann eingewandt werden, daß das naturgemäß bestehende Interesse des Staates, der seine Wertzeichen nicht nachgeahmt sehen will, nichts daran ändern, daß Briefmarken im amtlichen Interesse zum reibungslosen Postverkehr und zur allgemeinen Benutzung (und damit auch Kenntnisnahme) herausgegeben werden. Insoweit liegt es im Ergebnis nicht anders als bei Banknoten.

Bühnenbilder entstehen aus der Kombination freier Einzelformen und genießen im Regelfall Urheberschutz (BGH GRUR 1986, 458 *Oberammergauer Passionsspiele I;* Köln UFITA 18 [1954], 374 *Urfaust;* LAG Berlin UFITA 24 [1957], 134 *Tod eines Handlungsreisenden;* LG Düsseldorf UFITA 77 [1976], 282, 284 *Zimmerschlacht;* Bühnenoberschiedsgericht Frankfurt Schulze SchG 3 *Oper*). Sie können – je nach Gestaltung – auch Bauwerke sein. Die Entstehung eines schutzfähigen Werkes durch Kombination freier Einzelformen wird von v. Gamm Bem. 10 in Anschluß an OLG Frankfurt GRUR 1955, 210 *Gaststätte* zu Unrecht in Frage gestellt (wie hier BGHZ 10, 319 *Bebauungsplan;* BGHZ 24, 55, 65 *Ledigenheim;* RGZ 110, 393, 396 *Riviera;* Ulmer[3] S. 646; Hubmann/Rehbinder[7] S. 91; Rehbinder FS Uchtenhagen S. 189, 206). Die Urhebereigenschaft des Bühnenbildners wird nicht dadurch ausgeschlossen, daß die Grundkonzeption des Bühnenbildes – wie es häufig der Fall ist – vom Regisseur vorgegeben wird (LG Düsseldorf a.a.O.). Näheres bei Hodik FuR 1982, 298 (rechtsvergleichend für die deutschsprachigen Länder). **58**

Figuren haben grundsätzlich Werkcharakter (BGHZ 5, 1 *Hummelfiguren I;* BGH GRUR 1958, 500 *Mecki-Igel I;* GRUR 1960, 251 *Mecki-Igel II;* BGH GRUR 1970, 250 *Humnmelfiguren III;* BGH GRUR 1974, 669, 671 *Tierfiguren;* OLG München GRUR 1977, 555, 556 *Eddi;* OLG Frankfurt GRUR 1984, 520 *Schlümpfe II;* OLG Saarbrücken GRUR 1986, 310, 311f. *Bergmannsfigur*; LG München I Schulze LGZ 176 *Schlümpfe I* und Schulze LGZ 178 *Schlumpf-Gläser*; vgl. aber auch OLG Koblenz GRUR 1967, 262 *Barockputten* einerseits und LG München I Schulze LGZ 120 *Putten im Stil des Barock* andererseits). Unzutreffend streng OLG Schleswig GRUR 1985, 289, 290 *Tonfiguren*, wo fälschlicherweise für den Urheberschutz eine größere Gestaltungshöhe als für das Geschmacksmuster gefordert wird, obwohl die Figuren keinem Gebrauchszweck dienen (vgl. Bem. 21f.). Eine gute Übersicht bietet Schramm UFITA 77 (1976), 113ff. Die neuere Rechtsprechung (OLG Hamburg GRUR 1991, 207 *Alf* u. OLG München ZUM 1991, 251, 252 *Asterix-Parodie*) verstärkt den Schutz derartiger Figuren als Werke der angewandten Kunst, wobei insbesondere auf das materielle Interesse des Urhebers (OLG Hamburg a.a.O. S. 208 l. Sp.) hingewiesen wird. In der Tat ist es heute so, daß derartige Figuren mit erheblichem wirtschaftlichen Aufwand bekannt gemacht werden müssen, um sich durchzusetzen, so daß für Nachahmer eine Versuchung bestehen kann, sich an den Bekanntheitsgrad „anzuhängen". Dies gilt auch für den Fall einer parodistischen Abwandlung, den das OLG München a.a.O. behandelt. Diese Rechtsentwicklung entspricht dem Schutz ähnlicher Figuren im Ausland: Nach japanischem Recht sind Schutzgegenstand einer fortlaufend erscheinenden Comic-Serie allerdings nicht die ständig wiederkehrenden Figuren, sondern nur die einzelnen Bilderreihen (LG Tokyo GRUR Int. 1977, 210 *Sazaesan*), was jedoch im Schutzumfang keinen Unterschied machen dürfte. In Österreich: Öst. OGH GRUR Int. 1973, 204 *Bosse-Figuren* sowie UFITA 92 (1982), 353 *Bacher-Krippenfiguren.* **59**

60 **Grabmale** sind bei entsprechender Ausführung Kunstwerke (OLG München UFITA 56 [1970], 315, 319f. *Grabdenkmal*).

61 **Lampen** sollen nach OLG Düsseldorf GRUR 1954, 417 *Knickfaltlampe* keinen Kunstschutz genießen. Dies ist nicht allgemeingültig, sondern es kommt auf den Einzelfall an (s. BGH GRUR 1972, 38/39 *Vasenleuchter* einerseits und BGH GRUR 1979, 332, 336 *Brombeerleuchte* andererseits).

62 Für das **Layout** hat der Österreichische Oberste Gerichtshof (ÖBl. 1980, 51, 52) Kunstschutz verneint. Auch dies kann nur für den Einzelfall gelten. Das Layout ist die Text- und Bildgestaltung von Schriftwerken (z. B. Büchern), aber auch von Einzelseiten (insbesondere einzelnen Werbeanzeigen). Hier kann durchaus eine schöpferische Tätigkeit in erheblichem Umfang stattfinden.

63 Der **Maskenbildner** erwirbt an seinen Arbeiten nur dann Urheberrechte, wenn er nicht nur ein Gesicht vorübergehend zu einem bestimmten, vorgegebenen Typ durch Schminke verändert, sondern eine Maske schafft (vgl. BGH GRUR 1974, 672, 674 *Celestina;* s. auch § 73 Bem. 2c). Die **Totenmaske** ist aber stets ein Werk (KG GRUR 1981, 742 *Totenmaske I*).

64 In der **Mode** können Skizzen, Muster und Modelle Kunstschutz erlangen (grundlegend: BGHZ 16, 4 *Mantelmodell;* vgl. außerdem die Nachweise bei Schricker-Loewenheim Rdnr. 107). Allerdings ist die Mode nicht nur einem schnellen Wandel unterworfen, sondern modische Besonderheiten – etwa der lange Rock des New Look oder die unterschiedliche Beinweite bei Herrenhosen – kehren mit gewisser Regelmäßigkeit immer wieder. Deshalb sind „echte Modeschöpfungen“ mit den Voraussetzungen für eine persönliche geistige Schöpfung nach § 2 Abs. 2 selten. Sofern es bei modischen Artikeln an der für den Urheberschutz nötigen Schöpfungshöhe fehlt, findet ein wettbewerbsrechtlicher Schutz – regelmäßig allerdings auf eine Saison beschränkt – über § 1 UWG statt (BGHZ 60, 168, 172 *Modeneuheit;* KG UFITA 87 [1980], 299, 304f. *Leonhard-Muster*). Wenn Schutz als Werk der angewandten Kunst bejaht wird (z. B. LG München I Schulze LGZ 127 *Emilio Pucci* u. 156 *Henry Rousseau*), kommt es nicht darauf an, ob es sich um Mode der Haute Couture handelt oder um Konfektion für die Allgemeinheit (Schricker-Loewenheim a.a.O.). Verneint wurde Urheberschutz durch OLG Hamburg Schulze OLGZ 89 *Kleine Münze* für Modellzeichnungen; LG München I Schulze LGZ 100 *Ziertücher* für Ziertücher mit Blumenmustern und LG Berlin GRUR 1955, 553 *Werbeverpackung* für Einwickelpapier mit aufgedruckten Blumenmotiven. In England geschützt: Webvorlagen für Textilstoffe, High Court of Justice, London, GRUR Int. 1973, 567 *Webvorlagen.* In der Praxis ist der wettbewerbsrechtliche Schutz von Modeneuheiten (Sklavische Nachahmung/Täuschung über die betriebliche Herkunft) nach Wettbewerbsrecht von größerer Bedeutung als die Frage nach urheberrechtlichem Schutz. Dies liegt auch an der oben erwähnten Schnellebigkeit der Mode.

Bei nicht alltäglichen **Möbeln** wird seit je her urheberrechtlicher Werkschutz grundsätzlich anerkannt (BGH GRUR 1961, 635 *Stahlrohrstuhl I;* GRUR 1974, 740, 741 *Sessel* mit Anm. von Gerstenberg; GRUR 1974, 707; BGH GRUR 1981, 652, 653 *Stühle und Tische;* BGH NJW 1987, 2678, 2679 und OLG Frankfurt ZUM 1987, 586, 587f. *Le-Corbusier-Möbel I und II;* OLG Düsseldorf GRUR 1971, 415 *Studio 2000;* OLG Frankfurt GRUR 1981, 739, 740f. *Lounge Chair*). Im Einzelfall wurden andererseits Möbel als Werke der angewandten Kunst nicht anerkannt in BGH GRUR 1981, 517, 519 *Rollhocker* und BGH GRUR 1982, 305, 306 *Büromöbelprogramm.* OLG Frankfurt GRUR 1988, 302 *Le-Corbusier-Sessel* nimmt in Fortsetzung der jahrzehntealten Rechtsprechung bei einem besonders künstlerisch-individuell gestalteten Sessel ein Werk der bildenden Kunst an (bestätigt durch OLG Frankfurt GRUR 1993, 116). Das gleiche gilt für OLG Köln GRUR 1990, 356, 357 *Freischwinger* für hinterbeinlose Stahlrohrstühle. Bei dieser Entscheidung wird darauf hingewiesen, daß entscheidend für das Bestehen von Werkschutz der Zeitpunkt ist, zu dem das Möbel geschaffen wurde, nicht also der Zeitpunkt der Entscheidung über die Schutzfähigkeit, wenn die wesentlichen Eigenarten schon bekannt sind. Das OLG Frankfurt (GRUR 1990, 121 *USM-Haller*) schützt ein Möbelprogramm insgesamt als Werk der angewandten Kunst. 65

Das **Notenbild,** d. h. die graphische Aufzeichnung von Werken der Musik entweder im üblichen Notenbild oder mit völlig neuen Zeichen, soll nach Hanser-Strecker UFITA 93 (1982), 13f. als Werk unter bestimmten Voraussetzungen schutzfähig sein. Urheberrechte am Notenbild – nicht an dem zugrundeliegenden musikalischen Werk – würde der Notengraphiker erwerben. Ob diese Tätigkeit wirklich eine persönliche geistige Schöpfung darstellen kann, erscheint zumindest für den Regelfall zweifelhaft und wäre dann ausgeschlossen, wenn unter Verwendung der üblichen Notenschrift kein Gestaltungsspielraum bliebe. 66

Für **Schriftzeichen** ist Werkcharakter vom BGH ständig verneint worden (BGHZ 22, 209 *Europapost;* 27, 351 *Candida-Schrift;* vgl. dazu Reichel GRUR 1963, 124ff. und eingehend Gerstenberg in Hodeige S. 53ff. mit Nachweisen sowie ders. FS für Bappert, S. 53ff.). Schricker-Loewenheim Rdnr. 109 verweisen zutreffend darauf, daß bei der Schrift der Gebrauchszweck in aller Regel im Vordergrund steht und schon deshalb eine individuelle Schöpfung sehr selten sein dürfte. Bei **Signets,** die klar und einprägsam sein müssen, stellt sich die gleiche Frage nach der Schutzfähigkeit (Schutz verneint von OLG Köln GRUR 1986, 889ff. *ARD-1*). 67

Vasen sind bei künstlerischer Gestaltung wie ähnliche Gegenstände der angewandten Kunst mit Vorliegen der nötigen Gestaltungshöhe urheberschutzfähig (Schutz verneint: BGHZ 29, 62 *Rosenthal-Vase;* Schutz bejaht: BGH GRUR 1972, 38 *Vasenleuchter*). 68

In der **Werbung** ist bei Prospekten (BGH GRUR 1961, 85 *Pfiffikus-Dose;* anders für den Einzelfall zu Recht OLG Hamburg GRUR 1972, 430, 431 *Mini-Spinne*), Plakaten (LG München I Schulze LGZ 119 *Änderung eines Werbeplakates* mit Anm. v. Gerstenberg) und Etiketten (OLG Hamm UFITA 28 [1959], 352 *Konservenetikett* und LG Frankfurt UFITA 94 [1982], 334 *lachende Sonne;* anders jedoch wieder OLG München GRUR 1956, 231 *Bierflaschenetikett*) Werkeigenschaft angenommen worden. Wie sehr es hier 69 auf den Einzelfall ankommt, zeigen zwei Entscheidungen des LG Oldenburg GRUR 1987, 636 *Emil* – Schutz bejahend – einerseits und GRUR 1987, 235 *Preishammer* – Schutz verneinend – andererseits. Wegen weiterer Beispiele vgl. v. Gamm § 2 Bem. 21 und Möhring/Nicolini § 2 Bem. 10ibb; ferner oben Bem. 40.

70 d) **Werke der Baukunst** sind nicht nur Gebäude (z.B. Häuser und Kirchen), sondern auch Brücken, Türme (Eiffelturm), Plätze usw. Voraussetzung für einen urheberrechtlichen Schutz (grundlegend BGH GRUR 1957, 391 *Ledigenheim*) ist jedoch auch hier, daß eine eigenpersönliche schöpferische Leistung (§ 2 Abs. 2) vorliegt, so daß für die üblichen Wohnhäuser und sonstigen Zweckbauten Kunstschutz entfällt. Die Rechtsprechung ist bei der Zuerkennung von Kunstschutz für Bauwerke eher großzügig (BGH GRUR 1980, 853, 854 *Architektenwechsel;* OLG Hamm GRUR 1967, 608, 609 *Baupläne* und GRUR 1970, 565, 566 *Realschulpläne*; OLG München Schulze OLGZ 96, 11 *Einfamilienhaus* und GRUR 1987, 290f. *Wohnanlage*; OLG Hamburg UFITA 65 [1972], 290, 293f. *Skizze*; OLG Frankfurt GRUR 1986, 244 *Verwaltungsgebäude*; LG Köln Schulze LGZ 123 *Bauwettbewerb*; teilweise jedoch auch zurückhaltend (OLG Schleswig GRUR 1980, 1072, 1073 *Luisenlund*, OLG Karlsruhe GRUR 1985, 534, 535 *Architektenplan*; LG München I Schulze LGZ 157 *Wohndach – Doppelbungalow*). Maßgebend für den Schutz im Einzelfall ist, daß eine ästhetische, über die technische, zweckgebundene Lösung hinausgehende eigenschöpferische Leistung vorliegt. Wann diese „Gestaltungshöhe" gerade bei Zweckbauten erreicht ist, kann nur von Fall zu Fall beurteilt werden.

Liegt die erforderliche Gestaltungshöhe vor, sind auch die **Entwurfszeichnungen, Modelle, Skizzen** geschützt. Schricker-Loewenheim Rdnr. 99 verweisen darauf, daß gerade bei Bauplänen häufig die Konstellation vorliegt, daß urheberrechtlich die Entwürfe anstelle der Bauwerke treten, weil Verletzungen in einem Stadium naheliegen, in dem das Bauwerk nur geplant, aber noch nicht erstellt ist. Außerdem kann eine Schutzfähigkeit über § 2 Abs. 1 Nr. 7 vorliegen. **Werkteile** bei Bauwerken (z. B. die Fassade) können für sich Urheberschutz genießen, ebenso wie Entwürfe dazu (BGHZ 61, 88, 94 *Wählamt;* BGH GRUR 1988, 533, 534 *Vorentwurf II;* schon RGZ 82, 333, 336 *Fassadengestaltung*). Allerdings müssen die Teile, für die Werkschutz beansprucht wird, für sich genommen die erforderliche Gestaltungshöhe aufweisen (verneint von BGH GRUR 1989, 416 *Bauaußenkante*).

71 Für Werke der **Innenarchitektur** (BGH GRUR 1982, 107, 109 *Kirchen-Innenraumgestaltung;* OLG Düsseldorf GRUR 1979, 318 *Treppenwangen*) gilt nichts anderes. Das OLG Hamm (UFITA 91 [1981], 236, 240 *2½-Zimmer-Wohnung*) hat für den Einzelfall Urheberschutz wegen Fehlens der geistigen Schöpfung im ästhetischen Bereich verneint. Für die Schweiz s. Schweiz. BG GRUR Int. 1975, 145 *Ladenumbauprojekt* und 1976, 180 *Lüscher Farbtest.* Gerade bei Werken der Innenarchitektur wird der Urheber weitgehende Änderungen (z. B. bei Veränderung des Geschmacks des Wohnungsinhabers) im Hinblick auf Treu und Glauben (§ 39 Abs. 2) hinnehmen müssen (vgl. Bem. 4b).

72 **Raumgestaltende Werke** (z.B. Anlage einer Stadt oder eines Stadtteils, Gartenanlage) können ebenfalls Werke der Baukunst sein (BGHZ 18, 319

Bebauungsplan; BGH GRUR 1965, 45, 47 *Stadtplan*; OLG München GRUR 1987, 290f. *Wohnanlage*; vgl. auch BGH GRUR 1981, 196 *Honorarvereinbarung* und Öst. VwGH ÖBl. 1983, 150 *Gartenarchitekten*). Ein Werk der Baukunst kann auch dann vorliegen, wenn es aus organischen Stoffen (Pflanzen, Gräser) besteht (OLG Düsseldorf GRUR 1990, 189, 191 *Grünskulptur*). Ebenso sind Werke der **Garten- und Parkgestaltung** als Werke der Baukunst schutzfähig (Martin Schäfer, Die urheberrechtliche Schutzfähigkeit von Werken der Gartengestaltung, 1990, S. 150ff.).

Geschützt sind nicht nur die oben bereits erwähnten Bauzeichnungen (Bem. 70), sondern **Entwürfe** zu Werken der bildenden Kunst im allgemeinen. Die Bedeutung des Schutzes von Entwürfen – sei es als bereits im Vorstadium sinnlich wahrnehmbares Werk der Kunst, sei es über § 2 Abs. 1 Nr. 7 als Darstellung wissenschaftlicher oder technischer Art – hat im Bereich des Bauwesens sicherlich die größte Bedeutung (vgl. die Rspr. unter Bem. 70 und insbesondere OLG Hamburg UFITA 79 [1977], 343, 351ff. *Bauentwurf*). Entwürfe für Möbel, Bühnenbilder, Porzellangegenstände usw. sind in gleicher Weise – regelmäßig jedoch nicht über § 2 Abs. 1 Nr. 7, weil kein wissenschaftlicher oder technischer Gehalt vorliegt – geschützt. 73

5. Bei den Lichtbildern hat der Gesetzgeber die systematisch richtige Trennung zwischen den **Lichtbildwerken** einerseits (Nr. 5), die persönliche geistige Schöpfungen sein müssen, und den gewöhnlichen Lichtbildern andererseits (§ 72 Abs. 1), die diese Qualifikation nicht besitzen, vorgenommen. Lichtbildwerke und Lichtbilder waren vor der Novelle 1985 rechtlich völlig gleichgestellt. Für beide galt die gegenüber den anderen Werkarten verkürzte Schutzfrist von 25 Jahren seit Erscheinen bzw. Herstellung nach § 68. Die ersatzlose Streichung dieser Vorschrift führt dazu, daß Lichtbildwerke die übliche Schutzfrist von 70 Jahren seit dem Tode des Urhebers genießen (§ 64). Die Schutzfristen für Lichtbilder sind demgegenüber jetzt in § 72 Abs. 3 geregelt. Vgl. § 72 Bem. 2, dort auch zur Abgrenzung zu den Lichtbildern (fehlender Werkcharakter). Umfassend zum Schutz der künstlerischen Fotografie A. Nordemann (Lit.-Verz.) mit vielen Nachweisen; weitere Einzelheiten vor allem auch zur Rechtsentwicklung bei Lichtbildwerken vgl. Schricker-Loewenheim Rdnr. 111ff. 74

Werke, die ähnlich wie Lichtbilder geschaffen werden, sind insbesondere die einzelnen Fernsehbilder, und zwar auch bei Live-Sendungen (BGHZ 37, 1, 6 *AKI*). Ebenso werden Einzelbilder aus Filmen als Lichtbildwerk bzw. Lichtbilder geschützt (Staehle GRUR 1974, 205 gegen Ekrutt GRUR 1973, 512). Verfremdete Fotos sind dagegen Werke der bildenden Kunst (OLG Koblenz GRUR 1987, 435 *Verfremdete Fotos*); zum Schutz von Lichtbildern als Dokumente der Zeitgeschichte Flechsig UFITA 116 (1991), 5. 75

6. **Filmwerke** (Nr. 6) sind, entsprechend Art. 2 Abs. 1 RBÜ (Brüsseler Fassung) und Art. I WUA, als selbständige Kunstgattung geschützt. Das ist deshalb gerechtfertigt, weil das Filmwerk in der Verschmelzung der zu seiner Herstellung benutzten Werke und Leistungen ausübender Künstler zu einer Einheit sich als ein Werk eigener Art – als **„Gesamtkunstwerk“** – darstellt. Es enthält Sprachwerke (Exposé, Treatment, Drehbuch, gesprochener Dialog), Werke der Musik (Filmmusik), der bildenden Künste einschließlich der Werke der Baukunst (Bauten, Kulissen), Lichtbildwerke (die in der 76

Regel mit Hilfe der Kamera, aber auch in anderen Verfahren hergestellten Bildstreifen), schließlich Leistungen ausübender Künstler (Regisseur, Darsteller, Filmmusiker); ihm werden vielfach Werke der Musik (Filmmusik) eingefügt (dazu Bohr F. 53ff. und UFITA 78 [1977], 55ff.). Neben den üblichen Spielfilmen gehören zu den Werken nach § 2 Abs. 1 Nr. 6 auch Kultur- und Dokumentarfilme, daneben Werbefilme, Lehrfilme und wissenschaftliche Filme (Ulmer[3] S. 154). Die Untersuchungen sind nicht immer genau. Zu Recht weist Hoeren (GRUR 1992, 145, 146) darauf hin, daß eine Behandlung des Dokumentarfilms als unkünstlerisch nur deshalb, weil er „nur Abbildung der Wirklichkeit" sei, nicht gerechtfertigt ist. Allerdings hatte auch in der Vergangenheit die Rspr. Filme dieser Art als urheberschutzfähig anerkannt, z. B. einen Film über den NSDAP-Reichs-Parteitag von 1934 (BGH UFITA 55 [1970], 313, 316 *Triumph des Willens* sowie BGHZ 90, 219 = GRUR 1984, 730, 732 *Filmregisseur* mit zustimmender Anm. von Schricker). Das Filmwerk als urheberrechtlich geschützte Schöpfung ist zu unterscheiden von dem Bildträger bzw. Bild- und Tonträger, auf dem das Filmwerk festgehalten ist (§ 94 Abs. 1 Satz 1, dort Bem. 1 sowie vor § 88 Bem. 1). Während an dem Filmwerk die Urheberrechte des oder der Werkschöpfer bestehen, hat der Filmhersteller das Leistungsschutzrecht nach § 94 (s. dort Bem. 1ff.).

77 Zwischen den urheberrechtlich geschützten Beiträgen aus dem Katalog des Abs. 1 besteht **teils Werkeinheit** (ggf. in Miturheberschaft), **teils Werkverbindung**; vgl. § 9 Bem. 2. Sprachwerke und Lichtbilder (nicht unbedingt Lichtbildwerke) müssen, alle übrigen Werkgattungen können bei der Schaffung eines Filmwerks beteiligt sein. BGHZ 26, 52, 55 *Sherlock Holmes* hat deshalb den Verfilmungsvorgang zutreffend als „Umsetzung eines Sprachwerkes in eine bewegte Bilderfolge mit Hilfe filmischer Gestaltungsmittel" bezeichnet.

78 Auf die **Art der Herstellung** kommt es nicht an; Stumm- und Tonfilme, Schwarz-Weiß- und Farbfilme, Geruchs- und plastische Filme werden ebenso geschützt wie Filmwerke, die statt auf Zelluloidfilm im Ampex- oder Magnettonverfahren oder in einem sonstigen, noch zu entwickelnden Verfahren produziert werden. Es ist auch gleichgültig, ob das Filmwerk fixiert ist oder nur *live* gesendet wird (so ausdrücklich Begr. S. 98; vgl. auch BGHZ 37, 1, 6 *AKI*). Deshalb dient die gesonderte Erwähnung der **Werke, die ähnlich wie Filmwerke geschaffen werden,** nur der sprachlichen Vervollständigung, da es auf die Herstellungsart ohnehin nicht ankommt. Zur Definition des Filmwerks und der verwandten Begriffe s. auch vor § 88 Bem. 1. Zu den Werken, die ähnlich wie Filmwerke geschaffen werden, rechnen etwa die programmierten **Bildschirmspiele.** Diese **Video-Games** (Computer-Spiele) haben in den letzten Jahren eine außerordentliche Verbreitung erfahren. Urheberschutz genießen derartige Spiele, wenn sie eine schöpferische Leistung enthalten (wobei jetzt für den Schutz des den Spielen zugrunde liegenden Programms nach § 69a die Individualität des Werkes ausreicht), anderenfalls hat zumindest der Hersteller der Spiele das Leistungsschutzrecht nach § 94 (BGH GRUR 1983, 436 *Puckmann;* OLG Hamburg GRUR 1990, 127, 128 *Super Mario III;* Nordemann GRUR 1981, 891; Schricker-Loewenheim Rdnr. 117 sowie Schricker-Katzenberger § 95 Rdnr. 8). Die Auffassung des OLG Frankfurt mit ihren zu weitgehenden Anforderungen für die Erlangung von Urheberschutz (GRUR 1983, 753

Pengo; GRUR 1983, 757 *Donkey King Jun. I* sowie GRUR 1984, 509 *Donkey King Jun. II;* abgeschwächt in GRUR 1984, 521, 522 *Atari-Spielcassetten*) läßt sich heute nicht mehr aufrechterhalten (vgl. auch Loewenheim FS Hubmann S. 307). Ähnlich wie ein Filmwerk ist auch die sogenannte **Tonbildschau** beschaffen (OLG Frankfurt UFITA 90 [1981], 192, 196 *Kalle – Portrait eines Unternehmens*). Es handelt sich dabei um nacheinander gezeigte Dia-Aufnahmen, zu denen parallel ein Tonband abläuft, das Texte und Musik enthält (vgl. vor § 88 Bem. 8).

Keinen Schutz nach Abs. 1 Nr. 6, sondern nur nach § 95 genießen **79**
alltägliche Filme von Amateurfotografen, die Familienszenen und Urlaubserinnerungen meist mit der Kleinbild- oder Videokamera festhalten. Auch **Tagesberichte** im Fernsehen, die ohne individuelle Prägung lediglich fotografierte Ausschnitte des wirklichen Geschehens darstellen, sind keine Filmwerke (LG Berlin GRUR 1962, 207, 208 *Maifeiern* mit Nachweisen). In diesen Fällen genügt der Laufbilderschutz des § 95 (zum Urheberrechtsschutz beim Fernsehen s. auch Bem. 91f.). Jedoch kann in der Art der Auswahl und Zusammenstellung solchen filmischen Gemeinguts (vgl. § 24 Bem. 1a und c) eine persönliche geistige Schöpfung liegen, die den Film als Ganzes zum Filmwerk macht. Ob in diesem Falle die einzelnen Teile (Szenen) des Filmwerks nach Abs. 1 Nr. 6 geschützt sind oder ob sie nur unter § 95 fallen, hängt davon ab, ob sie für sich allein Werkcharakter haben (verneint in BGHZ 9, 262, 268 *Lied der Wildbahn* für den nach der Natur fotografierten Vogelflug). Zur Frage der Urheberschaft am Bildwerk s. § 89 Bem. 1.
Auch bei den Filmwerken ist die „kleine Münze" (Bem. 19) geschützt. Laufbilder sind demgegenüber Bildfolgen, die auch eine geringe Gestaltungshöhe nicht aufweisen und deshalb dem Urheberschutz nicht unterfallen (s. vor § 88 Bem. 4 sowie § 95 Bem. 8). Sie genießen nur Leistungsschutz.

7. Auch **Darstellungen wissenschaftlicher oder technischer Art** (Nr. 7) **80**
sind nur dann geschützt, wenn sie diejenige Prägung aufweisen, die sie als persönliche geistige Schöpfung qualifiziert (Reimer GRUR 1980, 572; zur Abgrenzung Kunstwerk – Erfindung Schickedanz GRUR 1973, 343). Eine ästhetische Wirkung braucht von Ihnen allerdings ebensowenig auszugehen wie von wissenschaftlichen Sprachwerken. Es genügt wie dort die Individualität der Gestaltung (Bem. 23, 30).
Das in der Darstellung enthaltene Gedankengut wird dadurch jedoch nicht geschützt (Schricker-Loewenheim Rdnr. 124 m. Nachweisen). Ein technisches Gerät, das Patent- und Gebrauchsmusterschutz nicht erlangen kann, erwirbt also nicht etwa über Abs. 1 Nr. 7 urheberrechtlichen Schutz. Schutzgegenstand ist die Darstellung, nicht der dargestellte Gegenstand (Schricker-Loewenheim a.a.O.). Die Darstellung muß Spielraum für eine eigenschöpferische Darstellung bieten, zumindest im Rahmen der „kleinen Münze". Ist dies nicht der Fall, kann Werkschutz über Abs. 1 Nr. 7 nicht bestehen (z. B. ausschließlich Mitteilung von Tatsachen, rein mechanische Abbildungen und Abgüsse; dazu Schricker-Loewenheim Rdnr. 127).

Bildzeichen in Landkarten und Stadtplänen sind dann urheberrechtlich **81**
geschützt, wenn sie eine vom bisher Üblichen abweichende, individuell geprägte Gestaltung aufweisen (OLG Braunschweig GRUR 1955, 205

Hamburg geht zu E ...; vgl. auch OLG Frankfurt Schulze OLGZ 201 *Kunstszene Frankfurt am Main*). S. auch Bem. 86.

82 **Computer-Programme** s. Bem. 42–44b, außerdem die gesetzliche Neuregelung in den §§ 69a ff.

83 **DIN-Normen** fallen zwar als eigenschöpferische Leistungen an sich unter Nr. 7, soweit sie nicht wissenschaftliche Sprachwerke sind (Bem. 30), bleiben aber als amtliche Werke frei (§ 5 Bem. 4). Bei Kontrollheften für Baukräne ist Urheberschutz versagt worden (OLG Celle Schulze OLGZ 105, 5), dagegen zuerkannt wurde er bei einem Computer-Fragebogen (LG München I FuR 1975, 66 *Fragebogen-Katalog*).

84 **Formulare, Fahrkarten, Etikette** und ähnliche Gegenstände des täglichen Lebens weisen noch nicht die erforderliche individuelle Prägung auf, wenn sich in ihnen lediglich ein besonderer Grad von Geschäftserfahrung oder Gewandtheit offenbart (abzulehnen BGH GRUR 1952, 257 *Krankenhauskartei;* OLG Nürnberg GRUR 1972, 435 *Standesamtsformulare;* zutreffend dagegen – weil strenger – RGZ 143, 412, 418 *Buchhaltungsformulare*; BGH GRUR 1959, 251, 252 *Einheitsfahrschein;* BGHZ 39, 306 *Rechenschieber;* BGH GRUR 1962, 51 *Zahlenlotto;* OLG Hamburg UFITA 51 [1968], 383 *Flugpläne;* UFITA 59 [1971], 297, 302ff. *Werbeinformation* mit ausführlichen Nachweisen; OLG Hamm GRUR 1980, 287 *Prüfungsformulare*). Weitgehend auch v. Gamm (GRUR 1969, 593ff.), einschränkend dagegen Hubmann-Rehbinder[7] S. 88 und Schricker-Loewenheim Rdnr. 130. Vgl. außerdem Bem. 54. Schutzgegenstand ist (s. oben Bem. 80) die Darstellung, nicht die Konstruktion als solche. Dabei reicht es aus, „daß eine individuelle – sich vom alltäglichen Schaffen im Bereich technischer Zeichnungen abhebende – Geistestätigkeit in dem darstellerischen Gedanken zum Ausdruck kommt, mag auch das Maß an Eigentümlichkeit, an individueller Prägung gering sein“ (so BGH GRUR 1991, 529, 528 l. Sp. *Explosionszeichnungen;* ähnlich OLG Hamm GRUR 1989, 501 *Sprengzeichnungen;* OLG Frankfurt GRUR 1989, 589 *Eiweißkörper;* LG München I GRUR 1989, 503 *BMW-Motor*).

85 Bei **Konstruktionszeichnungen** kann die persönliche geistige Schöpfung in der Zeichnung selbst oder in dem danach herzustellenden Gegenstand hervortreten (auch hier zu großzügig BGH GRUR 1956, 284 *Rheinmetall-Borsig II;* Näheres bei Hereth NJW 1963, 2256. Die Rechtsprechung des Bundesgerichtshofs ist seit GRUR 1979, 464, 465 *Flughafenpläne,* fortgesetzt in GRUR 1985, 129, 130 *Elektrodenfabrik,* offenbar wieder strenger geworden und stellt entscheidend auf die Formgestaltung, nicht auf den technischen Inhalt, ab. Dem ist zuzustimmen. Vgl. OLG München Schulze OLGZ 219 *Segelyacht Miranda* sowie § 4 Bem. 2. Vgl. auch Öst. OGH GRUR Int. 1984, 43 *Segelyacht* zur Schutzfähigkeit von Konstruktionszeichnungen. Schaubilder mit graphischen Darstellungen zu politischen, wirtschaftlichen oder kulturellen Fragen schützt LG Berlin Schulze LGZ 125 *Schaubilder.*

86 **Landkarten** können, wenn sie eine eigene geistige Leistung darstellen, schutzfähig sein (BGH GRUR 1965, 45, 46 *Stadtplan;* BGH GRUR 1987, 360, 361 *Werbepläne;* BGH GRUR 1988, 33, 35 *Topografische Landeskarten*). Auch ein vorgegebener kartographischer Zweck schließt die Urheberschutzfähigkeit nicht aus, wenn eigenschöpferische Formgestaltung möglich ist und

in der Karte sichtbar wird (s. a. OLG Frankfurt GRUR 1988, 816, 817 *Stadtpläne*). Zu Bildzeichen in Landkarten und Stadtplänen s. o. Bem. 81 und außerdem Schweiz. BG GRUR Int. 1984, 539 *Stadtplan Zürich.*

Zum Urheberschutz für **Lehr- und Lernmittel** Nordemann NJW 1970, 881. **87**
BGH GRUR 1976, 434, 435 *Merkmalklötze* verneint urheberrechtliche Schutzfähigkeit für Hilfsmittel im mathematischen Unterricht (Klötze mit unterscheidungskräftigen Merkmalen zur Veranschaulichung math. Beziehungen).
Auch hier kommt es entscheidend auf die Darstellung an, denn ein Schutz der Lehr- und Lernmethode als solcher kann über das Urheberrecht nicht erreicht werden (Schricker-Loewenheim Rdnr. 134).

Organisierte Werke sind im Gegensatz zu Sammelwerken (§ 4) Zusam- **88**
menstellungen von Daten über Personen (Who's Who, Kurz-Biographien) oder Gegenstände (BGH GRUR 1987, 704, 705f. *Warenzeichenlexika*). Zu ihnen gehören auch Statistiken (LG Hamburg GRUR 1987, 168 *Krankheit auf Rezept*) sowie Adreß- und Fernsprechbücher (Schutz offengelassen in BGH GRUR 1961, 631 *Fernsprechbuch*; dazu Runge GRUR 1962, 504; LG Düsseldorf Schulze LGZ 104 *Buchungsfibel für Bauindustrie*, wo der Schutz für eine alphabetische Zusammenstellung von Buchungsfällen bejaht worden ist, mit zustimmender Anm. von Seydel); die Schutzfähigkeit eines Dezimal-Klassifikationssystems für ein Loseblatt-Sammelwerk im Bauwesen, ablehnend OLG Hamm Schulze OLGZ 98 *Bauzeitschrift.* Bei organisierten Werken kann ein urheberrechtlicher Schutz nur dann in Betracht kommen, wenn die Leistung des Autors über die bloße Aneinanderreihung von Daten und die schematische Schilderung von Entwicklungen hinausgeht (BGH GRUR 1987, 704, 706 *Warenzeichenlexika*; weitergehend Pretura di Torino GRUR Int. 1972, 494, 495 *Wer ist's*). Vgl. § 4 Bem. 1 und 3.

Plastische Darstellungen wissenschaftlicher oder technischer Art sind **89**
Modelle, Geräte usw. Der allgemeine Ausdruck „Darstellungen" ist vom Gesetz bewußt umfassend gewählt (Begr. S. 38).

V. Presse, Hörfunk, Fernsehen

Im Bereich der Publikationsorgane **Presse, Hörfunk, Fernsehen** ergibt **90**
sich zusammengefaßt folgende Urheberrechtslage:

a) Urheberrechtlich frei sind bei Zeitungen der Nachrichtenteil (Sondervor- **91**
schrift § 49 Abs. 2); der Anzeigenteil mit Ausnahme derjenigen (Wort-) Inserate, in denen ein besonderer gedanklicher Inhalt in eigentümlicher Form zum Ausdruck kommt; die Wettervorhersage; Bühnen- und Kinospielpläne sowie Programmhinweise für Hörfunk und Fernsehen; Börsennotizen; meist auch Leserbriefe; der gekürzte Abdruck auch des urheberrechtlich nicht geschützten Briefes kann jedoch das allgemeine Persönlichkeitsrecht verletzen (BGHZ 13, 334, 339 *Hjalmar Schacht;* zu Briefen allgemein BGHZ 31, 308, 311 *Alte Herren* sowie Bem. 35). Im Hör- und Fernsehfunk ist dementsprechend der akustisch wahrnehmbare Vortrag von Nachrichten und reinen Reportagen (§ 49 Abs. 2), Programmhinweisen und Leserstimmen schutzlos. Zum Layout s. Bem. 62.

92 b) Geschützt sind Kommentare, Kunstkritiken einschließlich der Buch- und Theaterkritik, Reportagen, die über den bloßen Bericht hinaus eine kritische Würdigung vornehmen (jedoch mit der Einschränkung des § 49 Abs. 1, s. dort Bem. 3); beim Fernsehen im übrigen jede bildliche Darstellung als Lichtbild (§ 72 Abs. 1) oder Lichtbildwerk (Abs. 1 Nr. 5), die Bilderfolge darüber hinaus als Laufbilder (§ 95) oder Filmwerk (Abs. 1 Nr. 6). Zu Interviews vgl. Bem. 36. Zu Zeitungen als Sammelwerken § 4 Bem. 1.

§ 3 Bearbeitungen

Übersetzungen und andere Bearbeitungen eines Werkes, die persönliche geistige Schöpfungen des Bearbeiters sind, werden unbeschadet des Urheberrechts am bearbeiteten Werk wie selbständige Werke geschützt. Die nur unwesentliche Bearbeitung eines nicht geschützten Werkes der Musik wird nicht als selbständiges Werk geschützt.

Übersicht

1 **Bearbeiter als Urheber.** Die Vorschrift stellt klar, daß der Bearbeiter Urheber der Bearbeitung ist, während nach früherem Recht eine fiktive Gleichstellung mit dem Urheber des vorbestehenden Werkes erfolgte. Es ist gleichgültig, ob es sich um eine Bearbeitung des Originalwerkes oder um die Bearbeitung einer Bearbeitung des Originalwerkes handelt; auch der Bearbeiter der dritten und vierten Stufe bleibt Urheber seiner Bearbeitung. Voraussetzung für ihren Schutz nach § 3 ist allerdings, daß die Bearbeitung jeweils eine persönliche geistige Schöpfung darstellt (Bem. 2). Die Beispiele hierfür sind Legion: Kafkas berühmtes Werk *Das Schloß,* nach dem Roman einer tschechischen Autorin geschrieben, wurde von Max Brod dramatisiert; das Drama bildete wiederum die Vorlage für ein Opernlibretto. Aus dem autobiographischen Roman *Die Trapp-Familie* der Baronin Augusta Maria Trapp wurde ein Filmdrehbuch von Georg Hurdalek, das dann seinerseits zur Vorlage für das erfolgreiche Broadway-Musical *The Sound of Music* diente; das Musical wiederum wurde verfilmt.

2. **Werkcharakter der Bearbeitung.** Bearbeiter im Rechtssinn kann – entsprechend § 2 Abs. 2 – nur sein, wer eine **persönliche geistige Schöpfung** (§ 2 Bem. 2–13) hervorgebracht hat. Damit fallen alle geringfügigen Veränderungen und Umgestaltungen nicht unter den urheberrechtlichen Begriff der Bearbeitung (vgl. Bem. 11–17). Der Begriff **„Schöpfung"** setzt logisch voraus, daß eine *Weiterentwicklung* erfolgt (§ 2 Bem. 8–9). Eine Bearbeitung kann daher nur dann vorliegen, wenn das Original *qualitativ* verändert worden ist (vgl. Bem. 11–17). Dabei können sowohl Form als auch Inhalt verändert werden (a.A. Möhring/Nicolini § 3 Bem. 2). 2

Die Schaffung einer derartigen Bearbeitung ist ein Fall einer **unfreien Benutzung** eines vorbestehenden Werkes. Dabei kommt es nicht darauf an, ob das bearbeitete Werk noch geschützt ist. Auch bei gemeinfreien Werken schafft die Bearbeitung nur eine abhängige Nachschöpfung, wobei diese dann jedoch ohne Zustimmung des Schöpfers des Originalwerks verwertet werden kann (vgl. Bem. 23 sowie § 23 Bem. 3). Die Bearbeitung selbst ist, von den Ausnahmen des § 23 Satz 2 und seit 1993 auch des § 69c Nr. 2 abgesehen, gestattet, nur die Verwertung des bearbeiteten Werkes bedarf der Einwilligung des Urhebers oder seines Rechtsnachfolgers (Wortlaut des § 23!).

a) Die Anknüpfung an die **persönliche Leistung** schließt die Möglichkeit aus, Robotern oder deren Erfindern Urheberschutz für die von ihnen produzierten „Bearbeitungen" zuzubilligen. 3

Ein Übersetzungscomputer, der fremdsprachliche Texte liefert, bearbeitet ebensowenig wie ein Musikautomat, der selbständig die Instrumentierung und Durchführung einer ihm angegebenen Melodie zu bewirken in der Lage ist (vgl. dazu § 2 Bem. 12).

b) Es muß sich auch hier um eine **geistige Leistung** (Näheres dazu § 2 Bem. 10) handeln. Dabei findet eine ästhetische Wertung nicht statt: Der Wert des Originals oder der Bearbeitung als Kunstwerk oder ihr Unwert als Kitsch lassen den Urheberschutz unberührt (mißverständlich OLG Karlsruhe GRUR 1957, 395 *Trotzkopf*, wo es für bedeutsam gehalten wird, daß eine Bearbeitung „oberflächlich und schlecht gemacht" sei). Maßgebend ist vielmehr, daß sich in der Bearbeitung die Persönlichkeit des Bearbeiters als des geistigen Nachschöpfers kundtut. Kriterium hierfür ist, daß man die „Handschrift" des Bearbeiters, seinen Stil, sein Temperament spürt. Das trifft bei solchen Bearbeitungen nicht zu, die eine bloße Routinearbeit darstellen, die keine eigene geistige Leistung erfordern, vgl. im einzelnen § 2 Bem. 10–23. Dabei wird man an Umfang und Bedeutung der geistigen Leistung, niedergeschlagen in der persönlichen geistigen Schöpfung des Bearbeiters, keine höheren Anforderungen stellen können als bei dem Urheber, der ein Originalwerk schafft, das keine abhängige Nachschöpfung darstellt. Dem Bearbeiter darf also keine größere „Schöpfungshöhe" abverlangt werden als einem Original-Urheber. Lediglich muß gefordert werden, daß durch die eigene Leistung des Bearbeiters der geistige Abstand zu dem vorbestehenden Originalwerk deutlich wird. 4

Der BGH läßt im Einzelfall (Bearbeitung einer gerichtlichen Entscheidung durch Schaffung nicht amtlicher Leitsätze) ein bescheidenes Maß geistig schöpferischer Tätigkeit genügen (BGH GRUR 1992, 382, 385 l. Sp. *Leitsätze*). Die Änderung von Größenverhältnissen (Bem. 14) erreicht jedoch die für die Werkeigenschaft erforderliche Gestaltungshöhe nicht (BGH

GRUR 1990, 669, 673 *Bibelreproduktion*). Lehrreich sind die beiden BGH-Entscheidungen zu dem Musiktitel „Brown Girl" (GRUR 1991, 531 *Brown Girl I* und GRUR 1991, 533 *Brown Girl II* mit der Kritik von Schneider GRUR 1992, 82). Die Entscheidungen behandeln Probleme der Bearbeitung gemeinfreier Musik und des gemeinfreien Textes eines „Traditionals" aus der Karibik mit dem auch wirtschaftlich interessanten Problem der kommerziellen Ausbeutung derartiger Werke durch „Bearbeitungen".

5 c) Als besonderes Beispiel einer Bearbeitung führt das Gesetz die **Übersetzung** auf. Es geht zu Recht davon aus, daß – von ganz außergewöhnlichen Fällen abgesehen (Bem. 3) – die Übersetzung immer eine Bearbeitung darstellt, wobei die Übertragung in eine andere Sprache aufgrund der idiomatischen Verschiedenheiten stets eine individuelle Leistung erfordert, es sei denn, daß es sich um allereinfachste Texte handelt. Die Richtigkeit und Qualität der Übersetzung ist für die Bearbeitereigenschaft des Übersetzers nicht maßgebend (BGH GRUR 1968, 152, 153 *Angelique I*); wird ihr Inhalt jedoch nicht mehr vom Wortlaut des Originals bestimmt, liegt zwar eine Nachschöpfung vor, die eine Bearbeitung sein kann, aber keine Übersetzung (wie hier Möhring/Nicolini § 3 Bem. 4). Wir unterscheiden mit Bappert/Maunz/Schricker Bem. 20 zu § 2 VerlG die **Übersetzung im engeren Sinn,** die das Ziel hat, den Sinn des Originalwerkes in der neuen Sprachgebung so wortgetreu wie möglich wiederzugeben, von der **Übertragung,** also der sinngemäßen, freien Übersetzung, und der **Nachdichtung,** die die Form des Originalwerks durch eine eigene ersetzt, aber die Fabel übernimmt.

6 3. **Abgrenzungsfragen.** Die Feststellung, ob eine Bearbeitung vorliegt, ist im Einzelfall oft schwierig. Wir unterscheiden (vgl. Nordemann GRUR 1964, 118):

7 a) Die meisten Formen der Bearbeitung setzen **stets** eine eigene geistige Leistung des Bearbeiters voraus. Hierher rechnen insbesondere die Dramatisierung eines Romans und die Episierung eines Bühnenwerkes oder eines Gedichtes, die Umgestaltung eines Romans oder Bühnenwerkes zu einem Gedicht, die Fortsetzung eines literarischen Werkes (§ 24 Bem. 4), die Herstellung eines Filmdrehbuches und dessen Verfilmung (§ 23 Bem. 6), die Umsetzung eines Romans in einem *Comic-Strip*-Text (OLG Hamburg UFITA 44 [1965], 211 *Goldfinger;* vgl. § 9 Bem. 3), die Schaffung einer Plastik nach einem Gemälde, eines Gemäldes nach einem Werk der Bau- oder Bildhauerkunst oder einer Schwarz-Weiß-Zeichnung nach einem Gemälde. In diesen Fällen ist, wenn schon keine freie Benutzung (§ 24) vorliegt, die Bearbeitung stets als persönliche geistige Schöpfung des Bearbeiters geschützt. Voraussetzung bleibt jedoch stets die eigene schöpferische Leistung. Traub UFITA 80 (1977), 159 geht zu Recht davon aus, daß die bloße Übertragung eines Werkes der bildenden Kunst in eine andere Dimension (Dürer-Hände als Relief) oder auf einen anderen Werkstoff (Gemälde als reliefartiger Keksdosendeckel) noch kein Bearbeiter-Urheberrecht begründet; diese kann sogar maschinell ausgeführt werden. Seine Ansicht freilich (S. 168), ein Bearbeiterurheberrecht liege im Falle einer „Verschlechterung" des bearbeiteten Werkes durch Weglassung bestimmter Formelemente nicht vor, wird von uns nicht geteilt (Bem. 4). Denn auch die Vereinfachung und Stilisierung kann zu einer neuen künstlerischen Aussage

führen. Auf deren Qualität kommt es nicht an (§ 2 Bem. 14). Stets ist es auch als Bearbeitung anzusehen, wenn einem Filmwerk eine neue Musik unterlegt wird, weil damit das Gesamtkunstwerk (§ 2 Bem. 76) umgestaltet wird (Schweiz. BG GRUR Int. 1972, 25, 29 *Goldrausch I*).

b) Andere Formen der Bearbeitung erfordern wenigstens **in der Regel** eine eigene geistige Leistung des Bearbeiters, so die Herstellung einer Übersetzung oder eines Filmtreatments, die Fertigung eines Klavierauszuges zu einem Orchesterwerk, die Schaffung eines Potpourris im weiteren Sinne, das vorgegebene Melodien zwar zur Grundlage hat, sie aber zu einem neuen Klangbild auflöst und verarbeitet (Beispiel: Rheinbergers *Akademische Festouvertüre* oder die Ouvertüre *Flotte Bursche* von Franz von Suppé), im Gegensatz zum Potpourri im engeren Sinne, das sich auf die Auseinanderreihung von Musikstücken mit Überleitungen beschränkt und deshalb zur Gruppe c) gehört (s. unten). Hier ist, wenn nicht eindeutig das Gegenteil festgestellt werden kann, in einer Art „Umkehrung der Beweislast" davon auszugehen, daß eine schutzfähige Bearbeitung vorliegt. Nur wo sich die Übersetzung in einer wörtlichen Übertragung eines ganz einfachen Textes oder das Treatment in einem Auszug nach Art einer Inhaltsangabe erschöpft oder wo der Klavierauszug das etwa für kleine Besetzung geschriebene Originalwerk bis in die letzte Begleitnote hinein einfach überträgt, ist der Bearbeitungscharakter ausnahmsweise zu verneinen. 8

c) In der dritten Gruppe der Bearbeitungen **kann** im Einzelfall eine persönliche geistige Schöpfung vorliegen, ohne daß eine Vermutung dafür bestünde. Die Instrumentierung einer Melodie kann eine schöpferische Leistung von hohen Graden darstellen (Beispiel: Hector Berlioz' Orchesterbearbeitung des Klavierstücks *Aufforderung zum Tanz* von Carl Maria v. Weber), kann sich aber auch in landläufiger Routinearbeit erschöpfen, wie das bei den normalen Volkslied-Arrangements der Fall zu sein pflegt, die die Kapellenleiter für den jeweiligen Zweck ad hoc einrichten. Das gleiche gilt für die Veränderung eines Orchesterwerkes (Uminstrumentierungen, Änderungen in der Partitur); nicht jeder Dirigent, der in der Partitur zu *Don Giovanni* herumverbessert, ist deshalb schon ein Bearbeiter Mozarts. Auch wer ein Potpourri durch Aneinanderreihung unveränderter Melodien mit kurzen, landläufigen Überleitungen zusammenstellt, die dem üblichen Schema entsprechen, in ihrer Art bekannt und deshalb von jedem durchschnittlichen Arrangeur nachvollzogen werden können, vollbringt keine persönliche geistige Leistung. Wer dagegen in der Art der Auswahl und Zusammenstellung der Melodien, in ihrer durch Überleitungen bewirkten Verbindung zu einem harmonischen Ganzen oder in der Färbung des Klangbildes durch Tonart- und Instrumentenwahl etwas Eigenartiges schafft, ist Bearbeiter. – Im Zweifel wird man auch in diesen Fällen davon auszugehen haben, daß eine schutzfähige Bearbeitung vorliegt (BGH GRUR 1968, 321, 324 *Haselnuß;* BGH UFITA 50 [1968], 315, 321 *Gaudeamus igitur;* BGH Schulze BGHZ 163 *Arrangements Kühn,* andererseits aber auch BGH GRUR 1991, 531 ff., 533 ff. *Brown Girl I und II*). Der Gesetzgeber wollte den Schutz des musischen Bereiches so umfassend wie möglich gestalten (vgl. § 1 Bem. 1 und 4). Deshalb ist die umstrittene Entscheidung RGZ 153, 71, 76 *Horst-Wessel-Lied,* mit der das RG das aus älteren Volksliedern zusammengesetzte Horst-Wessel-Lied als schutzfähige Bearbeitung anerkannte, im Endergebnis zutreffend. Einen Überblick über Wesen, Arten und Motive der 9 musikalischen Bearbeitung gibt Riedel, Originalmusik; vgl. auch Schricker-Loewenheim Rdnr. 21 und 22.

10 4. **Keine Bearbeitung.** Nur in wenigen Fallgrupppen der Veränderung oder Umgestaltung eines Werkes liegt in der Regel keine Bearbeitung vor:

11 a) Das **Herauslösen einzelner Werkteile** (z. B. *Kürzungen* an einem Roman, einem Bühnenstück, einem Film; Streichungen an einer Opernpartitur; Herstellung von Ausschnitten aus einem Gemälde) stellt regelmäßig nur eine quantitative Verringerung, aber keine qualitative Veränderung des Werkes dar (vgl. Bem. 4). Die Kürzung eines Drehbuches durch den Regisseur ist daher ebensowenig als Bearbeitung geschützt wie die gekürzte Veröffentlichung gerichtlicher Entscheidungen (OLG Köln UFITA 87 [1980], 331, 332f. *Der vierte Platz;* für Urteile schon Nordemann/Hertin NJW 1971, 688 gegen KG UFITA 2 [1929], 557 *Bearbeitung* und RGZ 121, 357, 364 *Rechentabellen;* s. aber andererseits auch BGH GRUR 1992, 382, 385 *Leitsätze*). Eine *Ausnahme* liegt nur dann vor, wenn durch Streichungen die gesamte Aussage des so bearbeiteten Werkes verändert wird (etwa Erwin Piscators Streichungen an Hochhuths „Stellvertreter"). Wäre die *Emser Depesche* ein urheberrechtlich geschütztes Werk, würde ihre Veränderung durch bloße Streichungen Bismarcks eine Bearbeitung sein. Umgekehrt kann die Zusammenstellung vorhandenen Materials, wenn sie nach schöpferischen Gesichtspunkten erfolgt, Bearbeitung sein, weil sie mehr als eine nur quantitative Anhäufung darstellt (RG a. a. O. S. 358 mit Nachweisen spricht ungenau von einem „Werk", vgl. ferner RGZ 129, 252, 256 *Operettenführer*). Eine Bearbeitung liegt auch dann vor, wenn ein Zeichner von Figuren eines Kollegen bestimmte charakteristische Einzelheiten und Stilelemente entlehnt und diese seinen eigenen Figuren einfügt (LG Hamburg Schulze LGZ 128, 10).

12 b) **Keine Bearbeitung** ist ferner die bloße *Interpretation* eines Werkes. Der Vortrag von Schiller-Balladen, mag er noch so sehr von der Persönlichkeit des Vortragenden geprägt sein, ist nur nach § 73 geschützt. Der Weltruhm, den von Karajans Aufnahmen der Beethoven-Sinfonien genießen, macht den Dirigenten nicht zum Bearbeiter Beethovens. Wo mehr als Interpretation vorliegt und eine urheberrechtlich relevante Bearbeitung stattfindet, stehen Leistungsschutz und Urheberschutz der Bearbeitung nebeneinander (Schricker-Loewenheim Bem. 17). Der **Bühnenregisseur** ist oft mehr als nur Interpret des von ihm inszenierten Werkes, so daß die von ihm erarbeitete Textfassung der Aufführung Bearbeiter-Urheberschutz genießen kann. Textrevisionen, kleine Streichungen oder Änderungen sowie andere Arbeiten zur Sprachglättung sieht der BGH (GRUR 1972, 143, 145 *Biografie: Ein Spiel*) jedoch noch nicht als Bearbeitung an (zweifelnd Dietz UFITA 72 [1975], 1, 39). Die Literatur zu der Frage, ob und wann der Regisseur Bearbeiter-Urheber an der von ihm eingerichteten Werkfassung wird, ist zahlreich: Krüger-Nieland UFITA 64 (1972), 129; Schmieder UFITA 63 (1972), 133; Nordemann FuR 1970, 73; Samson FuR 1976, 686; Dünnwald FuR 1976, 804; Dietz FuR 1976, 816; Flechsig FuR 1976, 829; Roeber FuR 1976, 854). Maßgeblich ist, ob eine *eigene werkschöpferische Leistung* (nicht nur eine interpretatorische) anzunehmen ist (so mit Recht OLG Köln UFITA 87 [1980], 321, 324 *Der 4. Platz*). Vgl. auch § 39 Bem. 4b; zum Problem des „Regiewerks" siehe § 2 Bem. 34.

c) Die **Kopie** eines Gemäldes oder einer Skulptur, mag sie noch so geschickt gemacht sein, ist eine Vervielfältigung, aber keine Bearbeitung (BGHZ 44, 288, 293 *Apfelmadonna*). Auch wer die Partitur eines chinesischen Musikwerkes in unsere Notenschrift überträgt, bearbeitet das Werk nicht, sondern vervielfältigt es nur. Deshalb ist die Aussetzung der nur mit Ziffern angedeuteten Generalbaßstimme in Noten, wie man sie gelegentlich in Neuausgaben von Musikwerken des Barocks findet, keine Bearbeitung; sie verdeutlicht den Willen des Komponisten, ohne sein Werk zu ändern (zur Abgrenzung Komponist-Interpret s. Overath UFITA 29 [1959], 336ff. und Intergu-Schriftenreihe, Heft 11, S. 40ff.). Ebenso ist der Metallgießer, der nach Vorlagen des Künstlers die Metallformen für eine Bronzeplastik anfertigt, weder Miturheber noch Bearbeiter (OLG Köln FuR 1983, 348 *Metallgießer;* vgl. § 8 Bem. 5). Zur Restaurierung eines Bauwerks s. § 39 Bem. 7. 13

d) Auch die bloße **Änderung der Größenverhältnisse** eines Werkes ist keine Bearbeitung (BGHZ 44, 288, 293 *Apfelmadonna*). Das gleiche gilt für die Verwendung anderer Werkstoffe oder der Wahl einer anderen Dimension (Traub UFITA 80 [1977], 159; außerdem Bem. 7). 14
Nicht nur die Veränderung der Größenverhältnisse, sondern auch Änderungen in der Bild-Text-Montage bei Druckwerken stellen keine Bearbeitung dar (BGH GRUR 1990, 669, 673 *Bibelreproduktion*).

e) Die **Neutextierung** eines Musikstückes, zu dem bisher ein anderer Text vorlag, kann niemals Bearbeitung sein, weil das Musikwerk unverändert bleibt und das mit ihm verbundene Sprachwerk (Text) nicht geändert, sondern ersetzt wird. Es liegt vielmehr eine neue Werkverbindung vor (abwegig Deutsch GRUR 1965, 7; dagegen schon Gast GRUR 1965, 292 und Bussmann FS Möhring S. 233). Vgl. auch BGH GRUR 1978, 305 *Schneewalzer*. 15

f) Durch § 16 Abs. 2 ist klargestellt, daß die **mechanische Vervielfältigung mittels Tonträger** nur eine Form der Vervielfältigung ist. 16

g) Keine Bearbeitung ist die nach § 24 Abs. 2 unzulässige **Entnahme einer Melodie,** solange es sich – was allerdings vor allem bei Schlagern nur selten zutreffen dürfte – tatsächlich um ihre Verwendung in einem neuen (selbständigen) Werk, also um eine an sich freie Benutzung handelt. Bearbeitung und freie Benutzung unterscheiden sich dadurch, daß durch erstere ein in seiner Verwertung vom Original abhängiges Werk entsteht, während die letztere zur Schaffung einer neuen, selbständigen Schöpfung führen muß (§ 24 Bem. 2). Die Benutzung eines vorhandenen Werkes der Musik für ein neues selbständiges musikalisches Werk wird nicht dadurch zur Bearbeitung, daß die Entnahme unzulässigerweise ohne Zustimmung des Urhebers des benutzten Werkes erfolgt. Die Entnahme bleibt begrifflich eine – wenn auch verbotene – freie Benutzung. Vgl. v. Gamm Bem. 4 und dort § 24 Bem. 18. 17

5. **Schutzfähige Vorlage.** Eine Bearbeitung im Rechtssinne setzt schließlich voraus, daß ein schutzfähiges – nicht unbedingt ein geschütztes – Originalwerk bearbeitet wird. Wer aus alltäglichen Briefen oder aus Zeitungsnachrichten einen Roman gestaltet, ist also nicht Bearbeiter, sondern Originalurheber. Bearbeiter ist dagegen (auch) derjenige, der ein nicht mehr geschütztes Werk bearbeitet. Er hat lediglich den Vorteil, seine Bearbeitung ohne 18

Rücksicht auf das vorbestehende Werk auswerten zu können, und kann darüber hinaus solche Bearbeiter, die seine Schöpfung verwenden, an der Auswertung ihrer Bearbeitung hindern (§ 23). Dies gilt selbstverständlich dann wiederum nicht, wenn der zweite Bearbeiter auch nur auf das ungeschützte Originalwerk zurückgegriffen hat. Alle drei Werke – das ungeschützte Original und die beiden Bearbeitungen – stehen dann unabhängig in ihren Nutzungsmöglichkeiten nebeneinander.
Eine ganz ähnliche Konstellation liegt den Entscheidungen BGH GRUR 1991, 531 *Brown Girl I* und BGH GRUR a.a.O. 533 *Brown Girl II* mit kritischer Stellungnahme von Schneider GRUR 1992, 82 zugrunde.

19 6. **Recht des Urhebers der Vorlage.** Bearbeitungen werden „unbeschadet des Urheberrechts am bearbeiteten Werk" geschützt. Damit wird klargestellt, daß Bearbeitungen kein vom Originalwerk losgelöstes Eigenleben führen, sondern **abhängige Nachschöpfungen** sind. Der Bearbeiter braucht deshalb zwar nicht zur Herstellung der Bearbeitung, wohl aber zu ihrer Veröffentlichung und Verwertung stets die Einwilligung (d. h. die vorherige Zustimmung, vgl. § 183 BGB) des Originalurhebers (§ 23 Satz 1); nur im Falle der Verfilmung ist die Einwilligung sogar schon zur Herstellung erforderlich (§ 23 Satz 2). Näheres § 23 Bem. 4–6. – Nicht zu verwechseln mit der Veröffentlichung und Verwertung ist die Einräumung von Nutzungsrechten an der Bearbeitung; diese steht dem Bearbeiter allein zu (BGH GRUR 1962, 370 *Schallplatteneinblendung*).

20 7. **Bearbeitungen** werden nach dem Gesetzestext **wie selbständige Werke** geschützt. Für den Werkcharakter einer Bearbeitung ist also lediglich erforderlich, daß diese eine persönliche geistige Schöpfung (§ 2 Abs. 2) darstellt. Dies galt in der elektronischen Datenverarbeitung für Objektprogramme als Bearbeitungen von Quellenprogrammen (Gernot Schulze GRUR 1990, 103 gegen König GRUR 1989, 559) schon vor der 1993 erfolgten Einfügung von § 69c mit der Zustimmungsbedürftigkeit bereits der Herstellung bearbeiteter Programme unter gleichzeitiger Wahrung der Rechte des Bearbeiters (Nr. 2).

21 a) Wie der Bearbeiter bei der Verwertung seiner Bearbeitung an die Einwilligung des Originalurhebers gebunden ist, so kann dieser umgekehrt ebensowenig ohne **Einwilligung des Bearbeiters** dessen Bearbeitung verwerten. Die Erlaubnis zur Aufführung des Bühnenstücks *Der Prozeß* wäre von den Erben Franz Kafkas, der den zugrundeliegenden Roman geschrieben hat, und von denen des Bühnenautors Max Brod einzuholen; auch die Verfilmung des Bühnenstückes oder eine andere Bearbeitung, z. B. die Übersetzung, hätten wiederum beide zu gestatten.

22 b) Aus dem Zustimmungsrecht folgt als dessen negative Komponente das **Verbotsrecht** des Bearbeiters bei unerlaubter Veröffentlichung oder Verwertung seiner Bearbeitung. Er kann jedem, selbst dem Originalautor, verbieten, die Bearbeitung ohne seine Einwilligung zu nutzen (BGHZ 15, 338, 347 *Gema*).

23 c) Der Schutz der Bearbeitung wie ein selbständiges Werk ist die logische Voraussetzung dafür, daß die **Bearbeitung eines gemeinfreien Werkes** vollen Urheberrechtsschutz genießt. Wäre die Bearbeitung nicht selbständig geschützt, sondern ihr Schutz von dem des Originalwerkes abhängig, so

würde sie mit diesem gemeinfrei. Die Regelung des § 3 hat zur Folge, daß beispielsweise die Schutzdauer für die Übersetzung der Dramen Shaws durch Siegfried Trebitsch nicht nach dem Todesjahr Shaws (1950), sondern nach dem Todesjahr Trebitschs (1956) berechnet wird.

d) Es ist kein Grund dafür ersichtlich, die rechtliche Gleichstellung der Bearbeitung mit dem selbständigen Werk nicht auch auf den Kennzeichenschutz des § 16 UWG zu erstrecken. Wie der Originalurheber danach **Titelschutz** für den von ihm geschaffenen Werktitel genießt, muß auch der Übersetzer Titelschutz für den von ihm – meist ohne jede Anlehnung an den Originaltitel – geschaffenen Titel der Übersetzung genießen; der Titel darf nicht ohne seine Zustimmung für andere Verwertungsarten des Originalwerkes verwendet werden (Beispiel: Der Übersetzer des englischen Bühnenstükkes *A Taste of Honey* schuf den Titel *Bitterer Honig;* der Titel wurde später für die deutsche Synchronfassung des nach dem Original gedrehten Filmes verwendet). Die Begründung, die das Kammergericht (UFITA 30 [1960], 222 *Und das am Montagmorgen*) für seine abweichende Ansicht gibt, überzeugt nicht. Zum Titelschutz im allgemeinen § 2 Bem. 41. 24

8. **Schutzgegenstand.** Ein Bearbeiterurheberrecht entsteht nur an der Bearbeitung selbst, d. h. an dem eigentlichen Beitrag des Bearbeiters. Der Herausgeber einer mehrsätzigen Sonate aus der Barockzeit, der im 2. Satz einzelne fehlende Passagen ergänzt, erwirbt den Schutz des § 3 nur für diese Passagen; die Nutzung der übrigen Sätze (oder des 2. Satzes mit anderen Ergänzungen) bleibt für jedermann frei. Verwendet ein Komponist ein gemeinfreies Volkslied für einen Schlager, so ist für ihn nur das geschützt, was er selbst an schöpferischen Zutaten erbracht hat. Jeder andere kann das Volkslied ebenfalls verwenden, wenn er dabei die schöpferischen Merkmale der ersten Bearbeitung vermeidet. Näheres s. § 24 Anh. Bem. 12, aus der Rspr. auch BGH GRUR 1991, 531, 533 *Brown Girl I* und *Brown Girl II.* 25

9. **Satz 2** ist durch die Urheberrechtsnovelle 1985 neu in das Gesetz eingefügt worden. Unwesentliche Bearbeitungen eines musikalischen Werkes (nur eines solchen), das nicht oder nicht mehr geschützt ist, sollen ihrerseits keinen Werkcharakter haben. Wir halten diese Neuregelung nicht nur für unglücklich, sondern sogar für verfassungswidrig, weil sie gegen Art. 14 GG verstößt. Das Gesetz unterscheidet nirgendwo zwischen wesentlichen und unwesentlichen Werken und kann dies nach unserem Verständnis deshalb auch bei Bearbeitungen nicht. Wenn die Bearbeitung eine persönliche geistige Schöpfung nach § 2 Abs. 2 ist, hat sie Werkcharakter und ist insoweit dem Zugriff des Gesetzgebers entzogen. Ihr Schöpfer hat geistiges Eigentum erworben; das Werk ist „das Ergebnis eigener persönlicher Leistung und nicht eines unverdienten Vermögenszuwachses" (so BVerfGE 49, 382, 400 *Kirchenmusik*). Eine Bearbeitung, die den gesetzlichen Anforderungen für ein Werk (§ 2 Abs. 2) genügt, muß mithin geschützt werden; alles andere stellt eine verfassungswidrige Enteignung dar (vgl. Nordemann GRUR 1985, 837). Wenn der Gesetzgeber die „kleine Münze" bei musikalischen Bearbeitungen hätte zurückstufen wollen, hätte er von den Verwertungsgesellschaften verlangen müssen, daß dies bei den Tarifen zum Ausdruck kommt (vgl. § 13 Abs. 3 WahrnG). Im Wege verfassungskonformer Auslegung ist deshalb als „unwesentlich" nur eine solche Änderung anzusehen, die ohnehin urheberrechtlich irrelevant ist (im Ergebnis ebenso Hubmann[6] S. 113). 26

§ 4 Sammelwerke

Sammlungen von Werken oder anderen Beiträgen, die durch Auslese oder Anordnung eine persönliche geistige Schöpfung sind (Sammelwerke), werden unbeschadet des Urheberrechts an den aufgenommenen Werken wie selbständige Werke geschützt.

1 **Begriffliches.** Sammelwerke sind diejenigen Sammlungen von Werken oder Werkteilen, bei denen Auslese, Anordnung oder Zusammenstellung eine persönliche geistige Schöpfung darstellen. Zu Sammelwerken gehören Konversationslexika, Enzyklopädien, Lesebücher, Anthologien, Zeitschriften, Sammelbände mit Ergänzungen verschiedener Autoren, Liederbücher, Schlagerhefte, Kunstmappen und Kunstbände, Kochbücher, Bildatlanten usw. Auch Ausstellungen können Sammelwerke sein (OLG Düsseldorf Schulze OLGZ 246, 4f.). Sofern bei diesen Werken im Einzelfall ein einheitliches Werk mit mehreren selbständigen Teilen anzunehmen ist, liegt Miturheberschaft der Werkschöpfer an den einzelnen Werkteilen vor (§ 8). Das Sammelwerk ist zwar meistens, aber nicht notwendigerweise ein Sprachwerk (z. B. nicht bei Bildbänden, Notensammlungen oder Ausstellungen).

Diese Auffassung wird von Schricker-Loewenheim Rdnr. 2; Hubmann/Rehbinder[7] S. 104; Ulmer[3] S. 164 nicht geteilt. Die Vorgenannten nehmen eine einheitliche Werkgattung, vornehmlich dem literarischen Schaffen zugeordnet, an. Nach unserer Auffassung besteht jedenfalls keine Veranlassung, Sammlungen von Bildern oder Noten unter eine der in § 2 Abs. 1 genannten Werkarten zu bringen, weil der dort genannte Werkkatalog nicht geschlossen ist. Die Vorstellung, daß die Zusammenstellung von Werken der bildenden Kunst oder der Musik ein „literarisches Werk" ganz oder überwiegend sein soll, halten wir für gezwungen. Abgrenzungsmerkmal des Sammelwerkes vom „Einzelwerk" ist die gesonderte Verwertbarkeit und Aussonderungsmöglichkeit der einzelnen Beiträge. Wo diese gegeben ist (Konversationslexikon, Lesebuch, Zeitung) liegt – sofern die übrigen Voraussetzungen des § 4 gegeben sind – ein Sammelwerk vor. Wo dies nicht der Fall ist (z. B. Bühnenstück zweier Autoren), ist Miturheberschaft an dem einzelnen Werk anzunehmen. Vielfach wird zwischen periodischen und unperiodischen Sammelwerken unterschieden (Hubmann/Rehbinder[7] S. 104/105; Schricker-Loewenheim Rdnr. 10). Während *unperiodische Sammelwerke* zeitlich unregelmäßig oder auch nur ein einziges Mal erscheinen, kommen die *periodischen* in, häufig festliegenden, Abständen. Zu den periodischen Sammelwerken, die in § 38 sowie in § 41 des Verlagsgesetzes ausdrücklich erwähnt werden, gehören insbesondere Zeitungen und Zeitschriften. Mit dem Siegeszug der elektronischen Datenverarbeitung haben **Datenbanken** als Sammelwerke besondere Bedeutung erlangt (Hackemann ZUM 1987, 269; Katzenberger GRUR 1990, 94; Hübenett GRUR 1992, 664). Für den Bereich der EG u. zum Schutz von Datenbanken nach EG-Recht s. Röttinger ZUM 1992, 594ff. Schutzvoraussetzung für Sammelwerke dieser Art ist – wie bei allen anderen Werken nach § 4 auch – das Vorliegen der persönlichen geistigen Schöpfung nach § 2 Abs. 2. Die gespeicherten Daten als solche sind über § 4 jedoch nicht schutzfähig (Katzenberger GRUR 1990, 94, 98). An die Gestaltungshöhe dürfte der BGH zumindest die Maßstäbe anlegen, die der Betriebssystem-Entscheidung (GRUR 1991, 449) zugrundeliegen (wesentlich geringere Anforderungen werden in den USA gestellt: U.S. Supreme Court GRUR Int. 1991, 933, 936). Die Frage, ob angesichts der erleichterten Schutzvoraussetzungen für Computerprogramme (§ 69a) auch diejenigen für Datenbanken herabzusetzen sind, läßt sich gegenwärtig noch nicht abschließend beantworten. Zwingend erscheint uns dies nicht.

Inhaber des Urheberrechts am Sammelwerk ist derjenige, der das Sammelwerk als seine persönliche geistige Schöpfung zusammengestellt hat, also in der Regel der Herausgeber (OLG Frankfurt GRUR 1967, 151 *Archiv* und OLG Frankfurt UFITA 59 [1971], 305 *Taschenbuch für Wehrfragen;* zum mehrdeutigen Begriff des Herausgebers § 38 Bem. 1a). Die Urheberrechte an den einzelnen Werken innerhalb des Sammelwerks bleiben unangetastet (Bem. 4). Zur Rechtslage bei Sammelwerken im Hinblick auf die Beteiligten vgl. Sellier a.a.O.

Hubmann/Rehbinder[7] S. 106/107 befassen sich mit der bedeutsamen Frage der *Fortführung von periodischen Sammelwerken.* Wir gehen mit Hubmann/Rehbinder davon aus, daß das Sammelwerk nach § 4 ein eigenständiges Urheberrecht beinhaltet, so daß Herausgeber und Verleger das Recht zur Fortführung derartiger Werke erwerben müssen. Schricker-Loewenheim Rdnr. 17 unterscheiden zwischen dem Urheberrecht am Sammelwerk und dem Sammelwerk als Unternehmen. Dies ist zutreffend, denn neben dem Sammelwerk als Werk nach § 4 stellt das Sammelwerk im Einzelfall auch eine kaufmännisch-organisatorische Leistung dar, die mit daran etwa bestehenden Urheber- und Verlagsrechten nichts zu tun hat (vgl. BGH GRUR 1968, 329, 331 *Der kleine Tierfreund*).

Im Gegensatz zu Sammelwerken fehlt bei *bloßen Sammlungen* das Merkmal der geistigen Schöpfung in der Zusammenstellung (Bem. 2). Wo keine Werke oder zumindest andere Beiträge, sondern nur Daten zusammengestellt werden, liegt weder ein Sammelwerk noch eine Sammlung, sondern ein **organisiertes Werk** vor (§ 2 Bem. 88). Mit *anderen Beiträgen* im Gesetzestext sind nichtschutzfähige Ergebnisse geistiger Tätigkeit (z. B. Gerichtsentscheidungen, Gesetze usw.) gemeint (Schricker-Loewenheim Rdnr. 9), nicht aber lediglich Daten oder Tatsachen.

Das Vorliegen einer **persönlichen geistigen Schöpfung** (vgl. § 2 Bem. 2
10–13) wird schon bei solchen Sammlungen angenommen, die von einem individuellen Ordnungsprinzip geprägt sind, das sie von anderen Sammelwerken unterscheidet (BGH GRUR 1982, 37, 39 *WK-Dokumentation*); zu Ausstellungen OLG Düsseldorf Schulze OLGZ 246, 4, 5). Individuell ist das gewählte Ordnungsprinzip dann, wenn ausreichender Spielraum für abweichende Gestaltungen bleibt. OLG München Magazin-Dienst 1985, 502, 510 verlangt sogar „mannigfache Spielräume". Den Anforderungen an eine individuelle Prägung genügen Zusammenstellungen, wie sie sich „aus der Natur der Sache" anbieten (z. B. rein zeitliche oder alphabetische Anordnung), nicht (vgl. Öst. OGH UFITA 23 [1957], 357, 361 *Heimatbuch der Steiermark*), allerdings können selbstverständlich andere Merkmale wie die besondere Stoffauswahl und Anordnung dennoch zur Annahme eines urheberrechtlich geschützten Sammelwerkes führen. Beispielsweise gibt die bei einem Konversationslexikon nötige Auswahl der Stichworte, Abbildungen und Tabellen sowie deren Anordnung zueinander dem ganzen Werk in der Regel bereits einen so eigenen Stil, daß es ohne weiteres als schutzfähig anzuerkennen ist; ähnlich verhält es sich mit Kunstbüchern, die zu Lehrzwecken, zur Verdeutlichung eines ohnehin geschützten Textes oder aus welchen Gründen auch immer eine bestimmte, auf diese besonderen

Zwecke abgestimmte Auswahl enthalten. So ist eine Zusammenstellung von Texten aus Opern, Operetten und Liedern ein Sammelwerk, wobei aber auch dann, wenn derartige Werke als Sammlungen von Zitaten oder ähnlich bezeichnet werden, der Abdruck der einzelnen geschützten Texte der Erlaubnis der Berechtigten bedarf, wenn nicht tatsächlich lediglich Zitate (§ 51) vorliegen (BGH GRUR 1975, 323, 325 *Geflügelte Melodien*). Gleiches gilt für eine Fragensammlung, die als Arbeitskontrolle zu einem Fachbuch dienen soll (BGH GRUR 1981, 520, 521 *Fragensammlung*) oder für eine Sammlung des Apotheken- und Arzneimittelrechts (OLG Frankfurt GRUR 1986, 242 *Gesetzessammlung*). Auch Zeitungen und Zeitschriften können Sammelwerke sein (Bem. 1), und zwar jede Nummer für sich, wenn die innere Art der Gestaltung (nicht die äußere Aufmachung) sich aus dem Branchenüblichen so heraushebt, daß von einer individuellen Prägung gesprochen werden kann.

Soweit Schöpfungen mit einer Zusammenstellung selbständiger Werke oder Werkteile darüber hinaus noch einen eigenständigen schöpferischen Gehalt haben, werden diese als selbständige Sprachwerke geschützt. Die Zusammenstellung von Texten von Gerhart Hauptmann nach einem eigenen Ordnungsprinzip wäre ein Sammelwerk. Die Zusammenstellung ist jedoch mehr – nämlich ein selbständiges Werk nach § 2 Abs. 1 Nr. 1 –, wenn über Sichtungs- und Herausgeberleistung hinaus eine Kommentierung und Darstellung von Person und Lebenswerk Hauptmanns gegeben wird (KG GRUR 1973, 602, 603 *Hauptmann-Tagebücher*).

3 Schwierigkeiten bereitet auch hier die sog. **kleine Münze** der Adreßbücher, Fernsprechbücher, Warenkataloge, Branchenverzeichnisse, Kochbücher usw., die ohnehin meist nicht unter § 4 fallen, sondern organisierte Werke sind (§ 2 Bem. 88). Die bisherige Rechtsprechung ist großzügig und hat all das als schutzfähig anerkannt, was nicht den Stempel der Primitivität bereits offen auf der Stirn trägt. Im Zweifel wird in der Tat wie bisher zugunsten eines Urheberrechtsschutzes zu entscheiden sein (§ 1 Bem. 1). Allerdings können Gegenstand eines Sammelwerkes nur Werke oder wenigstens werkähnliche Beiträge sein (Gesetzestext!). Gleichwohl sollte Klarheit darüber bestehen, daß Zusammenstellungen des Alltagslebens nur dann schutzfähig sein können, wenn sie (noch) den Werken der Literatur, Wissenschaft oder Kunst zugerechnet werden können. Dies trifft in der Regel für **Register** zu wissenschaftlichen Werken zu; sie können nach unterschiedlichen Konzeptionen gestaltet werden und lassen daher ausreichenden individuellen Spielraum (BGH GRUR 1980, 227, 231 *Monumenta Germaniae Historica* unter Berufung auf Öst. OGH GRUR Int. 1978, 368, 369 *Stichwörterverzeichnis*); ferner OLG Frankfurt GRUR 1986, 242, 243 *Gesetzessammlung*). Zweifelhaft ist dies aber bei Sammlungen von **Formularen** und **Vertragsvordrucken** (Schutzfähigkeit verneint RGZ 143, 412, 415 *T-System;* bejaht RGSt 46, 159, 160 und 48, 330, 333) und bei den **organisierten Werken** (§ 2 Bem. 88) wie **Adreß- und Fernsprechbüchern** (offengelassen BGH GRUR 1961, 631 *Fernsprechbuch*, dazu Runge GRUR 1962, 504; vgl. auch Öst. OGH UFITA 24 [1957], 147, 149 sowie LG Düsseldorf Schulze LGZ 104 *Buchungsfibel der Bauindustrie* zu einer Buchungsfibel für eine alphabetische Zusammenstellung von Buchungsfällen und LG München I Schulze LGZ 159 *Schäferhunde* zu einem Hundezuchtbuch), **Katalogen, Warenverzeichnissen** und **Preislisten** (bejaht RGSt 39, 100, 103 und RG JW 1911, 865, 866; verneint RG GRUR 1926, 117, 118) und **Programmen**

aller Art (verneint RGZ 66, 227, 230 *Theaterprogramme;* 140, 137, 141; 144, 75 *Renntips;* bejaht OLG Hamburg GRUR 1955, 206; vgl. § 2 Bem. 38). Soweit reine Fakten dabei gesammelt werden, muß die Schutzfähigkeit der Zusammenstellung als Sammelwerk am Wortlaut des § 4 scheitern.
Bei **Kochbüchern, Fremdenführern** und dergleichen liegt dagegen das erforderliche Mindestmaß an persönlicher geistiger Schöpfung häufig schon in der Art der Textdarstellung, so daß es auf die etwa in der Zusammenstellung liegende besondere Leistung nur noch ergänzend ankommt (Beispiel für schutzfähiges Werk: Aureden, *Was Männern so gut schmeckt,* List-Bücherei 23; in der Rspr. vgl. OLG Hamburg UFITA 23 [1957], 225f. *Waerland-Rezepte* und Schulze OLGZ 229 *Brigitte-Rezepte*).

Eine Beeinträchtigung der Rechte der Urheber der einzelnen Werke, die in 4
dem Sammelwerk zusammengefaßt sind, wird durch die Klausel **„unbeschadet des Urheberrechts an den aufgenommenen Werken"** ausgeschlossen. Die einzelnen Werke sind also grundsätzlich ohne Rücksicht auf das Sammelwerk auszuwerten. Dabei ist allerdings insbesondere für periodisch erscheinende Sammelwerke – vor allem Zeitungen und Zeitschriften – die spezielle Regelung des § 38 zu berücksichtigen. Das Rechtsverhältnis zwischen den Urhebern der aufgenommenen Werke einerseits und dem Urheber des Sammelwerkes andererseits entspricht nahezu demjenigen bei der Bearbeitung; vgl. dazu BGH GRUR 1973, 216, 217 *Handbuch moderner Zitate I* sowie § 3 Bem. 19. Lediglich bei der Weiterübertragung von Nutzungsrechten durch den Erwerber wird die erforderliche Zustimmung des Urhebers allein vom Urheber des Sammelwerkes erteilt (§ 34 Abs 2; dort Bem. 2). Zur Abgrenzung der Rechte des Herausgebers als Urheber des Sammelwerks einerseits von denen des die Herausgabe wirtschaftlich ermöglichenden Unternehmens (Verlag) andererseits s. § 38 Bem. 3.
Im Verhältnis der Urheber der aufgenommenen Werke untereinander besteht **Werkverbindung** (§ 9), jedoch niemals Miturheberschaft (§ 8), die ein einheitliches Werk voraussetzt (vgl. Bem. 1 und § 8 Bem. 1), während das Sammelwerk in der Zusammenfassung mehrerer selbständiger Werke besteht. – Der Schutz des Sammelwerks gegenüber Außenstehenden entspricht dem der Bearbeitung; es wird **wie ein selbständiges Werk geschützt** (vgl. § 3 Bem. 20–24). Lediglich für Sammelwerke, die dem Kirchen-, Schul- und Unterrichtsgebrauch zu dienen bestimmt sind, gilt die Sonderregelung des § 46 (s. dort).
Sofern der Titel eines Sammelwerks Urheberschutz genießt, was allerdings selten der Fall sein wird, ist er unmittelbar nach § 2 Abs. 1 Nr. geschützt. Bei Werken, in denen die Hauptleistung nicht die Auswahl und Darstellung der einzelnen Beiträge ist, sondern eigenes Schaffen (z. B. eigene Ausführungen mit Werkcharakter), liegt ebenfalls ein nach § 2 Abs. 1 geschütztes Werk vor (vgl. Bem. 2).

§ 5 Amtliche Werke

(1) Gesetze, Verordnungen, amtliche Erlasse und Bekanntmachungen sowie Entscheidungen und amtlich verfaßte Leitsätze zu Entscheidungen genießen keinen urheberrechtlichen Schutz.

(2) Das gleiche gilt für andere amtliche Werke, die im amtlichen Interesse zur allgemeinen Kenntnisnahme veröffentlicht worden sind, mit der Einschränkung, daß die Bestimmungen über Änderungsverbot und Quellenangabe in § 62 Abs. 1 bis 3 und § 63 Abs. 1 und 2 entsprechend anzuwenden sind.

1 **Amtlich** ist ein Werk, wenn es von einer mit der Erfüllung öffentlicher, hoheitlicher Aufgaben betrauten Stelle stammt (BGH GRUR 1982, 37, 40 *WK-Dokumentation*). Das können neben staatlichen Ämtern und Behörden auch die sonstigen Körperschaften, Anstalten oder Stiftungen des öffentlichen Rechts (z. B. Gemeinden, Kirchen) sowie beliehene Personen des Privatrechts sein (Katzenberger GRUR 1972, 686, 687; v. Ungern-Sternberg GRUR 1977, 766, 767 Fußn. 7), also etwa die Technischen Überwachungsvereine (TÜV), nicht jedoch die Parteien (vgl. Schricker-Melichar § 48 Rdnr. 11). Ob auch das Deutsche Institut für Normung e.V. (DIN) beliehene Person des Privatrechts ist, soweit es öffentliche Aufgaben erfüllt, ist streitig. Sicher ist, daß die Erarbeitung von Normverträgen, allgemeinen technischen Vorschriften und genormten Begriffen, die den Verträgen zwischen öffentlichen Auftraggebern und privaten Anbietern stets zugrunde zu legen sind, einem staatlichen Bedürfnis entspricht und deshalb zu den naturgegebenen Verwaltungsaufgaben des Staates gehört; sie ist also öffentliche, hoheitliche Aufgabe. Läßt der Staat sie nicht durch die juristischen und/oder technischen Abteilungen der zuständigen Behörden erfüllen, sondern bedient er sich des DIN und seiner Unterorganisationen zu ihrer Erledigung, so ändert sich an ihrem hoheitlichen Charakter nichts, auch wenn im Vertrage zwischen der Bundesrepublik und dem DIN vom 5. 6. 1975 (BAnz Nr. 144 vom 27. 6. 1975 Beilage) das Gegenteil behauptet wird. Darauf hätte BGH GRUR 1984, 117, 118 *VOB/C,* wo der amtliche Charakter der DIN-Normen (dort: VOB Teil C) verneint wird, nicht abstellen dürfen; *iura novit curia.* Wie hier v. Ungern-Sternberg GRUR 1977, 766, 767 Fußn. 7; Reichel GRUR 1977, 774, 776; Stephan Schmidt FuR 1984, 245; Kirchner GRUR 1985, 676, 678; wohl auch Katzenberger GRUR 1972, 686, 695; a. M. Lukes S. 24ff.; Debelius FS Hubmann S. 41, 46.

2 An sich wären auch die in Abs. 1 genannten Werke als Sprachwerke im Sinne des § 2 Abs. 1 Nr. 1 anzusehen, da sich regelmäßig in ihnen eine persönliche geistige Leistung niederschlägt. Während das früher geltende Recht demgemäß auch den amtlichen Werken einen Urheberrechtsschutz nicht grundsätzlich absprach, sondern lediglich den Abdruck, die Verbreitung und den öffentlichen Vortrag für zulässig erklärte (§§ 16, 26 LUG), schließt die Neuregelung sie von jedem Rechtsschutz schlechthin aus. Jedermann kann diese Werke, zu denen entgegen den sachlich engeren §§ 16, 26 LUG auch **amtlich verfaßte Leitsätze** gehören, beliebig verwerten, bearbeiten oder sonst umgestalten, ja sie sogar als eigene Werke ausgeben, wenn er damit nicht ausnahmsweise gegen Normen des Wettbewerbsrechts oder gegen sonstige allgemeine Bestimmungen verstößt (Anhang § 24 Bem. 6). **Gesetze** und **Verordnungen** werden jedoch erst dann frei, wenn sie verkündet sind; **Entscheidungen** werden frei, wenn sie

(durch Verkündung oder Zustellung) wirksam geworden sind. **Amtliche Erlasse, Bekanntmachungen und Leitsätze** werden mit ihrem Wirksamwerden – d. h. meist ihrer Veröffentlichung – frei. Für allgemeinverbindlich erklärte **Tarifverträge** rechnen unter Abs. 1, da sie Gesetze im materiellen Sinne sind. Das BAG (NJW 1969, 861) und die Literatur (v. Gamm GRUR 1969, 593, 595; Rehbinder UFITA 80 [1977], 73, 79; Samson DVR 1977, 201, 204) rechnen auch einfache Tarifverträge dazu, da sie jedenfalls für allgemeinverbindlich erklärt werden *könnten* und potentiell von allgemeiner Bedeutung seien. Das ist mit dem klaren Text der Bestimmung unvereinbar; ein Vertrag zwischen juristischen Personen des Privatrechts ist kein amtliches Werk. § 5 läßt als Ausnahmebestimmung auch keine Analogien zu (vgl. Bem. 4). In der Veröffentlichung von Tarifverträgen und ähnlich fertig bereitliegenden Vertragsordnungen, also vor allem den Allgemeinen Geschäftsbedingungen, kann aber die konkludente Einräumung (einfacher) Nutzungsrechte aus den §§ 16, 17 an jedermann liegen (vor § 28 Bem. 2). – Durch die bloße Verweisung auf private Werke in Erlassen usw. ohne Wiederholung ihres Textes werden diese noch nicht zu amtlichen Werken (BGH GRUR 1984, 117, 118f. *VOB/C*); etwas anderes gilt nur dann, wenn die Bezugnahme normergänzenden Charakter hat, der Text also im Regelfall wörtlich übernommen wird (BGH GRUR 1990, 1003, 1004 *DIN-Normen;* KG GRUR 1988, 450; Schricker-Katzenberger Rdnr. 25; Budde DIN-Mitteilungen 1984, 114, 115; Debelius FS Hubmann S. 41, 52f.).
Hirtenbriefe von Kirchen sind Erlasse, da die Kirchen Körperschaften des öffentlichen Rechts sind (Art. 140ff. mit Art. 137 Abs. 5 Weimarer Reichsverfassung, Ulmer[3] S. 169, Schricker-Katzenberger Rdnr. 30).

Abs. 2 erklärt auch alle anderen amtlichen Werke für frei, sofern sie im amtlichen Interesse **zur allgemeinen Kenntnisnahme veröffentlicht** sind. Neben geheimen Unterlagen und internen Dienstanweisungen bleiben also auch sonstige für den Behördengebrauch oder für den behördlichen Umgang mit Dritten bestimmte Werke geschützt, z. B. Informationsrundschreiben an nachgeordnete Dienststellen, Materialien für Abgeordnete, Verträge mit Dritten, Bauvorlagen, Informationsmaterial aller Art. Wer sie geschaffen hat, ist unerheblich (Katzenberger GRUR 1972, 686, 692; v. Ungern-Sternberg GRUR 1977, 766, 768). 3

Das **amtliche Interesse** muß sich gerade auf die Veröffentlichung selbst beziehen. Es reicht nicht aus, wenn erst eine erhoffte weitere oder mittelbare Wirkung der Veröffentlichung im amtlichen Interesse liegen würde (BGH GRUR 1972, 713, 714 *Im Rhythmus der Jahrhunderte:* Film über die Geschichte der Militärmusik mit erhoffter Werbewirkung für die Musikkorps der Bundeswehr). Dazu ist entgegen Katzenberger GRUR 1972, 686, 691 das Vorliegen eines dringlichen, unabweisbaren amtlichen Interesses an der Kenntnisgabe des Werkes gegenüber der Allgemeinheit nicht Voraussetzung; der Zivilrichter könnte ohnehin nicht nachprüfen, ob ein gegebenes amtliches Interesse „dringend" oder gar „unabweisbar" ist. Vielmehr wird man unter diesem Begriff auch das Interesse verstehen müssen, welches der Staat an der Erfüllung seiner sozialstaatlichen Verpflichtung zur Daseinsvorsorge hat (vgl. Art. 20 Abs. 1 GG). Demnach fallen nicht nur offizielle Reden von Amtsträgern, sondern auch Veröffentlichungen informativer Art unter Abs. 2: **Merkblätter** staatlicher Dienststellen, die die wichtigsten Regelungen für den Umgang mit ihnen enthalten (a. M. BGH GRUR 1987, 166, 167 4

AOK-Merkblatt), **Filmwerke** (z. B. ein amtlich hergestellter Film über die Gesetzgebungsarbeit des Bundestages oder über die Gefahren des Rauchens, a. M. v. Ungern-Sternberg GRUR 1977, 766, 769), **Informationsschriften** (z. B. der *Sexualkundeatlas* des Bundesgesundheitsministeriums), **Offenlegungs- und Patentschriften** (v. Ungern-Sternberg GRUR 1977, 766, 768 Fußn. 20 mit Nachweisen), **Statistiken** (a. M. Katzenberger a.a.O.; Möhring/Nicolini Bem. 6b, bb), **Fahrpläne** und **Fernsprechbücher** (ebenso v. Gamm Bem. 8; Möhring/Nicolini Bem. 6b, aa; Hubmann/Rehbinder[7] S. 176; a. M. Katzenberger a.a.O. S. 694; Ulmer[3] S. 171), **Modelle** (z. B. in den Schaukästen ausgestellten Modelle der Stadtplanungsbehörden). Bei **Briefmarken** fehlt entgegen LG München I GRUR 1987, 436 *Briefmarke* das von Abs. 2 vorangesetzte allgemeine Informationsinteresse. Sie fallen deshalb nicht unter die Freigabe (so mit Recht Schricker GRUR 1991, 645, 652f.). Gleiches gilt für **Banknoten.** Sie werden nicht zur allgemeinen Kenntnisnahme, sondern zum allgemeinen Gebrauch im Geldverkehr herausgegeben (Häde ZUM 1991, 536, 539). Bei amtlichen **Plänen und Karten** ist dagegen zu differenzieren: Veröffentlicht eine Stadtverwaltung eine Karte zur Kennzeichnung gefährlicher Badestellen in den städtischen Gewässern oder einen Plan der Marathonstrecke, die von den Autofahrern möglichst gemieden werden soll, dann liegt das im besonderen Informationsinteresse der Allgemeinheit; solche amtlichen Werke fallen unter Abs. 2 (ebenso schon Begr. S. 39f.). Für Generalkarten und Meßtischblätter besteht ein derart besonderes Allgemeininteresse nicht (BGH GRUR 1988, 33, 35 *Topographische Landeskarten* im Anschluß an Begr. S. 39; Ulmer[3] S. 171; Katzenberger GRUR 1972, 686, 693; Stephan Schmidt FuR 1984, 245, 249; Riedel Bem. B2). Die gegenteilige Ansicht der Vorauflagen geben wir im Hinblick darauf auf, daß auch § 5 eine Ausnahmevorschrift gegenüber dem Prinzip des universalen Urheberrechts ist, die eng ausgelegt werden muß. – Die amtliche Veröffentlichung allein reicht für die Anwendung des § 5 nicht aus, wenn es sich nicht auch um **amtliche Werke** (Bem. 1) handelt; deshalb fallen die Allgemeinen Deutschen Spediteurbedingungen (ADSp) und andere **Allgemeine Geschäftsbedingungen** auch dann nicht unter § 5, wenn sie etwa im Bundesanzeiger veröffentlicht wurden (a. M. Samson DVR 1977, 201, 207). Vgl. Bem. 2.

5 Abweichende **landesrechtliche** Bestimmungen (z. B. § 10 Abs. 2 hessisches KatasterG; dazu BVerwG NJW 1962, 2267) sind mit dem 1. 1. 1966 außer Kraft getreten (Art. 31 GG).

6 **Art. 2 Abs. 4 RBÜ** erlaubt nationale Beschränkungen nur für *amtliche Texte.* Bei anderen als Sprachwerken können sich deren verbandsangehörige (ausländische) Urheber also gegenüber § 5 auf das ihnen günstige Konventionsrecht berufen (so schon v. Ungern-Sternberg GRUR 1977, 766, 767f.).

7 **Bearbeitungen** oder **Sammlungen** amtlicher Werke, die von nichtamtlicher Seite veranlaßt werden, fallen nicht unter § 5 (z. B. Übersetzungen fremdsprachlicher Gesetzestexte, Entscheidungssammlungen, nicht vom Gericht selbst stammende Leitsätze zu Entscheidungen BGHZ 116, 136, 145 *Leitsätze,* und dazu Fischer NJW 1993, 1228; vgl. schon Nordemann/Hertin NJW 1971, 688, 689; Ulmer[3] S. 172; Schricker-Katzenberger Rdnr. 63).

§ 6 Veröffentlichte und erschienene Werke

(1) Ein Werk ist veröffentlicht, wenn es mit Zustimmung des Berechtigten der Öffentlichkeit zugänglich gemacht worden ist.

(2) Ein Werk ist erschienen, wenn mit Zustimmung des Berechtigten Vervielfältigungsstücke des Werkes nach ihrer Herstellung in genügender Anzahl der Öffentlichkeit angeboten oder in Verkehr gebracht worden sind. Ein Werk der bildenden Künste gilt auch dann als erschienen, wenn das Original oder ein Vervielfältigungsstück des Werkes mit Zustimmung des Berechtigten bleibend der Öffentlichkeit zugänglich ist.

Die **Veröffentlichung** eines Werkes kann entweder durch öffentliche 1 Wiedergabe (§ 15 Abs. 3) oder dadurch erfolgen, daß es der *Öffentlichkeit* sonst zugänglich, d. h. für Auge oder Ohr wahrnehmbar (Begr. S. 40) gemacht wird (z. B. durch Aufnahme in eine öffentliche Bibliothek oder in eine Ausstellung, durch Aufstellung an einem der Öffentlichkeit zugänglichen Ort, durch Veröffentlichung eines Angebotes von Vervielfältigungsstücken, Bem. 2c). Unter Öffentlichkeit versteht der Gesetzgeber dabei im Anschluß an die Rechtsprechung des Bundesgerichtshofes (BGHZ 17, 376, 378 *Betriebsfest* und BGH GRUR 1956, 515, 517 *Tanzkurse*) im Zweifel jede Mehrheit von Personen; Öffentlichkeit ist nur dann nicht gegeben, wenn der Kreis dieser Personen bestimmt abgegrenzt ist und sie durch gegenseitige Beziehungen oder durch Beziehung zum Veranstalter persönlich untereinander verbunden sind (Definition in § 15 Abs. 3). Schiefler (UFITA 48 [1966], 81, 85f.) will demgegenüber für § 6 einen ausgedehnteren Veröffentlichungsbegriff einführen; im Interesse der Gesetzesklarheit ist jedoch an einer einheitlichen Begriffsbestimmung festzuhalten, zumal für einen etwa abweichenden Willen des Gesetzgebers jeder Anhaltspunkt fehlt. Wie hier v. Gamm Bem. 7; Gerstenberg Bem. 2; Riedel Bem. B1; Hubmann[6] S. 95; Schulze NJW 1967, 1012; Möhring/Nicolini Bem. 2b aa. Auf das Maß der freien Zugänglichkeit für jedermann kommt es nicht an. Deshalb ist auch eine Diplomarbeit veröffentlicht, die in einer Bibliothek der früheren DDR eingestellt und dort registriert war (BPatG GRUR 1989, 189). In den internationalen Abkommen wird der Veröffentlichungsbegriff anders verstanden; er entspricht dort eher Abs. 2 (Art. VI WUA; Art. 3 Ziff. 3 RBÜ; vgl. BGH GRUR Int. 1973, 49, 51 *Goldrausch II*). – Eine vorherige oder gleichzeitige Festlegung des Werkes ist wiederum nicht erforderlich (§ 2 Bem. 28); ein Stegreifgedicht oder eine Improvisation am Klavier, die erst durch ihre Mitteilung an die Außenwelt Werkcharakter erhalten, können daher schon mit ihrer Entstehung veröffentlicht sein. Zum **Verbrauch** des Veröffentlichungsrechts durch eine konkrete Art oder Form der Veröffentlichung s. § 12 Bem. 10.

Erst der Begriff des **Erscheinens** setzt – im Anschluß an BGHZ 38, 356 2 *Fernsehwiedergabe von Sprachwerken* – eine Festlegung des Werkes voraus; Vervielfältigungsstücke sind ohne Festlegung nicht denkbar. Das Gesetz kennt zwei Arten des Erscheinens, von denen das **Inverkehrbringen** die Hauptform darstellt; aber auch seine Vorstufe, das **Angebot an die Öffentlichkeit,** genügt. Beide setzen allerdings voraus, daß Vervielfältigungsstücke *in genügender Anzahl* bereits **hergestellt** worden sind; eine öffentliche Einladung zu Bestellungen, die dann erst Anlaß zur Produktion sein sollen, würde das Erscheinen noch nicht bewirken (Begr. S. 40). Der

Begriff des Erscheinens entspricht dem des Verbreitens aus § 17: Ein Werk, das erschienen ist, ist damit verbreitet und umgekehrt (Ausnahme für die Erschöpfung des Verbreitungsrechts: § 17 Bem. 8b).

a) **Welche Anzahl** von Vervielfältigungsstücken „genügt", sagt das Gesetz nicht. Die Begr. (S. 40) versteht darunter „eine zur Deckung des normalen Bedarfs genügende Anzahl". Da der normale Bedarf je nach dem Charakter des Werkes und der Absatzlage stark schwankt, dürfte dies kein brauchbarer Anhaltspunkt sein. Sonst wäre ein gängiger Kriminalroman erst bei einer Auflage von 10000 Stück und ein Schulbuch erst bei einer solchen Auflage als erschienen anzusehen, die es ermöglicht, alle in Betracht kommenden Schulklassen zu beliefern. Eine genügende Anzahl von Vervielfältigungsstücken ist vielmehr bei Büchern schon dann vorhanden, wenn sie ausreichen, um sie im Leihverkehr der öffentlichen Bibliotheken verfügbar zu machen. Untere Grenze ist daher die in Promotionsordnungen bestimmte Anzahl der Pflichtexemplare, die von Dissertationen abgeliefert werden müssen (manche Autoren verlangen für den Regelfall 50 Exemplare, so Hubmann GRUR 1980, 537, 540 mit weiteren Nachweisen). Bei Ton- und Bildträgern wird man von einer entsprechenden Zahl auszugehen haben (BGH GRUR Int. 1973, 49, 51 *Goldrausch II* ließ 8 Filmkopien genügen). Bei Aufführungsmaterial, Lichtbildern in Bildarchiven usw. kann eine möglicherweise noch geringere Anzahl ausreichend sein, um die zu erwartende Nachfrage zu befriedigen (BGH GRUR 1981, 360, 362 *Erscheinen von Tonträgern*).

b) Die Art des **Inverkehrbringens** ist gleichgültig; Vermieten und Verleihen genügt (Begr. S. 40; BGHZ 64, 164, 168 *Te Deum*). Es ist nicht einmal nötig, daß die Vervielfältigungsexemplare der Öffentlichkeit unmittelbar zur Verfügung gestellt werden; es reicht aus, daß sie der *Verwertung in der Öffentlichkeit zugeführt* werden, z. B. durch Sendung der Ton- oder Bildträger (BGH GRUR 1981, 360, 362 *Erscheinen von Tonträgern*). Jedenfalls muß sich das Inverkehrbringen aber an die *Öffentlichkeit* richten. Verleihen an einen Freund genügt nicht, auch nicht die rein konzerninterne Warenverschiebung (BGH GRUR 1986, 668, 669 *Gebührendifferenz IV*).

c) Da ein **Angebot** der Öffentlichkeit gegenüber genügt, ist das Erscheinen bereits vollendet, wenn eine ausreichende Anzahl von Exemplaren zur Vermietung oder zum Verleihen bereitgestellt wird. Das ist von Bedeutung bei den sog. Leihromanen, die nur an Leihbüchereien verkauft werden, bei Notenmaterialien, die nur vermietet werden, und bei Filmkopien, die den Filmtheatern zur öffentlichen Vorführung angeboten werden. Auch eine Zeitungsanzeige reicht aus, selbst wenn noch kein einziges Exemplar verkauft ist (Schiefler UFITA 48 [1966], 81, 93f.; Riedel Bem. B 1; BGHZ 64, 164, 168 *Te Deum*).

d) Zum Erscheinen von Serien, Fortsetzungswerken usw. s. § 38 Bem. 6; zum Erscheinen beim elektronischen Publizieren Goebel/Hackemann/Scheller GRUR 1986, 362; zum Erscheinen im Inland s. unten Bem. 5.

3 Ein **Werk der bildenden Künste** gilt stets schon mit der (Dauer-) Veröffentlichung als erschienen (Abs. 2 Satz 2). Der Bundestag hat die Fassung, die diese Bestimmung im RegE erhalten hatte, geringfügig

geändert und an die Stelle der Worte „bleibend öffentlich ausgestellt ist" die Worte **„bleibend der Öffentlichkeit zugänglich ist"** gesetzt. Damit sollte klargestellt werden, daß Gemälde und Plastiken nicht nur dann als erschienen anzusehen sind, wenn sie in den Ausstellungsräumen der Museen zur Schau gestellt werden, sondern auch dann, wenn sie in anderer Form für die Dauer der Öffentlichkeit zugänglich sind, z. B. durch Aufnahme in das Magazin eines Museums (Schriftlicher Bericht zu BT-Drucks. IV/3401 S. 2). Eine vorübergehende Ausstellung durch eine Galerie oder als Leihgabe im Museum reicht nicht aus. Deshalb ist auch das Bühnenbild zu einer bestimmten Inszenierung nicht als erschienen anzusehen, weil es nur so lange der Öffentlichkeit zugänglich ist, als diese im Spielplan steht. Vgl. § 59 Bem. 2 am Ende zum Stichwort „bleibend". Zum Begriff des „Originals" s. § 26 Bem. 2.

Ist ein **Teil eines Werkes** veröffentlicht oder erschienen, so treten die Wirkungen des § 6 nur für diesen Teil ein (vgl. OLG München UFITA 41 [1964], 211). Das gleiche gilt für die Bearbeitung mit der Maßgabe, daß hier die in der Bearbeitung enthaltenen Elemente des Originalwerkes mit als veröffentlicht bzw. erschienen anzusehen sind. In der Veröffentlichung eines nach einem Roman gedrehten Films liegt also noch keine Veröffentlichung des Romans als Sprachwerk. Da eine Übersetzung stets alle wesentlichen Elemente des Originals enthält, stellt § 121 Abs. 1 Satz 2 für seinen Wirkungsbereich ihr Erscheinen ausdrücklich dem Erscheinen des Originals gleich (§ 121 Bem. 6b). Näheres Hirsch in Ulmer-Ehrengabe S. 169ff. Eine Ausnahme macht § 67 für die Fälle der Schutzfristberechnung nach dem Zeitpunkt der Veröffentlichung (anonyme und nachgelassene Werke). Hier ist bei Lieferungswerken die Veröffentlichung der letzten Lieferung maßgebend. 4

Ohne die **Zustimmung des Berechtigten** kann ein Werk rechtlich weder veröffentlicht werden noch erscheinen. Liegt die Zustimmung nur für einen Teil des Werkes vor, so gilt sie nur für diesen (Schiefler UFITA 48 [1966], 81, 98 f.). Das ist beispielsweise für das Zitatrecht (§ 51) von erheblicher Bedeutung. Im Streitfalle trifft denjenigen, der die Veröffentlichung bzw. das Erscheinen behauptet, die Beweislast, wie aus der Verwendung eines Konditionalsatzes im Gesetzestext („wenn ...") hervorgeht. Eine Beschränkung der Veröffentlichung (Abs. 1) auf bestimmte Wiedergabearten ist begrifflich ebenso ausgeschlossen wie eine örtliche Beschränkung (ebenso Schiefler UFITA 48 [1966], 81, 90, 98; a. M. Hoffmann UFITA 14 [1941], 352, 354). Die Rechtswirkungen des Abs. 1 treten also auch dann auf der ganzen Welt ein, wenn ein Kunstwerk nur einmal für wenige Stunden auf einer entlegenen Insel im Pazifik gezeigt wurde. Nur das Veröffentlichungsrecht kann beschränkt ausgeübt werden (§ 12 Bem. 3, 10). Dagegen bewirkt ein Erscheinen (Abs. 2) irgendwo im Ausland noch kein Erscheinen im Inland; dazu ist vielmehr nötig, daß Vervielfältigungsexemplare der *inländischen* Öffentlichkeit im Sinne des Abs. 2 angeboten werden. Entgegen RGZ 130, 11 verlangt BGH GRUR 1980, 227, 229 f. *Monumenta Germaniae Historica* dazu nicht das Vorhandensein eines inländischen Vertriebsmittelpunktes; es genügt, daß vom Ausland aus ins Inland hinein angeboten und/oder geliefert wird. Die Frage ist wegen § 121 Abs. 1 bedeutsam (dort Bem. 6b). 5

Dritter Abschnitt · **Der Urheber**

§ 7 Urheber

Urheber ist der Schöpfer des Werkes.

1 Die Schöpfung eines Kunstwerkes gehört zu den geheimnisvollsten Vorgängen im Kulturleben der Menschheit. Während eine handwerkliche Arbeit noch als Ergebnis errungener Erfahrungen und Kenntnisse analysiert werden kann, beruht das Entstehen von Kunstwerken auf unberechenbaren Eingebungen in Hirn und Seele ihres Schöpfers. Diese Eingebungen sind so wenig erklärbar wie das Leben selbst. Für sie gibt es keine stets gleichbleibenden Naturgesetze, die ihre Nachahmung durch seelenlose Maschinen erlauben würden. Deshalb kann nur der natürliche Mensch **Schöpfer** eines Werkes sein. Der Roboter ist kein Urheber; seine Produkte sind keine Werke (§ 2 Bem. 12, § 3 Bem. 3). Ebenso wenig kann eine juristische Person Werkschöpfer sein; sie ist eine gedankliche Fiktion, der vom Gesetzgeber bestimmte Rechtsbefugnisse zugewiesen wurden, die am materiellen Güterrecht teilnimmt, die Immaterialgüterrechte wie Patent-, Gebrauchsmuster-, Warenzeichenrechte und Nutzungsrechte an urheberrechtlich geschützten Werken erwerben, die aber, wie die Begr. (S. 41) mit Recht hervorhebt, keine das Urheberrecht begründende geistige Tätigkeit entfalten kann. Die §§ 3, 4, 32 LUG, §§ 5, 6, 25 Abs. 2 KUG, die der juristischen Person ein Urheberrecht an den von ihr herausgegebenen Werken zuerkannten, sind deshalb in das UrhG nicht mehr übernommen worden. S. aber die Übergangsvorschrift des § 134.

2 Die Bestimmung stellt klar, daß das Urheberrecht am Werk grundsätzlich **in der Person des Schöpfers** entsteht. Der Auftraggeber, Dienstherr, Besteller kann zwar nach Maßgabe des jeweiligen Vertrages einige Nutzungsrechte am Werk erwerben (daß er alle Nutzungsrechte erwirbt, dürfte selten sein, vgl. § 31 Bem. 19–51 und § 43 Bem. 3b zur Zweckübertragungstheorie); das Urheberrecht als solches steht jedoch dem Schöpfer zu (so schon BGH GRUR 1952, 257 *Krankenhauskartei* im Anschluß an RGZ 82, 333, 336 *Fassade* und RGZ 108, 62, 67 *Wanderkarte*) und kann von ihm nicht übertragen werden (§ 29). Näheres § 43 Bem. 2 sowie § 8 Bem. 6–9.

3 Der **Schöpfungsakt** ist ein **Realakt** und kein Rechtsgeschäft, da er keinen rechtsgeschäftlichen Willen, sondern eine Eingebung voraussetzt (Bem. 1). Ein Kind, gleichgültig ob es geschäftsunfähig oder beschränkt geschäftsfähig ist, ein Geisteskranker oder Geistesschwacher, ein unter Pflegschaft oder Vormundschaft stehender Gebrechlicher, ein durch Rauschgift oder Alkohol seiner freien Willensentschließung Beraubter, ein Unzurechnungsfähiger oder vermindert Zurechnungsfähiger kann daher Schöpfer eines urheberrechtlich geschützten Werkes sein. Mozart komponierte bereits mit fünf Jahren, also als geschäftsunfähiges Kind. Hugo Wolf, Hölderlin, Nietzsche, Schumann komponierten und dichteten noch in geistiger Umnachtung. Beschränkt geschäftsfähig waren Mozart bei der Komposition von *Bastien und Bastienne* (11 Jahre), Weber bei der Komposition von *Peter Schmoll* (15 Jahre), Mendelssohn bei der Schaffung der Musik zum *Sommernachtstraum* (17 Jahre), Hofmannsthal bei der Dichtung von *Tor und Tod* (ebenfalls 17 Jahre). Auch

ein durch Hypnose zutage gefördertes Werk, das ins Unterbewußtsein verdrängt war und erst durch die hypnotische Behandlung eines Psychiaters ans Licht gehoben wird, ist als alleiniges Werk des hypnotisierten Schöpfers anzusehen. Der Psychiater versieht hierbei keine bedeutsamere Rolle, als sie der geburtshelfende Arzt oder die Hebamme bei der leiblichen Geburt des Menschen spielt. Ihm steht nicht einmal ein Miturheberrecht im Sinne von § 8 zur Seite, da er nur ein durch Verdrängung, Vergessen oder Überdekkung mit anderen Erlebnisschichten verschüttetes Geistesgut zutage fördern hilft, dagegen einen eigenen geistig-schöpferischen Beitrag nicht erbringt. Umgekehrt ist ein in Trance geschaffenes Werk demjenigen zuzuordnen, der dies getan hat, nicht etwa dem, der es aus dem Jenseits inspiriert haben könnte (Schweiz. BG ZUM 1991, 236f.). – Zur Rechtsstellung des Sachwalters nach österreichischem Recht, der dem deutschen Vormund ähnlich ist, gegenüber dem nicht voll geschäftsfähigen Urheber s. Edlbacher FS Öst. UrhG S. 95.

Die Grundsatzentscheidung der Cour de Cassation Paris vom 28. Mai 1991 **4**
(GRUR Int. 1992, 304 *John Huston II* m. Anm. Etelman) hat auch für Deutschland die Frage wieder aktuell werden lassen, ob **§ 7 zwingendes Recht** ist, vor den deutschen Gerichten also nur der als Urheber anzuerkennen ist, der das Werk tatsächlich geschaffen hat, oder etwa ein Dritter, der nach dem Recht des Ursprungslandes des fraglichen Werkes als Urheber angesehen wird. Dergleichen kommt vor allem für US-amerikanische Filmwerke in Betracht, deren Urheber kraft Gesetzes im Regelfall (d. h. wenn keine abweichenden Vereinbarungen getroffen werden) der Filmproduzent ist (§ 201 Abs. b des US-Copyright Law 1976, deutsche Übersetzung bei Nordemann/Roeber S. 317ff.). § 121 Abs. 6 hilft insoweit nicht weiter; entscheidet das Recht des Ursprungslandes darüber, wer als Urheber anzusehen ist, so stehen diesem auch die Rechte aus jener Bestimmung zu. Die Frage beantwortet sich für Deutschland ebenso wie für Frankreich nach dem Territorialitätsprinzip (vgl. vor § 120 Bem. 1): Im Geltungsbereich des UrhG ist als Urheber nur die Person anzuerkennen, die das Werk geschaffen hat. Die Vorstellung des US-amerikanischen Rechts, daß der Urheber nichts weiter als der bezahlte Gehilfe dessen sei, der das Geld gibt, ist von György Boytha schon auf dem Berliner USA-Seminar 1990 mit dem berühmt gewordenen Satz gegeißelt worden: „That is, as if the zoo director declared himself the lion“ (das ist, als ob der Direktor des Zoos sich selbst zum Löwen erklären würde; vgl. den Bericht von Axel Nordemann/Andreas Scheuermann GRUR Int. 1990, 945, 949). Das geistige Eigentum am Werk, das dem Urheber mit der Schaffung des Werkes zuwächst (§ 1 Bem. 4), hat im übrigen in Deutschland Verfassungsrang und gehört schon deshalb zum *ordre public* unserer Rechtsordnung. S. auch vor § 120 Bem. 8.

§ 8 Miturheber

(1) Haben mehrere ein Werk gemeinsam geschaffen, ohne daß sich ihre Anteile gesondert verwerten lassen, so sind sie Miturheber des Werkes.

(2) Das Recht zur Veröffentlichung und zur Verwertung des Werkes steht den Miturhebern zur gesamten Hand zu; Änderungen des Werkes sind nur mit Einwilligung der Miturheber zulässig. Ein Miturheber darf jedoch seine Einwilligung zur Veröffentlichung, Verwertung oder Änderung nicht wider

Treu und Glauben verweigern. Jeder Miturheber ist berechtigt, Ansprüche aus Verletzungen des gemeinsamen Urheberrechts geltend zu machen; er kann jedoch nur Leistung an alle Miturheber verlangen.

(3) Die Erträgnisse aus der Nutzung des Werkes gebühren den Miturhebern nach dem Umfang ihrer Mitwirkung an der Schöpfung des Werkes, wenn nichts anderes zwischen den Miturhebern vereinbart ist.

(4) Ein Miturheber kann auf seinen Anteil an den Verwertungsrechten (§ 15) verzichten. Der Verzicht ist den anderen Miturhebern gegenüber zu erklären. Mit der Erklärung wächst der Anteil den anderen Miturhebern zu.

Übersicht

1 **Allgemeines.** Die Kulturgeschichte kennt zahllose Beispiele der Miturheberschaft: die *Ruhende Venus,* deren Gestalt von Giorgione, deren Landschaft von Tizian stammt, den *Flügelaltar* der Brüder Hubert und Jan van Eyck in St. Bavo zu Gent, die Bildhauerwerke von Donatello und Michelozzo, die *Wiener Staatsoper* von v. d. Nüll und Sickartsburg, die 1797 in gemeinsamer Arbeit entstandenen *Xenien* von Goethe und Schiller, die *Kinder- und Hausmärchen* der Brüder Jacob und Wilhelm Grimm, die *Shakespeare-Übersetzungen* von Tieck und Schlegel, die gemeinsamen Arbeiten des naturalistischen Autorenpaares Arno Holz und Johannes Schlaf *(Papa Hamlet).* In neuerer Zeit haben sich solche Autorengemeinschaften namentlich bei der Schaffung von Lustspielen, Libretti und Schlagertexten bewährt, wie die Erfolge der „Schwankfirmen" Arnold und Bach, Blumenthal und Kadelburg, Gebrüder Schönthan neben unzähligen anderen beweisen. Kennzeichen der Miturheberschaft war stets **die gemeinsame Arbeit an einem einheitlichen Werk.** Wo das nicht zutrifft, kommt Werkverbindung (§ 9) oder Bearbeitung (§§ 3, 23) in Betracht.

2 **Gemeinsame Schöpfung.** Gemeinsam wird ein Werk nur dann geschaffen, wenn mehrere Autoren zum Zwecke seiner Entstehung zusammenarbeiten und jeder einzelne sich dabei der Gesamtidee unterordnet (vgl. schon RGZ 82, 333, 336 *Fassade*).

3 a) Miturheberschaft kann deshalb nicht vorliegen, wo ein **bereits vollendetes Werk** umgestaltet wird. Der Bearbeiter ist nicht Miturheber seiner Bearbeitung, sondern deren alleiniger Urheber; deshalb schützt § 3 das Ergebnis seiner Arbeit „wie ein selbständiges Werk" (§ 3 Bem. 20–24). Gemeinsames Schaffen ist also stets nur **auf derselben Werkstufe** möglich. Die Rspr. nimmt die Unterscheidung nicht immer genau genug: OLG München GRUR 1956, 432, 434 *Solange Du da bist* und OLG Köln GRUR

1953, 499 *Kronprinzessin Cäcilie* gingen ohne weiteres von dem Bestehen einer Miturheberschaft zwischen dem Urheber und zugleich mündlichen Erzähler einer erfundenen Fabel und dem, der daraus später ein Drehbuch oder einen Roman machte, aus. Denkbar ist freilich, daß Originalurheber und Bearbeiter die Bearbeitung gemeinsam vornehmen; dann liegt Miturheberschaft an der Bearbeitung (natürlich niemals am Originalwerk) vor.

b) Die Zusammenarbeit braucht nicht so weit zu gehen, daß die Autoren Wort für Wort oder Zeile für Zeile gemeinsam schaffen. Auch bei **Realteilung** der Einzelleistungen nach Akten, Kapiteln, Szenen oder in ähnlicher Weise liegt eine gemeinsame Arbeit noch so lange vor, als jeder Teilautor auf den gemeinschaftlichen Zweck der Schaffung eines Werkes hinarbeitet, was die bleibende Unterordnung unter die Gesamtidee voraussetzt. Ob in diesen Fällen Miturheberschaft oder Werkverbindung vorliegt, entscheidet sich allein danach, ob das Ergebnis solch geteilten Schaffens noch als ein einheitliches Werk anzusehen ist (Bem. 10–11). Einzelheiten bei Stroh S. 52ff. 4

c) Gemeinsamkeit setzt begrifflich **Partnerschaft** voraus. Wer dem Gestaltungswillen eines anderen so untergeordnet ist, daß er diesen Willen lediglich auszuführen hat, ohne eigene schöpferische Ideen verwirklichen zu können, ist nicht Miturheber, sondern **Gehilfe.** Berühmte Beispiele aus der Kulturgeschichte sind die Malwerkstätten von Rubens, der Brüder van Eyck, van Dyck und anderer Niederländer, in denen Schüler die bis ins Detail vorliegenden Entwürfe des Meisters auszuführen hatten, wobei dieser sich den „letzten Pinselstrich" stets selbst vorbehielt. Aber noch in jüngster Zeit sind Versuche von Gehilfen durch die Presse gegangen, Miturheberrechte in Anspruch zu nehmen. Sieger (FuR 1984, 119) berichtet über den Streit Paul Wunderlichs mit Günter Stimpfl, der nach seinen Zeichnungen „und ganz minuziösen Angaben" Modelle herzustellen hatte, wobei ihm „nicht ein Millimeter Raum (blieb), irgendetwas anders zu machen". OLG Köln FuR 1983, 348 *Metallgießer* sprach der Arbeit einer Metallgießerei, die nach den Gips- und Tonformen des Künstlers die nötigen Metallformen zur Herstellung von Bronzeplastiken gefertigt hatte, mit Recht urheberrechtliche Qualität ab (dazu eingehend Hinderling FS Uchtenhagen S. 209). Ebenso sah OLG München ZUM 1990, 186, 190 *Mausfigur* in der nur handwerklich-technischen Weiterbildung der gezeichneten Figur für ihre filmische Verwendung in der Sendung mit der Maus keine schöpferische Leistung, die zur Miturheberschaft des klagenden WDR-Redakteurs hätte führen können. Entsprechendes hat für den Drucker zu gelten, der die einzelnen Exemplare einer Serigraphie unter Aufsicht des Künstlers herstellt. Im übrigen findet sich Gehilfenschaft vor allem im wissenschaftlichen Bereich bei der Tätigkeit von Assistenten, die Material sammeln, Experimente durchführen, Register und Skizzen anfertigen oder sich lediglich auf redaktionelle Änderungen des fertigen Werkes beschränken (vgl. OLG Hamburg UFITA 23 [1957], 222, 225 *Waerland-Rezepte;* BGH GRUR 1972, 143, 145 *Biografie: Ein Spiel*). Es muß sich hier jedoch um eine untergeordnete Tätigkeit handeln, die ein schöpferisches Wirken nicht erlaubt. Wo der Gelehrte seinem Assistenten die Ausarbeitung einzelner Kapitel überläßt oder wo er gar ein Werk aus Seminararbeiten zusammenschreibt, die er zu diesem Zwecke hat anfertigen lassen (vgl. den Fall LG München I UFITA 35 [1961], 223, 226 *Die Zerstörung der Person*), liegt Miturheberschaft oder gar nur Bearbeitung vor, 5 die den Vorwurf des Plagiats rechtfertigt, wenn der Gelehrte die Nennung seiner Mitautoren unterläßt (Anhang § 24 Bem. 2–4). Vertragliche Abmachungen helfen dagegen wenig; der Assistent kann vertraglich zwar auf seinen Anteil an den Verwertungsrechten (§ 8 Abs. 4), nicht aber auf sein Urheberrecht im ganzen verzichten (§ 29). Vgl. Bem. 16, § 7 Bem. 2 und § 13 Bem. 2 sowie BGH GRUR 1978, 244 *Ratgeber für Tierheilkunde* und Rittstieg NJW 1970, 648. Auch demjenigen, der durch psychiatrische Beeinflussung (z. B. Hypnose) einen Menschen zur Schöpfung fähig macht, indem er ihn von seelischen Bindungen befreit oder verschüttete Erlebnisse hervorholt, steht als „geistigem Geburtshelfer" mangels eigener schöpferischer Leistung kein Miturheberrecht zu; er ist nur Gehilfe (§ 7 Bem. 3).

6 d) Der **Auftraggeber** eines Kunstwerks wird nicht schöpferisch tätig, sondern veranlaßt nur die Schöpfung durch einen anderen (§ 7 Bem. 2).

7 e) Im Falle des **Ideenanregers** ist zu unterscheiden: Hat er dem Künstler eine erfundene Fabel erzählt, die als solche schutzfähig ist, so nimmt der Künstler eine Bearbeitung vor, wenn er daraus einen Roman, ein Drehbuch usw. macht (OLG Köln GRUR 1953, 499 *Kronprinzessin Cäcilie* nimmt Miturheberschaft an). In Einzelfällen kann auch freie Benutzung gegeben sein (der Maler gestaltet die ihm erfundene Fabel im Bild). Hat er dem Künstler nur ein paar Tips gegeben oder war die Fabel nicht geschützt, etwa weil sie gemeinfrei war oder sonst Gemeingut darstellte (vgl. § 24 Bem. 1 und OLG Köln a.a.O), so ist der Künstler alleiniger Urheber. S. auch § 2 Bem. 25. In keinem Falle liegt Miturheberschaft vor, weil eine gemeinsame Tätigkeit nicht entfaltet wird.

8 f) Aus dem gleichen Grunde läßt auch die **Vollendung eines Fragments** durch einen anderen keine Miturheberschaft zwischen dem Urheber des Fragments und dem Vollender entstehen. Franco Alfano, der Puccinis nachgelassene Oper *Turandot* vollendete, war ebenso wie Carl Zuckmayer, der Gerhart Hauptmanns Stück *Herbert Engelmann* bühnenreif machte, nur Bearbeiter (vgl. § 3). Sonst würde zudem die Vollendung eines bereits gemeinfreien Fragments das ganze Werk erneut dem Urheberrechtsschutz unterstellen (§ 65) und die Vollendung durch einen anderen Nachschöpfer rechtlich ausschließen. – Hat der Urheber eines unvollendeten Werkes mit einem anderen bei dessen Vollendung **zusammengearbeitet,** so liegt, wenn nicht bloße Gehilfenschaft gegeben ist (oben c), Miturheberschaft am vollendeten Werk vor (die von einem Komponisten gefundene Melodie wird von ihm gemeinsam mit einem Arrangeur zu einem Schlager verarbeitet; zwei Maler schaffen nach den Portraitskizzen eines von ihnen ein Fresko; zwei Schriftsteller schreiben nach dem Treatment des einen gemeinsam ein Drehbuch). Das gilt auch dann, wenn – wie meist – der Beitrag des Urhebers des unvollendeten Werkes überwiegt; diese Frage ist nur für die Berechnung der beiderseitigen Anteile von Bedeutung (§ 8 Abs. 3; vgl. Bem. 26). Wie hier OLG Köln GRUR 1953, 499 *Kronprinzessin Cäcilie;* v. Gamm Bem. 8; Riedel Bem. B1c; Hubmann/Rehbinder[7] S. 113.

9 g) Zwischen dem **Ghostwriter** und dem, unter dessen Namen das Werk erscheinen soll, besteht in der Regel keine Miturheberschaft. Arbeitet er selbständig, so ist er Alleinurheber; verwendet er Ideen oder Vorentwürfe des anderen, so ist er bei deren freier Benutzung ebenfalls Alleinurheber, sonst Bearbeiter. Miturheberschaft liegt nur dort vor, wo der Ghostwriter und der andere bei der Schaffung des Werkes zusammenarbeiten. Einzelheiten bei Stolz (Lit.-Verz.). Vgl. auch § 13 Bem. 16, § 12 Bem. 7, § 39 Bem. 4b sowie Rittstieg NJW 1970, 648.

3. **Einheitliches Werk.** Ein einheitliches Werk liegt vor, wenn die Anteile sich nicht gesondert verwerten lassen. Der Gesetzgeber folgt damit der Rspr. des Bundesgerichtshofs (GRUR 1959, 335, 336 *Wenn wir alle Engel wären*), der die von § 6 LUG und § 8 KUG geforderte „Untrennbarkeit der Arbeiten mehrerer" von der Unmöglichkeit ihrer gesonderten Verwertung abgeleitet hatte (kritisch Hirsch Ballin UFITA 46 [1966], 52, 60 ff.). Bei Werken, die Wort für Wort und Zeile für Zeile gemeinsam entstanden sind, ist die Frage unproblematisch. Sie ist erst dort von Bedeutung, wo eine Realteilung zumindest theoretisch möglich ist, wo sich also noch feststellen läßt, welche Zeile oder welche Szene und welches Kapitel von wem stammt, oder wo die Miturheber gar – wie häufig bei wissenschaftlichen Werken – die „Bearbeitung" abschnittsweise unter sich aufgeteilt haben (oben Bem. 4). Hier wird man mit dem Bundesgerichtshof darauf abstellen müssen, ob der einzelne feststellbare Werkanteil ein Torso, also ein unvollständiger Teil des Gesamtwerkes, oder ein abgeschlossenes Ganzes ist (s. auch KG Schulze KGZ 55, 12 *Puppenfee*). Ein Kommentar zu einem bestimmten Gesetz läßt sich im allgemeinen nur geschlossen verwerten (Ausnahme z. B.: die als Monographie erschienene Kommentierung von Weber zu § 242 BGB aus dem *Staudinger*). Gibt ein Komponist das Thema und macht ein anderer daraus mit ihm zusammen einen fertigen Schlager, so liegt ebenfalls Miturheberschaft vor, weil der Schlager nicht ohne Melodie, die Melodie nicht ohne Formung und Durchführung im Schlager verwertbar wäre (ebenso Riedel Bem. B 1 c; oben Bem. 8). Im literarischen Bereich wird die Frage seltener praktisch: Wenn von drei Bühnenautoren, die die drei Akte eines geplanten Stückes real unter sich aufteilen, jeder ohne Rücksicht auf den anderen schreibt, was er will, entstehen bestenfalls drei Einakter, aber kein einheitliches Werk. **10**

Wenn die einzelnen Teile oder Abschnitte des Werkes ihrer Natur nach gesondert verwertbar sind, so ist zu unterscheiden: Sind die Mitarbeiter untereinander so selbständig, daß keiner dem anderen „hineinreden" darf, daß jeder die Konzeption und Gestaltung seines Anteils selbst bestimmt und daß nur eine Art Generallinie vorhanden ist, an die sich alle zu halten haben, so liegt nur eine Werkverbindung (§ 9) vor, die nach außen als Sammlung bzw., falls die Voraussetzungen des § 4 vorliegen, als Sammelwerk in Erscheinung tritt. Kennzeichen für die Selbständigkeit der Abschnitte, also Werkverbindung, sind z. B. Unterschiede in den vertretenen Meinungen, sei es auch nur in wenigen Einzelfällen; Kennzeichen für eine Miturheberschaft ist z. B. die Durchführung von Redaktionskonferenzen, die derartige Differenzen beseitigen und die endgültige Fassung jedes einzelnen Abschnitts gemeinsam bestimmen. Weitere Beispiele in § 9 Bem. 2. **11**

4. **Gleiche Kunstgattung.** Von einem einheitlichen Werk kann immer nur dort gesprochen werden, wo es sich um ein und dieselbe Kunstgattung handelt (Schweiz. Bundesgericht 74 II 196 ff.). Das Opernlibretto, der Text zu einem Schlager, die Inschrift zu einem Bild oder zu einem Bauwerk lassen sich zumindest theoretisch gesondert verwerten (nämlich zu einer anderen **12**

Opernmusik, zu einem anderen Schlager, zu einem anderen Bild oder Bauwerk) und bewirken deshalb auch dann keine Miturheberschaft, wenn sie speziell für diese Musik, für dieses Bild oder für dieses Bauwerk geschaffen wurden. Die Begriffe Oper, Operette, Musical, Schlager usw. kennzeichnen daher im Sinne des Urheberrechts nur Werkverbindungen, nicht aber einheitliche Werke (Begr. S. 42); ebenso schon früher die h. M. (z. B. Ulmer[2] S. 172f.; Hubmann[2] S. 108; a. M. z. B. Gebhardt, Rechtsverhältnis zwischen Komponist und Librettist, Berlin 1954, S. 12, 19). Die frühere Auffassung des Bundesgerichtshofs (GRUR 1964, 326, 330 *Subverleger*), die Werkverbindung zweier Kunstgattungen könne sich dann (nachträglich!) zu einem einheitlichen Werk entwickeln, wenn z. B. Text und Musik infolge großer Bekanntheit vom Publikum als untrennbare Einheit empfunden würden, so daß der Text zugleich die Erinnerung an die Melodie auslöse und umgekehrt, ist danach zumindest seit Inkrafttreten des neuen Gesetzes überholt. Das Gesetz knüpft für die Entscheidung, ob § 8 oder § 9 gegeben ist, nur an die im Augenblick der Entstehung gegebene Situation, nicht aber an die Wirkung an, die die verbundenen Werke entfalten, ganz abgesehen davon, daß die Popularität eines Werkes sich sehr rasch ändern kann, so daß ein wiederholter Wechsel in der rechtlichen Beurteilung als einheitliches Werk oder Werkverbindung eintreten könnte (ebenso die h. M., Nachweise bei Sontag, Das Miturheberrecht, Köln 1972, S. 6 Anm. 9; a. M. wohl nur noch Ahlberg, Rechtsverhältnis zwischen Komponist und Textdichter, Diss. Hamburg 1968, S. 86). Die (zeitweise) Unmöglichkeit getrennter Verwertung wegen großer Bekanntheit ist lediglich eine Frage der Teilbarkeit des Gesamthandsvermögens der Gesellschaft bürgerlichen Rechts, wie sie die Werkverbindung oft darstellt (§ 9 Bem. 4), bei deren Auflösung etwa durch fristlose Kündigung aus wichtigem Grund (§§ 731, 753 BGB; zur Kündigung § 9 Bem. 17–19; vor § 31 Bem. 26–29). – An dem Grundsatz der rechtlichen Trennung der Werke zweier Kunstgattungen ändert sich auch dann nichts, wenn z. B. Komponist und Texter gemeinsam an der Musik und am Libretto gearbeitet haben. Dann sind beide als Miturheber des Textes einerseits und der Musik andererseits anzusehen; eine Vereinigung von Text und Musik zu einem einheitlichen Werk tritt jedoch nicht ein. Vgl. auch § 9 Bem. 2.

13 Sonderfall ist das **Filmwerk,** das als Gesamtkunstwerk (§ 2 Bem. 76–78) eine Verschmelzung von Werken mehrerer Urheber zu einer Einheit darstellt. Hier sind die Urheber der verschmolzenen Werke – Drehbuch, Filmmusik, Bauten, Lichtbilder – nicht etwa untereinander Miturheber. Vielmehr ist der Regisseur *Allein*urheber des Filmwerkes, zuweilen unter Miturheberschaft des Kameramanns, Cutters, Tonmeisters oder von Darstellern, falls diese durch die Führung der Kamera oder durch anderweitige Einflußnahme auf die Gestaltung des Films eigene Regietätigkeit entfalten (§ 89 Bem. 4–8). Die in seiner Bearbeitung (vgl. § 23 Bem. 6) verschmolzenen Werke selbst lassen sich auch weiterhin selbständig verwerten. Sie sind nur in der verfilmten Form, also in der Bearbeitungsstufe, zur gemeinsamen Verwertung miteinander verbunden. Dort wiederum ist ihre Verbindung untrennbar; die Herausnahme des Gedankeninhalts oder auch nur die Auswechslung der Filmmusik würde das Filmwerk in seiner konkreten Gestalt verändern und wäre damit eine Bearbeitung (Schweiz. Bundesgericht GRUR Int. 1972, 25, 29 *Goldrausch I*). Es liegt also weder Miturheberschaft noch Werkverbindung vor. Das Filmwerk ist vielmehr Gesamtkunstwerk *sui generis,* auf das die §§ 8, 9 nicht anwendbar sind (a. M. v. Gamm § 9 Bem. 3).

5. **Gesamthandsgemeinschaft.** Die Begründung der Miturheberschaft setzt keinen rechtsgeschäftlichen Willen, sondern nur eine schöpferische Eingebung voraus und ist daher Realakt. Vgl. § 7 Bem. 3. Folgerichtig entsteht die Gesamthandsgemeinschaft des Abs. 2 (das bisherige Recht hatte eine Bruchteilsgemeinschaft entstehen lassen) ohne Zutun der Miturheber kraft Gesetzes. Sie zieht die rechtliche Konsequenz aus der engen Bindung, die die Miturheber durch den gemeinsamen Schöpfungsakt miteinander eingegangen sind. 14

a) Eine **Verfügung** des Miturhebers **über seinen** Urheberrechts**anteil,** wie sie nach dem bisherigen Recht zulässig war (§ 6 LUG und § 8 KUG in Verbindung mit § 747 BGB), ist schon nach § 29 nicht mehr möglich. 15

b) Ein – formloser – **Verzicht** des Miturhebers auf seinen Anteil an den Verwertungsrechten (nicht etwa an seinem Anteil im ganzen) ist nur zugunsten der anderen Miturheber zulässig (Bem. 32). Damit ist zugleich klar, daß jede anderweitige Verfügung über die Verwertungsrechte ausgeschlossen ist. Einem Dritten kann der Anteil des Miturhebers an den Verwertungsrechten also nicht abgetreten werden; nur Geldforderungen des Miturhebers an die Gemeinschaft auf Ausschüttung bereits erzielter Erträge sind abtretbar. 16

c) Die Möglichkeit, mit Stimmenmehrheit Verwertungsmaßnahmen zu beschließen, wie sie nach § 6 LUG, § 8 KUG in Verbindung mit § 745 BGB gegeben war, ist entfallen (s. aber Bem. 25). Veröffentlichung, Verwertung und ggf. Änderung (wichtig für die Herstellung von Bearbeitungen) müssen im Regelfall **einstimmig beschlossen** werden. Verweigert ein Miturheber grundlos und wider Treu und Glauben seine Einwilligung, so ist er von den übrigen zu verklagen (Abs. 2 Satz 2). Dabei trifft die Beweislast dafür, daß die Weigerung gegen Treu und Glauben verstößt, die übrigen Miturheber. Bevor nicht dieser Prozeß rechtskräftig entschieden ist, darf die beabsichtigte Maßnahme nicht stattfinden; das Gesetz spricht ausdrücklich von Einwilligung, d. h. vorheriger Zustimmung (§ 183 BGB) vor Durchführung der Veröffentlichung, Verwertung oder Änderung. – Für Maßnahmen, die das **Urheberpersönlichkeitsrecht** des widersprechenden Miturhebers tangieren, gilt insoweit an sich nichts besonderes; die Veröffentlichung (§ 12) ist in Abs. 2 Satz 3 sogar ausdrücklich erwähnt. Aber es wird kaum jemals gegen Treu und Glauben verstoßen, wenn ein Miturheber seine Einwilligung zu Entstellungen (§ 14) versagt. Dagegen kann es treuwidrig sein, wenn er sich gegen rechtlich oder sachlich gebotene Zusätze (nicht Änderungen) an der Urheberbezeichnung sperrt, z. B. bei fremdsprachlichen Lizenzausgaben nicht den Zusatz „übersetzt von ...“ zulassen will (das Weglassen könnte den Eindruck erwecken, als stamme die Übersetzung von den Originalurhebern, und damit Kunstfälschung sein, vgl. § 10 Bem. 39–43). 17

d) Eine Ausnahme vom Einstimmigkeitsprinzip gilt nur für das **Notverwaltungsrecht** des § 744 Abs. 2 BGB (vgl. Bem. 24): Die zur Erhaltung der Substanz, des wirtschaftlichen Wertes oder der uneingeschränkten Verwertbarkeit des Werkes notwendigen Maßnahmen kann jeder Miturheber auch 18 ohne Zustimmung der anderen kraft Gesetzes allein treffen. – Abs. 2 meint nicht nur die Veröffentlichung, Verwertung oder Änderung des Werkes selbst, sondern jede darauf gerichtete Maßnahme. Demgemäß ist für den Abschluß oder die Änderung von **Verwertungsverträgen** ebenso wie für ihre Beendigung durch Kündigung, Rücktritt (§§ 32, 35 VerlG) oder Rückruf (§§ 41, 42) Einstimmigkeit erforderlich; hat sich nur bei einem der Miturheber die Überzeugung gewandelt, so muß er notfalls die anderen auf Einwilligung in den Rückruf verklagen (§ 42 Bem. 6 am Schluß). Eine Ausnahme gilt nur für die fristlose Kündigung. Liegt ein wichtiger Grund vor, der die Fortsetzung des Dauerschuldverhältnisses (vor § 31 Bem. 26–29) auch nur für einen Miturheber unzumutbar macht (das genügt für die Kündigung aller, BGH GRUR 1990, 443, 446 *Musikverleger IV*), so beeinträchtigt die Fortdauer dieses Zustandes bis zur – ggf. erst durch Klage zu erzwingenden – Einwilligung der übrigen die uneingeschränkte Verwertbarkeit des Werkes; auch würde das Kündigungsrecht infolge Zeitablaufs verlorengehen (vgl. vor § 31/32 Bem. 28). Der betroffene Miturheber kann daher die fristlose Kündigung kraft des ihm zustehenden Notverwaltungsrechts aus § 744 Abs. 2 BGB allein aussprechen.

19 BGH GRUR 1982, 41, 43 *Musikverleger III* (in UFITA 94 [1982], 291 nicht mit abgedruckt), bestätigt in BGH GRUR 1982, 743, 744 *Verbundene Werke*, löst das Problem anders: Eine fristlose Kündigung über das Notverwaltungsrecht komme nicht in Betracht, wenn keine Anhaltspunkte dafür ersichtlich seien, daß der Verwerter infolge des Zerwürfnisses seine Auswertungspflichten nicht mehr erfülle, weil es sich dann nicht um eine zur Erhaltung des gemeinschaftlichen Gegenstandes notwendige Maßregel handele. Statt dessen stehe dem Verletzten eine – vom Tatrichter im Einzelfall zu bestimmende – angemessene Frist zu, innerhalb derer er die Zustimmung der anderen Urheber einholen könne; § 626 Abs. 2 BGB gelte insoweit nicht. Der Kündigungsgrund müsse allerdings bis zum Vorliegen der Zustimmung fortbestehen. – Diese Lösung bedeutet faktisch eine außerordentliche Erschwernis der fristlosen Kündigung seitens der Urheber in allen Fällen, in denen dem Verwerter eine Mehrheit von Urhebern gegenübersteht, und damit eine nicht gerechtfertigte Begünstigung des vertragsuntreuen Verwerters. Sie mutet dem Verletzten zudem zu, möglicherweise auf Jahre hinaus – d. h. bis die Zustimmungen notfalls im Prozeßwege herbeigeführt worden sind – mit dem Verletzer weiter zusammenzuarbeiten, so als wäre nichts geschehen, und dies, obwohl das Vorliegen eines wichtigen Grundes gerade deshalb die fristlose Kündigung rechtfertigt, weil es dem Verletzten nicht zugemutet werden kann, weiterhin mit dem Verletzer zusammenzuarbeiten (so BAG und BGH in ständiger Rspr., vgl. die Nachweise etwa bei Staudinger-Neumann, 12. Aufl. 1979, § 626 BGB Bem. 23). Der I. Senat kommt zu einem derart in sich widersprüchlichen Ergebnis wohl auch nur mit Rücksicht auf seine Prämisse, eine fristlose Kündigung diene nicht der Erhaltung des gemeinschaftlichen Gegenstandes. Das ist ein Irrtum: Bei Dauerschuldverhältnissen (hier: Verwertungsverträgen), die eine ständige Zusammenarbeit erfordern, lassen sich Person und Sache nur in der Theorie derart trennen, daß ein persönliches schweres Zerwürfnis ohne Folgen für den Vertragsgegenstand bliebe.

e) **Abs. 2 Satz 3** erweitert das Notverwaltungsrecht über den von § 744 Abs. 2 BGB allein geregelten Fall der notwendigen Werterhaltung hinaus auf jede **Verfolgung von Rechtsverletzungen.** Zwar wird das in der Regel dort praktisch werden, wo eilige Schritte zur Verhinderung weiterer Rechtsverletzungen getan werden müssen (einstweilige Verfügungen, Unterlassungsklagen). Doch kann jeder Miturheber auch in weniger dringlichen oder gar zur Werterhaltung des gemeinsamen Werkes keineswegs notwendigen Fällen gegen Rechtsverletzer kraft Gesetzes aus eigenem Recht und im eigenen Namen vorgehen; der Gesetzgeber wollte die Abwehr von Rechtsverletzungen generell erleichtern (Begr. S. 41). Der einzelne Miturheber darf aber, soweit es sich um Leistungsklagen handelt, nur **Leistung an alle** fordern (ein Urteil auf Beseitigung einer Störung, insbesondere auf Unterlassung von Rechtsverletzungen, käme ohnehin allen Miturhebern zugute). Damit wird in erster Linie eine Übervorteilung der übrigen Miturheber verhindert. Die Verurteilung des Verletzers zur Leistung an *alle*, d. h. über den *ganzen* Anspruch, hat aber auch zur Folge, daß die Rechtskraft des Urteils, das der klagende Miturheber erstritten hat, für oder gegen alle übrigen wirkt; dem einzelnen Miturheber ist von Abs. 2 Satz 3 das Amt des „Klägers für alle" zugewiesen, so daß er als Partei kraft Amtes angesehen werden kann und die analoge Anwendung von § 327 ZPO gerechtfertigt ist. Der später anhängig gemachten Klage eines weiteren Miturhebers stünde daher der Einwand der Rechtshängigkeit entgegen (§ 261 Abs. 3 Nr. 1 ZPO). Die Klage eines Miturhebers unterbricht ebenso die Verjährung gegen alle wie das Anerkenntnis gegenüber nur einem Miturheber (§§ 208, 209 BGB); die Verwirkung gegen einen wirkt gegen alle Miturheber. Auch der vorbereitende Auskunfts- und Rechnungslegungsanspruch ist daher zur Leistung an alle geltend zu machen (ebenso Möhring/Nicolini Bem. 9; offengelassen von BGHZ 56, 317, 319 *Gasparone II;* a. M. KG in der Vorinstanz). Zum Gesamtproblem Blomeyer AcP 1959, 394 (für Miterben und Miteigentümer). 20

Bei der Geltendmachung von Ansprüchen aus **Urheberpersönlichkeitsrecht** gilt das vorstehend Gesagte, soweit alle Miturheber betroffen sind. Der einzelne Miturheber hat jedoch dort individuelle Ansprüche, wo nur *seine* Persönlichkeit als (Mit-)Urheber tangiert wurde, z. B. bei Verletzung nur seines Nennungsrechts aus § 13. Auch das Zugangsrecht aus § 25 ist ein jedem Miturheber *höchstpersönlich* zustehendes Recht, das er für sich allein geltend machen kann, dies um so mehr, als es sich nicht um einen Leistungs-, sondern um einen bloßen Duldungsanspruch handelt (OLG Düsseldorf GRUR 1969, 550 *Geschichtswerk für Realschulen;* a. M. v. Gamm Bem. 15). Andernfalls würde die Erschwernis in der Durchsetzung von Rechten bei Miturheberschaft, die Abs. 2 Satz 3 gerade verhindern wollte, für § 25 erst herbeigeführt. 21

Für **Rechtsverletzungen durch einen Miturheber** – er wertet das gemeinsame Werk ohne Einwilligung der andern aus – gilt nichts besonderes. Jeder andere Miturheber kann gegen ihn wie gegen jeden Dritten vorgehen, und zwar mit den Ansprüchen des § 97, da für die Entstehung von Miturheberschaft Realakt genügt (Bem. 14), vertragliche Ansprüche also nicht ohne weiteres gegeben sind (wie hier offenbar Begr. S. 41, die ausdrücklich von einer u. U. strafbaren Rechtsverletzung spricht, also unerlaubte Handlung voraussetzt; offengelassen in BGH GRUR 1978, 244, 245 *Ratgeber für Tierheilkunde*). 22

23 f) Eine **Aufhebung** der Gesamthandsgemeinschaft ist **ausgeschlossen,** weil sie nur unter Zerstörung des Werkes möglich wäre. Die Gemeinschaft endet vielmehr erst mit dem Ablauf der Schutzfrist (§§ 64 Abs. 1, 65).

24 g) **Ergänzend** gelten die **§§ 705ff. BGB** über die bürgerlich-rechtliche Gesellschaft dann, wenn die Miturheber sich vor dem Schöpfungsakt vertraglich zu gemeinsamem Schaffen verbunden hatten oder nachträglich einen Gesellschaftsvertrag zur Auswertung des gemeinsam geschaffenen Werkes geschlossen haben; andernfalls kommen nur die **§§ 741ff. BGB** über die Gemeinschaft zur Anwendung (Hauptfall: mangelnde Geschäftsfähigkeit eines Miturhebers, vgl. § 9 Bem. 4). Die Gegenmeinung, die die Miturheberschaft stets den §§ 705ff. BGB unterstellt (v. Gamm Bem. 13; Möhring/Nicolini Bem. 6b), übersieht, daß die Schöpfung auch bei mehreren Urhebern Realakt bleibt (§ 7 Bem. 3), der einen Vertrag nicht notwendig voraussetzt. Vgl. schon Bem. 17–19. Einzelheiten bei Sontag, Das Miturheberrecht, Köln 1972, S. 15ff. und Werner BB 1982, 280. Wie hier auch Schricker-Loewenheim Rdnr. 10–12. Aus den genannten Bestimmungen folgt, daß der Anspruch auf Anerkennung der Miturheberschaft nur mit einer gegen *alle* Miturheber gerichteten Klage geltend gemacht werden kann; das Bestehen einer Gesellschaft oder Gemeinschaft läßt sich nur einheitlich feststellen, § 62 ZPO (OLG Karlsruhe GRUR 1984, 812f. *Egerlandbuch*).

25 h) **Abweichende Vereinbarungen.** Der Raum für abweichende Vereinbarungen ist demnach außerordentlich schmal. Die Miturheber können gemeinschaftlich jede beliebige Verfügung über Rechte am gesamten Werk treffen, die auch ein Alleinurheber treffen könnte (vor § 28 Bem. 1–2 und §§ 31/32 Bem. 9–18). Sie können einen von ihnen bevollmächtigen, in ihrem Namen zu handeln und Verfügungen über die Verwertungsrechte und das Änderungsrecht zu treffen. Sie sind wegen Abs. 4 auch in der Lage, nach außen einen Miturheber als Berechtigten hinsichtlich der Verwertungsrechte im eigenen Namen auftreten zu lassen. Umgekehrt können sie die Rechtsverfolgung durch einzelne Miturheber ausschließen oder an ihre Zustimmung binden, soweit nicht das – nicht abdingbare – Notverwaltungsrecht in Betracht kommt (Bem. 17–19). Durch einstimmigen Beschluß aller Miturheber kann auch festgelegt werden, daß künftig die Mehrheit entscheidet; darin liegt rechtlich eine Vollmacht, die die jeweilige Minderheit erteilt. – Alle diese Vereinbarungen sind Rechtsgeschäfte, die die Geschäftsfähigkeit aller Miturheber voraussetzen (§ 9 Bem. 16).

26 6. **Verteilung der Erträgnisse.** Gegenstand freier Vereinbarung ist auch die Verteilung der Erträgnisse (Abs. 3). Ist eine solche Vereinbarung nicht getroffen, so ist der Umfang der Mitwirkung maßgebend. Damit hofft man einen objektiven Maßstab für die Bestimmung des Anteils zu erhalten; das Kriterium der „Bedeutung" der Anteile, wie es der Regierungsentwurf gewählt hatte, erschien dem Gesetzgeber zu unbestimmt, weil es zu einer ästhetischen Wertung führen mußte (Bericht des Rechtsausschusses, BT-Drucks. IV/3401 S. 3). Im Streitfalle werden die Gerichte also – jedenfalls im Prinzip – den Anteil mit der Elle nach der Anzahl der beigesteuerten Worte, Töne oder Pinselstriche berechnen müssen; sie dürfen nach dem Willen des Gesetzgebers darüber hinaus lediglich den Gesamtumfang der Mitarbeit berücksichtigen, und zwar einschließlich der notwendigen Vorarbeiten, wie der Sichtung von Quellenmaterial, und der abschließenden Gesamtredak-

tion des Werkes (Schriftlicher Bericht a.a.O.). Ob sich ein solches System bewährt, ist noch offen. Die Beibehaltung der Faustregel des § 742 BGB – im Zweifel gleiche Anteile – wäre jedenfalls einfacher gewesen. Auf sie kann ohnehin in den Fällen nicht verzichtet werden, in denen die Anteile der Miturheber sich im Nachhinein nicht mehr ermitteln lassen (so mit Recht OLG Hamburg Schulze OLGZ 207, 6f. *Der Ratgeber*). – Abs. 3 gilt auch im Verhältnis zwischen Auftraggeber und Gehilfe, wenn letzterer einen schöpferischen Beitrag leistet, dies selbst dann, wenn er für seine Gehilfentätigkeit eine Pauschalvergütung erhalten hatte (BGH GRUR 1978, 244, 246 *Ratgeber für Tierheilkunde*).

7. **Ablauf der Schutzfrist.** Die Schutzfrist für ein von mehreren Miturhe- **27**
bern geschaffenes einheitliches Werk kann nur einheitlich ablaufen. § 65 läßt das Werk 70 Jahre nach dem Tode des längstlebenden Miturhebers gemeinfrei werden.

8. **Ausübende Künstler.** Sie erbringen ihre Leistung vielfach gemeinsam **28**
und derart, daß die einzelnen Leistungen nicht gesondert verwertbar sind (so etwa bei einem Konzert die Musiker und der Dirigent, bei einer Bühnenaufführung die Schauspieler). Gleichwohl ist § 8 nicht einmal analog anzuwenden. Der Gesetzgeber wollte mit den §§ 73ff. Umfang und Dauer des Rechts der ausübenden Künstler „unabhängig von der Ausgestaltung des Urheberrechts nach eigenen, der besonderen Interessenlage entsprechenden Grundsätzen ... entwickeln" (Begr. S. 90). Deshalb wurde bei Ensembledarbietungen, wo man die Ausübung der gemeinsam erworbenen Rechte für regelungsbedürftig hielt, ohne Rücksicht auf § 8 festgelegt, daß der Vorstand des Ensembles die Einwilligung zur Verwertung der gemeinsam erbrachten Leistung erteile, und zwar neben den einzeln zu erteilenden Einwilligungen der Solisten, des Dirigenten und des Regisseurs (§ 80). Die Begr. (S. 94) stellt dazu ausdrücklich fest, daß Solisten, Dirigent und Regisseur selbständige Rechte besitzen, was nur bedeuten kann, daß sie – anders als in § 8 – in der Ausübung dieser Rechte grundsätzlich nicht an die übrigen Mitwirkenden gebunden sind. Lediglich in dem Sonderfall des § 83 (Schutz vor Entstellung) verlangt der Gesetzgeber von den ausübenden Künstlern gegenseitige Rücksichtnahme bei der Ausübung ihres Rechts; auch hier wird jedoch im Prinzip von der Selbständigkeit des Einzelrechts ausgegangen. Näheres über die Rechtsbeziehungen ausübender Künstler zueinander in § 83 Bem. 3.

9. **Koproduzenten.** Koproduzenten von Filmwerken sind in aller Regel **29**
schon deshalb keine Miturheber, weil sie keinen schöpferischen Beitrag zur Entstehung des Werkes leisten (Begr. S. 102 und § 89 Bem. 1f). Sie erwerben lediglich gewisse Leistungsschutzrechte (§§ 91, 94), stehen also insoweit den ausübenden Künstlern gleich (Bem. 28). Auf sie ist § 8 deshalb nicht einmal analog anwendbar. Vielmehr bestimmen sich ihre Rechtsbeziehungen zueinander nach Gesellschaftsrecht (§§ 705ff. BGB). Ist der Gesellschaftsvertrag beendet, so kommt, da der gemeinschaftliche Gegenstand (das Filmwerk) unteilbar ist, Gemeinschaftsrecht zur Anwendung (§§ 741ff. BGB, § 94 Bem. 6). Entsprechendes gilt für die Koproduzenten von Tonträgern, Revuen usw. sowie für Gemeinschaftsverlage.

30 10. **Gruppenwerk.** Mit Recht hat der Gesetzgeber eine Sonderregelung für das sog. Gruppenwerk abgelehnt (Schriftlicher Bericht zu BT-Drucks. IV/3401 S. 2). Dabei handelt es sich um Werke, die von mehreren Miturhebern unter der Leitung eines Herausgebers geschaffen werden (vor allem Schulbücher, kartographische Werke usw.). Von seiten der Buchhändler und Verleger war die Anerkennung eines eigenen „Urheberrechts" des Herausgebers am Werk für seine besondere Leistung gefordert worden, die in der geistigen Organisation und Gesamtredaktion des Werkes sowie in der Verwertung besonderer Kenntnisse der Marktbedürfnisse und -wünsche liege (vgl. Runge GRUR 1956, 407 und 1959, 75; Reichel GRUR 1959, 172 und 1960, 582). Eine solche Regelung wäre jedoch mit dem Grundsatz des § 7, daß Urheber nur die Schöpfer des Werkes sein können, unvereinbar gewesen (Begr. S. 42). Mit dem gleichen Recht hätten auch die Filmhersteller, Sendeanstalten, Schallplattenproduzenten und Bühnenunternehmer ein eigenes Urheberrecht beanspruchen können. Die besondere Leistung der Herausgeber kann vielmehr, soweit es sich um ein einheitliches Werk handelt, nur bei der Bemessung ihres Anteils an den Erträgnissen berücksichtigt werden (Bem. 26). Liegt ein Sammelwerk vor, so genießen sie ohnehin Urheberschutz nach § 4.

31 11. **Aufhebung des früheren Rechts.** Die Neuregelung gilt für alle Fälle der Miturheberschaft, ganz gleich, ob der Schöpfungsakt vor oder nach dem 1. 1. 1966 stattgefunden hat. Die bisherigen Bruchteilsgemeinschaften (§ 6 LUG, § 8 KUG) haben sich also mit dem Inkrafttreten des Gesetzes automatisch in Gesamthandsgemeinschaften verwandelt. Das ergibt sich aus § 132, der nur für Verträge, nicht für Realakte die Weitergeltung des früheren Rechts vorsieht.

32 12. Der **Verzicht** (Abs. 4) wird erst wirksam, wenn er allen Miturhebern gegenüber mündlich erklärt oder allen zugegangen ist (§ 130 BGB). Daß jemand mündlich, möglicherweise gar nur sinngemäß oder stillschweigend (§ 133 BGB) eine so gewichtige Erklärung abgibt, wie sie der Verzicht auf alle Verwertungsrechte darstellt, dürfte freilich die Ausnahme sein. Der Richter wird in einem solchen Falle besonders sorgfältig zu prüfen haben, ob der Verzicht wirklich gewollt war oder ob es sich nur um Theaterdonner gehandelt hat (§ 118 BGB), wie er in Künstlerkreisen vielfach gewissermaßen zum Lebensstil gehört. – Der Verzicht auf die Verwertungsrechte schließt den Verzicht auf das Bearbeitungsrecht im Zweifel ein (§ 23 steht im 3. Abschnitt „Verwertungsrechte"), nicht jedoch den Verzicht auf die aus dem Urheberpersönlichkeitsrecht fließenden Befugnisse (§§ 12–14, 25). Er bezieht sich nur auf die derzeit bekannten Nutzungsarten (§ 31 Abs. 4; vgl. Corte d'Apello Milano GRUR Int. 1974, 66 *Cavalleria rusticana*). – Die **Anwachsung** erfolgt nach dem Verhältnis der bisherigen Anteile der übrigen Miturheber (analog § 743 BGB; ebenso Möhring/Nicolini Bem. 13 b).

33 13. Zur Miturheberschaft zwischen Deutschen und **Ausländern** s. § 120 Bem. 6.

§ 9 Urheber verbundener Werke

Haben mehrere Urheber ihre Werke zu gemeinsamer Verwertung miteinander verbunden, so kann jeder vom anderen die Einwilligung zur Veröffentlichung, Verwertung und Änderung der verbundenen Werke verlangen, wenn die Einwilligung dem andern nach Treu und Glauben zuzumuten ist.

Übersicht

1 **Begriff.** Das frühere Gesetzesrecht traf nur für einige Fälle der Werkverbindung eine ausdrückliche Regelung. § 5 LUG behandelte den Fall der Verbindung eines Schriftwerks mit einem Werk der Tonkunst oder mit Abbildungen, § 7 KUG nur den der Verbindung eines Werkes der bildenden Künste mit einem Werk der Photographie oder von einem von beiden mit Werken der Literatur oder Tonkunst oder mit geschützten Mustern. In allen Fällen blieb der Urheber des Einzelwerkes auch nach der Verbindung dessen (Allein-)Urheber. Die Neuregelung ändert an diesem Prinzip nichts, erfaßt jedoch alle denkbaren Arten der Verbindung: **Werkverbindung** liegt stets vor, wenn **mehrere selbständige Werke gemeinschaftlich verwertet** werden, vorausgesetzt, daß dies **mit dem Willen ihrer Urheber** geschieht (dazu Bem. 4 und Bem. 17). Dabei kann es sich um Werke der gleichen Kunstgattung (z. B. mehrere Sprachwerke, die in einer Sammlung zusammengefaßt sind) oder um Werke verschiedener Kunstgattungen (so die in § 5 LUG, § 7 KUG genannten Fälle) handeln. Zwischen Werken verschiedener Kunstgattungen ist sogar nur Werkverbindung möglich, falls sie gemeinsam verwertet werden (vgl. § 8 Bem. 12 und 13).

2 **Abgrenzung, insbes. zur Miturheberschaft.** Mit der Feststellung des Gesetzgebers, daß es sich um mehrere selbständige Werke handeln muß, wird eine deutliche Abgrenzung der Werkverbindung von der Bearbeitung (§§ 3, 23) und der Miturheberschaft (§ 8) ermöglicht. Mit der Bearbeitung werden zwar zwei Schöpfungen – Originalwerk und Bearbeitung – gemeinsam verwertet, doch handelt es sich nicht um zwei selbständige Werke (§ 3 Bem. 19); bei Miturheberschaft entsteht nur ein Werk (§ 8 Bem. 10 und 11). Schwierigkeiten bereitet in der Praxis nur die Grenzziehung zwischen Werkverbindung und Miturheberschaft. Werkverbindung liegt bei gemeinsamer Verwertung von mehreren Beiträgen stets vor, wenn die Voraussetzungen der Miturheberschaft nicht erfüllt sind, wenn es also möglich ist, die einzelnen Beiträge jeden für sich gesondert zu verwerten. Vgl. zunächst § 8 Bem. 10–13. An Beispielen ist hier noch nachzutragen: Die **Gesangstexte** (Liedertexte) in einem Libretto sind im Verhältnis zu diesem stets gesondert verwertbar (z. B. zu einem einzelnen Schlager). Das **Ballett** ist Werkverbindung zwischen Choreographie, Musik und Balletterzählung (Beispiel: *Das Einhorn* von Jean Cocteau oder das *Ballett der sieben Todsünden* von Bert Brecht), KG Schulze KGZ 55, 11f. *Puppenfee.* – Bei **Comic-strips** besteht zwar Werkverbindung zwischen Bild- und Textteil, da beide sich gesondert verwerten lassen (OLG Hamburg UFITA 44 [1965], 211f. *Goldfinger*). Der

Zeichner ist jedoch insoweit Bearbeiter des zugrundeliegenden Sprachwerks, als er dessen Gedankeninhalt in der Bildfolge wiedergibt. Das Sprachwerk darf daher ohne Zustimmung seines Urhebers nicht mit einer *Comic-strip*-Bilderfolge verbunden, diese darf auch nicht allein verwertet werden (§ 23). – Zum **Filmwerk** § 8 Bem. 13, § 23 Bem. 6, § 89 Bem. 1. **Lieder** und Arien, **Oratorien** und Messen sind ebenso Werkverbindungen wie **Kunstbände** oder Bücher mit Illustrationen (vgl. Bem. 6). – **Sammelwerke** und **Sammlungen** fallen nicht unter § 9, da bei ihnen keine Rechtsbeziehungen der einzelnen Urheber untereinander, sondern nur zwischen dem einzelnen Urheber und dem Herausgeber bestehen. – Ein Beispiel, das Miturheberschaft, Werkverbindung und Bearbeitung vereinigt und die Unterschiede verdeutlicht, bietet BGH GRUR 1962, 256 *Im weißen Rößl:* Das berühmte Lustspiel von Blumenthal und Kadelburg (Miturheberschaft) wurde von Hans Müller zum Libretto einer Operette umgestaltet (Bearbeitung). Die Liedertexte dazu schrieb Robert Gilbert (Werkverbindung zwischen mehreren Werken der gleichen Kunstgattung). Das Ganze wurde von Ralph Benatzky vertont (Werkverbindung zwischen zwei Werken verschiedener Kunstgattungen). Seiner Musik wurden noch Werke der Komponisten Robert Stolz, Robert Gilbert und Bruno Granichstädten eingefügt (wiederum Werkverbindung zwischen mehreren Werken der gleichen Kunstgattung).

3 **Verbindung von Werken desselben Urhebers.** Werkverbindung kann auch zwischen zwei selbständigen Werken desselben Urhebers bestehen. An der Möglichkeit, Text und Musik zu den *Meistersingern von Nürnberg* oder zum *Tannhäuser* gesondert zu verwerten, ändert sich nichts durch die Tatsache, daß Richard Wagner das Libretto selbst geschrieben hat. Auch zum *Struwwelpeter,* den Heinrich Hoffmann selbst nicht nur gezeichnet, sondern auch gereimt hat, und zu Wilhelm Buschs Bildergeschichten, z. B. *Max und Moritz,* ließen sich neue Texte oder neue Zeichnungen herstellen. In allen diesen Fällen liegt somit Werkverbindung vor, da zwei gesondert verwertbare, also selbständige Werke gemeinsam verwertet werden. Dem steht der Wortlaut des § 9 nicht entgegen: Der Gesetzgeber spricht zwar von „mehreren Urhebern", doch ist das in der Zielrichtung der Bestimmung begründet, weil niemand gegenüber sich selbst die Einwilligung zur Veröffentlichung, Verwertung oder Änderung wieder Treu und Glauben verweigern kann.

4 **Gesellschaft des bürgerlichen Rechts.** Wir haben angesichts des Gesetzeswortlauts („haben ... zu gemeinsamer Verwertung miteinander verbunden") noch in der 5. Auflage gemeint, die Werkverbindung sei stets Gesellschaft bürgerlichen Rechts, und die frühere Rechtsprechung des Bundesgerichtshofes, wonach eine Gesellschaft bürgerlichen Rechts nur kraft besonderer Vereinbarung entstehe (BGH GRUR 1964, 326, 330 *Subverleger*), sei überholt. Aber das war nicht richtig. Es gibt zahlreiche Beispiele für die gemeinschaftliche Verwertung selbständiger Werke, der kein dahingehender Willensentschluß ihrer Urheber zugrunde liegt; der von uns selbst gebrachte Fall der mangelnden Geschäftsfähigkeit eines oder aller Beteiligten (§ 7 Bem. 3) kennzeichnet nur eines davon. Musikverleger pflegen bei der Vergabe von Subverlagsrechten ins fremdsprachige Ausland die Verbindung der Schlagermelodie mit einem neuen Text in der Landessprache zu erlauben; der Komponist weiß das oft nicht einmal. Lektorate suchen

vielfach selbst das Bildmaterial aus, mit dem das neue Buch eines Autors ausgestattet werden soll. Gelegentlich finden sich auch mundartliche (Bayern) oder regionale (Karneval) Textversionen zu Erfolgsschlagern, deren Verfasser weder den Musikverleger noch den Komponisten gefragt haben, die aber so schnell so volkstümlich geworden sind, daß ihr Verbot untunlich wäre (weitere Beispiele bei Schlaak, Werkverbindung und Werkverwertung, Berliner Diss. 1985). In allen diesen Fällen liegt eine nur faktische Werkverbindung vor (Bem. 17); die passive Duldung ist keine aktive Verbindung, wie sie der Gesetzestext fordert. **§ 9 regelt vielmehr nur die von ihren Urhebern beabsichtigte, rechtsgeschäftlich entstandene Werkverbindung.** Diese ist Gesellschaft bürgerlichen Rechts. Sie setzt Geschäftsfähigkeit voraus. Bei Geschäftsunfähigen oder beschränkt Geschäftsfähigen (s. die Beispiele in § 7 Bem. 3) ist also die Mitwirkung des gesetzlichen Vertreters erforderlich. Die §§ 705ff. BGB gelten für die von § 9 geregelte Gesellschaft, soweit dispositiv, nach Maßgabe der getroffenen Vereinbarungen, im übrigen unter Berücksichtigung der Eigenheiten des Urheberrechts.

a) Nach § 718 BGB werden die Beiträge der Gesellschafter (hier also die einzelnen Werke) **gemeinschaftliches Vermögen aller;** Grundstücke und Sachen müssen übereignet, sonstige Rechte übertragen werden. Das Urheberrecht ist jedoch nicht übertragbar (§ 29). In das – gesamthänderische (vgl. § 719 BGB) – **Gesellschaftsvermögen** können also nur einzelne Verwertungsrechte (§§ 15, 23) eingebracht werden. 5

b) Da nach der Zweckübertragungstheorie (§ 31 Bem. 19–32) davon auszugehen ist, daß der Urheber vertraglich nicht mehr Rechte überträgt, als zur Erfüllung des jeweiligen Vertragszweckes erforderlich ist, stehen die **Verwertungsrechte** im Zweifel auch nur insoweit der Gesellschaft zu, als sie für die gemeinsame Verwertung erforderlich sind. Der Urheber des **Einzelwerkes** kann dieses also ohne Zustimmung der übrigen Gesellschafter selbständig in jeder beliebigen Weise nutzen, soweit und solange damit die gemeinschaftliche Verwertung der verbundenen Werke nicht beeinrächtigt wird (Begr. S. 42). Die Unterlegung eines neuen Textes zu einer Melodie ist danach unzulässig, weil sie der bisherigen Werkverbindung Konkurrenz machen würde (OLG München ZUM 1991, 432, 433f. *Gaby wartet im Park*). Max Slevogt konnte dagegen seine Illustrationen zu Coopers *Lederstrumpf* (1909) getrennt vervielfältigen lassen, solange das in einer Form geschah, die den Absatz des Buches nicht beeinträchtigte; umgekehrt durften die Erben Coopers den berühmten Archetypus aller Wildwestromane nicht in einer billigen Volksausgabe ohne Illustrationen erscheinen lassen, weil das die Verkaufszahlen der illustrierten Ausgabe mit Sicherheit hätte zurückgehen lassen. Zu Wettbewerbsverboten im Urheberrecht vgl. ferner vor § 31 Bem. 15. – Im Zweifel bringt der einzelne Urheber also nur einfache Nutzungsrechte in die Gesellschaft ein (§ 31 Abs. 2). 6

c) Die **Verwaltung** des Gesellschaftsvermögens, hier also die Vergabe von Verwertungs- und Wiedergaberechten und die Einwilligung zur Bearbeitung der verbundenen Werke, steht nach § 709 BGB allen Gesellschaftern **gemeinschaftlich** zu; zu jeder Rechtsübertragung ist die Zustimmung eines jeden erforderlich. Verlagsverträge über verbundene Werke können daher nur von allen Urhebern gemeinsam geschlossen, geändert oder beendet 7 werden (ebenso BGH GRUR 1973, 328, 329 *Musikverleger II*). Um jedoch eine willkürliche Sperre der Verwertung auszuschließen, bestimmt § 9, daß jeder Urheber von den anderen die Einwilligung zur Veröffentlichung, Verwertung oder Änderung der verbundenen Werke verlangen kann (vgl. Cour d'Appèl Paris UFITA 25 [1959], 106, 113 *Zeichentrickfilm:* „Der Starrsinn eines einzelnen darf nicht die Vernichtung des gemeinsamen Werkes nach sich ziehen"). Da Einwilligung vorherige Zustimmung heißt (§ 183 BGB), darf die beabsichtigte Maßnahme vor rechtskräftiger (wegen § 894 ZPO) Verurteilung des Widersprechenden nicht durchgeführt werden. Die Klage auf Einwilligung hat auch nur dann Erfolg, wenn Tatsachen nachgewiesen werden, aus denen sich ergibt, daß die Einwilligung dem anderen „nach Treu und Glauben zuzumuten" ist. Die Beweislast trifft also den Kläger, der veröffentlichen, verwerten oder ändern will; Zweifel gehen zu seinen Lasten (ebenso, trotz abweichender Formulierung im Gesetzestext, im Falle der Miturheberschaft, vgl. § 8 Bem. 17).

8 Eine Ausnahme gilt wie bei § 8 (s. dort Bem. 18) für Maßnahmen, die zur Werterhaltung der verbundenen Werke nötig sind (§ 744 Abs. 2 BGB). Dieses **Notverwaltungsrecht** des einzelnen Urhebers, von dem er ohne Zustimmung des anderen kraft Gesetzes im eigenen Namen Gebrauch machen kann, wird vor allem bei der fristlosen Kündigung von Verträgen praktisch bedeutsam, die zur gemeinsamen Verwertung der verbundenen Werke geschlossen wurden (a. M. BGH GRUR 1982, 41, 43 *Musikverleger III*). Die dazu in § 8 Bem. 18–19 für den Fall der Miturheberschaft angestellten Erwägungen treffen auch auf die Werkverbindung zu.

9 Im Rahmen des Notverwaltungsrechts kann der einzelne Urheber auch gegen **Rechtsverletzungen** seitens Dritter allein im eigenen Namen vorgehen, ohne die Zustimmung der anderen einholen zu müssen. Wir halten darüber hinaus die Verfolgungserleichterung des § 8 Abs. 2 Satz 3 für alle Rechtsverletzungen auch bei verbundenen Werken aus dem Gesichtspunkt des *a maiore ad minus* für analog anwendbar (vgl. § 8 Bem. 20).

10 Die beabsichtigte **Änderung** kann sich auch ausschließlich auf das Werk des Widersprechenden beziehen (z. B. der Text eines *evergreen* ist so hoffnungslos veraltet, daß er die Verwertung des ganzen Schlagers beeinträchtigt).

11 Da Verwertung nicht nur die Ausübung, sondern auch die Einräumung von Nutzungsrechten an Dritte ist, kann der Widersprechende von den übrigen Urhebern auch auf Einwilligung zum Abschlusse eines bestimmten **Verlagsvertrages** (oder zu dessen Kündigung, BGH GRUR 1982, 743, 744 *Verbundene Werke*) verklagt werden. Es genügt dabei, daß der Abschluß mit dem von den übrigen ausgewählten Verleger dem Widersprechenden nach Treu und Glauben „zuzumuten" ist; daß er der Geeignetste wäre, ist nicht erforderlich. Zuzumuten ist die beabsichtigte Verwertungshandlung dem Widersprechenden jedenfalls dann, wenn die im Einzelfall vorzunehmende Interessenabwägung ergibt, daß die Interessen der übrigen Urheber als vorrangig anzuerkennen sind (BGH GRUR 1982, 743, 744 *Verbundene Werke*).

12 § 709 Abs. 2 BGB läßt die Vereinbarung eines **Mehrheitsstimmrechts** zu; auch die Bestellung eines geschäftsführenden Gesellschafters, der allein entscheidet, ist möglich (§ 710 BGB). Hiervon sollte in Verträgen über Werkverbindungen insbesondere für den Fall des Todes eines Urhebers

Gebrauch gemacht werden; die Erfahrung lehrt, daß vor allem bei Werken der leichten Muse, wie Operetten und Schlagern, die zeitgerechte und damit bestmögliche Verwertung gelegentlich an der übertriebenen Pietät der Autorenerben scheitert. Verletzt der geschäftsführende Miturheber seine Pflichten, so kann er durch Beschluß der übrigen Gesellschafter abberufen werden (§ 712 BGB).

d) Die Möglichkeit einer **Auflösung** der Werkverbindung richtet sich im Einzelfall, soweit keine ausdrückliche Vereinbarung vorliegt, nach dem Zweck, der mit ihrer Schaffung verfolgt wurde. So wird ein Bühnenbild im allgemeinen nur für eine bestimmte Inszenierung mit dem Werk verbunden; das Kabarett verbindet einen parodistischen Text nur für die Laufzeit des Programms mit einer bestimmten Melodie. In der Regel verbinden Urheber ihre Werke jedoch zur dauernden gemeinsamen Verwertung. Dies trifft vor allem dort zu, wo beide Werke von vornherein zur gemeinsamen Verwertung geschaffen, also etwa nach vorheriger Verständigung gleichzeitig verfaßt wurden, oder wo gar Miturheberschaft z. B. von Texter und Komponist am Text einerseits und an der Musik andererseits bestand. Aber auch wenn die Verbindung erst nachträglich erfolgt (der Komponist gibt zu der fertigen Komposition einen Text in Auftrag), ist im Zweifel davon auszugehen, daß eine dauernde Verbindung gewollt war. In diesen Fällen ist die Gesellschaft für die Dauer des Urheberschutzes eingegangen; sie endet, wenn das erste der verbundenen Werke gemeinfrei wird (§ 726 BGB; vgl. Bem. 16). Sie kann, da sie für eine bestimmte Zeit eingegangen wurde, vorher nur aus wichtigem Grunde gekündigt werden (§ 723 BGB) und wird durch den Tod eines Gesellschafters nicht aufgelöst (§ 727 BGB). Auch § 724 BGB (Gesellschaft auf Lebenszeit) ist nicht anwendbar, da nicht die Lebenszeit der einzelnen Urheber, sondern die Schutzfrist für ihre verbundenen Werke die Zeitdauer der Gesellschaft bestimmt und die Lebenszeit nur zu deren Berechnung vom Gesetzgeber herangezogen wird. – Zur Auflösung der Werkverbindung an einem Schlager durch Neutextierung nach österreichischem Recht s. Fischer-See FS öst. UrhG S. 109. 13

Wichtiger Grund ist regelmäßig (sachlich) die Unmöglichkeit oder erhebliche Erschwerung der gemeinsamen Verwertung; letztere liegt vor, wenn die Verwertung eines der verbundenen Werke in einer neuen Werkverbindung zu wesentlich höheren Erträgnissen möglich wäre und eine Änderung des Werkes, das die Beeinträchtigung verursacht, keine Abhilfe schaffen würde (KG UFITA 11 [1938], 281 *Tantiemegarantie*; a. M. Schricker-Loewenheim Rdnr. 9). Die Kündigung ist demnach *ultima ratio;* zuerst wird immer der Versuch einer Änderung gemacht werden müssen. Persönliche Gründe, wie wechselseitige Beleidigungen der Urheber, Quertreibereien usw. rechtfertigen die fristlose Kündigung in aller Regel nicht, da nicht die Gesellschafter als Personen, sondern ihre verbundenen Werke Gegenstand der Werkverbindung und damit Angelpunkt der Gesellschaft sind. Rechnet der geschäftsführende Gesellschafter nicht ab, so mag er abberufen werden (§ 712 BGB); ein Grund zur Auflösung der Werkverbindung ist das jedoch nicht. Das gleiche gilt, wenn ein Gesellschafter grundlos seine Mitwirkung bei der Kündigung eines Verwertungsvertrages oder bei der Erklärung des Rückrufs aus § 41 verweigert; mag er darauf verklagt werden (oben Bem. 7). Andernfalls wäre § 9 insgesamt überflüssig. Eine Ausnahme gilt nur für den Rückruf wegen 14 gewandelter Überzeugung; stimmt der andere Urheber nicht zu, so ist dies stets ein wichtiger Grund für die Auflösung der Werkverbindung (§ 42 Bem. 6 am Schluß).

15 Eine **Kündigung durch Gläubiger** einzelner Urheber (§ 725 BGB) ist zwar rechtlich denkbar, aber praktisch ausgeschlossen. Der Gläubiger kann die Zwangsvollstreckung in Nutzungsrechte des verschuldeten Urhebers nur mit dessen Einwilligung betreiben (vgl. § 113); die Einwilligung würde den Interessen der Gesellschaft an der Fortführung der gemeinschaftlichen Verwertung so sehr zuwiderlaufen, daß sie als durch den Gesellschaftsvertrag stillschweigend von der Zustimmung aller abhängig gemacht anzusehen ist.

16 5. **Ablauf der Schutzfristen.** Die Werkverbindung ändert trotz der entstehenden rechtlichen Verklammerung mehrerer Werke nichts daran, daß das Urheberrecht am Einzelwerk selbständig bleibt (Begr. S. 42; anders Ahlberg, Rechtsverhältnis zwischen Komponisten und Textdichter, Diss. Hamburg 1968 S. 68, der diese Regelung sogar für verfassungswidrig hält). Dadurch entsteht das **Problem des Teilschutzes verbundener Werke.** So ist die Schutzfrist für die Musik zum *Zigeunerbaron* 1929 abgelaufen, da Johann Strauß Sohn 1899 verstarb (damals betrug die Schutzfrist noch 30 Jahre). Das Libretto von Schnitzer dagegen ist noch bis 1992, also 63 Jahre länger, geschützt. Hier ist die Gesellschaft bürgerlichen Rechts seit dem 31. 12. 1929 beendet, da ein Beitrag, den die Erben von Johann Strauß einbringen könnten, rechtlich nicht mehr vorhanden ist. Demzufolge könnte das gemeinfreie Musikwerk jederzeit mit einem anderen Libretto verbunden werden, freilich mit einem neuen Titel, da der bisherige ein Teil des alten Librettos ist. Umgekehrt stünde beispielsweise der Verbindung der Gesangstexte mit neuen Melodien nichts im Wege, falls nicht etwa unter besonderen Umständen ein Verstoß gegen Normen des Wettbewerbsrechts (§§ 1, 3 UWG) in Betracht kommt. Da es den Erben Schnitzers freisteht, ob und zu welcher Musik sie die Verwertung des Librettos gestatten wollen, können sie allerdings *de facto* Verschandelungen und Entstellungen der Straußschen Melodien verhindern, soweit ihr Libretto Verwendung findet.

17 6. Auf lediglich **faktische Verbindungen** mehrerer selbständiger Werke (Bem. 4) finden die Vorschriften des BGB über die **Gemeinschaft** (§§ 741 ff.) Anwendung. § 9 gilt nicht. Der Komponist, dessen Musical oder dessen Schlagermelodie vom Subverleger mit einem fremdsprachigen Libretto oder Liedtext versehen worden ist, mag aufgrund seines Vertrages mit dem Originalverleger *diesem* zur Duldung der gemeinsamen Verwertung verpflichtet sein. Ein Anspruch auf Einwilligung in die Veröffentlichung, Verwertung oder Änderung der verbundenen Werke, wie ihn § 9 *dem anderen Urheber* gewährt, ist bei der bloß faktischen Verbindung nicht denkbar. Er würde erst erst aus einem gemeinsamen Willensentschluß der beteiligten Urheber, also aus einem Vertrag miteinander, folgen, wie § 9 in der Tat voraussetzt. Demzufolge ist das Vertragsverhältnis jedes der beteiligten Urheber zu seinem Verleger für das Schicksal der faktischen Verbindung allein ausschlaggebend: Endet der Musikverlagsvertrag des Komponisten mit seinem Originalverleger oder endet der Textvertrag des ausländischen Textdichters mit dem Subverleger, so entfällt die rechtliche Basis für die weitere gemeinsame Verwertung der beiderseitigen Werke. Die rechtliche

Situation entspricht derjenigen bei der (erlaubten) Bearbeitung; auch dort darf die Übersetzungsfassung des Originalwerks nicht weiter verwertet werden, wenn entweder der Vertrag des Originalautors mit dem Hauptverleger oder der des Übersetzers mit dem Subverleger endet (zum Schicksal weiterübertragener Nutzungsrechte bei vorzeitiger Beendigung des Hauptvertrages s. § 34 Bem. 9). Die Rechtsprechung des Bundesgerichtshofes, der bisher § 9 stets angewandt hat, ohne das Vorliegen einer bloß faktischen Verbindung zu prüfen (BGH GRUR 1982, 743, 744 *Verbundene Werke*), wird also künftig zu differenzieren haben.

8. Auf die Werkverbindungen, die schon vor dem 1. 1. 1966 entstanden sind, **18**
ist **das frühere Recht** anzuwenden, soweit es sich um Verträge handelt (§ 132).

§ 10 Vermutung der Urheberschaft

(1) Wer auf den Vervielfältigungsstücken eines erschienenen Werkes oder auf dem Original eines Werkes der bildenden Künste in der üblichen Weise als Urheber bezeichnet ist, wird bis zum Beweis des Gegenteils als Urheber des Werkes angesehen; dies gilt auch für eine Bezeichnung, die als Deckname oder Künstlerzeichen des Urhebers bekannt ist.

(2) Ist der Urheber nicht nach Absatz 1 bezeichnet, so wird vermutet, daß derjenige ermächtigt ist, die Rechte des Urhebers geltend zu machen, der auf den Vervielfältigungsstücken des Werkes als Herausgeber bezeichnet ist. Ist kein Herausgeber angegeben, so wird vermutet, daß der Verleger ermächtigt ist.

Übersicht

1 1. **Entstehungsgeschichte.** Höchst umständlich verlangte § 7 LUG bei einem erschienenen Werk die Angabe des Verfassernamens auf dem Titelblatt, in der Zueignung, in der Vorrede oder am Schluß. Nur wenn diese Bedingungen erfüllt waren, wurde vermutet, daß der Genannte Urheber des Werkes sei. Bei aufgeführten und vorgetragenen Werken galt die Vermutung für denjenigen, der bei der Ankündigung der Aufführung oder des Vortrages als Verfasser bezeichnet worden war. § 9 KUG sah für die gleiche Vermutung immerhin als ausreichend an, daß auf einem Werke der bildenden Kunst oder Fotografie der Name eines Urhebers angegeben oder durch kenntliche Zeichen ausgedrückt wurde. Die Beweiserleichterung galt jedoch nicht, wenn der Urheber sich hinter einem Pseudonym verbarg (§ 7 Abs. 2 LUG, § 9 Abs. 2 KUG). Demgegenüber erklärt es die Neuregelung für gleichgültig, ob orthonyme oder pseudonyme Bezeichnung des Verfassers erfolgt. Mit Recht verweist die Begr. (S. 42) darauf, daß das Publikum den Urheber nur unter seinem Künstlernamen kennt (*Klabund* für Hentschke, *Grock* für Wettach, *Werner Egk* für Meyer, *Rideamus* für Fritz Oliven und unzählige Fälle mehr). Es wäre ungerecht, vom Werkschöpfer zu verlangen, daß er sein Pseudonym, das möglicherweise Weltruf oder doch weite Verkehrsgeltung gewonnen hat, nur deshalb lüftet, um in den Genuß der Urhebervermutung zu kommen. – Auch die Stelle, auf welcher die Verfasserangabe erfolgt, ist nicht mehr vorgeschrieben. Es genügt, daß die Verfasserbezeichnung, sei es mit dem wahren Namen oder dem bekannten Pseudonym des Autors, **in der üblichen Weise** aus dem Werk ersichtlich ist. Das ist bei Büchern die Titelseite oder auch – vor allem für Übersetzer – deren Rückseite oder der Buchrücken, gelegentlich auch der Copyright-Vermerk, das Vor- oder Nachwort; bei Schallplatten das Label oder die Umhüllung; bei Bauzeichnungen der Architektenvermerk. Bei Werken der bildenden Künste ist seit Jahrhunderten das *pinxit* üblich; es reicht auch nach der Neuregelung aus („Künstlerzeichen"), selbst wenn es – wie bei Werbeanzeigen häufig – nur in Buchstaben oder Zahlen besteht (LG München I Schulze LGZ 41, 6). Die Urheber von Abbildungen in einem Buch (Zeichnungen, Lichtbilder) werden meist auf der zweiten Titelseite oder in einer Übersicht am Schluß genannt. Bei Filmen ist die Nennung im Vor- oder Nachspann üblich. Allgemein wird man davon auszugehen haben, daß jede nicht gerade völlig versteckte Stelle noch als „üblich" im Sinne des Gesetzes anzusehen ist, wenn sie nur so gewählt wurde, daß der Urheber ohne Schwierigkeiten und eindeutig erkennbar ist. In Zweifelsfällen ist zugunsten des Urhebers, d.h. zugunsten einer Anwendung des § 10, zu entscheiden (§ 1 Bem. 1).

2 2. **Umkehr der Beweislast.** a) Beide Absätze stellen ungeachtet ihres etwas abweichenden Wortlauts Rechtsvermutungen (nicht lediglich tatsächliche Vermutungen, OLG Hamburg AfP 1987, 691, 692 und OLG Koblenz GRUR 1987, 435, 436 *Verfremdete Fotos* gegen v. Gamm Bem. 2) auf, die zu einer Umkehrung der Beweislast im Prozeß führen: Wer behauptet, daß der als Urheber Bezeichnete das Werk nicht – oder nicht allein – geschaffen habe (Abs. 1), oder daß bei anonymen Werken der als Herausgeber oder Verleger Bezeichnete nicht berechtigt sei, Ansprüche aus dem Urheberrecht geltend zu machen, muß das beweisen. Zweifel gehen zu seinen Lasten. –

3 b) Die Vermutungen gelten auch im Verhältnis mehrerer **Miturheber,** Mitherausgeber oder Mitverleger zu Dritten (BGH GRUR 1986, 887, 888 *BORA BORA*, allerdings unter unnötiger Berufung auf Art. 15 RBÜ) sowie

zueinander (OLG München ZUM 1990, 186, 188 *Mausfigur*). Sind zunächst mehrere als Miturheber genannt worden, so muß derjenige von ihnen, der nachträglich behauptet, er sei **Alleinurheber,** dies beweisen; ebenso ist derjenige beweispflichtig, der behauptet, Miturheber an einem Werke zu sein, das allein unter dem Namen eines anderen erschienen ist. Ebenso BGH GRUR 1959, 335, 336 *Wenn wir alle Engel wären;* OLG München Schulze OLGZ 7, 5 *Säuglingspflege;* Riedel Bem. B 1 S. 5; v. Gamm Bem. 10. Unzutreffend Bollack GRUR 1967, 21, 23f.

c) Die Vermutungen beider Absätze haben aus unerfindlichen Gründen nur **4**
für **erschienene Werke** bzw. für **Originale** von Kunstwerken Bedeutung (zu den Begriffen § 6 Bem. 2, § 26 Bem. 2). Wer geltend machen will, daß ein anderer sein zwar veröffentlichtes, aber nur in wenigen Exemplaren zum internen Gebrauch vervielfältigtes Manuskript plagiiert oder ein von ihm vorgetragenes Gedicht heimlich mitgeschrieben und verbreitet oder ein öffentlich aufgeführtes oder gesendetes Werk mitgeschnitten habe oder wer nicht mehr das Original, sondern nur mehr einen Abzug hat, muß nachweisen, daß es sich tatsächlich um ein von ihm selbst geschaffenes Werk handelt. Auch die Mitglieder einer Jazzband, deren Improvisationen von anderen kopiert wurden, müssen einen solchen Nachweis führen. Die bisher vielfach geübte Praxis, Mauskripte und Noten oder Tonbänder zum Nachweis der Priorität bei einem Notar zu hinterlegen, behält demnach auch in Zukunft ihren Sinn.

d) Allerdings ist zweifelhaft, ob § 10 noch in der wiedergegebenen Textfas- **5**
sung gilt oder nicht vielmehr **durch Art. 15 RBÜ modifiziert** ist. Diese Bestimmung ist ein Mindestrecht, auf das sich die Verbandsurheber der RBÜ in der Bundesrepublik Deutschland berufen können, selbst wenn eine entsprechende inländische Regelung fehlt (Art. 5 Abs. 1 RBÜ). Sie gewährt die Urhebervermutung für alle Werke, gleichgültig ob sie erschienen sind oder nicht, und läßt es auch für Werke der bildenden Kunst genügen, daß der Name des Urhebers in der üblichen Weise auf dem *Werkstück* angegeben ist. Da die Mindestrechte der RBÜ in der Bundesrepublik für alle Verbandsurheber mit Ausnahme solcher gelten, für die die Bundesrepublik Ursprungsland ist (Art. 5 Abs. 4 RBÜ), brauchen jedenfalls Verbandsausländer vor den deutschen Gerichten auf die Ungereimtheiten des § 10 nicht Bedacht zu nehmen. Nur die Deutschen selbst und die Urheber der hier zuerst erschienenen Werke könnten noch von § 10 benachteiligt sein. Allerdings ist bei einer Kollision älteren Landesrechts mit jüngerem Konventionsrecht, wenn der Gesetzgeber des Ratifizierungsgesetzes keinen gegenteiligen Willen hat erkennen lassen, anzunehmen, daß das ältere stillschweigend durch das jüngere Recht modifiziert wurde; denn der nationale Gesetzgeber dürfte in der Regel kein Interesse daran haben, Ausländer besser zu behandeln als Inländer (Nachweise bei Nordemann/Vinck/Hertin Einl. 32; zur Problematik der Art. 5, 15 RBÜ s. Näheres dort Art. 5 Bem. 4 und 8 und Art. 15 Bem. 1–5). Deshalb gehen wir davon aus, daß § 10 seit Inkrafttreten der Pariser Fassung der RBÜ in der Bundesrepublik Deutschland am 10. 10. 1974 (Copyright 1974, 156) auch für Inländer und Angehörige solcher Vertragsstaaten, die lediglich Inländerbehandlung beanspruchen können (§ 121 Bem. 3, 6b), mit den Erleichterungen des Art. 15 RBÜ gilt.

6 e) § 7 Abs. 3 LUG hatte die Beweiserleichterung auch auf die Nennung bei der **Ankündigung öffentlicher Aufführungen oder Vorträge** erstreckt. Der Gesetzgeber von 1965 hat diese Regelung mit der – kaum nachvollziehbaren – Begründung gestrichen, der Urheber könne in diesen Fällen nicht in gleichem Maße die Richtigkeit der Namensangabe überwachen, so daß unrichtige Angaben nicht ausgeschlossen werden könnten (Begr. S. 42). Immerhin kann von einer **tatsächlichen Vermutung** dahin ausgegangen werden, daß, wer auf Theaterzetteln, Plakaten und in Zeitungsanzeigen als Urheber bezeichnet wird, dies auch ist (Ulmer[3] S. 188; vgl. ferner OLG Köln AfP 1991, 430, 431).

6a f) **Die Vermutung erstreckt sich** grundsätzlich auf die Urheberschaft des nach § 10 Bezeichneten an dem Werk, das in dem Werkstück, das die Bezeichnung trägt (Vervielfältigungsstück oder Original eines Werkes der bildenden Künste), verkörpert ist. Für andere Werkformen gilt sie nicht ohne weiteres (Beispiel OLG München ZUM 1990, 186 *Mausfigur:* Die Urheberangabe auf einem 1975 erschienenen Buch begründete keine Vermutung aus § 10 für einen schon 1970 gesendeten Film mit demselben Stoff). Macht die Urheberangabe selbst Einschränkungen, so gilt die Vermutung des § 10 nur nach deren Maßgabe (BGH GRUR 1991, 456, 458 *Goggolore:* Wenn der Urheber selbst angibt, er habe von ihm gesammelte Sagen nacherzählt, begründet das nur die Vermutung seiner Urheberschaft an der äußeren Form).

6b g) § 10 betrifft nur Urheberrechte; eine entsprechende Regelung für Leistungsschutzrechte fehlt im Gesetz. Durch die starke Zunahme von Raubkopien im Videobereich ist das Bedürfnis nach Schließung dieser Regelungslücke durch **analoge Anwendung des Abs. 2** auf deren Hersteller und Vertreiber unabweisbar geworden; einige Instanzgerichte judizieren dementsprechend (OLG Köln GRUR 1992, 312, 313, *Amiga-Club,* n.rkr.; LG Hannover GRUR 1987, 635).

6c h) Zu Beweislastfragen außerhalb des Regelungsbereichs des § 10 s. **§ 97 Bem. 63**.

7 3. **Pseudonyme und Künstlerzeichen.** In Abs. 1 werden Künstlerzeichen oder Pseudonyme der wahren Urheberbezeichnung gleichgestellt. Beide sind zu allen Zeiten von großer kulturgeschichtlicher Bedeutung gewesen. Die Gründe dafür sind vielfältig. Nach Anlaß und Wirkung haben wir folgende Fälle zu unterscheiden:

8 a) Zunächst zwingen **familiäre Rücksichten** manche Autoren dazu, unter einem Pseudonym zu schreiben. Der Name der Familie soll nicht mit dem möglicherweise revolutionierenden Werk eines Familienmitgliedes in Verbindung gebracht werden. Rudolf Ditzen gab dies selbst als Grund dafür an, daß er sich den Namen des Grimmschen Märchenpferdes *Fallada* zulegte. Aus den gleichen Erwägungen ließen so namhafte Literaten wie Joseph v. Eichendorff (als *Florens*), der Romantiker de la Motte-Fouqué (als *Pellegrin*), Wilhelm Raabe (als *Jakob Corvinus*), Hugo von Hofmannsthal (als *Loris* oder *Theophil Morren*) ihre Erstlingswerke unter einem Decknamen erscheinen. Der Schauspieler Freiherr von Wangenheim degradierte sich auch als Verfasser seiner Selbstbiographie vom Baron zum bloßen „von“ und wurde als *Eduard von Winterstein* berühmt. Der adlige Lyriker Nikolaus Franz

Niembsch Edler von Strehlenau publizierte seine wirklich edle Dichtkunst unter dem bürgerlichen Namen *Nikolaus Lenau.* Die Baronin Karen Blixen-Fineke schrieb unter *Tania Blixen.*

b) Auch **berufliche Rücksichten** bewegen zur Wahl des Decknamens: Der Pfarrer Albert Bitzius machte aus Rücksicht auf seine oberste Kirchenbehörde seine Werke unter dem Tarnnamen *Jeremias Gotthelf* weltberühmt. Hermann Dannenberger veränderte seinen Namen zum Pseudonym *Eric Reger,* da ihm eine Nebenbeschäftigung als Schriftsteller im Pressebüro der Firma Krupp untersagt war. **9**

c) Ferner führt **Furcht vor Verspottung** gelegentlich zur Wahl eines Decknamens: Wilhelm Häring machte sich zu *Willibald Alexis,* um Anspielungen auf seinen Familiennamen zu entgehen. Alfred Kempner nannte sich, der ewigen Anspielungen auf seine angebliche Tante Friderike Kempner, die gefühlsselige Kitschdichterin, müde, *Alfred Kerr.* Der Österreicher Richard Engländer wählte wegen der törichten Anspielungen auf seinen eine andere Staatsangehörigkeit andeutenden Familiennamen das Pseudonym *Peter Altenberg.* **10**

d) Auch **Allerweltsnamen** wirken oft hinderlich auf dem Wege zum Ruhm. Die Kulturgeschichte verzeichnet nur wenige große Künstler, denen trotz eines solchen Namens der Erfolg treu war (z.B. Conrad Ferdinand Meyer oder Wilhelm Müller – der „Griechenmüller" –). Die meisten wichen auf Namenszusätze aus, wie Hoffmann *von Fallersleben,* oder sie nehmen mehr oder weniger radikale Änderungen vor, wie *Gustav Meyrink* statt Gustav Meyer, *Otto Ernst* statt Otto Ernst Schmidt oder *Kasimir Edschmidt* statt Eduard Schmidt. – **11**

e) **Humoristen** wählen Decknamen, die sich lustig anhören und auf den Charakter der Werke hinweisen: Alexander Rosenfeld machte sich unter *Roda-Roda,* der Rechtsanwalt Fritz Oliven unter *Rideamus,* Alfred Richard Meyer unter *Munkepunke,* Kurt Fuß unter *Wendelin Überzwerch,* der Arzt Hans Erich Blaich unter *Dr. Owlglass* (englisch = Eulenspiegel) und *Ratatöskr,* Samuel Langhorne Clemens unter *Mark Twain* weltberühmt. **12**

f) Noch häufiger als der Verzicht eines adligen Schriftstellers auf sein Prädikat ist der umgekehrte Fall: **Klangvolle Namen** üben eine große Anziehungskraft auf Künstler aus. Franz Bonn machte sich zum Freiherrn v. Rachwitz oder v. Münchberg, Gabriele Rapagnetta zu Gabriele d'Annunzio. Bei Kriminalroman-Autoren ist die Wahl englisch klingender Pseudonyme gebräuchlich. Auch Musiker passen die Urheberbezeichnung vielfach dem Genre ihres Werkes an: Bayerische Volksmusik unter *Sepp Holzer,* argentinische Tangos unter *Rafaelo Gonzales,* Hillbilly-Musik unter *Joe Carter* usw. **13**

g) Gelegentlich prägt auch der Volksmund Pseudonyme nach Art wohlgelungener **Spitznamen,** die der Träger dann übernimmt und zum Weltruhm trägt: Den Namen des griechischen Malers Dominicos Theotokópulos konnte kein Spanier aussprechen, darum nannte man ihn einfach „den Griechen", *El Greco,* womit er auch seine einzigartigen Gemälde signierte. **14**

h) **Politischer Druck,** z. B. im Dritten Reich die Nichtzugehörigkeit zur „Reichsschrifttumskammer", zwang manche Autoren, auf Pseudonyme **15** auszuweichen. So publizierte Erich Kästner in der nationalsozialistischen Zeit unter *Robert Neuner.*

16 i) **Gelehrte** pflegen ihre „ungezogenen Musenkinder" hinter Pseudonymen zu verstecken. So veröffentlichte der Philosoph Salomon Friedländer Schnurren und Grotesken unter *Mynona* (der Umkehrung von anonym), der frühere Leiter des Inselverlages Prof. Anton Kippenberg seine heiteren Schüttelreime unter *Benno Papentrigk* (dem Ergebnis einer eigenen Namensschüttelung).

17 k) Sogenannte Leihromane (§ 27 Bem. 4) werden häufig unter Pseudonymen geschrieben, die der Verlag und nicht der Urheber prägt. Dabei wird das Pseudonym meist für eine bestimmte Roman**gattung** (z. B. Frauenromane) benutzt. Die Arbeiten des Urhebers können so je nach ihrem Inhalt unter verschiedenen Pseudonymen erscheinen, während andererseits dasselbe Pseudonym von verschiedenen Autoren benutzt wird. Diese **Sammelpseudonyme** verstoßen nicht gegen die Grundsätze des Urheberpersönlichkeitsrechts (OLG Hamm GRUR 1967, 260, 261 *Irene von Velden*). Die Ansicht von OLG Hamm a. a. O., rechtlich sei ein unter Sammelpseudonym erschienenes Werk als anonym zu betrachten, ist verfehlt; die Tatsache, daß es von mehreren Autoren benutzt wird, ändert an seiner Eigenschaft als Pseudonym nichts. Insbesondere besteht kein Anlaß, in diesem Falle nach § 10 Abs. 2 eine Vermutung zugunsten des Herausgebers oder Verlegers entstehen zu lassen. Die Benutzung eines Sammelpseudonyms durch mehrere Autoren hat lediglich zur Folge, daß der einzelne Autor sich nicht auf die Vermutung des Abs. 1 berufen kann (Bem. 21). A. M. auch v. Gamm Bem. 8; Riedel Bem. B 1 S. 6.

18 l) Verwertungsgesellschaften können verlangen, daß der Verwerter ein von ihm angegebenes Pseudonym **aufdeckt,** damit sie in der Lage sind, ihre Ausschüttungspflicht gegenüber dem damit bezeichneten Berechtigten zu erfüllen (LG Berlin GRUR 1971, 229 *Bert Brac*).

19 4. **Anwendung des Abs. 1 Halbsatz 2.** Pseudonyme und Künstlerzeichen stehen der wahren Urheberbezeichnung nach der ausdrücklichen Regelung des Abs. 1 nur dann gleich, wenn sie **als Zeichen oder Deckname bekannt** sind. Die Formulierung des Gesetzes ist in doppelter Hinsicht verunglückt (zur Frage seiner Fortgeltung s. Bem. 5).

20 a) Nach dem Gesetzestext muß **die Bezeichnung „als Deckname ... des Urhebers bekannt"** sein. Dem Wortsinne nach muß die Öffentlichkeit also wissen, daß es sich um ein Pseudonym handelt und daß sich dahinter gerade dieser Urheber verbirgt. Beides ist in der Regel nicht der Fall. Außer einigen Fachleuten weiß heute niemand, daß *Hans Fallada* in Wahrheit Rudolf Ditzen, *Ferdinand Bruckner* in Wahrheit Theodor Tagger, *Joachim Ringelnatz* in Wahrheit Hans Bötticher hieß, und daß *Gabriele d'Annunzio* von Geburt kein „Erzengel der Verkündigung", sondern ein Rapagnetta („Rübchen") war. Gerade diese Fälle wollte der Gesetzgeber mit der Neuregelung auch tatsächlich erfassen (Begr. S. 42). Es kommt also nur darauf an, daß das Pseudonym oder Künstlerzeichen überhaupt bekannt ist.

21 b) Nach dem Wortsinn des Gesetzestextes gilt die Vermutung des Abs. 1 nur für denjenigen Urheber, dessen Pseudonym **bekannt** ist. Demnach müßte

selbst Erich Kästner, der aus begreiflichen Gründen während des Dritten Reiches das Pseudonym *Robert Neuner* wählte, für seine damals erschienenen Werke im Streitfalle den Nachweis führen, daß er sie selbst geschrieben habe, weil heute niemand mehr diesen Decknamen kennt. Urheber, die so zahlreiche Pseudonyme verwenden, daß diese gar nicht alle bekannt sein können (*Voltaire,* in Wahrheit Françoise Cedige Varceus Marie Arouet, benutzte rund 200 Tarnnamen), würden den Rechtsvorteil des § 10 niemals für sich in Anspruch nehmen können. Urheberrechtsprozesse von Pseudonym-Autoren würden kaum noch ohne demoskopische Umfragen über die Bekanntheit des Pseudonyms entschieden werden können; dieser Einwand ist allzu bequem, als daß ihn sich ein Verletzer entgehen ließe. Dem Gesetzgeber ging es jedoch gerade darum, die Rechtsstellung der Pseudonym-Autoren zu verbessern, statt sie zu verschlechtern (Begr. S. 42). Es muß daher genügen, wenn der Träger eines nicht bekannten Decknamens oder Künstlerzeichens im Streitfall nachweist, daß es sich um seine Bezeichnung handele. Ist ihm dies gelungen, so steht ihm die Vermutung des Abs. 1 im vollen Umfange zur Seite. Diese Auslegung entspricht auch der konventionsrechtlichen Regelung (zu deren Vorrang schon Bem. 5). Art. 15 Abs. 1 Satz 2 RBÜ läßt es genügen, wenn „das vom Urheber angenommene Pseudonym keinen Zweifel über seine Identität aufkommen läßt" (a.M. Riedel Bem. 1, S. 4).

c) Wenn, wie es vor allem bei Sammelwerken (§ 4) vorkommt, eine **juristische Person als Urheber** (z. B. als „Herausgeber") bezeichnet ist, gilt für diese die Vermutung des Abs. 1 nicht, da nur der natürliche Mensch Urheber sein kann (§ 7 Bem. 1). **22**

d) Der Künstlername genießt innerhalb des Verkehrs, für den er bestimmt ist, den **Schutz des Namensrechtes** aus § 12 BGB, jedoch weder Urheber- noch Warenzeichenschutz (OLG Nürnberg Schulze OLGZ 9 m. Nachweisen; OLG Hamm GRUR 1967, 260 *Irene von Velden).* **23**

5. **Anonyme Werke.** Auch anonyme Werke (Abs. 2) haben in der Kulturgeschichte stets eine große Rolle gespielt. **24**

a) Hier beruht die Anonymität vielfach nicht auf der Absicht des Verfassers, sondern auf der **Art der Überlieferung.** Die zahlreichen Handschriften und Gemälde unbekannter Meister, aber auch die Sagen, Märchen und Volkslieder, die jahrhundertelang nur durch mündliche Überlieferung bewahrt wurden, legen dafür beredtes Zeugnis ab. **25**

b) Junge Autoren schicken ihre **Erstlingswerke** in die Welt, um ihren Widerhall zu erproben, ohne sich zur geistigen Vaterschaft bekennen zu müssen: Goethe ließ *Götz von Berlichingen* und *Werthers Leiden,* Schiller seine *Räuber,* Klopstock seine *Oden* und die ersten Gesänge seines *Messias,* Herder seine *Kritischen Wälder,* Fichte seinen *Versuch einer Kritik aller Offenbarung,* Kleist seine *Familie Schroffenstein,* Annette von Droste-Hülshoff ihre frühen Gedichte anonym erscheinen. Später bekannten sich alle Autoren zur Urheberschaft dieser „geistigen Findelkinder". **26**

c) Scharfe **Satiren,** politische **Streitschriften,** Pamphlete, kritische Abrechnungen mit Mißständen der Zeit veranlassen zur Verschweigung der Verfassernamen. So verschwieg Ulrich von Hutten seine Verfasserschaft des **27** zweiten Teils der *Dunkelmänner-Briefe*. Der Nürnberger Buchhändler Johann Philipp Palm gab die Schrift *Deutschland in seiner tiefen Erniedrigung* anonym heraus und weigerte sich standhaft, den Namen des Autors zu nennen, so daß ihn Napoleon durch ein Kriegsgericht zum Tode verurteilen und erschießen ließ. Die Blätter der *Weißen Rose* wurden von den Geschwistern Scholl, dem Philosophie-Professor Huber und ihren Gesinnungsfreunden anonym verteilt und brachten allen Beteiligten den Tod.

28 d) Die Flucht in die Anonymität wird aber als besonderes **Lockmittel** gewählt, um Aufmerksamkeit zu erregen. So ließ 1890 der Eigenbrötler Dr. Julius Langbehn das Werk *Rembrandt als Erzieher* mit der Verfasserangabe „Von einem Deutschen" erscheinen und erregte ungeheures Aufsehen. Allein das Rätselraten, wer der „Rembrandt-Deutsche" sei – man riet auf Nietzsche, Lagarde, Hinzpeter u. a. –, vom Verfasser listig geschürt, zog immer neue Leserschichten an. Als das Interesse an dem Werk zu erlahmen begann, verfaßte Langbehn unter der Bezeichnung „Ein Wahrheitsfreund" eine unglaubliche Lobhudelei, indem er das Buch – sein eigenes Werk also – als schön, fremd und duftend wie eine Rose und doch vertraut, lieb und bescheiden wie das erste Veilchen im Frühling pries und als das Buch eines Dichters und Feldherrn bezeichnete, das deutsche Besonnenheit und deutsche Kühnheit paare (Quercu a.a.O. S. 243).

29 e) Gelegentlich wird auch die Anonymität von **anerkannten Schriftstellern** gewählt, um eine objektive Prüfung zu gewährleisten und den Magnetismus des großen Namens auszuschalten. So reichte der zu seiner Zeit berühmte Dramatiker Friedrich Halm das Stück *Der Fechter von Ravenna* beim Burgtheater ohne Verfasserangabe ein, sah sich jedoch in eine heftige Fehde mit einem Unbekannten namens Bacherl verwickelt, der die Urheberschaft für sich in Anspruch nahm.

30 f) **Anwendung des Absatz 2.** Die Vermutung des Abs. 2 für anonyme Werke gilt auch zugunsten solcher Herausgeber oder Verleger, die **juristische Personen** sind, weil es sich hier nur um die Wahrnehmung, nicht um die Inhaberschaft des Urheberrechts handelt (§ 7 Bem. 1). An den Fall, daß der Herausgeber seinerseits ein Pseudonym führt, hat der Gesetzgeber offenbar nicht gedacht. Ein sachlicher Grund, diesen Fall anders als bei Abs. 1 zu behandeln, besteht nicht. Es ist deshalb davon auszugehen, daß sich auch bei Verwendung eines Pseudonyms durch den Herausgeber an der Vermutung des Abs. 2 nichts ändert, wenn der Nachweis erbracht wird, daß das Pseudonym diesem Herausgeber zusteht (vgl. aber Bem. 17 zum Sammelpseudonym eines Verlages). – Die Vermutung richtet sich auch gegen den Urheber selbst, wenn dieser nachträglich hervortritt. Er muß dann nachweisen, daß er das Werk geschaffen hat. Gelingt ihm dies, so ist die Vermutung des Abs. 2 in vollem Umfange ausgeräumt; der Herausgeber oder Verleger kann sich dann nicht etwa auf sie für seine Behauptung berufen, der Urheber habe ihm die Nutzungsrechte zur Geltendmachung überlassen. – Abs. 2 stellt einen Fall der gesetzlichen Prozeßstandschaft dar (v. Gamm Bem. 13).

31 6. **Kunstfälschung** ist ein Sonderfall des anonymen wie des pseudonymen Werkes: Der Urheber verschweigt nicht nur seinen Namen und versteckt sich auch nicht nur hinter einem Decknamen, sondern schiebt den Namen eines anderen vor. Kunstfälschungen wurden so gut wie in allen Kunstgattungen vom Altertum bis in die Neuzeit geübt. Besonders beliebt sind sie auf dem Gebiet der bildenden Künste. Wir nennen als Beispiele Alceo Dossena, einen Steinmetzen aus Cremona, der antike und mittelalterliche Skulpturen fälschte; die Fälschung niederländischer Meister wie Jan Vermeer durch Hans van Meegeren; den Berliner van Gogh-Fälscherprozeß 1930/31 und aus jüngster Zeit die von Dietrich Fey und Lothar Malskat 1945 bis 1952 gefälschten Wandmalereien in der Marienkirche zu Lübeck (Einzelheiten dazu bei Locher S. 171ff.). – Aus der Literatur sind besonders die Fälschung der *Fabeln des Phädrus,* einer Trostschrift Ciceros, angeblicher Gedichte des 15. Jahrhunderts durch Thomas Chatterton, die Shakespeare-Fälschungen durch Ireland und Collier bekannt geworden. Der Grieche Constantin Simonides fälschte Handschriften vom Berge Athos, eine ganze ägyptische Königsgeschichte, die er einem verschollenen Historiker *Uranios* zuschrieb. In den meisten Fällen handeln solche Fälscher in betrügerischer Absicht und schlagen Kapital aus ihren Werken unter Vorspiegelung ihrer „Echtheit". In anderen Fällen sind politische, kulturhistorische und religiöse Motive maßgebend.

a) **Politisch** verhängnisvoll waren die *Protokolle der Weisen von Zion,* die Adolf **32** Hitler ausdrücklich in seinem Buch *Mein Kampf* zur Grundlage seiner antijüdischen Rassenhetze machte. Sie waren 1903 in Rußland von einem gewissen Sergej Milus veröffentlicht worden, der behauptete, sie von einem Freund, Major Suchotin, erhalten zu haben. Ein Mitarbeiter Ludendorffs veröffentlichte sie in Deutschland und machte die Juden für die deutsche Niederlage im Ersten Weltkrieg mitverantwortlich. Als wirklicher Fälscher wurde der Oberst Raschkowski, Leiter der Auslandsabteilung der russischen Geheimen Staatspolizei entlarvt, der sie mit drei Helfern zustande brachte, um die Juden zu vernichten (s. im übrigen Quercu a.a.O., S. 66ff.). Aus neuester Zeit sei an die Fälschung der sog. *Hitler-Tagebücher* durch Conrad Kujau erinnert; Helmut Dietl drehte über diese Vorgänge den bedeutendsten deutschen Film der Jahre 1991/1992 *(Schtonk).*

b) Andere Fälscher suchen dem **Mangel kulturgeschichtlicher Quellen** **33** ihres Volksstammes abzuhelfen. So erfand James McPherson im 18. Jahrhundert einen altkeltischen Volksdichter aus dem 3. nachchristlichen Jahrhundert namens *Ossian,* unter dessen Namen er altgälische Rhapsodien herausgab, die so vorzüglich gebastelt waren, daß Herder und Goethe (der in seinem *Werther* Ossian über Homer stellt) auf ihn hereinfielen. Wenzeslaw Hanka half dem Fehlen tschechischer Sprachaltertümer durch die Fälschung der *Königshofer Handschrift* ab, die er in „teutscher Übersetzung eines Herrn Swoboda" herausgab, und die erst viel später als deutschfeindliches Machwerk entschlüsselt wurde. Der holländische Gymnasiallehrer Ottema ließ die *Ura-Linda-Chronik* in altfriesisch mit niederländischer Übersetzung erscheinen und gab sie als echtes Sprachdokument aus dem 13. Jahrhundert aus; sie erwies sich später als Fälschung des Cornelis Over de Linden, wurde aber noch zu Beginn der Naziherrschaft von Hermann Wirth als „älteste Quelle der nordischen Geistesgeschichte" der „jüdisch-orientalischen Umwertung der universalen Lichtgottreligionen" entgegengesetzt, also zur Rechtfertigung des nordischen Sendungsbewußtseins benutzt.

c) Aus **theologisch-historischem** Interesse wurden auch in frühchristlichen **34** Zeiten Schriften erfunden, wie die *Pilatusakten* und der *Briefwechsel zwischen*

Paulus und Seneca, die *constantinische Schenkung* des 8. und die *pseudo-isidorischen Dekretalen* des 9. Jahrhunderts. Man prägte dafür den milden Ausdruck der „Pseudepigraphie", die sich aber nach unserer heutigen Anschauung als glatte Kunstfälschung darstellt.

35 d) Die zahlreich anzutreffenden Übereinstimmungen von **Melodien** zeitgenössischer Komponisten mit (meist klassischen) gemeinfreien Musikwerken gehören wohl eher in den Bereich der unbewußten Entlehnung (Anhang § 24 Bem. 7–9). Wir nennen hier Peter Kreuders *Sag zum Abschied leise Servus* (aus dem 3. Akt der Operette *Blindekuh* von Johann Strauß Sohn), Werner Richard Heimanns *Du bist das süßeste Mädel der Welt* (Zwischenspiel aus der Operette *1001 Nacht* von Johann Strauß Sohn) und das Lied *An der Donau, wo der Wein blüht* von Theo Mackeben und Franz Grothe *(Herztöne*-Walzer von Johann Strauß Vater). Peter Kreuder, der dem Komponisten der DDR-Hymne, Hanns Eisler, öffentlich den Vorwurf machte, seinen evergreen *Good bye Johnny* plagiiert zu haben (FuR 1977, 200, 272), mußte sich entgegenhalten lassen, daß er selbst sich an die *Athalia*-Ouvertüre von Mendelssohn angelehnt habe. Aber auch die Klassiker sind der Gefahr von Entlehnungen nicht immer entronnen: Das Quartett *Erlieg ich einem Zauber* in Rossinis Oper *La Cenerentola* (1817) ist mit dem Finale des 1. Bildes *Mir ist so wunderbar* aus Beethovens *Fidelio* (1805) nahezu identisch.

36 e) Ein Sonderfall der Kunstfälschung lag vor einigen Jahren dem LG Berlin zur Entscheidung vor: Der Maler Schröder-Sonnenstern signierte gegen eine Flasche Schnaps für Kopisten, die seinen unverwechselbaren Stil treffend nachzuahmen verstanden, leere Leinwände, die dann nachträglich bemalt und als Schröder-Sonnenstern-Originale über einen geschäftstüchtigen Galeristen abgesetzt wurden. Näheres bei Hamann S. 12.

37 f) Neuerdings greift die (Un-)Sitte um sich, **Nachgüsse** von Modellen verstorbener Künstler herzustellen und auf den Markt zu bringen (über Einzelheiten und Verfahren berichtet Heinbuch NJW 1984, 15, 18f.). Soweit sie von den Berechtigten als posthume Kopien gekennzeichnet werden, ist dagegen allenfalls unter künstlerischen, nur ausnahmsweise aber unter rechtlichen Gesichtspunkten etwas einzuwenden (z. B. dann, wenn den Erwerbern des Originals oder der Originalserie Singularität zugesichert war, vgl. Heinbuch a.a.O. S. 20). Wer jedoch, was schon durch bloßes Unterlassen eines dauerhaften gegenteiligen Hinweises am Werkexemplar geschehen kann, den Eindruck erweckt, es handele sich um ein Original (zu diesem Begriff § 26 Bem. 2), betrügt.

38 g) Auch im Falle der Kunstfälschung deckt sich der Wortlaut des § 10 nicht mit den Absichten des Gesetzgebers. Nimmt man Abs. 1 wörtlich, so muß der unglückliche Künstler, der seinen guten Namen auf einem fremden Machwerk prangen sieht und sich dagegen wehrt, beweisen, daß dieses Sonntagsgemälde oder dieser Kitschroman nicht von ihm sei, da für den Fälscher die Vermutung des Gesetzes streitet. Das ist in aller Regel ein objektiv unmögliches Unterfangen; ein negativer Beweis läßt sich nur im Ausnahmefall führen. Der Gesetzgeber kann dies nicht gewollt haben. Er wollte mit § 10 den Schutz des Urhebers verstärken, nicht aber verschlechtern (vgl. Bem. 21). Es ist also davon auszugehen, daß die Vermutung des Abs. 1 nur zugunsten, nicht aber zu Ungunsten des Urhebers gilt (ebenso Locher S. 69; Schricker-Loewenheim Rdnr. 1; a. A. Möhring/Nicolini

Bem. 5). – An der Urheberstellung des Fälschers ändert sich durch die Fälschung nichts. Er hat zwar nicht die Vermutung des § 10 für sich, kann aber, wenn er sein Urheberrecht beweisen kann, jede Verletzung verfolgen.

7. **Rechtsfolgen der Kunstfälschung.** Diese sind persönlichkeitsrechtlicher und wettbewerbsrechtlicher Natur; meist kommt auch Betrug in Betracht. Eine Urheberrechtsverletzung wird jedoch nicht begangen, da ein Recht des Urhebers an seinen Werken (§ 1) nicht verletzt wird, es sei denn, der Fälscher stellt eine Kopie oder eine Nachahmung her (§§ 16, 23). 39

a) Der betroffene **Künstler selbst** kann sich wegen Verletzung seines Namensrechts (§ 12 BGB) zur Wehr setzen, und zwar auch dann, wenn das fremde Werk unter einem von ihm bekanntermaßen früher oder noch jetzt benutzten Pseudonym erschien (st. Rspr. seit RGZ 101, 226, 230; unklar OLG Hamburg UFITA 48 [1966], 292). Für Künstlerzeichen dürfte § 12 BGB analog anzuwenden sein. Daneben kommen die wettbewerbsrechtlichen Vorschriften der §§ 1, 3, 16 UWG in Betracht, evtl. auch § 14 UWG (in der Verbreitung eines Romans unter dem Namen eines andern liegt die Tatsachenbehauptung, der andere habe ihn geschrieben; das kann, wenn der Roman schlecht ist, kreditschädigend wirken). Soweit der Name nicht unmittelbar erscheint, sondern nur Hinweise gegeben werden, die auf die Urheberschaft des betroffenen Künstlers deuten, kommt eine Verletzung des allgemeinen Persönlichkeitsrechts (Art. 1, 2 Abs. 1 GG in Verbindung mit § 823 Abs. 1 BGB) in Betracht; es verletzt die Würde und Unantastbarkeit des freien Menschen, wenn ihm ein fremdes geistiges Kind untergeschoben wird (a. M. BGH GRUR 1960, 346, 347 *Der Nahe Osten rückt näher,* wo zwar von der Verletzung „allgemeiner persönlicher Belange" gesprochen, aber nur ein wettbewerbsrechtlicher Schutz zugebilligt wird; wie hier KG GRUR 48, 274, 285 *Die goldene Stimme* und Neumann-Duesberg UFITA 50 [1967], 464; für untergeschobene Äußerungen auch BVerfG NJW 1980, 2070 *Eppler* und 2072 *Walden* sowie OLG Hamburg ZUM 1986, 474, 475f.). – Der Schutz insbesondere des *oeuvres* bedeutender bildender Künstler durch § 12 BGB und das allgemeine Persönlichkeitsrecht reicht nicht aus, weil er nach ihrem Tode nur ihren Angehörigen (§ 60 Ab. 3) zusteht, die Verwertung des urheberrechtlichen Schaffens aber bei den Erben liegt, oftmals also bei Stiftungen; er läuft ganz leer, wenn keine Angehörigen des Künstlers mehr vorhanden sind. Der Fall BGHZ 107, 384 *Emil Nolde* macht das augenfällig: Nur weil der 1956 verstorbene Maler wenige Jahre vor seinem Tod noch einmal geheiratet hatte und seine zweite Frau noch lebt, konnte die *Stiftung Seebüll Ada und Emil Nolde,* bei der die Urheberrechte liegen, mit deren Ermächtigung den Anspruch auf Entfernung der falschen Signatur von einem fremden, im Stil Noldes gemalten Aquarell durchsetzen. Vgl. § 13 Bem. 15, Richard-Junker GRUR 1988, 18ff. und Löffler NJW 1993, 1421. 40

b) **Andere Urheber** sowie deren **Verbände** (§ 13 UWG) können der Fälscherkonkurrenz mit Hilfe des Wettbewerbsrechts (§§ 1, 3 UWG) das Handwerk legen, soweit der Fälscher „zu Zwecken des Wettbewerbs", d. h. um sein Produkt besser an den Mann zu bringen, gehandelt hat. Das wird stets der Fall sein: Willibald Alexis veröffentlichte seine beiden ersten Romane *Walladmor* und *Schloß Avalon* nur deshalb mit dem erfundenen Zusatz „frei nach dem Englischen des Walter Scott", um dessen Ruf für den Absatz seiner Werke zu nutzen, und Karl Gutzkow erreichte den erhofften Erfolg bei 41 seinen Zeitgenossen, indem er in gleicher Weise den Namen Edward George Bulwer *(Die letzten Tage von Pompeji)* dafür verwendete. Auch wo die Fälschung aus politischen oder sonst immateriellen Gründen erfolgt (s. die Beispiele oben Bem. 31 bis 37), liegt das Merkmal „zu Zwecken des Wettbewerbs" vor, da ohne die Tarnung, d. h. bei Kenntlichmachung der Unechtheit, niemand diese Produkte kaufen oder sonst anerkennen würde.

42 c) Der hereingefallene **Verleger** oder **Kunsthändler** sowie die **Käufer** des gefälschten Werkes können den Fälscher aus unerlaubter Handlung auf Schadenersatz in Anspruch nehmen (§ 823 Abs. 2 BGB in Verbindung mit der zutreffenden Strafnorm, Bem. d). Eine dem Werk beigegebene **Expertise** ist im Rechtssinne eine Eigenschaft des Werkes, die Schadenersatzansprüche aus § 463 BGB wegen Fehlens einer zugesicherten Eigenschaft auslöst, wenn sie nicht stimmt (BGH GRUR 1973, 152, 153 *Madonna mit Kind)*. Der Kunsthändler kann diese Rechtsfolge nicht formularmäßig in seinen Allgemeinen Vertragsbedingungen ausschließen (§ 11 Nr. 11 AGBG; anders noch – schon damals zu Unrecht – BGH GRUR 1975, 612, 614 *Jawlensky* mit ablehnender Anm. von Reimer GRUR 1975, 614; wie hier auch v. Hoyningen-Huene NJW 1975, 962 und Heinbuch NJW 1984, 15, 22 m.w.N.; a. M. Löhr GRUR 1976, 411). Auch ob das Objekt ein **Original** ist oder nicht, ist eine Eigenschaft, die zugesichert sein kann (Heinbuch NJW 1984, 15, 17ff.; vgl. Bem. 37).

43 d) Die Kunstfälschung ist **strafbar.** In Betracht kommen vor allem Betrug (§ 263 StGB) und Urkundenfälschung (§ 267 StGB), aber auch strafbare Irreführung (§ 4 UWG) und ein Verstoß gegen § 107 Nr. 2 (dort Bem. 3). Einzelheiten bei Locher S. 175ff., Katzenberger GRUR 1982, 715 und Löffler NJW 1993, 1421.

Vierter Abschnitt · **Inhalt des Urheberrechts**

1. Allgemeines

§ 11

Das Urheberrecht schützt den Urheber in seinen geistigen und persönlichen Beziehungen zum Werk und in der Nutzung des Werkes.

1 Die Bestimmung soll zum Ausdruck bringen, daß das Urheberrecht sowohl dem Schutz der ideellen als auch der materiellen Interessen des Urhebers dient und daß beide, Persönlichkeitsrecht und Vermögensrecht (Verwertungsrechte) eine untrennbare Einheit bilden (Begr. S. 43). Urheberrecht ist also die Gesamtheit aller Rechtsbeziehungen des Schöpfers zu seinem Werk (vgl. § 1).

2 Damit folgt das Gesetz der **monistischen Theorie** (im Gegensatz zur dualistischen Vorstellung vom selbständigen Nebeneinander der Vermögens- und Persönlichkeitsrechte und im Gegensatz zur Werkherrschaftstheorie von Hirsch UFITA 22 [1956], 165; Einzelheiten zum Meinungsstreit bei Ulmer[3] S. 112ff.). Am anschaulichsten ist zu ihrer Erläuterung das Bild Ulmers (a.a.O. S. 116) vom Baum: Das Urheberrecht ist der Stamm, der

seine Kraft aus den materiellen und ideellen Interessensphären als den Wurzeln zieht, während die urheberrechtlichen Befugnisse den Ästen und Zweigen vergleichbar sind, die aus dem Stamm erwachsen. Vermögens- und Persönlichkeitsbefugnisse als Bestandteile des einheitlichen Stamms ziehen ihre Kraft „bald aus beiden, bald vorwiegend aus einer der Wurzeln". Mit dieser heute herrschenden Grundauffassung vom Urheberrecht (vgl. auch Begr. S. 43; BGHZ 17, 266, 278 *Tonband/Grundig Reporter;* v. Gamm Einf. 28; Möhring/Nicolini § 1 Bem. 5c) steht die Unübertragbarkeit des Stammrechts und der Verwertungsrechte in Einklang (§ 29 Satz 2; vor § 28 Bem. 1, vor § 31 Bem. 7). Zu den aus dem Stammrecht abgezweigten Befugnissen gehören die Nutzungsrechte (§§ 31 ff.) ebenso wie das Einwilligungsrecht zur Bearbeitung und Umgestaltung (§ 23), aber auch die mit den Nutzungsrechten teilweise vermengten urheberpersönlichkeitsrechtlichen Befugnisse der §§ 12–14, 39, 63. Die Intensität, mit der die einzelnen Rechte mit dem Stammrecht verbunden sind, ist durchaus unterschiedlich. Während sich die urheberpersönlichkeitsrechtlichen Befugnisse in ihrem Kern gar nicht, im übrigen aber nur mit Einschränkungen vom Urheberrecht lockern lassen (vor § 12 Bem. 2–4), sind die rein vermögensrechtlichen Nutzungsbefugnisse in der vielfältigsten Weise verkehrsfähig (vor § 31 Bem. 2–11). Gemeinsam ist allen Befugnissen, daß sie dem Stammrecht letztendlich in einer mehr oder weniger engen Weise verbunden bleiben und nach ihrer Lösung von außenstehenden Nutzungsberechtigten dem Stammrecht wieder uneingeschränkt anwachsen (vor § 28 Bem. 1 und vor § 31 Bem. 10). Auch die im Urhebervertragsrecht geltende Einschränkung des Abstraktionsprinzips (vor § 31 Bem. 10) hat in der Ableitung des Nutzungsrechts aus dem einheitlichen, beim Urheber verbleibenden Stammrecht ihre Ursache.

2. Urheberpersönlichkeitsrecht

Vorbemerkung

I. Urheberpersönlichkeitsrecht

Übersicht

1. Begriff und **Bedeutung** des Urheberpersönlichkeitsrechts sind zuerst im französischen Recht erkannt worden (droit moral) und dann auch durch Art. 6bis RBÜ (seit der Rom-Konferenz 1928) international rechtlich anerkannt worden. Zur historischen Entwicklung des Urheberpersönlichkeitsrechts in Deutschland und zur Entstehungsgeschichte der urheberpersönlichkeitsrechtlichen Vorschriften des UrhG Schricker-Dietz Rdnr. 1–6. Man versteht darunter diejenigen Rechtsbeziehungen des Urhebers zu seinem 1

Werk, die nicht materieller Natur sind (vgl. Begr. S. 43). Die Entwicklung der Lehre vom Urheberpersönlichkeitsrecht beruht auf der Erkenntnis, daß das Werk auch nach seiner Fertigstellung, seiner Veröffentlichung, ja selbst nach Weggabe aller Nutzungsrechte und des letzten eigenen Exemplars des Urhebers untrennbar mit seinem Schöpfer verbunden bleibt. Es ist Ausdruck seines Denkens und Fühlens, seines Temperaments, seines Stils, kurz seiner Persönlichkeit. Es ist gewissermaßen das geistige Kind seines Schöpfers; es trägt wie dieses die Wesenszüge seines Erzeugers auch dann noch an sich, wenn es sich von diesem für immer getrennt hat.

2 2. **Rechte** mit der deutlichsten **urheberpersönlichkeitsrechtlichen Ausprägung** sind das Veröffentlichungsrecht (§ 12), das Recht auf Anerkennung der Urheberschaft (§ 13), welches das Nennungsrecht des Autors einschließt, das Recht, Entstellungen und sonstige Beeinträchtigungen zu verbieten (§ 14). Zu ihnen treten weitere Vorschriften mit urheberpersönlichkeitsrechtlichem Einschlag: das Recht auf Zugang zu den noch vorhandenen Exemplaren des Werkes (§ 25), das Änderungsverbot im Zusammenhang mit vertraglich und gesetzlich gestatteter Werknutzung (§ 39), die Verpflichtung des Zitierenden zur Quellenangabe (§ 63) und die Einschränkung der Zwangsvollstreckung gegen den Urheber (§§ 113ff.). Auch der Anspruch auf immateriellen Schadenersatz wegen Verletzung des Urheberpersönlichkeitsrechts wird durch § 97 Abs. 2 nur dem Urheber, nicht dem jeweiligen Inhaber von Lizenzrechten zuerkannt (OLG Hamburg Schulze OLGZ 109, 7; vgl. auch § 97 Bem. 44). Allen Rechten ist gemeinsam, daß in ihnen zugleich persönlichkeits- und vermögensrechtliche Interessen des Urhebers verkörpert sind, wenn auch mit unterschiedlicher Gewichtung. Es liegt in der Natur der Sache, daß der Urheber mit der Geltendmachung von urheberpersönlichkeitsrechtlichen Ansprüchen auch oder sogar überwiegend oder ausschließlich vermögensrechtliche Interessen verfolgt (Schricker-Dietz Rdnr. 12). Bekanntlich ist die Signatur des bildenden Künstlers häufig der ausschlaggebende wertbestimmende Faktor für das Werkstück als Handelsobjekt; der Künstler, der gegen die rechtswidrige Anbringung seiner Signatur aus § 13 vorgeht, um seine Vermögensinteressen zu wahren, handelt völlig legitim (vgl. OLG Frankfurt Schulze OLGZ 201, 10; OLG München GRUR 1969, 146; LG München I Schulze LGZ 173, 1, 15 und LGZ 184, 3).

Befugnisse aus dem Urheberpersönlichkeitsrecht und solche aus §§ 15ff. werden häufig in Anspruchskonkurrenz geltend gemacht. Eine eigenständige Bedeutung kann den urheberpersönlichkeitsrechtlichen Befugnissen dabei zukommen, sofern der Katalog der Verwertungsrechte nicht ausreicht. Im Falle KG NJW-RR 1990, 1065 *Neues Deutschland* konnte der Textdichter die unerlaubte Verbreitung seiner Gedichte und Lieder in einer gefälschten Zeitungsausgabe durch § 17 verhindern; der falschen Behauptung, er habe den fraglichen Text für die gefälschte Zeitungsausgabe zur Verfügung gestellt, war auf der Grundlage von § 14 (dort Bem. 9) durch einen Unterlassungs- und Beseitigungsanspruch entgegenzutreten.

3 Aus der Eigenart des Urheberpersönlichkeitsrechts folgt zwangsläufig, daß es nur dem Urheber selbst, nicht aber einer juristischen Person zusteht (§ 13 Bem. 3) und daß es in seinem **Kerngehalt nicht übertragbar** ist. Das persönliche Band kann durch ein wie auch immer geartetes Rechtsgeschäft nicht aufgehoben werden. Diejenigen Rechtsbeziehungen des Urhebers zu seinem Werk, die auf seiner persönlichen Bindung zu ihm gründen, lassen sich also weder verpfänden noch durch Verzicht zum Erlöschen bringen noch grundsätzlich auf Dritte übertragen. Der Gesetzgeber hat dies zum Anlaß genommen, das Urheberrecht in seiner Gesamtheit für nicht übertragbar zu erklären (§ 29 Satz 2; vgl. vor § 28 Bem. 1). Von diesen Grundsätzen sind allerdings Einschränkungen in Grenzbereichen – mit Ausnahmecharakter – möglich:

a) Die Ausübung urheberpersönlichkeitsrechtlicher Befugnisse steht oft im unmittelbaren Zusammenhang mit der Verwertung des Werkes. Manche wollen deshalb eine (Teil-)Übertragung der aus dem Urheberpersönlichkeitsrecht fließenden Berechtigungen auf den jeweiligen Nutzungsberechtigten zulassen, soweit dies zur ungestörten Werknutzung unerläßlich sei und der Wesensgehalt des Urheberpersönlichkeitsrechts unangetastet bleibe (v. Gamm, § 11 Bem. 7; Krüger-Nieland FS Hauß, S. 215, 220; beide unter Berufung auf RGZ 151, 50 *Babbit-Übersetzung* und BGHZ 15, 249 *Cosima Wagner;* Gerstenberg, Anm. S. 10 zu OLG Hamburg Schulze OLGZ 174). Für eine Übertragung urheberpersönlichkeitsrechtlicher Befugnisse mit dinglicher Wirkung findet sich jedoch weder eine Rechtsgrundlage noch ein Schutzbedürfnis des Verwerters. Hubmann[6] S. 223 will § 39 Abs. 1 analog anwenden, was allerdings mit dem Zweck des § 39 Abs. 1, der Änderungen nur *unterhalb* der Schwelle des Urheberpersönlichkeitsrechts zulassen will (§ 39 Bem. 3), nicht vereinbar erscheint. Wir halten deshalb – unter der Voraussetzung, daß dies zur ungestörten Werknutzung unerläßlich ist – allein eine **Überlassung einzelner urheberpersönlichkeitsrechtlicher Befugnisse zur Ausübung** für möglich. Dabei verbleibt das Recht der Substanz nach beim Urheber. Der Erwerber ist zu dessen Geltendmachung im eigenen Namen (neben dem Urheber) berechtigt. Im Widerstreit zwischen Urheber und Ausübungsberechtigten hat die Meinung des Urhebers Vorrang. Die Dogmatik ist streitig: für vertragliche Überlassung zur Ausübung Ulmer[3] § 89 II 1; Leßmann S. 79, 81f.; Schilcher S. 155; für konstitutive Rechtseinräumung entsprechend der Einräumung von Nutzungsrechten (vgl. vor § 31 Bem. 8) Forkel S. 119ff., 168ff.; v. Gamm Einf. Rdnr. 28, 96; § 11 Anm. 7; § 12 Anm. 6; für das österreichische Recht OGH Wien GRUR Int. 1987, 262, 263 *Weihnachtslieder,* im praktischen Ergebnis zutreffend zur Wahrnehmung des Verbotsanspruchs gegen die Entfernung der Urheberbezeichnung urheberschutzfähiger Kinderbuchillustrationen durch eine Verwertungsgesellschaft. Der Bereicherungsanspruch aus der Verletzung von Persönlichkeitsrechten kann auf eine VerwGes übertragen werden (BGH GRUR 1987, 128 *Nena*). Soweit zur ungestörten Ausübung eines Nutzungsrechtes erforderlich, kann der Urheber darüber hinaus auf die Geltendmachung urheberpersönlichkeitsrechtlicher Befugnisse gegenüber seinem Vertragspartner schuldrechtliche Verpflichtungen eingehen, z. B. dahingehend, daß bei Meinungsverschiedenheiten über den Zeitpunkt und die Form der Veröffentlichung der Vertragspartner entscheiden soll (vgl. § 12 Bem. 7). 4

b) Ein **Verzicht** auf die Geltendmachung von Befugnissen aus dem Urheberpersönlichkeitsrecht ist nur im Rahmen des § 397 BGB denkbar: Auf Ansprüche aus einer bereits geschehenen Verletzung des Urheberper- 5 sönlichkeitsrechts kann der Urheber im nachhinein verzichten (Forkel S. 205; Osenberg S. 47, 201; Schricker FS Hubmann S. 409, 413 mit weiteren Nachweisen; Seetzen S. 49ff.). Das gleiche gilt für Ansprüche aus einer beabsichtigten *bestimmten* Rechtsverletzung, etwa aus der vorgesehenen Unterlassung der Namensnennung (zum Ghostwriter-Problem § 13 Bem. 16) oder aus der beabsichtigten Verwertung einer bereits vorliegenden Bearbeitung des Werkes, die eine Veränderung von dessen Wesenszügen enthält (ebenso Schricker FS Hubmann S. 409, 417, 419). Der Erlaß des § 397 BGB beendet lediglich ein (obligatorisches) Schuldverhältnis. Ein Verzicht auf Urheberpersönlichkeitsrechte mit dinglicher Wirkung oder gar ein Generalverzicht ist nicht denkbar (Osenberg S. 18ff., S. 206; Schricker-Dietz Rdnr. 26, 28, Schricker § 29 Rdnr. 15 unter Hinweis auf die gesetzliche Unwirksamkeit von Vorausverzichten in §§ 41 Abs. 4 Satz 2, 42 Abs. 2 Satz 2, siehe auch die Unverzichtbarkeit der Kündigungsklausel nach § 40 Abs. 2 Satz 1).

6 c) Entsprechend den zum allgemeinen Persönlichkeitsrecht entwickelten Grundsätzen ist die Ermächtigung zur Prozeßführung **(gewillkürte Prozeßstandschaft)** unzulässig, wenn das einzuklagende Recht, wie im Fall der §§ 12–14, höchstpersönlichen Charakter hat und mit dem Rechtsinhaber, in dessen Person es entstanden ist, so eng verknüpft ist, daß die Möglichkeit, eine gerichtliche Geltendmachung einem Dritten im eigenen Namen zu überlassen, dazu in Widerspruch stünde (BGH GRUR 1983, 379, 381 *Geldmafiosi*). Wenn aber der ursprüngliche Rechtsträger verstorben ist (Bem. 8), ist die Ermächtigung zur Prozeßführung zulässig (BGHZ 107, 384, 389 *Emil Nolde*). Wahrnehmungsberechtigte sind in erster Linie der vom Urheber zu Lebzeiten Berufene und daneben seine nahen Angehörigen (BGHZ 50, 133, 137ff., 140 *Mephisto*). Auch die Ermächtigung eines Dritten durch einen nahen Angehörigen ist zulässig, vorausgesetzt, der Ermächtigte hat an der Rechtsdurchsetzung ein eigenes schutzwürdiges Interesse. Ein solches Interesse kann sich zugunsten einer Stiftung aus deren Satzung ergeben (BGHZ 107, 384, 389 *Emil Nolde*).

7 Bei Werken der **Kleinen Münze,** beim **angestellten Urheber** und insbesondere wenn ein angestellter Urheber Werke der Kleinen Münze für seinen Arbeitgeber zu fertigen hat, treten die schutzwürdigen urheberpersönlichkeitsrechtlichen Interessen des Urhebers deutlich zurück, ohne aber prinzipiell außer Kraft gesetzt zu sein (vgl. Zoellner FS Hubmann S. 523ff.; zu entsprechenden Überlegungen in der US-amerikanischen Gesetzesentwicklung Ginsburg GRUR Int. 1991, 593, 598; vgl. § 43 Bem. 3).

8 Die sich aus § 28 Abs. 1 ergebende **Vererblichkeit** des vollen Urheberrechts erstreckt sich auf die Urheberpersönlichkeitsrechte (§ 30 Bem. 1). Die aus den Urheberpersönlichkeitsrechten fließenden Befugnisse enden mit dem Ablauf der gesetzlichen Schutzfrist (§ 64 Abs. 1). Inwieweit sich ein zunehmender zeitlicher Abstand zwischen dem Tode des Urhebers und einer Berührung seiner urheberpersönlichkeitsrechtlichen Interessen auf die vorzunehmende Interessenabwägung auswirkt, ist eine Frage des Einzelfalls. Ein allgemeiner Grundsatz, infolge des Zeitablaufs hätten die Urheberinteressen mehr und mehr zurückzutreten (Schricker-Dietz Rdnr. 31 unter Hinweis auf v. Gamm § 11 Rdnr. 6, § 30 Anm. 4), läßt sich nicht rechtfertigen. So kann z. B. das Interesse an der Namensnennung (§ 13) und der

Werkintegrität (§ 14) nachträglich, gerade auch noch Jahrzehnte nach dem Tode des Urhebers, anwachsen, etwa weil der Rang des Urhebers erst posthum entdeckt und über eine enge Fachöffentlichkeit hinaus bekannt geworden ist. Allgemein zu den Betätigungsmöglichkeiten des Rechtsnachfolgers des Urhebers § 30 Bem. 1; zur Herstellung von Nachgüssen von Modellen verstorbener Künstler § 10 Bem. 37; zur Strafbarkeit des Vortäuschens eigenhändiger Signierung durch den Urhebererben § 7 Nr. 2 sowie § 7 Bem. 1.

II. Urheber- und allgemeines Persönlichkeitsrecht

1. Urheberpersönlichkeitsrecht und **allgemeines Persönlichkeitsrecht,** 9
das seit BGHZ 13, 334, 338 *Hjalmar Schacht* in ständiger Rechtsprechung zum Schutz der Individual-, Privat- und Intim- (Geheim-)sphäre des Menschen anerkannt und gegen Angriffe verteidigt wird (BGH GRUR 1971, 525 *Petite Jacqueline*), stehen ergänzend nebeneinander. Das allgemeine Persönlichkeitsrecht gründet auf der Personenhaftigkeit des Menschen, das Urheberpersönlichkeitsrecht auf der geistigen und persönlichen Beziehung des Urhebers zu seinem Werk. Diese Werkbezogenheit bedingt eine enge Verknüpfung zwischen Persönlichkeits- und vermögensrechtlichem Schutz; darauf beruht es, daß das Urheberpersönlichkeitsrecht im Unterschied zum allgemeinen Persönlichkeitsrecht grundsätzlich auch, soweit es die ideellen Interessen schützt, auf die Erben übergeht (vgl. § 30 Bem. 1). Das Urheberpersönlichkeitsrecht geht, soweit es im UrhG eine spezielle Regelung gefunden hat, dem allgemeinen Persönlichkeitsrecht vor. Andererseits kann der Urheber auf das allgemeine Persönlichkeitsrecht zurückgreifen, wenn die Spezialvorschriften des Urheberpersönlichkeitsrechts zum Schutz seiner ideellen Interessen aus formalen (z. B. weil die Schutzfrist abgelaufen ist) oder sachlichen Gründen (z. B. weil die Werkqualität zweifelhaft ist, BGHZ 13, 334, 337 *Hjalmar Schacht*) nicht ausreichen. Persönliche Interessen des Urhebers, die sich nicht auf ein einzelnes von ihm geschaffenes Werk beziehen, sondern auf die Gesamtheit seines Schaffens, werden erforderlichenfalls durch das allgemeine Persönlichkeitsrecht geschützt. So berief sich der französische Maler Bergerot gegen das Verramschen seiner Bilder durch einen Kunsthändler auf sein Persönlichkeitsrecht (vgl. Richard/Junker GRUR 1988, 18, 20). Das offensichtlich in Fälschungsabsicht erfolgte Signieren eines Bildes, welches zwar nicht einem Motiv, aber der Malweise von Emil Nolde nachempfunden ist, mit dem Schriftzug „Emil Nolde" beinhaltet keine Urheberrechtsverletzung, aber eine Verletzung des (auch postmortal, vgl. Bem. 10) geschützten Persönlichkeitsbereichs des Künstlers, bezogen auf die Gesamtheit seines Schaffens; derartige Fälschungen sind geeignet, durch Verzerrung des Gesamtwerkes das künstlerische Ansehen und die künstlerische Wertschätzung zu beeinträchtigen (BGHZ 107, 384, 391 *Emil Nolde*). Der Urheber hat einen Anspruch auf Entfernung der fälschenden Signatur, nicht aber auf Anbringung einer äußeren Kennzeichnung des Bildes als Fälschung (BGHZ a.a.O. S. 394). Nordemann (GRUR 1991, 1, 3f., 6) empfiehlt de lege ferenda nach dem Vorbild anderer Rechtsordnungen (z. B. Großbritannien, Polen) die Einführung eines droit de non paternité, welches dem Urheber und dessen Gesamtrechtsnachfolger (und nicht den Angehöri-

gen) für die Dauer der gesetzlichen Schutzfrist als werkbezogenes Urheberpersönlichkeitsrecht zustehen soll. Der aus seinem allgemeinen Persönlichkeitsrecht vorgehende Urheber hat dabei auf widerstreitende Interessen anderer gebührend Rücksicht zu nehmen, z. B. des Eigentümers des Werkstücks (vgl. § 14 Bem. 12–14, 17) sowie die Ehre natürlicher und juristischer Personen (BGH UFITA 77 [1976], 252, 253 *Der Geist von O.* mit ablehnender Anm. Ridder) gebührend Rücksicht zu nehmen (Krüger-Nieland FS Fritz Hauß, S. 215, 220ff., Keller UFITA 79 [1977], 89ff.). Gemeinsam finden allgemeines Persönlichkeitsrecht und Urheberpersönlichkeitsrecht ihre Rechtfertigung in Art. 1 Abs. 3 (Grundrecht der Menschenwürde) und Art. 2 Abs. 1 GG (Grundrecht der freien Entfaltung der Persönlichkeit). Daher kann auch für schwerwiegende Eingriffe in das Urheberpersönlichkeitsrecht, die vor Inkrafttreten des § 97 Abs. 2 abgeschlossen waren, entsprechend den zum allgemeinen Persönlichkeitsrecht entwickelten Grundsätzen immaterieller Schadenersatz in Geld beansprucht werden (BGH a.a.O.). Zum Schadenersatz bei Verletzung des allgemeinen Persönlichkeitsrechts und des Urheberpersönlichkeitsrechts s. § 97 Bem. 44–55.

10 **Postmortaler Rechtsschutz.** Nach dem Tode besteht ein Wert- und Achtungsanspruch fort, so daß das fortwirkende Lebensbild eines Verstorbenen weiterhin gegen schwerwiegende Verzerrungen oder Verfälschungen geschützt wird (BGHZ 50, 133, 136ff. *Mephisto;* BGH GRUR 1974, 797, 798 *Fiete Schulze;* BGH GRUR 1984, 907, 908 *Frischzellenkosmetik;* BGHZ 107, 384 *Emil Nolde*). Zu den geschützten persönlichkeitsrechtlichen Interessen gehören auch die (verletzbaren) Gefühle, die sie dem Verstorbenen gegenüber empfinden (Nikoletopulos S. 113, 132). Der Versuch Schacks (GRUR 1985, 352, 356), eine Art Treuhandschaft der Angehörigen für noch fortwirkende Persönlichkeitsrechte des Verstorbenen zu konstruieren, scheitert schon daran, daß nur ein Rechtssubjekt Rechte haben kann, ein solches aber nach dem Tode nicht mehr vorhanden ist (ebenso LG Berlin UFITA 86 [1980], 313, 319 *Der eiserne Gustav;* vgl. auch BVerfGE 34, 269 *Mephisto* und dazu OLG Hamburg Schulze OLGZ 64). Allerdings wird die Anlehnung der künstlerischen Darstellung an reale Persönlichkeitsdaten eines Verstorbenen nur in schwerwiegenden Fällen als Eingriff in den Persönlichkeitsbereich der Angehörigen gewertet; ob das zutrifft, beurteilt sich danach, ob und inwieweit das künstlerische Abbild dem realen Urbild gegenüber so weit vervollständigt ist, daß das Charakteristische der dargestellten Person zugunsten des Allgemeinen, Zeichenhaften der „Figur" objektiviert wurde (BVerfG a.a.O.; LG Berlin UFITA 86 [1980], 313, 319 *Der eiserne Gustav*). Die **Dauer** des postmortablen Schutzes hängt von den Umständen des Einzelfalls ab; dabei kommt es neben der Intensität der Beeinträchtigung vor allem auf die Bekanntheit und die Bedeutung des durch das künstlerische Schaffen geprägten Persönlichkeitsbildes an. Bei einem bildenden Künstler, der seiner Nachwelt ein bleibendes Werk hinterläßt, kann das künstlerische Ansehen noch Jahrzehnte nach dem Tode fortbestehen (BGHZ 107, 384, 393 bejaht für *Emil Nolde* als namhaften Vertreter des deutschen Expressionismus auch rund drei Jahrzehnte nach dem Tode ein fortbestehendes Schutzbedürfnis).

11 Ausprägungen des allgemeinen Persönlichkeitsrechts, nicht des Urheberpersönlichkeitsrechts sind beispielsweise das **Recht am eigenen Bild** (§§ 22, 23

KUG, abgedruckt im Anh. I 3, als einzige Vorschriften dieses Gesetzes durch § 141 Nr. 5 UrhG aufrechterhalten, Schutzablauf 10 Jahre nach dem Tode (Kommentierung s. Schricker-Gerstenberg Anh. zu § 60; für das österreichische Recht vgl. Buchner FS öst UrhG S. 21), das Recht auf Wahrung der Privatsphäre (st. Rspr., z. B. BGHZ 27, 284, 286 *heimliche Tondbandaufnahme*), das Recht auf Achtung der Urheberehre (BGH UFITA 48 [1966], 248 *Lexikon*), die Wahrung der schutzwürdigen Belange beruflicher Betätigung von Urhebern, z. B. des Architekten (Walchshöfer FS Hubmann S. 469, 475ff.), das Recht eines durch sprachliche Darstellung in Wort und Stimmklang bekannt gewordenen Schauspielers, einer Verwendung seiner künstlerischen Eigenart in der Werbung mit Hilfe eines Sprachimitators entgegenzutreten (OLG Hamburg GRUR 1989, 666 *Heinz Erhardt*). Andere Sonderregelungen haben zumindest einen mehr oder weniger stark ausgeprägten persönlichkeitsrechtlichen Einschlag, wie z. B. das Namensrecht (§ 12 BGB), der Ehrenschutz nach §§ 185ff. StGB in Verbindung mit 823 Abs. 2, 824 BGB, 14, 15 UWG und das Erfinderpersönlichkeitsrecht (§§ 37, 63 PatG).

3. Der **Urheber** kommt mit dem allgemeinen **Persönlichkeitsrecht** Dritter **12**
in Konflikt beispielsweise bei Kunstfälschungen (§ 10 Bem. 31–37) und vor allem dann, wenn er Schlüsselromane schreibt oder sonst Werke schafft, in denen Personen erkennbar werden, die leben oder gelebt haben. Er darf zwar Personen der Zeitgeschichte beim vollen Namen nennen und ihr Verhalten nicht nur darstellen, sondern in sachlicher Form auch kritisch würdigen (BGH GRUR 1962, 153, 154 *Bund der Vertriebenen;* vgl. auch BayObLG 48, 356 *Hundhammer*). Dabei läßt BGHZ 84, 237, 243f. *Satirisches Gedicht* im Bereich von Karikatur und Satire sogar Verkürzungen und Vereinfachungen zu, die in einem für den Dargestellten negativen Sinne mißverständlich sind (bedenklich). Eine scherzhafte satirische Überzeichnung der Person ist hinzunehmen, wenn die Pointe dem Sachbezug dient (OLG Hamburg AfP 87, 701 *Bodybuilder*). Bleibt jedoch auch nach „Entkleidung des in Wort und Bild gewählten satirischen Gewandes" im inhaltlichen Kern eine Kundgebung der Mißachtung gegenüber der karikierten Person bestehen, so verletzt dies das Persönlichkeitsrecht (BVerfG NJW 1987, 2661 *Schweinskarikaturen*). Andererseits macht auch eine überzogene und selbst eine ausfällige Kritik für sich genommen eine Äußerung noch nicht zur Schmähung, sondern erst dann, wenn in ihr nicht die Auseinandersetzung in der Sache, sondern die Diffamierung der Person im Vordergrund steht (BVerfG ZUM 1991, 79, 82 *Zwangsdemokrat*). Der Künstler darf auch sonst das Image der karikierten Person nicht verfälschen, d. h. zu ihrem Nachteil verändern (KG UFITA 30, 105, 108 *Ein Lied geht um die Welt* und UFITA 54 [1969], 291, 295 *Angelika;* ferner die Nachweise bei Fromm, Grenzen der Kritik S. 36f.). Das Lebensbild einer bestimmten Person, die dem Werk deutlich als Vorbild gedient hat, darf nicht durch frei erfundene Zutaten grundlegend negativ entstellt werden, ohne daß dies als satirische oder sonstige Übertreibung erkennbar ist (BGHZ 50, 133, 147 *Mephisto*). Dagegen wird man eine Veränderung zum Vorteil der dargestellten Persönlichkeit, eine „Verschönerung", als zulässig anzusehen haben. Das Privat- und Familienleben anderer darf der Künstler ohne deren Zustimmung überhaupt nicht unmittelbar schildern (vgl. die zahlreichen Nachweise bei OLG München GRUR 1960, 42, 43 *Frauenarzt Dr. R.*) oder abbilden (BGHZ 24, 200, 208 *Spätheimkehrer*), ganz gleich, ob sie zu den Personen der Zeitgeschichte gehören oder nicht. Allerdings findet im

gesamten Bereich des allgemeinen Persönlichkeitsrechts stets eine Güter- und Interessenabwägung im Einzelfalle statt (st. Rspr. z. B. BGHZ 31, 308, 313 *Alte Herren,* BGHZ 32, 103, 110 *Vogeler,* BGHZ 45, 296, 307f. *Höllenfeuer;* OLG Frankfurt GRUR 1991, 209 *FCKW-Produktion*). So kann auch eine Darstellung aus dem Privatleben anderer ausnahmsweise zulässig sein, wenn ein besonderes Interesse der Öffentlichkeit an der Aufklärung über bestimmte Geschehnisse vorliegt (BGH UFITA 42 [1964], 338, 340 *Kapfinger* mit Nachweisen). Bei nicht genehmigtem Abnehmen der Totenmaske einer soeben verstorbenen Person greift der Schutz nach § 22 KUG auch dann ein, wenn es sich bei dem Verstorbenen um eine überragende Persönlichkeit der Zeitgeschichte handelt und die Maske selbst Werkschutz nach § 2 Abs. 1 Nr. 4 genießt (LG München I UFITA 100 [1985], 294). Näheres bei Ulmer[3] S. 28–35, Nipperdey UFITA 30 (1960), 1; Krüger-Nieland UFITA 53 (1969), 181ff.; BVerfG NJW 1984, 1293 *Sprayer;* BVerfG NJW 1985, 261 *Anachronistischer Zug.* Allgemein zu den Grenzen der Kunstfreiheit nach Art. 5 Abs. 3 GG Kirchhof NJW 1985, 225; Hoffmann NJW 1985, 237; Zöbelberg NJW 1985, 254; Henschel NJW 1990, 937).

§ 12 Veröffentlichungsrecht

(1) Der Urheber hat das Recht zu bestimmen, ob und wie sein Werk zu veröffentlichen ist.

(2) Dem Urheber ist es vorbehalten, den Inhalt seines Werkes öffentlich mitzuteilen oder zu beschreiben, solange weder das Werk noch der wesentliche Inhalt oder eine Beschreibung des Werkes mit seiner Zustimmung veröffentlicht ist.

Übersicht

1 1. Die Vorschrift behält dem Urheber als dem Schöpfer seiner persönlichen geistigen Schöpfung die – höchstpersönliche – Entscheidung über die Entlassung seines Werkes in die Öffentlichkeit vor. Abs. 1 betrifft die Entscheidung, über die Veröffentlichung des Werkes selbst zu befinden: „ob" es zu veröffentlichen ist (Erstveröffentlichungsrecht) und „wie" die Veröffentlichung zu erfolgen hat, mithin ein *Mehrfach-Recht* (v. Gamm Bem. 7; Möhring/Nicolini Anm. 2; a. M. Ulmer[3] § 39 I 2; Schricker-Dietz Rdnr. 7; zum Verbrauch des Veröffentlichungsrechts Bem. 10). Abs. 2 enthält einen Mitteilungsvorbehalt in Bezug auf den Inhalt des Werkes: allein dem Urheber ist es vorbehalten, vor der Veröffentlichung seines Werkes dessen Inhalt (bei Sprachwerken deren Inhaltsangabe, ansonsten die übrigen schutzfähigen Gestaltungselemente) der Öffentlichkeit bekanntzugeben. Der Mitteilungsvorbehalt gem. Abs. 2 knüpft an die Vorläuferregelung

in § 11 Abs. 1 Satz 2 LUG, während eine dem Abs. 1 entsprechende Regelung im LUG nicht enthalten war und auch in der RBÜ jedenfalls als ausdrückliche Bestimmung fehlt (vgl. Art. 6bis Abs. 1 RBÜ). Allerdings hatte BGHZ 15, 249, 257ff. *Cosima Wagner* bereits vor Inkrafttreten des UrhG aus allgemein urheberpersönlichkeitsrechtlichen Erwägungen heraus das Veröffentlichungsrecht entwickelt.

Veröffentlichungsrecht nach Abs. 1

2 **Ausübung des Veröffentlichungsrechts.** In der Praxis wird das Veröffentlichungsrecht eher selten ausdrücklich durch entsprechende Freigabeerklärung (z. B. Imprimatur-Vermerk auf den korrigierten Druckfahnen) ausgeübt. Häufiger ergibt sich die Freigabeerklärung aus den Umständen. Wenn der Urheber dem Werkverwerter Nutzungsrechte zur Veröffentlichung eines **bereits fertiggestellten** Werkes einräumt, übt er damit regelmäßig konkludent auch sein Veröffentlichungsrecht aus. Er erklärt damit schlüssig sein Werk für veröffentlichungsreif und gibt stillschweigend sein Einverständnis zu erkennen, daß seine persönliche geistige Schöpfung der Öffentlichkeit ausgesetzt werden kann.

3 Auch in der bloßen **Veräußerung** (Verkauf, Tausch, Schenkung) des Originals eines Werkes der bildenden Künste ohne Übertragung von Nutzungsrechten liegt in der Regel schon die Ausübung des Veröffentlichungsrechtes; nach § 44 Abs. 2 ist der Erwerber berechtigt, das bis dahin unveröffentlichte Werk auszustellen (§ 18) und damit zu veröffentlichen (vgl. § 18 Bem. 1), wenn der Urheber dies nicht ausdrücklich ausgeschlossen hat. Stimmt der Urheber einem Inverkehrbringen durch Veräußerung von Originalen oder Vervielfältigungsstücken des von ihm geschaffenen Werkes zu, so ist nach § 17 Abs. 2 deren Weiterverbreitung zulässig (Verbrauch des Verbreitungsrechts); aufgrund dieser gesetzlichen Rechtsfolge hat der Urheber folglich automatisch einer Veröffentlichung zugestimmt. Soll mit der Veräußerung eines Gemäldes, eines Manuskriptes oder eines sonstigen Werkstückes keine Veröffentlichungsbefugnis verbunden sein, muß sich der Urheber das Veröffentlichungsrecht ausdrücklich vorbehalten (Schricker-Dietz Rdnr. 16). Der Urheber kann sein Vorbehaltsrecht eingeschränkt dahin ausüben, daß nur die öffentliche Zurschaustellung, nicht aber eine **bleibende Anbringung an öffentlichen Wegen, Straßen oder Plätzen** freigegeben wird, um damit die Rechtsfolgen des **§ 59** zu vermeiden.

4 Der **Architekt,** der die Errichtung des öffentlich sichtbaren Bauwerkes nach seinen Plänen erlaubt, übt damit zugleich auch sein Veröffentlichungsrecht bezüglich der äußeren Ansicht des Bauwerks aus; § 59 gestattet sogar die Vornahme bestimmter Nutzungshandlungen an öffentlich sichtbaren Bauwerken. Für die Innenraumgestaltung gilt dieser Automatismus nicht. Ob und durch welche Maßnahmen der Architekt insoweit sein Veröffentlichungsrecht ausübt, ist den Umständen des Einzelfalls zu entnehmen (Walchshöfer FS Hubmann S. 469, 472). Das Veröffentlichungsrecht des Architekten kommt im übrigen speziell bei Plänen, Modellen und Werken angewandter Kunst zum Zuge. Mit der Beteiligung an einem Wettbewerb entäußert sich der Architekt des Veröffentlichungsrechtes keineswegs, es sei denn, daß die Wettbewerbsrichtlinien dahingehende Einzelheiten regeln (Beigel Rdnr. 129).

5 Bei Verpflichtungen und Verfügungen über **noch nicht fertiggestellte** künftige **Werke** ist eine vorweggenommene Ausübung des Veröffentlichungsrechts nicht denkbar; derartige Rechtshandlungen beziehen sich erst dann auf ein bestimmtes Werk, wenn der Urheber es zur Veröffentlichung freigegeben hat (vor 31 Bem. 11, § 40 Bem. 4). Liegt die Einräumung der Nutzungsrechte vor der Fertigstellung des veröffentlichten Werkes, erfolgt die Freigabe in der Regel durch konkludentes Handeln. Nur solche Handlungen sind als Ausübung des Veröffentlichungsrechts zu qualifizieren, mit denen der Urheber unzweideutig sein vorbehaltloses Einverständnis mit der Veröffentlichung kundtut. Der mit einer schriftstellerischen Arbeit befaßte Autor, der dem Lektor des mit ihm durch einen Verlagsvertrag verbundenen Verlages sein Manuskript als Leseprobe überläßt, übt sein Veröffentlichungsrecht damit nicht ohne weiteres aus, ebensowenig der Musikautor, der seinem Verlag oder Produzenten, dem er vertraglich das Verlagsrecht an noch zu schaffenden Musikwerken eingeräumt hat, eine sogenannte Demo-Kassette mit einer Vielzahl von Werkvorschlägen an die Hand gibt. Maßgebend sind die Umstände des Einzelfalls. Vor allem wenn nach den Branchengepflogenheiten vor der endgültigen Festlegung des veröffentlichungsreifen Werkes zwischen dem Urheber und dem Verwerter die Einzelheiten der veröffentlichungsreifen Werkfassung und/oder der Präsentationsform noch festzulegen sind, steht eine Ausübung des Veröffentlichungsrecht noch aus. Gestattet der Lichtbild-Urheber oder Lichtbildner die Speicherung seines **Lichtbildes** in einer **Online-Datenbank,** kommt es zu einer (sein Recht erschöpfenden) Veröffentlichung (Maaßen ZUM 1992, 338, 343).

6 Auch in der Phase zwischen der (ausdrücklichen oder schlüssigen) Freigabeerklärung des Urhebers gegenüber dem Werkverwerter und dessen tatsächlicher Erstveröffentlichung bleibt der Urheber berechtigt, Dritten eine dem berechtigten Werkverwerter zuvorkommende Veröffentlichung nach § 12 Abs. 1 zu untersagen (Ulmer[3] § 39 II 1; Schricker-Dietz Rdnr. 18).

7 **Veröffentlichung des angestellten Urhebers.** Wenngleich die Befugnisse aus dem Urheberpersönlichkeitsrecht dem angestellten Urheber nur eingeschränkt gewährt werden (§ 43 Bem. 3d), steht die Entscheidung, eine Werkschöpfung in die Öffentlichkeit zu entlassen, dem Urheber auch im Arbeitsverhältnis zu. Sofern der Arbeitnehmer-Urheber seine Werkschöpfung in den betrieblichen Arbeitsgang gibt, übt er sein Veröffentlichungsrecht konkludent aus.

8 **Ausübung durch Dritte.** Die Entscheidung über die veröffentlichungsreife Fertigstellung des Werkes kann der Urheber einem Dritten rechtswirksam nur in den Grenzen des § 39 Abs. 1 überlassen. Soweit der Urheber noch Änderungen, Erweiterungen und Kürzungen vorzunehmen beabsichtigt, die die Wesenszüge des Werkes beeinflussen, muß ihm entsprechend § 14 die letzte Entscheidung über den Endzustand des Werkes verbleiben. Für das Verhältnis zwischen Ghostwriter und Namensträger kann nichts anderes gelten; die Berücksichtigung der berechtigten Interessen des Namensträgers zwingt beide Seiten dazu, vor der Veröffentlichung ein Einvernehmen über die Fertigstellung zu erzielen (a. M. insoweit Stolz S. 89). *Max Pechstein* hatte Teile eines von ihm selbst stammenden Lithos zerrissen, um diese in anderen Werken zu verwenden; der Kunsthändler, der diese Teile ohne die geson-

derte Freigabe Pechsteins anbot, verletzte das Veröffentlichungsrecht des Künstlers. Eine weitergehende Überlassung der Ausübung des Veröffentlichungsrechts an Dritte ist ausnahmsweise in solchen Fällen möglich, in denen der Urheber selbst an der Rechtsausübung gehindert ist, z. B. der auf einer Weltreise befindliche oder schwerkranke Urheber ermächtigt nahe Angehörige oder eine sonstige Vertrauensperson, für ihn über die Veröffentlichungsreife zu entscheiden; zulässig ist ferner eine Ermächtigung Dritter, das Veröffentlichungsrecht nach dem Tode des Urhebers für ihn auszuüben (vgl. BGHZ 15, 249; 260 *Cosima Wagner;* Ulmer[3] § 39 II 2; Schricker-Dietz Rdnr. 22).

Das Veröffentlichungsrecht erlangt **praktische Bedeutung** in solchen Fällen, in denen der Urheber einer ungewünschten Veröffentlichung seines Werkes durch Geltendmachung ihm vorbehaltener Verwertungsrechte nach den §§ 15ff. nicht begegnen kann. Wenn nicht veröffentlichte Werke, insbesondere Werkstücke der Literatur und Musik durch Dritte ohne Erlaubnis des Urhebers öffentlich zur Schau gestellt werden, ist auf § 12 Abs. 1 zurückzugreifen, da das Ausstellungsrecht nach § 18 für diese Werkarten keine Gültigkeit hat (zum Erfordernis des Veröffentlichungsvorbehaltes nach Veräußerung mit Zustimmung des Urhebers vgl. Bem. 4). Nach § 12 Abs. 1 kann der Urheber eines Werkstückes der bildenden Kunst dessen Anbringung an öffentlichen Wegen, Straßen oder Plätzen begegnen, falls er sich dieses Recht bei der Veräußerung des Originals vorbehalten hat (Bem. 3). Ferner ist § 12 Abs. 1 die Rechtsgrundlage für die dingliche Absicherung des **Uraufführungsrechts** bei Bühnen- und Filmwerken (Schricker-Dietz Rdnr. 14; zum Aufführungsvertrag vor § 31 Bem. 49). Nach der fremdenrechtlichen Bestimmung in **§ 121 Abs. 6** können ausländische Urheber im Geltungsbereich des UrhG jedenfalls die Erstveröffentlichung ihrer Werke verhindern, solange eine Vorveröffentlichung im In- oder Ausland noch nicht stattgefunden hat, und zwar auch dann, wenn die Anknüpfungsvoraussetzungen für einen inländischen Schutz ihrer Verwertungsrechte nach §§ 121 Abs. 1 bis 5 nicht vorliegen. Zur Verhinderung nicht lizensierter Tonträgerveröffentlichungen ausländischer Musikautoren vgl. Hertin GRUR 1991, 722, 731. **9**

Durch eine vom Urheber veranlaßte oder genehmigte Inhaltsmitteilung oder -beschreibung gem. Abs. 2 wird das Veröffentlichungsrecht aus Abs. 1 nicht **erschöpft.** Im übrigen wird das Veröffentlichungsrecht nur dann und insoweit verbraucht, als die bestimmte Form der Veröffentlichung durch die Rechtsausübung des Urhebers gedeckt ist (str., vgl. Bem. 1). Hält ein Wissenschaftler einen Vortrag, so fehlt es häufig schon am Merkmal der Öffentlichkeit. In jedem Falle verbleibt ihm die Befugnis, über das Ob und Wie einer Veröffentlichung seiner Abhandlung in anderer Form zu entscheiden, z. B. als gedruckter Text. Durch die Veröffentlichung eines Fotos des Gipsabgusses der Totenmaske von *Max Liebermann* wurde das Veröffentlichungsrecht des Bildhauers *Arno Breker* von dem Bronzeabguß der Totenmaske nicht verbraucht (KG GRUR 1981, 742, 742 *Totenmaske I;* vgl. auch § 25 Bem. 5). Selbst bei an sich gleicher Art der Veröffentlichung kann ein erheblich abweichender sachlicher Zusammenhang den Verbrauch des Veröffentlichungsrechts ausschließen: Kein Verbrauch, wenn ein Portraitgemälde anläßlich der Fernsehberichterstattung über eine Museumsausstellung gem. § 50 veröffentlicht wird, gegenüber einer erneuten Fernsehaus- **10** strahlung des Portraits im Rahmen einer Sendung, die sich mit der portraitierten Persönlichkeit befaßt, LG Berlin GRUR 1983, 762, 763 *Portraitbild.* Zur Rechtfertigung der Gegenmeinung wird eingewandt, eine Veröffentlichung im Sinne von § 6 Abs. 1 könne nur einmal herbeigeführt werden (vgl. Schricker-Dietz Rdnr. 7). Dem ist entgegenzuhalten, daß jedenfalls dann, wenn die von der Erstveröffentlichung abweichende spezifische Veröffentlichungsform gerade auch die ideellen Interessen des Urhebers berühren kann, die beiden Veröffentlichungsvorgänge unter urheberpersönlichkeitsrechtlichen Gesichtspunkten nicht gleichzusetzen sind. Ein Text, der von seinem Verfasser speziell zum öffentlichen Vortrag bestimmt ist, ist nach den Vorstellungen des Urhebers möglicherweise noch nicht derart ausgereift, daß er zur vertieften Wahrnehmung als belegbarer Lesestoff taugt. Ein Verbrauch des Veröffentlichungsrechts scheidet jedenfalls für solche Veröffentlichungsformen aus, die die schutzfähigen inhaltlichen und gestalterischen Elemente der Werkschöpfung für den Betrachter in einem anderen Licht erscheinen lassen. Für ein Mehrfachrecht spricht auch das Bedürfnis des Urhebers, zwischen einer Zustimmung zur Veröffentlichung eines Werkstückes durch öffentliche Zurschaustellung einerseits und einer bleibenden Anbringung an öffentlichen Wegen, Straßen oder Plätzen differenzieren zu können, um die Rechtsfolgen aus § 59 zu vermeiden (Bem. 3). Die sich für ausländische Staatsangehörige hieraus über § 121 Abs. 6 über das Erstveröffentlichungsrecht hinaus ergebenden urheberpersönlichkeitsrechtlichen Schutzansprüche sind hinzunehmen.

11 Der **Mitteilungsvorbehalt des Abs. 2** bezweckt den Schutz des Urhebers vor einem unerwünscht vorzeitigen Bekanntwerden seines Werkes durch Mitteilung oder Beschreibung. Dem Urheber soll es vorbehalten sein, eine von mittelbaren Verlautbarungen unbeeinflußte Öffentlichkeit zuerst mit seinem Werk selbst oder aber mit einer von ihm autorisierten Mitteilung über sein Werk bekannt zu machen. Ferner soll der Urheber sein Werk bis zu diesem frei gewählten Zeitpunkt unter Ausschluß öffentlich geäußerter Kritik nach seiner eigenen Entscheidung verändern können. Das Gesetz behält ihm deshalb auch eine den Inhalt des Werks lediglich mitteildende oder die schutzfähigen Elemente des Werks beschreibende Bekanntgabe an die öffentlichkeit vor, und zwar unabhängig davon, ob die Mitteilung oder Beschreibung in freier Benutzung (§ 24 Abs. 1) erstellt worden sein mag. Unzulässig ist deshalb auch die ungenehmigte Vorveröffentlichung durch das verbale Umschreiben musikalischer Abläufe aus Musikwerken oder durch Objektbeschreibungen bei Werken bildender Kunst.

12 Der Mitteilungsvorbehalt des Abs. 2 erlischt – anders als in § 11 Abs. 1 Satz 2 LUG – erst, wenn eine Veröffentlichung **mit Zustimmung** des Urhebers erfolgt ist (vgl. § 6 Bem. 4). Eine rechtswidrige Vorveröffentlichung Dritter entbehrt den praktischen Nutzen des Urhebers aus Abs. 2, läßt es aber formell unangetastet. Der Urheber, der ein noch nicht veröffentlichtes Werk der bildenden Kunst oder Lichtbildwerk als Original veräußert, muß sich im Hinblick auf § 44 Abs. 2 die Veröffentlichung vorbehalten, wenn er ein Bekanntwerden dieses Werkschaffens verhindern will, da er andernfalls mit der Veräußerung automatisch auch die Durchführung von öffentlichen Ausstellungen gestattet. Unterbleibt der Vorbehalt, verfügt der Urheber über das Recht aus Abs. 2 nur noch solange, bis der

Berechtigte die ihm nach § 44 Abs. 2 gestattete öffentliche Ausstellung tatsächlich erstmals durchführt und damit eine rechtmäßige Veröffentlichung tätigt.

Bevor das Werk selbst mit Zustimmung des Urhebers veröffentlicht ist, **erschöpft** sich der **Mitteilungsvorbehalt** des Urhebers erst, wenn erlaubterweise der wesentliche Inhalt oder eine Beschreibung des Werkes veröffentlicht ist. Sofern im Vorfeld lediglich inhaltliche Details (z. B.: der Roman befasse sich mit der Liebesgeschichte einer jungen Polin mit einem wesentlich älteren Deutschen) vom Urheber bekanntgegeben worden sind, nicht aber der wesentliche Inhalt, bleibt der Mitteilungsvorbehalt noch bestehen. Dasselbe gilt, wenn der Urheber lediglich partiell einige beschreibende Angaben (z. B. Format und Maltechnik bei einem Gemälde) mitgeteilt hat, eine Werkbeschreibung als solche aber noch nicht erfolgt ist. Die Abgrenzung kann im Einzelfall schwierig sein. Maßgebend ist das Schutzbedürfnis des Urhebers, über die Preisgabe der Essenz seiner bislang unveröffentlichten Schöpfung an die Öffentlichkeit selbst verfügen zu können. Eine Abwägung mit dem Informationsinteresse der Allgemeinheit findet dabei nicht statt. Das Gesetz privilegiert insoweit eindeutig die urheberpersönlichkeitsrechtlichen Interessen des Werkschöpfers. 13

Nach der Erschöpfung des Mitteilungsvorbehaltes kann – argumentum e contrario – jedermann den Inhalt des Werkes öffentlich mitteilen oder beschreiben, ohne den Urheber fragen zu müssen. Eine über den Sechsten Abschnitt des Gesetzes (§§ 45ff.) hinausgehende Schrankenbestimmung ist (entgegen Schricker-Dietz Rdnr. 29) damit allerdings nicht verbunden. In der weitaus überwiegenden Mehrheit erschöpft sich der Mitteilungsvorbehalt mit der legalen Werkveröffentlichung. Hätte der Gesetzgeber einen über § 24 (freie Benutzung) hinausgehenden Entlehnungstatbestand schaffen wollen, so wäre dies im Gesetz expressis verbis zum Ausdruck gebracht worden. **Mitteilung** oder **Beschreibung** ist nur eine Darstellung, die den Leser über das Werk unterrichtet, ohne seine Lektüre, Anhörung oder Betrachtung zu ersetzen. Deshalb sind z. B. Opern-, Operetten- und Schauspielführer, die eine vollständige Inhaltsangabe bringen, n i c h t von § 12 Abs. 2 gedeckt, sondern unzulässige Bearbeitungen der Bühnentexte (so schon RGZ 129, 252, 256 *Operettenführer*). Im Zweifel ist angesichts der Grundtendenz des Gesetzes, den Urheber so weit wie möglich zu schützen (Begr. S. 28, 30), die Notwendigkeit einer Einwilligung des Urhebers zur Beschreibung oder Mitteilung aus § 23 anzunehmen. – Ein Beispiel für die Verletzung des § 6 Abs. 2 aus jüngerer Zeit bietet die Mitteilung des Inhalts von Rudolf Hochhuths Schauspiel *Die Soldaten,* mit der das britische Nationaltheater seine Ablehnung des Stückes öffentlich begründete; auf diese Weise erfuhr die Öffentlichkeit entgegen den Absichten von Autor und Verlag schon vor der Uraufführung, gegen wen sich die im Werk enthaltene Kritik richtete (vgl. FuR 1968, 27). Zur Zulässigkeit von *abstracts* zu Informations- und Dokumentationszwecken Mehrings GRUR 1983, 257, 284. 14

Bei **Miturheberschaft** (§ 8) und **Werkverbindung** (§ 9) kann ein klagbarer Anspruch der übrigen Beteiligten auf **Einwilligung zur Veröffentlichung bestehen** (vgl. § 8 Bem. 17–18, § 9 Bem. 7). 15

16 **Ausübung durch Dritte.** Der Urheber kann die Ausübung des Rechts aus Abs. 2 für ein bestimmtes Werk Dritten überlassen, z. B. dem Verleger (bei Buchmanuskripten), dem Bühnenverlag (Uraufführungsrecht am Bühnenwerk), dem Filmproduzenten (bei Filmmanuskripten und Regieleistungen) oder dem Galeristen (bei Werken bildender Kunst) vgl. vor § 12 Bem. 7.

17 § 12 schützt nur vor der unbefugten Erstveröffentlichung, verschafft aber dem Urheber keine Rechte darauf, daß eine Veröffentlichung vorgenommen wird. Insoweit ist der Urheber auf vertragsrechtliche Ansprüche (vgl. vor § 31 Bem. 14, 37) verwiesen (Junker GRUR 1988, 793, 802).

§ 13 Anerkennung der Urheberschaft

Der Urheber hat das Recht auf Anerkennung seiner Urheberschaft am Werk. Er kann bestimmen, ob das Werk mit einer Urheberbezeichnung zu versehen und welche Bezeichnung zu verwenden ist.

Übersicht

1 **Frühere gesetzliche Vorschriften** enthielten bereits vereinzelte Regelungen im Zusammenhang mit der Anerkennung der Urheberschaft. § 13 KUG begründete ein Recht auf Anbringung einer Urheberbezeichnung wie Namenszug oder Künstlerzeichen auf Kunstobjekten. Die Vornahme von Änderungen an der Urheberbezeichnung ohne Einwilligung des Urhebers untersagten bereits §§ 12 KUG, 9 LUG und 44 VerlG. Die Pflicht zur Quellenangabe bei der Nutzung veröffentlichter Werke enthielten §§ 18 Abs. 1 Satz 2 LUG und § 19 Abs. 2 KUG. Das Reichsgericht (RGZ 110, 393, 397 *Innenausstattung Riviera)* sah in diesen Vorschriften den Ausdruck eines Urheberpersönlichkeitsrechts, welches die Anerkennung der Rechtsposition des Urhebers als Werkschöpfer und deren Dokumentation in der Außenwelt umfaßt. Die RBÜ statuiert das Recht auf Anerkennung der Urheberschaft in Art. 6bis seit der Brüsseler Fassung (1948) als Mindestrecht.

2 Das in **Satz 1** zum Ausdruck gebrachte **Schutzprinzip** gleicht das deutsche Recht Art. 6bis RBÜ an und gibt zugleich die unmittelbare gesetzliche Grundlage für die Verfolgung von Plagiaten und unbewußten Entlehnungen (s. Anhang § 24). Satz 2 (**Recht der Bestimmung der Urheberbezeichnung**) ist lediglich eine Ausprägung des sich aus Satz 1 ergebenden übergreifenden Schutzprinzips. In jedem Fall bezieht sich das Bestimmungsrecht des Satz 2 darauf, Werkexemplare mit der Urheberbezeichnung zu

versehen und dafür eine bestimmte Urheberbezeichnung festzulegen. Da das Bestimmungsrecht nach dem Gesetzeswortlaut auf das „Werk" (nicht auf das Werkexemplar oder Werkstück) abzielt, gilt es nach der hier vertretenen, allerdings umstrittenen Auffassung (vgl. Bem. 5) unmittelbar auch für die Ankündigungen im Zusammenhang mit einer unkörperlichen Wiedergabe. Praktische Unterschiede ergeben sich aus dem Meinungsstreit nicht, sofern die Gegenmeinung für den Fall der unkörperlichen Verwertung ein Recht auf Urheberbenennung aus Satz 1 ableitet (Schricker-Dietz Rdnr. 6, 8 sowie Bem. 5). Das UrhG enthält weitere Bezugspunkte zum Anerkennungsrecht vor allem in §§ 10 (Urheberbezeichnung an Werkstücken, Verwendung von Decknamen und Künstlerzeichen), 63 (Quellenangabe bei zustimmungsfreier Werkverwertung), 66 (Schutzdauer anonymer und pseudonymer Werke) sowie § 39 (zum Recht der Änderung der Urheberbezeichnung in Nutzungsverträgen). Soweit vertragliche Vereinbarungen dem Urheber hinsichtlich seiner Nennungsrechte begünstigen, gehen sie seiner Rechtsposition aus § 13 vor (vgl. Bem. 9), allerdings nur vorbehaltlich besserer Rechte vertragsunbeteiligter Dritter aus § 13 sowie den allgemeinen gesetzlichen Vorschriften. Wird der Nutzungsvertrag zwischen Urheber und Verwerter vorzeitig gekündigt, behält der Urheber seinen Nennungsanspruch, sofern seine schöpferische Leistung in dem verwerteten Werk verkörpert bleibt (KG GRUR 1992, 167 *Parallelveröffentlichung*).

Die Bestimmung gilt für **jeden** Urheber (§ 7 Bem. 2), ganz gleich, ob er 3
Arbeitnehmer (RGZ 110, 393, 397; Hubmann/Rehbinder[7] § 19 III) oder Beauftragter oder sonst abhängig ist (vgl. vor § 12 Bem. 7, § 43 Bem. 3). Da nur ein **Mensch** Urheber sein kann, steht nur ihm ein Nennungsanspruch zu, nicht aber etwa einer juristischen Person (OLG Frankfurt NJW 1991, 1839). Bei wissenschaftlichen Veröffentlichungen wird zuweilen von seiten eines Instituts (z. B. einer Kernforschungsanlage) oder einzelner Wissenschaftler ein Nennungsanspruch mit der Begründung geltend gemacht, eine von diesen entwickelte Modellvorstellung, eine bestimmte Arbeitstechnik, ein Verfahren oder eine sonstige Erkenntnis sei in einer wissenschaftlichen Arbeit verwendet worden. Ein derartiger Nennungsanspruch kann niemals auf § 13 gestützt werden (vgl. BGH GRUR 1981, 352ff *Staatsexamensarbeit)*. Soweit nicht eine Institution, sondern ein Wissenschaftler den Anspruch erhebt, als Entdecker einer bestimmten wissenschaftlichen Erkenntnis im Rahmen einer Quellenangabe genannt zu werden, gründet sich ein derartiger Anspruch nicht auf das Urheberrecht, sondern auf das allgemeine Persönlichkeitsrecht (Plander UFITA 76 (1976), 25, 56, 65) bei Hinzutreten entsprechender Umstände auch auf § 826 BGB (Katzenberger GRUR 1984, 319, 322).

Das Recht auf Anerkennung der Urheberschaft (Satz 1) ist die urheber- 4
persönlichkeitsrechtliche Grundlage für den Anspruch des Urhebers, seine Urheberschaft an dem von ihm geschaffenen Werk sowie deren öffentliche Anerkennung zu gewährleisten. Es beinhaltet vor allem die Befugnis, sich jederzeit auf seine Urheberschaft zu berufen, das Bestreiten seiner Urheberschaft abzuwehren und der Anmaßung der Urheberschaft seitens Dritter entgegenzutreten. Der Angriff gegen die Urheberschaft kann sich unmittelbar bei der Werkverwertung einstellen, indem z. B. das dargebotene oder veröffentlichte Werk fälschlicherweise einem anderen Urheber zugeschrieben wird. In diesen Fällen ergibt sich der Abwehr- und Beseitigungsan-

spruch des Urhebers (i. V. m. § 97) regelmäßig aus Satz 2, jedenfalls aber aus Satz 1. Außerhalb der Werkverwertung (z. B. im Rahmen einer Rezension) oder auch dann, wenn noch gar keine Werkverwertung stattgefunden hat oder wenn eine solche vorangekündigt oder beworben wird, kann der Urheber einem Bestreiten seiner Urheberschaft oder zu seinen Lasten gehenden Urheberschaftsangaben nach Satz 1 entgegentreten. Im Falle eines Plagiates greift, ggf. neben Ansprüchen aus §§ 15ff., regelmäßig auch ein Anspruch aus § 13 Satz 1, da der Plagiator sich eine ihm nicht zukommende Urheberschaft anmaßt (§ 24 Anh. Bem. 2).

5 **Das Recht der Bestimmung der Urheberbezeichnung (Satz 2)** umfaßt die Befugnis des Urhebers zu bestimmen, ob sein Werk mit einer Urheberbezeichnung zu versehen ist und welcher Art diese Bezeichnung sein soll. Als Urheberbezeichnung kommt der bürgerliche Name (falls ausschließlich der Vor- oder Nachnahme gewählt wird, liegt bereits eine Art von Künstlername vor), der Künstlername (dessen Herleitung dem Urheber in den Grenzen der Namensrechte Dritter freisteht), ggf. der Künstlername in Form eines Pseudonyms oder das Künstlerzeichen (speziell im Bereich der bildenden Kunst) in Betracht.

6 Das Recht der Urheberbezeichnung bezieht sich auf das **Werk**. Auf Werkstücken (Originalen und Vervielfältigungen) kann die Bezeichnung unmittelbar angebracht werden. Bei der Wiedergabe in unkörperlicher Form (§ 15 Abs. 2) muß das Bezeichnungsrecht des Urhebers ebenfalls beachtet werden, indem in geeigneter Weise der Urheber genannt wird (a. M. v. Gamm Bem. 8; Schricker-Dietz Bem. 12, die Satz 2 nur auf das Werkstück beziehen, aber das Nennungsrecht bei unkörperlicher Wiedergabe aus Satz 1 ableiten). Bei Filmen geschieht dies im Vor- und/oder Nachspann, im Hörfunk durch verbale Nennung des Verfassers eines Hörspiels oder eines Features, bei Vorträgen und Aufführungen durch entsprechende Hinweise in Programmen und auf Plakaten. Welche Werbemittel im einzelnen mit der Bezeichnung des Urhebers zu versehen sind, richtet sich nach der Vereinbarung der Parteien, die wiederum im Zweifel nach der Branchenübung ausgelegt wird (BGH GRUR 1963, 40, 42 *Straßen gestern und morgen* zur Verkehrsübung in der Filmbranche; vgl. oben Bem. 9). Der Architekten-Urheber kann auf der Anbringung seines Namens am Bauwerk bestehen, allerdings nur im Wege eines dezenten Hinweises, da er standesrechtlich dem Werbeverbot unterliegt (Walchshöfer FS Hubmann S. 469, 473). Wenn in Druckwerken Bauwerke abgebildet sind, die Abbildungen das fragliche Bauwerk gezielt zum Thema haben und Nachforschungen nach dem Urheber zumutbar sind, ist der Name des Urhebers zu nennen (Beigel Rdn. 149). Erfolgt die Abbildung allerdings im Rahmen des § 59 Abs. 1 Satz 2, entfällt die Nennungsverpflichtung unter den Voraussetzungen des § 63 Abs. 1 Satz 3. Die Entfernung des Urheberrechtsvermerks, der auf Transparentpausen von Bauplänen angebracht ist, verletzt die Rechte des Architekten-Urhebers aus § 13 (LG München I Schulze LGZ 102).

7 Sinngemäß bezieht sich die **Ausübung** des Urheberbezeichnungsrechts auf das Werk in der Form, in welcher der Urheber es zur Veröffentlichung freigibt (§ 12 Bem. 2). Nicht anders als beim Veröffentlichungsrecht ist die Ausübung des Urheberbezeichnungsrechts als einer natürlichen Willensent-

äußerung in der Regel schlüssigem Verhalten des Urhebers zu entnehmen. Die Art der vom Urheber bestimmten Urheberbezeichnung ergibt sich häufig aus der Kennzeichnung, die er unmittelbar am Werkstück angebracht hat (Signatur eines Werkes der bildenden Kunst, Verfasserangabe im Manuskript). In anderen Fällen wird das Recht nach Satz 2 beim Abschluß von Verwertungsverträgen ausdrücklich oder konkludent ausgeübt. Da der Urheber es in der Hand hat, in welcher Fassung er das Werk veröffentlicht, kann er bereits bei Abschluß eines Nutzungsvertrages über ein bestimmtes künftiges Werk (vgl. § 40 Bem. 5) sein Urheberbezeichnungsrecht wirksam und bindend ausüben. Nimmt der Nutzungsberechtigte Änderungen vor, zu denen er im Rahmen des § 39 befugt ist, bezieht sich die Rechtsausübung natürlich auch auf die geänderte Werknutzung. **Ungenehmigte** Änderungen und **Entstellungen** (§ 14) des Werkes sind durch die vorangegangene Rechtsausübung jedoch **nicht** gedeckt. Auch wenn der Urheber (z. B. im Hinblick auf § 93) daran gehindert sein sollte, eine derartige Verwertung seines geänderten Werkes zu untersagen, so kann er in jedem Falle die Nennung seines Namens in diesem Zusammenhang verhindern (OLG Saarbrücken Schulze OLGZ 176 *Politische Geschichte des Saarlandes;* einschränkend nur für entstellende Werkänderung Neumann in Anm. dazu a.a.O. S. 6; auch Flechsig FuR 1976, 589, 751).
Das Urheberbezeichnungsrecht ist im Gegensatz zu § 9 LUG, § 12 Abs. 2 KUG (und insoweit abweichend zu § 39 Abs. 2, s. auch § 39 Bem. 4a) nicht mehr mit dem Vorbehalt versehen, daß solche Änderungen unzulässig seien, zu denen der Urheber nach Treu und Glauben seine Einwilligung nicht versagen könne. In der Fortlassung des ausdrücklichen Hinweises liegt mehr als nur die Streichung einer überflüssigen, weil selbstverständlichen Feststellung (vgl. Begr. S. 59). Der Urheber kann grundsätzlich frei bestimmen, wann, wo und wie sein Name zu nennen ist, mag dies auch noch so unbillig erscheinen; wem das nicht paßt, der muß auf den Erwerb von Nutzungsrechten an dem Werk verzichten. Diese Begünstigung des Urhebers durch das Gesetz rechtfertigt sich nicht nur aus der persönlichkeitsrechtlichen Struktur des Nennungsrechts, sondern auch aus der Tatsache, daß Ruf und Ansehen des Urhebers von der Verbindung seines Namens mit einem bestimmten Werk oft entscheidend abhängen (vgl. BGH GRUR 1981, 676, 678 *Architektenwerbung*).
Bezüglich der Kennzeichnung, die erst im Rahmen eines Vertragsverhältnisses zwischen Urheber und Nutzungsberechtigten im Zusammenhang mit der Herstellung einer verwertungsbezogenen Werkverkörperung am Werkstück erfolgt, entscheidet der Urheber, ob und mit welcher Urheberbezeichnung auf ihn hingewiesen wird; die Gestaltung der Urheberbezeichnung am Objekt liegt regelmäßig im Bestimmungsbereich des Verwerters (z. B. des Bauherrn in Bezug auf die äußere Form der Architektenbezeichnung am Bauwerk, Walchshöfer FS Hubmann S. 473; zugunsten des Verlegers bezüglich der Verfasseraufmachung am Buch ergibt sich dies aus § 14 Satz 2 VerlG; Schricker-Dietz Rdnr. 13).

Wegfall der Urheberbezeichnung. Eine Urheberbezeichnung unterbleibt, 8
sofern der Urheber sein Bestimmungsrecht in diesem Sinne ausübt, insbesondere wenn der Urheber eine anonyme Veröffentlichung (zur Urhebervermutung bei anonymen Werken § 10 Abs. 2, zu deren Schutzdauer § 66) verfügt. Aber auch wenn die Urheberschaft eines bestimmten Werkschöpfers

in der Öffentlichkeit bekannt ist, kann der Urheber verfügen, daß eine Urheberbezeichnung entfällt. Seines Rechtes aus Satz 1 begibt er sich damit nicht (Schricker-Dietz Rdnr. 14).

9 Zwischen Urheber und Werkverwerter kann ungeachtet der Unabdingbarkeit des Rechts auf Anerkennung der Urheberschaft (vor § 12 Bem. 3–8) in Bezug auf ein konkretes Werk rechtswirksam das Unterbleiben einer Urheberbezeichnung vereinbart werden. In der Rechtspraxis stellt sich dabei vordringlich die (vorgesetzlich manchmals etwas unscharf nach § 9 Abs. 2 LUG, § 12 Abs. 2 KUG entschieden, z. B. GRUR 1957, 617 *Dunja*) Frage, inwieweit sich der Urheber beim Abschluß von Verwertungsverträgen den branchenüblichen Gepflogenheiten stillschweigend unterwirft und durch vertragliche Vereinbarung auf eine Nennung verzichtet (vgl. BGH GRUR 1963, 40, 42 *Straßen gestern und morgen*). Hier wird stets streng zu prüfen sein, ob derartige Gebräuche tatsächlich allgemein bestehen und angewendet werden, ob sie dem Urheber bekannt waren (nur was er kannte, konnte er stillschweigend akzeptieren), und ob nicht etwa ein Ausschluß der Branchengewohnheiten sich aus dem sonstigen Vertragsinhalt ergibt. Im Zweifel ist auch hier nach den Grundsätzen der Zweckübertragungstheorie zugunsten des Urhebers zu entscheiden und die von ihm verlangte Bezeichnung zu verwenden (OLG München GRUR 1969, 146, 147 *Werbegrafik;* vgl. §§ 31, 32 Bem. 32), dies um so mehr, als die Branchengewohnheiten sich erfahrungsgemäß fortlaufend ändern. Wo sich die vertragliche Nutzungsbefugnis auf Formen erstreckt, bei denen eine Urheberbezeichnung technisch nicht möglich oder zweifelsfrei sozial inadäquat wäre (z. B. bei schutzfähigen akustischen Pausenzeichen, Werbeslogans, bestimmten Gebrauchsgegenständen), kann von einem schlüssig vereinbarten Nennungswegfall ausgegangen werden. Entgegenstehende Gesichtspunkte des Verbraucherschutzes sind in diesem Zusammenhang entgegen Rehbinder ZUM 1991, 220, 223 unbeachtlich und auch überflüssig, wenn die Nennung auf die tatsächlichen Werkschöpfer beschränkt (und nicht auf unschöpferisch Beteiligte unnötigerweise ausgedehnt) wird. Im Zuge der gesteigerten Wertschätzung des **Design** hat es sich in den letzten Jahrzehnten bei Herstellern mit dahingehendem Anspruch eingebürgert, auch auf Serienprodukten – neben dem Firmenstempel – den Namen oder das Künstlerzeichen des Entwerfers, oft in Signaturform, unauslöschlich anzubringen. Zum Beispiel verwendet Rosenthal-Porzellan den Schriftzug-Stempel der Entwerfer Björn Wijnblad, Tapio Wirkkala, Hans Theo Baumann; Artek (Finnland) prägt ihre Möbel mit dem Entwerfer-Namen „aalto". Hersteller von Deko-Stoffen bringen einen entsprechenden Schriftzug am nicht bedruckten Rand der Webkante z. B. wie folgt an: TAUNUS-TEXTIL (Firma) JOSEF HILLERBRAND (Entwerfer) 5000 72 (Modellnummer). Die Wertschätzung des Produktdesigns ist weiterhin im Steigen begriffen. Gegenüber der Annahme stillschweigender Vereinbarungen eines Nennungswegfalls ist somit strikte Zurückhaltung geboten.

10 Im Rahmen von **Arbeits-** und **Dienstverhältnissen** kann sich aus deren Art sowie dem Zweck der Veröffentlichung ergeben, daß der Arbeitnehmer-Urheber bei der Publikation seines Werkes nicht als Urheber genannt wird (Begr. S. 62), z. B. der Beamte bei der Veröffentlichung einer von ihm verfaßten behördlichen Informationsschrift (Katzenberger GRUR 1984, 319, 322). Bei amtlichen Werken (§ 5 Abs. 1) scheidet Urheberschutz ohnehin gänzlich aus. Wissenschaftlichen Mitarbeitern im Rahmen von Arbeits- oder Dienstverhältnissen an Universitäten, Akademien oder Instituten verbleibt das volle Nennungsrecht; trotz teilweise andersartiger Handhabung, die aber als mißbräuchlich zu qualifizieren ist, brauchen sie eine aufgezwungene, den Tatsachen nicht entsprechende Mitnennung eines Vorgesetzten (z. B. des Lehrstuhlinhabers) nicht hinzunehmen (Katzenberger GRUR 1984, 319, 312). Gerade im Wissenschaftsbereich ist das Hervortreten des Urhebers mit seiner Verfassereigenschaft regelmäßig der eigentliche Zweck der Publikation.

Der Nennungsanspruch besteht auch für **Miturheber** und **Bearbeiter.** Wer das Drehbuch eines Dritten im Auftrage des Filmproduzenten bearbeitet, hat keinen Anspruch darauf, als *alleiniger* Drehbuchverfasser genannt zu werden, auch dann nicht, wenn ein Fachverband die Auskunft erteilt, in diesen Fällen sei die Nennung „Manuskript X, Drehbuchverfasser Y“ maßgebend; er kann aber einer Form der Nennung widersprechen, die den Eindruck erweckt, Originalverfasser und Bearbeiter hätten sich zu einer gemeinsamen Arbeit zusammengetan (OLG München Schulze OLGZ 4). Ebenso hat der Mitverfasser des Drehbuchs einen Anspruch darauf, im Vor- und/oder Nachspann des Films in dieser Funktion genannt zu werden; dieser Anspruch wird durch eine gegenteilige Übung der Filmbranche nicht ausgeschlossen (BGH GRUR 1972, 713, 714 *Im Rhythmus der Jahrhunderte;* KG Schulze KGZ 18 *Wenn der weiße Flieder wieder blüht*). Zum Nennungsrecht des Filmkomponisten, dessen Musik teilweise auch für ein anderes Filmprojekt verwendet wird, KG Schulze KGZ 57 *Brennender Sand* mit zutreffender Anm. Reichardt S. 9. Der Textdichter hat keinen Anspruch darauf, auf der Schallplatte genannt zu werden, wenn lediglich die Orchesterfassung gespielt wird (KG Schulze KGZ 18 *Wenn der weiße Flieder wieder blüht*). Etwas anderes würde nur gelten, wenn der verwendete, von ihm geschaffene Werktitel ausnahmsweise schutzfähig wäre (§ 2 Bem. 41). Wer mit dem Veranstalter einer wissenschaftlichen Ausgabe die Vereinbarung getroffen hat, neben anderen Beteiligten als Herausgeber des Werkes bezeichnet zu werden, verliert dieses Recht nicht schon deshalb, weil er nach Erbringung seiner Leistung, aber vor Vollendung des betreffenden Bandes ausgeschieden ist (BGH GRUR 1978, 360 *Hegel-Archiv*). Dem ausscheidenden Miturheber mehrerer nacheinander folgender Auflagen eines Werkes oder eines Sammelwerkes bleibt der Nennungsanspruch aus § 13 so lange erhalten, wie die einzelnen Auflagen noch erkennbar von seinem Wirken geprägt sind (OLG Frankfurt UFITA 59 [1971], 306, 310 *Taschenbuch für Wehrfragen*). Für alle Fälle gilt, daß das Recht aus § 13 Satz 2 auch dahin geht, daß der Werknutzer irreführende Bezeichnungen über die urheberrechtliche Beteiligung Dritter unterläßt. Der Miturheber kann zum einen verlangen, daß Dritte, die urheberrechtlich überhaupt nicht beteiligt sind, nicht als Mitverfasser genannt werden. Zum anderen kann er beanspruchen, daß sein Werkbeitrag in derselben Weise qualifiziert wird, wie der Werknutzer dies anderen zugesteht, die in vergleichbarer Weise urheberrechtlich relevante Beiträge geleistet haben. Im Falle KG Schulze KGZ 18 hätte der Textdichter deshalb genannt werden müssen, weil der Schallplattenproduzent neben dem Komponisten auch den englischen Übersetzer des deutschen Originaltextes genannt hatte, so daß der Eindruck entstand, der Übersetzer sei der Verfasser des Originaltextes (Kleine in Anm. zu KGZ 18, 7). Eine Irreführung kann auch durch das bloße Unterlassen der Nennung eines tatsächlich Beteiligten bewirkt werden: Wird der Übersetzer nicht genannt, so entsteht der unrichtige Eindruck, der Originalurheber habe in der Sprache der Übersetzung geschrieben oder diese doch selbst hergestellt. Geht ein Miturheber wegen der Durchsetzung seines Nennungsanspruchs gegen andere Miturheber oder Mitherausgeber vor, muß er alle an der Gemeinschaft gesamthänderisch Beteiligten mitverklagen, es sei denn, daß die übrigen erfüllungsbereit sind (OLG Karlsruhe GRUR 1984, 812f. *Egerlandbuch*).

13 Zur Anwendung des § 13 auf den Verfasser wissenschaftlicher Ausgaben § 70 Bem. 6, den Veranlasser der editio princeps § 71 Bem. 9, den Lichtbildner § 72 Bem. 10 und den ausübenden Künstler vor § 73 Bem. 8.

12 Bei Sammelwerken (§ 4), Werksammlungen (§ 38 Bem. 3), wissenschaftlichen und sonstigen Ausgaben von Werken der verschiedensten Art sowie periodischen Druckwerken wird häufig die Nennung eines **Herausgebers** praktiziert. Diese Bezeichnung hat indes keine Grundlage im urheberrechtlichen Nennungsanspruch aus § 13. Als Herausgeber gilt im Sprachgebrauch diejenige Person oder auch Institution, die ein Werk erscheinen läßt, ohne notwendigerweise dessen Urheber zu sein oder auch für die Veröffentlichung die (geistige) Verantwortung trägt oder jedenfalls mitübernehmen will (vgl. Katzenberger GRUR 1984, 319, 322; Bappert/Maunz/Schricker § 41 Rdnr. 13ff.). Dennoch ist es bei Sammelwerken (§ 4 Bem. 1) und wissenschaftlichen Ausgaben (§ 70 Bem. 6) üblich, den Urheber bzw. Verfasser mit „Herausgeber“ zu kennzeichnen; beim Fehlen dahingehender Vereinbarungen kann dem Nennungsanspruch jedoch auch durch andere geeignete Bezeichnungen entsprochen werden, z. B. beim Sammelwerk: „Konzeption und Textauswahl: N. N.“. Keine urheberrechtliche, sondern gegebenenfalls eine vertragsrechtliche Grundlage haben Herausgeberbenennungen für Institutionen, speziell für juristische Personen, die bestimmte Druckausgaben finanzieren, oder für Persönlichkeiten, die ihren zugkräftigen Namen als Aushängeschild unter der „Herausgeber“-Funktion einer Zeitschrift oder sonstigen Publikation zur Verfügung stellen (Sellier S. 31ff.; Vertragsmuster Münchener Vertragshandbuch Bd. 3 IX Nr. 9 und dort Bem. 1).

14 **Nennungsverbot.** Als Negativum folgt aus § 13 das Recht des Urhebers, ein **Nennungsverbot** auszusprechen, und zwar auch nachträglich (OLG Saarbrücken Schulze OLGZ 176 für eine Fernsehdokumentation). Dieses Recht ist die logische Voraussetzung für die Anerkennung von Pseudonymen und anonymen Werken (§ 10 Bem. 7–30). Ein Nennungsverbot ist von jedermann zu beachten; seine Verletzung löst Schadenersatzansprüche aus (z. B. bei anonymen Werken, § 10 Bem. 24–30) und kann sogar eine Bestrafung nach sich ziehen (§ 107 Nr. 1). Aus dem Recht, ein Nennungsverbot auszusprechen, folgt das Recht des Urhebers, die nachträgliche Signierung eines unsignierten Werkes abzulehnen. Allerdings betrifft das Nennungsverbot nur die Urheberbezeichnung bei der Werkverwertung (Bem. 5). Niemand kann daran gehindert werden, außerhalb des Anwendungsbereichs des Urheberpersönlichkeitsrechts, insbesondere in Abhandlungen, im freien Kommentar und sonstigen Verlautbarungen Angaben über die wahre Urheberschaft in der Öffentlichkeit zu machen. Ebenso verbleibt aber auch dem Urheber das Recht, die ausdrückliche Anerkennung seiner Urheberschaft abzulehnen und sogar seine Urheberschaft zu leugnen, wenn und soweit dies erforderlich ist, um die von ihm gewählte Anonymität zu wahren.

Das Recht aus § 13 bezieht sich allein auf die **geistigen und persönlichen Beziehungen** des Urhebers **zu einem von ihm stammenden** konkreten **Werk**. Bei der fälschlichen Signierung eines Bildes mit dem Namen des Malers, dessen Stilmerkmale (ggf. in Täuschungsabsicht) imitiert worden sind, der das Werk aber nicht geschaffen hat und dessen Werk weder unmittelbar noch in bearbeiteter Form vervielfältigt worden ist, fehlt es an einem konkreten Werk als Gegenstand eines Urheberpersönlichkeitsschutzes (BGHZ 107, 384, 391 *Emil Nolde*). Vielmehr ergibt sich der Beseitigungsanspruch in solchen Fällen aus dem allgemeinen Persönlichkeitsrecht (vor § 12 Bem. 9, dort auch zum Vorschlag von Nordemann GRUR 1991, 1, 3f., 6, de lege ferenda ein droit de non-paternité einzuführen). Die Angehörigen derjenigen Verstorbenen, unter deren Namen esoterische Texte als „Stimmen aus dem Jenseits" veröffentlicht werden, können postmortale persönlichkeitsrechtliche Ansprüche geltend machen (Der Spiegel 14/1991 S. 231 berichtet den Fall Mauthe/Ingrisch „Das Donnerstagebuch"). Vgl. auch § 7 Bem. 3. 15

Der **Ghostwriter** verpflichtet sich vertraglich gegenüber dem Namensgeber, auf eine Urheberbezeichnung an dem unter Beachtung von dessen Vorstellungen und Meinungen zu schaffenden Werk keine eigene Urheberbezeichnung anzubringen, sondern das Werk ausschließlich mit der Urheberbezeichnung des Namensgebers zu veröffentlichen. Solche Abreden sind in den Grenzen der Unabdingbarkeit des Kernbereichs des Urheberpersönlichkeitsrechts (vor § 12 Bem. 3–6) inter partes rechtswirksam (Stolz S. 84 mit kritischer Bemerkung zu Schramm UFITA 50 [1967], 418, 422f.; Schricker-Dietz Rdnr. 28, 29; Osenberg S. 139ff.; Rehbinder FS Pedrazzini S. 651ff.). Dagegen können weder Ghostwriter noch Auftraggeber etwas unternehmen, wenn ein Dritter gegenüber der Öffentlichkeit das Geheimnis der wirklichen Urheberschaft lüftet (Stolz a.a.O. S. 83). Eine andere Frage ist es, ob durch eine Namensabrede zwischen Ghostwriter und Auftraggeber dessen Befugnis rechtswirksam begründet werden kann, das Werk mit seinem Namen versehen an die Öffentlichkeit zu bringen. Zutreffend hält Stolz (a.a.O. S. 62ff., 81f.) eine dahingehende schuldrechtliche Gestattungsabrede zwischen Ghostwriter und Namensträger in Verbindung mit dem Verzicht des Ghostwriters auf Namensnennung jedenfalls dann für möglich, wenn das Werk authentisch ist. Eine über fünf Jahre hinausgehende vertragliche Einschränkung der Urheberbezeichnungsrechte des Ghostwriters ist entsprechend dem Rechtsgedanken aus §§ 40 Abs. 1 Satz 2, 41 Abs. 4 Satz 2 durch Kündigung auflösbar (Schricker-Dietz Rdnr. 29; Osenberg S. 139ff., 161f.). Für das Rechtsverhältnis zwischen Ghostwriter und Politiker sind (entgegen Schricker-Dietz Rdnr. 28 und Osenberg S. 136ff.) keine großzügigeren Maßstäbe anzulegen als für anders ausgerichtete Fallgestaltungen. Allerdings kann die Nennung eines Verfassers, der dies gar nicht ist, gegen § 3 UWG verstoßen (KG UFITA 80 [1977], 368, 374 *Köhnlechner*) und damit die urheberrechtliche Ghostwriterabrede sittenwidrig machen (Rehbinder ZUM 1991, 220, 227, allerdings unter zu weitgehender Bemühung des Verbraucherschutzes). In der US-amerikanischen Rechtspraxis werden markenrechtliche Vorschriften, die zum Schutz gegen unrichtige Werbung erlassen sind, zur Durchsetzung von Interessen auf Anerkennung der Urheberschaft eingesetzt (Ginsburg GRUR Int. 1991, 593, 596). 16

17 Verfasser, die sich darauf einlassen, für Verlage unter **Verlagspseudonym** zu arbeiten, üben ihr Recht aus § 13 dahin aus, daß ihr Werk pseudonym erscheint (§ 10 Bem. 17). Das von Verlagen ständig zur Kennzeichnung von Serienveröffentlichungen verwendete Pseudonym (z. B. „Jerry Cotton"-Romane) steht im übrigen dem Verfasser außerhalb seiner Veröffentlichungen für diesen Zweck nicht zu, insbesondere nicht nach Beendigung seiner Tätigkeit für den Verlag (OLG Hamm UFITA 50 [1967], 1024, 1030 *Irene von Velden*). Ob eine VerwGes. die Wahrnehmung der Schallplattenauswertungsrechte davon abhängig machen darf, daß der Produzent ihr gegenüber den bürgerlichen Namen des unter Pseudonym arbeitenden Urhebers aufdeckt, hatte das LG Berlin in GRUR 1971, 229 *Bert Brac* zu entscheiden. Die zugunsten der VerwGes ausgefallene Entscheidung läßt sich nur rechtfertigen, wenn die Forderung der VerwGes durch praktische Bedürfnisse der Verwaltungsorganisation geboten ist, und durch eine von der VerwGes garantierte vertrauliche Behandlung die Einschränkung des Urheberpersönlichkeitsrechts des Urhebers in engsten Grenzen gehalten wird.

§ 14 Entstellung des Werkes

Der Urheber hat das Recht, eine Entstellung oder eine andere Beeinträchtigung seines Werkes zu verbieten, die geeignet ist, seine berechtigten geistigen oder persönlichen Interessen am Werk zu gefährden.

Übersicht

1 **Geschützt** wird das urheberpersönlichkeitsrechtlich begründete Interesse des Urhebers daran, daß sein Werk einschließlich der einzelnen Werkstücke in ihrer individuellen schöpferischen Eigenart und Integrität erhalten bleiben.

2 Das **vorgesetzliche Recht** kannte Regelungen zum Änderungsverbot innerhalb vertraglicher oder gesetzlicher Nutzungsverhältnisse: §§ 9, 24 LUG, 12, 21 KUG, 13 VerlG (aufgehoben durch § 141 Nr. 4 UrhG). Ein Entstellungsverbot wie in der jetzt vorliegenden Form gab es nicht. Die Rechtsprechung leitete aus allgemeinen Grundsätzen ein über Nutzungsverhältnisse hinausreichendes, auch von Dritten zu beachtendes urheberrechtliches Änderungsverbot ab (RGZ 79, 397 *Felseneiland mit Sirenen*).

3 Die **RBÜ** enthält seit der Revisionskonferenz von Rom (1928) in Art. 6bis ein Entstellungs- und Änderungsverbot, welches auf den Konferenzen von Brüssel (1948) und Stockholm (1967) gewisse Änderungen erfuhr. Art. 6bis

garantiert in seiner letzten Fassung u. a. das Recht des Urhebers, „sich jeder Entstellung, Verstümmelung, sonstigen Änderungen oder Beeinträchtigungen des Werkes zu widersetzen, die seiner Ehre oder seinem Ruf nachteilig sein könnten“. In der Rom-Fassung war der Relativsatz im Singular gehalten, so daß er lediglich auf das Tatbestandsmerkmal der „Beeinträchtigung“ hätte bezogen werden können. Die Textänderung bezweckte eine Klarstellung dahin, daß er auf alle Tatbestände der Veränderung zu beziehen sei. Zur Entstehungsgeschichte des Art. 6bis Nordemann/Vinck/Hertin RBÜ Art. 6bis Bem. 1, 4.

§ 19 RefE 1954 enthielt bereits ein Entstellungsverbot. Der sich an den Begriff der Beeinträchtigung anschließende Relativsatz griff das Tatbestandsmerkmal der Eignung „zur Gefährdung von Ansehen oder Ruf des Urhebers“ (entsprechend Art. 6bis) auf. Seit § 22 MinE 1959 (sowie § 14 RegE) wird der Schutz auf die Eignung zur Gefährdung der berechtigten geistigen oder persönlichen Interessen des Urhebers am Werk erstreckt und damit insofern erweitert, als der Schutz, über die persönlichen Interessen des Urhebers hinausgehend, auch die geistigen Interessen an Bestand und Wirkung des Werkes berücksichtigt (Ulmer[3] § 41 I; Schricker-Dietz Rdnr. 7). 4

Der Wortlaut des Gesetzes unterscheidet zwischen der Entstellung einerseits und einer anderen Beeinträchtigung andererseits, die geeignet ist, seine berechtigten geistigen oder persönlichen Interessen am Werk zu gefährden (a. M. Schricker-Dietz Rdnr. 8, 19). Bereits die grammatikalische Gesetzesauslegung zwingt dazu, den Relativsatz (Singularform) lediglich zur näheren Charakterisierung einer „anderen Beeinträchtigung“ heranzuziehen, während die Entstellung grundsätzlich per se (zur Abwägung mit Gegeninteressen Dritter vgl. Bem. 12–17) zu verbieten ist. Angesichts der Auslegungsprobleme, die zur Zeit des Gesetzgebungsverfahrens in Bezug auf die Reichweite des entsprechenden Halbsatzes in Art. 6bis (Rom- und Brüsseler Fassung) bestanden und in Stockholm (1967) zu einer Textrevision führten (Bem. 2), spricht auch die Entstehungsgeschichte für die hier vertretene Gesetzesauslegung. Nach § 39 Abs. 1 kann der Urheber (sogar) gegenüber einem Nutzungsberechtigten – vorbehaltlich des Einwandes aus Treu und Glauben nach § 39 Abs. 2 – Werkänderungen verbieten, ohne eine Interessengefährdung dartun zu müssen. Umso weniger bedarf der wesentlich tiefergehende werkentstellende Eingriff einer gesonderten Gefährdungsprüfung, zumal dann, wenn er außerhalb einer Nutzungsberechtigung erfolgt. 5

Infolge der Dauerhaftigkeit und Reichweite der in § 14 verkörperten urheberpersönlichkeitsrechtlichen Interessen kommt ihr Schutz typischerweise auch dann in Betracht, wenn sich die Werkschöpfung im **Werkoriginal** oder in **Werkvervielfältigungen** verkörpert hat und Eigentums- und Besitzrechte daran nicht (mehr) dem Urheber zustehen, sondern Dritten. Auch kann der Zweck der Werkschöpfung darin bestehen, fremden Gebrauchsinteressen zu dienen und/oder Dritten lediglich als Vorlage oder Hilfsmittel zur Umgestaltung in eine andersartige Form zu dienen. Nur in solchen Fallgestaltungen kommt es zur Kollision berechtigter Integritätsinteressen des Urhebers mit gleichfalls berücksichtigungswerten Interessen des Eigentümers oder Gebrauchsberechtigten und damit zum Erfordernis einer Interessenabwägung (Bem. 12–17). Dem von Schricker-Dietz (Rdnr. 18ff.) 6

vertretenen dreistufigen Prüfungsverfahren kann nicht gefolgt werden (eine zweistufige Prüfung praktizieren auch BGH GRUR 1982, 107, 110 *Kirchen-Innenraumgestaltung* und OLG Hamburg UFITA 81 [1978], 1978, 263, 267 *Reihenhaus*). Zu prüfen ist lediglich, ob entweder eine Entstellung oder eine (entsprechend dem Relativsatz qualifizierte) andere Beeinträchtigung vorliegt. Eine Interessenabwägung ist anzuschließen, sofern der Anspruch des Urhebers mit Gegeninteressen der genannten Art kollidiert.

7 Das UrhG kennt neben § 14 **weitere änderungsrelevante Vorschriften** in den §§ 39, 62, 93, die teilweise ineinandergreifen (eine entsprechende „Gesamtschau" wird betont bei Schricker-Dietz Rdnr. 1–5, 9, 11–14). Das Änderungsverbot des § 39 gilt innerhalb vertraglicher Nutzungsverhältnisse und entsprechend § 62 auch im Rahmen schrankengesetzlicher Nutzungsbefugnisse der §§ 45ff. Nach der Auslegungsregel des § 37 Abs. 1 verbleibt bei der Einräumung von Nutzungsrechten an Dritte das Bearbeitungsrecht im Zweifel beim Urheber. Soweit der Urheber Dritten Bearbeitungsbefugnisse eingeräumt hat, wirkt sich das entsprechend einschränkend auf seine Rechte aus §§ 14, 39 aus. Zugunsten des Filmherstellers sind die urheberpersönlichkeitsrechtlichen Befugnisse der Urheber und Mitwirkenden – teilweise erheblich – eingeschränkt (§§ 88 Abs. 1 Nr. 1 und Nr. 5, 89 Abs. 1, 93).

8 **Entstellung** ist jede Verzerrung oder Verfälschung der Wesenszüge des Werkes (vgl. BGH GRUR 1954, 80), z. B. bei Sprachwerken durch Änderung der Charaktere, bei einem für die Verfilmung bestimmten Dialogbuch durch Änderung der Atmosphäre sowie der Handlungsstruktur (KG UFITA 59 [1971], 279, 283 *Kriminalspiel*), bei **Sprach- und Musikwerken** durch Streichungen, die die Aussage des Werkes verändern. Als Regisseur und Übersetzer veränderte *Adolf Dresen* Handlungselemente der Oper „Der Wald" von *Rolf Liebermann,* Libretto von *Héléne Vida* nach einem Bühnenstück von *Alexander Ostrowskij,* womit er zugleich auch in die musikalische Struktur eingriff (im Rahmen eines einstweiligen Verfügungsverfahrens im Ergebnis offengelassen: OLG Fankfurt ZUM 1989, 353 *Der Wald*). Das Freiburger Wallgraben-Theater änderte die Schlußszene des Bühnenstücks „Die Erpresser" von *Peter-Paul Zahl:* Während im Originaltext die teilweise an den Schleyer-Fall angelehnte Entführungsgeschichte mit der Befreiung des Arbeitgeber-Präsidenten endet, wird dieser in der Inszenierung erschossen und erhält ein Staatsbegräbnis (Süddeutsche Zeitung Nr. 284/1991 S. 11). Kritisch zum Begriff der Werktreue in theaterwissenschaftlicher Sicht Raschér UFITA 117 (1991), 21.

Bei **Werken der bildenden Künste** kann sich die Entstellung durch Verstümmelungen, durch Übermalen (vgl. RGZ 79, 397 *Felseneiland mit Sirenen*) oder auch durch nachhaltige Veränderung des Formates (bei Grafik) oder des Volumens (z. B. bei der Vergrößerung einer Miniaturplastik in eine Monumentalversion) ergehen. Entstellend kann die **Kürzung** (OLG Frankfurt GRUR 1989, 203, 205 *Wüstenflug:* Kürzung eines Filmwerks um ein Drittel) oder die Kolorierung alter Schwarzweißfilme sein (Platho GRUR 1987, 424; Kühn ZUM 1988, 82; Schilcher S. 79ff., 115). Dabei braucht das Werk selbst nicht unbedingt verändert worden sein. Das Entstellungsverbot richtet sich auch gegen eine Beeinträchtigung der Urheberinteressen durch Form und Art der Werkwiedergabe und -nutzung (BGH GRUR 1982, 107, 109 *Kirchen-Innenraumgestaltung*). Ein Beispiel: die Freie Volksbühne Berlin ließ 1975 in *Tennessee Williams'* Stück *Endstation Sehnsucht* den Arbeiter *Polansky*

von einem Farbigen darstellen und machte so, ohne ein einziges Wort zu ändern, aus dem Klassen- ein Rassenstück. Weniger eindeutig liegt die Rollenbesetzung von *Samuel Becketts' Warten auf Godot* mit weiblichen Schauspielern gegen den ausdrücklichen Willen des Autors (FuR 1982, 492). Auch im Falle BGHZ 55, 1 *Maske in Blau* lag die Entstellung in der Art der Bühneninszenierung, bei der neben der Änderung der Charaktere der Hauptpersonen die abschätzige Beurteilung des Werkes ausschlaggebend war (vgl. Urteilsanmerkung Ulmer GRUR 1971, 40ff.). Der Integritätsanspruch des Urhebers unterliegt keinen (einschränkenden) Abwägungen mit einer Kunstfreiheitsgarantie des Interpreten (gegen Schmieder NJW 1990, 1945, 1948f.), anderenfalls würden die Rechte der Schöpfer solcher Werke, die erst der Werkinterpretation bedürfen, aus § 14 leerlaufen. Der Theaterkritiker braucht es nicht hinzunehmen, daß seine Rezensionen in »dramatisierter«, teilweise mit sinnstiftenden Musikzitaten unterlegter Form in parodistischer Absicht auf der Bühne deklamiert werden. Werke der Musik können durch extreme, ihren Charakter ins Gegenteil verkehrende Tempi oder durch andere interpretatorische Mittel trotz notengetreuen Abspielens der Lächerlichkeit preisgegeben werden (die verunglückte Studioaufnahme des Liedes „Love me Tender" durch Elvis Presley, der offensichtlich als Reaktion auf die einsetzende Stimme einer Back-Sängerin trotz eines Lachanfalls weitersingt, wurde später als Kuriosum veröffentlicht). Stets geht es bei der Entstellung um den direkten verzerrenden Eingriff in die Substanz des Werkes, sei es das Werkoriginal, seiner Vervielfältigung oder dessen Wiedergabe in unkörperlicher Form.
Da jede wesentliche Veränderung der Wesenszüge des Werkes Entstellung sein kann, ist es gleichgültig, ob mit ihr eine Verbesserung oder Verschlechterung des Werkes eingetreten ist. Andernfalls müßte der Richter im Streitfall den künstlerischen Wert des Originals einerseits und die Umgestaltung andererseits abwägen, wozu er nicht berufen ist (vgl. § 2 Bem. 16). Entstellungen seines Werkes braucht der Urheber nicht etwa deshalb hinzunehmen, weil damit eine kritische Auffassung über die künstlerische Bedeutung dieses Werkes oder der Werkgattung, der es angehört, zum Ausdruck gebracht werden soll (BGH GRUR 1971, 35, 38 *Maske in Blau*). Für den Bühnenbereich wird damit der eigentliche Modernisierungsspielraum des Regisseurs nicht eingeengt, wohl aber die Möglichkeit, nichtgemeinfreie Stücke zu parodieren und zu persiflieren, ohne das Aufgreifen des Originalstücks auf eine freie Benutzung (§ 24) zu beschränken.

Andere Beeinträchtigungen des Werkes sind entweder solche, die gleichfalls verändernd, aber ohne entstellende Tendenz in das Werk eingreifen, gleichwohl aber zur Herbeiführung einer Interessengefährdung des Urhebers geeignet sind, z. B. verändernde Eingriffe mit (vom Urheber nicht nach § 23 genehmigtem) Bearbeitungscharakter (BGH GRUR 1989, 106, 107 *Oberammergauer Passionsspiele II* mit Anm. Loewenheim S. 108). Oder aber es handelt sich um Beeinträchtigungen, die dessen ursprüngliche Fassung als solche unberührt lassen, diese aber in einen beeinträchtigenden Zusammenhang stellen (zur Unterscheidung zwischen direkten und indirekten Eingriffen Schricker-Dietz Rdnr. 23, 24). Ihre Zulässigkeit hängt davon ab, ob sie geeignet sind, die berechtigten geistigen oder persönlichen Interessen des Urhebers am Werk zu gefährden (Bem. 10). Zu den indirekten Eingriffen gehört z. B. die Präsentation von Werken der bildenden 9

Kunst an einem dem Grundcharakter des Objektes zuwiderlaufenden Ort. Die Beeinträchtigung kann auch darin liegen, daß dem Bildhauer bei Auftragserteilung ein repräsentativer Standort für die Aufstellung einer Brunnenfigur zugesagt wird, die Plazierung dann aber im Zwickel verkehrsreicher Straßen erfolgt (OLG Karlsruhe U. v. 14. 5. 85 – 6 U 236/85 – *Junge Alb*).
Hierher gehört auch die Textveröffentlichung in einer gefälschten Zeitungsausgabe und/oder Verwertungsmaßnahmen, durch die der Urheber in die Gefahr strafrechtlicher Verfolgung durch einen anderen Staat gerät (KG NJW RR 1990, 1065 *Neues Deutschland*), die unerlaubte Verwendung eines Werkes für die geschäftliche Werbung (LG Düsseldorf ZUM 1986, 158), Bearbeitungen, zu denen der Urheber zwar seine Einwilligung gegeben hat, die aber offensichtlich so minderwertig sind, daß er sie mit seinem Namen nicht mehr gedeckt sehen möchte; die Verwendung einer rhythmisch betonten, spanisch oder griechisch anmutende Musik, die für einen Kulturfilm über Mittelmeerländer komponiert war, als Untermalungsmusik für einen pornografischen Film (zutreffendes Beispiel von Reichardt Anm. zu Schulze KGZ 57). Als indirekter Eingriff zu werten ist auch die Aufzeichnung eines zwar selbst nicht (auch nicht durch interpretarorische Mittel, vgl. Bem. 8) geänderten Bühnenwerkes, jedoch in einer Fassung, bei der die Werkdarbietung mit Zwischenrufen und Randbemerkungen, die zum Teil über fünf Minuten dauern, ständig unterbrochen und dadurch zerrissen wird (OLG München, U. v. 14. 4. 1971 – 6 U 2040/70 – unveröffentlicht, wiedergegeben durch Dietz UFITA 72 [1975], 1, 49). Werbeunterbrechungen von Film- und Fernsehwerken sind gleichfalls indirekte Eingriffe (Schricker-Dietz Rdnr. 25: Grenzfall zwischen direktem und indirektem Eingriff; § 93 Bem. 6).

10 Die Zulässigkeit einer „anderen Beeinträchtigung" hängt davon ab, ob sie geeignet ist, die berechtigten geistigen oder persönlichen Interessen am Werk zu gefährden. Die bloße Eignung zur Gefährdung genügt, wenn berechtigte Interessen auf dem Spiele stehen (Gefährdungstatbestand). Die Bestimmung geht damit weiter als Art. 6bis RBÜ Paris, jedenfalls wenn man in der Auslegung dieser Konventionsbestimmung einer weitgehend dazu vertretenen Auffassung folgt (zum Streitstand sowie der von uns auch dort vertretenen Auffassung vom Gefährungstatbestand Nordemann/Vinck/Hertin, Art. 6bis RBÜ Bem. 4). Es ist also nur erforderlich, daß die (theoretische) Möglichkeit der Verletzung der Urheberinteressen besteht; es braucht weder eine konkrete Gefährdung noch gar ein konkreter Schaden eingetreten zu sein. Andererseits nimmt die Bestimmung auf die besondere Empfindlichkeit einzelner keine Rücksicht. Entscheidend ist, ob jeder andere vernünftige Urheber den Eingriff als zur Gefährdung geeignet angesehen hätte (objektiv). Ein Gefährdungstatbestand ist eher gegeben, wenn die Öffentlichkeit von der Entstellung Kenntnis nimmt oder nehmen kann; zwingende Voraussetzung ist der Öffentlichkeitsbezug jedoch nicht (Ulmer[3] § 41 III 1; v. Gamm Anm. 13; speziell zu Eingriffen in Werkoriginale Bem. 14, 17).

11 Mit dem Abstellen auf geistige oder persönliche Interessen am Werk wird die Gesamtheit der geistigen und persönlichen Beziehungen des Urhebers zu seinem Werk einbezogen, nicht nur Einzelgüter wie Ehre und Ruf (weitergehend als Art. 6bis, vgl. Bem. 3). Nicht anders als beim Entstellungstatbestand (Bem. 8) kommt es auf Kriterien wie Verbesserung oder Verschlechterung des Werks nicht an (bedenklich daher das Kriterium der „negativen Bewertung“ vorgenommener Veränderungen in BGH GRUR 1989, 106, 107 *Oberammergauer Festspiele II*). Im Vordergrund steht das Interesse des Urhebers an der Erhaltung der individuellen schöpferischen Eigenart und Integrität seines Werkes. Eine Interessengefährdung ist um so eher anzunehmen, je höher der Ruf des betroffenen Urhebers einzustufen ist. Wo nach den Kriterien des § 13 rechtmäßig eine Urhebernennung unterbleibt, kann das Integritätsinteresse des Urhebers eher zurücktreten als dort, wo sein Name in Verbindung mit dem Werk der Öffentlichkeit sichtbar präsentiert wird (BGH GRUR 1989, 106, 108 *Oberammergauer Festspiele II*). Für eine Interessengefährdung spricht, wenn ein Werk mit gesteigerter Gestaltungshöhe betroffen und/oder wenn gerade in die individuellen Bestandteile (und nicht lediglich die gemeinfreien Elemente) ändernd eingegriffen wird. Einer Interessengefährdung eher entgegenstehend sind Werkänderungen von geringerer Intensität (KG ZUM 1986, 470, 473f.: Änderung der Akzentuierung durch Musikverlag im Notentext eines Werkes der E-Musik) oder solche, die im Rahmen des bestimmungsgemäßen Gebrauchs liegen (z. B. Änderungen in den Farbnuancen beim Kunstverlag oder das Einrichten spezieller Bühnenfassung in Anpassung an die technischen und personellen Möglichkeiten der Bühne; zum Recht des Architekten Bem. 17; vgl. Schilcher S. 105ff.). Bei Werken, die für Gebrauchszwecke oder für die Produktwerbung bestimmt sind, treten berechtigte Urheberinteressen tendenziell zurück. Dasselbe gilt für Werkschöpfungen, die der Urheber im Rahmen von Arbeitsverträgen erbringt. Ein Werk, das der Urheber Dritten zur Bearbeitung überläßt, ist damit bestimmungsgemäß für ein geändertes Erscheinungsbild bestimmt und unterliegt dem Integritätsinteresse des Urhebers nur noch eingeschränkt (BGH GRUR 1989, 106, 107 *Oberammergauer Festspiele II*, allerdings mit bedenklicher Ableitung stillschweigender Bewilligung von Bearbeitungsrechten). In den gesetzlichen Filmrechtsbestimmungen findet dieser Grundsatz deutlichen Ausdruck (vgl. §§ 88 Abs. 1 Nr. 1 und 5, 89, 93). **Filmschaffende** können Werbeunterbrechungen in Film- und Fernsehwerken nur unter den erschwerten Voraussetzungen des § 93 entgegentreten (vgl. § 93 Bem. 6).

Kollision mit Drittinteressen, Interessenabwägung. Sofern der Urheber gegen Entstellungen und andere Beeinträchtigungen seiner Bestands- und Integritätsinteressen vorgehen möchte, die mit einem Werkstück in Verbindung stehen, kollidieren seine Interessen mit denjenigen des Sacheigentümers oder Besitzers am sachenrechtlich verkörperten Werkstück. In diesen Fällen ist eine Abwägung der berechtigten Urheberinteressen mit den entgegenstehenden Nutzungs- und Gebrauchsinteressen vorzunehmen. 12

Handelt es sich lediglich um Werkexemplare ohne Originalcharakter (Bücher, Tonträger, Vervielfältigungen von Werken der bildenden Kunst wie unsignierte Drucke, Kopien, Buchillustrationen), hat grundsätzlich das Eigentümerinteresse Vorrang vor den Urheberinteressen, soweit sich der Eingriff auf den privaten Bereich beschränkt und nicht zu befürchten ist, daß die Verunstaltung an die Öffentlichkeit gelangt (Schricker-Dietz Rdnr. 15). 13

Bei **Originalwerken** der bildenden Kunst und **Bauwerken** können auch in der Privatsphäre sich ereignende Entstellungen und andere Beeinträchtigungen vom Erhaltungs- und Integritätsinteresse des Urhebers erfaßt werden. 14

Da eine Gefährdung der Urheberinteressen ausreicht (Bem. 10) und der Urheberschutz für einen langen Zeitraum gesetzlich gewährleistet wird, genügt zur Rechtfertigung der Urheberinteressen das Bestehen der Möglichkeit, daß die Öffentlichkeit ggf. zu einem späteren Zeitpunkt von der Entstellung Kenntnis nehmen kann (RGZ 79, 397 *Felseneiland mit Sirenen;* Schricker-Dietz Rdnr. 16)

15 Abgesehen von Vorgängen, die aktuell und potentiell in der Privatsphäre verbleiben, dürfte die Interessenabwägung bei Entstellungen von Werken der reinen Kunst stets zugunsten des Urhebers ausfallen. Wenn der Kunsthändler ein großes, verschiedene Dinge darstellendes Gemälde zerschneidet, um statt eines einzigen *Paul Klee* derer drei oder vier mit um so größerem Gewinn verkaufen zu können, so verstößt dies gegen das berechtigte Interesse des Malers und seiner Erben, die Gesamtwirkung seines Werkes aufrecht zu erhalten, selbst wenn er seine Zustimmung zu Änderungen am Format usw. an sich erteilt hatte.

16 **Änderungen aufgrund behördlicher und gerichtlicher Entscheidungen.** Bei Bauwerken (Bem. 17), aber auch größeren Plastiken, Wandbildern u. a. kann es aufgrund bindender Entscheidungen staatlicher Stellen (vor allem der Bauaufsicht) zu Änderungserfordernissen am Werk kommen. Im Regelfall ist dann dem Urheber, soweit er dazu persönlich unter zumutbaren Bedingungen in der Lage ist, Gelegenheit zu geben, die geänderte Gestaltung entsprechend festzulegen. Entsprechendes gilt für Änderungsbedarf aufgrund von Eingriffen der freiwilligen Selbstkontrolle beim Film (§ 93 Bem. 2).

17 **Bauwerke** sind für die Öffentlichkeit regelmäßig in ihrer äußeren Ansicht sichtbar, solche mit Publikumszutritt sind es auch im Innern. Andererseits verkörpert sich in ihnen sowohl der intendierte Gebrauchszweck als auch das Vermögensinteresse des Eigentümers. Bei diesem Hauptanwendungsfall der Interessenabwägung stehen sich das Recht des Architekten-Urhebers an seinem geistigen Kind und das Recht des Eigentümers gegenüber, mit dem ihm gehörenden Bauwerk zu tun, was ihm beliebt. Der Architekt, der Umbauten an sich gestattet hat oder nach § 39 Abs. 2 dulden muß, wird sich auch gegen den teilweisen Abriß des von ihm errichteten Bauwerks nicht aus § 14 wehren können, wenn dieser aus wichtigem Grunde, also aus Gründen der Baufälligkeit, wegen Änderung baupolizeilicher Vorschriften oder deshalb vorgenommen wird, um das Bauwerk seiner Zweckbestimmung entsprechend nutzen zu können (BGHZ 62, 331, 334, 338 *Schulerweiterung;* vgl. auch Bem. 1 sowie §§ 31, 32 Bem. 44–51). Die Eigentümerinteressen überwiegen auch dann, wenn er das Haus vergrößern will, um dringend benötigten neuen Wohn- oder Geschäftsraum zu schaffen (Walchshöfer FS Hubmann S. 469, 474; Ulmer, Der Architekt 1969, S. 77, 81; Näheres § 39 Bem. 7). Die Rechtsprechung hat deshalb auch einen von den Architekturplänen nicht gedeckten Wiederaufbau im Kriege zerstörter Bauwerke gestattet (OLG Nürnberg Schulze OLGZ 28; LG Berlin Schulze LGZ 65; vgl. auch v. Gamm BauR 1982, 97, 119). Bloße Gesichtspunkte der Zweckmäßigkeit oder des Geschmacks reichen allerdings nicht aus (vgl. BGH GRUR 1982, 369, 371 *Allwetterbad:* Änderung der Fassade). Zu Änderungen der Gesamtkonzeption eines Bauprojektes Schweiz BG GRUR Int. 1992, 233 *Bahnhof-Neubau Luzern* m. Anm. Hefti. Zur Änderung und

Entstellung einer urheberrechtlich geschützten Innenraumgestaltung einer Kirche BGH GRUR 1982, 107 *Kirchen-Innenraumgestaltung*.

Die – auch vorsätzliche – **Vernichtung** des Werkes durch seinen Eigentümer, wie sie heute noch selbst bei großen Werken vorkommt (Lady Churchill vernichtete das von ihr als *shocking* empfundene Porträt ihres Mannes von *Graham Sutherland*, vgl. „Die Welt" vom 13. 1. 1978), gilt nach der noch überwiegend vertretenen Meinung (RGZ 79, 397, 401; LG Berlin Schulze 64 *Eden-Hotel;* KG GRUR 1981, 742, 743 *Totenmaske;* LG München FuR 1982, 510, 513f. *Hajek-ADAC;* v. Gamm Rz. 11; Möhring/Nicolini Anm. 4b; Hubmann[6] S. 63; Locher S. 74) nicht als Beeinträchtigung, da das Werk als solches nicht verändert werde. Wir haben uns seit der 6. Aufl. der Auffassung angeschlossen, die eine differenzierendere Betrachtung vertritt (Ulmer[3] § 41 III 1; Schricker-Dietz Rdnr. 37–40; Samson S. 122; Dietz, Das Droit Moral, S. 112, Movsessian UFITA 94 [1982], 77, 85, 89; Schack GRUR 1983, 56; Schöfer S. 139ff.; früher bereits Möhring in Anm. zu Schulze RGZ 4; weitere Hinweise auf ältere Literatur bei Schöfer a.a.O. S. 135ff.). 18

Die Vernichtung des Werkes ist zwar keine Entstellung, kann jedoch eine besondere starke Form der „anderen Beeinträchtigung" im Sinne des Gesetzes darstellen. Für die Zuerkennung eines Vernichtungsverbotes sind die Interessen des Urhebers gegen die des Eigentümers abzuwägen. Maßgebliche Kriterien sind das Vorliegen eines Originalwerkes als einmaliges Werkstück von bedeutender Gestaltungshöhe (damit werden Werke der „kleinen Münze" von vornherein vom Vernichtungsverbot ausgenommen), die Stellung des Werkes im Gesamtschaffen des Künstlers, die Gewichtung des Gebrauchszwecks (damit entfällt in der Regel das Vernichtungsverbot für Kunstwerke, die wesentliche Bestandteile anderer beweglicher oder unbeweglicher Sachen sind. z. B. das Wandfresko im Falle RGZ 79, 397 *Felseneiland mit Sirenen*) und der Aspekt des Verschuldens auf Seiten des Eigentümers (z. B. kann die Identifizierung und das Auffinden des Urhebers bzw. der Urheberberechtigten Schwierigkeiten bereiten). Bei Überwiegen des Urheberinteresses ist der Eigentümer verpflichtet, dem Urheber die beabsichtigte Vernichtung mitzuteilen und ihm die Rücknahme zum Materialwert oder, falls dieser davon keinen Gebrauch machen will, die Ausübung des Zugangsrechts zur Herstellung von Vervielfältigungsstücken unter angemessener Fristsetzung anzubieten (vgl. Art. 15 des neuen Schweizer URG, GRUR Int. 1993, 149, 150). Andernfalls ist er dem Urheber unter den Voraussetzungen des § 97 zum Ersatz etwaigen Vermögensschadens oder, unter den Voraussetzungen des § 97 Abs. 2, des immateriellen Schadens verpflichtet. Hat der Urheber seinen Anspruch auf Zugang zum Werkstück bereits geltend gemacht, so ist der Eigentümer bis zur Erfüllung des geltend gemachten Anspruchs schlechthin an der Vernichtung gehindert (Hubmann[6] S. 63).

Im Einzelfall kann zweifelhaft sein, ob Vernichtung oder Beschädigung des Werkes gegeben ist. Wird die von *Joseph Beuys* durch Hinzufügung von Heftpflaster, Mull und ähnlicher Dinge in den Rang eines Kunstwerks erhobene Kinderbadewanne, die in einem Museumsraum ausgestellt ist, versehentlich von Reinigungskräften ausgescheuert und anschließend von Museumsbesuchern zum Bierkühlen zweckentfremdet, so liegt, Werkcharakter vorausgesetzt (§ 2 Bem. 2–13), richtigerweise die Vernichtung eines Werkes (und nicht lediglich eine reparable Beschädigung) vor, da im Falle des Versuchs einer Wiederherstellung ein künstlerisches *aliud* entstehen könnte (zutreffend Hamann FuR 1976, 166, 167). Wo dies ausgeschlossen werden kann, etwa bei der Wiederherstellung eines zerstörten Kirchenfensters nach einem Foto, liegt Vervielfältigung (franz. *réproduction*) vor, die der Erlaubnis des Urhebers bedarf (§ 16 Bem. 1). Die Reparatur bloßer Beschädigungen ist dagegen, wenn sie das Werk nicht verändert (sonst § 23), zulässig.

19 **Parodien** verwenden häufig das Stilmittel der Entstellung und Verzerrung. Sie sind jedoch vielfach selbständige, in freier Benutzung hervorgebrachte Werke (§ 24 Bem. 2–3) und können dann von dem betroffenen Urheber nicht aus § 14 verfolgt werden. Einzelheiten bei § 24 Bem. 4–10; zur Verletzung des allgemeinen Persönlichkeitsrechts durch Satire und Karikatur vor § 12 Bem. 12.

20 Der Raum für abweichende **Vereinbarungen** ist sehr eng. Zu abweichenden Vereinbarungen über Änderungsverbote vgl. § 39 Bem. 2. Die Rechte aus § 14 sind nicht mit absoluter Wirkung abdingbar. Wohl kann sich aber aus dem Sinnzusammenhang einer Parteivereinbarung in gewissen Fällen ergeben, daß eine Gefährdung berechtigter Interessen des Urhebers im konkreten Fall nicht gegeben ist. Bereits entstandene Ansprüche wegen Verletzung des Entstellungsverbotes kann der Urheber durch Vertrag erlassen. Jedoch kann er entstellende Eingriffe nicht generell und vorab rechtswirksam gestatten. Man wird solche Vereinbarungen, wenn sie im vorhinein getroffen werden, nur ausnahmsweise und nur dort als gültig ansehen können, wo sie nicht pauschal, sondern konkret bezogen auf bestimmte Werkteile oder Wesensmerkmale aus besonderen Gründen für einen bestimmten Einzelfall und, wenn die Umgestaltung zu Verwertungszwecken bestimmt ist, gegen eine gesonderte Entschädigung vereinbart worden sind, ohne daß damit ein endgültiger Rechtsverlust für den Urheber verbunden wäre (vor § 12 Bem. 3–5; LG München I FuR 1980, 217, 218; Schricker FS Hubmann S. 409, 417). Zu weitgehend mutet BGH GRUR 1971, 269, 271 *Das zweite Mal* den Verfassern eines im Auftrag einer Rundfunkanstalt hergestellten Manuskripts für ein Kriminalfernsehspiel die Hinnahme von weitreichenden Änderungswünschen der Auftraggeber zu, ohne daß eine Abweichung der erbrachten Leistung vom ursprünglich erhaltenen Auftrag erkennbar gewesen wäre.

3. Verwertungsrechte

§ 15 Allgemeines

(1) Der Urheber hat das ausschließliche Recht, sein Werk in körperlicher Form zu verwerten; das Recht umfaßt insbesondere
1. das Vervielfältigungsrecht (§ 16),
2. das Verbreitungsrecht (§ 17),
3. das Ausstellungsrecht (§ 18).

(2) Der Urheber hat ferner das ausschließliche Recht, sein Werk in unkörperlicher Form öffentlich wiederzugeben (Recht der öffentlichen Wiedergabe); das Recht umfaßt insbesondere
1. das Vortrags-, Aufführungs- und Vorführungsrecht (§ 19),
2. das Senderecht (§ 20),
3. das Recht der Wiedergabe durch Bild- oder Tonträger (§ 21),
4. das Recht der Wiedergabe von Funksendungen (§ 22).

(3) Die Wiedergabe eines Werkes ist öffentlich, wenn sie für eine Mehrzahl von Personen bestimmt ist, es sei denn, daß der Kreis dieser Personen bestimmt abgegrenzt ist und sie durch gegenseitige Beziehungen oder durch Beziehung zum Veranstalter persönlich untereinander verbunden sind.

Während das Urheberpersönlichkeitsrecht die ideellen Beziehungen des Urhebers zu seinem Werk regelt, ergeben sich die **materiellen Befugnisse des Werkschöpfers** im wesentlichen aus den Verwertungsrechten. Darüber hinaus werden die vermögensrechtlichen Beziehungen zwischen Urheber und Werk durch im UrhG an verschiedenen Stellen (z. B. §§ 26, 27, 36, 41, 42) erscheinende Rechte gestaltet. Diese sind im wesentlichen Beteiligungsansprüche obligatorischer Art und Gestaltungsrechte. Dagegen handelt es sich bei den Verwertungsrechten um **ausschließliche Rechte.** Der Urheber kann also, wenn er nicht entsprechende Nutzungsrechte eingeräumt hat, *jedermann* verbieten, sein Werk zu vervielfältigen, zu verbreiten, aufzuführen, zu senden usw. Die Ausschließlichkeit der Verwertungsbefugnis erstreckt sich auf die Nutzung in körperlicher (Abs. 1) und unkörperlicher (Abs. 2) Form. Die **Nutzung in körperlicher Form** umfaßt insbesondere die Herstellung von Vervielfältigungsstücken und deren Verbreitung. Die **Verwertung in unkörperlicher Form** erfolgt z. B. durch Aufführung, Sendung usw. (Abs. 2). Das Recht der unkörperlichen Nutzung steht dem Urheber nur insoweit zu, als sie **öffentlich** stattfindet. Im Verwandtenkreise kann jeder ein geschütztes Bühnenstück aufführen oder aus einem modernen Roman lesen. Die einzelnen Verwertungs- und Wiedergabearten werden nur beispielhaft („insbesondere") erwähnt und in den nachfolgenden §§ 16–22 eingehender behandelt. Dabei kann die Verwertung auch durch neue technische Möglichkeiten erfolgen (z.B. körperliche Nutzung eines Sprachwerkes durch Vervielfältigung über elektronische Datenverarbeitung und neuartige Dokumentationstechniken, dazu Katzenberger GRUR 1973, 629, 630). Neue Verwertungsarten werden also ohne Gesetzesänderung in das Urheberrecht einbezogen (zur Nutzung durch neue technische Verfahren vgl. Brugger UFITA 56 [1970], 1ff.; für den Bereich der Musik Schulze GRUR Int. 1973, 336ff.). **Grundsätzlich** steht dem Urheber mithin ein **umfassendes Recht zur Verwertung seines Werkes** in jeder denkbaren, gegenwärtigen und künftigen Art und Weise sowie auf allen Verwertungsstufen zu (vgl. Uchtenhagen UFITA 114 [1990], 31 im Hinblick auf die technischen Vervielfältigungs- und Verbreitungsmöglichkeiten von geschützten Werken vor allem durch Datenbanken). 1

Die **Zuerkennung des ausschließlichen Rechts zur Verwertung** des Werkes (Abs. 1 u. 2) ist vom Gesetzgeber im UrhG selbst (§§ 45–63) vielfach durchbrochen worden. Grundgedanke dieser **Ausnahmen** ist meist, daß auch das geistige Eigentum „sozialgebunden" ist. Der Urheber muß es in den Fällen der §§ 45–63 hinnehmen, daß sein Werk entweder gegen oder sogar gänzlich ohne Vergütung (z. B. beim Zitatsrecht) in bestimmter Weise von Dritten genutzt wird, ohne daß dies seiner Zustimmung bedarf. Da diese gesetzlichen Regelungen die Ausnahmen von dem Grundsatz darstellen, daß allein dem Werkschöpfer die Nutzung des Werkes zusteht, sind sie eng auszulegen und nicht durch Analogien zu erweitern (vgl. vor § 45 Bem. 3). Zur Einschränkung der Verwertungsmöglichkeiten des Urhebers im Hinblick auf sein Werk führt auch die *„Erschöpfungslehre"* des BGH (seit BGHZ 79, 350, 357 *Kabelfernsehen in Abschattungsgebieten;* Entwicklung und weitere Nachweise bei Joos, Die Erschöpfungslehre im Urheberrecht, 1991, S. 220ff. 2

sowie Schricker-Loewenheim Rdnr. 14). Die Erschöpfungslehre hat ihren Ursprung in § 17 Abs. 2 beim Verbreitungsrecht (s. dort Bem. 8). Wenn Werkstücke mit Zustimmung des Urhebers in der Öffentlichkeit im Verkehr sind, kann er keinen Einfluß mehr auf ihre weitere Verbreitung nehmen. Das gleiche soll aber nach Auff. des BGH über das Recht der Verbreitung von Werkstücken hinaus für alle Arten urheberrechtlicher Verwertung gelten. Die Lit. hat mit Recht überwiegend eine derartige, weder nach dem Wortlaut des Gesetzes noch nach der Erwähnung des Erschöpfungsgrundsatzes lediglich in § 17 beim Verbreitungsrecht gerechtfertigte Ausdehnung auf andere Verwertungsrechte abgelehnt (Hubmann/Rehbinder[7] S. 136; Schricker-Loewenheim Rdnr. 14 mit ausführlichen Nachweisen über den Meinungsstand wie auch Joos a.a.O. S. 225ff.).

3 Eine unmittelbare **Übertragung** der in § 15 genannten Verwertungsrechte auf Dritte ist nicht zulässig (§ 29). Der Urheber kann Werknutzern nur ein aus dem Urheberrecht abgeleitetes **Nutzungsrecht** einräumen (vor § 28 u. Begr. S. 55), und zwar als einfaches (§ 31 Abs. 3) oder ausschließliches (§ 31 Abs. 2) Recht. Die im Sprachgebrauch nicht immer beachtete Unterscheidung zwischen der (nicht zulässigen) Übertragung der Verwertungsrechte und der Einräumung von Nutzungsrechten ist durchaus nicht bedeutungslos. Es ist zwar möglich, sämtliche bekannten Verwertungsmöglichkeiten einem Dritten zu überlassen (§ 31 Abs. 1 Satz 1), nicht aber, diesem auch die Rechte für erst künftig bekannt werdende Nutzungsformen einzuräumen (§ 31 Abs. 4). Insoweit führt eine wie auch immer vertraglich geregelte Rechtseinräumung nie dazu, daß keinerlei Verwertungsmöglichkeiten beim Urheber bleiben. Die Einräumung des Nutzungsrechts kann auch unter zeitlichen, örtlichen und gegenständlichen Beschränkungen geschehen (§ 32). Näheres §§ 31, 32 Bem. 7, 19ff. Ist ein Nutzungsrecht vom Urheber einem Werkverwerter eingeräumt, wird bei einer Weitergabe dieses Rechts der Akt als Rechtsübertragung (§ 34) bezeichnet. Dogmatisch ist dies richtig, weil bei der Übertragung von einem Verwerter auf den anderen rechtliche Befugnisse bei dem Übertragenden (anders als im Verhältnis Urheber/Werknutzer) nicht notwendigerweise verbleiben (vor § 31 Bem. 7). Nutzungsrechte als von den Verwertungsrechten des Werkschöpfers abgeleitete Befugnisse zur Auswertung von Werken können nur vom Berechtigten (z. B. dem Romanautor selbst, seinem Verleger aufgrund eines Verlagsvertrages oder seinem Erben), jedoch *niemals vom Nichtberechtigten* erworben werden. Werden die Verwertungsrechte des Urhebers verletzt, kann er insbesondere die Ansprüche auf Unterlassung und (bei Verschulden des Verletzers sowie wirtschaftlichen Einbußen) Schadensersatz geltend machen (§ 97). Verwertungen von Werken in körperlicher und unkörperlicher Form (Bem. 1) werden rechtlich von vornherein unterschiedlich behandelt. *Körperliche Verwertungsformen* mit der Voraussetzung des Vorliegens mindestens eines Originals (Originalmanuskript) oder eines Vervielfältigungsstückes (Buchexemplar) sind auch außerhalb der Öffentlichkeit möglich (z. B. heimliches Nachdrucken ohne Vertrieb). Dagegen setzt die *unkörperliche Auswertung* als Recht der öffentlichen Wiedergabe das Vorhandensein der Öffentlichkeit bei der Verwertung voraus. Ein privater Schallplattenabend oder eine Theateraufführung im Freundes- und Familienkreis erfüllt diese Voraussetzung nicht (Bem. 4). Einige Rechte der öffentlichen Wiedergabe können als sog. **Zweitverwertungsrechte** bezeichnet werden. Der Begriff, der im Gesetz nicht erscheint, wird in der amtl. Begr. UFITA 45 (1965), 240,

261 erwähnt und besagt, daß manche (unkörperlichen) Werkverwertungen erst dann möglich sind, wenn eine Erstverwertung vorausgegangen ist. Ein Schlager, der bei einer Sportveranstaltung vom Tonband gespielt und öffentlich akustisch wahrnehmbar gemacht wird (§ 21), muß zuvor durch Aufnahme auf den Tonträger und seinen Verkauf vervielfältigt und verbreitet worden sein (vgl. § 21 Bem. 1).

Der **Begriff der Öffentlichkeit** bei der Wiedergabe von Werken hat in **4**
Abs. 3 seine für das gesamte Urheberrecht gültige *Legaldefinition* erfahren (v. Gamm Bem. 14). Er ist durch eine Mehrzahl von Personen und das Fehlen von persönlichen Beziehungen dieser Personen untereinander oder zum Veranstalter charakterisiert. Soll somit keine Öffentlichkeit vorliegen, muß der Kreis der Personen, der das Werk wahrnimmt, zahlenmäßig abgegrenzt und mehr als nur durch Zufall oder gemeinsames Anliegen (Besuch eines Konzerts) untereinander oder zum Veranstalter verbunden sein (zur Entstehungsgeschichte des Begriffs „öffentlich" s. § 6 Bem. 1). Das Kriterium einer gemeinsamen Anwesenheit gibt für den Begriff der Öffentlichkeit nichts her (vgl. Schricker-Loewenheim Rdnr. 29). Öffentlich ist also nicht die Familienfeier, das Betriebsfest eines Kleinunternehmens, der Tanzkurs einer Schulklasse (BGH GRUR 1956, 551ff. *Tanzkurse*) oder die Abschlußfeier eines kleinen Sprachkurses mit Freunden und Verwandten. Schon das Fest eines größeren Betriebes ist jedoch nach BGHZ 17, 376, 379 *Betriebsfeier* als öffentlich angesehen worden, weil die persönliche Verbundenheit der Teilnehmer verneint wurde. Der gleiche strenge Maßstab wurde bei größeren Tanzkursen, wo die Teilnehmer mehr oder weniger zufällig zusammenkamen (OLG München ZUM 1986, 482f. u. OLG Frankfurt ZUM 1987, 91, 93), auch bei Abtanzbällen (BGH GRUR 1960, 383, 389 *Tanzstunden Abtanzbälle*), bei Vereinsfeiern (BGH GRUR 1961, 97, 98 *Sportheim*), bei Festlichkeiten in Sanatorien (BGHZ 58, 262, 264 *Landesversicherungsanstalt*), in Aufenthaltsräumen von Schulen (BGH GRUR 1983, 562, 563 *Zoll- und Finanzschulen*) oder in Strafanstalten (BGH GRUR 1964, 734, 735 *Vollzugsanstalten*) angelegt. Weitere Nachweise bei Schricker-Loewenheim Rdnr. 38. Derartige Veranstaltungen sind nicht nur dann bereits öffentlich, wenn auch „Nichtmitglieder" oder „Nichtangehörige" Zutritt haben, sondern schon dann, wenn die persönlichen Verbindungen nicht eng genug sind (wie etwa in Strafanstalten). Näheres auch bei Möhring/Nicolini Bem. 9; Hubmann/Rehbinder[7] S. 129f.; Knap UFITA 92 (1980), 21f.; Schricker FS Oppenhoff S. 387ff. Danach kann auch nicht zweifelhaft sein, daß übliche *Hochschulveranstaltungen,* vor allem Vorlesungen, öffentlich sind (Schricker-Loewenheim Bem. 40).

§ 16 Vervielfältigungsrecht

(1) Das Vervielfältigungsrecht ist das Recht, Vervielfältigungsstücke des Werkes herzustellen, gleichviel in welchem Verfahren und in welcher Zahl.

(2) Eine Vervielfältigung ist auch die Übertragung des Werkes auf Vorrichtungen zur wiederholbaren Wiedergabe von Bild- oder Tonfolgen (Bild- oder Tonträger), gleichviel, ob es sich um die Aufnahme einer Wiedergabe des Werkes auf einen Bild- oder Tonträger oder um die Übertragung des Werkes von einem Bild- oder Tonträger auf einen anderen handelt.

Vervielfältigung ist die Herstellung einer oder mehrerer Festlegungen, die **1**
geeignet sind, das Werk den menschlichen Sinnen auf irgendeine Weise

wiederholt unmittelbar oder mittelbar wahrnehmbar zu machen (Begr. S. 47 im Anschluß an BGHZ 17, 266, 270 *Tonband/Grundig-Reporter* mit Nachweisen). Diese Definition des Gesetzgebers ergibt bereits, daß auch die Herstellung von Schallplatten, Blindenschriften, Bandaufnahmen, Fernsehaufzeichnungen und Folien (Reichel GRUR 1980, 334) Vervielfältigung ist. Abs. 2 wurde gleichwohl aufgenommen, um die durch § 2 LUG eingetretene Verwirrung der urheberrechtlichen Begriffe endgültig zu beseitigen (Begr. S. 47; der Gesetzgeber des LUG hatte die Herstellung von Tonträgern einer Bearbeitung gleichgestellt). Da es sich um eine Festlegung handeln muß, ist die Live-Sendung im Hörfunk und Fernsehen keine Vervielfältigung, obwohl das Bild gleichzeitig auf Millionen Fernsehschirmen erscheint und die Hörfunksendungen aus ebenso vielen Lautsprechern gleichzeitig ertönt (vgl. BGHZ 37, 1, 6f. *AKI* und BGHZ 38, 356, 359f. *Fernsehwiedergabe von Sprachwerken*). Der Gesetzgeber hat die Sendung deshalb zutreffend unter die Wiedergaberechte eingeordnet (§ 15 Abs. 2 Nr. 2, § 20). Andererseits spielt die Zahl der Festlegungen keine Rolle; auch wer nur eine einzige Bandaufnahme mitschneidet oder nur eine einzige Bildkopie herstellt, vervielfältigt (so schon BGHZ 18, 44, 46 *Fotokopie;* zu den Begriffen Bild- und Tonträger s. § 21 Bem. 1). Deshalb ist die Herstellung eines Bauwerkes nach den Bauplänen ebenso als Vervielfältigung anzusehen (BGHZ 24, 55, 69 *Ledigenheim;* OLG Hamburg UFITA 65 [1972], 290, 295 *Skizze*) wie die Wiederherstellung eines zerstörten Originals (anders bei der Reparatur einer Beschädigung) und wie die Einspeicherung eines Werkes in eine EDV-Anlage (Ulmer, Elektronische Datenbanken und Urheberrecht, München 1971, S. 36 sowie ders. GRUR 1971, 297, 300; Brutschke S. 72; Nordemann/Hertin NJW 1971, 857, 858); auch beim Ablauf eines Computerprogramms finden Vervielfältigungsvorgänge statt (Röttinger FS öst. UrhG S. 203), was nach Einfügung von § 69c Nr. 1 unproblematisch ist. Schricker/Loewenheim Rdnr. 9 meinen stattdessen, daß die Programmeingabe und Verarbeitung der Daten noch keine Vervielfältigung sei, weil dann im Hinblick auf § 53 Abs. 4 Satz 2 beim Erwerb eines Computerprogramms zusätzlich noch die Einräumung des Vervielfältigungsrechts erforderlich sei, um damit überhaupt arbeiten zu können (auch Loewenheim FS Gaedertz S. 359, 367). Im Hinblick auf die Erweiterung des Begriffs der Vervielfältigung bei Computerprogrammen in § 69c Nr. ist demgegenüber schon die Dateneingabe mit der schon bisher h. M. (Nachweise bei Schricker-Loewenheim a.a.O.) als Akt der Vervielfältigung anzusehen, bei dem das entsprechende Nutzungsrecht mit der Veräußerung des Programms zumindest stillschweigend übertragen worden ist (jetzt § 69d Nr. 1). Welcher menschliche Sinn angesprochen wird, ist ebenfalls gleichgültig; neben dem Auge (Buch, Bild, Film usw.) und dem Gehör (Musik, Vortrag usw.) kommen auch der Tastsinn (Blindenschrift) und der Geruchssinn (Geruchsfilm) in Betracht. Beispiel für unmittelbare Wahrnehmbarkeit ist das Buch, für mittelbare Wahrnehmbarkeit die Schallplatte, die das Werk erst unter Zuhilfenahme eines Plattenspielers hörbar werden läßt. – Vervielfältigung eines Werkes ist auch seine Festlegung in geänderter Form, z. B. nach einer Bearbeitung (BGH GRUR 1963, 441, 443 *Mit Dir allein*); doch ist die erste Festlegung der Bearbeitung, d. h. ihre Herstellung, nach § 23 mit den dort genannten Ausnahmen zulässig, wird also von dem ausschließlichen Vervielfältigungsrecht des Urhebers nicht erfaßt (§ 23 Bem. 2).

Etwas versteckt findet sich in **Abs. 2** die gesetzliche *Definition für Bild- und Tonträger* (Begr. S. 47). Es handelt sich dabei also um Vorrichtungen zur wiederholten Wiedergabe von Bild- und Tonfolgen. Damit wurde Gesetz, was die Rspr. schon zur Zeit der Gültigkeit des LUG angenommen hatte (seit BGHZ 8, 88, 92 *Magnettonbänder I*).

Nach früherem Recht war streitig, ob die Vervielfältigung eines Werkes erst 2
mit der unmittelbaren Festlegung selbst **beginnt** (z. B. mit dem Druck der Werkexemplare, so RGZ 107, 277, 279) oder schon mit der vorbereitenden Anfertigung der unmittelbar für die Vervielfältigung dienenden Vorrichtungen (so z. B. Ulmer[2] S. 192 mit Nachweisen). Der letzteren Auffassung dürfte nunmehr der Vorzug zu geben sein (so auch Schricker-Loewenheim Rdnr. 5, Hubmann/Rehbinder[7] S. 131), weil § 98 Abs. 2 die Vernichtung von Formen, Platten, Steinen, Druckstöcken, Matrizen und Negativen zuläßt, wenn sie zu einer unzulässigen Vervielfältigung benutzt worden waren oder ihr dienen sollten (dort Bem. 4). Schon die Herstellung der Matrize, des Drucksatzes, der Korrekturfahnen, der Klischees usw. ist demnach Vervielfältigung (BGH GRUR 1982, 102, 103 *Masterbänder;* v. Gamm Bem. 10; anders Möhring/Nicolini Bem. 2).

Das Vervielfältigungsrecht kann nicht unmittelbar, sondern nur dadurch auf 3
einen anderen **übertragen** werden, daß der Urheber dem Dritten ein daraus abgeleitetes **Nutzungsrecht einräumt** (§ 15 Bem. 3, vor § 28 und Begr. S. 55). Das geschieht bei Sprach- und Musikwerken durch den Verlagsvertrag, der sich nach den Bestimmungen des Verlagsgesetzes richtet, und bei anderen Werken durch einen Verlagsvertrag eigener Art (nicht nach Verlagsgesetz, vor § 31 Bem. 25). Das sog. mechanische Vervielfältigungsrecht (Recht zur Herstellung von Tonträgern) wird bei Werken der Musik in aller Regel der GEMA eingeräumt, die es ihrerseits durch den Abschluß von Verträgen mit den Schallplattenherstellern ausübt (Näheres § 11 WahrnG). Bei reinen Sprachwerken dagegen wird es noch von den Autoren selbst oder von ihren Verlegern wahrgenommen. Das mechanische Vervielfältigungsrecht der bildenden Künstler (hier zur Herstellung von Bildträgern) wird neben anderen Rechten von der VG Bild-Kunst ausgeübt. Zu den VerwGes. im einzelnen s. Einl. WahrnG Bem. 1–9.
Häufig ist eine **stillschweigende Einräumung** des Nutzungsrechts aus § 16. Sie liegt überall dort vor, wo Nutzungsrechte eingeräumt werden, die eine Vervielfältigung voraussetzen (so bei den meisten Bearbeitungen, beim Verbreitungsrecht usw.). Vgl. §§ 31, 32 Bem. 19–51 und zum Urhebervertragsrecht vor § 31 Bem. 6ff.
Bei der **Vervielfältigung zum eigenen Gebrauch** ist das absolute Verwertungsrecht des Werkschöpfers durch § 53 erheblich eingeschränkt. Der sehr ins einzelne gehenden Regelung des erst 1985 Gesetz gewordenen § 53 liegen zwei Gedanken zugrunde. Zum einen muß der Urheber Einschränkungen seiner Rechte hinnehmen, weil auch das geistige Eigentum sozialgebunden ist, zum anderen können Vervielfältigungsvorgänge im privaten Bereich (nur um solche geht es bei § 53) ohnehin nicht erfaßt und verhindert werden. Einen gewissen Ausgleich für den Rechtsverlust des Werkschöpfers schafft die pauschale Vergütung nach § 54. Einzelfragen bei §§ 53, 54. Bei Computerprogrammen legt § 69d fest, welche Vervielfältigungshandlungen der zur Benutzung eines Programms Berechtigte ohne Zustimmung des Urhebers oder sonstigen Rechtsinhabers vornehmen darf.

§ 17 Verbreitungsrecht

(1) Das Verbreitungsrecht ist das Recht, das Original oder Vervielfältigungsstücke des Werkes der Öffentlichkeit anzubieten oder in Verkehr zu bringen.

(2) Sind das Original oder Vervielfältigungsstücke des Werkes mit Zustimmung des zur Verbreitung im Geltungsbereich dieses Gesetzes Berechtigten im Wege der Veräußerung in Verkehr gebracht worden, so ist ihre Weiterverbreitung zulässig.

1 Die Vorschrift enthält in Abs. 1 die **gesetzliche Definition des Verbreitungsrechts.** Diese macht deutlich, daß einer Verbreitung **nur körperliche Gegenstände** (Originale oder Vervielfältigungsstücke) zugänglich sind (vgl. § 15 Abs. 1 „in körperlicher Form"). Deshalb ist die Aufführung eines Werkes im Theater oder seine Sendung im Fernsehen oder Hörfunk keine Verbreitung i. S. d. § 17, wohl aber eine Verwertung in unkörperlicher Form nach §§ 19 Abs. 2, 20. Somit kann ein noch nicht festgelegtes Werk wie eine musikalische Improvisation, ein Stegreifvortrag oder eine aus der Situation geborene Kabarettnummer, vor Tausenden von Anwesenden vorgetragen und von Millionen von Zuschauern im Fernsehen wahrgenommen, noch nicht verbreitet sein (Möhring/Nicolini Bem. 2; Schricker-Loewenheim Rdnr. 2). Der Begriff der Verbreitung in Abs. 1 entspricht dem des Erscheinens in § 6 Abs. 2 (s. dort); nur die Erschöpfung des Verbreitungsrechts (Abs. 2) beschränkt sich auf *veräußerte* Werkexemplare (Bem. 8b). Da die Ausübung des Verbreitungsrechts körperliche Gegenstände (Originale und/oder Vervielfältigungsstücke) voraussetzt, haben diese Werkstücke eine doppelte Rechtsnatur, denn zum einen sind sie Objekte des Sachenrechts (§ 90 BGB), zum anderen stellen sie die Verkörperung des (immateriellen) Werkes im Sinne des Urheberrechts dar. Eine Verbreitung des Werkes kann auch stattfinden, wenn das Eigentum an dem Werkstück beim Urheber bleibt. Das ist z. B. beim Vermieten der Fall. Andererseits kann der Werkschöpfer sein Werk in Gestalt eines Werkstücks einem Freund privat schenken, der an diesem Werkstück Eigentum erwirbt, ohne daß eine Verbreitung vorliegt, weil ein Inverkehrbringen (Bem. 3) damit noch nicht angenommen werden kann.

2 Ein **Angebot an die Öffentlichkeit** liegt vor, wenn das Werkstück auf Ausstellungen (vgl. OLG Düsseldorf GRUR 1983, 760, 761 *Standeinrichtung oder Ausstellung)*, in Ladengeschäften, Leihbüchereien, Katalogen aller Art, Prospekten, Inseraten oder in sonstiger Form jedermann zum Besitzerwerb angeboten wird. Der Begriff der Öffentlichkeit entspricht dabei der *Legaldefinition des § 15 Abs. 3* (vgl. Schricker-Loewenheim Rdnr. 5 mit weit. Nachw. sowie BGH GRUR 1991, 315, 317 *Einzelangebot,* wo allerdings für die körperliche Verwertung nur eine analoge Anwendung von § 15 Abs. 3 in Betracht kommt). Ein Angebot „unter der Hand" wäre nicht öffentlich. Wer ein Buch an einen Freund verkauft, verschenkt oder ausleiht, vertreibt nicht (Öst. OGH ÖBl. 1976, 49, 50 und BGH Schulze BGHSt 6). Mit der Vorlage eines Manuskripts beim Verleger zur Prüfung der Veröffentlichungsmöglichkeiten bietet der Autor der Öffentlichkeit sein Werk noch nicht an, sondern bereitet ein solches Angebot höchstens vor. Soweit von einem multinationalen Konzern Vervielfältigungsstücke im Ausland hergestellt werden, liegt damit allein noch kein öffentliches Anbieten vor (BGH GRUR 1982, 100, 102 *Schallplattenexport/Gebührendifferenz III*). Von derartigen „konzerninter-

nen Warenbewegungen" will der BGH (GRUR 1986, 668, 669/670 *Gebührendifferenz IV* mit Anm. von Kühn) jedoch dann nicht mehr sprechen, wenn die Werkstücke, die im Ausland von einer Schwesterfirma hergestellt wurden, dort auch von Dritten erworben werden können. Insoweit liegt jedenfalls für den Bereich der EG (und damit auch für Deutschland) bereits eine Verbreitung vor. BGH GRUR 1991, 316, 317 *Einzelangebot* erkennt zutreffend, daß ein Angebot an die Öffentlichkeit und damit eine Verbreitung nach § 17 schon dann vorliegen kann, wenn das Angebot gegenüber lediglich einer Einzelperson gemacht wird, zu der keine persönlichen Beziehungen des Anbietenden bestehen. Das Vorliegen einer Verbreitungshandlung ist in einem derartigen Fall nicht von dem (geschäftlichen) Erfolg des Angebots abhängig, auch nicht von der schon erfolgten Herstellung der angebotenen Vervielfältigungsstücke, da dies (BGH a.a.O. S. 317 1. Sp.) mit den heutigen Herstellungsmethoden zumindest bei Computerprogrammen schnell möglich ist. Angebote an die Öffentlichkeit in diesem umfassenden, nicht etwa nur privatrechtlich zu verstehenden Sinn sind alle Handlungen, die einen Besitzerwerb von Vervielfältigungsstücken durch die Allgemeinheit zum Ziel haben. Eine bloße Einladung zur Besichtigung von Werkstücken wäre lediglich eine Ausstellung (§ 18), aber keine Verbreitung. Andererseits braucht das Angebot nicht auf eine Veräußerung des Werkstückes gerichtet zu sein, das Ausleihen oder Vermieten ist eine dem Urheber aus § 17 vorbehaltene Verbreitungshandlung (Begr. S. 48). Es genügt daher ein Angebot zum – ggf. vorübergehenden – Besitzerwerb durch den, der das Werk sodann in der Öffentlichkeit verwertet (BGH GRUR 1981, 360, 362 *Erscheinen von Tonträgern* und dazu § 6 Bem. 2; ferner BGH GRUR 1972, 141 *Konzertveranstalter)*.

Ein Werk wird **in Verkehr gebracht,** indem es an die Öffentlichkeit im 3
Sinne des § 15 Abs. 3 verteilt, versandt, verschenkt, vermietet, verliehen oder veräußert wird. Schon die Aufgabe an den Spediteur eines Dritten – also vor dessen Besitzerlangung – stellt ein Inverkehrbringen dar (OLG Hamburg GRUR 1972, 375, 376 *Polydor II)*. Das Inverkehrbringen ist also nichts weiter als die Verwirklichung des Begriffs „der Öffentlichkeit anbieten". Wesentlich ist, daß die Handlungsweise des Anbietenden über die eigene Privat- und Betriebssphäre hinausreicht. Das Gesetz erwähnt die Verbreitungsart durch Inverkehrbringen nur deshalb ausdrücklich, weil vielfach Werkstücke ohne ein vorhergehendes Angebot in den Verkehr gebracht werden. Eine auf Dauer gerichtete Besitzüberlassung der Werkstücke an Dritte ist nicht Voraussetzung für diese Form der Verbreitung, denn es genügt z. B., daß kurzfristig Noten an Mitglieder eines Orchesters verteilt werden, die anschließend an das Konzert oder die Tournee wieder zurückgegeben werden (BGH GRUR 1972, 141, 142 *Konzertveranstalter* mit Aufsatz von Runge GRUR 1972, 120).

Eine **gewerbsmäßige Verbreitung** ist **nicht** erforderlich. Ebenso braucht 4
kein wirtschaftlicher Gewinn beabsichtigt zu sein. Auch wer aus ideellen Gründen nach Feierabend ein fremdes Werk (z. B. eine Streitschrift oder ein Flugblatt) anbietet oder kostenlos verteilt, verletzt, wenn die Verbreitung ohne Zustimmung des Urhebers stattfindet, dessen ausschließliches Verbreitungsrecht.

Bei der Verbreitung von **Originalen** können Abgrenzungsprobleme zu § 18 5
(Ausstellungsrecht) entstehen. Die Ausstellung in Museen usw. ist keine

Verbreitung, solange kein Angebot an die Besucher zum Besitzerwerb vorliegt. Veranstaltet dagegen ein Kunsthändler eine Ausstellung, so tut er dies in der Regel mit dem Ziel des Verkaufs der ausgestellten Werke und muß sich daher vom Urheber ein Nutzungsrecht sowohl nach § 17 als auch nach § 18 einräumen lassen; dafür fällt ihm dann die Vergünstigung des § 58 (Aufnahme des Werkes in einen Katalog) zu.

6 Die **Verbreitung von Vervielfältigungsstücken** setzt die Herstellung derartiger Werkstücke und damit auch die Inanspruchnahme des Vervielfältigungsrechts nach § 16 voraus. Nicht immer erwirbt der Nutzungsberechtigte mit dem Nutzungsrecht auf Vervielfältigung auch das uneingeschränkte Verbreitungsrecht. So hat der Bühnenverleger zwar das Recht, das Werk zu drucken, darf es aber nur beschränkt – etwa durch Angebote an Bühnen – verbreiten, also nicht etwa über den Buchhandel anbieten. Auch der Abdruck in Sammlungen von Theaterstücken (früher *Spectaculum*) oder in einer Zeitschrift (z. B. *Theater heute*) darf er mangels ausdrücklicher Ermächtigung durch den Urheber nicht gestatten. Interessant ist in diesem Zusammenhang auch KG Schulze KGZ 56 *Zilleball:* Die ungenehmigte Verwendung von Zille-Reproduktionen als Ball-Dekoration stellte eine Verletzung des Verbreitungsrechts dar, nicht aber des Ausstellungsrechts (§ 18), da die Zeichnungen, die die Dekoration bildeten, bereits veröffentlicht waren.

7 Das Nutzungsrecht aus § 17 kann auch **beschränkt** eingeräumt werden (§ 32), und zwar zeitlich (z.B. auf 10 Jahre), örtlich (z. B. auf Europa, vgl. BGH GRUR 1985, 924, 925 *Schallplattenimport II*) oder gegenständlich beschränkt (z.B. nur für die Verbreitung im normalen Sortimentsbuchhandel, nicht in Buchgemeinschaften, vgl. BGH GRUR 1959, 200, 201 *Heiligenhof;* BGH GRUR 1968, 152, 153 *Angélique I*). Dann darf die bei Fristablauf noch nicht abgesetzte Restauflage nicht mehr verkauft, ja nicht einmal verschenkt werden, bzw. darf auch außerhalb Europas kein Exemplar verkauft, vermietet, ausgeliehen, verschenkt werden usw. – Bestehen Zweifel, ob eine Beschränkung stattgefunden hat, so gelten die zu §§ 31, 32 entwickelten Auslegungsregeln (s. dort Bem. 19–51).
Urheberrechtliche Nutzungsrechte werden als einfache (§ 31 Abs. 2) oder ausschließliche Nutzungsrechte (§ 31 Abs. 3) eingeräumt (s. §§ 31, 32 Bem. 25). Sowohl einfache als auch ausschließliche Nutzungsrechte können nach Inhalt, Zeit oder Raum beschränkt sein. Bei einem dinglichen beschränkten Nutzungsrecht (Vertrieb eines Romans nur für 10 Jahre und auf das Gebiet Europas beschränkt) hat der Urheber nur über einen Teil seiner aus dem Verbreitungsrecht fließenden Verbreitungsbefugnisse verfügt, so daß nur insoweit eine Erschöpfung des Verbreitungsrechts (Abs. 2) eintreten kann. Bei einfachen Nutzungsrechten kann, wenn Beschränkungen nicht eingehalten werden, jedenfalls eine Verletzung des absoluten Verbreitungsrechts des Urhebers nach § 17 nicht vorliegen. Es kommt in derartigen Fällen nur ein Verstoß gegen schuldrechtliche Abreden, die die Vertragspartner miteinander haben, in Betracht. Bei beschränkten Rechtseinräumungen ist deshalb nicht nur der Umfang der Beschränkung zu überprüfen, sondern auch die Rechtsnatur des bestehenden Nutzungsrechts. Werkstücke, die einmal mit Zustimmung des Werkschöpfers in Verkehr gebracht worden sind, können weiterverbreitet werden (vgl. Bem. 8). Die Buchhändler oder Sortimenter, die die einzelnen Exemplare nicht nur in Kommission genom-

men, sondern gekauft haben, dürfen also ins Ausland weiterverkaufen, selbst wenn der Verleger lediglich ein auf die Bundesrepublik beschränktes Nutzungsrecht aus § 17 hatte (unrichtig OLG Düsseldorf GRUR 1951, 423). Dies gilt dann nicht, wenn der verbreitende Rechtsinhaber dem Erwerber der Vervielfältigungsstücke seinerseits eine entsprechende Beschränkung auferlegt, sofern dies vor der Verbreitung geschieht (a. M. BGH GRUR 1986, 736, 737 *Schallplattenvermietung*, allerdings nicht für öffentliche Filmvorführungen, BGH GRUR 1986, 742f. *Video-Filmvorführung;* zur Vermietung von Videogrammen Poll ZUM 1987, 416). Bei zeitlich befristeten Verlagsverträgen ist aus dem gleichen Grunde nur eine Verbreitungshandlung des Verlegers nach Fristablauf unzulässig. An den von ihm vor Fristablauf veräußerten Exemplaren ist das Verbreitungsrecht erloschen, ganz gleich, an wen er sie verkauft hat. Deshalb war es auch nicht richtig, wenn Ulmer[2] S. 195f. (mit Nachweisen) einen Unterschied machte, ob die Restauflage im normalen Geschäftsverkehr abgesetzt oder an einen Restbuchhändler verkauft worden ist. Die Weiterverbreitung durch den Restbuchhändler kann wegen Abs. 2 niemals das absolute Recht des Urhebers aus § 17 verletzen. Allenfalls kann der Verleger dem Urheber wegen positiver Vertragsverletzung oder gar wegen vorsätzlicher sittenwidriger Schädigung (§§ 242, 276; 826 BGB) haften, wenn deren besondere Voraussetzungen im Einzelfall vorliegen. Der Restbuchhändler selbst haftet dem Urheber nur, wenn er in sittenwidriger Weise vorsätzlich zum Schaden des Urhebers mit dem Verleger zusammengewirkt hat (§ 826 BGB), was nur selten zutreffen dürfte. Anders bei der vorliegenden Fallkonstellation teilweise Schricker-Loewenheim Rdnr. 11.

Zeitliche Beschränkungen führen rechtlich nicht zu Schwierigkeiten, weil nach Ablauf der Vertragszeit die weitere Verbreitung wegen Erlöschens des Nutzungsrechts nicht gestattet ist. Während der Vertragszeit verbreitete Vervielfältigungsstücke können (s.o.) im Hinblick auf § 17 Abs. 2 unbeschränkt weiter verbreitet werden.

Inhaltliche Beschränkungen des Verbreitungsrechts sind insbesondere im Verlagsrecht üblich. Rechtsprechung und Literatur erkennen gesonderte Verbreitungsrechte z. B. für die Originalausgabe, Taschenbücher und Ausgaben für Buchgemeinschaften an (Näheres bei Schricker-Loewenheim Rdnr. 12). Ein Vermietungsrecht, das als gesondertes Verbreitungsrecht vom Berechtigten auf Dritte übertragbar wäre, wird demgegenüber vom BGH nicht anerkannt (BGH GRUR 1986, 736, 737 *Schallplattenvermietung).*

Räumliche Beschränkungen bei der Vergabe des Verbreitungsrechts sind zulässig, solange sie sich auf einzelne Staaten (früher auch auf die Bundesrepublik Deutschland und die DDR) erstrecken (Einzelheiten und Literaturnachweise bei Schricker-Loewenheim Rdnr. 10).

Abs. 2 behandelt die sog. **Erschöpfung des Verbreitungsrechts.** Der 8
Wortlaut der Vorschrift erscheint auf den ersten Blick unproblematisch: Werkstücke, die mit Zustimmung des Urhebers (oder sonst Berechtigten) in Verkehr gebracht worden sind, dürfen auch künftig weiterverbreitet werden, ohne daß der Werkschöpfer darauf noch einen Einfluß hat. Die Regelung wirft jedoch eine Reihe von Rechtsfragen (s. unten) auf. Im Urheberrecht spricht das RG (RGZ 63, 394, 398 *Koenigs Kursbuch*) von einer Erschöpfung des Verbreitungsrechts für Urheber und Verleger. Die Rspr. des BGH (vgl. BGHZ 5, 116, 120 *Parkstraße 13* mit Nachw.) hat die Grundsätze übernommen (allgemein zur Entwicklung Joos, Die Erschöpfungslehre im Urheber-

recht, München 1991, S. 23ff.; eingehend auch Reimer GRUR Int. 1972, 221, 224ff., Erwiderung Koppensteiner a.a.O. S. 413 sowie Ulmer a.a.O. S. 415). Der Ausdruck „Erschöpfung des Verbreitungsrechts" ist mißverständlich, da das Verbreitungsrecht an dem mit Zustimmung des Berechtigten in Verkehr gebrachten Werkstücken gerade weiter besteht und nur das Verbietungsrecht des Rechtsinhabers erschöpft sein kann. Die Rechtsprechung des RG und des BGH erkannte, daß die Eigentumsrechte der Erwerber an den Werkstücken in unauflöslichem Interessengegensatz zu dem Recht des Urhebers stehen, Verbreitungshandlungen seiner Werke ohne seine Zustimmung zu verhindern. Das „Allgemeininteresse an klaren und übersichtlichen Verhältnissen im Rechtsverkehr" (Schricker-Loewenheim Rdnr. 16) erscheint auch uns der wesentliche Grund für die Berechtigung der Regelung in § 17 Abs. 2.

a) Das Problem, ob eine Erschöpfung des Verbreitungsrechts vorliegt, ist für die **Werknutzer innerhalb der Europäischen Gemeinschaft (EG)** häufig von erheblicher wirtschaftlicher Bedeutung. Die an die VerwGes. zu zahlenden Urhebervergütungen sind in den einzelnen Ländern der EG unterschiedlich. Werden Tonträger eines musikalischen Werkes, dessen Rechte zur mechanischen Vervielfältigung von der deutschen GEMA wahrgenommen werden, in einem Land mit geringeren Urhebervergütungen hergestellt, nachdem eine entsprechende Lizenz erteilt ist, führt eine Einfuhr dieser Tonträger nach Deutschland dazu, daß den Berechtigten Verluste entstehen. Diese könnten nämlich nicht die hohe deutsche, sondern nur die niedrigere ausländische Gebühr erhalten. Bei der Frage, ob die Einfuhr trotz des Prinzips des freien Warenverkehrs in der EG (Art. 30f. EWG-Vertrag) davon abhängig gemacht werden kann, daß der Verbreiter der Tonträger die höheren deutschen Gebühren an die GEMA zahlt, kommt es darauf an, ob durch die Gestattung der Herstellung der Tonträger im Ausland das Verbreitungsrecht für Deutschland bereits erschöpft ist oder nicht. Der BGH (GRUR 1981, 587 *Schallplattenimport;* GRUR 1982, 100 *Schallplattenimport/Gebührendifferenz III* mit weiteren Nachweisen aus der Rspr. des EuGH sowie BGH GRUR 1986, 668 *Gebührendifferenz IV*) hält fest an dem Prinzip, daß das Verbreitungsrecht räumlich beschränkt vergeben werden kann (bestätigt in BGH GRUR 1988, 373, 374/375 *Schallplattenimport III*). Innerhalb der EG geht jedoch Art. 30 EWG-Vertrag mit der Folge vor, daß rechtmäßig in anderen EG-Staaten verbreitete Tonträger auch in der Bundesrepublik vertrieben werden dürfen (s. auch oben Bem. 7). Dem EG-Recht liegt nicht nur im Urheberrecht, sondern allgemein im gewerblichen Rechtsschutz und bei Waren überhaupt die Zielvorstellung eines einheitlichen Marktes zugrunde, so daß das urheberrechtliche Territorialprinzip von dem Gedanken eines einheitlichen Wirtschaftsraums überlagert wird. Damit ist bei Erscheinen des Werkes in einem EG-Land von einer „gemeinschaftsrechtlichen Erschöpfung" des Verbreitungsrechts (Schricker-Loewenheim Rdnr. 28 mit einer übersichtlichen Darstellung der Auswirkungen des Gemeinschaftsrecht auf das Verbreitungsrecht) auszugehen.

b) Das Verbreitungsrecht erlischt nur bei **Veräußerung** (Verkauf, Tausch, Schenkung), wie sich dies aus dem Wortlaut von Abs. 2 ergibt. Der Urheber bzw. der sonst Berechtigte muß die Verfügungsmöglichkeit über die Werkstücke endgültig aufgeben (Ulmer[3] S. 236; Schricker-Loewenheim Rdnr. 17). Wird das einzelne Exemplar nur verliehen oder vermietet, so gibt

der Urheber damit zu erkennen, daß er die Herrschaft über die Vervielfältigungsstücke behalten will (Begr. S. 48). Veräußerung ist in aller Regel die Eigentumsübertragung, dies gilt jedoch nicht für die Übertragung lediglich zur Sicherung eines Gläubigers, wohl aber beim Eigentumsvorbehalt, bei dem das Recht zur Weiterveräußerung besteht (Schricker-Loewenheim Rdnr. 17, 18). Ist nach diesen Grundsätzen eine Veräußerung noch nicht erfolgt, liegt auch keine Erschöpfung des Verbreitungsrechts vor, so daß weder eine Weiterveräußerung noch eine Vermietung usw. zulässig sind. Die Vermietung reversgebundenen Notenmaterials erschöpft in der Regel nicht das Verbreitungsrecht (ebenso Schulze Anm. zu Schulze LGZ 96). Demgegenüber kann die Vermietung nicht dadurch verhindert werden, daß auf die Vervielfältigungsstücke der Hinweis angebracht wird, daß Verleih und Vermietung nicht gestattet seien (OLG Düsseldorf GRUR 1990, 188 *Vermietungsverbot*). Das Verbreitungsrecht des Urhebers oder Verlegers wird nicht verletzt, wenn Musikwerke, für die nur reversgebundenes Notenmaterial vorliegt, ohne dessen Benutzung aufgeführt werden, da eine Verbreitungshandlung nicht vorliegt (LG Hamburg UFITA 50 [1967], 280, 282 *Apollon Musagète*). Auch das Vervielfältigungsrecht wird nicht durch die Aufführung, sondern allenfalls durch eine vorangegangene, nicht von den §§ 53, 54 gedeckte Vervielfältigungshandlung verletzt (mißverständlich BGH GRUR 1965, 323, 324 *Cavalleria rusticana*). Wenn schon bei einer erlaubten Vervielfältigung nach § 53 eine Verbreitung nicht gestattet ist (§ 53 Abs. 5), ist eine Verbreitung noch weniger bei einer unerlaubten Vervielfältigung zulässig.
Eine **Wiederauflebung des Veräußerungsrechtes** gibt es bei remittierten Buchexemplaren (OLG Karlsruhe GRUR 1959, 771, 772 *Remission*).

c) Das Verbreitungsrecht erlischt nur, wenn und soweit (vgl. Bem. 7) die Veräußerung mit **Zustimmung** (d. h. vorheriger Einwilligung oder nachträglicher Genehmigung, §§ 183, 184 BGB) **des Berechtigten** erfolgt. Berechtigter ist jeder, dem der Urheber ein Nutzungsrecht aus § 17 eingeräumt hat. Der Verleger kann also, gestützt auf das Verbreitungsrecht, den Weiterverkauf von Exemplaren verbieten, die ohne seinen Willen in den Verkehr gekommen sind, selbst wenn der Sortimenter oder Buchhändler gutgläubig Eigentum daran erworben hat. Hat ein bildender Künstler einem Kunstverlag die Herstellung von Reproduktionen und deren Verbreitung übertragen, jedoch die Verpflichtung zur Signierung und Kolorierung übernommen, so hat er sich rechtlich und praktisch des Verbreitungsrechts noch nicht endgültig begeben (BVerwG Schulze VG 4).
Anders liegt es jedoch bei einem Urheber von Postkarten, dessen Werke sich mit seiner Zustimmung im Handel befinden. Kauft ein Hersteller von Kalendern derartige Postkarten in großen Mengen auf, um sie in seine Kalender einzukleben und diese dann zu verkaufen, liegt keine Urheberrechtsverletzung – weder nach § 16 (eine Vervielfältigung findet gar nicht statt) noch nach § 17 – vor.

d) Seit Jahren ist in der Rspr. des BGH eine deutliche **Ausweitung des „Grundsatzes" der Erschöpfung des Verbreitungsrechts** festzustellen. Wir meinen nach wie vor, daß in Wahrheit die Regelung in § 17 Abs. 2 eine eng umgrenzte Ausnahme vom Prinzip des umfassenden Verwertungsrechts des Urhebers (§ 15 Bem. 1) darstellt. Eine „allgemeine Rechtsregelung von der Erschöpfung des Rechts" kann nach unserer Auffassung aus dieser besonderen Regelung für das Verbreitungsrecht nicht hergeleitet werden (so aber BGHZ 79, 350, 357 = BGH GRUR 1981, 413 *Kabelfernsehen in Abschattungsgebieten;* dazu näher § 20 Bem. 3). Der Rechtsinhaber soll danach durch eigene Benutzungshandlungen das ihm vom Gesetz eingeräumte ausschließliche Recht zur Werkverwertung ausgenutzt und damit verbraucht haben, so daß bestimmte weitere Verwertungshandlungen nicht mehr vom Schutzrecht umfaßt würden (BGH a.a.O. und BGH GRUR 1981 587 *Schallplattenimport I*). So wenig wie das Sacheigentum sich „verbraucht", geschieht das Gleiche auch beim geistigen Eigentum durch einzelne Verwertungshandlungen, abgesehen von besonderen Verwertungen wie der Veräußerung körperlicher Werkstücke. Gegen die Rechtsansicht des BGH auch Ulmer GRUR Int. 1981, 372ff.; Nordemann GRUR 1981, 417; v. Ungern-Sternberg FuR 1982, 524, 526 u. UFITA 94 (1982), 79, 96; Joos a.a.O. S. 220ff.; im Ergebnis auch Schricker-Loewenheim Rdnr. 27. Die Gefahr dieser „allgemeinen Erschöpfungslehre" des BGH scheint uns vor allem darin zu bestehen, daß künftig weitgehend nach den *Interessen* der an urheberrechtlichen Verwertungsvorgängen beteiligten Kreise entschieden wird. Da der Gesetzgebr den Erschöpfungsgrundsatz deutlich lediglich auf das Verbreitungsrecht beschränkt hat, würden wir für eine derartige Rechtsprechung keine Grundlage sehen. Immerhin hat BGH GRUR 1986, 742, 743 *Videofilmvorführung* klargestellt, daß mit der Erschöpfung des Verbreitungsrechts nur dieses, nicht aber auch das Aufführungsrecht erlischt.

9 Unabhängig von dem Bestehen oder Nichtbestehen des Verbreitungsrechts an einem Original oder Vervielfältigungsstück sind die schuldrechtlichen Ansprüche aus den §§ 26, 27 (vgl. Nordemann GRUR 1973, 1, 2).

§ 18 Ausstellungsrecht

Das Ausstellungsrecht ist das Recht, das Original oder Vervielfältigungsstücke eines unveröffentlichten Werkes der bildenden Künste oder eines unveröffentlichten Lichtbildwerkes öffentlich zur Schau zu stellen.

1 Das Ausstellungsrecht des Urhebers ist erst mit der Schaffung des UrhG als Verwertungsrecht des Werkschöpfers gesetzlich anerkannt worden. Es handelt sich bei dem Recht um eine **besondere Art der Veröffentlichung des Werkes** (vgl. § 6 Abs. 2 Satz 2 und dort Bem. 1). Die Entscheidung darüber, ob und wie der Urheber sein Werk veröffentlicht, steht ihm ohnehin gesetzlich zu (§ 12 Abs. 1, s. dort Bem. 1). Die Bedeutung des § 18 ist deshalb gering. Das Ausstellungsrecht bezieht sich seinem Wortlaut nach nur auf unveröffentlichte Werke der bildenden Künste und Lichtbildwerke. Tatsächlich ist jedoch unstreitig (vgl. Schricker-Gerstenberg Rdnr. 7), daß auch die Ausstellung von Sprach- und Musikwerken sowie wissenschaftlichen und technischen Darstellungen (z. B. schutzfähige Briefe, handschriftliche Originalpartituren, Landkarten, technische oder wissenschaftliche Modelle) der Zustimmung des Urhebers bedarf, was auch aus § 12 folgt. Das besondere Ausstellungsrecht des § 18 hätte im Hinblick auf die Regelung in § 12 nur dann Sinn gehabt, wenn es sich auf bereits veröffentlichte Werke bezogen hätte. Der Gesetzgeber fürchtete jedoch – zu Unrecht – eine Behinderung des Kunsthandels (Begr. S. 48). Zum **Ausstellungsvertrag** s. vor § 31 Bem. 50; Vertragsmuster Münchner Vertragshandbuch Band 3 Teil IX Nr. 59.

Der **Umfang** des Rechts ist unbedeutend. Er betrifft nur unveröffentlichte Werke, wobei der Begriff der Öffentlichkeit § 15 Abs. 3 zu entnehmen ist. Das unveröffentlichte Werk braucht sich nicht unbedingt im Eigentum und Besitz des Werkschöpfers zu befinden, wenn er aber Originale seines Werkes an Dritte übereignet, gilt das Ausstellungsrecht im Zweifel als auf den Erwerber übertragen (§ 44 Abs. 2). Der Maler, der das Original seines Portraits verkauft und weggibt, muß sich, wenn nur er berechtigt sein soll, das Werk auszustellen, dieses Recht also ausdrücklich vorbehalten. Wenn das Gemälde erst einmal ausgestellt ist, ist das Ausstellungsrecht verbraucht. Will der Werkschöpfer verhindern, daß sein Werk überhaupt durch Dritte nach Veröffentlichung ausgestellt wird, muß er sich dies im Hinblick auf § 44 Abs. 2 ausdrücklich vorbehalten (§ 44 Bem. 3). Das Ausstellungsrecht besteht im öffentlichen Zurschaustellen des Originals oder der Originale (z. B. mehrere Abgüsse bei Plastiken) oder von Vervielfältigungsstücken (Verwertung in körperlicher Form). Einen Film oder eine Fernsehsendung betrifft das Ausstellungsrecht nicht, wohl aber das Veröffentlichungsrecht nach § 12. Verletzungshandlungen im Hinblick auf das Verwertungsrecht des Urhebers nach § 18 können nur im Inland begangen werden (OLG München GRUR 1990, 677 *Postervertrieb*). 2

§ 19 Vortrags-, Aufführungs- und Vorführungsrecht

(1) Das Vortragsrecht ist das Recht, ein Sprachwerk durch persönliche Darbietung öffentlich zu Gehör zu bringen.

(2) Das Aufführungsrecht ist das Recht, ein Werk der Musik durch persönliche Darbietung zu Gehör zu bringen oder ein Werk öffentlich bühnenmäßig darzustellen.

(3) Das Vortrags- und das Aufführungsrecht umfassen das Recht, Vorträge und Aufführungen außerhalb des Raumes, in dem die persönliche Darbietung stattfindet, durch Bildschirm, Lautsprecher oder ähnliche technische Einrichtungen öffentlich wahrnehmbar zu machen.

(4) Das Vorführungsrecht ist das Recht, ein Werk der bildenden Künste, ein Lichtbildwerk, ein Filmwerk oder Darstellungen wissenschaftlicher oder technischer Art durch technische Einrichtungen öffentlich wahrnehmbar zu machen. Das Vorführungsrecht umfaßt nicht das Recht, die Funksendung solcher Werke öffentlich wahrnehmbar zu machen (§ 22).

Die Verwertungsrechte dieser Vorschrift betreffen die Nutzung des Werkes in **unkörperlicher Form,** während das Vervielfältigungsrecht (§ 16), das Verbreitungsrecht (§ 17) und das Ausstellungsrecht (§ 18) die körperliche Werkverwertung umfassen (Näheres § 15 Bem. 1). Das absolute Recht des Urhebers beschränkt sich bei den Rechten aus § 19 auf die öffentliche Wiedergabe (das Wort „öffentlich" erscheint in jedem Absatz der Bestimmung; zu diesem Begriff § 15 Bem. 4). Im privaten Bereich muß der Werkschöpfer Vortrag, Aufführung und Vorführung seines Werkes entschädigungslos hinnehmen. – Mit der Unterscheidung zwischen dem **Vortragsrecht,** das sich auf persönlich (live) dargebotene Sprachwerke bezieht, dem **Aufführungsrecht,** das die persönliche (Live-) Darbietung von Musikwerken sowie öffentliche Bühnenaufführungen umschließt, und dem **Vorführungsrecht,** das sich auf die öffentliche Wahrnehmbarmachung von Bildwerken, Filmen und Darstellungen wissenschaftlich-technischer Art bezieht, paßt das Gesetz sich dem internationalen Sprachgebrauch an. Die Grenzziehung behält auch in Zukunft ihre Bedeutung, da die einzelnen Nutzungs- 1 rechte verschiedene Wege gehen, insbesondere von verschiedenen Verwertungsgesellschaften wahrgenommen werden können (dazu Bem. 2 am Schluß).

2 Das **Vortragsrecht** (Abs. 1) war dem Autor früher nur für nicht erschienene Werke vorbehalten (§ 11 Abs. 3 LUG). Das war eine durch nichts gerechtfertigte Zurücksetzung der Wortautoren gegenüber den Komponisten, deren „Vortragsrecht" (Aufführungsrecht) auch über das Erscheinen des Werkes hinaus andauerte (§ 11 Abs. 2 LUG). Die Neuregelung folgt Art. 11ter RBÜ (Brüsseler Fassung). Jürgen von Mangers *Schwiegermuttermörder* oder Robert T. Odemans *Monolog vor dem Schillerdenkmal* dürfen danach auch dann nicht mehr von anderen Kabarettisten in ihr Programm übernommen werden, wenn sie bereits gedruckt oder auf Schallplatten erschienen sind. – Die Wendung **persönliche Darbietung** heißt nicht etwa, daß dem Urheber nur das Recht, den Vortrag persönlich (selbst) zu bewirken, vorbehalten sei. Ein solches Recht hätte man dem Urheber nicht vorzubehalten brauchen, weil es naturgegeben ist. Mit dem Eigenschaftswort „persönlich" wollte der Gesetzgeber vielmehr nur zum Ausdruck bringen, daß die Wiedergabe eines Sprachwerks mittels Bild- oder Tonträger oder in einer Rundfunksendung (sog. Zweitverwertung) kein Vortrag im Rechtssinne ist. – Das Vortragsrecht wird als ein typisches Verwertungsgesellschaften-Recht nach österreichischem Vorbild (LVG in Wien) von der VG Wort wahrgenommen. Wer es vom Urheber oder Verleger direkt erwerben will, sollte daher zunächst prüfen, ob der Urheber der VG Wort angehört (Adresse: Goethestr. 49, 80336 München), weil deren Berechtigungsvertrag eine Vorausabtretung künftig entstehender Vortragsrechte zur Wahrnehmung enthält und demgemäß die etwaige spätere Einräumung eines Nutzungsrechts aus § 19 Abs. 1 an den Verleger oder an einen Dritten wirkungslos ist. – Da das Gesetz als Vortrag im Sinne des Abs. 1 jede persönliche Darbietung eines Sprachwerkes ansieht, die nicht bühnenmäßig (Abs. 2) erfolgt, sind in der Darbietung von Oratorien, Liedern und Schlagern zwei Nutzungsarten enthalten: Die Darbietung des Textes ist Vortrag (Abs. 1), die der Musik ist Aufführung (Abs. 2). Die von uns in der 1. Aufl. befürchteten Schwierigkeiten für den Fall, daß ein Textdichter sowohl mit der GEMA, die bisher die Textdichter allein vertrat, als auch mit der VG Wort einen Berechtigungsvertrag geschlossen habe, sind durch einen Vertrag zwischen GEMA und VG Wort mit Wirkung ab 1. 1. 1968 praktisch beseitigt: Der VG Wort übertragene Rechte an vertonten Sprachwerken werden von der GEMA zwar wahrgenommen; die GEMA führt aber die sich aus ihrem Verteilungsplan jeweils ergebenden Textdichteranteile an die VG Wort ab, die dann ihrerseits mit den Urhebern abrechnet.

Zu Fragen, die mit der unmittelbaren Übertragung des Vortrages in Bild und Ton in andere Räume zusammenhängen, s. Bem. 4. Von Bedeutung ist in diesem Zusammenhang auch die Regelung in § 37 Abs. 3 (s. dort Bem. 4), weil die öffentliche Wiedergabe außerhalb der Veranstaltung die Einräumung eines entsprechenden Nutzungsrechtes zugunsten des Verwerters erfordert.

3 Beim **Aufführungsrecht** (Abs. 2) deutet „persönliche Darbietung" wiederum nur den Gegensatz von der unmittelbaren Wiedergabe im Theater oder Konzertsaal zur mittelbaren Wiedergabe über Bild- und Tonträger

(§ 21) oder Funksendung (§ 22) an. Eine **bühnenmäßige Aufführung** liegt stets dann vor, wenn ein Werk in bühnenmäßiger Weise, d. h. durch ein für das Auge bestimmtes bewegtes Spiel (Ulmer[3] S. 248), dargeboten wird. Kostümierung, Bühnenbilder und Requisiten sind nicht erforderlich. Unerheblich ist auch, ob die handelnden Personen selbst auftreten oder mit Werkzeugen arbeiten (Marionetten- und Puppentheater). Es ist endlich nicht mehr von Bedeutung, ob es sich um ein Bühnenwerk handelt (so noch § 11 Abs. 2 LUG); auch ein Versepos (Goethes *Hermann und Dorothea)*, ein Briefwechsel (Shaws Korrespondenz mit der Schauspielerin Campbell als *Geliebter Lügner)* oder ein epischer Dialog *(Rameaus Neffe* von Diderot) werden im Sinne des Abs. 2 aufgeführt, wenn sie als bewegtes Spiel dargeboten werden. Andererseits ist die bloße Lesung eines Bühnenstückes, selbst wenn sie in vollendeter Form durch Schauspieler mit verteilten Rollen geschieht, keine Aufführung, sondern Vortrag im Sinne des Abs. 1 (vgl. OLG Dresden UFITA 1 [1928], 686ff.). Nicht umfaßt das Aufführungsrecht das Festhalten von Teilen der Aufführung auf Bild- und Tonträger und deren filmische Einblendung in bühnenmäßige Aufführungen des Werkes (BGH GRUR 1971, 35, 40 *Maske in Blau*). – Bei **Musikaufführungen** hat sich in der Praxis eine Unterscheidung danach durchgesetzt, ob das Musikwerk als integrierender Bestandteil der bühnenmäßigen Darstellung eines Sprachwerks aufgeführt, gesendet oder auf Tonträger gebracht wird (sog. **großes Recht**), oder ob es allein oder in Verbindung mit dem Vortrag eines Sprachwerkes oder als bloße Untermalung bzw. Begleitung der bühnenmäßigen Darstellung eines Sprachwerkes verwertet wird (sog. **kleines Recht**). Dazu eingehend BGH GRUR 1960, 604, 605f. *Eisrevue I* einerseits und BGH GRUR 1960, 606, 607 f. *Eisrevue II* andererseits, KG vom 4. 5. 1936 in Schulze KGZ 13 *Carmen* und vom 24. 11. 1953 in Schulze KGZ 17 *Sehn'se das war Berlin* mit Anm. von Erich Schulze, ferner BGH GRUR 1962, 256 *Im weißen Rößl.* Die Unterscheidung ist deshalb von Bedeutung, weil neben den großen Rechten der Schallplattenauswertung bühnenmäßiger Darbietungen die sog. kleinen Rechte von einer Verwertungsgesellschaft (GEMA) wahrgenommen zu werden pflegen, die dem Kontrahierungszwang unterliegt, während das sog. große Recht, soweit es die bühnenmäßige Aufführung, Verfilmung und Sendung betrifft, in der Regel von Bühnenverlegern verwaltet wird und die Vergabe damit individueller Entscheidung überlassen ist. Zum Bühnenvertriebsvertrag vor § 31 Bem. 35, zum Aufführungsvertrag vor § 31 Bem. 49. Letztlich wird der genaue Umfang des „kleinen Rechts" (und damit notwendigerweise auch der des „großen Rechts") von dem jeweiligen GEMA-Berechtigungsvertrag bestimmt. Darin ist festgelegt, welche Rechte von der GEMA als „kleine Rechte" verwaltet werden. Nach § 1 Buchst. a des Berechtigungsvertrages (Schulze, Urhebervertragsrecht[3], S. 646) gehören dazu die Rechte für die bühnenmäßige Aufführung von Werken der Musik, die nicht Bestandteile musikalisch-dramatischer Werke sind. Die Darbietung eines Schlagers auf der Bühne durch „lebendiges Spiel" (Darstellung einer Handlung, nicht nur rhythmische Bewegungen der Musiker und Sänger oder eines Balletts) würde demnach dem Bereich der „kleinen Rechte" zugerechnet werden (vgl. Nordemann Anm. zu OLG München Schulze OLGZ 158 *Pol(h)itparade*). Zur Abgrenzung von großen und kleinen Rechten in den USA Court of Appeal GRUR Int. 1973, 118 *Jesus Christ Superstar.*

4 Abs. 3 regelt die **Lautsprecher- und Bildschirmübertragung** außerhalb des Raumes, in dem die eigentliche Veranstaltung in Form der persönlichen Darbietung stattfindet. Diese Form der Verwertung ist sorgfältig von den Nutzungsarten der §§ 20, 21 und 22 zu trennen. Vortrags- und Aufführungsrecht sind vonvornherein grundsätzlich auf die unmittelbare Darbietung an einem bestimmten Ort (Theater- oder Konzertsaal) beschränkt. Es braucht sich dabei aber nicht um geschlossene Räume zu handeln, denn mit dem Begriff „Raum" in § 19 Abs. 3 ist der Veranstaltungsort gemeint, so daß auch Konzerte in einem Park oder Aufführungen in Freilichtbühnen mitumfaßt sind (vgl. Schricker-v. Ungern-Sternberg Rdnr. 32). Das Vortrags- und Aufführungsrecht umfaßt damit die Befugnis, nicht nur unmittelbar am Ort der persönlichen Darbietung (Saal, Freilichtbühne) diese durch Lautsprecher und Bildschirm für das Publikum (besser) wahrnehmbar zu machen, sondern § 19 Abs. 3 gestattet das Gleiche auch außerhalb des konkreten Veranstaltungsorts. Interessiertes Publikum, das keinen Einlaß mehr gefunden hat, kann also auf der Straße optisch und akustisch das wahrnehmen, was bei der Veranstaltung selbst vorgetragen und aufgeführt wird. Diese Regelung scheint in Widerspruch zu § 37 Abs. 3 zu stehen. Danach ist im Zweifel der Nutzungsberechtigte nicht befugt, die Wiedergabe außerhalb der Veranstaltung, für die sie bestimmt ist, durch Bildschirm und Lautsprecher öffentlich wahrnehmbar zu machen. Da das Gesetz in § 19 Abs. 3 von „Raum" spricht und in § 37 Abs. 3 von „Veranstaltung", werden Kollisionen vermieden: Die Veranstaltung als konkretes Ereignis darf in den Formen des § 19 Abs. 3 außerhalb des Veranstaltungs*ortes* öffentlich wahrnehmbar gemacht werden, nicht aber außerhalb der Veranstaltung als zeitlich begrenztem Vorgang (so offenbar auch Schricker § 38 Rdnr. 13). Nichts zu tun haben diese Befugnisse mit den Wiedergaberechten des Urhebers nach §§ 20, 21 und 22. Dort handelt es sich entweder um gesonderte, primäre Verwertungsrechte (§ 20) oder um vom Vortrags- und Aufführungsrecht des § 19 Abs. 1 und 2 unabhängige Zweitverwertungsrechte. Diese eigenständigen Verwertungsrechte müssen vom Werknutzer gesondert erworben werden. Die bisher vertretene Auffassung (7. Auflage Bem. 4), wonach unter Zugrundelegung der Begr. S. 49 eine besondere Erlaubnis für die Bildschirm- und Lautsprecherübertragung in andere Räume nötig sei, läßt sich nur für einen Zeitpunkt außerhalb der laufenden Veranstaltung , nicht aber für die „Originalübertragung" aufrechterhalten.

5 Während Sprach- und Musikwerke aufgeführt werden, besteht die öffentliche Wahrnehmbarmachung der in **Abs. 4** genannten Werke in ihrer **Vorführung**. Würde man sich an die Diktion des Gesetzes halten, würde keine „Welturaufführung" eines Films, sondern eine „Welturvorführung" bei dieser Kunstgattung stattfinden. Während der Gültigkeit des LUG gab es ein gesondertes Vortrags- und Aufführungsrecht beim Tonstreifen (RGZ 140, 231 *Tonfilm*), jetzt besteht ein einheitliches Vorführungsrecht für Filmwerke (Begriff § 2 Bem. 78 und vor § 88 Bem. 2–9). Sachlich hat sich durch die Regelung im UrhG z. B. für den Komponisten der Filmmusik nichts geändert. Er bringt wie bisher die nunmehr Vorführungsrecht genannte Befugnis, seine Musik bei der Auswertung des Films zu nutzen, bei der GEMA ein, von der die Filmtheaterbesitzer sie zu erwerben haben (zu dem daneben bestehenden Filmherstellungsrecht s. § 89 Bem. 3). Die Auslegungsregel des § 89 kommt schon wegen der üblichen Vorausabtretung der Rechte des Komponisten an die GEMA, im übrigen wegen § 89 Abs. 3

insoweit nicht zum Zuge. – Während Vortrags- und Auffühungsrecht eine persönliche Darbietung voraussetzen, geht das Vorführungsrecht als Befugnis zur unkörperlichen Wiedergabe des Werkes von einer Wahrnehmbarmachung durch **technische Einrichtungen** aus. Obwohl das Vorführungsrecht seine wesentliche Bedeutung bei Filmen und verwandten Werken hat, ist darauf hinzuweisen, daß z. B. ein Werk der bildenden Kunst (Plastik) oder eine wissenschaftlich-technische Darstellung (Schaubilder eines Vulkanausbruchs) in unkörperlicher Form öffentlich durch „Vorführung" wahrnehmbar gemacht werden können. Dies entspricht nicht dem üblichen Sprachgebrauch. Da bei der öffentlichen Darbietung der Film insgesamt vorgeführt wird, gilt dies auch für die Werke, die als sogenannte vorbestehende Werke zur Herstellung des Films benutzt wurden (§ 89 Abs. 3, s. dort Bem. 6). – Zu den für die Wahrnehmbarmachung erforderlichen technischen Einrichtungen gehören alle – auch zukünftig neu zu entwickelnde – Wiedergabearten mit Ausnahme der Funksendung (Abs. 3 Satz 2; Begriff § 20 Bem. 2–6), also die Wiedergabe im Lichtwellenverfahren (Zelluloidstreifen), elektromagnetischen Verfahren und im Ampexverfahren. Satz 2 geht auf die Erkenntnisse aus BGHZ 37, 1, 6ff. *AKI* zurück. Eine Überschneidung des Vorführungsrechts mit dem Wiedergaberecht aus § 21 ist dadurch vermieden, daß jene Bestimmung sich nur auf die Wiedergabe von Vorträgen oder Aufführungen bezieht (zur Abgrenzung im Einzelfall dort Bem. 2).

§ 20 Senderecht

Das Senderecht ist das Recht, das Werk durch Funk, wie Ton- und Fernsehrundfunk, Drahtfunk oder ähnliche technische Einrichtungen, der Öffentlichkeit zugänglich zu machen.

Das Senderecht als **eigenständiges Verwertungsrecht** ist erst durch das UrhG gesetzlich anerkannt worden. Zuvor hatten jedoch Reichsgericht (RGZ 113, 413ff.; 123, 312, 315ff.) und Bundesgerichtshof (BGHZ 11, 135, 144 *Schallplatten-Lautsprecher-Übertragung;* 33, 38, 42 *Künstlerlizenz-Rundfunk*) der Werknutzung über Rundfunk den Rang eines besonderen, vom allgemeinen Verbreitungsrecht unabhängigen Nutzungsrechts eingeräumt. Die Bestimmung geht über Art. 11bis RBÜ hinaus, indem sie den gesamten Werkkatalog des § 2 Abs. 1 Nr. 1–7 (nicht nur die Werke der Literatur und Kunst) einschließt und auch die Sendung mittels Drahtfunk dem Senderecht des Urhebers unterstellt. Nach Art. 11bis Abs. 1 lit. i RBÜ ist die Rundfunksendung nur die drahtlose Verbreitung von Zeichen, Tönen oder Bildern, während die Drahtfunksendung gesonderten Schutz genießt (Art. 11/11ter Abs. 1 Nr. 2 RBÜ, vgl. Nordemann/Vinck/Hertin Art. 11bis RBÜ Bem. 2). 1

Funk ist nach der Begr. (S. 50) jede Übertragung von Zeichen, Tönen oder Bildern durch elektromagnetische Wellen, die von einer Sendestelle ausgesandt werden und an anderen Orten von einer beliebigen Anzahl von Empfangsanlagen aufgefangen und wieder in Zeichen, Töne oder Bilder zurückverwandelt werden können. Funksendungen können – wie der übliche Hör- und Fernsehfunk – drahtlos oder über Leiter (Hauptfall: Kabelfernsehen) ausgestrahlt werden, dabei finden drahtlose Sendungen nicht nur von land- oder seegestützten Sendestationen aus statt (terrestische Sender), 2 sondern auch in Form von Satellitensendungen. Wird für die Sendung ein Leiter genutzt, liegt **Drahtfunk** vor, also ein Vorgang, bei dem das Werk von einer Sendestelle aus einer Mehrzahl von Empfangsanlagen über Drahtleitungen zugeleitet wird. Üblich sind auch Sendevorgänge, bei denen die Sendung zum einen Teil drahtlos (teilweise durch Weitergabe über Satelliten) ausgestrahlt wird, zum anderen Teil Kabel zur Weiterleitung und zum Empfang benutzt werden. Als **Sendestelle** sind dabei, um Überschneidungen mit dem Recht aus § 19 Abs. 3 zu vermeiden, nur solche Einrichtungen anzusehen, die von einem festen Standort aus eine dauernde Sendetätigkeit für einen größeren Bereich, nicht nur für ein Gebäude und dessen unmittelbare Umgebung, entfalten (vgl. § 19 Bem. 4).

Urheberrechtlich relevant ist damit, ob das, was mit urheberrechtlich geschützten Werken bei ihrer Verbreitung „technisch geschieht", der Sendung zuzuordnen ist oder ob es sich bei derartigen Vorgängen nur um Empfang im weitesten Sinn handelt. Wer nur empfängt und selbst nicht sendet, benötigt die Senderechte von Urhebern und Verwertern der ausgestrahlten Werke nicht. Wer dagegen sendet, muß sich das Recht aus § 20 und weitere Nutzungsrechte (Bem. 7) erst einräumen lassen.

So einfach diese Unterscheidung klingt, so schwierig und umstritten sind die Rechtsfragen, die mit den vielzitierten „neuen Medien", aber auch mit den technisch immer mehr verbesserten Möglichkeiten der Ausstrahlung und des Empfangs zusammenhängen. Wir trennen nachstehend die großen Bereiche der Gemeinschaftsantenne, des Kabelfernsehens, der Satellitensendungen und des Videotextes (Telekommunikation).

3 Ob **Gemeinschaftsantennen** bloße Empfangs- oder zugleich Weitersendungsanlagen sind, hängt davon ab, ob sie eine *eigene sende*technische Aktivität (Ungern-Sternberg GRUR 1973, 16, 19) entfalten. Kleine Anlagen auf dem Dach eines Mietshauses, die nur den früher üblichen „Antennenwald" durch eine gemeinsame Sammelantenne ersetzen, ohne weitergehende Funktionen zu übernehmen als die Einzelantennen, sind bloße Empfangsanlagen. Es gibt jedoch auch Zentralanlagen für ganze Ortschaften oder Gebirgstäler, die Sendungen, die mit Einzelantennen nicht oder nur in verminderter Qualität empfangen werden könnten, für die Öffentlichkeit ihres Wirkungsbereichs verfügbar machen, sei es – wie meist – durch Verstärkung und Umwandlung auf ein Kabelnetz (s. unter Kabelfernsehen) oder durch Verstärkung und erneute Ausstrahlung.

Von einem großen Teil der Literatur (Nachweise bei Schricker-v. Ungern-Sternberg Rdnr. 33) wird angenommen, daß bei drahtloser Sendung und gleichzeitiger Kabelweiterübertragung im *Versorgungsbereich* des Ursprungssenders für die Weiterleitung eine urheberrechtliche Befugnis nicht benötigt wird. Dabei wird als Versorgungsbereich zum Teil das Gebiet verstanden, für das ein gesetzlicher oder satzungsgemäßer Sendeauftrag zur flächendekkenden rundfunkmäßigen Versorgung besteht, teilweise aber auch das Gebiet, für das die Sendungen bestimmt sind. Die Gegenmeinung zu dieser „Versorgungsbereichstheorie" (Schricker-v. Ungern-Sternberg a.a.O. am Ende) verweisen darauf, daß diese weder mit § 20 noch mit Art. 11bis Abs. 1 RBÜ vereinbar sei. Danach käme es nicht darauf an, ob durch Sendung mittels Kabelübertragung Personenkreise die Sendung empfangen können, die dazu bei drahtloser Sendung nicht in der Lage sind. Schricker-v. Ungern-Sternberg Rdnr. 34 bevorzugen eine „wertende Betrachtung", wonach maßgeblich sein soll, daß dann eine Sendung bei zeitgleicher Weiterübertragung von Rundfunksendungen über Leitungen vorliegt, wenn die Übertragung in einem Verteilernetz stattfindet, das über ein Haus oder einen Häuserblock hinausgeht. Wir meinen, daß dann bereits der Erwerb des Nutzungsrechts nach § 20 durch denjenigen erforderlich ist, der die zeitgleiche Weiterleitung per Kabel durchführt, wenn eine (technisch zu beurteilende) Verstärkung der Sendesignale stattfindet. Es kommt nach unserer Auffassung entscheidend auf den Begriff „der Öffentlichkeit zugänglich machen" in § 20 an, denn dieses Zugänglichmachen setzt voraus, daß der ursprüngliche Sender die Empfänger ohne Verstärkung der Sendeimpulse bei der Weiterleitung erreicht. Wenn eine derartige Verstärkung nötig ist, dann kann die Zugänglichmachung an die von ihm bediente Öffentlichkeit nur durch einen zusätzlichen Sendevorgang (Weitersendung) erfolgen. Die Literatur zu dieser Problematik ist fast unüberschaubar. Wir verweisen insbesondere auf Schricker-v. Ungern-Sternberg Rdnr. 27ff. und die Einzeldarstellung bei Schulze-Voigt (Lit. Verz.), die die technischen Probleme auch für Juristen lesbar veranschaulichen.

Obwohl die Form des Rundfunkempfangs über Gemeinschaftsantennen und Kabelweiterleitung auch für den BGH zweifelsfrei eine Weitersendung darstellt, will er (BGHZ 79, 350 *Kabelfernsehen in Abschattungsgebieten*) für Gemeinschaftsanlagen mit Kabel-Weitergabe, die zum Ausgleich von „Sendeschatten" nach Hochhausneubauten errichtet wurden, keinen Verbotsanspruch der Urheber aus § 20 anerkennen.

Er konstruiert dazu einen „Erschöpfungsgrundsatz", wie ihn bisher nur § 17 Abs. 2 kraft besonderer Anordnung des Gesetzgebers für das Verbreitungsrecht kennt (vgl. § 17 Bem. 8d): Die (Weiter-)Sendung der Programme einer bestimmten Rundfunkanstalt innerhalb deren Sendegebiets in Abschattungsgebieten eröffne keine neue erweiterte Werkverwertung; sie beschränke sich auf die – technisch notwendige – Weiterleitung der Sendung an die Hörer, denen nach dem Willen des Urhebers sein Werk durch die Rundfunksendung zugänglich gemacht werden sollte. – Schon in tatsächlicher Hinsicht war dies nicht richtig; in den beiden fraglichen Schattenzonen in Nürnberg und Hamburg konnte man über das neue System Sender empfangen, die man vor dem Hochhausbau mit den üblichen Antennen *nicht* hatte hören können. Aber auch in rechtlicher Hinsicht ist das Urteil verfehlt; denn der Urheber vergibt ein Nutzungsrecht zu *einer* Sendung an eine bestimmte Rundfunkanstalt *ohne* Rücksicht darauf, ob jeder in deren Sendegebiet ansässige Hörer technisch zum Empfang in der Lage ist. Gelingt dies erst mittels erneuter (Weiter-)Sendung, so liegt in dieser *weiteren* Sendung eine weitere Nutzung, für die ein entsprechendes Recht aus § 20 zu erwerben ist. Ablehnend schon Ulmer GRUR Int. 1981, 372; Seifert FuR 1981, 513, 514; Nordemann GRUR 1981, 417; v. Ungern-Sternberg FuR 1982, 524, 526 und UFITA 94 (1982), 79, 101f.; Platho UFITA 97 (1984), 105, 119; Hubmann FS Roeber S. 184, 185; zustimmend – mit Einschränkungen – Gonnalakis ZUM 1978, 638, 651. Im Falle der Stadt Kaufbeuren, wo über eine Großantenne der Post 19 Hörfunk- sowie 10 Fernsehprogramme empfangen und dann zum Empfang der angeschlossenen Haushalte weitergegeben werden, gehen das OLG München (GRUR 1985, 537 *Breitbandkabelanlage II*) und der BGH (GRUR 1988, 206 *Kabelfernsehen II;* dazu Sack GRUR 1988, 163ff.) davon aus, daß in diesem Fall jeweils eine Weitersendung vorliegt. Dies bedeutet, daß sowohl die Einspeisung der

Programme, die in Kaufbeuren mit üblichen Antennen zu empfangen sind, als auch der Sendungen, die auf diese Weise nicht zu hören und zu sehen sind, einen neuen Sendevorgang darstellt. Parallelität zum Abschattungsfall des Bundesgerichtshofs liegt deshalb nicht vor, weil dieser einen Sachverhalt behandelt, bei dem „künstliche Hindernisse" (Hochhäuser) einen befriedigenden Empfang überhaupt verhindern (vgl. auch Kreile ZUM 1985, 360, 363). Poll ZUM 91, 122 geht auch dort von einer Sendung und mithin von einem Eingriff in das Senderecht des ursprünglichen Senders aus, wo eine Weiterleitung von in- und ausländischen Fernsehprogrammen durch kleinere Kabelanlagen aus, wie sie in einzelnen Häusern, Gebäudekomplexen oder Hotels vorliegen, stattfindet, allerdings nur dann, wenn es sich um einen selbständigen Akt der Weitervermittlung handelt, der nicht erforderlich ist, um die Programme den bestimmungsgemäßen Empfängern erstmalig zugänglich zu machen und für den der Rechtsinhaber nicht bereits anderweitig eine Vergütung erhalten hat.

4 Beim eigentlichen **Kabelfernsehen** als besonderer Form des Drahtfunks handelt es sich um die Einspeisung von Sendungen in Kabelnetze. Zum Unterschied zu den Gemeinschaftsantennen liegen hier große flächendekkende Verteilernetze vor. Wie fließend allerdings der Übergang zur Gemeinschaftsantenne ist, zeigen die unter Bem. 3 behandelten Entscheidungen BGHZ 79, 350 *Kabelfernsehen in Abschattungsgebieten* und OLG München GRUR 1985, 537 *Breitbandkabelanlage II,* wobei diese Entscheidung durch BGH GRUR 1988, 206 *Kabelfernsehen II* bestätigt worden ist. In diesen Entscheidungen ging es um die Weitersendung von Programmen, die mit üblichen Antennen schlecht oder gar nicht zu empfangen sind. Mit dem Kabelfernsehen – in Deutschland handelt es sich um sogenannte Breitwandkabelnetze der Bundespost – können aber auch ausschließlich für dieses Medium erstellte Programme privater und öffentlicher Anbieter, Satellitensendungen (Bem. 5) und Videotext-Telekommunikationen (Bem. 6) verbreitet werden. In jedem dieser Einzelfälle liegt jedenfalls eine gesonderte Sendung vor, für die der Erwerb des Senderechts nach § 20 nötig ist (a. M. LG München I ZUM 1986, 484). Einen Überblick über den Meinungsstand unter Berücksichtigung der Entscheidung BGH GRUR 1988, 206 *Kabelfernsehen II* gibt Sack GRUR 1988, 163ff. Die Auffassung, daß die Weitersendung von zeitgleich drahtlos verbreiteten Sendungen zwar das Senderecht des Urhebers nach § 20 tatbestandsmäßig verletze, aber sanktionslos erfolgen könne, weil der Urheber bereits vom Ursprungssender seine Vergütung erhalten habe, teilen wir nicht, weil sie im Gegensatz zur gesetzlichen Regelung steht. Wenn der Gesetzgeber dem Werkschöpfer ein Verwertungsrecht zuerkennt und wenn die Werkvermittlung nur durch eine (zusätzliche) Sendung in Form einer Weitersendung erfolgen kann, dann ist dieser Vorgang bei der Nutzung von Werken vergütungspflichtig.

In **Österreich** hat man zur Regelung des Kabelfernsehens das UrhG 1980 novelliert (Text Anhang II 2; Einzelheiten bei Dittrich GRUR Int. 1981, 8 und FuR 1982, 529; Walter UFITA 91 [1981] 29; Hillig UFITA 91 [1981], 1; Gonnalakis FuR 1983, 463 und Öst. OGH ZUM 1986, 285 – Satellitensendungen nicht von § 59a öst. UrhG freigegeben –).
In der **Schweiz** ist die Rechtslage durch zwei Entscheidungen des BG vom 20. 1. 1981 (GRUR Int. 1981, 404 und 642 = UFITA 91 [1981], 279 und 291 mit Leitsätzen von Stern S. 273, 274; ferner Stern FuR 1982, 532) sowie vom

20. 3. 1984 (GRUR Int. 1985, 412) geklärt. Auch der **EuGH** hatte sich schon mit dem Kabelfernsehen zu befassen (GRUR Int. 1980, 602 = UFITA 91 [1981], 316 *Le Boucher* und GRUR Int. 1980, 608 *Fernsehwerbung,* auch FuR 1982, 579). Für **Holland, Belgien und Ungarn** s. Dillenz FuR 1983, 490, 491 f., für Holland und Belgien auch Hillig FuR 1982, 539 sowie für Holland allein Cohen Jehoram GRUR Int. 1985, 126 und 1987, 95). Ausführlich Platho (Lit. Verz.).

Satellitensendungen waren früher nur Ausstrahlungen, bei denen Satelliten als Relaisstationen benutzt wurden, so daß der Empfang nur über Bodenstationen möglich war. Der technische Fortschritt hat es möglich gemacht, Rundfunk- und Fernsehprogramme direkt vom Satelliten zu empfangen (zur Entwicklung Roeber FuR 1971, 166 sowie Rehbinder FuR 1971, 191; Deringer ZUM 1985, 299; Poll ZUM 1985, 75; Movsessian ZUM 1985, 306; Degand ZUM 1984, 428). Zusammenfassende Darstellungen bieten Schwarze (Hrsg.) a.a.O. und Dillenz, Direktsatellit und die Grenzen des klassischen Senderechtsbegriffs, 1991. Der Empfang direkt vom Satelliten (also ohne Einschaltung eines Kabelsystems) ist über sog. Direktsatelliten und einer Parabolantenne seit nunmehr längerer Zeit technisch gelöst (Lang FuR 1982, 552, 563). Bei den sogenannten Verteilersatelliten ist der Empfang auf diese Weise nicht möglich, sondern es findet eine Kabelweiterleitung durch eine Bodenstation statt (vgl. Poll ZUM 1985, 75, 78f.). Die Kommission der Europäischen Gemeinschaft hat 1984 ein **Grünbuch** über die Errichtung des gemeinsamen Marktes für den Rundfunk, über Satellit und Kabel, mit dem Titel „Fernsehen ohne Grenzen" herausgebracht (teilweise abgedruckt in UFITA 99 [1985], 131 f.), das die Öffnung der Grenzen der EG-Mitgliedsstaaten für nationale Fernsehprogramme – ausgestrahlt via Satellit – zum Gegenstand hat (nicht die Entwicklung eines eigenen Europäischen Fernsehprogramms). Einen guten Überblick verschaffen auch Herrmann GRUR Int. 1984, 578; Schricker GRUR Int. 1984, 592 und Bornkamm FuR 1984, 512 in seiner Besprechung einer Diss. von Platho (Lit. Verz.). 5

Die Entwicklung in technischer, aber auch politischer, wirtschaftlicher und juristischer Hinsicht ist rasant, die Fülle der anstehenden Probleme ist beträchtlich. Urheberrechtlich halten wir für gesichert, daß die Verbreitung oder Weiterverbreitung von Programmen über Satellit in jedem Fall Sendungen nach § 20 darstellt (vgl. Nordemann/Vinck/Hertin Art. 3 RA Bem. 22–31). Ein internationales Abkommen ist inzwischen für die Bundesrepublik und für Österreich in Kraft (Übereinkommen über die Verbreitung der durch Satelliten übertragenen programmtragenden Signale vom 21. 5. 1974, abgedruckt bei Nordemann/Vinck/Hertin S. 453ff.). Näheres auch bei Rehbinder FuR 1972, 359 und Steup GRUR Int. 1973, 342, zum österreichischen Recht Dillenz FS öst. UrhG S. 43. Vgl. zur urheberrechtlichen Problematik beim Satellitenfernsehen im Bereich der EG Castendyk GRUR Int. 1992, 734 und Rumphorst GRUR Int. 1992, 910; ferner Öst. OGH GRUR Int. 1992, 933.

Telekommunikation, früher auch als Bildschirmzeitung bezeichnet, stellt eine unter § 20 fallende sendemäßige Wiedergabe von Werken in Gestalt von Einzelbeiträgen dar (dazu Katzenberger GRUR Int. 1983, 895, 902). Elektronische Telekommunikation gibt es in mehreren Arten, von denen Bildschirmtext und Kabeltext gegenwärtig die bekanntesten sein dürften. 6

Gemeinsam ist diesen Formen elektronischer Informationsbeschaffung, daß über das häusliche Fernsehgerät sowie einen Decoder und über das Telefonnetz der Post der Zugang zu Datenbanken möglich ist und in noch größerem Maße möglich werden wird. Bei den auf diese Weise abrufbaren Informationen sind urheberrechtlich selbstverständlich nur diejenigen interessant, die Werkcharakter haben (Sprachwerke, Grafiken usw.; vgl. Probandt UFITA 98 [1984], 9, 28 und Brinkmann ZUM 1985, 337, 345). Allgemein zur elektronischen Telekommunikation Bullinger (Lit. Verz.), Hillig FS Roeber II S. 165, Hodik FuR 1984, 560f. Es ist heute schon absehbar, daß sich die Telekommunikation zu einem der wesentlichen Verständigungsmittel – möglicherweise zu dem wesentlichsten Kommunikationsmittel – durchsetzen wird.

7 Bei jeder Sendung wird neben dem Senderecht noch mindestens ein **weiteres Nutzungsrecht** in Anspruch genommen. Bei der Sendung von Tonträgern ist für den Tonträgerhersteller ein Vervielfältigungsrecht aus § 16, für den Sender ein Recht aus § 21 erforderlich. Davon macht § 55 Abs. 1 nur für die einmalige Aufnahme zur einmaligen Sendung eine Ausnahme (dort Bem. 3). Bei Live-Sendungen öffentlicher Vorträge oder Aufführungen muß ein Recht aus § 19 erworben werden. Bei der Sendung von Filmen im Fernsehen muß das Vorführungsrecht (§ 19 Abs. 4) neben dem Senderecht gegeben sein. Vielfach werden Werke zum Zwecke der Funk- oder Fernsehsendung bearbeitet (sog. **Funkeinrichtungen**). Dazu ist wegen der Auslegungsregel des § 37 Abs. 1 nunmehr stets eine besondere Einwilligung des Urhebers erforderlich (vgl. § 37 Bem. 2).

8 Eine **Einschränkung** des ausschließlichen Senderechts des Urhebers enthält § 50. Danach ist die Wiedergabe von Werken, die im Verlauf von Vorgängen wahrnehmbar werden, über die der Sender berichtet, in dem durch die Reportage gebotenen Umfang zulässig (s. dort).

§ 21 Recht der Wiedergabe durch Bild- oder Tonträger

Das Recht der Wiedergabe durch Bild- oder Tonträger ist das Recht, Vorträge oder Aufführungen des Werkes mittels Bild- oder Tonträger öffentlich wahrnehmbar zu machen. § 19 Abs. 3 gilt entsprechend.

1 Vor dem UrhG war die öffentliche Wiedergabe von Musik auf rechtmäßig hergestellten Tonträgern zulässig und nicht an die Zustimmung des Werkschöpfers gebunden (§ 22a LUG). Diese Befugnis war jedoch vom Bundesgerichtshof auf ein Minimum eingeschränkt worden (BGHZ 11, 135, 140ff. *Schallplatten-Lautsprecher-Übertragung;* 33, 1, 6ff. *Künstlerlizenz-Schallplatten;* für Bildträger sinngemäß BGHZ 37, 1, 6ff. *AKI*). Das seit 1965 geltende Urheberrecht gewährt das Recht zur öffentlichen Wiedergabe von Vorträgen (§ 19 Abs. 1) und Aufführungen (§ 19 Abs. 2) von Werken aller Art durch Bild- und Tonträger ausschließlich dem Urheber. Das Recht des § 21 gibt dem Werkschöpfer die Befugnis, die unkörperliche Verwertung seines Werkes auch dadurch vorzunehmen, daß er Bild- und Tonträger von dem Vortrag oder der Aufführung des Werkes herstellen läßt und über diese dann eine öffentliche Wahrnehmbarmachung erfolgt. § 21 erfaßt alle für die Aufnahme auf Bild- und Tonträger geeigneten Werke im Katalog von § 2 (s. aber Bem. 2b). – Bei dem Recht aus § 21 handelt es sich um ein sog.

Zweitverwertungsrecht. Derartige Rechte entstehen dann, wenn eine dem Urheber vorbehaltende Erstverwertung bereits stattgefunden hat. Das Recht der Wiedergabe eines Schlagers durch Tonträger setzt voraus, daß eine Werkverwertung in Form der Vervielfältigung (§ 16), nämlich der Herstellung des Tonträgers, vorausgegangen ist. Das Zweitverwertungsrecht des § 21 wird als typisches Verwertungsgesellschaften-Recht von der GEMA und der VG Wort wahrgenommen. Bei der GEMA ist also etwa das Abspielen von Tanzmusik auf Tonträgern in Gaststätten, Kaufhäusern oder bei Sportveranstaltungen anzumelden. **Bild- und Tonträger** sind körperliche Gegenstände, auf denen der Vortrag oder die Aufführung des Werkes (zu diesen Begriffen § 19 Bem. 2 und 3) zur *wiederholbaren* Wiedergabe mit Hilfe technischer Einrichtungen für das Auge (Bildträger) bzw. für das Ohr (Tonträger) festgelegt ist, also Filme, Tonträger und alle modernen Verfahren zum technischen „Festhalten" von Bild und Ton. Die Wiedergabe von Musik auf Tonträgern über Kopfhöranlagen ist öffentliche Darbietung. – Zum Begriff der öffentlichen Wiedergabe s. § 15 Bem. 4.

Dogmatisch bereitet das Recht der **Wiedergabe durch Bildträger** Schwie- 2
rigkeiten.

a) Problematisch kann die Unterscheidung zwischen dem Vorführungsrecht des § 19 Abs. 4 (dort Bem. 5) und dem Wiedergaberecht nach § 21 sein. Wird eine Rede oder eine Bühnenaufführung auf Bildträger aufgenommen, entsteht ein Film. Liegt in der Herstellung dieses Films (nicht nur in der fotografierten Darbietung) eine persönliche geistige Schöpfung (§ 2 Abs. 2), so liegt ein Filmwerk (§ 2 Abs. 1 Nr. 6) vor, dessen öffentliche Wiedergabe ausschließlich als Vorführung im Sinne des § 19 Abs. 4 anzusehen ist. Fehlt es an der persönlichen geistigen Schöpfung und ist damit der Film nur als „Laufbilder" im Sinne des § 95 zu qualifizieren, so fällt die öffentliche Wiedergabe ausschließlich unter § 21. Dem Laien leuchtet eine solche Unterscheidung kaum ein. Sie spielt freilich in der Praxis keine Rolle: Bei entsprechender Anwendung des § 88 Abs. 1 Nr. 3 auf Laufbilder, wie sie § 95 fordert, wird man davon auszugehen haben, daß das Recht der Wiedergabe durch Bildträger dem Filmhersteller im Zweifel zur ausschließlichen Nutzung übertragen ist.

b) Trotz der allgemeinen Fassung des § 21 kann nicht angenommen werden, daß das Recht der Wiedergabe durch Bildträger für alle Werke, die vorgetragen oder aufgeführt werden können, besteht. Ein **Werk der Musik** wird zwar, wenn es von ausübenden Künstlern dargeboten wird, im Sinne des § 19 Abs. 2 „aufgeführt". Die Aufnahme dieses Konzertes auf Bildträger hat jedoch mit der Aufführung des Musikwerkes selbst nichts zu tun: da man die Musik nur hören, nicht sehen kann, betrifft die Aufnahme nur die Bewegungen (nicht einmal die Leistung) der ausübenden Künstler. Man wird nicht ernsthaft annehmen können, daß der Gesetzgeber – etwa unter der Vorstellung einer „Einheitlichkeit der Aufführung" – im letzteren Falle dem Komponisten ein Wiedergaberecht am Bildträger hätte zubilligen wollen, so daß etwa die Erben von Richard Strauß um die Erlaubnis aus § 21 gebeten werden müßten, wenn ein konzertbegeisterter Zuhörer der *Berliner Philharmoniker* den stummen Schmalfilm, den er anläßlich eines Richard-Strauß-Konzertes gedreht hat, der Öffentlichkeit zeigen wollte. Nicht anders ist die Situation beim **Vortrag** einer Rede, eines Gedichts usw.: der Bildträger hält nur die Gestik des Vortragenden, nicht aber das Werk, das sich als **Sprachwerk** (§ 2 Abs. 1 Nr. 1) an das Ohr, nicht an das Auge wendet, fest. Ein Stummfilm von der Rezitationskunst eines berühmten Interpreten würde nicht erkennen lassen, welches Werk überhaupt vorgetragen wird. In diesen Fällen kommt kein Recht aus § 21, sondern nur das Recht des ausübenden Künstlers am eigenen Bild (§§ 22ff. KUG, dazu vor § 12 Bem. 7) in Betracht. Anders dagegen beim **pantomimischen Werk,** dessen Wesen in der optischen Darstellung eines Gedankeninhalts durch Mimik und Bewegung liegt (§ 2 Abs. 1 Nr. 3, dort Bem. 50); hier ist in der Tat das Werk selbst Gegenstand der Wiedergabe durch Bildträger. Bei den sonstigen **Bühnenwerken,** die Sprachwerke im Sinne des § 2 Abs. 1 Nr. 1 sind (dort Bem. 29), ist zunächst sicher, daß die Leistung der ausübenden Künstler (Regisseur, Schauspieler) und das Werk des Bühnenbildners, das unter § 2 Abs. 2 Nr. 4 fällt (dort Bem. 58), durch den Bildträger festgehalten werden. Für erstere gilt § 77, für letzteren das Vorführungsrecht des § 19 Abs. 4. Das aufgeführte Werk selbst wendet sich als Sprachwerk zunächst an das Gehör. Doch gehört es zu seiner Zweckbestimmung als Bühnenwerk, den Theaterbesucher auch optisch zu beanspruchen und das, was er hört, zugleich bildlich darzustellen. Der Bühnenautor berücksichtigt demgemäß bei der Konzeption des Werkes stets auch seine optische Wirkung; sie ist eines seiner Ausdrucksmittel. Da das Bühnenwerk sich demnach zugleich im Bild verkörpert, ist die Fixierung seiner Aufführung auf Bildträger eine Fixierung des Werkes selbst. Sie unterliegt damit dem Recht des Autors aus § 21.

3 Die **Verweisung auf § 19 Abs. 3** besagt, daß die öffentliche Wiedergabe auch räumlich außerhalb der Veranstaltung stattfinden darf. Der vom Tonband gespielte *Sportpalastwalzer* beim Sechstagerennen darf also nicht nur in der Halle selbst, sondern auch davor beim Kartenverkauf an den Kassen zu Gehör gebracht werden (vgl. im übrigen § 19 Bem. 4).

§ 22 Recht der Wiedergabe von Funksendungen

Das Recht der Wiedergabe von Funksendungen ist das Recht, Funksendungen des Werkes durch Bildschirm, Lautsprecher oder ähnliche technische Einrichtungen öffentlich wahrnehmbar zu machen. § 19 Abs. 3 gilt entsprechend.

Das **Recht zur öffentlichen Wiedergabe von Funksendungen** (Hör- und Fernsehfunk) – seinerzeit im wesentlichen aktuell bei geschützter Radiomusik – war vor dem UrhG gesetzlich nicht geregelt. Das RG hielt diese Wiedergabe für erlaubnisfrei (RGZ 136, 377, 384ff.), während der BGH sie zu Recht für erlaubnispflichtig ansah (BGHZ 33, 38 *Künstlerlizenz-Rundfunk;* BGHZ 37, 1 *AKI* und BGHZ 38, 356 *Fernsehwiedergabe von Sprachwerken*). Die Auffassung des BGH ist Gesetz geworden. Das Recht zur (unkörperlichen) Verwertung aus § 22 besagt, daß bereits gesendete Werke nochmals dadurch – wiederum unkörperlich – verwertet werden dürfen, indem sie über Bildschirm, Lautsprecher usw. optisch und akustisch öffentlich wahrnehmbar gemacht werden. Der Gastwirt, der zur Erbauung seiner Gäste den Film „Das große Fressen" über Bildschirm in seinem Restaurant wiedergibt, nachdem er ihn im Fernsehen aufgenommen hat, benötigt vom Rechtsinhaber das Nutzungsrecht aus § 22. Bei diesem Recht handelt es sich mithin seiner Rechtsnatur nach um ein sogenanntes **Zweitverwertungsrecht** (§ 21 Bem. 1). Es wird von Verwertungsgesellschaften wahrgenommen. Geschützt sind nicht nur Sprachwerke, Werke der Musik und Filmwerke, sondern Werke aller Art, die beim Hör- und Fernsehfunk urheberrechtlich genutzt werden (§ 2 Bem. 90–92). Allg. zur Wiedergabe von Funksendungen Stern a.a.O. 1

Der Begriff der Öffentlichkeit ist in § 15 Abs. 3 definiert (s. dort Bem. 4). Öffentlich ist die Wiedergabe in einzelne Hotelzimmer hinein (BGH UFITA 53 [1969], 277, 279ff. *Rundfunkempfang im Hotelzimmer II;* ähnlich auch LG Berlin Schulze LGZ 98 *Schallplatten-Espresso;* für Hotel-Video-Systeme Poll FuR 1983, 9). Ulmer (GRUR 1975, 153) hat mit Recht darauf aufmerksam gemacht, daß der Empfang der Sendungen in den einzelnen Hotelzimmern nicht öffentlich sei. Öffentlich ist tatsächlich nur die Übermittlung der Sendungen in die Räume des Hotels. Das Hotel stellt seine Rundfunkempfangsanlage den Gästen, als einer Mehrheit von Personen, zur Verfügung, die weder durch gegenseitige noch durch persönliche Beziehungen zum Hotelier verbunden sind; daß die Gäste nicht in einem Raum untergebracht sind, ändert daran nichts (anders Möhring/Nicolini Bem. 3; nicht eindeutig v. Gamm § 15 Bem. 17). Soweit die Gäste eigene Apparate (Fernsehgeräte) und nicht nur Lautsprecher in ihren Zimmern haben, liegt eine Wiedergabe von Funksendungen nicht vor, sondern ein eigener Empfang. Ebenso sind Fernsehübertragungen in Erholungsheimen und ähnlichen Einrichtungen öffentlich (Näheres § 52 Bem. 5). In Österreich (OGH Wien GRUR Int. 1972, 338 und GRUR Int. 1973, 68, 69 *Gemeinschaftsantenne-Feldkirch*) sowie in Frankreich (Cour de Cassation GRUR Int. 1974, 147 *Le Printemps*) ist die Weiterleitung von Werken durch Rundfunkvermittlungsanlagen ohne Beschränkung gestattet. 2

Der Unterschied der Rundfunkvermittlungsanlagen zu dem Empfang über eine **Sammelantenne** liegt darin, daß bei letzterer eine Zweitverwertung durch die Wiedergabe nicht erfolgt. Der Rundfunkempfang einer Hausgemeinschaft über eine einzige Antenne ist rechtlich nicht anders zu beurteilen, als wenn jeder Mieter seine eigene Antenne benutzen würde. Es wird nicht der Kreis der Hörer und Seher erweitert, sondern für diesen Kreis nur eine technisch bessere und wirtschaftlich rationellere Empfangsmöglichkeit geschaffen (ebenso Walter UFITA 69 [1973], 95, 116–118; v. Ungern-Sternberg GRUR 1973, 16, 18; im Ergebnis auch Öst. OGH GRUR Int. 1973, 68, 69 *Gemeinschaftsantenne-Feldkirch*). Zur Abgrenzung zu Sendeanlagen § 20 Bem. 2–6.

3 **Einschränkungen** des Wiedergaberechts enthalten § 47 (Schulfunksendungen), § 50 (Bild- und Tonberichterstattung), § 52 (Wiedergabe ohne Erwerbszweck und bei Gottesdiensten), § 46 (Wiedergabe im Geschäftsbetrieb) und § 59 (Werke an öffentlichen Plätzen).

4 Zu der **Verweisung auf § 19 Abs. 3** siehe § 21 Bem. 3.

§ 23 Bearbeitungen und Umgestaltungen

Bearbeitungen oder andere Umgestaltungen des Werkes dürfen nur mit Einwilligung des Urhebers des bearbeiteten oder umgestalteten Werkes veröffentlicht oder verwertet werden. Handelt es sich um eine Verfilmung des Werkes, um die Ausführung von Plänen und Entwürfen eines Werkes der bildenden Künste oder um den Nachbau eines Werkes der Baukunst, so bedarf bereits das Herstellen der Bearbeitung oder Umgestaltung der Einwilligung des Urhebers.

Übersicht

1 **Zur Terminologie.** Zum Begriff der Bearbeitung s. § 3 Bem. 2–5, 10–17. **„Andere Umgestaltungen"** sollen nach der Begr. (S. 51) Plagiate und solche Werke sein, bei denen der Verfasser mit dem Versuch, die Vorlage zu einer selbständigen Schöpfung frei zu benutzen, gescheitert sei, weil er sich von ihr nicht genügend habe freimachen können. Diese Unterscheidung ist nicht nur überflüssig, sondern auch systematisch unrichtig. Freie Benutzung ist nichts weiter als eine gesteigerte Form der Bearbeitung; sie liegt vor, wenn die Bearbeitung so weitgehend ist, daß ein neues selbständiges Werk entsteht (§ 24 Bem. 2–3). Wem es bei der Umarbeitung eines Werkes nicht gelingt, die Steigerungsstufe zur freien Benutzung zu erreichen, der bleibt Bearbeiter. Wer ferner unter Veränderung des Werkes ein Plagiat begeht, nimmt wiederum nichts weiter als eine Bearbeitung unter gleichzeitiger Behauptung der Urheberschaft vor (Anhang § 24 Bem. 2, 3 und 5). – Auf der anderen Seite enthält § 23, wenn man ihn der Begr. folgend anwendet, eine Lücke. Es gibt Änderungen an einem Werk, die die Qualität einer persönlichen geistigen Schöpfung nicht erreichen (§ 3 Bem. 6–17). Es ist offensichtlich, daß auch sie zulässig sein müssen, wenn der Urheber einwilligt. § 39, der auch Bearbeitungen erfaßt, weil auch diese sich als Änderungen darstellen, bezieht sich nur auf solche Änderungen, die der Nutzungsberechtigte vornimmt, reicht also nicht aus. Die Frage löst sich von selbst, wenn man

unter „anderen Umgestaltungen" im Sinne von § 23 diejenigen Veränderungen des Originalwerks versteht, die noch keine persönliche geistige Schöpfung sind, also gewissermaßen eine Stufe unter der Bearbeitung stehen (vgl. § 24 Bem. 2–3). Kritisch dazu Ulmer GRUR 1975, 153, der den Begriff der Bearbeitung auf „Umformungen des Werkes" wie Übersetzungen, Umgiessungen in andere Kunstformen und Anpassungen an besondere Zwecke beschränken möchte. Alle übrigen schutzfähigen Veränderungen des Werkes würden unter die „anderen Umgestaltungen" des § 23 fallen. Dies halten wir für zu eng. Das Beispiel Ulmers a.a.O., wonach ein Plagiator, der die Abhängigkeit seines Werkes verschleiert, keine Bearbeitung, sondern nur eine „andere Umgestaltung" vornimmt, trifft nicht zu, da auch das umgestaltete Plagiat dann, wenn die Umgestaltung die nötige Schöpfungshöhe erreicht, nach der hier vertretenen Auffassung eine Bearbeitung darstellt. So stimmen auch § 39, § 23 und § 24 zusammen: Änderungen gleich welchen Ranges bedürfen der Erlaubnis des Urhebers, soweit nicht durch sie neue selbständige Werke hervorgebracht werden. – Im folgenden wird daher von dieser Definition ausgegangen (wie hier Möhring/Nicolini Bem. 3; v. Gamm § 24 Bem. 2, 3; Hubmann/Rehbinder[7] S. 101/102; Riedel § 3 Bem. B S. 3; Bußmann FS Möhring S. 209). Demgegenüber gehen Schricker-Loewenheim Rdnr. 3 davon aus, daß unter anderen Umgestaltungen sowohl solche schöpferischer als auch nichtschöpferischer Art fallen können; das Kriterium der persönlichen geistigen Leistung (§ 2 Abs. 2) sei bei § 23 systematisch am falschen Standort angesiedelt. Dem folgen wir nicht, denn das Vorliegen der Schöpfung nach § 2 Abs. 2 ist zwingende Voraussetzung für eine urheberrechtlich geschützte Bearbeitung (§ 3). Erreichen die Veränderungen am Werk eine derartige Schöpfungshöhe nicht, liegt ein Minus – eine bloße Umgestaltung – des Werkes vor. Der Versuch, in anderen Umgestaltungen als dem Werk nicht dienende Änderungen zu sehen, erscheint uns nicht überzeugend, weil damit eine die Qualität und/oder den Zweck der Umgestaltung bewertende Beurteilung als maßgeblich für die Unterscheidung von Bearbeitung und anderer Umgestaltung angesehen wird. Was dem Werk dient, ist von subjektiver Beurteilung und entsprechendem Geschmack abhängig. Demgegenüber kann objektiv festgestellt werden, was an dem veränderten Werk neu und eigenschöpferisch ist und welcher geistige Abstand zu dem vorbestehenden Werk eingehalten wird (a. M. als wir auch Brugger UFITA 51 [1968] S. 89, 94ff.; vgl. ferner Bem. 6).

Zustimmungsrecht. Anders als im früheren Recht ist eine Übertragung des 2
Rechts des Urhebers, sein Werk zu bearbeiten, im Wortsinne nicht mehr möglich. Es gibt hierfür nicht einmal die Einräumung eines Nutzungsrechts, wie sie § 31 sonst für alle Verwertungsrechte des Urhebers vorsieht. Vielmehr hat der Gesetzgeber dem Urheber – systematisch korrekt – nur noch ein Zustimmungsrecht zugebilligt: Dieses Zustimmungsrecht beschränkt sich im Regelfall auf die **Veröffentlichung und Verwertung.** Die Folge davon ist, daß die Bearbeitung von Werken ohne Einwilligung des Urhebers grundsätzlich durchaus gestattet ist; nur dann, wenn der Bearbeiter die Absicht hat, eine Veröffentlichung und/oder Verwertung vorzunehmen, bedarf er der Einwilligung des Original-Urhebers (zu den Ausnahmen in **Satz 2** und der im übrigen bestehenden Herstellungsfreiheit unten Bem. 4). Bei Computerprogrammen ist nach § 69c Nr. 2 schon die Herstellung einer Bearbeitung untersagt (§ 69c Bem. 4).

Die Einwilligung des Urhebers des vorbestehenden Werkes braucht zeitlich nicht begrenzt zu sein, weil er nicht nur durch Rückruf (§§ 41, 42), sondern auch durch Kündigung oder durch Widerruf der Zustimmung diese zurückziehen kann (vgl. Bem. 3d). Wesentlich ist allerdings, *wozu* der Urheber zugestimmt hat. Eine Befugnis des Bearbeiters, nach Belieben und in jeder bekannten Verwertungsart zu verfahren, wird selten sein. Bei den Werken nach Satz 2 ist eine Zustimmung zur Herstellung der Bearbeitung ohne Veröffentlichungs- und Verwertungsbefugnis denkbar. Im übrigen wird im Regelfall die Zustimmung zur Verwertung des umgeformten Werkes sich auf bestimmte Nutzungsarten (z. B. Verfilmung eines Romans) beschränken und auch zeitliche und örtliche Einschränkungen enthalten (s. unten Bem. 3b). Die Nutzung bearbeiteter Werke der Musik oder die Verwendung musikalischer Werke mit den den Gesamteindruck prägenden Gestaltungsmitteln bedarf der Zustimmung des Berechtigten (Gernot Schulze ZUM 1993, 255).

3 **Einwilligung.** a) Einwilligung heißt vorherige Zustimmung (§ 183 BGB). Im Falle der Verfilmung (§ 23 Satz 2) muß sie am ersten Drehtage vorliegen; die Erteilung von Treatment- und Drehbuchaufträgen ist noch keine Verfilmung. Allerdings ist schon die Ablieferung eines Treatments oder Drehbuchs und erst recht ihre Verwendung zur Vorbereitung des Filmvorhabens Verwertung und damit nach § 23 Satz 1 ohne Einwilligung unzulässig. – Entsprechendes gilt für die beiden anderen Fälle des Satzes 2: Die Einwilligung muß bei Baubeginn vorhanden sein. – Die Einwilligung gilt im Falle des § 39 Abs. 2 als erteilt, wie sich aus der Wendung „... sind zulässig" ergibt. Sie wird im Zweifel als erteilt angesehen, wenn die Erlaubnis zur Verfilmung des Originalwerkes vorliegt (§ 88 Abs. 1 Nr. 1). Sie ist nicht erforderlich in den Fällen des § 62 Abs. 2–3 sowie dann, wenn es sich um gemeinfreie Werke handelt (vgl. § 64 Bem. 3). Erfolgt die Zustimmung nachträglich in Form der Genehmigung (§ 184 Abs. 1 BGB), wird mit Zugang der Genehmigung (§ 130 Abs. 1 BGB) die bisher unerlaubte Verwertung bzw. Herstellung (Fälle des Satz 2) rückwirkend zu einer erlaubten (ebenso Möhring/Nicolini Bem. 4a, anders v. Gamm Bem. 3).

b) Die Einwilligung kann **beschränkt** erteilt werden. Zeitliche Befristung läßt nach Fristablauf die Befugnis des Bearbeiters, seine eigene Bearbeitung zu nutzen, erlöschen (BGHZ 5, 116, 119 *Parkstraße 13*). Örtliche Begrenzung schließt die Nutzung der Bearbeitung auch durch den Bearbeiter selbst außerhalb der vereinbarten Grenzen aus. Gegenständliche Beschränkung erlaubt dem Bearbeiter nur, das Werk in der vereinbarten Form zu bearbeiten. Sie ist die Regel; nach der Zweckübertragungstheorie (§§ 31, 32 Bem. 12–44) ist im Zweifel davon auszugehen, daß die Einwilligung nur in dem Umfang erteilt wird, den der Vertragszweck erfordert.

c) **Entstellungen** oder andere Beeinträchtigungen, die die berechtigten geistigen oder persönlichen Interessen des Originalurhebers gefährden, werden durch die nach § 23 erteilte Einwilligung in keinem Falle gedeckt (§ 14; vgl. BGH GRUR 1986, 458, 459 *Oberammergauer Passionsspiele I* sowie BGH GRUR 1989, 106, 107 *Oberammergauer Passionsspiele II* mit Anm. von Loewenheim). Bei Art und Umfang der Werknutzung ist außerdem die Interessenlage bei Original-Urheber und Bearbeiter zu berücksichtigen (BGH a.a.O. S. 107). Sofern das bearbeitete Werk nicht mehr geschützt ist, können bei der Bearbeitung auch Entstellungen nicht verhindert werden. Interessant in diesem Zusammenhang OLG München ZUM 92, 202 *Phlegma Madness part I:* Ein gregorianischer Choral mit Sprechgesang war zu einem Werk der Popmusik bearbeitet worden. Für die Schutzfähigkeit dieser Bearbeitung hielt das Gericht den Gesamteindruck für entscheidend, auch wenn Einzelelemente der Bearbeitung nicht als schutzfähig angesehen werden. Die Auffassung des OLG München a.a.O. S. 204, der Erfolg sei ein Indiz für die Individualität der Bearbeitung, überzeugt jedoch nicht. Dieser kann genauso gut auf der Qualität des in Vergessenheit geratenen, nicht mehr geschützten vorbestehenden Werkes beruhen. Bei Werken der Baukunst und der Änderungsbefugnis des Eigentümers eines derartigen Werkes ist Schweiz. BG ZUM 92, 294 lehrreich: Der Architekt des Luzerner Bahnhofs, der die Gesamtkonzeption geschaffen hatte, von der ein Teil gebaut worden war, kann nicht verhindern, daß der Eigentümer die Planung ändert, allerdings unter Rücksichtnahme auf das Urheberpersönlichkeitsrecht des Werkschöpfers beim Bau weiterer Gebäudeteile. Ein Anspruch auf Auftragserteilung allein aus dem Urheberrecht des Architekten wurde zu Recht nicht anerkannt (Einzelheiten zur Kollision bei Urheber- und Eigentümerinteressen bei Bauwerken s. § 39 Bem. 7).

d) Der **Widerruf** der erteilten Zustimmung erfolgt unter den gleichen Voraussetzungen, unter denen die vorfristige Beendigung der Einräumung eines Nutzungsrechtes möglich ist. Denn auch die Bearbeitung ist Nutzung. Zwischen dem Urheber und dem Berechtigten besteht ein Nutzungsvertrag. Zu dessen Beendigung im einzelnen vor § 31 Bem. 23–29. Zur Weiterübertragung des Bearbeitungsrechts § 34 Bem. 2ff.

Freiheit der Herstellung. Bearbeitungen und andere Umgestaltungen sind – mit den Ausnahmen des § 23 Satz 2 – in der Herstellung frei, von der Ausnahme für Computerprogramme in § 69c Nr. 2 abgesehen. Jedermann darf ein Originalwerk verändern, wie er will, solange er das geänderte Werk nicht veröffentlicht (§ 12) oder verwertet (§ 15). § 39, der das „Ändern" schlechthin verbietet, kann angesichts des klaren Wortlauts des § 23 nur die Nutzung der Änderung, nicht ihre Herstellung betreffen. – Das Verbot der Herstellung nach Satz 2 betrifft nur die Verfilmung selbst, weil die Gefahr unerlaubter Benutzung bei Bild- und Tonträgern besonders groß ist (BGH GRUR 1971, 35, 40 *Maske in Blau*); für Exposé, Treatment und Drehbuch trifft dies nicht zu (OLG München UFITA 60 [1971], 317, 319). – Die Freiheit der Herstellung schließt die Freiheit ihrer körperlichen Festlegung ein. Wenn der Gesetzgeber es lediglich hätte zulassen wollen, Änderungen gedanklich vorzunehmen, ohne sie zu fixieren, so hätte es des § 23 nicht bedurft: Im demokratischen Rechtsstaat ist die Gedankenfreiheit verbürgt. Allerdings ist die Festlegung aus § 23 nur einmal zulässig; die Herstellung von Abschriften ist Vervielfältigung und damit Verwertung (§ 15 Abs. 1 Nr. 1), die ihrerseits nur dann ohne Erlaubnis gestattet ist, wenn sie zum persönlichen Gebrauch geschieht (§ 53 Abs. 1). 4

Zweck der Herstellung. Der Zweck der Herstellung und damit der ersten Festlegung ist gleichgültig. Auch wer von vornherein beabsichtigt, die herzustellende Bearbeitung oder sonstige Umgestaltung außerhalb seiner Privatsphäre zu nutzen, ist von § 23 gedeckt. Sonst wäre § 23 Satz 2 sinnlos, da eine Verfilmung ohnehin nicht lediglich zu privaten Zwecken zu 5 geschehen pflegt (Begr. S. 51). – Die frühere Rspr. des BGH, der schon die erste Festlegung einer Änderung ohne Einwilligung des Urhebers für unzulässig hielt, wenn die Absicht bestand, sie über den privaten Bereich hinaus zu nutzen (BGHZ 26, 52, 56 *Sherlock Holmes;* BGH GRUR 1963, 41, 43 *Mit Dir allein*), die noch aus der Zeit vor der Schaffung des UrhG stammt, ist durch die klare Regelung des § 23, die ausschließlich *objektive* Merkmale maßgebend sein läßt, überholt. Die – subjektive – Nutzungsabsicht ist erst von der zweiten Festlegung an maßgebend, weil diese sich als Vervielfältigung darstellt (§ 53 Abs. 1).

6 **Sonstige Merkmale.** Ein Katalog der denkbaren Bearbeitungen und Umgestaltungen läßt sich nicht aufstellen. In jedem Fall muß eine Veränderung der Originalgestalt in nicht völlig unerheblichem Umfang vorliegen (deshalb ist der unveränderte Vortrag einer Novelle keine Dramatisierung, sondern bleibt Werkinterpretation, auch wenn er in vollendeter Weise durch einen Schauspieler erfolgt, OLG Dresden UFITA 1 [1928], 686). Parallelität von Aufbau, Inhalt, Stoffauswahl und Übereinstimmung bei Formulierungen deuten auf eine Bearbeitung (OLG Köln GRUR 1973, 88 *Kinder in Not*) hin, wenn mangels Schöpfungshöhe nicht nur eine Umgestaltung anzunehmen ist. Eine Verletzung von Urheberrechten durch Bearbeitung liegt dann nicht vor, wenn Übereinstimmungen von Original und verändertem Werk nur im nichtschöpferischen Bereich festzustellen sind (OLG Hamburg ZUM 1991, 589, 590). Liegen allerdings Veränderungen im schöpferischen Bereich in so weitgehendem Maße vor, daß das vorbestehende Werk in seiner Eigentümlichkeit mehr und mehr zurücktritt, kann eine **freie Benutzung** gegeben sein (§ 24). Zur Abgrenzung der freien Benutzung von der Bearbeitung und anderen Umgestaltungen s. § 24 Bem. 2–10. Bearbeitungen sind jedoch mit einer Ausnahme nur innerhalb **derselben Werkgattung** denkbar. Die Umsetzung eines Sprachwerkes in ein Werk der Musik (z. B. Richard Strauß' Tondichtungen *Till Eulenspiegels lustige Streiche* und *Don Quichotte*) ist stets freie Benutzung, weil die Wesenszüge eines Musikwerkes notwendigerweise andere als die eines Sprachwerkes sind und die letzteren deshalb nicht in der Komposition erhalten bleiben können (vgl. § 24 Bem. 2–3). Allerdings bildet nicht jede Werkart des Katalogs in § 2 Abs. 1 in diesem Sinne eine Werkgattung (wir sprechen deshalb in Einl. I auch von den drei Gattungen Wort-, Ton- und Bildkunst). Vielmehr sind Werke der bildenden Künste (Nr. 4), Lichtbildwerke (Nr. 5), Filmwerke (Nr. 6) und bildliche Darstellungen wissenschaftlicher oder technischer Art (Nr. 7) untereinander bearbeitungsfähig. So kann in der Herstellung eines Gemäldes nach einem Werk der bildenden Künste eine Bearbeitung liegen (vgl. RGZ 169, 108, 114 *Lichtbild*). Einzige **Ausnahme** von dem Prinzip der Unvereinbarkeit zweier Werkgattungen ist die Verfilmung. Wenn ein Filmwerk entstehen soll, so muß ein sprachlich erfaßbarer und auszudrückender Gedankeninhalt, also in der Regel ein Sprachwerk, in eine bewegte Bilderfolge umgesetzt werden (vgl. die in § 2 Bem. 77 zitierte Definition des Bundesgerichtshofs). Das Filmwerk ist also zugleich die Bearbeitung eines Sprachwerkes (bei vorbestehenden Werken, z. B. bei einem zugrundeliegenden Roman oder einem Filmexposé), und ein einheitliches sog. Gesamtkunstwerk (§ 2 Bem. 76, § 8 Bem. 13, § 89 Bem. 9).
Die *Filmaufnahme eines Theaterstücks* bildet demgegenüber keine Bearbeitung, weil lediglich Laufbilder (§ 95) entstehen (Schricker-Loewenheim Rdnr. 10).

– Zu den Fragen, ob und inwieweit bei Plagiaten, unbewußter Entlehnung und Doppelschöpfung eine Bearbeitung oder freie Benutzung in Betracht kommt, s. § 24 Anh.

§ 24 Freie Benutzung

(1) Ein selbständiges Werk, das in freier Benutzung des Werkes eines anderen geschaffen worden ist, darf ohne Zustimmung des Urhebers des benutzten Werkes veröffentlicht und verwertet werden.

(2) Absatz 1 gilt nicht für die Benutzung eines Werkes der Musik, durch welche eine Melodie erkennbar dem Werk entnommen und einem neuen Werk zugrunde gelegt wird.

Übersicht

Freibenutzbares Material Abs. 1 eröffnet die Möglichkeit, durch Zugriff auf das Werk eines anderen Urhebers eines selbständiges eigenes Werk zu schaffen, ohne daß der Urheber des vorbestehenden Werkes dazu seine Zustimmung geben muß. Viel häufiger ist jedoch, daß der Werkschöpfer einen derartigen Zugriff auf fremdes, geschütztes Schaffen gar nicht vorzunehmen braucht, sondern ausreichend freibenutzbares Material vorfindet, das er ohne Rücksicht auf § 24 benutzen darf: 1

a) Die **gesamte Menschheitsgeschichte.** Dazu gehören alle historisch überlieferten Ereignisse bis zu den Geschehnissen der Gegenwart (vgl. z. B. OLG Hamburg UFITA 86 [1980], 296, 300 unter Hinweis auf § 49 Abs. 2 mit dem Recht jedes Urhebers, Tagesneuigkeiten aus den Medien für die Schaffung eigener Werke zu nutzen). An wirklichen Geschehnissen erwächst kein Urheberrecht. Deshalb ist das gelebte Leben einer Persönlichkeit urheberrechtsfrei. Jedermann kann es beschreiben, dramatisieren, verfilmen, soweit er dabei nicht das allgemeine Persönlichkeitsrecht des Dargestellten verletzt (dazu vor § 12 Bem. 6–8). Es ist ein weitverbreiteter Irrglaube, man könne die „Story seines Lebens“ an eine Illustrierte verkaufen mit der Folge, daß diese daran ein Ausschließungsrecht erwerbe. Man kann an den selbst geschriebenen Memoiren, die als Sprachwerk geschützt sind, ausschließliche Nutzungsrechte einräumen; ihr Tatsachengehalt jedoch ist und bleibt frei (vgl. dazu BGHZ 15, 249, 254 *Cosima Wagner;* OLG München GRUR 1956, 432, 434 *Solange Du da bist;* auch LG Berlin UFITA 86 [1980], 313 *Der eiserne Gustav*).

b) Das gesamte **Geistesgut, dessen Urheber niemals festgestellt** wurden: Volkslieder, Märchen, Sagen, Gedichte ohne Verfasserangabe (zum Urheberrechtsschutz für anonyme Werke vgl. § 10 Bem. 24–30), Bilder unbekannter Meister.

Ist jedoch ein Werk noch geschützt und nur die Person des Rechtsinhabers nicht bekannt, darf auf dieses Werk über die Grenzen des § 24 hinaus kein Zugriff genommen werden, auch wenn im Einzelfall die Geltendmachung urheberrechtlicher Ansprüche unwahrscheinlich sein mag.

c) Gegenstände und Verlautbarungen, die keine persönlichen geistigen Schöpfungen darstellen und deshalb **keine Werke** im Urheberrechtssinne sind. Eine Sammlung besonders merkwürdiger Zeitungsanzeigen oder Druckfehler in Zeitungsartikeln, die Verarbeitung eines alltäglichen Briefwechsels zu einem Roman, die Zusammenstellung von Schriftstücken zu einer Dokumentation (BGH GRUR 1982, 37, 39 *WK-Dokumentation*), die bildliche Darstellung von Gegenständen in der Natur (BGHZ 9, 262, 268 *Lied der Wildbahn I*) und die musikalische Verwertung von Vogelstimmen erzeugen erst ein schutzfähiges Werk, haben es aber nicht zur Grundlage. Der Zeitungsverleger, der Briefschreiber oder der Sacheigentümer können dem Künstler deshalb die Benutzung nicht verbieten.

d) **Ideen, Lehren** und **Theorien,** auch wenn sie in geschützten Werken enthalten sind. Sie müssen frei sein, wenn die geistige Auseinandersetzung nicht unmöglich gemacht werden soll. Jedermann kann sie beschreiben, kritisieren, weiterentwickeln; nur die Form, in die sie ihr Schöpfer gegossen hat, ist für ihn urheberrechtlich geschützt. Vgl. dazu und zur Abgrenzung der freien Idee von der geschützten Fabel § 2 Bem. 25.
Insbesondere im Bereich der Wissenschaft müssen **Ideen und Lehren** frei zugänglich sein. Der BGH hat deshalb den urheberrechtlichen Schutzumfang einer wissenschaftlichen Arbeit nicht auf die hier zugrundeliegende Gliederung ausgedehnt, auch wenn andere Gliederungsmöglichkeiten bestehen (BGH GRUR 1981, 352, 354 *Staatsexamensarbeit*). Für Computerprogramme legt § 69a Abs. 2 Satz 2 die Schutzunfähigkeit von Ideen und Grundsätzen ausdrücklich fest.

e) Alles im engeren Sinne **gemeinfrei gewordene Geistesgut der Vergangenheit.** Darunter fallen diejenigen Werke des Katalogs aus § 2, deren Schutzfrist abgelaufen ist (§ 64 Bem. 1 und 2). Ausländische Werke werden selbst dann nach den deutschen Rechtsvorschriften in Deutschland gemeinfrei, wenn im Ursprungsland längere Schutzfristen bestehen, bleiben jedoch andererseits in Deutschland nur so lange geschützt, wie sie im Heimatland ihres Urhebers Schutz genießen (Art. 7 Abs. 8 RBÜ Pariser Fassung – Prinzip des Schutzfristvergleichs –). **§ 24 hat demnach nur für geschützte Werke Bedeutung.**
Auch bei gemeinfrei gewordenem Geistesgut sind jedoch die Regelungen des BGB (z. B. im Hinblick auf bestehende Eigentums- oder Persönlichkeitsrechte) zu beachten. Deshalb sind Herstellung und Vertrieb von Fotografien eines im Privateigentum stehenden Gebäudes trotz § 59 dann nicht gestattet, wenn dazu das dem Eigentümer gehörende Grundstück betreten werden muß und die gewerbliche Verbreitung dieser Fotografien vorgesehen ist (BGH GRUR 1975, 500, 502 *Schloß Tegel* mit zustimmender Anm. von Gerstenberg).

2 **Abgrenzung von der Bearbeitung und Umgestaltung.** Die freie Benutzung steht im Gegensatz zur unfreien Benutzung. Letzterer unterfallen die Vervielfältigung, die Umgestaltung und – als höchste Stufe – die Bearbei-

tung. Diesen unfreien Benutzungen ist gemeinsam, daß die Verwertung, teilweise auch die Herstellung, der bei einer derartigen Werknutzung entstandenen Vervielfältigungsstücke oder Werke ohne Zustimmung des Originalautors nicht statthaft ist. Die bloße Vervielfältigung oder Umgestaltung eines Werkes, die die „Schöpfungshöhe" einer Bearbeitung nicht erreicht, verletzt, wenn sie unerlaubt vorgenommen wird, das Verwertungsrecht nach § 16. Die Verwertung der Bearbeitung ohne Erlaubnis verstößt auch gegen § 23. Nur die freie Benutzung bedarf der Zustimmung des Schöpfers des benutzten Werkes nicht. Freier und unfreier Benutzung ist gemeinsam, daß sie ein anderes Werk (Original oder Bearbeitung, vgl. § 3 Bem. 1) zur Grundlage haben; sie unterscheiden sich nur durch den Grad der Zugrundelegung. Der Begriff der freien Benutzung läßt sich daher nur durch ihre Abgrenzung von der Bearbeitung gewinnen: freie Benutzung ist, was nicht mehr Bearbeitung ist. Das Kennzeichen der Bearbeitung ist ihre Abhängigkeit vom Originalwerk; dieses wird weiterentwickelt oder umgeformt, bleibt in seinem Wesenskern, seinen Grundzügen jedoch erhalten. Die freie Benutzung löst sich dagegen von der Vorlage und schafft ein neues Werk mit neuem Wesenskern und neuen, eigenen Grundzügen, eben ein selbständiges Werk. Der Gesetzgeber definiert diesen Begriff selbst als „völlig selbständige Neuschöpfung" (Begr. S. 51); das entspricht inhaltlich der „eigentümlichen Schöpfung" im früheren Recht (§§ 13 LUG, 16 KUG). Die Vorlage darf deshalb nur *Anregung zu eigenem selbständigen Schaffen* gewesen sein (Allg. M. Schricker-Loewenheim Rdnr. 9; Hubmann/Rehbinder[7] S. 167; Fromm UFITA 29 [1959], 321, 322). Dem entspricht auch die Rspr. des BGH, der seit BGH GRUR 1958, 402, 407 *Lili Marleen* formuliert, daß eine freie Benutzung dann vorliegt, wenn „demgegenüber die Wesenszüge des Originals verblassen bzw. völlig zurücktreten" (BGHZ 26, 52, 57 *Sherlock Holmes*). Diese Rspr. wird bis heute fortgeführt (Nachw. bei Schricker-Loewenheim Rdnr. 9). Der danach erforderliche „Abstand" zu dem benutzten Werk liegt immer dann vor, wenn das neue Werk einer anderen Werkgattung angehört (Schricker-Loewenheim Rdnr. 16 und die dort angeführte Lit.; vgl. auch § 23 Bem. 6), wobei allerdings die bereits erwähnte Ausnahme der Verfilmung (§ 23 Bem. 6) zu beachten ist. Das Kriterium des nötigen Abstands von dem benutzten Werk wird auch in der neuen Rechtssprechung (OLG München ZUM 1992, 202, 204) hervorgehoben.

Die **Feststellung im Einzelfall,** ob Bearbeitung oder freie Benutzung gegeben ist, macht erfahrungsgemäß Schwierigkeiten. Ob ein „Verblassen der Wesenszüge" des Originals vorliegt, richtet sich nach dem *Grad der Individualität des vorbestehenden und des neuen Werkes.* Die Wesenszüge eines benutzten Werkes, das von ausgeprägter Eigenart ist, werden in dem neu geschaffenen Werk weniger leicht verblassen, als dies bei vorbestehenden Werken von geringerer Individualität der Fall ist (BGH GRUR 1958, 500, 502 *Mecki-Igel I;* BGH GRUR 1982, 37, 39 *WK-Dokumentation*). Für die Praxis gibt BGH GRUR 1980, 853, 854 *Architektenwechsel* einen Hinweis: Zunächst ist zu klären, durch *welche* Merkmale der ästhetische Gesamteindruck des benutzten Originals bestimmt wird und ob diese *schutzfähig* sind. Stimmen diese Merkmale überein, so ist davon auszugehen, daß die Nachschöpfung in den geschützten Bereich des Originals eingreift; denn der Verkehr richtet sein Augenmerk in der Regel mehr auf Übereinstimmungen als auf abweichende Merkmale (BGH GRUR 1983, 111, 113 *Original-Maraschino;* BGH GRUR 1958, 500, 501f. *Mecki-Igel I;* ähnlich OLG Köln 3

WRP 1983, 637, 638; vgl. auch Schweiz. BG GRUR Int. 1987, 112 *100-Franken-Schein*).

4 **Strenge Anforderungen.** Angesichts des schier unerschöpflichen Fundus an frei benutzbarem Material ist es gerechtfertigt, die freie Benutzung der im Verhältnis hierzu wenigen geschützten Werke auf dasjenige Mindestmaß zu beschränken, das erhalten bleiben muß, wenn man die Freiheit künstlerischen Schaffens nicht über Gebühr einengen und damit ersticken will. Die Rechtsprechung stellt daher mit Recht strenge Anforderungen an das Vorliegen einer freien Benutzung (RGZ 121, 65, 70; KG GRUR 1926, 441 *Alt Heidelberg;* OLG München II UFITA 24 [1957], 265; BGH GRUR 1981, 267, 269 *Dirlada* mit weiterer Rspr.). Für das österreichische Recht stellt der Öst. OGH GRUR Int. 1993, 176, 177 *Robert-Stolz-Biographie* entsprechende Grundsätze auf. Der nachschaffende Urheber soll sich über die Möglichkeiten des § 24 hinaus kein eigenes Schaffen ersparen (BGH a.a.O. sowie BGH GRUR 1965, 45, 47 *Stadtplan*). Eingriffe in vorbestehende Werke, die durch § 24 nicht mehr gedeckt sind, kommen in der Praxis insbesondere bei Fortsetzungen (Bem. 6) und im Gewand von Parodien (Bem. 9) vor. Interessant in diesem Zusammenhang OLG München ZUM 1992, 292, wo die Verbreitung der „hysterischen Abenteuer von Isterix“ in Form einer „Jubiläums-Persiflage“ diese zu Recht nicht mehr als freie Benutzung angesehen wurde. Obwohl die Idee als solche regelmäßig nicht schutzfähig ist (§ 2 Bem. 25), liegt dann ein schutzfähiges (vorbestehendes) Werk vor, wenn ein solches Fantasieprodukt sich zu einer persönlichen geistigen Schöpfung konkretisiert hat (etwa durch eine eigentümliche Fabel oder durch eine besondere Gestaltungsform; vgl. Schricker-Loewenheim Rdnr. 13ff.). Zu der Frage der freien Benutzung vorbestehender Werke in der bildenden Kunst s. Hirsch Ballin UFITA 64 (1972), 117.

5 Die Übernahme des **wesentlichen Handlungskerns** einer aus der Phantasie stammenden **Fabel** ist selbst dann Bearbeitung, wenn seine Gestaltung als solche selbständig geschieht (OLG München GRUR 1956, 432 *Solange Du da bist;* OLG Karlsruhe GRUR 1957, 395ff. *Trotzkopf;* OLG Hamburg UFITA 86 [1980], 289, 294 *Häschenschule;* Öst. OHG ÖBl. 1983, 173 *Die rote Brieftasche*). Abwandlungen der Fabel fallen dabei nicht ins Gewicht, wenn jeder, der das erste Werk gelesen oder gesehen hat, sofort beim Lesen oder Sehen des zweiten daran erinnert wird (KG UFITA 1 [1928], 233, 238 *Salonlöwen*).
Soweit wesentlicher Handlungskern lediglich dasselbe historische Ereignis ist (künftig vielleicht einmal der Prozeß gegen Erich Honecker in Berlin), kann eine unfreie Benutzung eines vorbestehenden Werkes nicht vorliegen.

6 Deshalb ist auch bei **Fortsetzungen** von Romanen, Bühnenstücken, Filmen usw. zunächst festzustellen, ob auf freibenutzbarem Material (Bem. 1) oder auf fremdem, geschütztem Geistesgut aufgebaut worden ist. Wird die Anknüpfung an ein geschütztes Werk festgestellt, kann eine freie oder unfreie Benutzung vorliegen. Allerdings muß es sich dabei um echte Fortsetzungen handeln, bei denen an das Originalwerk angeknüpft wird, die die gleichen oder teilweise gleichen Personen mit ähnlichen Charakterzügen wiederkehren lassen oder bei denen sogar Situationen aus dem Original wiederholt werden (sehr lehrreich KG GRUR 1926, 44 *Alt Heidelberg* oben Bem. 4; ferner OLG Karlsruhe GRUR 1957, 395 *Trotzkopf* oben Bem. 5; vgl. Fromm

UFITA 29 [1959], 321ff. und v. Gamm FS Wendel S. 85; unrichtig Strömholm GRUR 1968, 187, der den Schutz gegen Fortsetzungen grundsätzlich dem Wettbewerbsrecht vorbehalten will). LG Köln BauR 1979, 125 hat es als Urheberrechtsverletzung angesehen, wenn sich der Architekt eines Erweiterungsbaus an die Konzeption des Hausbaus anlehnt, was fragwürdig erscheint, da anderenfalls die Einheitlichkeit des Baus mit seinem ästhetischen Gesamteindruck gefährdet sein könnte. Lehrreich auch die Entscheidung des gleichen Gerichts in ZUM 1985, 455 *Der weiße Hai.* Mit dem Film „Der weiße Killer" hatte sich sein Produzent an die erfolgreichen Vorbilder „Der weiße Hai" I und II nicht nur vom Titel her, sondern auch mit anderen Übereinstimmungen „angehängt". Diese Rechtsprechung besagt nicht, daß bei dem großen Erfolg des „Hai-Themas" es etwa für andere Werke, insbesondere Filme, nicht verwandt werden könnte. Es muß jedoch in der Gestaltung etwa der Personen, Situationen usw. ein sehr deutlicher Abstand – Verblassung der Wesenszüge des Originals – eingehalten werden. Wo nur die Figur eines Romanhelden oder gar nur sein Name in einem neuen Werk erscheint, so daß der Eindruck eines inneren Zusammenhangs gar nicht erst entstehen kann, ist freie Benutzung gegeben (BGHZ 26, 52, 56 *Sherlock Holmes*). Die Neuherausgabe eines Kommentars, der zu einem inzwischen aufgehobenen Gesetz erschienen ist, unter Berücksichtigung des neuen Gesetzes ist regelmäßig Bearbeitung (BGH GRUR 1960, 636, 638 *Kommentar*).

Je ausgeprägter die **Eigenart der Vorlage** ist, um so weniger kommt eine wirklich freie Benutzung in Betracht (BGH GRUR 1981, 267, 269 *Dirlada;* RGZ 129, 252, 256 *Operettenführer;* RGZ 169, 108, 114 *Lichtbild*). Umgekehrt erleichtert die Schwäche des Originals eine freie Benutzung (BGH GRUR 1960, 251, 253 *Mecki-Igel II* mit Nachweisen; OLG Celle GRUR 1961, 141 *La Chatte*). 7

Grundsätzlich zu den Erfordernissen des „Abstands" von Vorlage und Nachschöpfung im Einzelfall Bem. 2 u. 3). Ein nach einem Lichtbild hergestellten Gemälde ist in der Regel ein selbständiges Werk (RGZ 169, 108, 114). Ähnlichkeiten mit dem ersten Werk machen das zweite dann nicht zur Bearbeitung, wenn sie durch milieu- und stoffbedingte Handlungselemente hervorgerufen werden, die ihrerseits Gemeingut sind (BGH GRUR 1958, 402ff. *Lili Marleen;* vgl. auch OGH Wien UFITA 21 [1956], 377 *Wetterleuchten am Dachstein;* für wissenschaftliche Werke: BGH GRUR 1981, 352, 355 *Staatsexamensarbeit*). In zwei Alpenfilmen, die beide das uralte Thema „Knecht zwischen reicher Bäuerin und junger Magd" zum Gegenstand haben, sind gewisse schablonenhafte Übereinstimmungen ebenso unvermeidlich wie in Soldatenliedern, die von dem öden Leben in der Kaserne und der Liebe des Soldaten zu einem Mädchen handeln. Das LG Berlin hat unter Hinweis auf RGZ 169, 114 in einer unveröffentlichten Entscheidung (16. 0. 671/83) aus diesen Gegebenheiten sogar eine „goldene Regel des Urheberrechts" hergeleitet. Ein Werk schwächerer Eigenart gehe leichter in einem nachgeschaffenen auf, ohne ihm sein Gepräge aufzudrükken, als ein Werk stärkerer Eigenart und umgekehrt. Aus eben diesen Gründen ist auch bei Entwürfen für Bauvorhaben des öffentlich geförderten Wohnungsbaus eine freie Benutzung der Baupläne dann anzunehmen, wenn die Häuser in ein ganz bestimmtes Arbeitsprogramm passen und den wirtschaftlichen Möglichkeiten der Käuferschichten entsprechen mußten (OLG Hamm GRUR 1967, 608, 610 *Baupläne*).

Für den Bereich der *Pop-Musik* und entsprechender Texte läßt der BGH (GRUR 1991, 531, 532 *Brown Girl I;* GRUR 1991, 533, 534 *Brown Girl II*) zu Recht die gleichen Grundsätze wie in der Dirlada-Entscheidung gelten. Je geringer die Gestaltungshöhe bei dem vorbestehenden Werk, desto größer die Möglichkeiten für den nachschaffenden Künstler im Hinblick auf eine freie Benutzung der Vorlage.

8 Schließlich kann auch die ausgeprägte **Eigenart des neuen Werks** selbst bei weitergehender Übereinstimmung mit der Vorlage auf freie Benutzung hindeuten. Thomas Manns Roman *Bekenntnisse des Hochstaplers Felix Krull* hat zwar in einer Episode den Handlungskern mit John Kafkas *Welt und Kaffeehaus* gemeinsam (junger Mann soll durch seine Eltern von seiner Geliebten getrennt werden, indem sie ihn auf eine Weltreise schicken, läßt aber jemand anders für sich fahren), hebt sich aber in der Anlage der Charaktere und in der Durchführung so sehr von der Novelle ab, daß man ihm den Charakter eines selbständigen Werkes nicht absprechen kann (LG Berlin UFITA 25 [1958], 239; KG UFITA 25 [1958], 246; ebenfalls zu „Felix Krull“ LG Hamburg UFITA 26 [1958], 244). Problematisch OLG Karlsruhe GRUR 1957, 395, 396, wo die Neufassung von *Trotzkopfs Brautzeit* u. a. deshalb nicht als freie Benutzung anerkannt wurde, weil sie „oberflächlich und schlecht gemacht“ sei. Sehr fraglich ist, ob dann schon eine freie Benutzung eines urheberrechtlich geschützten Lichtbildwerkes anzunehmen ist, wenn dieses von einem Grafiker (etwa Klaus Staeck mit „Und neues Leben blüht aus den Ruinen) als Teil einer Collage verwandt wird, bei der in das Foto atypische Gegenstände (grüner Baum in trostloses Autobahnkreuz) eingefügt werden. Zum Fall der freien Benutzung des geschützten Librettos eines Balletts, bei dem die Musik bereits frei ist, für einen Fernsehfilm s. KG Schulze KGZ 55 *Puppenfee.* – Im Bereich der bildenden Kunst sind Nachahmungen beliebter Figuren besonders häufig (vgl. § 2 Bem. 59 zu „Figuren“).

9 Die **Parodie** (Persiflage) *kann* eine freie Benutzung sein, braucht es jedoch nicht (anders noch die 3. Aufl., wie hier auch OLG Frankfurt BB 1970, 1371; Ulmer³ S. 277; v. Gamm § 2 Bem. 18; Möhring/Nicolini Bem. 2j aa; Schricker-Loewenheim Rdnr. 18–20; weitergehend Nordemann GRUR 1971, 590). Das Kennzeichen der Parodie bei urheberrechtlich geschützten Werken ist die *antithematische Behandlung* (BGH GRUR 1971, 588, 589 *Disney-Parodie;* Ulmer³ S. 277; Schricker-Loewenheim Rdnr. 18). Die parodistische Wirkung wird dadurch erzielt, daß Inhalt und Form der Parodie auf die Vorlage Bezug nehmen, wobei nicht entscheidend ist, ob eine Parodie „geglückt“ ist (darüber gibt es wohl immer verschiedene Meinungen), sondern die für den Einzelfall vorzunehmende Prüfung, ob die eigenschöpferisch-individuellen Züge überwiegen (vgl. dazu Vinck GRUR 1973, 251). Die Rspr. wendet auch bei der Parodie das Kriterium des „Verblassens der Wesenszüge des Originals“ an (vgl. BGHZ 26, 52, 57 *Sherlock Holmes;* BGH GRUR 1971, 588, 589 *Disney-Parodie* mit ablehnender Anm. von Schmieder NJW 1971, 1972 und erneut Schmieder UFITA 93 [1982], 63, 67; s. auch Dünnwald AfP 1972, 274; im Ergebnis zustimmend Nordemann a.a.O.). Eine umfassende, auch rechtsvergleichende Untersuchung liegt mit der Arbeit von Hefti a.a.O. vor. Vom gleichen Verfasser nur für das deutsche Recht siehe FuR 1976, 742. Zur urheberrechtlichen Problematik bei Parodien ausführlich Hess, Schriftenr. UFITA Bd. 104 (1993), ferner Würtenberger NJW 1982,

610 und ders. zu Satire und Karikatur RR-NJW 1983, 1144. Plath GRUR 1992, 360, 362 schlägt für die (großzügigere) Behandlung der Parodie im Anschluß an Schmieder UFITA 93 (1982) die „freie Bearbeitung“ vor, d. h. es soll bei der Parodie regelmäßig eine Bearbeitung anzunehmen sein, die jedoch der Zustimmung durch den Urheber des parodierten Werkes nicht bedarf. Wir sind der Meinung, daß eine *ausdehnende Auslegung des unbestimmten Rechtsbegriffes der freien Benutzung* in § 24 ausreicht, so daß der Parodie ein urheberrechtlicher Sonderstatus nicht zuerkannt zu werden braucht (anschließend an BGH GRUR 1971, 588, 589 *Disney-Parodie;* OLG München ZUM 1992, 202, 205 sowie die h. M. in der Lit.). Die Parodie kommt ohne „Erkennbarmachung“ des persiflierten Werkes nicht aus, denn erst, wenn Dritte die Bezugnahme erkennen können und verstanden haben, kann auch die antithematische Behandlung in der Parodie stattfinden und begriffen werden. Die Wesenszüge des parodierten Originals mögen zwar auf dem Hintergrund der Parodie zurücktreten und damit „verblassen“, erkennbar bleiben müssen sie jedoch. Interessant ist LG Berlin GRUR 1974, 231 *Von Kopf bis Fuß:* Zusammen mit einer Karikatur der damaligen Terroristin Ulrike Meinhof in der Pose des „Blauen Engel“ (Marlene Dietrich) war der Schlagertext (vier Zeilen) „Ich bin von Kopf bis Fuß auf Liebe eingestellt“ zu „Wir sind von Kopf bis Fuß auf Morde eingestellt“ verändert worden. Das Gericht ging davon aus, daß keine Parodie, in keinem Fall jedoch eine freie Benutzung vorliege. Letzteres erscheint richtig, weil auch die Parodie, wenn sie nicht bloße Bearbeitung des benutzten Werkes nach § 23 sein will, zu diesem einen größeren Abstand haben muß. Vgl. ferner OLG Karlsruhe NJW 1982, 647 (Poster-Satire); OLG Köln NJW 1982, 657 (Karikatur); LG Frankfurt UFITA 94 (1982), 334 *Lachende Sonne* (Auto-Aufkleber) sowie Landesgericht Wien UFITA 20 (1955) 377 *Reigen 51.* Zum Wesen der Satire überhaupt BayObLG 48, 356 *Hundhammer;* zum Schutz von Satire und Karikatur allgemein Bogler UFITA 107 (1988), 83. Zur Parodie in der Musik Bem. 12–17.

Zu den Fällen, bei denen zwei Urheber aus der **gleichen gemeinfreien Quelle** geschöpft haben, s. § 24 Anh. Bem. 12 sowie oben Bem. 1 u. 5. Zum Recht der freien Benutzung an eigenen Werken s. § 24 Anh. Bem. 10. **10**

Umfang der Entlehnung. Der Umfang der Entlehnung ist gleichgültig. Schon die Übernahme kleinster Ausschnitte aus der Vorlage macht, wenn diese für sich allein als eigentümliche Schöpfung angesehen werden können, das neue Werk zur unselbständigen Bearbeitung (BGHZ 9, 262, 267 *Lied der Wildbahn I;* BGH GRUR 1960, 636, 638 *Kommentar;* BGH GRUR 1961, 631, 633 *Fernsprechbuch*). **11**

Melodienschutz des Abs. 2. Angesichts der Tatsache, daß die Rechtsprechung ohnehin strenge Anforderungen an das Vorliegen eines selbständigen Werkes stellt und selbst Entnahmen kleinsten Umfangs die Annahme einer freien Benutzung ausschließen können, ist es unverständlich, daß Abs. 2 an dem starren Melodienschutz des früheren § 13 Abs. 2 LUG festhält und damit ein ungerechtfertigtes Ausnahmerecht für die Musik schafft. Bei Werken der Tonkunst kann schon dann nicht mehr von einer freien Benutzung gesprochen werden, wenn die Melodie des benutzten Werkes in dem neuen Werk erkennbar ist. Da die Erkennbarkeit logische Voraussetzung für die Annahme einer Benutzung ist, ergibt sich damit, daß freie **12**

Benutzung im Bereich der Musik ausgeschlossen ist. Dadurch ist z. B. die **musikalische Parodie** im deutschen Urheberrecht praktisch nicht möglich (Möhring/Nicolini § 24 Bem. 2; Hefti FuR 1976, 742, 745), es sei denn, der Rechtsinhaber stimme zu. Eine Parodie „von Gnaden des Parodierten" zeichnet sich allerdings selten durch besonderen Witz aus. Die gesetzliche Regelung widerspricht nicht nur dem Prinzip der Gleichbehandlung gleichliegender Tatbestände; mit dem gleichen Recht hätte man auch die Erkennbarkeit der Fabel beim literarischen Werk oder des *piece* beim Bildwerk zum Kriterium der unselbständigen Bearbeitung stempeln können.

13 Der starre Melodienschutz führt vor allem zu einer unerträglichen Beschränkung der Freiheit kompositorischen Schaffens im Bereich der **ernsten Musik.** Brahms' *Variationen über ein Thema von Joseph Haydn* op. 56, Max Regers *Mozart-Variationen* und viele andere Werke von höchstem musikalischem Rang, die die Melodien anderer zugrundegelegt haben, wären, solange die Originalmelodien noch geschützt waren, im Grundsatz unzulässige Entnahmen. Es dürfte zudem nichts leichter sein, als gerade in Werken ernster Musik hier und da Anklänge an musikalische Vorbilder zu finden, wenn man nur gründlich genug sucht. Bei aller der Sache nach gebotenen Kritik am starren Melodienschutz vermögen wir uns jedoch nicht der Ansicht Schmieders in UFITA 93 (1982), 63, 69 anzuschließen, der § 24 Abs. 2 für „schlicht verfassungswidrig" hält.

14 Die Befürchtung, die Streichung des starren Melodienschutzes könne zu einer Ausbeutung geschützter Melodien für Schlager führen, ist ohnehin unbegründet. Bei den **Werken der leichten Muse** steht die Melodie regelmäßig so sehr im Vordergrund, daß im Falle ihrer Entnahme aus einem fremden Werk kaum jemals von einer freien Benutzung gesprochen werden könnte (ebenso noch Begr. S. 51 f.). Dies gilt auch gerade für Potpourris (verkannt von Ulmer[3] S. 277). Zu § 13 Abs. 2 LUG waren gelegentlich Versuche unternommen worden, die Übertreibungen des Gesetzes etwas zu mildern. OLG Dresden GRUR 1909, 332 (zu Richard Strauß' *Ein Heldenleben*) stellte sich auf den Standpunkt, § 13 Abs. 2 LUG sei nur dann anwendbar, wenn das neue Werk objektiv geeignet sei, dem Originalwerk Konkurrenz zu machen und seinen Absatz zu beeinträchtigen; das Kammergericht hat in Schulze KGZ 34 *Es fuhr ein Seemann hinaus* sogar ausgesprochen, daß die Entlehnung einer ganzen Komposition (Grundmelodie und Durchführung) nicht als unzulässige Entnahme verfolgt werden könne, wenn sie unbewußt geschehen sei, weil sonst die künstlerische Schaffenskraft zu sehr beeinträchtigt werde. Ebenso Wolpert UFITA 50 (1967), 769 u. 829 unter Hinweis auf die Motive zum LUG mit z. T. unzutreffenden Quellenangaben aus Rspr. und Schrifttum. Die Beschränkung des starren Melodienschutzes auf bewußte Entnahmen ist jedoch nicht praktikabel: Da das Bewußtsein nicht beweisbar ist, würden Ansprüche aus Verletzung des § 24 Abs. 2 nur noch in Ausnahmefällen durchsetzbar sein.

15 Einen außerordentlich guten Beispielsfall für die mit der Anwendung von § 24 Abs. 2 verbundenen Probleme bildet die BGH-Entscheidung GRUR 1971, 266 *Magdalenenarie* (mit Anm. von Bielenberg in GRUR a. a. O.). Dem Komponisten des „Mitternachtstango" war vorgeworfen worden, er habe seinem Tango eine Arie aus dem „Evangelimann" von Kienzl zugrunde gelegt. Es wurde im Prozeß nachgewiesen, daß die Melodie als sog. **wandernde Melodie** nicht nur bei Kienzl erscheint, sondern – in Abwandlungen und Teilen – in Volksliedern, bei Schubert, Mozart, v. Weber, Chopin und Wagner. Der Kläger konnte nicht den Beweis dafür führen, daß der Tango-Komponist gerade die Bearbeitung Kienzls benutzt hatte. Fortgeführt ist diese Rspr. durch BGH GRUR 1981, 267 f. *Dirlada.* Ob eine freie Benutzung eines vorbestehenden Werkes durch eine zweite Komposition vorliegt, soll vor allem durch eine Feststellung der Gemeinsamkeiten und Übereinstimmungen objektiv festgestellt werden, nicht durch die Verschiedenheiten, wobei der Abstand zwischen den Werken maßgebend sei. Vgl. im übrigen Anh. § 24 Bem. 9 und 11.

Der **Begriff der Melodie** – in der Musikwissenschaft unklar (Hubmann/ 16 Rehbinder[7] S. 170) – ist eine in sich geschlossene Tonfolge, die dem Werk seine individuelle Prägung gibt (so auch Schricker-Loewenheim Rdnr. 23). Wir hatten sie in der 7. Aufl. (dort Bem. 16) als eine geschlossene, geordnete, charakteristische Tonfolge bezeichnet. Themen und Motive können, müssen aber keine Melodien sein, wenn ihnen die individuelle Eigenart (meistens aufgrund der Kürze) fehlt (Schricker-Loewenheim Rdnr. 23). Die Melodie muß als Schutzobjekt nach Abs. 2 zumindest den Charakter eines Werkteils einer musikalischen Schöpfung haben (Schricker-Loewenheim a.a.O.). Sie ist mehr als ein bloßes musikalisches Motiv, entspricht aber vielfach dem Thema, das einem Werk der ernsten Musik zugrundeliegt (zu den Begriffen Möhring/Nicolini Bem. 6). Der Ausnahmecharakter des § 24 Abs. 2 verbietet es, die Bestimmung auch auf eine musikalische Form anzuwenden, die gegenüber der Melodie ein Minus darstellt. Deshalb hatten wir in der 7. Aufl. unsere bis dahin vertretende Ansicht aufgegeben, auch das Motiv könne aus Abs. 2 geschützt sein. Soweit Melodien in Werken moderner Musik nicht mehr anzutreffen sind, werden solche Werke aus dem gleichen Grunde des Sonderschutzes des Abs. 2 nicht teilhaftig; der Gesetzgeber wollte nur Melodien schützen, mag seine musikalische Vorstellungskraft auch für antiquiert gehalten werden. Deswegen zielt der Versuch Wolperts (UFITA 50 [1967], 768, 806), den Melodiebegriff auf „jede ungerade, individuelle Tonreihe, die Gegenstand einer Entnahme und Zugrundlegung in einem neuen Werk sein kann“, auszudehnen, ins Leere. Er geht auch zu weit; wenn alles, was der Entnahme fähig ist, geschützt wäre, könnte niemand mehr komponieren, weil kein Urheber, auch nicht der Komponist, im luftleeren Raum schaffen kann (§ 2 Bem. 9).

Die Entnahme einer Melodie und ihre Zugrundelegung in einem neuen 17 Werk ist **begrifflich** keine Bearbeitung, sondern unzulässige freie Benutzung (§ 3 Bem. 17).

Wettbewerbsrecht. Die Verwertung eines durch freie Benutzung geschaffe- 18 nen Werkes kann aus Gründen des Wettbewerbsrechts unzulässig sein, wenn im Einzelfall besondere Umstände hinzutreten, die die Verwertung als unlauter erscheinen lassen (vgl. Fromm UFITA 29 [1959], 321, 333). Ein Schulbeispiel ist BGH GRUR 1958, 402 *Lili Marleen:* Der Text des zweiten Liedes war zwar keine Bearbeitung mehr, doch hatte sich der zweite Schlager im Text selbst und in der von dem beklagten Verlag betriebenen Werbung so sehr an den Weltruhm des mit dem ersten Schlager verbundenen Namens Lili Marleen angehängt und dessen Zugkraft für sich auszunutzen versucht, daß darin ein unlauteres Verhalten im Wettbewerb gesehen werden mußte. Der Bundesgerichtshof verbot deshalb die weitere Verwertung des zweiten Schlagers, solange nicht die Worte „Lili Marlén" (die Schreibweise weicht etwas ab) aus dem Text entfernt seien. Vgl. auch OLG München UFITA 24 (1957), 251 *Nils Holgerson.* – Dagegen kommt bei Kunstwerken ein wettbewerbsrechtlicher **Ausstattungsschutz** selbst dann nicht in Betracht, wenn sie vervielfältigt und als Ware gehandelt werden (BGHZ 5, 1, 5 *Hummelfiguren*).

Anhang zu § 24
Plagiat, unbewußte Entlehnung und Doppelschöpfung

Übersicht

Gesagt ist alles schon, man kann nur wiederholen.
Der ehrlichste Poet hat unbewußt gestohlen.

M. v. Ebner-Eschenbach

I. Plagiat

1 **Allgemeines.** Der römische Dichter Martial nannte seinen Kollegen Fidentinus einen *plagiarius,* einen erbärmlichen Seelenverkäufer, nachdem dieser seine Gedichte als eigene Geisteskinder öffentlich vorgetragen und verbreitet hatte. Er sah in seinen Gedichten Sklaven, die er mit der Veröffentlichung freilasse; wer sich ihrer bemächtige, begehe Menschenraub *(plagium).* Aus dieser lateinischen Bezeichnung ist das französische Wort *le plagiat* geworden, das die deutsche Sprache sich als Fremdwort einverleibt hat. Der Laie versteht darunter auch heute noch „geistigen Diebstahl" und trifft damit den Kern der Sache: **Plagiat ist die bewußte Aneignung fremden Geistesgutes.**

Aneignung heißt **Behauptung der eigenen Urheberschaft** (ähnlich Engländer UFITA 3 [1930], 20, 23ff. u. Ulmer[3] S. 274, der von „Anmaßung der Urheberschaft" spricht). Auch der Dieb, der sich eine Sache durch Wegnahme aneignet, maßt sich damit die Stellung des Eigentümers an (§ 242 StGB). Plagiator ist also nur, wer – wie Fidentinus – ein fremdes Produkt als eigenes ausgibt (BGH LM Nr. 49 zu § 1004 BGB *Plagiatsvorwurf*). Wer zwar unberechtigt nachdruckt, aber den Verfasser nennt, oder wer ohne Einwilligung des Originalurhebers Teile von dessen Kompositionen für eine eigene Bearbeitung verwendet, den Komponisten aber wenigstens angibt, begeht zwar eine Urheberrechtsverletzung, aber kein Plagiat. Umgekehrt ist auch der ein Plagiator, der zwar die Einwilligung des Originalurhebers zur Bearbeitung eingeholt hat, dann aber die benutzte Quelle verschweigt (vgl. Bem. 5). Vgl. auch Kastner NJW 1983, 1151, der eine lesenswerte Darstellung historischer Plagiatsfälle gibt. 2

Aneignung heißt ferner **Entnahme aus fremdem Geistesgut.** 3

a) Wer das **Werk eines anderen** nur als Anregung zu eigenem, selbständigem Schaffen benutzt (vgl. § 24 Bem. 2–3, 18), eignet sich nichts Fremdes an. Wer es dagegen einer Bearbeitung im Sinne des § 23 unterwirft oder es nur mit geringen Änderungen ohne Bearbeitungsqualität („anderen Umgestaltungen") versieht oder wer es gar unverändert übernimmt, sei es auch nur in Teilen (Bem. 4), muß die benutzte Quelle angeben, wenn er kein Plagiat begehen will. Der Begriff des Plagiats setzt also logisch voraus, daß mindestens die Bearbeitung, wenn nicht gar die schlichte Übernahme fremden Geistesgutes vorliegt.

b) **„Fremd"** im Rechtssinne ist – ebenso wie beim Diebstahl des § 242 StGB – nur, was einem anderen (mit-)„gehört".
Ein Plagiat an einem gemeinfreien Werk ist deshalb ebenso wenig möglich wie ein „Selbstplagiat" (Bem. 10) im eigentlichen Sinne, da man sich selbst nichts stehlen kann. Der Begriff „Plagiat" erscheint im Gesetz nicht. Soweit er literarisch und künstlerisch verwandt wird, ist er schillernd, denn unter ihm wird häufig der geistige Diebstahl im weitesten Sinne verstanden, und zwar auch in Fällen, in denen rechtlich eine freie Benutzung oder ein Schöpfen aus völlig freier Quelle vorliegt (vgl. Ulmer[3] S. 273). Im Recht bezieht sich „Plagiat" nur auf geschützte Werke (zur Verfolgung eines „Plagiats" an gemeinfreien Werken s. Bem. 6).

Der **Umfang der Entnahme** ist gleichgültig. Wenn schon die Übernahme kleiner Werkteile, die als solche schutzfähig sind, die Benutzung zur unselbständigen Bearbeitung macht, muß dies erst recht für die unveränderte Entnahme gelten (vgl. § 24 Bem. 11). Bei wissenschaftlichen Werken wird ein Plagiat häufig bei einem Vergleich der Gliederungen und Inhaltsverzeichnisse sowie der Gedankengänge offenkundig (LG München I Schulze LGZ 148, 4; sehr zurückhaltend BGH GRUR 1981, 352, 353ff. *Staatsexamensarbeit*). 4
Es ist allerdings zu berücksichtigen, daß gerade im wissenschaftlichen Bereich keine Beeinträchtigung von Forschung und Lehre dadurch erfolgen soll, daß über das Urheberrecht Lehren und Erkenntnisse für einen wissenschaftlichen Autor monopolisiert werden können.

5 Auch auf die **Rechtswidrigkeit** der Entnahme kommt es nicht an. Wer das Vervielfältigungs- und Verbreitungsrecht ordnungsgemäß erworben hat, begeht gleichwohl ein Plagiat, wenn er den Namen des Autors durch seinen eigenen ersetzt. Wer sich vom Urheber die Einwilligung zu einer Bearbeitung hat geben lassen, dann aber die benutzte Quelle verschweigt, ist ein Plagiator. Das zulässige Zitat (§ 51) wird zum unzulässigen Plagiat, wenn das Werk, aus dem zitiert wurde, nicht angegeben ist. – Demgegenüber nahm die herrschende Meinung im Anschluß an Engländer UFITA 3 (1930), 20, 22ff. an, daß zum Plagiatsbegriff neben der Behauptung der Urheberschaft noch eine Urheberrechtsverletzung, die in der Entnahme als solcher liegen mußte, gehöre (z. B. Ulmer[3] S. 274; wohl auch Hubmann/Rehbinder[7] S. 169). Wir gehen davon aus, daß die Behauptung der Urheberschaft an einem Werk oder Teilen davon ausreicht. Ein Plagiat als *bewußte* Aneignung fremden Geistesguts ist fahrlässig nicht zu begehen.

6 **Rechtsverfolgung.** In der bewußten Aneignung fremden geschützten Geistesgutes liegt stets eine Verletzung des in § 13 normierten Rechts auf Anerkennung der Urheberschaft, dessen Verletzung nach § 97 Unterlassungs- und Schadenersatzansprüche auslöst (dort Bem. 30–55). Liegt gleichzeitig eine Urheberrechtsverletzung vor, so sind die aus beiden Rechtsverletzungen folgenden Ansprüche des Berechtigten nebeneinander gegeben (§ 97 Bem. 6). Bei der Aneignung gemeinfreien Geistesgutes scheidet eine Verletzung des § 13 und damit die Annahme eines Plagiats im Rechtssinne aus. Ein solches kulturelles Raubrittertum wird zwar von jedem billig und gerecht Denkenden als unrechtmäßig empfunden; es kann jedoch nur nach den allgemeinen Vorschriften des Bürgerlichen Rechts, des Strafrechts (insbesondere auch nach urheberrechtlichem Strafrecht, vor allem § 106) und des Wettbewerbsrechts verfolgt werden. So liegt in der Behauptung der Urheberschaft an gemeinfreiem Geistesgut eine Täuschung über die Herkunft des Werkes, die von anderen Autoren und deren Verbänden als unlauterer Wettbewerb verfolgt werden kann, wenn die besonderen Voraussetzungen der §§ 1, 3 UWG im Einzelfall vorliegen (vgl. BGHZ 26, 52, 58 f. *Sherlock Holmes* mit Nachweisen und § 24 Bem. 18). Unter Umständen kann sogar – z. B. bei Anmeldung einer gemeinfreien Schöpfung als eigenes Werk bei einer Verwertungsgesellschaft in der Absicht, dafür Urheberanteile zu kassieren – Betrug vorliegen, der neben einer Bestrafung (§ 263 StGB) auch zu zivilrechtlichen Unterlassungs- und Schadensersatzansprüchen führen kann (§§ 823 Abs. 2, 1004 BGB).

II. Unbewußte Entlehnung

7 **Erscheinungsform.** Der Vorwurf, ein Plagiat begangen zu haben, kann sich nur gegen denjenigen richten, der sich bewußt fremdes Geistesgut angeeignet hat. Wer früher Gehörtes oder Gelesenes, das er vergessen zu haben glaubt und das ihm beim Komponieren oder Schreiben wieder einfällt, ahnungslos für einen eigenen Geistesblitz hält und verwendet, nimmt nur eine sogenannte **unbewußte Entlehnung** vor. Sie ist keineswegs nur eine Erfindung ertappter Plagiatoren, die nach einer Ausrede suchen. Vielmehr kennt die Psychologie seit langem den Vorgang, daß aufgenommene Eindrücke in das Halbdämmer des Unterbewußtseins absinken, um dann bei Gelegenheit als

eigene Empfindung, als Intuition wieder aufzutauchen. Carl Gustav Jung (*Zur Psychologie und Pathologie sogenannter okkulter Phänomene,* Diss. Zürich 1902, S. 110) umschreibt diese Erscheinung, die von Flournoy erstmals als Kryptomnesie bezeichnet wurde, wie folgt: „Man versteht darunter das Bewußtwerden eines Gedächtnisbildes, welches aber nicht primär als solches erkannt wird, sondern eventuell erst sekundär auf dem Wege der nachträglichen Wiedererkennung oder des abstrakten Raisonnements. Charakteristisch für die Kryptomnesie ist, daß das auftauchende Bild nicht die Merkmale des Gedächtnisbildes an sich trägt ..." Jung weist in diesem Zusammenhang auf eine unbewußte Entlehnung hin, die Nietzsche im *Zarathustra* bei Justinus Kerner genommen habe und die auf einer Lektüre beruhen müsse, die Nietzsche als zwölf- bis fünfzehnjähriger Knabe vornahm. In der Musik ist die Gefahr, einer unbewußten Entlehnung zum Opfer zu fallen, besonders groß (vgl. BGH GRUR 1971, 255 *Magdalenenarie;* KG UFITA 1 [1928], 233, 235 *Salonlöwen*).

Begriff. Die unbewußte Entlehnung unterscheidet sich vom Plagiat nur dadurch, daß ihr das subjektive Merkmal der bewußten Aneignung fremden Geistesgutes fehlt. Die objektiven Merkmale des Plagiats – Bearbeitung, andere Umgestaltung oder unveränderte Übernahme eines fremden Werkes unter eigenem Namen – müssen jedoch sämtlich gegeben sein (BGH GRUR 1960, 251, 252 *Mecki-Igel II*). Das bedeutet, daß die unbewußte Entlehnung als solche ebenfalls **widerrechtlich** sein muß. Bei geschützten Werken liegt in der Verschweigung des wahren Urhebers stets eine Verletzung des Rechts auf Anerkennung der Urheberschaft (§ 13), mag der Verletzer das nun gewollt oder gewußt haben oder nicht. Bei gemeinfreien Werken kann im Einzelfall ebenfalls der objektive Tatbestand einer wettbewerbswidrigen oder sonst unerlaubten Handlung vorliegen (Bem. 6). Es kommt hinzu, daß der unbewußt Entlehnende fahrlässig gehandelt haben kann; hätte er bei gehöriger Anspannung seines Gedächtnisses erkennen können, daß es kein eigener Einfall, sondern ein irgendwo gelesener Gedanke oder ein irgendwo gehörter Melodiefetzen war, der hier verarbeitet wurde, so trifft ihn ein Verschulden, das ihn zum Schadenersatz verpflichtet (§ 97). Liegt das nicht vor, so kann er nur auf Beseitigung der Beeinträchtigung, bei Wiederholungsgefahr auch auf Unterlassung in Anspruch genommen werden (§ 97). Doch entsteht auch in diesem Falle seine Schadensersatzpflicht für die Zukunft schon mit der ersten Verwarnung, weil er von diesem Augenblick an weiß, daß eine widerrechtliche Entlehnung gegeben ist. Näheres zu den Rechtsfolgen bei § 97. 8

Beweisfragen. Da der das Plagiat kennzeichnende Vorsatz im subjektiven Bereich liegt, ist der Nachweis meist schwierig. Das ist jedoch auch bei den unerlaubten Handlungen des BGB nicht anders. Es besteht deshalb kein Grund, wegen der regelmäßig auftretenden Beweisschwierigkeiten etwa die Beweislast umzukehren und dem Verletzer den Nachweis aufzuerlegen, daß er nicht plagiiert habe. Dagegen spricht das Vorhandensein weitgehender Übereinstimmungen jedenfalls für eine unbewußte Entlehnung; die Doppelschöpfung ist demgegenüber eine so seltene Ausnahme, daß derjenige sie beweisen müßte, der sich auf sie beruft (Bem. 11). Für eine unzulässige Entnahme im Wege unbewußter Entlehnung gilt deshalb zumindest der Beweis des ersten Anscheins (BGH GRUR 1981, 267 *Dirlada;* BGH GRUR 1971, 266, 268 *Magdalenenarie*). 9

Im übrigen lassen sich die folgenden Anhaltspunkte geben:

a) Wo ganze Passagen aus einem literarischen Werk **wörtlich übernommen** wurden, wird meist ein Plagiat vorliegen. Entsprechendes gilt, wo ein ganzes Musikstück notengetreu oder ein Werk der Bildkunst bis ins Detail hinein kopiert wurde. Doch ist auch hier Vorsicht geboten: Der Kritiker und Herausgeber der *Weltbühne*, Siegfried Jacobsohn, berief sich unwiderlegt auf sein phänomenales Gedächtnis, als ihm von Alfred Gold, einem Wiener Kritikerkollegen, nachgewiesen wurde, daß er zwanzig Zeilen wortwörtlich aus dessen sieben Jahre früher erschienener Theaterkritik übernommen hatte. Wo Derartiges vorgebracht wird, bleibt zumindest der Vorwurf der Fahrlässigkeit bestehen; wer ein so gutes Gedächtnis hat, muß auch behalten können, woher er die übernommenen ganzen Sätze hat.

b) **Abweichungen in der Formulierung** bei genauer Übereinstimmung in der Gedankenführung sprechen bei literarischen Werken geradezu für die Annahme vorsätzlichen Handelns. – Im Bereich der Musik ist die Situation dagegen ungleich schwieriger: Um eine vorgegebene Grundmelodie durchzuführen und evtl. zu variieren, gibt es nur begrenzte Möglichkeiten. Dies gilt besonders im Bereich der leicht einprägsamen, liedhaften Schlager und Volkslieder; auch Opernarien der leichteren Gattung gehören dazu. Für die aus der Grundmelodie entwickelten Sequenzen gibt es hier eine gewisse Anzahl landläufiger Schemata, die als solche musikalisches Gemeingut darstellen. Wo zwei Komponisten aus derselben gemeinfreien Melodie unabhängig voneinander einen Schlager gemacht haben, können selbst weitgehende Übereinstimmungen in der Durchführung auf unbewußter Erinnerung oder gar auf Zufall beruhen. Hier wird man, um die Freiheit des Schaffens nicht über Gebühr einzuengen, nur in klaren Fällen ein Verschulden des Verletzers (Plagiat oder fahrlässig unbewußte Entlehnung) annehmen können (für die zufällige Doppelschöpfung vgl. Bem. 11). – Bei Bildwerken ergeben sich Ähnlichkeiten vielfach aus demselben Motiv. Wenn gleichwohl weder Doppelschöpfung noch wenigstens freie Benutzung, sondern Bearbeitung anzunehmen ist (zur Abgrenzung Bem. 11 und § 24 Bem. 4–10), so liegt regelmäßig Plagiat vor. Ein Gedächtnis, das die Einzelheiten eines Bildes über Jahre hinweg genauestens zu speichern in der Lage wäre, müßte als Ausnahmeerscheinung unter Beweis gestellt werden und würde den Vorwurf der Fahrlässigkeit nicht entkräften (vgl. oben a).

c) Die **Übernahme geschützter Melodien** im Sinne des § 24 Abs. 2 geschieht regelmäßig unbewußt; sie dürfte der häufigste Fall der Kryptomnesie sein. Auch Fahrlässigkeit kann hier nur in Ausnahmefällen angenommen werden. Plagiatsvorwürfe in der Musik sind häufig von besonderer Brisanz. 1977 behauptete der Komponist Peter Kreuder, daß die DDR-Hymne seiner 1936 komponierten Filmmusik *Good bye, Johnny* entspräche (FuR 1977, 200). Der Musikwissenschaftler Reinighaus wies darauf hin, daß das umstrittene Hauptmotiv der Melodie bereits in der Kantatenfassung zu „Mutter" von Brecht/Eisler enthalten sei und im übrigen schon in der *Athalia-Ouvertüre* von Mendelsohn (1845) vorkäme (FuR 1977, 272). Von einem Prozeß Kreuders gegen die Erben Eislers ist nichts bekannt geworden. Vgl. im übrigen Jörger, Das Plagiat in der Popularmusik, 1992 (UFITA Schriftenreihe Bd. 99).

Selbstplagiat. Dieser Begriff ist eine *contradictio in adjectu.* So wenig einer seine eigene Sache stehlen kann, vermag er geistigen Diebstahl an eigenen Werken zu begehen. Gemeint ist die Verletzung fremder Nutzungsrechte. Wer aus eigenem Geistesgut schöpft und damit die Nutzungsrechte eines anderen verletzt, haftet diesem aus Vertrag und/oder § 97, soweit dessen Nutzungsrechte reichen (vgl. RGZ 119, 408 *Elfenreigen II*). Die hier entstehende Problematik der Konkurrenz mit dem eigenen Werk, das von Dritten ausgewertet wird und durch das Selbstplagiat in seiner Auswertung beeinträchtigt werden kann, wird von Schmieder UFITA 80 (1977), 127, 134 hervorgehoben. Gleichwohl ist die Rechtswohltat des § 24 grundsätzlich auch bei **eigenen** Werken gegeben, weil der Urheber ihnen gegenüber nicht schlechter gestellt werden kann als bei fremdem Werkschaffen (ebenso im Ergebnis Ulmer[3] S. 174). Zu den Enthaltungspflichten des Urhebers vor § 31 Bem. 10 und §§ 31, 32 Bem. 3–4. Soweit unter Selbstplagiat eine Übernahme eigener Werke oder Werkteile aus früherem Schaffen gemeint ist, ohne daß dies kenntlich gemacht ist, kann dies nur zur Verletzung vertraglich eingegangener Pflichten führen und ist im übrigen allenfalls ein Zeichen für das Erlahmen der Schaffenskraft des Werkschöpfers. 10

III. Doppelschöpfung

Eine dritte Variante der Übereinstimmung zweier Werke ist die Doppelschöpfung. Sie liegt vor, wenn zwei Urheber völlig unabhängig voneinander zwei gleiche oder doch so ähnliche Werke geschaffen haben, daß das eine als Bearbeitung oder Umgestaltung des anderen erscheint. In diesem Falle werden beide Werke nebeneinander geschützt. Das Urheberrechtsgesetz kennt keinen Prioritätsgrundsatz. Geschützt wird die im Schöpfungsakt liegende persönliche Leistung; da sie bei beiden Urhebern vorliegt, müssen beide den gleichen Schutz genießen. Jedoch ist die vermutete Doppelschöpfung wegen der Fülle an Eindrücken und neuen Kenntnissen, die jeder Schriftsteller auf dem Gebiete der Literatur, jeder Komponist im Bereich der Musik und jeder bildende Künstler in seinem Arbeitsgebiet täglich neu erfährt und meist alsbald wieder vergißt, regelmäßig in Wahrheit unbewußte Entlehnung. Sie ist so sehr Ausnahme, daß es sich hier rechtfertigt, dem Urheber des später veröffentlichten Werkes die volle Beweislast für ihr Vorliegen aufzubürden. Nur wo also die – möglicherweise ins Unterbewußtsein untergetauchte – Kenntnis von dem älteren Werk ausgeschlossen erscheint, ist Doppelschöpfung anzunehmen. Einen Sonderfall stellt lediglich die Übereinstimmung zweier Melodien im Sinne des § 24 Abs. 2 dar. Während im literarischen Bereich angesichts der Vielzahl von Ausdrucksformen, die zur Verfügung stehen, die Kombinationsmöglichkeiten praktisch unbegrenzt sind und damit Übereinstimmungen Seltenheitswert haben, sind dem Komponisten angesichts der Beschränkung im tonalen Bereich auf 7 Voll- und 5 Halbtöne Grenzen gesetzt. Die Möglichkeiten der Kombination dieser 12 Töne zu einer aus 5–8 Tönen bestehenden Melodie sind theoretisch durch mathematische Berechnung bestimmbar; in der Praxis ergeben sich weit engere Begrenzungen, die auch zufällige Doppelschöpfungen als durchaus denkbar erscheinen lassen. Dies gilt vor allem im Bereich der liedhaften, auf landläufige Schemata abgestimmten Schlagermusik (vgl. Bem. 9b). Hier wird im Einzelfall die umgekehrte Prüfung anzustellen sein, 11 ob eine Doppelschöpfung ausgeschlossen werden kann (das ist z. B. dann der Fall, wenn die erste Melodie als *evergreen* allgemein bekannt ist, so daß es undenkbar erscheint, daß der zweite Komponist sie nie gehört hatte).

IV. Gleiche gemeinfreie Quelle

12 Außerhalb der hier verwendeten Dreiteilung *Plagiat – unbewußte Entlehnung – Doppelschöpfung* stehen diejenigen Fälle, in denen zwei Autoren die gleiche gemeinfreie Quelle benutzt haben. Dabei ist das Verhältnis zum gemeinfreien Werk unproblematisch: Es liegt freie Benutzung, Bearbeitung oder andere Umgestaltung vor, die stets zulässig ist. Schwieriger jedoch ist die Beurteilung des Verhältnisses der beiden Nachschöpfungen zueinander. Selbst wenn beide als freie Benutzungen des gemeinfreien Originals anzusehen sind, können sie untereinander so ähnlich sein, daß die eine als Bearbeitung der anderen erscheint. Hier ist scharf zu trennen:

a) Die gemeinfreien **Bestandteile** beider Nachschöpfungen sind und bleiben frei. Sie werden nicht etwa dadurch erneut urheberrechtlich geschützt, daß sie in eine Nachschöpfung aufgenommen werden. Deshalb kann sie jedermann selbst dann wiederholen, wenn er sie nur aus der Nachschöpfung kennt (ebenso Ulmer[3] S. 275; LG Frankfurt/Main UFITA 22 [1956], 372, 375 *Schwedenmädel*). Wer also eine moderne, noch geschützte Übersetzung von Homers *Ilias* als Vorlage für eine Verfilmung des Werkes benutzt, verletzt das Urheberrecht des Übersetzers nicht, wenn er sich darauf beschränkt, die gemeinfreie Fabel zu verfilmen. Hätte der Komponist Midi, der die gemeinfreie Grundmelodie seines *Schwedenmädels* nur aus der *Schwedischen Rhapsodie* von Alfvén kannte, sich darauf beschränkt, diese zu übernehmen und selbständig zu bearbeiten, hätte Alfvén Ansprüche gegen ihn nicht mit Erfolg geltend machen können (vgl. auch § 24 Bem. 15 zur wandernden Melodie). Peter Schneiders Novelle *Vati* durfte ohne weiteres aus einem Tatsachenbericht der „Bunten" zitieren, der sich mit dem Leben des KZ-Arztes Mengele und der Einstellung von dessen Sohn dazu beschäftigt hatte („Die Zeit" Nr. 13 vom 20. 3. 1987). Nur in Ausnahmefällen kann der erste Nachschöpfer als Entdecker (§ 71) einen begrenzten Schutz genießen.

b) Dagegen ist, falls eine Bearbeitung durch den ersten Nachschöpfer vorliegt, diese – nur diese – nach § 3 geschützt. Midi verletzte also das Bearbeiterurheberrecht von Alfvén, als er dessen individuelle Durchführung der Grundmelodie notengetreu übernahm (vgl. LG Frankfurt/Main a. a. O.). Wegen der gebotenen Vorsicht bei bloßen Ähnlichkeiten in der Durchführung vgl. jedoch Bem. 9b.

13 Zu **Kunstfälschungen** s. § 10 Bem. 31–43 sowie J. Löffler NJW 1993, 1421.

4. Sonstige Rechte des Urhebers

§ 25 Zugang zu Werkstücken

(1) Der Urheber kann vom Besitzer des Originals oder eines Vervielfältigungsstückes seines Werkes verlangen, daß er ihm das Original oder das Vervielfältigungsstück zugänglich macht, soweit dies zur Herstellung von Vervielfältigungsstücken oder Bearbeitungen des Werkes erforderlich ist und nicht berechtigte Interessen des Besitzers entgegenstehen.

(2) Der Besitzer ist nicht verpflichtet, das Original oder das Vervielfältigungsstück dem Urheber herauszugeben.

Das **Zugangsrecht** ist erst durch das UrhG gesetzlich anerkannt worden. 1
Zugang zu Werkstücken wurde im Einzelfall jedoch schon vor dem UrhG anerkannt (BGH GRUR 1952, 257, 258 *Krankenhauskartei;* BAG GRUR 1961, 491, 492 *Nahverkehrschronik*). Nach dem Wortlaut des Gesetzes ist Anspruchsberechtigt nur der Urheber selbst oder sein Erbe als Rechtsnachfolger (§ 30). Berechtigt ist auch der Miturheber nach § 7 (Schricker-Gerstenberg Rdnr. 4). Nach OLG Düsseldorf GRUR 1969, 550, 551 *Geschichtsbuch für Realschulen* soll dies auch für Urheber verbundener Werke gelten (so auch Schricker-Gerstenberg a. a. O.). Auch wir halten diese (ausdehnende) Auslegung für zutreffend. Es erscheint sogar erwägenswert, das Zugangsrecht auch für Nutzungsberechtigte zuzulassen, zumal die Leistung des Verpflichteten nur in einem Gewähren des Zugangs besteht und dieser nur verlangt werden kann, wenn er „erforderlich" ist (Bem. 4) und berechtigte Interessen des Besitzers nicht entgegenstehen (Bem. 5). Dogmatisch ist das Zugangsrecht den Vorlegungsrechten der §§ 809 ff. BGB zuzuordnen. Es kann auch im Wege der einstweiligen Verfügung durchgesetzt werden (OLG Düsseldorf a. a. O.). Anspruchsverpflichteter ist der Eigen- oder Fremdbesitzer, nicht der Besitzdiener. Das Zugangsrecht kann für alle Werkformen bestehen. Häufig ist es für Werke der bildenden Kunst (Original-Portrait) oder Werke der Baukunst (Zugangsrecht des Architekten; vgl. dazu Schricker-Gerstenberg Rdnr. 5 u. 6).

Der Besitzer braucht dem Urheber das Werkstück nicht herauszugeben 2
(Abs. 2); es genügt, wenn er es ihm **zugänglich** macht, d. h. ihm die tatsächliche Möglichkeit verschafft, Vervielfältigungsstücke oder Bearbeitungen herzustellen. Er muß dem Urheber also ggf. Zutritt zu dem Raum gewähren, wo das Werkstück sich befindet, oder den Verwahrer anweisen, dem Urheber den Zutritt zu gestatten (z. B. zum Banksafe). Dabei beschränkt sich der Umfang des Zugangsrechts – z. B. bei einem Bauwerk – auf diejenigen Teile des Werkes, die eine künstlerische Gestaltung aufweisen (OLG Hamburg Schulze OLGZ 174). Wo das nicht ausreicht, um die Vervielfältigung oder Bearbeitung zu ermöglichen, muß das Werkstück dorthin verbracht werden, wo die Herstellung möglich ist (z. B. zu einer Kopieranstalt, vgl. § 811 Abs. 1 BGB). Da der Besitzer zur Herausgabe an den Urheber nicht verpflichtet ist, bestimmt er diesen dritten Ort selbst und kann seinerseits alle Maßnahmen treffen, um eine Beeinträchtigung des Werkstückes oder einen Mißbrauch des Zugangsrechts zu verhindern (z. B. durch persönliche Überwachung des Herstellungsvorgangs). Etwa entstehende **Kosten** hat der Urheber dem Besitzer zu erstatten und auf Verlangen vorzuschießen; er trägt auch das Risiko für Verlust, Beschädigung oder sonstige Beeinträchtigung des Werkstückes und hat dem Besitzer allen etwa

daraus entstehenden Schaden ohne Rücksicht auf sein Verschulden zu ersetzen (analog § 811 Abs. 2 BGB). Den Zugang kann der Urheber nur zur Herstellung von Vervielfältigungen oder Bearbeitungen, **nicht zu anderen Zwecken,** z. B. um das Werkoriginal auszustellen, verlangen (KG GRUR 1981, 742, 743 *Totenmaske I*).

3 Zugänglich machen **zur Bearbeitung** heißt nicht, daß der Urheber dieses Werkstück bearbeiten dürfe; das würde dem ausschließlichen Eigentums- bzw. Besitzrecht widersprechen. Er darf nur Vervielfältigungsstücke herstellen, die er ihrerseits bearbeitet oder die schon während der Herstellung eine Bearbeitung erfahren haben. Am Werkstück des Besitzers darf der Urheber nicht die geringste Kleinigkeit ändern.

4 Die Zugänglichmachung muß **erforderlich** sein, um die Herstellung der Vervielfältigung oder Bearbeitung zu bewirken. Das trifft dann zu, wenn eine andere Möglichkeit der Herstellung nicht besteht (z. B. es gibt nur noch dieses eine Werkstück) oder dem Urheber nicht zugemutet werden kann (z. B. das einzige weitere Exemplar befindet sich in einer Bibliothek in einem praktisch unzugänglichen Land). Eine andere Möglichkeit besteht nicht, wenn zwar noch eine Reihe von Werkstücken vorhanden ist, diese sich aber sämtlich ebenso in Privathand befinden wie das Werkstück des in Anspruch genommenen Besitzers. Wollte man hier die Erforderlichkeit verneinen, so könnte jeder Besitzer den Urheber an einen anderen Besitzer verweisen, so daß dieser im Ergebnis keine Zugangsmöglichkeit hätte. Der Urheber kann in diesem Falle vielmehr nach seiner Wahl einen beliebigen Besitzer in Anspruch nehmen; eine andere Möglichkeit, auf die er sich verweisen lassen müßte, besteht nur, wenn das Werkstück dort der Öffentlichkeit zugänglich ist (z. B. in einer Bibliothek, einem Museum, auf einem öffentlichen Platz usw.). Die **Beweislast** für die Erforderlichkeit trifft nach dem Wortlaut („... soweit ...") den Urheber. Dieser müßte im Streitfall also (negativ!) beweisen, daß **keine** zumutbare anderweitige Möglichkeit der Herstellung gegeben ist, was denkgesetzlich meist unmöglich ist. Praktisch würde damit jeder Prozeß aus § 25 an der Beweislast scheitern; das Zugangsrecht stünde nur auf dem Papier. Das kann der Gesetzgeber nicht gewollt haben. Die Beweislast dafür, daß die Inanspruchnahme gerade dieses Werkstücks **nicht** erforderlich sei, trifft vielmehr den Besitzer; im Interesse der tatsächlichen Verwirklichung des Zugangsrechts gehen Zweifel zu seinen Lasten. – Der **Zweck** der Herstellung ist gleichgültig. Ob die Vervielfältigung oder Bearbeitung wirtschaftlich sinnvoll ist oder „nur" ideellen Interessen des Urhebers dient, interessiert wegen des urheberpersönlichkeitsrechtlichen Einschlages des Zugangsrechtes nicht. – Bei einem behaupteten **Verzicht** auf die Geltendmachung des Zugangsrechtes sind strenge Maßstäbe anzulegen. Die Erklärung eines Architekten, er verzichte auf sämtliche mit dem Bauvorhaben zusammenhängenden Ansprüche gleich welcher Art, genügt nicht, um einen Verzicht auch hinsichtlich des Zugangsrechtes nach § 25 anzunehmen (OLG Hamburg Schulze OLGZ 174, 8). Einen generellen Verzicht für die Zukunft halten wir ohnehin für ausgeschlossen.
Das Zugangsrecht hat nämlich überwiegend urheberpersönlichkeitsrechtlichen Charakter (wenn auch im Einzelfall – Herstellung eines Kunstbandes über das Lebenswerk eines Malers – handfeste wirtschaftliche Interessen damit verbunden sein können, vgl. Ulmer[3] S. 222). Das Urheberpersönlichkeitsrecht ist in seinem Kern unverzichtbar (vor § 12 Bem. 2 u. 4).

Der Besitzer braucht den Zugang nicht zu ermöglichen, soweit seine eigenen **5** berechtigten Interessen entgegenstehen. Diese Interessen können auch materieller Art sein (OLG Düsseldorf GRUR 1969, 550 *Geschichtswerk für Realschulen*). Damit ist nach dem Merkmal „erforderlich" (Bem. 4) ein weiterer Hinweis des Gesetzgebers auf die Notwendigkeit einer **Güter- und Interessenabwägung** im Einzelfall gegeben. Hier trifft die Beweislast schon nach dem eindeutigen Wortlaut des Gesetzes den Besitzer. Als Beispiel für das Vorhandensein eines berechtigten Interesses nennt die Begr. (S. 52) den Fall, daß es sich um eine nur für den Besitzer persönlich angefertigte Arbeit handele. Das berühmte Porträt der Schauspielerin Tilla Durieux, das Auguste Renoir seinerzeit auf Bestellung ihres damaligen Ehemannes Paul Cassirer für diesen persönlich gemalt hat, gehört seit seiner Veröffentlichung nicht mehr der Privatsphäre an, so daß weder Tilla Durieux noch Paul Cassirer daraus ein berechtigtes Interesse an der Verhinderung der Vervielfältigung hätten herleiten können. In der 7. Auflage hatten wir die Auffassung vertreten, daß das Interesse des Besitzers, den Zugang zu versagen, nur bei unveröffentlichten Arbeiten bestehen könne. Dies wird in aller Regel so sein, daneben ist aber auch aus persönlichen Gründen in besonderen Fällen ein Interesse des Besitzers auf Verweigerung des Zugangs anzuerkennen. Eine Dame, von der im Alter von 20 Jahren ein Akt gemalt wurde, könnte trotz Veröffentlichung des Gemäldes den Zugang des Malers verhindern, wenn dieser aus aktuellem Anlaß (die gemalte Person ist Ministerin geworden) dieses Bild vervielfältigen und verbreiten will. Auch kann die Erwägung, daß das vorhandene Werkstück durch Vervielfältigung oder Bearbeitung seinen materiellen Wert verlieren könnte, ein berechtigtes Interesse begründen. Andererseits kann auch die Erwägung, daß das vorhandene Werkstück durch die Vervielfältigung oder Bearbeitung seinen materiellen Wert verlieren könnte, ein berechtigtes Interesse begründen. Der Verlust seiner Eigenschaft als Unikat genügt dafür allerdings in der Regel dann nicht, wenn die Vervielfältigungsstücke als solche gekennzeichnet werden (KG GRUR 1983, 508f. *Totenmaske II*). Im allgemeinen überwiegen die schutzwürdigen Interessen des Urhebers (OLG Düsseldorf GRUR 1969, 550f. *Geschichtswerk für Realschulen*). Daß der Urheber bei Gelegenheit des Zugangs Rechtsverletzungen des Besitzers (z. B. unerlaubte Änderungen am Werk) entdecken könnte, ist jedenfalls kein Grund zur Verweigerung des Zugangsrechts (so aber OLG Düsseldorf GRUR 1979, 318 *Treppenwangen* unter Verletzung auch des § 809 BGB; diese Vorschrift greift allenfalls dann nicht durch, wenn berechtigte Geheimhaltungsinteressen des Vorlagepflichtigen berührt werden, OLG Düsseldorf GRUR 1983, 741, 743 *Geheimhaltungsinteresse und Besichtigungsanspruch I*).

Zur Vereitelung des Zugangsrechts durch **Vernichtung** s. § 14 Bem. 3. Den **6** Eigentümer eines Bildes trifft keine Verpflichtung, dieses zu erhalten, nur weil der Urheber einmal sein Zugangsrecht ausüben könnte. Ein Beispiel aus neuerer Zeit ist das Bildnis von Winston Churchill, das seinen Angehörigen mißfiel (vgl. § 14 Bem. 3). Es wäre jedoch eine unzulässige Rechtsausübung, würde der Eigentümer gerade dann das Gemälde vernichten wollen, wenn der Maler sein Zugangsrecht ausüben will (§ 14 Bem. 3).

§ 26 Folgerecht

(1) Wird das Original eines Werkes der bildenden Künste weiterveräußert und ist hieran ein Kunsthändler oder Versteigerer als Erwerber, Veräußerer oder Vermittler beteiligt, so hat der Veräußerer dem Urheber einen Anteil in Höhe von fünf vom Hundert des Veräußerungserlöses zu entrichten. Die Verpflichtung entfällt, wenn der Veräußerungserlös weniger als einhundert Deutsche Mark beträgt.

(2) Der Urheber kann auf seinen Anteil im voraus nicht verzichten. Die Anwartschaft darauf unterliegt nicht der Zwangsvollstreckung; eine Verfügung über die Anwartschaft ist unwirksam.

(3) Der Urheber kann von einem Kunsthändler oder Versteigerer Auskunft darüber verlangen, welche Originale von Werken des Urhebers innerhalb des letzten vor dem Auskunftsersuchen abgelaufenen Kalenderjahres unter Beteiligung des Kunsthändlers oder Versteigerers weiterveräußert wurden.

(4) Der Urheber kann, soweit dies zur Durchsetzung seines Anspruchs gegen den Veräußerer erforderlich ist, von dem Kunsthändler oder Versteigerer Auskunft über den Namen und die Anschrift des Veräußerers sowie über die Höhe des Veräußerungserlöses verlangen. Der Kunsthändler oder Versteigerer darf die Auskunft über Namen und Anschrift des Veräußerers verweigern, wenn er dem Urheber den Anteil entrichtet.

(5) Die Ansprüche nach den Absätzen 3 und 4 können nur durch eine Verwertungsgesellschaft geltend gemacht werden.

(6) Bestehen begründete Zweifel an der Richtigkeit oder Vollständigkeit einer Auskunft nach Absatz 3 oder 4, so kann die Verwertungsgesellschaft verlangen, daß nach Wahl des Auskunftspflichtigen ihr oder einem von ihm zu bestimmenden Wirtschaftsprüfer oder vereidigten Buchprüfer Einsicht in die Geschäftsbücher oder sonstige Urkunden soweit gewährt wird, wie dies zur Feststellung der Richtigkeit oder Vollständigkeit der Auskunft erforderlich ist. Erweist sich die Auskunft als unrichtig oder unvollständig, so hat der Auskunftspflichtige die Kosten der Prüfung zu erstatten.

(7) Die Ansprüche des Urhebers verjähren in zehn Jahren.

(8) Die vorstehenden Bestimmungen sind auf Werke der Baukunst und der angewandten Kunst nicht anzuwenden.

1 **Entstehungsgeschichte.** Mit der Einführung des *droit de suite* folgte der Gesetzgeber von 1965 der von Art. 14bis RBÜ Brüssel vorgeschlagenen Regelung und dem Beispiel Frankreichs. Die Regelung erwies sich jedoch nicht als praktikabel. Geschäfte mit Kunstgegenständen werden in der Regel als Kommissionsgeschäfte (§ 383 HGB) abgewickelt; der Kunsthändler veräußert im eigenen Namen auf Rechnung eines ungenannt bleibenden Auftraggebers. Der bildende Künstler konnte nach dem damaligen Wortlaut des § 26 Ansprüche nur gegen den Veräußerer geltend machen. Da dieser nicht bekannt war, hätte nur eine allgemeine Auskunftspflicht des Kunsthändlers helfen können; eine solche wurde aber mangels gesetzlicher Grundlage von einem beachtlichen Teil der Literatur (Gerstenberg Bem. 5; Locher S. 147) und vom Kammergericht (vgl. BGHZ 56, 256 *Pechstein*) schlechthin verneint. Damit war die Durchsetzung des Folgerechts ganz unmöglich gemacht (Samson GRUR 1970, 449, 452). BGHZ 56, 256, 262 *Pechstein* gab dann zwar einen Auskunftsanspruch gegen den Kunsthändler wegen eines bestimmten einzelnen Verkaufsvorganges; da die große Mehrzahl der Verkäufe sich aber nicht in öffentlichen Versteigerungen mit jedermann zugänglichen Katalogen abspielt, der bildende Künstler also von ihnen nichts erfährt, lief § 26 praktisch weiterhin leer. Uns ist – abgesehen

von der von Kammergericht und Bundesgerichtshof entschiedenen Sache – nicht ein einziger Fall bekannt geworden, in dem ein bildender Künstler den Anspruch auf das Folgerecht unter der Geltung der ursprünglichen Regelung tatsächlich durchgesetzt hätte. Da außerdem ein Anteil von nur 1% zu gering und die Mindestgrenze von 500.– DM Veräußerungserlös zu hoch war (vgl. Samson GRUR 1970, 449f., 453), wurde eine Novellierung des § 26 notwendig. Die am 1. 1. 1973 in Kraft getretene Neuregelung wurde freilich von Kassandrarufen des Kunsthandels begleitet, der eine Abwanderung des verkaufswilligen Publikums in die Schweiz oder nach Großbritannien befürchtete, wo das *droit de suite* noch nicht verwirklicht ist, wenn die Geheimhaltung des Namens des Auftraggebers nicht gewährleistet sei (Bericht des Rechtsausschusses, BT-Drucks. VI/3264 S. 2). Um diesem – an sich verständlichen – Anliegen zu entsprechen, hat der Rechtsausschuß des Bundestages in der Schlußberatung ohne erneute Anhörung der Urheberseite noch eine Änderung des Abs. 6 vorgenommen (a.a.O. S. 3ff.), die allerdings die Praktikabilität des Ganzen erneut in Frage stellt: Der Kunsthändler darf sich den Prüfer, der *begründeten* Zweifeln an der Richtigkeit seiner Auskünfte nachgehen soll, selbst aussuchen; die Verwertungsgesellschaft darf ihn freilich, wenn er – wie zu erwarten steht – dann nichts findet, bezahlen. Im einzelnen Nordemann GRUR 1973, 1, 2; Katzenberger UFITA 68 (1973), 71. – Inzwischen hat sich der Kunsthandel mit der VG Bild-Kunst geeinigt: Er zahlt von allen Verkäufen von seit dem 1. 1. 1900 geschaffenen Werken 1%. Die VG Bild-Kunst führt als Ausgleichsvereinigung im Sinne des § 32 KSVG daraus die Abgabe an die Künstlersozialkasse ab.

Das Folgerecht gilt **nicht** für Werke der **Baukunst** und – *a maiore ad minus* – deren Entwürfe sowie für die Werke der **angewandten Kunst** und deren Entwürfe (Gebrauchsgraphik, Kunstgewerbe und ähnliche Bereiche). **2**
Lichtbildwerke dagegen stehen Werken der bildenden Künste nach der inzwischen entstandenen Verkehrsauffassung gleich; sie werden in vielen Fällen wie Werke der Druckgraphik von einer Druckvorlage abgezogen, numeriert und signiert (s. schon Hamann UFITA 90 [1981], 45, 47f.). Die zu § 26 nachträglich entstandene Regelungslücke ist deshalb im Wege der Analogie mit der Konsequenz zu schließen, daß das Folgerecht auch anläßlich der Weiterveräußerung des Originals eines künstlerischen Fotos nach Abs. 1 geltend gemacht werden kann (so mit Recht Schricker-Katzenberger Rdnr. 20). – Stets unterliegt dem Folgerecht allein das **Original** eines Werkes der bildenden Künste; eine Beteiligung an der wirtschaftlichen Verwertung von Vervielfältigungsstücken erhält der Urheber bereits über § 16. Lithographien, Radierungen, Kupferstiche und andere Werke der Druckgraphik sind dann als Originale anzusehen, wenn nicht nur der Entwurf, sondern auch die Druckplatte vom Künstler selbst stammt und er den Abdruck entweder selbst vornimmt oder unter seiner Aufsicht durch Dritte vornehmen läßt (so die inzwischen nahezu allg. M.; Nachweise bei Hamann S. 140, 198 und erneut in FuR 1976, 667; a. M. nur noch v. Gamm Bem. 5, der schon den Erstabdruck für ein Vervielfältigungsexemplar hält; der *zoll*rechtliche Originalbegriff ist freilich anders, vgl. EuGH ZUM 1989, 182 *Originalsteindrucke*). Posthum hergestellte Abgüsse oder Abzüge sind also niemals Originale (§ 10 Bem. 37). Unter den gleichen Voraussetzungen ist jeder Abguß einer Plastik von der Originalform als Original anzusehen (Katzenberger S. 92). Eine zusätzliche Signierung halten wir mit Locher

S. 69f. und Schricker-Katzenberger Rdnr. 28 gegen Samson UFITA 50 (1967), 491, 498f. nicht für erforderlich; sonst wären Anonyma schlechter gestellt als gezeichnete Werke. Andererseits genügt die nachträgliche Signierung oder Billigung von Abzügen, die der Urheber nicht selbst hergestellt hat, nicht (Heinbuch NJW 1984, 15, 17ff. mit weiteren Beispielen und Nachweisen; a. M. Gerstenberg a. a. O.; s. auch § 10 Bem. 42). Da in der Regel davon auszugehen ist, daß der Urheber die Drucke selbst hergestellt hat, trägt der die Beweislast, der das Gegenteil behauptet (§ 1 Bem. 4; ebenso Locher S. 70).

3 Das Folgerecht gilt nur für die **Weiterveräußerung,** weil an der ersten Veräußerung der Urheber selbst beteiligt ist. Dabei ist es gleichgültig, ob der Verkäufer das Werk selbst gekauft, getauscht oder geschenkt erhalten hatte, da auch Schenkung Veräußerung ist (AG Bremervörde NJW 1990, 2005). **Veräußerer** ist, wer im eigenen Namen veräußert, auch wenn er etwa nur Kommissionär ist, OLG München GRUR 1979, 641, 642 *Kommissionsverkauf.* Der Eigentumsübergang muß als endgültig gewollt sein; Sicherungsübereignung und treuhänderische Übertragung lösen keinen Anspruch aus § 26 aus (Katzenberger S. 95). Der Ausdruck **Veräußerungserlös** zeigt an, daß der Urheber an dem Betrage beteiligt ist, den der Veräußerer tatsächlich erhält. Demgemäß wird der Beteiligungsanspruch erst mit der Zahlung des Kaufpreises fällig (a. M. Katzenberger S. 108f. und v. Gamm Bem. 8, die die Entstehung der Kaufpreisforderung genügen lassen). Ist der Erwerber zahlungsunfähig, so erhält der Urheber nichts; ist im Kaufvertrag nicht die volle Summe angegeben, richtet sich die Beteiligung des Urhebers gleichwohl nach der wahren Höhe der Gegenleistung. Andererseits braucht der Urheber sich nicht abziehen zu lassen, was etwa der Kunsthändler dem Veräußerer für seine Tätigkeit berechnet. Der Berechnung des Urheberanteils ist vielmehr der tatsächlich gezahlte **Bruttopreis** ohne Abzug zugrundezulegen; lediglich die etwa vom Erwerber zusätzlich gezahlte Versteigerungsgebühr (Aufgeld) bleibt außer Betracht (insoweit a. M. Gerstenberg Bem. 6; wie hier Katzenberger S. 109). Beim Tausch wird der Urheberanteil nach dem Geldwert der Gegenleistung berechnet.

4 An der Weiterveräußerung muß ein **Kunsthändler,** d. h. eine Person, die den An- und Verkauf von Kunstwerken als Erwerbsquelle betreibt, beteiligt sein, und zwar als Veräußerer, Erwerber oder Vermittler. Vermittlung liegt stets dann vor, wenn der Kunsthändler die Veräußerung durch Herstellen der Verbindung Verkäufer-Käufer gefördert hat (z. B. durch Ausstellung des Werkes, Aufnahme in einen Katalog, Hinweis an Kunden usw.). Ob die Gegenleistung des Erwerbers durch seine Hände gegangen ist und ob er überhaupt etwas für die Vermittlung erhalten hat, ist gleichgültig; auch kostenlose Gefälligkeitsvermittlung ist Vermittlung, abgesehen davon, daß sonst der Umgehung des § 26 Tür und Tor geöffnet wäre. Schon deshalb kann OLG Düsseldorf GRUR 1992, 436 *Joseph Beuys* (n. rkr.), das den Verkauf von Werken eines deutschen Künstlers aus einer inländischen Sammlung über ein ausländisches Auktionshaus für folgerechtsfrei hält, nicht richtig sein; die deutsche Tochtergesellschaft von Christies London war in das Geschäft unterstützend eingeschaltet (vgl. das in NJW-RR 1991, 1193 abgedruckte LG-Urteil). Aber § 26 und Art. 14ter RBÜ – der inländisches Recht ist, BGHZ 72, 63, 67 *Jeannot I* – knüpfen auch weder an den Sitz des Kunsthändlers noch an den des Veräußerers an, noch ist gar die Entstehung des Folgerechtsanspruchs an einen inländischen Veräußerungsakt geknüpft. Im Schrifttum wird das Urteil kontrovers diskutiert: Siehr IPRax 1992, 29; Katzenberger GRUR Int. 1992, 567; Vorpeil Int. 1992, 912.

Das Folgerecht ist vererblich (§ 28), im übrigen aber **nicht im voraus verzichtbar,** abtretbar oder pfändbar (Abs. 2). Ist der Anspruch fällig geworden (mit Zahlung durch den Erwerber an den Veräußerer), so kann er allerdings sowohl abgetreten wie gepfändet werden; der Urheber kann auch auf ihn verzichten. **5**

Zur Durchsetzung des Folgerechts hat die Novelle 1972 in den Abs. 3 und 4 einen doppelten **Auskunftsanspruch** eingeführt. Nach **Abs. 3** kann die Verw.Ges. (nur diese, Abs. 5; a. M. AG München GRUR 1991, 606f.) für die ihr angeschlossenen bildenden Künstler (vgl. § 6 WahrnG) allgemein eine Liste aller Verkaufsfälle des abgelaufenen Jahres fordern. Der Anspruch erlischt, wenn er nicht bis zum 31. 12. des folgenden Jahres geltend gemacht ist; dazu ist nur der Zugang eines entsprechenden Ersuchens der Verw.Ges. beim Kunsthändler (§ 130 BGB), nicht etwa die gerichtliche Geltendmachung nötig. Den weitergehenden Anspruch aus **Abs. 4** auf Auskunft über die Anschrift des Veräußerers darf der Kunsthändler verweigern, wenn er den Veräußerungserlös offenlegt und die dem Urheber zustehenden 5% zahlt. Hat er sich gegenüber seinem Auftraggeber zur Wahrung der Anonymität verpflichtet, so liegt darin mindestens bei Verträgen nach Verkündung des Gesetzes (10. 11. 1972) die Verpflichtung gegenüber dem Auftraggeber, den Urheber zu befriedigen. Die Mitteilung der Anschrift des Veräußerers an die Verw.Ges. ist dann Vertragsbruch. – Zur Aktivlegitimation der Verw.Ges. s. § 6 WahrnG Bem. 6, zur Vermutung ihrer Wahrnehmungsbefugnis § 13b WahrnG. **6**

Für **Ausländer** vgl. § 121 Abs. 5 und dort Bem. 6c. **7**

Die **Zahlungen** aus dem Folgerecht beruhen auf einer gesetzlichen Verpflichtung, nicht auf einer Leistung des Urhebers, und sind daher **nicht steuerbar,** insbesondere nicht umsatzsteuerpflichtig (Hoelscher GRUR 1991, 800, 804). **8**

§ 27 Vermieten und Verleihen von Vervielfältigungsstücken

(1) Für das Vermieten oder Verleihen von Vervielfältigungsstücken eines Werkes, deren Weiterverbreitung nach § 17 Abs. 2 zulässig ist, ist dem Urheber eine angemessene Vergütung zu zahlen, wenn das Vermieten oder Verleihen Erwerbszwecken des Vermieters oder Verleihers dient oder die Vervielfältigungsstücke durch eine der Öffentlichkeit zugängliche Einrichtung (Bücherei, Schallplattensammlung oder Sammlung anderer Vervielfältigungsstücke) vermietet oder verliehen werden. Der Vergütungsanspruch kann nur durch eine Verwertungsgesellschaft geltend gemacht werden.

(2) Absatz 1 ist nicht anzuwenden, wenn das Werk ausschließlich zum Zweck des Vermietens oder Verleihens erschienen ist oder die Vervielfältigungsstücke im Rahmen eines Arbeits- oder Dienstverhältnisses ausschließlich zu dem Zweck verliehen werden, sie bei der Erfüllung von Verpflichtungen aus dem Arbeits- oder Dienstverhältnis zu benutzen.

1 **Entstehungsgeschichte.** Nachdem § 11 Abs. 1 Satz 1 LUG und § 15 Abs. 1 Satz 1 KUG das „Verleihen" ausdrücklich von urheberrechtlichen Ansprüchen freigestellt hatten, brachte § 27 in der Fassung von 1965 einen Fortschritt mit der Einführung einer Vergütungspflicht für die Vermietung zu Erwerbszwecken. Die Bibliotheken der öffentlichen Hand und der Kirchen wurden wegen Fehlens eines Erwerbszwecks nicht erfaßt; die Werkbüchereien wurden, obwohl § 27 a. F. an sich auf sie zutraf, wegen des eindeutig entgegenstehenden Willens des Gesetzgebers nicht als vergütungspflichtig angesehen (BGHZ 58, 270 *Werkbücherei*). Der Vergütungsanspruch aus § 27 war damit praktisch bedeutungslos, zumal die allein verbleibenden Mietbüchereien im Aussterben begriffen sind; von den noch 1962 gezählten 28 000 „Leihbibliotheken" dürfte zur Zeit nur noch ein kleiner Prozentsatz existieren. Ausgehend von dem Grundsatz, daß dem Urheber ein Entgelt für *jede* Nutzung seines Werkes zusteht, auch wenn damit kulturpolitische oder sonstige ideelle Ziele verfolgt werden (§ 1 Bem. 4), haben die Urheberorganisationen unter Führung des Vorsitzenden des Verbands deutscher Schriftsteller (VS), Dieter Lattmann, 1972 die Vergütungspflicht auch für alle der Öffentlichkeit zugänglichen Bibliotheken, Diskotheken, Filmstellen und ähnlichen Einrichtungen durchgesetzt. Dabei war es das erklärte Ziel des Gesetzgebers, mit dieser Verbesserung der Rechte des Urhebers zugleich den Schriftstellern, denen der „Bibliotheksgroschen" in erster Linie zugute kommt, den Aufbau einer eigenen Sozial- und Altersversorgung zu ermöglichen (Bericht des Rechtsausschusses, BT-Drucks. VI/3264 S. 4). Die VG Wort (WahrnG Einl. 2) führt demgemäß 50% des Aufkommens an das dafür geschaffene, von ihr verwaltete Autorenversorgungswerk ab. Dieses bezuschußt daraus vor allem freiwillige Versorgungsleistungen von Schriftstellern bis zur Hälfte der Versicherungsbeiträge. Näheres Kreile/Melchiar BuB 1973, 31; Nordemann GRUR 1973, 1, 3; Kreile/Mundt FuR 1976, 599 und 604; Dietz GRUR 1976, 289.

Der Plan **Österreichs** zu einer ähnlichen Regelung (dazu Handl FuR 1975, 368) blieb fast zwei Jahrzehnte lang stecken; seit dem 1. 7. 1993 gilt jedoch ein neuer § 16a (s. Anhang III 1, 7), der das Vermietungsrecht sogar als ein dem Urheber verhaltenes Nutzungsrecht einführt. Das neue URG der **Schweiz,** das ebenfalls am 1. 7. 1993 in Kraft getreten ist, schließt einen Vergütungsanspruch für das bloße Verleihen aus, folgt im übrigen aber der deutschen Regelung (Art. 13, vgl. Anhang IV).

Inzwischen hat der Rat der **Europäischen Gemeinschaften** unter dem 19. 11. 1992 eine Richtlinie verabschiedet, die die Mitgliedstaaten verpflichtet, bis zum 1. 7. 1994 grundsätzlich ein ausschließliches Vermiet- und Verleihrecht des Urhebers einzuführen; im „öffentlichen Verleihwesen" kann an dessen Stelle eine gesetzliche Vergütungsregelung treten (Anhang V 2). § 27 wird also in Kürze geändert werden müssen.

Eine vergleichende Gesamtschau der bestehenden nationalen Regelungen vermittelt v. Lewinski GRUR Int. 1992, 432; Einzelheiten in ihrer Monographie (Lit. Verz.).

2 **Vermieten** ist die entgeltliche, **Verleihen** die unentgeltliche Gebrauchsüberlassung (§§ 535, 589 BGB) von **Vervielfältigungsstücken,** nicht von Originalen (Begr. S. 54). Damit fällt auch die Benutzung einer Präsenzbibliothek unter Abs. 1; ob der Benutzer Besitzer oder nur Besitzdiener des Buches wird, das er dort aus dem Regal nimmt, ist unerheblich, da er jedenfalls *Gebrauch* von ihm macht (h. M.; Nachweise bei Ahlberg GRUR

1985, 362 Fn. 4). Der **Öffentlichkeit zugänglich** sind entsprechend § 15 Abs. 3 alle in Abs. 1 genannten Einrichtungen, es sei denn, sie würden Vervielfältigungsstücke nur an einen begrenzten Kreis von Personen ausleihen, der durch gegenseitige Beziehungen oder durch Beziehungen zum Träger der Einrichtungen persönlich verbunden ist (Bericht des Rechtsausschusses, BT-Drucks. VI/3264 S. 5). Die gemeinsame Behörden- oder Betriebszugehörigkeit schafft keine persönliche Verbundenheit in diesem Sinne, so daß auch Instituts-, Seminar-, Gerichts- und Werkbüchereien unter Abs. 1 fallen (vgl. BGHZ 17, 376, 378 *Betriebsfest*). – Das Vermieten oder Verleihen dient dann einem **Erwerbszweck** des Vermieters oder Verleihers, wenn es zur Förderung seiner Einnahmen bestimmt ist, wobei es genügt, wenn es auch diesem Zweck dient (§ 52 Bem. 5), oder die Einnahmen nur indirekt gefördert werden (BGHZ 58, 270, 272f. *Werkbücherei*). Deshalb müßte auch das **Auslegen von Zeitschriften** im Wartezimmer von Arzt, Rechtsanwalt, Friseur unter die Vergütungspflicht fallen; BVerfGE 77, 263ff. *Zeitschriftenauslage* hat jedoch das gegenteilige Urteil des Bundesgerichtshofs (BGH GRUR 1985, 131ff. *Zeitschriftenauslage beim Friseur*) bestätigt. Die Vergütungspflicht besteht auch dann, wenn eine gewerbsmäßige Veräußerung von Vervielfältigungsstücken nach einem Mischsystem ererfolgt, in dem dem Erwerber beim Kauf das Recht eingeräumt wird, bei Nichtgefallen das erworbene Exemplar gegen Erstattung des größten Teils des Kaufpreises zurückzugeben (BGH GRUR 1989, 417, 419 *Kauf mit Rückgaberecht*).

Die **angemesssene Vergütung** in Bibliotheken dürfte bei Büchern und Schallplatten nicht unter 0,10 DM pro Ausleihvorgang liegen, nachdem der Gesetzgeber bei der Novellierung von dieser Summe ausgegangen ist („Bibliotheksgroschen"; vgl. Nordemann GRUR 1973, 1, 3 mit Nachweisen). Gleichwohl gelang es den Verwertungsgesellschaften nicht, bei Abschluß des **Gesamtvertrages** mit Bund und Ländern, der den Vergütungsanspruch für die öffentlichen Bibliotheken abgilt, mehr als 5,5 Pfennig durchzusetzen (Text UFITA 75 [1976], 174; dazu Kreile, Intergu-Jahrbuch 1975, Band 3, Wien 1976, S. 45; Dörffeldt FuR 1975, 535 und die in Bem. 1 am Ende Genannten). Bei Zeitschriften wird man vom Einzelheft auszugehen haben; daß diese für gewisse Zeiträume gesammelt und nachträglich aufgebunden zu werden pflegen, ist für den bereits entstandenen Anspruch des Urhebers ohne Bedeutung. Bei Präsenzbibliotheken wird aus der Zahl der Benutzungshandlungen pro Jahr, umgerechnet auf den Bestand, eine Durchschnittsziffer errechnet werden müssen. Der von der VG Wort für das gewerbsmäßige Vermieten von Lesezirkelmappen aufgestellte Tarif ist vom KG anerkannt worden (GRUR 1978, 241 *Verwertungsgesellschaft*; s. auch das Grundurteil des KG dazu in GRUR 1975, 87 *Lesezirkelmappen*). Er beträgt seit 1986 jährlich 2,88 DM pro Erstmappe einschl. der Folgemappen (BAnz. 203 v. 30. 10. 1986). – Für das Vermieten von Videofilmen in Videotheken dürfte von 10% der daraus erzielten Bruttoeinnahmen auszugehen sein (Scheuermann/Strittmatter FS Reichardt S. 169 = ZUM 1990, 338). Inzwischen ist – nach einem unveröffentlichten Einigungsvorschlag der Schiedsstelle vom 29. 11. 1990 (Sch-Urh 1/90) – ein Gesamtvertrag auf der Basis von 20 DM pro angefangene 100 Stück zur Vermietung oder zum Verleih angebotener Bildtonträger je Betrieb zustandegekommen. 3

4 Erste Ausnahme von der Vergütungspflicht ist das Erscheinen **ausschließlich zum Zwecke des Vermietens oder Verleihens.** Das wird selten zutreffen. Leihromane, die man nicht kaufen, sondern nur in Mietbüchereien ausleihen kann, gibt es kaum noch (Bem. 1). Filmkopien, die nur an Lichtspieltheater vermietet werden, fallen entgegen Begr. S. 54 nicht unter Abs. 2, weil ihr Zweck nicht nur die Vermietung, sondern auch die öffentliche Vorführung ist; ebenso soll reversgebundenes Notenmaterial vermietet werden, um öffentliche Aufführungen zu ermöglichen (§ 17 Bem. 8). Werden Videokopien von Filmen über Videotheken nicht verkauft, sondern nur vermietet, liegt regelmäßig schon deshalb kein Fall des Abs. 2 vor, weil der jeweilige Film auf anderem Trägermaterial bereits anderweitig erschienen ist (Scheuermann/Strittmatter ZUM 1990, 218, 225). Abzustellen ist allerdings auf das Werk in seiner jeweiligen Bearbeitungsform. Erscheint eine Übersetzung nur zum Zwecke der Vermietung, so ist es ohne Bedeutung, daß das Original bereits erschienen ist.

5 Bedeutsamer sind die Ausnahmen für **Arbeits- und Dienstverhältnisse,** die notwendig wurden, weil nach dem engen Öffentlichkeitsbegriff des § 15 Abs. 3 auch behörden- oder betriebsinterne Ausleihvorgänge im Grundsatz unter Abs. 1 fallen (Bem. 2). Soweit die Ausleihe ausschließlich zum Dienstgebrauch erfolgt, ist sie frei, wobei zum Dienst- oder Arbeitsverhältnis auch eine Tätigkeit im Rahmen der Mitbestimmung, Personalvertretung und Unternehmensaufsicht sowie der Ausbildung gehört (Bericht des Rechtsausschusses, BT-Drucks. VI/3264 S. 5).

6 Die **Abtretung** des Vergütungsanspruchs an einen Dritten, insbesondere an seinen Verleger, ist zwar zulässig. Da der Anspruch aber – anders als bei den Nutzungsrechten – ohne Zutun oder gar wirtschaftliches Wagnis des Verlegers, also ohne eine sich zwangsläufig ergebende Gegenleistung entsteht, wird man beim Fehlen einer Vereinbarung über eine besondere Gegenleistung die Abtretung als nichtig ansehen müssen (§ 138 BGB).

7 Die Bibliothekstantieme steht nur **Urhebern** zu. Ausübende Künstler und andere Leistungsschutzberechtigte haben keinen Anspruch (vgl. §§ 84, 85 Abs. 3, 87 Abs. 3, 94 Abs. 4), mit Ausnahme der Herausgeber wissenschaftlicher Ausgaben und nachgelassener Werke (§§ 70, 71). Vgl. Ahlberg GRUR 1985, 362, 365.

Fünfter Abschnitt · Rechtsverkehr im Urheberrecht

1. Rechtsnachfolge in das Urheberrecht

Vorbemerkung

Nach der früheren Regelung war das **Urheberrecht** grundsätzlich frei übertragbar. Lediglich ein Kern persönlichkeitsrechtlicher Befugnisse wurde als unübertragbar angesehen (RGZ 123, 312, 320 *Wilhelm Busch;* BGHZ 15, 249, 260 *Cosima Wagner).* Zur Entwicklung des früheren Rechts Forkel S. 123ff. Mit Rücksicht auf die Schwierigkeiten, die sich wegen der engen Verbundenheit des Urheberpersönlichkeitsrechts mit den Verwertungsrechten bei der Abgrenzung der übertragbaren und der nicht übertragbaren Befugnisse ergaben (vor § 12 Bem. 2), folgt das Urheberrechtsgesetz dem umgekehrten Prinzip: **Das Urheberrecht ist grundsätzlich nicht übertragbar,** und zwar in seiner Gesamtheit (§ 29 Satz 2). Es kann lediglich vererbt (§ 28) und in diesem Zusammenhang auch im Rahmen einer Erbregelung übertragen werden (§ 29 Satz 1). Im übrigen bleibt der Urheber Inhaber der Verwertungsrechte und seines Urheberpersönlichkeitsrechts sowie der daraus abgeleiteten Einzelbefugnisse. Er kann einem anderen lediglich die Verwertung seines Werkes dadurch überlassen, daß er ihm ein vom Urheberrecht abgeleitetes **Nutzungsrecht** (§ 31) einräumt, ähnlich der im Patentrecht üblichen Lizenz (so fast wörtlich Begr. S. 55). Solange sich auch die Nutzungsrechte noch in der Hand des Urhebers vereinigen, sind sie Bestandteil seines umfassenden Gesamtrechts und treten daher nicht gesondert in Erscheinung. Gibt der Urheber einzelne Nutzungsrechte aus der Hand, scheint es, als entstehe ein neues Recht (sog. „konstitutive Entstehung", vgl. schon Ulmer[3] S. 359 unter Hinweis auf v. Thur; Bappert/Maunz/Schricker § 8 Rdn. 4; Schricker Rdnr. 43). Genauer ist es, in der Abspaltung von Nutzungsrechten eine **Belastung** des Stammrechts zu sehen (Kraßer GRUR Int. 1973, 230, 232; zur Verfügung über Nutzungsrechte s. vor § 31 Bem. 8–11). Folgerichtig wird das Stammrecht von seiner Belastung frei, wenn der Rechtserwerber darauf verzichtet (sog. **Heimfall des Nutzungsrechts,** vgl. Begr. S. 55; BGH GRUR 1966, 567, 569 *GELU;* KG Schulze KGZ 16 S. 7 *Der Sänger mit der Maske;* Nordemann GRUR 1969, 127) oder die Rechtssubjektivität des Dritten wegfällt (Hubmann Anm. zu BGH Schulze BGHZ 160 S. 17 *Triumph des Willens*). Die Bindung des Nutzungsrechts an das Stammrecht kommt auch in anderer Weise zum Ausdruck. So kann der Urheber das Nutzungsrecht unter den Voraussetzungen der §§ 41, 42 zurückrufen. Die Weiterübertragung des Nutzungsrechts oder eine Änderung des Werkes, seines Titels oder seiner Urheberbezeichnung ist nur mit Zustimmung des Urhebers zulässig (§§ 34, 35, 39), die Einräumung von Nutzungsrechten für noch nicht bekannte Nutzungsarten ist vollends unwirksam (§ 31 Abs. 4). Zum Urhebervertragsrecht s. vor § 31 Bem. 1–68. Zur gesetzlichen Verpflichtung, unter bestimmten Bedingungen dem Interessenten ein Nutzungsrecht einzuräumen (sog. Zwangslizenz zugunsten der Tonträgerbranche), s. § 61. Gesetzliche Lizenzen enthält der Sechste Abschnitt des UrhG (§§ 45ff., s. dort). 1

2 Ein **Generalverzicht** des Urhebers auf das Urheberrecht insgesamt ist nicht möglich. Er ist auch dann unwirksam, wenn er zugunsten der Allgemeinheit erfolgt. Eine dahingehende Verzichtserklärung des Urhebers bewirkt lediglich die Einräumung einfacher Nutzungsrechte an jedermann; soweit der Urheber Dritten ausschließlich Nutzungsrechte bereits eingeräumt hatte, bleiben diese unberührt (§ 29 Bem. 4).

3 Bei **verwandten Schutzrechten** (sog. Leistungsschutzrechten) des Zweiten Teils des UrhG muß hinsichtlich der Übertragbarkeit unterschieden werden. Die Rechte der ausübenden Künstler (§§ 73ff.) und die Rechte zum Schutz wissenschaftlicher Ausgaben, Lichtbilder und Erzeugnissen, die ähnlich wie Lichtbilder hergestellt werden, enthalten auch (urheber-)persönlichkeitsrechtliche Elemente und sind deshalb nur beschränkt übertragbar (§ 70 Bem. 6, § 72 Bem. 15, vor § 73 Bem. 11, § 78 Bem. 2). Keine Übertragbarkeitsbeschränkungen gibt es hinsichtlich der Rechtsstellung der sonstigen verwandten Schutzrechte wie bei der editio pinceps (§ 71 Bem. 9), Tonträger- und Filmherstellern (§§ 85, 86, Bem. 15, § 94 Bem. 17) und Sendeunternehmen (§ 87 Bem. 13). Soweit die Inhaber verwandter Schutzrechte mit Verwertungsrechten gesetzlich ausgestattet sind, erfolgt die Vergabe von Nutzungsrechten ähnlich wie beim Urheber (vgl. § 70 Abs. 1, 72 Abs. 1, 78 Bem. 8–10, 85/86 Bem. 15; Schricker Rdnr. 36).

4 Vertragliche und gesetzliche **Vergütungsansprüche** der Urheber (z. B. §§ 46 Abs. 4, 47 Abs. 2, 49 Abs. 1, 52 Abs. 1 und 2, 54) und Inhaber verwandter Schutzrechte (z. B. §§ 76 Abs. 2, 77, 85 Abs. 3, 94 Abs. 4 i.V.m. den Vergütungsansprüchen des Sechsten Abschnitts) sind **frei abtretbar** (für den ausübenden Künstler ausdrücklich § 78 erster Halbsatz), auch als Vorausverfügung (Schricker § 29 Rdnr. 10). Durch Vorausabtretungen auf die VerwGes kann der Urheber vor unerwünschter Rechtseinräumung bei Gelegenheit von Nutzungsverträgen geschützt werden (Rossbach S. 121ff., 136ff.). Rechtlich möglich ist es gem. § 399 BGB, den Anspruch des Urhebers gegen seine VerwGes auf Auszahlung seiner Vergütungsansprüche auszuschließen oder von der Zustimmung der VerwGes abhängig zu machen (Schricker vor §§ 28ff. Rdnr. 30). Zur Einschränkung der Vorausabtretung von Ansprüchen aus dem Folgerecht § 26 Bem. 5, 27 Bem. 6. Einschränkungen für die Abtretbarkeit von (urheberrechtlichen) Vergütungsansprüchen als Bestandteil von Arbeitseinkommen enthält § 850iZPO. Für die Einräumung zur Wahrnehmung an VerwGes. wäre die Anwendung des § 850i ZPO sinnwidrig (zutreffend Schricker §§ 28ff. Rdnr. 32; Rossbach S. 206ff.).

§ 28 Vererbung des Urheberrechts

(1) Das Urheberrecht ist vererblich.

(2) Der Urheber kann durch letztwillige Verfügung die Ausübung des Urheberrechts einem Testamentsvollstrecker übertragen. § 2210 des Bürgerlichen Gesetzbuchs ist nicht anzuwenden.

1 Der **Grundsatz der Vererblichkeit des Urheberrechts** gilt nunmehr unbeschränkt. **Erbe** kann jede natürliche oder juristische Person sein (im Gegensatz zu § 8 Abs. 2 LUG, § 10 Abs. 2 KUG auch der Fiskus, Begr. S. 55); der Erbe kann das Urheberrecht seinerseits im Rahmen der §§ 28–30 weitervererben. Ob die Erbfolge auf Gesetz, auf Testament oder auf

Erbvertrag beruht, ist gleichgültig. Maßgebend hierfür sind allein die Vorschriften des allgemeinen Erbrechts. Der Erbvertrag ist mithin der einzige Fall, in dem der Urheber vertraglich über sein Recht verfügen kann (Näheres Fromm NJW 1966, 1244). – Der Erbe rückt in die volle Rechtsstellung des Urhebers ein (§ 30, Einzelheiten und Ausnahmen dort). Vgl. § 12 Bem. 8 und § 29 Bem. 2; ferner Rehbinder, Die Familie im Urheberrecht, ZUM 1986, 365.

Bei der **Auslegung letztwilliger Verfügungen** ist angesichts der umfassenden Gültigkeit des Zweckübertragungsprinzips im Urheberrecht (§§ 31, 32 Bem. 22–30) zu beachten, daß der Wille des Erblassers, der nicht lediglich durch Vermächtnis eine singuläre Nutzungsbefugnis einräumen will, regelmäßig darauf gerichtet ist, über das Urheberrecht insgesamt zu verfügen. Im Ergebnis zutreffend LG Mannheim ZUM 1992, 205: Durch die testamentarische Verfügung des Urhebers „...den ganzen schriftlichen Nachlaß inklusive der Briefe vermache ich zur freien Verfügung" wird über das Urheberrecht insgesamt verfügt. 2

Abs. 2 gibt dem Urheber und seinen Rechtsnachfolgern (§ 30) die Möglichkeit, die **Ausübung** seines Urheberrechts derjenigen Person anzuvertrauen, die er zur Wahrnehmung seiner geistigen Interessen für am besten geeignet hält, ohne zugleich seine Erben um die wirtschaftlichen Früchte der Verwertung bringen zu müssen (so Begr. s. 55). Allerdings ist dies nur in der Form der Testamentsvollstreckung möglich (§§ 2197ff. BGB), die auf die Verwaltung des Urheberrechts beschränkt werden kann (§ 2208 Abs. 1 Satz 2 BGB). Testamentsvollstrecker kann auch ein Miterbe sein (KG JR 1952, 324). Da die Schutzfrist erst 70 Jahre nach dem Tode des Urhebers abläuft (§ 64), würde die von § 2210 BGB für den Regelfall vorgesehene Höchstdauer der Testamentsvollstreckung (30 Jahre) nicht ausreichen; diese Bestimmung ist daher nicht anwendbar, so daß die Testamentsvollstreckung für die volle Schutzdauer angeordnet werden kann. – Außerhalb dieser erbrechtlichen Regelung kann der Urheber **einen Dritten ermächtigen,** sein Urheberrecht auch über seinen Tod hinaus wahrzunehmen. Dieser Auftrag gilt dann so lange, bis der Erbe ihn widerruft (§§ 671, 672 BGB). Dazu § 29 Bem. 5. 3

Geht das Urheberrecht auf eine **Erbengemeinschaft** über, so finden auf die Rechtsbeziehungen der Miterben untereinander nicht etwa die Regeln der Miturheberschaft (§ 8), sondern nur die §§ 2032ff. BGB Anwendung (a. M. Möhring/Nicolini Bem. 2; wie hier BGH GRUR 1982, 308, 310 *Kunsthändler* und OLG Frankfurt GRUR 1980, 916, 917 *Folgerecht ausländischer Künstler:* Der einzelne Miterbe darf aus § 2038 Abs. 1 BGB einen Wahrnehmungsvertrag mit einer VerwGes schließen). 4

Der Erbfall nach einem **Nutzungsberechtigten** richtet sich ebenfalls ausschließlich nach BGB (v. Gamm Bem. 3; Schricker Rdnr. 3). Zum Zustimmungserfordernis des Urhebers bei Loslösung des Nutzungsrechts von Verwertungsunternehmen aufgrund letztwilliger Verfügung § 34 Bem. 12. 5

6 Verwandte Schutzrechte sind gleichfalls vererblich. Soweit sie einschränkungslos übertragbar sind (§ 28 Bem. 3), erfolgt die Vererbung nach allgemeinen Regeln. Die Vererblichkeit von Leistungsschutzrechten mit persönlichkeitsrechtlichem Einschlag ergibt sich entsprechend aus § 28 (Schricker Rdnr. 14). Für den Entstellungsschutz des ausübenden Künstlers enthält § 83 Abs. 3 eine Sonderregelung, die den Schutzanspruch den Angehörigen zu Lasten der Erben zuweist (§ 83 Bem. 7).

§ 29 Übertragung des Urheberrechts

Das Urheberrecht kann in Erfüllung einer Verfügung von Todes wegen oder an Miterben im Wege der Erbauseinandersetzung übertragen werden. Im übrigen ist es nicht übertragbar.

1 Zu dem in **Satz 2** statuierten **Grundsatz der Unübertragbarkeit** des Urheberrechts vgl. zunächst vor § 28 Bem. 1. Die Regelung gilt erst seit Inkrafttreten des Gesetzes. Für vorgesetzliche Rechtsübertragungen gilt § 137 (vgl. dort Bem. 1). In der Zeit vor Inkrafttreten des UrhG geschlossene Verträge bleiben gültig (§ 132), soweit sie nicht nach den allgemeinen Regeln des bürgerlichen Rechts unwirksam sind (§ 36 Bem. 3). Allerdings stehen dem Urheber auch im Falle der Gültigkeit der Übertragung neben den schon bisher nicht übertragbaren Persönlichkeitsrechten eine Reihe von Befugnissen zu, insbesondere die Rückrufsrechte aus §§ 41, 42 (§ 132 Bem. 4–8). – Wird nach Inkrafttreten der Neuregelung noch eine Übertragung des Urheberrechts vereinbart (etwa durch Verwendung alter Vertragsformulare), so ist dieser Vertrag grundsätzlich nichtig (§ 306 BGB), wenn er nicht etwa in die Einräumung aller Nutzungsrechte umgedeutet werden kann, weil anzunehmen ist, daß dies bei Kenntnis der Rechtslage vereinbart worden wäre (§ 140 BGB). Dann kommt allerdings § 31 Abs. 5 zum Zuge (§ 31, 32 Bem. 19–51).

Dagegen gilt § 29 nicht außerhalb des primären Urhebervertragsrechts, d. h. die Vorschrift gilt nicht für die Verfügungsmacht des Ersterwerbers und der sich daran ggf. anschließenden Nutzungsrechtsinhaber. Insofern ist die Feststellung gerechtfertigt, daß die Verfügungsmacht eines Nutzungsrechtsinhabers weiter geht als diejenige des Urhebers. Ausländische Rechtsordnungen erkennen vielfach die freie Übertragbarkeit des Urheberrechts an. Durch § 29 wird die Übertragbarkeit lediglich für den Geltungsbereich des UrhG ausgeschlossen. Soweit Vertrag und Verfügung sich auf ausländische Territorien beziehen, kommt nach Maßgabe der dortigen Rechtslage die Vollübertragung ggf. zum Zuge (Schricker Rdnr. 6).

2 **Satz 1** erweitert den in § 28 ausgesprochenen Grundsatz der freien Vererblichkeit des Urheberrechts um zwei Fallgestaltungen mit Ausnahmecharakter:

a) Das Urheberrecht kann in **Erfüllung einer Verfügung von Todes wegen** übertragen werden. Wenn der Urheber im Testament oder im Erbvertrag durch Vermächtnis (§ 2147 BGB) oder Auflage (§ 2192 BGB) das Urheberrecht nicht seinem Erben, sondern einem Dritten zukommen läßt, ist es nach dem Erbfall zunächst dinglich dem Erben zugeordnet. Der Erbe hat das Urheberrecht sodann dem Begünstigten zur Erfüllung von

Vermächtnis oder Auflage zu übertragen; der Begünstigte hat darauf einen klagbaren Anspruch. Satz 1 ermöglicht also die Erfüllung der letztwilligen Verfügung im Verhältnis zwischen Erben und Begünstigtem.

b) Ähnlich ermöglicht Satz 1 den Miterben, im Rahmen der **Erbauseinandersetzung** das Urheberrecht einem von ihnen endgültig allein zu übertragen. Der Erblasser kann sie dazu testamentarisch oder durch Erbvertrag verpflichten (§ 2048 BGB). Andere Verfügungen der Erben über das Urheberrecht, auch im Wege des Erbschaftskaufes, sind dagegen unwirksam.

Die beiden Ausnahmen gelten auch für die **Weitervererbung.** Der Erbe des Urhebers, der Miterbe, dem das Urheberrecht bei der Auseinandersetzung zufällt, oder der Vermächtnisnehmer können das Urheberrecht ihren Erben zuweisen oder anordnen, daß ein Dritter es als Vermächtnis erhalten solle; auf entsprechende Anordnung hin oder aus eigenem Entschluß können auch die Erbeserben das Urheberrecht im Wege der Auseinandersetzung an einen Miterben übertragen.

Eine **Rückübertragung** durch den Vermächtnisnehmer auf den Erben nach Erfüllung des Vermächtnisses oder durch den begünstigten Miterben auf die Erbengemeinschaft (nicht auf einen anderen Miterben) nach Durchführung der Erbauseinandersetzung halten wir (entgegen Schricker Rdnr. 14) für zulässig. Da es der freien Vereinbarung des Erben mit dem Vermächtnisnehmer bzw. der Miterben untereinander überlassen ist, ob sie die Übertragung überhaupt vornehmen wollen, muß es ihnen auch freistehen, im Wege der Vereinbarung die getroffenen Maßnahmen wieder rückgängig zu machen. 3

Verzicht auf das Urheberrecht. Ausdrückliche Verzichtsverbote enthält das UrhG in §§ 26 Abs. 2 Satz 1 (Folgerecht), 36 Abs. 3 Satz 1 (Bestsellerparagraph), 41 Abs. 4 Satz (Rückruf wegen Nichtausübung). Dagegen kann gem. § 8 Abs. 4 ein Miturheber auf seinen Anteil an den Verwertungsrechten (§ 15) generell verzichten (§ 8 Bem. 16). Zur Unzulässigkeit des Generalverzichts vor § 28 Bem. 2. Zu den Rechtsfolgen des Verzichts Nordemann GRUR 1969, 127. 4

Der Urheber kann einen Dritten zur **Wahrnehmung des Urheberrechts** ermächtigen. Soweit der Dritte im Namen des Urhebers, also als dessen Bevollmächtigter, auftritt, ergibt sich dies bereits aus dem allgemeinen Grundsatz der Vertretungsfreiheit, der das bürgerliche Recht beherrscht. Die Wahrnehmung ist jedoch auch **im eigenen Namen** des Dritten zulässig. Zwar findet sich eine ausdrückliche Regelung nur in § 28 Abs. 2 für den Testamentsvollstrecker. Doch wäre es verfehlt, daraus schließen zu wollen, ein anderer könne nicht mit der Wahrnehmung im eigenen Namen betraut werden. Vielmehr setzt § 10 Abs. 2 voraus, daß auch ein Herausgeber oder ein Verleger befugt sein kann. Was für diese gilt, muß für jeden beliebigen Dritten gelten. So ermächtigt der Urheber, der sein Werk auf Bestellung eines Dritten und vereinbarungsgemäß unter dessen Namen schafft (Ghostwriter, § 8 Bem. 9), den Dritten zur Geltendmachung des Urheberrechts im eigenen Namen. Die Ermächtigung als solche ist wirksam, wenn der Urheber auch an der Aufdeckung seines Namens nicht mit absoluter Wirkung gehindert werden kann (§ 13 Bem. 16, § 39 Bem. 3b). Um der Umgehung des § 29 Satz 2 vorzubeugen, wird man allerdings davon ausgehen müssen, daß eine Ermächtigung **nur widerruflich** und **nicht** 5

ausschließlich (d. h. unter Ausschluß der eigenen Wahrnehmung durch den Urheber) erteilt werden kann. Lediglich in der Übertragung eines ausschließlichen Nutzungsrechts liegt zugleich die für die Dauer der Übertragung unwiderrufliche Ermächtigung, die sich aus dem Nutzungsrecht ergebenden Befugnisse unter Ausschluß auch des Urhebers im eigenen Namen wahrzunehmen (§ 31 Abs. 3; vgl. aber § 97 Bem. 9). Ein Widerruf wäre hier nur in der Form des Rückrufs denkbar (§§ 41, 42). Zur **Prozeßstandschaft** s. § 97 Bem. 13–14.

§ 30 Rechtsnachfolger des Urhebers

Der Rechtsnachfolger des Urhebers hat die dem Urheber nach diesem Gesetz zustehenden Rechte, soweit nichts anderes bestimmt ist.

1 **Rechtsnachfolger** kann nur der Erbe bzw. die Erbengemeinschaft (§ 28), ein Vermächtnisnehmer (§ 29 Satz 1 Alternative 1) oder ein Miterbe (§ 29 Satz 1 Alternative 2) sein. Der Rechtsnachfolger rückt grundsätzlich in die **volle Rechtsstellung des Urhebers** ein. Vom Erblasser getroffene Verfügungen und eingegangene Verpflichtungen muß der Rechtsnachfolger gegen sich gelten lassen (OLG Düsseldorf GRUR 1991, 759 *Armutsgelübde* für die Erben eines Angehörigen des Jesuiten-Ordens). Der Rechtsnachfolger nimmt nicht nur die Verwertungsrechte des Erblassers, sondern auch dessen Persönlichkeitsrechte wahr (dazu Schack GRUR 1985, 352). Insoweit besteht ein bedeutsamer Unterschied zum allgemeinen Persönlichkeitsrecht (vor § 12 Bem. 9–12). Anders als das Urheberpersönlichkeitsrecht steht jenes nicht den Rechtsnachfolgern des Verstorbenen zu, sondern ist, soweit aus der Persönlichkeit des Verstorbenen überhaupt noch Berechtigungen abgeleitet werden können (BVerfGE 34, 269, 278 *Mephisto)*, von seinen nächsten Angehörigen auszuüben (vgl. § 22 Satz 3 KUG, v. Gamm Einf. 94 sowie vor § 12 Bem. 6). – Soweit der Urheber seinem Rechtsnachfolger nicht im Testament oder im Erbvertrage Auflagen gemacht hat, was ohne weiteres zulässig ist (vgl. Bem. 4), hat er völlige Freiheit in der Verwaltung und Nutzung des künstlerischen Nachlasses des Urhebers. Er kann dessen Pseudonym lüften, ein anonymes Werk benennen, eine Kunstfälschung aufdecken, die Werke des Erblassers bis zur Unkenntlichkeit bearbeiten, ja verschandeln, kurz, alles tun, was der Urheber selbst auch hätte tun können. Daraus können sich Unzuträglichkeiten ergeben, wenn etwa der Erblasser einen nicht zur Familie gehörenden Dritten zum Erben oder Vermächtnisnehmer eingesetzt hat und die nahen Angehörigen tatenlos zusehen müssen, wie dieser die weitere Verbreitung willkürlich verhindert oder gar das Andenken des Urhebers in seinen Werken entehrt (die Lebensgefährtin *Pirandellos,* Martha Abba, verhinderte die Aufführung von neun nachgelassenen Dramen des Dichters mit der Begründung, Pirandello habe diese Werke „nur für sie" geschrieben; vgl. FuR 1968, 27). Die vom Gesetzgeber getroffene Regelung hat den Vorzug der Einfachheit, Klarheit und Rechtssicherheit; zudem ist es Sache des Urhebers selbst, für einen würdigen Rechtsnachfolger Sorge zu tragen. Die enterbten Angehörigen können sich daher nur in den Fällen der Erbunwürdigkeit (§§ 2339 ff. BGB) des vom Urheber ausersehenen Rechtsnachfolgers entledigen, in Extremfällen auch dann, wenn der Rechtsnachfolger in das von den Angehörigen wahrgenommene postmortale Persönlichkeitsrecht eingreift (Schricker Rdnr. 7; vgl. auch Rehbinder ZUM 1986, 365ff.).

Ausnahmsweise tritt der Rechtsnachfolger in folgenden Fällen nicht in vollem Umfange an die Stelle des Urhebers: 2

a) Während er das **Rückrufsrecht** wegen Nichtausübung aus § 41 in gleicher Weise ausüben kann wie der Urheber, sind ihm bei Ausübung des Rückrufsrechts wegen gewandelter Überzeugung aus § 42 engere Grenzen gezogen. Er muß nachweisen, daß der Urheber vor seinem Tode zum Rückruf berechtigt gewesen wäre und an der Erklärung des Rückrufs gehindert war oder diesen letztwillig verfügt hat (§ 42 Abs. 1 Satz 2). Es wäre unangemessen, dem Rechtsnachfolger ein Rückrufsrecht zu gewähren, für dessen Ausübung der Urheber selbst vor seinem Tode keinen Anlaß gesehen hat.

b) Die **Zwangsvollstreckung** gegen den Rechtsnachfolger ist erheblich erleichtert (§§ 115, 116 gegen §§ 113, 114). 3

c) Der Urheber selbst kann ihn durch **Auflagen** in der Ausübung des Urheberrechts beschränken. Die Einhaltung dieser Beschränkungen können der Erbe, der Miterbe sowie derjenige, der beim Wegfall des Rechtsnachfolgers an dessen Stelle getreten wäre, bei Vorliegen öffentlichen Interesses auch die zuständige Behörde verlangen (§ 2194 BGB). So band Bismarck seine Erben, den 3. Band seiner *Gedanken und Erinnerungen* erst nach dem Tode Kaiser Wilhelms II. zu veröffentlichen. Cosima Wagner traf ihrer Tochter Eva Chamberlain gegenüber die testamentarische Bestimmung, ihre Tagebücher, die ihre Beziehungen zu Richard Wagner behandeln, erst mehrere Jahrzehnte nach dem Tode der Tochter zu veröffentlichen (BGHZ 15, 249 *Cosima Wagner*). Der Urheber kann ferner im Wege der Auflage das Verbot aussprechen, Änderungen an seinem Werk vorzunehmen. Er kann auch hinsichtlich der Verwertung jede ihm sinnvoll erscheinende Anordnung treffen, also vor allem bestimmte Verwertungsarten ausschließen (z. B. anordnen, daß Übersetzungen des Werkes herzustellen seien). So verbot Arthur Schnitzler letztwillig die öffentliche Aufführung seines *Reigen.* Die Erben und Nutzungsberechtigten hielten diese Auflage ein, ließen aber die nicht ausdrücklich verbotene Verfilmung – bisher zweimal – zu. 4

d) Im Lande Berlin galt bis zur Wiedervereinigung noch das Militärregierungsgesetz Nr. 52, das die Vermögen der Hauptverantwortlichen des **Dritten Reiches** vorläufig beschlagnahmte (im übrigen Bundesgebiet ist es aufgrund des Art. 1 des Deutschlandvertrages vom 26. 5. 1952 – Sartorius II 600 – mit Wirkung vom 5. 5. 1955 aufgehoben). In Berlin konnten Schriften von Hitler, Goebbels, Rosenberg usw. danach allenfalls mit Zustimmung der Alliierten verwertet werden, während sonst lediglich § 86 Abs. 1 Nr. 4 und § 88 StGB zu beachten sind. Erben Hitlers sind übrigens – je für ihr Gebiet – die beiden deutschen Staaten, für die Bundesrepublik also das Land Berlin als letzter Wohnsitz, und Österreich (LG Düsseldorf NJW 1953, 508; LG München I FuR 1984, 564, 565; Sieger FuR 1983, 537: der Freistaat Bayern). 5

e) Beim Anspruch auf **immateriellen Schadenersatz** aus § 97 Abs. 2 ist zu unterscheiden: 6

– Ein bei Eintritt des Erbfalls bereits entstandener Anspruch des Urhebers geht ohne weiteres, also auch dann auf den Erben über, wenn er weder anerkannt noch rechtshängig ist; die Formulierung „und geht nicht auf die Erben über“ ist in § 97 Abs. 2 Satz 2 gerade deshalb nicht aus dem sonst wortgleichen § 847 Abs. 1 Satz 2 BGB übernommen worden, um dies sicherzustellen (Begr. S. 104). Darüber kann man sich nicht einfach mit dem Argument hinwegsetzen, diese Sonderbehandlung des Urhebererben sei „nicht gerechtfertigt“ (Schack GRUR 1985, 352, 358). „Erbe“ im Sinne der Begr. ist auch der Vermächtnisnehmer, wie aus der Gleichstellung beider durch § 30 folgt.
– Eine nach dem Erbfall geschehene Verletzungshandlung läßt jedenfalls keinen Anspruch aus § 97 Abs. 2 entstehen. Der Gesetzgeber wollte, abgesehen von der Vererblichkeit, eine dem allgemeinen Persönlichkeitsrecht entsprechende Regelung treffen (Begr. S. 104); dort wird aber immaterieller Schadenersatz nur wegen der Verletzung *eigener* Persönlichkeitsrechte gewährt (BGH GRUR 1974, 797, 800 *Fiete Schulze*). Solche kämen bei der Beeinträchtigung des Andenkens eines verstorbenen Urhebers allenfalls bei dessen Angehörigen, die mit dem Rechtsnachfolger im Sinne des § 30 nicht identisch zu sein brauchen, in Betracht (vor § 12 Bem. 6).

2. Nutzungsrechte

Vorbemerkung

Übersicht

I. Allgemeines

Das UrhG enthält keine umfassende Regelung des **Urhebervertragsrechts** 1
(s. Einl. 8). In der Absicht, im Anschluß an die Verabschiedung dieses Gesetzes ein eigenes Urhebervertragsgesetz zur Regelung aller Vertragstypen zu schaffen, hat sich der Gesetzgeber mit einer Neufassung bisheriger und der Schaffung weiterer, vordringlich erscheinender Regelungen begnügt und bereits in der Begr. (S. 28) darauf hingewiesen, daß diese Bestimmungen gegebenenfalls ohne Schwierigkeiten aus dem UrhG herausgelöst und in das neu zu schaffende Urhebervertragsgesetz übernommen werden können. Diese vom Gesetzgeber vorgezogene urheberrechtliche Teilregelung hat ihren Niederschlag hauptsächlich im 2. Unterabschnitt des 5. Abschnitts, aber auch in anderen Bestimmungen des UrhG (s. insbesondere die Sondervorschriften im 2. Teil für die sog. verwandten Schutzrechte) gefunden. Daneben gilt für den Bereich der Vervielfältigung und Verbreitung von Werken der Literatur und Tonkunst nach wie vor das Gesetz über das Verlagsrecht vom 19. Juni 1901 (VerlG), das lediglich teilweise modifiziert, im übrigen aber gültig geblieben ist (Einl. 3, § 34 Bem. 2, § 40 Bem. 6). Zur Kodifizierung des Sendevertragsrechts Bem. 55; für die Förderung von Kollektivvereinbarungen und eine Ergänzung des AGB-Gesetzes in diesem Bereich Hubmann UFITA 74 (1975), 1, 13ff.; zur Notwendigkeit eines Vertragsgesetzes zur Ausschöpfung des ABBG Hertin, AfP 1978, 72. Einen ausformulierten Vorschlag für ein **Urhebervertragsgesetz** nebst Begründung hat Nordemann GRUR 1991, 1 vorgelegt. Zur Bedeutung der Rechtsprechung für das Urhebervertragsrecht v. Gamm und Dittrich, Neuordnung des Urhebervertragsrechts?, S. 4, S. 18. Eine rechtsvergleichende Bestandsaufnahme des Urhebervertragsrechts bietet Dietz, Das primäre Urhebervertragsrecht.

Soweit das UrhG vertragsrechtliche Regeln enthält, können sie in allen 2
vielfältigen Vertragsformen relevant werden, die sich mit der Übertragung von urheberrechtlichen Befugnissen befassen. Nur für den **Verlagsvertrag** gibt es mit dem **Verlagsgesetz** vom 19. 6. 1901 (RGBl. 217) dispositives Recht für einen einzelnen Vertragstyp (eingehende Kommentierung durch Bappert/Maunz/Schricker[2]). Das UrhG trifft keine Unterscheidung nach einzelnen Vertragsarten.

Zwischen Verbänden der Urheber und Verwerter vereinbarte **Norm- und** 3
Musterverträge werden in Gerichtsentscheidungen als Hinweis auf bestehende Usancen herangezogen (vgl. BGHZ 13, 115, 121 *Volksbühnen-Platzzuschüsse;* BGHZ 22, 347, 357 *Clemens Laar;* BGH GRUR 1977, 42, 43 *Schmalfilmrechte;* Ulmer, Urhebervertragsrecht, S. 25; Schricker §§ 28ff.

Rdnr. 6–9). Die wichtigsten Normverträge aus dem Verlagsbereich sind bei Bappert/Maunz/Schricker[2] Anh. 746ff., 753ff.; 762ff., 773ff., aus dem Verlags- und anderen Bereichen bei Schulze, Urhebervertragsrecht[3], abgedruckt: der Bühnenverlagsvertrag Dramatiker-Union/Verband deutscher Bühnenverleger (S. 437); die Regelsammlung Verlage–Vertriebe/Bühnen (S. 748). Der Entwurf eines gemeinsamen Musikverlagsvertragsmusters (U-Musik) des Deutschen Komponisten-Verbandes und des Deutschen Musikverleger-Verbandes findet sich im Münchener Vertragshandbuch, Band 3, Teil IX Nr. 16. Vertragsmuster für die Musikverwertung s. Moser/Scheuermann, S. 802ff.

4 **Tarifverträge** für Arbeiternehmerurheber gibt es vor allem bei Presse, Rundfunk und Film. Texte bei Schulze, Urhebervertragsrecht[3], Nr. 49, 52, 53, 108–111; UFITA 92 (1982), 87ff.; vgl. ferner § 43 Bem. 3. Presse und Rundfunk sind auch das Hauptanwendungsgebiet für Tarifverträge arbeitnehmerähnlicher Personen im Sinne von § 12a TVG. Texte bei Schulze, Urhebervertragsrecht[3], Nr. 11ff., 48; UFITA 103 (1986), 266; vgl. § 43 Bem. 3.

5 Der 2. Unterabschnitt (§§ 31 bis 44) regelt, in welcher Weise und in welchem Umfang **Nutzungsrechte** vom Urheber eingeräumt und vom Erwerber weiterübertragen werden können. Im Gegensatz dazu definieren die §§ 15 ff. die einzelnen **Verwertungsrechte** des Urhebers, ohne bereits den Aspekt der Überlassung der Nutzung an Dritte mit einzubeziehen. Mit den Verwertungsrechten in § 15 nennt der Gesetzgeber diejenigen Tatbestandshandlungen, an die der Urheberberechtigte seine gesetzlichen Ansprüche nach den §§ 97 ff. anzuknüpfen hat. Demgegenüber wird mit „Nutzungsrecht" derjenige Bereich umschrieben, der Gegenstand urheberrechtlicher Rechtseinräumungen ist. Nur in den seltensten Fällen begibt sich der Urheber im Nutzungsvertrag eines bestimmten Verwertungsrechts (z. B. des Vervielfältigungsrechts) schlechthin, in der Regel geht es bei Verträgen um die Verwertung zu einem bestimmten Zweck. Dieser Unterschied der beiden Regelungskomplexe wird häufig nicht genügend beachtet (z. B. BGH GRUR 1968, 152, 153 *Angelique I:* Die Zugehörigkeit des Buchabsatzes über Buchgemeinschaften zum Begriff der Verbreitung gemäß § 17 steht der allgemein geübten Praxis, darin eine besondere Nutzungsart zu sehen, nicht entgegen; vgl. auch §§ 31, 32 Bem. 34). Insbesondere ist der Begriff der **Nutzungsart** (§ 31) und des sich daraus ergebenden jeweiligen Nutzungsrechts (zur Terminologie §§ 31, 32 Bem. 6) vom Verwertungsrecht scharf zu trennen. Wie sich im einzelnen aus den §§ 31 ff. ergibt, kann das Recht zur Nutzung der dem Urheber vorbehaltenen Verwertungsrechte – dinglich allerdings nur im Rahmen der Verkehrsfähigkeit, §§ 31, 32 Bem. 7 – Dritten in den verschiedensten Modifikationen überlassen werden, nämlich als einfaches oder ausschließliches Recht (§ 31 Abs. 2 und 3), als einfaches neben ausschließlichem Nutzungsrecht (§ 33), in räumlicher (z. B. auf Europa), zeitlicher (z. B. auf 10 Jahre) oder inhaltlicher (z. B. zur Auswertung eines Films im Fernsehen) Beschränkung (§ 32) und in allen denkbaren Kombinationen oder einzelnen Verwertungsarten der §§ 15 ff. Zur sog. Teilbarkeit der Verwertungsrechte vgl. auch BGH GRUR 1957, 611, 612 *Bel ami I.* Vorbild dieses Systems der Nutzungsrechte ist erklärtermaßen die Konstruktion der Patentlizenz (Begr. S. 55). Zutreffend ist die Nutzungsart als die jeweilige nach der Verkehrsauffassung als solche hinreichend klar

abgrenzbare wirtschaftlich-technische Verwendungsform zu verstehen, ähnlich bereits D. Reimer GRUR 1962, 619, 624ff.; vgl. §§ 31, 32 Bem. 7. Sie folgt ihrerseits aus dem **Vertragszweck** (§ 31 Abs. 5). Demnach ergibt sich aus dem Vertragszweck häufig eine gegenständliche Beschränkung des Rechts auf Nutzung eines bestimmten Verwertungsrechts, z. B. des

– Vervielfältigungsrechts auf besondere Reproduktionstechniken (im Falle BGH GRUR 1976, 706 *Serigrafie* hatte der Maler Friedensreich Hundertwasser seinem Galeristen nicht nur die Drucktechnik, sondern – schuldrechtlich – sogar den Drucker namentlich vorgeschrieben),

– des Vervielfältigungs- und Verbreitungsrechts bei der Lichtspielauswertung nur in der Anzahl und in dem Ausmaß, wie es erforderlich ist, damit der Film in Filmtheatern öffentlich vorgeführt werden kann (BGH GRUR 1977, 42, 44 *Schmalfilmrechte;* Movsessian GRUR 1974, 371, 374),

– des Verbreitungsrechts nach Art des Absatzweges (z. B. Vertrieb eines Buches über Buchgemeinschaften, vgl. BGH GRUR 1959, 200 *Heiligenhof)*.

Andererseits kann sich aus dem Verwertungszweck die Einbeziehung mehrerer Verwertungsformen ergeben: Das Recht zur Herstellung und Nutzung eines Films in Lichtspieltheatern erfordert das Verfilmungs- bzw. das Filmherstellungsrecht (§§ 88 Abs. 1 Nr. 1, 89 Abs. 3), das Vervielfältigungs- und Verbreitungsrecht (§§ 16, 17) in bezug auf die erforderlichen Bild- und Tonträger, sowie endlich das Vorführungsrecht (§ 19 Abs. 4), während zur Fernsehausstrahlung anstelle des Vorführungsrechts das Senderecht (§ 20), zum Vertrieb von Bild-Ton-Kassetten anstelle des Vorführungs- und Senderechts die Befugnis zur Vervielfältigung und Verbreitung zwecks privater Nutzung benötigt wird. Ein urheberrechtlicher Nutzungsvertrag ist regelmäßig auf eine „um ihrer selbst willen vorgenommene wirtschaftliche Nutzung von Urheberrechtsgut" (BGH GRUR 1977, 42, 44 *Schmalfilmrechte)* abgestellt. Auf diesem Begriffsverständnis gründen die maßgeblichen Auffassungen zur Zweckübertragungstheorie (§§ 31, 32 Bem. 19–51) und zur noch unbekannten Nutzungsart (§§ 31/32 Bem. 9–18). Zur Dogmatik eingehend Forkel S. 132ff., Schricker vor § 28 Rdnr. 19–21, 51ff.

Ausdrücklich wird auch die Einräumung eines **Nutzungsrechts auf alle** 6
Nutzungsarten, also praktisch die ausschließliche Verwertung durch einen Dritten, zugelassen (vgl. aber §§ 31, 32 Bem. 26). Ausgenommen sind lediglich die noch nicht bekannten Nutzungsarten (§ 31 Abs. 4). Eine dingliche Rechtsposition kann im Interesse der Verkehrsfähigkeit nur an abgrenzbaren Nutzungsarten eingeräumt werden, begleitende schuldrechtliche Beschränkungen sind aber frei vereinbar (§§ 31, 32 Bem. 6, 7). Ferner ist auf die folgenden **vertraglich nicht abdingbaren gesetzlichen Vorschriften** hinzuweisen: § 26 (keine Vorausabtretung auf Ansprüche aus dem Folgerecht), § 29 (keine Übertragung des Urheberrechts), § 40 Abs. 2 Satz 1 (kein Vorausverzicht auf Kündigungsrecht bei Verträgen über künftige Werke), §§ 41 Abs. 4, 42 Abs. 2 (kein Vorausverzicht auf Rückrufsrecht und dessen Ausübung), § 61 (Zwangslizenz). Zur Einschränkung der Abtretbarkeit urheberpersönlichkeitsrechtlicher Befugnisse vor § 12 Bem. 3–8. Im übrigen gilt das **Prinzip der freien Vereinbarung.** Dieses findet seine Grenze erst an den allgemeinen Vorschriften über die Wirksamkeit von Rechtsgeschäften, insbesondere § 134 BGB (vgl. OLG Düsseldorf GRUR 1979, 53 *Laufbilder* und OLG Hamburg GRUR 1980, 998 *Tiffany* für Sexfilme mit „harter" Pornographie gem. § 184 Abs. 3 StGB), für Rechtswirksamkeit bei Rechtsgeschäften innerhalb des Rahmens von § 184 Abs. 1 StGB (OLG

Hamburg GRUR 1984, 663, 664 *Video Intim*) und an § 138 BGB: Dem Erwerber, der sich ein umfassendes Nutzungsrecht für ein Linsengericht hat übertragen lassen, muß nachgewiesen werden, daß er in Ausbeutung des Leichtsinns, der Notlage oder der Unerfahrenheit des Urhebers gehandelt hat und daß Leistung und Gegenleistung in einem auffälligen Mißverhältnis zueinander stehen (instruktiv LG Berlin GRUR 1983, 438 *Joseph Roth;* zur Vereinbarkeit eines Künstlervertrages zwischen Musikern einer Popgruppe und einem Musikproduzenten mit § 138 BGB GRUR 1989, 198, 201 ff. *Künstlerverträge,* speziell auch zur Überbürdung des Produktionsrisikos auf die Künstler; vgl. auch § 36 Bem. 3, vor § 73 Bem. 13). Das AbzG ist auf einen Vertrag über die Vergabe von Vervielfältigungs- und Verbreitungsrechten über ein urheberrechtlich geschütztes Verlagsobjekt nicht anwendbar (BGHZ 105, 374, 378 *Präsentbücher*). Vgl. auch Bem. 12, 30, 31 und § 36. Ob der Vertragsgegenstand **Werkqualität** gem. § 2 UrhG besitzt oder nicht, ist der **Parteidisposition entzogen** und im Streitfall von den Gerichten eigenständig zu prüfen (OLG Karlsruhe GRUR 1984, 521, 522 *Atari-Spielcassetten*). Zur (Leer-) Übertragung nicht bestehender Urheberrechte Bem. 21.

7 **Inhaberwechsel von Nutzungsrechten.** Das Urheberrecht selbst kann nur in den Grenzen der §§ 28, 29, d. h. anläßlich des Erbfalls übertragen werden (vor § 28 Bem. 1). Unter Lebenden werden Nutzungsrechte (§§ 31 ff.) eingeräumt, und zwar vom Urheber (und dessen Rechtsnachfolger) auf den Ersterwerber und ggf. anschließend von diesem (vorbehaltlich der Zustimmung des Urhebers, §§ 34, 35) durch Weitergabe an andere in beliebiger Serie. Die vertragsgesetzlichen Regeln für den Rechtserwerb vom Urheber sind auf die weiteren Übertragungsvorgänge abgeleiteter Rechte nicht schematisch anwendbar, sondern nur, soweit urheberpersönlichkeitsrechtliche Belange dabei nicht berührt werden. Zumeist erfolgt eine Einräumung urheberrechtlicher Nutzungsrechte im Rahmen eines Vertrages. Der Urheberberechtigte kann ungeachtet dessen Eingriffe in seine urheberrechtliche Rechtsstellung auch durch einseitige **Einwilligung** erlauben. Auf die Einwilligung sind die Regeln über Willenserklärungen anwendbar (Schricker vor § 28 ff. Rdnr. 27). In § 23 geht der Gesetzgeber davon aus, daß der Urheber das ihm vorbehaltene Recht der Werkbearbeitung in der Regel durch (einseitige) Einwilligung ausübt; ebenso kann durch vertragliche Vereinbarungen Dritten das Recht zur Bearbeitung eines Werkes eingeräumt werden (Schricker vor §§ 28 ff. Rdnr. 28). Miturheber und Urheber verbundener Werke verfügen grundsätzlich über die Nutzungsrechte gemeinsam (§ 8 Abs. 2, § 9 Bem. 7).

8 **Einräumung von Nutzungsrechten als Verfügung.** Der Urheberrechtsvertrag ist ein Rechtsgeschäft, welches – zumindest auch – auf die Einräumung von urheberrechtlichen Nutzungsbefugnissen ausgerichtet ist. Insoweit ist lediglich das Verfügungsgeschäft angesprochen. Das der Verfügung über das Nutzungsrecht zugrunde liegende Verpflichtungsgeschäft kann dagegen verschiedener Art sein. Legt der Vertrag eine dahingehende Typisierung nicht ausdrücklich fest, ist wiederum der Vertragszweck ergänzend heranzuziehen (v. Gamm Einf. 68, 80). Gemeinsam ist allen Urhebervertragstypen die Verpflichtung des Urheberberechtigten zur Verschaffung der vertragsgegenständlichen Nutzungsrechte, damit der Erwerber das ihm eingeräumte Recht entweder selbst nutzen, oder, nach

Weiterübertragung auf Dritte (§§ 34, 35), durch diese nutzen lassen kann. Alle weiteren Rechte und Verpflichtungen des Rechtsinhabers und des Rechtserwerbers können gemäß dem jeweiligen Zweck des Vertrags unterschiedlich bestimmt werden (Bem. 2). Im Urheberrecht erfolgt die Übertragung von Nutzungsrechten im Wege der *Einräumung*. Das Stammrecht verbleibt dem Urheber, wird aber mit den eingeräumten Nutzungsrechten gleichsam belastet wie ein Grundstück mit einer Dienstbarkeit (vor § 28 Bem. 1). Sofern einfache Nutzungsrechte eingeräumt werden, liegt nur ein schuldrechtliches Rechtsgeschäft, allerdings mit der besonderen Schutzwirkung des § 33 (vgl. § 33 Bem. 1), zugrunde (str., vgl. §§ 31, 32 Bem. 2). Ausschließliche Nutzungsrechte werden durch **Verfügung** eingeräumt. Die beim Erwerber verdinglichte Rechtsstellung äußert sich vor allem in seinem **selbständigen Klagerecht** gegen jedermann, der in die ihm ausschließlich eingeräumte Rechtsposition durch entsprechende Verletzungshandlungen eingreift. Der Inhaber eines einfachen Nutzungsrechts hat dagegen keine selbständigen Abwehrbefugnisse gegenüber Dritten. Auch nach der Vergabe ausschließlicher Nutzungsrechte bleibt der Urheber neben seinem Vertragspartner zur Klage berechtigt, weil durch die Verletzungshandlung auch das Stammrecht verletzt wird (§§ 31, 32 Bem. 1 und § 97 Bem. 9).
Das durch die Verfügung eingeräumte ausschließliche Nutzungsrecht kann gem. §§ 1068 f., 1273 f. BGB Gegenstand eines Nießbrauchs, Pfandrechts oder einer Sicherungsübertragung sein.

Ein **gutgläubiger Erwerb** der Nutzungsrechte von einem Nichtberechtigten **9**
ist – entsprechend den Regelungen der Forderungsabtretung (§§ 413, 398ff. BGB) – **nicht** denkbar (BGHZ 5, 116, 119 *Parkstraße 13;* KG Schulze KGZ 50, 6 *Aktfotos*). Wer über Nutzungsrechte verfügt, muß die entsprechende Verfügungsmacht besitzen oder die Zustimmung des Inhabers der Verfügungsmacht gem. § 185 BGB beibringen. Zugunsten des Filmherstellers (§ 89 Abs. 2) und des Tonträgerherstellers im Verhältnis zum ausübenden Künstler (§ 78 2. Halbsatz, vgl. § 78 Bem. 2, 3) gibt es gesetzliche Einschränkungen des genannten Prinzips (Schricker vor §§ 28ff. Rdnr. 44). Wird der Vertragspartner über eine Weiterübertragung von Nutzungsrechten nicht rechtzeitig informiert, können sich schuldrechtliche Schutzwirkungen aus einer entsprechenden Anwendung der §§ 169ff., 407ff. BGB ergeben.
Auf die urheberrechtliche Verfügung können grundsätzlich die Rechtsgedanken der §§ 413, 398 BGB angewandt werden. Sie kann unter eine aufschiebende oder auflösende Bedingung gestellt werden. Mit Ausnahme der Verfügung über künftige Werke (Bem. 11) bedarf es keiner Form (dasselbe zum Nutzungsvertrag Bem. 12). Das kann Gegenstand einer Sicherungsverfügung oder gem. §§ 1068ff., 1273ff. BGB eines Nießbrauchs oder Pfandrechts sein.

Nach §§ 413, 398 BGB ist der **Abstraktionsgrundsatz,** d. h. die Selbstän- **10**
digkeit einer dinglichen Verfügung gegenüber dem Vertrag, der die Verpflichtung zu dieser Verfügung begründet hat, an sich auch auf urheberrechtliche Verfügungen anwendbar; aber die Besonderheiten des Urheberrechts fordern vielfach Abweichungen. Für **Verlagsverträge** zwischen Verfasser und Verleger hebt § 9 VerlG das Abstraktionsprinzip ausdrücklich auf. Auf andere Urheberrechtsverträge ist entsprechend der Lehre Ulmers (Urheber- und Verlagsrecht^2 S. 313ff.; hieran anknüpfend Kraßer GRUR

Int., 230, 235 ff. und Forkel S. 162 ff.) weitgehend eine entsprechende Anwendung geboten. Das Urheberrecht ist vom Zweckgedanken beherrscht (§§ 31, 32 Bem. 17–47). Dieser schlägt auch auf das Verfügungsgeschäft durch. Die Einräumung von Nutzungsrechten erfolgt regelmäßig im Nutzungsvertrag selbst, nicht in davon gesonderten Rechtsakten (anders dagegen die Übereignung von Werkstücken, vgl. § 44 Abs. 1, dort Bem. 1). Während es im bürgerlich-rechtlichen Sachenrecht einen gesetzlichen Typenzwang für die einzelnen Belastungsarten des Eigentums gibt, erfährt im Urheberrechtsvertrag das eingeräumte Nutzungsrecht erst durch den schuldrechtlichen Vertrag seine nähere Ausformung (Kraßer a. a. O. S. 237). Demgemäß vergibt der Urheber auch in dinglicher Hinsicht von vornherein nur **zweckgebundene** Rechte. Das Nutzungsrecht ist derart mit dem beim Urheber verbleibenden Mutterrecht (§ 29 Satz 2) verbunden, daß es bei Wegfall des vorgegebenen Zwecks an den Urheber automatisch zurückfällt (Ulmer S. 313 ff. und vor § 28 Bem. 1, sog. Heimfall des Urheberrechts). Erlischt das zugrunde liegende Verpflichtungsgeschäft, bedarf es somit keiner gesonderten Rückübertragung seitens des Vertragspartners auf den Urheber (so schon Ulmer[2] S. 315; Kraßer a. a. O. S. 238; Forkel S. 164; etwas abweichend Hubmann/Rehbinder[7] § 43 I 3; ganz a. M. v. Gamm Einf. 70). Seit Inkrafttreten des UrhG bedarf es keiner Prüfung, ob das Vorhandensein eines verlagsähnlichen Vertrages die entsprechende Anwendung des § 9 VerlG rechtfertigt (anders noch – für das frühere Recht – BGHZ 27, 90, 95 ff. *Die Privatsekretärin*). Zwischen Auswertungspflicht (dazu Bem. 37) und Kausalbindung besteht kein Zusammenhang. Vielmehr ist § 9 VerlG eine Ausprägung der allgemeinen die urheberrechtliche Verfügung prägenden Zweckbindung. Das UrhG hat diese in den Mittelpunkt seiner Vertragsregelung gestellt (§ 31 Abs. 5) und in § 40 Abs. 3 im Sinne der hier vertretenen Auffassung den automatischen Rechterückfall bei Beendigung des Kausalgeschäfts anerkannt. Auch das früher nach Rücktrittsregeln (entsprechend §§ 17, 35, 45 VerlG) behandelte, vom UrhG gesetzlich näher ausgestaltete Institut des Rückrufs führt zum automatischen Rechterückfall (§§ 41 Abs. 5, 42 Abs. 5), obwohl die gesetzlichen Voraussetzungen des Rückrufs wesentlich mehr an Zusammenwirken der Vertragspartner bei der Abwicklung (Entschädigung) voraussetzen als bei Kündigung und Rücktritt. Mit gleichem Ergebnis, aber ohne dogmatische Begründung BGH GRUR 1976, 706, 708 *Serigrafie;* vgl. auch Bem. 25.

Die Grundsätze zur zweckgebundenen Rechtsübertragung kommen auch außerhalb des primären Urhebervertragsrechts, d. h. bei der **Weiterveräußerung abgeleiteter Rechte,** zum Tragen, sofern der Verfügende sich seiner Rechtsposition nicht endgültig begeben will oder dies – mangels einer vom Rechtsvorgänger vermittelten Rechtsmacht – nicht kann (Forkel S. 164; a. M. Lange S. 27 ff.). Hierher gehören vor allem zeitlich befristete Lizenz- und Sublizenzverträge.

Etwas anderes gilt bei der **nichtzweckgebundenen** Weiterveräußerung **abgeleiteter** Rechte. Veräußert der Filmhersteller das von ihm vertraglich erworbene Verfilmungsrecht zulässigerweise (§ 91) an einen anderen Produzenten und tritt er später gem. § 326 BGB vom Veräußerungsvertrag zurück, weil der Erwerber den Kaufpreis nicht zahlt, hat er lediglich einen schuldrechtlichen Anspruch auf Rückübertragung (Ulmer[3] § 92 I 4b; Schricker vor § 28 ff. Rdnr. 62; im Ergebnis ebenso die vor Inkrafttreten des UrhG liegende Entscheidung BGHZ 27, 90, 95 ff. *Die Privatsekretärin* mit dogmatisch richtigstellender Anm. von Ulmer bei Schulze BGHZ 83, 16, 19). Zum Schicksal der abgeleiteten Nutzungsrechte nach Rechtsverlust desjenigen, von dem die Rechte erworben worden sind, § 33 Bem. 1, § 34 Bem. 15.

Verfügung über künftige Nutzungsrechte. Die Verfügung kann sich auch 11 auf bekannte Nutzungsrechte erstrecken, die erst in der Zukunft zur Entstehung gelangen. Soweit sich der diesbezügliche Vertrag auf künftige Werke bezieht, die bei Vertragsabschluß nicht oder nur der Gattung nach bestimmt sind, gilt das Schriftformerfordernis nach § 40. Zu den unterschiedlichen Vertragsformen vgl. § 40 Bem. 4.

II. Der Nutzungsvertrag

Formfreiheit. Die Einräumung von Nutzungsrechten erfolgt überwiegend 12 durch Vertrag (Bem. 6). Sie ist – außer im Falle des § 40 (künftige Werke) – formfrei, kann also auch mündlich erfolgen. Eine stillschweigende Einräumung ist wegen § 31 Abs. 5 nur ausnahmsweise und nur dann anzunehmen, wenn der Zweck des Vertrages sie erfordert (§§ 31, 32 Bem. 17ff., § 39 Bem. 3). Das wird vor allem bei Dienst- und Arbeitsverhältnissen, deren Zweck auch die Schaffung urheberrechtlich geschützter Werke einschließt, häufig zutreffen (§ 43 Bem. 3), ferner im Verhältnis zwischen Angehörigen von katholischen Orden und ihrer Ordensgemeinschaft, jedenfalls wenn der Urheber ein Armutsgelübde abgelegt hat (BGH GRUR 1974, 480 *Hummelrechte;* OLG Düsseldorf GRUR 1991, 759 *Armutsgelübde).* Im übrigen ist zu fordern, daß ein entsprechender Parteiwille unzweideutig zum Ausdruck kommt (BGHZ 22, 209, 212 *Morgenpost;* BGHZ 24, 55, 70ff. *Ledigenheim;* BGH GRUR 1971, 362, 363 *Kandinsky II*). In der grundsätzlichen Billigung eines Vorhabens liegt nicht automatisch die Erteilung aller Nutzungsrechte, die der Verwerter, ohne dies mit dem Urheberberechtigten geklärt zu haben, in Anspruch nehmen möchte. Der auf die Rechtseinräumung gerichtete Parteiwille kann erforderlichenfalls aus Hilfstatsachen ermittelt werden, z. B. der gewechselten Korrespondenz, jedoch setzt das eine Einigung über die wesentlichen Geschäftsumstände voraus (OLG Frankfurt GRUR 1991, 601, 602 *Werkverzeichnis,* im Ergebnis aber bedenklich, weil die Rechtsinhaber sich den Abschluß eines schriftlichen Vertrages vorgestellt hatten). Unklarheiten gehen insoweit zu Lasten dessen, dem infolge besonderer Sachgründe die Problematik bekannt sein müßte (BGH *Kandinsky II* für das Verhältnis Malerwitwe – Kunstverleger). In der Praxis kann, je nachdem um welchen Bereich es sich handelt, sowohl die mündliche Abrede als auch die schriftliche Vereinbarung üblich sein. Je marktmächtiger der Rechtserwerber ist, desto weniger besteht auf dessen Seite die Neigung, sich mit dem Urheber auf ein individuelles Aushandeln der Vertragsklauseln einzulassen; statt dessen wird er die Verwendung von Formularmustern oder Verpflichtungsscheinen vorziehen, die auf die umseitig oder in einer Anlage abgedruckten Formularbedingungen Bezug nehmen (vgl. unten Bem. 30). Nicht selten kommt es bei größeren Verwertern wie etwa Film- und Fernsehproduzenten, Rundfunkunternehmen oder Bild- und Tonträgerproduzenten infolge der organisatorischen Trennung von Programm- und Verwaltungsabteilungen dazu, daß diese die ihnen aufgrund mündlicher Verabredung überlassenen Werke nutzen und dann vom Urheberberechtigten nachträglich die Unterzeichnung der Formularmuster verlangen. In solchen Fällen ist der Urheber keineswegs gehalten, sich auf das Vertragsformular einzulassen; denn mindestens vom Zeitpunkt der tatsächlichen Nutzung an ist ein formloser, aber bindender Nutzungsvertrag zustande gekommen. Maßgeblich ist dann die gesetzliche Regelung, die für den Urheber stets günstiger sein wird als der Formularvertrag.

13 **Vertragsauslegung, schuldrechtliche Vertragstypen im Urhebervertragsrecht.** Zur Auslegung von vertraglichen Vereinbarungen, die urheberrechtliche Nutzungsrechte zum Gegenstand haben, enthält das Urheberrechtsgesetz einige zwingende (§§ 34 Abs. 5, 36 Abs. 3, 40 Abs. 2, 41 Abs. 4, 42 Abs. 2) und im übrigen dispositive Regeln (§§ 31 Abs. 5, 37, 38, 44, 88, 89). Ergänzend ist auf das VerlG zu verweisen. Ausdrückliche, vor allem schriftliche vertragliche Vereinbarungen kommen zum Zuge, soweit sie sich mit zwingendem Urhebervertragsrecht vereinbaren lassen. Sog. **Preisabstandsklauseln** in Taschenbuch-Lizenzverträgen sind nach § 15 GWB nichtig, führen aber über § 140 BGB (Umdeutung) nicht zur Nichtigkeit des Vertrages insgesamt; das Schriftformerfordernis des § 34 GWB steht der Umdeutung nicht entgegen, weil sich aus dem zugrundeliegenden Vertragszweck i.V.m. Treu und Glauben ohnehin eine Verpflichtung des Lizenzgebers zur Einhaltung eines angemessenen Preisabstandes ergibt (BGH GRUR 1986, 91 *Preisabstandsklausel*). Das AbzG findet auf urheberrechtliche Nutzungsverträge keine Anwendung, weil von diesem Gesetz nur Kaufverträge über bewegliche Sachen erfaßt werden, nicht aber der Rechtskauf (BGHZ 105, 374, 378 *Präsentbücher* für einen Lizenzvertrag über ein urheberrechtlich geschütztes Verlagsobjekt). Soweit Auslegungsbedarf besteht, genießen die dispositiven Vertragsregeln des UrhG und des VerlG Vorrang vor anderen vertragsrechtlichen Vorschriften, auch solchen des BGB. Das gilt im Grenzfall auch gegenüber den allgemeinen Auslegungsregeln der §§ 157, 242 BGB. Auf die Vertragstypen, die sich im Rechtsverkehr des Urheberrechts herausgebildet haben, können die Dispositivbestimmungen für die im BGB behandelten Vertragsarten von Fall zu Fall in gebotener Vorsicht herangezogen werden. In der Regel sind sie aus mehreren Vertragstypen gemischt. Dem Bühnenaufführungsvertrag (Bem. 35) erkennt der BGH Elemente aus dem Pacht-, Gesellschafts- und Werkvertragsrecht zu, im Falle der Übernahme einer Auswertungspflicht wird er analog zum Verlagsvertrag behandelt (BGHZ 13, 115, 119 *Volksbühnen-Platzzuschüsse)*. Vgl. auch BGH GRUR 1966, 390, 391 *Werbefilm:* Hinsichtlich der Rechtsverschaffung an einem Werbefilm gelten kaufrechtliche Grundsätze, während die Herstellung und Lieferung der Filmmaterialien als Werklieferungsvertrag behandelt wird. BGHZ 2, 331, 333ff. *Filmverwertungsvertrag:* Der Filmverleihvertrag wird hinsichtlich der Rechtsverschaffung ähnlich wie im Verlagsrecht unter Heranziehung der §§ 445, 442, 440, 325, 320 BGB behandelt, Beschaffenheitsmängel in entsprechender Anwendung der Vorschriften über die Rechtspacht. Entscheidend ist stets die inhaltliche Ausgestaltung des Vertrages. Die von den Vertragspartnern gewählte Typenbezeichnung ist unerheblich (LG München I UFITA 90, [1981], 277: auch wenn der Vertrag mit „Verlagsvertrag" überschrieben ist, kann es sich um einen Geschäftsbesorgungsvertrag handeln). Weitergehend folgert v. Gamm (in: Neuordnung des Urhebervertragsrechts?, S. 4, 9) aus einer Entscheidung des Bundesgerichtshofs, die den Ausschluß der gesamthände-

rischen Haftung des BGB-Gesellschafters durch eine Negativklausel betrifft (BGH LM Nr. 14 zu § 823 Ac BGB), die Parteien eines urheberrechtlichen Nutzungsvertrages seien nicht in der Lage, durch eine entsprechende Klausel die Anwendung bestimmter für einen Vertragstyp maßgebenden Normen auszuschließen. Dem ist zu widersprechen. Die gesamthänderische Haftung von BGB-Gesellschaftern ist gesetzlich zwingend vorgeschrieben. Bei den Vertragsbestimmungen des Schuldrechts handelt es sich im allgemeinen um dispositives Recht. Im Rahmen der Vertragsfreiheit müssen die Vertragspartner in der Lage sein, für eine vertragliche Vereinbarung, die dogmatisch beispielsweise als Werkvertrag zu qualifizieren ist, die Anwendbarkeit bestimmter Regeln des Werkvertrages auszuschließen.
Soweit in AGB urheberrechtliche Nutzungsrechte geregelt werden, steht dem grundsätzlich die Anwendung des AGBG nicht entgegen (Bem. 30).
Bei Verträgen, die Berührung mit anderen Staaten aufweisen, ist nach den Regeln des internationalen Privatrechts zu bestimmen, inwieweit das deutsche oder ausländisches Urhebervertragsrecht anzuwenden ist (Bem. 32, vor § 120 Bem. 5).

Vertragliche Pflichten. Urheberrechtliche Nutzungsverträge werden 14
sowohl zwischen Urheber und Verwerter als auch zwischen dem Inhaber eines vom Urheber abgeleiteten Nutzungsrechts und Drittverwertern geschlossen. Art und Umfang der übernommenen **Vertragspflichten** bestimmen sich nach der Eigenart der übertragenen Nutzungsrechte und des zugrundeliegenden Kausalgeschäfts. Typischerweise obliegt der einen Vertragsseite die Pflicht zur Verschaffung der urheberrechtlichen Nutzungsrechte; für deren Bestand hat sie einzustehen. Für den Verlagsvertrag ergibt sich das aus § 8 VerlG, für die übrigen Nutzungsverträge unmittelbar aus der übernommenen Vertragspflicht. Die Rechtsfolgen mangelnder Rechtsverschaffung ergeben sich bei gegenseitigen Verträgen aus den §§ 320ff. BGB. Von der entsprechenden Anwendbarkeit des § 440 BGB (in Verbindung mit §§ 445, 325 BGB) hängt es ab, ob derjenige, dem die Rechtsverschaffung obliegt, ohne Rücksicht auf Verschulden wegen mangelnder Rechtsübertragung auf Schadenersatz in Anspruch genommen werden kann. Sofern der gesamte Nutzungsvertrag von Elementen des Werk- oder Pachtvertrages beherrscht wird, setzt der Schadenersatzanspruch Verschulden des Vertragspartners voraus (§§ 581, 538, 635 BGB). Zu beachten ist aber, daß die urheberrechtlichen Nutzungsverträge im allgemeinen als gemischte Verträge eigener Art angesehen werden, wobei die Pflicht zur Verschaffung der Nutzungsrechte Bestandteil einer **kaufrechtlichen** Verpflichtung ist (Bem. 13; v. Gamm in: Neuordnung des Urhebervertragsrechts?, S. 4, 9). Das gilt unabhängig davon, ob es sich um Verlags- oder verlagsähnliche Verträge handelt.
Zum Umfang der zu übertragenden Rechte vgl. §§ 31, 32 Bem. 5–7, 17–47.
Bei Austauschverträgen übernimmt der Rechtserwerber in der Regel als Hauptverpflichtung die der **Vergütung** gegenüber der anderen Vertragsseite (Bem. 16). Im Verlagsvertrag wie auch bei einer Reihe anderer Vertragsgestaltungen übernimmt der Rechtserwerber primär die **Verpflichtung zur Verwertung** der übertragenen Nutzungsrechte oder jedenfalls eines Teils davon. Während die Auswertungspflicht für den Verleger dispositiv-gesetzlich vorgeschrieben ist (§§ 1, 14 VerlG), bedarf sie in allen übrigen Fällen der ausdrücklichen oder stillschweigenden Vereinbarung der Vertragsparteien. **VerwGes** übernehmen die Pflicht zur Wahrnehmung der

ihnen anvertrauten Rechte entsprechend den Regeln des Geschäftsbesorgungsvertrages.

15 **Enthaltungspflicht und Wettbewerbsverbot.** Soweit der Urheber einem Dritten eine ausschließliche Nutzungsbefugnis einräumt, hat sich auch der Urheber selbst einer dahingehenden Nutzung zu enthalten. Als bloße Kehrseite der erteilten ausschließlichen Rechtseinräumung bezieht sich diese Einschränkung nur auf die spezielle Nutzungsart an dem davon betroffenen Werk (§§ 31, 32 Bem. 5–7). Bei der Vergabe einer einfachen Berechtigung darf der Urheber selbstverständlich nicht nur anderen Interessenten entsprechende Rechte einräumen, sondern diese auch selbst ausüben. Der Bühnenautor, der sein Stück einem Bühnenverlag zum ausschließlichen Vertrieb gibt, darf das Stück zu einem Roman verarbeiten und einem Buchverlag zur Vervielfältigung und Verbreitung und einer Rundfunkanstalt oder einem Film- oder Fernsehproduzenten zur Verfilmung anbieten. Eine Grenze ergibt sich für den Urheber lediglich aus dem Grundsatz von Treu und Glauben (zur Fernsehauswertung eines für Kinozwecke verfilmten Bühnenstücks s. § 88 Bem. 27, § 95 Bem. 7). Für den Verlagsvertrag ergeben sich die Enthaltungspflichten des Verfassers unmittelbar aus § 2 Abs. 2 VerlG. In manchen Urheberrechtsverträgen werden solche **Enthaltungspflichten** des Urhebers im einzelnen definiert, sie können aber auch stillschweigend auferlegt sein (BGH GRUR 1985, 1041, 1043 *Inkasso-Programm:* als werkvertragliche Nebenpflicht in Bezug auf das speziell für den Auftraggeber erstellte Computerprogramm). Sofern die dem Urheber auferlegten Unterlassungspflichten über das vertragsgegenständliche Werk hinausgehen, geht die Enthaltungspflicht in ein **Wettbewerbsverbot** über, dessen Reichweite in einer breiten Skala denkbar ist. Einer häufigen Übung im Verlagswesen entspricht es, dem Verfasser zu untersagen, während einer bestimmten Vertragsdauer nicht ein ähnliches Werk zu publizieren, das geeignet ist, mit dem vertragsgegenständlichen Werk in Wettbewerb zu treten (vgl. Delp[4] S. 56). Eine allgemein gültige Regel für alle Arten von Urheberverträgen oder bestimmte Vertragsarten ist darin jedoch nicht zu sehen. Der Bundesgerichtshof hat eine derartige Unterlassungsverpflichtung angenommen für einen Verlagsvertrag über ein medizinisches Wörterbuch (BGH GRUR 1973, 426, 427 *Medizin-Duden*), dabei aber hervorgehoben, daß es dem Urheber grundsätzlich gestattet sei, ein neues selbständiges Werk, auch wenn dieses aufgrund freier Benutzung des in Verlag gegebenen Werkes geschaffen ist, zu veröffentlichen. Aus Treu und Glauben ergebe sich ausnahmsweise dann eine Unterlassungspflicht hinsichtlich anderer Werke, wenn das neue Werk denselben Gegenstand habe, sich an denselben Abnehmerkreis wende und nach Art und Umfang geeignet sei, dem früheren Werk ernsthaft Konkurrenz zu machen. Letzteres ist nur dann der Fall, wenn das spätere Werk das vertragliche Werk überflüssig macht. Was für Fachwörterbücher ähnlicher Qualität gilt, kann nicht auf jedes beliebige Sachbuch, auf Kriminalromane oder gar auf Belletristik übertragen werden. Zur vertraglichen Enthaltungspflicht und Wettbewerbsverboten in Verlagsverträgen Schramm UFITA 64 (1972), 19, 21 und 72 (1975), 19; Greuner GRUR 1972, 109; Bappert/Maunz/Schricker[2] § 2 Rdnr. 4ff. Dem Architekten eines individuell gestalteten Einfamilienhauses ist es in der Regel versagt, in dessen unmittelbarer Nachbarschaft einen oder mehrere Nachbauten zu errichten (v. Gamm BauR 1992, 97, 116). Bei Werken der bildenden Kunst ergibt die Wahl eines ähnlichen *sujets* für ein im übrigen ganz neues Werk

noch nicht ohne weiteres eine Wettbewerbslage (RGZ 119, 408, 413 *Elfenreigen;* s. auch Bappert/Maunz/Schricker § 2 Rdnr. 39ff.); anders ist es nur dann, wenn gerade dieses *sujet* die Werke dieses Künstlers charakterisiert *und* sie für die industrielle Massenproduktion bestimmt sind. Entsprechendes gilt für die anderen Vertragsarten (vgl. § 88 Bem. 27 und § 95 Bem. 7 für Filmwerke sowie § 97 Bem. 9, 24). Je weniger das Werk rein praktischen Zwecken dient, desto ferner liegt es, von einer Austauschbarkeit auszugehen. Ferner gilt das Wettbewerbsverbot nur für die Zeitdauer der unmittelbaren Kollision auf dem Markt. Gehen vertragliche Wettbewerbsverbote wesentlich über diese Schwelle hinaus, wird die Schaffensfreiheit des Urhebers übermäßig beeinträchtigt; die betreffende Wettbewerbsklausel ist infolge Sittenwidrigkeit gem. § 138 BGB nichtig (Ulmer[3] S. 438).
Zwar würde der Urheber sich an der Schöpfung von Werken nicht gehindert sehen. Wenn er sie jedoch nicht verwerten kann und auch nicht für die mangelnde Verwertbarkeit angemessen finanziell entschädigt wird, würden ihm sämtliche vom Urheberrechtsgesetz eröffneten gesetzlichen Nutzungsmöglichkeiten abgeschnitten. Für die meisten Urheber würde damit die Werkschöpfung sinnlos (das übersieht Schmitt-Kammler S. 19f). In entsprechender Weise unterliegt der **Lizenzgeber** im Verhältnis zum Lizenznehmer den aus Treu und Glauben abgeleiteten Geboten der Enthaltung und der Unterlassung von Wettbewerbshandlungen, sofern dadurch der Vertragszweck gefährdet wäre (OLG Hamm GRUR 1978, 436 *Herz mit Paprika* für Buchgemeinschaftslizenz).
Für die **Enthaltungspflicht des Verwerters** gilt an sich nichts besonderes: Auch er ist nach Treu und Glauben gehalten, die Erfüllung des Vertragszwecks nicht durch andere Publikationen zu gefährden (§ 242 BGB). Die bloße Tatsache des Erscheinens eines Buches mit gleichem *sujet* im gleichen Verlag führt jedoch in der Regel noch nicht zu einer solchen Gefährdung; anders wäre es etwa dann, wenn die Werbung für das eine Werk das andere ausschlösse oder der Verleger sonst eines der beiden Werke benachteiligte.

Zwingende oder dispositive Bestimmungen über (Mindest-) **Vergütungs-** 16
sätze, die dem Urheber für die Vergabe von Nutzungsrechten zustehen, kennt das UrhG nicht, ihre Einführung wird aber de lege ferenda empfohlen (Nordemann GRUR 1991, 1, 4, 6f.; teilweise zustimmend Spautz ZUM 1992, 186, 189). Wenn also nach der geltenden Rechtslage der Urheberrechtsvertrag eine Vergütung nicht notwendig voraussetzt, wird sie regelmäßig als Gegenleistung des Rechtserwerbers für die Einräumung der Nutzungsrechte, gegebenenfalls auch durch schlüssiges Verhalten, vereinbart. Bei Vereinbarung einer Auswertungspflicht kann der Rechtsgedanke des § 22 Abs. 1 Satz 2 VerlG herangezogen werden, wonach eine Vergütung als stillschweigend vereinbart gilt, wenn die Werknutzung „den Umständen nach nur gegen eine Vergütung zu erwarten ist". Auch wenn die Werknutzung durch vorangegangene Dienste oder einen zugrunde liegenden Werkauftrag ermöglicht wird, ist die Vergütungspflicht die Regel (§§ 612, 632 BGB). Das finanzielle Entgelt wird entweder als verhältnismäßige Beteiligung oder als Pauschalabfindung oder als Kombination beider Berechnungsarten geschuldet. Zur Vertrags- und Tarifpraxis der VerwGes s. §§ 6, 11–15 WahrnG. Der **Pauschalabfindung** ist dann der Vorzug zu geben, wenn sich die Berechnungsgrundlage für die verhältnismäßige Beteiligung nicht bestimmen läßt, etwa weil keine Einkünfte aus der Nutzung bezogen werden (Verwertung zu Lehr-, Unterrichts- und Forschungszwecken), die konkret

erzielten Einkünfte nicht meßbar (Werbe- und Unterhaltungszwecke) oder jedenfalls nicht direkt durch die Nutzung bewirkt worden sind (Rundfunkgebühren), sowie auch dann, wenn die Berechnungs- und Kontrollkosten nicht in angemessenem Verhältnis zu den Einkünften stünden. Häufig wird eine verhältnismäßige Beteiligung auch deshalb nicht praktiziert, weil der betreffende urheberrechtliche Beitrag im Verhältnis zu anderen als nebensächlich erscheint (etwa wenn ein Textdichter einen vierzeiligen Gesangstext für ein Musical beisteuert) oder im Verhältnis zu außer-urheberrechtlichen Beiträgen, die zur Erzielung des Gewinns aus dem Gesamtprodukt mitursächlich sind, zurücktritt (z. B. bei der Filmherstellung). In allen übrigen Fällen ist die **verhältnismäßige Beteiligung** die Regel. Sie macht die Höhe der Vergütung des Urhebers von Erfolg oder Mißerfolg des Werkes abhängig. Rechtsgrundlage ist, wenn nichts Abweichendes vereinbart ist, die Summe der vom Rechtserwerber vereinnahmten Beträge (Bruttoerlös). Dabei sind auch solche Positionen zu berücksichtigen, die der Erwerber schuldhaft einzuziehen unterläßt; er macht sich insoweit wegen positiver Vertragsverletzung schadenersatzpflichtig. Zur Beteiligung an Netto-Bezugsgrößen Hertin FuR 1975, 303; zum Absatzhonorar ist auf die einschlägige Literatur zu § 24 VerlG zu verweisen. Die Vergütung in Sendeverträgen behandelt Ulmer, Urhebervertragsrecht, auf S. 123ff.; vgl. auch LG Stuttgart Schulze LGZ 83 *Sendehonorar.* Die unabhängig von Verkaufszahlen dem Erstverfasser eines Fernrepetitoriums gewährte Monatspauschale wertet OLG Düsseldorf Schulze OLHZ 139 *Fernrepetitorium* als „verrentetes" Autorenhonorar. Die Klausel in einem Drehbuchverfilmungsvertrag, nach der der Urheber an den Erlösen des Films, die nach Abzug der Herstellungskosten verbleiben, in Höhe eines bestimmten Betrages zu beteiligen ist, wird als **partiarische Beteiligung** gewertet (BGH Schulze BGHZ 131 *Hochspannung;* vgl. auch OLG München UFITA 87 [1980], 309: Erlösbeteiligung an FFA-Zahlung).
Die Höhe des Beteiligungssatzes kann variabel gestaltet werden, insbesondere progressiv nach der Höhe der zu erwartenden Einnahmen. Die **Kombination** von Pauschalabfindung und verhältnismäßiger Beteiligung hat für den Urheber den Vorteil, daß er auch im Falle des Mißerfolges in den Genuß einer garantierten Mindesteinnahme kommt, gleichzeitig aber an einem potentiellen Erfolg teil hat. Bei pauschaler Abfindung wäre er insoweit allein auf das Recht aus § 36 angewiesen, um einem unvertretbaren Mißverhältnis entgegenzuwirken. Zur Angemessenheitsüberprüfung nachgesetzlicher Urheberrechtsverträge vgl. § 36 Bem. 6–8. Zum Vergütungsanspruch im Verlagswesen Bappert/Maunz/Schricker § 22 Rdn. 1ff.
Die Übertragung der Nutzungsrechte (Verfügungsgeschäft, Bem. 8, 9) erfolgt vielfach unabhängig von der Erfüllung des Vergütungsanspruchs; die Zahlung kann aber durch eine ausdrückliche Abrede zur aufschiebenden oder auflösenden Bedingung der dinglichen Übertragung gemacht werden (BGHZ 27, 90, 92 *Die Privatsekretärin*).
Zur Abtretbarkeit von Vergütungsansprüchen vor § 28 Bem. 3.

17 **Auskunft und Rechnungslegung.** Bei verhältnismäßiger Beteiligung hat der Urheberberechtigte zugleich einen Anspruch auf **Auskunftserteilung** über die jeweils erzielten Einnahmen (KG Schulze KGZ 53, 11 *Kattnigg*). Kann der Beteiligungsanspruch nicht ohne Mühe aus einer bloßen Auskunft abgeleitet werden, erweitert sich der Anspruch auf Mitteilung einer Abrechnung, die eine geordnete Zusammenstellung der einschlägigen Negativ- und

Positivpositionen des Saldos enthält, also auf **Rechnungslegung** (KG Schulze KGZ 41, 5 *Der goldene Pavillon*). Diese Rechte stehen dem Urheber nach dem von der Rspr. entsprechend §§ 242, 259, 260 BGB entwickelten Grundsatz zu, daß ein Auskunftsanspruch stets dort besteht, wo der Berechtigte über Bestand und Umfang seines Rechts schuldlos im Ungewissen ist, der Verpflichtete aber unschwer Auskunft geben kann (RG ständig seit RGZ 108, 7; OGH Brit. Zone NJW 1950, 781; BGH ständig seit BGHZ 10, 385, 387; in neuerer Zeit etwa BGH GRUR 1974, 53 *Nebelscheinwerfer* und BGH GRUR 1980, 227, 232 *Monumenta Germaniae Historica*); OLG München GRUR 1983, 571, 572 *Spielfilm-Videogramme* und ZUM 1985, 269, 270 unter Hinweis auf BGHZ 55, 378 und 61, 180); einer Erwähnung im Vertrag bedarf es nicht (zum außervertraglichen Auskunfts- und Rechnungslegungsanspruch s. § 97 Bem. 27–29, zum weitergehenden Auskunftsanspruch bei rechtswidriger Verwertung von Original- und Vervielfältigungsstücken s. § 101a Bem. 4). Besteht Grund zu der Annahme, daß die Auskunft oder Abrechnung nicht mit der erforderlichen Sorgfalt aufgestellt worden ist, kann der Abrechnungspflichtige auf Ableistung der eidesstattlichen Versicherung gemäß §§ 260 Abs. 2, 261 BGB in Anspruch genommen werden. Eine weitere Sicherung des Tantiemeberechtigten ist in der Weise vielfach gebräuchlich, daß ihm die Vornahme einer Buchprüfung durch einen Sachverständigen gestattet wird, wobei die Prüfungskosten der Verwerter trägt, wenn sich seine Angaben nicht bewahrheiten. Während dem Buchverlag gemäß § 24 VerlG in bezug auf das Absatzhonorar eine jährliche Rechnungslegung obliegt, gibt es im allgemeinen Urhebervertragsrecht eine derartige Einschränkung nicht, d. h. bei jeder Vereinnahmung ist der Erwerber auskunfts- und gegebenenfalls abrechnungspflichtig. Zweckmäßigerweise werden angemessene Abrechnungszeiträume (z. B. vierteljährlich) festgelegt. Eine Orientierung an der Jahresfrist des § 24 VerlG ist wegen der Besonderheiten des Buchabsatzes im allgemeinen nicht gerechtfertigt. Zum Auskunftsanspruch zur Vorbereitung des Anspruchs aus § 36 s. § 36 Bem. 10.

Nebenpflichten auf der Urheberseite. Der Urheber verpflichtet sich 18
häufig neben der Übertragung des Nutzungsrechts, auf welches der Vertrag primär zugeschnitten ist, zur Einräumung weiterer Befugnisse, sei es, daß der Erwerber diese vorsorglich beansprucht, um sie gegebenenfalls später zu nutzen, sei es, daß eine unmittelbare Nutzung durch ihn nicht in Frage steht, sondern lediglich deren Auswertung im Wege der Lizenzvergabe an Zweitverwerter, sei es auch, daß beide Möglichkeiten zugleich ins Auge gefaßt sind. Man spricht dann von **Nebenrechten.** Oft, aber nicht immer, werden durch deren Einräumung vertragliche Nebenpflichten begründet. Je nach dem wirtschaftlichen Zweck kann insoweit auch eine Hauptpflicht vorliegen. Für die Vergütung bei Nebenrechtseinräumungen gilt Bem. 16 entsprechend. Üblich ist die prozentuale Aufteilung der eingehenden Brutto-Lizenzerlöse. Ist im Urheberrechtsvertrag lediglich eine verhältnismäßige Beteiligung an den Erlösen aus der Verwertung des Hauptrechts vorgesehen, kann der Urheber auch eine angemessene Beteiligung an den Nebenrechtserlösen verlangen, falls ein solcher Anspruch nicht ausdrücklich ausgeschlossen wird; denn der Vertrag bringt selbst zum Ausdruck, daß nur die Verwertung des Hauptrechts, nicht aber der Nebenrechte durch die erwähnte Erlösbeteiligung abgegolten ist. Bei Pauschalabfindung entfällt ein Beteiligungsanspruch des Urhebers, wenn eine entsprechende Abrede fehlt

und die Nebenrechtsverwertung durch den Vertragszweck (§ 31 Abs. 5) gedeckt ist (s. §§ 31, 32 Bem. 31).

Weitere über die typische Hauptvertragspflicht hinausgehende Pflichten werden dem Urheber insbesondere im Hinblick auf das der Rechtsverschaffung zugrunde liegende **Werkstück** auferlegt. Häufig benötigt der Rechtserwerber zur Nutzung neben der Berechtigung dazu den Besitz eines oder mehrerer Werkstücke: Der Film- oder Fernsehproduzent benötigt das Filmmanuskript vom Drehbuchautor, der Filmverleih Filmkopien vom Produzenten, der Bühnenverlag ein vervielfältigungsfähiges Manuskript vom Bühnenautor; für Verlagsverträge s. § 10 VerlG. Der mit der Lieferung eines Porträts oder einer Plastik beauftragte bildende Künstler hat als Hauptpflicht lediglich das Eigentum am Werkstück zu übertragen, während er mit Ausnahme des „im Zweifel" (§ 44 Abs. 2) beiläufig mit eingeräumten Ausstellungsrechts (§ 18) keine weiteren Nutzungsrechte zur Verfügung stellt. Ist das Werkstück nicht allgemein zugänglich oder kann bzw. soll der Rechtserwerber es nicht von anderer Seite erwerben, begründen die Vertragsparteien ausdrücklich oder stillschweigend die Verpflichtung des Urhebers zur körperlichen Besitzverschaffung eines Originals oder Vervielfältigungsstückes jedenfalls für den erforderlichen Zeitraum. Durch die Einräumung von Nutzungsrechten bleibt grundsätzlich die bestehende **Eigentumslage** an dem betreffenden Werkstück **unberührt** (RGZ 108, 44, 45 für Fotografien von Bildhauerarbeiten; BGH GRUR 1969, 551, 552 *Der deutsche Selbstmord* für Verlagsverträge; BGH GRUR 1971, 481, 483 *Filmverleih* für Filmkopien; OLG Hamburg GRUR 1980, 909, 910f. = UFITA 90 [1981], 174, 176 *Gebrauchsgrafik für Werbezwecke;* OLG München GRUR 1984, 516, 517 *Tierabbildungen;* LG Stuttgart Schulze LGZ 181 für Farbdias; zusammenfassend Paschke GRUR 1984, 858), ebenso wie die Eigentumsübertragung keine Einräumung des Nutzungsrechts beinhaltet (§ 44 Abs. 1); lediglich der Verleger bleibt im Regelfall wenigstens zum Besitz während der Dauer des Verlagsrechts berechtigt (§ 27 VerlG). Deshalb läßt sich der Erwerber zuweilen das Eigentum am Werkstück ausdrücklich übertragen. Durch den Vertragszweck stillschweigend gedeckt ist die Eigentumsübertragung nur selten, was etwa denkbar ist, wenn bei der Werknutzung in die Substanz des Werkstückes eingegriffen werden muß (strenger Paschke a.a.O. S. 863). Der Urheber ist am Fortbestand des Eigentumsrechts im allgemeinen interessiert (Autographeninteresse, Beweiszwecke, ideelle Zwecke). – Es gibt auch vom Werkstück losgelöste Nebenpflichten. Man denke an ein über die bloße Enthaltungspflicht (Bem. 10) hinausgehendes Wettbewerbsverbot (z. B. bei der Edition einer Grafikserie Unterlassung der Verbreitung anderer grafischer Arbeiten), Verpflichtungen zur Geheimhaltung über die Produktionsvorbereitung, zur Unterlassung eigener Ankündigung in Bezug auf die vertragsgegenständliche Nutzung oder deren Erwähnung in der Öffentlichkeit, zur aktiven Teilnahme an Werbemaßnahmen (bei der exakt geplanten *promotion* großer Medienkonzerne werden zuweilen nicht nur Darsteller, sondern auch Urheber persönlich eingespannt). Inwieweit derartige Nebenpflichten durch den Zweck des Nutzungsvertrages gedeckt sind, muß von Fall zu Fall entschieden werden. Gegebenenfalls kommt bestimmten Vertragspflichten eigenständige Bedeutung zu. Beispielsweise kann die Einbeziehung in die Werbekampagne derartige Ausmaße annehmen, daß die übernommenen Dienstverpflichtungen (§§ 611ff. BGB) zu eigenständigen Vertragspflichten werden. Ähnliches gilt etwa, wenn ein Bühnenbildner verpflichtet wird, größere Baumaßnahmen bei der Errichtung des Bühnenbildes einschließlich der Statik eigenverantwortlich zu überwachen (§§ 631ff. BGB). Es ergibt sich dann, daß der Urheberrechtsvertrag mit einem an sich selbständig denkbaren Vertrag anderer Art verbunden ist, so daß die genannten Vertragselemente als eigenständige Verträge nach den maßgeblichen gesetzlichen Vorschriften zu beurteilen sind. Das bedeutet für die genannten Beispielfälle, daß den Urhebern für die zusätzlich erbrachten Leistungen auch dann eine angemessene Vergütung (§§ 612, 632 BGB) gezahlt werden müßte, wenn dies im Vertrage nicht ausdrücklich vorgesehen ist.

Nebenverpflichtungen auf der Verwerterseite. Die wichtigsten Neben- 19
pflichten des Nutzungsberechtigten liegen in der Beachtung des Urheberpersönlichkeitsrechts (s. §§ 12–14, 25, 42). Im Vertrage werden dahingehende Einzelheiten zuweilen genau festgelegt, z. B. die Form der Benennung des Urhebers (§ 13 Satz 2), gegebenenfalls zugleich in Verbindung oder Abgrenzung zur Nennung anderer Beteiligter. Auf den Kernbereich urheberpersönlichkeitsrechtlicher Befugnisse kann der Urheber nicht wirksam verzichten (vor § 12 Bem. 5). Vertragsgegenstand kann deshalb nur deren Ausgestaltung sein. Anders als das Verlagsrecht (§ 25 VerlG) kennt das allgemeine Urhebervertragsrecht nicht die Pflicht des Nutzungsberechtigten, den Urheber mit einem **Belegexemplar** oder, im Falle unkörperlicher Verwertung, einem sonstigen Zeugnis der Werknutzung zu versehen. Der Urheber, der die Verkörperung der Werknutzung (Videokassette, Tonträger, Kunstdruck usw.) besitzen oder wenigstens unmittelbar kennenlernen möchte, muß sich entsprechende Befugnisse vom Nutzungsberechtigten einräumen lassen. Stillschweigende Rechtseinräumung liegt dort vor, wo die Abgabe von Belegstücken Handelsbrauch ist, z. B. im Verhältnis zwischen bildenden Künstlern und Verlagen (vgl. § 21 der Richtlinien für Abschluß und Auslegung von Verträgen zwischen bildenden Künstlern und Verlegern; Delp[4] S. 17). Im übrigen muß der Verwerter auch ohne besondere vertragliche Abrede den Urheber von wichtigen Verwertungshandlungen unterrichten (vgl. OLG München GRUR 1980, 912, 913 *Genoveva:* Mangelnde Unterrichtung des Bühnenautors über wichtige Inszenierungen seines Stückes ist Kündigungsgrund).

Haftung für mangelnde Vertragserfüllung. Mangels urhebervertrags- 20
rechtlicher Sondervorschriften ist im Zweifel, falls das Verlagsrecht keine unmittelbare oder mittelbare Anwendung finden kann, auf die allgemeinen Vorschriften insbesondere des BGB zurückzugreifen.

a) An erster Stelle steht die Haftung des Urhebers für **Rechtsmängel**. Liegt 21
einem Urheberrechtsvertrag überhaupt kein bestehendes Urheberrecht zugrunde, kann der Vertrag gem. § 306 BGB nichtig sein (BGH Schulze BGHZ 6, 1, 11). Keine Nichtigkeit ist anzunehmen, wenn der Lizenznehmer trotz der Übertragung eines bloßen Scheinrechts eine wirtschaftliche Vorzugsstellung erlangt hat, indem er für eine gewisse Zeit faktisch als Rechtsinhaber respektiert wurde und den Vertragsgegenstand auswerten konnte (BGHZ 115, 69, 75 *Keltisches Horoskop* unter Anlehnung an die Rechtsprechung zum Patent-, Gebrauchs- und Geschmacksmusterrecht). Zum entgeltlichen Verzicht auf nichtbestehende Urheberrechte OLG München NJW 1971, 1807.

Existiert das Urheberrecht und schlägt die rechtswirksame Übertragung abgeleiteter Nutzungsrechte fehl, etwa weil der Übertragende nicht verfügungsberechtigt ist, oder fällt die erteilte Lizenz nachträglich fort, weil die Verfügungsbefugnis des Erstverwerters erlischt (vgl. § 34 Bem. 15), kann der andere Vertragsteil entweder vom Vertrage zurücktreten oder, wenn Verschulden vorliegt, Schadenersatz wegen Nichterfüllung, gegebenenfalls in Form der Freistellung von Schadenersatzansprüchen Dritter, geltend machen (BGH Schulze BGHZ 6, 10 zum Filmverwertungsvertrag unter Hinweis auf §§ 445, 442, 440, 320ff BGB; Nordemann GRUR 1970, 174, 176). **Gutgläubiger Erwerb von Nutzungsrechten ist stets ausgeschlossen** (BGHZ 5, 116, 119 *Parkstraße 13;* KG Schulze KGZ 50, 6 *Aktphotos;* Bem. 8). Zur Umdeutung einer kartellwidrigen Preisabstandsklausel im Taschenbuch-Lizenzvertrag Bem. 13.

22 b) Eine Haftung für **Sachmängel**, insbesondere der künstlerischen, literarischen oder wissenschaftlichen Qualität kommt im allgemeinen nicht in Betracht. Die im Verlagsrecht hierzu entwickelten Grundsätze (Bem. 39) gelten entsprechend für urheberrechtliche Nutzungsverträge allgemein. Über die künstlerische Qualität und die stilistischen Einzelheiten des Werkes und seines Urhebers hat sich der Rechtserwerber vor Vertragsabschluß zu informieren. Eine dahingehende Haftung des Urhebers käme ohnehin nur dann in Frage, wenn das Werk bei Vertragsabschluß erst noch geschaffen werden muß. Insoweit ist indes die durch das Grundgesetz geschützte Schaffensfreiheit des Urhebers tangiert. Bei Verträgen über künstlerische Individualleistungen können die Gläubigerinteressen wegen des intensiven Persönlichkeitsbezuges künstlerischen Schaffens in gewissem Umfang dem Recht des Künstlers auf Schaffensfreiheit weichen (s. dazu Bem. 25). Zum Mängelbegriff beim Bestellvertrag vgl. Bem. 45. Darüber hinaus kann die Sachmängelhaftung praktisch bedeutsam werden in Bezug auf die einwandfreie Beschaffenheit des mit dem Nutzungsrecht übergebenen Werkstückes (z. B. Beschädigung der Filmkopie) und sonstige Umstände, die die nach dem Vertrage vorausgesetzte Auswertungsmöglichkeit behindern. Eine Anfechtung des Vertrages gemäß § 119 Abs. 2 BGB wegen Irrtums über verkehrswesentliche Eigenschaften neben der Sachmängelhaftung kommt nur dann in Betracht, wenn die §§ 459ff. BGB nicht anwendbar sind (Ulmer bei BGH Schulze BGHZ 6, 12, 14). Bei Verstößen gegen vertragliche Nebenpflichten stehen dem Vertragspartner die Ansprüche aus positiver Vertragsverletzung zu (in erster Linie Schadenersatz, bei Unzumutbarkeit der Vertragsfortsetzung auch Kündigung). Verbreitet ist die Absicherung der Nebenpflichten durch die Vereinbarung von Vertragsstrafen (§§ 339ff BGB).

23 **Beendigung des Vertrages.** Der Urheberrechtsvertrag endet durch Zeitablauf, Rückgängigmachung (Rücktritt, Wandlung), Kündigung oder Rückruf (§§ 41, 42). Die Berechtigung auf seiten des Verwerters entfällt mit der Beendigung des Vertrages automatisch, ohne daß es eines Rückübertragungsaktes auf den Urheberberechtigten bedarf. Das gilt für sämtliche Beendigungsformen gleichermaßen. Nur soweit es um weiterübertragene Nutzungsrechte geht, bedarf es ggf. einer Rückabwicklung, die nach den Besonderheiten der einzelnen Rechtsinstitute zu vollziehen ist (Bem. 10). Zur Ausübung der vertraglichen Gestaltungsrechte bei Miturheberschaft und verbundenen Werken vgl. § 8 Bem. 17, 18, § 9 Bem. 7, 8.

Im Normalfall endet der Urheberrechtsvertrag durch **Zeitablauf.** Unproblematisch ist der Eintritt des vertraglich vorgesehenen Ablauftermins. Das Ende des Vertrages kann sich aber auch dadurch einstellen, daß sich die dem Erwerber erlaubte Nutzung durch deren Ausübung erschöpft oder das dem Nutzungsrecht zugrunde liegende Urheberrecht infolge Ablaufs der Schutzfrist erlischt. Wird ein Vertrag auf die Dauer der gesetzlichen Schutzfrist geschlossen, führen spätere Schutzfristverlängerungen nach den Auslegungsregeln der Verlängerungsgesetze teils zur Verlängerung der Nutzungsberechtigung, teils zum Rückfall an den Urheberberechtigten (§ 137a Bem. 3). Wenn der Vertrag aufgrund seiner besonderen Gestaltung ausnahmsweise ein geschütztes Werk nicht notwendig voraussetzt (dazu auch Bem. 15), können die beiderseitigen Vertragspflichten auch über diesen Zeitpunkt hinaus ausgedehnt werden. 24

Kann eine Vertragspartei (schuldhaft oder schuldlos) ihre Vertragspflichten nicht erfüllen, wird dies häufig zur **Rückgängigmachung des Vertrages** durch Rücktritt oder Wandelung führen (nach Werkübergabe dürfte allerdings nur noch die Kündigung in Betracht kommen, vgl. BGHZ 50, 312, 323f.). Besteht die Ursache für das Unvermögen des Urhebers darin, daß er nach Vertragsabschluß seine künstlerische Überzeugung ändert und sich deshalb zur Erbringung der geschuldeten Leistung außerstande sieht, ist die Rechtsfolge umstritten. Für Leistungen, die nur unter Verletzung höherer sittlicher Pflichten erbracht werden können, soll eine Befreiung von der Leistungspflicht gem. §§ 242, 275 BGB eintreten (Bosch-Habscheid, Vertragspflicht und Gewissenskonflikt, JZ 1954, 213, 216). Schmitt-Kammler S. 89ff., 197f. befürwortet die Ausübung eines einredeweise geltend zu machenden Leistungsverweigerungsrechts mit der Begründung, der Urheber sei aus Gründen mangelnder Inspiration oder gewandelter, der Werkerstellung entgegenstehender künstlerischer Überzeugung schlechthin außerstande, das versprochene Werk zu erstellen oder es zu dem versprochenen Zeitpunkt oder mit der versprochenen Beschaffenheit anzubieten. Die Gegenmeinung verweist auf die Sphärentheorie im Haftungsrecht und hält den Urheber für schadenersatzpflichtig, da die Störungsursache in seinem Gefahrenbereich liege (Erbel S. 219; Locher S. 120; Stelzl S. 14). Für das Urhebervertragsrecht ist dieser Konflikt richtigerweise auf der Grundlage des Interessenausgleichs des § 42 zu lösen: Der Urheber wird, wenn die Voraussetzungen des § 42 Abs. 1 (Wandlung der Überzeugung, Unzumutbarkeit) bereits vor Vertragserfüllung eintreten, von seiner Leistungspflicht frei, hat aber den Vertragspartner angemessen zu entschädigen (entsprechend § 42 Abs. 3). 25

Nach erfolgter Rückgängigmachung haben die Vertragsparteien einander bewirkte Leistungen zurückzugewähren (§§ 346ff. BGB). Erfolgt der Rücktritt vom Vertrage deshalb, weil eine Vertragspartei ihre Vertragspflichten schuldlos nicht erfüllen konnte (z. B. zufälliger Untergang des einzigen vorhandenen Werkstückes, Tod des Urhebers vor Fertigstellung des Werkes), so sind die empfangenen Leistungen nach den Grundsätzen über den Wegfall der Bereicherung zurückzugeben (§§ 323 Abs. 3, 812ff BGB). Das bedeutet, daß sich die Vertragsparteien insbesondere auf den Wegfall der Bereicherung berufen können (§ 818 Abs. 3 BGB). Bereits gezahlte Vorschüsse brauchen in solchen Fällen grundsätzlich (zu den Ausnahmefällen s. § 819 BGB) nur zurückgezahlt zu werden, wenn sie noch vorhanden oder soweit durch sie anderweitige Aufwendungen erspart worden sind, nicht

aber, wenn sie für Bedürfnisse aufgewendet worden sind, von deren Befriedigung der Betreffende ohne den Erhalt des Vorschusses abgesehen hätte. Wird einer Galerie oder einem Verlag die übernommene Auswertungspflicht subjektiv unmöglich (z. B. weil der individuell festgelegte Drucker den Vertrag mit der Galerie aus deren Verschulden aufgelöst hat), erlischt das Vervielfältigungs- und Verbreitungsrecht (BGH GRUR 1976, 706, 708 *Serigrafie*, vgl. Bem. 5), dies allerdings erst nach dem Rücktritt des Urhebers vom Vertrage (BGH a.a.O. nimmt automatisch Erlöschen der Nutzungsrechte an). Vor erfolgtem Rücktritt steht dem Urheber lediglich das Leistungsverweigerungsrecht des § 320 BGB zu.
Befindet sich derjenige, der in einem Nutzungsvertrag eine Auswertungspflicht übernommen hat, mit der Vornahme von Auswertungshandlungen im Verzug (z. B. mit der Drucklegung), bedarf es zur Geltendmachung der Rechte aus § 326 BGB (ggf. in Verbindung mit §§ 32, 30 Abs. 4 VerlG) einer Fristsetzung mit Ablehnungsandrohung dann nicht, wenn der Verwerter die Erfüllung ernsthaft und endgültig verweigert (LG München I Schulze LGZ 137, 6).

26 **Kündigung.** a) Urheberrechtliche Nutzungsverträge, die auf unbestimmte Zeit abgeschlossen sind, können in der Regel von jeder Vertragspartei **frei gekündigt** werden. Sofern dabei Elemente des Pachtvertrages überwiegen, ist die entsprechende Heranziehung der sechsmonatigen Kündigungsfrist zum Ende des Pachtjahres gem. § 595 BGB zu erwägen (OLG Hamburg GRUR 1989, 912, 914 *Spiegel-Photos* für Nutzungsvertrag zwischen Fotograf und Zeitschriftenverlag bzw. deren Archiv; eingehend Florika Fink S. 273ff.). Stehen dagegen Gesichtspunkte des (höheren) Dienstvertrages im Vordergrund wie beispielsweise beim Bühnenvertriebsvertrag, ist entsprechend § 627 BGB die jederzeitige Kündigung zulässig; nur die Kündigung zur Unzeit ist zu vermeiden (LG München I UFITA 90 [1981], 227). Zur Kündigung von Musikverlagsverträgen eingehend G. Schulze, in: Moser/ Scheuermann S. 615ff.

27 Bei Nutzungsverträgen, die für die **Dauer der gesetzlichen Schutzfrist** oder für eine sonstige feste Zeitdauer gelten, gibt es grundsätzlich nur die Möglichkeit vorzeitiger Vertragsauflösung unter den Voraussetzungen der Kündigung aus wichtigem Grunde. Für pachtähnliche Nutzungsverträge, die über eine Vertragsdauer von 30 Jahren hinausgehen, kommt unter entsprechender Anwendung des § 567 BGB eine vorzeitige Kündigungsmöglichkeit unter Einhaltung der gesetzlichen Fristen des Pachtrechts in Betracht, es sei denn, der Vertrag ist auf die Lebenszeit eines der beiden Vertragspartner geschlossen. In Anlehnung an den Rechtsgedanken des § 567 BGB schlägt Nordemann (GRUR 1991, 1, 4, 8) de lege ferenda für Urheberrechtsverträge aller Art ein nicht abdingbares Kündigungsrecht nach Ablauf von 30 Jahren mit einer Kündigungsfrist von einem Jahr für beide Vertragspartner vor.

28 c) Urheberrechtsverträge sind in aller Regel auf Nutzungshandlungen ausgerichtet, die sich in einem bestimmten oder unbestimmten, jedenfalls längeren Zeitraum abspielen werden. Man wird häufig sagen können, daß das Ausmaß der vertragsgegenständlichen Nutzung von der Länge der Zeit zumindest mit abhängt, während derer die Nutzung erlaubt sein soll. Dieser typische Charakter eines **Dauerschuldverhältnisses** tritt in solchen Fällen

 28

besonders häufig hervor, in denen die Vergütung des Urhebers in Form einer verhältnismäßigen Beteiligung an den aus der fortlaufenden Nutzung erzielten Erlösen vereinbart wird. Wegen der zu ihrer Durchführung erforderlichen gesteigerten Pflicht zu Treu und Glauben sowie besonderer Rücksicht und Sorgfalt wird das beiderseitige Recht der Vertragsparteien anerkannt, den Urheberrechtsvertrag aus wichtigem Grunde **fristlos zu kündigen** (ständige Rspr. des BGH, z. B. BGHZ 15, 209, 213 *Ludwig Thoma;* BGH GRUR 1964, 326, 329 *Subverleger;* BGH GRUR 1970, 40, 43 *Musikverleger I;* BGH GRUR 1971, 35, 40 *Maske in Blau;* BGH GRUR 1974, 789, 791 *Hofbräuhaus-Lied;* BGH GRUR 1977, 551 m. Anm. E. Schulze *Textdichteranmeldung;* BGH GRUR 1982, 41, 43 *Musikverleger III; BGH GRUR 1990, 443, 444 Musikverleger IV;* KG Schulze KGZ 53, 7ff. *Kattnigg* und UFITA 86 [1980], 230, 234f. *Tangerine Dream;* OLG München GRUR 1980, 912, 913 *Genoveva;* OLG Celle ZUM 1986, 215 *Arno Schmidt;* OLG Köln GRUR 1986, 679 *Unpünktliche Honorarzahlung;* OLG München ZUM 1987, 297, 299 *Da draußen in der Wachau*). Vgl. auch die Erwähnung „anderer" Kündigungsrechte in § 40 Abs. 2 Satz 2. Der Kündigungsgrund wiegt um so schwerer, je tiefer das vertraglich vorausgesetzte Vertrauensverhältnis erschüttert und eine Vertragsfortsetzung nicht zumutbar ist. Dabei ist eine *subjektive* Betrachtungsweise maßgebend: Unter Berücksichtigung aller Umstände ist zu prüfen, wie diese auf den Kündigenden wirken (BGH a.a.O. *Textdichteranmeldung* und *Musikverleger III*). Der Grund darf nicht vom Kündigenden selbst, muß aber auch nicht notwendig vom anderen Vertragsteil schuldhaft verursacht worden sein (KG *Kattnigg* S. 8f.; allgemein für Dauerschuldverhältnisse BGH NJW 1984, 1264). Auch wenn das entstandene persönliche Zerwürfnis seine Grundlage in einem gleichzeitig mit der Übertragung der Verlagsrechte abgeschlossenen Arbeitsverhältnis zwischen Urheber und Verleger hat, kann darin ein wichtiger Grund zur fristlosen Kündigung des Verlagsvertrages gesehen werden (BGH GRUR 1990, 443, 445 *Musikverleger IV*). Liegt nur in der Person eines Miturhebers ein wichtiger Grund zur fristlosen Kündigung vor, so können grundsätzlich sämtliche Miturheber als Gesamthandsgemeinschaft die Kündigung aussprechen, denn auch aus der Sicht der Miturheber ist eine ordnungsgemäße Vertragserfüllung nicht mehr zu erwarten (BGH GRUR 1990, 443, 446 *Musikverleger IV*).

Die Rspr. unterscheidet zwei Arten von Kündigungsgründen: Die Kündigungsgründe können so schwerwiegend sein, daß sie schon *ihrer Art nach* das Vertrauensverhältnis zerstören (BGH GRUR 1982, 41, 43 *Musikverleger III* für in der Öffentlichkeit erhobene Vorwürfe). Andererseits kann sich eine Vertrauensstörung aber auch auf Grund einzelner Vorfälle allmählich entwickeln und schließlich ein Ausmaß erreichen, das eine Fortsetzung des Vertragsverhältnisses unzumutbar macht. In diesen Fällen werden auch zurückliegende Einzelfälle in die Betrachtung einbezogen; die Kündigung kann dann auch durch Umstände ausgelöst werden, die für sich allein nicht ausreichen würden (BGH GRUR 1982, 41, 43 *Musikverleger III;* BGH GRUR 1990, 443, 445 *Musikverleger IV*). Handelt es sich um Vertragsverletzungen, die nicht schon ihrer Art nach unter die erste Gruppe fallen, so ist es dem Berechtigten in der Regel zuzumuten, seinen Vertragspartner zunächst zu gehöriger Erfüllung aufzufordern und, soweit ein Erfüllungsanspruch gegeben ist, diesen notfalls gerichtlich durchzusetzen (BGH GRUR 1974, 789, 793 *Hofbräuhaus-Lied*). Eine durchgreifende Störung des Vertrauensverhältnisses liegt in diesen Fällen erst dann vor, wenn der andere Vertragsteil zur Erfüllung nicht willens oder nicht in der Lage ist. Soweit es sich um die Verpflichtung des Verwerters zu korrekter Abrechnung und Zahlung handelt, hängt es von den Umständen ab, ob ein vereinzelter schwerer Verstoß oder dieser im Zusammenhang mit mehreren leichten Verstößen oder gar nur solche einen Kündigungsgrund abgeben (BGH a.a.O.; vgl. OLG Köln GRUR 1986, 679: Ständige unpünktliche Honorarzahlung trotz Abmahnung über vier Jahre). Während der Rückruf nach § 41 sich immer nur auf das bestimmte Werk zu beschränken hat, welches nicht hinreichend ausgewertet worden ist (BGH GRUR 1973, 328, 330 *Musikverleger II*), kann sich die Kündigung aus wichtigem Grunde auf sämtliche Dauer-Verwertungsverträge erstrecken; ein Musikverleger, der 16 Kompositionstitel in Verlag genommen hat und sich für 2 dieser Titel bei der GEMA unter Pseudonym ohne Absprache mit dem Komponisten als Textdichter anmeldet, erschüttert damit das Vertrauen in seine gesamte Verwertungstätigkeit (BGH GRUR 1977, 551, 554 *Textdichteranmeldung;* vgl. auch BGH GRUR 1982, 41 *Musikverleger III*). Der Nachweis subjektiven Unlauterkeitsstrebens wird nicht vorausgesetzt. Es gelten analog die zum Arbeitsrecht entwickelten Gesichtspunkte der Verdachtskündigung bei Erschütterung der Vertrauensgrundlage (BGH a.a.O. *Textdichteranmeldung*). Erklärt sich der zur Kündigung Berechtigte innerhalb einer den Umständen entsprechend angemessenen Nachprüfungs- und Überlegungsfrist nach Kenntnis vom Eintritt des wichtigen Grundes nicht, so ist sein Kündigungsrecht verwirkt (BGH GRUR 1971, 35, 40 *Maske in Blau:* Eine Kündigung nach Ablauf von 4 Wochen seit Kenntnis der zugrundeliegenden Umstände ist nicht verspätet, wenn der Kündigende sogleich Bedenken angemeldet und die Zwischenzeit zur Überprüfung genutzt hat). Im Fall *Textdichteranmeldung* lag zwischen der Kenntnisnahme des Kündigenden von der ohne seine Einwilligung erfolgten Textdichteranmeldung und seiner Kündigungserklärung ein Zeitraum von 4½ Monaten. Gleichwohl hat der Bundesgerichtshof die Kündigung nicht als verspätet angesehen; im Falle einer Verdachtskündigung, in verstärktem Maße beim schwerwiegenden Verdacht betrügerischer Manipulationen, müsse nicht nur genügend Zeit für Überlegungen, sondern auch für Ermittlungen des maßgeblichen Sachverhalts sowie zur Prüfung der Rechtslage verbleiben (BGH a.a.O.; ebenso BGH GRUR 1982, 41, 43 *Musikverleger* III). Im allgemeinen wird von einer wesentlich kürzeren Frist auszugehen sein. Jedoch halten wir die in den Vorauflagen vertretene Auffassung, wonach in entsprechender Anwendung des § 626 Abs. 2 BGB eine 14-Tages-Frist einzuhalten sei, im Anschluß an BGH GRUR 1990, 443, 446 *Musikverleger IV* nicht länger aufrecht.

29 d) Mit erfolgter Kündigung **endet** das Dauerschuldverhältnis insoweit, als beiderseits keine neuen Leistungspflichten entstehen. Die eingeräumten Rechte fallen von selbst zurück (Bem. 5). Soweit und solange noch Abwicklungspflichten bestehen, bildet das gekündigte Vertragsverhältnis deren Grundlage. Hat ein Vertragsteil schon im voraus geleistet, z. B. der Rechtserwerber auf bevorstehende Verwertungshandlungen Vorschüsse an den Urheber bezahlt, dann hat der andere das nunmehr grundlos Empfangene in entsprechender Anwendung der Rücktrittsvorschriften (§§ 346ff. BGB) zurückzuerstatten (Larenz I § 25 I; Möhring/Nicolini § 40 Bem. 11 wollen jedenfalls im Falle des § 40 Abs. 3 die §§ 812ff. BGB anwenden; vgl. § 40 Bem. 3e). Inwieweit Ansprüche auf Herausgabe von Werk- und

Vervielfältigungsstücken besteht, ist gesondert zu prüfen, insbesondere nach Maßgabe der Eigentumslage. Mit der Kündigung des Verlagsvertrages ist kein automatischer Eigentumsverlust des Verlages am Notenmaterial verbunden (BGH GRUR 1990, 443, 443, 446 *Musikverleger IV*).

Allgemeine Geschäftsbedingungen. In der Praxis bedienen sich Verleger, 30
Filmproduzenten, Rundfunkunternehmen und andere wirtschaftlich starke Verwerter beim Abschluß von Nutzungsverträgen sog. Allgemeiner Geschäftsbedingungen (AGB). Das am 1. April 1977 in Kraft getretene Gesetz zur Regelung des Rechts der Allgemeinen Geschäftsbedingungen (AGBG, BGBl. 1976, I 3317) ist auch auf sie anwendbar (keine Anwendung bei Arbeitsverträgen, § 23 Abs. 1 AGBG, und Verträgen mit Verwertungsgesellschaften, soweit deren Dauer in Frage steht, § 23 Abs. 2 Nr. 6 AGBG). Nach dem AGBG ist als erstes zu prüfen, ob die Klausel, auf die der Verwender der AGB sich beruft, unter Berücksichtigung der konkreten Umstände des Vertragsabschlusses überhaupt in den Vertrag einzubeziehen ist **(Einbeziehungskontrolle).** Die Einbeziehungskontrolle entfällt, wenn bei Vertragsabschluß nicht deutlich auf die AGB hingewiesen wurde (§ 2 AGBG), wenn eine nach den Umständen überraschende Klausel angewandt werden soll (§ 3 AGBG) oder wenn individuelle Vertragsabreden dem Vertragsformular vorgehen (§ 4 AGBG, OLG Karlsruhe UFITA 92 [1982], 229, 232). Hinsichtlich derjenigen Klauseln, die diese erste Hürde der Einbeziehungskontrolle genommen haben, schließt sich die **Inhaltskontrolle** der §§ 9–11 AGBG an. Verfahrensmäßig geschieht dies entweder inzident im Prozeß der beiden individuellen Vertragspartner gegeneinander oder im Wege einer selbständigen, primär auf Unterlassung gerichteten Klage durch einen dazu legitimierten Verband (z. B. einen Berufsverband der Urheber).

Die auf Verbraucherverträge zugeschnittenen speziellen Klauselverbote der §§ 10, 11 AGBG können bei Urheberverträgen nur vereinzelt herangezogen werden. Vgl. die Auflistung bei Schricker vor §§ 28ff. Rdnr. 15. So verstößt die von Verwertern in Anspruch genommene Befugnis, aus dem Vertrag mit dem Urheber auszuscheiden und an dessen Stelle einen Dritten treten zu lassen, gegen § 11 Nr. 13 AGBG. Die Generalklausel des § 9 AGBG läßt sich erst ausschöpfen, wenn für die einzelnen Teilbereiche des Urhebervertragsrechts Gesetze geschaffen worden sind. Einstweilen stehen als Richtschnur im wesentlichen die Dispositivbestimmungen des UrhG zur Verfügung. Gegen § 9 Abs. 2 Nr. 1 AGBG wird verstoßen, wenn die Befugnis des Urhebers zum Rückruf wegen Nichtausübung in Abweichung von § 41 Abs. 6 grundsätzlich von der Erstattung des empfangenen Honorars abhängig gemacht wird, ferner, wenn sich die Rundfunkanstalt in AGB ermächtigen läßt, die Nutzungsrechte durch einen im Namen des Urhebers mit einer noch nicht bestimmten Auswertungsfirma abzuschließenden Vertrag weiterzuübertragen, oder wenn das Recht der Vertonung durch Dritte pauschal eingeräumt wird (BGH GRUR 1984, 45, 52 *Honorarbedingungen: Sendevertrag*). Im übrigen handhabt der I. Zivilsenat des Bundesgerichtshofs (a.a.O. sowie Bericht Hertin in FuR 1983, 151ff.) das AGBG auffallend restriktiv. Kritisch auch Bappert/Maunz/Schricker, Einl. 15 und § 5 Rdn. 8; Schricker vor §§ 28ff. Rdnr. 14; Haberstumpf/Hintermeier § 10 III 3; Hertin AfP 1978, 72. Vgl. auch BGH GRUR 1984, 119, 120f. *Synchronisationssprecher;* OLG

Frankfurt GRUR 1984, 515f. *AGB-Übertragung von Nutzungsrechten* für AGB einer Druckerei; OLG Karlsruhe UFITA 92 (1982), 229, 233: einschränkende Auslegung einer formularmäßig umfassend geregelten Rechtsverschaffungspflicht im Verlagsvertrag wegen des Zweckübertragungsprinzips; OLG Celle ZUM 1986, 213 *Arno Schmidt:* AGB-verträglich die Einräumung sämtlicher Verlagsrechte für alle Auflagen und Ausgaben räumlich unbeschränkt auf die Dauer der Schutzfrist; LG Hamburg AfP 1986, 35 zum Blockierungshonorar in AGB einer Bildagentur. Die AGB-Klausel eines Zeitschriftenverlages, wonach nicht nur unwesentliche Teile des abgedruckten Zeitschriftenbeitrages unhonoriert bleiben (stillschweigende Vergütungsobergrenze), ist mit § 9 AGBG unvereinbar (i.V.m. § 22 Abs. 2 VerlG) und wäre nach Auffassung von Dürr (GRUR 1992, 14) auch überraschend (§ 3 AGBG). S. auch §§ 31, 32 Bem. 27.

31 **Urheberverträge und Kartellrecht.** Berührungspunkte zwischen dem Urhebervertragsrecht und dem GWB können sich auf mehrfache Weise ergeben. In der bisherigen Vertragspraxis ging es im wesentlichen um die Zulässigkeit von Kollektivvereinbarungen zwischen Urheber- und Verwerterverbänden und von Vertragsempfehlungen solcher Verbände an ihre Mitglieder (vgl. die zusammenfassende Darstellung nebst Freistellungsvorschlägen de lege ferenda bei Ulmer, Urhebervertragsrecht, S. 26ff.). Sodann hat das Bundeskartellamt in einem Mißbrauchsverfahren nach § 22 GWB die Vertragspraxis des ZDF gegenüber Urhebern überprüft (Tätigkeitsbericht des Bundeskartellamtes 1974, S. 75). Die Kommission der Europäischen Gemeinschaften hat die Wahrnehmungsverträge der GEMA ebenfalls unter Gesichtspunkten der mißbräuchlichen Ausnutzung einer marktbeherrschenden Stellung (Art. 86 EWG-Vertrag) eingehend geprüft und teilweise beanstandet (Überblick bei Reischl GRUR Int. 1982, 151). Zur kartellrechtlichen Beurteilung urheberrechtlicher Verwertungsverträge Loewenheim UFITA 79 (1977), 175, 204ff. und Werberger (Lit.Verz.). Die im Urhebervertragsrecht verbreitete Einräumung von Ausschließlichkeitsrechten kann über §§ 18, 34 GWB das kartellrechtliche Schriftformerfordernis auslösen (vgl. OLG Frankfurt NJW-RR 1990, 1381 *Life-Hammer*).

32 **Auslandsverträge.** Da in manchen ausländischen Rechtsordnungen die Zweckübertragungstheorie keine oder keine vollständige Entsprechung findet, ihre Anwendung aber für den deutschen Lizenzgeber stets von Vorteil ist, und da ferner auch die deutschen Gerichte im Zweifel das am Sitz des Lizenznehmers geltende Recht anwenden, weil sich dort der Schwerpunkt der Vertragsbezeichnungen befinde (BGH GRUR 1960, 447, 448 *Comics*), empfiehlt es sich für diesen stets, die Anwendung deutschen Rechts ausdrücklich zu vereinbaren. Dagegen sollte ein deutscher Gerichtsstand nicht in ausschließlicher Form vereinbart werden. Manche Rechtsordnungen erkennen das nicht an, mit der Folge, daß ein deutsches Urteil in dem fraglichen Staat nicht für vollstreckbar erklärt werden könnte, der Klageerhebung im Ausland aber die Ausschließlichkeitsvereinbarung entgegenstünde. Zum anwendbaren Recht bei grenzüberschreitenden Nutzungsverträgen, zu diesbezüglichen Parteivereinbarungen und der Beachtung zwingenden Rechts des Schutzlandes vor § 120 Bem. 5–8.

Auswirkungen der deutschen Einigung auf das Urhebervertragsrecht. 33
Auf **Verträge,** die **nach dem 3. 10. 1990** über zuvor in der früheren DDR von dortigen Urhebern geschaffene Werke **abgeschlossen** werden, ist zweifelsfrei das Urheberrecht des UrhG sowie des VerlG anzuwenden (§ 1 Abs. 1 Bes. Best., s. Anh. I 8). Für **vor** dem 3. 10. 1990 geschlossene DDR-Verträge gilt das jedoch nicht; ihre – jetzige – Auslegung richtet sich grundsätzlich nach dem **Urhebervertragsrecht der DDR** (Püschel GRUR 1992, 579, 581f.; Wandtke GRUR 1991, 263, 265; Katzenberger GRUR Int. 1993, 2, 16; vgl. § 132 Bem. 2; a.M. G. Schulze GRUR 1991, 731, 734; offengelassen in LG München I GRUR Int. 1993, 82, 84 *Duo Gismonti-Vasconcelos*). Das Urhebervertragsrecht in der DDR hat bis zum 31. 12. 1965 dieselben gesetzlichen Grundlagen wie (bis dahin) die Bundesrepublik Deutschland: nämlich das LUG, KUG und VerlG. Seit dem 1. 1. 1966 gilt das Urhebervertragsrecht der §§ 36–72 URG mit seinen vertragsrechtlichen Bestimmungen zum Verlagsvertrag, zu Verträgen über öffentliche Aufführungen und Vorträge, Bühnenvertrieb, Verfilmung, Filmvorführung, Senderechte und Tonträgerverwertung, bildende und angewandte Kunst und Fotografie. Die zivilrechtlichen Grundlagen bestimmen sich für bis zum 31. 12. 1975 abgeschlossene Verträge nach dem BGB, für nach dem 1. 1. 1976 abgeschlossene Verträge nach dem ZGB. Faktisch wird dispositives Vertragsrecht bereits vor Inkrafttreten des URG freilich durch Rahmen- und Normalverträge verdrängt, die zwischen Verleger- und Schriftstellerverbänden festgelegt worden sind (Katzenberger GRUR Int. 1993, 2, 15). Diese werden nach 1966 durch Vertragsmuster und Honorarordnungen für alle wichtigen Verwertungsbereiche ergänzt (Püschel, Meyers Taschenlexikon Urheberrecht, S. 499f.).

Bei Zweifeln über den Umfang der Rechtsübertragung sind also zunächst die einschlägigen Vertragsmuster maßgeblich (§ 41 Abs. 2 URG). Sofern auch dann noch Zweifel verbleiben, ist nach dem Zweckübertragungsprinzip zu verfahren. Dieses liegt auch dem ab 1976 geltenden Urhebervertragsrecht der DDR zugrunde (Püschel GRUR 1992, 579, 582; Wandtke GRUR 1991, 263, 266). Willkürliche Vertragspraktiken haben bei der Ermittlung des (seinerzeitigen) Vertragszwecks außer Betracht zu bleiben (wie z. B. die Verfügung und Mitteilung des Ministeriums für Kultur, Nr. 3, 1984, 32 zur Videonutzung von Film- und Fernsehwerken zugunsten der staatlichen DEFA-Studios und des DDR-Fernsehens, vgl. Haupt ZUM 1991, 285, 295). Die heutige Rechtspraxis ist daher nicht daran gehindert, diejenigen Auslegungsregeln des UrhG entsprechend heranzuziehen, die die Zweckübertragungslehre verkörpern, wie insbesondere § 31 Abs. 4. Da moderne Techniken der Werkverwertung wie die Videoauswertung von Filmen, Kabel- und Satellitenfernsehen mit Standort in der DDR, privatwirtschaftliches Fernsehen sowie Bildschirm- und Videotext fehlten, dürften Rechtseinräumungen für derartige Nutzungsarten durch den jeweiligen Vertragszweck nicht gedeckt gewesen sein (so wohl auch Katzenberger GRUR Int. 1993, 2, 14, 16; §§ 31, 32 Bem. 15). Als zeitlicher Einschnitt für die Annahme von Verhältnissen, die mit den alten Bundesländern bezüglich der Bekanntheit von Nutzungsarten vergleichbar sind, bietet sich der 1. Juli 1990 an (Beginn der Wirtschafts-, Währungs- und Sozialunion).

Die Maßgeblichkeit des Urhebervertragsrechts der DDR unterliegt (neben dem Zweckübertragungsprinzip) einem weiteren Korrektiv, nämlich dem Prinzip von Treu und Glauben (§§ 242, 157 BGB; Katzenberger GRUR Int. 1993, 2, 16 unter Hinweis auf die RG-Rechtsprechung zu Art. 232 § 1 EGBGB). Der Anpassungsbedarf und ggf. auch der Fortbestand von DDR-Urheberverträgen bemißt sich nach den Grundsätzen zum Wegfall der Geschäftsgrundlage, gegebenenfalls auch unter dem Gesichtspunkt der ergänzenden Vertragsauslegung (LG Berlin, unveröffentl. U. v. 19. 3. 1991 – 16043/91 –; LG München I GRUR 1992, 169 *DDR-Sendelizenzen;* Flechsig ZUM 1991, 1ff.; Schmits ZUM 1993, 72ff.).

Hinsichtlich der Korrektur von Vergütungsvereinbarungen nach der Lehre vom Wegfall der Geschäftsgrundlage liegen die Hürden außerordentlich hoch (BGH GRUR 1990, 1005, 1007 *Salome;* vgl. § 36 Bem. 3), jedenfalls deutlich höher als bei einer Anwendung des Bestsellerparagraphen (BGHZ 115, 63, 67 *Horoskop-Kalender*). Der Gesetzgeber des UrhG war sich der Schwächen des Instituts der Lehre von der Geschäftsgrundlage im Hinblick auf die Anwendung auf Nutzungsverträge bewußt und hat deshalb eine den Urheber in weitergehendem Umfang schützende Norm geschaffen (Hagen S. 17). Wegen des über das allgemeine Gebot von Treu und Glauben hinausgehenden gesetzgeberischen „Überschusses“ kann § 36 auf DDR-Urheberverträge nicht angewandt werden (a. M. Katzenberger GRUR Int. 1993, 2, 16). In umgekehrter Richtung berufen sich auch Rechtsnachfolger von DDR-Verlagen auf die Grundsätze geänderter Geschäftsgrundlage, die mit DDR-Autoren abgeschlossene Verlagsverträge fortsetzen und die Vergütungssätze den Verhältnissen in den alten Bundesländern anpassen möchten. Auch in diesen Fällen ist auf die strengen Anforderungen der BGH-Rechtsprechung zu verweisen.

Weder die Lehre vom Wegfall der Geschäftsgrundlage noch eine ergänzende Vertragsauslegung führen im Regelfall zu einer automatischen Erstreckung von Nutzungsrechten, die von der staatlichen Einigung für das Staatsgebiet der (alten) Bundesrepublik Deutschland erworben worden sind, auf die neuen Bundesländer. Dasselbe gilt umgekehrt für die Nutzungsrechte, die für das Territorium der DDR übertragen wurden (LG München GRUR 1992, 169 *DDR-Sendelizenzen;* LG Berlin, unveröffentl. U.v. 19. 3. 1991, – 16043/91 –; Schwarz-Zeiss ZUM 1990, 468f.; Schmits ZUM 1993, 72, 74ff.; a. M. Flechsig ZUM 1991, 1, 7).

Soweit es allerdings um die Aufrechterhaltung von zwischen alten und neuen Bundesländern **aufgespaltenen Verbreitungsrechten** geht, ist der Verbrauch des Verbreitungsrecht (§ 17 Abs. 2) für diejenigen Werkstücke in Rechnung zu stellen, die mit Zustimmung des Berechtigten hier wie dort in den Verkehr gelangen (§§ 31, 32 Bem. 7). Ausschließliche Verbreitungsrechte sind in räumlicher Aufspaltung innerhalb des seit dem 3. 10. 1992 vereinheitlichten Staatsgebietes nicht länger durchsetzbar. Die darauf gerichteten Nutzungsrechte bedürfen demgemäß einer Anpassung. Sofern der vorherige Inhaber des ausschließlichen Verbotsrechts daran interessiert ist, mag er bei Aufrechterhaltung der schuldrechtlichen Vereinbarungen nunmehr ein einfaches Verbreitungsrecht auswerten (str., wie hier: Schwarz-Zeiss ZUM 1990, 468, 469; a. M. OLG Hamm GRUR 1991, 907f. *Strahlende*

Zukunft; Wandtke GRUR 1991, 263, 266; Katzenberger GRUR Int. 1993, 2, 17). Der abweichenden Meinung ist entgegenzuhalten, daß z. B. die Fortführung eines Lizenzvertrages zwischen einem ehemaligen DDR-Verlag und einem Münchener Verlag über die Herausgabe einer Lizenzausgabe ausschließlich im Gebiet der alten BRD nicht durchsetzbar wäre. Nach dem ersten Veräußerungsvorgang (Verkauf einer Buchpartie an den Großhändler X) wären diese Exemplare dem Verbreitungsrecht aus § 17 Abs. 1 entzogen; die Bücher könnten ungehindert in den neuen Bundesländern weiterverbreitet werden. Die sich daraus ergebende automatische Erweiterung des Vertriebsgebietes ist eine zwingende gesetzliche Folge (§ 17 Abs. 2), die entsprechenden Anpassungsbedarf auf der vertraglichen Ebene auslöst.

III. Einräumung zur Wahrnehmung

Urheberrechtsverträge bezwecken nicht in allen Fällen die unmittelbare Nutzung des eingeräumten Rechts durch den Erwerber. Zuweilen bleibt diesem die Wahl überlassen, das Recht selbst durch Ausübung zu nutzen oder durch Weiterübertragung (ganz oder teilweise) durch Dritte nutzen zu lassen. Wenn der Rechtserwerber typischerweise eine bloße Mittlerstellung zwischen Urheber und Werknutzer einnimmt, spricht das Gesetz von der *Wahrnehmung* von Nutzungsrechten (vgl. § 35 Abs. 1 Satz 2 sowie WahrnG). In bestimmten Bereichen wäre es für den Urheber unzweckmäßig, teilweise sogar aus praktischen Gründen ausgeschlossen, die entsprechenden Nutzungsrechte selbst an die interessierten Verwerter zu vergeben. Durch sog. **Wahrnehmungs- oder Berechtigungsverträge** (§ 35 Abs. 1 Satz 2) überläßt er diese Aufgaben dazu geeigneten Personen oder Unternehmungen, insbesondere VerwGes, die für ihn das Inkasso betreiben und sodann ihm gegenüber abrechnen. 34

Es handelt sich um urheberrechtliche Nutzungsverträge eigener Art, die Elemente des Auftrags, insbesondere wegen der treuhänderischen Rechtsübertragung, sowie des Gesellschafts-, Dienst- und Geschäftsbesorgungsvertrages enthalten (§ 6 WahrnG Bem. 6). Der Gesetzgeber hält die ansonsten erforderliche Zustimmung des Urhebers zur Einräumung von Nutzungsrechten durch den Urheber eines abgeleiteten ausschließlichen Nutzungsrechts ausnahmsweise bei Wahrnehmungsverträgen für überflüssig (§ 35 Abs. 1 Satz 2). Zur Anwendung der Zweckübertragungstheorie auf Wahrnehmungsverträge s. § 31, 32 Bem. 35; zur Anwendung des § 31 Abs. 4 §§ 31, 32 Bem. 8–16. Der von VerwGes wahrgenommene Nutzungsbereich umfaßt neben dem Inkasso der reinen Vergütungsansprüche (z. B. §§ 26, 27, 46, 54) auch die Wahrnehmung von Nutzungsrechten, die massenweise in Anspruch genommen zu werden pflegen, sowie – über Gegenseitigkeitsverträge mit ausländischen VerwGes – das Auslandsinkasso. Nutzungs- oder Einwilligungsrechte, bei denen Urheberpersönlichkeitsrechte berührt werden, wie das Bearbeitungsrecht aus § 23 oder die Verwertung eines Werkes zu Werbezwecken, nehmen die VerwGes nicht wahr, weil hier eine schematische, an Tarifen orientierte Einräumung an jedermann (vgl. § 11 WahrnG) nicht denkbar ist; zur Verwendung von Musik in der Werbung s. LG Düsseldorf ZUM 1986, 158, 159f. Für die zu ihrem inländischen Tätigkeitsbereich gehörenden Rechte unterliegt die VerwGes gegenüber den

Urhebern einem gesetzlichen **Wahrnehmungszwang** (§ 6 WahrnG), während sie gegenüber den Werkverwertern verpflichtet ist, jedermann auf Verlangen Nutzungsrechte zu angemessenen Bedingungen einzuräumen (**Kontrahierungszwang,** § 11 WahrnG). Gegenüber individueller Rechtswahrnehmung (z. B. durch Bühnenverlage, bei Inkassozession über die Neue Zentralstelle, Bem. 35) verfährt die VerwGes nach Maßgabe ihrer Statuten, Verteilungspläne sowie einer durch Satzungen vorgegebenen Willensbildung vorwiegend über Gremien (Schricker vor §§ 28ff. Rdnr. 39 spricht von Verselbständigung ihrer Stellung). Das führt z. B. zum Ausschluß von Aufrechnungsmöglichkeiten desjenigen, der von VerwGes auf Schadenersatz in Anspruch genommen wird, mit Ansprüchen gegen den Urheber, dessen Rechte wahrgenommen werden (BGH GRUR 1968, 321 *Haselnuß).* Näheres § 6 WahrnG Bem. 3 und 6.

35 **Bühnenvertriebsvertrag.** Um einen Wahrnehmungsvertrag handelt es sich auch, wenn ein Bühnenautor den Vertrieb seines Stückes individuell einem Dritten, meist einem Bühnenverlag überläßt. Wesensmerkmal eines solchen Vertrages ist, daß der Bühnenverlag nicht etwa das Werk mittels eigener Aufführungen „nutzen", sondern als Zwischenglied zwischen Verfasser und Werknutzern (z. B. Theatern) Aufführungslizenzen (zum Aufführungsvertrag Bem. 44) vergeben soll. Diese Aufgabe kann er nur dann sinnvoll erfüllen, wenn ihm vom Urheber ein ausschließliches Nutzungsrecht eingeräumt wird (BGH GRUR 1975, 495, 497 *Die lustige Witwe;* Beilharz S. 19, 25ff.). Der Bühnenverlag übernimmt demgemäß auch keine Auswertungspflicht im Sinne des VerlG. Wohl aber obliegt ihm die Verpflichtung, sich um die Vergabe von Aufführungsrechten an die Theater zu bemühen, diese mit den erforderlichen Text- und Notenmaterialien zu versorgen, den Urheber über bevorstehende Neuinszenierungen und sich daraus ergebende Vertragsabschlüsse zu informieren (anderenfalls droht fristlose Kündigung: OLG München GRUR 1980, 912 *Genoveva)* und die Tantiemen einzuziehen, die er unter Einbehalt seines nach einem bestimmten Schlüssel vereinbarten Anteils an den Urheber abführt (Vertragsmuster bei Schulze, Urhebervertragsrecht[3], S. 437; Münchener Vertragshandbuch Bd. III Teil IX Nr. 46; Dramatiker-Union Mitteilungen Heft 3/1976). Autoren und Bühnenverleger bedienen sich beim Inkasso der *Neuen Zentralstelle,* WahrnG Einl. 8. Gegenüber Wahrnehmungsverträgen mit VerwGes besteht der Hauptunterschied darin, daß die VerwGes nicht auf Gewinnbasis arbeiten, sondern nur Aufwendungsersatz erhalten. Rechtssystematisch ist der Wahrnehmungsvertrag mit ihnen daher am ehesten als Auftrag (§§ 662ff. BGB), derjenige mit Bühnenverlagen als entgeltliche Geschäftsbesorgung (§§ 675 BGB, 406 HGB) zu werten (Beilharz S. 51f.; nach BGHZ 13, 115 *Volksbühnen-Platzzuschüsse* Nutzungsvertrag eigener Art mit Elementen aus Pacht-, Gesellschafts-, Werk- und Verlagsvertrag; Bappert/Maunz/Schricker[2] § 1 Rdnr. 85 speziell auch zu dem Sonderfall, daß der Rechtserwerber zugleich selbst Aufführungen vornimmt; vgl. WahrnG § 6 Bem. 1a, 6). Eine entsprechende Anwendung verlagsrechtlicher Bestimmungen kommt grundsätzlich nicht, in bezug auf den Materialvertrieb allenfalls insoweit in Betracht, als der Bühnenvertrieb zur Vervielfältigung und Verbreitung des Aufführungsmaterials verpflichtet ist.

Agenturvertrag (Literarische Agentur). Beim Umgang mit urheberrechtlichen Nutzungsrechten hat in Deutschland das Agenturwesen allenfalls im Bereich der Literatur (neben der Künstlerbetreuung) eine gewisse Bedeutung (Sieger ZUM 1987, 541 ff.). Im Regelfall läßt sich die Agentur von dem mit ihm vertraglich verbundenen Schriftsteller ermächtigen, in seinem Namen und für seine Rechnung Verlags- und sonstige Verwertungsverträge über seine Werke abzuschließen. Eine Vorausabtretung von Nutzungsrechten findet dabei im Verhältnis zwischen Urheber und Agentur im allgemeinen nicht statt. Im Falle einer verabredeten Exklusiv-Betreuung kommt ggf. eine schuldrechtliche Bindung dahingehend zustande, daß sich der Urheber in bestimmtem Umfang der Vergabe von Nutzungsrechten an seinen Werken für die Dauer der Agenturbindung enthält. Die Agentur wird im Außenverhältnis nach Art des Handelsmaklers (§ 93 HGB) tätig. Die Maklerprovision wird verdient, wenn die Tätigkeit des Agenten wenigstens mitursächlich für den Vertragsabschluß geworden ist (Sieger ZUM 1987, 541, 547). 36

IV. Einzelne Nutzungsverträge

Buchverlag. Typischer Inhalt eines Verlagsvertrages im Sinne der §§ 1 ff. VerlG ist die Einräumung der Befugnis zur Vervielfältigung und Verbreitung eines Werkes der Literatur oder Tonkunst (einschließlich wissenschaftlicher und technischer Abbildungen sowie choreographischer und pantomimischer Werke) sowie die Übernahme der Verpflichtung des Verlegers, diese ihm übertragenen Befugnisse auf eigene Rechnung tatsächlich auszuüben (Auswertungspflicht, §§ 1, 14, 15, 22 VerlG). Die Auswertungspflicht ist begriffswesentlich für den Verlagsvertrag (BGH Schulze BGHZ 71, 6 f. *Heldensagen;* BGH GRUR 1960, 447 f. *Comics*). Eine Beteiligung des Verfassers am Auswertungsergebnis ist stets als Indiz für eine Auswertungspflicht zu werten (vgl. OLG Hamburg Schulze OLGZ 152 *Verlagslexikon;* für Schallplattenproduktionsverträge ebenso KG UFITA 86 [1980], 230, 238 *Tangerine Dream*). Ob der Vertrag über ein fertiges oder unfertiges Werk geschlossen wird, sagt (entgegen OLG Hamburg a. a. O.) über die Auswertungspflicht nichts aus. 37

Verlagsverträge überlassen dem Verleger meistens auch sog. **Nebenrechte.** Man kann zwischen buchnahen (z. B. Vorabdruck, Nachdruck, fremdsprachige Ausgaben, Vergabe von Lizenzen für Taschenbuch-, Schul- und Buchgemeinschaftsausgaben) und buchfernen Nebenrechten (z. B. Bearbeitung als Bühnenstück, Hörspiel, Fernsehfilm, Kinofilm) unterscheiden. Die Auswertungspflicht des Verlegers beschränkt sich insoweit dahin, die sich bietenden Verwertungschancen im Rahmen des Üblichen und Zumutbaren auszunutzen. Der Verfasser kann die Nebenrechte im Falle der Nichtausübung gesondert nach § 41 zurückrufen (vgl. § 41 Bem. 2).

38 Die vom Verleger (als Hauptverpflichtung) übernommene Pflicht zur Vervielfältigung und Verbreitung des Werkes kann vom Verfasser im Wege des **Erfüllungsanspruchs** durchgesetzt werden. Der Verfasser hat die Wahl, die Zwangsvollstreckung nach § 888 ZPO vorzunehmen oder sich durch das Prozeßgericht gem. § 887 ZPO ermächtigen zu lassen, das Werk im Selbstverlag oder durch einen anderen Verleger, jedoch unter Angabe der Verlagsbezeichnung seines Vertragspartners und auf dessen Kosten zu veröffentlichen (Bappert/Maunz, § 32 VerlG Bem. 4; Junker GRUR 1988, 793, 795; vgl. auch KG UFITA 64 [1972], 302, 305 *Erotik im Beruf* für einen Filmaufführungsvertrag mit Auswertungspflicht).

39 Das vom Verfasser abgelieferte Werk muß von **vertragsgemäßer Beschaffenheit** sein (§ 31 VerlG), d. h. es muß den Vereinbarungen über Inhalt und Umfang, insbesondere dem vorausgesetzten Zweck entsprechen. Im allgemeinen versteht man darunter die **Ausgabefähigkeit** des Werkes. Zu dieser rechnet die Abwesenheit schwerwiegender Mängel einerseits (BGH GRUR 1960, 447, 448 *Comics* BGH GRUR 1960, 642, 644 *Drogistenlexikon;* BGH GRUR 1974, 50, 51 *Nottestamentsmappe* mit Anm. von Nordemann) und das Nichtvorhandensein von Verbotsrechten Dritter andererseits (etwa wegen Plagiats, vgl. Anh. 1–6 zu § 24) oder wegen Persönlichkeitsrechtsverletzung (BGH GRUR 1979, 396, 397f. *Herren und Knechte* mit Anm. von Nordemann in GRUR 1979, 399). Dagegen ist die literarische, künstlerische oder wissenschaftliche Qualität des Werkes der rechtlichen Beurteilung durch den Verleger entzogen (RGZ 74, 359; BGH a.a.O. *Drogistenlexikon;* KG UFITA 86 [1980], 257, 263 *Nichtabnahme eines Buchmanuskripts;* OLG Karlsruhe UFITA 92 [1982], 229, 235; Reimer GRUR 1960, 645; Bem. 22). Zu den Kriterien beim Bestellvertrag vgl. Bem. 45. Für die Rechtsverschaffungspflichten des Verfassers gelten die Grundsätze in Bem. 14 und 21.

40 Die **Vergütungspflicht** des Verlegers ist für den Verlagsvertrag nicht begriffswesentlich, gilt aber als stillschweigend vereinbart, wenn die Überlassung des Werkes den Umständen nach nur gegen eine Vergütung zu erwarten ist (§ 22 Abs. 1 VerlG). Bei einem Verlagsvertrag über ein Buch ist die prozentuale Beteiligung des Verfassers (z. B. 10% am Ladenpreis) üblich. Bei Beiträgen zu Sammelwerken und Veröffentlichungen in Zeitschriften und Zeitungen wird ein nach dem Umfang (Zeile oder Druckbogen) bemessenes Pauschalhonorar bevorzugt. Einzelheiten bei Bappert/Maunz/Schricker bei § 22 VerlG). Bevor der Verleger nicht mehr verkäufliche Werkstücke verramscht, muß er diese im Zweifel dem Verfasser zur Übernahme anbieten, anderenfalls ist er dem Verfasser schadenersatzpflichtig (vgl. § 21 Satz 2 VerlG). Für die Unverkäuflichkeit obliegt dem Verlag die Beweislast, für die Möglichkeit eigener Verwertung obliegt sie dem Verfasser, allerdings streitet zu seinen Gunsten die Beweiserleichterung aus § 287 ZPO, da der Verleger die Überprüfungsmöglichkeiten verhindert hat (OLG Hamburg GRUR 1974, 413, 414 *Weihnachten).* Durch die unberechtigte Verramschung wird dem Verfasser ggf. auch eine urheberpersönlichkeitsrechtliche Schädigung zugefügt (Kleine in Anm. zu OLGZ 138, 9). Die Unterrichtungs- und Angebotspflicht gilt auch für Rohbogen sowie ebenso für die Makulierung überzählig hergestellter Werkexemplare (OLG Düsseldorf Schulze OLGZ 155 *Uhrenbuch* mit dogmatisch zutreffender Begründung von Neumann in Anm. a.a.O. S. 11ff.).

Für die **Beendigung** des Verlagsvertrages sieht das VerlG spezielle Rücktrittsvorschriften vor. Der Verleger kann zurücktreten, wenn der Verfasser das Werk nicht rechtzeitig abliefert (§ 30 VerlG) oder wenn das Werk nicht vertragsgemäß ist (§ 31 VerlG) und die vom Verleger gesetzte angemessene Nachfrist verstrichen ist. Der Verfasser kann zurücktreten, wenn das Werk nicht vertragsgemäß vervielfältigt und verbreitet wird, §§ 32, 30 VerlG (Junker GRUR 1988, 793, 796ff.). Bis zum Beginn der Vervielfältigung kann er ferner wegen veränderter Umstände, die zu einem Wegfall der Geschäftsgrundlage führen, kraft der ausdrücklichen Vorschrift in § 35 VerlG zurücktreten. Im übrigen gelten für Rücktritt und Schadenersatzansprüche die §§ 323ff., insbesondere auch die §§ 325, 326 BGB (zur subjektiven Unmöglichkeit der Auswertungspflicht BGH GRUR 1976, 706 *Serigrafie;* zur Geltendmachung der Rechte aus § 326 BGB wegen Verzugs mit der Drucklegung LG München I Schulze LGZ 137; vgl. auch Bem. 25). Daneben gilt das Recht zur fristlosen Kündigung aus wichtigem Grunde (Bem. 26) sowie das Rückrufsrecht des Verfassers aus § 41 wegen Nichtausübung (s. § 41 Bem. 18) sowie § 42 wegen gewandelter Überzeugung. 41

Eingehende Kommentierung zum Vertragsrecht s. Bappert/Maunz/Schricker[2]. Muster Buchverlagsvertrag: Münchener Vertragshandbuch Bd. 3 Teil IX Nr. 5; Bappert/Maunz/Schricker[2] Anh. S. 746ff.; Schulze[3] S. 353ff.; Delp[4] S. 38ff. Zum Übersetzervertrag s. Vertragsmuster und Kommentierung in: Münchener Vertragshandbuch[3] IX Nr. 12. Normvertrag für den Abschluß von Übersetzungsverträgen (abgedruckt in: Bappert/Maunz/Schricker[2], Anh.), Vorschlag für einen „Normvertrag für die Herausgabe schöpferischer Übersetzungen" von Lingen/Freeken GRUR Int. 1982, 347, 349ff.; Entwürfe der UNESCO betr. Nachdruck einer Verlagsausgabe und die Veröffentlichung einer Übersetzung, s. Schulze Materialien Nr. 27, 27a. 42

Zeitschriften und Zeitungen. Soweit Journalisten, Redakteure und sonstige Verfasser von Beiträgen für Periodika außerhalb von Arbeitsverhältnissen und Tarifverträgen (vgl. § 43 Bem. 2) tätig sind, gilt das VerlG, speziell mit den §§ 41–46 (Beiträge zu periodischen Sammlungen). Ein Verlagsvertrag setzt die Vereinbarung einer Publikationsverpflichtung des Verlegers voraus, insbesondere im Falle des § 45 Abs. 2 VerlG. Anderenfalls handelt es sich um einen Abdruckvertrag; für ihn gelten dispositiv die Regeln des VerlG (ohne die Bestimmungen zur Verwertungspflicht) und des sonstigen Urhebervertragsrechts (vgl. § 38 Bem. 6; Bappert/Maunz/Schricker[2] § 42/§ 38 UrhG Rdnr. 4–6; Schricker vor §§ 28ff. Rdnr. 74; zur Inhaberschaft von Sammlungen § 38 Bem. 3). Vertragsmuster: Münchener Vertragshandbuch[3] Bd. 3 IX 6, 7, 9, 10. 43

Verlagsähnliche Verträge. Nicht dem VerlG unterliegende Nutzungsverträge gelten dann als verlagsähnlich, wenn und soweit typisch verlagsrechtliche Gestaltungen, insbesondere die Auswertungspflicht für Rechnung des Nutzungsberechtigten, dem betreffenden Vertrage zugrunde liegen. In solchen Fällen ist die entsprechende Anwendung verlagsrechtlicher Bestimmungen gerechtfertigt (BGHZ 13, 115, 119 *Volksbühnen-Platzzuschüsse* für Bühnenaufführungsverträge mit Aufführungspflicht). Die Übernahme einer Auswertungspflicht und damit die entsprechende Anwendung des Verlagsrechts kommt nur für solche Erwerber in Betracht, die auf die eigene 44

Vornahme der Auswertung eingerichtet sind. Das ist beim Bühnen-, Musik-, oder sonstigen Verlag bezüglich der unkörperlichen Verwertung, bei Rundfunkunternehmen bezüglich der Verwertung außerhalb von Sendungen regelmäßig nicht der Fall.

45 **Verlagsrechtlicher Bestellvertrag.** Hat der Verfasser auf Bestellung des Verlegers ein inhaltlich und formal vorgeschriebenes Manuskript geliefert, zu dessen Vervielfältigung und Verbreitung der Verleger sich nicht verpflichtet, liegt ein **Bestellvertrag** (§ 47 VerlG, s. Bem. 58) vor. Das ist regelmäßig bei der Mitarbeit an Enzyklopädien, an gewissen Sammelwerken sowie bei Hilfs- und Nebenarbeiten für das Werk eines anderen, ferner bei manchen Übersetzerverträgen (dazu §§ 31, 32 Bem. 34), der Fall. Ergänzend gelten im Regelfall die Grundsätze des Werkvertrages des BGB. Die Auflagenbeschränkung des § 5 VerlG gilt nicht. Der Urheber bleibt zur Eigenverwertung befugt, soweit er keine ausschließlichen Rechte eingeräumt hat und Enthaltungspflichten (Bem. 15) nicht entgegenstehen. Die Weiterübertragungsbefugnis des Verlegers bestimmt sich nach § 34 (vgl. Bappert/Maunz/Schricker § 47 VerlG Rdnr. 13–24).

46 Trotz der Beschränkung auf „Werke der Literatur" spricht vieles dafür, das VerlG jedenfalls auch auf den textbezogenen **Illustrationsvertrag** anzuwenden. Ohnehin gilt das VerlG, wenn der Textverfasser zu seinem Schriftwerk vertragsgemäß auch die Abbildung liefert (vgl. § 2 Abs. 2 Nr. 5 VerlG). Werden Abbildungen von einem Dritten eingebracht, ergibt sich in der Regel eine Werkverbindung, auf die die zur Gesamthandsgemeinschaft entwickelten Grundsätze entsprechend anzuwenden sind (§ 9 Bem. 4–15). Dabei ist nicht einzusehen, weshalb der Vertrag mit dem Textverfasser als Verlagsvertrag zu qualifizieren ist, der Parallelvertrag mit dem Illustrator aber nicht. Demgemäß ist das Verlagsgesetz auf den Illustrationsvertrag jedenfalls dann anzuwenden, wenn die Illustrierung nicht Selbstzweck ist, sondern einem literarischen Werk(teil) korrespondiert (nicht erörtert von BGH GRUR 1985, 378, 379 *Illustrationsvertrag,* wo einerseits die Anwendung des § 47 VerlG, andererseits die des § 5 Abs. 1 VerlG jedoch nicht erwogen wird; für eine entsprechende Anwendung des § 27 VerlG auf einen nicht textbezogenen Illustrationsvertrag OLG München GRUR 1984, 516, 517 *Tierabbildungen;* Münchener Vertragshandbuch Bd. 3 IX, 57 Anm. 1; vgl. auch Bappert/Maunz/Schricker § 1 Rdn. 93a und b, anders aber Rdn. 93c bei gesondertem Vertrag mit Bildurhebern).
Die auf Verwertungshandlungen in unkörperlicher Form (§ 15 Abs. 2) gerichteten Nutzungsverträge fallen dagegen nicht unter das VerlG. Im übrigen versteht das VerlG unter Vervielfältigung nur den Druck und die mit ihm unmittelbar verwandten Reproduktionsverfahren (z. B. Fotokopie, Fotosatz, Klischierung), nicht etwa die Verwertungsformen des § 16 Abs. 2. Vgl. auch die Zusammenfassung bei Dietz, Das primäre Urhebervertragsrecht, S. 70ff.

47 **Kunstverlag.** Vereinbarungen über die Vervielfältigung von Werken der bildenden Kunst beziehen zuweilen Abreden ein, die die Herstellung von Vorrichtungen zur Fertigung von Vervielfältigungsstücken betreffen (z. B. Klischees, Negative, Matrizen, Platten, Steine, Druckstöcke). Zweck solcher Verträge ist die Vervielfältigung und Verbreitung in Büchern und Kalen-

dern, auf Postkarten, Diapositiven, Kunstblättern, der Druck von Originalgraphik, die Herstellung plastischer Abgüsse u. a. Beim Umgang mit Graphik verkauft der Künstler entweder die von ihm selbst hergestellten Vervielfältigungsstücke an den Galeristen (oder sonstige Abnehmer), oder er überläßt dem Galeristen die zur Vervielfältigung benötigte Vorrichtung sowie die Vornahme der Vervielfältigung (Stelzl S. 7ff.; Muster für einen Vertrag zwischen Bildhauer und Galerist über Herstellung und Vertrieb von Vervielfältigungsstücken bei Locher S. 331 und im Münchener Vertragshandbuch Bd. 3 Teil IX Nr. 58 und 65; vgl. BGH GRUR 1976, 706 *Serigrafie*). Dem Galeristen oder Verleger wird dabei das (regelmäßig ausschließliche) Recht (und ggf. auch die Pflicht) zur Vervielfältigung und Verbreitung einer bestimmten Anzahl von Vervielfältigungsstücken eingeräumt bzw. auferlegt. Nach Beendigung der Vervielfältigung erhält der Künstler das von ihm zur Verfügung gestellte Original zurück. Neben der Vergütungsabrede werden meist auch Vereinbarungen über die Rückgabe oder Vernichtung der Druckvorrichtung und die Signierung durch den Künstler getroffen. Ergänzend kann auf die Richtlinien für den Abschluß und die Auslegung von Verträgen zwischen bildenden Künstlern und Verlegern vom 22. 6. 1926 (Delp[4] S. 290) verwiesen werden; diese sind zwar als Verbandsvereinbarungen seit 1936 nicht mehr in Kraft, gelten aber noch immer als Verkehrssitte (vgl. Bem. 3 sowie Hubmann/Rehbinder[7] § 51 I). Zum Kunstverlagsvertrag nach Schweizer Recht Wyler FuR 1983, 481.

Musikverlag. Der wirtschaftliche Schwerpunkt des Musikverlages, nämlich die Wahrnehmung der aus §§ 15 Abs. 2, 16 Abs. 2, 17 UrhG abgeleiteten Nutzungsrechte, unterliegt nicht dem VerlG; dieses gilt unmittelbar lediglich für das sog. Papiergeschäft, d. h. die Vervielfältigung und Verbreitung des Notenmaterials (BGH GRUR 1965, 325 *Cavalleria rusticana;* KG Schulze KGZ 41 *Der goldene Pavillon* zur Beteiligung des Urhebers am Vermietungserlös). Für die Herstellung von Notenmaterial dürfte ein halbes Jahr, im Einzelfall aber auch ein längerer Zeitraum üblich sein (BGH GRUR 1988, 303, 305f. *Sonnengesang*). Die wesentlichen Vertragspflichten des Musikverlegers liegen in der Anbahnung der Musikauswertung und entsprechenden Werbemaßnahmen, ggf. der Bewilligung von Befugnissen zur Bearbeitung, zur Verwendung als Filmmusik zur Kinoauswertung und als Videofilm sowie zum Einsatz in der Werbung, im Abschluß von Subverlagsverträgen zur Auslandsverwertung sowie der treuhänderischen Verwaltung und Abwicklung finanzieller Einkünfte, die nicht über die VerwGes erzielt werden (vgl. Lichte, in: Moser/Scheuermann S. 754, 759ff.; s. auch §§ 31, 32 Bem. 32, § 41 Bem. 3b). Die wesentlichen finanziellen Einkünfte werden aus dem sog. „mechanischen", d. h. dem Vervielfältigungs- und Verbreitungsrecht sowie dem Aufführungs- und Senderecht über die GEMA abgewickelt, die ihre Erträge bei verlagsgebundenen Werken an die Urheber und die Musikverlage nach bestimmten Schlüsseln, bei verlagsgebundenen Werken ausschließlich an die Urheber auszahlt (OLG München UFITA 53 [1969], 1969, 322 *Tirolerhut* zur Verletzung von Treuhandpflichten des Musikverlegers; OLG Hamburg OLGZ 57 zur Beteiligung des Textdichters an Verlagseinkünften für die Vergabe von Filmtitelrechten am Musiktitel; Bappert/Maunz/Schricker § 8 Rdnr. 42 und § 14 Rdnr. 17; Haberstumpf/Hintermeier § 26 S. 225). Vertragsmuster: Münchener Vertragshandbuch[3] Bd. 3 IX Nr. 10 und 20; Lichte, in: Moser/Scheuermann S. 754 speziell für 48 den U-Bereich; Schulze[3] S. 501ff.; s. auch die Materialien in Schulze, Urheberrecht der Musik.

49 **Aufführungsvertrag.** Der Aufführungsvertrag ist ein Nutzungsvertrag eigener Art (BGHZ 13, 115, 119 *Volksbühnen-Platzzuschüsse)*, durch den der Urheber oder sein Verlag die Aufführungsrechte (§ 19 Abs. 2) auf den Theaterunternehmer überträgt (sog. **Großes Recht,** § 19 Bem. 3). Regelmäßig werden zeitlich begrenzt (z. B. für eine Spielzeit) einfache Rechte, ggf. in räumlicher Einschränkung auf bestimmte Spielorte oder Regionen der Bundesrepublik Deutschland oder im deutschsprachigen Ausland auch als ausschließliches Recht (Gebietsschutzklausel) eingeräumt. Möglich ist aber auch die Vergabe weitergehender ausschließlicher Aufführungsrechte. Bei unfertigen Werken verpflichtet sich die Urheberseite ferner, dem Theater ein aufführungsreifes Werk zur Verfügung zu stellen. Daneben verpflichtet sich der Bühnenverlag zur Vermietung von Textbüchern und Notenmaterialien (Bem. 14) gegen Entrichtung der sog. **Materialleihgebühr** (Beilharz S. 36ff.). Auf der anderen Seite verpflichtet sich das Theaterunternehmen, das Bühnenstück aufzuführen (zur analogen Anwendbarkeit des Verlagsrechts Bem. 47) und die vereinbarte Vergütung zu zahlen (Vertragsmuster: Schulze, Urhebervertragsrecht[3], S. 763, sowie Münchener Vertragshandbuch[3] Bd. 3, Teil IX, Nr. 47; vgl. auch Schricker vor § 28ff. Rdnr. 88–92; Ulmer[3] § 113). Mit der Durchführung der Premiere ist mangels abweichender Vereinbarungen die vom Theaterunternehmer übernommene Aufführungspflicht erfüllt. Jedoch hat er häufig eine pauschalierte Mindesttantieme, die unabhängig von der Anzahl der Vorführungen fällig ist, als Gegenleistung dafür zu zahlen, daß die Aufführungsrechte für ihn innerhalb eines bestimmten Zeitraums und einer bestimmten regionalen Begrenzung reserviert werden. Ist neben einer Mindesttantieme auch eine Vertragsstrafe für (gröbliche) Vertragsverletzungen vereinbart und unterläßt der Theaterunternehmer die vereinbarte Aufführung, so hat er neben der Mindesttantieme auch die Vertragsstrafe zusätzlich zu zahlen (LG Berlin Schulze LGZ 147 mit Anm. Movsessian a.a.O. S. 12). Bühnenverlag und Urheber haben neben dem Vergütungsinteresse auch ein berechtigtes Interesse an der Veröffentlichung und Verbreitung des Bühnenstücks; die Aufführung ist demgemäß die wichtigste Hauptpflicht des Bühnenaufführungsvertrages (LG Berlin a.a.O. S. 7). Zum Integritätsinteresse des Urhebers und Änderungsbefugnissen der Bühnen § 14 Bem. 8. **Tournee-Unternehmen** können die Aufführungsrechte ebenfalls unmittelbar übertragen werden. Wesentlich häufiger wird zwischen Bühnenverlag und Tournee-Unternehmen lediglich eine schuldrechtliche Abrede dahin getroffen, daß der Bühnenverlag den örtlichen Veranstaltern, die der Tournee-Unternehmer innerhalb der ihm eröffneten räumlichen Grenzen dem Bühnenverlag benennt, die Aufführungsrechte nach näher festgelegten Konditionen einräumt. Hierbei handelt es sich insbesondere nicht um eine in die Zukunft gerichtete Verfügung über Nutzungsrechte auf Dritte; vielmehr bedarf es jeweiliger Übertragungsakte, die der Bühnenverlag durch Ausfertigung gesonderter Aufführungsverträge im Zusammenwirken mit den örtlichen Veranstaltern vorzunehmen pflegt. Sichert der Bühnenverlag bei einer derart vereinbarten Vertragspraxis einem Tournee-Unternehmen das **Recht zur deutschen Erstaufführung** zu, erschöpft sich die vermittelte Rechtsposition in einer schuldrechtlichen Abrede. Mangels Einräumung ausschließlicher Nutzungsrechte (Bem. 8; §§ 31, 32 Bem. 3) kann der Tournee-Unter-

nehmer nicht kraft eigenen Rechts gegen denjenigen vorgehen, der ihm mit einer deutschen Erstaufführung zuvorkommt (OLG Hamburg UFITA 67 [1973], 245 *Die englische Geliebte*). Nur das Recht zur Uraufführung kann mit Hilfe der Rechtsposition des Urhebers aus § 12 mit absoluter Rechtswirkung vermittelt werden (vgl. § 12 Bem. 9).

Ausstellungsvertrag. Durch den Ausstellungsvertrag räumt der (bildende) 50
Künstler seinen Vertragspartnern, in der Regel einem Galeristen, das Recht ein, seine bis dahin noch unveröffentlichten Werke öffentlich zur Schau zu stellen (§ 18). Sofern alle oder einzelne Werke vorher bereits veröffentlicht waren, haben die Vereinbarungen nur schuldrechtlichen Charakter. Die Ausübung des Ausstellungsrechts wird regelmäßig auf einen bestimmten Zeitraum und auf die Räumlichkeiten des Galeristen beschränkt. Der Galerist übernimmt zugleich auch die Pflicht, die Ausstellung durchzuführen. Das Ausstellungsrecht bezieht sich entweder auf bestimmte, im einzelnen festgelegte Unikate, auf eine Auswahl aus einem vorhandenen unveröffentlichten Werkbestand oder auf noch nicht veröffentlichte Vervielfältigungsstücke (z. B. Graphik). Im ersteren Fall liegt eine ausschließliche Rechtseinräumung in der Natur der Sache. Im übrigen wird das Ausstellungsrecht nur als einfaches Nutzungsrecht eingeräumt, jedoch unterliegt der Künstler den allgemeinen Enthaltungspflichten (Bem. 10). Es würde Treu und Glauben widersprechen, wenn er zum gleichen Zeitpunkt an benachbartem Ort eine ähnliche (oder bei Graphik eine gleiche) Ausstellung vornehmen ließe, die den berechtigten Interessen des Ausstellers entgegenstünde.

Sofern auch vom Künstler beigebrachte Leihgaben ausgestellt werden sollen, steht der Künstler dafür ein, daß der jeweilige Eigentümer mit der Ausstellung einverstanden ist. Anderenfalls hat der Galerist sich diese Rechte vom Eigentümer zu beschaffen. Die Befugnis, die zur Ausstellung bestimmten Werke der bildenden Kunst in einem Katalog zu vervielfältigen und zu verbreiten, braucht nicht eigens eingeräumt zu werden (§ 58), wohl aber, wenn auch andere Werke oder Textbeiträge des Künstlers publiziert werden sollen. Von größerer wirtschaftlicher Bedeutung sind beim Ausstellungsvertrag allerdings diejenigen Abreden, die sich nicht auf Nutzungsrechte beziehen: die Bedingungen, unter denen die ausgestellten Werke verkauft und abgerechnet werden, die Haftung im Rahmen des Verwahrungsverhältnisses, die Regelung der Werbemaßnahmen und des Auf- und Abbaus der Ausstellung (vgl. dazu Stelzl S. 34ff.; Vertragsmuster: Locher S. 329 und Münchener Vertragshandbuch[3] Bd. 3, Teil IX, Nr. 59).

Sendevertrag. Mit dem Sendevertrag wird das Recht zur Sendung (§ 20) 51
eines urheberrechtlichen Werkes durch Rundfunk eingeräumt. Das Senderecht kann an einer ausstrahlungsfähigen (Hörfunk- oder Fernseh-)Produktion eingeräumt werden. Vertragsbeteiligte sind dann in der Regel der Tonträger- oder Filmproduzent als Rechtsinhaber und das Sendeunternehmen als Rechtserwerber. Davon zu unterscheiden sind Verträge, die öffentlich-rechtliche und private Sendeunternehmen oder Produktionsunternehmen, insbesondere Auftragsproduzenten (§ 94 Bem. 6) abschließen, um eine sendefähige Produktion zum Zwecke späterer Auswertung durch Sendung erst einmal herzustellen. Soweit der Vertrag auf die Herstellung und Verwertung eines Films zur Auswertung durch Fernsehsendungen

ausgerichtet ist, kommen die §§ 88ff. und erst dann §§ 31ff. zur Anwendung (vor § 88 Bem. 12–18, § 88 Bem. 1).

Als Rechtsinhaber kommen in Betracht:
– Verwertungsgesellschaften für Senderechte an Musikwerken, sofern das Kleine Recht (§ 19 Bem. 3) betroffen ist, sowie die VG Wort für kurze Lesungen an literarischen Werken (bis zu 10 Minuten im Fernsehen, bis zu 15 Minuten im Hörfunk); diese Rechte werden durch Pauschalverträge kollektiv vergeben. Filmproduktionen, die für die Fernsehauswertung bestimmt sind, benötigen deshalb, anders als bei Filmen für die Kino- und Videoauswertung (Bem. 64, § 88 Bem. 14), keine individuelle Rechtsverschaffung zur Integration von Film und Musik, die auf GEMA-gebundenen Tonträgern erschienen ist.
– Urheber, die als Arbeitnehmer oder arbeitnehmerähnliche Personen ihre Werkschöpfungen dem Programmhersteller zur Verfügung stellen; die Einräumung des Senderechts ist in diesem Bereich arbeitsvertraglich, ggf. auch durch Tarifverträge geregelt (§ 43 Bem. 3).
– Bei Musikwerken zur Verwertung des Großen Rechts (§ 19 Bem. 3) liegt die Rechtsvergabe in der Regel bei Bühnen- und Musikverlagen, nur vereinzelt direkt beim Urheber.
– Stoffrechte für Sendezwecke an literarischen Werken liegen (als sogenannte Nebenrechte) meistens bei den Buchverlagen, in denen das literarische Werk erschienen ist, möglicherweise aber auch beim Urheber oder seiner Agentur.
– Senderechte an Filmmanuskripten (Drehbuch, Treatment, Exposé) werden überwiegend vom Urheber direkt vergeben, teilweise auch über (Bühnen-)Verlage oder Agenturen.
Vertragsmuster: Münchener Vertragshandbuch[3], Bd. 3, Teil IX 37–40.

52 Bei einem Sendevertrag über ein **bereits fertiges Werk,** insbesondere wenn es nicht für Sendezwecke geschaffen ist, können die Kauf- und Pachtvorschriften des BGB ergänzend herangezogen werden (Bem. 13). **Anderenfalls** dominieren in der Regel die Elemente des **Werkvertrages** (Bem. 58). Wesentliche Bestandteile des Sendevertrages sind Abreden darüber, für welche *Zeitdauer* und in welchem *räumlichen Umfang* das Senderecht bewilligt wird, ob die Verwertung für *Hörfunk* oder *Fernsehfunk* gestattet wird, und welche *Vergütung* an den Urheber zu zahlen ist. Daneben wird in Sendeverträgen geregelt, ob und in welchem Umfang *Ausschließlichkeitsrechte* sowie die Befugnis zur *Wiederholung von Sendungen* und deren *Weitergabe an andere Sendeunternehmen* eingeräumt wird, ob und an wen *Wiedergabevorrichtungen* verbreitet werden dürfen, ob das *Übersetzungsrecht* bewilligt und die Sendung durch *Satellitenabstrahlung* gestattet wird (Ulmer Urhebervertragsrecht S. 87f.).

53 **Satellitenabstrahlung.** Der Einsatz von Satelliten in den Sendeablauf ist mit einer erheblichen, insbesondere grenzüberschreitenden Ausweitung der Empfangbarkeit des Programms verbunden. Richtiger Auffassung nach ist das Senderecht für alle Staaten zu erwerben, in denen das über Satelliten ausgestrahlte Programm mit normalen technischen Mitteln durch jedermann empfangen werden kann; anwendbar ist das Recht aller insoweit tangierten Staaten (Katzenberger GRUR Int. 1983, 895, 917; Schricker GRUR Int. 1984, 592 und ZUM 1984, 63; Dietz UFITA 108 [1988], 73, 83; diese sog. „Bogsch-Theorie" ist heute wohl h. M. A. M. Fuhr/Wasserburg

S. 421f.; Rumphorst GRUR Int. 1992, 910, 912). Vertragliche Formulierungen, die z. B. den Rechtserwerb auf das „intendierte Sendegebiet“ einer Satellitenausstrahlung beziehen, sind nicht ausreichend, wenn das Programm, über einen unvermeidbaren „overspill“ hinausgehend, außerhalb der intendierten Territorien problemlos empfangen werden kann.

Kabelweiterleitung. Besondere vertragsrechtliche Probleme ergeben sich bei der zeitgleichen, unveränderten Weiterleitung fremder Programme durch Betreiber von Kabelnetzen, weil angesichts der Vielzahl der in Betracht kommenden in- und ausländischen Rechteinhaber und Rechteerwerber ein individueller Erwerb solcher Nutzungsrechte ausgeschlossen erscheint. Die Praxis hat den Weg über den Abschluß von Gesamtverträgen eingeschlagen, die die betroffenen Sendeunternehmen, Inhaber von Filmrechten und VerwGes mit der Deutschen Bundespost als dem Betreiber von Breitbandverteilnetzen seit dem 30. November 1987 geschlossen haben (Dreier S. 206ff., dort auch zu Folgeverträgen). Vor allem bei älteren Produktionen erscheint eine Rechtsinhaberschaft auf Seiten der an den Gesamtverträgen beteiligten Rechtegeber im Hinblick auf § 34 Abs. 4 und 5 (vgl. §§ 31, 32 Bem. 8ff., 17ff.) zweifelhaft (so auch Dreier S. 26). Soweit national und im Rahmen der Europäischen Gemeinschaft gesetzgeberische Eingriffe erwogen werden (vgl. Schricker, Urheberrechtliche Probleme, S. 34f., 91f.), ist der Einführung der Verwertungsgesellschaftenpflicht der Vorzug vor einer Zwangslizenz zu geben. Für gesetzliche Lizenz Schricker Vor §§ 28ff. Rdnr. 96. 54

Das Schutzbedürfnis der Urheber gegenüber bestimmten Verwertungspraktiken öffentlich-rechtlicher Rundfunkanstalten löste in den 70er Jahren den Ruf nach der Schaffung eines **gesetzlichen Rechts der Sendeverträge** aus (grundlegend Ulmer, Urhebervertragsrecht, S. 40ff., 57ff.; rechtsvergleichend Dietz, Urhebervertragsrecht, S. 116ff.). In der Intention Ulmers unterbreitet Nordemann, GRUR 1991, 1, 9 einen konkreten Vorschlag für ein Urhebervertragsgesetz insbesondere auch mit einer Änderung der Filmrechtsbestimmungen. Vgl. vor § 88 Bem. 11. 55

Verfilmungsvertrag. Die Vertragspraxis mit Verträgen, die zwischen den Filmproduzenten und den Schöpfern von Filmmanuskripten, Drehbüchern, Filmmusik und anderen verfilmten Werken geschlossen werden, hat eine lange Tradition. Liegt das Werk bei Vertragsabschluß bereits vor, hat der Vertrag in der Regel den Charakter eines Kauf- oder Pachtvertrages, bei inhaltlicher Vorgabe eines erst anzufertigenden Filmmanuskripts liegt Werkvertrag (Bestellvertrag) vor. Zur Rechtsübertragung ist auf § 88 und die dort in Bem. 1, 13 behandelten Grundsätze der Zweckübertragungstheorie zu verweisen (s. auch Dietz, Das primäre Urhebervertragsrecht, S. 134ff.). Beim Filmkomponisten besteht in der Regel noch die Besonderheit, daß er auch für die Einspielung seiner Musik als Interpret engagiert wird und insoweit Dienste in seiner Eigenschaft als ausübender Künstler erbringt. Insoweit gilt § 92. Vertragsmuster: Münchener Vertragshandbuch[3], Bd. 3, Teil IX Nr. 30, 32. 56

Filmverwertungsverträge. Die typischen Auswertungsarten des Films bestehen in der öffentlichen Vorführung in Filmtheatern (sog. gewerbliche) und Einrichtungen des Bildungs-, Freizeit-, Sozial- und Kirchenbereichs 57 (sog. nichtgewerbliche Verwertung), der Sendung durch Fernsehunternehmen (Bem. 51) und der Vervielfältigung und Verbreitung zum privaten Gebrauch (Videoauswertung). Durch den Filmlizenzvertrag (sog. Verleihvertrag) vergibt der Filmhersteller der Verleihfirma die Auswertungsrechte in bestimmten zeitlichen, räumlichen und gegenständlichen Grenzen. Zur Rechtsnatur Bem. 62, im übrigen vgl. vor § 88 Bem. 13. Der Filmverleih vergibt das Vorführungsrecht an die Filmtheater durch den sog. „Bestellvertrag" (Branchenbegriff, nicht zu verwechseln mit dem rechtlichen Bestellvertrag gem. Bem. 31). Vertragsmuster: Münchener Vertragshandbuch[3], Bd. 3, Teil IX, Nr. 35. Der Inhaber der Videolizenzrechte ist zumeist der Filmhersteller, anderenfalls der von diesen insoweit abgeleiteten Nutzungsrechte. Dieser Lizenzgeber schließt mit der Firma, die die Videokopien herstellen und auswerten läßt, einen Vertrag über die Videoauswertung des Films. Vertragsmuster in: Münchener Vertragshandbuch[3], Bd. 3, Teil IX, Nr. 44. Durch den Videovertriebsvertrag gestattet die Videofirma als Inhaberin der ausschließlichen Videoauswertungslizenz dem Videohändler („Videothek") im Sinne eines einfachen Nutzungsrechts, die Videokassetten zur privaten Nutzung zu vermieten und unter bestimmten Voraussetzungen auch zu verkaufen. Vertragsmuster: Münchener Vertragshandbuch[3], Bd. 3, Teil IX, Nr. 45.

58 **Werkvertrag (Auftragsarbeit).** Erstellt der Urheber ein Werk „im Auftrag", handelt es sich in der Regel um den schuldrechtlichen Vertragstyp des Werkvertrages (§§ 631 ff. BGB), oft um einen Werklieferungsvertrag (§ 651 BGB), der, da er sich auf ein urheberrechtliches Werk und damit auf eine unvertretbare Sache bezieht, nach den Regeln des Werkvertrages (mit Ausnahme der §§ 647, 648) zu behandeln ist. Zum Zustandekommen eines Werkvertrages (Bestellvertrages) OLG Düsseldorf Schulze OLGZ 157 *Auftragskomposition.* Zur Nutzungseinräumung beim Werkvertrag (Bestellvertrag) §§ 31, 32 Bem. 38. Streit entsteht bei Werkverträgen vielfach dann, wenn **Inhalt** (Tendenz) oder **Ausführung** des Werkes nicht den Wünschen oder Vorstellungen des Auftraggebers entsprechen. Der Urheber kann sich auch bei reinen, keinen Nutzzwecken dienenden Kunstwerken in beliebigem Umfange verpflichten, den Weisungen des Bestellers zu folgen, oder nach einem Entwurf zu arbeiten, den der Bestseller bereits genehmigt hat. Zu einer maßstab- oder wortgetreuen Ausführung nach dem Entwurf ist er allerdings auch in diesem Falle nicht unbedingt verpflichtet (BGHZ 19, 382, 384 *Gedächtniskapelle*). Wird bei einem Portraitauftrag dem Künstler vorgegeben, daß die Portraitierten erkennbar sein und die Ausführung den vorbekannten Portraits des Künstlers entsprechen sollen, ist der Künstler daran gebunden, auch wenn er sich im Hinblick auf sein davon abweichendes Werk auf dessen künstlerische Eigenart beruft (OLG Karlsruhe UFITA 73 [1975], 292, 295 *Bestelltes Gruppenportrait*). Sind keine ausdrücklichen Vereinbarungen getroffen, so genießt der Künstler grundsätzlich eine Gestaltungsfreiheit, die seiner künstlerischen Eigenart entspricht. Wer ihn beauftragt, muß sich vorher mit seinen künstlerischen Auffassungen vertraut machen; der Besteller muß gegebenenfalls das Kunstwerk auch dann abnehmen, wenn es nicht seinem Geschmack entspricht (so eingehend BGH *Gedächtniskapelle* a.a.O.; Stelzl S. 11 ff.). Regelrechte sachliche Fehler kann er allerdings rügen (Bem. 22, 39).

59 **Verträge in der Werbung.** Soweit in der Werbung urheberrechtlich schutzfähige Werke (§ 2 Bem. 39, 40, 54) außerhalb von Arbeitsverhältnis-

sen gefertigt werden, erfolgt dies regelmäßig im Rahmen von Werkverträgen. Oft liegen auch gemischte Vertragstypen vor, die dann im Hinblick auf die genannten Leistungen werkvertragliche Elemente hervortreten lassen. Bei Verträgen zwischen Verwertern (werbungtreibende Firma, Werbeagentur) und Gestaltern (Texter, Grafiker, Filmregisseur) beschränkt sich die Rechtseinräumung nach der Zweckübertragungstheorie (§ 31 Abs. 5, vgl. §§ 31, 32 Bem. 19–51 und die dort teilweise weitergehende Rechtsprechung) auf das konkrete Werbevorhaben (z. B. die geplante Anzeigenkampagne). Der Werbegestalter garantiert für die Freiheit der Gestaltung von Urheber- und Persönlichkeitsrechten Dritter, zuweilen übernimmt er zusätzliche Enthaltungspflichten (Bem. 15). Der Werbende benötigt häufig, aber nicht in jedem Falle, die Einräumung ausschließlicher Nutzungsrechte; ihm liegt zuweilen dringlicher daran, daß der Werbegestalter die erneute Verwertung der vertragsgegenständlichen Leistung oder überhaupt jegliche persönliche Betätigung in ganz bestimmten konkurrierenden Branchen unterläßt. Dieses Ziel läßt sich durch den Erwerb einfacher Nutzungsrechte i. V. m. einem vertraglich festgelegten Wettbewerbsverbot des Gestalters erreichen. Maßgeblicher Zeitpunkt für den Übergang der Nutzungsrechte von der Werbeagentur auf den Auftraggeber kann nach der Parteiabrede bereits der Vertragsabschluß sein; liegt die Gestaltung zu diesem Zeitpunkt noch nicht vor, ist § 40 zu beachten. Bei Fehlen entsprechender Abreden gehen die Rechte über, sobald die Werbeagentur die Gestaltung für den Auftraggeber auswertet, d. h. die Anzeigenwerbung erscheinen läßt, die Werberundschreiben versendet, die Geschäftsausstattung anbringt. Wann der Auftraggeber an die Agentur Zahlungen leistet, ist unerheblich (a. M. Lambsdorff/Skora S. 304).

Wenn der Werbungtreibende einen zeitlich unbefristeten Werbeagenturvertrag **kündigt,** nachdem die Werbeagentur die gestalterischen Vorleistungen im Hinblick auf einen bestimmten zeitlich umrissenen Werbeetat erbracht hat und wenn die Vergütung hierfür nicht pauschal verabredet, sondern nach Maßgabe der für den fraglichen Zeitraum zu erwartenden Mittlervergütung kalkuliert ist, steht der Werbeagentur eine finanzielle Entschädigung in Höhe der entgangenen Mittlervergütung zu (§ 812: causa data, causa non secuta). Es wäre unbillig, die Werbeagentur auf die Geltendmachung urheberrechtlicher Unterlassungsansprüche bezüglich der weiteren Verwendung der erbrachten Werbeleistungen zu verweisen. Der Wertgehalt der von der Werbeagentur erbrachten Leistungen liegt nicht in der persönlichen geistigen Schöpfung, sondern in der Marketing-Effizienz der Werbeleistungen, die dem Auftraggeber ungeachtet der Vertragskündigung weiter zur Verwertung verbleiben. Macht sich der Werbungtreibende Leistungsergebnisse einer Präsentation der Werbeagentur zunutze (z. B. einen Werbeslogan), ohne die Werbeagentur mit entsprechenden Werbeaufträgen zu versehen, ergeben sich Vergütungsansprüche der Werbeagentur aus culpa in contrahendo, ersatzweise aus § 812 BGB, bei der Übernahme von Entwürfen für ein Firmensignet aus § 18 UWG (bedenklich OLG Köln GRUR 1986, 889, 891 *ARD-1*). Die konzeptionelle Arbeit eines Designers ist nicht bloße „Vorarbeit" für die Schaffung eines reproduktionsfähigen körperlichen Werkes, sondern dessen Hauptleistung, die üblicherweise vergütungspflichtig ist (OLG Köln Düsseldorf GRUR 1991, 334).

Zur Herstellung von **Werbefilmen** hat der Werbende oder seine Agentur (falls diese nicht selbst Hersteller des Films ist) die zur Auswertung erforderlichen Nutzungsrechte (§§ 31, 32 Bem. 34; § 88 Bem. 11–25) vom

Filmhersteller (§ 94 Bem. 1) zu erwerben. Der Filmhersteller verfügt in der Regel über die benötigten Nutzungsrechte seitens der Filmurheber und -mitwirkenden sowie der Urheber vorbestehender Werke (vgl. LG Düsseldorf ZUM 1986, 158, 159 f.). Außerdem geht es um das orginiäre Leistungsschutzrecht des Filmherstellers selbst (§ 94). Gegenstand vertraglicher Vereinbarungen sind daneben insbesondere die Regelung des Kopier-, Einschalt- und Änderungsrechts. Zur stillschweigenden Einräumung aller Nutzungsrechte bei der Lieferung eines Werbekulturfilms gegen Pauschalvergütung BGH GRUR 1960, 609 *Wägen und Wagen.*

Sog. **Mediaverträge,** die zwischen Werbendem oder seiner Werbeagentur mit den Werbeträgern (Verlagen, Rundfunkanstalten, Betreibern der Plakat-, Verkehrsmittel-, Filmtheater-, Lesezirkelwerbung) geschlossen werden, haben die Modalitäten der Veröffentlichung von Werbungen zum Gegenstand. Die Veröffentlichung der Werbung wird als Werk, der Mediavertrag daher als Vertrag mit mindestens überwiegend werkvertraglichen Elementen qualifiziert (Wehrmann S. 154). Sofern eine Auswertungspflicht vereinbart wird, kann auch eine entsprechende Anwendung des VerlG in Betracht kommen (vgl. Bem. 25). In der Praxis wird nach durchgesetzten AGB verfahren, die überwiegend vom Zentralausschuß der Werbewirtschaft e. V. (ZAW) entwickelt oder seitens der Rundfunkanstalten durchgesetzt worden sind.

60 Auch der **Architektenvertrag** ist in der Regel Werkvertrag (und nicht Dienstvertrag), jedenfalls wenn er sich nicht nur auf die Oberleitung und die örtliche Bauaufsicht beschränkt (BGHZ 31, 224, 226 ff. *Architektenvertrag* gegen die frühere Rspr.). Der Nachbau eines Bauwerks nach vorgefertigten Detailplänen des Architekten ist Vervielfältigung (§ 16), gegebenenfalls auch Bearbeitung der Pläne (§ 23). Im Zweifel überträgt der Architekt nur ein einfaches Nutzungsrecht, so daß er dann seine Pläne für andere Bauvorhaben erneut verwenden kann (v. Gamm BauR 1982, 97, 104, 116). Fehlt es an geeigneten Vertragsabreden, so ist der Umfang der vom Schöpfer eines Werkes der Baukunst oder eines Bauentwurfs (§ 2 Abs. 1 Nr. 4) auf den Besteller übertragenen Nutzungsrechts nach dem jeweiligen Zweck des Architektenvertrages zu beurteilen. Ausführlich zur Rechtsübertragung in Architektenverträgen s. §§ 31, 32 Bem. 44–51. Zum Zugangsrecht des Architekten nach Beendigung des Architektenvertrages s. § 25 Bem. 2, 4 und 5. Durch die Geltendmachung einer Verletzung seiner Urheberrechte kann der Architekt im Rahmen eines Architektenvertrages nicht erfolgreich die Höchstpreisvorschriften der für ihn verbindlichen Gebührenordnung umgehen (OLG Nürnberg NJW-RR 1989, 407, 409).

61 Bei der Vergabe von **Merchandising-Lizenzen** geht es um die Verschaffung der Befugnis, Namen, Figuren, Motive, Titel, Szenen, charakteristische Handlungsabläufe oder kennzeichnende Bestandteile des Werkes selbständig auszuwerten, z. B. zum Vertrieb von Spielfiguren, T-Shirts, Sportgeräten, Tonträgern, Verwendung in der Werbung, Maskottchen für Veranstaltungen, Sportmannschaften, Musikgruppen usw. Gegenstand der Rechtseinräumung ist ein Gemisch aus urheberrechtlichen Nutzungsrechten und Rechten aus Warenzeichen, Geschmacksmustern, Persönlichkeitsrechten einschließlich des Rechts am eigenen Bild, Namensrechten und wettbewerbsrechtlichen Schutzpositionen (Good-will, Imagetransfer) bevorzugt aus § 1 UWG, der Verpflichtung des Rechtegebers, sich bestimmter eigener Aktivitäten zu enthalten (Bem. 15) und insoweit auf die Geltendmachung eigener Ansprüche zu verzichten. Urheberrechtliche Nutzungsrechte sind tangiert, wenn die Werkschöpfung selbst für Merchandising-Zwecke benutzt werden darf (Zeichnung, Plastik, Filmanimation, textliche oder kompositorische Teile musikalischer Werke). Sofern der Name des Urhebers oder ausübenden Künstlers vermarktet werden soll, sind dessen Namensrechte im Spiel. Gegenüber Dritten können Urheber und Werknutzer unter wettbewerbsrechtlichen Gesichtspunkten verhindern, daß der Titel des von ihnen erfolgreich veröffentlichten Werkes für Zwecke verwendet wird, die mit dem Werk nichts zu tun haben (BGHZ 26, 52, 63 *Sherlock Holmes;* BGH GRUR 1960, 144, 146 *Bambi*). Wünscht der Werknutzer, über die Merchandising-Rechte zu verfügen, indem er einem anderen die gewerbliche Ausnutzung urheberrechtlicher Bestandteile des Werkes gestattet, bedarf er für diese selbständige Nutzungsart der Einräumung entsprechender Rechte durch den Urheber. Wird ein Werk gemeinfrei, steht es jedem Dritten frei, die Werkbestandteile sowie den Titel bei der Verwertung des Werkes zu verwenden. Der Verleger der erfolgreich vertriebenen Bücher kann nicht verhindern, daß der Buchtitel zur Kennzeichnung der Aufführung einer dramatisierten Bühnenfassung verwendet wird. Gemeinfrei zur beliebigen Verwendung sind z. B. auch Standfotos – ggf. berühmter – Filme nach Art des gesetzlichen Lichtbildschutzes. Zur lückenausfüllenden Anwendung des § 1 UWG ist kein Raum (vgl. § 72 Bem. 4). Vertragsmuster für die Merchandising-Lizenzierung: Delp[4] S. 194; St. Schmidt, in: Moser/Scheuermann S. 860ff.

Lizenzvertrag. Unter einer Lizenz ist im Bereich des Urhebervertragsrechts 62
(zum Künstlerlizenzvertrag § 78 Bem. 8) die Einräumung eines ausschließlichen oder einfachen Nutzungsrechts zu verstehen; gebräuchlich ist der Begriff vor allem außerhalb des primären Urhebervertragsrechts, mithin bei der Weiterverwertung erworbener Nutzungsrechte (§§ 34, 35) durch gewerbliche Unternehmen. Zum Begriff der Lizenz Schricker vor §§ 28ff. Rdnr. 21. Sofern nicht eine entsprechende Anwendung des VerlG in Betracht kommt, stellt der Lizenzvertrag regelmäßig einen gemischten Vertrag eigener Art dar, auf den ergänzend die bürgerlich-rechtlichen Vorschriften des gegenseitigen Vertrages (§§ 323ff. BGB) und speziell des Kauf- und Pachtvertrages (§§ 433ff., 581, 531ff. BGB) entsprechend anzuwenden sind. Insbesondere gilt die Pflicht zur Verschaffung der Nutzungsrechte als Bestandteil einer kaufrechtlichen Verpflichtung. Die wichtigsten Vertragstypen sind die folgenden, soweit solche nicht bereits in Bem. 37–61 behandelt werden:

a) Im **Verlagswesen** hat der Lizenzvertrag bevorzugt die Vergabe von 63
Übersetzungslizenzen an ausländische Verlage zum Gegenstand (Vertragsmuster: Münchener Vertragshandbuch[3] Bd. 3 Teil IX Nr. 13). Regelmäßig werden ausschließliche Nutzungsrechte unter Vereinbarung einer Veröffentlichungspflicht vergeben; der Vertrag hat deshalb verlagsrechtlichen Charakter (Bem. 37). Auch bei Einräumung einer ausschließlichen Taschenbuch-Lizenz unterliegt der Verleger der Veröffentlichungspflicht (Wohlfarth S. 104).

b) In der **Musikbranche** erwirbt der Filmhersteller vom Berechtigten, in der 64
Regel vom zuständigen Musikverlag, das Filmherstellungsrecht an der

Musik, die im Vorführfilm (Kinofilm) und bei der Videoauswertung von Filmen verwendet wird (§ 88 Bem. 14).
Die Befugnis zur Verwertung des unter Verwendung der Musik hergestellten Films im Fernsehen wird in der Regel von der GEMA vergeben. Soll der Komponist die Filmmusik eigens für den Film herstellen, wird direkt zwischen ihm und dem Filmhersteller ein **Filmmusikvertrag** (mit überwiegenden Elementen des Werkvertrages) geschlossen. Bei der Verwendung bereits realisierter Musikaufnahmen, insbesondere von Schallplatten und Tonkassetten, hat der Filmhersteller durch Abschluß eines **Tonträgerlizenzvertrages** auch die aus den Leistungsschutzrechten der Mitwirkenden und des Tonträgerherstellers abgeleiteten Nutzungsrechte zu erwerben (Münchener Vertragshandbuch[3] Bd. 3 Teil IX Nr. 30–32).

65 c) Der Filmhersteller überläßt die Auswertung des Films dem Verleihunternehmen im Wege des **Filmlizenzvertrages** (Verleih- und Vertriebsvertrag). Der Verleiher erwirbt das ausschließliche Nutzungsrecht, den Film vorzuführen oder durch Dritte vorführen zu lassen, wobei er sich gegenüber dem Filmhersteller zur bestmöglichen Auswertung verpflichtet (zur entsprechenden Anwendung des VerlG BGH UFITA 92 [1982], 184, 189 *PAM-Kino*). Der Verleiher vergibt seinerseits an die Lichtspielhäuser einfache Nutzungsrechte, und zwar durch den in der Branche sog. **Bestellvertrag** (v. Hartlieb[3] Kap. 131–154; Vertragsmuster: Münchener Vertragshandbuch Bd. 3 Teil IX Nr. 34–36; vor § 88 Bem. 13).

66 d) **Rundfunkunternehmen** produzieren ihr Fernsehprogramm entweder selbst, führen eine Ko-Produktion durch, lassen das Fernsehprogramm durch Auftragsproduzenten herstellen oder senden eine fertige Filmproduktion, auf die sie weder redaktionell noch unternehmerisch Einfluß genommen haben (Vertragsmuster: Münchener Vertragshandbuch Bd. 3 Teil IX Nr. 41–43). Im letztgenannten Fall erwerben sie die Auswertungsrechte durch den **Fernsehlizenzvertrag.** Hierbei kann es sich um ausschließliche oder einfache Senderechte handeln.

67 e) Unternehmen, die die Video-Auswertung von Filmen betreiben (zum Begriff vor § 88 Bem. 7), erwerben von seiten der Urheber- und Leistungsschutzberechtigten die erforderlichen Nutzungsrechte durch den **Video-Lizenzvertrag.** Sie benötigen eine ausschließliche Rechtsposition, weil sie ihrerseits den Video-Händlern (einfache) Lizenzen einräumen und in der Lage sein müssen, gegen rechtswidrige Verwertungsmaßnahmen durch Unterlassungs- und Schadenersatzansprüche vorzugehen. Die einfachen Nutzungsrechte werden sodann an Video-Händler und Videotheken durch **Video-Vertriebsverträge** weitergegeben. Zu den einzelnen Vertragstypen:

Scheuermann S. 146ff.; Vertragsmuster: Münchener Vertragshandbuch Bd. 3 Teil IX Nr. 44, 45.

68 **Softwarelizenzvertrag.** Computerprogramme sind keine Sachen, auch wenn sie sich in einer Anlage oder Diskette verkörpern. Sie sind übertragbar und damit ein unkörperlich-geistiges Gebilde, nicht anders als ein Roman oder Kochrezept (anschaulich Redeker NJW 1992, 1739). Die Überlassung von Software zur Nutzung gegen Entgelt wird von der h. M. deshalb mit Recht als Lizenzvertrag qualifiziert, der den Umfang der Nutzungsrechte festgelegt (Streitstand: Junker NJW 1992, 1733, 1736).

Der Softwarelizenzvertrag enthält in der Regel Beschränkungen und Auflagen, die der Schutzrechtssicherung dienen, z. B. die Verpflichtung des Lizenznehmers, die Programmkopien mit Copyright-Vermerk auszustatten, das Programm ohne Genehmigung des Lizenzgebers nicht an Dritte weiterzugeben und bei Vertragsende zurückzugeben oder zu löschen. Sofern sich Softwareüberlassung auf urheberrechtlich geschützte Programme bezieht (§ 2 Bem. 42–44) und das Recht auf Nutzung erlaubnispflichtiger Vervielfältigungshandlungen (§ 16 Bem. 1) einräumt, sind die Regeln des Urhebervertragsrechts zu beachten. Es gilt das Zweckübertragungsprinzip des § 31 Abs. 5 (§§ 31, 32 Bem. 19ff.). Der Verkauf von Programmkopien (sog. Standard-Software) an den Softwareanwender enthält im Zweifel implizit eine einfache Nutzungslizenz (Kindermann GRUR 1983, 150, 156ff.). Die Befugnis zur Vornahme von Änderungen und Bearbeitungen bedarf ausdrücklicher Regelungen (§§ 23, 39). Mit dem käuflichen Erwerb einer Programmkopie darf der Erwerber zwar die erworbene Kopie weiterverbreiten (§ 17 Abs. 2), jedoch unterliegt die Weitergabe der im Rahmen der Nutzung des Programms hergestellten Kopien dem insoweit beim Berechtigten verbliebenen Verbreitungsrecht (Kindermann GRUR 1983, 150, 159). Im übrigen bestimmen sich Art und Umfang der übernommenen Vertragspflichten und die Anwendung dispositiven Vertragsrechts nach der Eigenart des der Softwareüberlassung zugrundeliegenden Kausalgeschäfts (Bem. 13). Auf die Überlassung von Standardprogrammen wird nach inzwischen gefestigter Rechtsprechung (BGH WM 1990, 510 = BGH CR 1990, 384 *Heimverwaltung;* BGH NJW 1990, 3011 *Geräteverwaltung* m. w. N.) das Kaufvertragsrecht entsprechend angewandt, während ein Vertrag über die Erstellung von Individualprogrammen sowie die Verpflichtung der Softwarefirma zu umfangreichen Änderungen und Ergänzungen der Standardsoftware dem Werkvertragsrecht unterworfen wird (BGH NJW 1990, 3008 *Holz- und Baustoffsystem* = BGH CR 1991, 86 m. Anm. Brandi-Dohrn). Vgl. auch OLG Celle CR 1991, 219 *Adressverwaltung:* Werklieferungsvertrag über einen unvertretbaren Gegenstand. Zur Vertragseinheit bei „Paket"-Verträgen BGH NJW 1990, 3011, 3012 *Geräteverwaltung;* OLG Karlsruhe CR 1991, 280 *Therapiesteuerung.* Zu Sonderformen bei der Softwareüberlassung Marly S. 865ff. Zur Inhaltskontrolle von Standardverträgen über Software nach dem AGBG vgl. BGH NJW 1991, 976; Unwirksamkeit einer Schadenspauschale; BGH CR 1991, 407: Unwirksamkeit des Ausschlusses der Untervermietung beim Leasingvertrag; Löwenstein BB 1985, 1696; Bartsch CR 1987, 8.

§ 31 Einräumung von Nutzungsrechten

(1) Der Urheber kann einem anderen das Recht einräumen, das Werk auf einzelne oder alle Nutzungsarten zu nutzen (Nutzungsrecht). Das Nutzungsrecht kann als einfaches oder ausschließliches Recht eingeräumt werden.

(2) Das einfache Nutzungsrecht berechtigt den Inhaber, das Werk neben dem Urheber oder anderen Berechtigten auf die ihm erlaubte Art zu nutzen.

(3) Das ausschließliche Nutzungsrecht berechtigt den Inhaber, das Werk unter Ausschluß aller anderen Personen einschließlich des Urhebers auf die ihm erlaubte Art zu nutzen und einfache Nutzungsrechte einzuräumen. § 35 bleibt unberührt.

(4) Die Einräumung von Nutzungsrechten für noch nicht bekannte Nutzungsarten sowie Verpflichtungen hierzu sind unwirksam.

(5) Sind bei der Einräumung des Nutzungsrechts die Nutzungsarten, auf die sich das Recht erstrecken soll, nicht einzeln bezeichnet, so bestimmt sich der Umfang des Nutzungsrechts nach dem mit seiner Einräumung verfolgten Zweck.

§ 32 Beschränkung von Nutzungsrechten

Das Nutzungsrecht kann räumlich, zeitlich oder inhaltlich beschränkt eingeräumt werden.

Übersicht

I. Rechtsstellung des Erwerbers

1 Zur Unübertragbarkeit des Urheberrechts und zum Begriff des „Einräumens" von Nutzungsrechten vor § 28 Bem. 1, 2 und vor § 31 Bem. 7–11. Zum Begriff des Nutzungsrechts vor § 31 Bem. 5, zum Begriff der verkehrsfähigen Nutzungsart Bem. 7. Die Rechtsstellung des Erwerbers richtet sich danach, ob er ein einfaches oder ein ausschließliches (Abs. 3) Nutzungsrecht innehat.

1. Der Inhaber eines **einfachen Nutzungsrechts** kann das Werk neben anderen Berechtigten nutzen. Diese Rechtsform ist häufig bei Musikaufführungen (ein *evergreen* – man denke nur an Storchs *Auf Wiedersehn* – wird vielfach von Dutzenden von Kapellen und in mehreren Rundfunksendern gleichzeitig gespielt), aber auch bei Kurzgeschichten und Kommentaren, die der Autor an mehrere Zeitungen gleichzeitig vergibt, und vor allem im Filmverleih, wo das Vorführungsrecht des § 19 Abs. 4 bei einem Massenstart häufig von hundert und mehr Theatern gleichzeitig genutzt wird. Der Inhaber des einfachen Nutzungsrechts kann sich gegen die Verwertung desselben Werkes, auch wenn sie gleichzeitig und in derselben Nutzungsart durch den Urheber oder einen Dritten vorgenommen wird, nicht wehren. Selbständige Abwehrbefugnisse stehen ihm nicht zu. Er kann sich lediglich zur Klage in Prozeßstandschaft ermächtigen lassen (BGH GRUR 1961, 635, 637 *Stahlrohrstuhl;* OLG Hamburg UFITA 67 [1973], 1973, 245, 257 *Theateraufführungsvertrag;* Kraßer GRUR Int. 1973, 230, 234; § 97 Bem. 13–15). Der einfache Rechtsinhaber hat lediglich einen obligatorischen Anspruch gegen denjenigen, der ihm das einfache Nutzungsrecht verschafft hat, auf ungestörte Rechtsausübung. Einfache Nutzungsrechte können vom Urheber oder vom Inhaber ausschließlicher Nutzungsrechte (§ 35) vergeben werden. Die Vergabe einfacher Nutzungsrechte hindert sie nicht, die gleichen Befugnisse selbst auszuüben und zum Inhalt weiterer einfacher Berechtigungen zu machen. Gegen die herrschende Meinung (Schricker Rdnr. 6 und vor §§ 28ff. Rdnr. 49 m.w.N.) ist am **schuldrechtlichen Charakter** des **einfachen Nutzungsrechts** festzuhalten (Begr. S. 56; Möhring/Nicolini § 33 Bem. 4; Nirk Teil I, § 27 I). Das einfache Nutzungsrecht erschöpft sich in dem Duldungsanspruch, der dem Inhaber des einfachen Nutzungsrechts gegenüber dem Urheberberechtigten erwächst. Zu dessen Einräumung ist kein Rückgriff auf die §§ 398, 413 BGB erforderlich. Eine Weiterübertragung des einfachen Nutzungsrechts gibt es nicht. Der Wegfall des einfachen Nutzungsrechts ist gleichbedeutend mit dem Fortfall des obligatorischen Duldungsanspruchs. Ein Auseinanderfallen zwischen der Zuordnung des einfachen Nutzungsrechts und einer entsprechenden schuldrechtlichen Verpflichtung des Urhebers oder eines ausschließlichen Nutzungsberechtigten (§ 33) ist nicht denkbar. Die Rechtsfolge des § 33 führt nicht zu einer dinglichen Rechtsposition. Sie bewirkt zwar Schutz gegen spätere kollidierende Verfügungen des Inhabers des Ausschließlichkeitsrechts, dies jedoch aufgrund besonderer gesetzlicher Anordnung und auch nur dann, wenn nichts anderes vereinbart ist. Ebenso schützt beispielsweise das BGB den Mieter und Pächter gegen spätere Verfügungen des Grundstückseigentümers (§§ 571, 577 BGB), ohne daß Mieter und Pächter einer dinglichen Rechtsposition bedürften (sog. Sukzessionsschutz, eingehend Kraßer GRUR Int. 1973, 230, 233). Entscheidend für den mangelnden dinglichen Rechtscharakter ist, daß der einfache Rechtsinhaber Einwirkungen von außen nicht abwehren kann. **Praktische Bedeutung** kommt dem Theorienstreit nur in folgendem zu: Bei dinglichem Charakter könnte das einfache Nutzungsrecht nur in den Grenzen der Aufspaltbarkeit (Bem. 7) vergeben werden, während der schuldrechtliche Charakter beliebige Gestaltungsformen zuläßt und damit Differenzierungen zwischen dinglicher Rechtsposition und schuldrechtlicher Abrede beim einfachen Nutzungsrecht vermeidet (Schricker vor §§ 28ff. Rdnr. 49). 2

3 2. Dagegen wird das **ausschließliche Nutzungsrecht** dadurch gekennzeichnet, daß es dem Inhaber die Möglichkeit des Ausschlusses jedes Dritten sowie des Urhebers selbst von der Nutzung gibt (dinglicher Rechtscharakter). Der Inhaber des ausschließlichen Rechts hat insbesondere ein selbständiges Klagerecht (grundlegend RGZ 57, 38, 40f. für die ausschließliche Patentlizenz; OLG Hamburg UFITA 67 [1973], 245, 257 *Die englische Geliebte;* Kraßer GRUR Int. 1973, 230, 234; § 97 Bem. 9). Die Aktivlegitimation entfällt nicht deshalb, weil der Inhaber des ausschließlichen Nutzungsrechts anderen ausschließliche Nutzungsrechte eingeräumt hat, sofern ihm aufgrund der Verletzungshandlungen Nutzungsentgelte entgehen (BGH GRUR Int. 1993, 257, 258 *ALF;* OLG Hamburg GRUR 1991, 207, 208 *ALF).* Dabei ist es möglich, daß das Verbietungsrecht des Inhabers noch über die Grenzen seines Nutzungsrechts hinausgeht, wenn das Verbot erforderlich ist, um eine Beeinträchtigung der Nutzung abzuwehren (§ 97 Bem. 9, 24 sowie § 88 Bem. 27, § 95 Bem. 7). Nur dem Inhaber eines einfachen Rechts, der dieses vor ihm erworben hat, kann er nichts anhaben; entsteht ihm daraus ein Schaden, so muß er sich an den Urheber halten (§ 33). Das ausschließliche Nutzungsrecht wird ferner dadurch gekennzeichnet, daß sein Inhaber in der Lage ist, einfache Nutzungsrechte (§ 35) einzuräumen.

4 Das Klagerecht des ausschließlichen Nutzungsberechtigten richtet sich **auch gegen den Urheber selbst,** wenn dieser entgegen der vorgenommenen Rechtsübertragung ihm nicht mehr zustehende Verwertungshandlungen vornimmt. Allerdings kann zwischen dem Urheberberechtigten und dem Erwerber des ausschließlichen Nutzungsrechts wirksam vereinbart werden, daß der Urheberberechtigte neben dem Erwerber des ausschließlichen Nutzungsrechts bestimmte Nutzungshandlungen dulden muß (Schricker Rdnr. 4), ebenso wie die vor der Einräumung des ausschließlichen Nutzungsrechts vom Urheberberechtigten vorgenommene Vergabe einfacher Nutzungsrechte im Zweifel bestehenbleibt (§ 33). Gegenüber rechtswidrigen Verwertungshandlungen Dritter verbleibt dem **Urheber** ein **selbständiges Klagerecht,** das neben demjenigen des ausschließlich Nutzungsberechtigten besteht, dies auch dann, wenn der Urheber von eigenen Nutzungshandlungen ausgeschlossen ist. Gegen eine nichtgenehmigte Theateraufführung können also der Urheber und sein Bühnenverlag nebeneinander – wahlweise in getrennten Prozessen oder in einem einheitlich geführten Prozeß – vorgehen. Dasselbe gilt entsprechend für den Inhaber eines ausschließlichen Nutzungsrechts, wenn er seine Rechte an einen Dritten weiterübertragen hat und dieser Dritte unberechtigt Unterlizenzen vergibt; auch dort stehen dem Rechtsvorgänger die Verbots- und Schadenersatzansprüche gegen den rechtswidrig Nutzenden direkt zu (OLG München GRUR 1984, 524 Nachtblende). Geht es allerdings um die Geltendmachung von Vergütungsansprüchen gegen Dritte, die der Urheber zur treuhänderischen Wahrnehmung auf eine Verwertungs- oder Inkassogesellschaft oder einen (Bühnen)-Verlag usw. übertragen hat, liegt die Aktivlegitimation allein beim Inhaber der abgeleiteten Nutzungsrechte. Der Urheber kann gegen den Rechtserwerber einen schuldrechtlichen Anspruch auf Rückübertragung haben, wenn z. B. im Falle eines Wahrnehmungsvertrages dieser die Geltendmachung der Vergütungsansprüche, die letztlich dem Urheber zugute kommen sollen, verweigert. – Näheres § 97 Bem. 7–15.

II. Begriff der Nutzungsart

Das **Nutzungsrecht** ist die Befugnis, das Werk in einer bestimmten **Nutzungsart** (zur Abgrenzung zu den Verwertungsrechten vor § 31 Bem. 5) zu nutzen. Ein ausschließliches Nutzungsrecht mit absoluter Verbotswirkung gegen Dritte kann nur für verkehrsfähige Nutzungsarten (Bem. 6) eingeräumt werden. § 32 stellt klar, daß auch im Rahmen einer bestimmten Nutzungsart räumliche, zeitliche und inhaltliche Beschränkungen des Nutzungsrechts möglich sind (z. B. das Recht zur Kino-Erstaufführung in der ersten Mai-Woche eines bestimmten Jahres in Hamburg). Schuldrechtlich ist der Inhalt des Nutzungsvertrages nicht an den Begriff der Nutzungsart gebunden, sondern im internen Verhältnis der Vertragsparteien nach den allgemeinen Grundsätzen der Vertragsfreiheit flexibel regelbar. Außerhalb der Nutzungsart eingeräumte Befugnisse verschaffen aber keine Rechtsmacht gegenüber Dritten, dies allerdings vorbehaltlich wettbewerbsrechtlicher Ansprüche (bevorzugt aus § 1 UWG) wegen Verleitens zum Vertragsbruch oder – bei Hinzutreten besonderer Umstände – durch Ausnutzen eines fremden Vertragsbruchs (Piper GRUR 1990, 643, 645). 5

Verkehrsfähige Nutzungsart. Das UrhG kennt keine Aufzählung und schon gar keine abschließende Klassifikation von Nutzungsarten, die Gegenstand ausschließlicher Rechtsübertragung sein können. Mit dem Bundesgerichtshof (GRUR 1992, 310, 311 *Taschenbuchlizenz;* vgl. auch GRUR 1990, 669, 671 *Bibelreproduktion;* BGHZ 95, 274, 283 *GEMA-Vermutung I;* GRUR 1979, 637, 638 *White Christmas)* ist unter einer Nutzungsart jede nach der Verkehrsauffassung als solche hinreichend klar abgrenzbare, wirtschaftlich-technische Verwendungsform zu verstehen. Abgrenzbarkeit ist gegeben, wenn eine qualitative Verbesserung oder eine quantitative Erweiterung der Nutzungsmöglichkeiten feststellbar ist. Im Interesse der Verkehrsfähigkeit ausschließlicher Nutzungsrechte gibt es Grenzen für deren (beliebige) Aufspaltung. Für den Verlagsbereich ist diese Problematik schon seit langem geläufig: Vereinbarungen über Zahl und Höhe der Auflage und über die Art der Auflage gehören zur Nutzungsart (dingliche Wirkung), solche über die (nicht typische) Ausstattung der Exemplare und die Höhe des Ladenpreises erschöpfen sich in schuldrechtlicher Wirkung (Ulmer[3] § 84 I 3). Der Vertrieb über Buchgemeinschaften ist schon seit längerem als verkehrsfähige Nutzungsart anerkannt (BGH GRUR 1959, 200 *Heiligenhof;* vgl. Ulmer[3] § 103 II 3). Inzwischen ist im Verlagswesen die separate Rechtevergabe für Einzelausgabe, Gesamtausgabe, Ausgabe in Sammelwerken, Luxusausgabe, normale Hardcoverausgabe, Volksausgabe und Taschenbuch- (Paperback-) Ausgabe anerkannt (Bappert/Maunz/Schricker § 8 Rdnr. 27, 28a, § 28 Rdnr. 23; Wohlfarth S. 33; BGH GRUR 1992, 310, 312 *Taschenbuchlizenz;* KG GRUR 1991 596, 599 *Schopenhauer-Ausgabe;* LG Stuttgart FuR 1983, 608). Nicht möglich wäre mit absoluter Wirkung die Abspaltung von Buchvertriebsrechten nur über Kaufhäuser oder nur über Kaffeefilialgeschäfte (BGH GRUR 1990, 669, 671 *Bibelreproduktion;* a.M. Schricker-Loewenheim § 17 Rdnr. 12, sofern unterscheidbare Sonderausgabe) oder unter deren Ausschließung oder nur zu einem bestimmten Ladenpreis (Schricker vor §§ 28ff. Rdnr. 55; BGH GRUR 1992, 310, 312 *Taschenbuchlizenz:* Kein absolutes Recht des Inhabers der Taschenbuchlizenz, vom Veranstalter der Hardcoverausgabe die Einhaltung eines Preisabstandes zu verlangen). 6

Im sonstigen Urhebervertragsrecht ist nach entsprechenden Kriterien zu verfahren.
Im Filmbereich ist die auf die Massenvervielfältigung von Spielfilmen und die Veräußerung der Videobänder gerichtete gewerbsmäßig betriebene Zweitauswertung von Filmwerken als Videoauswertung seit Ende der 70er Jahre zur abspaltbaren Nutzungsart avanciert (Bem. 8).
Die Verwendung eines musikalischen Werkes in einer Werbesendung ist eine eigenständige Nutzungsart (OLG Hamburg GRUR 1991, 599, 600 *Rundfunkwerbung*).

7 Während die **zeitliche** (z. B. befristete) und **quantitative Beschränkung** der Nutzungsrechte (z. B. nach der Anzahl gestatteter Sendungen oder Aufführungen oder der Höhe der Buchauflage) problemfrei möglich ist, gibt es bei **räumlichen** Beschränkungen gewisse Besonderheiten, sofern der Vertrieb von Werkstücken (Bücher, Zeitungen, Zeitschriften, Tonträger, Videokassetten usw.) betroffen ist. Da mit dem ersten legalen Verbreitungsakt das Verbreitungsrecht (an dem betroffenen Werkexemplar) im Geltungsbereich des UrhG verbraucht ist (§ 17 Abs. 2), kann das Verbreitungsrecht im Bundesgebiet nicht mit dinglicher Wirkung aufgespalten werden (Schricker vor §§ 28ff. Rdnr. 54 m.w.N.; Schricker-Loewenheim § 17 Rdnr. 10). Soweit eine räumlich getrennte Vergabe von Nutzungsrechten für Staaten der EG zur Isolierung und Abschottung der nationalen Märkte führen würde, gilt das auch für die räumliche Erstreckung der Europäischen Gemeinschaft (EuGH GRUR Int. 1971, 450, 454 *Polydor;* EuGH GRUR Int. 1981, 229, 231 *Gebührendifferenz II;* vgl. auch EuGH NJW 1986, 1421: Nationale Vorschriften, nach denen ein in Filmtheatern verwertetes Filmwerk nicht vor Ablauf von 6 bis 18 Monaten in Form von Videokassetten verwertet werden darf, sind mit Art. 30 EWGV vereinbar). Ansonsten ist eine Aufteilung des Verbreitungsrechts nach Staaten wegen des territorialen Charakters des Urheberrechts (vor § 120 Bem. 1) zulässig (Schricker-Loewenheim § 17 Rdnr. 10). Für die Nutzung von Urheberrechten in unkörperlicher Form ist eine räumliche Aufspaltung von Nutzungsrechten sowohl innerhalb der Bundesrepublik Deutschland (z. B. Senderecht nur für das Sendegebiet des Bayerischen Rundfunks) als auch in territorialer Segmentierung nach Staaten oder Staatengruppen möglich (Schricker vor §§ 28ff. Rdnr. 54).
Nach dem Beitritt der neuen Bundesländer zur Bundesrepublik Deutschland ist es zu Kollisionen zwischen Nutzungsberechtigten gekommen, die bis dahin jeweils über ausschließliche Nutzungsrechte in Ost bzw. West verfügten (vgl. vor § 31 Bem. 33).

8 Durch eine **Änderung der politischen Grenzen** ergibt sich im Regelfall keine automatische räumliche Erweiterung oder Verkürzung der zuvor auf das betreffende Staatsgebiet bezogenen Rechtseinräumung (so bereits RGZ 42, 301 und RGZ 49, 174 für die räumliche Erstreckung von Verlagsrechten nach der Einverleibung Elsaß-Lothringens in das Deutsche Reich aufgrund des Friedensvertrages mit Frankreich von 1871; Bappert/Maunz/Schricker § 8 Rdnr. 15; a.M. v. Hartlieb 112, 7f.). Zur Vertragslage nach der deutschen Einigung vom 3. 10. 1990 vor § 31 Bem. 33.

III. Noch nicht bekannte Nutzungsarten

Unwirksam ist die Einräumung von Nutzungsrechten oder eine Verpflichtung dazu für noch nicht bekannte Nutzungsarten (**Abs. 4**). Damit wird einem in der Vergangenheit gelegentlich aufgetretenen Mißstand ein Riegel vorgeschoben. Die **frühere Rspr.** (RGZ 118, 285 *Musikantenmädel;* RGZ 123, 312 *Wilhelm Busch;* RGZ 140, 256 *Hampelmann)* hatte sich damit begnügen müssen, unbekannte Nutzungsarten dann als nicht mitübertragen anzusehen, wenn keine ausdrückliche Vereinbarung vorlag (vgl. die Nachweise in BGHZ 11, 135, 143f. *Schallplatten-Lautsprecher-Übertragung;* BGHZ 17, 266, 285 *Tonband/Grundig-Reporter* stellt bereits eine objektiv bekannte, aber noch nicht praktizierte Verwertungsform weitgehend einer noch unbekannten Nutzungsart gleich). **Nunmehr** ist es schlechthin **ausgeschlossen,** dem Urheber die Mehrerträgnisse vorzuenthalten, die der Fortschritt der Technik für sein Werk bringt. Es handelt sich also um eine Schutzbestimmung zugunsten des Urhebers (so ausdrücklich Begr. S. 56) als spezielle Ausprägung der Zweckübertragungstheorie (Schweyer S. 71). Der Urheber soll davor bewahrt bleiben, Rechte auf solche Nutzungsarten einzuräumen, deren wirtschaftlichen Wert er, weil er sie nicht kennt, nicht beurteilen kann (so schon RGZ 123, 312, 316ff. *Wilhelm Busch*). Auf Verträge, die vor dem 1. 1. 1966 abgeschlossen worden sind, ist § 31 Abs. 4 nicht anzuwenden (§ 132), jedoch führt die nach dem früheren Recht bereits geltende Zweckübertragungstheorie in der Regel zu denselben Ergebnissen (BGH GRUR 1986, 62, 66 *GEMA-Vermutung I; BGH GRUR 1988, 296, 299 GEMA-Vermutung IV;* Bem. 17, § 132 Bem. 6). 9

Bekanntheit der Nutzungsart. Die Frage, ob eine Nutzungsart bekannt ist, ist nach dem Schutzzweck der Norm nicht objektiv zu beantworten, sondern aus der Sicht des Urhebers zu entscheiden. Bekannt ist eine Nutzungsart, wenn sie zur Zeit des Vertragsabschlusses dem durchschnittlichen Urheber zwar nicht in den Einzelheiten, aber doch als praktisch durchführbare Nutzungsart geläufig war. Was nur Fachleute wissen, was erst theoretisch geplant, aber noch nicht praktisch erprobt ist, läßt eine konkrete Wertvorstellung seitens der Urheber nicht zu. Auf den Zeitpunkt der Erfindung oder der Erprobung ihrer praktischen Anwendung kommt es demgemäß nicht an; erst wenn die maßgeblichen Verkehrskreise, erkennbar für den Urheber, die neuartige Auswertung unter Zuhilfenahme der neuen technischen Mittel in der für die wirtschaftliche Ausnutzung typischen Form zu realisieren beginnen, indem sie die entsprechenden Absatzwege eröffnen und ihre Vertragsgestaltung darauf einrichten, kann von der Bekanntheit der betreffenden Nutzungsart ausgegangen werden. Ähnlich Schricker §§ 31, 32 Rdnr. 27, der auf die „einschlägigen Urheberkreise" abstellt. A. M. v. Gamm § 31 Anm. 15: Objekte Bekanntheit ohne Berücksichtigung der wirtschaftlichen Bedeutung; Schweyer S. 90 stellt auf eine grundsätzliche Realisierbarkeit in technischer und wirtschaftlicher Hinsicht ab, ohne daß die Nutzungsart bereits tatsächlich praktiziert werden müsse; Ulmer[3] § 84 II verneint bei mangelnder subjektiver Bekanntheit eine Rechtseinräumung nach den Grundsätzen zu § 31 Abs. 5. 10

Nach dem Wortlaut des Abs. 4 trägt derjenige die **Beweislast,** der die mangelnde Bekanntheit der Nutzungsart geltend macht. Das wird im Regelfall, aber keineswegs immer der Urheber sein. Da hier die Beweisfüh- 11 rung (im Gegensatz zu dem bei § 10 Bem. 38 behandelten Fall der Kunstfälschung) nicht schlechthin unmöglich ist, weil die Kenntnis oder Unkenntnis des durchschnittlichen Urhebers durch Umfragen oder durch Sachverständigengutachten festgestellt werden kann, wird man den Willen des Gesetzgebers hinnehmen müssen. Doch werden die Anforderungen an die Beweisführung des Urhebers nicht allzu hoch gespannt werden dürfen. Wo Tatsachen nachgewiesen sind, die ernste Zweifel an der Bekanntheit begründen, ist zugunsten des Urhebers zu entscheiden; sonst würde der vom Gesetzgeber verfolgte Schutzzweck nicht verwirklicht werden können (vgl. § 1 Bem. 10).

12 Von zukünftig erst bekannt werdenden Nutzungsarten sind **Verwertungsrechte** (vor § 31 Bem. 5) zu unterscheiden, die an sich bekannt sind, als solche aber **erst in der Zukunft** deshalb **zur Entstehung gelangen,** weil der spätere Gesetzgeber sie für schutzwürdig hält und gesetzlich normiert.

Im Zweifel werden solche Befugnisse nicht im voraus mit eingeräumt; bei ausdrücklicher Parteivereinbarung ist eine dahingehende Vorwegeinräumung entsprechend § 137 Abs. 1 S. 2 aber möglich (Schweyer S. 91). Dies gilt nur dann nicht, wenn der Gesetzesänderung eine neue Nutzungsart im Sinne des § 31 Abs. 4 zugrundeliegt. Zur Übertragung von Nutzungsrechten an künftigen Werken sowie zu Vor- und Optionsverträgen vor § 31 Bem. 11 und § 40 Bem. 1 und 6.

13 Die gesetzlich angeordnete Rechtsfolge der **Nichtigkeit** trifft sowohl die Verfügung über das Nutzungsrecht als auch das zugrundeliegende schuldrechtliche Kausalgeschäft. Das Schicksal des verbleibenden Rechtsgeschäfts richtet sich nach § 139 (Schricker §§ 31, 32 Rndr. 25).

14 BGH GRUR 1982, 727, 729 *Altverträge* bejaht für das **Fernsehsenderecht** die Bekanntheit für das Jahr 1936 – zu Unrecht, weil die ungeheure wirtschaftliche Bedeutung, die das Fernsehen inzwischen gewonnen hat, damals niemand auch nur ahnen konnte (wie hier LG Berlin GRUR 1983, 438, 440 *Joseph Roth*).

15 Erst recht war die **Videoauswertung,** d. h. die Verwertung von Filmkopien durch Veräußerung an die Allgemeinheit zur privaten Werknutzung eine bis etwa 1978 (str.) unbekannte Nutzungsart (lt. Der Spiegel Nr. 33/1979 S. 153ff. setzte der Handel mit bespielten Videokassetten in Deutschland etwa um die Jahreswende 1978/79 ein; Reimer GRUR Int. 1973, 315, 322; Movsessian GRUR 1974, 371, 373; offengelassen in BGH GRUR 1974, 786 *Kassettenfilm*). LG München I FuR 1984, 664 bestätigt das jedenfalls für 1967; OLG München ZUM 1989, 146, 148 mit eingehender Begründung für 1977/78. Daß die Herstellung von beliebig vielen Filmkopien technisch seit langem möglich und das Verleihen von Schmalfilmkopien zum privaten Gebrauch ebenfalls seit längerer Zeit üblich war, kann keine Rolle spielen. Denn die audiovisuelle Verwertung ist auf eine Massenvervielfältigung eines Films sowie auf einen neuartigen Vertriebsweg (über Videotheken, Warenhäuser und Einzelhandelsgeschäfte) ausgerichtet (BGH GRUR 1991, 133, 136 *Video-Zweitauswertung*). Für 1970, weil bereits zu diesem Zeitpunkt in der deutschen Tagespresse über verschiedene Videotechniken berichtet wurde, Scheuermann S. 92. Der Einsatz der Videotechnik zur öffentlichen Vorführung, speziell in den Erscheinungsformen von **Hotelvideo** und **Videobox**

(vor § 88 Bem. 7) wird hierzulande erst seit Beginn der 80er Jahre praktiziert; ungeachtet des Umstandes, daß über solche Verwertungsformen seit etwa 1970 bereits in der Tagespresse berichtet worden sein mag, waren sie in ihrer praktischen Anwendungsform bis 1980 unbekannte Nutzungsarten (a. M. Scheuermann S. 95). Das kommerzielle Musikvideo war gleichfalls bis 1980 eine in Deutschland unbekannte Nutzungsart, unbeschadet der zuvor bereits in Erscheinung getretenen Konzertvideos und Videoclips (zur Marktentwicklung vgl. Michel, in: Moser/Scheuermann S. 295ff.).

Kabel- und Satellitenfernsehen. Ganz zu Unrecht sieht LG München I ZUM 1986, 484, 486 (ebenso OLG Hamburg GRUR 1989, 590 *Kabelfernsehen;* Platho ZUM 1986, 572) Kabel- und Satellitenfernsehen gegenüber der herkömmlichen terrestrischen Ausstrahlung nicht als neue Nutzungsarten an, da es sich lediglich um neue technische Mittel handele. Nach zutreffender Auffassung ist jedenfalls das primäre Kabelfernsehen in privater Trägerschaft ebenso wie das direkt empfangbare Satellitenfernsehen als eine bis vor wenigen Jahren noch unbekannte Nutzungsart zu bewerten (Schricker-Katzenberger § 88 Rdnr. 48; § 88 Bem. 23). 16

Verwertungsgesellschaften. Abs. 4 ist angesichts des vorbehaltlosen Gesetzeswortlauts auch auf Wahrnehmungsverträge mit VerwGes anzuwenden (BGHZ 95, 274, 282f. *GEMA-Vermutung I;* BGH GRUR 1988, 296, 298 *GEMA-Vermutung IV).* Allerdings versteht sich für Wahrnehmungsverträge der Begriff der Nutzungsart anders als bei Nutzungsverträgen mit Verwertern. Im Verhältnis zur Verwertungsgesellschaft als einem Treuhänder bezweckt der Vertrag, dem Urheber die möglichst frühzeitige Einräumung auch neuer Nutzungsmöglichkeiten in seine Verwertungsgesellschaft zur Sicherung von entsprechenden Begehren von Verwerterseite zu ermöglichen. Dies ist im Hinblick auf die möglichst frühzeitige Sicherung von solchen Verwertungsmöglichkeiten, die praktisch nur von Verwertungsgesellschaften wahrgenommen werden können, zu Lasten der Anwendung des § 31 Abs. 4 insoweit zu berücksichtigen (BGHZ 95, 274, 283 *GEMA-Vermutung I* verneint das für die Zweitauswertung von Spielfilmen mittels Videokassetten, weil auch der Urheber einer Filmmusik ein Interesse daran haben könne, seine Rechte selbst wahrzunehmen). 17

Nach BGH GRUR 1988, 296, 299 *GEMA-Vermutung IV* kann für vorgesetzliche Wahrnehmungsverträge den Besonderheiten des Verhältnisses zwischen Urheber und Verwertungsgesellschaft über die Zweckübertragungstheorie zugunsten einer Überlassung unbekannter Nutzungsarten Rechnung getragen werden. Um zu verhindern, daß der Urheber durch zu weitreichende Abtretungen geschädigt wird, deren Tragweite er nicht übersehen kann, ist Abs. 4 entsprechend anwendbar auf die Verfügung über Vergütungsansprüche aufgrund neuer, zum Abtretungszeitpunkt noch unbekannter Nutzungsarten (Schricker-Melichar vor § 45 Rdnr. 20; Rossbach S. 127).

Neue Tonträgertechnologie (Compact Disc), Musik-Sampling, elektronische Bildverarbeitung. Die technische Entwicklung im Bereich der Musikproduktion hat es ermöglicht, Musik digital aufzunehmen und zur Tonträgerwiedergabe die Lasertechnik einzusetzen. Die mit Hilfe solcher Technologien entwickelte **Compact Disc (CD)** wurde erstmals am 8. März 1979 durch die Firma Philips im holländischen Eindhoven der Öffentlichkeit vorgestellt. Seit 1983 ist die CD auf dem Markt (Nestele, in: Moser/ 18

Scheuermann S. 69, 73; Stolberg/Orthmayr, in: Moser/Scheuermann S. 141, 147). Weniger wegen der stark verbesserten Tonqualität als vielmehr angesichts der völlig neuen Erscheinungs- und Anwendungsform handelt es sich um eine neue Nutzungsart gegenüber der Schallplatte. An die Stelle der relativ großformatigen Venylplatte ist eine wesentlich kleinere und relativ unempfindliche metallene Scheibe getreten, die auch zum Vermieten geeignet ist. Zum Abspielen wird ein eigenes Gerät (CD-Player) benötigt. Die CD-Technik vermag vor allem historische Aufnahmen, die herkömmlich nicht mehr zu vermarkten waren, in makelloser Wiedergabetechnik in kompletter Werk- und Genußlänge zu präsentieren. Der Einsatz der CD-Technologie verhalf ihren Erfindern sowie Handel und Industrie zu bemerkenswerten Erfolgen. Nach der Verkehrsauffassung können Nutzungsrechte ohne weiteres getrennt für die Vermarktung als Schallplatte einerseits und als CD andererseits eingeräumt werden (Bem. 7). Die CD war mithin eine bis 1982 unbekannte Nutzungsart.

Die technische Entwicklung hat es ferner ermöglicht, Musik und deren akustische Bestandteile nach digitaler Aufnahme durch Computerverarbeitung auf die bequemste und kostengünstigste Weise zugänglich zu machen **(Sampling).** Durch „Knopfdruck“ können Einzeltöne, Melodien, Sound-Strukturen usw. aufgenommen und identisch oder beliebig verändert, verfremdet, vor- und rückwärts wiedergegeben in neue Musikaufnahmen integriert werden. Zur Vermeidung der (allerdings im Einzelfall bisher schwer beweisbaren) Verletzung von Urheber- und Leistungsschutzrechten (und ggf. auch wettbewerbsrechtlicher Schutzpositionen) Dritter bedarf es der vertraglichen Legitimierung durch die Sampling-Lizenz (Tenschert ZUM 1987, 615; Hoeren GRUR 1989, 580; Hertin GRUR 1989, 578; Schorn GRUR 1989, 579; Spiess ZUM 1991, 524; Klein, in: Moser/Scheuermann S. 575ff. Vgl. auch §§ 85, 86 Bem. 8). Bis zum handlichen Einsatz dieser Produktionstechnik Mitte der 80er Jahre handelte es sich beim Musik-Sampling um eine unbekannte Nutzungsart.

Die Digitalisierung von Bildmaterial, z. B. durch Aufnahme in elektronische Bildarchive und digitalisierte Bildbearbeitung **(elektronische Bildverarbeitung)** war eine bis einschließlich 1987 unbekannte Nutzungsart (Maaßen ZUM 1992, 338, 349).

IV. Zweckübertragungstheorie

19 1. **Begriff.** Soweit eine ausdrückliche Vereinbarung über den **Umfang der Rechtseinräumung** nicht getroffen wurde, richtet sich dieser nach dem im Vertrage verfolgten Zweck. Diese Auslegung war schon im früheren Recht unter dem Namen Zweckübertragungstheorie berühmt geworden (grundlegend Goldbaum[2] S. 75ff., 163ff., RGZ 118, 282, 287 *Musikantenmädel;* RGZ 123, 312, 316ff. *Wilhelm Busch;* RGZ 134, 198 *Schallplattenrechte;* RGZ 140, 231 *Tonfilm;* RGZ 140, 255 *Hampelmann;* BGH ständig seit BGHZ 9, 262, 265, *Lied der Wildbahn I,* vgl. Bem. 9). Sie ist vom Gesetzgeber (entsprechend dem Vorschlag von Reimer GRUR 1962, 623) als Alternative gegenüber einer in der Diskussion befindlichen Spezifizierungspflicht in das Gesetz aufgenommen worden (schriftlicher Bericht zu BT-Drucks. IV/3401 S. 5; zur Entstehungsgeschichte Schweyer S. 83), geht aber in ihrer Bedeutung über die dem Rechtserwerber vom Text des Abs. 5 auferlegte Spezifizierungslast, die nur für den Fall der fehlenden *Einzel*benennung gilt, entsprechend den von der

Rechtsprechung entwickelten Grundsätzen weit hinaus (Schweyer S. 72ff.; Genthe S. 90ff.; Liebrecht S. 14, 17; Schricker Rdnr. 34). Als normative Unklarheitenregelung geht sie den §§ 133, 157 BGB vor und ist im Grenzbereich zwischen Vertragsauslegung und Vertragskorrektur anzusiedeln (Ulmer GRUR 1957, 613; Schweyer S. 38). Ihr Ausgangspunkt ist die Feststellung, daß das Urheberrecht die Tendenz hat, so weit als möglich beim Urheber zurückzubleiben (Ulmer³ S. 365). Diese Feststellung ergab sich für das frühere Recht aus § 14 LUG, wonach dem Urheber im Falle der Übertragung des Urheberrechts praktisch alle nicht ausdrücklich genannten Befugnisse verblieben. Für die Neuregelung ergibt sie sich aus der Entscheidung des Gesetzgebers, die Übertragung des Urheberrechts auszuschließen und nur die Einräumung einzelner Nutzungsrechte zuzulassen (vor § 28 Bem. 1, 2). Demnach kann selbst aus einer nach dem Vertragswortlaut „uneingeschränkten" Übertragung eines im Gesetz umgeschriebenen Verwertungsrechts (zur begrifflichen Abgrenzung zwischen Verwertungsrecht und Nutzungsart vor § 31 Bem. 5 bzw. Nutzungsart oben Bem. 6) über den Umfang der Rechtsübertragung regelmäßig nichts Abschließendes entnommen werden. Die pauschale Einräumung dieser Rechte ist vielmehr gegenständlich nach dem jeweiligen Vertragszweck zu beschränken (BGH GRUR 1974, 786, 787 *Kassettenfilm*). Diese Regelung beruht auf dem Leitgedanken einer möglichst weitgehenden Beteiligung des Urhebers an den wirtschaftlichen Früchten der Verwertung seines Werkes (BGH *Kassettenfilm* a.a.O.; BGH GRUR 1976, 382, 383 *Kaviar;* BGH GRUR 1977, 42, 45 *Schmalfilmrechte;* BGH GRUR 1988, 296, 298 *GEMA-Vermutung IV*).

Der Einwand, es bestünden verfassungsrechtliche Bedenken dagegen, § 31 Abs. 5 eine über die allgemeinen Auslegungs- und Vertragshilfevorschriften des BGB hinausgehende Bedeutung zuzuschreiben (Schwaiger/Kockler UFITA 73 [1975], 21, 35, 47), sticht nicht. Die Zweckübertragungstheorie findet nur dort Anwendung, wo die vertragliche Regelung, gemessen am eigentlichen Vertragszweck, unvollkommen geblieben ist. Diese Lücke wird mit dem allgemeinverbindlichen Hinweis auf den mit der Nutzungseinräumung verfolgten Zweck gefüllt. Im übrigen ist zu respektieren, daß das Urheberrecht als solches allein dem Urheber zusteht und jede Abspaltung von Nutzungsrechten nachgewiesen werden muß. Es geht also nicht darum, Nutzungsrechte nach Billigkeitsgesichtspunkten gleichberechtigt auf zwei Vertragspartner zu verteilen, sondern um die Feststellung, ob der urheberrechtliche Nutzungsvertrag als Beweis dafür geeignet ist, daß ein bestimmtes Nutzungsrecht vom Urheber aus der Hand gegeben wurde. 20

2. **Spezialnormen.** Die Auslegungsregel des Abs. 5 wird verschiedentlich durch Spezialnormen verdrängt. Im UrhG finden sich solche in § 37 (Bearbeitungen, Übertragung auf Bild- und Tonträger, Recht aus § 19 Abs. 3; etwas abweichend Schricker § 37 Rdnr. 4), § 38 (Beiträge zu Sammlungen und Zeitungen), § 39 (Änderungen an Werk, Titel, Urheberbezeichnung), § 44 (Eigentumsübertragung bedeutet keine Nutzungseinräumung) und in §§ 88, 89 (Rechtseinräumung bei der Filmherstellung). Im übrigen kommen vor allem § 1 VerlG (Verleger erwirbt Nutzungsrecht aus §§ 16, 17 UrhG) und §§ 2, 8 VerlG (Verleger erwirbt das Nutzungsrecht aus §§ 16, 17 UrhG als ausschließliches Recht) in Betracht. Soweit solche speziellen Auslegungsregeln den Umfang der Nutzungseinräumung einschränken (§§ 37, 38 Abs. 1 Satz 2, Abs. 2 und Abs. 3 Satz 1, §§ 39, 44 21

Abs. 1), gehen sie § 31 Abs. 5 vorbehaltlos vor. Diejenigen Regeln, die eine Vermutung für den Übergang bestimmter Befugnisse enthalten (§§ 38 Abs. 1, Satz 1, 44 Abs. 2, 88, 89), sind ergänzend im Lichte der Zweckübertragungstheorie anzuwenden (Schweyer S. 95f.). Dies belegt vor allem auch die Rechtsprechung zu § 88 (dort Bem. 1, 11, 13, 17–21).

22 **Praktische Bedeutung.** Die Zweckübertragungstheorie gilt im gesamten Urhebervertragsrecht einschließlich des Verlagsrechts und wird auch auf Verträge über abgeleitete Nutzungsrechte und verwandte Schutzrechte angewandt (vor § 73 Bem. 12). Zum Umfang der Rechtseinräumung im Arbeitsverhältnis s. § 43 Bem. 3b. Sie gilt sowohl für das Verfügungs- als auch das schuldrechtliche Kausalgeschäft (Bem. 30). Die praktische Bedeutung der Zweckübertragungstheorie ist kaum zu überschätzen.

23 a) Sie gilt nur dann nicht, wenn jedes einzuräumende Nutzungsrecht **einzeln bezeichnet** wurde **(Spezifizierungslast)**. Um Abs. 5 auszuschließen, genügt es also nicht, entsprechend dem Wortlaut des Abs. 1 dem Erwerber das Recht einzuräumen, „das Werk auf alle Nutzungsarten zu nutzen" oder „das Werken unbegrenzt zu vervielfältigen und zu verbreiten" (besonders aufschlußreich BGH GRUR 1971, 480 *Schwarzwaldfahrt* wegen der – allerdings insoweit nutzlosen – Verwendung eines perfektionistischen Formulars einer amerikanischen Rundfunk- und Fernsehgesellschaft, ferner BGH GRUR 1981, 196, 197 *Honorarvereinbarung;* BGHZ 67, 56 *Schmalfilmrechte;* BGH GRUR 1976, 382 *Kaviar*). Vielmehr ist eine Aufzählung der in den Vertrag einzubeziehenden Nutzungsarten erforderlich. Ist sie unvollständig oder unklar, ist Abs. 5 anwendbar (BGH GRUR 1990, 669, 671 *Bibelreproduktion;* BGH GRUR 1988, 300 *Fremdenverkehrsbroschüre;* OLG Hamburg GRUR 1991, 599, 600 *Rundfunkwerbung*).

24 b) Trotz ihrer Zuordnung lediglich zu § 31 und ihrer Bezugnahme nur auf die Anzahl, nicht auch auf den Inhalt der Nutzungsrechte, gilt die Auslegungsregel des Abs. 5 auch für **§ 32** und damit für **alle denkbaren Formen** der Rechtseinräumung (Schweyer S. 68, 84ff.; Genthe S. 90ff.; Liebrecht S. 19). Ist nicht ausdrücklich gesagt, ob ein Nutzungsrecht für die ganze Welt oder nur für die Bundesrepublik, zeitlich unbeschränkt oder nur für bestimmte Fristen, auf alle oder nur auf bestimmte Nutzungsarten eingeräumt wird, so kommt es auf den Zweck des Vertrages an. Das war schon bisher bei der Anwendung der Zweckübertragungstheorie von der Rspr. anerkannt worden (BGH GRUR 1957, 611, 612 *Bel ami:* Verwendung der Musik nur in Filmen bestimmten Inhalts). Der Gesetzgeber wollte diese Theorie nicht antasten, sondern nur ihren wichtigsten Anwendungsfall, den der nicht spezifierten Rechtseinräumung, zur zwingenden Rechtsnorm erheben (schriftlicher Bericht zu BT-Drucks. IV/3401 S. 5).

§ 32 darf daher nicht als gesetzliche Vermutung dahin mißverstanden werden, im Zweifel sei ein Nutzungsrecht ohne räumliche, zeitliche oder inhaltliche Beschränkungen eingeräumt (abwegig Schwaiger/Kockler UFITA 73 [1975], 21, 41, 44).

25 c) Aus dem gleichen Grunde ist Abs. 5 auch dann anzuwenden, wenn nicht ausdrücklich gesagt ist, ob ein **einfaches** (Abs. 2) oder ein **ausschließliches** (Abs. 3) **Nutzungsrecht** eingeräumt werden soll. Auch in diesem Falle entscheidet der Zweck des Vertrages. Im Zweifel wird nur ein einfaches Nutzungsrecht eingeräumt (OLG Düsseldorf GRUR 1988, 541 *Warenkatalog-*

foto: auch für den Fall, daß der Fotograf dem Kataloghherausgeber das Eigentum an den Fotoabzügen übertragen hat). Vgl. auch § 38 Abs. 1 einerseits, Abs. 3 andererseits.

d) Abs. 5 gilt nicht nur für Verträge, die der Urheber selbst schließt, sondern **26**
auch bei der **Weiterübertragung** von Nutzungsrechten durch den Erwerber. Der Bundesgerichtshof hat die Zweckübertragungstheorie bereits vor Inkrafttreten des UrhG (BGHZ 9, 262, 265 *Lied der Wildbahn I;* BGHZ 28, 234, 238 *Verkehrs-Kinderlied;* BGHZ GRUR 1960, 197, 199 *Keine Ferien für den lieben Gott)* und auch danach (BGH GRUR 1976, 382, 383 *Kaviar*) ständig auf Werknutzungsrechte angewendet, die vom Inhaber eines nur abgeleiteten Nutzungsrechts an einen Drittverwerter vergeben werden. Einschränkend Bappert/Maunz/Schricker § 28 Rdnr. 22.

e) Das aus der Übertragung fließende **Verbietungsrecht** kann allerdings **27**
über das **Benutzungsrecht** hinausgehen, wenn die Ausweitung des Verbietungsrechts nach dem Vertragszweck erforderlich ist, um eine positive Nutzungsbefugnis des Auswerters zu dem Gebrauch sicherzustellen, der nach dem Vertrag mit dem Lizenzgeber vorausgesetzt war. Vgl. Bem. 3 und § 97 Bem. 24 sowie Bappert/Maunz/Schricker[2] § 8 Rdnr. 5b.

f) Die Zweckübertragungstheorie ist entsprechend auch bei der Prüfung der **28**
Frage anzuwenden, ob der Urheber im Rahmen eines Nutzungsvertrages dem Werkverwerter **sachenrechtliche** Befugnisse, z. B. das Eigentum an Originalen des Werkstücks übertragen hat (Paschke GRUR 1984, 585, 560f.). Eine Eigentumsübertragung ist z. B. im Zweifel zu verneinen, wenn ein Buchillustrator dem Verleger seine Originalzeichnungen überläßt, um davon Vervielfältigungen herstellen zu lassen (OLG München GRUR 1984, 516, 517 *Tierabbildungen;* OLG Hamburg GRUR 1980, 909 *Gebrauchsgraphik für Werbezwecke)*. Zur umgekehrten Fragestellung des Erwerbs von Nutzungsrechten bei Übertragung des Eigentums am Original vgl. § 44 Abs. 1; vor § 31 Bem. 19.

g) **Zweckübertragungstheorie und AGB:** Da der Bundesgerichtshof § 31 **29**
Abs. 5 seiner Natur nach als (bloße) Auslegungsregel, nicht aber als gesetzliche Dispositivbestimmung versteht, verneint er (BGH GRUR 1984, 45, 49 *Honorarbedingungen: Sendevertrag,* bestätigt durch BGH GRUR 1984, 119, 121 *Synchronisationssprecher)* seine Heranziehung als Maßstab zu einer Überprüfung von AGB gem. § 9 Abs. 2 Nr. 1 AGBG wegen zu weitgehender, weil über den Vertragszweck erheblich hinausgehender Nutzungsrechtsübertragung (anders die h. M. in der Literatur: Bappert/Maunz/Schricker[2] Einl. Rdnr. 15; § 5 Rdnr. 8; Haberstumpf/Hintermeier § 10 III 3; Hertin FuR 1983, 153f. und AfP 1978, 72, 79; Hubmann UFITA 74 [1975], 3, 8f.; Schricker vor §§ 28ff. Rdnr. 14). Demgegenüber leitet OLG Frankfurt GRUR 1984, 515, 516 *AGB-Übertragung von Nutzungsrechten* aus dem gesetzlichen Leitbild des UrhG die Unwirksamkeit einer Klausel in AGB ab, die zugunsten der Druckerei vorsieht, bei Zahlungsverzug des Auftraggebers den Vertrieb der in Auftrag gegebenen Drucksachen zu übernehmen, und dabei für die Übertragung der Rechte „z. B. aus UrhG usw." formuliert (ähnlich OLG Karlsruhe UFITA 92 [1982], 229, 233). Jedenfalls wird der für AGB geltende Grundsatz, daß Zweifel bei der Auslegung zu Lasten des Verwenders gehen, durch die Zweckübertragungstheorie und die auf sie zurückzuführenden spezialgesetzlichen Bestimmungen verdrängt: Auch bei

formularmäßigen Nutzungsklauseln entscheidet im Zweifel der Vertragszweck über den Umfang der übertragenen Befugnisse (BGH GRUR 1971, 480 *Schwarzwaldfahrt;* Schweyer S. 39, Fn. 59, S. 57f.), dasselbe gilt bei der Anwendung pauschaler Vertragszweckdeklarationen, die als bloße „Lippenbekenntnisse" den gemeinsamen Vertragszweck nicht zum Ausdruck bringen (Schricker Rdnr. 39).

30 h) Der Zweckübertragungsgrundsatz gilt **gleichermaßen** für das **Verfügungsgeschäft** wie für den schuldrechtlichen **Verpflichtungsvertrag** (Bappert/Maunz/Schricker[2] § 8 Rdn. 5c; Schricker Rdnr. 37; Liebrecht S. 60). Anderenfalls wäre dem Urheber bereicherungsrechtlich zu nehmen, was ihm dinglich verblieben ist. Mit den §§ 31ff. wollte der Gesetzgeber eine vorgezogene Teilregelung des Urhebervertragsrechts schaffen (vor § 31 Bem. 1).

31 3. **Vertragsauslegung nach dem verfolgten Zweck.** Die Feststellung des „mit der Einräumung verfolgten Zweckes" bedingt eine Vertragsauslegung. Dabei ist von dem Ulmerschen Grundsatz auszugehen, daß das Urheberrecht die Tendenz hat, soweit als möglich beim Urheber zurückzubleiben (Bem. 19). Demgemäß ist im Zweifel anzunehmen, daß der Urheber ein Nutzungsrecht nur in demjenigen Umfange einräumen will, den der Vertragszweck unbedingt erfordert (BGHZ 9, 273, 278 *Schwanenbilder;* BGH GRUR 1959, 200, 203 *Heiligenhof;* BGH GRUR 1974, 786, 787 *Kassettenfilm;* BGH GRUR 1976, 382, 383 *Kaviar;* BGH GRUR 1977, 42, 44 *Schmalfilmrechte;* BGH GRUR 1981, 196, 197 *Honorarvereinbarung,* ferner die in Bem. 34–51 genannten Quellen). Jede Einräumung ist so eng wie möglich auszulegen (OLG Hamburg Schulze OLGZ 174, 7 *Zugangsrecht des Architekten*). Darüber hinaus gilt nur, was besonders vereinbart ist (BGHZ 28, 234, 238 *Verkehrs-Kinderlied;* OLG München UFITA 25 [1958], 561, 564, *Der liebe Augustin*). Nur der gemeinsam von beiden Vertragsparteien verfolgte Zweck ist maßgeblich, nicht aber etwa eine einseitige Zwecksetzung der Verwerterseite, die vom Urheber nicht wenigstens hingenommen wird (Schricker Rdnr. 40). Als Vertragszweck gelten nur solche Nutzungen, von denen die Parteien bei Abschluß des Vertrages nach objektiv nachvollziehbaren Kriterien mit Sicherheit ausgegangen sind. Anzuknüpfen ist dabei an die naheliegendste Verwertungsform, auch dann, wenn sich der Geschäftsbetrieb des Verwerters offensichtlich auch auf andere Verwertungsbereiche erstreckt (Schweyer S. 77f.). Einer in der Rechtsprechung des BGH in den 80er Jahren zu beobachtenden Tendenz, den Vertragszweck im Zweifel an den Verwerterinteressen zu orientieren und dies mit einem Hinweis auf Branchengewohnheiten zu begründen, ist zu widersprechen. Demnach ist es fehlerhaft, wenn BGH GRUR 1986, 885, 886 *METAXA* (mit Anm. Hertin), abweichend von der bisherigen Rechtsprechung, kurzerhand auf eine „Branchenübung" abstellt. Zwar kommt auch eine über § 31 Abs. 5 hinausgehende stillschweigende Rechtseinräumung dann in Betracht, wenn besondere Anhaltspunkte bestehen, die Anlaß zu der Annahme geben, die Parteien hätten einem etwa bestehenden Brauch folgen wollen. Aber dafür gibt der mitgeteilte Sachverhalt der Entscheidung nichts her. Branchenübungen wären ohne besonderen Parteiwillen nur für § 157 BGB als „Verkehrssitte" von Bedeutung, der jedoch im Bereich des Urhebervertragsrechts von § 31 Abs. 5 als Spezialnorm verdrängt wird. Entgegen BGH GRUR 1988, 300, 301 *Fremdenverkehrsbroschüre* ist es keineswegs naheliegend,

aus dem geringeren künstlerischen Gehalt einer Werbegestaltung den (gemeinsamen vertraglichen) Zweck abzuleiten, durch eine Einmalzahlung alle künftigen Nutzungsfälle abzugelten; denn für einen Werbegestalter steht die Gewinnerzielung, auch für seinen Vertragspartner sichtbar, noch stärker im Vordergrund seiner Interessen als bei einem freien Künstler. Es gilt der Grundsatz: Ein Nutzungsrecht, das weder erforderlich noch ausdrücklich eingeräumt ist, verbleibt beim Urheber. Wo Zweifel darüber bestehen, was wirklich erforderlich ist, ist zugunsten des Urhebers zu entscheiden.

Die Nichtbeachtung der Zweckübertragungstheorie wird vom Bundesge- **32**
richtshof als **Revisionsgrund** anerkannt (BGH GRUR 1966, 382 *Kaviar;* BGH GRUR 1986, 885, 886 *METAXA).*

Einzelfälle, ausgenommen den Bereich des Filmrechts, der aus Gründen der **33**
Übersichtlichkeit unter § 88 behandelt wird:

Verlagsbereich (vgl. vor § 31 Bem. 37–48): Der Verleger erwirbt im **34**
Zweifel nur das Recht zur Verbreitung einer Normalausgabe im Sortimentsbuchhandel, nicht über Buchgemeinschaften (BGH GRUR 1959, 200, 203 *Heiligenhof;* BGH GRUR 1968, 152 *Angélique I)* oder in Taschenbuchausgaben (KG GRUR 1991, 596, 599 *Schopenhauer-Ausgabe*). Die Formulierung „alle Auflagen" genügt für alle weiteren Folgeveröffentlichungen nur, sofern damit keine wesentlichen Änderungen in der Aufmachung verbunden sind, die auf eine andersartige Nutzungsmöglichkeit Einfluß nehmen (ohne diese Einschränkung Schricker GRUR Int. 1983, 446, 453). Mit dem Begriff „alle Ausgaben" kommt der Verleger seiner Spezifizierungslast keinesfalls nach (Schricker a.a.O.).

Der **Zeitschriftenverleger** erwirbt im Zweifel ein einmaliges Abdruckrecht für sein bestimmungsgemäßes Verbreitungsgebiet (enger OLG Hamburg NJW-RR 1986, 996; deutschsprachiges Ausland als „Kernverbreitungsgebiet").

Auch der **Übersetzer** kann, obwohl er seine Übersetzung nicht ohne Zustimmung des das Verlagsrecht am übersetzten Originalwerk besitzenden Verlegers verwerten kann, ein wirtschaftliches Interesse daran haben, die Erteilung seiner Erlaubnis zur Verwertung seiner Übersetzung in einer Buchgemeinschaftsausgabe von der Zahlung eines besonderen Entgelts abhängig zu machen (BGH v. 9. 6. 72 – I ZR 41/71 – insoweit abweichend gegenüber BGH GRUR 1968, 152, 155 *Angélique I;* Schweyer S. 48). Wenn und soweit allerdings die Einräumung des Vertriebsrechts über Buchgemeinschaften bei Pauschalabfindung in Übersetzungsverträgen üblich ist (was heute jedenfalls nicht mehr zutrifft, vgl. den vor § 31 Bem. 3 erwähnten Mustervertrag), muß der Übersetzer bei Vertragsabschluß eindeutig erklären, daß er sich dieses Recht vorbehalte; bei fehlender Abrede ist der Verleger zum Buchgemeinschaftsvertrieb und zu dahingehender Lizenzvergabe befugt, ohne den Übersetzer beteiligen zu müssen (BGH a.a.O. v. 9. 6. 72, bedauerlicherweise ohne Auseinandersetzung mit der Zweckübertragungstheorie). Dieser Auffassung ist allerdings nur mit der Einschränkung zuzustimmen, daß der betreffende Verleger bereits bei Vertragsabschluß allgemein Verwertungshandlungen über Buchgemeinschaften vornimmt, so daß für den Übersetzer ein dahingehender Vertragszweck auf der

Hand liegt. Jedenfalls führt aber die Vereinbarung eines „Gesamtpauschalhonorars" dazu, daß damit die Vergütungsansprüche des Übersetzers für alle Auflagen der Originalausgabe abgegolten sind (KG UFITA 86 [1980], 243, 248). Mustervertrag für Übersetzer: Münchener Vertragshandbuch Bd. 3 Teil IX Nr. 12. Daß der Verwerter das Werk bestellt hat, ändert an der Anwendbarkeit der Zweckübertragungstheorie nichts (BGH GRUR 1984, 528, 529 *Bestellvertrag*). Deshalb dürfen Buchillustrationen für eine bibliophile Ausstattung, nicht für eine Volksausgabe verwendet werden (OLG München UFITA 25 [1958], 561, 564 *Der liebe Augustin*). Auch beim Buchillustrationsvertrag ist mangels eines anderweitig festzustellenden Parteiwillens davon auszugehen, daß der Verleger die Nutzungsrechte nur für eine Auflage erwirbt; aus der Fortsetzung des Vertragsverhältnisses nach dem Scheitern von Verhandlungen über Zusatzhonorare für weitere Auflagen kann nicht ohne weiteres die Einräumung dahingehender Nutzungsrechte geschlossen werden (BGH GRUR 1985, 378, 379 *Illustrationsvertrag*). Fotografien, die für einen besonderen verlegerischen Zweck angefertigt wurden, dürfen nicht als Postkarten verbreitet werden (OLG München GRUR 1958, 458 *Kirchenfoto;* zu weitgehende Zweckinterpretation OLG Karlsruhe GRUR 1984, 522, 523f. *Herrensitze in Schleswig-Holstein:* auch wiederholte Veröffentlichungen in den Zeitschriften des Verlages).

35 Wird im **Musikverlagsvertrag** die Beteiligung am Notengeschäft zugunsten des Komponisten vorgesehen, so schließt dies auch seine Beteiligung aus der Verwertung der Noten im Wege der Vermietung ein (KG Schulze KGZ 41). Im Zweifel sind Nutzungsrechte zur Vergabe von Filmsynchronisationsrechten, Verwertungsrechten im Werbebereich, Merchandising und zu Bearbeitungszwecken nicht eingeschlossen.

36 Dem Komponisten, der seine Musik einer Rundfunk- und Fernsehgesellschaft zur weltweiten Nutzung als **Hintergrundmusik** überträgt, verbleibt sowohl das Verlags- als auch das Bühnenaufführungsrecht, ohne daß es für ihn nachteilig ist, daß er schriftlich sämtliche „rights of Copyright" und alle weiteren Rechte mit Ausnahme der GEMA-Rechte überträgt (BGH GRUR 1971, 480, 481 *Schwarzwaldfahrt*). Überläßt ein Fotograf ein **Künstlerfoto** dem **Tonträgerunternehmen** zur einmaligen Verwendung für eine Schallplattenhülle, darf das Foto nach dem Zweck des Vertrages auch im unmittelbaren Zusammenhang mit dem Vertrieb dieser Schallplatten, nicht aber auf einem Plakat zur Ankündigung von Tourkonzerten verwendet werden (OLG Hamburg AfP 1987, 691).

37 Tauschen zwei **Bildhauer** freundschaftlich Werkstücke von ihnen geschaffener Plastiken, so liegt hierin nur die Übertragung von Eigentum, nicht dagegen die Einräumung von Rechten zur Vervielfältigung und Verbreitung, auch dann nicht, wenn dem Empfänger gestattet ist, von der erhaltenen Plastik bestimmte einzelne weitere Abgüsse herzustellen (KG ZUM 1987, 293, 295 *Sterndeuter II*).

38 Beim **Werkvertrag** (vor § 31 Bem. 58) stehen dem Besteller grundsätzlich keine weitergehenden Rechte zu als jedem beliebigen Nutzungsberechtigten; insbesondere ist er dem Dienstherrn nicht vergleichbar (zur Unterscheidung gegenüber dem Arbeits- und Dienstverhältnis § 43 Bem. 2). Ob der Besteller, der das Werk zu Eigentum erwirbt, damit überhaupt keine Nutzungsrechte erwirbt, richtet sich nach dem Vertragszweck. So zum vorgesetzlichen

Recht bereits BGH GRUR 1960, 609 *Wägen und Wagen;* LG München I Schulze LGZ 133 *Fotomodell.* Im Zweifel erwirbt er kein Nutzungsrecht (§ 44 Abs. 1; vgl. aber § 60 für Bildnisse). Wird allerdings ein Werk in Auftrag gegeben, dessen natürlicher Zweck in der Ausübung urheberrechtlicher Verwertungshandlungen nach den §§ 15 ff. liegt (z. B. ein Hörspiel, eine musikalische Komposition, ein künstlerischer Entwurf für eine Werbeanzeige, nicht jedoch Vorentwürfe und Exposés dazu), so ist der Urheber im Zweifel zur Einräumung der zur Erfüllung des Vertragszwecks erforderlichen Nutzungsrechte an den Hersteller verpflichtet. Dabei spricht eine gute Bezahlung nicht zwingend dafür, den Auftragszweck weitergehend auszulegen als von den Parteien bei Vertragsabschluß ins Auge gefaßt war (dieser Fehleinschätzung unterliegt offensichtlich OLG Karlsruhe GRUR 1984, 523 *Herrensitze in Schleswig-Holstein* im Falle der Bestellung einer Fotoreportage für eine Zeitschriftenveröffentlichung, wenn die Rechtseinräumung darüber hinausgehend für eine beliebig häufige Veröffentlichung im Verlagsprogramm angenommen wird). In der Regel wird man in solchen Fällen davon ausgehen können, daß die Einräumung der benötigten Rechte bei Ablieferung des Werkes stillschweigend erfolgt. Aus dem Vertragszweck ergibt sich dabei möglicherweise auch, daß das einzuräumende Nutzungsrecht ausschließlichen Charakter haben muß (BGH GRUR 1985, 1041 *Inkasso-Programm:* Aus dem Werkvertrag über die exclusive Herstellung eines Computerprogramms wird die Nebenpflicht hergeleitet, die Software anderweitig nicht identisch oder wesentlich identisch zu verwerten; vgl. vor § 31 Bem. 68; vgl. auch § 88 Abs. 1 für den Verfilmungsvertrag). Eine ausschließliche Rechtseinräumung ist nicht bereits dann erforderlich, wenn dem Urheber lediglich eine aus Treu und Glauben erwachsende Enthaltungspflicht (vgl. vor § 31 Bem. 15) obliegt (vgl. BGHZ 16, 4, 9f. *Mantelmodell,* wo die Wiedergabe des auf Bestellung gelieferten, urheberrechtlich geschützten Modells an die Konkurrenz nur unter wettbewerbsrechtlichen Gesichtspunkten behandelt wird). Bezieht sich die urheberrechtliche Leistung auf Druckerzeugnisse (oder sonstige mehrfach auflegbare Gegenstände, Bücher, Werbebroschüren, Beilagen usw.), ist eine Auflagenbeschränkung nicht aus einer entsprechenden Anwendung des § 5 VerlG herzuleiten; maßgebend ist allein der Vertragszweck, der in diesen Fällen häufig auf eine quantitativ und zeitlich unbeschränkte Nutzung angelegt ist (BGH GRUR 1988, 300 *Fremdenverkehrsbroschüre;* BGH GRUR 1984, 528 *Bestellvertrag;* vor § 31 Bem. 45, aber auch Bem. 29).

Werbebereich (vgl. vor § 31 Bem. 59, 61). Werbeleistungen werden über- 39
wiegend im Werkauftrag erstellt; insoweit ist auch auf die Ausführungen zum Werkvertrag (Bem. 38) zu verweisen. Im Zweifel beschränkt sich die Nutzungseinräumung auf das konkrete Werkvorhaben (z. B. eine geplante Anzeigenkampagne). Die Rechtseinräumung kann sich vor allem in zeitlicher Hinsicht sowie auf bestimmte Werbemittel und auf die Häufigkeit des Einsatzes in der Werbung beschränken. Will z. B. der Werbende später den für eine Produktausstattung bestimmten gestalterischen Entwurf auch zur Kennzeichnung seiner Firma verwenden, bedarf er einer neuen Rechtseinräumung durch den Gestalter. War die Werbegestaltung jedoch von vornherein für die Firmenbezeichnung bestimmt, kann der Werbende entsprechend dieser Zweckrichtung diese auch ohne eine dahingehende ausdrückliche Gestattung zeitlich unbegrenzt für die Kennzeichnung seiner Firma auf allen erdenklichen Werbemitteln verwenden. Hat ein Graphiker

einem Industrieunternehmen Werbezeichnungen für die Postkartenwerbung überlassen, so darf der Erwerber diese nicht für Plakate verwenden (OLG Hamm UFITA 28 [1959], 352, 35). Wird eine Agentur beauftragt, Plakate für Litfaßsäulen in einem bestimmten Format zu entwerfen, so wird nicht automatisch das Recht eingeräumt, das Plakat auf doppeltes Format zu vergrößern und auch außerhalb von Litfaßsäulen zu kleben (AG Düsseldorf AfP 1992, 320). Bei Fotografen tritt häufig der Fall ein, daß der Verwerter der Bilder (z. B. eine Werbeagentur) eine Anzahl von Lichtbildern erhält, aus denen er sich eines aussucht und nutzt. Der dafür gezahlte Betrag umfaßt nur die Auswertung des ausgesuchten Lichtbildes, und zwar auch dann, wenn – was oft vorkommt – die restlichen Fotos von dem Fotografen nicht zurückgefordert werden (LG München I GRUR 1970, 566). Die Benutzung eines musikalischen Werkes in der Rundfunkwerbung ist eine eigenständige Nutzungsart (Bem. 6). Der in den Wahrnehmungsverträgen der GEMA enthaltene Vorbehalt zugunsten des Urhebers, seine Einwilligung zur Benutzung seines Werkes in der Rundfunkwerbung zu erteilen, nimmt diese Nutzungsart von der dinglichen Rechtsübertragung an die GEMA aus (OLG Hamburg GRUR 1991, 599 *Rundfunkwerbung*). Zu BGH GRUR 1986, 885 *METAXA* und BGH GRUR 1988, 300 *Fremdenverkehrsbroschüre* vgl. Bem. 31).

40 Die Zweckübertragungstheorie gilt auch bei der Auslegung von **Wahrnehmungsverträgen,** die eine **Verwertungsgesellschaft** mit den ihr angeschlossenen Urhebern abschließt (zu Lasten der Verwertungsgesellschaft BGH GRUR 1966, 567, 569f. *GELU;* zu ihren Gunsten BGH GRUR 1977, 42, 35 *Schmalfilmrechte;* OLG Hamm GRUR 1983, 575, 577f. *Musikuntermalung bei Porno-Kassetten*). Vgl. auch Bem. 19.

41 Die Zweckübertragungstheorie gilt sinngemäß auch im Bereich der aus dem **Urheberpersönlichkeitsrecht** fließenden Befugnisse (BGHZ 15, 249, 255f. *Cosima Wagner* für das Veröffentlichungsrecht; BGH GRUR 1977, 551, 554 *Textdichteranmeldung;* OLG Hamburg Schulze OLGZ 174, 7 für eine Ausgleichsklausel zwischen Bauherrn und Architekten nach vorangegangener Streitigkeit über das dem Architekten verbleibende Zugangsrecht aus § 25; Forkel S. 195; Genthe S. 93).

42 Das **Bearbeitungsrecht** bleibt schon nach dem Gesetz (§ 37 Abs. 1) im Zweifel beim Urheber, da es kein Nutzungs-, sondern ein Zustimmungsrecht ist, vgl. § 23 Bem. 2. So bleibt der Verfasser eines Romans auch nach Einräumung des ausschließlichen Verlagsrechts zur bildlichen Darstellung des Handlungsablaufs in Comic-strips berechtigt (OLG Hamburg GRUR 1965, 689 *Goldfinger*). Abzulehnen BGH GRUR 1989, 106, 107 *Oberammergauer Passionsspiele II:* stillschweigende Einräumung von Bearbeitungsrechten an Bühnenbildern, weil der Urheber als Mitglied der Dorfgemeinschaft der Tradition verpflichtet sei. Dagegen mit Recht Loewenheim, Urteilsanm. a.a.O. S. 108 unter Hinweis auf den kommerziellen Charakter der Festspiele; Sack JZ 1986, 1017; vgl. auch § 37 Bem. 1.

43 **Vergütungsansprüche.** Abs. 5 ist auch auf die Übertragung gesetzlicher Vergütungsansprüche entsprechend anzuwenden (OLG Köln GRUR 1980, 913, 915 *Presseschau CN;* Bappert/Maunz/Schricker^{2} § 2 Rdnr. 34; Rossbach S. 129).

Beim **Architektenvertrag** über Architektenleistungen von künstlerischem Rang nimmt die Rspr. mit Recht eine streng restriktive Rechtseinräumung an, während der Architekt von gerade noch urheberrechtlich geschützten reinen Zweckbauten in weitergehendem Maße Nutzungsrechte aufgebe (vgl. BGHZ 24, 55, 71 *Ledigenheim* einerseits, BGHZ 64, 145, 146 *Wohnhausneubau*, BGHZ 62, 331, 334, 338 *Schulerweiterung* andererseits). 44

Unabhängig vom Rang der Architektenleistung liegt in einem Werkvertrag über die Vorlage eines **Vorentwurfs** im Zweifel nicht die Erlaubnis, den Vorentwurf durch den Auftraggeber oder einen Dritten zur Erstellung eines Entwurfs und/oder eines Bauwerks zu verwerten (BGH GRUR 1984, 656 *Vorentwurf;* zum früheren Recht so bereits BGHZ 24, 55, 71 *Ledigenheim*). Den wesentlichen Zweck des Vorentwurfs sieht der Bundesgerichtshof (*Vorentwurf* a.a.O.) in der Vorklärung des Bauvorhabens, der näheren Konkretisierung und Klärung der Bauabsichten, der Rentabilitätsberechnung und der Vorprüfung, wohingegen die Gesamtbeauftragung des Architekten noch ungeklärt ist und die bis dahin erbrachten Leistungen des Architekten nur unter dem Vorbehalt der Gesamtbeauftragung zu verstehen sind. Besteht die Werkleistung des Architekten in der **vollständigen Planung,** so bedarf die Prüfung der Frage, ob der Architekt seinem Auftraggeber auch die Befugnis zur (einmaligen) Baufertigstellung nach seinen Plänen eingeräumt hat, einer sorgfältigen Abwägung der Umstände des Einzelfalls. Für Rechtseinräumung im Falle eines mittleren Wohnhauses der VII. Zivilsenat in BGHZ 64, 145 *Wohnhausneubau;* im Sinne dieser Entscheidung ausführlich Gerlach GRUR 1976, 613, 624ff.; kritisch Nordemann Anm. zum BGH GRUR 1975, 449 und Gerstenberg bei Schulze BGHZ 224, 6. Der I. Senat läßt in BGH GRUR 1984, 656, 658 *Vorentwurf I* erkennen, daß auch er dieser Entscheidung nicht ohne weiteres zu folgen geneigt ist (so auch OLG München GRUR 1987, 290, 291 *Wohnanlage* im Anschluß an v. Gamm BauR 1982, 97, 113f.; für „Übertragung der notwendigen Nutzungsrechte auf den Bauherrn, selbst wenn der Vertrag später gekündigt wird", OLG Nürnberg NJW RR 1989, 407, 409; für Neubaurecht bei Beauftragung mit „Genehmigungs"- und „Ausführungs"-Planung Beigel Rdnr. 67, 68). Das finanzielle Interesse des Architekten an der Beauftragung auch mit der Oberleitung und Bauleitung kann ebensowenig allein zu seinen Gunsten ausschlaggebend sein wie in umgekehrter Richtung das Interesse des Bauherrn, mit diesen Aufgaben einen Architekten freier Wahl beauftragen zu können. Die Fertigstellung des Bauwerks nach der Planung eines Architekten ist urheberrechtlich deren Vervielfältigung, gegebenenfalls auch deren Bearbeitung gem. § 23 Satz 2 (das übersieht Gerlach a.a.O.). Der Vertragszweck wird immer dann die Befugnis zur Ausführung einer Bauplanung beim Architekten zurückhalten, wenn durch den mit der Bauwerkerrichtung verbundenen Eingriff (im Sinne einer verändernden Bearbeitung) in die urheberrechtliche Substanz der Planung die geistigen und persönlichen Interessen des Architekten berührt sein können. Das ist bei Planungen von künstlerischem Rang regelmäßig der Fall. Bei reinen Zweckbauten können die durch § 23 geschützten Interessen des Architekten vor allem dann berührt sein, wenn die Errichtung des Bauwerkes in besonderem Maße für eine verändernde Weiterentwicklung der Planung Spielraum bietet. Zur Regelung dieser Fragen empfiehlt sich in jedem Falle eine eindeutige Vertragsabrede (die negativen Folgen für den Architekten, wenn sie fehlt, macht BGH GRUR 1982, 369 *Allwetterbad* deutlich). Vgl. die Wiedergabe und Kommentierung 45 entsprechender Regelungen in Architektenmusterverträgen bei Beigel Rdnr. 73ff. Zum Anspruch des Preisträgers auf spätere Beauftragung BGH GRUR 1987, 463 *Architektenwettbewerb*.

46 Die Befugnis, nach der vom Architekten erbrachten Planung ein **weiteres Bauwerk** oder mehrere **nachzubauen,** wird vom Zweck des Architektenvertrages im allgemeinen nicht umfaßt (BGH GRUR 1981, 196, 197 *Honorarvereinbarung*). Der Vertragszweck erfordert regelmäßig auch nur die Überlassung einfacher Nutzungsrechte. Allein der Architekt soll in der Lage sein, seine Planung auch anderen Bauwerken zugrundezulegen. Das gilt nicht nur, wenn der Architekt eine als Serienwerk erkennbare Planung zu erbringen hat, sondern auch bei der Einzelanfertigung (zutreffend Gerlach GRUR 1976, 613, 620). Naturgemäß kann sich eine Exklusivitätszusage des Architekten ebenso aus den Umständen des Einzelfalls ergeben wie eine von ihm erteilte Nachbaubefugnis; dazu bedarf es aber eindeutiger Kriterien.

47 Hat der Architekt es unterlassen, die **zur erstmaligen Vollendung des Bauwerks notwendigen Maßnahmen** in der Planung festzulegen, darf mangels einer abweichenden Vertragsvereinbarung (die Zuständigkeit des Architekten für die künstlerische Oberleitung reicht insoweit nicht aus) allein der Bauherr diese Maßnahmen nach seinen Wünschen vornehmen lassen (BGHZ 55, 77, 80 *Hausanstrich*). Solche Maßnahmen des Bauherrn dürfen aber die Grenzen des § 14 nicht überschreiten.

48 Wird ein Bauwerk zerstört, so will der Grundstückseigentümer möglicherweise das Bauwerk **nach den alten Plänen wieder errichten** lassen. Gleichgültig ob der Grundstückseigentümer mit dem Vertragspartner des Architekten identisch ist oder ob er von diesem das Grundstück erworben hat, bedarf die Wiedererrichtung der Zustimmung des Architekten aus § 23. Der Architektenvertrag enthält nach seiner Zweckrichtung in der Regel diese Wiederherstellungsbefugnis, wie er auch das Recht zur Weiterübertragung (§ 34 Abs. 1) enthalten müßte, dann nicht, wenn der Architekt sich auch die Ersterrichtung vorbehalten hatte (a. M. Gerlach GRUR 1976, 613, 620f., der – anstelle einer mangelnden Rechtsübertragung – auf das Erfordernis eines Dauervertrages zwischen Architekt und Bauherrn abstellt). Bei der Vornahme von **Reparaturen** wird nicht in die Verwertungsrechte des Architekten eingegriffen.
Soweit **Um-** und **Anbauten, Erweiterungen** und **Verkleinerungen** des Bauherrn in die Gesamtkonzeption des Architekten eingreifen, ist grundsätzlich das Recht des Architekten auf Erhaltung des von ihm geschaffenen Werkes in seiner unveränderten individuellen Gestaltung vorrangig. Jedoch findet im Einzelfall eine Abwägung zwischen den Urheber- und den Eigentümerinteressen statt. Einzelheiten § 14 Bem. 17, § 39 Bem. 7.

49 Mit Hilfe des dem Auftraggeber eingeräumten freien Kündigungsrechts aus § 649 BGB kann dieser sich nach dem Zweck des Architektenvertrages im Zweifel nicht in die Lage setzen, eine urheberrechtlich geschützte **Teilleistung** des Architekten – und sei es auch gegen die volle vereinbarte Vergütung – ohne dessen weitere Mitwirkung zur Errichtung des Bauwerkes zu verwenden. Führt das Verschulden des Architekten zur vorzeitigen Vertragsbeendigung, erwirbt damit der Auftraggeber ebenfalls nicht derartige Nutzungsbefugnisse; allerdings macht sich der Architekt schadener-

satzpflichtig (v. Gamm BauR 1982, 97, 112; Beigel Rdnr. 70). Im Kündigungsfall verbleiben die bereits eingeräumten Nutzungsrechte beim Bauherrn; auch eine zuvor wirksam erfolgte Weiterübertragung von Nutzungsrechten an Dritte bleibt bestehen (BGH NJW 1982, 2553, 2554). Auch im Falle des berechtigten Schadenersatzverlangens des Architekten nach § 326 Abs. 1 Satz 2 BGB verbleiben die Nutzungsrechte beim Bauherrn, da nach der abgeschwächten Differenztheorie bewirkte Leistungen dem Schuldner zu belassen sind (Beigel Rdn. 71). Entschließt sich der Architekt dagegen zum Rücktritt nach § 326 BGB, fallen die Nutzungsrechte automatisch an ihn zurück (vor § 31 Bem. 10; die Aufhebung des Abstraktionsprinzips verkennt Beigel Rdn. 71).

Beauftragt ein Architekt einen **anderen selbständigen Architekten** damit, **50**
bestimmte Planungsleistungen zu erbringen, beinhaltet der Vertragszweck weitergehende Nutzungsbefugnisse in der Person des Auftraggeber-Architekten mit Rücksicht darauf, daß dieser sich ersichtlich selbst auf die Vornahme gestalterischer Weiterentwicklungen eingerichtet hat, mit dem Gesamtauftrag befaßt ist und die erbrachte Leistung nach den Weisungen des Bauherrn in den Gesamtrahmen einzupassen hat (vgl. Gerlach a.a.O. S. 626 f.).

Bei **Architektenwettbewerben** ergibt sich aus der Teilnahme eines Archi- **51**
tekten noch keine Übertragung von Nutzungsrechten, allenfalls das Angebot zum Abschluß eines Architektenvertrages über die Gesamtplanung nach dem Umfang des Wettbewerbs. Soweit allerdings von Architekten Wettbewerbsbedingungen akzeptiert werden, die eine Nutzungseinräumung beinhalten, können diese zum Zuge kommen; daran dürfte auch (entgegen Meyer/Reimer BauR 1980, 291, 296) die Inhaltskontrolle nach § 9 AGBG bei Zugrundelegung der Rechtsprechung des Bundesgerichtshofes (Bem. 29) nichts ändern.

§ 33 Weiterwirkung einfacher Nutzungsrechte

Ein einfaches Nutzungsrecht, das der Urheber vor Einräumung eines ausschließlichen Nutzungsrechts eingeräumt hat, bleibt gegenüber dem Inhaber des ausschließlichen Nutzungsrechts wirksam, wenn nichts anderes zwischen dem Urheber und dem Inhaber des einfachen Nutzungsrechts vereinbart ist.

Die Bestimmung **schützt** den Inhaber eines einfachen Nutzungsrechts **vor** **1**
einer Beeinträchtigung durch spätere Verfügungen des Urhebers oder des verfügungsberechtigten Nutzungsrechtsinhabers (anders im Patentrecht: Dort wird dem Inhaber einer einfachen Patentlizenz ein solcher Sukzessionsschutz gerade nicht zugebilligt, BGH GRUR 1982, 411, 413 *Verankerungsteil;* ablehnend Forkel NJW 1983, 1764, 1767). Der Urheber kann eine etwa abweichende Vereinbarung nur mit ihm treffen; Absprachen mit dem Erwerber des ausschließlichen Rechts sind wirkungslos. Hat der Urheber den letzteren nicht auf das Bestehen des einfachen Nutzungsrechts hingewiesen, so wird er sich in aller Regel schadenersatzpflichtig machen.

Entsprechend dem Schutzzweck dieser Vorschrift ist auch derjenige **2**
geschützt, der ein einfaches Nutzungsrecht nicht unmittelbar vom Urheber, sondern von dem **Inhaber eines ausschließlichen Nutzungsrechts erworben** hat. Erfolgt eine Weiterübertragung des ausschließlichen Rechts

auf einen Dritten, wird es vom Übergang der gegenüber dem Inhaber des einfachen Nutzungsrechts bestehenden schuldrechtlichen Duldungsverpflichtung (§§ 31, 32 Bem. 2) begleitet (BGH GRUR 1986, 91, 93 *Preisabstandsklausel* für die Weiterübertragung des Verlagsrechts nach zuvor einem anderen eingeräumter Taschenbuchlizenz). Dieselbe Rechtsfolge tritt auch ein, wenn die ausschließliche Berechtigung des Urheberberechtigten im Erbwege (§§ 28, 29 Satz 1, 30) auf Dritte übertragen wird, nachdem einem anderen zuvor ein einfaches Nutzungsrecht eingeräumt worden ist, oder auch dann, wenn der Urheberberechtigte, von dem das einfache Recht abgeleitet wird, auf sein ausschließliches Nutzungsrecht verzichtet (Schricker Rdnr. 10).

3 Für die Fälle des **Rückfalls** der ausschließlichen Nutzungsberechtigung an den Urheber oder an den Rechtsvorgänger desjenigen, der ein einfaches Recht aufgrund seiner ausschließlichen Rechtsposition eingeräumt hat, ist zu unterscheiden:
Trifft der Urheberberechtigte eine Verfügung aufgrund einer neubegründeten Vertragsgrundlage, greift der Sukzessionsschutz unabhängig davon, ob der Urheber, der Rechtsvorgänger oder ein Dritter (wie in Bem. 2) von der Verfügung begünstigt ist.
Erfolgt aber ein Wegfall des ausschließlichen Nutzungsrechts deshalb, weil das Kausalverhältnis beendet wird, welches dem ausschließlichen Recht des bisherigen Urheberberechtigten zugrundeliegt, erlangt der Urheber oder der sonstige Rechtsvorgänger des bisherigen Urheberberechtigten seine Rechtsstellung unbelastet mit einfachen Nutzungsrechten zurück (die Rechtslage ist str.; wie hier für den Fall der Vertragsbeendigung Schricker Rdnr. 11; a. M. Sieger FuR 1983, 580; zur Taschenbuch-Lizenz Wohlfarth S. 147ff.; ausführlicher § 34 Bem. 9).

§ 34 Übertragung von Nutzungsrechten

(1) Ein Nutzungsrecht kann nur mit Zustimmung des Urhebers übertragen werden. Der Urheber darf die Zustimmung nicht wider Treu und Glauben verweigern.

(2) Werden mit dem Nutzungsrecht an einem Sammelwerk (§ 4) Nutzungsrechte an den in das Sammelwerk aufgenommenen einzelnen Werken übertragen, so genügt die Zustimmung des Urhebers des Sammelwerkes.

(3) Ein Nutzungsrecht kann ohne Zustimmung des Urhebers übertragen werden, wenn die Übertragung im Rahmen der Gesamtveräußerung eines Unternehmens oder der Veräußerung von Teilen eines Unternehmens geschieht.

(4) Abweichende Vereinbarungen zwischen dem Inhaber des Nutzungsrechts und dem Urheber sind zulässig.

(5) Ist die Übertragung des Nutzungsrechts nach Vertrag oder kraft Gesetzes ohne Zustimmung des Urhebers zulässig, so haftet der Erwerber gesamtschuldnerisch für die Erfüllung der sich aus dem Vertrag mit dem Urheber ergebenden Verpflichtungen des Veräußerers.

Übersicht

Die §§ 34, 35 lassen zunächst die **Systematik** des Gesetzes erkennen: Die Weitergabe eines ausschließlichen Nutzungsrechts durch seinen Inhaber erfolgt regulär durch Übertragung (§ 34), mag diese vollständig (translativ) oder mit der Maßgabe einer fortbestehenden Bindung an den Veräußerer (konstitutiv) erfolgen (vor § 28 Bem. 1; vor § 31 Bem. 7, 8). Die Weitergabe eines einfachen Rechts durch den Inhaber eines ausschließlichen Rechts erfolgt durch Einräumung einer Nutzungsbefugnis (§ 35). Eine Weiterübertragung des einfachen Rechts gibt es angesichts seines schuldrechtlichen Charakters nicht (str., vgl. §§ 31, 32 Bem. 2). 1

Schon im früheren Recht war anerkannt, daß der Urheber auch nach der Einräumung von Nutzungsrechten noch ein berechtigtes Interesse an der Entscheidung im Einzelfall darüber haben kann, in wessen Hand die Verwertung seines Werkes liegt (Ulmer[2] S. 300 mit Nachweisen). Einen gesetzlichen Niederschlag hatte diese Lehre nur in § 28 Abs. 1 Satz 2 VerlG gefunden, der die Weiterübertragung der Rechte des Verlegers an einem einzelnen Werk von der **Zustimmung des Urhebers** (§§ 2, 3, 7, 8) abhängig machte. Der Gesetzgeber erhebt sie nun für das gesamte Urheberrecht zur Norm, und zwar in § 34 Abs. 1 für die Übertragung ausschließlicher Nutzungsrechte (zu Einschränkungen beim Filmverwertungsrecht § 90 Bem. 4) und in § 35 für den Fall der Einräumung einfacher Nutzungsrechte durch den Inhaber eines ausschließlichen Rechts. Es wäre in der Tat nicht gerechtfertigt, wenn man es zulassen wollte, daß ein Nutzungsrecht ohne Wissen des Urhebers in die Hand von Personen gelangt, die sein Vertrauen nicht besitzen und von denen er befürchten muß, daß sie von dem Recht einen seinen Absichten zuwiderlaufenden Gebrauch machen werden (so wörtlich Begr. S. 57). Die Vorschrift hat mithin eine urheberpersönlichkeitsrechtliche Wurzel, beinhaltet aber zugleich verwertungsrechtliche Gesichtspunkte (Schricker Rdnr. 2). Der Urheber darf die Zustimmung jedoch nicht wider Treu und Glauben verweigern (Abs. 1 Satz 2). Bei Sammelwerken und Übertragungsakten im Rahmen der Gesamt- oder Teilveräußerung von Unternehmen wird das Zustimmungserfordernis zurückgedrängt (Abs. 2 und 3). Die Zustimmungsregel ist dispositiv (Abs. 4). Zwingend schreibt Abs. 5 für den Fall der zulässigen Weiterübertragung von Nutzungsrechten die gesamtschuldnerische Mithaftung des Erwerbers für die Erfüllung der sich aus dem Vertrag mit dem Urheber ergebenden Verpflichtungen des Veräußerers vor. 2

Umstritten ist das Verhältnis des § 34 zu **§ 28 VerlG.** Danach kann die Zustimmung nur verweigert werden, wenn ein wichtiger Grund vorliegt (Beweislast also beim Urheber). Außerdem kennt § 34 nicht die fingierte Zustimmung des § 28 VerlG für den Fall, daß der Verfasser sich innerhalb von zwei Monaten nach Erhalt der Aufforderung des Verlegers nicht erklärt. Nach der h. M. (Ulmer[3] § 108 I; Hubmann/Rehbinder § 41 IV; Bappert/Maunz/Schricker[2] § 28 Rdnr. 1ff.; Schricker Rdnr. 3, 4 m. w. N.) gilt § 28 VerlG für den Bereich des Verlagsrechts fort, wird aber (von einem Teil der 3 genannten Literatur) infolge § 34 modifiziert angewandt: Auch für § 28 VerlG sei im Zweifel Zustimmungsbedürftigkeit anzunehmen; Ausnahmen bestünden nach Abs. 2 und 3. Die erforderliche Zustimmung könne regelmäßig versagt werden, auf abweichende wichtige Gründe müsse sich der insoweit beweispflichtige Verleger berufen. Bei der zustimmungsfreien Übertragung gelte Abs. 5 für die Haftung des Erwerbers, ansonsten § 28 Abs. 2 Satz 2 VerlG (ausführlich Bappert/Maunz/Schricker § 28 Rdnr. 1). Wir gehen demgegenüber davon aus, daß § 28 VerlG durch § 34 gegenstandslos geworden ist, und zwar in seiner Gesamtheit (ebenso Held GRUR 1983, 161; Delp[4] S. 31; Mestmäcker/Schulze § 34 Anm. 1).

Das VerlG ist ein Spezialgesetz, von dessen Regelungen die allgemeinen Bestimmungen des Urheberrechts grundsätzlich verdrängt werden. Es stammt allerdings aus dem Jahre 1901 und entspricht den damals herrschenden Vorstellungen, so sehr es sich auch bewährt hat (vgl. Einf. 3). Ziel des neuen UrhG war es, das Urheberrecht in allen Bereichen zu verbessern (so ausdrücklich Begr. S. 30). Die vom Verleger typischerweise übernommene Auswertungspflicht verstärkt ein Bedürfnis zu größerer Verkehrsfähigkeit der Verlagsrechte keineswegs, sondern steht dem eher entgegen. Der Gesetzgeber des UrhG wollte lediglich den Filmproduzenten privilegieren (vor § 88 Bem. 10), nicht aber etwa den Verleger. § 28 VerlG ist deshalb wohl nur versehentlich in der Aufzählung aufgehobener Vorschriften (§ 141 Nr. 3) nicht erwähnt worden. Es würde zudem zu einer unerträglichen Rechtsunsicherheit führen, wenn das Recht der Weiterübertragung nicht einheitlich geregelt wäre. § 28 VerlG bezieht sich, wie sich aus seinem Abs. 2 und aus § 1 VerlG ergibt, nur auf die Nutzungsrechte aus §§ 16, 17 UrhG (drucktechnische Vervielfältigung und verlegerische Verbreitung) und nur insoweit auch auf den schuldrechtlichen Vertragsteil (Lange S. 45). Häufig lassen sich Rundfunkanstalten, Filmproduzenten und andere Großverwerter, die sich selbst nicht als Verleger betätigen, neben den von ihnen hauptsächlich benötigten Nutzungsrechten auch das Verlagsrecht übertragen. In Grenzfällen könnte also die Weiterübertragung der Rechte aus §§ 16, 17 wirksam, diejenige der Rechte aus §§ 20, 23 unwirksam sein, so daß ein ursprünglich einheitlicher Verlagsvertrag aufgespalten würde (s. auch § 40 Bem. 6).

Die Streitfrage hat im Verhältnis zu der Auffassung derer, die §§ 28 VerlG, 34 UrhG kombiniert anwenden, praktische Bedeutung im wesentlichen nur für die Gesamtrechtsnachfolge aus einem Verlagsvertrag von einem Verleger auf einen zweiten Verleger. Sind nur einzelne Rechte oder Teilbefugnisse betroffen, greifen auch nach der Gegenansicht allein die §§ 34, 35 ein (v. Gamm Anm. 6; Lange S. 47; Haberstumpf/Hintermeier § 22 vor I).

4 Eine Sonderregelung gilt nach § 90 für den Bereich des **Filmrechts.** Bei Verfilmungsverträgen darf der Filmhersteller das Nutzungsrecht zur Vervielfältigung und Verbreitung des Filmwerks, zu seiner öffentlichen Vorführung, zur Funksendung und zur Herstellung von Übersetzungen und anderen filmischen Bearbeitungen oder Umgestaltungen frei weiterübertragen (vgl. § 88 Abs. 1 Nr. 2–5). Nur das Verfilmungsrecht selbst, d. h. das Recht zur Herstellung des Filmwerks (§ 88 Abs. 1 Nr. 1), unterliegt nach wie vor den Beschränkungen des § 34 (§ 90 Bem. 3, 4).

Zur Anwendbarkeit des § 34 auf **verwandte Schutzrechte** an wissenschaftlichen Ausgaben vgl. § 70 Bem. 6, Lichtbildern § 72 Bem. 15, zum ausübenden Künstler vor § 73 Bem. 11. 5

Die Zustimmung des Urhebers zur Weiterübertragung ist grundsätzlich nur für **Rechtsgeschäfte unter Lebenden** erforderlich. **Von Todes wegen,** also auch durch Erbvertrag, kann der Nutzungsberechtigte im Rahmen der §§ 28–30 **grundsätzlich frei** über die ihm eingeräumten Rechte verfügen. Vgl. aber Bem. 1. Dieser Grundsatz der Testierfreiheit ist vom Gesetzgeber nur deshalb nicht aufgenommen worden, weil es selbstverständlich ist (schriftlicher Bericht zu BT-Drucks. IV/3401 S. 5). 6

Das Zustimmungserfordernis gilt nur zugunsten des Urhebers und seines Rechtsnachfolgers im Sinne der §§ 28–30, nicht aber zugunsten der Inhaber (ausschließlicher) Nutzungsrechte. Denn dem Inhaber **abgeleiteter Nutzungsrechte** fehlt es an der im Urheberpersönlichkeitsrecht verwurzelten Rechtfertigung (Bappert/Maunz/Schricker[2] § 28 Rdnr. 1). 7

Die **ohne** die erforderliche **Einwilligung** des Urhebers vorgenommene Rechtsübertragung ist **schwebend unwirksam.** Durch seine Genehmigung wird sie rückwirkend rechtswirksam (§§ 182ff. BGB) und macht etwa zwischenzeitlich erfolgte, bis dahin rechtswidrig vom Erwerber vorgenommene Nutzungshandlungen von Anfang an rechtmäßig (§ 184 Abs. 1 BGB). Gegenüber der Ableitung einer (stillschweigenden) Zustimmung aus vorheriger Praxis (BGH GRUR 1984, 528 *Bestellvertrag*) ist Zurückhaltung geboten. Nur die Übertragung gegenständlicher Nutzungsrechte als Verfügungsgeschäft unterliegt dem Zustimmungserfordernis (vor § 31 Bem. 8). In der Eingehung schuldrechtlicher Verpflichtungen mit Dritten (die Werbeagentur sagt der werbungtreibenden Firma im Rahmen eines Werbevertrages zu, auf der Grundlage der Zeichnung ein Werbesignet zu fertigen und dieses zur Nutzung zur Verfügung zu stellen) ist der Nutzungsrechtinhaber daher frei. Auch weiteren Übertragungsakten vom Zweiterwerber auf einen Dritterwerber usw. muß der Urheber, nicht aber der „Vormann" zustimmen, es sei denn, solches ist schuldrechtlich vereinbart (erforderlich daher die Zustimmung des Zeichners auch zur Weitergabe des Nutzungsrechts vom Auftraggeber der Werbeagentur an eine andere Firma; vgl. Schricker Rdnr. 5, 8). Als Verfügungen über Nutzungsrechte gelten auch Sicherungsübertragung, Nießbrauch und Verpfändung. Bei der Pfändung von Nutzungsrechten in der Zwangsvollstreckung ist umstritten, ob bereits die Pfändung oder erst die Pfandverwertung der Zustimmung des Urhebers bedarf (§ 112 Bem. 4; Bappert/Maunz/Schricker § 28 Rdnr. 32). Im Falle des Konkurses des Nutzungsrechtsinhabers fällt das Nutzungsrecht in die Konkursmasse (str., vgl. Bappert/Maunz/Schricker § 36 Rdnr. 3), jedoch unterliegt der Konkursverwalter bei der Übertragung von Nutzungsrechten den Beschränkungen aus § 34 (Bappert/Maunz/Schricker § 36 Rdnr. 19, 20; Schricker Rdnr. 9). 8

Gleichfalls unter Zustimmungsvorbehalt stehen alle anderen Einwirkungen auf das Urheberrecht, sofern diese durch Dritte vorgenommen werden sollen, denen der Urheber dies nicht selbst gestattet hat. Das gilt zunächst für das **Einwilligungsrecht** des Urhebers bei Bearbeitungen (§ 23 Bem. 2). Soweit **urheberpersönlichkeitsrechtliche** Befugnisse überhaupt übertragbar sind (vor § 12 Bem. 1, 2), bedarf ein Wechsel in der Person des 9

Berechtigten ebenfalls der Zustimmung des Urhebers (Schricker Rdnr. 5). Eine entsprechende Anwendung der sonstigen Regeln zu § 34 darf nicht schematisch, sondern muß unter Beachtung der Verknüpfung der betreffenden Befugnis mit dem beim Urheber verbleibenden Stammrecht erfolgen. Eine stillschweigende Zustimmung des Urhebers ist im Hinblick auf die Übertragung des Bearbeitungsrechts durchaus denkbar. Erhält z. B. der Verleger das Recht zur Herstellung und Verwertung von Übersetzungen in fremde Sprachen eingeräumt, gehen Urheber und Verleger in der Regel davon aus, daß die Übersetzung nicht vom Verleger selbst vorgenommen oder veranlaßt wird, sondern von einem ausländischen Lizenznehmer. Bei urheberpersönlichkeitsrechtlichen Befugnissen steht die Auswahl der Vertrauensperson, der der Urheber die Rechtsausübung zu überlassen gedenkt, noch wesentlich stärker im Vordergrund. In der Regel bedarf es dort einer ausdrücklich erklärten Zustimmung des Urhebers zur Ausübung solcher Rechte durch Dritte. Die Ausnahmebestimmungen der Abs. 2 und 3 können auf das Bearbeitungsrecht entsprechend angewandt werden, nicht aber auf urheberpersönlichkeitsrechtliche Befugnisse.

10 Der Urheber darf die Zustimmung nicht wider Treu und Glauben verweigern **(Abs. 1 Satz 2).** Die Beweislast dafür, daß das Verhalten des Urhebers gegen Treu und Glauben verstößt, trifft den Nutzungsberechtigten; Zweifel gehen zu seinen Lasten. Gegen Treu und Glauben verstößt derjenige Urheber nicht, der schon im Vertrage die Möglichkeit einer Zustimmung ausgeschlossen oder, was dasselbe ist, sie sich ausdrücklich vorbehalten hat (Abs. 4); hier ist der Berechtigte, dem es freistand, den Vertrag zu schließen oder nicht, nicht mehr schutzbedürftig. Das gleiche gilt, wenn der Urheber die Möglichkeit einer Zustimmung zwar offengelassen, die Anwendbarkeit von Abs. 1 Satz 2 auf etwa eintretende Zustimmungsfälle aber vertraglich ausgeschlossen hat (Bem. 13).

Die Verweigerung der Zustimmung ist treuwidrig, wenn sie willkürlich ist (Begr. S. 190). Das ist sie aber nicht schon dann, wenn der Urheber mit seiner Verweigerung auch verwertungsrechtliche Interessen verfolgt. Will er dagegen den Vertreter schädigen oder schikanieren, so gibt es keine sachliche Rechtfertigung dafür, der Weiterübertragung nicht zustimmen. Bei der Abwägung berechtigter Urheberinteressen mit Interessen der Werkverwerter kann es nicht darum gehen, ein Überwiegen der Interessenschwerpunkte auf der einen oder anderen Seite festzustellen. Treu und Glauben fordern erst dann ein Zurücktreten der Grundregeln nach Satz 1, wenn die Urheberinteressen im Verhältnis zu den entgegenstehenden berechtigten Bedürfnissen auf der Verwerterseite als offensichtlich marginal und unverhältnismäßig erscheinen, so daß ein Festhalten am Zustimmungserfordernis einen mißbräuchlichen Charakter gewinnt (ähnlich Schricker Rdnr. 16: unzumutbares Blockieren von Rechten). Gegenüber Schöpfungen höheren Gestaltungsniveaus und Urhebern, die als Künstler höheren Rangs anerkannt sind, wird der Mißbrauchseinwand nur in den seltensten Fällen gerechtfertigt sein. Für die Bestimmung des Gewichtes der Urheberinteressen kann auf die Kriterien verwiesen werden, die zu § 14 (Bem. 11–17) dargestellt worden sind.

Die **Interessen** des verfügungswilligen Rechtsinhabers sind in der Regel geprägt von wirtschaftlichen Aspekten. Bevorzugt geht es um die Erzielung des materiellen Gegenwertes für die Weiterübertragung der Nutzungsrechte.

Daneben können auch sonstige Motivationen eine Rolle spielen, wie z. B. die Rücksichtnahme auf Interessen anderer beteiligter Werkschöpfer oder sonstiger Berechtigter, Veränderung der Marktsituation oder Verlagerung der Unternehmenspolitik. Gegen den Wegfall des Zustimmungserfordernisses nach Treu und Glauben würden solche Bedenken sprechen, die der Urheber aufgrund des Zuschnitts des vorgesehenen Rechtserwerbers darlegen kann, z. B. gegen dessen persönliche Eignung, die Tendenz seines Unternehmens und gegen bisher in Erscheinung getretenes Geschäftsgebaren (eingehend Schricker Rdnr. 16). Das aus Abs. 1 Satz 2 abzuleitende Klagerecht auf Zustimmung durch den Urheber (§ 894 ZPO) steht dem Nutzungsrechtsinhaber zu, der dieses dem Erwerber zur Geltendmachung in gewillkürter Prozeßstandschaft überlassen kann (Bappert/Maunz/Schricker[2] § 28 Rdnr. 13).

Von dem Grundsatz des Abs. 1 macht **Abs. 2** eine **Ausnahme für Sammelwerke.** Die Urheber der einzelnen in die Sammlung aufgenommenen Werke sind nicht mehr schutzbedürftig, da sie es in der Hand haben, den Urheber des Sammelwerkes vertraglich schon bei der Aufnahme zu binden. Zudem würde der Rechtsverkehr bei Sammelwerken sonst übermäßig erschwert (vgl. Begr. S. 57). Auch der Meinung derjenigen, die § 28 VerlG für den Verlagsvertrag als *lex specialis* weiterhin anwenden (Bem. 3), genügt die Zustimmung des Herausgebers eines verlegerischen Sammelwerks zur Legalisierung der Verfügung des Originalverlegers (Ulmer[3] S. 462; Hubmann[6] S. 218; Schricker GRUR Int. 1983, 447; Haberstumpf/Hintermeier). – Als eng auszulegende Ausnahmevorschrift gilt Abs. 2 nicht für einfache Sammlungen, die als solche keine persönliche geistige Schöpfung darstellen (§ 4 Bem. 1); hier muß jeder Urheber um Zustimmung gebeten werden. 11

Unternehmensveräußerung. Eine weitere Ausnahme vom Zustimmungserfordernis des Urhebers macht **Abs. 3**. Entsprechend der schon in § 28 VerlG getroffenen Regelung ist die Zustimmung des Urhebers nicht erforderlich, wenn die Weiterübertragung im Rahmen einer Unternehmensveräußerung erfolgt. Wie die Begr. (S. 57) mit Recht hervorhebt, wäre es für den Verleger oder Theaterunternehmer unzumutbar, vor der Übertragung erst jeden Urheber fragen zu müssen. Keine Weiterübertragung von Nutzungsrechten liegt vor bei der Umwandlung der Rechtsform einer Handelsgesellschaft, sofern die Unternehmensidentität gewahrt bleibt (z. B. wenn eine GmbH & Co. KG in eine GmbH umgewandelt wird). Sofern ein Einzelkaufmann seinen Geschäftsbetrieb, der Nutzungsrechte umfaßt (z. B. Verlag), in eine Kapitalgesellschaft einbringt, oder in Fusionsfällen liegt keine Weiterübertragung vor. Die Veräußerung eines Unternehmensteils liegt vor, wenn ein ganzer Geschäftszweig davon betroffen ist (z. B. der *Suhrkamp* Verlag würde seine Abteilung Bühnenvertrieb veräußern). Vgl. auch OLG Köln GRUR 1950, 579. 12

Dagegen genügt es *nicht*, wenn ein Verlag, ohne seine Tätigkeit auf diesem Sektor aufzugeben, lediglich bestimmte Werksgruppen aufgibt (z. B. der Verlag *Felix Bloch Erben* würde alle Werke Walter Kollos abstoßen). Im Zweifel wird auch hier wegen des Ausnahmecharakters der Vorschrift ein Zustimmungsrecht des Urhebers angenommen werden müssen.

Die Beweislast trägt derjenige, der sich auf die Zustimmungsfreiheit beruft (Schricker Rdnr. 20; Möhring/Nicolini Anm. 5a, b). In Ausnahmefällen, speziell in sog. Tendenzfällen (z. B. der Axel-Springer-Verlag erwirbt einen

Verlag, der Werke des „Aufmacher"-Autors Günter Wallraff betreut) kann gleichwohl die Unternehmensveräußerung ohne die Zustimmung des Urhebers vertragswidrig sein und ggf. zur Herbeiführung eines wichtigen Grundes zur fristlosen Kündigung des Dauerschuldverhältnisses aus wichtigem Grund führen (Ulmer[3] § 108 II 2; v. Gamm Anm. 18; Bappert/Maunz/Schricker[2] § 28 Rdnr. 6 m. w. N.; Schricker Rdnr. 20). Durch Verfügungen von Todes wegen oder Auseinandersetzungsvereinbarungen der Miterben (Bem. 6) kann der Rahmen der Zustimmungsfreiheit nach Abs. 3 nicht durchbrochen werden. Anderenfalls könnte der Verleger oder sonstige Inhaber eines Verwertungsunternehmens durch testamentarische Anordnung die Nutzungsrechte an einzelnen Werken ohne Zustimmung des Urhebers auf Dritte übertragen. Nach dem Rechtsgedanken des Abs. 3 kann der Unternehmensinhaber testamentarisch eine Übertragung von Nutzungsrechten nur im Rahmen der Vererbung seines Unternehmens oder des Unternehmensteils bewirken, dem der Urheber seine Rechte anvertraut hat. Im Falle einer letztwillig verfügten Loslösung des Nutzungsrechts vom Unternehmen muß es beim Zustimmungserfordernis nach Abs. 1 verbleiben; die Testierfreiheit des Erwerbers darf nicht zum Nachteil des Urhebers mißbraucht werden.

13 **Vertraglich vereinbarte Abweichungen.** Die Absätze 1–3 enthalten nachgiebiges Recht (Abs. 4); sie können durch Vereinbarung der Beteiligten verschärft, gemildert oder ganz beseitigt werden. Es ist demnach einerseits denkbar, daß der Urheber seine Zustimmung nach Abs. 1 von vornherein versagt oder sich – was Streitigkeiten vermeiden hilft – das Recht zur Verweigerung der Zustimmung ohne Rücksicht auf Treu und Glauben oder auch in den Fällen der Absätze 2 und 3 vorbehält. Andererseits kann er auf sein Zustimmungsrecht ganz oder teilweise verzichten, und zwar auch **stillschweigend.** Letzteres ist – entsprechend § 35 Abs. 1 Satz 2 – dann anzunehmen, wenn das Nutzungsrecht **nur zur Wahrnehmung** der Belange des Urhebers eingeräumt ist. So lassen sich beispielsweise die Bühnenverlage vom Urheber das ausschließliche Nutzungsrecht aus § 19 Abs. 2 (Aufführungsrecht) einräumen. Zu seiner Wahrnehmung ist eine teilweise Weiterübertragung auf die Bühnen erforderlich, die sich regelmäßig nicht mit einem einfachen Nutzungsrecht (§ 35) zufriedengeben, sondern eine Gebietsschutzklausel, also ein örtlich beschränktes ausschließliches Recht, für die Dauer der Vertragszeit beanspruchen (vgl. vor § 31 Bem. 49, §§ 31, 32 Bem. 7). Da diese Übung allgemein bekannt ist, wird man im Zweifel davon auszugehen haben, daß der Autor auf sein Zustimmungsrecht insoweit stillschweigend verzichtet hat. Ob darüber hinaus stillschweigende Zustimmung immer schon vorliegt, wenn Nutzungsrechte von jemandem erworben werden, der diese nicht selbst ausüben kann (das ist bei Übertragung der Nebenrechte die Regel, s. vor § 31 Bem. 18, 37), ist eine Frage der Vertragsauslegung im Einzelfall. Maßgeblich ist dabei der Charakter des Werkes zu berücksichtigen. Bei engagierten Werken der Literatur, der Kunst oder des Films, aber auch bereits bei ausgeprägt eigentümlichen Werken (vgl. v. Gamm Bem. 1) ist eine deutlich erkennbare Zustimmungserklärung zu verlangen. Bei deren Fehlen verbleibt dem Urheber das Zustimmungsrecht. Steht dagegen der materielle Verwertungszweck im Vordergrund, kann bereits in der Einräumung des Nutzungsrechts die stillschweigende Zustimmung zur Weiterübertragung auf Dritte liegen, die zur tatsächlichen Auswertung in der Lage sind. Zur stillschweigenden Zustimmung nach § 28

VerlG vgl. BGH GRUR 1968, 152, 153f. *Angélique I.* Von einer stillschweigenden Zustimmung kann jedenfalls keine Rede sein, wenn der Urheber im Vertrage die Verwertung auch nur eines Nebenrechts an seine Zustimmung gebunden hat. Bei vertraglichem Ausschluß der Übertragbarkeit ist das Nutzungsrecht – in Durchbrechung des § 137 BGB – mit Wirkung gegen Dritte unveräußerlich (BGH GRUR 1987, 37, 39 *Videolizenzvertrag;* OLG München GRUR 1984, 524 *Nachtblende;* Schricker Rdnr. 13). Formularklauseln in AGB, die das Zustimmungsrecht abbedingen, sind nach § 9 Abs. 2 Nr. 2 AGBG nichtig (BGH GRUR 1984, 45, 92 *Honorarbedingungen: Sendevertrag*).

Gesamtschuldnerische Haftung des Erwerbers (Abs. 5). Abs. 5 schreibt 14
für die Fälle der – vertraglich oder gesetzlich – zulässigen Weiterübertragung die gesamtschuldnerische Haftung des Erwerbers für die Erfüllung der sich aus dem Vertrag mit dem Urheber ergebenden Verpflichtungen des Veräußerers vor (diese tritt damit ergänzend neben die gesetzlichen Haftungsregeln nach § 25 HGB und § 419 BGB). § 34 regelt somit nicht nur die dingliche, sondern auch die obligatorische Seite des Rechtsgeschäfts: Der Veräußerer bleibt dem Urheber für die Erfüllung aller Vertragsbestandteile verpflichtet. Für Verschulden des Erwerbers haftet er gem. § 278 BGB unmittelbar (a. M. Schricker Rdnr. 23; Haberstumpf/Hintermeier § 22 III 1a); ihm ist somit gegenüber Schadenersatzansprüchen auch der Einwand abgeschnitten, er habe den Rechtserwerber sorgfältig ausgewählt, in die Ausführung der übertragenen Rechte eingewiesen und ordnungsgemäß überwacht. Zusätzlich haftet dem Urheber in demselben Umfang der Erwerber als Gesamtschuldner (ohne Heranziehung des § 278 BGB). Käme für die Gesamtveräußerung von Verlagsrechten § 28 VerlG zum Zuge (Bem. 3), hätte der Urheber gegen den Erwerber mangels vertraglicher Beziehungen keinen vertraglichen Schadenersatzanspruch; im Verhältnis zum Veräußerer wäre er auf eine Drittschadensliquidation angewiesen (vgl. Haberstumpf/Hintermeier § 22 III 2). Soweit nur einzelne Nutzungsrechte weiterübertragen werden, ist im Einzelfall zu prüfen, welche obligatorischen Bestandteile des Rechtsgeschäfts diesen Nutzungsrechten und damit der Schuldübernahme durch den Erwerber zuzuordnen sind. Die **Haftung des Erwerbers** in Abs. 5 ist **zwingend.** Sie kann durch Vereinbarung weder beschränkt noch aufgehoben werden, wie sich aus der Stellung des Abs. 4 vor Abs. 5 ergibt. Sie gilt allerdings nur dort, wo keine Zustimmung des Urhebers erforderlich ist, ganz gleich, ob sich das aus dem Gesetz ergibt (vgl. Bem. 6–9) oder ob die Zustimmung des Urhebers vertraglich abbedungen ist. Hat der Urheber ein Zustimmungsrecht, so hat er es in der Hand, die Zustimmung von der Übernahme der Gesamthaftung durch den Erwerber abhängig zu machen (Begr. S. 57). Eine formularmäßig im voraus vereinbarte Befreiung des Erstverwerters (vgl. Vertragsmuster bei Delp[4] S. 58) scheitert entweder an § 11 Nr. 13 AGBG oder jedenfalls an § 9 AGBG in Verbindung mit § 34 (vgl. vor § 31 Bem. 30). Derartige Klauseln sind nur zulässig, wenn bei Befreiung des Erstverwerters aus der Haftung der Zweiterwerber namentlich bezeichnet wird oder dem Urheber für den Fall der Rechtsübertragung das Recht eingeräumt wird, sich vom Vertrage zu lösen. Der Erwerber haftet mit dem ursprünglich Nutzungsberechtigten als Gesamtschuldner, und zwar auch im Falle der Verfügung von Todes wegen, wo allerdings nur der Fall der Zuweisung an einen Vermächtnisnehmer in Betracht kommt, der dann neben dem Erben haftet. Die Haftungsüber-

nahme umfaßt alle Haupt- und Nebenansprüche aus der Vertragsbeziehung zwischen Urheber und Erstverwerter, mithin z. B. auf Honorar- und etwaige Erstattungsansprüche und Verpflichtungen im Zusammenhang mit vereinbarten Publikations- oder Werbemaßnahmen, daneben auch vertragliche Schadenersatzansprüche aus Verzug, Unmöglichkeit, positiver Vertragsverletzung (insoweit Abweichung von § 28 Abs. 2 Satz 2 VerlG), nicht jedoch Ansprüche aus dem Deliktsrecht. Dem Erstverwerter gesetzte Fristen werden durch den Weiterübertragungsvorgang nicht berührt. Die Dauer der Haftung richtet sich nach derjenigen des Erstverwerters.

15 **Das rechtliche Schicksal des Nutzungsrechts zweiter Stufe bei Wegfall des primären Vertragsverhältnisses.** Fehlt es – trotz erfolgter Weiterübertragung von Nutzungsrechten – an einem **Vertragsverhältnis** zwischen Urheber und Veräußerer (z. B. weil der Vertrag zwischen beiden nicht wirksam zustandegekommen ist) oder **endet** nach zulässiger Weiterübertragung von Nutzungsrechten der Vertrag zwischen dem Urheber und dem ursprünglichen Erwerber (Primärvertrag) zu dem im Vertrag vorgesehenen Zeitpunkt (z. B. nach Ausverkauf einer Buchauflage oder Ausstrahlung bestimmter Sendungen) oder auch vorzeitig (z. B. durch fristlose Kündigung, vor § 31 Bem. 28, oder durch Wegfall des Ersterwerbers, vor § 28 Bem. 1), gilt für die Rechtsstellung des Zweiterwerbers folgendes: Er leitet seine Rechtsstellung allein aus einem Rechtsgeschäft mit dem Ersterwerber ab. Demgemäß ist ihm nicht ein Mehr an Rechten eingeräumt worden, als der Ersterwerber innehatte. Bei dem Vertrag zwischen Urheber und Ersterwerber fällt mit der Beendigung des Kausalvertrages in der Regel, insbesondere bei der überwiegend praktizierten gebundenen (konstitutiven) Rechtsübertragung, auch das Nutzungsrecht automatisch an den Urheber zurück (vor § 31 Bem. 10). Folglich entfällt auch das hieraus abgeleitete Nutzungsrecht des Zweiterwerbers. Hat ein Verleger in Ausübung der ihm überlassenen Nebenrechte einem anderen Verlag Taschenbuch- oder Buchgemeinschaftsrechte eingeräumt, so endet das Recht des Subverlages, wenn die Auflösung des Verlagsvertrages zwischen Verfasser und Erstverlag zum Rechterückfall geführt hat (OLG München Schulze OLGZ 248, 3ff.; OLG Stuttgart FuR 1984, 393, 397; Bappert/Maunz/Schricker § 28 VerlG Rdnr. 27 und § 9 VerlG Rdnr. 11a; Schricker § 35 Rdnr. 11 m. w. N.; LG Stuttgart FuR 1983, 608; mit gleichem Ergebnis schon Nordemann GRUR 1970, 174ff.; a. M. Sieger UFITA 82 [1978], 287, 307 und FuR 1983, 580; Platho FuR 1984, 135; Brandi/Dohrn GRUR 1983, 146; Held GRUR 1983, 161; Wohlfarth S. 161). Wenn der Urheber (oder der neue Verleger) nicht zur Fortsetzung des Vertragsverhältnisses mit dem Subverlag bereit ist, bleibt letzterem nur der Schadenersatzanspruch gegen seinen Vertragspartner aus § 325 BGB. Ein Teil der Gegenmeinung differenziert danach, ob der Wegfall des Primärvertrages ordentliche oder außerordentliche Gründe hatte (Beck S. 82ff.; Lange S. 92ff.; Platho FuR 1984, 135, 137f.; v. Gamm Einf. Rz. 79; Haberstumpf/Hintermeier § 22 IV 2d). Im ersten Falle sollen die Rechte beim Erwerber fortbestehen, im zweiten nicht (stets für Fortbestand der Rechte Sieger und Wohlfarth). Das überzeugt jedoch nicht. Der Grund für eine vorzeitige Vertragsbeendigung vermag an deren Rechtsfolgen nichts zu ändern, insbesondere nichts daran, daß die für den Fortbestand der Weiterübertragung vorauszusetzende Zweckbindung entfällt. Da es einen Gutglaubensschutz für den Erwerb von Nutzungsrechten nicht gibt (vor § 31 Bem. 9), steht der abgeleitete Rechtserwerb stets unter dem Vorbehalt des

Fortbestandes des primären Nutzungsvertrages. Dem Erwerber ist schließlich bekannt, daß er lediglich abgeleitete Rechte zu erwerben vermag: Er sitzt in gewisser Weise mit dem Veräußerer in einem Boot. Die Hürden für eine vorzeitige Vertragsauflösung sind im übrigen hoch genug, so daß auch bei diesem Ergebnis Einbußen in das Vertrauen auf die Sicherheit des Rechtsverkehrs nicht zu befürchten sind.
Wird der Primärvertrag nur mit der Maßgabe einvernehmlich aufgehoben, daß die erteilten Lizenzen weiterhin bestehenbleiben sollen, so bleiben sie in Kraft (BGH ZUM 1986, 278, 280 *Alexis Sorbas*).
Anders liegt es wiederum, wenn der Nutzungsrechtsinhaber nach der Vergabe abgeleiteter Nutzungsrechte (z. B. einer Taschenbuchlizenz) das ihm verbleibende Hauptrecht (Verlagsrecht) an einen Dritten weiterüberträgt. Er kann nur übertragen, was er (noch) hat; die bereits dem Erwerber eingeräumten Rechte verbleiben diesem (BGH GRUR 1986, 91, 93 *Preisabstandsklausel*).

§ 35 Einräumung einfacher Nutzungsrechte

(1) Der Inhaber eines ausschließlichen Nutzungsrechts kann einfache Nutzungsrechte nur mit Zustimmung des Urhebers einräumen. Der Zustimmung bedarf es nicht, wenn das ausschließliche Nutzungsrecht nur zur Wahrnehmung der Belange des Urhebers eingeräumt ist.
(2) Die Bestimmungen in § 34 Abs. 1 Satz 2, Abs. 2 und Abs. 4 sind entsprechend anzuwenden.

Für die **Einräumung einfacher Rechte** durch den Inhaber eines aus- **1**
schließlichen Nutzungsrechts gilt zunächst das zu § 34 Bem. 1, 4–11, 13, 15 Gesagte. Jedoch kann § 34 Abs. 3 seiner Natur nach nur für Übertragungen zutreffen. Auch § 34 Abs. 5 ist nicht anwendbar; die dort vorgesehene Haftung des Erwerbers auf die Fälle des § 35 auszudehnen, hieße den Schutz des Urhebers überspannen. Sofern der von uns vertretenen Auffassung vom schuldrechtlichen Charakter des einfachen Nutzungsrechts (§§ 31, 32 Bem. 2) gefolgt wird, gilt das mit folgender Maßgabe: Der Zustimmungsvorbehalt wird bei der Weitereinräumung einfacher Nutzungsrechte nur praktisch in Bezug auf die (schuldrechtliche) Nutzungseinräumung. Verfügungsgeschäften wie z. B. einer Verpfändung oder Sicherungsabtretung ist das einfache Nutzungsrecht nicht zugänglich, so daß § 35 insoweit nicht anzuwenden ist.

Auf die Weiterübertragung abgeleiteter ausschließlicher Nutzungsrechte ist **2**
nicht § 35, sondern § 34 anzuwenden (vgl. § 34 Bem. 8). Für den Fortbestand einfacher Nutzungsrechte nach Wegfall des Nutzungsvertrages bei demjenigen, der das einfache Recht eingeräumt hat, gilt dasselbe entsprechend wie für ausschließliche Nutzungsrechte (§ 34 Bem. 15). Zum Sukzessionsschutz des Erwerbers einfacher Nutzungsrechte nach Weiterführung der Nutzungsrechte durch denjenigen, der das einfache Recht eingeräumt hat, vgl. § 33 Bem. 2.

§ 36 Beteiligung des Urhebers

(1) Hat der Urheber einem anderen ein Nutzungsrecht zu Bedingungen eingeräumt, die dazu führen, daß die vereinbarte Gegenleistung unter Berücksichtigung der gesamten Beziehungen des Urhebers zu dem anderen in einem groben Mißverhältnis zu den Erträgnissen aus der Nutzung des Werkes steht, so ist der andere auf Verlangen des Urhebers verpflichtet, in eine Änderung des Vertrages einzuwilligen, durch die dem Urheber eine den Umständen nach angemessene Beteiligung an den Erträgnissen gewährt wird.

(2) Der Anspruch verjährt in zwei Jahren von dem Zeitpunkt an, in dem der Urheber von den Umständen, aus denen sich der Anspruch ergibt, Kenntnis erlangt, ohne Rücksicht auf diese Kenntnis in zehn Jahren.

(3) Auf den Anspruch kann im voraus nicht verzichtet werden. Die Anwartschaft darauf unterliegt nicht der Zwangsvollstreckung; eine Verfügung über die Anwartschaft ist unwirksam.

Übersicht

1 **Entstehungsgeschichte, Gegenstand des Anspruchs.** Mit dieser Vorschrift wird eine neue, tief in das Vertragsrecht eingreifende **Schutzbestimmung zugunsten des Urhebers** geschaffen. Sie war in den Beratungen des Gesetzes heftig umstritten. Von den Verwertern wurde geltend gemacht, daß damit der Grundsatz *pacta sunt servanda* in schwerwiegender Weise verletzt werde, daß die vorhandenen Vorschriften des allgemeinen Vertragsrechts (§§ 138, 242, 826 BGB) ausreichten, und daß es nicht gerechtfertigt sei, den Urheber besser zu stellen als einen „normalen" Vertragschließenden. Es läßt sich andererseits nicht verkennen, daß die Anwendung der allgemeinen Bestimmungen des bürgerlichen Rechts gerade im Urheberrecht nur außerordentlich selten zum Erfolg führt; da die Gunst des Publikums eine unwägbare Größe ist und daher niemand den Erfolg eines Werkes voraussehen kann, wird das im Bereich des BGB stets erforderliche Bewußtsein, Unrecht zu tun, dem Verwerter praktisch nicht nachgewiesen werden können. Immer wieder sind daher in der Vergangenheit Fälle aufgetreten, in denen ein anderer Millionen verdiente, während der Urheber leer ausging, ohne daß die Gerichte helfen konnten. So hat der Bundesgerichtshof in einem unveröffentlichen Urteil vom 5. 6. 1956 – I ZR 53/54 – eine Klage der Erben Leo Falls abweisen müssen, der 30% der Aufführungserträgnisse seiner Operette *Der fidele Bauer* schon vor der Uraufführung für ein bescheidenes Pauschalhonorar an einen Verleger weggegeben hatte und demgemäß insoweit vom Welterfolg seines Werkes ausgeschlossen blieb. Robert Stolz, der mit seinen Schlagern *Die ganze Welt ist himmelblau* und *Mein Liebeslied muß ein Walzer sein* den Welterfolg der Operette *Im weißen Rößl* begründen half und hierfür eine Pauschalabfindung von ganzen 500 RM erhalten hatte, mußte sich vom BGH sogar sagen lassen, daß selbst eine unentgeltliche(!) Dauerübertragung von Bühnenaufführungsrechten nicht sittenwidrig sei (BGH GRUR 1962, 256ff. *Im weißen Rößl*). Auch die Lehre vom Wegfall der

Geschäftsgrundlage half in diesen Fallkonstellationen nicht weiter, so daß der Gesetzgeber den Urheber in weitergehendem Maße schützen wollte (Hagen S. 17ff.). Hierzu war vorgeschlagen worden, die Regelung des französischen Urheberrechtsgesetzes von 1957 (dort Art. 35) zu übernehmen und eine Gewinnbeteiligung des Autors stets zwingend vorzuschreiben. Zu einem solchen Verbot jeder Pauschalabgeltung hat sich der Gesetzgeber jedoch nicht entschließen können, da diese auch im Interesse des Urhebers liegen kann (Begr. S. 57ff.; eingehend zum Einführungsstreit Hagen S. 22ff.). Er hat statt dessen einen Mittelweg eingeschlagen und dem Urheber einen **Anspruch auf Vertragsänderung** dann zugebilligt, wenn die Beteiligung des Urhebers in ein grobes Mißverhältnis zu den tatsächlichen Erträgnissen geraten ist. Ziel der Vertragsänderung sind neue, angemessene Beteiligungsverhältnisse. Durch diese zwingende gesetzliche Regelung nimmt das Gesetz unmittelbar Einfluß auf die vertragliche Regelung der Urhebervergütung. Lediglich mittelbare Schutzwirkung auf die Urhebervergütung haben diejenigen Gesetzesbestimmungen, die den Urheber vor einer zu weitgehenden Nutzungseinräumung schützen; das sind vor allem §§ 31 Abs. 4 und 5, 41 (Katzenberger GRUR Int. 1983, 410, 411).

Anwendungsbereich. Der Änderungsanspruch gilt für den **Urheber** eines geschützten **Werkes** und für seinen Rechtsnachfolger gem. § 30, auch für die Urheber vorbestehender Werke (wie Roman, Drehbuch, Filmmusik), die zur Herstellung des Films verwendet worden sind, dagegen nicht für Urheber von Filmwerken wie Regisseur, Kameramann usw. (§ 90 Satz 2). Da §§ 70, 72 bei wissenschaftlichen Ausgaben und Lichtbildern die Vorschriften des Ersten Teils für entsprechend anwendbar erklären, gilt das auch für § 36. Auf die verbleibenden verwandten Schutzrechte ist § 36 nicht anzuwenden. Die Vorschrift setzt die Einräumung eines **Nutzungsrechts** durch den Urheber an einen Rechtserwerber voraus. Dies kann ein ausschließliches oder einfaches Nutzungsrecht sein. Auch die Einwilligung in eine Bearbeitung (§ 23) liegt im Anwendungsbereich des § 36, da die rechtsdogmatische Differenzierung zwischen Verwertungs- und Einwilligungsrechten eine unterschiedliche Vergütungsbehandlung nicht rechtfertigt (Hagen S. 62). 2
Die Art des Vertragsverhältnisses, in dessen Rahmen der Urheber seine Nutzungsrechte einräumt, hat auf die grundsätzliche Anwendbarkeit des § 36 keinen negativen Einfluß. § 36 gilt auch für den Urheber, der sein Werk im Auftrag erstellt (OLG Düsseldorf, Urt. v. 12. 7. 1983 – 20 U 73/83, unveröffent.; OLG Nürnberg Schulze OLGZ 130), für den (entgeltlichen) Bühnenvertriebsvertrag (vor § 31 Bem. 35; Hagen S. 77), dagegen kaum denkbar beim Wahrnehmungsvertrag mit VerwGes (Schricker Rdnr. 7). § 36 ist auch dem angestellten und beamteten Urheber nicht prinzipiell verschlossen (§ 43 Bem. 4).

Auch der Rechtsnachfolger des Urhebers (§ 30) kann die Rechte aus § 36 geltend machen (Hagen S. 53; a. M. Hegemann S. 80), nicht aber der Inhaber abgeleiteter Nutzungsrechte (Verwerter).

Vertragsabschluß ab 1. Januar 1966. Dem Änderungsanspruch unterliegen solche Verträge und Beteiligungsverhältnisse nicht, die schon vor Inkrafttreten des UrhG zustande kamen (§ 132), und zwar auch nicht hinsichtlich der nach dem 1. 1. 1966 erzielten Erträgnisse. Die abweichende Regelung des RegE (dort § 141 Abs. 1 Satz 3) wurde vom Gesetzgeber mit der Begründung gestrichen, die Anwendung des § 36 auf frühere Verträge sei 3

bedenklich (Schriftlicher Bericht zu BT-Drucks. IV/3401, S. 15; vgl. auch § 137 Bem. 4). Bei Altverträgen und Verträgen über gemeinfreie Werke oder in Fällen, in denen § 36 aus anderen Gründen nicht paßt, ist auf die allgemeinen bürgerlich-rechtlichen Regeln, insbesondere über den Wegfall und die Änderung der Geschäftsgrundlage sowie §§ 138, 826 BGB zu verweisen (Katzenberger GRUR Int. 1983, 410, 418; Schricker Rdnr. 5).
Bei **(Alt-)Verträgen** über **Dauerschuldverhältnisse,** die keine Anpassungsklausel enthalten, kommt nach der höchstrichterlichen Rechtsprechung eine nachträgliche Änderung der vereinbarten Vergütung nur ganz ausnahmsweise unter besonderen Umständen in Betracht. Bei Bühnenaufführungsverträgen mit einer sich über mehrere Jahrzehnte erstreckenden Laufzeit können die Vertragsparteien nach BGH GRUR 1990, 1005, 1007 *Salome* nicht damit rechnen, daß die Gleichwertigkeit von Leistung und Gegenleistung für die ganze Vertragsdauer erhalten bleibe. Der Umstand, daß im Jahre 1906 die Finanzierung eines Opernhauses nur zu ca. 18% durch Subventionen und zu 82% durch Einnahmen und 75 Jahre später hingegen zu 73% durch Subventionen und zu 27% durch Einnahmen erfolgt sei, lasse keinen Rückschluß über bestimmte Vorstellungen der Vertragsparteien zu solchen Relationen für den Zeitpunkt des damaligen Vertragsabschlusses zu. Eine Berufung auf den Wegfall der Geschäftsgrundlage kommt danach nur bei folgenden Voraussetzungen in Betracht: Die vereinbarte Vergütung ist mit der heute üblichen Vergütung zu vergleichen. Es müßte sich dabei ein so großes Mißverhältnis ergeben, daß eine die „Opfergrenze" überschreitende Äquivalenzstörung anzunehmen ist, so daß eine Anpassung an die heutigen Verhältnisse unter Zumutbarkeitsgesichtspunkten unabweislich erscheint. Bei einer etwaigen Anpassung sind sowohl die allgemeinen wirtschaftlichen Verhältnisse wie Lebenshaltungskosten und Einkommen als auch die besonderen Verhältnisse der betreffenden Verwerterbranche (z. B. der Oper) unter Billigkeitsgesichtspunkten zu berücksichtigen. Eine wesentliche Änderung der Subventionspraxis sei dabei nicht ohne weiteres relevant (BGH GRUR 1990, 1005, 1007 *Salome*).
Das Ergebnis vermag nicht zu befriedigen. Indes hat der BGH damit lediglich die allgemeinen Grundsätze zur Lehre vom Wegfall der Geschäftsgrundlage konsequent auch im Urhebervertragsrecht angewandt. Der eigentliche Mißstand ist darin zu sehen, daß das Urhebervertragsrecht nach wie vor eine Vertragsdauer für die gesamte gesetzliche Schutzfrist (und damit notwendigerweise entsprechend weitgehende Interessenverschiebungen) zuläßt (Dietz ZUM 1988, 566, 567). Zur Befristung von Nutzungsverträgen und entsprechenden Gesetzesvorschlägen s. vor § 31 Bem. 27.

4 **Die vereinbarte Gegenleistung.** Die vereinbarte Gegenleistung, also das, was der Urheber für die Einräumung des Nutzungsrechts erhält, muß in einem groben Mißverhältnis zu den Erträgnissen aus der Nutzung des Werkes stehen. Ob der Urheber eine Pauschalabfindung erhalten hat oder mit einem geringfügigen, völlig unzureichenden Beteiligungshonorar abgespeist wird (Schriftlicher Bericht zu BT-Drucks. IV/3401 S. 5), ist gleichgültig. Auch Beteiligungshonorare können unangemessen sein, z. B. wenn der Urheber eines verfilmten Werkes an der Filmauswertung im Verhältnis seines Honorars zu den gesamten Produktionskosten des Films beteiligt wird (Ulmer, Urhebervertragsrecht, S. 129; Hertin FuR 1975, 303, 309f.). Gerade auch wenn der Urheber die Werkverwertung honorarfrei gestattet oder sich eine Werkverwertung dadurch „erkauft" hat, daß er seinerseits einen

Kostenbeitrag (z. B. einen Druckkostenzuschuß) beisteuert, ist § 36 anwendbar (Schricker Rdnr. 9; Hagen S. 99f.), denn solchen Vereinbarungen liegt regelmäßig die Erwartung zugrunde, daß die Werkverwertung bei Honorarzahlung unwirtschaftlich wäre. Anders liegt es, wenn der Urheber die Werknutzung in **Schenkungsabsicht** gestattet hat; ein Irrtum über den Erfolg der – geschenkten – Werkverwertung rechtfertigt nicht einen nachträglichen Anspruch auf Vergütungsleistungen (Schricker Rdnr. 9), allerdings wird in solchen Fällen streng zu prüfen sein, ob der Nutzungsumfang durch die Schenkungsabrede gedeckt ist (Hagen S. 102).

Erträgnisse. Der vereinbarten Gegenleistung sind die Erträgnisse aus der Nutzung des Werkes gegenüberzustellen. Darunter sind die Bruttoerträgnisse zu verstehen (BGHZ 115, 63, 68 *Horoskop-Kalender*). Abzusetzende Belastungen sind bei der Prüfung des groben Mißverhältnisses (Bem. 6) zu berücksichtigen. Zu den Erträgnissen zählen auch solche Einnahmen, die durch Nutzung im eigenen Betrieb des Vertragspartners anfallen (Hagen S. 105ff.; zweifelnd Schricker Rdnr. 10; unentschieden auch BGH GRUR 1985, 1041, 1046 *Inkassoprogramm*), da es nach dem Schutzgedanken des § 36 keinen Unterschied danach rechtfertigt, ob der unerwartete Nutzungserfolg zu Erträgnissen führt, die von Dritten bezogen und dort bar abgerechnet werden, oder solchen, die der Nutzungsberechtigte unmittelbar in seinem Geschäftsbetrieb zu erwirtschaften vermag. 5
Erträgnisse sind ferner sonstige konkret nachweisbare Nutzungsvorteile, auch wenn sie sich nicht unmittelbar in einer finanziellen Gegenleistung niederschlagen, wie z. B. der massenhafte Einsatz von gestaltetem oder mit einer schutzfähigen Fotomontage versehenen Verpackungsmaterial für einen weltweit erfolgreich vertriebenen Weinbrand (Hertin Anm. zu BGH GRUR 1986, 885, 887 *METAXA*), die kostenlose Verbreitung eines Babybuches als Werbemittel für Babynahrung in höchsten Stückzahlen (vgl. den Sachverhalt zu OLG München FuR 1982, 586; ähnlich der Sachverhalt im Falle OLG Nürnberg Schulze OLGZ 130) oder die besonders häufige Ausstrahlung von erfolgreichen Rundfunkprogrammen (im Verhältnis zu den Urhebern vorbestehender Werke). In diesen Fällen ist der auf das verwertete Werk entfallende geldwerte Nutzungsvorteil nach § 287 Ab. 2 ZPO zu schätzen (ausführlich Hagen S. 116).

Grobes Mißverhältnis. Wann ein grobes Mißverhältnis vorliegt, läßt sich nur im Einzelfall entscheiden. Allgemein läßt sich nur sagen, daß eine besonders schwerwiegende Störung des Gleichgewichts von Leistung und Gegenleistung gegeben sein muß. Es genügt also für den Anspruch aus § 36 keineswegs, daß das Werk erfolgreich war. Sein Ertrag muß vielmehr so hoch sein, daß jedem billig und gerecht Denkenden das Festhalten an der ursprünglich vereinbarten Honorierung des Urhebers als unzumutbar erscheint, ohne daß schon von einem Wegfall der Geschäftsgrundlage gesprochen werden könnte (sonst hätte § 36 neben § 242 BGB keine selbständige Bedeutung). Dabei sind die gesamten Beziehungen des Urhebers zu dem Nutzungsberechtigten zu berücksichtigen, also auch Gewinne, die der Berechtigte aus anderen Werken des Urhebers gezogen hat, einerseits und Verluste aus anderen Werken des Urhebers andererseits (so Begr. S. 58). Verluste des Verwerters aus Werken anderer Urheber bleiben dagegen unberücksichtigt (Begr. a.a.O.); deshalb ist auch die etwaige schlechte wirtschaftliche Lage des Verwerters unerheblich. 6

Zur Prüfung der Angemessenheit ist eine Heranziehung der 7/12-Regelung des Art. 37 des franz. UrhG geeignet (Hertin FuR 1975, 303, 310). Danach besteht ein Abänderungsanspruch des Urhebers dann, wenn weniger als 7/12 der angemessenen Vergütung gezahlt worden sind (Einzelheiten zu der allerdings schon im französischen Recht umstrittenen Berechnung Schadel, Das französische Urhebervertragsrecht, S. 65f.). Weitere Lösungsansätze im internationalen Vergleich beschreibt Katzenberger GRUR Int. 1983, 410, 514f. Vgl. ferner Möhring/Nicolini Bem. 3c; Hegemann S. 94. Im Falle BGHZ 115, 63, 67 *Horoskop-Kalender* lag das tatsächliche Pauschalhonorar bei 18,95% bzw. bei 35,26%, bezogen auf die Untergrenze einer angemessenen Beteiligungsvergütung; der Bundesgerichtshof sah darin ein grobes Mißverhältnis gegenüber den Erträgnissen aus der Nutzung des Werkes. BGH GRUR 1986, 885 *METAXA* verneint ein grobes Mißverhältnis, „wenn nämlich mit einem Honorar in der hier gegebenen Höhe üblicherweise auch die Verwertung der Fotomontage für den Massenvertrieb abgegolten wurde". Die Begründung ist abzulehnen, weil es nach § 36 nicht darauf ankommt, ob die Vergütung bei Vertragsabschluß üblich oder nicht üblich war, sondern ob die vereinbarte Vergütung mit den (später) erzielten Erträgnissen in einem großen Mißverhältnis steht (kritisch auch Jacobs EWiR § 31, 1/86, 1141, 1142; Hagen S. 125). Eine Aufwertung der Leistungen des Verwerters durch branchenübliche verwertungsbezogene Gehilfentätigkeit kommt nicht in Betracht. Bei einer Verlagspublikation ist es im Rahmen der nach § 36 vorzunehmenden Abwägung unerheblich, ob der Verleger die Texte von Lektoren nochmals durchsehen und korrigieren läßt oder ob er weitere auf den Vertrieb gerichtete Leistungen erbringt oder erbringen läßt wie Bucheinband, Umschlag, Klappentexte, Vorwort, Farbregister usw. Das Gewicht der erbrachten Urheberleistung wird dadurch nicht beeinträchtigt (OLG Nürnberg Schulze OLGZ 130). Andererseits kann das Verhältnis zwischen Leistung und Gegenleistung durch besondere Belastungen auf der Verwerterseite im Einzelfall ganz oder teilweise kompensiert werden. Wenn BGHZ 115, 63, 68 *Horoskop-Kalender* in diesem Zusammenhang, ohne dies dort näher nachprüfen zu müssen, für ein Verlagserzeugnis z. B. hohes unternehmerisches Risiko, Bedeutung der Grundidee für den wirtschaftlichen Erfolg, wesentliche Verlagsbeiträge für die Gestaltung oder die Verwendung von Karikaturen erwähnt, so wäre im Einzelfall zu prüfen, ob und inwieweit es sich dabei um besondere Umstände der Werknutzung handelt oder ob solche Beiträge produkt- oder branchentypisch sind.

Das grobe Mißverhältnis braucht bei Vertragsabschluß weder gegeben noch auch nur vorhersehbar gewesen zu sein. Der Urheber braucht auch weder leichtsinnig noch unerfahren zu sein noch muß er sich in einer Notlage befunden haben. Es ist deshalb unzutreffend, wenn die Begr. (S. 58) meint, § 36 entspreche dem objektiven Tatbestand des Wuchers (§ 138 Abs. 2 BGB). Ein Tatbestandsmerkmal dahingehend, das Mißverhältnis zwischen den Erträgnissen aus der Nutzung des Werkes und der vereinbarten Gegenleistung müsse „unerwartet" sein (Schricker Rdnr. 12 unter Hinweis auf Amtl. Begr. s. 193), enthält das Gesetz nicht, wird aber nach Maßgabe der in BGHZ 115, 63 *Horoskop-Kalender* (in Anlehnung an Hagen S. 140ff.) entwickelten Grundsätze in folgender Weise in die Vorschrift hineingelesen: Nur wenn aufgrund des Vertragsinhaltes von vornherein feststeht, daß sich ein grobes Verhältnis zwischen Leistung und Erträgnissen den Erwartungen entspricht, von denen die Parteien bei Vertragsabschluß als feststehend ausgegangen sind, ist § 36 nicht anzuwenden. Das gilt aber nicht bereits dann, wenn das grobe Mißverhältnis, ohne daß dies bei den Verhandlungen zum Ausdruck gekommen wäre, nur als mehr oder weniger wahrscheinliche Möglichkeit voraussehbar war. Solches würde dem Zweck der Vorschrift, gerade den unerfahrenen oder den bei Vertragsabschluß in wirtschaftlicher Not befindlichen Urheber zu schützen, widersprechen (BGHZ 115, 63, 66f. *Horoskop-Kalender*). Bei krassem Abweichen der vereinbarten Urhebervergütung von derjenigen, die sich bei einem solchen an der unteren Vergütungsgrenze orientierten Beteiligungshonorar ergeben hätte, spricht eine **tatsächliche Vermutung** dafür, daß das grobe Mißverhältnis unerwartet war (BGHZ 115, 63, 68 *Horoskop-Kalender*). Das bedeutet: Zur Darlegung der Anspruchsvoraussetzungen aus § 36 genügt der Vortrag eines objektiv groben Mißverhältnisses zwischen vereinbarter Vergütung und erzielten Erträgnissen. Die sich daraus ergebende Vermutung dahin, daß das Mißverhältnis bei Vertragsabschluß unerwartet gewesen ist, kann vom in Anspruch genommenen Werknutzer widerlegt werden.

Angemessene Beteiligung. Welche Beteiligung angemessen ist, kann ebenfalls nur im Einzelfall entschieden werden. Auszugehen ist von den Durchschnittssätzen, die im allgemeinen vereinbart zu werden pflegen und die gegebenenfalls durch Sachverständige zu ermitteln sind. Soweit nicht besondere Gründe eine Abweichung rechtfertigen, wird die untere Grenze der Durchschnittssätze als angemessen im Sinne des § 36 angesehen werden müssen. Hat der Verwerter Verluste aus anderen Werken des Urhebers auszugleichen oder trug er ein außergewöhnlich hohes Risiko oder ist seine Kostenbelastung außergewöhnlich hoch, so ist die angemessene Beteiligung niedriger anzusetzen; ist er dagegen nur ein geringes Risiko eingegangen (etwa, weil es sich um einen bekannten Autor handelt), oder waren seine Kosten besonders gering, oder erzielte er aus anderen Werken desselben Urhebers ebenfalls ansehnliche Gewinne, so wird die Urheberbeteiligung höher ausfallen müssen. 7

Anspruch ohne Vertragsverhältnis. Die Zubilligung eines Anspruchs auf Vertragsänderung führt zu – vom Gesetzgeber sicher nicht gewollten – Schwierigkeiten, wenn **kein Vertrag** vorliegt, und zwar in den beiden folgenden Fällen: 8

a) Der Verwerter wird in den Verträgen, für die § 36 überhaupt in Betracht kommt, meist das Zustimmungsrecht des Urhebers zur Weiterübertragung (§ 34) abbedungen haben. Er kann dann eine unentgeltliche oder unterbezahlte Weiterübertragung der Nutzungsrechte auf ein anderes Unternehmen mit eigener Rechtspersönlichkeit vornehmen, an der er möglicherweise sogar beteiligt ist. Diese streicht die Gewinne ein, kann jedoch vom Urheber nicht auf Vertragsänderung in Anspruch genommen werden, weil sie nicht sein Vertragspartner ist, während die Erträgnisse des ursprünglich nutzungsberechtigten Verwerters, wenn er überhaupt etwas erhält, so gering bleiben, daß sie gewiß nicht in ein grobes Mißverständnis zu der Beteiligung des Urhebers geraten.

b) Der Verwerter, dem der Urheber für ein Linsengericht sein Werk anvertraut hat, kann es ferner in Unkenntnis seines wahren Wertes für ein geringes Entgelt weitergegeben haben. Der nunmehrige Nutzungsberechtigte, dem die hohen Erträgnisse zufließen, ist aber wiederum nicht Vertragspartner des Urhebers.

Beide Fälle wird man vom Zweck der Bestimmung her lösen müssen. Der Gesetzgeber wollte den jedem Rechtsempfinden widersprechenden Ausschluß des Urhebers von den Gewinnen, die sein Werk erbringt, in Zukunft verhindern. Das Empfinden, daß dem Urheber Unrecht geschehe, hat der billig und gerecht Denkende nicht nur dort, wo der Vertragspartner des Urhebers die Gewinne zieht, sondern ebenso dort, wo Dritte die Nutznießer sind. Deshalb hatte der RegE dem Urheber ganz allgemein einen Anspruch auf angemessene Beteiligung ohne Rücksicht auf ein bestehendes Vertragsverhältnis zugebilligt. Der 12. Bundestagsausschuß wollte daran im Prinzip nichts ändern, glaubte jedoch, mit der Gewährung eines Anspruchs auf Vertragsänderung besser seine – nur zum Teil richtige – Meinung zum Ausdruck bringen zu können, daß § 36 ein gesetzlicher Anwendungsfall der Lehre vom Wegfall der Geschäftsgrundlage bei Verträgen sei (schriftlicher Bericht zu BT-Drucks. IV/3401 S. 5). Er übersah dabei, daß § 36 eben nicht nur für Vertragsverhältnisse Bedeutung hat. Dieser redaktionelle Fehler darf jedoch nicht dazu führen, der Umgehung des § 36, die der 12. Ausschuß gerade verhindern wollte (a. a. O.), Tür und Tor zu öffnen und die praktische Wirksamkeit der Bestimmung damit auf die Ausnahmefälle einzuengen, in denen der Verwerter nicht *clever* genug gewesen ist. Vielmehr fallen beide Fälle trotz des versehentlich zu eng geratenen Wortlauts des § 36 in dessen Anwendungsbereich. Fall a) läßt erkennen, daß die Vorschrift nur dann ihrer Funktion als Schutzbestimmung zugunsten des Urhebers entsprechend angewendet wird, wenn man von den Erträgnissen ausgeht, die der Berechtigte bei angemessener Verwertung des Werkes erzielt. Streitigkeiten über die Angemessenheit ist dadurch vorgebeugt, daß in der Regel von den tatsächlich erzielten Erträgnissen auszugehen ist und daß der Urheber, wenn er den Ausnahmetatbestand der Unangemessenheit behauptet, dafür die Beweislast trägt. Im Falle b) ist eine analoge Anwendung des § 36 dahin geboten, daß dem Urheber gegen den Nutzungsberechtigten, der nicht sein Vertragspartner ist, ein Anspruch nicht auf Vertragsänderung, sondern auf Vertrags*abschluß* zusteht, durch den ihm eine angemessene Beteiligung gewährt wird, hilfsweise auf unmittelbare Zahlung der angemessenen Vergütung (den direkten Zahlungsanspruch befürwortet Hagen S. 151; eine eingehende Begründung für die analoge Anwendung bietet Hagen S. 81 ff.; für § 36 analog wohl auch Hegemann S. 106). Zum gleichen Ergebnis führt die von Katzenberger (GRUR Int. 1983, 410, 420) vorgeschlagene Anwendung der § 413, 404 BGB: Der Urheber kann dem Erwerber weiterübertragener Nutzungsrechte (Zweiterwerber) auch den Anspruch aus § 36, gleichsam im Wege des Durchgriffs, entgegengehalten. Im Ergebnis so auch Schricker Rdnr. 8. A. M. v. Gamm Bem. 5.

9 **Zeitpunkt der Anspruchsentstehung, Verjährung (Abs. 2).** Der Anspruch entsteht, wenn die Voraussetzungen des § 36 gegeben sind. Das bedeutet, daß die verlangte Vertragsänderung in aller Regel rückwirkend zu erfolgen hat, da der Urheber meist erst nachträglich erkennt, daß ein grobes Mißverhältnis eingetreten ist. Gegen eine verspätete Geltendmachung durch den Urheber schützt die kurze Verjährung des Abs. 2. Will der Verwerter sich auf die zweijährige Verjährungsfrist berufen, so muß er nachweisen, daß

der Urheber den Eintritt aller Voraussetzungen des § 36 gekannt hat. Andererseits verjährt der Anspruch in 10 Jahren ab Entstehung, auch wenn der Urheber nie etwas davon erfahren hat. Hier braucht der Verwerter lediglich nachzuweisen, daß die Voraussetzungen des § 36 schon vor so langer Zeit eingetreten sind. Da nach dem Gesetz der „Anspruch auf Vertragsänderung" schlechthin verjährt, kann danach eine Verbesserung der Beteiligungsverhältnisse überhaupt nicht mehr verlangt werden, also auch nicht für den noch innerhalb der Verjährungsfrist liegenden Zeitraum oder auch nur für die Zukunft.

Prozessuales. a) Zur Prüfung der Frage, ob die Voraussetzungen des § 36 **10**
gegeben sind, hat der Urheber stets einen **Auskunfts- und Rechnungslegungsanspruch** gegen den Nutzungsberechtigten, gleichgültig, ob dieser sein Vertragspartner ist oder nicht (vgl. Bem. 2). Das ergibt sich aus dem von der Rspr. entwickelten allgemeinen Grundsatz, daß ein Auskunftsanspruch stets dort besteht, wo der Berechtigte über Bestand oder Umfang seines Rechts schuldlos im ungewissen ist, der Verpflichtete aber unschwer Auskunft geben kann (vgl. die vor § 31 Bem. 17 genannten Quellen). Der Anspruch gilt nur für die bereits erzielten Erträgnisse und bisherigen Aufwendungen sowie alle sonstigen Einzelumstände, die zur Ermittlung des groben Mißverhältnisses (Bem. 6) relevant sind (wie z. B. die Aufwendungen für die Werkverwertung); zukünftige Erträgnisse sind abzuwarten (OLG Nürnberg Schulze OLGZ 130). Der Auskunftsanspruch darf einerseits nicht zur Ausforschung mißbraucht werden. Andererseits benötigt der Urheber zur Darlegung eines groben Mißverhältnisses Angaben über die Erträgnisse aus der Nutzung des Werkes. Deshalb muß der Urheber zur Vorbereitung des Auskunftsanspruches immerhin solche Tatsachen schlüssig vortragen, aus denen sich wenigstens greifbare Anhaltspunkte für das Recht auf Einwilligung in eine Vertragsänderung ergeben (OLG Hamm NJW RR 1990, 1148).

b) Die **Klage auf Einwilligung** in die Vertragsänderung fällt unter § 894 ZPO. Die Einwilligungserklärung des Nutzungsberechtigten gilt als erteilt, wenn das Urteil rechtskräftig geworden ist. In der Klage muß also genau bezeichnet werden, welche Vertragsänderung gewünscht wird. An sich muß der Urheber daher auch die Beteiligung angeben, die er für angemessen hält, sowie den Zeitpunkt, zu dem der Anspruch entstanden sein soll. Da die Entscheidung darüber, was angemessen ist, stets Ermessenssache ist und der Zeitpunkt der Anspruchsentstehung kaum jemals genau bestimmbar sein wird, trägt er damit zugleich das Prozeßrisiko, daß das Gericht einen geringeren Betrag für angemessen hält oder einen späteren Zeitpunkt annimmt. Das ist freilich unzumutbar, weil die tatsächlichen Grundlagen für die Ausübung des Ermessens schwer zu ermitteln und zudem nur selten absolut zuverlässig sind. Der Urheber hat deshalb gem. § 287 Abs. 2 ZPO die Möglichkeit, die Einwilligung des Verwerters in eine Vertragsänderung zu fordern, durch die ihm eine vom Gericht im Wege freier Schätzung festzusetzende angemessene Beteiligung gewährt wird, und zwar von einem ebenfalls vom Gericht im Wege freier Schätzung festzusetzenden Zeitpunkt an (BGHZ 115, 63, 65 *Horoskop-Kalender*).

c) Mit der Klage auf Einwilligung kann die **Klage auf Zahlung** der dem Urheber danach zustehenden Beträge verbunden, ggf. kann die Auskunftsklage im Wege der Stufenklage vorgeschaltet werden (§§ 260, 254 ZPO).

d) Da der Anspruch aus § 36 auf Abänderung der *Vertrags*grundlage gerichtet ist, kann der Urheber sich nicht auf den deliktischen **Gerichtsstand der unerlaubten Handlung** (§ 32 ZPO) berufen; in der Regel hat er daher am Sitz des Verwerters zu klagen (Gerstenberg GRUR 1974, 591, 592).

e) Zur Verringerung des Kostenrisikos empfiehlt Gerstenberg GRUR 1974, 591, 593 *de lege ferenda* die Einführung der **Streitwertbegünstigung** zugunsten des Urhebers **analog § 53 PatG.**

11 **Absatz 3.** Auf den Änderungsanspruch kann nur **nachträglich,** d. h. erst dann **verzichtet** werden, wenn er bereits entstanden ist (Abs. 3 Satz 1). Erst von diesem Zeitpunkt ab kann er abgetreten oder gepfändet werden (Abs. 3 Satz 2). Damit soll eine Umgehung des Gesetzes im Interesse eines Schutzes der Urheber verhindert werden.

§ 37 Verträge über die Einräumung von Nutzungsrechten

(1) Räumt der Urheber einem anderen ein Nutzungsrecht am Werk ein, so verbleibt ihm im Zweifel das Recht der Einwilligung zur Veröffentlichung oder Verwertung einer Bearbeitung des Werkes.

(2) Räumt der Urheber einem anderen ein Nutzungsrecht zur Vervielfältigung des Werkes ein, so verbleibt ihm im Zweifel das Recht, das Werk auf Bild- oder Tonträger zu übertragen.

(3) Räumt der Urheber einem anderen ein Nutzungsrecht zu einer öffentlichen Wiedergabe des Werkes ein, so ist dieser im Zweifel nicht berechtigt, die Wiedergabe außerhalb der Veranstaltung, für die sie bestimmt ist, durch Bildschirm, Lautsprecher oder ähnliche technische Einrichtungen öffentlich wahrnehmbar zu machen.

1 Die Auslegungsregeln des § 37 gelten **im Zweifel,** d. h. dann, wenn ausdrücklich oder jedenfalls spezialvertraglich nichts anderes vereinbart ist. Dies ist stets vor der Anwendung des § 37 zu prüfen. Im Prozeß hat § 37 zur Folge, daß der Nutzungsberechtigte, der sich auf einen weitergehenden Erwerb beruft, dafür die Beweislast trägt. Die Bestimmung ist demgemäß eine gesetzliche Ausprägung der Zweckübertragungstheorie (zum Verhältnis der Auslegungsregeln s. §§ 31, 32 Bem. 21). Bedenklich BGH GRUR 1986, 458 *Oberammergauer Passionsspiele:* stillschweigende Einräumung eines Bearbeitungsrechts für Mitwirkende einer Dorfgemeinschaft zugunsten der Gemeinde als Veranstalter von Passionsspielen (ohne Auseinandersetzung mit der gegenteiligen Vermutungsregel des § 37 Abs. 1). Vgl. auch §§ 31, 32 Bem. 42.

2 **Abs. 1,** der an § 14 LUG anknüpft, bezieht sich trotz der eingeschränkten Formulierung **„Einwilligung zur Veröffentlichung und Verwertung einer Bearbeitung"** auch auf Bearbeitungen, die der Urheber selbst vornimmt, wie die Begr. (S. 58) ergibt. Das Recht der Bearbeitung verbleibt dem Urheber auch dann, wenn er ein alle Verwertungsarten betreffendes Nutzungsrecht übertragen hat; die Formulierung „der Urheber räumt dem

Erwerber hiermit alle Nutzungsrechte ein" ist also nicht umfassend (vgl. §§ 31, 32 Bem. 42). Das dem Urheber nach Abs. 1 verbleibende Nutzungsrecht setzt eine nach § 3 schutzfähige Bearbeitung voraus (Schricker GRUR Int. 1983, 446, 454). Die ihm dadurch gesicherte Dispositionsfreiheit beinhaltet einerseits, daß er diesbezügliche Nutzungsrechte dem Rechtserwerber nicht eingeräumt hat, andererseits aber auch, daß er insoweit keinen Enthaltungspflichten unterliegt (Bappert/Maunz/Schricker § 2 Rdnr. 12). Die Spezialnorm des § 2 VerlG, nach der dem Urheber nur einzeln aufgezählte Bearbeitungsrechte verbleiben, ist daneben zwar gültig geblieben, weil sie schon neben § 14 LUG bestanden hat und der Gesetzgeber nur dessen Ersetzung beabsichtigte; sie ist aber praktisch ohne Bedeutung, da sie alle wesentlichen Bearbeitungsrechte enthält. – Soweit aus der Bestimmung folgt, daß der Erwerber nicht bearbeiten darf, stimmt sie mit § 39 überein (dort Bem. 2). Ihre Bedeutung erschöpft sich daher im wesentlichen in ihrer Umkehrung: Der Nutzungsberechtigte kann dem Urheber die Veröffentlichung (im Sinne der Erstveröffentlichung nach § 12) und Verwertung einer Bearbeitung nicht verbieten (Begr. S. 58), und zwar auch dann nicht, wenn er dadurch in der ihm erlaubten Verwertung beeinträchtigt wird. Eine Einschränkung gilt nur ausnahmsweise und nur dann, wenn das Verhalten des Urhebers gegen Treu und Glauben verstößt (§ 242 BGB) oder gar den Tatbestand einer vorsätzlichen sittenwidrigen Schädigung erfüllt (§ 826 BGB), wenn er also etwa die vertraglich eingeräumte Nutzung unmöglich oder wirtschaftlich sinnlos werden läßt. Dann kann dem Erwerber im Einzelfall ein über sein Nutzungsrecht hinausgehendes Verbotsrecht zustehen (vor § 31 Bem. 15, § 88 Bem. 27, § 95 Bem. 7, § 97 Bem. 9, 24). Zur Vertragsauslegung bei vorbestehenden Werken von Filmen s. § 88 Abs. 1 Nr. 1, zum Urheber von Filmwerken § 89 Abs. 1.

Abs. 2 entspricht ebenfalls sachlich dem früheren Recht. Die **Übertragung auf Bild- oder Tonträger** fiel deshalb nicht unter den Vervielfältigungsbegriff, weil der Gesetzgeber sie irrig als Bearbeitung ansah (§ 2 Abs. 2, § 12 Abs. 2 Nr. 5 LUG). Die Bestimmung stellt erneut klar, daß beispielsweise das Recht zur Vervielfältigung eines Musikwerkes nicht die Tonträgerrechte betrifft. Über sie kann der Urheber auch nach der Einräumung eines Vervielfältigungsrechts frei verfügen; ein Verbotsrecht hat der Erwerber nur unter den in Bem. 2 genannten besonderen Voraussetzungen der §§ 242, 826 BGB. – Umgekehrt wird man aus der Bestimmung folgern müssen, daß das Recht zur Herstellung von Bild- und Tonträgern nur diese Vervielfältigungsart umfaßt; für Textbeigaben zu Schallplatten braucht der Hersteller also ein entsprechend erweitertes Nutzungsrecht. Abs. 2 erfaßt auch nicht die Digitalisierung von Ton- oder Bildmaterial bei Übernahme in entsprechende Archive (z. B. bei elektronischen Bildarchiven, Maaßen ZUM 1992, 338, 348). 3

Abs. 3 bezieht sich auf das **Recht der Lautsprecherübertragung** des § 19 Abs. 3 (dort Bem. 4). Ist die öffentliche Wiedergabe von vornherein zur Übertragung durch Lautsprecher, Bildschirm usw. bestimmt, so gilt die Vermutung nicht; deshalb formuliert § 37 Abs. 3 „außerhalb der Veranstaltung, für die sie bestimmt ist" im Gegensatz zu § 19 Abs. 3, der von der „Veranstaltung, bei der sie (die Vorträge und Aufführungen) stattfinden", spricht. – Anders als bei den vorhergehenden Absätzen hat hier der Erwerber das Recht, Dritten einschließlich des Urhebers die Ausübung des 4

Nutzungsrechts aus § 19 zu verbieten. Nicht von der Rechtseinräumung erfaßt wird im Zweifel lediglich das positive Benutzungsrecht (v. Gamm Bem. 2; Möhring/Nicolini Bem. 7b).

5 Für Verträge, die vor dem 1. 1. 1966 geschlossen wurden, bleibt es bei den früheren, allerdings praktisch nicht abweichenden Auslegungsregeln (§ 132).

§ 38 Beiträge zu Sammlungen

(1) Gestattet der Urheber die Aufnahme des Werkes in eine periodisch erscheinende Sammlung, so erwirbt der Verleger oder Herausgeber im Zweifel ein ausschließliches Nutzungsrecht zur Vervielfältigung und Verbreitung. Jedoch darf der Urheber das Werk nach Ablauf eines Jahres seit Erscheinen anderweit vervielfältigen und verbreiten, wenn nichts anderes vereinbart ist.

(2) Absatz 1 Satz 2 gilt auch für einen Beitrag zu einer nicht periodisch erscheinenden Sammlung, für dessen Überlassung dem Urheber kein Anspruch auf Vergütung zusteht.

(3) Wird der Beitrag einer Zeitung überlassen, so erwirbt der Verleger oder Herausgeber ein einfaches Nutzungsrecht, wenn nichts anderes vereinbart ist. Räumt der Urheber ein ausschließliches Nutzungsrecht ein, so ist er sogleich nach Erscheinen des Beitrags berechtigt, ihn anderweit zu vervielfältigen und zu verbreiten, wenn nichts anderes vereinbart ist.

1 Die Vorschrift ist an die Stelle der durch § 141 Nr. 4 aufgehobenen §§ 3, 42 VerlG getreten. Der Gesetzgeber wollte vor allem den zu Zweifeln Anlaß gebenden Vorbehalt in § 42 Abs. 1 VerlG („sofern nicht aus den Umständen zu entnehmen") durch eine Auslegungsregel für periodisch erscheinende Sammlungen (§ 38 Abs. 1 Satz 1) ersetzen (Begr. S. 59). Im übrigen bleibt das frühere Recht, ausgenommen die Ersetzung des Begriffs „Sammelwerk" durch „Sammlung" (Näheres Bem. 4) unverändert. Nach den Auslegungsregeln in Abs. 1 und 2 erwirbt der Verleger der Sammlung im Zweifel ein auf ein Jahr zeitlich begrenztes ausschließliches Nutzungsrecht zur Vervielfältigung und Verbreitung, der Zeitungsverleger jedoch nur ein einfaches Recht (Abs. 3).

2 Die Regelungen in § 38 stellen ausnahmslos **dispositives Recht** dar, das vertraglich abbedungen werden kann. Der Urheber von Beiträgen zu Sammelwerken sollte in seinem Verlagsvertrag besonders darauf achten, daß seine Rechte aus dieser Bestimmung nicht ausgeschlossen werden (vgl. auch Bem. 7). Zum Verhältnis zur Zweckübertragungstheorie s. §§ 31, 32 Bem. 21.
Ihre praktische Bedeutung entfaltet die Vorschrift vor allem im Rechtsverkehr zwischen Verfassern von Beiträgen für Zeitungen und Zeitschriften und den betreffenden Verlagen, zumal in diesem Bereich in der Regel der Vertragsabschluß mündlich oder im Korrespondenzwege erfolgt. Für festangestellte Journalisten und Redakteure sowie arbeitnehmerähnliche Mitarbeiter gelten meist tarifvertragliche Regelungen (vgl. die allgemeinverbindlich erklärten Manteltarifverträge für Redakteure an Tageszeitungen vom 21. 5. 1985 und Redakteure an Zeitschriften vom 1. 1. 1984, DJV, MTV mit Erläuterungen; Tarifvertrag für arbeitnehmerähnliche freie Journalisten an Tageszeitungen von 1979, Bappert/Maunz/Schricker § 42 / § 38 UrhG Rdnr. 13).

Auf das Rechtsverhältnis zwischen Urheber und Sendeunternehmen hinsichtlich der journalistischen Beiträge ist § 38 direkt nicht anwendbar. Wohl ergibt sich aus den gesetzlichen Vermutungsregeln eine Leitlinie zur Zweckinterpretation im Rahmen des § 31 Abs. 5. Für Beiträge, die einem Sendeunternehmen für die tagesaktuelle Berichterstattung oder Kommentierung zum Tagesgeschehen überlassen werden, bietet sich eine Behandlung entsprechend Abs. 3 ohne weiteres an.

§ 38 regelt die Rechtsbeziehungen zwischen den **Urhebern von Einzelwerken** (Texten und Bildern), die in eine periodisch erscheinende (Abs. 1) oder nicht periodisch erscheinende (Abs. 2) **Sammlung** oder in eine **Zeitung** (Abs. 3) aufgenommen werden. Vertragspartner des Urhebers ist der **Inhaber** der Sammlung oder der Zeitung. Das Gesetz bezeichnet ihn als „Verleger" oder „Herausgeber". Beide Begriffe bedürfen der Klarstellung. 3

a) Eine negative Abgrenzung ist zum einen gegenüber demjenigen vorzunehmen, der die Sammlung geistig organisiert und daher Urheber des Sammelwerks gem. § 4 ist, weil er durch Auswahl und Anordnung der aufgenommenen Beiträge der Sammlung ein individuelles Gepräge gibt (§ 4 Bem. 1). Dieser kann mit dem unternehmerischen Inhaber der Sammlung identisch sein, ist es aber nicht notwendigerweise. Besteht keine Identität, muß der Inhaber die vom Herausgeber abgeleiteten und zur Verwertung der Sammlung erforderlichen Nutzungsrechte genau so erwerben wie von dem Urheber der Einzelbeiträge. Für die Auslegung der Vereinbarungen, die mit dem Urheber des Sammelwerks getroffen werden, paßt § 38 nicht; es gelten die allgemeinen Regeln der Zweckübertragungstheorie (§§ 31, 32 Bem. 19–51) und des Verlagsrechts (vor § 31 Bem. 37–42). Derartige Vereinbarungen können schuldrechtlich den Charakter eines Geschäftsbesorgungsvertrages haben (Muster bei Delp[4] S. 98; Münchener Vertragshandbuch Bd. 3 Teil IX Nr. 6; Sellier S. 85ff.). Zum Begriff des Herausgebers ferner § 13 Bem. 12.

b) Nicht jeder Verleger, der eine Sammlung oder eine Zeitung veröffentlicht, ist deren Inhaber. Inhaber und „Eigentümer" der Sammlung ist der **Herr des Unternehmens** (Bappert/Maunz/Schricker § 41 VerlG Rdnr. 14ff.; Sellier S. 65ff.). Sowohl für die Abgrenzung gegenüber dem Urheber des Sammelwerks (vgl. a) als auch gegenüber dem Verlag, dem lediglich die Rechte aus §§ 16, 17 zur Vervielfältigung und Verbreitung vom Inhaber der Sammlung vorübergehend eingeräumt worden sind (Vertragsmuster: Münchener Vertragshandbuch, Band 3, Teil IX Nr. 11), kommt es auf folgende Kriterien an: Inhaber ist, wer die Sammlung (Zeitschrift, Buchreihe, Jahrbuch usw.) oder Zeitung gründet, den Titel erfindet, die Mitarbeiter engagiert, das Entscheidungsrecht über die wirtschaftliche Seite des Unternehmens und die sachlichen Fragen (Ausstattung, Aufmachung, Beibehaltung oder Veränderung des Titels, Wechsel des Verlages) ausübt und das wirtschaftliche Risiko trägt (BGH GRUR 1968, 329, 331 *Der kleine Tierfreund;* OLG Hamm GRUR 1967, 153, 155 *Deutsche Bauzeitschrift;* OLG Frankfurt UFITA 59 [1971], 306, 309 *Taschenbuch für Wehrfragen;* OLG Frankfurt GRUR 1967, 151, 152 *Archiv*); OLG Frankfurt GRUR 1986, 242, 243 *Gesetzessammlung)*. Die dabei zu entscheidende Frage nach der Inhaberschaft an Unternehmensrechten ist vergleichbar mit der Bestimmung des Film- und Tonträgerherstellers (§§ 85, 86 Bem. 4, § 94 Bem. 4). Aus der Verwendung des Begriffs „Herausgeber" kann nichts hergeleitet werden; damit kann auch der Verfasser oder Mitverfasser der Sammlung gemeint sein (vgl. BGH GRUR 1978, 360 *Hegel-Archiv;* § 13 Bem. 12). Der „Verleger" kann derjenige sein, der für den Inhaber der Sammlung die Vervielfältigung und Verbreitung veranstaltet. In der Regel vermittelt der Herausgeber-Inhaber die zur Vervielfältigung und Verbreitung benötigten Nutzungsrechte, falls Inhaber und Verlag nicht identisch sind; erwirbt der Verlag diese Nutzungsrechte ausnahmsweise direkt von den Urhebern, ist er verpflichtet, nach Beendigung des mit dem Inhaber geschlossenen Verlagsvertrages die Nutzungsrechte so weit, als ihm dies rechtlich möglich ist, auf den Inhaber der Sammlung zu übertragen. Über die Nachdruckrechte vergriffener Zeitschriften verfügt der Inhaber der Sammlung ebenso wie über die dazu gehörenden Druckunterlagen, Zeichnungen, Fotos, Karteien usw. (OLG Frankfurt GRUR 1967, 151 *Archiv;* OLG Hamm GRUR 1967, 153 *Deutsche Bauzeitschrift).*

4 **Abs. 1.** Zu den **periodisch erscheinenden Sammlungen** – der Gesetzgeber spricht von Sammlungen schlechthin, nicht nur von den Sammelwerken des § 4 – gehören nach der Begr. (S. 59) neben Zeitungen, für die Abs. 3 gilt, vor allem Zeitschriften (Definition Bem. 5), Kalender, Almanache usw. Bei diesen verblieb dem Urheber nach früherem Recht im Zweifel das Recht der anderweitigen Vergabe (§ 42 VerlG). Jetzt erwirbt umgekehrt der Verleger oder Herausgeber im Zweifel ein ausschließliches Recht. Der Urheber, der einen Beitrag an eine Zeitschrift oder dergleichen gibt, muß sich das anderweitige Verwertungsrecht also nunmehr ausdrücklich vorbehalten, wenn er es vor Ablauf der Jahresfrist des Abs. 1 Satz 2 ausüben will (anders bei Zeitungen, vgl. Abs. 3). – Im Hinblick auf Abs. 1 Satz 2 ist die Frage von erheblicher praktischer Bedeutung, ob auch Fortsetzungsreihen, wie die Stückesammlung *Spectaculum* des Suhrkamp Verlages oder *Rowohlts deutsche Enzyklopädie,* hierzu rechnen, die in regelmäßiger Folge erscheinen. Entscheidend dürfte sein, ob das Erscheinen des Einzelbandes in einem unmittelbaren Zusammenhang mit dem Kalender steht oder, entsprechend Bappert/Maunz, Schricker § 3 Rdnr. 1 zu § 38 UrhG, ob die Beiträge zur Aufnahme in die Sammlung verfaßt oder eigens für diese dem Verleger überlassen worden sind. Zum Begriff des Reihenwerks vgl. ferner OLG Köln GRUR 1950, 579, 582 *Bücherreihe des…;* Sellier S. 7ff. Ein Almanach, der in jedem Kalenderjahr erscheint, fällt demnach unter § 38 Abs. 1, eine Fortsetzungsreihe, die keine unmittelbare Bezugnahme auf den Kalender enthält, dagegen nicht (Möhring/Nicolini Bem. 2b und v. Gamm Bem. 5 verlangen nur, daß es sich um eine ständig fortlaufende Reihe handele). Der Unterschied sei am Beispiel der *Spectaculum*-Reihe nochmals verdeutlicht: Würde Suhrkamp in den einmal jährlich erscheinenden Bänden jeweils nur die Neuerscheinungen des abgelaufenen Kalenderjahres oder der abgelaufenen Theatersaison zusammenfassen, so würde es sich um eine periodisch erscheinende Sammlung handeln. Da aber jeder Jahresband tatsächlich eine nach ganz anderen Gesichtspunkten geordnete Auswahl enthält (z. B. enthält Band 6 – 1963 – ein Stück von Pirandello aus dem Jahre 1921, eines von Brecht 1923, eines von Camus 1938, eines von Beckett 1963 usw.), stellt jeder Band für sich eine unter Abs. 2 fallende Sammlung dar. Für die unter Abs. 1 Satz 2 fallenden Beiträge rechnet die Jahresfrist bereits **ab Erscheinen** der Sammlung, nicht mehr, wie in dem durch § 141 Nr. 3 aufgehobenen

§ 42 VerlG, vom Ablauf des Kalenderjahres an, in dem die Sammlung erschienen ist. Zum Begriff des Erscheinens vgl. § 6 Bem. 2.

Abs. 2. Für **nicht periodisch erscheinende Sammlungen** verweist Abs. 2 5
lediglich auf Abs. 1 Satz 2. Der Gesetzgeber ist davon ausgegangen, daß sich die Einräumung eines ausschließlichen Rechts für nicht periodische Sammlungen ohnehin bereits aus **§ 8 VerlG** ergebe. Bei Sammlungen, die nicht periodisch erscheinen, gilt mithin die Vermutungsregel nach Abs. 1 Satz 1 nicht (Schricker Rdnr. 4; anders Voraufl. Bem. 2), sondern es ist nach Maßgabe des § 8 VerlG sowie der Zweckübertragungstheorie zu prüfen, ob das Vervielfältigungs- und Verbreitungsrecht ein ausschließliches sein soll. Die Dauer des ausschließlichen Rechts des Verlegers oder Herausgebers richtet sich nach dem Vertrag (§ 9 VerlG). Dies gilt auch für unentgeltlich gelieferte Beiträge, falls es ausdrücklich vereinbart wurde; Abs. 1 Satz 2 ist dispositiv. Die Regelung des Abs. 2 hat also nur für die Fälle Bedeutung, in denen weder eine ausdrückliche Regelung über die anderweitige Verwendung getroffen noch eine Vergütung ausbedungen wurde. Bei diesen wird der Urheber im Zweifel auch bei Vergabe des ausschließlichen Verlagsrechts nach Ablauf eines Jahres ab Erscheinen zu anderweitiger Verwertung frei.

Abs. 3. Zeitungen sind periodische Sammlungen, die lediglich Tagesinter- 6
essen dienen, im Gegensatz zu **Zeitschriften,** die in ihren Wort- und Bildbeiträgen vorwiegend Fragen von bleibendem Interesse behandeln (Schriftl. Bericht zu BT-Drucks. IV/3401 S. 5; vgl. auch § 49 Abs. 1). Neben allgemeinen Tageszeitungen fallen unter Abs. 3 auch die auf spezielle Leserschichten zugeschnittenen täglich erscheinenden Blätter wie Sportzeitungen und Zeitungen für bestimmte Berufsgruppen (z. B. Tageszeitungen für Ärzte) (Melichar ZUM 1988, 14, 18). Tägliches Erscheinen ist nicht vorauszusetzen, auch bei wöchentlichem Erscheinen kann die aktuelle Berichterstattung prägend sein, gleichgültig ob sich das Blatt Wochenzeitung nennt (DIE ZEIT) oder Nachrichtenmagazin (DER SPIEGEL) (tendenziell so auch Schricker Rdnr. 13, 14; a. M. insoweit Melichar ZUM 1988, 14, 18). Für Zeitschriften gilt Abs. 1, während es für die Zeitungen bei den bisherigen Regelungen geblieben ist. Der Urheber kann den Beitrag zu einer Zeitung grundsätzlich frei, d. h. gleichzeitig bei mehreren Zeitungen verwerten. Nur wenn ein ausschließliches Recht vereinbart wurde, darf er ihn erst nach dem Erscheinen verwerten. Hier ist eine gleichzeitige Vergabe an mehrere Zeitungen ausgeschlossen; die zweite Zeitung darf den Artikel frühestens am Mittag bringen, nachdem er morgens in der ersten Zeitung erschienen ist.

Soweit es sich bei dem Autor des Beitrages jedoch um einen angestellten Urheber handelt (Redakteur oder Korrespondent, der aufgrund eines Arbeitsvertrages nur für eine Zeitung tätig ist, oder angestellter Bildjournalist), wird man, wenn nicht ohnehin eine entsprechende arbeitsvertragliche Regelung vorliegt, davon auszugehen haben, daß ein ausschließliches Nutzungsrecht (beschränkt auf Vervielfältigung und Verbreitung in der Zeitung) des Arbeitgebers gegeben ist. Das Arbeitsergebnis steht nach arbeitsrechtlichen Grundsätzen, die beim angestellten Urheber allerdings durch die Zweckübertragungstheorie modifiziert werden, dem Arbeitgeber zu (§ 43 Bem. 3). Nach den geltenden Manteltarifverträgen (Bem. 2) erwirbt der Verleger ein ausschließliches Vervielfältigungs- und Verbreitungsrecht. Bei **Serien** ist zu unterscheiden: Ein Fortsetzungsroman ist erst nach

Abdruck der letzten Fortsetzung erschienen; bei einer Serie dagegen, deren einzelne Teile sich gesondert verwerten lassen (vgl. § 8 Bem. 10 und 11), ist jeder Beitrag rechtlich selbständig und kann daher nach Erscheinen anderweitig verwertet werden (vgl. Bem. zu § 67 und OLG München Schulze OLGZ 60). – Abweichende Vereinbarungen sind zulässig. – Abs. 3 ist auf **Nachrichtenagenturen** entsprechend anzuwenden, da die Interessenlage die gleiche ist; ihre Erwähnung im Gesetz ist wohl nur versehentlich unterblieben.

7 Mit § 38 hat sich auch das **Nachdruckrecht** geändert. Den Nachdruck von Zeitungsartikeln kann im Zweifel nur der Urheber erlauben. Das Nachdruckrecht aus Zeitschriften usw. liegt für ein Jahr seit Erscheinen beim Verleger bzw. Herausgeber, der es allerdings nur mit Zustimmung des Urhebers vergeben kann (§ 35 Abs. 1). Ist die Zustimmung – etwa formularmäßig – abbedungen, so ist es allein Sache des Verwerters, über die Nachdruckrechte zu verfügen; Journalisten sei daher besondere Vorsicht bei der Erteilung solcher Zustimmungsverzichte empfohlen. Im übrigen ist auf die in Bem. 2 erwähnten Manteltarifverträge zu verweisen.

§ 39 Änderungen des Werkes

(1) Der Inhaber eines Nutzungsrechts darf das Werk, dessen Titel oder Urheberbezeichnung (§ 10 Abs. 1) nicht ändern, wenn nichts anderes vereinbart ist.

(2) Änderungen des Werkes und seines Titels, zu denen der Urheber seine Einwilligung nach Treu und Glauben nicht versagen kann, sind zulässig.

1 Das Änderungsverbot – weitergehend als das Verbot der Entstellung (§ 14) – ist eine in der Praxis bedeutsame Vorschrift. Regisseure ändern eigenmächtig durch Streichung, Kürzung und Hinzufügung die ihnen zur Uraufführung oder Nachinszenierung anvertrauten Bühnenwerke; Dramaturgen der Fernseh- und Hörfunkanstalten, Verlagslektoren, Redakteure von Zeitungen und Zeitschriften betrachten das ihnen eingereichte Urheberrechtsgut als Rohmaterial, das sie nach Belieben verändern dürfen. Dem stellt § 39 den **Grundsatz** entgegen, daß Änderungen am Werk und seinem Titel und an der Urheberbezeichnung unzulässig sind. Es ist das souveräne Recht des Autors, Form und Inhalt seines geistigen Kindes selbst zu bestimmen (vgl. vor § 12 Bem. 1). Nur ausnahmsweise kann von diesem Grundsatz abgewichen werden: im Wege anderweitiger Vereinbarung (Bem. 2) sowie dann, wenn der Urheber die Einwilligung zur Änderung nach Treu und Glauben nicht würde versagen können (Bem. 4). – Das Änderungsverbot betrifft allerdings wegen § 23 in der Regel – mit den dort genannten Ausnahmen – (s. auch § 69c Nr. 2) – nur die Veröffentlichung und Verwertung der Änderung, nicht ihre Herstellung (§ 23 Bem. 2). – Bedeutung hat § 39 nur *innerhalb eines Vertragsverhältnisses* über die Werknutzung; das Verbot richtet sich an „Inhaber eines Nutzungsrechts". Wer ein solches nicht hat, darf weder in veränderter noch in unveränderter Form das Werk nutzen. Abs. 1 verpflichtet unmißverständlich zur Unterlassung. Entgegen Schricker-Dietz Rdnr. 1 u. 7 handelt es sich bei dem Verbot um einen **selbständigen Anspruch.** Er ist zwar im Zusammenhang mit den §§ 14, 62 und 93 zu sehen, aber doch deutlich davon – insbesondere von § 14 – abzugrenzen. § 14 beschränkt sich auf Entstellungen und Beeinträchtigungen, die den persön-

lichkeitsrechtlichen Bereich betreffen (v. Gamm § 14 Bem. 2–4), während § 39 ein Änderungsverbot darstellt, das nicht nur bei groben Werkveränderungen zu beachten ist, sondern auch dann, wenn etwa nur wirtschaftliche Interessen oder einfach der Wille des Werkschöpfers, sein Werk solle so und nicht anders bleiben, vorliegen (BGH GRUR 1982, 107, 109 r. Sp. *Kirchen-Innenraumgestaltung;* auch BGHZ 15, 249, 257 *Cosima Wagner,* wonach mit der Einräumung von Nutzungsrechten nicht notwendigerweise Änderungsbefugnisse verbunden sind). Die Grenze bei der Verpflichtung zur Hinnahme von Änderungen bildet Treu und Glauben (Abs. 2, Bem. 4). Eine stets vorzunehmende Interessenabwägung (so aber Schricker-Dietz, Rdnr. 2) findet nicht statt, sondern es gilt die Bestimmung des Urhebers unter Berücksichtigung von § 242 BGB. Zu den Begriffen Entstellung und andere Beeinträchtigungen s. § 14 Bem. 5, 8, 9; bei Computerprogrammen können Werkveränderungen durch sog. Computerviren stattfinden, dazu v. Gravenreuth, Computerviren und ähnliche Softwareanomalien, 1993.

Erste Ausnahme von Änderungsverbot nach Abs. 1 ist die **abweichende Vereinbarung.** Im Rahmen einer derartigen Vereinbarung können auch entstellende Eingriffe in die Werksubstanz durch den Werknutzer zugelassen werden, wobei wegen der Unübertragbarkeit des Urheberpersönlichkeitsrechts bei schwersten Eingriffen der Werkschöpfer sich von derartigen Gestattungen im Rahmen einer Interessenabwägung (und eventuell gegen Schadensersatzleistung) wieder lösen kann (vgl. Schricker-Dietz Rdnr. 8–10). Häufig werden abweichende Vereinbarungen *stillschweigend* getroffen. So muß z. B. ein Bühnenstück, das als Hörspiel oder im Fernsehen gesendet werden soll, entsprechend eingerichtet werden; der Verleger muß, um das Buch ordnungsgemäß herausbringen zu können, das Recht zur Korrektur von orthografischen, grammatikalischen und stilistischen Fehlern des Autors haben; ein Ölgemälde, das in einen Kunstband aufgenommen werden soll, muß den drucktechnischen Erfordernissen angepaßt werden können; ein Lied, das von einem bestimmten Sänger dargeboten werden soll, muß für ihn stimmgerecht gemacht, d. h. in eine passende Tonlage transponiert werden dürfen. 2

Bei *Fehlen einer eindeutigen Abrede* wird, meist unter Berücksichtigung der Gedanken des § 31 Abs. 5, Zweck und Inhalt der Rechtsbeziehungen zwischen Werkschöpfer und Werknutzer zugrundegelegt, um über das Bestehen und den Umfang einer Abänderungsbefugnis zu entscheiden (BGH GRUR 1986, 458, 459 r. Sp. *Oberammergauer Passionsspiele I;* Schricker-Dietz Rdnr. 15). Aus der schlichten Tatsache, daß ein Arbeitsverhältnis besteht, ergibt sich jedoch nicht, daß dem Dienstherrn mit Abschluß des Arbeitsvertrages stillschweigend ein Änderungsrecht eingeräumt worden wäre (LAG Berlin UFITA 24 [1957], 134, 141 *Tod des Handlungsreisenden;* vgl. § 43 Bem. 6). Eine Auslegungsregel gibt ferner § 88 Abs. 1 Nr. 1, wonach der Filmhersteller im Zweifel ein Änderungsrecht am Werk erwirbt. Vgl. auch § 37 Bem. 1, 2. – Entsteht Streit über die Vereinbarung einer Änderungsbefugnis, so muß die Vereinbarung von dem, der sie behauptet, bewiesen werden. Zweifel gehen zu seinen Lasten. Das hat vor allem dort Bedeutung, wo Branchengewohnheiten bestehen (vgl. § 13 Bem. 2). Sind diese nicht vollständig nachweisbar und steht nicht außerdem fest, daß der Urheber sie kannte, so ist davon auszugehen, daß der Urheber keine stillschweigende vertragliche Unterwerfung vorgenommen hat; Änderungen sind dann unzulässig (vgl. OLG Köln GRUR 1953, 499, 500 *Kronprinzessin Cäcilie).* Dort, wo

Vereinbarungen bestehen, sind diese wegen des Ausnahmecharakters des Abs. 1 letzter Halbsatz eng auszulegen.

3 Die Freiheit der Vertragschließenden, die Zulassung von Änderungen zu vereinbaren, unterliegt den **Beschränkungen** des Urheberpersönlichkeitsrechts.

a) Auch wenn der Urheber jeder beliebigen Änderung von **Werk** und **Titel** zugestimmt hat, so bleibt ihm stets das nicht übertragbare Recht (vor § 12 Bem. 2–5), Verschandelungen zu verbieten (§ 14; vgl. § 23 Bem. 3c). Für Filmwerke und Laufbilder ist dieses Recht allerdings auf „gröbliche" Entstellungen und Beeinträchtigungen eingeschränkt (§ 93 Bem. 2–3). Vereinbart ein Filmhersteller jedoch mit einem Filmregisseur (Urheber des Filmwerkes, Bem. 1 zu § 89) das Verbot nachträglicher Veränderungen des Films, so genießt diese vertragliche Vereinbarung den Vorrang vor § 93 und ist als dinglich wirkende Beschränkung der Einräumung der Filmauswertungsrechte anzusehen (OLG München UFITA 48 [1966], 287, 290).

b) Ebenso besteht für die **Urheberbezeichnung** eine letzte Bastion unverzichtbarer Rechte (s. aber Bem. 4a). Zwar läßt sich vertraglich festlegen, daß der Urheber nur in bestimmten Ankündigungen des Werkes zu nennen sei (z. B. der Drehbuchautor nur im Vorspann des Films, nicht auf den Plakaten) und in welcher Weise das zu geschehen habe (unter Pseudonym, in großer oder kleiner Schrift, mit oder ohne Abkürzungen, auf dem Titelblatt oder beim Copyright-Vermerk bzw. der Überschrift des Kapitels). Er kann auf sein Benennungsrecht auch ganz verzichten. Das Recht, sich als Urheber zu erkennen zu geben, ist jedoch unverzichtbar (vgl. § 13 Bem. 1).

4 **Abs. 2** macht eine weitere Ausnahme von dem grundsätzlichen **Änderungsverbot** des Abs. 1 dann, wenn die Weigerung des Urhebers, der Änderung zuzustimmen, **gegen Treu und Glauben** verstoßen würde.

a) Die Bestimmung spricht ausdrücklich nur von „Änderungen des Werkes und seines Titels", nicht aber von Änderungen an der **Urheberbezeichnung** (anders noch § 9 Abs. 2 LUG und § 12 Abs. 2 KUG). Wir sind noch in der 3. Auflage mit der Begr. S. 59 davon ausgegangen, daß gegen den Willen des Urhebers die Urheberbezeichnung nicht geändert werden darf. In dieser Allgemeinheit wird sich unsere Auffassung nicht aufrecht erhalten lassen. Eine Änderung der Urheberbezeichnung liegt schon vor, wenn weitere Urheber, so z. B. Übersetzer oder sonstige Bearbeiter, hinzutreten. Würde bei der Übersetzung eines Buches in eine fremde Sprache nur der Original-Autor genannt werden, so ginge jedermann davon aus, dieser habe die Übersetzung selbst besorgt. Dies würde die Rechte des Übersetzers nach § 13 berühren und außerdem zu einer Kollision mit § 3 UWG, evtl. sogar mit § 263 StGB (Betrug am Käufer) führen können. Ein derartiges Ergebnis kann von einem der Schaffenswahrheit verpflichteten Urheberrecht nicht gewollt sein. Auch gegen den Willen des Original-Autors muß die Nennung des späteren Übersetzers auf den Werkstücken der Übersetzung möglich sein. Wer das Übersetzungs- oder sonstige Bearbeitungsrecht vergibt, muß sich so behandeln lassen, als habe er auch die Nennung des Übersetzers in üblicher Form akzeptiert und vereinbart (vgl. § 13 Bem. 2d). Im übrigen ist die Verweisung in Abs. 1 auf § 10 Abs. 1 ein Zeichen dafür, daß es dem Gesetzgeber darauf ankam, für Klarheit zu sorgen, wer Urheber ist. Das

Änderungsverbot verhindert also nicht die Hinzufügung klarstellender Zusätze bei Änderungen oder anderen Werkfassungen, die die urheberrechtlichen Verhältnisse korrekt wiedergeben. S. auch § 13 Bem. 9 und 10.
b) Abs. 2 ist eine **Ausnahmevorschrift,** die dem Schutz des Werkschöpfers dient (BGHZ 55, 1, 2 *Maske in Blau)* und deshalb eng auszulegen ist. Im Zweifel haben somit Änderungen zu unterbleiben. Deshalb ist auch bei der nach Abs. 2 gebotenen Interessenabwägung der Wille des Urhebers gegenüber dem des Werknutzers vorrangig (BGH a.a.O. S. 4) und somit nur dann unbeachtlich, wenn unter Beachtung dieser Rechtstellung die Weigerung zur Zustimmung zu Änderungen die Grenze der unzulässigen Rechtsausübung erreicht. Allgemein gültige Regeln bei einer Interessenabwägung unter Zugrundelegung der starken Position des Urhebers sind schwer zu finden; der Einzelfall ist entscheidend, wobei die Erforderlichkeit der Abänderung im Hinblick auf eine vertragsentsprechende Werknutzung sowie auch der Verwertungszweck Bedeutung erlangen (vgl. Schricker-Dietz Rdnr. 14, 15). Ob und inwieweit Befugnisse zur Änderung eines Werkes ohne die Zustimmung des Urhebers nur nach den Grundlagen von Treu und Glauben bestehen, ist für weite Kreise von Werknutzern, insbesondere im Bühnen- und Verlagswesen, problematisch.
Der **Bühnenregisseur** darf zwar die geistige Substanz des Werkes nicht antasten, er hat jedoch je nach Art des Werkes, Aussagekraft und auch künstlerischem Rang eine von Stück zu Stück verschieden weitgehende Änderungsbefugnis (Krüger-Nieland UFITA 64 [1972], 129; Schmieder UFITA 63 [1972], 133 sowie die bei Schricker-Dietz u. oben bei § 3 Bem. 12 aufgeführten Nachweise). Das Interesse des Bühnenautors geht regelmäßig dahin, sein Werk unverändert zur Aufführung zu bringen, während der Regisseur seine persönliche künstlerische Handschrift sichtbar machen möchte. Wenn auch grundsätzlich die Werktreue vorgeht (Ausnahmeregelung des Abs. 2), so ist doch nicht zu verkennen, daß kein Bühnenautor die Gegebenheiten im Theater übersehen kann. Dieses ist kein Museum, in dem Kunst unverändert präsentiert wird, sondern der Wandel im Zeitgeschmack und die schöpferische Leistung des Regisseurs halten Theater und die dort dargebotenen Werke lebendig (vgl. Ulmer[3] S. 218). Eine Änderung ist jedoch nicht schon deshalb zulässig, weil der Regisseur meint, das Werk komme dann besser beim Publikum an, selbst wenn feststehen sollte, daß die das Werk verändernden Regieeinfälle den Erfolg des Stückes beim Publikum fördern. Eine „zumutbare Rücksicht auf das geistige Band, das den Werkautor mit seiner Schöpfung verbindet" (BGHZ 55, 1, 4 *Maske in Blau)* ist unverzichtbar. Deshalb durfte die Operette auch nicht so verändert werden, daß das Ergebnis schließlich eine „gekonnte Verhohnepipelung der Maske in Blau war" (dazu Ulmer[3] S. 218/219). In der Entscheidung *„Oberammergauer Passionsspiele I"* (BGH GRUR 1986, 458, 459) wird bei der Beurteilung der Abänderungsbefugnis von Bühnenbildern zu dem Passionsspiel zu Recht darauf hingewiesen, daß der Urheber, der zu einem derartigen Spiel urheberrechtlich geschützte Werke schafft (hier: Bühnenbilder), schon deshalb mit einer Veränderung seiner Werke rechnen muß, weil das gesamte Spiel selbst in gewissen Abständen an den Zeitgeschmack und neue Stilrichtungen angepaßt (vgl. aber § 14 Bem. 8, § 37 Bem. 1 sowie §§ 31, 32 Bem. 42). Als Gründe für die Zulässigkeit einer Änderung des Bühnenwerks nach Abs. 2 nennt BGHZ 55, 1, 3 *Maske in Blau* z. B. unwesentliche Kürzungen oder die Streichung kleinerer Rollen (bedenklich, wenn es sich nicht um die Streichung ganz unwesentlicher Nebenrollen handelt). Textre-

visionen und andere Arbeiten zur Sprachglättung sollen ebenfalls erlaubt sein (BGH GRUR 1972, 143, 145 *Biografie: Ein Spiel*). Nach Auffassung des OLG Frankfurt (GRUR 1976, 199, 201 *Götterdämmerung;* vgl. § 2 Bem. 34) können Regieanweisungen, die dem Zeitgeschmack nicht mehr entsprechen, geändert werden. Wir halten allerdings die Anerkennung eines „Regiewerks" des Bühnenregisseurs für fragwürdig (dazu § 2 Bem. 34). Vgl. auch § 14 Bem. 5 sowie Samson GRUR 1976, 191.
Im **Verlagswesen** sind die Änderungsbefugnisse des Verlagslektors noch geringer. Selbst Änderungen an der eigenwilligen Rechtschreibung und Zeichensetzung eines Autors sind nicht gestattet, wenn diese stilistisches Ausdrucksmittel des Autors sind, so daß praktisch nur die Korrektur von ersichtlichen Flüchtigkeitsfehlern oder Irrtümern in der Rechtschreibung usw. übrig bleibt (vgl. Schricker-Dietz Rdnr. 17). Der Stil des Autors muß unangetastet bleiben. Bei Beiträgen zu Sammelwerken geht die Änderungsbefugnis des Verlegers weiter, weil nach § 44 VerlG übliche Änderungen hingenommen werden müssen.

Eine für erforderlich gehaltene Anpassung von **Werbegraphiken** an die veränderte Marktlage ist nicht aus Abs. 2 zulässig, weil dadurch das Unternehmerrisiko auf den Graphiker abgewälzt werden würde. Dieser müßte bei Anwendung von Abs. 2 die Änderung dulden, ohne ein weiteres Honorar beanspruchen zu können, obwohl nicht ihn als Künstler, sondern nur den Auftraggeber die Marktlage interessieren kann (a. M. Schricker-Dietz Rdnr. 24 unter Berücksichtigung von LG München I Schulze LGZ 41, 4f.). Auch die gesetzliche Regelung in § 37 spricht »im Zweifel« gegen Änderungsbefugnisse. Allerdings wird man gerade in der Werbung, in der die Arbeiten des Grafikers über einen längeren Zeitraum hin Verwendung finden sollen, mit einer Änderung des Zeitgeschmacks rechnen, was im Einzelfall unter Berücksichtigung des Vertragsinhalts und der Vergütung für den Urheber auch seine Pflicht zur Hinnahme von Änderungen begründen kann. Die **Tendenz** des Werkes darf der Nutzungsberechtigte in keinem Falle ändern (BGH GRUR 1954, 80f. für Beiträge in der Tagespresse und BGHZ 55, 1, 4 *Maske in Blau*).
Die Frage der **Verkehrsüblichkeit** von Änderungen ist nicht allgemein unter dem Gesichtspunkt von Treu und Glauben zu überprüfen. Maßgebend ist vielmehr das konkrete Rechtsverhältnis der Parteien unter Berücksichtigung von § 31 Abs. 5. Dazu Bem. 1 u. 2.
Die **Entfernung der Urheberbezeichnung** oder des Künstlersignums ist von jeher als unzulässig bezeichnet worden (RGZ 79, 397ff. *Felseneiland mit Sirenen;* OLG München WRP 1968, 235 *Bundeswehrplakat*).
Eine **Verpflichtung zur Änderung** könnte den Verwerter allenfalls ausnahmsweise unter dem Gesichtspunkt von Treu und Glauben (§ 242 BGB) treffen.

5 Von systematischer Bedeutung ist, daß der **Werktitel,** der nur in seltenen Ausnahmefällen ein eigenständiges urheberrechtlich geschütztes Werk oder einen Werkteil darstellt, ausdrücklich in das Änderungsverbot des § 39 aufgenommen wurde (ebenso früher § 9 LUG, § 12 KUG). Der Titel genießt daher trotz fehlender Werkeigenschaft urheberrechtlichen Teilschutz. Im übrigen s. § 2 Bem. 41.

6 Soweit in den §§ 45–63 eine **gesetzliche Zulassung von Werknutzungen** festgelegt ist, kann sich dabei die Notwendigkeit von Änderungen ergeben.

In welchem Umfang Urheber und Nutzungsberechtigter Änderungen in derartigen Fällen hinzunehmen haben, ergibt sich aus § 62. Diese Änderungen können über das hinausgehen, was der Urheber bei vertraglich geregelter Werknutzung unter Berücksichtigung von Treu und Glauben nach § 39 Abs. 2 zu akzeptieren hat.

Ein **Änderungsverbot gegenüber Dritten** (vor allem also gegen Werkeigentümer) ist in § 39 ausdrücklich nicht geregelt, da dort (Abs. 1) nur die 7
Inhaber von Nutzungsrechten angesprochen werden. Das Änderungsverbot gegen nicht zur urheberrechtlichen Nutzung berechtigte Dritte wird vom Gesetz stillschweigend als selbstverständlich vorausgesetzt. Es hat seine Grundlage im Wesen und Inhalt des Urheberrechts und besagt, daß auch der Eigentümer des Werkoriginals grundsätzlich keine in das fremde Urheberrecht eingreifenden Änderungen an dem ihm gehörenden Original vornehmen darf (so wörtlich BGH GRUR 1982, 107, 109 *Kirchen-Innenraumgestaltung* unter Fortführung der bisherigen Rspr. BGHZ 62, 331, 332f. *Schulerweiterung*).
Im wichtigsten Bereich der Kollision von Urheber- und Eigentümerinteressen, bei **Bauwerken**, erfährt dieser Grundsatz für den Regelfall eine wesentliche Einschränkung, die sich aus dem Vertragszweck (zu Architektenverträgen §§ 31, 32 Bem. 44–51) ergibt: Für den Bauherrn pflegt der Gebrauchszweck des zu errichtenden Gebäudes im Vordergrund zu stehen (Ausnahme: Überwiegend künstlerische Gestaltungsarchitektur wie die Berliner Philharmonie). Der Architekt muß, weil dies unmittelbar aus dem Zweck seiner Beauftragung folgt, solche Änderungen nach Treu und Glauben dulden, die zur Erhaltung oder Verbesserung des Gebrauchszwecks erforderlich sind (z. B. Anpassung an neue Bauvorschriften, Materialien oder veränderte Bedürfnisse sowie technische Modernisierung, vgl. Nahme GRUR 1966, 474, 476; Lutz, Über das Urheberrecht des Architekten bei der Änderung von Bauwerken, FS Pedrazzini S. 617ff.). Aktuelles Beispiel ist auch der Neubau des Bundestages in Bonn, wo die gravierenden Mängel in der Akustik zwangsläufig in der Innenarchitektur des Sitzungssaales zu Veränderungen führen. Der Bundesgerichtshof hat bei einem Schulbau mit Werkcharakter, der wegen gestiegenen Raumbedarfs erweitert werden sollte, Änderungen zugelassen, die ohne Berücksichtigung der früheren Pläne des Architekten erfolgten, wenn keine Entstellung des so veränderten Gebäudes eintritt und nach Abwägung der Interessen von Urheber und Eigentümer die Änderung zumutbar ist (BGHZ 62, 331, 335 *Schulerweiterung;* ähnlich OLG Frankfurt GRUR 1986, 244 *Verwaltungsgebäude*). Ebenso großzügig ist die Rspr. im Bereich der Innenarchitektur (BGH GRUR 1982, 107, 109 *Kirchen-Innenraumgestaltung;* OLG Düsseldorf GRUR 1979, 318 *Treppenwangen*). Zulässig sind Änderungen bei Bestehen behördlicher Gebote. OLG Nürnberg UFITA 25 (1958), 361, 365f. *Reformationsgedächtniskirche* meint allerdings – zu Unrecht –, daß dem Eigentümer die Anfechtung einer behördlichen Anordnung im Verwaltungsstreitverfahren nicht zugemutet werden könne. Die Entstehung ganz unverhältnismäßig hoher Kosten braucht der Eigentümer nicht hinzunehmen, um die Interessen des Urhebers zu wahren (LG Berlin Schulze LGZ 65,6 *Rathaus Friedenau*). Den Farbanstrich eines Hauses darf der Eigentümer ändern, weil darin in der Regel kein schöpferisches Gestaltungselement liegt (BGHZ 55, 77, 80 *Hausanstrich* gegen KG Schulze KGZ 45, 7). Ein schutzfähiges, zerstörtes Haus darf der Eigentümer schon nach §§ 16, 44 Abs. 1 nicht ohne Zustimmung des Architekten nach dessen

Plänen wiederaufbauen; der Architekt kann dies andererseits auch nicht von ihm verlangen (vgl. § 14 Bem. 18 „Vernichtung"). Zur Restaurierung von Bauwerken s. im übrigen Barta/Markiewicz GRUR Int. 1986, 705.

§ 40 Verträge über künftige Werke

(1) Ein Vertrag, durch den sich der Urheber zur Einräumung von Nutzungsrechten an künftigen Werken verpflichtet, die überhaupt nicht näher oder nur der Gattung nach bestimmt sind, bedarf der schriftlichen Form. Er kann von beiden Vertragsteilen nach Ablauf von fünf Jahren seit dem Abschluß des Vertrages gekündigt werden. Die Kündigungsfrist beträgt sechs Monate, wenn keine kürzere Frist vereinbart ist.

(2) Auf das Kündigungsrecht kann im voraus nicht verzichtet werden. Andere vertragliche oder gesetzliche Kündigungsrechte bleiben unberührt.

(3) Wenn in Erfüllung des Vertrages Nutzungsrechte an künftigen Werken eingeräumt worden sind, wird mit Beendigung des Vertrages die Verfügung hinsichtlich der Werke unwirksam, die zu diesem Zeitpunkt noch nicht abgeliefert sind.

1 Der Urheberschutz beginnt mit der Schaffung des Werkes. In der Praxis wird aber vielfach schon vorher über Nutzungsrechte des Urhebers verfügt. Das ist grundsätzlich **zulässig** (vor § 31 Bem. 11). Schon das RG hat die zu §§ 398ff. BGB entwickelten Grundsätze über die Abtretung von künftigen Forderungen stets auf die Übertragung künftiger Urheberrechte angewendet (RGZ 140, 231, 250 mit zahlreichen Nachweisen). Im Bereich des Urheber- und Verlagsrechts hat schon der Gesetzgeber von 1901 in § 11 VerlG (dazu Bem. 6) ausdrücklich vorausgesetzt, daß das Werk, welches Gegenstand des Verlagsvertrages ist, erst noch geschaffen werden soll. Die Vereinbarung von **Optionsklauseln** im Verlagsvertrage gilt demgemäß auch heute noch als Musterbeispiel für die Übertragung künftiger Urheberrechte (vgl. Begr. S. 59). Tatsächlich liegt jedoch das Schwergewicht der Einräumung von Nutzungsrechten an künftigen Werken bei den **Wahrnehmungsverträgen,** wie sie von den Verwertungsgesellschaften abgeschlossen werden. Für diese ist es, wenn sie arbeitsfähig sein sollen, unerläßlich, schon im Augenblick der Entstehung von Nutzungsrechten ihrer Mitglieder über diese Rechte verfügen zu können. Sonst würde beispielsweise die GEMA nicht in der Lage sein, für Jazz-Improvisationen von Louis Armstrong, dessen Rechte sie in der Bundesrepublik wahrnimmt, vom Veranstalter und, falls die Aufführung mitgeschnitten und gesendet wird, von der Rundfunkanstalt die üblichen Aufführungstantiemen zu fordern.

2 Andererseits hat die Praxis gezeigt, daß die Einräumung von Nutzungsrechten an künftigen Werken oder auch nur die Verpflichtung dazu Gefahren in sich birgt, denen mit den allgemeinen Vorschriften (§§ 138, 242, 826 BGB) nicht immer wirksam begegnet werden kann. Der Gesetzgeber hat sich deshalb veranlaßt gesehen, solche Vereinbarungen zunächst dadurch zu erschweren, daß er nunmehr (Bem. 8) **Schriftform** verlangt. Wann dieser Formvorschrift genügt ist, sagt § 126 Abs. 2 BGB: Der Vertrag muß von beiden Parteien auf derselben Urkunde unterzeichnet sein. Nur wenn zwei gleichlautende Ausfertigungen hergestellt werden, genügt es, daß jeder das für den anderen bestimmte Exemplar unterzeichnet. Ein Briefwechsel oder eine nur einseitig unterschriebene Verpflichtungserklärung des Urhebers genügt ebensowenig wie das vielfach gebräuchliche Bestätigungsschreiben.

Verträge über Nutzungsrechte an künftigen Werken unterliegen ferner selbst dann einem **Kündigungsrecht** beider Teile, wenn sie unkündbar und unbefristet abgeschlossen wurden (zu der entsprechenden Regelung des § 31 Abs. 2 öst. UrhG s. Holeschofsky FS öst. UrhG S. 153). 3

a) Sind seit Vertragsschluß (Tag der Unterzeichnung, nicht des Inkrafttretens, a. M. Möhring/Nicolini Bem. 5; Schricker Rdnr. 15) fünf Jahre vergangen, so kann jeder Vertragspartner den Vertrag mit einer Frist von 6 Monaten kündigen. War der Vertrag also z. B. am 6. Januar 1966 abgeschlossen, so kann er am 6. Januar 1971 zum 6. Juli 1971 (nicht erst zum Jahresende, wie die Begr. S. 59 offenbar meint) gekündigt werden. Eine Kündigung vor dem 6. Januar 1971 wäre angesichts des klaren Gesetzeswortlauts selbst dann unwirksam, wenn sie korrekt zum 6. Juli 1971 erfolgen würde (ebenso Möhring/Nicolini Bem. 6; a. M. v. Gamm Bem. 8).

b) Die Kündigungsfrist kann durch Vereinbarung zwar **verkürzt,** aber nicht verlängert werden. Das gleiche gilt für die 5-Jahres-Frist, wie Abs. 2 Satz 2 ergibt.

c) Für die Kündigung selbst ist **keine Form** vorgeschrieben. Sie kann also auch mündlich erklärt werden. Mit Rücksicht auf etwaige spätere Beweisschwierigkeiten ist allerdings schriftliche Mitteilung zu empfehlen.

d) Das Recht der **fristlosen Kündigung** aus wichtigem Grunde, das für alle Dauerschuldverhältnisse, also auch für alle urheberrechtlichen Verträge mit Dauerwirkung, Geltung hat (vor § 31 Bem. 28), besteht daneben fort (Abs. 2 Satz 2).

e) Die Kündigung erfaßt jedoch nur denjenigen Teil des Vertrages, der sich auf die künftigen, beim Wirksamwerden der Kündigung noch **nicht abgelieferten** Werke des Urhebers bezieht. Alle Verfügungen über Nutzungsrechte an bereits abgelieferten Werken bleiben dagegen bestehen (Abs. 3). Ablieferung ist die Übergabe zum Zwecke der Vertragserfüllung, nicht bloß zur Ansicht oder Verwahrung (vgl. BGH GRUR 1966, 390, 391 *Werbefilm*); Abnahme ist nicht nötig.

f) Nicht geregelt ist die Frage der schuldrechtlichen Verpflichtungen der Parteien für den Fall, daß die Nichtablieferung eines fertiggestellten Werkes von einem Vertragspartner verschuldet ist. Die §§ 320ff. BGB sind nicht anwendbar; vielmehr kommen in der Regel nur die allgemeinen Rückforderungsansprüche in Frage, die die §§ 346ff. BGB gewähren (a. M. Brandi-Dohrn S. 102; für §§ 812ff. Schricker Rdnr. 16). Der Urheber muß also vor allem die etwa schon geleisteten Vorschüsse auf die künftigen Werke zurückzahlen, auch wenn der Verleger oder der sonst Berechtigte gekündigt hat (Begr. S. 60). Die Optionsvergütung verbleibt dem Urheber. Nur dann, wenn einer der Vertragschließenden die Ablieferung eines bereits fertiggestellten Werkes wider Treu und Glauben verhindert hat, haftet er aus positiver Vertragsverletzung, u. U. auch aus § 826 BGB, auf Schadenersatz und muß gegebenenfalls die Ablieferung noch nachholen (§ 249 BGB).

§ 40 gilt für **Urheberrechtsverträge,** durch die der Urheber sich zur Einräumung von Nutzungsrechten an künftigen Werken **verpflichtet,** 4 sofern mangelnde Bestimmtheit gegeben ist (Bem. 5). Die Bestimmung knüpft somit an das obligatorische Kausalgeschäft an (zum Verhältnis zwischen Verpflichtung und Verfügung im Urheberrechtsvertrag vgl. vor § 31 Bem. 10).

a) Durch den **Vorvertrag** verpflichtet sich der Urheber, mit seinem Vertragspartner unter gewissen Bedingungen einen Nutzungsvertrag über ein (bereits vorhandenes oder zukünftiges) Werk zu schließen. Der Abschluß des Haupt-Nutzungsvertrages ist die aufgrund des Vorvertrages geschuldete Leistung. Die wesentlichen Konditionen des Hauptvertrages müssen bereits im Vorvertrag festgelegt sein. Zum zivilrechtlichen Begriff ist auf die einschlägige Kommentarliteratur zum BGB zu verweisen. Eine Einräumung urheberrechtlicher Nutzungsrechte findet im Vorvertrag noch nicht statt. Da der Urheber sich aber bereits zum Abschluß eines auf die Rechtseinräumung gerichteten Hauptvertrages bindend verpflichtet, findet § 40 auf ihn Anwendung. Der Schutzzweck geht dahin, jede Bindung des Urhebers hinsichtlich seiner künftigen Werke zu erfassen (Begr. S. 59).

b) Mit dem **Optionsvertrag** verschafft der Urheber dem Nutzungsberechtigten ein Vorrecht an dem Erwerb bestimmter Nutzungsrechte. Er wird am meisten praktiziert im Verlagswesen und beim Abschluß von Verfilmungsverträgen über literarische Stoffe. Meist hat der Urheber die von der Optionsabrede umfaßten Werke noch nicht geschaffen, in der Regel hat er die in Rede stehende Nutzungsbefugnis bei Vertragsabschluß nicht zur Verwertung freigegeben. Ob § 40 auf solche Verträge anwendbar ist, hängt vom Grad der Bestimmtheit der von der Optionsabrede erfaßten künftigen Werke ab (Bem. 5).
Von **einfacher Option** spricht man, wenn die Bedingungen des abzuschließenden Vertrages noch nicht im Voraus festgelegt sind. Bringt der Urheber dem Berechtigten das Werk zur Kenntnis und entschließt dieser sich zur Nutzung, ist dem Urheber eine anderweitige Verwertungsmöglichkeit insoweit verschlossen, es sei denn, ein Dritter bietet ihm günstigere (und nicht nur gleiche) Bedingungen (BGHZ 29, 237, 241 *Schelmenroman*). Ist der Urheber mit den Konditionen des Berechtigten nicht zufrieden und bietet er kein günstigeres Angebot, ist er nicht verpflichtet, dem Optionsberechtigten die Nutzungsrechte zu übertragen oder ihm das Werk zur Nutzung freizugeben (BGHZ 22, 247, 248 *Clemens Laar;* Brandi-Dohrn S. 61, 75; Schmitt-Kammler S. 179; so wohl auch Schricker Rdnr. 6 für den Fall, daß der Vertrag insoweit nicht hinreichend klar ist). Die Vertragsparteien sind natürlich auch frei darin, für den vorgenannten Fall zu vereinbaren, daß der Optionsverpflichtete sich in jedem Fall auf einen Vertrag zu „angemessenen Bedingungen" einzulassen hat. Solange der Hauptvertrag noch nicht zustandegekommen ist, ist das Optionsrecht noch nicht verbraucht.
Die **qualifizierte Optionsrede** (Option im engeren Sinn) unterscheidet sich von der einfachen dadurch, daß bereits bei ihrer Vereinbarung die Bedingungen des Hauptvertrages im einzelnen festgelegt werden. Gibt der Urheber sein in der Optionsabrede bezeichnetes (z. B. sein „nächstes") Werk zur Verwertung frei, hat der Optionsberechtigte sich – im Zweifel innerhalb angemessener Frist – zu entscheiden, ob er in den Verwertungsvertrag eintritt oder nicht. Weist er das Werk zurück, wird der Urheber aus der Optionsbindung frei. Einzelheiten bei Brandi-Dohrn S. 10ff., 60ff.
Sowohl durch die einfache als auch durch die qualifizierte Option begibt sich

der Urheber der Freiheit, über das von der Abrede erfaßte Werk frei verfügen zu können. Ob er diese Freiheit wiedererlangt, ist von der Entschließung des Optionsberechtigten abhängig. Beide Optionsformen fallen deshalb unter § 40.

c) Der Urheber kann auch über Nutzungsrechte an künftigen Werken **im Voraus verfügen.** Die davon berührten Werke brauchen zu ihrer Rechtswirksamkeit nicht bestimmt, sondern nur hinreichend bestimmbar zu sein (RGZ 140, 32, 252ff. *Tonfilm*). Dazu genügt freilich nicht die Angabe eines Arbeitstitels oder die Bezeichnung als „das nächste Werk" (weil es im Belieben des Urhebers steht, welches Werk er als nächstes vollenden will). Vielmehr muß in der Regel eine Inhaltsangabe Vertragsbestandteil sein, die eine beliebige Auswechslung des Vertragsgegenstandes durch einen Vertragspartner ausschließt (vgl. OLG Hamm AfG 1987, 515, 517 *Spectrum für Fortgeschrittene*). Die bloße Angabe des *sujets* reicht nur dann aus, wenn die mehrfache Behandlung des gleichen *sujets* durch denselben Urheber ausgeschlossen ist (ein Autor kann mehrere Romane über den zweiten Weltkrieg schreiben, aber nur einen Bericht über seine Ägyptenreise oder einen Kongreß). Ein amüsantes Beispiel findet sich bei Schmitt-Kammler S. 142 Fn. 262; Richard Strauss hatte dem Berliner Musikverlag Bote & Bock „seinen nächstentstehenden Liederzyklus" zugesagt, dann aber aus Verärgerung über das Verhalten der Verleger gegenüber den Komponisten in den Verhandlungen der Verbände einen Zyklus auf Spottverse Alfred Kerrs über Verleger abgeliefert („Einst kam der Bock als Bote zum Rosenkavalier ..."). Ist das Werk bestimmbar, aber nicht bestimmt, so ist § 40 anzuwenden (Bem. 5). Das gilt sowohl dann, wenn lediglich eine Verpflichtung auf unbestimmte künftige Werke vereinbart wird, als auch, wenn bereits bei Vertragsabschluß Verpflichtung und Vorausverfügung in einem Akt zusammenfallen. Die Vorausverfügung erfaßt ein später vom Urheber geschaffenes Werk erst, wenn dieser das Werk durch Ausübung seines Rechts aus § 12 zur Veröffentlichung freigegeben hat (§ 12 Bem. 2; Holzer S. 56ff.; Schmitt-Kammler S. 54). Zur Vorausverfügung über Urheberpersönlichkeitsrechte Forkel GRUR 1988, 491, 496ff. Auch der im Arbeitsverhältnis tätige Urheber hat das Recht, über den Zeitpunkt der Vollendung seines während der Arbeitszeit geschaffenen Werkes zu entscheiden; erst nach seiner (ggf. schlüssig erklärten) Freigabe erfaßt eine etwaige Vorausverfügung die Nutzungsrechte an dem betreffenden Werk (Rojahn S. 33ff., 107f.; vgl. auch § 43 Bem. 3a). Hauptfall der Vorausverfügung sind die Wahrnehmungsverträge der Verwertungsgesellschaften (§ 6 WahrnG Bem. 6; vgl. ferner vor § 12 Bem. 4). In jedem Falle ist § 40 auf Wahrnehmungsverträge anzuwenden.

Auf **Verlagsverträge** über unbestimmte Werke ist § 40 unabhängig davon anwendbar, ob man im Abschluß des Verlagsvertrages bereits eine Vorausverfügung sieht (so die h. M., vgl. Ulmer[3] S. 443), oder ob der Verfügungsakt erst in der Ablieferung des Werkes (§ 9 Abs. 1 VerlG) erblickt wird (Schmitt-Kammler S. 183). Gleiches gilt für Arbeitsverträge mit Urheberklausel (§ 43 Bem. 3a).

d) Sofern das Verpflichtungsgeschäft nicht die Einräumung urheberrechtlicher Nutzungsrechte zum Gegenstand hat, sondern die **Übereignung von Werkstücken** (vgl. § 44 Abs. 1), kommt eine entsprechende Anwendung des § 40 in Betracht. Für langfristige Verträge zwischen bildenden Künstlern und Galeristen über die künftige Herstellung und Veräußerung von Bildern, Plastiken und sonstigen Kunstobjekten ist (mit Schmitt-Kammler S. 176, a. M. Schricker Rdnr. 10) eine analoge Anwendung des § 40 zu befürworten, zumal da nach § 44 Abs. 2 im Zweifel das Ausstellungsrecht mitübertragen wird. Unabhängig von dieser Rechtsübertragung geben aber auch Maler und Bildhauer ihre Verfügungsbefugnis über die Verwertung künftig geschaffener Werke endgültig aus der Hand, ohne daß sie die Tragweite derartiger Rechtsgeschäfte wegen der mangelnden Bestimmtheit des vertragsgegenständlichen Werkes hinreichend überschauen können. Anders liegt es nur, wenn sich die Verpflichtung des Künstlers auf die Abgabe einer begrenzten Anzahl von Vervielfältigungsstücken beschränkt und ihm weitere Verbreitungsmöglichkeiten sowie das Original verbleiben.

5 Schriftform und Kündigungsrecht sind nur dort vorgeschrieben, wo die künftigen Werke **überhaupt nicht näher** oder **nur der Gattung nach bestimmt** sind.

a) Verträge über **bestimmte künftige Werke** sind also formfrei und unterliegen auch keinem Kündigungsrecht. Hierzu rechnen Werke, die schon dem Inhalt nach im Vertrag beschrieben sind, sowie solche, die bereits in ihrer Beschaffenheit und in ihrem Aussehen hinreichend feststehen, wie z. B. die Erstellung des Werkverzeichnisses eines bildenden Künstlers (OLG Frankfurt GRUR 1991, 601 *Werkverzeichnis*), nicht dagegen das „nächste" Werk des Autors oder gar „die beiden nächsten Werke", weil es Sache des Urhebers bleibt festzulegen, welches Werk das „nächste" sein soll. Keineswegs braucht es dasjenige zu sein, welches er als nächstes fertigstellt (BGHZ 9, 237, 239 *Schelmenroman*). Vereinbarungen des Verlegers mit dem Herausheber einer bestimmten periodischen Sammlung über die künftigen Folgen sind hinreichend bestimmt (Bappert/Maunz/Schricker § 1 Rdnr. 16; a. M. Hubmann/Rehbinder § 41 V). Die Werkbestimmung kann sich z. B. auch daraus ergeben, daß der Verfasser eines Anleitungsbuches für Computer dem Verleger ein Inhaltsverzeichnis übersendet (OLG Hamm AfP 515, 517 *Spectrum für Fortgeschrittene*).

b) Der Fall, daß die künftigen Werke **überhaupt nicht näher bestimmt** sind, dürfte selten sein. Hierzu könnte praktisch nur ein Fall der Übertragung des gesamten geistigen Schaffens eines Urhebers gehören, da jedes Werk sich in eine oder – bei Mischformen – in mehrere der Gattungen des § 2 einordnen läßt.

c) Im Regelfall wird wenigstens die **Werkgattung bezeichnet** sein; so räumt der Komponist in den Wahrnehmungsverträgen der GEMA bestimmte Nutzungsrechte an seinen künftigen musikalischen Werken, der Textdichter an seinen künftigen Liedertexten ein. Dies erfordert ebenso Schriftform wie die Klausel in manchen Buchverlagsverträgen, wonach der Verleger pauschal eine Option „an den künftigen Werken" des Autors erwirbt (OLG Hamm AfP 1987, 515, 517 *Spectrum für Fortgeschrittene*).

d) Wenngleich § 40 Abs. 1 und Abs. 3 von „künftigen Werken" (Plural) spricht, besteht keine Notwendigkeit, für die Anwendung vorauszusetzen, daß sich die vom Urheber eingegangene Verpflichtung auf mindestens 2 Werke beziehen muß (Schricker Rdnr. 12; a. M. v. Gamm Bem. 5;

Möhring/Nicolini Bem. 1; Samson S. 142). Der Gesetzgeber wählt häufig die Pluralform, wenn die Rechtsfolge eine Mehrzahl denkbarer Fallgestaltungen erfassen soll, ohne daß beabsichtigt wird, den Einzelfall auszunehmen. Von Verträgen über mehrere künftige Werke ist weder im Gesetz noch in der Begründung die Rede. Eine Anknüpfung an die Anzahl von Werken wäre auch sinnwidrig, denn die Tragweite einer in die Zukunft gerichteten vertraglichen Bindung ist allenfalls vom Umfang des Werkschaffens mitbestimmt, nicht aber von der Anzahl unterscheidbarer Werke. Man vergleiche nur einmal das Lebenswerk *Marcel Prousts*, nämlich seinen Roman „Auf der Suche nach der verlorenen Zeit", mit einer Vielzahl banaler, aber urheberrechtlich geschützter Schlagertexte. Auch wenn sich die Option, der Vorvertrag oder der Hauptvertrag nur auf ein einziges unbestimmtes Werk bezieht oder nur ein einziges bei Vertragsschluß unbestimmtes Werk nach Ablauf der Kündigungsfrist noch nicht abgeliefert ist, gilt § 40.

Soweit diejenigen Bestimmungen des VerlG, die sich auf noch nicht fertiggestellte Verlagswerke beziehen, § 40 nicht widersprechen, sind sie nach wie vor geltendes Recht (z. B. §§ 11 Abs. 2, 30 VerlG). Die Formerfordernisse und das zusätzliche Kündigungsrecht aus § 40 gelten jedoch uneingeschränkt auch für Verlagsverträge über unbestimmte künftige Werke. Die Begr. (S. 59f.) bringt wiederholt Beispiele für die Anwendung des § 40 aus dem Bereich des Verlagsrechtes (z. B. Hinweis auf „Roman" als Werkgattung im Sinne des § 40 Abs. 1 und Hinweis auf die verlagsrechtliche Entscheidung BGHZ 22, 347 *Clemens Laar)*. Daraus ist zu entnehmen, daß der Gesetzgeber auch hier – ebenso wie bei § 34 (dort Bem. 3) – eine einheitliche Regelung der Vertragslage bei künftigen Werken herbeiführen wollte. 6

Unabhängig von der Neuregelung gilt die bisherige Rspr. des Bundesgerichtshofs fort, nach der verlagsrechtliche Optionsvereinbarungen auf künftige Werke wegen Verstoßes gegen die guten Sitten **nichtig** sind, wenn sie ohne zeitliche oder gegenständliche Beschränkungen für das gesamte künftige Schaffen des Urhebers gelten und der Erwerber sich nicht zu einer angemessenen Gegenleistung eigens für die Einräumung der Option verpflichtet (BGHZ 22, 347, 354 *Clemens Laar* gegen RGZ 79, 156, 161). Hat der Urheber außer seinem schöpferischen Genie kein sonstiges Vermögen, so sind Optionsverträge über sein gesamtes künftiges Schaffen auch bei Vereinbarung einer Gegenleistung wegen Verstoßes gegen § 310 BGB nichtig. Ist die betroffene Vertragsbestimmung, z. B. eine Optionsklausel, lediglich Teil eines einheitlichen Vertrages, bestimmt sich die Aufrechterhaltung des verbleibenden Vertragsteils nach § 139 BGB (Schricker Rdnr. 14) 7

§ 40 gilt auch für **Verträge,** die **vor dem 1. 1. 1966 geschlossen** wurden; jedoch begann die 5-Jahres-Frist erst mit diesem Tage (§ 132 Abs. 1 Satz 2). Diese Verträge konnten also frühestens am 1. 1. 1971 zum 30. 6. 1971 gekündigt werden. Verfügungen, d. h. die Einräumung künftiger Nutzungsrechte, die schon vor dem Inkrafttreten des Gesetzes stattgefunden haben, bleiben gültig (§ 132 Abs. 2). 8

§ 41 Rückrufsrecht wegen Nichtausübung

(1) Übt der Inhaber eines ausschließlichen Nutzungsrechts das Recht nicht oder nur unzureichend aus und werden dadurch berechtigte Interessen des Urhebers erheblich verletzt, so kann dieser das Nutzungsrecht zurückrufen. Dies gilt nicht, wenn die Nichtausübung oder die unzureichende Ausübung des Nutzungsrechts überwiegend auf Umständen beruht, deren Behebung dem Urheber zuzumuten ist.

(2) Das Rückrufsrecht kann nicht vor Ablauf von zwei Jahren seit Einräumung oder Übertragung des Nutzungsrechts oder, wenn das Werk später abgeliefert wird, seit der Ablieferung geltend gemacht werden. Bei einem Beitrag zu einer Zeitung beträgt die Frist drei Monate, bei einem Beitrag zu einer Zeitschrift, die monatlich oder in kürzeren Abständen erscheint, sechs Monate und bei einem Beitrag zu anderen Zeitschriften ein Jahr.

(3) Der Rückruf kann erst erklärt werden, nachdem der Urheber dem Inhaber des Nutzungsrechts unter Ankündigung des Rückrufs eine angemessene Nachfrist zur zureichenden Ausübung des Nutzungsrechts bestimmt hat. Der Bestimmung der Nachfrist bedarf es nicht, wenn die Ausübung des Nutzungsrechts seinem Inhaber unmöglich ist oder von ihm verweigert wird oder wenn durch die Gewährung einer Nachfrist überwiegende Interessen des Urhebers gefährdet würden.

(4) Auf das Rückrufsrecht kann im voraus nicht verzichtet werden. Seine Ausübung kann im voraus für mehr als fünf Jahre nicht ausgeschlossen werden.

(5) Mit Wirksamwerden des Rückrufs erlischt das Nutzungsrecht.

(6) Der Urheber hat den Betroffenen zu entschädigen, wenn und soweit es der Billigkeit entspricht.

(7) Rechte und Ansprüche der Beteiligten nach anderen gesetzlichen Vorschriften bleiben unberührt.

Übersicht

1 **Zum Begriff des „Rückrufs".** Mit den Rückrufsrechten wegen Nichtausübung (§ 41) und wegen gewandelter Überzeugung (§ 42) beschritt der Gesetzgeber neue Wege. Der Ausdruck „Rückruf" ist von de Boor geprägt worden (S. 58) und hat sich in der Rechtsprechung des Bundesgerichtshofs bereits vor Erlaß des UrhG durchgesetzt (BGHZ 15, 249, 258 *Cosima Wagner*). Für ihn spricht, daß es sich in den §§ 41, 42 um **vertragsauflösende Erklärungen eigener Art** handelt, die eine besondere Bezeichnung rechtfertigen.

Bedeutung und Geltungsbereich. Der geistige Schöpfer hat wie der ausübende Künstler, dem dies die Rspr. der Arbeitsgerichte seit Jahrzehnten zubilligt (vgl. schon LAG Leipzig JW 1938, 1129 und allgemein BAG AP § 611 BGB *Beschäftigungspflicht* Nr. 2) ein **Wirkungsrecht.** Er schafft sein Werk nicht für die Schublade oder den Hausgebrauch, sondern zur öffentlichen Mitteilung und Verwertung (Begr. S. 60). Hat der Urheber jedoch einem Dritten ein ausschließliches Nutzungsrecht im Sinne des § 31 Abs. 3 übertragen, so ist nicht nur jeder andere, sondern auch er selbst von der Nutzung des Werkes in dem vereinbarten Umfange ausgeschlossen. Das ausschließliche Nutzungsrecht wirkt sich daher als Sperre gegen den Urheber aus, so daß sein Werk unter Umständen, statt bekannt gemacht und ausgewertet zu werden, von dem Verwerter „auf Eis gelegt" werden kann, ohne daß der Urheber dagegen etwas ausrichten könnte. Derartige Mißstände haben sich insbesondere bei Verfilmungsverträgen gezeigt, bei denen der Filmhersteller sich nach den früher verwendeten Musterverträgen der „Reichsfilmkammer", aber auch nach den vom Produzentenverband empfohlenen Allgemeinen Vertragsbedingungen von jeder Pflicht zur Verwertung des Filmstoffes, seiner Zwischenstufen und des Drehbuchs vollständig freizeichnete. Die Rechtseinräumung wurde damit in ihr Gegenteil verkehrt. Aus Nutzungsverträgen wurden Vereinbarungen zum Zwecke der Nichtverwertung. Diesem Übelstand sucht § 41 abzuhelfen, indem er dem Urheber ein Rückrufsrecht für den Fall zugesteht, daß der Nutzungsberechtigte das ihm eingeräumte ausschließliche Recht überhaupt nicht oder nur unzureichend ausübt. Es handelt sich wieder um eine **Schutzvorschrift** zugunsten des Urhebers (vgl. Begr. S. 60); wegen der sich daraus ergebenden Konsequenzen in Zweifelsfällen vgl. Bem. 7. Damit ein wirksamer Schutz des Urhebers gewährleistet ist, kann das Rückrufsrecht im voraus, z. B. im Nutzungsvertrag, **nicht abbedungen** werden. Die Fristen des Abs. 2, vor deren Ablauf seine Ausübung nicht möglich ist, können zwar vertraglich verlängert werden, aber nur bis zur Höchstgrenze von 5 Jahren (Abs. 4). Auch die Entschädigungsregelung des Abs. 6 kann im voraus nicht geändert werden (vgl. Bem. 14). Die Bestimmung gilt ferner (mit der einzigen Ausnahme des § 90, vgl. Bem. 15) allgemein im gesamten Bereich des Urheberrechts **einschließlich des Verlagsrechts.** Der Gesetzgeber hat, wie die Begr. (S. 60) bemerkt, das Rückrufsrecht wegen Nichtausübung nicht zuletzt deshalb eingeführt, weil die Sonderregelungen des Verlagsgesetzes sich als nicht ausreichend erwiesen hatten, wollte also gerade im Bereich des Verlagsrechts die Rechtsstellung des Urhebers verbessern (vgl. auch Bem. 13). § 41 gilt endlich **für alle Vertragsarten,** ganz gleich, ob der Urheber nach dem Vertrage einen Anspruch auf Verwertung des eingeräumten Nutzungsrechts hat oder nicht, und welche Vereinbarungen sonst getroffen sind. Das folgt schon aus dem zwingenden Charakter der Bestimmung (Abs. 4). Das Bestehen eines unmittelbaren Vertrages zwischen Urheber und Verwerter wird von § 41 jedoch nicht vorausgesetzt; deswegen kann der Urheber auch einem **Subverleger,** Unterlizenznehmer usw. gegenüber zurückrufen. Es muß sich jedoch stets um ein **ausschließliches Nutzungsrecht** handeln; bei einfachen Rechten ist der Urheber nicht schutzbedürftig, weil ihm die Möglichkeit der anderweiten Verwertung verblieben ist. Einfache Nutzungsrechte können daher nicht zurückgerufen werden (Abs. 1 Satz 1). – Sind **mehrere Nutzungsrechte gleichzeitig** übertragen worden, wie das bei den meisten Verlagsverträgen zutrifft, so kann jedes von ihnen gesondert zurückgerufen werden, wie der Gesetzestext 2 klar ergibt (vgl. §§ 31/32 Bem. 5; a. M. v. Gamm Bem. 12). Ein Nebenrecht, für das der Verleger nichts tut, kann der Urheber ihm also aus der Hand nehmen (vgl. Bem. 3a). Die getrennte Beurteilung der in einem einheitlichen Vertrag eingeräumten einzelnen Nutzungsrechte findet ihre Grenze allerdings an § 139 BGB. Wenn und soweit anzunehmen ist, daß die verbleibenden Rechte nicht ohne das zurückgerufene Recht eingeräumt worden wären, werden diese von dessen Rückruf mit erfaßt. Der Rückruf des Hauptrechts erfaßt demnach stets die Nebenrechte, bringt also den ganzen Vertrag zum Erlöschen (auch weiterübertragene Nebenrechte fallen zurück, § 34 Bem. 15). Umgekehrt läßt der Rückruf eines Nebenrechts den Bestand des Vertrages im übrigen regelmäßig unberührt. – Das Rückrufsrecht gilt nur für den Urheber und seinen Rechtsnachfolger (§ 30), auch für den angestellten Urheber (§ 43 Bem. 5), **nicht** jedoch für den **Erwerber** eines ausschließlichen Nutzungsrechts, der dieses seinerseits weiterübertragen hat. Das ergibt sich schon daraus, daß es dem Urheber gegenüber dem jeweiligen Rechtsinhaber zusteht, also auch dann, wenn der Verwerter nicht Vertragspartner des Urhebers ist (Begr. S. 59). Das bedeutet, daß beim Rückruf gegenüber dem Subverleger das Nutzungsrecht nicht an den Hauptverleger, sondern an den Urheber zurückfällt (Bem. 11). – **Miturheber** müssen in der Regel den Rückruf gemeinsam erklären (§ 8 Bem. 6). Das gleiche gilt bei solchen Werkverbindungen, die auf BGB-Gesellschaften beruhen, wegen § 709 BGB (BGH GRUR 1973, 328, 329 *Musikverleger II;* vgl. § 9 Bem. 4, 5 und 7f.).

3 **Objektiv unzureichende Ausübung.** Der Urheber kann das eingeräumte Nutzungsrecht nur dann zurückrufen, wenn es entweder gar nicht oder nur unzureichend ausgeübt wird und wenn dadurch **berechtigte Interessen des Urhebers** erheblich verletzt werden. Ob das Nutzungsrecht überhaupt ausgeübt wurde, wird sich stets unschwer feststellen lassen. Streit dürfte daher in der Praxis vor allem um die zweite und dritte Voraussetzung des Rückrufsrechts entstehen. Hier stehen zwei entgegengesetzte Interessen, deren jede für sich schutzwürdig ist, einander gegenüber: das Interesse des Urhebers an der Verwertung seiner Werke einerseits und das des Verwerters an der Begrenzung seines oft nicht unbeträchtlichen geschäftlichen Risikos andererseits. Nach der klaren Systematik des Gesetzes wird dieser Interessenkonflikt zugunsten des Urhebers gelöst (a. M. v. Gamm Bem. 11; wie hier Möhring/Nicolini Bem. 1b; vgl. andererseits Bem. 10c). Ob die Ausübung des Nutzungsrechts zureichend war oder nicht, ist zunächst objektiv zu entscheiden. Danach ist auf seiten des **Urhebers** subjektiv festzustellen, ob die unzureichende Ausübung seine berechtigten Interessen verletzt (das wird fast immer zutreffen, vgl. Bem. 6). Trifft das zu, so ist ein Rückrufsrecht gegeben, mag das für den Verwerter auch zu schweren geschäftlichen Einbußen führen. Das subjektive Interesse des Verwerters, das zumeist wirtschaftlicher Natur ist, wird nach dem eindeutigen Willen des Gesetzgebers nur durch Entschädigungszahlungen, also auf wirtschaftlicher Basis, ausgeglichen (Abs. 6; dazu Bem. 12). – **Objektiv unzureichend** ist jede Ausübung des Nutzungsrechts, die zur Verwertung des Werkes weniger Mittel einsetzt, als zur Erreichung des Vertragszweckes erforderlich sind. Dieser Definition, von der auch der Bundesgerichtshof ausgeht (GRUR 1970, 40, 43 *Musikverleger I*), ist gegenüber der Formulierung der ersten beiden Auflagen, die auf die Mittel abstellte, welche *in der jeweiligen Branche üblicherweise eingesetzt zu werden pflegen,* der Vorzug zu geben. Der Branchenbrauch gibt nur die untere Grenze der Erforderlichkeit an, ist aber jedenfalls

dort nicht verbindlich, wo die wirtschaftliche Übermacht der Verwerterseite zu Üblichkeiten geführt hat, die dem Interesse des Urhebers an der bestmöglichen Verwertung seines Werkes objektiv nicht genügen.

a) Im Bereich des **Buch- und Kunstverlagswesens** reicht es in der Regel nicht aus, die vereinbarte Zahl von Exemplaren zu drucken und sie im *Börsenblatt* oder in den *Bücherkommentaren* anzuzeigen; wenn die Absatzlage es erfordert, müssen zusätzliche Werbemaßnahmen (Prospektdruck, Anzeigen, Versand von Rezensionsexemplaren in größerem Umfang) durchgeführt werden. Wird ein vergriffenes Werk nicht in angemessener Frist wieder neu aufgelegt, so ist das stets als unzureichende Ausübung des Nutzungsrechts anzusehen (vgl. schon § 17 VerlG). In einigen Sonderfällen sind allerdings umfangreiche Vorbereitungen erforderlich, bevor das Werk erscheinen kann (z. B. bei Enzyklopädien, Werkverzeichnissen, Kommentaren usw.; vgl. OLG Frankfurt GRUR 1991, 601, 602 *Werkverzeichnis*). Dort muß der Verleger die Vorbereitungen jedenfalls ohne schuldhaftes Zögern betreiben (vgl. § 15 VerlG). Auch hinsichtlich der Nebenrechte gilt Entsprechendes: Sorgt der Verleger, der sich das Übersetzungs-, Verfilmungs-, das Funk- und Fernsehrecht hat übertragen lassen, nicht für deren Verwertung, so kann der Urheber sie zurückrufen. Damit ist der vielfach geübte Brauch, sich zum Ausgleich des hohen Buchverlagsrisikos die Nebenrechte übertragen zu lassen, um bei deren zufälliger Inanspruchnahme durch Dritte eine bequeme Nebeneinnahme zu erzielen, wirtschaftlich weniger interessant geworden: Der Verleger wird etwas für die Nebenrechte tun müssen, wenn er sich nicht der Gefahr des Rückrufs aussetzen will, zumal der Urheber sie auch getrennt vom Verlagsrecht zurückrufen kann (Bem. 2).

b) Bei **Werken der Musik** gehen die wichtigsten Nutzungsrechte regelmäßig schon bei der Schaffung des Werkes auf die VerwGes. über, weil die Berechtigungsverträge eine entsprechende Vorausabtretung enthalten (§ 6 WahrnG Bem. 6). Der Musikverleger kann sie nur dann erwerben, wenn der Urheber ausnahmsweise keiner VerwGes. angeschlossen ist. Im Regelfall erwirbt er trotz gegenteiliger Formulierung in den üblichen Vertragsmustern nur das graphische Vervielfältigungs- und Verbreitungsrecht sowie bestimmte Bearbeitungsrechte (Textübersetzung, Verfilmung). Als Surrogat für die bei der VerwGes. liegenden Nutzungsrechte erwächst ihm, falls er der VerwGes. ebenfalls angeschlossen ist, mit Abschluß des Musikverlagsvertrages ein Beteiligungsanspruch gegen diese in beachtlicher Höhe (Faustregel bei der GEMA: ⅓ am Aufführungs- und Senderecht, 40% am mechanischen Vervielfältigungsrecht, für vor dem 1. 1. 1979 gemeldete Werke noch 50%). Die Einnahmen über die VerwGes. sind zugleich die Haupteinnahmen aus der Verwertung des Werkes im Musikverlagsbereich. Der Notenvertrieb, das sog. „Papiergeschäft", spielt nur bei der ernsten Musik (E-Musik) und auch dort nur eine untergeordnete Rolle (v. Hase S. 36, 38). Der Musikverlagsvertrag ist daher in erster Linie auf die Erzielung von Einnahmen aus den von der VerwGes. wahrgenommenen Nutzungsrechten gerichtet. Hauptaufgabe des Musikverlegers ist es, die für eine Verwertung des Werkes im Wege der Aufführung, Sendung und Schallplattenaufnahme erforderlichen Verbindungen zu den in Betracht kommenden Musikverbraucherkreisen zu schaffen. Diese Feststellung hat der Bundesgerichtshof (GRUR 1970, 40, 43 *Musikverleger I* und GRUR 1974, 789, 790 *Hofbräuhaus-Lied)* zwar zunächst nur für den Bereich der U-Musik (Unterhaltungs- und Tanzmusik) getroffen; sie gilt gleichwohl für alle Musikwerke, also auch für den Bereich der E-Musik, weil die Beteiligung des Musikverlegers an den Einnahmen der VerwGes. hier wie dort gleich ist. Allerdings sind die zur Herstellung dieser Verbindungen erforderlichen Maßnahmen für den E- und U-Bereich unterschiedlich: Bei der **E-Musik** wird der Vertragszweck, also das Zustandekommen möglichst vieler Aufführungen, Sendungen und Aufnahmen des Werkes, vor allem dadurch erreicht, daß den Orchestern, Sendeanstalten und Tonträgerherstellern das Notenmaterial angeboten wird. Hier muß der Verleger also genügend Kopien des Werkes herstellen, und zwar in einer Form, die zur Benutzung im Orchester ohne weiteres geeignet ist. Die fotomechanische Vervielfältigung des Notenmanuskripts genügt dazu nur dort, wo dieses in Form und Qualität (Lesbarkeit) einer gedruckten Partitur entspricht (KG ZUM 1986, 470, 471). Der E-Musikverleger mußte früher also in aller Regel drucken lassen; die heutige technische Perfektion der Kopierverfahren bietet allerdings auch andere gleichwertige Möglichkeiten. Ob ein nennenswerter Verkauf der Noten erwartet werden kann, ist dabei ohne Bedeutung; die Druckkosten kann er über seine Beteiligung an den Einnahmen der VerwGes. amortisieren. Darüber hinaus muß er das Werk propagieren, d. h. in geeigneter Form Dirigenten, Orchesterträgern, Sendern und Produzenten anbieten, und geeignete Werbemaßnahmen unternehmen, wie Druck und Versand von Verlagskatalogen, Publikation von Verlagsnachrichten, Information der Öffentlichkeit über besondere Ereignisse wie Uraufführungen und Jubiläen, Versorgung der Öffentlichkeit mit biographischem Material über den Komponisten, Anzeigenwerbung in Fachzeitschriften. Er braucht die Noten aber nicht zu verschenken, kann sie vielmehr verkaufen oder vermieten (zum reversgebundenen Notenmaterial § 17 Bem. 8b). Dagegen ist es im Bereich der **U-Musik** üblich geworden, einfache Notenausgaben (Klavierauszüge), seltener auch SO-Ausgaben (Partituren für Salonorchester-Besetzung), in großer Zahl an Kapellenleiter, Programmgestalter, Schallplattenproduzenten u. a. Verwerter kostenlos zu verteilen, um so die Zahl der Aufführungen, Sendungen und Aufnahmen zu steigern. Daneben ist die direkte Propaganda bei den in Betracht kommenden Interessenten erforderlich, und zwar bei der U-Musik wegen ihrer Kurzlebigkeit mit noch größerer Intensität als im E-Bereich.

Allgemein ist es üblich geworden, Verwerter von „Konservenmusik" mit sog. *Demobändern* zu bemustern, d. h. ihnen verlagsseitig hergestellte Aufnahmen kostenlos zur Verfügung zu stellen. Dasselbe gilt, wenn es schon eine industriell hergestellte MC oder CD gibt, auch für diese. Da die bloße Übersendung solchen Materials etwa an die zuständigen Redakteure der Rundfunk- und Fernsehsender kaum mehr brächte als eine Postwurfsendung an alle Haushaltungen, sind regelmäßige Rundreisen und persönliche Kontakte Verlagsbrauch geworden. Mit Recht betont BGH GRUR 1970, 40, 43 *Musikverleger I,* daß es nicht genügt, wenn der Musikverleger das Werk im Katalog führt und die Noten dazu vorrätig hält; er muß auch aktiv tätig werden, um neuen Bedarf nach den bei ihm verlegten Werken zu wecken, wenn er sich nicht der Gefahr des Rückrufs aussetzen will. Zu Unrecht einschränkend BGH GRUR 1974, 789 *Hofbräuhaus-Lied,* der sogar einem Verlag gegenüber den Rückruf verweigerte, der jede Geschäftstätigkeit eingestellt hatte, weil der Erfolg des Liedes unabhängig davon erhalten geblieben war; „ausüben" ist aber ein *Tätigkeits*wort. Ein anderer, tätiger Verlag hätte aus einem solchen Lied möglicherweise noch viel mehr gemacht. Diese Chance will § 41 dem Urheber gerade erhalten (Bem. 4). – Vernachlässigt der Musikverleger die Ausübungslast zum Druck und zur Verteilung der Noten, so erlischt mit dem Rückruf des Vervielfältigungs- und Verbreitungsrechts auch sein Beteiligungsanspruch aus der Verwertung der bei der VerwGes. liegenden Rechte, weil dieser den Fortbestand des Musikverlagsrechts voraussetzt. Vernachlässigt der Musikverleger dagegen nur die sonstige Propagierung des Werkes bei Dirigenten, Sendern und Schallplattenfirmen, so betrifft diese „Nichtausübung" Nutzungsrechte, deren Inhaber er gar nicht ist, so daß § 41 dem Wortlaut nach nicht anwendbar wäre. Gleichwohl kann der Urheber auch in diesem Falle zurückrufen, weil der Musikverleger mit dem Beteiligungsanspruch gegen die VerwGes. jedenfalls Inhaber eines diesen Nutzungsrechten entsprechenden Surrogats ist (so wohl auch BGH a.a.O., wo als Grund zum Rückruf anerkannt wird, daß der Verleger die Werke „nicht gefördert" habe). – Hat der Musikverleger von **mehreren Werken** eines Urhebers einige ausreichend gefördert, andere nicht, so kann der Rückruf nur für die letzteren erklärt werden; allenfalls kommt eine Kündigung des ganzen Kataloges aus wichtigem Grunde in Betracht (BGH GRUR 1973, 328, 330 *Musikverleger II)*, etwa wenn er die vernachlässigten Werke nur zusammen mit den übrigen bei einem anderen Verleger unterbringen kann, der sich dann für alle einzusetzen bereit wäre, und ihm aus diesem Grunde die Fortsetzung des bisherigen Vertrages nicht zuzumuten ist. Näheres zum Kündigungsrecht vor § 31 Bem. 26–29.

c) Die zureichende Ausübung der Nutzungsrechte durch den **Bühnenvertrieb** erfordert, daß er das ihm anvertraute Werk immer wieder anbietet, und zwar nicht nur in Prospekten, Katalogen und Hauszeitschriften, sondern auch durch persönliche Kontaktaufnahme, und daß er, soweit erforderlich, Neuauflagen, moderne Übersetzungen usw. veranstaltet (LG München I UFITA 90 (1981), 227, 230; vgl. Bem. 5). Näheres vor § 31 Bem. 35.

d) Beim **Rundfunk** ist vor allem die mangelnde Wiederholung der Ausstrahlung als Nichtausübung des Nutzungsrechts anzusehen.

e) Unzureichende Ausübung des Nutzungsrechts ist ferner dann gegeben, wenn der Verwerter es unterläßt, **gegen Verletzungshandlungen** einzuschreiten (Ulmer[3] S. 374; Möhring/Nicolini Bem. 3a; Schricker Rdnr. 14).

f) Sind die Erträgnisse unbefriedigend, so muß das nicht an mangelnder Aktivität des Verwerters liegen. Eine zu niedrige Beteiligung kann der Urheber nur nach § 36 zu verbessern suchen.

g) Stets muß die Unzulänglichkeit **erheblich** sein. Geringfügige Versäumnisse des Verwerters lassen das Rückrufsrecht nicht entstehen. Insoweit ist jedoch durch die Abmahnungspflicht des Abs. 3 ein Regulativ eingeschaltet: Abgemahnte, an sich weniger bedeutende Versäumnisse werden erheblich, wenn sie trotz Abmahnung nicht behoben werden, weil sie allgemein auf eine nachlässige Verwertung des Werkes schließen lassen.

Keine Berücksichtigung wirtschaftlicher Gesichtspunkte. Für die Feststellung, ob die Ausübung des Nutzungsrechts unzureichend ist oder nicht, 4 kann es nicht darauf ankommen, ob es sich für den Verwerter „lohnt", die in Bem. 3 genannten Maßnahmen zu ergreifen. Wenn er die bessere Auswertung für wirtschaftlich sinnlos hält, so ist das seine eigene kaufmännische Entscheidung; andere Verwerter denken darüber möglicherweise anders. Der Richter wäre überfordert, wollte er nach objektiven Gesichtspunkten beurteilen, ob ein kaufmännisches Wagnis eingegangen werden soll oder nicht. § 41 will dem Urheber vielmehr stets die Chance lassen, einen anderen Verwerter zu finden, der zwar möglicherweise nicht mehr Beteiligung bietet, der aber mehr für das Werk zu tun bereit ist. Die Gefahr, daß die Urheber in großem Umfange von dem Rückrufsrecht des § 41 Gebrauch machen könnten, besteht nur in der Theorie: Niemand wird das Rückrufsrecht ausüben, wenn er sich nicht ernstlich etwas davon verspricht. Erfolglose Autoren werden also nicht zurückrufen, weil sie nicht hoffen können, bei einem anderen Verwerter besser zu fahren; bei erfolgreichen Werken dagegen wird meist der Verwerter selbst so viel tun, daß von einer unzureichenden Ausübung nicht gesprochen werden kann. § 41 trifft daher nur nachlässige oder böswillige Verwerter, die auch erfolgversprechende Werke ungenützt oder unzureichend genützt lassen.

5 **Einwendung des Verwerters aus Abs. 1 Satz 2.** Die einzige Einwendung, die der Verwerter zur Entkräftung des Vorwurfs der unzureichenden Ausübung vorbringen kann, ist die des Abs. 1 Satz 2: Nur wenn die objektiv bereits feststehende Unzulänglichkeit der Nutzung überwiegend auf Umständen beruht, deren Behebung dem Urheber zuzumuten ist, ist ein Rückruf ausgeschlossen. Die Begr. (S. 60) nennt als Beispiel hierfür den Fall, daß das Werk wegen veränderter Umstände nicht herausgebracht werden kann, es dem Urheber aber leicht ist, das Werk den veränderten Umständen anzupassen. Dabei wurde offenbar vor allem daran gedacht, daß der Publikumsgeschmack sich im Laufe der Schutzdauer wandelt und daß demnach eine Neubearbeitung des Werkes angezeigt erscheint. Gerade in diesen Fällen ist aber besondere Vorsicht geboten. Was dem Verwerter als zweckmäßige Modernisierung erscheint, ist in den Augen des Urhebers oder seiner Erben möglicherweise eine Verkitschung des Werkes oder wenigstens eine Entwürdigung des Andenkens seines Schöpfers. Nicht immer ist zudem der Geschmack des Publikums von Bestand; was heute modern ist, ist morgen modernd. Eine Neubearbeitung des Werkes wegen veränderten Publikumsgeschmacks wird deshalb nur ausnahmsweise dem Urheber im Sinne von Abs. 1 Satz 2 zugemutet werden können, etwa weil es sich um einen heute allgemein als anstößig empfundenen Text handelt (z. B. eine Verherrlichung des Krieges oder der nationalen Eroberungspolitik), oder weil neue wissenschaftliche Erkenntnisse bestehen, die im Ursprungswerk noch nicht berücksichtigt werden konnten. Ist das Werk nur deshalb nicht verwertbar, weil seine Verwertung gegen Rechtsnormen verstoßen würde, so muß sich der Urheber auch das entgegenhalten lassen. Deshalb hat z. B. der Autor, in dessen Werk ehrenrührige Behauptungen über Dritte aufgestellt werden, kein Rückrufsrecht, wenn der Verleger mit Rücksicht auf die drohenden Schadenersatzansprüche von einer Verbreitung Abstand nimmt. – Der Verwerter kann in solchen Fällen meist, wenn er dies für angezeigt hält, seinerseits mit Rücksicht auf § 39 Abs. 2 Änderungen vornehmen, ist dazu aber nicht verpflichtet (§ 39 Bem. 4).

Berechtigtes Interesse des Urhebers. Der Urheber hat stets ein erhebliches Interesse daran, daß sein Werk in allen denkbaren Nutzungsarten verwertet wird (Mestmäcker/Schulze Bem. 2). Die dritte Voraussetzung für das Bestehen eines Rückrufsrechts, daß berechtigte Interessen des Urhebers erheblich verletzt sein müßten, hat deshalb nicht etwa die Bedeutung einer zusätzlichen Erschwerung des Rückrufsrechts, sondern dient nur als Sicherung gegen einen Mißbrauch der Urheberbefugnis (Begr. S. 60). In aller Regel folgt aus der Tatsache der unzureichenden Ausübung des Nutzungsrechts bereits die Verletzung erheblicher berechtigter Interessen des Urhebers (vgl. BGH GRUR 1970, 40, 43 *Musikverleger I;* OLG Frankfurt GRUR 1991, 601, 602 *Werkverzeichnis*). Nur in besonders gelagerten Einzelfällen kann das Interesse des Urhebers so gering sein, daß es ein Rückrufsrecht nicht rechtfertigt. 6

Beweislast. Da der Urheber nicht wissen kann, was der Verwerter getan oder nicht getan hat, trifft diesen im Prozeß zunächst die Darlegungs- und Beweislast für seine Aktivitäten (KG Schulze KGZ 63, 6 *Lieber reich, aber glücklich;* einschränkend Schricker Rdnr. 14). Daß diese Aktivitäten, gemessen an den in Bem. 3 dargestellten objektiven Kriterien, ihrerseits unzulänglich gewesen sind, hat der Urheber darzulegen; soweit es hierbei nicht lediglich auf eine Wertung, sondern etwa auf beweiserhebliche Tatsachen ankommt, trägt er die Beweislast. Bleiben Zweifel, ob der Verwerter ausreichend aktiv war, so geht dies zu Lasten des Urhebers, dessen Rückruf damit ohne Wirksamkeit bleibt. Allerdings werden die Anforderungen an die Beweisführung durch den Urheber nicht allzu hoch zu stellen sein, weil sonst der Schutzzweck der Bestimmung gefährdet wäre (Bem. 2). Wenn die unzureichende Ausübung des Nutzungsrechts feststeht, hat der Urheber damit zugleich seiner Darlegungs- und Beweislast für die erhebliche Verletzung seiner berechtigten Interessen genügt (Bem. 6). Umgekehrt ist die Einwendung des Verwerters aus Abs. 1 Satz 2 (Bestehen behebbarer Umstände), für die er die Darlegungs- und Beweislast trägt, im Zweifel als nicht durchgreifend anzusehen. 7

Nutzungsfristen des Abs. 2. a) Die Fristen des Abs. 2 rechnen grundsätzlich von der Einräumung bzw. Übertragung des Nutzungsrechts an (d. h. meist ab Vertragsschluß). Nur wenn das Werk erst nach der Einräumung bzw. Übertragung abgeliefert wurde, beginnt die Frist erst mit dem Ablieferungstag. Im Normalfall beträgt die Frist 2 Jahre. Bei Zeitschriften, die in einem Abstand von mehr als einem Monat erscheinen (z. B. zweimal vierteljährlich, vierteljährlich, halbjährlich usw.), beträgt sie – wie bei § 45 VerlG – ein Jahr, bei Zeitschriften mit kürzeren Erscheinungszeiten 6 Monate und bei Zeitungen nur 3 Monate (Zeitungsbegriff s. § 38 Bem. 6; zu § 45 VerlG vgl. Bem. 10d). 8

Bei Werken, deren Produktion zeitraubende Vorbereitungen erfordert, wie Enzyklopädien, Werkverzeichnissen, Kommentaren usw., kann die Frist auch erheblich länger sein, jedoch mit Rücksicht auf Abs. 4 Satz 2 äußerstenfalls 5 Jahre (zu weitgehend OLG Frankfurt GRUR 1991, 601, 602 *Werkverzeichnis*, wo nach 7 Jahren das Erscheinen des Buches noch immer nicht abzusehen war). In Fällen dieser Art entspricht die Frist – innerhalb des 5-Jahres-Zeitraums – derjenigen, die ein ohne schuldhaftes Zögern tätiger Verwerter benötigt (vgl. § 15 VerlG). Ist dem Verwerter schon vor Ablauf der Nutzungsfrist des Abs. 2 die Ausübung seines Rechts **dauernd**

unmöglich geworden, oder **verweigert** er die Ausübung **endgültig,** so muß ein Rückruf auch schon vor Fristablauf zulässig sein. Es würde gegen Treu und Glauben verstoßen, wenn der Verwerter den Urheber an der anderweitigen Verwertung seines Werkes, sei es auch nur auf Zeit, hindern wollte, obwohl feststeht, daß er selbst die Verwertung nicht durchführen kann oder will. Dauernd unmöglich ist die Verwertung, wenn sie mit an Sicherheit grenzender Wahrscheinlichkeit nicht mehr vor Ablauf der Nutzungsfrist des Abs. 2 und einer angemessenen Nachfrist (Bem. 9) stattfinden kann. Endgültig ist eine Weigerung, die entweder unbeschränkt oder für einen Zeitraum ausgesprochen wird, der den Rest der Nutzungsfrist des Abs. 2 und eine angemessene Nachfrist umfaßt (Bem. 10e).

b) Im Falle einer **Übertragung** des Nutzungsrechts beginnen die Fristen des Abs. 2 jeweils **neu zu laufen.** Damit ist sichergestellt, daß auch der neue Verwerter ausreichend Zeit zur Ausübung des Nutzungsrechts hat. Gegen eine Verschleppung der Verwertung durch Weiterübertragung kurz vor Fristablauf kann sich der Urheber dadurch schützen, daß er die erforderliche Zustimmung (§§ 34, 35) verweigert (Begr. S. 60). Hat er die Zustimmung im voraus erteilt, muß er die sich daraus ergebenden Nachteile tragen, falls nicht ein Mißbrauch vorliegt, dem über §§ 242, 826 BGB in Verbindung mit Abs. 4 Satz 2 begegnet werden könnte (Schricker Rdnr. 18 a. E., Möhring/ Nicolini Bem. 6). Gegen eine wiederholte Weiterübertragung ist er allerdings deshalb geschützt, weil die Zustimmung, wenn nicht anders vereinbart, mit dem ersten Übertragungsakt verbraucht ist (§ 34 Bem. 8); war sie im voraus für alle künftigen Übertragungsakte erteilt, so endet sie bei wiederholter Übertragung jedenfalls mit dem Ablauf der 5-Jahres-Frist des Abs. 4 Satz 2, der als zwingende Vorschrift auch keine indirekte Verlängerung über – ohnehin meist formularmäßig vereinbarte – Zustimmungsregelungen zuläßt. Vgl. Bem. 14. – Ob es sich um die Übertragung des vollen ausschließlichen Nutzungsrechts oder nur eines beschränkten Rechts (§ 32) handelt, ist gleichgültig; auch der Subverleger, der ein auf Frankreich begrenztes ausschließliches Nutzungsrecht aus §§ 16, 17 hat, kann die Nutzungsfrist des Abs. 2 beanspruchen.

9 **Nachfrist des Abs. 3.** Nach Ablauf der in Abs. 2 bestimmten Fristen steht dem Verwerter noch eine angemessene Nachfrist zu (Abs. 3). Sie muß ihm – formlos – vom Urheber bestimmt werden, und zwar mit der **ausdrücklichen Erklärung,** daß innerhalb der Nachfrist das Nutzungsrecht nunmehr hinreichend ausgeübt werden müsse. In der Praxis dürfte sich Streit vor allem an der Frage entzünden, was **angemessen** ist. Für angemessen halten wir eine Frist, die ausreicht, um unter den durchschnittlichen Bedingungen, wie sie in der Branche herrschen, die vorgesehene Nutzung des Werkes ordnungsgemäß herbeizuführen (objektiv), und zwar einschließlich einer gewissen Planungs- und Überlegungsfrist. Für die Nutzung des Verfilmungsrechts wird demnach in der Regel eine Nachfrist von einem Jahr zu geben sein. Für die Vervielfältigung und Verbreitung von Sprach- oder Kunstwerken in Buchform sowie von Noten und für Bühnenaufführungen wird in der Regel ein halbes Jahr, für Funksendungen, Schallplattenaufnahmen und Konzertaufführungen ein Vierteljahr ausreichen. Die Fristen **können** von Fall zu Fall und auch jahreszeitlich **schwanken:** Die einem Buchverleger zu gewährende Nachfrist muß so bemessen sein, daß er in der Lage ist, das Werk zu einer verkaufsgünstigen Zeit herauszubringen (zur Frühjahrs- oder

Herbstmesse, nicht etwa zum Weihnachtsgeschäft, da dieses im wesentlichen schon auf der Herbstmesse abgewickelt wird). Die heute vielfach bestehenden Lieferschwierigkeiten braucht der Urheber nicht noch besonders zu berücksichtigen, wenn er von dem in der obigen Definition genannten Begriff der Durchschnittsbedingungen ausgeht, da diese dort bereits ihren Niederschlag gefunden haben. Allgemein sollte man in der Bemessung der Fristen nicht allzu kleinlich sein, um einem verwertungswilligen Nutzungsberechtigten nicht die Möglichkeit der Ausübung des Rechts zu nehmen. In keinem Falle darf allerdings die Nachfrist länger als die ursprüngliche Nutzungsfrist des Abs. 2 sein; in der Regel sollte sie höchstens die **Hälfte** der **Nutzungsfrist** betragen. – Hat der Urheber die Nachfrist **zu kurz** bemessen, so ist die Fristsetzung nicht etwa ungültig. Vielmehr verlängert sich die Nachfrist automatisch bis zu dem Endzeitpunkt, der angemessen ist. Sonst würde dem Urheber das Risiko für die Beurteilung von Umständen aufgebürdet, die er möglicherweise gar nicht übersehen kann (Beispiel: eine besonders lange Frist ist aus Konkurrenzgründen oder wegen sonstiger Marktverhältnisse angemessen, wovon der Autor naturgemäß nichts weiß).

Entbehrlichkeit der Nachfrist. Keine Nachfrist ist in den Fällen des Abs. 3 **10**
Satz 2 vorgeschrieben. Dabei handelt es sich um Ausnahmeregelungen, die demgemäß eng auszulegen sind. Im Zweifel ist hier gegen den Urheber und zugunsten einer Nachfrist für den Verwerter zu entscheiden.

a) Im Falle des Konkurses, der behördlichen Schließung, der Geschäftsauflösung ist die **Ausübung** des Nutzungsrechts dem Berechtigten **unmöglich.** Daß ihn daran eine Schuld trifft, wird vom Gesetz nicht gefordert. Deshalb kann das Rückrufsrecht beispielsweise auch im Falle eines Streiks ausgeübt werden, der die Drucklegung verhindert (wichtig bei Beiträgen zu Zeitungen und Zeitschriften), allerdings nur dann, wenn die Nutzungsfrist des Abs. 2 bereits abgelaufen ist (vgl. aber die Ausnahme in Bem. 8a zum Begriff „dauernd").

b) Keine Probleme bietet der Fall, daß der Berechtigte die Ausübung seines Rechts **verweigert.** Verweigert er sie vor Ablauf der Nutzungsfrist, so kommt es darauf an, ob die Weigerung endgültig oder nur für die Zeit bis zum Ablauf der Nutzungsfrist ausgesprochen wurde (vgl. Bem. 8a).

c) Die größten Schwierigkeiten dürfte in der Praxis der Fall verursachen, daß **überwiegende Interessen des Urhebers gefährdet** werden. Hier wird dem Richter eine Güter- und Interessenabwägung zugewiesen, die je nach Lage des Einzelfalles unterschiedlich zu sein hat. Jedenfalls muß das Interesse des Urhebers an der *Nicht*gewährung der Nachfrist dasjenige des Verwerters, noch eine Nachfrist zu erhalten, „überwiegen"; es muß also größer sein als das des Verwerters. Abs. 3 Satz 2 ist eine Ausnahmevorschrift und daher eng auszulegen. In aller Regel wird das Interesse des Urhebers auch dann genügend gewahrt, wenn der Verwerter eine Nachfrist erhält. Nur wo im Einzelfall ein besonderes Interesse des Urhebers daran besteht, sein Werk möglichst schnell anderweitig verwerten zu können, kann ein Fall des Abs. 3 Satz 2 vorliegen. Dies kann z. B. zutreffen bei rasch veraltenden Werken, wie Kabarettexten, Zeitungsartikeln usw. Doch geht der Gesetzgeber auch hier von dem Regelfall der Gewährung einer Nachfrist aus; den normalen Bedürfnissen derartiger schnellebiger Produkte hat er schon durch die Verkürzung der Fristen des Abs. 2 Rechnung getragen (schriftl. Bericht zu BT-Drucks. IV/3401 S. 5f.).

d) Eine Nachfrist ist ferner im Falle des **§ 45 VerlG** entbehrlich, der weitergilt (Bem. 13). Danach kann, wenn ein Beitrag zu einem Sammelwerk im Sinne des § 41 VerlG (Zeitungen, Zeitschriften und sonstige periodische Sammlungen) nicht innerhalb eines Jahres nach Ablieferung erschienen ist, ohne Nachfristsetzung „gekündigt", d. h. der Rückruf erklärt werden.

e) Endlich ist die Nachfristsetzung entbehrlich, wenn der Verwerter die Ausübung des Nutzungsrechts erst für einen Zeitpunkt ankündigt, der außerhalb der zu setzenden Nachfrist läge (vgl. BGH NJW 1984, 48, 49 für einen Fall des § 327 BGB). S. Bem. 8a am Schluß.

11 **Wirksamwerden des Rückrufs.** Der Rückruf wird, wenn die Voraussetzungen des Abs. 1 vorliegen (Bem. 2–5), die Frist des Abs. 2 eingehalten wurde (Bem. 8) und auch die gesetzte Nachfrist aus Abs. 3 Satz 1 ergebnislos verstrichen ist (Bem. 9) bzw. wegen Abs. 3 Satz 2 nicht gewährt zu werden brauchte (Bem. 10), **mit dem Zugang** der Rückrufserklärung an den Verwerter wirksam. Das ist bei mündlichen oder telefonischen Erklärungen sofort, sonst dann der Fall, wenn die Erklärung in den Herrschaftsbereich des Empfängers gelangt ist, so daß er davon Kenntnis nehmen konnte, wenn er es wollte (vgl. die Rspr. zu § 130 BGB). – Gleichzeitig **erlischt** das Nutzungsrecht (Abs. 5). Das heißt nicht etwa, daß es endgültig untergegangen wäre und demnach auch dem Urheber nicht mehr zustünde. Der Gesetzgeber wollte es vielmehr an den Urheber zurückgeben, wie schon der Ausdruck „Rückruf" sagt. Darauf wird in der Begr. an anderer Stelle (S. 55) ausdrücklich hingewiesen. Es liegt also ein Heimfall des Nutzungsrechts vor (vgl. vor § 28 Bem. 1 und Begr. a. a. O.). Das ist vor allem dann zu beachten, wenn der Urheber gegenüber einem Zweit- oder Dritterwerber des Nutzungsrechts zurückruft (Bem. 2). – **Prozessual** hat Abs. 5 zur Folge, daß der Verwerter schon während des Prozesses dem Urheber wegen der Nichtanerkennung des Rückrufs und der damit möglicherweise verbundenen Verhinderung anderweitiger Verwertung schadenersatzpflichtig werden kann, da der Richter die Wirksamkeit des Rückrufs rückwirkend auf den Tag seiner Erklärung feststellt. Der Verwerter, der sich auf einen Prozeß aus § 41 einläßt, trägt also ein erhebliches zusätzliches Risiko.

12 **Entschädigung des Verwerters.** Wenn und soweit es der Billigkeit entspricht, hat der Urheber den Inhaber des ausschließlichen Nutzungsrechts zu entschädigen. Der Gesetzgeber hat es hier (anders als bei § 42) ausdrücklich abgelehnt, die Vorauszahlung einer etwaigen Entschädigungssumme oder auch nur eine Sicherheitsleistung durch den Urheber vorzusehen, weil sonst nur vermögende Autoren davon Gebrauch machen könnten (Begr. S. 60). Auch ein Leistungsverweigerungsrecht steht dem Verwerter nicht zur Seite. Es hätte keinen Sinn, da das Erlöschen des Nutzungsrechts mit dem Wirksamwerden des Rückrufs eintritt (Abs. 5). Der Ermessensspielraum des Richters bei der Prüfung der Entschädigungspflicht des Urhebers aus Abs. 6 ist besonders groß: Er wird das Verhalten des Urhebers und des Nutzungsberechtigten zu werten haben und prüfen müssen, ob dem Urheber nach dem Rechtsempfinden aller billig und gerecht Denkenden die Zahlung

einer Entschädigung zuzumuten ist. Die Begr. (S. 60) führt als Beispiel für eine denkbare Entschädigungspflicht an, daß der Verwerter für den Erwerb des Rechts ein Entgelt gezahlt oder im Vertrauen auf sein Recht bereits Aufwendungen gemacht habe. In beiden Fällen wird die Billigkeitsprüfung jedoch nur ausnahmsweise zu einer Entschädigung führen. Immerhin hat der Urheber im Regelfall dem Verwerter für das gezahlte Entgelt ein Nutzungsrecht über 2 Jahre lang ausschließlich zur Verfügung gestellt. Er hätte es in der Zwischenzeit möglicherweise anderweitig viel besser verwerten lassen können. Das Entgelt, das der Verwerter gezahlt, oder die Aufwendungen, die er gehabt hat, sind also in der Regel durch die ausschließliche Bereitstellung des Nutzungsrechts für ihn über einen längeren Zeitraum hinweg abgegolten. Beide Fälle sind der Zahlung für eine Option vergleichbar, ohne die ein Vertrag über ein künftiges Werk sogar nichtig sein kann (§ 40 Bem. 7). – Im Rahmen der vom Gericht anzustellenden Billigkeitserwägungen wird dagegen zu berücksichtigen sein, ob der Verwerter etwa unverschuldet oder gar durch höhere Gewalt an der rechtzeitigen Ausübung seines Nutzungsrechts gehindert war, diese Behinderung aber in Zukunft nicht mehr bestanden hätte. – Da es sich um eine *billige* und nicht etwa um eine *angemessene* Entschädigung handeln soll, wie sie z. B. § 42 Abs. 3 fordert, sind auf ihre Ermittlung die allgemeinen Schadenersatzgrundsätze nicht anwendbar (v. Gamm Bem. 16). Der Schaden, der dem Verwerter durch den Rückruf entsteht, ist vielmehr nur ein Anhaltspunkt für die Abwägung der beiderseitigen Interessen im Rahmen der Billigkeitsprüfung. – Eine Entschädigung sollte grundsätzlich dann nicht gewährt werden, wenn der Verwerter die Ausübung seines Rechts vorsätzlich oder fahrlässig, d. h. schuldhaft, unterlassen hat (z. B. sie ausdrücklich verweigert) oder wenn ihm die Ausübung dauernd unmöglich ist. Im ersten Fall muß er sich sein eigenes Verschulden anrechnen lassen, im zweiten Falle entsteht ihm kein Verlust, für den er entschädigt werden könnte.

Andere gesetzliche Vorschriften. Abs. 6 läßt Rechte und Ansprüche nach 13
anderen gesetzlichen Vorschriften ausdrücklich unberührt. Damit gelten neben § 41 insbesondere die allgemeinen Vorschriften der §§ 320ff. BGB und die Spezialregelungen des § 32 in Verbindung mit § 30 VerlG (Erstauflage) bzw. § 17 VerlG (Folgeauflagen). Ihre Verletzung ist ggf. *zuerst* zu prüfen (BGH GRUR 1988, 304, 305 *Sonnengesang;* a. M. v. Gamm Bem. 1 und OLG München Schulze OLGZ 144, 3, die die §§ 32, 30 VerlG dort weiterhin allein gelten lassen wollen, wo den Verleger eine Verbreitungspflicht trifft).
Der Verwerter, der im Vertrage die ausdrückliche Verpflichtung zur Ausübung des Nutzungsrechts übernommen hat oder dessen Verpflichtung sich aus dem Gesetz ergibt (z. B. § 1 Satz 2 VerlG), kann also vom Urheber auf Einhaltung dieser Verpflichtung jederzeit verklagt werden. Unabhängig davon, also möglicherweise sogar im Verlaufe des Prozesses um Einhaltung der Verpflichtung, kann der Urheber das Rückrufsrecht ausüben, wenn und sobald die Voraussetzungen dafür gegeben sind. Auch sein Recht auf Kündigung des Vertrages aus wichtigem Grunde bleibt unberührt (BGH GRUR 1973, 328, 330 *Musikverleger II;* Näheres zum Kündigungsrecht vor § 31 Bem. 26–29).

Verzicht und Verwirkung. Der Urheber kann auf das Rückrufsrecht nicht 14
im voraus verzichten (Abs. 4 Satz 1). Dagegen ist die Vereinbarung

möglich, daß die Ausübung des Rückrufsrechts ausgeschlossen sein soll, jedoch nur bis zu einer Dauer von 5 Jahren (Abs. 4 Satz 2). Sie muß in der Regel ausdrücklich getroffen werden. Keinesfalls liegt sie konkludent in einer Vertragsbestimmung, die den Verwerter von der Pflicht zur Nutzung befreit; denn § 41 kommt gerade dann zur Anwendung, wenn den Verwerter keine Nutzungs*pflicht*, sondern nur eine Nutzungs*last* trifft (BGH GRUR 1970, 40, 42f. *Musikverleger I*). Die 5-Jahres-Frist gilt an sich unabhängig davon, ob in der Zwischenzeit eine Weiterübertragung des Nutzungsrechts stattfindet, falls nicht dem Übertragungsempfänger die ihm zustehende 2-Jahres-Frist des Abs. 2 dadurch verkürzt wird. Da der Gesetzgeber jedoch, wie sich aus Abs. 2 ergibt (Bem. 8), den Erwerber nicht schlechter als den ursprünglich Nutzungsberechtigten stellen wollte, ist davon auszugehen, daß durch Vereinbarung des Urhebers mit dem Erwerber auch diesem gegenüber die Ausübung des Rückrufsrechts bis zu einer Dauer von 5 Jahren, gerechnet vom Tage der Übertragung an, ausgeschlossen werden kann. Eine entsprechende Klausel schon im Vertrag des Urhebers mit dem ursprünglich Nutzungsberechtigten wäre jedoch wegen Verstoßes gegen Abs. 4 Satz 1 nichtig, da sie dessen Zweck vereiteln würde (vgl. schon Bem. 8b). Dasselbe gilt für Klauseln in Verwertungsverträgen, die die spätere Ausübung des Rückrufsrechts in anderer als zeitlicher Hinsicht beschränken, sie also beispielsweise davon abhängig machen, daß der Urheber das vereinbarte Honorar ganz oder teilweise zurückzahlt, oder die ihn verpflichten, bei erneuter Verwertung seines Werkes nach Ausübung des Rückrufsrechts das Nutzungsrecht zuerst dem bisherigen Vertragspartner oder einem bestimmten Dritten anzubieten. Auch **Abs. 6** ist insoweit **zwingendes Recht,** als davon zum Nachteil des Urhebers nicht abgewichen werden kann, falls eine dahingehende Vereinbarung sich nicht gerade auf den 5-Jahres-Zeitraum bezieht, für den Abs. 4 Satz 2 auch den völligen Ausschluß des Rückrufrechts zuläßt. – Ein **nachträglicher Verzicht** des Urhebers ist möglich. Er kann formlos, also auch stillschweigend durch schlüssiges Verhalten, erklärt werden. Er hat nicht etwa zur Folge, daß damit das Rückrufsrecht des Urhebers endgültig ausgeschlossen wäre; vielmehr beseitigt er nur ein bereits entstandenes Rückrufsrecht. Für die Zukunft kann er schon deshalb nicht wirken, weil er nicht „im voraus" erklärt werden kann (Abs. 4 Satz 1). Demgemäß beginnt mit dem Verzicht eine **neue Frist** aus Abs. 2 zu laufen, nach deren erneutem Ablauf der Urheber entweder das Rückrufsrecht geltend machen oder wiederum verzichten kann.

Eine **Verwirkung** des Rückrufrechts ist ausgeschlossen. Setzt beispielsweise ein Urheber, der Jahre oder Jahrzehnte geschwiegen hat, plötzlich dem Verwerter eine Nachfrist aus Abs. 3, so steht der Verwerter nicht schlechter, sondern besser, als wenn ihm die Nachfrist alsbald nach Ablauf der Frist des Abs. 2 gesetzt worden wäre. Ihm ist also stets nach Treu und Glauben zuzumuten, nunmehr die Nachfrist, die stets angemessen sein muß, auszunutzen (Bem. 10).

15 **Kein Rückruf bei Filmwerken.** § 41 gilt nicht im Bereich des Filmrechts, soweit es sich um die in § 88 Abs. 1 Nr. 2–5 genannten Nutzungsrechte handelt (§ 90). Der Urheber kann also nur das Recht zur Herstellung eines Filmwerks (Verfilmungsrecht; § 88 Abs. 1 Nr. 1) zurückrufen. Hat der Filmhersteller dieses Recht ausgeübt, können ihm die Verwertungsrechte der Nrn. 2–5 auch dann nicht entzogen werden, wenn er sie ungenutzt läßt. Zur Kritik s. § 90 Bem. 1.

Übergangsvorschriften. Eine Übergangsregelung gibt § 132. Danach besteht das Rückrufsrecht aus § 41 auch für solche Verträge, die vor dem 1. 1. 1966 geschlossen wurden; doch begannen die Fristen des Abs. 2 erst an diesem Tage zu laufen. Für Verlagsverträge war die Übergangsregel wegen §§ 17, 30, 32 VerlG von vornherein bedeutungslos (Bem. 13). 16

§ 42 Rückrufsrecht wegen gewandelter Überzeugung

(1) Der Urheber kann ein Nutzungsrecht gegenüber dem Inhaber zurückrufen, wenn das Werk seiner Überzeugung nicht mehr entspricht und ihm deshalb die Verwertung des Werkes nicht mehr zugemutet werden kann. Der Rechtsnachfolger des Urhebers (§ 30) kann den Rückruf nur erklären, wenn er nachweist, daß der Urheber vor seinem Tode zum Rückruf berechtigt gewesen wäre und an der Erklärung des Rückrufs gehindert war oder diese letztwillig verfügt hat.

(2) Auf das Rückrufsrecht kann im voraus nicht verzichtet werden. Seine Ausübung kann nicht ausgeschlossen werden.

(3) Der Urheber hat den Inhaber des Nutzungsrechts angemessen zu entschädigen. Die Entschädigung muß mindestens die Aufwendungen dekken, die der Inhaber des Nutzungsrechts bis zur Erklärung des Rückrufs gemacht hat; jedoch bleiben hierbei Aufwendungen, die auf bereits gezogene Nutzungen entfallen, außer Betracht. Der Rückruf wird erst wirksam, wenn der Urheber die Aufwendungen ersetzt oder Sicherheit dafür geleistet hat. Der Inhaber des Nutzungsrechts hat dem Urheber binnen einer Frist von drei Monaten nach Erklärung des Rückrufs die Aufwendungen mitzuteilen; kommt er dieser Pflicht nicht nach, so wird der Rückruf bereits mit Ablauf dieser Frist wirksam.

(4) Will der Urheber nach Rückruf das Werk wieder verwerten, so ist er verpflichtet, dem früheren Inhaber des Nutzungsrechts ein entsprechendes Nutzungsrecht zu angemessenen Bedingungen anzubieten.

(5) Die Bestimmungen in § 41 Abs. 5 und 7 sind entsprechend anzuwenden.

Übersicht

Zur **Terminologie** des Gesetzes vgl. zunächst § 41 Bem. 1. Allgemein zu § 42 Ernst E. Hirsch FS Nipperdey (1965) Bd. 1 S. 351. 1

Grundsätzliches. § 42 trägt dem Grundgedanken Rechnung, daß sich das gesamte Geistesleben im Flusse einer ständigen dynamischen Entwicklung befindet. Politik und Gesetzgebung machen von dem Recht des Überzeugungswandels in unserem Zeitalter einen recht kräftigen Gebrauch. Auch die 2

Rspr. ist oft gezwungen, als „ehern“ geltende Grundsätze über Bord zu werfen und den diametral entgegengesetzten Standpunkt einzunehmen. Zahlreiche Bestimmungen des UrhG sind ein augenscheinlicher Beweis dafür, daß der Gesetzgeber von seinem „Rückrufsrecht wegen gewandelter Überzeugung“ im Urheberrecht einen segensvollen Gebrauch gemacht hat. Nur den Urheber an seinen einmal geäußerten Meinungen, der einmal gegebenen Form eines Kunstwerkes festhalten zu wollen, würde diesen Grundsätzen zuwiderlaufen. Der Sturmlauf der wissenschaftlichen Erkenntnisse auf nahezu allen Wissensgebieten läßt es vielmehr erforderlich erscheinen, Urhebern von fachwissenschaftlichen Werken die rechtliche Möglichkeit an die Hand zu geben, die weitere Verbreitung von Werken zu verhindern, deren Inhalt überholt oder widerlegt ist. Politische Entwicklungen und Umwälzungen können ein gleiches dringendes Interesse bei Autoren politisch-weltanschaulicher Publikationen hervorrufen. Schließlich kann aber auch ganz allgemein die geistige Entwicklung eines Urhebers es ihm geboten erscheinen lassen, von einem Werk abzurücken, dessen Gedankengehalt oder künstlerische Formung er nicht mehr verantworten kann. So ließ beispielsweise Gerhart Hauptmann sein Jugendwerk *Promethidenlos* später aus dem Verkehr ziehen und einstampfen. Jean-Paul Sartre untersagte die weitere Aufführung seines Werkes *Die schmutzigen Hände* in Belgien mit der Begründung, das Stück „passe nicht mehr in die heutigen Verhältnisse“ (vgl. FuR 1967, 19). § 42 erweist sich demnach als eine lebendige Verwirklichung des Grundsatzes, den Nietzsche mit dem Satz: *Nur wer sich wandelt, bleibt mir verwandt* prägte und womit er der steten Fortentwicklung und Weiterbildung der menschlichen Kultur eine Bresche schlug.

3 **Geltungsbereich.** Wegen dieser ihrer grundsätzlichen Bedeutung gilt die Vorschrift im gesamten Bereich des Urheberrechts einschließlich des Verlagsrechts (vgl. § 41 Bem. 2 am Schluß). § 35 VerlG, der als bisher einzige einschlägige Norm dem Verfasser ein Rücktrittsrecht unter gewissen Umständen bis zum Beginn der Vervielfältigung (nicht darüber hinaus) gewährt hatte, gilt daneben weiter (Abs. 5; vgl. § 41 Bem. 13), wie überhaupt die Rechte des Urhebers nach anderen Vorschriften – z. B. das Kündigungsrecht – erhalten bleiben (Abs. 5 in Verbindung mit § 41 Abs. 7). – Das Rückrufsrecht des § 42 besteht wie das des § 41 gegenüber j e d e m Inhaber, also auch gegenüber demjenigen, der es erst durch Weiterübertragung oder Erbgang erworben hat.

4 **Begriff der Überzeugung.** Das Rückrufsrecht besteht jederzeit, wenn das Werk der Überzeugung des Urhebers nicht mehr entspricht. Dieser Begriff ist weit auszulegen. Es gibt eine große Zahl von Werken des Katalogs aus § 2 Abs. 1, in denen keine „Überzeugungen“ im engeren Sinne vertreten werden, z. B. die Werke der Musik, die pantomimischen Werke, die meisten Werke der bildenden Künste, fast alle Werke der Baukunst und der angewandten Kunst, schließlich zahlreiche Lichtbildwerke und die nur beschreibenden Darstellungen wissenschaftlich-technischer Art. Es ist der Wille des Gesetzgebers, § 42 auf alle urheberrechtlich geschützten Werke anzuwenden. Bei denjenigen Werken, die nur dem Gefühl des Menschen, seiner ästhetischen Empfindungswelt zugewandt sind, wird man daher den „Überzeugungswandel“ im Sinne des § 42 mit dem Wandel der künstlerischen Auffassung gleichsetzen müssen. Ebenso Möhring/Nicolini Bem. 5b und Locher S. 93; zu eng v. Gamm Bem. 5. Bei wissenschaftlichen Werken

kann der Überzeugungswandel sich auch aus dem inzwischen eingetretenen Fortschritt der Erkenntnis ergeben (Schricker-Dietz Rdnr. 26; vgl. Bem. 9d). Von einer Lehre oder Erkenntnis, die überholt ist, kann ein Wissenschaftler, der ernst genommen werden will, nicht mehr überzeugt sein.

Darlegung des Überzeugungswandels im Prozeß. Im Prozeß muß der Urheber nach dem Wortlaut der Bestimmung beweisen, daß seine Überzeugung sich gewandelt hat. Dieser Darlegungs- und Beweislast wird er sich allerdings im Regelfalle schon dadurch entledigen können, daß er den Widerspruch zwischen seiner Überzeugung bei Schaffung des Werkes und seiner jetzigen Überzeugung näher darlegt; denn „Überzeugung" ist ein innerer Tatbestand, der kaum der Widerlegung fähig ist. Die bloße Erklärung, jetzt anderen Sinnes geworden zu sein, genügt freilich nicht. Es müssen vielmehr Tatsachen angegeben werden, aus denen sich ergibt, daß der Urheber nunmehr eine andere künstlerische oder wissenschaftliche Auffassung vertritt oder sich durch neue wissenschaftliche Erkenntnisse widerlegt sieht. Das wird meist durch Belegexemplare von anderen, erst in jüngerer Zeit geschaffenen Werken geschehen können; ein Maler, der in seiner Jugend impressionistisch oder gar romantisch gemalt hat und nunmehr des Glaubens ist, nur die surrealistische Malweise sei Kunst, wird diesen Überzeugungswandel sehr leicht durch den Hinweis auf sein neueres Schaffen unter Beweis stellen können. Eine Begründung oder gar eine Rechtfertigung für die Änderung seiner künstlerischen Auffassung braucht er nicht zu geben. Überzeugungen sind so subjektiv und vielfach, zumal im Bereich der Kunst, so irrational, daß der Zwang zu einer jedermann einleuchtenden, „plausiblen" Begründung unweigerlich zu einer Nivellierung des Geisteslebens und zu einer Herabwürdigung des Genies auf die Stufe des Durchschnittsbürgers führen müßte. 5

Unzumutbarkeit für den Urheber. Der Überzeugungswandel muß allerdings, um einen Rückruf des Werkes zu ermöglichen, dazu führen, daß dem Urheber die Zulassung der weiteren Verwertung des Werkes nicht mehr zugemutet werden kann. Dieses zusätzliche Erfordernis hat, anders als die ähnliche Voraussetzung der „berechtigten Interessen des Urhebers" in § 41 (dort Bem. 6), nicht nur die Funktion einer Mißbrauchssperre. Während die mangelnde Verwertung eines Werkes stets die berechtigten Interessen des Urhebers zu verletzen pflegt, ist die Zulassung der weiteren Verwertung eines Werkes dem Urheber sehr häufig auch dann noch zuzumuten, wenn seine künstlerische oder wissenschaftliche Überzeugung sich geändert hat. Niemand würde Verständnis dafür haben, wenn Pablo Picasso die weitere Verwertung seiner Bilder aus der *Blauen Periode* in Deutschland mit Hilfe von § 42 hätte sperren wollen, weil er seine künstlerischen Auffassungen inzwischen wiederholt geändert hatte. Vielmehr wird im Streitfall nach objektiven Maßstäben zu prüfen sein, ob die im Werk vertretene Auffassung nach dem jetzigen Stand der Wissenschaft oder der Kunstkritik so unhaltbar geworden ist, daß die Fortdauer der Verbreitung den Ruf des Urhebers empfindlich schädigen kann. Die weitere Verbreitung und sonstige Verwertung eines Werkes, das heute allgemein als Kitsch empfunden wird oder das wissenschaftlich hoffnungslos überholt ist, kann dem Urheber nicht zugemutet werden; bei solchen früheren Werken dagegen, die dem künstlerischen oder persönlichen Ansehen des Urhebers keinen Abbruch tun und die er lediglich heute anders gestalten würde, wenn er sie neu zu schreiben oder zu 6 malen hätte, muß es dagegen bei den einmal abgeschlossenen Verwertungsverträgen bleiben. – Zur Frage der Zumutbarkeit gehört auch die Prüfung, ob der Rückruf notwendig ist oder ob nicht vielmehr schon mit **Änderungen** des Werkes, die beiden Teilen nach Treu und Glauben zuzumuten sind (vgl. § 39 Abs. 2), den berechtigten Interessen des Urhebers ausreichend gedient sein würde. Der Rückruf, der das vollständige Erlöschen des Nutzungsrechts und damit in der Regel den Wegfall des ganzen Vertrages zur Folge hat, muß das angemessene Mittel sein, um die persönlich-geistigen Beziehungen des Urhebers zu seinem Werk zu wahren. Reichen dazu Änderungen aus, zu deren Hinnahme der Nutzungsberechtigte bereit ist, so entsteht kein Rückrufsrecht. Erst wenn der Nutzungsberechtigte diese möglichen und ihm zumutbaren Änderungen ablehnt, wird die Zulassung der weiteren Verwertung des Ursprungswerkes für den Urheber seinerseits unzumutbar. – **Miturheber** können auch den Rückruf aus § 42 nur gemeinsam erklären (§ 8 Bem. 18). Bestehen zwischen ihnen Differenzen, so mag der Miturheber, der den Rückruf verlangt, die anderen auf Einwilligung verklagen (§ 8 Bem. 17). Etwaige persönliche Nachteile, die er für die Zwischenzeit befürchtet, kann er durch das Verbot vermeiden, ihn als Miturheber zu nennen (§ 13 Bem. 14). – In der **Werkverbindung** gilt an sich das gleiche. Die Weigerung des anderen Urhebers, einem – begründeten – Rückruf wegen gewandelter Überzeugung zuzustimmen, ist jedoch stets ein wichtiger Grund für die fristlose Kündigung des Gesellschaftsverhältnisses, das zwischen den Urhebern der verbundenen Werke besteht (§ 9 Bem. 4, 14), weil § 42 die Unzumutbarkeit schon voraussetzt.

7 **Rückrufsrecht des Rechtsnachfolgers.** Der Urheber kennt seine eigene Überzeugung selbst am besten. Es wäre daher mißlich, wenn der Rechtsnachfolger einen Rückruf wegen gewandelter Überzeugung des Urhebers erklären könnte, zu dem der Urheber selbst keinen Anlaß sah. Grundsätzlich soll dem Rechtsnachfolger daher kein Rückrufsrecht aus § 42 zustehen (Begr. S. 61). Abs. 1 Satz 2 macht davon nur für zwei Fälle eine – eng auszulegende – **Ausnahme:**

a) Der Urheber war an der Ausübung des Rückrufsrechts gehindert, z. B. weil ihm die Person oder der Aufenthaltsort des Nutzungsberechtigten unbekannt war (so Begr. a.a.O.), oder weil er vom Tode überrascht wurde, oder weil er geschäftsunfähig war (vgl. § 104 Nr. 2 und 3 BGB), oder endlich wegen höherer Gewalt (Gefangennahme, politische Absperrung, aber auch Poststreik, Naturkatastrophen usw.).

b) Der Urheber hatte die Ausübung des Rückrufsrechts noch selbst durch Testament oder Erbvertrag angeordnet.

In beiden Fällen muß der Rückruf **sachlich gerechtfertigt** gewesen sein. Schon zu Lebzeiten des Urhebers muß also ein Überzeugungswandel (Bem. 4–5) und die Unzumutbarkeit der Zulassung einer weiteren Verwertung festgestanden haben.

8 **Beweislast.** Die Fassung des Abs. 1 Satz 2 ist verunglückt. Der Rechtsnachfolger braucht nicht etwa in der Rückrufserklärung Beweise für seine Darlegungen anzubieten, geschweige denn zu erbringen; dazu wäre er im Falle eines Zeugenbeweises auch gar nicht in der Lage. Die Bestimmung besagt nur, daß der Rechtsnachfolger im Prozeß voll beweispflichtig ist und

daß jeder Zweifel zu seinen Lasten geht. Dagegen verlangen Möhring/ Nicolini Bem. 7 die Vorlage aller Beweismittel, bei Zeugenbeweis eidesstattlicher Versicherungen. Das ist weder zumutbar noch ausreichend: Der Urkundenbeweis ist, wenn es sich nicht um öffentliche Urkunden handelt, durch Vorlage des Originals zu führen (§ 435 ZPO); Originale aus der Hand zu geben kann dem Rückrufenden nicht zugemutet werden. Eidesstattliche Versicherungen sind kein Beweismittel, sondern dienen nur der Glaubhaftmachung (§ 294 ZPO).

Entschädigung. Im Gegensatz zu § 41, dessen Abs. 6 eine Entschädigungs- 9
pflicht des Urhebers nur im Falle der Billigkeit vorsieht, schreibt hier Abs. 3 eine unbedingte Entschädigung des Nutzungsberechtigten vor.

a) Untere Grenze der vom Urheber zu leistenden Entschädigung sind die **Aufwendungen,** die der Nutzungsberechtigte bereits gehabt hat. Das sind alle baren Auslagen, die der Verwerter im Zusammenhang mit der Ausübung seines Rechts gehabt hat, also im Verlagswesen vor allem Druck- und Werbungskosten, im Filmwesen die gesamten Herstellungs- und Verleihkosten (vgl. aber § 90), bei den Bühnen die Kosten der Inszenierung und Werbung usw. Allgemeine Verwaltungskosten bleiben jedoch, weil nur schätzbar, insoweit außer Ansatz. Nicht berücksichtigt werden ferner solche Aufwendungen, die auf **bereits gezogene Nutzungen** entfallen (Abs. 3 Satz 2 Halbs. 2). Die Kosten früherer, bereits vergriffener Auflagen, die Kosten bereits ausgewerteter Filmkopien, die Kosten einer bereits abgeschlossenen Aufführungsserie bleiben außer Betracht, selbst wenn der Verwerter dabei Verluste erlitten hatte. Entschädigungspflichtig sind also nur Aufwendungen für solche Nutzungen, die noch in der Auswertung sind. Fraglich ist, wie dabei die bereits gezogenen Teilnutzungen zu berücksichtigen sind. Denkbar ist zunächst eine verhältnismäßige Anrechnung, wie sie der Wortlaut von Abs. 3 Satz 2 Halbs. 2 nahelegt: Befindet sich eine Buchauflage im Vertrieb, so muß der Verleger von den Gesamtaufwendungen denjenigen Teil der Unkosten abziehen, der auf die schon verkauften Exemplare entfällt. Bei 3000 hergestellten und 1000 verkauften Exemplaren wären also dem Urheber noch ⅔ der gesamten Druck- und Werbekosten anzulasten. Denkbar ist ferner die Verrechnung aller Aufwendungen mit allen Erträgnissen, dies allerdings beschränkt auf die jeweilige Auflage, Auswertungsserie usw.: Der Filmhersteller darf nur diejenigen Herstellungs- und Verleihkosten dem Urheber als Aufwendungen in Rechnung stellen, die noch nicht abgedeckt sind. Der Bühnenunternehmer muß die bereits eingespielten Kosten von den Aufwendungen absetzen. – Wir halten allein die letztere Lösung für richtig. Die erste wäre nur dort praktisch durchführbar, wo die Aktivitäten des Verwerters klar begrenzt sind. Das trifft – scheinbar – für das Buchverlagswesen zu, wo die Auflagenhöhe feststeht. Wie oft aber Filmkopien eingesetzt, Regiebücher benutzt, Aufführungen veranstaltet werden können, läßt sich nicht vorhersagen. Auch im Buchverlag stimmt das Verhältnis letztlich nicht, weil kein Verleger auf die ganze Auflage kalkuliert. Da das Wirksamwerden des Rückrufs von der Erstattung der Aufwendungen abhängt, müssen diese einfach, schnell und klar feststellbar sein, wenn das Gesetz seinen Zweck soll erfüllen können. Es kommt hinzu, daß die erste Lösung auf einen Schadenersatzanspruch hinausliefe; der Verwerter würde für die gezogenen Nutzungen so gestellt, wie er ohne den Rückruf gestanden hätte (vgl. § 249 BGB). Er hat aber nur Anspruch auf eine angemessene Entschädigung. Man kommt zu dieser, wenn man die Aufwendungen mit den Erträgnissen verrechnet und so die *Unter*grenze feststellt, danach aber den dem Verwerter entgangenen Gewinn im Wege der freien Schätzung (§ 287 ZPO) ermittelt und in angemessener Höhe zuschlägt.

b) Der **Rückruf** wird erst **wirksam,** wenn die Aufwendungen (nicht etwa die gesamte, möglicherweise viel höhere Entschädigung!) erstattet sind oder für sie Sicherheit geleistet ist. Der Urheber mag, wenn er die Berechnung der Aufwendungen nach lit. a durch den Nutzungsberechtigten für unrichtig hält, unter Vorbehalt zahlen oder, was stets zu empfehlen ist, Sicherheit leisten; eines von beidem muß er jedoch tun, wenn der Rückruf überhaupt wirksam werden soll.

c) Bis zur Zahlung bzw. Sicherheitsleistung ist der bereits erklärte Rückruf schwebend unwirksam. Damit dieser Schwebezustand vom Nutzungsberechtigten nicht beliebig ausgedehnt werden kann, schreibt Abs. 3 Satz 3 vor, daß der Berechtigte dem Urheber binnen einer **Frist von 3 Monaten** nach Erklärung (Zugang) des Rückrufs die Aufwendungen mitgeteilt haben müsse; anderenfalls wird der Rückruf ohne Zahlung oder Sicherheitsleistung wirksam. Die Vorleistungspflicht des Urhebers erlischt also mit Fristablauf. – Die Mitteilung hat in Form der Rechnungslegung zu erfolgen; die Angabe des Gesamtbetrages genügt – entgegen den ersten beiden Auflagen – nicht, da sich die Verpflichtung des Verwerters zur Vorlage eines vollständigen Verzeichnisses der Aufwendungen und Erträgnisse aus § 259 BGB ergibt. Anderenfalls bestünde auch die Gefahr, daß der Verwerter mit der Angabe überhöhter Gesamtsummen die Forderung nach einer Sicherheitsleistung motivieren könnte, die die Finanzkraft des Urhebers übersteigt und ihn damit praktisch zum Verzicht auf den Rückruf nötigt, ohne daß er die Möglichkeit einer Überprüfung der Angaben des Verwerters hätte.

d) Ist der Rückruf durch Zahlung bzw. Sicherheitsleistung für die Aufwendungen wirksam geworden, so bleibt dem Nutzungsberechtigten noch ein **weitergehender Anspruch auf angemessene Entschädigung.** Hier sind auf seiten des Urhebers die näheren Umstände seines Überzeugungswandels zu berücksichtigen. Hat der Urheber etwa das Rückrufsrecht nur deshalb ausgeübt, weil er durch äußere Ereignisse dazu veranlaßt wurde (z. B. sein Werk ist infolge neuer Erkenntnisse überholt), so ist das bei der Festlegung der Entschädigung zu berücksichtigen und kann im Einzelfall zu deren völligem Wegfall führen. Im übrigen ist weitgehend nach dem allgemeinen Schadenersatzrecht der §§ 249ff. BGB zu verfahren (v. Gamm Bem. 9; s. auch BGHZ 29, 217, 219 – zum Aufopferungsanspruch –). Die Höhe des Betrages wird das Gericht letztlich zu schätzen haben.

e) **Rechtspolitisch** ist Abs. 3 das Bedenken entgegenzuhalten, das den Gesetzgeber nach seiner ausdrücklichen Erklärung bei § 41 von der Einführung einer allgemeinen Entschädigungspflicht abgehalten hat: Den Rückruf wegen gewandelter Überzeugung wird sich in der Regel nur ein vermögender Urheber leisten können (vgl. Begr. S. 60; kritisch auch Schricker-Dietz Rdnr. 32). Man wird den Willen des Gesetzgebers, der der berechtigten Sorge vor einem Mißbrauch des § 42 entsprang, hinnehmen müssen. Die

Rspr. wird jedoch darüber zu wachen haben, daß § 42 nicht umgekehrt zu einer Bereicherung des Verwerters auf Kosten des Urhebers mißbraucht wird.

Wiederverwertung des zurückgerufenen Werkes. Als zusätzliche Sicherung gegen einen Mißbrauch des § 42 verpflichtet Abs. 4 den Urheber, das Werk bei etwaiger Wiederverwertung (z. B. nach Änderung) dem bisherigen Nutzungsberechtigten wieder anzubieten. Die Bestimmung hat nur obligatorischen Charakter (gesetzliche Option, s. § 40 Bem. 4). Wenn der Urheber sie nicht beachtet, macht er sich zwar schadenersatzpflichtig; sein etwaiger Vertrag mit einem anderen Verwerter bleibt aber gültig. Unter Umständen haftet auch der zweite Verwerter, wenn er wußte, daß es sich um ein zurückgerufenes Werk handelte (vgl. den ähnlichen Fall OLG München GRUR 1953, 302 *Dreigroschenroman I* und BGH GRUR 1959, 331 *Dreigroschenroman II*). Angemessen sind nicht notwendig die früheren Bedingungen. Vielmehr ist eine Veränderung in Umfang oder Inhalt des Werkes oder eine inzwischen eingetretene Steigerung des „Marktwertes" des Urhebers zu berücksichtigen. **10**
– Das Fehlen jeder Befristung der Anbietungspflicht halten wir mit Schricker-Dietz Rdnr. 34 für unausgewogen. Selbst der Urheber, der ein Jugendwerk nach gründlicher Überarbeitung im „Reifezustand" nach 20, 30 oder gar 50 Jahren wieder neu publizieren will, bleibt an den Ursprungsverleger gebunden, obwohl er seine weiteren Werke vielleicht längst anderswo verlegt. Die von Schricker-Dietz ins Auge gefaßte Befristung auf 10 Jahre seit dem Rückruf schlösse einen Mißbrauch des Rückrufrechts durch den Urheber aus.

Die **gesetzlichen Nutzungsrechte** an dem zurückgerufenen Werk bleiben bestehen, da nur ein eingeräumtes Recht rückrufbar ist (Schneider in der Sitzung des Unterausschusses Urheberrecht vom 16. 11. 1964). Insbesondere kann der Urheber ein Zitat (§ 51) auch weiterhin nicht verbieten. Lediglich der Aufnahme des Werkes oder von Teilen davon in Sammlungen für den Kirchen-, Schul- und Unterrichtsgebrauch kann der Urheber entgegentreten (§ 46 Abs. 4; dort Bem. 8). **11**

Anwendbarkeit des § 41. Das Rückrufsrecht des § 42 entspricht im übrigen dem des § 41: Der Urheber kann darauf im voraus **nicht verzichten** (§ 41 Bem. 14), es also auch **nicht verwirken** (zur Verwirkung im Urheberrecht s. § 102 Bem. 4). Seine Ausübung kann nicht – auch nicht auf begrenzte Zeit wie bei § 41 Abs. 4 Satz 2 – ausgeschlossen werden. Das Nutzungsrecht **erlischt** mit Zahlung oder Sicherheitsleistung für die Aufwendungen (§ 41 Bem. 11). Wegen der **anderen Rechte** und Ansprüche der Beteiligten vgl. § 41 Bem. 13 und oben Bem. 3. – Eine **Ausnahme** macht wiederum § 90 (§ 41 Bem. 15). **12**

§ 42 gilt auch für solche Verträge, die **vor dem 1. 1. 1966** geschlossen wurden (§ 132 Satz 1). **13**

§ 43 Urheber in Arbeits- oder Dienstverhältnissen

Die Vorschriften dieses Unterabschnitts sind auch anzuwenden, wenn der Urheber das Werk in Erfüllung seiner Verpflichtungen aus einem Arbeits- oder Dienstverhältnis geschaffen hat, soweit sich aus dem Inhalt oder dem Wesen des Arbeits- oder Dienstverhältnisses nichts anderes ergibt.

Übersicht

1 **Grundsätzliches.** Die besonderen Gegebenheiten beim abhängigen Urheber werden nur in einer einzigen, generalklauselartigen Vorschrift behandelt. Die Bestimmung geht von dem Grundsatz aus, daß der Urheber eines Werkes stets dessen Schöpfer ist, ganz gleich, in welcher Position er das Werk geschaffen hat (vgl. BGH GRUR 1974, 480, 482 *Hummelrechte* und § 7 Bem. 2). Das entspricht für die Urheber in **privaten** Dienst- oder Arbeitsverhältnissen der schon zum bisherigen Recht entwickelten Rspr. (RG seit RGZ 82, 333, 336; vor allem RGZ 110, 393, 394f.; BGH GRUR 1952, 257f. *Krankenhauskartei*; OLG Köln GRUR 1953, 499 *Kronprinzessin Cäcilie*; auch BAG GRUR 1961, 491, 492 *Nahverkehrschronik*).

Für die Angehörigen des **öffentlichen Dienstes** bestand dagegen nach früherem Recht die Sonderregelung, daß der Dienstherr als Urheber galt, wenn ein Verfasser nicht genannt war (§ 3 LUG, § 5 KUG). Der Gesetzgeber hat bewußt davon abgesehen, diese Zurücksetzung der Angehörigen des öffentlichen Dienstes in die Neuregelung zu übernehmen (Begr. S. 61f., zur Stellung des Beamten im Urheberrecht s. Seewald/Freudling NJW 1986, 2688).

Für **Computerprogramme,** die im Arbeits- und Dienstverhältnis geschaffen werden, hat die Gesetzesänderung von 1993 zwar an der Stellung des abhängigen Werkschöpfers als Urheber nichts geändert, *alle* vermögensmäßigen Befugnisse (insbesondere alle Nutzungsrechte) jedoch stehen kraft der gesetzlichen Regelung in § 69b dem Arbeitgeber und Dienstherrn zu.

Im **Ausland** (z. B. Großbritannien, USA, Canada und Japan) wird demgegenüber häufig dem Arbeitgeber bzw. Dienstherren das Urheberrecht insgesamt an Werken zuerkannt, die Arbeitnehmer im Abhängigkeitsverhältnis schaffen (Nachw. bei Schricker-Rojahn Rdnr. 3). In diesen Rechtsordnungen ist mithin die (häufig stillschweigende) Einräumung von Nutzungsrechten (unten Bem. 3) nicht erforderlich, sondern der Dienstherr wird mit der Schaffung des Werkes durch seinen Angestellten kraft gesetzlicher Regelung Rechtsinhaber, ohne daß es eines Übertragungsaktes bedarf.

In der **Literatur** ist die Bedeutung der Regelung der Rechtsverhältnisse zwischen den im Abhängigkeitsverhältnis tätigen Werkschöpfern und ihren Dienstherren schon lange erkannt worden, so daß zahlreiche Arbeiten vorliegen. Neben der sehr übersichtlichen Gesamtdarstellung von Schricker-Rojahn verweisen wir auf Schmieder GRUR 1963, 297; Gieseke, in: Hodeige S. 69ff.; Bollack GRUR 1966, 74; Rehbinder RdA 1968, 309 und UFITA 66 (1973), 125; Samson FS Roeber I S. 548; Rumphorst FuR 1974, 436; Herschel UFITA 81 (1978), 133; Kindermann GRUR 1985, 1008; Kolle

GRUR 1985, 1016; Koch ZUM 1985, 75; 75 Ullmann GRUR 1987, 6; Zöllner FS Hubmann S. 523; Vinck Lit.Verz.; Hunzicker UFITA 101 (1985), 49, letzterer zum Urheberrecht nach beendetem Arbeitsverhältnis. Zu der bedeutsamen Frage der urheberrechtlichen Befugnisse von Arbeitgebern und Arbeitnehmern in Tarifverträgen s. Samson UFITA 64 (1972), 118ff.; für das Gebiet der Medien Rojahn S. 43ff., 73ff.; Hesse AfP 1978, 562; Stolz UFITA 101 (1985), 29 sowie Rehbinder AfP 1983, 305. Von den neueren Arbeiten nennen wir: Birk UFITA 108 (1988), 101; Mathis, Der Arbeitnehmer als Urheber, 1988; Sundermann GRUR 1988, 350; Pakuscher FS Gaedertz S. 441; Wandtke GRUR 1992, 139 sowie GRUR Int. 1990, 843. Mit der Rechtsstellung des sog. untypischen Urhebers (der nicht vornehmlich zur Schaffung von Werken angestellt ist, sondern diese wie etwa bei Planungsunterlagen oder Korrespondenzen gewissermaßen „nebenher" erstellt) befaßt sich Zöllner FS Hubmann 523f. Für den außerdeutschen Bereich vgl. insbesondere die Monografie von Dittrich (Arbeitnehmer und Urheberrecht) mit weiteren Quellen und Materialien (Lit.Verz.).

Nur Dienst- und Arbeitsverhältnisse. § 43 betrifft nur den in einem Dienst- oder Arbeitsverhältnis stehenden Urheber, zu dessen vertraglichen Verpflichtungen gerade die Schaffung von Werken gehört. Wer nur bei *Gelegenheit* der Erfüllung von arbeitsrechtlichen Verpflichtungen schöpferisch tätig wird (Rspr. Ullmann a.a.O. S. 8) oder wer als freier Künstler ein Werk auf Bestellung schafft, schließt im Rechtssinne keinen Dienstvertrag, sondern einen Werkvertrag mit dem Auftraggeber, mag er auch wirtschaftlich noch so sehr von ihm abhängig und seinen Wünschen auch in künstlerischer Hinsicht unterworfen sein. Ihm stehen die Rechte der §§ 31–42 nach Maßgabe seines Vertrages mit dem Besteller, im übrigen ungeschmälert, zu. Wegen der **Abgrenzung** des Dienstvertrages vom Werkvertrag s. die Kommentare zu den §§ 611, 631 BGB. Für den Laien mag die **Faustregel** nützlich sein, daß im Zweifel Dienstvertrag vorliegt, wenn nach Zeit bezahlt wird (z. B. der Filmregisseur erhält für eine Regietätigkeit von 6 Wochen ein Pauschalhonorar), dagegen Werkvertrag, wenn nach Leistung bezahlt wird (z. B. der Zeitungskorrespondent erhält ein Zeilenhonorar). Ob der arbeitnehmerähnliche freie Mitarbeiter (dazu § 79 Bem. 2c) unter § 43 fällt, hängt nicht von seiner arbeitsrechtlichen Gruppenzugehörigkeit, sondern davon ab, ob im Einzelfall die Elemente des Dienst- oder des Werkvertrages überwiegen. 2

Schricker-Rojahn Rdnr. 10–12 wollen bei den Dienstverhältnissen nach § 43 die privatrechtlichen Rechtsverhältnisse dieser Art (§§ 611ff. BGB) ausnehmen und nur die öffentlich-rechtlichen Dienstverhältnisse der Beamten darunter fallen lassen (so offenbar auch Ulmer[3] S. 401). Wir sind demgegenüber der Auffassung, daß auch privatrechtliche Dienstverhältnisse § 43 unterfallen (so wohl auch Hubmann/Rehbinder[7] S. 109/110). Der BGH (GRUR 1974, 480, 481 r. Sp. *Hummelrechte)* geht ebenfalls allgemein auch von Dienstverhältnissen im bürgerlich-rechtlichen Sinn aus und erweitert den Anwendungsbereich von § 43 auf die in eine klösterliche Lebensgemeinschaft eingegliederte Ordensschwester, die einem entsprechenden Abhängigkeitsverhältnis unterliegt (BGH a.a.O. S. 482). Deshalb folgen wir auch der Auffassung von Schricker-Rojahn Rdnr. 18, wonach arbeitnehmerähnliche Personen außerhalb des Bereiches von § 43 bleiben, nicht.

Im **Hochschulbereich** ist die Rechtslage bei von Universitätsangehörigen geschaffenen Werken schwierig und teilweise auch brisant, kommt es doch häufig vor, daß Assistenten, Doktoranden und Studenten an wissenschaftlichen Arbeiten der Professoren erheblichen Anteil haben, ohne daß dies nach außen hin – insbesondere durch Namensnennung – deutlich wird. Hier ergibt sich insbesondere die Frage nach dem *Anspruch auf Namensnennung*. Bei der Mitarbeit an derartigen Arbeiten kann jedenfalls von einem stillschweigenden Verzicht auf Nennung des (angestellten) Miturhebers nicht ausgegangen werden (so auch Schricker-Rojahn Rdnr. 134; Katzenberger GRUR 1984, 705). Zur Nutzung von Werken, die von Hochschulangehörigen geschaffen wurden, äußert sich Rehbinder FS Hubmann S. 359f. Er läßt urheberrechtlich geschützte Werke von Professoren, Dozenten und selbständigen Assistenten nicht der Nutzung des Hochschulträgers unterfallen (S. 367, 369), während bei wissenschaftlichen Mitarbeitern, Hilfskräften und unselbständig tätigen Hochschulassistenten wegen der weisungsabhängigen Tätigkeit die Nutzungsbefugnis der Universität oder ihrem Träger zustehe (S. 370, 371). Studenten und Doktoranden seien dagegen in der Auswertung ihrer Werke frei (S. 371, 372). Einzelheiten bei Schricker-Rojahn Rdnr. 130ff. Ob und welche Rechte bei angestellten Hochschulangehörigen auf die Universität übergehen, ist nur im Einzelfall zu entscheiden. Das LG Berlin hat in einem noch nicht rechtskräftigen Urteil im Falle eines angestellten Honorarprofessors einen Rechtsübergang verneint, weil das Werk (eine politische Dokumentation) nicht in Erfüllung seiner Dienstpflichten geschaffen worden sei (16.0.984/92). Zur vergleichbaren Problematik bei Krankenhausunterlagen s. Lippert NJW 1993, 769; zu Forschungsergebnissen an Hochschulen Frieling GRUR 1987, 407 u. Gramm GRUR 1987, 865.

3 **Einräumung von Nutzungsrechten.** Wer einen Künstler durch Dienst- oder Arbeitsvertrag verpflichtet, urheberrechtlich geschützte Werke zu schaffen, pflegt das in der Absicht zu tun, die Werke auszuwerten. Der fest besoldete Kunstkritiker soll für die Zeitung schreiben; die Arbeiten des angestellten Grafikers, Trickzeichners, Fotografen sollen Erwerbszwecken des Arbeitgebers nutzbar gemacht werden. Inhalt und Wesen des Dienst- und Arbeitsverhältnisses erfordern also in solchen Fällen stets die Einräumung von Nutzungsrechten des Urhebers an den Dienstherrn (vgl. BGH GRUR 1974, 480 *Hummelrechte* und KG GRUR 1976, 264 *Gesicherte Spuren* sowie vor § 31 Bem. 8).
In diese Gruppe von abhängig tätigen Werkschöpfern gehören auch die Programmierer, die für ihre Arbeitgeber – häufig in einer Gruppe – Programme erstellen. In diesen Fällen wurde schon bisher von einer umfassenden Rechtseinräumung zugunsten des Unternehmers ausgegangen (BAG GRUR 1984, 429 *Statikprogramme)*, so daß für die eigene Auswertung der Computersoftware durch den angestellten Programmierer kein Raum blieb (vgl. Schricker/Rojahn Rdnr. 137ff.). Die Einfügung von § 69b im Rahmen der Gesetzesänderung 1993 gewährt bei Programmen alle Auswertungsbefugnisse dem Betriebsinhaber.

a) Der **Zeitpunkt der Einräumung** der Nutzungsrechte ist im Regelfall der Augenblick der Ablieferung und Annahme des Werkes durch den Arbeitgeber (BGH GRUR 1974, 480, 483 *Hummelrechte)*. Derartige Rechtseinräumungen finden in aller Regel stillschweigend statt, da die Tätigkeit des angestellten Urhebers fremdbestimmt ist und er davon auszugehen hat, daß sein Werk als Arbeitsergebnis hinsichtlich seiner betrieblichen Verwertung dem Arbeitgeber zusteht. Der Rechtsübergang kann allerdings auch schon beim Abschluß des Arbeits- oder Dienstvertrages erfolgen. Es handelt sich dann um eine Rechtseinräumung an künftigen Werken, für die nach § 40 Schriftform nötig ist (§ 40 Bem. 4c; a. M. v. Gamm § 31 Bem. 7 und § 40 Bem. 4). Mündliche Arbeitsverträge oder Arbeitsverträge ohne Urheberklausel bewirken deshalb eine Rechtsübertragung nicht im voraus (§ 40 Bem. 4c; a. M. Schricker-Rojahn Rdnr. 44). Andererseits können dem Dienstherrn durch Tarifvertrag Nutzungsrechte wirksam im voraus eingeräumt werden (vor § 31 Bem. 7c am Ende; Rojahn S. 44).

b) Für den **Umfang der Einräumung** gilt, soweit keine ausdrücklichen Vereinbarungen vorliegen, die Zweckübertragungstheorie (vgl. §§ 31, 32 Bem. 19ff.), freilich nur in modifizierter Form. Es ist kein Arbeits- oder Dienstverhältnis denkbar, aus dessen Wesen oder Inhalt sich ergeben könnte, daß der Umfang der einzuräumenden Nutzungsrechte unabhängig vom Vertragszweck zu bestimmen sei. Demgemäß bleiben auch die Auslegungsregeln der §§ 37–38 gültig, zumal sie nur „im Zweifel", d. h. dann Geltung haben, wenn sich im Einzelfall aus dem Wesen oder dem Inhalt des Dienst- oder Arbeitsverhältnisses nichts anderes ergibt. Für die Prüfung im Einzelfall vgl. insbesondere §§ 31/32 Bem. 31, 33ff. Stillschweigend erfolgt der Rechtsübergang **nur in dem Umfang, in dem er für die betriebliche Auswertung des Werkes erforderlich ist** (KG GRUR 1976, 264, 265 *Gesicherte Spuren* und OLG Hamburg GRUR 1977, 556, 558 *Zwischen Marx und Rothschild* m. Anm. Nordemann bei Schulze OLGZ 162; vgl. auch Rehbinder UFITA 66 (1973), 125, 136 und OLG München Schulze OLGZ 209, 5f. für den Sonderfall, daß ein Orden die Werke seiner Mitglieder verwertet). Dabei schwankt die Rspr. zwischen einer arbeitgeberfreundlichen Betrachtungsweise in den beiden oben angegebenen Entscheidungen und einer mehr die Belange des Arbeitnehmer-Urhebers berücksichtigenden Sicht (vgl. insbes. BGH GRUR 1978, 244 *Ratgeber für Tierheilkunde* mit kritischer Anm. von Lehmpfuhl). Der von dem Bundesgerichtshof geforderte Nachweis des Arbeitgebers, daß er mit Zahlung des Lohnes sämtliche Nutzungsrechte erworben habe, erscheint uns mit Lehmpfuhl als zu weitgehend; soweit die Auswertung in dem dem Arbeitnehmer bekannten betrieblichen Rahmen und Umfang erfolgt, bleibt es mangels entgegenstehender Abreden dabei, daß die Rechte – meist stillschweigend – dem Dienstherrn eingeräumt sind. Die Ausgestaltung eines Betriebes kann sich während der (häufig langen) Dauer des Arbeitsverhältnisses bei einem angestellten Werkschöpfer grundlegend ändern. Denkbar sind neue und effektivere Formen der Produktion, aber auch Änderungen bei den Produkten selbst, Einschränkungen oder Erweiterungen des Geschäftsbetriebes usw. Fraglich ist in derartigen Fällen, ob es einer zusätzlichen Rechtseinräumung durch den angestellten Urheber bedarf. Allgemein gültige Regelungen gibt es nicht, man wird aber davon ausgehen müssen, daß schon deshalb, weil das Unternehmen konkurrenzfähig bleiben muß, Veränderungen im Arbeitsverhältnis üblich und vorhersehbar sind. Wenn jedoch unternehmerische Entscheidungen oder technische Entwicklungen dazu führen, daß neue Nutzungsrechte vom Arbeitnehmer-Urheber erworben werden müssen (vgl. § 31 Abs. 4), wird dies nicht in jedem Fall über eine stillschweigende Rechtseinräumung geschehen können (anders Schricker-Rojahn Rdnr. 54).

Für außerhalb der Arbeits- und Dienstzeit geschaffene **Freizeitwerke** besteht keine Pflicht des Urhebers, diese dem Arbeitgeber anzubieten (Vinck S. 21; a. A. Rehbinder RdA 1968, 309, 312 und UFITA 66 [1973], 125,

137). Die Frage ist streitig (Übersicht über den Meinungsstand bei Rehbinder FS Hubmann S. 359, 361f. u. Schricker-Rojahn Rdnr. 100–102). Eine *Anbietungspflicht* wird überwiegend bejaht mit einer Analogie zum Arbeitnehmererfinderrecht oder unter Hinweis auf die Treuepflicht des Arbeitsnehmers. Zu unterscheiden ist jedenfalls zwischen einer Anbietungspflicht und dem Recht des angestellten Urhebers, seine außerhalb des Arbeitsverhältnisses geschaffenen Werke anderweitig zu verwerten. Eine Anbietungspflicht bei Freizeitwerken könnte zu einer unzulässigen Beschränkung der persönlichen Freiheit führen und ist daher im Grundsatz abzulehnen. Eine höchstrichterliche Entscheidung dazu liegt noch nicht vor. Das Argument Rehbinders (a.a.O. S. 362), wonach die Nichtanbietung eines Freizeitwerkes eine Verletzung des Konkurrenzverbotes oder der Treuepflicht darstelle, überzeugt uns nicht. Der angestellte Urheber ist ebensowenig wie der angestellte Erfinder (dieser allerdings unter Berücksichtigung des ArbnErfG) an der Verwertung eigener außerdienstlicher Leistungen gehindert. Nur dort, wo er dadurch dem Arbeitgeber materiellen oder immateriellen Schaden zufügen könnte, ist ihm die Nutzung aus *arbeitsvertraglichen* Gründen nicht gestattet, was nicht gleichbedeutend mit einer Anbietungspflicht von in der Freizeit geschaffenen Werken ist. Zum gleichen Ergebnis kommt auch BGH GRUR 1985, 129, 130 *Elektrodenfabrik* für *vor* Beginn des Arbeitsverhältnisses entstandene Werke des Arbeitnehmers.

Werden innerhalb des Arbeitsverhältnisses urheberrechtlich geschützte Sonderleistungen durch den angestellten Werkschöpfer erbracht (Leistungen, zu denen er arbeitsvertraglich nicht verpflichtet ist), besteht Anspruch auf gesonderte Vergütung (so zu Recht Schricker-Rojahn Rdnr. 67–69 gegen die Ablehnung eines derartigen Anspruchs durch BAG GRUR 1984, 429 *Statikprogramme;* ablehnend gegen das BAG auch Ulmer GRUR 1984, 437).

c) Die Zustimmung des Urhebers zur **Weiterübertragung** ausschließlicher und zur Einräumung einfacher Nutzungsrechte kann sich der Dienstherr im voraus erteilen lassen. Ihre stillschweigende Erteilung bei Ablieferung des Werkes (oben a) kann im Einzelfall aus dem Vertragszweck zu folgern sein (vgl. § 34 Bem. 7, § 35 Bem. 2). Ansonsten bedarf die Weiterübertragung der Zustimmung des abhängigen Werkschöpfers, da § 34 im Arbeits- und Dienstverhältnis nicht durch § 43 ausgeschlossen ist. Allerdings wird eine Verweigerung der Zustimmung häufig rechtsmißbräuchlich – und damit für den Arbeitgeber unbeachtlich – sein, sofern nicht im Einzelfall berechtigte Interessen vor allem ideeller Art (denkbar sind aber auch materielle Interessen, anders noch die 3. Auflage) des angestellten Werkschöpfers dagegen bestehen. Zu weitgehend KG GRUR 1976, 264 *Gesicherte Spuren,* wo für rechtens gehalten wird, daß der Arbeitnehmer Nutzungsrechte einem leitenden Angestellten für dessen eigenen materiellen und ideellen Nutzen (Verwendung von Fotografien in wissenschaftlichem Werk) unentgeltlich und ohne Verpflichtung zur Namensnennung des Arbeitnehmer-Urhebers einräumt.

Zu unterscheiden von der Weiterübertragung von Nutzungsrechten durch den Arbeitgeber ist die Frage der Befugnis zur **Rechtseinräumung durch den angestellten Urheber.** Möglich ist eine derartige Weiterübertragung durch den Arbeitnehmer-Urheber nur hinsichtlich solcher Nutzungsmöglichkeiten, die bei ihm verblieben sind. Ob und inwieweit eine Übertragung an einen anderen Nutzer als den Arbeitgeber möglich ist, wird nach dem Arbeitsvertrag und unter Berücksichtigung arbeitsrechtlicher Treuepflichten zu beurteilen sein.

d) Die Befugnisse des Urhebers aus dem **Urheberpersönlichkeitsrecht** sind durch die fremdbestimmte Tätigkeit im Arbeits- und Dienstverhältnis eingeschränkt. So steht das *Veröffentlichungsrecht* regelmäßig dem Unternehmer zu. Das Recht auf Anerkennung der Urheberschaft ist auch im Abhängigkeitsverhältnis unverzichtbar (s. § 13 Bem. 4). Es ist jedoch deutlich zu trennen von dem **Recht auf Namensnennung,** das nur dort besteht, wo es den betrieblichen Zwecken nicht zuwiderläuft, also dort, wo es entweder branchenüblich oder sogar ausdrücklich gestattet ist (§ 13 Bem. 2b; vgl. v. Gamm NJW 1959, 318). Einzelheiten zu den branchenüblichen Gepflogenheiten bei der Namensnennung finden sich bei Schricker-Rojahn Rdnr. 81, 82. Wir weisen nur darauf hin, daß selbst im Pressewesen es von Zeitung zu Zeitung unterschiedlich ist, ob Artikel mit dem Namen des Autoren gekennzeichnet sind oder nicht. Das *Entstellungsverbot* nach § 14 gilt auch im Arbeits- und Dienstverhältnis (vgl. Schricker-Rojahn Rdnr. 83); zum Änderungsrecht unten Bem. 6.

Beteiligungsrecht des § 36. Das Beteiligungsrecht des Urhebers aus § 36 soll nach der Begr. (S. 62) für Angehörige des öffentlichen Dienstes nicht gegeben sein, weil es in erster Linie zum Schutze des freischaffenden Urhebers gedacht sei und der Beamte dieses Schutzes nicht bedürfe. Dagegen bestehen Bedenken. Die Begr. zu § 36 macht keinen Unterschied nach der Position des Urhebers, sondern stellt allein darauf ab, daß es dem Rechtsempfinden widerspreche, den Urheber von einer Beteiligung an außerordentlichen Gewinnen aus der Verwertung seines Werkes auszuschließen (S. 57). Im Arbeitsverhältnis besteht erst recht kein Anlaß, den Nutzungsberechtigten, der Millionenbeträge einstreicht, nur deshalb von dem Beteiligungsanspruch des Urhebers freizustellen, weil er die diesem zustehende Vergütung seinerzeit nicht in Form eines Honorars, sondern als Arbeitsentgelt gezahlt hat. Das Arbeitsentgelt ist auch hier nur die Gegenleistung für den erwarteten normalen Ertrag aus der Verwertung des Werkes; § 36 bezieht sich aber auf anormale, außergewöhnlich hohe Gewinne. Zudem würde einer Umgehung des Gesetzes Tür und Tor geöffnet: zahlreiche Verwerter, die auf Bestellung Kunstwerke schaffen lassen, würden der Form nach Arbeitsverträge abschließen, um damit einen etwaigen Beteiligungsanspruch von vornherein auszuschließen. – Der Beteiligungsanspruch des § 36 besteht also grundsätzlich auch bei Arbeits- und Dienstverhältnissen. Allerdings werden in der Praxis Ansprüche aus § 36 – vor allem im öffentlichen Dienst – eine seltene Ausnahme bleiben, weil bei der Beurteilung, ob das in § 36 angesprochene „*grobe* Mißverhältnis“ zwischen den Leistungen des Arbeitgebers und den Erträgnissen des Werkes vorliegt, die gesamten (vermögensrechtlichen) Beziehungen der Parteien zu berücksichtigen sind, nicht etwa nur ein Monatslohn mit dem Riesenerfolg eines im Angestelltenverhältnis geschriebenen Schlagers. – Ebenso sind im Arbeits- und Dienstverhältnis die Ansprüche des Urhebers aus §§ 25, 26, 27 nicht ausgeschlossen. Bei urheberrechtlich geschützten Computerprogrammen des Arbeitnehmers gibt es im Hinblick auf § 69b einen Beteiligungsanspruch nicht. **4**

Rückrufsrechte der §§ 41, 42. Diese Rechte sind durch § 43 ebenfalls weder ausgeschlossen noch gar eingeschränkt. **5**
Schricker-Rojahn Rdnr. 88 gehen beim Recht nach § 41 von einer erheblichen Einschränkung der Rechtsstellung des Arbeitnehmer-Urhebers aus,

weil seine wirtschaftlichen Interessen im Arbeitsverhältnis in der Regel nicht relevant seien, erkennen aber den Rückruf aus urheberpersönlichkeitsrechtlichen Gründen an. Eine besondere Behandlung des Rückrufs nach § 41 beim Arbeitnehmer-Urheber ist deshalb nicht erforderlich, weil in § 41 Abs. 1 Satz 1 von den „berechtigten Interessen" des Werkschöpfers die Rede ist. Bei der Feststellung dieser Interessen ist beim angestellten Urheber auch sein Arbeitsverhältnis zu berücksichtigen. Das Gleiche gilt bei § 42 im Hinblick auf die „Zumutbarkeit" in Abs. 1 Satz 1.

6 **Änderungsrecht des § 39.** Dieses wurde dem Dienstherrn schon nach bisherigem Recht im weitergehenden Maße als dem bloßen Besteller oder Verwerter eines Werkes zugestanden (OLG Köln GRUR 1953, 499, 500 *Kronprinzessin Cäcilie)*. Es ergibt sich, soweit es sich um Änderungen am Werk selbst oder an seinem Titel handelt, aus dem Weisungsrecht des Dienstherrn (Begr. S. 62). Eine Änderung der einmal genehmigten Urheberbezeichnung steht dem Dienstherrn jedoch in Übereinstimmung mit § 39 Abs. 2 (dort Bem. 4a) nicht zu. Es ist zwar richtig, wenn die Begr. (S. 62) darauf hinweist, daß der Beamte es dulden müsse, wenn sein Werk ohne Angabe seines Namens veröffentlicht wird. Das ist jedoch kein Fall des § 39, sondern ein Fall des § 13, der abdingbar ist (dort Bem. 9 und 10), soweit sich ein Nennungsanspruch mit Wesen oder Inhalt des Dienstverhältnisses nicht verträgt. Hat der Dienstherr die Nennung des Urhebers aber einmal gestattet, so kann er sie nicht nachträglich unter Berufung auf § 43 ändern oder gar streichen, falls keine Vereinbarung mit dem Urheber zustande kommt; § 39 Abs. 2 gilt dann auch für ihn. Bei Werken, die der Beamte nicht in Erfüllung seiner Dienstpflichten, sondern nur bei Gelegenheit der Erfüllung schafft, kann ihm die Nennung nicht verweigert werden (BGH GRUR 1972, 713, 715 *Im Rhythmus der Jahrhunderte*).

7 **Besonderheit für amtliche Werke.** Für die Angehörigen des öffentlichen Dienstes gilt noch die Besonderheit, daß ihre Schöpfungen, soweit es sich um amtliche Werke im Sinne des § 5 handelt, jeden Urheberschutz in dem Augenblick verlieren, in dem sie die Voraussetzungen des § 5 erfüllen. Gesetze und Verordnungen müssen verkündet, Entscheidungen und Leitsätze verkündet oder, falls schriftlich entschieden wird, zugestellt, alle übrigen Werke veröffentlicht sein (§ 5 Bem. 1 und 2). In diesem Falle ist naturgemäß für keine der Bestimmungen der §§ 31–42 mehr Raum.

8 **Ausübende Künstler.** Für sie gilt nicht § 43, sondern § 79 (dort Bem. 2).

§ 44 Veräußerung des Originals des Werkes

(1) Veräußert der Urheber das Original des Werkes, so räumt er damit im Zweifel dem Erwerber ein Nutzungsrecht nicht ein.

(2) Der Eigentümer des Originals eines Werkes der bildenden Künste oder eines Lichtbildwerkes ist berechtigt, das Werk öffentlich auszustellen, auch wenn es noch nicht veröffentlicht ist, es sei denn, daß der Urheber dies bei der Veräußerung des Originals ausdrücklich ausgeschlossen hat.

1 Ganz allgemein gilt, daß sich die Eigentums- und Besitzlage am Werkstück **unabhängig** von der Verfügung über die Nutzungsrechte nach den allgemeinen Vorschriften des BGB beurteilt (RGZ 108, 44, 45; BGH GRUR 1971,

481, 483 *Filmverleih;* vgl. vor § 31 Bem. 18). In der Überlassung eines Werkes als Druckvorlage ist im Zweifel noch keine Eigentumsübertragung zu sehen (OLG Hamburg GRUR 1980, 909, 910f. *Gebrauchsgrafik für Werbezwecke;* OLG München GRUR 1984, 516, 517 *Tierabbildungen;* LG Stuttgart Schulze LGZ 181). Wer einem Nachrichtenmagazin Fotoabzüge zur Aufnahme in deren Archiv entgeltlich überläßt, nimmt damit allerdings regelmäßig eine Eigentumsübertragung daran vor (OLG Hamburg GRUR 1989, 912, 914 *Spiegel-Fotos).*
Auch sonst läßt die Einräumung von Nutzungsrechten die Eigentumslage an dem benutzten Werkstück unberührt (vor § 31 Bem. 18; §§ 31, 32 Bem. 28 m.w.N.). Daß auch umgekehrt der Eigentümer nicht schon kraft seines Eigentums Nutzungsrechte am Werk hat, war für den Bereich des Kunstschutzes schon vor Inkrafttreten des UrhG von § 10 Abs. 4 KUG, im übrigen von der Rspr. anerkannt (z. B. OLG Stuttgart GRUR 1956, 519 *Hohenzollern-Tonband;* BAG GRUR 1961, 491f. *Nahverkehrschronik).*

Abs. 1 statuiert diese Auslegungsregel für alle Werkoriginale, also auch für das Manuskript des Schriftwerkes, die Partitur des Tonwerkes, den Tonträger des Stegreifvortrages, das Gemälde, die Skulptur, das Bauwerk und seine Entwürfe, kurz für alles, was als Erstfixierung eines Werkes angesprochen werden kann (zum Begriff des Originals in der bildenden Kunst s. § 26 Bem. 2; zum Originalbegriff bei Lichtbildwerken Hamann UFITA 90 [1981], 45, 52ff.). Da Eigentum allein noch kein Nutzungsrecht begründet, kann der Eigentümer eines Werkes dessen Nachbildung durch Dritte nicht verbieten (BGHZ 44, 288, 293 *Apfel-Madonna* für ein gemeinfreies Werk). Die Auslegungsregel gilt allerdings nur „im Zweifel", d. h. dann, wenn etwas anderes weder ausdrücklich vereinbart ist noch zwingend aus dem Vertragszweck folgt. Die Hinzufügung verstärkender Eigenschaftswörter bei der Eigentumsübertragung, wie „voll", „bedingungslos" o. ä., beinhaltet noch keine Einräumung von Nutzungsrechten (BGH GRUR 1968, 607, 611f. *Kandinsky I,* in BGHZ 50, 174 insoweit nicht mit abgedruckt). Auf die Art der Veräußerung kommt es nicht an. Auch beim Tausch von Kunstwerken erfolgt noch keine Einräumung von Nutzungsrechten (KG ZUM 1987, 293, 294f.). Die Auslegungsregel gilt erst recht, wenn lediglich das Eigentum an Vervielfältigungsstücken übertragen wird (OLG Düsseldorf GRUR 1988, 541 *Warenhauskatalog-Fotos:* Nur einfaches Nutzungsrecht bei Übereignung von Fotos für Werbekatalog). Bei der entgeltlichen Überlassung von Fotoabzügen zur Aufnahme in das Archiv eines Nachrichtenmagazins findet regelmäßig neben einer Übereignung auch die Einräumung einfacher Abdruckrechte statt (OLG Hamburg GRUR 1989, 912, 914 *Spiegel-Fotos).* 2

Abs. 2 macht hiervon eine **Ausnahme:** Mit der Veräußerung des Originals eines Werkes der bildenden Künste, also eines Gemäldes oder einer Skulptur, oder eines Lichtbildwerkes erwirbt der neue Eigentümer im Zweifel auch das Ausstellungsrecht im Sinne des § 18. Will der Urheber diese Rechtsfolge ausschließen, so muß er sich das Ausstellungsrecht ausdrücklich vorbehalten. Der Vorbehalt kann sich auch darauf beschränken, die bleibende Plazierung des Werkes an öffentlichen Wegen, Straßen oder Plätzen zu unterlassen, um die Rechtsfolgen des § 59 auszuschließen (§ 12 Bem. 3, 10). 3
Der Vorbehalt wirkt auch gegenüber einem späteren Erwerber (Begr. S. 62). Ein gutgläubiger „lastenfreier" Erwerb ist ausgeschlossen (BGHZ 5, 116,

119 *Parkstraße 13;* KG Schulze KGZ 50, 6 *Aktfotos;* vgl. vor § 31 Bem. 9). – Abs. 2 betrifft nur die urheberrechtliche Ausstellungsbefugnis aus § 18. Stellt das Werk eine Person dar, so kann seine Ausstellung möglicherweise deren Recht am eigenen Bilde verletzen (vor § 12 Bem. 11).

4 Eine weitere Ausnahme macht **§ 60 Abs. 1** für **bestellte Bildnisse:** Der Besteller – und nach Übergabe Eigentümer – des Bildes darf es durch Lichtbild vervielfältigen oder vervielfältigen lassen und es auch unentgeltlich verbreiten. Näheres dort.

5 Im übrigen geht der Urheber mit der Veräußerung im allgemeinen das Risiko ein, daß das Werk **beschädigt** oder **vernichtet** wird. Der Gesetzgeber hat von einem Vernichtungsverbot auch für solche Werke, an deren Erhaltung an sich ein öffentliches Interesse bestünde, abgesehen (Begr. S. 45). Für eine differenziertere Betrachtungsweise vgl. § 14 Bem. 18; zur Vernichtung gemeinfreier Werke § 64 Bem. 4.

6 Unabhängig vom Bestehen urheberrechtlichen Werkschutzes gewährt die Rspr. dem **Eigentümer von privaten,** nicht ohne weiteres sichtbaren (sonst § 59) **Gebäuden** gem. §§ 903, 1004 BGB das Recht, die gewerbliche Verbreitung von Fotografien sich selbst vorzubehalten (BGH GRUR 1975, 500 *Schloß Tegel;* KG OLGE 20, 402; KG Schulze KGZ 52 *Photographier-Erlaubnis für Pressephotographen im Zoo).* Als Störer im Sinne des § 1004 BGB gilt sowohl derjenige, der die Aufnahmen zu gewerblichen Zwecken anfertigt, ohne hierzu die Erlaubnis des Eigentümers eingeholt zu haben, wie auch derjenige, der die Vervielfältigung und gewerbliche Verbreitung solcher Aufnahmen durchführt. Dieses Ergebnis findet indes im geltenden Eigentumsrecht keine Grundlage mehr. Denkbar sind allenfalls vertragliche Ansprüche, deren Begründung z. B. beim Lösen von Eintrittskarten in ein Museum oder in einen Tierpark durch Anerkennung einer entsprechenden Benutzungsordnung erfolgen kann (vgl. KG Schulze KGZ 52, 7, 9; dort auch zum wettbewerbsrechtlichen Tatbestand der Ausnutzung fremden Vertragsbruchs; Gerauer GRUR 1988, 672). Wenn die Fotografie ohne Betreten des Hausgrundstücks von einer allgemein zugänglichen Stelle aus (dazu § 59 Bem. 1 f.) angefertigt wird, ist das ungenehmigte Fotografieren eines fremden Hauses und die gewerbliche Verwertung einer solchen Fotografie rechtmäßig (BGH ZUM 1989, 516, 517 *Friesenhaus).* Rechtmäßig ist auch die Verwendung einer Luftaufnahme eines Grundstücks mit Haus und (nicht identifizierbaren) Bewohnern für die Immobilienwerbung (OLG Oldenburg NJW-RR 1988, 951).

Sechster Abschnitt · **Schranken des Urheberrechts**

Vorbemerkung

1 Die ausschließliche Herrschaft des Urhebers über sein Werk ist die natürliche Folge der Tatsache, daß er das Werk geschaffen hat. Das UrhG erkennt deshalb das geistige Eigentum des Urhebers an seinem Werk grundsätzlich an (vgl. § 1 Bem. 4). Das Ziel des Gesetzes ist es, die ausschließlichen Befugnisse des Urhebers so umfassend zu gestalten, daß möglichst jede Art der Nutzung seines Werkes seiner Kontrolle unterliegt (Begr. S. 28; vgl. auch Bem. 4). Wie das Sacheigentum, dessen Gebrauch zugleich dem Wohle der Allgemeinheit dienen soll (so Art. 14 Abs. 2 GG), ist jedoch auch das geistige Eigentum des Urhebers ein **sozialgebundenes Recht,** das seine Grenze an den überwiegenden Bedürfnissen der Allgemeinheit finden muß, wenn ein gedeihliches Zusammenleben der menschlichen Gesellschaft überhaupt möglich sein soll (vgl. Begr. S. 62 und BVerfGE 31, 229, 241, 243 *Kirchen- und Schulgebrauch* sowie die weiteren in § 1 Bem. 4 genannten Entscheidungen). Der 6. Abschnitt legt deshalb die Beschränkungen fest, denen das Urheberrecht im Interesse der Allgemeinheit unterworfen ist.

2 Das frühere, in LUG und KUG kodifizierte Urheberrecht entstand in einer Zeit, die sich gerade erst anschickte, das Staatsdenken des Obrigkeitsstaates abzustreifen. Es hat später in Zeiten unangefochtene Geltung behauptet, in denen „Allgemeininteresse“ mit „Staatsinteresse“ verwechselt wurde und man das Sprichwort *Gemeinnutz geht vor Eigennutz* zur Rechtfertigung staatlicher Willkür und zur Leugnung jeder individuellen Freiheit mißbrauchte. Inzwischen hat sich auch bei uns die Überzeugung durchgesetzt, daß die Freiheit des einzelnen der oberste Wert jeden menschlichen Zusammenlebens ist, und daß es der eigentliche Sinn einer staatlichen Ordnung sein muß, diese Freiheit zu erhalten, soweit nicht das Interesse der Allgemeinheit eine Beschränkung zwingend erfordert. Wo bei einer Begegnung von Einzel- und Allgemeininteresse nicht eindeutig das Erfordernis einer Beschränkung des Einzelinteresses besteht, wo also Zweifel offen bleiben, **geht das Recht des Einzelnen vor**: „Zu vermuten ist die Freiheit, nachzuweisen ist die Unfreiheit“ (Kitzinger).

3 Das UrhG trägt diesen Grundsätzen in weitem Maße Rechnung. Nach der ausdrücklichen Erklärung des Gesetzgebers (Begr. S. 30) verfolgt die Neuregelung auch bei der Abgrenzung des Urheberrechts gegenüber den Interessen der Allgemeinheit das **Ziel** einer **Verbesserung der Rechtsstellung des Urhebers;** gleiches gilt für die Novellen 1972 und 1985 (Berichte der Rechtsausschüsse, BT-Drucks. VI/3264 S. 1 bzw. 10/3360 S. 17 b). Während die Rechte des Urhebers generalklauselartig auf alle denkbaren Rechtsbeziehungen (§ 11) und Verwertungsarten (§ 15) erstreckt sind, werden die Schranken des Urheberrechts in den §§ 45–63 einzeln aufgezählt und inhaltlich genau festgelegt. Damit wird deutlich, daß der Gesetzgeber der Freiheit des Urhebers, über sein Werk und dessen Nutzung nach Belieben zu verfügen, den Vorrang eingeräumt hat. Die Beschränkungen dieser Freiheit in den §§ 45–63 sind **Ausnahmen,** die wegen dieses Charakters eng auszulegen sind (BGHZ 50, 147, 152 f. *Kandinsky I;* BGHZ 58, 262, 265 *Landesversicherungsanstalt;* BGHZ 114, 368, 371 *Liedersammlung).*

Im Zweifel ist stets zugunsten des Urhebers zu entscheiden und die Zulässigkeit der beliebigen Nutzung seines Werkes durch Dritte zu verneinen (so schon für das bisherige Recht BGH in ständiger Rspr., z. B. BGHZ 11, 135, 143 *Schallplatten-Lautsprecher-Übertragung;* BGHZ 17, 266, 281 *Tonband/Grundig-Reporter;* vgl. auch § 1 Bem. 1). Für die analoge Anwendung der Bestimmungen des 6. Abschnitts auf nicht ausdrücklich freigegebene weitere Nutzungstatbestände ist daher kein Raum (BGH GRUR 1985, 874, 876 *Schulfunksendung;* abwegig Deutsch NJW 1967, 1393, 1398, der eine zusätzliche „Dokumentationsfreiheit" in Anlehnung an § 51 behauptete; gegen die Neuauflage dieser Argumentation unter dem neudeutschen Stichwort „Free Flow of Information" Erich Schulze FS Uchtenhagen S. 91). Eine Ausnahme macht nur das Bildzitat, das schon immer zugelassen, in § 51 aber wohl versehentlich nicht geregelt wurde (§ 51 Bem. 9).

4 Beschränkungen des Urheberrechts zugunsten zwingender Erfordernisse des Allgemeininteresses können die unerwünschte Nebenfolge haben, daß dadurch mittelbar oder unmittelbar das **wirtschaftliche Eigeninteresse** bestimmter Verwertergruppen gefördert wird. Mit Recht weist die Begr. (S. 63) darauf hin, daß dies mit dem schon von der bisherigen Rspr. entwickelten Grundsatz unvereinbar wäre, daß der Urheber tunlichst an jedem Nutzen zu beteiligen ist, der aus seinem Werk gezogen wird (BGHZ 11, 135, 143 *Schallplatten-Lautsprecher-Übertragung;* BGHZ 13, 115, 118 *Volksbühnen-Platzzuschüsse;* BGHZ 17, 266, 282 *Tonband;* ferner § 1 Bem. 4). Bei derartigen Konfliktsituationen hat der Gesetzgeber die Benutzung des Werkes zwar zugelassen, dafür dem Urheber aber einen Anspruch auf Vergütung gewährt und so einen Ausgleich der Interessen herbeizuführen versucht (vgl. §§ 52–54, zu den bisherigen Ergebnissen dieses Versuchs Bem. 7). Eine Ausnahme machte zunächst § 46 (Sammlungen für den Kirchen-, Schul- und Unterrichtsgebrauch). Hier ist der Vergütungsanspruch des Urhebers erst durch die Novelle 1972 eingeführt worden, nachdem BVerfGE 31, 229 *Kirchen- und Schulgebrauch* seine Versagung durch den bisherigen § 46 für verfassungswidrig erklärt hatte. Die entsprechende Entscheidung zu § 52 (BVerfGE 49, 382 *Kirchenmusik)* hat die Novelle 1985 in der Neufassung dieser Bestimmung berücksichtigt.

5 Von einigen Unebenheiten in der Neuregelung der §§ 52–54 und in § 60 abgesehen, mag sich der Umfang der Beschränkungen, die sich das Recht des Urhebers in den §§ 45–63 gefallen lassen muß, noch innerhalb der von Art. 14 GG gezogenen Grenzen halten. Es ist nicht zu verkennen, daß der Gesetzgeber sein Ziel, die Rechtsstellung des Urhebers auch in dieser Richtung zu verbessern (oben Bem. 3), weitgehend verwirklicht hat. **Angreifbar** war jedoch die **Begründung,** die 1965 zur Rechtfertigung der aufrechterhaltenen Beschränkungen gegeben wurde. Zwar ist die noch in der Begr. (S. 63) vertretene Meinung, daß der Urheber dort im Interesse der Allgemeinheit freien Zugang zu seinen Werken gewähren müsse, „wo dies unmittelbar der Förderung der geistigen und kulturellen Werte diene, die ihrerseits Grundlage für sein Werkschaffen seien", durch die Korrektur überholt, die die Novelle 1972 insoweit vorgenommen hat (§ 27 Bem. 1). Erhalten geblieben ist jedoch das nicht minder bedenkliche weitere Argument der Begr. (S. 63), das Recht des Urhebers sei dem Sacheigentum nicht gleichzusetzen, weil es im Gegensatz zu diesem seinem Wesen nach Mitteilungsgut sei. Die Ausschließlichkeitsrechte würden dem Urheber nur

gewährt, um ihm die Möglichkeit zu geben, Art und Umfang der Benutzung seines Werkes zu überwachen und aus seiner Verwertung Einnahmen zu erzielen. Damit wird nicht nur die vom Gesetzgeber schon in § 1 anerkannte, in Lehre und Rechtsprechung gleichermaßen nahezu einhellig vertretene Lehre vom geistigen Eigentum gewissermaßen „durch die Hintertür" aufgehoben (s. die Nachweise in § 1 Bem. 4). Die Meinung der Begr. ist vielmehr auch sachlich unzutreffend: Es gibt eine Vielzahl von Gegenständen des Sacheigentums, die ebenfalls zum Zwecke der Gebrauchsüberlassung an Dritte geschaffen und erworben werden (alle der Vermietung und der öffentlichen Benutzung dienenden Sachen wie Häuser, Fahrzeuge, Fernsprechanlagen, öffentliche und private Verkehrsmittel usw.). Die Beschränkung des ausschließlichen privaten Eigentumsrechts an diesen Sachen ergibt sich aus Art. 14 Abs. 2 GG, wonach ihr Gebrauch „dem Wohle der Allgemeinheit dienen" muß, und aus Art. 14 Abs. 3 GG, wonach Eigentumsbeschränkungen bis zur Enteignung „zum Wohle der Allgemeinheit" zulässig sind, d. h. dann, wenn das Interesse der Allgemeinheit dies zwingend erfordert (vgl. die Kommentare zu Art. 14 GG). Wo hier ein Unterschied zum Urheberrecht liegen soll, ist nicht ersichtlich. Im Gegensatz zur Begr. erkennt nicht nur der Bundesgerichtshof, sondern auch das Bundesverfassungsgericht das geistige Eigentum des Urhebers an (§ 1 Bem. 4), letzteres mit dem Hinweis, daß das dem Urheber zustehende ausschließliche Verwertungsrecht *das Ergebnis eigener persönlicher Leistung und nicht eines unverdienten Vermögenszuwachses darstellt* (BVerfGE 49, 382, 400 *Kirchenmusik;* für die Leistungsschutzrechte der ausübenden Künstler und der Tonträgerhersteller BVerfGE 81, 12, 16 *Bob Dylan* und 80, 208, 219 *Vermietungsvorbehalt).*

6 Nicht in den §§ 45–63 geregelt sind diejenigen Beschränkungen des Urheberrechts, die sich aus allgemeinen Rechtsnormen ergeben. In Betracht kommt vor allem die Rechtfertigung einer an sich unzulässigen Benutzung fremden Urheberrechtsgutes aus dem **Gesichtspunkt des übergesetzlichen Notstandes,** so z. B. dann, wenn geschütztes Material für eine bestimmte Arbeit unerläßlich ist, aber nur unter unzumutbaren politischen Bedingungen legal zu beschaffen wäre (vgl. den Fall LG Berlin UFITA 34 [1961], 345, 357 = GRUR 1962, 207, 211 *Maifeiern* sowie KG UFITA 54 [1969], 296; zu beiden § 97 Bem. 19; s. auch Löffler NJW 1980, 201 und § 51 Bem. 9).

7 Die Lösung des Konflikts zwischen Urheber- und Allgemeininteresse, wie sie der Gesetzgeber von 1965 und 1972 mit der Abschwächung des *Verbots*anspruchs des Urhebers, der aus dem Ausschließlichkeitsrecht folgen würde, zu einem bloßen **Vergütungsanspruch** versucht hat, ist auch im Ausland bewundert worden und wird vielfach als die Patentlösung für offene Konflikte angesehen (vgl. etwa Art. 29, 30 des schweizerischen URG-Entwurfs II und dazu Nr. 153 der Botschaft, UFITA 99 [1985], 165, 178 ff.; jetzt Art. 20, 23 schweiz. URG, Anh. IV). Die praktischen Erfahrungen mit diesem System sind jedoch alles andere als ermutigend. Wenn der Urheber die Nutzung seines Werkes nicht mehr verbieten kann, solange die Vergütungsfrage nicht geklärt ist, vielmehr der Verwerter erst einmal nutzen darf und dann hinterher darüber zu reden ist, welche Vergütung denn nun angemessen sei, verliert der Urheber das einzige Druckmittel, mit dem ihm eine wirklich angemessene Vergütung gesichert werden würde. Er ist damit

von vornherein in der schwächeren Verhandlungsposition. Der Verwerter kann die Verhandlung über den Vergütungsanspruch auf lange Zeit verzögern, zumal sich stets trefflich darüber streiten läßt, was angemessen ist und was nicht. Nicht einmal auf die Hilfe der Gerichte kann der Urheber bauen: Abgesehen von der langen Dauer der Prozesse ist in den echten Streitfällen um die Angemessenheit, dort also, wo klare Kriterien für die Berechnung der Vergütung fehlen, der Richter auf die freie Schätzung angewiesen, was ein hohes Risiko vor allem für den Urheber bedeutet; denn die Gerichte schätzen, wie die Schmerzensgeld-Rechtsprechung zeigt, eher zu niedrig als zu hoch. Die praktischen Erfahrungen der Urheber in der Bundesrepublik mit den Vergütungsansprüchen des UrhG von 1965 und der Novelle von 1972 zeigen denn auch, daß sie nie das auch nur annähernd durchsetzen konnten, was der Gesetzgeber selbst sich vorgestellt hatte: Die Tonbandgeräteabgabe (§ 53 Abs. 5 a. F.) brachte viele Jahre ganze 2,2 % und stieg zuletzt auf etwas über 4 %, freilich ohne daß die ZPÜ (Einl. 4 zum WahrnG) die von der Industrie genannten Umsätze nachzuprüfen in der Lage war. Um den vom Gesetzgeber ausdrücklich gewollten „Bibliotheks*groschen*" haben Bund und Länder fast 3 Jahre gefeilscht, bis man sich schließlich – ungeachtet der inzwischen eingetretenen Geldentwertung – auf 5,5 Pfennige einigte (§ 27 Bem. 3).

8 Besser – und systemgerechter – ist die Aufrechterhaltung der Ausschließlichkeitsrechte des Urhebers auch im Grenzbereich zwischen Allgemein- und Urheberinteresse. Nutzungsrechte, die massenweise in Anspruch genommen werden, läßt jeder normal denkende Urheber heute ohnehin von der zuständigen VerwGes. wahrnehmen. Diese unterliegt im Regelfall dem Abschlußzwang des § 11 WahrnG, kann mit Hilfe des formell fortbestehenden Verbotsrechts aber notorische Rechtsbrecher rasch zur Räson bringen. Das von der GEMA wahrgenommene Aufführungsrecht für Werke der Musik (§ 19 Abs. 2) ist nur ein Beispiel dafür. Wenn der Gesetzgeber dennoch glaubt, dem wohl eher theoretischen Fall vorbeugen zu sollen, daß einzelne Urheber keinen Wahrnehmungsvertrag abschließen und so den einheitlichen Zugriff der Allgemeinheit auf den Gesamtbestand der geschützten Werke gefährden, so mag er das Verbotsrecht verwertungsgesellschaftenpflichtig machen, so wie das für einen Teil der reinen Vergütungsansprüche heute schon angeordnet ist (§ 27 Abs. 1 Satz 2, § 49 Abs. 1 Satz 3, § 54 Abs. 6). Vgl. schon Nordemann GRUR 1979, 280; UFITA 81 (1978), 1, 6; RIDA 88 (1976), 51, 58.

9 Die Novelle 1985 geht mit der Einführung **fester Vergütungssätze** für Überspielungen und Fotokopien zum eigenen Gebrauch (Anlage zu § 54 Abs. 4) einen anderen Weg. Sie will auf diese Weise langwierige Streitigkeiten vermeiden, die die Durchsetzbarkeit der Vergütungsansprüche gefährden würden (Begr. zum RegEntw. des ÄndG, BT-Drucks. 10/837 S. 22). Diesem unbestreitbaren Vorteil stehen freilich gewichtige Nachteile gegenüber: Frei ausgehandelte Sätze lassen sich neu vereinbaren, gerichtlich für angemessen erklärte Beträge lassen sich über § 323 ZPO anpassen, wenn die Verhältnisse sich ändern. Eine Gesetzesanlage kann nur durch Gesetz geändert werden. Der Gesetzgeber ist bei der Festlegung der Sätze zudem Einflüssen ausgesetzt, die seine Vorstellung davon, was angemessen ist, verzerren können, wie der Bericht des Abgeordneten Kleinert anläßlich der 3. Lesung der Novelle 1985 im Deutschen Bundestag anschaulich macht

(BT-Protokolle, 10. Wahlperiode, S. 10340). Ob das System der festen Vergütungssätze seine Bewährungsprobe besteht, wird demnach davon abhängen, ob der Gesetzgeber jeweils rechtzeitig für ihre Anpassung an die Entwicklung der Markt- und Geldwertverhältnisse sorgt. Skepsis erscheint angebracht (vgl. § 54 Bem. 3 vor a).

Die Aufhebung bzw. **Nichtgewährung** eines Vergütungsanspruchs durch den Gesetzgeber erfordert ein **gesteigertes öffentliches Interesse,** das einen derart weitgehenden Eingriff zwingend erfordert. Die Sozialbindung des Urheberrechts (dazu Lerche FS Reinhardt S. 101) rechtfertigt Regelungen, die den Zugang der Allgemeinheit zum Werkschaffen ihrer Urheber ermöglichen; dafür, daß dies dann auch noch unentgeltlich zu geschehen habe, gibt es keinen Grund (BVerfGE 31, 229, 244f. *Kirchen- und Schulgebrauch* und 49, 382, 400 *Kirchenmusik).* Dieser Grundsatz wird von BVerfG GRUR 1989, 193, 196 *Vollzugsanstalten* zwar bestätigt, jedoch zugleich – wenn auch hypothetisch für den Fall einer weiten Auslegung des § 52 durch die Fachgerichte – mißachtet: Das Gemeinwohl erfordere die Veranstaltung von Rundfunksendungen in Vollzugsanstalten als für die psychische Gesundheit der Gefangenen wichtiges Ersatzkommunikationsmittel (S. 196); dem einzelnen Urheber entgehe angesichts der niedrigen GEMA-Tarife nur ein verschwindend geringfügiger Betrag, der keinen wesentlichen Beitrag zur Erhaltung seiner Existenz leisten könne (S. 197). Müssen etwa die Gerätehändler im Gemeinwohlinteresse der psychischen Gesundheit von Strafgefangenen an die Vollzugsanstalten umsonst liefern? Kann man dem Urheber zumuten, auf eine Vergütung ganz zu verzichten, nur weil er – im wohlverstandenen Interesse der Allgemeinheit – von vornherein nur bescheidene Ansprüche geltend gemacht hat? 10

Richtig ist freilich, daß der Gesetzgeber bei der Bestimmung, **welche Vergütung** als **angemessen** anzusehen ist, einen verhältnismäßig weiten Gestaltungsspielraum hat. BVerfGE 79, 1, 27f. *Leerkassettenabgabe* sieht eine Vergütungsregelung dann als verfassungsgemäß an, wenn sie in den Grenzen der Praktikabilität unter Beachtung des Gleichheitssatzes und des Grundsatzes der Verhältnismäßigkeit so gestaffelt ist, daß eine in etwa angemessene Gegenleistung für die Inanspruchnahme geschützter Werke erbracht wird (dort zu Ziffer I Nr. 4 der Anlage zu § 54 Abs. 4, mit allerdings unzutreffendem Ergebnis, s. § 54 Bem. 8 am Schluß). 11

§ 45 Rechtspflege und öffentliche Sicherheit

(1) Zulässig ist, einzelne Vervielfältigungsstücke von Werken zur Verwendung in Verfahren vor einem Gericht, einem Schiedsgericht oder einer Behörde herzustellen oder herstellen zu lassen.

(2) Gerichte und Behörden dürfen für Zwecke der Rechtspflege und der öffentlichen Sicherheit Bildnisse vervielfältigen oder vervielfältigen lassen.

(3) Unter den gleichen Voraussetzungen wie die Vervielfältigung ist auch die Verbreitung, öffentliche Ausstellung und öffentliche Wiedergabe der Werke zulässig.

Die Bestimmung hat den **Sinn,** die Rechtspflege und, soweit die Verwaltung selbst Verfahren durchführt, auch diese von Behinderungen durch urheberrechtliche Verbotsansprüche freizuhalten. Die Duldung der Benutzung des 1

Werkes ist dem Urheber auch entschädigungslos zuzumuten, da sie nicht um des Werkes willen erfolgt und dessen Verwertung kaum beeinträchtigt (Begr. S. 63). Die Regelung entspricht der bisherigen Handhabung, die sich trotz Fehlens einer entsprechenden Vorschrift im LUG und KUG allgemein durchgesetzt hatte, und dient der Klarstellung.

2 **Abs. 1** ist nur anwendbar, wenn folgende Voraussetzungen erfüllt sind:

a) Es muß sich um ein **Verfahren** handeln, das vor einem Gericht, einem Schiedsgericht oder einer Behörde stattfindet. Als Verfahren ist nur ein staatliches Handeln anzusehen, das zur Regelung eines Einzelfalles im Kompetenzbereich des handelnden Organs stattfindet, an dem mindestens ein Rechtssubjekt als Kläger, Antragsteller, Betroffener, Beschuldigter oder in ähnlicher Funktion dem handelnden Organ gegenübersteht und das im Regelfall mit einer Entscheidung abgeschlossen wird. Verwaltungsinterne Vorgänge fallen also n i c h t unter § 45. „Behörden" sind nur die mit der Wahrnehmung hoheitlicher Aufgaben betrauten staatlichen Organe; staatliche Eigenbetriebe, wie Gas- und Elektrizitätswerke, Schlachthöfe, Verkehrsbetriebe usw. gehören nicht dazu.

b) Die Vervielfältigungsstücke können schon vor Verfahrensbeginn hergestellt werden, müssen aber jedenfalls **zur Verwendung im Verfahren** bestimmt sein, also als Beweismaterial, als Beleg wissenschaftlicher Meinungen, als Anschauungs- und Vergleichsmaterial usw. dienen. Ihre anderweitige Verwertung ist auch nach Abschluß des Verfahrens stets unzulässig. Weitergehend fordert v. Gamm Bem. 11 dann auch ihre Vernichtung (§ 98); die durch § 45 erlaubte Vervielfältigung wird durch den Abschluß des Verfahrens aber nicht rückwirkend unzulässig, abgesehen davon, daß die Aufbewahrung unvollständiger Akten ihre Benutzung in Folgeprozessen, z. B. in Wiederaufnahmeverfahren (§§ 578ff. ZPO), erschweren würde.

c) Es darf sich nur um **einzelne** und keinesfalls um mehr Exemplare handeln, als für das Verfahren benötigt werden (z. B. im Zivilprozeß: Gericht, Anwälte, Parteien). S. zu diesem Begriff § 53 Bem. 3.

d) Eine Anordnung des Gerichts oder der Behörde ist nicht Voraussetzung der Zulässigkeit, weil sonst eilige Verfahren zu sehr verzögert werden würden (Begr. S. 63).

3 Keine Begrenzung des Umfanges der Vervielfältigung findet nach **Abs. 2** dann statt, wenn es sich um **Bildnisse** (von Personen) handelt und die Vervielfältigung **für Zwecke der Rechtspflege oder der öffentlichen Sicherheit** bestimmt ist. Der Fotograf, der das Paßbild des Mörders hergestellt hat, kann dessen Verwendung im Steckbrief und auf Plakaten, die zur Mitfahndung aufrufen, also nicht verbieten. Zur Rechtspflege gehören alle gerichtlichen Verfahren (Aufgebots-, Entmündigungs-, Zwangsvollstreckungs-, Strafverfahren usw.). Zwecke der öffentlichen Sicherheit können nicht nur von Polizeibehörden im materiellen Sinne (Staatsanwaltschaft, Kriminal- und Schutzpolizei, Gewerbe-, Gesundheitspolizei usw.), sondern auch von militärischen und diesen gleichstehenden Dienststellen verfolgt werden (Bundeswehr, Bundesgrenzschutz, alliierte Schutzmächte).

Abs. 3 trägt der Tatsache Rechnung, daß die Vervielfältigung häufig erst Mittel zum Zweck ist: Das Bild des Mörders wird nicht nur für die Archive der Polizei, sondern zur Unterrichtung der Öffentlichkeit, die zur Mitfahndung aufgerufen wird, vervielfältigt, ferngesendet usw. Die Bestimmung stellt klar, daß es auf Fernsehschirmen gezeigt, in Steckbriefen verbreitet und auf Plakaten öffentlich ausgestellt werden kann. Die Bedeutung der Bestimmung für Abs. 1 dürfte allerdings gering sein. Zur Verwendung in einem Verfahren kann ein Werk allenfalls öffentlich – im Gerichtssaal – ausgestellt werden. Daß seine Verwendung im Verfahren aber eine Verbreitung oder Wiedergabe nötig machen würde, ist kaum denkbar, zumal etwaige Presseberichte über das Verfahren, in denen das Werk ganz oder zum Teil wiedergegeben wird, nicht unter § 45, sondern unter § 50 fallen. Vorherige Veröffentlichung ist nicht Voraussetzung; § 45 enthält also auch eine Beschränkung des Urheberpersönlichkeitsrechts aus § 12. **Änderungen** sind dagegen nur im Rahmen des § 62 zulässig (s. dort). **4**

§ 46 Sammlungen für Kirchen-, Schul- oder Unterrichtsgebrauch

(1) Zulässig ist die Vervielfältigung und Verbreitung, wenn Teile von Werken, Sprachwerke oder Werke der Musik von geringem Umfang, einzelne Werke der bildenden Künste oder einzelne Lichtbildwerke nach dem Erscheinen in eine Sammlung aufgenommen werden, die Werke einer größeren Anzahl von Urhebern vereinigt und nach ihrer Beschaffenheit nur für den Kirchen-, Schul- oder Unterrichtsgebrauch bestimmt ist. Auf der Titelseite oder an einer entsprechenden Stelle der Sammlung ist deutlich anzugeben, wozu sie bestimmt ist.

(2) Absatz 1 gilt für Werke der Musik, die in eine für den Musikunterricht bestimmte Sammlung aufgenommen werden, nur, wenn es sich um eine Sammlung für den Musikunterricht in Schulen mit Ausnahme der Musikschulen handelt.

(3) Mit der Vervielfältigung darf erst begonnen werden, wenn die Absicht, von der Berechtigung nach Absatz 1 Gebrauch zu machen, dem Urheber oder, wenn sein Wohnort oder Aufenthaltsort unbekannt ist, dem Inhaber des ausschließlichen Nutzungsrechts durch eingeschriebenen Brief mitgeteilt worden ist und seit Absendung des Briefes zwei Wochen verstrichen sind. Ist auch der Wohnort oder Aufenthaltsort des Inhabers des ausschließlichen Nutzungsrechts unbekannt, so kann die Mitteilung durch Veröffentlichung im Bundesanzeiger bewirkt werden.

(4) Für die Vervielfältigung und Verbreitung ist dem Urheber eine angemessene Vergütung zu zahlen.

(5) Der Urheber kann die Vervielfältigung und Verbreitung verbieten, wenn das Werk seiner Überzeugung nicht mehr entspricht, ihm deshalb die Verwertung des Werkes nicht mehr zugemutet werden kann und er ein etwa bestehendes Nutzungsrecht aus diesem Grunde zurückgerufen hat (§ 42). Die Bestimmungen in § 136 Abs. 1 und 2 sind entsprechend anzuwenden.

Die Bestimmung entspricht im Grundsatz den früheren §§ 19 Nr. 4, 21 Nr. 3 LUG, § 19 Abs. 1 KUG, bringt aber eine Straffung und Verschärfung des früheren Rechts in wichtigen Punkten (vgl. Bem. 4). Die Vergütungspflicht des Abs. 4 ist allerdings erst durch die Novelle 1972 eingefügt worden, nachdem das Bundesverfassungsgericht ihr Fehlen als verfassungswidrig beanstandet hatte (BVerfGE 31, 229 *Kirchen- und Schulgebrauch;* s. Einl. 5 und unten Bem. 8). **1**

2 Die Bestimmung läßt nur die **Vervielfältigung** (§ 16) einschließlich der **Übertragung auf Bild- oder Tonträger** (§ 16 Abs. 2) sowie die **Verbreitung** (§ 17), jedoch keine andere Art der Verwertung zu. Sie bezieht sich zunächst auf **Teile von Werken** jeder Art, z. B. ein einzelnes Buchkapitel, einzelne Szenen eines Bühnenwerkes, Bildausschnitte, einige Takte aus einem Musikwerk. **Ganze Werke** dürfen nur dann vervielfältigt und verbreitet werden, wenn es sich um Sprach- oder Musikwerke (§ 2 Abs. 1 Nr. 1 und 2) von geringem Umfang, z. B. Gedichte (BGH GRUR 1972, 432, 433 *Schulbuch*), oder um einzelne Werke der bildenden Kunst, Lichtbildwerke oder Lichtbilder (§ 72) handelt. Ein Sprach- oder Musikwerk sollte, um noch von geringem Umfang zu sein, im Regelfall nicht mehr als 3 normale DIN A 5-Seiten, in Ausnahmefällen (bei Sprachwerken) bis zu 6 Seiten haben. Dem Gesetzeszweck entsprechend werden auch Teile von Werken diese Grenzen nicht wesentlich überschreiten dürfen. – Stets müssen die Werke oder Werkteile bereits **erschienen** sein (§ 6 Abs. 2 und dort Bem. 2).

3 Die Vervielfältigung und Verbreitung ist nur im Rahmen einer **Sammlung** zulässig, die Werke einer **größeren Anzahl** von Urhebern **vereinigt.** Schriftenreihen, enzyklopädische Sammlungen und ähnliche, unter einheitlicher Bezeichnung zusammengefaßte Werksammlungen fallen demnach nicht unter § 46 (z. B. die bekannten *Göschen-Bändchen, Rowohlts Deutsche Enzyklopädie* usw.); vielmehr liegt eine „Vereinigung" mehrerer Werke nur vor, wenn es sich um die Zusammenfassung in einem Band handelt (vgl. Begr. S. 64). Ist z. B. ein Lesebuch in mehrere Bände, etwa nach Schulklassen, aufgeteilt, so kommt es für die Zulässigkeit der Vervielfältigung und Verbreitung der aufgenommenen Werke darauf an, ob jeder einzelne Band die Voraussetzungen des § 46 erfüllt, also insbesondere eine größere Anzahl von Urhebern in sich vereinigt. Von einer solchen größeren Anzahl kann erst gesprochen werden, wenn mindestens 10 Urheber (nicht etwa 10 Werke von 6 oder gar nur 3 Autoren!) aufgenommen sind. – Sammlung kann auch eine Tonbandkassette sein, auf der Hörbeispiele verschiedener Komponisten zusammengefaßt sind (LG Frankfurt GRUR 1979, 155, 156f.).

4 Zu diesen objektiven Merkmalen muß subjektiv hinzutreten, daß der **alleinige Zweck** der Sammlung die Verwendung im Kirchen-, Schul- oder Unterrichtsgebrauch ist. Den Gebrauchszweck hat der Gesetzgeber unverändert aus § 19 Nr. 4 LUG übernommen (§ 19 Abs. 1 KUG schloß den Kirchengebrauch aus). Es genügt jedoch nicht mehr, daß die Sammlung „auch" für die genannten Zwecke geeignet oder bestimmt ist (vgl. noch RGZ 155, 33, 35); der Kirchen-, Schul- oder Unterrichtsgebrauch muß der *ausschließliche* Zweck sein. Das ist schon dann nicht mehr gegeben, wenn das Buch jedermann zum Kauf angeboten wird (OLG Frankfurt ZUM 1993, 97, 99 *Städel,* n.rkr.). Dabei muß sich die subjektive Zweckbestimmung der Sammlung auch objektiv in ihrer inneren und äußeren Beschaffenheit niederschlagen, z. B. bei Schulbüchern in der Auswahl und Anordnung des Stoffes unter pädagogischen Gesichtspunkten und in der äußeren Ausstattung als Schulbuch (BGH GRUR 1972, 432, 433 *Schulbuch,* s. unten Bem. 6). Liegen diese Voraussetzungen vor, so kommt es freilich weder auf die Möglichkeit, die Sammlung auch in der Freizeit zu benutzen, noch auf ihren pädagogischen Wert an (BGHZ 114, 368, 378f. *Liedersammlung*).
Als **Kirchengebrauch** ist wie bisher nur der Gebrauch *in* der Kirche anzusehen, was für Gesang- und Gebetbücher, nicht aber für Predigtsamm-

lungen, christliche Hausbücher usw. zutrifft (vgl. schon KG UFITA 10 [1937], 186, 190 *Speyerer Domfestmesse)*. Als Kirchen sind dabei alle Religionsgemeinschaften im Sinne des öffentlichen Rechts anzusehen. **Schulen** sind alle öffentlichen Schulen, in denen Unterricht erteilt wird, also auch die der Bevölkerung allgemein zur Verfügung stehenden anerkannten Privatschulen, nicht jedoch Hoch- und Fachschulen oder sonstige private Schulen (z. B. Fahrschulen); OLG München FuR 1983, 273, 275. § 46 ist nur anwendbar, wenn die Sammlung für S c h u l zwecke, also für den Unterricht bestimmt ist, und zwar nur, soweit es sich um den Gebrauch durch die Schüler handelt. Sammlungen, die für die Hand des Lehrers, als Prämie für gute Leistungen oder als Erinnerungsgabe für Abiturienten usw. gedacht sind, fallen nicht unter § 46. Im Bereich der Musik dienen im allgemeinen nur Schulliederbücher dem Musikunterricht in den Klassen; Schulchorbücher dagegen sind in erster Linie für den aus mehreren Klassen gebildeten Auswahlchor der Schule bestimmt, der zumindest auch anderen Zwecken dient (Umrahmung von Feiern, Repräsentationsveranstaltungen und dergleichen), und sind außerdem ohne weiteres auch für andere Chöre geeignet, fallen also nicht unter die Freigabe. Soweit zu ihnen neben dem Notenband noch ein Arbeitsband gehört, kann dieser allerdings Schulbuch sein (Beispiel: Das Werk *Arbeitshilfen* zu *Chor aktuell* aus dem Bosse-Verlag). – Für den **Unterrichtsgebrauch** sind solche Sammlungen bestimmt, die außerhalb des Schulbereichs zu Unterrichtszwecken Verwendung finden sollen, also Werke für den Kommunions- und Konfirmandenunterricht und für den Privatunterricht. Von „Unterricht“ kann nur gesprochen werden, wo ein Lehrer-Schüler-Verhältnis im engeren Sinne besteht, also nicht bei Selbstunterricht (RGZ 155, 33, 36), bei Arbeitsgemeinschaften Gleichrangiger, und bei Studenten, auch wenn es sich um eine Unterrichtung außerhalb der Hochschule handelt (z. B. durch einen Repetitor). Erwachsenenbildung (z. B. in Volkshochschulen) und Jugendpflege gelten ebenfalls nicht als Unterrichtung (Begr. S. 64).

Als **Kirchengebrauch** ist wie bisher nur der Gebrauch *in* der Kirche anzusehen, was für Gesang- und Gebetbücher, nicht aber für Predigtsamm-lungen, christliche Hausbücher usw. zutrifft (vgl. schon KG UFITA 10 [1937], 186, 190 *Speyerer Domfestmesse)*. Als Kirchen sind dabei alle Religionsgemeinschaften im Sinne des öffentlichen Rechts anzusehen. **Schulen** sind alle öffentlichen Schulen, in denen Unterricht erteilt wird, also auch die der Bevölkerung allgemein zur Verfügung stehenden anerkannten Privatschulen, nicht jedoch Hoch- und Fachschulen oder sonstige private Schulen (z. B. Fahrschulen). OLG München FuR 1983, 273, 275. § 46 ist nur anwendbar, wenn die Sammlung für Schulzwecke, also für den Unterricht bestimmt ist, und zwar nur, soweit es sich um den Gebrauch durch die Schüler handelt. Sammlungen, die für die Hand des Lehrers, als Prämie für gute Leistungen oder als Erinnerungsgabe für Abiturienten usw. gedacht sind, fallen nicht unter § 46. Im Bereich der Musik dienen im allgemeinen nur Schulliederbücher dem Musikunterricht in den Klassen; Schulchorbücher dagegen sind in erster Linie für den aus mehreren Klassen gebildeten Auswahlchor der Schule bestimmt, der zumindest auch anderen Zwecken dient (Umrahmung von Feiern, Repräsentationsveranstaltungen und dergleichen), und sind außerdem ohne weiteres auch für andere Chöre geeignet, fallen also nicht unter die Freigabe. Soweit zu ihnen neben dem Notenband noch ein Arbeitsband gehört, kann dieser allerdings Schulbuch sein (Beispiel: Das Werk *Arbeitshilfen* zu *Chor aktuell* aus dem Bosse-Verlag). – Für den

Unterrichtsgebrauch sind solche Sammlungen bestimmt, die außerhalb des Schulbereichs zu Unterrichtszwecken Verwendung finden sollen, also Werke für den Kommunions- und Konfirmandenunterricht und für den Privatunterricht. Von „Unterricht" kann nur gesprochen werden, wo ein Lehrer-Schüler-Verhältnis im engeren Sinne besteht, also nicht bei Selbstunterricht (RGZ 155, 33, 36), bei Arbeitsgemeinschaften Gleichrangiger, und bei Studenten, auch wenn es sich um eine Unterrichtung außerhalb der Hochschule handelt (z. B. durch einen Repetitor). Erwachsenenbildung (z. B. in Volkshochschulen) und Jugendpflege gelten ebenfalls nicht als Unterrichtung (Begr. S. 64).

5 Für **Musikwerke** gilt die **Sonderregelung des Abs. 2.** Die Erlaubnispflicht entfällt hier nur, wenn es sich entweder um eine Sammlung für den Kirchengebrauch (dann Abs. 1) oder um eine für den Musikunterricht bestimmte Sammlung in Schulen (Bem. 4) außer Musikschulen handelt (vgl. schon § 21 Nr. 3 LUG). Die Unterscheidung der Werke dürfte in der Praxis wegen der weit höheren Anforderungen, die in für Musikschulen bestimmten Sammlungen gestellt werden, keine Schwierigkeiten bereiten.

6 Stets muß der Zweck der Sammlung auf der **Titelseite** angegeben werden (Abs. 1 Satz 2). Nur wo es keine Titelseite gibt (z. B. bei Tonbändern), ist die Angabe an der entsprechenden Stelle zu machen. So hat BGH GRUR 1972, 432, 434 *Schulbuch* die Angabe auf der Rückseite des Titelblattes als nicht ausreichend angesehen. Umso weniger kann die Angabe im Vorwort genügen, wie sie Möhring/Nicolini Bem. 14 zulassen wollen. Sie übersehen, daß der Sinn dieser Formvorschrift die Verhinderung von Mißbräuchen ist (Begr. S. 64). Ihre Nichtbeachtung hat daher zur Folge, daß § 46 unanwendbar ist, ohne Rücksicht darauf, ob das Werk tatsächlich zum Kirchen-, Schul- oder Unterrichtsgebrauch bestimmt war oder nicht (vgl. BGH a.a.O.).

7 Die **Frist des Abs. 3** beginnt mit der Absendung des eingeschriebenen Briefes, ohne Rücksicht darauf, ob er den Empfänger erreicht. Das kann zu Unzuträglichkeiten führen, wenn der Verwerter eine nicht mehr zutreffende Anschrift verwendet. Man muß daher von ihm verlangen, daß er die Richtigkeit der Anschrift zuvor überprüft, wenn auch nur ein geringer Anlaß zu Zweifeln besteht (Rückfrage beim Einwohnermeldeamt, briefliche Anfrage beim Autor selbst). Das ist dem Verwerter stets schon deshalb zuzumuten, weil die Vorbereitung der Vervielfältigung dadurch nicht aufgehalten wird und kein Zeitverlust eintritt. Im Falle des Abs. 3 Satz 2 beginnt die Frist mit der Veröffentlichung der Anzeige, nicht mit der Auftragserteilung dazu. – Zum **Beginn** der Vervielfältigung s. § 16 Bem. 2. – Die **Mitteilung** muß die Angabe enthalten, in welcher Weise und zu welchem Zweck von dem Recht des Abs. 1 Gebrauch gemacht werden soll; sonst wäre Abs. 3, der dem Urheber eine Kontrolle und notfalls die Verhinderung unzulässiger Vervielfältigungen ermöglichen soll, sinnlos. Sind **Änderungen** beabsichtigt, muß der Urheber darauf in der Form des § 62 Abs. 4 hingewiesen werden (dort Bem. 5).

8 Die **angemessene Vergütung** ist erst seit dem 11. Oktober 1971 zu zahlen (Art. 4 Abs. 1 der Novelle 1972, Anh. I 4), d. h. für die an diesem Tage noch nicht veräußerten Exemplare. Angemessen ist diejenige Vergütung, die bei erlaubnispflichtigem Abdruck in ähnlichen Sammlungen üblicherweise

gezahlt wird; das ist im Zweifel eine *pro-rata*-Vergütung auf der Basis von 10% vom Ladenpreis für die aufgenommenen geschützten Werke insgesamt. Auf das Angebot einer einmaligen Pauschalzahlung braucht sich der Urheber nicht einzulassen; allenfalls kann die ihm für jede Auflage zustehende Vergütung in einer Summe gezahlt werden.

Im Bereich der **Sprachwerke** besteht seit 1977 ein Tarif der VG Wort 9 (Einl. 2 zum WahrnG), nach dem für jede Seite geschützten Textes im Regelfall zunächst 3,– DM für je 1000 Exemplare erhoben wurden. Ein kurz vorher abgeschlossener Gesamtvertrag (§ 12 WahrnG) mit dem Verband der Schulbuchverlage e. V. räumte dessen Mitgliedern bei Einhaltung der getroffenen Vereinbarung über Meldepflichten usw. eine Ermäßigung auf 2,– DM ein. Seit dem 1. 1. 1985 waren diese Sätze auf 3,50 DM bzw. 2,90 DM angehoben. Der Tarif vom 27. 7. 89 (BAnz.-Nr. 145) ging von 3,80 DM aus (ab 1. 1. 1993 4.40 DM); Verbandsmitglieder zahlten bis 31. 12. 1992 3,10 DM, seit dem 1. 1. 1993 3,40 DM. Tarif und Gesamtvertrag in der Fassung 1977 sind bei Delp[4] S. 302 und in UFITA 92 (1982), 81, die vorgeschriebene Meldung bei Delp[4] S. 170 abgedruckt. Einzelheiten bei Melichar UFITA 92 (1982), 43.

Für **musikalische Sammlungen** sind die üblichen Vergütungssätze im 10 sogenannten „System 1977" vom Deutschen Musikverleger-Verband und vom Verband der Schulbuchverlage gemeinsam festgestellt (vgl. AG München ZUM 1985, 518). Der Tarif orientiert sich an den Notenzeilen, die in der Sammlung abgedruckt sind, und ermittelt die Vergütung nach Werteinheiten (einstimmig 2 WE, zweistimmig 3 WE, mehrstimmig 4 WE); eine Werteinheit betrug bis Ende 1985 0,03 DM, seither 0,04 DM pro Exemplar. Bei Musikgraphiken und Partituren werden pro Seite 20 Werteinheiten, bei Texten für die erste Strophe 3, für die weiteren 1 Werteinheit berechnet. Für **Tonträger** in Sammlungen gibt es einen Tarif der GVL (BAnz 7/86 S. 309), dem ein Gesamtvertrag mit dem Verband der Schulbuchverlage gefolgt ist (0,06 DM pro Spielminute und Tonträger). –

Im Streitfall wird von dem jeweiligen Tarif bzw. der sonst üblichen 11 Vergütung auszugehen sein; die beteiligten Verkehrskreise wissen selbst am besten, was angemessen ist (vgl. § 97 Bem. 40 tarifmäßige Vergütung und § 13 WahrnG Bem. 1).

Der Anspruch steht dem **Urheber,** nicht etwa seinem Originalverleger zu 12 (Samson UFITA 71 [1974], 65; a. M. Rehbinder UFITA 71 [1974], 53). Das ergibt schon der Gesetzeswortlaut: Obwohl nur *erschienene* Werke in Schulbücher usw. aufgenommen werden dürfen, der Gesetzgeber also vom Bestehen eines Verlagsrechts für den Regelfall ausgegangen ist, spricht Abs. 4 den Vergütungsanspruch dem *Urheber* zu. Der Originalverleger als der „Inhaber des ausschließlichen Nutzungsrechts" wird zwar auch erwähnt, aber nur ersatzweise als Mitteilungsempfänger nach Abs. 3. Der Gesetzgeber hat den Originalverleger also nicht etwa versehentlich unberücksichtigt gelassen, zumal der neue Abs. 4 schon im RegE und in der vom Bundestag 1965 ursprünglich verabschiedeten Gesetzesfassung denselben Wortlaut hatte (s. vor § 45 Bem. 4 der 1.–3. Auflage). Der Urheber kann dem Originalverleger den Vergütungsanspruch aus Abs. 4 allenfalls abtreten; geschieht dies ohne die Vereinbarung einer entsprechenden Gegenleistung, so ist die Abtretung allerdings nach § 138 BGB nichtig, weil es sich nicht um ein Nutzungsrecht handelt, das der Verleger verwerten kann. Der Vergütungsanspruch aus Abs. 4 entsteht vielmehr ohne Zutun oder gar wirtschaftliches Wagnis des Originalverlegers, ergibt sich also ohne irgendeine Gegenleistung von selbst. Dazu ferner Nordemann GRUR 1973, 1, 3. Die VG Wort verteilt das Aufkommen aus § 46 im Verhältnis 70:30 zwischen Urheber und Verleger (Ziff. 2 des Verteilungsplans, abgedruckt bei Delp[4] S. 304).

13 Das **Verbot wegen gewandelter Überzeugung** (Abs. 4) kann jederzeit ausgeübt werden, wenn die Voraussetzungen des § 42 vorliegen und der Rückruf wirksam ist (dazu § 42 Bem. 9b); auf die letztere Voraussetzung kann es allerdings dann nicht ankommen, wenn ohnehin keine Verwertungsverträge mehr bestanden, es also nichts zurückzurufen gab. War die Vervielfältigung schon beendet oder wenigstens schon begonnen, so dürfen die hergestellten bzw. in der Herstellung befindlichen Exemplare noch verbreitet werden (§ 136 Abs. 1 und 2).

§ 47 Schulfunksendungen

(1) Schulen sowie Einrichtungen der Lehrerbildung und der Lehrerfortbildung dürfen einzelne Vervielfältigungsstücke von Werken, die innerhalb einer Schulfunksendung gesendet werden, durch Übertragung der Werke auf Bild- oder Tonträger herstellen. Das gleiche gilt für Heime der Jugendhilfe und die staatlichen Landesbildstellen oder vergleichbare Einrichtungen in öffentlicher Trägerschaft.

(2) Die Bild- oder Tonträger dürfen nur für den Unterricht verwendet werden. Sie sind spätestens am Ende des auf die Übertragung der Schulfunksendung folgenden Schuljahres zu löschen, es sei denn, daß dem Urheber eine angemessene Vergütung gezahlt wird.

1 Im früheren Recht war mangels ausdrücklicher Regelung des Senderechts ungeklärt, wie Schulfunksendungen zu behandeln sind. Die Sender erwarben die Senderechte von den Autoren der Sendemanuskripte auf dem üblichen Vertragswege. Soweit die Schulen die Sendungen live übertrugen, war dagegen nichts einzuwenden, da es sich nicht um eine öffentliche Wiedergabe handelte. Vielfach waren die Schulen jedoch gezwungen, die Sendungen mitzuschneiden, um sie dem Lehrplan entsprechend in den Unterricht einbauen zu können. Das war nicht ausdrücklich vom Gesetz freigegeben. § 47 trägt dieser Gesetzeslücke Rechnung. Die Bestimmung betrifft nicht den Erwerb der Senderechte, sondern **nur die Vervielfältigung** derartiger Sendungen (Aufnahme auf Bild- oder Tonträger, § 16 Abs. 2). Eine Verfassungsbeschwerde, die sich gegen die teilweise Vergütungsfreiheit des Mitschnitts (Bem. 4) richtete, ist erfolglos geblieben (BVerfGE 31, 270 *Schulfunksendungen*).

2 Das Vorrecht des § 47 genießen **Schulen** (Begriff § 46 Bem. 4), Einrichtungen der **Lehrerbildung** (Pädagogische Akademien, Lehrerseminare, nicht dagegen die mathematisch-naturwissenschaftlichen und die philosophischen Fakultäten der Universitäten und Hochschulen, da diese nicht speziell der Lehrerbildung, sondern der wissenschaftlichen Forschung und Lehre dienen), Einrichtungen der **Lehrerfortbildung** (Ausbildungsstätten für Mittelschullehrer, kirchliche Seminare für Religionslehrer usw.) und **Heime der Jugendhilfe,** zu denen auch die Jugendstrafanstalten zu rechnen sind, soweit sie Unterricht betreiben. Die Privilegierung auch der **Landesbild-**

stellen ist auf Betreiben des Freistaates Bayern, dessen Landesbildstellen die Herstellung von Vorratskopien von Schulfunksendungen für interessierte Schulen gerichtlich verboten worden war (OLG München FuR 1983, 273, inzwischen bestätigt durch BGH GRUR 1985, 874, 875 f. *Schulfunksendung*), in die Novelle 1985 aufgenommen worden. Sie ist nicht nur systemfremd (vgl. § 53 Abs. 1 Satz 2), sondern auch verfassungsrechtlich bedenklich, weil durch keine übergewichtige Gemeinwohlerwägung gerechtfertigt (§ 1 Bem. 4 und vor § 45 Bem. 7, jeweils am Schluß). – Das Recht des § 47 bezieht sich nur auf Werke, die innerhalb einer **Schulfunksendung** gesendet werden. Indiz ist zunächst die Programmbezeichnung des Senders. Der Lehrer darf also nicht etwa von sich aus eine ihm wichtig erscheinende allgemeine Sendung, etwa eines Fernsehspiels, eines Rundfunkkommentars, eines wissenschaftlichen Vortrags, der Darbietung einer Oper oder eines Musikwerkes, mitschneiden und diese zu Unterrichtszwecken benutzen. Sollte eine Sendeanstalt ein Programm, das nicht für Schulen bestimmt ist, fälschlich als „Schulfunksendung" bezeichnen (z. B. eine zum Selbststudium gedachte Sendung wie das *Telekolleg* oder einen Sprachlehrgang), so wäre es gleichwohl nicht von § 47 privilegiert (so mit Recht Schricker-Melichar Rdnr. 10).

Es dürfen nur **einzelne** Vervielfältigungsstücke im Sinne des § 16 Abs. 2 **3** (Aufnahmen) hergestellt werden, also nur so viele, wie für die Verwendung in den einzelnen Schulklassen erforderlich sind (zum Begriff „einzelne" s. § 53 Bem. 3). Sie dürfen auch **nur für den Unterricht** verwendet werden (Abs. 2 Satz 1). Es ist also nicht zulässig, daß die Schule bei einem Elternabend oder einem Schulfest die mitgeschnittenen Aufnahmen darbietet, weil dies keinen Unterrichtszweck mehr erfüllt.

Die Aufnahmen sind spätestens am **Ende des folgenden Schuljahres zu** **4** **löschen,** ganz gleich, ob sie zu Schuljahrsbeginn oder erst „kurz vor Toresschluß" hergestellt wurden. Für die neben den Schulen berechtigten Einrichtungen (Bem. 2) paßt dieses Merkmal nicht. Der redaktionelle Fehler ist durch entsprechende Anwendung auszugleichen: für Akademien usw. ist in den Bundesländern, die das Schuljahr zu Ostern beginnen, das Ende des Wintersemesters, sonst das Ende des Sommersemesters maßgebend. Wo kein jährlicher Zeitschnitt stattfindet (Heime, Landesbildstellen), ist das in dem jeweiligen Bundesland gültige Schuljahr maßgebend (abweichend Schricker-Melichar Rdnr. 22: Kalenderjahr). – **Löschung** bedeutet Unbrauchbarmachung (vgl. RegE). Will die Schule jedoch die einmal vorgenommene Vervielfältigung über das Schuljahr hinaus behalten, so hat sie dem Urheber eine **angemessene Vergütung** zu zahlen. Was angemessen ist, bestimmt sich nach der Länge des Mitschnitts, den Kosten seiner Herstellung, der Dauer der beabsichtigten Aufbewahrung und danach, was die Schule durch die Aufbewahrung erspart. Sie erspart mindestens die Beschaffung gleichwertigen Anschauungsmaterials. Im Streitfall ist die angemessene Vergütung vom Richter festzusetzen (analog § 287 ZPO). Vgl. vor § 45 Bem. 7 und § 97 Bem. 40.

Zur Kontrolle der Vervielfältigungshandlungen und der Aufbewahrungs- **5** dauer steht dem Urheber ein **Auskunftsanspruch** zu (vgl. vor § 31 Bem. 17), dessen Geltendmachung er allerdings meist einer Verwertungsgesellschaft überlassen wird.

§ 48 Öffentliche Reden

(1) Zulässig ist

1. die Vervielfältigung und Verbreitung von Reden über Tagesfragen in Zeitungen sowie in Zeitschriften oder anderen Informationsblättern, die im wesentlichen den Tagesinteressen Rechnung tragen, wenn die Reden bei öffentlichen Versammlungen oder im Rundfunk gehalten worden sind, sowie die öffentliche Wiedergabe solcher Reden,

2. die Vervielfältigung, Verbreitung und öffentliche Wiedergabe von Reden, die bei öffentlichen Verhandlungen vor staatlichen, kommunalen oder kirchlichen Organen gehalten worden sind.

(2) Unzulässig ist jedoch die Vervielfältigung und Verbreitung der in Absatz 1 Nr. 2 bezeichneten Reden in Form einer Sammlung, die überwiegend Reden desselben Urhebers enthält.

1 Die Bestimmung hat die §§ 17, 26 LUG zum Vorbild, ändert das frühere Recht jedoch in einigen Punkten ab: Sie betrifft in Abs. 1 Nr. 1 nur noch Reden zu **Tagesfragen** und gibt deren Vervielfältigung und Verbreitung nur noch in solchen Publikationsorganen frei, die im wesentlichen **Tagesinteressen** dienen. Andererseits genügt es jetzt, wenn die Rede bei einer öffentlichen **Versammlung** (statt wie in § 17 LUG: Verhandlung) oder im Rundfunk gehalten wurde. Abs. 1 Nr. 2 bezieht sich nur noch auf **öffentliche** Verhandlungen. **Gehalten** ist nur die tatsächlich gesprochene Rede; nicht verlesene Teile des Vortragsmanuskripts fallen daher nicht unter die Freigabe. **Rundfunkkommentare** fallen nicht unter § 48, sondern unter § 49.

2 **Abs. 1 Nr. 1.**

a) Die Rede muß **Tagesfragen** behandeln. Philosophische, literarische, musik- und kunstwissenschaftliche Vorträge aller Art sind daher nicht freigegeben. Sinn des § 48 ist es, die schleunige Unterrichtung der Öffentlichkeit über aktuelle Äußerungen zu aktuellen Themen zu erleichtern; es besteht jedoch kein dringendes Bedürfnis, nicht tagesgebundene Reden schnellstens der Öffentlichkeit mitzuteilen, und zwar auch dann, wenn sie anläßlich eines Tagesereignisses gehalten wurden (Begr. S. 65). Das wissenschaftliche Referat eines Gelehrten bei der Eröffnung eines Instituts oder die Antrittsrede des neugewählten Universitätsrektors fallen also nicht unter § 48. Hat der Redner nur in einem **Teil der Rede** Tagesfragen behandelt, so ist auch nur dieser Teil freigegeben.

b) Nur Reden in **öffentlichen Versammlungen** und **im Rundfunk** (Hör- und Fernsehfunk einschließlich Drahtfunk, vgl. § 20 Bem. 2) sind frei. Anders als in § 15 Abs. 3 ist Öffentlichkeit erst dann gegeben, wenn ein an sich unbegrenzter Personenkreis Zutritt hat (vgl. Art. 42 Abs. 1 Satz 1 GG, § 23 Abs. 2 Nr. 3 KUG – Anhang I 3 –, §§ 169ff. GVG).

c) Das Vorrecht der Vervielfältigungs- und Verbreitungsfreiheit genießen **nur Zeitungen** (vgl. § 38 Bem. 5) und solche Zeitschriften und Informationsblätter, die im wesentlichen (also nicht ausschließlich, vgl. dagegen § 49 Bem. 3) **Tagesinteressen** dienen; zu den letzteren rechnen neben den Illustrierten und anderen, auf Aktualität ausgerichteten Wochen- und Monatsblättern insbesondere Nachrichtendienste, Korrespondenzen und dergleichen (Begr. S. 65).

d) Anders als die Vervielfältigung und Verbreitung kann die **Wiedergabe** von **jedermann,** nicht nur von Zeitungen usw., bewirkt werden. Öffentliche Reden über Tagesfragen dürfen daher ohne Zustimmung des Vortragenden insbesondere in andere Räume übertragen (§ 19 Abs. 3) und gesendet (§ 20) werden, was bedeutet, daß die Sendeanstalt sie auch mitschneiden darf (§ 55).

Abs. 1 Nr. 2. Ganz freigegeben sind Reden bei **öffentlichen** (Bem. 2c) **Verhandlungen,** d. h. Veranstaltungen, die im Anschluß an die Rede eine Aussprache vorsehen (Begr. S. 65). Es muß sich um Verhandlungen vor staatlichen, kommunalen oder kirchlichen **Organen** handeln (Parlamente, Ausschüsse, Gerichte, Synoden, nicht jedoch Parteien oder Gewerkschaften). Predigten in Gottesdiensten werden weder in einer Verhandlung noch vor einem Organ der Kirche gehalten. Reden in geheimen Beratungen fallen schon wegen der fehlenden Öffentlichkeit nicht unter die Bestimmung. – Abs. 1 Nr. 2 erlaubt **jedermann** die Vervielfältigung, Verbreitung und öffentliche Wiedergabe, also auch den Mitschnitt durch Interessenten, die nicht Sendeanstalten sind (vgl. Bem. 2d), OLG Celle AfP 1986, 57. **3**
Ein öffentlich-rechtlicher Anspruch gegen das jeweilige Organ auf Gestattung von Tonbandaufzeichnungen wird durch die Bestimmung allerdings nicht begründet; sie beschränkt lediglich das Verwertungsrecht des Urhebers (BVerwG NJW 1991, 118, 119; dazu Wilhelmi AfP 1992, 221ff.).

Abs. 2. Eine Sammlung enthält dann **überwiegend** Reden desselben Urhebers, wenn diese mehr als die Hälfte ihres Umfanges (nach Anzahl oder Seitenzahl) ausmachen (abweichend Schricker-Melichar Rdnr. 15, die darauf abstellen, ob die Reden desselben Urhebers das Schwergewicht der Sammlung bilden). Allerdings muß die Bestimmung im Hinblick auf Art. 2bis Abs. 3 RBÜ Paris konventionsfreundlich dahin ausgelegt werden, daß auch die Vereinigung der Mehrzahl der Reden, die ein Urheber überhaupt gehalten hat, in einer Sammlung unzulässig ist, und zwar auch dann, wenn diese Reden zusammen weniger als die Hälfte der ganzen Sammlung ausmachen. Die Zusammenfassung der drei öffentlichen Reden, die ein Politiker insgesamt gehalten hat, in einer Redensammlung mit 30 Einzelbeiträgen wäre danach unzulässig. **4**

§ 49 Zeitungsartikel und Rundfunkkommentare

(1) Zulässig ist die Vervielfältigung und Verbreitung einzelner Rundfunkkommentare und einzelner Artikel aus Zeitungen und anderen lediglich Tagesinteressen dienenden Informationsblättern in anderen Zeitungen und Informationsblättern dieser Art sowie die öffentliche Wiedergabe solcher Kommentare und Artikel, wenn sie politische, wirtschaftliche oder religiöse Tagesfragen betreffen und nicht mit einem Vorbehalt der Rechte versehen sind. Für die Vervielfältigung, Verbreitung und öffentliche Wiedergabe ist dem Urheber eine angemessene Vergütung zu zahlen, es sei denn, daß es sich um eine Vervielfältigung, Verbreitung oder öffentliche Wiedergabe kurzer Auszüge aus mehreren Kommentaren oder Artikeln in Form einer Übersicht handelt. Der Anspruch kann nur durch eine Verwertungsgesellschaft geltend gemacht werden.

(2) Unbeschränkt zulässig ist die Vervielfältigung, Verbreitung und öffentliche Wiedergabe von vermischten Nachrichten tatsächlichen Inhalts und von

Tagesneuigkeiten, die durch Presse oder Funk veröffentlicht worden sind; ein durch andere gesetzliche Vorschriften gewährter Schutz bleibt unberührt.

1 Die Bestimmung **stellt Presse und Rundfunk** hinsichtlich ihrer Artikel und Kommentare **gleich** und geht damit über den RegE hinaus, der entsprechend § 18 LUG und dem damaligen Konventionsrecht (Art. 9 RBÜ Brüssel) die Freigabe nur für Zeitungen und andere Informationsblätter vorgesehen hatte. Die Gleichstellung ist sachlich schon deshalb gerechtfertigt, weil beide Publikationsmittel den gleichen Informationsaufgaben dienen und die von § 49 geschaffene Erleichterung der Berichterstattung bei beiden gleichermaßen im Interesse der Allgemeinheit liegt (vgl. Schriftl. Bericht zu BT-Drucks. IV/3401 S. 7). Dennoch lag darin ein Dissens zum Konventionsrecht mit der Folge, daß die Verbandsurheber der RBÜ (Begriff Nordemann/Vinck/Hertin Art. 3, 4 RBÜ, Bem. 5–12) sich vor den deutschen Gerichten auf den ihnen günstigeren Art. 9 RBÜ Brüssel berufen konnten. Im vollen Umfange galt § 49 nur für Inländer im Sinne der §§ 120, 121 Abs. 1 und 2, 122 und 123. Inzwischen ist in der Bundesrepublik die Brüsseler durch die Pariser Fassung der RBÜ abgelöst worden (10. 10. 1974), deren Art. 10bis Abs. 1 die Gleichstellung nachvollzieht. Geblieben ist allerdings ein Widerspruch zwischen § 49 **Abs. 2** und dem Konventionsrecht auch der Pariser Fassung (Bem. 7).

2 § 49 bezieht sich nur auf **Werke** im Sinne des § 2 Abs. 2, also persönliche geistige Schöpfungen (vgl. § 2 Bem. 2–23). Vor allem Nachrichten und Tagesneuigkeiten (Abs. 2) werden dieses Erfordernis nur selten erfüllen; sie sind daher ohnehin meist frei, ohne daß es ihrer Freigabe durch § 49 noch bedürfte (ihre Verwendung kann im Einzelfall aus anderen Gründen unzulässig sein, vgl. Bem. 7). Freigegeben ist die **Vervielfältigung** (§ 16), **Verbreitung** (§ 17) und **öffentliche Wiedergabe** (§§ 19–22); vgl. § 48 Bem. 2d.

3 **Abs. 1** betrifft einzelne **Rundfunkkommentare,** d. h. verlesene oder selbst gesprochene Meinungsäußerungen einer Einzelperson (also keine Diskussionsbeiträge, Interviews oder Rundgespräche wie der *Internationale Frühschoppen*), und **Artikel,** d. h. geschriebene Äußerungen der gleichen Art, jedoch keine Gedichte (a. M. Möhring/Nicolini Bem. 5 und Schricker-Melichar Rdnr. 4). Berichte, die ohne jede eigene Stellungnahme nur referieren, fallen unter Abs. 2. Es muß sich um solche Äußerungen handeln, die politische, wirtschaftliche oder religiöse **Tagesfragen** betreffen, die also einen aktuellen Inhalt haben. Die Aufzählung ist, da es sich um eine Ausnahmevorschrift handelt, als erschöpfend anzusehen; Äußerungen zu kulturellen und wissenschaftlichen Tagesfragen sind nicht freigegeben. Ebensowenig fallen solche Äußerungen unter § 49, die weit über den Tag hinausgreifen, z. B. ein politischer Rückblick (vgl. LG Berlin GRUR 1962, 207, 208 *Maifeiern*), eine Vorausschau auf die zukünftige Entwicklung, eine allgemeine Betrachtung. – Es darf sich nur um **einzelne** Kommentare oder Artikel handeln. Die Übernahme der wichtigsten Artikel aus derselben Quelle wäre auch bei Veränderung ihrer Reihenfolge unzulässig (Möhring/Nicolini Bem. 3). – Kommentare müssen im **Rundfunk** gesendet (Begriff § 20 Bem. 2), Artikel in **Zeitungen** (Begriff § 38 Bem. 5) oder in anderen **Informationsblättern** erschienen sein, die ausschließlich („lediglich“) Tagesinteressen dienen (Begr. S. 66 spricht offenbar irrtümlich von Informa-

tionsblättern, die – wie in § 48 – im wesentlichen Tagesinteressen dienen). Dazu gehören nur Nachrichtendienste und aktuelle Korrespondenzen. Artikel aus Zeitschriften sind – abweichend von Art. 10bis Abs. 1 RBÜ – nicht freigegeben, weil sie oft bleibende Bedeutung haben und deshalb schutzwürdig sind (Begr. S. 65). – Zum **Nachdruck** sind nur Zeitungen und die ihnen gleichgestellten Blätter, zur **Wiedergabe** ist jedermann befugt. Die Einschränkung „in anderen Zeitungen und Informationsblättern dieser Art" kann sich nur auf die Verbreitung beziehen; sonst würde der Mitschnitt eines Rundfunkkommentars, der seinen Nachdruck erst ermöglicht, unzulässig sein. Die Einschränkung der freien Verbreitung hat aber zur Folge, daß nicht etwa jemand Rundfunkkommentare mitschneiden und die Bänder vertreiben darf (§ 16 Abs. 2). – Der Hinweis auf die „Tagesinteressen" in Abs. 1 Satz 1 enthält eine weitere Einschränkung: Die Übernahme darf nur **zum Zwecke der aktuellen Information** erfolgen. Die Übernahme zu Werbezwecken ist ausgeschlossen (OLG Hamm UFITA 96 [1983], 265, 269f. *Auch ein Fenster will gepflegt sein;* auf den dort übernommenen *wissenschaftlichen* Artikel war die Bestimmung freilich ohnehin nicht anwendbar).

Für die Vervielfältigung, Verbreitung oder Wiedergabe ist dem Urheber 4
(nicht etwa dem Sender oder der Zeitung) eine **angemessene Vergütung** zu zahlen, deren Höhe den üblichen Sätzen für die Erteilung einer Nachdruckerlaubnis entspricht und die notfalls vom Richter festzusetzen ist (analog § 287 ZPO). Sie entfällt ausnahmsweise dann, wenn es sich um **kurze,** d. h. aus wenigen Sätzen bestehende **Auszüge** aus **mehreren** (mindestens zwei) Kommentaren oder Artikeln in der Form einer **Übersicht** handelt. Die in den meisten Sendern übliche *Presseschau* erfüllt diese Voraussetzungen in der Regel nicht, da sie längere Auszüge, wenn nicht den ganzen Artikel zu bringen pflegt. Auch ein etwaiges deutsches Pendant der *Englischen Rundschau* würde nicht vergütungsfrei sein. Die VG Wort hat einen besonderen Tarif für Pressespiegel (BAnz Nr. 132 vom 19. 7. 1990 – pro Seite 6 Pf. –; s. Delp[4] S. 302 und Ekrutt GRUR 1975, 358).
Die Einführung der Verwertungsgesellschaftenpflicht mit **Abs. 1 Satz 3** durch die Novelle 1985 korrespondiert mit dem neuen § 13b WahrnG; der Gesetzgeber wollte der VG Wort auf diese Weise die Geltendmachung erleichtern (Begr. zum RegE des ÄndG, BT-Drucks. 10/837 S. 14 = UFITA 96 [1983], 117, 127).
Um die jeweils Berechtigten unter ihren Mitgliedern ermitteln zu können, kann sie **Auskunft** von dem Hersteller des Pressespiegels darüber verlangen, welche Artikel er vervielfältigt und verbreitet hat und wer – soweit die Originalquelle das erkennen läßt – ihr Urheber ist (OLG Düsseldorf GRUR 1991, 908, 909 *Pressespiegel*).

Die **Freigabe** des § 49 Abs. 1 **entfällt, wenn** der Kommentar oder Artikel 5
mit einem **Vorbehalt der Rechte** versehen ist. Der Vorbehalt muß, wie der Gesetzestext ergibt, zu dem einzelnen Artikel oder Kommentar erklärt werden. Ein allgemeiner Vorbehalt im Impressum ist wirkungslos; beim Rundfunk wäre er mangels einer geeigneten Ansagemöglichkeit ohnehin nicht denkbar.

Eine **analoge Anwendung** des Abs. 1 auf andere Werkarten, etwa auf 6
Lichtbilder oder Karikaturen, kommt wegen des Ausnahmecharakters der Bestimmung (vor § 45 Bem. 3) nicht in Betracht (unzutreffend LG Berlin 22. 4. 68, zit. bei Romatka AfP 1971, 20, 23).

7 **Abs. 2** hat keine praktische Bedeutung. Aktuelle Berichte, die keine Stellungnahme des Verfassers enthalten, sind in aller Regel ohnehin frei (vgl. Bem. 2). Abs. 2 sollte daher nach der Begr. (S. 66) nur solche reinen Tatsachenberichte betreffen, denen ausnahmsweise der Charakter einer persönlichen geistigen Schöpfung eigen ist, etwa weil sie besonders geistreich-witzig formuliert oder in einem eigenartigen Stil abgefaßt sind. Gerade das aber steht im Widerspruch zum Konventionsrecht (Art. 9 Abs. 3 RBÜ Brüssel, Art. 2 Abs. 8 RBÜ Paris), wonach es dem nationalen Gesetzgeber nicht gestattet ist, journalistische Arbeiten mit Schöpfungscharakter vom Urheberschutz auszunehmen (Nordemann/Vinck/Hertin Art. 2, 2bis RBÜ, Bem. 4). Da die Pariser Fassung der RBÜ nach Erlaß des UrhG ratifiziert wurde und nicht anzunehmen ist, daß der Gesetzgeber Inländer hat schlechter stellen wollen als Verbandsurheber (vgl. Bem. 1), ist anzunehmen, daß das ältere Landesrecht auch im Inlandsbereich von dem jüngeren Konventionsrecht verdrängt worden ist (Nordemann/Vinck/Hertin Einl. 32 mit Nachweisen), so daß Nachrichten und Tagesneuigkeiten mit Werkcharakter trotz Abs. 2 geschützt sind. Die Bestimmung ist damit praktisch bedeutungslos. – Die Vervielfältigung, Verbreitung und öffentliche Wiedergabe auch von nicht geschützten Nachrichten kann jedoch – in seltenen Ausnahmefällen – nach **anderen gesetzlichen Vorschriften** unzulässig sein. In Betracht kommt vor allem das UWG, aber auch das allgemeine Deliktsrecht des BGB (§§ 823, 826). So kann es gegen § 1 UWG verstoßen, wenn eine Zeitung die Meldung der anderen von Anfang bis Ende übernimmt (unlautere Nachahmung) oder dies gar regelmäßig mit allen oder der Mehrzahl der Meldungen tut (unmittelbare Leistungsübernahme, BGH GRUR 1988, 308 *Informationsdienst*). Einzelheiten bei Prantl (Lit.-Verz.).

§ 50 Bild- und Tonberichterstattung

Zur Bild- und Tonberichterstattung über Tagesereignisse durch Funk und Film sowie in Zeitungen oder Zeitschriften, die im wesentlichen den Tagesinteressen Rechnung tragen, dürfen Werke, die im Verlauf der Vorgänge, über die berichtet wird, wahrnehmbar werden, in einem durch den Zweck gebotenen Umfang vervielfältigt, verbreitet und öffentlich wiedergegeben werden.

1 § 50 ist die dritte Sonderregelung, die der Gesetzgeber im Interesse der Allgemeinheit **zur Erleichterung der Berichterstattung** über aktuelle Ereignisse trifft. Es ist vielfach unvermeidlich, ein im Hintergrund gespieltes Musikstück, die Silhouette eines künstlerisch gestalteten Gebäudes, ein hinter dem Schreibtisch des interviewten Politikers hängendes Gemälde mit in die Aufnahme einzubeziehen, wenn sie nicht bruchstückhaft werden soll. Demgemäß hatte schon das Gesetz zur Erleichterung der Filmberichterstattung vom 30. 4. 1936 (RGBl. I 404) den Herstellern von Filmaufnahmen das Recht eingeräumt, bei der Berichterstattung über Tagesereignisse (Wochenschauen, Tagesschauen usw.) auch urheberrechtlich geschützte Werke, die im Verlauf der Vorgänge sichtbar oder hörbar wurden, mitzufilmen. § 50 erweitert diese Regelung auf **jede Art der Ton- und Bildberichterstattung** durch, wie das Gesetz kurz und untechnisch sagt, Funk und Film (also Sendeanstalten und Filmhersteller) sowie in Zeitungen (Begriff § 38 Bem. 6) und in solchen Zeitschriften, die im wesentlichen Tagesinteressen Rechnung tragen (vgl. § 48 Bem. 2a). Es weicht damit von Art. 10bis RBÜ Brüssel

bewußt ab, wo dem Gesetzgeber der Verbandsländer lediglich freigestellt war, festzulegen, unter welchen Voraussetzungen kurze **Bruchstücke** aus Werken der Literatur oder Kunst mittels Fotografie, Kinematografie oder Rundfunksendung bei Gelegenheit der Berichterstattung über Tagesereignisse festgehalten, wiedergegeben und öffentlich mitgeteilt werden dürfen. Wie die Begr. (S. 67) mit Recht ausführt, muß es auch möglich sein, bei der Berichterstattung über eine Veranstaltung ein kleineres, ganzes Werk, z. B. ein Gedicht oder ein Lied, das in deren Rahmen dargeboten wird, mit aufzunehmen, ohne zuvor die Erlaubnis des Urhebers einholen zu müssen (ebenso jetzt Art. 10bis Abs. 2 RBÜ Paris).

Das Werk selbst kann kein *Vorgang* sein, über den berichtet werden könnte 2
(OLG Frankfurt GRUR 1985, 380, 382 *Operneröffnung*). Ein Bericht über das neue Buch eines Autors, ein neues Bühnenstück, eine neue Plastik ist ohne den Erwerb eines entsprechenden Nutzungsrechts nur möglich, wenn über die Vorstellung des Buches in der Öffentlichkeit, über die Uraufführung, über die Enthüllungszeremonie referiert wird. Vgl. Öst. OGH GRUR Int. 1971, 411 *Bad Ischler Operettenwochen*. A. M. BGH GRUR 1983, 28, 29 *Presseberichterstattung und Kunstwerkwiedergabe II*. Programmzeitschriften berichten über Sendungen, nicht über die in den Sendungen etwa dargestellten Ereignisse (LG Berlin ZUM 1989, 473, 474).

Im Verlaufe der Vorgänge, über die berichtet wird, muß das Werk 3
wahrnehmbar werden (ein sonstiger Zusammenhang genügt nicht, LG Berlin ZUM 1989, 473, 474). Bürgermeister und Museumsdirektor, einander bei der Ausstellungseröffnung vor dem Hauptwerk des Künstlers die Hände schüttelnd, dürfen also publiziert werden. Nach BGHZ 85, 1, 7 *Presseberichterstattung und Kunstwerkwiedergabe I* darf der Reporter sogar das Hauptwerk allein, vor oder nach dem großen Ereignis in aller Ruhe und mit der richtigen Beleuchtung, aufnehmen. Die politische Anzeige mit Foto, gegen die polemisiert wird, darf gezeigt werden (OLG Stuttgart AfP 1986, 71).

Die Vervielfältigung, Verbreitung und öffentliche Wiedergabe ist jedoch 4
auch in diesem Falle nur in einem **durch den Zweck gebotenen Umfang** freigegeben. Das bedeutet nicht nur, daß die Berichterstattung sachlich im Vordergrund stehen muß (vgl. § 51 Bem. 4), sondern daß die Freigabe auch zeitlichen Schranken unterliegt: Mit der Vorführung einer mehr als 6 Wochen alten Wochenschau wird nicht mehr über *Tagesereignisse* berichtet. Rückblicke, Jahresübersichten, Wiederholungssendungen und dergleichen werden daher von § 50 nicht gedeckt (LG Hamburg GRUR 1989, 591, 592 *Neonrevier*). Bei einem Festakt dürfen nur kleine Ausschnitte der dargebotenen Werke übertragen werden (OLG Frankfurt GRUR 1985, 380, 382 *Operneröffnung*). Ein früheres Tagesereignis wird jedoch wieder aktuell, wenn es nach 5 Monaten Gegenstand einer öffentlichen Debatte wird, die ihrerseits Tagesereignis ist, OLG Stuttgart AfP 1986, 71.

§ 51 Zitate

Zulässig ist die Vervielfältigung, Verbreitung und öffentliche Wiedergabe, wenn in einem durch den Zweck gebotenen Umfang

1. einzelne Werke nach dem Erscheinen in ein selbständiges wissenschaftliches Werk zur Erläuterung des Inhalts aufgenommen werden,

2. Stellen eines Werkes nach der Veröffentlichung in einem selbständigen Sprachwerk angeführt werden,

3. einzelne Stellen eines erschienenen Werkes der Musik in einem selbständigen Werk der Musik angeführt werden.

Übersicht

1 **Abweichungen vom bisherigen Recht und Konventionsrecht.** Kulturelle Entwicklung und geistigen Auseinandersetzung bedingen häufig, daß der Urheber Bezug auf vorbestehende, geschützte Werke nimmt. Wer Bedeutung und Schaffen eines Dichters oder Wissenschaftlers beurteilen will, wer im politischen Meinungskampf seine Auffassung von derjenigen Andersdenkender abgrenzen will, wird oft nicht darum herumkommen, fremde, geschützte Werke oder Werkteile in seine eigene Arbeit aufzunehmen. Das *Recht zum Zitieren fremden Geistesguts* ist eine Grundlage für die Freiheit der geistigen Auseinandersetzung (vgl. BGH GRUR 1973, 216, 217 *Handbuch moderner Zitate* sowie die ausführliche Darstellung bei Schricker Rdnr. 6ff.). Vor dem UrhG war das Zitatrecht unübersichtlich und auf den Einzelfall bezogen geregelt (§§ 19, 21, 23 LUG; § 19 KUG), während seit 1965 mit § 51 zwar nur noch eine einzige gesetzliche Vorschrift zu beachten ist, die jedoch nicht alle Fälle – z. B. nicht das Bild- und Filmzitat (Bem. 9) – regelt. Der gegenwärtige Rechtszustand wird deshalb zu Recht als noch nicht befriedigend empfunden (vgl. Schricker Rdnr. 5 mit weiterer Lit.). Mit § 51 folgt der Gesetzgeber ausdrücklich (Begr. S. 67) der von Lehre und Rspr. entwickelten Unterscheidung in **Großzitat** (Nr. 1), **Kleinzitat** (Nr. 2) und **Musikzitat** (Nr. 3). Im Bereich der **RBÜ** regelt Art. 10 das Zitatrecht, wobei Zitate dann zulässig sind, wenn sie „anständigen Gepflogenheiten entsprechen" und ein Zitatzweck vorliegt. Diese mehr generalklauselartige Regelung entspricht derjenigen im anglo-amerikanischen Rechtskreis („fair dealing").

a) Nach der Regelung des UrhG beim **Großzitat** der **Nr. 1** dürfen Werke schlechthin, nicht nur einzelne Aufsätze von geringem Umfang, einzelne Gedichte oder kleinere Kompositionen (so das frühere Recht in § 19 Nr. 2 und § 21 Nr. 2 LUG) verwendet werden.

b) Die Regelung des **Kleinzitats** in **Nr. 2** bringt sachlich keine Änderung gegenüber dem vor 1966 geltenden Recht (§§ 19 Nr. 1, 21 Nr. 1 LUG). Die Vorschrift geht jedoch über die nach Art. 10 Abs. 2 RBÜ Brüssel zulässige Beschränkung der Rechte des Urhebers insoweit hinaus, als sie die Anführung von Stellen eines Werkes nicht nur für Veröffentlichungen, die für den Unterricht bestimmt oder wissenschaftlicher Natur sind, oder für

„Chrestomatien" (griechisch „nützliches Wissen" = Sammlungen von belehrenden oder beispielhaften Auszügen aus Schriftwerken) zuläßt, sondern für alle Sprachwerke schlechthin erlaubt (so jetzt auch Art. 10 Abs. 1 RBÜ Paris).

c) Das **Musikzitat** der **Nr. 3** ist erst durch das UrhG gesetzlich geregelt, aber seit OLG Dresden GRUR 1909, 332 (zu *Richard Strauß „Ein Heldenleben"*) von der h. M. anerkannt (Nachw. bei Ulmer[2] S. 242 und ausführlich Hertin GRUR 1989, 159).

d) **Bildzitate** sind, da meist das vollständige Bild gezeigt werden muß, in der Regel Großzitate. Sie werden aber unter bestimmten Voraussetzungen auch in den Fällen der Nr. 2 zugelassen.

e) Bei **Filmzitaten** liegen demgegenüber ganz überwiegend Kleinzitate vor.

Begriff des Zitats. Wer fremdes Geistesgut verwertet, kann dies auf 2 mehrfache Weise tun: Er kann es lediglich als Anregung zu eigenem Schaffen verwenden, ohne es direkt zu übernehmen; das ist als freie Benutzung zulässig (§ 24). Er kann es weitergehend zur Grundlage seines Schaffens machen, indem er es unter Vornahme von Änderungen in seinen wesentlichen Zügen übernimmt; dazu ist die Zustimmung des Urhebers des benutzten Werkes erforderlich (§§ 23, 39). Er kann das fremde Geistesgut endlich unverändert im ganzen oder in Teilen übernehmen. Geschieht das ohne Angabe des fremden Urhebers, so liegt Plagiat oder unbewußte Entlehnung vor (Anhang § 24). Wird die benutzte Quelle angegeben, so handelt es sich um ein Zitat, wenn die Voraussetzungen des § 51 Nr. 1, 2 oder 3 gegeben sind; sonst liegt eine Vervielfältigung, Verbreitung oder öffentliche Wiedergabe des fremden Werkes oder Werkteiles vor, die ohne Einräumung eines entsprechenden Nutzungsrechtes durch dessen Urheber (§ 31) unzulässig ist.
Das Aneinanderreihen von fremden Textstellen stellt kein Zitieren dar (BGH GRUR 1973, 216, 218 *Handbuch moderner Zitate;* OLG München NJW 1990, 2003 = ZUM 1990, 252 *Deutsche Monatshefte*). Als **Zitat** ist demnach die **unveränderte Übernahme fremden Geistesgutes unter Quellenangabe in den Grenzen des § 51** anzusehen.

Zitatrecht nur für selbständige Werke. Ein Zitat ist nur in einem 3 selbständigen Werk zulässig. Diese Voraussetzung, die in allen 3 Alternativen des § 51 ausdrücklich gemacht wird, ist nur gegeben, wenn das zitierende Werk die Erfordernisse der §§ 1, 2 Abs. 2 erfüllt. Es muß also ein Werk der Wort-, Ton- und Bildkunst sein, auch wenn es nicht unter eine der in § 2 Abs. 1 beispielhaft genannten Werkgattungen fällt (vgl. LG Berlin GRUR 1962, 207, 209 *Maifeiern*). Es muß sich ferner um eine persönliche geistige Schöpfung des Zitierenden, d. h. um seine eigene Leistung, handeln (so schon RGSt 37, 294, 296). Das bedeutet, daß das zitierende Werk auch dann noch als eigenständige Schöpfung bestehen bleiben muß, wenn das Zitat hinweggedacht wird (Löffler/Glaser GRUR 1958, 477). Die Selbständigkeit fehlt, wenn unter dem Schein eines Zitats oder einer Mehrheit von Zitaten fremde Werke ohne wesentliche eigene Leistung wiedergegeben werden (so wörtlich Ulmer[3] S. 314 und BGH GRUR 1986, 59 *Geistchristentum*). Deswegen hat das RG (RGSt 37, 294) zu Recht die Veröffentlichung eines Auszuges aus einer Abhandlung in einer Zeitung, der lediglich eine kurze Schlußbemerkung angefügt war, nicht als Zitat, sondern als unzulässige Benutzung beurteilt (ähnlich LG Hamburg UFITA 54 [1969], 324, 329 *Spiegel-Artikel:* Randbemerkungen zu einem Magazinartikel sind kein selbständiges Werk). Auch der Bundesgerichtshof legt strenge Maßstäbe an: In einem sehr ausführlichen Zeitungsbericht über eine Verkehrserziehungswoche der *Verkehrswacht* war am Schluß eine von drei Strophen eines Verkehrs-Kinderliedes wiedergegeben worden, das im Rahmen der Aktion propagiert wurde, und zwar mit der kurzen Erläuterung: „Uns scheint, daß dieses Lied nicht nur für die Kleinen geschrieben wurde“. Nur weil die Strophe lediglich als anschauliches Beispiel für den Umfang der Maßnahmen gebracht worden war, die von der Verkehrswacht durchgeführt wurden, und man sie hätte weglassen können, ohne daß dem Artikel die individuelle Prägung damit genommen worden wäre, hat der Bundesgerichtshof den Abdruck gerade noch als „Grenzfall“ eines Kleinzitats durchgehen lassen (BGHZ 28, 234, 241 *Verkehrs-Kinderlied*). Das **Zitat** ist also, ganz gleich, ob es sich um ein Groß- oder Kleinzitat handelt (vgl. Bem. 6–7), **nur dann zulässig,** wenn es im Verhältnis zum Ganzen eine **völlig untergeordnete Rolle** spielt. Im Zweifel ist schon wegen des Ausnahmecharakters des § 51 (vgl. vor § 45 Bem. 3) gegen den Zitierenden zu entscheiden (großzügiger Schricker Rdnr. 23).

4 **Durch den Zweck gebotener Umfang.** Selbst wenn die in Bem. 3 behandelten Anforderungen an sich erfüllt sind, wird das zulässige Zitat doch zur unzulässigen Benutzung (vgl. Bem. 2), wenn nicht lediglich in einem durch den Zweck gebotenen Umfang zitiert wird. Wir sind mit BGHZ 80, 1, 10 *Presseberichterstattung und Kunstwerkwiedergabe* und Schricker (Rdnr. 14) der Auffassung, daß das Vorliegen eines Zitatzwecks die „entscheidende Voraussetzung für die Anwendung des § 51“ überhaupt ist.

a) Das Zitat muß also in gerade diesem Umfang **erforderlich** sein, um den mit seiner Anführung verfolgten Zweck erfüllen zu können. So wäre in dem (zu Bem. 3) erwähnten Urteil des Bundesgerichtshofs zum *Verkehrs-Kinderlied* die Anführung etwa nur einer halben Strophe oder einiger Zeilen sinnlos gewesen, weil sie als Bruchstück unverständlich war. Umgekehrt wäre die Anführung mehrerer Strophen über das zur Verdeutlichung des Wirkens der Verkehrswacht erforderliche Maß hinausgegangen und hätte damit gegen das Recht des Urhebers des Liedes verstoßen.
Der Voraussetzung der Erforderlichkeit einer Übernahme steht der Sachverhalt aus BGH GRUR 1973, 216 *Handbuch moderner Zitate* beispielhaft entgegen: Bei einer Sammlung von Zitaten, bei der die entlehnten Textstellen den wesentlichen Inhalt des Werkes bildeten, war die Übernahme nicht erforderlich, weil das fremde Geistesgut den wesentlichen Inhalt der Zitatensammlung darstellt und nicht dem Zweck diente, eigene geistige Tätigkeit zu erläutern und sich in diesem Rahmen mit fremden Auffassungen auseinanderzusetzen. Der BGH spricht in diesem Zusammenhang davon, daß das Zitatrecht kein „Freibrief für die Ausbeutung fremder Werke“ (S. 218) sein könne.

b) Der **Zweck des Zitats** ist jedoch nicht nur für seinen Umfang, sondern darüber hinaus für seine Zulässigkeit überhaupt entscheidend. Wo nicht die bezweckte Aussage des zitierenden Werkes die Anführung eines Zitates rechtfertigt, ist das Zitat als solches unzulässig. Lehre und Rspr. haben hierzu den Grundsatz entwickelt, daß ein **Zitat nur** dann gerechtfertigt ist,

wenn es **als Beleg** für die vertretene Auffassung, also als Beispiel, zur Verdeutlichung der übereinstimmenden Meinungen, zum besseren Verständnis der eigenen Ausführungen oder sonst zur Begründung oder Vertiefung des Dargelegten dient (vgl. die in Bem. 1 genannte Literatur und Rspr. sowie RGSt 37, 294, 296 und die nachfolgend zitierten Quellen). Dabei darf es nicht als bloßes Anhängsel erscheinen, sondern muß in den Text eingearbeitet sein (BGHZ 28, 234, 240 *Verkehrs-Kinderlied;* BGHZ 50, 147, 155 *Kandinsky I*). Das liegt z. B. nicht vor, wenn die Einbandzeichnung des Jugendbuches „Emil und die Detektive“ als Einbanddeckel und innerhalb des Textes eines Buches erscheint, das sich kritisch mit klassischen Jugendbüchern auseinandersetzt (LG Berlin Schulze LGZ 126). Daß das Zitat dabei auch ansprechende Zutat ist, schadet nicht, solange der Zweck, das Werk auszuschmücken, im Hintergrund bleibt (ähnlich BGHZ 50, 147, 154 *Kandinsky I;* LG München II in Schulze LGZ 84 und OLG München in Schulze OLGZ 49 *Franz Marc*; etwas großzügiger RGZ 130, 196, 207: Der Schmuckzweck dürfe nicht „überwiegen“). Werden die Zitate in einem Werk „hinweggedacht“, muß es „existenzfähig“ bleiben (so OLG Frankfurt ZUM 1993, 97, 99 *Städel*).
Ein Zitat ist **kein Beleg** mehr, wenn es nicht nur eigene, in sich geschlossene Ausführungen untermauern, sondern ein Werk, das sonst ein Torso bliebe, abrunden, ergänzen oder sonst vervollständigen soll (BGH GRUR 1982, 37, 40 *WK-Dokumentation:* Die Zitate trugen das Werk über weite Strecken selbständig; vgl. ferner RGZ 139, 327, 339; 144, 106, 112; LG München II Schulze LGZ 84 und OLG München Schulze OLGZ 49 *Franz Marc* sowie LG Berlin Schulze LGZ 125; besonders instruktiv KG GRUR 1970, 616, 618 *Eintänzer:* Ein Text, der als Ersatz für eine eigene Zusammenfassung dient, ist keine Erläuterung, sondern „spricht für sich“). Auch dann, wenn das übernommene geschützte Material der Abrundung und Ausschmückung des eigenen Werks oder als eigenständiges Darstellungsmittel dient, kann nicht mehr von einer Belegfunktion gesprochen werden (OLG Hamburg ZUM 1993, 35, 36). Die Beschränkung auf die Zulassung eines Zitats als Beleg schließt ferner aus, daß es der Sinn oder wenigstens einer der Zwecke des zitierenden Werkes sein könnte, das zitierte Werk den Lesern um seiner selbst willen zur Kenntnis zu bringen (RGSt 16, 352, 355 und 37, 294, 296; BGHZ 28, 234, 240 *Verkehrs-Kinderlied* und BGH GRUR 1986, 59, 60 *Geistchristentum;* LG München II und OLG München *Franz Marc* a.a.O. u. ZUM 1990, 252, 253; LG Berlin GRUR 1962, 207, 210 *Maifeiern*), dies um so mehr, weil damit ein gewisser Ersatz für das benutzte Werk geschaffen und dessen Absatzchancen gemindert werden könnten (so ausdrücklich BGHZ 28, 234, 243 *Verkehrs-Kinderlied* sowie BGH GRUR 1973, 216, 218 *Handbuch moderner Zitate I*). Deswegen war es unzulässig, Bilder von Franz Marc in einem Band über den *Blauen Reiter* zu bringen, weil es der Zweck des Werkes war, den Leser mit den Malern dieser Gruppe und ihrem Werk bekannt zu machen (LG München II Schulze LGZ 84 und OLG München Schulze OLGZ 49 *Franz Marc;* Oekonomidis UFITA 57 [1970] 179). Das gleiche gilt bei der Entnahme von Fotos aus einem Bildband (OLG Hamburg GRUR 1990, 36, 37 *Foto-Entnahme*). Andererseits dürfen Notenzitate z. B. in *Knaurs Konzertführer* von Gerhard von Westerman ohne Zustimmung der Komponisten gebracht werden, weil sie nicht dazu dienen, das Werk zur Kenntnis zu bringen (diese Kenntnis könnte nur die ganze Partitur oder eine Aufführung vermitteln), sondern die kritische Würdigung durch den Verfasser erläutern sollen. **Kennzeichen für eine unzulässige Entlehnung** ist stets das Fehlen

des äußeren oder inneren Bezugs zwischen Werk und Zitat: In dem genannten Buch über den *Blauen Reiter* wurden von 69 abgebildeten Werken Kandinskys nur 6 im Text erwähnt (fehlender äußerer Bezug) und auch diese nur so beiläufig, daß von einer analytischen Darstellung des Schaffens Kandinskys anhand der Abbildungen keine Rede sein konnte (fehlender innerer Bezug). Die Absicht des Verfassers, mit den Bildern dem Leser die Breite des Schaffens des Künstlers vor Augen zu führen, konnte allein den notwendigen Zusammenhang zwischen Werk und Zitat nicht herstellen (BGH GRUR 1968, 607, 610 *Kandinsky I* – insoweit in BGHZ 50, 147 ff. nicht mit abgedruckt – mit Anm. von Fromm in GRUR a.a.O.; BGH GRUR 1971, 362, 365 *Kandinsky II*). Die Rspr. behandelt Fälle, in denen sich die Presse beim Abdruck von urheberrechtlich geschützten Werken auch auf § 50 stützt und über die dortige Regelung faktisch zu einer Erweiterung des Zitatrechts kommen möchte. Der Bundesgerichtshof (BGHZ 85, 1, 3 *Presseberichterstattung und Kunstwerkwiedergabe* sowie BGH ZUM 1985, 435, 436 *Liedtextwiedergabe I*) stellt zu Recht fest, daß § 50 eine Sonderregelung darstellt (s. dort Bem. 1), die dem Informationsbedürfnis der Öffentlichkeit Rechnung trägt, und prüft die Voraussetzungen des § 50 und des § 51 unabhängig voneinander.
Im Gegensatz zu der Rspr. der Instanzgerichte beim Zitatrecht im politischen Meinungskampf (Bem. 9) läßt die BGH-Rechtsprechung bisher nicht erkennen, daß etwa über Art. 5 GG eine Erweiterung des Zitatzweckes und damit eine Einschränkung der Rechte des Urhebers über § 51 hinaus stattfinden soll.

5 **Weitere allgemeine Erfordernisse.** Aus dem in Bem. 2 entwickelten Begriff des Zitats ergeben sich weitere allgemeine Erfordernisse für seine Zulässigkeit:

a) **Ein zulässiges Zitat** kann nur bei **unveränderter** Übernahme eines Werkes oder von Werkteilen vorliegen. Wer etwas ändert, verletzt das Recht des Urhebers aus § 62 in Verbindung mit § 39, soweit nicht einer der Ausnahmefälle des § 62 vorliegt (dort Bem. 2–4). Werden Sätze aus dem Zusammenhang gerissen oder werden dem Urheber gar Ausführungen als „Zitat" unterschoben, die er gar nicht gemacht hat, so ist ein Verstoß gegen § 14 (Entstellungsverbot) und gegen das allgemeine Persönlichkeitsrecht des Urhebers (vgl. vor § 12 Bem. 1–8), im letzteren Falle möglicherweise ein Grenzfall der Kunstfälschung (§ 10 Bem. 31–43) gegeben (vgl. dazu LG Stuttgart UFITA 23 [1957], 244).

b) **Kein zulässiges Zitat,** sondern ein unzulässiges Plagiat liegt vor, wenn entgegen § 63 **keine Quellenangabe** erfolgt und das Zitat auch sonst nicht als solches kenntlich gemacht ist (z. B. durch Anführungszeichen). Bei mangelndem Zitierwillen entfällt das Privileg der Zitierfreiheit unabhängig vom Ergebnis der unter c) erörterten Streitfrage (OLG Hamburg GRUR 1970, 38, 40 *Heintje*). Im Einzelfall kann auch fahrlässige unbewußte Entlehnung gegeben sein, z. B. wenn ein Professor die Arbeiten seiner Seminaristen in ein eigenes Werk übernimmt, ohne zu prüfen, ob diese korrekt zitiert oder ohne Quellenangabe abgeschrieben haben (vgl. LG München I UFITA 35 [1961], 223). Zur Form der Quellenangabe s. § 63 Bem. 4.

c) LG Berlin GRUR 1962, 207, 210 *Maifeiern,* OLG Hamburg GRUR 1970,

38, 40 *Heintje* und v. Gamm § 63 Bem. 9 sind der Auffassung, daß auch bei veränderter Übernahme oder unterlassener Quellenangabe noch ein zulässiges Zitat vorliege. Wie der Gesamtzusammenhang mit den §§ 62, 63 zeigt, soll aber dem Urheber die zitatweise Verwertung nur unter der – insoweit abmildernd wirkenden – Respektierung des Änderungsverbots und des Gebotes der Quellenangabe zugemutet werden.
Wer zitiert, muß die Erfordernisse und Schranken der §§ 62, 63 beachten, wobei zulässige Änderungen des Zitats (§§ 62 Abs. 1 Satz 2, 39, Abs. 2) ihre Grenze dort finden, wo Zitatzweck und Belegfunktion unberücksichtigt bleiben, also eine Berufung auf die Zitierfreiheit bei der Übernahme fremden Geistesguts daran scheitert, daß es an der Respektierung der fremden Urheberschaft an fremden Werken oder Werkteilen fehlt.

Großzitat. Das Großzitat (Nr. 1) unterscheidet sich vom Kleinzitat der 6
Nr. 2 dadurch, daß es die Übernahme eines ganzen Werkes kennzeichnet, während als Kleinzitat nur Werkteile angeführt werden können.

a) Wegen der hier besonders großen Gefahr einer unzulässigen Benutzung unter dem Deckmantel des Zitats ist das Großzitat nur in **wissenschaftlichen Werken** erlaubt. Wissenschaftlich ist nur ein Werk, das nach Rahmen, Form und Gehalt durch eine eigene Geistestätigkeit die Wissenschaft durch Vermittlung von Erkenntnis fördern will und der Belehrung dient (LG Berlin GRUR 1962, 207, 209 *Maifeiern* im Anschluß an RGZ 130, 196, 199; vgl. auch § 53 Bem. 9 und § 70 Bem. 3). Zum Begriff der Wissenschaft und der Wissenschaftsfreiheit BVerfG NJW 1973, 1176ff.; zur wissenschaftlichen Tätigkeit und Arbeitsweise BVerwGE 29, 77, 78. Bei sog. **populärwissenschaftlichen Werken** liegt zwar regelmäßig keine Bereicherung der Wissenschaft vor, wohl aber die „Vermittlung von Erkenntnissen" für weite Teile der Bevölkerung. Die Form der Darstellung ist daher durch Allgemeinverständlichkeit gekennzeichnet, was aber nicht gegen die Wissenschaftlichkeit eines Werkes spricht (a. A. noch die 3. Auflage, jetzt wie v. Gamm Bem. 9 und Möhring/Nicolini Bem. 6c; anders Leinveber GRUR 1966, 479 und 1969, 130). Gegenteiliges gilt, wenn das zitierende Werk auf Unterhaltungszwecke gerichtet ist (KG GRUR 1970, 616, 617 *Eintänzer*; übereinstimmend auch v. Gamm a.a.O.). Nicht die Wahl der Thematik, sondern Inhalt und Form der Darstellung sind entscheidend.
Ein selbständiges wissenschaftliches Werk kann auch eine populärwissenschaftliche Rundfunk- oder Fernsehsendung sein, wenn die Vermittlung und Darstellung wissenschaftlicher Erkenntnisse – z. B. physikalisch-technische Voraussetzungen für einen Raumflug oder die Bedeutung des Wiener Kongresses für die heutige Landkarte Europas – Form und Inhalt der Sendung bestimmen.
Wissenschaftliche Werke müssen sich in jedem Fall überwiegend an den Intellekt des Menschen, nicht aber an vom Verstand unabhängige Gefühle oder den Schönheitssinn wenden (Schricker Rdnr. 32). Deshalb sind Werke mit werbendem Charakter, Musik oder Werke der bildenden Kunst keine wissenschaftlichen Werke (so auch Schricker a.a.O.). Die Grenze zwischen noch wissenschaftlichem und überwiegend unterhaltendem Werk ist bei populär-wissenschaftlichen Werken nicht immer leicht zu bestimmen.
Was im **politischen Meinungskampf** im Hinblick auf Großzitate gestattet bzw. hinzunehmen ist – insbesondere bei Karikaturen –, wird unter Bem. 9 behandelt.

b) Das Großzitat darf nur der **Erläuterung des Inhalts** desjenigen (wissenschaftlichen) Werkes dienen, in das das zitierte Werk aufgenommen wird. Der Maßstab ist hier also strenger als bei den Zitaten nach Nr. 2 und 3, wo Zitate z. B. als bloße Belege oder zur Vertiefung eigener Ausführungen, also zur Ausschmückung, dienen können. Ein Großzitat im wissenschaftlichen Werk ist unzulässig, wenn es dem Zweck der Erläuterung eigener Darlegungen nicht dient. Ohne das eingefügte Großzitat muß das Werk zumindest in Teilen unverständlich, in jedem Fall aber nicht in allen Einzelheiten einschränkungslos verständlich sein.

c) Es darf sich nur um **einzelne** Werke handeln. Damit ist dem „durch den Zweck gebotenen Umfang“ des Zitats eine obere Grenze gesetzt: Das Großzitat mehrerer Werke hintereinander dürfte kaum jemals vom Zweck eines Großzitats, nämlich der inhaltlichen Erläuterung des zitierenden Werkes, gedeckt sein, weil dann die Zitate ihre erläuternde Funktion verlieren und die zitierten Werke selbst den maßgeblichen Werkinhalt bilden. Ob es sich noch um einzelne Werke handelt, richtet sich nach der Gesamtzahl aller zitierten Werke eines bestimmten Urhebers (BGHZ 50, 147, 156ff. *Kandinsky I*). Einzeln sind die Zitate ferner nur dann, wenn sie im Verhältnis zum Gesamtumfang des zitierenden Werks einen geringen Bruchteil darstellen; daß sie im Verhältnis zum Gesamtschaffen des zitierten Künstlers nur einen solchen geringen Bruchteil bilden, ist ohne Bedeutung (BGHZ 50, 147, 158f. *Kardinsky I*; OLG München ZUM 1989, 529, 531f. *Jawlenski*). Die Rspr. läuft darauf hinaus, daß „Zitat nur Zutat“ sein kann.

d) Das zitierte Einzelwerk muß **erschienen** sein (§ 6 Bem. 2); daß es veröffentlicht ist, genügt nur für Nr. 2. Ein Werk, das zunächst noch nicht als Großzitat zitiert werden durfte, weil es noch nicht erschienen war, wird nicht dadurch nachträglich zu einem zulässigen Großzitat, daß es nach Zitierung erschienen ist (so aber LG Köln UFITA 78 [1977], 270, 272 *Unveröffentlichte Dissertation*).

7 **Kleinzitat.** Kleinzitate (Nr. 2) sind nur in Sprachwerken (§ 2 Abs. 1 Nr. 1, dort Bem. 29–45) zulässig. Ob es sich um belletristische oder wissenschaftliche Literatur, um politische Reden oder Zeitungsberichte handelt, ist gleichgültig. Auch Filmwerke gehören hierher, da sie als Gesamtkunstwerk (§ 2 Bem. 76) stets auch Sprachwerke enthalten. BGH GRUR 1978, 362, 363 *Filmzitat,* Ulmer GRUR 1972, 323, wohl auch Schricker Rdnr. 41 halten nur eine analoge Anwendung bei Filmzitaten für möglich; demgegenüber scheint das OLG Hamburg (ZUM 1993, 35, 36) der hier vertretenden Auffassung zuzuneigen, ausdrücklich zustimmend LG München FuR 1984, 475, 476. Die Frage ist letztlich ohne Bedeutung, weil die Zulässigkeit von Kleinzitaten in Filmwerken (auch Fernsehwerken) unbestritten ist. Es dürfen jedoch nur *Stellen,* d. h. **kleine Ausschnitte,** angeführt werden, deren Umfang weder absolut noch im Verhältnis zum gesamten benutzten Werk ins Gewicht fällt (schon LG Hamburg UFITA 54 [1969], 324, 328 *Spiegel-Artikel* m. Anm. Seydel; vgl. auch LG München I UFITA 52 [1969], 248; Ulmer[3] S. 314; grundsätzlich auch Schricker Rdnr. 43ff.). Umstritten ist, ob das Kleinzitat auch das Recht umfaßt, ein **ganzes Werk** zu zitieren (Meinungsstand bei Schricker Rdnr. 45). Tatsache ist, daß der Wortlaut des § 51 Nr. 1 eine derart weite Ausdehnung des Begriffs „Stellen eines Werkes“ nicht

zuläßt, auf der anderen Seite ist insbesondere beim Bildzitat (Bem. 9) eine Zitierung außerhalb wissenschaftlicher Werke nur dann denkbar, wenn eine über den Wortlaut hinausgehende (analoge) Anwendung für zulässig gehalten wird. Bei **Zitatensammlungen** gelten keine anderen Maßstäbe, d. h. auch in derartigen Werken darf nur insoweit zitiert werden, als dies dem Zitatzweck entspricht (BGH GRUR 1973, 216, 218 *Handbuch moderner Zitate,* ähnlich für Bildbände OLG Hamburg GRUR 1990, 36, 37 *Foto-Entnahme*). Alles andere ist – wenn ohne Erlaubnis des Rechtsinhabers abgedruckt – rechtswidrige Vervielfältigung und Verbreitung. Ein Lichtbild wird nicht dadurch zu einer „Stelle", daß es zur Illustrierung eines redaktionellen Textes herangezogen wird (a. M. Romatka AfP 1971, 20, 22; zum „großen Kleinzitat", insbesondere zum Bild-Zitat vgl. Bem. 9). Im Einzelfall entscheidet der Gesamteindruck (vgl. Bem. 4a und b). Eine starre Begrenzung des Zitats auf ein bis zwei Sätze (so Bappert/Wagner, Rechtsfragen[2], S. 319) halten wir deshalb für zu eng.
Ein Zitat von einer Seite Länge würde einen Ausnahmefall darstellen; Zitate in einem noch darüber hinausgehenden Umfang werden von BGH GRUR 1986, 59, 60 *Geistchristentum* (ebenso Schricker Rdnr. 44) für zulässig gehalten. Richtig ist, daß es in § 51 *keine absoluten Grenzen für den Umfang eines Kleinzitats* gibt, andererseits kann es sich nur um seltene Sonderfälle handeln, wenn bei derart umfangreichen Werkwiedergaben der Zitatzweck nicht überschritten sein soll. Während beim Großzitat das zitierte Werk erschienen sein muß (§ 6 Abs. 2), genügt beim Kleinzitat bereits dessen Veröffentlichung (§ 6 Abs. 1).

Musikzitat. Das Musikzitat (Nr. 3) betrifft nur den Fall, daß in einem Werk 8
der Musik (§ 2 Abs. 1 Nr. 2, dort Bem. 46–49), also in einer Komposition, einzelne Stellen aus einer anderen Komposition angeführt werden. Ulmer[3] (S. 315) nennt als Beispiel das Zitat des Wagnerschen *Walhall*-Motivs in der *Feuersnot* von Richard Strauß. In OLG Dresden GRUR 1909, 332 ging es ebenfalls um Richard Strauß; doch hatte hier umgekehrt der Komponist Heinrich G. Noren am Schluß seines Richard Strauß gewidmeten Orchesterwerkes *Kaleidoskop* das Haupt- und das Widersacherthema aus dessen Komposition *Ein Heldenleben* zitiert, übrigens mit Zustimmung des Meisters, der sich weit großzügiger zeigte als sein klagender Verleger. Noren hatte die Straußschen Themen nicht etwa zur Grundlage seiner Komposition gemacht, sondern sie, um seiner Verehrung für Strauß Ausdruck zu geben, lediglich im Rahmen seines Werkes anklingen lassen. Zum Zitat bei musikalischen Einspielungen OLG Köln ZUM 1993, 35.
Anführen des zitierten Werkes bedeutet, daß die entlehnte Stelle als fremder Bestandteil erkennbar sein muß (ausführlich Hertin GRUR 1989, 159, 164). Zu unterscheiden ist das Musikzitat von der Verarbeitung eines fremden Themas durch Variation. Diese wird nicht von Nr. 3 gedeckt, selbst wenn sie nur Ausgangspunkt eines selbständigen Werkes ist. Die freie Benutzung eines vorbestehenden Werkes oder von Teilen daraus ist in der Musik nicht gestattet (§ 24 Abs. 2). Zu dem damit gesetzlich geschaffenen starren Melodienschutz s. § 24 Bem. 12–17. Problematisch ist beim Musikzitat die Angabe der Quelle, die nicht bei der Darbietung selbst, sondern nur im Notentext, auf Programmzetteln oder Tonträgern möglich wäre (Hertin a.a.O. S. 164). Im übrigen sind in der Musik gesteigerte Anforderungen an die Erkennbarkeit des Zitats zu stellen, d. h. es darf – immer im Rahmen des Zitatrechts – so viel aus dem vorbestehenden Werk entnommen werden, daß

der Hörer die übernommene Werkstelle erkennen kann (v. Gamm § 51 Bem. 14, Hertin a.a.O. S. 165). Zu den in der Musik nicht seltenen Problemen mit Plagiaten, unbewußten Entlehnungen und Doppelschöpfungen s. § 24 Anh.

9 Das **Bildzitat** ist gesetzlich nicht geregelt. Aus diesem Grunde ist, obgleich seine Zulässigkeit nicht zweifelhaft ist, die rechtliche Behandlung unnötig schwierig. Häufig kann man ihm und seinem Unterfall, dem Filmzitat, nur mit Ausnahme-Analogien gerecht werden (vgl. vor § 45 Bem. 3 am Ende). Hinter dem Begriff des Bildzitats verbirgt sich die Problematik, ob und unter welchen Umständen bildnerische Darstellungen aller Art im Rahmen der Zitierfreiheit ausgewertet werden können, ohne daß eine Zustimmung des Rechtsinhabers vorliegt (vgl. Romatka AfP 1971, 20ff.). Ein Bildzitat ist regelmäßig – Ausnahmen mit der Wiedergabe von Teilen von Bildern sind jedoch möglich – die Verbreitung der gesamten Abbildung und damit ein Großzitat nach § 51 Nr. 1. Als solches könnte es nach dem Wortlaut des Gesetzes nur in wissenschaftlichen Werken zitiert werden. Zur Vermeidung dieses unerwünschten und wohl auch nicht beabsichtigten Ergebnisses werden aufwendige juristische Konstruktionen verwandt, mit deren Hilfe das Bildzitat *auch* unter den Begriff des Kleinzitats gebracht werden kann. Dies geschieht mit der Formel vom „kleinen Großzitat" (KG UFITA 54 [1969], 296, 300 *Extradienst;* LG München I FuR 1984, 475, 477), wobei die Bezeichnung „großes Kleinzitat" ebenso richtig wäre. Gemeint ist damit, daß bei Abbildungen Groß- und Kleinzitat „praktisch zusammenfallen" können und ein „sinnvolles Zitieren" (KG a.a.O.) ohne eine vollständige Wiedergabe des zitierten Bildwerkes nicht möglich ist. Diese Zitiermöglichkeit wird bisher nur dann eingeräumt und für zulässig gehalten, wenn sie im (sonst behinderten) politischen Meinungskampf (s. unten) oder im Rahmen des Informationsauftrages der Sendeanstalten stattfindet (KG UFITA 54 [1969], 296 *Extradienst;* LG Berlin GRUR 1978, 108, 110 *Terroristenbild;* LG München I FuR 1984, 475, 477 *Monitor*). Gerade in der Presseberichterstattung würde jede andere als eine ganz enge Ausgestaltung der Zitierfreiheit bei Bildern (Erforderlichkeit des Bildzitats Bem. 4) zu einem Mißbrauch führen (zur Zulässigkeit von Bildzitaten auch OLG Frankfurt ZUM 1993, 97).

Zitierfähig im Rahmen eines Bildzitats sind nicht nur Lichtbilder und Lichtbildwerke (Fotos), sondern auch Werke der bildenden Kunst (Malerei, Zeichnungen, Plastiken, angewandte Kunst), technische Zeichnungen, bildliche wissenschaftliche Darstellungen usw.

Im **politischen Meinungskampf** wird das Zitat ganzer Bildwerke (vor allem Karikaturen) unter dem Gesichtspunkt des Art. 5 GG zugelassen (KG UFITA 54 [1969], 296 *Extradienst;* LG München I UFITA 77 [1976], 289 *Kampf der Klassenjustiz* und Schulze LGZ 182 *Entmannt alle Wüstlinge* sowie LG Frankfurt UFITA 94 [1982], 338 *Lachende Sonne).* Ein Zitat vollständiger Werke im nichtwissenschaftlichen Bereich kann auch in der politischen Auseinandersetzung nur in engem Rahmen statthaft sein (zust. Schlingloff AfP 1992, 112, 115). Das Zitat muß eine sinnvolle Teilwiedergabe des zitierten Werkes ausschließen, was bei Karikaturen, politischen Witzen und Versen, Wahlslogans usw. regelmäßig der Fall ist. Ferner muß ein Informationsinteresse der Allgemeinheit gerade an der geschützten Form der Darstellung bestehen oder die Aussage des politischen Gegners nur in dieser Art verständlich gemacht werden können (s. auch LG Hamburg UFITA 54

[1969], 324, 329 *Spiegelartikel*). Schließlich dürfen die Interessen des betroffenen Urhebers durch das Zitat „nicht ernsthaft verletzt" (KG a.a.O. S. 300) sein, was besagt, daß die Auswertungsmöglichkeiten des Werkschöpfers durch die zitatweise Wiedergabe nicht oder zumindest nicht erheblich geschmälert sein dürfen. Die Beeinträchtigung ideeller Interessen – der Zitierende befaßt sich mit der Karikatur im politischen Meinungskampf kritisch – müssen hingenommen werden (KG a.a.O. S. 300, LG München I a.a.O. S. 292). Auf der gleichen Linie liegt LG Berlin GRUR 1978, 108 = UFITA 81 [1978], 296 *Terroristenbild*. Die Wiedergabe von Lichtbildern im Fernsehen wurde auch hier über § 51 Nr. 2 zugelassen, weil anders die Freiheit der Berichterstattung und der politische Meinungskampf nicht aufrechtzuerhalten wären (LG Berlin a.a.O. S. 110f. unter Bezugnahme auf KG a.a.O. *Extradienst*).

Ein Unterfall des Bildzitats ist das **Filmzitat.** Es handelt sich dabei um die Übernahme von Teilen eines Filmwerkes in ein anderes. Trotz Fehlens gesetzlicher Grundlagen wurde von der Literatur ein derartiges Zitat zu Recht schon immer für möglich gehalten (Ulmer[3] S. 315 sowie GRUR 1972, 323; anders noch v. Gamm § 51 Bem. 8; s. außerdem Dillenz FuR 1984, 204 u. Hässner GRUR 1986, 854). Die Rspr. geht ebenfalls von der Zulässigkeit des Filmzitats aus (LG Berlin UFITA 34 [1961], 345, 353ff. u. GRUR 1978, 108, 109; OLG München ZUM 1985, 113, bestätigt durch BGHZ 99, 162 = GRUR 1978, 362 *Filmzitat*). Zitate sind nicht nur in Kinofilmen, sondern auch in Fernsehsendungen (LG München FuR 1984, 475 und OLG Frankfurt AfP 1989, 553, wobei in beiden Fällen das politische Magazin „Monitor" betroffen war) und bei Videofilmen sowie vergleichbaren Filmwerken möglich. Hinsichtlich der Voraussetzungen und des Umfangs des Zitatrechts beim Film kann nichts anderes als beim Bildzitat gelten. Der Zitatzweck wird nicht dadurch überschritten, daß – z. B. bei politischen Magazinsendungen (Monitor) im Fernsehen – das Zitat als Blickfang und „Aufmacher" der Sendung verwandt wird (OLG Frankfurt AfP 1989, 553, 555). Bei der Entscheidung des OLG Frankfurt trat die Frage auf, ob nach der Zitierung des (Werbe-)Films in dem „Monitor"-Beitrag eine wirtschaftlich sinnvolle Auswertung des Streifens noch möglich sei. Selbst wenn tatsächlich durch das Zitat die Werbewirksamkeit des Films beeinträchtigt sein sollte, müßte dies hingenommen werden, weil das Recht zur Zitierung nicht dort ein Ende finden kann, wo das zitierte Werk mit erheblichem wirtschaftlichen Aufwand erstellt wurde, da sonst Werke dieser Art aus der geistigen und politischen Auseinandersetzung herausgehalten werden könnten. Allerdings wird in den Fällen, in denen dem zitierten Werk Nachteile drohen, besonders sorgfältig zu prüfen sein, wie weit der Zitatzweck im konkreten Fall reicht (vgl. auch Schricker Rdnr. 8/9).

§ 52 Öffentliche Wiedergabe

(1) Zulässig ist die öffentliche Wiedergabe eines erschienenen Werkes, wenn die Wiedergabe keinem Erwerbszweck des Veranstalters dient, die Teilnehmer ohne Entgelt zugelassen werden und im Falle des Vortrages oder der Aufführung des Werkes keiner der ausübenden Künstler (§ 73) eine besondere Vergütung erhält. Für die Wiedergabe ist eine angemessene Vergütung zu zahlen. Die Vergütungspflicht entfällt für Veranstaltungen der Jugendhilfe, der Sozialhilfe, der Alten- und Wohlfahrtspflege, der Gefangenenbetreuung sowie für Schulveranstaltungen, sofern sie nach ihrer sozialen oder erzieherischen Zweckbestimmung nur einem bestimmt abgegrenzten

Kreis von Personen zugänglich sind. Dies gilt nicht, wenn die Veranstaltung dem Erwerbszweck eines Dritten dient; in diesem Fall hat der Dritte die Vergütung zu zahlen.

(2) Zulässig ist die öffentliche Wiedergabe eines erschienenen Werkes auch bei einem Gottesdienst oder einer kirchlichen Feier der Kirchen oder Religionsgemeinschaften. Jedoch hat der Veranstalter dem Urheber eine angemessene Vergütung zu zahlen.

(3) Öffentliche bühnenmäßige Aufführungen und Funksendungen eines Werkes sowie öffentliche Vorführungen eines Filmwerkes sind stets nur mit Einwilligung des Berechtigten zulässig.

1 Schon im bisherigen Recht war umstritten, ob das schon in Art. 11 RBÜ Brüssel anerkannte ausschließliche Recht des Urhebers, öffentliche Aufführungen seines Werkes zu erlauben, durch die nationale Gesetzgebung der Verbandsländer auch nur für einzelne, als unbedeutend angesehene Aufführungsarten beseitigt werden dürfe. Diesen Bedenken, wie sie vor allem von Bappert/Wagner (Art. 11 RBÜ Bem. 11) erhoben worden waren, trat die Begr. (S. 68) im Anschluß an Ulmer[2] (S. 247) mit dem Hinweis entgegen, daß ein entsprechender Vorbehalt zwar nicht im Text der RBÜ, wohl aber im Generalbericht gemacht worden sei (Documents de la Conférence Réunie à Bruxelles du 5 à 26 juin 1948, S. 100, deutsche Übersetzung bei Mestmäcker/Schulze, Anhang B 2, S. 7). Die Stockholmer Revisionskonferenz wollte daran offenbar nichts ändern (Bericht der Hauptkommission I Nr. 209, 210; deutscher Text bei Roeber/Jacoby S. 434). Man war der Meinung, daß die von einzelnen Verbandsländern, darunter der Bundesrepublik, zugelassenen Ausnahmen *das Recht nur leicht berührten, ohne es im Grundsatz zu beeinträchtigen* (Documents a.a.O.; dazu eingehend Nordemann/Vinck/Hertin Art. 8 RBÜ Bem. 2–3). Auch wir hatten uns dem ursprünglich in der Annahme angeschlossen, die Beschränkungen seien verhältnismäßig geringfügig (1. Aufl. Bem. 2). Inzwischen hatte § 52 in der Praxis jedoch zu Unzuträglichkeiten geführt. Während unter der Geltung des § 27 LUG letztlich jeder Komponist Einbußen durch die teilweise Wiedergabefreiheit hinnehmen mußte, konzentrierten sich die Beschränkungen des § 52 in der Fassung von 1965 auf nur noch drei Gruppen von Urhebern: Komponisten und Textdichter moderner Chorlieder, Komponisten moderner Blasmusik und Kirchenkomponisten. Öffentliche Aufführungen ihrer Werke werden vorwiegend von privaten Gesangvereinen, von Bundeswehr-, Polizei-, Feuerwehr- und Schützenkapellen und in den Kirchen veranstaltet; nur ausnahmsweise wird dabei auch ein Erwerbszweck verfolgt, und nur in diesem Falle war die Aufführung vergütungspflichtig. Den betroffenen Komponisten war also die Haupteinnahmequelle aus der Verwertung ihrer Werke (nach dem Geschäftsbericht der GEMA für 1977 entfielen von rund 340 Mio. DM Einnahmen allein rund 131 Mio. DM auf das Aufführungs- und Senderecht) weitgehend verschlossen. Da die Beschränkungen ihrer Rechte durch § 52 im Interesse der Allgemeinheit angeordnet wurden, wie die Begr. (a.a.O.) betont, erbrachten sie ein Sonderopfer, das ihnen jedenfalls nicht entschädigungslos zugemutet werden durfte (Art. 14 Abs. 3 GG). BVerfGE 49, 382, 400ff. *Kirchenmusik* erklärte deshalb den Ausschluß des Vergütungsanspruchs bei gottesdienstlichen Veranstaltungen (§ 52 Abs. 1 Nr. 2 a. F.) für schlechthin nichtig und machte zugleich deutlich, daß die weitgehende Wiedergabefreiheit in Nr. 1 a. F. zumindest teilweise verfassungswidrig sei (vgl. § 1 Bem. 4 und Begr. des RegE zum 1. ÄndG, BT-Drucks. 10/837 S. 14 = UFITA 96 [1983], 117, 127).

Die am 1. Juli 1985 in Kraft getretene Neufassung der Absätze 1 und 2 (Absatz 3 ist mit § 52 Abs. 2 a. F. identisch) will den verfassungsrechtlichen Erfordernissen Rechnung tragen, zugleich aber deren Möglichkeiten ausschöpfen (Bericht des Rechtsausschusses, BT-Drucks. 10/3360 S. 18). **2**

a) Es bleibt zunächst – wie bisher – bei dem **Grundsatz,** daß die öffentliche Wiedergabe ein dem Urheber vorbehaltenes Verwertungsrecht ist (§ 15 Abs. 2). Im Regelfall darf also ein Werk weder öffentlich vorgetragen noch auf- bzw. vorgeführt, aber auch nicht durch Wiedergabe von der Schallplatte oder aus dem Radio oder Fernseher öffentlich dargeboten werden, wobei Öffentlichkeit im Zweifel schon bei mehreren Anwesenden gegeben ist (vgl. § 15 Bem. 4). Dieser Grundsatz gilt nach wie vor **uneingeschränkt** für die Sendung selbst (§ 20, im Gegensatz zu § 22), für Filmvorführungen (§ 19 Abs. 4) und für die bühnenmäßige Aufführung eines Werkes (§ 19 Abs. 2), wie **Abs. 3** ergibt (Bem. 4).

b) **Ausnahmsweise** – mit allen sich aus dem Ausnahmecharakter ergebenden Rechtsfolgen für die Auslegung des Gesetzes, für die Beurteilung von Grenzfällen und für die Beweislast im Zivilprozeß, vgl. vor § 45 Bem. 3 – ist in den Sonderfällen der **Absätze 1 und 2** die öffentliche Wiedergabe nicht von dem vorherigen Erwerb eines entsprechenden Nutzungsrechts beim Urheber abhängig. Aber für diese Ausnahmen gilt seit dem 1. Juli 1985 wenigstens die **Regel der Vergütungspflicht** (Abs. 1 Satz 2, Abs. 2 Satz 2). Näheres Bem. 5.

c) Von dieser Regel gibt es eine erneute gesetzliche Ausnahme in **Abs. 1 Satz 3** der Neuregelung für bestimmte Sozial- und Bildungseinrichtungen. Hier gibt es nicht einmal einen Vergütungsanspruch des Urhebers (Bem. 7).

d) Diese Ausnahme von der Ausnahme kennt allerdings wiederum eine Ausnahme: Nach **Abs. 1 Satz 4** sind die privilegierten Sozial- und Schulveranstaltungen dann nicht vergütungsfrei, wenn sie dem Erwerbszweck eines Dritten dienen, also etwa im Saal einer Gastwirtschaft stattfinden oder von einem Unternehmen durchgeführt werden (Bem. 5a).

e) In der Diskussion um die Neufassung des § 52 ist gelegentlich auch der Fall angesprochen worden, daß jemand für sich selbst ein Werk in der Weise deklamiert, spielt oder singt, daß beliebige Dritte es hören (können), so wie das etwa beim Musizieren von Wandergruppen vorkommt. Die **Wiedergabe zum eigenen Werkgenuß** fällt aber schon nach § 15 Abs. 2 nicht in den Bereich des Verwertungsrechts des Urhebers. Ihm ist nur die öffentliche Wiedergabe vorbehalten, und diese setzt nach der gesetzlichen Definition des Öffentlichkeitsbegriffes in § 15 Abs. 3 voraus, daß die Darbietung „für eine Mehrzahl von Personen *bestimmt*" ist. Wer für sich selbst singt oder spielt, bewirkt also auch dann keine öffentliche Wiedergabe, wenn er dies in aller Öffentlichkeit tut (vgl. Bericht des Rechtsausschusses, BT-Drucks. 10/3360 S. 18). Vgl. aber Bem. 8.

§ 52 hat – wie bisher – nur für **erschienene Werke** (§ 6 Abs. 2) Bedeutung. **3**
Werke, die nur veröffentlicht sind, oder Werke, bei denen nicht einmal das zutrifft, sind nicht freigegeben.

4 Die Bestimmung betrifft, wie **Abs. 3** ergibt, nur einen **Teil** des Rechts der öffentlichen Wiedergabe aus § 15 Abs. 2: Die öffentliche bühnenmäßige Aufführung eines Werkes nach § 19 Abs. 2 (dort Bem. 3), die öffentliche Vorführung eines Filmwerkes nach § 19 Abs. 4 (dort Bem. 5) und die Funksendung (§ 20) schlechthin sind nicht freigegeben. Diese Wiedergabearten erfordern ohnehin stets so viel Mühe und Kosten, daß es dem Veranstalter zuzumuten ist, bei Einholung einer entsprechenden Erlaubnis auch dem Urheber eine angemessene Vergütung zu zahlen (Begr. S. 70). Erlaubnisfrei, wenn auch (nach neuem Recht) vergütungspflichtig, sind demnach nur: der Vortrag eines Sprachwerks (§ 19 Abs. 2) mit dem Recht, beide außerhalb des Veranstaltungsraumes durch Lautsprecherübertragung usw. wahrnehmbar zu machen (§ 19 Abs. 3, dort Bem. 4); das Vorführungsrecht des § 19 Abs. 4 für Werke der bildenden Künste, Lichtbilder und Darstellungen wissenschaftlicher und technischer Art (dort Bem. 5); das Recht, Aufnahmen von Vorträgen oder Musikaufführungen öffentlich zu spielen (§ 21), dies aber nur, wenn die Aufnahme selbst rechtmäßig hergestellt wurde *und* für öffentliche Wiedergaben benutzt werden darf, was nach § 53 Abs. 4 und 5 für private Mitschnitte *nicht* zutrifft (das verkennt OLG Frankfurt GRUR 1991, 602, 606 *Justizvollzugsanstalten,* n.rkr.); endlich das Recht, Funksendungen wahrnehmbar zu machen (§ 22). Im Rahmen eines Gemeindeabends kann eine Kirchengemeinde also, wenn die Voraussetzungen des Abs. 1 vorliegen, Gedichte von Rudolf Alexander Schröder lesen und den Kirchenchor Werke moderner Künstler singen lassen, aber auch die Fernsehsendung eines Films über die Mission in Afrika zeigen; allerdings muß die Gemeinde als Rechtsträger dafür seit der Neufassung eine angemessene Vergütung zahlen. Den Film selbst darf sie jedoch nicht vorführen, weder von der Filmrolle noch vom Videomitschnitt, ohne ein Nutzungsrecht aus § 19 Abs. 4 von dem Berechtigten zu erwerben. Ebensowenig darf sie geschützte Krippenspiele – z. B. *Das Worpsweder Hirtenspiel* von Manfred Hausmann – frei aufführen oder auch nur die private Tonbandaufnahme des Pfarrers von der Aufführung abspielen.

5 **Abs. 1 Satz 1** gewährt **Erlaubnisfreiheit mit Vergütungspflicht** für jedermann unter folgenden **Voraussetzungen:**

a) Die Wiedergabe darf **keinem Erwerbszweck** des Veranstalters dienen. Sie darf also nicht zur Förderung seiner Einnahmen bestimmt sein, wobei es genügt, daß sie auch diesem Zweck dient (so schon BGHZ 17, 376, 382 *Betriebsfest* und BGH GRUR 1961, 97, 99 *Sportheim*). Gleichgültig ist, ob die Förderung mittelbar oder unmittelbar geschieht (Begr. S. 69; ebenso schon BGHZ 19, 227, 233 *Rosenmontagsfest* und die vorstehend genannten Quellen), ob durch den Betrieb Gewinn erzielt wird und ob die Einrichtung etwa staatlich (BGHZ 58, 262, 265, 268 *Landesversicherungsanstalt*) oder gemeinnützig ist (BGH *Sportheim* a.a.O.). Liegt ein Erwerbszweck nur deshalb nicht vor, weil es sich um eine staatliche Einrichtung handelt, wäre er aber bei vergleichbaren privaten Einrichtungen zu bejahen, so wird sein Vorhandensein im Wege der Analogie unterstellt (BGHZ 87, 126f. *Zoll- und Finanzschulen*).

Demgemäß besteht auch für staatliche Sanatorien, Wohnheime und Clubhäuser regelmäßig *keine* Wiedergabefreiheit, auch wenn es sich nur um das

Radio im Freizeitheim handeln sollte. Aus der bisherigen Rspr. seien hier ferner genannt:

OLG Frankfurt GRUR 1969, 52 = UFITA 58 (1970), 309 *Erholungsheim*
OLG Frankfurt BB 1970, 1371 *Heilstätten*
OLG München Schulze OLGZ 111 *Klinik*
KG UFITA 66 (1973), 310 *Sanatorium*
OLG Köln UFITA 90 (1981), 212 = Schulze OLGZ 230 *Psychiatrisches Krankenhaus*
BGH UFITA 73 (1975), 286 = Schulze BGHZ 216 *Postjugendheim*
LG Berlin Schulze LGZ 135 *Clubhaus der FU*
LG Frankfurt Schulze LGZ 136 *Gastarbeiterwohnheim*
OLG Hamm UFITA 93 (1982), 209 *Kirchliche Heime*
LG Frankfurt Schulze LGZ 154 *Landesfinanzschule* (ebenso LG Hannover Schulze LGZ 165)

Die folgenden Entscheidungen dürften mit Rücksicht auf den Ausnahmekatalog des Abs. 1 Satz 3 nur noch für den Fall von Bedeutung sein, daß ausnahmsweise der Erwerbszweck eines Dritten gegeben ist (Abs. 1 Satz 4):

BGH GRUR 1975, 33 = UFITA 73 (1975), 278 *Altenwohnheim I*
KG UFITA 74 (1975), 311 *Altenheim*
BGH GRUR 1984, 734 *Vollzugsanstalten II*
LG Berlin Schulze LGZ Nr. 161 = UFITA 84 (1979), 231 *Strafanstalten*
LG Berlin Schulze LGZ 167 *Heim für Jugendarbeit*
OLG Stuttgart Schulze OLGZ 220 *Jugenddörfer*

b) Dient die Wiedergabe zwar nicht einem **Erwerbszweck** des Veranstalters, wohl aber dem **eines Dritten,** so ist die Wiedergabe zwar zulässig, aber vergütungspflichtig (Abs. 1 Satz 4); das trifft für den fahrenden Unternehmer zu, der von Heim zu Heim zieht und gegen eine von der Heimleitung gezahlte Pauschale tätig wird, und für Gastwirte, deren Umsatz an Speisen und Getränken durch die Veranstaltung gefördert wird (Begr. S. 70; vgl. schon BGH *Betriebsfest* a.a.O. mit Nachweisen und BGH GRUR 1959, 428, 429 *Michaelismesse*). Eigenartigerweise braucht also der Verein, der bei einer Tanzveranstaltung in einem Sportheim zur Deckung der Unkosten Speisen und Getränke mit Gewinnspanne an die Mitglieder ausschenkt, ein formelles Nutzungsrecht aus § 35; würde er dagegen dazu einen Saal mieten, so wäre der Gastwirt nicht zum Rechtserwerb, sondern nur zur Zahlung der Vergütung verpflichtet.

Veranstalter ist derjenige, welcher die Wiedergabe veranlaßt; vgl. § 81 Bem. 2 und § 97 Bem. 16. – Zur urheberrechtlichen Beurteilung der Betriebsmusik s. Dittrich ÖBl. 1975, 125.

c) Die Teilnehmer müssen **ohne Entgelt** zugelassen werden. Ein reguläres Eintrittsgeld würde stets dem Erwerb des Veranstalters dienen; die Tatsache, daß der Gesetzgeber neben das Fehlen des Erwerbszwecks das Erfordernis der Unentgeltlichkeit gestellt hat, macht deutlich, daß auch die Erhebung reiner Unkostenbeiträge die Anwendung des § 52 ausschließt, wobei selbst kleinste Beträge genügen (anders noch BGHZ 19, 235, 238 *Schützenfest,* weil es sich um ein Volksfest i. S. von § 27 Abs. 1 Nr. 1 LUG handelte). Nicht als Entgelt sind freiwillige Spenden anzusehen, wie sie vor allem von den Kirchen während ihrer Gottesdienste und Veranstaltungen erbeten zu werden pflegen, ohne daß hiervon die Zulassung der Teilnehmer abhängig gemacht wird (a. M. Schricker-Melichar Rdnr. 17 und Möhring/Nicolini Bem. 5, beide unter Berufung auf KG UFITA 15 [1942], 422, 423; wie hier v. Gamm Bem. 8).

d) Bei Vorträgen oder Aufführungen darf dem oder den ausübenden Künstlern **keine besondere Vergütung** gezahlt werden; zahlt der Veranstalter dafür Geld, so ist es ihm auch zuzumuten, den Urheber zu honorieren (Begr. S. 69). Es muß sich um eine besondere Vergütung handeln. Ein etwa ohnehin gezahltes Arbeitsentgelt fällt darunter nicht. Sonst wäre der Gottesdienst schon nach Abs. 1 tantiemepflichtig, weil das Orgelspiel stets von fest angestellten Organisten ausgeführt zu werden pflegt (so aber v. Gamm Bem. 12). Nach bisherigem Recht mußte die Vergütung ferner gezahlt werden, also in Geld bestehen. Die Verabreichung von Speisen und Getränken an die Musiker galt demnach nicht als Vergütung. Seit dem 1. Juli 1985 ist das Privileg des Abs. 1 **auch bei Sachleistungen nicht** mehr gegeben, was dem Ausnahmecharakter der Regelung besser gerecht wird. Vergütungen an Mitwirkende, die nicht ausübende Künstler sind (Techniker, Garderobieren, Aufsichtspersonal) sind unschädlich (Schricker-Melichar Rdnr. 20).

6 Der Urheber hat Anspruch auf eine **angemessene Vergütung.** Da die Inanspruchnahme des Wiedergabeprivilegs vom einzelnen Urheber nicht kontrolliert werden kann, überläßt er den Vergütungsanspruch der zuständigen Verwertungsgesellschaft zur Wahrnehmung. Deren Tarife sind *prima facie* als angemessen anzusehen (§ 13 WahrnG Bem. 1). Ihre Unangemessenheit kann faktisch nur vor der Schiedsstelle geltend gemacht werden (vgl. § 14b Abs. 1 WahrnG und dort Bem. 4).

7 Der **Vergütungsanspruch entfällt** seit dem 1. Juli 1985 bei bestimmten **Veranstaltungen.** Das sind zeitlich begrenzte Einzelereignisse, die aus bestimmtem Anlaß stattfinden; Dauereinrichtungen, wie die ständige Musikwiedergabe in Aufenthaltsräumen, fallen nicht darunter (BGHZ 116, 305, 307f. *Altenwohnheim II;* ebenso schon in 2. Instanz OLG München ZUM 1990, 93, 94; ferner Scheuermann ZUM 1990, 71 und Seifert ZUM 1991, 306). Nur solche Veranstaltungen sind privilegiert, die den folgenden Zwecken dienen:

a) **Jugendhilfe** (§§ 8, 27 SGB), **Sozialhilfe** (§§ 9, 28 SGB und das BSHG), **Alten- und Wohlfahrtspflege** und **Gefangenenbetreuung.** Zur Altenpflege gehört nicht nur der Bereich der Altenhilfe (§ 75 BSHG), auch nicht etwa nur die Betreuung pflegebedürftiger alter Menschen, sondern alles, was unmittelbar und ausschließlich den Bedürfnissen alter Menschen zu dienen bestimmt ist, wie die Arbeit von Altenheimen, von Altenkreisen in Kirchengemeinden und weltlichen Verbänden, die kommunale Veranstaltung von Seniorenfahrten und -nachmittagen usw., wobei letztere freilich in der Regel dem Erwerbszweck eines Dritten dienen (Omnibusunternehmer, Gastwirt); macht der Träger den Seniorenausflug allerdings mit dem eigenen Bus, so wird er nicht etwa einem dritten Gewerbetreibenden gleichgestellt, wie der Rechtsausschuß (BT-Drucks. 10/3360 S. 19) ausdrücklich vermerkt, wohl im Hinblick auf BGHZ 87, 126f. *Zoll- und Finanzschulen.* Die Wohlfahrtspflege umfaßt daneben auch die Betreuung von Behinderten, Ausländern, erholungsbedürftigen Müttern, Suchtgefährdeten usw. Die Gefangenenbetreuung ist eigentlich ein Teil der Wohlfahrtspflege; der Gesetzgeber hat sie wohl nur zur Klarstellung gegenüber der bisherigen Rspr. erwähnt (vgl. Bem. 5a). Ob es sich um einen privaten, gemeinnützigen oder staatlichen Veranstalter handelt, ist gleichgültig.

Stets muß die Veranstaltung allein der Erfüllung der sozialen Aufgaben des Veranstalters dienen, um die Vergütungsfreiheit in Anspruch nehmen zu können (Begr. des RegE zum ÄndG, BT-Drucks. 10/837 S. 15 = UFITA 96 [1983], 117, 128). Sie muß darüber hinaus sämtliche Voraussetzungen des Abs. 1 Satz 1 erfüllen (Bem. 5a–c; zur Frage der insoweit geänderten Interpretation des Erwerbszwecks s. Schricker-Melichar Rdnr. 26–28). Sie darf endlich nur **einem bestimmt abgegrenzten Personenkreis zugänglich** sein, also den zu Betreuenden und ihren Betreuern und daneben allenfalls noch einzelnen Besuchern, nicht aber ganzen Besuchergruppen (Bericht des Rechtsausschusses, BT-Drucks. 10/3360 S. 19; OLG Frankfurt ZUM 1990, 408, 409 für die Beratungsstellen eines Wohlfahrtsverbandes). Wenn zu einem Bunten Abend im Altenheim, den die Bewohner selbst gestalten, auch deren Angehörige eingeladen werden sollen, kann also die Vergütungsfreiheit nicht mehr in Anspruch genommen werden.

b) Unter **Schulveranstaltungen** versteht der Gesetzgeber solche, die von der Schule oder von den Schülern selbst im Rahmen der schulischen Aufgaben durchgeführt werden und die im Ablauf eines Schuljahres üblich sind (so wörtlich die Begr. zum RegE des ÄndG, BT-Drucks. 10/837 S. 15 = UFITA 96 [1983], 117, 128). Schulen sind alle öffentlichen Schulen, in denen Unterricht erteilt wird, also auch die anerkannten Privatschulen, nicht jedoch Hoch- oder Fachschulen (OLG Koblenz NJW-RR 1987, 699, 701), oder sonstige private Schulen (z. B. Fahrschulen). Der Gesetzgeber wollte, wie schon der Hinweis der Begr. (a.a.O.) auf die Schulbuchsammlungen, aber auch die Verwendung des Begriffs „erzieherische Zweckbestimmung“ im Gesetzestext zeigt, den Kreis der privilegierten Rechtsträger ebenso bestimmen wie in § 46 (dort Bem. 4).

Der Bericht des Rechtsausschusses (BT-Drucks. 10/3360 S. 19) weist darauf hin, daß der Begriff des „bestimmt abgegrenzten Personenkreises“ für die verschiedenen Einrichtungen jeweils im Lichte ihres Zwecks unterschiedlich zu interpretieren sei. Was darunter für Schulveranstaltungen zu verstehen sei, wird nicht gesagt. Die Abgrenzung ergibt sich jedoch aus der erzieherischen Zweckbestimmung, die der Veranstaltung stets zugrundeliegen muß: Ein Schulfest, zu dem außer den Eltern auch die Geschwister, Großeltern und Freunde der Kinder Zutritt haben, dient jedenfalls nicht mehr unmittelbar und allein einem erzieherischen Zweck. Ein Vortragsabend des Schulchors in der Aula für die Eltern dient überwiegend der Selbstdarstellung der Schule und allenfalls sekundär der Erziehung der Chormitglieder zum sicheren Auftreten vor kritischen Zuhörern; letzteres überwiegt aber beim Singen vor dem Lehrerkollegium oder vor anderen Schülern. Entsprechendes gilt für die musikalische Umrahmung der Abiturfeier durch das Schulorchester.

c) Der Vergütungsanspruch lebt wieder auf, wenn die Veranstaltung dem **Erwerbszweck eines Dritten** dient **(Abs. 1 Satz 4).** Dann bleibt zwar der

Sozialträger frei, aber der Dritte ist zahlungspflichtig. Das ist insbesondere der Gastwirt, in dessen Räumen die privilegierte Veranstaltung stattfindet, aber auch der Pächter, der das Jugendzentrum, die Altentagesstätte oder die Schulkantine bewirtschaftet (Schricker-Melichar Rdnr. 36).

d) Es mag sein, daß mit der völligen Freigabe der Sozial- und Schulveranstaltungen den Urhebern *wesentliche* Einnahmen nicht verlorengehen, wie die Begr. des RegE zum ÄndG (BT-Drucks. 10/837 S. 15 = UFITA 96 [1983], 117, 129) argumentiert. Daraus zu folgern, der *Kirchenmusik*-Entscheidung des Bundesverfassungsgerichts (vgl. Bem. 1) sei somit genüge getan, ist jedoch verfehlt: Was täte es dem Elektrizitätswerk, wenn es den an Sozialträger und Schulen gelieferten Strom nicht bezahlt erhielte? Die Noten, aus denen der Schulchor singt, die Tonträger, von denen Musikdarbietungen im Unterricht oder im Altenheim abgespielt werden, muß deren Rechtsträger doch auch bezahlen; mit welchem Recht soll der Urheber, ohne dessen Schöpfung das Notenpapier wertlos und der Tonträger unbespielt wäre, als einziger leer ausgehen? Auch die Neuregelung mutet dem Urheber wieder – mit Rücksicht auf die fiskalischen Interessen des Bundesrates, ohne deren Zustimmung sie nicht möglich gewesen wäre – ein verfassungswidriges Sonderopfer zu (vgl. § 1 Bem. 4).

Daran ändert die befremdliche Tatsache nichts, daß das Bundesverfassungsgericht die Verfassungsbeschwerden gegen diesen Teil der Neuregelung inzwischen zurückgewiesen hat (BVerfG GRUR 1989, 193, 196 *Vollzugsanstalten;* s. schon vor § 45 Bem. 7 und die Kritiken von Fedor Seifert FS Reichardt S. 225ff. sowie von Kreile GEMA-Jahrbuch 1992, S. 48ff.).

8 Die Vergütungspflicht bei **Gottesdiensten und kirchlichen Feiern,** wie sie der neue Abs. 2 statuiert, entspricht dem Wortlaut nach der *Kirchenmusik*-Entscheidung des Bundesverfassungsgerichtes. Der Gesetzgeber will jedoch gleichwohl fast den gesamten Gottesdienst aus der Vergütungspflicht herausgenommen wissen: die Begr. zum RegE des ÄndG (BT-Drucks. 10/837 S. 15f. = UFITA 96 [1983], 117, 129f.) meint, der Gesang der Gemeinde und dessen musikalische Begleitung würden schon *per definitionem* vom ausschließlichen Verwertungsrecht des Urhebers aus § 19 Abs. 1 nicht erfaßt, weil „Aufführung" die Darbietung vor einem Zuhörerkreis sei und es im Gottesdienst an der Zweiteilung in Darbietende und Zuhörerschaft fehle (ebenso Rojahn FS Klaka S. 146, 158f.). Die Äußerung des Bundesrates zum RegE des ÄndG sieht dies darüber hinaus für Gebete und für den Gesang des Liturgen als gegeben an (a.a.O. S. 28, in UFITA nicht mit abgedruckt); eine Rückäußerung der Bundesregierung dazu fehlt (vgl. a.a.O. S. 37). Demnach bezieht sich Abs. 2 nur noch auf die Predigt – die nach dem Verständnis beider großen Konfessionen ebenfalls Teil der liturgischen Gottesdiensthandlung ist, aber für die Praxis des § 52 keine Rolle spielt – sowie auf das Orgelvor- und -nachspiel, ferner gegebenenfalls auf besondere Darbietungen des Kirchen- oder Posaunenchores. Kirchenlieder und durchkomponierte Messen (wie die in Süddeutschland häufig aufgeführte *Bauernmesse*) bleiben faktisch frei. Dabei liegt der Begr. ein Mißverständnis des § 15 Abs. 3 zugrunde: Wenn die *Fischer-Chöre* einen Abend zum Mitsingen veranstalten oder beim Karneval die Kapelle *Kornblumenblau* von Gerhard Jussenhoven und Jupp Schlösser spielt, das der ganze Saal kennt und mitsingt, läßt sich ebensowenig von einer Zweiteilung in Darbietende und

Zuhörerschaft sprechen wie im Gottesdienst. § 15 Abs. 3 grenzt aber danach ab, ob die Darbietung *für* Dritte *bestimmt* ist; davon, ob sie während der Darbietung passiv bleiben müßten, sagt die Bestimmung nichts. Der Gemeindegesang wird vom Pfarrer für die Gemeinde bestimmt: Er sucht die Lieder aus, und er legt fest, an welcher Stelle des Gottesdienstes welches Lied mit welchen Versen gesungen wird. Er veranlaßt den Organisten, entsprechend zu spielen. Er erfüllt damit seine Aufgabe, die Gemeinde zur Ehre Gottes zu rufen und ihr Gottes Wort zu verkündigen. Nur in dieser Ausübung seines Amtes (dessen Funktionen in beiden christlichen Lehren von denen der Gemeinde deutlich abgehoben werden) unterscheidet er sich, urheberrechtlich gesehen, von dem Leiter einer Kapelle, der den Stimmungsschlager ja auch zu dem Zweck spielen läßt, daß das Publikum ihn mitsingt, und der in gleicher Weise den Zeitpunkt, die Zahl der Verse, das Tempo und die Tonlage des gemeinsamen Gesanges unter Begleitung der Kapelle bestimmt. So wenig wie der Begriff der Öffentlichkeit in § 15 Abs. 3 danach variieren kann, wie mitreißend eine Kapelle spielt, so wenig ist er für Gottesdienste davon abhängig, ob und was die Gemeinde mitsingt. Erst recht sind Liturgie und Gebete keine Selbstdarbietung der Gottesdienstbesucher. Das Bundesverfassungsgericht hat dergleichen auch nicht gemeint. Die *Kirchenmusik*-Entscheidung stellt nicht nur in erster Linie darauf ab, daß „die Urheber von Kirchenmusik keine ausreichenden Einnahmen aus ihren Werken erhalten“ (BVerfGE 49, 382, 399), was, wenn die Begr. recht hätte, für die Komponisten von Kirchenliedern und ganzen Messen weiterhin zuträfe; sie hält dem Argument, die Vergütungspflicht erschwere die Aufführung zeitgenössischer Kirchenmusik, auch entgegen, die Kirchen müßten solche Musik (über die Zahlung von Urhebervergütungen) fördern, „gerade weil religiös-liturgische Musik einen wesentlichen Teil kirchlicher Veranstaltungen ausmacht“ (a.a.O. S. 402). Die ordentlichen Gerichte werden also bei der verfassungskonformen Auslegung des Abs. 2, zu der sie verpflichtet sind (ständige Rspr., vgl. BVerfGE 54, 251, 273f. *Berufsvormund* und BVerfGE 66, 313, 319), die Rechtsansicht der Begr. außer Betracht zu lassen und *alle* Darbietungen geschützter Werke bei Gottesdiensten und kirchlichen Feiern als vergütungspflichtig anzusehen haben.

Zum Begriff der **bühnenmäßigen Aufführung** (Abs. 3) s. § 19 Bem. 3. **9**

§ 53 Vervielfältigungen zum privaten und sonstigen eigenen Gebrauch

(1) Zulässig ist, einzelne Vervielfältigungsstücke eines Werkes zum privaten Gebrauch herzustellen. Der zur Vervielfältigung Befugte darf die Vervielfältigungsstücke auch durch einen anderen herstellen lassen; doch gilt dies für die Übertragung von Werken auf Bild- oder Tonträger und die Vervielfältigung von Werken der bildenden Künste nur, wenn es unentgeltlich geschieht.

(2) Zulässig ist, einzelne Vervielfältigungsstücke eines Werkes herzustellen oder herstellen zu lassen

1. **zum eigenen wissenschaftlichen Gebrauch, wenn und soweit die Vervielfältigung zu diesem Zweck geboten ist,**
2. **zur Aufnahme in ein eigenes Archiv, wenn und soweit die Vervielfältigung zu diesem Zweck geboten ist und als Vorlage für die Vervielfältigung ein eigenes Werkstück benutzt wird,**
3. **zur eigenen Unterrichtung über Tagesfragen, wenn es sich um ein durch Funk gesendetes Werk handelt,**

4. zum sonstigen eigenen Gebrauch,
a) wenn es sich um kleine Teile eines erschienenen Werkes oder um einzelne Beiträge handelt, die in Zeitungen oder Zeitschriften erschienen sind,
b) wenn es sich um ein seit mindestens zwei Jahren vergriffenes Werk handelt.

(3) Zulässig ist, Vervielfältigungsstücke von kleinen Teilen eines Druckwerkes oder von einzelnen Beiträgen, die in Zeitungen oder Zeitschriften erschienen sind, zum eigenen Gebrauch
1. im Schulunterricht, in nichtgewerblichen Einrichtungen der Aus- und Weiterbildung sowie in Einrichtungen der Berufsbildung in der für eine Schulklasse erforderlichen Anzahl oder
2. für staatliche Prüfungen und Prüfungen in Schulen, Hochschulen, in nichtgewerblichen Einrichtungen der Aus- und Weiterbildung sowie in der Berufsbildung in der erforderlichen Anzahl
herzustellen oder herstellen zu lassen, wenn und soweit die Vervielfältigung zu diesem Zweck geboten ist.

(4) Die Vervielfältigung
a) graphischer Aufzeichnungen von Werken der Musik,
b) eines Buches oder einer Zeitschrift, wenn es sich um eine im wesentlichen vollständige Vervielfältigung handelt,
ist, soweit sie nicht durch Abschreiben vorgenommen wird, stets nur mit Einwilligung des Berechtigten zulässig oder unter den Voraussetzungen des Absatzes 2 Nr. 2 oder zum eigenen Gebrauch, wenn es sich um ein seit mindestens zwei Jahren vergriffenes Werk handelt.

(5) Die Vervielfältigungsstücke dürfen weder verbreitet noch zu öffentlichen Wiedergaben benutzt werden. Zulässig ist jedoch, rechtmäßig hergestellte Vervielfältigungsstücke von Zeitungen und vergriffenen Werken sowie solche Werkstücke zu verleihen, bei denen kleine beschädigte oder abhanden gekommene Teile durch Vervielfältigungsstücke ersetzt worden sind.

(6) Die Aufnahme öffentlicher Vorträge, Aufführungen oder Vorführungen eines Werkes auf Bild- oder Tonträger, die Ausführung von Plänen und Entwürfen zu Werken der bildenden Künste und der Nachbau eines Werkes der Baukunst sind stets nur mit Einwilligung des Berechtigten zulässig.

Übersicht

1 **Entstehungsgeschichte.** Bisher war die Vervielfältigung zum privaten oder sonst internen Gebrauch in den §§ 53, 54 etwas unsystematisch und damit unübersichtlich geregelt. Es war die Absicht des Gesetzgebers, dem anläßlich der Neuregelung der Vergütungsansprüche für private Überspielungen und Fotokopien abzuhelfen und die Einschränkungen des ausschließlichen Vervielfältigungsrechts des Urhebers (§ 16) in § 53 übersichtlich zu beschreiben, während die Vergütungsansprüche in § 54 zusammengefaßt

sind. Der Textvorschlag des Referentenentwurfs 1980 (UFITA 89 [1981], 85) ist deshalb im RegE des ÄndG (BT-Drucks. 10/837 = UFITA 96 [1983], 117) im wesentlichen unangetastet geblieben. Die Einwände des Bundesrates (BT-Drucks. 10/837 S. 26, 28, 30) haben im weiteren Gesetzgebungsverfahren allerdings zu einer Erweiterung des Katalogs der erlaubnisfreien Vervielfältigungen im Schulbereich (Abs. 3) geführt, während der Rechtsausschuß andererseits begrüßenswerte Klarstellungen vorgenommen (Abs. 2 Nr. 4a, Abs. 3, 4 und 5) und die Grenzen des Katalogs enger gezogen hat; nicht nur für Noten und ganze Bücher oder Zeitschriften, sondern auch für Datenverarbeitungsprogramme bleibt es nun bei der Regel des § 16, daß eine Vervielfältigung ohne Erlaubnis des Urhebers zu gleich welchen (also auch zu privaten) Zwecken unzulässig ist (Abs. 4). Einzelheiten s. im Bericht des Rechtsausschusses, BT-Drucks. 10/3360 S. 19.

Überblick. Das Ziel der besseren Übersichtlichkeit hat die wortreiche 2
Bestimmung sicher nicht erreicht. Ihre Grundlinien lassen sich etwa so skizzieren:

a) Zum **privaten** Gebrauch (Abs. 1 Satz 1) darf man fast alles vervielfältigen, selbst unveröffentlichte Werke, jedoch weder Datenverarbeitungsprogramme (Abs. 4) noch öffentliche Aufführungen oder Vorführungen (Abs. 5). Vorträge darf man allenfalls mitschreiben (nicht mitschneiden, Abs. 5), Noten, ganze Bücher oder Zeitschriften allenfalls abschreiben (Abs. 4). Daß man Pläne und Entwürfe zu Bauwerken und anderen Kunstwerken nicht „zu privaten Zwecken" ausführen darf, versteht sich eigentlich von selbst (Abs. 5). Diese „Generalklausel mit Einschränkungen" ändert freilich an dem Ausnahmecharakter auch des § 53 Abs. 1 Satz 1 gegenüber dem Grundsatz des ausschließlichen Herrschaftsrechts des Urhebers über die Nutzung seines Werkes zu gleich welchen Zwecken nichts (vor § 45 Bem. 1). Das hat Folgen für ihre Auslegung in Grenzfällen (vor § 45 Bem. 3).

b) Den **sonstigen eigenen,** also auch betriebs- oder amtsinternen Gebrauch hat der Gesetzgeber nur enumerativ in den Fällen der Absätze 2 und 3 freigegeben. Für berufliche und schulische Zwecke, in Betrieben, Behörden und öffentlichen Einrichtungen darf also nur dann und nur insoweit kopiert oder mitgeschnitten werden, als die gesetzlichen Voraussetzungen im Einzelfall gegeben sind. Jede andere Vervielfältigung ist unzulässig. Eine analoge Anwendung des Katalogs der Absätze 2 und 3 scheidet wegen des Ausnahmecharakters der Bestimmung aus (vor § 45 Bem. 3). Auch hier ist die Vervielfältigung, selbst wenn sie an sich unter einen der in den Absätzen 2 und 3 umschriebenen Fälle subsumiert werden kann, dort unzulässig, wo auch die private Vervielfältigung nicht erlaubt wäre. Datenverarbeitungsprogramme darf man nicht einmal zu eigenen wissenschaftlichen Zwecken, geschweige denn zum betriebsinternen Gebrauch überspielen (Abs. 4). Ohne besondere Erlaubnis des Urhebers darf kein Theater sich ein Video-Archiv der eigenen Inszenierungen anlegen (Abs. 6). Noten dürfen auch nicht für eine Klassenarbeit kopiert werden (Abs. 4). Nur Archive sind privilegiert: Abweichend von der Regel des Abs. 4 dürfen sie auch ganze Bücher und Zeitschriften sowie Noten zur Aufnahme ins Archiv kopieren, wenn sie als Vorlage ein eigenes Werkstück benutzen. Das gleiche gilt für jedermann, wenn es sich um ein seit zwei Jahren vergriffenes Werk handelt (Bem. 14).

c) Über diese beiden Grundregelungen hinaus sind bestimmten Verwertergruppen noch weitergehende **Sonderrechte** eingeräumt, so den Gerichten und Behörden (§ 45), den Schulen (§ 47) und den Schulbuchverlegern (§ 46), den Publikationsorganen Presse (§§ 48, 49, 50) und Rundfunk (§§ 49, 50 und allgemein § 55) und den Radio- und Fernsehhändlern (§ 56). Daneben gibt es noch Ausnahmevorschriften für unwesentliches Beiwerk (§ 57), Katalogbilder (§ 58) und öffentlich aufgestellte Werke (§ 59). Wiederum allgemein gelten die Vorschriften über das Änderungsverbot (§ 62) und die Quellenangabe (§ 63).

3 Bei der Grundregel, daß nur **einzelne** Vervielfältigungsstücke hergestellt werden dürfen, ist es geblieben. Das sind jedenfalls nicht mehr als 7 Exemplare (BGH GRUR 1978, 474, 476 *Vervielfältigungsstücke*). Wir meinen freilich, daß die Obergrenze bei 3 liegen muß, wenn das Wort „einzelne" noch zutreffen soll. Einiges spricht dafür, daß der Bundesgerichtshof seinerzeit an einer solchen engeren Begrenzung nur durch die auf 7 Exemplare lautende Fassung des Klageantrages gehindert worden ist (vgl. § 308 Abs. 1 ZPO). Eine Ausnahme macht nur der schulische Bereich, wo das Kopieren in Klassenstärke bzw. in der für die Prüfung erforderlichen Anzahl zugelassen ist (Abs. 3; vgl. Bem. 13).

4 Die Bestimmung setzt als selbstverständlich voraus, daß die Vervielfältigung **mittels eines rechtmäßig erworbenen Werkstücks** geschieht (KG GRUR 1992, 168, 169 *Dia-Kopien:* „ungeschriebenes Tatbestandsmerkmal"). Wer ein Werkstück widerrechtlich an sich gebracht hat, kann es nicht auch noch „zur Erinnerung" an sein rechtswidriges Tun kopieren dürfen. Unter dieser Voraussetzung gilt § 53 allerdings auch für **unveröffentlichte Werke**. Der privilegierte Gebrauch darf freilich nicht zu einer Veröffentlichung des Werkes führen (Bem. 5). Nur in Abs. 2 Nr. 4 und in Abs. 3 wird ein erschienenes, in Abs. 2 Nr. 3 ein veröffentlichtes (gesendetes) Werk gefordert.

5 Zulässig ist nur eine Vervielfältigung, die auf den vom Gesetz privilegierten Gebrauch **zweckgerichtet** ist. Das trifft nicht zu, wenn die Vervielfältigung von vornherein mit der Absicht geschieht, die Kopie oder den Mitschnitt zu verkaufen oder zu verschenken:
Der Copyshop darf Kopien eines eben erschienenen Fachvortrags nicht auf Vorrat herstellen, um nachfragende Studenten prompt bedienen zu können, sondern darf dem einzelnen nur jeweils eine Kopie auf Wunsch herstellen (Abs. 1 Satz 2). Datenbanken dürfen geschütztes Material nicht einmal einspeichern (auch das ist schon eine Vervielfältigung, § 16 Bem. 1), geschweige denn an ihre Nutzer überspielen oder diesen Ausdrucke liefern, weil eben diese Fremdnutzung ihr eigentlicher Zweck ist (Raczinski/Rademacher GRUR 1989, 324, 326, 327f. mit umfassenden Literaturnachweisen im Anhang). Bibliotheken dürfen allenfalls auf Bestellung im Leihverkehr Einzelkopien herstellen, um nicht das ganze Buch verschicken zu müssen (Raczinski/Rademacher a.a.O. S. 328). Eine ursprünglich selbst benötigte Kopie darf man aber, wenn man sie nicht mehr braucht, weitergeben und sie auch verkaufen, sie allerdings nicht öffentlich anbieten, weil das eine Verbreitungshandlung wäre (Abs. 5). Eigener Gebrauch ist ferner dann nicht bezweckt, wenn die Kopie für eine dem Urheber vorbehaltene Nutzung hergestellt wird, wenn also etwa die Gefängnisleitung

Rundfunksendungen mitschneidet, um sie zeitversetzt in die Aufenthaltsräume oder Zellen zu übertragen (verkannt von OLG Frankfurt GRUR 1991, 602, 603 *Justizvollzugsanstalten* – n. rkr. –, vgl. § 52 Bem. 4), oder wenn der Discjockey die von ihm ausgewählten Platten auf Kassette überspielt, um sich die Arbeit des Auflegens zu ersparen, oder wenn das kopierte Gedicht öffentlich vorgetragen werden soll. Um Mißbräuche zu verhindern, verbietet deshalb **Abs. 5** *jede* Benutzung der nach Abs. 1–3 hergestellten Vervielfältigungsexemplare zur Verbreitung oder öffentlichen Wiedergabe, auch wenn sie ursprünglich zu einem privilegierten Zweck hergestellt worden sind. Die Aufnahme eines privaten Hausmusikabends von Schülern mit Werken moderner Meister darf nicht auf dem Schulfest dargeboten werden (vgl. § 15 Abs. 3). Ebenso ist der Verkauf der Aufnahme mittels Zeitungsanzeige, Anschlag oder sonst nach öffentlichem Angebot (vgl. § 17 Abs. 1) unzulässig; auch ein Tausch unter den gleichen Bedingungen oder in einem größeren „Tonjäger"-Club würde gegen Abs. 3 verstoßen. Bei einem Werk, das noch nicht veröffentlicht ist (Bem. 3), darf wegen § 12 auch keine sonstige Handlung stattfinden, die seine Veröffentlichung bewirken würde (z. B. eine Ausstellung, § 18).

Umgekehrt nützt das Vorhandensein des privilegierten Zwecks nichts, wo der Gesetzgeber **Beschränkungen** angeordnet hat: Kopien für die 10 kleinen Gäste eines Kindergeburtstages sind, weil nicht mehr „einzeln", unzulässig. Auch ein noch so begeisterter Sammler von Aufnahmen mit Werken Boris Blachers darf eine Aufführung des *Hamlet-Balletts* nicht direkt in der Oper, sondern nur am Radio oder am Fernseher aufnehmen (**Abs. 6**). Die Vorlesung des berühmten Historikers darf man nur mitschreiben, nicht mitschneiden. Eine geschlossene Probe mit dem Berliner Philharmonischen Orchester darf sich der Gastdirigent zur Überprüfung der eigenen Arbeit mitschneiden lassen, die öffentliche Generalprobe jedoch nicht. Das private Basteln eines Modells der Berliner *Gedächtniskirche* von Eiermann sehen wir allerdings nicht als „Nachbau" an. 6

Vervielfältigung durch Dritte. Stets darf der Dritte erst auf Bestellung tätig werden (Bem. 5). Trifft das zu, so kommt es nur noch auf den Zweck an, den der Besteller verfolgt; ist dieser privat oder von Abs. 2 gedeckt, so ist es gleichgültig, ob der Kopist mit der Ausführung der Bestellung selbst gewerbliche Zwecke verfolgt (Copyshop). Zu privaten Zwecken darf man sich Überspielungen allerdings nur unentgeltlich machen lassen. Gleiches gilt für Kopien von Kunstwerken: Der Gastwirt aus Niebüll, der per Zeitungsanzeige „Nolde-Kopien für 800 DM" zu fertigen sich erbot, würde selbst dann noch die Rechte der *Stiftung Sebüll Ada und Emil Nolde* verletzen, wenn er dergleichen nur auf besondere Bestellung täte. Für die Fälle des sonstigen eigenen Gebrauchs nach Abs. 2 gilt diese Beschränkung übrigens nicht. Wissenschaftler oder Journalisten dürfen sich einen Bandumschnitt der Sendung *Funkuniversität* oder der jüngsten *Panorama*-Ausgabe, die sie verpaßt hatten, gegen Bezahlung von der Rundfunkanstalt liefern lassen (Abs. 2 Nr. 1 und 3). Das Deutsche Filmarchiv darf sich ein zweites Archivexemplar in einer Kopieranstalt machen lassen (Abs. 2 Nr. 2). Alte Schellackplatten, die es seit Jahren nicht mehr gibt, darf sich jedermann in einem Studio fachgerecht auf Kassette überspielen lassen (Abs. 2 Nr. 4b). 7

8 **Benutzung der Vervielfältigung durch Dritte.** Das gesetzliche Erfordernis des *eigenen* Gebrauchs verlangt dem Wortsinne nach, daß der Nutzer das Vervielfältigungsexemplar lediglich selbst gebraucht. Aber das ist nicht gemeint und wäre auch nicht praktikabel: Die Kopie der Zeitungskritik zu der gestrigen Uraufführung, die die Eheleute gemeinsam gesehen haben, wollen natürlich auch beide lesen können. Der Mitschnitt der Tochter von *Schlager der Woche* läuft im Hintergrund beim Nachmittagstee mit ihren Freundinnen. Die Kopien aus entlegenen Festschriften, die sich der Professor für einen Vortrag gemacht hat, muß auch sein Assistent lesen können, der ihm bei der Vorbereitung hilft. **Eigener Gebrauch heißt interner Gebrauch.** Unter privatem Gebrauch versteht die Begr. (S. 70) deshalb nicht nur den Gebrauch durch die Person selbst, die die Vervielfältigung herstellt oder herstellen läßt, sondern auch den Gebrauch durch die mit ihr durch ein persönliches Band verbundenen Personen; als Vervielfältigungen zum sonstigen eigenen Gebrauch sieht sie auch die Herstellung zum Gebrauch für eigene Zwecke, also z. B. von einer Firma für ihre Angestellten und von Behörden zum inneramtlichen Gebrauch, an (S. 72). Was betriebsintern ist, kann nicht nach formalrechtlichen, sondern muß nach wirtschaftlichen Gesichtspunkten beurteilt werden. Deshalb ist es noch eigener Gebrauch, wenn eine Konzernfirma für die im gleichen Hause arbeitenden, räumlich nicht getrennten, nur durch die Verwendung anderer Briefköpfe unterscheidbaren Schwesterfirmen die Vervielfältigung durchführt, nicht aber mehr dann, wenn ein Unternehmen dies zentral für ihre Niederlassungen in verschiedenen Orten tut **(Betriebsstättenprinzip).**

9 **Wissenschaftlicher Gebrauch (Abs. 2 Nr. 1).** Ein solcher kann nur vorliegen, wenn die Vervielfältigung im Rahmen einer wissenschaftlichen Betätigung hergestellt wird. Zur Wissenschaft rechnet dabei nur, was an Universitäten und Hochschulen gelehrt wird (weitergehend Bruhn UFITA 52 [1969], 115, 122; v. Gamm § 54 Bem. 9; Schricker-Loewenheim Rdnr. 14; allerdings sämtlich ohne Angabe, wie denn die Grenze sonst gezogen werden soll). Dabei ist allerdings gleichgültig, ob der Vervielfältigende dort tätig ist oder ob es sich um Privatgelehrte, Studenten, akademische Berufe, Organisationen oder Institute handelt. Der praktische Arzt, der einen Aufsatz für die *Münchener Medizinische Wochenschrift* schreibt, ist ebenso wissenschaftlich tätig wie der Student bei der Anfertigung einer Hausarbeit. Auch die Abfassung eines populär-wissenschaftlichen Artikels über medizinische Fragen (vgl. LG München II UFITA 24 [1957], 265 *Kopfschmerzepidemie*) kann wissenschaftliche Betätigung sein, wenn bei seiner Abfassung mit wissenschaftlichen Methoden nach wissenschaftlichen Grundsätzen gearbeitet worden ist (§ 51 Bem. 6a; v. Gamm Bem. 9). – Die Vervielfältigung muß zu diesem Zweck geboten, d. h. **erforderlich** sein. Wo Exemplare des kopierten Werkes leicht und zu einem Preis zu erhalten sind, der nicht zum Umfang der Vervielfältigung außer Verhältnis steht, ist das Recht aus § 53 Abs. 2 Nr. 1 nicht gegeben. Dagegen wird man bei der Entscheidung, ob die Vervielfältigung für den beabsichtigten wissenschaftlichen Zweck wirklich benötigt wurde, großzügig sein müssen. In der Regel kann unterstellt werden, daß ein Wissenschaftler die Mühe und Kosten der Kopie nur dann aufwendet, wenn er dazu Veranlassung sieht. Jedenfalls genügt es hier stets, wenn der Wissenschaftler die Vervielfältigung subjektiv für erforderlich hielt, mag sie auch objektiv überflüssig gewesen sein.

Archivzwecke (Abs. 2 Nr. 2). Archive sind nach sachlichen Gesichtspunkten geordnete Sammel- und Aufbewahrungsstellen für Geistesgut bestimmter Art, also Bibliotheken, Zeitungsarchive, Filmmagazine usw. Datenbanken gehören dazu nicht, weil sie nicht die bloße Sammlung und Aufbewahrung, sondern die Weitergabe des Materials bezwecken (Raczinski/Rademacher GRUR 1989, 324, 327). Es muß sich um ein eigenes, d. h. mindestens zum Betrieb, zum Konzern oder zur Behörde gehörendes Archiv handeln (vgl. Bem. 8). – Die Vervielfältigung muß für die Aufnahme **erforderlich** sein; es darf auch nur ein **eigenes Exemplar** als Vorlage benutzt werden. Die Begr. (S. 73) nennt als Beispiel, daß eine Bibliothek ihre Bestände auf Mikrofilm aufnimmt, um Platz zu sparen oder vor Katastrophen geschützt zu sein. Jedenfalls darf in der Archivierung keine zusätzliche Verwertung des Werkes liegen (Begr. a.a.O.). Das wäre z. B. dann der Fall, wenn eine Gerichtsbücherei einen ihr abhandengekommenen Band kurzerhand nach dem im Archiv befindlichen Zweitexemplar fotokopieren lassen würde. Sie muß den Band neu kaufen oder antiquarisch beschaffen oder, falls das nicht möglich ist, vom Berechtigten ein einfaches Nutzungsrecht aus § 16 Abs. 1 erwerben (ebenso Bruhn UFITA 52 [1969], 115, 126). Dagegen darf sie kleinere **Reparaturen** vornehmen, also abhandengekommene Seiten eines Buches ersetzen (so jetzt Abs. 5; für das bisherige Recht ebenso v. Gamm § 16 Bem. 10 und die Vorauflagen Bem. 6 zu § 54). Nur zu Archivzwecken dürfen auch Noten, ganze Bücher und Zeitschriften kopiert werden (Abs. 4). Daß ein Archiv sich gelegentlich Wissenschaftlern oder Journalisten öffnet, die um Material zu einem bestimmten Thema bitten, berührt den Archivzweck nicht, läßt also das Privileg des Abs. 2 Nr. 2 unangetastet. Erst wenn das Archiv seine Dienste solchen Interessenten anbietet, nimmt es eine Verbreitungshandlung vor (§ 17 Bem. 3), die ohne Erlaubnis der Urheber der archivierten Werke nach Abs. 5 Satz 1 unzulässig ist. Näheres Nordemann FS Hubmann S. 325. 10

Funksendungen zu Tagesfragen (Abs. 2 Nr. 3). Ohne Beschränkung auf „erforderliche" Maßnahmen ist die Überspielung von Funksendungen (§ 20) erlaubt, wenn das zur eigenen Unterrichtung über Tagesfragen geschieht. Tagesfragen sind Themen von aktueller, auf kurze Zeit beschränkter Bedeutung (vgl. § 48 Bem. 2a und § 49 Bem. 3). Eigene Unterrichtung ist auch die betriebsinterne Unterrichtung (vgl. Begr. S. 73 und oben Bem. 8). Unter Nr. 3 würde deshalb nicht die Unterrichtung der Redakteure eines Zeitungsverlages fallen, wenn sie bezweckt, diese zu entsprechenden Berichten in der Zeitung zu veranlassen. Andererseits durfte z. B. ein Theaterleiter die im RIAS gesendete Theaterkritik von Friedrich Luft mitschneiden lassen, um dessen Meinung zu erfahren; ebenso darf ein Musikkritiker die Übertragung von Mozarts *Don Giovanni* von den *Salzburger Festspielen* aufnehmen, um sich über die Qualität und die Eigenheiten der Inszenierung, die im Mittelpunkt des aktuellen Interesses steht, zu informieren. 11

Sonstiger eigener Gebrauch (Abs. 2 Nr. 4). Während die Nrn. 1–3 genau bestimmte Einzelfälle regeln, bringt Abs. 2 Nr. 4 eine Generalklausel und läßt jeden eigenen Gebrauch in zwei Fällen zu: 12

a) Es handelt sich um **kleine Teile** eines erschienenen (§ 6 Abs. 2) Werkes oder um einzelne Beiträge aus Zeitungen und Zeitschriften. Den ähnlichen Begriff „kleinere Teile" hatte der Gesetzgeber selbst an anderer Stelle (Begr.

S. 67 zu § 51) als zu unbestimmt verworfen; „kleine Teile" kennzeichnen Ausschnitte, die im Verhältnis zum Ganzen geringfügig sind. Die obere Grenze liegt äußerstenfalls bei 20%. – Den Begriff Beiträge hat das ÄndG 1985 eingeführt, um nicht nur Wortbeiträge bestimmter Art (bisheriger Text: „Aufsätze"), sondern auch Gedichte und Fotos zu erfassen (Bericht des Rechtsausschusses, BT-Drucks. 10/3360 S. 19). Dabei darf es sich nur um solche aus Zeitungen und Zeitschriften handeln (Begriffe § 38 Bem. 5). Der Gesetzgeber wollte damit einem Bedürfnis der Praxis Rechnung tragen. Der auch von ihm gesehenen Gefahr einer Aushöhlung des Vervielfältigungsrechts des Urhebers (Begr. S. 73, 74) wird nur mit der Anlegung eines strengen Maßstabes bei der Beurteilung, ob wirklich nur „einzelne" Exemplare vervielfältigt wurden, begegnet werden können (s. Bem. 3).

b) Die gleiche Strenge empfiehlt sich bei der **Vervielfältigung vergriffener Werke.** Mit Rücksicht auf die besondere Interessenlage des § 53 ist ein Werk abweichend vom Verlagsrecht (vgl. § 29 VerlG) erst dann als vergriffen anzusehen, wenn es nicht mehr im Handel ist, also auch nicht mehr antiquarisch erworben werden kann (ebenso Möhring/Nicolini Bem. 6b; a. M. Schricker-Loewenheim Rdnr. 23 mit weiteren Nachweisen). Die zusätzliche Voraussetzung des bisherigen Rechts, daß der Berechtigte unauffindbar sei, ist als unpraktikabel gestrichen und die bisherige Dreijahresfrist im Interesse der Bibliotheken, die die Regelung zuvörderst angeht, auf zwei Jahre verkürzt worden (Begr. des RegE zum ÄndG, BT-Drucks. 10/837 S. 16 = UFITA 96 [1983], 117, 131). In der Tat überwiegt hier das Allgemeininteresse an der Vollständigkeit der Bibliotheksbestände gegenüber dem Individualinteresse des Urhebers eines nicht mehr aufgelegten Werkes an seinem Verbotsrecht gegenüber einer einzelnen Kopie.

13 **Schulische Zwecke (Abs. 3).** Der RegE wollte sich noch auf die Freigabe der Kopien für Unterrichtszwecke in Klassenstärke beschränken. Der Rechtsausschuß hat auf Verlangen des Bundesrates (vgl. dessen Gegenäußerung zum RegE, BT-Drucks. 10/837 S. 28) die Freigabe auf die nichtgewerblichen Einrichtungen der Berufsbildung und auf Prüfungsverfahren – insoweit sind auch die Hochschulen einbezogen – erweitert. Nötig war freilich weder das eine noch das andere. Seit Jahren besteht ein Vertrag zwischen den Kultusministerien der Länder und der VG Wort, der diesen Bereich abdeckt. Eine Gemeinwohlerwägung, die eine Ausnahme von dem grundsätzlichen Herrschaftsrecht des Urhebers hätte rechtfertigen können, gab es also nicht. Aber es war sicherlich politisch klug, daß Bundesregierung und Rechtsausschuß an der verminderten Einsicht mancher Bundesländer in die Grundlagen des Urheberrechts die geplante Neuregelung des Kopierrechts nicht scheitern lassen wollten; den Urhebern entsteht im wirtschaftlichen Ergebnis kein Nachteil, da § 54 Abs. 2 und 4 mit der dazugehörigen Anlage II 2 ihnen eine angemessene Vergütung für die Nutzung ihrer Werke im Schulbereich sichern (dort Bem. 4).

a) Abs. 3 erfaßt nach dem Willen des Gesetzgebers den **Gesamtbereich der Berufsausbildung im Sinne des Berufsbildungsgesetzes,** also auch die betriebliche Unterrichtung von Auszubildenden in Betrieben und überbetrieblichen Ausbildungsstätten (Bericht des Rechtsausschusses, BT-Drucks. 10/3360 S. 19; vgl. auch OLG Karlsruhe GRUR 1987, 818, 819 *Referendarkurs* für staatliche Seminare für Schulpädagogik). Gewerbliche Bildungseinrichtungen wie die Seminare des Kommunikationsforums Köln oder nicht staatlich anerkannte Privatschulen sowie Fahrschulen sind nicht privilegiert. Hochschulen dürfen jedoch nur zu Prüfungszwecken kopieren (Abs. 3 Nr. 2), weil bei Freigabe auch nach Nr. 1 einem nicht mehr überschaubaren Personenkreis das Kopieren gestattet gewesen wäre (Bericht a.a.O.).

b) Wie in Abs. 2 Nr. 4a dürfen nur **kleine Teile** – hier allerdings nur eines „Druckwerkes", so daß Ton- und Bildträger ausgeschlossen sind – oder **einzelne Beiträge** aus Zeitungen oder Zeitschriften, also auch Gedichte oder Fotos (Bem. 12a), kopiert werden. Die Vervielfältigung muß für den privilegierten Zweck geboten, d. h. **erforderlich** sein. Wo Exemplare des kopierten Werkes leicht und zu einem Preis zu erhalten sind, der nicht zu Umfang und Kosten der Vervielfältigung außer Verhältnis steht, hat letztere zu unterbleiben (vgl. Bem. 9); daß die Benutzung des Schulkopierers bequemer ist und dafür noch Haushaltsmittel zur Verfügung stehen, begründet noch nicht die Notwendigkeit seiner Benutzung.

Abs. 4. Noten, ganze Bücher oder **Zeitschriften** dürfen nur zu Archiv- **14**
zwecken oder bei längerem Vergriffensein kopiert werden. Für **Datenverarbeitungsprogramme** gilt jetzt die Sonderregelung der §§ 69c bis e (s. dort). Man darf sie – bei Programmen ist das nicht denkbar – allenfalls *abschreiben*, dies aber nicht etwa zu dem Zweck, um die Abschrift der Noten sodann für die Chormitglieder zu kopieren; das wäre wiederum die Vervielfältigung eines geschützten Werkes, die Abs. 4 eben nur per Hand erlaubt. Unter den Begriff des Abschreibens fällt auch das Abtippen oder die Eingabe in den Personal-Computer; das hat der Bundesrat durch eine Änderung im Text des Regierungsentwurfs klargestellt, der formuliert hatte „soweit sie nicht handschriftlich vorgenommen wird" (BT-Drucks. 10/837, 5.5). Unter einer im wesentlichen vollständigen Vervielfältigung eines Buches oder einer Zeitschrift verstehen wir

– *qualitativ* die Kopie aller sie prägenden Hauptbeiträge, wie sie auf dem Umschlag (oder im Inhaltsverzeichnis in Fettdruck) hervorgehoben wurden, oder

– *quantitativ* die Kopie des Inhaltes in einem Umfange, der dem Ganzen näher kommt als der Hälfte, also von mehr als 75 % (Schricker-Loewenheim Rdnr. 36: 90 %), wobei nicht zum Inhalt gehörende Teile wie Anzeigen, Titel, Inhaltsverzeichnisse und Register nicht mitgerechnet werden.

„Buch" oder „Zeitschrift" ist die jeweils vom Verlag gelieferte und in Rechnung gestellte geschlossene Einheit, also bei Lieferungswerken die einzelne Lieferung, bei Zeitschriften das einzeln käufliche Heft. Das ergibt sich aus dem Zweck des Gesetzes, das das Einsparen der Anschaffung verhindern will (vgl. Begr. zum ÄndG, BT-Drucks. 10/837 = UFITA 96 [1983], 117, 133: Schädigung der Primärliteratur; „ganze Zeitungen", also Einzelexemplare, werden dort „ganzen Zeitschriften" gegenübergestellt).

§ 54 Vergütungspflicht

(1) Ist nach der Art eines Werkes zu erwarten, daß es durch Aufnahme von Funksendungen auf Bild- oder Tonträger oder durch Übertragung von einem Bild- oder Tonträger auf einen anderen nach § 53 Abs. 1 oder 2 vervielfältigt wird, so hat der Urheber des Werkes gegen den Hersteller
1. von Geräten und
2. von Bild- oder Tonträgern,
die erkennbar zur Vornahme solcher Vervielfältigungen bestimmt sind, Anspruch auf Zahlung einer angemessenen Vergütung für die durch die Veräußerung der Geräte sowie der Bild- oder Tonträger geschaffene Möglichkeit, solche Vervielfältigungen vorzunehmen; neben dem Hersteller haftet als Gesamtschuldner, wer die Geräte oder die Bild- oder Tonträger in den Geltungsbereich dieses Gesetzes gewerblich einführt oder wiedereinführt.

(2) Ist nach der Art eines Werkes zu erwarten, daß es nach § 53 Abs. 1 bis 3 durch Ablichtung eines Werkstücks oder in einem Verfahren vergleichbarer Wirkung vervielfältigt wird, so hat der Urheber des Werkes gegen den Hersteller von Geräten, die zur Vornahme solcher Vervielfältigungen bestimmt sind, Anspruch auf Zahlung einer angemessenen Vergütung für die durch die Veräußerung oder ein sonstiges Inverkehrbringen der Geräte geschaffene Möglichkeit, solche Vervielfältigungen vorzunehmen; neben dem Hersteller haftet als Gesamtschuldner, wer die Geräte in den Geltungsbereich dieses Gesetzes gewerblich einführt oder wiedereinführt. Werden Geräte dieser Art in Schulen, Hochschulen sowie Einrichtungen der Berufsbildung oder der sonstigen Aus- und Weiterbildung (Bildungseinrichtungen), Forschungseinrichtungen, öffentlichen Bibliotheken oder in Einrichtungen betrieben, die Geräte für die Herstellung von Ablichtungen entgeltlich bereithalten, so hat der Urheber auch gegen den Betreiber des Gerätes einen Anspruch auf Zahlung einer angemessenen Vergütung. Die Höhe der von dem Betreiber insgesamt geschuldeten Vergütung bemißt sich nach der Art und dem Umfang der Nutzung des Gerätes, die nach den Umständen, insbesondere nach dem Standort und der üblichen Verwendung, wahrscheinlich ist.

(3) Der Anspruch nach den Absätzen 1 und 2 Satz 1 entfällt, soweit nach den Umständen mit Wahrscheinlichkeit erwartet werden kann, daß die Geräte oder die Bild- oder Tonträger zur Vornahme der Vervielfältigungen im Geltungsbereich dieses Gesetzes nicht benutzt werden.

(4) Als angemessene Vergütung nach den Absätzen 1 und 2 gelten die in der Anlage bestimmten Sätze, soweit nicht etwas anderes vereinbart wird. In Rechnungen für die Veräußerung oder ein sonstiges Inverkehrbringen der Geräte nach Absatz 2 Satz 1 ist auf die auf das Gerät entfallende Urhebervergütung hinzuweisen.

(5) Der Urheber kann von den nach den Absätzen 1 und 2 zur Zahlung der Vergütung Verpflichteten Auskunft über Art und Stückzahl der im Geltungsbereich dieses Gesetzes veräußerten oder in Verkehr gebrachten Geräte und Bild- oder Tonträger verlangen. Der Urheber kann von dem Betreiber eines Gerätes in einer Einrichtung im Sinne des Absatzes 2 Satz 2 die für die Bemessung der Vergütung erforderliche Auskunft verlangen. Kommt der Auskunftspflichtige seiner Auskunftspflicht nicht, nur unvollständig oder sonst unrichtig nach, so kann der doppelte Vergütungssatz verlangt werden.

(6) Die Ansprüche nach den Absätzen 1, 2 und 5 können nur durch eine Verwertungsgesellschaft geltend gemacht werden. Jedem Berechtigten steht ein angemessener Anteil an den nach den Absätzen 1 und 2 gezahlten Vergütungen zu.

Anlage zu § 54 Abs. 4 des Urheberrechtsgesetzes

I. Vergütung nach § 54 Abs. 1:

Die Vergütung aller Berechtigten beträgt

1. für jedes Tonaufzeichnungsgerät	**2,50 DM**
2. für jedes Bildaufzeichnungsgerät mit oder ohne Tonteil	**18,00 DM**
3. bei Tonträgern für jede Stunde Spieldauer bei üblicher Nutzung	**0,12 DM**
4. bei Bildträgern für jede Stunde Spieldauer bei üblicher Nutzung	**0,17 DM**

5. für jedes Ton- und Bildaufzeichnungsgerät, für dessen Betrieb nach seiner Bauart gesonderte Träger (Nummern 3 und 4) nicht erforderlich sind, das Doppelte der Vergütungssätze nach den Nummern 1 und 2.

II. Vergütung nach § 54 Abs. 2:

1. Die Vergütung aller Berechtigten nach § 54 Abs. 2 Satz 1 beträgt für jedes Vervielfältigungsgerät mit einer Leistung

von 2 bis 12 Vervielfältigungen je Minute	**75,00 DM**
von 13 bis 35 Vervielfältigungen je Minute	**100,00 DM**
von 36 bis 70 Vervielfältigungen je Minute	**150,00 DM**
über 70 Vervielfältigungen je Minute	**600,00 DM**

2. Die Vergütung aller Berechtigten nach § 54 Abs. 2 Satz 2 beträgt für jede DIN-A4-Seite der Ablichtung

a) bei Ablichtungen, die aus ausschließlich für den Schulgebrauch bestimmten, von einer Landesbehörde als Schulbuch zugelassenen Büchern hergestellt werden	**0,05 DM**
b) bei allen übrigen Ablichtungen	**0,02 DM**

3. Bei Vervielfältigungsgeräten, mit denen mehrfarbige Ablichtungen hergestellt werden können, und bei mehrfarbigen Ablichtungen ist der doppelte Vergütungssatz anzuwenden.

4. Bei Vervielfältigungsverfahren vergleichbarer Wirkung sind diese Vergütungssätze entsprechend anzuwenden.

Übersicht

Entstehungsgeschichte. Das frühere Recht kannte nur die sog. Geräteabgabe des § 53 Abs. 5 a. F., die die Hersteller und Importeure von Geräten zur Aufnahme oder Übertragung von Werken auf Bild- oder Tonträger zugunsten der Urheber und bestimmter Leistungsschutzberechtigter mit der Verpflichtung zur Zahlung einer Vergütung von bis zu 5% des Fabrikabgabepreises belastete. Einen Anspruch gegen Hersteller, Importeure oder gar Betreiber von Fotokopiergeräten zu gewähren, hatte der Gesetzgeber von 1965 noch für verfrüht gehalten (schriftlicher Bericht zu BT-Drucks. IV/3401 S. 8). Seither hatte die Einführung der billigen Kassettenrecorder, die die großen Tonbandgeräte im Privatbereich inzwischen fast vollständig verdrängt haben, und der Videorecorder einerseits sowie die technische Verbesserung der Fotokopierverfahren andererseits zu einem phänomenalen Anstieg privater oder sonst interner Vervielfältigungen geführt. 1978 hatten schon 60% aller deutschen Haushalte mindestens einen Kassettenrecorder; 1981 wurden in der Bundesrepublik etwa 750000 Videorecorder, rund 85 1

Millionen (Audio-) Leerkassetten und rund 10 Millionen Videokassetten verkauft (Begr. zum RegE des ÄndG, BT-Drucks. 10/837 S. 10 = UFITA 96 [1983], 117, 120). Nach einer Studie der Infratest Kommunikationsforschung lag die Zahl der zum internen Gebrauch in Behörden, Industrie und Handel 1983 hergestellten Fotokopien bei etwa 25 Milliarden Blatt, von denen mindestens 20% von gedruckten Vorlagen, also von Büchern, Zeitschriften usw., in der Regel somit von urheberrechtlich geschütztem Material, gemacht wurden (vgl. Nordemann GRUR 1985, 837, 841 bei Fn. 24). „Die fotomechanische Vervielfältigung hat einen so großen Umfang erreicht, daß von einer neuen Nutzungsart urheberrechtlich geschützter Werke gesprochen werden muß“, sagt die Begr. zum RegE des ÄndG (BT-Drucks. 10/837 S. 10 = UFITA 96 [1983], 117, 119f.). Dem verfassungsrechtlichen Gebot, dem Urheber die Nutzung seines Werkes in angemessenem Umfang zuzuordnen (vgl. Begr. zum RegE des ÄndG a.a.O. S. 11 bzw. S. 121), versuchte der Referentenentwurf von 1980 (UFITA 89 [1981], 85, 91) unter dem Eindruck massiver Proteste der deutschen Leerkassettenindustrie dadurch Rechnung zu tragen, daß er einseitig die Geräteindustrie belastete: Diese sollte statt der bisherigen „bis zu 5%“ eine „angemessene Vergütung“ zahlen, als deren Maßstab das Gesamtvolumen des verkauften Leerkassettenmaterials gedacht war (vgl. Nordemann GRUR 1981, 326, 330 bei Fn. 13). Im Fotokopierbereich war an eine reine Betreiberabgabe gedacht (vgl. Nordemann a.a.O. S. 331f.). Der RegE zum ÄndG, erstmals am 17. 9. 1982 und dann erneut am 22. 12. 1983 eingebracht, sah dagegen für Bild- und Tonträgervervielfältigungen die am 24. 6. 1985 Gesetz gewordene Kombination von Geräte- und Leerkassettenvergütung vor (Bem. 3). Aus der Betreiberabgabe im Fotokopierbereich ist infolge der Änderungen, die der Rechtsausschuß an der Regierungsvorlage vorgenommen hat, eine generelle Geräteabgabe mit zusätzlicher Betreiberabgabe für bestimmte, besonders intensive Nutzungsbereiche geworden (Bem. 4).
Inzwischen sind durch das Produktpirateriegesetz vom 7. 3. 1990 (BGBl. I 422), das am 1. 7. 1990 in Kraft getreten ist, einige praktisch bedeutsame Verbesserungen der Rechtsstellung der für die Berechtigten tätigen VerwGes. vorgenommem worden: In Rechnungen über die Lieferung von Fotokopiergeräten und die ihnen gleichgestellten Produkte (z. B. Readerprinter, Telefaxgeräte) muß auf die Urhebervergütung hingewiesen werden (Abs. 4 Satz 2), um auf diese Weise deren Zahlung überprüfbarer zu machen. Die Beschränkung der Auskunftspflicht auf das vorangegangene Kalenderjahr ist entfallen (bisher Abs. 5 Satz 3). Statt dessen hat der Gesetzgeber an gleicher Stelle eine Sanktion zur Sicherung korrekter Auskünfte eingeführt, die ein begrüßenswertes *novum* darstellt: Nach dem Vorbild der Rechtsprechung zur sog. *Doppelten Tarifgebühr* (BGHZ 59, 286; s. § 97 Bem. 38) und des Handelsbrauchs der Bildagenturen bei unberechtigter Fotonutzung kann die VerwGes. den doppelten Vergütungssatz fordern, wenn die Auskunft nicht oder nicht vollständig oder sonst unrichtig erteilt wird (Abs. 5 Satz 3 n.F.).

Zu dem mit § 54 und seiner Anlage begründeten Vergütungssystem, der Entwicklung und Höhe des Aufkommens aus der Überspielvergütung (Abs. 1), seiner Einziehung und seiner Verteilung Kreile GRUR Int. 1992, 24; zur internationalen Entwicklung Loewenheim ZUM 1992, 109 und Hefti ZUM 1992, 115. – **§ 54 soll durch das 3. ÄndG in die §§ 54 bis 54h aufgespalten werden** (vgl. Ref. Entw. Anhang I 10).

Gemeinsame Begriffe. Mit der Zahlung der Vergütungen nach den Absätzen 1 und 2 sind jeweils die *Hersteller* und *Importeure* von Geräten, die erkennbar zur Vornahme der vergütungspflichtigen Vervielfältigungen *bestimmt* sind, belastet. Die beiden erstgenannten Begriffe sind aus § 53 Abs. 5 a.F. übernommen, so daß die dazu vorliegende Rechtsprechung ihre Bedeutung behält. 2

a) **Hersteller** ist nach BGH GRUR 1984, 518, 519 und 1985, 280, 281 *Herstellerbegriff I und II* derjenige, der die Geräte *tatsächlich produziert*. Dies gilt auch dann, wenn er die Geräte auf Bestellung eines Dritten produziert, der sie dann unter seinem Waren- oder Firmenzeichen erstmals im Inland in Verkehr bringt. An dieser Betrachtungsweise des Bundesgerichtshofes ändert sich selbst dann nichts, wenn innerhalb einer Firmengruppe die – rechtlich selbständige – Vertriebsfirma die Geräte von ihrer Schwestergesellschaft zu Freundschaftspreisen bezieht und unter dem eigenen Firmen- oder Warenzeichen erstmals im Inland in Verkehr bringt (BGH GRUR 1985, 284, 285 und 287, 288 *Herstellerbegriff III und IV*). Manipulationen mit dem Fabrikabgabepreis, die diese Rechtsprechung ungewollt begünstigt, spielen freilich seit Inkrafttreten des ÄndG am 1. 7. 1985 keine Rolle mehr, da die Anlage zu § 54 feste Sätze vorschreibt.

b) **Importeur.** Neben dem Hersteller haftet als Gesamtschuldner, wer die Geräte oder Kassetten in den Geltungsbereich des UrhG *gewerblich einführt oder wiedereinführt*. Importeur in diesem Sinne ist also nicht der private Bürger, der sich im Ausland ein japanisches Gerät kauft oder von einem Flohmarkt in Amsterdam Leerkassetten von zweifelhafter Herkunft, die es dort zu Spottpreisen gab, für den eigenen Bedarf mitbringt. Hat er einen Großeinkauf getätigt, um bei der Weitergabe im Bekanntenkreis die Reisekosten wieder hereinzuholen, so gilt er als gewerblicher Importeur; die Begr. zum RegE des ÄndG will ausdrücklich nur „die privat eingeführten und für den *eigenen* Privatgebrauch bestimmten Geräte und Bild- und Tonträger“ privilegieren (BT-Drucks. 10/837 S. 18 = UFITA 96 [1983], 117, 135). Sie weicht damit vom üblichen Sprachgebrauch ab, wonach als gewerblich erst die *dauernd* auf die Erzielung von Einnahmen für den Lebensunterhalt gerichtete wirtschaftliche Tätigkeit anzusehen ist (a.M. Schricker-Loewenheim Rdnr. 7). Importeur ist, wer im eigenen Namen, gleich auf wessen Rechnung, Waren aus einem fremden in den inländischen Zollbereich verbringt oder verbringen läßt, also auch der Kommissionär oder der im eigenen Namen handelnde, als Zollschuldner auftretende Spediteur. Im Falle des Reimports entfällt der Zahlungsanspruch (nur) dann, wenn für das Gerät oder die Kassette Zahlung vom deutschen Hersteller schon geleistet war (Gesamtschuld).

c) Zur Vornahme vergütungspflichtiger **Vervielfältigungen bestimmt** ist jedes Gerät und jedes Band, das sie ohne weiteres ermöglicht. § 53 Abs. 5 a.F. hatte noch an die bloße Eignung angeknüpft. Die Neufassung soll klarstellen, daß nicht etwa die Hersteller oder Importeure von Rohbändern, die auch für andere Zwecke (z. B. in Datenspeichern und Computern) verwendet werden können, als zahlungspflichtig anzusehen sind; die Vergütungspflicht trifft vielmehr nur den Hersteller oder Importeur des für den Endverbraucher, also für den privaten oder sonst internen Nutzer, bestimmten Gerätes oder der fertigen Kassette (Begr. zum RegE des ÄndG, BT-Drucks. 10/837 S. 19 = UFITA 96 [1983], 117, 136). Diktiergeräte und -kassetten ermöglichen zwar die Aufnahme über Mikrophon, fallen aber jedenfalls unter Abs. 3 (Bem. 5). Großgeräte für Studios, Sendeanstalten usw. sind dagegen stets vergütungspflichtig, da Abs. 1 – anders als § 53 Abs. 5 a.F., der nur an Vervielfältigungen zum persönlichen Gebrauch anknüpfte – alle privilegierten Fälle des § 53, also auch die des zugelassenen betriebsinternen Gebrauchs, erfaßt (Begr. zum RegE des ÄndG a.a.O.).

Vergütungspflichtig sind auch Amateurfilm- und Videokameras; mit ihnen lassen sich geschützte Werke (z. B. Bühnenaufführungen, Werke der bildenden Kunst) ohne weiteres aufnehmen (BGH GRUR 1982, 104, 105f. *Tonfilmgeräte*). Gleiches gilt für Fotoapparate aller Art. Man braucht nur einmal durch eine Galerie oder ein Museum zu gehen, das das Fotografieren nicht ausdrücklich verbietet, um sich vor Augen zu führen, wie viele Menschen für das private Fotoalbum geschützte Werke ablichten. Die weite Formulierung des Gesetzes hat zur Folge, daß auch Neuentwicklungen ohne weiteres unter die Vergütungspflicht fallen, wie beispielsweise die Mini-Disc und die digitale Kompakt-Kassette DCC (vgl. Kreile GRUR Int. 1992, 24, 27f.). – Den Fotokopiergeräten stehen Readerprinter (BGH GRUR 1993, 553, 554 *Readerprinter*) und Telefaxgeräte gleich (Schiedsstelle ZUM 1993, 149, 151).

d) Die **Vergütung** wird **fällig** mit dem ersten Inverkehrbringen (§ 17 Bem. 3), weil erst dieses die Vervielfältigungen ermöglicht (BGH GRUR 1985, 280, 282 *Herstellerbegriff II*).

3 **Überspielungsvergütung (Abs. 1).** Die Festlegung bestimmter Sätze in der Anlage zu § 54 soll Streitigkeiten zwischen den Verwertungsgesellschaften (vgl. Abs. 6) und den Zahlungspflichtigen vermeiden helfen, indem sie übersichtliche Verhältnisse schafft (Begr. zum RegE des ÄndG, BT-Drucks. 10/837 S. 19 = UFITA 96 [1983], 117, 136). Diesem unbestreitbaren Vorteil steht allerdings der Nachteil gegenüber, daß die Anlage nur durch Gesetz geändert werden kann (die im RegE des ÄndG vorgesehene Verordnungsermächtigung hat der Rechtsausschuß gestrichen, BT-Drucks. 10/3360 S. 20), mit der Folge, daß eine Reaktion auf Veränderungen der Technik, der Marktverhältnisse oder des Geldwertes nur schwerfällig und mit Verspätung erfolgen kann (vgl. vor § 45 Bem. 7). Der Gesetzgeber hat dem zwar durch die gleichzeitig beschlossene Aufforderung an die Bundesregierung zu steuern gesucht, alle drei Jahre ab Inkrafttreten des ÄndG einen Bericht über die Entwicklung der urheberrechtlichen Vergütung nach § 54 vorzulegen, insbesondere unter Berücksichtigung der Frage, ob das Vergütungsaufkommen angemessen sei (Text Anhang I 6). Dieser Bericht ist auch vorgelegt worden (BT-Drucks. 11/4929 = UFITA 113 [1990], 131; dazu Kreile ZUM 1990, 1). Der Gesetzgeber ist jedoch bisher untätig geblieben, obwohl allein die seit Mitte 1985 bis zur Drucklegung dieser Auflage eingetretene Geldentwertung schon über 30% liegt. Ebenso wie die gesetzliche Festlegung einer *von vornherein* unangemessenen Vergütungsregelung ist die Aufrechterhaltung einer unangemessen *gewordenen* Vergütungsregelung ein Verfassungsverstoß.

a) Die **Vergütungssätze** sind zumindest teilweise unangemessen niedrig. Mit guten Gründen hatte der RegE des ÄndG für Videokassetten 0,40 DM pro Stunde Spieldauer vorgesehen (a.a.O. S. 8 und S. 19 bzw. S. 117 und S. 137): In der Tat ist bei Bildaufzeichnungen der Kreis der Berechtigten, deren Werke und Leistungen in Anspruch genommen werden, ungleich größer als bei Tonaufzeichnungen. Das Verhältnis 0,12/0,17 DM trägt dem offensichtlich nicht Rechnung (s. **Bem. 8** und Nordemann GRUR 1985, 837, 840).
Der Hinweis „mit oder ohne Tonteil" in Ziffer I 2 der Anlage stellt klar, daß der Tonteil nicht noch gesondert zu vergüten ist. Unter den Geräten nach Ziffer I 5 versteht der Gesetzgeber solche mit eingebauten, ständig nutzbaren Trägern. Da auch diese dem Verschleiß unterliegen, also von Zeit zu Zeit ausgetauscht werden müssen, und Kassetten ebenfalls mehrfach nutzbar sind, wird die Abgrenzung im Einzelfall danach zu erfolgen haben, ob der Träger vom Gerätehersteller eingebaut und jedenfalls deutlich häufiger nutzbar ist als eine Kassette.
Ziffer I der Anlage stellt bei Kassetten auf „jede Stunde Spieldauer" ab. Daß Kassetten mit geringerer Spieldauer – auch solche mit 30 oder 45 Minuten sind im Handel anzutreffen – vergütungsfrei sein sollten, kann nicht gemeint sein, da die Überspielungsvergütung einem verfassungsrechtlichen Gebot entspringt (Bem. 1). Da der Gesetzgeber andererseits nicht variable, sondern feste Sätze bestimmt hat, verstehen wir Ziffer I Nr. 3–5 der Anlage dahin, daß für jede *angefangene* Stunde Spieldauer die volle gesetzliche Vergütung zu zahlen ist.
Neben der Vergütung ist die gesetzliche Mehrwertsteuer zu entrichten. Das ergibt sich schon daraus, daß die Berechtigten einen *bestimmten* Vergütungsanspruch haben. Die in der Anlage genannten Vergütungen müssen ihnen also unverkürzt zufließen. Der Gesetzgeber ist davon als selbstverständlich ausgegangen; die Begr. zum RegE des ÄndG bemerkt unter Abschnitt AV 2 beiläufig, daß die bislang nicht mit einem Vergütungsanspruch belasteten Leerkassetten „um den sich aus der Anlage zu § 54 Abs. 3 UrhG n.F. ergebenden Betrag *zusätzlich Mehrwertsteuer* teurer werden könnten" (BT-Drucks. 10/837 S. 13 = UFITA 96 [1983], 117, 125).

b) Was die **Berechtigten** aus Abs. 1 angeht, so wollte der Gesetzgeber des ÄndG den bisherigen Rechtszustand unverändert lassen (Begr. zum RegE des ÄndG a.a.O. zu § 87, S. 22 bzw. S. 142). Auszugehen ist daher von § 53 Abs. 5 a.F. Danach sind Berechtigte:
– Die Urheber der aufgenommenen oder überspielten Werke. Das sind bei Filmwerken nicht nur die Urheber der vorbestehenden Werke (§ 89 Abs. 3), sondern auch die Filmurheber (§ 89 Bem. 1). Die Auslegungsregel des § 89 Abs. 1 betrifft nur Nutzungsrechte, nicht Vergütungsansprüche. Sie ist eingeführt worden, um dem Filmhersteller den Erwerb der „für die Auswertung des Filmwerks *erforderlichen Rechte*" zu erleichtern (Begr. S. 100) und ihm so die ungehinderte Auswertung des Filmwerks zu sichern (Begr. a.a.O.). Vergütungsansprüche der Filmurheber gegen Geräte- und Leerkassettenhersteller können als solche kein Störfaktor sein. Der Filmhersteller hat zudem einen eigenen Vergütungsanspruch aus § 54 Abs. 1 über § 94 Abs. 4.
– Die ausübenden Künstler und Veranstalter (§§ 73, 81, 84). Sie wurden in § 53 Abs. 5 a. F. besonders genannt. Für ausübende Künstler, die bei der Herstellung eines Filmwerks mitwirken, gilt insoweit nichts besonderes; die Ausnahmeregel des § 92 nimmt ihnen nur bestimmte Einwilligungsrechte,

läßt aber die ihnen zustehenden Vergütungsansprüche unberührt (§ 92 Bem. 5).
– Die Tonträgerhersteller (§ 85 Abs. 3). Auch sie wurden in § 53 a. F. besonders erwähnt.
– Die Filmhersteller (§ 94 Abs. 4) einschließlich der Laufbildhersteller (§ 95), welche ebenfalls in § 53 Abs. 5 a. F. genannt wurden.
– Die Verfasser und Herausgeber wissenschaftlicher Ausgaben und nachgelassener Werke (§§ 70 Abs. 1, 71 Abs. 1 Satz 3).
– Dagegen bleiben Sendeanstalten als solche von einer Beteiligung an den Vergütungsansprüchen aus Abs. 1 ausgeschlossen; sie können allerdings in ihrer Eigenschaft als Tonträger- oder Filmhersteller beteiligt sein (Begr. zum RegE des ÄndG, BT-Drucks. 10/837 S. 22 = UFITA 96 [1983], 117, 142).
– Die Beteiligung von Ausländern richtet sich nach den §§ 121–128. Danach sind Urheber und Leistungsschutzberechtigte für ihre in der Bundesrepublik ersterschienenen (§ 121 Abs. 1) Werke, Ausgaben, Darbietungen, Tonträger und Filme, ausübende Künstler auch für ihre hier gesendeten Darbietungen, beteiligt (§§ 121, 124, 125, 126). Im übrigen richtet sich der Beteiligungsanspruch nach den Staatsverträgen. Solche gibt es für Verfasser und Herausgeber (§ 124) ebensowenig wie für Filmhersteller (§ 126). Da fremdsprachige Filme erst synchronisiert werden müssen, ehe sie in der Bundesrepublik erscheinen können, und diese Kosten erst aufgewendet zu werden pflegen, wenn feststeht, daß der Film im Ursprungsland Erfolg hat, ist für den Regelfall davon auszugehen, daß ein Beteiligungsanspruch des ausländischen Filmherstellers nur für deutschsprachige Filme, also wohl nur für solche aus Österreich und der Schweiz, in Betracht kommt (wohl aber hat der deutsche Synchronhersteller ein *eigenes* Leistungsschutzrecht aus § 94, vgl. dort Bem. 6, und damit auch den Beteiligungsanspruch aus § 54 Abs. 1). Der Filmhersteller aus einem Land, dessen Urheberrecht ihm die Stellung eines Urhebers zuweist (z. B. USA), ist nicht schon deswegen Beteiligter. Art. 5 Abs. 1 RBÜ, Art. II Nr. 1 WUA und Art. 1 des Übereinkommens Deutsches Reich/USA) vom 15. 1. 1892 (Text bei Nordemann/Vinck/Hertin S. 465) gewähren nur *Urhebern* Inländerbehandlung. Wer Urheber ist, bestimmt das Recht des Schutzlandes (Nachweise bei Nordemann/Vinck/Hertin Art. 2 RBÜ Bem. 8; a. M. Schack ZUM 1989, 267, 274ff.). Daß ein fremdes nationales Recht jemanden zum Urheber „ernennt", ist für die Anwendung des deutschen Rechts gleichgültig, wenn dieses die Grenzen des Urheberschutzes enger zieht, so wie umgekehrt die Erweiterung des Urheberrechts auf Quasi-Urheber wegen des Prinzips der Inländerbehandlung auch Ausländern zugute kommt (so für den Fall des früheren § 2 Abs. 2 LUG Schweiz. BG UFITA 9 [1936], 505, 506).

c) Für die **Verteilung der Einnahmen** hatten sich die beteiligten VerwGes. auf Vermittlungen des Präsidenten des Deutschen Patentamts, Erich Häußer, am 29. 4. 1985 vorläufig (d. h. bis einschließlich 1986, später verlängert bis 31. 12. 1988) auf eine hälftige Teilung des Aufkommens aus dem Videobereich zwischen den neuen FilmVerwGes. (WahrnG Einl. 9) und den „alten" VerwGes. geeinigt, während es im Audiobereich bei dem bisherigen Aufteilungsschlüssel 42:42:16 zwischen GEMA, GVL und VG Wort blieb (vgl. WahrnG Einl. 4). Erst am 3. 6. 1991 konnten sich die VerwGes. in der ZPÜ (WahrnG Einl. 4) auf einen nur im Videobereich etwas abgeänderten Verteilungsschlüssel einigen, der rückwirkend ab 1. 1.

1989 bis zunächst zum 31. 12. 1992 gelten sollte, für die Zeit danach aber bisher weder bestätigt noch geändert worden ist: 2% der Erträge werden vorab zu bestimmten Prozentsätzen an die FilmVerwGes. ausgeschüttet. Für die restlichen 98% bleibt es bei der hälftigen Teilung zwischen den letzteren einerseits und GEMA, VG Wort und GVL andererseits. Wegen des komplizierten Verteilungsschlüssels der FilmVerwGes. untereinander und weiterer Einzelheiten s. Kreile GRUR Int. 1992, 24, 34ff. und Nordemann Mélanges Joseph Voyame S. 173ff.

Kopiervergütung (Abs. 2). Für die Mehrwertsteuer gilt das in Bem. 3a Gesagte. Zu den Schulbüchern nach Ziffer II Nr. 2a der Anlage s. § 46 Bem. 4. Die Zulassung in einem Bundesland genügt; daß ein bestimmtes Schulbuch im eigenen Lande keine Zulassung hat, ist für den Lehrer oft gerade der Anlaß zum Kopieren. Die zur Zahlung der **Betreiberabgabe** Verpflichteten sind im Gesetz abschließend genannt: 4

– Den Begriff der Bildungseinrichtungen hat der Rechtsausschuß gewählt, um die Großbetreiber im Bildungsbereich zu erfassen (Bericht des Rechtsausschusses, BT-Drucks. 10/3360 S. 20). Für diese *ratio legis* ist es gleichgültig, wer die Bildungseinrichtung betreibt. Vergütungspflichtig sind daher nicht nur die von § 46 privilegierten öffentlichen Schulen (dort Bem. 4), sondern auch private Schulen, Fortbildungsseminare, Fahrschulen, Volkshochschulen, Sprachenschulen, Berufsbildungswerke der Gewerkschaften und Berufsverbände, kirchliche Schulungsheime, kurz alle Einrichtungen, die der Berufs-, Aus- und Weiterbildung dienen, ohne Rücksicht auf ihre Trägerschaft und den tatsächlichen Umfang ihrer Kopiertätigkeit; letztere wirkt sich erst bei der Höhe der zu entrichtenden Vergütung aus.

– Forschungseinrichtungen sind auch die Forschungsabteilungen der Privatindustrie, die Max-Planck-Institute und die Bundesanstalten. Ob die konkrete Kopie der Forschung dient oder Verwaltungszwecke erfüllt, ist unerheblich. Da eine Abgrenzung nur mit unverhältnismäßigem Verwaltungsaufwand möglich wäre, knüpft der Gesetzgeber die Vergütungspflicht an das Bestehen der Einrichtung, nicht an den Kopierzweck im Einzelfall.

– Der Begriff der öffentlichen Bibliotheken dürfte dem des § 27 Abs. 1 „eine der Öffentlichkeit zugängliche Einrichtung (Bücherei, Schallplattensammlung oder Sammlung anderer Vervielfältigungsstücke)" entsprechen; die Begr. zum RegE des ÄndG (BT-Drucks. 10/837 S. 13 = UFITA 96 [1983], 117, 125) meint demgemäß, künftig ersetze Abs. 2 für bestimmte Fälle die Bibliothekstantieme.

Einrichtungen, die Kopiergeräte für Ablichtungen gegen Entgelt bereithalten, sind vor allem die Kopierläden (Copyshops), aber auch alle anderen Betriebe, die gegen Bezahlung Kopien liefern oder ermöglichen, auch wenn dies für sie ein „Nebengeschäft" sein sollte (OLG Nürnberg ZUM 1992, 154f.), einschließlich der Betreiber von Geräten, die außerhalb eines Ladens auf Bahnhöfen, in Postämtern, Supermärkten, Durchgängen und sonst Dritten zugänglichen Orten aufgestellt sind. Zu dem insoweit von der VG Wort veröffentlichten Tarif s. Schiedsstelle ZUM 1989, 533, 534f. und OLG Nürnberg ZUM 1992, 154, 155, sowie Bem. 6b.

Wegfall des Vergütungsanspruchs (Abs. 3). Die Bestimmung stimmt nahezu wörtlich mit § 53 Abs. 5 Satz 3 a. F. überein. Sie bezieht sich nicht nur auf Exportgeräte oder -kassetten, sondern auch auf solche Produkte, die zwar Aufnahmen urheberrechtlich geschützter Werke ohne weiteres ermögli- 5 chen (Bem. 2c), die aber nach Verwendungszweck *und* Aufnahme- bzw. Wiedergabequalität nicht erwarten lassen, daß sie tatsächlich dafür benutzt werden. Das gilt vor allem für die handelsüblichen Diktiergeräte und die dazugehörigen Kassetten besonderen Formats (z. B. Grundig, Philips). Die auch für Diktatzwecke geeigneten sog. *walkmen* dagegen erlauben trotz ihres handlichen Formats gute Aufnahmen und werden dazu auch benutzt. Ob ein auch für Aufnahmen bestimmtes Gerät im Einzelfall tatsächlich nur für Wiedergaben benutzt wird, war schon nach bisherigem Recht gleichgültig (BT-Drucks. IV/3401 S. 9, vgl. Begr. zum RegE des ÄndG, BT-Drucks. 10/837 S. 18 = UFITA 96 [1983], 117, 135).

6 **Auskunftsanspruch (Abs. 5).** a) Bei **Geräten und Kassetten nach Abs. 1** haben Hersteller und Importeur über *Art* und *Stückzahl* der in der Bundesrepublik in Verkehr gebrachten Produkte (die im Text zusätzlich erwähnte Veräußerung ist ein Unterfall des Inverkehrbringens, vgl. § 17 Abs. 2) Auskunft zu erteilen. Das gilt nicht für Geräte und Kassetten, die unter Abs. 3 fallen, weil der Vergütungsanspruch, den die Auskunft vorbereitet, dort nicht besteht. Die Bekanntgabe der *Art* bezieht sich zwar auf die Kategorien der Ziffer I Nr. 1–5 der Anlage zu § 54, sie ist jedoch nach Produkten zu spezifizieren, um eine Kontrolle zu ermöglichen. Demgemäß ist auch zu Nr. 3 und 4 die tatsächliche Spieldauer anzugeben; die Aufrundung spielt erst bei der Berechnung des Vergütungsanspruchs eine Rolle. Bei der Angabe der *Stückzahl* sind die in Gebinden enthaltenen Kassetten einzeln zu zählen. Den Anspruch hat nicht „der Urheber", wie der Text sagt. Er steht vielmehr jedem Berechtigten (Bem. 3b) über dessen Verwertungsgesellschaft zu (Abs. 6, vgl. Bem. 7).

b) Für die **Gerätehersteller nach Abs. 2** gilt nichts besonderes. Dagegen hat der *Betreiber* nach Abs. 2 Satz 2 allgemein „die für die Bemessung der Vergütung erforderliche Auskunft" zu geben. Der Rechtsausschuß machte sich mit dieser Formulierung einen Vorschlag des Bundesrates zu eigen (BT-Drucks. 10/3360 S. 20 mit 10/837 S. 28), der damit sicherstellen wollte, daß nicht bei jeder Bildungseinrichtung die vergütungspflichtigen Kopien zahlenmäßig erfaßt werden müßten; vielmehr ergebe sich bereits aus Art und Größe eine genügende Differenzierung (BT-Drucks. 10/837 S. 30). Er hatte dabei offenbar die Praxis der VG Wort vor Augen, die sowohl bei der Ermittlung der Ausleihfrequenzen (§ 27) als auch bei der Ermittlung der Fotokopien aus geschützten Werken in Schulen mit Repräsentativerhebungen arbeitet, die dann hochgerechnet und zur Grundlage von Pauschalverträgen gemacht werden. Sie hat inzwischen entsprechende Tarife veröffentlicht (vgl. Bem. 4 am Ende). Im Hinblick auf Abs. 4 Satz 1, der eine Abweichung von Ziffer II Nr. 2 der Anlage nur aufgrund einer Vereinbarung zuläßt, lassen sich diese freilich nur im Rahmen eines Gesamtvertrages (§ 12 WahrnG) durchsetzen. Verwerter, die einem solchen nicht beigetreten sind, müssen allerdings die vergütungspflichtigen Kopien einzeln zählen und – da anders eine Überprüfung nicht möglich wäre – der Verwertungsgesellschaft Überstücke aller hergestellten Kopien zumindest für Stichprobenzeiträume, die eine verläßliche Hochrechnung ermöglichen, vorlegen.

c) Gegenüber **Importeuren** wird die Geltendmachung der Auskunftsansprüche durch § 20a WahrnG in Verbindung mit einer Änderung der AußenwirtschaftsVO erleichtert (s. Bem. zu § 20a WahrnG).

Verwertungsgesellschaftenpflicht (Abs. 6). Unter „einer" VerwGes. versteht der Gesetzgeber gegebenenfalls mehrere, wie § 13b Abs. 2 Satz 2 WahrnG ergibt. Auskunftsansprüche können die berechtigten VerwGes. je für sich geltend machen (dort Bem. 2). Für Zahlungsansprüche gilt das zwar ebenso; nur gilt die Vermutung der Befugnis zur Wahrnehmung der Ansprüche aller Berechtigten einer Kategorie bei mehreren für diese tätigen VerwGes. nur, wenn sie gemeinsam auftreten (dort Bem. 3 am Schluß). Steht – durch Vertrag (vgl. Bem. 3c) oder Richterspruch – fest, welcher „angemessene Anteil" (Satz 2) den Urhebern oder Leistungsschutzberechtigten einer Kategorie zusteht, so kann jede VerwGes., die als einzige für eine bestimmte Kategorie von Berechtigten tätig ist, den ihr gebührenden Anteil unabhängig von den anderen VerwGes. geltend machen und darüber mit den Verpflichteten Gesamtverträge schließen. – Zur Freistellungsverpflichtung der VerwGes. s. § 13b WahrnG Bem. 4. 7

Verfassungsrechtliches. Die Beschränkung des absoluten Herrschaftsrechts des Urhebers über sein Werk (vgl. § 1 Bem. 4) durch (teilweise) Aufhebung des ihm zustehenden Vervielfältigungsrechts aus § 16 im privaten und sonstigen internen Bereich aufgrund übergeordneter Interessen der Allgemeinheit ist regelmäßig nur gegen Entschädigung (Art. 14 Abs. 3 Satz 2 und 3 GG), also gegen angemessene Vergütung, zulässig (§ 1 Bem. 4, vgl. auch Begr. zum RegE des ÄndG, BT-Drucks. 10/837 S. 11 = UFITA 96 [1983], 117, 121). Ihr System kann der Gesetzgeber nach eigenem Ermessen bestimmen; insbesondere kann er statt einer nutzungsorientierten Beteiligungsvergütung auch eine Pauschalvergütung vorsehen, wo ihm das zweckmäßig erscheint (BVerfGE 31, 255, 267 *Tonbandvervielfältigungen* für die Geräteabgabe des § 53 Abs. 5 a. F., vgl. auch Begr. zum RegE des ÄndG a.a.O. S. 17 bzw. S. 133). Das Angemessenheitsgebot der Verfassung muß er jedoch stets im Auge behalten. 8

Offensichtlich unangemessen ist zunächst Ziffer I Nr. 4 der Anlage zu § 54 (oben Bem. 3a). Hier wird auch nicht etwa ein Ausgleich über Nr. 2 herbeigeführt: Wie die Erfahrungen mit § 53 Abs. 5 a. F. zeigen, tritt beim Absatz von Geräten nach einer gewissen Zeit Marktsättigung ein, die zumindest solange anhält, bis eine neue Gerätegeneration mit wesentlichen technischen Verbesserungen auf den Markt kommt. Bei Kassetten dagegen besteht ein fortlaufender Bedarf; ihre Absatzzahlen steigen deshalb auch nach Sättigung des Gerätemarktes kontinuierlich weiter leicht an. Zudem ist der Kassettenumsatz ungleich bedeutender, als es der Geräteumsatz je werden könnte.

Ebenso bedenklich ist die Beschränkung der Betreiberabgabe nach Ziffer II Nr. 2 der Anlage zu § 54 auf die in Abs. 2 Satz 2 genannten Betreibergruppen. Der Gesetzgeber sah die Geräteabgabe mit Recht als für Großbetreiber nicht ausreichend an. Großbetreiber von Fotokopiergeräten gibt es aber nicht nur im Bildungs-, Forschungs- und Bibliotheksbereich und unter den gewerblichen Kopierläden, sondern im mindestens gleichen Umfange auch in Behörden und in der gewerblichen Wirtschaft (vgl. Bem. 1; Einzelheiten bei Nordemann GRUR 1985, 837, 841). Der Rechtsausschuß ist denn auch nur mit „gewissen Bedenken" der Forderung des Bundesrates nach Privilegierung dieser beiden Gruppen gefolgt (a.a.O. S. 27), um die Inkraftsetzung des ÄndG nicht zu gefährden.

Das Bundesverfassungsgericht, das nur über die Angemessenheit der Vergütungssätze nach Ziffer I Nr. 3 und 4 der Anlage zu § 54 (Leerkassetten) zu entscheiden hatte, hat zwar grundsätzlich ausgeführt, eine Vergütungsregelung müsse in den Grenzen der Praktikabilität sowie unter Beachtung des Gleichheitssatzes und des Grundsatzes der Verhältnismäßigkeit so gestaffelt werden, daß eine in etwa angemessene Gegenleistung für die Inanspruchnahme geschützter Werke erbracht wird, die getroffene Regelung aber unter Berücksichtigung eines weiten Ermessensspielraums für den Gesetzgeber deshalb für verfassungsgemäß erachtet, weil der Werkkonsum ein eher immaterieller Vorgang sei, für den sich kaum Maßstäbe für die Angemessenheit finden ließen, und die inzwischen eingetretene Entwicklung von Jahr zu Jahr Zuwächse in den Einnahmen der VerwGes. aus der Leerkassettenabgabe ergab (BVerfGE 79, 1, 28 *Leerkassettenabgabe*). Das eine ist so wenig nachvollziehbar wie das andere: Die musikalischen VerwGes. der ganzen Welt haben schon seit vielen Jahrzehnten Tarife für Vervielfältigungen auf Bild- und Tonträger, von denen ausgehend sich der Wert einer Einzelüberspielung von einer Stunde, bei Bildtonträgern unter Berücksichtigung des weitaus größeren Kreises der beteiligten Urheber und Leistungsschutzberechtigten, unschwer ermitteln läßt. Daß die Einnahmen aus der Leerkassettenvergütung jährlich steigen, liegt in erster Linie an der Steigerung des Absatzes von Leerkassetten (zu einem geringeren Teil an der laufenden Verbesserung des Erfassungssystems der ZPÜ); einer stärkeren Inanspruchnahme entspricht nach der zitierten Grundsatzformulierung des Gerichts eine höhere Gegenleistung.

§ 55 Vervielfältigung durch Sendeunternehmen

(1) Ein Sendeunternehmen, das zur Funksendung eines Werkes berechtigt ist, darf das Werk mit eigenen Mitteln auf Bild- oder Tonträger übertragen, um diese zur Funksendung über jeden seiner Sender oder Richtstrahler je einmal zu benutzen. Die Bild- oder Tonträger sind spätestens einen Monat nach der ersten Funksendung des Werkes zu löschen.

(2) Bild- oder Tonträger, die außergewöhnlichen dokumentarischen Wert haben, brauchen nicht gelöscht zu werden, wenn sie in ein amtliches Archiv aufgenommen werden. Von der Aufnahme in das Archiv ist der Urheber unverzüglich zu benachrichtigen.

1 Die Vorschrift darf nicht mit dem gesetzlichen Nutzungsrecht des Rundfunks verwechselt werden, das in § 65 des RegE vorgesehen war, vom Bundestag aber ersatzlos gestrichen wurde. Das Recht aus § 55 setzt vielmehr voraus, daß das Sendeunternehmen ein **Nutzungsrecht** (aus § 20) ordnungsgemäß **erworben** hat, und erlaubt lediglich die Aufnahme des zur Funksendung bestimmten Werkes auf Bild- oder Tonträger. Darunter fällt auch der Umschnitt eines bereits vorhandenen Bild- oder Tonträgers, z. B. einer Schallplatte auf Tonband oder eines Zelluloid-Films auf Ampex (§ 85 Abs. 3 § 94 Abs. 4; ebenso Brack UFITA 50 [1967], 544, 548). Anlaß für die Freigabe war die Überlegung, daß der moderne 24-Stunden-Sendebetrieb nicht durchgeführt werden kann, ohne daß die zu sendenden Werke auf Band festgehalten werden, zumal manche Sender zu verschiedenen Zeiten auf verschiedenen Wellen dasselbe Programm ausstrahlen und die Mitwirkenden nicht immer zu den festgesetzten Sendezeiten zur Verfügung stehen können. Art. 11bis Abs. 3 Satz 2 RBÜ Brüssel und Paris läßt eine innerstaatliche Regelung dieses Problems der sog. ephemeren Funkaufnahme ausdrücklich zu.

Sendeunternehmen sind alle Unternehmen, die eine dauernde Ausstrahlung von für die Öffentlichkeit bestimmten Funksendungen vornehmen, ganz gleich, ob sie lizensiert sind oder nicht und ob sie öffentlich-rechtlich oder privatrechtlich statuiert sind. Private Funkamateure scheiden demnach aus; andererseits gehören nichtdeutsche Sender auf deutschem Boden wie AFN, BFBS, RADIO FREE EUROPE usw. ebenso dazu wie etwaige Schwarzsender, falls diese wenigstens das Nutzungsrecht aus § 20 ordnungsgemäß erworben haben, oder eine private Fernsehgesellschaft der Zeitungsverleger. 2

Das Werk darf nur **mit eigenen Mitteln** aufgenommen werden. Sendeanstalten, die – wie das ZDF – mit Auftragsproduzenten arbeiten, brauchen für deren Aufnahmetätigkeit ein normales Nutzungsrecht aus § 16 Abs. 2. Die Aufnahme darf nur **einmal je Sender** oder Richtstrahler verwendet werden, also z. B. einmal über das NDR-UKW-Programm, einmal über NDR Hannover, Oldenburg, Braunschweig und Lingen und einmal über die übrigen Regionalstationen, jedoch z. B. nicht einmal über einige Regionalstationen und einmal im Hauptprogramm, das auf derselben Welle gesendet wird. Der Sender oder Richtstrahler braucht nicht im Eigentum der Anstalt zu stehen; es genügt, daß er ihr zu Sendezwecken zur Verfügung steht (Möhring/Nicolini Bem. 8b). 3

Von der Pflicht zur **Unbrauchbarmachung** spätestens einen Monat nach der ersten Funksendung des Werkes (Abs. 1 Satz 2) sind nur Aufnahmen von **außergewöhnlichem dokumentarischem Wert** ausgenommen (Abs. 2). Die Formulierung ist Art. 11bis Abs. 3 RBÜ entnommen. Sie bedeutet, daß die Aufnahme – nicht das Werk – historische Bedeutung haben muß (z. B. der letzte Auftritt Mario Lanzas, die historische Uraufführung von Hochhuts *Stellvertreter,* die Rede Theodor Heuss' bei der Amtsübernahme als erster Präsident der Bundesrepublik). Da Historiker rückwärtsgewandte Propheten sind, wird die Gegenwart oft kaum erkennen können, was in Zukunft möglicherweise außergewöhnlichen dokumentarischen Wert besitzt. Wir halten daher trotz des Ausnahmecharakters auch des § 55 insoweit eine großzügige Anwendung für geboten, dies um so mehr, als eine Gefährdung der Urheberinteressen durch den Zwang zur Aufnahme in ein amtliches Archiv, d. h. eine vom Staat oder zumindest von einer Anstalt des öffentlichen Rechts (auch von den öffentlich-rechtlichen Sendeanstalten selbst, Begr. S. 75) geführte, nach sachlichen Gesichtspunkten geordnete Sammel- und Aufbewahrungsstelle (vgl. § 53 Bem. 10), in aller Regel ausgeschlossen wird. Außerdem hat der Urheber wegen der Benachrichtigungspflicht (Abs. 2 Satz 2) noch die Möglichkeit der Kontrolle; ihm steht ferner stets ein Auskunftsanspruch zu (vgl. vor § 31 Bem. 17). – Die Löschungspflicht ist **abdingbar;** die Sender schließen sie in den üblichen Honorarbedingungen aus. 4

Über § 55 hinaus haben die öffentlich-rechtlichen Sendeanstalten der Bundesrepublik nach § 32 des Gesetzes über die Errichtung von Rundfunkanstalten des Bundesrechts vom 29. 11. 1960 (BGBl. I 862) noch die öffentlich-rechtliche und daher von den Urhebern auch nicht angreifbare **Verpflichtung,** alle Wortsendungen zu Beweiszwecken **aufzuzeichnen und** eine gewisse Zeit **aufzubewahren** (4 Wochen, falls niemand Beanstan- 5 dungen erhebt, sonst bis nach einer rechtskräftigen gerichtlichen Entscheidung). Diese Aufnahmen dürfen aber nicht etwa zur Sendung verwendet werden (Möhring/Nicolini Bem. 7).

§ 56 Vervielfältigung und öffentliche Wiedergabe durch Geschäftsbetriebe

(1) In Geschäftsbetrieben, die Bild- oder Tonträger, Geräte zu deren Herstellung oder Wiedergabe oder zum Empfang von Funksendungen vertreiben oder instandsetzen, dürfen Werke auf Bild- oder Tonträger übertragen und mittels Bild- oder Tonträger öffentlich wiedergegeben sowie Funksendungen von Werken öffentlich wahrnehmbar gemacht werden, soweit dies notwendig ist, um Kunden diese Geräte und Vorrichtungen vorzuführen oder um die Geräte instandzusetzen.

(2) Nach Absatz 1 hergestellte Bild- oder Tonträger sind unverzüglich zu löschen.

1 Die Bestimmung betrifft nur **Geschäftsbetriebe,** also gewerbliche Unternehmen (vgl. § 54 Bem. 2b) mit Publikumsverkehr, die sich dauernd mit dem Vertrieb (d. h. Verkauf an Zwischenhändler oder Endverbraucher) oder der Reparatur folgender Gegenstände befassen:

a) **Bildträger** und Geräte zu deren Herstellung oder Wiedergabe (gemeint sind Geräte zur Herstellung von *Aufnahmen auf* Bildträger, vgl. § 16 Abs. 2), also Filme, Fotoapparate, Projektoren, Videorecorder;

b) **Tonträger** und Geräte zu deren Herstellung und Wiedergabe (ebenso), also Tonbänder, Schallplatten, Tonbandgeräte, Plattenspieler und Lautsprecher;

c) **Geräte zum Empfang von Funksendungen,** d. h. Radio- und Fernsehgeräte.

2 In den in Bem. 1 genannten Betrieben würde mit Rücksicht auf den engen Öffentlichkeitsbegriff des § 15 Abs. 3 eine unerlaubte öffentliche Wiedergabe (§ 22) schon dann vorliegen, wenn der Verkäufer im Laden ein Radiogerät einschaltet, um es dem Kunden vorzuführen, und dabei zufällig die Sendung eines geschützten Werkes wiedergibt; ebenso wäre es unerlaubte Vervielfältigung (§ 16 Abs. 2), wenn der Verkäufer eine Schallplatte auf Band aufnähme, um dem Kunden die Möglichkeiten des Tonbandgerätes zu zeigen. Da solche „Verwertungs"handlungen nicht um des Werkes, sondern **um des Gerätes willen** erfolgen, ist es gerechtfertigt, sie von Ansprüchen des Urhebers freizustellen. § 56 erklärt daher die Aufnahme auf Bild- oder Tonträger (§ 16 Abs. 2; z. B. der musisch interessierte Geschäftsinhaber spricht ein Gedicht ins Mikrofon des Tonbandgerätes), die Wiedergabe von Aufnahmen auf Band oder Schallplatte (§ 21) und die Wiedergabe von Funksendungen (§ 22) für zulässig, aber nur insoweit, als dies für das Verkaufsgespräch oder für die Reparatur **notwendig** ist. Dagegen bleibt die „Musikberieselung" in Warenhäusern und die Vorführung von Fernsehgeräten im Schaufenster nach wie vor erlaubnispflichtig (Begr. S. 75). Erst recht gilt das für Geräte im Schaufenster, die von außen, d. h. von Passanten, bedient werden können. Notwendig ist die Vorführung schon dann nicht

mehr, wenn sie auch anderen Zwecken dient, also etwa der Unterhaltung der Kunden (LG Berlin Schulze LGZ 98 *Schallplatten-Espresso:* Kopfhöreranlage in einem Plattengeschäft mit Lautsprecheranlage) oder der allgemeinen Kundenwerbung (AG Charlottenburg Schulze AGZ 16: *HiFi-Messe,* dazu Dietz UFITA 72 [1975], 1, 65 und – für Verkaufsmessen und andere Großveranstaltungen – Loewenheim GRUR 1987, 659). – Die etwa gemachten Aufnahmen sind unverzüglich, d. h. ohne schuldhaftes Zögern (§ 121 BGB), **zu löschen** (Abs. 2).

§ 57 Unwesentliches Beiwerk

Zulässig ist die Vervielfältigung, Verbreitung und öffentliche Wiedergabe von Werken, wenn sie als unwesentliches Beiwerk neben dem eigentlichen Gegenstand der Vervielfältigung, Verbreitung oder öffentlichen Wiedergabe anzusehen sind.

Die Bestimmung hat ein Vorbild in § 23 Abs. 1 Nr. 2 KUG, der die Veröffentlichung von Bildern freigibt, *auf denen die Personen nur als Beiwerk neben einer Landschaft oder sonstigen Örtlichkeit erscheinen* (Anhang I 3). Sie ist zudem inzwischen von Art. 9 Abs. 2 RBÜ Paris gedeckt. Großbritannien kennt in Art. 9 Abs. 6 des *Copyright Act* von 1956 eine ähnliche, allerdings auf die Verwertung von Werken der bildenden Künste in Film und Fernsehen beschränkte Regelung. – § 57 überschneidet sich mit § 50 und erweitert jene Vorschrift für den Fall, daß es sich um unwesentliches Beiwerk handelt, auf alle denkbaren Arten der Vervielfältigung, Verbreitung und Wiedergabe. **1**

Wenn § 57 nicht zur ständigen Ausrede für Urheberrechtsverletzer werden soll, muß der Begriff **unwesentliches Beiwerk** eng ausgelegt werden. Die Begr. (S. 75) nennt als Beispiel den Fall, daß bei der Herstellung eines Spielfilmes eine Szene in einem Innenraum aufgenommen wird, in dem geschützte Gemälde hängen; sie will die Unterscheidung danach treffen, ob das mitaufgenommene Werk den eigentlichen Gegenstand der Verwertungshandlung darstellt oder nicht. Das ist zu weit und zu unbestimmt. Bei der Aufführung eines Theaterstücks ist das Bühnenbild niemals in diesem Sinne „eigentlicher Gegenstand der Verwertungshandlung"; es wird nur aus Anlaß der Darbietung des Bühnenwerkes mit gezeigt. Gleichwohl kann nicht zweifelhaft sein, daß das Bühnenbild, das regelmäßig Werk im Sinne des § 2 Abs. 1 Nr. 4 ist (dort Bem. 58), alles andere als „unwesentliches Beiwerk" zu sein pflegt. Auch das Spielfilm-Beispiel ist unzutreffend: Sind die Gemälde für das Filmgeschehen bedeutsam – z. B. zwei Personen im Film unterhalten sich darüber, oder eine Figur hält innere Zwiesprache mit einem Bild –, so sind sie keineswegs unwesentliches Beiwerk; der Filmhersteller muß Nutzungsrechte aus den §§ 16 Abs. 2, 19 Abs. 4 erwerben, wenn er sie im Film verwenden will. Kommt es dagegen auf die Gemälde nicht an, so besteht kein Anlaß, dem Filmhersteller unter Beschränkung der Rechte des Urhebers die Benutzung aus § 57 zu ermöglichen; er kann dann ebenso gut gemeinfreie Gemälde in den Hintergrund hängen oder den Hintergrund überhaupt unscharf lassen. Der Begriff „unwesentliches Beiwerk" erfaßt demnach nur Gegenstände, deren Erscheinen im Werk **unvermeidlich** ist **und** die darüber hinaus so **nebensächlich** sind, daß sie dem durchschnittlichen Werkverbraucher nicht auffallen und daher weggelassen werden **2** könnten, ohne die Wirkung des Werkes auch nur im geringsten zu verändern. Unvermeidlich ist die Benutzung in der Regel nur dort, wo die Werke oder Werkteile ungewollt – die Begr. (a.a.O.) spricht selbst von „mehr oder weniger zufällig" – erscheinen; denn wo sie absichtlich mit in das Werk einbezogen wurden, sollen sie dessen Wirkung erhöhen und werden deshalb durchaus um ihrer selbst willen verwendet (OLG München NJW 1989, 404 = AfP 1989, 545 für Möbelprospekt mit Bild in Wohnlandschaft; LG Frankfurt/Main UFITA 57 [1970], 342, 344f. = Schulze LGZ 106 S. 3 *Yearning* und dazu Dietz UFITA 72 [1975], 1, 67; abzulehnen Brack UFITA 50 [1967], 544, 553, der sogar Zwischenakt- und Hintergrundmusik als unwesentliches Beiwerk ansehen will; wie hier Möhring/Nicolini Bem. 4b, bb). Sind sie nicht völlig nebensächlich – z. B. in einem Kulturfilm über das Alltagsleben in Schwabing erscheint unvermeidlicherweise mehrmals das auf der Staffelei befindliche Werk eines Malers, der auf dem Bürgersteig sitzt und arbeitet –, so ist ihre Benutzung selbst dann nicht nach § 57 frei, wenn sie nicht zu umgehen war. – **Im Zweifel** ist auch hier stets zugunsten des Urhebers zu entscheiden. Benutzungen, die nicht eindeutig unvermeidlich und nebensächlich sind, werden von § 57 nicht gedeckt. Die Bestimmung kommt nach alledem nur in seltenen **Ausnahmefällen** zur Anwendung, in denen es auch ohne ausdrückliche Normierung kaum jemals zum Streit gekommen wäre. Man hätte sie streichen sollen; sie schafft wegen ihrer vagen Formulierung nur Verwirrung und bietet Verwertern, die keinen Respekt vor den Rechten des Urhebers haben, einen bequemen Vorwand zu Rechtsverletzungen.

§ 58 Katalogbilder

Zulässig ist, öffentlich ausgestellte sowie zur öffentlichen Ausstellung oder zur Versteigerung bestimmte Werke der bildenden Künste in Verzeichnissen, die zur Durchführung der Ausstellung oder Versteigerung vom Veranstalter herausgegeben werden, zu vervielfältigen und zu verbreiten.

1 Die Bestimmung, die dem österreichischen Recht nachgebildet ist (§ 54 öst. UrhG; dazu Kucsko FS öst. UrhG S. 191), betrifft nur **Werke der bildenden Künste** (§ 2 Abs. 1 Nr. 4, dort Bem. 51–73), die ausgestellt sind (§ 18) oder entweder ausgestellt oder versteigert, d. h. nach öffentlicher Ausbietung unter Leitung eines zugelassenen Versteigerers (vgl. § 34b GewO) dem Meistbietenden zugeschlagen werden sollen. Eine **Ausstellung** ist die vorübergehende Präsentation von Kunstwerken, die in einem abgegrenzten zeitlichen Rahmen Sonderthemen zum Gegenstand hat. Diese Definition entspricht nicht nur dem Sprachgebrauch (vgl. Meyers Enzyklopädisches Lexikon, 25 Bände, Band 3, Stichwort Ausstellung, zu Kunstausstellungen; Mannheim 1971), sondern ergibt sich auch aus der Parallelität von *Ausstellung* und *Versteigerung* im Gesetz (a. M. OLG Frankfurt ZUM 1993, 97, 98 *Städel,* n. rkr.). Die dauernde Präsentation von Kunstwerken in Museen berechtigt also weder zur Herstellung von Bestandskatalogen noch auch nur von Museumsführern ohne Zustimmung der Urheber der abgebildeten Werke. Andernfalls liefe das Vervielfältigungsrecht des § 16 für bildende Künstler weitgehend leer; § 58 würde damit eine vom Gesetzgeber gewollte Ausnahme zur Regel machen.

Veranstalter ist, wer die Ausstellung oder Versteigerung veranlaßt; § 81 Bem. 2 und § 97 Bem. 16.

Zur Durchführung der Ausstellung oder Versteigerung ist der Katalog 2
nur bestimmt, soweit und solange er *ausschließlich* diesem Zweck dient, also nur an Ausstellungsbesucher oder Versteigerungsinteressenten und nur für die Dauer der Veranstaltung abgegeben wird. Kommt der Katalog, wie etwa der der Berliner Ausstellung *Tendenzen der Zwanziger Jahre* 1977, in den Handel, müssen insoweit – d. h. für diesen Teil der Auflage – die Nutzungsrechte aus den §§ 16, 17 vom Berechtigten erworben werden (de Sanctis berichtet in DdA 1962, 276 über ein Urteil des Corte d'Appello di Roma vom 13. Mai 1961, Il Diritto di Autore 1961, 366, wo die Aufnahme in einen Katalog nur deshalb als erlaubt angesehen wurde, weil der Katalog allein für die Ausstellung bestimmt war). Plakate zur Ausstellung fallen nicht unter § 58 (LG München I Schulze LGZ 162, 9f.); die werbende Abbildung eines zu versteigernden Werkes auf dem *Cover* des Katalogs läßt BGH GRUR 1993, 822, 824 *Katalogbild* aber zu.

§ 59 Werke an öffentlichen Plätzen

(1) Zulässig ist, Werke, die sich bleibend an öffentlichen Wegen, Straßen oder Plätzen befinden, mit Mitteln der Malerei oder Graphik, durch Lichtbild oder durch Film zu vervielfältigen, zu verbreiten und öffentlich wiederzugeben. Bei Bauwerken erstrecken sich diese Befugnisse nur auf die äußere Ansicht.

(2) Die Vervielfältigungen dürfen nicht an einem Bauwerk vorgenommen werden.

Abs. 1 wiederholt den Rechtsgedanken des § 20 KUG in redaktionell 1
verbesserter Form und dehnt ihn auf alle Wiedergabearten aus. **Öffentliche Straßen, Wege und Plätze** sind nur die jedermann frei zugänglichen, im Gemeingebrauch stehenden Grundstücke dieser Art. Daß sie Tag und Nacht zugänglich sind, ist nicht erforderlich (so schon RGSt 40, 125, 126 für öffentliche Friedhöfe). **Privatgelände,** das ständig Publikumsverkehr hat, aber durch Umzäunung und Torkontrollen von freiem Zutritt abgeschirmt wird (Beispiel: das Verwaltungsgebäude von Peter Behrens auf dem Gelände der Farbwerke Hoechst AG in Frankfurt, an dem täglich viele tausend Menschen vorübergehen), haben wir in den Vorauflagen den öffentlichen Straßen, Wegen und Plätzen gleichgestellt. Aber auch § 59 ist als Ausnahmebestimmung eng auszulegen (OLG München AfP 1988, 45 für ein Klinikum; vgl. schon BGH GRUR 1975, 500 *Schloß Tegel* für einen Privatpark, dort zu § 985 BGB).

An einer öffentlichen Straße befinden sich die auf den angrenzenden 2
Grundstücken befindlichen, von der Straße aus frei sichtbaren Werke. Luftaufnahmen sind von § 59 nicht freigegeben, weil sie nicht auf einer Sicht von der Straße aus beruhen; sonst hätte der Gesetzgeber allgemeiner „Werke, die sich im Freien befinden" formuliert. Von der Straße aus sichtbar ist ferner nicht, was man nur vom Balkon oder gar vom Dach eines benachbarten Gebäudes sehen kann. Frei sichtbar ist, was sich dem unbewaffneten Auge darbietet: Die Zuhilfenahme einer Leiter, um über eine Mauer oder Hecke schauen zu können, läßt das Privileg des Abs. 1 ebensowenig entstehen wie die Benutzung eines Teleobjektivs oder Fernglases (Schricker-Gerstenberg Rdnr. 4). Von der Straße aus sichtbar sind meist Bauwerke (vgl. LG Freiburg GRUR 1985, 544 *Fachwerkhaus* und OLG Bremen NJW 1987, 1420; BGH GRUR 1990, 390f. *Friesenhaus*, zu § 985

BGB), aber auch etwa eine Skulptur im Vorgarten oder ein Gartentor (OLG Hamburg GRUR 1974, 165, 167 *Gartentor*). Ausnahmsweise kann auch die Nutzung von Werken, die sich **innerhalb** eines Gebäudes befinden, von § 59 privilegiert sein, wenn eine öffentliche Straße oder ein öffentlicher Weg durch das Gebäude hindurchführt (z. B. Tunnel, im öffentlichen Gemeingebrauch stehende Passagen). Bahnhofshallen pflegen nicht dem allgemeinen, sondern nur dem Bahnhofsverkehr gewidmet zu sein und erfüllen deshalb diese Voraussetzung in der Regel nicht (v. Gamm Bem. 2; a. M. Schricker-Gerstenberg Rdnr. 4). Ob sich das Werk **bleibend** an seinem öffentlichen Standort befindet, bestimmt sich nicht nach seiner Konsistenz gegen Witterungseinflüsse, sondern danach, ob der Verfügungsberechtigte den Willen hat, es wieder fortzuschaffen (LG Hamburg GRUR 1989, 591, 592 *Neonrevier*). Deshalb sind zwar einerseits Pflastermalereien, andererseits aber nicht etwa Werke im Schaufenster oder in städtischen Omnibussen von § 59 freigegeben (v. Gamm Bem. 2; für Pflastermalereien a. M. Möhring/Nicolini Bem. 3a, für Omnibusse a. M. Schricker-Gerstenberg Rdnr. 5). Zum Fotografieren nicht (mehr) geschützter Objekte s. § 44 Bem. 6.

3 **Vervielfältigung und Verbreitung** dürfen zu jedem beliebigen Zweck erfolgen; § 59 macht insoweit keine Einschränkung. Deshalb kann man die äußere Ansicht eines Denkmals, eines Gebäudes oder einer ganzen Anlage auch zu gewerblichen Zwecken reproduzieren (Begr. S. 76; OLG Bremen NJW 1987, 1420), z. B. für Postkarten, Stadtführer, Konversationslexika usw. Auch gegen ihre Verwendung als Warenzeichen läßt sich nichts einwenden. Wegen der in solchen Fällen meist erforderlichen Stilisierung oder Vereinfachung s. Bem. 4 (Beispiel: Das Hoechst-Firmenzeichen mit der stilisierten Wiedergabe des Verwaltungsgebäudes von Peter Behrens – Bem. 1 –). Die Vervielfältigung darf nicht an einem Bauwerk, d. h. an der äußeren Ansicht (z. B. durch Relief oder Malerei) vorgenommen werden. Nur die einflächige Abbildung in den genannten Formen ist erlaubt, keine plastische Nachbildung, also gerade *nicht* der Kölner Dom im Taschenformat, den wir in den Vorauflagen in Bem. 4 als – allerdings gemeinfreies – Beispiel genannt haben.

4 Eine **Bearbeitung** oder sonstige Umgestaltung darf nach dem Wortlaut des § 62 Abs. 1 nicht stattfinden; die Quellenangabe ist in § 63 Abs. 1 sogar ausdrücklich auch für § 59 vorgeschrieben. Das ist in dieser Allgemeinheit sicher ein Redaktionsversehen. Vielmehr ist zu differenzieren:
– Der Fotograf beschränkt sich in der Regel auf die Vervielfältigung der äußeren Ansicht. Er braucht dafür kein Änderungsrecht; soweit die Verkleinerung Vereinfachungen mit sich bringt, sind diese von § 39 gedeckt, den § 62 Abs. 1 Satz 2 ausdrücklich nennt. Von diesem Verwerter kann man auch erwarten, daß er Roß und Reiter nennt. Auf ihn ist die gesetzliche Regelung offenbar zugeschnitten.
– Das Gegenstück bildet der Maler, der das Werk zum *Sujet* nimmt. Er malt es so, wie er es sieht, nicht wie es ist. In vielen Fällen wird hier freie Benutzung (§ 24) vorliegen, so daß § 59 und damit die §§ 62, 63 gar nicht erst zum Zuge kommen.
– Es bleibt jedoch die zwischen beiden liegende Gruppe derer, die zwar „naturgetreu“ abbilden, aber dabei doch schöpferisch tätig sind: Realisten, Neo-Realisten, Sonntagsmaler, schöpferisch tätige Fotografen und Kameraleute. Auch ihnen wollte der Gesetzgeber freie Hand lassen; sonst hätte er

nicht ausdrücklich die Vervielfältigung *mit Mitteln der Malerei oder Graphik* erlaubt. Die Begr. (S. 76) motiviert die Freigabe der von § 59 erfaßten Werke denn auch damit, die Aufstellung eines Kunstwerkes an öffentlichen Orten bringe zum Ausdruck, daß das Werk der Allgemeinheit gewidmet sei. In den Grenzen des § 59 ist es also gemeinfrei mit der Folge, daß es von jedermann zum Gegenstand eigener schöpferischer Tätigkeit gemacht werden darf (vgl. § 24 Bem. 1). Damit entfällt insoweit auch das Nennungsgebot des § 63. OLG Hamburg GRUR 1974, 165, 167 *Gartentor* betrifft den anders gelagerten Fall der bloßen Vervielfältigung.

§ 60 Bildnisse

(1) Der Besteller eines Bildnisses oder sein Rechtsnachfolger darf es durch Lichtbild vervielfältigen oder vervielfältigen lassen. Handelt es sich bei dem Bildnis um ein Lichtbildwerk, so ist die Vervielfältigung auch auf andere Weise als durch Lichtbild zulässig. Die Vervielfältigungsstücke dürfen unentgeltlich verbreitet werden.

(2) Die gleichen Rechte stehen bei einem auf Bestellung geschaffenen Bildnis dem Abgebildeten, nach seinem Tode seinen Angehörigen zu.

(3) Angehörige im Sinne des Absatzes 2 sind der Ehegatte und die Kinder oder, wenn weder ein Ehegatte noch Kinder vorhanden sind, die Eltern.

Die Bestimmung gehört nicht zu den durch § 141 Nr. 5 aufrechterhaltenen **1**
Vorschriften des KUG, da sie nicht den Schutz von Bildnissen betrifft (s. dort Bem. 6). Sie ist § 18 Abs. 2 KUG nachgebildet, läßt jedoch einheitlich nur noch die **Vervielfältigung durch Lichtbild** zu, falls das Bildnis nicht gerade selbst ein Lichtbildwerk oder Lichtbild ist. Abzeichnen, abmalen oder nachbilden darf daher nur der Besteller eines Lichtbildwerkes (Lichtbildes) oder der auf einem Lichtbildwerk (Lichtbild) Abgebildete. Er darf jedoch nicht ändern, also vor allem nicht übermalen (vgl. § 62); das früher vielfach übliche Nachkolorieren von Fotos wird nicht von § 60 gedeckt.
Ein Anspruch des Bestellers auf Herausgabe der Negative bestellter Fotos läßt sich aus § 60 nicht herleiten (LG Wuppertal GRUR 1989, 54, 55 *Lichtbild-Negativ*).

Bildnis ist die Abbildung eines oder mehrerer *Menschen*. Der Besteller einer **2**
Graphik, eines Stillebens, eines Landschaftsbildes hat keine weitergehenden Rechte als jeder andere Auftraggeber (s. vor § 31 Bem. 58). Der Umfang der Abbildung ist gleichgültig, wenn nur der Abgebildete als Person individualisiert ist (z. B. Brustbild, Totenmaske, vgl. KG GRUR 1981, 742, 743 *Totenmaske I*). Auch auf die Art der Abbildung (Zeichnung, Gemälde, Lichtbild, Plastik, Relief) kommt es nicht an. Jedoch kann als „Bildnis" nur die optische Wiedergabe eines äußeren Erscheinungs*bildes* angesehen werden. Die literarische Schilderung eines Menschen ist kein Bildnis im Sinne des § 60; sie ließe sich als solche wohl auch kaum durch Lichtbild vervielfältigen. Die Fotokopie hat der Gesetzgeber mit § 60 ersichtlich nicht freigeben wollen.

Die Bildkopien dürfen **unentgeltlich verbreitet,** d. h. an jedermann **3**
verschenkt werden (vgl. § 17 Bem. 2–4). Der Bundestagskandidat kann also sein von dem Ortsfotografen hergestelltes Konterfei selbst dann ohne dessen Erlaubnis auf allen Wahlplakaten und Postwurfsendungen erscheinen lassen, wenn es sich um ein künstlerisches Foto (§ 2 Abs. 1 Nr. 5) handelt. Er

kann es auch der Zeitung geben. Der Verlag jedoch muß die Erlaubnis des Fotografen zur Veröffentlichung einholen, soweit er die Zeitung nicht unentgeltlich abgibt (LG München I UFITA 87 [1980], 338, 340). Frei sind also Veröffentlichungen in Wahlzeitungen, nicht jedoch in Anzeigenblättern, weil deren Entgelte aus Anzeigen fließen, die ihrerseits im Hinblick auf den redaktionellen Teil gegeben werden. Auch die Bildagentur braucht für die Verbreitung des Bildnisses die Erlaubnis des Fotografen. – Sind Besteller und Abgebildeter nicht identisch, so ist die Freigabe des Verbreitungsrechts in Abs. 1 Satz 2 nur im Verhältnis Besteller/Urheber wirksam; im Verhältnis Besteller/Abgebildeter kommt § 22 KUG zur Anwendung, der die Verbreitung des Bildnisses nur mit Zustimmung des Abgebildeten zuläßt. Dessen Erlaubnis muß also gegebenenfalls zusätzlich eingeholt werden (vgl. Text der §§ 22ff. KUG, Anh. I 3). – Der Zweck der unentgeltlichen Verbreitung ist ohne Bedeutung. Der Besteller kann die Bildkopien also auch für seine eigene kommerzielle Werbung einsetzen (OLG Hamm UFITA 91 [1981], 242 *Song-Do Kwan;* kritisch dazu Gerstenberg Anm. zu Schulze OLGZ 236, S. 4f. und Schricker-Gerstenberg Rdnr. 11).

4 **Rechtsnachfolger** des Bestellers (Abs. 1) kann jeder rechtsgeschäftliche Erwerber der Rechte des Bestellers sein. **Angehörige** des Abgebildeten (Abs. 2) sind nach der einschränkenden Regelung des Abs. 3 nicht die Enkel oder der geschiedene Ehegatte, aber nach Art. I Nr. 3 des Gesetzes über die Stellung der nichtehelichen Kinder vom 19. 8. 1969 (BGBl. I 1243) auch diese, ferner Adoptivkinder, aber nicht Stiefkinder.

5 § 60 ist **abdingbar.** Der Künstler kann daher das Vervielfältigungsrecht des Bestellers vertraglich ausschließen. In der bloßen Einbehaltung des Negativs durch den Fotografen liegt eine solche stillschweigende Vereinbarung jedoch noch nicht. Aus der Abdingbarkeit des § 60 folgt, daß es sich hier nicht um ein gesetzliches Nutzungsrecht im eigentlichen Sinne, sondern um eine gesetzliche **Auslegungsregel** handelt. Ist Abweichendes vereinbart, also etwa das Vervielfältigungs- und Verbreitungsrecht beim Urheber verblieben, liegt bei Verstoß des Bestellers keine bloße Vertragsverletzung, sondern eine Urheberrechtsverletzung im Sinne des § 97 vor.

6 Die Vorschrift ist dringend **reformbedürftig** geworden, seitdem die größeren Kaufhäuser mit *Bild-vom-Bild*-Geräten ausgerüstet zu sein pflegen, mit denen einwandfreie Abzüge von jedem Foto gemacht werden können. Der Berufsfotograf kann sich also nicht mehr durch den Einbehalt des Negativs dagegen schützen, daß andere die Früchte seiner Arbeit ernten. Wenn der Gesetzgeber nicht den Untergang dieses Berufsstandes provozieren und damit der Bevölkerung den Verzicht auf einwandfreie Bilder von wichtigen Anlässen zumuten will (man denke nur an Hochzeitsfotos, Porträtaufnahmen, Paßbilder, Familien- und Gruppenbilder usw.), wird er § 60 entweder ganz streichen oder Abs. 1 Satz 1 zumindest durch die Einschränkung ergänzen müssen „... wenn es unentgeltlich geschieht“ (vgl. § 53 Abs. 1 S. 2). Zur Dauer des Lichtbildschutzes § 72 Bem. 9, 14.

§ 61 Zwangslizenz zur Herstellung von Tonträgern

(1) Ist einem Hersteller von Tonträgern ein Nutzungsrecht an einem Werk der Musik eingeräumt worden mit dem Inhalt, das Werk zu gewerblichen Zwecken auf Tonträger zu übertragen und diese zu vervielfältigen und zu verbreiten, so ist der Urheber verpflichtet, jedem anderen Hersteller von Tonträgern, der im Geltungsbereich dieses Gesetzes seine Hauptniederlassung oder seinen Wohnsitz hat, nach Erscheinen des Werkes gleichfalls ein Nutzungsrecht mit diesem Inhalt zu angemessenen Bedingungen einzuräumen; dies gilt nicht, wenn das bezeichnete Nutzungsrecht erlaubterweise von einer Verwertungsgesellschaft wahrgenommen wird oder wenn das Werk der Überzeugung des Urhebers nicht mehr entspricht, ihm deshalb die Verwertung des Werkes nicht mehr zugemutet werden kann und er ein etwa bestehendes Nutzungsrecht aus diesem Grunde zurückgerufen hat. Der Urheber ist nicht verpflichtet, die Benutzung des Werkes zur Herstellung eines Filmes zu gestatten.

(2) Gegenüber einem Hersteller von Tonträgern, der weder seine Hauptniederlassung noch seinen Wohnsitz im Geltungsbereich dieses Gesetzes hat, besteht die Verpflichtung nach Absatz 1, soweit in dem Staat, in dem er seine Hauptniederlassung oder seinen Wohnsitz hat, den Herstellern von Tonträgern, die ihre Hauptniederlassung oder ihren Wohnsitz im Geltungsbereich dieses Gesetzes haben, nach einer Bekanntmachung des Bundesministers der Justiz im Bundesgesetzblatt ein entsprechendes Recht gewährt wird.

(3) Das nach den vorstehenden Bestimmungen einzuräumende Nutzungsrecht wirkt nur im Geltungsbereich dieses Gesetzes und für die Ausfuhr nach Staaten, in denen das Werk keinen Schutz gegen die Übertragung auf Tonträger genießt.

(4) Hat der Urheber einem anderen das ausschließliche Nutzungsrecht eingeräumt mit dem Inhalt, das Werk zu gewerblichen Zwecken auf Tonträger zu übertragen und diese zu vervielfältigen und zu verbreiten, so gelten die vorstehenden Bestimmungen mit der Maßgabe, daß der Inhaber des ausschließlichen Nutzungsrechts zur Einräumung des in Absatz 1 bezeichneten Nutzungsrechts verpflichtet ist.

(5) Auf ein Sprachwerk, das als Text mit einem Werk der Musik verbunden ist, sind die vorstehenden Bestimmungen entsprechend anzuwenden, wenn einem Hersteller von Tonträgern ein Nutzungsrecht eingeräumt worden ist mit dem Inhalt, das Sprachwerk in Verbindung mit dem Werk der Musik auf Tonträger zu übertragen und diese zu vervielfältigen und zu verbreiten.

(6) Für Klagen, durch die ein Anspruch auf Einräumung des Nutzungsrechts geltend gemacht wird, sind, sofern der Urheber oder im Falle des Absatzes 4 der Inhaber des ausschließlichen Nutzungsrechts im Geltungsbereich dieses Gesetzes keinen allgemeinen Gerichtsstand hat, die Gerichte zuständig, in deren Bezirk das Patentamt seinen Sitz hat. Einstweilige Verfügungen können erlassen werden, auch wenn die in den §§ 935 und 940 der Zivilprozeßordnung bezeichneten Voraussetzungen nicht zutreffen.

(7) Die vorstehenden Bestimmungen sind nicht anzuwenden, wenn das in Absatz 1 bezeichnete Nutzungsrecht lediglich zur Herstellung eines Filmes eingeräumt worden ist.

Übersicht

1 **Entstehungsgeschichte.** Als 7. Abschnitt mit dem Titel „Gesetzliche Nutzungsrechte" hatte der RegE (dort §§ 64 und 65) gesetzliche Lizenzen für die Hersteller von Tonträgern (z. B. Schallplattenproduzenten) und den Rundfunk vorgesehen. Der Bundestag hatte auf Vorschlag des Rechtsausschusses die gesetzliche Lizenz des Rundfunks gestrichen und die vom Entwurf vorgesehene gesetzliche Lizenz der Hersteller von Tonträgern in dem neuen § 61 zu einer **Zwangslizenz** herabgemildert. Der Hersteller von Tonträgern ist also nicht automatisch aufgrund der gesetzlichen Regelung (gesetzliche Lizenz), sondern nach wie vor erst nach Einräumung eines entsprechenden Nutzungsrechts aus §§ 16 Abs. 2, 17 durch den Urheber, auf die er allerdings bei Vorliegen der Voraussetzungen des § 61 einen Rechtsanspruch hat (Zwangslizenz), zur Übertragung eines Musikwerkes oder einer Werkverbindung (§ 9) von Text und Musik auf Tonträger berechtigt. Der in § 61 verankerte Rechtsgedanke entspricht der Regelung, die durch das Gesetz zur Ausführung der Revidierten Berner Übereinkunft vom 22. 5. 1910 (RGBl. S. 793) mit den §§ 22a bis c in das LUG eingefügt wurde. § 58 RefE, § 61 MinE, § 64 RegE hatten zur Begründung ihres Vorschlages, die Zwangslizenz des LUG zur gesetzlichen Lizenz aufzuwerten, darauf hingewiesen, daß dies der Regelung im englischen Recht entspräche und den Bedürfnissen der Praxis mehr Rechnung trage als die Zwangslizenz, welche die Einholung der Erlaubnis vom Urheber fordere, so daß bei der Umständlichkeit und Langwierigkeit des Erlaubnisverfahrens die Aufnahme des Werkes auf Tonträger bei kurzlebigen Werken (Schlagern) inaktuell geworden sein könne, wenn die Erlaubnis endlich vorliege (Begr. S. 77). Der Gesetzgeber hat gleichwohl an der bisherigen Regelung festgehalten, und zwar mit der Erwägung, daß nur im Falle der bloßen Zwangslizenz der Urheber die Bedingungen für die Nutzung seines Werkes in angemessenem Rahmen selbst festsetzen könne, während den Interessen der Schallplatteindustrie durch die Erleichterung einstweiliger Verfügungen in Abs. 6 Satz 2 ausreichend Rechnung getragen werde (schriftlicher Bericht zu BT-Drucks. IV/3401 S. 11). Vgl. vor § 45 Bem. 7.

2 **Praktische Bedeutung und Anwendungsbereich.** Die praktische Bedeutung der Vorschrift steht in umgekehrtem Verhältnis zu ihrem Wortreichtum. Sie gilt nur für solche Komponisten und Texter, die keiner VerwGes. angehören (Abs. 1 Satz 1 Halbs. 2); denn das Repertoire der VerwGes. steht der Schallplattenindustrie ohnehin über den Abschlußzwang zur Verfügung (§ 11 WahrnG). Da fast alle Länder, deren Staatsangehörige in der Bundesrepublik Urheberschutz genießen (vgl. § 121), VerwGes. haben, deren Repertoire die GEMA in der Bundesrepublik vertritt, dürfte § 61 außerordentlich selten praktisch werden. Für den verbleibenden Anwendungsbereich der Bestimmung sollte es jedoch über die Notwendigkeit einer solchen Zwangslizenz keinen Streit geben (vgl. dagegen Schulze Bem. 1 und Riedel Bem. A). Es würde zu unerwünschten Behinderungen nicht nur innerhalb der Schallplattenindustrie, sondern im gesamten Kulturleben führen, wenn die Tonträgeraufnahme von Musikwerken mit oder ohne Text monopolisiert werden könnte. Dabei darf man sich nicht durch die Tatsache täuschen lassen, daß die §§ 22ff. LUG in fünfundfünfzigjähriger Geltungsdauer niemals zu einer höchstrichterlichen Entscheidung geführt haben (ein Musterprozeß zwischen der Schallplattenindustrie und der GEMA aus dem Jahre 1961 wurde durch Vergleich in der ersten Instanz erledigt – 16 0 135/61 des LG Berlin –). Offensichtlich hat schon das Bestehen einer gesetzlich

angeordneten Zwangslizenz für sich allein genügt, Konflikte gar nicht erst entstehen zu lassen.

Sachlicher und räumlicher Geltungsbereich, Berechtigter. § 61 gilt sachlich nur für Werke der Musik (§ 2 Abs. 1 Nr. 2, dort Bem. 46–49) und Werkverbindungen zwischen Sprach- und Musikwerken (§ 2 Abs. 1 Nr. 1 und 2, dort Bem. 29–45 bzw. 46–49 und § 9 Bem. 2), nicht dagegen für reine Wortplatten; vgl. Abs. 1 Satz 1 und Abs. 5. Dazu rechnen nicht nur Kompositionen mit gesungenem Text, sondern auch Melodramen (z. B. *Johanna auf dem Scheiterhaufen* von Arthur Honegger und Paul Claudel und *Enoch Arden* von Richard Strauß). Bei Bühnenwerken mit bloßen Musikeinlagen (z. B. bei einem „Lustspiel mit Musik") fällt jedoch nur der Text der Einlage, nicht etwa das ganze Bühnenwerk unter § 61, da Abs. 5 über § 9 hinaus verlangt, daß das Sprachwerk „als Text" mit der Komposition verbunden sein müsse. Stets muß es sich um erschienene Werke handeln (§ 6 Abs. 2). – Räumlich wirkt das nach § 61 dem Produzenten zustehende Nutzungsrecht nur innerhalb der Bundesrepublik und für die Ausfuhr nach Staaten, in denen das Werk keinen Schutz gegen Vervielfältigungen nach § 16 Abs. 2 genießt, etwa weil die Schutzfrist dort bereits abgelaufen ist. Berechtigter ist nur ein Tonträgerhersteller (Abs. 1 Satz 1), wobei freilich nicht der Hersteller der zur Aufnahme bestimmten Platten und Bänder, sondern der Hersteller von Aufnahmen auf Tonträgern gemeint ist. Der Hersteller muß Wohnsitz oder Niederlassung in der Bundesrepublik haben oder in einem Lande ansässig sein, mit dem die Gegenseitigkeit verbürgt ist (Abs. 1 Satz 1 und Abs. 2). 3

Vorhergehende Rechtseinräumung. Voraussetzung für die Geltendmachung des Lizenzanspruches ist es, daß der Urheber schon einem anderen Hersteller ein Nutzungsrecht an dem Werk eingeräumt hat (Ausnahmen: Bem. 6 und 7). Dabei muß es sich um ein Nutzungsrecht aus § 16 Abs. 2 (Vervielfältigung durch Aufnahme auf Tonträger) und aus § 17 (Verbreitungsrecht) handeln. Ob ein einfaches oder ausschließliches Nutzungsrecht eingeräumt wurde (§ 31 Abs. 2 und 3), ist an sich gleichgültig; im letzteren Falle richtet sich der Anspruch lediglich gegen den anderen Hersteller, statt wie sonst gegen den Urheber (Abs. 4). § 61 ändert § 31 Abs. 3 also in einem gewissen Sinne ab: Ein volles ausschließliches Nutzungsrecht aus § 16 Abs. 2 zur gewerblichen Nutzung gibt es nicht. Nur eine ausschließliche Nutzung zu nichtgewerblichen, also etwa zu politischen, wohltätigen oder sonstigen ideellen Zwecken ist denkbar, weil sie keine Zwangslizenz zur Folge hat. Der Anspruch geht auf Einräumung eines Nutzungsrechtes mit dem gleichen Inhalt. Es handelt sich um ein einfaches Nutzungsrecht (§ 31 Abs. 2). 4

Angemessene Bedingungen. Die Angemessenheit der Bedingungen ist im Streitfall Gegenstand der richterlichen Festsetzung. Dabei ist es praktisch die Aufgabe des Richters, den gesamten Vertragsinhalt festzusetzen, da jede Klausel das Gleichgewicht von Leistung und Gegenleistung berührt. Als Maßstab sind zunächst die Bedingungen heranzuziehen, die der freiwilligen Rechtseinräumung an den ersten Tonträgerhersteller zugrunde gelegen haben, ferner die üblichen Bedingungen, d. h. diejenigen, die in gleichartigen Fällen von der GEMA tarifmäßig festgesetzt sind (vgl. die Nachweise bei § 97 Bem. 39–40 tarifmäßige Vergütung). Auf die Ermäßigung, die die VerwGes. den Mitgliedern der Industrieverbände in Gesamtverträgen (§ 12 5

WahrnG) zu gewähren pflegen, kann sich der Hersteller nicht berufen, da er die für den Nachlaß vereinbarte Gegenleistung nicht erbringt. Damit die Hersteller nicht bis zur rechtskräftigen Erledigung eines etwaigen Prozesses um die Angemessenheit der Bedingungen von der Herstellung und dem Vertrieb des Werkes ausgeschaltet bleibt, sieht Abs. 6 Satz 2 gewisse prozessuale Erleichterungen vor (schriftlicher Bericht a.a.O.).

6 **Zwangslizenz bei Rückruf.** Ein Anspruch auf Rechtseinräumung entfällt, wenn der Urheber das Werk wegen gewandelter Überzeugung zurückgerufen hat und die Voraussetzungen des § 42 tatsächlich vorliegen (Abs. 1 Satz 1 Halbs. 2; s. § 42 Bem. 4–6 und wegen besonderer Fälle § 46 Bem. 13). Der Rückruf wegen Nichtausübung (§ 41) beeinträchtigt die Zwangslizenz jedoch nicht, da § 61 ihn nicht erwähnt.

7 **Keine Zwangslizenz nach oder zur Verfilmung.** Ein Anspruch auf Rechtseinräumung besteht ferner dann nicht, wenn es sich um die Benutzung zur Filmherstellung handelt. Weder läßt die Einräumung eines Nutzungsrechts aus den §§ 16 Abs. 2, 17 an einen Produzenten eine Zwangslizenz anderer Hersteller entstehen (Abs. 1 Satz 2) noch kann, selbst wenn schon Aufnahmen des Werkes im Handel sind, ein Produzent die Zwangslizenz zur Herstellung eines Filmes in Anspruch nehmen (Abs. 7), wobei gleichgültig ist, ob es sich um einen sog. Kinofilm oder um einen Fernsehfilm (vgl. § 88 Abs. 1 Nr. 3 und 4), um ein Filmwerk (§ 2 Abs. 1 Nr. 6) oder um Laufbilder handelt, da „Film" vom Gesetzgeber als Oberbegriff verwendet wurde (vgl. vor § 88 Bem. 1). Das Verfilmungsrecht ist ein Individualrecht, das vom Urheber oder dem ausschließlich Nutzungsberechtigten (z. B. dem Verleger oder dem Bühnenvertrieb) ohne gesetzlichen Eingriff und nach freier Entscheidung vergeben oder verweigert werden soll.

8 **Gerichtsstand.** Gerichte im Sinne des Abs. 6 sind das AG München und das LG München I. Für einstweilige Verfügungen bleibt nach wie vor neben diesen Gerichten das Gericht am Sitz des Berechtigten zuständig, da das durchzusetzende Lizenzrecht sich dort im Sinne des § 919 ZPO „befindet".

§ 62 Änderungsverbot

(1) Soweit nach den Bestimmungen dieses Abschnitts die Benutzung eines Werkes zulässig ist, dürfen Änderungen an dem Werk nicht vorgenommen werden. § 39 gilt entsprechend.

(2) Soweit der Benutzungszweck es erfordert, sind Übersetzungen und solche Änderungen des Werkes zulässig, die nur Auszüge oder Übertragungen in eine andere Tonart oder Stimmlage darstellen.

(3) Bei Werken der bildenden Künste und Lichtbildwerken sind Übertragungen des Werkes in eine andere Größe und solche Änderungen zulässig, die das für die Vervielfältigung angewendete Verfahren mit sich bringt.

(4) Bei Sammlungen für Kirchen-, Schul- oder Unterrichtsgebrauch (§ 46) sind außer den nach den Absätzen 1 bis 3 erlaubten Änderungen solche Änderungen von Sprachwerken zulässig, die für den Kirchen-, Schul- oder Unterrichtsgebrauch erforderlich sind. Diese Änderungen bedürfen jedoch der Einwilligung des Urhebers, nach seinem Tode der Einwilligung seines Rechtsnachfolgers (§ 30), wenn dieser Angehöriger (§ 60 Abs. 3) des Urhe-

bers ist oder das Urheberrecht auf Grund letztwilliger Verfügung des Urhebers erworben hat. Die Einwilligung gilt als erteilt, wenn der Urheber oder der Rechtsnachfolger nicht innerhalb eines Monats, nachdem ihm die beabsichtigte Änderung mitgeteilt worden ist, widerspricht und er bei der Mitteilung der Änderung auf diese Rechtsfolge hingewiesen worden ist.

Der Gesetzgeber respektiert auch im Bereich des Urheberrechts den von 1
Art. 1 Abs. 1 GG an die Spitze der Prinzipien unserer staatlichen Ordnung gestellten Grundsatz der Unantastbarkeit der freien menschlichen Persönlichkeit. An dem **Persönlichkeitsrecht des Urhebers** endet der Vorrang der Allgemeininteressen. Deshalb geben die §§ 45–61 mit Rücksicht auf das Veröffentlichungsrecht des Urhebers (§ 12) in der Regel nur erschienene oder wenigstens veröffentlichte Werke frei; wo auch unveröffentlichte Werke freigegeben sind, ist ihre Veröffentlichung durch den Benutzer in den wichtigsten Fällen (§ 53) unzulässig. In gleicher Weise anerkennt § 62 auch für den Bereich der gesetzlichen und der Zwangslizenzen das persönliche Recht des Urhebers, über Form und Gestalt seines Werkes allein zu entscheiden, wie es nicht nur den §§ 23 und 39, sondern vor allem § 14 zugrundeliegt (vgl. § 39 Bem. 1). Endlich sichert § 63 durch den Zwang zur Quellenangabe das Recht des Urhebers auf Anerkennung seiner Urheberschaft (§ 13) auch dort, wo er die Benutzung seines Werkes nicht verbieten kann. In der Tat muß, wenn schon dem rechtsgeschäftlichen Erwerber eines Nutzungsrechts die Änderung des Werkes oder die Unterdrückung der Urheberbezeichnung nicht erlaubt ist, dies noch viel mehr für denjenigen gelten, der sich nur auf eine gesetzliche Einschränkung des Urheberrechts berufen kann. – Auch im Bereich des Urheberpersönlichkeitsrechts ist der Schutz des Urhebers jedoch nicht ohne Ausnahmen denkbar, die die Beschränkung des Verwertungsrechts zwangsläufig mit sich bringt. Diese Ausnahmen, die § 62 hinsichtlich des Änderungsrechts und § 63 für das Nennungsrecht erschöpfend aufzählen, sind eng auszulegen und kommen nur dann zum Zuge, wenn ihre Voraussetzungen lückenlos gegeben sind. – Rspr. und Lit. zu § 62 sind selten, was auch auf einer problemlosen Anwendung in der Praxis beruhen kann (Schricker-Dietz Rdnr. 16). Das OLG Hamburg (GRUR 1970, 38, 39 *Heintje*) kommt zu dem Ergebnis, daß ein Verstoß gegen das Änderungsverbot des § 62 an der – ansonsten gegebenen – Zulässigkeit eines Zitats nichts ändert, sofern die Änderungen im Rahmen des § 39 Abs. 2 bleiben. Dabei wird zu Recht darauf hingewiesen, daß dann, wenn Änderungen vorgenommen werden, diese aus den Gründen (hier: Zitatzweck) erforderlich sein müssen, aus denen die (unentgeltliche) Nutzung des Werkes in Anspruch genommen wird.

Im **Grundsatz** ist jede Änderung bei der Benutzung eines fremden Werkes 2
ohne Zustimmung des Werkschöpfers unstatthaft. Schricker-Dietz Rdnr. 2 erkennen dieses **Änderungsverbot** an, sprechen jedoch gleichzeitig von einer Interessenabwägung als „überwölbendem Prinzip" in § 62 (Rdnr. 15). Obwohl nicht verkannt werden kann, daß § 62 auch auf § 39 Abs. 2 und damit auf die Grundsätze von Treu und Glauben Bezug nimmt, halten wir es für mißverständlich, wenn allgemein von einem derartigen Prinzip der Interessenabwägung im Rahmen der Vorschrift gesprochen wird. Änderungen haben grundsätzlich zu unterbleiben (Abs. 1 Satz 1) und können nur dann vorgenommen werden, wenn diese *notwendig* sind (so auch OLG Hamburg GRUR 1970, 38, 39 r. Sp. *Heintje*). Bei Änderungen unter

Berücksichtigung von **Treu und Glauben** (§ 39 Abs. 2) ist mithin nicht von einer Gleichberechtigung der Interessen der Urheber des benutzten und des nutzenden Werkes auszugehen. Die Interessen des Werkschöpfers des benutzten Werkes haben Vorrang, zumal dieser infolge der Schranken der §§ 45ff. die (häufig entschädigungslose) Nutzung seines Werkes dulden muß und somit erwarten darf, daß sein Werk im Originalzustand respektiert wird. In dieser Konstellation ist § 39 Abs. 2 eng auszulegen. Unsere in der Vorauflage dargelegte Auffassung, der gesetzlich Nutzungsberechtigte habe im Hinblick auf **Abs. 1 Satz 2** die gleichen Änderungsbefugnisse wie der rechtsgeschäftliche Nutzer, ist demgemäß nicht mehr aufrechtzuerhalten.

3 Die Ausnahme des **Abs. 2** für die **Übersetzung von Sprachwerken** und die **Herstellung von Auszügen** oder **Transpositionen** bei Musikwerken steht unter dem Vorbehalt, daß der **Benutzungszweck** sie **erfordern** muß. Die Änderung muß also unvermeidlich sein, wenn der beabsichtigte Zweck erreicht werden soll. Dabei sind strenge Maßstäbe anzulegen. Die Übersetzung einer Erzählung von Hemingway, die in ein deutsches Lesebuch aufgenommen werden soll, ist nur dann unvermeidlich, wenn eine autorisierte deutsche Übersetzung noch nicht vorliegt. Die Transposition eines im Original in H-Dur stehenden Liedes nach C-Dur für das Schulliederbuch ist erforderlich, wenn es sich um ein Lehrbuch für Anfänger, nicht dagegen, wenn es sich um ein Werk für die Oberstufe des musischen Zweiges handelt (zustimmend Schricker-Dietz Rdnr. 18).

4 Bei **Werken der bildenden Künste** (§ 2 Abs. 1 Nr. 4, dort Bem. 51–73) und bei **Lichtbildwerken** (§ 2 Abs. 1 Nr. 5, dort Bem. 74–75) läßt **Abs. 3** eine Änderung der **Größe** stets zu. Im übrigen sind nur solche Änderungen erlaubt, die das Vervielfältigungs**verfahren** ohnehin mit sich bringt (z. B. Abzeichnen oder Fotografieren eines Gemäldes in Schwarz-Weiß ändert die Farbgebung). Nur was bei Anwendung des jeweiligen Verfahrens unvermeidlich ist, wird demnach von Abs. 3 gedeckt. Die Weglassung der in § 2 Abs. 1 Nr. 7 genannten Darstellungen wissenschaftlicher oder technischer Art wie Zeichnungen, Pläne, Karten, Skizzen, Tabellen und plastischen Darstellungen (dort Bem. 80–89) beruht wohl nur auf einem redaktionellen Versehen. Es ist nicht einzusehen, warum diese Darstellungen, die ihrem Hauptzweck nach nicht als Kunstwerke zu betrachten sind, also die Merkmale der persönlichen geistigen Schöpfung in schwächerem Maße aufweisen, mit einem stärkeren Änderungsverbot ausgerüstet werden sollten als die Kunstwerke selbst. Auch die Werke des § 2 Abs. 1 Nr. 7 dürfen daher bei der Benutzung nach den §§ 45–61 denjenigen Änderungen unterworfen werden, die das Vervielfältigungsverfahren mit sich bringt.

5 Die **erweiterte Änderungsbefugnis des Abs. 4** für den Kirchen-, Schul- und Unterrichtsgebrauch (§ 46) ist dem Wortlaut nach an die doppelte Voraussetzung geknüpft, daß die Änderung erforderlich ist und der Urheber ihr zugestimmt hat. Das ist nicht ganz korrekt: hat der Urheber ausdrücklich zugestimmt, so sind damit selbstverständlich auch Änderungen gedeckt, die nicht erforderlich gewesen wären. Die Voraussetzung der Erforderlichkeit kann daher, wenn ihre ausdrückliche Festlegung durch den Gesetzgeber überhaupt eine Bedeutung haben soll, nur für Abs. 4 Satz 2 Geltung haben. Diese Bestimmung ist also dahin auszulegen, daß der Berechtigte sich auf die nach Schweigen des Autors unterstellte Einwilligung nur dann berufen kann, wenn die Änderung tatsächlich erforderlich, d. h. unvermeidlich war, wenn der beabsichtigte Verwendungszweck erreicht werden sollte. – Der Urheber ist nicht etwa zur Erteilung der Zustimmung verpflichtet; er kann sie auch dann verweigern, wenn die Änderung an sich erforderlich wäre, weil sonst die Nennung beider Voraussetzungen nebeneinander durch den Gesetzgeber sinnlos wäre. – Der **Rechtsnachfolger** des Urhebers hat das Einwilligungsrecht nur, wenn er Angehöriger ist (§ 60 Bem. 4) oder wenn er auf Grund letztwilliger Verfügung in die Rechtsstellung des Urhebers eingerückt ist, also Testamentserbe, Vermächtnisnehmer oder Miterbe ist, der das Urheberrecht im Wege der Erbauseinandersetzung erworben hat. Ausgeschlossen sind danach die gesetzlichen Erben, die nicht Angehörige sind. Das ist, soweit der Fiskus als gesetzlicher Erbe in Betracht kommt, sinnvoll; die Schlechterstellung von Geschwistern, Enkeln und Großeltern des Urhebers ist jedoch durch nichts gerechtfertigt. Das Schweigen der Begr. (S. 76) läßt ein Redaktionsversehen vermuten. – Die Beweislast dafür, daß und wann die Benachrichtigung des Urhebers nach Abs. 4 Satz 3 erfolgt ist, trifft den Berechtigten; anders als in § 46 Abs. 3 ist hier nicht die Absendung, sondern der Zugang der Mitteilung für den Fristbeginn maßgebend (§ 130 BGB; vgl. § 41 Bem. 11). – Die Verpflichtung zum Hinweis auf die Rechtsfolgen des Schweigens (Abs. 4 Satz 3) ist durch die Novelle 1972 eingefügt worden, damit auch der rechtsunkundige Urheber geschützt ist.

Etwas ungenau ist § 62 im Hinblick auf die **Befugnisse aus § 59.** Wenn die **6**
äußere Ansicht eines Gebäudes usw. *mit Mitteln der Malerei oder Graphik* vervielfältigt werden darf, ist dazu stets eine schöpferische Leistung des Malers oder Graphikers, damit also eine Bearbeitung des vorgegebenen Werkes (Gebäudes) nötig, wenn nicht ohnehin eine freie Benutzung (§ 24) vorliegt. Gleiches gilt für den Schöpfer eines Lichtbild- oder Filmwerkes bei der Wiedergabe des Gebäudes. § 59 ist also vom Änderungsverbot des § 62 ausgenommen, soweit es sich um solche Vervielfältigungsarten handelt, die eine Bearbeitung voraussetzen. S. § 59 Bem. 4.

§ 63 Quellenangabe

(1) Wenn ein Werk oder ein Teil eines Werkes in den Fällen des § 45 Abs. 1, der §§ 46 bis 48, 50, 51, 58, 59 und 61 vervielfältigt wird, ist stets die Quelle deutlich anzugeben. Bei der Vervielfältigung ganzer Sprachwerke oder ganzer Werke der Musik ist neben dem Urheber auch der Verlag anzugeben, in dem das Werk erschienen ist, und außerdem kenntlich zu machen, ob an dem Werk Kürzungen oder andere Änderungen vorgenommen worden sind. Die Verpflichtung zur Quellenangabe entfällt, wenn die Quelle weder auf dem benutzten Werkstück oder bei der benutzten Werkwiedergabe genannt noch dem zur Vervielfältigung Befugten anderweit bekannt ist.

(2) Soweit nach den Bestimmungen dieses Abschnitts die öffentliche Wiedergabe eines Werkes zulässig ist, ist die Quelle deutlich anzugeben, wenn und soweit die Verkehrssitte es erfordert.

(3) Wird ein Artikel aus einer Zeitung oder einem anderen Informationsblatt nach § 49 Abs. 1 in einer anderen Zeitung oder in einem anderen Informationsblatt abgedruckt oder durch Funk gesendet, so ist stets außer dem Urheber, der in der benutzten Quelle bezeichnet ist, auch die Zeitung oder das Informationsblatt anzugeben, woraus der Artikel entnommen ist; ist dort

eine andere Zeitung oder ein anderes Informationsblatt als Quelle angeführt, so ist diese Zeitung oder dieses Informationsblatt anzugeben. Wird ein Rundfunkkommentar nach § 49 Abs. 1 in einer Zeitung oder einem anderen Informationsblatt abgedruckt oder durch Funk gesendet, so ist stets außer dem Urheber auch das Sendeunternehmen anzugeben, das den Kommentar gesendet hat.

1 Abs. 1 nennt die Fälle, in denen bei **Vervielfältigungen** eine **Quellenangabe** vorgeschrieben ist. Zu den dort angegebenen Bestimmungen tritt noch § 49 Abs. 1, der in Abs. 3 eine Sonderregelung gefunden hat. In folgenden, wegen ihres Ausnahmecharakters als erschöpfend anzusehenden Fällen ist dagegen **keine Quellenangabe** erforderlich:

a) bei der Vervielfältigung von Bildnissen durch Gerichte und Behörden für Zwecke der Rechtspflege und öffentlichen Sicherheit (§ 45 Abs. 2);

b) bei der Vervielfältigung vermischter Nachrichten tatsächlichen Inhalts und von Tagesneuigkeiten in den Fällen des § 49 Abs. 2;

c) bei den Vervielfältigungen zum privaten oder sonstigen eigenen Gebrauch (§ 53) einschließlich des Sonderfalls bei Sendeanstalten in § 55;

d) bei den unerheblichen Vervielfältigungen durch Geschäftsbetrieb (§ 56) und als unwesentliches Beiwerk (§ 57);

e) bei Reproduktionen von Werken, die sich bleibend an öffentlichen Straßen, Wegen oder Plätzen befinden (§ 59), soweit diese eine schöpferische Tätigkeit des Nutzers voraussetzen. Näheres § 59 Bem. 4.

2 Bei einer **öffentlichen Wiedergabe** braucht die Quelle nach der Generalklausel des Abs. 2 nur angegeben zu werden, wenn die Verkehrssitte dies erfordert, d. h. wenn es der allgemeinen Übung unter loyalen, den Belangen des Urhebers mit Verständnis gegenübertretenden, billig und gerecht denkenden Benutzern entspricht. Nachlässigkeit einzelner oder auch vieler Benutzer beseitigt die Verkehrssitte deshalb noch nicht. Läßt sich jedoch eine Verkehrssitte nicht mit Sicherheit feststellen, so besteht nach der eindeutigen Formulierung des Gestzestextes im Zweifel keine Verpflichtung; der Urheber trägt für das Bestehen der Verkehrssitte die **Beweislast.** Das ist unbefriedigend und angesichts des sonstigen Bemühens des Gesetzgebers, die Rechtsstellung des Urhebers zu verbessern (Begr. S. 30), auch unverständlich, muß aber hingenommen werden. Vgl. aber § 13 Bem. 5f. – Der allgemeinen Übung entspricht es, die Urheber vorgetragener oder aufgeführter Werke (§ 19 Abs. 1 und 2) im Programm zu nennen. Wo das nicht möglich ist, erfolgt mündliche Ansage. Bei Funksendungen wird der Urheber in der Ansage entweder unmittelbar vor oder nach der Sendung des Einzelwerkes oder (z. B. bei Non-Stop-Musiksendungen) zu Beginn oder am Schluß der Gesamtsendung, im übrigen in den Programmen genannt, soweit diese nach Einzelwerken aufgegliedert sind. Bei der Wiedergabe von Tonträgern erfolgt die Nennung in der Regel auf die gleiche Art und Weise, bei Film- und Lichtbildvorführungen im Vor- oder Abspann bzw. durch Ansage. – Entspricht die Quellenangabe der Verkehrssitte, so gilt Abs. 1 Satz 3 auch für die Fälle des Abs. 2 entsprechend (Bem. 3). Ist der Urheber

also auf dem zur öffentlichen Wiedergabe benutzten Exemplar nicht angegeben, dem Benutzer aber bekannt, so muß er den Urheber nennen, wenn es der Übung entspricht.

Die an sich gegebene **Verpflichtung** zur Quellenangabe **entfällt** in Abs. 1 **3** und Abs. 2 (siehe Bem. 2 am Schluß) nur dann, **wenn** die Quelle dem Benutzer **unbekannt** ist. Die von Abs. 1 Satz 3 zuerst genannten Fälle, daß die Quelle weder auf dem benutzten Werkstück noch bei der benutzten Werkwiedergabe angegeben gewesen sei, sind nur Beispiele dafür. Der Benutzer ist für das Vorliegen dieser Beispielfälle **beweispflichtig.** Führt er diesen Nachweis, so kann er entgegen dem Wortlaut des Abs. 1 Satz 3 nicht auch noch beweispflichtig dafür sein, daß er die Quelle nicht anderweit gekannt habe, weil es einen solchen negativen Beweis nicht gibt. Er ist jedoch nach dem Sinn des § 63 verpflichtet, zumutbare Nachforschungen anzustellen (OLG Hamburg GRUR 1970, 38, 40 *Heintje*), z. B. dann, wenn zufällig bei dem benutzten Exemplar das Titelbild fehlt, er sich ein vollständiges Exemplar aber unschwer beschaffen kann.

Die Quelle ist **deutlich anzugeben.** Sie muß so beschaffen sein, daß der **4** Autor ohne besondere Mühe zu ersehen ist und die Richtigkeit der Entlehnung ohne weiteres überprüft werden kann. Das benutzte Werk muß also nach Urheber und Titel, bei Büchern auch nach Erscheinungsort und -jahr sowie nach Seite, bei Werken der bildenden Künste auch nach Schöpfungsjahr und Ausstellungsort, angegeben werden. Bei Bildern ist die Quelle in der Regel im unmittelbaren Zusammenhang mit der Reproduktion, also darunter oder daneben, anzugeben. Ein zusammenfassendes Quellenverzeichnis genügt nur, wenn es nach der Reihenfolge der Reproduktionen (also nicht umgekehrt nach Urheberarchiven usw.) geordnet ist, so daß die benutzte Quelle sofort aufgefunden werden kann. Bei Vervielfältigungen ganzer Sprach- oder Musikwerke muß ferner neben dem Verlag (übliche Kurzform genügt) auch angegeben werden, ob Kürzungen oder andere Änderungen vorgenommen wurden oder nicht, d. h. es muß auch bei unveränderter Vervielfältigung ein Hinweis, z. B. „ungekürzt" oder „in der Originalfassung", der Quellenangabe hinzugefügt werden.

Die in Abs. 1 Satz 2 und Abs. 3 geforderten **zusätzlichen Quellenangaben** **5** zugunsten Verlag, Zeitung und Sendeanstalt sind erst durch das UrhG eingeführt worden. Auch im Konventionsrecht (Art. 10 Abs. 3 RBÜ) findet sich eine entsprechende Regelung nicht.

Eine Verletzung der Verpflichtung zur Quellenangabe kann **Schadensersatzansprüche** **6** auslösen (§ 97 Abs. 1 Satz 1). Dies wird im Grundsatz auch vom OLG Hamburg GRUR 1970, 38, 40 *Heintje* anerkannt. Für den konkreten Fall wurde die Schadensersatzpflicht mit der – nicht zutreffenden – Begründung verneint, der wiedergegebene Teil des Schlagertextes „Mama" würde für die Interessenten keinen Ersatz für den vollständigen Text darstellen (OLG Hamburg a.a.O. S. 40 r. Sp.). Entscheidend ist zunächst, ob überhaupt ein statthaftes Zitat vorliegt. Wenn die Quelle fehlt, ansonsten aber deutlich wird oder allgemein bekannt ist (z. B. bei einem populären Schlagertext), daß ein Zitat vorliegt, kann – sicherlich in seltenen Fällen – ein Schadensersatzanspruch gegeben sein (ablehnend gegen OLG Hamburg auch Seydel Schulze OLGZ 104).

Der Schaden wird meist darin bestehen, daß die Möglichkeit für die Leser entfallen ist, bei Interesse das zitierte Werk nach den Quellenangaben zu beziehen (LG München I UFITA 52 [1969], 247, 251 *Wenn die Elisabeth*). Die Lizenzgebühr (§ 97 Bem. 39–40) wird dann in der Weise berechnet, daß das Gericht den angemessenen Bruchteil derjenigen Lizenzgebühr festsetzt, der zu zahlen gewesen wäre, wenn eine unerlaubte Vervielfältigung (nicht aber ein Zitat) vorgelegen hätte (LG München I a.a.O.).

Siebenter Abschnitt · **Dauer des Urheberrechts**

§ 64 Allgemeines

(1) Das Urheberrecht erlischt siebzig Jahre nach dem Tode des Urhebers.

(2) Wird ein nachgelassenes Werk nach Ablauf von sechzig, aber vor Ablauf von siebzig Jahren nach dem Tode des Urhebers veröffentlicht, so erlischt das Urheberrecht erst zehn Jahre nach der Veröffentlichung.

1 Die **Schutzfrist von 70 Jahren,** die im deutschen Urheberrecht seit dem Ende des Privilegienwesens kein Vorbild hat, war weder im RefE noch im MinE noch selbst im RegE vorgesehen. Erst der Bundestag hat sie auf Vorschlag des Rechtsausschusses eingeführt, nachdem bis 1934 fast hundert Jahre lang eine dreißigjährige und erst seitdem eine fünfzigjährige Schutzfrist gegolten hatte (Gesetz zur Verlängerung der Schutzfristen im Urheberrecht vom 13. 12. 1934, RGBl. II 1395). Anlaß dazu war nicht nur die gestiegene allgemeine Lebenserwartung, die zur Folge gehabt hat, daß immer häufiger bei Ablauf der fünfzigjährigen Schutzfrist noch nahe Angehörige des Urhebers lebten, denen der Gesetzgeber die Einnahmen aus der Werknutzung nicht entziehen wollte; der Bundestag wollte vielmehr zugleich einen gewissen Ausgleich für die Streichung der von den Urhebern geforderten, in §§ 73–79 RegE vorgesehenen Urhebernachfolgevergütung schaffen (schriftlicher Bericht zu BT-Drucks. IV/3401 S. 12). **Österreich** hat sich 1972 angeschlossen (Anh. II 1, § 60; Ausnahme: Filmwerke mit 50 Jahren ab Herstellung, § 62).

Für das Gebiet der **ehemaligen DDR** gilt seit dem Inkrafttreten des Einigungsvertrages am 3. 10. 1990 die bundesdeutsche Regelung (Bem. 6–7). Die **Schweiz** hat mit Art. 29 Abs. 2 des neuen, am 1. 7. 1993 in Kraft getretenen URG ebenfalls die 70jährige Schutzfrist eingeführt (Ausnahme Computerprogramme: 50 Jahre, s. Anhang III). Für die EG ist eine entsprechende Richtlinie in Vorbereitung (GRUR Int. 1992, 452; dazu Silke v. Lewinski GRUR Int. 1992, 724; vgl. auch die Richtlinie vom 19. 11. 92, Anhang V 2 Art. 11/12). – Die Berechnung der Schutzfrist nach dem Todesjahr des Urhebers hat zur Folge, daß die Zeitdauer, für die ein Werk Urheberschutz genießt, variabel ist. Werke von Urhebern, die nicht lange gelebt haben (Franz Schubert 31 Jahre, Georg Büchner 24 Jahre, Wolfgang Amadeus Mozart 35 Jahre), genießen nur einen Bruchteil der Schutzdauer solcher Werke, deren Autoren ein hohes Alter vergönnt war (George Bernhard Shaw 94 Jahre, Gerhart Hauptmann 84 Jahre, William Somerset Maugham 92 Jahre).

Die **Schutzdauer** besteht jetzt **einheitlich für alle Werke,** gleichgültig, ob sie veröffentlicht wurden oder nicht, auch für Lichtbildwerke (§ 72 Bem. 1). Lediglich wenn ein Werk erst in den letzten 10 Jahren der Schutzfrist veröffentlicht wurde, bleibt es ohne Rücksicht auf deren zwischenzeitlichen Ablauf noch 10 Jahre seit der Veröffentlichung geschützt (Abs. 2). Ein Werk von Franz Marc (gefallen 1916), das zu Weihnachten 1986 erstmals veröffentlicht worden wäre, bliebe also noch bis zum 31. 12. 1996 geschützt, obwohl die Schutzfrist nach Abs. 1 in Verbindung mit § 69 schon am 31. 12. 1986 ablief; wäre es wenige Tage später, im Januar 1987 veröffentlicht worden, so wären die Marcschen Erben ganz schutzlos geblieben. Nur der Herausgeber hätte dann ein 25jähriges Schutzrecht aus § 71 (seit dem Inkrafttreten des ProduktpiraterieG am 1. 7. 1990; die Fristen passen nicht recht zusammen). Demgegenüber hatte § 29 Satz 1 LUG noch ein „ewiges Urheberrecht" an unveröffentlichten Werken gekannt, da die Schutzfrist stets erst 10 Jahre nach der Erstveröffentlichung endete, ohne Rücksicht auf deren Zeitpunkt. Einen Verstoß gegen Art. 14 GG sehen wir in der Beschränkung dieses Privilegs auf Veröffentlichungen vor Schutzfristablauf nicht. Wenn man überhaupt eine Begrenzung der Schutzdauer zuläßt, so muß der Gesetzgeber auch in der Lage sein, ihre Modalitäten anders als bisher zu regeln. 2

Nach Ablauf der Schutzfrist wird das Werk **gemeinfrei.** Jedermann darf es vervielfältigen, verbreiten, öffentlich wiedergeben, bearbeiten und sonst ändern. Vom vielgerühmten *droit moral* des Urhebers bleibt nur noch die Moral, nicht mehr das Recht übrig. Die Urhebererben können nicht mehr bestimmen, ob ein bisher unveröffentlichtes Werk aus dem Nachlaß weiterhin der Öffentlichkeit vorenthalten werden soll oder nicht (§ 12); ihnen steht kein Zugangsrecht (§ 25), ja nicht einmal mehr das Recht zu, sich gegen Verschandelungen und Entstellungen des Werkes zur Wehr zu setzen (§ 14). Zumindest in ihrer Eigenschaft als Rechtsnachfolger des Urhebers haben sie auch keinen Anspruch mehr auf Anerkennung der Urheberschaft und auf wahrheitsgemäße Urheberbezeichnung (§ 13). Doch gibt es wenigstens insoweit u. U. die Möglichkeit, gegen denjenigen vorzugehen, der zu Unrecht die Urheberschaft an dem gemeinfrei gewordenen Werk für sich in Anspruch nimmt, weil darin im Einzelfall ein sittenwidriges Verhalten im Wettbewerb oder eine sonst unerlaubte Handlung liegen kann (Näheres § 24 Anhang Bem. 6). 3

Da der **Werktitel** in der Regel nicht am Urheberschutz teilnimmt (§ 2 Bem. 41), sondern nur als besonderes Kennzeichen nach § 16 UWG geschützt ist, wird er nach Ablauf der Schutzfrist am betitelten Werk nur in Verbindung mit diesem gemeinfrei; die Verbindung bleibt so lange erhalten, wie er benutzt wird. Er darf also zwar von jedermann, aber nur für das Werk, zu dem er gehört, nicht für ein anderes Werk verwendet werden (§ 1 Bem. 4b; ebenso Hubmann/Rehbinder[7] S. 258 gegen OLG München UFITA 21 [1956], 81 *Der Lindenbaum;* wie hier auch v. Gamm Einf. 54; BGH GRUR 1958, 500, 502 *Mecki-Igel I;* BGH GRUR 1980, 227, 232 *Monumenta Germaniae Historica* unter Hinweis auf RGZ 112, 2, 7 *Brehms Tierleben,* wo das zwar so nicht steht, aber wohl vorausgesetzt worden ist, vgl. dort auch S. 4).

Einige geringfügige **Einschränkungen** der „Vogelfreiheit" des gemeinfreien Werkes ergeben sich allerdings aus seiner Rechtsstellung als Allgemeingut. Die in der Begrenzung des absoluten Urheberrechts liegende Enteignung bei 4

Fristablauf erfolgt nicht etwa, um das Werk auf den Abfallhaufen der Dereliktion zu werfen, sondern im allgemeinen Interesse zugunsten der Allgemeinheit. Das gemeinfreie Werk steht damit rechtlich den öffentlichen Sachen gleich, die ebenfalls im allgemeinen Interesse der Eigentümerherrschaft des einzelnen entzogen sind und von jedermann nach Belieben frei benutzt werden dürfen (Straßen, Plätze, Flüsse, Strand und Meer, der Luftraum usw.); wie diese ist es *res extra commercium*. Daraus ergeben sich zwei Folgerungen:

a) Wie ein Fluß oder der Meeresstrand nicht von einem einzelnen okkupiert werden kann, weil er als *res extra commercium* der Bildung von Eigentumsrechten nicht zugänglich ist, unterliegt auch das gemeinfreie Geistesgut nicht der Aneignung durch jedermann. Die **Inanspruchnahme des Urheberrechts** an einem gemeinfreien Werk, die wir im Anhang zu § 24 Bem. 3b vom *Rechtsbegriff* des Plagiats ausgenommen haben, ist daher rechtlich unwirksam und tatsächlich unzulässig wie die Einzäunung eines Straßenstücks durch einen privaten Anlieger (Beispiele bei § 10 Bem. 35).

b) Grundsätzlich ist der Benutzung öffentlicher Sachen auch durch das Interesse der Allgemeinheit an der **Erhaltung** ihrer Güter eine Grenze gesetzt. Kein Privater ist berechtigt, den Lauf eines Flusses zu verändern oder den Meeresstrand abzugraben. Im Bereich der gemeinfreien Werke ergeben sich insoweit jedoch Schwierigkeiten deswegen, weil nur das Geistesgut als solches gemeinfrei, seine Verkörperung in einem Buch, einem Gemälde, einer Notenhandschrift aber nach wie vor dem privaten Eigentum zugänglich ist. Das Recht des Eigentümers, mit der ihm gehörenden Sache nach Belieben zu verfahren, steht dem Interesse der Allgemeinheit an der Erhaltung des Allgemeinguts gegenüber. Hier ist danach zu unterscheiden, ob durch eine Verfügung im Rahmen des Eigentums an der Werkverkörperung zugleich die Originalgestalt des Werkes, an deren Erhaltung allein die Allgemeinheit ein Interesse haben kann, berührt wird. Verfilmt jemand Homers *Ilias* oder wird, wie geschehen, Franz Liszts *Liebestraum* zu einem *Liebestraum als Twist* verunstaltet, so berührt das die Originalgestalt der Werke nicht; diese Benutzung ist also stets zulässig, selbst wenn sie als Entstellung zu qualifizieren sein sollte. Wem der Film nicht gefällt, der mag eben das Original lesen. Nimmt jemand jedoch in dem einzigen noch vorhandenen Exemplar eines handschriftlichen Heldenepos aus dem Mittelalter Veränderungen oder Kürzungen vor oder malt jemand Rembrandts *Mann mit dem Goldhelm* einen Schnurrbart an, so wird die Originalgestalt des Werkes verändert; das Werk wird der Allgemeinheit sogar ganz entzogen, wenn das Original vom Eigentümer vernichtet wird. – Der hier auftretende Konflikt zwischen privatem Eigentum und Allgemeininteresse kann nicht im Sinne eines ewigen „Denkmalsschutzes“ (Leinveber GRUR 1962, 75 und GRUR 1964, 364) gelöst werden, wenn die Welt nicht zum Museum gemacht werden soll. Vielmehr ist die Entscheidung entsprechend der Lösung bei urheberrechtlich geschützten Werken zu treffen: Der Eigentümer kann unter bestimmten Voraussetzungen (§ 14 Bem. 3) das Original, selbst wenn kein Vervielfältigungsstück existiert, vernichten, er darf es jedoch nicht beliebig verändern (vgl. RGZ 79, 397 *Felseneiland mit Sirenen* und Ulmer[3] S. 220). – Allerdings hat der Gesetzgeber davon abgesehen, eine Möglichkeit der **Durchsetzung** der vorstehend genannten Beschränkungen der Gemeinfreiheit zu geben, weil er – zu Unrecht – eine Belastung der Gerichte mit kulturkritischen und kulturwertenden Fragen befürchtete (Begr. S. 80). Die Beschränkungen bleiben also vorläufig weiterhin *lex imperfecta*. – Vgl. zum ganzen eingehend Nordemann, Das Recht der Bearbeitung gemeinfreier Werke, GRUR 1964, 117, und Ruzicka, Die Problematik eines „ewigen Urheberpersönlichkeitsrechts" unter besonderer Berücksichtigung des Schutzes musikalischer Werke, Berlin 1979; sowie Pakuscher UFITA 93 (1982), 43.

Zur **Übergangsregelung** des Abs. 2 s. Bem. zu § 69, zur Schutzfristverkür- 5
zung für die sog. Quasi-Urheberrechte des § 2 Abs. 2 LUG s. §§ 135, 135a Bem. 1–5.

Auf dem Gebiet der ehemaligen **DDR** gilt seit dem Inkrafttreten des 6
Einigungsvertrages am 3. 10. 1990 § 64 uneingeschränkt. Werke, die dort nach Ablauf der 50jährigen Schutzfrist des § 33 Abs. 1 UrhG DDR (Anhang II 1) schon gemeinfrei geworden waren, sind seither wieder bis zum Ablauf der 70-Jahres-Frist geschützt (Kap. III Sachgebiet E Abschnitt II Nr. 2 § 1, Anhang I 8). Das trifft für das Schaffen einer ganzen Reihe bekannter Urheber zu, von denen hier nur beispielsweise genannt seien (in Klammern das jeweilige Todesjahr): die Schriftsteller Hugo von Hofmannsthal (1929), Hermann Bahr und Joachim Ringelnatz (1934), Kurt Tucholsky (1935), Ödön v. Horvath (1938); die Komponisten Eugen d'Albert (1932), Alban Berg (1935) und Maurice Ravel (1937); die bildenden Künstler Max Liebermann und Hans Baluschek (1935), Ernst Barlach, Ernst Ludwig Kirchner und Christian Rohlfs (1938); die Baumeister Adolf Loos (1933) und Hans Poelzig (1936).

Der Einigungsvertrag hat allerdings ein Problem übersehen: **Lichtbild-** 7
werke waren in der DDR seit dem Inkrafttreten des UrhG am 1. 1. 1966 wie alle anderen Werke 50 Jahre p. m. a. geschützt (§ 2 Abs. 2 Buchst. h, s. Anhang II). In den Genuß dieser Regelung kamen alle Werke der Fotokunst, die bis zu diesem Zeitpunkt noch nicht wegen Ablaufs der zuvor geltenden Schutzfrist des § 26 KUG gemeinfrei geworden waren (25 Jahre ab Erscheinen, bei nicht erschienenen Werken 25 Jahre ab Tod des Urhebers, jeweils auf das Jahresende gerechnet, § 29 KUG). In der Bundesrepublik galt jedoch bis zur Novelle 1985 (Einl. 5) eine Schutzfrist von 25 Jahren ab Erscheinen, sonst ab Herstellung (§ 68 a. F.). Die großartigen Fotos des Dresdners Hugo Erfurth (gestorben 1948) und die schon 1918–20 entstandenen Photogramme *(Schadographien)* des Malers Christian Schad (gestorben 1982) waren also, soweit sie nicht vor dem 1. 1. 1940 *erschienen* waren (vgl. § 6 Bem. 2), in der DDR am Tage der Wiedervereinigung noch geschützt, während sie in der Bundesrepublik für Erfurth spätestens am 1. 1. 1974 frei geworden waren. Für Schad gilt dies zwar nicht für nicht erschienene Photogramme, weil bei Inkrafttreten des § 68 UrhG am 1. 1. 1966 (§ 143 Abs. 1) insoweit noch die Schutzfrist des § 26 KUG lief und die neue 25-Jahres-Frist ab Herstellung aus verfassungsrechtlichen Gründen nicht früher als jene ablaufen konnte (vgl. §§ 135, 135a Bem. 3 zu der gleichartigen Situation für die früher von § 2 Abs. 2 LUG länger geschützten Tonträgeraufnahmen). Aber soweit seine Photogramme nach dem 1. 1. 1940, aber vor dem 1. 1. 1960 erstmals erschienen sind, waren sie wiederum in der Bundesrepublik – anders als in der DDR – gemeinfrei.

Die Regelungslücke schließt sich, wenn man, was wir für verfassungsrechtlich geboten halten, § 137a Abs. 1 auf die Fälle analog anwendet, in denen bei Inkrafttreten des UrhG im Gebiet der ehemaligen DDR die Schutzfrist für Lichtbildwerke dort noch nicht abgelaufen war, womit zugleich die verfassungswidrige Schlechterstellung der Fotourheber durch § 68 (s. die Kommentierung der Vorauflagen dazu), die in der DDR über RBÜ und WUA ebenfalls geschützt waren, behoben wird (vgl. schon Axel Nordemann GRUR 1991, 418, 420f.) sowie § 72 Bem. 3 und §§ 135, 135a Bem. 8).

§ 65 Miturheber

Steht das Urheberrecht mehreren Miturhebern (§ 8) zu, so erlischt es siebzig Jahre nach dem Tode des längstlebenden Miturhebers.

Der Verzicht eines Miturhebers auf seinen Anteil an den Verwertungsrechten (§ 8 Abs. 4) ist für den Schutzfristablauf ohne Bedeutung, da ihm jedenfalls das Urheberpersönlichkeitsrecht verblieben ist. Bei **Werkverbindungen** (§ 9) richtet sich die **Schutzfrist** nach dem Todestag der einzelnen Werkschöpfer; zu dem dadurch entstehenden **Problem eines urheberrechtlichen Teilschutzes** vgl. § 9 Bem. 1c. Miturheber verschiedener Staatsangehörigkeit, unter denen ein Deutscher ist, sind sämtlich wie Deutsche geschützt, § 120 Bem. 6. Für Filmurheber, bei denen Miturheberschaft zwischen Regisseur, Kameramann, Cutter und möglicherweise weiteren Mitwirkenden in Betracht kommt (§ 89 Bem. 1), schlägt Knorr S. 110 mit Recht die Anknüpfung der Schutzfrist allein an den Tod des Regisseurs als des Haupturhebers *de lege ferenda* vor.
Die von Schricker-Katzenberger Rdnr. 4 dagegen geäußerten Bedenken teilen wir nicht; wenn Art. 14bis Abs. 2 lit. a RBÜ Paris es den Verbandsländern überläßt, die Inhaber des Urheberrechts am Filmwerk überhaupt zu bestimmen, so können sie auch den Lauf der Schutzfrist am Todesdatum eines von ihnen orientieren *(a maiore ad minus)*.

§ 66 Anonyme und pseudonyme Werke

(1) Ist der wahre Name oder der bekannte Deckname des Urhebers weder nach § 10 Abs. 1 noch bei einer öffentlichen Wiedergabe des Werkes angegeben worden, so erlischt das Urheberrecht siebzig Jahre nach der Veröffentlichung des Werkes.

(2) Die Dauer des Urheberrechts berechnet sich auch im Falle des Absatzes 1 nach den §§ 64 und 65,

1. **wenn innerhalb der in Absatz 1 bezeichneten Frist der wahre Name oder der bekannte Deckname des Urhebers nach § 10 Abs. 1 angegeben oder der Urheber auf andere Weise als Schöpfer des Werkes bekannt wird,**
2. **wenn innerhalb der in Absatz 1 bezeichneten Frist der wahre Name des Urhebers zur Eintragung in die Urheberrolle (§ 138) angemeldet wird,**
3. **wenn das Werk erst nach dem Tode des Urhebers veröffentlicht wird.**

(3) Zur Anmeldung nach Absatz 2 Nr. 2 sind der Urheber, nach seinem Tode sein Rechtsnachfolger (§ 30) oder der Testamentsvollstrecker (§ 28 Abs. 2) berechtigt.

(4) Die vorstehenden Bestimmungen sind auf Werke der bildenden Künste nicht anzuwenden.

1 Die Vorschrift trägt dem Gedanken Rechnung, daß **beim anonymen und pseudonymen Werk** der Tod des Urhebers im Sinne von § 64 Abs. 1 nicht

festgestellt werden kann, wenn unbekannt bleibt, wer sich hinter der Anonymität oder dem Decknamen verbirgt.

Abs. 1. Das bisherige Recht sah für anonyme und pseudonyme Werke der Literatur und Tonkunst – nicht der bildenden Künste – eine Sonderregelung vor, indem es solche Werke fünfzig Jahre nach der Erstveröffentlichung schutzrechtsfrei werden ließ (§ 31 Abs. 1 LUG). Für **anonyme Werke** behält § 66 mit der Abänderung, daß auch hier die Schutzfrist siebzig Jahre beträgt, die bisherige Regelung bei. Für pseudonyme Werke zwang Art. 7 Abs. 4 Satz 2 RBÜ Brüssel (jetzt Art. 7 Abs. 3 Satz 2 RBÜ Paris) zu einer Änderung: Wenn das vom Urheber angenommene Pseudonym keinerlei Zweifel über die Identität des Urhebers zuläßt (vgl. § 10 Bem. 19–21 zur Bedeutung des „bekannt"), so muß diesem bekannten Decknamen der gleiche Schutz zukommen wie dem orthonymen Werk. Nur der Deckname, dessen Träger unbekannt ist, führt also noch zu einer Anwendung des Abs. 1. – Näheres über pseudonyme Werke bei § 10 Bem. 7–23 bzw. 24–30. 2

Abs. 2. Das bisherige Recht stellte die anonymen oder pseudonymen Werke dann den orthonymen gleich, falls der wahre Name des Urhebers noch rechtzeitig vor Ablauf der fünfzigjährigen Schutzfrist **angegeben** oder zur Eintragung in die „Eintragsrolle" **angemeldet** wurde (§ 31 Abs. 2 LUG). Diese Regelung wird von Abs. 2 Nr. 1 sinngemäß übernommen mit der aus Abs. 1 folgenden Erweiterung, daß auch in Nr. 1 die Angabe des vom Urheber angenommenen Pseudonyms genügt (merkwürdigerweise muß jedoch bei der Anmeldung zur Eintragung in die Urheberrolle nach Nr. 2 der wahre, d. h. der bürgerliche Name des Urhebers angegeben werden). Darüber hinaus billigt Abs. 2 Nr. 3 dem anonymen Werk nun auch für den Fall die volle Schutzfrist zu, daß der Urheber auf andere Weise als Schöpfer **bekannt wird,** und schließt damit eine Lücke des früheren Rechts (vgl. dazu OLG München GRUR 1990, 446, 447 f. *Josefine Mutzenbacher*). Der Gesetzgeber wollte damit Art. 7 Abs. 4 S. 3 RBÜ (Brüsseler Fassung) Rechnung tragen (Begr. S. 80), der allerdings nur den Fall einer „Offenbarung" der Identität des Urhebers durch ihn selbst zum Gegenstand hat (jetzt Art. 7 Abs. 3 Satz 3 RBÜ Paris). Auf welche andere Weise der Urheber als Schöpfer des anonymen oder pseudonymen Werkes bekannt wird, ist gleichgültig. – Sinngemäß gilt Abs. 2 auch für **Miturheber,** wie die Verweisung auf § 65 ergibt. War also das Werk zweier Miturheber unter dem Namen allein eines von ihnen veröffentlicht worden und stellt sich im Nachhinein die Miturheberschaft des zweiten heraus, so richtet sich die Schutzfrist nach dessen Tod, wenn er länger gelebt hat (vgl. Schricker-Katzenberger Rdnr. 6). Beweispflichtig ist, wer sich auf die Miturheberschaft des zweiten Autors beruft; da die maßgeblichen Vorgänge im Zeitpunkt der Beweiserhebung im Durchschnitt ein volles Jahrhundert zurückliegen werden, dürften Fälle dieser Art kaum praktische Bedeutung gewinnen. – Zur **Urheberrolle** s. § 138 und Anh. I 1. Muster für Anmeldungen: Münchner Vertragshandbuch Bd. 3 Teil IX Nr. 2. 3

Abs. 4. Die Werke der **bildenden Künste** (§ 2 Abs. 1 Nr. 4; dort Bem. 51–73) waren bereits im bisherigen Recht von der Sonderregelung der Schutzfrist für anonyme und pseudonyme Werke nicht betroffen. Hierbei hat es auch für das neue Recht sein Bewenden. Werke der bildenden Künste sind also **stets bis zum Ablauf von 70 Jahren** nach dem Tode ihres Urhebers 4

geschützt, auch wenn dieser unbekannt ist. Wie der Schutzfristablauf in einem solchen Falle soll festgestellt werden können, bleibt allerdings unerfindlich. Das Konventionsrecht kennt diese sinnlose Sonderregelung für Werke der bildenden Künste jedenfalls nicht (vgl. Art. 7 Abs. 3 RBÜ Paris).

§ 67 Lieferungswerke

Bei Werken, die in inhaltlich nicht abgeschlossenen Teilen (Lieferungen) veröffentlicht werden, ist in den Fällen des § 64 Abs. 2 und des § 66 Abs. 1 für die Berechnung der Schutzfrist der Zeitpunkt der Veröffentlichung der letzten Lieferung maßgebend.

Die Vorschrift entspricht dem bisherigen Recht (§ 33 Abs. 2 LUG, § 28 Abs. 2 KUG), faßt dessen Gedanken jedoch straffer zusammen. Sie hat nur für die – seltenen – Fälle Bedeutung, daß ein Werk erst innerhalb der letzten 10 Jahre vor Ablauf der Schutzfrist oder anonym bzw. unter unbekanntem Pseudonym **veröffentlicht** wird. **Inhaltlich nicht abgeschlossen** sind nur solche Werkteile, deren Teile nicht gesondert verwertbar sind (§ 8 Bem. 10, § 38 Bem. 5). Werke, die aus mehreren nach und nach veröffentlichten Teilbänden oder Abteilungen bestehen, sowie fortlaufende Berichte, Hefte oder Blätter wurden schon im bisherigen Recht nicht als Lieferungswerke angesehen (§ 33 Abs. 1 LUG, § 28 Abs. 1 KUG; vgl. Begr. S. 80). – Der Zeitpunkt der letzten, d. h. der letzten erfolgten Veröffentlichung ist nur für die Berechnung der Schutzdauer, nicht etwa für den Schutz überhaupt maßgebend. Das ist wichtig für § 64 Abs. 2, weil andernfalls ein in Lieferungen teils vor, teils nach Ablauf der 70-Jahres-Frist erscheinendes Werk insgesamt nicht mehr geschützt wäre.

§ 68 (aufgehoben)

§ 69 Berechnung der Fristen

Die Fristen dieses Abschnitts beginnen mit dem Ablauf des Kalenderjahres, in dem das für den Beginn der Frist maßgebende Ereignis eingetreten ist.

Auch diese Vorschrift entspricht dem früheren Recht (§ 34 LUG, § 29 KUG) und dem Konventionsrecht (Art. 7 Abs. 5 RBÜ). Praktisch genießen also die Werke eines Urhebers, der am 1. Januar stirbt oder dessen nachgelassenes Werk am 1. Januar veröffentlicht wird, einen um ein Jahr längeren Schutz als die Werke eines Urhebers, der nur einen Tag vorher am 31. Dezember des vorhergehenden Jahres gestorben ist oder dessen nachgelassenes Werk mit Jahresende veröffentlicht wurde. Die vorzeitige Inkraftsetzung der §§ 64–67 und 69 am 10. 9. 1965 durch § 143 Abs. 1 hatte demnach zur Folge, daß diejenigen Werke, die nach dem bisherigen Recht am 31. 12. 1965 frei geworden wären, geschützt blieben.

Achter Abschnitt
Besondere Bestimmungen für Computerprogramme

§ 69a Gegenstand des Schutzes

(1) Computerprogramme im Sinne dieses Gesetzes sind Programme in jeder Gestalt, einschließlich des Entwurfsmaterials.

(2) Der gewährte Schutz gilt für alle Ausdrucksformen eines Computerprogramms. Ideen und Grundsätze, die einem Element eines Computerprogramms zugrunde liegen, einschließlich der den Schnittstellen zugrundeliegenden Ideen und Grundsätze, sind nicht geschützt.

(3) Computerprogramme werden geschützt, wenn sie individuelle Werke in dem Sinne darstellen, daß sie das Ergebnis der eigenen geistigen Schöpfung ihres Urhebers sind. Zur Bestimmung ihrer Schutzfähigkeit sind keine anderen Kriterien, insbesondere nicht qualitative oder ästhetische, anzuwenden.

(4) Auf Computerprogramme finden die für Sprachwerke geltenden Bestimmungen Anwendung, soweit in diesem Abschnitt nichts anderes bestimmt ist.

Allgemeines. Erklärtes Ziel des neu in das UrhG eingefügten Abschnittes 1
der §§ 69a–69g ist die *Umsetzung der EG-Richtlinie über den Rechtsschutz von Computer-Programmen* (Richtlinie 91/250/EWG des Rates vom 14. Mai 1991 – ABl. EG Nr. I. 122 S. 42; abgedruckt in GRUR Int. 1991, 545ff.). Seit der Rechtsänderung 1985 ist das Computerprogramm als Werkart in den Werkkatalog des § 2 Abs. 1 Nr. 1 ausdrücklich aufgenommen worden. Programme für Datenverarbeitung können seither – das Vorliegen einer persönlichen geistigen Schöpfung vorausgesetzt – Urheberrechtsschutz genießen. Schon vor Inkrafttreten des ausdrücklichen Schutzes von Computerprogrammen in § 2 Abs. 1 Nr. 1 hatte der BGH derartige Programme, die die nötige Schöpfungshöhe aufweisen, als Sprachwerke geschützt (BGHZ 94, 276 = BGH GRUR 1985, 1041 *Inkasso-Programm*). Damit war nur die Software geschützt, die überdurchschnittliche individuelle Eigenheiten aufwies. Die übergroße Anzahl in der Praxis erstellter Programme, gekennzeichnet durch das „rein handwerksmäßige" oder die „mechanisch-technische Zusammenfügung des Materials", konnten allenfalls wettbewerbsrechtlichen Schutz nach § 1 UWG erlangen. Dieser Rechtszustand wurde allgemein als unbefriedigend empfunden, zumal der BGH auch nach der Gesetzesänderung im Jahr 1985 bei seinen hohen Anforderungen für den urheberrechtlichen Schutz der Software blieb (BGH GRUR 1991, 449 *Betriebssystem*).
Die EG-Kommission nahm bei Erstellung der Richtlinien zu Recht an, daß in einem vereinten Europa bei der Bedeutung der elektronischen Datenverarbeitung ein möglichst einheitlicher Schutz in allen Mitgliedsstaaten wünschenswert sei. Als wirkungsvollster Schutz für die Software wurde ein solcher über und durch das Urheberrecht angesehen, zumal ein für den technischen Fortschritt so bedeutendes Land wie die USA schon seit 1980 Computerprogramme in ihrem Urheberrecht (US Copyright Act) ausdrücklich als Werke geschützt hatte. Der Rat der EG hat auf diesem Hintergrund am 14. 5. 1991 die Computer-Richtlinie beschlossen und die Mitgliedsstaaten angewiesen, bis zum 31. 12. 1992 ihr nationales Recht entsprechend anzupassen (Art. 10 Abs. 1 der Richtlinie).
Für die Bundesrepublik führte dies zu einem neuen Abschnitt im UrhG, obwohl weniger der Wortlaut des bestehenden Gesetzes zu ändern war (die

neu eingefügten §§ 69a–69g sind Sonderreglungen für das Computerprogramm als Sprachwerk), als vielmehr ein Schutz auch für diejenigen Programme zu schaffen war, deren urheberrechtliche Schutzfähigkeit bisher an der von ihnen nicht erreichten Schöpfungshöhe (§ 2 Abs. 2) scheiterte. Wesentlich für ihren Schutz ist jetzt nur noch die **Individualität** der Software nach Abs. 3 (unten Bem. 4). Der neue Abschnitt übernimmt in großen Teilen wörtlich oder fast wörtlich die Richtlinie, so daß die Begründung zum Gesetzesentwurf (BT-Drucks. 12/4022 v. 18. 12. 1992 S. 8) von einem Stück europäischen Urheberrechts innerhalb des UrhG spricht. Die **Literatur zur Computer-Richtlinie** und den Veränderungen im UrhG ist bereits jetzt reichhaltig und wird sich, nachdem der Entwurf Gesetz geworden ist, noch erweitern. Wir verweisen auf Hoeren GRUR 1988, 340; Erdmann/Bornkamm GRUR 1991, 877ff.; Haberstumpf GRUR Int. 1992, 716ff.; Lehmann NJW 1991, 2112ff. u. CR 1992, 324ff.; Dreier CR 1991, 577; Junker NJW 1993, 824. Im übrigen s. unsere zusammenfassende Darstellung bei § 2 Bem. 42–44 sowie Dreier GRUR 1993, 781.

2 **Begriff des Computerprogramms.** Abs. 1 schützt Programme in jeder Gestalt. Diese Regelung stellt keine generelle Änderung des bisherigen Rechtszustandes dar, denn schon die Inkasso-Programm-Entscheidung des BGH war davon ausgegangen, daß nicht nur das endgültige Programm Werkcharakter haben könnte, sondern die „für die Schutzfähigkeit erforderlichen konkreten Formgestaltungen auch schon in vorausgehenden Entwicklungsstadien auftreten" können (BGHZ 94, 276, 281/282 = BGH GRUR 1985, 1041, 1046). Damit kommt es, um ein Computerprogramm zum Gegenstand urheberrechtlichen Schutzes zu machen, als erste Voraussetzung darauf an, daß es überhaupt Gestalt angenommen hat, also sinnlich wahrnehmbar ist (§ 2 Bem. 24). Der Begriff des Gestaltannehmens ist nicht mit einer optischen Wahrnehmbarkeit des Programms gleichzusetzen. Käme es auf eine optische Gestaltung an, würde die früheste Phase der Erstellung eines Programms, nämlich die Problem- und Systemanalyse, dann nicht vom urheberrechtlichen Schutz mitumfaßt sein, wenn eine derartige Analyse z. B. mündlich stattgefunden hätte. Eine damit verbundene deutliche Einschränkung des Schutzes von Programmen ist nicht gewollt. Als Formen und Entwicklungsstufen von Computer-Programmen sind deshalb die erste Lösungsskizze des Entwurfs- und Ausführungsmaterials bis zur fertigen Software geschützt. Unerheblich ist, ob das Programm in der Hardware – z. B. in der Festplatte – integriert ist (Lehmann CR 1991, 324, 325).

3 **Schutzumfang.** Abs. 2 entspricht in seinem Wortlaut Art. 1 Abs. 2 der EG-Richtlinie. Satz 1 mit dem Hinweis auf den *Schutz für alle Ausdrucksformen eines Computerprogramms* bezieht sich zum einen auf die sinnliche Wahrnehmbarkeit des Programms einschließlich des Entwurfmaterials (Abs. 1), zum anderen aber auch darauf, daß beim Schutz eines Werkes nur die konkrete Form der Darstellung geschützt ist. Ideen und Grundsätze (Satz 2) sind, wie auch sonst im Urheberrecht (vgl. § 2 Bem. 25) frei und ungeschützt. Gesondert weist das Gesetz auf die den **Schnittstellen** zugrundeliegenden Ideen und Grundsätze, die ebenfalls nicht geschützt sind, hin. Der Begriff der „Schnittstelle" wird im Gesetz nicht erläutert, bezieht sich aber ersichtlich auf den Vorspruch zur Computer-Richtlinie vom 14. 5. 1991 (GRUR Int. 1991, 545 r. Sp./546 l. Sp.). Dort ist definiert: „Die Funktion von Computerprogrammen besteht darin, mit den anderen Komponenten

eines Computersystems und den Benutzern in Verbindung zu treten und zu operieren. Zu diesem Zweck ist eine logische und, wenn zweckmäßig, physische Verbindung und Interaktion notwendig, um zu gewährleisten, daß Software und Hardware mit anderer Software und Hardware und Benutzern wie beabsichtigt funktionieren können. Die Teile des Programms, die eine solche Verbindung und Interaktion zwischen den Elementen von Software und Hardware ermöglichen sollen, sind allgemein als *Schnittstellen* bekannt. Diese funktionale Verbindung und Interaktion ist allgemein als *Interoperalbilität* bekannt, diese Interoperabilität kann definiert werden als die Fähigkeit zum Austausch von Informationen und zur wechselseitigen Verwendung der ausgetauschten Informationen.“ Die Regelung in Abs. 2 besagt mithin, daß schutzunfähig Ideen und Grundsätze sind, die sich auf das Computerprogramm als solches und auf die „Verbindungsstellen“ zu anderer Soft- und Hardware beziehen, wobei diese Verbindungsstellen nicht mehr Bestandteile des eigentlichen Computerprogramms sind.

Individualität als Schutzvoraussetzung. Der Schutz von Programmen in 4
Abs. 3 Satz 1 geht von der Individualität des geschützten Werkes aus. Die Begründung zum Gesetzentwurf der Bundesregierung (BT-Drucks. 12/4022 S. 9) spricht von einem „Schutz der einfachen persönlichen Schöpfung“ und weist darauf hin, daß die bisherige Rspr. des BGH (BGHZ 94, 276 = BGH GRUR 1985, 1041 *Inkasso-Programm;* GRUR 1991, 449 *Betriebssystem*) nicht in Einklang mit der Richtlinie stehe. Die Absicht des Gesetzgebers geht dahin, unter Anwendung der Richtlinie nunmehr das zu schützen, was zu schützen der BGH als „Schaffen eines Durchschnittsprogrammierers“ (BGHZ 94, 276, 287 *Inkasso-Programm*) bisher nicht bereit war. Es wird nunmehr die *„kleine Münze“ bei Programmen als schutzfähig anerkannt,* da die Individualität des Programms, nicht aber die persönliche geistige Leistung nach § 2 Abs. 2 in dem bisher verstandenen Sinne maßgeblich sein soll. Der Hinweis im Gesetz auf die „eigene geistige Schöpfung“ des Urhebers ist unter dem Oberbegriff der Individualität zu sehen. Stellt das Programm ein individuelles Werk dar, das auf einer eigenen geistigen Tätigkeit beruht, ist Werkcharakter anzunehmen. Die Absicht des Gesetzgebers, die schöpferische Leistung an der Individualität zu messen, nicht aber an der schöpferischen Eigentümlichkeit mit dem Erfordernis eines deutlichen Abstandes zu vorbestehenden Werken, wird auch daraus deutlich, daß nach Abs. 3 Satz 2 qualitative und ästhetische Kriterien unbeachtlich sein sollen. Dies bedeutet im Ergebnis auch bei Programmen den Schutz der „kleinen Münze“. Der Begriff der Individualität wird nach seiner Einfügung in den Gesetzestext nicht mehr im bisherigen Sinn als aus der „Masse des Alltäglichen“ herausragend (vgl. Schricker-Loewenheim § 2 Rdnr. 12) verstanden werden dürfen, sondern eher als „statistische Einmaligkeit“ (dazu Schricker-Loewenheim § 2 Rdnr. 15, jeweils mit Nachweisen). Abwägend Erdmann/Bornkamm GRUR 1991, 877, die die Umsetzung der Gesetz gewordenen EG-Richtlinie der Rspr. überlassen wollen.

Kein neues Computer-Gesetz. Der Gesetzgeber hat mit der Neuregelung 5
den Versuch unternommen, den Urheberrechtsschutz für Computerprogramme möglichst nahtlos in das bestehende deutsche Urheberrecht einzuarbeiten. Es sollen deshalb die allgemeinen urheberrechtlichen Vorschriften für Sprachwerke auch auf Computerprogramme anwendbar sein, sofern für diese keine besonderen Bestimmungen geschaffen wurden. Solche sind z. B.

§ 69c mit einer Konkretisierung des Vervielfältigungsrechts nach § 16 bei Computerprogrammen oder § 69f mit einem über § 98 hinausgehenden Vernichtungsanspruch.

§ 69b Urheber in Arbeits- und Dienstverhältnissen

(1) Wird ein Computerprogramm von einem Arbeitnehmer in Wahrnehmung seiner Aufgaben oder nach den Anweisungen seines Arbeitgebers geschaffen, so ist ausschließlich der Arbeitgeber zur Ausübung aller vermögensrechtlichen Befugnisse an dem Computerprogramm berechtigt, sofern nichts anderes vereinbart ist.

(2) Absatz 1 ist auf Dienstverhältnisse entsprechend anzuwenden.

1 **Allgemeines.** Die Vorschrift ist im Zusammenhang mit § 43 zu sehen. Der im Arbeits- und Dienstverhältnis tätige Werkschöpfer bleibt nach der dortigen Regelung Urheber seines Werkes. Art und Umfang der Nutzungsrechte, die dem Arbeitgeber zufallen, richten sich, wenn keine ausdrückliche arbeitsvertragliche Regelung vorliegt, nach Inhalt und Wesen des Abhängigkeitsverhältnisses (vgl. § 43 Bem. 3ff.). Es ist offensichtlich, daß dies zu Rechtsunsicherheiten darüber führen kann, welche Rechte dem abhängigen Werkschöpfer und welche dem Arbeitgeber und Dienstherren zustehen. Während dieser bei allen übrigen Werken Rechte und Befugnisse nur in dem Umfang erwirbt, wie sie für die betriebliche Auswertung des Werkes erforderlich sind, stellt § 69b bei Computerprogrammen eine *deutliche Besserstellung des Arbeitgebers* dar. Er erwirbt – es sei denn, der Arbeits- und Dienstvertrag würde etwas anderes vorsehen – alle vermögensmäßigen Rechte und Befugnisse, mithin **alle Verwertungsrechte.** Es kommt somit nicht darauf an, ob der Betrieb, für den das Programm geschaffen worden ist, bestimmte Verwertungshandlungen tatsächlich vornimmt, sondern die Lehre vom Recht des Arbeitgebers am Arbeitsergebnis ist konsequent durchgeführt, so daß dem angestellten Programmierer keine eigenen Verwertungsbefugnisse bleiben. Da der bei weitem größere Teil aller Computerprogramme im Abhängigkeitsverhältnis von angestellten Programmierern geschaffen wird, ist die Regelung in § 69b von erheblicher Bedeutung. An der Tatsache, daß der angestellte Werkschöpfer Urheber bleibt, ändert die Vorschrift nichts (dazu Sack UFITA 121 [1993], 15).
Seine urheberpersönlichkeitsrechtlichen Befugnisse, z. B. seine Rechte, Bearbeitungen von seiner Zustimmung abhängig zu machen, sind jedoch eingeschränkt, wenn die wirtschaftliche Auswertungsbefugnis des Arbeitgebers betroffen ist. Entsprechendes muß auch für den Fall der Namensnennung gelten, denn es wird regelmäßig ein wirtschaftliches Interesse des Betriebsinhabers vorliegen, nur die Bezeichnung des Unternehmens, nicht aber den Namen des Werkschöpfers erkennbar zu machen.

2 **Keine Geltung für Freizeitwerke.** Ebenso wie in § 43, wo von Werken die Rede ist, die in Erfüllung von Verpflichtungen aus einem Arbeits- oder Dienstverhältnis geschaffen wurden, besagt der Hinweis des Gesetzgebers bei den Computerprogrammen, die in Wahrnehmung der Aufgaben des Arbeitnehmers oder nach Anweisungen des Arbeitgebers erstellt wurden, daß Programme, die während der Freizeit entstanden sind, hinsichtlich ihrer Auswertung nicht dem Betriebsinhaber zufallen (vgl. § 43 Bem. 3b). Die Schaffung eines Computerprogramms in Wahrnehmung der Aufgaben aus

dem Arbeitsvertrag des angestellten Urhebers erscheint nur innerhalb der Arbeitszeit möglich, weil der Angestellte nicht die Aufgabe hat, in seiner Freizeit ebenfalls Programme zu entwickeln. Tut er es dennoch und entwickelt er dabei ein Programm, mit dem dem Arbeitgeber Konkurrenz gemacht werden könnte, kann aus der arbeitsrechtlichen Treuepflicht ein Unterlassungsanspruch des Unternehmers folgen. Der angestellte Programmierer, der behauptet, zu eigenen Auswertungen des von ihm geschaffenen Programms berechtigt zu sein, trägt die Darlegungs- und Beweislast für das Vorliegen einer Vereinbarung, die Abs. 1 einschränkt oder ausschließt.

Dienstverhältnisse. Abs. 2 läßt die Frage ungeklärt, ob bei den Dienstverhältnissen nur diejenigen öffentlich-rechtlicher Natur in Betracht kommen oder auch privatrechtliche Dienstverhältnisse. Nach dem Wortlaut der Vorschrift und der von uns bei § 43 vertretenen Auffassung (dort Bem. 1 und 2) bezieht sich die Regelung auch auf die Dienstverhältnisse des Privatrechts (so offenbar auch Lehmann CR 1992, 324, 326). Die Begründung der Bundesregierung (BT-Drucks. 12/4022 vom 18. 12. 1992 S. 11) will demgegenüber nur die öffentlich-rechtlichen Dienstverhältnisse, insbesondere die Beamtenverhältnisse, als betroffen ansehen. Da die entsprechende Rechtsunsicherheit auch bei § 43 besteht, hätte für den Gesetzgeber, wenn er nur die öffentlich-rechtlichen Dienstverhältnisse gemeint hätte, eine Klarstellung nahegelegen. **3**

§ 69c Zustimmungsbedürftige Handlungen

Der Rechtsinhaber hat das ausschließliche Recht, folgende Handlungen vorzunehmen oder zu gestatten:

1. **Die dauerhafte oder vorübergehende Vervielfältigung, ganz oder teilweise, eines Computerprogramms mit jedem Mittel und in jeder Form. Soweit das Laden, Anzeigen, Ablaufen, Übertragen oder Speichern des Computerprogramms eine Vervielfältigung erfordert, bedürfen diese Handlungen der Zustimmung des Rechtsinhabers;**
2. **die Übersetzung, die Bearbeitung, das Arrangement und andere Umarbeitungen eines Computerprogramms sowie die Vervielfältigung der erzielten Ergebnisse. Die Rechte derjenigen, die das Programm bearbeiten, bleiben unberührt;**
3. **jede Form der Verbreitung des Originals eines Computerprogramms oder von Vervielfältigungsstücken, einschließlich der Vermietung. Wird ein Vervielfältigungsstück eines Computerprogramms mit Zustimmung des Rechtsinhabers im Gebiet der Europäischen Gemeinschaft oder eines anderen Vertragsstaates des Abkommens über den Europäischen Wirtschaftsraum im Wege der Veräußerung in Verkehr gebracht, so erschöpft sich das Verbreitungsrecht in bezug auf dieses Vervielfältigungsstück mit Ausnahme des Vermietrechts.**

Vervielfältigung und Verbreitung. Die Frage, wann eine Vervielfältigung von Computerprogrammen vorliegt, war von der Rspr. des BGH (vgl. BGH GRUR 1991, 449, 453 *Betriebssystem*) weitgehend offengelassen worden. Unproblematisch war das Vorliegen einer Vervielfältigung nach § 16 nur dann, wenn eine körperliche Festlegung des Programms auf einem Datenträger stattgefunden hatte. Fraglich war demgegenüber, ob eine Vervielfältigung dann vorlag, wenn Programme lediglich benutzt wurden, weil dabei der Gedanke nahelag, daß diese Form der Werknutzung mehr einer **1**

unkörperlichen Verwertung (etwa wie bei der Vorführung eines Films nach § 19 Abs. 4) entsprach, obwohl bei der Programmbenutzung jeweils eine Eingabe des Programms in die Hardware erforderlich ist (vgl. Betten GRUR 1991, 453, 454). Die Neuregelung in § 69c übernimmt fast wörtlich die Formulierungen aus Art. 4 Buchst. a–c der Richtlinie. Dadurch wird, ausgerichtet auf die Besonderheiten bei der elektronischen Datenverarbeitung, festgelegt, welche Verwertungshandlungen eine Vervielfältigung darstellen (Nr. 1 u. 2) und wann Verbreitungshandlungen (Nr. 3) anzunehmen sind. Da davon auszugehen ist, daß auch andere nationale Rechtsordnungen diesen Teil der Computer-Richtlinie weitgehend wortgetreu übernehmen werden, ist künftig bei der Nutzung von Programmen im Bereich der EG von einer Einheitlichkeit der Rechtslage auszugehen.

2 **Rechtsinhaber.** Die als ausschließliche (gegen jedermann wirkende) ausgestalteten Befugnisse nach § 69c stehen dem Rechtsinhaber zu. Dies sind der Urheber oder dessen Rechtsnachfolger, in Arbeits- und Dienstverhältnissen im Hinblick auf § 69b der Arbeitgeber bzw. Dienstherr. Da im Abhängigkeitsverhältnis der Programmierer zwar Urheber der von ihm geschaffenen Programme bleibt, jedoch die Auswertungsbefugnis dem Betriebsinhaber zusteht, wenn nichts anderes vereinbart ist, ist er auch der Rechtsinhaber im Hinblick auf die Nutzungsmöglichkeiten nach § 69c.

3 **Vervielfältigungsrechte.** Die Befugnisse aus Nr. 1 Satz 1 sind umfassend. Im Gegensatz zum herkömmlichen Verständnis wird der Begriff der Vervielfältigung bei Programmen nicht durch die Herstellung körperlicher Vervielfältigungsstücke gekennzeichnet, sondern Vervielfältigung ist auch eine vorübergehende Wahrnehmbarkeit des Programms „mit jedem Mittel und in jeder Form". Damit werden zumindest Teile von Programmen schon dadurch vervielfältigt, daß sie sinnlich wahrnehmbar (insbesondere sichtbar z. B. auf dem Bildschirm) werden. Bei einer derart weitgehenden Ausdehnung des Begriffes der Vervielfältigung von Programmen erscheint Nr. 1 Satz 2 nur noch klarstellenden Charakter zu haben. Nur dann, wenn man bei Nr. 1 Satz 1 Bedenken haben kann, ob ein bestimmter Vorgang als Vervielfältigung zu bewerten ist, bedarf es der Erläuterung, daß das Laden, Anzeigen, Ablaufen, Übertragen und Speichern des Computerprogramms nicht ohne Zustimmung des Berechtigten stattfinden darf. Das Gesetz ist ersichtlich um eine „wasserdichte" Sicherung der Befugnisse des Rechtsinhabers bemüht.

4 **Bearbeitungsrechte.** Während § 23 bei der Bearbeitung – von den Ausnahmen in Satz 2 abgesehen – nur die Veröffentlichung und Verwertung untersagt, geht § 69c bei Computer-Programmen weiter, denn in Nr. 2 wird *bereits die Herstellung von Bearbeitungen untersagt.* Zu den Bearbeitungen gehören auch die Übersetzung (§ 3) sowie Arrangements (vgl. § 2 Bem. 49), wenn diese Werkcharakter haben. Das gleiche gilt für „andere Umarbeitungen", sofern diese die nötige Schöpfungshöhe aufweisen und nicht zu den Umgestaltungen ohne Werkcharakter (§ 23 Bem. 1) zu zählen sind. § 69c Nr. 2 untersagt alle dort angegebenen Verwertungshandlungen, gleichgültig, in welcher Form und in welchem Umfang sie das Programm verändern. Wenn bereits die Herstellung von Bearbeitungen und Umgestaltungen aller Art untersagt ist, muß daraus auch ein Nutzungsverbot im Hinblick auf die dabei erzielten Ergebnisse zu folgen. Die Vorschrift spricht dies in einem

Halbsatz ausdrücklich aus. Nr. 2 Satz 2 läßt die Bearbeiterrechte unberührt. Derjenige Bearbeiter eines Programms, der mit seiner Bearbeitung ein individuelles Werk nach § 69a Nr. 3 schafft, ist zwar Urheber, in der Verwertung seiner Bearbeitung jedoch (wie bei § 23) von der Zustimmung des Original-Urhebers abhängig.

Verbreitungsrecht und seine Erschöpfung. Das Verbreitungsrecht des 5
Urhebers eines geschützten Programms nach Nr. 3 entspricht dem Verbreitungsrecht des Urhebers gemäß § 17. Das Recht zur Vermietung wird als ausschließliches Recht – nicht als bloßes „Sonstiges Recht" nach § 27 – ausgestaltet. Damit steht fest, daß § 27 bei Computerprogrammen keine Anwendung findet (BT-Drucks. 12/4022 vom 18. 12. 1992 S. 11). Das gleiche gilt für den Grundsatz der Erschöpfung des Verbreitungsrechts aus § 17 Abs. 2 (BT-Drucks. a.a.O.). Nr. 3 Satz 2 enthält eine gesonderte Regelung, die der Rspr. des EuGH (EuGH GRUR Int. 1981, 229, 231 *Gebührendifferenz II;* EuGH GRUR Int. 1982, 372, 377 *Polydor/Harlequin*) entspricht. Zur Erschöpfung des Verbreitungsrechts grundsätzlich s. § 17 Bem. 8. Erfolgt die Verbreitung des Programms in einem Staat der EG, ist das Verbreitungsrecht im Hinblick auf das Computerprogramm erschöpft, d. h. das betreffende Werkstück (Vervielfältigungsstück) kann ohne Zustimmung des Rechtsinhabers beliebig weiterverbreitet werden. Die Vorschrift weist darauf hin, daß durch eine derartige Weiterverbreitung das (ausschließliche) Vermietungsrecht des Urhebers unberührt bleibt. Die Begründung des Gesetzentwurfes (BT-Drucks. a.a.O. S. 12) bemerkt, daß der Verleih von Computerprogrammen durch die Regelung für die Vermietung nicht betroffen ist. Eine Richtlinie des Rates zum Vermietungsrecht, Verleihrecht und weiteren verwandten Schutzrechten ist im November 1992 ergangen (abgedruckt in GRUR Int. 1993, 144ff.).

§ 69d Ausnahmen von den zustimmungsbedürftigen Handlungen

(1) Soweit keine besonderen vertraglichen Bestimmungen vorliegen, bedürfen die in § 69c Nr. 1 und 2 genannten Handlungen nicht der Zustimmung des Rechtsinhabers, wenn sie für eine bestimmungsgemäße Benutzung des Computerprogramms einschließlich der Fehlerberichtigung durch jeden zur Verwendung eines Vervielfältigungsstücks des Programms Berechtigten notwendig sind.

(2) Die Erstellung einer Sicherungskopie durch eine Person, die zur Benutzung des Programms berechtigt ist, darf nicht vertraglich untersagt werden, wenn sie für die Sicherung künftiger Benutzung erforderlich ist.

(3) Der zur Verwendung eines Vervielfältigungsstücks eines Programms Berechtigte kann ohne Zustimmung des Rechtsinhabers das Funktionieren dieses Programms beobachten, untersuchen oder testen, um die einem Programmelement zugrundeliegenden Ideen und Grundsätze zu ermitteln, wenn dies durch Handlungen zum Laden, Anzeigen, Ablaufen, Übertragen oder Speichern des Programms geschieht, zu denen er berechtigt ist.

Ausnahmeregelung zu § 69c. Die Vorschrift betrifft den Fall, daß durch 1
Rechtsgeschäft die Nutzung von urheberrechtlich geschützten Programmen Dritten gestattet worden ist. Es ist offensichtlich, daß in solchen Fällen, in denen der Werkschöpfer Rechtsinhaber des ausschließlichen Vervielfältigungsrechts bleibt, der Erwerber die vertraglich vorgesehenen Nutzungs-

möglichkeiten erhalten und behalten muß. Schon die Zweckübertragungstheorie und die darauf fußende gesetzliche Regelung des § 31 Abs. 5 gewähren dem Erwerber von Nutzungsrechten (also auch dem Käufer oder Mieter von Computerprogrammen) diejenigen Rechte, die er benötigt, damit der Vertragszweck erfüllt wird. Dies ist auch der Sinn von § 69d bei der Rechtsvergabe im Zusammenhang mit der Nutzung von Computerprogrammen. Die Bestimmung wird schon jetzt als unzureichend empfunden (Lehmann CR 1992, 324, 327). Ob diese Bedenken berechtigt sind, läßt sich heute noch nicht absehen. Haberstumpf GRUR Int. 1992, 715, 719 geht zu Recht davon aus, daß ein vollständiger Ausschluß der Befugnisse nach § 69c nicht zulässig ist. Zu Rechtsfragen bei Verkauf und Lizensierung von Programmen nach Schaffung von § 69d Lehmann NJW 1993, 1822.

2 **Bestimmungsgemäße Benutzung.** Abs. 1 gibt dem Erwerber von Rechten zur Nutzung von Programmen das Recht, die Maßnahmen, die eine Vervielfältigung des Programms nach § 69c Nr. 1 u. 2 bedeuten, aus eigenem Recht vorzunehmen, wenn anderenfalls der Vertragszweck nicht erreicht werden kann. Derartige Maßnahmen müssen **notwendig** sein. Ferner darf der Vertrag mit dem Rechtsinhaber keine entgegenstehenden Bestimmungen vorsehen. Ist dies der Fall, kann dem Rechtserwerber (Käufer, Mieter, Lizenznehmer) nur über eine Veränderung der vertraglichen Vereinbarungen oder eine Kündigung geholfen werden. Besonders erwähnt ist der Fall der **Fehlerberichtigung.** Der Werknutzer kann, ohne etwa auf Gewährleistungsansprüche beschränkt zu sein, die Fehlerbeseitigung selbst vornehmen, falls der Vertrag nichts anderes besagt. Dazu sind ihm Vervielfältigungshandlungen gestattet.

3 **Sicherungskopie.** Die Regelung in Abs. 2 trägt der Notwendigkeit Rechnung, daß durch unvorhergesehene Ereignisse ein Verlust des Programms eintreten kann. Um dieser Gefahr, die bei anderen Werken des Urheberrechts, die keine Unikate darstellen, weniger droht, zu begegnen, hat sich die Schaffung einer Sicherungskopie bewährt. Das Recht zur Erstellung einer solchen Kopie darf **nicht untersagt** werden, wenn sie lediglich der Sicherung dient und dafür auch erforderlich ist.

4 **Programmtestläufe.** Der Sinn von Abs. 3 erschließt sich dann, wenn berücksichtigt wird, daß Ideen und Grundsätze, die dem Computerprogramm zugrundeliegen, nicht schutzfähig sind (§ 69a Abs. 2). Wer das Recht zur Nutzung eines Computerprogramms erworben hat, kann damit zugleich das Recht beanspruchen, „ohne Zustimmung des Rechtsinhabers das Funktionieren dieses Programmes zu beobachten, zu untersuchen oder zu testen". Es handelt sich hier um einen aus dem Patentrecht stammenden Gedanken (§ 11 Nr. 2 PatG), der dem Urheberrecht im Grunde fremd ist. Er „ermuntert" den Programmanwender gewissermaßen, die geistigen Grundlagen des Programms zu ergründen, wobei er dann durch Schaffung eigener Programme (schutzfähig als individuelles Werk und Ergebnis der eigenen geistigen Schöpfung, s. § 69a Abs. 3) zumindest zum technischen Fortschritt, aber auch zum eigenen Nutzen tätig werden könnte. Der Rechtsinhaber hat nicht die Möglichkeit, derartige Handlungen zu verhindern, wie der letzte Halbsatz von Abs. 3 vermuten lassen könnte. Das Recht zur Durchführung von Programmtestläufen ist, wie sich aus § 69g ergibt, unabdiungbar. S. im übrigen Haberstumpf GRUR Int. 1992, 715, 719, 720 zur unterschiedlichen Interessenlage zwischen Urheber und Programmanwender.

§ 69e Dekompilierung

(1) Die Zustimmung des Rechtsinhabers ist nicht erforderlich, wenn die Vervielfältigung des Codes oder die Übersetzung der Codeform im Sinne des § 69c Nr. 1 und 2 unerläßlich ist, um die erforderlichen Informationen zur Herstellung der Interoperabilität eines unabhängig geschaffenen Computerprogramms mit anderen Programmen zu erhalten, sofern folgende Bedingungen erfüllt sind:

1. **Die Handlungen werden von dem Lizenznehmer oder von einer anderen zur Verwendung eines Vervielfältigungsstücks des Programms berechtigten Person oder in deren Namen von einer hierzu ermächtigten Person vorgenommen;**
2. **die für die Herstellung der Interoperabilität notwendigen Informationen sind für die in Nummer 1 genannten Personen noch nicht ohne weiteres zugänglich gemacht;**
3. **die Handlungen beschränken sich auf die Teile des ursprünglichen Programms, die zur Herstellung der Interoperabilität notwendig sind.**

(2) Bei Handlungen nach Absatz 1 gewonnene Informationen dürfen nicht

1. **zu anderen Zwecken als zur Herstellung der Interoperabilität des unabhängig geschaffenen Programms verwendet werden,**
2. **an Dritte weitergegeben werden, es sei denn, daß dies für die Interoperabilität des unabhängig geschaffenen Programms notwendig ist,**
3. **für die Entwicklung, Herstellung oder Vermarktung eines Programms mit im wesentlichen ähnlicher Ausdrucksform oder für irgendwelche anderen das Urheberrecht verletzenden Handlungen verwendet werden.**

(3) Die Absätze 1 und 2 sind so auszulegen, daß ihre Anwendung weder die normale Auswertung des Werkes beeinträchtigt noch die berechtigten Interessen des Rechtsinhabers unzumutbar verletzt.

Begriffliches. Der die Überschrift der Vorschrift bildende Begriff der **Dekompilierung** ist ebenso wie der im Gesetzestext erscheinende (Abs. 1) Terminus der **Interoperabilität** nur dem Fachmann vertraut. Für den Laien erschließen sich die Fachausdrücke aus dem Vorspruch zur Richtlinie des Rates vom 14. 5. 1991 (GRUR Int. 1991, 545). Die Interoperabilität wird dort (EG-Richtlinie a.a.O. S. 546 1. Sp. oben) als die Fähigkeit eines Programms zum Austausch von Informationen und zur wechselseitigen Verwendung der ausgetauschten Informationen definiert (s. auch § 69a Bem. 3). Der Begriff der Dekompilierung ergibt sich, daran anschließend, aus dem Vorspruch zur EG-Richtlinie a.a.O. S. 546 1. Sp. unten wie folgt: Nach § 69c sind Vervielfältigungen, Bearbeitungen usw. nicht erlaubt, es sei denn, daß der Urheber/Rechtsinhaber zugestimmt hat. Es können jedoch bei der Anwendung des Programms, das ein Berechtigter nutzt, Situationen eintreten, in denen Vervielfältigungshandlungen vorgenommen werden müssen, um Informationen zu erhalten, die für die Interoperabilität mit einem anderen Programm erforderlich sind. Würde man diese Informationen aus dem urheberrechtlich geschützten Programm nicht erhalten können, wäre eine Nutzung des Programms im Zusammenhang mit anderen Computersystemen entweder nicht möglich oder erschwert. Mit ähnlichen Worten wird in Abs. 1 der Begriff der Dekompilierung vom Gesetzestext erläutert. Er besagt also im Endergebnis, daß durch Vervielfältigungshandlungen Informationen aus einem geschützten Programm herausgezogen werden dürfen, um eine Nutzung des Programms mit anderer Software und auf anderer als der dafür ursprünglich vorgesehenen Hardware zu ermöglichen (zu Einzelheiten s. Lehmann CR 1992, 324, 327 und die dort angeführte Fachliteratur). Die Begründung des Gesetzentwurfs (BT-Drucks. 1

12/4022 vom 18. 12. 92 S. 13ff.) erläutert im einzelnen, daß die Vorschrift eine Kompromißentscheidung zwischen dem berechtigten Wunsch des Urhebers auf Schutz gegen Rechtsverletzungen, andererseits aber auch aus dem Bestreben ist, einen funktionierenden Wettbewerb der Software- und Computerindustrie zu ermöglichen. § 69e ist in großen Teilen die wörtliche Wiedergabe von Art. 6 der EG-Richtlinie.

2 **Anwendungsvoraussetzung**. Die Vervielfältigungshandlungen nach § 69c Nr. 1 u. 2 dürfen nur unter den Bedingungen von Abs. 1 Nr. 1–3 vorgenommen werden. Es muß sich um eine vom Rechtserwerber ermächtigte Person handeln (Nr. 1), es muß sich die Notwendigkeit ergeben, die Informationen durch die Vervielfältigung des Codes bzw. durch die Übersetzung der Codeform zu erlangen (Nr. 2), und die Vervielfältigungshandlungen müssen sich auf das Notwendige (Erreichen der Interoperabilität) beschränken (Nr. 3). Vgl. Haberstumpf GRUR Int. 1992, 715, 720.

3 **Verbot anderweitiger Verwendung**. Das Gesetz bestimmt in Abs. 2, daß die Informationen, die bei den Handlungen nach Abs. 1 erlangt werden, zu anderen als den gesetzlich vorgesehenen Zwecken nicht verwandt werden dürfen. Die Einschränkungen sind aus dem gesetzlichen Wortlaut verständlich. **Nr. 1** legt fest, daß die Daten aus dem geschützten Computerprogramm nur zur Herstellung des Programms benutzt werden dürfen, das zur Erreichung der Interoperabilität erforderlich ist. **Nr. 2** verbietet die Weitergabe der Informationen an Dritte, allerdings mit der sich gewissermaßen aus der Natur der Sache ergebenden Ausnahme, daß dann, wenn die Weitergabe für die Interoperabilität erforderlich ist, die Unterrichtung Dritter stattfinden darf. **Nr. 3** bestimmt, daß eine Weitergabe der bei der Dekompilierung erworbenen Informationen nicht erlaubt ist, wenn damit Urheberrechtsverletzungen zum Schaden des Werkschöpfers des Original-Programms zu erwarten sind.

4 **Interessenausgleich**. Abs. 3 stellt eine Generalklausel dar, mit der die EG-Richtlinie und im Anschluß daran auch der Gesetzgeber einem Mißbrauch der Vorschrift vorbeugen will. Es soll die Auswertung des urheberrechtlich geschützten Programms durch den Anwender nicht beeinträchtigt werden, es sollen aber auch die berechtigten Interessen des Urhebers/Rechtsinhabers gewahrt bleiben. Eine derartige Klausel erscheint deshalb sinnvoll, weil erst die Praxis zeigen dürfte, ob und inwieweit die Ausnahmen von den zustimmungsbedürftigen Handlungen nach § 69c, die im Rahmen einer Dekompilierung nach § 69e ohne Zustimmung des Rechtsinhabers vorgenommen werden dürfen, zu Rechtsverletzungen auf Seiten des Rechtsinhabers führen können. Die ausführliche Begründung des Gesetzentwurfes (BT-Drucks. 12/4022 vom 18. 12. 92 S. 14) macht darauf aufmerksam, daß das Dekompilieren eines fremden Programms erforderlich sein kann, um den Nachweis einer behaupteten Urheberrechtsverletzung zu führen. Der Gesetzgeber hält es für wahrscheinlich, daß auch in künftigen Verletzungsprozessen das Ergebnis davon abhängig sein kann, ob und in welchem Umfang die beweisbelastete Partei eine Dekompilierung ihres Programms gestattet. Bei der Interessenabwägung in Abs. 3 dürfte dann auch eine Rolle spielen, was dem Urheber/Rechtsinhaber eines Programms an mit der Dekompilierung verbundener Offenlegung zuzumuten ist.

§ 69f Rechtsverletzungen

(1) Der Rechtsinhaber kann von dem Eigentümer oder Besitzer verlangen, daß alle rechtswidrig hergestellten, verbreiteten oder zur rechtswidrigen Verbreitung bestimmten Vervielfältigungsstücke vernichtet werden. § 98 Abs. 2 und 3 ist entsprechend anzuwenden.

(2) Absatz 1 ist entsprechend auf Mittel anzuwenden, die allein dazu bestimmt sind, die unerlaubte Beseitigung oder Umgehung technischer Programmschutzmechanismen zu erleichtern.

Rechtsnatur. Die Vorschrift ist im *Zusammenhang mit § 98* zu sehen, der dem Verletzten Ansprüche auf Vernichtung und Unbrauchbarmachung rechtswidrig hergestellter Vervielfältigungsstücke und dazu bestimmte Vorrichtungen gibt. Die Regelung geht insoweit über § 98 hinaus, als die in Abs. 1 Satz 2 vorgesehene entsprechende Anwendung von § 98 Abs. 2 u. 3 dazu führt, daß nicht nur ausschließlich zur rechtswidrigen Herstellung von Vervielfältigungsstücken bestimmte Vorrichtungen unbrauchbar gemacht und vernichtet werden können, sondern schlechthin alle rechtswidrig hergestellten Vervielfältigungsstücke und Vorrichtungen zur Vervielfältigung. Die Verweisung auf § 98 Abs. 2 verdeutlicht, daß auch bei Computerprogrammen der Verletzte nur die Maßnahmen durchsetzen kann, die erforderlich sind, um die eingetretene oder drohende Rechtsverletzung durch Vervielfältigung zu verhindern. Wo eine Löschung möglich ist, kann eine Vernichtung nicht verlangt werden. § 69f führt die Regelung von Art. 7 Abs. 1 Buchst. b und c der EG-Richtlinie in das UrhG ein. Die Vorschrift ist lediglich eine **zusätzliche Sanktion** zu den §§ 96ff. Dies ergibt sich nicht nur aus ihrer Ausgestaltung als Spezialanspruch bei Computerprogrammen, sondern auch aus der Verweisung in § 69a Abs. 4 auf das Urheberrecht sowie die dort geregelten Rechtsfolgen bei Verletzungen. 1

Weitreichende Sanktionen. Die sich aus § 98 ergebenden Ansprüche auf Vernichtung, Unbrauchbarmachung und entsprechende Maßnahmen (Abs. 2) tragen der Tatsache Rechnung, daß bei Programmen Urheberrechtsverletzungen besonders naheliegend sind und mit allen zur Verfügung stehenden Mitteln unterbunden werden sollen. Das Gesetz vermutet im Ergebnis unwiderleglich, daß Vervielfältigungsstücke und Vorrichtungen für die Herstellung gleicher Programme zu Zwecken der Rechtsverletzung verwendet werden können. Auf die tatsächliche Bestimmung, die für den Anspruch nach § 98 Abs. 2 maßgeblich ist, kommt es nicht an. 2

Vorrichtungen zum Programmschutz. Abs. 2 gewährt Ansprüche auf Vernichtung und Unbrauchbarmachung für solche Mittel, die den Zweck haben, vom Rechtsinhaber zum Schutz des Programms gegen Vervielfältigung und Bearbeitung eingefügte technische Programmschutzmechanismen außer Kraft zu setzen. Die Begründung zum Gesetzentwurf (BT-Drucks. 12/4022 vom 18. 12. 92 S. 15) nennt sog. **Kopierprogramme**, die geeignet sind, den Kopierschutz des urheberrechtlich geschützten Programms auszuschalten. Berechtigt und klagebefugt ist insoweit nicht nur der Urheber und Rechtsinhaber nach § 69b Abs. 1, sondern jeder Programmhersteller, der das Programm rechtmäßg unter Einfügung eines Kopierschutzes herstellt und vertreibt (Begr. des Gesetzentwurfes a.a.O.). 3

4 **Keine Verjährung.** Da der Anspruch aus § 69f seiner Rechtsnatur nach § 98 entspricht, gilt auch für ihn, daß er gemäß § 102 Abs. 2 der Verjährung nicht unterliegt.

§ 69g Anwendung sonstiger Rechtsvorschriften; Vertragsrecht

(1) Die Bestimmungen dieses Abschnitts lassen die Anwendung sonstiger Rechtsvorschriften auf Computerprogramme, insbesondere über den Schutz von Erfindungen, Topographien von Halbleitererzeugnissen, Warenzeichen und den Schutz gegen unlauteren Wettbewerb einschließlich des Schutzes von Geschäfts- und Betriebsgeheimnissen, sowie schuldrechtliche Vereinbarungen unberührt.

(2) Vertragliche Bestimmungen, die in Widerspruch zu § 69d Abs. 2 und 3 und § 69e stehen, sind nichtig.

1 **Ansprüche neben dem Urheberrecht.** Die Regelung trägt Art. 9 Abs. 1 der EG-Richtlinie Rechnung, wonach durch den urheberrechtlichen Schutz für Computerprogramme ein daneben etwa noch bestehender anderer Schutz unberührt bleiben soll. Im deutschen Recht ist dies in erster Linie ein denkbarer **Patentschutz sowie ein wettbewerbsrechtlicher Leistungsschutz nach § 1 UWG.** Obwohl Computerprogramme in aller Regel Patentschutz nicht genießen können, weil es an einer Lehre zum technischen Handeln (§ 1 Abs. 1 PatG) fehlt (BGHZ 67, 22 = BGH GRUR 1977, 96 *Dispositionsprogramm;* BGH GRUR 1992, 36, 38 *Chinesische Schriftzeichen),* kann doch im Einzelfall ein gewissermaßen „indirekter Schutz“ dadurch erfolgen, daß eine programmbezogene Erfindung eine Lehre zum technischen Handeln darstellt (BGH GRUR 1992, 33, 36 *Seitenpuffer).* Bei Rechenprogrammen, für die auch unter den Voraussetzungen des § 69a Abs. 2 kein Urheberrechtsschutz besteht, weil es an der erforderlichen Individualität des Werkes fehlt, ist wettbewerbsrechtlicher Schutz nach § 1 UWG (unlautere unmittelbare Leistungsübernahme) denkbar (Baumbach-Hefermehl, Wettbewerbsrecht, 17. Aufl., § 1 UWG, Rdnr. 519). Des weiteren kommt ein Schutz von Programmen über die §§ 17, 18 UWG in Betracht, wenn es sich dabei um Geschäfts- und Betriebsgeheimnisse handelt (Baumbach-Hefermehl a.a.O. § 17 UWG, Rdnr. 9).
Schließlich erwähnt das Gesetz ausdrücklich auch Verträge, denn durch Vereinbarungen aller Art kann ein Schutz für ansonsten nicht geschützte Software zwischen den Parteien des Vertrages vereinbart werden.

2 **Nichtige vertragliche Vereinbarungen.** Abs. 2 bezieht sich auf die neuen Regelungen zum urheberrechtlichen Schutz von Computerprogrammen, die dem Nutzer von Computerprogrammen bestimmte Rechte gewähren, die vertraglich nicht ausgeschlossen werden sollen und können. Es handelt sich dabei um Mindestrechte, die jedem Verwender von Programmen zugestanden werden müssen. Die Regelung ist Art. 9 Abs. 1 Satz 2 EG-Richtlinie entnommen.

Zweiter Teil · **Verwandte Schutzrechte**

Vorbemerkung

1 Ein Urheberrecht kann schon dem Wortsinn nach nur dem Urheber eines Werkes im Sinne des § 2 zuerkannt werden. Bis auf die bildende Kunst, die sich selbst interpretiert, sind jedoch alle Werke des Katalogs in § 2 Abs. 1 in ihrem Erfolg und in ihrer Lebensdauer davon anhängig, daß sich Interpreten finden, die in kongenialer Reproduktion die schöpferische Leistung des Urhebers zur vollen Entfaltung bringen. Die Leistung dieser „Nachschöpfer" ist oft von hohem, ja höchstem künstlerischem Rang. Sie ist, wie die Begr. (S. 86) mit Recht ausführt, zwar keine eigentlich schöpferische Leistung, ist der schöpferischen Leistung des Urhebers aber ähnlich, gleichsam „verwandt". Der vom Gesetz gewährte Schutz wird deshalb vom besonderen Charakter der Leistung her gerechtfertigt und kann nicht etwa als Ausnahme vom Grundsatz der freien Benutzung fremder Leistung angesehen werden (zutreffend Möhring/Nicolini § 70 Bem. 1b; Schricker-Krüger vor § 73 Rdnr. 9; a. M. v. Gamm § 70 Bem. 2 und § 71 Bem. 2 mit der Forderung nach restriktiver Auslegung). Daß die genannte Leistung wegen dieser ihrer Bedeutung schutzwürdig und schutzbedürftig ist und daß dazu die allgemeinen Normen etwa des Wettbewerbsrechts oder des Arbeitsrechts nicht ausreichen, ist seit langem anerkannt (vgl. Ulmer[3] S. 15ff. und Begr. S. 86). Die Bundesrepublik hat sich zudem in einer Reihe internationaler Abkommen, die gleichzeitig ratifiziert wurden (vgl. vor § 120 Bem. 4), zu ihrem Schutz verpflichtet.

2 Das frühere Recht sah nur einen sehr unvollkommenen Schutz für die Gruppe der **ausübenden Künstler** vor und verquickte dabei zudem die Produktion mit der Reproduktion, indem es in § 2 Abs. 2 LUG dem ausübenden Künstler ein fiktives (Quasi-)Bearbeiterurheberrecht zubilligte. Der Gesetzgeber hat demgegenüber eine dogmatisch reinliche Scheidung vorgenommen und, nach der Behandlung des Urheberrechts im ersten Teil des UrhG, im zweiten Teil die Rechte derjenigen, die in einem mehr oder weniger engen Zusammenhang mit der Verwertung eines Werkes (Bem. 4) eine **schutzwürdige Leistung** erbringen, unter der Bezeichnung **„Verwandte Schutzrechte"** zusammengefaßt. Das heißt nicht, daß die Rechte der Leistungsschutzberechtigten im Zweifel den Rechten der Urheber entsprechend abzugrenzen wären. Der Gesetzgeber weist ausdrücklich die Unterstellung zurück, mit der Zusammenfassung der „benachbarten" Rechte *(droits voisins)* von Urheber und Interpret in einem Gesetz werde eine Verquickung begünstigt, die zu einer Gefährdung der Rechte des Urhebers führen könne; gerade das soll durch die klare dogmatische Trennung vermieden werden (Begr. S. 86f.).

3 Zu einer solchen **Trennung** besteht um so mehr Anlaß, als unsere Epoche unzweifelhaft eine gewisse Unterbewertung der schöpferischen Leistung erkennen läßt, die mit einer entsprechenden Überbewertung der bloßen Interpretation Hand in Hand geht. Held des Tagesruhms, ja echtes Massenidol ist zumeist der „Star" aller Ausprägungen, vom Dirigenten bis zur Filmschauspielerin, vom Sänger bis zum Virtuosen, von der Jazz-Band bis zum Bühnenstar, dem Popstar, dem Kabarettisten. Der Tagesglanz, der sich an die großen Namen dieser ausübenden Künstler heftet, verdunkelt häufig

genug die Leistung des Schöpfers der zum Vortrag gebrachten Werke. Diese Entwicklung wird freilich durch die modernen technischen Möglichkeiten der Aufzeichnung und Aufbewahrung von Wiedergabeleistungen begünstigt. Schillers vielzitiertes Wort „Dem Mimen flicht die Nachwelt keine Kränze" ist von der Technik restlos widerlegt: In Bild- und Tonträgern werden die schauspielerischen, künstlerischen, stimmlichen und mimischen Darstellungen großer Dirigenten, genialer Schauspieler und Sänger und aller sonstigen Interpreten einschließlich der großen Clowns genauso für die „Ewigkeit" einbalsamiert und aufbewahrt wie die dargebotenen Werke selbst. Zumindest den ausübenden Künstlern unter den Inhabern verwandter Schutzrechte ist das Fortleben durch Tonträger, Film, Video und Funkaufzeichnung genauso gewährleistet wie bisher nur den Dichtern, Komponisten, Malern und Bildhauern. Viele Generationen werden sich noch an Furtwänglers Kunst der Interpretation von Beethoven und Brahms erfreuen, Taubers und Giglis Tenorstimme zum Erklingen bringen und die filmischen Leistungen einer Greta Garbo bewundern können.

4 Neben den Rechten der Interpreten im engeren Sinne, der ausübenden Künstler, als der wichtigsten Gruppe in den §§ 73–84 regelt das UrhG zunächst die weniger bedeutsamen **Rechte der Veranlasser bestimmter wissenschaftlicher Ausgaben und nachgelassener Werke** (§§ 70–71). Mit der Bestimmung für **Lichtbilder,** d. h. für Fotografien, die die Anforderungen des § 2 Abs. 2 nicht erfüllen, in § 72 wird ein Fehler des früheren Rechts korrigiert, das in den §§ 1, 3 KUG alle Werke der Fotografie ohne Rücksicht auf das Vorhandensein einer schöpferischen Leistung begrifflich unterschiedslos erfaßte. **Lichtbildwerke und Lichtbilder** sind dogmatisch klar **getrennt.** Zur geänderten Schutzdauer Bem. 6. Ein eigenes Schutzrecht steht auch den **Herstellern von Tonträgern** zu (§§ 85, 86), die früher auf abgeleiteten Rechtserwerb von den ausübenden Künstlern angewiesen waren (vgl. § 3 Abs. 2 LUG) und im Gesetz selbst nur als Inhaber der Zwangslizenzrechte aus §§ 22ff. LUG erwähnt wurden. Wie ihnen ist den **Sendeunternehmen** ein eigenes Ausschließlichkeitsrecht in § 87 zugebilligt, welches sich allerdings in der Schutzdauer von demjenigen der ausübenden Künstler unterscheidet (Bem. 6). Auch der **Filmhersteller** hat ein eigenes Leistungsrecht am Filmstreifen einschließlich des dazugehörigen Tonträgers (§ 94). Den Wunsch der Musikverleger, den Leistungsschutz auf das sog. reversgebundene Notenmaterial auszudehnen, hat der Gesetzgeber jedoch zu Recht abgelehnt, da die vertragliche Bindung ausreichenden Schutz bietet (schriftlicher Bericht zu BT-Drucks. IV/3401 S. 13; vgl. auch § 17 Bem. 8b).
Die Bestimmung des Kreises der Leistungsschutzberechtigten erscheint in gewisser Weise willkürlich vorgenommen. Ein einheitliches Kriterium der Schutzbegründung ist nicht erkennbar. Nur auf den ersten Blick ist die **Werkverwertung** die verbindende Klammer. Indes setzt nur der Schutz der *editio princeps* (§ 71), des ausübenden Künstlers (§ 73) und des Veranstalters (§ 81) voraus, daß ein urheberrechtlich schutzfähiges Werk verwertet wird. Zwar genießt das Film*werk* hinsichtlich des Erwerbs abgeleiteter Nutzungsrechte eine – unbedeutende – Vorzugsstellung gegenüber den Laufbildern (§ 95 Bem. 11). Jedoch stehen dem Hersteller der Laufbilder dieselben Leistungsschutzrechte zu wie dem Filmhersteller (§§ 94, 95). Tonträger, Rundfunksendungen und Filme erhalten den Leistungsschutz ungeachtet der Werkqualität des aufgenommenen oder wiedergegebenen Programms

(§§ 85/86 Bem. 2, § 87 Bem. 3, § 95 Bem. 1). Während mit den §§ 73ff. die persönliche Darbietung des ausübenden Künstlers geschützt wird, belohnt § 71 den mit einer Erstausgabe verbundenen Arbeits- und Kostenaufwand; die Rechte der §§ 81, 85, 87, 94 haben ihren Schutzgegenstand in der organisatorischen, technischen und wirtschaftlichen Leistung (§ 81 Bem. 1, §§ 85, 86 Bem. 1; § 87 Bem. 1; § 94 Bem. 1) der durch diese Vorschriften begünstigten Unternehmer. Es ist deshalb erforderlich, hinsichtlich der Übertragbarkeit verwandter Schutzrechte zu differenzieren: Solche mit persönlichkeitsrechtlichem Einschlag sind nur beschränkt übertragbar, während die Unternehmer-Schutzrechte einschränkungslos übertragen werden können (vor § 28 Bem. 3, § 70 Bem. 6, § 72 Bem. 15, vor § 73 Bem. 11, § 78 Bem. 1, §§ 85, 86 Bem. 15, § 94 Bem. 17).

Wenig einleuchtend erscheint ferner, daß die Rechte teilweise in Anlehnung **5**
an die Schutzrechte der Urheber (§§ 70–72) gewährt werden, während im übrigen sowohl für die ausübenden Künstler als auch für die Herausgeber, Tonträger-, Sende- und Filmunternehmer sowie die Veranstalter eigens herausgebildete Leistungsschutzrechte statuiert werden. Dies hat zur Folge, daß nur die Berechtigten aus den §§ 70, 72 Schutz auch gegenüber nachschaffenden Leistungen beanspruchen können, während die verbleibenden Leistungsschutzrechte nur gegen die unmittelbare Leistungsübernahme durch technische Mittel wie Bildschirm- und Lautsprecherübertragung (§ 74), Vervielfältigungen auf Bild- oder Tonträger (§ 75) usw. einzusetzen sind (Schricker-Krüger vor § 73 Rdnr. 2).
Im Gegensatz zum Recht des Urhebers, das grundsätzlich an **allen** denkbaren Werkarten besteht, auch wenn sie nicht in § 2 Abs. 1 genannt wurden (vgl. dort Bem. 1), folgt der Gesetzgeber im Bereich der verwandten Schutzrechte dem **Enumerationsprinzip.** Eine Erweiterung des Kataloges zu schützender Leistungsarten fordert G. Schulze ZUM 1989, 53, 59ff. De lege lata werden nur solche Leistungen geschützt, die ausdrücklich im Gesetz genannt sind. Den Schutzrechtsinhabern stehen auch nur diejenigen Rechte zu, die das Gesetz erwähnt, soweit ein Schutz nicht schon aus anderen allgemeinen Vorschriften folgt. Vgl. vor § 73 Bem. 2, 3. BVerfG GRUR 1990, 183, 185 *Vermietungsvorbehalt* rechtfertigt nicht nur eine Bevorzugung der Urheber vor denjenigen, die keine schöpferische, sondern nur eine technisch-organisatorische Leistung erbringen, sondern auch die gesetzliche Differenzierung innerhalb der Gruppen der Leistungsschutzberechtigten: Wenn die Tonträgerhersteller vom Aufkommen aus § 27 ausgeschlossen sind, die Inhaber der Rechte aus §§ 70, 71 jedoch nicht, sei das nicht zu beanstanden, denn die Verfasser wissenschaftlicher Werke und die Herausgeber nachgelassener Werke stünden als „Geburtshelfer der Urheber" gleichsam in deren Lager, da sie Leistungen erbrächten, die zwar noch nicht als schöpferisch, wohl aber ihnen ähnlich seien.

Die **Schutzdauer** beträgt bei den verwandten Schutzrechten regelmäßig 25 **6**
Jahre (§§ 70 Abs. 3, 71 Abs. 3, 72 Abs. 3, 85 Abs. 2, 87 Abs. 2, 94 Abs. 3), wobei der Fristbeginn sich nicht nach dem Tode des Leistungserbringers bestimmt, sondern nach dem ersten Verwertungsakt oder (teils ersatzweise) dem Zeitpunkt der Erbringung der geschützten Leistung. Bei den Persönlichkeitsrechten der ausübenden Künstler (§ 83 Abs. 3) endet die Frist jedoch nicht vor deren Tod. Eine wichtige Ausnahme macht die durch die Gesetzesnovelle 1990 vorgenommene Verlängerung des Schutzes für aus-

übende Künstler auf **50 Jahre** (§ 82) und die Schutzdauer von 50 Jahren für Dokumente der Zeitgeschichte (§ 72 Abs. 3). Die frühere Gleichstellung der Schutzdauer von Lichtbildwerken und Lichtbildern, die § 68 a. F. mit Rücksicht auf Abgrenzungsschwierigkeiten vorgeschrieben hatte, ist durch die Urheberrechtsreform 1985 entfallen (§ 72 Bem. 2): § 68 ist ersatzlos gestrichen, statt dessen gilt für Lichtbildwerke die volle Schutzdauer (§ 64), während für Lichtbilder und Lichtbildwerke, die als Dokumente der Zeitgeschichte anzusehen sind, der Leistungsschutz des § 72 mit den dort vorgesehenen Schutzfristen von 25 bis 50 Jahren ab Erscheinen/Herstellung Platz greift. Für die Inhaber der Rechte aus §§ 70, 71 hat die Novellierung 1990 eine Verlängerung der Schutzfristen von 10 auf 25 Jahre eingeführt.

7 Die Leistungsschutzrechte sind wie jedes übertragbare Recht **vererblich** (§ 1922 BGB). Die Persönlichkeitsrechte des ausübenden Künstlers werden nach seinem Tode jedoch von seinen Angehörigen wahrgenommen (§ 83 Abs. 3 Satz 2). Zur Übertragbarkeit verwandter Schutzrechte vor § 28 Bem. 3. Zum Vertragsrecht § 70 Bem. 8, 12; § 71 Bem. 9; § 72 Bem. 15; vor § 73 Bem. 11–13; § 78 Bem. 8–10; §§ 85, 86 Bem. 15.

8 Von Leistungsschutzrechten, die außerhalb des UrhG eingeführt worden sind, erwähnen wir: Den Geschmacksmusterschutz (Furler), den Schriftzeichenschutz (Kelbel) und den Halbleiterschutz (Dreier GRUR Int. 1987, 645ff.). Für die Schaffung weiterer Leistungsschutzrechte wie z. B. Darstellungen wissenschaftlicher oder technischer Art, Datensammlungen, designerische Leistungen sowie Erzeugnissen der Schriftträger- und weiterer Werkträgerhersteller plädiert G. Schulze ZUM 1989, 53ff.

Erster Abschnitt · **Schutz bestimmter Ausgaben**

§ 70 Wissenschaftliche Ausgaben

(1) Ausgaben urheberrechtlich nicht geschützter Werke oder Texte werden in entsprechender Anwendung der Vorschriften des Ersten Teils geschützt, wenn sie das Ergebnis wissenschaftlich sichtender Tätigkeit darstellen und sich wesentlich von den bisher bekannten Ausgaben der Werke oder Texte unterscheiden.

(2) Das Recht steht dem Verfasser der Ausgabe zu.

(3) Das Recht erlischt 25 Jahre nach dem Erscheinen der Ausgabe, jedoch bereits 25 Jahre nach der Herstellung, wenn die Ausgabe innerhalb dieser Frist nicht erschienen ist. Die Frist ist nach § 69 zu berechnen.

Übersicht

Vor **Inkrafttreten** des UrhG waren **wissenschaftliche Ausgaben** nur dann geschützt, wenn ihr Herausgeber durch eigene Erläuterungen oder Ergänzungen als Bearbeiter schöpferisch tätig geworden war. Zur geschichtlichen Entwicklung Rehbinder UFITA 106 (1987), 255, 260ff. Damit entstand eine eigenartige Diskrepanz: Einerseits waren selbst geringfügige Schöpfungen als „kleine Münze des Urheberrechts" geschützt (vgl. § 2 Bem. 19, § 4 Bem. 3), andererseits blieb den wissenschaftlichen Ausgaben, die sich absolute Werktreue zum Ziel gesetzt hatten und die oft gerade deshalb ein hohes Maß an Forschungsarbeit und Sachkunde sowie die Aufwendung erheblicher Kosten erforderten, jeder Schutz versagt (zur Abgrenzung KG GRUR 1991, 596, 597f. *Schopenhauer-Ausgabe*). Das UrhG bleibt mit Recht dabei, daß die werkgetreue Herausgabe kein Urheberrecht entstehen läßt, billigt dem „Verfasser" aber **ein Leistungsschutzrecht** zu. Der Ausdruck „Verfasser" (Abs. 2), der aus dem Verlagsrecht stammt und dort den Urheber bezeichnet, wird hier in einem untechnischen Sinne gebraucht; gemeint ist derjenige, der die Ausgabe zusammenstellt und redigiert, also jeweils der Gelehrte selbst, nicht etwa der Verleger oder das Institut, in deren Auftrag er tätig wird (Begr. S. 87). 1

Es muß sich um eine **Ausgabe urheberrechtlich nicht geschützter Werke oder Texte** handeln. **Werke** sind dabei nur solche Schöpfungen, die an sich schutzfähig sind (§ 2 Abs. 2). Es kann sich dabei entweder um nicht mehr geschützte, d. h. gemeinfreie, oder um solche Werke handeln, die, obwohl sie unter § 2 fallen, von vornherein nicht geschützt waren, z. B. um amtliche Werke (§ 5) oder um Werke von ausländischen Urhebern in den Fällen des § 121 Abs. 4 (dort Bem. 6). Mit der allgemeinen Formulierung des Gesetzes wird der ganze Katalog des § 2 Abs. 1 erfaßt; auch die wissenschaftliche Ausgabe alter Landkarten, Baupläne oder Lithographien fällt demnach unter § 70, wenn die Voraussetzungen des § 2 Abs. 2 vorliegen. **Texte** sind Sprachgebilde, die nicht schutzfähig sind, z. B. alte Inschriften oder alte Chroniken, die sich auf die Schilderung tatsächlicher Begebenheiten beschränken, ohne individuelle Züge aufzuweisen. Geeigneter Gegenstand einer wissenschaftlichen Ausgabe können die Plädoyers der Anklagevertreter und Verteidiger sowie der Dialog zwischen den Prozeßbeteiligten eines Strafverfahrens sein; „bis dahin unbekannt" ist eine solche Textzusammenfügung, wenn sie in dieser Zusammenstellung oder in dieser Vollständigkeit der Öffentlichkeit bisher nicht zugänglich war. Dabei genügt es, wenn der Wissenschaftler eine authentische Rekonstruktion anstrebt (mit diesem Ergebnis BGH GRUR 1975, 667 *Reichswehrprozeß* für eine aus Presseberichten rekonstruierte Darstellung des Verlaufs des Reichswehrprozesses; präzisierend Nordemann in Anm. GRUR 1975, 669 und Ruzicka UFITA 84 [1979], 65, 66ff.). 2
Die Ausgabe kann in jeder verkehrsfähigen Festlegungsform bestehen, z. B. als Buch, Zeitschrift, Tonträger oder Videokassette.

Die Ausgabe stellt dann das **Ergebnis wissenschaftlich sichtender Tätigkeit** dar, wenn vorhandenes Textmaterial verglichen, kritisch gesichtet, bewertet und geordnet wird (BGH GRUR 1975, 667, 668 *Reichswehrprozeß*). Die Kriterien, nach denen dies geschieht, müssen wissenschaftlichen Charakter haben. Daß die wissenschaftlich sichtende Arbeit durch einen Apparat von Fußnoten untermauert wird, in dem die benutzten Quellen usw. näher kenntlich gemacht werden, ist nicht Voraussetzung für die 3

Zuerkennung des Leistungsschutzes, wohl aber ein Indiz für wissenschaftliches Arbeiten. Eine rein mechanische Tätigkeit würde nicht genügen (ebenso v. Gamm Bem. 6).

Findet sich neben dem Werktext der wissenschaftliche Apparat, der text- und quellenkritische Bericht in Form von Kommentaren, Anmerkungen oder Abhandlungen, kommt anstelle von § 70 eher Urheberschutz (§ 2 Bem. 30) in Betracht (KG GRUR 1991, 596, 597 *Schopenhauer-Ausgabe;* Rehbinder UFITA 106 [1987], 255, 270).

Das bloße Vervielfältigen eines zufällig aufgefundenen alten Textes kann zwar verdienstvoll sein, ist aber nicht das Ergebnis wissenschaftlich sichtender Tätigkeit (Begr. S. 87). In diesen Fällen kann jedoch ein Schutz nach § 71 in Betracht kommen (dort Bem. 2). – Im Falle der **Bearbeitung** der Ausgabe ist zu unterscheiden:

Ist das Original verändert worden (zur Rekonstruktion Bem. 2), so kommt § 70 in keinem Falle zur Anwendung; denn die Bestimmung will allein die in der wissenschaftlich fundierten Herstellung eines bisher unbekannten *Originaltextes* liegende Leistung schützen (Begr. S. 87). Sind dagegen im Original vorhandene Lücken unter entsprechender Kenntlichmachung lediglich ergänzt oder ist das Original in die heutige Schreibweise transponiert worden, um es für den heutigen Benutzer spielbar oder sonst verständlich zu machen (z. B. Aussetzung des Generalbasses, Anpassung an die heutige Orthographie), so ist die wissenschaftliche Leistung an sich ebenso schutzwürdig wie die Leistung, die etwa in der Ergänzung oder Transposition liegt (vgl. aber § 3 Bem. 13). In diesem Falle kommt ausschließlich § 3 zur Anwendung, soweit es sich um die Nutzung der bearbeiteten Fassung handelt; denn insoweit liegt kein *urheberrechtlich nicht geschütztes Werk* vor. Nur wenn – was selten sein dürfte – das Werk ohne die bearbeiteten Teile genutzt wird, kommt der subsidiäre Schutz des § 70 zum Zuge.

4 Das Tatbestandsmerkmal der **wesentlichen Unterscheidung** von den bisher bekannten Ausgaben der Werke oder Texte verlangt nicht, daß es vorbestehende Werkausgaben bereits geben muß. Auch die wissenschaftliche Erstausgabe wird geschützt. Auf dieses Kriterium kommt es mithin nur dann an, falls solche vorbestehenden Ausgaben vorhanden sind.

Die Ausgabe **unterscheidet** sich nicht schon dann **wesentlich** von den bisher bekannten Ausgaben der Werke oder Texte, wenn sie diese in anderer Reihenfolge bringt oder Werke, die bisher nur verstreut in mehreren Einzelausgaben erhältlich waren, in einem Band zusammenfaßt. Das gleiche gilt, wenn ein Gelehrter mit viel Mühe und Kosten die authentische Urfassung eines Werkes (z. B. einer Komposition von Corelli oder Boccherini) herausbringt, die vorhandenen, auf bloßer Überlieferung beruhenden gedruckten Ausgaben aber nur geringfügig davon abweichen. In allen diesen Fällen würde sich bei öffentlichen Wiedergaben kaum noch feststellen lassen, welche Ausgabe benutzt worden ist. Der Schutz des „Verfassers" aus § 70 wäre damit nicht mehr durchführbar (Begr. S. 87). Nur dort, wo die Besonderheiten der neuen wissenschaftlichen Ausgabe ohne weiteres erkennbar sind, kann von einer „wesentlichen" Abweichung gesprochen werden (Gentz UFITA 52 [1969], 135, 143).

Kommt derjenige, der eine zweite Ausgabe erarbeitet, zu dem Ergebnis, daß eine erste schon vorhandene Ausgabe im wesentlichen zutreffend ist, scheidet für die Zweitausgabe der Schutz des § 70 aus. Ergeben sich dagegen nicht unwesentliche Abweichungen, so ist dem Verfasser der Zweitausgabe der

gesetzliche Schutz zu gewähren. Der Abstand wie bei einer freien Benutzung (§ 24) braucht nicht eingehalten zu sein; es genügt, daß sich beide Ausgaben unterscheiden wie zwei unabhängig voneinander geschaffene Bearbeitungen mit jeweils eigener Werkqualität.
Bei musikwissenschaftlichen Editionen werden sich wesentliche Abweichungen im Falle einer Aufführung des Notentextes regelmäßig auch akustisch niederschlagen. Das ist zunächst der Fall, wenn sich am bloßen Hörergebnis bereits ermessen läßt, ob die Musiker die Werkausgabe A oder die Werkausgabe B benutzt haben, weil in einer der beiden Ausgaben z. B. vermehrte Takte, abweichende Angaben zur Instrumentation, Zusätze charakteristischer Noten oder charakteristische Vortragsbezeichnungen enthalten sind (Unverricht, Die Musikforschung 1968, Heft 1, S. 6). Aber auch dann, wenn eine Werkausgabe nicht akustisch realisiert wird oder sich im Falle einer akustischen Realisierung die Benutzung einer bestimmten von mehreren vorhandenen Werkausgaben nicht feststellen läßt, ist die wesentliche Abweichung dann anzuerkennen, wenn sie optisch wahrnehmbar ist und gleichzeitig auf hörbare Differenzierungen für den Fall musikalischer Realisierung abzielt (vgl. Berke in: Hubmann, Rechtsprobleme musikwissenschaftlicher Editionen, S. 37f. sowie die Diskussionswiedergabe durch Hubmann a.a.O. S. 68ff.).

Der Umfang des **Schutzes** bestimmt sich durch die „entsprechende Anwendung der Vorschriften des Ersten Teils" (Abs. 1). Der „Verfasser" des § 70 steht also dem Urheber gleich. Denn er bringt der Allgemeinheit Werke zur Kenntnis, welche (jedenfalls mit diesem Inhalt) bisher unbekannt waren; damit steht er „gleichsam im Lager der Urheber" (BVerfG GRUR 1990, 183, 185 *Vermietungsvorbehalt*). **5**

a) Wie dieser hat er die Persönlichkeitsrechte der §§ 12–14 und 39, wenn auch mit den Einschränkungen, die sich hinsichtlich des Umfangs aus der Natur der Sache ergeben. Zur Erfüllung des Nennungsanspruchs (§ 13) wird der Verfasser der Ausgabe zuweilen vereinbarungsgemäß als „Herausgeber" bezeichnet (BGH GRUR 1978, 360 *Hegel-Archiv;* § 13 Bem. 12). Gilt diese Kennzeichnung allerdings zugleich auch für den Herausgeber der Gesamtausgabe mehrerer Einzelbände, kann es zu begrifflichen Konfusionen kommen, die durch klare Absprachen, bei deren Fehlen nur durch die Art und Weise der Verwendung der Herausgeberbezeichnung (Reihenfolge der Namen und ihrer unterschiedlichen Hervorhebung) vermieden oder relativiert werden können (Katzenberger GRUR 1984, 319, 323). Der Verfasser hat ferner wie der Urheber die Verwertungsrechte der §§ 15–23, die Rechte der §§ 25–27 (zur Verfassungskonformität gegenüber dem Ausschluß der Tonträgerhersteller vom Vermietungsaufkommen BVerfG GRUR 1990, 183, 185 *Vermietungsvorbehalt*); er kann sein Recht an der Ausgabe nicht übertragen, sondern nur Nutzungsrechte einräumen (§§ 31ff.); er kann zurückrufen (§§ 41, 42); er ist endlich wie ein Urheber den Beschränkungen der §§ 45–63 unterworfen, hat aber auch den Nennungsanspruch des § 63 und die Vergütungsansprüche der §§ 46 Abs. 4, 47 Abs. 2, 52 und 54. **6**
Eine Abweichung vom Urheberrecht ergibt sich lediglich für den Fall der zufälligen Doppelschöpfung, der bei den Ausgaben des § 70, die in dem Streben nach wissenschaftlicher Genauigkeit stets übereinstimmen werden, wesentlich näher liegt als bei freien Werkschöpfungen. Hier gebietet der Zweck des Gesetzes, die Verfügbarmachung authentischer Texte zu beloh-

nen, eine andere Beurteilung als im Urheberrecht: Nur die Erstausgabe ist nach § 70 geschützt. Der Verfasser der Zweitausgabe benötigt zu deren Verwertung die Zustimmung des Verfassers der Erstausgabe, solange deren Schutzfrist läuft (Hubmann, Rechtsprobleme musikwissenschaftlicher Editionen, S. 46).

b) Der Schutzbereich des § 70 beschränkt sich auf die Bestandteile einer wissenschaftlichen Ausgabe, in denen sich die wissenschaftliche Leistung des Herausgebers verkörpert. Bei der wissenschaftlichen Ausgabe eines Originaltextes gewährt § 70 mithin keinen Schutz bezüglich des vorgegebenen Textes (als Schutzgrundlage kommt aber § 71 in Betracht), nur die vom Herausgeber etwa geleisteten konkreten und sich in der Ausgabe verkörpernden, wissenschaftlichen Leistungsergebnisse sind geschützt (Klinkenberg GRUR 1985, 419, 421). Der Schutzumfang ist insoweit analog zum Urheberschutz zu bestimmen. Auch wenn Bestandteile einer wissenschaftlichen Ausgabe (oder einer Ausgabe eines nachgelassenen Werkes gem. § 71) übernommen werden, kann darin ein rechtswidriger Eingriff liegen; analog zum Urheberschutz (BGHZ 9, 273, 277 *Schwanenbilder*) wird lediglich vorausgesetzt, daß der übernommene Bestandteil (auch) Ergebnis wissenschaftlich sichtender Tätigkeit ist. Wird beispielsweise die nach wissenschaftlichen Kriterien vorgenommene Rekonstruktion des Reichswehrprozesses der filmischen Dramaturgie der entsprechenden Prozeß-Szenen zugrunde gelegt, so liegt ein Eingriff in die Rechte des aus § 70 Berechtigten unabhängig davon vor, ob der Film seinerseits eigenständigen Werkcharakter aufweist (BGH GRUR 1975, 667, 668 *Reichswehrprozeß*).
Objektive Übereinstimmungen im wissenschaftlich ermittelten Forschungsergebnis sind, anders als objektive Übereinstimmungen gestalterischer Merkmale beim urheberrechtlichen Plagiat (§ 24 Anh. Bem. 1–6, 9, 11, 12), nicht ohne weiteres, sondern nur im Einzelfall bei zusätzlichen Verdachtskriterien als Indiz für die rechtswidrige Benutzung einer vorbestehenden Ausgabe zu würdigen, weil die Benutzung gleicher Quellen die Ermittlung eines jedenfalls annähernd gleichen Ergebnisses nahelegt (vgl. vorstehend a). Wer in Kenntnis der Existenz einer anderen erschienenen wissenschaftlichen Werkausgabe seine eigene Ausgabe erarbeitet, befindet sich in der schwierigen Lage, die vorbestehende Ausgabe aus Gründen wissenschaftlicher Vollständigkeit erwähnen zu müssen, ohne diese hinsichtlich ihrer wissenschaftlichen Substanz über den Rahmen des zulässigen Zitats (§ 51) benutzen zu dürfen (vgl. die Diskussionsbeiträge insbesondere von Ulmer und Hubmann in: Hubmann, Rechtsprobleme musikwissenschaftlicher Editionen, S. 40, 45, 51).

7 Der Schutz *beginnt* mit der Herstellung der Ausgabe, also mit der Schaffung des Manuskripts oder der Festlegung auf Bild- oder Tonträger, nicht erst mit dem Erscheinen, wie Abs. 3 ergibt (ebenso Gentz UFITA 52 [1969], 135, 145).
Der Schutz bleibt auch bestehen, wenn vor der Veröffentlichung eine andere Ausgabe erscheint (Ulmer, in: Hubmann, Rechtsprobleme, S. 44; Schricker-Loewenheim Rdnr. 11).

8 Die Rechte an wissenschaftlichen Ausgaben von Werken der Musik nimmt die Interessengemeinschaft Musikwissenschaftlicher Herausgeber und Verleger (IMHV) in Kassel wahr (WahrnG Einl. 6). Für die Verwertung von ergänzten oder transponierten Originalausgaben genügt jedoch regelmäßig die Erlaubnis der GEMA (WahrnG Einl. 1), sofern das Musikwerk noch geschützt ist.

Zur **Konkurrenz** mit anderen Vorschriften: Soweit urheberrechtlich geschützte Werkteile verwertet werden (vgl. Bem. 3), haben urheberrechtliche Ansprüche wegen ihres weitergehenden Umfangs Vorrang. § 70 greift in diesen Fällen subsidiär ein, sofern lediglich die wissenschaftlich bearbeiteten Teile zur Auswertung gelangen. Wenn die wissenschaftliche Ausgabe zugleich eine Erstausgabe darstellt, können die Anspruchsgrundlagen aus § 70 und § 71 zusammentreffen. Sind dabei Herausgeber (§ 70) und Verleger (§ 71) nicht identisch, muß der Verleger vom Herausgeber die Nutzungsrechte zur Vervielfältigung und Verbreitung sich einräumen lassen (Ruzicka UFITA 84 [1979], 65, 73ff.; Schricker-Loewenheim Rdnr. 4). **9**

Personen, die nicht deutsche Staatsangehörige sind, können sich auf die Rechte aus § 70 unter den Voraussetzungen einer sinngemäßen Anwendung der §§ 120 bis 123 berufen (§ 124). **10**

Die frühere Beschränkung der **Schutzdauer** auf 10 Jahre nach Erscheinen, ersatzweise auf 10 Jahre ab Herstellung wurde mit Recht als zu gering empfunden (Unverricht, in: Hubmann, Rechtsprobleme musikwissenschaftlicher Editionen, S. 8; Berke a.a.O. S. 12). Eine wissenschaftlich fundierte Textausgabe etwa im Bereich der Musik benötigt zu ihrer Durchsetzung einen längeren Zeitraum. Der Rechtsinhaber vermag dann die Früchte seiner Leistung nicht mehr zu ziehen. Deshalb, aber auch aus Gründen der Gleichbehandlung hat der Gesetzgeber (Art. 2 G. v. 7. 3. 1990, BGBl. I 422) die Schutzdauer des § 70 der **25jährigen** Schutzdauer für Lichtbilder (§ 72 Bem. 1) angeglichen. **11**
Der Schutz erlischt 25 Jahre nach Herstellung, wenn innerhalb dieser Zeit die Ausgabe nicht erschienen ist, andernfalls 25 Jahre nach Erscheinen der Ausgabe (Abs. 3). Maßgebend ist der Ablauf des betreffenden Kalenderjahres (§ 69).

Der Schutz aus § 70 entsteht beim **Verfasser der Ausgabe,** mithin demjenigen, der die wissenschaftliche Leistung erbracht hat (Begr. S. 87; Schricker-Loewenheim Rdnr. 10). Dieser steht ggf. mit Verlegern und Instituten, bei Arbeits- und Beamtenverhältnissen mit seinem Arbeitgeber/Dienstherrn (eingehend dazu Katzenberger GRUR 1984, 319, 321ff.) in **Vertragsbeziehungen,** in die zuweilen zusätzlich ein Institut in der Funktion eines Patronats involviert sein kann. Unmittelbare Rechtsbeziehungen werden hier im Verhältnis Verfasser/Institut sowie Institut/Verlag begründet. Zur Vertragsgestaltung bei musikwissenschaftlichen Editionen siehe Hofmann, in: Hubmann a.a.O. S. 17ff. **12**

§ 71 Ausgaben nachgelassener Werke

(1) Wer ein nicht erschienenes Werk im Geltungsbereich dieses Gesetzes nach Erlöschen des Urheberrechts erscheinen läßt, hat das ausschließliche Recht, das Werk zu vervielfältigen und zu verbreiten sowie die Vervielfältigungsstücke des Werkes zur öffentlichen Wiedergabe zu benutzen. Das gleiche gilt für nicht erschienene Werke, die im Geltungsbereich dieses Gesetzes niemals geschützt waren, deren Urheber aber schon länger als siebzig Jahre tot ist. Die §§ 5, 15 bis 24, 27 und 45 bis 63 sind sinngemäß anzuwenden.

(2) Das Recht ist übertragbar.

(3) Das Recht erlischt 25 Jahre nach dem Erscheinen des Werkes. Die Frist ist nach § 69 zu berechnen.

Übersicht

1 Früher war die **Spätausgabe nachgelassener Werke** durch § 29 Satz 1 LUG insofern geschützt, als danach die Schutzfrist für unveröffentlichte Werke ohne Rücksicht darauf, ob die normale 50jährige Schutzfrist nach dem Tode des Urhebers schon abgelaufen war oder nicht, 10 Jahre betrug (vgl. § 64 Bem. 2, § 129 Bem. 8; Birkmeyer UFITA 105, [1987], 85 = Reprint von 1899). Das war nicht gerechtfertigt, weil das Recht am nachgelassenen Werk den Erben zustand, die meist nichts zu seiner Veröffentlichung beitrugen oder gar unbekannt waren. Das UrhG **unterscheidet** nunmehr den Fall der Veröffentlichung kurz **vor** Ablauf der Schutzfrist und den Fall des Erscheinens **nach** Ablauf der Schutzfrist. Im ersten Falle stehen die Rechte noch den Erben zu (§ 64 Abs. 2); eine andere Lösung wäre innerhalb der Schutzfrist undenkbar. Im zweiten Falle dagegen ist Rechtsinhaber derjenige, der das Erscheinen veranlaßt hat (§ 71); das können natürlich auch die Erben sein. Dabei stellt § 71 mit Recht auf das erstmalige **Erscheinen** ab (vgl. § 6 Abs. 2 und dort Bem. 2), weil erst dadurch, daß Vervielfältigungsstücke der Öffentlichkeit angeboten werden, der Allgemeinheit ein bleibender Besitz des Werkes gesichert wird (Begr. S. 88). Das Erscheinen muß in der Bundesrepublik erfolgen (Abs. 1 Satz 1), jedoch genießt entsprechend § 121 Abs. 1 auch ein im Ausland ersterschienenes Werk, das innerhalb von 30 Tagen danach auch im Inland erscheint, denselben Schutz. Die Veröffentlichungshandlung bezieht sich meistens auf eine Druckausgabe, sie kann aber auch z. B. in der Bild- oder Tonträgerveröffentlichung eines bis dahin nur mündlich oder handschriftlich überlieferten Werkes der Tonkunst (auf Audiokassette oder Schallplatte) oder der darstellenden Künste, z. B. der Tanzkunst (auf Videokassette) bestehen. Für den Musikbereich erscheint dieses Ergebnis unbefriedigend, weil eine Tonträgerveröffentlichung für die Benutzung des Werkes durch Dritte unverhältnismäßig schlechter geeignet ist als eine Notenausgabe. Das Erscheinenlassen ist demjenigen zuzurechnen, auf dessen Willen das Erscheinen zurückgeht, also dem Herausgeber (Begr. S. 88; Rehbinder UFITA 106 [1987], 55, 272; mißverständlich BGHZ 64, 155, 169 *TE DEUM;* zum Begriff des Herausgebers s. § 38 Bem. 3). Anders als nach § 70, der den Verfasser als natürliche Person unmittelbar begünstigt, kann als

Herausgeber auch eine juristische Person, insbesondere ein Institut originärer Rechtsinhaber werden, nämlich dann, wenn die Veröffentlichung unmittelbar von diesem verantwortlich initiiert wird. Dagegen ist unerheblich, wer die Veröffentlichung unternehmerisch durchführt; dies kann insbesondere ein Verlag sein. Schmieder (UFITA 73 [1975], 65, 68) hält demgegenüber den Verleger für den originären Rechtsinhaber, der so ein Entgelt für die investierten Kosten erhalte. Die von § 71 belohnte Tätigkeit liegt aber nicht im gewöhnlichen Verlegeraufwand, sondern in dem erheblichen Arbeits- und Kostenaufwand, der oft mit dem Sammeln alter Märchen, Volkslieder oder Volkstänze, dem Auffinden alter Schriften oder Kompositionen und ihrer Herausgabe verbunden ist (so wörtlich Begr. S. 87), wobei der Gesetzgeber bei der „Herausgabe" ersichtlich an die Herbeiführung der Herausgabe*reife* (z. B. Herstellung lesbarer Abschriften) gedacht hat. Der Entdecker eines alten Autographs kann freilich den Schutz aus § 71 für sich nur begründen, wenn er selbst die Handlungen nach § 6 Abs. 2 folgen läßt. Findet ein anderer das von ihm nicht veröffentlichte Material auf und läßt es erscheinen, so steht diesem das Recht aus § 71 zu. Die Bestimmung belohnt demgemäß die faktische Herausgabe eines Werkes (Begr. S. 88) ohne Rücksicht darauf, ob darin eine besondere schutzwürdige Leistung liegt oder nicht. Die von § 70 nicht erfaßten Fälle der Erstausgabe fallen also meist unter § 71, mit der Einschränkung, daß § 71 nur Werke im Sinne des § 2 Abs. 2, nicht dagegen einfache Texte schützt (vgl. § 70 Bem. 2 und 3).

Voraussetzung ist jedoch, daß die Schutzfrist des § 64 Abs. 1 (evtl. nach Verlängerung durch § 64 Abs. 2) abgelaufen und das Werk bisher niemals und nirgends erschienen ist (Möhring/Nicolini Bem. 4). Die Auffassung v. Gamms (Bem. 3), das Werk brauche nur im Inland noch nicht erschienen zu sein, stünde im Widerspruch zum Begriff des Erscheinens in § 6 (siehe auch v. Gamm § 6 Bem. 6; wie hier Ekrutt UFITA 84 [1979], 45, 48; Schricker-Loewenheim Rdnr. 6). Im übrigen würde dann die Herausgabe im Ausland erschienener Werke geschützt, was vom Gesetzgeber nicht beabsichtigt war und rechtspolitisch außerordentlich unerwünscht wäre. Zum heutigen Schutz von Erstausgaben, die in der DDR vor der Vereinigung erschienen sind, § 129 Bem. 10. Es muß sich also um eine **Erstausgabe** *(editio princeps)* handeln (Begr. S. 87; dagegen Ekrutt UFITA 84 [1979], 45, 49f., dessen Überlegungen aber am klaren Willen des Gesetzgebers scheitern). Bei Volksliedern, Märchen, Sagen und Mythen, Volkstänzen und ähnlichem, nur durch mündliche Überlieferung erhaltenem Kulturgut, bei dem der Urheber unbekannt und das von Abs. 1 Satz 1 verlangte „Erlöschen des Urheberrechts" daher nicht feststellbar ist, ist der Ablauf der Schutzfrist zu vermuten. Das kommt zwar im Gesetz nicht klar zum Ausdruck, entspricht aber dem Willen des Gesetzgebers, was sich daraus ergibt, daß in der Begr. (a.a.O.) ständig Überlieferungsgut dieser Art als Beispiel zitiert wird und bei der Schaffung des § 71 offenbar in erster Linie gerade an diese Werke gedacht wurde. – Den gemeinfreien Werken sind diejenigen Werke gleichgestellt, die in der Bundesrepublik niemals geschützt waren, deren Urheber aber schon seit mehr als 70 Jahren tot ist (Abs. 1 Satz 2), also die Werke von Urhebern aus Ländern, in denen weder durch Staatsvertrag noch sonst ein Schutz der deutschen Urheber gewährleistet ist (§ 121 Abs. 4; dort Bem. 6). Das Kriterium des 70 Jahre zurückliegenden Todes soll die Entstehung eines Herausgabeschutzes an Werken zeitgenössischer ausländischer Urheber, die noch nicht erschienen sind, verhindern (Schricker- 2

Loewenheim Rdnr. 5; Kleinheisterkamp ZUM 1989, 548, 549). Dagegen fallen *amtliche* Werke (§ 5), die ebenfalls nicht geschützt sind, auch dann *nicht* unter § 71, wenn sie nur veröffentlicht wurden, aber nie erschienen sind (Abs. 1 Satz 3; vgl. § 5 Abs. 2).

3 Der **Umfang des Schutzes** ist erheblich geringer als in § 70, weil die Ausgabe nachgelassener Werke im Gegensatz zur wissenschaftlichen Ausgabe keine besondere, der schöpferischen Tätigkeit des Urhebers ähnliche Leistung voraussetzt (Begr. S. 88). Gleichwohl sieht BVerfG GRUR 1990, 183, 185 *Vermietungsvorbehalt* auch den Herausgeber (wie den Verfasser nach § 70, dort Bem. 5) „gleichsam im Lager der Urheber", denn er vermittele der Allgemeinheit den „bleibenden Besitz" von Werken, die bisher unbekannt oder nur mündlich verbreitet worden waren.

4 a) Der Berechtigte hat nur die ausschließlichen Verwertungsrechte aus §§ 16, 17. Eine öffentliche Wiedergabe des Werkes ist nur dann von seiner Erlaubnis abhängig, wenn dazu Vervielfältigungsstücke benutzt werden. Die Vervielfältigung, Verbreitung und öffentliche Wiedergabe einer Bearbeitung unter Zuhilfenahme von Vervielfältigungsstücken bedarf ebenfalls der Erlaubnis des Berechtigten (Abs. 1 Satz 3 in Verbindung mit Satz 1 und mit § 23). – Mit dieser **beschränkten Schutzwirkung** sollte sichergestellt werden, daß das überlieferte Kulturgut weiterhin frei aufgeführt werden kann (Begr. S. 88). Dieses Ziel wird jedoch nur teilweise erreicht. Ein Lehrer, der ein altes, im Dorf gehörtes Volkslied aufschreibt und den Schulchor bei der Feier der Gemeinde zum Volkstrauertag danach singen läßt, begeht objektiv eine Verletzung des Schutzrechts aus § 71 (Abs. 1 Satz 1 und 3 in Verbindung mit § 19 Abs. 1, § 53 Abs. 3), auch wenn er die kurz zuvor erschienene Ausgabe des Liedes gar nicht kennt.

5 b) Zwar ist, wie unter a) ausgeführt, die öffentliche Wiedergabe des Werkes nur geschützt, wenn dies unter Zuhilfenahme von Vervielfältigungsstücken des Schutzrechtsinhabers geschieht. Wird aber eine Aufführung, die ohne Zuhilfenahme solcher Werkexemplare stattfindet, auf Tonträger aufgenommen (und ggf. sogar durch Rundfunk ausgestrahlt), so wird das **Vervielfältigungsrecht** (§ 16 Abs. 2) des Inhabers der Rechte aus § 71 verletzt (BGHZ 64, 164, 170 *Te Deum*).

6 c) Wer vor dem Erscheinen, welches ein Dritter veranlaßt, selbst Vervielfältigungsstücke hergestellt und verbreitet hat, darf diese auch nach Entstehung des Rechts aus § 71 zur öffentlichen Wiedergabe benutzen (BGHZ 64, 164, 169 *Te Deum*). Die Festlegung solcher Aufführungen auf Tonträger wäre jedoch in jedem Falle eine Vervielfältigung des Werkes und damit eine Verletzung der Rechte aus § 71 (vgl. Bem. 5). Ebenso wäre es unzulässig, wenn der Erstvervielfältiger nach Schutzrechtsentstehung in der Person eines Dritten seine Werkexemplare weiter verbreiten oder wenn der Erwerber solcher Vervielfältigungsstücke diese zur öffentlichen Wiedergabe benutzen würde (zutreffend Pietzcker in Anm. zu BGH GRUR 1975, 447, 449 *Te Deum*). Wurden die Vervielfältigungsstücke jedoch zu einem Zeitpunkt vervielfältigt, als das Recht aus § 71 noch nicht zur Entstehung gelangt war, so dürfen auch diese Vervielfältigungsstücke zur öffentlichen Wiedergabe benutzt werden.

d) Aufgrund der Verweisung in Abs. 1 Satz 3 wird der Herausgeber auch am Vermietungsaufkommen (§ 27) beteiligt. Die darin gegenüber den Tonträgerherstellern liegende Bevorzugung ist aus den in Bem. 3 genannten Gründen verfassungskonform (BVerfG GRUR 1990, 183, 185 *Vermietungsvorbehalt*). **7**

e) Für die Schutzdauer gilt dasselbe wie zu § 70, vgl. § 70 Bem. 11. **8**

f) Das Schutzrecht aus § 71 ist **übertragbar** (Abs. 2), weil ihm der persönlichkeitsrechtliche Kern fehlt, der den Gesetzgeber dazu veranlaßte, eine Übertragung des Urheberrechts auszuschließen (Begr. S. 88). Aus dem gleichen Grunde kommt auch bei Verletzungen des Rechts aus § 71 kein immaterieller Schadensersatz in Betracht (§ 97 Abs. 2). Trotz der Übertragbarkeit des Schutzrechts als Ganzem richtet sich der Umfang der im Verwertungsvertrag zwischen berechtigtem Herausgeber und Verlag übertragenen Rechte nach der Zweckübertragungstheorie (§ 31 Abs. 5) (Klinkenberg GRUR 1985, 419, 422) und den Dispositivbestimmungen des gewählten Vertragstyps, in der Regel des Verlagsvertrages (vor § 31 Bem. 37–42). Dem Schutzberechtigten aus § 71 steht mithin auch kein urheberrechtliches Nennungsrecht (§ 13) zu. Andererseits verfügt er über ein schutzwürdiges Interesse daran, daß seine Rechtsposition der Allgemeinheit offengelegt wird; daher würde ein Unterdrücken des Namens des editor princeps durch den Verleger anläßlich der Werkausgabe gegen Treu und Glauben des Verlagsvertrages verstoßen, auch wenn im Vertrag die Nutzungsrechte auf den Verlag übertragen werden. Der Mangel der Anwendbarkeit persönlichkeitsrechtlicher Ansprüche aus §§ 14, 39 ist im Rahmen von Verlagsverträgen zwischen editor princeps und Verleger durch entsprechende Anwendung des § 13 VerlG (a. F.) zu kompensieren, da der Gesetzgeber bei dessen Aufhebung durch § 141 Nr. 4 die insoweit entstehende Schutzlücke offenbar übersehen hat (Schricker GRUR Int. 1983, 446, 448 für Verlagsverträge über urheberrechtlich nicht geschützte Werke). **9**

g) Auf die **Staatsangehörigkeit** des Schutzrechtsinhabers aus § 71 kommt es **nicht** an (vgl. die Bem. zu § 124 sowie zur Rechtslage nach der RBÜ, dem WUA und dem Übereinkommen zwischen dem Deutschen Reich und den Vereinigten Staaten von Amerika, Kleinheisterkamp ZUM 1989, 548, 550ff.). In der früheren DDR nach dem 1. 1. 1966, aber vor dem 3. 10. 1990 erschienene Erstausgaben nachgelassener Werke werden durch das UrhG geschützt (str.; wie hier: G. Schulze GRUR 1991, 731, 733; a. M. Püschel GRUR 1992, 579; Katzenberger GRUR Int. 1993, 2, 10). Zwar sind solche Erstausgaben nicht im Geltungsbereich des UrhG erschienen, jedoch kommt ihre Publikation der gesamtdeutschen Öffentlichkeit spätestens seit dem 1. Juli 1990 (Beginn der Wirtschafts-, Währungs- und Sozialunion) ebenso zugute wie eine Erstausgabe, die in den alten Bundesländern erschienen ist. Ihre Gleichbehandlung entspricht der Intention des Einigungsvertrages, Rechtseinheit herzustellen. Vgl. auch Bem. zu § 129. **10**

h) Im Falle der erstmaligen Veröffentlichung eines vorbestehenden Werkes innerhalb einer wissenschaftlichen Ausgabe können die Rechte aus den §§ 70 und 71 nebeneinander entstehen. Die erste Möglichkeit besteht darin, daß die Rechte aus den beiden Vorschriften in ein und derselben Person zusammenfallen. Das setzt wiederum voraus, daß es sich bei dem veröffent- **11** lichten Gegenstand um ein schutzfähiges Werk handelt (vgl. Bem. 1 sowie § 70 Bem. 2), daß der Schutzrechtsinhaber die mit dem Gegenstand zusammenhängenden offenen Fragen nach wissenschaftlichen Grundsätzen darstellt (z. B. bei einem Werk der Musik Erläuterung der Angaben über die Authentizität des Autographs, Rechtfertigung der Interpretationshinweise wie Phrasierung, Tempobezeichnung, Dynamik usw. im wissenschaftlichen Apparat) und daß dieselbe Person zugleich die Herausgeberfunktion des § 71 (Bem. 1) erfüllt. Ihm stünden dann die Rechte aus § 70 ab Herstellung des Manuskripts einerseits und aus § 71 ab Erscheinen der Ausgabe andererseits unabhängig voneinander zu, ebenso wie dies beispielsweise für einen Urheber, der sein Werk selbst darbietet, oder einen ausübenden Künstler, der seine eigene Darbietung auf Tonträger aufnimmt, der Fall sein kann. Verfasser der wissenschaftlichen Leistung (Rechte aus § 70) und Herausgeber gem. § 71 (natürliche oder juristische Person, insbesondere Institut) können aber auch auseinanderfallen, wobei dann allerdings der Herausgeber vom Verfasser das Recht erwerben muß, die von ihm erarbeitete wissenschaftliche Ausgabe herauszugeben. Zu beachten ist, daß sich das Verbotsrecht des § 71 auf das Werk als solches bezieht, gleichgültig, in welcher Edition es erscheint, während § 70 lediglich einen Schutz für die betreffende Werk*ausgabe* begründet. Kommt dem mit der Herausgabe eines vorbestehenden Werkes innerhalb einer wissenschaftlichen Ausgabe befaßten Wissenschaftler ein Dritter zuvor, der das Werk als erster im Wege der editio princeps erscheinen läßt, bedarf der Wissenschaftler zur Werkveröffentlichung dessen Erlaubnis, auch dann, wenn die wissenschaftliche Ausgabe bei Erscheinen des Textes durch den Dritten bereits hergestellt und damit bei dem Wissenschaftler bereits das Recht aus § 70 bezüglich der wissenschaftlichen Ausgabe entstanden war (Klinkenberg GRUR 1985, 419, 421).

12 i) Neben BGHZ 64, 164 *Te Deum* („Ausgrabung" eines geheimgehaltenen, weil als „Jugendsünde" eingeschätzten Frühwerkes von Georges Bizet) bietet LG Frankfurt UFITA 22 (1956), 372 *Schwedenmädel* ein weiteres anschauliches Beispiel für die nachträgliche Ausgabe nachgelassener Werke: Der schwedische Komponist Alfén hatte einen Fischerjungen ein altes, nirgends aufgeschriebenes Volkslied singen hören und es in seiner *Schwedischen Rhapsodie* erscheinen lassen. Das Lied war danach fast notengleich in den *Schwedenmädel-Song* von Midi übernommen worden, der, wie er selbst zugab, nur das Werk von Alfén kannte. Zur Zeit der Entscheidung (1956) war ein Schutz für Alfén nur deshalb möglich, weil Midi dabei auch die Bearbeitung, die die gemeinfreie Melodie bei der Einfügung in die *Schwedische Rhapsodie* erfuhr, mit übernommen hatte. Nach der Neuregelung stünde Alfén jetzt auch dann, wenn er das Lied unverändert hätte erscheinen lassen, der Schutz des § 71 zu.

Zweiter Abschnitt · Schutz der Lichtbilder

§ 72

(1) Lichtbilder und Erzeugnisse, die ähnlich wie Lichtbilder hergestellt werden, werden in entsprechender Anwendung der für Lichtbildwerke geltenden Vorschriften des Ersten Teils geschützt.

(2) Das Recht nach Absatz 1 steht dem Lichtbildner zu.

(3) Das Recht nach Absatz 1 erlischt für Lichtbilder, die Dokumente der Zeitgeschichte sind, fünfzig Jahre nach dem Erscheinen des Lichtbildes, jedoch bereits fünfzig Jahre nach der Herstellung, wenn das Lichtbild innerhalb dieser Frist nicht erschienen ist; für alle anderen Lichtbilder tritt an die Stelle der Frist von fünfzig Jahren eine Frist von fünfundzwanzig Jahren. Die Frist ist nach § 69 zu berechnen.

Übersicht

Werke der Photographie wurden erstmals anläßlich der Brüsseler Revisionskonferenz (1948) in den Katalog der geschützten Werke (Art. 2 Abs. 1 RBÜ, Brüsseler und Pariser Fassung) der Berner Übereinkunft aufgenommen. In Deutschland sind Photographien seit 1907 im KUG den Lichtbildwerken gleichgestellt, allerdings mit einer gegenüber den Werken der bildenden Künste auf 10 Jahre ab Erscheinen verkürzten Schutzdauer. Im Jahre 1940 wurde die Schutzdauer für Lichtbilder und Lichtbildwerke auf 25 Jahre ab Erscheinen verlängert. Rechtsprechung und Rechtslehre bezogen auch Routineaufnahmen von Berufsphotographen und Amateuren ohne Vorliegen schöpferischer Leistung in den Schutz ein (Ulmer[3] § 26). Mit dem verwandten Schutzrecht nach § 72 an einfachen Photographien will der Gesetzgeber des UrhG eine „rein technische Leistung" schützen, „die nicht einmal besondere Fähigkeiten voraussetzt" (Begr. S. 88). 1

Die Vorschrift ist durch die Urheberrechtsreform 1985 neu gefaßt. Abs. 1 der alten Gesetzesfassung lautete: 2

> *„Auf Lichtbilder und auf Erzeugnisse, die ähnlich wie Lichtbilder hergestellt werden, sind die für Lichtbildwerke geltenden Vorschriften des Ersten Teils sinngemäß anzuwenden."*

Die jetzige Fassung beinhaltet insoweit nur eine redaktionelle Änderung. Bedeutsamer sind die Neufassung des Abs. 2 sowie die Streichung des § 68 a.F. Vor der Urheberrechtsreform 1985 gab es keinen privilegierten Schutz für Dokumente der Zeitgeschichte und nicht einmal eine Besserstellung des Schutzes für Lichtbildwerke; es galt die absolute Gleichstellung von Lichtbildwerken und Lichtbildern. Für beide galt eine Schutzfrist von 25 Jahren ab Erscheinen, bei Nichterscheinen betrug die Frist 25 Jahre ab Herstellung. Die alte Regelung war zwar durch Art. 7 Abs. 4 RBÜ (Paris) gedeckt und entsprach in etwa auch dem davor maßgeblichen § 26 Satz 1 KUG (danach bestimmte sich bei Nichterscheinen die Schutzfrist von 25 Jahren seit dem Tode des Fotografen). Jedoch wurden gegen die sachlich nicht gerechtfertigte Ungleichbehandlung von Lichtbildwerken einerseits und sonstigen Werken andererseits immer wieder insbesondere auch verfassungsrechtliche Bedenken erhoben (vgl. Vorauflagen bis zur 5. Auflage § 68 Bem. 3). Die noch bei der Schaffung des UrhG 1965 befürchteten Abgrenzungsschwierigkeiten zwischen Lichtbildwerken und einfachen Lichtbildern, die den Gesetzgeber seinerzeit zu ihrer rechtlichen Gleichstellung veranlaßten, dürften nicht größer sein als bei den meisten anderen Werkarten. Bestätigt wird dies auch durch die Praxis anderer Länder, in denen Lichtbildwerke schon immer den anderen Werkarten gleichgestellt waren, einfache Fotos aber entweder überhaupt nicht oder nur eingeschränkt geschützt sind (Überblick bei Gerstenberg GRUR 1976, 131). Außerdem soll einer gewandelten öffentlichen Einstellung zur Fotografie, die inzwischen als anerkanntes Medium der Kunst gilt, Rechnung getragen werden (Begr. zum Regierungsentwurf BT-Drucks. 10/387 S. 11). In der Tat werden künstlerische Fotografien – nicht nur die „Altmeister" auf diesem Gebiet wie z. B. Otto Steinert, Henry Cartier-Bresson, Andreas Feininger – in Museen und Galerien ausgestellt und im Kunsthandel verkauft. Meisterfotografien werden entsprechend den Praktiken bei der Grafik numeriert und in der Auflage begrenzt. Die Gesetzesänderung war überfällig. Zum Originalbegriff bei Lichtbildwerken Hamann UFITA 90 (1981), 45, 52ff. Infolge des Wegfalls des § 68 a.F. sind Lichtbildwerke nunmehr wie auch andere Werke 70 Jahre *post mortem auctoris* geschützt (§ 64 Abs. 1). Zur Schutzfristbemessung von Lichtbildern und Lichtbildwerken, die vor Inkrafttreten der Verlängerungsregel sowie vor Inkrafttreten des UrhG entstanden sind, sowie solchen aus der DDR vgl. § 129 Bem. 6, §§ 135, 135a Bem. 5, 6, 8, § 137a Bem. 1–3, 8, § 137c Bem. 2.

3 Durch die staatliche Einigung Deutschlands und die ab 3. Oktober 1990 gültige Erstreckung des UrhG auf die neuen Bundesländer ist für vor dem 1. 1. 1960 erschienene Lichtbildwerke von DDR-Lichtbildern eine vom Gesetzgeber des Einigungsvertrages offenbar übersehene Anpassungsproblematik entstanden. Nach bundesdeutschem Recht sind die vor dem 1. 1. 1960 erschienenen Lichtbildwerke gemeinfrei. Dies ergibt sich daraus, daß nach dem früher maßgeblichen § 68 a. F. für sie eine Schutzfrist von 25 Jahren ab Erscheinen maßgeblich ist. In den Genuß der vollen urheberrechtlichen Schutzfrist von 70 Jahren p. m. a. kommen nur solche Lichtbildwerke, deren Schutzfrist am 1. Juli 1985 noch nicht abgelaufen war (§ 137a Abs. 1). Für die vor dem 1. 1. 1960 erschienenen Lichtbildwerke war am 1. Juni 1985 die gesetzliche Schutzfrist abgelaufen. Soweit sich der Ablauf der Schutzfristen nach dem Herstellungszeitpunkt ergibt, gilt das Entsprechende.

Demgegenüber kommt nach §§ 2 Abs. 2 Buchst. h, 33 Abs. 1 URG Lichtbildwerken von DDR-Bürgern ein Urheberschutz von 50 Jahren p. m. a. zu. Würde man den am 3. 10. 1990 nach dem URG noch geschützten Urhebern von Lichtbildwerken den Urheberschutz abschneiden, ergäbe sich wohl ein Verstoß gegen Art. 14 GG. § 137a sollte deshalb in verfassungskonformer Auslegung so verstanden werden, daß seine Regelung nur die Lichtbildwerke der Urheber aus der alten Bundesrepublik umfaßt, während DDR-Urheber hinsichtlich ihrer Lichtbildwerke die Befugnisse nach Maßgabe der Rechtsfolgen des URG (mit den sich daraus ergebenden zeitlichen und territorialen Beschränkungen) zu belassen sind. Aus Gründen der Klarheit sollte § 137a in diesem Sinne geändert werden (eingehend A. Nordemann GRUR 1991, 418, 420 mit konkretem Novellierungsvorschlag; so auch Katzenberger GRUR Int. 1993, 2, 11; § 64 Bem. 6, §§ 135, 135a Bem. 8 Beispiel 4).

Lichtbilder sind solche ohne Werkcharakter. Zu den werkbegründenden fotografischen Gestaltungsmitteln A. Nordemann S. 135ff. sowie § 2 Bem. 74. Von der **technischen** Seite sind darunter Abbildungen zu verstehen, die eine Strahlungsquelle (vor allem Licht, aber z. B. auch Röntgenstrahlen) durch chemische Veränderungen auf strahlungsempfindlichen Schichten hervorruft (Möhring/Nicolini § 2 Bem. 7c). Im übrigen ist die gewählte Aufnahmetechnik gleichgültig. Auch die bei der Herstellung eines Films entstehenden Lichtbilder (vgl. § 91) oder Lichtbilder, die unter Einsatz von Lichtbildautomaten entstehen, sind nach § 72 geschützt (h. M.: Schricker-Gerstenberg Rdnr. 5; Katzenberger GRUR Int. 1989, 116, 118; Dünnwald UFITA 76 [1976], 165, 174 Fn. 35; Gerstenberg FS Klaka S. 120, 123; a.M. Ulmer[3] § 119 I 1). Zur Ausfüllung des Rechtsbegriffs muß hinzukommen, daß die Abbildung von einer **natürlichen** Person als **Urbild** angefertigt wird. Entsprechend § 85 Abs. 1 Satz 2 entsteht der Lichtbildschutz nicht für Vervielfältigungen von Lichtbildern, auch wenn das Kopierverfahren in technischer Hinsicht fotografischen Charakter hat (BGH GRUR 1990, 669, 673 *Bibelreproduktion)*. Anderenfalls könnte die Schutzdauer durch Vervielfältigungshandlungen beliebig verlängert werden. Deshalb entsteht beim Herstellen von Fotografien kein zusätzlicher Lichtbildschutz für das Fotolabor wegen des dort hergestellten Positivs, ebensowenig für die Druckerei bei der Herstellung von Klischee- oder Filmvorlagen für die drucktechnische Wiedergabe vorbestehender Lichtbilder (OLG Köln GRUR 1987, 42f. *Lichtbildkopien;* früher schon RGSt 44, 105; RGZ 130 196 *Codex aureus;* in dieser Richtung auch BGH GRUR 1967, 315, 316 *skai-cubana;* Riedel, Fotorecht S. 22; Reimer GRUR 1967, 318; Nordemann GRUR 1987, 15; Gerstenberg FS Klaka S. 120, 122; a.M. Katzenberger GRUR Int. 1989, 116, 117f.; Hanser-Strecker UFITA 91 [1981], 13, 18 für das Klischee, das der Notendruckherstellung vorangeht). Der noch strengeren Auffassung (BGH GRUR 1990, 669, 673 *Bibelreproduktion;* BGH GRUR 1993, 34, 35 *Bedienungsanweisung;* Ulmer[3] S. 511), wonach auch bei der Lichtbildanfertigung ein Mindestmaß an persönlicher Leistung erforderlich ist, welches in der Regel bei allen einfachen Fotografien gegeben sei, ist nicht zu folgen. Auch bei automatisiertem Herstellungsverfahren ist letztlich eine natürliche Person für die Bedienung des Automaten verantwortlich, der die produzierten Lichtbilder zugerechnet werden können. Es besteht in der Schutzwürdigkeit der Leistung kein wesentlicher Unterschied zwischen dem mit Hilfe einer modernen vollautomatischen Kamera hergestellten Urlaubsfoto und einer Fotokopie oder Mikrokopie, vorausgesetzt, daß es sich auch bei letzterem um „Urbilder" und nicht um Vervielfältigungen eines vorbestehenden Lichtbildes oder Lichtbildwerkes handelt. Ulmer ist aber im Ergebnis darin zuzustimmen, daß Fotokopien und Mikrokopien von in Buchstaben gesetzten Drucksätzen nicht als Lichtbilder schutzfähig sind; denn insoweit handelt es sich nicht um die Wiedergabe von Bildern. Demgemäß ist der Lichtbildschutz zu **verneinen**: Für die sogenannte Reproduktionsphotographie, d. h. für photographische Druckverfahren von Schriftbildern (BGH GRUR 1990, 669, 673 *Bibelreproduktion);* Ablichtungen von photographischen Vorlagen, Positivabzügen, Vergrößerungen nach photographischen Negativen.
Lichtbildschutz ist zu **bejahen**: für Fotografien in einer Bedienungsanweisung für ein technisches Gerät (BGH GRUR 1993, 34, 35 *Bedienungsanweisung);* für Paßbilder von Bildautomaten; für Luftbildaufnahmen, auch soweit dabei automatisierte Aufnahmevorgänge in Gang gesetzt werden; für 4

Satellitenaufnahmen (LG Berlin GRUR 1990, 270 *Satellitenfoto)*, und zwar sowohl photographische Aufnahmen als auch Aufnahmen in Fernsehtechnik und in Scannerverfahren (eingehend Katzenberger GRUR Int. 1989, 116, 118), nicht jedoch bei der Dititalisierung herkömmlicher Fotografien (Maaßen ZUM 1992, 338, 340f. gegen G. Schulze CR 1988, 181, 192f.). Entgegen Katzenberger (a.a.O. S. 118) ist sogenannten Orthophotos, die lediglich vorgegebene karthographische Luftbilder perspektivisch entzerren und lagerichtig wiedergeben, kein eigenständiger Lichtbildschutz zuzusprechen, da es sich insoweit lediglich um (verbesserte) Vervielfältigungen handelt. Zur Rechtsinhaberschaft des Lichtbildners Bem. 6.

5 **Erzeugnisse**, die ähnlich wie Lichtbilder hergestellt werden, sind z. B. Schattenspiele, im Apex-Verfahren hergestellte Bilder, nicht schutzfähige Einzelbilder auf dem Fernsehschirm (BGHZ 37, 1, 6 *AKI)* und Bildschirmdisplays (Moser S. 211f.; G. Schulze CR 1988, 181, 190ff.; Koch GRUR 1991, 180, 185).

6 **Lichtbildner** ist der Hersteller des Lichtbildes ohne Rücksicht darauf, ob er es in Erfüllung arbeits- oder dienstvertraglicher Pflichten hergestellt hat (vgl. § 43). Hat der Lichtbildner allerdings die Lichtbilder bei der Filmherstellung erstellt, geht § 91 von der automatischen Übertragung der Nutzungsrechte zur filmischen Verwertung auf den Filmhersteller aus. § 91 gilt wiederum nicht für den Hersteller von Lichtbildwerken (vgl. § 91 Bem. 2). Bei automatischen Lichtbildaufnahmen steht das Schutzrecht demjenigen zu, der den Automaten bei der konkreten Aufnahme bedient. Das ist beim Paßfotoautomat derjenige, der sich abbilden läßt, weil nur er auf die Gestaltung des Einzelphotos – wenn überhaupt – Einfluß nehmen kann (Dünnwald UFITA 76 [1976], 165, 174 Fn. 35). Bei Luftbild- und Satellitenaufnahmen sind es diejenigen Personen, die die Aufnahmebedingungen im einzelnen verantwortlich festlegen (zu den einschlägigen Parametern vgl. Katzenberger GRUR Int. 1989, 116, 118f. m.w.N.). In jedem Falle kann Lichtbildner nur diejenige natürliche Person sein, die die Aufnahme selbständig gefertigt hat (LG Berlin GRUR 1990, 270 *Satellitenfoto)*.

7 Die **Herstellung** des Lichtbildes erfolgt nicht schon mit der Belichtung des Filmmaterials, wohl aber mit der ersten Bildfixierung, in der Regel der Negativ-Herstellung (a.M. Voraufl. Bem. 2d und Hamann UFITA 90 [1981], 45, 56: erst mit Positivherstellung). Die gewählte Ausführungsform (z. B. Kontaktabzug, Diapositiv usw.) ist für die Lichtbildherstellung gleichgültig (Schricker-Gerstenberg Rdnr. 5). Die Lebenserfahrung spricht dafür, daß der Lichtbildner im Regelfall alsbald nach Durchführung der Photoaufnahmen auch die Bildentwicklung vornehmen läßt. Wer sich im Streit über den Beginn der gesetzlichen Schutzfrist darauf beruft, daß der belichtete Film längere Zeit unentwickelt geblieben ist, hat diesen untypischen Geschehensablauf zu beweisen.

8 **Dokumente der Zeitgeschichte:** Der Begriff ist durch die Urheberrechtsnovelle 1985 (Bem. 2) neu in das UrhG eingeführt worden, und zwar mit der Begründung, daß der Wert dokumentarischer Lichtbilder oft gerade aus dem besonders großen Zeitabstand zwischen dem dokumentierten Ereignis und der Nutzung des Lichtbildes erwachse (Bericht des Rechtsausschusses S. 29). Begriffliche Anknüpfungen können sich ergeben an das Merkmal des „(außergewöhnlichen) dokumentarischen Wertes“ in § 55 Abs. 2 (dort für

Bild- und Tonträger der Sendeunternehmen) sowie an „Bildnisse aus dem Bereich der Zeitgeschichte“ in § 23 Nr. 1 KUG. Deckungsgleich sind die Bezugsbegriffe nicht: Die in § 55 Abs. 2 geforderte Außergewöhnlichkeit impliziert eine Bedeutung von historischem Rang (§ 55 Bem. 4), die durch § 72 nicht vorausgesetzt wird. Das Tatbestandsmerkmal für die gesetzliche Schranke des § 23 Nr. 1 KUG wird in der Regel mit dem Interesse der Öffentlichkeit an der Information durch Bild- und Fernsehberichte definiert und zur Rechtfertigung der Abbildung von Persönlichkeiten des politischen Lebens und der Wirtschaft, von Künstlern, Forschern und Erfindern sowie solchen Personen herangezogen, die durch ihren Lebenswandel „begründetes“ öffentliches Aufsehen erregt haben (Ulmer[3] S. 31). Dokumente der Zeitgeschichte können, müssen aber nicht Bildnisse sein; denkbar ist die Wiedergabe von seltenen Naturereignissen, also etwa Naturkatastrophen, Unglücksfällen, signifikanten Landschaftsaufnahmen, die z. B. ein bestimmtes Gebiet vor der Umleitung eines Flußlaufes oder der Schaffung einer Talsperre oder vor oder unmittelbar nach der Zerbombung durch eine kriegerische Handlung zeigen, Abbildungen von inzwischen ausgestorbenen Tierarten u. ä. Welcher Zeitabschnitt aus der Zeitgeschichte dokumentiert wird, ist gleichgültig; auch die fotografische Dokumentation antiker Stätten anläßlich von archäologischen Ausgrabungen dokumentiert Zeitgeschichte (a. M. Flechsig UFITA 116 [1991], 5, 13, 20f.: Dokument als sinnfällig bildlicher Beleg der historischen Neuzeit). Derartige Lichtbilder können ihren dokumentarischen Wert bereits bei ihrer Herstellung erlangt haben. Ebensogut – und nahezu häufiger – tritt der dokumentarische Wert erst später ein, sei es vor oder nach dem Erscheinen des Lichtbildes, sei es vor oder nach Ablauf von 25, 50 oder 70 Jahren ab Herstellung, Erscheinen oder Tod des Lichtbildners. Beispiel: Die physiognomische Gegenüberstellung der Porträtaufnahmen des 90-jährigen Philosophen *Bertrand Russel* (von der namhaften Fotografin Lotte Leitner-Graf) und des 4-jährigen Knaben Bertrand (Lichtbildner – natürlich – anonym) bei Gombrich, „Maske und Gesicht“, in: Kunst, Wahrnehmung, Wirklichkeit, edition suhrkamp 1977. Ebenso kann der dokumentarische Wert nachträglich wieder entfallen (analog zur Relativität von Personen der Zeitgeschichte). Geeignete Indizien für die Qualifikation eines Lichtbildes als Dokument der Zeitgeschichte können sein: Einmaligkeit, Originalität und Sinnfälligkeit des Bildgegenstandes in Bezug auf zeitgeschichtliche Ereignisse (Flechsig UFITA 116 [1991], 5, 21 f.) oder die Tatsache, daß das Lichtbild noch Jahrzehnte nach dem abgebildeten Vorgang veröffentlicht wird (Schricker-Gerstenberg Rdnr. 7).

Bei der **Bemessung der Schutzfristen** von Lichtbildern, die als Dokumente der Zeitgeschichte gelten, sollte wie folgt verfahren werden: 9

a) Lichtbilder, für die bei Ablauf der 25-jährigen Schutzfrist ein dokumentarischer Wert noch nicht vorhanden ist, werden nur vorbehaltlich ihres eventuell erst später hervortretenden zeitgeschichtlichen Dokumentarcharakters gemeinfrei (Anwartschaft auf den Erwerb des Schutzcharakters). Soweit sie vor dem Hervortreten ihres Dokumentarcharakters genutzt werden, bleibt für den betreffenden Verwerter die Nutzung des betreffenden Lichtbildes für Vergangenheit und Zukunft, insoweit jedoch nur für die bereits praktizierte Nutzungsart, gemeinfrei, und zwar grundsätzlich als einfaches Nutzungsrecht. Gewährte Lizenzen bleiben allerdings mit der

Maßgabe bestehen, daß der Lizenznehmer ebenfalls nur ein einfaches Nutzungsrecht besitzt. Der Dokumentarschutz greift im übrigen voll durch.

b) Bei einer Kumulation der Schutzfristen im Falle größerer Zeitabstände zwischen Herstellung und Erscheinen bei Ableben des Lichtbildners vor dem Erscheinen könnte es zu einer vom Gesetzgeber nicht gewollten, über 70 Jahre *post mortem auctoris* hinausgehenden Schutzdauer kommen (z. B. Herstellung des Dokumentar-Lichtbildes 1986, Tod des Lichtbildners 1987, Erscheinen des Dokumentarbildes 2035: Der Schutzablauf träte erst 2085 ein, mithin 98 Jahre *post mortem auctoris*). Im Wege der ergänzenden Gesetzesauslegung sowie analog § 64 Abs. 2 gilt auch für die Schutzdauer von Dokumentarbildern die Schutzfrist von 70 Jahren *post mortem auctoris* als äußerste Grenze.
Zur Schutzfristbemessung vor 1986 hergestellter Lichtbilder §§ 135, 135a Bem. 8. Die Rechte des Lichtbildners der Dokumentaraufnahmen sind dieselben wie beim einfachen Lichtbild (Bem. 10–12).

10 **Rechte des Lichtbildners.** Die Verweisung auf die Vorschriften des Ersten Teils bedeutet nicht, daß die dort für den Urheber normierten Rechte schematisch auf den Lichtbildner übertragen werden können. Einschränkungen sind für die Befugnisse zu machen, die urheberpersönlichkeitsrechtlicher Natur sind (§§ 12–14, 25, 39, 63). Für sie kommt nur eine **sinngemäße** Anwendung in Frage. Nach ihrem Sinn läßt sich eine Anwendung der §§ 12–14 nur bei solchen Lichtbildern rechtfertigen, in denen sich ein Mindestmaß an persönlicher Leistung des Lichtbildners verkörpert. Für die mehr oder weniger automatisierten Aufnahmetechniken (Bem. 4) scheiden urheberpersönlichkeitsrechtliche Ansprüche mithin aus. Für solche mit einem Mindestmaß an persönlicher Leistung kommt sowohl das Veröffentlichungsrecht (entsprechend § 12) als auch das Nennungsrecht (entsprechend § 13) wie auch die Befugnis in Betracht, gegen Entstellungen des Lichtbildes (entsprechend § 14) vorzugehen (für Lichtbilder offengelassen OLG Köln Schulze OLGZ 129, *Urlaubsphoto*). Bei letzterem geht es in Wirklichkeit um ein Änderungsverbot (zum Änderungsverbot des Filmherstellers § 94 Bem. 3). Soweit vermögensrechtliche Interessen tangiert sein können, sind auch die §§ 25, 63 anwendbar.

11 Das wichtigste Verwertungsrecht des Lichtbildners ist dasjenige gegen die rechtswidrige **Vervielfältigung**. Vervielfältigung ist jede körperliche Festlegung des Schutzgegenstandes, die geeignet ist, diesen den menschlichen Sinnen auf irgendeine Weise unmittelbar oder mittelbar wahrnehmbar zu machen (Begr. S. 47; vgl. § 16 Bem. 1). Zweifelsfreie Vervielfältigung ist die unveränderte Reproduktion von Lichtbildern nach Bildvorlagen (Regelfall). Nach BGH GRUR 1967, 315 *skai-cubana* beschränkt sich der Schutzumfang auf die konkrete Aufnahme in der Originalform. Das erscheint zu eng. Auch die Vervielfältigung von Teilen eines Werkes fällt unter § 16 (Schricker-Loewenheim § 16 Rdnr. 8: die photographische „Momentaufnahme" einer Szene aus einem Tanzwerk), wobei die Vornahme von Bearbeitungen und Umgestaltungen dem Vervielfältigungstatbestand nicht entgegensteht; § 23 erweitert den Schutzumfang des Vervielfältigungsrechts. Der Lichtbildner ist entsprechend §§ 16, 23 daher auch gegen das Ausschlachten seines Lichtbildes und die digitale Manipulation durch den Einsatz elektronischer Bildverarbeitungsanlagen (sog. Scanner) geschützt, die den Benutzer in die

Lage versetzen, die photographische Vorlage beliebig zu verändern (DER SPIEGEL 30/1990, S. 150ff.; Maaßen ZUM 1992, 338, 345ff.). Die Grenze zur freien Benutzung wird erst dann überschritten, wenn der charakteristische Aussagegehalt des Lichtbildes in dem geänderten Leistungsergebnis nicht (mehr) erkennbar aufgegangen ist. Zur analogen Problematik beim Ton-Sampling vgl. §§ 31, 32 Bem. 18, §§ 85, 86 Bem. 8.
Vervielfältigung ist ferner das **identische Abzeichnen** oder **Abmalen** einer Photographie. Allerdings ist dabei von einem geringeren Schutzumfang der photographischen Bildvorlage auszugehen (so zum früheren Recht: RGZ 169, 109, 112ff. *Hitler-Bild;* LG München I Schulze LGZ 87 *Insel der Frauen* mit Anm. Gerstenberg; instruktiv auch Oberlandesgericht Stockholm GRUR Int. 1991, 567 *Evert Taube),* da der vom Werkstück losgelöste Formungsschutz durch § 72 nicht intendiert wird (insoweit zutreffend BGH GRUR 1967, 315, 316 *skai-cubana)* und die persönliche Form der Leistungsübernahme durch die Handarbeit des bildenden Künstlers individuelle Entfaltungsmöglichkeiten eröffnet. Für die künstlerische Betätigung der „Fotorealisten" dürfte damit hinreichender Spielraum verbleiben. Ähnlich Schricker-Gerstenberg Rdnr. 10: Frage des Einzelfalls, ob freie oder unfreie Benutzung der photographischen Vorlage.
Dagegen ist es selbstverständlich zulässig, wenn ein Dritter dasselbe Motiv von demselben Blickwinkel unter gleichen Lichtverhältnissen und mit gleichem technischen Aufnahmematerial erneut aufnimmt; nur die unmittelbare Verwendung des Lichtbildes selbst wird vom gesetzlichen Schutz erfaßt. Das Fertigen nahezu gleicher Fotoaufnahmen durch einen Konkurrenten verstößt nur bei Vorliegen besonderer Umstände gegen § 1 UWG, etwa wenn der nicht zum Zuge gekommene Hochzeitsfotograf das vom Konkurrenten erstellte aufwendige Gerüst, auf dem eine große Festgesellschaft postiert ist, bei der Bildaufnahme ausnützt (OLG München ZUM 1991, 431).

Neben dem Vervielfältigungsrecht steht dem Lichtbildner das ausschließli- **12**
che Recht zu, sein Lichtbild zu verbreiten (§ 17), durch Ausstellung erstmals zu veröffentlichen (§ 18) und in unkörperlicher Form zu verwerten (§§ 19 Abs. 4, 20–22).

In Bezug auf den Bildgegenstand kann sich der Lichtbildner Ansprüchen **13**
Dritter ausgesetzt sehen, vor allem Persönlichkeitsrechten abgebildeter Personen (vor § 12 Bem. 11), des Eigentümers abgebildeter Gebäude (§ 44 Bem. 5) oder des Unternehmers bei der Wiedergabe nach § 18 UWG geschützter Vorlagen. Solche Rechte sind von den betreffenden Schutzrechtsinhabers selbst auszuüben. Das Schutzrecht des Lichtbildners aus § 72 ist durch das Bestehen von Rechten Dritter nicht von demjenigen in Frage zu stellen, der das Lichtbild verwerten möchte (OLG Hamburg AfP 1987, 691, 691 *Mikis Theodorakis).*

Die Berechnung der **Schutzdauer** beginnt mit dem Erscheinen (§ 6 Bem. 2) **14**
des Lichtbildes, falls im Erscheinungszeitpunkt die ab Erstherstellung (Bem. 7) berechnete Schutzfrist noch nicht abgelaufen ist. Bereits die Übernahme digitalisierter Bilder in elektronische Bildarchive kann als Erscheinen qualifiziert werden (Maaßen ZUM 1992, 338, 342) und damit den Beginn der Schutzdauer auslösen. Nach Ablauf der gesetzlichen Schutzfrist sind die Lichtbilder gemeinfrei (Flechsig UFITA 116 [1991], 5,

29 speziell auch für persönlichkeitsrechtliche Belange). Damit ist auch der Merchandising-Auswertung älteren Photomaterials eine zeitliche Grenze gesetzt. Ein ergänzender wettbewerbsrechtlicher Schutz (§ 1 UWG) z. B. für Standphotos berühmt gewordener Filme wie „Vom Winde verweht", „Casablanca" oder der Filme von Charly Chaplin kommt angesichts der klaren Schutzfristendifferenzierung zwischen einfachen Lichtbildern und Dokumenten der Zeitgeschichte nach Ablauf der dafür vorgesehenen Schutzdauer nicht in Betracht. Vorbehaltlich des Bestehens von allgemeinen Persönlichkeitsrechten abgebildeter Personen können sie daher auch zu Zwecken der Produktwerbung frei eingesetzt werden. Vgl. auch BGH WRP 1986, 541 *Notenstichbilder:* Der photomechanische Nachdruck von Noten gemeinfreier Musikwerke verstößt nicht gegen § 1 UWG, wenn seit Herstellung der Druckvorlagen für diese Notenbilder 50 Jahre verstrichen sind und keine anderweitigen unlauterkeitsbegründenden Umstände vorliegen. Denkbar sind Wettbewerbsverstöße etwa beim Ausbeuten dokumentarfotografischer Archive (vgl. Flechsig UFITA 116 [1991], 5, 30).

15 Vollständig übertragbar ist die Rechtsposition aus § 72 wie beim Urheber nur im Rahmen der §§ 28–30. Abgeleiteter Rechtserwerb bestimmt sich in entsprechender Anwendung der rechtsgeschäftlichen Regeln zu den Urheberpersönlichkeitsrechten (vor § 12 Bem. 3–8) sowie vor allem der §§ 31 ff. Das gilt auch für denjenigen, der von ausländischen Rechtsvorgängern abgeleitete Lichtbildrechte ausüben möchte. So hat derjenige, der sich auf Lichtbildrechte an Satellitenphotos beruft, den derivativen Erwerb der bis auf den Lichtbildner (als natürliche Person) zurückgehenden Nutzungsrechte nachzuweisen, ein (bloßer) Vertrag mit der den Satelliten betreibenden Gesellschaft reicht nicht aus (LG Berlin GRUR 1990, 270 *Satellitenfoto).* Die Auslegung von Nutzungsverträgen über Lichtbildrechte unterliegt der Zweckübertragungstheorie. So räumt der Photograph, der einem Tonträgerunternehmen ein Künstlerphoto „zur einmaligen Verwendung für LP-Cover und Single-Cover" überläßt, nach dem Zweck des Vertrages im Zweifel das Recht ein, das Photo auch im unmittelbaren Zusammenhang mit dem Vertrieb dieser Tonträger zu verwenden, nicht aber zugleich zur Ankündigung von Tour-Konzerten (OLG Hamburg AfP 1987, 691, 692 *Mikis Theodorakis).* Zum Urhebervertragsrecht in der Werbung vor § 31 Bem. 59, 61 und §§ 31, 32 Bem. 39.

16 Für **Publikumsfotografen** stellt sich die Frage, ob sie durch das Einbehalten der Negative oder auch unabhängig davon verhindern können, daß sich Kunden oder Dritte unter ihrer Umgehung nach Belieben weitere Abzüge verschaffen. Fotografen, die auf Bestellung Porträtaufnahmen oder sonstige Aufnahmen von Menschen („Bildnisse") herstellen, unterliegen den Einschränkungen des § 60. Bei sonstigen Lichtbildern (Landschaftsaufnahmen, Tier- und Blumenbildern usw.) kann jedermann sich im Rahmen des § 53 Kopien herstellen oder herstellen lassen, auch durch ein gewerblich arbeitendes Fotolabor (Bildkopien gelten nicht als „Bildträger" im Sinne von § 53 Abs. 1 Satz 2, 2. Halbsatz). Da inzwischen auch für das breite Publikum nach dem „Bild-vom-Bild"-Verfahren gearbeitet wird, nutzt dem Fotografen das Einbehalten der Negative wenig. Der Zeitungsfotograf muß es hinnehmen, wenn ein Gewerbetreibender seine Aufnahmen, die in der Zeitung veröffentlicht sind, in seinem Schaufenster ausstellt, da das Veröffentlichungsrecht aus § 18 nur unveröffentlichte Werke umfaßt.

Dritter Abschnitt · Schutz des ausübenden Künstlers

Vorbemerkung

Übersicht

Die verfehlte gesetzliche Konstruktion des **Schutzrechts der ausübenden Künstler** im früheren Recht als fiktives Bearbeitungsurheberrecht (vor § 70 Bem. 2) zwang die Rechtsprechung dazu, den ausübenden Künstlern urheberrechtsgleiche Ausschließlichkeitsrechte zuzubilligen, um den erforderlichen Schutz dieser Gruppe angesichts der reichen Verwertungsmöglichkeiten zu gewährleisten, die die moderne Technik auch für die einstmals vergängliche Leistung des Interpreten mit sich gebracht hatte (vor § 70 Bem. 3). In vier Entscheidungen vom 31. 5. 1960 hatte der Bundesgerichtshof die Grundlagen dafür geschaffen: BGHZ 33, 20 *Figaros Hochzeit* und BGHZ 33, 48 *Orchester Graunke* stellten klar, daß die Tonbandaufnahme einer Musikaufführung zu Zwecken der Rundfunksendung grundsätzlich der Einwilligung jedes einzelnen ausübenden Künstlers bedarf. BGHZ 33, 38 *Künstlerlizenz Rundfunk* und BGHZ 33, 1 *Künstlerlizenz Schallplatten* ergänzten, daß auch die Live-Rundfunksendung sowie die sog. Zweitverwertung durch öffentliche Hörbarmachung von Rundfunksendungen oder Schallplatten, z. B. in Gaststätten, ohne Einwilligung der ausübenden Künstler unzulässig sei. Dabei war die Einwilligung des Dirigenten und etwaiger Solisten stets selbst, die Einwilligung der Orchestermitglieder dagegen in der Regel pauschal durch den Orchestervorstand zu erteilen (vgl. die beiden erstgenannten Entscheidungen). Später hat der Bundesgerichtshof noch hinzugefügt, daß der ausübende Künstler zu der Verfügung über seine Ausschließlichkeitsrechte auch keiner Einwilligung des Urhebers bedarf (BGH GRUR 1962, 379 *Schallplatteneinblendung*). In gewisser zeitlicher Parallelität zu den genannten BGH-Entscheidungen hatte die Bundesregierung an den Vorarbeiten zum Rom-Abkommen und dessen Verabschiedung am 26. Oktober 1961 mitgewirkt (zur Vorgeschichte Ulmer GRUR Ausl. 1961, 569, 571; Nordemann/Vinck/Hertin RA vor Bem. 2–4). Um das Rom-Abkommen ratifizieren zu können, bedurfte es der Verwirklichung der im Abkommen vorgesehenen Rechte der ausübenden Künstler, Tonträgerhersteller und Sendeunternehmen. Das UrhG hat zwar nicht einfach die im Rom-Abkommen festgelegten Mindestrechte übernommen, sich aber gleichermaßen wie von der vorgenannten Rechtsprechung des BGH auch von der Konventionsregelung beeinflussen lassen. 1

Wegen der gerade deswegen bestehenden Gefahr einer Behinderung der Verwertung des Werkes durch die Rechte des Interpreten hat der Gesetzgeber einen Mittelweg eingeschlagen und die dem ausübenden Künstler zustehenden Rechte in **Verbotsrechte** (entsprechend Art. 7 RA) und **Vergütungsansprüche** (entsprechend Art. 12 RA) aufgeteilt. Erstere wer- 2 den nur in den Fällen der unmittelbaren Verwertung der darstellerischen Leistung, letztere bei den hier besonders wichtigen Zweitwiedergaberechten (§ 77) und bei der Verwendung erschienener Tonträger zu Funksendungen (§ 76) gewährt. Während ferner dem Urheber grundsätzlich jede denkbare Verwertung seines Werkes vorbehalten ist (vgl. Begr. S. 28), stehen dem ausübenden Künstler nur einzelne begrenzte **gesetzliche** Befugnisse zu, die in den §§ 74–77, 83 **erschöpfend aufgezählt** sind. Das ergibt sich bereits aus der Gesetzessystematik; der Gesetzgeber erklärt zudem ausdrücklich, daß die Regelung der „Rechte der ausübenden Künstler unabhängig von der Ausgestaltung des Urheberrechts nach eigenen, der besonderen Interessenlage entsprechenden Grundsätzen" entwickelt worden sei (Begr. S. 90). Der ausübende Künstler hat danach nur ein Verbotsrecht gegenüber den Lautsprecherübertragungen des § 19 Abs. 3 (§ 73), gegenüber der Aufnahme und Vervielfältigung durch Bild- und Tonträger des § 16 Abs. 2 (§ 75), gegenüber der Funksendung des § 20 (§ 76 Abs. 1), dies aber nur, wenn zur Sendung nicht etwa ein erschienener Bild- oder Tonträger benutzt wird (§ 76 Abs. 2), und gegenüber Entstellungen (§ 83 Abs. 1). Im Falle des § 76 Abs. 2 und bei den Zweitwiedergaben aus §§ 21, 22 (§ 77) steht ihm nur ein Vergütungsanspruch zu. Ferner hat er den Anspruch aus § 54 Abs. 1 (§ 84). Weitere Beschränkungen bestehen bei Filmwerken (§ 92). Die Einführung des Verbreitungsrechts spätestens bis zum 1. Juli 1994 wird durch die sog. Vermietrichtlinie des Rates der Europäischen Gemeinschaft (Anhang III 2) angeordnet.

3 Über die gesetzlichen Befugnisse hinaus kann der ausübende Künstler sich weitergehende **Ansprüche aus Vertrag** sichern (§ 79). Die Ansprüche der Bühnenschaffenden, der Dirigenten, Orchestermusiker, Vortragskünstler usw. richten sich sogar nur nach Vertrag, solange die Darbietung nicht aufgenommen, übertragen oder gesendet wird. Der ausübende Künstler erwirbt durch Vertrag jedoch im Zweifel nur einen Vergütungsanspruch gegen den Vertragspartner (meist den Veranstalter, § 81); verbieten kann er die über den Vertragszweck hinausgehende Verwendung seiner Darbietung nur dann, wenn dies ausdrücklich vereinbart war, und nur gegenüber seinem Vertragspartner. Nur eine solche Auslegung wird dem erklärten Willen des Gesetzgebers gerecht, daß die Ausübung der Rechte des ausübenden Künstlers grundsätzlich die Verwertung des Urheberrechts nicht beeinträchtigen dürfe (vgl. Reischl UFITA 45 [1965], 1, 17 und Begr. S. 85).

4 Persönlichkeitsrechtliche Befugnisse sieht das UrhG für ausübende Künstler nur in § 83 vor. Eine analoge Anwendung der §§ 12–14 kommt angesichts der bewußten gesetzgeberischen Entscheidung (Begr. S. 95) nicht in Betracht. Ausübende Künstler sind insoweit auf das allgemeine Persönlichkeitsrecht (Bem. 5–9) und etwaige vertragsrechtliche Ansprüche (Bem. 3) zu verweisen. Der ausübende Künstler kann weder die Verbreitung seiner Darbietung (Begr. S. 91) noch Änderungen (außer bei Entstellungen – § 83 – und in den Fällen der gesetzlich zugelassenen Benutzung – § 84 –) verbieten. Er hat kein Zugangsrecht (§ 25), kein Folgerecht (§ 26) und keinen Vergütungsanspruch bei Vermietungen (§ 27).

5 Die Anwendung des **allgemeinen Persönlichkeitsrechts** ist überall dort in Erwägung zu ziehen, wo Eingriffe in die persönliche künstlerische Betätigung stattfinden, die durch die §§ 73ff. nicht typischerweise und abschließend erfaßt werden (Schricker-Krüger Rdnr. 25). Soweit der Leistungsschutz des UrhG z. B. für Darbietungen der Varieté-Künstler versagt (§ 73 Bem. 11), kommen Ansprüche aus dem allgemeinen Persönlichkeitsrecht in Betracht, ggf. auch solche aus § 1 UWG (Schricker-Krüger Rdnr. 26). Dasselbe gilt, wenn der Leistungsschutz daran scheitert, daß die Darbietung des ausübenden Künstlers nicht in der nach § 73 geforderten Form des Vortrages oder der Aufführung erfolgt (§ 73 Bem. 3). Kommt die Inanspruchnahme der §§ 73ff. für ausübende Künstler mit ausländischer Staatsangehörigkeit jedoch deshalb nicht in Betracht, weil mangels Anwendbarkeit der fremdenrechtlichen Anknüpfungspunkte aus § 125 keine Inländerbehandlung stattfinden kann, vermag weder das allgemeine Persönlichkeitsrecht noch § 1 UWG die Lücke zu schließen; vielmehr ist die bewußte Begrenzung der gewährten Rechte grundsätzlich hinzunehmen (BGH GRUR 1987, 814, 816 *Die Zauberflöte;* BGH GRUR 1986, 454, 456 *Bob Dylan;* a. M. Schricker-Krüger Rdnr. 26). Auch das allgemeine Persönlichkeitsrecht verpflichtet nicht dazu, im Ausland vorgenommene Vervielfältigungshandlungen zu verhindern, die sich im Inland nachteilig auf die künstlerische Leistung auswirken (BVerfG GRUR 1990, 438, 441 *Bob Dylan* unter Hinweis auf die Verweigerung eines Verbreitungsrechts für ausübende Künstler). Nur wenn die Auswertungsmaßnahmen die künstlerische Darbietung entstellt wiedergeben (§ 125 Abs. 6 i. V. m. § 83) oder bei Hinzutreten besonderer Umstände (wie z. B. Vertrauensbruch, Erschleichen des Masterbandes), können ergänzende Ansprüche, ggf. solche außerhalb des UrhG herangezogen werden. Zusammenfassung der Rechtslage nach den genannten höchstrichterlichen Entscheidungen bei Hertin GRUR 1991, 722.

Unabhängig von den Normen des Urheberrechtsgesetzes bleibt dem ausübenden Künstler auf Grund seines allgemeinen Persönlichkeitsrechts die Befugnis vorbehalten, über die **Veröffentlichung** seiner Darbietung zu entscheiden. Die Rechtsordnung schützt den Persönlichkeitsbereich jedes einzelnen Menschen und stellt die Verletzung der Vertraulichkeit des Wortes sogar unter Strafe. Gem. § 201 Abs. 1 StGB ist die unbefugte Aufnahme des nichtöffentlich gesprochenen Wortes und der Gebrauch einer derartigen stillen Aufnahme strafbar. Abs. 2 dieser Vorschrift bedroht das Abhören des nichtöffentlich gesprochenen Wortes mit Hilfe eines Abhörgerätes mit Strafe. Da die Werkdarbietung in besonders intensiver Weise eine Persönlichkeitsäußerung darstellt, sehen wir in dem Veröffentlichungsrecht des ausübenden Künstlers eine **grundlegende** Rechtsposition, die für alle Arten der künstlerischen Betätigung Geltung beansprucht. Bei öffentlichen Darbietungen fallen Entstehung und Ausübung des künstlerischen Veröffentlichungsrechts unmittelbar zusammen. Grundlage ist der freie Entschluß des ausübenden Künstlers, öffentlich aufzutreten und seine Darbietung dem Publikum unmittelbar nahezubringen. Ganz anders verhält es sich, wenn Darbietungen **festgelegt** werden. Bei Schallplatten- oder Filmaufnahmen ist jedem Künstler die faktische Möglichkeit der Überprüfung der Aufnahmen zum Zwecke der Entscheidung über die Freigabe zu gewähren. Bei Ensemble-Darbietungen ist nach § 80 zu verfahren (Ausübung des Veröffentlichungsrechts durch den Vorstand oder Leiter). Der Künstler unterliegt in der Rechtsausübung lediglich dem Verbot der Schikane (§ 226 BGB) und dem Gebot von Treu und Glauben (§ 242 BGB). Bevor die Darbietung aufgenommen worden ist, kann der Künstler über das Veröffentlichungs- 6 recht nicht disponieren, er kann insbesondere nicht im voraus darauf verzichten. Im Ergebnis rechtfertigt das allgemeine Persönlichkeitsrecht die Gewährung der Rechtsfolgen, die § 12 Abs. 1 dem Urheber zuerkennt.

7 Ebensowenig wie der Urheber ein zukünftiges Werk zur Veröffentlichung freigeben kann, vermag der Künstler endgültig in die Veröffentlichung einer Aufzeichnung seiner Darbietung **im voraus** einzuwilligen, jedenfalls dann nicht, wenn die Ausgestaltung noch nicht voraussehbar ist. Das muß entgegen OLG Hamburg Schulze 153 *Kyldex I/II* erst recht gelten, wenn sich ein Künstler im Rahmen einer seriösen Bühnenaufführung zum Nacktauftritt verpflichtet und diese für Fernsehzwecke aufgezeichnet wird. Der Künstler kann nicht einmal vorher überschauen, inwieweit er in der Aufzeichnung individuell erkennbar ist (abweichende Interessenlage bei Fernsehwiedergabe gegenüber Bühnenaufführung). In dem vom OLG Hamburg entschiedenen Fall hätte dem betroffenen Künstler die Fernsehaufzeichnung zur Freigabe vorgelegt werden müssen. Vom Künstler beanstandete Sequenzen hätten nachgedreht werden können, wobei der Künstler dienstvertraglich verpflichtet gewesen wäre, sich für diese zusätzlichen Arbeiten zur Verfügung zu stellen. Gegen Vereinbarungen, die die Zurschaustellung des nackten Körpers betreffen, werden heute keine grundsätzlichen Bedenken erhoben (BGH UFITA 73 [1975], 263, 266ff. *Nacktaufnahmen,* dort auch zur Einwilligung durch Minderjährige).

8 Der ausübende Künstler hat keinen gesetzlichen Anspruch auf Namensnennung (Begr. S. 95). Doch wird man, wenn bei vertraglich vereinbarter Auswertung ausdrückliche Abreden fehlen, davon auszugehen haben, daß die Namensnennung des ausübenden Künstlers stillschweigend vereinbart ist, wenn und soweit die Nennung üblicherweise zu geschehen hat (OLG Köln UFITA 93 [1982], 203, 204f. *TULAY).* Die dadurch durchgeführte oder durchzuführende Nennung darf vom Veranstalter nicht einseitig modifiziert werden, da das die stillschweigend getroffene Vereinbarung verletzen und den Veranstalter wegen positiver Vertragsverletzung zum Schadenersatz verpflichten würde (analog §§ 276, 280, 242 BGB). Im Zweifel muß der Erwerber des Schutzrechts des ausübenden Künstlers ferner bei einer etwaigen Weiterübertragung dem Dritten die Nennungsverpflichtung wiederum vertraglich auferlegen. Eigenmächtige Veränderungen einer vertraglich vereinbarten Namensnennung durch Dritte, die die künstlerische Darbietung im Rahmen der §§ 45ff. befugterweise benutzen, verstoßen gegen das Gebot der Quellenangabe (§§ 84, 63). Soweit eine Nennung des ausübenden Künstlers auf Vervielfältigungsstücken (vor allem Tonträgern) erfolgt, ist auch eine entsprechende Anwendung der Vermutungsregeln nach § 10 zu erwägen (§ 10 Bem. 6b). Nach Art. 11 RA gelten bestimmte Formerleichterungen für dem Rom-Abkommen angehörende Staaten, die den Tonträgerschutz von der Einhaltung von Formerfordernissen abhängig machen; diese gelten dann als erfüllt, wenn neben dem P-Vermerk, der Angabe des Jahres der ersten Veröffentlichung und dem Hersteller der Tonträger auch die Hauptpersonen unter den ausübenden Künstlern (oder den Inhabern deren Rechte) am Tonträger oder dessen Umhüllung vermerkt sind.

9 **Mißbrauch der künstlerischen Leistung.** Ansprüche aus dem allgemeinen Persönlichkeitsrecht können sich vor allem in solchen Fällen ergeben, bei denen die künstlerische Darbietung, ohne nach den §§ 73ff. geschützt zu sein, für zweckfremde Ziele mißbraucht wird. Hierher gehört z. B. der Einsatz zu Wahlkampfzwecken (LG München I UFITA 87 [1980], 342, 346 *Wahlkampf)* und in der kommerziellen Werbung; dabei geht der Schutzumfang ggf. deutlich über den durch die §§ 73ff. gezogenen Rahmen hinaus und umfaßt auch das „Recht eines in Schrift und Stimmklang bekanntgewordenen Schauspielers, einer Verwendung dieser künstlerischen Eigenart in der Werbung mit Hilfe eines Sprachimitators entgegenzutreten" (OLG Hamburg GRUR 1989, 666 *Heinz Erhardt).* Die nachschaffende Imitation der künstlerischen Leistung kann auch nach den Kriterien des § 1 UWG, z. B. durch Rufausbeutung oder vermeidbare Herkunftstäuschung beurteilt werden (Schricker-Krüger vor §§ 73ff. Rdnr. 26). Das Interesse des ausübenden Künstlers, vor Eingriffen in seinen künstlerischen und wirtschaftlichen Leistungsbereich durch sein allgemeines Persönlichkeitsrecht geschützt zu sein, muß mindestens an dem zum Namensschutz (z. B. BGH GRUR 1984, 907, 908 *Frischzellenkosmetik)* und zum Recht am eigenen Bild (Kommentierung bei Schricker-Gerstenberg § 60 / § 22 KUG) entwickelten Kriterien bemessen werden.

Konkurrenz zum Bildnisschutz nach §§ 22ff. KUG. Soweit die künstlerische Darbietung in photographischen Abbildungen des Künstlers ihren Niederschlag findet, wie dies bei Schauspielern, Musikern, Fernsehdarstellern usw. der Fall ist, versagt der Bildnisschutz gem. § 22 Satz 3 KUG nach Ablauf von 10 Jahren p.m.a. In schwerwiegenden Fällen ist den Angehörigen des ausübenden Künstlers ein Schutzrecht aufgrund des allgemeinen Persönlichkeitsrechts auch über diesen zeitlichen Rahmen hinaus zuzusprechen (wie im Falle BGH GRUR 1984, 907 *Frischzellenkosmetik* für die mißbräuchliche Verwendung des Namens eines Mediziners für die Kosmetik-Werbung). Bei der Verkörperung der künstlerischen Darbietung auf Bildträgern kommt es zu einer Anspruchskonkurrenz zwischen den §§ 73ff. und den §§ 22ff. KUG, sofern der ausübende Künstler identifizierbar zu erkennen ist. Dabei genießen die §§ 73ff. als lex specialis Vorrang. Der Verwerter kann die Veröffentlichung nicht etwa damit rechtfertigen, der dargestellte Schauspieler sei eine „Person der Zeitgeschichte" (§ 23 Abs. 1 Nr. 1 KUG) oder die Verbreitung der Bildträger diene „einem höheren Interesse der Kunst" (§ 23 Abs. 1 Nr. 4 KUG). Die Schutzdauer bestimmt sich in diesen Fällen ausschließlich nach § 82 (und nicht nach der 10 Jahre über den Todestag hinausgehenden Schutzfrist des § 22 Satz 3 KUG). Nur soweit eine außerhalb des Regelungsbereichs der §§ 73ff. liegende Nutzung der Bildträger in Frage steht (z. B. bei Einsatz in der Werbung), kann der Anspruchsberechtigte auf das allgemeine Persönlichkeitsrecht zusätzlich zurückgreifen (Bem. 5–9). Auch der Ablauf der Schutzfristen für den Lichtbildner läßt die aus dem allgemeinen Persönlichkeitsrecht fließenden Ansprüche unberührt (§ 72 Bem. 14). Auf sonstige Bildinhalte gestützte Ansprüche, insbesondere solche aus Wettbewerbsrecht, sind allerdings durch die Spezialregelung in § 72 überlagert und nach Ablauf des Lichtbildschutzes in der Regel ausgeschlossen. **10**

Ähnlich wie das Urheberrecht kann auch das Leistungsschutzrecht des ausübenden Künstlers nicht als Ganzes **übertragen** werden, da es neben vermögensrechtlichen auch persönlichkeitsrechtliche Elemente enthält (§ 83 Bem. 1, § 137 Bem. 6; BFH GRUR 1980, 49, 50 *Teilaktivierung;* Schricker- **11**

Krüger Rdnr. 10; v. Gamm § 73 Bem. 2; a.M. Flechsig FuR 1976, 74ff.). Voll abtretbar sind aber die Einwilligungsrechte der §§ 74–77, wie sich aus § 78 1. Halbsatz ergibt (§ 78 Bem. 1, dort auch zur Beschränkungswirkung des § 78 2. Halbsatz). Die Einwilligung zur Benutzung der Darbietung begründet, anders als die Abtretung des Einwilligungsrechts, kein ausschließliches Recht, sondern ist (nur) Erlaubnis zur Aufnahme, Vervielfältigung und Sendung (schuldrechtliche Wirkung) (Ulmer[3] § 123 IV 2). Die den ausübenden Künstlern zustehenden Vergütungsansprüche (§§ 76 Abs. 2 Satz 2, 77, 84, 54 Abs. 1) werden von der für sie zuständigen Verwertungsgesellschaft GVL wahrgenommen (WahrnG Einl. Bem. 3), während die Einwilligungsrechte selbst (§§ 74, 75, 76 Abs. 1) wegen des Vorausabtretungsverbotes in § 78 2. Halbsatz nur als abgeleitete Rechte über vertragliche Vereinbarungen der Künstler mit den Tonträgerherstellern durch diese in die Verwertungsgesellschaft eingebracht werden können (§ 78 Bem. 3; Schricker-Krüger Rdnr. 28). Auf die Weiterübertragung der Rechte ist § 34 nicht anwendbar (vgl. auch Bem. 12).

12 Mangels Anwendbarkeit des gesamten Ersten Teils des UrhG mit Ausnahme der §§ 45 bis 60, 62, 63 (vgl. § 84) steht dem ausübenden Künstler weder der Beteiligungsanspruch des § 36 noch die Möglichkeit des Rückrufs (§§ 41, 42) offen. Er ist deshalb nicht in der Lage, etwa die weitere Verbreitung eines Tonträgers zu verbieten, weil er seinen damaligen Interpretationsstil heute nicht mehr für vertretbar hält. Bei der Vergabe künftiger Leistungsschutzrechte ist er nicht nach § 40 geschützt. Die Vermutungen der §§ 37, 38, 44 gelten für ihn jedenfalls nicht direkt. Allerdings ist die **Zweckübertragungstheorie** (§ 31 Abs. 5) auch auf Verwertungsverträge mit ausübenden Künstlern anzuwenden; sie bringt einen allgemeinen Rechtsgedanken zum Ausdruck, der auch ohne ausdrückliche Normierung im gesamten Bereich des UrhG Geltung hat (BGH GRUR 1979, 637, 638f. *White Christmas;* BGH GRUR 1984, 119, 121 *Synchronisationssprecher;* OLG Karlsruhe GRUR 1985, 136 *Volvo-Reklame;* LG München I UFITA 87 [1980], 342, 346 *Wahlkampf;* aus der vorgesetzlichen Rechtsprechung: BGH GRUR 1962, 370 *Schallplatteneinblendung;* BGHZ 33, 1 *Künstlerlizenz Schallplatten;* auch bereits Nordemann UFITA 58 [1970], 1; vgl. auch Schweyer S. 111f.; Schricker-Krüger Rdnr. 19; a.M. noch Krüger GRUR 1979, 639ff.).

13 Die Rechte aus §§ 74–77 können im Rahmen der Vertragsfreiheit, insbesondere der Regeln über die Verkehrsfähigkeit von Nutzungsarten (vor § 31 Bem. 6–8) nach Belieben aufgespalten und eingeschränkt werden (OLG Frankfurt GRUR 1985, 380, 381 *Operneröffnung* für das ungeachtet der GVL bestehende Einwilligungsrecht von Orchestermitgliedern, ihre Darbietung bei einer öffentlichen Veranstaltung durch Rundfunk zu senden). Ohne daß eine Heranziehung des § 32 erforderlich wäre (so aber v. Gamm Bem. 6; wie hier Moehring/Nicolini Bem. 2; Schricker-Krüger Rdnr. 12), darf der Künstler das Recht auf öffentliche Wahrnehmbarmachung (§ 74) örtlich eingrenzen, die Befugnis zur Aufnahme seiner Darbietung (§ 75 Satz 1) auf bestimmte Aufzeichnungsverfahren und das Vervielfältigungsrecht des § 75 Satz 2 zeitlich eingrenzen. Mangels eines Verbreitungsrechts (§ 75 Bem. 2) kann er die Verkehrsfähigkeit von Vervielfältigungsstücken mit absoluter Wirkung allerdings nicht einschränken; er kann also beispielsweise nicht durch Maßnahmen gegenüber Dritten verhindern, daß rechtmäßig herge-

stellte Schallplatten entgegen der mit dem Tonträgerhersteller getroffenen Abrede durch einen Schallplattenclub vertrieben werden; dazu bedürfte es der Aktivierung des Verbreitungsrechts seines Produzenten aus § 85 Abs. 1 (vgl. aber Bem. 2 und § 75 Bem. 6).
Wegen der Vermengung von vermögens- und persönlichkeitsrechtlichen Befugnissen kann nicht davon ausgegangen werden, daß der Erwerber einer Künstlerlizenz zu deren Weiterübertragung frei berechtigt ist. Maßgeblich ist der Zweck der zwischen Künstler und Lizenznehmer getroffenen Vereinbarung. Zur Auslegung erscheinen die Abs. 1–3 in § 34 sowie § 35 als Ausprägungen allgemeiner Rechtsgedanken geeignet (Schricker-Krüger § 78 Rdnr. 8), die Zulässigkeit abweichender Vereinbarungen (§ 34 Abs. 4) gilt ohnehin. Die gesamtschuldnerische Haftung in § 34 Abs. 5 entspricht zwar einem allgemeinen Gerechtigkeitsgedanken, bedürfte aber der ausdrücklichen gesetzlichen Ausdehnung auf Künstlervertragsbeziehungen.
Ein auffälliges Mißverhältnis von Leistung und Gegenleistung führt bei Künstlerverträgen zwar nicht zu einem auf Anpassung gerichteten Änderungsanspruch entsprechend § 36, kann aber bei Hinzutreten subjektiver Tatbestandselemente die Nichtigkeit des Künstlervertrages zur Folge haben (BGH GRUR 1989, 198, 201 *Künstlerverträge* bei einer vertraglichen Überbürdung der Produktionskosten auf den Künstler und Festlegung eines Beteiligungshonorars an der untersten Grenze des Üblichen).

Soweit an vorgesetzlich erbrachten künstlerischen Darbietungen ein fiktives **14**
Bearbeiter-Urheberrecht (§ 2 Abs. 2 LUG) entstanden ist, handelt es sich nach seinem materiellen Gehalt um ein Leistungsschutzrecht, für das die RBÜ keine Gültigkeit hat (BGH GRUR Int. 1991, 224 *Cliff Richard).*

§ 73 Ausübender Künstler

Ausübender Künstler im Sinne dieses Gesetzes ist, wer ein Werk vorträgt oder aufführt oder bei dem Vortrag oder der Aufführung eines Werkes künstlerisch mitwirkt.

Übersicht

Die **Begriffsdefinition** des ausübenden Künstlers folgt in ihrer sprachli- **1**
chen Gestaltung nicht derjenigen des Art. 3a Rom-Abkommen. Nach Konventionsrecht versteht man unter ausübenden Künstlern die Schauspieler, Sänger, Musiker, Tänzer und andere natürliche Personen, die Werke der Literatur oder der Kunst aufführen, singen, vortragen, vorlesen, spielen oder auf irgendeine andere Weise darbieten. § 73 ist ersichtlich dem § 2 Abs. 2 LUG nachgebildet. Dort wurde unterschieden zwischen der durch **persönlichen** Vortrag bewirkten Übertragung auf einen mechanischen Wiedergabeträger (Ziff. 1) und einer Übertragung durch Lochen, Stanzen, Anordnen von Stiften oder ähnlicher Tätigkeit, „wenn diese Übertragungstätigkeit als künstlerische anzusehen ist" (Ziff. 2). Entsprechend Ziff. 1 gilt nach § 73 zunächst einmal derjenige als ausübender Künstler, der ein Werk vorträgt

oder aufführt. In Anlehnung an Ziff. 2 wird sodann der Kreis der ausübenden Künstler über die unmittelbar Vortragenden und Aufführenden hinaus ausgedehnt auf diejenigen, die bei Vortrag und Aufführung künstlerisch mitwirken, wie insbesondere den Dirigenten und den Regisseur. Das Merkmal „künstlerisch" bezweckt eine negative Abgrenzung gegenüber dem technischen Personal (Begr. S. 90); es hat damit die gleiche Funktion wie im Rahmen des § 2 Abs. 2 Ziff. 2 LUG. Zugleich stellt das Merkmal der künstlerischen Mitwirkung klar, daß der künstlerische Leistungsschutz nicht unter Hinweis auf die „Kleine Münze" Ensemble-Mitgliedern in Theatergruppen, Chören und Orchestern zu versagen ist (Gentz GRUR 1974, 328; vgl. BGHZ 33, 48, 52 *Orchester Graunke* sowie § 80). Der Begriff der **Darbietung,** im Rom-Abkommen *(to perform, exécuter)* als Auffangbezeichnung für die in Betracht kommenden Tätigkeiten des ausübenden Künstlers verwandt, erscheint in § 73 nicht, wird aber in den §§ 74–83, 92 usw. als Sammelbezeichnung für das Ergebnis der leistungsschutzbegründenden Tätigkeit aufgegriffen.

2 Die **einzelnen Voraussetzungen** des Künstlerbegriffs sind die folgenden: **Gegenstand der Darbietung** kann nur ein **Werk** im Sinne des § 2 sein, wobei es gleichgültig ist, ob es geschützt oder gemeinfrei ist oder niemals geschützt war; es genügt, daß es schutz*fähig* ist. Die Feststellung der Schutzfähigkeit des dargebotenen Werkes ist mithin eine tatbestandsmäßige Vorfrage zur Anwendbarkeit der §§ 73ff. (Schricker-Krüger Rdnr.10), die nach den Erläuterungen zu § 2 zu beurteilen ist. An der Erfüllung dieses Erfordernisses wird häufig der künstlerische Leistungsschutz für Variete- und Zirkuskünstler scheitern (Bem. 11). Sofern nur Teile von Darbietungen verwendet werden, muß der betreffenden Sequenz ein Werk, und nicht nur ein schutzunfähiger Werkpartikel, zugrundeliegen (daran scheitern Ansprüche aus §§ 73ff. beim sog. Ton-Sampling, vgl. Hoeren GRUR 1989, 12; s. aber §§ 85, 86 Bem. 8); anderenfalls kommen lediglich subsidiäre Ansprüche aus dem allgemeinen Persönlichkeitsrecht und aus Wettbewerbsrecht in Betracht (vor § 73 Bem. 5–9). Das zugrundeliegende Werk kann (vor allem wegen Schutzfristablaufs) gemeinfrei sein. Auch wenn es von ausländischen Urhebern stammt, die im Inland keinen Schutz (mehr) genießen (§ 121), ist die Schutzfähigkeit gegeben. Dem Vortrag zugänglich sind Sprachwerke (§ 19 Abs. 1). Durch Aufführung werden Werke der Musik und Bühnenwerke dargeboten (§ 19 Abs. 2). Wie sich aus § 92 ergibt, werden auch ausübende Künstler, die bei der Herstellung eines Filmwerkes mitwirken, begrifflich von § 73 erfaßt (mit der dort geregelten eingeschränkten Rechtsstellung).

3 Das Werk bedarf der Darbietung durch **Vortrag** oder **Aufführung.** Für ausübende Künstler, die bei der Herstellung eines Filmwerkes mitwirken, ist von einer dem Bühnendarsteller vergleichbaren Tätigkeit entsprechend § 19 Abs. 2, 2. Alternative auszugehen. Für andere Verwertungsformen kommt der Künstlerschutz nicht in Betracht. Vortrag und Aufführung sind im Sinne des § 19 Abs. 1 und 2 zu verstehen, allerdings mit der Einschränkung, daß die Darbietung nicht notwendig öffentlich erfolgen muß. Denn der Künstlerschutz erstreckt sich auf die unmittelbare Leistungsübernahme durch die in den §§ 74–77 genannten technischen Mittel, so daß das Merkmal der Öffentlichkeit für den Darbietungsbegriff selbst entbehrlich ist (Schricker-Krüger Rdnr. 16). Übereinstimmung besteht überwiegend darin, daß auch der Studio-Künstler, mag es sich um das im Studio stattfindende Vortragen eines Sprachwerkes oder die unter Ausschluß der Öffentlichkeit stattfindende Aufführung eines Musik- oder musikdramatischen Werkes handeln, unter den Künstlerbegriff fällt (z. B. OLG Koblenz GRUR Int. 1968, 164, 165 *Liebeshändel in Chioggia* für eine Bühneninszenierung, die in den Räumen eines Fernsehstudios gefilmt worden war; v. Gamm Bem. 5; Dünnwald UFITA 52 [1969], 49, 62; a. M. v. d. Groeben FS Reichardt S. 39, 46ff.). Auch der Filmschauspieler (§ 92) erbringt seine Darbietung nicht öffentlich. Ob die Darbietung des ausübenden Künstlers bei einer fertigen Vorstellung, „offiziellen" Aufnahmen oder anläßlich einer Probentätigkeit erfolgt, ist gleichgültig, ohne daß zu prüfen wäre, ob eine „fertige" Werkinterpretation erfolgt ist (a. M. Schricker-Krüger Rdnr. 17; Dünnwald UFITA 52 [1969], 49, 71). Maßgebend ist allein, ob der dargebotene Werkteil schutzfähig ist (Bem. 2).

Nicht nur wer selbst vorträgt oder aufführt, sondern auch wer an Vortrag 4
und Aufführung künstlerisch **mitwirkt,** ist ausübender Künstler. Die durch den Begriff der Mitwirkung bezweckte Ausdehnung bezieht diejenigen ein, die man bei der Werkdarbietung nicht unbedingt sieht oder hört, die jedoch in bestimmender Weise mit ihrer Individualität, nicht lediglich technisch darauf Einfluß nehmen, so der **Dirigent** (simultan mit dem Zeitablauf der Darbietung) und der **Regisseur** (durch vorangegangene Tätigkeit; vgl. § 80 Bem. 4 und 5).
Der **Abendspielleiter** ist bei aktiver Einwirkung auf das Bühnengeschehen ausübender Künstler, bei bloßer Überwachung des Regiekonzepts jedoch nicht (insoweit zutr. Schricker-Krüger Rdnr. 31).
Der **Beleuchter** kann, wenn er durch außergewöhnliche Lichteffekte die Aufführung künstlerisch mitgestaltet, ausübender Künstler sein. Bei den Aufführungen elektronischer Musik wird das Mischpult zum Instrument, auf dem der **Tonmeister** nach den Anweisungen des Komponisten „spielt" (OLG Hamburg GRUR 1976, 708 *Staatstheater*); je nach dem Grade der Freiheit zu eigener künstlerischer Gestaltung, die der Komponist ihm dabei gelassen hat, kann er sogar Bearbeiter sein (Weissthanner S. 45ff., 56f.; Hertin UFITA 81 [1978], 39, 46ff.). Bei anderen Aufführungen ist er zumindest insoweit ausübender Künstler, als er auf die Darbietung selbst – nicht erst auf deren Festlegung – Einfluß nimmt (BGH GRUR 1983, 22, 25 *Tonmeister I;* OLG Köln GRUR 1984, 345, 346 *Tonmeister II;* weitergehend Nordemann GRUR 1980, 568 und Hubmann GRUR 1984, 620, die mit Recht die Tätigkeit bei der Aufnahme oder Übertragung musikalischer Aufführungen genügen lassen; der Bundestag hat anläßlich der 3. Lesung der Novelle zum UrhG am 23. 5. 1985 die Bundesregierung u. a. gebeten, die Möglichkeit einer Verbesserung der Rechtsstellung der Tonmeister zu prüfen, vgl. Andresen ZUM 1986, 335 und Schlemm UFITA 105 [1987], 17, 22f.). Dagegen ist der bei der Produktion lediglich technisch tätige **Toningenieur** nicht geschützt (OLG Saarbrücken UFITA 84 [1982], 225, 228); zur Abgrenzung zwischen Toningenieur und Tonmeister Schlemm UFITA 105 (1987), 17, 18f.
Für **Bühnen-** und **Kostümbildner** kommt lediglich der Werkschutz nach § 2 in Betracht. Dasselbe gilt auch für den **Maskenbildner,** der durch die Gestaltung des menschlichen Antlitzes des Bühnendarstellers zwar den künstlerischen Ausdruck der Aufführung mitgestaltet, dies aber nicht direkt über die Darbietung, sondern durch die von ihm geschaffene Maske (Ulmer[3]

§ 122 III; Dünnwald UFITA 65 [1972], 99, 109; Schricker-Krüger Rdnr. 13; a. M. Voraufl. Bem. 2c; Boden GRUR 1968, 583; D. Reimer Anm. GRUR 1974, 674; Flechsig S. 44f.). Wenn die für die Aufführung erarbeiteten Masken lediglich in die vom Fernsehen benötigte Form umgesetzt werden, ist dies nach Auffassung des Bundesgerichtshofes im Regelfall eine handwerkliche Arbeit (BGH GRUR 1974, 672, 674 *Celestina*).

5 Umstritten ist die Frage, ob zur Erfüllung des Künstlerbegriffs für denjenigen, der ein Werk vorträgt oder aufführt, zusätzlich festzustellen ist, ob dabei das Merkmal **künstlerisch** erfüllt wird und was darunter zu verstehen ist. Der Gesetzeswortlaut fordert die Qualifikation „künstlerisch" nur für diejenigen, die beim Vortrag oder der Aufführung mitwirken, zur Abgrenzung von der technischen Mitwirkung (Bem. 1). Die Verwertungsrechte des § 19 Abs. 1 und 2 sind zweifelsfrei unabhängig davon erfüllt, ob der diesbezüglichen Werkverwertung eine spezifische künstlerische Qualifikation zuzusprechen ist oder nicht (anderenfalls wäre z. B. der „unkünstlerische" Vortrag eines Sprachwerkes urheberrechtsfrei). In Übereinstimmung damit gehen wir davon aus, daß auch ein Rundfunksprecher, der einen urheberrechtlich schutzfähigen Text vorliest, ausübenden Künstler ist, auch wenn der Text reine Sachinformation zum Gegenstand hat und entsprechend nüchtern vorgelesen wird (ausführlich Hertin UFITA 81 [1978], 39, 48ff.; Ekrutt GRUR 1976, 193; v. Gamm Bem. 3 und 6 sowie § 19 Bem. 7; Schricker GRUR 1984, 733, 734 Fn. 16). Für die hier vertretene Meinung spricht die aus der Entstehungsgeschichte abzuleitende persönlichkeitsrechtliche Anknüpfung des künstlerischen Leistungsschutzes. Auch das Rom-Abkommen, das vom UrhG als Mindestschutz verwirklicht werden sollte, verzichtet auf weitergehende Anforderungen (Gebot der konventionsfreundlichen Gesetzesauslegung). Das Verlesen eines Sprachwerkes wird dort ausdrücklich in den Künstlerbegriff einbezogen (Nordemann/Vinck/Hertin Art. 3 RA Bem. 3). Auch die Beziehung zwischen Leistungsschutz und Urheberrecht fordert kein anderes Ergebnis (vor § 70 Bem. 4, 5). Dem Gesetzeszweck zuwiderlaufende Interessen sind nicht ersichtlich (vgl. dazu Ekrutt GRUR 1976, 193).

Demgegenüber fordert Dünnwald UFITA 84 (1979), 1, 16ff. „künstlerische Werkinterpretation" und will den Künstlerschutz nur dort gewähren, wo ein „interpretationsfähiges Werk" bei seiner Wiedergabe „einen Rollen- und Identitätswechsel" ermögliche. Ähnlich BFH Schulze FinG 3: Der Vortrag eines Werbetextes durch Schauspieler sei mangels „gewisser Gestaltungshöhe" nicht künstlerisch.

Eine dritte Meinung (BGH GRUR 1981, 419, 420 *Quizmaster;* ihm folgend Schricker-Krüger Rdnr. 21–26; ähnlich bereits Ulmer, Urhebervertragsrecht S. 74; Ulmer[3] § 122 II) geht grundsätzlich von dem Erfordernis künstlerischer Werkinterpretation als stillschweigendem Tatbestandsmerkmal aus, meint damit aber nur, daß damit ein „künstlerischer Eigenwert", also überhaupt eine Leistung gleich welcher Qualität, vorhanden sein müsse; ein künstlerischer Wert und eine besondere Schutzwürdigkeit des Werkvortrages werden ausdrücklich nicht gefordert. Sie erkennt an, daß es auch für den ausübenden Künstler einen „unteren Bereich" der interpretierenden Sprechleistung gebe, und zieht damit eine Parallele zur „Kleinen Münze" im Urheberrecht (§ 2 Bem. 19).

Bei beiden abweichenden Auffassungen haben wir es im Ergebnis im Falle der Werkverwertung mit Darbietenden erster und zweiter Klasse zu tun.

Auch bei der vom Bundesgerichtshof vertretenen Auffassung erscheinen die Abgrenzungskriterien z. B. für einen Textsprecher mit und ohne „künstlerischem Eigenwert" als willkürlich: Ein solcher soll sich aus der „inneren Anteilnahme des Sprechenden bei abgestufter Lebhaftigkeit seines Vortrages und dadurch bedingter besonderer Ausstrahlung" ergeben (BGH GRUR 1981, 419, 421 *Quizmaster;* kritisch dazu Platho Anm. FuR 1982, 221). Für die Ermittlung eines solchen Wertes soll ein „Minimum an eigenpersönlicher Ausprägung" genügen (Schricker-Krüger Rdnr. 25). Indes kann sich die Qualität eines sprachlichen Vortrages gerade aus der Tilgung jedweder subjektiver Färbung ergeben. Der Vortragende wird sich im allgemeinen an Charakter und Inhalt des darzubietenden Werkes orientieren. Es ist nicht einsehbar, demjenigen, der einen wissenschaftlichen oder politischen Kommentar sachangemessen vorträgt, den Interpretenschutz zu versagen, jedoch bei kabarettistisch verfremdeter Vortragsweise zu gewähren (gegen Schrikker-Krüger Rdnr. 24).

Fallen schöpferische und mitwirkende Leistung untrennbar zusammen, liegt **Urheberrechtsschutz** vor, der die Zuerkennung eines gleichzeitigen Leistungsschutzrechts **ausschließt;** das trifft jedenfalls auf die Filmregie zu (BGH GRUR 1984, 730, 732 *Filmregisseur* mit kritischer Anmerkung Schricker). Fraglich ist nur, wann die schöpferische und die darbietende Leistung zusammenfallen und wann sie sachlich auseinanderzuhalten sind. Die improvisierte musikalische Darbietung eines Jazzmusikers begründet in der Regel sowohl Urheberschutz (für den Werkcharakter der von ihm „erfundenen" Musik) als auch Leistungsschutz (für deren wenn auch zeitgleich erfolgende Darbietung). Dort ist das Auseinanderfallen leichter festzustellen als beim Filmregisseur, wenn dieser konzeptioniert, ohne ein Drehbuch zu schreiben, und zugleich realisiert. Vgl. § 89 Bem. 4; Krüger FS Klaka S. 139; Schricker-Krüger Rdnr. 38 spricht in diesem Zusammenhang von der „Absorptionsregel" des BGH. **6**

Abgrenzungskriterien. Keine Werkdarbietung oder künstlerische Mitwirkung an Vortrag oder Aufführung liegt vor, wenn lediglich Vorbereitungshandlungen geleistet werden, die nicht unmittelbar in Vortrag und Aufführung gestaltend durchschlagen, oder wenn die Leistungen lediglich im technischen oder organisatorischen Bereich liegen. Der künstlerische Leistungsschutz scheidet somit aus: **7**

Im Vorfeld der **organisatorischen Vorbereitung:** Rundfunk- und Bühnenintendanten, Dramaturgen, Programm-, Produktions- und Aufnahmeleiter, Schallplatten-, Fernseh- und Filmproduzenten erbringen typischerweise Veranstalter- oder Produzentenleistungen (Dünnwald UFITA 52 [1969], 49, 70). Trotz des dabei aufzubringenden künstlerischen Einfühlungsvermögens findet eine direkte individuelle Prägung der Darbietung nicht statt. **8**

Im Bereich des **künstlerischen Trainings:** Gemeint ist dabei die Tätigkeit von Einstudierungskräften, die typischerweise für eine individuelle Einflußnahme auf die am Ende stehende Werkdarbietung keinen Raum läßt, wenngleich sie auf eine Steigerung des Leistungsvermögens der Werkinterpreten abzielt. In der Regel sind dies Korrepetitoren, Übungsleiter bei Chören, Gesangslehrer, Tanzlehrer, die das Corps de Ballet, das Schauspielerensemble oder den Opernchor durch gymnastische Arbeit „in Form" halten, aber auch im Fall der Einstudierung einfacher Bewegungsabläufe für **9** die Bühnenaufführung; Spielleiter, die mit den Schauspielern Übungen an der Textwiedergabe oder routinemäßige Stellproben abhalten, bevor der Bühnenregisseur mit der Arbeit beginnt. Nicht ausgeschlossen ist es, daß jemand offiziell als „Übungskraft" oder „Assistent" engagiert wird, dann aber die eigentliche Regiearbeit anstelle des Hauptregisseurs erbringt. Maßgeblich ist die ausgeübte Tätigkeit, nicht deren Bezeichnung. Im Falle des Ballettmeisters liegt, wenn eine eigenschöpferische Choreographie entwickelt wird, urheberrechtlicher Werkschutz in bezug auf die Choreographie vor (§ 2 Bem. 50). Bei der Einstudierung einer vorgegebenen Ballettchoreographie ist in der Regel eine der Regie vergleichbare künstlerische Darbietung auch des **Ballettmeisters** gegeben.

10 Im Fall der **Assistenz bei der künstlerischen Werkdarbietung** durch Erbringung von Dienstleistungen (Inspizient, Souffleur, Beleuchter, Toningenieur, Orchesterwart) und Werkleistungen (Theaterfriseur, Bühnenbildner und -maler, Requisiteur; zum Maskenbildner Bem. 2). Allerdings kann in der Werkleistung urheberrechtliches Niveau erreicht werden (z. B. regelmäßig beim Bühnenbild, aber auch beim Maskenbildner). Zum Beleuchter Bem. 4.

11 **Einzelfälle.** Das Erfordernis der Werkdarbietung (Bem. 3) läßt die Varieté- und Zirkuskünstler sowie die (Leistungs-)Sportler in der Regel nicht am künstlerischen Leistungsschutz teilnehmen. Gleichwohl gibt es auch in diesem Bereich häufig echte Werkdarbietungen. **Bedeutende Clownsnummern,** insbesondere der sog. *Musical-Clowns,* die exakt einstudiert sind, zumeist nach einem festliegenden Text gesprochen und gespielt werden und mindestens dem Sketch gleichstehen (also der kabarettistischen Bühnendarbietung in Kurzform). Ihr musikalischer Teil erfüllt ohne weiteres die Voraussetzungen einer Musikaufführung im Sinne des § 19 Abs. 2, ihr mimischer und gesprochener Teil die Voraussetzungen der bühnenmäßigen Darstellung durch einen Schauspieler oft hohen Ranges (man denke nur an die weltberühmten, selbst dargebotenen Werke eines *Grock, Charly Rivels, Dimitri* u. a.).

12 Die Darbietungen der **Varieté-** und **Zirkuskapelle** sind stets Musikaufführungen im Sinne des § 19 Abs. 2.

13 **Pantomimen** und **Tänze,** die, auch wenn sie in einem Zirkus- und Varietéprogramm dargeboten werden, in der Regel den Begriff des § 2 Abs. 1 Ziffer 3 (dort Bem. 50) erfüllen, da ihnen eine bestimmte Choreographie zugrunde liegt, selbst wenn diese folkloristischen Ursprungs, also gemeinfrei, sein sollte (z. B. bei Tanznummern exotischer Gruppen).

14 Die Darbietungen von **Zauberkünstlern,** Jongleuren, Bauchrednern, aber auch mancher Parterre-Akrobaten und sog. *Knock abouts* sind ebenfalls vielfach dem Kabarett-Sketch gleichzustellen (vgl. Bem. 11), vor allem dann, wenn sie in die Form einer Handlung gekleidet sind, die mit Dialogen und Kommentaren, Scherzen und Witzen durchsetzt ist. Sie erreichen in der Regel zumindest das Niveau der „kleinen Münze" des Urheberrechts (vgl. § 2 Bem. 19f.).

15 **Dressuren** können bewundernswerte Leistungen darstellen, sind aber nach dem UrhG nicht geschützt, wenn sie nicht im Einzelfall als Tanz oder

Pantomime anzusehen sind (ebenso LG München I UFITA 54 [1969], 320, 323 *Wanda, der Wunderelefant.*

Die Darbietungen einer **Eisrevue** (vgl. dazu BGH GRUR 1960, 604 und BGH GRUR 1960, 606 *Eisrevue I und II*) sind dann, wenn sie eine geschlossene Handlung zeigen, als bühnenmäßige Aufführung einer Werkverbindung aus Sprach-, Musik- und Tanzwerken anzusehen (§ 19 Abs. 2). Aber auch unabhängig von einer etwaigen Handlung schlägt sich in den Läufen der Eiskunstläufer und Eistänzer außer der sportlichen Gewandtheit unter Ausführung körperlicher Kunststücke (z. B. doppelter Rittberger, Salchow usw.) zugleich ein tänzerisches Moment nieder, das bei großen Eiskunstläufern zu einer großartigen Harmonie von Musik und Bewegungen führt (z. B. Pirouetten, Hebefiguren, Todesspiralen usw.; a. M. Schricker-Krüger Rdnr. 10). Die Zusammenstellung einer solchen „Kür" trägt in der Regel auch den individuell-schöpferischen Zug, der den Tanz zum Werk der *Tanzkunst* macht. Der Trainer oder Tanzlehrer (Eischoreograph) wirkt wie ein Regisseur an der Aufführung des Tanzwerkes mit und ist daher ebenfalls ausübender Künstler. **16**

Im übrigen fallen **sportliche Darbietungen** in der Regel **nicht** unter den Werkbegriff; Sportler sind deshalb nur in Ausnahmefällen als ausübende Künstler anzusehen (vgl. für Boxer, wenn auch mit anderer Begründung, KG UFITA 20 [1955], 199, 207 *Hein ten Hoff*). Das gilt jedoch nicht ausnahmslos. So kann eine Reitvorführung die Aufführung eines Werkes der Tanzkunst darstellen, wenn sie, wie bei der Wiener *Spanischen Reitschule,* bestimmte choreographisch vorgezeichnete Figuren zu einer bestimmten Musik ausführt (Quadrillen, Levaden, Dreh- und Sammelfiguren) und damit einen tänzerischen Gesamtplan erfüllt. Diesem Grenzfall steht übrigens auch der Stierkampf nahe, der vom Torero die Ausführung bestimmter Schritte verlangt (ihre Bezeichnung ist der Sprache der Tanzkunst entnommen) und der eine Art *pas de deux* oder Todesballett von Mensch und Tier mit einem für unser Empfinden grausamen letalen Ausgang darstellt (a. M. Schricker-Krüger Rdnr. 10). Artistische Tierdressuren sind weder Werke noch künstlerische Leistungen (Bem. 15). **17**

Entgegen der Auffassung des Bundesfinanzhofes, der einem Schauspieler beim Sprechen von **Werbetexten** die Steuervergünstigung des § 34 Abs. 4 EStG verweigert (Schulze FinG 3), kann auch diese Tätigkeit Vortrag im Sinne des § 73 sein, wenn der Werbetext unter § 2 Abs. 1 Nr. 1 fällt (s. dort Bem. 39, 40). Zum Nachrichtensprecher und anderen Vortragenden von **Sprachtexten** Bem. 5. **18**

§ 74 Bildschirm- und Lautsprecherübertragung

Die Darbietung des ausübenden Künstlers darf nur mit seiner Einwilligung außerhalb des Raumes, in dem sie stattfindet, durch Bildschirm, Lautsprecher oder ähnliche technische Einrichtungen öffentlich wahrnehmbar gemacht werden.

Das **Verbotsrecht des ausübenden Künstlers** aus § 74 entspricht dem des Urhebers aus § 19 Abs. 3 (dort Bem. 4). Wird die Darbietung zunächst **erlaubterweise** auf Bild- oder Tonträger aufgenommen (§ 75 Satz 1) oder **1** erlaubterweise durch Funk gesendet (§ 76 Abs. 1) und sodann (oder bei Funk simultan) mit Hilfe dieser Einrichtungen öffentlich wahrnehmbar gemacht, handelt es sich lediglich um erlaubnisfreie, aber nach § 77 vergütungspflichtige Zweitwiedergaben. Die vorangegangene Erlaubnis des ausübenden Künstlers zur Festlegung bzw. Funksendung wird zwar in §§ 74, 77 nicht erwähnt, folgt aber aus einer entsprechenden Anwendung des § 76 Abs. 2 (nach Schricker-Krüger Rdnr. 17 folgt das bereits aus § 96). Bei Fehlen der Erlaubnis, z. B. im Falle der öffentlichen Wiedergabe heimlich vorgenommener Konzertmitschnitte, erstreckt sich das Verbotsrecht auch auf derartige Fälle der Erweiterung des Teilnehmerkreises einer Veranstaltung. Für ausländische Künstler gilt § 74 unabhängig vom Veranstaltungsort (§ 125 Abs. 6).

2 Eine Lautsprecherübertragung im Veranstaltungsraum selbst ist zulässig. Die Anregung, das Recht auch hierauf auszudehnen, hat der Gesetzgeber mit der zutreffenden Begründung zurückgewiesen, daß eine solche Übertragung nicht der Erweiterung des Hörerkreises, sondern nur der Verbesserung der Akustik diene (Begr. S. 91). Überdies hätte der ausübende Künstler dann mehr Rechte als der Urheber selbst gehabt.

3 **Außerhalb** des Raumes heißt nicht, daß die Wahrnehmbarmachung unbedingt das betreffende Gebäude verlassen muß; auch die Übertragung einer Hotelveranstaltung in die Hotelzimmer fällt unter § 74, und zwar unabhängig davon, ob und in welchem Maße sie von Empfängern tatsächlich wahrgenommen wird. Einwilligungsbedürftig ist auch die Übertragung in Veranstaltungen, die unter freiem Himmel stattfinden (Schricker-Krüger Rdnr. 1, 15, 16). Zum Hotelvideo § 22 Bem. 2.

4 Wird die Wahrnehmbarmachung auf andere Weise als durch Bildschirm, Lautsprecher oder ähnliche technische Einrichtungen bewirkt, ist der ausübende Künstler auf sein allgemeines Persönlichkeitsrecht (vor § 73 Bem. 5) verwiesen, bei Bruch der Vertraulichkeit ggf. auf §§ 823 Abs. 2 BGB, 201 Abs. 1 StGB (Schricker-Krüger Rdnr. 14.)

5 Gegenstand der Übertragung ist eine Live-Darbietung eines ausübenden Künstlers (Bem. 1), auch wenn diese selbst nicht öffentlich erfolgt. Die durch die genannten technischen Mittel bewirkte Wahrnehmbarmachung muß so sein, daß die Darbietung öffentlich (§ 15 Abs. 3) wahrnehmbar ist.

6 Findet die geschützte Darbietung im Rahmen einer Veranstaltung statt (§ 81 Bem. 2–5), so stehen die Rechte aus § 74 sowohl dem ausübenden Künstler als auch dem Veranstalter (§ 81) zu. Jeder von ihnen kann die Verbotsrechte aus § 74 gegen Dritte selbständig geltend machen. Will der Veranstalter allein das Einwilligungsrecht gegenüber Dritten durch Erteilung einer Erlaubnis ausüben, bedarf er der entsprechenden Einwilligung (Bem. 6) durch den ausübenden Künstler.

§ 75 Vervielfältigung

Die Darbietung des ausübenden Künstlers darf nur mit seiner Einwilligung auf Bild- oder Tonträger aufgenommen werden. Die Bild- oder Tonträger dürfen nur mit seiner Einwilligung vervielfältigt werden.

Dieses Recht entspricht im wesentlichen dem des Urhebers aus § 16 Abs. 2 (dort Bem. 1) und geht auf BGHZ 33, 20 *Figaros Hochzeit* zurück. Während der Urheber dem Verwerter mit dem Nutzungsrecht aus § 16 jedoch im Zweifel das Recht zur Aufnahme u n d zur Vervielfältigung der Aufnahme einräumt, hat der ausübende Künstler zu jeder dieser beiden Verwertungshandlungen ein **gesondertes Zustimmungsrecht.** Die praktische Folge ist, daß der ausübende Künstler, der die Aufnahme als solche (im Sinne einer Festlegung der Darbietung, vgl. Art. 7 Abs. 1b Rom-Abkommen) gestattet hat, damit im Zweifel noch nicht der Vervielfältigung der Aufnahme zustimmt. Im Einzelfall ist die Zweckübertragungstheorie zur Auslegung heranzuziehen (vor § 73 Bem. 11). Die Gewährung eines vorbehaltlosen Vervielfältigungsrechts geht über den Mindestschutz des Art. 7 Abs. 1c RA hinaus. Der ausübende Künstler kann das Vervielfältigungsrecht mit Drittwirkung einschränken, z. B. mit einer Auflagenbegrenzung (Schricker-Krüger Rdnr. 5). 1

Aufnahme ist die Festlegung auf Bild- oder Tonträger. Gegenstand der Aufnahme ist entweder die unmittelbare Darbietung oder die Live-Ausstrahlung durch Funksendung, durch Lautsprecher, Drahtübertragung oder durch andere technische Hilfsmittel. Fotografien fallen angesichts der Definition des Begriffs „Bildträger" in § 16 Abs. 2 nicht unter § 75 (LG München I GRUR 1979, 852 *Godspell*). Wie die Aufzählung des § 75 Satz 1 in § 125 Abs. 6 aufzeigt, handelt es sich bei diesem Recht um ein solches mit persönlichkeitsrechtlicher Ausprägung. 2

Wird die Darbietung von einer Festlegung auf eine andere übertragen oder von einer Funksendung, mit der lediglich eine Festlegung („Konserve") ausgestrahlt wird, so liegt **Vervielfältigung** vor. All diese Fälle sind vorbehaltlich der Anwendung des § 84 (Bem. 5) erlaubnispflichtig. Die Freistellung von der Erlaubnis in § 76 Abs. 2 betrifft nur die Funksendung, nicht die Festlegung oder Vervielfältigung. 3

Der Schutz des § 75 umfaßt **nicht** die **Nachahmung** von Darbietungen ausübender Künstler. Das gilt auch für solche Ton- oder Bildaufnahmen, die eine Übereinstimmung mit einer echten Vorlage vorspiegeln. Insoweit ist auf Ansprüche aus dem allgemeinen Persönlichkeits- sowie dem Wettbewerbsrecht zurückzugreifen (vor § 73 Bem. 9). 4

§ 84 verweist auf die Anwendbarkeit der §§ 45ff. § 53 gestattet lediglich die Vervielfältigung (§ 75 S. 2) zum privaten und sonstigen eigenen Gebrauch, setzt also das Vorliegen einer rechtmäßigen (Erst-)Aufnahme voraus. Durch § 53 ist die Aufnahme selbst nicht gestattet (Schricker-Krüger Rdnr. 8 unter Hinweis auf die anderslautende Rechtslage in der Schweiz). Unzulässig ist daher der nicht bewilligte Mitschnitt einer Live-Darbietung auch dann, wenn er für rein private Zwecke erfolgt. Nach § 55 dürfen Sendeunternehmen, die das Recht zur Funksendung (§ 76) erworben haben, eine Aufnahme zu Sendezwecken ohne besondere Erlaubnis zu den dort genannten Zwecken 5 herstellen (sog. „ephemere Festlegung“, vgl. § 55 Bem. 3 und 4). Eine weitere Beschneidung des Vervielfältigungsrechts des ausübenden Künstlers enthält § 92 hinsichtlich solcher Festlegungen, die erlaubterweise zur Herstellung eines Filmwerkes verwendet werden. Die Einschränkung gilt allerdings nur im Rahmen der reinen **Film**auswertung (insoweit ohne Zweckbegrenzung), nicht für die Tonträgerauswertung der Filmmusik (§ 92 Bem. 2).

6 Ein **Verbreitungsrecht** hat der ausübende Künstler (bisher) **nicht** (Begr. S. 91). Auch die internationalen Abkommen gewähren den Künstlern dieses Recht nicht. Da die Tonträgerhersteller mit dem ihnen zustehenden Verbotsrecht gegen ungenehmigte Verbreitung nur die rechtswidrigen Überspielungen ihrer eigenen Produkte bekämpfen können (Nordemann/Vinck/Hertin Art. 1 GTA Bem. 3), ist bei einem Vorgehen gegen die Verbreitung ungenehmigter Konzertmitschnitte (sog. bootlegs) auf die Rechte der ausübenden Künstler und der Veranstalter (§ 81) zurückzugreifen. Entsprechende Verbietungsrechte ergeben sich ohne weiteres aus §§ 75, 96 Abs. 1 in Bezug auf die Künstlerrechte. Die Rechtswidrigkeit des Herstellungsvorgangs, die § 96 für das dort geregelte Verbreitungs- und Benutzungsverbot voraussetzt, bestimmt sich auch für im Ausland vorgenommene Herstellungsvorgänge nach inländischem Recht (OLG Hamburg GRUR Int. 1986, 419; AG Hamburg GRUR 1990, 267, 268 *Bayreuther Orchester;* Bungeroth GRUR 1976, 454, 458; Krüger GRUR Int. 1986, 381, 383; Schricker-Krüger Rdnr. 13; § 96 Bem. 3; a. M. Schack GRUR 1986, 734, 735). Allerdings steht die Einführung des Verbreitungsrechts für ausübende Künstler unmittelbar bevor; nach der sog. Vermietrichtlinie des Rates der Europäischen Gemeinschaft vom 19. 11. 1992 (Anhang III 2) ist seine Statuierung bis spätestens zum 1. Juli 1994 angeordnet.

7 **Ausländischen Künstlern** steht der Anspruch aus § 75 Satz 1 unabhängig vom Ort der Darbietung zur Verfügung (§ 125 Abs. 6), richtet sich aber nur gegen denjenigen, der die erste Tonaufnahme selbst vornimmt. Der Anspruchsberechtigte wird aber regelmäßig darauf angewiesen sein, gegen denjenigen vorgehen zu können, der nicht lizensierte Tonträger als vervielfältigtes Werkstück in den Verkehr bringt und dort vertreibt. § 96 führt angesichts der klaren Unterscheidung, die § 125 einerseits für das Recht aus § 75 Satz 1 (§ 125 Abs. 6), andererseits für das Recht aus § 75 Satz 2 trifft (§ 125 Abs. 2–5), bei Künstlern ausländischer Staatsangehörigkeit zu keinem anderen Ergebnis (BVerfG GRUR 1990, 438, 440f. *Bob Dylan;* BGH GRUR 1987, 814, 815 *Die Zauberflöte;* § 96 Bem. 3; a. M. Schricker-Krüger Rdnr. 13; Ulmer IPRax 1987, 13, 14).

Auf § 75 Satz 2 können ausländische Künstler nur unter den Voraussetzungen des § 125 Abs. 2–5 zurückgreifen:

– Wenn die Darbietung in Deutschland (§ 125 Abs. 2) oder einem Mitglied des Rom-Abkommens (§ 125 Abs. 5 i. V. m. Art. 4 lit. a RA) stattgefunden hat;

– wenn sich der Anspruch gegen die Vervielfältigung eines vorbestehenden Tonträgers richtet, dessen Hersteller nach Art. 5 RA in Bezug auf diesen Tonträger geschützt ist. Das wiederum ist dann der Fall, wenn der Hersteller des verletzten Tonträgers Angehöriger eines Mitgliedstaates des RA ist (Art. 5 lit. a RA), die erste Festlegung (Tonaufnahme), auf die der verletzte Tonträger zurückzuführen ist, in einem Mitgliedstaat des Rom-Abkommens

vorgenommen wurde (lit. b) oder wenn der verletzte Tonträger in einem Mitgliedstaat des Rom-Abkommens ersterschienen oder mindestens unter Beachtung einer Schonfrist von 30 Tagen – gleichzeitig mit dem Ersterscheinen an einem anderen Ort – auch in einem Mitgliedstaat des Rom-Abkommens erschienen ist (lit. c i. V. m. Abs. 2). Allerdings beschränkt sich dieser Schutzeinstieg auf solche Tonträger, deren Schutzdauer nach Maßgabe der für die Tonträgerhersteller gültigen Schutzfrist (25 Jahre ab Erscheinen/Herstellung) noch nicht gemeinfrei geworden sind. Soweit der auf § 75 Satz 2 gestützte Vervielfältigungsschutz unter Ausnutzung der 50 Jahre währenden Schutzdauer (§ 82) auf solche Tonträger gestützt wird, deren Erscheinen im Verletzungsfall bereits mehr als 25 Jahre zurücklag, versagt die Anknüpfung an Art. 4 lit. b, weil es sich nicht um einen nach Art. 5 RA geschützten Tonträger handelt.
Richtet sich der auf § 75 Satz 2 gestützte Anspruch gegen das Vervielfältigen von Sendungen, erweitert sich der Anwendungsbereich auf ausländische Künstler in dem Umfang, in welchem für die betreffenden Sendeausstrahlungen das ausstrahlende Sendeunternehmen Inländerbehandlung nach Art. 6 RA beanspruchen kann (Art. 4 lit. c):
– Wenn nämlich das Sendeunternehmen in einem Mitgliedstaat des RA seinen Sitz hat (Art. 6 lit. a), oder
– wenn die Sendung von einem im Gebiet eines Mitgliedstaates des RA gelegenen Sender ausgestrahlt worden ist (Art. 6 lit. b).
Soweit für solche Sendungen die für Sendeunternehmen maßgebliche Schutzdauer von 25 Jahren nach der Funksendung (§ 87 Abs. 2) abgelaufen ist, versagt die Anknüpfung nach Art. 4 lit. c, weil es sich nicht um eine nach Art. 6 geschützte Sendung handelt.

Auswirkungen des EG-Rechts: Bild- und Tonträger, die mit Zustimmung der ausübenden Künstler innerhalb eines EG-Mitgliedstaates in den Verkehr gelangen, können durch die Geltendmachung von Verbotsansprüchen ausübender Künstler nicht vom weiteren Rechtsverkehr ausgeschlossen werden. Das gilt jedenfalls in Deutschland nur für diejenigen Exemplare, deren erstmaliger Eintritt in den Rechtsverkehr durch eine Einwilligung des Künstlers autorisiert waren, nicht jedoch für weitere nicht autorisiert hergestellte Vervielfältigungsstücke solcher Aufnahmen (Schricker-Krüger Rdnr. 15). Der in einem EG-Mitgliedstaat erfolgte unautorisierte Mitschnitt einer künstlerischen Darbietung begründet keinen EG-rechtlichen Erschöpfungstatbestand, da es insoweit an einem zirkulationsfähigen Gegenstand des Warenverkehrs fehlt (Schricker-Krüger Rdnr. 14). 8
Art. 7 EWGV verbietet die Diskriminierung von EG-Ausländern wegen ihrer Staatsangehörigkeit, allerdings nur für den Anwendungsbereich des EWG-Vertrages. Ob und inwieweit der künstlerische Leistungsschutz in diesen Anwendungsbereich fällt, bedarf der Klärung durch den EuGH (gegen Inländerschutz über Art. 7 EWGV eingehend Loewenheim GRUR Int. 1993, 105, 113ff., für Inländerbehandlung Schaefer GRUR 1992, 424).

§ 76 Funksendung

(1) Die Darbietung des ausübenden Künstlers darf nur mit seiner Einwilligung durch Funk gesendet werden.

(2) Die Darbietung des ausübenden Künstlers, die erlaubterweise auf Bild- oder Tonträger aufgenommen worden ist, darf ohne seine Einwilligung durch Funk gesendet werden, wenn die Bild- und Tonträger erschienen sind; jedoch ist ihm hierfür eine angemessene Vergütung zu zahlen.

1 **Abs. 1** gewährt dem ausübenden Künstler einen Verbotsanspruch gegen die ungenehmigte Funksendung seiner Darbietung (§§ 73, 19 Abs. 1–3). Um **Funksendung** handelt es sich unabhängig davon, ob die Darbietung *live* aufgenommen und sogleich ausgestrahlt wird (OLG Frankfurt GRUR 1985, 380, 382 *Operneröffnung)*, ob sie vom Sendeunternehmen oder durch selbständige Produzenten oder den Künstler selbst zunächst auf Bild- und Tonträger aufgenommen und sodann unter Zuhilfenahme solcher Festlegungen ausgestrahlt wird, oder ob eine anderweitige Rundfunkausstrahlung zeitgleich weitergesendet wird (zum Begriff von Sendung und Weitersendung s. § 20 Bem. 2 und 3, § 87 Bem. 9).

2 Vom Verbotsanspruch ausgenommen ist lediglich die Funksendung von Darbietungen, die erlaubterweise auf einen bereits erschienenen Bild- oder Tonträger aufgenommen worden ist (**Abs. 2**). Insgesamt geht § 76 damit über den Mindestschutz nach Art. 7 Abs. 1 lit. a RA hinaus, wonach der Schutz gegen eine ungenehmigte Sendung schon dann entfällt, wenn für die Sendung eine bereits gesendete Darbietung oder die Festlegung einer Darbietung verwendet wird. Nach § 76 Abs. 2 dagegen entfällt der Verbotsanspruch für die Sendung einer bereits gesendeten Darbietung nur dann, wenn sich die Weitersendung von einer Funksendung ableitet, die auf erschienene Bild- oder Tonträger erlaubterweise aufgenommene Darbietungen benutzt (Begr. S. 92). Er beschränkt sich nicht auf die Ausstrahlung von Live-Sendungen und versagt ausnahmsweise, sofern für die Sendung erschienene Bild- oder Tonträger verwendet worden sind. In diesem Falle tritt an die Stelle des Verbotsanspruchs der Vergütungsanspruch. Als Ausnahme vom grundsätzlich durch Abs. 1 gewährten Verbotsanspruch ist Abs. 2 eng auszulegen (Schricker-Krüger Rdnr. 11).

3 Abs. 2 kommt nur für die Funksendung **erschienener** Bild- oder Tonträger in Betracht, also vor allem für Industrietonträger (Begr. S. 91). Der Begriff des Erscheinens bestimmt sich nach § 6 Abs. 2. Entgegen BGH GRUR 1981, 360, 361 *Erscheinen von Tonträgern* kann in der Bemusterung von Sendeanstalten mit Tonbändern, die zum Erwerb und Konsum durch den Letztverbraucher weder bestimmt noch geeignet sind, kein den Verbotsanspruch aus § 76 Abs. 1 ausschließendes Erscheinen gesehen werden (Ruzicka FuR 1979, 507, 510; Schricker-Krüger Rdnr. 13 unter zutreffendem Hinweis auf die Zweckübertragungstheorie). Die Zustimmung des ausübenden Künstlers zum Vermieten und Verleihen ist allerdings zur Erfüllung des Begriffs des Erscheinens ausreichend (a. M. Schricker-Krüger Rdnr. 14), da ein mangelnder Eigentumserwerb beim Benutzer nichts daran ändert, daß das Werkstück dem öffentlichen Verkehr in autorisierter Form zugänglich gemacht worden ist. Für ausübende Künstler, die bei der Herstellung eines Filmwerkes mitwirken oder deren Darbietungen erlaubterweise zur Herstellung eines Filmwerkes benutzt werden, sind Ansprüche aus § 76 grundsätz-

lich ausgeschlossen (§ 92). § 92 erfaßt jedoch nicht den Fall, daß in einem Filmwerk enthaltene akustische Darbietungen eines ausübenden Künstlers im Hörfunk verwertet werden (Begr. S. 101). Sofern der ausübende Künstler nicht bereits der gesonderten Verwertung des Tonteils seiner Darbietung widersprechen kann (Schricker-Krüger Rdnr. 14), würde der Verbotsanspruch aus Abs. 1 zu einem Vergütungsanspruch, sofern für die Hörfunksendung eine erschienene Videokassette benutzt worden ist. Nicht erschienen sind die von Sendeunternehmen (z. B. nach § 55) zur Erleichterung des Sendebetriebes vorgenommenen Aufzeichnungen künstlerischer Darbietungen. Die Begr. (S. 92) weist ausdrücklich darauf hin, daß die Sendeunternehmen auch hinsichtlich der jeweiligen Benutzungen solcher Festlegungen zur Funksendung gehalten sind, sich von den ausübenden Künstlern die Einwilligung in die Funksendung zu verschaffen.

Der Wegfall des Verbotsanspruchs nach Abs. 2 setzt voraus, daß der ausübende Künstler seine **Einwilligung** in die Aufnahme seiner Darbietung auf Bild- und Tonträger erteilt hat („erlaubterweise"). In bestimmten Fällen kann es vorkommen, daß z. B. der Hersteller einer Schallplatte zwar über das Recht aus § 75 Satz 1 verfügt, während der ausübende Künstler seine Einwilligung in die Vervielfältigung (Satz 2) noch nicht erteilt hat, etwa weil er die Aufnahme vor Erteilung der Vervielfältigungsbefugnis qualitativ überprüfen will; erscheint die Schallplatte gleichwohl auf dem Markt, so kann der ausübende Künstler nicht nur deren Vervielfältigung, sondern auch deren Funksendung nach Abs. 1 verbieten, weil sich der Erlaubnisvorbehalt in Abs. 2 sinngemäß auch auf die Vervielfältigung als Voraussetzung für das Erscheinenlassen bezieht. Zu demselben Ergebnis gelangen Schrikker-Krüger Rdnr. 12 über eine Heranziehung des § 96 Abs. 1 als Anspruchsgrundlage für einen Verbotsanspruch gegen die öffentliche Wiedergabe (Sendung) unerlaubt hergestellter Vervielfältigungsexemplare. 4

Mit der Erfüllung der gesetzlichen Tatbestandsvoraussetzungen des Abs. 2 ist die Funksendung zu **Werbezwecken** (insbesondere aus Hörfunkwerbung) nicht abgedeckt. Hierzu bedarf es stets einer gesonderten zweckorientierten Einwilligung des ausübenden Künstlers (Schricker-Krüger Rdnr. 14). Wer freilich als ausübender Künstler bei der Herstellung eines Films mitwirkt oder seine Darbietung zur Herstellung eines Films zur Verfügung stellt, hat gem. § 92 keine Rechte aus § 76; sofern ein solcher Film ohne eine sich auf diesen Zweck beziehende Einwilligung des ausübenden Künstlers zu Werbezwecken verwendet wird, bestimmen sich die Unterlassungsansprüche des ausübenden Künstlers nach den Grundsätzen zum allgemeinen Persönlichkeitsrecht (vor § 73 Bem. 9, 10). 5

In der **Vertragspraxis** verfügt der ausübende Künstler über seine Einwilligungsrechte im direkten Rechtsverkehr mit den Sendeunternehmen bei Live-Auftritten (§ 78 Bem. 10). Bei der Aufzeichnung und Übertragung von Bühnen- und Show-Veranstaltungen zu Sendezwecken läßt sich der Veranstalter bzw. der Bühnenunternehmer die Einwilligungsrechte vom ausübenden Künstler übertragen und überträgt sie, gleichzeitig mit seinen eigenen aus § 81 abgeleiteten Rechten, weiter an das Sendeunternehmen. Zu den in Arbeits- und Dienstverhältnissen erbrachten Darbietungen s. § 79. Die Einräumung der aus § 76 fließenden Befugnisse von Bühnen- und Orchestermitgliedern ist überwiegend tarifvertraglich geregelt. Über das Einwilligungsrecht des Abs. 1 kann der ausübende Künstler ungeachtet dessen 6 verfügen, daß er dieses Recht z. B. an die für ihn zuständige VerwGes abgetreten haben sollte (§ 78 Halbsatz 1).

7 Der **Vergütungsanspruch** aus **Abs. 2 Satz 2** wird im voraus vom ausübenden Künstler an seine VerwGes (GVL, vgl. WahrnG Einl. 3) abgetreten und von dieser als Zweitverwertungsrecht wahrgenommen. Der gesetzliche Anspruch des Tonträgerherstellers gegen den ausübenden Künstler auf angemessene Beteiligung an der Vergütung aus § 86 wird in der Praxis dadurch befriedigt, daß die GVL die Vergütungserlöse zu gleichen Teilen an ausübende Künstler und Tonträgerhersteller auszahlt (§§ 85, 86 Bem. 11). Zur Angemessenheitsprüfung § 14 WahrnG Bem. 7.

§ 77 Öffentliche Wiedergabe

Wird die Darbietung des ausübenden Künstlers mittels Bild- oder Tonträger oder die Funksendung seiner Darbietung öffentlich wahrnehmbar gemacht, so ist ihm hierfür eine angemessene Vergütung zu zahlen.

1 Es handelt sich um die sog. **Zweitwiedergaberechte,** die für den Urheber in den §§ 21, 22 geregelt sind (vor § 73 Bem. 2). Die Vergütungspflicht gilt für alle in Betracht kommenden Fälle, bei denen die Darbietung durch Bild- oder Tonträger oder durch Funksendung öffentlich wahrnehmbar gemacht wird, also z. B. bei der Verwendung erschienener Tonträger anläßlich von Bühnenaufführungen oder beim Abspielen von Rundfunksendungen in Gaststätten. Ausübende Künstler, die bei der Filmherstellung mitwirken, haben keine Rechte aus § 77 (§ 92 Bem. 2).

2 Das vom Bundesgerichtshof seinerzeit bereits gewährte Verbotsrecht (vor § 73 Bem. 1) hat der Gesetzgeber zu einem reinen Vergütungsanspruch zurückgeschnitten, um eine Behinderung der Verwertung des eigentlichen Werkes zu vermeiden. Die Begr. (S. 92) beruft sich zur Rechtfertigung dieser Maßnahme auf eine Andeutung in BGHZ 33, 1, 3 *Künstlerlizenz Schallplatten,* wonach sich der ausübende Künstler dem Vorwurf eines Rechtsmißbrauchs aussetzen könne, falls er die nach geltendem Recht erforderliche Einwilligung in die Benutzung der von ihm bespielten Tonträger selbst dann versage, wenn ihm ein angemessenes Entgelt angeboten werde; danach sei es offenbar nur das Ziel der höchstrichterlichen Rechtsprechung gewesen, im Endergebnis eine **angemessene Vergütung** für die Ausnutzung der Leistung zugunsten des ausübenden Künstlers sicherzustellen. – Wir halten das für verfassungsrechtlich unbedenklich. Zwar liegt unzweifelhaft eine **Enteignung** wohlerworbener absoluter Rechte vor; doch erfolgt diese aus Gründen des Allgemeininteresses, eben zur Sicherstellung der Verwertbarkeit des eigentlichen Werkes, und gegen eine Entschädigung in Form eines Vergütungsanspruchs. Damit ist Art. 14 Abs. 3 GG materiell Genüge getan.

3 Der Verlust eines Verbotsanspruchs gegenüber der öffentlichen Wahrnehmbarmachung setzt voraus, daß diese mittels Bild- oder Tonträger oder Funksendungen erfolgt und hierfür die nach den §§ 75, 76 Abs. 1 erforderlichen Einwilligungen des ausübenden Künstlers vorliegen. Anderenfalls kann der betreffende ausübende Künstler (auch) die öffentliche Wahrnehmbarmachung untersagen (§ 96) (Schricker-Krüger Rdnr. 4).

4 § 77 deckt auch die öffentliche Wahrnehmbarmachung außerhalb des Raumes ab, in der die Darbietung stattfindet, sofern die Wahrnehmbarma-

chung durch die Mittel der §§ 75, 76 Abs. 1 erlaubterweise erfolgt, z. B. bei Live-Übertragung durch Hörfunk. § 74 ist insoweit nicht anwendbar (Schricker-Krüger Rdnr. 3).

Sofern sich die Funksendung erschienener Tonträger bedient, findet eine über § 76 Abs. 2 hinausgehende weitere Verwertung statt, die durch § 77 zusätzlich zu vergüten ist (Dünnwald, Das Orchester 1984, 209f.). 5

Die einzelnen Tatbestandsmerkmale entsprechen denjenigen an anderen Stellen des UrhG. Zum Öffentlichkeitsbegriff § 15 Abs. 3, vgl. auch § 15 Bem. 4. Zum Hotelvideo § 22 Bem. 2. 6

§ 78 Abtretung

Der ausübende Künstler kann die nach den §§ 74 bis 77 gewährten Rechte und Ansprüche an Dritte abtreten; jedoch behält er stets die Befugnis, die in den §§ 74, 75 und 76 Abs. 1 vorgesehene Einwilligung auch selbst zu erteilen.

Übersicht

Mit § 78 schlägt der Gesetzgeber einen Mittelweg zwischen dem gesetzlichen Ausschluß der Übertragbarkeit (§ 29) und der freien Übertragbarkeit (§ 71 Abs. 2) ein und schafft mit der Rechtsfigur der **Abtretung,** die das Recht beim Zessionar entstehen und es gleichzeitig beim Zedenten zurückbleiben läßt, eine neue Variante des Rechtsüberganges. In gewissem Sinne bildet diese Art der Abtretung ein Gegenstück zur kumulativen Schuldübernahme: Während dort ein Rechtsgeschäft zwischen Schuldner und Drittem ein Gesamtschuldverhältnis mit zwei Schuldnern an die Stelle des bisherigen einfachen Schuldverhältnisses treten läßt (vgl. RGZ 153, 338, 344), wird hier durch den Abtretungsvertrag zwischen Rechtsinhaber und Drittem eine Art Gesamtgläubigerschaft mit der Wirkung begründet, daß jeder von beiden wirksam auch dem anderen gegenüber eine Verfügung über das Recht treffen, d. h. einwilligen kann (vgl. § 428 BGB). Man wird daher bei diesem neuen Rechtsinstitut von **„kumulativer Abtretung"** sprechen können. Einer ähnlichen Gesetzestechnik bedient sich § 89 Abs. 2 (s. dort Bem. 10). 1

Die Regelung des § 78 **bedeutet,** daß nur die Einwilligung auch dem ausübenden Künstler zusteht. Ein Verbot dagegen kann er nicht gegenüber jemandem aussprechen, der über eine abgeleitete Einwilligung rechtswirksam verfügt. Zur Unterscheidung zwischen Abtretung der Einwilligungsrechte und Erteilung der Einwilligung vor § 73 Bem. 11, zum Verbotsanspruch gegenüber ungedeckten Verwertungshandlungen Bem. 5. Der ausübende Künstler kann also gegen den Willen des Abtretungsempfängers eine bestimmte Verwertung seiner Leistung erwirken; er kann eine ihm nicht genehme Verwertung aber nicht gegen den Willen des Abtretungsempfängers verhindern, weil dessen Einwilligung auch ihm gegenüber wirkt. Diese etwas eigenartige Regelung gilt allerdings nur im Bereich der Verbotsrechte der §§ 74, 75, 76 Abs. 1. Das dem ausübenden Künstler verbleibende Einwilligungsrecht ist unverzichtbar. Für die teilweise vertretene Auffassung 2

(v. Gamm Bem. 4; Schricker-Krüger Rdnr. 2; a. M. Möhring/Nicolini Bem. 2), es falle mit dem Tode des ausübenden Künstlers ersatzlos fort und sei wegen seines höchstpersönlichen Charakters unvererbbar, gibt es keine gesetzliche Grundlage. Wir gehen deshalb davon aus, daß das Recht aus § 78 2. Halbsatz auf die Erben des ausübenden Künstlers übergeht, mangels einer den § 83 Abs. 3 Satz 2 entsprechenden Regelung nicht auf dessen Angehörige. Die reinen Vergütungsansprüche kann der ausübende Künstler voll abtreten (Begr. S. 93). Die Regelung hat ferner praktische Auswirkungen nur dort, wo die Darbietung des ausübenden Künstlers nicht von einem Unternehmen veranstaltet wurde. Wo ein Veranstalter vorhanden ist, kann der ausübende Künstler keineswegs gegen dessen Willen die Verwertung seiner Leistung erwirken, weil es dazu neben seiner eigenen Einwilligung auch der Einwilligung des Veranstalters bedarf (§ 81, dort Bem. 2).

3 Wir halten die vom Gesetz gefundene Lösung für unpraktisch, gesucht und unmotiviert. Der *persönlichkeits*rechtliche Einschlag der Schutzrechte aus §§ 74–77 rechtfertigt keine Bindung reiner *Verwertungs*rechte an den ausübenden Künstler (vgl. Begr. S. 93). Der Gesetzgeber hat dazu beim Urheber, dessen persönliche Bindung an sein Werk weit stärker ist als die des ausübenden Künstlers an seine Leistung (vgl. nur § 83 gegen §§ 12–14, 25, 26), keinerlei Veranlassung gesehen und die Möglichkeit zugelassen, daß der Urheber durch die Einräumung eines ausschließlichen Nutzungsrechts auf jede eigene Entscheidung über Verwertungsmaßnahmen verzichtet (§ 31 Abs. 3). Was dort unbedenklich ist, kann hier nicht aus Gründen des Persönlichkeitsrechts des Künstlers „unzumutbar" (Begr. a.a.O.) sein. Zudem entsteht die eigenartige Diskrepanz, daß der Künstler einer unveränderten Verwertung seiner Leistung auch dann nicht widersprechen kann, wenn sie wichtigsten persönlichen Interessen widerspricht (vgl. Bem. 2); denn § 83 betrifft nur den Sonderfall der Beeinträchtigung oder Entstellung, was eine Änderung voraussetzt. Das Argument der Begr. (a.a.O.) endlich, die Regelung sei erforderlich gewesen, um dem ausübenden Künstler die Möglichkeit zu geben, seine Rechte zur Wahrnehmung an eine Verwertungsgesellschaft abzutreten, ist nicht stichhaltig: Hätte man das Schutzrecht des ausübenden Künstlers wie das Urheberrecht unübertragbar gestaltet und ihm die Möglichkeit der Einräumung einfacher oder ausschließlicher Nutzungsrechte gegeben, so hätte er, wie der Urheber an die GEMA oder die VG Wort, seiner VerwGes GVL ein einfaches Nutzungsrecht einräumen können. In der Praxis wird der Schutzzweck des § 78 nicht verwirklicht, weil die Verwerter es verstehen, die ausübenden Künstler zur Abtretung von Einwilligungsrechten zu bestimmen, ohne auf den Abschluß von Verträgen mit VerwGes angewiesen zu sein. Zwei unterschiedliche Vorschläge zur Gesetzesänderung stehen zur Diskussion. Die Deutsche Orchestervereinigung (ihrem Vorschlag folgend Ruzicka, FuR 1978, 512, 518) will § 78 ergänzen und durch zwingende gesetzliche Regelung die Tarife der für den ausübenden Künstler zuständigen VerwGes zu seinen Gunsten als Mindestregelung verbindlich machen. Ulmer (Urhebervertragsrecht, S. 20f.) wendet hiergegen mit Recht ein, daß dadurch notwendigerweise eine Nivellierung eintreten würde, weil aufgrund des Abschlußzwangs für VerwGes (§ 11 WahrnG) der ausübende Künstler günstigere Bedingungen nicht verwirklichen kann. Stattdessen schlägt er vor, den zweiten Halbsatz des § 78 auf die Einwilligung zur Vornahme von Wiederholungs- oder Übernahmesendungen keine Anwendung finden zu lassen; das würde dazu führen, daß die

Erstverwertungsrechte (*live*-Darbietung und Erstsendung) individuell, Zweitwiedergabeverwertungen durch die VerwGes wahrgenommen würden.

Die Regelung des § 78 betrifft nur die **dingliche Wirkung** (Begr. S. 93). Der Dritte, dem der ausübende Künstler eine Einwilligung zur Verwertung trotz anderweitiger Abrede mit einem anderen Verwerter erteilt hat, kann sich darauf berufen. Auch das hat bei Darbietungen im Rahmen öffentlicher Veranstaltungen dann keine praktische Bedeutung, wenn jener erste Verwerter, mit dem der Künstler die Abrede getroffen hat (z. B. in einem Exklusivvertrag; vgl. Begr. a.a.O.), zugleich der Unternehmer ist, der die Darbietung veranstaltet hat (§ 81), so daß dem Dritten die Einwilligung des Künstlers allein nichts nützt (§ 81 Bem. 7). Wo das ausnahmsweise nicht zutrifft, wird der ausübende Künstler im Innenverhältnis dem ersten Verwerter in der Regel schadenersatzpflichtig sein. Der Dritte ist es nur dann, wenn er schuldhaft zum Nachteil des Exklusivberechtigten gehandelt hat (§ 1 UWG; § 823 Abs. 1 BGB – Eingriff in das Recht am eingerichteten und ausgeübten Gewerbebetrieb – und § 826 BGB), was zumindest den Nachweis voraussetzt, daß er den Exklusivvertrag gekannt hat oder hätte kennen müssen (vgl. den ähnlichen Fall OLG München GRUR 1953, 302 *Dreigroschenroman I* und BGH GRUR 1959, 331 *Dreigroschenroman II*). Gegen den Künstler, der unter Verstoß gegen den Exklusivvertrag während der Vertragsdauer Tonträger für einen Zweitproduzenten aufnehmen läßt, kann der Erstproduzent regelmäßig aus dem Tonträgerproduktionsvertrag auf Unterlassung und Schadenersatz vorgehen, ohne daß dem § 78 entgegenstünde. Der Zweitproduzent kann gegebenenfalls aus § 1 UWG wegen Ausnutzung von oder Verleitung zum Vertragsbruch auf Unterlassung und Schadenersatz in Anspruch genommen werden (Schricker-Krüger Rdnr. 3). Wer als branchenkundiger Produzent mit einem bereits auf dem Tonträgermarkt in Erscheinung getretenen Unterhaltungskünstler in Kontakt tritt, muß als sicher in Rechnung stellen, daß der Künstler durch Exklusivverpflichtungen gebunden war und möglicherweise noch gebunden ist. Ihm obliegt mithin eine Vorklärung dahin, ob der Künstler zum Abschluß eines neuen Exklusivvertrages frei ist. Der Produzent, der dem nicht nachgeht, handelt im Regelfall mindestens mit dolus eventualis. Daneben können Konflikte im Verhältnis zu Filmproduzenten und ähnlichen Verwertern praktisch werden. Selbst wenn diese im Einzelfall nicht als Wettbewerber anzusehen sein sollten, so würden ihnen gegenüber doch die §§ 823 Abs. 1, 826 BGB in Betracht kommen. 4

Sofern der ausübende Künstler im Wege einer ausschließlichen Bewilligung einer anderen Person Rechte aus §§ 74, 75 oder 76 Abs. 1 übertragen hat, verbleibt ihm der **Verbotsanspruch** gegenüber denjenigen, die sich weder auf eine Einwilligung von seiten des ausschließlichen Nutzungsberechtigten noch von seiten des Künstlers selbst berufen können (Möhring/Nicolini Bem. 2; Schricker-Krüger Rdnr. 9; demgegenüber nimmt v. Gamm Bem. 7 Verbrauch des Verbotsanspruchs an). Denn durch Verletzungshandlungen, die durch seine Einwilligung nicht gedeckt sind, wird der ausübende Künstler ungeachtet der vergebenen ausschließlichen Rechtsbewilligung in seiner Rechtsposition beeinträchtigt, und zwar sowohl hinsichtlich des bei ihm verbliebenen Bestandes an Persönlichkeitsrechten als auch seiner Berechtigung, weiterhin Dritten die Einwilligung in Verwertungshandlungen zu erteilen. Schadenersatzansprüche verbleiben dem Künstler ebenso, 5 wobei allerdings der Schadenumfang zugunsten derjenigen gemindert sein kann, der aufgrund der an ihn zuvor abgetretenen Einwilligungsrechte die fraglichen Verwertungshandlungen selbst hätte vornehmen können (Schrikker-Krüger Rdnr. 9).

6 Der **Abtretungsempfänger** von Einwilligungsrechten enthält einen eigenständigen Verbotsanspruch gegen Dritte in dem Umfang der ihm vermittelten Rechtsübertragung. Dasselbe gilt für die Weiterübertragung abgeleiteter Einwilligungsrechte. Zur Zulässigkeit der Weiterübertragung, zur entsprechenden Anwendung der Zweckübertragungstheorie und den sonstigen Vertragsregeln vor § 73 Bem. 12.
Wird lediglich eine Einwilligung zu einer bestimmten Verwertung der Darbietung (z. B. einer Lautsprecherübertragung des Konzertes in Räumlichkeiten außerhalb des Konzertsaals, § 74) erteilt, erwirbt der Berechtigte hieraus keine dingliche Rechtsposition (vor § 73 Bem. 11).

7 Die Vergütungsansprüche der ausübenden Künstler aus den §§ 46, 47, 52, 54 Abs. 1 (vgl. § 84 Bem. 1) sind **abtretbar**. § 78 will die Abtretbarkeit nicht auf die Ansprüche aus den §§ 74–77 beschränken, sondern nur eine Klarstellung geben (Begr. S. 93).

8 **Künstlerlizenzverträge.** Die ausübenden Künstler leben von ihren Auftritten und der weiteren Verwertung ihrer Darbietungen. Die persönliche Darbietung durch Vertrag oder Aufführung erfordert keine Rechtsübertragung durch den ausübenden Künstler, allenfalls durch den Urheber (vgl. vor § 31 Bem. 49). Engagementverträge in den Bereichen Bühne, Konzert und Werbung (instruktiv zur Auslegung des vereinbarten Leistungsumfangs OLG Karlsruhe GRUR 1985, 136 *Volvo-Reklame)* richten sich nach den allgemeinen Bestimmungen des Dienst- und Arbeitsrechts, vereinzelt auch des Werkvertragsrechts. Die Abtretung von Verwertungsrechten kommt dabei nur als Nebenbestimmung in Betracht, z. B. wenn die Bühneninszenierung für das Fernsehen oder der Konzertauftritt für Tonträgerzwecke aufgenommen werden soll. Abgesehen von dem Vertrag des Künstlers mit der VerwGes (Bem. 3) und den Verträgen des § 79 sind die mit Sendeunternehmen geschlossenen Mitwirkendenverträge und solche Verträge von Bedeutung, die zum Zwecke der Vermarktung von Tonträgern abgeschlossen werden.

9 Durch den **Tonträgerproduktionsvertrag (Künstlervertrag)** überträgt der ausübende Künstler auf den Tonträgerhersteller das Recht, seine vertragsgegenständlichen Darbietungen auf Tonträger, ggf. zusätzlich auch auf Bildträger aufzunehmen und die Tonträger durch Vervielfältigung zu vermarkten (BGH GRUR 1989, 201 *Künstlerverträge:* urheberrechtlicher Verwertungsvertrag eigener Art). Typischerweise werden derartige Vereinbarungen in Form von Exklusivverträgen für eine bestimmte Dauer (z. B. für 3 Jahre) ausgestaltet. Das Einwilligungsrecht aus § 75 wird als ausschließliches Recht abgetreten. Eine ausschließliche Rechtsposition zur Aufnahme und Vervielfältigung erhält der Schallplattenproduzent natürlich nur hinsichtlich derjenigen Darbietungen, die der Künstler aufzunehmen ihm ermöglicht. Die Rechtsmacht, die Einwilligung aus § 75 erneut abzutreten, verbleibt dem Künstler ohnehin kraft Gesetzes (Bem. 2). Nur soweit sein Vertragspartner selbst Produzent der Aufnahme wird, steht diesem das Recht aus §§ 85/86 zu, die Vervielfältigung und Verbreitung der vom

Künstler erbrachten und vom Produzenten selbst aufgenommenen Darbietung durch Dritte zu verhindern. Produzent der ersten Festlegung kann aber auch der Künstler selbst sein (§§ 85/86 Bem. 3–5); in diesem Falle wird sich das auswertende Unternehmen auch das vom Künstler-Produzenten abgeleitete Verbreitungsrecht abtreten lassen (sog. **Bandübernahmevertrag**). Die weitergehende Exklusivbindung geht der Künstler durch die obligatorisch wirkende Verpflichtung ein, während der Vertragsdauer keinem anderen die Rechte aus § 75 hinsichtlich seiner bis dahin zu erbringenden Leistungen zu überlassen; meistens bezieht sich die Enthaltungspflicht sowohl auf die betreffende Festlegung als auch auf die erneute Darbietung desselben Werkes als auch auf jede andere künstlerische Darbietung in der betreffenden Sparte (z. B. als Dirigent oder Pianist) oder überhaupt (als Dirigent und Pianist und allen anderen Betätigungen). Beide Vertragsparteien verpflichten sich, in jedem Vertragsjahr eine Mindestanzahl von Darbietungen (z. B. bemessen nach dem Umfang eines bestimmten Tonträgers), zum Zwecke der Auswertung aufzunehmen. Der Künstler wird an dem Absatz der Vervielfältigungsstücke prozentual beteiligt. Nach Ablauf der Exklusivität bleibt der Produzent zur weiteren Auswertung der produzierten Aufnahmen für die Dauer der Schutzrechte befugt. Derartige Verträge sind Dauerschuldverhältnisse. Für sie gelten die Grundsätze zur fristlosen Kündigung aus wichtigem Grunde (vor § 31 Bem. 28). Wegen der Vereinbarung einer Auswertungspflicht, die in der Regel mit einer Beteiligung des Künstlers an den Auswertungsergebnissen verbunden ist, rechtfertigt sich die entsprechende Anwendung verlagsrechtlicher Grundsätze (vor § 31 Bem. 37). Da auch der Schallplattenproduktionsvertrag ein zweckgebundener Nutzungsvertrag ist, gelten die im Urhebervertragsrecht maßgeblichen Grundsätze über die Einschränkung des Abstraktionsprinzips (vor § 31 Bem. 11). Demgemäß fallen mit der fristlosen Kündigung des Schallplattenproduktionsvertrages die dem Produzenten übertragenen Auswertungsrechte automatisch an den ausübenden Künstler zurück (KG und BGH UFITA 86 [1980], 230, 238 bzw. 240, 243 *Tangerine Dream*). Muster nebst Kommentierung: Münchener Vertragshandbuch Band 3 IX 12–27; speziell zu den im U-Bereich üblichen Vergütungsvereinbarungen und sonstigen Vertragspraktiken siehe Gilbert/Scheuermann S. 782ff., Vertragsmuster S. 802ff., in: Moser/Scheuermann.

Künstlerverträge mit Sendeunternehmen. Die Sendeunternehmen können sich der auf dem Markt befindlichen Ton- und Bildträger frei bedienen 10
(§ 76 Abs. 2). Wünschen sie aber eine spezielle für Sendezwecke ausgerichtete Darbietung, so bedarf es der Bewilligung des Rechts aus § 76 Abs. 1. Die Sendeunternehmen lassen sich die Einwilligung zur Funksendung in sog. Mitwirkenden-Verträgen erteilen; es handelt sich in der Regel um Dienst- oder Werkverträge, ggf. Arbeitsverträge (§ 79). Die Einwilligung aus § 76 Abs. 1 bezieht sich nur auf die Darbietung, die der Künstler in Erfüllung eines solchen Vertrages (im Studio oder bei einer öffentlichen Veranstaltung) erbringt. Künstlern, die den Sendeunternehmen durch langfristige Dienstverträge verbunden sind (z. B. Mitglieder eines Rundfunkorchesters), wird häufig eine obligatorische Enthaltungspflicht mit Zustimmungsvorbehalt auferlegt (Ulmer, Urhebervertragsrecht, S. 91). Daneben wird den Künstlern meistens durch Allgemeine Vertragsbedingungen eine Vielzahl von Nebenpflichten im Hinblick auf die zu erbringende Darbietung auferlegt. Zur Vereinbarung einer **Vertragsstrafe** neben dem Anspruch auf

Schadenersatz wegen Nichterfüllung eines Künstlervertrages in Allgemeinen Geschäftsbedingungen OLG Köln UFITA 76 (1976), 366, 370f. *Varieté-Zauber*. Ulmer (Urhebervertragsrecht, S. 131) plädiert auch für eine Verbesserung der Vertragsposition der ausübenden Künstler im Verhältnis zu den Sendeunternehmen (zusätzliche Vergütung für Wiederholungssendungen und Programmübernahmen). Muster Honorarbedingungen für Mitwirkende/Fernsehen nebst Kommentierung: Münchener Vertragshandbuch Band 3 IX 40.

§ 79 Ausübende Künstler in Arbeits- oder Dienstverhältnissen

Hat ein ausübender Künstler eine Darbietung in Erfüllung seiner Verpflichtungen aus einem Arbeits- oder Dienstverhältnis erbracht, so bestimmt sich, wenn keine besonderen Vereinbarungen getroffen sind, nach dem Wesen des Arbeits- oder Dienstverhältnisses, in welchem Umfang und unter welchen Bedingungen der Arbeitgeber oder Dienstherr die Darbietung benutzen und anderen ihre Benutzung gestatten darf.

1 Die Bestimmung ist das Korrelat zu § 43 und stellt einen Anwendungsfall der Zweckübertragungstheorie dar (vor § 73 Bem. 12). **Grundsatz** ist hier wie dort, daß Arbeits- und Dienstvertrag am originären Rechtserwerb durch den Künstler nichts ändern (Begr. S. 93). Beim angestellten Künstler ist jedoch zu berücksichtigen, daß aufgrund des Arbeitsvertrages eine Verstärkung der rechtlichen Position des Arbeitgebers erfolgt. Die Leistung des angestellten Künstlers ist fremdbestimmt und als Gegenleistung zu der gezahlten festen Gage das Arbeitsergebnis, das dem Arbeitgeber zusteht (vgl. § 43 Bem. 1).

Das **Arbeitsverhältnis** ist auf Seiten des Arbeitnehmers durch dessen persönliche Abhängigkeit vom Arbeitgeber und durch die Ausführung weisungsgebundener Tätigkeit gekennzeichnet. **Dienstverhältnisse** sind demgegenüber Rechtsverhältnisse, bei denen Dienstleistungen von Personen erbracht werden, die wirtschaftlich und sozial selbständig sind; der Übergang zum Arbeitsverhältnis ist fließend. Schricker-Rojahn Rdnr. 10 wollen zu den Dienstverhältnissen in § 79 nur die öffentlich-rechtlichen Beschäftigungsverhältnisse der Beamten, Soldaten und Richter zählen. Dies halten wir für unzutreffend, zumal ein Beamter als ausübender Künstler kaum je vorkommen dürfte. Wir sehen angesichts des Wortlauts der Vorschrift keine Veranlassung, die privatrechtlichen Dienstverhältnisse von der gesetzlichen Regelung auszunehmen (ebenso Möhring/Nicolini Bem. 2; wohl auch Hubmann/Rehbinder[7] S. 265). Sowohl im Arbeitsverhältnis als auch im privaten Dienstverhältnis ist die Leistung, worauf es in § 79 ankommt, fremdbestimmt.

Wie alle ausübenden Künstler erwerben auch diejenigen in Arbeits- und Dienstverhältnissen im Rahmen ihrer Darbietungen Leistungsschutzrechte. Diese Rechte gliedern sich in Verbotsrechte und Vergütungsansprüche (s. § 73 Bem. 2). Welche Rechte auf den Arbeitgeber oder Dienstherren übergehen, richtet sich nach dem Wortlaut von § 79 zunächst nach den individuellen, konkreten Vereinbarungen, daneben – im Arbeitsverhältnis – auch nach Tarifverträgen und Betriebsvereinbarungen. Erst dann, wenn feste Absprachen fehlen, greift § 79 mit dem ausfüllungsbedürftigen Begriff vom „Wesen des Arbeits- oder Dienstverhältnisses" ein. Es gelten unter Zugrundelegung von § 31 Abs. 5 die Befugnisse als eingeräumt, die der Arbeitgeber oder Dienstberechtigte für seine betrieblichen oder dienstlichen Zwecke benötigt (allg. M.).

Der Begriff des ausübenden Künstlers ist in § 73 erläutert. Zur Frage, wann ein **Arbeits- oder Dienstverhältnis** vorliegt, vgl. zunächst § 43 Bem. 2. Einige Beispiele: 2

a) Der Vertrag mit dem Orchester auf Durchführung eines Konzerts ist im Regelfall Werkvertrag, da der *Erfolg* geschuldet wird, während das einzelne Mitglied des Orchesters mit der Trägerorganisation im Arbeits- und Dienstverhältnis steht. Restaurants, Bar- und Tanzunternehmen verpflichten die ausübenden Künstler dagegen meist auf Zeit oder Dauer und stellen sie damit im Sinne eines Arbeits- oder Dienstvertrages an.

b) Im Bühnenwesen handelt es sich meist um Anstellungsverträge, also um Dienst- oder Arbeitsverhältnisse, und zwar auch bei Saisonverträgen, Gastspielverträgen usw. Im übrigen – d. h. bei längerfristigen bzw. zeitlich unbegrenzten Vertragsverhältnissen von Künstlern an deutschen Bühnen – gilt ein besonderes **Bühnenarbeitsrecht,** dessen Grundzüge sich wie folgt zusammenfassen lassen: Bühnenmitglieder wie Schauspieler, Sänger, Tänzer (aber auch technische Angestellte mit teilweise künstlerischer Tätigkeit) schließen mit den Theatern sog. Normalverträge ab. Dabei handelt es sich in arbeitsrechtlicher Hinsicht um sog. Kettenverträge. Diese sind Vereinbarungen, die jeweils für einen bestimmten Zeitraum – nämlich für eine Spielzeit – gelten und jeweils durch bloße kurze Mitteilung des Intendanten verlängert werden. Eine ordentliche Kündigung findet nicht statt. Will die Bühne das Beschäftigungsverhältnis mit dem angestellten Künstler beenden, muß unter Einhaltung einer bestimmten Frist die sog. Nichtverlängerungsmitteilung ausgesprochen werden. Diese braucht, da regelmäßig künstlerische Gründe vorgebracht werden, nicht begründet zu sein, der Bühnenangehörige hat jedoch ein tariflich festgelegtes Anhörungsrecht. Nach Ablauf einer bestimmten Anzahl von Spielzeiten (jetzt 15) kann das Beschäftigungsverhältnis des Bühnenmitgliedes praktisch nicht mehr durch die Nichtverlängerungsmitteilung, gestützt auf künstlerische Gründe, beendet werden; der Schauspieler ist dann gleichsam „unkündbar". Diese besondere Regelung der Beschäftigungsverhältnisse an den deutschen Theatern ist historisch gewachsen und in einem umfangreichen, ständig erweiterten und ergänzten Tarifvertragswerk zwischen dem Deutschen Bühnenverein/Bundesverband deutscher Theater einerseits und der Genossenschaft deutscher Bühnen-Angehöriger andererseits niedergelegt (s. UFITA 83 [1978], 185). Die Institution des Normalvertrages ist über 50 Jahre alt. Kettenverträge im Bühnenrecht sind nach ständiger Rechtsprechung der deutschen Arbeitsgerichte (zuletzt BAG UFITA 93 [1982], 226, 233 *Normalvertrag Solo)* wegen der Besonderheiten im künstlerischen Bereich zulässig. Streitigkeiten aus dem Bühnenarbeitsrecht werden von besonderen Schiedsgerichten entschieden (Näheres zum Bühnenarbeitsrecht bei Riepenhausen, Das Arbeitsrecht der Bühne, 2. Aufl. 1956, Erg.Bd. 1965; Rehbinder RdA 1971, 211 und FS Raeck, Berlin 1978, S. 173ff.; Monjau UFITA 74 [1975], 79).

Ausführlich zum Bühnenarbeitsrecht Schricker-Rojahn Rdnr. 33–45.

c) Die Rundfunkanstalten unterscheiden zwischen fest angestellten Künstlern und solchen, die in freier Mitarbeit von Fall zu Fall für sie tätig sind, über die sie also kein Aufsichts- und Weisungsrecht in Anspruch nehmen und die sie nicht als Arbeitnehmer (insbesondere lohnsteuer-, versicherungsmäßig usw.) behandeln. Soweit sie von der Sendeanstalt wirtschaftlich abhängig sind (vgl. § 12a TarifvertragsG), haben sie bestimmte Rechte des Arbeitnehmers (arbeitnehmerähnliche freie Mitarbeiter, vgl. Ulmer, Urhebervertragsrecht, S. 78). Im Einzelfall wird es freilich darauf ankommen, ob nicht angesichts einer Anzahl im wesentlichen gleichlautender, befristeter Verträge ein Arbeitsverhältnis von unbegrenzter Dauer anzunehmen ist. Die Rechtsprechung der Arbeitsgerichte geht seit BAGE 19, 324 *Kameramann* mehr und mehr dahin, freie Mitarbeiterschaft nur noch selten anzunehmen und ein Arbeitsverhältnis festzustellen, wenn der als „frei" bezeichnete Mitarbeiter häufiger für die Sendeanstalt tätig ist. Was für den Einzelnen dabei an sozialer Sicherheit gewonnen wird, geht auf der anderen Seite an Kreativität bei den Sendungen der Anstalten verloren, weil die große Anzahl derjenigen Mitarbeiter, die über die Rechtsprechung der Arbeitsgerichte ihre Festanstellung erreicht haben, beschäftigt werden muß. Für die Hinzuziehung echter freier Mitarbeiter bleibt häufig nur wenig Raum. BVerfG UFITA 93 (1982), 263 hat unter ähnlichen Erwägungen für die in der Programmgestaltung tätigen Mitarbeiter von Rundfunkanstalten inzwischen Zeitverträge für zulässig erachtet.

Bei Künstlern hat es neben der Festanstellung mit den sog. Künstlerverträgen immer schon Zeitverträge gegeben (v. Olenhusen UFITA 75 [1976], 25). Auch bei derartigen Verträgen finden die für die betreffende Sendeanstalt geltenden tarifvertraglichen Regelungen Eingang in das Vertragsverhältnis mit dem Künstler. Soweit der Künstler keiner Gewerkschaft angehört, werden die tarifvertraglichen Vereinbarungen von den Sendeanstalten, die ohnehin fast ausschließlich Formularverträge abschließen, in das Vertragsverhältnis eingeführt. Die Urheberrechtsklauseln in den Tarifverträgen bestimmen dann die Rechtsstellung der Arbeitnehmer-Künstler (ausführlich Rojahn S. 72ff.).

Der von einer Rundfunkanstalt für die Übernahme der Titelrolle in einem Fernsehfilm engagierte Schauspieler ist wegen räumlicher, zeitlicher und fachlich-künstlerischer Weisungsgebundenheit Arbeitnehmer, auch wenn er nur für ein kurzfristiges Gastspiel verpflichtet wird und daneben noch in einem festen Engagement bei einer Bühne steht (LAG Saarbrücken UFITA 47 [1966], 347 *Monsieur Quinot* und LAG Düsseldorf UFITA 92 [1982], 293, 295 *Die Ostindien-Fahrer*). Zur Arbeitnehmereigenschaft von Kameraleuten, die ständig für eine Rundfunkanstalt tätig sind, s. schon BAG NJW 1967, 1982 *Kameramann.* Seither gibt es eine ganze Serie von Entscheidungen des Bundesarbeitsgerichts zur Arbeitnehmereigenschaft von Rundfunkmitarbeitern mit urheber- und leistungsschutzrechtlich relevanter Tätigkeit, von denen hier beispielshalber genannt seien: UFITA 81 (1978), 319 für eine Fernsehreporterin; UFITA 85 (1979), 294 und 92 (1982), 242 für einen Filmautor und Regisseur; UFITA 85 (1979), 305 für einen Fernsehredakteur und Reporter; UFITA 92 (1982), 248 für Orchestermusiker. *Gegenstand* der Arbeits- oder Dienstverpflichtung des ausübenden Künstlers muß der Vortrag oder die Aufführung eines Werkes oder die Mitwirkung daran sein (§ 73 Bem. 2).

3 Das Wesen des Arbeits- oder Dienstverhältnisses entscheidet über den **Umfang** der Befugnisse des Arbeitgebers oder Dienstherrn (s. § 43 Bem. 3–6). Rundfunkanstalten erwerben also das Recht aus § 76, Schallplattenproduzenten dasjenige aus § 75. Im übrigen kommt es auf den Einzelfall an. War es danach Zweck des Vertrages, dem Arbeitgeber oder Dienstherrn eine bestimmte Verwertung zu ermöglichen, so erwirbt er stillschweigend die dazu erforderlichen Rechte (LG Saarbrücken Schulze LGZ 81, 8 *Der erste Schritt zur Weltraumfahrt*). Allerdings auch nur diese: Will er später von der Darbietung des ausübenden Künstlers einen weitergehenden Gebrauch

machen, als nach dem Vertrage vorgesehen war, so braucht er in den Fällen der §§ 74, 75 und 76 Abs. 1 dessen Einwilligung; in allen übrigen Fällen hat der ausübende Künstler (nur) Anspruch auf Zahlung einer angemessenen weiteren Vergütung (vgl. vor § 73 Bem. 2). Deshalb kann eine Bühne, die einen Regisseur gegen Festhonorar für eine Hausinszenierung verpflichtet hat, mit dieser zwar im Zweifel ohne seine Zustimmung auf Tournee gehen; sie muß ihm aber eine erneute Vergütung zahlen (unzutreffend ArbG München UFITA 50 [1967], 303, 305 *Von Mäusen und Menschen*). – Auch der Arbeitgeber oder Dienstherr erwirbt die Rechte des ausübenden Künstlers, soweit es sich nicht um die voll übertragbaren Vergütungsansprüche der §§ 76 Abs. 2, 77 handelt, nur **im Rahmen des § 78;** denn der Arbeits- oder Dienstvertrag ist ein Vertrag wie jeder andere und findet wie dieser seine Grenze an den bestehenden gesetzlichen Beschränkungen. Jedoch wird der Arbeitgeber oder Dienstherr oft als veranstaltender Unternehmer im Sinne des § 81 anzusehen sein mit der Folge, daß der ausübende Künstler trotz § 78 auch dinglich nicht zu einer Verwertung gegen seinen Willen in der Lage ist (§ 78 Bem. 5, § 81 Bem. 7). In keinem Falle gewinnt der Arbeitgeber die Befugnis zu Entstellungen oder anderen Beeinträchtigungen im Sinne des § 83, es sei denn, daß dies vertraglich vereinbart und nicht sittenwidrig ist.

Eine **Kollision des Benutzungsrechts** des Arbeitgebers oder Dienstherrn mit dem Recht eines Abtretungsempfängers, der es etwa im Wege der Vorausabtretung erworben hat (z. B. der GVL), ist durch § 78 vermieden, weil der ausübende Künstler auch in diesem Falle seine Einwilligung zur Verwertung erteilen kann, was stillschweigend mit dem Abschluß des Dienst- oder Arbeitsvertrages möglich ist (Begr. S. 93f.).

§ 80 Chor-, Orchester- und Bühnenaufführungen

(1) Bei Chor-, Orchester- und Bühnenaufführungen genügt in den Fällen der §§ 74, 75 und 76 Abs. 1 neben der Einwilligung der Solisten, des Dirigenten und des Regisseurs die Einwilligung der gewählten Vertreter (Vorstände) der mitwirkenden Künstlergruppen, wie Chor, Orchester, Ballett und Bühnenensemble. Hat eine Gruppe keinen Vorstand, so wird die Einwilligung der ihr angehörenden ausübenden Künstler durch die Einwilligung des Leiters der Gruppe ersetzt.

(2) Zur Geltendmachung der sich aus den §§ 74 bis 77 ergebenden Rechte mit Ausnahme der Einwilligungsrechte sind bei Chor-, Orchester- und Bühnenaufführungen für die mitwirkenden Künstlergruppen jeweils deren Vorstände und, soweit für eine Gruppe ein Vorstand nicht besteht, der Leiter dieser Gruppe allein ermächtigt. Die Ermächtigung kann auf eine Verwertungsgesellschaft übertragen werden.

Übersicht

1 Jedem Mitglied eines Chors, Orchesters oder Bühnenensembles steht für sich und unabhängig von den anderen ein (individuelles) **gleichwertiges Leistungsschutzrecht** neben den übrigen Mitwirkenden einschließlich des Dirigenten, Regisseurs, Ballettmeisters usw. zu (Begr. S. 94; BGH GRUR 1993, 550, 551 *The Doors*). Würde es sich um Urheberrechte handeln, so

müßten wir bei diesen Künstlergruppen von Miturheberschaft im Sinne des § 8 sprechen, weil die sämtlichen Mitglieder des Chors, des Orchesters oder des Bühnenensembles einen Vortrag oder eine Aufführung zustande gebracht haben, „ohne daß sich ihre Beiträge gesondert verwerten lassen“. Eine auch nur analoge Anwendung des § 8 auf Künstlergruppen ist jedoch nicht möglich (vgl. § 8 Bem. 28). Soweit ihre Rechtsbeziehungen untereinander nicht für einzelne, besonders gelagerte Fälle gesetzlich geregelt sind, wie neben § 80 auch in § 83 Abs. 2, finden die allgemeinen Vorschriften des BGB über die Gesellschaft (§§ 705 ff. BGB) oder über die Gemeinschaft (§§ 741 ff. BGB) im Einzelfall Anwendung. § 80 regelt indes lediglich die Rechtsbeziehungen nach außen. Es soll verhindert werden, daß ein einzelner Ensemblekünstler z. B. die Aufnahme oder Funksendung einer Darbietung verbieten und auf diese Weise seine Kollegen schädigen kann. Zugleich dient die Vorschrift der Rechtssicherheit und der Erleichterung des Rechtsverkehrs mit Veranstaltern und weiteren Verwertern von Gruppendarbietungen (Begr. S. 94). Art. 8 RA überläßt ausdrücklich jedem Mitgliedstaat ein freies Bestimmungsrecht, wie Ensemblekünstler bei der Ausübung ihrer Rechte vertreten werden, insbesondere eine Willensbildung nach dem Mehrheitsprinzip (Nordemann/Vinck/Hertin Art. 8 RA Bem. 3).

2 Trotz der unterschiedlichen **Formulierung** in den beiden Absätzen des § 80 sagen beide das gleiche (vgl. Begr. S. 94): Zur Ausübung der an einer Gesamtleistung bestehenden Rechte mehrerer – vom Einwilligungsrecht über sein Gegenstück, das Verbotsrecht, und die Geltendmachung der Vergütungsansprüche bis hin zur Rechtsverfolgung, jedoch mit Ausnahme der Abtretung (Bem. 8) – sind Dirigent, Solist und Regisseur allein, die in Gruppen zusammengefaßten Mitwirkenden dagegen jeweils nur durch einen oder mehrere Vertreter berechtigt (str.; a. M. v. Gamm Bem. 5; Schricker-Krüger Rdnr. 4, 15, 16: keine Gleichstellung von Abs. 1 und Abs. 2, Abs. 1 umfasse nicht die aus der Nutzungsrechtseinräumung fließenden Ansprüche der Gruppenmitglieder).
Nur Solist, Dirigent und Regisseur wahren ihre Rechte **selbständig** (Begr. S. 94), d. h. unabhängig von der Rechtsausübung anderer Mitwirkender. Da Ensembleleistungen überwiegend im Rahmen von Arbeitsverhältnissen bei Bühnen und Sendeunternehmen erbracht werden (§ 79), ist der praktische Anwendungsbereich des § 80 eingeschränkt. Zu tarifvertraglichen Regelungen eingehend Schricker-Krüger Rdnr. 5, 11, 13. Auf ausländische Künstlergruppen findet § 80 Anwendung über § 125, soweit sie Inländerbehandlung genießen.

3 a) **Solist** ist zunächst ein feststehender Begriff der Musikwissenschaft. Darunter fällt der Violinist, Pianist, Flötist, Klarinettist eines Violin-, Klavier-, Flöten-, Klarinettenkonzerts; darunter fallen ferner die Einzelsänger einer Opernaufführung im Gegensatz zu den Mitgliedern des Chors, und die Einzeltänzer (Primaballerinen) einer Ballettaufführung im Gegensatz zu den Mitgliedern des Ballettensembles. Solisten sind endlich bei Oratorien und Messen diejenigen, die Solopartien singen oder spielen und sich damit vom Gruppengesang und Gruppenspiel abheben. Etwas schwieriger ist dieser Begriff in die Bühnensprache des Sprechtheaters zu übersetzen. Dem Sänger eines Soloparts der Opernaufführung entspricht der Einzeldarsteller der Bühnenaufführung; ist der erstere Solist, so kommt dem letzteren die gleiche Anerkennung zu. Hätte der Gesetzgeber nur die Hauptdarsteller

(Protagonisten) unter den Solistenbegriff einreihen wollen, so hätte dies ausdrücklich geschehen müssen. Im Ergebnis ist damit jeder, der im Rahmen einer Gesamtleistung einen Solopart vertritt, als Solist anzusehen. Untrügliches Kennzeichen dafür ist das Programm: **Solist ist mindestens jeder, der im Programm üblicherweise gesondert genannt wird** (einschränkend Schricker-Krüger Rdnr. 7 m.d. Hinweis auf örtlich unterschiedlichen Bühnenbrauch, insbesondere bei namentlicher Aufführung aller Mitglieder des corps de ballet). Bei der Jazz- und Popmusik ist die Unterscheidung zwischen Solist und Ensemble im allgemeinen schwieriger. Meistens verstehen sich in diesem Bereich regelmäßig gemeinsam auftretende Künstler ab 3 Personen bereits als Künstlergruppe. Jedes Gruppenmitglied tritt bei der Darbietung, ggf. im Wechsel untereinander oder im Wechsel mit Tutti-Abläufen solistisch hervor; dennoch kann man fast immer zwischen dem Solo eines Gruppenmitgliedes und dem Auftreten eines ständig solistisch hervorgehobenen Künstlers, der neben der Gruppe in der Regel auch gesondert angekündigt und im Programm (sofern vorhanden) genannt wird, unterscheiden. Nur letzterer ist als Solist im Sinne des § 80 Abs. 1 einzustufen.

b) Der Begriff des **Dirigenten** gehört nur der Musiksprache an. Er ist der Leiter der Musikaufführung, der die Einsätze gibt und das Spiel der Mitwirkenden zusammenhält. Seine Funktion ist die „Klangregie" (Dünnwald UFITA 65 [1972], 99, 104). Wer nur mit der Einstudierung betraut ist (z. B. als Korrepetitor), ist schon deshalb nicht Dirigent, weil er nicht an der Aufführung mitwirkt (vgl. § 73 Bem. 4). Auch der Dirigent wird üblicherweise im Programm besonders aufgeführt. 4

c) **Regisseur** ist derjenige, der das bewegte Spiel vor den Zuschauern oder den Kameras „in Szene setzt" (vgl. § 73 Bem. 4). Darunter verstehen wir die Bestimmung des Charakters der Inszenierung, also insbesondere die Führung der Schauspieler. Der Regisseur braucht dazu nicht jede Einzelanweisung selbst zu geben; große Protagonisten gestalten vieles selbst. Maßgeblich ist, daß bei ihm letztlich die Entscheidung über das *Wie* der Aufführung liegt. Auch Tonträgeraufnahmen von Bühnenwerken kennen den Regisseur. Er wird ebenfalls auf Theaterzetteln, Programmen, Plattentaschen und in der Propaganda üblicherweise als Regisseur kenntlich gemacht. Vgl. im einzelnen Fromm GRUR 1962, 561; Krüger-Nieland UFITA 64 (1972), 129, 136. 5

d) Beim **Ballettmeister** ist zu unterscheiden: Hat er nur die Einstudierung für den Regisseur und möglicherweise nach dessen Wünschen und Anweisungen vorgenommen, so ist er nicht als ausübender Künstler anzusehen, weil er nicht an der Aufführung, sondern nur an deren Vorbereitung mitwirkt (§ 73 Bem. 9). Das trifft in der Regel dann zu, wenn er nur Einlagen einstudiert hat. Ist dem Ballettmeister jedoch ein Teil der Aufführung oder gar – bei reinen Ballettabenden – die ganze Aufführung zur selbständigen, eigenverantwortlichen Vorbereitung übertragen, so übt er als „Tanzregisseur" die Funktionen des Regisseurs aus und genießt damit dessen Rechte. Zur Abgrenzung vom Choreographen als Werkschöpfer gem. § 2 Abs. 1, 3 Schlatter-Krüger GRUR Int. 1985, 299, 307 sowie § 2 Bem. 50. 6

Die übrigen Mitwirkenden wie Chor, Orchester, Ballett und Bühnenensemble (Statisterie) vertritt der Vorstand kraft Gesetzes. Der Begriff 7 entspricht etwa dem des Vereinsrechts, da es sich hier wie dort um einen gewählten Vertreter handeln muß, so daß es gerechtfertigt erscheint, die Grundsätze der §§ 26ff. BGB analog anzuwenden, soweit eine Regelung nicht getroffen wurde (mit dieser Tendenz auch OLG Frankfurt GRUR 1984, 162f. *Erhöhungsgebühr bei Orchestervorstand;* OLG Frankfurt GRUR 1985, 380f. *Operneröffnung;* Schricker-Krüger Rdnr. 12; a.M. Möhring/Nicolini Bem. 8). Die Orchester- oder Bühnenvorstände können jederzeit abberufen werden (vgl. § 27 Abs. 2 BGB). Sind mehrere Vertreter gewählt, so vertreten diese die Gruppe gemeinschaftlich; im Innenverhältnis genügt Mehrheitsentscheidung (vgl. § 28 in Verbindung mit § 32 BGB). Sind Erklärungen gegenüber der Gruppe abzugeben, so genügt die Abgabe gegenüber einem Vorstandsmitglied (vgl. § 28 Abs. 2 BGB). Ist kein Vorstand vorhanden, so werden die Rechte der Gruppe von deren **Leiter** wahrgenommen. Die Begr. (S. 94) nennt als Beispielsfälle den Chordirektor, den Dirigenten oder den Ballettmeister. Ferner kommt der *bandleader* bei Kapellen sowie jeder in Betracht, den die Gruppe als ihren Sprecher auftreten, gemeinsame Verträge zeichnen und Verhandlungen führen läßt. Der Regisseur ist zwar Leiter der Einstudierung des Stückes, aber nicht Leiter des Ensembles. Ihm fehlt vielfach auch die Dauerbeziehung zu dem Bühnenensemble, zumal dann, wenn er für die Inszenierung besonders verpflichtet wird. Der **Intendant** oder der **Chefdramaturg** sind ebenfalls nicht Leiter der Künstlergruppe, sondern stehen ihr als Vertreter des Arbeitgebers gegenüber (Schricker-Krüger Rdnr. 14). Läßt sich das Vorhandensein eines Vorstands oder Leiters nicht feststellen, bleibt es bei der Einzelprozeßführungsbefugnis der Ensemblemitglieder (BGH GRUR 1993, 550, 551 *The Doors*).

8 Das **Vertretungsrecht** der Vorstände und Leiter ist außerordentlich weitgehend: Es legitimiert sie nicht nur zur Erteilung von Einwilligungen und zur Geltendmachung von Verbotsansprüchen, sondern gibt ihnen auch die – alleinige – Möglichkeit, Ansprüche auf Schadenersatz für die Gruppe zu erheben (§ 97 Abs. 1), die Vergütungsansprüche etwa aus § 54 Abs. 1 geltend zu machen (vgl. OLG Frankfurt GRUR 1985, 380, 381 *Operneröffnung),* Prozesse zu führen und Vergleiche zu schließen; die einzelnen Gruppenmitglieder können das nicht (OLG München GRUR 1989, 55 *Cinderella* für ein Ballett und AG Hamburg GRUR 1990, 267, 269 für ein Orchester). Durch die Zahlung an den Vorstand oder Leiter wird der Schuldner befreit. Vom Vorstand oder Leiter abgegebene Willenserklärungen sind für und gegen die Gruppe wirksam (§ 164ff. BGB).
Die Vertretungsmacht kann nur auf eine **Verwertungsgesellschaft** (GVL) weiterübertragen werden (**Abs. 2 Satz 2**; vgl. § 664 BGB). Die Vorstände bzw. Leiter haben jedoch **keine** Befugnis zur **Abtretung**, da § 78 nicht in § 80 mit genannt ist. Ihnen steht auch nicht das Recht zur Geltendmachung von Ansprüchen aus § 83 (Entstellung) zu, da diese rein persönlichkeitsrechtlicher Natur sind (dort Bem. 3); deshalb können sie in der Regel keinen immateriellen Schadenersatz (§ 97 Abs. 2) für ihre Gruppe fordern, zumal dieser wohl nur bei § 83 in Betracht kommen wird. Die Geltendmachung persönlichkeitsrechtlicher Ansprüche ist vielmehr dem einzelnen Gruppenmitglied vorbehalten (Ulmer[3] § 124 II 3; Schricker-Krüger Rdnr. 18). Das Vertretungsrecht bezieht sich auf alle Darbietungen des vertretenen Ensembles, zu welchem Zeitpunkt diese auch erfolgt sein mögen. Rechtswidrige Tonträgerveröffentlichungen von älteren Konzertmitschnitten können deshalb, soweit sie noch geschützt sind, vom heutigen Orchestervorstand

verfolgt und gegebenenfalls nachträglich lizensiert werden, auch wenn zur Zeit der Darbietung ein völlig anderer Vorstand amtierte und die Mitglieder des Orchesters ganz oder teilweise ausgewechselt wurden. Ebenso kann der Vorstand Bewilligungen für die Zukunft vornehmen, an die der nachfolgende Vorstand und das Ensemble in seiner zukünftigen Zusammensetzung gebunden sind.

Von einer **Passivlegitimation** der Vorstände und Leiter sagt § 80 nichts. **9**
Demnach müßten die ausübenden Künstler – etwa im Falle des § 86 seitens des Tonträgerherstellers – jeweils einzeln verklagt werden. Damit würde das Ziel der Vereinfachung und Prozeßökonomie, das die Bestimmung anstrebt, in sein Gegenteil verkehrt. Die offenbare Lücke des Gesetzes ist durch Analogie zu schließen: bei Ansprüchen, die gegen Künstlergruppen wegen der diesen nach den §§ 74–77 gewährten Rechte erhoben werden, ist der Vorstand bzw. der Leiter passivlegitimiert (Möhring/Nicolini Bem. 7; Schricker-Krüger Rdnr. 17 für negative Feststellungsklagen und gesetzliche Beteiligungsansprüche aus § 86, nicht aber für vertragliche Ansprüche gegen Gruppenmitglieder).

Prozessual und gebührenrechtlich ist ein aus mehreren Mitgliedern beste- **10**
hender Vorstand nicht als eine Partei anzusehen, sondern nach der Anzahl seiner Mitglieder zu qualifizieren (OLG Frankfurt GRUR 1984, 162 *Erhöhungsgebühr bei Orchestervorstand*).

§ 81 Schutz des Veranstalters

Wird die Darbietung des ausübenden Künstlers von einem Unternehmen veranstaltet, so bedarf es in den Fällen der §§ 74, 75 und 76 Abs. 1 neben der Einwilligung des ausübenden Künstlers auch der Einwilligung des Inhabers des Unternehmens.

Übersicht

Vor Inkrafttreten des UrhG war der Veranstalter allein auf Ansprüche aus **1**
BGB (insbesondere §§ 823, 1004 wegen Verletzung des Hausrechts und des Rechts am eingerichteten und ausgeübten Gewerbebetrieb) und § 1 UWG (Grundsätze zur Leistungsübernahme) angewiesen, um die Aufnahme von ihm durchgeführter Konzerte oder sonstiger Darbietungen oder deren sonstiger über den direkt erlebten Werkgenuß hinausgehender Verwertungsmaßnahmen zu verhindern (Schricker-Vogel Rdnr. 2–4, dort auch zu den Gesetzesentwürfen seit 1932). Daran anknüpfend gewährt § 81 in Anlehnung an die Rechte des ausübenden Künstlers einen gesetzlichen Leistungsschutz für dasjenige Unternehmen, welches die Darbietung des ausübenden Künstlers veranstaltet. Unter den Vorschriften zum Schutz der ausübenden Künstler nimmt sich das Veranstalterrecht wie ein Fremdkörper aus, denn geschützt werden nicht diese, sondern ihre Arbeitgeber, Tarifpartner und Auftraggeber. Das führt nicht nur zu einer Entwertung des ohnehin

verunglückten § 78 (s. dort Bem. 3), sondern schafft auch Konfliktstoff, weil die Interessen von Arbeitnehmer und Arbeitgeber, von ausübendem Künstler und Verwerter naturgemäß entgegengesetzt sind. Zudem ist auch die Fassung dieser Bestimmung mißglückt: Der Gesetzgeber wollte damit allem Anschein nach nur die Bühnen- und Konzertunternehmen vor unbefugter Ausnutzung ihrer mit Mühe und Kosten zustandegebrachten Darbietungen durch Dritte schützen (vgl. Begr. S. 94), hat aber mit dem Begriff des veranstaltenden Unternehmens eine so allgemeine Fassung gewählt, daß darunter auch Gastwirte, Hoteliers und Varietéunternehmer fallen können. Vgl. auch die eingehende Kritik bei Schricker-Vogel Rdnr. 10–12 nebst der Empfehlung ersatzloser Streichung Rdnr. 14.

2 **Veranstalter** ist, wer die Darbietung des ausübenden Künstlers **unternehmerisch verantwortet,** anders ausgedrückt: „Wer in organisatorischer und finanzieller Hinsicht verantwortlich ist" (BGH GRUR 1956, 515, 516 *Tanzkurse;* OLG München GRUR 1979, 152 *Transvestiten-Show;* KG GRUR 1959, 150, 151 *Musikbox-Aufsteller;* einschränkend Schricker-Vogel Rdnr. 19, 24: Nur wenn Werkvermittlung primärer Veranstaltungszweck und bei bestehendem Auswertungsrisiko). Der Unternehmensbegriff ist ähnlich zu bestimmen wie beim Tonträger- (§§ 85, 86 Bem. 4) und Filmhersteller (§ 94 Bem. 4) sowie beim Sendeunternehmen (§ 87 Bem. 2); insoweit kann auf die dort erwähnten Grundsätze zur Unternehmenseigenschaft verwiesen werden. Unterschiedlich sind allerdings die urheberrechtlichen Anknüpfungsmerkmale, da die Unternehmensrechte der §§ 85, 87 und 95 – anders als § 81 – keine Werkdarbietung voraussetzen.

3 § 81 setzt die **Darbietung durch ausübende Künstler** (§ 73) voraus. Das Veranstalterrecht kann also nur bei der Darbietung von urheberrechtlich schutzfähigen Werken entstehen (§ 73, § 2 Abs. 2). Für Sportveranstalter kommt § 81 regelmäßig nicht in Betracht, bei Zirkus- und Varietéveranstaltungen beschränkt sich der Veranstalterschutz typischerweise auf die live dargebotene Musik (§ 73 Bem. 12).

4 Eine Veranstaltung findet vor **Publikum** statt (Möhring/Nicolini Bem. 3; Schricker-Vogel Rdnr. 17). Für den Regelfall ist auch zu fordern, daß die Darbietung nicht ausschließlich zum privaten Werkgenuß, sondern grundsätzlich für das öffentliche Publikum bestimmt ist (insoweit zutreffend Schricker-Vogel Rdnr. 18; a.M. Möhring/Nicolini Bem. 3). Der gesetzliche Veranstalterschutz umfaßt aber auch bereits die (nur) der Presse zugängliche Generalprobe oder Voraufführung, die z. B. nur für fotografische Aufnahmen bestimmt ist. Bei solchen Gelegenheiten gefertigte ungenehmigte Mitschnitte bedürfen auch der Einwilligung des Veranstalters, ohne dessen unternehmerische Leistung die Darbietung nicht möglich gewesen wäre. Für die typische Betätigung der Tonträgerhersteller, Sendeunternehmen und Filmhersteller sowie Studioaufführungen allgemein gelten nur die Sondervorschriften der §§ 85, 86, 87, 94 (a. M. Gentz GRUR 1968, 182, 186). Andernfalls wäre eine Aufnahme nicht denkbar, ohne daß § 81 mit zur Anwendung käme. Das war aber, wie der Wortlaut des Gesetzes zeigt, nicht die Absicht des Gesetzgebers. Soweit Sendeunternehmen und Tonträgerhersteller öffentlich Veranstaltungen selbst durchführen, stehen ihnen naturgemäß ergänzend die Rechte aus § 81 zu (Schricker-Vogel Rdnr. 18).

5 Ob die künstlerische Werkdarbietung bei der Publikumsveranstaltung im Vordergrund steht oder nur ausschmückendes Beiwerk darstellt, ist gleich-

gültig (a. M. Schricker-Vogel Rdnr. 19: die Werkvermittlung müsse primärer Veranstaltungszweck sein); allerdings beschränken sich dabei die Veranstalterrechte auf die künstlerische Werkdarbietung, sie erfassen nicht die anderweitigen Darbietungen (z. B. bei der Modenschau kein Veranstalterschutz für die Modevorführung der Mannequins, wohl aber für die Untermalungsmusik der live dazu spielenden Band). § 81 kommt deshalb insoweit auch für den Veranstalter von Volksfesten, Festakten, Industriemessen und Sportereignissen in Betracht, als bei solchen Gelegenheiten unter seiner unternehmerischen Verantwortlichkeit z. B. Livemusik oder Tanzwerke dargeboten werden.

Die Veranstaltereigenschaft kommt demjenigen zu, der die **organisatorische Leitung und wirtschaftliche Verantwortung** für den Veranstaltungsablauf innehat. Mit dem Hinweis auf den Inhaber des Unternehmens wird klargestellt, daß nicht etwa ein Angestellter oder Beauftragter, der im Zusammenhang mit der Veranstaltung tätig wird, das Schutzrecht erwirbt (Begr. S. 96 zu § 85 Abs. 1 Satz 2). Dabei kann es sich um eine juristische oder natürliche Person handeln, wobei eine gewerbliche Betätigung nicht vorausgesetzt wird. Meist ist es ein einzelnes Unternehmen, in dessen Hand die maßgeblichen Personal- und Sachverträge (Saalmiete, Vertrag mit Künstler und Hilfskräften) zusammenlaufen. Kein Veranstalter ist derjenige, der den Veranstaltungsort (entgeltlich oder unentgeltlich) zur Verfügung stellt oder Dienstleistungen für eine Veranstaltung übernimmt, ohne die unternehmerische Verantwortung für die Darbietung selbst zu übernehmen. Die künstlerische Verantwortung – wie z. B. die Auswahl des Programms – bleibt häufig dem ausübenden Künstler überlassen und ist für den Veranstalterbegriff nicht wesentlich (Schricker-Vogel Rdnr. 28; anders offenbar BGH GRUR 1960, 253, 255 *Autoskooter*). Ein über die unternehmerische Verantwortung für die künstlerische Darbietung hinausgehendes Auswertungsrisiko braucht der Veranstalter nicht zu übernehmen; auch bei freiem Eintritt, ideeller Zwecksetzung, kirchlichen Veranstaltungen und Werbeveranstaltungen oder Darbietungen in Aufnahmestudios vor bestelltem Publikum ist § 81 anzuwenden (a. M. Schricker-Vogel Rdnr. 24). 6

§ 81 fordert zwei parallel laufende **Einwilligungserklärungen:** die des Veranstalters und die des ausübenden Künstlers. Die praktische Folge davon ist, daß im wesentlichen nur der ausübende Künstler, der seine Vorträge und Aufführungen selbst veranstaltet, wirklich im freien Besitz der ihm in den §§ 74, 75 und 76 Abs. 1 gewährten absoluten Rechte ist. Wo die Darbietung, wie meist, von einem Unternehmen veranstaltet wird, ist der ausübende Künstler in der Verwertung seiner Leistung von diesem abhängig. Verweigert der Veranstalter die Einwilligung zur Aufnahme, zur Funksendung oder zur Lautsprecherübertragung, so ist die Verwertung trotz Einwilligung der ausübenden Künstler unzulässig. Ein Schadenersatzanspruch wegen entgangener Vergütung steht den Künstlern nicht zur Seite, da das Schutzrecht des Veranstalters aus § 81 ihrem Einwilligungsrecht parallel läuft, es sei denn, daß sich aus dem Vertrage die Verpflichtung des Veranstalters zur Abgabe der Einwilligungserklärung ergibt. 7

Die **Einwilligungsrechte** erfassen lediglich die vom ausübenden Künstler in der öffentlichen Veranstaltung (Bem. 4) persönlich **dargebotene Leistung,** nicht jedoch die in der Veranstaltung abgespielten Ton- oder Bildaufnahmen; deshalb entsteht z. B. an den Aufnahmen des Playback- 8

Bandes, auf welches der Künstler bei der Veranstaltung gesungen hat, kein Veranstalterrecht, sondern nur am live dargebotenen Gesang. Die fotografische Aufnahme eines Musikers anläßlich seines öffentlichen Konzertauftritts unterliegt ebenfalls nicht dem Veranstalterrecht, wohl aber die Filmaufnahme einer Tanzdarbietung, sofern eine schutzfähige Choreographie zugrundeliegt. Die Rechte aus § 81 beziehen sich ausschließlich auf die öffentliche Wahrnehmbarmachung der künstlerischen Werkdarbietung, die sich in einer bestimmten Veranstaltung abspielt, durch Bildschirm, Lautsprecher und ähnliche Übertragungsvorgänge (§ 74), deren Aufnahme und Vervielfältigung auf Bild- oder Tonträger (§ 75) und ihre Sendung durch Funk (§ 76 Abs. 1). Der Veranstalter ist nicht davor geschützt, daß eine von ihm unter Kosten und Mühen einstudierte Ensembleproduktion (z. B. Opern- oder Theateraufführung) gleichsam als fertiges „Produkt" durch einen anderen Unternehmer seinerseits im Rahmen einer neuen Veranstaltung übernommen wird. In diesen Fällen vermag bei Hinzutreten besonderer Umstände, insbesondere bei entsprechender Behinderungsabsicht von Wettbewerbern allenfalls § 1 UWG zu helfen (Hodik GRUR Int. 1984, 421, 422).

9 Die dem Veranstalter zuerkannten Rechte sind in § 81 **abschließend** aufgezählt. Ihre Durchsetzung erfolgt nach §§ 97 ff. Die Schutzdauer ist die gleiche wie beim ausübenden Künstler (§ 82). Von den Vergütungsansprüchen nach §§ 76 Abs. 2, 77 sowie den Künstlerpersönlichkeitsrechten (§ 83) ist der Veranstalter ausgeschlossen. Veranstalter mit ausländischer Staatsangehörigkeit genießen den Schutz aus § 81 nur unter der Voraussetzung, daß Darbietung und Veranstaltung im Geltungsbereich des UrhG stattgefunden haben (§ 125 Abs. 2 sowie dort Bem. 2 b).

10 **Einschränkungen** unterliegt der Veranstalter gem. § 84, ebenso wie der ausübende Künstler, entsprechend den für den Urheber geltenden § 45 ff. mit Ausnahme des § 61 (Zwangslizenz). Darüber hinaus werden von Rundfunkunternehmen speziell unter verfassungsrechtlichen (Art. 5 Abs. 1 GG) und kartellrechtlichen Gesichtspunkten gegenüber Veranstaltern von allgemein interessierenden Sport- und Kulturereignissen erlaubnisfreie Sonderrechte wie etwa ein Recht auf eine „Drei-Minuten-Berichterstattung" bis hin zur vollständigen zeitgleichen oder zeitversetzten aktuellen Funkberichterstattung gefordert, im Ergebnis freilich kontrovers beurteilt (Papier AfP 1989, 510; Roth AfP 1989, 515; Ricker/Becker ZUM 1988, 311).

11 Für **nicht-künstlerische Veranstaltungen** sowie als Schutzergänzung für künstlerische Veranstaltungen haben die in Bem. 1 genannten Anspruchsgrundlagen aus § 823 BGB und § 1 UWG weiterhin Gültigkeit: BGH GRUR 1971, 46 *Bubi Scholz;* D. Reimer FS Wendel S. 98, 104.

§ 82 Dauer der Rechte

Ist die Darbietung des ausübenden Künstlers auf einen Bild- oder Tonträger aufgenommen worden, so erlöschen die Rechte des ausübenden Künstlers fünfzig Jahre, diejenigen des Veranstalters fünfundzwanzig Jahre nach dem Erscheinen des Bild- oder Tonträgers; die Rechte des ausübenden Künstlers erlöschen jedoch bereits fünfzig Jahre nach der Darbietung, diejenigen des Veranstalters fünfundzwanzig Jahre nach der Darbietung, wenn der Bild- oder Tonträger innerhalb dieser Frist nicht erschienen ist. Die Frist ist nach § 69 zu berechnen.

Die **Fristbegrenzung** ist nur für körperliche Festhaltungen der Darbietung 1
möglich und notwendig. Nicht festgelegte Leistungen sind zwar geschützt, bedürfen aber keiner zeitlichen Regelung, weil sie nicht wiederholbar sind. Die Schutzfrist betrug ursprünglich einheitlich 25 Jahre, was zur Folge gehabt hätte, daß vor dem 1. 1. 1966 hergestellte Aufnahmen mit Rücksicht auf die Übergangsregelung des § 135a spätestens zum Jahresende 1990 frei geworden wären (vgl. §§ 135, 135a Bem. 4). Sie ist durch das ProduktpiraterieG vom 7. 3. 1990 (BGBl. I 422), das am 1. 7. 1990 in Kraft trat, gerade noch rechtzeitig auf 50 Jahre verlängert worden, dies allerdings nur für ausübende Künstler; insoweit besteht in den deutschsprachigen Ländern jetzt Rechtseinheit (§ 67 Abs. 1 öst. UrhG, Art. 39 Abs. 1 URG Schweiz).

Zum **Begriff des Erscheinens** s. § 6 Abs. 2 und dort Bem. 2. Bild- oder 2
Tonträger, die von Sendeanstalten hergestellt werden, erscheinen im allgemeinen nicht, da sie nicht in genügender Anzahl der Öffentlichkeit angeboten oder in Verkehr gebracht, sondern nur zur Wiederholung der Funksendung benutzt werden. Hier beginnt die Schutzfrist daher mit der Darbietung, genauer: mit dem Ende des Jahres, in dem die Aufnahme fertiggestellt worden ist (§ 69), zu laufen. Das gleiche gilt in allen anderen Fällen, in denen die Darbietung zwar auf Bild- oder Tonträger aufgenommen wurde, die Aufnahme jedoch nicht im Sinne von § 6 Abs. 2 erschienen ist. Das Erscheinungsjahr wird von den deutschen Schallplattenherstellern entsprechend Art. 11 des Rom-Abkommens (s. § 125 Bem. 2b) mit einem „P“ in den schwarzen Spiegel neben dem Plattenetikett eingeschlagen. – Für den Schutz des ausübenden Künstlers gegen Entstellungen gilt abweichend die Schutzfrist des § 83 Abs. 3 (dort Bem. 7).

§ 83 Schutz gegen Entstellung

(1) Der ausübende Künstler hat das Recht, eine Entstellung oder eine andere Beeinträchtigung seiner Darbietung zu verbieten, die geeignet ist, sein Ansehen oder seinen Ruf als ausübender Künstler zu gefährden.

(2) Haben mehrere ausübende Künstler gemeinsam eine Darbietung erbracht, so haben sie bei der Ausübung des Rechts aufeinander angemessene Rücksicht zu nehmen.

(3) Das Recht erlischt mit dem Tode des ausübenden Künstlers, jedoch erst fünfundzwanzig Jahre nach der Darbietung, wenn der ausübende Künstler vor Ablauf dieser Frist verstorben ist; die Frist ist nach § 69 zu berechnen. Nach dem Tode des ausübenden Künstlers steht das Recht seinen Angehörigen (§ 60 Abs. 3) zu.

1 Mit § 83 will der Gesetzgeber, wie die Begr. (S. 95) ausdrücklich sagt, das *droit moral* des ausübenden Künstlers aus dem ihm zustehenden allgemeinen Persönlichkeitsrecht (vor § 12 Bem. 9–12) herauslösen und gesondert regeln. Damit ist klargestellt, daß neben der durch die Vorschrift geschützten **Integrität der Werkinterpretation** weitere persönlichkeitsrechtliche Befugnisse des ausübenden Künstlers in Bezug auf seine Leistung vom UrhG nicht gewährt werden. Insoweit ist er grundsätzlich auf sein allgemeines Persönlichkeitsrecht angewiesen (vor § 73 Bem. 5). Da allerdings § 84 für die gesetzlichen Nutzungsverhältnisse eine sinngemäße Anwendung der §§ 45ff. vorschreibt und dabei § 62 nicht ausnimmt, ist jedenfalls dann, wenn eine künstlerische Leistung im Rahmen der gesetzlichen Schrankenregelung verwertet wird, grundsätzlich auch das **Änderungsverbot** zu beachten. Im übrigen sind solche Änderungen rechtswidrig, die zur Gefährdung von Ansehen und Ruf des ausübenden Künstlers geeignet sind (Bem. 4). Für ausübende Künstler, die bei der **Filmherstellung** mitwirken oder ihre Leistungen zur Herstellung eines Films zur Verfügung stellen, wie insbesondere Filmschauspieler, gilt anstelle des § 83 die Sonderregel des § 93 (Entstellungsschutz nur in groben Fällen).
Bei der Interpretation der Tatbestandsvoraussetzung des § 83 kann Art. 6bis RBÜ nicht herangezogen werden, weil der Gesetzgeber hinsichtlich der Künstler nicht auf die Urheberkonventionen zurückgreifen wollte. Auch das Rom-Abkommen macht für die Beachtung des *droit moral* keine Vorschriften (Nordemann/Vinck/Hertin RA Art. 7).

2 Als reines Persönlichkeitsrecht ist das Recht des ausübenden Künstlers aus § 83 Abs. 1 auch ohne ausdrückliche Regelung im Gesetz **nicht übertragbar;** der ausübende Künstler kann auch **nicht im voraus** auf seine Ausübung **verzichten.** Im Ergebnis ebenso Flechsig S. 131ff.; Schricker-Vogel Rdnr. 6; vor § 12 Bem. 3–6, vor § 28 Bem. 3. Wegen seiner persönlichen Natur kann das Recht zur Verfolgung von Entstellungen auch nicht von den Vorständen oder Leitern des § 80 wahrgenommen werden (dort Bem. 5). Vielmehr bleibt es jedem ausübenden Künstler selbst überlassen, sich zur Wehr zu setzen.
Als persönlichkeitsrechtlich geprägte Befugnis erwächst der Anspruch aus § 83 weder dem Tonträgerhersteller (§ 85) noch dem Veranstalter (§ 81). Er steht allen ausländischen Künstlern ohne Rücksicht auf den Ort der Darbietung oder auf deren Staatsangehörigkeit zu (§ 125 Abs. 6). Ausübende Künstler können sich bezüglich ihrer Darbietungen, die sie vor

Inkrafttreten des UrhG erbracht haben, auf das Beeinträchtigungsverbot des § 83 stützen, soweit die Schutzdauer hierfür nicht abgelaufen ist (vgl. §§ 135, 135a einerseits, § 83 Abs.3 andererseits sowie Bem. 7).

Die sachlichen Voraussetzungen des **Abs. 1** entsprechen im wesentlichen denen des § 14. **Entstellung** ist jede Verzerrung oder Verfälschung der Wesenszüge der Werkdarbietung, z. B. durch manipulatives Zerhacken oder Verzerren bei der akustischen Wiedergabe oder durch Wiedergabe in Bruchstücken oder durch sonstige Unterbrechungen. Speziell zu Tonaufnahmen mit eingeschränkter Klangqualität Bem. 5. Entstellung liegt auch vor, wenn einem Filmschauspieler durch Nachsynchronisation in der gleichen Sprache die Stimme eines anderen unterlegt wird (OLG München UFITA 28 [1959], 342 *Stimme*) oder wenn die Tonaufzeichnung einer Gesangsgruppe einer auf Bildträger aufgenommenen „posierenden“, d. h. nur scheinbar singenden anderen Gruppe unterlegt wird (KG FuR 1967, 62). Einen kuriosen Sachverhalt behandelt Schack GRUR 1983, 555: Drei Zuschauerinnen traten am Ende einer Vorstellung von Brechts „Der gute Mensch von Sezuan“ in Celle 1982 auf die Bühne und lasen den berühmten Epilog, den der Regisseur bewußt gestrichen hatte, dem Publikum vor: Ein leistungsschutzrechtlicher Entstellungstatbestand wird mit der – zweifelhaften – Begründung verneint, die Aktion habe ersichtlich die Integrität des Bühnenwerkes wiederherstellen sollen. Liegt eine Entstellung vor, wird die Eignung zur Ansehens- oder Rufgefährdung indiziert; sie braucht nicht gesondert festgestellt zu werden (str., vgl. § 14 Bem. 5; a. M. Schricker-Vogel Rdnr. 13 unter Hinweis auf das Erfordernis eines dreistufigen Prüfungsverfahrens, wie es von Schricker-Dietz § 14 Rdnr. 18ff. auch für die Werkentstellung gefordert wird). 3

Andere **Beeinträchtigungen** sind **Änderungen** der Werkdarbietungen, denen keine Entstellungsintensität zukommt, oder **indirekte** Einwirkungen, die die Werkdarbietung als solche unverändert lassen, jedoch deren Rezeption beeinflussen. Sie sind dann rechtswidrig, wenn sie **geeignet** sind, das **Ansehen** oder den **Ruf** des Interpreten als **ausübender Künstler** zu **gefährden.** Wie auch bei § 14 genügt die bloße Eignung zur Gefährdung (§ 14 Bem. 10). Gegenüber den Kriterien des § 14 („berechtigte geistige oder persönliche Interessen am Werk“) werden mit dem Abstellen auf Ansehen oder Ruf als ausübender Künstler freilich schärfere Anforderungen gestellt (a. M. Schricker-Vogel Rdnr. 13; v. Gamm Bem. 4; Möhring/Nicolini Bem. 3a; Flechsig S. 65ff.). Geistige oder persönliche Interessen am Werk können auch dann berechtigt sein, wenn Ansehen oder Ruf des Urhebers von der in Rede stehenden Beeinträchtigung nicht berührt werden. Für den ausübenden Künstler sind solche mehr im subjektiven Bereich verbleibende Interessen insoweit unbeachtlich, als sie nicht auf die öffentliche Meinung über seine Wertschätzung als ausübender Künstler durchschlagen können. Bei künstlerischen Leistungen gesteigerten Niveaus kommt eine Ansehens- oder Rufgefährdung eher in Betracht als bei Darbietungen banaleren Zuschnitts. Als „andere Beeinträchtigungen“ kommen vor allem die Verwendung der Wiedergabe von Werkdarbietungen für Werbezwecke (BGH GRUR 1972, 97 *Liebestropfen* sieht z. B. die Bereitschaft einer Filmschauspielerin, sich für Werbezwecke herzugeben, als bedeutsam für die Einschätzung zur künstlerischen Eignung an), für Zwecke der Wahlkampfwerbung (LG München I UFITA 87 [1980], 342, 345) oder sonstige Anwendungsfälle 4 mißbräuchlicher Zweckverwendung (z. B. Pornographie) in Frage. Weitere Beispiele bei Flechsig S. 41f., 67f., 72f., 76. Hat die Beeinträchtigung dagegen keinen Einfluß auf die Wertschätzung als Künstler, können Ansprüche allenfalls aus dem allgemeinen Persönlichkeitsrecht hergeleitet werden (vor § 12 Bem. 9–11).

5 **Technische Qualitätsmängel eines Tonträgers** reichen für sich zur Ausfüllung der Tatbestandsmerkmale des § 83 nicht aus (BGH GRUR 1987, 814, 816 *Die Zauberflöte;* OLG Hamburg GRUR 1989, 525, 526f. *Zauberflöte II;* OLG Köln GRUR 1992, 388, 389 *Prince*). Der Tatbestand der Entstellung ist nicht ohne weiteres erfüllt, da ggf. nur die Wiedergabe der künstlerischen Leistung, nicht aber diese selbst in ihren Wesenszügen verfälscht ist. Eine andere Beeinträchtigung liegt nur vor, wenn die Tonträgerveröffentlichung sich bezüglich der künstlerischen Leistung selbst als rufschädigend erweist. Die Beweislast dafür, daß der Hörer die Mängel der Aufnahme nicht der Aufnahmetechnik, sondern der künstlerischen Leistung zuschreibt, liegt beim ausübenden Künstler; insbesondere wenn der Tonträgerhersteller sein Produkt mit einem deutlichen aufklärenden Hinweis versieht, z. B. daß es sich um einen Live-Mitschnitt von eingeschränkter Aufnahmequalität handelt, ist im Regelfall eine Rufschädigung des ausübenden Künstlers ausgeschlossen (OLG Hamburg ZUM 1991, 545, 547 *The Rolling Stones;* OLG Köln GRUR 1992, 388, 390 *Prince*). Wettbewerbsrechtliche Ansprüche (§ 1 UWG) zugunsten des Tonträgerherstellers kommen bei Fällen in Betracht, in denen das Publikum nachgewiesenermaßen von einem bestimmten Künstler bei Tonträgereinspielungen ein besonders hohes technisches und künstlerisches Niveau erwartet, wenn nunmehr Tonträger mit minderwertiger Qualität auf den Markt geworfen werden und damit eine Rufschädigung verbunden ist (BGH GRUR 1987, 814, 817 *Die Zauberflöte* betreffend einen Live-Mitschnitt eines Opernabends unter der künstlerischen Leitung des Dirigenten Herbert von Karajan).

6 Da das Recht aus § 83 auch bei **Gruppenleistungen** von jedem betroffenen ausübenden Künstler selbst geltend zu machen ist (Bem. 1), kann es hier zu Schwierigkeiten kommen, wenn sich nicht alle Ensemble-Mitglieder einig sind. **Abs. 2** fordert deshalb eine **Güter- und Interessenabwägung** im Einzelfall (Begr. S. 95). Diese wird praktisch stets zu einer Entscheidung zugunsten derjenigen Mitwirkenden führen, deren Ruf und Ansehen durch die Verwertung der Entstellung tatsächlich gefährdet werden können; denn schutzwürdig ist nur ein Interesse der übrigen Mitwirkenden an der weiteren Verwertung der unveränderten oder nur wenig geänderten Darbietung. An der Verwertung einer entstellten Aufnahme dagegen kann ein anerkennenswertes Interesse der übrigen nicht bestehen. – Abs. 2 bezieht sich nicht nur auf Mitglieder von Künstlergruppen untereinander, sondern auch auf die Beziehungen der Solisten zum Dirigenten oder zum Ensemble und umgekehrt.

7 Anlaß für die Sonderregelung der **Schutzdauer in Abs. 3** war die zutreffende Überlegung, daß ein Schutz persönlicher Belange nicht zu Lebzeiten der geschützten Persönlichkeit enden dürfe (Begr. S. 95), dies um so mehr, als § 83 nur ein Ausschnitt des allgemeinen Persönlichkeitsrechts des ausübenden Künstlers ist (Begr. a.a.O.), das ebenfalls erst mit seinem Tode erlischt.

Für den Fristablauf des Entstellungsschutzes gibt es daher folgende Möglichkeiten:

a) Der **Tod** des Künstlers ist maßgebend, wenn seine Darbietung bereits mehr als 50 Jahre zurückliegt. Der vorangegangene Ablauf der Schutzfrist nach § 82 für die vermögensrechtlichen Verwertungsbefugnisse hat darauf keinen Einfluß. Durch die Verlängerung der Schutzfrist in § 82 von 25 auf 50 Jahre ist die Häufigkeit dieser Fallgruppe stark eingeschränkt worden.

b) Der **Ablauf von 50 Jahren seit der Darbietung** ist maßgebend, wenn der Künstler vor diesem Zeitpunkt verstorben ist. Insoweit überdauert der Entstellungsschutz das Leben des Künstlers; er währt exakt so lange wie der vermögensrechtliche Verwertungsschutz nach § 82 für Darbietungen, die noch vorher auf Bild- und Tonträger erschienen sind. Der Rechtsübergang auf die Angehörigen ist echte Vererbung (str., wie hier: Nordemann FuR 1969, 15; Flechsig FuR 1976, 74, 78; a. M. v. Gamm Bem. 2 und § 78 Bem. 8; Schricker-Vogel Rdnr. 21: gesetzliche Wahrnehmungsbefugnis der Angehörigen). Zum Begriff der Angehörigen s. § 60 Bem. 4.

c) Erscheint bei noch bestehendem Verwertungsschutz ein Bild- oder Tonträger mit der Darbietung des Künstlers, so verlängert sich die Schutzdauer der vermögensrechtlichen Verwertungsbefugnisse nach § 82 (erster Alternative) auf den Ablauf von 50 Jahren ab Erscheinen. Im äußersten Fall kann sich auf diese Weise für eine kurz vor dem Tode des Künstlers aufgenommene, aber erst nach weiteren knapp 50 Jahren erschienene Aufnahme eine vermögensrechtliche Schutzdauer von 100 Jahren *post mortem* ergeben (vgl. auch § 69). Der Gesetzgeber hat offenbar die mangelnde Harmonisierung zwischen der Regelung der Schutzfristen für den Persönlichkeits- und den Vermögensschutz nicht erkannt; nach der eindeutigen Regelung in Abs. 3 hat das Erscheinenlassen von Bild- und Tonträgern auf eine Verlängerung der Dauer des Entstellungsschutzes keinen Einfluß (Möhring/Nicolini Bem. 6; Schricker-Vogel Rdnr. 18; Schack GRUR 1985, 352, 359, der auch verfassungsrechtliche Bedenken gegen das Erlöschen des Entstellungsschutzes mit dem Tode des Künstlers erhebt; a. M. v. Gamm Bem. 3c und Flechsig FuR 1976, 208, 209). Eine Ausdehnung der Schutzdauer in analoger Anwendung ist nicht möglich, da die Leistungsschutzrechte nicht umfassend, sondern nur im Rahmen der einzelnen Rechtszuweisungen gewährt werden (vor § 70 Bem. 5). Gegen Entstellungen nach Schutzablauf ist daher auf der Grundlage der allgemeinen Grundsätze des Persönlichkeitsrechts und des Wettbewerbsrechts vorzugehen. Entsprechend der Vorstellung von der Einheitlichkeit der vermögens- und persönlichkeitsrechtlichen Elemente des Künstlerschutzes sollte § 83 bei der nächsten Gelegenheit hinsichtlich der Schutzdauer der Regelung in § 82 angepaßt werden.

Vertragliche Vereinbarungen über eine entstellende oder anderweitig beeinträchtigende Verwendung einer konkreten künstlerischen Leistung sind rechtlich möglich und werden ausdrücklich oder konkludent vor allem in Verträgen praktiziert, die für Werbe- oder Merchandisingzwecke geschlossen werden. Ggf. kann aus der vom Künstler gestatteten Zweckverwendung sein Einverständnis mit gewissen Entstellungen oder Beeinträchtigungen abgeleitet werden. Studiomusiker stellen nicht selten dem Tonträgerherstel- 8 ler ihre Darbietung zur beliebigen Art der tontechnisch möglichen Verwendung in einer bestimmten Tonträgerproduktion zur Verfügung. Der Umfang der Verwertungsbefugnis bestimmt sich im Zweifel nach der Zweckübertragungstheorie (vor § 73 Bem. 12; Schricker-Vogel Rdnr. 10). Mangels ausdrücklicher Individualsprachen mit dem ausübenden Künstler ist der Tonträgerhersteller nicht zur Abspeicherung der Interpretenleistungen, die für Tonträgeraufnahmen bestimmt sind, in akustischen Sampling-Archiven befugt (Hertin GRUR 1989, 578, 579). Nach Schricker-Vogel (Rdnr. 16) ist im Rahmen der von ihnen geforderten Interessenabwägung auch auf das Maß der Abweichung von bereits bestehenden Änderungsvereinbarungen und auf das Bestehen arbeitsrechtlicher Bindungen abzustellen.

9 Die **Rechtsfolgen** eines Verstoßes gegen das Beeinträchtigungsverbot des § 83 folgen im wesentlichen aus § 97 (Unterlassung, Beseitigung, Schadenersatz). Der Anspruch auf den Ersatz des nachweislich entstandenen finanziellen Schadens folgt aus § 97 Abs. 1, während § 97 Abs. 2 einen Anspruch auf Ersatz des immateriellen Schadens unter Billigkeitsgesichtspunkten gewährt (§ 97 Bem. 44–55). Eine Schadenberechnung nach dem Verletzergewinn oder der Lizenzanalogie scheidet aus. Ist eine Tonträgerveröffentlichung als solche rechtmäßig, wird immaterieller Schadenersatz unter Billigkeitsgesichtspunkten (nur) dann gewährt, sofern gerade die Verletzung des Künstlerpersönlichkeitsrechts den künstlerischen Ruf geschädigt hat. Ein Künstler, der aufgrund seines Erfolges ein Millionenpublikum erreicht, wird durch eine qualitativ minderwertige Tonträgerveröffentlichung geringerer Stückzahl nicht in nennenswerter Weise in seinem Ansehen beeinträchtigt (OLG Hamburg GRUR 1992, 512, 513 *Prince*). Eine Verletzung der Rechte aus § 93 durch eine Tonträgerveröffentlichung macht daraus kein rechtswidrig hergestelltes Vervielfältigungsstück im Sinne des § 96, so daß aus dieser Vorschrift keine Erweiterung der Rechtsfolgen herzuleiten ist, die sich aus § 93 ergeben (OLG Hamburg ZUM 1991, 545, 547 *Basel '90;* OLG Köln GRUR 1992, 388, 389 *Prince;* a. M. Schricker-Vogel Rdnr. 22).

§ 84 Beschränkung der Rechte

Auf die dem ausübenden Künstler und dem Veranstalter nach diesem Abschnitt zustehenden Rechte sind die Vorschriften des Sechsten Abschnitts des Ersten Teils mit Ausnahme des § 61 sinngemäß anzuwenden.

1 **Bedeutung.** Die Bestimmung unterwirft das Leistungsschutzrecht des ausübenden Künstlers mit der alleinigen Ausnahme des § 61 (Bem. 2) den gleichen gesetzlichen Beschränkungen, denen auch das Urheberrecht unterliegt. Ihre Konformität mit dem Rom-Abkommen ergibt sich aus Art. 15 Abs. 2 RA. Die Interpretation des *Mitternachtstangos* von Gerhard Wendland konnte also im Gerichtssaal abgespielt werden, um einen akustischen Vergleich mit der *Magdalenenarie* zu ermöglichen (§ 45; vgl. BGH GRUR 1971, 266 *Magdalenenarie*), zumal auch das Leistungsschutzrecht des Tonträgerherstellers entsprechend eingeschränkt ist (§ 85 Abs. 3). Dieselbe Verweisung auf den Sechsten Abschnitt des Ersten Teils enthält auch § 94 Abs. 4, etwas abweichend § 87 Abs. 3. Die darstellerische Leistung einer Filmschauspielerin kann ein Tagesereignis sein und daher bei der Berichterstattung im Fernsehen wiedergegeben werden (§ 50; vgl. LG Hamburg Schulze LGZ 73, 14). In einer Sendung über die Stimmqualität der Pop-Sänger dürfen Proben

ihrer Kunst zitiert werden (§ 51 Nr. 2). Dabei muß der ausübende Künstler jedoch korrekt genannt werden (§ 63). Änderungen sind nur im Rahmen des § 62 zulässig (s. dort). Allerdings ist aus §§ 84, 62 kein über § 83 hinausgehendes generelles Änderungsrecht des Künstlers herzuleiten (§ 83 Bem. 1; a. M. Flechsig S. 19f.). Andererseits stehen die Vergütungsansprüche der §§ 46, 47, 52, 54 Abs. 1 auch den ausübenden Künstlern zu.

Der **Ausschluß des § 61** hat zur Folge, daß die von der Begr. an anderer Stelle (S. 93 zu § 78) anerkannten Exklusivverträge der Tonträgerindustrie mit ausübenden Künstlern und Künstlergruppen nicht durch Zwangslizenzen zugunsten anderer Firmen zunichte gemacht werden können. Der Gesetzgeber will damit den Wettbewerb in der künstlerischen Werkinterpretation sichern (Begr. S. 95). **2**

Andere Vorschriften des Ersten Teils sind nicht anwendbar (vor § 73 Bem. 5, 12). Insbesondere ist den ausübenden Künstlern eine Beteiligung aus dem Vergütungsaufkommen aus § 27 versagt (BVerfG GRUR 1990, 183 *Vermietungsvorbehalt*). **3**

Vierter Abschnitt · Schutz des Herstellers von Tonträgern

§ 85 Vervielfältigungs- und Verbreitungsrecht

(1) Der Hersteller eines Tonträgers hat das ausschließliche Recht, den Tonträger zu vervielfältigen und zu verbreiten. Ist der Tonträger in einem Unternehmen hergestellt worden, so gilt der Inhaber des Unternehmens als Hersteller. Das Recht entsteht nicht durch Vervielfältigung eines Tonträgers.

(2) Das Recht erlischt fünfundzwanzig Jahre nach dem Erscheinen des Tonträgers, jedoch bereits fünfundzwanzig Jahre nach der Herstellung, wenn der Tonträger innerhalb dieser Frist nicht erschienen ist. Die Frist ist nach § 69 zu berechnen.

(3) Die Vorschriften des Sechsten Abschnitts des Ersten Teils mit Ausnahme des § 61 sind sinngemäß anzuwenden.

§ 86 Anspruch auf Beteiligung

Wird ein erschienener Tonträger, auf den die Darbietung eines ausübenden Künstlers aufgenommen ist, zur öffentlichen Wiedergabe der Darbietung benutzt, so hat der Hersteller des Tonträgers gegen den ausübenden Künstler einen Anspruch auf angemessene Beteiligung an der Vergütung, die dieser nach § 76 Abs. 2 und § 77 erhält.

Übersicht

1 Der Tonträgerhersteller konnte vor Inkrafttreten des UrhG ausschließliche Rechte an der Aufnahme nur derivativ durch den Erwerb des Quasi-Bearbeiterurheberrechts des ausübenden Künstlers aus § 2 Abs. 2 LUG erwerben (vor § 70 Bem. 2, vor § 73 Bem. 1). Im übrigen war er nur nach den allgemeinen Vorschriften (z. B. § 1 UWG, §§ 823 Abs. 1, 826 BGB) gegen eine unbefugte Benutzung seines Arbeitsergebnisses geschützt. Diesen unbefriedigenden Rechtszustand wollten schon die früheren Entwürfe beseitigen (§§ 82, 83 RefE, §§ 90, 91 MinE). Eine Neuregelung wurde vollends dringend nach der Unterzeichnung des Rom-Abkommens am 26. 10. 1961, das in Art. 10 ein **originäres Schutzrecht des Tonträgerherstellers** gegen die unmittelbare oder mittelbare Vervielfältigung ihrer Tonträger sowie in Art. 12 Vergütungsansprüche für die öffentliche Wiedergabe von Tonträgern (Bem. 8, 11) vorsieht. Das Rom-Abkommen ist gleichzeitig mit dem UrhG in Kraft getreten (§ 125 Bem. 5b). Um einen internationalen Schutz der Hersteller von Tonträgern gegen unbefugtes Vervielfältigen zu begründen, ist am 29. 10. 1971 in Genf auch von der Bundesrepublik Deutschland das „Übereinkommen zum Schutz der Hersteller von Tonträgern gegen die unerlaubte Vervielfältigung ihrer Tonträger" (GTA) geschlossen worden. Während Art. 3 GTA es den Mitgliedstaaten freistellt, zur Erreichung der definierten Schutzziele gesetzliche Vorschriften des Urheber- oder Leistungsschutzes, Rechtsvorschriften gegen unlauteren Wettbewerb oder Strafbestimmungen einzusetzen, sieht das UrhG für den Tonträgerhersteller – ähnlich wie die §§ 81, 87, 94 – unternehmensbezogene Leistungsschutzrechte vor, die (anders als die Leistungsschutzrechte der §§ 70, 72, 73) auch juristischen Personen zustehen können (Bem. 4). Mit der Einführung eines absoluten Leistungsschutzrechts zugunsten der Tonträgerhersteller, das durch § 85 Abs. 1 ein direktes Vorgehen gegen die Herstellung von Vervielfältigungsstücken von Tonträgern ohne die Zustimmung des Herstellers und gegen die Einfuhr solcher Vervielfältigungsstücke ermöglicht (Art. 2 GTA), hat die Bundesrepublik Deutschland ihre Verpflichtungen auch aus diesem Abkommen erfüllt (vgl. Begr. zu Art. 2 des Übernahmegesetzes, BT-Drucks. VII/121 S. 6; Einzelheiten zu beiden Abkommen Nordemann/Vinck/Hertin S. 263ff.; Schricker-Katzenberger vor § 120ff. Rdnr. 41–53). Die öffentliche Wiedergabe erschienener Tonträger kann der Tonträgerhersteller zwar nicht verhindern, jedoch gewährt ihm § 86 einen Anspruch auf angemessene Beteiligung an der Vergütung, die der ausübende Künstler nach §§ 76 Abs. 2 und 77 erhält (Bem. 11).

2 **Tonträger** ist nach der Legaldefinition in § 16 Abs. 2 eine Vorrichtung zur Wiedergabe von Tonfolgen. Die Auslegung des Tonträgerbegriffs orientiert sich zugleich an Art. 2 lit. b RA: Tonträger ist danach „jede ausschließlich auf den Ton beschränkte Festlegung der Töne einer Darbietung oder anderer Töne". Die Tonspur zum Film gilt demgemäß nicht als Tonträger. Das Recht des Herstellers von Filmen (Bild- und Tonträgern) ist in §§ 94, 95 gesondert geregelt und begründet keinen Schutz aus §§ 85, 86 (Bem. 5). Tonträger sind vor allem Schallplatten, Tonbänder, Compactdiscs (CD), aber auch gelochte oder gestanzte Bänder oder Walzen für Drehorgeln (Schricker-Loewenheim § 16 Rdnr. 12). Eine Vorrichtung, mit der nur eine einmalige Tonwiedergabe möglich ist (Musikinstrument), ist kein Tonträger. Sofern nur ein einzelner Ton identisch wiederholbar wiedergegeben werden kann, ist dies dem Tonträgerbegriff nicht hinderlich (a. M. Schrikker-Loewenheim § 16 Rdnr. 12), es sei denn, daß der Ton seinerseits

aufgrund einer Vervielfältigung hergestellt worden ist (Bem. 3). Die Rechte aus §§ 85/86 bestehen unabhängig davon, was Gegenstand der Aufnahme ist. Insbesondere ist nicht Voraussetzung für die Entstehung des Schutzrechts, daß ein Werk im Sinne des § 2 aufgenommen wurde; auch Tierstimmen, Geräusche aller Art, Sprech- und Tonfolgen, die auf einem Tonträger festgehalten sind, begründen das Schutzrecht des Herstellers (Begr. S. 95). Damit ist endlich eine befriedigende Sicherung der Rechte des Herstellers an den sog. Geräuschbändern gewährleistet, die bei der Filmherstellung, bei Hörspielen im Rundfunk und auch auf der Bühne zur akustischen Untermalung verwendet werden und große wirtschaftliche Bedeutung haben.

Die Rechte aus §§ 85 Abs. 1, 86 entstehen originär nur bei demjenigen, der 3
die (endgültige) **Erstfixierung der Aufnahme** vornimmt. Sich daran anschließende Fertigungsprozesse wie die Herstellung der Matrize, der Schallplatte, der Tonkassette usw. begründen die Herstellereigenschaft ebensowenig wie die Fertigung eines Tonträgers durch Überspielen eines anderen oder durch Mitschneiden der Funksendung einer bereits festgelegten Aufnahme (§ 85 Abs. 1 Satz 3). Zum Bandübernahmevertrag § 78 Bem. 9. Strahlt das Rundfunkunternehmen *live* aus, wird die Tonfolge beim Aufnehmenden erstmals festgelegt, so daß erst dort ein Tonträger hergestellt wird (a. M. Schricker-Vogel Rdnr. 17: es fehle am wirtschaftlichen und technischen Aufwand; vgl. auch § 94 Bem. 3). Auf das Bestehen von Rechten Dritter kommt es dabei nicht an; grundsätzlich entsteht das Schutzrecht aus § 85 mit der Aufnahme ohne Rücksicht darauf, ob sie etwa wegen der Verletzung des Verwertungsrechts des Urhebers aus § 16 oder des Vervielfältigungsrechts des ausübenden Künstlers aus § 75 oder des Festlegungsrechts des Sendeunternehmens aus § 87 Abs. 1 Nr. 2 unzulässig war. Der Produzent ist diesen dann zwar unterlassungs- und schadenersatzpflichtig und kann sogar zur Vernichtung der Aufnahme gezwungen werden (§§ 97, 98). Gegen andere Produzenten und Verwerter, die seinen Tonträger unbefugt vervielfältigen und verbreiten, kann er aber aus § 85 Abs. 1 vorgehen. In Prozessen aus § 85 Abs. 1 ist also keine Prüfung erforderlich, ob der verletzte Tonträgerhersteller seinerseits zur Aufnahme befugt war (Schricker-Vogel Rdnr. 11, 14).

Das Schutzrecht ist dem **Hersteller** „des Tonträgers", d. h. demjenigen 4
zugesprochen, der die Aufnahme auf einen Tonträger bewirkt, wobei es der Gesetzgeber ausdrücklich abgelehnt hat, die §§ 85, 86 auf die gewerblichen (zum Begriff s. § 54 Bem. 2b) Hersteller zu beschränken (Begr. S. 96). Um die Entstehung des Rechts in der Person etwaiger Angestellter oder Beauftragter auszuschließen, gilt bei Unternehmen der Inhaber als Träger des Rechts (Abs. 1 Satz 2; Begr. a.a.O.). Tonträgerhersteller ist mithin diejenige natürliche oder juristische Person, welche die erste Tonfestlegung vornimmt (übereinstimmend mit der Begriffsdefinition in Art. 3 lit. c Rom-Abkommen). Bei der Einschaltung mehrerer ist die Herstellereigenschaft demjenigen zuzuerkennen, der die organisatorische Leitung und die wirtschaftliche Verantwortung für den ersten Festlegungsvorgang trägt. Im Zweifel gilt die Privatperson oder das Unternehmen als Hersteller, in dessen Hand die maßgeblichen Sach- und Personalverträge zusammenlaufen. Die Beurteilung der Herstellereigenschaft ist im Prinzip wie beim Filmhersteller

(§ 94 Bem. 4) und beim Veranstalter (§ 81 Bem. 2) vorzunehmen. Zum Begriff des Herstellers von Bild- und Tonaufzeichnungsgeräten § 54 Bem. 2a.

5 **Filmproduzenten** genießen auch hinsichtlich der Ton-Spur für Filme den Schutz aus der Spezialvorschrift des § 94 (vgl. § 94 Bem. 1), nicht aber denjenigen aus §§ 85, 86. Das gilt auch dann, wenn Bild und Ton auf getrennten Trägern verkörpert bleiben (Schricker-Vogel Rdnr. 21; a. M. Möhring/Nicolini Bem. 3b; Stolz UFITA 96 [1983], 55, 81). Allerdings kann der Filmhersteller sich zugleich auf §§ 85 Abs. 1, 86 berufen, soweit die von ihm geschaffene Ton-Spur für sich – ohne den Film – verwendet wird (z. B. für Tonträgerpressung oder Tonkassettenherstellung). Wird dagegen ein Tonträger nachträglich zur Herstellung eines Films verwandt, hat der Filmhersteller die dem Tonträgerhersteller aus §§ 85 Abs. 1, 86 zustehenden Nutzungsrechte derivativ zu erwerben. Insoweit ist der Tonträger als programmlich gegenüber Bildträgern selbständige Tonfixierung zu verstehen. Eine weitergehende Zweckbestimmung haftet dem Tonträgerbegriff nicht an, insbesondere braucht er nicht zum Zwecke der Vervielfältigung und Verbreitung hergestellt zu werden (BGH GRUR 1982, 102, 103 *Masterbänder*). Auch die von einem Amateur für private Zwecke hergestellte Tonaufnahme genießt den gesetzlichen Schutz.

6 **Rundfunkunternehmen** sind im Falle der Ausstrahlung von **Eigenaufnahmen** des Hörfunks sowohl als Tonträgerhersteller (hinsichtlich der Bandaufnahme) gem. §§ 85 Abs. 1, 86 (Stolz UFITA 96 [1983], 55, 69; a. M. Schorn GRUR 1982, 644ff.) als auch als Sendeunternehmen (hinsichtlich der Tonausstrahlung) gem. § 87 Abs. 1 geschützt. Handelt es sich um selbst hergestellte Fernsehfilme, tritt an die Stelle der §§ 85 Abs. 1, 86 wiederum die Spezialvorschrift des § 94 (§ 94 Bem. 7). Verwendet das ausstrahlende Rundfunkunternehmen dagegen vorbestehende Tonträger (z. B. Schallplatten, Tonkassetten), so nimmt derjenige, der die Ausstrahlung festlegt, eine Vervielfältigung des vorbestehenden Tonträgers (Eingriff in die Rechte des Tonträgerherstellers aus § 85 Abs. 1) und eine Aufnahme der Funksendung vor (Eingriff in die Rechte des Sendeunternehmens aus § 87 Abs. 1 Nr. 2). Verwendet das Sendeunternehmen zur Ausstrahlung eigene Aufnahmen, geht das Recht aus § 87 demjenigen aus §§ 85, 86 vor. Nur insoweit jemand sendereigene Ton-Aufnahmen ohne Auswertung einer Hörfunksendung verwendet, kann sich das Sendeunternehmen auf die Tonträgerrechte berufen (a. M. Dünnwald, UFITA 76 [1976], 165, 181). Anderenfalls würde den Sendeunternehmen bezüglich der Ausstrahlung aufgezeichneten Materials das Verbreitungsrecht zugestanden, was vom Gesetzgeber jedoch nicht gewollt war. Die Verfolgung der Fernsehpiraterie ist hiervon jedoch nicht berührt, vgl. § 87 Bem. 4.

7 **Keine Tonträgerherstellung** ist gegeben, wenn veraltete oder aus sonstigen Gründen technisch unvollkommene Tonaufnahmen auf neue Vorrichtungen mit dem Ergebnis akustischer Verbesserungen überspielt werden oder wenn aus älterem, Bandmaterial eine digital abspielbare **Compact Disc** hergestellt wird. Dasselbe gilt, wenn vorhandenes Tonträgermaterial in Ausschnitten neu zusammengestellt oder andersartig montiert wird (Schricker-Vogel Rdnr. 19; a. M. Dünnwald UFITA 76 [1976], 165, 176, 180). In diesen Fällen liegen bereits vorhandene Tonträger vor, so daß lediglich

Vervielfältigungshandlungen, ggf. verbunden mit der Begründung von Urheberrecht auf seiten desjenigen, der die Zusammenstellung vorgenommen hat, gegeben sind. An der für die Schutzbegründung wesentlichen Leistung, nämlich der originären Festlegung einer Tonfolge, fehlt es.

§ 85 Abs. 1 billigt dem Tonträgerhersteller für seine zwar nicht künstleri- **8**
sche, aber technische und daneben auch organisatorische und wirtschaftliche Leistung (vgl. die Leistungsbeschreibung bei Davies/Rauscher auf Weeg S. 21ff.; Begr. S. 95) ein **ausschließliches Schutzrecht** zu. Die absolute Rechtsposition erstreckt sich auf die **Vervielfältigung** (§ 16 Bem. 1) und die **Verbreitung** (§ 17 Bem. 1–3) des Tonträgers. Da auch die Vervielfältigung von **Teilen** den Vervielfältigungsbegriff erfüllt, wird bereits mit dem nicht genehmigten Überspielen einzelner Sequenzen oder auch nur von Klangfetzen aus einem bestehenden Tonträger auf einen Computer zum Zwecke des sogenannten **Sampling** das Vervielfältigungsrecht des Tonträgerherstellers verletzt (Hertin GRUR 1989, 578; Schorn GRUR 1989, 580; Schaefer S. 516, 524 und Klein S. 575, 583, in: Moser/Scheuermann; Spieß ZUM 1991, 524, 534; a. M. OLG Hamburg GRUR Int. 1992, 390, 391 *Tonträgersampling* für die Entnahme kleinerer Ton- und Klangelemente; Hoeren GRUR 1989, 580: untersagt sei nur die unbefugte Vervielfältigung des gesamten Tonträgers). Auch die Aufzeichnung von Sendungen, mit denen Tonträgermusik übertragen wird, verletzt das Vervielfältigungsrecht des Tonträgerherstellers (Schricker-Vogel Rdnr. 30).

Bei der Verletzung der Vervielfältigungs- und Verbreitungsrechte folgen die **9**
Ansprüche des verletzten Tonträgerherstellers auf Beseitigung, Unterlassung und Schadenersatz aus § 97. Der durch die ProduktpiraterieG eingeführte § 101a gewährt einen erleichterten und erweiterten Auskunftsanspruch zur Vorbereitung von Schadenersatzansprüchen. Zu verweisen ist ferner auf die Ansprüche aus § 98 (Vernichtung) und § 99 (Überlassung).

Zur **Erschöpfung des Verbreitungsrechts** § 17 Bem. 8. Das Verbreitungs- **10**
recht des § 85 ist weder nach dem ersten Akt der Auslieferung vom Hersteller rechtswidrig hergestellter Tonträger an den ersten Händler noch nach der Einfuhr in die Bundesrepublik Deutschland noch nach sonstigen Zwischenakten zu erschöpfen (Gentz UFITA 70 [1974], 25ff. zutreffend gegen Windisch UFITA 66 [1973], 87). Verbrauch des Verbreitungsrechts tritt vielmehr nur bezüglich solcher Vervielfältigungsstücke ein, die mit Zustimmung des **berechtigten** Tonträgerherstellers durch Veräußerung in den Verkehr gebracht worden sind (vgl. BGH GRUR 1981, 587, 589 *Schallplattenimport;* BGH GRUR 1982, 100, 102 *Gebührendifferenz III;* § 17 Bem. 2). Die Selbständigkeit des Verbreitungsrechts gegenüber dem Vervielfältigungsrecht wird nur dann praktisch bedeutsam, wenn der Rechtsinhaber das Recht zur Verbreitung von Tonträgern nur eingeschränkt mit dinglicher Wirkung überträgt, z. B. sachlich eingeschränkt (etwa auf einen bestimmten Absatzweg: „nur über Schallplatten-Clubs und Buchgemeinschaften"), regional („nur in den deutschsprachigen Ländern") oder zeitlich eingeschränkt („für die Dauer von 5 Jahren") (Davies/Rauscher auf Weeg S. 133ff.). Außerhalb des Bereichs, der durch das aus der Hand gegebene Verbreitungsrecht abgedeckt ist, verbleibt dem Rechtsinhaber die Befugnis, mit dinglicher Wirkung weitere Verbreitungsrechte zu vergeben und rechtswidrigen Verbreitungshandlungen Dritter entgegenzutreten. Allerdings

kann die Art und Weise der Weiterverbreitung z. B. durch einen Vermietungs- oder Verleihvorbehalt nicht mit dinglicher Wirkung ermöglicht werden (BGH GRUR 1986, 736, 737 *Schallplattenvermietung;* speziell zum Vermietungsvorbehalt bei Compact Discs OLG Düsseldorf GRUR 1990, 188 *Vermietungsvorbehalt*). Nach der Richtlinie des Rates der Europäischen Gemeinschaft vom 19. November 1992 (Anh. V 2) ist spätestens bis zum 1. 7. 1994 dem Tonträgerhersteller in Bezug auf seine Tonträger das ausschließliche Recht zu gewähren, die Vermietung und das Verleihen zu erlauben oder zu verbieten (Art. 2).

11 Wird die auf dem Tonträger festgehaltene Aufnahme **öffentlich wiedergegeben** (§ 15 Abs. 2 und 3), so steht dem Tonträgerhersteller zwar kein Verbotsrecht, wohl aber unter Umständen ein **Vergütungsanspruch** zu **(§ 86).** Erste Voraussetzung dafür ist, daß die Aufnahme von ausübenden Künstlern bewirkt wurde. Das kann nur zutreffen, wenn ein Werk im Sinne des § 2 Gegenstand der Aufnahme war (§ 73 Bem. 2); Geräuschbänder, Aufnahmen von Tierstimmen usw. (z. B. eine Schallplattenreihe „Stimmen einheimischer Vögel") sind also ungeachtet ihrer Schutzfähigkeit nach § 85 (Bem. 4) *nicht* vergütungspflichtig. Weitere Voraussetzung für die Entstehung des Vergütungsanspruchs ist, daß der Tonträger *erschienen* ist (dazu § 6 Bem. 2). Der Anspruch richtet sich gegen den ausübenden Künstler, der dafür eine Vergütung nach den §§ 76 Abs. 2, 77 erhält; innerhalb der Verwertungsgesellschaft GVL, in der sich die ausübenden Künstler und die Tonträgerhersteller zusammengeschlossen haben, ist inzwischen ein entsprechender Beteiligungsschlüssel beider Gruppen vereinbart. Andernfalls wäre die angemessene Beteiligung nicht etwa von der Schiedsstelle des § 14 WahrnG, sondern von den ordentlichen Gerichten festzustellen (Begr. S. 97). Zur Passivlegitimation der Vorstände und Leiter von Künstlergruppen bei etwaigen Streitigkeiten s. § 80 Bem. 9. Zu weiteren Vergütungsansprüchen des Tonträgerherstellers vgl. Bem. 14.

12 Die **Aufzählung** der dem Tonträgerhersteller zustehenden Rechte ist **abschließend.** Er verfügt nicht über ein gesondertes Schutzrecht gegen nachschaffende Leistungen noch gegen Entstellungen und Kürzungen, wie dies in § 94 Abs. 1 Satz 2 für den Filmhersteller vorgesehen ist. Gegenüber Entstellungen und Kürzungen bei der Übernahme in Filme steht ihm auch nicht etwa das Recht aus § 93 zu, da dort zwar von Leistungsschutzrechten, jedoch nur wiederum von den Rechten aus §§ 14, 83 die Rede ist (das übersieht Dünnwald UFITA 76 [1976], 165, 189).

13 Die Regelung der **Schutzfrist** in **§ 85 Abs. 2** entspricht der für nicht dokumentarische Lichtbilder des § 72 Abs. 3. Der Ablauf der Schutzfrist läßt das Bestehen wettbewerbsrechtlicher Ansprüche unberührt (Bem. 17).

14 Durch **§ 85 Abs. 3** wollte der Gesetzgeber die Bestimmungen über die Schranken des Urheberrechts sinngemäß auf die Rechte des Tonträgerherstellers anwenden. Entsprechend § 62 sind die Änderungen an der benutzten Aufnahme unzulässig; der Hersteller ist stets zu nennen, soweit nicht § 63 selbst Ausnahmen zuläßt (§ 83 Bem. 1, § 84 Bem. 1). Mangels abweichender Hinweise im Gesetz stehen auch dem Tonträgerhersteller die Vergütungsansprüche aus § 47 Abs. 2 im Falle der Nichtlöschung von Schulfunkmitschnitten und aus § 54 Abs. 1 bei Vervielfältigung zum privaten und sonstigen

eigenen Gebrauch zu gewerblichen Zwecken zu (vgl. schon Dünnwald UFITA 76 [1976], 165). Zur entsprechenden Rechtsposition des Filmherstellers vgl. § 94 Bem. 14, zu Vergütungsansprüchen des Sendeunternehmens s. § 87 Bem. 14.

Das Recht ist **übertragbar** (z. B. an die VerwGes GVL). Das Weglassen einer dem § 94 Abs. 2 entsprechenden ausdrücklichen Bestimmung ist wohl nur ein Redaktionsversehen. Der Gesetzgeber ging von der grundsätzlichen Übertragbarkeit der Schutzrechte, die keinen persönlichkeitsrechtlichen Kern haben, aus, wie die Begr. (S. 104) zeigt, wo es heißt, daß § 94 Abs. 2 nur der „Klarstellung" dienen solle. Die Übertragung regelt sich dinglich nach den §§ 398, 413 BGB und bestimmt sich im übrigen nach den allgemeinen Regeln der Lizenzverträge im Immaterialgüterrecht. Die für Urheber (§§ 31 ff.) und ausübende Künstler (§§ 78, 89) geltenden zwingenden und dispositiven Vertragsvorschriften finden weder direkte noch entsprechende Anwendung. **15**

Der **persönliche Geltungsbereich** der §§ 85, 86 für Deutsche und Ausländer ergibt sich aus § 126. **16**

Neben den §§ 85, 86 bleibt der Tonträgerhersteller noch **nach Wettbewerbs- und allgemeinem Deliktrecht geschützt,** das subsidiär weitergilt (vgl. § 1 Bem. 3); ein vom RegE vorgesehener Abs. 4, der das mit Rücksicht auf das internationale Recht ausdrücklich festlegen wollte (vgl. Begr. S. 96), wurde vom Rechtsausschuß gestrichen (schriftlicher Bericht zu BT-Drucks. IV/3401 S. 14). Ansprüche aus § 1 UWG sind denkbar, sofern außerhalb des Sonderschutztatbestandes liegende wettbewerbsrelevante Umstände hinzutreten, wie z. B. Geheimnisbruch oder Erschleichen. Dies bedeutet, daß durch Anwendung des Wettbewerbsrechts weder eine Verlängerung des Tonträgerschutzes herbeigeführt werden kann, noch solchen ausländischen Tonträgerherstellern Schutz zu gewähren ist, denen nach der fremdenrechtlichen Regelung (§ 126) und den maßgeblichen Staatsverträgen der Schutz zu versagen ist (entsprechend den von BGH GRUR 1986, 454, 456 *Bob Dylan;* GRUR 1987, 814, 816 *Die Zauberflöte* entwickelten analogen Grundsätzen zum Rechtsschutz ausübender Künstler; a. M. Schricker-Vogel Rdnr. 47). Auch gegenüber nachschaffenden Tonträgeraufnahmen kommt wettbewerbsrechtlicher Schutz nur bei Hinzutreten zusätzlicher wettbewerbsrelevanter Umstände (wie z. B. Herkunftstäuschung oder Ausnutzung einer Werbekampagne des Mitbewerbers) in Betracht. Bei der Veröffentlichung von Cover Versions (durch die GEMA sowie § 61 gestattete Neueinspielung eines Musikwerkes durch andere Interpreten) wiederum sind die klanglichen Übereinstimmungen – werkbedingt – zwangsläufig und demnach hinzunehmen, zumal da Bearbeitungen und nicht unwesentliche Änderungen genehmigungspflichtig wären. Zur Erscheinungsform der Cover Version eingehend v. Weidenbach S. 603 ff., in: Moser/Scheuermann. Gegenüber dem **Nachpressen älterer Schallaufnahmen** ist der Bundesgerichtshof zurückhaltend. Werden dabei störende Nebengeräusche beseitigt und der Klangeindruck heutigen Ansprüchen angepaßt, scheidet wegen solcher Eigenleistungen ein Vorwurf der unmittelbaren Leistungsübernahme aus (BGH GRUR 1976, 317, 322 *Unsterbliche Stimmen*). Die Kritik Schorns (GRUR 1978, 230, 231) an dieser wettbewerbsrechtlichen Beurteilung läuft im Ergebnis auf eine Schutzfristverlängerung auf wettbewerbsrechtlicher **17**

Grundlage hinaus, wenn sich die Unmittelbarkeit der Leistungsübernahme stets aus der Übernahme des künstlerischen Leistungsergebnisses ergeben soll (zum Schutzgegenstand s. Bem. 2). Näherliegend war in dem vom Bundesgerichtshof entschiedenen Fall der Auswertung von 50 Schallplattentiteln ein Verstoß gegen § 1 UWG wegen systematischer Behinderung (insoweit zutreffend Schorn a.a.O. S. 230).

Fünfter Abschnitt · **Schutz des Sendeunternehmens**

§ 87

(1) Das Sendeunternehmen hat das ausschließliche Recht,

1. seine Funksendung weiterzusenden,

2. seine Funksendung auf Bild- oder Tonträger aufzunehmen, Lichtbilder von seiner Funksendung herzustellen sowie die Bild- oder Tonträger oder Lichtbilder zu vervielfältigen,

3. an Stellen, die der Öffentlichkeit nur gegen Zahlung eines Eintrittsgeldes zugänglich sind, seine Fernsehsendung öffentlich wahrnehmbar zu machen.

(2) Das Recht erlischt fünfundzwanzig Jahre nach der Funksendung. Die Frist ist nach § 69 zu berechnen.

(3) Die Vorschriften des Sechsten Abschnitts des Ersten Teils mit Ausnahme des § 47 Abs. 2 Satz 2, des § 54 Abs. 1 und des § 61 sind sinngemäß anzuwenden.

Übersicht

1 Die Bestimmung paßt das deutsche Recht der internationalen Rechtslage an, wie sie durch Art. 13 Rom-Abkommen (RA) und Art. 1 des Straßburger Fernsehabkommens (SFA), die beide ebenfalls am 1. 1. 1966 in Kraft traten, entstanden ist (§ 125 Bem. 2b, § 127 Bem. 1). Vor Inkrafttreten des UrhG waren die Sendeunternehmen auf die von Urhebern und ausübenden Künstlern abgeleiteten Rechte angewiesen, während nunmehr ein in der Funksendung verkörperter Werkschutz nicht mehr Voraussetzung ist (Bem. 3). Das Recht aus Abs. 1 Nr. 3, das nur für Fernsehsendungen gilt, war bereits von der Rechtsprechung, wenn auch mit wettbewerbsrechtlicher Begründung, anerkannt (BGHZ 37, 1 *AKI* und OLG Hamburg GRUR 1961, 100 *AKI-Fernsehwiedergabe)*. Durch die Urheberrechtsnovelle 1985 ist § 87 Abs. 3 der Neufassung der §§ 23, 54 dahingehend redaktionell abgepaßt worden, daß der frühere § 53 Abs. 5 gegen § 54 Abs. 1 ausgetauscht worden ist. Vgl. dort sowie Bem. 14.

2 Inhaber des ausschließlichen Rechts aus § 87 ist das **Sendeunternehmen**, d. h. jedes Unternehmen, das mit Hilfe von Funk, wie Ton- und Fernsehrundfunk, Drahtfunk oder ähnlichen technischen Einrichtungen (vgl. § 20) Funksendungen durchführt, die zum unmittelbaren gleichzeitigen Empfang durch die Öffentlichkeit bestimmt sind (Definition in Anlehnung an Schricker-v. Ungern-Sternberg Rdnr. 4, wo anstelle von Durchführung auf das „Veranstalten“ von Sendungen abgestellt wird). Das ist der für die Programmausstrahlung organisatorisch und wirtschaftlich Verantwortliche (vgl. auch §§ 86/86 Bem. 4, § 94 Bem. 4). Dieser muß weder mit dem Inhaber der für die Ausstrahlung erforderlichen technischen Einrichtungen (z. B. Postverwaltung) noch dem Produzenten des Programmaterials (z. B. Auftragsproduzent, Werbeagentur) identisch sein. Diese sind ihrerseits keine Sendeunternehmen. Eine Lizensierung ist begrifflich nicht erforderlich, die Rechtsform unerheblich. Auch nichtdeutsche Sender auf deutschem Boden und etwaige Schwarzsender oder private Hörfunk- und Fernsehgesellschaften (RTL, SAT1 usw.) gehören dazu. Die Feststellung eines besonderen oder bestimmten Aufwandes bei der Sendetätigkeit ist nicht erforderlich; Kabelunternehmen können daher gleichfalls Sendeunternehmen sein (teilweise a. M. Schricker-v. Ungern-Sternberg Rdnr. 5), ebenso Unternehmen, die ausschließlich von Dritten hergestelltes Programmaterial (Videoclips, Nachrichten und Sportsendungen, Tonträgeraufnahmen usw.) verwenden. Zur Weitersendung von Funksendungen Bem. 9.

Schutzgegenstand ist die **Funksendung** des Sendeunternehmens. Zum Begriff § 20 Bem. 2. Weitergehend als Art. 13 Rom-Abkommen und in Übereinstimmung mit Art. 1 Ziff. 1b Straßburger Fernsehabkommen (vgl. Nordemann/Vinck/Hertin Art. 3 RA Bem. 20, Art. 1 SFA Bem. 4b) wird sowohl die drahtlose als auch die leitergebundene Sendung geschützt. Die als schützenswert erachtete Leistung liegt, ähnlich wie beim Tonträgerhersteller (§§ 85, 86 Bem. 8) in den aufwendigen, kostspieligen organisatorisch-technischen Maßnahmen, die für eine Hörfunk- oder Fernsehsendung erforderlich sind. Es braucht weder ein vorbestehendes urheberschutzfähiges Werk Gegenstand der Sendung zu sein, noch ist es erforderlich, daß der Programmbeitrag seinerseits in urheberrechtlich relevanter Weise gestaltet ist. Das Schutzrecht besteht also für jede Sendung gleich welchen Inhalts und Charakters, von der Uraufführung eines Hörspiels über Musiksendungen jeder Art bis hin zu Sportübertragungen, Nachrichten, Börsenberichten und Wasserstandsmeldungen (allg. M.). Auch die Verwertung von kurzen Ausschnitten aus einer Funksendung verletzt das Leistungsschutzrecht des Sendeunternehmens, z. B. das Einschneiden eines einzigen Satzes aus einer Nachrichtensendung des Hörfunks in eine Tonträgerproduktion (vgl. die entspr. Rechtslage in Österreich: Ob. Gerichtshof Wien GRUR Int. 1991, 653 *Oberndorfer Gschichtn;* zur analogen Situation bei Tonträgern §§ 85, 86 Bem. 8). Der gesetzliche Schutz aus Abs. 1 und 2 umfaßt sowohl den Ton- (bei Hörfunk und Fernsehen) als auch den Bildteil (bei Fernsehen) der Funksendung. Das Recht aus Abs. 1 Satz 3 betrifft dagegen ausschließlich die Fernsehausstrahlung, diese allerdings sowohl in ihrem Ton- als auch ihrem Bildteil (z. B. der Ausstrahlung eines Stummfilms). Er greift auch ein, wenn z. B. aus einer musikalischen Fernsehsendung lediglich der Tonteil öffentlich wahrnehmbar gemacht wird (Schricker-v. Ungern-Sternberg Rdnr. 27). Nur wenn der Fernsehsender ausschließlich eine Tonausstrahlung ohne dazugehöriges Bildprogramm vornimmt (z. B. Pausenmusik), liegt begrifflich keine Fernsehsendung vor (ebenso Art. 5 SFA, vgl. Nordemann/Vinck/Hertin Bem. zu Art. 5 SFA). 3

4 Ob mit Sendung die konkrete Ausstrahlung des Sendeinhalts oder das nicht mit der Programmfertigung zu verwechselnde, in die „Funkform“ gebrachte Sendegut gemeint ist, wird im Zusammenhang mit der Frage nach dem Umfang der Verbotsrechte erörtert (wie hier Ulmer, Der Rechtsschutz, S. 67; Steup-Bungeroth GRUR Int. 1975, 124, 130; Nordemann/Vinck/Hertin Art. 3 RA Bem. 26 m.w.N.; a.M. v. Ungern-Sternberg Rdnr. 11, 12, 16). Der Begriff der Funksendung umfaßt richtigerweise beide schutzbegründenden Momente. Die Verbotsrechte erfassen daher über die unmittelbare Weitersendung, Aufnahme und Vervielfältigung von Aufnahmen der „Originalsendung“ hinausgehend auch mittelbare Nutzungshandlungen, die nach der Zwischenschaltung anderer Rundfunkunternehmen erfolgen. Auch die „Weitersendung“ einer Sendung ist erneute Funksendung (Möhring-Nicolini Bem. 4b; a.M. Schricker-v. Ungern-Sternberg Rdnr. 16; v. Gamm Bem. 3), mögen die dazu erforderlichen Berechtigungen vorliegen oder nicht. Die Art der Einspeisung spielt keine Rolle. Andererseits beruht die durch Weitersendung erfolgende Ausstrahlung noch auf der Funksendung des Ursprungsunternehmens, so daß die „Nabelschnur“ zwischen ihnen noch nicht getrennt ist. Die Trennung erfolgt erst mit der Aufnahme der Ursendung (Ausstrahlung). Damit werden zugleich folgende Mängel der Gegenmeinung vermieden: Sie begreift das Wort „Funksendung“ innerhalb ein und derselben gesetzlichen Vorschrift des § 87 unterschiedlich, nämlich in Abs. 1 als Schutzgegenstand des Rechts des Sendeunternehmens, in Abs. 2 dagegen als Sendevorgang (Schricker-v. Ungern-Sternberg Rdnr. 10, 12, 16). Sendevorgänge unter Einsatz von Punkt-zu-Punkt- und Verteilersatelliten werden nicht als Funksendung akzeptiert, weil sie sich mit ihren Sendungen nicht unmittelbar an die Öffentlichkeit wenden (Schricker-v. Ungern-Sternberg Rdnr. 11), zugleich wird von diesem Erfordernis eine Ausnahme gemacht für die Übermittlung vollständiger Gesamtprogramme über Verteilersatelliten, Richtfunk und Kabel an andere Unternehmen zur zeitlichen Weiterübertragung an die Öffentlichkeit, weil in diesen Fällen die Ausstrahlung des weiterübertragenden Unternehmens dem Ursprungsunternehmen zuzurechnen sei.

5 Der **Empfängerkreis** der Funksendung muß zwar nicht die Allgemeinheit, wohl aber das öffentliche Publikum (entsprechend § 15 Abs. 3) sein (Schrikker-v. Ungern-Sternberg Rdnr. 7; a.M. Möhring/Nicolini Bem. 2b). In Übereinstimmung mit Art. 3 lit. f RA (vgl. Nordemann/Vinck/Hertin Art. 3 RA Bem. 27) gilt der Funkverkehr zwischen Schiffen auf hoher See, Flugzeugen in der Luft und Funktaxis nicht als schutzfähige Funksendung, während eine speziell zum Empfang in einer Freizeitanlage oder in bestimmten sozialen Einrichtungen intendierte Sendung geschützt ist, ohne für den Empfang durch die Allgemeinheit vorgesehen zu sein.

6 Das Sendeunternehmen ist nur bezüglich solcher Funksendungen geschützt, deren Ausstrahlung für die durch § 87 untersagte Verwertungshandlung **benutzt** worden ist. Schricker-v. Ungern-Sternberg (Rdnr. 12) lassen es demgegenüber genügen, wenn nur das Sendematerial anläßlich einer parallel zur Ausstrahlung an die Öffentlichkeit durchgeführten Richtfunkübertragung aufgefangen und weitergesendet oder vervielfältigt werden sollte.

Wird eine Funksendung weitergesendet und infolgedessen durch **mehrere Sendeunternehmen** gleichzeitig an die Öffentlichkeit ausgestrahlt, stehen die Rechte aus § 87 nach der hier vertretenen Auffassung (Bem. 4) sowohl dem Ursprungs-Sendeunternehmen als auch dem weitersendenden Unternehmen zu. Das Ursprungsunternehmen braucht dabei zur Darlegung seiner Anspruchsberechtigung nicht nachzuweisen, daß der Verletzer sich seiner Ausstrahlung (und nicht derjenigen des Weitersendenden) bedient hat, da auch die Weitersendung auf die Ursprungsausstrahlung zurückgeht. Will das weitersendende Unternehmen den (unter Umständen schwierigen) Kausalitätsnachweis (Bem. 6) vermeiden (vgl. Schricker-v. Ungern-Sternberg Rdnr. 16), sollte es sich vom Ursprungssendeunternehmen vorsorglich zur Prozeßführung zugleich auch in dessen Namen ermächtigen lassen. 7

Von der durch § 87 geschützten Funksendung muß die Fertigung von Programmaterial durch das Sendeunternehmen unterschieden werden. Bis zu dessen Ausstrahlung entstehen spezifische Leistungsschutzrechte des Sendeunternehmens daran nicht. Wohl erwirbt der Hersteller von Tonaufzeichnungen, die für die Sendung durch Hörfunk bestimmt sind, ggf. also das Sendeunternehmen selbst, die Tonträgerrechte nach §§ 85, 86 (vgl. dort Bem. 6). 8

Unter **Weitersendung** (Abs. 1 Nr. 1) wird die zeitgleiche Weiterausstrahlung einer Rundfunkausstrahlung verstanden (Simultanausstrahlung). Wird erst eine Aufzeichnung vorgenommen und dann zeitlich versetzt erneut ausgestrahlt, liegt keine Weitersendung vor, wohl aber eine Festlegung nach Abs. 1 Nr. 2 in Form der Aufnahme auf Bild- und Tonträger. Auch die Simultanausstrahlung einer Weitersendung durch ein drittes oder weitere Rundfunkunternehmen fällt darunter. In Übereinstimmung mit RA und SFA (Nordemann/Vinck/Hertin Art. 1 SFA Bem. 4) ist unter Weitersendung die Funksendung eines anderen Sendeunternehmens zu verstehen (Ulmer[3] § 127 II 1; teilw. a.M. Schricker-v. Ungern-Sternberg Rdnr. 20: Der Weitersendende müsse kein Sendeunternehmen sein). 9

Abs. 1 Nr. 2 betrifft die **Festlegung** durch Aufnahme, die Herstellung einzelner Lichtbilder und die Vervielfältigung derartiger Festlegungen. Aufnahme ist die erste Festlegung der sich flüchtig vollziehenden Rundfunkausstrahlung. Die dabei angewandte Aufzeichnungstechnik ist gleichgültig. Nicht von der Hörfunk- oder Fernsehausstrahlung abgeleitete Aufnahmen, insbesondere gelegentlich der Schaffung von Programmaterial oder durch Überspielung von Programmträgern, werden vom Verbotsanspruch der Sendeunternehmen nicht erfaßt, wohl aber die Verwertung einer Vervielfältigung der Funksendung, z. B. im Wege der Herstellung von Lichtbildern aus einem Fernsehmitschnitt (Schricker-v. Ungern-Sternberg Rdnr. 22). Die Verwendung von Lichtbildern, die durch Auswertung einer Fernsehausstrahlung hergestellt werden, bedarf neben der Bewilligung durch das Sendeunternehmen ggf. auch der Einholung des Rechts des Lichtbildners (§ 72). Zur maßgeblichen Rechtsordnung bei einem internationalen Sachverhalt OLG München GRUR Int. 1960, 75 *Le Mans*. § 53 Abs. 1 i.V.m. § 87 Abs. 3 gestattet zwar die Herstellung von Mitschnitten zum privaten oder sonstigen eigenen Gebrauch, jedoch ist nach § 53 Abs. 5 deren Verbreitung und öffentliche Wiedergabe erlaubnispflichtig. Art und Ausmaß der Erweiterung des Vervielfältigungsschutzes durch § 96 bestimmen sich 10 entsprechend den zum Recht der ausübenden Künstler und Tonträgerhersteller dargestellten Grundsätzen (§ 75 Bem. 6, 7).

11 Das Verbotsrecht aus **Abs. 1 Nr. 3** betrifft nur die (zeitgleiche) **öffentliche Wahrnehmbarmachung** von **Fernseh**sendungen. Zum Begriff der Fernsehsendung Bem. 3. Unter den Stellen, die der Öffentlichkeit nur gegen Zahlung eines Eintrittsgeldes zugänglich sind, versteht der Gesetzgeber vor allem Lichtspieltheater (vgl. die in Bem. 1 genannten *AKI*-Entscheidungen) und die sog. Fernsehstuben (Begr. S. 97). Hier ist es in der Tat gerechtfertigt, das Sendeunternehmen an der unmittelbaren Gewinnerzielung durch Dritte aus der von ihm mit Mühe und Kosten ausgestrahlten Sendung zu beteiligen. Dagegen unterliegt die sonstige öffentliche Wiedergabe der Sendung (vgl. §§ 22, 77), z. B. in Gaststätten, nicht dem Schutzrecht des Sendeunternehmens (Begr. S. 97).

12 Die Frist für die Bemessung der 25jährigen Schutzdauer (Abs. 2) beginnt mit der **Ausstrahlung,** die im Sinne des Abs. 1 Nr. 1–3 verwertet worden ist. Ob es sich bei der ausgestrahlten Sendung um ein neues oder ein wiederholtes Programm handelt, ist gleichgültig; jeder neue Ausstrahlungsvorgang setzt eine neue Schutzdauer von 25 Jahren in Gang (zur gleichen Rechtslage im Konventionsrecht Nordemann/Vinck/Hertin Art. 14 RA Bem. 2, Art. 2 SFA Bem. 2; wie hier Schricker-v. Ungern-Sternberg Rdnr. 28; a. M. v. Olenhusen/Unger UFITA 97 [1984], 59, 69). Auch ist gleichgültig, ob eine vorausgegangene Ausstrahlung etwa bereits mehr als 25 Jahre zurückliegt. Bei der Verwertung wiederholter Ausstrahlungen wird jedoch häufig der Beweis schwierig sein, daß die spätere noch geschützte (und nicht die gemeinfrei gewordene) Sendung aufgenommen worden ist.

13 Das Recht ist **übertragbar**, vgl. vor § 28 Bem. 3, §§ 85, 86 Bem. 14.

14 Das Schutzrecht aus § 87 ist nur den **Beschränkungen** der §§ 45–63 (mit den in Abs. 3 genannten Ausnahmen) unterworfen. Eine zusätzliche Einschränkung etwa dahin, daß die Benutzung nach Abs. 1 Nr. 1–3 nur unzulässig sei, wenn sie zu Erwerbszwecken erfolge, ist nicht mehr gegeben, nachdem der Rechtsausschuß einen entsprechenden Vorschlag des RegE zu Abs. 1 Nr. 2 abgelehnt hat (schriftlicher Bericht zu BT-Drucks. IV/3401 S. 14). Eine Zwangslizenz (§ 61) ist dem Sendeunternehmen nicht gewährt. Es hat auch keinen Vergütungsanspruch bei der Konservierung von Schulfunksendungen (§ 47 Abs. 2 Satz 2) und bei der Vervielfältigung zum privaten und sonstigen eigenen Gebrauch der Bild- und Tonaufzeichnung (§ 54 Abs. 1), gleichgültig, ob sie von einem Dritten hergestellt und von dem Sendeunternehmen nur ausgestrahlt, oder ob sie von ihm selbst (oder von einem ihm gehörenden Tochterunternehmen) produziert wurden; der Gesetzgeber schon von 1965 wollte die Sendeanstalten als solche nicht an den in Abs. 3 genannten Vergütungsregelungen beteiligt wissen, weil er dafür – offenbar im Hinblick auf ihre öffentliche Aufgabe als Informationsträger – kein schutzwürdiges Interesse sah (schriftlicher Bericht zu BT-Drucks. IV/3401 S. 14). Wir haben darin bis zur 5. Aufl. eine Ungleichbehandlung gegenüber den Tonträger- und Filmherstellern (§§ 85 Abs. 3, 94 Abs. 4) gesehen, von der wir glauben, daß sie nur *de lege ferenda* beseitigt werden könne (dafür schon Krüger-Nieland GRUR 1982, 253; 1983, 345; Stolz GRUR 1983, 632; Ossenbühl GRUR 1984, 841; Stolz FS Uchtenhagen S. 113, 127; für die Beibehaltung der bisherigen Regelung Krieger GRUR

Int. 1983, 429, 430f.; Möller FuR 1983, 240, 249; Schorn GRUR 1982, 644 und GRUR 1983, 718; Schack GRUR 1985, 197, 200f.). Der Hinweis in der Begr. zur Novelle 1985, daß, soweit den Sendeanstalten andere Leistungsschutzrechte zustünden, ihre Beteiligung an den Vergütungsansprüchen „auch weiterhin" unberührt bleibe (BT-Drucks. 10/837 S. 22 = UFITA 96 [1983], 117, 142), macht jedoch deutlich, daß – wie so oft – die zutreffende Lösung schon *de lege lata* etwa in der Mitte zwischen den gegensätzlichen Meinungen der Literatur liegt: Der Vergütungsanspruch entfällt, soweit es sich um die reine Erfüllung der Sendeaufgabe, also um bloße Aufzeichnungen zu Sendezwecken handelt, wie etwa bei aktuellen und Sportsendungen. Er besteht jedoch, wo die Sendeanstalten wie jeder andere Berechtigte aus § 94 Filme produzieren, die zur beliebig häufigen Vorführung oder Sendung nicht nur technisch, sondern auch inhaltlich geeignet sind.

Inwieweit § 87 für **ausländische** Sendeunternehmen Geltung hat, regelt **15** § 127. Zum Schutz der Urheber gegen die unbefugte Verwertung von Funksendungen durch Satellitenausstrahlung und deren Auswertung vgl. § 20 Bem. 5. Zum konventionsrechtlichen Schutz gegen die mißbräuchliche Verwertung von Satellitenausstrahlungen Nordemann/Vinck/Hertin Art. 3 Bem. 22ff. sowie das dort auf S. 453ff. abgedruckte Übereinkommen über die Verbreitung der durch Satelliten übertragenen programmtragenden Signale.

Zum ergänzenden Leistungsschutz nach UWG, jedoch ohne Ansprüche aus **16** dem allgemeinen Persönlichkeitsrecht, gilt dasselbe entsprechend wie bei Lichtbildnern, ausübenden Künstlern und Tonträgerherstellern, s. § 72 Bem. 14, vor § 73 Bem. 5–9, 85, 86 Bem. 17.

Dritter Teil · Besondere Bestimmungen für Filme

Vorbemerkung

Übersicht

I. Klarstellung der Begriffe

1 Das **frühere Gesetzesrecht** kannte die Begriffe Film, Filmwerk und Laufbilder nicht. Die Novelle von 1910 (Gesetz zur Ausführung der Rev. Berner Übereinkunft vom 22. 5. 1910, RGBl. 793) sprach in den neugeschaffenen § 12 Abs. 6 LUG, § 15a KUG nur von einem „im Wege der Kinematographie oder eines ihr ähnlichen Verfahrens" hergestellten Werk. Zur Gesetzesgeschichte eingehend Schricker-Katzenberger Rdnr. 4–8.

2 Das **UrhG** wandelt das aus dem Englischen stammende Wort Film, das ursprünglich nur die Oberflächenschicht auf einem andersartigen Material und später den Filmstreifen bezeichnete, ab und versteht darunter nur noch eine Bildfolge oder Bild- und Tonfolge (vgl. § 94 Abs. 1 Satz 1), die den Eindruck eines bewegten Spiels entstehen läßt, ohne Rücksicht auf das Herstellungsverfahren und ohne Rücksicht darauf, ob die Bildfolge oder Bild- und Tonfolge überhaupt fixiert wurde. Demnach sind auch *live*-Sendungen im Fernsehen, die weder vorher noch gleichzeitig aufgezeichnet werden, „Filme" im Sinne des UrhG (so ausdrücklich Begr. S. 98; zur Begriffsbildung in der Filmwirtschaft ausführlich Roeber/Jacoby S. 48ff.). Zugleich verwendet das Gesetz das Wort Film als Oberbegriff für Bildfolgen oder Bild- und Tonfolgen aller Art ohne Rücksicht darauf, ob sie schutzfähige Werke im Sinne des § 2 oder sonstige Erzeugnisse darstellen. Die ersteren bilden die Untergruppe der „Filmwerke" (§§ 88–94), die letzteren die der „Laufbilder" (§ 95). Wir haben also zu unterscheiden:

3 **Film** ist *jede* Bildfolge oder Bild- und Tonfolge, die den Eindruck eines bewegten Spieles entstehen läßt (Oberbegriff für Filmwerk und Laufbilder).

4 **Filmwerk** ist der *schutzfähige* Film im Sinne des § 2 Abs. 1 Nr. 6 (§ 2 Bem. 76–79).
Laufbilder wird (eine sprachliche Unmöglichkeit) derjenige Film genannt, der die Anforderungen des § 2 Abs. 2 – persönliche geistige Schöpfung – nicht erfüllt (§ 95 Bem. 1).

5 **Filmhersteller** ist derjenige, der die erste Bildfolgenfixierung unternehmerisch verantwortet (§ 94 Bem. 3, 4). Sein Leistungsschutzrecht aus § 94 bezieht sich auf den **Filmstreifen (Filmträger)** d. h. den Bildträger oder Bild-Tonträger, auf dem der Film – falls er überhaupt aufgezeichnet wurde – festgehalten ist.

Verfilmung ist die Benutzung eines Werkes zur Herstellung als Film (Filmwerk oder Laufbilder) ohne Rücksicht auf dessen Verwertungszweck (Bem. 12). 6

Im Hinblick auf die gesetzliche Auslegungsregel des § 88 Abs. 1 und die Zweckübertragungstheorie bei der Einräumung von Verfilmungsrechten (§ 88 Bem. 1) können die Filme nach ihrer Bestimmung zur primären Nutzung wie folgt unterschieden werden: 7

Vorführfilme sind solche, die nach ihrer primären Zweckbestimmung zur öffentlichen Vorführung in Lichtspieltheatern oder an anderem Ort (z. B. in kommunalen Einrichtungen, Schulen, Universitäten usw.) bestimmt sind.

Fernsehfilme sind primär zur Sendung im Fernsehprogramm bestimmt.

Videogramme nennt Ulmer (Urhebervertragsrecht, S. 49) Filme, die zur Veräußerung an die Allgemeinheit bestimmt sind (teilweise auch Audiogramme oder audiovisuelle Medien genannt). Inzwischen hat sich dafür die etwas ungenauere, weil auf das Trägermaterial bezogene Bezeichnung **Videokassetten** durchgesetzt. Als **Musikvideo** wird ein wie ein Tonträger vertriebenes Produkt der Musikindustrie bezeichnet, auf dem Musikaufnahmen mit einem Bildteil kombiniert werden, der eine bildliche Umsetzung der dargebotenen Musik anstrebt oder (weniger häufig) das aufgezeichnete (Live-)Konzert bildlich festhält (§ 92 Bem. 6). Wenn Hotels über ein Verteilernetz Videogramme in die Hotelzimmer der Gäste übertragen, spricht man vom **Hotelvideo** (§ 22 Bem. 2).

Tonbildschauen sind weder Filmwerke noch Laufbilder, da sie zwar Bildfolgen enthalten, aber nicht den Eindruck des bewegten Spiels entstehen lassen. Das schließt nicht aus, daß sie als eine besondere Werkart anzusehen sind, die „ähnlich wie Filmwerke" geschaffen wird (vgl. § 2 Abs. 1 Nr. 6 und dort Bem. 78, OLG Frankfurt UFITA 90 [1981], 192, 196 *Kalle – Portrait eines Unternehmens*). Der III. Teil des Gesetzes ist aber auf sie nicht anwendbar (Schricker-Katzenberger Rdnr. 45; a. M. G. Schulze FuR 1983, 374, 377). 8

Bildschirmspiele (Videospiele, *Video-games*) sind bezüglich ihrer Bildwiedergabe Filmwerke, bei Fehlen der Werkqualität Laufbilder; sie unterscheiden sich vom herkömmlichen Film nur durch die Art der Bildfixierung (statt auf Zelluloid oder Ampex auf Programmspeicher) (OLG Hamburg GRUR 1983, 436, 437 *PUCKMAN;* Nordemann GRUR 1981, 891; Loewenheim FS Hubmann S. 307; Schricker-Katzenberger Rdnr. 44; a. M. OLG Frankfurt GRUR 1983, 753, 746 *Donkey Kong Junior:* Kein Film). Vgl. § 95 Bem. 1. Zur Spielidee und zur Spielprogrammierung s. § 2 Bem. 26; 42–44. 9

II. Sinn der Regelung, Kritik

Sinn der eingehenden Regelung in den §§ 88–94 ist es vor allem, **dem Filmhersteller** die **ungestörte Auswertung** des von ihm mit hohen Kosten hergestellten Filmwerks **zu sichern** (Begr. S. 98). Die genannten Bestimmungen handeln deshalb, abgesehen von § 88, von den Rechten, nicht von den Pflichten des Produzenten; die letzteren müssen daher im allgemeinen vertraglich geregelt werden, soweit sie sich nicht aus den Normen des 10 allgemeinen Rechts (z. B. § 242 BGB) ergeben (danach kann z. B. der Produzent bei Erlösbeteiligung des Autors zur Filmherstellung verpflichtet sein, BGH UFITA 37 [1962], 336 *Hochspannung*). Im Interesse der ungestörten Auswertung des Filmwerks werden den Urhebern der vorbestehenden Werke ebenso wie denen des Filmwerks zusätzliche Beschränkungen ihrer Rechte einschließlich ihres Urheberpersönlichkeitsrechts zugemutet (§§ 90, 91, 93); auch die Rechte der ausübenden Künstler werden beschnitten (§ 92). Endlich erwirbt der Filmhersteller ein eigenes Schutzrecht an den Festlegungen des Filmwerks (also nicht für *live* gesendete Fernsehfilme).

11 Der Dritte Teil ist der am wenigsten geglückte des gesamten UrhG. Abgesehen von der sprachlichen Ungeschicklichkeit, die dem Gesetzgeber mit dem Begriff „Laufbilder" unterlaufen ist, und abgesehen von mehreren Redaktionsfehlern hat er in dem Bestreben, dem Filmproduzenten um jeden Preis die ungestörte Auswertung des Filmwerks zu sichern, Unklarheiten, Widersprüche und Ungerechtigkeiten in Kauf genommen, die die im Grunde begrüßenswerte, fortschrittliche Regelung des Filmrechts in zahlreichen Details als bedenklich erscheinen lassen. Der Gesetzgeber hatte in erster Linie die Hersteller von Vorführfilmen im Auge, wobei ihm offenbar der Idealtypus des frei und auf eigenes wirtschaftliches Risiko arbeitenden Filmunternehmers vorschwebte. Jedenfalls im Geltungsbereich des UrhG haben sich heute die Verhältnisse wegen der wachsenden Bedeutung des Fernsehens und der staatlichen Filmförderung grundlegend gewandelt. Die Besonderheiten der Fernsehwirtschaft kommen in der gesetzlichen Regelung zu kurz, eine eigenständige Verwertung von Videogrammen ist überhaupt nicht vorausgesehen worden. Die Filmrechtsbestimmungen des UrhG werden deshalb zunehmend als unbefriedigend empfunden. Eingehende Kritik bei Ulmer, Urhebervertragsrecht Rdnr. 45; Schricker-Katzenberger Rdnr. 38–40. Nordemann GRUR 1991, 1, 5 schlägt in teilweiser Anlehnung an die Vorschläge Ulmers eine Neufassung der §§ 88, 89, 92, 93, 95 sowie eine Streichung der §§ 90, 91 vor.

III. Anwendungsbereich

12 Grundsätzlich ist der Dritte Teil **inhaltlich** auf **Filme** anzuwenden, unabhängig von der verwendeten Aufnahme- und Wiedergabetechnik und von deren Verwertungszweck. Allerdings unterliegt der Erwerb von Nutzungsrechten auch nach den erleichterten Auslegungsregeln der §§ 88ff. der Schranke des § 31 Abs. 4 bezüglich **unbekannter Nutzungsarten** (§ 88 Bem. 2, § 89 Bem. 12, §§ 31, 32 Bem. 9–18). Schricker-Katzenberger (Rdnr. 43–45) sprechen sich mit Recht für eine zurückhaltende Heranziehung der §§ 88–95 auf Gegenstände aus, die – wie Videospiele und Tonbildschauen (Bem. 8, 9) – nicht oder nicht eindeutig dem Filmbereich zuzuordnen sind.

13 Die **Filmwertung** ist nur insoweit Gegenstand im Dritten Teil der Regelung, als sie das Verhältnis des Produzenten zu den Urhebern und ausübenden Künstlern berührt. Das Verleihwesen, das Recht der Filmtheater, die rechtlichen Beziehungen von Koproduzenten (vgl. § 8 Bem. 29 und § 94 Bem. 6) usw. bleiben weiterhin im wesentlichen der vertraglichen Ausgestaltung nach den §§ 31ff. sowie den Vorschriften des allgemeinen bürgerlichen Rechts überlassen. Vertragsmuster und Kommentierung von Koproduk-

tions-, Verleih-, Bestell- und nichtgewerblichen Filmvorführungsverträgen Münchener Vertragshandbuch Band 3 IX Nr. 33–36. Zum **Verleihvertrag** vgl. BGHZ 2, 331, 334 *Filmverwertungsvertrag;* BGH UFITA 26 (1958), 353; BGH UFITA 32 (1960), 186 *Die Rache des schwarzen Adlers;* BGH GRUR 1960, 197 *Keine Ferien für den lieben Gott;* BGH UFITA 38 (1962), 354; BGH UFITA 40 (1963), 135; OLG München FuR 1968, 113 *Und keiner schämte sich;* BGH UFITA 71 (1974), 184; BGH UFITA 92, 184 *PAM-Kino* (Pornofilm); zur **vorzeitigen Absetzung** KG UFITA 67 (1973), 220; zum **Kopiervertrag** OLG Hamburg UFITA 71, 227; zur **Koproduktion** BGH UFITA 18 (1954), 115; BGH UFITA 32 (1960), 170 *Ritter Blaubart;* BGH UFITA 32 (1960), 356 *Auf geht's;* BGH UFITA 34 (1961), 92 *Das Totenschiff;* BGH GRUR 1966, 629 *Curt-Goetz-Filme; Bafile 44, 30;* zur **Auftragsproduktion** für Dritte – nicht Verleiher – BGH UFITA 32 (1960), 182 *München 1945;* BGH GRUR 1960, 609 *Wägen und Wagen* und grundsätzlich Paschke FuR 1984, 403 sowie § 94 Bem. 6; zum **Filmlizenzvertrag** BGH GRUR 1979, 429 *Daktari* (Aufklärungspflicht) und OLG München UFITA 90 (1981), 166 (Rechterückfall im Konkurs); zur Gewinnherausgabe bei **unberechtigter Auswertung** durch einen anderen Verleiher OLG Hamburg GRUR 1953, 405 und BGH GRUR 1955, 447 *Pechmarie;* zur **Herausgabe** vom Lizenznehmer erstellter **Schmalfilmkopien** bei Vertragsbeendigung BGHZ 67, 56 *Schmalfilmrechte.*

Die Anwendung der §§ 88ff. bestimmt sich für Filme, die **vor Inkrafttreten des UrhG hergestellt** worden sind, sowie für vorgesetzliche Rechtseinräumung nach den §§ 129–137a. Für vorgesetzlich hergestellte Filme steht dem Filmhersteller das verwandte Schutzrecht aus § 94 nicht zu (§ 129 Abs. 1 Satz 2), er ist insoweit nach wie vor auf abgeleitete Nutzungsrechte angewiesen (Schricker-Katzenberger Rdnr. 47, 48). **14**

Ausübenden Künstlern stehen verwandte Schutzrechte an Filmen, die vor dem 1. 1. 1966 entstanden sind, nur insoweit zu, als sie nach Maßgabe der vorgesetzlichen Regelung geschützt waren (§§ 135, 135a). Da das fiktive Bearbeiterurheberrecht des § 2 Abs. 2 LUG nur für den Tonträger gilt, gibt es für die betroffenen Schauspieler keinen urheberrechtlichen Schutz hinsichtlich des Bildteils des Films und für Live-Sendungen. Soweit der Anspruch nicht auf die unbefugte Verwendung von Tonträgeraufnahmen gestützt werden kann, beschränkt er sich im wesentlichen auf solche aus dem allgemeinen Persönlichkeitsrecht und aus § 826 BGB, § 1 UWG (Schricker-Katzenberger § 129 Rdnr. 16). **15**

Lichtbildner sind nach altem Recht durch das Urheberrecht an nichtschöpferischen Photographien geschützt (§§ 1, 3 KUG i. V. m. § 135). **16**

Zur Auslegung vorgesetzlicher **Filmrechtsverträge** gilt das frühere Vertragsrecht (§ 137 Abs. 1). Die Rechtseinräumung erstreckt sich im Zweifel nicht auf Verwertungsrechte, die erst durch das UrhG eingeführt worden sind (§ 137 Bem. 1). **17**

Ausländische Staatsangehörige können sich auf die §§ 88ff. nach Maßgabe der §§ 121ff. berufen. Zur Geltung des Schöpferprinzips für Filmhersteller der USA § 7 Bem. 4. **18**

IV. Urheberschaft bei Filmen

19 Unter der Geltung des UrhG gilt auch für Filme das **Schöpferprinzip** (Urheberschaftsprinzip). Urheber des Filmwerkes können nur diejenigen natürlichen Personen sein, die an seiner Entstehung schöpferisch mitwirken (§ 7 i. V. m. § 2 Abs. 1 Nr. 6). Eine (noch im RefE 1954 vorgesehene) fiktive Urheberschaft des Filmherstellers am Filmwerk kennt das deutsche Urheberrecht nicht. Zur denkbaren Mehrfachfunktion des Filmherstellers § 89 Bem. 2. Auch ausübende Künstler oder künstlerisch Mitwirkende kommen für die Urheberschaft am Filmwerk nicht in Betracht (BGHZ 90, 92; 224 *Filmregisseur*). Allerdings bleibt es nach Art. 14bis RBÜ (Stockholm und Paris) den Verbandsländern, für deren Gebiet der Urheberschutz in Anspruch genommen wird, vorbehalten, den Urheber am Filmwerk auch anders zu bestimmen (Ulmer[3] § 36 I 3; Nordemann/Vinck/Hertin Art. 14/14bis Bem. 10).

20 Das UrhG kennt freilich keine gesetzliche Zuweisung der Urheberschaft am Filmwerk, die an bestimmte Berufsbilder oder filmtechnisch umschriebene Funktionen bei der Filmherstellung geknüpft sind. Die Begr. (S. 99f.) stellt lediglich fest, daß die Urheber der zur Herstellung eines Filmwerks benutzten Werke wie Roman, Drehbuch und Filmmusik und die ausübenden Künstler dafür nicht in Betracht kämen. Sie sieht regelmäßig in Regisseur, Kameramann und Cutter sowie – je nach Lage des Einzelfalls – in „anderen Mitwirkenden" die Urheber des Filmwerks, vorausgesetzt, daß von dieser Seite schöpferische Beiträge zur Entstehung des jeweiligen Filmwerks geleistet worden sind.

21 Insbesondere enthält auch § 89 **keine gesetzliche Definition** des Urhebers am Filmwerk. Vielmehr trifft das Gesetz in den §§ 88, 89 lediglich eine Unterscheidung bezüglich der maßgeblichen Auslegungsregeln bei Filmrechtsverträgen: Verträge über Werke, die zur Herstellung des Films benutzt worden sind, sich aber vom Filmwerk selbst unterscheiden lassen und selbständig verwertet werden können, sind nach § 88, Verträge über Leistungen solcher schöpferisch Mitwirkenden einer Filmproduktion, die im Filmwerk selbst ununterscheidbar aufgehen, nach § 89 auszulegen (Schricker-Katzenberger Rdnr. 60, 61; allg. M.).

22 Für die Werkkategorien, die zu § 88 gehören, kann eine weitere Unterscheidung getroffen werden zwischen solchen verfilmten Werken, die nicht unmittelbar für Filmzwecke geschaffen worden sind (sog. vorbestehende Werke wie Roman, Bühnenstück, Schlagermusik), und solchen, die gezielt für die Projektierung des Films entstehen (Treatment, Drehbuch, spezielle Filmmusik, Filmdekoration, Masken und Kostüme). Den Werken der letztgenannten Gruppe wird mit beachtlichen Gründen ein **Doppelcharakter** attestiert: Ihre Schöpfer seien wegen der Ausstrahlungs- und Integrationswirkung in Bezug auf das Filmwerk sowohl Filmmiturheber als auch Alleinurheber ihrer Beiträge (Bohr S. 44ff. und ZUM 1992, 121, 124ff.; Schricker-Katzenberger Rdnr. 69; anders die h. M.: § 23 Bem. 6; v. Gamm § 2 Bem. 18, 23; § 89 Bem. 7a, 9c; Ulmer[3] § 36 II 2, 3; Möhring-Nicolini § 88 Bem. 5e, § 89 Bem. 7a, 9c; weitere Nachweise bei Schricker-Katzenberger Rdnr. 64). Praktische Konsequenzen dieses Meinungsstreits sind nicht ohne weiteres ersichtlich. Auch nach der Lehre vom Doppelcharakter

ist § 88 auf Verträge, die die Rechtseinräumung filmbestimmt geschaffener Werke zum Gegenstand haben, anwendbar (Schricker-Katzenberger Rdnr. 71 und § 88 Rdnr. 16–22). Auf die Art der Namensnennung hat die Lehre vom Doppelcharakter (entgegen Schricker-Katzenberger Rdnr. 73) keinen Einfluß, da der Nennungsanspruch des Urhebers sich unter jedem denkbaren Gesichtspunkt nach § 13 bestimmt und der Urheber in seiner Funktion (z. B. als Drehbuchverfasser), nicht aber als „Miturheber des Filmwerks" zu nennen ist. Zusätzliche Vergütungsansprüche wären nicht gerechtfertigt, weil es sich unter beiden Aspekten um ein und dieselbe schöpferische Leistung handelt; eine angemessene Beteiligung am Vergütungsaufkommen z. B. aus § 54 Abs. 1 (diese fordert Katzenberger ZUM 1988, 545, 554f. speziell für Filmarchitekten und Kostümbildner) steht den betroffenen Berufsgruppen bereits in ihrer Eigenschaft als Urheber der filmbestimmt geschaffenen Werke zu (§ 54 Bem. 3b).

Die **RBÜ** enthält in **Art. 14bis** eine (vertraglich abdingbare) Legitimations- 23
vermutung für den Filmhersteller. Hinsichtlich der unter Art. 14bis fallenden Rechte gilt der Filmhersteller im Zweifel als Inhaber der zur Vorführung, Sendung und Synchronisation des Films benötigten Rechte. Art. 14 gewährt Mindestrechte für den Urheber vorbestehender Werke. Dabei sind die Anwendungsbereiche von § 88/Art. 14 RBÜ und § 89/Art. 14bis RBÜ **keineswegs deckungsgleich.** Vielmehr ist wie folgt zu unterscheiden:
- Art. 14 RBÜ: Urheber von Werken, die nicht für Filmzwecke geschaffen worden sind, aber filmisch bearbeitet werden können (z. B. Roman, Bühnenstück);
- § 88: Urheber verfilmter Werke, d. h. solcher Werke, die sich gesondert vom Filmwerk verwerten lassen, gleichgültig, ob sie für Filmzwecke geschaffen worden sind oder nicht, Bem. 21, 22 und § 88 Bem. 4 (z. B. Roman, Filmmusik, Drehbuch);
- Art. 14bis: Beteiligte an der Herstellung eines Filmwerks im Sinne solcher Personen, die urheberrechtliche Beiträge zur Herstellung eines Filmwerkes geleistet haben, ohne Urheber vorbestehender Werke nach Art. 14 RBÜ oder ausübende Künstler zu sein; aus diesem Kreis sind gem. Art. 14bis Abs. 3 RBÜ in der Regel Drehbuch- und Dialogautor, Filmkomponist und Hauptregisseur ausgenommen, so daß Art. 14bis RBÜ im wesentlichen nur für die Verfasser vorbereitender Filmmanuskripte (Treatment, Exposé), Regieassistenten, Kameraleute, Cutter und Tonmeister zum Zuge kommt;
- § 89: Urheber des Filmwerkes, also Hauptregisseur, Regieassistent, Kameramann, Cutter, Tonmeister, Beleuchter.

Erster Abschnitt · **Filmwerke**

§ 88 Recht zur Verfilmung

(1) Gestattet der Urheber einem anderen, sein Werk zu verfilmen, so liegt darin im Zweifel die Einräumung folgender ausschließlicher Nutzungsrechte:
1. das Werk unverändert oder unter Bearbeitung oder Umgestaltung zur Herstellung eines Filmwerkes zu benutzen;
2. das Filmwerk zu vervielfältigen und zu verbreiten;
3. das Filmwerk öffentlich vorzuführen, wenn es sich um ein zur Vorführung bestimmtes Filmwerk handelt;
4. das Filmwerk durch Funk zu senden, wenn es sich um ein zur Funksendung bestimmtes Filmwerk handelt;

5. Übersetzungen und andere filmische Bearbeitungen oder Umgestaltungen des Filmwerkes in gleichem Umfang wie dieses zu verwerten.

(2) Die in Absatz 1 bezeichneten Befugnisse berechtigen im Zweifel nicht zu einer Wiederverfilmung des Werkes. Der Urheber ist im Zweifel berechtigt, sein Werk nach Ablauf von zehn Jahren nach Vertragsabschluß anderweit filmisch zu verwerten.

(3) Die vorstehenden Bestimmungen sind auf die in den §§ 70 und 71 bezeichneten Schutzrechte entsprechend anzuwenden.

Übersicht

1 Die Bestimmung ist als **gesetzliche Auslegungsregel** eine spezielle Ausprägung der allgemein im Urhebervertragsrecht anzuwendenden Zweckübertragungstheorie des § 31 Abs. 5 (Movsessian UFITA 79 [1977], 212, 220). Soweit § 88 nicht eingreift, ist wiederum § 31 Abs. 5 anwendbar (BGH GRUR 1974, 786 *Kassettenfilm;* BGH GRUR 1976, 382 *Kaviar;* BGHZ 67, 56 *Schmalfilmrechte*), d. h. außerhalb der unmittelbaren Vermutungswirkung des § 88 genießt § 31 Abs. 5 Vorrang. Bei der Regelung der §§ 88ff. hatte der Gesetzgeber im wesentlichen die Kinofilme, nur am Rande die Fernsehfilme im Auge (vor § 88 Bem. 10). Videogramme (vor § 88 Bem. 7) sind dem Gesetzgeber noch nicht bekannt gewesen. Demgemäß läßt § 88 für die Anwendung des allgemeinen Zweckübertragungsprinzips im Filmbereich viel Raum. Insbesondere bestimmt sich der Umfang der in Abs. 1 Nr. 1–5 erwähnten Rechte wiederum nach dem Zweckübertragungsprinzip (Schricker-Katzenberger Rdnr. 10).
Zur Einschränkung des Rechts der Vervielfältigung und Verbreitung des Filmwerks bei Vorführ- und Fernsehfilmen Bem. 17–19. Die Vermutungen des § 88 Abs. 1 und 2 gelten nur „im Zweifel". Sie können durch die Anwendung der allgemeinen Zweckübertragungstheorie (§ 31 Abs. 5) widerlegt werden. Handelt es sich beispielsweise bei dem Erwerber eines Verfilmungsrechts um eine Universität, die ein zu Lehrzwecken veranstaltetes Happening auf Videoband aufgrund der Einwilligung des Urhebers aufzeichnet, so ist damit die Erlaubnis zur Verwertung der Aufzeichnung zu außeruniversitären Zwecken, auch soweit Verwertungshandlungen nach § 88 Abs. 1 und 2 in Frage stehen, nicht gedeckt (BGH GRUR 1985, 529, 530 *Happening*).

2 Soweit sich die Einräumung von Nutzungsrechten auf **noch nicht bekannte Nutzungsarten** erstreckt, wird der Rechtserwerb durch § 31 Abs. 4 vereitelt; § 88 ist auch insoweit nachrangig (Schricker-Katzenberger Rdnr. 7). Dieser Grundsatz kann – je nach dem Zeitpunkt des Vertragsabschlusses – bei Verträgen über die Nutzung von Filmen im Wege der Videoauswertung (Bem. 14, 19), durch Privatfernsehen (Pay-TV, Kabel- und Satellitenrundfunk, Bem. 23) und für sehr lange zurückliegende Verträge über die Ausstrahlung des Films im Fernsehen (§§ 31, 32 Bem. 14) von praktischer Bedeutung sein.

Die sich auf die **filmische Bearbeitung** und **Umgestaltung** beziehende Auslegungsregel nach Abs. 1 Nr. 1 verdrängt insoweit die gegenläufige Regel des § 37 Abs. 1. Vorrangig sind gleichermaßen die sich auf das Recht zur Aufnahme auf Bild- und Tonträger und deren Vervielfältigung und Verbreitung beziehenden Vermutungsregeln des Abs. 1 Nr. 1 und 2 gegenüber der gegenteiligen Regel des § 37 Abs. 2. Zu beachten ist ferner der ausdrückliche Ausschluß der Rechte aus §§ 34, 35, 41 und 42 für die Verwertungsbefugnisse, die das Gesetz in Abs. 1 Nr. 2–5 dem Filmhersteller am Film selbst im Rahmen der gesetzlichen Auslegungsregeln zuspricht: Nicht über das Verfilmungsrecht selbst (Abs. 1 Nr. 1), wohl aber über die weiteren Nutzungsbefugnisse am Filmwerk soll der Filmhersteller im Zweifel durch Weiterübertragung an Dritte oder Vergabe einfacher Nutzungsrechte frei verfügen dürfen, ohne sich Rückrufsansprüchen ausgesetzt zu sehen. Die Rechte aus § 36 verbleiben dem Urheber der verfilmten Werke, nicht aber dem Filmurheber. 3

Die der **Verfilmung zugänglichen Werke** (§ 88) sind von denjenigen zu unterscheiden, die die bei der Herstellung des Films mitwirkenden Urheber (§ 89) erbringen. Der Auslegungsregel des § 88 unterliegen alle Werke, bei denen eine selbständige Verwertbarkeit, „vom Filmwerk unterscheidbar und gesondert" (Begr. S. 100) gegeben ist. Ob das betreffende Werk unabhängig vom Filmprojekt geschaffen worden ist (wie z. B. Roman, Kurzgeschichte, Novelle) oder im Auftrag des Filmherstellers als Filmmanuskript **(Exposé, Treatment, Drehbuch)** oder als Filmmusik, ist insoweit gleichgültig (allg. M.; vgl. vor § 88 Bem. 22). Das Filmexposé ist ein textlicher Entwurf, der die Filmfabel und den Handlungsablauf skizzenhaft schildert; es hat in aller Regel Werkcharakter, vor allem dann, wenn eine eigenständig erfundene Fabel entwickelt wird. Unter einem Treatment ist die filmbezogene Ausarbeitung zu verstehen; es enthält bereits die Aufgliederung der fortlaufenden Handlung nach Schauplätzen, Szenen oder Bildern, die Charaktere der mitwirkenden Personen werden detaillierter herausgearbeitet, gegebenenfalls, aber nicht notwendigerweise sind auch bereits die Dialoge roh entworfen oder angedeutet. Wird das Treatment aus dem Exposé eines anderen Urhebers entwickelt, liegt regelmäßig eine Bearbeitung (§ 3) vor. Dasselbe gilt entsprechend für das Rohdrehbuch, das gegenüber dem Treatment sämtliche Dialoge vollständig im Entwurf festlegt. Das kurbelfertige Drehbuch bringt eine textliche Gesamtdarstellung des geplanten Films mit allen für die Aufnahmearbeiten erforderlichen Einzelanweisungen. Einbezogen sind in aller Regel alle akustischen (Dialoge, Geräusche, Musik) und optischen Vorgänge (Szenen, Einstellungen nebst technischen und dramaturgischen Regieanweisungen). Zu den Schutzmöglichkeiten von Filmmanuskripten und anderen Vorarbeiten zum Film unter urheber-, wettbewerbs- und vertragsrechtlichen Gesichtspunkten Schwarz ZUM 1990, 317ff. 4

In Übereinstimmung damit bestimmt **§ 89 Abs. 3,** daß die Urheberrechte an den zur Herstellung des Filmwerks benutzten Werke, wie Roman, Drehbuch und Filmmusik, unberührt bleiben, mithin die Vergabe von Filmverwertungsrechten an diesen Werken sich nicht nach § 89 bestimmt. Für sie kommt in seinem Anwendungsbereich § 88 zum Tragen. Der Verfilmung unterliegende Sprachwerke sind neben Exposé, Treatment und Drehbuch (Bem. 4) auch die deutsche **Synchronfassung** eines fremdspra- 5 chigen Films, obwohl auch sie auf die einzelnen Filmszenen genau abgestimmt ist. Erich Kästners deutsche Fassung zu *All about Eve* läßt sich wie jedes andere Drehbuch in der Suhrkamp-Reihe *Spectaculum* drucken, als Grundlage einer Wiederfilmung des gleichen Stoffes verwerten oder als Hörspiel senden (ebenso Schricker-Katzenberger Rdnr. 18). Die Gegenansicht (LG München I FuR 1984, 534, 535) übersieht, daß die schutzwürdige Leistung der eigentlichen Filmurheber gerade in der schöpferischen Zusammenfassung (Verbindung) von selbständigen Werken verschiedener Werkgattungen liegt. Das Filmwerk wird erst als „Gesamtkunstwerk" (§ 2 Bem. 76) zu einer eigenen Werkgattung.

6 Neben den zur Verfilmung geeigneten Sprachwerken gehören zu den verfilmbaren Werken gem. § 88 auch Werke der Musik (§ 2 Abs. 1 Nr. 2), pantomimische Werke einschließlich Werke der Tanzkunst (§ 2 Abs. 1 Nr. 3) und Werke der bildenden Kunst einschließlich der Werke der Baukunst und der angewandten Kunst (§ 2 Abs. 1 Nr. 4). Auch wenn die Filmmusik der dramaturgischen Bildfolge im Detail angepaßt wird, läßt sie sich stets gesondert vom Filmwerk verwerten. Dasselbe gilt entsprechend für Filmbauten, Filmdekorationen und Filmkulissen. Die Leistungsergebnisse der Filmarchitekten, Dekorateure, Kostümbildner (ausführlich zu diesen Berufsgruppen Katzenberger ZUM 1988, 545) und Choreographen lassen sich regelmäßig gesondert verwerten, z. B. für einen anderen Film, durch Vervielfältigung außerhalb von Filmen, im Rahmen von Bühneninszenierungen usw. Also sind auch die Schöpfer von Werken dieser Werkkategorien nicht Urheber des Filmwerks nach § 89, sondern Urheber verfilmter Werke nach § 88. Auch Kostüme, Masken und Figuren sind gesondert verwertbar, sogar die zeichnerische Vorlage für einen Zeichentrickfilm (Animation).

7 Werden aus Werken der vorstehend genannten Art nur **einzelne Elemente** in die Verfilmung übernommen (z. B. der Teilausschnitt aus einem Gemälde wird in starker Vergrößerung als Hintergrundkulisse eingesetzt) oder beschränkt sich die Übernahme darauf, den Gang der Handlung mit bestimmten inhaltlichen Elementen in charakteristischer Weise derart anzureichern, daß dem betreffenden Anreger für seinen Beitrag Urheberschutz zuzusprechen ist (vgl. Schricker-Katzenberger Rdnr. 15) und die Verwertung nicht lediglich frei benutzend (§ 24) erfolgt, bestimmt sich der hierzu erforderliche Rechtserwerb wiederum nach § 88 (und nicht nach § 89). Die Frage nach der gesonderten Verwertbarkeit solcher Einzelbeiträge braucht nicht danach beurteilt zu werden, ob eine konkrete Vermarktungschance außerhalb des Filmprojekts nachweisbar wäre. Es genügt die Feststellung, daß die Verwertung solcher fragmentarischer Beiträge außerhalb des Films gedanklich möglich ist.

8 Die Auslegungsregel des § 88 bezieht sich nur auf Verträge über Nutzungsrechte, die von Urhebern und den in §§ 70, 71 genannten Schutzrechtsinhabern **(Abs. 3)** abgeleitet sind. Auf Verträge über Rechte der ausübenden Künstler ist die Bestimmung weder direkt noch analog anzuwenden. Für diese gilt die Sonderregel des § 92.

9 § 88 regelt die Auslegung von Verträgen, die die Benutzung eines urheberrechtlich geschützten Werkes zur Herstellung eines Films zum Gegenstand haben. Wird das Verfilmungsrecht an urheberrechtlich geschützten Werken nicht unmittelbar vom Urheber vergeben, sondern – als abgeleitetes

Nutzungsrecht – z. B. durch einen Verlag, ist § 88 auch zur Auslegung solcher Verträge anwendbar (Schricker-Katzenberger Rdnr. 28; zur Zweckübertragungstheorie allg. §§ 31, 32 Bem. 26; a. M. Möhring/Nicolini Bem. 4b). Maßgebend ist der Vertragsgegenstand (Verfilmungsrecht), nicht die Person der Vertragsparteien und nicht deren Verwertungsabsicht (z. B. Einsatz als Werbefilm). Betrifft der Vertrag indes die Verwertung des (fertigen) Films, z. B. im Wege des Abschlusses eines Verleihvertrages, zur Ausstrahlung des Films im Fernsehen oder durch Videovertrieb, ist kein Raum für eine Heranziehung des § 88 (vor § 31 Bem. 65–67; vor § 88 Bem. 13; Schricker-Katzenberger Rdnr. 31).

Den in Abs. 1 Nr. 1–5 niedergelegten Vermutungsregeln ist gemeinsam, daß der Filmhersteller im Zweifel eine **ausschließliche** Rechtsposition (§ 31 Abs. 3) hinsichtlich der dort genannten Befugnisse erwirbt. Zur teilweisen Einschränkung durch Abs. 2 Bem. 26. Die Befugnisse nach Nr. 2–5 betreffen die Nutzung des Films, der durch Verfilmung des (benutzten) Werkes hergestellt worden ist. Das in Nr. 1 behandelte Verfilmungsrecht bezieht sich zwar zunächst auf die Nutzung des zugrundeliegenden Werkes durch Verfilmung, seine Einräumung durch den Urheberberechtigten erfolgt allerdings nur nach Maßgabe der damit verknüpften Nutzungsarten (z. B. zur Verfilmung in einem Fernsehfilm für die Dauer von 10 Jahren) (Bem. 13). 10

Abs. 1 Nr. 1

Wird ein Werk zur Filmherstellung benutzt, liegt darin **verwertungsrechtlich** eine Vervielfältigung des zugrundeliegenden Werkes im Sinne des § 16 Abs. 2. Allerdings geht das benutzte Werk im Film nicht völlig unverändert auf. Mindestens wird es in ein anderes Medium integriert; inwieweit das benutzte Werk selbst bei diesem Einfügungsvorgang verändert wird, hängt von der Art des Werkes und vor allem der Art der Verfilmung ab. Z. B. kann ein Musikwerk zur bloßen Untermalung ungekürzt in den Film eingefügt werden. Dient das Kapitel eines Romans als Handlungsfaden einer Nebenepisode des Films, nachdem es vom Drehbuchverfasser in einigen Details noch umgestaltet worden ist, so liegen erhebliche Veränderungen vor. Unabhängig vom Grad des Eingriffs in die Werksubstanz macht § 23 Satz 2 bereits den Verfilmungsvorgang als solchen von der Einwilligung des Urhebers des verfilmten Werkes abhängig. Durch die Verfilmung können ferner die Befugnisse des Urhebers aus §§ 14, 39 tangiert sein. Nach der gesetzlichen Auslegungsregel gem. Nr. 1 erwirbt der Filmhersteller, dem das Recht zur Werkverfilmung eingeräumt wird, mit dem erworbenen Nutzungsrecht im Zweifel auch die Befugnis, das Werk in bearbeiteter oder umgestalteter Fassung zu benutzen. Der Urheber des benutzten Werks kann gegenüber dem fertiggestellten Film gem. § 93 letztendlich nur **gröbliche** Werkentstellungen verhindern (§ 93 Bem. 3–5). 11

Das Recht, das Werk über die schon in der Verfilmung liegende Bearbeitung hinaus (§ 23 Bem. 6) zu **bearbeiten,** d. h. inhaltlich zu ändern, kann **vertraglich abbedungen** werden. Eine dahingehende Befugnis ist freilich für den Filmhersteller unerläßlich, soweit es sich um vorbestehende Werke im eigentlichen Sinne (Romane, Bühnenwerke usw.) handelt; nicht jeder Schriftsteller kann oder will auch Drehbücher schreiben. Das auf Inhaltsän- 12 derung gerichtete Bearbeitungsrecht des Produzenten ist jedoch mangels ausdrücklicher Vereinbarung dann als stillschweigend ausgeschlossen anzusehen, wenn es sich bereits um das Drehbuch handelt. Das ergibt sich aus der beiderseitigen Interessenlage: Der Drehbuchautor, der später im Filmvorspann mit seinem Namen für sein Werk einstehen muß, hat ein wesentliches Interesse daran, etwa gewünschte oder notwendige Änderungen selbst vornehmen zu können. Ein schutzwürdiges Interesse des Produzenten, ihn davon auszuschließen, ist nicht erkennbar; er kann sich vor Mängeln schützen, indem er sich bei Auftragswerken das Recht der Abnahme vorbehält oder den Erwerb eines bereits fertig vorliegenden Drehbuchs von bestimmten Änderungen abhängig macht. Ist ausnahmsweise eine Bearbeitung durch den Produzenten erforderlich (etwa, weil der Drehbuchautor nicht tätig werden will oder weil nur einzelne Teile eines Drehbuchs in einem Film Verwendung finden sollen), so muß insoweit eine ausdrückliche Vereinbarung getroffen werden.

13 Die sonstige Ausformung des Verfilmungsrechts bestimmt sich nach den allgemeinen Regeln zur **verkehrsfähigen Nutzungsart** (§§ 31, 32 Bem. 5–8) und den – dinglich wirkenden – räumlichen, zeitlichen und inhaltlichen Einschränkungsmöglichkeiten entsprechend § 32. Das Verfilmungsrecht kann z. B. mit der inhaltlichen Einschränkung vergeben werden, das Werk ausschließlich zur Herstellung eines Videofilms zu benutzen oder nur ein Filmwerk mit einem bestimmten Inhalt herzustellen (BGH GRUR 1957, 611, 612 *Bel ami;* Schricker-Katzenberger Rdnr. 34). Eine zulässige inhaltliche Einschränkung mit dinglicher Wirkung wäre – neben den gängigen Typisierungen als Kino-, Fernseh- und/oder Videofilm – etwa die Vergabe des Verfilmungsrechts an der Verwendung von Musikwerken zur Einfügung in einen Film, der nach einem bestimmten Stoff gedreht wird. Nicht typisierbare Vorgaben zur inhaltlichen Ausgestaltung, die mit der Vergabe von Verfilmungsrechten verknüpft werden, haben lediglich schuldrechtliche Wirkung.

14 **Musikverfilmungsrecht („Filmherstellungsrecht").** Wird in einem Film urheberrechtlich geschützte Musik verwendet, hat der Filmhersteller vom Berechtigten das darauf bezogene Verfilmungsrecht (herkömmlich als „Filmherstellungsrecht" bezeichnet) zu erwerben. Sendeunternehmen werden die zur Sendung erforderlichen Rechte in der Regel durch die GEMA pauschal eingeräumt. Die Rechtevergabe zur Nutzung des Films in Lichtspieltheatern wird nach folgenden Regeln praktiziert: Sofern es sich um bereits veröffentlichte Musikwerke (Musik mit und ohne Text) handelt, verfügt über das Musikverfilmungsrecht der berechtigte Musikverlag (bei nicht verlegten Werken der Urheber unmittelbar), vorausgesetzt, der Verlag (Urheber) teilt der GEMA innerhalb von vier Wochen ab Kenntnis von der Filmverwertung schriftlich mit, daß er die Rechte im eigenen Namen wahrnehmen möchte. Erfolgt eine solche Mitteilung nicht, verbleibt es bei der (auflösend bedingten) Rechtseinräumung an die GEMA, die in diesem Fall das Musikverfilmungsrecht für die Urheberseite wahrnimmt (entsprechend der Neufassung des GEMA-Wahrnehmungsvertrages 1986; bei subverlegten Werken beträgt die Ausübungsfrist drei Monate, GEMA-Nachrichten Nr. 137 von Oktober 1989; vgl. Becker ZUM 1993, 53, 56f.). Im Zusammenhang mit der Auswertung älterer Kinospielfilme durch Fernsehausstrahlung und Videovertrieb bedarf es des Nacherwerbs der hierauf bezogenen Nutzungsrechte (Videozweitauswertungsrecht). Musikverlag, GEMA und Verwerterunternehmen können sich zum Nachweis ihrer Befugnisse zur Videonutzung gem. § 31 Abs. 4 nur auf solche vertraglichen Vereinbarungen erfolgreich stützen, die nach Bekanntwerden dieser Nutzungsart abgeschlossen wurden (BGHZ 95, 274, 283 *GEMA-Vermutung I;* BGH GRUR 1991, 133, 136 *Videozweitauswertung;* §§ 31, 32 Bem. 15). Hieraus erwachsen häufig Musikverlagen, die sich auf Musikrechte (ggf. schon seit längerem) verstorbener Komponisten stützen, Schwierigkeiten, den Nacherwerb seitens aller Rechtsnachfolger nachzuweisen; im Einzelfall kann das Notverwaltungsrecht (entsprechend § 744 Abs. 2 BGB) weiterhelfen (vgl. § 8 Bem. 24). Zur Anwendung des § 31 Abs. 4 auf Wahrnehmungsverträge der GEMA vgl. §§ 31, 32 Bem. 17. Unbehelflich ist demgegenüber der Einwand, durch Zahlung an die GEMA für die „mechanischen Rechte" sei das Recht zur Videonutzung des Films abgegolten (Argument der „Doppelzahlung"). Denn der Urheberberechtigte an der Musik läßt sich bei der Bewilligung des Videozweitverwertungsrechts nicht anders als etwa der Urheber des verfilmten Romans seinen Verzicht auf den ihm zustehenden Verbotsanspruch vergüten, während die VerwGes sich die Verwertungshandlungen selbst nach Maßgabe ihrer Tarife unter Berücksichtigung eines Zweitverwertungsabschlages abgelten läßt. Der Rechtsposition der Urheberberechtigten kann auch nicht mit Erfolg entgegengehalten werden, mit der einmal erfolgten Herstellung des Films sei das „Filmherstellungsrecht" verbraucht, denn das Musikverfilmungsrecht beinhaltet verwertungsrechtlich in jedem Falle das Vervielfältigungsrecht (Bem. 11); die Nutzungsrechte daran werden im Rahmen der allgemeinen Regeln (BGH GRUR 1969, 143, 144f. *Curt-Goetz-Filme II;* GRUR 1974, 786 *Kassettenfilm;* GRUR 1976, 382 *Kaviar;* GRUR 1977, 42 *Schmalfilmrechte*) zweckgebunden eingeräumt, sie können zeitlich befristet und räumlich eingeschränkt vergeben werden (Ch. Krüger FS Reichardt S. 79, 85; Budde S. 637, 656, in: Moser/Scheuermann; a. M. Joch FS W. Schwarz S. 31, 132; Schwarz-Schwarz ZUM 1988, 429, 432; Scheuermann S. 96ff. 108). Eine zur Videonutzung bestimmte Filmkopie, deren Herstellung zu diesem Verwertungszweck nicht durch das erforderliche Musikverwertungsrecht gedeckt ist und für die das eingeräumte Nutzungsrecht zeitlich abgelaufen ist, unterliegt als rechtswidrig hergestelltes Vervielfältigungsstück den Verbotsrechten aus § 96 (Ch. Krüger FS Reichardt S. 79, 86).

Die Rechte des Filmherstellers nach Abs. 1 **beginnen** erst mit dem Wirksamwerden der Verfilmungserlaubnis aus § 23. Während des Bestehens eines Vorvertrages (Optionsvertrages) ist jede Veröffentlichung und Verwertung einer Bearbeitung oder gar eine Verfilmung unzulässig (BGH GRUR 1963, 441, 443 *Mit Dir allein,* in der Frage der Erstfixierung überholt, vgl. § 23 Bem. 5). 15

Der Filmhersteller erwirbt das Verfilmungsrecht nur für das vertraglich vorgesehene **bestimmte Filmvorhaben.** Er darf insbesondere Kompositionen und Schlagertexte, deren Verwendung für einen bestimmten Film ihm gestattet wurde, nicht in einem anderen Film einsetzen (BGH GRUR 1957, 611f. *Bel ami*). Das gleiche gilt für Drehbücher (BGH UFITA 24 [1957], 399, 406 *Lied der Wildbahn II*). 16

Nr. 2

17 Die in **Nr. 2** genannte Befugnis, das Filmwerk zu vervielfältigen und zu verbreiten, gilt lediglich im Rahmen der Nutzungsart(en), auf die sich die Rechtseinräumung erstreckt; sie stellt selbst keine eigenständige Nutzungsart dar. Da der Gesetzgeber im wesentlichen die Kino- und Fernsehfilmverwertung im Auge hatte (Bem. 1), zielt Nr. 2 bei gestatteter Kinoauswertung auf die zusätzlich erlaubte Vervielfältigung und Verbreitung der benötigten Filmkopien, um die Vorführtätigkeit auf breiter Basis in Gang zu setzen (so bereits BGHZ 9, 262, 265 *Lied der Wildbahn*). Bei Fernsehfilmen ist es dem Berechtigten durch Nr. 2 gestattet, Kopien zur Erleichterung der eigenen Sendetätigkeit und zur Weiterverbreitung an andere zur Sendung befugte Sendeunternehmen weiterzugeben.

18 Kopien für **andere Zwecke,** z. B. für die Auswertung auf Videokassetten, darf er nur ziehen, wenn ihm das ausdrücklich gestattet ist. Ein Verfilmungsvertrag über einen zur Auswertung im Fernsehen bestimmten Film, der u. a. auch das Recht „zur Vervielfältigung und Verbreitung für alle Rundfunk- und Filmzwecke" einschließt, berechtigt nicht dazu, Schmalfilme für die Vorführung im privaten Bereich herzustellen und zu vertreiben, ferner auch nicht dazu, von dem für Fernsehzwecke geschaffenen Film Kassettenfilme im Super-8-Format zur Wiedergabe im nichtöffentlichen Bereich (durch Projektoren oder mittels Zusatzgeräten auf dem Fernsehschirm) in den Verkehr zu bringen (BGH GRUR 1974, 786 *Kassettenfilm*). Filmmusikverträge, die die Auswertung von Spielfilmen betreffen, sind primär zur öffentlichen Vorführung bestimmt und übertragen das Vervielfältigungs- und Verbreitungsrecht daher nur in diesem Rahmen; zur nicht-öffentlichen Vorführung bestimmte Vervielfältigungs- und Verbreitungsrechte überträgt der Komponist durch einen derartigen Vertrag somit nicht (BGH GRUR 1977, 42 *Schmalfilmrechte* mit Anm. Reimer für Verträge nach Inkrafttreten des UrhG).

19 Soweit es eine **Primärproduktion für Videozwecke** gibt (bisher vor allem zu Zwecken von Lehre, Wissenschaft, Dokumentation, als Musikvideo, als Kunstform der Avantgarde sowie als Pornoproduktion), erwirbt der Produzent etwa entstehende urheberrechtliche Nutzungsrechte unmittelbar vom Urheber. Überwiegend werden zum Zwecke der Videoauswertung zwischen Filmhersteller und dem Auswertungsunternehmen **Videolizenzverträge** geschlossen (Vertragsmuster: Münchener Vertragshandbuch Band 3 IX Nr. 44). Die vom Urheber der Universität erteilte Einwilligung, ein zu Lehrzwecken veranstaltetes Happening auf Videoband aufzuzeichnen, umfaßt nicht die Verwertung der Videoaufzeichnung zu außeruniversitären Zwecken, z. B. durch Verkauf von Kopien an einen Kunstverein (BGH GRUR 1985, 529, 530 *Happening;* KG GRUR 1984, 507, 508 *Happening*). Bei der Beurteilung älterer Verträge ist zu beachten, daß die Videoauswertung früher eine unbekannte Nutzungsart war, so daß hierauf gerichtete Rechtseinräumungen aus dieser Zeit nach § 31 Abs. 4 unwirksam sind (§§ 31, 32 Bem. 15). Im Zweifel gelten die Videoauswertungsrechte als nicht eingeräumt (OLG München GRUR 1983, 571, 572 *Spielfilm-Videogramme;* OLG Hamburg ZUM 1986, 151, 155; OLG Köln GRUR 1983, 568, 570 *Video-Kopieranstalt*).

Nr. 3 und 4

20 Bereits BGH GRUR 1960, 197, 199 *Keine Ferien für den lieben Gott* war davon ausgegangen, daß es sich bei der Kino- und Fernsehauswertung um zwei getrennte Nutzungsarten handelt, die im Zweifel nicht beide zugleich eingeräumt werden. Vielmehr bedeute „Verfilmung" im Zweifel nur Vervielfältigung zu Vorführzwecken; die Übertragung der „alleinigen Schmalfilmauswertungsrechte in ihrer Gesamtheit" bezieht sich demnach nur auf eine Verwertung zu Vorführzwecken, nicht auch auf die Fernsehsenderechte.

21 Nach Inkrafttreten des UrhG hat der Bundesgerichtshof diese Linie konsequent fortgesetzt, und zwar sowohl für Nutzungsverträge, die noch nach altem Recht zu beurteilen waren, als auch für später abgeschlossene Verträge. Das Verfilmungsrecht für zur Vorführung in Lichtspieltheatern bestimmte Filme schließt nicht automatisch das Senderecht ein; die Auswertungsbefugnis durch Sendung muß ausdrücklich vereinbart werden und umgekehrt (BGH GRUR 1969, 143, 144f. *Curt-Goetz-Filme II;* BGH GRUR 1969, 364, 366 *Fernsehauswertung*). Die Einräumung der ausschließlichen fernsehmäßigen Verwertungsrechte an einem Fernsehfilm über den Segelflugsport an eine Rundfunkanstalt beläßt den Urhebern das Recht, eine Videoaufzeichnung des Films auf dem Ausstellungsstand einer Luftfahrtausstellung öffentlich vorzuführen (OLG Frankfurt GRUR 1989, 203, 204 *Wüstenflug*, allerdings mit irriger Annahme der Verletzung des Zweitwiedergaberechts aus § 22 anstelle des betroffenen Rechts aus § 19 Abs. 4).

22 Wann ein **Filmwerk zur Vorführung,** wann **zur Funksendung** und wann **zur Vervielfältigung und Verbreitung zum Zwecke nicht-öffentlicher Vorführung** bestimmt ist, läßt das Gesetz offen. Erfolgte die Übertragung des „Verfilmungsrechts" ohne nähere Bezeichnung noch zu einer Zeit, als das Fernsehen in Deutschland unbekannt war, konnte natürlich nur die Auswertung als Vorführung gemeint sein (OLG München UFITA 65 [1972], 268 *Karl Valentin*). Das gleiche ist im Zweifel auch bei späteren Verfügungen anzunehmen, die ohne nähere Angabe des Umfangs der Auswertungsbefugnis zugunsten von Filmproduzenten erfolgten. Zur Auslegung des beiderseitigen Parteiwillens ist bei heutigen Verfügungen auf die Umstände des Einzelfalls abzustellen, wie Person des Rechtserwerbers oder Auftraggebers (Filmproduzent oder Auftragsproduzent für Sendeunternehmen), Bezeichnung des Filmwerks (Spielfilm, Fernsehspiel, Werbefilm), Aufzeichnungsverfahren (Filmaufzeichnung, Magnetaufzeichnung), Zweck der Produktion usw. (vgl. Möhring/Nicolini Bem. 7b; Schricker-Katzenberger Rdnr. 44). Ein Betrieb, der in erster Linie auf den Handel mit Filmen zugeschnitten ist, erwirbt beim Ankauf von Filmen nicht stillschweigend das Vorführungsrecht nur deshalb, weil in dem Betrieb nebenher auch Filme vorgeführt werden (OLG Düsseldorf GRUR 1979, 53, 54 *Laufbilder* für sog. Sex-Shops).

23 **Kabel- und Satellitenfernsehen.** Beim **Kabelfernsehen** (vor § 31 Bem. 54) handelt es sich bei richtiger Betrachtungsweise (str., vgl. §§ 31, 32 Bem. 16) um eine eigenständige abgrenzbare Nutzungsart und nicht lediglich um ein „neues technisches Mittel, mit dem die Fernsehanstalten den Zuschauern Fernsehprogramme anbieten" (so aber OLG Hamburg GRUR 1989, 590 *Kabelfernsehen;* anderenfalls hätte es hinsichtlich der Vergütungsre-

gelung keiner ergänzenden Vertragsauslegung im Hinblick auf das bei Vertragsabschluß noch nicht bekannte Kabelfernsehen bedurft). Der Sinn des Zweckübertragungsprinzips (§ 31 Abs. 5) und seine Ausprägung in § 31 Abs. 4 liegt gerade darin, den Urheber vor seiner Verfügung über Nutzungsrechte zu bewahren, deren wirtschaftliche Auswirkungen er bei der Rechtevergabe mangels Bekanntheit noch nicht übersehen kann. Im Zweifel umfaßt deshalb die Einräumung des Verfilmungsrechts für einen Fernsehfilm nicht zugleich die Befugnis zur Verwertung im Kabelfernsehen. Vertragsklauseln aus der Zeit vor der Bekanntheit dieser Nutzungsarten sind insoweit unwirksam (§ 31 Abs. 4). Dasselbe gilt entsprechend und erst recht für das **Satellitenfernsehen.** Die Sendeunternehmen verstehen darunter die Befugnisse, den Film vom Sendeland aus über Satelliten in beliebiger räumlicher Streuung ausstrahlen zu können (Rumphorst GRUR Int. 1992, 910, 912; vgl. auch vor § 31 Bem. 53). Wird einem terrestrisch ausstrahlenden Sendeunternehmen ein Verfilmungsrecht eingeräumt, umfaßt die Befugnis nicht eine Ausstrahlung durch Satelliten, da eine über das übliche Sendegebiet des Sendeunternehmens hinausgehende Rechtseinräumung vom Vertragszweck nicht abgedeckt wird. Anders verhält es sich, wenn ein primär über Satellit ausstrahlendes Sendeunternehmen als Erwerber des Verfilmungsrechts auftritt.

Nr. 5

24 Mit der Auslegungsregel nach Nr. 5 bezweckt der Gesetzgeber, dem Filmhersteller eine sinnvolle Auswertung des Films auch im Ausland zu gewährleisten (Begr. S. 98). Nr. 5 erlaubt deshalb neben der als selbstverständlich vorausgesetzten Herstellung auch die Verwertung des Filmwerkes in **übersetzter Fassung** sowie in Form **anderer filmischer Bearbeitungen** und **Umgestaltungen.** Eine gesetzliche Vermutung für die Einräumung eines Weltverfilmungsrechts im Sinne einer räumlich unbegrenzten Auswertungsbefugnis ist dem Gesetz indes nicht zu entnehmen (a. M. Schricker-Katzenberger Rdnr. 50). Die räumliche Erstreckung der Auswertungsrechte ist bei Fehlen ausdrücklicher Vereinbarungen vielmehr nach den allgemeinen Auslegungsgrundsätzen unter Beachtung der Zweckübertragungstheorie zu ermitteln. Dabei ist die in Nr. 5 eingeräumte Befugnis, den Film in allen denkbaren Sprachfassungen verwerten zu können, angemessen zu berücksichtigen. Zur Zweckauslegung eines älteren Drehbuchvertrages bereits KG GRUR 1933, 510. Zur vertraglichen Auslegung des internationalen Programmaustausches OLG Hamburg GRUR 1977, 556, 558 *Zwischen Marx und Rothschild;* zur Regelung in AGB BGH GRUR 1984, 45, 50 *Honorarbedingungen: Sendevertrag.*

25 Die Vermutungswirkung nach Nr. 5 beschränkt sich auf **filmische** Bearbeitungen (sprachliche Synchronisationen, Kurzfassungen, nachträgliche Änderungen einzelner Szenen), vor allem in Anpassung an andersartige Verhältnisse im Ausland. Sie erfassen nicht etwa das Recht, eine Bühnenfassung des Drehbuchs zu verwerten (Begr. S. 98; vgl. das in § 3 Bem. 1 erwähnte Beispiel *Die Trappfamilie*), ebensowenig die Verwertung von Filmausschnitten in anderen Filmwerken (Schricker-Katzenberger Rdnr. 53), erst recht nicht die Befugnis zur Neuverfilmung (Bem. 26–28).

Abs. 2

Daß die schlichte Einräumung des Verfilmungsrechts **keine Wiederverfilmung** zuläßt (Abs. 2 Satz 1), war schon vor Inkrafttreten des UrhG anerkannt (BGH GRUR 1957, 615f. *Ferien vom Ich* mit zustimmender Anmerkung von v. Erffa in GRUR 1957, 616; BGH UFITA 24 [1957], 399, 405 *Lied der Wildbahn III*). Vereinbarungen über die *remake*-Rechte bedürfen also einer ausdrücklichen Festlegung im Vertrag. Ergänzend gelten die allgemeinen Regeln zur Zweckübertragungstheorie (§§ 31, 32 Bem. 19–51). Ist das Wiederverfilmungsrecht jedoch eingeräumt, so kann es nur unter den Voraussetzungen des § 34 auf Dritte weiterübertragen werden; § 90 findet insoweit keine Anwendung. Hat der Urheber dem Nutzungsberechtigten im Verfilmungsvertrag bereits die Weiterübertragung des Verfilmungsrechts gestattet, später aber den Verfilmungsvertrag aufgelöst, und hatte der Nutzungsberechtigte inzwischen einem Dritten das Remake gestattet, fallen die Wiederverfilmungs-Rechte automatisch an den Urheber zurück (vor § 31 Bem. 10; § 34 Bem. 15; BGH GRUR 1958, 504, 506f. *Die Privatsekretärin* mit Anmerkung Ulmer in Schulze BGHZ 83, 16, 19). 26

Während der gesetzlichen 10-Jahres-Frist kann der Urheber insoweit keine anderweitigen Rechte vergeben, als er darüber bereits im Wege ausschließlicher Einräumung verfügt hat. Im Falle eines nach Abs. 1 Nr. 3 auszulegenden Nutzungsvertrages verbleibt zwar das Recht zur Vergabe von Verfilmungsrechten für Fernsehzwecke beim Urheber (Bem. 21). Diese (und andere) ihm verbleibende, von der Rechtseinräumung nicht umfaßte Nutzungsbefugnisse werden durch Abs. 2 Satz 2 nicht geschmälert (Begr. S. 98; Schricker-Katzenberger Rdnr. 58). Gleichwohl kann sich der Urheber auch insoweit an der Verfügung über solche Rechte (z. B. durch Sendung eines Fernsehmitschnitts einer Bühnenaufzeichnung, über deren Kinoverfilmung er zunächst verfügt hatte), unter der Voraussetzung gehindert sehen, als er damit die eingeräumte Nutzung stört (zu Enthaltungspflichten des Urhebers vor § 31 Bem. 15). Zur Auslegung einer freiwillig und unentgeltlich übernommenen Sendesperre einer Rundfunkanstalt zugunsten der Neuverfilmung desselben Stoffes KG UFITA 64 (1972), 298 *Die Feuerzangenbowle*. 27

Nach Ablauf von 10 Jahren seit Vertragsschluß ist der Urheber berechtigt, sein Werk **anderweitig filmisch zu verwerten (Abs. 2 Satz 2).** Demgemäß endet der Ausschließlichkeitscharakter des Verfilmungsrechts (Abs. 1) im Zweifel nach 10 Jahren seit Vertragsabschluß. Der Urheber kann nunmehr eine Wiederverfilmung erlauben. Überdies ist er von den in Bem. 24 genannten Enthaltungspflichten in jedem Falle befreit. Abs. 2 Satz 2 besagt nichts über die weitere Auswertungsbefugnis des Filmherstellers nach Ablauf der 10-Jahres-Frist. Die Auswertungsdauer bestimmt sich nach den sonstigen vertraglichen Vereinbarungen, bei Fehlen ausdrücklicher Abreden nach den Regeln der Zweckübertragungstheorie. 28

Das vom Gesetzgeber zur Regel erhobene Nebeneinander von weiterer Auswertungsbefugnis beim ersten Produzenten und Ermöglichung der Wiederverfilmung durch den Urheber birgt für den Hersteller des alten wie des neuen Films erhebliche Risiken in sich: Der erste Produzent kann in der Auswertung des von ihm hergestellten Filmes wirtschaftlich erheblich beeinträchtigt werden. Andererseits ist der Urheber nicht in der Lage, dem Erwerber des neuen Verfilmungsrechtes zu gewährleisten, daß der alte Film 29 aus dem Verkehr gezogen ist, weil der erste Produzent weiterhin zur Verwertung berechtigt bleibt. Damit ist auch für den zweiten Produzenten die Gefahr einer Beeinträchtigung gegeben. Klarer wäre eine Begrenzung der Nutzungsrechte aus Abs. 1 auf 10 Jahre gewesen, wie sie von der Begr. (S. 99) selbst für üblich gehalten wurde.

§ 89 Rechte am Filmwerk

(1) Wer sich zur Mitwirkung bei der Herstellung eines Filmes verpflichtet, räumt damit für den Fall, daß er ein Urheberrecht am Filmwerk erwirbt, dem Filmhersteller im Zweifel das ausschließliche Recht ein, das Filmwerk sowie Übersetzungen und andere filmische Bearbeitungen oder Umgestaltungen des Filmwerkes auf alle bekannten Nutzungsarten zu nutzen.

(2) Hat der Urheber des Filmwerkes das in Absatz 1 bezeichnete Nutzungsrecht im voraus einem Dritten eingeräumt, so behält er geichwohl stets die Befugnis, dieses Recht beschränkt oder unbeschränkt dem Filmhersteller einzuräumen.

(3) Die Urheberrechte an den zur Herstellung des Filmwerkes benutzten Werken, wie Roman, Drehbuch und Filmmusik, bleiben unberührt.

Übersicht

1 Die Überschrift der Bestimmung verspricht mehr, als ihr Inhalt hält. Wie in Art. 14 RBÜ Paris und Art. I WUA bleibt offen, wer **Urheber des Filmwerks** ist. Die Begr. (S. 99f.) stellt lediglich fest, daß die Urheber der vorstehenden Werke (Abs. 3) und die ausübenden Künstler dafür nicht in Betracht kämen. Sie sieht regelmäßig in Regisseur, Kameramann und Cutter sowie – je nach Lage des Einzelfalles – in „anderen Mitwirkenden“ die Urheber des Filmwerks; dem Filmhersteller selbst weist sie diese Rechtsstellung nur dann zu, wenn er die Gestaltung des Filmwerks schöpferisch mitbestimmt (Begr. S. 100).

2 Letzteres ist mißverständlich. Der **Filmhersteller** (Begriff § 94 Bem. 4) ist in dieser Eigenschaft niemals Miturheber des Filmwerks. Gestaltet er, was durchaus nicht selten ist, das Filmwerk selbst schöpferisch mit, so ist er mehr als nur Produzent: je nach dem Bereich, auf den sich seine schöpferische Mitwirkung erstreckt, ist er Mitregisseur, Mit-Kameramann oder Mit-Cutter. In seiner reinen Eigenschaft als Film*hersteller* kann er niemals einen schöpferischen Beitrag zur Entstehung des Filmwerks leisten. Zum Begriff des Filmherstellers s. § 94 Bem. 3–8.

3 Im übrigen ist der Begr. jedoch zuzustimmen. Im Beitrag des **Regisseurs** verkörpert sich am deutlichsten die Urheberqualität in Bezug auf die Schaffung des Filmwerks. Er wird teilweise als Hauptturheber des Films bezeichnet (Ulmer[3] § 36 II 1; Hubmann/Rehbinder § 22 I 3; kritisch Schricker-Katzenberger vor § 88 Rdnr. 66).

4 Auch für den **Kameramann** im Sinne des „Chefkameramanns“ kann die schöpferische Qualität der von ihm typischerweise erbrachten Leistungsele-

mente bei der unmittelbaren Herstellung der Bildfolgen, der Licht- und Farbgebung und der Szenenauflösung nicht zweifelhaft sein (zum Rechtstatsächlichen: Prümm UFITA 118 [1992], 23; zur urheberrechtlichen Bewertung Hertin UFITA 118 [1992], 57, 68ff.; Bohr S. 14ff.; Christ S. 56ff., Lütje S. 155; a.M. v. Hartlieb S. 125).

Von den verbleibenden Mitwirkendengruppen können auch Regieassistent, Cutter, Schnitt- und Tonmeister sowie Beleuchter und einzelne Darsteller einen schöpferischen Beitrag leisten, wenn sie eigene Gestaltsideen verwirklichen (Bohr UFITA 78 [1977], 95, 141, 144). **5**

Unter § 89 fallen nur solche schöpferische Leistungen, die im Filmwerk selbst aufgehen, ohne getrennt voneinander selbständig verwertbar zu sein (vor § 88 Bem. 21; § 88 Bem. 4). **Abs. 3** stellt ausdrücklich klar, daß die Urheberrechte an den zur Herstellung des Filmwerkes benutzten Werke wie Roman, Drehbuch und Filmmusik unberührt bleiben. Auf Verträge über die Einräumung von Verfilmungsrechten an Filmmanuskripten (Exposé, Treatment, Drehbuch), an der Filmmusik oder schöpferischen Leistungen der Filmarchitekten, Dekorateure, Kostümbildner und Choreographen ist nicht § 89, sondern § 88 anwendbar (zu diesen Werkgruppen vor § 88 Bem. 22; § 88 Bem. 6). **6**

Filmdarsteller (Filmschauspieler) sind ausübende Künstler, die mit ihnen geschlossene Verträge fallen nicht unter § 89. Für sie gilt § 92. **7**

Vielfach haben **Mitwirkende** an der Filmherstellung eine **Doppelfunktion:** Der Regisseur schreibt häufig sein Drehbuch selbst oder bearbeitet eine Vorlage. Er ist dann einerseits als Regisseur Filmurheber gem. § 89 (Bem. 3), andererseits ist er als Drehbuchautor Urheber oder Miturheber eines vorbestehenden Werkes (§ 88). In der Regel schließt er in solchen Fällen einen Regievertrag ab, der stets Arbeitsvertrag ist, und unterzeichnet ferner einen Drehbuchvertrag, der Werkvertrag zu sein pflegt (Begriffe und Unterschiede § 43 Bem. 2). **8**

Soweit der **Filmkomponist** auch die Aufnahme der Filmmusik leitet, ist er Urheber eines verbundenen Werkes (§ 9 Bem. 2) und ausübender Künstler in einer Person (§ 73). In seiner letzteren Eigenschaft fällt er allerdings unter § 92 (dort Bem. 1). Hier ist eine Zweiteilung der Verträge zwar seltener, doch angebracht.

Je nach der Funktion, in der sich Regisseur oder Komponist befinden, räumen sie dem Hersteller im Zweifel Nutzungsrechte nach § 88 Abs. 1 oder nach § 89 Abs. 1 ein.

Für den Fall, daß ein **ausübender Künstler** zugleich Filmurheber ist (Gustaf Gründgens war in *Kapriolen,* Rainer Werner Faßbinder in *Faustrecht der Freiheit* zugleich Regisseur und Hauptdarsteller), gilt nichts anderes (BGHZ 90, 219, 224f. *Filmregisseur*). Nur kann der Filmregisseur *als solcher* nicht gleichzeitig Urheber und ausübender Künstler sein (BGH a.a.O.; a.M. Schricker GRUR 1984, 733; vgl. auch Krüger FS Klaka S. 139).

§ 89 setzt die Entstehung eines urheberschutzfähigen **Filmwerkes** (§ 2 Bem. 76–79) voraus. Auf Laufbilder (§ 95) ist die Bestimmung nicht anwendbar (Movsessian UFITA 79 [1977], 213, 226; § 95 Bem. 11). Die Qualität des Films als „Gesamtkunstwerk" bestimmt sich nach § 2, das Verhältnis der daran beteiligten Filmurheber zueinander nach §§ 7, 8. **9**

10 Die eigentliche Bedeutung des § 89 liegt in der Auslegungsregel des Abs. 1, die der früheren Rechtsprechung folgt (z. B. OLG Karlsruhe UFITA 45 [1965], 347, 351 f. *Unfälle* mit Quellen; BGH UFITA 55 [1970], 313, 319 ff. *Triumph des Willens*). Es kann durchaus offen bleiben, wer im Einzelfall Urheber oder Miturheber des Filmwerks ist; denn jedenfalls erwirbt der Filmhersteller, wenn keine anderen Vereinbarungen getroffen sind (Bem. 15), ein ausschließliches Nutzungsrecht für **alle** bekannten Nutzungsarten am Filmwerk und an dessen filmischen Bearbeitungen oder sonstigen Umgestaltungen (Begriff § 23 Bem. 1). Der Filmhersteller erwirbt die Nutzungsrechte der Filmurheber im Zweifel zeitlich, örtlich und gegenständlich unbeschränkt (vgl. § 32). Er kann das Filmwerk also überall in der Welt für die Dauer der Schutzfrist beliebig auswerten. Dabei braucht er nicht einmal Rücksicht auf die an sich schutzwürdigen materiellen Interessen der Filmurheber zu nehmen; diese haben weder einen Beteiligungsanspruch (§ 36) noch Rückrufsrechte (§§ 41, 42), wie § 90 ausdrücklich bestimmt. Der Filmhersteller kann die ihm zustehenden Nutzungsrechte auch frei übertragen (§ 90 Bem. 1). Andererseits erwirbt er sie selbst dann, wenn der Filmurheber sie bereits im voraus übertragen hatte (**Abs. 2**, ähnlich wie § 78 Halbsatz 2, vgl. § 78 Bem. 1); ein Erwerb künftiger Nutzungsrechte am Filmurheberrecht ist daher nur seitens des Filmherstellers möglich. Insgesamt gesehen hat der Filmhersteller demnach praktisch die Rechtsstellung eines Alleinnutzungsberechtigten am Filmwerk.

11 Die Befugnis zur Verwertung von **Filmausschnitten** ist nach Schricker-Katzenberger Rdnr. 15 durch § 89 nur unter besonderen Umständen gedeckt, etwa bei Propaganda- und Werbefilmen und gegenüber Urhebern im Arbeitsverhältnis. Dem ist jedenfalls mit der Maßgabe beizupflichten, daß eine sogenannte **Klammerteilauswertung** die Rechtsposition der Filmurheber aus dem allgemeinen Persönlichkeitsrecht tangieren kann, sofern sie zweckwidrig (z. B. für Produktwerbung) erfolgt.

12 Eine Rechtseinräumung für unbekannte Nutzungsarten wird durch § 89 nicht ermöglicht. Auch für die Werkkategorien des § 89 bleibt es beim Vorrang des § 31 Abs. 4.

13 Der Filmhersteller erwirbt allerdings nur die *Nutzungsrechte*. Nur diese sind nötig, um ihm die ungestörte Auswertung des von ihm mit hohen Kosten hergestellten Filmwerks zu sichern (vor § 88 Bem. 10). **Den Filmurhebern verbleiben** einerseits die **Persönlichkeitsrechte** (§§ 12–14, 25), zu § 14 mit der Einschränkung des § 93, daß nur *gröbliche* Beeinträchtigungen verfolgt werden können (zur verfassungskonformen Auslegung dieses Begriffs s. § 93 Bem. 3). Sie behalten ferner die den Urhebern vom Gesetz gewährten **Vergütungsansprüche** (§ 27 Abs. 1, § 46, Abs. 3, § 47 Abs. 2, § 54 Abs. 1). Für die insoweit praktisch bedeutsamste Geräte- und Leerkassettenabgabe des § 54 Abs. 1 für Überspielungen zum eigenen Gebrauch ergibt sich dies nicht nur aus dem Zweck der Ausnahmeregelung, die § 89 gegenüber § 15 darstellt, sondern auch daraus, daß dem Filmhersteller ein eigener Vergütungsanspruch aus § 54 Abs. 1 zusteht (§ 94 Abs. 4; vgl. § 94 Bem. 7; § 54 Bem. 3 b; Rossbach S. 185; Schricker-Katzenberger § 88 Rdnr. 49; § 89 Rdnr. 1; Hertin UFITA 118 [1992], 57, 79).

Dem Urheber oder Miturheber am Filmwerk verbleibt ferner das Recht zu solchen Bearbeitungen und deren Verwertung, die nicht filmischer Natur sind. Der Kameramann kann also die von ihm geschaffenen einzelnen Lichtbildwerke als Vorlage für die Illustration eines Buches benutzen (vgl. § 91 Bem. 3). Der Regisseur kann schöpferische Regieeinfälle in Bühnenwerke einfließen lassen. 14

Das Recht der Beteiligten, § 89 **vertraglich abzuändern,** bleibt unberührt. 15
In der Vereinbarung, daß nachträgliche Änderungen am Filmwerk nur mit Zustimmung des Regisseurs zulässig seien, liegt eine dinglich wirkende Beschränkung der Rechtsübertragung nach § 89; der Filmhersteller erwirbt die Rechte des Regisseurs in diesem Falle ohne ein Änderungsrecht (OLG München UFITA 48 [1966], 287, 290).

§ 90 Einschränkung der Rechte

Die Bestimmungen über das Erfordernis der Zustimmung des Urhebers zur Übertragung von Nutzungsrechten (§ 34) und zur Einräumung einfacher Nutzungsrechte (§ 35) sowie über das Rückrufsrecht wegen Nichtausübung (§ 41) und wegen gewandelter Überzeugung (§ 42) gelten nicht für die in § 88 Abs. 1 Nr. 2 bis 5 und § 89 Abs. 1 bezeichneten Rechte. Dem Urheber des Filmwerkes (§ 89) stehen Ansprüche aus § 36 nicht zu.

Der außerordentlich weitgehende Abbau der fast durchweg neuen Errungen- 1
schaften des Urheberrechts aus dem 5. Abschnitt des 1. Teils wird von der Begr. (S. 100) mit den hohen Kosten der Filmherstellung und dem damit verbundenen großen wirtschaftlichen Risiko des Produzenten motiviert. Dieses Bestreben des Gesetzgebers hat in § 90 zu einer unbefriedigenden Regelung geführt. Zunächst einmal paßt das gesetzliche Motiv auf den Typus des heutigen Filmproduzenten nicht mehr, der sich staatlich fördern und meist durch eine Rundfunkanstalt absichern läßt (Movsessian UFITA 78 [1977], 213, 231; Schricker-Katzenberger vor §§ 88ff. Rdnr. 39). Außerdem erscheint das System der unterschiedlichen Bewertung von Schutzpositionen brüchig. Der Autor eines Romans, dessen Werk verlegt, dramatisiert und verfilmt wurde, kann wegen gewandelter Überzeugung sein Recht gegenüber dem Verleger und dem Berechtigten an der Dramatisierung zurückrufen. Die weitere Verbreitung seines Werkes im Film kann er jedoch nicht verhindern, selbst wenn die sehr strengen Anforderungen des § 42 sämtlich erfüllt sind. Der Autor eines mäßig erfolgreichen Bühnenstückes, das verfilmt wird und wegen der großartigen Leistung des Regisseurs einen bedeutenden Erfolg bringt, hat den Beteiligungsanspruch aus § 36, obwohl er den Erfolg nicht selbst herbeigeführt hat; der Regisseur aber, dem das eigentliche Verdienst zukommt, geht leer aus (§ 90 Satz 2).
Während Movsessian (a.a.O.) mit Recht die gesamte Vorschrift für überflüssig hält, schlägt Ulmer (Urhebervertragsrecht, S. 53f.) vor, die Anwendbarkeit des § 90 für Fernsehfilme auszuschließen und dem Hauptregisseur das Recht aus § 36 generell zu belassen.

Der Ausschluß der Rechte aus § 36 (**§ 90 S. 2**) gilt nur für die Filmurheber 2
des § 89. Dagegen betrifft der Rechteausschluß nach **§ 90 S. 1** sowohl die Filmurheber (§ 89 Abs. 1) als auch die Urheber der verfilmten Werke gem. § 88 (vor § 88 Bem. 22), diese aber wiederum nur für die Filmverwertungsrechte nach § 88 Abs. 1 Nr. 2–5, nicht aber für das Verfilmungsrecht nach

Nr. 1. Dem liegt der Gedanke zugrunde, daß der Filmhersteller bis zur Herstellung des Films keines besonderen Schutzes bedarf, da er bis dahin noch keine wesentlichen Aufwendungen gemacht habe (Begr. S. 101).

3 Das Recht auf Zustimmung des Urhebers zur Übertragung von Nutzungsrechten (§ 34) und zur Einräumung einfacher Nutzungsrechte (§ 35) verbleibt dem Urheber des verfilmten Werkes nur hinsichtlich der Verfilmung selbst (§ 88 Abs. 1 Nr. 1). Das Recht zur Verfilmung (§ 88 Bem. 11–16) kann der Filmhersteller also im Zweifel nicht ohne Zustimmung des Urhebers eines vorbestehenden Werkes, des Filmkomponisten und des Drehbuchautors übertragen oder vergeben, weil die Einräumung eines solchen Nutzungsrechts stets eine Sache persönlichen Vertrauens ist und der Leistungsfähigkeit und Zuverlässigkeit des Erwerbers eine ausschlaggebende Bedeutung für die Rechtseinräumung zukommt (vgl. BGH GRUR 1959, 147, 149 *Bad auf der Tenne I*); nur die Auswertungsrechte unterliegen der freien Verfügung des Produzenten. Sie auf Dritte zu übertragen ist er bei der Auftragsproduktion sogar verpflichtet, so daß ein Zustimmungsrecht des Urhebers ihn unbillig behindern würde (vgl. BGH GRUR 1960, 609 *Wägen und Wagen*).

4 Die in § 88 Abs. 1 Nr. 2–5 genannten Auswertungsbefugnisse am Filmwerk kann der Filmhersteller ohne Rücksicht auf Zustimmungserfordernisse seitens der Urheber verfilmter Werke oder der betroffenen Filmurheber auf Dritte **weiterübertragen**. Aus der in § 90 getroffenen Unterscheidung zwischen den Rechten aus § 88 Abs. 1 Nr. 1 einerseits und denjenigen aus Nr. 2–5 andererseits wird zu Unrecht gefolgert, dem Urheber des verfilmten Werkes sei es mit der abgeschlossenen Herstellung des Filmwerks oder gar bereits mit Beginn der Dreharbeiten verwehrt, durch die Geltendmachung der Rechte aus §§ 34, 35 wegen unzulässiger Weiterübertragung des Verfilmungsrechts die weiteren Verfilmungsarbeiten zu verhindern (Schrikker-Katzenberger Rdnr. 10 m.w.N.). Denn § 90 schützt nicht einen bestimmten Projektstand des Filmvorhabens, sondern regelt das Verhältnis zwischen vorbehaltenen und ausgeschlossenen Rechten. Dem Urheber des verfilmten Werkes verbleibt das Zustimmungsrecht hinsichtlich der Weiterübertragung des Verfilmungsrechts. Wird dieses rechtswidrig an Dritte weiterübertragen, handelt es sich bei dem alsdann vom Dritten gefertigten Filmwerk um ein rechtswidrig hergestelltes Vervielfältigungsstück, welches den Rechtsfolgen des § 96 Abs. 1 unterliegt.

5 § 90 schließt lediglich das Erfordernis der Zustimmung des Urhebers zur Übertragung von Nutzungsrechten aus. Bei der für den Fall der Weiterübertragung in **§ 34 Abs. 5** vorgeschriebenen gesamtschuldnerischen Haftung des Erwerbers gegenüber dem Urheber verbleibt es (Schricker-Katzenberger Rdnr. 5).

6 Ausgeschlossen sind ferner die **Rückrufsrechte** aus §§ 41, 42 in Bezug auf die Filmauswertung, und zwar für Filmurheber und Urheber verfilmter Werke gleichermaßen. Im Zusammenhang mit dem Rückrufsrecht aus § 41 wegen Nichtausübung dürften Konflikte wie beim Verfilmungsrecht (Bem. 4) nicht entstehen, da spätestens mit dem Beginn der Dreharbeiten eine entsprechende Rechtsausübung gegeben ist. Für einen Rückruf des Verfilmungsrechts wegen gewandelter Überzeugung (§ 42) ist es mit Beginn der Dreharbeiten in der Tat zu spät. Eine Anwendung des § 96 kommt nicht in Betracht, da die inwischen begonnene Verfilmung nicht rechtswidrig ist.

Für die Filmurheber des § 89 schließt **§ 90 Satz 2** einen Beteiligungsanspruch aus **§ 36** generell aus. Dem Urheber eines verfilmten Werkes, wie Drehbuchautor und Filmkomponist, verbleibt dieses Recht jedoch unbeschränkt, ungeachtet des Umstandes, daß etwaige hohe Gewinne im Regelfall nicht aus der Verfilmung, sondern aus der Auswertung des Filmwerkes fließen. Der Rechtsausschluß geht freilich nicht so weit, die den Filmurhebern vor allem unter dem Gesichtspunkt des Wegfalls der Geschäftsgrundlage verbleibenden sonstigen Rechte zu beschneiden (Schricker-Katzenberger Rdnr. 15). **7**

Für filmische Nutzungsarten, die von §§ 88 Abs. 1, 89 nicht erfaßt werden, sieht § 90 keinen Rechteausschluß vor. Für Filmurheber regelt § 89 Abs. 1 alle bekannten Nutzungsarten. Erfolgt nach Bekanntwerden einer Nutzungsart ein (wegen § 31 Abs. 4 erforderlicher) **Nacherwerb von Nutzungsrechten** durch den Filmhersteller, kann im Zweifel nicht ohne weiteres von einer entsprechenden Anwendung des § 90 auch auf diese Nutzungsart ausgegangen werden. Auch wenn der Filmhersteller das vom Rechteausschluß des § 90 S. 1 nicht erfaßte Wiederverfilmungsrecht (§ 88 Abs. 2 S. 1) erwirbt, kann wegen des einschneidenden Eingriffs in die Rechtsposition der Urheber nicht ohne weiteres § 90 analog herangezogen werden (insoweit widersprüchlich Schricker-Katzenberger vor §§ 88ff. Rdnr. 41, der sich für eine einschränkende Auslegung der §§ 88–95 ausspricht, jedoch § 90 in diesem Fall entsprechend anwendet, Rdnr. 12). **8**

Auf Nutzungsrechte, die die Werknutzung **außerhalb des Filmwerks** selbst betreffen, findet § 90 keine Anwendung (Schricker-Katzenberger Rdnr. 13). Praktische Bedeutung haben die den Urhebern insoweit verbleibenden Rechte vor allem für filmbegleitende oder unabhängig davon veranlaßte Auswertungshandlungen in Print-Medien oder durch Tonträgerauswertung der Filmmusik. **9**

§ 90, der den Schutz des wirtschaftlich starken Filmherstellers bezweckt, ist in vollem Umfange **abdingbar**; eine entsprechende Vereinbarung kann auch stillschweigend erfolgen. **10**

§ 91 Rechte an Lichtbildern

Die Rechte zur filmischen Verwertung der bei der Herstellung eines Filmwerkes entstehenden Lichtbilder erwirbt der Filmhersteller. Dem Lichtbildner stehen insoweit keine Rechte zu.

Die Bestimmung stellt nach ihrem Wortlaut eine dogmatisch bedenkliche Durchbrechung des sonst überall befolgten Grundsatzes dar, daß Urheberrechte nur in der Person des Schöpfers (§ 73 Bem. 1), verwandte Schutzrechte nur in der Person dessen, der die Leistung erbringt, entstehen können (§ 13 Bem. 1). Mit Recht ist darauf hingewiesen worden, daß an keiner anderen Stelle des UrhG einem Verwerter von Schutzrechten anstelle desjenigen, der die schutzwürdige Leistung erbracht hat, ein originäres Recht zugeschrieben wird (v. Gamm Bem. 1; Movsessian UFITA 79 [1977], 213, 228). Hätte der Gesetzgeber dem Filmhersteller zuungunsten des **1**

Lichtbildners eine derart ungewöhnliche Rechtsposition einräumen wollen, so wäre dies sicherlich in den Gesetzesmaterialien zum Ausdruck gebracht worden. Diese sprechen jedoch lediglich von einem „unmittelbaren Übergang" der Rechte auf den Filmhersteller zur filmischen Verwertung (Begr. S. 101). Überdies weist § 72 Abs. 2 ausdrücklich das Leistungsschutzrecht dem Lichtbildner selbst zu. Trotz der mißverständlichen Wortfassung sehen wir daher in § 91 eine Auslegungsregel zugunsten des Filmherstellers, die vertraglich abbedungen werden kann (a. M. Ulmer[3] § 36 IV 1; Samson S. 216; Ekrutt GRUR 1973, 512, 514; wie hier v. Gamm Bem. 1 und Movsessian UFITA 79 [1977], 213, 228; mit gleichem Ergebnis, aber anderer Begr. Hubmann/Rehbinder § 22 I 2 b und Schricker-Katzenberger Rdnr. 6, 13: cessio legis; Möhring/Nicolini Bem. 1 b: Erwerb kraft Gesetzes). § 91 kann demnach auch durch Tarifverträge geändert werden, deren Inhalt zum Gegenstand des Einzelarbeitsvertrages gemacht wird.

2 Die Regel des § 91 gilt nur für den **Lichtbildner des § 72.** Ein Kameramann, der Lichtbildwerke schaffen sollte, würde als Miturheber am Filmwerk unter § 89 Abs. 1 fallen. Filmeinzelbilder, die zu Dokumenten der Zeitgeschichte werden (§ 72 Abs. 3 Satz 1), sind hinsichtlich ihrer Verwertungsrechte nicht anders als Lichtbilder zu behandeln. Außerhalb der filmischen Verwertung (Bem. 3) fällt die verlängerte Schutzfrist dem Kameramann zu (Schricker-Katzenberger Rdnr. 11).

3 Dem Filmhersteller stehen nur die Rechte zur **filmischen** Verwertung zu; die Verwertung der Lichtbilder außerhalb des Filmwerks bleibt dem Lichtbildner vorbehalten (vgl. § 89 Bem. 14).

4 Filmische **Verwertung** umfaßt alle in Betracht kommenden Nutzungsrechte, die der Filmhersteller zur ungestörten Filmauswertung benötigt. Für noch nicht bekannte Nutzungsarten gilt dasselbe wie bei § 89 (dort Bem. 12). Bei den gesetzlichen Vergütungsansprüchen (z. B. aus § 54 Abs. 1) handelt es sich nicht um Verwertungsrechte, die der Filmhersteller in der Filmauswertung stören könnten; aus § 91 kann deshalb keine Zuordnung gesetzlicher Vergütungsansprüche, die auf Filmeinzelbilder entfallen, an den Filmhersteller hergeleitet werden (eingehend Rossbach S. 77ff., 185; Schricker-Katzenberger § 89 Rdnr. 19; Hertin UFITA 118 [1992], 57, 85; a. M. Schack ZUM 1989, 267, 383f.; Möhring/Nicolini § 22 Bem. 6 b; vgl. auch § 89 Bem. 13).

§ 92 Ausübende Künstler

Ausübenden Künstlern, die bei der Herstellung eines Filmwerkes mitwirken oder deren Darbietungen erlaubterweise zur Herstellung eines Filmwerkes benutzt werden, stehen hinsichtlich der Verwertung des Filmwerkes Rechte nach §§ 75, 76 und 77 nicht zu.

1 Als **ausübende Künstler** (§ 73) bei der Filmherstellung treten vor allem die Filmschauspieler in Erscheinung. Unter § 92 fallen ferner die Synchronsprecher sowie die Musiker, Sänger, Dirigenten und sonstigen Realisatoren (zur Abgrenzung gegenüber Nicht-Künstlern s. § 73 Bem. 7–10) des zur Filmherstellung verwendeten akustischen Materials. Die für die Qualifikation des Tonmeisters entwickelten Grundsätze (OLG Hamburg GRUR 1976, 708 *Staatstheater*, vgl. § 73 Bem. 4) gelten auch hier.

2 Der Filmhersteller benötigt vom ausübenden Künstler gem. §§ 92, 75 Satz 1 lediglich die **Erlaubnis,** dessen Darbietung auf Bild- und Tonträger **aufzunehmen.** Den weiteren Rechten des ausübenden Künstlers aus den §§ 75 Satz 2, 76 und 77 gebietet § 92 im Hinblick auf die möglichst ungestörte Verwertung eines Filmwerkes durch den Filmhersteller (vor §§ 88 Bem. 10) Einhalt und beschränkt deren Anwendungsbereich von vornherein. Demgegenüber gehen insoweit auch keine von den ausübenden Künstlern abgeleiteten Nutzungsrechte auf den Filmhersteller über. Dessen Rechtsposition ist durch sein originäres Leistungsschutzrecht (§ 94) und die von Urhebern abgeleiteten Nutzungsrechte (§§ 88–91) gekennzeichnet; hierdurch ist er in die Lage versetzt, die zur Abwehr von Rechtsverletzungen erforderlichen Befugnisse uneingeschränkt geltend zu machen. Allerdings stärkt § 92 die Position des Filmherstellers insofern, als bestimmte Verwertungsrechte der an der Herstellung des Filmwerks beteiligten ausübenden Künstler gar nicht erst entstehen. Ob eine Verpflichtung zur Mitwirkung bestand oder nicht (so § 89 Abs. 1 für Filmurheber), ist gleichgültig. § 92 gilt auch für solche ausübenden Künstler, deren frühere Darbietungen erlaubtermaßen für die Herstellung verwendet werden (z. B. durch Einblendung von Schallplatten; vgl. BGH GRUR 1962, 370 *Schallplatteneinblendung*). Wird ein Industrietonträger im Rahmen der *live*-Ausstrahlung einer Fernsehsendung übernommen, so braucht das Sendeunternehmen die Erlaubnis des ausübenden Künstlers nicht einzuholen, es besteht lediglich Vergütungspflicht nach § 76 Abs. 2. Wird allerdings der Tonteil des Filmwerks auf Tonträger aufgenommen und wird dabei eine bereits vorhandene Festlegung einer künstlerischen Darbietung vervielfältigt, so bedarf es dazu der Einwilligung des Künstlers (§ 75 Satz 2). Vertragsmuster für einen Tonträgerverfilmungsvertrag: Münchener Vertragshandbuch Bd. 3 IX Nr. 32. Die **Vertragsfreiheit** wird durch § 92 nicht beschränkt. Ausübende Künstler und Filmhersteller können vereinbaren, daß dem Künstler die durch § 92 ausgeschlossenen Befugnisse gleichwohl ganz oder teilweise zustehen sollen (Möhring/Nicolini Bem. 5; Schricker GRUR 1984, 733, 734; a. M. v. Gamm Bem. 4; v. Hartlieb[3] Kap. 63 Rdnr. 5, 13). Die Rechte aus §§ 75 Satz 2, 76 und 77 leben in diesem Falle uneingeschränkt wieder auf. Die ausübenden Künstler können sich auch Dritten gegenüber auf diese Verbots- und Vergütungsrechte berufen.

3 Sind die Voraussetzungen des § 92 erfüllt, so kann der Künstler bei der Verwertung des Filmwerkes durch Vervielfältigung, Sendung und öffentliche Wiedergabe weder Verbotsrechte noch Vergütungsansprüche geltend machen. Der Ausschluß dieser Rechte ist auf die Verwertung des **Filmwerkes** als ganzes oder in Teilen beschränkt, soweit dabei das Filmwerk in dieser seiner Erscheinungsform verwertet wird. Dabei ist es gleichgültig, ob das Filmwerk als Vorführfilm, Fernsehfilm oder Videogramm (vgl. vor § 88 Bem. 7) ausgewertet wird (für Videoauswertung str.; a. M. Schricker-Katzenberger Rdnr. 16). § 92 gilt auch, wenn sich ein Schauspieler für einen Fernseh-**Werbespot** zur Verfügung gestellt hat. Bei Fehlen anderweitiger Vereinbarungen (Bem. 2) ist der Filmhersteller mithin zeitlich unbegrenzt zum Einsatz des Werbespots befugt, selbst wenn der zunächst unbekannte Schauspieler inzwischen weltberühmt geworden sein sollte. Gegenüber §§ 22, 23 KUG hat § 92 bei filmischer Nutzung Vorrang. Freilich stehen dem Schauspieler, der bei einem ohne Werbebezug hergestellten Film mitgewirkt hat, Ansprüche aus dem allgemeinen Persönlichkeitsrecht zur

Seite, falls ein solcher Film unter Verwendung der künstlerischen Darbietung des Schauspielers für die kommerzielle Werbung eingesetzt wird (vor § 73 Bem. 9, 10). Die Tonträgerauswertung der Filmmusik ist durch § 92 jedoch nicht gedeckt (Begr. S. 101), ebensowenig die Übernahme von Filmteilen in andere Filme (vgl. v. Gamm Bem. 3; Möhring-Nicolini Bem. 5 a; Schricker-Katzenberger Rdnr. 15).

4 Die Abtretung des dem ausübenden Künstler verbliebenen Rechts aus § 75 Satz 1 zur Aufnahme seiner Leistung auf Bild- oder Tonträger ergibt sich, wenn der Künstler im Rahmen eines **Dienst- oder Arbeitsverhältnisses** bei der Filmherstellung mitgewirkt hat, aus § 79, da der Filmhersteller die Darbietung insoweit benutzen muß, wenn er das Filmwerk herstellen und verwerten will. Der Rechtsübergang erfolgt auch dann, wenn der Künstler seine Darbietung nur teilweise erbracht hat oder der Filmhersteller sie nur teilweise verwendet, falls nicht gerade ein Fall des § 83 vorliegt (LAG Bayern UFITA 50 [1967], 298, 302 *Die schwedische Jungfrau*).

5 § 92 ist als **Ausnahmebestimmung** gegenüber dem Grundsatz der Zuordnung künstlerischer Leistungen an den Künstler, wie er sich aus dem 3. Abschnitt des 2. Teils ergibt (vor § 73 Bem. 1 und 2), **eng auszulegen.** Die nicht ausdrücklich erwähnten Rechte und Vergütungsansprüche sind ihm auch im Verhältnis zum Filmhersteller verblieben (vgl. § 89 Bem. 13). Das hat praktische Bedeutung vor allem für den Vergütungsanspruch aus § 54 Abs. 1, an dem § 84 auch die ausübenden Künstler beteiligt.

6 § 92 ist weder direkt noch entsprechend auf Laufbilder **anwendbar** (§ 95 Bem. 11). Bei der Live-Übertragung oder Aufzeichnung von künstlerischen Darbietungen (Gesangs- und Tanzdarbietungen, nicht-schöpferische Aufzeichnung von Bühnendarbietungen usw.) werden die Rechte der ausübenden Künstler aus §§ 75 Satz 2, 76, 77 nicht beschnitten. Das **Musikvideo** entwickelte sich vom Videoclip (zur unterstützenden Werbung für den Tonträger) zum eigenständigen Produkt, welches seit Anfang der 80er Jahre vom Käuferpublikum in verstärktem Maße zusätzlich zum Tonträger gekauft wird (Michel S. 295, in: Moser/Scheuermann). Nur vereinzelt handelt es sich dabei um die Aufzeichnung von Live-Konzerten mit Laufbildcharakter (§ 92 ist dann nicht anwendbar, Schricker-Katzenberger Rdnr. 10). Überwiegend wird im Bildteil eine bildliche Umsetzung der dargebotenen Musik angestrebt, wobei teilweise nach Stilmitteln „visueller Musik" (Morgenroth S. 287ff., in: Moser/Scheuermann) verfahren wird. Für Produkte dieser Art kann der Filmwerkcharakter (und damit die Anwendung des § 92) nicht zweifelhaft sein.

7 Nach dem **Rom-Abkommen** (RA) ist der deutsche Gesetzgeber gehalten, den ausländischen ausübenden Künstlern bestimmte Mindestrechte zu gewähren. Gem. Art. 7 Abs. 1c (ii) RA soll den Künstlern das Recht eingeräumt werden, die Vervielfältigung einer Festlegung ihrer Darbietung ohne ihre Zustimmung zu verhindern, wenn die Vervielfältigung zu anderen Zwecken als denjenigen vorgenommen worden ist, zu denen sie ihre Zustimmung gegeben haben. Nach § 92 kann der Filmproduzent das Filmwerk auch dann für Fernsehzwecke verwerten, wenn der Künstler bei Vertragsabschluß eine solche Auswertung nicht genehmigt hat. Gleichwohl ist § 92 **konventionskonform**, weil Art. 19 RA die Rechte der Filmschaffenden aus dem Anwendungsbereich des RA ausklammert: Sobald ein ausüben-

der Künstler seine Zustimmung dazu erteilt hat, daß seine Darbietungen einem Bildträger oder einem Bild-Tonträger eingefügt werden, ist Art. 7 RA nicht anzuwenden. Was die Rechte der Schallplattenkünstler angeht, so muß sich der Filmproduzent deren Einwilligung zur Überspielung auf die Tonspur (§ 75 Satz 2) beschaffen (Bem. 3). Damit ist dann auch wiederum die Freistellung vom RA gem. Art. 19 erreicht. § 92 schöpft die Freistellung vom RA nicht ganz aus, da die Darbietung des Künstlers nur hinsichtlich der Verwertung des Filmwerkes ausgenutzt werden kann (Bem. 3), während das RA den ausübenden Künstlern nicht einmal die Möglichkeit verschafft, die Auswertung der Bild- und Tonträger durch Verbreitung von Schallplatten und Kassetten zu verhindern (Nordemann/Vinck/Hertin Art. 19 Bem. 3). Dennoch geht § 92 in seiner Rechtsverkürzung zu weit: Der Gesetzgeber hatte bei der Regelung des Filmrechts in erster Linie die Vorführfilme (Kinofilme) im Auge. Soweit § 92 den ausübenden Künstlern Nutzungsmöglichkeiten außerhalb des Vorführbereichs abschneidet, ist die Bestimmung unangemessen.

In teilweiser Anlehnung an Ulmer (Urhebervertragsrecht S. 49, 54) empfiehlt Nordemann (GRUR 1991, 1, 5, 9) **de lege ferenda** eine Anpassung der Rechtsposition des ausübenden Künstlers an diejenige der Filmurheber entsprechend § 89 Abs. 1. 8

§ 93 Schutz gegen Entstellung

Die Urheber des Filmwerkes und der zu seiner Herstellung benutzten Werke sowie die Inhaber verwandter Schutzrechte, die bei der Herstellung des Filmwerkes mitwirken oder deren Leistungen zur Herstellung des Filmwerkes benutzt werden, können nach den §§ 14 und 83 hinsichtlich der Herstellung und Verwertung des Filmwerkes nur gröbliche Entstellungen oder andere gröbliche Beeinträchtigungen ihrer Werke oder Leistungen verbieten. Sie haben hierbei aufeinander und auf den Filmhersteller angemessene Rücksicht zu nehmen.

§ 93 bezweckt für den Bereich des Filmrechts eine gewisse Einschränkung 1 der Urheber- und Künstlerpersönlichkeitsrechte aus §§ 14 und 83. Zu den Begriffen **Entstellung** und **andere Beeinträchtigung** s. § 14 Bem. 8, 9, § 83 Bem. 3, 4. Die Vorschrift ist auf die Urheber verfilmter Werke (§ 88) ebenso anzuwenden wie auf die Filmurheber (§ 89), die Inhaber der Rechte aus den §§ 70–72 und die Inhaber verwandter Schutzrechte (Filmschauspieler, Interpreten der Filmmusik). Ihre Anwendung setzt aber voraus, daß von Seiten des betroffenen Urhebers oder Leistungsschutzberechtigten überhaupt ein entsprechendes Verfilmungsrecht eingeräumt worden ist. Soweit die Verfilmung rechtswidrig erfolgt, steht dem Filmhersteller kein verstärkter Freiraum zur Filmgestaltung zu. Ob das Verfilmungsrecht für die Kino-, Fernseh- oder Videofilmauswertung oder für Laufbilder vergeben worden ist, bleibt für die Anwendung des § 93 unbeachtlich.

Mit der zusätzlichen Voraussetzung, daß die Entstellung oder andere 2 Beeinträchtigung **gröblich** sein müsse, verläßt der Gesetzgeber in dem Bemühen, den Filmhersteller tunlichst vor jeder Störung in der Auswertung des Filmwerks zu sichern, die Grenzen der Gerechtigkeit. Auch der Bühnenunternehmer, der Tonträgerhersteller, der Verleger und das Sendeunternehmen gehen mit der Inszenierung, Aufnahme, Vervielfältigung oder Sendung des Werkes oft wirtschaftliche Risiken ein, die dem Wagnis des Filmherstellers kaum nachstehen. Wenn das Gesetz diesen Verwertern vorschreibt, daß ihr Gewinnstreben an der Integrität von Werk und Leistung Halt machen müsse und ihnen deshalb Verschandelungen oder Verfälschungen untersagt, so ist nicht einzusehen, weshalb für den Filmhersteller eine Sondervergünstigung gelten soll. Etwaige Wünsche der FSK oder die Notwendigkeit der Anpassung des Filmwerks an ausländische Verhältnisse, wie sie die Begr. (S. 102) zu ihrer Rechtfertigung anführt, erfordern keine so weitgehenden Änderungen, daß damit eine Verzerrung oder Verfälschung des Werkes oder der Leistung verbunden wäre. Um dem Filmhersteller insoweit ein ungestörtes Arbeiten zu ermöglichen, hätte das Änderungsrecht des § 88 Abs. 1 Nr. 5 ausgereicht. Daher bedarf es einer einschränkenden Auslegung (Bem. 5). Der Regelung des § 93 darf kein Freibrief zugunsten des Filmherstellers entnommen werden, mit Vorlagen, Stoffen und künstlerischen Darbietungen nach willkürlichem Belieben zu verfahren. Letztlich wäre damit auch der Filmwirtschaft nicht gedient.

3 Derartige Auswirkungen des Begriffs „gröblich“ werden bei **verfassungs- und konventionskonformer Auslegung** der Bestimmung vermieden. In den §§ 14 und 83 überschneidet sich das besondere Urheber- und Künstlerpersönlichkeitsrecht mit dem allgemeinen Persönlichkeitsrecht jedes Menschen insoweit, als eine Entstellung oder andere Beeinträchtigung Ansehen oder Ruf des Urhebers oder ausübenden Künstlers zu gefährden geeignet ist (§ 14 Bem. 10, 11, § 83 Bem. 4). Ruf und Ansehen eines Menschen sind allgemein und in Beziehung zu seinem Werk oder seiner Leistung Teil seiner Menschenwürde, die auch ohne besondere gesetzliche Regelung von Verfassungs wegen geschützt ist (Art. 1 und 2 Abs. 1 GG; vgl. BGHZ 13, 334, 338 *Hjalmar Schacht* und vor § 12 Bem. 9). Der Gesetzgeber des UrhG kann dieses vornehmste Menschenrecht nicht einschränken, indem er dem Urheber und ausübenden Künstler nur gegen solche Verletzungen Schutz gewährt, für die erst ein besonderes Ausmaß an Qualität oder Quantität festgestellt werden müßte.

4 Gleichzeitig mit dem UrhG trat auch das ÜbernahmeG in Kraft, mit dem die Brüsseler Fassung der RBÜ innerdeutsches Recht wurde (vgl. Einl. 5). Deren Art. 6bis gestand in Weiterentwicklung der Rom-Fassung der RBÜ dem Urheber ebenfalls – allerdings nur zu Lebzeiten – das Recht zu, sich gegen jede Entstellung, Verstümmelung oder sonstige Änderung oder andere Beeinträchtigung zur Wehr zu setzen, die seiner Ehre oder seinem Ruf nachteilig sein könnten. Inzwischen gilt in der Bundesrepublik (seit dem 10. 10. 1974) die Pariser Fassung der RBÜ, die eine Beschränkung auf die Lebenszeit des Urhebers nicht mehr kennt und den Schutz des Urheberpersönlichkeitsrechts auf die gesamte Dauer der Schutzfrist zum Mindestrecht erhebt (Nordemann/Vinck/Hertin Art. 6bis RBÜ Bem. 1; Schricker-Dietz Rdnr. 3 halten § 93 auf der Grundlage einer vorzunehmenden Interessenabwägung für konventionskonform).

5 Der Gesetzgeber konnte mit § 93 weder die Verfassung noch die konventionsrechtliche Rgelung außer acht lassen. Es ist deshalb davon auszugehen, daß gröblich jede Entstellung oder sonstige Beeinträchtigung des Werkes oder der Leistung ist, die geeignet ist, auch unter Berücksichtigung des komplexen Mediums Film das **Ansehen** oder den **Ruf** des Urhebers oder ausübenden Künstlers zu gefährden. Entsprechend § 39 Abs. 2 (zur tatbestandsmäßigen Voraussetzung eines Nutzungsverhältnisses Bem. 1) müssen Urheber und ausübender Künstler solche Änderungen hinnehmen, zu denen sie unter Berücksichtigung der Werkart Film ihre Einwilligung nach Treu und Glauben nicht versagen können (ähnlich v. Gamm Bem. 2: Einschränkung der Rechtsausübung im Sinne einer Konkretisierung der erforderlichen Interessenabwägung; im Sinne einer einheitlichen Interessenabwägung vor allem auch Schricker-Dietz Rdnr. 15). Zutreffend bejaht OLG München ZUM 1992, 308, 310f. *Christoforo Colombo* die Entstellung der Filmmusik durch Austausch von Werkteilen mit Musikbestandteilen eines anderen Komponisten im Rahmen einer Abwägung nach § 39 Abs. 2. Teilweise wird demgegenüber gefordert, es müsse ein besonders starker Eingriff in die Rechtsposition der §§ 14, 83 vorliegen (Möhring/Nicolini Bem. 7e, 9), so daß ein Entstellungsschutz im Filmrecht nur dann Platz greife, wenn eine völlige Verkehrung des ursprünglichen Sinngehaltes oder eine völlige Verunstaltung von urheberrechtlich wesentlichen Teilen des Films oder des Werkes entgegen den Intentionen der Urheberberechtigten stattfinde (v. Hartlieb[3] Kap. 50 Rdnr. 15). Diese Meinung setzt sich über die Grundsätze zum Urheberpersönlichkeitsrecht und über Art. 6bis RBÜ hinweg. Entstellung bedeutet per definitionem einen nicht hinnehmbaren Eingriff in die Persönlichkeitsrechte des Urhebers und des ausübenden Künstlers (str., § 14 Bem. 5). Die Formel von der Interessenabwägung darf nicht dazu führen, daß das Recht aus §§ 14, 83 nicht ausgeübt werden kann, weil die Entstellung zu geringfügig sei. Wohl ist zu berücksichtigen, daß nicht jede Abweichung von der Vorlage und nicht jede eigenwillige Einfügung einer künstlerischen Darbietung in ein Filmwerk eine Entstellung darstellt, da der Film ein komplexes und notwendigerweise auf Umgestaltung ausgerichtetes Medium darstellt. Hinsichtlich der Rechtsausübung ist von den Anspruchsberechtigten unter dem Gesichtspunkt von Treu und Glauben und der dabei zu fordernden Rücksichtnahme auf das Unternehmerrisiko des Filmherstellers zu verlangen, daß sie nach Beendigung der Produktion nach Möglichkeit eine Kontrolle über die Beachtung ihrer Persönlichkeitsrechte vornehmen und sodann so früh als möglich etwaige Ansprüche aus §§ 14, 83 ankündigen. Ein Filmhersteller, der dem von vornherein geflissentlich aus dem Wege geht, läuft um so leichter Gefahr, in gröblicher Weise in die persönlichkeitsrechtlichen Belange des Filmschaffenden einzugreifen. Wenn allerdings eine noch dazu nachhaltige Entstellung im Einzelfall feststeht, so muß das Verbotsrecht des Urhebers aus § 14 greifen. Unzutreffend daher OLG München GRUR 1986, 460, 463 *Die unendliche Geschichte*, das trotz festgestellter Gröblichkeit noch eine „umfassende Abwägung und Wertung der Interessen der Beteiligten unter Beachtung von Treu und Glauben" vornehmen zu sollen glaubt. Zur Interessenabwägung bei Laufbildern § 95 Bem. 10.

Bei **Werbeeinblendungen in Fernsehfilme** liegt eine gröbliche Entstellung vor, wenn ein Film mit künstlerischem Anspruch derart unterbrochen wird, daß der Rhythmus des filmischen Ablaufs zersplittert oder gestört wird. Zeitpunkt, Häufigkeit und Dauer der Werbeeinblendung können den Intensitätsgrad verstärken. Keine Entstellung liegt vor, wenn der Film von vornherein auf entsprechende Unterbrechungsmöglichkeiten angelegt ist (vgl. Schilcher S. 108; Schricker-Dietz Rdnr. 25; für das italienische Recht Tribunale di Roma GRUR Int. 1985, 586). **6**

7 § 93 ist zugunsten der Urheber und ausübenden Künstler **dispositiv** (OLG München UFITA 48 [1966], 287, 290 *Filmauswertung in verkürzter Neufassung:* Änderungsverbot aufgrund Vereinbarung zwischen Regisseur/Mitautor des Drehbuchs und Filmproduzent, ebenso OLG München Schulze OLGZ 66, 6 *Das Wunder des Malachias;* KG Schulze KGZ 60 *Tod eines Fremden:* Vertrag zwischen Hauptdarsteller/Mitautor des Drehbuches und Produzent). Da dem Filmproduzenten nach § 88 Abs. 1 Nr. 5 ohnehin ein beliebiges Änderungsrecht zusteht, das erst in § 93 die Grenze findet, jenseits derer der Urheber sich gegen freie Willkür des Produzenten zur Wehr setzen kann, ist die vertragliche Abänderung dieser Bestimmung dringend zu empfehlen. Urheber und ausübende Künstler sollten, wo der Vorbehalt der Genehmigung einer Musterkopie nicht durchsetzbar ist, sich wenigstens stets das Recht vorbehalten, solchen Änderungen zu widersprechen, die die Substanz des Werkes oder der Leistung berühren.

8 **Satz 2** hat praktisch keine selbständige Bedeutung. Das Gebot der Rücksichtnahme auf Drittinteressen ist für die ohnehin vorzunehmende Interessenanwägung (Bem. 5) selbstverständlich. Ein schutzwürdiges Interesse der übrigen Miturheber und ausübenden Künstler an der weiteren Verwertung einer Entstellung, die den Ruf oder das Ansehen des Betroffenen zu gefährden geeignet erscheint, ist nicht denkbar (str. vgl. § 83 Bem. 6).

§ 94 Schutz des Filmherstellers

(1) Der Filmhersteller hat das ausschließliche Recht, den Bildträger oder Bild- und Tonträger, auf den das Filmwerk aufgenommen ist, zu vervielfältigen, zu verbreiten und zur öffentlichen Vorführung oder Funksendung zu benutzen. Der Filmhersteller hat ferner das Recht, jede Entstellung oder Kürzung des Bildträgers oder Bild- und Tonträgers zu verbieten, die geeignet ist, seine berechtigten Interessen an diesem zu gefährden.

(2) Das Recht ist übertragbar.

(3) Das Recht erlischt fünfundzwanzig Jahre nach dem Erscheinen des Bildträgers oder Bild- und Tonträgers, jedoch bereits fünfundzwanzig Jahre nach der Herstellung, wenn der Bildträger oder Bild- und Tonträger innerhalb dieser Frist nicht erschienen ist.

(4) Die Vorschriften des Sechsten Abschnitts des Ersten Teils mit Ausnahme des § 61 sind sinngemäß anzuwenden.

Übersicht

1 Nach früher geltendem Recht hatte der Filmhersteller ebensowenig wie der Tonträgerhersteller oder das Sendeunternehmen ein eigenes originäres Schutzrecht. Er war vielmehr auf den abgeleiteten Erwerb der Urheberrechte der Filmwerkschöpfer und der Leistungsschutzrechte der ausübenden Künstler angewiesen. Es ist nur konsequent, wenn das UrhG, nachdem es dem Tonträgerhersteller in den §§ 85, 86 und dem Sendeunternehmen in § 87 eigene Schutzrechte zuerkannte, auch dem Filmhersteller ein solches verwandtes Schutzrecht zubilligt, auch wenn – anders als zugunsten der Tonträgerhersteller und Sendeunternehmen (§§ 85, 86 Bem. 1, § 87 Bem. 1) – eine konventionsrechtliche Schutzgrundlage für den Filmhersteller bislang fehlt (Hertin ZUM 1990, 442). Die vom Gesetzgeber im RefE 1954 zunächst verfolgte Absicht, den Filmhersteller als originären Filmurheber einzustufen, konnte sich gegen das Schöpferprinzip (§ 7 Bem. 1) nicht durchsetzen.

2 Als schutzwürdig gilt die organisatorische und wirtschaftliche Leistung des Filmherstellers; ebenso wie beim Tonträgerhersteller (§§ 85, 86 Bem. 1) und beim Sendeunternehmen handelt es sich um ein unternehmensbezogenes Leistungsschutzrecht, daß (anders als die Leistungsschutzrechte der §§ 70, 72, 73) auch juristischen Personen zustehen kann. Ob es sich um ein Filmwerk oder um Laufbilder handelt, ist für die Entstehung der Schutzrechte aus § 94 gleichgültig. Die vom Gesetz gewährten Rechte beziehen sich demgemäß nicht auf das Filmwerk, sondern auf den Filmstreifen (Filmträger), d. h. den Bildträger (beim Stummfilm) oder den Bild- und Tonträger (beim Tonfilm). Begriffe vor § 88 Bem. 5. Der Schutzanspruch setzt eine Verwertung dessen voraus, was konkret auf dem Filmstreifen als Bild-Ton-Programm verkörpert ist, vor allem durch Akte der Film- oder Videopiraterie. Nachahmende oder nachschaffende Leistungsübernahmen werden von § 94 nicht dagegen geschützt, daß ein anderer einen ähnlichen Film dreht oder die von ihm begonnene Filmserie fortsetzt (Schricker-Katzenberger Rdnr. 7). Derartiges läßt sich nur mit Hilfe der von den Urhebern der verfilmten Werke oder der von Filmurhebern abgeleiteten Rechte, ersatzweise § 1 UWG verhindern.

3 Die Rechte aus § 94 entstehen originär nur bei demjenigen, der die **Erstfixierung** des Bildträgers oder Bild- und Tonträgers vornimmt (OLG Düsseldorf GRUR 1979, 53, 54 *Laufbilder*). Sich daran anschließende Kopier- und Aufzeichnungsvorgänge reichen für den Erwerb des Herstellerschutzrechts allein nicht aus, wie z. B. das Mitschneiden der Fernsehsendung eines bereits festgelegten Films (vgl. §§ 85, 86 Bem. 3) oder die Überspielung eines Vorführfilms auf ein **Video-Masterband.** Die dabei eingesetzte Videoübertragungstechnik mag aufwendig sein, zielt aber darauf ab, einen dem Original entsprechenden Bildeindruck zu vermitteln (Vervielfältigung). Der Hersteller abgeleiteter Videogramme (zur Primärproduktion Bem. 13) bedarf (entgegen Scheuermann S. 112ff., 116) keiner gesetzgeberischen Erweiterung seiner Rechte, er kann sich vom (Erst-)Hersteller des Films die Rechte aus § 94 für den Videobereich abtreten lassen. Auch die **Collage,** die durch Zusammenschneiden von Filmausschnitten zu einem zusammenhängenden Film entsteht, begründet kein neues Recht aus § 94 (Schricker-Katzenberger Rdnr. 13). An **live gesendeten Fernsehfilmen** wiederum besteht kein Recht aus § 94, da es an der Fixierung des Filmwerks fehlt (Begr. S. 102; Schricker-Katzenberger Rdnr. 13; a. M. Dünnwald UFITA 76 [1976], 165, 179). Zur Rechtsstellung von Sendeunternehmen als Filmhersteller Bem. 7. Der Verwertungszweck, dem die Aufnahmetätigkeit

dient, ist im Rahmen des § 94 unerheblich, insbesondere ob der Film zur Kino-, Fernseh- oder Videoauswertung primär vorgesehen ist. Grundsätzlich entsteht die Rechtsstellung aus § 94 auch ohne Rücksicht darauf, ob die Aufnahme wegen der Verletzung des Verfilmungsrechts des Drehbuchverfassers oder des Festlegungsrechts des Sendeunternehmens aus § 87 Abs. 1 Nr. 2 unzulässig war (vgl. §§ 85, 86 Bem. 3).

4 Das Weglassen der in § 85 Abs. 1 Satz 2 gegebenen Klarstellung, daß Inhaber des Schutzrechts der **Inhaber des Unternehmens** (im Gegensatz zum Beauftragten oder Angestellten, vgl. §§ 85, 86 Bem. 4) sei, beruht auf einem Redaktionsfehler; ein sachlicher Unterschied zu § 85 besteht nicht. **Filmhersteller** ist derjenige Unternehmer, der die erste Bildfolgenfixierung vornimmt. Es kann sich um eine natürliche oder juristische Person handeln. Wer als technischer oder organisatorischer Mitarbeiter bei der Filmfestlegung zu tun hat, wird damit nicht zum Filmhersteller. Maßgeblich ist die Innehabung der organisatorischen Leitung und wirtschaftlichen Verantwortung für den ersten Festlegungsvorgang. Nicht immer besteht dabei Identität mit dem Träger des wirtschaftlichen Risikos. Im Zweifel gilt derjenige als Hersteller, der durch eine tatsächlich ausgeübte organisatorische Tätigkeit den Film als fertiges Ergebnis der schöpferischen Leistungen der an seiner Schaffung mitwirkenden Personen sowie auch der nicht-schöpferischen Leistungen (Sach- und Dienstleistungen) herstellt (BGH UFITA 55 [1970], 313, 320 *Triumph des Willens;* BGH 120, 67ff. *Filmhersteller*). Meist ist es ein einzelner Unternehmer, in dessen Hand die maßgeblichen Personal- und Sachverträge zusammenlaufen.

5 Wer also damit beauftragt wird, eine bestimmte Produktion in eigenem Namen organisatorisch zu tragen, ist auch dann Hersteller, wenn der Auftraggeber gegenüber dem Auftragnehmer das finanzielle Risiko vertraglich übernimmt und/oder sich weitestgehende Einflußnahmen auf die Filmgestaltung vorbehält und von solchen Rechten Gebrauch macht (sog. **Auftragsproduktion**). Beauftragt beispielsweise ein Industrieunternehmen eine Werbeagentur mit der Herstellung eines Werbefilms, entstehen die Rechte aus § 94 originär allein bei der Werbeagentur. Es macht insbesondere keinen Unterschied für die Herstellereigenschaft, ob der für die Produktion Verantwortliche selbst auch den Vertrieb oder sonstige Auswertungshandlungen oder die Ausstrahlung im Fernsehen übernimmt oder ob er die Auswertung Dritten überläßt. Auch der Privatmann, der zunächst an Auswertungen gar nicht denkt, kann Hersteller sein (mit demselben Ergebnis v. Gamm § 94 Bem. 3; Movsessian UFITA 79 [1977], 213, 235; Kreile FuR 1975, 293, 297; Paschke FuR 1984, 402, 407; v. Hartlieb[3] Kap. 60 Rdnr. 2, 3). Andererseits ist auch eine Verschiedenheit zwischen dem Filmhersteller und dem Inhaber der Studios denkbar, in denen die Filmaufnahmen gefertigt werden. Hersteller ist derjenige, der das Studio für die betreffende Produktion mietet, die Künstler engagiert und die Materialverträge abschließt, mag auch die technische Leitung im Studio wiederum einem Angestellten des Studioinhabers obliegen. Allerdings ist der Auftraggeber dann Filmhersteller, wenn der mit der Ausführung Beauftragte seinen Weisungen unterliegt, im Namen und auf Rechnung des Auftraggebers Verträge schließt, Rechte erwirbt und dem Auftraggeber Finanzierung und Risiko voll überläßt (Schricker-Katzenberger vor §§ 88ff. Rdnr. 35).

Im Falle der Koproduktion steht die Herstellereigenschaft den Koproduzenten zur gesamten Hand zu. Wird zwischen den **Koproduzenten** vereinbart, daß die Federführung bis zur Auswertung des Films einem von ihnen mit der Maßgabe zugewiesen wird, daß er für die Herstellung des fertigen Films verantwortlich ist und diesen in die gemeinschaftliche Auswertung einzubringen hat, entsteht das originäre Leistungsschutzrecht nach § 94 allein beim federführenden Hersteller und kommt bei der Koproduktionsgesellschaft nur als abgeleitetes Recht zur Geltung (Münchener Vertragshandbuch Band 3 IX Nr. 33 Anm. 4). Vertragsmuster zur Film- und Fernsehkoproduktion dort Nr. 33 Anm. 4. v. Hartlieb[3] Kap. 59 Rdnr. 2ff.; Schricker-Katzenberger vor §§ 88ff. Rdnr. 36; zur internationalen Koproduktion Möllering Die internationale Koproduktion bei Filmen; UFITA 60 (1971), 61; zu rechtstatsächlichen Fragen der Europäischen Co-Produktion Becker/Rehbinder. 6

Sendeunternehmen als Filmhersteller. Sendeunternehmen stehen die Rechte aus § 94 zwar nicht an der Ausstrahlung von Live-Sendungen (Bem. 3), wohl aber an den von ihnen hergestellten (fixierten) Filmen zu. Diese Rechte sind einschränkungslos anzuwenden, sofern solche Filme durch öffentliche Vorführung (als Kinofilm) und/oder durch Videoauswertung genutzt werden. Erfolgt die Verwertung durch Fernsehausstrahlung, hat der in § 87 niedergelegte Rechtekatalog den Vorrang. Der durch § 87 Abs. 3 festgelegte Ausschluß von Vergütungsansprüchen aus §§ 47 Abs. 2 Satz 2, 54 Abs. 1 kann insoweit nicht auf dem Umweg über § 94 Abs. 4 konterkariert werden (str.; vgl. § 87 Bem. 14). 7

Der **Synchronhersteller** produziert verantwortlich den fremdsprachlichen Dialog und damit einen wesentlichen Teil dieser Fassung des Filmwerks; er ist deshalb insoweit auch Filmhersteller (Schricker-Katzenberger Rdnr. 15). 8

Wird einem Tonfilm lediglich der **Tonteil** entnommen, so bestimmen sich die Rechte des verletzten Filmherstellers auch insoweit nach § 94 (und nicht nach §§ 85, 86); sie umfassen insbesondere auch das Recht, die Funksendung des Tonteils (im Hör- oder Fernsehrundfunk) zu untersagen. Vgl. §§ 85, 86 Bem. 5. Das gilt allerdings nicht für Tonaufnahmen, die der Filmhersteller vorbestehenden Tonträgern entnommen und zur Filmherstellung verwendet hat; hinsichtlich dieser eingefügten Tonträgeraufnahmen gewährt § 94 dem Tonträgerhersteller keine originären Verwertungsbefugnisse. 9

Nicht anders als bei Tonträgern (§§ 85, 86 Bem. 7) begründet die **technische Verbesserung alter Filmaufnahmen** kein neues Leistungsschutzrecht aus § 94. Erst wenn neue Bildelemente eigenständig geschaffen und/ oder hinzugefügt werden, wie z. B. beim **Nachkolorieren von Schwarzweißfilmen**, geht die Leistung über eine bloße Reproduktion hinaus und wird zur Herstellung neuer Bildfolgen mit einer eigenständigen Rechtsposition aus § 94 (Schricker-Katzenberger Rdnr. 15). 10

Die **Rechte des Filmherstellers** aus den §§ 97–99, 101 a bestimmen sich nach Maßgabe der Verletzung von Verwertungsrechten, die in § 94 abschließend aufgeführt sind (vgl. auch §§ 85, 86 Bem. 12). Das Leistungsschutzrecht des Filmherstellers hat einen erheblich größeren Umfang als das des Tonträgerherstellers; neben dem Vervielfältigungs- und Verbreitungsrecht (§ 16 Bem. 1, § 17 Bem. 1–3; Erschöpfung des Verbreitungsrechts § 17 11

Bem. 8, speziell zu Bildschirmspielen OLG Hamburg GRUR 1990, 127 *Super Mario III*) steht ihm das Vorführungsrecht (vgl. § 19 Bem. 5) und das Senderecht (§ 20 Bem. 1) zu. Das Verbietungsrecht des Filmherstellers geht weiter als die gesetzlich vermuteten Nutzungsrechte am Filmwerk: Er besitzt stets das uneingeschränkte Vorführungs- *und* Senderecht am Filmstreifen, jedoch mangels abweichender vertraglicher Regelung entweder das Vorführungs- *oder* das Senderecht am Filmwerk (vgl. § 88 Abs. 1 Nr. 3 und 4). Die praktische Folge der gesetzlichen Regelung ist, daß z. B. der Produzent eines Kinofilms zwar den Film wegen § 88 nicht im Fernsehen senden lassen (und die Wiedergabevorrichtungen nicht zur Sendung benutzen), eine Sendung *dieses* Films durch den Urheber des verfilmten Werkes aber seinerseits verbieten kann, weil dazu die Benutzung des für ihn ausschließlich geschützten Filmstreifens nötig wäre. Nach der Richtlinie des Rates der Europäischen Gemeinschaft vom 19. November 1992 (Anh. V 2) ist dem Filmhersteller spätestens bis zum 1. 7. 1994 das ausschließliche Recht einzuräumen, die Vermietung und das Verleihen seines Films zu erlauben oder zu verbieten (Art. 2).

12 Bei der rechtswidrigen Aufzeichnung von Filmen, die durch das Fernsehen ausgestrahlt werden, wird neben dem Recht des Sendeunternehmens aus § 87 Abs. 1 Nr. 2 zugleich auch das Vervielfältigungsrecht des Filmherstellers aus § 94 verletzt (vgl. §§ 85, 86 Bem. 8; Schricker-Katzenberger Rdnr. 21). Auch die Verwertung von **Filmausschnitten** greift in die Rechte aus § 94 ein, es sei denn, es läge ausnahmsweise ein zulässiges Filmzitat vor (§ 51 Bem. 9).

13 Den Herstellern von **Videogrammen**, die nicht von vorbestehenden Filmen abgeleitet sind (Primärproduktion; zur Abgrenzung zum bloßen Überspielen auf Video-Masterband Bem. 3) steht *de lege lata* neben dem unmittelbar von ihnen benötigten Recht zur Vervielfältigung und Verbreitung der Videokassetten das Recht zu, die öffentliche Vorführung und die Funksendung zu bewilligen. Mit Rücksicht auf die vergleichbare Situation bei Tonträgern (vgl. § 61 Bem. 2) schlägt Ulmer (Urhebervertragsrecht, S. 55) mit Recht vor, insoweit § 94 zu ändern und das ausschließliche Recht des Herstellers zur öffentlichen Wiedergabe von Videogrammen, die nicht Zweitauswertungen von Kinofilmen sind, den VerwGes exklusiv zu übertragen, was praktisch auf eine freie Benutzbarkeit gegen Vergütung hinausliefe.

14 Das dem Filmhersteller in **Abs. 1 Satz 2** zugesprochene **Verbotsrecht gegenüber Entstellungen und Kürzungen** ist dogmatisch bedenklich und in der Praxis wenig bedeutsam. Dogmatisch stößt es vor allem deshalb auf Bedenken, weil es in seiner Formulierung den §§ 14, 83 und 93 stark angenähert ist und daher zu dem Mißverständnis Anlaß geben könnte, es handele sich um ein Persönlichkeitsrecht. Ein Persönlichkeitsrecht kann es jedoch *nicht* sein, da es nicht nur natürlichen, sondern auch juristischen Personen (z. B. einer Filmproduktions-AG) zustehen kann und, wie die Begr. (S. 102) ausdrücklich vermerkt, frei übertragbar ist (Abs. 2). Die Begr. (a. a. O.) spricht deshalb auch nur von einem dem Urheberpersönlichkeitsrecht „nachgebildeten" Schutz des Filmherstellers; konsequenterweise führt § 97 Abs. 2 den Filmhersteller nicht unter den zur Geltendmachung immateriellen Schadens Berechtigten auf. In Wahrheit handelt es sich nur um ein allerdings auch außerhalb von vertraglichen Nutzungsverhältnissen anwendbares **Änderungsverbot** (entsprechend § 39), das auf Entstellungen und schwerwiegende Kürzungen beschränkt ist. Aus Abs. 1 Satz 2 folgt somit im Umkehrschluß, daß der Filmhersteller Änderungen des Filmstreifens, die seine berechtigten Interessen noch nicht gefährden, dulden muß.

Erforderlich ist ein eigenständiges Recht zur Verhinderung von Entstellungen und Kürzungen nur, soweit das Recht aus Abs. 1 Satz 1 und die von den Urhebern und ausübenden Künstlern abgeleiteten Rechte dazu nicht ausreichen. Insbesondere ist der Hersteller von Laufbildern auf einen eigenständigen Entstellungs- und Kürzungsschutz angewiesen. Der Anspruch des Filmherstellers aus Abs. 1 Satz 2 kann auch parallel (und damit unterstützend) mit dem Anspruch des Urhebers des verfilmten Werkes aus §§ 14, 93 eingesetzt werden, z. B. wenn die Filmmusik bei der Zweitauswertung im Fernsehen teilweise gegen Fremdkompositionen ausgetauscht wird (OLG München ZUM 1992, 307, 312 *Christoforo Colombo*). **15**

Zum Begriff der Entstellung § 14 Bem. 8, dort auch zur Kolorierung von Schwarzweißfilmen; zur (abstrakten) Interessengefährdung § 14 Bem. 10, § 83 Bem. 3. Bei der vorzunehmenden **Interessenabwägung** stehen sich in der Regel wirtschaftliche Interessen des Filmherstellers mit wiederum wirtschaftlichen Interessen des Filmverwerters (Filmvertrieb, Lichtspieltheater, Sendeunternehmen usw.) gegenüber. Auf den Maßstab des § 93 braucht sich der Filmhersteller nicht verweisen zu lassen (Schricker-Katzenberger Rdnr. 28). **16**

Die gesamte durch § 94 gewährte Rechtsposition einschließlich der Rechte aus Abs. 1 Satz 2 ist übertragbar (**Abs. 2**) und vererblich. Wird zwischen demjenigen, der den Film tatsächlich herstellt und der nach dem Gesagten als Filmhersteller anzusehen ist, und einem anderen vereinbart, daß diese andere Person Filmhersteller sein solle, so kann darin die Übertragung der dem Filmhersteller zustehenden Nutzungsrechte liegen (BGH UFITA 55 [1970], 313, 321 *Triumph des Willens*). **17**

Die **Schutzdauer** entspricht derjenigen für den Tonträgerhersteller (§ 85 Abs. 3) und dem (einfachen) Lichtbildner (§ 72 Abs. 3 Satz 1 Halbsatz 2). Das Weglassen des sonst überall gegebenen Hinweises, daß die Frist nach § 69 zu berechnen sei, beruht offenbar auf einem Redaktionsversehen; die Begr. (S. 102) sagt ausdrücklich, daß die Schutzfrist entsprechend der Regelung bei den sonstigen Leistungsschutzrechten bemessen worden sei, will also keinen Unterschied machen. Das Versehen ist bei einer Novellierung des Gesetzes zu beseitigen. Nach Ablauf der Schutzdauer bestimmt sich die Rechtsstellung des Filmherstellers nach Maßgabe der von ihm erworbenen abgeleiteten Schutzrechte der Filmurheber und der Urheber der verfilmten Werke. Sofern ein zeitlich uneingeschränkter Rechteerwerb beim Filmhersteller unterstellt werden kann, bleibt ein Filmwerk mithin faktisch bis zum Ablauf von 70 Jahren nach dem Tode des Längstlebenden der beteiligten (Mit-)Urheber (§ 65) geschützt. **18**

Neben den Rechten aus § 94 bleibt der Filmhersteller nach Wettbewerbs- und allgemeinem Deliktsrecht subsidiär geschützt. Es gilt das Entsprechende wie beim Tonträgerhersteller (§§ 85, 86 Bem. 17). **19**

Zweiter Abschnitt · **Laufbilder**

§ 95

Die §§ 88, 90, 91, 93 und 94 sind auf Bildfolgen und Bild- und Tonfolgen, die nicht als Filmwerke geschützt sind, entsprechend anzuwenden.

Übersicht

1 Zu den **Begriffen** vgl. vor § 88 Bem. 2–5. Die Vorschrift bezweckt eine Absicherung des Filmherstellers auch für den Fall, daß der hergestellte Film keine Werkqualität aufweist. In Übereinstimmung mit den verwandten Schutzrechten der Tonträgerhersteller (§§ 85, 86 Bem. 2) und Sendeunternehmen (§ 87 Bem. 3) wird das Leistungsschutzrecht unabhängig davon gewährt, ob die vom geschützten Unternehmer erbrachte wirtschaftlich-organisatorische Leistung urheberrechtliches Werkschaffen verkörpert oder nicht. Da bei der Filmherstellung nicht stets vorauszusehen ist, ob am Ende ein schutzfähiges Filmwerk entsteht (Begr. S. 102), werden aus Gründen der Rechtssicherheit vorsorglich die den Rechtserwerb erleichternden Regeln der §§ 88, 90, 91 und 93 auch zugunsten des Laufbilderherstellers für anwendbar erklärt. Die die Rechte der Filmurheber betreffende Vermutungsregel des § 89 entfällt, weil bei Laufbildern denklogisch keine Filmurheber vorhanden sind (Bem. 8). Nur die die Rechte der ausübenden Künstler abschneidende Vorschrift des § 92 kommt bei Laufbildern nicht zum Tragen (Bem. 11).

2 Zur **Abgrenzung** der Filmwerke (§ 2 Abs. 1 Nr. 6) von den Laufbildern § 2 Bem. 76–79; BGHZ 90, 219, 222, 226 *Filmregisseur;* Schricker GRUR 1984, 733. In der Rechtsprechungspraxis kann im Hinblick auf § 95 in Zweifelsfällen die Filmwerkeigenschaft offengelassen werden, soweit Laufbilder den Filmwerken gleichgestellt sind (insoweit zutreffend OLG Hamburg GRUR 1990, 127, 128 *Super Mario III* für ein Bildschirmspiel).

3 Bei der **filmischen Wiedergabe künstlerischer Darbietungen** sowie der **Aufzeichnung** von Sportereignissen, Modeschauen und sonstigem Tagesgeschehen, aber auch etwa von sexuellen Vorgängen (Sex- und Pornofilme) kommt es darauf an, ob lediglich der ablaufende Vorgang mit den üblichen Techniken der Kameraführung wiedergegeben wird (Laufbilder) oder ob durch Kameraführung, Schnitt, Sichtung des Materials und Auswahl der wesentlichen Aspekte, möglicherweise auch schon durch die schöpferische Gestaltung des Kommentars, die Reportage bzw. der filmische Ablauf eine eigene Prägung erhalten hat (Filmwerk) (BGHZ 90, 219, 222, 226 *Filmregisseur*). Bei Atelierinszenierungen von Bühnenwerken sollte im Regelfall davon auszugehen sein, daß der die Aufzeichnung vornehmende Filmregisseur und sein Chefkameramann die bei dieser Gelegenheit eröffneten gestalterischen Möglichkeiten für eine speziell durch Kameraführung und Lichtgebung geprägte filmische Werkschöpfung nutzen (demgegenüber verneint OLG Koblenz GRUR Int. 1968, 164, 165 *Liebeshändel in Chioggia* Werkqualität im Falle der Studioaufzeichnung einer unverändert gespielten Bühneninszenie-

rung; dem zustimmend Schricker-Katzenberger Rdnr. 9). Im Theater aufgezeichnete oder gar live gesendete Aufführungen haben dagegen meist nur den Charakter von Laufbildern.

Auch die individuelle Gestaltung des **Textes** kann die Laufbilder zum Filmwerk machen, da der Tonfilm eine Einheit von Bild und Ton darstellt (§ 2 Bem. 76–79). Hat danach der Regisseur der Laufbilder selbst keine schöpferische Leistung erbracht, so können auf dem Bildstreifen urheberrechtliche Werke und/oder Darbietungen ausübender Künstler festgelegt oder vervielfältigt worden sein; notwendig ist das wiederum nicht. Auch die Abfilmung des Vogelfluges (BGHZ 9, 262, 268 *Lied der Wildbahn*), einer Sportveranstaltung (KG Schulze KGZ 4, dort allerdings primär zur Rechtsstellung der Sportler) oder einer Tierdressur (LG München I Schulze LGZ 129, 5 *Elefant Moni*) ergibt Laufbilder. Auch Sex-Filme sind in der Regel Laufbilder (OLG Düsseldorf GRUR 1979, 53 *Laufbilder;* OLG Hamburg GRUR 1984, 663 *Video Intim*). Entsprechendes gilt für Bildschirmspiele: Soweit weder der Darstellung selbst noch der zugrundeliegenden Spielidee noch der vorangehenden Computerprogrammierung Urheberschutz zukommt (§ 2 Bem. 42–44), kommt nur der Laufbildschutz in Betracht (OLG Hamburg GRUR 1983, 437; GRUR 1990, 127, 128 *Super Mario III;* OLG Hamm ZUM 1992, 99; BayObLG GRUR 1992, 508 *Verwertung von Computerspielen;* Nordemann GRUR 1981, 893; Löwenheim FS Hubmann S. 307, 318ff.). Der Filmbegriff setzt nicht die Wiedergabe eines aufgezeichneten Handlungsablaufs voraus; im übrigen ist beim Bildschirmspiel der visuelle Ablauf zuvor im Programm eingespeichert und wird vom Spieler lediglich nach Maßgabe der vorgegebenen Wiedergabevarianten abgerufen. 4

Das **frühere Recht** sah weder für den Filmhersteller noch für den Hersteller von Laufbildern ein eigenständiges Schutzrecht vor. Der Laufbildhersteller war bevorzugt auf die vom Lichtbildner der Filmeinzelbilder abgeleiteten Rechte und Ansprüche aus dem UWG angewiesen. Durch die Verweisung auf § 94 gewährt das Gesetz ein **originäres Leistungsschutzrecht** in gleichem Umfang wie dem Hersteller des Filmwerks (§ 94 Bem. 11–17). Die ausschließlichen Rechte zur Vervielfältigung, Verbreitung, öffentlichen Vorführung und Sendung stehen selbständig nebeneinander; der Erwerb eines dieser Rechte bringt nicht automatisch auch den Erwerb eines anderen Rechts mit sich (OLG Düsseldorf GRUR 1979, 53, 54 *Laufbilder*). Der Sache nach handelt es sich nicht um Urheberrechte, sondern um verwandte Schutzrechte, die durch die urheberrrechtlichen Konventionen, insbesondere die RBÜ nicht geschützt sind (OLG Frankfurt GRUR Int. 1993, 171, 172 *Parodius* mit zutreffendem Hinweis auf die analoge Situation bei den verwandten Schutzrechten der ausübenden Künstler entspr. BGH GRUR Int. 1991, 224 *Cliff Richard;* unzutreffend OLG Hamburg GRUR 1990, 127 *Super Mario III;* OLG Hamm ZUM 1992, 95; vgl. auch § 128 Bem. 2). Ausländische Videospiele ohne Werkcharakter genießen mangels einschlägiger internationaler Abkommen (Hertin ZUM 1990, 442, 444f.) in Deutschland keinen Schutz (eingehend Katzenberger GRUR Int. 1992, 513, 516ff.). 5

Der Verzicht des Gesetzes auf Werkqualität des Films als Grundlage für die in §§ 95, 94 gewährten verwandten Schutzrechte führt zu einer erheblichen Ausweitung des Schutzumfangs des Filmherstellers. Er ist insbesondere gegen die Aneignung von – auch kürzeren – Filmausschnitten aus seinem 6

Film geschützt, ohne daß gerade der entnommene Ausschnitt selbständig Werkqualität aufweisen müßte (Schricker-Katzenberger Rdnr. 8). Die **Klammerteilauswertung** von Filmen, die nach dem Inkrafttreten des UrhG (1. 1. 1966) hergestellt worden sind, unterliegt folglich im Rahmen der Schutzdauer des § 94 Abs. 3 in jedem Falle der uneingeschränkten leistungsschutzrechtlichen Disposition des Filmherstellers. Außerhalb dieses Rahmens bedarf es der insoweit komplizierten Anspruchsvoraussetzungen des (abgeleiteten) Urheber- und Wettbewerbsrechts. Zur vergleichbaren Rechtslage beim Ton-Sampling §§ 85, 86 Bem. 8.

7 Die gesetzliche **Auslegungsregel** des § **88** ist auf Laufbilder entsprechend anwendbar. Wer also die Filmaufzeichnung eines Bühnenwerkes gestattet, räumt damit im Zweifel lediglich das – ausschließliche – Recht ein, die Aufzeichnung durch Funk zu senden, wenn die Vereinbarung mit einem Sendeunternehmen getroffen worden ist (entsprechend § 88 Abs. 1 Nr. 4; vgl. § 88 Bem. 20–22); im Zweifel ist der Urheber ferner berechtigt, nach Ablauf von 10 Jahren ab Vertragsschluß einem anderen Sendeunternehmen die Aufzeichnung und Sendung seines Bühnenstücks zu gestatten (§ 88 Abs. 2 Satz 2). Kritisch gegenüber der überlangen Rechtseinräumung Ulmer[3] § 126 III 2a; Schricker-Katzenberger Rdnr. 13. Während der gesetzlichen Dauer der ausschließlichen Rechtsübertragung von 10 Jahren darf der Urheber einem anderen Sendeunternehmen die Aufzeichnung seines Bühnenstücks auch nicht etwa in einer gänzlich neuen Inszenierung gestatten. Dagegen ist der Urheber durch die Vergabe des Rechts zur Herstellung von Laufbildern nicht gehindert, die Herstellung eines Filmwerks zu gestatten, weil es sich um verschiedene Rechte handelt, wie die Gegenüberstellung von § 88 Abs. 1 Nr. 1 mit derselben Bestimmung, aber in Verbindung mit § 95 (das Wort „Filmwerk" in § 88 Abs. 1 Nr. 1 wird dabei durch „Laufbilder" ersetzt) ergibt. Aus diesem Nebeneinander zweier Rechte können sich Kollisionen ergeben, vor allem dann, wenn der Urheber eines Bühnenstücks, der das Recht zur Herstellung eines Filmwerks vergeben hat, einem Sendeunternehmen die *Live*-Sendung oder die Ausstrahlung der Aufzeichnung einer Aufführung des Bühnenstückes gestattet, was regelmäßig die Auswertung des Spielfilms erheblich beeinträchtigt. Hier ergibt sich aus dem Gesichtspunkt der Enthaltungspflicht (vor § 31 Bem. 15, § 97 Bem. 9, 24), daß der Urheber seinem Vertragspartner, dem Filmhersteller, gegenüber verpflichtet ist, alles zu unterlassen, was diesem Schaden zufügen oder ihn sonst an der Ausübung seiner vertraglichen Rechte hindern könnte; er darf also eine Fernsehsendung der Bühnenaufführung so lange nicht zulassen, als die Herstellung und Auswertung des Spielfilms andauern (BGH GRUR 1969, 364ff. *Fernsehauswertung*, vgl. § 88 Bem. 7). Gesetzliche oder von der Rechtsprechung angeordnete Sperren dieser Art verstoßen nicht etwa gegen Art. 30 EWG-Vertrag, EuGH NJW 1986, 1421 (für die Verwertung in Form von Videokassetten oder -platten innerhalb der ersten 18 Monate der Kinoauswertung).

8 Eine entsprechende Anwendung des **§ 89** entfällt *per definitionem*, weil den Laufbildern kein Werkcharakter eigen ist und demnach Filmurheber nicht beteiligt sein können. Daß **§ 89 Abs. 3** nicht ausdrücklich von § 95 für anwendbar erklärt wurde, bedeutet nicht etwa, daß die dort genannten

Urheber keine Rechte gegenüber dem Laufbildhersteller hätten. Vielmehr ist die Herstellung von Laufbildern häufig als Vervielfältigung (§ 16 Abs. 2), stets aber als „andere Umgestaltung" im Sinne des § 23 (vgl. dort Bem. 1) von der Einräumung eines entsprechenden Nutzungsrechts bzw. der Einwilligung des Urhebers abhängig (Bem. 7). Sofern die urheberrechtliche Werkqualität des Films zweifelhaft oder umstritten ist, kommt die Vermutungswirkung des § 89 dem Filmhersteller im Zweifel für den Fall zugute, daß der Filmherstellung eine Filmurheberschaft (z. B. des Regisseurs oder Kameramanns) zugrundeliegt. Der Gesetzgeber wollte durch § 95 im Interesse der Rechtssicherheit gerade solche Risiken vom Filmhersteller fernhalten, die sich aus der ggf. schwierigen Abgrenzung von Filmwerken von urheberrechtlich schutzunfähigen Filmen ergeben könnten (Bem. 1).

Aus der entsprechenden Anwendung der §§ **90, 91** auf Laufbilder ergeben **9**
sich gegenüber Filmwerken keine Besonderheiten.

Dafür, daß nach **§ 93** die Rechte der Urheber und ausübenden Künstler aus **10**
den §§ 14, 83 gegenüber bloßen Laufbildern beschränkt werden sollen, die keine persönlichen geistigen Schöpfungen darstellen, ist ein sachlicher Grund nicht erkennbar. Hier wird besonders deutlich, daß den Urhebern und ausübenden Künstlern allein im Hinblick auf die wirtschaftlichen Interessen des Filmherstellers – die finanziellen Aufwendungen für Filmwerke und Laufbilder müssen nicht unbedingt unterschiedlich hoch sein – ein Verzicht auf ihre grundlegenden Rechte zugemutet wird. Bei Laufbildern kann dem Recht auf Verhinderung von Entstellungen nicht einmal entgegengehalten werden, der Filmurheber benötige einen Freiheitsraum für filmgestalterische Abänderungen von der Vorlage. Die Anwendung des § 93 im Bereich der Laufbilder würde, wollte man jene Bestimmung ihrem Wortlaut gemäß anwenden (dagegen § 93 Bem. 3), zu der unerträglichen Konsequenz führen, daß der Urheber eines vom Fernsehen im Theater aufgezeichneten Bühnenstückes sich nicht dagegen wehren könnte, wenn sein Werk bei der Ausstrahlung beliebig verkürzt, in seiner Aussage verfälscht und inhaltlich entstellt würde, solange das nicht gerade zu einer Gefährdung seines Rufes oder Ansehens führte, während er dem Theater selbst gegenüber nicht nur aus § 14, sondern auch aus § 39 geschützt wäre (Ulmer[3] § 126 III 2; Schricker-Katzenberger Rdnr. 18 sowie vor §§ 88ff. Rdnr. 41 äußern verfassungsrechtliche Bedenken). Die gesetzgeberische Fehlbewertung wird vermieden, wenn im Rahmen der gemäß §§ 93, 39 Abs. 2 vorzunehmenden Interessenabwägung (§ 93 Bem. 5) die berücksichtigungsfähigen Interessen des Laufbilderherstellers gegenüber den Ansprüchen der Urheber und ausübenden Künstler aus den §§ 14, 83 auf ein dem Laufbildcharakter zuträgliches Maß reduziert werden. Da bei Laufbildern filmgestalterische Änderungsbefugnisse entfallen, können solche Eingriffe ohne weiteres als – relativ – gröblich bewertet werden, die Urheber und ausübende Künstler bei Filmwerken ggf. (noch) hinzunehmen hätten. Willkürliche Eingriffe in die Werk- oder Leistungsintegrität sind stets als gröblich zu qualifizieren, auch wenn eine konkrete Rufgefährdung nicht nachweisbar sein sollte.

Eine Ausnahme vom Grundsatz der Gleichbehandlung von Filmwerk und **11**
Laufbildern macht **§ 92**. Bei Laufbildern bleiben die Rechte der ausübenden Künstler voll erhalten. Der Opernsängerin entsteht also für die Sendung der Aufführung durch das Fernsehen der gleiche Anspruch wie für die Sendung

durch den Hörfunk (§ 76), während ihr für die Sendung einer bearbeiteten, schöpferisch umgestalteten Aufnahme der Aufführung, also eines Filmwerks, kein Einwilligungsrecht zusteht. Große praktische Bedeutung wird dieser Unterschied nicht haben, da in jedem Falle die Aufnahme selbst der Einwilligung der mitwirkenden ausübenden Künstler bedarf und diese es in der Hand haben, die Erteilung der Einwilligung an Bedingungen zu knüpfen, die sie auch für den Fall der Entstehung eines Filmwerks angemessen sichern. Wo das nicht geschehen ist, führt die gesetzliche Regelung allerdings zu der Notwendigkeit, zwischen Filmwerk und Laufbildern zu unterscheiden (Bem. 2–4). Zum Musikvideo (Videoclip) § 92 Bem. 6.

Vierter Teil · Gemeinsame Bestimmungen für Urheberrecht und verwandte Schutzrechte

Erster Abschnitt · Verwertungsverbot

§ 96

(1) Rechtswidrig hergestellte Vervielfältigungsstücke dürfen weder verbreitet noch zu öffentlichen Wiedergaben benutzt werden.
(2) Rechtswidrig veranstaltete Funksendungen dürfen nicht auf Bild- oder Tonträger aufgenommen oder öffentlich wiedergegeben werden.

Daß der Inhaber eines Verbreitungsrechts, welcher rechtswidrig Vervielfäl- 1
tigungsstücke hergestellt hat, diese nicht verbreiten darf, folgt daraus, daß ihm das Verbreitungsrecht nur an rechtmäßig vervielfältigten Werkexemplaren eingeräumt ist. Gegen ihn richtet sich der unmittelbare Unterlassungs- und Schadenersatzanspruch des § 97 (dort Bem. 22 und 31–55). Der Schutz des Urhebers und des Schutzrechtsinhabers wäre jedoch unvollständig, wenn ihnen nicht auch Ansprüche **gegen Dritte** zustünden, die zwar nicht selbst rechtswidrig vervielfältigt haben, aber daraus – bewußt oder unbewußt – Nutzen ziehen. Andernfalls würden Werk und Leistung sehr bald der Kontrolle des Berechtigten entgleiten. Die Bestimmung richtet sich daher gegen diejenigen Verwerter, die an sich zur Verbreitung (§ 17), zur Aufnahme auf Bild- oder Tonträger (§ 16 Abs. 2) oder zur öffentlichen Wiedergabe (§ 15 Abs. 2) **berechtigt** sind, weil sie ein entsprechendes Nutzungsrecht vertraglich erworben haben (§ 31) oder weil ihnen eine gesetzliche Befugnis zur Seite steht (§§ 45–63). Auch die gesetzliche Lizenz versagt gegenüber dem Verfolgungsrecht des Urhebers aus § 96 (vgl. Begr. S. 103). Vgl. ferner § 53 Abs. 5 (dort Bem. 5).

Die **praktische Bedeutung** der Bestimmung für den Urheber ist gering, 2
soweit es sich um **im Inland** hergestellte Exemplare handelt. Da das Vervielfältigungs- und das Verbreitungsrecht meist gekoppelt vergeben zu werden pflegen, dürfte ein Verwerter, der das Verbreitungsrecht ordnungsgemäß erworben hat, nur sehr selten in den Besitz rechtswidrig hergestellter Vervielfältigungsstücke kommen (Abs. 1). Die öffentliche Wiedergabe einer rechtswidrigen Funksendung (Abs. 2), beispielsweise in einer Gaststätte, kann der Berechtigte, wenn er schon ihre Ausstrahlung nicht verhindern kann, allein aus zeitlichen Gründen erst recht nicht mehr unterbinden. Einen Schadenersatzanspruch gegen den Gastwirt hat er in aller Regel nicht, weil dieser nicht wissen kann, daß die Sendung unrechtmäßig ist (vgl. § 97 Bem. 33); die auch ohne Verschulden gegebenen Ansprüche auf Beseitigung der Beeinträchtigung und auf Unterlassung (vgl. § 97 Bem. 30 und 22–26) helfen ihm nicht, weil die erfolgte öffentliche Wiedergabe nicht ungeschehen gemacht werden kann und Wiederholungsgefahr nicht besteht. Nur wenn es sich um die öffentliche Wiedergabe von Bild- oder Tonträgeraufnahmen handelt, kann unter dem Gesichtspunkt der Beseitigung der Beeinträchtigung (vgl. § 97 Bem. 30) deren Vernichtung (§ 98) verlangt werden. Das gleiche gilt für Tonbandaufnahmen von rechtswidrigen Funksendungen, die an sich rechtmäßig nach §§ 53, 55 oder nach Erwerb eines Nutzungsrechts aus § 16 Abs. 2 hergestellt wurden. Der Aufnehmende muß sie löschen, auch wenn er nicht ahnen konnte, daß die Sendung widerrechtlich ausgestrahlt

worden war. Die praktische Bedeutung des § 96 für Urheber liegt demnach für den reinen Inlandsbereich vor allem in seiner bloßen Existenz, die Fehldeutungen durch die Gerichte verhindert (Beispiel: OLG München Schulze OLGZ 145 *Mord ohne Mörder,* Leitsatz 3). – Die *Ausstellung* rechtswidrig hergestellter Kopien von Lichtbildern oder Werken der bildenden Künste ist wohl nur versehentlich nicht in § 96 erwähnt. Sie kann über § 98 unmöglich gemacht werden; eine Verletzung des Urheberpersönlichkeitsrechts aus § 14 dürfte nur ausnahmsweise in Betracht kommen (a. M. Möhring/Nicolini Bem. 4). – Zur Bedeutung des § 96 für ausübende Künstler s. § 75 Bem. 2.

3 Fraglich ist, ob das Verbreitungsverbot des § 96 auch dann gilt, wenn Vervielfältigungsstücke **aus dem Ausland** importiert werden, deren Herstellung in der Bundesrepublik rechtswidrig wäre, die aber im Herkunftsland *rechtmäßig* hergestellt werden konnten, etwa weil dort die Schutzfrist schon abgelaufen ist oder kein Staatsvertrag mit der Bundesrepublik besteht (§ 121 Bem. 6) oder gar überhaupt kein Urheber- oder Leistungsschutz existiert. Für den Bereich des *Urheberrechts* ist das zwar ohne Bedeutung, weil § 17 dem Urheber insoweit ein besonderes Verbreitungsrecht gewährt; danach ist *jede* Verbreitung unzulässig, die er nicht autorisiert hat (zur Erschöpfung des Verbreitungsrechts s. § 17 Bem. 8). Unter den enumerativ aufgezählten (vor § 70 Bem. 5) *Leistungsschutzrechten* der ausübenden Künstler und der Sendeunternehmen ist jedoch ein Verbreitungsrecht nicht genannt (vor § 73 Bem. 2, 4). Der Gesetzgeber hielt seine Gewährung für überflüssig (Begr. S. 91), übersah dabei – und bei der Formulierung des § 96 – jedoch die Gefahr, daß das ausschließliche Vervielfältigungsrecht dieser Berechtigten durch Importe aus dem Ausland praktisch ausgehöhlt werden könnte (Bungeroth GRUR 1976, 454, 459 f.). Wäre die Verbreitung solcher Vervielfältigungsstücke im Inland zulässig, weil § 96 nur von *rechtswidrig hergestellten* Exemplaren spricht, so stände das nicht nur im Widerspruch zu der erklärten Absicht des Gesetzgebers, mit § 96 auch die Rechtsstellung der genannten Gruppen zusätzlich zu sichern (Begr. S. 91, vgl. Bungeroth a.a.O.), sondern wären auch verfassungsrechtlich bedenklich, da jedenfalls den ausübenden Künstlern bis zum Inkrafttreten des UrhG das Verbreitungsrecht über § 2 Abs. 2 LUG zugestanden hatte (vor § 70 Bem. 2). § 96 ist deshalb auf im Ausland rechtmäßig hergestellte Vervielfältigungsstücke, für die das Verbreitungsrecht, wenn es bestünde, im Inland noch nicht erschöpft wäre, **analog** anzuwenden (so schon Bungeroth a.a.O.; Flechsig UFITA 81 [1978], 97, 99; KG UFITA 91 [1981], 224, 229; OLG Hamburg ZUM 1985, 371, 374; inzwischen ebenso BGH GRUR 1993, 550, 552 *The Doors* m.w.N.). Allerdings setzt die Anwendung des § 96 Abs. 1 auf Darbietungen ausübender Künstler voraus, daß diese in Deutschland Schutz nach § 125 Abs. 1–5 genießen; § 125 Abs. 6 gewährt nur die ausdrücklich dort genannten Mindestrechte, nicht aber das Vervielfältigungsrecht des § 75 Satz 2, das von § 96 Abs. 1 vorausgesetzt wird (BGH GRUR 1986, 454, 455 *Bob Dylan* mit Anmerkung von Christof Krüger; Schack GRUR 1986, 734; bestätigt von BVerfGE 81, 12; BGH GRUR 1987, 814, 815 *Die Zauberflöte;* OLG Hamburg ZUM 1991, 545, 546 f. *Swingin' Pigs*). S. auch § 125 Bem. 2 c und d. – Bei der bloßen Benutzung rechtmäßig hergestellter Auslandsexemplare für *Aufführungen* im Inland ist dagegen kein Nutzungsrecht des Urhebers oder Leistungsschutzberechtigten tangiert. Sie ist daher zulässig (BGH GRUR 1972, 141 f. *Konzertveranstalter*).

Die **Beweislast** dafür, daß das benutzte Exemplar rechtswidrig hergestellt bzw. die Sendung rechtswidrig ausgestrahlt worden war, trifft den Urheber oder Schutzrechtsinhaber bzw. denjenigen, der das Verbotsrecht aufgrund eines derivativen Rechtserwerbs geltend macht (Nutzungsberechtigter nach § 31, Abtretungsempfänger nach § 78 u. a.). Zweifel gehen zu seinen Lasten. 4

Zweiter Abschnitt · **Rechtsverletzungen**

1. Bürgerlich-rechtliche Vorschriften; Rechtsweg

§ 97 Anspruch auf Unterlassung und Schadenersatz

(1) Wer das Urheberrecht oder ein anderes nach diesem Gesetz geschütztes Recht widerrechtlich verletzt, kann vom Verletzten auf Beseitigung der Beeinträchtigung, bei Wiederholungsgefahr auf Unterlassung und, wenn dem Verletzer Vorsatz oder Fahrlässigkeit zur Last fällt, auch auf Schadenersatz in Anspruch genommen werden. An Stelle des Schadenersatzes kann der Verletzte die Herausgabe des Gewinns, den der Verletzer durch die Verletzung des Rechts erzielt hat, und Rechnungslegung über diesen Gewinn verlangen.

(2) Urheber, Verfasser wissenschaftlicher Ausgaben (§ 70), Lichtbildner (§ 72) und ausübende Künstler (§ 73) können, wenn dem Verletzer Vorsatz oder Fahrlässigkeit zur Last fällt, auch wegen des Schadens, der nicht Vermögensschaden ist, eine Entschädigung in Geld verlangen, wenn und soweit es der Billigkeit entspricht. Der Anspruch ist nicht übertragbar, es sei denn, daß er durch Vertrag anerkannt oder daß er rechtshängig geworden ist.

(3) Ansprüche aus anderen gesetzlichen Vorschriften bleiben unberührt.

Übersicht

1 1. **Allgemeines.** §§ 36, 37 LUG, § 31 KUG beschäftigten sich nur mit den Ansprüchen auf Ersatz des materiellen Schadens, die aus einer Verletzung von Urheberrechten erwuchsen. Die übrigen von § 97 erwähnten Ansprüche waren von der Rechtsprechung entwickelt worden. Ihre Aufzählung im Gesetz ist nicht erschöpfend. Neben ihnen gibt es noch den vorbeugenden Unterlassungsanspruch (Bem. 23), auf den § 97 analog anzuwenden ist, und den Auskunftsanspruch (Bem. 27–29). Beim Anspruch auf Ersatz des materiellen Schadens hat der Berechtigte ferner ein Wahlrecht zwischen dem Anspruch auf Ersatz des tatsächlich entstandenen Schadens – § 249 BGB –, dem Anspruch auf Ersatz des entgangenen Gewinns, den der Berechtigte ohne die Rechtsverletzung mit Wahrscheinlichkeit selbst hätte erzielen können – § 252 BGB –, ferner dem Anspruch auf den vom Verletzer erzielten Gewinn – § 97 Abs. 1 Satz 2 – und dem Anspruch auf eine angemessene Lizenzgebühr (Bem. 39–40). Auch diese Ansprüche sind sämtlich von der Rechtsprechung entwickelt worden. Der Gesetzgeber wollte an der bisherigen Rechtslage nichts ändern; er hielt die ausdrückliche Erwähnung dieser Ansprüche vielmehr nur für entbehrlich (Begr. S. 103).

2 2. **Geschützte Rechte.** Die im Gesetz und in Bem. 1 genannten Ansprüche sind nur bei der Verletzung absoluter Rechte, d. h. solcher Rechte gegeben, die gegen jedermann wirken. Reine Vergütungsansprüche oder sonstige Ansprüche, die sich jeweils nur gegen einen einzelnen Werknutzer richten, fallen nicht unter § 97 (§§ 26, 27, 46 Abs. 4, 47 Abs. 2, 49 Abs. 1 Satz 3, 52 Abs. 1 Nr. 2, 54 Abs. 1 u. 2, 76 Abs. 2, 77, 86; bzw. §§ 8 Abs. 2 Satz 2, 9, 25, 34 Abs. 1, 36 u. a.). Leistet bei Ansprüchen dieser Art der Verpflichtete nach Fälligkeit nicht rechtzeitig, so hat der Berechtigte nicht etwa aus § 97, sondern nur aus § 286 BGB Anspruch auf Ersatz des Schadens, der ihm durch den Verzug entsteht, insbesondere auf Zahlung von Zinsen (§ 288 BGB) und auf Ersatz der Kosten der Rechtsverfolgung. Zu den von § 97 **geschützten Rechten** gehören demnach insbesondere:

3 a) die **Persönlichkeitsrechte** der Urheber und Schutzrechtsinhaber aus den §§ 12–14, 63, 70, 72, 83, 93, 121 Abs. 6, 125 Abs. 6;

4 b) die **Nutzungsrechte** der Urheber aus den §§ 16–22 und die entsprechenden, meist weniger umfassenden Schutzrechte der Verfasser wissenschaftlicher Ausgaben (§ 70), der Veranlasser von Ausgaben nachgelassener Werke (§ 71), der Lichtbildner (§ 72), der Tonträgerhersteller, Sendeunternehmen und Filmproduzenten (§§ 85, 87, 94);

5 c) die **Zustimmungsrechte** der Urheber aus §§ 6, 8 Abs. 2, 9, 23, 34 Abs. 1, 35, 39, 46 Abs. 5, 62 Abs. 4, der Verfasser wissenschaftlicher Ausgaben und der Lichtbildner aus den §§ 70, 72, der ausübenden Künstler aus den §§ 74, 75, 76 Abs. 1, der Veranstalter aus § 81. Vgl. BGH GRUR 1987, 37, 39 *Videolizenzvertrag:* Mit dem Verbleib des Zustimmungsrechts aus § 34 Abs. 1 Satz 1 beim Rechtsinhaber ist ein Restbestand des eigentlichen Nutzungsrechts zurückgeblieben.

6 Es ist denkbar, daß **mehrere** geschützte Rechte **gleichzeitig** verletzt werden, z. B. beim Plagiat (dazu eingehend Anhang zu § 24), wo neben die stets erforderliche Verletzung des Rechts auf Anerkennung der Urheberschaft aus § 13, also eines Persönlichkeitsrechts, meist auch die Verletzung der Nutzungsrechte aus den §§ 16, 17 und des Einwilligungsrechts aus § 23

tritt. In diesen Fällen stehen die Ansprüche, die aus jeder einzelnen Rechtsverletzung erwachsen, selbständig nebeneinander, so daß z. B. im Falle des Plagiats ein materieller Schadenersatzanspruch aus der Verletzung der Verwertungsrechte neben dem Anspruch auf Ersatz des ideellen Schadens aus der Verletzung des Persönlichkeitsrechts besteht (vgl. Bem. 44–55).

3. **Aktivlegitimation.** Die Aktivlegitimation zur Geltendmachung der Ansprüche aus § 97 besitzt – mit Ausnahme des in § 28 Abs. 2 behandelten Falles (unten e) – stets derjenige, dessen Recht **verletzt** wurde. 7

a) Das ist bei **Persönlichkeitsrechten** der Urheber bzw. Schutzrechtsinhaber, solange er lebt (§ 94 Abs. 1 Satz 2, Abs. 2 betrifft kein Persönlichkeitsrecht und bildet deshalb keine Ausnahme, vgl. dort Bem. 3). Nach dem Tode des Urhebers, Verfassers wissenschaftlicher Ausgaben oder Lichtbildners ist sein Erbe oder Vermächtnisnehmer oder einer der Miterben (vgl. § 29 Bem. 2), nach dem Tode des ausübenden Künstlers sind dessen Angehörige (vgl. § 83 Abs. 3 Satz 2) Inhaber der Persönlichkeitsrechte und zu deren Geltendmachung befugt. S. aber Bem. 13 zur Prozeßstandschaft des Verwerters. – In Österreich wird jedenfalls die Wahrnehmung des Namensnennungsrechts durch einen Verband oder eine VerwGes als Treuhändler des Urhebers im eigenen Namen zugelassen (öst. OGH ÖBl. 1987, 53, 54 *Rennbahn-Express)*. 8

b) Bei den ausschließlichen *Nutzungsrechten* des Urhebers und den entsprechenden Rechten der verschiedenen Schutzrechtsinhaber ist stets das Recht des Rechtsinhabers verletzt. Das bietet bei den Leistungsschutzrechten aus den §§ 85, 87 und 94 keine Schwierigkeiten: Da diese Rechte frei übertragbar sind (§ 85 Bem. 8, § 87 Bem. 6, § 94 Abs. 2), erlischt mit der Übertragung die Aktivlegitimation des bisherigen Rechtsinhabers für die Zukunft; der Erwerber tritt an seine Stelle. Für die Vergangenheit bleibt sie freilich bestehen (OLG München GRUR 1984, 524, 525 *Nachtblende)*. Beim Urheberrecht bleibt die Klagebefugnis des Urhebers, Verfassers oder Lichtbildners darüber hinaus in der Mehrzahl der Fälle trotz der Ausschlußklausel des § 31 Abs. 3 (dort Bem. 3 und 4) neben der des Nutzungsrechtsinhabers bestehen. Das trifft zunächst dann zu, wenn der Nutzungsberechtigte ein inhaltlich (gegenständlich) beschränktes ausschließliches Recht erworben hatte, z. B. zur Verwendung eines Bildes nur für einen bestimmten Kunstband. Dann verletzt der Abdruck in einem anderen Kunstband das ausschließliche Nutzungsrecht des Verlegers aus §§ 16, 17 und das insoweit beim Urheber verbliebene Verwertungsrecht aus den gleichen Bestimmungen (vgl. BGHZ 22, 209, 211 f. *Europapost* für künstlerisch gestaltete Zeitschriftentitel). Darüber hinaus sieht die Rechtsprechung mit Recht den Urheber dann als aktivlegitimiert an, wenn er an den vom Nutzungsrechtsinhaber gezogenen Nutzungen beteiligt ist (BGHZ 22, 209, 212 *Europapost;* BGH GRUR 1960, 251, 252 *Mecki-Igel II;* BGHZ 118, 394, 399 *ALF;* LG München I Schulze LGZ 127 S. 4f. unter Hinweis auf die gleichartige Rechtsprechung zum Patentrecht – RGZ 136, 320, 321 –). Daraus läßt sich allgemein ableiten, daß der Urheber, Verfasser oder Lichtbildner neben dem Inhaber des ausschließlichen Nutzungsrechts aktivlegitimiert bleibt, wenn er ein eigenes schutzwürdiges Interesse an der Geltendmachung der Ansprüche aus der Rechtsverletzung hat (etwas enger v. Gamm Bem. 16; ganz abwei- 9 chend Möhring/Nicolini Bem. 6b, dd; wie hier Ulmer[3] S. 543), was für reine Vergütungsansprüche nicht ohne weiteres zutrifft. Vgl. unten Bem. 13. – Bei *örtlich* begrenzten Nutzungsrechten ist der Urheber außerhalb des vereinbarten Gebietes *allein* aktivlegitimiert. – Etwaige Persönlichkeitsrechte Dritter, z. B. der abgebildeten Person, beeinträchtigen die Aktivlegitimation des Urhebers zur Durchsetzung seiner eigenen Rechte nicht (OLG Hamburg AfP 1987, 691, 692).

10 c) Bei den **Zustimmungsrechten** sind Einwilligungen und Genehmigungen zunächst vom Urheber bzw. Schutzrechtsinhaber zu erteilen, nach seinem Tode von seinem Erben oder Vermächtnisnehmer. Lediglich im Falle des § 78 ist neben dem ausübenden Künstler auch der Abtretungsempfänger legitimiert. Allerdings erteilt der Urheber, z. B. im Falle des § 23, bei der Einräumung von Nutzungsrechten dem Erwerber vielfach eine allgemeine Einwilligung zur Veröffentlichung und Verwertung bestimmter Bearbeitungen; so enthalten die meisten Verlagsverträge die „Übertragung" des „Übersetzungsrechts", d. h. die Einwilligung zur Veröffentlichung und Verwertung einer Übersetzung. Liegt darin das konkludente Einverständnis damit, daß der Verleger einen ausländischen Lizenznehmer autorisiert (was im Zweifel anzunehmen ist), dann ist die Verwertung der von jenem veranlaßten Übersetzung durch die dem Hauptverleger erteilte Einwilligung gedeckt. Die Verwertung einer nicht autorisierten Übersetzung können der Verlag wegen Verletzung seiner ausschließlichen Nutzungsrechte aus §§ 16, 17 und der Urheber wegen Verletzung seines Einwilligungsrechts aus § 23 verfolgen.

11 d) Bei **Miturhebern** und **Künstlergruppen** bestehen die Sonderregelungen des § 8 Abs. 2 Satz 3 und des § 80 Abs. 2 (vgl. dazu § 8 Bem. 20–22 und 28 sowie § 80 Bem. 2 und 7). Da in diesen Fällen ein einheitliches Urheberrecht bzw. verwandtes Schutzrecht entsteht, ist eine Urheberrechtsverletzung des einen Miturhebers oder Mitgliedes einer Künstlergruppe gegenüber den anderen Berechtigten im Sinne von § 97 ausgeschlossen. Hier sind Ansprüche lediglich aus Vertrag denkbar.

12 e) Hat der Urheber, Verfasser oder Lichtbildner einen **Testamentsvollstrecker** eingesetzt (§ 28 Abs. 2), so ist allein dieser zur Geltendmachung der Ansprüche aktivlegitimiert, obwohl nicht er, sondern der Erbe Inhaber des Rechts und damit Verletzter ist (vgl. § 2212 BGB).

13 f) Die **Wahrnehmung fremder Rechte im eigenen Namen** (sog. gewillkürte Prozeßstandschaft) ist grundsätzlich nicht zulässig. Die Rechtsprechung läßt sie aber allgemein dann zu, wenn der Rechtsinhaber zustimmt und der Dritte ein eigenes berechtigtes Interesse an der Geltendmachung hat (BGH ständig seit BGHZ 30, 162, 166; 48, 12, 14; BGH GRUR 1983, 371, 372 *Mausfigur* mit weiteren Nachweisen). Im Urheberrecht genügt in einigen Fällen sogar das eigene berechtigte Interesse:

– Der Urheber selbst geht gegen die Verletzung eines Nutzungsrechts vor, das er einem Verwerter ausschließlich eingeräumt hatte (oben Bem. 9).

– Der Inhaber eines *einfachen* Nutzungsrechts geht gegen einen Dritten vor, der ein gleiches Recht unberechtigt nutzt (BGH GRUR 1961, 635, 636 *Stahlrohrstuhl I*, unter Hinweis auf BGHZ 19, 69, 71; BGH GRUR 1959, 200, 201 *Heiligenhof;* BGH GRUR 1981, 652 *Stühle und Tische;* vgl. aber OLG

Hamburg UFITA 67 [1973], 245 *Die englische Geliebte;* zu der schwierigen Frage eines eigenen Schadenersatzanspruches des einfachen Lizenznehmers Fischer GRUR 1980, 374 – für das Patentrecht –).
– Eine VerwGes. macht Ansprüche ihrer Mitglieder, die ihr lediglich eine Inkassovollmacht erteilt haben, im eigenen Namen geltend. Ihr eigenes rechtliches Interesse ergibt sich aus § 6 WahrnG (OLG Frankfurt ZUM 1993, 97, 98 *Städel* [n. rkr.]).

Eine Geltendmachung von Ansprüchen aus dem **Urheberpersönlichkeitsrecht** durch einen Dritten kommt nur insoweit in Betracht, als solche Ansprüche übertragbar sind. Das trifft nicht zu für den Anspruch auf immateriellen Schadenersatz, jedenfalls solange er nicht durch Vertrag anerkannt oder rechtshängig geworden ist (§ 97 Abs. 2 Satz 2; Näheres Bem. 44–55), sowie für diejenigen Ansprüche aus dem Urheberpersönlichkeitsrecht, die unverzichtbar sind (dazu vor § 12 Bem. 3–4). Ein Dritter kann demnach nur die Ansprüche geltend machen, die sich aus einer *konkreten* Verletzung des Urheberpersönlichkeitsrechts ergeben. Er muß dazu die Zustimmung des Urhebers *und* ein eigenes berechtigtes Interesse darlegen können (vgl. BGHZ 107, 384, 389 *Emil Nolde*). Die Zustimmung ergibt sich konkludent aus dem Verwertungsvertrag, wenn dieser den Verwerter berechtigt und verpflichtet, die Interessen des Urhebers am Werk umfassend wahrzunehmen, wie das auf viele Verlagsverträge, Musikverlagsverträge, Bühnenvertriebsverträge und ähnliche treuhänderische Rechtsverhältnisse zutrifft. Sie ist nur aus wichtigem Grunde widerruflich; der Urheber kann sie im Einzelfall aber faktisch gegenstandslos machen, indem er auf den ihm zustehenden konkreten Anspruch verzichtet. – Ein eigenes berechtigtes Interesse hat der Verwerter, wenn es sich um Verletzungen des Urheberpersönlichkeitsrechts handelt, die die ihm eingeräumten Rechte betreffen. Er kann insoweit Unterlassung (Bem. 22–26), Auskunft (Bem. 27–29) und Beseitigung (Bem. 30) fordern. Die Leistung von (materiellem) Schadenersatz (Bem. 37–43) oder die Zahlung einer Lizenzgebühr aus § 812 BGB (Bem. 56–59) kann er jedoch, soweit es sich um die Verletzung des Urheberpersönlichkeitsrechts handelt, nur *an den Urheber* beanspruchen, da dessen Recht verletzt ist und eine Vorausabtretung im Vertrag unwirksam wäre (vor § 12 Bem. 3–4). 14

g) Zur Aktivlegitimation von **Verwertungsgesellschaften** s. Bem. 6 zu § 6 sowie **§ 13 b WahrnG.** 15

4. **Passivlegitimation.** Die Ansprüche richten sich zunächst gegen denjenigen, der die Rechtsverletzung selbst begangen, d. h. bewußt verwirklicht hat, bei juristischen Personen also gegen ihren handelnden Vertreter (dazu Klaka GRUR 1988, 729). Daß er damit Unrecht tue, braucht dem Täter nicht bewußt gewesen zu sein (KG Schulze KGZ 56, 12f. *Zille-Ball*). Mehrere Mittäter haften dabei als Gesamtschuldner (§ 830 Abs. 1 BGB), so daß der Verletzte es in der Hand hat, alle in Anspruch zu nehmen oder einen von ihnen, z. B. den finanziell sichersten, herauszugreifen (vgl. § 421 BGB). Die Rechtsverletzung begangen hat jeder, dessen Verhalten für die Verletzung ursächlich, also *conditio sine qua non*, gewesen ist, wobei eine von mehreren Ursachen genügt, falls es nicht nach der Lebenserfahrung unwahrscheinlich ist, daß gerade diese Ursache zu einem solchen Erfolg führen könne. Es muß demnach ein sog. **adäquater Kausalzusammenhang** zwischen dem beanstandeten Verhalten und der Rechtsverletzung bestehen (ständige Rspr.; 16

z. B. BGHZ 42, 118, 124 *Personalausweise beim Tonbandgerätekauf* mit Nachweisen). So haftet neben demjenigen, der die ungenehmigte Aufführung eines geschützten Werkes selbst in Gang gesetzt hat, also z. B. der ausführenden Kapelle, auch der **Veranstalter,** d. h. derjenige, der die Aufführung angeordnet hat und für sie in organisatorischer und finanzieller Hinsicht verantwortlich ist (BGH GRUR 1956, 515, 516 *Tanzkurse* mit Nachweisen; KG GRUR 1959, 150f. *Musikbox-Aufsteller* mit Nachweisen, OLG München GRUR 1979, 152 *Transvestiten-Show).* Kennzeichen dafür ist neben dem wirtschaftlichen Interesse vor allem der Einfluß auf die Programmgestaltung, sei es auch nur durch Beschränkung der dem Aufführenden zur Verfügung gestellten Auswahl an Stücken (KG a.a.O.). Er haftet allerdings nicht für die Rechtmäßigkeit der Benutzung von Noten, die das Orchester selbst mitbringt (BGH GRUR 1972, 141, 142 *Konzertveranstalter).* Veranstalter ist dagegen nicht, wer nur die für die Aufführung erforderlichen äußeren Vorkehrungen trifft, also z. B. das Elektrizitätswerk, das den Strom für die Musikbox liefert (KG a.a.O.). Als Täter ist ferner anzusehen, wer die Rechtsverletzung adäquat kausal **veranlaßt,** wer also z. B. durch irreführende Angaben über die Rechtslage oder durch das Bereitstellen von geeigneten Einrichtungen oder Gegenständen eine Rechtsverletzung herbeiführt oder (so bei vorbeugenden Unterlassungsansprüchen, Bem. 23) die Gefahr einer Rechtsverletzung begründet. Für den ersten Beispielfall vgl. BGHZ 15, 338 *GEMA* wegen der Behauptung einer Firma, sie könne „tantiemefreie Tanzmusik" an Gastwirte usw. liefern, und BGH GRUR 1987, 37, 39 *Videolizenzvertrag:* Der Filmvertrieb hatte die rechtswidrige Vermietung von Videokassetten zwar nicht selbst vorgenommen, aber durch die Vergabe entsprechender Unterlizenzen an Videoshops veranlaßt. Das zweite Beispiel liegt den Tonband-Entscheidungen des BGH zugrunde (BGHZ 17, 266 *Tonband/Grundig-Reporter;* BGH GRUR 1960, 340 *Werbung für Tonbandgeräte;* BGH GRUR 1964, 94 *Tonbandgeräte-Händler;* BGH GRUR 1964, 91 *Tonbänder-Werbung;* besonders ausführlich zuletzt BGHZ 42, 118 *Personalausweise beim Tonbandgerätekauf).* In allen Fällen wurden die Hersteller und Händler von Tonbändern und Tonbandgeräten als Mittäter der nach damaligem Recht unerlaubten Überspielung (vgl. heute § 53 Abs. 1) angesehen, weil „der bestimmungsgemäße Gebrauch" der genannten Gegenstände „in der Regel einen Eingriff in die Rechte Dritter mit sich bringt" (BGHZ 42, 118, 125 *Personalausweise beim Tonbandgerätekauf*).

17 Wie die Beispiele des Veranstalters und des Veranlassers zeigen, besteht **Mittäterschaft** nicht nur dann, wenn mehrere Verletzer gemeinschaftlich gehandelt haben, sondern auch dann, wenn **jeder selbständig** eine Ursache für die Rechtsverletzung gesetzt hat. Deshalb sind z. B. bei einem Roman, der ein Plagiat enthält, der Autor, der das fremde Werk unter seinem eigenen Namen in Verlag gibt, der Drucker, der es vervielfältigt, und der Verleger, der es verbreitet, Mittäter der begangenen Rechtsverletzung. Beseitigungs-, Unterlassungs- und Auskunftsansprüche können gegen alle erhoben werden (Bem. 22–30); erst beim Anspruch auf Schadenersatz ist die weitere Frage zu prüfen, ob die Rechtsverletzung von dem in Anspruch Genommenen verschuldet ist (zur Sorgfaltspflicht des Druckers und des Verlegers s. Bem. 33 und 34). Wer einen anderen wissentlich zu der von diesem begangenen Rechtsverletzung **angestiftet** oder ihm wissentlich dazu **Beihilfe** geleistet hat, also nicht selbst Verletzer ist, haftet gleichwohl wie ein Mittäter (§ 830

Abs. 2 BGB). Hier ist jedoch der Vorsatz Tatbestandsmerkmal; eine unbewußte, d. h. fahrlässige oder gar schuldlose Anstiftung oder Beihilfe gibt es nicht. Deshalb sind auch diejenigen Ansprüche des § 97, die an sich kein Verschulden voraussetzen (vgl. Bem. 20), im Falle der Anstiftung oder Beihilfe nur gegeben, wenn Vorsatz festgestellt werden kann (vgl. BGHZ 42, 118, 123, *Personalausweise beim Tonbandgerätekauf,* wo ein mindestens bedingter Vorsatz als Voraussetzung schon für den objektiven Tatbestand der Beihilfe gefordert wird).

Für Arbeitnehmer und Beauftragte haftet kraft gesetzlicher Sondervorschrift **18** auch der **Inhaber des Unternehmens** (§ 100), für Beamte und Angestellte des öffentlichen Dienstes deren Dienstherr (Art. 34 GG, § 839 BGB; vgl. OLG Karlsruhe GRUR 1987, 818, 821 *Referendarkurs* und OLG Düsseldorf GRUR 1987, 909 *Stadtarchiv*).

5. **Widerrechtlichkeit.** Die Rechtsverletzung muß, um die Ansprüche des **19** § 97 auszulösen, widerrechtlich sein. Das ist keine Tautologie: Es gibt Rechtsverletzungen, die nicht widerrechtlich, weil durch einen Rechtfertigungsgrund gedeckt sind. In Betracht kommen Notwehr (§ 227 BGB) und erlaubte Selbsthilfe (§§ 229f. BGB), die allerdings nur in besonders gelagerten Fällen theoretisch denkbar sind, ferner der nicht ausdrücklich durch Gesetz geregelte **übergesetzliche Notstand.** Danach ist die Verletzung eines Urheberrechts oder verwandten Schutzrechts, die an sich unrechtmäßig wäre, dann gerechtfertigt, wenn sie zum Schutze eines höherwertigen anderen Rechtsgutes erforderlich ist, was im Einzelfall durch eine Güter- und Pflichtenabwägung zu ermitteln ist. Dieser Grundsatz, der einen allgemeinen Rechtsgedanken enthält, wurde zunächst von RGSt 61, 242 für das Strafrecht entwickelt und vom Bundesgerichtshof (zuerst in BGHSt 2, 114) fortgeführt. Im Bereich des Urheberrechts wurde er vom LG Berlin GRUR 1962, 207, 210 *Maifeiern* bei der Entscheidung über eine Klage herangezogen, die die Ost-Wochenschau *Der Augenzeuge* gegen den *Sender Freies Berlin* wegen der Verwertung von Wochenschau-Aufnahmen in einer politisch-kritischen Fernsehsendung zum 1. Mai erhoben hatte; mit Recht sah das LG das Allgemeininteresse an sachlicher, nicht durch Propaganda verzerrter Information als das höherwertige Rechtsgut an, dem das Ausschließungsrecht des Lichtbildners weichen mußte. Hierher gehört richtigerweise auch der von KG UFITA 54 [1969], 296 *Extradienst* entschiedene Fall eines Springer-Karikaturisten, dessen Art der Darstellung linker Studenten im Berliner *Extradienst* unter Abdruck von Bildbeispielen kritisiert worden war. Der Versuch des Kammergerichtes, den Güter- und Interessenkonflikt zwischen Art. 5 Abs. 1 GG und dem Urheberrecht über eine erweiternde Analogie zu § 51 Nr. 1 zu lösen, scheitert allerdings an dem Ausnahmecharakter jener Vorschrift (vor § 45 Bem. 3 und 4).

Im Bereich des **Veranlassers,** der eine adäquate Ursache für die Rechtsver- **20** letzung gesetzt hat, ohne sie selbst zu begehen, ist ein Verhalten dann nicht mehr widerrechtlich, wenn eine Haftung ihm billigerweise nicht mehr zugemutet werden kann (vgl. Bem. 16 und BGHZ 42, 118, 123 *Personalausweise beim Tonbandgerätekauf);* zumutbare Maßnahmen zur Verhinderung von Rechtsverletzungen zu ergreifen bleibt er aber verpflichtet (BGH GRUR 1984, 54, 55 *Kopierläden).* – Die Widerrechtlichkeit einer Rechtsverletzung wird **vermutet;** wer sich darauf beruft, daß sie ausnahmsweise gerechtfertigt sei, hat das zu beweisen. Zweifel gehen zu seinen Lasten. – **Widerrechtlichkeit genügt** für den Anspruch auf Beseitigung der Beeinträchtigung (Bem. 30), den Unterlassungsanspruch (Bem. 22–26) und den Auskunftsanspruch (Bem. 27–29). Ob der Verletzer wußte oder auch nur ahnen konnte, daß er eine Rechtsverletzung beging, ist für diese Ansprüche unerheblich. Nur bei den Schadenersatzansprüchen muß zur Widerrechtlichkeit der Verletzungshandlung noch ein Verschulden des Verletzers hinzutreten (Näheres Bem. 32–36).

21 Ein **nachträglicher Wegfall** der Widerrechtlichkeit einer Rechtsverletzung tritt ein bei späterer Genehmigung durch den Berechtigten (vgl. BGH GRUR 1959, 147, 149f. *Bad auf der Tenne I*).

22 6. **Unterlassungsanspruch.**
a) Das Gesetz regelt nur den **wiederherstellenden Unterlassungsanspruch** nach vorangegangener Rechtsverletzung. Er richtet sich gegen jeden Verletzer ohne Rücksicht auf dessen Verschulden. Auch der gutgläubige Verwerter, der nicht wissen konnte, daß er eine Rechtsverletzung beging (z. B. der Gastwirt, der die rechtswidrige Funksendung eines Werkes ahnungslos seinen Gästen darbot, vgl. § 96 Bem. 2), kann auf Unterlassung in Anspruch genommen werden. Der Anspruch setzt nur voraus, daß eine Rechtsverletzung tatsächlich begangen worden ist. Darüberhinaus muß ferner eine Wiederholungsgefahr gegeben sein, d. h. die konkrete Gefahr einer künftigen gleichartigen Rechtsverletzung unter den gleichen Tatumständen. Die abstrakte Möglichkeit, der Täter könne bei irgendeiner Gelegenheit später wieder einmal irgendwelche Rechte des Betroffenen verletzen, genügt dazu nicht (KG GRUR 1957, 45, 46 *Karpfhamer Fest;* vgl. auch BGH GRUR 1957, 348, 349f. *Klasen-Möbel* zu § 3 UWG). In aller Regel folgt allerdings aus der Tatsache der Rechtsverletzung ohne weiteres die Gefahr ihrer Wiederholung. Dies gilt um so mehr dann, wenn der Verletzer sich auf den Standpunkt stellt, er habe rechtmäßig gehandelt, und etwa im Prozeß aus diesem Grunde Klageabweisung beantragt (BGHZ 14, 163, 167f. *Constanze II;* BGH GRUR 1961, 138, 140 *Familie Schölermann)*. Nur beim Vorliegen besonderer Umstände kann deshalb angenommen werden, die Wiederholungsgefahr sei entfallen, wobei ein strenger Maßstab anzulegen ist (BGHZ a.a.O. *Constanze II* mit Nachweisen; BGH a.a.O. *Familie Schölermann)*. Die bloße Verpflichtungserklärung des Verletzers, die beanstandete Handlung künftig zu unterlassen, reicht dazu jedenfalls nicht aus, es sei denn, der Verletzer unterwerfe sich gleichzeitig einer bestimmten, angemessen hohen Vertragsstrafe für jeden künftigen Fall der Zuwiderhandlung (BGH *Familie Schölermann* a.a.O. mit Nachweisen; BGH UFITA 69 [1973], 272, 278 *Kandinsky III)*. In Österreich wird dagegen nur gefordert, daß das Verhalten des Verletzers eine ernstliche Willensänderung erkennen läßt (öst. OGH ÖBl. 1976, 170, 173 *Musikautomaten)*. Zur Konkretisierung des gerichtlichen Unterlassungsgebots s. Pagenberg GRUR 1976, 78. Wegen der Einzelheiten kann im übrigen auf die parallele Rechtsprechung zum Unterlassungsanspruch bei Wettbewerbsverstößen verwiesen werden; Näheres dazu bei Nordemann[7] Rz. 559ff.

23 b) Der **vorbeugende Unterlassungsanspruch,** auf den § 97 analog anzuwenden ist (Bem. 1), unterscheidet sich vom wiederherstellenden Unterlassungsanspruch dadurch, daß er gerade *keine* vorangegangene Rechtsverlet-

zung voraussetzt. Die hier logisch nicht denkbare Wiederholungsgefahr wird ersetzt durch die konkrete Gefahr einer erstmaligen Rechtsverletzung in der Zukunft (vgl. BGHZ 14, 163, 170 *Constanze II*). Die demnach erforderliche Gefährdung des geschützten Rechts liegt zunächst dann vor, wenn der auf Unterlassung in Anspruch Genommene im Begriff steht, die befürchtete Rechtsverletzung zu begehen (unmittelbarer Störer). Sie ist aber auch schon dann gegeben, wenn die beanstandete Handlung eine Rechtsverletzung lediglich objektiv nahelegt und begünstigt (BGH GRUR 1960, 340, 343 *Werbung für Tonbandgeräte;* BGH GRUR 1964, 91, 92 *Tonbänder-Werbung;* BGH GRUR 1964, 94, 95f. *Tonbandgeräte-Händler;* BGHZ 42, 118, 122 *Personalausweise bei Tonbandgerätekauf*), also nur eine sog. mittelbare Störung vorliegt. Dazu genügt es wiederum, daß eine objektive Rechtsverletzung nach den Umständen ernsthaft droht, ohne die beanstandete Handlung aber nicht drohen würde (BGH a.a.O. *Werbung für Tonbandgeräte* mit Nachweisen). Unter diesem Gesichtspunkt können selbst solche Handlungen untersagt werden, die die befürchtete Rechtsverletzung nur vorbereiten helfen (BGH a.a.O.).

c) Grundsätzlich wird die Reichweite des Unterlassungsanspruchs durch **24** den Umfang des Rechtes begrenzt, aus dessen Verletzung oder drohender Verletzung er entstanden ist. Im Einzelfall wird jedoch ein **weitergehender Verbotsanspruch** von der Rechtsprechung dann anerkannt, wenn das weitergehende Verbot erforderlich ist, um die Nutzungsbefugnis des Berechtigten zu dem nach Gesetz oder Einräumungsvertrag (§ 31) vorausgesetzten Gebrauch zu schützen (BGHZ 9, 262, 265f. *Lied der Wildbahn I;* BGH GRUR 1957, 614, 616 *Ferien vom Ich;* OLG München UFITA 38 [1962], 354, 356 *Die schweigende Welt;* vor § 31 Bem. 15; §§ 31, 32 Bem. 3; § 37 Bem. 2; § 88 Bem. 27; § 95 Bem. 7). So hat der Nutzungsberechtigte ein Abwehrrecht gegen Dritte, die nur kleinere Werkteile auswerten, auch dann, wenn ihm selbst die Verwertung des Werkes in Teilen nicht gestattet ist (BGH a.a.O. *Lied der Wildbahn I;* KG UFITA 47 [1966], 340, 343f. *Dick und Doof*). Aus den gleichen Gründen darf ein Autor, der das Verfilmungsrecht an seinem Bühnenstück zu Vorführungszwecken übertragen hat (§ 88 Abs. 1 Nr. 3), während der Auswertung des Films, jedoch höchstens für die Dauer von 10 Jahren seit Vertragsschluß (wegen § 88 Abs. 2 Satz 2), keine Fernsehinszenierung des Bühnenstückes zulassen, weil das erfahrungsgemäß die Auswertung des Kinofilms stark beeinträchtigt (vgl. vor § 31 Bem. 15 und § 95 Bem. 7).

d) Wegen der u. U. möglichen **Ablösung** des Anspruches s. **§ 101**. **25**

e) Eine **Aufbrauchsfrist,** wie sie das Wettbewerbsrecht kennt, kann dem **26** *schuldlosen* Verletzer nicht eingeräumt werden, da § 101 die Vergünstigungen für ihn abschließend regelt (v. Gamm Bem. 44; Vinck GRUR 1975, 409, 411).

Für den *schuldhaft* – möglicherweise nur leicht fahrlässig – handelnden Verletzer, für den § 101 nicht gilt, machen Schricker-Wild Rz. 97 geltend, daß auch der Unterlassungsanspruch in einem gerechten Verhältnis zur Tat und zum Verschulden stehen muß. Dieser Auffassung schließen wir uns an; der Grundsatz der Verhältnismäßigkeit, der Verfassungsrang besitzt (ständige Rechtsprechung des Bundesverfassungsgerichtes, s. die Vielzahl von Entscheidungen unter dem Stichwort „Verhältnismäßigkeitsgrundsatz“ des

Nachschlagewerks), bestimmt die Auslegung und Anwendung aller einfachen Gesetze und somit auch des UrhG. Allerdings sind die Grenzen im Urheberrecht, wo es sich um die Verletzung absoluter Individualrechte handelt, enger zu ziehen als im Wettbewerbsrecht, wo unverhältnismäßige Nachteile für den Verletzer und das Fehlen einer unzumutbaren Beeinträchtigung des Verletzten als ausreichend angesehen werden, um das gerichtliche Verbot erst nach Ablauf einer (in der Regel kurzen) Aufbrauchsfrist wirksam werden zu lassen (BGH GRUR 1974, 474, 475 *Großhandelshaus;* BGH GRUR 1982, 425, 431 *Brillen-Selbstabgabestellen* – in BGHZ 82, 375 nicht mit abgedruckt). Bei der Verletzung von Urheber- und Leistungsschutzrechten ist vielmehr eine Aufbrauchsfrist nur in extremen Ausnahmefällen zu gewähren, in denen die Folgen eines sofortigen Verbots *außer jedem Verhältnis* zu Bedeutung und Schwere der Verletzung stünden.

27 7. **Auskunftsanspruch.** Vielfach weiß der Berechtigte zwar, daß Rechtsverletzungen vorliegen, ist jedoch über deren Umfang und Anzahl im ungewissen und dadurch in der Rechtsverfolgung behindert. So kann beispeilsweise ein Komponist, dessen Werk plagiiert wurde und für das der Plagiator oder seine gutgläubige VerwGes. zahlreiche Aufführungs-, Vervielfältigungs-, Sende- und Wiedergaberechte vergeben hat, seine gegen die einzelnen Rechtserwerber bestehenden Ansprüche auf Unterlassung und Beseitigung der Beeinträchtigung nicht durchsetzen, solange er nicht weiß, an wen und in welchem Umfange Nutzungsrechte vergeben worden sind. Um eine wirksame Rechtsverfolgung zu ermöglichen, hat die Rechtsprechung aus den §§ 242, 259, 260 BGB den allgemeinen Grundsatz entwickelt, daß stets dann ein Auskunftsanspruch besteht, wenn der Berechtigte über Bestand oder Umfang seines Rechts schuldlos im ungewissen ist, der Verpflichtete aber unschwer Auskunft geben kann (vgl. die vor § 31 Bem. 17 genannten Quellen). Dieser Anspruch richtet sich gegen jeden, der eine Rechtsverletzung begangen hat oder gegenüber dem Anhaltspunkte dafür vorliegen, daß er eine Rechtsverletzung begangen haben könnte, wobei es auf ein Verschulden nicht ankommt. Auch der schuldlose Verletzer ist daher auskunftspflichtig (BGHZ 5, 116, 123 f. *Parkstr. 13;* BGH GRUR 1960, 256, 259 *Chérie;* BGH GRUR 1988, 604, 605 *Kopierwerk;* OLG Köln UFITA 90 [1981], 212, 214 *Psychiatrisches Krankenhaus* mit weiteren Nachweisen; Ulmer[3] S. 560 f.; a. M. Möhring/Nicolini Bem. 10 d, die den Auskunftsanspruch nur zur Vorbereitung eines Schadensersatzanspruchs zulassen wollen, damit aber dem Wesen des erwähnten allgemeinen Rechtsgrundsatzes nicht gerecht werden). Nach erteilter Auskunft kann der Verletzte weitere Auskünfte fordern, wenn er sie zur Durchsetzung seiner Ansprüche, insbesondere zur Bezifferung von Zahlungsansprüchen, braucht (BGH GRUR 1974, 53, 54 *Nebelscheinwerfer;* LG Nürnberg/Fürth GRUR 1988, 817, 818 *dpa-Fotos;* Schiedsstelle ZUM 1989, 312, 313 – VerwGes. gegen Verletzer; Tilmann GRUR 1987, 251 ff.; vgl. Bem. 37). – Das ProduktpiraterieG vom 7. 3. 1990 (BGBl. I 422) hat mit der Einführung des **§ 101 a** den allgemeinen Auskunftsanspruch gegen den Verletzer erheblich erweitert. In Fällen offensichtlicher Rechtsverletzung kann der erweiterte Anspruch sogar im Wege einstweiliger Verfügung durchgesetzt werden. Einzelheiten s. dort und für den Auskunftsanspruch von VerwGes. **§ 13 b WahrnG**. – Der Auskunftsanspruch kann sich mit dem Rechnungslegungsanspruch aus Abs. 1 Satz 2 decken, da zu einer ordnungsgemäßen Rechnungslegung auch die Offenlegung der Verfügungen, aus denen Gewinne erzielt wurden, gehört (vgl.

Bem. 42). Der Rechnungslegungsanspruch besteht jedoch nur bei verschuldeten Rechtsverletzungen und ist auf die Gewinnermittlung beschränkt, so daß Fälle denkbar sind, in denen er nicht ausreicht. Auskunfts- und Rechnungslegungsanspruch können daher auch nebeneinander gegeben sein. – In Österreich bestehen für den Auskunfts- und Rechnungslegungsanspruch gewisse Abweichungen (vgl. öst. OGH ÖBl. 1976, 170 *Musikautomaten*).

Auskunft und Rechnungslegung (zu dieser Bem. 42) können jedoch nur im Rahmen des § 242 BGB verlangt werden. Dabei sind die Bedürfnisse des Verletzten unter schonender Rücksichtnahme auf die Belange des Verletzers maßgeblich (OLG Köln GRUR 1983, 568, 570 *Video-Kopiergerät* unter Hinweis auf BGHZ 10, 385, 387). Daraus hat die Rechtsprechung den sog. **Wirtschaftsprüfervorbehalt** entwickelt: Hat der Verpflichtete ein berechtigtes Interesse daran, bestimmte Details der von ihm zu erteilenden Auskünfte dem Berechtigten vorzuenthalten, so kann er sie einer Vertrauensperson, in der Regel also einem zur Berufsverschwiegenheit verpflichteten, neutralen Dritten – meist einem Wirtschaftsprüfer – machen, der dann dem Berechtigten auf gezielte Kontrollfragen Antwort zu geben hat; die Vertrauensperson darf der Berechtigte bestimmen (BGH GRUR 1980, 227, 233 *Monumenta Germaniae Historica* mit Nachweisen; OLG Frankfurt UFITA 93 [1982], 197, 198 *Erhöhungsgebühr bei Orchestervorstand*). Die Beschränkung ist dem Verpflichteten bei entsprechender Sachlage auch dann vorzubehalten, wenn kein dahingehender Hilfsantrag gestellt worden ist (BGH a.a.O.). 28

Zur **Kombination** von Auskunfts- und Rechnungslegungsanspruch und Schadenersatz-Feststellungsanspruch anstelle der von § 254 ZPO vorgesehenen Stufenklage s. Bem. 43. 29

8. **Beseitigungsanspruch.** Endlich hat der Berechtigte gegenüber jedem, auch dem schuldlosen Verletzer, einen Anspruch auf Beseitigung der Beeinträchtigung (Abs. 1 Halbsatz 1). Streng genommen sind die Unterlassungsansprüche Unterfälle des Beseitigungsanspruchs: In der Gefährdung eines Rechtsguts liegt eine Beeinträchtigung, die in der Regel durch das Unterlassen der gefährdenden Handlung beseitigt wird (vgl. BGHZ 17, 266, 291 *Tonband/Grundig-Reporter*). Der Beseitigungsanspruch im engeren Sinne erfaßt daher nur noch die Fälle, in denen eine fortdauernde Gefährdung nicht durch bloßes Unterlassen beseitigt werden kann. Dies gilt im Bereich des Urheberrechts z. B. für Entstellungen eines Werkes, welche die berechtigten Interessen des Urhebers gefährden (vgl. § 14), und die schon durch ihre bloße Weiterexistenz eine immer neue Gefährdung der Urheberinteressen mit sich bringen, weil z. B. jeder neue Leser des entstellten Romans und jeder Betrachter des entstellten Bildes den Urheber mit dessen Inhalt identifiziert, obwohl die eigentliche Verletzungshandlung – die Herstellung und Veröffentlichung der Entstellung – längst abgeschlossen ist. Berühmtheit erlangte der Fall RGZ 79, 379 *Felseneiland mit Sirenen;* dort wurde der Eigentümer eines Freskengemäldes zur Entfernung eigenmächtiger Übermalungen verurteilt. Vgl. ferner LG Berlin UFITA 3 [1930], 258 *Eden-Hotel*. Ähnliche Fälle sind im Bereich des § 83 (Entstellung einer künstlerischen Leistung) denkbar. Der Anspruch auf Beseitigung der Beeinträchtigung darf nicht mit dem Anspruch auf Wiederherstellung des ursprünglichen Zustandes (§ 249 BGB) verwechselt werden, der als Schadenersatzanspruch nur bei 30

Verschulden gegeben ist (Bem. 37). Ersterer will die Entstehung neuen künftigen Schadens verhindern, letzterer soll bereits entstandene Schäden ausgleichen. Außerhalb des UrhG hat der Beseitigungsanspruch vor allem für den Widerruf ehrkränkender Äußerungen Bedeutung (vgl. z. B. OLG München UFITA 27 [1959], 65 bei Verletzung der Berufsehre eines Verlegers; dazu eingehend Schnur GRUR 1978, 225). – Wegen der u. U. möglichen **Ablösung** des Beseitigungsanspruchs s. **§ 101.**

31 9. **Schadenersatzanspruch.** Lediglich bei **Schadenersatzansprüchen** ist ein **Verschulden** des Verletzers erforderlich.

32 a) Schuldhaft handelt zunächst, wer **vorsätzlich** eine Rechtsverletzung begeht, d. h. entweder weiß, daß er ein Recht verletzt *(dolus directus)*, oder es doch bewußt in Kauf nimmt, daß er ein Recht verletzen könnte *(dolus eventualis)*.

33 b) Ein Verschulden trifft aber auch den **fahrlässig** Handelnden, d. h. denjenigen, der es hätte wissen können und der es daher auch hätte wissen müssen, daß er eine Rechtsverletzung beging, der es aber unter Außerachtlassung der im Verkehr erforderlichen Sorgfalt (§ 276 BGB) unterließ, die ihm gegebenen Prüfungsmöglichkeiten auszuschöpfen. Die Rechtsprechung stellt dazu mit Recht strenge Anforderungen (so z. B. ausdrücklich RGZ 144, 106, 113 und OLG Karlsruhe GRUR 1957, 395, 398 *Trotzkopf*). Jeder, der ein Nutzungsrecht ausüben, von einer ihm erteilten Einwilligung Gebrauch machen oder ein sonstiges Recht nutzen will, muß sich über dessen Bestand Gewißheit verschaffen (BGH GRUR 1960, 606, 608 *Eisrevue II;* KG GRUR 1959, 150, 151 *Musikbox-Aufsteller;* OLG Stuttgart UFITA 41 [1964], 218, 222 *Druckerei;* KG Schulze KGZ 50, 6 und 70, 6). Er muß sich dazu gegebenenfalls die Legitimation dessen, von dem er das Recht erwirbt, nachweisen lassen (OLG München GRUR 1953, 302, 305 *Dreigroschenroman I;* BGH GRUR 1959, 331, 334 *Dreigroschenroman II*). Bei nicht periodischen Druckschriften (Romanen, Büchern politischen oder tatsächlichen Inhalts, wissenschaftlichen Werken, Kunstbänden usw.) trifft den Verleger, bei periodischen Druckschriften (Zeitungen, Zeitschriften, Kalender, Almanache usw., vgl. § 38 Bem. 4 und 6) trifft daneben den Herausgeber eine eigene strenge **Prüfungspflicht,** ob das verlegte Werk nicht in irgendeiner Weise die Rechte Dritter verletzt (BGHZ 14, 163, 178 *Constanze II* mit Nachweisen; OLG München und BGH *Dreigroschenroman* a.a.O.; OLG Karlsruhe a.a.O.; OLG Köln Schulze OLGZ 135, 8 *Handbuch moderner Zitate II;* RG a.a.O.; Neumann-Duesberg NJW 1966, 624 für Handlungen des Autors). Die gleiche Prüfungspflicht haben das *Kopierwerk* (LG Berlin UFITA 90 [1981], 222, 224) und der *Drucker,* der ein Werk vervielfältigt; die Meinung, der Drucker dürfe sich stets auf die Angaben des Verlegers verlassen, ist von der Rechtsprechung mit Recht als „abwegig" bezeichnet worden (OLG Stuttgart a.a.O.). Nicht einmal im Programmaustausch zwischen öffentlich-rechtlichen Rundfunkanstalten, von denen jede über eine eigene Rechtsabteilung verfügt, darf sich die erwerbende Anstalt auf die Prüfung der Rechtslage durch die andere verlassen (KG UFITA 86 [1980], 249, 252f. *Boxweltmeisterschaft*). Auch der *Importeur* kann für den Inhalt der von ihm vertriebenen Druckwerke verantwortlich sein (BGH GRUR 1977, 114, 115f. *VUS*). Wer dagegen Dritten nur Einrichtungen zur Verfügung stellt, auf denen diese Werknutzungen vornehmen, soll sich auf die bloße

Ermahnung beschränken dürfen, fremde Urheberrechte seien zu beachten (BGH GRUR 1984, 54, 55 *Kopierläden*).

Auch wer seinem Verhalten eine bestimmte, von ihm geprüfte und für richtig gehaltene **Rechtsauffassung** zugrunde legt, kann wegen Fahrlässigkeit zum Schadenersatz verpflichtet sein. Rechtsirrtum entschuldigt nicht (Ulmann GRUR 1978, 615, 622). Die Rechtsprechung verlangt, daß derjenige, der fremde Rechte verwertet, sich über die einschlägigen Rechtsfragen unterrichtet (BGH GRUR 1960, 606, 608 *Eisrevue II*). Läßt sich eine Rechtsfrage nicht zuverlässig beurteilen, weil die Grenzziehung durch die Rechtsprechung fallweise erfolgt, so handelt der Verletzer schuldhaft, wenn er eine ihm günstige Beurteilung unterstellt (BGH GRUR 1974, 669, 672 *Tierfiguren*). Über den Inhalt höchstrichterlicher Entscheidungen, wie er sich bei sorgfältiger und objektiver Prüfung darstellt, darf er sich keinesfalls hinwegsetzen (BGH GRUR 1960, 340, 344 *Werbung für Tonbandgeräte;* vgl. auch BGH GRUR 1961, 138, 140 *Familie Schölermann*). Ist eine Frage noch nicht höchstrichterlich entschieden, aber in der juristischen Literatur umstritten und liegen schon rechtskräftige Urteile der Instanzgerichte vor, die einen dem Verwerter ungünstigen Standpunkt einnehmen, so darf er sich nicht einfach darauf verlassen, der Bundesgerichtshof werde sich der von ihm selbst vertretenen Rechtsmeinung anschließen (BGHZ 8, 88, 97; BGH GRUR 1955, 549 *Betriebsfest* – in BGHZ 17, 376, 383 insoweit nicht mit abgedruckt –; BGH GRUR 1960, 606, 609 *Eisrevue II*). Andererseits ist ein Verschulden zu verneinen, wenn bereits eine dem Verwerter günstige höchstrichterliche Entscheidung – z. B. des RG – vorliegt, die in der Literatur zwar angegriffen, vom Bundesgerichtshof aber noch nicht durch ein abweichendes Urteil ersetzt wurde (BGHZ 17, 266, 295f. *Tonband/Grundig-Reporter;* BGH GRUR 1961, 97, 99 *Sportheim*). Auch wo eine schwierige Frage zwar umstritten ist, aber überhaupt noch nicht richterlich entschieden wurde, kann man es dem Verletzer nicht zumuten, seinen eigenen Standpunkt von vornherein aufzugeben (BGH GRUR 1964, 91, 94 *Tonbänder-Werbung;* BGH GRUR 1972, 614, 616 *Landesversicherungsanstalt,* insoweit in BGHZ 58, 262 nicht mit abgedruckt; BGH GRUR 1975, 33, 35 *Altenwohnheim I*). Er braucht dies nicht einmal während des laufenden Prozesses zu tun, auch wenn die erste und die zweite Instanz gegen ihn entschieden haben, vor allem dann nicht, wenn die Unterwerfung einschneidende Maßnahmen erfordern würde, die auch bei günstigem Ausgang des Rechtsstreits noch nachwirken würden (BGH *Tonband/Grundig-Reporter* a.a.O.). 34

c) Ein **ursprünglich schuldloser Verletzer** verliert den guten Glauben an die Rechtmäßigkeit seines Handelns schon im Augenblick, in dem er erstmals **abgemahnt** wird. Setzt er sein Verhalten fort, so macht er sich von diesem Augenblick an schadenersatzpflichtig. Dabei kommt es nicht darauf an, ob ihm Beweise für das Recht des Abmahnenden vorgelegt werden, weil den Verwerter fremder Rechte eine eigene Prüfungspflicht trifft. Eine Ausnahme gilt nur dann, wenn – wie in den zuletzt behandelten Fällen – Fahrlässigkeit trotz Kenntnis der Situation zu verneinen ist. 35

d) Zur Haftung für **Rechtsverletzung Dritter** s. § 100 Bem. 4. 36

37 10. **Materieller Schaden.** Der Anspruch auf materiellen Schadenersatz geht zunächst auf **Wiederherstellung des Zustandes,** der bestehen würde, wenn die Rechtsverletzung nicht stattgefunden hätte (vgl. § 249 BGB). Zur Unterscheidung dieses Anspruchs vom Anspruch auf Beseitigung der Beeinträchtigung vgl. Bem. 30. Da es jedoch gerade im Bereich des Urheberrechts und der verwandten Schutzrechte nicht immer möglich ist, Geschehenes ungeschehen zu machen – die erfolgte Funksendung oder Aufführung kann nicht rückgängig gemacht werden –, ist der Verletzte vielfach auf einen **Geldersatzanspruch** angewiesen. Für diesen Anspruch haben sich **drei Berechnungsarten** entwickelt, die auch bisher schon allgemein anerkannt waren (Ulmer[2] S. 405f.; Hubmann[6] S. 298, 301f.; v. Bar UFITA 81 [1978], 57; grundsätzlich BGHZ 44, 372, 375ff. *Messmer-Tee II,* dort für Warenzeichenverletzung, mit Nachweisen; ferner BGH GRUR 1980, 227, 232 *Monumenta Germaniae Historica*). Der Verletzte hat das **Wahlrecht,** welche Berechnung er seinem Anspruch zugrunde legen will. Von diesem Recht kann er beliebig Gebrauch machen. Er kann noch im Laufe des Rechtsstreits, ja sogar noch nach dessen rechtskräftigem Abschluß, von der einen auf die andere Berechnungsmethode übergehen, und zwar so lange, bis der Anspruch nach einer der drei Berechnungsarten erfüllt oder rechtskräftig zuerkannt ist (BGH GRUR 1974, 53, 54 *Nebelscheinwerfer;* BHGZ 119, 20, 23f. *Tchibo/Rolex II;* zum ganzen Kraßer GRUR Int. 1980, 259). Eine Vermengung der Berechnungsarten etwa dahin, daß neben dem Anspruch auf die angemessene Lizenzgebühr (nachfolgend Bem. 39–43) auch noch der weitergehende Schaden wegen entgangenen Gewinns (nachfolgend Bem. 38) gefordert werden könnte, findet jedoch nicht statt (BGH GRUR 1977, 539, 543 *Prozeßrechner*).

38 a) Der Verletzte kann zunächst die erlittene **Vermögenseinbuße** (§ 251 Abs. 1 BGB) einschließlich des ihm **entgangenen Gewinns** (§ 252 BGB) ersetzt verlangen. Als Vermögenseinbuße ist auch der Aufwand des Verletzten zur Ermittlung und Verfolgung von Rechtsverletzungen anzusehen. Wegen der Schwierigkeit, ihn einzelfallbezogen nachzuweisen, wird er von Fotografen und Bildagenturen schon immer mit einem **Zuschlag von 100 %** pauschaliert und mit Hilfe Allgemeiner Geschäftsbedingungen weithin durchgesetzt (vgl. Friedrich Rauch S. 13). Für VerwGes., die Nutzungsrechte und Vergütungsansprüche weit überwiegend im Bereich der sog. Massennutzungen wahrnehmen, wo der Verwaltungsaufwand zur Ermittlung und Verfolgung von Rechtsverletzungen ungleich höher zu sein pflegt als bei individuell genutzten Rechten (z. B. Bühnenaufführungsrechten), hat der Bundesgerichtshof schon früh den gleichen Zuschlag zuerkannt (BGHZ 17, 376, 383 *Betriebsfest;* BGHZ 59, 286 *Doppelte Tarifgebühr*). Neuerdings betont er jedoch den (vermeintlichen) Ausnahmecharakter dieser Rechtsprechung und will sie nur noch bei der Verletzung von unkörperlichen Wiedergaberechten (§ 15 Abs. 2) gelten lassen (BGHZ 97, 37, 49f. *Filmmusik*; BGH ZUM 1986, 199, 201 und GRUR 1988, 296, 299 *Gema-Vermutung III* und *IV;* näheres Maaß a.a.O.). Für eine schematische Differenzierung nach Nutzungsarten besteht jedoch kein sachlicher Grund. Es ist mindestens ebenso mühselig und kostenaufwendig, bei den vielen, oft kurzlebigen Videoshops und kleinen Schallplattenläden im Lande die täglichen Neuerscheinungen an Raubkopien und Raubpressungen zu ermitteln und die davon betroffenen Rechtsinhaber festzustellen, oder die unerlaubte Nutzung von Reproduktionen in Büchern und Zeitschriften aller Art aufzuspüren, wie

es anerkanntermaßen schwierig ist, unerlaubte Musikaufführungen in Gaststätten, bei Vereinsfesten oder bei Filmvorführungen zu verfolgen. Hier wie dort hat der Zuschlag von 100% auch eine Warnfunktion gegenüber Nutzern, die es mit den Rechten anderer nicht so genau nehmen; wer das Doppelte riskiert, wenn er die beabsichtigte Nutzung sich nicht ordnungsgemäß hat lizenzieren lassen, wird eher geneigt sein, sich rechtstreu zu verhalten. Dieser Gesichtspunkt hat den Gesetzgeber immerhin zur Einführung des neuen § 54 Abs. 5 Satz 3 veranlaßt (doppelte Vergütung bei nicht oder nicht korrekt erteilter Auskunft, vgl. dort Bem. 1). Entgangen ist der Gewinn, den der Verletzte, wenn der Verletzer nicht dazwischengetreten wäre, nach dem gewöhnlichen Lauf der Dinge oder nach den besonderen Umständen, insbesondere nach den getroffenen Anstalten und Vorkehrungen, hätte erwarten können (vgl. § 252 BGB). Erfahrungsgemäß ist der Nachweis eines solchen Gewinns meist schwierig. Beispiele für die Berechnung eines konkret entstandenen Schadens bieten die drei Fälle des OLG Hamburg UFITA 65 (1972), 284 (Auswechslung einer betexteten und eingespiegelten Illustriertenseite), Schulze OLGZ 148 (Marktverwirrungsschaden), GRUR Int. 1978, 140 *membran* (Berechnung von Differenz-Lizenzen beim Reimport von Tonträgern, s. dazu auch BGH GRUR 1988, 606 *Differenz-Lizenz*), sowie LG Hamburg AfP 1987, 535, 537 mit ablehnender Anmerkung Damm (Verlust von Originaldias beim Verlag; im Ansatz zutreffend, aber wohl etwas zu optimistisch in der Beurteilung der Aussichten anderweitigen Gewinns), endlich BGH GRUR 1991, 332 *Lizenzmangel* und BGH GRUR 1992, 605 *Schadensbegrenzungsvergleich* (Kosten eines zur Abwehr von Ansprüchen Dritter abgeschlossenen Vergleichs).

b) Der Verletzte kann es sich einfacher machen und eine **angemessene Lizenzgebühr** für die Benutzung des ihm zustehenden Rechts fordern. Diese Berechnungsmöglichkeit ist vom Reichsgericht in ständiger Rechtsprechung zunächst zum Patent- und Warenzeichenrecht entwickelt und später wegen der Gleichartigkeit der Interessenlage auf das Urheberrecht übertragen worden (vgl. die Zusammenstellung der Rspr. in RG GRUR 1934, 627). Die Rechtsprechung des Reichsgerichtes war allgemein anerkannt, so daß der Bundesgerichtshof sie als „Gewohnheitsrecht" übernehmen und auf die Verletzung von Persönlichkeitsrechten übertragen konnte (BGHZ 20, 345, 353 *Paul-Dahlcke-Fall* mit zahlreichen Nachweisen; LG München I UFITA 52 [1969], 247 *Wenn die Elisabeth* bei unterlassener Quellenangabe). Grundlage dieser Rechtsprechung ist die zutreffende Überlegung, daß niemand, der unerlaubt in ausschließliche Rechte anderer eingreift, besser stehen soll, als er im Falle eines ordnungsgemäßen Rechtserwerbs stünde (BGH *Paul-Dahlcke-Fall* a.a.O.; BGH GRUR 1987, 37, 39 *Videolizenzvertrag*). Es kommt deshalb nicht darauf an, ob der Verletzte im Falle einer Befragung das betroffene Recht überhaupt eingeräumt hätte; ebenso gleichgültig ist, ob er in diesem Falle selbst in der Lage gewesen wäre, die angemessene Lizenzgebühr zu erzielen (Ulmer[3] S. 558, Hubmann[6] S. 302). Der Abschluß eines Lizenzvertrages der üblichen Art zu angemessenen Bedingungen wird vielmehr fingiert (sog. Lizenzanalogie; vgl. BGHZ 26, 349, 352f. *Herrenreiter-Fall;* OLG Hamburg GRUR 1958, 305; KG Schulze KGZ 43 *Kampf ums Matterhorn;* BGH GRUR 1975, 323, 325 *Geflügelte Melodien;* BGH GRUR 1990, 1008, 1009 *Lizenzanalogie;* zur Berechnung fiktiver Schäden eingehend Leisse GRUR 1988, 88). Die Zuerkennung einer angemessenen Lizenzgebühr kommt nur dann nicht in Betracht, wenn ein Lizenzvertrag 39 nicht fingiert werden kann, weil die vorherige Erteilung der Zustimmung als schlechthin undenkbar erscheint (BGHZ 26, 349, 352f. *Herrenreiter-Fall*). Vgl. ferner LG München I GRUR 1970, 566, 567 zur Lizenzgebühr bei Verletzung eines Leistungsschutzrechts; Schmidt-Salzer JR 1969, 81; Däubler JuS 1969, 49, ferner Bem. 56–59 (Bereicherungsanspruch), dort auch zur Erstattung der Materialmietgebühr.

40 **Angemessen** ist in der Regel die **übliche Vergütung** (z. B. BGHZ 61, 88, 91 *Wählamt;* OLG Köln Schulze OLGZ 135, 10 *Handbuch moderner Zitate II;* OLG München GRUR 1974, 484, 486 *Betonstrukturplatten* und OLG München ZUM 1990, 43, dort für rückwirkende Anwendung eines Tarifs; vgl. auch BGH GRUR 1975, 85, 86 *Clarissa* für Geschmacksmuster). Maßgeblich für ihre Ermittlung ist der übliche Umfang der Lizenzerteilung. Das folgt schon aus dem Grundsatz, daß der Verletzer nicht besser stehen soll, als er im Falle eines ordnungsgemäßen Rechtserwerbs gestanden hätte (Bem. 39); dann hätte er einen Lizenzvertrag der üblichen Art abschließen müssen. Das Recht zur Verwendung von Musiktiteln in einem Kinofilm beispielsweise wird üblicherweise auf die Dauer von 10 Jahren weltweit zu einem Sekundenpreis erworben, der von der Bedeutung der verwendeten Musiktitel abhängt; wer die Titel unberechtigt bei der Verwertung des Films nutzt, kann sich nicht darauf berufen, dies nur in einigen wenigen Fällen getan zu haben und nur dafür schadensersatzpflichtig zu sein (BGH GRUR 1990, 1008, 1010 *Lizenzanalogie*). Da Nutzungsverträge ferner die Zahlung der vereinbarten Lizenzen zu bestimmten Fälligkeitsterminen vorzusehen pflegen, sind die für den Fall nicht rechtzeitiger Zahlung geschuldeten Zinsen hinzuzurechnen (BGHZ 82, 310, 321f. *Fersenabstützvorrichtung*). Lizenzabstaffelungen bei größerem Nutzungsumfang sind im urheberrechtlichen Bereich nicht üblich; eher erhöht sich die Erlösbeteiligung des Rechtsinhabers (z. B. bis 10000 Exemplare 10%, bis 20000 Exemplare 11% usw.; Erfolgsautoren kommen so vielfach auf 15% vom Ladenpreis ihres Buches (s. auch Traub FS Roeber II S. 401). Bei von VerwGes. wahrgenommenen Rechten ist in der Regel die tarifmäßige Vergütung als üblich anzusehen (§ 13 WahrnG Bem. 1), die sich nach schuldhaften Rechtsverletzungen allerdings in bestimmten Fällen verdoppelt (Bem. 38). Besteht kein Tarif, so ist derjenige Tarif zugrunde zu legen, der nach seinen Merkmalen und Vergütungssätzen am nächsten liegt (BGH GRUR 1976, 35, 36 *Bar-Filmmusik*). Notfalls muß der Richter nach § 287 ZPO im Wege freier Schadensschätzung ermitteln (BGH a.a.O. S. 37), wobei er sich zur Feststellung der Schätzungsgrundlagen oft eines Sachverständigen bedienen wird (vgl. OLG München ZUM 1992, 152, 153 für einen Werkkatalog).

Beim Abdruck von Liedertexten in auflagenstarken Zeitungen und Zeitschriften war früher eine Lizenzgebühr von 1/10 Pfennig pro Exemplar üblich (LG München I UFITA 52 [1969], 247 *Wenn die Elisabeth* und LG Berlin UFITA 85 [1979], 282 *Lili Marleen*); seither wurde nach unseren Beobachtungen teils mehr gezahlt, teils diese Berechnungsweise generell bestritten; BGH GRUR 1987, 36 *Liedtextwiedergabe II* hat inzwischen 2/10 Pfennig für angemessen erklärt. Sind mehrere Nutzungsrechte verletzt, so ist für jedes die angemessene Lizenzgebühr festzustellen und auszuwerfen. Bei einem Plagiat an einem Drehbuch, das der Verletzer zugleich in seinen Wesenszügen verändert hat (§ 14 Bem. 2 und 3), würden wir beispielsweise neben dem üblichen Drehbuchhonorar einen Zuschlag von mindestens 50% für die **Entstellung** für angemessen halten (OLG Frankfurt GRUR 1989, 203, 205

Wüstenflug: 100%). Gleiches gilt bei unterlassener **Namensnennung** (LG München Schulze LGZ 173, 15 spricht 33⅓% Zuschlag zu). Diese besondere Bewertung rechtfertigt sich schon daraus, daß das Fehlen der Nennung nachteilige Folgen für etwaige Anschlußaufträge haben könnte (BGH WRP 1982, 85, 86 *Architektenwerbung*). Zur Berechnung des angemessenen Entgelts bei der Verwendung von (Porträt-)Fotos Blum FS öst. UrhG S. 9. Bei unrechtmäßiger Nutzung von **Werkteilen** ist in der Regel ein Lizenzanteil zu zahlen, der den Umfang des Werkteils im Verhältnis zum Gesamtumfang des benutzenden (nicht des benutzten) Werkes entspricht; bei 12 Seiten unerlaubter Übernahme in einem Reiseführer von 120 Seiten wäre das ein Autorenhonorar von 1% des Ladenpreises, ggf. unter Berücksichtigung der Mehrwertsteuer (d. h. 10% der üblichen 10% vom Ladenpreis). In manchen Nutzungsbereichen gelten für Teilübernahmen jedoch abweichende, meist höhere Sätze; Abdruckrechte für Fotos werden beispielsweise zu festen Pauschalsätzen, gestaffelt nach Art und Auflage des Druckwerks, vergeben (s. die Tarife der VG Bild-Kunst und Rauch – Lit.-Verz. –). Läßt sich eine **übliche Vergütung nicht feststellen,** so wird als angemessen diejenige Lizenzgebühr angesehen, die bei objektiver Betrachtung ein vernünftiger Lizenzgeber gefordert und ein vernünftiger Lizenznehmer bewilligt hätte, wenn beide die im Zeitpunkt der Entscheidung gegebene Sachlage gekannt hätten (BGH GRUR 1975, 323, 324 *Geflügelte Melodien;* BGH GRUR 1987, 36 *Liedertextwiedergabe II*). Auch diese Lizenzgebühr ist nach § 287 ZPO zu schätzen (OLG München GRUR 1984, 524, 526 *Nachtblende;* bestätigt von BGH GRUR 1987, 37, 40 *Videolizenzvertrag*). Auf diese Weise kann auch ein Betrag, auf den sich die Parteien vorprozessual schon geeinigt hatten, oder der sich aus einem später in Kraft getretenen Tarif ergibt, als angemessen festgestellt werden (öst. OGH ZUM 1987, 446, 450 bzw. OLG München ZUM 1990, 43).

c) Endlich war schon bisher anerkannt, daß der Verletzte die **Herausgabe des Gewinns** verlangen kann, den der Schädiger **durch die Rechtsverletzung erzielt** hat (bei Vorsatz direkt nach §§ 687 Abs. 2, 681, 667 BGB, bei Fahrlässigkeit analog, vgl. RG GRUR 1934, 627; Ulmer² S. 405f.). Diese Berechnungsart ist vor allem dort vorteilhaft, wo ein Nichtberechtigter über ein fremdes Urheberrecht oder Schutzrecht gegen Entgelt verfügt hat. Wegen des dogmatischen Streites, ob es sich hierbei um einen Schadenersatzanspruch oder um einen Anspruch unmittelbar aus den §§ 687 Abs. 2, 681, 667 BGB handele, nennt § 97 Abs. 1 Satz 2 diesen Anspruch nunmehr gesondert, und zwar neben den Ansprüchen auf Ersatz des materiellen Schadens (vgl. zu der Streitfrage Ulmer a.a.O.). Sind nur einzelne Teile eines Werkes unrechtmäßig wiedergegeben, so beschränkt sich die Herausgabepflicht auf einen entsprechenden Gewinnanteil, wie durch die Wendung „durch die Verletzung des Rechts ... erzielt" klargestellt ist (vgl. Ulmer GRUR 1959, 384 zu der dort S. 379ff. abgedruckten *Gasparone I*-Entscheidung des BGH). BGH GRUR 1987, 37, 39f. *Videolizenzvertrag* ermittelt diesen Gewinnanteil zutreffend durch einen Vergleich mit dem entsprechenden Anteil der Rechtsverletzung an der üblichen Lizenzgebühr für die Gesamtnutzung (vgl. Bem. 40: Werkteile). 41

Zur **Ermittlung des Gewinns** sind dem Verkaufserlös sämtliche auf die Verletzungshandlung entfallenden Selbstkosten des Verletzers, also Materialkosten, Löhne, Verwaltungskosten, Vertriebsgemeinkosten, Sonderkosten des Vertriebs usw. gegenüberzustellen (OLG Köln GRUR 1983, 752, 753

Gewinnherausgabe mit weiteren Nachweisen). Schwierigkeiten bereitet dabei vielfach die Ermittlung der Gemeinkosten, weil sie nach Branche und Einzelbetrieb schwanken. Der bei Auftragsproduktionen für Fernsehanstalten gebräuchliche, aber auch sonst vielfach – zumal wenn öffentliche Auftraggeber beteiligt sind – zugrundegelegte pauschale Zuschlag von 7 % zu den direkten Kosten als „Handlungsunkosten (HU)" kann ein brauchbarer Anhaltspunkt sein. Macht der Verletzer geltend, daß seine Gemeinkosten höher seien, so wird ein Sachverständiger mit einer betriebsspezifischen Kostenermittlung zu beauftragen sein. – Einzelheiten bei Schmidt-Salzer JR 1969, 81 und Däubler JuS 1969, 49.

42 d) Der **Rechnungslegungsanspruch,** der der Vorbereitung des bezifferten Geldersatzanspruches dienen soll, besteht als Sonderfall des Auskunftsanspruchs aus den in § 36 Bem. 8 a genannten Gründen bei allen Arten des Schadenersatzanspruches (auch beim Bereicherungsanspruch, Bem. 56–59). Daß er nur in Abs. 1 Satz 2 (Gewinnherausgabe) ausdrücklich genannt ist, hat offenbar keine Bedeutung. Soweit bei der Verletzung anderer Rechte zugleich ideelle Interessen des Verletzten berührt werden, hilft die generalklauselartige Brücke des § 11. Rechnungslegung kann allerdings nur insoweit gefordert werden, als dies zur Schadensermittlung erforderlich ist; da diese in aller Regel im Wege der Schätzung nach § 287 ZPO erfolgt, kann beispielsweise die Angabe der Lieferdaten, Lieferpreise und Abnehmer allenfalls insoweit verlangt werden, als es erforderlich ist, um die sonstigen Angaben des Verletzers überprüfen zu können (noch zurückhaltender BGH GRUR 1980, 227, 233 *Monumenta Germaniae Historica).* Dabei ist ggf. Rechnungslegung über solche weitergehenden Daten unter dem sog. Wirtschaftsprüfervorbehalt zu fordern (Bem. 28).

43 e) Auskunfts-, Rechnungslegungs- und Schadenersatzanspruch wären an sich im Wege der **Stufenklage** (§ 254 ZPO) geltend zu machen. Da erfahrungsgemäß die meisten Prozesse im Höheverfahren verglichen werden, sobald Auskunft und Rechnungslegung erfolgt sind, lassen die Gerichte statt der Leistungsklage auf Zahlung des aus der Auskunft zu ermittelnden Schadenersatzbetrages eine **Kombination** von Auskunfts- und Rechnungslegungsanspruch mit einem Anspruch auf Feststellung zu, daß der Verletzer den entstandenen und noch entstehenden Schaden zu ersetzen habe. Das hat den Vorteil, daß über alle Ansprüche gleichzeitig entschieden werden kann und eine Trennung von Grund- und Höheverfahren unterbleibt. Diese im gesamten gewerblichen Rechtsschutz geübte Praxis (vgl. BGH GRUR 1969, 283, 286 *Schornsteinauskleidung)* gilt auch für urheberrechtliche Streitigkeiten (vgl. z. B. BGH GRUR 1975, 85 *Clarissa;* BGH GRUR 1976, 317, 319 *Unsterbliche Stimmen;* vgl. auch BGH GRUR 1980, 227, 228 *Monumenta Germaniae Historica).* Letztlich handelt es sich um eine in das Gewand der Feststellungsklage gekleidete unbestimmte Leistungsklage mit der Folge, daß Verjährung nicht eintritt (OLG Köln GRUR 1983, 752, 753 *Gewinnherausgabe).*

44 11. **Immaterieller Schaden.** Anspruch auf immateriellen Schadenersatz (Abs. 2) haben nur Urheber und die in §§ 70, 72 und 73 genannten Schutzrechtsinhaber, nicht etwa auch Lizenznehmer (OLG Hamburg UFITA 65 [1972], 284, 287); wegen der Erben s. § 30 Bem. 6). Um die Zubilligung solchen „seelischen Schmerzensgeldes" (zu diesem irreführenden Begriff vgl. Fromm, Schadenersatz für Persönlichkeitsrechtsverletzungen, NJW 1965, 1201) hatte es nicht nur im Bereich des Urheberpersönlichkeitsrechts, sondern insbesondere auf dem Gebiet des allgemeinen Persönlichkeitsrechts (vgl. vor § 12 Bem. 9–12) heftigen Streit gegeben, seit der Bundesgerichtshof erstmals im *Herrenreiter-Fall* (BGHZ 26, 349) einen Anspruch auf Ersatz des immateriellen Schadens aus Persönlichkeitsrechtsverletzungen bejaht und diese Rechtsprechung in einer Reihe weiterer Entscheidungen bestätigt und vertieft hatte (vgl. die Nachweise schon bei Fromm a.a.O.). Einen Angriff des OLG München gegen seine Rspr. – UFITA 60 [1971], 302 – hat der BGH zurückgewiesen, GRUR 1972, 97 *Pariser Liebestropfen,* bestätigt von BVerfGE 34, 269 *Soraya*). Der Streit ist durch § 97 Abs. 2 wenigstens für das Teilgebiet des Persönlichkeitsrechts der Urheber und einzelner Schutzrechtsinhaber beendet. Einzelheiten bei Nordemann GRUR 1980, 434. Hier ist festzuhalten:

a) Schaden, der nicht Vermögensschaden ist, kann nur durch die Verletzung **45**
rein ideeller Interessen entstehen. Der **Anwendungsbereich** des Abs. 2 ist also auf die Verletzung der §§ 12–14, ggf. in Verbindung mit den §§ 70 oder 72, und des § 83 beschränkt; darüber hinaus kann allenfalls die Verletzung der §§ 25, 42 und 75 Satz 1, die einen persönlichkeitsrechtlichen Einschlag haben, die Zuerkennung immateriellen Schadenersatzes rechtfertigen (vgl. vor § 12 Bem. 2), während eine zum Schadenersatz verpflichtende Verletzung des Rückrufsrechts aus § 41 nicht denkbar ist.

b) Die Entschädigung in Geld muß der **Billigkeit** entsprechen. Damit will **46**
der Gesetzgeber offensichtlich der Rechtsprechung des Bundesgerichtshofs folgen, der bei unbedeutenden Verletzungen zwar einen Unterlassungs- und Beseitigungsanspruch gibt, aber keinen immateriellen Schadenersatz zubilligt, vielmehr auf dem Standpunkt steht, daß aus Billigkeitsgründen nur bei schwerwiegenden Eingriffen in ideelle Rechte und Interessen eine Geldentschädigung gerechtfertigt sei (BGHZ 35, 363, 369 *Ginseng-Wurzel;* BGHZ 39, 124, 133 *Fernsehansagerin).* Davon ist auch bei der Anwendung des § 97 Abs. 2 auszugehen (vgl. BGH GRUR 1971, 525, 526 *Petite Jacqueline;* OLG Hamburg UFITA 79 [1977], 343, 354 sowie GRUR 1990, 36 *Schmerzensgeld* und GRUR 1992, 512, 513 *Prince;* KG UFITA 58 [1970], 285, 289 *Jeder von uns* und UFITA 59 [1971], 279, 284 *Das letzte Mal).* Im Rahmen der Billigkeitsprüfung sind insbesondere folgende Gesichtspunkte zu berücksichtigen:

– Bedeutung und Tragweite des Eingriffs (vgl. BGH GRUR 1966, 570, 571 **47**
Eisrevue III: Gekürzte Wiedergabe einer Operette im Rahmen einer Eisrevue ist keine schwerwiegende Beeinträchtigung, wenn sie auf den Gegebenheiten des Eiskunstlaufs beruht; dagegen BGH a.a.O. *Petite Jacqueline:* Anonyme Verwendung eines wesentlichen Teilausschnittes des Lichtbildwerkes ist schwerwiegend);

– Nachhaltigkeit und Fortdauer der Interessen- oder gar Rufschädigung des **48**
Verletzten (BGH a.a.O. *Petite Jacqueline:* Eindruck der Öffentlichkeit, der Verletzte habe sein Werk aus kommerziellen Interessen in künstlerisch abwertender Weise verwertet); die Beeinträchtigung des wissenschaftlichen oder künstlerischen Ansehens ohne rechtfertigenden Grund ist in der Regel als schwerwiegend anzusehen (OLG Frankfurt GRUR 1964, 561, 562 *Plexiglas);*

49 – Anlaß und Beweggrund des Handelns (BGH a.a.O. *Pariser Liebestropfen);*

50 – Ausmaß der Verbreitung (Auflagenhöhe, Zuschauer- oder Hörerzahl, BGH a.a.O. *Pariser Liebestropfen);*

51 – Grad des Verschuldens des Verletzers (Vorsatz, leichtfertiges Handeln oder nur einfache Fahrlässigkeit, BGH a.a.O. *Pariser Liebestropfen,* KG Schulze KGZ 39 *Die goldene Stimme);* die Gegenmeinung (Neumann GRUR 1970, 544 und Möhring/Nicolini Bem. 16) übersieht, daß der Gesetzgeber in Abs. 2 zwar Vorsatz und Fahrlässigkeit nebeneinander genannt, diese Gleichstellung aber durch die Anordnung einer Billigkeitsprüfung relativiert hat;

52 – Möglichkeit oder Unmöglichkeit der Beseitigung der Beeinträchtigung; soweit Beseitigung durch Unterlassung und Widerruf möglich ist, kommt daneben ein Schmerzensgeld regelmäßig *nicht* in Betracht (BGH GRUR 1970, 370, 372 *Nachtigall;* kritisch dazu Neumann-Duesberg FS Roeber I S. 403ff.);

53 – künstlerischer Rang des Verletzten innerhalb seines Wirkungskreises (BGH a.a.O. *Pariser Liebestropfen:* Bild einer Schauspielerin für klassische Rollen in der Werbung für ein Potenzstärkungsmittel).

54 Auch die Mißachtung der Entschließungsfreiheit des Urhebers durch den Verletzer wird im Rahmen der Billigkeitsprüfung zu dessen Nachteil berücksichtigt (BGH a.a.O. *Petite Jacqueline*).

55 Wegen des Bußcharakters, der im immateriellen Schadenersatzanspruch mitschwingt (BGHZ 18, 149, 155), ist bei der Bemessung der Höhe auch deren Präventivwirkung einzubeziehen. Geringe Summen führen nur dazu, daß der Verwerter, der öfter in die Gefahr der Verletzung von Urheberrechten kommt, sie in Zukunft einfach einkalkuliert, um sich so einen Freibrief für ungehinderte Entstellungen des Werkes oder andere Verstöße gegen die §§ 12–14 buchstäblich zu erkaufen. Das Schmerzensgeld muß so fühlbar sein, daß sich weitere Verletzungen nicht „lohnen". Die leider nur vereinzelt zu beobachtende Tendenz der Rechtsprechung, die jahrelang unveränderte Obergrenze von 30000 DM in geeigneten Fällen durchaus zu überschreiten (OLG Hamburg UFITA 60 [1971], 322, 327 *Prinzessin Irene:* 50000 DM), ist daher zu begrüßen.

56 12. **Ansprüche aus anderen Vorschriften.** Unter den Ansprüchen aus anderen gesetzlichen Vorschriften (Abs. 3) kommen insbesondere **Bereicherungsansprüche** (§§ 812ff. BGB) in Betracht. Die sonst denkbaren Ansprüche aus dem UWG, aus den §§ 823ff. BGB und aus den §§ 687 Abs. 2, 681, 667 BGB haben angesichts der umfassenden Regelung des § 97 zumeist nur noch eine ergänzende (subsidäre) Bedeutung. Die Ansprüche aus ungerechtfertigter Bereicherung bleiben vor allem deshalb wichtig, weil sie auf Zahlung gerichtet sind, ohne ein Verschulden des Verletzers vorauszusetzen, und der dreißigjährigen Verjährungsfrist des § 195 BGB unterliegen (BGHZ 56, 317, 319, 322 *Gasparone II;* vgl. dagegen § 102 UrhG). Kann der Verletzte also nicht beweisen, daß der in Anspruch Genommene vorsätzlich oder fahrlässig gehandelt hat, oder steht dessen Schuldlosigkeit sogar fest, so kommt er über die §§ 812ff. BGB häufig zu dem praktisch gleichen Ergebnis,

als wenn er mit dem Schadenersatzanspruch durchgedrungen wäre. Das gilt vor allem unter dem Gesichtspunkt der **ersparten Aufwendungen.** Der Benutzer eines Urheberrechts oder Leistungsschutzrechts, der in schuldloser Unkenntnis der Rechtslage das Recht ohne Zustimmung des Berechtigten benutzt hat, ist auf dessen Kosten – weil auf dessen Seite eine entsprechende Erwerbsaussicht gestört wurde – um die Ersparnis der Aufwendungen bereichert, die er bei Kenntnis der Situation hätte machen müssen, um die Zustimmung zu erlangen. Diese Ersparnis entspricht der angemessenen Lizenzgebühr, die er sonst hätte zahlen müssen (vgl. Bem. 39 und 40). Die Bereicherung kann auch nicht nach § 818 Abs. 3 BGB weggefallen sein, da es sich um einen rein rechnerischen Vermögenszuwachs handelt (Ulmer[3] S. 560; BGH a.a.O.). Ebensowenig kann der Verletzer geltend machen, er sei nicht bereichert, weil er bei Kenntnis der Situation sich anderweit beholfen hätte; an der Sachlage, die er selbst geschaffen hat, muß er sich festhalten lassen (BGHZ 20, 345, 355 *Paul-Dahlke-Fall*).

Unter den Gesichtspunkt der ungerechtfertigten Bereicherung kann aller- **57**
dings nur die tatsächlich ersparte Lizenzgebühr, nicht etwa der möglicherweise viel höhere Reingewinn des Verletzers verlangt werden (abweichend Ulmer[3] S. 560; OLG Hamburg GRUR 1953, 405f.; Hubmann/Rehbinder[7] S. 282; sie alle wollen zwar nicht den Gewinn des Verletzers, aber den entgangenen Gewinn des Verletzten zusprechen; wie hier BGHZ 82, 299, 308 *Kunststoffhohlprofil II*). Die Gegenmeinung unterscheidet nicht klar genug zwischen dem Bereicherungsanspruch, der an die Voraussetzungen der §§ 812f. BGB gebunden bleibt, und einem etwa weitergehenden Schadenersatzanspruch (oben Bem. 41) oder Gewinnherausgabeanspruch (§§ 687 Abs. 2, 681, 667 BGB). Zum Bereicherungsanspruch vgl. ferner BGHZ 5, 116, 123 *Parkstr. 13;* BGHZ 15, 338, 348 *GEMA* mit Nachweisen; BGHZ 38, 356, 359 *Fernsehwiedergabe von Sprachwerken;* BGH GRUR 1987, 128, 129 *NENA* für Bildnisschutz; OLG Hamburg Schulze OLGZ 167, 20; Ullmann GRUR 1978, 615. Das österreichische Recht kommt – auf etwas abweichender Rechtsgrundlage – zu ähnlichen Ergebnissen (vgl. öst. OGH ÖBl. 1983, 118, 120 *Fußballwerbung*).

Einer der wichtigsten Fälle des Bereicherungsanspruchs ist die **Material-** **58**
mietgebühr bei musikalischen und dramatischen Werken. Der unberechtigt Aufführende verletzt zwar weder das Vervielfältigungs- noch das Verbreitungsrecht des Verlegers (vgl. § 17 Bem. 8b) und macht sich deshalb jedenfalls insoweit keiner Urheberrechtsverletzung schuldig, so daß ein Schadenersatzanspruch ausscheidet (BGH GRUR 1972, 141 *Konzertveranstalter;* vgl. auch BGH GRUR 1966, 570, 571 *Eisrevue III* und BGH GRUR 1965, 323, 324 *Cavalleria rusticana;* LG Hamburg UFITA 50 [1967], 280, 282 *Apollon musagète;* Deutsch GRUR 1967, 233). Dort jedoch, wo das Aufführungsmaterial nicht anders als gegen Zahlung der Materialleihgebühr erhältlich ist (z. B. bei reversgebundenem Notenmaterial) und die Aufführung ohne Material nicht zu bewerkstelligen wäre, ist er auf Kosten des Verlegers um die ersparte Materialleihgebühr ungerechtfertigt bereichert.

Auskunft und Rechnungslegung können auch zur Vorbereitung des **59**
Bereicherungsanspruchs verlangt werden (Bem. 27–29, 42).

60 13. **Übertragbarkeit der Ansprüche.** Die in § 97 gewährten Ansprüche sind grundsätzlich frei übertragbar, auch soweit es sich um künftige Ansprüche handelt, und demgemäß auch **verzichtbar.** Eine Ausnahme gilt wegen seines stark persönlichkeitsbezogenen Charakters lediglich für den Anspruch auf Ersatz des immateriellen Schadens (Bem. 44–55). Dieser Anspruch ist zwar vererblich (Begr. S. 104; Flechsig FuR 1976, 74; a. M. v. Gamm § 78 Bem. 8; vgl. § 30 Bem. 6, § 78 Bem. 2 und § 83 Bem. 7 b), sonst aber erst nach Rechtshängigkeit oder vertraglicher Anerkennung übertragbar, wobei eine Anerkennung dem Grunde nach genügt. Die Rechtshängigkeit tritt erst mit der Zustellung, nicht schon mit der Einreichung einer Klage oder eines Mahnbescheids ein (§ 263 in Verbindung mit § 253 ZPO). – Die **Aufrechnung** ist gegenüber den Ansprüchen aus § 97 jederzeit zulässig (§ 387 BGB). Ist der Gläubiger Treuhänder, so hängt die Zulässigkeit der Aufrechnung mit einer dem Schuldner gegen den Treugeber zustehenden Forderung von der besonderen Art und Gestaltung des Treuhandverhältnisses ab (BGHZ 25, 360, 367). Den Schadenersatzansprüchen einer VerwGes. kann grundsätzlich nicht mit der Aufrechnung von Ansprüchen aus Rechtsbeziehungen des Schuldners zu dem ursprünglichen Inhaber der verletzten Urheberrechte begegnet werden (BGH GRUR 1968, 321, 327 *Haselnuß*).

61 14. **Verjährung und Verwirkung.** Zur Verjährung der Ansprüche aus § 97 s. § 102 Bem. 1. Zur Verwirkung s. § 102 Bem. 4.

62 15. **Gerichtliches Verfahren.** Die Gerichte wenden in Urheberstreitsachen wie in Wettbewerbssachen die gleichen Regeln hinsichtlich der Abmahnung, der Berücksichtigung von Schutzschriften, des Verfügungsverfahrens, des Abschlußschreibens, der Kombination von Auskunfts- und Rechnungslegungsklage und Schadenersatz-Feststellungsklage (Bem. 43), des Wirtschaftsprüfervorbehalts (Bem. 28), der Verwertung demoskopischer Gutachten als Beweismittel, der Zwangsvollstreckung aus Unterlassungstiteln und der Streitwertbemessung an, so daß auf die einschlägige Literatur (Ahrens, Pastor[3], Nordemann[7], s. Literaturverzeichnis) verwiesen werden kann. Es gibt nur wenige Besonderheiten:

63 a) **Beweislast.** Grundsätzlich folgt die Rechtsprechung den allgemeinen Regeln, von denen sie allerdings dort abweicht, wo der Schutzgedanke des UrhG (vgl. § 1 Bem. 1) das fordert: Dem Verletzten obliegt der Beweis, daß er Inhaber des verletzten Rechts ist (**Aktivlegitimation,** Bem. 7–15). Dieser wird ihm jedoch dadurch erleichtert, daß zu seinen Gunsten der Fortbestand eines Rechts, das er einmal innegehabt hat, vermutet wird (OLG München GRUR 1953, 302, 395 f. *Dreigroschenroman I;* BGH GRUR 1988, 373, 375 *Schallplattenimport III* für die Behauptung, das Verbreitungsrecht des Urhebers sei mit dessen Zustimmung erschöpft, dort allerdings etwas ungenau mit dem Regel-Ausnahme-Prinzip begründet). Wer Urheber eines Werkes zu sein behauptet, muß dies, solange es nicht unter seinem Namen erschienen ist, beweisen, und zwar unter Umständen sogar dann, wenn er das Manuskript unstreitig selbst geschrieben hat (vgl. OLG Köln GRUR 1988, 762 *Filmdrehbuch*); erst für bereits *erschienene* Werke (und für Originale von Werken der bildenden Künste) gilt die Beweislastregel des § 10 (s. aber dort Bem. 5 zur Geltung des großzügigeren Art. 15 RBÜ in der Bundesrepublik). Den Beweis der **Originalität** seines Werkes braucht der Urheber nicht

zu erbringen. Behauptet der Verletzer, der Urheber habe seinerseits auf bekanntes Formengut zurückgegriffen, so ist es seine Sache, die konkrete Gestalt solcher älteren gemeinfreien Werke zu beweisen (BGH GRUR 1981, 820, 822 *Stahlrohrstuhl II* mit weiteren Nachweisen).
Die Beweislast für das Vorliegen der tatsächlichen Voraussetzungen der **Rechtsverletzung** trägt zwar grundsätzlich der Verletzte; Zweifel gehen zu seinen Lasten. Bestimmte Umstände, die nach der Lebenserfahrung auf eine Rechtsverletzung schließen lassen, begründen jedoch zu seinen Gunsten einen Beweis des ersten Anscheins für deren Vorliegen, den der Verletzer sodann durch die substantiierte Darlegung der Wahrscheinlichkeit eines abweichenden Geschehensablaufs entkräften müßte. So legen weitgehende Übereinstimmungen zwischen zwei Werken die Annahme nahe, daß der Urheber des jüngeren Werkes das ältere Werk bewußt oder unbewußt benutzt hat (BGH GRUR 1971, 266, 268 *Magdalenenarie;* BGH GRUR 1981, 267, 269 *Dirlada;* BGH GRUR 1988, 812, 814 *Ein bißchen Frieden;* zur sog. unbewußten Entlehnung s. § 24 Anhang Bem. 7–9). Die Herstellung von Schallplattenhüllen begründet den Beweis des ersten Anscheins dafür, daß eine entsprechende Anzahl Platten hergestellt und vertrieben wurden (BGHZ 100, 31, 33f. *Raubpressungen*). Daß jemand in erheblichem Umfange Raubkopien von Videobändern bestimmter Hersteller gefertigt hat, rechtfertigt jedoch noch nicht die Annahme, er habe dies auch zu Lasten anderer Hersteller getan (BGH GRUR 1990, 353, 354 *Raubkopien*).
Im **Revisionsverfahren** kann die Beweiswürdigung durch das Berufungsgericht grundsätzlich nur auf Denkfehler nachgeprüft werden (RG JW 1931, 3117). Die Prüfung, ob einem Werk die Kunstwerkeigenschaft zukommt (§ 2 Abs. 2) oder ob es unter unfreier Benutzung eines anderen geschaffen wurde (§ 24), ist dagegen eine Rechtsfrage, die vom Bundesgerichtshof frei nachprüfbar ist (für den ersten Fall vgl. BGH GRUR 1961, 635, 637 *Stahlrohrstuhl I* mit zahlreichen Nachweisen; für den zweiten Fall BGH GRUR 1960, 636, 638 *Kommentar* unter Hinweis auf RGZ 169, 110, 111); für Computerprogramme vgl. Gernot Schulze CR 1986, 779).

b) **Kosten.** Die Kosten für die Beschaffung der Beweismittel (z. B. des Buches oder der Schallplatte, worin sich die Rechtsverletzung verkörpert) oder der nötigen Recherchen sind im Verletzungsprozeß nach § 91 ZPO zu erstatten (OLG Frankfurt FuR 1983, 349). **64**

c) **Gerichtsstand.** Der Gerichtsstand für Klagen aus § 97 richtet sich sachlich nach **§ 104**, örtlich nach **§ 105**, im übrigen nach den allgemeinen Vorschriften der ZPO (vgl. § 105 Bem. 2). Für Klagen von VerwGes. aus § 97 oder für negative Feststellungsklagen gegen VerwGes. wegen der Berühmung von Ansprüchen aus § 97 gilt die Sonderregelung des **§ 17 WahrnG**; s. dort Bem. 1 auch zur Rechtsprechung zu § 32 ZPO (Gerichtsstand der unerlaubten Handlung). Die ordentlichen Gerichte sind auch für Rechtsverletzungen durch öffentlich-rechtliche Rundfunkanstalten oder durch die Deutsche Bundespost zuständig (BGHZ 68, 132, 136 *Der 7. Sinn* bzw. BGH GRUR 1988, 206, 207f. *Kabelfernsehen II*). Näheres § 104 Bem. 2. Zur internationalen Zuständigkeit s. vor § 120 Bem. 11. **65**

§ 98 Anspruch auf Vernichtung oder Überlassung der Vervielfältigungsstücke

(1) Der Verletzte kann verlangen, daß alle rechtswidrig hergestellten, verbreiteten und zur rechtswidrigen Verbreitung bestimmten Vervielfältigungsstücke, die im Besitz oder Eigentum des Verletzers stehen, vernichtet werden.

(2) Statt der in Absatz 1 vorgesehenen Maßnahmen kann der Verletzte verlangen, daß ihm die Vervielfältigungsstücke, die im Eigentum des Verletzers stehen, gegen eine angemessene Vergütung überlassen werden, welche die Herstellungskosten nicht übersteigen darf.

(3) Sind die Maßnahmen nach den Absätzen 1 und 2 gegenüber dem Verletzer oder Eigentümer im Einzelfall unverhältnismäßig und kann der durch die Rechtsverletzung verursachte Zustand der Vervielfältigungsstücke auf andere Weise beseitigt werden, so hat der Verletzte nur Anspruch auf die hierfür erforderlichen Maßnahmen.

§ 99 Anspruch auf Vernichtung oder Überlassung der Vorrichtungen

Die Bestimmungen in § 98 sind entsprechend auf die im Eigentum des Verletzers stehenden, ausschließlich oder nahezu ausschließlich zur rechtswidrigen Herstellung von Vervielfältigungsstücken benutzten oder bestimmten Vorrichtungen anzuwenden.

1 Die Bestimmungen stellten schon in ihrer ursprünglichen, seit dem 1. 1. 1966 geltenden Fassung eine deutliche Verbesserung des früheren Rechtszustandes (§§ 42, 43 LUG, §§ 37, 38 KUG) dar, der Vergeltungsakte begünstigt hatte (vgl. Vorauflagen Bem. 1). Das **ProduktpiraterieG** vom 7. 3. 1990 (in Kraft getreten am 1. 7. 1990, BGBl. I 422; dazu Ensthaler GRUR 1992, 273 und Rehbinder ZUM 1990, 462) hat sie nicht nur redaktionell verbessert, sondern auch materiell der Realität angepaßt: Der Vernichtungsanspruch besteht nunmehr auch gegenüber dem Besitzer und richtet sich auch gegen Vorrichtungen, die nur *nahezu* ausschließlich zur rechtswidrigen Herstellung *benutzt* oder bestimmt waren (damit erledigt sich BGH GRUR 1988, 310f. *Videorecorder-Vernichtung*, der bei handelsüblichen Geräten eine Bestimmung zur Verletzertätigkeit nicht als gegeben ansah, so daß § 98 Abs. 2 a.F. praktisch leerlief). Der Vernichtungs- oder Überlassungsanspruch entfällt nicht schon dann, wenn der rechtsverletzende Zustand auf andere Weise beseitigt werden kann (so § 98 Abs. 3 und § 99 Abs. 2 a.F.); vielmehr muß hinzukommen, daß die Vernichtung oder Überlassung gegenüber dem Verletzer oder Eigentümer im Einzelfall unverhältnismäßig sein würde (§ 98 Abs. 3 n.F.).

2 **Ausnahmen.** Bestimmte Gegenstände unterliegen – wie im bisherigen Recht – den Ansprüchen der §§ 98, 99 nicht; vgl. **§ 101 Abs. 2.**

3 Die §§ 98, 99 kennen **drei Anspruchsarten:** Den Vernichtungsanspruch des § 98 Abs. 1 und seine mildere Form, den Anspruch auf Unbrauchbarmachung aus § 99 (Bem. 4); den Beseitigungsanspruch des § 98 Abs. 3; den Überlassungsanspruch des § 98 Abs. 2. Der Verletzte hat ein **Wahlrecht** zwischen dem Vernichtungs- oder Unbrauchbarmachungsanspruch einerseits und dem Überlassungsanspruch andererseits, das wegen der notwendigen Konkretisierung des Klageantrages spätestens mit der Klageerhebung ausgeübt werden muß (so schon für das bisherige Recht v. Gamm § 99 Bem. 2; a.M. Möhring/Nicolini § 99 Bem. 9b und Schricker-Wild § 99

Rz. 3, die eine Wahlverurteilung zulassen wollen). Der Verletzte hat jedoch *keinen* dieser Ansprüche, wenn die Doppelbedingung des § 98 Abs. 3 erfüllt ist: Unverhältnismäßigkeit *und* Möglichkeit der anderweitigen Behebung des Störungszustandes. Der Schadensersatzanspruch am § 97 besteht neben den Ansprüchen aus den §§ 98, 99 fort (KG GRUR 1992, 168, 169 *Dia-Kopien*). Nach dem System des Gesetzes, das von dem **Vernichtungsanspruch als Grundsatz** ausgeht und den Beseitigungsanspruch erst in zweiter Linie gibt, hat der Verletzte, der die Vernichtung begehrt, *keine Darlegungslast* dafür, daß diese Doppelbedingung nicht bestehe. Bleibt dies zweifelhaft, so ist auf Vernichtung zu erkennen. – Wegen der Möglichkeit einer **Ablösung** der Ansprüche s. § 101. – Zur Sicherung des Vernichtungsanspruchs ist stets die Sequestration der rechtswidrig hergestellten, verbreiteten oder zur Verbreitung bestimmten Exemplare durch **einstweilige Verfügung** zu empfehlen, wobei die Herausgabe an den zuständigen Gerichtsvollzieher zur vorläufigen Verwahrung zu beantragen ist (seine Bestellung zum Sequester hängt in manchen Bundesländern von seiner Zustimmung ab, z. B. in Bayern, und sollte deshalb nicht förmlich beantragt werden). Die Glaubhaftmachung der Voraussetzungen des Unterlassungsanspruchs (§ 97 Bem. 22 und 23) genügt (OLG Hamburg UFITA 95 [1983], 339, 340; OLG Hamm GRUR 1989, 502, 503). Eine vorherige Abmahnung ist wegen ihres Vorwarneffekts untunlich; deshalb ist auch bei sofortigem Anerkenntnis des Verletzers die Kostenfolge des § 93 ZPO nicht zu befürchten (OLG Hamburg WRP 1978, 146 und 1988, 47; OLG Nürnberg WRP 1981, 342f.).

Der **Vernichtungsanspruch** (§ 98 Abs. 1) geht auf Veränderung der 4
Substanz. Bücher müssen eingestampft, Bilder, Fotografien, Filme, Plastiken aus brennbarem Material usw. verbrannt werden. Die **anderweitige Beseitigung** (§ 98 Abs. 3) umfaßt alle übrigen denkbaren Maßnahmen, als deren schärfste die Unbrauchbarmachung anzusehen ist, z. B. durch Einschmelzen von Skulpturen, durch Löschen eines Tonbandes, durch Abwaschen eines Gemäldes, und deren schwächste, die Kennzeichnung von Änderungen „als nicht vom Berechtigten herrührend", § 98 Abs. 3 a. F. ausdrücklich erwähnt. Dazwischen liegen Maßnahmen wie Schwärzen der beanstandeten Stellen eines Buches, Auswechseln der Seiten, auf denen sich die beanstandeten Stellen befinden, Beseitigung von Entstellungen eines Bildes durch Verbesserung der Kopie usw. Die bloße Kennzeichnung unzulässiger Änderungen ist allerdings in der Regel gerade *nicht* geeignet, den Interessen des Verletzten Genüge zu tun. Sinn der Änderungsverbote der §§ 39, 62 und der Entstellungsverbote der §§ 14, 83, 94 ist es, den Anspruch des Urhebers bzw. Schutzrechtsinhabers auf unveränderte Darbietung seines Werkes oder seiner Leistung zu sichern. Wenn eine gleichwohl widerrechtlich vorgenommene Änderung oder gar Entstellung nicht beseitigt zu werden brauchte, sondern lediglich mit Hilfe eines Einlegezettels oder durch Randvermerk als „nicht vom Berechtigten herrührend" gekennzeichnet werden müßte, so würde dem Leser, Betrachter oder Hörer nach wie vor das unzuverlässigerweise geänderte Werk dargeboten. Der Anspruch des Urhebers oder Schutzrechtsinhabers auf unveränderte Darbietung wäre zu einem bloßen Kennzeichnungsanspruch entwertet. Der Verletzer könnte sogar – um das Beispiel *ad absurdum* zu führen – von sich aus schon bei Vornahme der unzulässigen Änderungen diese als „nicht vom Berechtigten herrührend" kennzeichnen und wäre damit vor jedem Anspruch aus den

§§ 98, 99 von vornherein sicher. Die bloße Kennzeichnung kann daher nur ausnahmsweise in besonders gelagerten Fällen in Betracht kommen und scheidet schon dort aus, wo auch nur der geringste Zweifel an ihrer Angemessenheit besteht (zustimmend Möhring/Nicolini § 98 Bem. 11). – Ein Übermalen genügt in keinem Falle, da die spätere Entfernung der Deckschicht nach dem heutigen Stande der Technik ohne Schwierigkeiten möglich ist.

5 **Passivlegitimiert** ist jeder Eigentümer oder (unmittelbare oder mittelbare) Besitzer, der als Verletzer anzusehen ist, also wer als Täter, Anstifter oder Gehilfe an der Verletzungshandlung mitgewirkt hat (vgl. § 97 Bem.16 und 17). Der Kreis der von Ansprüchen aus den §§ 98, 99 bedrohten Verletzer ist somit beträchtlich: Drucker, Fotokopieranstalten, Schallplattenhersteller, Filmproduzenten sind an der rechtswidrigen Herstellung der Vervielfältigungsstücke beteiligt; Verleger, Buchhändler, Kunsthändler, Filmverleiher, Bühnenvertriebe, Schallplattengeschäfte wirken an der rechtswidrigen Verbreitung mit. Auch Bibliotheken sind von den Ansprüchen aus § 98 bedroht, da das Verbreitungsrecht nur dann mit der Erstveräußerung endet, wenn diese rechtmäßig erfolgt war (vgl. § 17 Bem. 8). Die *Beweislast* für die Zugehörigkeit zu dem Personenkreis, welcher an der rechtswidrigen Herstellung der Verbreitung der Vervielfältigungsstücke beteiligt ist, trifft den Verletzten (§ 97 Bem. 63). – Tritt vor der Durchsetzung der Ansprüche aus den §§ 98, 99 ein **Besitz- oder Eigentumswechsel** ein, so ist zu unterscheiden: Nach Klagezustellung muß der spätere Rechtsnachfolger die Entscheidung des Prozesses gegen sich gelten lassen (§ 326 ZPO, vgl. öst. OGH ÖBL. 1977, 53, 54 *Autowerbung mit Banknoten*). Mit einer Eigentumsübertragung nach Beschlagnahme, die wohl nur nach § 931 BGB möglich wäre, würden Verletzer und Erwerber wegen § 935 BGB nichts gewinnen. Besitz- oder Eigentumswechsel *vor* der Beschlagnahme erledigen dagegen die Ansprüche aus den §§ 98, 99, es sei denn, in dem Erwerb läge eine Mitwirkung an der Rechtsverletzung (z. B. Beihilfe). Fraglich bleibt, ob die Ansprüche aus den §§ 98, 99 noch gegen den bisherigen Besitzer gerichtet werden können, weil die Beschlagnahme kein Besitzmittlungsverhältnis begründet (§ 856 BGB); diese Regelungslücke ist durch die analoge Anwendung der §§ 98, 99 zu schließen.

6 Auf ein **Verschulden** kommt es nicht an (Begr. S. 104). Auch der ahnungslose Buchhändler, Drucker oder Plattenlieferant kann daher aus den §§ 98, 99 in Anspruch genommen werden. Er hat lediglich das Vorrecht der Ablösung, wenn die Voraussetzungen des § 101 vorliegen (s. dort).

7 Die Höhe der **angemessenen Vergütung,** die der Verletzte bei Geltendmachung des Überlassungsanspruchs anzubieten hat (§ 98 Abs. 2), wird zweckmäßig in das Ermessen des Gerichts gestellt (vgl. § 287 ZPO). Um dem Gericht die Bestimmung zu ermöglichen, kann der Verletzte im Wege der Stufenklage zunächst Rechnungslegung über die Höhe der Herstellungskosten verlangen (als Unterfall des Auskunftsanspruchs; zu dessen Begründung vgl. § 97 Bem. 27–29 und vor § 31 Bem. 17).

8 Die Ansprüche aus den §§ 98, 99 **verjähren** seit der am 1. 7. 1990 in Kraft getretenen Neufassung nach § 102.

9 Die **Durchführung** der Vernichtung oder Unbrauchbarmachung ist eine Frage der Zwangsvollstreckung. Die dem Anspruch unterliegenden Sachen sind an den Gerichtsvollzieher zum Zwecke der Vernichtung herauszugeben. Der Verpflichtete kann die Zwangsvollstreckung abwenden, wenn er dem Berechtigten die vollzogene Vernichtung nachweist (Bescheinigung eines Gerichtsvollziehers oder eines Notars; Empfangsbestätigung einer mit der Vernichtung beauftragten Privatfirma genügt nur, wenn die Vernichtung tatsächlich sichergestellt ist).

§ 100 Haftung des Inhabers eines Unternehmens

Ist in einem Unternehmen von einem Arbeitnehmer oder Beauftragten ein nach diesem Gesetz geschütztes Recht widerrechtlich verletzt worden, so hat der Verletzte die Ansprüche aus den §§ 97 bis 99 mit Ausnahme des Anspruchs auf Schadenersatz auch gegen den Inhaber des Unternehmens. Weitergehende Ansprüche nach anderen gesetzlichen Vorschriften bleiben unberührt.

1 Die Bestimmung war dem früheren Urheberrecht fremd. Sie wurde – in Anlehnung an §§ 13 Abs. 4, 16 Abs. 4 UWG – in das UrhG aufgenommen, um dem Berechtigten die Rechtsverfolgung zu erleichtern, wenn die **Rechtsverletzung innerhalb eines Unternehmens** geschehen ist (Begr. S. 104). Der Verletzte ist vielfach gar nicht in der Lage festzustellen, inwieweit der Inhaber des Unternehmens selbst für die Handlungen seines Angestellten oder Beauftragten verantwortlich ist. Die Neuregelung enthebt ihn – jedenfalls für die in § 97 Bem. 22–30 und in §§ 98, 99 genannten Ansprüche – der Notwendigkeit, hierzu Nachforschungen anzustellen.

2 **Inhaber des Unternehmens** ist bei Einzelfirmen der sie betreibende Kaufmann, also auch der Pächter, Verwalter, Nießbraucher usw.; bei den Personengesellschaften OHG und KG sind die persönlich haftenden Gesellschafter neben der Gesellschaft, bei der BGB-Gesellschaft sind nur alle Gesellschafter gemeinsam passivlegitimiert. Bei juristischen Personen (GmbH, AG, KAG, e. V., r. V., Genossenschaften) ist die Gesellschaft als Inhaber des Unternehmens anzusehen. Unternehmer im Sinne des § 100 sind auch politische Parteien, Bürgerinitiativen, Vereine und andere Organisationen mit ideeller Zielsetzung (OLG Bremen GRUR 1985, 536f. *Asterix-Plagiate* für „Die Grünen").

3 **Innerhalb des Unternehmens** ist die Rechtsverletzung begangen, wenn sie bei der Ausführung der dem Arbeitnehmer im Betrieb obliegenden Tätigkeit oder bei der Ausführung der dem Beauftragten zugewiesenen Aufträge geschehen ist. So haftet das Sendeunternehmen für die von einem Angestellten veranlaßte Sendung, für die ein Senderecht nicht vorlag; der Verleger haftet für seinen Angestellten, der ein Buch in Druck gab, ohne zuvor das Vervielfältigungsrecht zu erwerben. Dagegen fällt die nur bei Gelegenheit der betrieblichen Tätigkeit geschehene Rechtsverletzung nicht unter § 100 (z. B. ein Reisevertreter, der Schallplatten an Händler verkaufen soll, benutzt sie während der Reise zu einer unzulässigen öffentlichen Wiedergabe). Der Begriff des Arbeitnehmers wird, dem Schutzzweck der Bestimmung entsprechend, vom Bundesgerichtshof mit Recht weit ausgelegt: BGH GRUR 1993, 37, 39 *Seminarkopien* rechnet darunter jeden, der aufgrund eines

– auch unentgeltlichen – Beschäftigungsverhältnisses zu Dienstleistungen in einem Unternehmen verpflichtet ist (ebenso wie bei § 13 Abs. 4 UWG).

4 § 100 gewährt nur die in § 97 Bem. 22–30 und in §§ 98, 99 genannten Ansprüche gegen den Unternehmer, gibt selbst aber **keine Grundlage** für die Geltendmachung von **Schadenersatzansprüchen** (vgl. § 97 Bem. 31–55). Schadenersatz kann nur aufgrund der „anderen gesetzlichen Vorschriften" verlangt werden, die Satz 2 ausdrücklich unberührt läßt. Das ist zunächst wiederum § 97, wenn der Unternehmer selbst gehandelt oder dem Arbeitnehmer oder Beauftragten entsprechende Weisungen erteilt hat, weil er dann als Täter anzusehen ist (§ 97 Bem. 16–18). Ist das nicht feststellbar, kommt insbesondere in Betracht:
a) Die sog. **Organhaftung** der juristischen Personen, der OHG und der KG (vgl. BGH NJW 1952, 538) für ihre verfassungsmäßig berufenen Vertreter (§ 31 BGB), d. h. praktisch für jeden Angestellten mit eigenem Aufsichtsbereich, der bei einwandfreier Organisation unentbehrlich ist; fehlt ein solcher Angestellter, obwohl er vorhanden sein müßte, so haftet die juristische Person wegen Organisationsmangels (ständige Rspr. seit RGZ 89, 136 ff.; vgl. etwa BGH NJW 1977, 2259, 2260).
b) Die Haftung für den sog. **Erfüllungsgehilfen,** dessen sich das Unternehmen zur Erfüllung vertraglicher Verpflichtungen bedient und die demnach nur bei der Verletzung von Verträgen eingreift (§ 278 BGB).
c) Die Haftung für den sog. **Verrichtungsgehilfen,** der in Ausübung der ihm übertragenen Tätigkeit einem Dritten Schaden zufügt; für diesen haftet der Unternehmer nicht, wenn er beweist, daß er bei der Auswahl und Beaufsichtigung des Gehilfen die im Verkehr erforderliche Sorgfalt beachtet habe (Entlastungsbeweis, § 831 BGB).
d) Die Haftung für einen **sonstigen Dritten,** wenn der Unternehmer die von diesem begangene Rechtsverletzung durch Überlassung von Geräten oder Material ermöglicht hat: Der Unternehmer ist frei, wenn er im Rahmen des Zumutbaren und Erforderlichen geeignete Maßnahmen getroffen hat, durch die Rechtsverletzungen soweit wie möglich verhindert werden können (BGHZ 42, 118, 129 *Personalausweise beim Tonbandgerätekauf;* BGH GRUR 1984, 54, 55 *Kopierläden*).
e) Die **Haftung des Staates** aus Art. 34 GG, § 839 BGB für unerlaubte Handlungen, die jemand in Ausübung eines ihm anvertrauten öffentlichen Amtes begeht (vgl. BGH GRUR 1993, 37 *Seminarkopien* für Raubdrucke, die ein Hochschullehrer zu Unterrichtszwecken hatte herstellen lassen). Der Unterlassungsanspruch aus § 97 Abs. 1 gegen den handelnden Amtsträger selbst wird dadurch aber nicht verdrängt (BGH a.a.O. S. 39).

5 Soweit anstelle des Schadenersatzanspruchs ein Anspruch auf die angemessene Lizenzgebühr aus **§ 812 BGB** geltend gemacht wird (§ 97 Bem. 56–59), haftet der Unternehmer stets, da er beim ordnungsgemäßen Lizenzerwerb diese Gebühr seinerseits hätte aufwenden müssen.

§ 101 Ausnahmen

(1) Richten sich im Falle der Verletzung eines nach diesem Gesetz geschützten Rechts die Ansprüche des Verletzten auf Beseitigung oder Unterlassung (§ 97), auf Vernichtung oder Überlassung der Vervielfältigungsstücke (§ 98) oder der Vorrichtung (§ 99) gegen eine Person, der weder Vorsatz noch Fahrlässigkeit zur Last fällt, so kann diese zur Abwendung der Ansprüche den Verletzten in Geld entschädigen, wenn ihr durch die Erfüllung der Ansprüche ein unverhältnismäßig großer Schaden entstehen würde und dem Verletzten die Abfindung in Geld zuzumuten ist. Als Entschädigung ist der Betrag zu zahlen, der im Falle einer vertraglichen Einräumung des Rechts als Vergütung angemessen gewesen wäre. Mit der Zahlung der Entschädigung gilt die Einwilligung des Verletzten zur Verwertung im üblichen Umfange als erteilt.

(2) Den in den §§ 98 und 99 vorgesehenen Maßnahmen unterliegen nicht:

1. Bauwerke;

2. ausscheidbare Teile von Vervielfältigungsstücken und Vorrichtungen, deren Herstellung oder Verbreitung nicht rechtswidrig ist.

1 Mit dieser Bestimmung ist zunächst klargestellt, daß das allgemeine **Ablösungsrecht** des Schuldners aus § 251 Abs. 2 BGB im Bereich des Urheberrechts nicht besteht (zum Ablösungsrecht des Gläubigers aus § 251 Abs. 1 BGB vgl. § 97 Bem. 38). Der Verletzer kann vielmehr stets nur im Rahmen des § 101 ablösen. Bei der Entscheidung darüber, ob ein Ablösungsrecht besteht, findet eine Güter- und Interessenabwägung im eigentlichen Sinne nicht statt. Der Richter hat vielmehr das Vorliegen der einzelnen Voraussetzungen des § 101 selbständig zu prüfen; liegt auch nur eine davon nicht vor, so ist die Ablösung zu verweigern. Zweifel gehen stets zu Lasten des Verpflichteten. § 101 stellt, wie die Übersicht ausdrücklich sagt, eine **Ausnahmevorschrift** dar, die eng auszulegen ist. Eine Aufbrauchsfrist kann daneben nicht gewährt werden (§ 97 Bem. 26). Eine Erweiterung für bestimmte Tonträgeraufnahmen brachte die Novelle 1973 (§ 135 Bem. 5); der Neufassung der §§ 98 und 99 durch das ProduktpiraterieG vom 7. 3. 1990 (s. dort Bem. 1) ist der Wortlaut des Abs. 1 zugleich redaktionell angepaßt worden.

2 Erste Voraussetzung für die Anwendung des § 101 ist, daß den Verpflichteten **kein Verschulden** trifft. Das hat er, da es sich um eine anspruchsbegründete Tatsache handelt, zu beweisen; Zweifel gehen zu seinen Lasten. Die strengen Anforderungen der Rspr. an die Prüfung der Rechtslage durch den Verletzer gelten auch hier (§ 97 Bem. 33 und 34 und OLG Köln Schulze OLGZ 135, 8 *Handbuch moderner Zitate II)*. Ansprüche auf Schadenersatz können also niemals abgelöst werden, da sie Verschulden voraussetzen. Abzulösen sind vielmehr nur die in § 97 Bem. 22–30 und in den §§ 98, 99 genannten Ansprüche, wenn feststeht, daß der Verpflichtete schuldlos war. – Im Bereich des § 100 ist zu unterscheiden: Haftet der Inhaber des Unternehmens aus § 31 BGB oder wegen Organisationsmangels oder aus § 278 BGB (vgl. § 100 Bem. 4), so kommt ein Ablösungsrecht für ihn nicht in Betracht. Haftet er dagegen nur aus § 831 BGB für seinen Verrichtungsgehilfen oder nach § 100 für seinen Arbeitnehmer oder Beauftragten, so steht ihm der Entlastungsbeweis dafür offen, daß er bei der Auswahl und Überwachung des Täters die erforderliche Sorgfalt habe walten lassen (Begr. S. 105; vgl. § 831 BGB). Das Beispiel zeigt, daß bei mehreren Verpflichteten

das Bestehen eines Ablösungsrechts nach § 101 für jeden von ihnen gesondert zu prüfen ist.

3 Dem Verpflichteten muß bei Erfüllung der Ansprüche ein **unverhältnismäßig großer Schaden** entstehen. Die Begr. (S. 105) setzt den zu erwartenden Schaden in Beziehung zu der Bedeutung der unverschuldeten Rechtsverletzung; diese wiederum kommt im Streitwert des Unterlassungs-, Beseitigungs- oder Vernichtungsanspruchs für den Verletzten zum Ausdruck. Einen Anhaltspunkt für die Bedeutung der Rechtsverletzung bietet ferner die angemessene Lizenzgebühr, die bei ordnungsgemäßem Erwerb des verletzten Rechts zu zahlen gewesen wäre (sie entspricht der Ablösungssumme, Abs. 1 Satz 2). Unverhältnismäßig groß ist nach alledem in der Regel der Schaden, der zu der üblicherweise zu zahlenden Lizenzgebühr „ganz außer Verhältnis stehen" würde (Begr. a.a.O.).

4 Dem Verletzten – d. h. dem Inhaber des verletzten Rechts – muß die Ablösung in Geld ferner **zuzumuten** sein. Diese Voraussetzung muß zusätzlich zu der in Bem. 2 behandelten vorliegen; wo zwar ein unverhältnismäßig hoher Schaden droht, eine Geldentschädigung dem Verletzten aber nicht zugemutet werden kann, kommt eine Ablösung nicht in Betracht. Eine Ablösung in Geld ist dem Verletzten überall dort zuzumuten, wo davon auszugehen ist, daß er bei ordnungsgemäßer Anfrage zur Einräumung des verletzten Nutzungsrechts, zur Erteilung der fehlenden Einwilligung usw. gegen eine angemessene Lizenzgebühr bereit gewesen wäre. Das trifft nicht zu, wo es sich um Eingriffe in ideelle Belange handelt, weil hier die Erteilung der Zustimmung durch den Verletzten nicht unterstellt werden kann (vgl. BGHZ 26, 349, 352f. *Herrenreiter-Fall* und § 97 Bem. 39, 40). Deshalb wird, wenn es sich um die Ablösung einer Verletzung von Persönlichkeitsrechten handelt, nur bei Geringfügigkeit und auch dann nur ausnahmsweise die Zumutbarkeit für den Verletzten zu bejahen sein. Bei der Prüfung der Zumutbarkeit kommt es neben dem Zweck der Gesetzesbestimmung vor allem auf eine Abwägung der Interessen beider Seiten an (BGH GRUR 1976, 317, 321 *Unsterbliche Stimmen;* vgl. aber Bem. 1). Je länger die mittels Ablösung erwirkte Nutzungsbefugnis die Nutzungsinteressen des Verletzten beeinträchtigt, um so weniger ist sie zumutbar (BGH a.a.O.). Daß der verletzte Verwerter den Urheber bzw. ausübenden Künstler an den Einnahmen aus seiner eigenen Vertriebstätigkeit beteiligen muß, ist jedoch entgegen BGH a.a.O. keine Frage der Zumutbarkeit, sondern der Höhe der angemessenen Entschädigung; denn an dieser muß der Verletzte die Originalberechtigten selbstverständlich vertragsgemäß beteiligen.

5 Die Höhe der **Entschädigung** entspricht der der angemessenen Lizenzgebühr (§ 97 Bem. 39, 40). Ihre Festsetzung kann in das Ermessen des Gerichts gestellt werden, das ggf. einen Sachverständigen zu Rate ziehen wird. Zahlt der Verpflichtete vor Rechtshängigkeit oder während des Prozesses eine bestimmte Summe, um die Ansprüche abzuwenden, so trägt er selbst das Risiko für die Angemessenheit des Betrages.

6 Mit der **Zahlung** – nicht etwa erst mit der gerichtlichen Bestätigung, daß die Voraussetzungen des § 101 vorlägen und die Höhe der Zahlung angemessen sei – **erwirbt** der Verpflichtete kraft Gesetzes das verletzte **Nutzungsrecht im üblichen Umfange** bzw. gilt die fehlende Einwilligung als erteilt. Daß

das Gesetz nur die zweite Alternative nennt, hat offensichtlich keine einschränkende Bedeutung. – Da der übliche, insbesondere also der vom Gesetz für den Normalfall vermutete Umfang maßgebend ist, erwirbt z. B. der Verleger ein ausschließliches Vervielfältigungs- und Verbreitungsrecht (§ 1 VerlG), der Filmproduzent ein ausschließliches Verfilmungsrecht mit den Befugnissen des § 88; der ausübende Künstler, dessen Darbietung ohne seine Zustimmung in ein Filmwerk aufgenommen wurde, verliert mit der Zahlung seine Rechte aus den §§ 75, Abs. 2, 76 und 77 hinsichtlich der Verwertung des Filmwerks (§ 92). Vgl. im übrigen die Ausführungen zur Zweckübertragungstheorie (§§ 31, 32 Bem. 19–32).

Abs. 2 bezieht sich nur auf die §§ 98, 99 und ist als Ausnahmevorschrift 7
wiederum eng auszulegen. Mit „Bauwerken" (der Begriff ist wohl aus § 37 Abs. 5 KUG übernommen) sind offenbar die in § 2 Abs. 1 Nr. 4 zutreffend so bezeichneten **Werke der Baukunst,** also nur persönliche geistige Schöpfungen, gemeint. Pläne, Skizzen, Modelle solcher Werke unterliegen den Ansprüchen aus §§ 98, 99 (so schon bisher Ulmer[2] S. 397). Von der Vernichtung oder Unbrauchbarmachung ausgenommen sind nur die Gebäude an sich. Die Beseitigung eines Reliefs oder eines Gemäldes an der Hauswand nach § 98 Abs. 3 kann verlangt werden. Da es sich bei Werken der Baukunst meist um Originale handelt, dürfte die Beschränkung des Abs. 2 Nr. 1 wenig praktisch bedeutsam sein, dies um so mehr, als ihr der Anspruch auf Beseitigung einer Entstellung aus § 97 Abs. 1 Satz 1, der mit dem Beseitigungsanspruch des § 98 Abs. 3 nicht identisch ist, nicht unterliegt. Der Architekt, dessen Werk durch Umbau entstellt wurde (vgl. LG Berlin UFITA 3 [1930], 258 *Eden-Hotel* und – unrichtig entschieden – OLG Nürnberg UFITA 25 [1958], 361 *Reformations-Gedächtniskirche)* ist durch Abs. 2 Nr. 1 keineswegs gehindert, die Beseitigung der Entstellung zu verlangen. Vgl. § 97 Bem. 30.

Abs. 2 Nr. 2. § 42 Abs. 1 Satz 2 LUG, § 37 Abs. 1 Satz 3 KUG bestimmten, 8
daß, wenn nur Teile eines Werkes widerrechtlich hergestellt worden seien, nur die entsprechenden Teile der Vervielfältigungsstücke oder Vorrichtungen dem Vernichtungsanspruch unterlägen. Die Neuregelung bringt eine Klarstellung: Nur wenn die rechtmäßig hergestellten oder benutzten Teile **ausscheidbar** sind, bleiben sie von der Vernichtung ausgenommen. Das trifft zu bei Druckstöcken, die ein plagiiertes oder entstelltes Werk enthalten, bei ungebundenen Druckschriften aller Art, beim Vorspann von Filmen, bei Matrizen, Negativen usw. Dagegen ist bei fertig gebundenen Büchern, fertigen Schallplatten usw. keine Ausscheidbarkeit einzelner Teile mehr gegeben (einschränkend Schricker-Wild Rdnr. 11).

§ 101 a Anspruch auf Auskunft hinsichtlich Dritter

(1) Wer im geschäftlichen Verkehr durch die Herstellung oder Verbreitung von Vervielfältigungsstücken das Urheberrecht oder ein anderes nach diesem Gesetz geschütztes Recht verletzt, kann vom Verletzten auf unverzügliche Auskunft über die Herkunft und den Vertriebsweg dieser Vervielfältigungsstücke in Anspruch genommen werden, es sei denn, daß dies im Einzelfall unverhältnismäßig ist.

(2) Der nach Absatz 1 zur Auskunft Verpflichtete hat Angaben zu machen über Namen und Anschrift des Herstellers, des Lieferanten und anderer

Vorbesitzer der Vervielfältigungsstücke, des gewerblichen Abnehmers oder Auftraggebers sowie über die Menge der hergestellten, ausgelieferten, erhaltenen oder bestellten Vervielfältigungsstücke.

(3) In Fällen offensichtlicher Rechtsverletzung kann die Verpflichtung zur Erteilung der Auskunft im Wege der einstweiligen Verfügung nach den Vorschriften der Zivilprozeßordnung angeordnet werden.

(4) Die Auskunft darf in einem Strafverfahren oder in einem Verfahren nach dem Gesetz über Ordnungswidrigkeiten wegen einer vor der Erteilung der Auskunft begangenen Tat gegen den zur Auskunft Verpflichteten oder gegen einen in § 52 Abs. 1 der Strafprozeßordnung bezeichneten Angehörigen nur mit Zustimmung des zur Auskunft Verpflichteten verwertet werden.

(5) Weitergehende Ansprüche auf Auskunft bleiben unberührt.

1 Die Bestimmung ist durch das **ProduktpiraterieG** vom 7. 3. 1990 (BGBl. I 422) mit Wirkung zum 1. 7. 1990 eingeführt worden. Das Ziel des Gesetzes, zur effektiven Bekämpfung von Rechtsverletzungen auf dem Gebiet der Immaterialgüterrechts beizutragen (Rehbinder ZUM 1990, 462), kommt schon in dem Wortwahl zum Ausdruck: Der Rechtsverletzer muß, auch wenn ihm selbst nicht das geringste Verschulden trifft, „unverzüglich", also ohne schuldhaftes Zögern (§ 121 Abs. 1 Satz 1 BGB) die verlangte Auskunft erteilen (Abs. 1); ist die Rechtsverletzung offensichtlich, kann der Auskunftsanspruch sogar im Wege einstweiliger Verfügung durchgesetzt werden (Abs. 3). Die Praxis wird erst noch zeigen müssen, welche Wirkung die getroffene Regelung hat.

2 Der Begriff **im geschäftlichen Verkehr** stammt aus dem UWG. Nach der dort entstandenen Rechtsprechung ist geschäftlich alles, was mit Erwerb oder Berufsausübung eines einzelnen zusammenhängt, was sich also nicht im rein privaten oder amtlichen Bereich abspielt (BGH GRUR 1962, 45, 47 *Betonzusatzmittel,* BGH GRUR 1981, 665, 666 *Knochenbrecherin*), mit Ausnahme rein betriebsinterner Vorgänge (BGH GRUR 1971, 119 *Branchenverzeichnis*). Soweit Abs. 1 gegen den **Hersteller** gerichtet ist, ergibt sich der Anspruch auf Auskunft über die Zahl der hergestellten und ausgelieferten Exemplare (Abs. 2) und über den Vertriebsweg, also Namen und Anschrift seiner gewerblichen Abnehmer, schon aus den §§ 242, 259, 260 BGB (§ 97 Bem. 27 f.). Die Bedeutung des § 101 a liegt insoweit in der Schaffung der Möglichkeit, den Auskunftsanspruch in klaren („offensichtlich") Fällen im Wege *einstweiliger Verfügung* durchzusetzen (Abs. 3), was bisher kaum möglich war, weil mit diesem Instrument der Rechtsverfolgung im Regelfall nur eine vorläufige Regelung herbeigeführt werden soll (§§ 935, 940 ZPO), die im Widerspruchs- oder Berufungsverfahren oder im Hauptprozeß (§ 926 ZPO) rückgängig gemacht werden kann; eine einmal erteilte Auskunft läßt sich jedoch nicht mehr ungeschehen machen (statt aller: Baumbach/Lauterbach/Albers/Hartmann, § 940 ZPO Bem. 3 B unter „Auskunft"). Die ausdrückliche Anordnung der Auskunftserteilung auch über Namen und Anschrift der gewerblichen Abnehmer schließt ferner die Beschränkung der Auskunft durch den sog. Wirtschaftsprüfervorbehalt aus (§ 97 Bem. 28).

3 Der Ort der rechtsverletzenden Herstellung liegt freilich nur selten in Deutschland; es gibt viele Länder, in denen solches Tun weitaus weniger riskant ist. Deshalb sind Adressaten des § 101 a in erster Linie diejenigen, die Raubpressungen, Imitationen und andere Fabrikate importieren und **verbreiten**. Sie sind zur umfassenden Auskunft über die Herkunft und den

Vertriebsweg der rechtsverletzenden Produkte verpflichtet. Diesen Grundsatz des Abs. 1 wollte der Gesetzgeber mit Abs. 2 nicht etwa einschränken, sondern lediglich präzisieren; reichen im Einzelfall die von Abs. 2 genannten Angaben nicht aus, um Herkunft und Vertriebsweg vollständig aufzudecken, bleibt der Vertreiber aus Abs. 1 zu weitergehenden Informationen verpflichtet.

Ein Fall offensichtlicher Rechtsverletzung, der die Durchsetzung des Aus- 4
kunftsanspruchs im Wege **einstweiliger Verfügung** ermöglicht, ist stets dann gegeben, wenn es sich um Raubdrucke oder -pressungen, Imitationen im Sinne der aus dem UWG bekannten sklavischen, bis in Detail gehenden Nachahmung oder solche Fälschungen handelt, die behaupten oder den Eindruck erwecken, das Original zu sein. Auch in diesen Fällen muß der Antragsteller allerdings glaubhaft machen, daß er oder der Rechtsinhaber (zur Aktivlegimation s. § 97 Bem. 7–15) dem Hersteller Vervielfältigungs- und Verbreitungsrechte *nicht* eingeräumt hat. Ist dagegen die Rechtslage zweifelhaft, etwa bei Unklarheit des Inlandschutzes, des Schutzfristablaufs oder der Inhaberschaft an den Nutzungsrechten, ist deren Klärung einem Hauptprozeß vorzubehalten.

Die Beschränkung des Abs. 1 letzter Halbsatz *es sei denn, daß dies im Einzelfall* 5
unverhältnismäßig ist, hat keine eigenständige Bedeutung, weil der Grundsatz der Verhältnismäßigkeit, den sie wiederholt, ohnehin die gesamte Rechtsordnung der Bundesrepublik beherrscht (vgl. § 97 Bem. 26). Die Unverhältnismäßigkeit muß **feststehen,** wenn der Auskunftsanspruch scheitern soll; Zweifel gehen zu Lasten des Verletzers.

Als **weitergehende Ansprüche,** die Abs. 5 unberührt läßt, kommen 6
insbesondere diejenigen zur Vorbereitung von Schadensersatzansprüchen in Betracht (§ 97 Bem. 27).

Abs. 4 betrifft nur Strafverfahren gegen den zur Auskunft Verpflichteten 7
oder seine Angehörigen. In Verfahren gegen Hersteller, Zwischenhändler, Abnehmer oder andere Tatbeteiligte kann die erteilte Auskunft dagegen verwertet werden.

§ 102 Verjährung

(1) Die Ansprüche wegen Verletzung des Urheberrechts oder eines anderen nach diesem Gesetz geschützten Rechts verjähren in drei Jahren von dem Zeitpunkt an, in dem der Berechtigte von der Verletzung und der Person des Verpflichteten Kenntnis erlangt, ohne Rücksicht auf diese Kenntnis in dreißig Jahren von der Verletzung an.

(2) § 852 Abs. 2 des Bürgerlichen Gesetzbuchs ist entsprechend anzuwenden.

(3) Hat der Verpflichtete durch die Verletzung auf Kosten des Berechtigten etwas erlangt, so ist er auch nach Vollendung der Verjährung zur Herausgabe nach den Vorschriften über die Herausgabe einer ungerechtfertigten Bereicherung verpflichtet.

Die Bestimmung galt bis zum Inkrafttreten des ProduktpiraterieG am 1. 7. 1
1990 (§§ 98, 99 Bem. 1), durch das sie neu gefaßt wurde, nur für Schadensersatzansprüche; Unterlassungs- und Beseitigungsansprüche verjährten erst in 30 Jahren, diejenigen aus den §§ 98, 99 überhaupt nicht. Die

Neuregelung paßt sich den Verjährungsvorschriften des allgemeinen Deliktsrechts an (§ 852 BGB). Ansprüche aus Verletzungshandlungen, die bei Inkrafttreten der Gesetzesänderung noch nicht verjährt waren, weil für sie bisher längere Fristen galten, sind also mit diesem Zeitpunkt verjährt. Für den Ablauf der 30jährigen Frist von Satz 1 letzter Halbsatz ist wie bisher die *letzte* Rechtsverletzung maßgeblich. Dabei nimmt die Rechtsprechung regelmäßig keinen Fortsetzungszusammenhang an, sondern berechnet die Frist nach der einzelnen Handlung (BGH GRUR 1968, 321, 326 *Haselnuß*). Der Anspruch auf Herausgabe des durch die Verletzung Erlangten richtet sich, wenn die Dreijahresfrist abgelaufen ist, nur noch (Satz 3) nach den §§ 812ff. BGB, unterliegt also wie ein Bereicherungsanspruch der dreißigjährigen Verjährung (BGHZ 56, 317, 319, 322 *Gasparone II;* vgl. § 97 Bem. 56–59).

2 Ein verjährter Anspruch ist nicht etwa erloschen. Die Verjährung begründet vielmehr nur eine **Einrede im Prozeß,** die zu erheben im Belieben des Verpflichteten steht (vgl. § 222 BGB). Er kann auf die Einrede nach vollendeter Verjährung stets (allg. M., vgl. schon RGZ 78, 130, 131), vor Ablauf der Verjährungsfrist jedoch grundsätzlich nicht verzichten (§ 225 BGB). Die Rechtsprechung billigt einen **Vorausverzicht** allerdings im praktischen Ergebnis dann, wenn die Berufung des Verzichtenden auf die eingetretene Verjährung mit Rücksicht auf sein vorangegangenes Verhalten als rechtsmißbräuchlich anzusehen ist, z. B. wenn er den an sich unwirksamen Vorausverzicht ausgesprochen hat, um dafür eine Gegenleistung zu erhalten (Soergel-Siebert, § 225 BGB Bem. 3 und § 242 BGB Bem. 268ff. mit Nachweisen). Wegen einer möglichen **Hemmung** oder **Unterbrechung** der Verjährung s. §§ 202ff., 208ff. BGB.

3 Für alle Ansprüche aus dem UrhG, die nicht auf einer Verletzungshandlung beruhen, gelten die normalen **Verjährungsfristen** der §§ 195ff. BGB. Der Anspruch des Autors auf Abrechnung und Zahlung aus den Verkäufen seines Buches verjährt als „wiederkehrende Leistung" im Sinne des § 197 BGB nach 4 Jahren, gerechnet vom Ende des Jahres an, in dem er entstand (§ 201 BGB). Der mit einem festen Vertrag an ein Haus gebundene Urheber muß sogar mit einer Zweijahresfrist rechnen (vgl. OLG Köln GRUR 1985, 80, 81 *Designer).* Zu beachten sind ferner die besonderen Verjährungsvorschriften der §§ 26 Abs. 7 und 36 Abs. 2.

4 Alle Ansprüche aus den §§ 96ff. können dann nicht mehr geltend gemacht werden, wenn sie **verwirkt** sind. Im Gegensatz zur Verjährung, die den Fortbestand des Anspruchs nicht berührt, läßt die Verwirkung den Anspruch erlöschen und begründet damit eine anspruchsvernichtende Einwendung des Verletzers. Es handelt sich um einen Sonderfall der unzulässigen Rechtsausübung (§ 226 in Verbindung mit § 242 BGB), der für alle aus der Verletzung absoluter Rechte herrührenden Ansprüche in Betracht kommt (BGHZ 26, 52, 64ff. *Sherlock Holmes* mit Nachweisen; BGH GRUR 1959, 335, 336 *Wenn wir alle Engel wären),* in der Regel aber nicht für das zugrundeliegende Nutzungsrecht selbst (BGHZ 67, 56, 68 *Schmalfilmrechte,* s. aber Bem. 5. Dabei ist die Wertigkeit des Urheberrechts hoch anzusetzen, so daß Verwirkung im Urheberrecht **nur ausnahmsweise** in besonders gelagerten Fällen in Betracht kommt (BGH GRUR 1981, 652, 653 *Stühle und Tische).* Der Anspruch ist verwirkt, wenn seine verspätete Geltendmachung als Verstoß gegen Treu und Glauben (§ 242 BGB)

anzusehen ist. Das ist dann der Fall, wenn der Verletzer nach dem Verhalten des Verletzten mit der Geltendmachung der Ansprüche nicht mehr zu rechnen brauchte und sich daher darauf einrichten durfte (BGH a.a.O.). **Verwirkung** ist daher letztlich **Rechtsverzicht durch konkludentes Handeln** (Nordemann Rz. 596). Der Verwirkungseinwand kommt bei einmaligen Rechtsverletzungen nur selten in Betracht, weil hier ohnehin nach verhältnismäßig kurzer Zeit Verjährung eintritt. Bei Rechtsverletzungen, die durch fortlaufende, ihrer Art nach gleichbleibende Handlungen begangen werden, tritt eine Verwirkung dagegen stets dann ein, „wenn der Verletzer aus einer längeren Duldung dieser Rechtsverletzungen durch den Verletzten bei verständiger Würdigung der Gesamtumstände nach Treu und Glauben schließen durfte, der Verletzte sei mit seinem Vorgehen einverstanden oder würde doch jedenfalls keine Ersatzansprüche aus ihm herleiten" (BGH a.a.O.). Anlaß für diese Rechtsprechung war die zutreffende Überlegung, daß derjenige, welcher sich einem bestimmten Rechtsverletzer gegenüber längere Zeit untätig verhält, obwohl er den Verletzungstatbestand kannte oder kennen mußte, sich mit seinem eigenen früheren Verhalten in unerträglichen Widerspruch setzt, wenn er später aus dessen Rechtsverletzungen Ansprüche herleiten will (BGHZ 26, 52, 67 *Sherlock Holmes;* vgl. OLG München Schulze OLGZ 5: Geltendmachung von Ansprüchen gegen ein angebliches Plagiat, das in 20 Jahren unbeanstandet über 3000 mal aufgeführt worden war). Zumindest muß er erneut abmahnen, kann dann aber nur Ansprüche für die Zeit nach der Abmahnung geltend machen (BGH a.a.O. mit Nachweisen). Auf die Untätigkeit des Verletzten gegenüber *dritten* Rechtsverletzern kann sich jedoch niemand berufen (OLG Köln GRUR 1990, 356, 357 *Freischwinger*).

§ 103 Bekanntmachung des Urteils

(1) Ist eine Klage auf Grund dieses Gesetzes erhoben worden, so kann im Urteil der obsiegenden Partei die Befugnis zugesprochen werden, das Urteil auf Kosten der unterliegenden Partei öffentlich bekanntzumachen, wenn sie ein berechtigtes Interesse dartut. Das Urteil darf erst nach Rechtskraft bekanntgemacht werden, wenn nicht das Gericht etwas anderes bestimmt.

(2) Art und Umfang der Bekanntmachung werden im Urteil bestimmt. Die Befugnis zur Bekanntmachung erlischt, wenn das Urteil nicht innerhalb von sechs Monaten nach Eintritt der Rechtskraft bekanntgemacht wird.

(3) Die Partei, der die Befugnis zur Bekanntmachung zusteht, kann beantragen, die unterliegende Partei zur Vorauszahlung der Bekanntmachungskosten zu verurteilen. Über den Antrag entscheidet das Prozeßgericht erster Instanz durch Beschluß ohne mündliche Verhandlung. Vor der Entscheidung ist die unterliegende Partei zu hören.

Die Bestimmung gleicht die Rechtslage im Urheber- und Leistungsschutz- 1
recht derjenigen im Wettbewerbsrecht an (vgl. § 23 UWG). Das **Urteil** darf regelmäßig **erst nach Rechtskraft bekanntgemacht** werden. Ferner bleibt es – im Gegensatz zu § 23 Abs. 2 UWG, der nur die Veröffentlichung des Urteilstenors zuläßt – nach Abs. 2 dem Richter überlassen, den Umfang der Bekanntmachung zu bestimmen. Ist der Urteilstenor, wie häufig, für den Außenstehenden nichtssagend (z. B. „Die Klage wird abgewiesen"), so kann danach im Urteil festgelegt werden, welche Teile der Entscheidungsgründe ebenfalls bekanntgemacht werden dürfen. Für die Bekanntmachung von Urteilen in Urheberstrafsachen s. § 111.

2 Die **Bekanntmachungsbefugnis** steht der jeweils obsiegenden Partei zu (also auch dem Beklagten, wenn die Klage abgewiesen wird), sofern sie ein **berechtigtes Interesse** dartut. Das trifft in der Regel nur dann zu, wenn die eingetretene Beeinträchtigung des Werkes oder die eingetretene Verwirrung der Öffentlichkeit auf andere Weise nicht beseitigt werden kann, also beispielsweise dann, wenn durch die Verbreitung einer entstellten Version eines Werkes Ruf und Ansehen des Urhebers in der Öffentlichkeit gefährdet wurden oder wenn bei Verbreitung eines Plagiats in der Öffentlichkeit Unklarheit darüber entstanden ist, von wem das plagiierte Werk denn nun eigentlich herrühre. Ähnliche Gründe können auch die Bekanntmachung eines Urteils rechtfertigen, das die Inhaberschaft an einem Nutzungsrecht feststellt, wie überhaupt grundsätzlich *alle* Ansprüche einer Bekanntmachung zugänglich sind. Das berechtigte Interesse muß noch im Zeitpunkt der Entscheidung gegeben sein; an der Klarstellung eines Vorganges, der schon vergessen ist, kann niemand mehr wirklich interessiert sein (ähnlich LG München I GRUR 1989, 503, 504 *BMW-Motor* im Anschluß an Schricker-Wild Rdnr. 4). Das berechtigte Interesse braucht jedoch nur dargetan, nicht glaubhaft gemacht oder gar nachgewiesen zu werden (a. M. Schricker-Wild Rdnr. 4). Es genügt, daß eine gewisse Wahrscheinlichkeit für die Darstellung der beantragenden Prozeßpartei spricht. Für den Fall teilweisen Obsiegens vgl. Bem. 4.

3 Das Gericht bestimmt zunächst die **Art der Bekanntmachung.** Es kann die Veröffentlichung in einer oder mehreren Zeitungen oder Zeitschriften (insbesondere Fachzeitschriften), durch Plakate, durch Ansage im Hörfunk oder im Fernsehen anordnen. Dabei ist es an den Vorschlag der beantragenden Prozeßpartei nicht gebunden. Abweichend von einem solchen Vorschlag dürfen jedoch nur solche Bekanntmachungsarten angeordnet werden, von denen feststeht, daß die obsiegende Partei sie ohne weiteres verwirklichen kann. Das trifft bei Bekanntmachungen durch Inserate in aller Regel zu. Auch bei Plakaten dürfte die Halbjahresfrist des Abs. 2 Satz 2 meist ausreichen, auch wenn die verfügbaren Anschlagflächen stark belegt sind. Dagegen besteht zur Zeit noch keine allgemeine Bereitschaft der Sendeanstalten, im laufenden Programm oder auch nur im bezahlten Werbefunk derartige Bekanntmachungen zu bringen. Zwar besteht eine dahingehende Verpflichtung der Sendeanstalten schon mit Rücksicht auf ihre Monopolstellung; der obsiegenden Partei kann jedoch schon mit Rücksicht auf die Halbjahresfrist des Abs. 2 Satz 2, deren Verlängerung nicht möglich ist, ein Prozeß gegen die Sendeanstalt nicht zugemutet werden. Gegebenenfalls empfiehlt sich eine vorherige vorsorgliche Anfrage des Gerichts. Beispiel für Undurchführbarkeit: Anordnung der Bekanntmachung in der *Prawda* (öst. OGH ÖBl. 1977, 42).

4 Der **Umfang der Bekanntmachung** wird durch den Zweck bestimmt, den sie verfolgt. Die Veröffentlichung muß jedenfalls so umfassend sein, daß sie auch für den Außenstehenden, der von dem Prozeß nichts weiß, verständlich ist. Namen und Bezeichnungen, die für das Verständnis ohne Bedeutung sind, sollten abgekürzt werden. Das Gericht hat darauf zu achten, daß die Veröffentlichung nicht zu einer unnötigen Demütigung des Unterlegenen führt; nur das, was zur Erreichung des Bekanntmachungszweckes wirklich *notwendig* ist, sollte aufgenommen werden (vgl. Schricker-Wild Rdnr. 5). Hat eine Partei teilweise obsiegt, so ist, wenn nur sie einen entsprechenden

Antrag gestellt hat oder der Antrag des Gegners mangels berechtigten Interesses unberücksichtigt bleibt, nur der Teil des Urteils bekanntzumachen, der zu ihren Gunsten ergangen ist. Das ergibt sich schon daraus, daß die Bekanntmachung stets ein berechtigtes Interesse dessen, für den sie erfolgt, voraussetzt; an der Veröffentlichung eines für ihn ungünstigen Richterspruches kann aber niemand ein Interesse haben. Ist in einem solchen Falle von beiden Parteien die Bekanntmachung beantragt und durch ein berechtigtes Interesse gedeckt, so kann jede Partei gleichwohl den ihr günstigen Urteilsteil gesondert bekanntmachen, da es der Entschließung jeder Partei überlassen bleibt, ob sie von der ihr durch das Urteil eingeräumten Befugnis Gebrauch machen will. Die Kosten werden nicht etwa verhältnismäßig, d. h. nach der in der Hauptsache ergangenen Kostenentscheidung, geteilt. Vielmehr trägt der Gegner des Begünstigten die gesamten Kosten der Bekanntmachung; sind beide berechtigt, trägt jeder die Kosten des anderen (vgl. Abs. 3 Satz 1).

Abs. 3 bezieht sich nur auf die Fälle, in denen ein entsprechender Antrag **5**
nicht vor Schluß der letzten mündlichen Verhandlung gestellt wurde.

Die **private Urteilsbekanntmachung** auf eigene Kosten durch die obsie- **6**
gende Partei in der Presse oder auch nur in Rundschreiben ist unzulässig. Soweit die Parteien Wettbewerber im Sinne des UWG sind – dazu gehören auch Schriftsteller, Komponisten, bildende Künstler und andere freie Berufe untereinander –, ist der Hinweis auf Rechtsverletzungen, die der Mitbewerber begangen haben soll, oder auf ein gerichtliches Verfahren, das gegen ihn geschwebt hat, als persönliche bezugnehmende Werbung unlauter (BGH WRP 1968, 50 *Spielautomat;* OLG Düsseldorf GRUR 1958, 94, 95 *Garantiezusage;* OLG Koblenz BB 1968, 5 *Liefersperre;* OLG Frankfurt GRUR 1982, 655, 656 *Printkompress*; OLGe Karlsruhe und Koblenz WRP 1989, 40, 42 und 43, 44). Wo die Parteien nicht Wettbewerber sind, liegt in der Bekanntmachung regelmäßig eine verbotene Boykottaufforderung (§ 26 Abs. 1 GWB).

§ 104 Rechtsweg

Für alle Rechtsstreitigkeiten, durch die ein Anspruch aus einem der in diesem Gesetz geregelten Rechtsverhältnisse geltend gemacht wird (Urheberrechtsstreitsachen), ist der ordentliche Rechtsweg gegeben. Für Urheberrechtsstreitsachen aus Arbeits- oder Dienstverhältnissen, die ausschließlich Ansprüche auf Leistung einer vereinbarten Vergütung zum Gegenstand haben, bleiben der Rechtsweg zu den Gerichten für Arbeitssachen und der Verwaltungsrechtsweg unberührt.

Das frühere Recht überließ die Regelung der sachlichen Zuständigkeit den **1**
allgemeinen Gesetzen. Das war zur Zeit des Inkrafttretens von LUG und KUG unbedenklich, weil es praktisch nur die ordentlichen Gerichte gab. Inzwischen hat sich die 1901 und 1907 noch sehr begrenzte Zuständigkeit der Verwaltungsgerichte stark ausgedehnt; daneben ist die Arbeitsgerichtsbarkeit gänzlich neu entstanden. Alle drei Gerichtszweige kamen bisher für die Entscheidung urheberrechtlicher Streitfälle in Betracht, z. B. dann, wenn ein im Rahmen eines Arbeits- oder Dienstverhältnisses tätiger Urheber Ansprüche gegen seinen Dienstherrn geltend machte (vgl. dazu eingehend Begr. S. 106 mit Beispielen). Diese Aufspaltung, die sogar zur gleichzeitigen

Entscheidung desselben Falles durch verschiedene Gerichtszweige führen konnte (Begr. a.a.O.), gefährdete die Einheitlichkeit der Rechtsprechung, führte zu unerwünschten Kompetenzkonflikten und zwang den Urheber gelegentlich, denselben Streitkomplex in mehreren Gerichtszweigen auszutragen.

2 **Die Neuregelung** löst den Konflikt zugunsten der ordentlichen Gerichte und ändert damit insbesondere § 40 VwGO und §§ 3, 2 Abs. 1 Nr. 2 ArbGG ab. **Grundsätzlich** sind **nur noch die ordentlichen Gerichte** zuständig (Begr. S. 106: „ausschließlich"), und zwar – über die in den §§ 97 bis 99 geregelten Ansprüche hinaus – in *allen* Streitfällen, die nach dem UrhG zu entscheiden sind (das sind nicht solche aus den §§ 22ff. KUG, LG Mannheim GRUR 1985, 291). Die Arbeits- oder Verwaltungsgerichte bleiben nur dann zuständig, wenn Gegenstand des Prozesses *ausschließlich* ein Anspruch auf die vereinbarte Vergütung aus einem Arbeits- oder Dienstverhältnis ist, weil in solchen Fällen keine Rechtsfragen zu entscheiden sind, die den Inhalt oder den Umfang urheberrechtlicher Befugnisse betreffen (so ausdrücklich Begr. a.a.O.; OLG München NJW-RR 1989, 1191, 1192). Der Kläger hat es also in der Hand, die Zuständigkeit der Arbeits- oder Verwaltungsgerichte auch für den reinen vertraglichen Vergütungsanspruch dadurch auszuschließen, daß er ihn zusammen mit anderen urheberrechtlichen Ansprüchen, die das gleiche Rechtsverhältnis betreffen, vor die ordentlichen Gerichte bringt. Eine Trennung ist dann ausgeschlossen; sie sollte durch die Neuregelung gerade verhindert werden (verkannt von LAG Berlin UFITA 67 [1973], 286, 288 *Filmschaffende;* wie hier OLG Hamburg Schulze OLGZ 127, 6). Die Frage kann schon wegen der unterschiedlichen Revisionsvoraussetzungen (§ 546 ZPO: Streitwert über 60000,00 DM, § 72 ArbGG: nur nach Zulassung) und wegen der fehlenden Kostenerstattung im Arbeitsgerichtsprozeß 1. Instanz (§ 11 ArbGG) von erheblicher praktischer Bedeutung sein. S. auch § 97 Bem. 65.

3 Eine **Sonderregelung,** die den Grundsatz der Zuständigkeit der ordentlichen Gerichte nicht antastet, sondern nur das Verfahren modifiziert, geben die §§ 14–16 WahrnG.

§ 105 Gerichte für Urheberrechtsstreitsachen

(1) Die Landesregierungen werden ermächtigt, durch Rechtsverordnung Urheberrechtsstreitsachen, für die das Landgericht in erster Instanz oder in der Berufungsinstanz zuständig ist, für die Bezirke mehrerer Landgerichte einem von ihnen zuzuweisen, wenn dies der Rechtspflege dienlich ist.

(2) Die Landesregierungen werden ferner ermächtigt, durch Rechtsverordnung die zur Zuständigkeit der Amtsgerichte gehörenden Urheberrechtsstreitsachen für die Bezirke mehrerer Amtsgerichte einem von ihnen zuzuweisen, wenn dies der Rechtspflege dienlich ist.

(3) Die Landesregierungen können die Ermächtigungen nach den Absätzen 1 und 2 auf die Landesjustizverwaltungen übertragen.

(4) Vor einem Landgericht, dem nach Absatz 1 die Urheberrechtsstreitsachen aus den Bezirken mehrerer Landgerichte zugewiesen sind, können sich die Parteien auch durch Rechtsanwälte vertreten lassen, die bei dem sonst zuständigen Landgericht zugelassen sind. Das Entsprechende gilt für die Vertretung vor dem Oberlandesgericht als Berufungsgericht.

(5) Die Mehrkosten, die einer Partei dadurch erwachsen, daß sie sich nach Absatz 4 durch einen nicht beim Prozeßgericht zugelassenen Rechtsanwalt vertreten läßt, sind nicht zu erstatten.

Die – § 27 Abs. 2–4 UWG nachgebildete – Regelung trägt der Tatsache **1** Rechnung, daß die Spezialmaterie des Urheber- und Leistungsschutzrechts nur von Richtern beherrscht werden kann, die sich ständig mit diesem Gebiet zu befassen haben. Urheberrechtlich bedeutsame Städte (Berlin, Hamburg, München, Düsseldorf, Köln, Frankfurt/M., Stuttgart) haben seit langem Spezialkammern an ihren Landgerichten und Spezialsenate an ihren Oberlandesgerichten bzw. dem Kammergericht, denen die Urheberrechtssachen meist gemeinsam mit verwandten Rechtsgebieten des gewerblichen Rechtsschutzes, häufig auch des allgemeinen Persönlichkeitsrechts zugewiesen sind. Mit Hilfe dieser Gerichte blieb es angesichts der überholten Urheberrechtsgesetze von 1901 und 1907 gleichwohl möglich, die Rechtsprobleme und -konflikte zu lösen, welche die moderne Technik durch die Entwicklung neuer Massenmedien und neuartiger Verwertungs- und Wiedergabemethoden für Geistesgüter der Rechtsprechung aufbürdete. Besonders die in Berlin und München ansässigen Gerichte und der frühere I b-, jetzt I. Zivilsenat des Bundesgerichtshofes haben hier bedeutende Pionierleistungen vollbracht und verhütet, daß das im Wortlaut überlebte Gesetz „zum Unsinn und zur Plage“ entarte (Goethe). – § 105 überläßt es den Ländern, eine Regelung zu treffen. Davon haben bisher Gebrauch gemacht: **Bayern** durch VO vom 8. 3. 1966 (für OLG-Bezirk München: LG München I; für OLG-Bezirke Nürnberg und Bamberg: LG Nürnberg-Fürth; unter den Amtsgerichten jeweils das Amtsgericht am Sitz des Landgerichts, das AG München auch für die Außenbezirke des LG München II), **Baden-Württemberg** durch VO vom 19. 12. 1967 (LG Stuttgart für OLG-Bezirk Stuttgart, LG Mannheim für OLG-Bezirk Karlsruhe), **Berlin** durch VO vom 1. 12. 1965 und 4. 12. 1972 (unter den Amtsgerichten allein AG Charlottenburg zuständig), **Brandenburg** durch VO vom 24. 7. 1991/ 15. 12. 1992 (KreisG Potsdam für alle Gerichtsbezirke des Landes), **Hamburg** durch VO vom 15. 3. 1966 (unter den Amtsgerichten allein AG Hamburg zuständig), **Hessen** durch VO vom 30. 9. 1974 (AG/LG Frankfurt für die LG-Bezirke Darmstadt, Frankfurt, Gießen, Hanau, Limburg, Wiesbaden; AG/LG Kassel für die LG-Bezirke Fulda, Kassel und Marburg), **Mecklenburg-Vorpommern** durch VO vom 10. 7. 1992 (AG/LG Rostock für alle Gerichtsbezirke des Landes); **Niedersachsen** durch VO vom 26. 7. 1966 (AG/LG Braunschweig für OLG-Bezirk Braunschweig, AG/ LG Hannover für OLG-Bezirk Celle, AG/LG Oldenburg für OLG-Bezirk Oldenburg), **Nordrhein-Westfalen** ursprünglich durch VO vom 8. 2. 1966, jetzt vom 10. 10. 1990 (AG/LG Düsseldorf für OLG-Bezirk Düsseldorf; AG/ LG Bielefeld für LG-Bezirke Bielefeld, Detmold, Paderborn; AG/LG Bochum für LG-Bezirke Bochum, Dortmund, Essen; AG/LG Hagen für LG-Bezirke Arnsberg, Hagen, Siegen; AG/LG Münster für LG-Bezirk Münster; AG/LG Köln für OLG-Bezirk Köln), **Rheinland-Pfalz** durch VO vom 22. 11. 1985 (AG Koblenz für OLG-Bezirk Koblenz, AG Frankenthal für OLG-Bezirk Zweibrücken; LG Frankenthal für beide OLG-Bezirke), **Sachsen** durch VO vom 8. 12. 1992 (AG/LG Leipzig für OLG-Bezirk Dresden), **Sachsen-Anhalt** durch VO vom 1. 9. 1992 (AG/LG Halle für die LG-Bezirke Halle und Dessau, AG/LG Magdeburg für die LG-Bezirke Standal und Magdeburg). **Bremen**, das **Saarland**, **Schleswig-Holstein** und **Thü-**

ringen haben keine Regelung getroffen. – Die Zuweisungsregelungen gelten auch in Beschwerdeverfahren, insbesondere in der Kostenfestsetzung (BGH ZUM 1990, 35). – Die **Nichtbeachtung** der jeweiligen Zuständigkeitsregelung durch den Rechtsuchenden hat keine unmittelbar nachteiligen Folgen. Die bei einem nicht spezialisierten Gericht, das sonst an sich zuständig wäre, erhobene Klage wird von Amts wegen an das für Urheberstreitsachen zuständige Gericht abgegeben. Die Einlegung der Berufung beim an sich zuständigen Landgericht genügt zur Fristwahrung (LG München I UFITA 87 [1980], 338, 340).

2 Bedeutung für die örtliche Zuständigkeit hat ferner **§ 32 ZPO**, der die Verfolgung unerlaubter Handlungen überall dort zuläßt, wo sie *begangen* wurden. Urheberrechtsverletzungen sind stets unerlaubte Handlungen. Bei der Verbreitung (§ 17) oder öffentlichen Wiedergabe durch Sendung (§ 20) wird die Rechtsverletzung überall dort begangen, wo das Werk nach dem Willen des Verletzers der Öffentlichkeit angeboten oder die Sendung empfangen werden sollte **(Gerichtsstand der bestimmungsgemäßen Verbreitung).** Die Belieferung von Händlern, die das Werk in ihr Angebot aufnehmen, oder gar die Belieferung im Abonnement reichen selbst dann aus, wenn beides nur auf Bestellung geschieht (BGH GRUR 1978, 194, 195 *profil;* BGH GRUR 1980, 227, 230 *Monumenta Germaniae Historica*). Bei der Sendung kommt es nicht auf das der Rundfunkanstalt zugewiesene Sendegebiet an. Eine Rechtsverletzung, die durch eine Sendung des Saarländischen Rundfunks begangen wird, kann auch vor den Berliner Gerichten verfolgt werden, soweit sie hier empfangen werden konnte. Eine – wenig sinnvolle – Sonderregelung trifft lediglich § 17 WahrnG (s. dort). – Im **Ausland** begangene Verletzungshandlungen können im Inland regelmäßig nur verfolgt werden, soweit sie sich hier auswirken (vgl. OLG München GRUR 1990, 677 *Postervertrieb*: Nicht für die in der Schweiz stattgefundene Vervielfältigung, sondern nur für den Vertrieb in Deutschland sind die deutschen Gerichte internationalrechtlich zuständig). Angehörige der Mehrzahl der EG-Staaten können allerdings auch an ihrem Wohnsitz verklagt werden (Europäisches Gerichtsstands- und Vollstreckungsabkommen vom 27. 9. 1968). Näheres bei Schricker-Katzenberger vor § 120 Rdnr. 112ff.

3 **Abs. 5** schließt auch die Erstattung der Mehrkosten für den im Rahmen der Prozeßkostenhilfe beigeordneten Rechtsanwalt aus (OLG Karlsruhe GRUR 1983, 605, 606 *Außenbezirksanwalt*). Im übrigen aber sind die Kosten des Außenbezirksanwalts, der trotz eigenen Vertretungsrechts wegen der weiten Entfernung zum zuständigen Gericht nur als Korrespondenzanwalt tätig wird, unter den – allerdings engen – Voraussetzungen des § 91 ZPO erstattungsfähig (OLG Frankfurt GRUR 1985, 328 *Verkehrsanwalt bei konzentrierter Zuständigkeit*). Die Bestimmung dürfte mit der Simultanzulassung der Rechtsanwälte bei allen Landgerichten des Bundesgebiets aufgehoben werden (vgl. Reg.Entw. v. 12. 2. 1993, AnwBl. 1993, 215).

2. Strafrechtliche Vorschriften

Vorbemerkung

Die Strafvorschriften des UrhG sind in den letzten Jahren mehr und mehr in den Blickpunkt nicht nur von Fachleuten, sondern auch einer interessierten Öffentlichkeit gerückt. Dies liegt vor allem daran, daß es dem kriminellen Rechtsbrecher wegen der sich ständig verbessernden technischen Möglichkeiten immer leichter fällt, Urheberrechte in großem Stil zu verletzen und erhebliche Gewinne zu erzielen. In der Literatur haben sich seit der Monografie von Ulrich Weber (s. Literaturverzeichnis) eine Anzahl von Autoren zum Urheberstrafrecht geäußert, von denen wir erwähnen: Flechsig GRUR 1978, 287 mit Vorschlägen für Gesetzesänderungen, Lampe/Wölker UFITA 76 (1976), 141 mit umfassendem geschichtlichen Rückblick; Lampe UFITA 83 (1978), 15; Spautz FuR 1978, 96; Ulrich Weber im Handwörterbuch des Wirtschafts- und Steuerstrafrechts, Köln 1986, S. 1; Ganter NJW 1986, 1479. Das Institut für Urheber- und Medienrecht in München widmete den strafrechtlichen Vorschriften des UrhG eine Arbeitssitzung; die dort gehaltenen Vorträge von Weber, Flechsig, Rochlitz und Walter sind in FuR 1980, 335ff. veröffentlicht. Aus der älteren Literatur nennen wir die Diss. von Kircher (s. Literaturverzeichnis). Vom neueren Schrifttum sind eine Anzahl von Arbeiten v. Gravenreuths hervorzuheben (GRUR 1983, 349; 1985, 111 und 415 sowie BB 1985, 1568 und ZUM 1987, 439), der in die Praxis der Urheberrechtskriminalität anhand von vielen Einzelfällen einführt. Genannt seien ferner zu Straftaten im Bereich der Computerprogramme und Videoaufzeichnungen Wulff BB 1985, 427, Masouyé (FS Roeber II S. 289) bei Film- und Fernsehwerken sowie Sieber, Computerkriminalität und Strafrecht (1980) und BB 1981, 1547ff. Grundsätzlich zum Urheberstrafrecht Spautz ZUM 1990, 164 sowie zu den gesetzlichen Änderungen in Folge des Produktpirateriegesetzes vom 1. 7. 1990 Rehbinder ZUM 1990, 462. Zu Fragen des Diebstahls bei Musikwerken verweisen wir auf Sternberg-Lieben und Rochlitz a.a.O., zu Raubdrucken auf Oprecht FS Uchtenhagen S. 217. 1

Die strafrechtlichen Vorschriften des UrhG haben durch Art. 144 des EinfG zum StGB vom 2. 3. 1972 (BGBl. I, 469), durch das ÄndG 1985 und durch das Gesetz zur Stärkung des Schutzes des geistigen Eigentums und zur Bekämpfung der Produktpiraterie (Produktpirateriegesetz) vom 7. 3. 1990 (BGBl. I, 422; auszugsweise abgedruckt in UFITA 115 [1991] 249) einige Änderungen erfahren, auf die wir bei den einzelnen Vorschriften gesondert eingehen. Das **Produktpirateriegesetz** hat nicht nur zu Strafverschärfungen (Freiheitsstrafe bis zu 5 Jahren in § 108a) geführt, sondern zur Einfügung von § 111a mit neuen Befugnissen der Zollbehörde, um Einfuhr und Ausfuhr von rechtswidrig hergestellten Vervielfältigungsstücken geschützter Werke durch Beschlagnahme zu verhindern.

Gegenüber LUG und KUG ist teils eine Milderung des strafrechtlichen Schutzes – eine Reihe von Vorschriften wie §§ 38 Abs. 2, 39, 40, 44 LUG und §§ 32 Abs. 2, 35, 40 KUG wurde nicht in das UrhG übernommen –, teils jedoch auch eine Verschärfung festzustellen, weil für verschiedene Delikte statt wie früher nur Geldstrafe jetzt auch Freiheitsstrafe angedroht ist (§§ 106–108). Die Bestrafung bei Verletzung von verwandten Schutzrechten

(§ 108) war im früheren Urheberrecht des LUG und KUG noch nicht bestimmt.
Zum österreichischen Urheberstrafrecht s. Kunst FS öst UrhG S. 199.

2 Die noch in den Vorauflagen zum Ausdruck gebrachte Auffassung, die Existenz der Strafvorschriften dürfte abschreckende Wirkung haben, hat sich als viel zu optimistisch erwiesen. Sowohl vom Unrechtsgehalt her als auch unter Berücksichtigung der stark gestiegenen Anzahl der Straftaten ist nicht einzusehen, warum die Aneignung fremden Geistesgutes und die Erzielung materiellen Gewinns daraus strafrechtlich milder behandelt werden soll als etwa der Diebstahl eines Autos. Wer gar berufsmäßig andere Werke ausschlachtet und sich als professioneller Plagiator betätigt, wird sich von der bloßen Existenz der Vorschriften von seinem Tun nicht abhalten lassen, wenn sie in der strafrechtlichen Praxis nicht auch angewandt werden. Dennoch gab es bis zur Jahrhundertwende viele Entscheidungen zum Urheberrecht von den Strafsenaten des Reichsgerichts. Danach waren strafrichterliche Entscheidungen der höheren Instanzen auf diesem Gebiet selten geworden. Für diese Verlagerung der Entscheidungspraxis auf die Zivilgerichte war auch die zunehmende Scheu verantwortlich, die teilweise verwickelten Probleme des modernen Urheber- und Leistungsschutzrechts Staatsanwälten und Strafrichtern zu überlassen, die mit der für sie abseits liegenden Materie häufig nicht vertraut sein konnten bzw. können. Fragen des musikalischen oder literarischen Plagiats, des unzulässigen Eingriffs in die Werksubstanz, der Schutzfähigkeit des Werkes usw. sind im Regelfall so diffiziler Natur, daß ihre Behandlung in der Rechtspraxis nur spezialistisch vorgebildeten Anwälten und Richtern überantwortet wird. Insofern liegt in der unmittelbaren Aufeinanderfolge der §§ 105 und 106 ein gewisses Paradoxon: Während § 105 anstrebt, durch Spezialisierung der Zivilgerichte Qualität und Einheitlichkeit der Rechtsprechung zu verbessern, überlassen die §§ 106ff. jedem Strafrichter, der nach den §§ 7ff. StPO zuständig ist, die Beurteilung gerade derjenigen schwierigen Rechtsfragen, die § 105 nicht einmal allen Landgerichten anvertrauen will. Mit der *Zunahme der technischen Möglichkeiten*, sich fremdes Geistesgut und entsprechende Leistungen häufig weltbekannter Künstler anzueignen und ohne Rücksicht auf bestehende Rechte zum eigenen Vorteil auszuwerten, geht eine Zunahme von urheberrechtlichen Strafverfahren einher. Dies hat auch dazu geführt, daß Veröffentlichungen zu Problemen des Urheberstrafrechts stark zugenommen haben.

Bei den auftretenden Verletzungshandlungen dürfte die **Video- und Softwarepiraterie** an der Spitze stehen. Dabei wird offensichtlich die Videopiraterie erfolgreicher als die unerlaubte Vervielfältigung und Verbreitung von Computerprogrammen bekämpft (Spautz ZUM 1990, 164). Neben diesen Formen strafrechtlichen Verhaltens stehen die **Raubpressungen von Tonträgern** im Mittelpunkt des öffentlichen Interesses und des allgemeinen Bedürfnisses nach angemessener strafrechtlicher Ahndung. Raubpressungen sind zum einen Fälschungen der Original-Tonträger (auch Bildträger), die selbst sowie hinsichtlich Verpackung und Etikett kaum vom Original zu unterscheiden sind (**Counterfeits**). Zum anderen handelt es sich um äußerlich als Nachahmungen erkennbare Pressungen (es fehlen die üblichen Etiketten und Verpackungen), so daß der Erwerber regelmäßig weiß, eine rechtswidrig hergestellte Vervielfältigung zu erwerben. Zu den Raubpressungen gehören schließlich auch die sog. **Bootlegs**. Dies sind heimliche, unerlaubte Mitschnitte von öffentlichen Konzerten und ähnlichen Veranstaltungen bis zum Mitschnitt ganzer Opern.

Die Strafvorschriften des UrhG sehen **drei Grundstraftatbestände** vor. 3
§ 106 Abs. 1 behandelt die unerlaubte Vervielfältigung und (körperliche oder unkörperliche) Verbreitung geschützter Werke, § 107 Abs. 1 das unerlaubte Anbringen von Urheberbezeichnungen und § 108 Abs. 1 Rechtsverletzungen bei den verwandten Schutzrechten. Die Strafdrohung ist auf eine Freiheitsstrafe von bis zu 3 Jahren, bei Gewerbsmäßigkeit von bis zu 5 Jahren erhöht worden. Die Bedeutung der §§ 106f. war bisher dadurch eingeschränkt, daß die Tat nur auf Antrag verfolgt wurde, wenn kein öffentliches Interesse vorlag (§ 109). Abgesehen davon, daß ein öffentliches Interesse an der Strafverfolgung angesichts der Zunahme derartiger Straftaten eher angenommen werden dürfte, hat das Produktpirateriegesetz dazu geführt, daß die gewerbsmäßige Begehung der Straftaten von Amts wegen verfolgt wird (Offizialdelikt). Soweit ein Antrag erforderlich ist (der sich bei einem entsprechenden Interesse des Verletzten regelmäßig empfiehlt), muß dieser innerhalb von 3 Monaten seit Kenntnis von der Tat und von der Person des Täters gestellt sein (§ 77b StGB). Straftaten im Bereich des Urheberrechts können auch im Wege der **Privatklage** verfolgt werden (§ 139 i. V. m. § 374 Abs. 1 Nr. 8 StPO. Näheres Nordemann NStZ 1982, 372; auch v. Gamm Bem. 1 zu § 109).

Was nicht in den §§ 106ff. ausdrücklich unter Strafe gestellt wurde, ist nicht 4
strafbar. Analogien zu Ungunsten des Täters sind unzulässig. Zweifel sind stets zu Gunsten des Beschuldigten zu werten *(in dubio pro reo)*. Die Strafbestimmungen sind demnach **eng auszulegen**. Auf einem anderen Blatt steht, daß gerade bei der außerordentlichen Zunahme strafbarer Verletzungen des Urheberrechts eine nachhaltige Strafverfolgung wünschenswert ist.

In allen Fällen der §§ 106–108 handelt es sich um sog. **offene Tatbestände,** 5
bei denen die Rechtswidrigkeit nicht schon durch das bloße Handeln indiziert wird. Vielmehr ist stets die positive Feststellung der Rechtswidrigkeit erforderlich (Näheres Welzel S. 75f.). Der Strafrichter muß also im Einzelfall prüfen, ob die Handlung unerlaubt gewesen ist, d. h. weder durch eine gesetzliche Befugnis noch durch die Einwilligung oder Rechtseinräumung des Berechtigten gedeckt ist. Kann er das nicht feststellen oder bleiben Zweifel offen, so ist der Täter schon aus diesem Grunde freizusprechen.

Obgleich durch die Gesetzesänderung zum 1. 1. 1975 (Bem. 1) das Wort 6
„vorsätzlich" in den Strafvorschriften der §§ 106–108 gestrichen worden ist, hat sich an dem **Erfordernis des Vorsatzes** nichts geändert (§ 105 StGB). Nach der jetzt im StGB befindlichen gesetzlichen Regelung des Irrtums über Tatumstände und des Verbotsirrtums (§§ 16, 17 StGB) liegt auch fest, inwieweit sich der Verletzer auf einen Irrtum berufen kann. Wer bei Begehung der Tat nicht alle zum gesetzlichen Tatbestand gehörenden Umstände kannte (§ 16 StGB) – wer also beispielsweise nicht weiß, daß er auf einem Original eines Werkes den Namen des Urhebers unbefugt anbringt (§ 107 Nr. 1) – handelt nicht vorsätzlich. Das gleiche gilt für den Täter, der irrtümlich die Einwilligung des Urhebers dazu annimmt, dessen Namen auf das Originalwerk zu setzen. Dagegen handelt der Verletzer im

unverschuldeten Verbotsirrtum (§ 17 StGB), wenn er – für ihn unvermeidlich – glaubt, ein tatsächlich strafbares Handeln sei gar nicht unter Strafe gestellt, sondern rechtmäßig. An die Unvermeidbarkeit eines derartigen Irrtums – andernfalls könnte sich nahezu jeder auf Unkenntnis berufen – werden allerdings erhebliche Anforderungen gestellt. Ausführlich zur Irrtumsproblematik in den strafrechtlichen Vorschriften des UrhG Weber S. 284ff.

7 Auch bei vorsätzlich unerlaubtem Handeln kann die **Rechtswidrigkeit** beim Vorliegen eines besonderen Rechtfertigungsgrundes ausgeschlossen sein (Näheres § 97 Bem. 19–21). Ebenso sind für die **Schuld** des Täters **Ausschließungsgründe** denkbar. Dafür kommt neben der etwaigen Unzurechnungsfähigkeit des Täters (§ 20 StGB) insbesondere der Notstand des § 35 StGB, der allerdings nur bei Drohung oder Gewalt oder bei Gefährdung von Leib oder Leben des Täters oder eines Angehörigen relevant ist, in Betracht.

§ 106 Unerlaubte Verwertung urheberrechtlich geschützter Werke

(1) Wer in anderen als den gesetzlich zugelassenen Fällen ohne Einwilligung des Berechtigten ein Werk oder eine Bearbeitung oder Umgestaltung eines Werkes vervielfältigt, verbreitet oder öffentlich wiedergibt, wird mit Freiheitsstrafe bis zu drei Jahren oder mit Geldstrafe bestraft.

(2) Der Versuch ist strafbar.

1 Die Vorschrift ist der **strafrechtliche Grundtatbestand** des Urheberrechts. Grundgedanke ist der, daß sich der Täter Rechte zur Verwertung anmaßt, die dem Urheber oder sonstigen Inhabern zustehen (Lampe UFITA 83 [1978], 15, 19). Die Strafandrohung ist von einem Jahr auf drei Jahre durch das Produktpirateriegesetz (1990) angehoben worden; Abs. 2 mit der *Strafbarkeit des Versuchs* ist ebenfalls neu.

§ 106 stellt einen strafrechtlichen Schutz nur für die Verwertungsrechte zur Verfügung, nicht aber für das Urheberpersönlichkeitsrecht (vgl. Lampe a.a.O. S. 16ff. sowie Schricker-Haß Rdnr. 1). Das droit moral wird in einem kleinen Ausschnitt – nämlich hinsichtlich der Urheberbezeichnung – lediglich durch § 107 geschützt. Der strafrechtliche Schutz einiger, allerdings wesentlicher Verwertungsrechte hat jedoch zur Folge, daß reflexartig (Weber S. 264) über das Verbot der unbefugten öffentlichen Wiedergabe auch persönlichkeitsrechtliche Interessen des Urhebers einen Schutz erlangen.

2 Die Überschrift der Bestimmung ist mißverständlich. Nicht jeder unerlaubte Verwertungsakt ist mit Strafe bedroht. Eine Bestrafung kommt vielmehr nur bei der Vervielfältigung (§ 16 Bem. 1), der Verbreitung (§ 17 Bem. 1–3; vgl. KG GRUR 1983, 174f. *Videoraubkassetten)* und bei der öffentlichen Wiedergabe (vgl. § 15 Abs. 2 und die Definitionen in den Bem. zu §§ 19–22) in Betracht. Lehrreich in diesem Zusammenhang KG GRUR 1983, 174 *Videoraubkassetten:* Der dortige Angeklagte hatte mit einer Zeitungsanzeige „Tausch- und Verleihpartner für VHS-Videosystem, ca. 80 Spielfilme" gesucht. Es lag damit keine Vervielfältigung oder öffentliche Wiedergabe eines urheberrechtlich geschützten Werkes vor, allerdings auch nicht die Verbreitung eines solchen Werkes. Auch im öffentlichen Angebot liegt zwar,

wie das KG feststellt, ein Verbreiten (§ 17 Abs. 1), dieses öffentliche Angebot müsse sich jedoch auf bestimmte oder zumindest konkretisierbare Werkstücke beziehen. Eine Verbreitung durch öffentliches Angebot komme mithin erst in Betracht, wenn die zu verbreitenden Vervielfältigungsstücke nach Titel, Inhalt oder in sonstiger Form näher bezeichnet seien (KG GRUR a.a.O. S. 175). Eine ausdehnende (analoge) Anwendung der Vorschrift auf andere Verwertungsrechte ist ebenfalls nicht statthaft. Zur Strafbarkeit unerlaubter Verwertung von Computerspielen s. Bay. Oberstes Landesgericht GRUR 1992, 508.

Geschützt ist jedes **Werk** im Sinne des UrhG, vorausgesetzt, daß es *noch* geschützt ist. Die ausdrückliche Erwähnung der Bearbeitung mag noch zur Klarstellung erforderlich sein, weil § 3 die Bearbeitung nur *wie ein selbständiges Werk* schützt. Die „Umgestaltung eines Werkes" halten wir dagegen für überflüssig, weil auch ein leicht verändertes Werk, das nicht die Stufe einer Bearbeitung erreicht, das ursprüngliche Werk bleibt.

Werkteile stehen nach dem Willen des Gesetzgebers (Begr. S. 108) den in sich abgeschlossenen Werken dann gleich, wenn sie als solche die Züge einer persönlichen geistigen Schöpfung tragen. Dies deckt sich mit der Auffassung der bisherigen Rechtsprechung (vgl. § 24 Bem. 11).

Der Begriff der **Vervielfältigung** ist in § 16 Bem. 1 näher erläutert; was eine **Verbreitung** besagt, ergibt sich aus § 17 Abs. 1. Für Computerprogramme ist § 69c zu beachten. Zur **öffentlichen Wiedergabe** (die auch eine unkörperliche Auswertung einschließt) s. § 15 Bem. 4 sowie §§ 19–22.

Die **gesetzlich zugelassenen Fälle,** von denen die Vorschrift spricht, sind **3**
in den §§ 45–63 zusammengefaßt. Soweit dort eine Werknutzung ohne Zustimmung des Rechtsinhabers gestattet ist, kann schon der *Straftatbestand* des § 106 nicht erfüllt sein (dazu eingehend Haß FS Klaka S. 127). Auf das Privileg des § 53 kann sich jedoch nicht berufen, wer kopierfähige Vorlagen (Basisexemplare) und Kopien auf Vorrat zum Erwerb durch Dritte zieht (AG München GRUR 1983, 509 *Raubdruck*). – Weitere Einzelheiten bei Schricker-Haß Rdnr. 7–10.

Der **Berechtigte** braucht keineswegs immer der Urheber zu sein. Als **4**
Berechtigter ist derjenige anzusehen, der Inhaber der Rechte ist, die verwertet worden sind. Bei Bearbeitungen ist daher die Einwilligung des Rechtsinhabers an dem Original und der Bearbeitung erforderlich. Die Nutzungsrechte an Werken, die im Arbeits- und Dienstverhältnis geschaffen worden sind (§ 43), stehen – soweit eine betriebliche Auswertung durch den Arbeitgeber in Betracht kommt – diesem zu. Bei ihm muß daher die Einwilligung eingeholt werden.

Bei Miturhebern ist die Zustimmung aller erforderlich, soweit die entsprechenden Nutzungsrechte nicht auf einen einzigen Verwerter (z. B. Verleger) übertragen worden sind.

Die **Einwilligung** ist kein Tatbestandsmerkmal, sondern schließt, soweit sie **5**
vorliegt, die Rechtswidrigkeit und damit einen Verstoß gegen § 106 aus. Nach § 183 BGB ist die Einwilligung die vorherige Zustimmung. Wenn nur die Einwilligung als vorherige Zustimmung den Rechtfertigungsgrund bilden kann, wäre eine nachträgliche Zustimmung – die Genehmigung nach § 184 Abs. 1 BGB – strafrechtlich unerheblich. Ein derartiges Ergebnis kann nicht befriedigen. Derjenige Rechtsinhaber, der nachträglich seine Zustim-

mung für die Verwertung erteilt, wird jedoch nicht im Gegensatz zu seiner Genehmigung einen Strafantrag (§ 109) stellen bzw. aufrecht erhalten können. Wird die nachträgliche Genehmigung erteilt, ist damit gleichzeitig der Strafantrag als zurückgenommen anzusehen.

6 Treffen Vervielfältigung und Verbreitung als Verletzungshandlungen zusammen, so ist nur wegen *einer* Tat zu verurteilen (BayObLG UFITA 47 [1966], 326). Tatmehrheit ist nur gegeben, wenn verschiedene Nachdrucke von verschiedenen Werken hergestellt werden (BayObLG a.a.O.).
Der **Versuch** ist entgegen der früheren Regelung ausdrücklich unter Strafe gestellt. Die **Strafdrohung** richtet sich in ihrer Höhe bei der Geldstrafe nach den vermögensmäßigen Verhältnissen des Täters (§ 40 StGB). Die Tat kann nur mit **Vorsatz** begangen werden, obwohl das Wort „vorsätzlich" sich in der Vorschrift nicht findet (vor § 106 Bem. 6).

§ 107 Unzulässiges Anbringen der Urheberbezeichnung

(1) Wer

1. auf dem Original eines Werkes der bildenden Künste die Urheberbezeichnung (§ 10 Abs. 1) ohne Einwilligung des Urhebers anbringt oder ein derart bezeichnetes Original verbreitet,

2. auf einem Vervielfältigungsstück, einer Bearbeitung oder Umgestaltung eines Werkes der bildenden Künste die Urheberbezeichnung (§ 10 Abs. 1) auf eine Art anbringt, die dem Vervielfältigungsstück, der Bearbeitung oder Umgestaltung den Anschein eines Originals gibt, oder ein derart bezeichnetes Vervielfältigungsstück, eine solche Bearbeitung oder Umgestaltung verbreitet,

wird mit Freiheitsstrafe bis zu drei Jahren oder mit Geldstrafe bestraft, wenn die Tat nicht in anderen Vorschriften mit schwererer Strafe bedroht ist.

(2) Der Versuch ist strafbar.

1 Die Vorschrift enthält **zwei Tatbestände** (Bem. 2 und 3). Nr. 1 schützt die Befugnis des Urhebers, sein Werk mit einer Urheberbezeichnung zu versehen oder nicht (§§ 10, 13). Nr. 2 hat dagegen den Schutz des kunstinteressierten Publikums zum Gegenstand, das davor bewahrt werden soll, ein Vervielfältigungsstück für ein Original zu halten. Täter des Vergehens nach § 107 Nr. 2 kann daher auch der Urheber selbst sein (Weber S. 253; Lampe UFITA 83 [1978], 15, 18). Ausführlich zu dieser Strafvorschrift Sieg (Lit.Verz.).
Die Überschrift der Vorschrift ist umfassender als ihr Inhalt. Sie befaßt sich nur mit **Werken der bildenden Kunst** (§ 2 Abs. 1 Nr. 4; dort Bem. 52–53). Für alle anderen Werke des Kataloges in § 2 Abs. 1 Nr. 1–3, 5–7 gilt sie nicht. Innerhalb ihres ohnehin sehr engen Geltungsbereiches hat sie bisher praktische Bedeutung nicht erlangt. Die Fälle, in denen sie zum Zuge kommen könnte, sind in der Praxis recht selten, so daß eine Strafdrohung überflüssig erscheint. Die vom Gesetzgeber an anderer Stelle durchaus zu Recht getroffene Feststellung, „die Belastung des Gesetzes mit nicht unbedingt erforderlichen Strafvorschriften sollte vermieden werden" (Begr. S. 107), ist von ihm bei Schaffung des § 107 nicht beherzigt worden (ebenso Weber S. 249).
Der Inhalt der Vorschrift stellt klar, daß über § 107 ebensowenig wie über die übrigen Strafvorschriften (§§ 106, 108) ein umfassender Schutz gegen

Kunstfälschungen erzielt werden kann (dazu Lampe S. 18ff.). In manchen Fällen kann der Straftatbestand der Urkundenfälschung die von § 107 gelassenen Lücken schließen (Näheres Lampe UFITA 83 [1978], 15, 19ff. u. Löffler NJW 1993, 1421).

Es muß sich um das **Original** (Begriff § 26 Bem. 2) eines Werkes der bildenden Künste handeln, auf dem bisher keine Urheberbezeichnung angebracht war. Urheberbezeichnung ist insbesondere das *pinxit,* aber auch jede andere Kenntlichmachung des Werkes durch seinen Urheber. 2
Da das Anbringen der Urheberbezeichnung nur auf dem Original strafbar ist, geht derjenige, der die Bezeichnung auf dem Rahmen oder dem nicht zum Werk gehörenden Sockel anbringt, ein Schild aufstellt oder einen Hinweis im Katalog bringt, kein Risiko strafrechtlicher Verfolgung ein. Dagegen ist derjenige strafbar, der wissentlich ein Original verbreitet, das ein anderer unzulässigerweise mit der Urheberbezeichnung versehen hat.
Mit Lampe a.a.O. und Schricker-Haß Rdnr. 7 sind wir der Auffassung, daß bei einem Handeln mit Einwilligung des Urhebers § 107 Abs. 1 Nr. 1 schon tatbestandsmäßig nicht vorliegt.
Die Bestimmung trifft nach ihrem klaren Wortlaut nur die unzulässige Aufdeckung eines Pseudonyms oder die Anonymität des Urhebers. Die eigentlich gravierenden Fälle der Anbringung einer falschen Urheberbezeichnung, insbesondere der Kunstfälschung (§ 10 Bem. 31–43), können nur nach den allgemeinen Vorschriften des Strafrechts verfolgt werden.

Nr. 2. Strafwürdig bei dieser Alternative ist, daß durch die Art der Anbringung der Urheberbezeichnung der Anschein erweckt wird, es handele sich um ein Original. Zum Begriff der Vervielfältigung s. § 16 Bem. 1; zu den Begriffen der Bearbeitung und der anderen Umgestaltung s. § 23 Bem. 1. 3
Schricker-Haß Rdnr. 10 weisen zu Recht darauf hin, daß neben dem Urheberpersönlichkeitsrecht Schutzobjekt der Vorschrift die Allgemeinheit ist, die nicht darüber getäuscht werden soll, ob das Original eines Werkes vorliegt oder nicht.

a) Bei **Vervielfältigungsstücken** muß bereits der bloßen Gefahr der Täuschung des Verkehrs dadurch, daß Kopien durch Hinzufügung der Urheberbezeichnung wie Originale wirken, begegnet werden. Dabei ist nicht auf Sachverstand und Kenntnis des Kenners abzustellen, sondern auf die Gefahr der Täuschung des interessierten Laien. Schricker-Haß Rdnr. 10 sind demgegenüber der Auffassung, daß generell der Schutz des Laien maßgebend sei, der ein Vervielfältigungsstück für ein Original halten könnte. Schon zur Vornahme einer derartigen Unterscheidung dürfte allerdings ein bestimmtes Interesse und damit auch eine, wenn auch geringe Kunstkenntnis erforderlich sein. Ist das Vervielfältigungsstück so gut, daß es den Anschein des Originals erweckt, kann die Hinzufügung der Urheberbezeichnung dennoch zusätzlich an der Täuschung mitwirken (so Möhring/Nicolini Bem. 4d, zur Kunstfälschung allgemein s. § 10 Bem. 31–43).

b) Einer **Bearbeitung** kann niemand den Anschein eines Originals geben, weil sie ein Original im Sinne von § 3 *ist.* Die Täuschung liegt hier wie bei der Umgestaltung darin, daß der Anschein erweckt wird, als handele es sich um ein unverändertes Original. Das kommt aber im Gesetzestext nicht zum Ausdruck. Da eine Auslegung, die sich nicht klar aus dem Wortlaut rechtfertigt, unzulässig ist und Unklarheiten einer Strafbestimmung sich stets zugunsten des Täters auswirken müssen (vor § 106 Bem. 4), ist auch Nr. 2 ohne praktische Bedeutung.

§ 108 Unerlaubte Eingriffe in verwandte Schutzrechte

(1) Wer in anderen als den gesetzlich zugelassenen Fällen ohne Einwilligung des Berechtigten

1. eine wissenschaftliche Ausgabe (§ 70) oder eine Bearbeitung oder Umgestaltung einer solchen Ausgabe vervielfältigt, verbreitet oder öffentlich wiedergibt,

2. ein nachgelassenes Werk oder eine Bearbeitung oder Umgestaltung eines solchen Werkes entgegen § 71 verwertet,

3. ein Lichtbild (§ 72) oder eine Bearbeitung oder Umgestaltung eines Lichtbildes vervielfältigt, verbreitet oder öffentlich wiedergibt,

4. die Darbietung eines ausübenden Künstlers entgegen den §§ 74, 75 oder 76 Abs. 1 verwertet,

5. einen Tonträger entgegen § 85 verwertet,

6. eine Funksendung entgegen § 87 verwertet,

7. einen Bildträger oder Bild- und Tonträger entgegen §§ 94 oder 95 in Verbindung mit § 94 verwertet,

wird mit Freiheitsstrafe bis zu drei Jahren oder mit Geldstrafe bestraft.

(2) Der Versuch ist strafbar:

1 Während die §§ 106, 107 Verletzungen der Rechte der Urheber unter Strafe stellten, hat § 108 **unerlaubte Eingriffe in alle verwandten Schutzrechte** – mit Ausnahme des Leistungsschutzrechtes des Veranstalters aus § 81 – zum Gegenstand. Zum Begriff der verwandten Schutzrechte s. v. § 70. Die Notwendigkeit einer derart weitgehenden, perfektionistischen Strafvorschrift, wie sie § 108 darstellt, ist nicht einsichtig (ähnlich Weber S. 382f.; Lampe UFITA 83 [1978], 15, 35f.; offenbar auch Schricker-Haß Rdnr. 1). Größere praktische Bedeutung hat die Bestimmung nach unserer Kenntnis bisher nicht erlangt.

2 Die Vorschrift bezieht sich auf die Tatbestände der jeweils genannten Schutzvorschriften, so daß auf die dort gegebenen Erläuterungen verwiesen werden kann. Die Erwähnung der Bearbeitung in Nr. 1–3 hat zur Folge, daß sich die Straftatbestände der §§ 106 und 108 überschneiden: Die unerlaubte Vervielfältigung, Verbreitung oder öffentliche Wiedergabe einer Bearbeitung nach § 3 fällt stets schon unter § 106, weil die Bearbeitung als Werk anzusehen ist. Es liegt insoweit Idealkonkurrenz zwischen den beiden Bestimmungen vor (§ 52 StGB).
Bei Nr. 3 kann offen bleiben, ob es sich um ein Lichtbildwerk (dann Strafbarkeit nach § 106) oder um ein Lichtbild (dann Anwendung von § 108 Nr. 3) handelt, da in jedem Fall eine Wahlfeststellung zulässig ist.

3 Zur grundsätzlichen Notwendigkeit des Strafantrages s. § 109. Zur Strafdrohung s. § 106 Bem. 6. Wegen der **Änderungen** durch die Neufassungen von 1975 und 1990 vgl. § 107 Bem. 4.

§ 108 a Gewerbsmäßige unerlaubte Verwertung

(1) Handelt der Täter in den Fällen der §§ 106 bis 108 gewerbsmäßig, so ist die Strafe Freiheitsstrafe bis zu fünf Jahren oder Geldstrafe.
(2) Der Versuch ist strafbar.

Diese Strafvorschrift wurde erst 1985 in das Gesetz aufgenommen und bereits 1990 durch Erstreckung auf § 107 und die „öffentliche Wiedergabe" in den §§ 106, 108 verschärft. Dies ist die Folge des angesichts der technischen Entwicklung erforderlichen stärkeren Schutzes der Werkschöpfer durch unerlaubte Vervielfältigung und Verbreitung (vgl. vor § 106 Bem. 1–3). Die Bestimmung bezweckt eine Erweiterung und Verschärfung der Bestrafung desjenigen Täters, der **gewerbsmäßig** handelt. Für eine gewerbsmäßige Tätigkeit ist kennzeichnend die Absicht und das Vorhaben des Täters, sich durch wiederholte Begehung von Straftaten eine fortdauernde Einnahmequelle von einiger Dauer und einigem Umfang zu verschaffen (RG seit RGSt 58, 20; BGH seit BGHSt 1, 383). Gewerbsmäßigkeit ist deshalb auch schon dann anzunehmen, wenn die Erträge nicht den hauptsächlichen oder regelmäßigen Erwerb bilden. Vgl. im übrigen zum Begriff der gewerblichen Zwecke in § 54 Abs. 2 dort Bem. 2 b. Wer zu gewerblichen Zwecken tätig wird, handelt auch gewerbsmäßig. Die Gewerbsmäßigkeit umfaßt auch die Handlungen eines Täters, der, etwa als Freiberufler, eine gewerbliche Tätigkeit nicht ausüben kann, wenn die übrigen Voraussetzungen vorliegen. 1
Einzelheiten zum Begriff der Gewerbsmäßigkeit bei Schricker/Haß Rdnr. 2.

Die bis 1990 geltende Fassung des § 108 a ließ gewerbsmäßige Rechtsverletzungen nach § 107 oder auch Verletzungen in Form der öffentlichen Wiedergabe, die keine Verletzung der Vervielfältigungs- und Verbreitungsrechte der §§ 16, 17 darstellten, von der verschärften Strafandrohung des § 108 a unberührt. Derartige „Schlupflöcher" für den, der in besonders intensiver Art die Rechte des Urhebers und des Leistungsschutzberechtigten (gewerbsmäßig!) verletzt, sind jetzt verstopft. 2

Die Strafbarkeit des **Versuchs** bestand ursprünglich nicht und wurde erst mit dem ÄndG 1985 in das Gesetz aufgenommen. Durch die weitere Gesetzesänderung 1990 wurde auch hinsichtlich der §§ 106–108 der Versuch unter Strafe gestellt. 3

§ 109 Strafantrag

In den Fällen der §§ 106 bis 108 wird die Tat nur auf Antrag verfolgt, es sei denn, daß die Strafverfolgungsbehörde wegen des besonderen öffentlichen Interesses an der Strafverfolgung ein Einschreiten von Amts wegen für geboten hält.

Vor dem ÄndG 1985 waren alle urheberrechtlichen Straftatbestände Antragsdelikte (vor § 106 Bem. 3). Nunmehr können die Strafverfolgungsbehörden – eine Folge der steigenden und gefährlicheren Kriminalität auf urheberrechtlichem Gebiet – auch dann ermitteln und Taten verfolgen, wenn ein **besonderes öffentliches Interesse** daran besteht und ein Einschreiten von Amts wegen für geboten gehalten wird (Opportunitätsprinzip). Die strafrechtliche Ahndung der Straftaten nach den §§ 106–108 ist 1

also nicht mehr nur von dem Willen des zum Strafantrag Berechtigten (vor allem des Geschädigten) und der Aufrechterhaltung des Strafantrages (Bem. 2) abhängig. Es liegt vielmehr im Ermessen der Staatsanwaltschaft, ein öffentliches Interesse anzunehmen und dann ohne Rücksicht auf den sich später vielleicht ändernden Willen des Antragsberechtigten zu ermitteln und anzuklagen. Dies dürfte die Ermittlungsbereitschaft der Strafverfolgungsbehörden noch erhöhen, ist doch bei den Taten mit besonderem öffentlichen Interesse die Gefahr gebannt, daß nach Rücknahme des Strafantrags die Ermittlungstätigkeiten umsonst waren.
Dem besonders gefährlichen und schädigenden Verhalten des gewerbsmäßigen kriminellen Rechtsbrechers trägt § 108a Rechnung. Bei dieser Vorschrift handelt es sich wegen der Strafdrohung von 5 Jahren ohnehin um ein ohne Antrag zu verfolgendes **Offizialdelikt**. Zu den Einzelheiten beim Strafantrag und die Möglichkeit der Verweisung auf den Weg der Privatklage s. vor § 106 Bem. 3.

2 Straftaten kleineren Umfangs und geringerer Bedeutung werden grundsätzlich auch künftig kein *besonderes* öffentliches Interesse hervorrufen und somit reine Antragsdelikte bleiben. Dabei ist die **formlose Rücknahme** des Strafantrags ohne weiteres möglich, wenn auch der frühere Hinweis im Gesetzestext auf die Befugnis zur Rücknahme zum 1. 1. 1975 gestrichen worden ist. Maßgeblich ist die gesetzliche Regelung aus § 77d StGB. Die Rücknahme hat gegenüber den Strafverfolgungsbehörden – also Staatsanwaltschaft und Polizei –, nicht aber gegenüber dem Verletzten zu erfolgen (vgl. aber § 106 Bem. 5).

§ 110 Einziehung

Gegenstände, auf die sich eine Straftat nach den §§ 106, 107 Abs. 1 Nr. 2, § 108 und 108a bezieht, können eingezogen werden. § 74a des Strafgesetzbuches ist anzuwenden. Soweit den in den §§ 98 und 99 bezeichneten Ansprüchen im Verfahren nach den Vorschriften der Strafprozeßordnung über die Entschädigung des Verletzten (§§ 403 bis 406c) stattgegeben wird, sind die Vorschriften über die Einziehung nicht anzuwenden.

1 Das frühere Recht ließ neben der zivilrechtlichen Verfolgung des Vernichtungsanspruchs auch die **Einziehung und Vernichtung** von Werkstücken und Vorrichtungen durch die Strafverfolgungsbehörden zu (§ 40 StGB, § 46 LUG, § 42 KUG). Dies war sogar unter Umständen ohne Durchführung eines eigentlichen Strafverfahrens im sog. objektiven Verfahren (§ 47 Abs. 2 LUG, § 43 Abs. 2 KUG) möglich. Die bis 1990 geltende Regelung des UrhG behielt dieses Prinzip der Doppelgleisigkeit bei, ließ aber die Geltendmachung der Ansprüche aus den §§ 98, 99 nur noch im sogenannten Adhäsionsverfahren der §§ 403ff. StPO zu, was eine selbständige Verfolgung vor den Strafgerichten ausschloß. Der seit dem Produktpirateriegesetz aus dem Jahre 1990 gültige Gesetzestext beseitigt den Ausschluß der Anwendung der Einziehungsvorschriften der §§ 74ff. StGB durch den früheren § 110 Satz 2.

2 Die §§ 74–76a StGB waren bis 1990 deshalb ausdrücklich ausgeschaltet worden, weil es der Verletzte sein sollte, der die Entscheidung darüber trifft, was mit den rechtswidrig hergestellten Vervielfältigungsstücken geschehen sollte. Die gegenwärtige Regelung sieht demgegenüber *erweiterte Einziehungsmöglichkeiten* – also auch diejenigen der §§ 74ff. StGB – ausdrücklich vor, wobei die Begründung zu der Gesetzesänderung (UFITA 115 [1991], 254, 256) auf den *Vorrang des zivilrechtlichen Vernichtungs- oder Überlassungsanspruchs* gegenüber der strafrechtlichen Einziehung hinweist. Zu dem strafrechtlichen Einziehungsverfahren im einzelnen sowie zum Adhäsionsverfahren (Geltendmachung zivilrechtlicher Schadenersatzansprüche im Strafverfahren) s. Schricker-Haß Rdnr. 2–4. Die Tatsache, daß auch im Urheberrecht das Verfahren nach den §§ 403ff. StPO keine praktische Bedeutung hat, liegt allerdings nicht, wie Rehbinder (ZUM 1990, 462, 465) meint, daran, daß Rechtsanwaltsgebühren dem entgegenstehen, sondern beruht darauf, daß der Strafrichter regelmäßig die Höhe derartiger Ansprüche nur schwer beurteilen kann.

Der Straftatbestand des § 107 Nr. 1 ist in § 110 deshalb nicht erwähnt, weil 3
er Originale betrifft, deren Vernichtung usw. in den §§ 98, 99 nicht vorgesehen ist.

§ 111 Bekanntgabe der Verurteilung

Wird in den Fällen der §§ 106 bis 108a auf Strafe erkannt, so ist, wenn der Verletzte es beantragt und ein berechtigtes Interesse daran dartut, anzuordnen, daß die Verurteilung auf Verlangen öffentlich bekanntgemacht wird. Die Art der Bekanntmachung ist im Urteil zu bestimmen.

Die Vorschrift wurde in ihrem Wortlaut nicht nur ab 1. 1. 1975 neu gefaßt 1
(vor § 106 Bem. 1), sondern auch durch das ÄndG 1985 – allerdings nur unerheblich – geändert. Neu ist die Erstreckung der **Bekanntmachungsbefugnis** auch auf die unter verschärfter Strafandrohung stehende gewerbsmäßige Handlungsweise, eine selbstverständliche Regelung, wenn schon die weniger strafwürdige nichtgewerbliche Straftat die Bekanntgabe der Verurteilung zur Folge haben kann. Seit Inkrafttreten des UrhG bestand eine Regelung, die weitere Einzelheiten wie die Zustellung einer Urteilsausfertigung auf Kosten des Angeklagten an den Verletzten und die Einhaltung einer Frist von 6 Monaten seit Zustellung für die Bekanntmachung des Urteils vorsah. Die Regelung ist jetzt einfacher. Es bedarf lediglich eines **Antrages des Verletzten** im Strafverfahren unter Darlegung eines berechtigten Interesses für die öffentliche Bekanntmachung. Die Bekanntmachung selbst ist nach § 111 nicht mehr an eine bestimmte Frist gebunden. Ein ähnlicher Anspruch auf Bekanntmachung findet sich in § 23 UWG.

Das Gegenstück zu § 111 ist im Zivilprozeß § 103. 2

Da die Art der Bekanntmachung im Urteil zu regeln ist, muß ein 3
entsprechender Antrag des Verletzten vor Schluß der Hauptverhandlung gestellt sein. Die Art der Bekanntmachung hat sich danach zu richten, welche Kreise von der Urheberrechtsverletzung Kenntnis erlangt hatten. Diese Personen sollen auch durch die Bekanntmachung des Urteils erreicht werden.

3. Vorschriften über Maßnahmen der Zollbehörde

§ 111a Beschlagnahme

(1) Verletzt die Herstellung oder Verbreitung von Vervielfältigungsstücken das Urheberrecht oder ein anderes nach diesem Gesetz geschütztes Recht, so unterliegen die Vervielfältigungsstücke auf Antrag und gegen Sicherheitsleistung des Rechtsinhabers bei ihrer Einfuhr oder Ausfuhr der Beschlagnahme durch die Zollbehörde, sofern die Rechtsverletzung offensichtlich ist. Dies gilt für den Verkehr mit anderen Mitgliedsstaaten der Europäischen Wirtschaftsgemeinschaft sowie mit den anderen Vertragsstaaten des Abkommens über den Europäischen Wirtschaftsraum nur, soweit Kontrollen durch die Zollbehörden stattfinden.

(2) Ordnet die Zollbehörde die Beschlagnahme an, so unterrichtet sie unverzüglich den Verfügungsberechtigten sowie den Antragsteller. Dem Antragsteller sind Herkunft, Menge und Lagerort der Vervielfältigungsstücke sowie Name und Anschrift des Verfügungsberechtigten mitzuteilen; das Brief- und Postgeheimnis (Artikel 10 des Grundgesetzes) wird insoweit eingeschränkt. Dem Antragsteller wird Gelegenheit gegeben, die Vervielfältigungsstücke zu besichtigen, soweit hierdurch nicht in Geschäfts- oder Betriebsgeheimnisse eingegriffen wird.

(3) Wird der Beschlagnahme nicht spätestens nach Ablauf von zwei Wochen nach Zustellung der Mitteilung nach Absatz 2 Satz 1 widersprochen, so ordnet die Zollbehörde die Einziehung der beschlagnahmten Vervielfältigungsstücke an.

(4) Widerspricht der Verfügungsberechtigte der Beschlagnahme, so unterrichtet die Zollbehörde hiervon unverzüglich den Antragsteller. Dieser hat gegenüber der Zollbehörde unverzüglich zu erklären, ob er den Antrag nach Absatz 1 in bezug auf die beschlagnahmten Vervielfältigungsstücke aufrechterhält.

1. Nimmt der Antragsteller den Antrag zurück, hebt die Zollbehörde die Beschlagnahme unverzüglich auf.
2. Hält der Antragsteller den Antrag aufrecht und legt er eine vollziehbare gerichtliche Entscheidung vor, die die Verwahrung der beschlagnahmten Vervielfältigungsstücke oder eine Verfügungsbeschränkung anordnet, trifft die Zollbehörde die erforderlichen Maßnahmen.

Liegen die Fälle der Nummern 1 oder 2 nicht vor, hebt die Zollbehörde die Beschlagnahme nach Ablauf von zwei Wochen nach Zustellung der Mitteilung an den Antragsteller nach Satz 1 auf; weist der Antragsteller nach, daß die gerichtliche Entscheidung nach Nummer 2 beantragt, ihm aber noch nicht zugegangen ist, wird die Beschlagnahme für längstens zwei weitere Wochen aufrechterhalten.

(5) Erweist sich die Beschlagnahme als von Anfang an ungerechtfertigt und hat der Antragsteller den Antrag nach Absatz 1 in bezug auf die beschlagnahmten Vervielfältigungsstücke aufrechterhalten oder sich nicht unverzüglich erklärt (Absatz 4 Satz 2), so ist er verpflichtet, den dem Verfügungsberechtigten durch die Beschlagnahme entstandenen Schaden zu ersetzen.

(6) Der Antrag nach Absatz 1 ist bei der Oberfinanzdirektion zu stellen und hat Wirkung für zwei Jahre, sofern keine kürzere Geltungsdauer beantragt wird; er kann wiederholt werden. Für die mit dem Antrag verbundenen Amtshandlungen werden vom Antragsteller Kosten nach Maßgabe des § 178 der Abgabenordnung erhoben.

(7) Die Beschlagnahme und die Einziehung können mit den Rechtsmitteln angefochten werden, die im Bußgeldverfahren nach dem Gesetz über Ordnungswidrigkeiten gegen die Beschlagnahme und Einziehung zulässig sind. Im Rechtsmittelverfahren ist der Antragsteller zu hören. Gegen die Entscheidung des Amtsgerichts ist die sofortige Beschwerde zulässig; über sie entscheidet das Oberlandesgericht.

Das **Produktpirateriegesetz** vom 1. 7. 1990 (BGBl. I 422) hat diese Bestimmung neu in das UrhG eingeführt. Der Gesetzgeber (vgl. die auszugsweise Wiedergabe der Begründung zum Produktpirateriegesetz in UFITA 115 (1991), 254, 256) hat das Zugriffsrecht der Zollbehörde den Grundsätzen des Verbots zum Inverkehrbringen widerrechtlich gekennzeichneter Waren nach dem Warenzeichengesetz nachgebildet. Die Möglichkeit der Beschlagnahme als **präventive Maßnahme** ist deshalb geschaffen worden, um die sonst drohenden Rechtsverletzungen durch Verbreitung der rechtswidrig hergestellten Vervielfältigungsstücke zu einem möglichst frühen Zeitpunkt zu verhindern. 1

Die Beschlagnahme an den Zollgrenzen setzt eine **offensichtliche Rechtsverletzung** voraus. Verletzt sein muß das Urheberrecht oder ein sonstiges, nach dem UrhG geschütztes Recht, wobei die Verletzungshandlung die Herstellung oder das Verbreiten von Vervielfältigungsstücken bildet. Werden also z. B. Raubkopien, die unzweideutig als solche zu erkennen sind, nach Deutschland ein- oder ausgeführt, kann auf Antrag und gegen Sicherheitsleistung die Beschlagnahme durch die Zollbehörde vorgenommen werden. Unabdingbar ist somit nicht nur ein **Antrag des Berechtigten** (des Inhabers der durch die unerlaubte Verbreitung betroffenen Nutzungsrechte), sondern auch eine **Sicherheitsleistung**. Satz 2 legt fest, daß innerhalb der europäischen Wirtschaftsgemeinschaft die Beschlagnahme nur dort möglich ist, wo (noch) Kontrollen durch die Zollbehörden stattfinden. 2

Abs. 2–7 regelt das vor der Behörde durchzuführende Verfahren im einzelnen. Die **Antragstellung** nach **Abs. 6** erfolgt bei der für den betreffenden Grenzbezirk zuständigen Oberfinanzdirektion. Der Antrag kann für eine Höchstdauer von 2 Jahren gestellt und beliebig oft verlängert werden. Die Kosten, die mit der beantragten Beschlagnahmehandlung verbunden sind, fallen dem Antragsteller zur Last (Abs. 6 Satz 2). 3
Die Anordnung der Beschlagnahme selbst erfolgt nach **Abs. 2**, wobei der Zoll nach Beschlagnahme den über die Vervielfältigungsstücke Verfügungsberechtigten und den Antragsteller benachrichtigt. Der Verfügungsberechtigte hat gegen die Beschlagnahme ein innerhalb von 2 Wochen auszuübendes Widerspruchsrecht (**Abs. 3**), wobei bei einem Widerspruch der Antragsteller zu entscheiden hat, ob er die Beschlagnahme aufhebt oder aufrechterhalten lassen will (Einzelheiten **Abs. 4**). Das ungerechtfertigte Aufrechterhalten der Beschlagnahme kann zu Schadenersatzansprüchen des Eigentümers oder sonstigen Verfügungsberechtigten der beschlagnahmten Vervielfältigungsstücke führen (**Abs. 5**). Das weitere Verfahren vor dem Amts- bzw. Oberlandesgericht regelt **Abs. 7**. Die gesetzliche Regelung, deren Erfolg abzuwarten bleibt, ist im übrigen aus sich heraus verständlich. Da sie erhebliche Eingriffe in die Rechte desjenigen mit sich bringt, dessen Ware rechtswidrig hergestellt bzw. vertrieben sein oder werden soll, ist eine genaue Festlegung der Rechte und Pflichten der am Verfahren Beteiligten (Behörde, Antragsteller, Eigentümer/Besitzer der beschlagnahmten Erzeugnisse) geschaffen worden.

Dritter Abschnitt · **Zwangsvollstreckung**

1. Allgemeines

§ 112

Die Zulässigkeit der Zwangsvollstreckung in ein nach diesem Gesetz geschütztes Recht richtet sich nach den allgemeinen Vorschriften, soweit sich aus den §§ 113 bis 119 nichts anderes ergibt.

1 Das **frühere Recht** (§ 10 LUG, § 14 KUG) erklärte die Zwangsvollstreckung in das Recht des Urhebers ohne seine Einwilligung schlechthin für unzulässig. Das galt bei den Werken der bildenden Künste und Fotografie auch für Zwangsvollstreckungen in solche Formen, Platten, Steine oder sonstige Vorrichtungen, die ausschließlich zur Vervielfältigung des Werkes bestimmt waren, bei den literarischen und musikalischen Werken darüber hinaus auch für Zwangsvollstreckungen in das Werk selbst, d. h. in das Original.

2 Die **Neuregelung** folgt mit § 112 dem umgekehrten Prinzip: Die **Zwangsvollstreckung in das Recht des Urhebers** ist nach Maßgabe der allgemeinen Vorschriften **grundsätzlich zulässig,** soweit nicht einzelne Abweichungen und Beschränkungen in den §§ 113–119 vorgesehen sind.

a) Diese Beschränkungen beziehen sich, wie die Überschriften der Unterabschnitte ergeben, nur auf die Zwangsvollstreckung wegen Geldforderungen; die Zwangsvollstreckung wegen anderer Ansprüche richtet sich ausschließlich nach der ZPO.

b) Eingeschränkt ist ferner nur die Zwangsvollstreckung in das Urheberrecht selbst (§ 113), in die dem Urheber gehörenden Originale seiner Werke (§ 114) und in Vorrichtungen, die ausschließlich zur Vervielfältigung oder Funksendung eines Werkes bestimmt sind (§ 119). Die Zwangsvollstreckung in andere Rechte aus dem UrhG, vor allem in Geldforderungen, die der Urheber aus der Verwertung seiner Werke hat, und in Originale, die ihm nicht mehr gehören, sowie in Vervielfältigungsstücke aller Art richtet sich allein nach der ZPO (Begr. S. 109).

c) Das UrhG räumt nur den Urhebern und den ihnen gleichstehenden Schutzrechtsinhabern der §§ 70 und 72 eine Sonderstellung ein (vgl. § 118). Für alle übrigen Schutzrechtsinhaber, insbesondere für die ausübenden Künstler, bleibt es bei den allgemeinen Vorschriften.

d) Für die Urheber, Verfasser wissenschaftlicher Ausgaben (§ 70) und Lichtbildner (§ 72) gilt der Grundsatz, daß die Zwangsvollstreckung wegen einer Geldforderung nur mit ihrer Zustimmung möglich ist; hiervon werden in den §§ 114–116 gewisse Ausnahmen zugelassen. Praktisch bedeutet diese Regelung, daß eine Zwangsvollstreckung wegen Geldforderungen nur bei Vorliegen eines jener Ausnahmetatbestände durchsetzbar ist, da ein Urheber, der nach Verurteilung nicht freiwillig zahlt, so daß gegen ihn vollstreckt werden muß, erst recht nicht bereit sein wird, den Gläubigern freiwillig die Befriedigung im Wege der Zwangsvollstreckung zu ermöglichen.

3 Die wichtigsten **Beschränkungen** der Zwangsvollstreckung, wie sie sich **aus den allgemeinen Vorschriften** ergeben, sind:

a) Forderungen, die nicht übertragbar sind, sind nicht pfändbar (§ 399 BGB in Verbindung mit § 851 ZPO). Rechte, die unveräußerlich sind, können nicht gepfändet werden (§ 857 Abs. 3 ZPO). Das gilt im Bereich des UrhG z. B. für den Anspruch auf Ersatz des immateriellen Schadens vor Rechtshängigkeit (§ 97 Bem. 60) und für die übrigen Ansprüche aus einer Verletzung von Persönlichkeitsrechten der Urheber oder Schutzrechtsinhaber.
Da das Urheberrecht als Ganzes unter Lebenden nicht übertragbar ist (§ 29 Satz 2), kann es auch insgesamt nicht Gegenstand der Vollstreckung sein. **Pfändbar sind jeweils nur einzelne verwertbare Rechte** und Befugnisse. Die unübertragbaren Persönlichkeitsrechte sind ebenfalls nicht pfändbar, wohl aber auf Geld gehende Ansprüche gegen Dritte, die auf Nutzungen von Rechten beruhen, die urheberpersönlichkeitsrechtlichen Charakter haben (Näheres Schricker-Wild Rdnr. 9).

b) Unpfändbar ist ferner bei Urheber- oder Schutzrechtsinhabern, die in einem Dienst- oder Arbeitsverhältnis stehen (§§ 43, 79), ein Teil ihrer Bezüge nach Maßgabe der §§ 850ff. ZPO.

c) Endlich gewährt § 811 Nr. 5 ZPO den „Personen, die aus ihrer...geistigen Arbeit...ihren Erwerb ziehen", Vollstreckungsschutz für die zur Fortsetzung der Erwerbstätigkeit erforderlichen Gegenstände, wie angefangene Manuskripte, die Handbibliothek des Schriftstellers, das Klavier des Komponisten, die Staffelei des Malers usw.

d) Im übrigen darf die Zwangsvollstreckung niemals weiter ausgedehnt werden, als es zur Befriedigung des Gläubigers und zur Deckung der Kosten erforderlich ist (§ 803 ZPO). Eine bestimmte Vollstreckungsmaßnahme kann dann unzulässig sein, wenn sie „wegen ganz besonderer Umstände eine Härte bedeutet, die mit den guten Sitten nicht vereinbar ist" (§ 765a ZPO).

4 Nicht im UrhG geregelt sind die Zwangsvollstreckungsmaßnahmen, die von einem Gläubiger **gegen den Nutzungsberechtigten** durchgeführt werden. Hier ergeben sich Besonderheiten daraus, daß der Nutzungsberechtigte grundsätzlich nicht ohne Zustimmung des Urhebers eine Weiterübertragung vornehmen darf (§§ 34, 35); das Nutzungsrecht kann daher zwar gepfändet, nicht aber an den Gläubiger übertragen werden, solange nicht die Zustimmung des Urhebers vorliegt (Begr. S. 109). Die Zustimmung des Urhebers ist nur dann nicht erforderlich, wenn es sich entweder um einen Miturheber am Filmwerk handelt (vgl. § 90) oder das Einwilligungsrecht des Urhebers vertraglich abbedungen war (vgl. § 34 Bem. 13). – Unpfändbar sind ferner gewisse Ansprüche des Verwerters gegen den Urheber, die ihrer Natur nach nicht übertragbar sind, z. B. der Anspruch des Verlegers auf Ablieferung des Manuskripts.

5 Die Vollstreckungsregelung der §§ 112f. betreffen nur die **Rechte, die durch das UrhG geschützt** werden. Die Staatsangehörigkeit des Schuldners ist ohne Bedeutung. Zur Vollstreckung in ausländische Ansprüche, die aus dem Urheberrecht und den verwandten Schutzrechten herrühren, siehe

Schricker-Wild Rdnr. 6. Die Vollstreckung selbst als *inländische Hoheitsmaßnahme richtet sich ausschließlich nach deutschem Recht.* Insbesondere müssen ein zur Vollstreckung geeigneter Titel, eine darauf befindliche Vollstreckungsklausel und die Zustellung vorliegen (§§ 704, 794, 925, 950 ZPO). Stets beschränkt sich der gewährte Vollstreckungsschutz auf die Dauer der für das Werk bestehenden **Schutzfrist** bzw. (bei § 119) auf die Schutzdauer des Leistungsschutzrechts.
Ist gegen den Urheber oder seinen Rechtsnachfolger die Zwangsvollstrekkung unzulässig, scheidet eine Verwertung der Rechte auch im **Konkurs** aus (Schricker-Wild Rdnr. 4).

2. Zwangsvollstreckung wegen Geldforderungen gegen den Urheber

§ 113 Urheberrecht

Gegen den Urheber ist die Zwangsvollstreckung wegen Geldforderungen in das Urheberrecht nur mit seiner Einwilligung und nur insoweit zulässig, als er Nutzungsrechte einräumen kann (§ 31). Die Einwilligung kann nicht durch den gesetzlichen Vertreter erteilt werden.

1 Die Vorschrift enthält den **Grundsatz**, daß gegen den Urheber in seine Urheberrechte **nur mit seiner Einwilligung** vollstreckt werden kann und dies auch nur insoweit, wie er **zur Einräumung von Nutzungsrechten in der Lage** ist. Damit werden die Beziehungen des Werkschöpfers zu seinem Werk über die Interessen seiner Gläubiger gestellt (Hubmann/Rehbinder[7] S. 290), denn ohne seine Einwilligung kann er sein Urheberrecht insgesamt dem Zugriff der Gläubiger entziehen. Dies gilt allerdings nur für das Urheberrecht selbst, nicht für (insbesondere auf Geld gehende) Ansprüche, die er gegen einen Verwerter seines Werkes hat. So können Tantiemeansprüche des Romanautors gegen seinen Verleger oder auf Geld gehende Ansprüche des Komponisten aus seinem Wahrnehmungsvertrag mit der GEMA ohne weiteres von Dritten gepfändet werden (vgl. § 112 Bem. 2–3). – Soweit die Pfändung in die Urheberrechte selbst geht, bedarf es außer der Einwilligung des Werkschöpfers in diese Pfändung auch der Übertragbarkeit der Rechte in Form von Nutzungsrechten auf Dritte. Pfändbar ist mithin nur die **Befugnis zur Einräumung**. Pfändung und Verwertung finden nach den §§ 857 Abs. 3, 835, 844 ZPO statt (Einzelheiten bei Schricker-Wild Rdnr. 6). Mit der Pfändung und Überweisung der Befugnis, die jeweils auf ein *bestimmtes* Nutzungsrecht bezogen sein muß, erwirbt der Gläubiger das Nutzungsrecht, allerdings nur bis zur Befriedung. Will er das Nutzungsrecht nicht selbst ausüben, so bedarf es zur Weiterübertragung der erneuten Einwilligung des Urhebers (§§ 34, 35).

2 Die **Einwilligungserklärung** ist ein einseitiges, empfangsbedürftiges Rechtsgeschäft (vgl. §§ 182, 183 BGB). Ein Geschäftsunfähiger kann sie niemals erteilen, da er nur durch seinen gesetzlichen Vertreter handeln könnte, dieser aber durch Satz 2 ausgeschlossen wird. Dagegen kann der Minderjährige oder der sonst beschränkt Geschäftsfähige (vgl. § 114 BGB) die Erklärung selbst mit Einwilligung seines gesetzlichen Vertreters erteilen (vgl. § 111 BGB), weil in diesem Falle die Einwilligung nicht „durch“ den gesetzlichen Vertreter erfolgt. – Einwilligung heißt vorherige Zustimmung.

Eine ohne sie erfolgte Zwangsvollstreckungsmaßnahme ist unwirksam. Die nachträgliche Genehmigung heilt den Mangel nicht, wie dem Wortlaut des Gesetzes zu entnehmen ist, der ausdrücklich von Einwilligung statt von Zustimmung spricht. Ein später mit ordnungsgemäß erteilter Einwilligung begründetes Pfändungspfandrecht geht deshalb dem früheren, nicht ordnungsgemäßen nicht nur vor; vielmehr muß die unwirksame Zwangsvollstreckung wiederholt werden. – Die Einwilligung kann formlos, auch konkludent, erklärt werden; doch liegt in dem bloßen Schweigen des Urhebers auf eine Pfändungsmaßnahme, die bei ihm durchgeführt wird, noch keine Einwilligung, zumal der Urheber vielfach gar nicht weiß, daß ohne seine Einwilligung die Zwangsvollstreckung unzulässig ist. Auch in der vertraglichen Verpfändung an einen bestimmten Gläubiger (§§ 1204ff. BGB) liegt noch keine Einwilligung in die Zwangsvollstreckung durch beliebige andere Gläubiger; der Urheber erklärt sich durch die Verpfändung lediglich stillschweigend damit einverstanden, daß das Recht bei Eintritt der gesetzlichen Voraussetzungen gemäß §§ 1228ff. BGB verwertet wird. – Falls der Urheber nicht ausdrücklich etwas anderes erklärt, ist davon auszugehen, daß er nur zugunsten eines bestimmten Gläubigers in die Zwangsvollstreckung in bestimmte Rechte einwilligt, da eine Aufspaltung des Nutzungsrechts unter mehrere Gläubiger unzweckmäßig und über den Befriedigungszweck hinaus für den Urheber nachteilig wäre. – Bei Miturhebern (§ 8) ist die Einwilligung aller erforderlich.

§ 114 Originale von Werken

(1) Gegen den Urheber ist die Zwangsvollstreckung wegen Geldforderungen in die ihm gehörenden Originale seiner Werke nur mit seiner Einwilligung zulässig. Die Einwilligung kann nicht durch den gesetzlichen Vertreter erteilt werden.

(2) Der Einwilligung bedarf es nicht,

1. **soweit die Zwangsvollstreckung in das Original des Werkes zur Durchführung der Zwangsvollstreckung in ein Nutzungsrecht am Werk notwendig ist,**
2. **zur Zwangsvollstreckung in das Original eines Werkes der Baukunst,**
3. **zur Zwangsvollstreckung in das Original eines anderen Werkes der bildenden Künste, wenn das Werk veröffentlicht ist.**

In den Fällen der Nummern 2 und 3 darf das Original des Werkes ohne Zustimmung des Urhebers verbreitet werden.

Zur Frage der Einwilligung s. § 113 Bem. 2, im übrigen vgl. § 112 Bem. 2–3. 1
§ 114 betrifft nur die Originale (Begriff § 26 Bem. 2), die im **Eigentum** des Urhebers stehen. Bei Miteigentum kommt die Zwangsvollstreckung in seinem Anteil in Betracht. – Ausnahmsweise ist keine Einwilligung erforderlich in folgenden Fällen:

a) **Abs. 2 Satz 1 Nr. 1.** Der Gesetzgeber dachte hier daran, daß ein Gläubiger ein Nutzungsrecht nach § 113 gepfändet hat, zu dessen Auswertung (z. B. zur Vervielfältigung) er aber das Original benötigt (Begr. S. 110). Die Zwangsvollstreckung darf hier nur stattfinden, wenn und soweit sie notwendig ist. Regelmäßig genügt die kurzfristige Besitzverschaffung für den Gläubiger.

b) **Abs. 2 Satz 1 Nr. 2.** Da Werke der Baukunst in der Regel wesentlicher Bestandteil von Grund und Boden sind, auf dem sie stehen (vgl. § 94 BGB), würde ihre Unpfändbarkeit ohne Einwilligung des Urhebers zu unlösbaren Problemen führen: Die Zwangsvollstreckung in die aus Grundstück und Gebäude bestehende einheitliche Sache wäre teils zulässig, teils unzulässig. Die Bestimmung hat allerdings nur Bedeutung für Bauwerke, die noch im Eigentum des Urhebers stehen, also z. B. für das Haus, das der Architekt sich selbst gebaut hat; Bauwerke im Eigentum Dritter unterliegen damit der Unpfändbarkeit, wenn gegen den Architekten vollstreckt wird.

c) **Abs. 2 Satz 1 Nr. 3.** Nach der Veröffentlichung (§ 6 Bem. 1) darf auch das unverkaufte Gemälde, die zu eigener Freude ihres Schöpfers gestaltete Skulptur gepfändet werden. Der Sinn dieser Sonderbehandlung von Werken der bildenden Künste ist nicht erkennbar. Mit dem Argument, der Urheber habe sich zu einem veröffentlichten Werk ja bereits bekannt (Begr. S. 110), könnte man auch bei den übrigen Werkarten die Zwangsvollstreckung in die Originale zulassen, wenn die Veröffentlichung erfolgt ist, wobei offen bleibt, was dieser Gesichtspunkt eigentlich mit der Frage der Zwangsvollstreckung zu tun haben soll. Abs. 2 Nr. 3 sollte wegen seines offenbaren Verstoßes gegen Art. 3 Abs. 1 GG (Gleichheitssatz) möglichst bald novelliert werden (so auch Schricker-Wild Rdnr. 7; a. A. v. Gamm Bem. 1 u. Möhring/Nicolini Bem. 1).

2 Abs. 2 Satz 3 war notwendig, um dem Gläubiger die Befriedigung aus dem gepfändeten Original zu sichern.

3. Zwangsvollstreckung wegen Geldforderungen gegen den Rechtsnachfolger des Urhebers

§ 115 Urheberrecht

Gegen den Rechtsnachfolger des Urhebers (§ 30) ist die Zwangsvollstreckung wegen Geldforderungen in das Urheberrecht nur mit seiner Einwilligung und nur insoweit zulässig, als er Nutzungsrechte einräumen kann (§ 31). Der Einwilligung bedarf es nicht, wenn das Werk erschienen ist.

Die Bestimmung entspricht dem früheren Recht (§ 10 LUG, § 14 KUG). Sie deckt sich mit § 113 (Näheres dort) mit der einzigen Einschränkung, daß gegen den Rechtsnachfolger des Urhebers (vgl. § 30 Bem. 1) die Zwangsvollstreckung zulässig ist, soweit es sich um erschienene Werke handelt. Zum Begriff des Erscheinens s. § 6 Bem. 2.

§ 116 Originale von Werken

(1) Gegen den Rechtsnachfolger des Urhebers (§ 30) ist die Zwangsvollstreckung wegen Geldforderungen in die ihm gehörenden Originale von Werken des Urhebers nur mit seiner Einwilligung zulässig.

(2) Der Einwilligung bedarf es nicht

1. in den Fällen des § 114 Abs. 2 Satz 1,

2. zur Zwangsvollstreckung in das Original eines Werkes, wenn das Werk erschienen ist.

§ 114 Abs. 2 Satz 2 gilt entsprechend.

Die Bestimmung entspricht § 114 mit dem einzigen Unterschied, daß in das Original eines erschienenen Werkes jederzeit vollstreckt werden kann. Zum Begriff des Rechtsnachfolgers s. § 30 Bem. 1, zu dem des Erscheinens s. § 6 Bem. 2.

§ 117 Testamentsvollstrecker

Ist nach § 28 Abs. 2 angeordnet, daß das Urheberrecht durch einen Testamentsvollstrecker ausgeübt wird, so ist die nach den §§ 115 und 116 erforderliche Einwilligung durch den Testamentsvollstrecker zu erteilen.

Die Bestimmung erscheint mit Rücksicht auf §§ 2205 Satz 2, 2211 BGB überflüssig, da die Erteilung der Einwilligung eine Verfügung über das zum Nachlaß gehörende Einwilligungsrecht ist, dient aber offenbar der Klarstellung, daß diese erbrechtlichen Vorschriften auf das Urheberrecht anzuwenden sind (s. auch Schricker-Wild Rdnr. 1).

4. Zwangsvollstreckung wegen Geldforderungen gegen den Verfasser wissenschaftlicher Ausgaben und gegen den Lichtbildner

§ 118

Die §§ 113 bis 117 sind sinngemäß anzuwenden
1. **auf die Zwangsvollstreckung wegen Geldforderungen gegen den Verfasser wissenschaftlicher Ausgaben (§ 70) und seinen Rechtsnachfolger,**
2. **auf die Zwangsvollstreckung wegen Geldforderungen gegen den Lichtbildner (§ 72) und seinen Rechtsnachfolger.**

Die Gleichstellung der Verfasser wissenschaftlicher Ausgaben und der Lichtbildner mit den Urhebern auch im Zwangsvollstreckungsrecht ist die logische Folge der Gleichbehandlung nach den §§ 70, 72. An die Stelle des Originals des Werkes tritt hier das Original der wissenschaftlichen Ausgabe bzw. des Lichtbildes.

5. Zwangsvollstreckung wegen Geldforderungen in bestimmte Vorrichtungen

§ 119

(1) Vorrichtungen, die ausschließlich zur Vervielfältigung oder Funksendung eines Werkes bestimmt sind, wie Formen, Platten, Steine, Druckstöcke, Matrizen und Negative, unterliegen der Zwangsvollstreckung wegen Geldforderungen nur, soweit der Gläubiger zur Nutzung des Werkes mittels dieser Vorrichtungen berechtigt ist.

(2) Das gleiche gilt für Vorrichtungen, die ausschließlich zur Vorführung eines Filmwerkes bestimmt sind, wie Filmstreifen und dergleichen.

(3) Die Absätze 1 und 2 sind auf die nach den §§ 70 und 71 geschützten Ausgaben, die nach § 72 geschützten Lichtbilder und die nach § 75 Satz 2, §§ 85, 87, 94 und 95 geschützten Bild- und Tonträger entsprechend anzuwenden.

1 § 14 Abs. 3 KUG sah einen **Vollstreckungsschutz** nur für solche Formen, Platten, Steine oder sonstigen Vorrichtungen vor, die ausschließlich zur Vervielfältigung eines Werkes der bildenden Künste bestimmt waren. Hier ergab sich im Gegensatz zur Zwangsvollstreckung in die Originale eine Besserstellung der Bildwerke, da im LUG eine entsprechende Bestimmung fehlte. § 119 übernimmt den Rechtsgedanken des § 14 Abs. 3 KUG, dehnt ihn jedoch mit Abs. 1 auf sämtliche Werke des Kataloges in § 2 Abs. 1, ferner auf die Vorrichtungen aus, die zur Funksendung und zur Vorführung eines Filmwerkes bestimmt sind (Abs. 2), und gewährt diesen Schutz schließlich auch solchen Vorrichtungen, die zur Vervielfältigung oder Funksendung geschützter Leistungen bestimmt sind (Abs. 3). Maßgebend ist die ausschließliche Zweckbestimmung; sie ist nur gegeben, wenn die Vorrichtungen zu keinem anderen bestimmungsgemäßen Zweck verwendet werden können. Vorrichtungen, die in diesem Sinne zur Vervielfältigung oder Funksendung eines bestimmten Werkes oder einer bestimmten Leistung oder zur Vorführung eines bestimmten Filmwerks dienen (deshalb scheidet z. B. der Projektor aus), dürfen **nur für einen nutzungsberechtigten Gläubiger** gepfändet werden. Der Gläubiger kann das Nutzungsrecht entweder durch Vertrag oder im Wege der Zwangsvollstreckung erworben haben (§§ 113, 115 für Werke und die nach §§ 70, 72 geschützten Leistungen, §§ 829, 835 ZPO für alle übrigen Leistungen); gelegentlich kommt auch eine Zwangslizenz nach § 61 in Betracht.
Zu beachten ist allerdings, daß die Beschränkungen des § 119 zugunsten des Urhebers *nur für Vollstreckungen wegen Geldforderungen* gelten. Wenn wegen anderer Ansprüche vollstreckt wird (Verleger hat gegen den Autor Anspruch auf Lieferung eines vollständigen Manuskripts), kann ohne die Beschränkungen des § 119 vollstreckt werden.

2 Der Gerichtsvollzieher ist durch § 119 nicht gehindert, alle vorgefundenen Vorrichtungen zu pfänden, wenn nicht gerade offensichtlich ist, daß sie ausschließlich für ein Werk usw. bestimmt sind (z. B. Filmnegativ, Matrize einer Schallplatte, Stehsatz eines Romans); es bleibt dem Schuldner überlassen, ihre Unpfändbarkeit wegen ausschließlicher Zweckbestimmung im Erinnerungsverfahren (§ 766 ZPO) geltend zu machen. Ist die ausschließliche Zweckbestimmung offensichtlich, so ist das Nutzungsrecht des Gläubigers Voraussetzung schon für den Beginn der Zwangsvollstreckung; das Recht ist dem Gerichtsvollzieher vom Gläubiger durch öffentliche oder öffentlich beglaubigte Urkunden nachzuweisen (analog §§ 756, 765 ZPO).

Fünfter Teil
Anwendungsbereich, Übergangs- und Schlußbestimmungen

Erster Abschnitt · Anwendungsbereich des Gesetzes

Vorbemerkung

Zwischenstaatliche Beziehungen im Urheberrecht. Die Rechtssetzungsbefugnis eines jeden Staates endet an seinen Staatsgrenzen (Territorialitätsprinzip). Auf die Rechte, die ihm das UrhG seines Heimatlandes gewährleistet, kann sich der Urheber im Ausland deshalb nicht berufen. Vielmehr kommt es stets auf das Recht des Staates an, in dem es sein Werk zu schützen gilt (Schutzlandprinzip). Dieses pflegt auch Regelungen darüber zu enthalten, ob und unter welchen Voraussetzungen die Urheber aus fremden Ländern im Inland geschützt sind (sog. Fremdenrecht). 1

Nur ganz wenige nationale Urheberrechtsgesetze leisten sich die Großzügigkeit, in- und ausländische Urheber kurzerhand gleichzustellen (so Art. 1 des schweiz. URG); Deutschland tut das immerhin für die Urheberpersönlichkeitsrechte (§ 121 Abs. 6). Im übrigen halten fast alle Staaten noch immer an dem archaischen Prinzip des „Wie Du mir, so ich Dir" fest: Der Schutz des Urheberrechts wird nur den Ausländern gewährt, deren Heimatstaat mit den Urhebern des Schutzlandes ebenso verfährt (Gegenseitigkeitsprinzip). Das stellt manchmal das zuständige Staatsorgan durch förmliche Bekanntmachung fest (vgl. § 121 Abs. 4 Satz 2 und Abs. 5). In der Regel aber wird Gegenseitigkeit durch Staatsvertrag vereinbart. Ursprünglich waren das meist bilaterale Verträge, wobei die Rechtstellung der beiderseitigen Urheber oft in Handels- oder Zusammenarbeitsabkommen mit geregelt wurde. Sie werden inzwischen allmählich durch die beiden großen multilateralen Konventionen auf dem Gebiet des Urheberrechts, die *Berner Übereinkunft zum Schutze von Werken der Literatur und Kunst* (wegen ihrer mehrfachen Revision *Revidierte Berner Übereinkunft* oder kurz *RBÜ* genannt) und das *Welturheberrechtsabkommen (WUA)* verdrängt. Beide ersetzen das Gegenseitigkeitsprinzip (mit der Ausnahme des sog. Schutzfristvergleichs, § 121 Bem. 2 und 3) durch das **Prinzip der Inländerbehandlung:** Der Ausländer wird im Schutzland so behandelt, als wenn er Inländer wäre, hat also dieselbe Rechtsstellung wie die inländischen Urheber. Die schon 1886 entstandene RBÜ kennt darüber hinaus seit der Revisionskonferenz von Berlin 1908 eine immer größer gewordene Zahl von **Mindestrechten,** also solchen dem Recht des Urhebers innewohnenden Befugnissen, auf die sich jeder Urheber jedes anderen Verbandslandes (Verbandsurheber) im Schutzland als ihm mindestens zustehende Rechte selbst dann berufen kann, wenn das nationale Recht des Schutzlandes sie (noch) nicht gewährleistet. Weil das damit angestrebte einheitliche Mindest-Schutzniveau für Staaten mit unterentwickeltem oder anders strukturiertem Urheberrecht zu hoch war, ist neben die RBÜ 1955 das WUA getreten, das sich fast völlig auf das Prinzip der Inländerbehandlung beschränkt; ihm gehören sogar Staaten an, die nicht einmal ein Urheberrechtsgesetz haben (Andorra, Kambodscha). Auf diese Weise konnten vor allem die USA, die den Schutz des Urhebers von einer förmlichen Registrierung abhängig machten und die Schutzfristen anders berechneten als die gesamte übrige Welt, in ein mulilaterales Schutzsystem 2 eingebunden werden; später kam auch die Sowjetunion hinzu (§ 121 Bem. 3). Inzwischen ist die Bedeutung des WUA zugunsten der RBÜ zurückgegangen, nachdem neben den USA (1989) auch die Volksrepublik China (1992) RBÜ-Mitglied geworden ist.

3 Über den Geltungsbereich der Staatsverträge hinaus schützen die meisten Staaten – im Interesse der heimischen Kulturgüterproduktion – Ausländer nach inländischem Recht auch für diejenigen ihrer Werke, die im Inland **zuerst** – oder doch gleichzeitig mit anderen Ländern – **erschienen** sind (vgl. § 121 Abs. 1 und 2). Innerhalb der RBÜ gilt das für Urheber aus verbandsfremden Staaten einheitlich (Art. 3 Nr. 1 Buchst. b der Pariser Fassung) mit der Folge, daß nicht nur Werke von Schriftstellern, die in der Sowjetunion nicht publiziert werden durften, durch ihr Erscheinen in einem Verbandsland Schutz in der gesamten RBÜ erlangten (Für *Doktor Schiwago* von Boris Pasternak s. § 121 Bem. 6b, für *August Vierzehn* von Alexander Solschenyzin s. BGHZ 64, 183), sondern auch das bedeutende „offizielle" Musikschaffen sowjetischer Komponisten nahezu lückenlos durch den Erstdruck der Noten in Hamburg oder London geschützt ist. Im Verhältnis der RBÜ- und WUA-Mitglieder untereinander ist die Ersterscheinensklausel vor allem für die Schutzfristberechnung bedeutsam: Für das Werk eines schwedischen Autors, das in Deutschland zuerst erscheint, gilt auch § 64 und damit die 70-Jahres-Schutzfrist.

4 **Zwischenstaatliche Beziehungen bei den Leistungsschutzrechten.** Es gelten die gleichen Grundsätze wie im Urheberrecht: Wo Gegenseitigkeit nicht verbürgt, d. h. durch förmliche Bekanntmachung (§§ 125 Abs. 5 Satz 2, 126 Abs. 3 Satz 2, 127 Abs. 3 Satz 2, 128 Abs. 2) festgestellt ist, kommt Inlandsschutz nur aufgrund eines Staatsvertrages oder dort in Betracht, wo die von den §§ 124–128 umschriebenen, dem Ersterscheinensprinzip entsprechenden Tatbestände vorliegen. Der wichtigste multilaterale Staatsvertrag, das sog. *Romabkommen* von 1961, hat mit seinen jetzt 41 Mitgliedern (§ 125 Bem. 2b) schon zahlenmäßig nicht annähernd die Bedeutung von RBÜ und WUA (97 bzw. 89 Mitglieder, § 121 Bem. 2 und 3). Es betrifft die Leistungsschutzrechte der ausübenden Künstler, der Tonträgerhersteller und der Sendeunternehmen; für den Tonträgerbereich wird es durch das *Genfer Tonträgerabkommen* ergänzt, dem 45 Staaten angehören (§ 126 Bem. 1). Wegen der für Sendeunternehmen bedeutsamen Staatsverträge s. § 127 Bem. 1 und 3. Die Leistungsschutzrechte der Filmproduzenten (§ 94), der Herausgeber wissenschaftlicher Ausgaben und nachgelassener Werke (§§ 70, 71) und der Fotografen einfacher und dokumentarischer Bilder (§ 72) sind, soweit nicht das jeweilige Schutzland sie als urheberrechtlich geschützte Werke ansieht oder ihre Nutzung durch Dritte aus anderen Rechtsgründen verbietet (z. B. Art. 5e schweiz. UWG), außerhalb der Grenzen der Bundesrepublik schutzlos; das den §§ 124, 128 Abs. 2 zugrundeliegende Gegenseitigkeitsprinzip verweigert umgekehrt Ausländern den Schutz in Deutschland, soweit ihre Leistungen nicht hier ersterschienen sind.

5 **Anwendbares Recht bei grenzüberschreitenden Nutzungsverträgen.** Im internationalen Recht gilt zunächst das Prinzip der freien Rechtswahl (Art. 7 EGBGB); sie kann ausdrücklich oder konkludent im Vertrage selbst oder nachträglich getroffen werden. Anhaltspunkte für eine konkludente Rechtswahl sind etwa die Nennung einer Norm eines nationalen Gesetzes, die Verwendung eines unter einer bestimmten Rechtsordnung erarbeiteten Vertragsmusters, die Benutzung einer bestimmten Sprache (für die Weltsprache Englisch gilt das nur, wenn weitere Anhaltspunkte hinzukommen), die Vereinbarung eines ordentlichen Gerichtsstandes. Dagegen lassen der Ort der Vertragsunterzeichnung oder gar der Sitz des vereinbarten Schiedsgerichts regelmäßig keinen Schluß auf eine von den Vertragspartnern getroffene Rechtswahl zu. Für das Urhebervertragsrecht ergeben sich insoweit keine Besonderheiten, so daß wegen der Einzelheiten auf die Lehrbücher und Kommentare zum internationalen Vertragsrecht verwiesen werden kann; eine Darstellung zu urheberrechtlichen Verträgen gibt Hansmann FS Schwarz S. 47ff.

Läßt sich eine Vereinbarung des anwendbaren Rechts dem Vertrag nicht **6** entnehmen, so *unterliegt der Vertrag dem Recht des Staates, mit dem er die engsten Verbindungen aufweist* (Art. 28 Abs. 1 EGBGB), wobei vermutet wird, daß die engste Verbindung zu dem Staat besteht, in dem die Partei, *welche die charakteristische Leistung zu erbringen hat,* ansässig ist (Art. 28 Abs. 2 EGBGB). Diese, durch das Gesetz zu Neuregelung des Internationalen Privatrechts vom 25. 7. 1986 (BGBl. I 1142) eingeführte Regelung gilt für die Beurteilung ab 1. 9. 1986 abgeschlossener Verträge, während für ältere Verträge das bisherige Recht maßgeblich bleibt (Art. 220 Abs. 1 EGBGB), und zwar, trotz der Bezugnahme der Bestimmung auf „abgeschlossene Verträge", auch für Dauerschuldverhältnisse; es widerspräche dem Prinzip der Vertragsfreiheit, den Willen der Parteien nach anderen Kriterien auszulegen (vgl. Art. 32 EGBGB), als sie bei Vertragsschluß kennen konnten (ebenso schon Schricker-Katzenberger vor §§ 120ff. Rdnr. 95 mit weiteren Nachweisen). Im Urheberrecht sind allerdings Unterschiede des neuen gegenüber dem bisherigen Recht kaum auszumachen. Schon immer hat die Rechtsprechung das anzuwendende Recht nach demn hypothetischen Parteiwillen bestimmt und diesen am Schwerpunkt des Vertragsverhältnisses orientiert, den sie am Sitz derjenigen Vertragspartei lokalisierte, deren Leistung den Vertrag rechtlich und wirtschaftlich charakterisierte (BGHZ 19, 110, 112f. *Sorrel and Son;* BGH GRUR 1960, 447, 448 *Comics;* BGH GRUR 1980, 227, 230 *Monumenta Germaniae Historica*). Das war stets der Lizenznehmer (Verleger, Nutzer, Produzent), dies jedenfalls dann, wenn ihm entweder ein ausschließliches Nutzungsrecht eingeräumt worden war oder ihn eine Ausübungspflicht traf (BGH a.a.O. *Comics* und BGH UFITA 32 [1960], 186, 187 *Die Rache des schwarzen Adlers;* weitere Nachweise, auch aus dem Schrifttum, bei Schricker-Katzenberger vor §§ 120ff. Rdnr. 98–100).

Grundsätzlich darf die Anwendung ausländischen Rechts auch für Verträge **7** vereinbart werden, die **keinen Auslandsbezug** haben (Art. 27 Abs. 3 EGBGB). Doch wird bei solchen Regelungen ein möglicher Verstoß gegen zwingendes deutsches Recht besonders sorgfältig zu prüfen sein (Artt. 6, 32 EGBGB; z. B. § 138 BGB, § 26 Abs. 2 GWB; § 12 in Verbindung mit §§ 9 und 3 AGBG).

Überhaupt lassen sich durch die Vereinbarung eines ausländischen Rechts **8** **zwingende Vorschriften** des deutschen Urheberrechts nicht außer Kraft setzen (Art. 34 EGBGB), jedenfalls soweit dessen Geltung reicht. Dies gilt zunächst für die Urheberpersönlichkeitsrechte der §§ 12–14 und 25, ferner für das Verbot der Einräumung von Nutzungsrechten an noch nicht bekannten Nutzungsarten (§ 31 Abs. 4), das Zweckübertragungsprinzip als tragendes Schutzprinzip für die ideellen und materiellen Interessen des Urhebers und des ausübenden Künstlers (§ 31 Abs. 5; ebenso schon Schricker-Katzenberger vor §§ 120ff. Rdnr. 108); den Anspruch auf Vertragsanpassung aus § 36; das Kündungsrecht aus § 40; die Rückrufrechte der §§ 41, 42; die Persönlichkeitsrechte der ausübenden Künstler aus § 83; die Zuweisung der gesetzlichen Vergütungsansprüche (auch) an die Urheber und die ausübenden Künstler (§§ 26, 27, 46, 47, 49, 52, 54) und allgemein die Rechtsmacht zur Rechtsverfolgung (BGH GRUR Int. 1993, 257, 258 *ALF*).

9 **Anwendbares Recht bei außervertraglichen Schuldverhältnissen.** a) **Gesetzliche Vergütungsansprüche,** die das deutsche Urheberrecht gewährt, sind stets nach diesem zu beurteilen. Sie entstehen dann, wenn ihre Anknüpfungstatbestände im Inland verwirklicht werden: Der hier ansässige Veräußerer verkauft ein Werk der bildenden Künste an einen ausländischen Erwerber (vgl. § 26 Bem. 4). Eine im Grenzgebiet ansässige Bibliothek leiht Bücher ins benachbarte Ausland aus (§ 27). Hier verbreitete Schulbücher oder Zeitungen werden im Ausland hergestellt (§§ 46, 49). Geräte und Leerkassetten werden zur Verwendung in Deutschland importiert (§ 54). Entsprechendes gilt für Vergütungsansprüche, die eine fremde Rechtsordnung vorsieht; soweit über sie vor deutschen Gerichten zu entscheiden ist (Bem. 11), ist von diesen das fremde Recht anzuwenden.

10 b) **Ansprüche aus unerlaubten Handlungen** werden nach dem Recht des Begehungsorts verfolgt (*lex loci delicti commissi,* Nachweise bei Schricker-Katzenberger vor §§ 120ff. Rdnr. 75). Ist ein Werk in Belgien schon wegen Schutzfristablaufs gemeinfrei, in Deutschland aber noch geschützt, so kann eine Vervielfältigung und Verbreitung auch einem Deutschen vor den deutschen Gerichten nicht verboten werden, soweit es sich auf Belgien beschränkt; erst mit dem Import ins Bundesgebiet begeht er eine unerlaubte Handlung, die hier nach deutschem Recht zu verfolgen ist (OLG München GRUR 1990, 667 *Postervertrieb;* Nachweise der älteren Rechtsprechung dort und bei Schricker-Katzenberger vor §§ 120ff. Rdnr. 76f.).

11 Zum **Gerichtsstand** s. zunächst § 97 Bem. 65 und § 104 Bem. 2. Deutsche Gerichte sind für Verletzungen ausländischen Urheberrechts vor allem dann zuständig, wenn entweder eine Zuständigkeitsvereinbarung der Parteien vorliegt oder das *EWG-Übereinkommen über die gerichtliche Zuständigkeits und die Vollstreckung gerichtlicher Entscheidungen in Zivil- und Handelssachen* vom 27. 9. 1968 (BGBl. 1972 II 774; Änderung durch Übereinkommen vom 9. 10. 1978, BGBl. 1983 II 803) eingreift, das im Verhältnis zwischen den EWG-Ländern sowie mit Großbritannien und Dänemark gilt und einen allgemeinen Gerichtsstand am Wohnsitz des Beklagten begründet; bei unerlaubten Handlungen kann wahlweise auch im Gerichtsstand der unerlaubten Handlung geklagt werden. Der Wohnsitz-Gerichtsstand zwingt deutsche Gerichte zur Anwendung ausländischen Urheberrechts, wenn ein hier ansässiger Beklagter – bei mehreren Beklagten genügt einer von ihnen für die Begründung der Zuständigkeit – im Ausland ein dort geschütztes Recht verletzt hat. Einzelheiten bei Schricker-Katzenberger vor §§ 120ff. Rdnr. 113.

§ 120 Deutsche Staatsangehörige

(1) Deutsche Staatsangehörige genießen den urheberrechtlichen Schutz für alle ihre Werke, gleichviel, ob und wo die Werke erschienen sind. Ist ein Werk von Miturhebern (§ 8) geschaffen, so genügt es, wenn ein Miturheber deutscher Staatsangehöriger ist.

(2) Deutschen Staatsangehörigen stehen Deutsche im Sinne des Artikels 116 Abs. 1 des Grundgesetzes gleich, die nicht die deutsche Staatsangehörigkeit besitzen.

Die Bestimmung entspricht in Abs. 1 Satz 1 dem früheren Gesetzesrecht 1
(§ 54 LUG, § 51 KUG), in Abs. 1 Satz 2 der früheren allgemeinen Meinung (z. B. Ulmer[2] S. 171, Bappert/Wagner Anm. 12 zu Art. 4 RBÜ und Anm. 19 zu Art. I WUA). Abs. 2 war durch Art. 116 GG geboten.

Entscheidend ist die **deutsche Staatsangehörigkeit des Urhebers.** Auf die 2
seines Rechtsnachfolgers (§ 30 Bem. 1) kommt es nicht an. Ob der Urheber die deutsche Staatsangehörigkeit schon bei der Schaffung des Werkes besitzt oder erst später erwirbt, ist gleichgültig. Die Auffassung noch der 2. Auflage, der nachträgliche Erwerb der deutschen Staatsangehörigkeit könne das Urheberrecht nicht nachträglich entstehen lassen, ist mit Art. 18 (4) RBÜ nicht vereinbar: Auch dort erlangen Werke, die in einem Nicht-Verbandsland erstveröffentlicht wurden und deshalb ursprünglich in den Verbandsländern der RBÜ nicht geschützt waren, nachträglich Urheberschutz, wenn das Ursprungsland der RBÜ beitritt. Wie hier BGH GRUR 1973, 602 *Kandinsky III* sowie, allerdings mit anderer Begründung, v. Gamm Bem. 5 und Gerstenberg Bem. 2. Für den Verleger, der das in Rußland erschienene Buch eines russischen Schriftstellers erlaubterweise nachgedruckt hat, der nunmehr Deutscher wird, liegt darin eine gewisse Härte; er bleibt aber jedenfalls berechtigt, die bereits rechtmäßig hergestellten Vervielfältigungsstücke noch zu verbreiten, wenn und soweit er mit der Rechtsänderung nicht zu rechnen brauchte (§ 242 BGB); a. M. v. Gamm a. a. O. Bei Verletzungshandlungen kommt es demgemäß auf den Zeitpunkt des Erwerbs der deutschen Staatsangehörigkeit an (BGH a. a. O.). Andererseits läßt der spätere Verlust der deutschen Staatsangehörigkeit den einmal entstandenen Urheberschutz nicht erlöschen. Insofern sind die von der Rechtslehre entwickelten Grundsätze zum materiellen Güterrecht, insbesondere dem ehelichen Güterrecht hinsichtlich der sogenannten Umwandelbarkeit des Güterrechts entsprechend anwendbar (Soergel/Siebert Art. 15 EGBGB Randn. 4 mit Nachweisen; a. M. Möhring/Nicolini Bem. 2b; wie hier v. Gamm Bem. 2; Ulmer GRUR Int. 1959, 21; BGH GRUR 1982, 308, 310 *Kunsthändler*).
Für **Österreicher,** die den „Anschluß" miterlebt haben, also Deutsche waren, hat das zur Folge, daß sie sich für alle ihre bis zum 27. 4. 1945 geschaffenen Werke in Deutschland unmittelbar auf das deutsche Urheberrecht berufen können (OLG München GRUR 1990, 446, 447 *Josefine Mutzenbacher* unter Angabe der Rechtsquellen.

Deutsche Staatsangehörige waren immer auch die **Bewohner der DDR** und 3
diejenigen Deutschen, die noch in den unter polnischer Verwaltung stehenden deutschen Ostgebieten leben (vgl. die Präambel zum GG und Art. 116 GG). Die Wiederherstellung der deutschen Einheit am 3. 10. 1990 hat die

sich aus der abweichenden Beurteilung seitens der DDR ergebenden Fragen erledigt.

4 Die zwangsweise **Ausbürgerung** Deutscher aus politischen, rassischen oder religiösen Gründen in der Zeit des Dritten Reiches ist **nichtig** (BVerfGE 23, 98). Selbst nach dem Erwerb einer fremden Staatsangehörigkeit werden solche Personen wieder Deutsche, wenn sie im Inland einen Wohnsitz begründen oder einen Antrag nach Art. 116 Abs. 2 Satz 1 GG stellen (a.a.O.). Konnten sie das infolge Todes nicht mehr innerhalb angemessener Zeit nach dem Inkrafttreten des GG (24. 5. 1949) tun, so sind sie gleichwohl wie Deutsche zu behandeln; andernfalls blieben ihre Erben mit den Folgen nationalsozialistischen Unrechts belastet.

5 Eine **doppelte Staatsangehörigkeit** ist unschädlich. Sie entsteht vielfach ohne Zutun des Betroffenen dadurch, daß in Deutschland die Staatsangehörigkeit durch Geburt nach dem *ius sanguinis* erworben wird (das eheliche Kind erwirbt die deutsche Staatsangehörigkeit eines Elternteils, das nichteheliche die seiner deutschen Mutter, § 4 RuStG), während beispielsweise Frankreich, die USA und viele andere Länder das *ius soli* anwenden, so daß ein in diesen Staaten geborenes, von deutschen Eltern stammendes Kind die deutsche und die fremde Staatsangehörigkeit besitzt.

6 Die Ansicht von Möhring/Nicolini (§ 8 Bem. 5c), bei verschiedener Staatsangehörigkeit zweier **Miturheber** bestehe zwar Schutz für das Gesamtwerk, aber der Deutsche sei nach außen allein verfügungsberechtigt, ist mit Abs. 1 Satz 2 nicht vereinbar. Vielmehr ist der ausländische Miturheber wie ein Deutscher geschützt, wenn er nicht ohnehin über Konvention oder zweiseitigen Staatsvertrag diesen Schutz genießt.

§ 121 Ausländische Staatsangehörige

(1) Ausländische Staatsangehörige genießen den urheberrechtlichen Schutz für ihre im Geltungsbereich dieses Gesetzes erschienenen Werke, es sei denn, daß das Werk oder eine Übersetzung des Werkes früher als dreißig Tage vor dem Erscheinen im Geltungsbereich dieses Gesetzes außerhalb dieses Gebietes erschienen ist. Mit der gleichen Einschränkung genießen ausländische Staatsangehörige den Schutz auch für solche Werke, die im Geltungsbereich dieses Gesetzes nur in Übersetzung erschienen sind.

(2) Den im Geltungsbereich dieses Gesetzes erschienenen Werken im Sinne des Absatzes 1 werden die Werke der bildenden Künste gleichgestellt, die mit einem Grundstück im Geltungsbereich dieses Gesetzes fest verbunden sind.

(3) Der Schutz nach Absatz 1 kann durch Rechtsverordnung des Bundesministers der Justiz für ausländische Staatsangehörige beschränkt werden, die keinem Mitgliedstaat der Berner Übereinkunft zum Schutze von Werken der Literatur und der Kunst angehören und zur Zeit des Erscheinens des Werkes weder im Geltungsbereich dieses Gesetzes noch in einem anderen Mitgliedstaat ihren Wohnsitz haben, wenn der Staat, dem sie angehören, deutschen Staatsangehörigen für ihre Werke keinen genügenden Schutz gewährt.

(4) Im übrigen genießen ausländische Staatsangehörige den urheberrechtlichen Schutz nach Inhalt der Staatsverträge. Bestehen keine Staatsverträge, so besteht für solche Werke urheberrechtlicher Schutz, soweit in dem Staat,

dem der Urheber angehört, nach einer Bekanntmachung des Bundesministers der Justiz im Bundesgesetzblatt deutsche Staatsangehörige für ihre Werke einen entsprechenden Schutz genießen.

(5) Das Folgerecht (§ 26) steht ausländischen Staatsangehörigen nur zu, wenn der Staat, dem sie angehören, nach einer Bekanntmachung des Bundesministers der Justiz im Bundesgesetzblatt deutschen Staatsangehörigen ein entsprechendes Recht gewährt.

(6) Den Schutz nach den §§ 12 bis 14 genießen ausländische Staatsangehörige für alle ihre Werke, auch wenn die Voraussetzungen der Absätze 1 bis 5 nicht vorliegen.

Die Vorschrift übernimmt die Regelung der § 55 LUG, § 51 Abs. 2 KUG, **1** erweitert und ergänzt sie jedoch zwecks Anpassung an die Brüsseler Fassung der RBÜ, das WUA und das GG (nach BGHZ 95, 229, 232f. *Puccini* soll sie gleichwohl nicht für vor dem 1. 1. 1966 im In- und Ausland parallel erschienene Werke ausländischer Urheber gelten; für allein in Deutschland ersterschienene Werke s. LG Berlin ZUM 1988, 139f.). § 121 betrifft nur noch **ausländische Staatsangehörige** (für Staatenlose s. § 122). – Nach der Fassung des § 121 sieht es so aus, als sei die Anwendbarkeit der Absätze 1–3 die Regel und das Bestehen von Staatsverträgen (Abs. 4) die Ausnahme. In Wahrheit ist es gerade umgekehrt: Die wichtigsten Kulturnationen der Welt gehören mehrseitigen internationalen Abkommen an (RBÜ, WUA, vgl. Bem. 2–4), denen auch die Bundesrepublik beigetreten ist. Der Schutz ihrer Staatsangehörigen ist in diesen Abkommen nahezu umfassend geregelt. Die Abs. 1–3 kommen deshalb im Bereich der Konventionen nur dort zur Geltung, wo die Konvention für ausländische Staatsangehörige ungünstiger ist (vgl. Abs. 4: „Im übrigen ..."). Sonst haben die Abs. 1–3 im wesentlichen nur für die Angehörigen kulturell weniger bedeutender Staaten Bedeutung (Bem. 6). Wir haben das internationale Urheber- und Leistungsschutzrecht der deutschsprachigen Länder besonders kommentiert (Nordemann/Vinck/Hertin, Lit.Verz.) und geben deshalb hier nur einen kurzen Überblick.

Die **Revidierte Berner Übereinkunft** (RBÜ) ist ein Staatenverband zum **2** Schutze der Urheber, der 1886 unter Beteiligung des damaligen Deutschen Reiches gegründet wurde. Sie ist seither in Abständen von etwa 20 Jahren auf diplomatischen Konferenzen fortlaufend revidiert, ergänzt und der fortschreitenden Entwicklung angepaßt worden. Die sich aus diesen Revisionen ergebenden Fassungen sind nur für die Länder verbindlich, die sie ratifiziert haben. Deshalb ist die Situation der einzelnen Vertragsstaaten durchaus unterschiedlich. Für die große Mehrheit der jetzt 97 Verbandsländer gilt schon die Pariser Fassung von 1971, für eine deutlich kleiner gewordene Minderheit (14 Staaten) die Brüsseler Fassung von 1948; 7 Staaten stehen noch bei Rom (1928), Thailand sogar noch bei Berlin (1908). Im Verhältnis zwischen zwei Vertragsstaaten gilt jeweils die jüngste Fassung, die von beiden ratifiziert worden ist, zwischen der an sich an Paris gebundenen Bundesrepublik und Thailand also noch die alte Berliner Fassung. Die Bedeutung der RBÜ ist durch den Beitritt der USA zum 1. 3. 1989 erheblich gestärkt worden (vgl. dazu Baumgarten/Meyer GRUR Int. 1989, 620 und den Bericht von Axel Nordemann/Andreas Scheuermann über das Berliner Symposium 1990 zum Beitritt der USA zur RBÜ in GRUR Int. 1990, 945). Auf längere Sicht werden sich auch die gesetzliche Regelung des Urheberrechts in der Volksrepublik China und ihr Beitritt zur RBÜ am 15. 10. 1992 (dazu Linghan Gao GRUR Int. 1993, 120) auf die Einstellung der übrigen Staaten des chinesischen Kulturraums positiv auswirken. Bei Drucklegung dieser Auflage gehörten folgende 101 Staaten der RBÜ an (in Klammern die für sie verbindliche Fassung, soweit das nicht die Pariser Fassung ist):

Ägypten
Argentinien (Brüssel)
Australien
Bahamas (Brüssel)
Barbados
Belgien (Brüssel)
Benin
Bolivien
Brasilien
Bulgarien
Burkina Faso
Chile
China
Costa Rica
Dänemark
Deutschland
Equador
Elfenbeinküste
El Salvador
Fidschi-Inseln (Brüssel)
Finnland
Frankreich
Gabun
Gambia
Ghana
Griechenland
Großbritannien
Guinea
Guinea-Bissau
Honduras
Indien
Irland (Brüssel)
Island (Rom)
Israel (Brüssel)
Italien
Japan
Jamaika
Jugoslawien (am 29. 9. 1991 ausgeschlossen, GRUR Int. 1992, 973; in C 1993, 8 aber noch aufgeführt)
Kamerun
Kanada (Rom)
Kenia
Kolumbien
Kongo
Kroatien
Lesotho
Libanon (Rom)
Liberia
Libyen
Liechtenstein (Brüssel)
Luxemburg
Madagaskar (Brüssel)
Malawi
Malaysia
Mali
Malta (Rom)
Marokko
Mauretanien
Mauritius
Mexiko
Monaco
Namibia
Neuseeland (Rom)
Niederlande
Niger
Norwegen (Brüssel)
Obervolta (jetzt Burkina Faso)
Österreich
Pakistan (Rom)
Paraguay
Peru
Philippinen (Brüssel)
Polen (Rom)
Portugal
Ruanda
Rumänien (Rom)
Saint Lucia
Sambia
Schweden
Schweiz
Senegal
Slowakei
Slowenien
Spanien
Sri Lanka (Rom)
Südafrika (Brüssel)
Surinam
Thailand (Berlin)
Togo
Tschad (Brüssel)
Trinidad und Tobago
Tunesien
Türkei (Brüssel)

Ungarn
Uruguay
Vatikanstaat
Vereinigte Staaten von Amerika
Venezuela
Zaire
Zentralafrikan. Republik
Zimbabwe (Rom)
Zypern

Die RBÜ, die nur *Werke* schützt und daher nur für *Urheber* gilt (§ 128 Bem. 2b), wird beherrscht von dem **Grundsatz der Inländerbehandlung.** Die Angehörigen der Verbandsstaaten (Verbandsangehörige) genießen in jedem Verbandsland den gleichen Schutz wie die diesem Lande angehörenden Urheber (Art. 5 RBÜ). Die Verbandsangehörigen der RBÜ stehen also in Deutschland den deutschen Urhebern gleich (BGH GRUR 1972, 38 *Vasenleuchter*). Auch durch bloße Formvorschriften darf die Gleichstellung der Verbandsurheber gegenüber den Inländern nicht eingeschränkt werden (Art. 5 Abs. 2 RBÜ).

Eine Ausnahme gilt nur für die wenigen Fälle, in denen das Bestehen von **Gegenseitigkeit** Schutzvoraussetzung ist. Hauptfall ist (neben der angewandten Kunst, Art. 2 Abs. 7 RBÜ, und dem Folgerecht, Art. 14ter RBÜ) der von Art. 7 Abs. 8 RBÜ angeordnete **Schutzfristvergleich:** Die Schutzfrist ist für jedes Werk die des Verbandslandes, in dem der Schutz beansprucht wird; ist sie im Ursprungsland des Werkes (Art. 5 Abs. 4 RBÜ) jedoch kürzer, so gilt auch im Schutzland die kürzere Frist. Ein in Indien zuerst erschienener Roman eines Inders oder eines sonstigen Ausländers wurde bisher in Deutschland und in Österreich also nur – wie in Indien selbst – 50 Jahre *post mortem auctoris* geschützt, obwohl die Schutzfrist hier an sich 70 Jahre beträgt. Nachdem Indien am 29. 12. 1991 die Schutzfrist allgemein auf 60 Jahre verlängert hat (GRUR Int. 1992, 689), bleiben Werke indischen Ursprungs, deren Schöpfer 1941 oder später gestorben ist, noch bis mindestens Ende 2001 geschützt. Bei Werken aus Ländern, die aus Anlaß der beiden Weltkriege Schutzfristverlängerungen nur für Werke vorgenommen haben, die bis zu einem bestimmten Zeitpunkt geschaffen oder erschienen waren (z. B. Frankreich, Italien), oder nur für solche Autoren, die für das Vaterland gestorben sind (Frankreich), muß erst die im Einzelfall im Ursprungsland geltende Frist ermittelt und diese dann der im Schutzland geltenden Frist gegenübergestellt werden. Wegen der komplizierten Schutzfristlage bei Werken US-amerikanischer Urheber s. Bem. 3–5 zu § 140.

Das Prinzip der Inländerbehandlung wird ergänzt durch die **Mindestrechte,** die allen Verbandsurhebern in jedem anderen Verbandsland auch dann zustehen, wenn die inländische Gesetzgebung solche Rechte nicht vorsicht (Art. 5 Abs. 1 RBÜ). Der Italiener oder Schwede kann sich in der Bundesrepublik also direkt auf die Urhebervermutung des Art. 15 RBÜ berufen, ohne auf den ungünstigeren § 10 Rücksicht nehmen zu müssen (s. dort Bem. 5). Nur der Deutsche und der Ausländer, für dessen Werk die Bundesrepublik Ursprungsland im Sinne von § 121 Abs. 1 und Art. 5 Abs. 4 RBÜ ist, müssen mit dem Inlandsrecht vorlieb nehmen (Art. 5 Abs. 3 RBÜ).

Im Falle des **Beitritts** eines bisher verbandsfremden Landes erlangen alle Werke der ihm angehörenden Urheber in allen Verbandsländern Schutz (und umgekehrt), die noch nicht infolge Schutzfristablaufs gemeinfrei sind (Art. 18 RBÜ). Das genaue Beitrittsdatum spielt deshalb nur für zurückliegende Verletzungshandlungen eine Rolle. Vgl. BGH GRUR 1973, 88 *Kandinsky III* und für die abweichende Regelung im WUA Bem. 3.

Zur Geschichte der RBÜ und zu den vorstehend skizzierten Grundregeln s.

Nordemann/Vinck/Hertin Einl. 2–4, Art. 5 RBÜ Bem. 1–8, Art. 7 RBÜ Bem. 4–6. Zum Verhältnis der RBÜ zum WahrnG Mentha UFITA 45 (1965), 61.

3 Auch das **Welturheberrechtsabkommen** (WUA), das am 16. 9. 1955 in Kraft getreten ist und in den deutschsprachigen Ländern in der Pariser Fassung (1971) gilt (und zwar ebenfalls nur für *Urheber,* BGH GRUR 1986, 454, 455 *Bob Dylan*), beruht auf dem Prinzip der Inländerbehandlung, kennt jedoch weder unmittelbar geltende Mindestrechte noch Gegenseitigkeitsklauseln; lediglich der Schutzfristvergleich (Bem. 2) wurde von Art. IV Abs. 4 angeordnet (insoweit a. M. BGHZ 70, 268, 272f. *Buster-Keaton-Filme,* der von der bloßen *Zulassung* des Schutzfristvergleichs ausgeht; wie hier Ulmer GRUR Int. 1960, 57, 63 und 1979, 39; vgl. Nordemann Anm. zu Schulze BGHZ 245/246). Der Beitritt eines Landes führt – anders als nach Art. 18 RBÜ – nur zum wechselseitigen Schutz der *danach* geschaffenen Werke; eine Rückwirkung auf ältere, national geschützte Werke findet nicht statt, falls nicht ein besonderer Staatsvertrag eine abweichende Regelung trifft (so zwischen der Sowjetunion und einigen Ostblockstaaten, z. B. der ehemaligen DDR – Gesetz vom 4. 1. 1974, GBl. II 5, Fortgeltung unklar –, aber auch mit Österreich – UFITA 94 [1982], 243 – und Schweden – GRUR Int. 1987, 59 –). Deshalb sind die genauen Beitrittsdaten der Mitgliedsländer von Bedeutung, die nicht zugleich RBÜ-Mitglieder sind. Bei Drucklegung dieser Auflage gehörten dem WUA folgende 89 Staaten an (in Klammern das Beitrittsdatum, soweit nicht in der RBÜ):

Algerien (28. 8. 73)
Andorra (16. 9. 55)
Argentinien
Australien
Bahamas
Bangladesch (5. 8. 75)
Barbados
Belgien
Belize (1. 12. 82)
Bolivien
Brasilien
Bulgarien
Chile
China
Costa Rica
Dänemark
Deutschland
Dominikanische Republik (8. 5. 83)
Ecuador
El Salvador (29. 3. 79)
Fidschi-Inseln
Finnland
Frankreich
Ghana
Griechenland
Guatemala (28. 10. 64)
Guinea
Großbritannien
Haiti (16. 9. 55)
Indien
Irland
Island
Israel
Italien
Japan
Jugoslawien
Kambodscha (16. 9. 55)
Kamerun
Kanada
Kaschastan (27. 5. 73)
Kenia
Kolumbien
Kroatien
Kuba (18. 6. 75)
Laos (16. 9. 55)
Libanon
Liberia
Liechtenstein
Luxemburg
Malawi
Malta
Marokko
Mauritius
Mexiko

Monaco
Niederlande
Neuseeland
Nicaragua (16. 8. 61)
Niger
Norwegen
Österreich
Pakistan
Panama (17. 10. 62)
Paraguay
Peru
Philippinen
Polen
Portugal
Ruanda
Rußland (27. 5. 73)
Sambia
Schweden
Schweiz
St. Vincent und Grenadines
Senegal
Slowakei
Slowenien
Sowjetunion (27. 5. 73)
Spanien
Sri Lanka
Südkorea (1. 10. 87)
Tachidistan (27. 5. 73)
Trinidad und Tobago
Tunesien
Tschechei
Ungarn
USA (16. 9. 55; dort scheint das Beitrittsgesetz zur RBÜ die Rückwirkung des Art. 18 RBÜ ausgeschlossen zu haben)
Vatikanstaat
Venezuela
Zypern

Im Verhältnis der RBU-Länder, die auch dem WUA angehören, untereinander gilt nur die RBÜ (Art. XVII WUA). Deshalb lag die Bedeutung des WUA lange Zeit vor allem in der Mitgliedschaft der USA. Diese hatten zwar zahlreiche zweiseitige Staatsverträge abgeschlossen, in denen Inländerbehandlung vereinbart war (auch mit dem Deutschen Reich 1892; zur Weitergeltung dieses Abkommens BGHZ 70, 268, 270f. *Buster-Keaton-Filme,* BGH GRUR 1978, 302 *Wolfsblut* und oben Bem. 2). Die für den Urheberschutz in den USA bestehenden Formvorschriften mußten jedoch auch die Angehörigen der Vertragsstaaten einhalten, was häufig zum Verlust ihrer Rechte in den USA führte. Art. III WUA befreite Nichtamerikaner von dieser Verpflichtung – leider nur für die damalige erste Schutzperiode von 28 Jahren, nicht für die Verlängerung – unter der Bedingung, daß auf *allen* Vervielfältigungsexemplaren der Copyright-Vermerk © angebracht wurde. Seit dem 1. 1. 1978 ist auch innerhalb der USA der Copyright-Vermerk in der Regel ausreichend. Das WUA hat aber inzwischen neue Bedeutung durch den Beitritt zahlreicher Entwicklungsländer und der Sowjetunion gewonnen. Zu den Folgen des sowjetischen Beitritts vgl. Ulmer GRUR Int. 1973, 93; Schulze UFITA 70 (1974), 91; Charuto FuR 1977, 371; Peter FuR 1973, 166 und 367; Nordemann FuR 1973, 211; ferner BGHZ 64, 183 *August Vierzehn.* Zur Entwicklung des Urheberrechts in den Nachfolgestaaten der Sowjetunion s. Schrifttumsverzeichnis zum nationalen Urheberrecht des Auslands, Stichwort „Sowjetunion". Wegen der Sonderregelung der USA für Copyrights, die infolge des 2. Weltkrieges nicht angemeldet werden konnten, s. UFITA 50 (1968), 953 und FuR 1968, 106.

Die **Übereinkunft von Montevideo,** die von einigen südamerikanischen Staaten am 11. 1. 1889 vereinbart wurde und der Deutschland später beigetreten ist (RGBl. 1927 II 95), beruht im Gegensatz zu RBÜ und WUA auf dem **Territorialitätsprinzip:** Die Urheber genießen in allen Vertragsstaaten die Rechte, die das Ursprungsland des Werkes gewährt (Art. 2). Das **4** gilt für Deutschland jedoch nur im Verhältnis zu den Staaten, die den deutschen Beitritt angenommen haben, also Argentinien, Bolivien und Paraguay (Bappert/Wagner, Bem. 1 – S. 295 –). Alle drei gehören inzwischen der RBÜ an. Im Verhältnis zu ihnen gilt daher das in Bem. 2 und 3 Gesagte mit der Folge, daß die Übereinkunft praktisch gegenstandslos geworden ist.

5 Mit dem Iran, der weder der RBÜ noch dem WUA angehört, besteht ein **zweiseitiger Staatsvertrag** (RGBl. 1930 II 981). Er verwirklicht das Prinzip der Inländerbehandlung (vgl. Bem. 2). Eine Reihe weiterer Staatsverträge mit nunmehrigen WUA-Ländern hat noch für die Zeit vor deren Beitritt Bedeutung (Bem. 3; Übersicht Nordemann/Vinck/Hertin S. 389ff.).

6 Im **Verhältnis zu allen übrigen Staaten,** also Albanien, den meisten arabischen Staaten, Nordkorea, Burma, Vietnam, Indonesien und einer Reihe afrikanischer und lateinamerikanischer Staaten, gilt die Regelung der **Abs. 1–3, 4 Satz 2, 5 und 6.**

a) Die **Persönlichkeitsrechte** der §§ 12–14 stehen allen Ausländern ohne jede Beschränkung auch dann zu, wenn deutsche Urheber in dem betreffenden fremden Staat solche Rechte nicht genießen (Abs. 6). –

b) Im übrigen sind diejenigen Werke ausländischer Urheber nach dem UrhG geschützt, die im Geltungsbereich des UrhG **erstmals erschienen** sind (Abs. 1), für die also die Bundesrepublik **Ursprungsland** im Sinne des Art. 5 Abs. 4 RBÜ ist (Bem. 2).

Der Ort der *Herstellung* der Vervielfältigungsstücke ist gleichgültig (Begr. S. 40). Es kommt auch nicht darauf an, ob die Verbreitung von einem geschäftlichen Mittelpunkt im Bundesgebiet aus oder vom Ausland her erfolgt (so BGH GRUR 1980, 227, 229f. *Monumenta Germaniae Historica;* a. M. Brack UFITA 50 [1967], 544, 555 unter Berufung auf die überholte Entscheidung RGZ 130, 11). Als erstmals in der Bundesrepublik erschienen werden auch solche Werke angesehen, die mit einem Grundstück in diesem Gebiet fest verbunden sind (Abs. 2), also Bauwerke, Denkmäler usw. und die mit diesen Werken verbundenen Werke, wie Skulpturen und Fresken, selbst wenn sie – was bei Plastiken und Skulpturen denkbar ist – bereits im Ausland erschienen, d. h. der Öffentlichkeit angeboten worden waren (vgl. Art. 5 Abs. 4 lit. ii RBÜ). Die Werke müssen wesentliche Bestandteile des Grundstücks sein (§ 94 BGB). – Die Einführung der 30tägigen Karenzfrist für gleichzeitig im Ausland erscheinende Werke entspricht Art. 3 Abs. 4 RBÜ. Nach der Fassung des Gesetzes trägt derjenige, der ein Fehlen des Urheberschutzes wegen früheren Erscheinens im Ausland behauptet, dafür die Beweislast. – Die Sonderregelung des Abs. 1 Satz 2 für Übersetzungen wurde durch den Fall Boris Pasternak ausgelöst, dessen Roman *Doktor Schiwago* 1957 zwar erstmals in Italien, einem Verbandsland der RBÜ, aber nicht im Original, sondern in italienischer Übersetzung erschienen war. Der Gesetzgeber folgt der überwiegenden Meinung des Schrifttums, die mit dem Erscheinen der Übersetzung zutreffend auch das Originalwerk als erschienen ansieht, weil die Übersetzung zwangsläufig alle wesentlichen Elemente des Originals enthält (Ulmer, in: Hodeige S. 283, weitere Nachweise bei

Schiefler UFITA 48 [1966], 81, 99). Umgekehrt folgt daraus, daß das Erscheinen einer Übersetzung außerhalb des Schutzbereichs auch das Original schutzlos macht, wenn die 30-Tage-Frist nicht eingehalten wurde (Abs. 1 Satz 1). – Zur Rechtslage bei Erscheinen anderer Bearbeitungen nicht geschützter Werke in der Bundesrepublik s. Ulmer in Hodeige S. 283ff.

c) Das **Folgerecht** des § 26 steht nach Abs. 5 Ausländern nur dann zu, wenn eine entsprechende Bekanntmachung erfolgt ist. Diese Beschränkung ist im Bereich der RBÜ nach BGHZ 72, 63, 68ff. *Jeannot I* gegenstandslos, soweit die Voraussetzungen des Art. 14ter RBÜ gegeben sind, d. h. Gegenseitigkeit besteht; auf die Bekanntmachung kommt es wegen Art. 5 Abs. 2 Satz 1 RBÜ insoweit nicht an. Soweit in anderen Staatsverträgen den Angehörigen fremder Staaten Inländerbehandlung zugesichert ist, gilt diese sogar ohne das Erfordernis der Gegenseitigkeit; die Bundesrepublik ist vor allem durch das Welturheberrechtsabkommen (Bem. 3) mit einer Vielzahl von Ländern verbunden, die auch in anderen Bereichen der Werknutzung noch keinen vergleichbaren Urheberschutz haben. Der Ausländer hat insoweit die Stellung des Inländers, für den Abs. 5 nicht zutrifft (vgl. BGH GRUR 1972, 38 *Vasenleuchter*). Jede andere Interpretation der Bestimmung ließe das Prinzip der konventionsfreundlichen Auslegung außer Acht, das in Fällen der Kollision innerstaatlichen Rechts mit Konventionsrecht stets zur Anwendung kommt: Da ohne zwingenden Grund nicht angenommen werden kann, daß der nationale Gesetzgeber einen bindenden völkerrechtlichen Vertrag bewußt habe verletzen wollen, ist die kollidierende Norm des innerstaatlichen Rechts konventionskonform auszulegen (allg. M., Nachweise bei Nordemann/Vinck/Hertin Einl. 33). § 121 Abs. 5 hat demgemäß nur für ältere Werke aus Bolivien (Bem. 4) und für solche Staaten Bedeutung, mit denen Staatsverträge nicht bestehen. Näheres Nordemann UFITA 80 (1977), 21 und Nordemann/Vinck/Hertin Art. 14ter RBÜ Bem. 3–4; Ulmer GRUR 1974, 593; Katzenberger GRUR Int. 1973, 660 und UFITA 85 (1979), 39 und 250. Zur Regelung des Folgerechts in Frankreich BGH GRUR 1982, 308, 310f. *Kunsthändler;* OLG Frankfurt GRUR 1980, 916 *Folgerecht ausländischer Künstler;* KG GRUR 1979, 467, 468 *Jeannot II;* zuvor schon Rie UFITA 71 (1974), 41 und Löhr GRUR Int. 1976, 478; in den USA (Kalifornien) Kunstadt GRUR Int. 1977, 325. – Im Bereich der RBÜ besteht materielle Gegenseitigkeit mit

Belgien (Bekanntmachung v. 29. 11. 1977, BGBl. I 1871)
Brasilien (Art. 39 des nationalen Gesetzes)
Chile (Art. 36)
Costa Rica (Schricker-Katzenberger Rdnr. 17)
Dänemark (§ 25a)
Elfenbeinküste (Art. 42)
Frankreich (Bekanntmachung v. 8. 11. 1975, BGBl. I 2775)
Guinea (Art. 24)
Italien (Katzenberger S. 119)
Kongo (Schricker-Katzenberger Rdnr. 17)
Luxemburg (Art. 22)
Mali (Art. 75)
Marokko (Art. 11, 24)
Monaco (Schricker-Katzenberger Rdnr. 17)
Philippinen (Art. 31–33)

Portugal (Katzenberger S. 119)
Senegal (Art. 19)
Slowakei (Katzenberger S. 119)
Spanien (Art. 24)
Tschechei (Katzenberger S. 119)
Tunesien (Katzenberger S. 119)
Türkei (Schricker-Katzenberger Rdnr. 17)
Ungarn (vgl. Copyright 1979, 110, 111)
Uruguay (Katzenberger S. 119)
Vatikanstaat (Schricker-Katzenberger Rdnr. 17)

Mit dem früheren Jugoslawien sehen wir jedenfalls die *materielle* Gegenseitigkeit nicht als gegeben an, da Art. 41 des dortigen UrhG keinen Zahlungsanspruch des Urhebers vorsah.

d) Bekanntmachungen nach **Abs. 4 Satz 2** sind bisher nicht erfolgt.

§ 122 Staatenlose

(1) Staatenlose mit gewöhnlichem Aufenthalt im Geltungsbereich dieses Gesetzes genießen für ihre Werke den gleichen urheberrechtlichen Schutz wie deutsche Staatsangehörige.

(2) Staatenlose ohne gewöhnlichen Aufenthalt im Geltungsbereich dieses Gesetzes genießen für ihre Werke den gleichen urheberrechtlichen Schutz wie die Angehörigen des ausländischen Staates, in dem sie ihren gewöhnlichen Aufenthalt haben.

§ 123 Ausländische Flüchtlinge

Für Ausländer, die Flüchtlinge im Sinne von Staatsverträgen oder anderen Rechtsvorschriften sind, gelten die Bestimmungen des § 122 entsprechend. Hierdurch wird ein Schutz nach § 121 nicht ausgeschlossen.

Ein Wohnsitz (vgl. § 6 WahrnG Bem. 2) ist nicht erforderlich. Gewöhnlicher Aufenthalt ist der überwiegende Aufenthalt (Einzelheiten Nordemann/Vinck/Hertin, Bem. 7 zu Art. 3, 4 RBÜ). Er muß aus den zu § 120 Bem. 2 genannten Gründen bei Schaffung des Werkes gegeben oder im Zeitpunkt der Rechtsverletzung erworben sein (zum letzteren Fall BGH GRUR 1973, 88 *Kandinsky III*). § 123 Satz 2 soll sicherstellen, daß der etwa weitergehende Schutz, der den Angehörigen des Heimatstaates des Flüchtlings nach einem Staatsvertrag gewährt wird, auch dem Flüchtling zugute kommt. Maßgeblich ist das Abkommen über die Rechtsstellung der Flüchtlinge vom 28. 7. 1951 (BGBl. 1953 II 559).

2. Verwandte Schutzrechte

§ 124 Wissenschaftliche Ausgaben und Lichtbilder

Für den Schutz wissenschaftlicher Ausgaben (§ 70) und den Schutz von Lichtbildern (§ 72) sind die §§ 120 bis 123 sinngemäß anzuwenden.

Vgl. Bem. zu § 118. – **Ausgaben nachgelassener Werke** (§ 71) sind ohne jede Beschränkung geschützt, gleichgültig, ob der Veranlasser Deutscher, Ausländer oder staatenlos ist (Begr. S. 113). Sie müssen aber in der Bundesrepublik (erstmals) erschienen sein, wie der Text des § 71 ergibt, wobei die Einhaltung der 30-Tages-Frist des § 121 Abs. 1 Satz 1 genügt.

§ 125 Schutz des ausübenden Künstlers

(1) Den nach den §§ 73 bis 84 gewährten Schutz genießen deutsche Staatsangehörige für alle ihre Darbietungen, gleichviel, wo diese stattfinden. § 120 Abs. 2 ist anzuwenden.

(2) Ausländische Staatsangehörige genießen den Schutz für alle ihre Darbietungen, die im Geltungsbereich dieses Gesetzes stattfinden, soweit nicht in den Absätzen 3 und 4 etwas anderes bestimmt ist.

(3) Werden Darbietungen ausländischer Staatsangehöriger erlaubterweise auf Bild- oder Tonträger aufgenommen und sind diese erschienen, so genießen die ausländischen Staatsangehörigen hinsichtlich dieser Bild- oder Tonträger den Schutz nach § 75 Satz 2, § 76 Abs. 2 und § 77, wenn die Bild- oder Tonträger im Geltungsbereich dieses Gesetzes erschienen sind, es sei denn, daß die Bild- oder Tonträger früher als dreißig Tage vor dem Erscheinen im Geltungsbereich dieses Gesetzes außerhalb dieses Gebietes erschienen sind.

(4) Werden Darbietungen ausländischer Staatsangehöriger erlaubterweise durch Funk gesendet, so genießen die ausländischen Staatsangehörigen den Schutz gegen Aufnahme der Funksendung auf Bild- oder Tonträger (§ 75 Satz 1) und Weitersendung der Funksendung (§ 76 Abs. 1) sowie den Schutz nach § 77, wenn die Funksendung im Geltungsbereich dieses Gesetzes ausgestrahlt worden ist.

(5) Im übrigen genießen ausländische Staatsangehörige den Schutz nach Inhalt der Staatsverträge. § 121 Abs. 4 Satz 2 sowie die §§ 122 und 123 gelten entsprechend.

(6) Den Schutz nach den §§ 74, 75 Satz 1 und § 83 genießen ausländische Staatsangehörige für alle ihre Darbietungen, auch wenn die Voraussetzungen der Absätze 2 bis 5 nicht vorliegen. Das gleiche gilt für den Schutz nach § 76 Abs. 1, soweit es sich um die unmittelbare Sendung der Darbietung handelt.

Zum **Schutz deutscher Staatsangehöriger** vgl. die Erläuterungen zu § 120, 1
insbesondere Bem. 2 zum Wechsel der Staatsangehörigkeit. Bei Künstlergruppen ist mangels einer § 120 Abs. 1 Satz 2 entsprechenden Regelung die Anwendung des deutschen Rechts für jeden ausübenden Künstler gesondert zu prüfen; deutsche Mitglieder eines im Ausland auftretenden ausländischen Orchesters usw. haben einen eigenen Vorstand zu wählen, der ihre Befugnisse nach § 80 ausübt (s. dort Bem. 4–5 und OLG Hamburg ZUM 1991, 496, 498f. *The Doors* für die abweichende Rechtslage bei einer Pop-Gruppe).

2 Die **Regelung des Schutzes von Ausländern, Staatenlosen** und **Flüchtlingen** geht von dem Grundsatz aus, daß ausländische ausübende Künstler nicht besser gestellt sein sollen als ausländische Urheber, und lehnt sich demgemäß an die §§ 121–123 an. Die etwas unübersichtliche Regelung ist in folgender Reihenfolge am besten verständlich (Einzelheiten bei Brack UFITA 50 [1968], 557):

a) Das Recht der Lautsprecherwiedergabe (§ 74), das Recht der Aufnahme auf Bild- oder Tonträger (§ 75 Satz 1) und das Senderecht (§ 76 Abs. 1) – dieses jedoch beschränkt auf *Live*sendungen – sowie das Persönlichkeitsrecht aus § 83 stehen jedem Ausländer oder Staatenlosen ohne Rücksicht darauf zu, ob die Darbietung im In- oder Ausland stattfindet (Abs. 6). Ist die Aufnahme aber rechtmäßig erfolgt, so kann ihre Vervielfältigung nicht mehr nach Abs. 6, sondern nur noch nach Abs. 2–5 unzulässig sein (BGH GRUR 1987, 814, 815 *Die Zauberflöte,* wo allerdings zu Unrecht als „zwingende Folge" aus dem Territorialitätsprinzip hergeleitet wird, daß ohnehin nur *inländische* Aufnahmen geschützt seien; Abs. 6 billigt den Schutz jedoch *allen* Darbietungen zu, auch wenn die Voraussetzung des Abs. 2 – inländische Aufnahme – nicht vorliegt).

b) Die übrigen Rechte (§§ 75 Satz 2, 76, 77 und das Recht des Veranstalters aus § 81) stehen Ausländern nach den Staatsverträgen, Staatenlosen und Flüchtlingen nach den §§ 122, 123 zu (Abs. 5). Bisher besteht nur das sog. **Rom-Abkommen** vom 26. 10. 1961, das an den Ort der Darbietung, nicht an die Staatsangehörigkeit anknüpft (unrichtig BGH GRUR 1986, 454, 455 *Bob Dylan:* Auch ein US-Amerikaner ist bei Erstaufnahmen in einem Konventionsstaat geschützt, vgl. schon Krüger in der Anm. zu diesem Urteil), im übrigen auf dem Grundsatz der Inländerbehandlung (§ 121 Bem. 2) beruht und gewisse Mindestrechte feststellt (§ 121 Bem. 2), die das UrhG erfüllt, soweit nicht in Art. 2–4 des ÜbernahmeG Vorbehalte gemacht sind (Nordemann/Vinck/Hertin S. 263ff.). Bei Drucklegung dieser Auflage gehörten ihm folgende 44 Staaten an:

Argentinien	Frankreich	Niger
Australien	Griechenland	Nigeria
Barbados	Großbritannien	Norwegen
Brasilien	Guatemala	Österreich
Burkina Faso	Honduras	Panama
Chile	Irland	Paraguay
China	Italien	Peru
Costa Rica	Kolumbien	Philippinen
Dänemark	Kongo	Schweden
Deutschland	Japan	Schweiz
Dominikanische Republik	Lesotho	Slowakei
Ecuador	Luxemburg	Spanien
El Salvador	Mexiko	Tschechei
Fidschi-Inseln	Monaco	Uruguay
Finnland	Niederlande	

c) Soweit **kein Staatsvertrag** besteht, haben jedenfalls Nicht-EG-Ausländer und solche Staatenlose, die im Ausland außerhalb der EG wohnen, in der Bundesrepublik über die Mindestrechte des Abs. 6 hinaus (oben a) grundsätzlich keinen Leistungsschutz (BGH GRUR 1986, 454, 455 *Bob Dylan* mit insoweit zustimmender Anmerkung Krüger und mit ablehnender Anmerkung Schack auf S. 734; bestätigt von BVerfGE 81, 12 *Bob Dylan;* zur Problematik eingehend Hertin GRUR 1991, 722 und Loewenheim GRUR Int. 1993, 105; vgl. § 75 Bem. 7). Ausnahmsweise haben sie die Rechte aus den §§ 75 Satz 2, 76, 77 hinsichtlich der ihre Darbietung enthaltenen erschienenen Bild- oder Tonträger, wenn diese erstmals in der Bundesrepublik erschienen sind (Abs. 3; dazu Näheres § 121 Bem. 6b), und hinsichtlich der Funksendung ihrer Darbietung, wenn diese im Geltungsbereich des UrhG ausgestrahlt wurde (Abs. 4). Letzteres trifft zu, wenn die Sendung von einer in der Bundesrepublik liegenden Sendestation ausgestrahlt wurde (z. B. bei Eurovisions-Sendungen). Lediglich das Recht des Veranstalters (§ 81) und das Recht des ausübenden Künstlers an der zwar auf Bild- oder Tonträger aufgenommenen, aber noch nicht erschienenen Darbietung ist davon abhängig, daß die Darbietung in der Bundesrepublik stattgefunden hat (Abs. 2). Ein Beispiel gibt OLG Koblenz GRUR Int. 1968, 164 *Liebeshändel in Chioggia:* Eine erlaubterweise in Italien mitgeschnittene Aufführung des Piccolo Teatro di Milano durfte vom ZDF ohne Zustimmung Giorgio Strehlers ausgestrahlt werden (Italien gehörte damals noch nicht dem Rom-Abkommen an).

d) Für Angehörige von Mitgliedsstaaten der **Europäischen Gemeinschaft** gilt das Diskriminierungsverbot des Art. 7 EWG-Vertrag mit der Folge, daß sie Deutschen gleichzustellen sind, also Inländerbehandlung beanspruchen können; sie genießen deshalb in Deutschland Schutz für alle ihre Darbietungen, gleichviel, wo diese stattfinden (so zutreffend Martin Schäfer GRUR 1992, 424, 425f.; a. M. Loewenheim GRUR Int. 1993, 105, 117; Vorlagebeschluß BGH GRUR 1992, 845 *Cliff Richard).* § 125 Abs. 5 ist dementsprechend auszulegen (Prinzip der konventionskonformen Auslegung, Nordemann/Vinck/Hertin Einl. 33a; Schricker-Katzenberger vor §§ 120ff. Rdnr. 67). – Die sog. Vermietrichtlinie des Rates der Europäischen Gemeinschaften vom 19. 11. 1992 (Anhang V 2) verpflichtet inzwischen die Mitgliedstaaten, für ausübende Künstler Vervielfältigungs-, Verbreitungs- und Senderechte auf mindestens die im Romabkommen vorgesehene Schutzdauer bis zum 1. 7. 1994 einzuführen, was sodann ihrem Beitritt zum Romabkommen und damit die Erledigung des Rechtsproblems erwarten läßt.

Die **Beweislast** für die Nichteinhaltung der 30tägigen Karenzfrist im Falle 3
des Abs. 3 trifft denjenigen, der sich auf die Nichteinhaltung beruft (vgl. § 121 Bem. 6b). Im übrigen ist der Ausländer, wenn es sich nicht um eines der in Abs. 6 genannten Rechte handelt oder Abs. 5 zum Zuge kommt, beweispflichtig dafür, daß die Voraussetzungen für seine Aktivlegitimation erfüllt sind. Er muß insbesondere nachweisen, daß die Darbietung in der Bundesrepublik stattgefunden hat oder der Bild- oder Tonträger hier erschienen oder die Funksendung hier ausgestrahlt worden ist.

§ 126 Schutz des Herstellers von Tonträgern

(1) Den nach den §§ 85 und 86 gewährten Schutz genießen deutsche Staatsangehörige oder Unternehmen mit Sitz im Geltungsbereich dieses Gesetzes für alle ihre Tonträger, gleichviel, ob und wo diese erschienen sind. § 120 Abs. 2 ist anzuwenden.

(2) Ausländische Staatsangehörige oder Unternehmen ohne Sitz im Geltungsbereich dieses Gesetzes genießen den Schutz für ihre im Geltungsbereich dieses Gesetzes erschienenen Tonträger, es sei denn, daß der Tonträger früher als dreißig Tage vor dem Erscheinen im Geltungsbereich dieses Gesetzes außerhalb dieses Gebietes erschienen ist.

(3) Im übrigen genießen ausländische Staatsangehörige oder Unternehmen ohne Sitz im Geltungsbereich dieses Gesetzes den Schutz nach Inhalt der Staatsverträge. § 121 Abs. 4 Satz 2 sowie die §§ 122 und 123 gelten entsprechend.

1 Die Bestimmung entspricht der Regelung der §§ 120, 121 Abs. 1, 122, 123 (vgl. insbesondere § 120 Bem. 2 zum Wechsel der Staatsangehörigkeit). Zu den Fragen, die sich aus dem Erfordernis des erstmaligen Erscheinens in der Bundesrepublik ergeben, s. § 121 Bem. 6b. Neben dem **Rom-Abkommen** (§ 125 Bem. 2b) existiert inzwischen das gegen Raubpressungen gerichtete **Genfer Tonträgerabkommen** (Übereinkommen zum Schutze der Hersteller von Tonträgern gegen die unerlaubte Vervielfältigung ihrer Tonträger), das wir bei Nordemann/Vinck/Hertin besonders kommentiert haben (dort S. 343ff.). Bei Drucklegung gehörten ihm folgende 42 Staaten an:

Ägypten
Argentinien
Australien
Barbados
Brasilien
Burkina Faso
Chile
China
Costa Rica
Dänemark
Deutschland, Bundesrepublik
Ecuador
El Salvador
Fidschi-Inseln
Finnland
Frankreich
Griechenland
Großbritannien
Guatemala
Honduras
Indien
Israel
Italien
Jamaika
Japan
Kenia
Luxemburg
Mexiko
Monaco
Neuseeland
Norwegen
Österreich
Panama
Paraguay
Peru
Schweden
Slowakei
Spanien
Südkorea
Trinidad und Tobago
Tschechei
USA
Ungarn
Uruguay
Vatikanstaat
Venezuela
Zaire

Näheres bei Ulmer GRUR Int. 1972, 68; Dittrich ÖBl. 1971, 141; Handl FuR 1971, 376; Stewart UFITA 70 (1974), 1; weitere Nachweise bei Nordemann/Vinck/Hertin Vorbem. 1 zu Art. 1 GTA.

Die Verweisung auf § 121 Abs. 4 Satz 2 in Abs. 3 der Bestimmung ermöglicht den Schutz ausländischer Tonträgerhersteller aufgrund einer entsprechenden Bekanntmachung durch den Bundesminister der Justiz. Eine solche ist bisher nur für Indonesien erfolgt (25. 10. 1988, BGBl. I 2071). 2

§ 127 Schutz des Sendeunternehmens

(1) Den nach § 87 gewährten Schutz genießen Sendeunternehmen mit Sitz im Geltungsbereich dieses Gesetzes für alle Funksendungen, gleichviel, wo sie diese ausstrahlen.

(2) Sendeunternehmen ohne Sitz im Geltungsbereich dieses Gesetzes genießen den Schutz für alle Funksendungen, die sie im Geltungsbereich dieses Gesetzes ausstrahlen.

(3) Im übrigen genießen Sendeunternehmen ohne Sitz im Geltungsbereich dieses Gesetzes den Schutz nach Inhalt der Staatsverträge. § 121 Abs. 4 Satz 2 gilt entsprechend.

Zur Frage der Ausstrahlung im Geltungsbereich dieses Gesetzes s. § 125 1
Bem. 2c. An Staatsverträgen sind das sog. Rom-Abkommen (vgl. § 125 Bem. 2b) und das sog. **Straßburger Fernseh-Abkommen** vom 22. 6. 1960 mit den Protokollen vom 22. 1. 1965 und vom 21. 3. 1983 zu nennen. Das letztere beruht wiederum auf dem Prinzip der Inländerbehandlung und gewährt gewisse Mindestrechte, die das UrhG erfüllt hat, soweit nicht in Art. 2–3 des ÜbernahmeG Vorbehalte gemacht wurden. Nach Art. 3 des ÜbernahmeG (vgl. Einl. 5) genießen ausländische Fernsehsendungen in Deutschland keinen längeren Schutz als im Lande ihres Sitzes oder der Durchführung der Sendung, was allerdings nur für die Fälle Bedeutung hat, die nicht von Abs. 2 erfaßt werden.
Bei Drucklegung dieser Auflage hatten folgende Staaten das SFA ratifiziert:

Dänemark	Großbritannien
Deutschland	Norwegen
Frankreich	Schweden

Wir haben auch dieses Abkommen besonders kommentiert (Nordemann/Vinck/Hertin S. 366ff.).

Abs. 2. Wann ausländische Sendeunternehmen im Geltungsbereich dieses 2
Gesetzes *ausstrahlen*, sagt der Gesetzgeber nicht. Auch die Begr. (S. 113) schweigt. Kommt es auf den Ort an, *von wo* ausgestrahlt wird, so wird Abs. 2 erst dann praktisch bedeutsam, wenn demnächst ausländische Sendestationen auf deutschem Hoheitsgebiet errichtet werden (z. B. privater Fernsehsender mit Sitz in Liechtenstein). Kommt es auf den Ort an, *wohin* ausgestrahlt wird, so ist jedes ausländische Sendeunternehmen gegen den gewerblichen Mitschnitt oder die Weitersendung seiner Sendungen insoweit geschützt, als diese in der Bundesrepublik erfolgen. § 87 gilt dann für alle Rundfunksendungen des Auslands, die hier in einer für Mitschnitt oder Weitersendung geeigneten Qualität empfangen werden können, und zwar ohne Rücksicht auf das Bestehen von Staatsverträgen. Wir geben der ersteren Auslegung den Vorzug. Sie entspricht nicht nur Art. 6b Rom-Abkommen und Art. 1 SFA, sondern vermeidet auch die einseitige Begünsti-

gung anderer Staaten, die der Bundesrepublik nicht über Staatsverträge (Abs. 3) Gegenseitigkeit gewähren.
Von zwei weiteren Abkommen, die den Fernseh-Programmaustausch und die Ausschaltung von Piratensendern betreffen, ist in der Bundesrepublik Deutschland bisher nur das letztgenannte am 28. 2. 1970 in Kraft getreten (Texte bei Nordemann/Vinck/Hertin S. 450–461; Mitgliederstände: C 1993, 13). Auch das Satellitenabkommen ist mittlerweile in Kraft (C 1993, 10: 15 Staaten, Text C 1983, 453ff.; Beitritt Deutschlands am 25. 8. 1979).

3 Einen Überblick über die Rechte der Sendeunternehmen nach dem nationalen Urheberrecht der Nachbarstaaten der Bundesrepublik Deutschland gibt Stolz UFITA 104 (1987), 31.

§ 128 Schutz des Filmherstellers

(1) Den nach den §§ 94 und 95 gewährten Schutz genießen deutsche Staatsangehörige oder Unternehmen mit Sitz im Geltungsbereich dieses Gesetzes für alle ihre Bildträger oder Bild- und Tonträger, gleichviel, ob und wo diese erschienen sind. § 120 Abs. 2 ist anzuwenden.

(2) Für ausländische Staatsangehörige oder Unternehmen ohne Sitz im Geltungsbereich dieses Gesetzes gelten die Bestimmungen in § 126 Abs. 2 und 3 entsprechend.

1 Zum Schutz deutscher Staatsangehöriger vgl. § 120, insbesondere Bem. 2 zum Wechsel der Staatsangehörigkeit.

2 Hinter der dürren Formulierung von **Abs. 2** verbergen sich mehrere Regelungsbereiche:

a) **Staatenlose** mit gewöhnlichem Aufenthalt in Deutschland (§ 122) sind – trotz der engeren Formulierung in Abs. 2 „ausländische Staatsangehörige" – Deutschen gleichgestellt, wie die Verweisung auf § 126 Abs. 3 und damit auch auf dessen Satz 2 ergibt. Entsprechendes gilt für **Flüchtlinge** (§ 123).

b) Den **Herstellern von Laufbildern**, also von Filmen ohne Werkqualität (§ 95), steht das Leistungsschutzrecht aus § 94 zunächst dann zu, wenn der Film in Deutschland gemäß § 126 Abs. 2 ersterschienen ist, was insbesondere für ausländische Videospiele in Betracht kommt (Katzenberger GRUR Int. 1992, 513, 516). Im übrigen könnten sie dieses Recht nur über Staatsverträge erwerben, die es bisher für Laufbilder jedoch noch nicht gibt; die Art. 14/14bis RBÜ betreffen nur Filmwerke, deren internationaler Schutz sich nach § 121 regelt, nicht jedoch Leistungsschutzrechte (BGH GRUR 1992, 845, 846f. *Cliff Richard;* BGH GRUR 1987, 814, 816 *Die Zauberflöte;* ebenso schon für das Welturheberrechtsabkommen BGH GRUR 1986, 454, 455 *Bob Dylan;* Katzenberger a.a.O. S. 518). Lediglich das Straßburger Fernsehabkommen ist teilweise einschlägig (§ 127 Bem. 1).

c) Ausländische **Hersteller von Filmwerken**, deren Produkt nicht nach § 126 Abs. 2 in Deutschland ersterschienen ist, haben hier zwar ebenfalls kein Leistungsschutzrecht nach § 94 (mit unter anderem der Folge, daß sie als solche auch nicht zu den Beteiligten an den gesetzlichen Vergütungsansprüchen, insbesondere aus § 54 Abs. 1, gehören). Aber ihnen stehen über

§ 89 Abs. 1 jedenfalls die Nutzungsrechte der Filmurheber (nicht deren gesetzliche Vergütungsansprüche, § 89 Bem. 2) zu, und darunter – oder unter den Urhebern der vorbestehenden Werke nach § 89 Abs. 3 – wird fast stets ein Angehöriger eines Verbandslandes der RBÜ oder eines WUA-Vertragsstaates sein (vgl. § 120 Abs. 1 Satz 2), so daß § 128 Abs. 2 für sie praktisch keine Bedeutung hat.

2. Abschnitt · Übergangsbestimmungen

§ 129 Werke

(1) Die Vorschriften dieses Gesetzes sind auch auf die vor seinem Inkrafttreten geschaffenen Werke anzuwenden, es sei denn, daß sie zu diesem Zeitpunkt urheberrechtlich nicht geschützt sind oder daß in diesem Gesetz sonst etwas anderes bestimmt ist. Dies gilt für verwandte Schutzrechte entsprechend.

(2) Die Dauer des Urheberrechts an einem Werk, das nach Ablauf von fünfzig Jahren nach dem Tode des Urhebers, aber vor dem Inkrafttreten dieses Gesetzes veröffentlicht worden ist, richtet sich nach den bisherigen Vorschriften.

Übersicht

Abs. 1 stellt den **Grundsatz** auf, daß die Neuregelung auch die bereits bestehenden Werke und Leistungen erfaßt, **soweit nicht** ausdrücklich in den **§§ 129 Abs. 2 bis 137 Sonderregelungen** getroffen worden sind. Im Zweifel ist also stets davon auszugehen, daß das UrhG uneingeschränkt zum Zuge kommt. Das gilt vor allem für die Vorschriften über die urheberrechtlich schutzfähigen Werke (§§ 2–6), die Urheberschaft (§§ 7–10), die Befugnisse des Urhebers (§§ 11–27), die Schranken des Urheberrechts (§§ 45–61), die Schutzdauer (§§ 64–69), den Rechtsverkehr im Urheberrecht (§§ 28–44) (ausgenommen deren Anwendung auf vorgesetzlich abgeschlossene Verträge, § 31), die Rechtsfolgen bei Rechtsverletzungen (§§ 96–119), die Zwangsvollstreckung (§§ 112–119) und den Anwendungsbereich des UrhG (§§ 120–128), und zwar jeweils unter dem Vorbehalt und nach Maßgabe der §§ 130–143. Das Prinzip dieser gesetzgeberischen Lösung entspricht einer fast hundertjährigen Praxis im Urheberrecht (§ 58 des Gesetzes vom 11. 6. 1870 – vgl. § 141 Nr. 1 –; § 62 LUG, § 53 KUG, § 2 des Gesetzes vom 13. 12. 1934 und § 2 des Gesetzes vom 12. 5. 1940 – vgl. § 141 Nr. 5 –). Sie gilt trotz der irreführenden Überschrift auch für verwandte Schutzrechte (Abs. 1 Satz 2, vgl. Bem. 6). Als Zeitpunkt des Inkrafttretens des Gesetzes ist der **1. 1. 1966** anzusehen (vgl. § 143 Abs. 2). Die in § 143 Abs. 1 genannten wenigen Einzelbestimmungen beziehen sich nur auf die Verlängerung der Schutzfrist und auf gewisse Ermächtigungen zum Erlaß von Verordnungen; für sie ist der **17. 9. 1965** maßgebend. Vgl. auch § 143 Bem. 1, 3. **1**

Ob ein Werk zum Stichtag **noch geschützt** ist, bestimmt sich grundsätzlich nach dem früheren Recht. Hinsichtlich der Anforderungen an die **Werkei-** **2**

genschaft macht das UrhG freilich – bis auf enge Ausnahmen – keine durchgreifenden Unterschiede gegenüber dem früheren Recht. Werke der angewandten Kunst, die vor dem Inkrafttreten des KUG (1. Juli 1907) industriell oder handwerklich verwertet wurden, waren nach dem KUG 1876 und blieben ungeachtet der Übergangsregelung in § 53 KUG gemeinfrei, auch wenn sie in künstlerischer Hinsicht den Anforderungen des KUG entsprochen haben (BGH GRUR 1976, 649, 651 *Hans-Thoma-Stühle*). Für sie gab es nur den Schutz unter den Voraussetzungen des Geschmacksmustergesetzes vom 11. Januar 1876. Für den angenommenen Fall, daß Hans Thoma die Zeichnungen zunächst um ihrer selbst willen geschaffen („reine" Kunst im Sinne des KUG 1876) und erst dann deren Verwendung als Entwurfsvorlage für Stuhllehnen erlaubt hätte, vertritt Nirk UFITA 80 (1977), 1, 10 mit Recht ein differenzierendes Ergebnis: Fortbestehen des Urheberschutzes für die Zeichnungen, in entsprechender Anwendung des § 14 KUG 1876 kein Urheberschutz für deren gewerbliche Verwertung z. B. als Vorlage für Stuhllehnen. Choreographische und pantomimische Werke waren nach § 1 Abs. 2 LUG nur bei körperlicher Festlegung geschützt (nicht mehr erforderlich nach § 2 Abs. 1 Nr. 3, vgl. § 2 Bem. 50).

3 Auch die **Beendigung der Schutzfrist** bestimmt sich nach früherem Recht (LUG und KUG). Die bis 1914 verstorbenen Urheber kamen wegen der früher maßgeblichen Schutzdauer von 50 Jahren nicht mehr in den Genuß der Schutzfristverlängerung auf 70 Jahre p. m. a., es sei denn, es lag ein Sachverhalt nach § 29 LUG (Erstveröffentlichung 10 Jahre vor Fristablauf, vgl. Bem. 8) vor. Den im Jahre 1919 verstorbenen Urhebern kommt die zeitliche Vorverlagerung des Inkrafttretens des UrhG (16. 9. 1965) durch § 143 Abs. 1 zugute: Ihre Rechtsnachfolger sind (i. V. m. §§ 29 KUG, 34 LUG) bis zum Ende des Kalenderjahres 1965 noch geschützt, so daß sie damit in den Genuß der Schutzfristverlängerung auf 70 Jahre gelangen. In der Zeit vom 1. 1. 1965 bis zum 31. 12. 1985 findet ein Ablauf von Schutzfristen für Werke deutschen Ursprungs nicht statt.

4 Auch wenn die nach früherem Recht für **anonym** veröffentlichte Werke der Literatur maßgebliche Schutzdauer von 30 Jahren ab Veröffentlichung (§ 31 Abs. 1 LUG) abgelaufen ist, findet ein Schutz nach dem UrhG nicht statt (OLG München GRUR 1990, 446 *Josefine Mutzenbacher* für einen 1906 anonym erschienenen erotischen Roman des 1945 verstorbenen Schriftstellers Felix Salten).

5 Dieselben Regeln gelten entsprechend auch für Werke **ausländischer** Urheber. Nach früherem Recht war das konventionsrechtlich nicht geschützte Werk eines ausländischen Urhebers, welches zuerst im Ausland erschienen war, in Deutschland urheberrechtlich auch dann nicht geschützt, wenn es innerhalb von 30 Tagen nach dem ausländischen Erscheinen auch im Inland erschien (§§ 55 Abs. 1 Satz 1 LUG, 51 Abs. 2 KUG). Die Schutzerleichterung des § 121 Abs. 1 kommt solchen Werken nicht zugute, da sie im Zeitpunkt des Inkrafttretens des UrhG nicht geschützt waren (BGHZ 95, 229, 232 *Puccini)*. Werke ausländischer Urheber, die vor Inkrafttreten des UrhG im Geltungsbereich des LUG (ab 1901) oder des UrhG vom 11. 6. 1870 erschienen sind und deren Schutzfristen im Jahre 1965 noch nicht abgelaufen waren, nahmen gem. § 129 Abs. 1 an der Schutzdauerausdehnung des § 64 Abs. 1 auf 70 Jahre p. m. a. teil (LG Berlin

ZUM 1988, 139 zutreffend für Kompositionen von Scriabin, 1872–1905, Sokolov, 1857–1922, Busoni 1866–1924 und Elgar, 1857–1934, die zwischen 1892 und 1921 in Leipzig erschienen waren). Die unmittelbare Anwendung des § 64 Abs. 1 schließt insoweit die Begrenzung der Schutzdauer nach dem konventionsrechtlichen Schutzfristenvergleich aus.

Die für **verwandte Schutzrechte** getroffene Regelung kann nach dem klaren Wortlaut des Gesetzes nur bedeuten, daß Schutzrechte, die durch das UrhG erst geschaffen wurden (§§ 70, 71, 74, 81, 85, 86, 87, 94, 95), nur für solche Leistungen in Anspruch genommen werden können, die seit dem 1. 1. 1966 erbracht werden. Auf die vor dem Inkrafttreten des UrhG erbrachten Leistungen dieser Art kann das UrhG schon deshalb nicht angewendet werden, weil diese Leistungen „zu diesem Zeitpunkt" leistungsschutzrechtlich „nicht geschützt" sind. Wissenschaftliche Ausgaben und Ausgaben nachgelassener Werke, die noch im Jahre 1965 hergestellt bzw. erschienen sind, sind schutzlos. Der Vergütungsanspruch des § 86 besteht für Aufnahmen, die noch im Jahre 1965 gemacht wurden, nicht. Die Vervielfältigung einer Funksendung, die vor dem 1. 1. 1966 aufgenommen wurde, ist auch nach diesem Zeitpunkt ohne Einwilligung des Sendeunternehmens zulässig (vgl. § 87 Abs. 1 Nr. 2). Wohl aber bleibt der Schutz an Tonträgern aus § 2 Abs. 2 LUG (zur Nichtanwendbarkeit der RBÜ vor § 73 Bem. 14) und Fotografien ungeachtet urheberrechtlicher Werkqualität aus §§ 1, 3, 26 KUG wegen § 129 Abs. 1 Satz 1 bestehen. Leistungsschutzrechtliche Schutzpositionen, die das frühere Recht nach UWG und BGB gewährte, rechtfertigen nicht die Anwendung des § 129 Abs. 1 (Schricker-Katzenberger Rdnr. 17). 6

Für bereits **gemeinfrei** gewordene Werke und nicht mehr geschützte Leistungen kommt das UrhG nicht in Betracht; insoweit entstehen keine neuen Rechte. Es bedarf ersatzweise auch keiner erleichterten Anforderungen an die Anwendung nicht urheberrechtlicher Anspruchsgrundlagen insbesondere solcher des BGB und des UWG. Auch gesetzlich erbrachte Leistungen ausübender Künstler und konventionsrechtlich nicht geschützte Leistungen ausländischer Künstler genießen keine urheberrechtsähnlichen Schutzerleichterungen, soweit sie etwa auf das allgemeine Persönlichkeitsrecht und das UWG angewiesen sind (BGH GRUR 1987, 814, 816 *Die Zauberflöte;* BGH GRUR 1986, 454, 456 *Bob Dylan;* vor § 73 Bem. 5; a.M. Schricker-Katzenberger Rdnr. 19). 7

Abs. 2 war notwendig, weil der Erbe nach früherem Recht (§ 29 LUG) die Befugnis hatte, nachgelassene unveröffentlichte Werke nach Ablauf der Schutzfrist zu veröffentlichen und hierfür eine zehnjährige Schutzfrist zu beanspruchen. Diese Befugnis ist von § 64 Abs. 2 modifiziert worden (§ 64 Bem. 2); das Recht der editio princeps wird durch § 71 auf eine neue Grundlage gestellt (§ 71 Bem. 1). Um die Rechte von Erben nicht zu verkürzen, die eine Veröffentlichung bereits vorgenommen haben, bleibt es insoweit bei der von § 29 LUG getroffenen Regelung. § 64 Abs. 2 gilt somit nur für solche nachgelassenen Werke, die erst nach Ablauf des 31. 12. 1965 veröffentlicht werden. 8

Mit dem am **3. Oktober 1990** vollzogenen **Beitritt** der aus der ehemaligen DDR hervorgegangenen **neuen Bundesländer** zur Bundesrepublik Deutschland ist auch das UrhG für diesen räumlichen Bereich in Kraft 9 getreten. Nach Art. E des Einigungsvertrages (EVertr, s. Anh. I 8) gilt für alle ab dem 3. 10. 1990 geschaffenen Werke und erbrachten Leistungen ausschließlich das UrhG, während das URG der DDR ab diesem Zeitpunkt außer Kraft gesetzt ist. Auf die vor dem Wirksamwerden des Beitritts geschaffenen Werke ist das UrhG ebenfalls anzuwenden (§ 1 Abs. 1 Satz 1 EVertr). Dasselbe gilt für die durch verwandte Schutzrechte geschützten Leistungen entsprechend (§ 1 Abs. 2 EVertr). Insoweit entspricht die Übergangsregelung des Einigungsvertrages dem § 129 Abs. 1. Darüber hinaus wird nach § 1 Abs. 1 Satz 2 EVertr die längere Schutzdauer des UrhG auch dann gewährt, wenn am 3. 10. 1990 die Schutzfristen nach dem URG schon abgelaufen waren (eingehend Katzenberger GRUR Int. 1993, 2, 7).

10 Auf Werke und Leistungen aus der Zeit vor der Deutschen Einigung, für die das URG keinen Schutz vorgesehen hatte (wie Computerprogramme, wissenschaftliche Ausgaben und Erstausgaben nachgelassener Werke, Leistungsschutz des Filmherstellers), entspricht die nunmehrige Schutzgewährung nach dem UrhG dem erklärten Willen des Gesetzgebers (amtliche Erläuterungen zu § 1 Abs. 1 Satz 1, GRUR 1990, 897, 927), auch wenn sie nicht explizit im Gesetz erwähnt wird. Die Anwendung des UrhG auf solche Werke und Leistungen ist wegen der vom Einigungsvertrag angestrebten Gleichbehandlung zu befürworten (G. Schulze GRUR 1991, 731, 734; Wandtke GRUR 1991, 263, 265; Katzenberger GRUR Int. 1993, 2, 8). In Bezug auf Leistungsschutzrechte, die erst durch das UrhG eingeführt worden sind, gilt dies nur für solche, die nach Inkrafttreten des UrhG (1. 1. 1966) erbracht worden sind (Bem. 6). Die Anwendung dieser Regel auch für den Schutz von **Erstausgaben nachgelassener Werke**, die vor dem 3. 10. 1990 in der DDR erschienen sind, wird zu Unrecht in Zweifel gezogen. Ihre Publikation kommt jedenfalls seit der Vereinigung der gesamtdeutschen Öffentlichkeit zugute (§ 71 Bem. 10). Sie sind nach dem UrhG geschützt, und zwar mit der Schutzdauer des § 71 Abs. 3 abzüglich der Zeitdauer, die seit Erscheinen vor dem 3. 10. 1990 verstrichen ist.

11 Für wissenschaftlich-technische Darstellungen, wie z. B. Landkarten, die keine schöpferische Leistung beinhalten, gewährte § 78 URG einen gesetzlichen Leistungsschutz, den das UrhG nicht kennt. Angesichts des Fehlens einer Übergangsregelung zu dieser Sonderkonstellation ergibt sich aus der grundgesetzlichen Eigentumsgarantie (Art. 14 GG), daß eine entsprechende in der DDR erworbene Schutzposition aus § 78 URG fortgilt, und zwar mit der Maßgabe der ursprünglichen Schutzdauer von 10 Jahren nach Ablauf des Kalenderjahres, in dem die Erstveröffentlichung erfolgt (bzw. ersatzweise der Berechtigte verstorben) ist (§ 88 Abs. 2 URG) (Katzenberger GRUR Int. 1993, 2, 10; a.M. Püschel GRUR 1992, 579, 580: Ersatzloser Wegfall des Schutzes; Wandtke GRUR 1991, 263, 265: Umwandlung in Urheberschutz nach § 2 Abs. 1 Nr. 7). Zur Anpassungsproblematik bei älteren fotografischen Werken aus der DDR § 72 Bem. 3; §§ 135, 135a Bem. 5, 8.

12 Abs. 2 läßt eine Schutzfristverlängerung nach Abs. 1 i.V.m. § 64 Abs. 1 unberührt (Schricker-Katzenberger Rdnr. 22). Für Urheber, die nach dem 1. 1. 1915 verstorben sind, ist Abs. 2 mithin ohne Bedeutung, denn deren Werke werden frühestens zum 31. 12. 1985 gemeinfrei, so daß sich die

Zehnjahresfrist des § 29 LUG aufgrund einer Erstveröffentlichung vor dem 31. 12. 1965 nicht auswirken kann. Bei Urhebern, die nach dem 1. 1. 1895 verstorben sind und deren Werk zwischen 1955 und 1965 erstveröffentlicht worden ist, hängt die Anwendung des § 129 Abs. 1 i.V.m. § 64 Abs. 1 (Schutzfristverlängerung auf 70 Jahre p.m.a.) oder des § 129 Abs. 2 i.V.m. § 29 LUG (Schutzfrist von 10 Jahren ab Erstveröffentlichung) davon ab, ob der Ablauf der Siebzigjahresfrist der §§ 64 Abs. 1, 69 oder der Zehnjahresfrist des § 29 später liegt. Z. B.:
Beispiel 1: Der Urheber ist 1897 verstorben, sein Werk wird 1964 erstveröffentlicht; nach § 129 Abs. 2 bleiben die Erben gem. § 29 Satz 1 LUG jedenfalls für das veröffentlichte Werk bis 1974 geschützt, die Schutzfristverlängerung nach §§ 129 Abs. 1, 64 Abs. 1 (bis zum 31. 12. 1967) kommt insoweit nicht zum Zuge.
Beispiel 2: Der Urheber ist 1910 verstorben, die Erstveröffentlichung seines Werkes erfolgt 1963; hier wird § 129 Abs. 2 i.V.m. § 29 LUG nicht benötigt, weil der Rechtsnachfolger für das gesamte Werkschaffen des Erblassers bis zum 31. 12. 1980 geschützt ist.
Bei Urhebern, die vor dem 31. 12. 1894 verstorben sind, kann sich die Schutzfristverlängerung nach §§ 129 Abs. 1, 64 Abs. 1 nicht auswirken. Im Falle einer vor dem 31. 12. 1965 erfolgten Erstveröffentlichung bleibt ihren Rechtsnachfolgern die zehnjährige Schutzdauer nach Abs. 2 i.V.m. § 29 Abs. 1 LUG ungeachtet der Ablösung des LUG durch das UrhG erhalten.

§ 130 Übersetzungen

Unberührt bleiben die Rechte des Urhebers einer Übersetzung, die vor dem 1. Januar 1902 erlaubterweise ohne Zustimmung des Urhebers des übersetzten Werkes erschienen ist.

Die Regelung hat kaum praktische Bedeutung, da die Schutzdauer der übersetzten Werke, von denen vor dem 1. 1. 1902 Übersetzungen erschienen sind, inzwischen meistenteils abgelaufen sein dürfte.

§ 131 Vertonte Sprachwerke

Vertonte Sprachwerke, die nach § 20 des Gesetzes betreffend das Urheberrecht an Werken der Literatur und der Tonkunst vom 19. Juni 1901 (Reichsgesetzbl. S. 227) in der Fassung des Gesetzes zur Ausführung der revidierten Berner Übereinkunft zum Schutze von Werken der Literatur und Kunst vom 22. Mai 1910 (Reichsgesetzbl. S. 793) ohne Zustimmung ihres Urhebers vervielfältigt, verbreitet und öffentlich wiedergegeben werden durften, dürfen auch weiterhin in gleichem Umfang vervielfältigt, verbreitet und öffentlich wiedergegeben werden, wenn die Vertonung des Werkes vor dem Inkrafttreten dieses Gesetzes erschienen ist.

Die Bestimmung wurde notwendig, weil die Vertonungsfreiheit der §§ 20, 26 **1**
LUG, die noch in § 52 RegE enthalten gewesen war, vom Rechtsausschuß des Bundestages mit Rücksicht darauf gestrichen wurde, daß andernfalls eine entsprechende Bestimmung zugunsten der Textdichter ein Gebot der Gerechtigkeit gewesen wäre (vgl. schriftlichen Bericht zu BT-Drucks. IV/3401 S. 7). Die versehentliche Nichterwähnung des § 26 LUG, der die Verbreitung und öffentliche Wiedergabe freigab, ist wegen des sonst eindeutigen Gesetzestextes unschädlich.

2 Die Vervielfältigung, Verbreitung und öffentliche Wiedergabe ist **im bisherigen Umfang** freigegeben. Die Übertragung des vertonten Sprachwerkes auf Tonträger bleibt also nach wie vor von der Zustimmung des Textdichters abhängig (vgl. schon Ulmer[2] S. 245). Ob der Verwerter von der Freigabe bisher schon Gebrauch gemacht hatte, ist gleichgültig. Er kann die Rechte, die ihm bereits vor Inkrafttreten des UrhG zustanden, auch erstmals nach dem 1. 1. 1966 ausüben, wenn die Vertonung vorher erschienen war. Zum Begriff des Erscheinens § 6 Bem. 2.

§ 132 Verträge

(1) Die Vorschriften dieses Gesetzes sind mit Ausnahme der §§ 42, 43 und 79 auf Verträge, die vor dem Inkrafttreten dieses Gesetzes abgeschlossen worden sind, nicht anzuwenden. Die §§ 40 und 41 gelten für solche Verträge mit der Maßgabe, daß die in § 40 Abs. 1 Satz 2 und § 41 Abs. 2 genannten Fristen frühestens mit dem Inkrafttreten dieses Gesetzes beginnen.

(2) Vor dem Inkrafttreten dieses Gesetzes getroffene Verfügungen bleiben wirksam.

1 Die Bestimmung stellt zunächst den **Grundsatz** auf, daß das UrhG auf Verträge, die vor dem 1. 1. 1966 (vgl. § 129 Bem. 1) abgeschlossen wurden, nicht anzuwenden ist. Das gilt auch dann, wenn solche Verträge noch nach dem 1. 1. 1966 neue Rechte und Pflichten für die Beteiligten erzeugen, also bei Dauerschuldverhältnissen, insbesondere Werknutzungsverträgen, die vielfach für die Dauer des Urheberschutzes abgeschlossen worden sind. Die Begr. (S. 114) begründet diese Regelung zutreffend damit, daß die Parteien beim Abschluß der damaligen Verträge von dem bisherigen Rechtszustand ausgegangen seien; es ist in der Tat nur in Ausnahmefällen zu vertreten, ihren Willenserklärungen nachträglich einen Sinn zu geben, der ihren übereinstimmenden Vorstellungen bei Abschluß des Vertrages nicht entspricht.

2 Für **Verträge,** die zwischen Angehörigen der **DDR** vor dem 3. Oktober 1990 geschlossen worden sind und für die bis dahin das für die DDR maßgebliche Vertragsrecht galt, ändert sich durch das Inkrafttreten des Einigungsvertrages nichts; ihre Auslegung richtet sich weiterhin nach dem Urhebervertragsrecht der DDR, vorbehaltlich der Korrektur willkürlicher Vertragspraktiken und etwaiger Anpassung an die veränderten Verhältnisse nach den Geboten von Treu und Glauben (eingehend vor § 31 Bem. 33).

3 Die in § 132 ausdrücklich genannten §§ 40, 41, 42, 43, 79 sind daher **Ausnahmen.** Die Anwendung anderer Vorschriften des UrhG auf bestehende Verträge ist ausgeschlossen. Dies gilt freilich nur für solche Vorschriften, die **neu** sind, die also weder im LUG, KUG oder VerlG normiert waren, noch von der bisherigen Rechtsprechung entwickelt und anerkannt worden sind (vgl. § 137 Bem. 1). Eine Ausnahme macht ferner **§ 137** (s. dort).

4 Zu den ausdrücklich genannten Bestimmungen im einzelnen vgl. zunächst die dort gegebenen Erläuterungen.
Die Anwendbarkeit der Bestimmungen über das **Rückrufsrecht** wegen Nichtausübung (§ 41) und wegen gewandelter Überzeugung (§ 42) rechtfertigt sich deshalb, weil diese Rechte sich auf einen vom Inhalt des Vertrages unabhängigen Tatbestand beziehen (so Begr. S. 114 für § 42). Um auch dem

Nutzungsberechtigten Gelegenheit zu geben, sich auf die neue Rechtslage einzustellen, begannen die Fristen des § 41 Abs. 2 jedoch frühestens am 1. 1. 1966 (die Frist des Abs. 4 Satz 2 kommt nicht in Betracht, da eine solche Klausel in älteren Verträgen nicht enthalten gewesen sein kann). Bei § 42 verbot sich eine Fristbestimmung, zumal das Rückrufsrecht jederzeit ausgeübt werden kann und der Verwerter ohnehin genügend gesichert ist (vgl. die Erläuterungen zu § 42).

Die Anwendung des § 40 auch für ältere Verträge über **künftige Werke** war schon im Interesse der Gleichbehandlung gleichliegender Fälle geboten. Sofern für solche Verträge die etwa nach § 40 Abs. 1 erforderliche Schriftform nicht eingehalten wurde, sind sie mit Ablauf des 31. 12. 1965 hinfällig geworden. War die Schriftform gewahrt, so begann die Fünfjahresfrist des § 40 Satz 2 erst am 1. 1. 1966. **5**

Das Zweckübertragungsprinzip (entsprechend **§ 31 Abs. 5**) wurde bereits nach früherem Recht angewandt und stand bereits vor Inkrafttreten des UrhG der Einräumung von Rechten an einer noch nicht bekannten Nutzungsart entgegen (RGZ 118, 282, 285 *Musikantenstadel;* RGZ 123, 312, 317 *Wilhelm Busch;* BGHZ 11, 135, 143 *Schallplatten-Lautsprecherübertragung*). Deshalb können die Grundsätze des § 31 Abs. 4 und 5 grundsätzlich auch auf Altverträge angewandt werden (§§ 31, 32 Bem. 9). Da § 31 Abs. 4 insoweit nicht als zwingendes Recht, sondern (nur) als allgemeiner Rechtsgedanke zum Tragen kommt, kann allerdings den Besonderheiten des Einzelfalls Rechnung getragen werden (BGH GRUR 1986, 62, 66 *GEMA-Vermutung I;* BGH GRUR 1988, 296, 299 *GEMA-Vermutung IV* zu Wahrnehmungsverträgen mit VerwGes; §§ 31, 32 Bem. 17). **6**

Daß sich die Anwendbarkeit des **§ 36** auf Altverträge im Gesetzgebungsverfahren nicht durchsetzen konnte, wird mit Rücksicht auf Mißverhältnisse in älteren Verträgen mit Recht bedauert (Schricker-Katzenberger Rdnr. 2, 8), ändert aber nichts daran, daß der Bestsellerparagraph auf vorgesetzlich geschlossene Verträge nicht anzuwenden ist (BGH GRUR 1990, 1005, 1006 *Salome*) und das Rechtsinstitut des Wegfalls der Geschäftsgrundlage keinen angemessenen Ausgleich herbeiführt (§ 36 Bem. 3). **7**

Die **§§ 43 und 79** sind nicht zuletzt deshalb in das UrhG aufgenommen worden, um Streitfragen zu klären, die sich bei der Auslegung der früheren Verträge im Hinblick auf die neugeschaffenen Rechte der Urheber und ausübenden Künstler ergeben können (Begr. S. 114). Ihr Ausschluß wäre deshalb sinnwidrig gewesen. **8**

Die Auslegungsregel des § 89 ist auf vor 1966 geschaffene Filmwerke nicht anzuwenden, da die vertraglichen Vereinbarungen in solchen Fällen in der Regel vor Inkrafttreten des Gesetzes geschlossen worden sind (falsch daher LG München I Schulze LGZ 180, 4f.; wie hier Schricker-Katzenberger Rdnr. 3). **9**

Zu **Abs. 2** vgl. zunächst § 137. Danach wird die vorgesetzliche Verfügung über das Urheberrecht in die Einräumung von Nutzungsrechten umgewandelt. Mit Abs. 2 soll Zweifeln über die Wirksamkeit vorgesetzlicher vertraglicher Verfügung begegnet werden. Eine Einschränkung der Rechtsfolgen aus **10** der Anwendung des schon früher geltenden Zweckübertragungsprinzips (Bem. 6) ist hieraus nicht abzuleiten.

§ 133 Tonträger (aufgehoben)

§ 134 Urheber

Wer zur Zeit des Inkrafttretens dieses Gesetzes nach den bisherigen Vorschriften, nicht aber nach diesem Gesetz als Urheber eines Werkes anzusehen ist, gilt, abgesehen von den Fällen des § 135, weiterhin als Urheber. Ist nach den bisherigen Vorschriften eine juristische Person als Urheber eines Werkes anzusehen, so sind für die Berechnung der Dauer des Urheberrechts die bisherigen Vorschriften anzuwenden.

Das frühere Recht sah juristische Personen des öffentlichen Rechts, die als Herausgeber ein Werk veröffentlichen oder erscheinen lassen, das den Namen des Urhebers nicht angibt, als Urheber an (§ 3 LUG, § 5 KUG) und erkannte den Herausgebern von Sammelwerken ein Urheberrecht auch dann zu, wenn es sich um juristische Personen handelte (§ 4 LUG, § 6 KUG). Für die einer juristischen Person zuerkannten Urheberrechte bestand eine fünfzigjährige Schutzdauer seit der Veröffentlichung des Werkes (§ 32 LUG) bzw. seit seinem Erscheinen (§ 25 Abs. 2 KUG). Bei dieser Berechnung der Schutzfristen soll es verbleiben, soweit nicht § 135 zum Zuge kommt. Die Schutzfrist selbst beträgt nunmehr aber 70 Jahre (v. Gamm Bem. zu § 134; Möhring/Nicolini § 134 Bem. 3).

§ 135 Inhaber verwandter Schutzrechte

Wer zur Zeit des Inkrafttretens dieses Gesetzes nach den bisherigen Vorschriften als Urheber eines Lichtbildes oder der Übertragung eines Werkes auf Vorrichtungen zur mechanischen Wiedergabe für das Gehör anzusehen ist, ist Inhaber der entsprechenden verwandten Schutzrechte, die dieses Gesetz ihm gewährt.

§ 135a Berechnung der Schutzfrist

Wird durch die Anwendung dieses Gesetzes auf ein vor seinem Inkrafttreten entstandenes Recht die Dauer des Schutzes verkürzt und liegt das für den Beginn der Schutzfrist nach diesem Gesetz maßgebende Ereignis vor dem Inkrafttreten dieses Gesetzes, so wird die Frist erst vom Inkrafttreten dieses Gesetzes an berechnet. Der Schutz erlischt jedoch spätestens mit Ablauf der Schutzdauer nach den bisherigen Vorschriften.

1 Im Interesse der Vereinheitlichung der Rechtsbegriffe wurden die vor dem Inkrafttreten dieses Gesetzes als Urheber geltenden Lichtbildner (§ 1 KUG) und vortragenden Künstler (§ 2 Abs. 2 LUG) zu Inhabern entsprechender verwandter Schutzrechte herabgestuft. Die **Rechtsstellung der ausübenden Künstler** wurde einschneidend verändert. Während sie früher als Quasi-Urheber (vgl. Einl. 14) bis zum Ablauf von 50 Jahren nach ihrem Tode geschützt waren, stand ihnen zunächst nur noch eine Schutzfrist von 25 Jahren und steht ihnen jetzt nach der Novellierung des § 82 im Jahre 1990 eine solche von 50 Jahren ab Erscheinen, ersatzweise vom Tag der Darbietung an zu. Für den Lichtbildner ist die rechtliche Umklassifizierung

der verwandten Schutzrechte insoweit ohne Bedeutung, als auf ihn die für Lichtbildwerke geltenden Vorschriften des ersten Teils sinngemäß anzuwenden sind (§ 72). Zwar ist auch für Lichtbilder die Schutzdauer auf 25 Jahre nach dem Erscheinen (bzw. nach der Herstellung bei Nicht-Erscheinen) festgelegt worden. Jedoch entspricht dies der alten Schutzdauer des § 26 KUG. Eine Verkürzung wird lediglich für unveröffentlichte Lichtbilder bewirkt, da für den Beginn der Frist nicht mehr der Tod des Lichtbildners, sondern der Herstellungszeitpunkt maßgeblich ist.

Die Rückstufung der Rechtsposition stieß bezüglich solcher Darbietungen von Werken der Literatur und Tonkunst, die vor dem 1. 1. 1966 aufgenommen worden sind, allenthalben auf verfassungsrechtliche Bedenken (vgl. jeweilige Bem. 1 in den Vorauflagen 1–3) und führte zu einer Verfassungsbeschwerde ausübender Künstler und Schallplattenhersteller, die vom BVerfG mit Beschluß vom 8. 7. 1971 (BVerfGE 31, 275 *Schallplatten*) beschieden wurde. Danach ist die Verkürzung der Schutzfrist zwar auch im Hinblick auf bereits unter der Geltung des § 2 Abs. 2 LUG geschaffene Aufnahmen zulässig, jedoch stellt die Vorverlegung des Schutzfristbeginns auf den Erscheinungs- bzw. Herstellungszeitpunkt dann eine entschädigungslose Enteignung (Art. 14 Abs. 3 GG) dar, wenn dieser Zeitpunkt vor dem Inkrafttreten des UrhG liegt und dadurch eine Kürzung der Schutzdauer bewirkt wird (kritisch zum Beschluß des BVerfG Schorn NJW 1973, 687). **2**

Der vorgenannte Beschluß des BVerfG veranlaßte den Gesetzgeber zur Einfügung des **§ 135a** durch die Novelle vom 10. November 1972. Der etwas umständlich geratene Gesetzestext besagt, daß für solche Leistungsschutzrechte, die schon vor dem 1. 1. 1966 als Quasi-Urheberrechte aus § 2 Abs. 2 LUG geschützt waren, zwar auch nunmehr die Schutzfristenregelung des § 82 gilt, daß diese Frist aber erst vom 1. 1. 1966 an läuft, falls die Leistung vorher erschienen oder, falls sie nicht erscheint, erbracht war. Die so berechnete Schutzfrist endet allerdings spätestens in dem Augenblick, in dem sie auch nach der früheren Regelung des § 29 LUG abgelaufen wäre. Wenn der Gesetzeswortlaut nicht speziell auf die Schutzrechtsverkürzung der ausübenden Künstler zugeschnitten ist, so deshalb, um auch die Rückverlagerung des Fristbeginns bei unveröffentlichten Lichtbildern und Lichtbildwerken (Bem. 1) auszugleichen (Bericht des Rechtsausschusses, BT-Drucks. VI/3264 S. 5 = UFITA 64 [1972], 211, 223). Praktische Bedeutung hat die neue Überleitungsregelung jedoch in erster Linie für die ausübenden Künstler. **3**

Eine weitere Überleitungsregelung ist in Art. 2 des Gesetzes zur Änderung des UrhG vom 10. 11. 1972 (abgedruckt Anh. I 4) im Hinblick auf die Verwertungshandlungen geschaffen worden, die im Vertrauen auf den Wegfall des Rechtsschutzes infolge der Vorverlegung des Schutzablaufs getätigt worden sind (zu verfassungsrechtlichen Bedenken gegen die Überleitungsregelung Schorn GRUR 1978, 230). Danach können Tonträgerhersteller, die vor der ersten Veröffentlichung des in Bem. 2 genannten Beschlusses des Bundesverfassungsgerichts durch die Presse am 15. November 1971 mehr als 25 Jahre alte Schallplattenaufnahmen nachgepreßt hatten, die Unterlassungs- und Vernichtungsansprüche der Berechtigten durch Geldzahlung grundsätzlich ablösen, d. h. vor dem 15. November 1971 objektiv rechtswidrig hergestellte Nachpressungen von Schallplatten dürfen im Ablösungsfalle auch nach diesem Zeitraum noch vertrieben werden (BGH **4**

GRUR 1976, 317, 320 *Unsterbliche Stimmen*). Im Gegensatz zum Normalfall des § 101 ist die Ablösungsbefugnis hier die Regel, ihre Verweigerung die Ausnahme. Der Verletzte ist gegenüber dem Schallplattenhersteller für die Unzumutbarkeit einer finanziellen Ablösung darlegungs- und beweispflichtig. Die bei der Ablösung zu zahlende Vergütung muß auch den vor Inkrafttreten des Art. 2 (1. 1. 1973) liegenden Vertriebszeitraum umfassen, obwohl das Gesetz nicht rückwirkend gilt (offengelassen in BGH a.a.O. S. 321). Das ergibt sich aus einer verfassungskonformen (Art. 14, BVerfGE 31, 275) Ausfüllung des Begriffs der angemessenen Vergütung gem. Art. 2, § 101 Abs. 1 Satz 2. Die Zumutbarkeit auf seiten des Verletzten ist unter Abwägung der Interessen des ausübenden Künstlers und des Herstellers der Originale einerseits sowie des Vertrauensschutzes auf seiten des Verletzten zu prüfen. Die Auswertungsbefugnis endet mit dem Wegfall der Zumutbarkeit, also in der Regel erheblich vor Ablauf der durch § 135a verlängerten Frist (BGH GRUR 1976, 317, 321 f. *Unsterbliche Stimmen;* Schricker-Katzenberger Rdnr. 11).

5 § 135a Satz 2 steht lediglich einer Schutzfristverlängerung entgegen, die unmittelbar aus der nach Satz 1 festgelegten zeitlichen Verlagerung des Fristbeginns auf das Inkrafttreten des Gesetzes resultiert. Sie hindert nicht die Ausdehnung der Schutzdauer etwa deshalb, weil ein älteres Lichtbildwerk am 1. 7. 1985 noch leistungsrechtlich geschützt war und deshalb in den Genuß der vollen Schutzdauer nach § 64 Abs. 1 gelangt. Dasselbe gilt entsprechend für Lichtbilder, die als Dokument der Zeitgeschichte zu qualifizieren sind.

6 Lichtbildwerke, die vor dem 1. 1. 1960 in der DDR erschienen sind, sind mangels einer Übergangsregelung im Einigungsvertrag im Hinblick auf Art. 14 GG weiterhin als Lichtbildwerke geschützt, sofern sie am 1. 7. 1985 nach Maßgabe der DDR-Regelung (50 Jahre p. m. a.) noch geschützt waren (vgl. § 64 Bem. 6, § 72 Bem. 3).

7 Die Übergangsregelung für die Schutzfristverlängerung des § 82 (von 25 Jahre auf 50 Jahre nach Erscheinen/Herstellung) findet sich in **§ 137c.** Ein Zusammenspiel der Übergangsvorschriften bedeutet im praktischen Ergebnis für die Schutzdauer älterer, d. h. vor dem 1. 1. 1966 hergestellter Tonträgeraufnahmen folgendes:
Bei diesen ist zunächst nach Maßgabe des früheren Rechts festzustellen, ob die nach dem Tode der beteiligten ausübenden Künstler zu bemessende Schutzdauer bis zum Inkrafttreten des UrhG abgelaufen war. Bei dem etwa eingetretenen Ablauf der Schutzdauer verbleibt es. War die Schutzdauer noch nicht abgelaufen, gilt die Schutzdauerregelung des § 82 mit der Maßgabe, daß sie erst ab 1. 1. 1966 zu laufen beginnt, jedoch nicht über die früher geltende Schutzdauer hinausgeht. Die Tonträgereinspielungen eines im Jahre 1954 verstorbenen Pianisten sind also noch bis zum 31. 12. 1994, diejenigen eines 1921 gestorbenen Künstlers nur bis zum 31. 12. 1971 geschützt. Für einen Künstler, der im Jahre 1965 verstorben ist, endet der Tonträgerschutz in jedem Falle mit Ablauf des Jahres 2015, gleichgültig ob man die 50jährige Schutzdauer nach LUG oder die nunmehr 50jährige (ab 1. 1. 1966 zu bemessende) Schutzdauer nach § 82 zugrundelegt.

Bei **Lichtbildern** ist zwischen folgenden Sachverhalten zu unterscheiden: 8

a) Für **einfache** Lichtbilder, die vor dem 1. 1. 1966 erschienen waren, gilt nichts Besonderes: Ihr Schutz erlischt 25 Jahre nach Erscheinen.

b) Unveröffentlichte (einfache) Lichtbilder waren früher für die Dauer von 25 Jahren seit dem Tode des Lichtbildners geschützt. Sofern diese Schutzdauer am 1. 1. 1966 noch nicht abgelaufen war, gilt für sie die 25-Jahresfrist des § 72 Abs. 3, berechnet ab 1. 1. 1966, mithin endend am 31. 12. 1990.

c) Lichtbilder, die am 1. 7. 1985 noch geschützt waren, gelangten in den Genuß der Verlängerung der Schutzdauer auf 50 Jahre ab Erscheinen/Herstellung gem. § 72 Abs. 3, sofern sie als **Dokumente der Zeitgeschichte** zu qualifizieren sind.
Beispiel 1: Ein im Jahre des Berliner Mauerbaus (1961) erschienenes Lichtbild, welches eine signifikante Szene dieses historischen Ereignisses festhält, ist noch bis zum 31. 12. 2011 geschützt.
Beispiel 2: Ein anläßlich des Volksaufstandes am 17. 6. 1953 in Berlin hergestelltes Lichtbild eines Fotografen, der am 1. 1. 1966 noch lebte, war zu diesem Zeitpunkt noch geschützt (§ 26 KUG) (Bem. 1). Der vom UrhG ab 1. 1. 1966 gewährte Bildnisschutz war am 1. 7. 1985 noch nicht abgelaufen. Sofern das Lichtbild als Dokument der Zeitgeschichte zu qualifizieren ist, bleibt es bis zum 31. 12. 2011 geschützt.

d) Für Lichtbildwerke war bis 1984 eine Schutzdauer von 25 Jahren maßgeblich (§ 72 Bem. 1). Sofern diese Schutzdauer in das Jahr 1985 hineinreichte (§ 69) und mithin am 1. 7. 1985 noch währte, gilt für sie die volle Schutzdauer des § 64 Abs. 1 (bis zum Ablauf von 70 Jahren nach dem Tod des Lichtbild-Urhebers).
Beispiel 1: Ein im Jahre 1957 erschienenes Lichtbildwerk ist seit dem 31. 12. 1982 gemeinfrei und nimmt an der urheberrechtlichen Schutzdauer des § 64 Abs. 1 nicht teil.
Beispiel 2: Ein im Jahre 1953 hergestelltes Lichtbildwerk eines Urhebers, der noch im gleichen Jahr verstorben ist, war zwar am 1. 1. 1966 nach § 26 KUG geschützt. Die ab 1. 1. 1966 zu bemessende leistungsschutzrechtliche Frist endete indes gem. § 135 Satz 2 am 31. 12. 1978 (25 Jahre nach dem Tode des Lichtbildners entsprechend § 26 KUG). Das Lichtbildwerk nimmt nicht an der urheberrechtlichen Schutzdauer des § 64 Abs. 1 teil.
Beispiel 3: Erfolgte im Falle des Beispiels 2 das Ableben des Lichtbildners erst nach dem 1. 1. 1961, also z. B. im Jahre 1962, so war das Lichtbildwerk am 1. 7. 1985 noch geschützt. Die Schutzdauer endet mithin erst am 31. 12. 2032.
Beispiel 4: Die Schutzdauer eines im Jahre 1957 in der DDR erschienenen Lichtbildwerkes eines DDR-Urhebers bemißt sich gem. URG nach dem Ablauf von 50 Jahren seit dem Tode des Lichtbild-Urhebers. Es war nach DDR-Recht am 3. 10. 1990 geschützt und verliert durch die Deutsch-Deutsche Vereinigung seinen Schutz nicht. Ist der Urheber im Jahre 1960 verstorben, endet die Schutzdauer am 31. 12. 2010 (Bem. 6).

§ 136 Vervielfältigung und Verbreitung

(1) War eine Vervielfältigung, die nach diesem Gesetz unzulässig ist, bisher erlaubt, so darf die vor Inkrafttreten dieses Gesetzes begonnene Herstellung von Vervielfältigungsstücken vollendet werden.

(2) Die nach Absatz 1 oder bereits vor dem Inkrafttreten dieses Gesetzes hergestellten Vervielfältigungsstücke dürfen verbreitet werden.

(3) Ist für eine Vervielfältigung, die nach den bisherigen Vorschriften frei zulässig war, nach diesem Gesetz eine angemessene Vergütung an den Berechtigten zu zahlen, so dürfen die in Absatz 2 bezeichneten Vervielfältigungsstücke ohne Zahlung einer Vergütung verbreitet werden.

1 Auch das früher geltende Recht kannte derartige **Übergangsbestimmungen** (§ 63 LUG und § 54 KUG). Während in diesen jedoch nicht nur die Fortsetzung der begonnenen Vervielfältigung und Verbreitung, sondern auch die weitere Benutzung vorhandener Vorrichtungen zur Vervielfältigung (wie Formen, Platten, Steine, Druckstöcke, Matrizen) für sechs Monate bzw. drei Jahre nach Inkrafttreten des Gesetzes erlaubt wurde, stellt das vorliegende Gesetz **nur die Fortsetzung der Vervielfältigung** und die **Verbreitung der danach hergestellten Vervielfältigungsstücke frei.**

2 Zur Frage, wann die Herstellung begonnen hat, s. § 16 Bem. 2, zu Abs. 3 s. §§ 47 Abs. 2, 53, 54. Als Tag des Inkrafttretens des UrhG ist der 1. 1. 1966 anzusehen (§ 129 Bem. 1). Die **Beweislast** dafür, daß die Voraussetzungen des § 136 vorgelegen haben, trägt der Verwerter, der sich auf die Bestimmung beruft.

§ 137 Übertragung von Rechten

(1) Soweit das Urheberrecht vor Inkrafttreten dieses Gesetzes auf einen anderen übertragen worden ist, stehen dem Erwerber die entsprechenden Nutzungsrechte (§ 31) zu. Jedoch erstreckt sich die Übertragung im Zweifel nicht auf Befugnisse, die erst durch dieses Gesetz begründet werden.

(2) Ist vor dem Inkrafttreten dieses Gesetzes das Urheberrecht ganz oder teilweise einem anderen übertragen worden, so erstreckt sich die Übertragung im Zweifel auch auf den Zeitraum, um den die Dauer des Urheberrechts nach den §§ 64 bis 66 verlängert worden ist. Entsprechendes gilt, wenn vor dem Inkrafttreten dieses Gesetzes einem anderen die Ausübung einer dem Urheber vorbehaltenen Befugnis erlaubt worden ist.

(3) In den Fällen des Absatzes 2 hat der Erwerber oder Erlaubnisnehmer dem Veräußerer oder Erlaubnisgeber eine angemessene Vergütung zu zahlen, sofern anzunehmen ist, daß dieser für die Übertragung oder die Erlaubnis eine höhere Gegenleistung erzielt haben würde, wenn damals bereits die verlängerte Schutzdauer bestimmt gewesen wäre.

(4) Der Anspruch auf die Vergütung entfällt, wenn alsbald nach seiner Geltendmachung der Erwerber dem Veräußerer das Recht für die Zeit nach Ablauf der bisher bestimmten Schutzdauer zur Verfügung stellt oder der Erlaubnisnehmer für diese Zeit auf die Erlaubnis verzichtet. Hat der Erwerber das Urheberrecht vor dem Inkrafttreten dieses Gesetzes weiterveräußert, so ist die Vergütung insoweit nicht zu zahlen, als sie den Erwerber mit Rücksicht auf die Umstände der Weiterveräußerung unbillig belasten würde.

(5) Absatz 1 gilt für verwandte Schutzrechte entsprechend.

1 **Abs. 1.** Die nach § 8 LUG, § 10 KUG vorgenommene Übertragung des Urheberrechts (Verwertungsrechts) wandelt sich in eine **Einräumung von Nutzungsrechten** um. In der Regel wird der Zessionar ausschließlicher

Nutzungsberechtigter im Sinne von § 31 Abs. 3, da die Übertragung des vollen Verwertungsrechts das Recht einschließt, das Werk unter Ausschluß aller anderen Personen einschließlich des Urhebers auf die ihm erlaubte Art zu nutzen. Der Nutzungsberechtigte bleibt jedoch auf die Nutzungsarten beschränkt, die im Übertragungsakt ihm eingeräumt waren. Zu den in **Satz 2** genannten neuen Befugnissen sind die §§ 18, 19 Abs. 1, 26, 27, 36, 41, 42, 70, 71, 74, 81, 85, 86, 87, 94, 95 zu rechnen. Andere Befugnisse, auf die sich Abs. 1 Satz 2 nicht erstreckt, da sie nicht erst durch dieses Gesetz „begründet" wurden, sondern in der Rechtsprechung bereits anerkannt waren, sind z. B. das Senderecht (§ 20) und das Recht der öffentlichen Wiedergabe (§ 21).

Die Regelung in **Abs. 2–4** ist vom Bundestag eingefügt worden, nachdem er 2
in § 64 Abs. 1 die Schutzdauer um zwanzig Jahre verlängert hatte. Sie hat wegen der zahlreichen Werknutzungsverträge, die für die Dauer des Urheberrechts abgeschlossen werden, große praktische Bedeutung.

„Im Zweifel", d. h. wenn nicht ausdrücklich eine Zeit nach dem Kalender 3
festgelegt oder der Vertrag auf eine bestimmte Anzahl von Jahren, sei es nach Ablieferung des Werkes oder dem Tode des Urhebers, geschlossen ist, gilt die getroffene Vereinbarung fort **(Abs. 2).** Hinsichtlich solcher Nutzungsverträge, die noch vor der Verlängerung der Schutzdauer von 30 auf 50 Jahre durch das Gesetz zur Verlängerung der Schutzfrist im Urheberrecht vom 13. Dezember 1934 (RGBl. II, 1935) „für die Dauer der gesetzlichen Schutzfrist" geschlossen worden sind, gilt die Ausdehnung des Schutzes auf 70 Jahre *post mortem auctoris* ebenfalls. Diese in der Literatur höchst umstrittene Frage (vgl. 3. Auflage Bem. 2a sowie die Nachweise bei Selbherr-Behn UFITA 55 [1970], 58ff.), die wiederum auf einen alten Meinungsstreit zur Auslegung des § 2 Abs. 2 des genannten Gesetzes zurückgeht, ist durch BGH GRUR 1975, 495 *Lustige Witwe* nunmehr abschließend geklärt. Durch § 2 Abs. 2 des Verlängerungsgesetzes 1934 fällt zwar das Urheberrecht für den über 30 Jahre hinausgehenden Verlängerungszeitraum an die Erben zurück, jedoch verbleibt den Nutzungsberechtigten gegen Zahlung einer angemessenen Vergütung das ihnen vertraglich eingeräumte Nutzungsrecht und dessen Ausübung in der bisher gewährten Weise. Insbesondere vermindert sich für die Dauer der Fristverlängerung ein ausschließliches Nutzungsrecht nicht in ein einfaches Recht, so daß einem Bühnenverlag die Rechte aus einem Bühnenvertriebsvertrag (vgl. vor § 31 Bem. 23) ungeschmälert erhalten bleiben.

Der **Vergütungsanspruch des Abs. 3** kommt bei Beteiligungsverhältnissen 4
kaum, bei einer Pauschalabgeltung des übertragenen Rechts dann in Betracht, wenn diese auf die damals geltende Schutzfrist abgestimmt, d. h. angemessen gewesen ist. War sie dagegen unangemessen niedrig, so ist die von Abs. 3 geforderte Annahme, es wäre bei Kenntnis der Verlängerung eine höhere Summe vereinbart worden, kaum gerechtfertigt. Der ohnehin benachteiligte Urheber wird also durch Abs. 3 nicht etwa geschützt, sondern noch mehr benachteiligt, dies um so mehr, als Zweifel hinsichtlich der geforderten Annahme nach dem klaren Wortlaut des Gesetzes zu seinen Lasten gehen. Da zugleich die Anwendung des § 36 auf frühere Verträge unzulässig ist (dort Bem. 3), sind Urheber, die vor dem 1. 1. 1966 ihre Schöpfungen für ein „Linsengericht" veräußert haben (vgl. § 36 Bem. 1), nach wie vor schutzlos.

5 Den Ausdruck „alsbald“ in **Abs. 4** haben wir in der juristischen Terminologie bisher nur in § 696 Abs. 3 ZPO gefunden. Er dürfte hier mit „unverzüglich“ (ohne schuldhaftes Zögern, § 120 BGB) gleichzusetzen sein (die ZPO-Kommentare verstehen darunter „demnächst“ wie in § 270 Abs. 3 ZPO, also ohne von der Partei zu vertretende Verzögerung, was auf dasselbe hinausläuft). Die Wendung „... insoweit nicht zu zahlen, als ...“ läßt erkennen, daß die Vergütung im Falle des Abs. 4 Satz 2 nicht ganz wegfallen, sondern nur entsprechend ermäßigt werden soll. Bestehen Zweifel, ob die Belastung unbillig ist, so gehen diese zu Lasten des Erwerbers.

6 **Abs. 5** hat für verwandte Schutzrechte, die frei übertragbar sind, nur hinsichtlich des Abs. 1 Satz 2 Bedeutung. Satz 1 gilt mithin nur für die Fälle der §§ 70, 72, 73f. (vgl. vor § 28 Bem. 3).

§ 137a Lichtbildwerke

(1) Die Vorschriften dieses Gesetzes über die Dauer des Urheberrechts sind auch auf Lichtbildwerke anzuwenden, deren Schutzfrist am 1. Juli 1985 nach dem bis dahin geltenden Recht noch nicht abgelaufen ist.

(2) Ist vorher einem anderen ein Nutzungsrecht an einem Lichtbildwerk eingeräumt oder übertragen worden, so erstreckt sich die Einräumung oder Übertragung im Zweifel nicht auf den Zeitraum, um den die Dauer des Urheberrechts an Lichtbildwerken verlängert worden ist.

1 Die Vorschrift ist durch die Urheberrechtsreform 1985 eingefügt worden. Sie wurde notwendig, weil durch diese Novellierung zugleich die Lichtbildwerke unter die für andere urheberrechtliche Werke geltende Schutzfrist einbezogen wurden (§ 72 Bem. 1). Eine Rückwirkung des verlängerten Rechtsschutzes für Lichtbildwerke und Dokumente der Zeitgeschichte, die vor dem 1. 1. 1960 erschienen oder hergestellt worden sind, soll ausgeschlossen sein.

2 Abs. 1 entspricht der Regelung des § 129 Abs. 1. Ob ein Lichtbild noch geschützt ist, bestimmt sich nach dem bis zum 1. 7. 1985 geltenden Recht. Bis zum 31. 12. 1959 erschienene Lichtbilder (einschließlich solcher, die ab 1. 6. 1985 als Dokumente der Zeitgeschichte zu werten sind) waren spätestens am 1. 1. 1985 (§ 69) gemeinfrei, so daß ihnen die Schutzfristverlängerung nicht zugute kommt. Eine fotografische Aufnahme aus dem Jahre 1945, welche erst 1963 erscheint, war am 1. 1. 1985 noch geschützt. Als einfaches Lichtbild endet ihre Schutzdauer am 31. 12. 1988, als Dokument der Zeitgeschichte am 31. 12. 2013 und als Lichtbildwerk 70 Jahre nach dem Tode ihres Schöpfers.

3 Die Auslegungsregel für Nutzungsverträge über Lichtbildwerke (Abs. 2) steht im Gegensatz zu derjenigen, die für vorgesetzliche urheberrechtliche Nutzungsverträge in § 137 Abs. 2 gilt: Die Rechtseinräumung erstreckt sich im Zweifel nicht auf den Zeitraum der Schutzfristverlängerung (so im Prinzip bereits das Gesetz zur Verlängerung der Schutzfrist im Urheberrecht vom 13. Dezember 1934, RGBl. II 1935, vgl. § 137 Bem. 2a). Der Gesetzgeber wollte damit der Tatsache Rechnung tragen, daß die Schutzfrist für Lichtbildwerke erheblich verlängert worden ist (RegE zum ÄndG, BT-Drucksache 10/837 S. 22). Die Vertragspartner können eine derart ins Gewicht fallende Verlängerung kaum bedacht haben, so daß der Rückfall der Nutzungsrechte nach dem Verlängerungszeitraum an den Rechtseinräu-

menden dem mutmaßlichen Parteiwillen eher entspricht. Für Nutzungsverträge über Lichtbilder, die als Dokumente der Zeitgeschichte in den Genuß der Verlängerung der Schutzdauer gelangen, ist Abs. 2 entsprechend anzuwenden (Schricker-Katzenberger Rdnr. 4; Abs. 1 gilt für Dokumente der Zeitgeschichte unmittelbar, insoweit zutreffend Flechsig UFITA 116 [1991], 5, 31).

§ 137b Bestimmte Ausgaben

(1) Die Vorschriften dieses Gesetzes über die Dauer des Schutzes nach den §§ 70 und 71 sind auch auf wissenschaftliche Ausgaben und Ausgaben nachgelassener Werke anzuwenden, deren Schutzfrist am 1. Juli 1990 nach dem bis dahin geltenden Recht noch nicht abgelaufen ist.

(2) Ist vor dem 1. Juli 1990 einem anderen ein Nutzungsrecht an einer wissenschaftlichen Ausgabe oder einer Ausgabe nachgelassener Werke eingeräumt oder übertragen worden, so erstreckt sich die Einräumung oder Übertragung im Zweifel auch auf den Zeitraum, um den die Dauer des verwandten Schutzrechtes verlängert worden ist.

(3) Die Bestimmungen in § 137 Abs. 3 und 4 gelten entsprechend.

§ 137c Ausübende Künstler

(1) Die Vorschriften dieses Gesetzes über die Dauer des Schutzes nach § 82 sind auch auf Darbietungen anzuwenden, die vor dem 1. Juli 1990 auf Bild- oder Tonträger aufgenommen worden sind, wenn am 1. Jnauar 1991 seit dem Erscheinen des Bild- oder Tonträgers 50 Jahre noch nicht abgelaufen sind. Ist der Bild- oder Tonträger innerhalb dieser Frist nicht erschienen, so ist die Frist von der Darbietung an zu berechnen. Der Schutz nach diesem Gesetz dauert in keinem Fall länger als 50 Jahre nach dem Erscheinen des Bild- oder Tonträgers oder, falls der Bild- oder Tonträger nicht erschienen ist, 50 Jahre nach der Darbietung.

(2) Ist vor dem 1. Juli 1990 einem anderen ein Nutzungsrecht an der Darbietung eingeräumt oder übertragen worden, so erstreckt sich die Einräumung oder Übertragung im Zweifel auch auf den Zeitraum, um den die Dauer des Schutzes verlängert worden ist.

(3) Die Bestimmungen in § 137 Abs. 3 und 4 gelten entsprechend.

Diese Übergangsbestimmungen wurden anläßlich der Schutzfristverlängerungen durch Art. 2 des Gesetzes vom 7. 3. 1990 (BGBl. I 422) erforderlich. Sie folgen dem auch sonst im UrhG angewandten Prinzip (§ 129 Abs. 1, 137, 137a). Zur Schutzdauerberechnung bei ausübenden Künstlern §§ 135, 135a Bem. 7, 8.

§ 137d Computerprogramme

Die Vorschriften des Achten Abschnitts des Ersten Teils sind auch auf Computerprogramme anzuwenden, die vor dem 24. Juni 1993 geschaffen worden sind. § 69g Abs. 2 ist auch auf Verträge anzuwenden, die vor diesem Zeitpunkt abgeschlossen worden sind.

Satz 1 stellt klar, daß die Grundregel des § 129 Abs. 1 auch für das 2. ÄndG gilt. Dagegen weicht Satz 2 von § 132 Abs. 1 ab: Das Verdikt des § 69g Abs. 2 gilt auch für Altverträge, die allerdings auch nur in dieser Hinsicht von der Neuregelung brührt werden; im übrigen hat die Neuregelung auf ihren Inhalt und Bestand keinen Einfluß.

Dritter Abschnitt · **Schlußbestimmungen**

§ 138 Urheberrolle

(1) Die Urheberrolle für die in § 66 Abs. 2 Nr. 2 vorgesehenen Eintragungen wird beim Patentamt geführt. Das Patentamt bewirkt die Eintragungen, ohne die Berechtigung des Antragstellers oder die Richtigkeit der zur Eintragung angemeldeten Tatsachen zu prüfen.

(2) Wird die Eintragung abgelehnt, so kann der Antragsteller gerichtliche Entscheidung beantragen. Über den Antrag entscheidet das für den Sitz des Patentamts zuständige Oberlandesgericht durch einen mit Gründen versehenen Beschluß. Der Antrag ist schriftlich bei dem Oberlandesgericht einzureichen. Die Entscheidung des Oberlandesgerichts ist endgültig. Im übrigen gelten für das gerichtliche Verfahren die Vorschriften des Gesetzes über die Angelegenheiten der freiwilligen Gerichtsbarkeit entsprechend. Für die Gerichtskosten gilt die Kostenordnung; die Gebühren richten sich nach § 131 der Kostenordnung.

(3) Die Eintragungen werden im Bundesanzeiger öffentlich bekanntgemacht. Die Kosten für die Bekanntmachung hat der Antragsteller im voraus zu entrichten.

(4) Die Einsicht in die Urheberrolle ist jedem gestattet. Auf Antrag werden Auszüge aus der Rolle erteilt; sie sind auf Verlangen zu beglaubigen.

(5) Der Bundesminister der Justiz wird ermächtigt, durch Rechtsverordnung

1. Bestimmungen über die Form des Antrags und die Führung der Urheberrolle zu erlassen,

2. zur Deckung der Verwaltungskosten die Erhebung von Kosten (Gebühren und Auslagen) für die Eintragung, für die Ausfertigung eines Eintragungsscheins und für die Erteilung sonstiger Auszüge und deren Beglaubigung anzuordnen sowie Bestimmungen über den Kostenschuldner, die Fälligkeit von Kosten, die Kostenvorschußpflicht, Kostenbefreiungen, die Verjährung, das Kostenfestsetzungsverfahren und die Rechtsbehelfe gegen die Kostenfestsetzung zu treffen. Die Gebühr für die Eintragung darf 30 Deutsche Mark nicht übersteigen.

(6) Eintragungen, die nach § 56 des Gesetzes betreffend das Urheberrecht an Werken der Literatur und der Tonkunst vom 19. Juni 1901 beim Stadtrat in Leipzig vorgenommen worden sind, bleiben wirksam.

1 Die Regelung entspricht sinngemäß dem in §§ 31 Abs. 2, 56–58 LUG vorgesehenen **Verfahren;** an die Stelle des Stadtrats zu Leipzig ist mit Rücksicht auf die damalige Spaltung Deutschlands das Patentamt getreten. Die Ablehnung der Eintragung durch das Patentamt kann im Wege gerichtlicher Entscheidung überprüft werden. Das für den Sitz des Patentamts zuständige OLG München läßt Antragstellung gem. §§ 11, 12 ohne Beachtung des für die Beschwerden in § 29 Abs. 1 Satz 2 FGG vorgeschriebenen Anwaltszwangs zu (OLG München UFITA 51 [1968], 375, 376 *Mini-Car* und OLG München UFITA 51 [1968], 377, 378 *Geschäftskarten*).

2 Für anonyme und pseudonyme Werke beginnt der Lauf der Schutzfrist gem. § 66 Abs. 1 in der Regel ab Veröffentlichung des Werkes. Durch die Eintragung in die Urheberrolle wird unter den formellen (§ 138) und materiellen (§ 66 Abs. 2 Nr. 2) gesetzlichen Voraussetzungen der Tod des Urhebers maßgeblich für den Beginn des Laufs der 70jährigen Schutzfrist.

a) § 66 Abs. 2 Nr. 2 setzt voraus, daß der Urheber oder nach seinem Tode sein Rechtsnachfolger oder der Testamentsvollstrecker die **Eintragung** in der Urheberrolle bewirken. Die Aktivlegitimation des Anmeldenden wird allerdings im Rahmen des Antragsverfahrens ebensowenig von Amts wegen nachgeprüft, wie die Richtigkeit der übrigen zur Eintragung angemeldeten Tatsachen. Das Patentamt nimmt lediglich eine Schlüssigkeitsprüfung vor. Der Antrag hat im übrigen die Formerfordernisse der Verordnung über die Urheberrolle vom 18. 12. 1965, die das Eintragungsverfahren und die Führung der Rolle näher regelt, zu erfüllen (Text Anh. I 1). Der Antrag ist schriftlich beim Patentamt einzureichen und muß den Geburtstag und -ort, ggf. das Sterbejahr sowie den Decknamen des Urhebers, Werktitel oder sonstige Bezeichnung des Werkes, Verlag, Zeitpunkt und Form der ersten Veröffentlichung enthalten. **3**

b) Die Eintragung in der Urheberrolle kommt nur für **veröffentlichte Werke** in Betracht. Wenngleich keine Amtsrecherche (vgl. a) erfolgt, muß der Antrag insoweit schlüssig sein, daß sowohl der Werkcharakter gegeben ist (OLG München UFITA 51 [1968], 375 *Mini-Car*) als auch die Veröffentlichung (OLG München UFITA 51 [1968], 377 *Geschäftskarten*). Beide materiellen Voraussetzungen werden vom Patentamt überprüft. Ihr Fehlen führt zur Zurückweisung des Eintragungsantrages. Es ist somit nicht möglich, ein noch nicht erschienenes Werk vom Patentamt auf seine urheberrechtliche Schutzfähigkeit amtlich prüfen zu lassen. Wegen § 66 Abs. 1 Nr. 4 darf es sich auch **nicht** um ein **Werk der bildenden Künste** handeln. Bei graphischen Werken prüft das Patentamt lediglich den Werkcharakter des Sprachbestandteiles; ist dieser zur Begründung des Urheberschutzes nicht ausreichend, bleibt die bildnerische Gestaltung unbeachtlich (OLG München a.a.O. *Geschäftskarten;* Knefel GRUR 1968, 352, 354). Ein Eintragungshindernis besteht auch dann, wenn sich aus der Anmeldung ein Hinweis auf den wirklichen Urheber ergibt, so daß die Anonymität der Veröffentlichung aufgehoben ist. Einzelheiten zum Eintragungsverfahren ferner bei Schulte UFITA 50 [1968], 32. Ein Antragsmuster findet sich im Münchener Vertragshandbuch Bd. III Teil IX Nr. 2. **4**

Abs. 5 ist durch das Kostenermächtigungs-Änderungsgesetz vom 23. Juni 1970 (BGBl. I 805) aus formellen Gründen geändert und den Anforderungen, die Art. 80 Abs. 1 Satz 2 GG an eine Ermächtigung zum Erlaß von Rechtsverordnungen stellt, angepaßt worden. **5**

§ 139 Änderung der Strafprozeßordnung

§ 374 Abs. 1 Nr. 8 der Strafprozeßordnung erhält folgende Fassung:
„8. alle Verletzungen des Patent-, Gebrauchsmuster-, Warenzeichen- und Geschmacksmusterrechtes, soweit sie als Vergehen strafbar sind, sowie die Vergehen nach §§ 106 bis 108 des Urheberrechtsgesetzes".

Der frühere Gesetzestext, durch den § 374 Abs. 1 Nr. 8 der StPO unmittelbar geändert wurde, ist seit der Neufassung der StPO in der Bekanntmachung vom 7. Januar 1975 (BGBl. I 129, berichtigt 650) obsolet geworden.
Die derzeit gültige Neufassung vom 7. März 1990 (BGBl. I 422) lautet: eine Straftat nach § 142 Abs. 1 des Patentgesetzes, § 25 Abs. 1 des Gebrauchsmu-

stergesetzes, § 10 Abs. 1 des Halbleiterschutzgesetzes, § 39 Abs. 1 des Geschmacksmustergesetzes, den §§ 106 bis 108 des Urheberrechtsgesetzes und § 33 des Gesetzes betreffend das Urheberrecht an Werken der bildenden Künste und der Photographie.
Hieraus ergibt sich, daß aufgrund der Strafbestimmungen des UrhG auch **Privatklage** erhoben werden kann. Wegen der sich daraus ergebenden Konsequenzen vgl. vor § 106 Bem. 3. § 108 a ist allerdings Offizialdelikt, wie der Strafrahmen ergibt.

§ 140 Änderung des Gesetzes über das am 6. September 1952 unterzeichnete Welturheberrechtsabkommen

In das Gesetz über das am 6. September 1952 unterzeichnete Welturheberrechtsabkommen vom 24. Februar 1955 (Bundesgesetzbl. II S. 101) wird nach Artikel 2 folgender Artikel 2a eingefügt:

„Artikel 2a

Für die Berechnung der Dauer des Schutzes, den ausländische Staatsangehörige für ihre Werke nach dem Abkommen im Geltungsbereich dieses Gesetzes genießen, sind die Bestimmungen in Artikel IV Nr. 4 bis 6 des Abkommens anzuwenden“.

1 Nach Art. IV Nr. 4 WUA ist kein vertragschließender Staat verpflichtet, einen längeren Schutz zu gewähren als den, der für Werke der betreffenden Art in dem vertragschließenden Staat festgesetzt ist, in dem das Werk erstveröffentlicht wurde (Prinzip des Schutzfristvergleichs, Näheres bei Nordemann/Vinck/Hertin Bem. 4–5 zu Art. 7 RBÜ, Bem. 6 zu Art. IV WUA). Bei nicht veröffentlichten Werken braucht kein längerer Schutz gewährt zu werden als derjenige, der im Herkunftsstaat des Urhebers für Werke der betreffenden Art festgesetzt ist. Der Konventionstext läßt Zweifel zu, ob darin nur eine Möglichkeit der Einschränkung zu sehen oder ob aus ihr eine unmittelbare Geltung des Schutzfristenvergleichs (§ 121 Bem. 2, 3) abzuleiten ist, ohne daß es einer ausdrücklichen gesetzlichen Umsetzung bedarf (Ulmer[3] § 15 V 2). Durch § 140 wird klargestellt, daß im Geltungsbereich des Gesetzes der Schutzfristenvergleich nach dem WUA durchzuführen ist.

2 Praktische Bedeutung hat die Frage des Vorrangs des Schutzfristenvergleichs im Verhältnis zu solchen zwischenstaatlichen Abkommen, die dem ausländischen Urheber volle Inländerbehandlung zusichern, wie insbesondere dem Übereinkommen zwischen dem (Deutschen) Reich und den Vereinigten Staaten von Amerika über den gegenseitigen Schutz der Urheberrechte vom 15. Januar 1892 (RGBl. 473, abgedr. in Nordemann/Vinck/Hertin S. 465 ff.). Ob der Schutzfristenvergleich bereits seit dem Inkrafttreten des WUA (16. September 1955) oder erst seit Inkrafttreten des UrhG (1. Januar 1966) die Schutzdauer von Werken US-amerikanischer Urheber eingrenzt, hängt davon ab, ob § 140 konstitutive oder (nur) deklaratorische Bedeutung zukommt (str., für Schutzfristenvergleich bereits ab 16. September 1955: Schricker-Katzenberger Rdnr. 3; Nordemann Anm. zu Schulze BGHZ 245, 246 S. 13 f.; Drexl GRUR Int. 1990, 35, 39; Schutzfristenvergleich für Werke, die nach dem 1. Januar 1966 geschaffen wurden: OLG Frankfurt GRUR 1981, 793, 741 *Lounge Chair;* so auch Voraufl.). Im Hinblick darauf, daß die RBÜ (als das intensivere Schutzinstrument) den Schutzfristenvergleich unmittelbar vorsieht (Art. 7 Abs. 8 RBÜ), schließen wir uns nunmehr uneingeschränkt der Auffassung an, daß solches für das WUA erst recht zu gelten hat und mithin § 140 nur etwas klarstellt, was durch das WUA bereits seit dem 16. September 1955 verbindlich vorgeschrieben ist.

Für die **bis zum 16. September 1955 bereits geschaffenen Werke US-amerikanischer Urheber** würde die bis dahin in der Bundesrepublik maßgebliche Schutzdauer von 50 Jahren p. m. a. auf den niedrigeren Standard des Schutzfristenvergleichs (in Verbindung mit der nach damaligem US-Recht ab Registrierung bzw. Erstveröffentlichung zu bemessenden kürzeren Schutzfristen) zurückgeschnitten. Solches wäre mit Art. IX Satz 3 WUA nicht zu vereinbaren gewesen (Bestandsgarantie für erworbene Rechte aus bestehenden Verträgen). Deshalb genießen Werke US-amerikanischer Urheber, die am 16. September 1955 bei Inkrafttreten des WUA in der Bundesrepublik geschützt waren, weiterhin die 50jährige Schutzfrist p. m. a. (nach damaligem bundesdeutschen Urheberrecht) nach Maßgabe des deutsch-amerikanischen Übereinkommens von 1892 (BGHZ 70, 268, 274 f. *Buster-Keaton-Filme;* BGH GRUR 1978, 302, 304 *Wolfsblut*). Soweit solche Werke auch bei Inkrafttreten des UrhG (1. Januar 1966) noch nach Inlandsrecht geschützt und außerdem die Schutzfrist im Ursprungsland noch nicht abgelaufen war, nehmen sie an der Schutzfristverlängerung des § 64 auf 70 Jahre p. m. a. teil (BGH GRUR 1978, 302, 304 *Wolfsblut*). **3**
Für die erst **nach dem 15. September 1955 geschaffenen Werke** US-amerikanischer Urheber gilt die Schutzdauer des UrhG lediglich in den Grenzen des Schutzfristenvergleichs.

Mit Wirkung zum **1. März 1989** sind die USA der RBÜ (Paris) beigetreten. Im Konfliktfall ist die RBÜ gegenüber dem WUA vorrangig (Art. XVII Abs. 1 WUA; vgl. § 121 Bem. 3). Nach Art. 7 Abs. 8 RBÜ ist zwar der Schutzfristenvergleich anzuwenden, jedoch hat – anders als nach WUA – das deutsch-amerikanische Übereinkommen, welches des US-amerikanischen Urheber auch hinsichtlich der Schutzdauer uneingeschränkte Inländerbehandlung zusichert, Vorrang vor dem Schutzfristenvergleich (Art. 20 RBÜ). Damit gilt für US-amerikanische Urheber seit dem 1. März 1989 die 70jährige Schutzfrist des § 64, vorausgesetzt, daß das Werk am 1. März 1989 sowohl in den USA (als Ursprungsland) als auch in Deutschland (als Schutzland) noch geschützt gewesen ist (Art. 18 RBÜ). Für den Schutz in den USA (Art. 18 Abs. 1 RBÜ) gilt grundsätzlich folgendes: Werke mit nicht verlängerter Schutzfrist müßten spätestens ab 1. 1. 1961 in den USA registriert oder erstveröffentlicht worden sein. Bei Werken mit verlängerter Schutzfrist dürfte die Registrierung/Erstveröffentlichung nicht vor dem 1. Januar 1914 erfolgt sein. Für die seit dem 1. Januar 1978 geschaffenen Werke nicht-anonymer Urheber gilt nach dem US-Copyright Act (1976) eine Schutzfrist von 50 Jahren p. m. a. (zur Schutzfristverlängerung der am 1. 1. 1978 bereits geschützten Werke vgl. Drexl GRUR Int. 1990, 35, 42). **4**
Der Schutz in der Bundesrepublik (Art. 18 Abs. 2 RBÜ) besteht fort, sofern der Urheber nicht vor dem 1. Januar 1919 (1989 minus 70 Jahre) verstorben ist.

Davon ausgehend, daß § 140 lediglich deklaratorische Bedeutung hat (Bem. 2), gelten zusammengefaßt folgende Berechnungsregeln für die **5**

Schutzdauer von Werken US-amerikanischen Ursprungs in Deutschland (vgl. auch die Übersichtstabelle bei Drexl GRUR Int. 1990, 35, 49):
– Bis zum **15. September 1955** waren Werke US-amerikanischer Urheber nach Art. 1 des deutsch-amerikanischen Übereinkommens mit derselben Schutzdauer geschützt wie Werke deutscher Urheber, mithin zunächst für die Dauer von 30 Jahren p. m. a., seit der Schutzfristverlängerung 1934 für eine Frist von 50 Jahren p. m. a.
– Mit dem Inkrafttreten des WUA (**16. 9. 1955**) ist zwischen Werken, die vor bzw. nach dem 16. September 1955 geschaffen wurden, zu unterscheiden. **Vor dem 16. September 1955 geschaffene** Werke bleiben weiterhin für eine Frist von 50 Jahren p. m. a. geschützt. Sie nehmen auch an der Schutzfristverlängerung des UrhG per 16. September 1965 auf 70 Jahre p. m. a. teil, sofern und solange über den 16. September 1965 hinaus sowohl in den USA die Schutzfrist für die einschlägige Werkkategorie nicht abgelaufen und das Werk in Deutschland nicht gemeinfrei geworden ist.
Nach dem 16. September 1955 geschaffene Werke unterliegen dem Schutzfristenvergleich (bis zum 28. Februar 1989).
– Werke, die am **1. März 1989** (RBÜ-Beitritt der USA) weder in den USA noch in der Bundesrepublik wegen Schutzfristenablaufs gemeinfrei geworden waren, sind seitdem für die Dauer von 70 Jahren p. m. a. geschützt (Art. 20 RBÜ i. V. m. dem deutsch-amerikanischen Übereinkommen).

6 Zum persönlichen und sachlichen Anwendungsbereich der Konventionen und zur Schutzfristenregelung bei nicht registrierten, unveröffentlichten und anonymen Werken US-amerikanischer Urheber vgl. Drexl GRUR Int. 1990, 35, 44 ff.

§ 141 Aufgehobene Vorschriften

Mit dem Inkrafttreten dieses Gesetzes werden aufgehoben:

1. **die §§ 57 bis 60 des Gesetzes betreffend das Urheberrecht an Schriftwerken, Abbildungen, musikalischen Kompositionen und dramatischen Werken vom 11. Juni 1870 (Bundesgesetzblatt des Norddeutschen Bundes S. 339);**
2. **die §§ 17 bis 19 des Gesetzes betreffend das Urheberrecht an Werken der bildenden Künste vom 9. Januar 1876 (Reichsgesetzbl. S. 4);**
3. **das Gesetz betreffend das Urheberrecht an Werken der Literatur und der Tonkunst vom 19. Juni 1901 in der Fassung des Gesetzes zur Ausführung der revidierten Berner Übereinkunft zum Schutze von Werken der Literatur und Kunst vom 22. Mai 1910 und des Gesetzes zur Verlängerung der Schutzfristen im Urheberrecht vom 13. Dezember 1934 (Reichsgesetzbl. II S. 1395);**
4. **die §§ 3, 13 und 42 des Gesetzes über das Verlagsrecht vom 19. Juni 1901 (Reichsgesetzbl. S. 217) in der Fassung des Gesetzes zur Ausführung der revidierten Berner Übereinkunft zum Schutze von Werken der Literatur und Kunst vom 22. Mai 1910;**
5. **das Gesetz betreffend das Urheberrecht an Werken der bildenden Künste und der Photographie vom 9. Januar 1907 (Reichsgesetzbl. S. 7) in der Fassung des Gesetzes zur Ausführung der revidierten Berner Übereinkunft zum Schutze von Werken der Literatur und Kunst vom 22. Mai 1910, des Gesetzes zur Verlängerung der Schutzfristen im Urheberrecht vom 13. Dezember 1934 und des Gesetzes zur Verlängerung der Schutzfristen für das Urheberrecht an Lichtbildern vom 12. Mai 1940 (Reichsgesetzbl. I S. 758), soweit es nicht den Schutz von Bildnissen betrifft;**

6. die Artikel I, III und IV des Gesetzes zur Ausführung der revidierten Berner Übereinkunft zum Schutze von Werken der Literatur und Kunst vom 22. Mai 1910;

7. das Gesetz zur Erleichterung der Filmberichterstattung vom 30. April 1936 (Reichsgesetzbl. I S. 404);

8. § 10 des Gesetzes über die Rechtsstellung heimatloser Ausländer im Bundesgebiet vom 25. April 1951 (Bundesgesetzbl. I S. 269).

Das UrhG ist, wie § 143 ergibt, teils am 17. 9. 1965, teils am 1. 1. 1966 in Kraft getreten. Es ist daher davon auszugehen, daß diejenigen Vorschriften der aufgehobenen Gesetze, die der in den §§ 64 bis 67, 69 getroffenen Neuregelung der Schutzfristen entgegenstehen, bereits mit Ablauf des 16. 9. 1965, die übrigen Bestimmungen dagegen erst mit Ablauf des 31. 12. 1965 außer Kraft getreten sind. Im einzelnen bezieht sich die Aufhebung auf folgende Bestimmungen: **1**

Nr. 1. Die genannten Bestimmungen waren nach § 64 LUG ausdrücklich in Kraft geblieben. Sie beziehen sich auf alle vor dem Inkrafttreten des Gesetzes vom 11. 6. 1870 erschienenen Schriftwerke, Abbildungen, musikalischen Kompositionen und dramatischen Werke, auf die bisher rechtmäßig angefertigten Vorrichtungen zur Herstellung dieser Werke und auf die vorher erteilten Privilegien zum Schutz des Urheberrechts. Nach über fünfundneunzigjähriger Geltungsdauer dieser Übergangsbestimmungen haben sie jede Bedeutung verloren, so daß sie vollständig außer Kraft gesetzt werden konnten. **2**

Nr. 2. Das gleiche gilt für die §§ 17 bis 19 des Gesetzes vom 9. 1. 1876, die sich ebenfalls auf die Zeit vor dem Inkrafttreten des damaligen Gesetzes bezogen und von § 55 Abs. 2 KUG aufrechterhalten worden waren. **3**

Nr. 3. Das LUG selbst wird in seiner Gesamtheit aufgehoben. Einzelne seiner Bestimmungen bleiben freilich noch indirekt dadurch erhalten, daß die Übergangsbestimmungen die Anwendung des bisherigen Rechts zulassen oder von ihm ausgehen. Das SchVG bleibt insoweit in Kraft, als es nicht lediglich eine Änderung des LUG betrifft. D. h. die Auslegungsregel des § 2 SchVG ist für Rechtsübertragungen, die zur Zeit der Geltung der 30jährigen Schutzfrist vorgenommen worden sind, nach wie vor verbindlich (§ 137 Bem. 3). **4**

Nr. 4. Die Bestimmung darf nicht zu der Annahme verleiten, daß die nicht aufgehobenen siebenundvierzig weiteren Vorschriften des VerlG unverändert fortgelten und etwa stets als Spezialnormen den Vorrang vor den Vorschriften dieses Gesetzes hätten. Zwar kann im Einzelfall das VerlG auch gegenüber Vorschriften des UrhG maßgebend sein, insbesondere dort, wo diese dispositiv sind (vor § 31 Bem. 10, 37–48). Bei einer Kollision anderer Normen des VerlG und des UrhG tritt das erstere jedoch regelmäßig zurück, da der Gesetzgeber des UrhG eine einheitliche Regelung treffen wollte (teilweise str., vgl. z. B. § 34 Bem. 3, § 38 Bem. 1, 5, § 40 Bem. 6, § 41 Bem. 2). **5**

Nr. 5. Der Bildnisschutz der §§ 22–23 KUG und die Strafvorschrift des § 33 KUG (Gesetzestext s. Anh. I 4) sind nicht in das UrhG übernommen worden, weil sie sachlich nicht zu diesem Gebiet gehören (Einl. 18). Ihre **6**

Neuregelung bleibt einem Gesetz über den Schutz von Persönlichkeitsrechten vorbehalten.

7 **Nr. 6.** Die Art. I, III und IV änderten LUG und KUG gemäß den Beschlüssen der Berliner Revisionskonferenz ab und sind gegenstandslos geworden, nachdem die zugrunde liegenden Gesetze gemäß § 141 Nr. 4 und 5 außer Kraft getreten sind. Art. II des Ausführungsgesetzes änderte dagegen § 2 Abs. 2 des Verlagsgesetzes, der bestehen bleibt.

8 **Nr. 7.** Das Gesetz räumte Unternehmen bei der Herstellung von Filmberichten über Tagesereignisse das Recht ein, bei der Aufnahme solcher Berichte auch urheberrechtlich geschützte Werke, die im Verlauf der festgehaltenen Vorgänge für Auge oder Ohr wahrnehmbar werden, auf die Bild- oder Schallvorrichtungen zu übertragen und die Aufnahmen für Zwecke der Filmberichterstattung zu vervielfältigen, zu verbreiten und zur öffentlichen Wiedergabe zu benutzen. Diese Befugnis ist nunmehr in § 50 in einer umfassenderen Form unter Einschluß von Funk und Presse geregelt worden, wobei der Zweck der Vervielfältigung, Verbreitung und öffentlichen Wiedergabe nicht auf die Filmberichterstattung beschränkt, sondern allgemein bestimmt wurde (s. Bem. zu § 50).

9 **Nr. 8.** Die Bestimmung enthielt eine Meistbegünstigungsklausel, die bei internationalen Abkommen auf dem Gebiete des Urheberrechts und des gewerblichen Rechtsschutzes unüblich ist und Unklarheiten hervorrufen könnte (Begr. S. 116). Sie ist infolge der in den §§ 123, 124, 125 Abs. 5 Satz 2, 126 Abs. 3 Satz 2, 128 Abs. 2 getroffenen Regelung auch überflüssig geworden.

§ 142 Geltung im Land Berlin

Dieses Gesetz gilt nach Maßgabe des § 13 Abs. 1 des Dritten Überleitungsgesetzes vom 4. Januar 1952 (Bundesgesetzbl. I S. 1) auch im Land Berlin. Rechtsverordnungen, die auf Grund dieses Gesetzes erlassen werden, gelten im Land Berlin nach § 14 des Dritten Überleitungsgesetzes.

Das UrhG wurde in Berlin in Kraft gesetzt durch ÜbernahmeG vom 11. 10. 1965 (GVBl. 1437).

§ 143 Inkrafttreten

(1) Die §§ 64 bis 67, 69, 105 Abs. 1 bis 3 und § 138 Abs. 5 treten am Tage nach der Verkündigung dieses Gesetzes in Kraft.

(2) Im übrigen tritt dieses Gesetz am 1. Januar 1966 in Kraft.

1 Die vorzeitige Inkraftsetzung der Bestimmungen über die Verlängerung der Schutzdauer (§§ 64–67, 69) hat zur Folge, daß von der Neuregelung auch diejenigen Werke erfaßt wurden, deren Urheber im Laufe des Jahres 1915 verstorben sind. Diese Werke wären sonst am 31. 12. 1965 frei geworden. Sie bleiben nunmehr noch bis zum 31. 12. 1985 geschützt (vgl. schriftlichen Bericht zu BT-Drucks. IV/3401 S. 15). – **Tag der Verkündung** war der **16. 9. 1965.**

2 Zur Schutzfristberechnung vorgesetzlich geschaffener Werke § 129 Bem. 3–5, 12, bei ausländischer Urheberschaft § 129 Bem. 5, für DDR-

Urheber nach der deutschen Vereinigung § 129 Bem. 9–11, Lichtbilder § 72 Bem. 2, 9, §§ 135, 135 a Bem. 1–5, 8, § 137 a Bem. 1, 2, Lichtbildwerke § 64 Bem. 6, 72 Bem. 3, §§ 135, 135 a Bem. 6, Tonträger §§ 135, 135 a Bem. 1–5, 7, 8, 137 c. Verwandte Schutzrechte, die durch das UrhG erst geschaffen wurden, können nur für solche Leistungen in Anspruch genommen werden, die seit dem 1. 1. 1966 erbracht worden sind (§ 129 Bem. 6).

Die Vorverlagerung des Inkrafttretens der in den §§ 105 Abs. 1, 138 Abs. 5 **3**
enthaltenen Verordnungsermächtigungen dient dem Zweck, deren Vorliegen bereits bei Inkrafttreten des Gesetzes sicherzustellen (Begr. S. 178).

Gesetz über die Wahrnehmung von Urheberrechten und verwandten Schutzrechten
(Urheberrechtswahrnehmungsgesetz)

Vom 9. September 1965 (BGBl. I 1294)

In der Fassung des Kostenermächtigungs-Änderungsgesetzes vom 23. Juni 1970 (BGBl. I 805) – § 14 –, des Einführungsgesetzes zum StGB vom 2. März 1974 (BGBl. I 469) – § 22 –, des Gesetzes zur Änderung von Vorschriften auf dem Gebiet des Urheberrechts vom 24. Juni 1985 (BGBl. I 1137) – Überschrift, §§ 14–16, 20 a, 26 a – und des Bilanzrichtliniengesetzes vom 19. Dezember 1985 (BGBl. I 2355) – §§ 9, 20 –.

Einleitung

Die gemeinsame Verwertung von Urheberrechten durch eine Verwertungs- 1
gesellschaft (VerwGes.) begann zwar in Frankreich schon sehr früh (1777 wurde die Societé des auteurs et compositeurs dramatiques – SACD – von Beaumarchais gegründet, 1837 entstand die Societé des gens de lettres – SGDL –), blieb jedoch in der gesamten übrigen Welt bis weit ins 20. Jahrhundert hinein auf den musikalischen Bereich beschränkt. Auch der Ursprung der **musikalischen VerwGes.** liegt in Frankreich, wo sich bereits 1851 aufgrund eines von dem Komponisten Bourget gewonnenen Schadensersatzprozesses gegen den Besitzer eines Konzertcafés eine Organisation entwickelte, die bei den Pariser Musikveranstaltern zu kassieren begann und aus der später die SACEM (Société des Auteurs, Compositeurs et Editeurs de Musique) wurde. Erst 1903 bildete sich in Deutschland, teils auf Initiative von Richard Strauß, die *Anstalt für musikalisches Aufführungsrecht* (AFMA) als Teil der *Genossenschaft deutscher Tonsetzer* (GDT). 1915 entstand sodann die *Genossenschaft zur Verwertung musikalischer Aufführungsrechte eGmbH* (die sog. „alte GEMA"). Im Jahre 1930 vereinigten sich diese Organisationen und weitere Verbände zum *Musikschutzverband*, der 1933 kraft Gesetzes zur *Staatlich genehmigten Gesellschaft zur Verwertung musikalischer Urheberrechte* (STAGMA) umgewandelt wurde (vgl. § 26). Zur Verwertung der mechanischen Vervielfältigungsrechte war bereits 1909 vom Deutschen Musikalienverleger-Verein in Leipzig und einer entsprechenden französischen Schwesterorganisation die *Anstalt für mechanisch-musikalische Rechte GmbH* (AMMRE) in Berlin gegründet worden, die 1938 durch Fusion in der STAGMA aufging. Nach Ende des Zweiten Weltkrieges wurde die STAGMA durch den Alliierten Kontrollrat in *Gesellschaft für musikalische Aufführungs- und mechanische Vervielfältigungsrechte r. V.* (**GEMA**) umbenannt, ohne daß an der rechtlichen Struktur der Organisation etwas geändert wurde, so daß Identität zwischen der („neuen") GEMA und der STAGMA besteht. Näheres bei Schulze, Urheberrecht in der Musik[5] S. 40ff., und Haertel UFITA 50 (1967), 7. Vgl. auch den Zulassungsbeschluß des Deutschen Patentamts UFITA 51 (1968), 173; Haensel UFITA 45 (1965), 68; Häußer Mitt. 1984, 64, 66; Nordemann FS GRUR II S. 1197ff.; Arnold/Rehbinder UFITA 118 (1992), 203ff. und Martin Vogel GRUR 1993, 513. Die **Satzung der GEMA** ist bei Hillig[5] S. 184 abgedruckt. Der Berechtigungsvertrag findet sich bei Schulze, Urhebervertragsrecht[3] S. 646 (mit Variante für

Nicht-EG-Angehörige auf S. 653). Seit 1991 gibt die GEMA eigene Jahrbücher heraus, in denen sich diese und zahlreiche weitere Materialien finden. *Anschriften:* Bayreuther Straße 29/30, 10789 Berlin, und Rosenheimer Straße 11, 81667 München.

2 Wesentlich später und mit größeren Schwierigkeiten entwickelte sich eine **VerwGes. der Wortautoren.** Da das Vortragsrecht an erschienenen Werken nach § 11 LUG nicht dem Urheber vorbehalten war, fast alle übrigen Nebenrechte aber traditionsgemäß von den Verlegern und Bühnenvertrieben wahrgenommen wurden, brachte erst die Ausbreitung des Fernsehens eine entsprechende Entwicklung zustande. Nach dem im Jahre 1955 von den Schriftstellerverbänden unternommenen Versuch, eine solche literarische VerwGes. unter dem Namen *Gesellschaft zur Verwertung literarischer Urheberrechte* (GELU) zu schaffen, die in Konkurs fiel, hat sich 1958 die *Verwertungsgesellschaft Wort r.V.* (**VG Wort**) neu gebildet, welche die Rechte der Wortautoren, beschränkt jedoch auf die im Wahrnehmungsvertrag verzeichneten Befugnisse, treuhänderisch wahrnimmt. Ähnlich wie in der GEMA, welche die drei Berufsgruppen der Komponisten, der Textautoren und der Musikverleger kennt (vgl. Menzel S. 25), hatten sich in der VG Wort ursprünglich vier Berufsgruppen gebildet, nämlich schöngeistige Autoren, wissenschaftliche und andere Autoren einschließlich der Journalisten, Buchverleger und Bühnenverleger (vgl. den Zulassungsbeschluß des Deutschen Patentamts UFITA 51 [1968], 174). Am 1. 7. 1978 ist die **VG Wissenschaft,** die aus der früheren „Inkassostelle" (Bem. 5) entstanden war, durch Fusion in der VG Wort aufgegangen. Seither gibt es 6 Berufsgruppen: (1) Autoren und Übersetzer schöngeistiger und dramatischer Literatur, (2) Journalisten, Autoren und Übersetzer von Sachliteratur, (3) Autoren wissenschaftlicher und Fachliteratur, (4) Verleger von schöngeistigen Werken und von Sachliteratur, (5) Bühnenverleger, (6) Verleger von wissenschaftlichen Werken und von Fachliteratur.
Die dementsprechend neugestaltete **Satzung** der VG Wort ist bei Hillig[5] S. 203 abgedruckt. Bei Schulze, Urhebervertragsrecht[3] S. 660 finden sich der Wahrnehmungsvertrag (S. 670), die Verteilungspläne (S. 676 und 681) und der Inkassoauftrag Ausland für bestimmte Rechte, die zwar von der VG Wort für das Inland nicht wahrgenommen werden, aber zum Repertoire von Schwestergesellschaften im Ausland gehören (S. 673). Näheres bei Maria Müller-Sommer, *Über die VG Wort*, ZUM 1988, 2. *Anschrift:* Goethestraße 49, 80336 München (Nebenstelle: Clara-Zetkin-Straße 105, 10117 Berlin).

3 Bereits vor dieser Gründung gelang es den **ausübenden Künstlern und Schallplattenproduzenten**, eine gemeinschaftliche VerwGes., die *Gesellschaft zur Verwertung von Leistungsschutzrechten mbH* (**GVL**) mit dem Sitz in Köln (jetzt Hamburg) ins Leben zu rufen. Diese Gesellschaft, deren Geschäftsanteile von der Deutschen Orchestervereinigung e.V. und der Deutschen Landesgruppe der internationalen Vereinigung der phonographischen Industrie e.V. gehalten werden, nahm ursprünglich die Rechte der ausübenden Künstler aus den §§ 54 Abs. 1, 73ff. UrhG und die Rechte der Tonträgerhersteller aus den §§ 54 Abs. 1, 85f. UrhG wahr (vgl. den Zulassungsbeschluß des Deutschen Patentamts UFITA 51 [1968], 173f.). Inzwischen ist sie auch für die Veranstalter (§ 81) und für die Hersteller von Videoclips (vgl. § 92 Bem. 6) sowie für deren Bildurheber tätig. Ihr Gesellschaftsvertrag ist bei Hillig[5] S. 234 wiedergegeben. Ihre Wahrnehmungsverträge finden sich bei

Schulze, Urhebervertragsrecht[3], auf S. 685 und 689. *Anschrift:* Heimhuder Straße 5, 20148 Hamburg.

Alle VerwGes. gehören inzwischen der **Zentralstelle für private Überspielungsrechte** (ZPÜ) an, die ihrerseits keine VerwGes, sondern eine nicht gesondert erlaubnispflichtige BGB-Gesellschaft von VerwGes. ist (a.M. Haertel UFITA 50 [1967], 7, 15 und die Vorauflagen; wie hier Schricker-Reinbothe vor § 1 Rdnr. 12; Häußer FuR 1980, 57, 60; Melichar S. 69). Die ZPÜ kassiert den Vergütungsanspruch aus dem früheren § 53 Abs. 5 UrhG, jetzt § 54 Abs. 1 UrhG. Einzelheiten s. § 54 Bem. 3. Die Verwaltung der ZPÜ obliegt der GEMA. Der Gesellschaftsvertrag der ZPÜ ist bei Hillig[5] S. 269 abgedruckt. – Nach dem gleichen Prinzip hat sich inzwischen ferner die **Zentralstelle Bibliothekstantieme (ZBT)** aus VG Wort, VG Bild-Kunst und GEMA gebildet, deren Aufgabe die Geltendmachung der Vergütungsansprüche aus § 27 Abs. 1 UrhG ist. Die Geschäftsführung dieser Gesellschaft liegt bei der VG Wort. Ihr Gesellschaftsvertrag und die Gesamtverträge mit Bund und Ländern sind bei Hillig[5] S. 220 bzw. S. 213 nachzulesen. Endlich gibt es noch die **Zentralstelle Fotokopieren an Schulen (ZFS)**, deren Geschäfte ebenfalls die VG Wort führt (Gesellschaftsvertrag: Hillig[5] S. 222), die bei der GEMA domizilierende **Zentralstelle für Videovermietung (ZVV)** (Gesellschaftsvertrag GEMA-Jahrbuch 1991, S. 313) und die **Zentralstelle für die Wiedergabe von Fernsehwerken (ZWF)** aus VG Bild-Kunst, VGF und GWFF. Auch die **ARGE DRAMA**, die GEMA und VG Wort zur Geltendmachung von Kabelrechten an Bühnenwerken im Ausland gebildet haben, ist hier zu erwähnen (vgl. GEMA-Jahrbuch 1991 S. 273). **4**

Die früher beim Börsenverein des deutschen Buchhandels e.V. in Frankfurt bestehende *Inkassostelle für urheberrechtliche Vervielfältigungsgebühren GmbH,* die den Vergütungsanspruch des § 54 Abs. 2 a.F. UrhG geltend machte, ging nach der Einführung der Bibliothekstantieme (§ 27 UrhG Bem. 1) auf die *VG Wissenschaft GmbH* über, die inzwischen mit der VG Wort fusioniert hat (Einl. 2). Vgl. Ulmer GEMA-Nachr. Nr. 108 (1978) S. 99, 103. **5**

Die **VG Musikedition** – Verwertungsgesellschaft zur Wahrnehmung von Nutzungsrechten an Editionen (Ausgaben) von Musikwerken r.V. – nimmt für die Inhaber von Rechten aus den §§ 70, 71 UrhG deren Rechte und Vergütungsansprüche in etwa gleichem Umfang wie die GEMA, allerdings unter Einschluß der Nachdruckrechte, wahr (früherer Name: Interessengemeinschaft Musikwissenschaftlicher Herausgeber und Verleger – IMHV). Vgl. den Zulassungsbescheid des Deutschen Patentamts UFITA 51 (1968), 173. Ihre Satzung findet sich bei Hillig[5] S. 239 *Anschrift:* Königstor 1, 34117 Kassel. **6**

Die **VG Bild-Kunst r.V.** nimmt für bildende Künstler (Berufsgruppe I), für Fotografen und Graphikdesigner (Berufsgruppe II) und für Filmurheber und -hersteller (Berufsgruppe III) deren Vergütungsansprüche aus den §§ 27, 46, 49, 54 Abs. 1 und 2 UrhG sowie bestimmte weitere Nutzungsrechte, vor allem einige Reproduktionsrechte (§§ 16, 17 UrhG) wahr, für die bildenden Künstler darüber hinaus das Folgerecht (§ 26 UrhG). Vgl. den Zulassungsbescheid des Deutschen Patentamts UFITA 56 (1970), 241. Ihre **Satzung** ist bei Hillig[5] S. 224 abgedruckt. *Anschrift:* Poppelsdorfer Allee 43, Bonn (Nebenstelle: Clara-Zetkin-Straße 105, 10117 Berlin). **7**

8 **Keine VerwGes.** ist die *Neue Zentralstelle der Bühnenautoren und Bühnenverleger GmbH* in Berlin. Diese Gesellschaft führt im Auftrage ihrer Gesellschafter die Prüfung der Abrechnungen der Bühnen sowie – bei speziellem Auftrag – das Inkasso von Bühnentantiemen aus, besitzt aber keine eigenen ihr zur Wahrnehmung übertragenen Nutzungsrechte. Sie ist also keine Parallelorganisation zur französischen SACD (Société des Auteurs et des Compositeurs Dramatiques), die eine echte VerwGes. ist. Die *Zentralstelle für Senderechte* ist inzwischen aufgelöst. Zu der lediglich vom Ausland aus tätigen *AGICOA* M. Schwarz FS Wolf Schwarz S. 75 und M. Vogel GRUR 1993, 513, 516.

9 Inzwischen haben sich neben der Berufsgruppe III der VG Bild-Kunst (Bem. 7), in der sich vor allem die Regisseure und die Filmemacher (sog. Jungfilmer) sammeln, mittlerweile noch vier (!) weitere VerwGes. im Filmbereich gebildet, nämlich die *VerwGes. der Film- und Fernsehproduzenten GmbH* (**VFF**) in München, die auch die Auftragsproduzenten der Fernsehanstalten zu ihren Mitgliedern zählt, die *Verwertungsgesellschaft für Nutzungsrechte an Filmwerken mbH* (**VGF**) in Wiesbaden mit den sog. Altfilmern, die von den Filmverleihern gegründete, vor allem die Rechte ausländischer Produzenten vertretende *Gesellschaft zur Wahrnehmung von Film- und Fernsehrechten mbH* (**GWFF**) mit Sitz in München, und schließlich die schon etwas ältere *Gesellschaft zur Übernahme und Wahrnehmung von Filmaufführungsrechten mbH* (**GÜFA**) in Düsseldorf mit Schwerpunkt Pornofilm. Die ersten drei konzentrieren sich bisher auf die Videogeräteabgabe aus § 53 Abs. 5 UrhG (jetzt Geräte- und Kassettenabgabe aus § 54 Abs. 1 UrhG), die letztere beschäftigt sich bisher vor allem mit den Rechten aus den §§ 19, 22, 27 UrhG. Überblick bei Häußer Mitt. 1984, 64, 66. Zur GÜFA s. Roeber UFITA 74 (1975), 109 und ferner UFITA 78 (1977), 174. Die Satzungen aller dieser VerwGes. sind bei Hillig[5] S. 247–268 abgedruckt. *Anschriften:* VFF Widenmayerstraße 32, 80538 München; VGF Langenbeckstraße 9, 65189 Wiesbaden; GWFF Brienner Straße 1, 80333 München; GÜFA Vautierstraße 72, 40235 Düsseldorf.

10 Wir haben noch in der 5. Auflage verfassungsrechtliche Bedenken gegen die Einführung der Erlaubnispflicht, der staatlichen Fachaufsicht und der Zwangs-Schiedsgerichtsbarkeit durch das WahrnG erhoben. Seine Regelungen schienen uns ein Beispiel für die Tendenz der Legislative zu sein, nahezu jeden Lebensvorgang gesetzlich zu regeln und den Staatsbürger auf allen Tätigkeitsgebieten zu bevormunden, ohne zu bedenken, daß die Decke des Rechts, wenn sie zu schwer wird, die Freiheit nicht mehr schützt, sondern erstickt. Die Zeit ist darüber hinweggegangen. GEMA und GVL haben die 1966 eingereichte Verfassungsbeschwerde später zurückgenommen. Zwar bleibt der Zweifel, ob das WahrnG überhaupt nötig war. Aber es ist doch nicht zu verkennen, daß es in seiner derzeitigen Gestalt jedenfalls praktikabel ist, zumal nachdem die wenig glückliche Regelung der §§ 14, 15 über das Schiedsstellen-Verfahren im ÄndG vom 24. 5. 1985 durch eine Neuregelung der §§ 14–16 ersetzt wurde, mit den §§ 13 Abs. 3 und 13 b Klarstellungen erfolgten, die den VerwGes. künftig die Prozeßführung erleichtern sollen, und mit § 20 a eine Handhabe geschaffen wurde, im Bereich des § 54 Abs. 1 und 2 UrhG auch die vergütungspflichtigen Importeure besser zu erfassen. Das Gesetz bietet einerseits eine tragfähige Grundlage für die Arbeit der VerwGes., andererseits aber auch Aufsichtsbefugnisse, die ausreichen, um etwaige Mißbräuche gar nicht erst entstehen zu lassen. Daß die grundsätzli-

che Kritik am WahrnG mittlerweile verstummt ist, dürfte freilich in erster Linie seiner Handhabung durch das Deutsche Patentamt zu danken sein, das seine Aufgabe vor allem darin sieht, den Beteiligten bei der Lösung entstehender Probleme zu helfen und Konflikte möglichst zu entschärfen, und sich dieser Aufgabe zugleich mit Behutsamkeit und Einsatzfreude widmet.
Umso weniger verständlich ist die Kritik von Rehbinder DVBl. 1992, 216, der aus theoretischen Ansätzen den Vorwurf konstruiert, die meisten deutschen VerwGes. verstießen in ihren Satzungen und Wahrnehmungsverträgen derart gegen das geltende Recht, daß die Untätigkeit des Deutschen Patentamts als Aufsichtsbehörde gegenüber solchen Verstößen ein „ganz offensichtlicher" Kontrollmangel sei (dagegen schon Nordemann GRUR 1992, 584).

Die Regelungen des WahrnG werden durch das **Europäische Gemeinschaftsrecht** beeinflußt. Schon 1971 hat die Kommission die Beschränkung des Wahrnehmungszwangs der VerwGes. auf Deutsche in § 6 für wirkungslos erklärt (vgl. § 6 Bem. 2). Seither ist die praktische Arbeit der VerwGes. immer wieder durch Entscheidungen des EuGH auf ihre Vereinbarkeit mit dem Gemeinschaftsrecht überprüft worden (Überblick bei Gunnar Karnell GRUR Int. 1991, 583; vgl. auch Kreile/Becker ZUM 1992, 581; Erich Schulze FS Reichardt S. 193; Martin Vogel GRUR 1993, 513, 531; vor allem aber die ganz dem Thema „Die VerwGes. im Europäischen Binnenmarkt" gewidmete, von Jürgen Becker herausgegebene FS Kreile – Lit.Verz. –). Auch eine – wünschenswerte – weitgehende Harmonisierung der Tätigkeit der VerwGes. in den Mitgliedsländern der EG wird freilich am Grundsatz der nationalen Rechtewahrnehmung nichts ändern können; ein sinnvolles Inkasso und eine angemessene Verteilung der Erträgnisse lassen sich ohne Berücksichtigung lokaler und/oder nationaler Besonderheiten kaum durchführen. 11

Erster Abschnitt · **Erlaubnis zum Geschäftsbetrieb**

§ 1 Erlaubnispflicht

(1) Wer Nutzungsrechte, Einwilligungsrechte oder Vergütungsansprüche, die sich aus dem Urheberrechtsgesetz vom 9. September 1965 (Bundesgesetzbl. I S. 1273) ergeben, für Rechnung mehrerer Urheber oder Inhaber verwandter Schutzrechte zur gemeinsamen Auswertung wahrnimmt, bedarf dazu der Erlaubnis, gleichviel, ob die Wahrnehmung in eigenem oder fremdem Namen erfolgt.

(2) Absatz 1 ist auf die gelegentliche oder kurzfristige Wahrnehmung der bezeichneten Rechte und Ansprüche nicht anzuwenden.

(3) Wer ohne die nach Absatz 1 erforderliche Erlaubnis tätig wird, kann die ihm zur Wahrnehmung anvertrauten Rechte oder Ansprüche nicht geltend machen. Ihm steht das Antragsrecht nach § 109 des Urheberrechtsgesetzes nicht zu.

(4) Übt eine juristische Person oder eine Personengemeinschaft die in Absatz 1 bezeichnete Tätigkeit aus, so ist sie Verwertungsgesellschaft im Sinne dieses Gesetzes. Übt eine einzelne natürliche Person die in Absatz 1 bezeichnete Tätigkeit aus, so sind auf sie die in diesem Gesetz für Verwertungsgesellschaften getroffenen Bestimmungen sinngemäß anzuwenden.

1 Die Bestimmung betrifft **natürliche oder juristische Personen,** letztere ohne Rücksicht auf ihre Rechtsform und Ausgestaltung. Demnach können nicht nur Vereine, sondern auch Handelsgesellschaften (AG, GmbH, OHG, KG) VerwGes. sein. Auch einzelne Bühnenagenten, die sich bestimmte Urheberbefugnisse zur kollektiven Wahrnehmung übertragen lassen, fallen unter das Gesetz (vgl. VGH München Bl. PMZ 1978, 261 = Schulze VG 13). **Vereinigungen von VerwGes.** zur gemeinsamen Wahrnehmung der ihnen anvertrauten Rechte und Ansprüche sind keine VerwGes. und daher nicht erlaubnispflichtig (vgl. Einl. 4). Eine internationale Vereinigung von VerwGes. zur gemeinsamen Wahrnehmung von Rechten wäre erlaubnispflichtig, wenn sie in Deutschland als solche tätig werden sollte. – Die Erlaubnis bezieht sich auf die Tätigkeit als VerwGes. schlechthin, nicht auf die Wahrnehmung einzelner Rechte und Ansprüche. Erweitert eine VerwGes. ihren Rechtekatalog oder fusioniert sie mit einer anderen (was auf dasselbe hinausläuft), so hat sie die Aufsichtsbehörde nur zu unterrichten (§ 20). Diese prüft dann, ob die VerwGes. insoweit *ordnungsgemäß* (§ 19 Abs. 1) handelt. Gleiches gilt für die Bildung von **Tochtergesellschaften,** wie sie einige VerwGes. für soziale Zwecke geschaffen haben. Nur soweit diese Rechte wahrnehmen, sind sie als VerwGes. gesondert erlaubnispflichtig.

2 Es muß sich um die **Wahrnehmung von Nutzungsrechten** im weiteren Sinne (also nicht nur solche des § 31 UrhG, sondern auch die Leistungsschutzrechte der §§ 70, 71, 85, 87, 94), von **Einwilligungsrechten** (z. B. §§ 23, 34 Abs. 1, 35, 74ff. UrhG) oder von **Vergütungsansprüchen** handeln (z. B. §§ 26, 27, 36, 46 Abs. 4, 47 Abs. 2, 49 Abs. 1, 52 Abs. 1 u. 2, 54 Abs. 1 u. 2, 76 Abs. 2, 77 UrhG usw.). Zu den Vergütungsansprüchen rechnen auch Schadenersatzansprüche in Geld wegen der Verletzung des Urheberrechts, eines verwandten Schutzrechts oder eines Nutzungsrechts (§ 97 UrhG) sowie der Ablösungsanspruch aus § 101. Auch Bereicherungsansprüche wegen Verletzung von Persönlichkeitsrechten kommen in Betracht (vgl. BGH GRUR 1987, 128 *NENA* und OLG Hamm NJW-RR 1987, 232). – Ungeachtet des zu engen Wortlauts des Abs. 1 *für Rechnung mehrerer Urheber oder Inhaber verwandter Schutzrechte* ist die Wahrnehmungsbefugnis der VerwGes. nicht auf diesen Personenkreis beschränkt. Das ergibt sich schon daraus, daß Aufbau und Organisation der GEMA (Einl. 1) dem Gesetzgeber zum Vorbild gedient haben (Haertel UFITA 50 [1967], 7; Hübner/Stern GEMA-Nachr. Nr. 108 – 1978 – S. 85, 95), die GEMA aber schon immer Musikverleger zu Mitgliedern hatte. Das Deutsche Patentamt als Aufsichtsbehörde hat demgemäß weder bei der Erteilung der Erlaubnis an die VerwGes., die auch Verwerter als Mitglieder aufnehmen, noch anläßlich einer Aufsichtsbeschwerde des Komponisten Peter Ruzicka und anderer insoweit Anlaß zu Bedenken gesehen (Bescheid vom 6. 6. 1977, UFITA 81 [1978], 348, 357f.); auch der Bundesgerichtshof setzt die Zulässigkeit dieser Organisationsform voraus (BGHZ 55, 381 *UFA-Musikverlage*). Anders als bei Verwertern, die Rechte an bestimmten einzelnen Werken wahrnehmen und stets neben deren Urhebern an der VerwGes. beteiligt sind, wäre jedoch die Zulassung von Zessionaren, die das ganze Oeuvre eines oder gar mehrerer Urheber vertreten, mit Abs. 1 nicht mehr vereinbar (§ 6 Bem. 3f.).

3 Das WahrnG kommt ferner nur zur Anwendung, wenn es sich um die Wahrnehmung von Rechten mehrerer Berechtigter handelt (der Generalbe-

vollmächtigte eines einzelnen Urhebers bedarf also keiner Erlaubnis) und wenn die Wahrnehmung **zur gemeinsamen Auswertung** geschieht. Letzteres trifft dann zu, wenn der Wahrnehmungsberechtigte über die ihm anvertrauten Rechte pauschal verfügt, z. B. durch Aufstellung von einheitlichen Tarifen, durch Abschluß von Tarifverträgen, durch Einräumung von Nutzungsrechten am Gesamtrepertoire usw. Daß er nur Pauschalabmachungen treffe, ist dabei nicht erforderlich. Verlage oder Bühnenvertriebe nehmen zwar die Rechte mehrerer Urheber wahr, vergeben dabei aber jedes ihnen anvertraute Recht individuell, so daß sie nicht als VerwGes. anzusehen sind.

Abs. 2 stellt klar, daß nur die **geschäftsmäßige** Wahrnehmung erlaubnis- **4**
pflichtig ist. Ein Schallplattenproduzent wird also nicht zur VerwGes., wenn er die ihm etwa übertragenen Rechte mehrerer ausübender Künstler gegen Entgelt unter Beteiligung der Künstler weiterüberträgt, obwohl er dabei, streng genommen, diese Rechte „gemeinsam auswertet". Im Streitfalle ist der Wahrnehmende, da Abs. 2 eine Ausnahme von Abs. 1 darstellt, dafür beweispflichtig, daß er nicht geschäftsmäßig gehandelt hat.

Die **fehlende Erlaubnis** macht die in Wahrnehmung der Rechte getroffenen **5**
Verfügungen keineswegs unwirksam. Da die Einräumung bzw. Übertragung der Rechte an den Wahrnehmenden sich nur nach dem UrhG richtet (§§ 31ff., 78 u. a.), ist sie ohne Rücksicht auf § 1 wirksam; ebenso wirksam ist eine etwaige Weiterübertragung durch den Wahrnehmenden an Dritte. Lediglich die Geltendmachung der wahrzunehmenden Rechte ist ohne Erlaubnis nicht möglich (Abs. 3). Die GEMA könnte also selbst dann, wenn sie keine Erlaubnis nach § 1 besäße, wirksam Aufführungserlaubnisse für ihr Repertoire erteilen; sie wäre lediglich gehindert, ungenehmigte Aufführungen von Werken ihres Repertoires zu verfolgen.

Die **Zahl** der VerwGes. ist unbeschränkt. Es ist also denkbar, daß mehrere **6**
VerwGes. auf dem gleichen Gebiet nebeneinander bestehen, wie dies das Beispiel der Film-VerwGes. mittlerweile zeigt (Einl.Bem. 7, 9).

§ 2 Erteilung der Erlaubnis

Die Erlaubnis wird auf schriftlichen Antrag von der Aufsichtsbehörde (§ 18 Abs. 1) erteilt. Dem Antrag sind beizufügen:

1. **die Satzung der Verwertungsgesellschaft,**
2. **Angaben über Namen, Anschrift und Staatsangehörigkeit der nach Gesetz oder Satzung zur Vertretung der Verwertungsgesellschaft berechtigten Personen,**
3. **eine Erklärung über die Zahl der Personen, welche die Verwertungsgesellschaft mit der Wahrnehmung ihrer Nutzungsrechte, Einwilligungsrechte oder Vergütungsansprüche beauftragt haben, sowie über Zahl und wirtschaftliche Bedeutung der der Verwertungsgesellschaft zur Wahrnehmung anvertrauten Rechte und Ansprüche.**

Neben der Erlaubnis aus § 2 ist für Handelsgesellschaften und gewerbetreibende natürliche Personen die Anmeldung bei der zuständigen Ordnungsbehörde (§ 14 GewO), für Vereine die staatliche Verleihung erforderlich, da es sich stets um eine wirtschaftliche Tätigkeit handelt (§ 22 BGB). Bei der GmbH und den Personalgesellschaften wird die Satzung durch den Gesellschaftsvertrag ersetzt (Begr. S. 16), der jedoch den Vorschriften der §§ 6ff.

entsprechen muß. Bei natürlichen Personen entfällt das Erfordernis der Satzung; an ihre Stelle treten der Berechtigungsvertrag (§ 6 Bem. 8), die Grundsätze des Verteilungsplans (§ 7 Satz 3) und die Regelung der Vertretung der Berechtigten (§ 6 Abs. 2). Vgl. Häußer FuR 1980, 57, 60 und Schricker-Reinbothe Rdnr. 3.

§ 3 Versagung der Erlaubnis

(1) Die Erlaubnis darf nur versagt werden, wenn

1. die Satzung der Verwertungsgesellschaft nicht den Vorschriften dieses Gesetzes entspricht,

2. Tatsachen die Annahme rechtfertigen, daß eine nach Gesetz oder Satzung zur Vertretung der Verwertungsgesellschaft berechtigte Person die für die Ausübung ihrer Tätigkeit erforderliche Zuverlässigkeit nicht besitzt, oder

3. die wirtschaftliche Grundlage der Verwertungsgesellschaft eine wirksame Wahrnehmung der ihr anvertrauten Rechte oder Ansprüche nicht erwarten läßt.

(2) Die Versagung der Erlaubnis ist zu begründen und der Verwertungsgesellschaft zuzustellen.

1 Aus **Abs. 1 Nr. 1** folgt, daß die VerwGes. jedenfalls *auch* für Urheber tätig werden muß, soweit sie Urheberrechte wahrnimmt (§ 1 Abs. 1). VGF und GWFF hätten deshalb nicht zugelassen werden dürfen (Martin Vogel GRUR 1993, 513, 516).

2 **Bei Abs. 1 Nr. 2** muß es sich um konkrete Tatsachen handeln, wie Vorstrafen wegen Vermögensdelikten oder Verbrechen gleich welcher Art, das Verschulden oder Mitverschulden des Betroffenen am Konkurs einer anderen Gesellschaft oder Einzelfirma. Charakterliche Mängel sind als solche nicht wie Tatsachen feststellbar und daher kein Grund für die Annahme mangelnder Zuverlässigkeit. Die Tatsachen müssen den Betroffenen gerade für die Ausübung dieser Tätigkeit als unzuverlässig erscheinen lassen. Wer wegen Verstoßes gegen die GewO die Erlaubnis zur Ausübung des Versteigerungsgewerbes verloren hat, ist nicht schon deswegen für die Leitung einer VerwGes. als unzuverlässig anzusehen. Andererseits genügt es, daß die Tatsachen die „Annahme" der Unzuverlässigkeit „rechtfertigen"; daß sie die Unzuverlässigkeit zwingend ergeben, ist nicht erforderlich. Der Erlaubnisbehörde steht also praktisch ein gewisser Ermessensspielraum bei der Anwendung des Abs. 1 Nr. 2 zur Seite. Vgl. § 19 Abs. 4 (dort Bem. 2d).

3 Auch **Abs. 1 Nr. 3** läßt der Erlaubnisbehörde eine angemessene Freiheit der Beurteilung. Es genügt, daß die wirtschaftliche Grundlage der VerwGes. die wirksame Wahrnehmung „nicht erwarten läßt". Eine wirksame Wahrnehmung dürfte frühestens dann gewährleistet sein, wenn genügend Mittel vorhanden sind, um die Verwaltungskosten zu decken; eine reibungslos funktionierende Verwaltung ist die Grundvoraussetzung für die treuhänderische Wahrnehmung der Rechte Dritter. – Abs. 1 Nr. 3 darf nicht als Bremse gegen Neugründungen mißbraucht werden, da eine sich neu bildende VerwGes. zumeist noch wenig Mitglieder und damit wenig Finanzkraft besitzt. Dem Vorhandensein genügender Mittel zur Deckung der Verwaltungskosten muß es daher gleichstehen, wenn nach der Satzung und einem etwa bestehenden Finanzierungsplan zu erwarten ist, daß die Einnahmen der VerwGes. nach einer gewissen Anlaufzeit die Verwaltungskosten nicht nur decken, sondern diese nicht unerheblich übersteigen werden. Andererseits muß den Mindestanforderungen genügt sein, die sich aus dem WahrnG ergeben. Kann eine VerwGes. überhaupt keine Angabe nach § 2 Nr. 3 machen, so kann auch nicht von einer wirksamen Wahrnehmung im Sinne von § 3 Abs. 1 Nr. 3 gesprochen werden (VGH München Bl. PMZ 1978, 261, 262 = Schulze VG 13).

Kein Versagungsgrund ist die Tatsache, daß schon eine gleichartige VerwGes. besteht, da das WahrnG kein Monopol kennt (vgl. § 1 Bem 6). Allerdings könnte die Wahrnehmung gleicher Rechte durch mehrere VerwGes. nebeneinander zu einer entsprechenden Vervielfachung der Kosten führen und die Wahrnehmung damit unwirtschaftlich machen, was einen Versagungsgrund nach Nr. 3 entstehen lassen würde (vgl. Einl. 9). Auch der Sitz der VerwGes. im Ausland ist unschädlich (anders noch § 4 Abs. 1 RefE). 4

Die Versagung der Erlaubnis (Abs. 2) ist ein **Verwaltungsakt,** der nach den Vorschriften der VwGO zunächst mit dem Widerspruch beim Patentamt (§ 68 VwGO) und dann mit der Anfechtungs- und Verpflichtungsklage zum Verwaltungsgericht München als dem für den Sitz des Patentamts zuständigen Gericht angefochten werden kann (§§ 42, 74, 52 Nr. 2 VwGO). Dem Begründungszwang ist nur genügt, wenn das Patentamt im Falle des Abs. 1 Nr. 1 die Mängel der Satzung, im Falle des Abs. 1 Nr. 2 die Tatsachen, im Falle des Abs. 1 Nr. 3 die Gründe im einzelnen genau angibt, die zur Versagung geführt haben. – Die Zustellung richtet sich nach dem VwZG (Sartorius 110). 5

§ 4 Widerruf der Erlaubnis

(1) Die Erlaubnis ist zu widerrufen, wenn

1. einer der Versagungsgründe des § 3 Abs. 1 bei Erteilung der Erlaubnis der Aufsichtsbehörde nicht bekannt war oder nachträglich eingetreten ist und dem Mangel nicht innerhalb einer von der Aufsichtsbehörde zu setzenden Frist abgeholfen wird oder

2. die Verwertungsgesellschaft einer der ihr nach diesem Gesetz obliegenden Verpflichtungen trotz Abmahnung durch die Aufsichtsbehörde wiederholt zuwiderhandelt.

(2) Der Widerruf der Erlaubnis ist zu begründen und der Verwertungsgesellschaft zuzustellen. Der Widerruf wird drei Monate, nachdem er unanfechtbar geworden ist, wirksam, wenn darin kein späterer Zeitpunkt festgesetzt ist.

Der Widerruf beseitigt die Erlaubnis nur für die Zukunft, und zwar vom Zeitpunkt seines Wirksamwerdens ab (Abs. 2). Das gilt auch dann, wenn die Erlaubnis gar nicht erst hätte erteilt werden dürfen (Abs. 1 Nr. 1 in Verbindung mit § 3 Abs. 1). 1

Die **Frist** des **Abs. 1 Nr. 1** muß angemessen sein. Da die Fristsetzung ihrerseits einen anfechtbaren Verwaltungsakt darstellt, ist die Widerspruchsfrist des § 70 VwGO (1 Monat nach Zustellung) als untere Grenze der Befristung anzusehen. Die Fristsetzung bleibt zunächst wirkungslos, wenn die betroffene VerwGes. von dem Anfechtungsrecht nach der VwGO Gebrauch macht, etwa mit der Begründung, ein zu behebender Mangel liege nicht vor, oder die Frist sei unangemessen kurz. In diesem Falle darf trotz 2

Fristablaufs kein Widerruf erfolgen, bevor die angefochtene Verfügung unanfechtbar (Bem. 4) geworden ist. In dringenden Fällen kann das Patentamt allerdings die sofortige Vollziehung seiner Verfügung anordnen; dann müssen jedoch die besonderen Voraussetzungen des § 80 VerwGO vorliegen.

3 **Abs. 1 Nr. 2** setzt voraus, daß der gleiche Verstoß sich mindestens zweimal ereignet. Mehrere Verstöße verschiedener Art ermöglichen den Widerruf auch dann nicht, wenn das Patentamt etwa eine allgemeine Abmahnung ausspricht, die VerwGes. möge sich „in Zukunft gesetzestreu verhalten". Das wäre eine rechtlich bedeutungslose Ermahnung, aber keine Abmahnung im Sinne der Bestimmung. Auch die Abmahnung ist ein anfechtbarer Verwaltungsakt, den die VerwGes. mit der Begründung anfechten kann, ein Verstoß habe nicht vorgelegen oder der Grundsatz der Verhältnismäßigkeit sei verletzt, weil der Verstoß so geringfügig sei, daß eine Abmahnung nicht als das angemessene Mittel zum angemessenen Zweck angesehen werden könne. Vor Eintritt der Unanfechtbarkeit (Bem. 4) der Abmahnung kann daher ein Widerruf nicht ausgesprochen werden. – Als „Zuwiderhandlung" ist auch das Unterlassen einer nach dem Gesetz gebotenen Handlung, das pflichtwidrige Nichtstun, anzusehen.
– Der *Fall Ruzicka* (DPA UFITA 81 [1978], 348) hat Anlaß zu der Frage gegeben, ob die Aufsichtsbehörde mit Abs. 2 die Änderung einer Satzungsbestimmung, z. B. der Grundsätze des Verteilungsplans (§ 7 Satz 3), erzwingen kann, wenn diese Satzungsbestimmung bei der Erlaubniserteilung von ihr nicht beanstandet worden war (vgl. § 3 Abs. 1 Nr. 1). Hübner/Stern, GEMA-Nachr. Nr. 108 (1978) S. 85, 88 halten die Kontrollrechte der Aufsichtsbehörde mit der Erlaubniserteilung für verbraucht; die VerwGes. müsse Vertrauensschutz für die Rechtmäßigkeit ihrer Tätigkeit in Anspruch nehmen können. Wir halten das weder mit § 134 BGB noch mit Wesen und Funktion der in § 19 angeordneten Aufsicht für vereinbar. Eine Satzungsbestimmung, mit der gegen eine gesetzliche Verpflichtung der VerwGes., also ein gesetzliches Ge- oder Verbot, verstoßen wird, ist nichtig (§ 134 BGB). Daran ändert eine irrig erteilte Erlaubnis der Verleihungs- oder Aufsichtsbehörde nichts. Die Aufsichtsbehörde kann ihrer Verpflichtung zur dauernden Kontrolle der VerwGes. auf Einhaltung ihrer Verpflichtungen aus dem WahrnG zudem nur nachkommen, wenn ihr durch den Erlaubnisbescheid, bei dessen Erlaß sie eine mögliche Kollision von Gesetz und Satzung noch nicht übersehen konnte oder übersehen hat, nicht auf Dauer die Hände gebunden sind. Der der VerwGes. zuzubilligende Vertrauensschutz gebietet lediglich eine angemessen lange Frist für die Änderung der fraglichen Satzungsbestimmung (ebenso Schricker-Reinbothe Rdnr. 6).

4 **Unanfechtbar** sind Widerruf, Fristsetzung (Bem. 2) und Abmahnung (Bem. 3), wenn nicht rechtzeitig Widerspruch eingelegt oder gegen dessen Zurückweisung nicht fristgemäß Klage erhoben wird, oder wenn die VerwGes. im Verwaltungsstreitverfahren rechtskräftig unterlegen ist.

§ 5 Bekanntmachung

Die Erteilung der Erlaubnis und ein nach § 4 Abs. 2 wirksam gewordener Widerruf sind im Bundesanzeiger bekanntzumachen.

Zum Wirksamwerden des Widerrufs vgl. § 4 Bem. 4.

Zweiter Abschnitt
Rechte und Pflichten der Verwertungsgesellschaft

Vorbemerkung

Die VerwGes. sehen sich einem **doppelten Kontrahierungszwang** ausgesetzt: Sie sind gegenüber den Urhebern und Inhabern verwandter Schutzrechte dem Wahrnehmungszwang aus § 6, gegenüber den Verwertern aller Art dem Abschlußzwang aus § 11 unterworfen. Der Abschlußzwang besteht, da jedermann als Benutzer geschützter Werke und Leistungen in Betracht kommt, gegen jeden und ist nur an die notwendige Voraussetzung geknüpft, daß es sich um Werke oder Leistungen aus dem Repertoire der betroffenen VerwGes. handelt (Ausnahme: entgegenstehende berechtigte Interessen, § 11 Bem. 2 und § 12 Bem. 2). Dagegen ist der Wahrnehmungszwang des § 6 nur gegeben, wenn eine Reihe besonderer Voraussetzungen erfüllt ist.

§ 6 Wahrnehmungszwang

(1) Die Verwertungsgesellschaft ist verpflichtet, die zu ihrem Tätigkeitsbereich gehörenden Rechte und Ansprüche auf Verlangen der Berechtigten zu angemessenen Bedingungen wahrzunehmen, wenn diese Deutsche im Sinne des Grundgesetzes sind oder ihren Wohnsitz im Geltungsbereich dieses Gesetzes haben und eine wirksame Wahrnehmung der Rechte oder Ansprüche anders nicht möglich ist.

(2) Zur angemessenen Wahrung der Belange der Berechtigten, die nicht als Mitglieder der Verwertungsgesellschaft aufgenommen werden, ist eine gemeinsame Vertretung zu bilden. Die Satzung der Verwertungsgesellschaft muß Bestimmungen über die Wahl der Vertretung durch die Berechtigten sowie über die Befugnisse der Vertretung enthalten.

Der Bewerber muß der VerwGes. zur Wahrnehmung Rechte und Ansprüche **1**
antragen, die zu ihrem **Tätigkeitsbereich** gehören. Der Tätigkeitsbereich ergibt sich aus den Satzungen der VerwGes. und dem Erlaubnisbescheid nach §§ 1, 2. Es muß sich also um Rechte und Ansprüche handeln, die das UrhG gewährt (vgl. § 1 Bem. 2) und die gerade von dieser VerwGes. satzungsgemäß wahrgenommen werden. Einen Anspruch des Berechtigten gegen die VerwGes., auch Rechte wahrzunehmen, welche die Satzung nicht vorsieht, gibt § 6 nicht. – **Nicht VerwGes. überlassen** werden gegenwärtig u. a.:

a) Die sogenannten großen Rechte an Bühnenwerken **(Bühnenaufführungsrechte).** Diese befinden sich in Händen der Bühnenautoren oder Bühnenverleger und bedürfen der individuellen Geltendmachung. Kein Bühnenunternehmer ist daher berechtigt, von Bühnenverlegern oder Autoren aus § 11 die Übertragung des Aufführungsrechtes zu fordern, da weder der Bühnenverleger noch der Bühnenautor eine VerwGes. im Sinne von § 1 ist (§ 1 Bem. 3).

b) Die **Senderechte** an Bühnenwerken und solchen anderen Sprachwerken, die nicht mit Musik verbunden sind (wie Romane, Erzählungen, Novellen, Gedichte, Vorträge, Reden usw.); bei den letzteren gibt es allerdings schon eine Ausnahme für kurze Sendungen und ausländische Kabelnetze (VG Wort).

c) Die **mechanischen Rechte** an den genannten Werken, die ebenso wie die Senderechte bisher von den Verlegern und Autoren selbst wahrgenommen werden, mit Ausnahme der Tonträgerrechte an musikdramatischen Werken, die die GEMA für die Musikverleger wahrnimmt; die Nettoeinnahmen daraus werden zur Weiterverteilung nach dem jeweiligen Vertragsschlüssel voll an diese ausgeschüttet. Im übrigen wird auch hier die VG Wort inzwischen für Teilbereiche tätig.

d) Die **Verfilmungsrechte** an den genannten Werken. (Hinsichtlich der sog. Filmherstellungsrechte s. Berechtigungsvertrag der GEMA § 1i, Schulze, Urheberrecht in der Musik[5] S. 222).

e) Die Vervielfältigungs- und Verbreitungsrechte **(graphische Vervielfältigung),** insbesondere die Verlagsrechte an Sprachwerken, Musikwerken usw. Auch diese bedürfen der individuellen verlegerischen Betreuung und sind für eine Kollektivwahrnehmung ungeeignet. Eine Ausnahme macht nur die VG Bild-Kunst für gewisse Reproduktionsrechte (Einl. 7).

2 Wer **Deutscher** im Sinne des Grundgesetzes ist, bestimmt Art. 116 GG (vgl. § 120 UrhG Bem. 2–5). **Ausländer** und Staatenlose haben nur dann Anspruch auf Wahrnehmung ihrer Rechte aus § 6, wenn sie ihren **Wohnsitz** in Deutschland haben. Wohnsitz ist der Ort, der den ständigen räumlichen Mittelpunkt der Lebensinteressen bildet; häufige Reisen, selbst monatelange Abwesenheit heben ihn nicht auf. Anhaltspunkt ist stets das Vorhandensein einer eigenen Wohnung; ein Untermietverhältnis genügt, wenn es sich nach den Umständen nicht nur um eine vorübergehende Unterkunft handelt (z. B. eigene Möblierung). Das Gesetz fordert nicht, daß der Ausländer seinen alleinigen Wohnsitz in der Bundesrepublik habe; eine Zweitwohnung genügt. Auch auf polizeiliche Anmeldungen, Aufenthaltserlaubnisse usw. kommt es nicht an. Sie sind nur ein Indiz für das Vorhandensein eines Wohnsitzes; ob jemand seinen Wohnsitz in der Bundesrepublik hat, entscheidet sich nur danach, ob er hier tatsächlich wohnt, nicht danach, ob dies mit behördlicher Kenntnis oder Billigung geschieht. Damit deckt sich § 6 im Ergebnis mit den §§ 122, 123, 124, 125 Abs. 5, 126 Abs. 3 UrhG, die für Staatenlose und Flüchtlinge an den *gewöhnlichen Aufenthalt* anknüpfen. Eine Synchronisation der Gesetzestexte wäre freilich wünschenswert gewesen. Einen sachlichen Unterschied zu der von Schricker-Reinbothe Rdnr. 8 gegebenen Definition des Wohnsitzes sehen wir übrigens nicht; auch der gewöhnliche Aufenthalt entsteht nicht zufällig, sondern durch bewußte Bestimmung eines Ortes zum räumlichen Schwerpunkt der Lebensinteressen.

Die Beschränkung des Wahrnehmungsanspruchs auf Deutsche und in der Bundesrepublik wohnende Nichtdeutsche haben wir in den ersten beiden Auflagen für **konventionsrechtlich** unbedenklich gehalten. Das ist so pauschal jedoch nicht zutreffend. V. Ungern-Sternberg (GRUR Int. 1973, 61, 64 zu Art. 4 RBÜ) macht mit Recht eine Einschränkung für verwertungsgesellschaftenpflichtige Rechte (§§ 26 – teilweise –, 27, 49, 54 UrhG). Wenn ein Recht nur durch eine VerwGes. geltend gemacht werden kann, muß diese einzige Möglichkeit allen Verbandsurhebern offenstehen; andernfalls

läge eine Kollision mit Art. 5 Abs. 1 und Abs. 2 Satz 1 RBÜ vor (so schon Nordemann/Vinck/Hertin Art. 5 RBÜ Bem. 2; inzwischen auch Schricker-Reinbothe Rdnr. 9 mit weiteren Nachweisen). Gleiches gilt für die Urheber aus den Mitgliedstaaten des WUA (Nordemann/Vinck/Hertin, Art. II WUA, Bem. 1) und für die Berechtigten aus allen anderen bi- und multilateralen Abkommen, die auf dem Prinzip der Inländerbehandlung beruhen, an denen die Bundesrepublik beteiligt ist. Da nicht angenommen werden kann, daß der Gesetzgeber des WahrnG sich bewußt über bindende Staatsverträge hinwegsetzen wollte, ist § 6 nach dem Grundsatz der konventionsfreundlichen Auslegung (Nordemann/Vinck/Hertin Einl. 33) dahin zu interpretieren, daß für verwertungsgesellschaftenpflichtige Rechte Wahrnehmungszwang auch zugunsten der Angehörigen solcher Staaten besteht, mit denen die Bundesrepublik Inländerbehandlung vereinbart hat (vgl. den Überblick für Urheber in § 121 UrhG Bem. 2–5, für Leistungsschutzberechtigte in § 125 Bem. 2b und §§ 126, 127 jeweils Bem. 1). Für Angehörige von Staaten der **Europäischen Gemeinschaft** ist die Beschränkung des § 6 auf Deutsche ganz gegenstandslos, d. h. auch insoweit, als es sich nicht um verwertungsgesellschaftenpflichtige Rechte und Ansprüche handelt (Kommission der Europäischen Gemeinschaft am 2. 6. 1971, GRUR Int. 1973, 86 = UFITA 65 [1972], 344 sowie am 2. 3. 1983, GRUR Int. 1983, 734 *GVL).*
Der Wahrnehmungszwang besteht **nicht zugunsten ausländischer VerwGes.** (Häußer Mitt. 1984, 64, 71). Sie können nicht nur nicht „Berechtigte" im Sinne der Bestimmung sein, wie Abs. 2 ergibt; vielmehr ist eine wirksame Vertretung ihrer Rechte und Ansprüche auch anders, nämlich über den Abschluß von Gegenseitigkeitsverträgen mit der oder den zuständigen deutschen VerwGes., möglich (vgl. nachfolgend Bem. 3).

Eine wirksame Wahrnehmung der Rechte oder Ansprüche muß **anders** 3
nicht möglich sein.

a) Das trifft zunächst für die Vergütungsansprüche aus §§ 26, 27, 49, 54 UrhG zu, die kraft gesetzlicher Vorschrift nur von einer VerwGes. wahrgenommen werden können.

b) Darüber hinaus gibt es eine Reihe von Rechten und Ansprüchen, die praktisch nur durch VerwGes. geltend gemacht werden können, wie das Recht der Rundfunk- und Fernsehwiedergabe aus § 22 UrhG, das Recht der Bild- und Tonträgerwiedergabe aus § 21 UrhG, das Vorführungsrecht des § 19 Abs. 4 UrhG, das Vortragsrecht aus § 19 Abs. 1 UrhG.

c) Bei manchen Rechten ist sowohl eine individuelle wie eine Kollektivwahrnehmung denkbar: z. B. bei dem mechanischen Vervielfältigungsrecht ausübender Künstler (§ 75 UrhG), aber auch einzelner Urheber (§ 16 Abs. 2 UrhG), bei dem Senderecht an Sprachwerken (§ 20 UrhG) usw. Tatsächlich bestehen hier auch in der praktischen Handhabung Unterschiede: Komponisten und Textautoren lassen manche Rechte kollektiv wahrnehmen, die bei den Wortschöpfern individuell ausgeübt werden. In diesen Fällen wird man zugunsten des Berechtigten, der sich auf § 6 beruft, danach zu entscheiden haben, ob die Wahrnehmung durch eine VerwGes. *üblich* ist (ebenso Schricker-Reinbothe Rdnr. 10).

d) Unerheblich ist es, ob die in Anspruch genommene VerwGes. die einzige auf diesem Gebiet tätige VerwGes. ist oder nicht. Wollte man zulassen, daß eine VerwGes. die Wahrnehmung von Rechten eines einzelnen mit der Begründung ablehnt, es sei ja noch eine weitere VerwGes. vorhanden, so könnte jede VerwGes. den Berechtigten an die andere verweisen mit dem Erfolg, daß keine von ihnen zur Wahrnehmung seiner Rechte verpflichtet wäre. Das Vorhandensein einer zweiten VerwGes. stellt also keine andere Möglichkeit der Wahrnehmung im Sinne des § 6 dar (a. M. Begr. S. 15; wie hier Schricker-Reinbothe Rdnr. 12).

e) Ebenso ist die Wahrnehmung anders nicht möglich, wenn es nur eine VerwGes. gibt, die die fraglichen Rechte wahrnimmt. Auf die theoretische Möglichkeit einer Neugründung braucht sich niemand verweisen zu lassen.

f) Inzwischen ist problematisch geworden, ob auch gegenüber Zessionaren, die sich Nutzungsrechte vom Urheber haben abtreten lassen, Wahrnehmungszwang besteht. Das Deutsche Patentamt nimmt das offenbar an (vgl. Beschluß vom 26. 10. 1981, UFITA 94 [1982], 364; vgl. auch Häußer Mitt. 1984, 64, 70). Dabei wird jedoch übersehen, daß die Wahrnehmung der betroffenen Rechte oder Ansprüche in diesen Fällen durchaus auf andere Weise möglich ist, nämlich dadurch, daß der Urheber sie selbst in die VerwGes. einbringt. Für die Zwischenschaltung Dritter gibt es keinen sachlichen, geschweige denn einen zwingenden („anders nicht *möglich“)* Grund. Eine VerwGes., die den Abschluß von Wahrnehmungsverträgen mit Zessionaren ablehnt, verstößt demgemäß nicht gegen § 6 und kann somit auch nicht von der Aufsichtsbehörde zu einer entsprechenden Satzungsänderung veranlaßt werden (a. M. Schricker-Reinbothe Rdnr. 11, wie hier M. Vogel GRUR 1993, 513, 517 f.; Mauhs S. 37 f.). Die Nichtberücksichtigung von Zessionaren liegt übrigens ebenso wie die Vorausabtretung (Bem. 6) und die Aufstellung von Verteilungsplänen nach festen Regeln (§ 7), die eine individuelle Abweichung ausschließen, im wohlverstandenen Interesse der Urheber, deren Schutz der Gesetzgeber auch mit dem WahrnG sicherstellen wollte (UFITA 46 [1965], 271, 273); sie verhindert, daß geschäftstüchtige Agenten, Manager, Produzenten, Verleger und andere Verwerter die Rechte von Urhebern gegen Pauschalabfindungen erwerben und sodann die Früchte fremden geistigen Schaffens ernten, wie das vor der Entstehung der VerwGes. weithin Praxis war (man denke nur an die sog. „Urheberscheine“, mit deren Hilfe selbst dem Textdichter von Johann Strauß' „Zigeunerbaron“, Ignatz Schnitzer, 1884 die Rechte um ganze 400 Gulden abgenommen wurden). Wenn die VerwGes. Zessionare aufnehmen müßten, wäre damit § 36 UrhG weitgehend außer Kraft gesetzt, der die Wiederkehr solcher Mißstände gerade ausschließen wollte (dort Bem. 1).

4 Der Anspruch ist auf **Wahrnehmung,** nicht auf Mitgliedschaft gerichtet (anders noch § 7 RefE). § 6 begründet also keinen Aufnahme-, sondern nur einen Wahrnehmungszwang. Die Erlangung von Gesellschafter- oder Mitgliedsrechten bleibt der internen Regelung durch die Satzung der VerwGes. überlassen.

5 Nach der Begr. (S. 16) sind als **angemessen** in der Regel die Bedingungen anzusehen, *die die Verwertungsgesellschaft auch ihren Mitgliedern auferlegt.* Das Schrifttum hat sich dem angeschlossen (Schulze Bem. 2; Samson UFITA 47 [1966], 1, 128 sowie die ersten beiden Auflagen). Diese Definition reicht jedoch nicht aus, weil sie nur diejenigen Wahrnehmungsberechtigten betrifft, die nicht Mitglieder der VerwGes. sind. Die Verpflichtung der VerwGes., die ihr übertragenen Rechte und Ansprüche der Berechtigten zu angemessenen Bedingungen wahrzunehmen, betrifft jedoch das Rechtsverhältnis des Berechtigten zu ihr in seiner Gesamtheit; der Gesetzgeber wollte nicht nur einen Teilbereich regeln, sondern ganz allgemein diejenigen, die mit den VerwGes. rechtliche Berührung haben würden, vor Machtmißbrauch schützen (Begr. S. 11). Das Rechtsverhältnis des Berechtigten zur VerwGes. bestimmt sich vor allem nach deren Satzung und nach den Verteilungsplänen. Sind diese nicht angemessen, so nimmt die VerwGes. die Rechte und Ansprüche des Berechtigten nicht zu angemessenen Bedingungen wahr. § 6 unterwirft also auch die an sich vereinsinterne Regelung der Mitgliedschaftsrechte und -pflichten einer – notfalls gerichtlichen – Angemessenheitskontrolle und beschränkt damit die Vereinsautonomie. An dieser schon in den Vorauflagen vertretenen Ansicht halten wir ungeachtet der Angriffe fest, die Reischl und Hübner/Stern in ihren der GEMA anläßlich des *Ruzicka-Verfahrens* erstatteten Rechtsgutachten dagegen gerichtet haben (GEMA-Nachr. Nr. 108, S. 79, 83 bzw. S. 85, 92). Entgegen Reischl bezieht sich § 6 Abs. 1 eben nicht „nach seinem völlig eindeutigen Wortlaut nur ... auf die Beziehungen zu solchen Berechtigten, die *nicht* Mitglieder der VerwGes. sind“: Abs. 1 spricht von den *Berechtigten* schlechthin, und erst Abs. 2 macht für seinen Regelungsbereich die Einschränkung auf die *Berechtigten, die nicht als Mitglieder ... aufgenommen werden.* Hübner/Stern, die unsere Auffassung sogar „unverständlich“ finden, übersehen nicht nur dies, sondern auch die Erläuterungen der Begr. (S. 15f.), die die Bedingungen der VerwGes. für ihre Mitglieder nur für *in der Regel* angemessen hält, also ihre Überprüfung gedanklich durchaus in den Regelungsbereich des § 6 einbezieht. Im übrigen wiederholt § 6 Abs. 1 mit dem Angemessenheitsgebot für alle Berechtigten, gleich ob sie Mitglieder werden oder nicht, nur Selbstverständliches: Sowohl die faktische Monopolstellung, die die bisherigen deutschen VerwGes. in ihrem Tätigkeitsbereich innehaben, als auch ihre Treuhandfunktion verböten ihnen auch ohne die Existenz des § 6 eine sachlich nicht gerechtfertigte Behandlung ihrer Mitglieder, insbesondere die Zumutung, auf ihnen rechtmäßig zustehende Ansprüche auch nur teilweise zu verzichten (vgl. BGHZ 13, 5, 11). Was aber nicht sachgerecht wäre, könnte auch nicht angemessen sein. Wie hier DPA UFITA 81 (1978), 348, 365 *Fall Ruzicka;* Häußer Mitt. 1984, 64, 69 sowie ausführlich in FS Roeber II S. 113; Schricker-Reinbothe Rdnr. 13; offenbar auch Ulmer GEMA-Nachr. Nr. 108, S. 99, 107; daß, wie letzterer mit Recht betont, der *Schwerpunkt* des § 6 bei den Pflichten der VerwGes. gegenüber Nichtmitgliedern liegt und *in der Regel* von den für Mitglieder geltenden Bedingungen ausgegangen werden kann, schränkt den Regelungsbereich des § 6 nicht ein.

Begriff der Angemessenheit. Angemessen sind die Bedingungen der VerwGes. für die Wahrnehmung der Rechte und Ansprüche von Berechtigten, wenn sie Art und Umfang dieser Rechte und Ansprüche entsprechen, d. h. wenn der Leistung des Berechtigten (Einbringung von Rechten und Ansprüchen) eine ihr entsprechende Gegenleistung der VerwGes. gegenübersteht (ebenso Häußer Mitt. 1984, 64, 69; Schricker-Reinbothe Rdnr. 13; vgl. auch Ruzicka FS Roeber II S. 355, 359). Die VerwGes. werden danach stets zu prüfen haben, ob dieses Angemessenheitsgebot in ihren Satzungen und Verteilungsplänen tatsächlich überall korrekt beachtet wird, ob also der 6

Berechtigte einen möglichst genau dem Umfang seiner eingebrachten Rechte entsprechenden Gegenwert erhält. Allerdings weist BGH GRUR 1988, 782, 783 *GEMA-Wertungsverfahren* zu Recht daraufhin, daß dies Schätzungen, Pauschalierungen und sonstige Vereinfachungen in der Berechnung nicht ausschließt, die die VerwGes. gegenüber allen Berechtigten in gleicher Weise im Interesse eines möglichst geringen Verwaltungsaufwands praktiziert; angemessen ist in der Tat nur, was verhältnismäßig ist, so daß Benachteiligungen in Einzelfällen, die nur mit unverhältnismäßigem Verwaltungsaufwand vermieden werden könnten, hinzunehmen sind. Deswegen kann den VerwGes. auch nicht generell (BGH a.a.O. sagt weitergehend *grundsätzlich nicht)* auferlegt werden, ihre Einnahmen jeweils nur entsprechend der Fassung des Verteilungsplans auszuschütten, die bereits vor der Werknutzung, aus der sie stammen, in Kraft war.

7 Vielfach enthalten Satzung oder Berechtigungsvertrag **Verjährungsklauseln** in dem Sinne, daß Ansprüche für zurückliegende Abrechnungsperioden nicht mehr geltend gemacht werden können. Das ist als angemessene Bedingung anzusehen, wenn und soweit der Verwaltungsaufwand im Vergleich zu dem der periodengerechten Abrechnung unverhältnismäßig hoch wäre und unbillige Härten vermieden werden, also bei geringfügigen Fristüberschreitungen gegen Zahlung einer Verspätungsgebühr die nachträgliche Aufnahme in das Abrechnungsverfahren erfolgt und bei unverschuldeter Verspätung eine Art Wiedereinsetzung gewährt wird (vgl. § 233 ZPO). Theoretisch können sich ferner Schwierigkeiten ergeben, wenn die VerwGes. in Verträgen mit Verwertern diese von Ansprüchen von Nichtmitgliedern freigestellt hat (vgl. § 13b Bem. 4) und solche Ansprüche dann nach Ablauf der Abrechnungsfristen erhoben werden (und nachgewiesen werden können). Hat der Berechtigte die Verfolgung seiner Ansprüche im Bewußtsein der Möglichkeit, daß sie bestehen könnten, jahrelang unterlassen oder den Beitritt zur VerwGes. in Kenntnis der Tatsache, daß etwaige Ansprüche von dieser für ihn wahrgenommen werden würden, abgelehnt, so wird ihm Verwirkung entgegengehalten werden können (vgl. § 102 UrhG Bem. 4), und zwar auch vom Verwerter, der sich seinerseits auf die rechtzeitige Geltendmachung von Ansprüchen durch die Berechtigten über die zuständige VerwGes. verlassen durfte. Für die Fälle, in denen Verwirkung ausnahmsweise ausscheidet, werden die VerwGes. Rückstellungen zu bilden haben.

8 Die Bedingungen werden im **Berechtigungs- oder Wahrnehmungsvertrag** festgelegt, den die VerwGes. mit dem Urheber abschließt. Dieser Vertrag ist ein urheberrechtlicher Nutzungsvertrag eigener Art, der Elemente des Auftrags, insbesondere bezüglich der treuhänderischen Rechtsübertragung (BGHZ 32, 67, 70 und BGH GRUR 1968, 321, 327 *Haselnuß;* BGH GRUR 1982, 308, 309 *Kunsthändler)* sowie des Gesellschafts-, des Dienst- und des Geschäftsbesorgungsvertrages (RGZ 87, 215, 218 *Afma)* enthält (BGH GRUR 1966, 568 *GELU* und BGH GRUR 1968, 321f. *Haselnuß;* vor § 31 UrhG Bem. 34). Die Zweckübertragungstheorie gilt auch für die Auslegung des Berechtigungsvertrages der VerwGes. (BGH *GELU* a.a.O.), dies allerdings unter Berücksichtigung seines besonderen Charakters als Treuhandvertrag (§§ 31/32 UrhG Bem. 40). Sein Kennzeichen ist stets die *Vorausabtretung* der von der VerwGes. wahrgenommenen Rechte an allen künftig noch zu schaffenden Werken des Urhebers (vgl. öst. OGH

UFITA 85 [1979], 351). Sie schützt den Urheber vor seiner eigenen Gutgläubigkeit, seinem eigenen Leichtsinn oder seiner eigenen Unerfahrenheit, indem sie die Einräumung von Rechten, die die VerwGes. für ihn wahrnimmt, gleich an welchen Verwerter (Auftraggeber, Produzent, Verleger usw.) rechtlich wirkungslos macht. Zur Gültigkeit der Vorausabtretung, soweit sie sich auf noch nicht bekannte Rechte im Sinne des § 31 Abs. 4 UrhG bezieht, s. dort Bem. 17. Erlischt der Berechtigungsvertrag, so bleibt die VerwGes. für die Ansprüche, die während seiner Dauer aus der Auswertung der ihr übertragenen Rechte entstanden sind, aktivlegitimiert (BGH GRUR 1982, 308, 309 *Kunsthändler*). Hat die VerwGes. dem Berechtigten ein bestimmtes Nutzungsrecht zur eigenen Wahrnehmung zurückübertragen oder ist es ihm von vornherein verblieben (der Berechtigungsvertrag der GEMA sieht ersteres für das sog. Filmherstellungsrecht, letzteres für das Recht zur Verwendung eines Werkes in der Werbung ausdrücklich vor), so kann es allerdings nur von diesem selbst wirksam erworben werden (OLG Hamburg GRUR 1991, 599, 600 *Rundfunkwerbung*). – Einzelheiten zum Wahrnehmungsvertrag bei Mauhs (Lit.Verz.).
– Im **Erbfall** kann auch einer von mehreren Erben wirksam einen Berechtigungsvertrag schließen (BGH GRUR 1982, 308, 310 *Kunsthändler*).

Die Ausdrücke „Satzung" und „Mitglied" sind untechnisch zu verstehen **9**
und gelten sinngemäß für Personengesamtheiten, die nicht Vereine sind; „Mitglieder" sind dort diejenigen, die eine der Mitgliedschaft entsprechende Stellung zur VerwGes. haben, z. B. Genossen einer Genossenschaft, Gesellschafter einer Gesellschaft usw. (Begr. S. 16).

Eine *angemessene* **Vertretung** der nicht als Mitglieder aufgenommenen **10**
Berechtigten ist nur gewährleistet, wenn jedenfalls diese Vertretung unmittelbaren Einfluß auf die Willensbildung der VerwGes. hat. Demgemäß müssen gewählte Vertreter in bestimmter Anzahl an den Mitgliederversammlungen teilnehmen können und dort die gleichen Rechte haben wie die Mitglieder (so wie die außerordentlichen GEMA-Mitglieder, die freilich *Mitglieder* sind). Die Anzahl der Vertreter ist allerdings so zu bemessen, daß sie die ordentlichen Mitglieder weder theoretisch noch praktisch majorisieren können (Begr. S. 16; Schricker-Reinbothe Rdnr. 14); auszugehen ist deshalb nicht von der Gesamtzahl der Mitglieder, sondern von der Zahl derjenigen, die erfahrungsgemäß an den Mitgliederversammlungen teilzunehmen pflegen (Näheres Nordemann GRUR 1992, 584, 587 gegen Rehbinder DVBl. 1992, 216, 220). Die Bildung eines bloßen Beirats, dem Vertreter der Wahrnehmungsberechtigten angehören, reicht jedenfalls dann nicht aus, wenn er die Führung der VerwGes. nicht unmittelbar beeinflussen kann. Das traf früher für die GVL zu, deren Beirat mehrheitlich (12 von 21 Mitgliedern) nicht von den Berechtigten gewählt, sondern von den Gesellschaftern berufen wurde. Inzwischen besteht Parität zwischen gewählten und berufenen Beiratsmitgliedern der GVL (12:12). Die Kompetenzen des Beirats sind erweitert; er beschließt über die Wahrnehmungsverträge und die Verteilungspläne und wirkt beim Abschluß der Gesamtverträge und der Aufstellung von Tarifen beratend mit (§ 7 Abs. 4 des Gesellschaftsvertrages; zu der gleichwohl noch von Rehbinder DVBl. 1992, 216, 221 geäußerte Kritik eingehend Nordemann GRUR 1992, 584, 588f.).

§ 7 Verteilung der Einnahmen

Die Verwertungsgesellschaft hat die Einnahmen aus ihrer Tätigkeit nach festen Regeln (Verteilungsplan) aufzuteilen, die ein willkürliches Vorgehen bei der Verteilung ausschließen. Der Verteilungsplan soll dem Grundsatz entsprechen, daß kulturell bedeutende Werke und Leistungen zu fördern sind. Die Grundsätze des Verteilungsplans sind in die Satzung der Verwertungsgesellschaft aufzunehmen.

1 **Satz 1 und Satz 3** sind nach dem Text der Bestimmung als **zwingendes Recht** gekennzeichnet, während Satz 2 nur eine „Sollvorschrift" darstellt. Wir haben noch in der 3. Auflage die Auffassung vertreten, daß diese Unterscheidung nur im Innenverhältnis zwischen der VerwGes. und ihren Mitgliedern Bedeutung habe; der Aufsichtsbehörde gegenüber sei die VerwGes. jedoch auch zur Einhaltung der Sollvorschriften verpflichtet mit der Folge, daß ihr bei Nichtbeachtung die Erlaubnis versagt oder entzogen werden könne; andernfalls wären § 7 Satz 2, § 8 und § 13 Abs. 3 *leges imperfectae,* bloße moralische Appelle ohne rechtliche Wirkung, die der Gesetzgeber nicht gewollt haben könne. Wir haben uns jedoch angesichts der Hinweise von Reischl in GEMA-Nachr. Nr. 108 (1978) S. 79, 83 davon überzeugen müssen, daß der Gesetzgeber mit der Einfügung von Sollvorschriften in das WahrnG in der Tat nur einen moralischen Appell bezweckt hat (was unsere früher geäußerten Zweifel an der Notwendigkeit der gesetzlichen Regelung nur verstärkte, vgl. noch Einl. 10 in der 5. Auflage). Schon die Begr. (S. 16) bezeichnet § 8 als eine *Sollvorschrift, deren Einhaltung von der Aufsichtsbehörde nicht erzwungen werden kann,* und entzieht damit unserer früheren Ansicht die Grundlage. Die Sollvorschriften der §§ 7 Satz 2, 8 Satz 4 begründen demgemäß nur ein *Recht* der VerwGes. zu entsprechendem Handeln, jedoch keine Verpflichtung (wegen der etwas abweichenden Bedeutung von § 13 Abs. 3 Satz 4 s. dort Bem. 7). Aus der Verletzung des Satzes 2 können die Benachteiligten demnach keine Ansprüche gegen die VerwGes. herleiten, während ein Verstoß vor allem gegen Satz 1 auch Schadenersatzansprüche der Betroffenen gegen die VerwGes. zu begründen vermag. Klarer wäre statt des „soll" ein „kann" im Gesetzestext gewesen.

2 **Satz 1** darf nicht dahin mißverstanden werden, daß ein willkürliches Vorgehen nur bei der Verteilung selbst, d. h. dem Ausschüttungsvorgang, verhindert werden soll. Vielmehr ist schon die Aufstellung der Regeln Verteilung; die Ausschüttung selbst ist nur noch die Ausführung. Deshalb richtet sich das Willkürverbot des Satz 1 auch gegen Mehrheitsbeschlüsse, die zwar demokratisch einwandfrei zustande gekommen sind, aber eine zahlenmäßig schwächere Gruppe willkürlich, d. h. ohne sachlich gerechtfertigten Grund, benachteiligen. Die Mitglieder dieser Gruppe können die VerwGes. auf Änderung des Verteilungsplanes und auf Schadenersatz vor den ordentlichen Gerichten in Anspruch nehmen. Außerdem können sie – was meist wirksamer sein dürfte – das Patentamt einschalten. – Satz 1 soll „gewährleisten, daß die Einnahmen . . . gerecht verteilt werden" (Begr. S. 16), und konkretisiert damit das Angemessenheitsgebot des § 6 für den Bereich der Verteilungspläne. Die Zweifel Häußers (Mitt. 1984, 64, 69) an der Übereinstimmung der §§ 6 und 7, die er aus der unterschiedlichen Wortwahl („angemessen" bzw. „willkürlich") herleitet, lassen sich leicht ausräumen: Die Verpflichtung der VerwGes. aus § 6, eine den eingebrachten Rechten und Ansprüchen entsprechende Gegenleistung zu erbringen (vgl.

§ 6 Bem. 5), läßt sich nur über die Verteilungspläne erfüllen (und kontrollieren); also müssen auch und gerade die Verteilungspläne schon dem Angemessenheitsgebot des § 6 entsprechen, was die Annahme eines abweichenden Regelungsgehalts in § 7 Satz 1 ausschließt. Zudem wird durch die Kurzformel des Willkürverbots nur der Grundsatz der Gleichbehandlung gekennzeichnet (so schon BVerfGE 1, 14, 52).
Eingehend zu Verteilungsgrundsätzen Martin Vogel GRUR 1993, 513, 521 ff.

Was **kulturell bedeutende Werke und Leistungen** sind, sagt weder Satz 2 3
noch die Begr. (vgl. dort S. 16). Mit der Feststellung, angesichts der bloßen moralischen Bedeutung der Bestimmung (Bem. 1) könne man die Ausfüllung dieses Begriffes der VerwGes. überlassen, ist es dennoch nicht getan. Denn die (bevorzugte) Förderung kulturell eindeutig *nicht* bedeutender Werke oder Leistungen würde wiederum gegen das Angemessenheitsgebot des § 6 verstoßen (dort Bem. 5). Der VerwGes. ist deshalb einerseits von Satz 2 ein weiter Ermessensspielraum in der Beurteilung des kulturellen Wertes von Werken oder Leistungen gewährt. Andererseits darf sie sich jedenfalls über allgemein anerkannte Beurteilungskriterien nicht hinwegsetzen; es ist ihr aber überlassen, ob und wie sie auf Veränderungen des Zeitgeschmacks reagieren will. Sieht sie sich zur Unterscheidung bedeutender von weniger bedeutenden Werken oder Leistungen nicht in der Lage, so läßt sie Satz 2 besser unbeachtet. – Zu den bestehenden Förderungseinrichtungen der VerwGes. s. Martin Vogel GRUR 1993, 513, 524.

§ 8 Vorsorge- und Unterstützungseinrichtungen

Die Verwertungsgesellschaft soll Vorsorge- und Unterstützungseinrichtungen für die Inhaber der von ihr wahrgenommenen Rechte oder Ansprüche einrichten.

Zur rechtlichen Unverbindlichkeit dieser Sollvorschrift s. § 7 Bem. 1 (dort zu 1
§ 7 Satz 2). Freilich ist die sich immerhin aus § 8 ergebende Befugnis der VerwGes. zur Schaffung sozialer Einrichtungen kein Freibrief für die Mißachtung des Angemessenheitsgebots (§ 6 Bem. 5) zugunsten sozialer Gesichtspunkte; VerwGes. sind Treuhänder der ihnen anvertrauten wirtschaftlichen Interessen (vgl. § 6 Bem. 6) und keine primären Sozialeinrichtungen. Ihre Treuhandfunktion, d. h. die Ausschüttung der auf ein bestimmtes Werk entfallenden Einnahmen an den oder die Berechtigten ohne Rücksicht auf soziale Belange, muß deshalb jedenfalls Vorrang haben. Die Abzweigung eines Teils des Aufkommens für soziale Zwecke hat deshalb bei 50% ihre äußerste, in der Regel deutlich zu *unter*schreitende Grenze (die Zuführung von 50% der Bibliotheksabgabe an das *Autorenversorgungswerk* bei der VG Wort rechtfertigt sich ausnahmsweise aus dem Umstand, daß der Gesetzgeber gerade dies hatte bewirken wollen, § 27 UrhG Bem. 1). – Zum österreichischen Recht s. Juranek FS öst UrhG S. 163.

Da die Schaffung von Vorsorge- und Unterstützungseinrichtungen durch § 8 2
jedenfalls dem gesetzlichen Aufgabenbereich der VerwGes. zugeordnet worden ist, unterliegen solche Einrichtungen der von § 18 angeordneten Aufsicht durch das Deutsche Patentamt (Häußer FuR 1980, 57, 67; Menzel S. 11; Schricker-Reinbothe Rdnr. 3; a.M. Mestmäcker-Schulze Anm. 2). Einen Überblick über die bestehenden Sozialwerke gibt Martin Vogel GRUR 1993, 513, 524.

§ 9 Rechnungslegung und Prüfung

(1) Die Verwertungsgesellschaft hat unverzüglich nach dem Schluß des Geschäftsjahrs für das vergangene Geschäftsjahr die Jahresbilanz, die Gewinn- und Verlustrechnung und den Anhang (Jahresabschluß) sowie einen Lagebericht aufzustellen.

(2) Der Jahresabschluß ist klar und übersichtlich aufzustellen. Er hat den Grundsätzen ordnungsgemäßer Buchführung zu entsprechen. Die Jahresbilanz sowie die Gewinn- und Verlustrechnung sind im Anhang zu erläutern.

(3) Im Lagebericht sind der Geschäftsverlauf und die Lage der Verwertungsgesellschaft so darzustellen, daß ein den tatsächlichen Verhältnissen entsprechendes Bild vermittelt wird.

(4) Der Jahresabschluß ist unter Einbeziehung der Buchführung und des Lageberichts durch einen oder mehrere sachverständige Prüfer (Abschlußprüfer) zu prüfen. Abschlußprüfer können nur Wirtschaftsprüfer oder Wirtschaftsprüfungsgesellschaften sein.

(5) Die Abschlußprüfer haben über das Ergebnis ihrer Prüfung schriftlich zu berichten. Sind nach dem abschließenden Ergebnis ihrer Prüfung keine Einwendungen zu erheben, so haben sie dies durch den folgenden Vermerk zum Jahresabschluß zu bestätigen:

> **Die Buchführung, der Jahresabschluß und der Lagebericht entsprechen nach meiner (unserer) pflichtmäßigen Prüfung Gesetz und Satzung.**

Sind Einwendungen zu erheben, so haben die Abschlußprüfer die Bestätigung einzuschränken oder zu versagen. Die Abschlußprüfer haben den Bestätigungsvermerk mit Angabe von Ort und Tag zu unterzeichnen.

(6) Die Verwertungsgesellschaft hat den Jahresabschluß und den Lagebericht spätestens acht Monate nach dem Schluß des Geschäftsjahres im Bundesanzeiger zu veröffentlichen. Dabei ist der volle Wortlaut des Bestätigungsvermerks wiederzugeben. Haben die Abschlußprüfer die Bestätigung versagt, so ist hierauf in einem besonderen Vermerk zum Jahresabschluß hinzuweisen.

(7) Weitergehende gesetzliche Vorschriften über die Rechnungslegung und Prüfung bleiben unberührt

Die Bestimmung dient dem **Zweck,** der Allgemeinheit und den Mitgliedern einen Überblick über die Geschäftsführung und das Geschäftsergebnis zu ermöglichen. Sie entspricht im wesentlichen den für Kapitalgesellschaften bestehenden Vorschriften, wenn auch in kürzerer Form (vgl. §§ 238ff., 264–289, 316–335 HGB). – § 9 ist neu gefaßt durch das BilanzrichtlinienG vom 19. 12. 1985 (BGBl. I 2355).

§ 10 Auskunftspflicht

Die Verwertungsgesellschaft ist verpflichtet, jedermann auf schriftliches Verlangen Auskunft darüber zu geben, ob sie Nutzungsrechte an einem bestimmten Werk oder bestimmte Einwilligungsrechte oder Vergütungsansprüche für einen Urheber oder Inhaber eines verwandten Schutzrechts wahrnimmt.

Der **Auskunftsanspruch** steht jedermann ohne Nachweis eines besonderen Interesses zu. Die Auskunft ist, wie die Begr. (S. 17) ausdrücklich hervorhebt, **kostenlos** zu erteilen, was freilich den Anspruch auf Erstattung barer Auslagen nicht ausschließt (etwas weitergehend Häußer Mitt. 1984, 64, 71). Der von Schricker-Reinbothe Rdnr. 6 erwähnte Fall, daß einer VerwGes. ganze Werkkataloge zur Auskunft vorgelegt werden, fällt nicht unter die Bestimmung, die nur auf *Einzel*auskünfte abstellt; schon deshalb ist die

Praxis der VerwGes., in einem solchen Fall kostendeckende Bearbeitungsgebühren zu erheben, nicht zu beanstanden. Die Einzelauskunft kann nur verweigert werden, wenn das Verlangen des Auskunftsberechtigten gegen das extreme Schikaneverbot des § 226 BGB verstößt. Das trifft dann zu, wenn die Auskunft mutwillig und ohne jeden Anlaß gefordert wird, nur um der VerwGes. Arbeit aufzubürden; der Schaden der VerwGes. liegt dann in dem Verwaltungsaufwand, den sie zur Erteilung derartiger Auskünfte hat. Einen Nachweis ihres Wahrnehmungsrechts braucht die VerwGes. bei Erteilung der Auskunft allerdings nicht zu erbringen.

§ 11 Abschlußzwang

(1) Die Verwertungsgesellschaft ist verpflichtet, auf Grund der von ihr wahrgenommenen Rechte jedermann auf Verlangen zu angemessenen Bedingungen Nutzungsrechte einzuräumen oder Einwilligungen zu erteilen.

(2) Kommt eine Einigung über die Höhe der Vergütung für die Einräumung der Nutzungsrechte oder Erteilung der Einwilligungen nicht zustande, so gelten die Nutzungsrechte als eingeräumt oder die Einwilligungen als erteilt, wenn die von der Verwertungsgesellschaft geforderte Vergütung unter Vorbehalt an die Verwertungsgesellschaft gezahlt oder zu ihren Gunsten hinterlegt worden ist.

Das deutsche Recht kannte früher einen **Kontrahierungszwang** nur für 1
Monopole (vgl. die Kommentare zu §§ 823, 826 BGB). § 26 Abs. 2 GWB, der mit dem Gebot der Gleichbehandlung gleichartiger Unternehmen einen indirekten Kontrahierungszwang unter bestimmten Voraussetzungen gewährt, schränkt mit der Einbeziehung der preisbindenden Unternehmen erstmalig auch für Kontrahenten die Vertragsfreiheit ein, die nicht als marktbeherrschend anzusehen sind, in der zutreffenden Erwägung, daß das „Monopol" sich hier auf die von dem preisbindenden Unternehmen vertriebenen Verlagserzeugnisse bezieht. § 11 beruht auf ähnlichen Überlegungen (vgl. Begr. S. 17ff.). Allerdings kommt es nicht darauf an, daß schon das Ausschließlichkeitsrecht des Urhebers an seinem Werk ihm insofern ein „gesetzliches Monopol" zuweist, als niemand gegen seinen Willen das Werk verwerten darf, und dementsprechend auch die von ihm mit der Wahrnehmung betraute VerwGes. ein „Nutzungsmonopol" an diesem Werk besitzt. Wollte man hieraus einen Abschlußzwang herleiten, so würde das höchstpersönliche Recht jedes Urhebers, über die Verwertung seines geistigen Eigentums zu entscheiden, eliminiert. Der Ausschließlichkeitsanspruch des Urhebers würde praktisch zu einem bloßen Vergütungsanspruch herabgemindert – ein Ergebnis, das der Gesetzgeber des UrhG nicht beabsichtigt hat. Der Kontrahierungszwang für jede VerwGes., auch diejenige, die in einem bestimmten Bereich nicht allein tätig ist, ergibt sich vielmehr aus der Zusammenfassung zahlreicher Rechte, die zur Folge hat, daß jeder Verwerter auch auf das Repertoire dieser VerwGes. angewiesen ist, selbst wenn es daneben noch eine zweite VerwGes. gibt. Das Interesse der Allgemeinheit an dem Genuß ihrer Kulturgüter durch jedermann muß zwar vor der individuellen Entscheidung des einzelnen Urhebers halt machen; es kann jedoch nicht zulassen, daß die Verwertung großer Teile des kulturellen Gesamtschaffens durch die Allgemeinheit von dem Belieben einer VerwGes. abhängig gemacht wird. Diese Beschränkung der Handlungsfreiheit der VerwGes. und der hinter ihnen stehenden Berechtigten ist daher geboten und somit verfassungsrechtlich zulässig; ein Urheber oder Schutzrechtsinha-

ber, der sich damit nicht abfinden will, mag auf eine Wahrnehmung seiner Rechte durch eine VerwGes. verzichten. – Das ändert freilich nichts daran, daß § 11 an sich überflüssig ist. Der Abschlußzwang der VerwGes. hätte sich ohnehin aus § 26 Abs. 2 GWB ergeben.

2 Was die Berufung auf **berechtigte Interessen** der VerwGes. oder des Berechtigten angeht, so haben wir noch in der 3. Auflage die Ansicht vertreten, daß § 11 eine solche Möglichkeit zwingend ausschließe. Das scheint uns nach erneuter Überprüfung in dieser Allgemeinheit nicht richtig zu sein. Der Gesetzgeber wollte mit der Einführung des § 11 lediglich verhindern, daß die VerwGes. ihre *Monopolstellung zum Nachteil der Allgemeinheit ausnutzt* (Begr. S. 17). § 11 richtet sich also gegen den Macht*mißbrauch* durch die VerwGes. Dann muß aber die Berufung der VerwGes. auf berechtigte Interessen, die dem Abschluß mit einem bestimmten Verwerter entgegenstehen, jedenfalls dann möglich sein, wenn das Interesse der VerwGes. unter Berücksichtigung der Belange des Verwerters als vorrangig anzusehen ist. Das trifft in den Fällen des § 26 Abs. 2 GWB zu: Ein sachlich gerechtfertigter Grund für die Benachteiligung eines Verwerters gegenüber anderen Verwertern ist etwa gegeben, wenn es sich um einen notorischen Rechtsbrecher handelt, der Verträge beharrlich nicht einhält, wiederholt vorsätzlich Urheberrechtsverletzungen zum Nachteil der VerwGes. oder ihrer Berechtigten begeht usw. Unbillig handelt die VerwGes. etwa dann nicht, wenn sie den Abschluß für Werke verweigert, deren Urheber den Rückruf wegen gewandelter Überzeugung erklärt haben (§ 42 UrhG).

3 Der Anspruch aus § 11 konnte nach früherem Recht nur vor den **ordentlichen Gerichten** geltend gemacht werden. Die Anrufung der Schiedsstelle war auf die in § 14 Abs. 1 a.F. genannten Fälle beschränkt (s. 5. Auflage). Der neue § 16 läßt die Anrufung der Gerichte stattdessen im Regelfall erst nach erfolglosem Schiedsstellenverfahren zu (§ 16 Abs. 1; Ausnahmen § 16 Abs. 3 bis 4). Wegen der „angemessenen Bedingungen“ s. § 13 Bem. 1.

4 **Abs. 2** stellt sicher, daß der Abschlußzwang nicht von der VerwGes. durch unangemessen hohe Forderungen umgangen werden kann. Der Verwerter kann in diesem Falle unter dem Vorbehalt der Rückforderung des zuviel gezahlten Betrages die verlangte Summe zahlen oder bei einem Amtsgericht (§ 374 Abs. 1 BGB) hinterlegen, dies allerdings erst dann, wenn er sich unter Vorlage der üblichen Mitteilungen und der allgemein von der VerwGes. geforderten Angaben bei dieser vergeblich um die Nutzungserlaubnis bemüht hat (LG Berlin ZUM 1985, 222, 223). Im Falle der Hinterlegung muß er der VerwGes. Mitteilung von der Hinterlegung machen, die er zweckmäßigerweise mit dem erwähnten Vorbehalt verbindet (§ 374 Abs. 2 BGB). Ein Verzicht auf die Rücknahme (vgl. § 376 Abs. 2 Nr. 1 und § 378 BGB) ist nicht erforderlich. So wie sich der Vorbehalt bei der Zahlung naturgemäß nur auf die streitige *Differenz* zwischen dem, was die VerwGes. fordert, und dem von dem Verwerter Angebotenen beziehen kann, gilt auch die **Hinterlegungsbefugnis nur für den streitigen Teil.** Andernfalls würden – zumal bei Differenzen mit großen Verwertergruppen – unbillige Härten für die VerwGes. und damit für die von ihr vertretenen Urheber eintreten: Wenn alle Tonträgerhersteller, wie vor wenigen Jahren in der Tat geschehen, zur Hinterlegung übergingen, würden der VerwGes. wesentliche Teile ihrer Einnahmen angesichts der langen Dauer von Prozessen in unserem Lande möglicherweise auf Jahre hinaus entzogen. Das würde in vielen Fällen die Existenzgrundlage für die freischaffenden Urheber gefährden, die auf solche Einnahmen für ihren Lebensunterhalt angewiesen sind. Hinterlegt der Verwerter weniger als danach erforderlich, kommt ihm die Vergünstigung des Abs. 2 nicht zugute (BGH GRUR 1974, 35, 38 *Musikautomat)*. – Auf Abs. 2 kann sich nicht berufen, wem die Nutzung durch gerichtliches Unterlassungsgebot untersagt ist (OLG München ZUM 1985, 223, 224 *Gerhard Polt – Kehraus)*.

Welches Nutzungsrecht aufgrund des Abschlußzwangs beansprucht werden 5
kann, sagt § 11 nicht. Es kann sich jedoch stets nur um ein **einfaches** Nutzungsrecht im Sinne von § 31 Abs. 2 UrhG handeln, da ein ausschließliches Nutzungsrecht den Ausschluß aller anderen Personen (der übrigen Verwerter und der VerwGes. selbst einschließlich des Urhebers oder Schutzrechtsinhabers) begrifflich voraussetzen würde (§ 31 Abs. 3 UrhG).

§ 12 Gesamtverträge

Die Verwertungsgesellschaft ist verpflichtet, mit Vereinigungen, deren Mitglieder nach dem Urheberrechtsgesetz geschützte Werke oder Leistungen nutzen oder zur Zahlung von Vergütungen nach dem Urheberrechtsgesetz verpflichtet sind, über die von ihr wahrgenommenen Rechte und Ansprüche Gesamtverträge zu angemesssenen Bedingungen abzuschließen, es sei denn, daß der Verwertungsgesellschaft der Abschluß eines Gesamtvertrages nicht zuzumuten ist, insbesondere weil die Vereinigung eine zu geringe Mitgliederzahl hat.

Der Abschluß von Gesamtverträgen (Rahmenverträgen; vgl. Begr. S. 17) ist 1
gewiß oft zweckmäßig. Ob man ihn von Gesetzes wegen anordnen mußte, darf füglich bezweifelt werden. – Der Gesamtvertrag soll einen umfassenden Interessen- und Leistungsausgleich der Vertragspartner herbeiführen und damit auch der VerwGes. durch eine Verringerung ihres Verwaltungs- und Kontrollaufwandes Vorteile bringen (OLG München Schulze OLGZ 216; vgl. auch BGH GRUR 1974, 35, 37 *Musikautomat;* Schiedsstelle ZUM 1989, 314, 315; Schricker-Reinbothe Rdnr. 4). Bei nur wenigen Mitgliedern der Vereinigung tritt dieser Effekt nicht ein (vgl. Schiedsstelle a.a.O.: 6 bzw. 21 Mitglieder sind zu wenig, bei 46 Mitgliedern ist der VerwGes. ein Abschluß jedoch zuzumuten). Daß die Mehrzahl der Mitglieder eines Verbandes zugleich einem anderen Verband angehört, mit dem schon ein Gesamtvertrag besteht, und die Zahl der übrigen gering ist, macht den Abschluß aber nicht unzumutbar (OLG München GRUR 1990, 358 *Doppelmitgliedschaft)*. – Die *Beweislast* dafür, daß der Abschluß eines Gesamtvertrages ihr nicht zugemutet werden könne, trägt allerdings die VerwGes.; Zweifel gehen zu ihren Lasten. Näheres Schulze, Tarife und Gesamtverträge der VerwGes., UFITA 80 (1977), 151. Zur Rechtsnatur des Gesamtvertrages als Rahmenvertrag ausführlich Reinbothe S. 22ff., 32; zur Rechtslage bei Gesamtverträgen in Österreich Öhlinger ÖBl. 1976, 89. Zum Begriff der „angemessenen Bedingungen“ §§ 14–16 Bem. 6c. Im Streitfall macht zunächst die Schiedstelle einen Einigungsvorschlag (§ 14c; Näheres §§ 14–16 Bem. 5e). Erst danach ist die Anrufung des OLG München möglich, das den Inhalt des Gesamtvertrages festsetzt (§ 16 Abs. 4; Näheres §§ 14–16 Bem. 7c).

2 Steht der Gesamtvertrag fest, so liegt darin noch *keine* Bindung der Mitglieder der Vereinigung; diese übernimmt allerdings regelmäßig die Verpflichtung, auf den Abschluß der – dem Gesamtvertrag oft als Muster beigegebenen – Einzelverträge durch ihre Mitglieder hinzuwirken. Das Einzelmitglied kann also weiterhin die Angemessenheit des Tarifs bestreiten, den Streit vor der Schiedsstelle austragen und eine individuelle Regelung durchzusetzen versuchen (vgl. OLG München GRUR 1990, 358, 359 *Doppelmitgliedschaft;* näheres §§ 14–16 Bem. 4b). Die VerwGes. ihrerseits kann den Abschluß des Einzelvertrages mit einem Mitglied wegen entgegenstehender berechtigter Interessen verweigern oder ihn aus diesem Grunde kündigen (vgl. § 11 Bem. 2).

3 Entsteht Streit zwischen den Parteien des Gesamtvertrages über Inhalt oder Tragweite der darin getroffenen Regelungen, so ist seine Auslegung durch das Berufungsgericht im Revisionsverfahren voll nachprüfbar, da es sich um einen Formularvertrag handelt (BGH GRUR 1987, 632, 634 *Symphonie d'Amour)*. Erst recht gilt dies für den ihm beigefügten Muster-Einzelvertrag.

§ 13 Tarife

(1) Die Verwertungsgesellschaft hat Tarife aufzustellen über die Vergütung, die sie auf Grund der von ihr wahrgenommenen Rechte und Ansprüche fordert. Soweit Gesamtverträge abgeschlossen sind, gelten die in diesen Verträgen vereinbarten Vergütungssätze als Tarife.

(2) Die Verwertungsgesellschaft ist verpflichtet, die Tarife und jede Tarifänderung unverzüglich im Bundesanzeiger zu veröffentlichen.

(3) Berechnungsgrundlage für die Tarife sollen in der Regel die geldwerten Vorteile sein, die durch die Verwertung erzielt werden. Die Tarife können sich auch auf andere Berechnungsgrundlagen stützen, wenn diese ausreichende, mit einem wirtschaftlich vertretbaren Aufwand zu erfassende Anhaltspunkte für die durch die Verwertung erzielten Vorteile ergeben. Bei der Tarifgestaltung ist auf den Anteil der Werknutzung am Gesamtumfang des Verwertungsvorganges angemessene Rücksicht zu nehmen. Die Verwertungsgesellschaft soll bei der Tarifgestaltung und bei der Einziehung der tariflichen Vergütung auf religiöse, kulturelle und soziale Belange der zur Zahlung der Vergütung Verpflichteten einschließlich der Belange der Jugendpflege angemessene Rücksicht nehmen.

1 **Zweck** dieser Bestimmung ist die Gleichbehandlung aller gleichgelagerten Fälle (Begr. S. 17). Das kommt im Text allerdings nicht zum Ausdruck; daß die Verw.Ges. den Verwertern die von ihr wahrgenommenen Rechte *zu angemessenen Bedingungen* zu überlassen habe, steht vielmehr in § 11 Abs. 1. **Angemessen** kann ein Tarif aber nur sein, wenn er nicht willkürlich gleiches ungleich behandelt (vgl. Art. 45 Abs. 2 URG Schweiz: „nach festen Regeln und nach dem Gebot der Gleichbehandlung"). Die Angemessenheit von Tarifen ist in den letzten Jahren häufiger als früher streitig geworden, zumal in neuen Nutzungsbereichen, in denen sie noch nicht durch Gesamtverträge auch von Verwerterseite anerkannt waren. Die Feststellung dessen, was angemessen sei, stellte die ordentlichen Gerichte vor Probleme, die ohne die Hilfe von Sachverständigen kaum lösbar waren; Sachverstand war aber eher auf der einen oder der anderen Seite, seltener bei neutralen Dritten zu finden. Die Neuregelung des Schiedstellenverfahrens will die Bündelung von Erfahrungswissen, wie sie in der nunmehr gleichbleibend besetzten Schiedsstelle jedenfalls nach einer gewissen Anlaufzeit entsteht, auch für die

ordentlichen Gerichte nutzbar machen, indem sie jedem ordentlichen Gerichtsverfahren die Anrufung der Schiedsstelle vorschaltet, es sei denn, die heikle Frage der Angemessenheit sei nicht im Streit, oder es handele sich um Arreste oder einstweilige Verfügungen (§ 16 Abs. 1–4; s. dort Bem. 7c). Die frühere Rechtsprechung zur Frage der Angemessenheit behält gleichwohl Bedeutung für die Beurteilung durch die Schiedsstelle (und für deren Berücksichtigung im etwa nachfolgenden Zivilprozeß):

– Wer sich mit einer VerwGes. auf eine bestimmte Vergütung geeignet hat, kann die Unangemessenheit des ihr zugrundeliegenden Tarifs nachträglich nicht mehr geltend machen (BGH GRUR 1984, 52, 54 *Tarifüberprüfung I).*

– *Die von den VerwGes. veröffentlichten Tarife werden prima facie* als angemessene Vergütung angesehen, d. h. so lange, wie ihre Unangemessenheit nicht feststeht (BGH GRUR 1974, 35, 38 *Musikautomat;* BGH GRUR 1983, 565, 567f. *Tarifüberprüfung II;* ferner KG GRUR 1978, 241 *Verwertungsgesellschaft;* einschränkend offenbar BGHZ 97, 37, 42 *Filmmusik,* wo das Bestehen einer Vermutung für die Angemessenheit des Tarifs jedenfalls für den Fall geleugnet wird, daß er sich noch nicht durchgesetzt hat).

– Besteht für eine bestimmte Nutzung noch kein Tarif, so ist der ihr am nächsten stehende Tarif heranzuziehen (BGH GRUR 1976, 35, 36 *Bar-Filmmusik;* BGH GRUR 1983, 565, 567 *Tarifüberprüfung II;* OLG Hamburg Schulze OLGZ 173, 6f.). Das gleiche gilt, wenn die VerwGes. für diese neue Nutzungsart zwar schon einen Tarif aufgestellt hat, dieser aber noch nicht über Gesamtverträge durchgesetzt ist (OLG Hamburg ZUM 1985, 440, 442ff. *Bildplatten;* vgl. auch BGHZ 97, 37ff. *Filmmusik*).

– In der Revisionsinstanz sind die Feststellungen des Berufungsgerichts zur Auslegung und Angemessenheit des Tarifs nur dahin nachprüfbar, ob es den Rechtsbegriff der Angemessenheit verkannt oder bei der Auslegung des Tarifwerks gegen anerkannte Auslegungsregeln oder gegen die Denkgesetze verstoßen hat, oder ob ihm Verfahrensverstöße unterlaufen sind, ob es also wesentliche Tatumstände übersehen oder sie nicht vollständig gewürdigt hat (BGH GRUR 1983, 565, 566 *Tarifüberprüfung II*).

Abs. 1 Satz 2 bedeutet nicht etwa, daß mit dem Abschluß eines Gesamtvertrages die darin vereinbarten Vergütungssätze allgemein an die Stelle der bisher geltenden Tarife träten. Der Gesamtvertrag gilt vielmehr nur für diejenigen Mitglieder der ihn abschließenden Vereinigung, die mit der VerwGes. entsprechende Einzelverträge abschließen. Im übrigen bleibt der bisherige Tarif in Kraft. Nur wenn die VerwGes. für die Abgeltung der Nutzungsrechte oder Vergütungsansprüche, die Gegenstand des Gesamtvertrages sind, keinen Tarif aufgestellt hat, sind die dem Gesamtvertrag zugrundegelegten Vergütungssätze (nicht die in den Einzelverträgen gewährten Ermäßigungen, vgl. Schiedsstelle ZUM 1988, 351, 352 für Nichtmitglieder der IVPI) auch Dritten gegenüber anzuwenden. Das gilt vor allem für die Vergütungsansprüche der Anlage zu § 54 Abs. 4 UrhG, die ein gesetzlicher Tarif ist. Denkbar ist aber auch, daß in neuen oder selten vorkommenden Nutzungsbereichen es (noch) keinen Tarif gibt. **2**

Abs. 3 ist durch das ÄndG 1985 neu gefaßt worden. Die Sätze 1–3 sind neu. **3**
Satz 4 entspricht dem bisherigen Absatz 3. Der Bericht des Rechtsausschusses, von dem die Neufassung stammt, beschränkt sich dazu auf die Bemerkung, damit solle die Tarifgestaltung der VerwGes. durchschaubarer werden (BT-Drucks. 10/3360 S. 21).

4 **Abs. 3 Satz 1** ist die tarifrechtliche Konkretisierung des Grundsatzes, daß der Urheber tunlichst angemessen an der wirtschaftlichen Nutzung seines Werkes zu beteiligen sei (BGHZ 97, 37, 43 *Filmmusik;* zu dem Grundsatz selbst § 1 UrhG Bem. 4 mit weiteren Nachweisen). Unter einem „geldwerten Vorteil" im Sinne des **Satz 1** verstehen wir im Anschluß an die zu § 100 BGB sowie zum Schadenersatz- und Bereicherungsrecht – dort unter dem Gesichtspunkt der Vorteilsausgleichung – vorliegende Rechtsprechung die aus der Nutzung des Rechts hervorgehende Vermögensmehrung (vgl. BGH NJW 1980, 2187, 2188 mit weiteren Nachweisen). Diese ergibt sich aus einem Vergleich der Vermögenslage des Verwerters nach der tarifmäßigen Nutzung mit derjenigen Lage, in der er sich ohne die Nutzung befunden hätte (vgl. BGH NJW 1962, 1909). Für den Regelfall bedeutet das die Zugrundelegung des *Umsatzes* des Verwerters bei der Tarifgestaltung, also der von ihm mit der Verwertungshandlung erzielten Gesamteinnahmen. Das liegt zunächst für alle Nutzungsvorgänge, deren alleiniger oder hauptsächlicher Zweck die Darbietung urheberrechtlich geschützter, von einer VerwGes. verwalteter Werke oder Leistungen ist, auf der Hand: Wenn der Konzertveranstalter die angekündigte Musik nicht spielen, der Tonträgerhersteller sie nicht reproduzieren, der Rezitator den plakatierten Tucholsky-Abend nicht abhalten könnte usw., so würden sie keine Eintrittskarten bzw. Schallplatten verkaufen können, und ihnen würden entsprechende Umsätze entgehen. Für die Sendeanstalten kann nichts anderes gelten; niemand würde sich ein Radio oder einen Fernseher kaufen und dafür Gebühren zahlen, wenn nur urheberrechtsfreie Sendungen wie Nachrichten usw. (vgl. § 49 Abs. 2 UrhG) ausgestrahlt würden. Selbst für den Gastwirt ist die Untermalungsmusik aus dem Radio über der Theke letztlich ein Umsatzträger. – Diese Beurteilung hat sich in der Rechtsprechung inzwischen durchgesetzt. Sowohl die Schiedsstelle (ZUM 1989, 426, 429; Schulze SchSt 4 und 5) als auch der Bundesgerichtshof (BGHZ 97, 37, 43 *Filmmusik;* BGH GRUR 1988, 373, 375 *Schallplattenimport III*) stellen je nach Nutzungsbereich auf den Detailverkaufspreis, die Mietpreise oder die Veranstaltungsentgelte (Kartenverkauf *und* sonstige Einnahmen, z. B. Garantiehonorare und Zuwendungen des Kulturträgers, vgl. Erich Schulze GRUR 1989, 257, 258) ab.

5 Das Beispiel des Gastwirts in Bem. 4 macht allerdings deutlich, daß die Anknüpfung an die Bruttoeinnahme nur der *Regelfall* sein kann. **Abs. 3 Satz 2** läßt deshalb auch andere Berechnungsgrundlagen zu. Die Bestimmung spricht anders als Satz 1 nicht lediglich von *geldwerten Vorteilen,* sondern von *Vorteilen* schlechthin, und betrifft damit auch solche Verwerter, die mit der Nutzung nicht die Erziehung von Einnahmen anstreben. Das sind etwa Bibliotheken, die zum „Nulltarif" ausleihen, Unternehmen und Behörden bei der Erstellung von Pressespiegeln (vgl. § 49 UrhG Bem. 4) oder die unter § 52 Abs. 1 Satz 1 und 2, Abs. 2 UrhG fallenden Verwerter. – Als andere Berechnungsgrundlage kommt für die Fälle des Satzes 2 in erster Linie der nächststehende Tarif in Betracht (Bem. 1). Anhaltspunkte für die Berechnung sind im übrigen der Umfang der Nutzung (Häufigkeit, Auflagenhöhe, Anzahl der Zuhörer usw.), ihre Bedeutung für den Verwerter und der Wert, den sie haben würde, wenn sie entgeltlich erbracht werden würde; die von Schricker-Reinbothe Rdnr. 8 genannte hypothetische Einbuße durch die Minderung anderweitiger entgeltlicher Nutzung wird sich wohl nur ausnahmsweise ermitteln lassen.

Abs. 3 Satz 3 trägt sowohl der Tatsache Rechnung, daß die Verwertungshandlung manchmal nur einer unter mehreren Umsatzträgern ist, wie wiederum das Gastwirts-Beispiel (Bem. 4) zeigt, als auch dem Umstand, daß ein und derselbe Verwertungsakt oftmals die Rechte und Ansprüche mehrerer Berechtigter betrifft, die von verschiedenen VerwGes. vertreten werden. Darauf haben deren Tarife freilich schon immer Rücksicht genommen; für die Vergütungsansprüche aus § 54 UrhG ist den VerwGes. eine angemessene Aufteilung untereinander sogar vorgeschrieben (Abs. 6 Satz 2). Die Bestimmung verlangt aber nur die Berücksichtigung des Anteils der Werknutzung am Gesamtumfang der Verwertungshandlung. Daraus läßt sich weder ableiten, daß der Urheberanteil höchstens 10% der Einnahmen des Verwerters betragen dürfe, noch daß dieser Anteil weiter zu senken sei, wenn es sich um eine Zweit- oder Drittnutzung handele (so aber Schiedsstelle ZUM 1987, 183, 186 und 187, 189; ZUM 1989, 426, 429f. bzw. S. 430). Das Beispiel der Beteiligung des Autors mit 10% am Ladenpreis im Verlagswesen, von dem BGHZ 97, 37, 42f. *Filmmusik* ausgeht, gibt dafür schon deshalb nichts her, weil der Verlagsabgabepreis des Buches bei 50% des Ladenpreises zu liegen pflegt, der Urheber also tatsächlich etwa 20% der Einnahme des Verlegers erhält. Der auch vom Bundesgerichtshof (BGH GRUR 1988, 373, 376 *Schallplattenimport III*) anerkannte GEMA-Tarif für Schallplatten von ebenfalls 10% des fiktiven Ladenpreises deckt nur den Urheberanteil; die ausübenden Künstler (Dirigent, Sänger, Musiker) erhalten ihre Vergütungen (die insgesamt oft deutlich mehr als 10% ausmachen) vom Hersteller direkt, so daß auch er mit über 20% belastet zu sein pflegt. In anderen Verwertungsbereichen liegt der Urheberanteil an der Einnahme ebenfalls oft deutlich über 10% (die deutschen Bühnen mit Ausnahme der Privattheater zahlen Urheberabgaben nach festen Sätzen pro Platz, die zwischen 12% und 18% ihrer Kasseneinnahmen liegen). Zweit- oder Drittnutzungen ändern am Vorteil nichts: Nutzung ist Nutzung. Auch der Buchautor bekommt für die Folgeauflagen nicht weniger als für die Erstauflage, oft sogar mehr, und an der Nebenrechtsverwertung pflegt er sogar mit sehr viel höheren Prozentsätzen (50–80%) beteiligt zu sein. Allenfalls sind die Kosten des Verwerters geringer, ist also sein Vorteil *höher*, wenn er ihn nicht über einen niedrigeren Preis an den Verbraucher weitergibt; aber dann verringert sich der Anteil des Urhebers ohnehin entsprechend. 6

Abs. 3 Satz 4 ist zwar nur eine Sollvorschrift, auf deren Einhaltung kein Anspruch des Verwerters besteht (so schon BGH UFITA 73 [1975], 286, 291 *Postjugendheim* für den damaligen – gleichlautenden – Abs. 3). Aber ihre Nichtberücksichtigung im Tarifwerk der VerwGes. kann im Einzelfall dessen Unangemessenheit (Bem. 1) begründen. 7

§ 13a Pflichten des Veranstalters

(1) Veranstalter von öffentlichen Wiedergaben urheberrechtlich geschützter Werke haben vor der Veranstaltung die Einwilligung der Verwertungsgesellschaft einzuholen, welche die Nutzungsrechte an diesen Werken wahrnimmt.

(2) Nach der Veranstaltung hat der Veranstalter der Verwertungsgesellschaft eine Aufstellung über die bei der Veranstaltung benutzten Werke zu übersenden. Dies gilt nicht für die Wiedergabe eines Werkes mittels Tonträger, für Wiedergaben von Funksendungen eines Werkes und für Veranstal-

tungen, auf denen in der Regel nicht geschützte oder nur unwesentlich bearbeitete Werke der Musik aufgeführt werden.

(3) Soweit für die Verteilung von Einnahmen aus der Wahrnehmung von Rechten zur Wiedergabe von Funksendungen Auskünfte der Sendeunternehmen erforderlich sind, die die Funksendungen veranstaltet haben, sind diese Sendeunternehmen verpflichtet, der Verwertungsgesellschaft die Auskünfte gegen Erstattung der Unkosten zu erteilen.

1 Was zur öffentlichen Wiedergabe gehört, ergibt sich aus § 15 Abs. 2 UrhG. Zum Begriff des Veranstalters vgl. § 81 UrhG Bem. 1 und 3. Abs. 1 meint nur die allgemeine, nicht für bestimmte Werke konkretisierte **Einwilligung,** begründet also praktisch nur eine Pflicht zur vorherigen Unterrichtung der VerwGes. davon, daß überhaupt eine Veranstaltung stattfindet. Erst wenn deren Bestätigung vorliegt, die wegen § 11 nicht verweigert werden darf, ist der Veranstalter gedeckt. Die Regelung des UrhG, das stets die vorherige Einwilligung bzw. Einräumung von Nutzungsrechten für das Einzelwerk fordert, wird also dahin eingeschränkt, daß eine Art Generalkonsens genügt. Um so unverständlicher ist die – wiederum (vgl. § 47 UrhG Bem. 2) von Bayern veranlaßte – Erweiterung des Abs. 2 Satz 2 durch das ÄndG 1985: Warum soll, wer nur *in der Regel* gemeinfreie Werke der Musik aufzuführen pflegt, *generell* von der Pflicht zur vorherigen Unterrichtung der VerwGes. befreit sein? Auf diese Weise nimmt man der GEMA jede Kontrollmöglichkeit darüber, ob die Regel verlassen und im Einzelfall eben doch geschützte Musik aufgeführt wurde. Man erlaubt dem Gastwirt nicht nur, einseitig und allein darüber zu entscheiden, welche Bearbeitungen von Volksliedgut er für wesentlich im Sinne des neuen § 3 Satz 2 UrhG hält und welche nicht (darum allein ging es, vgl. den Bericht des Rechtsausschusses, BT-Drucks. 10/3360 S. 18 und 21); man befreit ihn vielmehr sogar von der Meldepflicht für Veranstaltungen, auf denen zweifelsfrei *auch* geschützte Werke aufgeführt werden, unter der alleinigen Bedingung, daß dies bei Veranstaltungen solcher Art nicht zur Regel werden dürfe. Eine solche Beschränkung des ausschließlichen Verwertungsrechts des Urhebers aus § 19 Abs. 2 UrhG ist, da von keiner ernst zu nehmenden Gemeinwohlerwägung gedeckt, wegen Verstoßes gegen Art. 14 GG verfassungswidrig (vgl. § 1 UrhG Bem. 4 und § 3 UrhG Bem. 26; wie hier Schricker-Reinbothe Rdnr. 7; vgl. auch BVerfGE 79, 1, 23 *Leerkassettenabgabe*).

2 **Abs. 2** entspricht der bisherigen Praxis. Die **Ausnahme des Satzes 2** erklärt sich daraus, daß die VerwGes. die für die Anwendung des Verteilungsplans notwendigen Aufschlüsse den Umsatzmeldungen der Schallplattenproduzenten und den Rundfunkprogrammen entnehmen kann.

3 **Abs. 3** setzt nicht voraus, daß die VerwGes. auch die Senderechte wahrnimmt (schriftlicher Bericht des Rechtsausschusses zu BT-Drucks. IV/3401 S. 3).

§ 13b Vermutung der Sachbefugnis

(1) Macht die Verwertungsgesellschaft einen Auskunftsanspruch geltend, der nur durch eine Verwertungsgesellschaft geltend gemacht werden kann, so wird vermutet, daß sie die Rechte aller Berechtigten wahrnimmt.

(2) Macht die Verwertungsgesellschaft einen Vergütungsanspruch nach § 27 oder nach § 54 Abs. 1 oder 2 des Urheberrechtsgesetzes geltend, so

wird vermutet, daß sie die Rechte aller Berechtigten wahrnimmt. Sind mehr als eine Verwertungsgesellschaft zur Geltendmachung des Anspruchs berechtigt, so gilt die Vermutung nur, wenn der Anspruch von allen berechtigten Verwertungsgesellschaften gemeinsam geltend gemacht wird. Soweit die Verwertungsgesellschaften Zahlungen auch für die Berechtigten erhält, deren Rechte sie nicht wahrnimmt, hat sie den zur Zahlung Verpflichteten von den Vergütungsansprüchen dieser Berechtigten freizustellen.

Zugunsten der **GEMA,** der seit vielen Jahren größten Verwertungsgesell- 1
schaft der Welt, galt schon immer eine tatsächliche Vermutung dahin, daß sie in ihrem Wahrnehmungsbereich für *alle* Berechtigten tätig werde (BGHZ 15, 338, 349ff. *GEMA;* BGHZ 95, 285 *GEMA-Vermutung II;* BGH ZUM 1986, 199, 200 *GEMA-Vermutung III;* weitere Nachweise bei OLG Köln GRUR 1983, 568, 569 *Video-Kopieranstalt*). Gleichwohl hat es selbst ihr gegenüber immer wieder Versuche zahlungsunwilliger Verwerter gegeben, ihre Aktivlegitimationen in Zweifel zu ziehen (vgl. etwa OLG München GRUR 1984, 122, 123 *Sex- und Pornofilme* mit weiteren Nachweisen); gelegentlich haben sie damit sogar Erfolg gehabt (BGHZ 95, 274, 276 *GEMA-Vermutung I* und BGH GRUR 1988, 296, 297f. *GEMA-Vermutung IV;* OLG Hamm GRUR 1983, 575, 576 *Musikuntermalung bei Porno-Kassetten;* auch – teilweise – OLG München GRUR 1983, 571, 573 *Spielfilm-Videogramme;* Überblick über die Rechtsentwicklung bei Videogrammen OLG Hamburg ZUM 1986, 151, 153f. und Schneider GRUR 1986, 657). S. auch Merz/Thurow/v. Lwiaski ZUM 1987, 309ff. Noch weitaus schwerer hatten es die neuen kleineren VerwGes. Der Verband der Lesezirkelunternehmen erzwang in einem Musterprozeß eines seiner Mitglieder vor dem Kammergericht 1974 die Vorlage der Kartei- und Vertragsunterlagen der **VG Wort,** freilich mit der Folge, daß die Aktivlegitimation der VG Wort daraufhin bejaht wurde (KG GRUR 1975, 87 *Lesezirkelmappen* und GRUR 1978, 241 *Verwertungsgesellschaft*). Den Anspruch der VG Wort auf die Pressespiegelvergütung (§ 49 Abs. 1 Satz 2 UrhG) konnte die Deutsche Lufthansa AG jedoch über den Einwand der Aktivlegitimation zu Fall bringen (OLG Köln GRUR 1980, 913 *Presseschau CN;* offengelassen, aber mit positiver Tendenz OLG München GRUR 1980, 234 *Tagespressedienst*). Der **VG Bild-Kunst** ging es nicht besser: Erst 1980 ist ihr das Bestehen der tatsächlichen Vermutung jedenfalls für den Auskunftsbereich nach § 26 Abs. 5 UrhG zuerkannt worden (OLG Frankfurt GRUR 1980, 916, 918 *Folgerecht für ausländische Künstler*). Die prozessualen Schwierigkeiten erhöhten sich für die klagenden VerwGes. noch dadurch, daß sie ohne entsprechende Auskünfte der Verwerter nicht wissen konnten, welche Werke im einzelnen verwertet wurden, also gegenüber dem pauschalen Bestreiten der Verwerter auch nicht darzulegen in der Lage waren, daß sich sehr wohl Werke ihnen angeschlossener Urheber darunter befanden; der Auskunftsanspruch setzt aber grundsätzlich das Bestehen einer Zahlungsverpflichtung dem Grunde nach voraus mit der Folge, daß zu seiner Begründung gerade jene Darlegung erforderlich war (Begr. zum RegE des ÄndG, BT-Drucks. 10/837 S. 23 = UFITA 96 [1983], 117, 143).

Zwar versucht der Bundesgerichtshof, den VerwGes. mit der Zuerkennung eines Anspruchs auf eine **Grundauskunft** zu helfen, die die eindeutige Identifizierung der genutzten Werke und Leistungen und damit die Klärung ermöglicht, ob und von ggf. welcher VerwGes. Rechte an diesen Werken und Leistungen wahrgenommen wurden; aber auch dieser Anspruch ist davon abhängig, daß aus konkret festgestellten Rechtsverletzungen mit hoher Wahrscheinlichkeit auf weitere Rechtsverletzungen geschlossen werden kann (BGHZ 95, 285, 292 *Gema-Vermutung II;* BGH GRUR 1988, 604, 605 *Kopierwerk*) oder doch eine sehr große Wahrscheinlichkeit dafür besteht, daß in erheblichem Umfang in die Rechte der VerwGes. eingegriffen wird (BGHZ 95, 274, 281 *Gema-Vermutung I*). Kann die VerwGes. sich über die Tätigkeit des Verwerters keine detaillierten Informationen beschaffen, die das ergeben, so kommt sie auch auf diesem Wege nicht weiter.

2 Für verwertungsgesellschaftenpflichtige Rechte und Ansprüche hat **Abs. 1** der Neuregelung den *circulus vitiosus* aufgelöst. Soweit es sich um den **Auskunftsanspruch** handelt, besteht nunmehr eine Rechtsvermutung für die klagende VerwGes. nach Abs. 1, und zwar rückwirkend (OLG Oldenburg ZUM 1987, 637, 638). Dies gilt nicht nur für im Gesetz besonders normierte Auskunftsansprüche wie § 26 Abs. 5 UrhG, sondern für jeden Auskunftsanspruch, mit dem ein verwertungsgesellschaftenpflichtiger Zahlungsanspruch vorbereitet werden soll; gerade weil die Auskunft allein diesem zu dienen bestimmt ist, kann sie nur von demjenigen beansprucht werden, dem der Zahlungsanspruch zusteht. Abs. 1 gilt also für die Vorbereitung aller Zahlungsansprüche, die nur von VerwGes. geltend gemacht werden können; die Begr. (BT-Drucks. 10/837 S. 23 = UFITA 96 [1983], 117, 144) nennt demgemäß die §§ 26 Abs. 1, 27 Abs. 1, 49 Abs. 1 und 54 Abs. 1 und 2 UrhG. Die Rechtsvermutung besteht auch dann, wenn feststeht, daß die VerwGes. allenfalls über einen Teil der fraglichen Rechte verfügt, eine tatsächliche Vermutung zu ihren Gunsten (Bem. 1) also nicht gegeben wäre (BGH GRUR 1989, 819, 820 und GRUR 1991, 595, 596 *Gesetzliche Vermutung I* und *II*), oder wenn mehrere VerwGes. nebeneinander tätig sind. Die Auskunft muß jeder von ihnen schon deshalb erteilt werden, damit sie den Umfang ihrer eigenen Zahlungsansprüche verläßlich ermitteln kann. Mehrfachauskünfte mutet der Gesetzgeber den Beteiligten auch sonst zu (VerwGes.: § 10; Sendeanstalten: § 13a Abs. 3). Die **Vermutung** kann also nicht schon dadurch **widerlegt** werden, daß der in Anspruch genommene Verwerter auf die Existenz mehrerer VerwGes. verweist, die die gleichen Rechte wahrnehmen. Er muß vielmehr darlegen und ggf. beweisen, daß er ausschließlich Werke oder Leistungen solcher Urheber oder Leistungsschutzberechtigter verwertet, die keiner oder einer bestimmten anderen VerwGes. angehören (BGH GRUR 1989, 819, 820 und 1991, 595, 596 *Gesetzliche Vermutung I* und *II*). Damit hat er den Auskunftsanspruch freilich schon erfüllt. Da die Vermutung bis zu ihrer Widerlegung besteht, trägt er nach § 91 a ZPO die Kosten, wenn die VerwGes. auf seine Darlegung hin die Hauptsache für erledigt erklärt (BGH GRUR 1989, 819 *Gesetzliche Vermutung I*). – Zur Rechtslage in **Österreich** s. OGH Wien GRUR 1989, 153 *AKM-Vermutung,* in der **Schweiz** s. Art. 51 Abs. 1 URG.

3 Für **Zahlungsansprüche** gilt die Rechtsvermutung des Abs. 1 nicht. Grundsätzlich soll eine VerwGes. nur für die Berechtigten kassieren dürfen, deren Rechte sie tatsächlich wahrnimmt (Begr. zum RegE des ÄndG, BT-Drucks. 10/837 S. 23 = UFITA 96 [1983], 117, 144). Von diesem Grundsatz macht jedoch **Abs. 2** eine Ausnahme bei Zahlungsansprüchen für solche Nutzungsvorgänge, die einzeln nicht erfaßt werden können oder aus Kosten- oder Zumutbarkeitsgründen üblicherweise nicht erfaßt werden (Begr. a.a.O.). Ersteres trifft für die Überspielungen des § 54 Abs. 1 UrhG zu, die sich regelmäßig im häuslichen Bereich abspielen und daher nicht erfaßbar sind; letzteres gilt zumindest für Teilbereiche der §§ 27 Abs. 1 und 54 Abs. 2 UrhG. Da man dem Verwerter zwar zumuten kann, zwei- oder dreimal dieselbe Auskunft zu geben (Bem. 2), er aber jedenfalls für ein und denselben Vorgang nur einmal zu zahlen verpflichtet ist, kann die Vermutung beim Vorhandensein mehrerer parallel tätiger VerwGes. nur gelten, wenn sie alle ihn gemeinsam in Anspruch nehmen (Satz 2). Unter parallel tätigen VerwGes. sind freilich nur solche zu verstehen, die Ansprüche von Berechtigten derselben Kategorie vertreten. Solange beispielsweise *nur* die GEMA Komponisten, Textdichter und Musikverleger und *nur* die GVL ausübende Künstler und Tonträgerhersteller vertritt, kann die Vermutung, daß sie für *alle* Berechtigten dieser Kategorien tätig würden, nicht deswegen widerlegt sein, weil es – etwa bei § 27 oder bei § 54 UrhG – noch andere VerwGes. gibt, denen Urheber oder Leistungsschutzberechtigte *anderer* Kategorien angehören.

Der **Freistellungsanspruch** des Abs. 2 Satz 3 wird nur dann praktisch, **4**
wenn sich nach Zahlung des Verwerters an die bisher allein tätigen VerwGes. eine weitere VerwGes. auftut, die noch nicht organisierte Berechtigte sammelt. Der einzelne Urheber oder Leistungsschutzberechtigte hat – der Wortlaut der Bestimmung ist insofern etwas ungenau – selbst niemals Vergütungsansprüche gegen den Verwerter, da die von Abs. 2 erfaßten Ansprüche sämtlich verwertungsgesellschaftenpflichtig sind (§ 27 Abs. 1 Satz 2, § 54 Abs. 6 UrhG). Satz 3 beschränkt den Anspruch des Verwerters auf sein Innenverhältnis zu den VerwGes., an die er gezahlt hatte: Zahlt er an die neue VerwGes., ohne das Einverständnis der bisher tätigen VerwGes. einzuholen, so hat er keinen Erstattungsanspruch; er muß es vielmehr – nach Erteilung der Auskunft an die neue VerwGes., zu der er nach Abs. 1 in jedem Fall verpflichtet ist – den bisher tätigen VerwGes. überlassen, ihn auf die ihnen geeignet erscheinende Weise von den Ansprüchen der Berechtigten zu befreien. Andererseits können diese die neue VerwGes. rechtlich nicht daran hindern, gegen den Verwerter gerichtlich vorzugehen; sie muß dann allerdings die eigenen Zahlungsansprüche spezifizieren (Abs. 2 Satz 2), was ihren Konkurrentinnen, denen der in Anspruch genommene Verwerter, um sich den Freistellungsanspruch zu erhalten, den Streit zu verkünden haben wird (§ 72 ZPO), deren Befriedigung ermöglicht.

Die von der bisherigen Rechtsprechung entwickelten **tatsächlichen Vermu-** **5**
tungen für andere von VerwGes. wahrgenommene Rechte will § 13b unangetastet lassen (Begr. zum RegE des ÄndG, BT-Drucks. 10/837 S. 23 = UFITA 96 [1983], 117, 144).

Da die Rechtsvermutungen der Abs. 1/Abs. 2 Satz 1 erst im Prozeß zur **6**
Wirkung kommen können, handelt es sich letztlich um **Beweislastregeln,** die demgemäß auch in am 1. 7. 1985 bereits anhängigen Verfahren zu beachten sind.

Das 3. ÄndG wird eine redaktionelle Anpassung des Abs. 2 an die **7**
Aufspaltung des § 54 UrhG bringen (Ref.Entw. Anh. I 10).

§ 14 Schiedsstelle

(1) Bei Streitfällen, an denen eine Verwertungsgesellschaft beteiligt ist, kann jeder Beteiligte die Schiedsstelle anrufen, wenn der Streitfall
1. die Nutzung von Werken oder Leistungen, die nach dem Urheberrechtsgesetz geschützt sind, oder
2. den Abschluß oder die Änderung eines Gesamtvertrages

betrifft.

(2) Die Schiedsstelle wird bei der Aufsichtsbehörde (§ 18 Abs. 1) gebildet. Sie besteht aus dem Vorsitzenden oder seinem Vertreter und zwei Beisitzern. Die Mitglieder der Schiedsstelle müssen die Befähigung zum Richteramt nach dem Deutschen Richtergesetz haben. Sie werden vom Bundesminister der Justiz auf vier Jahre berufen; Wiederberufung ist zulässig.

(3) Die Mitglieder der Schiedsstelle sind nicht an Weisungen gebunden.

(4) Die Schiedsstelle wird durch schriftlichen Antrag angerufen.

(5) Die Schiedsstelle hat auf eine gütliche Beilegung des Streitfalles hinzuwirken. Aus einem vor der Schiedsstelle geschlossenen Vergleich findet die Zwangsvollstreckung statt, wenn er unter Angabe des Tages seines Zustandekommens von dem Vorsitzenden und den Parteien unterschrieben ist; § 797a der Zivilprozeßordnung gilt entsprechend.

(6) Ein Schiedsvertrag über künftige Streitfälle nach Absatz 1 Nr. 2 ist nichtig, wenn er nicht jedem Beteiligten das Recht einräumt, im Einzelfall statt des Schiedsgerichts die Schiedsstelle anzurufen und eine Entscheidung durch die ordentlichen Gerichte zu verlangen.

(7) Durch die Anrufung der Schiedsstelle wird die Verjährung in gleicher Weise wie durch Klageerhebung unterbrochen. Die Unterbrechung dauert bis zur Beendigung des Verfahrens vor der Schiedsstelle fort. § 211 Abs. 2 des Bürgerlichen Gesetzbuchs gilt entsprechend. Wird die Anrufung der Schiedsstelle zurückgenommen, so gilt die Verjährung als nicht unterbrochen.

§ 14a Einigungsvorschlag der Schiedsstelle

(1) Die Schiedsstelle faßt ihre Beschlüsse mit Stimmenmehrheit. § 196 Abs. 2 des Gerichtsverfassungsgesetzes ist anzuwenden.

(2) Die Schiedsstelle hat den Beteiligten einen Einigungsvorschlag zu machen. Der Einigungsvorschlag ist zu begründen und von sämtlichen Mitgliedern der Schiedsstelle zu unterschreiben. Auf die Möglichkeit des Widerspruchs und auf die Folgen bei Versäumung der Widerspruchsfrist ist in dem Einigungsvorschlag hinzuweisen. Der Einigungsvorschlag ist den Parteien zuzustellen.

(3) Der Einigungsvorschlag gilt als angenommen und eine dem Inhalt des Vorschlags entsprechende Vereinbarung als zustande gekommen, wenn nicht innerhalb eines Monats nach Zustellung des Vorschlags ein schriftlicher Widerspruch bei der Schiedsstelle eingeht.

(4) Aus dem angenommenen Einigungsvorschlag findet die Zwangsvollstreckung statt; § 797a der Zivilprozeßordnung gilt entsprechend.

§ 14b Beschränkung des Einigungsvorschlags; Absehen vom Einigungsvorschlag

(1) Ist bei Streitfällen nach § 14 Abs. 1 Nr. 1 die Anwendbarkeit oder die Angemessenheit eines Tarifs (§ 13) bestritten und ist der Sachverhalt auch im übrigen streitig, so kann sich die Schiedsstelle in ihrem Einigungsvorschlag auf eine Stellungnahme zur Anwendbarkeit oder Angemessenheit des Tarifs beschränken.

(2) Sind bei Streitfällen nach § 14 Abs. 1 Nr. 1 die Anwendbarkeit und die

Angemessenheit eines Tarifs nicht im Streit, so kann die Schiedsstelle von einem Einigungsvorschlag absehen.

§ 14c Streitfälle über Gesamtverträge

(1) Bei Streitfällen nach § 14 Abs. 1 Nr. 2 enthält der Einigungsvorschlag den Inhalt des Gesamtvertrages. Die Schiedsstelle kann einen Gesamtvertrag nur mit Wirkung vom 1. Januar des Jahres vorschlagen, in dem der Antrag gestellt wird.

(2) Auf Antrag eines Beteiligten kann die Schiedsstelle einen Vorschlag für eine einstweilige Regelung machen. § 14a Abs. 2 Satz 2 bis 4 und Abs. 3 ist anzuwenden. Die einstweilige Regelung gilt, wenn nichts anderes vereinbart wird, bis zum Abschluß des Verfahrens vor der Schiedsstelle.

(3) Die Schiedsstelle hat das Bundeskartellamt über das Verfahren zu unterrichten. Die Bestimmungen in § 90 Abs. 1 Satz 2 und Abs. 2 des Gesetzes gegen Wettbewerbsbeschränkungen sind mit der Maßgabe entsprechend anzuwenden, daß der Präsident des Bundeskartellamts keinen Angehörigen der Aufsichtsbehörde (§ 18 Abs. 1) zum Vertreter bestellen kann.

§ 15 Verfahren vor der Schiedsstelle

Der Bundesminister der Justiz wird ermächtigt, durch Rechtsverordnung

1. **das Verfahren vor der Schiedsstelle zu regeln,**
2. **die näheren Vorschriften über die Entschädigung der Mitglieder der Schiedsstelle für ihre Tätigkeit zu erlassen,**
3. **die für das Verfahren vor der Schiedsstelle von der Aufsichtsbehörde zur Deckung der Verwaltungskosten zu erhebenden Kosten (Gebühren und Auslagen) zu bestimmen; die Gebühren dürfen nicht höher sein als die im Prozeßverfahren erster Instanz zu erhebenden Gebühren,**
4. **Bestimmungen über den Kostenschuldner, die Fälligkeit und die Verjährung von Kosten, die Kostenvorschußpflicht, Kostenbefreiungen, das Kostenfestsetzungsverfahren und die Rechtsbehelfe gegen die Kostenfestsetzung zu treffen.**

§ 16 Gerichtliche Geltendmachung

(1) Bei Streitfällen nach § 14 Abs. 1 können Ansprüche im Wege der Klage erst geltend gemacht werden, nachdem ein Verfahren vor der Schiedsstelle vorausgegangen ist.

(2) Dies gilt nicht, wenn bei Streitfällen nach § 14 Abs. 1 Nr. 1 die Anwendbarkeit und die Angemessenheit des Tarifs nicht bestritten sind. Stellt sich erst im Laufe des Rechtsstreits heraus, daß die Anwendbarkeit oder die Angemessenheit des Tarifs im Streit ist, setzt das Gericht den Rechtsstreit aus, um den Parteien die Anrufung der Schiedsstelle zu ermöglichen. Weist die Partei, die die Anwendbarkeit oder die Angemessenheit des Tarifs bestreitet, nicht innerhalb von zwei Monaten nach Aussetzung nach, daß ein Antrag bei der Schiedsstelle gestellt ist, so wird der Rechtsstreit fortgesetzt; in diesem Fall gilt die Anwendbarkeit und die Angemessenheit des von der Verwertungsgesellschaft dem Nutzungsverhältnis zugrunde gelegten Tarifs als zugestanden.

(3) Der vorherigen Anrufung der Schiedsstelle bedarf es ferner nicht für Anträge auf Anordnung eines Arrestes oder einer einstweiligen Verfügung. Nach Erlaß eines Arrestes oder einer einstweiligen Verfügung ist die Klage ohne die Beschränkung des Absatzes 1 zulässig, wenn der Partei nach den §§ 926, 936 der Zivilprozeßordnung eine Frist zur Erhebung der Klage bestimmt worden ist.

(4) Über Ansprüche auf Abschluß eines Gesamtvertrages (§ 12) entscheidet ausschließlich das für den Sitz der Schiedsstelle zuständige Oberlandesgericht im ersten Rechtszug. Für das Verfahren gilt der Erste Abschnitt des Zweiten Buchs der Zivilprozeßordnung entsprechend. Das Oberlandesgericht setzt den Inhalt der Gesamtverträge, insbesondere Art und Höhe der Vergütung, nach billigem Ermessen fest. Die Festsetzung ersetzt die entsprechende Vereinbarung der Beteiligten. Die Festsetzung eines Vertrages ist nur mit Wirkung vom 1. Januar des Jahres an möglich, in dem der Antrag gestellt wird. Gegen die von dem Oberlandesgericht erlassenen Endurteile findet die Revision nach Maßgabe der Zivilprozeßordnung statt.

Übersicht

1 Die **bisherige Regelung** beschränkte einerseits den Zuständigkeitsbereich der Schiedsstelle auf Gesamtverträge und die diesen nahestehenden Verträge der VerwGes. mit den Sendeanstalten, gab ihr andererseits aber weitergehende Befugnisse: Sie hatte den Inhalt der fraglichen Verträge festzusetzen (§ 14 Abs. 1 und 4 a. F.). Gegen ihre Beschlüsse gab es den Antrag auf gerichtliche Entscheidung (§ 14 Abs. 5 a. F.) durch das OLG München (§ 15 Abs. 1 a. F.). Nur der Vorsitzende der Schiedsstelle wurde von der Aufsichtsbehörde – auf nur 2 Jahre – berufen; die Beisitzer wurden für jedes Verfahren von den Parteien benannt und waren ehrenamtlich tätig (§ 14 Abs. 2 a. F.). Diese Regelung hatte sich nicht bewährt. Abgesehen davon, daß die Unabhängigkeit der Beisitzer nicht gewährleistet erschien, erlaubte es die kurze Amtszeit des Vorsitzenden und die materielle Beschränkung auf einige wenige Vertragstypen der Schiedsstelle nicht, dasjenige Maß an umfassenden Erfahrungen mit den Tarifwerken der VerwGes. zu sammeln, welches zur Beurteilung der Angemessenheit tariflicher und gesamtvertraglicher Regelungen unerläßlich ist. Die **Neuordnung** der §§ 14–16 will dem durch eine zweckmäßigere Zusammensetzung der Schiedsstelle in personeller Hinsicht (Bem. 2) und durch eine Erweiterung ihrer Zuständigkeit für alle Streitigkeiten zwischen VerwGes. und Verwertern (Bem. 3) abhelfen. Da letztere der Zuständigkeit der ordentlichen Gerichte aber schon aus übergeordneten Erwägungen des Gerichtsverfassungsrechts nicht entzogen werden sollen, ist die Schiedsstelle nunmehr auf die ihrer Bezeichnung entsprechenden Funktionen beschränkt: Ihre Anrufung wird – in Anlehnung an die Schiedsstelle nach den §§ 28 ff. des Arbeitnehmererfindergesetzes und an die Einigungsstelle des § 27a UWG – dem Verfahren vor den ordentlichen

Gerichten vorgeschaltet, um mit der fachlichen Autorität, die ihre spezielle Sachkunde erwarten läßt, eine Einigung der Beteiligten zu erleichtern oder, wo dies nicht zu erreichen ist, dem später entscheidenden ordentlichen Gericht durch den von ihr gemachten Einigungsvorschlag (den sie auch aus diesem Grunde stets begründen muß) eine Orientierungshilfe zu geben (vgl. § 13 Bem. 1). Die Neuordnung scheint uns ein besonders geglückter Wurf zu sein; der Vorschlag des Bundesjustizministeriums hat die parlamentarischen Instanzen denn auch ohne grundsätzliche Einwände mit lediglich geringfügigen Modifikationen passiert, und seine Richtigkeit wird durch die bisher vorliegenden Erfahrungen bestätigt: Fast immer führt der Einigungsvorschlag der Schiedsstelle zu einer Einigung der Parteien.

Die Neuregelung **trat am 1. 1. 1986 in Kraft** (Art. 4 Abs. 2 ÄndG, Anhang I 7); man wollte der Bundesregierung Gelegenheit geben, in der Zwischenzeit die SchiedsstellenVO neu zu fassen (jetzt: UrhSchiedsVO, Anhang I 2). Für an diesem Tage bereits anhängige Verfahren blieb es bei der bisherigen Regelung; die Formulierung „bei Inkrafttreten dieses Gesetzes" in § 26a bezieht sich offenbar auf das Inkrafttreten des Art. 2 Nrn. 6, 7 und 9 des ÄndG, weil andernfalls die zwischen dem 1. 7. 1985 und dem 1. 1. 1986 neu anhängig werdenden Verfahren bis zum letzteren Datum nicht betrieben werden konnten. **2**

Die Schiedsstelle wird, ebenso wie die des § 31 des Arbeitnehmererfindergesetzes, beim Deutschen Patentamt gebildet. Der Vorsitzende, sein Vertreter und die erforderliche Anzahl von Beisitzern werden vom Bundesminister der Justiz auf 4 Jahre berufen (§ 14 Abs. 2). Ob sie haupt-, neben- oder ehrenamtlich tätig werden, läßt das Gesetz offen. Ehrenamtlich tätige Beisitzer, die sich auf die Dauer von 4 Jahren zu einer Tätigkeit von ungewissem Umfang verpflichten, werden sich freilich allenfalls unter Pensionären finden lassen (vgl. § 11 UrhSchiedsVO, Anhang I 2). **3**

Die **sachliche Zuständigkeit** der Schiedsstelle umreißt § 14 Abs. 1: **4**

a) Sie wird nur in Streitfällen tätig, an denen eine **VerwGes.** beteiligt ist. In Streitigkeiten etwa zwischen Urhebern und Verwertern, unter Miturhebern, zwischen Leistungsschutzberechtigten oder von solchen mit Dritten darf sie nicht einmal auf Antrag beider Parteien einen Einigungsvorschlag machen.

b) Ist eine VerwGes. beteiligt, so kann die Schiedsstelle in allen Streitfällen, die die **Nutzung von geschützten Werken oder Leistungen** betreffen, auf Antrag eines Beteiligten einen Einigungsvorschlag machen, also auch dann, wenn es nur um solche Ansprüche geht, deren Umfang von der Frage der Angemessenheit eines Tarifs unabhängig ist (Auskunfts- oder Unterlassungsansprüche einer VerwGes. gegen Verletzer, Ansprüche von Verwertern gegen VerwGes. aus §§ 10, 11; zu ersteren s. Schiedsstelle 1989, 312, 313). In solchen Fällen ist sie dazu aber nicht verpflichtet (§ 14b Abs. 1 und 2). Das Schwergewicht ihrer Tätigkeit soll in der Beurteilung der Angemessenheit der Tarife von VerwGes. liegen; Zweck der Neuregelung war es, eine einheitliche und sachkundige Beurteilung der von VerwGes. aufgestellten Tarife zu ermöglichen (Begr. zum RegE des ÄndG, BT-Drucks. 10/837 S. 12 = UFITA 96 [1983], 117, 123). Die Schiedsstelle hält sich mit Recht für befugt, Tarife auf ihre Angemessenheit zu überprüfen, für die schon ein

Gesamtvertrag besteht, solange der Beteiligte diesem nicht beigetreten ist (ZUM 1987, 183, 184 und 1988, 351, 352). Dagegen kann es für die Überprüfung eines Tarifs, an den sich der Beteiligte schon vertraglich gebunden hat, kein Rechtsschutzinteresse mehr geben; *pacta sunt servanda* (a. M. Schiedsstelle ZUM 1987, 187, 188).

c) Streitfälle um den **Abschluß** oder die **Änderung eines Gesamtvertrages** fielen schon bisher in den Zuständigkeitsbereich der Schiedsstelle. Während sie jedoch bisher den Inhalt des Vertrages bindend festsetzte (§ 14 Abs. 4 a. F.), ist sie nunmehr stets darauf beschränkt, einen Einigungsvorschlag zu machen (§ 14a Abs. 2); über einen etwa gegebenen Rechtsanspruch auf Abschluß eines Gesamtvertrages würde dagegen das OLG München zu entscheiden haben (§ 16 Abs. 4 und dazu Bem. 6c). Der Einigungsvorschlag hat den Inhalt des abzuschließenden Gesamtvertrages bzw. der zu vereinbarenden Änderung zu enthalten (§ 14c Abs. 1). Die Schiedsstelle wird also den Beteiligten im Regelfall einen Textvorschlag zu machen haben, der alle zu regelnden Vertragsbestimmungen enthält. Mit Rücksicht auf den Umfang einer solchen Arbeit sieht § 3 Abs. 3 UrhSchiedsVO (Anhang I 2) vor, daß die Schiedsstelle auch bei Durchführung einer mündlichen Verhandlung den Beteiligten ihren Vorschlag nicht zu verkünden braucht, sondern ihn wie im schriftlichen Verfahren (vgl. § 310 Abs. 3 ZPO) zustellen kann.

d) Verträge zwischen VerwGes. und Sendeanstalten, die § 14 Abs. 1 a. F. ebenfalls der Schiedsstelle zur Festsetzung zuwies, sind nicht mehr besonders erwähnt. Sie fallen, wenn sie mit einzelnen Anstalten geschlossen sind oder geschlossen werden sollen, unter § 14 Abs. 1 Nr. 1, bei Vorliegen der Vorausetzungen des § 12 unter Nr. 2. Der Unterschied kann – vom Gesetzgeber sicherlich nicht beabsichtigt – für den Inhalt des Einigungsvorschlages von Bedeutung sein, weil die Verpflichtung der Einigungsstelle zum Einschluß eines Textvorschlages in den Einigungsvorschlag nur für Gesamtverträge gilt (§ 14c Abs. 1). Die Schiedsstelle wird den Beteiligten freilich stets einen *annahmefähigen* Einigungsvorschlag machen, und dieser wird bei Streitigkeiten um Einzelverträge zwischen VerwGes. und Verwertern, also auch einzelne Sendeanstalten, dort stets einen Textvorschlag beinhalten, wo es auf den Vertragswortlaut ankommt.

5 Das **Verfahren vor der Schiedsstelle** ist aufgrund der Ermächtigung des § 15 im wesentlichen durch die UrhSchiedsVO (Anhang I 2) geregelt. Der Gesetzestext gibt nur wenige Hinweise: Zur Anrufung der Schiedsstelle bedarf es eines schriftlichen Antrages (§ 14 Abs. 4), der die Verjährung unterbricht (§ 14 Abs. 7). Sie hat nicht nur während des Verfahrens auf eine gütliche Einigung hinzuwirken (§ 14 Abs. 5); vielmehr schließt sie das Verfahren regelmäßig mit einem Einigungsvorschlag ab (§§ 14a, 14c; Ausnahme: § 14b).

a) Der **Antrag** ist in zwei Stücken einzureichen. Er „soll" eine kurze Darstellung des Sachverhaltes enthalten und den Antragsgegner bezeichnen (§ 1 Abs. 1 VO). Zur Fristwahrung (vgl. Bem. 6b) genügt also auch die Übersendung der bisher im Prozeß gewechselten Schriftsätze mit der Bitte an die Schiedsstelle, tätig zu werden. Für die weiteren Schriftsätze kommt es in erster Linie auf die Anordnungen der Schiedsstelle an, die die Zahl der einzureichenden Abschriften, die Einreichungsfristen, die vorzulegenden Urkunden usw., „nach billigem Ermessen" bestimmt, wobei sie sich an die Vorschriften der ZPO „anlehnen" soll (§ 10 VO). Ermessen nach den Vorschriften der ZPO ist stets *pflichtgemäßes* Ermessen unter Berücksichtigung aller Umstände (Bem. 7c). Der Antragsgegner muß sich binnen eines Monats äußern (§ 1 Abs. 2 VO). Das kann sehr kurz sein, wenn der Antrag in der Hauptferienzeit oder kurz vor Weihnachten zugestellt wird. Elastischer wäre eine von der Schiedsstelle festzusetzende Frist von ein bis zwei Monaten gewesen. – Leider fehlt auch eine Beschleunigungsvorschrift. Wenn der Vorteil des vorgeschalteten Schiedsstellenverfahrens nicht durch den Nachteil seiner Dauer zunichte gemacht werden soll, muß das Verfahren so durchgeführt werden, daß der Einigungsvorschlag spätestens sechs Monate nach Antragstellung vorliegt.

b) Die **Unterrichtung des Bundeskartellamts** erfolgt jetzt nur noch in Streitfällen, die den Abschluß oder die Änderung von Gesamtverträgen betreffen (§ 14c Abs. 3). Sie dient dem Zweck, diesem ein Eingreifen in dem beschränkten Rahmen des § 102a Abs. 2 Satz 2 und Satz 3 GWB (vgl. § 24) zu ermöglichen. Praktische Bedeutung dürfte die Regelung kaum je erlangen, da Zusammensetzung und Sachverstand der Schiedsstelle Verstöße gegen das GWB bei Textvorschlägen für Gesamtverträge nicht erwarten lassen. Die Unterrichtung erfolgt durch Übersendung von Abschriften der Schriftsätze, Verfügungen, Protokolle und Einigungsvorschläge.

c) Eine **mündliche Verhandlung** ist in Streitfällen um Gesamtverträge die Regel, in den Fällen des § 14 Abs. 1 Nr. 1 die Ausnahme (§§ 3, 4 VO). In der zweiten Fallgruppe findet die mündliche Verhandlung nur auf Wunsch beider Beteiligten statt. Das ist unnötig starr. Der Schiedsstelle wird so die Möglichkeit genommen, sich schriftlich nicht aufklärbare Sachverhaltsfragen mündlich beantworten zu lassen; ihr bleibt damit eine wesentliche Erkenntnisquelle verschlossen. Vielfach lassen sich Beteiligte, die schriftlich nicht zu überzeugen sind, nach mündlicher Erörterung durchaus zu einem Vergleich bewegen. Deshalb ist auch § 5 Abs. 1 zu eng, der Erörterungstermine zu Vergleichszwecken an das Einverständnis beider Seiten bindet.

d) **Vergleich.** Die Schiedsstelle hat (jederzeit) auf eine gütliche Beilegung des Streitfalles hinzuwirken (§ 14 Abs. 5 Satz 1). Dieser Verpflichtung kann sie im Regelfall nur durch einen schriftlichen Vergleichsvorschlag gerecht werden; denn in den Fällen des § 14 Abs. 1 Nr. 1 ist das schriftliche Verfahren die Regel, und die Einigung über einen Gesamtvertrag (§ 14 Abs. 1 Nr. 2) setzt einen Textvorschlag notwendig voraus. Erfahrungsgemäß wächst die Vergleichsbereitschaft, wenn die Beteiligten erst einmal an einem Tisch sitzen. Die §§ 4, 5 VO, die Vergleichsverhandlungen vor der Schiedsstelle nur bei (vorherigem) Einverständnis beider Seiten ermöglichen, widersprechen deshalb den vom Gesetzgeber mit § 14 Abs. 5 Satz 1 verfolgten Absichten. Der Vergleichsvorschlag ist formell nicht identisch mit dem Einigungsvorschlag, der nach den §§ 14a–c das Verfahren regelmäßig abschließt. Deswegen kann letzterer inhaltlich ohne weiteres mit einem zuvor im Schiedsstellenverfahren von einem oder von beiden Beteiligten abgelehnten Vergleichsvorschlag übereinstimmen; die mangelnde Einsicht der Betroffenen ändert nichts an der Angemessenheit eines wohlerwogenen Einigungsvorschlags. – Der geschlossene *und* allseits unterschriebene Vergleich ist **Vollstreckungstitel** im Sinne des § 794 Nr. 1 ZPO, sobald er vom Amtsgericht München nach § 797a Abs. 1 ZPO mit der Vollstreckungsklausel versehen ist. Zur Verwaltungsvereinfachung sollte der Freistaat Bayern freilich von der Möglichkeit Gebrauch machen, den Vorsitzenden der Schiedsstelle zur Erteilung der Vollstreckungsklausel nach § 797a Abs. 4 ZPO zu ermächtigen.

e) Der **Einigungsvorschlag** ist von der Schiedsstelle auch und gerade dann zu machen, wenn ihre Vergleichsbemühungen ergeben haben, daß die Beteiligten sich nicht einigen wollen. Er muß schriftlich begründet, von „sämtlichen" Mitgliedern der Schiedsstelle (genauer: von sämtlichen Mitgliedern, die an dem konkreten Verfahren mitgewirkt haben) unterschrieben und nach den §§ 166 ff. ZPO zugestellt werden (§ 14a Abs. 2). Bei Streitfällen um Gesamtverträge enthält er stets, in anderen Fällen dann einen Textvorschlag für die zu treffende Vereinbarung, wenn es nicht nur auf deren Inhalt, sondern auch auf die Formulierung ankommt (vgl. Bem. 4d).
Der Einigungsvorschlag **gilt als angenommen,** wenn nicht innerhalb eines Monats nach Zustellung ein schriftlicher Widerspruch – für den eine Begründung nicht vorgeschrieben ist – bei der Schiedsstelle eingeht (§ 14a Abs. 3). Wiedereinsetzung kommt nicht in Betracht, da die Widerspruchsfrist weder eine Notfrist im Sinne des § 223 Abs. 3 ZPO noch eine der sonst in § 233 ZPO genannten Fristen ist (gleiche Rechtslage wie bei Versäumnis der Widerrufsfrist nach einem Vergleich, BGHZ 61, 394, 395). Die Wiedereinsetzungsklausel des § 34 Abs. 4, 5 des Arbeitnehmererfindergesetzes hat der Gesetzgeber offenbar bewußt nicht übernommen.
Der angenommene Einigungsvorschlag ist **Vollstreckungstitel** im Sinne des § 794 Nr. 1 ZPO. Anders als der vor der Schiedsstelle geschlossene Vergleich, der auch die Unterschriften der Parteien tragen muß, bedarf er nur der Form des § 14a Abs. 2 Satz 2 (d. h. *mit* Begründung, da eine abgekürzte Ausfertigung nicht vorgesehen ist), um nach § 797a ZPO mit der Vollstreckungsklausel versehen zu werden (vgl. vorstehend d). Die Vollstreckungsklausel ist entweder über die Schiedsstelle oder nach deren schriftlicher Bestätigung zu beantragen, daß ein Widerspruch innerhalb der Monatsfrist des § 14a Abs. 3 nicht eingegangen ist, was die vorstehend unter d) am Schluß gegebene Empfehlung unterstreicht.
Der nicht angenommene Einigungsvorschlag bleibt als solcher wirksam, kann also von den Beteiligten in einen Prozeß vor den ordentlichen Gerichten eingeführt werden. Der Widerspruch bewirkt nur, daß er nicht als angenommen gilt.

f) **Die Schiedsstelle** *kann* in zwei Fällen **von einem Einigungsvorschlag** teilweise oder ganz **absehen:**
– In vielen Fällen streiten die Parteien nicht nur über den in Betracht kommenden Tarif, sondern auch über andere Fragen, etwa über den Umfang der tatsächlich stattgefundenen Nutzung, über die Aktivlegitimation der klagenden VerwGes. (dazu § 13b Bem. 1–4), über den Schutz ausländischer Werke oder Leistungen. Diese Streitfragen zu entscheiden war auch bisher Sache der ordentlichen Gerichte. Die Hauptaufgabe der Schiedsstelle liegt in der Klärung von Tariffragen, die eine besondere Sachkunde voraussetzen (Bem. 4b und § 13 Bem. 1). In Fällen der genannten Art kann die Schiedsstelle sich deshalb auf einen Einigungsvorschlag zum Tarif beschränken (§ 14b Abs. 1).

– Aus dem gleichen Grunde kann die Schiedsstelle von einem Einigungsvorschlag ganz absehen, wenn die Beteilgigten überhaupt nicht über Tarife streiten (§ 14b Abs. 2; vgl. Bem. 4b).
Da der Beschluß, von einem Einigungsvorschlag abzusehen, das Verfahren vor der Schiedsstelle beendet, ist auch er zu begründen (wobei der Hinweis auf § 14b Abs. 1 oder Abs. 2 im Regelfall genügt) und zuzustellen; daß eine § 14a Abs. 2 entsprechende Regelung in § 14b fehlt, beruht wohl auf einem Redaktionsversehen.

g) Die **Anrufung des Gerichtshofs der Europäischen Gemeinschaften (EuGH)** durch die Schiedsstelle zur Klärung der Vereinbarkeit einer Vertragsfestsetzung mit Art. 85, 86 EWG-Vertrag ist nicht möglich, da sie kein Gericht im Sinne von Art. 177 EWG-Vertrag ist (Reinbothe S. 173). Zur Beachtung des Kartellrechts durch die Schiedsstelle s. im übrigen ausführlich Reinbothe S. 111ff. und § 24 Bem. 3.

h) Zu den **Kosten** treffen die §§ 13ff. VO eine detaillierte Regelung, deren Basis die nunmehrige Anwendung des *Gerichtskostenrechts* ist; bisher gab es nur eine feste Gebühr von 200 DM, die sich unter Umständen bis auf 50 DM ermäßigte (§ 13 VO a. F., Anhang I 2 der 5. Aufl.).

i) Der Antrag an die Schiedsstelle unterbricht die **Verjährung** (§ 14 Abs. 7). Dies kann, wie im Hinblick auf die geringen Anforderungen an Form und Inhalt des Antrags (oben a) klarzustellen ist, allerdings nur für solche Ansprüche gelten, die in dem Antrag als streitig bezeichnet und klar umrissen sind.

Verfahren vor den ordentlichen Gerichten. Wird von einer VerwGes. 6
oder gegen eine VerwGes. Klage wegen der Nutzung geschützter Werke oder Leistungen erhoben, so kommt es zunächst darauf an, ob das Bestehen oder der Umfang des geltend gemachten Anspruchs von der Anwendbarkeit oder der Angemessenheit eines Tarifs der VerwGes. abhängig ist oder doch abhängig sein kann (tarifgestützter Anspruch). Trifft das nicht zu (Beispiele Bem. 4b), so wird das Verfahren ohne Rücksicht auf die §§ 14–16 abgewickelt. **Lediglich für tarifgestützte Ansprüche gelten die folgenden Besonderheiten:**

a) Haben die Parteien **schon vor Klageerhebung** über die Anwendbarkeit oder die Angemessenheit des Tarifs **gestritten,** so *muß* **zunächst die Schiedsstelle** angerufen werden (§ 16 Abs. 1). Die vorherige Durchführung des Schiedsstellenverfahrens bis zum Einigungsvorschlag ist Prozeßvoraussetzung, bei deren Fehlen die Klage unzulässig ist; § 16 Abs. 1 begründet die Vorwegzuständigkeit der Schiedsstelle als Verwaltungsbehörde (vgl. § 14 Abs. 2 Satz 1) im Sinne des § 13 GVG (OLG Karlsruhe ZUM 1993, 236, 237). Auf das Vorliegen von Prozeßvoraussetzungen hat das Gericht von Amts wegen zu achten, was freilich nicht bedeutet, daß es die zugrundeliegenden Tatsachen selbst zu ermitteln hätte; diese vorzutragen bleibt vielmehr Sache der Parteien (Blomeyer, Zivilprozeßrecht, 2. Aufl., Berlin 1985, S. 226). Zum schlüssigen Klagevortrag gehört deshalb bei tarifgestützten Ansprüchen eine Erklärung darüber, ob die Anwendbarkeit oder Angemessenheit des in Betracht kommenden Tarifs vorprozessual bestritten worden ist, und daß – bejahendenfalls – ein Schiedsstellenverfahren durchgeführt und abgeschlossen wurde. Den Einigungsvorschlag braucht der Kläger allerdings nicht vorzulegen; wenn er dem Beklagten günstig ist, mag dieser ihn vorlegen (Parteimaxime).

b) Gab es **keinen vorprozessualen Tarifstreit,** hat also insbesondere der Anspruchsgegner auf die Geltendmachung tarifgestützter Zahlungsansprüche durch die VerwGes. geschwiegen oder andere Einwendungen erhoben, so ist zu unterscheiden:
– Bleibt die Frage der Anwendbarkeit oder Angemessenheit des in Betracht kommenden Tarifs **weiterhin unstreitig,** so wird das Verfahren ohne Rücksicht auf die §§ 14–16 durchgeführt.
– Werden die Anwendbarkeit oder die Angemessenheit des Tarifs **nachträglich streitig,** so *muß* das ordentliche Gericht nach § 16 Abs. 2 aussetzen, um der Partei, die die Anwendbarkeit oder Angemessenheit bestreitet, Gelegenheit zur Stellung des Antrags bei der Schiedsstelle zu geben, falls das nachträgliche Bestreiten nicht wegen Verspätung unbeachtlich ist (§ 296 ZPO); mit dieser Einschränkung gilt § 16 Abs. 2 auch im Berufungsrechtszug. Die Zwei-Monats-Frist läuft erst ab Zustellung des Aussetzungsbeschlusses (§§ 221, 329 Abs. 2 Satz 2 ZPO); der Nachweis wird durch eine – zweckmäßig mit einer Kopie des Antrags verbundene – Eingangsbestätigung der Schiedsstelle geführt. Anstelle des Nachweises dürfte auch das schriftsätzliche Zugeständnis der Gegenpartei, daß der Antrag gestellt ist, genügen (Parteimaxime).
Sind – wie meist – mehrere Ansprüche geltend gemacht, von denen ein Teil tarifunabhängig, der andere Teil aber tarifgestützt ist (z. B. Unterlassungs- und Auskunftsanspruch einerseits, Zahlungsanspruch andererseits), so kommt die Aussetzung nur für den tarifgestützten Teil in Betracht. Das ergibt sich schon daraus, daß der Kläger es in der Hand hätte, anstelle der objektiven Klagenhäufung mehrere selbständige Klagen zu erheben (was sich künftig in Fällen dieser Art ohnehin empfiehlt, damit Teilurteile ohne Kostenentscheidung vermieden werden), und eine Aussetzung nur für die tarifgestützte Klage in Betracht käme.

c) **Im Eilverfahren** bedarf es der vorherigen Anrufung der Schiedsstelle auch dann nicht, wenn die Parteien vorprozessual über Anwendbarkeit oder Angemessenheit des Tarifs gestritten hatten (§ 16 Abs. 3 Satz 1). Das ist vor allem für Arreste (§ 916 ZPO) von Bedeutung; die VerwGes. kann also die volle tarifmäßige Vergütung dem Arrestanspruch zugrunde legen, ohne daß die Schiedsstelle sich zuvor zur Anwendbarkeit oder Angemessenheit des Tarifs geäußert haben müßte (für die Angemessenheit der Tarife spricht eine – für das Eilverfahren ausreichende – tatsächliche Vermutung, vgl. § 13 Bem. 1). In Verfügungsverfahren kommt § 16 Abs. 3 Satz 1 nur ausnahmsweise – etwa bei der Geltendmachung eines Anspruchs der VerwGes. auf Fortzahlung des zur Aufrechterhaltung ihres Geschäftsbetriebs unerläßlichen Teils ihrer Vergütungsansprüche nach Auslaufen eines Gesamtvertrages – in Betracht, da Unterlassungsansprüche stets tarifunabhängig sind (vgl. § 11: Anspruch entfällt nur bei Vorbehaltszahlung oder Hinterlegung der *geforderten,* d. h. der vollen tarifmäßigen Vergütung).

d) Auch die **Hauptklage nach Eilverfahren** ist ohne vorherige Anrufung der Schiedsstelle zulässig, dies allerdings nur dann, wenn der Antragsgegner dem Antragsteller nach den §§ 926, 936 ZPO eine Frist zur Erhebung der

Hauptklage hat setzen lassen (§ 16 Abs. 3 Satz 2). Eine solche Frist könnte der Antragsteller andernfalls in der Tat kaum einhalten. Dagegen ist ihm zuzumuten, vor Klageerhebung die Schiedsstelle vorzuschalten, wenn er nicht unter Fristdruck steht. In Hauptklageverfahren nach Fristsetzung hat das Gericht jedoch nach § 16 Abs. 2 auszusetzen; § 16 Abs. 3 Satz 2 schließt nur die Anwendbarkeit von Abs. 1 aus.

Verfahren vor dem OLG München (Festsetzung von Gesamtverträgen, § 16 **7**
Abs. 4). Nach bisherigem Recht war die Festsetzung von Gesamtverträgen Aufgabe der Schiedsstelle (§ 14 Abs. 4 a. F.). Sie bleibt zwar weiterhin vorgeschaltet (§ 16 Abs. 1 bezieht sich auf *beide* Fälle des § 14 Abs. 1), macht aber, falls sie eine gütliche Einigung der Beteiligten nicht bewirken kann, nur noch einen Einigungs*vorschlag*, der, falls er nicht angenommen wird (§ 14a Abs. 2 und 3), jedenfalls eine Entscheidungshilfe für das OLG München bietet, weil er einen Textvorschlag für den festzusetzenden Gesamtvertrag enthalten muß (§ 14c Abs. 1 Satz 1).

a) **Die Vorschaltung der Schiedsstelle ist obligatorisch.** Insbesondere kommt es nicht darauf an, ob die Beteiligten über den Tarif streiten, auf den der Gesamtvertrag gestützt ist oder werden soll. Auch für die Regelung von Vertragsklauseln, die im Tarif keine Entsprechung finden, bedarf es des besonderen Sachverstands der Schiedsstelle. Gleichwohl bleibt § 16 Abs. 3 auch in Streitigkeiten anwendbar, die den Abschluß oder die Änderung eines Gesamtvertrages betreffen. Da die Festsetzung eines Gesamtvertrages im Eilverfahren nicht in Betracht kommt und auch die Sicherung des Festsetzungsanspruchs selbst ausscheidet, wäre eine Verweisung in § 16 Abs. 4 auf Abs. 3 sinnlos gewesen. Der Verfügungsanspruch kann auch in diesen Fällen nur auf eine einstweilige Regelung gerichtet sein, die die Hauptsache, d. h. die Festsetzung des Gesamtvertrages, nicht vorwegnimmt. Damit liegt insoweit stets ein Fall des § 14 Abs. 1 Nr. 1 vor, auf den § 16 Abs. 3 ohne weiteres Anwendung findet. Zuständig ist im Eilverfahren das Gericht des § 919 ZPO. Das OLG München ist insoweit auch nicht Gericht der Hauptsache, da es im Hauptverfahren nur für die Festsetzung des Gesamtvertrages, nicht aber für den anders gestalteten Regelungsanspruch, erstinstanzlich zuständig sein würde. – Unabhängig davon kann auch die Schiedsstelle im obligatorischen Vorverfahren, das dem Eilverfahren möglicherweise parallel läuft, einen Vorschlag für eine einstweilige Regelung machen (§ 14c Abs. 2).

b) Das **Verfahren** vor dem OLG München wird als **normales Klageverfahren** abgewickelt. Die Beschränkung der Verweisung in § 16 Abs. 4 Satz 2 auf den „Ersten Abschnitt des Zweiten Buches der Zivilprozeßordnung" hängt wohl damit zusammen, daß dieser Abschnitt die Überschrift hat „Verfahren vor den Landgerichten" und der Gesetzgeber klarstellen wollte, daß das OLG München hier wie ein Landgericht in erster Instanz verfahren sollte. Natürlich gelten aber auch die anderen einschlägigen Bestimmungen der ZPO, insbesondere die §§ 1–11, 40–252, 545–566a; demgemäß ist vor dem OLG München im Verfahren nach § 16 Abs. 4 nur ein dort zugelassener Rechtsanwalt vertretungsbefugt (§ 78 ZPO). Die Begr. des RegE zum ÄndG (BT-Drucks. 10/837 S. 25 = UFITA 96 [1983], 117, 148) spricht denn auch allgemein davon, daß das Schiedsverfahren „dem streitigen Verfahren vor den ordentlichen Gerichten, *für das die Zivilprozeßordnung Anwendung findet,* vorgeschaltet werden soll".

c) Das OLG München setzt den Inhalt des Gesamtvertrages **nach billigem Ermessen** fest. Mit diesem Einschub weicht § 16 Abs. 4 Satz 3 von dem sonst gleichlautenden § 14 Abs. 4 Satz 1 a. F. ab. Da eine Begründung hierfür fehlt, ist anzunehmen, daß der Gesetzgeber die bisherige Regelung nur verdeutlichen, nicht ändern wollte.
Auszugehen ist davon, daß die Verpflichtung der VerwGes., mit Verwertervereinigungen Gesamtverträge abzuschließen, von § 12 dahin konkretisiert ist, daß dies „zu angemessenen Bedingungen" zu erfolgen habe. Eine andere Verpflichtung als die, welche das Gesetz den VerwGes. auferlegt, darf das Gericht nicht aussprechen. Die Festsetzung des Inhalts des Gesamtvertrages durch das OLG München hat also **zu angemessenen Bedingungen** zu erfolgen. Dabei hat es zunächst in dem Rahmen zu bleiben, der durch die beiderseitigen Vorstellungen der Beteiligten gesteckt ist; über diesen darf es nicht hinausgehen (§ 308 ZPO). Was angemessen ist, bestimmt sich im übrigen objektiv nach dem Grundsatz der Vertragsgerechtigkeit. In der Regel ist gerecht, was üblich ist (vgl. § 97 UrhG Bem. 39–40: „Angemessen ist in der Regel die übliche Vergütung"; ferner Reinbothe S. 44). Ist das Übliche nicht mehr gerecht, weil sich die bisherigen Orientierungsmaßstäbe geändert haben oder das Gesetz selbst eine Neuorientierung vorschreibt (§ 13 Bem. 3), ist eine Neuregelung angemessen, die eine Anpassung an diese Änderungen vornimmt (Geldentwertung, höherer Verwertergewinn, größere Nutzungsmöglichkeit, höhere Vergütung für vergleichbare Leistungen; Kostensteigerung, Verschärfung der Konkurrenz- und Preissituation für das Endprodukt; usw.). Bei Neuabschlüssen ergibt sich die Angemessenheit aus der üblichen Regelung für vergleichbare Leistungen unter Berücksichtigung der Unterschiede. Angemessenheit ist nur an einem bestimmten Punkt des Ausgleichs der beiderseitigen Interessen erreicht. A. M. Reinbothe S. 50ff., der mehrere angemessene Lösungen für denkbar hält; aber da alle Größen auch im Verhältnis zueinander angemessen sein müssen, gibt es letztlich nur einen gemeinsamen Nenner. Vielmehr ist Angemessenheit ein unbestimmter Rechtsbegriff, der vom Bundesgerichtshof ohne Einschränkung nachgeprüft werden kann (vgl. schon Nordemann GRUR Int. 1973, 306, 307; Nachweise bei Reinbothe S. 48). Vgl. auch § 97 UrhG Bem. 39, 40 und § 13 Bem. 1.
Der Beurteilungsspielraum, der dem OLG verbleibt, ist demnach nicht größer als bei jeder anderen gerichtlichen Entscheidung, so daß der Einschub „nach billigem Ermessen" eigentlich überflüssig erscheint. Der Ermessensspielraum, der in bestimmten Fällen den Verwaltungsbehörden zugebilligt wird, kommt für die Rechtsprechungstätigkeit der Gerichte schon deshalb nicht in Betracht, weil zwischen Recht und Unrecht nur *eine* richtige Entscheidung denkbar ist (deshalb ist die abweichende Beurteilung Reinbothes – S. 48f. – für die bisherige Festsetzungstätigkeit durch die Schiedsstelle, die kein Gericht ist, zumindest überholt). In den wenigen Fällen, in denen die ZPO überhaupt vom „Ermessen" des Richters spricht, wird denn auch darunter trotz uneinheitlicher Formulierungen im Gesetz, das nur einmal „billiges Ermessen" (§ 91 a Abs. 1), zweimal „Ermessen" (§§ 100, 398) und mehrfach sogar „freies Ermessen" (§§ 3, 112, 454, 938, 1034) postuliert, stets das *pflichtgemäße* Ermessen verstanden, das den Richter verpflichtet, *unter Berücksichtigung aller Umstände* zu entscheiden (so wörtlich § 454 ZPO; vgl. im

übrigen statt aller Baumbach/Lauterbach/Albers/Hartmann, 50. Aufl. 1992, zu § 3 ZPO Bem. 2 A, zu § 91 a ZPO Bem. 8 D, zu § 938 ZPO Bem. 1 A).

d) Die Festsetzung erfolgt, falls so beantragt, vom **1. Januar** des Jahres an, in dem der Antrag gestellt wurde (§ 16 Abs. 4 Satz 5). Diese Regelung ist im Deutschen Bundestag erst anläßlich der Verabschiedung des ÄndG getroffen worden; noch die Ausschußvorlage sah eine Festsetzung erst ab Antragstellung vor (BT-Drucks. 10/3360 S. 14, anders dort schon zu § 14c Abs. 1, a.a.O. S. 12). Die getroffene Regelung nimmt darauf Rücksicht, daß Gesamtverträge auf Kalenderjahre abgestellt zu sein pflegen, und vermeidet ein Vakuum zwischen dem Ende des bisherigen Gesamtvertrages und dem Tag der Antragstellung. Unter „Antrag" ist hier deshalb auch der Antrag an die Schiedsstelle (§ 14 Abs. 1 Nr. 2 und Abs. 4) zu verstehen; das OLG München wird ohnehin nicht durch Antragstellung, sondern durch Klageerhebung angerufen (§ 252 Abs. 1 ZPO).

Schiedsverträge sind für bereits entstandene Streitfälle frei zulässig. Die 8
Beschränkung des § 14 Abs. 6, die der bisherigen Regelung entspricht (§ 14 Abs. 1 Satz 3 a. F.), gilt nur für *künftige* Streitfälle. Sie sichert dem Schiedskläger die Wahl zwischen der Schiedsstelle und dem vereinbarten Schiedsgericht. Ist dieses Wahlrecht nicht vereinbart, so ist der ganze Schiedsvertrag nichtig, nicht nur die entsprechende Vertragsklausel; die Beteiligten können ihn freilich jederzeit neu mit zulässigem Inhalt vereinbaren.

Eine **Übergangsregelung** traf § 26a: Für die am 1. Juli 1985 bereits 9
anhängigen Verfahren blieb es bei der bisherigen Regelung. Für Verfahren, die in der zweiten Jahreshälfte 1985, also noch vor Inkrafttreten der Neufassung der UrhSchiedsVO, anhängig geworden sind, ging der Gesetzgeber – mit Recht – davon aus, daß sie erst nach dem 1. 1. 1986 abgeschlossen sein würden.

§ 17 Ausschließlicher Gerichtsstand

(1) Für Rechtsstreitigkeiten über Ansprüche einer Verwertungsgesellschaft wegen Verletzung eines von ihr wahrgenommenen Nutzungsrechts oder Einwilligungsrechts ist das Gericht ausschließlich zuständig, in dessen Bezirk die Verletzungshandlung vorgenommen worden ist oder der Verletzer seinen allgemeinen Gerichtsstand hat. § 105 des Urheberrechtsgesetzes bleibt unberührt.

(2) Sind nach Absatz 1 Satz 1 für mehrere Rechtsstreitigkeiten gegen denselben Verletzer verschiedene Gerichte zuständig, so kann die Verwertungsgesellschaft alle Ansprüche bei einem dieser Gerichte geltend machen.

Abs. 1 entspricht der Neigung des Gesetzes zur Übernormierung (vgl. 1
Einl. 10).

a) Mit § 17 sollte ein Ausweg aus der prozessualen Streitfrage gefunden werden, die durch die Rechtsprechung der Berliner Gerichte in GEMA-Sachen entstanden war. Danach wurde bei der Anwendung des § 32 ZPO auch der Sitz der GEMA als Ort der Verletzungshandlung angesehen, weil hier der Vermögensschaden eintrat und der nicht abgeschlossene Vertrag zu vereinbaren gewesen wäre (so LG Berlin GRUR 1955, 553 mit Nachweisen;

Baumbach-Lauterbach, 26. Aufl., Anm. 3 zu § 32 ZPO mit Nachweisen; a.A. z.B. Spengler GRUR 1953, 78). Der Wortlaut des § 17 ändert daran nichts, obwohl der Gesetzgeber dies beabsichtigt hatte. Eine Änderung trat erst ein, als BGHZ 52, 108, 111 die bisherige Rechtsprechung für „unhaltbar" erklärte. Seither sind die Gerichte am Sitz der VerwGes. nicht mehr als zuständig anzusehen, falls der Verletzer dort weder wohnt noch tätig geworden ist.

b) Da auch nach der ZPO in der Regel nur der allgemeine Gerichtsstand des Verletzers (§ 13 ZPO) und der Gerichtsstand des § 32 ZPO nebeneinander in Betracht kommen (vgl. § 105 UrhG Bem. 2), erschöpft sich die Besonderheit des § 17 darin, daß er diese Gerichtsstände für ausschließlich erklärt, d.h. die Begründung der Zuständigkeit eines anderen Gerichts durch freie Parteienvereinbarung unterbindet. Gerade dafür ist aber kein sachlicher Grund erkennbar; es ist nicht einzusehen, weshalb die Parteien nicht die Zuständigkeit der Urheberrechts-Spezialkammer eines Landgerichts vereinbaren dürfen, die sie für besonders qualifiziert halten.

2 **Abs. 2** ist auf diejenigen Veranstalter zugeschnitten, die von Ort zu Ort ziehen. Hier soll die VerwGes. nicht gezwungen sein, dem Verletzer für jeden Einzelfall „nachreisen" zu müssen. Ein Anlaß für diese Regelung ist angesichts der früheren Rechtsprechung zur Zuständigkeitsfrage (Bem. 1a) freilich erst mit BGHZ 52, 108, 111f. entstanden.

Dritter Abschnitt · **Aufsicht über die Verwertungsgesellschaft**

§ 18 Aufsichtsbehörde

(1) Aufsichtsbehörde ist das Patentamt.

(2) Soweit auf Grund anderer gesetzlicher Vorschriften eine Aufsicht über die Verwertungsgesellschaft ausgeübt wird, ist sie im Benehmen mit dem Patentamt auszuüben.

(3) Über Anträge auf Erteilung der Erlaubnis zum Geschäftsbetrieb (§ 2) und über den Widerruf der Erlaubnis (§ 4) entscheidet das Patentamt im Einvernehmen mit dem Bundeskartellamt. Gelingt es nicht, das Einvernehmen herzustellen, so legt das Patentamt die Sache dem Bundesminister der Justiz vor; dessen Weisungen, die im Benehmen mit dem Bundesminister für Wirtschaft erteilt werden, ersetzen das Einvernehmen.

1 Das **Patentamt** ist **als Aufsichtsbehörde** nach dem Vorbild des freiwilligen Aufsichtsvertrages zwischen GEMA und Bundesminister der Justiz vom 10. 1. 1952 bestimmt worden, nach welchem der Minister den Präsidenten des Deutschen Patentamts mit der Aufsicht betraut hatte.

2 Zu **Abs. 2** vgl. zunächst Bem. zu § 2. Die Begr. (S. 18f.) legt Wert darauf, daß nicht ein „Einvernehmen" wie bei Abs. 3, sondern nur ein „Benehmen" gefordert wird, um eine verfassungsrechtlich bedenkliche „Mischverwaltung" zwischen Bund (Patentamt) und Ländern (Verleihungsbehörde bei Vereinen, Gewerbeaufsicht bei Handelsgesellschaften) zu vermeiden. Das Patentamt ist, wie der Unterschied im Ausdruck andeuten soll, vor Durchführung der Aufsichtsmaßnahmen lediglich zu hören, besitzt jedoch kein Mitspracherecht (BGH GRUR 1988, 782, 784 *GEMA-Wertungsverfah-*

ren). – Bei der Organisationsform des wirtschaftlichen Vereins, der die Rechtsfähigkeit durch staatliche Verleihung erlangt, ist demnach eine dreifache Staatsaufsicht gegeben:
a) die Vereinsaufsicht aus §§ 22, 33 Abs. 3 BGB,
b) die Staatsaufsicht der §§ 18ff. WahrnG (dazu § 19 Bem. 2a),
c) die Mißbrauchsaufsicht der §§ 22ff. GWB.
Zwischen den drei Aufsichtsbehörden ist im Regelfall Benehmen, zwischen denen zu b) und c) ist in den Fällen des **Abs. 3** Einvernehmen, notfalls die Weisung des Bundesjustizministers, wiederum im Benehmen mit dem Bundeswirtschaftsminister, maßgebend, was im Ergebnis die Stellung des Bundeskartellamts gegenüber der eigentlichen Aufsichtsbehörde, dem Deutschen Patentamt, stärkt. Einzelheiten und Überschneidungen erörtert Menzel S. 90ff., 117ff.

§ 19 Inhalt der Aufsicht

(1) Die Aufsichtsbehörde hat darauf zu achten, daß die Verwertungsgesellschaft den ihr nach diesem Gesetz obliegenden Verpflichtungen ordnungsgemäß nachkommt.

(2) Die Aufsichtsbehörde kann von der Verwertungsgesellschaft jederzeit Auskunft über alle die Geschäftsführung betreffenden Angelegenheiten sowie Vorlage der Geschäftsbücher und anderen geschäftlichen Unterlagen verlangen.

(3) Die Aufsichtsbehörde ist berechtigt, an der Mitgliederversammlung und, wenn ein Aufsichtsrat oder Beirat besteht, auch an dessen Sitzungen durch einen Beauftragten teilzunehmen.

(4) Rechtfertigen Tatsachen die Annahme, daß ein nach Gesetz oder Satzung zur Vertretung der Verwertungsgesellschaft Berechtigter die für die Ausübung seiner Tätigkeit erforderliche Zuverlässigkeit nicht besitzt, so setzt die Aufsichtsbehörde der Verwertungsgesellschaft zur Vermeidung des Widerrufs der Erlaubnis nach § 4 Abs. 1 Nr. 1 eine Frist zu seiner Abberufung. Die Aufsichtsbehörde kann ihm bis zum Ablauf dieser Frist die weitere Ausübung seiner Tätigkeit untersagen, wenn dies zur Abwendung schwerer Nachteile erforderlich ist.

Die Fassung dieser Bestimmung ist gegenüber dem RegE erheblich entschärft worden. Während das Recht der Aufsichtsbehörde zur Einsicht in die Geschäftsbücher und sonstigen geschäftlichen Unterlagen der VerwGes. dort sogar unter Einschränkung des Grundrechts der Unverletzlichkeit der Wohnung aus Art. 13 GG sollte durchgesetzt werden können, beschränkt sich Abs. 2 jetzt auf einen bloßen Auskunfts- und Vorlageanspruch, der auch völlig ausreichen dürfte. Ferner hat der Gesetzgeber das in Abs. 3 des RegE ursprünglich vorgesehene Recht der Aufsichtsbehörde, die Einberufung einer Mitgliederversammlung, des Aufsichtsrats oder des Beirats und die Ankündigung von Gegenständen zur Beschlußfassung zu verlangen, beseitigt. Endlich ist auch die Befugnis der Aufsichtsbehörde zur Abberufung unzuverlässiger Personen in Abs. 4 angemessen beschränkt worden. **1**

Geblieben sind nur noch folgende Maßnahmen: **2**

a) **Überwachung** der *ordnungsgemäßen* Einhaltung der der Gesellschaft nach *diesem* Gesetz obliegenden Verpflichtungen, also nicht bloße Rechtsaufsicht („ordnungsgemäß"), aber auch nicht volle Fachaufsicht, da § 20 jedenfalls ein „Hineinregieren" der Aufsichtsbehörde in die VerwGes. nicht erlaubt. Ungenau daher Reischl und Hübner/Stern, sämtlich in GEMA-Nachr.

Nr. 108 (1978) S. 79f. bzw. S. 85, 88, einerseits, die Rechtsaufsicht annehmen, und Reinbothe S. 12 andererseits, der Fachaufsicht annimmt. Es handelt sich vielmehr um eine Mischform, also eine Aufsicht *sui generis*, die allerdings der Fachaufsicht näher steht als der Rechtsaufsicht (ebenso Häußer Mitt. 1984, 64, 68 und FS Roeber II S. 113, 115; Menzel S. 43 spricht von „Wirtschaftsaufsicht"; jetzt auch Schricker-Reinbothe Rz. 3 und M. Vogel GRUR 1993, 513, 529). – Die Verpflichtungen, deren Einhaltung zu überwachen ist, sind nicht bezeichnet. Sie betreffen also die Rechtsbeziehungen der VerwGes. zu den Wahrnehmungsberechtigten (Angemessenheit der Bedingungen, Einhaltung des Wahrnehmungszwanges, Verteilung der Einnahmen, Rechnungslegung und Prüfung, Auskunftspflicht) ebenso wie ihre Rechtsstellung gegenüber den Verwertern (Einhaltung des Abschlußzwanges, Abschluß von Gesamtverträgen, Aufstellung und Bekanntmachung von Tarifen, schließlich auch Einhaltung von vor der Schiedsstelle geschlossenen Vergleichen und von gerichtlichen Entscheidungen). Dagegen ist die Aufsichtsbehörde **nicht zuständig** für die Überwachung der Rechtsbeziehungen der VerwGes. zu ihren eigenen Angestellten, Geschäftsführern, Bezirksdirektoren und Beauftragten, da diese Beziehungen nicht Gegenstand des WahrnG sind. Sie sind innere Angelegenheiten der VerwGes., die diese selbst zu regeln hat (Ausnahme: Abs. 4, unten d).

b) **Auskunftserteilung** über alle die Geschäftsführung betreffenden Angelegenheiten sowie Vorlage der Geschäftsbücher und anderer geschäftlicher Unterlagen. Darunter rechnen alle Aufzeichnungen über geschäftliche Vorgänge der VerwGes., deren Kenntnis zur ordnungsgemäßen Ausübung der Aufsicht im Sinne von Abs. 1 erforderlich ist. Im Zweifel ist alles vorzulegen, was nicht offensichtlich Vorgänge betrifft, die der Aufsicht nicht unterliegen. Die Befürchtung der ersten beiden Auflagen, die Aufsichtsbehörde werde mit einer Flut von Beschwerden, Einsprüchen, Hinweisen und Anschuldigungen überschwemmt, hat sich nicht als berechtigt erwiesen. Das Patentamt praktiziert kluge Zurückhaltung, was dazu beigetragen haben dürfte, daß GEMA und GVL ihre Verfassungsbeschwerden gegen das WahrnG zurückgenommen haben (Einl. 10).

c) **Teilnahmerecht** an Mitgliederversammlungen, Aufsichts- und Beiratssitzungen durch einen Beauftragten. Es entstammt der Vereinbarung vom 10. 1. 1952 zwischen GEMA und Bundesjustizministerium. Der Beauftragte wird vom Patentamt bestellt.

d) Verlangen auf **Abberufung** eines Vertretungsberechtigten, dem die Zuverlässigkeit fehlt. Vgl. dazu § 3 Bem. 2. Die in Abs. 4 Satz 2 der Aufsichtsbehörde eingeräumte Möglichkeit sofortigen Handelns ist ein Unterfall der Anordnung der sofortigen Vollziehung eines Verwaltungsaktes (§ 80 VwGO). Es muß sich um schwere Nachteile für die VerwGes., für deren Mitglieder oder Berechtigte oder für die Allgemeinheit, also auch für die Verwerter, handeln. Diese Nachteile müssen nicht anders als durch die sofortige Ausschaltung des Betroffenen vermieden werden können; lassen sie sich auch auf andere Weise verhindern, so ist die sofortige Untersagung der weiteren Tätigkeit unzulässig. War der Betroffene der einzige Vertretungsberechtigte, so muß der Registerrichter des zuständigen Amtsgerichts (nicht die Aufsichtsbehörde!) einen Notvorstand bestellen (§ 29 BGB, § 85 AktG), der seinerseits die Mitgliederversammlung einzuberufen und für Abberufung des allein vertretungsberechtigten Vorstandsmitglieds zu sorgen hat. Fraglich kann hier sein, wer Adressat der Aufforderung zur Abberufung ist. Besteht ein Aufsichtsrat, Beirat oder Verwaltungsrat, so dürfte bei Behinderung des Vorstandes in einem solchen Falle dieser zur Vertretung des Vereins berufen sein. Andernfalls muß die Aufforderung an alle Mitglieder bzw. Gesellschafter gerichtet werden.

Gegen die Tätigkeit der VerwGes. gerichtete **Beschwerden** Dritter sind Anregungen zu selbständigem staatlichen Handeln im – in erster Linie – öffentlichen Interesse (BGHZ 58, 96, 98). Da das Tätigwerden der Aufsichtsbehörde in deren pflichtgemäßem Ermessen steht, hat der Beschwerdeführer im Regelfall kein subjektiv-öffentliches Recht auf behördliches Einschreiten (BGHZ 74, 144, 146) mit der Folge, daß gegen die Zurückweisung seiner Beschwerde kein Rechtsmittel gegeben ist (a. M. Ruzicka FS Roeber II S. 355, 360 f. und Fritsch GRUR 1984, 22, 26). Der von Schricker-Reinbothe § 18 Rz. 2 genannte Anspruch auf fehlerfreie Ermessensausübung dürfte kaum praktisch werden können. Wohl aber kann das Untätigbleiben der Aufsichtsbehörde Ansprüche aus Amtspflichtverletzung zur Folge haben, wenn und soweit die Vorschriften, deren Einhaltung die Aufsichtsbehörde überwachen soll, Schutzfunktion zugunsten Dritter haben (BGHZ 74, 144, 155 ff. und BGH NJW 1979, 1879 ff.). Das trifft für die von Ruzicka und Fritsch a. a. O. genannten §§ 6, 7 und 11 WahrnG aus den von ihnen dargelegten Gründen zu. 3
Für die §§ 6 und 7 sehen Arnold/Rehbinder UFITA 118 (1992), 203, 214 sogar einen einklagbaren öffentlich-rechtlichen Anspruch gegen die Aufsichtsbehörde auf Erfüllung ihrer gesetzlichen Verpflichtungen. Die Vorstellung, das Deutsche Patentamt könne von einem einzelnen Urheber oder Verleger über die Verwaltungsgerichte gezwungen werden, eine konkrete Maßnahme gegen eine VerwGes. durchzuführen, scheint uns allerdings allein mit dem Argument, die Bestimmungen bestünden ausschließlich im Interesse der Berechtigten (a. a. O. S. 213), nicht ausreichend begründet zu sein (s. auch Martin Vogel GRUR 1993, 513, 530).

§ 20 Unterrichtungspflicht

Die Verwertungsgesellschaft hat der Aufsichtsbehörde jeden Wechsel der nach Gesetz oder Satzung zu ihrer Vertretung berechtigten Personen anzuzeigen. Sie hat der Aufsichtsbehörde unverzüglich abschriftlich zu übermitteln

1. **jede Satzungsänderung,**
2. **die Tarife und jede Tarifänderung,**
3. **die Gesamtverträge,**
4. **die Vereinbarungen mit ausländischen Verwertungsgesellschaften,**
5. **die Beschlüsse der Mitgliederversammlung, eines Aufsichtsrats oder Beirats und aller Ausschüsse,**
6. **den Jahresabschluß, den Lagebericht und den Prüfungsbericht,**
7. **die Entscheidungen in gerichtlichen oder behördlichen Verfahren, in denen sie Partei ist, soweit die Aufsichtsbehörde dies verlangt.**

Die zur Vertretung berechtigten Personen sind beim Verein, der Genossenschaft und der Aktiengesellschaft der Vorstand, bei der GmbH die Geschäftsführer. Jahresabschluß und Lagebericht werden zweckmäßig erst zusammen mit dem Prüfungsbericht vorgelegt.

§ 20a Weitergabe von Einfuhrmeldungen

Die Aufsichtsbehörde ist befugt, Angaben über die Einfuhr von Geräten und Bild- oder Tonträgern im Sinne von § 54 des Urheberrechtsgesetzes, die ihr vom Bundesamt für gewerbliche Wirtschaft mitgeteilt werden, an die zur Wahrnehmung des Vergütungsanspruchs berechtigte Verwertungsgesellschaft weiterzuleiten.

Die ZPÜ (Einl. 4) hatte früher Schwierigkeiten, den Umfang der Einfuhren von Tonband- und Videogeräten genau zu erfassen; die Folge war eine Verzerrung des Wettbewerbs zwischen deutschen und ausländischen Geräten zu Lasten der ersteren; der Versuch der ZPÜ, diese Verzerrung durch höhere Vergütungssätze für Importgeräte auszugleichen, scheiterte schon frühzeitig (BGH GRUR 1970, 200 *Tonbandgeräte-Importeur*). Eine am 5. Juli 1985 in Kraft getretene Änderung der AußenwirtschaftsVO unterstellte Geräte und Leerkassetten, die für den Vergütungsanspruch nach § 54 Abs. 1 oder 2 UrhG in Betracht kommen, der Meldepflicht (Textauszug Anhang I 7 der 7. Aufl.). § 20a ermöglichte die Weitergabe der gemeldeten Einfuhren vom Bundesamt für die gewerbliche Wirtschaft in Frankfurt über das Deutsche Patentamt an die ZPÜ. Die Bestimmung soll durch Art. 2 des 3. ÄndG aufgehoben werden (vgl. Ref.Entw. Anhang I 10).

Vierter Abschnitt · **Übergangs- und Schlußbestimmungen**

§ 21 Zwangsgeld

Auf die Vollstreckung von Verwaltungsakten, die auf Grund dieses Gesetzes erlassen werden, findet das Verwaltungs-Vollstreckungsgesetz vom 27. April 1953 (Bundesgesetzbl. I S. 157) mit der Maßgabe Anwendung, daß die Höhe des Zwangsgeldes bis zehntausend Deutsche Mark betragen kann.

Das Zwangsgeld hätte nach § 11 Abs. 3 VwVG an sich nur bis zu 2000 DM betragen dürfen.

§ 22 *Verletzung der Geheimhaltungspflicht* (aufgehoben)

§ 23 *Bestehende Verwertungsgesellschaften*

(1) Bei Inkrafttreten dieses Gesetzes bestehende Verwertungsgesellschaften dürfen ihre Tätigkeit im bisherigen Umfang bis zum Ablauf eines Jahres nach Inkrafttreten dieses Gesetzes ohne die nach diesem Gesetz erforderliche Erlaubnis (§ 1) fortsetzen.

(2) Die Aufsichtsbehörde kann eine solche Verwertungsgesellschaft auf Antrag für die Zeit bis zum Ablauf eines Jahres nach Inkrafttreten dieses Gesetzes von einzelnen ihr nach diesem Gesetz obliegenden Verpflichtungen befreien.

(3) Die Aufsichtsbehörde kann für eine Verwertungsgesellschaft auf Antrag die in den Absätzen 1 und 2 genannten Fristen einmal oder mehrmals angemessen verlängern, längstens jedoch bis zum 31. Dezember 1969.

Durch Zeitablauf gegenstandslos.

§ 24 Änderung des Gesetzes gegen Wettbewerbsbeschränkungen

Das Gesetz gegen Wettbewerbsgeschränkungen wird wie folgt geändert:

1. In § 91 Abs. 1 Satz 1 wird nach „§§ 100, 102" eingefügt: „ , § 102a". § 91 erhält ferner folgenden Absatz 3:

„(3) § 14 *Abs. 1 Satz 3* des Gesetzes über die Wahrnehmung von Urheberrechten und verwandten Schutzrechten vom 9. September 1965 (Bundesgesetzbl. I S. 1294) bleibt unberührt."

2. Nach § 102 wird folgender § 102a eingefügt:

„§ 102a

(1) Die §§ 1 und 15 finden keine Anwendung auf die Bildung von Verwertungsgesellschaften, die der Aufsicht nach dem Gesetz über die Wahrnehmung von Urheberrechten und verwandten Schutzrechten unterliegen, sowie auf wettbewerbsbeschränkende Verträge oder Beschlüsse solcher Verwertungsgesellschaften, wenn und soweit die Verträge oder Beschlüsse sich auf die nach § 1 des Gesetzes über die Wahrnehmung von Urheberrechten und verwandten Schutzrechten erlaubnisbedürftige Tätigkeit beziehen und der Aufsichtsbehörde gemeldet worden sind. Die Aufsichtsbehörde hat Näheres über den Inhalt der Meldung zu bestimmen. Sie leitet die Meldungen an das Bundeskartellamt weiter.

(2) Das Bundeskartellamt kann den Verwertungsgesellschaften Maßnahmen untersagen und Verträge und Beschlüsse für unwirksam erklären, die einen Mißbrauch der durch Freistellung von den §§ 1 und 15 erlangten Stellung im Markt darstellen. Ist der Inhalt eines Gesamtvertrages oder eines Vertrages mit einem Sendeunternehmen nach § 14 des Gesetzes über die Wahrnehmung von Urheberrechten und verwandten Schutzrechten durch die Schiedsstelle verbindlich festgesetzt worden, so stehen dem Bundeskartellamt Befugnisse nach diesem Gesetz nur zu, soweit in dem Vertrag Bestimmungen zum Nachteil Dritter enthalten sind oder soweit der Vertrag mißbräuchlich gehandhabt wird. Ist der Inhalt des Vertrages nach § 15 des Gesetzes über die Wahrnehmung von Urheberrechten und verwandten Schutzrechten durch das Oberlandesgericht festgesetzt worden, so stehen dem Bundeskartellamt Befugnisse nach diesem Gesetz nur zu, soweit der Vertrag mißbräuchlich gehandhabt wird.

(3) Verfügungen nach diesem Gesetz, die Tätigkeit von Verwertungsgesellschaften betreffen, werden vom Bundeskartellamt im Benehmen mit der Aufsichtsbehörde getroffen".

3. In § 105 wird nach „§§ 100, 102" eingefügt: „ , § 102a".

Die faktische Monopolstellung, die die VerwGes. in der Regel inne haben 1
(vgl. § 11 Bem. 1), macht sie zu „marktbeherrschenden Unternehmen" im Sinne der §§ 22ff. GWB, die der Mißbrauchsaufsicht des Bundeskartellamtes unterliegen (vgl. BGH GRUR 1988, 782 *GEMA-Wertungsverfahren*). Daran will der Gesetzgeber im Prinzip nichts ändern (Begr. S. 12). Jedoch erwiesen sich wie bei den Banken, Versicherungen und Bausparkassen (dazu § 102 GWB) gewisse Beschränkungen der Befugnisse des Bundeskartellamtes mit Rücksicht auf die Aufsichtsfunktion des Patentamts als unerläßlich;

sie sind in § 102a GWB festgelegt. Der Hinweis auf § 14 Abs. 1 Satz 3 in § 91 Abs. 3 GWB ist schon seit dem ÄndG 1985 überholt (jetzt § 14 Abs. 6).

2 § 102a GWB nimmt die Bildung von VerwGes., den Abschluß wettbewerbsbeschränkender Verträge und wettbewerbsbeschränkende Beschlüsse der VerwGes., wenn und soweit sie sich auf die erlaubnisbedürftige Tätigkeit nach diesem Gesetz beziehen und der Aufsichtsbehörde gemeldet worden sind, von den Beschränkungen der §§ 1 und 15 GWB aus. Damit wird die Streitfrage, ob der einzelne Urheber als Unternehmer im Sinne von § 1 GWB anzusehen ist, gegenstandslos, da jedenfalls der Zusammenschluß mehrerer Urheber zu einer VerwGes. nicht als verbotener Kartellvertrag angesehen werden kann. Lediglich die **Mißbrauchsaufsicht** der §§ 22ff. GWB bleibt – mit den in Bem. 3 und 4 genannten Einschränkungen – bestehen. Auch hier ist jedoch durch § 102a Abs. 3 GWB sichergestellt worden, daß nicht die Ausübung der doppelgleisigen Aufsicht durch Patentamt und Bundeskartellamt zu Überschneidungen und Verwirrungen führt; die Verwendung des Begriffes „Benehmen" bedeutet, daß das Bundeskartellamt nur zur Anhörung des Patentamts verpflichtet ist, ohne an dessen Meinung gebunden zu sein, von letzterer aber nicht ohne triftigen Grund abweichen darf (vgl. § 18 Bem. 2).

3 Auch die **Mißbrauchsaufsicht** besteht **nicht** mehr **unbeschränkt.** Eine Sonderregelung erfuhren die Befugnisse des Bundeskartellamts zur Untersagung von Maßnahmen und zur Unwirksamerklärung von Verträgen und Beschlüssen, die nach seiner Auffassung einen Mißbrauch der durch die Freistellung vom Kartellverbot erlangten Marktstellung enthalten. Hier schränkt § 102a GWB die Befugnis des Bundeskartellamts aus den §§ 22ff. GWB gegenüber den verbindlich gewordenen Vorschlägen der Schiedsstelle (§ 14c Abs. 1 in Verbindung mit § 14a Abs. 3 und 4) auf die Fälle ein, in denen eine mißbräuchliche Handhabung des von der Schiedsstelle festgesetzten Vertrages vorliegt oder bei denen es sich um Bestimmungen handelt, die Nachteile für Dritte in sich bergen (Näheres Reinbothe S. 111ff.). Gegenüber den Festsetzungen des Oberlandesgerichts (§ 16 Abs. 4) ist ein Eingreifen des Bundeskartellamts nur noch bei mißbräuchlicher Handhabung zulässig. Solche Möglichkeiten sollen gleichwohl tunlichst von vornherein dadurch vermieden werden, daß § 14c Abs. 3, die Beteiligung des Bundeskartellamts an den Verfahren vor der Schiedsstelle (nicht mehr vor dem Oberlandesgericht) vorschreibt. Damit wird, wie die Begr. (S. 21) hervorhebt, die Beachtung kartellrechtlicher Gesichtspunkte sichergestellt. Die redaktionelle Anpassung des § 102a Abs. 2 GWB an die Neuregelung der §§ 14–16 im ÄndG ist allerdings offenbar vergessen worden.

§ 25 Änderung der Bundesgebührenordnung für Rechtsanwälte

In die Bundesgebührenordnung für Rechtsanwälte vom 26. Juli 1957 (Bundesgesetzbl. I S. 861, 907) wird nach § 65a folgender § 65b eingefügt:
„§ 65b
Verfahren nach dem Gesetz über die Wahrnehmung von Urheberrechten und verwandten Schutzrechten

Im Verfahren vor dem Oberlandesgericht nach § 15 des Gesetzes über die Wahrnehmung von Urheberrechten und verwandten Schutzrechten vom 9. September 1965 (Bundesgesetzbl. I S. 1294) gelten die Vorschriften dieses Abschnitts sinngemäß. Die Gebühren richten sich nach § 11 Abs. 1 Satz 2".

Die Vorschrift wendet die Gebührensätze für die Berufungsinstanz aus § 11 Abs. 1 Satz 2 BRAGO auf das Verfahren vor dem Oberlandesgericht an, da dieses Verfahren wegen des Ranges der zur Entscheidung berufenen Gerichtsinstanz und wegen der Endgültigkeit ihres Rechtsspruches mindestens dem Berufungsverfahren gleichkommt. Der Rechtsanwalt hat danach für das Verfahren nach § 15 eine volle Prozeßgebühr (13/10), bei Anordnung der mündlichen Verhandlung nach § 15 Abs. 2 Satz 2 ferner eine volle Verhandlungsgebühr (13/10) zu beanspruchen. Hinsichtlich des Streitwertes besitzt der Rechtsanwalt ein eigenes Antragsrecht ohne Rücksicht auf die Wünsche seines Mandanten (§ 9 Abs. 2 BRAGO). Auch hier fehlt die Korrektur aufgrund des ÄndG 1985: Das Verfahren vor dem OLG München ist jetzt in § 16 Abs. 4 geregelt und kein Beschwerdeverfahren mehr, sondern ein Klagefahren.

§ 26 Aufgehobene Vorschriften

Mit Inkrafttreten dieses Gesetzes werden folgende Vorschriften aufgehoben, soweit sie nicht bereits außer Kraft getreten sind:

1. **das Gesetz über Vermittlung von Musikaufführungsrechten vom 4. Juli 1933 (Reichsgesetzbl. I S. 452);**
2. **die Verordnung zur Durchführung des Gesetzes über die Vermittlung von Musikaufführungsrechten vom 15. Februar 1934 (Reichsgesetzbl. I S. 100).**

§ 26 a *Anhängige Verfahren*

Die §§ 14 bis 16 sind auf Verfahren, die bei Inkrafttreten dieses Gesetzes vor der Schiedsstelle anhängig sind, nicht anzuwenden; für diese Verfahren gelten die §§ 14 und 15 des Gesetzes über die Wahrnehmung von Urheberrechten und verwandten Schutzrechten in der Fassung vom 9. September 1965 (BGBl. I S. 1294).

Durch Zeitablauf gegenstandslos.

§ 27 *Geltung im Land Berlin*

Dieses Gesetz gilt nach Maßgabe des § 13 Abs. 1 des Dritten Überleitungsgesetzes vom 4. Januar 1952 (Bundesgesetzbl. I S. 1) auch im Land Berlin. Rechtsverordnungen, die auf Grund dieses Gesetzes erlassen werden, gelten im Land Berlin nach § 14 des Dritten Überleitungsgesetzes.

Seit der Wiedervereinigung gegenstandslos.

§ 28 Inkrafttreten

(1) § 14 Abs. 7 tritt am Tage nach der Verkündung dieses Gesetzes in Kraft.
(2) Im übrigen tritt dieses Gesetz am 1. Januar 1966 in Kraft.

Tag der Verkündung war der 16. 9. 1965.

Anhang I · Ergänzende Vorschriften

1 · Verordnung über die Urheberrolle

vom 18. Dezember 1965 (BGBl. I 2105) in der Fassung der Verordnung zur Änderung der Verordnung über die Urheberrolle vom 26. Juni 1970 (BGBl. I 839)

Auf Grund des § 138 Abs. 5 des Urheberrechtsgesetzes vom 9. September 1965 (Bundesgesetzbl. I S. 1273) wird verordnet:

§ 1 Form des Antrags. (1) Der Antrag auf Eintragung in die Urheberrolle nach § 66 Abs. 2 Nr. 2 des Gesetzes ist schriftlich beim Patentamt einzureichen.

(2) In dem Antrag sind anzugeben

1. der Name des Urhebers, der Tag und der Ort seiner Geburt und, wenn der Urheber verstorben ist, das Sterbejahr; ist das Werk unter einem Decknamen veröffentlicht, so ist auch der Deckname anzugeben;

2. der Titel, unter dem das Werk veröffentlicht ist, oder, wenn das Werk ohne Titel veröffentlicht ist, eine sonstige Bezeichnung des Werkes; ist das Werk erschienen, so ist auch der Verlag anzugeben;

3. der Zeitpunkt und die Form der ersten Veröffentlichung des Werkes.

§ 2 Inhalt der Eintragung. In die Urheberrolle sind die laufende Nummer der Eintragung, der Tag, an dem der Antrag beim Patentamt eingegangen ist, sowie die in § 1 Abs. 2 bezeichneten Angaben einzutragen.

§ 3 Alphabetisches Register. Zu der Urheberrolle wird je ein alphabetisches Register der eingetragenen Urhebernamen einschließlich der Decknamen sowie der eingetragenen Titel oder sonstigen Bezeichnungen der Werke geführt.

§ 4 Eintragungsschein. Dem Antragsteller ist auf Verlangen eine Bescheinigung über die Eintragung auszustellen.

§ 5 Kosten. (1) Für die Eintragung in die Urheberrolle werden folgende Gebühren erhoben:

1. Bei einem Werk	20 Deutsche Mark;
2. bei mehreren Werken, deren Eintragung gleichzeitig beantragt wird,	
a) für das erste Werk	20 Deutsche Mark,
b) für das zweite bis zehnte Werk je	10 Deutsche Mark,
c) für das elfte und jedes weitere Werk je	5 Deutsche Mark.

(2) Für die Erhebung von Kosten für die Ausfertigung eines Eintragungsscheines und für die Erteilung sonstiger Auszüge und deren Beglaubigung ist die Verordnung über Verwaltungskosten beim Deutschen Patentamt vom 26. Juni 1970 (Bundesgesetzbl. I S. 835) entsprechend anzuwenden. Das gleiche gilt für das Verfahren bei der Erhebung der Gebühren nach Absatz I.

(3) Gegen eine Entscheidung des Patentamts nach § 9 Abs. 2 der Verordnung über Verwaltungskosten beim Deutschen Patentamt kann der Kostenschuldner innerhalb einer Frist von zwei Wochen nach Zustellung gerichtliche Entscheidung beantragen. Der Antrag ist beim Patentamt einzureichen; dieses kann dem Antrag abhelfen. Über den Antrag entscheidet das nach § 138 Abs. 2 Satz 2 des Urheberrechtsgesetzes zuständige Gericht.

§ 6 Geltung im Land Berlin. Diese Verordnung gilt nach § 14 des Dritten Überleitungsgesetzes vom 4. Januar 1952 (Bundesgesetzbl. I S. 1) in Verbindung mit § 142 des Urheberrechtsgesetzes auch im Land Berlin.

§ 7 Inkrafttreten. Diese Verordnung tritt am 1. Januar 1966 in Kraft.

2 · Verordnung über die Schiedsstelle für Urheberrechtsstreitfälle
Urheberrechtsschiedsstellenverordnung (UrhSchiedsV)

vom 20. Dezember 1985 (BGBl. I 2543)

Auf Grund des durch Artikel 2 Nr. 8 des Gesetzes vom 24. Juni 1985 (BGBl. I S. 1137) neugefaßten § 15 des Urheberrechtswahrnehmungsgesetzes wird verordnet:

§ 1 Einleitung des Verfahrens. (1) Der schriftliche Antrag zur Anrufung der Schiedsstelle nach § 14 Abs. 4 des Urheberrechtswahrnehmungsgesetzes hat Namen und Anschrift des Antragsgegners sowie eine Darstellung des Sachverhalts zu enthalten. Er soll in zwei Stücken eingereicht werden.

(2) Der Antrag wird von der Schiedsstelle dem Antragsgegner mit der Aufforderung zugestellt, sich innerhalb eines Monats schriftlich zu äußern.

(3) Beantragt eine Verwertungsgesellschaft den Abschluß eines Gesamtvertrages, so kann der Antragsgegner erklären, daß er zum Abschluß des Vertrages nicht bereit sei. Gibt er die Erklärung ab, so ist das Verfahren einzustellen; das Verfahren ist auch einzustellen, wenn er sich innerhalb eines Monats nicht erklärt. Der Antragsgegner ist hierüber zu belehren.

§ 2 Zurücknahme des Antrags. (1) Der Antrag kann zurückgenommen werden, in Verfahren mit mündlicher Verhandlung jedoch ohne Einwilligung des Antragsgegners nur bis zum Beginn der mündlichen Verhandlung.

(2) Wird der Antrag zurückgenommen, so hat der Antragsteller die Kosten des Verfahrens und die notwendigen Auslagen des Antragsgegners zu tragen.

§ 3 Mündliche Verhandlung. Bei Streitfällen, die den Abschluß oder die Änderung eines Gesamtvertrages betreffen, entscheidet die Schiedsstelle auf Grund mündlicher Verhandlung. Von der mündlichen Verhandlung kann mit Einverständnis der Beteiligten abgesehen werden.

§ 4 Schriftliches Verfahren. Bei Streitfällen nach § 14 Abs. 1 Nr. 1 des Urheberrechtswahrnehmungsgesetzes entscheidet die Schiedsstelle im schriftlichen Verfahren. Die Schiedsstelle entscheidet auf Grund mündlicher Verhandlung, wenn einer der Beteiligten es beantragt und der andere zustimmt oder wenn sie es ausnahmsweise zur Aufklärung des Sachverhaltes für erforderlich hält.

§ 5 Vorbereitung der Verhandlung. Bei Streitfällen, die den Abschluß oder die Änderung eines Gesamtvertrages betreffen, kann der Vorsitzende die Beteiligten mit ihrem Einverständnis vor der mündlichen Verhandlung zu einem Vergleichsversuch ohne Zuziehung der Beisitzer laden. Er ist dazu verpflichtet, wenn beide Beteiligten es beantragen.

§ 6 Verfahren bei mündlicher Verhandlung. (1) Zu der Verhandlung sind die Beteiligten zu laden. Die Ladungsfrist beträgt mindestens zwei Wochen.

(2) Die Verhandlung vor der Schiedsstelle ist nicht öffentlich. Beauftragte des Bundesministers der Justiz, der Aufsichtsbehörde und des Bundeskartellamts dürfen anwesend sein.

(3) Für die Zurückweisung von Bevollmächtigten oder Beiständen der Beteiligten oder die Untersagung des Vortrags ist § 157 der Zivilprozeßordnung entsprechend anzuwenden; einer Erlaubnis zum mündlichen Verhandeln vor der Schiedsstelle bedarf es nicht.

(4) Über die Verhandlung ist eine Niederschrift zu fertigen, die vom Vorsitzenden und vom Schriftführer zu unterzeichnen ist.

(5) Der Einigungsvorschlag braucht den Beteiligten nicht mündlich verkündet werden.

§ 7 Ausbleiben in der mündlichen Verhandlung. (1) Erscheint der Antragsteller nicht zur mündlichen Verhandlung, so gilt der Antrag als zurückgenommen. Er kann jedoch Wiedereinsetzung in den vorigen Stand beantragen; die Vorschriften der Zivilprozeßordnung sind entsprechend anzuwenden.

(2) Erscheint der Antragsgegner nicht zur mündlichen Verhandlung, so kann die Schiedsstelle nach Lage der Akten entscheiden.

(3) Unentschuldigt ausgebliebene Beteiligte haben die durch ihr Ausbleiben verursachten Kosten zu tragen.

(4) Die Beteiligten sind in der Ladung zur mündlichen Verhandlung auf die Folgen ihres Ausbleibens hinzuweisen.

§ 8 Ermittlung von Amts wegen. (1) Die Schiedsstelle ist an Beweisanträge nicht gebunden. Sie ermittelt von Amts wegen und erhebt die erforderlichen und geeignet erscheinenden Beweise. Den Beteiligten ist Gelegenheit zu geben, sich zu den Ermittlungs- und Beweisergebnissen zu äußern.

(2) Die Schiedsstelle kann vorbehaltlich des Absatzes 3 Beteiligte und Zeugen vernehmen, Gutachten erstatten lassen sowie Nutzervereinigungen und Verwertungsgesellschaften, die nicht Beteiligte des Verfahrens sind, anhören.

(3) Die Vernehmung eines Zeugen, der nicht freiwillig vor der Schiedsstelle erscheint oder die Aussage verweigert, die Einholung eines Gutachtens von einem Sachverständigen, der nicht freiwillig vor der Schiedsstelle erscheint oder die Erstattung eines Gutachtens verweigert, sowie eine von der Schiedsstelle für erforderlich erachtete Beeidigung eines Zeugen, eines Sachverständigen oder eines Beteiligten sind auf Ersuchen der Schiedsstelle von dem Amtsgericht vorzunehmen, in dessen Bezirk die Schiedsstelle ihren Sitz hat.

(4) Die Vorschriften des Gerichtsverfassungsgesetzes, insbesondere über die Rechtshilfe, und die Vorschriften der Zivilprozeßordnung sind entsprechend anzuwenden.

§ 9 Ablehnung von Mitgliedern der Schiedsstelle. Über die Ausschließung und Ablehnung von Mitgliedern der Schiedsstelle entscheidet das Amtsgericht, in dessen Bezirk die Schiedsstelle ihren Sitz hat. Das Ablehnungsgesuch ist bei der Schiedsstelle anzubringen. Die Vorschriften der Zivilprozeßordnung sind entsprechend anzuwenden.

§ 10 Verfahrensermessen. Im übrigen verfährt die Schiedsstelle nach billigem Ermessen. Sie soll sich dabei an die Vorschriften der Zivilprozeßordnung anlehnen.

§ 11 Ehrenamtliche Mitglieder. (1) Wird die Schiedsstelle mit ehrenamtlichen Mitgliedern besetzt, so erhalten sie auf Antrag eine Entschädigung nach Maßgabe der §§ 2 bis 5 und 9 bis 11 des Gesetzes über die Entschädigung der ehrenamtlichen Richter.

(2) Die Entschädigung wird von der Aufsichtsbehörde festgesetzt.

(3) Das ehrenamtliche Mitglied kann die gerichtliche Festsetzung beantragen. Über den Antrag entscheidet das Amtsgericht, in dessen Bezirk die Schiedsstelle ihren Sitz hat. Der Antrag ist bei der Aufsichtsbehörde einzureichen oder zu Protokoll der Geschäftsstelle zu erklären. Die Aufsichtsbehörde kann dem Antrag abhelfen. Kosten werden nicht erstattet.

§ 12 Entschädigung von Zeugen und Sachverständigen. (1) Zeugen und Sachverständige erhalten eine Entschädigung nach Maßgabe der §§ 2 bis 6, 8 bis

12 und 14 des Gesetzes über die Entschädigung von Zeugen und Sachverständigen; § 7 Abs. 1, Abs. 2 Satz 1, 2 und § 15 dieses Gesetzes sind entsprechend anzuwenden.

(2) § 11 Abs. 2 und 3 ist entsprechend anzuwenden.

(3) Die Festsetzung wirkt nicht zu Lasten des Kostenschuldners.

§ 13 Kosten des Verfahrens. (1) Für das Verfahren vor der Schiedsstelle werden von der Aufsichtsbehörde eine Gebühr und Auslagen (Kosten) erhoben.

(2) Die Gebühr richtet sich nach dem Streitwert. Ihre Höhe bestimmt sich nach der Tabelle der Anlage 2 zum Gerichtskostengesetz. Für den Mindestbetrag der Gebühr gilt § 11 Abs. 3 des Gerichtskostengesetzes entsprechend.

(3) Der Streitwert wird von der Schiedsstelle festgesetzt. Er bemißt sich nach den Vorschriften, die für das Verfahren vor den ordentlichen Gerichten nach der Zivilprozeßordnung gelten.

(4) In Verfahren nach § 3 Satz 1 entfällt die Gebühr, wenn vor einer mündlichen Verhandlung der Antrag zurückgenommen oder das Verfahren eingestellt wird. Wird der Antrag vor einer Beweiserhebung zurückgenommen, ermäßigt sich die Gebühr auf ein Drittel. In Verfahren nach § 3 Satz 2 und § 4 kann die Schiedsstelle die Gebühr bei Rücknahme des Antrags oder bei Einstellung nach billigem Ermessen entfallen lassen oder herabsetzen.

(5) Auslagen werden in entsprechender Anwendung der Nummern 1900 bis 1912 des Kostenverzeichnisses zum Gerichtskostengesetz erhoben.

(6) Die Gebühr wird mit der Beendigung des Verfahrens, Auslagen werden sofort nach ihrer Entstehung fällig.

(7) Die Zustellung des Antrags soll von der Zahlung eines Vorschusses in Höhe eines Drittels der Gebühr durch den Antragsteller abhängig gemacht werden. Im Falle des § 1 Abs. 3 soll der Vorschuß erst angefordert werden, wenn die Fortsetzung des Verfahrens feststeht.

(8) Die Vorschriften des § 2 Abs. 1, 2 und 4 sowie der §§ 7, 8, 10, 49, 54, 56, 58, 59 und 68 des Gerichtskostengesetzes über die Kostenfreiheit, die Nachforderung, die Nichterhebung und die Verjährung der Kosten, den Kostenschuldner und den Auslagenvorschuß sind entsprechend anzuwenden.

(9) Über Einwendungen gegen Verwaltungsakte beim Vollzug der Kostenvorschriften entscheidet in Verfahren, die den Abschluß oder die Änderung eines Gesamtvertrages betreffen, das Oberlandesgericht, sonst das Amtsgericht, in dessen Bezirk die Aufsichtsbehörde ihren Sitz hat. Die Einwendungen sind bei der Schiedsstelle oder der Aufsichtsbehörde zu erheben. § 4 Abs. 3 und § 5 Abs. 3 und 4 des Gerichtskostengesetzes sind entsprechend anzuwenden.

§ 14 Verteilung der Kosten. (1) Die Schiedsstelle entscheidet über die Verteilung der Kosten des Verfahrens nach billigem Ermessen, soweit nichts anderes bestimmt ist. Die Schiedsstelle kann anordnen, daß die einem Beteiligten erwachsenen notwendigen Auslagen ganz oder teilweise von der Gegenseite zu erstatten sind, wenn dies der Billigkeit entspricht.

(2) Die Entscheidung über die Kosten kann durch Antrag auf gerichtliche Entscheidung angefochten werden, auch wenn der Einigungsvorschlag der Schiedsstelle angenommen wird. Über den Antrag entscheidet in Verfahren, die den Abschluß oder die Änderung eines Gesamtvertrages betreffen, das Oberlandesgericht, sonst das Amtsgericht, in dessen Bezirk die Schiedsstelle ihren Sitz hat.

§ 15 Festsetzung der Kosten. (1) Die Kosten des Verfahrens (§ 13) und die einem Beteiligten zu erstattenden notwendigen Auslagen (§ 14 Abs. 1 Satz 2) werden von der Aufsichtsbehörde festgesetzt. Die Festsetzung ist dem Kostenschuldner und, wenn nach § 14 Abs. 1 Satz 2 zu erstattende notwendige Auslagen festgesetzt worden sind, auch dem Erstattungsberechtigten zuzustellen.

(2) Jeder Betroffene kann innerhalb einer Frist von zwei Wochen nach der

Zustellung die gerichtliche Festsetzung der Kosten und der zu erstattenden notwendigen Auslagen beantragen. Bei Verfahren, die den Abschluß oder die Änderung eines Gesamtvertrages betreffen, entscheidet über den Antrag das Oberlandesgericht, in dessen Bezirk die Aufsichtsbehörde ihren Sitz hat, in allen anderen Fällen das Amtsgericht. Der Antrag ist bei der Aufsichtsbehörde einzureichen. Die Aufsichtsbehörde kann dem Antrag abhelfen.

(3) Aus dem Kostenfestsetzungsbeschluß findet die Zwangsvollstreckung in entsprechender Anwendung der Zivilprozeßordnung statt.

§ 16 Berlin-Klausel. Diese Verordnung gilt nach § 14 des Dritten Überleitungsgesetzes in Verbindung mit § 27 des Urheberrechtswahrnehmungsgesetzes auch im Land Berlin.

§ 17 Inkrafttreten; abgelöste Vorschrift. Diese Verordnung tritt am 1. Januar 1986 in Kraft. Gleichzeitig tritt die Verordnung über die Schiedsstelle nach dem Gesetz über die Wahrnehmung von Urheberrechten und verwandten Schutzrechten vom 18. Dezember 1965 (BGBl. I S. 2106), geändert durch Verordnung vom 26. Juni 1970 (BGBl. I S. 840), außer Kraft; sie ist jedoch weiter anzuwenden in Verfahren, die vor dem 1. Januar 1986 anhängig geworden sind.

3 · Gesetz betreffend das Urheberrecht an Werken der bildenden Künste und der Photographie

vom 9. Januar 1907 (RGBl. 7), zuletzt geändert durch das Einführungsgesetz zum StGB vom 2. März 1974 (BGBl. I 469)

– Auszug –

§ 22 (Recht am eigenen Bild). Bildnisse dürfen nur mit Einwilligung des Abgebildeten verbreitet oder öffentlich zur Schau gestellt werden. Die Einwilligung gilt im Zweifel als erteilt, wenn der Abgebildete dafür, daß er sich abbilden ließ, eine Entlohnung erhielt. Nach dem Tode des Abgebildeten bedarf es bis zum Ablaufe von 10 Jahren der Einwilligung der Angehörigen des Abgebildeten. Angehörige im Sinne dieses Gesetzes sind der überlebende Ehegatte und die Kinder des Abgebildeten, und wenn weder ein Ehegatte noch Kinder vorhanden sind, die Eltern des Abgebildeten.

§ 23 (Beschränkungen des Rechts am eigenen Bild). Ohne die nach § 22 erforderliche Einwilligung dürfen verbreitet und zur Schau gestellt werden:

1. Bildnisse aus dem Bereiche der Zeitgeschichte;
2. Bilder, auf denen die Personen nur als Beiwerk neben einer Landschaft oder sonstigen Örtlichkeit erscheinen;
3. Bilder von Versammlungen, Aufzügen und ähnlichen Vorgängen, an denen die dargestellten Personen teilgenommen haben;
4. Bildnisse, die nicht auf Bestellung angefertigt sind, sofern die Verbreitung oder Schaustellung einem höheren Interesse der Kunst dient.

Die Befugnis erstreckt sich jedoch nicht auf eine Verbreitung und Schaustellung, durch die ein berechtigtes Interesse des Abgebildeten oder, falls dieser verstorben ist, seiner Angehörigen verletzt wird.

§ 33 (Strafvorschrift). (1) Mit Freiheitsstrafe bis zu einem Jahr oder mit Geldstrafe wird bestraft, wer entgegen den §§ 22, 23 ein Bildnis verbreitet oder öffentlich zur Schau stellt.

(2) Die Tat wird nur auf Antrag verfolgt.

4 · Gesetz zur Änderung des Urheberrechtsgesetzes

vom 10. November 1972 (BGBl. I 2081)

Der Bundestag hat das folgende Gesetz beschlossen:

Artikel 1. Das Urheberrechtsgesetz vom 9. September 1965 (Bundesgesetzbl. I S. 1273), zuletzt geändert durch das Kostenermächtigungs-Änderungsgesetz vom 23. Juni 1970 (Bundesgesetzbl. I S. 805), wird wie folgt geändert:

1. § 26 erhält folgende Fassung:

„§ 26 Folgerecht. (1) Wird das Original eines Werkes der bildenden Künste weiterveräußert und ist hieran ein Kunsthändler oder Versteigerer als Erwerber, Veräußerer oder Vermittler beteiligt, so hat der Veräußerer dem Urheber einen Anteil in Höhe von fünf vom Hundert des Veräußerungserlöses zu entrichten. Die Verpflichtung entfällt, wenn der Veräußerungserlös weniger als einhundert Deutsche Mark beträgt.

(2) Der Urheber kann auf seinen Anteil im voraus nicht verzichten. Die Anwartschaft darauf unterliegt nicht der Zwangsvollstreckung; eine Verfügung über die Anwartschaft ist unwirksam.

(3) Der Urheber kann von einem Kunsthändler oder Versteigerer Auskunft darüber verlangen, welche Originale von Werken des Urhebers innerhalb des letzten vor dem Auskunftsersuchen abgelaufenen Kalenderjahres unter Beteiligung des Kunsthändlers oder Versteigerers weiterveräußert wurden.

(4) Der Urheber kann, soweit dies zur Durchsetzung seines Anspruchs gegen den Veräußerer erforderlich ist, von dem Kunsthändler oder Versteigerer Auskunft über den Namen und die Anschrift des Veräußerers sowie über die Höhe des Veräußerungserlöses verlangen. Der Kunsthändler oder Versteigerer darf die Auskunft über Namen und Anschrift des Veräußerers verweigern, wenn er dem Urheber den Anteil entrichtet.

(5) Die Ansprüche nach den Absätzen 3 und 4 können nur durch eine Verwertungsgesellschaft geltend gemacht werden.

(6) Bestehen begründete Zweifel an der Richtigkeit oder Vollständigkeit einer Auskunft nach Absatz 3 oder 4, so kann die Verwertungsgesellschaft verlangen, daß nach Wahl des Auskunftspflichtigen ihr oder einem von ihm zu bestimmenden Wirtschaftsprüfer oder vereidigten Buchprüfer Einsicht in die Geschäftsbücher oder sonstige Urkunden soweit gewährt wird, wie dies zur Feststellung der Richtigkeit oder Vollständigkeit der Auskunft erforderlich ist. Erweist sich die Auskunft als unrichtig oder unvollständig, so hat der Auskunftspflichtige die Kosten der Prüfung zu erstatten.

(7) Die Ansprüche des Urhebers verjähren in zehn Jahren.

(8) Die vorstehenden Bestimmungen sind auf Werke der Baukunst und der angewandten Kunst nicht anzuwenden."

2. § 27 erhält folgende Fassung:

„§ 27 Vermieten und Verleihen von Vervielfältigungsstücken. (1) Für das Vermieten oder Verleihen von Vervielfältigungsstücken eines Werkes, deren Weiterverbreitung nach § 17 Abs. 2 zulässig ist, ist dem Urheber eine angemessene Vergütung zu zahlen, wenn das Vermieten oder Verleihen Erwerbszwecken des Vermieters oder Verleihers dient oder die Vervielfältigungsstücke durch eine der Öffentlichkeit zugängliche Einrichtung (Bücherei, Schallplattensammlung oder Sammlung anderer Vervielfältigungsstücke) vermietet oder verliehen werden. Der Vergütungsanspruch kann nur durch eine Verwertungsgesellschaft geltend gemacht werden.

(2) Absatz 1 ist nicht anzuwenden, wenn das Werk ausschließlich zum Zweck des Vermietens oder Verleihens erschienen ist oder die Vervielfältigungsstücke im

Rahmen eines Arbeits- oder Dienstverhältnisses ausschließlich zu dem Zweck verliehen werden, sie bei der Erfüllung von Verpflichtungen aus dem Arbeits- oder Dienstverhältnis zu benutzen."

3. § 46 wird wie folgt geändert:

a) Nach Absatz 3 wird folgender neuer Absatz 4 eingefügt:
„(4) Für die Vervielfältigung und Verbreitung ist dem Urheber eine angemessene Vergütung zu zahlen."
b) Der bisherige Absatz 4 wird Absatz 5.

4. In § 62 Abs. 4 Satz 3 werden hinter dem Wort „widerspricht" die Worte „und er bei der Mitteilung der Änderung auf diese Rechtsfolge hingewiesen worden ist" angefügt.

5. Nach § 135 wird folgende Vorschrift als § 135a eingefügt:

„§ 135a Berechnung der Schutzfrist. Wird durch die Anwendung dieses Gesetzes auf ein vor seinem Inkrafttreten entstandenes Recht die Dauer des Schutzes verkürzt und liegt das für den Beginn der Schutzfrist nach diesem Gesetz maßgebende Ereignis vor dem Inkrafttreten dieses Gesetzes, so wird die Frist erst vom Inkrafttreten dieses Gesetzes an berechnet. Der Schutz erlischt jedoch spätestens mit Ablauf der Schutzdauer nach den bisherigen Vorschriften."

Artikel 2. Ist in den Fällen des § 135a des Urheberrechtsgesetzes vor dem 15. November 1971 ein Recht verletzt worden, das auf Grund dieser Vorschrift im Zeitpunkt der Rechtsverletzung noch geschützt war, so ist § 101 des Urheberrechtsgesetzes anzuwenden mit der Maßgabe, daß der Verletzer zu einer Entschädigung des Verletzten in Geld nur dann nicht berechtigt ist, wenn eine Abfindung in Geld für den Verletzten unzumutbar ist.

Artikel 3. Dieses Gesetz gilt nach Maßgabe des § 13 Abs. 1 des Dritten Überleitungsgesetzes vom 4. Januar 1952 (Bundesgesetzbl. I S. 1) auch im Land Berlin.

Artikel 4. (1) Artikel 1 Nr. 3 tritt mit Wirkung vom 11. Oktober 1971, Artikel 1 Nr. 5 mit Wirkung vom 1. Januar 1966 in Kraft.

Materialien dazu: UFITA 67 (1973), 125ff.

5 · Gesetz zur Änderung von Vorschriften auf dem Gebiet des Urheberrechts

vom 24. Juni 1985 (BGBl. I S. 1137)

Der Bundestag hat das folgende Gesetz beschlossen:

Artikel 1. Änderung des Urheberrechtsgesetzes. Das Urheberrechtsgesetz vom 9. September 1965 (BGBl. I S. 1273), zuletzt geändert durch Artikel 144 des Gesetzes vom 2. März 1974 (BGBl. I S. 469), wird wie folgt geändert:
(1. bis 15. im Text eingearbeitet.)

Artikel 2. Anwendung des Gesetzes über die Wahrnehmung von Urheberrechten und verwandten Schutzrechten. Das Gesetz über die Wahrnehmung von Urheberrechten und verwandten Schutzrechten vom 9. September 1965 (BGBl. I S. 1294), zuletzt geändert durch Artikel 287 Nr. 21 des Gesetzes vom 2. März 1974 (BGBl. I S. 469), wird wie folgt geändert:
(1. bis 11. im Text eingearbeitet.)

Artikel 3. Berlin-Klausel. Dieses Gesetz gilt nach Maßgabe des § 13 Abs. 1 des Dritten Überleitungsgesetzes auch im Land Berlin.

Artikel 4. Inkrafttreten. (1) Artikel 2 Nr. 8 tritt am Tage nach der Verkündung dieses Gesetzes in Kraft.

(2) Artikel 2 Nr. 6, 7 und 9 treten am 1. Januar 1986 in Kraft.

(3) Im übrigen tritt dieses Gesetz am 1. Juli 1985 in Kraft.

Materialien dazu: UFITA 102 (1986), 113 ff.

6 · Beschluß des Deutschen Bundestages

vom 23. Mai 1985 (Verhandlungen des Deutschen Bundestages, 10. Wahlperiode, Stenographische Berichte S. 10344 C)

zum

Gesetz zur Änderung von Vorschriften auf dem Gebiet des Urheberrechts

Der Deutsche Bundestag hat in seiner 140. Sitzung am 23. Mai 1985 zu dem von ihm verabschiedeten Gesetz zur Änderung von Vorschriften auf dem Gebiet des Urheberrechts – BT-Drucks. 10/837, 10/3360 – den nachfolgenden Entschließungsantrag aus BT-Drucks. 10/3360 angenommen. Damit wird die Bundesregierung ersucht,

„a) alle drei Jahre ab Inkrafttreten des Gesetzes einen Bericht über
- die Entwicklung der urheberrechtlichen Vergütung nach § 54 UrhG vorzulegen, insbesondere unter Berücksichtigung der Frage, ob das Vergütungsaufkommen als angemessen im Sinne des § 54 UrhG angesehen werden kann,
- die Einwirkungen der technischen Entwicklung auf das Urheberrecht und die Leistungsschutzrechte zu erstatten

und gegebenenfalls geeignete Maßnahmen zur Sicherung des geistigen Eigentums auch in seinem wirtschaftlichen Bestand vorzuschlagen;

b) eine Untersuchung über die volkswirtschaftliche Bedeutung des Urheberrechts, ähnlich entsprechender Studien in Schweden und in den USA, durchführen zu lassen und den Deutschen Bundestag über das Ergebnis zu unterrichten;

c) zu prüfen,
- ob ein Leistungsschutzrecht zugunsten der Tonmeister einzuführen ist,
- ob Änderungen des Urhebervertragsrechts im Hinblick auf die Verträge mit Rundfunkanstalten geboten sind.“

7 · Gesetz zur Stärkung des Schutzes des geistigen Eigentums und zur Bekämpfung der Produktpiraterie (PrPG)

vom 7. März 1990 (BGBl. I, 422)

– Auszug –

Artikel 2 – Änderung des Urheberrechtsgesetzes

Das Urheberrechtsgesetz vom 9. September 1965 (BGBl. I S. 1273), zuletzt geändert durch Artikel 8 des Gesetzes vom 18. Dezember 1986 (BGBl. I S. 2496), wird wie folgt geändert:

1. Dem § 54 Abs. 4 wird folgender neuer Satz angefügt:
„In Rechnungen für die Veräußerung oder ein sonstiges Inverkehrbringen der Geräte nach Absatz 2 Satz 1 ist auf die auf das Gerät entfallende Urhebervergütung hinzuweisen."

2. In § 54 Abs. 5 wird Satz 3 gestrichen; der folgende Satz wird angefügt:
„Kommt der Auskunftspflichtige seiner Auskunftspflicht nicht, nur unvollständig oder sonst unrichtig nach, so kann der doppelte Vergütungssatz verlangt werden."

3. In § 70 Abs. 3 Satz 1 wird das Wort „zehn" jeweils durch das Wort „fünfundzwanzig" ersetzt.

4. In 71 Abs. 3 Satz 1 wird das Wort „zehn" durch das Wort „fünfundzwanzig" ersetzt.

5. § 82 erhält folgende Fassung:

„§ 82 Dauer der Rechte. Ist die Darbietung des ausübenden Künstlers auf einen Bild- oder Tonträger aufgenommen worden, so erlöschen die Rechte des ausübenden Künstlers fünfzig Jahre, diejenigen des Veranstalters fünfundzwanzig Jahre nach dem Erscheinen des Bild- oder Tonträgers; die Rechte des ausübenden Künstlers erlöschen jedoch bereits fünfzig Jahre nach der Darbietung, diejenigen des Veranstalters fünfundzwanzig Jahre nach der Darbietung, wenn der Bild- oder Tonträger innerhalb dieser Frist nicht erschienen ist. Die Frist ist nach § 69 zu berechnen."

6. Die §§ 98 und 99 werden wie folgt gefaßt:

„§ 98 Anspruch auf Vernichtung oder Überlassung der Vervielfältigungsstücke. (1) Der Verletzte kann verlangen, daß alle rechtswidrig hergestellten, verbreiteten oder zur rechtswidrigen Verbreitung bestimmten Vervielfältigungsstücke, die im Besitz oder Eigentum des Verletzers stehen, vernichtet werden.

(2) Statt der in Absatz 1 vorgesehenen Maßnahmen kann der Verletzte verlangen, daß ihm die Vervielfältigungsstücke, die im Eigentum des Verletzers stehen, gegen eine angemessene Vergütung überlassen werden, welche die Herstellungskosten nicht übersteigen darf.

(3) Sind die Maßnahmen nach den Absätzen 1 und 2 gegenüber dem Verletzer oder Eigentümer im Einzelfall unverhältnismäßig und kann der durch die Rechtsverletzung verursachte Zustand der Vervielfältigungsstücke auf andere Weise beseitigt werden, so hat der Verletzte nur Anspruch auf die hierfür erforderlichen Maßnahmen.

§ 99 Anspruch auf Vernichtung oder Überlassung der Vorrichtungen. Die Bestimmungen des § 98 sind entsprechend auf die im Eigentum des Verletzers stehenden, ausschließlich oder nahezu ausschließlich zur rechtswidrigen Herstellung von Vervielfältigungsstücken benutzten oder bestimmten Vorrichtungen anzuwenden."

7. In § 101 Abs.1 werden die Worte „auf Vernichtung oder Unbrauchbarmachung (§ 98) oder auf Überlassung (§ 99)" durch die Worte „auf Vernichtung oder Überlassung der Vervielfältigungsstücke (§ 98) oder der Vorrichtungen (§ 99)" ersetzt.

8. Nach § 101 wird eingefügt:

„**§ 101 a Anspruch auf Auskunft hinsichtlich Dritter.** (1) Wer im geschäftlichen Verkehr durch die Herstellung oder Verbreitung von Vervielfältigungsstücken das Urheberrecht oder ein anderes nach diesem Gesetz geschütztes Recht verletzt, kann vom Verletzten auf unverzügliche Auskunft über die Herkunft und den Vertriebsweg dieser Vervielfältigungsstücke in Anspruch genommen werden, es sei denn, daß dies im Einzelfall unverhältnismäßig ist.

(2) Der nach Absatz 1 zur Auskunft Verpflichtete hat Angaben zu machen über Namen und Anschrift des Herstellers, des Lieferanten und anderer Vorbesitzer der Vervielfältigungsstücke, des gewerblichen Abnehmers oder Auftraggebers sowie über die Menge der hergestellten, ausgelieferten, erhaltenen oder bestellten Vervielfältigungsstücke.

(3) In Fällen offensichtlicher Rechtsverletzung kann die Verpflichtung zur Erteilung der Auskunft im Wege der einstweiligen Verfügung nach den Vorschriften der Zivilprozeßordnung angeordnet werden.

(4) Die Auskunft darf in einem Strafverfahren oder in einem Verfahren nach dem Gesetz über Ordnungswidrigkeiten wegen einer vor der Erteilung der Auskunft begangenen Tat gegen den zur Auskunft Verpflichteten oder gegen einen in § 52 Abs. 1 der Strafprozeßordnung bezeichneten Angehörigen nur mit Zustimmung des zur Auskunft Verpflichteten verwertet werden.

(5) Weitergehende Ansprüche auf Auskunft bleiben unberührt."

9. § 102 wird wie folgt gefaßt:

„**§ 102 Verjährung.** Die Ansprüche wegen Verletzung des Urheberrechts oder eines anderen nach diesem Gesetz geschützten Rechts verjähren in drei Jahren von dem Zeitpunkt an, in dem der Berechtigte von der Verletzung und der Person des Verpflichteten Kenntnis erlangt, ohne Rücksicht auf diese Kenntnis in dreißig Jahren von der Verletzung an. § 852 Abs. 2 des Bürgerlichen Gesetzbuchs ist entsprechend anzuwenden. Hat der Verpflichtete durch die Verletzung auf Kosten des Berechtigten etwas erlangt, so ist er auch nach Vollendung der Verjährung zur Herausgabe nach den Vorschriften über die Herausgabe einer ungerechtfertigten Bereicherung verpflichtet."

10. Die §§ 106, 107 und 108 werden jeweils wie folgt geändert:

a) Die Worte „Freiheitsstrafe bis zu einem Jahr" werden durch die Worte „Freiheitsstrafe bis zu drei Jahren" ersetzt.

b) Satz 1 wird Absatz 1.

c) Nach Absatz 1 wird angefügt:
„(2) Der Versuch ist strafbar."

11. § 108 a Abs. 1 wird wie folgt gefaßt:

„(1) Handelt der Täter in den Fällen der §§ 106 bis 108 gewerbsmäßig, so ist die Strafe Freiheitsstrafe bis zu fünf Jahren oder Geldstrafe."

12. § 110 wird wie folgt gefaßt:

„**§ 110 Einziehung.** Gegenstände, auf die sich eine Straftat nach den §§ 106, 107 Abs. 1 Nr. 2, § 108 und § 108 a bezieht, können eingezogen werden. § 74 a des Strafgesetzbuches ist anzuwenden. Soweit den in den §§ 98 und 99 bezeichneten Ansprüchen im Verfahren nach den Vorschriften der Strafprozeßordnung über die Entschädigung des Verletzten (§§ 403 bis 406 c) stattgegeben wird, sind die Vorschriften über die Einziehung nicht anzuwenden."

13. Nach § 111 wird eingefügt:

„3. Vorschriften über Maßnahmen der Zollbehörde

§ 111 a (1) Verletzt die Herstellung oder Verbreitung von Vervielfältigungsstücken das Urheberrecht oder ein anderes nach diesem Gesetz geschütztes Recht, so unterliegen die Vervielfältigungsstücke auf Antrag und gegen Sicherheitsleistung des Rechtsinhabers bei ihrer Einfuhr oder Ausfuhr der Beschlagnahme durch die Zollbehörde, sofern die Rechtsverletzung offensichtlich ist. Dies gilt für den Verkehr mit anderen Mitgliedstaaten der Europäischen Wirtschaftsgemeinschaft nur, soweit Kontrollen durch die Zollbehörden stattfinden.

(2) Ordnet die Zollbehörde die Beschlagnahme an, so unterrichtet sie unverzüglich den Verfügungsberechtigten sowie den Antragsteller. Dem Antragsteller sind Herkunft, Menge und Lagerort der Vervielfältigungsstücke sowie Name und Anschrift des Verfügungsberechtigten mitzuteilen; das Brief- und Postgeheimnis (Artikel 10 des Grundgesetzes) wird insoweit eingeschränkt. Dem Antragsteller wird Gelegenheit gegeben, die Vervielfältigungsstücke zu besichtigen, soweit hierdurch nicht in Geschäfts- oder Betriebsgeheimnisse eingegriffen wird.

(3) Wird der Beschlagnahme nicht spätestens nach Ablauf von zwei Wochen nach Zustellung der Mitteilung nach Absatz 2 Satz 1 widersprochen, so ordnet die Zollbehörde die Einziehung der beschlagnahmten Vervielfältigungsstücke an.

(4) Widerspricht der Verfügungsberechtigte der Beschlagnahme, so unterrichtet die Zollbehörde hiervon unverzüglich den Antragsteller. Dieser hat gegenüber der Zollbehörde unverzüglich zu erklären, ob er den Antrag nach Absatz 1 in bezug auf die beschlagnahmten Vervielfältigungsstücke aufrechterhält.

1. Nimmt der Antragsteller den Antrag zurück, hebt die Zollbehörde die Beschlagnahme unverzüglich auf.
2. Hält der Antragsteller den Antrag aufrecht und legt er eine vollziehbare gerichtliche Entscheidung vor, die die Verwahrung der beschlagnahmten Vervielfältigungsstücke oder eine Verfügungsbeschränkung anordnet, trifft die Zollbehörde die erforderlichen Maßnahmen.

Liegen die Fälle der Nummern 1 oder 2 nicht vor, hebt die Zollbehörde die Beschlagnahme nach Ablauf von zwei Wochen nach Zustellung der Mitteilung an den Antragsteller nach Satz 1 auf; weißt der Antragsteller nach, daß die gerichtliche Entscheidung nach Nummer 2 beantragt, ihm aber noch nicht zugegangen ist, wird die Beschlagnahme für längstens zwei weitere Wochen aufrechterhalten.

(5) Erweist sich die Beschlagnahme als von Anfang an ungerechtfertigt und hat der Antragsteller den Antrag nach Absatz 1 in bezug auf die beschlagnahmten Vervielfältigungsstücke aufrechterhalten oder sich nicht unverzüglich erklärt (Absatz 4 Satz 2), so ist er verpflichtet, den dem Verfügungsberechtigten durch die Beschlagnahme entstandenen Schaden zu ersetzen.

(6) Der Antrag nach Absatz 1 ist bei der Oberfinanzdirektion zu stellen und hat Wirkung für zwei Jahre, sofern keine kürzere Geltungsdauer beantragt wird; er kann wiederholt werden. Für die mit dem Antrag verbundenen Amtshandlungen werden vom Antragsteller Kosten und Maßgabe des § 178 der Abgabenordnung erhoben.

(7) Die Beschlagnahme und die Einziehung können mit den Rechtsmitteln angefochten werden, die im Bußgeldverfahren nach dem Gesetz über Ordnungswidrigkeiten gegen die Beschlagnahme und Einziehung zulässig sind. Im Rechtsmittelverfahren ist der Antragsteller zu hören. Gegen die Entscheidung des Amtsgerichts ist die sofortige Beschwerde zulässig; über sie entscheidet das Oberlandesgericht."

14. Nach § 137 a werden eingefügt:

„**§ 137 b Bestimmte Ausgaben.** (1) Die Vorschriften dieses Gesetzes über die Dauer des Schutzes nach den §§ 70 und 71 sind auch auf wissenschaftliche Ausgaben und Ausgaben nachgelassener Werke anzuwenden, deren Schutzfrist am 1. Juli 1990 nach den bis dahin geltenden Recht noch nicht abgelaufen ist.

(2) Ist vor dem 1. Juli 1990 einem anderen ein Nutzungsrecht an einer wissenschaftlichen Ausgabe oder einer Ausgabe nachgelassener Werke eingeräumt oder übertragen worden, so erstreckt sich die Einräumung oder Übertragung im Zweifel auch auf den Zeitraum, um den die Dauer des verwandten Schutzrechtes verlängert worden ist.

(3) Die Bestimmungen in § 137 Abs. 3 und 4 gelten entsprechend.

§ 137 c Ausübende Künstler. (1) Ist der Bild- oder Tonträger innerhalb dieser Frist nicht erschienen, so ist die Frist von der Darbietung an zu berechnen. Die Vorschriften dieses Gesetzes über die Dauer des Schutzes nach § 82 sind auch auf Darbietungen anzuwenden, die vor dem 1. Juli 1990 auf Bild- oder Tonträger aufgenommen worden sind, wenn am 1. Januar 1991 seit dem Erscheinen des Bild- oder Tonträgers 50 Jahre noch nicht abgelaufen sind. Der Schutz nach diesem Gesetz dauert in keinem Fall länger als 50 Jahre nach dem Erscheinen des Bild- oder Tonträgers oder, falls der Bild- oder Tonträger nicht erschienen ist, 50 Jahre nach der Darbietung.

(3) Ist vor dem 1. Juli 1990 einem anderen ein Nutzungsrecht an der Darbietung eingeräumt oder übertragen worden, so erstreckt sich die Einräumung oder Übertragung im Zweifel auch auf den Zeitraum, um den die Dauer des Schutzes verlängert worden ist.

(3) Die Bestimmungen in § 137 Abs. 3 und 4 gelten entsprechend.“

8 · Gesetz zu dem Vertrag vom 31. August 1990 zwischen der Bundesrepublik Deutschland und der Deutschen Demokratischen Republik über die Herstellung der Einheit Deutschlands – Einigungsvertragsgesetz – und der Vereinbarung vom 18. September 1990

Vom 23. September 1990 (BGBl. II 885)

– Auszug –

Der Bundestag hat mit Zustimmung des Bundesrates das folgende Gesetz beschlossen; Artikel 79 Abs. 2 des Grundgesetzes ist eingehalten:

Art. 1 Zustimmung zum Vertrag. Dem in Berlin am 31. August 1990 unterzeichneten Vertrag zwischen der Bundesrepublik Deutschland und der Deutschen Demokratischen Republik über die Herstellung der Einheit Deutschlands einschließlich des Protokolls und der Anlagen I bis III sowie der in Bonn und Berlin am 18. September 1990 unterzeichneten Vereinbarung wird zugestimmt. Der Vertrag und die vorgenannten weiteren Urkunden sowie die dazu gehörige Vereinbarung werden nachstehend veröffentlicht.

Einigungsvertrag (Anlage I) Kap. III

Sachgebiet E: Gewerblicher Rechtsschutz; Recht gegen den unlauteren Wettbewerb; Urheberrecht

Abschnitt II

Bundesrecht wird wie folgt ergänzt:

1. Zur Einführung der Rechtsvorschriften auf dem Gebiet des gewerblichen Rechtsschutzes gelten die folgenden besonderen Bestimmungen:
   . . . . .

2. Zur Einführung des Urheberrechtsgesetzes gelten die folgenden besonderen Bestimmungen:

§ 1 (1) Die Vorschriften des Urheberrechtsgesetzes sind auf die vor dem Wirksamwerden des Beitritts geschaffenen Werke anzuwenden. Dies gilt auch, wenn zu diesem Zeitpunkt die Fristen nach dem Gesetz über das Urheberrecht der Deutschen Demokratischen Republik schon abgelaufen waren.
(2) Entsprechendes gilt für verwandte Schutzrechte.

§ 2 (1) War eine Nutzung, die nach dem Urheberrechtsgesetz unzulässig ist, bisher zulässig, so darf die vor dem 1. Juli 1990 begonnene Nutzung in dem vorgesehenen Rahmen fortgesetzt werden, es sei denn, daß sie nicht üblich ist. Für die Nutzung ab dem Wirksamwerden des Beitritts ist eine angemessene Vergütung zu zahlen.
(2) Rechte, die üblicherweise vertraglich nicht übertragen werden, verbleiben dem Rechteinhaber.
(3) Die Absätze 1 und 2 gelten für verwandte Schutzrechte entsprechend.

§ 3 (1) Sind vor dem Wirksamwerden des Beitritts Nutzungsrechte ganz oder teilweise einem anderen übertragen worden, so erstreckt sich die Übertragung im Zweifel auch auf den Zeitraum, der sich durch die Anwendung des Urheberrechtsgesetzes ergibt.
(2) In den Fällen des Absatzes 1 hat der Nutzungsberechtigte dem Urheber eine angemessene Vergütung zu zahlen. Der Anspruch auf die Vergütung entfällt, wenn alsbald nach seiner Geltendmachung der Nutzungsberechtigte dem Urheber das Nutzungsrecht für die Zeit nach Ablauf der bisher bestimmten Schutzdauer zur Verfügung stellt.
(3) Rechte, die üblicherweise vertraglich nicht übertragen werden, verbleiben dem Rechteinhaber.
(4) Die Absätze 1 und 2 gelten für verwandte Schutzrechte entsprechend.

§ 4 Auch nach Außerkrafttreten des Urheberrechtsgesetzes der Deutschen Demokratischen Republik behält ein Beschluß nach § 35 dieses Gesetzes seine Gültigkeit, wenn die mit der Wahrnehmung der Urheberrechte an dem Nachlaß beauftragte Stelle weiter zur Wahrnehmung bereit ist und der Rechtsnachfolger des Urhebers die Urheberrechte an dem Nachlaß nicht selbst wahrnehmen will.

9 · Zweites Gesetz zur Änderung des Urheberrechtsgesetzes

vom 9. Juni 1993 (BGBl. I 910)

Dieses Gesetz dient der Umsetzung der Richtlinie 91/250/EWG des Rates vom 14. Mai 1991 über den Rechtsschutz von Computerprogrammen (ABl. EG Nr. L 122 S. 42)

Der Bundestag hat das folgende Gesetz beschlossen:

Artikel 1

Das Urheberrechtsgesetz vom 9. September 1965 (BGBl. I S. 1273), zuletzt geändert durch Artikel 2 des Gesetzes vom 7. März 1990 (BGBl. I S. 422), wird wie folgt geändert:

1. § 2 Abs. 1 Nr. 1 wird wie folgt gefaßt:
   „1. Sprachwerke, wie Schriftwerke, Reden und Computerprogramme;".

2. § 53 Abs. 4 Satz 2 wird aufgehoben.

3. Nach § 69 wird folgender Abschnitt eingefügt:

„Achter Abschnitt

Besondere Bestimmungen für Computerprogramme

§ 69a Gegenstand des Schutzes. (1) Computerprogramm im Sinne dieses Gesetzes sind Programme in jeder Gestalt, einschließlich des Entwurfsmaterials.

(2) Der gewährte Schutz gilt für alle Ausdrucksformen eines Computerprogramms. Ideen und Grundsätze, die einem Element eines Computerprogramms zugrunde liegen, einschließlich der den Schnittstellen zugrundeliegenden Ideen und Grundsätze, sind nicht geschützt.

(3) Computerprogramme werden geschützt, wenn sie individuelle Werke in dem Sinne darstellen, daß sie das Ergebnis der eigenen geistigen Schöpfung ihres Urhebers sind. Zur Bestimmung ihrer Schutzfähigkeit sind keine anderen Kriterien, insbesondere nicht qualitative oder ästhetische, anzuwenden.

(4) Auf Computerprogramme finden die für Sprachwerke geltenden Bestimmungen Anwendung, soweit in diesem Abschnitt nichts anderes bestimmt ist.

§ 69b Urheber in Arbeits- und Dienstverhältnissen. (1) Wird ein Computerprogramm von einem Arbeitnehmer in Wahrnehmung seiner Aufgaben oder nach den Anweisungen seines Arbeitgebers geschaffen, so ist ausschließlich der Arbeitgeber zur Ausübung aller vermögensrechtlichen Befugnisse an dem Computerprogramm berechtigt, sofern nichts anderes vereinbart ist.

(2) Absatz 1 ist auf Dienstverhältnisse entsprechend anzuwenden.

§ 69c Zustimmungsbedürftige Handlungen. Der Rechtsinhaber hat das ausschließliche Recht, folgende Handlungen vorzunehmen oder zu gestatten:

1. Die dauerhafte oder vorübergehende Vervielfältigung, ganz oder teilweise, eines Computerprogramms mit jedem Mittel und in jeder Form. Soweit das Laden, Anzeigen, Ablaufen, Übertragen oder Speichern des Computerprogramms eine Vervielfältigung erfordert, bedürfen diese Handlungen der Zustimmung des Rechtsinhabers;
2. die Übersetzung, die Bearbeitung, das Arrangement und andere Umarbeitungen eines Computerprogramms sowie die Vervielfältigung der erzielten Ergebnisse. Die Rechte derjenigen, die das Programm bearbeiten, bleiben unberührt;

3. jede Form der Verbreitung des Originals eines Computerprogramms oder von Vervielfältigungsstücken, einschließlich der Vermietung. Wird ein Vervielfältigungsstück eines Computerprogramms mit Zustimmung des Rechtsinhabers im Gebiet der Europäischen Gemeinschaft im Wege der Veräußerung in Verkehr gebracht, so erschöpft sich das Verbreitungsrecht in bezug auf dieses Vervielfältigungsstück mit Ausnahme des Vermietrechts.

§ 69 d Ausnahmen von den zustimmungsbedürftigen Handlungen. (1) Soweit keine besonderen vertraglichen Bestimmungen vorliegen, bedürfen die in § 69 c Nr. 1 und 2 genannten Handlungen nicht der Zustimmung des Rechtsinhabers, wenn sie für eine bestimmungsgemäße Benutzung des Computerprogramms einschließlich der Fehlerberichtigung durch jeden zur Verwendung eines Vervielfältigungsstücks des Programms Berechtigten notwendig sind.

(2) Die Erstellung einer Sicherungskopie durch eine Person, die zur Benutzung des Programms berechtigt ist, darf nicht vertraglich untersagt werden, wenn sie für die Sicherung künftiger Benutzung erforderlich ist.

(3) Der zur Verwendung eines Vervielfältigungsstücks eines Programms Berechtigte kann ohne Zustimmung des Rechtsinhabers das Funktionieren dieses Programms beobachten, untersuchen oder testen, um die einem Programmelement zugrundeliegenden Ideen und Grundsätze zu ermitteln, wenn dies durch Handlungen zum Laden, Anzeigen, Ablaufen, Übertragen oder Speichern des Programms geschieht, zu denen er berechtigt ist.

§ 69 e Dekompilierung. (1) Die Zustimmung des Rechtsinhabers ist nicht erforderlich, wenn die Vervielfältigung des Codes oder die Übersetzung der Codeform im Sinne des § 69 c Nr. 1 und 2 unerläßlich ist, um die erforderlichen Informationen zur Herstellung der Interoperabilität eines unabhängig geschaffenen Computerprogramms mit anderen Programmen zu erhalten, sofern folgende Bedingungen erfüllt sind:

1. Die Handlungen werden von dem Lizenznehmer oder von einer anderen zur Verwendung eines Vervielfältigungsstücks des Programms berechtigten Person oder in deren Namen von einer hierzu ermächtigten Person vorgenommen;
2. die für die Herstellung der Interoperabilität notwendigen Informationen sind für die in Nummer 1 genannten Personen noch nicht ohne weiteres zugänglich gemacht;
3. die Handlungen beschränken sich auf die Teile des ursprünglichen Programms, die zur Herstellung der Interoperabilität notwendig sind.

(2) Bei Handlungen nach Absatz 1 gewonnene Informationen dürfen nicht

1. zu anderen Zwecken als zur Herstellung der Interoperabilität des unabhängig geschaffenen Programms verwendet werden,
2. an Dritte weitergegeben werden, es sei denn, daß dies für die Interoperabilität des unabhängig geschaffenen Programms notwendig ist,
3. für die Entwicklung, Herstellung oder Vermarktung eines Programms mit im wesentlichen ähnlicher Ausdrucksform oder für irgendwelche anderen das Urheberrecht verletzenden Handlungen verwendet werden.

(3) Die Absätze 1 und 2 sind so auszulegen, daß ihre Anwendung weder die normale Auswertung des Werkes beeinträchtigt noch die berechtigten Interessen des Rechtsinhabers unzumutbar verletzt.

§ 69 f Rechtsverletzungen. (1) Der Rechtsinhaber kann von dem Eigentümer oder Besitzer verlangen, daß alle rechtswidrig hergestellten, verbreiteten oder zur rechtswidrigen Verbreitung bestimmten Vervielfältigungsstücke vernichtet werden. § 98 Abs. 2 und 3 ist entsprechend anzuwenden.

(2) Absatz 1 ist entsprechend auf Mittel anzuwenden, die allein dazu bestimmt sind, die unerlaubte Beseitigung oder Umgehung technischer Programmschutzmechanismen zu erleichtern.

§ 69 g Anwendung sonstiger Rechtsvorschriften; Vertragsrecht. (1) Die Bestimmungen dieses Abschnitts lassen die Anwendung sonstiger Rechtsvorschriften auf Computerprogramme, insbesondere über den Schutz von Erfindungen, Topographien von Halbleitererzeugnissen, Warenzeichen und den Schutz gegen unlauteren Wettbewerb einschließlich des Schutzes von Geschäfts- und Betriebsgeheimnissen, sowie schuldrechtliche Vereinbarungen unberührt.

(2) Vertragliche Bestimmungen, die in Widerspruch zu § 69 d Abs. 2 und 3 und § 69 e stehen, sind nichtig."

4. Nach § 137 c wird folgender § 137 d eingefügt:

„**§ 137 d Computerprogramme.** Die Vorschriften des Achten Abschnitts des Ersten Teils sind auch auf Computerprogramme anzuwenden, die vor dem (Einsetzen: Tag des Inkrafttreten dieses Gesetzes) geschaffen worden sind. § 69 g Abs. 2 ist auch auf Verträge anzuwenden, die vor diesem Zeitpunkt abgeschlossen worden sind."

Artikel 2

Dieses Gesetz tritt am Tage nach seiner Verkündung in Kraft*.

---

* Tag der Verkündung war der 23. 6. 1993.

10 · Referentenentwurf eines Dritten Gesetzes zur Änderung des Urheberrechtsgesetzes

Der Bundestag hat das folgende Gesetz beschlossen:

Artikel 1 **Änderung des Urheberrechtsgesetzes**

Das Urheberrechtsgesetz vom 9. September 1965 (BGBl. I S. 1273), zuletzt geändert durch Gesetz vom . . . (BGBl. I S. ..), wird wie folgt geändert:

1. § 54 wird durch folgende §§ 54 bis 54 i ersetzt:

§ 54 Vergütungspflicht für Vervielfältigung im Wege der Bild- und Tonaufzeichnung. (1) Ist nach der Art eines Werkes zu erwarten, daß es durch Aufnahme von Funksendungen auf Bild- oder Tonträger oder durch Übertragung von einem Bild- oder Tonträger auf einen anderen nach § 53 Abs. 1 oder 2 vervielfältigt wird, so hat der Urheber des Werkes gegen den Hersteller

1. von Geräten und
2. von Bild- oder Tonträgern,

die erkennbar zur Vornahme solcher Vervielfältigungen bestimmt sind, Anspruch auf Zahlung einer angemessenen Vergütung für die durch die Veräußerung der Geräte sowie der Bild- oder Tonträger geschaffene Möglichkeit, solche Vervielfältigungen vorzunehmen. Neben dem Hersteller haftet als Gesamtschuldner, wer die Geräte oder die Bild- oder Tonträger in den Geltungsbereich dieses Gesetzes gewerblich einführt oder wiedereinführt oder gewerblich in Verkehr bringt (handelt). Der Händler haftet nur, wenn er im Kalenderhalbjahr Bild- oder Tonträger von mehr als 18 000 Stunden Spieldauer oder mehr als 300 Geräte in Verkehr bringt.

(2) Einführer ist, wer die Geräte oder Bild- oder Tonträger in den Geltungsbereich dieses Gesetzes verbringt oder verbringen läßt. Liegt der Einfuhr ein Vertrag mit einem Gebietsfremden über den Erwerb der Geräte oder Bild- oder Tonträger

zum Zwecke der Einfuhr (Einfuhrvertrag) zugrunde, so ist nur der im Geltungsbereich dieses Gesetzes ansässige Vertragspartner Einführer. Wer lediglich als Spediteur oder Frachtführer oder in einer ähnlichen Stellung bei dem Verbringen der Waren tätig wird, ist nicht Einführer.

§ 54a Vergütungspflicht für Vervielfältigung im Wege der Reprographie. (1) Ist nach der Art eines Werkes zu erwarten, daß es nach § 53 Abs. 1 bis 3 durch Ablichtung eines Werkstücks oder in einem Verfahren vergleichbarer Wirkung vervielfältigt wird, so hat der Urheber des Werkes gegen den Hersteller von Geräten, die zur Vornahme solcher Vervielfältigungen bestimmt sind, Anspruch auf Zahlung einer angemessenen Vergütung für die durch die Veräußerung oder sonstiges Inverkehrbringen der Geräte geschaffene Möglichkeit, solche Vervielfältigungen vorzunehmen. Neben dem Hersteller haftet als Gesamtschuldner, wer die Geräte in den Geltungsbereich dieses Gesetzes gewerblich einführt oder wiedereinführt oder gewerblich in Verkehr bringt. Der Händler haftet nicht, wenn er im Kalenderhalbjahr mehr als 60 Geräte in Verkehr bringt.

(2) Werden Geräte dieser Art in Schulen, Hochschulen sowie Einrichtungen der Berufsbildung oder der sonstigen Aus- und Weiterbildung (Bildungseinrichtungen), Forschungseinrichtungen, öffentlichen Bibliotheken oder in Einrichtungen betrieben, die Geräte für die Herstellung von Ablichtungen entgeltlich bereithalten, so hat der Urheber auch gegen den Betreiber des Gerätes einen Anspruch auf Zahlung einer angemessenen Vergütung.

(3) § 54 Abs. 2 gilt entsprechend.

§ 54b Wegfall der Mithaftung des Händlers. Die Mithaftung des Händlers (§ 54 Abs. 1 und § 54a Abs. 1) entfällt, wenn dieser Art und Stückzahl der bezogenen Geräte und Bild- oder Tonträger und seine Bezugsquelle dem nach § 54g Auskunftsberechtigten jeweils zum 10. Januar und 10. Juli für das vorangegangene Kalenderhalbjahr offenbart.

§ 54c Wegfall der Vergütungspflicht bei Ausfuhr. Der Anspruch nach § 54 Abs. 1 und § 54a Abs. 1 entfällt, soweit nach den Umständen mit Wahrscheinlichkeit erwartet werden kann, daß die Geräte oder die Bild- oder Tonträger zur Vornahme der Vervielfältigungen im Geltungsbereich dieses Gesetzes nicht benutzt werden.

§ 54d Vergütungshöhe. (1) Als angemessene Vergütung nach § 54 Abs. 1 und § 54a Abs. 1 und 2 gelten die in der Anlage bestimmten Sätze, soweit nicht etwas anderes vereinbart wird.

(2) Die Höhe der von dem Betreiber nach § 54a Abs. 2 insgesamt geschuldeten Vergütung bemißt sich nach der Art und dem Umfang der Nutzung des Gerätes, die nach den Umständen, insbesondere nach dem Standort und der üblichen Verwendung, wahrscheinlich ist.

§ 54e Hinweispflicht in Rechnungen auf urheberrechtliche Vergütungen. (1) In Rechnungen für die Veräußerung oder ein sonstiges Inverkehrbringen der Geräte nach § 54a Abs. 1 ist auf die auf das Gerät entfallende Urhebervergütung hinzuweisen.

(2) In Rechnungen für die Veräußerung oder ein sonstiges Inverkehrbringen der in § 54 Abs. 1 genannten Geräte oder Bild- oder Tonträger ist zu vermerken, ob die auf das Gerät oder die Bild- oder Tonträger entfallende Urhebervergütung entrichtet wurde, soweit die Umsatzsteuer nach § 14 Abs. 1 Satz 1 des Umsatzsteuergesetzes gesondert auszuweisen ist.

§ 54f Meldepflicht. (1) Wer Geräte oder Bild- oder Tonträger, die erkennbar zur Vornahme von Vervielfältigungen im Wege der Bild- und Tonaufzeichnung bestimmt sind, in den Geltungsbereich dieses Gesetzes gewerblich einführt oder wiedereinführt, ist verpflichtet, Art und Stückzahl der eingeführten Gegenstände dem Patentamt monatlich bis zum 10. Tag nach Ablauf jedes Kalendermonats mitzuteilen. Das Patentamt kann Muster für die Erfüllung dieser Meldepflicht im Blatt für Patent-, Muster- und Zeichenwesen bekanntmachen. Soweit solche Muster bekanntgemacht worden sind, sind sie zu verwenden.

(2) Absatz 1 gilt entsprechend für Geräte, die zur Vornahme von Vervielfältigungen durch Ablichtung eines Werkstücks oder in einem Verfahren vergleichbarer Wirkung bestimmt sind.

(3) Das Patentamt ist befugt, Angaben nach Absatz 1 und 2 an die zur Wahrnehmung des Vergütungsanspruches berechtigte Verwertungsgesellschaft weiterzuleiten. Die Angaben dürfen nur zur Geltendmachung von Ansprüchen nach § 54 Abs. 1, § 54 a Abs. 1 und § 54 g verwendet werden.

(4) Kommt der Meldepflichtige seiner Meldepflicht nicht, nur unvollständig oder sonst unrichtig nach, so kann der doppelte Vergütungssatz verlangt werden.

§ 54 g Auskunftspflicht. (1) Der Urheber kann von den nach § 54 Abs. 1 und § 54 a Abs. 1 zur Zahlung der Vergütung Verpflichteten Auskunft über Art und Stückzahl der im Geltungsbereich dieses Gesetzes veräußerten oder in Verkehr gebrachten Geräte und Bild- oder Tonträger verlangen. Die Auskunftspflicht des Händlers erstreckt sich auch auf die Benennung der Bezugsquellen. Auskunftspflichtig sind auch die in § 54 Abs. 1 Satz 3 und § 54 a Abs. 1 Satz 3 genannten Händler.

(2) Der Urheber kann von dem Betreiber eines Gerätes in einer Einrichtung im Sinne des § 54 a Abs. 2 Satz 1 die für die Bemessung der Vergütung erforderliche Auskunft verlangen.

(3) Kommt der Auskunftspflichtige seiner Auskunftspflicht nicht, nur unvollständig oder sonst unrichtig nach, so kann der doppelte Vergütungssatz verlangt werden.

§ 54 h Verwertungsgesellschaftenpflicht; Aufteilung der Vergütung. (1) Die Ansprüche nach den §§ 54, 54 a, 54 f Abs. 4 und § 54 g können nur durch eine Verwertungsgesellschaft geltend gemacht werden.

(2) Jedem Berechtigten steht ein angemessener Anteil an den nach § 54 und § 54 a gezahlten Vergütungen zu."

2. Die Anlage wird wie folgt geändert:

a) Der Bezugsnachweis wird wie folgt gefaßt:

„(zu § 54 d Abs. 1 des Urheberrechtsgesetzes)".

b) „§ 54 Abs. 2"
durch die Angabe
„§ 54 a Abs. 1 und 2",
in Nummer 1 die Angabe
„§ 54 Abs. 2 Satz 1"
durch die Angabe
„§ 54 a Abs. 1" und
in Nummer 2 die Angabe
„§ 54 Abs. 2 Satz 2"
durch die Angabe
„§ 54 a Abs. 2"
ersetzt.

Artikel 2. Das Urheberrechtswahrnehmungsgesetz vom 9. September 1965 (BGBl. I S. 1294), zuletzt geändert durch Artikel 10 des Gesetzes vom 19. Dezember 1985 (BGBl. I S. 2355), wird wie folgt geändert:

1. In § 13b Nr. 2 wird die Angabe
   „§ 54 Abs. 1 oder 2“
   durch die Angabe
   „§ 54 Abs. 1 oder § 54a Abs. 1 odser 2“
   ersetzt.

2. § 20a wird aufgehoben.

Artikel 3. Dieses Gesetz tritt am Tage nach seiner Verkündung in Kraft.

Begründung:

A Allgemeines

In Deutschland hat die Gesetzgebung, beginnend mit der Urheberrechtsreform 1965, den Weg beschritten, den Urhebern zum Ausgleich der wirtschaftlichen Nachteile, die durch das private Vervielfältigen entstehen, einen Vergütungsanspruch zuzubilligen. § 53 Abs. 5 des Gesetzes über Urheberrecht und verwandte Schutzrechte vom 9. September 1965 (Urheberrechtsgesetz; UrhG) sah einen Vergütungsanspruch der Urheber gegen den Hersteller von Geräten, die zur Vornahme privater Vervielfältigung von Bild- und Tonaufnahmen geeignet sind, vor. Diese Regelung sollte für alle im Geltungsbereich des UrhG in Verkehr gebrachten Geräte gelten, auch soweit diese aus dem Ausland eingeführt würden. In diesen Fällen sollte grundsätzlich der ausländische Hersteller zur Zahlung der Vergütung verpflichtet sein, jedoch sollte zur Erleichterung der Durchsetzung des Anspruches neben ihm auch der gewerbliche Importeur der Geräte als Gesamtschuldner haften. Diese Regelung sollte auch sicherstellen, daß die Deutsche Tonbandgeräteindustrie durch die neue Regelung des § 53 Abs. 5 UrhG a.F. keinen Nachteil im Wettbewerb mit ausländischen Unternehmen erleide (Schriftlicher Bericht des Rechtsausschusses [12. Ausschuß] BT-Drucksache IV/3401 S. 10, Bericht des Abgeordneten Dr. Reischl).

Die Urheberrechtsreform des Jahres 1985 hat dieses Vergütungssystem zum Ausgleich der Nachteile, die den Urhebern durch das private Vervielfältigen ihrer geschützten Werke entstehen, ausgebaut und ein systematisches, in sich geschlossenes Konzept zur Vergütung der Vervielfältigung zum privaten und sonstigen eigenen Gebrauch geschaffen. Seit dieser Novelle werden nunmehr auch die Leerkassetten zur Aufbringung der urheberrechtlichen Vergütung herangezogen. Diese Kombination von Geräte- und Leerkassettenvergütung erschien sachgerechter, weil sie die Aufbringung der urheberrechtlichen Vergütung auf die beiden Industriezweige verteilt, die durch ihre Produkte des private Vervielfältigen ermöglichen. Außerdem wurde so die Belastung enger mit dem jeweiligen Umfang der urheberrechtlichen Nutzung verknüpft, die sich eher an den Gebrauch von Gerät und Kassetten als allein an den Besitz des Gerätes anschließen läßt. Dies stand in Einklang mit der internationalen Rechtsentwicklung. Auch die ausländischen Gesetzgebungen, die eine Vergütungsregelung für das Mitschneiden von Bild- und Tonwerken vorsahen, hatten sich – allein oder im kombinierten System – für die Leerkassettenvergütung entschieden.

Außerdem führte die Urheberrechtsnovelle 1985 eine generelle Vergütungspflicht für das Fotokopieren urheberrechtlich geschützter Werke zum privaten und sonstigen eigenen Gebrauch ein. § 54 Abs. 2 Satz 1 UrhG belastet seit dieser Zeit Fotokopiergeräte mit einer Vergütung zugunsten der Urheber. Die Vergütung ist nach Leistungsklassen der Geräte gestaffelt. Diese bemessen sich nach der Anzahl der Fotokopien, die ein Gerät pro Minute herstellen kann. Daneben schulden bestimmte Betreiber von Fotokopiergeräten ebenfalls eine Vergütung, die sogenannte Betreibervergütung (§ 54 Abs. 2 Satz 2 UrhG), deren Höhe auf Grund des kopierten Materials berechnet wird.

Der Gesetzgeber sah bereits damals die Notwendigkeit, sowohl bei den Video- und Tonbandgeräten als auch bei den Bild- und Tonträgern eine Wettbewerbsverzerrung zu Lasten der einheimischen Hersteller zu vermeiden. Der Regierungsentwurf, der zur Novelle von 1985 führte, (Entwurf eines Gesetzes zur Änderung von Vorschriften auf dem Gebiet des Urheberrechts, BT-Drucksache 10/837 S. 18) sah die Notwendigkeit, die Möglichkeit der Erfassung vergütungspflichtiger Importe zu verbessern: Die Importeure von vergütungspflichtigen Geräten und Bild- oder Tonträgern sollten durch eine in die Außenwirtschaftsverordnung aufzunehmende Bestimmung zur Meldung der Einfuhr verpflichtet werden. (Die Meldepflicht ist durch die 58. Verordnung zur Änderung der Außenwirtschaftsverordnung vom 1. Juli 1985 (BGBl. I S. 1258) eingeführt worden). Die Meldungen sollten über das Deutsche Patentamt an die berechtigten Verwertungsgesellschaften weitergeleitet werden, die dann mit Hilfe der Meldungen ihre Ansprüche wirksamer verfolgen könnten. Da der Rechtsausschuß des Deutschen Bundestages sich im Bereich der Reprographie für eine Kombination aus Geräte- und Betreibervergütung entschied – der Regierungsentwurf hatte nur eine Betreibervergütung vorgeschlagen –, erstreckte er diese Regelung des § 20a des Gesetzes über die Wahrnehmung von Urheberrechten und verwandten Schutzrechten (Urheberrechtswahrnehmungsgesetz; UrhWG) auch auf die Befugnis zur Weitergabe von Einfuhrkontrollmeldungen von Fotokopiergeräten (Beschlußempfehlung und Bericht des Rechtsausschusses (6. Ausschuß) zu dem Gesetzentwurf der Bundesregierung BT-Drucksache 10/837 vom 17. Mai 1985, BT-Drucksache 10/3360 S. 21).

1. Das System der Einfuhrkontrollmeldungen hat sich als hilfreich und nützlich erwiesen, um ein effektives Inkasso der nach § 54 Abs. 1 und 2 Satz 1 geschuldeten urheberrechtlichen Vergütung zu gewährleisten. Der Deutsche Bundestag hat die Bundesregierung in seiner 140. Sitzung am 23. Mai 1985 bei der Verabschiedung der Urheberrechtsreform 1985 beauftragt, dem Deutschen Bundestag u. a. alle 3 Jahre ab Inkrafttreten des Gesetzes einen Bericht über die Entwicklung der urheberrechtlichen Vergütung nach § 54 UhrG vorzulegen, insbesondere unter Berücksichtigung der Frage, ob das Vergütungsaufkommen als angemessen im Sinne des § 54 UrhG angesehen werden kann. Die Bundesregierung hat sich daher in ihrem Bericht über die Auswirkungen der Urheberrechtsnovelle 1985 und Fragen des Urheber- und Leistungsschutzrechts vom 7. Juli 1989 (BT-Drucksache 11/4929) auch mit der Problematik der Importe von vergütungspflichtigen Gegenständen befaßt, zumal sich damals abzeichnete, daß mit der Vollendung des Europäischen Binnenmarktes Ende 1992 Einfuhrkontrollmeldungen bei Importen aus den Mitgliedstaaten der EG nicht länger eingesetzt werden können.

   In dem Bericht hat die Bundesregierung die Prüfung folgender Maßnahmen zur Verbesserung des Inkassos der Vergütungsregelungen angekündigt:
   - Erweiterung des Kreises der Auskunftspflichtigen auf die am Vertrieb beteiligten Händler zur Feststellung säumiger Schuldner oder
   - Einführung einer Kennzeichnungspflicht für vergütungspflichtige Waren.

   Die Bundesregierung hat eine Prüfung angekündigt, ob die Einführung einer Kennzeichnungspflicht eine Erweiterung des Auskunftsanspruches überflüssig machen würde.

2. Die Vollendung des gemeinsamen Binnenmarktes steht zum Jahresende bevor. Dies wird dazu führen, daß die Grenzkontrollen und auch die Einfuhrkontrollmeldungen für Gegenstände, die der Vergütungspflicht des § 54 UrhG unterliegen, entfallen. Grauimporte, für die die urheberrechtlichen Vergütungen nicht entrichtet werden, verletzen die Rechte der Vergütungsberechtigten, führen zu Standortnachteilen für deutsche Hersteller und verzerren zu deren Lasten die Wettbewerbsverhältnisse. Es ist daher notwendig, für die wegfallenden Einfuhrkontrollmeldungen Ersatzinstrumente zu schaffen.

   Die Prüfung der Einführung einer Kennzeichnungspflicht für vergütungspflichtige Waren hat ergeben, daß eine solche Maßnahme auf nationaler Ebene aus praktischen Gründen nicht handhabbar ist. So werden z. B. Tonaufnahmegeräte für den gesamten europäischen Markt hergestellt. Es wäre mit erheblichen, unzumutbaren Kosten verbunden, wenn die für Deutschland bestimmten

Geräte jeweils vom Importeur aus- und wieder eingepackt werden müßten, um sie zu kennzeichnen. Solche Kosten würden sich im Endeffekt auch nachteilig auf die Höhe der für die Berechtigten zur Verfügung stehenden Vergütung auswirken. Im Falle einer EG-weiten Einführung eines Vergütungssystems – die EG-Kommission hat einen Richtlinienvorschlag dazu soeben als unmittelbar bevorstehend angekündigt – wird diese Frage jedoch möglicherweise in einem anderen Licht zu beurteilen sein. Auf nationaler Ebene erscheint die Einführung einer Kennzeichnungspflicht nicht opportun.

Im Hinblick auf die erhebliche Bedeutung, die eine wirksame Erfassung der Grauimporte von vergütungspflichtigen Gegenständen für das Vergütungsaufkommen und für die Vermeidung von Wettbewerbsnachteilen deutscher Hersteller hat, sieht dieser Entwurf möglichst effektive Maßnahmen zur Erfassung der Importe vor:

- Zum einen wird das bisherige, an das Außenwirtschaftsrecht geknüpfte System der Einfuhrkontrollmeldungen durch eine urheberrechtliche Meldepflicht ersetzt, die dem Deutschen Patentamt gegenüber zu erfüllen ist.
- Es wird die Einführung einer gesamtschuldnerischen Mithaftung des Handels vorgeschlagen, wie sie sich in Österreich bewährt hat.
- Die sich aus der Einführung einer Mithaftung des Handels ergebende Erstreckung der Auskunftspflichten des § 54 Abs. 5 UrhG wird um die Verpflichtung des Handels zur Angabe seiner Bezugsquellen ergänzt. Dies soll den Verwertungsgesellschaften die Erfassung der Importeure ermöglichen.

Die Regelungen über die gesamtschuldnerische Mithaftung des Handels sollen den Erfordernissen insbesondere des mittelständischen Handels Rechnung tragen. Anstrebenswert ist, daß das Inkasso der urheberrechtlichen Vergütungen nach wie vor bei den Importeuren der vergütungspflichtigen Gegenstände erfolgt. Insoweit sind folgende Regelungen vorgesehen:

- Kleinere mittelständische Händler sollen von der Mithaftung ausgenommen werden (§ 54 Abs. 1 Satz 3, § 54a Abs. 1 Satz 3). Dies soll für Händler gelten, die überschlägig im Bereich der Überspielung auf Bild- oder Tonträger urheberrechtliche Vergütungen von weniger als 3000.- DM pro Kalenderhalbjahr zu entrichten hätten. Im Bereich der Reprographie ist diese Zahl wegen der höheren Urhebervergütung pro Gerät größer.
- Die Mithaftung des Händlers soll entfallen, wenn dieser Art und Stückzahl der bezogenen Geräte und Bild- oder Tonträger und seine Bezugsquelle den Verwertungsgesellschaften freiwillig offenbart und so eine wirksame Kontrolle der Importe ermöglicht (§ 54b).
- Ferner ist vorgesehen, daß im gewerblichen Bereich auf Rechnungen zu vermerken ist, ob die auf die Gegenstände entfallende Urhebervergütung entrichtet wurde (§ 54e Abs. 2). Der Händler kann dann beurteilen, ob seine Inanspruchnahme droht und dies bei der Gestaltung seiner Einkaufspreise berücksichtigen.

3. Über die Problematik der wegfallenden Einfuhrkontrollmeldungen hinaus wird durch diesen Entwurf noch definiert, was als Einfuhr im Sinne des § 54 UrhG anzusehen ist (§§ 54 Abs. 2, 54a Abs. 3). Damit soll einem Anliegen insbesondere der Kopiergeräteimporteure und -hersteller Rechnung getragen werden, die sich Wettbewerbsnachteilen durch sog. Direktimporte gewerblicher Nutzer von Kopiergeräten ausgesetzt sehen. In diesen Fällen ist die Entrichtung der Urhebervergütung nicht gesichert, so daß deutschen Importeuren und Produzenten Standortnachteile drohen. Auch der inländische Käufer, der die Geräte direkt im Ausland bezieht und sie für seine eigenen **gewerblichen** Zwecke nutzen will, soll in Zukunft die Entrichtung der Gerätevergütung schulden.

4. Dieser Entwurf sieht ferner vor, den geltenden § 54 UrhG, dessen Regelungen anderenfalls noch umfangreicher und unübersichtlicher als bisher würden, in verschiedene Bestimmungen aufzuspalten. Dies erleichtert die Übersichtlich-

keit und das Verständnis der Regelungen, ohne in ihre Substanz im übrigen einzugreifen.

5. Die mit diesem Entwurf im wesentlichen nur vorgeschlagene Kompensierung des Wegfalls der Einfuhrkontrollmeldungen erscheint dringlicher und eher konsensfähig als sonstiger Regelungsbedarf im Bereich des § 54 (nebst Anlage zu § 54 Abs. 4), der im oben (A 1) erwähnten Bericht der Bundesregierung erörtert worden ist.

B Zu den einzelnen Vorschriften

1. **Zu Artikel 1 (Änderung des Urheberrechtsgesetzes)**

a) **Zu Nummer 1** (Ersetzung des § 54 durch §§ 54 bis 54i)

aa) **§ 54**

Absatz 1 entspricht der Regelung der Vergütungspflicht für Vervielfältigung im Wege der Bild- und Tonaufzeichnung gemäß § 54 Abs. 1 in der geltenden Fassung.

Satz 2 a. E. erstreckt die gesamtschuldnerische Mithaftung nunmehr auch auf die Händler. Die urheberrechtliche Vergütung für das private Vervielfältigen soll letzten Endes der Verbraucher tragen, der die private Vervielfältigung vornimmt. Nach der bisherigen Rechtslage sind Hersteller und Importeure nur deswegen Schuldner dieser Vergütung, weil die Einzelerfassung der privaten Verbraucher faktisch nicht möglich ist. Gesetzgeberische Konzeption ist die Überwälzung der von den Herstellern und Importeuren an die Berechtigten entrichteten Vergütung auf die Endverbaucher. Dies hat seine innere Rechtfertigung darin, daß Hersteller und Importeure durch ihre Tätigkeit die Voraussetzung dafür schaffen, daß der private Verbraucher die privaten Vervielfältigungen vornehmen kann. Ebenso wie Hersteller und Importeure trägt jedoch auch jeder Händler mit dazu bei, daß der Verbraucher private Vervielfältigungen vornehmen kann. Der Handel ist bisher lediglich deswegen nicht in die Zahlungspflicht mit einbezogen worden, weil die Verwirklichung des gegen Hersteller und Importeure gerichteten Anspruchs ausreichend gesichert erschien. Nachdem nunmehr aufgrund des Wegfalls der Einfuhrkontrollmeldungen die Erfassung der Importe erschwert ist, erscheint es sachlich gerechtfertigt und angezeigt, den Handel in die gesamtschuldnerische Haftung mit einzubeziehen.

Der Handel wird durch diese Regelung nicht unzumutbar belastet. Er ermöglicht zum einen, wie ausgeführt, in gleichem Maße das private Vervielfältigen wie Hersteller und Importeure. Zum anderen kann sich der Händler gegen eine Inanspruchnahme absichern. Dies soll § 54e Abs. 2 erleichtern. So kann der Händler von seinem Lieferanten z. B. den Nachweis der Entrichtung der Urhebervergütung oder die Abgabe einer Freistellungserklärung verlangen. Er kann sich auch von einem Lieferanten erklären lassen, ob dieser als Mitglied eines Verbandes durch einen Gesamtvertrag mit den zuständigen Verwertungsgesellschaften verbunden ist. Die Verbände des Handels können ihrerseits durch vertragliche Vereinbarungen mit den Verwertungsgesellschaften sicherstellen, daß der Händler, der seine Ware von einem Mitglied eines Gesamtvertragspartners der Verwertungsgesellschaft bezieht, von der Mithaftung freigestellt wird. Dadurch wiederum wird ein Anreiz für Importeure geschaffen, in Gesamtverträge mit Verwertungsgesellschaften einbezogen zu werden.

Vor allem aber ermöglicht § 54b dem Handel, seine Inanspruchnahme für die Vergütung überhaupt zu vermeiden.

Satz 2 bezieht sich auf jede Handelsstufe, also auch auf die Großhändler. Satz 3 schließt von der Mithaftung kleine mittelständische Händler aus, weil deren Erfassung wiederum einen vergleichsweise hohen Verwaltungsaufwand erfordern würde. Außerdem ist es diesem Kreis wegen möglicherweise unzureichender Rechtskenntnisse nur schwerer möglich, die Zahlung der Urhebervergütung durch den Lieferanten sicherzustellen.

Abgrenzungskriterium für die Ermittlung des Kreises der Händler, die in die Mithaftung einbezogen werden, ist die Höhe der zu entrichtenden Vergütung. Nur der Händler soll mithaften, der eine Urhebervergütung in einer Größenordnung ab 3000.- DM pro Kalenderhalbjahr zu entrichten hätte. Da der Handel in der Regel Bild- und Tonträger sowie Geräte verkauft, ist zu erwarten, daß dieser Betrag erreicht wird, wenn eines der Abgrenzungskriterien erfüllt ist. Wird die Grenze nur bei Trägermaterial oder Geräten überschritten, so haftet der Händler für beide Gruppen.

Nach dem bisherigen Recht schuldet die Gerätevergütung des § 54 Abs. 1, Abs. 2 Satz 1 auch der, der die Geräte in den Geltungsbereich des UrhG gewerblich einführt oder wiedereinführt. Gesetzlich ist nicht definiert, wer als Einführer anzusehen ist. Absatz 2 regelt dies nunmehr in Anlehnung an § 23 Abs. 1 der Verordnung zur Durchführung des Außenwirtschaftsgesetzes (Außenwirtschaftsverordnung – AWV) vom 18. Dezember 1986.

Einführer ist jeder, der die Geräte oder Bild- oder Tonträger in den Geltungsbereich dieses Gesetzes verbringt oder verbringen läßt. Es kommt nicht darauf an, ob die Einfuhr zu gewerblichen oder zu privaten Zwecken erfolgt. Schuldner der urheberrechtlichen Vergütung ist jedoch nach § 54 Abs. 1 nur derjenige, der vergütungspflichtige Gegenstände *gewerblich* einführt. Dies ist zunächst dann der Fall, wenn der Einführer vergütungspflichtige Gegenstände gewerblich weiterveräußert. Gewerblich führt jedoch auch derjenige ein, der die eingeführten Gegenstände zu eigenen gewerblichen Zwecken nutzen will. Auch dieser Kreis soll Schuldner der urheberrechtlichen Vergütungen sein.

bb) **§ 54 a**

Absatz 1 regelt nunmehr die Gerätevergütung des § 54 Abs. 2 Satz 1 der geltenden Fassung. Satz 2 a. E. erstreckt wie § 54 Abs. 1 die Mithaftung aus den dort erwähnten Gründen ebenfalls auf die Händler. Satz 3 nimmt wiederum kleine mittelständische Händler von der Haftung aus.

Absatz 2 regelt nunmehr die Betreibervergütung im Fotokopierbereich, die Gegenstand des § 54 Abs. 2 Satz 2 (geltende Fassung) ist.

Absatz 3 erstreckt die Definition des Begriffes Einfuhr in § 54 Abs. 2 (Fassung des Entwurfs) auch auf die Vervielfältigung im Wege der Reprographie. Direktimporte zur eigenen gewerblichen Nutzung sollen der Vergütungspflicht unterfallen. Werden z. B. aufgrund einer EG-weiten Ausschreibung Fotokopiergeräte von einem großen Unternehmen im Ausland bestellt und von dort bezogen, so ist der inländische Käufer der Geräte als Einführer im Sinne des Gesetzes anzusehen und schuldet die Urhebervergütung, auch wenn er die Geräte nicht weiterveräußert, sondern zur eigenen gewerblichen Nutzung verwenden will. Die Verflechtung innerhalb der Europäischen Gemeinschaften nimmt zu. Sämtliche größeren Firmen haben Niederlassungen in verschiedenen EG-Staaten und können daher steuern, von welchem Mitgliedsland der EG aus sie die Lieferungen vornehmen. Absatz 3 trägt so dazu bei, Produktionsverlagerungen oder auch Verlagerungen von Rechnungsstellungen im Ausland zum Zwecke der Umgehung der Zahlung der urheberrechtlichen Vergütung zu verhindern. Im Bereich der Reprographie hat sich bereits gezeigt, daß die Direktimporte ein nicht zu unterschätzender Faktor sind.

cc) **§ 54 b**

Die vorgeschlagene gesamtschuldnerische Haftung des Handels soll die Erfassung der Importe sicherstellen und nach Möglichkeit das Inkasso der Urheberrechtsvergütungen von den Importeuren gewährleisten. § 54 b soll dem Handel die Möglichkeit geben, die eigene Zahlungspflicht abzuwenden, wenn er dazu beiträgt, die Erfassung der Importe zu ermöglichen. Auskunftspflichten sind grundsätzlich erst auf Verlangen des Berechtigten zu erfüllen. Da am Vertrieb von Gegenständen, die der Vergütungspflicht der §§ 54 und 54 a unterliegen, eine erhebliche Zahl von Händlern beteiligt ist, erfordert die Geltendmachung der Auskunftsansprüche gegen den Handel einen erheblichen Verwaltungsaufwand. Da der Handel diesen Aufwand erspart und die erforderlichen Angaben, die der Kontrolle der Erfassung der Importe dienen, ermöglicht, soll diese Verhaltensweise durch den Wegfall der vorgeschlagenen Mithaftung des Handels gefördert werden.

dd) **§ 54 c**

Diese Vorschrift entspricht § 54 Abs. 3 der geltenden Fassung.

ee) **§ 54 d**

Absatz 1 regelt die Höhe der Gerätevergütung für die Vervielfältigung sowohl im Wege der Bild- und Tonaufzeichnung als auch im Wege der Reprographie sowie die Höhe der Leerkassettenvergütung. Er entspricht sachlich dem bisherigen § 54 Abs. 4 Satz 1.

Absatz 2 regelt die Höhe der Betreibervergütung bei der Reprographie, die bisher in § 54 Abs. 2 Satz 3 normiert ist.

ff) **§ 54 e**

Absatz 1 entspricht § 54 Abs. 4 Satz 2, der durch das Produktpirateriegesetz in das UrhG eingefügt worden ist.

Absatz 1 bezieht sich auf die Gerätevergütung für Vervielfältigung im Wege der Reprographie, Absatz 2 hingegen auf die Vergütung für das Vervielfältigen im Wege der Bild- und Tonaufzeichnung. Die Zielrichtung des Absatzes 2 ist jedoch eine andere als die des Absatzes 1. Absatz 1 soll die Überwälzung der Gerätevergütung auf den Endverbraucher erleichtern. Absatz 2 dient dem Schutz des Handels, da dieser nach § 54 Abs. 1 und § 54 a Abs. 1 des Entwurfs in die gesamtschuldnerische Haftung einbezogen wird. Diese Einbeziehung des Handels soll sicherstellen, daß die Vergütung an die Verwertungsgesellschaften tatsächlich abgeführt wird. Im Interesse eines einfach zu handhabenden Inkassos soll jedoch grundsätzlich die Einziehung der Vergütung in Übereinstimmung mit der bestehenden Regelung über die Hersteller und Importeure erfolgen, weil die Zahl der Händler wesentlich größer ist. Absatz 2 sieht daher vor, daß mit **Ausnahme der Veräußerung an den Endverbraucher** in Rechnungen darauf hinzuweisen ist, ob die auf das Gerät oder die Bild- oder Tonträger entfallende Urhebervergütung entrichtet wurde. Der Handel kann dann beurteilen, ob seine Inanspruchnahme droht, und dies bei der Gestaltung seiner Einkaufspreise dann berücksichtigen. Unzutreffende Vermerke auf den Rechnungen können strafrechtliche Bedeutung erlangen. Absatz 1 differenziert nicht zwischen Rechnungen an gewerbliche

Abnehmer und Endverbraucher. Der Regelungsgehalt des Absatzes 2 wird daher für den Bereich der Reprographie von Absatz 1 mit abgedeckt.

gg) **§ 54 f**

Die Meldepflicht besteht gegenüber einer Behörde. Das Patentamt ist als zuständige Behörde vorgesehen, weil es zum Geschäftsbereich des Bundesministeriums der Justiz gehört und in seiner Funktion als Aufsichtsbehörde über die Verwertungsgesellschaften (§ 18 Abs. 1 des Urheberrechtswahrnehmungsgesetzes) urheberrechtliche Befugnisse hat.

Absatz 1 steht in Einklang mit der bisherigen Systematik der Einfuhrkontrollmeldungen: Diese beruhten auf § 27a Abs. 1 der Außenwirtschaftsverordnung i. V. m. der Einfuhrliste. Die Ermächtigungsgrundlage der Außenwirtschafts-Verordnung ist das Außenwirtschaftsgesetz (AWG). Einschlägig war hier § 26 Abs. 2 Nr. 3 AWG, der auf außenwirtschaftliche Intersssen abstellt. Die Abgabe der Einfuhrkontrollmeldungen diente insoweit nur mittelbar auch der Erfüllung privatrechtlicher Ansprüche, weil öffentlichen Belangen, nämlich der Vermeidung von Wettbewerbsverzerrungen zu Lasten deutscher Hersteller, durch Abführung der urheberrechtlichen Vergütung auch bei Importen Rechnung getragen wurde.

Satz 2 und 3 sollen dem Patentamt die Einführung von Vordrucken für die Erfüllung der Meldepflicht ermöglichen.

Absatz 2 erstreckt die Meldepflicht des Absatzes 1 auf die Gerätevergütung für Vervielfältigung im Wege der Reprographie.

Absatz 3 Satz 1 ersetzt die Regelung des § 20 a des Urheberrechtswahrnehmungsgesetzes. Dieser Entwurf sieht vor, diese Regelung im unmittelbaren Zusammenhang mit der neuen Meldepflicht zu treffen. Dadurch erschließt sich dem Rechtsanwender der Gesamtzusammenhang des Regelungskomplexes einfacher.

Satz 2 soll sicherstellen, daß nach Absatz 1 und 2 mitgeteilte Daten ausschließlich zur Einziehung der urheberrechtlichen Vergütungen verwendet werden dürfen. Die Bestimmung bezieht sich sowohl auf die Weitergabe und Benutzung der Daten durch das Patentamt als auch auf die Verwendung der Daten durch die Verwertungsgesellschaften. Das Patentamt darf sie z. B. nicht an die Finanzbehörden weiterleiten. Die Verwertungsgesellschaften müssen sie geheimhalten, soweit nicht die Geltendmachung der in Satz 2 erwähnten Ansprüche die Verwendung der Daten erfordert.

Die in Abs. 1 und 2 vorgesehene Meldepflicht kann nur effektiv sein, wenn sie mit Sanktionen verbunden ist. Absatz 4 sieht daher in Anlehnung an die vergleichbare Regelung des § 54 Abs. 5 Satz 3 geltender Fassung vor, daß im Falle der Verletzung der Meldepflicht der doppelte Vergütungssatz geschuldet wird.

hh) **§ 54 g**

Absatz 1 entspricht dem bisherigen § 54 Abs. 5 Satz 1. Er regelt die Auskunftspflicht betreffend die Gerätevergütung für die Vervielfältigung sowohl im Wege der Bild- und Tonaufzeichnung als auch im Wege der Reprographie. Da die Regelungen für beide Arten der Gerätevergütung identisch sind, faßt sie der Entwurf in Übereinstimmung mit der bestehenden Regelung ebenso wie die Bestimmung über die Vergütungshöhe in § 54d Abs. 1 in einem Absatz zusammen.

Der Auskunftsanspruch des § 54 Abs. 5 Satz 1 in der geltenden Fassung ist in seiner Systematik an das Bestehen eines Zahlungsanspruches geknüpft. Da § 54 Abs. 1 Satz 2 und § 54a Abs. 1 Satz 2 die Zahlungsansprüche der Verwertungsgesellschaften auch auf die

Händler erstrecken, erweitert Absatz 1 Satz 1 als Konsequenz dieser Systematik den Kreis der Auskunftspflichtigen über die bisherige Regelung hinaus auf den Händler. Die Auskunftspflicht des Händlers reicht so weit wie seine Zahlungspflicht.

Satz 2 erweitert den Umfang der Auskunftspflicht des Handels inhaltlich. Die Auskunftspflicht soll sich auch auf die Bezugsquellen erstrecken, um den Anspruchsberechtigten eine wirksame Erfassung der Importe zu ermöglichen. Satz 2 ermöglicht so auch die Geltendmachung von Vergütungsansprüchen, für die der Auskunftspflichtige nicht persönlich haftet.

Satz 3 erstreckt die Auskunftspflicht auch auf die kleinen, mittelständischen Händler, die § 54 Abs. 1 Satz 3 und § 54 a Abs. 1 Satz 3 von der gesamtschuldnerischen Mithaftung ausnehmen. Die Gründe für den Ausschluß der kleinen Händler von der Zahlungspflicht greifen nicht bei der Auskunftspflicht. Die Erteilung von Auskünften über die Bezugsquellen ist auch diesem Händlerkreis zumutbar.

Absatz 2 regelt die Auskunftspflicht bezüglich der Betreibervergütung für das Vervielfältigen im Wege der Reprographie. Die Bestimmung entspricht § 54 Abs. 5 Satz 2 (geltende Fassung).

Absatz 3 übernimmt die bestehende Regelung des bisherigen § 54 Abs. 5 Satz 3.

ii) **§ 54 h**

Diese Regelung entspricht dem bisherigen § 54 Abs. 6.

b) **Zu Nummer 2 (Änderung der Anlage)**:

Die Änderungen passen die Anlage formal der neuen Reihenfolge der Bestimmungen in diesem Entwurf an. Sachliche Änderungen sind nicht enthalten.

2. **Zu Artikel 2 (Änderung des Urheberrechtswahrnehmungsgesetzes)**:

a) Zu Nummer 1 (Änderung des § 13b Abs. 2):

Diese vorgeschlagene Änderung paßt den Wortlaut des § 13b Abs. 2 an die Aufspaltung des § 54 durch Artikel 1 Nr. 1 an.

b) Zu Nummer 2 (Aufhebung des § 20a):

§ 20a ist aufzuheben, weil die Einfuhrkontrollmeldungen durch die BGBl. ... weggefallen sind.

Anhang II · **Ehemalige Deutsche Demokratische Republik:**

Gesetz über das Urheberrecht

vom 13. September 1965 (GBl. DDR I 209)

Die kulturelle Grundaufgabe beim umfassenden Aufbau des Sozialismus ist die geistige Formung des Menschen der sozialistischen Gesellschaft und die Entwicklung der sozialistischen Nationalkultur.

Das Urheberrecht unterstützt und fördert die Lösung dieser Aufgabe. Es dient damit der Verwirklichung des Grundrechts aller Bürger des deutschen Arbeiter- und Bauern-Staates auf den Schutz und die allseitige Entwicklung der von Ausbeutung und Unterdrückung befreiten Persönlichkeit, ihrer Talente und schöpferischen Fähigkeiten.

Der sozialistische Staat gewährleistet durch das Urheberrecht den umfassenden Schutz der Rechte der Urheber von Werken der Literatur, der Kunst und der Wissenschaft. Er sichert, daß sich Schriftsteller, Kunstschaffende, Wissenschaftler und alle Bürger ungestört ihrer geistig-schöpferischen Tätigkeit widmen können. Zugleich werden durch das Urheberrecht die Aneignung von Kunst und Wissen durch alle Bürger sowie ihre immer stärker werdende Teilnahme am vielfältigen kulturellen und geistigen Leben in der sozialistischen Gesellschaft geschützt und gefördert.

Das Urheberrecht trägt zur Entwicklung, Förderung und zum Schutz des internationalen Kulturaustausches auf der Grundlage der Gegenseitigkeit bei.

Erster Teil · **Das Urheberrecht**

1. Abschnitt · **Grundsätze**

§ 1. (1) Das Urheberrecht hat die Aufgabe, das Schaffen literarischer, künstlerischer und wissenschaftlicher Werke zu fördern und zu schützen. Es sichert die geistigen und die materiellen Interessen der Urheber dieser Werke. Das Urheberrecht ermöglicht eine breite Wirkung und Nutzbarmachung aller literarischen, künstlerischen oder wissenschaftlichen Werke, die dem gesellschaftlichen Fortschritt, der Verbreitung humanistischer Ideen und der Sicherung des Friedens und der Völkerfreundschaft dienen. Es stellt so die Verbindung der persönlichen Interessen der Urheber mit dem gesellschaftlichen Interesse her.

(2) Die Leiter der Staats- und Wirtschaftsorgane, der kulturellen und wissenschaftlichen Einrichtungen, der Verlage und Betriebe und die Leitungen anderer Organisationen sorgen dafür, daß die Rechte der Urheber in ihrem Verantwortungsbereich verwirklicht werden, unabhängig davon, ob ein Werk beruflich oder außerberuflich im Rahmen der künstlerischen und wissenschaftlichen Betätigung der Bürger geschaffen ist. Sie fördern und unterstützen alle Formen der Gemeinschaftsarbeit, die dem Entstehen literarischer, künstlerischer und wissenschaftlicher Werke dienlich sind.

2. Abschnitt · **Das Werk**

§ 2. Werke der Literatur, Kunst und Wissenschaft. (1) Das Urheberrecht erstreckt sich auf Werke der Literatur, der Kunst und der Wissenschaft, die in einer objektiv wahrnehmbaren Form gestaltet sind und eine individuelle schöpferische

Leistung darstellen. Die Leistung kann auch in einem Kollektiv erbracht worden sein. Unerheblich ist es, mit welchen Mitteln oder in welchem Verfahren die Werke gestaltet wurden. Sie können auch als Skizze oder Entwurf vorliegen.
(2) Werke im Sinne des Abs. 1 können zum Beispiel sein:
a) Sprachwerke (Schriftwerke, Reden und Vorträge);
b) Werke der Musik;
c) Bühnenwerke (dramatische, musikdramatische, choreographische und pantomimische Werke);
d) Werke der Malerei, Bildhauerei, Grafik, Gebrauchsgrafik und der angewandten Kunst;
e) Filmwerke;
f) Fernsehwerke;
g) Rundfunkwerke;
h) Werke der Fotografie und der Fotomontage;
i) Werke der Baukunst.

§ 3. Teile des Werkes und Titel. Das Urheberrecht erstreckt sich auf das Werk im ganzen, auf dessen Teile und auf den Titel, sofern er individuell schöpferischen Charakter hat.

§ 4. Bearbeitungen, Übersetzungen, Sammelwerke und Herausgaben. (1) Ein Urheberrecht entsteht auch durch die Bearbeitung einschließlich der Dramatisierung oder einer anderen Umformung und durch die Übersetzung eines Werkes.

(2) Ein Urheberrecht entsteht ferner an Sammelwerken, Anthologien und Herausgaben, soweit sie durch ihre Gestaltung oder Auswahl das Ergebnis einer individuellen schöpferischen Leistung sind.

§ 5. Nachrichten, Rechtsvorschriften. (1) Ein Urheberrecht besteht nicht an Nachrichten und Meldungen über das Zeitgeschehen.

(2) Ein Urheberrecht besteht ferner nicht an Rechtsvorschriften aller Art, Gerichtsentscheidungen und öffentlichen Bekanntmachungen.

3. Abschnitt · **Der Urheber**

§ 6. Urheber eines Werkes oder einer Bearbeitung. (1) Urheber eines Werkes ist derjenige, der es geschaffen hat (Urheberschaft).

(2) Urheber einer Bearbeitung ist der Bearbeiter, einer Übersetzung der Übersetzer.

(3) Die Rechte des Urhebers an seinem Werk bleiben durch die Urheberrechte eines Bearbeiters oder Übersetzers unberührt.

(4) Ist in einem veröffentlichten Werk der Name des Verfassers angegeben, so wird vermutet, daß er der Urheber des Werkes ist.

§ 7. Kollektives Schaffen. Die urheberrechtlichen Befugnisse an einem Werk, das durch das Schaffen mehrerer Personen entstanden ist und ein unteilbares Ganzes bildet, stehen allen Beteiligten als Miturhebern gemeinsam zu, auch wenn die einzelnen Beiträge unterschieden werden können. Soweit die Miturheber ihre gegenseitigen Beziehungen nicht durch Vereinbarung geregelt haben, gelten die allgemeinen Bestimmungen des Zivilrechts über die Rechtsgemeinschaft.

§ 8. Verbindung selbständiger Werke. Werden selbständige Werke zu einem Werk verbunden, so bleibt das Urheberrecht an den Bestandteilen erhalten.

§ 9. Herausgeber. (1) An Sammelwerken, Anthologien und Herausgaben stehen die urheberrechtlichen Befugnisse dem Herausgeber zu; die Rechte der Urheber der aufgenommenen Werke bleiben erhalten. Herausgeber und Urheber regeln ihre gegenseitigen Beziehungen durch Vereinbarung.

(2) Ist als Herausgeber eines Werkes gemäß Abs. 1 eine juristische Person bezeichnet, so gilt sie als Inhaber der Rechte an der Herausgabe.

§ 10. Urheber eines Film- oder Fernsehwerkes. (1) Ein Film- oder ein Fernsehwerk ist ein eigenständiges Werk. Es ist das Ergebnis einer Kollektivleistung, die auf unterschiedlichen schöpferischen Einzelleistungen beruht und unter Leitung eines Regisseurs mit Hilfe der Film- oder Fernsehtechnik zur Wiedergabe gestaltet wird.

(2) Wird ein Filmwerk oder ein Fernsehwerk in einem Betrieb hergestellt, so ist dieser ausschließlich berechtigt und verpflichtet, im Rechtsverkehr die Rechte des Kollektivs der Urheber dieses Werkes im eigenen Namen wahrzunehmen.

(3) Die Rechte an selbständigen Werken, die bei der Herstellung von Werken im Sinne des Abs. 1 als deren Bestandteile verwendet worden sind, insbesondere Rechte an Werken der Literatur oder der Musik, bleiben von der Bestimmung des Abs. 2 unberührt.

§ 11. Anonyme oder pseudonyme Veröffentlichungen. Wird ein Werk ohne Angabe des Namens des Urhebers oder unter einem Decknamen veröffentlicht, so steht die Wahrnehmung der urheberrechtlichen Befugnisse, soweit diese zur Wahrung der Anonymität vom Urheber selbst nicht ausgeübt werden, demjenigen zu, der das Werk als erster berechtigt veröffentlicht.

§ 12. Veröffentlichung, Erscheinen. Im Sinne dieses Gesetzes gilt ein Werk als veröffentlicht, sobald es mit Einwilligung des Urhebers öffentlich vorgetragen, aufgeführt, vorgeführt, gesendet, ausgestellt, in sonstiger Weise verbreitet oder erschienen ist. Ein Werk gilt als erschienen, wenn es in einer ausreichenden Anzahl von Werkstücken mit Einwilligung des Urhebers in den Verkehr gebracht worden ist.

4. Abschnitt · **Befugnisse des Urhebers**

§ 13. Inhalt des Urheberrechts. Das Urheberrecht ist ein sozialistisches Persönlichkeitsrecht. Aus ihm ergeben sich nichtvermögensrechtliche (§§ 14 bis 17) und vermögensrechtliche Befugnisse (§ 18) des Urhebers.

§ 14. Anerkennung der Urheberschaft und die Namensnennung. (1) Der Urheber eines Werkes hat das Recht auf Anerkennung seiner Urheberschaft an dem Werk.

(2) Er kann fordern, daß der von ihm gewählte Name in Verbindung mit seinem Werk genannt wird.

§ 15. Erstveröffentlichung. Der Urheber hat das Recht, über die Veröffentlichung seines Werkes und über die erste öffentliche Mitteilung seines wesentlichen Inhalts zu entscheiden.

§ 16. Unverletzlichkeit des Werkes. (1) Der Urheber hat das Recht, jeder Verstümmelung oder Entstellung seines Werkes zu widersprechen.

(2) Änderungen am Werk bedürfen der Zustimmung des Urhebers. Die Bestimmungen des § 40 bleiben davon unberührt.

§ 17. Schutz des Ansehens. Der Urheber hat das Recht zu untersagen, daß sein Werk in einer sein künstlerisches oder wissenschaftliches Ansehen schädigenden Weise verwendet wird.

§ 18. Nutzungsbefugnisse. (1) Dem Urheber steht es ausschließlich zu, darüber zu entscheiden, ob sein Werk

a) vervielfältigt oder festgehalten,

b) zu Erwerbszwecken verbreitet,
c) öffentlich vorgetragen, aufgeführt, vorgeführt,
d) falls es noch nicht veröffentlicht ist, ausgestellt,
e) verfilmt oder gesendet wird.

(2) Die Befugnis des Urhebers gemäß Abs. 1 erstreckt sich nicht auf das entgeltliche oder unentgeltliche Verleihen eines verbreiteten Werkstückes sowie nicht auf die freie Werknutzung und die gesetzlichen Lizenzen.

(3) Dem Urheber steht es ausschließlich zu, zu entscheiden, ob Bearbeitungen oder Übersetzungen seines Werkes gemäß Abs. 1 verwendet werden.

§ 19. Werknutzung durch andere. (1) Das Urheberrecht ist nicht übertragbar. Der Urheber kann die Befugnisse zur Nutzung seines Werkes gemäß den Bestimmungen des Urhebervertragsrechtes auf andere übertragen.

(2) Für die Übertragung seiner Befugnisse steht dem Urheber entsprechend dem sozialistischen Leistungsprinzip eine Vergütung zu. Unentgeltliche Übertragungen bedürfen einer ausdrücklichen Vereinbarung.

(3) In Übereinstimmung mit den gesellschaftlichen Organisationen und im Einvernehmen mit dem Minister der Finanzen erklären der Minister für Kultur – und der Vorsitzende des Staatlichen Rundfunkkomitees für seinen Bereich – Richtlinien dieser Organisationen über die Vergütung für allgemeinverbindlich oder erlassen Vorschriften für die Vergütung der Urheber (Honorarordnungen).

§ 20. Urheberrecht und Arbeitsrechtsverhältnisse. (1) Dem Urheber eines Werkes, das in einem Betrieb oder in einer wissenschaftlichen Institution in Erfüllung arbeitsrechtlicher Verpflichtungen geschaffen worden ist, steht das Urheberrecht an diesem Werk zu. Die beiderseitigen Befugnisse und Pflichten bei der Ausübung des Urheberrechts sind im Arbeitsvertrag zu regeln.

(2) Die Betriebe oder die Institutionen haben das Recht, das von ihrem Mitarbeiter gemäß Abs. 1 geschaffene Werk zu Zwecken zu benutzen, die unmittelbar der Lösung ihrer eigenen Aufgaben dienen. Insoweit nehmen sie die Rechte des Urhebers selbständig wahr.

(3) Soweit dem Arbeitsvertrag oder dem sonst erkennbaren Willen beider Partner des Arbeitsrechtsverhältnisses nichts anderes zu entnehmen ist, steht dem Urheber auch in diesen Fällen das Recht auf Vergütung sowie das Recht auf Nutzung des Werkes zu anderen Zwecken zu.

5. Abschnitt · **Freie Werknutzung**

§ 21. Inhalt der freien Werknutzung. (1) Zur Aneignung der Schätze von Kunst und Wissen durch die gesamte Gesellschaft und zur Entfaltung von Wissenschaft und Kunst ist es zulässig, gemäß den Bestimmungen dieses Abschnittes Werke ohne Einwilligung der Urheber und – ausgenommen die im § 24 Abs. 3 und im § 26 Buchst. c geregelten Fälle – ohne Zahlung einer Vergütung an die Urheber frei zu nutzen (freie Werknutzung).

(2) Soweit die Vervielfältigung nach den §§ 24 bis 26 und den §§ 29 und 30 zulässig ist, sind es auch die Verbreitung, die öffentliche Aufführung, die öffentliche Vorführung oder der öffentliche Vortrag.

§ 22. Freie Benutzung. Die freie Benutzung eines Werkes ist zulässig, wenn dadurch ein neues Werk in einer individuellen schöpferischen Leistung gestaltet wird.

§ 23. Vervielfältigung zum persönlichen und beruflichen Gebrauch. Die Vervielfältigung eines veröffentlichten Werkes, gleich durch welches Verfahren, ist dann zulässig, wenn sie dem persönlichen oder beruflichen Interesse dient und das Vervielfältigungsstück nicht der Öffentlichkeit übergeben wird. Ausgenommen hiervon ist das Nachbauen eines Werkes der Baukunst.

§ 24. Vervielfältigung zum Zwecke der Information und Dokumentation.
(1) Für Informationszwecke ist es zulässig, den wesentlichen Inhalt erschienener wissenschaftlicher, technischer oder literarischer Werke in einer knappen Zusammenfassung zu veröffentlichen. Einzelne Formulierungen oder kleinere Textteile sowie einzelne Bilder, Tafeln oder andere Beigaben dürfen hierbei als Zitate oder Textillustrationen verwendet werden.

(2) Knappe Zusammenfassungen wissenschaftlicher, technischer und literarischer Werke, die in Dokumentationsdiensten, Referateorganen, Bibliographien u. ä. veröffentlicht worden sind, dürfen von anderen entsprechenden Publikationsorganen zur Unterrichtung eines breiten Kreises von Interessenten, aber nicht zu Werbe- oder Erwerbszwecken vervielfältigt werden.

(3) Dokumentationsstellen ist es zur Unterrichtung ihrer Benutzer gestattet, in Dokumentations- oder Referatediensten sowie in bibliographischen Werken Artikel, Aufsätze, Darstellungen, Tabellen, Zeichnungen und andere Veröffentlichungen wissenschaftlicher, technischer oder literarischer Art aus Zeitungen oder Zeitschriften ganz oder teilweise, im Original oder in der Übersetzung zu vervielfältigen.

(4) Bei einer Vervielfältigung gemäß Abs. 3 hat der Urheber Anspruch auf Vergütung.

§ 25. Vervielfältigung von Werken an Straßen und Plätzen. (1) Zulässig ist die Vervielfältigung von Werken, die sich bleibend an öffentlichen Wegen, Straßen oder Plätzen befinden, durch malende oder zeichnende Kunst oder durch Fotografie.

(2) Bei Werken der Baukunst erstreckt sich diese Befugnis nur auf die äußere Ansicht.

§ 26. Zitate und Sammlungen. Zulässig ist die Vervielfältigung, wenn
a) einzelne Stellen oder kleinere Teile eines Sprach- oder Musikwerkes nach ihrer Veröffentlichung in einer selbständigen Arbeit angeführt werden;
b) einzelne kleinere Aufsätze oder einzelne Gedichte oder kleinere Kompositionen nach ihrem Erscheinen in eine selbständige wissenschaftliche Arbeit zur Erläuterung des Inhalts aufgenommen werden;
c) einzelne Gedichte oder kleinere Kompositionen nach ihrem Erscheinen in eine Sammlung aufgenommen werden, in der die Werke einer größeren Zahl von Schriftstellern oder Komponisten vereinigt sind, und wenn diese Sammlung zum künstlerischen Vortrag bestimmt ist;
d) einzelne Gedichte oder kleinere Texte bei öffentlichen Veranstaltungen allein zur Unterrichtung der Hörer ausgegeben werden;
e) einzelne kleinere Aufsätze, einzelne Gedichte, kleinere Teile eines Schriftwerkes oder kleinere Kompositionen nach ihrem Erscheinen in eine Sammlung aufgenommen werden, in der Werke einer größeren Zahl von Schriftstellern oder Komponisten vereinigt sind und die nur für den Unterrichts- oder Schulgebrauch bestimmt ist;
f) einzelne veröffentlichte Werke der Malerei, der Bildhauerei, der Grafik, der Gebrauchsgrafik, der angewandten Kunst, der Fotografie, veröffentlichte Teile eines Filmwerkes, eines Fernsehwerkes oder eines Rundfunkwerkes in eine selbständige wissenschaftliche Arbeit oder in ein für den Unterrichts- oder Schulgebrauch bestimmtes Werk ausschließlich zur Erläuterung des Inhalts aufgenommen werden.

§ 27. Vertonungs- und Textierfreiheit. (1) Zulässig ist die Vertonung eines Sprachwerkes, insbesondere von Gedichten, nach ihrem Erscheinen.

(2) Zur öffentlichen Aufführung und zur Vervielfältigung des Sprachwerkes in Verbindung mit dem Werk der Musik bedarf es der Zustimmung beider Urheber.

(3) Die Absätze 1 und 2 gelten entsprechend für die Textierung einer erschienenen kleineren Komposition.

§ 28. Quellenangabe. (1) Wer ein fremdes Werk gemäß den §§ 24 bis 27 benutzt, hat die Quelle anzugeben.

(2) Bei der Vervielfältigung eines Werkes der Malerei, Bildhauerei, Grafik, Gebrauchsgrafik oder angewandten Kunst darf der Name oder die sonstige Bezeichnung des Urhebers des Werkes nur so auf der Vervielfältigung angebracht werden, daß keine Verwechslung mit dem Original entstehen kann.

§ 29. Abdruck aus Zeitungen und Zeitschriften. (1) Zulässig ist der Abdruck einzelner Artikel aus Zeitungen oder Zeitschriften in anderen, soweit die Artikel nicht mit einem Vorbehalt der Rechte versehen sind. Beim Abdruck ist die Quelle anzugeben.

(2) Der Abdruck von Ausarbeitungen wissenschaftlichen, technischen oder unterhaltenden Inhalts aus Zeitungen oder Zeitschriften ist ohne Zustimmung des Berechtigten, auch wenn ein Vorbehalt der Rechte fehlt, unzulässig, es sei denn, daß der Abdruck zur Erfüllung der in diesem Gesetz anerkannten Bedürfnisse der Dokumentation erfolgt.

§ 30. Reden und Vorträge. (1) Reden und Vorträge, die bei gesellschaftlichen Veranstaltungen oder im Rahmen der öffentlichen Tätigkeit der Staatsorgane gehalten werden, sowie Niederschriften von solchen Reden oder Vorträgen dürfen vervielfältigt werden – ausgenommen die Veröffentlichung in Buchform einschließlich in einer Sammlung.

(2) Die Bestimmungen des Abs. 1 gelten nicht für wissenschaftliche Veranstaltungen.

§ 31 Freie öffentliche Aufführungen und Vorträge. (1) Öffentliche Aufführungen eines erschienenen Werkes der Musik oder öffentliche Vorträge eines veröffentlichten Sprachwerkes sind zulässig, wenn sie keinem Erwerbszweck dienen, die Hörer ohne Entgelt zugelassen werden und die Mitwirkenden dafür kein Honorar erhalten.

(2) Die Bestimmungen des Abs. 1 finden keine Anwendung auf die bühnenmäßige Aufführung eines Werkes der Musik, zu dem ein Text gehört. Sie finden ferner keine Anwendung auf dramatische, pantomimische oder choreographische Werke.

6. Abschnitt · **Gesetzliche Lizenzen**

§ 32. (1) Dem Rundfunk, dem Fernsehfunk, den volkseigenen Filmstudios und der Presse ist die Sendung, die Vorführung, der Abdruck oder das Fotografieren veröffentlichter Werke ohne Einwilligung des Urhebers und ohne Zahlung eines Urheberhonorars gestattet, wenn die Werke oder ihre Teile im Rahmen von Berichten über Tagesereignisse zur öffentlichen Information gesendet, vorgeführt oder vervielfältigt werden.

(2) Ohne Einwilligung des Urhebers ist es dem Rundfunk und dem Fernsehfunk gestattet, jedes veröffentlichte Werk unverändert gegen Entgelt nach den staatlichen Honorarordnungen zu senden. Dabei ist der Name des Urhebers in üblicher Form anzugeben; der Urheber ist von der Sendung zu benachrichtigen. Die Einzelheiten der Anwendung dieser Lizenz sind durch Vereinbarung des Vorsitzenden des Staatlichen Rundfunkkomitees mit den gesellschaftlichen Organisationen der Urheber zu regeln.

(3) Im Rahmen der Absätze 1 und 2 ist auch die Aufzeichnung und Vervielfältigung der Werke gestattet.

7. Abschnitt · **Dauer des Urheberschutzes**

§ 33. Schutzfrist. (1) Der Schutz der Befugnisse des Urhebers endet 50 Jahre nach seinem Tode (Schutzfrist). Die 50-Jahr-Frist beginnt mit dem Ablauf des Kalenderjahres, in dem der Urheber verstorben ist. In den Fällen der Absätze 4 und 6 beginnt sie mit dem Ablauf des Kalenderjahres, in dem das Werk veröffentlicht wurde.

(2) Die Befugnisse des Urhebers gehen nach den allgemeinen Vorschriften des Erbrechts auf den Erben über.

(3) Steht das Urheberrecht an einem Werk mehreren gemeinschaftlich zu, so endet die Schutzfrist 50 Jahre nach dem Tode des Letztverstorbenen.

(4) Wird der gesetzliche Name des Urhebers nicht bei der ersten Veröffentlichung des Werkes angegeben und ist der Urheber nicht bekannt, so enden seine Befugnisse mit dem Ablauf von 50 Jahren nach der Veröffentlichung.

(5) Wird der gesetzliche Name des Urhebers während der 50jährigen Frist bekanntgegeben oder in ein zu diesem Zwecke geführtes Register eingetragen, so findet die Vorschrift des Abs. 1 Anwendung.

(6) Gilt eine juristische Person als Inhaber des Urheberrechts, so endet die Schutzfrist 50 Jahre nach der ersten Veröffentlichung des Werkes.

§ 34. Gesellschaftlicher Schutz. (1) Die sozialistische Gesellschaft gewährleistet auch nach dem Ablauf der Schutzfrist den Schutz der geistigen Güter der Nation.

(2) Für den Schutz der Unverletzlichkeit des Werkes und die Wahrung des Ansehens seines Autors sorgen sodann die zuständigen staatlichen Organe oder Institutionen.

§ 35. Schutz des Nachlasses bedeutender Künstler, Schriftsteller und Wissenschaftler. (1) Der Schutz des Nachlasses bedeutender Schriftsteller, Künstler oder Wissenschaftler kann durch Beschluß des Ministerrates zur Aufgabe der Nation erklärt werden.

(2) In dem Beschluß kann die Wahrnehmung der Urheberrechte an dem Nachlaß einem staatlichen Organ oder einer anderen Institution übertragen werden.

(3) Die vermögensrechtlichen Ansprüche der Erben des Urhebers auf die Erträgnisse aus der Nutzung des Werkes während der Dauer der Schutzfrist bleiben gewahrt.

8. Abschnitt · **Urhebervertragsrecht**

1. Unterabschnitt · **Allgemeine Bestimmungen**

§ 36. Aufgaben der kulturellen Einrichtungen. (1) Aufgabe der kulturellen Einrichtungen ist es, unter Wahrung der Rechte des Urhebers für die breiteste Wirkung des Werkes zu sorgen.

(2) Bei jeder Verwendung des Werkes durch eine kulturelle Einrichtung (Verlag, Filmstudio, Bühne, Funk und Fernsehen usw.) hat der Urheber das Recht, in den das Werk berührenden Fragen gleichberechtigt als Mitglied des Kollektivs der Einrichtung mitzuarbeiten. Die kulturellen Einrichtungen haben in ihrer gesamten Tätigkeit das Schaffen der Urheber zu fördern und zu unterstützen.

§ 37. Werknutzungsvertrag. (1) Die Übertragung von Nutzungsbefugnissen erfolgt durch Vertrag.

(2) Verträge gemäß Abs. 1 sollen schriftlich abgeschlossen werden. Für die öffentliche Aufführung eines Werkes der Musik, die nicht bühnenmäßig erfolgt, sowie für den öffentlichen Vortrag von literarischen oder wissenschaftlichen Werken und für die Veröffentlichung von Artikeln in Zeitungen und Zeitschriften genügt die mündliche Vereinbarung.

§ 38. Vertragsarten. (1) Verträge über die Verwendung eines Werkes sind insbesondere:

a) der Verlagsvertrag einschließlich des Vertrages über Beiträge für Zeitungen und Zeitschriften;
b) der Vertrag über die bühnenmäßige Aufführung eines Werkes und der Bühnenvertriebsvertrag;
c) der Vertrag über die Verfilmung eines Werkes oder über die Schaffung und Verwendung der literarischen Grundlagen eines Films oder über seine Vorführung;
d) der Vertrag über die Herstellung einer Rundfunk- oder Fernsehfassung eines Werkes oder zur Sendung eines Werkes durch Rundfunk oder Fernsehfunk;
e) der Vertrag über die Übertragung eines Werkes auf einen Tonträger;
f) der Vertrag über die Verwendung von Werken der bildenden, der angewandten oder der Baukunst;
g) der Vertrag über die Verwendung von Fotografien oder Fotomontagen;
h) der Vertrag über die öffentliche, nicht bühnenmäßige Aufführung von Werken der Musik oder über Vorträge eines Sprachwerkes.

(2) Im einzelnen gelten für die Verträge gemäß Abs. 1 die Vorschriften der §§ 46 bis 72.

§ 39. Inhalt des Vertrages. Verträge zur Übertragung von Nutzungsbefugnissen sollen Vereinbarungen enthalten über

a) die Art und den Umfang der Verwendung;
b) den Inhalt und die Art eines noch zu schaffenden Werkes;
c) die Art und Weise des Zusammenwirkens des Urhebers und der Einrichtung beim Schaffen und bei der Verwendung des Werkes (§ 36 Abs. 2);
d) den Zeitpunkt für den Beginn der Verwendung;
e) die Vertragsdauer oder über die Zahl der in den Verkehr zu setzenden Werkstücke oder der Aufführungen, Vorführungen oder Sendungen;
f) die Vergütung des Urhebers;
g) die Voraussetzungen und Formen der Änderung oder Auflösung des Vertrages.

§ 40. Änderungen. (1) Ohne Zustimmung des Urhebers sind Änderungen am Werk nur zulässig, wenn sie lediglich der ordnungsgemäßen Wiedergabe des Werkes dienen (Korrektur offensichtlicher Unrichtigkeiten).

(2) In den Fällen der künstlerischen Interpretation von Werken soll in den Verträgen der Umfang der zulässigen Änderungen bestimmt werden. Dabei ist von dem Grundsatz der werkgetreuen Wiedergabe auszugehen.

§ 41. Vertragsmuster. (1) Über den Inhalt der Verträge gemäß § 39 sind vom Ministerium für Kultur – und vom Staatlichen Rundfunkkomitee in seinem Bereich – in Zusammenarbeit mit den gesellschaftlichen Organisationen der Urheber und den Gewerkschaften Vertragsmuster zu entwickeln und zu veröffentlichen. Bestimmungen der Vertragsmuster über Mindest- und Höchstsätze der Honorierung, über andere Zuwendungen an den Urheber (z. B. Freiexemplare), über Fristen oder über die Rücktrittserklärung können durch den Minister für Kultur oder den Vorsitzenden des Staatlichen Rundfunkkomitees im Einvernehmen mit dem Minister der Justiz und dem Minister der Finanzen für allgemeinverbindlich erklärt werden.

(2) Enthält ein Vertrag keine der in den §§ 39 und 40 genannten Vereinbarungen, so gilt die Regelung des Vertragsmusters als Vertragsinhalt.

§ 42. Vertrag über künftiges Schaffen. (1) Ein Vertrag gemäß § 37 kann auch über ein bestimmtes noch zu schaffendes Werk abgeschlossen werden. Ein Anspruch auf eine Urhebervergütung entsteht erst mit Ablieferung des Werkes.

(2) Verträge, durch die sich der Urheber hinsichtlich der Verwendung seines noch unbestimmten zukünftigen Schaffens verpflichtet, sind nichtig, soweit es sich nicht um Arbeitsrechtsverhältnisse handelt.

(3) Bei einem vom Urheber noch zu schaffenden Werk ist der Vertragspartner verpflichtet, den Urheber nach Übergabe des Werkes über die Abnahme oder über eine Ablehnung aus den im Vertrage vorgesehenen Gründen oder über die Notwendigkeit der Vornahme von Veränderungen unter Angabe ihres Inhalts im einzelnen entsprechend den Bedingungen des Vertrages schriftlich in einer im Vertrag festzusetzenden Frist zu unterrichten. Erfolgt die Mitteilung nicht innerhalb dieser Frist, so gilt das Werk als abgenommen.

§ 43. Eigentum an Original und Werkstück. (1) Das dem Vertragspartner überlassene Original des Werkes bleibt, soweit nicht etwas anderes vereinbart ist, Eigentum des Urhebers.

(2) Die Übertragung des Eigentums an einem Werkstück der Malerei, der Bildhauerei, der Grafik, der Gebrauchsgrafik, der angewandten Kunst, des Films, des Rundfunks, des Fernsehens, der Fotografie, der Fotomontage oder der Baukunst schließt, soweit nicht etwas anderes vereinbart ist, die Übertragung von Nutzungsbefugnissen des Urhebers nicht ein.

(3) Der Eigentümer des Originals eines Werkes ist verpflichtet, dem Urheber auf sein Verlangen Zugang zu seinem Werk zu gestatten.

(4) Droht dem Original des Werkes durch Verhalten seines Eigentümers eine Gefährdung oder Vernichtung, so steht dem Urheber ein Rückkaufsrecht zu dem Zeitwert zu.

§ 44. Weiterübertragung der Werknutzung. (1) Zur Übertragung der gesamten Rechte, die auf Grund eines Vertrages über die Verwendung eines Werkes erworben sind, ist die Einwilligung des Urhebers erforderlich. Der Einwilligung bedarf es nicht, wenn ein Verlag sein gesamtes Verlagsgebiet oder einen Teil davon geschlossen überträgt.

(2) Im übrigen gelten die Bestimmungen der §§ 36 bis 43 und § 45 entsprechend, wenn derjenige, der durch Vertrag vom Urheber Werknutzungsbefugnisse erworben hat, diese auf Dritte überträgt.

§ 45. Rücktritt. (1) Unterläßt es der Werknutzungsberechtigte unter Verletzung seiner vertraglichen Verpflichtungen, das Werk der Öffentlichkeit zugänglich zu machen, so steht dem Urheber ein Rücktrittsrecht zu.

(2) Die Ausübung des Rücktrittsrechts hat zur Folge, daß die übertragenen Nutzungsbefugnisse wieder ausschließlich dem Urheber zustehen. Dem Urheber ist ein seiner Leistung entsprechendes Arbeitshonorar zu zahlen; eine Rückzahlung einer bereits gewährten Vergütung oder eines Teiles davon kann nicht gefordert werden. Bei einer schuldhaften Verletzung der Verpflichtungen durch den Werknutzungsberechtigten kann der Urheber weiteren Schadenersatz geltend machen. Dasselbe gilt, wenn der Werknutzungsberechtigte bei einer Aufgabe seines Tätigkeitsgebietes oder bei einer Übertragung dieses Tätigkeitsgebietes oder eines Teiles davon gegenüber dem Urheber seinen vertraglichen Verpflichtungen nicht nachkommt.

(3) Absätze 1 und 2 gelten entsprechend, wenn der Werknutzungsberechtigte das Werk in einer Art verwendet, die der vertraglichen Vereinbarung zuwiderläuft.

(4) Der Werknutzungsberechtigte ist berechtigt, vom Vertrag zurückzutreten, wenn der Urheber

a) das Werk nicht in der im Vertrag festgesetzten Frist übergeben hat;
b) bei einem noch zu schaffenden Werk dieses nicht entsprechend den Bedingungen des Vertrages geleistet hat;
c) sich weigert, Veränderungen vorzunehmen, die von ihm in den im Vertrag festgelegten Formen und Grenzen gefordert wurden.

Der Urheber hat die erhaltene Vergütung zurückzuerstatten. Handelt es sich um einen Rücktritt gemäß Buchst. b und hat der Urheber nicht schuldhaft gehandelt, so ist ihm ein seiner Leistung entsprechendes Arbeitshonorar zu zahlen.

(5) Der Rücktritt gemäß den Absätzen 1 bis 4 ist an eine vorherige Androhung und eine angemessene Fristsetzung gebunden. Er ist schriftlich zu erklären.

(6) In Verträgen oder Vertragsmustern kann das Rücktrittsrecht abweichend von diesen Bestimmungen geregelt werden.

2. Unterabschnitt · **Verlagsvertrag**

§ 46. Vertragspflichten. Durch den Verlagsvertrag verpflichtet sich der Urheber, sein Werk in der zum Vertragszweck geeigneten oder vereinbarten Form fristgerecht zu übergeben. Der Verlag verpflichtet sich, das Werk auf eigene Rechnung vertragsgemäß und fristgerecht zu vervielfältigen und zu vertreiben und dem Urheber die vereinbarte Vergütung zu zahlen.

§ 47. Verlagsrecht. (1) Durch den Verlagsvertrag erhält der Verlag das ausschließliche Recht, das Werk zu vervielfältigen und zu verbreiten (Verlagsrecht). Bei einem noch zu schaffenden Werk bleiben die Rechte des Urhebers zur Entscheidung über die Veröffentlichung und zur ersten öffentlichen Mitteilung des wesentlichen Inhalts des Werkes erhalten.

(2) Das Verlagsrecht kann im Vertrag örtlich, zeitlich oder in anderer Weise beschränkt werden.

§ 48. Sonstige Rechte des Urhebers. Sind keine besonderen Vereinbarungen getroffen, so verbleiben dem Urheber die Rechte zum öffentlichen Vortrag, zur öffentlichen Aufführung oder Vorführung seines Werkes, zur Aufnahme auf Ton- oder Bildträger seines Werkes, ferner das Verfilmungs-, Sende- oder Ausstellungsrecht sowie das Recht, die Verwendung von Bearbeitungen oder Übersetzungen zu genehmigen (§ 18).

§ 49. Vertragspflichten bei Beiträgen für Zeitungen, Zeitschriften und periodischen Sammelwerken. (1) Entspricht ein Beitrag in Form und Inhalt der Vereinbarung und ist er termingemäß übergeben, so ist der Verlag zur Honorierung verpflichtet.

(2) Ist eine Abnahme des Beitrages vereinbart, so gilt das gleiche, wenn der Beitrag vom Verlag abgenommen wurde. Als abgenommen gilt ein Beitrag, den der Verlag nicht innerhalb einer Frist von drei Monaten nach Ablieferung abgelehnt hat.

(3) Ist ein Beitrag bereits einer anderen Zeitung oder Zeitschrift angeboten worden oder handelt es sich um einen bereits veröffentlichten Beitrag, so ist dies bei dem Angebot zu vermerken.

§ 50. Sonstige Rechte bei Zeitungsbeiträgen. (1) Durch den Vertrag erwirbt der Verlag, wenn nicht etwas anderes vereinbart ist, lediglich die Befugnis, den Beitrag einmal in dem Presseorgan, für das er vertragsgemäß bestimmt ist, abzudrucken.

(2) Ist dem Verlag das ausschließliche Recht übertragen, den Beitrag in einem Presseorgan abzudrucken, so darf der Urheber, wenn nicht etwas anderes vereinbart ist, bei einem Beitrag für eine Zeitung erst nach deren Erscheinen, bei einem Beitrag für ein sonstiges Presseorgan erst sechs Monate nach dessen Erscheinen den Abdruck in einem anderen Presseorgan genehmigen.

§ 51. Rücktritt bei Zeitungsbeiträgen. Ist der Verlag in dem Vertrag nicht zur Veröffentlichung des Beitrages bis zu einem bestimmten Zeitpunkt verpflichtet und erfolgt die Veröffentlichung nicht innerhalb einer Frist von sechs Monaten nach der Ablieferung des Beitrages, dann ist der Urheber berechtigt, ohne Fristsetzung vom Vertrage zurückzutreten. Wird ein vereinbarter Termin zur Veröffentlichung des Beitrages überschritten, dann kann der Urheber nach vorheriger Ankündigung innerhalb einer angemessenen Frist vom Vertrag zurücktreten. Der Urheber behält den Anspruch auf volle Vergütung.

§ 52. Auftrag und Bestellvertrag. (1) Erteilt der Verlag einen Auftrag über die Mitarbeit an einem enzyklopädischen Werk oder über Hilfs- oder Nebenarbeiten für ein Sammelwerk oder für das Werk eines anderen, so ist der Verlag ohne besondere Vereinbarung mit dem Beauftragten nicht zur Vervielfältigung und Verbreitung seines Beitrages verpflichtet.

(2) Dasselbe gilt, wenn ein Auftrag zur Anfertigung einer Arbeit nach einem Plan erteilt wird, in dem der Inhalt der Arbeit sowie die Art und Weise ihres Aufbaues so vorgeschrieben sind, daß eine schöpferische Tätigkeit des Beauftragten nicht erforderlich ist (Bestellvertrag).

3. Unterabschnitt · **Vertrag über die öffentliche Aufführung oder den öffentlichen Vortrag und Bühnenvertriebsvertrag**

§ 53. Pflichten aus dem Vertrag über die bühnenmäßige Aufführung. (1) Durch den Vertrag über die bühnenmäßige Aufführung verpflichtet sich der Urheber eines dramatischen, musikdramatischen, choreographischen oder pantomimischen Werkes, dem Theater oder einem Veranstalter (im folgenden „Theater" genannt) das Werk in einer zum vereinbarten Zweck geeigneten Form fristgemäß zu übergeben.

(2) Das Theater verpflichtet sich, das Werk auf eigene Rechnung in der vereinbarten Form, Zahl oder Frist aufzuführen und dem Urheber die vereinbarte Vergütung zu zahlen.

§ 54. Bühnenaufführungsrecht. (1) Durch den Vertrag über die bühnenmäßige Aufführung eines Werkes erhält das Theater das Recht, das Werk öffentlich in der vereinbarten Form, Zahl oder Frist aufzuführen.

(2) Ein ausschließliches Aufführungsrecht ist ausdrücklich zu vereinbaren.

§ 55. Verträge über die nicht bühnenmäßige Aufführung oder den Vortrag. (1) Für Verträge über die nicht bühnenmäßige öffentliche Aufführung eines Werkes der Musik oder über den öffentlichen Vortrag eines Sprachwerkes finden die Bestimmungen über die bühnenmäßige Aufführung der §§ 53 und 54 sinngemäße Anwendung.

(2) Der Urheber kann über dasselbe Werk, auch an demselben Ort, weitere Verträge gemäß Abs. 1 abschließen, falls dies nicht vertraglich ausgeschlossen worden ist.

§ 56. Pflichten aus dem Vertrag über den Bühnenvertrieb. (1) Durch den Vertrag über den Bühnenvertrieb verpflichtet sich der Urheber eines dramatischen, musikdramatischen, choreographischen oder pantomimischen Werkes, sein Werk dem Verlag in einer zur Herstellung von Material für die bühnenmäßige Aufführung geeigneten Form fristgemäß zu übergeben.

(2) Der Verlag verpflichtet sich, den Bühnenvertrieb zu organisieren, das Werk in einer zur bühnenmäßigen Aufführung geeigneten Form und in der notwendigen Stückzahl innerhalb der vereinbarten Frist zu vervielfältigen, es Theatern ständig anzubieten, Aufführungsverträge abzuschließen, darin eine Vergütung für den Urheber vorzusehen und diese an ihn zu zahlen.

§ 57. Bühnenvertriebsrecht. (1) Durch den Vertrag über den Bühnenvertrieb erhält der Verlag das Recht, im eigenen Namen über das Werk Verträge zur bühnenmäßigen Aufführung während der Vertragsdauer in dem vereinbarten Bereich abzuschließen und alle Rechte des Urhebers aus diesen Verträgen sowie seine zur Durchsetzung erforderlichen Befugnisse selbständig wahrzunehmen. Durch den Vertrag über den Bühnenvertrieb wird der Verlag ferner berechtigt, das Werk zum Zwecke der Aufführung in geeigneter Form zu vervielfältigen.

(2) Im Vertrag kann vereinbart werden, daß alle im Abs. 1 genannten Rechte ausschließlich dem Verlag zustehen oder daß sie örtlich, zeitlich oder in anderer Weise beschränkt werden.

§ 58. Materialleihgebühren. Liefert der Urheber oder der Verlag das Material zur bühnenmäßigen Aufführung des Werkes, so ist, wenn nicht etwas anderes vereinbart wurde, dem Urheber oder Verlag außer der Aufführungsvergütung ein besonderes Entgelt zu zahlen.

4. Unterabschnitt · Vertrag über die Verfilmung eines Werkes oder die Vorführung eines Filmwerkes

§ 59. Pflichten aus dem Vertrag über die Verfilmung. (1) Durch den Vertrag über die Verfilmung eines Werkes verpflichtet sich der Urheber eines Schriftwerkes, eines Werkes der Musik oder eines anderen Werkes gemäß § 2 Abs. 2, sein Werk fristgemäß und in Inhalt und Form vertragsgerecht dem Filmhersteller (im folgenden „Hersteller" genannt) zu übergeben. Der Hersteller verpflichtet sich, dem Urheber die vereinbarte Vergütung zu zahlen.

(2) Der Hersteller ist, wenn nicht etwas anderes vereinbart ist, nicht verpflichtet, das übergebene Werk zur Herstellung des Films zu verwenden. Der Vergütungsanspruch des Urhebers bleibt unberührt.

§ 60. Verfilmungsrecht. (1) Durch den Vertrag über die Verfilmung eines Werkes erhält der Hersteller das Recht, das Werk zur Herstellung eines bestimmten Films zu verwenden und so in diesem Film öffentlich zu vertreiben und vorzuführen (Verfilmungsrecht).

(2) Der Komponist hat Anspruch auf eine Vergütung für jede öffentliche Vorführung des Films mit seiner Musik.

§ 61. Weltvertriebsrecht. Ist in dem Verfilmungsvertrag nicht etwas anderes vereinbart, so erwirbt der Hersteller das Recht, den unter Verwendung des Werkes des Urhebers hergestellten Film, auch synchronisiert und mit fremdsprachlichen Titeln versehen, örtlich unbeschränkt und zeitlich unbefristet zu vertreiben und öffentlich vorzuführen (Weltvertriebsrecht).

§ 62. Mehrfache Verfilmung. Während der Dauer des Verfilmungsvertrages kann der Urheber einen solchen Vertrag über dasselbe Werk mit einem anderen Hersteller nur mit Einwilligung des ersten Herstellers abschließen.

§ 63. Rückfall des Verfilmungsrechts. Stellt nach Übertragung des Verfilmungsrechts der Hersteller den Film nicht innerhalb von zehn Jahren her oder wird dieser nicht innerhalb von zehn Jahren nach der Herstellung öffentlich vorgeführt, so fallen die Verfilmungsrechte an den Urheber zurück. Beide Fristen können durch Vereinbarung verkürzt werden. Die Bestimmungen des § 45 Abs. 2 gelten entsprechend.

§ 64. Pflichten aus dem Vertrag über die Vorführung eines Filmes. Durch den Vertrag über die öffentliche Vorführung eines Filmwerkes verpflichtet sich der Inhaber der Rechte am Film, dem Vorführer den Film in einer zur öffentlichen Vorführung geeigneten Form fristgemäß am vereinbarten Ort zu übergeben. Der Vorführer verpflichtet sich, den Film in der vereinbarten Form und Zeitdauer sowie am vereinbarten Ort öffentlich vorzuführen und die festgelegte Vergütung zu zahlen.

§ 65. Vorführungsrecht. (1) Durch den Vertrag erhält der Vorführer lediglich das Recht, den Film entsprechend den Vereinbarungen öffentlich vorzuführen. Der Inhaber der Rechte am Film ist verpflichtet, ihn zu unterstützen und alle notwendigen Maßnahmen zu ergreifen, falls durch andere unbefugt die Ausübung des vereinbarten Vorführungsrechts gestört oder gehindert wird.

(2) Soweit nicht etwas anderes vereinbart ist, ist der Inhaber der Rechte am Film berechtigt, auch weitere Vorführungsverträge abzuschließen.

5. Unterabschnitt · **Vertrag zur Sendung eines Werkes durch Rundfunk oder Fernsehfunk**

§ 66. Vertragspflichten. (1) Durch den Vertrag über die Sendung eines Werkes durch Rundfunk oder Fernsehfunk (Sendevertrag) verpflichtet sich der Urheber, sein Werk dem Rundfunk oder Fernsehfunk zur Sendung zu überlassen. Der Rundfunk oder Fernsehfunk verpflichtet sich, dem Urheber die für jede Sendung seines Werkes vereinbarte Vergütung zu zahlen.

(2) Wenn das Werk nicht gesendet wird, so hat der Urheber entsprechend den Bestimmungen des Vertragsmusters nur einen Anspruch auf das Ausarbeitungshonorar.

§ 67. Senderecht. (1) Durch den Sendevertrag erhält der Rundfunk oder Fernsehfunk das Recht, das Werk in der vereinbarten Form sowie in dem vereinbarten Zeitraum zu senden.

(2) Ein ausschließliches Senderecht ist ausdrücklich zu vereinbaren.

(3) Der Rundfunk oder Fernsehfunk hat das Recht, das Werk zu Sendezwecken bild- und tonmäßig aufzuzeichnen und die dadurch entstandenen Vervielfältigungen auch zu Wiederholungszwecken zu verwenden.

6. Unterabschnitt · **Vertrag über die Übertragung eines Werkes auf Tonträger**

§ 68. Vertragspflichten. Durch den Vertrag zur Übertragung eines Werkes auf Tonträger oder auf ähnliche Vorrichtungen verpflichtet sich der Urheber, dem Hersteller das Werk fristgemäß in einer zur vereinbarten Aufnahme geeigneten Form zu übergeben. Der Hersteller verpflichtet sich, das Werk aufzunehmen, vertragsgemäß von den Aufnahmen Vervielfältigungsstücke herzustellen und zu vertreiben sowie dem Urheber die Vergütung zu zahlen.

§ 69. Aufnahme- und Vervielfältigungsrecht. (1) Durch den Vertrag erhält der Hersteller das Recht, das Werk entsprechend den Vereinbarungen aufzunehmen, Vervielfältigungsstücke herzustellen und sie zu vertreiben.

(2) Ein ausschließliches Recht des Herstellers bedarf der vertraglichen Vereinbarung.

7. Unterabschnitt · **Vertrag über die Verwendung von Werken der bildenden oder angewandten Kunst und der Fotografie**

§ 70. Vertragspflichten. Durch den Vertrag über die Verwendung eines Werkes der bildenden oder angewandten Kunst, der Fotografie und der Fotomontage verpflichtet sich der Urheber, dem Vertragspartner das Werk oder Werkstück in der vereinbarten Form fristgemäß zu übergeben. Der Vertragspartner verpflichtet sich, die vereinbarte Vergütung zu zahlen. Zur Verwendung des Werkes ist er ohne Vereinbarung nicht verpflichtet. Eine vertragliche Pflicht, dem Urheber eine Vergütung zu zahlen, wird davon nicht berührt.

§ 71. Verwendungsrecht. (1) Durch den Vertrag erhält der Vertragspartner nur das Recht, das Werk zu dem vereinbarten Zweck einmal zu verwenden. Im Vertrag kann etwas anderes vereinbart werden.

(2) Der Urheber ist berechtigt, das Werk anderweitig zu verwenden, wenn dadurch nicht der Zweck des Vertrages gemäß Abs. 1 vereitelt oder gestört wird.

(3) Ist das Werk im Auftrage geschaffen, so steht dem Urheber das ihm gemäß Abs. 2 gewährte Recht nur zu, wenn er es sich ausdrücklich vorbehalten hat oder der Vertragspartner das Werk nicht innerhalb eines Jahres nach Ablieferung verwendet.

§ 72. Verlagsvertrag für bildende oder angewandte Kunst, Fotografie und Fotomontage. Wird die Vervielfältigung eines Werkes der Malerei, der Bildhauerei, der Grafik, der Gebrauchsgrafik, der angewandten Kunst, der Fotografie oder der Fotomontage Gegenstand eines Verlagsvertrages, so gelten die Bestimmungen über den Verlagsvertrag.

Zweiter Teil · **Angrenzende Rechte**

1. Abschnitt · **Leistungsschutzrechte**

§ 73. Nutzung der Leistungen von Solisten und Ensembles. (1) Die Einzelleistung eines Künstlers, der als Solist in einer öffentlichen Aufführung oder in einem öffentlichen Vortrag auftritt oder mitwirkt, kann nur mit seiner Einwilligung benutzt werden:

a) für eine Vervielfältigung (Aufnahme), wenn diese zur Herstellung von Vervielfältigungsstücken dient, die öffentlich vertrieben, aufgeführt oder gesendet werden sollen;
b) für die Sendung durch Rundfunk oder Fernsehfunk;
c) bei der Herstellung eines Films.

(2) Abs. 1 gilt entsprechend für die Leistung eines Ensembles. Zur Einwilligung in die Benutzung der Darbietung genügt die Einwilligung der Leitung des Ensembles.

(3) Wird eine im Abs. 1 oder 2 genannte Leistung im Rahmen eines Arbeitsrechtsverhältnisses erbracht, so können die Leistungsschutzrechte nur in Übereinstimmung mit den arbeitsrechtlichen Bestimmungen ausgeübt werden.

§ 74. Künstlerischer Schutz der Solisten und Ensembles. Solisten und Ensembles haben ein Recht darauf, daß ihre Leistung nach ihrer Einwilligung nicht in einer ihren künstlerischen Ruf schädigenden Weise verwendet wird. Bei Ensembles wird dieses Recht von der Ensembleleitung wahrgenommen.

§ 75. Tonträgeraufnahmen. Die Leistungen der Betriebe zur Herstellung von Aufnahmen auf Tonträgern dürfen nur mit Einwilligung der Betriebe verwendet werden:

a) zur weiteren Übertragung auf Tonträger;
b) zur Sendung durch Rundfunk oder Fernsehfunk;
c) bei der Herstellung eines Films.

§ 76. Sendungen. Die Sendungen des Rundfunks oder Fernsehfunks dürfen nur mit deren Einwilligung durch Dritte öffentlich verwendet werden.

§ 77. Fotografie. Fotografien, die nicht zu den im § 2 Abs. 1 genannten Werken der Kunst und Wissenschaft gehören, dürfen nur mit Einwilligung des Fotografen vervielfältigt, verbreitet oder öffentlich vorgeführt werden.

§ 78. Landkarten, Pläne, Skizzen, Abbildungen und plastische Darstellungen.
(1) Die Leistungen der Gestalter von:
a) Landkarten und anderen geographischen oder ähnlichen Darstellungen;
b) Plänen und Skizzen für wissenschaftliche oder technische Zwecke;
c) Abbildungen und plastischen Darstellungen wissenschaftlicher oder technischer Art

dürfen nur mit ihrer Einwilligung vervielfältigt, verbreitet, öffentlich vorgeführt, ausgeführt oder bei der Herstellung eines Films verwendet werden.

(2) Von den sich aus Abs. 1 Buchst. a ergebenden Rechten werden gesetzliche Koordinierungsregelungen nicht berührt.

§ 79. Eigentumsübertragung. Die Übertragung des Eigentums an einer Fotografie, an Tonträgern, an Landkarten, Plänen, Skizzen, Abbildungen oder plastischen Darstellungen schließt, soweit nicht etwas anderes vereinbart ist, die Übertragung der Leistungsschutzrechte nicht ein.

§ 80. Anspruch auf Vergütung. Für die Verwendung der in den §§ 73 bis 78 genannten Leistungen steht dem Leistungsschutzberechtigten eine Vergütung zu. Ihre Art und Höhe können durch den Minister für Kultur – und durch den Vorsitzenden des Staatlichen Rundfunkkomitees für seinen Verantwortungsbereich – im Einvernehmen mit den Leitern der zuständigen zentralen staatlichen Organe und in Übereinstimmung mit den beteiligten gesellschaftlichen Organisationen geregelt werden.

§ 81. Einwilligung. (1) Die Einwilligung des Leistungsschutzberechtigten wird durch Vertrag erteilt. Für den Vertrag gelten die Bestimmungen über die Übertragung von Nutzungsbefugnissen des Urhebers entsprechend.

(2) Bei Verwendung der Leistung ist der Name des Berechtigten oder des Arbeitskollektivs auf Verlangen in üblicher Form zu nennen.

(3) Die Bestimmungen des § 20 finden entsprechende Anwendung.

§ 82. Dauer der Leistungsschutzrechte. (1) Die Leistungsschutzrechte bestehen für die Dauer von zehn Jahren.

(2) Die Frist beginnt mit dem Ablauf des Kalenderjahres, in dem die Leistung erfolgt ist. In den Fällen der §§ 77 und 78 endet sie entsprechend zehn Jahre nach der ersten Veröffentlichung, spätestens zehn Jahre nach Ablauf des Kalenderjahres, in dem der Berechtigte verstorben ist.

(3) Nach dem Tode des Berechtigten werden die Leistungsschutzrechte durch seine Erben ausgeübt.

§ 83. Freie Werknutzung und gesetzliche Lizenz. Die Bestimmungen über eine freie Werknutzung gemäß den §§ 22 bis 24 und dem § 26 sowie über die gesetzliche Lizenz gemäß § 32 finden auf die Leistungsschutzrechte entsprechende Anwendung.

2. Abschnitt · **Werktitel**

§ 84. Titelschutz. (1) Besteht eine Verwechslungsgefahr, so darf der Titel eines Werkes, einer Zeitschrift oder einer Zeitung, der das Werk gegenüber anderen kennzeichnet, oder ein ähnlicher oder gleichlautender Titel nur mit Zustimmung des Urhebers oder des Herausgebers für ein anderes Werk verwendet werden.

(2) Gattungsbegriffe, historische oder technische Begriffe, Personennahmen oder geographische Bezeichnungen haben allein keine Kennzeichnungs- und Unterscheidungskraft im Sinne des Abs. 1, es sei denn, daß sie sich im Verkehr als Titel einer bestimmten Zeitschrift oder Zeitung allgemein durchgesetzt haben.

(3) Der Titelschutz wird unabhängig davon gewährt, ob der Titel gemäß § 3 urheberrechtlich geschützt ist.

§ 85. Dauer des Titelschutzes. Der Schutz des Titels besteht solange, wie die Schutzfrist für das Werk läuft.

3. Abschnitt · **Personenbildnisse**

§ 86. Bildnisschutz. (1) Personenbildnisse dürfen nur mit Einwilligung des Abgebildeten verbreitet oder öffentlich ausgestellt werden.

(2) Im Zweifel gilt die Einwilligung als erteilt, wenn der Berechtigte für das Abbilden ein Entgelt erhalten hat.

(3) Nach dem Tode des Abgebildeten bedarf die Verbreitung oder die öffentliche Ausstellung seines Bildnisses auf die Dauer von zehn Jahren der Einwilligung seiner Angehörigen. Angehörige sind der überlebende Ehegatte und die Kinder. Sind diese nicht vorhanden, bedarf es der Einwilligung der Eltern des Abgebildeten.

§ 87. Zulässige Benutzung. Ohne Einwilligung dürfen verbreitet oder öffentlich ausgestellt werden:

a) Personenbildnisse zur Information der Öffentlichkeit über das Zeitgeschehen;
b) Personenabbildungen auf Bildern, die wissenschaftlichen oder künstlerischen Zwecken dienen und an deren Verbreitung und Ausstellung ein gesellschaftliches Interesse besteht;
c) Personenbildnisse, die von den zuständigen staatlichen Organen zu Zwecken der Rechtspflege oder der staatlichen Sicherheit hergestellt sind.

§ 88. Persönlichkeitsschutz. Die Benutzung von Personenbildnissen gemäß den §§ 86 und 87 darf berechtigte Interessen der Abgebildeten nicht verletzen.

4. Abschnitt · **Briefe und Tagebücher**

§ 89. Schutz vertraulicher Aufzeichnungen und Mitteilungen. (1) Schriftstücke persönlichen Charakters, wie Briefe, Aufzeichnungen oder Tagebücher, die nicht bereits dem Urheberschutz nach diesem Gesetz unterliegen, können nur mit Einwilligung des Verfassers und bei einem Brief auch der Einwilligung des Empfängers veröffentlicht, vervielfältigt, verbreitet oder in anderer Weise verwendet werden.

(2) Nach dem Tode des Verfassers oder des Empfängers ist die Veröffentlichung an die Einwilligung des überlebenden Ehegatten und der Kinder gebunden. Sind diese nicht vorhanden, bedarf es der Einwilligung der Eltern.

§ 90. Dauer des Schutzes. Der Schutz gemäß § 89 wird auf Lebzeiten des Verfassers und nach seinem Tode auf die Dauer von zehn Jahren gewährt. Bei Briefen bestimmt sich die Frist nach dem Tode des Empfängers, wenn dieser später als der Verfasser stirbt.

Dritter Teil · **Rechtsschutz**

§ 91. Verletzung der Rechte des Urhebers. (1) Werden die Rechte des Urhebers verletzt, so kann er verlangen, daß der Zustand wiederhergestellt wird, der den Bestimmungen dieses Gesetzes entspricht. Er kann ferner verlangen, daß weitere Rechtsverletzungen – soweit diese zu erwarten sind – unterlassen werden, eine öffentliche Richtigstellung erfolgt und er eine Vergütung für die bereits erfolgte ungesetzliche Verwendung des Werkes erhält.

(2) Ist die Verletzung schuldhaft erfolgt, so kann der Berechtigte neben den sich aus Abs. 1 ergebenden Ansprüchen Ersatz des ihm entstandenen Vermögensschadens verlangen.

(3) Weitergehende Ansprüche des Urhebers aus den allgemeinen Bestimmungen des Zivilrechts oder aus vertraglichen Vereinbarungen bleiben hiervon unberührt.

§ 92. Verletzung von Leistungsschutz- oder anderen Rechten. Die Bestimmungen des § 91 gelten entsprechend, wenn Leistungs- oder Titelschutzrechte oder Rechte am eigenen Bild oder an Schriftstücken persönlichen Charakters verletzt werden.

§ 93. Vollstreckung. (1) In das Recht des Urhebers und des Leistungsschutzberechtigten oder ihrer Rechtsnachfolger, in das Werk oder die Leistung kann nicht auf dem Wege der Zwangsvollstreckung eingegriffen werden.

(2) Ansprüche der Urheber oder der Leistungsschutzberechtigten aus der Übertragung ihrer Nutzungsbefugnisse unterliegen der Zwangsvollstreckung nach den allgemeinen Vorschriften.

(3) Forderungen des Urhebers oder des Leistungsschutzberechtigten auf Grund der Verwendung seines Werkes oder seiner Leistung sind im Falle der Zwangsvollstreckung oder des Konkurses des Schuldners wie Lohn- und Gehaltsforderungen zu behandeln.

§ 94. Verjährung. Für die Verjährung der sich aus diesem Gesetz ergebenden Ansprüche gelten die allgemeinen Bestimmungen des Zivilrechts.

Vierter Teil · **Übergangs- und Schlußbestimmungen**

§ 95. Übergangsbestimmungen. (1) Das Gesetz gilt für jede Verwendung eines Werkes oder einer Leistung, die nach dem Inkrafttreten dieses Gesetzes erfolgt.

(2) Bei Inkrafttreten dieses Gesetzes bestehende Verträge gelten weiter. Enthalten Verträge Festlegungen, die den Bestimmungen dieses Gesetzes widersprechen, so gelten in diesen Fällen die Bestimmungen dieses Gesetzes.

§ 96. Anwendungsbereich. (1) Die Bestimmungen dieses Gesetzes finden auf Urheber oder sonstige Berechtigte, die Bürger der Deutschen Demokratischen Republik sind, Anwendung, unabhängig davon, ob und wo ihre Werke veröffentlicht worden sind.

(2) Für Werke und Leistungen, die zum erstenmal in der Deutschen Demokratischen Republik veröffentlicht werden, findet dieses Gesetz auch Anwendung, wenn der Urheber oder Berechtigte Bürger eines anderen Staates oder Staatenloser ist.

(3) Für Werke und Leistungen von Bürgern anderer Staaten oder von Staatenlosen, die außerhalb der Deutschen Demokratischen Republik veröffentlicht sind, findet dieses Gesetz nach Maßgabe der internationalen Vereinbarungen, deren Partner die Deutsche Demokratische Republik ist, Anwendung. Fehlen solche Vereinbarungen, so wird der Urheber- und Leistungsschutz im Rahmen der Gegenseitigkeit gewährt.

(4) Die Absätze 1 bis 3 finden auf juristische Personen entsprechende Anwendung.

§ 97. Inkrafttreten und Außerkrafttreten. (1) Dieses Gesetz tritt am 1. Januar 1966 in Kraft.

(2) Gleichzeitig treten außer Kraft:

a) die §§ 57 bis 60 des Gesetzes vom 11. Juni 1870 betreffend das Urheberrecht an Schriftwerken, Abbildungen, musikalischen Kompositionen und dramatischen Werken (Bundesgesetzblatt des Norddeutschen Bundes S. 339);
b) die §§ 17 bis 19 des Gesetzes vom 9. Januar 1876 betreffend das Urheberrecht an Werken der bildenden Künste (RGBl. S. 4);
c) Gesetz vom 19. Juni 1901 betreffend das Urheberrecht an Werken der Literatur und der Tonkunst (RGBl. S. 227);
d) Gesetz vom 9. Januar 1907 betreffend das Urheberrecht an Werken der bildenden Künste und der Photographie (RGBl. S. 7);
e) Gesetz vom 19. Juni 1901 über das Verlagsrecht (RGBl. S. 217);
f) Gesetz vom 22. Mai 1910 zur Ausführung der revidierten Berner Übereinkunft zum Schutze von Werken der Literatur und Kunst – vom 13. November 1908 – (RGBl. S. 793);
g) Gesetz vom 13. Dezember 1934 zur Verlängerung der Schutzfristen im Urheberrecht (RGBl. II S. 1395);
h) Gesetz vom 30. April 1936 zur Erleichterung der Filmberichterstattung (RGBl. I S. 404);
i) Gesetz vom 12. Mai 1940 zur Verlängerung der Schutzfristen für das Urheberrecht an Lichtbildern (RGBl. I S. 758).

Anhang III · Österreich

1 · Bundesgesetz über das Urheberrecht an Werken der Literatur und der Kunst und über verwandte Schutzrechte (Urheberrechtsgesetz)

vom 9. April 1936 (öst. BGBl. Nr. 111)

In der Fassung der Bundesgesetze vom 14. Juli 1949 (Urheberrechtsgesetznovelle 1949; öst. BGBl. Nr. 206), vom 8. Juli 1953 (Urheberrechtsgesetznovelle 1953; öst. BGBl. Nr. 106), vom 4. Juli 1963 (Strafgesetznovelle 1963; öst. BGBl. Nr. 175), vom 16. Dezember 1972 (Urheberrechtsgesetznovelle 1972; öst. BGBl. Nr. 492), der Kundmachung vom 15. März 1973 (öst. BGBl. Nr. 142), der Bundesgesetze vom 2. Juli 1980 (Urheberrechtsgesetznovelle 1980; öst. BGBl. S. 321), vom 19. Feber 1982 (Urheberrechtsgesetznovelle 1982; öst. BGBl. Nr. 295), vom 2. Juli 1986 (öst. BGBl. Nr. 375), vom 19. Oktober 1988 (Urheberrechtsgesetznovelle 1988, öst. BGBl. Nr. 601), vom 29. November 1989 (Urheberrechtsgesetznovelle 1989, öst. BGBl. Nr. 612) und der Urheberrechtsgesetznovelle 1993 (ohne Datum, öst. BGBl. Nr. 93 vom 11. Feber 1993).

I. Hauptstück
Urheberrecht an Werken der Literatur und der Kunst

I. Abschnitt · Das Werk

Werke der Literatur und der Kunst

§ 1. (1) Werke im Sinne dieses Gesetzes sind eigentümliche geistige Schöpfungen auf den Gebieten der Literatur, der Tonkunst, der bildenden Künste und der Filmkunst.

(2) Ein Werk genießt als Ganzes und in seinen Teilen urheberrechtlichen Schutz nach den Vorschriften dieses Gesetzes.

Werke der Literatur

§ 2. Werke der Literatur im Sinne dieses Gesetzes sind:
1. Sprachwerke aller Art einschließlich Computerprogrammen (§ 40a);
2. Bühnenwerke, deren Ausdrucksmittel Gebärden und andere Körperbewegungen sind (choreographische und pantomimische Werke);
3. Werke wissenschaftlicher oder belehrender Art, die in bildlichen Darstellungen in der Fläche oder im Raume bestehen, sofern sie nicht zu den Werken der bildenden Künste zählen.

Werke der bildenden Künste

§ 3. (1) Zu den Werken der bildenden Künste im Sinne dieses Gesetzes gehören auch die Werke der Lichtbildkunst (Lichtbildwerke), der Baukunst und des Kunstgewerbes.

(2) Werke der Lichtbildkunst (Lichtbildwerke) sind durch ein photographisches oder durch ein der Photographie ähnliches Verfahren hergestellte Werke.

Werke der Filmkunst

§ 4. Unter Werken der Filmkunst (Filmwerke) versteht dieses Gesetz Laufbildwerke, wodurch die den Gegenstand des Werkes bildenden Vorgänge und Handlungen entweder bloß für das Gesicht oder gleichzeitig für Gesicht und Gehör zur Darstellung gebracht werden, ohne Rücksicht auf die Art des bei der Herstellung oder Aufführung des Werkes verwendeten Verfahrens.

Bearbeitungen

§ 5. (1) Übersetzungen und andere Bearbeitungen werden, soweit sie eine eigentümliche geistige Schöpfung des Bearbeiters sind, unbeschadet des am bearbeitenden Werke bestehenden Urheberrechts, wie Originalwerke geschützt.

(2) Die Benutzung eines Werkes bei der Schaffung eines anderen macht dieses nicht zur Bearbeitung, wenn es im Vergleich zu dem benutzten Werke ein selbständiges neues Werk darstellt.

Sammelwerke

§ 6. Sammlungen, die infolge der Zusammenstellung einzelner Beiträge zu einem einheitlichen Ganzen eine eigentümliche geistige Schöpfung darstellen, werden als Sammelwerke urheberrechtlich geschützt; die an den aufgenommenen Beiträgen etwa bestehenden Urheberrechte bleiben unberührt.

Freie Werke

§ 7. (1) Gesetze, Verordnungen, amtliche Erlässe, Bekanntmachungen und Entscheidungen sowie ausschließlich oder vorwiegend zum amtlichen Gebrauch hergestellte amtliche Werke der im § 2 Z. 1 oder 3 bezeichneten Art genießen keinen urheberrechtlichen Schutz.

(2) Vom Bundesamt für Eich- und Vermessungswesen hergestellte oder bearbeitete (§ 5 Abs. 1) und zur Verbreitung (§ 16) bestimmte Landkartenwerke sind keine freien Werke.

Veröffentlichte Werke

§ 8. Ein Werk ist veröffentlicht, sobald es mit Einwilligung des Berechtigten der Öffentlichkeit zugänglich gemacht worden ist.

Erschienene Werke

§ 9. (1) Ein Werk ist erschienen, sobald es mit Einwilligung des Berechtigten der Öffentlichkeit dadurch zugänglich gemacht worden ist, daß Werkstücke in genügender Anzahl feilgehalten oder in Verkehr gebracht worden sind.

(2) Ein Werk, das innerhalb eines Zeitraumes von 30 Tagen im Inland und im Ausland erschienen ist, zählt zu den im Inland erschienenen Werken.

II. Abschnitt · **Der Urheber**

§ 10. (1) Urheber eines Werkes ist, wer es geschaffen hat.

(2) In diesem Gesetz umfaßt der Ausdruck „Urheber", wenn sich nicht aus dem Hinweis auf die Bestimmung des Abs. 1 das Gegenteil ergibt, außer dem Schöpfer des Werkes auch die Personen, auf die das Urheberrecht nach seinem Tode übergegangen ist.

Miturheber

§ 11. (1) Haben mehrere gemeinsam ein Werk geschaffen, bei dem die Ergebnisse ihres Schaffens eine untrennbare Einheit bilden, so steht das Urheberrecht allen Miturhebern gemeinschaftlich zu.

(2) Jeder Miturheber ist für sich berechtigt, Verletzungen des Urheberrechtes gerichtlich zu verfolgen. Zu einer Änderung oder Verwertung des Werkes bedarf es des Einverständnisses aller Miturheber. Verweigert ein Miturheber seine Einwilligung ohne ausreichenden Grund, so kann ihn jeder andere Miturheber auf deren Erteilung klagen. Hat der Beklagte im Inland keinen allgemeinen Gerichtsstand, so sind die Gerichte, in deren Sprengel der erste Wiener Gemeindebezirk liegt, zuständig.

(3) Die Verbindung von Werken verschiedener Art – wie die eines Werkes der Tonkunst mit einem Sprachwerk oder einem Filmwerk – begründet an sich keine Miturheberschaft.

Vermutung der Urheberschaft

§ 12. (1) Wer auf den Vervielfältigungsstücken eines erschienenen Werkes oder auf einem Urstück eines Werkes der bildenden Künste in der üblichen Weise als Urheber bezeichnet wird, gilt bis zum Beweis des Gegenteils als Urheber (§ 10 Abs. 1) des Werkes, wenn die Bezeichnung in der Angabe seines wahren Namens oder eines von ihm bekanntermaßen gebrauchten Decknamens oder – bei Werken der bildenden Künste – in einem solchen Künstlerzeichen besteht.

(2) Dasselbe gilt von dem, der bei einem öffentlichen Vortrag, einer öffentlichen Aufführung oder Vorführung oder bei einer Rundfunksendung des Werkes auf die im Abs. 1 angegebene Art als Urheber bezeichnet wird, wenn nicht die im Abs. 1 aufgestellte Vermutung der Urheberschaft für einen anderen spricht.

Ungenannte Urheber

§ 13. Solange der Urheber (§ 10 Abs. 1) eines erschienenen Werkes nicht auf eine Art bezeichnet worden ist, die nach § 12 die Vermutung der Urheberschaft begründet, gilt der Herausgeber oder, wenn ein solcher auf den Werkstücken nicht angegeben ist, der Verleger als mit der Verwaltung des Urheberrechtes betrauter Bevollmächtigter des Urhebers. Auch ist der Herausgeber oder Verleger in einem solchen Falle berechtigt, Verletzungen des Urheberrechtes im eigenen Namen gerichtlich zu verfolgen.

III. Abschnitt · **Das Urheberrecht**

1. Verwertungsrechte

§ 14. (1) Der Urheber hat mit den vom Gesetz bestimmten Beschränkungen das ausschließliche Recht, das Werk auf die ihm durch die folgenden Vorschriften vorbehaltenen Arten zu verwerten (Verwertungsrechte).

(2) Der Urheber einer Übersetzung oder anderen Bearbeitung darf diese auf die ihm vorbehaltenen Arten nur verwerten, soweit ihm der Urheber des bearbeiteten Werkes das ausschließliche Recht oder die Bewilligung dazu (Bearbeitungs- oder Übersetzungsrecht) erteilt.

(3) Die öffentliche Mitteilung des Inhaltes eines Werkes der Literatur oder der Filmkunst ist dem Urheber vorbehalten, solange weder das Werk noch dessen wesentlicher Inhalt mit Einwilligung des Urhebers veröffentlicht ist.

Vervielfältigungsrecht

§ 15. (1) Der Urheber hat das ausschließliche Recht, das Werk – gleichviel in welchem Verfahren und in welcher Menge – zu vervielfältigen.

(2) Eine Vervielfältigung liegt namentlich auch in dem Festhalten des Vortrages oder der Aufführung eines Werkes auf Mitteln zur wiederholbaren Wiedergabe für Gesicht oder Gehör (Bild- oder Schallträger), wie zum Beispiel auf Filmstreifen oder Schallplatten.

(3) Solchen Schallträgern stehen der wiederholbaren Wiedergabe von Werken dienende Mittel gleich, die ohne Schallaufnahme durch Lochen, Stanzen, Anordnen von Stiften oder auf ähnliche Art hergestellt werden (Drehorgeln, Spieldosen u. dgl.).

(4) Bei Plänen und Entwürfen zu Werken der bildenden Künste umfaßt das Vervielfältigungsrecht auch das ausschließliche Recht, das Werk danach auszuführen.

Verbreitungsrecht

§ 16. (1) Der Urheber hat das ausschließliche Recht, Werkstücke zu verbreiten. Kraft dieses Rechtes dürfen Werkstücke ohne seine Einwilligung weder feilgehalten noch auf eine Art, die das Werk der Öffentlichkeit zugänglich macht, in Verkehr gebracht werden.

(2) Solange ein Werk nicht veröffentlicht ist, umfaßt das Verbreitungsrecht auch das ausschließliche Recht, das Werk durch öffentliches Anschlagen, Auflegen, Aushängen, Ausstellen oder durch eine ähnliche Verwendung von Werkstücken der Öffentlichkeit zugänglich zu machen.

(3) Dem Verbreitungsrecht unterliegen – vorbehaltlich des § 16 a – Werkstücke nicht, die mit Einwilligung des Berechtigten durch Übertragung in Verkehr gebracht worden sind; ist aber die Einwilligung nur für ein bestimmtes Gebiet erteilt worden, so bleibt das Recht, die dort in Verkehr gebrachten Werkstücke außerhalb dieses Gebietes zu verbreiten, unberührt; diese Ausnahme gilt nicht für Werkstücke, die in einem Mitgliedstaat der Europäischen Wirtschaftsgemeinschaft oder der Europäischen Freihandelsassoziation mit Einwilligung des Berechtigten in Verkehr gebracht worden sind.

(4) Dem an einem Werke der bildenden Künste bestehenden Verbreitungsrecht unterliegen Werkstücke nicht, die Zugehör einer unbeweglichen Sache sind.

(5) Wo sich dieses Gesetz des Ausdruckes „ein Werk verbreiten" bedient, ist darunter nur die nach den Abs. 1 bis 3 dem Urheber vorbehaltene Verbreitung von Werkstücken zu verstehen.

Vermieten und Verleihen

§ 16 a. (1) § 16 Abs. 3 gilt nicht für das Vermieten (Abs. 3) von Werkstücken.

(2) § 16 Abs. 3 gilt für das Verleihen (Abs. 3) von Werkstücken mit der Maßgabe, daß der Urheber einen Anspruch auf angemessene Vergütung hat. Solche Ansprüche können nur von Verwertungsgesellschaften gemacht werden.

(3) Im Sinn dieser Bestimmung ist unter Vermieten die zeitlich begrenzte, Erwerbszwecken dienende Gebrauchsüberlassung zu verstehen, unter Verleihen die zeitlich begrenzte, nichts Ewerbszwecken dienende Gebrauchsüberlassung durch eine der Öffentlichkeit zugängliche Einrichtung (Bibliothek, Bild- oder Schallträgersammlung, Artothek und dergleichen).

(4) Die Abs. 1 und 2 gelten nicht

1. für das Vermieten und Verleihen zum Zweck der Rundfunksendung (§ 17) sowie des öffentlichen Vortrags und der öffentlichen Aufführung und Vorführung (§ 18),
2. für Werke der angewandten Kunst (des Kunstgewerbes).

(5) Gestattet ein Werknutzungsberechtigter oder der nach § 38 Abs. 1 berechtigte Filmhersteller gegen Entgelt anderen das Vermieten oder Verleihen von Werkstücken, so hat der Urheber gegen den Werknutzungsberechtigten beziehungsweise den Filmhersteller einen unverzichtbaren Anspruch auf einen angemessenen Anteil an diesem Entgelt. Steht der Vergütungsanspruch für das Verleihen von Werkstücken nach dem Gesetz oder auf Grund eines Vertrages einem anderen zu, so hat der Urheber einen unverzichtbaren Anspruch auf einen angemessenen Anteil an der Vergütung.

Senderecht

§ 17. (1) Der Urheber hat das ausschließliche Recht, das Werk durch Rundfunk oder auf eine ähnliche Art zu senden.

(2) Einer Rundfunksendung steht es gleich, wenn ein Werk von einer im In- oder im Ausland gelegenen Stelle aus der Öffentlichkeit im Inland, ähnlich wie durch Rundfunk, aber mit Hilfe von Leitungen wahrnehmbar gemacht wird.

(3) Die Übermittlung von Rundfunksendungen

1. durch eine Rundfunkvermittlungsanlage und
2. durch eine Gemeinschaftsantennenanlage,

a) wenn sich die Standorte aller Empfangsanlagen nur auf zusammenhängenden Grundstücken befinden, kein Teil der Anlage einen öffentlichen Weg benützt oder kreuzt und die Antenne vom Standort der am nächsten liegenden Empfangsanlage nicht mehr als 500 m entfernt ist oder

b) wenn an die Anlage nicht mehr als 500 Teilnehmer angeschlossen sind, gilt nicht als neue Rundfunksendung. Im übrigen gilt die gleichzeitige, vollständige und unveränderte Übermittlung von Rundfunksendungen des ORF mit Hilfe von Leitungen im Inland als Teil der ursprünglichen Rundfunksendung.

Vortrags-, Aufführungs- und Vorführungsrecht

§ 18. (1) Der Urheber hat das ausschließliche Recht, ein Sprachwerk öffentlich vorzutragen oder aufzuführen, ein Werk der im § 2 Z. 2 bezeichneten Art, ein Werk der Tonkunst oder ein Filmwerk öffentlich aufzuführen und ein Werk der bildenden Künste durch optische Einrichtungen öffentlich vorzuführen.

(2) Dabei macht es keinen Unterschied, ob der Vortrag oder die Aufführung unmittelbar oder mit Hilfe von Bild- oder Schallträgern vorgenommen wird.

(3) Zu den öffentlichen Vorträgen, Aufführungen und Vorführungen gehört auch die Benutzung einer Rundfunksendung zu einer öffentlichen Wiedergabe des gesendeten Werkes durch Lautsprecher oder durch eine andere technische Einrichtung sowie die auf eine solche Art bewirkte öffentliche Wiedergabe von Vorträgen, Aufführungen oder Vorführungen eines Werkes außerhalb des Ortes (Theater, Saal, Platz, Garten u. dgl.), wo sie stattfinden.

2. Schutz geistiger Interessen

Schutz der Urheberschaft

§ 19. (1) Wird die Urheberschaft an einem Werke bestritten oder wird das Werk einem anderen als seinem Schöpfer zugeschrieben, so ist dieser berechtigt, die Urheberschaft für sich in Anspruch zu nehmen. Nach seinem Tode steht in diesen Fällen den Personen, auf die das Urheberrecht übergegangen ist, das Recht zu, die Urheberschaft des Schöpfers des Werkes zu wahren.

(2) Ein Verzicht auf dieses Recht ist unwirksam.

Urheberbezeichnung

§ 20. (1) Der Urheber bestimmt, ob und mit welcher Urheberbezeichnung das Werk zu versehen ist.

(2) Eine Bearbeitung darf mit der Urheberbezeichnung nicht auf eine Art versehen werden, die der Bearbeitung den Anschein eines Originalwerkes gibt.

(3) Vervielfältigungsstücken von Werken der bildenden Künste darf durch die Urheberbezeichnung nicht der Anschein eines Urstückes verliehen werden.

Werkschutz

§ 21. (1) Wird ein Werk auf eine Art, die es der Öffentlichkeit zugänglich macht, benutzt oder zum Zweck der Verbreitung vervielfältigt, so dürfen auch von dem zu einer solchen Werknutzung Berechtigten an dem Werke selbst, an dessen Titel oder an der Urheberbezeichnung keine Kürzungen, Zusätze oder andere Änderungen vorgenommen werden, soweit nicht der Urheber einwilligt oder das Gesetz die Änderung zuläßt. Zulässig sind insbesondere Änderungen, die der Urheber dem zur Benutzung des Werkes Berechtigten nach den im redlichen Verkehr geltenden Gewohnheiten und Gebräuchen nicht untersagen kann, namentlich Änderungen, die durch die Art oder den Zweck der erlaubten Werknutzung gefordert werden.

(2) Für Urstücke von Werken der bildenden Künste gelten die Vorschriften des Abs. 1 auch dann, wenn die Urstücke nicht auf eine Art benutzt werden, die das Werk der Öffentlichkeit zugänglich macht.

(3) Die Erteilung der Einwilligung zu nicht näher bezeichneten Änderungen hindert den Urheber nicht, sich Entstellungen, Verstümmelungen und anderen Änderungen des Werkes zu widersetzen, die seine geistigen Interessen am Werke schwer beeinträchtigen.

3. Pflichten des Besitzers eines Werkstückes

§ 22. Der Besitzer eines Werkstückes hat es dem Urheber auf Verlangen zugänglich zu machen, soweit es notwendig ist, um das Werk vervielfältigen zu können; hiebei hat der Urheber die Interessen des Besitzers entsprechend zu berücksichtigen. Der Besitzer ist nicht verpflichtet, dem Urheber das Werkstück zu dem angeführten Zwecke herauszugeben; auch ist er dem Urheber gegenüber nicht verpflichtet, für die Erhaltung des Werkstückes zu sorgen.

4. Übertragung des Urheberrechtes

§ 23. (1) Das Urheberrecht ist vererblich; in Erfüllung einer auf den Todesfall getroffenen Anordnung kann es auch auf Sondernachfolger übertragen werden.

(2) Wird die Verlassenschaft eines Miturhebers von niemand erworben und auch nicht als erbloses Gut vom Staat übernommen, so geht das Miturheberrecht auf die anderen Miturheber über. Dasselbe gilt im Falle des Verzichtes eines Miturhebers auf sein Urheberrecht, soweit dieser Verzicht wirkt.

(3) Im übrigen ist das Urheberrecht unübertragbar.

(4) Geht das Urheberrecht auf mehrere Personen über, so sind auf sie die für Miturheber (§ 11) geltenden Vorschriften entsprechend anzuwenden.

5. Werknutzungsbewilligung und Werknutzungsrecht

§ 24. (1) Der Urheber kann anderen gestatten, das Werk auf einzelne oder alle nach den §§ 14 bis 18 dem Urheber vorbehaltenen Verwertungsarten zu benutzen (Werknutzungsbewilligung). Auch kann er einem anderen das ausschließliche Recht dazu einräumen (Werknutzungsrecht).

(2) Eine Werknutzungsbewilligung, die vor Einräumung oder Übertragung eines Werknutzungsrechts erteilt worden ist, bleibt gegenüber dem Werknutzungsberechtigten wirksam, wenn mit dem Inhaber der Werknutzungsbewilligung nichts anderes vereinbart ist.

6. Exekutionsbeschränkungen

§ 25. (1) Verwertungsrechte sind der Exekution wegen Geldforderungen entzogen.

(2) Die wegen einer Geldforderung auf ein Werkstück geführte Exekution ist unzulässig, wenn durch dessen Verkauf das Verbreitungsrecht des Urhebers oder eines Werknutzungsberechtigten verletzt würde.

(3) Abs. 2 gilt nicht für Werkstücke, die zur Zeit der Pfändung von dem zu ihrer Verbreitung Berechtigten oder mit seiner Einwilligung verpfändet sind.

(4) Bei Werken der bildenden Künste wird durch das Verbreitungsrecht die Exekution auf Werkstücke nicht gehindert, die von dem zur Verbreitung Berechtigten zum Verkauf bereitgestellt sind.

(5) Mittel, die ausschließlich zur Vervielfältigung eines Werkes bestimmt sind (wie Formen, Platten, Steine, Holzstöcke, Filmstreifen u. dgl.) und einem dazu Berechtigten gehören, dürfen wegen einer Geldforderung nur gleich einem Zugehör des Vervielfältigungsrechtes mit diesem in Exekution gezogen werden.

(6) Dasselbe gilt entsprechend für Mittel, die ausschließlich zur Aufführung eines Filmwerkes bestimmt sind (Filmstreifen u. dgl.) und einem dazu Berechtigten gehören.

IV. Abschnitt · **Werknutzungsrechte**

§ 26. Auf welche Art, mit welchen Mitteln und innerhalb welcher örtlichen und zeitlichen Grenzen das Werk von einem Werknutzungsberechtigten (§ 24 Abs. 1 Satz 2) benutzt werden darf, richtet sich nach dem mit dem Urheber abgeschlossenen Vertrag. Soweit hienach das Werknutzungsrecht reicht, hat sich auch der Urheber gleich einem Dritten, jedoch unbeschadet seines Rechtes, Verletzungen des Urheberrechtes gerichtlich zu verfolgen, der Benutzung des Werkes zu enthalten. Mit dem Erlöschen dieser Verpflichtung erlangt das Verwertungsrecht seine frühere Kraft.

Übertragung der Werknutzungsrechte

§ 27. (1) Werknutzungsrechte sind vererblich und veräußerlich.

(2) Auf Sondernachfolger kann ein Werknutzungsrecht in der Regel nur mit Einwilligung des Urhebers übertragen werden. Die Einwilligung kann nur aus einem wichtigen Grunde verweigert werden. Sie gilt als erteilt, wenn der Urheber sie nicht binnen zwei Monaten nach dem Empfang der schriftlichen Aufforderung des Werknutzungsberechtigten oder dessen, auf den das Werknutzungsrecht übertragen werden soll, versagt; auf diese Wirkung muß in der Aufforderung ausdrücklich hingewiesen sein.

(3) Wer ein Werknutzungsrecht im Wege der Sondernachfolge erwirbt, hat an Stelle des Veräußerers die Verbindlichkeiten zu erfüllen, die diesem nach dem mit dem Urheber geschlossenen Vertrag obliegen. Für das dem Urheber gebührende Entgelt sowie für den Schaden, den der Erwerber im Falle der Nichterfüllung einer der aus diesem Vertrag für ihn entspringenden Pflichten dem Urheber zu ersetzen hat, haftet der Veräußerer dem Urheber wie ein Bürge und Zahler.

(4) Vom Veräußerer mit dem Erwerber ohne Einwilligung des Urhebers getroffene Vereinbarungen, die dem Abs. 3 zum Nachteil des Urhebers widersprechen, sind diesem gegenüber unwirksam.

(5) Die Haftung des Erwerbers für einen schon vor der Übernahme gegen den Veräußerer entstandenen Schadenersatzanspruch des Urhebers richtet sich nach den allgemeinen Vorschriften.

§ 28. (1) Ist nichts anderes vereinbart, so kann ein Werknutzungsrecht mit dem Unternehmen, zu dem es gehört, oder mit einem solchen Zweige des Unternehmens auf einen anderen übertragen werden, ohne daß es der Einwilligung des Urhebers bedarf.

(2) Ferner können, wenn der Werknutzungsberechtigte zur Ausübung seines Rechtes nicht verpflichtet ist und mit dem Urheber nichts anderes vereinbart hat, ohne dessen Einwilligung übertragen werden:

1. Werknutzungsrechte an Sprachwerken und Werken der im § 2 Z. 3 bezeichneten Art, die entweder auf Bestellung des Werknutzungsberechtigten nach seinem den Inhalt und die Art der Behandlung bezeichnenden Plane oder bloß als Hilfs- oder Nebenarbeit für ein fremdes Werk geschaffen werden;

2. Werknutzungsrechte an Werken der Lichtbildkunst (Lichtbildwerken) und des Kunstgewerbes, die auf Bestellung oder im Dienst eines gewerblichen Unternehmens für dieses geschaffen werden.

Vorzeitige Auflösung des Vertragsverhältnisses

§ 29. (1) Wird von einem Werknutzungsrecht ein dem Zwecke seiner Bestellung entsprechender Gebrauch überhaupt nicht oder nur in so unzureichendem Maße gemacht, daß wichtige Interessen des Urhebers beeinträchtigt werden, so kann dieser, wenn ihn kein Verschulden daran trifft, das Vertragsverhältnis, soweit es das Werknutzungsrecht betrifft, vorzeitig lösen.

(2) Die Auflösung kann erst nach fruchtlosem Ablauf einer vom Urheber dem Werknutzungsberechtigten gesetzten angemessenen Nachfrist erklärt werden. Der Setzung einer Nachfrist bedarf es nicht, wenn die Ausübung des Werknut-

zungsrechtes dem Erwerber unmöglich ist oder von ihm verweigert wird oder wenn die Gewährung einer Nachfrist überwiegende Interessen des Urhebers gefährdet.

(3) Auf das Recht, das Vertragsverhältnis aus den im Abs. 1 bezeichneten Gründen zu lösen, kann im voraus für eine drei Jahre übersteigende Frist nicht verzichtet werden. In diese Frist wird die Zeit nicht eingerechnet, in der der Werknutzungsberechtigte durch Umstände, die auf seiten des Urhebers liegen, daran verhindert war, das Werk zu benutzen.

(4) Die Wirksamkeit der vom Urheber abgegebenen Erklärung, das Vertragsverhältnis aufzulösen, kann nicht bestritten werden, wenn der Werknutzungsberechtigte diese Erklärung nicht binnen 14 Tagen nach ihrem Empfang zurückweist.

§ 30. (1) Bei den im § 28 Abs. 2 Z. 1 und 2 bezeichneten Werknutzungsrechten gelten die Vorschriften des § 29 nur, wenn der Werknutzungsberechtigte zur Ausübung seines Rechtes verpflichtet ist.

(2) Durch die Vorschriften des § 29 werden die dem Urheber nach Vertrag oder Gesetz zustehenden Rechte nicht berührt, den Vertrag aus anderen Gründen aufzuheben, vom Vertrag zurückzutreten oder dessen Erfüllung zu begehren sowie Schadenersatz wegen Nichterfüllung zu verlangen.

Werknutzungsrechte an künftigen Werken

§ 31. (1) Auch über erst zu schaffende Werke kann im voraus gültig verfügt werden.

(2) Hat sich der Urheber verpflichtet, einem anderen Werknutzungsrechte an allen nicht näher oder nur der Gattung nach bestimmten Werken einzuräumen, die er zeit seines Lebens oder binnen einer fünf Jahre übersteigenden Frist schaffen wird, so kann jeder Teil den Vertrag kündigen, sobald seit dessen Abschluß fünf Jahre abgelaufen sind. Auf das Kündigungsrecht kann im voraus nicht verzichtet werden. Die Kündigungsfrist beträgt drei Monate, wenn keine kürzere Frist vereinbart ist. Durch die Kündigung wird das Vertragsverhältnis nur hinsichtlich der Werke beendet, die zur Zeit des Ablaufs der Kündigungsfrist noch nicht vollendet sind.

(3) Durch die Vorschrift des Abs. 2 werden andere Rechte, den Vertrag aufzuheben, nicht berührt.

Konkurs und Ausgleich

§ 32. (1) Hat der Urheber einem anderen das ausschließliche Recht eingeräumt, ein Werk zu vervielfältigen und zu verbreiten, und wird gegen den Werknutzungsberechtigten das Ausgleichsverfahren oder über sein Vermögen der Konkurs eröffnet, so wird die Anwendung der Vorschriften der Ausgleichsordnung und der Konkursordnung über noch nicht erfüllte zweiseitige Verträge dadurch nicht ausgeschlossen, daß der Urheber dem Werknutzungsberechtigten das zu vervielfältigende Werkstück schon vor der Eröffnung des Ausgleichsverfahrens oder des Konkurses übergeben hat.

(2) Ist zur Zeit der Eröffnung des Ausgleichsverfahrens oder des Konkurses mit der Vervielfältigung des Werkes noch nicht begonnen worden, so kann der Urheber vom Vertrag zurücktreten. Auf Antrag des Schuldners oder Masseverwalters hat der Ausgleichs- oder Konkurskommissär eine Frist zu bestimmen, nach deren Ablauf der Urheber den Rücktritt nicht mehr erklären kann.

V. Abschnitt · **Vorbehalte zugunsten des Urhebers**

Auslegungsregeln

§ 33. (1) Wenn nicht das Gegenteil vereinbart worden ist, erstreckt sich die Gewährung des Rechtes, ein Werk zu benutzen, nicht auf Übersetzungen und andere Bearbeitungen, die Gewährung des Rechtes, ein Werk der Literatur oder

Tonkunst zu vervielfältigen, nicht auf die Vervielfältigung des Werkes auf Bild- oder Schallträgern und die Gewährung des Rechtes, ein Werk zu senden (§ 17), nicht auf das Recht, das Werk während der Sendung oder zum Zwecke der Sendung auf Bild- oder Schallträgern festzuhalten.

(2) In der Übertragung des Eigentums an einem Werkstück ist im Zweifel die Einräumung eines Werknutzungsrechtes oder die Erteilung einer Werknutzungsbewilligung nicht enthalten.

Gesamtausgaben

§ 34. Der Urheber, der einem anderen das ausschließliche Recht eingeräumt hat, ein Werk der Literatur oder Tonkunst zu vervielfältigen und zu verbreiten, behält gleichwohl das Recht, das Werk in einer Gesamtausgabe zu vervielfältigen und zu verbreiten, sobald seit dem Ablauf des Kalenderjahrs, in dem das Werk erschienen ist, zwanzig Jahre verstrichen sind. Dieses Recht kann durch Vertrag weder beschränkt noch aufgehoben werden.

Vorbehalt bei Werken der bildenden Künste

§ 35. Der Urheber, der einem anderen das ausschließliche Recht eingeräumt hat, ein Werk der bildenden Künste zu vervielfältigen und zu verbreiten, behält gleichwohl das Recht, es in Aufsätzen über die künstlerische Tätigkeit des Schöpfers des Werkes oder als Probe seines Schaffens zu vervielfältigen und zu verbreiten.

Beiträge zu Sammlungen

§ 36. (1) Wird ein Werk als Beitrag zu einer periodisch erscheinenden Sammlung (Zeitung, Zeitschrift, Jahrbuch, Almanach u. dgl.) angenommen, so bleibt der Urheber berechtigt, das Werk anderweit zu vervielfältigen und zu verbreiten, wenn nichts anderes vereinbart und wenn auch nicht aus den Umständen zu entnehmen ist, daß der Herausgeber oder Verleger der Sammlung das Recht, das Werk darin zu vervielfältigen und zu verbreiten, als ausschließliches Recht in dem Sinn erwerben soll, daß das Werk sonst nicht vervielfältigt oder verbreitet werden darf.

(2) Ein solches ausschließliches Recht erlischt bei Beiträgen zu einer Zeitung sogleich nach dem Erscheinen des Beitrages in der Zeitung. Bei Beiträgen zu anderen periodisch erscheinenden Sammlungen sowie bei Beiträgen, die zu einer nicht periodisch erscheinenden Sammlung angenommen werden und für deren Überlassung dem Urheber kein Anspruch auf ein Entgelt zusteht, erlischt ein solches ausschließliches Recht, wenn seit dem Ablauf des Kalenderjahres, in dem der Beitrag in der Sammlung erschienen ist, ein Jahr verstrichen ist.

§ 37. Nimmt der Herausgeber oder Verleger einer periodisch erscheinenden Sammlung ein Werk als Beitrag an und wird über die Zeit nichts vereinbart, wann der Beitrag in der Sammlung zu vervielfältigen und zu verbreiten ist, so ist der Herausgeber oder Verleger im Zweifel dazu nicht verpflichtet. Der Urheber kann aber in diesem Falle das Recht des Herausgebers oder Verlegers für erloschen erklären, wenn der Beitrag nicht binnen einem Jahre nach der Ablieferung in der Sammlung erscheint; der Anspruch des Urhebers auf das Entgelt bleibt unberührt. § 29 Abs. 4 gilt entsprechend.

VI. Abschnitt · **Sondervorschriften für gewerbsmäßig hergestellte Filmwerke**

Filmhersteller

§ 38. (1) Die Verwertungsrechte an gewerbsmäßig hergestellten Filmwerken stehen mit der im § 39 Abs. 4 enthaltenen Beschränkungen dem Inhaber des

Unternehmens (Filmhersteller) zu. Durch diese Vorschrift werden Urheberrechte, die an den bei der Schaffung des Filmwerkes benutzten Werken bestehen, nicht berührt.

(2) Änderungen des Filmwerkes, seines Titels und der Bezeichnung des Filmherstellers dürfen, unbeschadet der Vorschrift des § 39 Abs. 3 ohne Einwilligung des Filmherstellers nur vorgenommen werden, soweit sie nach der auf den Filmhersteller entsprechend anzuwendenden Vorschrift des § 21 Abs. 1 zulässig sind.

(3) Bis zum Beweis des Gegenteils gilt als Filmhersteller, wer als solcher auf den Vervielfältigungsstücken eines Filmwerkes in der üblichen Weise durch Angabe seines wahren Namens, seiner Firma oder eines von ihm bekanntermaßen gebrauchten Decknamens oder Unternehmenskennzeichens bezeichnet wird. Dasselbe gilt von dem, der bei einer öffentlichen Aufführung oder bei einer Rundfunksendung des Filmwerkes auf die angegebene Art als Filmhersteller bezeichnet wird, sofern nicht die im vorigen Satz aufgestellte Vermutung dafür spricht, daß Filmhersteller ein anderer ist.

Urheber

§ 39. (1) Wer an der Schaffung eines gewerbsmäßig hergestellten Filmwerkes derart mitgewirkt hat, daß der Gesamtgestaltung des Werkes die Eigenschaft einer eigentümlichen geistigen Schöpfung zukommt, kann vom Hersteller verlangen, auf dem Film und in Ankündigungen des Filmwerkes als dessen Urheber genannt zu werden.

(2) Die Urheberbezeichnung (Abs. 1) ist in den Ankündigungen von öffentlichen Aufführungen und von Rundfunksendungen des Filmwerkes anzuführen.

(3) Zu einer nach § 21 nur mit Einwilligung des Urhebers zulässigen Änderung des Filmwerkes, seines Titels und der Urheberbezeichnung bedarf es, unbeschadet der Vorschrift des § 38 Abs. 2, der Einwilligung der in der Urheberbezeichnung genannten Urheber.

(4) Zur Verwertung von Bearbeitungen und Übersetzungen des Filmwerkes bedarf es außer der Einwilligung des Filmherstellers auch der Einwilligung der in der Urheberbezeichnung genannten Urheber.

(5) Verweigert der Urheber die nach den Abs. 3 und 4 erforderliche Einwilligung ohne ausreichenden Grund, so kann ihn der Filmhersteller auf die Erteilung der Einwilligung klagen. Hat der Beklagte im Inland keinen allgemeinen Gerichtsstand, so sind die Gerichte, in deren Sprengel der erste Wiener Gemeindebezirk liegt, zuständig.

Verwertungsrechte und Werknutzungsrechte

§ 40. (1) Die dem Filmhersteller zustehenden Verwertungsrechte sind vererblich und veräußerlich und können ohne Einschränkung in Exekution gezogen werden. Werden sie auf einen anderen übertragen, so kann dem Erwerber auch das Recht eingeräumt werden, sich als Hersteller des Filmwerkes zu bezeichnen. In diesem Falle gilt der Erwerber fortan als Filmhersteller und genießt auch den diesem nach § 38 Abs. 2 zukommenden Schutz.

(2) Werknutzungsrechte an gewerbsmäßig hergestellten Filmwerken können, wenn mit dem Hersteller nichts anderes vereinbart worden ist, ohne dessen Einwilligung auf einen anderen übertragen werden.

(3) Die Vorschriften des § 29 gelten für Werknutzungsrechte an gewerbsmäßig hergestellten Filmwerken nicht.

VIa. Abschnitt · **Sondervorschriften für Computerprogramme**

Computerprogramme

§ 40 a. (1) Computerprogramme sind Werke im Sinn dieses Gesetzes, wenn sie das Ergebnis der eigenen geistigen Schöpfung ihres Urhebers sind.

(2) In diesem Gesetz umfaßt der Ausdruck „Computerprogramme" alle Ausdrucksformen einschließlich des Maschinencodes sowie das Material zur Entwicklung des Computerprogramms.

Dienstnehmer

§ 40 b. Wird ein Computerprogramme von einem Dienstnehmer in Erfüllung seiner dienstlichen Obliegenheiten geschaffen, so steht dem Dienstgeber hieran ein unbeschränktes Werknutzungsrecht zu, wenn er mit dem Urheber nichts anderes vereinbart hat. In solchen Fällen ist der Dienstgeber auch zur Ausübung der in § 20 und § 21 Abs. 1 bezeichneten Rechte berechtigt; das Recht des Urhebers, nach § 19 die Urheberschaft für sich in Anspruch zu nehmen, bleibt unberührt.

Werknutzungsrecht

§ 40 c. Werknutzungsrechte an Computerprogrammen können, wenn mit dem Urheber nichts anderes vereinbart worden ist, ohne dessen Einwilligung auf einen anderen übertragen werden. Die Vorschriften des § 29 gelten für Werknutzungsrechte an Computerprogrammen nicht.

Freie Werknutzungen

§ 40 d. (1) § 42 gilt für Computerprogramme nicht.

(2) Computerprogramme dürfen vervielfältigt und bearbeitet werden, soweit dies für ihre bestimmungsgemäße Benutzung durch den zur Benutzung Berechtigten notwendig ist; hierzu gehört auch die Anpassung an dessen Bedürfnisse.

(3) Die zur Benutzung eines Computerprogramms berechtigte Person darf

1. Vervielfältigungsstücke für Sicherungszwecke (Sicherungskopien) herstellen, soweit dies für die Benutzung des Computerprogramms notwendig ist;
2. das Funktionieren des Programms beobachten, untersuchen oder testen, um die einem Programmelement zugrunde liegenden Ideen und Grundsätze zu ermitteln, wenn sie dies durch Handlungen zum Laden, Anzeigen, Ablaufen, Übertragen oder Speichern des Programms tut, zu denen sie berechtigt ist.

(4) Auf die Rechte nach Abs. 2 und 3 kann wirksam nicht verzichtet werden; dies schließt Vereinbarungen über den Umfang der bestimmungsgemäßen Benutzung im Sinn des Abs. 2 nicht aus.

Dekompilierung

§ 40 e. (1) Der Code eines Computerprogramms darf vervielfältigt und seine Codeform übersetzt werden, sofern folgende Bedingungen erfüllt sind:

1. Die Handlungen sind unerläßlich, um die erforderlichen Informationen zur Herstellung der Interoperabilität eines unabhängig geschaffenen Computerprogramms mit anderen Programmen zu erhalten;
2. die Handlungen werden von einer zur Verwendung des Vervielfältigungsstücks eines Computerprogramms berechtigten Person oder in deren Namen von einer hierzu ermächtigten Person vorgenommen;
3. die für die Herstellung der Interoperabilität notwendigen Informationen sind für die unter Z 1 genannten Personen noch nicht ohne weiteres zugänglich gemacht; und
4. die Handlungen beschränken sich auf die Teile des Programms, die zur Herstellung der Interoperabilität notwendig sind.

(2) Die nach Abs. 1 gewonnenen Informationen dürfen nicht

1. zu anderen Zwecken als zur Herstellung der Interoperabilität des unabhängig geschaffenen Programms verwendet werden;
2. an Dritte weitergegeben werden, es sei denn, daß dies für die Interoperabilität des unabhängig geschaffenen Programms notwendig ist;
3. für die Entwicklung, Vervielfältigung oder Verbreitung eines Programms mit im wesentlichen ähnlicher Ausdrucksform oder für andere, das Urheberrecht verletzende Handlungen verwendet werden.

(3) Auf das Recht der Dekompilierung (Abs. 1) kann wirksam nicht verzichtet werden.

VII. Abschnitt · **Beschränkungen der Verwertungsrechte**

1. Freie Werknutzungen

Freie Werknutzungen im Interesse der Rechtspflege und der Verwaltung

a2 § 41. Der Benutzung eines Werkes zu Beweiszwecken im Verfahren vor den Gerichten oder vor anderen Behörden sowie für Zwecke der Strafrechtspflege und der öffentlichen Sicherheit steht das Urheberrecht nicht entgegen.

Vervielfältigung zum eigenen Gebrauch

§ 42. (1) Jedermann darf von einem Werk einzelne Vervielfältigungsstücke zum eigenen Gebrauch herstellen.

(2) Eine Vervielfältigung zum eigenen Gebrauch liegt nicht vor, wenn sie zu dem Zwecke vorgenommen wird, das Werk mit Hilfe des Vervielfältigungsstückes der Öffentlichkeit zugänglich zu machen.

(3) Auf Bestellung dürfen einzelne Vervielfältigungsstücke auch zum eigenen Gebrauch eines anderen hergestellt werden. Eine solche Vervielfältigung eines Werkes der bildenden Künste oder der Filmkunst darf jedoch nur unentgeltlich vorgenommen werden. Die entgeltliche Vervielfältigung eines Werkes der Literatur oder Tonkunst zum eigenen Gebrauch des Bestellers ist auf andere Art als mit Handschrift oder auf der Schreibmschine nur zulässig, wenn sie bloß kleine Teile eines Werkes oder ein nicht erschienenes oder vergriffenes Werk betrifft.

(4) Ein Werk der Baukunst nach einem Plan oder Entwurf auszuführen oder ein solches Werk nachzubauen, ist stets nur mit Einwilligung des Berechtigten zulässig.

(5) Ist von einem Werk, das durch Rundfunk gesendet oder auf einem zu Handelszwecken hergestellten Bild- oder Schallträger festgehalten worden ist, seiner Art nach zu erwarten, daß es durch Festhalten auf einem Bild- oder Schallträger zum eigenen Gebrauch vervielfältigt wird, so hat der Urheber, wenn unbespielte Bild- oder Schallträger, die für solche Vervielfältigungen geeignet sind, oder andere Bild- oder Schallträger, die hiefür bestimmt sind (Trägermaterial), im Inland gewerbsmäßig entgeltlich in den Verkehr kommen, Anspruch auf eine angemessene Vergütung, es sei denn, daß das Trägermaterial nicht im Inland oder nicht für solche Vervielfältigungen zum eigenen Gebrauch benutzt wird; Glaubhaftmachung genügt. Bei der Bemessung der Vergütung ist insbesondere auf die Spieldauer Bedacht zu nehmen. Die Vergütung hat derjenige zu leisten, der das Trägermaterial im Inland als erster gewerbsmäßig entgeltlich in den Verkehr bringt. Wer Trägermaterial im Inland gewerbsmäßig entgeltlich, jedoch nicht als erster, in den Verkehr bringt oder freihält, haftet wie ein Bürge und Zahler. Von dieser Haftung ist ausgenommen, wer im Vierteljahr Schallträger mit nicht mehr als 5000 Stunden Spieldauer und Bildträger mit nicht mehr als 10000 Stunden Spieldauer bezieht.

(6) Ansprüche nach dem Abs. 5 können nur von Verwertungsgesellschaften geltend gemacht werden.

(7) Wer Trägermaterial zu einem Preis gekauft hat, der die angemessene Vergütung einschließt, es jedoch für eine Vervielfältigung zum nichteigenen Gebrauch benutzt, kann von der Verwertungsgesellschaft die Zurückzahlung der angemessenen Vergütung fordern, es sei denn, daß der nichteigene Gebrauch eine freie Werknutzung ist; Glaubhaftmachung genügt.

Berichterstattung über Tagesereignisse

§ 42a. Zur Berichterstattung über Tagesereignisse dürfen Werke, die bei Vorgängen, über die berichtet wird, öffentlich wahrnehmbar werden, in einem durch den Informationszweck gerechtfertigten Umfang vervielfältigt, verbreitet, durch Rundfunk gesendet und zu öffentlichen Vorträgen, Aufführungen und Vorführungen benutzt werden.

Freie Werknutzungen an Werken der Literatur

§ 43. (1) Reden, die in einer zur Besorgung öffentlicher Angelegenheiten zuständigen Versammlung oder im Verfahren vor den Gerichten oder anderen Behörden gehalten werden, sowie öffentlich gehaltene politische Reden dürfen zum Zweck der Berichterstattung vervielfältigt, verbreitet, öffentlich vorgetragen und durch Rundfunk gesendet werden.

(2) Ist eine Rede dieser Art auf einem Schallträger festgehalten worden, so darf dieser nur mit Einwilligung des Urhebers verbreitet werden.

(3) Die Vervielfältigung und Verbreitung der im Abs. 1 bezeichneten Reden in Sammlungen solcher Werke ist dem Urheber vorbehalten.

§ 44. (1) Einzelne in einer Zeitung oder Zeitschrift enthaltene Aufsätze über wirtschaftliche, politische oder religiöse Tagesfragen dürfen in anderen Zeitungen und Zeitschriften vervielfältigt und verbreitet werden. Dies gilt jedoch nicht, wenn die Vervielfältigung ausdrücklich verboten wird. Zu einem solchen Verbot genügt der Vorbehalt der Rechte bei dem Aufsatz oder am Kopfe der Zeitung oder Zeitschrift.

(2) In einer Zeitung oder Zeitschrift enthaltene Aufsätze, deren Vervielfältigung nach Abs. 1 zulässig ist, dürfen auch öffentlich vorgetragen und durch Rundfunk gesendet werden.

(3) Einfache Mitteilungen darstellende Presseberichte (vermischte Nachrichten, Tagesneuigkeiten) genießen keinen urheberrechtlichen Schutz. Für solche Presseberichte gilt § 79.

§ 45. (1) Einzelne Sprachwerke oder Werke der im § 2 Z. 3 bezeichneten Art dürfen nach ihrem Erscheinen in einem durch den Zweck gerechtfertigten Umfang in einer Sammlung vervielfältigt und verbreitet werden, die Werke mehrerer Urheber enthält und ihrer Beschaffenheit und Bezeichnung nach zum Kirchen-, Schul- oder Unterrichtsgebrauch bestimmt ist; ein Werk der im § 2 Z. 3 bezeichneten Art darf bloß zur Erläuterung des Inhaltes aufgenommen werden.

(2) Auch dürfen erschienene Sprachwerke in einem durch den Zweck gerechtfertigten Umfang zu Rundfunksendungen verwendet werden, deren Benutzung zum Schulgebrauch von der Unterrichtsbehörde für zulässig erklärt worden ist und die als Schulfunk bezeichnet werden.

(3) Für die Vervielfältigung und Verbreitung nach Abs. 1 und für die Rundfunksendung nach Abs. 2 steht dem Urheber ein Anspruch auf angemessene Vergütung zu. Solche Ansprüche können nur von Verwertungsgesellschaften geltend gemacht werden.

§ 46. Zulässig sind die Vervielfältigung und die Verbreitung sowie der öffentliche Vortrag und die Rundfunksendung:

1. wenn einzelne Stellen eines veröffentlichten Sprachwerkes angeführt werden;

2. wenn einzelne Sprachwerke oder Werke der im § 2 Z. 3 bezeichneten Art nach ihrem Erscheinen in einem durch den Zweck gerechtfertigten Umfang in ein die Hauptsache bildendes wissenschaftliches Werk aufgenommen werden; ein Werk der im § 2 Z. 3 bezeichneten Art darf nur zur Erläuterung des Inhaltes aufgenommen werden.

§ 47. (1) Kleine Teile eines Sprachwerkes oder Sprachwerke von geringem Umfang dürfen nach ihrem Erscheinen als Text eines zum Zweck ihrer Vertonung geschaffenen Werkes der Tonkunst in Verbindung mit diesem vervielfältigt, verbreitet, öffentlich vorgetragen und durch Rundfunk gesendet werden.

(2) Doch gebührt dem Urheber des vertonten Sprachwerkes ein angemessener Anteil an dem Entgelt, das der zur öffentlichen Aufführung oder Rundfunksendung des Werkes der Tonkunst ausschließlich Berechtigte für die Bewilligung von öffentlichen Aufführungen oder von Rundfunksendungen dieses Werkes in Verbindung mit dem vertonten Sprachwerk erhält.

(3) Abs. 1 gilt nicht für die Vervielfältigung und Verbreitung von Sprachwerken auf Schallträgern.

(4) Abs. 1 gilt ferner weder für Sprachwerke, die ihrer Gattung nach zur Vertonung bestimmt sind, wie die Texte zu Oratorien, Opern, Operetten und Singspielen, noch für Sprachwerke, die als Text eines Werkes der Tonkunst mit einem die Anwendung des Abs. 1 ausschließenden Vorbehalt erschienen sind.

§ 48. Kleine Teile eines Sprachwerkes und Sprachwerke von geringem Umfang, die vertont worden sind, dürfen nach ihrem Erscheinen auch abgesondert von dem Werke der Tonkunst vervielfältigt und verbreitet werden:

1. zum Gebrauch der Zuhörer, die einer unmittelbaren persönlichen Wiedergabe der verbundenen Werke am Aufführungsorte beiwohnen, mit Andeutung dieser Bestimmung;
2. in Programmen, worin die Rundfunksendung der verbundenen Werke angekündigt wird;
3. in Aufschriften auf Schallträgern oder in Beilagen dazu; die Schallträger dürfen nicht mit Verletzung eines ausschließlichen Rechtes, die darauf festgehaltenen Werke zu vervielfältigen oder zu verbreiten, hergestellt oder verbreitet, die Beilagen müssen als solche bezeichnet sein.

§ 49. *[Aufgehoben]*

§ 50. (1) Zulässig ist der öffentliche Vortrag eines erschienenen Sprachwerkes, wenn die Zuhörer weder ein Eintrittsgeld noch sonst ein Entgelt entrichten und der Vortrag keinerlei Erwerbszwecken dient oder wenn sein Ertrag ausschließlich für wohltätige Zwecke bestimmt ist.

(2) Diese Vorschrift gilt aber nicht, wenn die Mitwirkenden ein Entgelt erhalten; sie gilt ferner nicht, wenn der Vortrag mit Hilfe eines Schallträgers vorgenommen wird, der mit Verletzung eines ausschließlichen Rechtes, das darauf festgehaltene Sprachwerk zu vervielfältigen oder zu verbreiten, hergestellt oder verbreitet worden ist.

Freie Werknutzungen an Werken der Tonkunst

§ 51. (1) Einzelne erschienene Lieder dürfen in einer Sammlung von Singstimmen vervielfältigt und verbreitet werden, die Werke mehrerer Urheber vereinigt und ihrer Beschaffenheit und Bezeichnung nach zum Gesangsunterricht in Schulen bestimmt ist.

(2) Für die Vervielfältigung und Verbreitung nach Abs. 1 steht dem Urheber ein Anspruch auf angemessene Vergütung zu. Solche Ansprüche können nur von Verwertungsgesellschaften geltend gemacht werden.

§ 52. Zulässig ist die Vervielfältigung und die Verbreitung sowie die öffentliche Aufführung und die Rundfunksendung:
1. wenn einzelne Stellen eines erschienenen Werkes der Tonkunst in einem selbständigen neuen Werke der Tonkunst angeführt werden;
2. wenn einzelne Stellen eines veröffentlichten Werkes der Tonkunst in einer literarischen Arbeit angeführt werden;
3. wenn einzelne erschienene Werke der Tonkunst in einem durch den Zweck gerechtfertigten Umfang in ein die Hauptsache bildendes wissenschaftliches Werk aufgenommen werden.

§ 53. (1) Zulässig ist die öffentliche Aufführung eines erschienenen Werkes der Tonkunst:
1. wenn die Aufführung mit Drehorgeln, Spieldosen oder anderen Schallträgern der im § 15 Abs. 3 bezeichneten Art vorgenommen wird, die nicht auf eine Weise beeinflußt werden können, daß das Werk damit nach Art einer persönlichen Aufführung wiedergegeben werden kann;
2. wenn das Werk bei einer kirchlichen oder bürgerlichen Feierlichkeit oder aus einem militärdienstlichen Anlaß aufgeführt wird und die Zuhörer ohne Entgelt zugelassen werden;
3. wenn die Zuhörer weder ein Eintrittsgeld noch sonst ein Entgelt entrichten und die Aufführung keinerlei Erwerbszwecken dient oder wenn ihr Ertrag ausschließlich für wohltätige Zwecke bestimmt ist;
4. wenn die Aufführung von einer nicht aus Berufsmusikern bestehenden Musikkapelle veranstaltet wird, deren Bestand nach einem von der zuständigen Landesregierung ausgestellten Zeugnis der Pflege volkstümlichen Brauchtums dient und deren Mitglieder nicht um des Erwerbes willen mitwirken, und wenn bei dieser Aufführung – zumindest weitaus überwiegend – volkstümliche Brauchtumsmusik oder infolge Ablaufs der Schutzfrist freigewordene Musik oder Bearbeitungen von infolge Ablaufs der Schutzfrist freigewordener Musik gepflegt werden; doch darf die Aufführung in Gemeinden mit mehr als 2500 Einwohnern nicht im Betriebe eines Erwerbsunternehmens, in Gemeinden bis zu 2500 Einwohnern nur dann im Betrieb eines Erwerbsunternehmens stattfinden, wenn andere passende Räume nicht zur Verfügung stehen und der Reingewinn nicht dem Erwerbsunternehmen zufließt.

(2) Die Vorschriften des Abs. 1 Z. 1 bis 3 gelten nicht, wenn die Aufführung mit Hilfe eines Schallträgers vorgenommen wird, der mit Verletzung eines ausschließlichen Rechtes, das darauf festgehaltene Werk zu vervielfältigen oder zu verbreiten, hergestellt oder verbreitet worden ist; die Vorschriften des Abs. 1 Z. 3 gelten ferner nicht, wenn die Mitwirkenden ein Entgelt erhalten.

(3) Die Vorschriften des Abs. 1 gelten weder für bühnenmäßige Aufführungen einer Oper oder eines anderen mit einem Werke der Literatur verbundenen Werkes der Tonkunst noch für die Aufführung eines Werkes der Tonkunst in Verbindung mit einem Filmwerk oder einem anderen kinematographischen Erzeugnisse.

Freie Werknutzungen an Werken der bildenden Künste

§ 54. (1) Es ist zulässig:
1. Werke der bildenden Künste nach bleibend zu einer öffentlichen Sammlung gehörenden Werkstücken in den vom Eigentümer der Sammlung für ihre Besucher herausgegebenen Verzeichnissen zu vervielfältigen und zu verbreiten;
2. veröffentlichte Werke der bildenden Künste nach Werkstücken, die versteigert werden sollen oder sonst zum Verkauf angeboten werden, in Verzeichnissen der feilgebotenen Werkstücke oder in ähnlichen Werbeschriften zu vervielfältigen und zu verbreiten; doch dürfen solche Werbeschriften vom Herausgeber nur unentgeltlich oder zu einem die Herstellungskosten nicht übersteigenden Preise verbreitet werden;

3. einzelne erschienene Werke der bildenden Künste in einem die Hauptsache bildenden wissenschaftlichen oder seiner Beschaffenheit und Bezeichnung nach zum Schul- oder Unterrichtsgebrauch bestimmten Sprachwerke bloß zur Erläuterung des Inhaltes oder in einem solchen Schulbuche zum Zwecke der Kunsterziehung der Jugend zu vervielfältigen und zu verbreiten;
4. veröffentlichte Werke der bildenden Künste bei einem die Hauptsache bildenden wissenschaftlichen oder belehrenden Vortrag bloß zur Erläuterung des Inhaltes durch optische Einrichtungen öffentlich vorzuführen und die dazu notwendigen Vervielfältigungsstücke herzustellen;
5. Werke der Baukunst nach einem ausgeführten Bau oder andere Werke der bildenden Künste nach Werkstücken, die sich an einem dem öffentlichen Verkehr dienenden Orte bleibend befinden, zu vervielfältigen, zu verbreiten, durch optische Einrichtungen öffentlich vorzuführen und durch Rundfunk zu senden; ausgenommen sind das Nachbauen von Werken der Baukunst, die Vervielfältigung eines Werkes der Malkunst oder der graphischen Künste zur bleibenden Anbringung an einem Orte der genannten Art sowie die Vervielfältigung von Werken der Plastik durch die Plastik.

(2) Für die Vervielfältigung und Verbreitung nach Abs. 1 Z 3 steht dem Urheber ein Anspruch auf angemessene Vergütung zu. Diese Ansprüche können nur von Verwertungsgesellschaften geltend gemacht werden.

§ 55. (1) Von einem auf Bestellung geschaffenen Bildnis einer Person dürfen, wenn nichts anderes vereinbart ist, der Besteller und seine Erben sowie der Abgebildete und nach seinem Tode die mit ihm in gerader Linie Verwandten und sein überlebender Ehegatte einzelne Lichtbilder herstellen oder durch einen anderen, auch gegen Entgelt, herstellen lassen.

(2) Abs. 1 gilt jedoch für Bildnisse, die in einem Druckverfahren, in einem photographischen oder in einem der Photographie ähnlichen Verfahren hergestellt sind, nur, wenn sich die im Abs. 1 angeführten Personen weitere in diesen Verfahren hergestellte Werkstücke von dem Berechtigten überhaupt nicht oder nur mit unverhältnismäßig großen Schwierigkeiten beschaffen können.

(3) Vervielfältigungsstücke, deren Herstellung nach den Abs. 1 und 2 zulässig ist, dürfen unentgeltlich verbreitet werden.

Benutzung von Bild- oder Schallträgern und Rundfunksendungen in bestimmten Geschäftsbetrieben

§ 56. (1) In Geschäftsbetrieben, die die Herstellung, den Vertrieb oder die Instandsetzung von Bild- oder Schallträgern oder von Vorrichtungen zu ihrer Herstellung oder zu ihrem Gebrauch zum Gegenstand haben, dürfen Vorträge, Aufführungen und Vorführungen von Werken auf Bild- oder Schallträgern festgehalten und Bild- oder Schallträger zu öffentlichen Vorträgen, Aufführungen und Vorführungen der darauf festgehaltenen Werke benutzt werden, soweit es notwendig ist, um die Kunden mit den Bild- oder Schallträgern oder mit Vorrichtungen zu ihrer Herstellung oder zu ihrem Gebrauch bekanntzumachen oder die Brauchbarkeit zu prüfen.

(2) Dasselbe gilt für die Benutzung von Rundfunksendungen zur öffentlichen Wiedergabe eines Werkes durch Lautsprecher oder eine andere technische Einrichtung in Geschäftsbetrieben, die die Herstellung, den Vertrieb oder die Instandsetzung von Rundfunkgeräten zum Gegenstand haben.

(3) Abs. 1 gilt nicht, wenn ein Bild- oder Schallträger benutzt wird, der mit Verletzung eines ausschließlichen Rechtes, das darauf festgehaltene Werk zu vervielfältigen oder zu verbreiten, hergestellt oder verbreitet worden ist.

Schutz geistiger Interessen bei freien Werknutzungen

§ 57. (1) Die Zulässigkeit von Kürzungen, Zusätzen und anderen Änderungen an dem Werke selbst, an dessen Titel oder an der Urheberbezeichnung ist auch bei freien Werknutzungen nach § 21 zu beurteilen. Sinn und Wesen des benutzten Werkes dürfen in keinem Fall entstellt werden.

(2) Werden Stellen eines Werkes nach § 46 Z. 1 oder § 52 Z. 1 auf andere Art als auf Schallträgern oder wird ein Werk ganz oder zum Teil auf Grund der §§ 45, 46 Z. 2, §§ 47, 48, 51, 52, Z. 2 oder 3 oder des § 54 Z. 1 bis 3 vervielfältigt, so ist stets die Quelle deutlich anzugeben. In der Quellenangabe sind der Titel und die Urheberbezeichnung des benutzten Werkes nach den Vorschriften des § 21 Abs. 1 anzuführen. Bei einer nach § 45 zulässigen Benutzung einzelner Teile von Sprachwerken in Schulbüchern muß der Titel des benutzten Werkes nur angegeben werden, wenn dieses nicht mit dem Namen oder Decknamen des Urhebers bezeichnet ist. Werden Stellen oder Teile von Sprachwerken nach § 46 vervielfältigt, so sind sie in der Quellenangabe so genau zu bezeichnen, daß sie in dem benutzten Werke leicht aufgefunden werden können. Wird im Fall einer nach § 46 zulässigen Vervielfältigung das benutzte Werk einer Sammlung entnommen, so ist auch diese anzugeben; dabei kann die Angabe des Titels des Werkes durch einen Hinweis auf die in Betracht kommende Stelle der Sammlung ersetzt werden.

(3) In den im § 44 Abs. 1 und 2 bezeichneten Fällen ist außer dem in der benutzten Quelle angeführten Namen oder Decknamen des Urhebers des Aufsatzes auch die Zeitung oder Zeitschrift, aus der der Aufsatz entnommen ist, wenn aber dort eine andere Zeitung oder Zeitschrift als Quelle angeführt ist, diese deutlich anzugeben. Wird die Angabe der Zeitung oder Zeitschrift unterlassen, so stehen ihrem Herausgeber oder, wenn ein solcher nicht genannt ist, ihrem Verleger die gleichen Ansprüche zu wie einem Urheber im Fall einer rechtswidrigen Unterlassung der Angabe der Urheberbezeichnung.

(4) Ob und inwieweit bei anderen als den in den Abs. 2 und 3 bezeichneten freien Werknutzungen eine Quellenangabe unterbleiben kann, ist nach den im redlichen Verkehr geltenden Gewohnheiten und Gebräuchen zu beurteilen.

2. Bewilligungszwang bei Schallträgern

§ 58. (1) Hat der Berechtigte einem anderen gestattet, ein Werk der Tonkunst auf Schallträgern zu vervielfältigen und zu verbreiten, so kann, sobald das Werk erschienen ist, jeder Hersteller von Schallträgern vom Berechtigten verlangen, daß auch ihm die gleiche Werknutzung gegen angemessenes Entgelt bewilligt wird; dies gilt, wenn der Hersteller seinen Wohnsitz oder seine Hauptniederlassung im Ausland hat, unbeschadet von Staatsverträgen nur unter der Voraussetzung, daß Hersteller mit Wohnsitz oder Hauptniederlassung im Inland auch in diesem Staat in annähernd gleicher Weise behandelt werden, jedenfalls aber in gleicher Weise wie die Hersteller mit Wohnsitz oder Hauptniederlassung in diesem Staat. Diese Gegenseitigkeit ist dann anzunehmen, wenn sie in einer Kundmachung des Bundesministers für Justiz im Hinblick auf die in dem betreffenden Staat bestehende Rechtslage festgestellt worden ist. Darüber hinaus können die zuständigen Behörden die Gegenseitigkeit mit einem anderen Staat vertraglich vereinbaren, wenn dies zur Wahrung der Interessen österreichischer Hersteller von Schallträgern geboten erscheint. Die Werknutzungsbewilligung gilt nur für die Vervielfältigung und Verbreitung des Werkes auf Schallträgern im Inland und für die Ausfuhr nach Staaten, in denen der Urheber keinen Schutz gegen die Vervielfältigung und Verbreitung des Werkes auf Schallträgern genießt.

(2) Abs. 1 gilt für die mit einem Werke der Tonkunst als Text verbundenen Sprachwerke entsprechend, wenn der Berechtigte einem anderen gestattet hat, das Sprachwerk in dieser Verbindung auf Schallträgern zu vervielfältigen und zu verbreiten.

(3) Für Klagen auf Erteilung der Bewilligung nach Abs. 1 oder 2 sind, wenn der Beklagte im Inland keinen allgemeinen Gerichtsstand hat, die Gerichte, in deren Sprengel der erste Wiener Gemeindebezirk liegt, zuständig.

(4) Bei Anwendung der Vorschriften der Abs. 1 und 2 bleiben Mittel, die zur gleichzeitigen wiederholbaren Wiedergabe von Werken für Gesicht und Gehör bestimmt sind (Bild- und Schallträger), außer Betracht.

3. Benutzung von Rundfunksendungen

§ 59. Rundfunksendungen von Sprachwerken sowie von Werken der Tonkunst dürfen zu öffentlichen Vorträgen und Aufführungen der gesendeten Werke mit Hilfe von Lautsprechern benutzt werden, wenn der Veranstalter einer solchen öffentlichen Wiedergabe die Bewilligung dazu von der zuständigen Verwertungsgesellschaft (§ 3 des Verwertungsgesellschaftengesetzes, BGBl. Nr. 112/1936) erhalten hat. Die Verwertungsgesellschaft hat das Entgelt für solche Bewilligungen auf gleiche Weise zu verteilen wie das Entgelt, das sie von [der den allgemeinen Inlandsrundspruchdienst besorgenden öffentlichen Telegraphenanstalt[1]] für die Bewilligung erhält, Sprachwerke oder Werke der Tonkunst durch Rundfunk zu senden.

§ 59 a. (1) Ausländische Rundfunksendungen von Werken dürfen zur gleichzeitigen, vollständigen und unveränderten Weitersendung mit Hilfe von Leitungen benutzt werden; jedoch gebührt dem Urheber hiefür eine angemessene Vergütung. Solche Ansprüche können nur von Verwertungsgesellschaften geltend gemacht werden.

(2) Bei der Bemessung der Vergütung ist insbesondere Bedacht zu nehmen

a) auf die wirtschaftliche Bedeutung, die die Weitersendung für den Urheber hat,

b) auf den wirtschaftlichen Nutzen, den sie für den Weitersendenden erbringt, dies auch unter Berücksichtigung der Zahl der in einem Haushalt typischerweise durch Leitungen gleichzeitig empfangbaren Rundfunksendungen, und

c) auf den Betrag, den Urheber für eine vergleichbare Verwertung in dem Staat erhalten, in dem die ursprüngliche Rundfunksendung ausgestrahlt wird.

4. Übernahme von Satellitenprogrammen

§ 59 b. Sofern ein über Satelliten nicht vom Inland aus ausgestrahltes Programm gleichzeitig, vollständig und unverändert übernommen wird, dürfen Werke mit Zustimmung des Programmveranstalters auf die im § 17 Abs. 2 bezeichnete Art gesendet werden; jedoch gebührt dem Urheber hiefür eine angemessene Vergütung. Solche Ansprüche können nur von Verwertungsgesellschaften geltend gemacht werden. Für die Bemessung der Vergütung gilt § 59 a Abs. 2.

VIII. Abschnitt · **Dauer des Urheberrechtes**

Werke der Literatur, der Tonkunst und der bildenden Künste

§ 60. Das Urheberrecht an Werken der Literatur, der Tonkunst und der bildenden Künste, deren Urheber (§ 10 Abs. 1) auf eine Art bezeichnet worden ist, die nach § 12 die Vermutung der Urheberschaft begründet, endet siebzig Jahre nach dem Tode des Urhebers (§ 10 Abs. 1), bei einem von mehreren Urhebern gemeinsam geschaffenen Werke (§ 11) endet das Urheberrecht siebzig Jahre nach dem Tode des letztlebenden Miturhebers (§ 10 Abs. 1).

§ 61. Das Urheberrecht an Werken der Literatur, der Tonkunst und der bildenden Künste, deren Urheber (§ 10 Abs. 1) nicht auf eine Art bezeichnet worden ist, die nach § 12 die Vermutung der Urheberschaft begründet, endet siebzig Jahre nach der Veröffentlichung, wenn sich aus § 60 kein früherer Tag ergibt.

---

1 Die UrhGNov 1972 verwendet den Ausdruck „Rundfunkunternehmer"; der Klammerausdruck ist zu lesen als „einem inländischen Rundfunkunternehmer".

Urheberregister

§ 61 a. Innerhalb der im § 61 bezeichneten Frist kann der wahre Name des Urhebers (§ 10 Abs. 1) von ihm selbst oder von den Personen, auf die das Urheberrecht nach seinem Tod übergegangen ist, zu dem vom Bundesminister für Justiz geführten Urheberregister angemeldet werden. Eine solche Anmeldung bewirkt, daß die Schutzfrist nach § 60 zu bemessen ist.

§ 61 b. (1) Die Anmeldung bedarf der Schriftform. Jede Anmeldung hat Art und Titel des Werkes oder seine andere Bezeichnung, Zeit, Ort und Art der Veröffentlichung, die bisher verwendeten Urheberbezeichnungen, Vor- und Familiennamen des Urhebers (§ 10 Abs. 1) und Vor- und Familiennamen, Beschäftigung und Wohnort des Anmelders zu enthalten. Eine Anmeldung kann auch mehrere Werke, die demselben Urheber zugeschrieben werden, umfassen.

(2) Die Eintragung ist vom Bundesminister für Justiz ohne Prüfung der Befugnis des Anmelders zum Einschreiten und der Richtigkeit der angemeldeten Tatsachen vorzunehmen; sie hat jedenfalls die im Abs. 1 vorgeschriebenen Angaben zu enthalten. Gibt eine Anmeldung auch den Tag und den Ort der Geburt des Urhebers oder seines Ablebens oder seine Staatsangehörigkeit an, so sind auch diese Angaben einzutragen.

§ 61 c. (1) Die Eintragung ist auf Kosten des Anmelders im „Amtsblatt zur Wiener Zeitung" öffentlich bekanntzumachen.

(2) Jedermann kann in das Urheberregister Einsicht nehmen und die Ausfertigung amtlich beglaubigter Auszüge sowie die Ausstellung von Zeugnissen darüber verlangen, daß ein bestimmtes Werk im Urheberregister nicht eingetragen ist.

Filmwerke

§ 62. Das Urheberrecht an Filmwerken endet fünfzig Jahre nach der Aufnahme, wenn aber das Werk vor dem Ablauf dieser Frist veröffentlicht wird, fünfzig Jahre nach der Veröffentlichung.

Lieferungswerke

§ 63. Bei Werken, die in inhaltlich nicht abgeschlossenen Abteilungen (Lieferungen) veröffentlicht werden und bei denen die Veröffentlichung die für den Beginn der Schutzfrist maßgebende Tatsache darstellt, wird die Schutzfrist von der Veröffentlichung der letzten Lieferung berechnet.

Berechnung der Schutzfristen

§ 64. Bei Berechnung der Schutzfristen (§§ 60 bis 63) ist das Kalenderjahr, in dem die für den Beginn der Frist maßgebende Tatsache eingetreten ist, nicht mitzuzählen.

Die Schutzfrist überdauernde Rechte

§ 65. Der Schöpfer eines Werkes kann die ihm nach den §§ 19 und 21 Abs. 3 zustehenden Rechte zeit seines Lebens geltend machen, wenngleich die Schutzfrist schon abgelaufen ist.

II. Hauptstück · **Verwandte Schutzrechte**

I. Abschnitt · **Schutz der Vorträge und Aufführungen von Werken der Literatur und Tonkunst**

1. Verwertung auf Bild- oder Schallträgern

§ 66. (1) Wer ein Werk der Literatur oder Tonkunst vorträgt oder aufführt, hat mit den vom Gesetz bestimmten Beschränkungen das ausschließliche Recht, den Vortrag oder die Aufführung – auch im Falle der Sendung durch Rundfunk – auf einem Bild- oder Schallträger festzuhalten, diesen zu vervielfältigen und zu verbreiten. Unter der Vervielfältigung wird auch die Benutzung einer mit Hilfe eines Bild- oder Schallträgers bewirkten Wiedergabe des Vortrages oder der Aufführung zur Übertragung auf einen anderen Bild- oder Schallträger verstanden.

(2) Bei Vorträgen und Aufführungen, die – wie die Aufführung eines Schauspiels oder eines Chor- oder Orchesterwerkes – durch das Zusammenwirken mehrerer Personen unter einer einheitlichen Leitung zustande kommen, können die Verwertungsrechte (Abs. 1) derjenigen Personen, die bloß im Chor oder Orchester oder auf ähnliche Art mitwirken, nur durch einen gemeinsamen Vertreter wahrgenommen werden.

(3) Falls die Vertretung nicht bereits kraft Gesetzes oder durch Satzung, Kollektiv- oder Einzelvertrag geregelt ist, wird der gemeinsame Vertreter von den im Abs. 2 erwähnten Mitwirkenden mit einfacher Mehrheit ohne Berücksichtigung allfälliger Stimmenthaltungen gewählt.

(4) In Ermangelung eines gemeinsamen Vertreters hat das Bezirksgericht Innere Stadt Wien einen Sachwalter zu bestellen, der an die Stelle des gemeinsamen Vertreters tritt. Zur Antragstellung ist jeder berechtigt, der ein Interesse an der Verwertung des Vortrages oder der Aufführung glaubhaft macht.

(5) Vorträge und Aufführungen, die auf Anordnung eines Veranstalters stattfinden, dürfen, soweit das Gesetz keine Ausnahme zuläßt, vorbehaltlich des Abs. 1 nur mit Einwilligung des Veranstalters auf Bild- oder Schallträgern festgehalten werden. Entgegen dieser Bestimmung hergestellte Bild- oder Schallträger dürfen weder vervielfältigt noch verbreitet werden.

(6) Ob gegenüber dem Veranstalter von Vorträgen oder Aufführungen, die auf die im Abs. 1 bezeichnete Art verwertet werden sollen, die Verpflichtung besteht, daran mitzuwirken und eine solche Verwertung zu gestatten, ist nach den das Rechtsverhältnis der Mitwirkenden zum Veranstalter regelnden Vorschriften und Vereinbarungen zu beurteilen. Hienach richtet sich auch, ob einem Mitwirkenden ein Anspruch auf ein besonderes Entgelt gegen den Veranstalter zusteht. In jedem Falle hat der Veranstalter, mit dessen Einwilligung ein Vortrag oder eine Aufführung festgehalten werden soll, hievon die Mitwirkenden, auch wenn sie zur Mitwirkung verpflichtet sind, vorher auf angemessene Art in Kenntnis zu setzen.

(7) Den Abs. 1 und 5 zuwider hergestellte oder verbreitete Bild- oder Schallträger dürfen zu einer Rundfunksendung (§ 17) oder öffentlichen Wiedergabe des Vortrages oder der Aufführung nicht benutzt werden.

Verwertungsrechte

§ 67. (1) Die Verwertungsrechte der im § 66 Abs. 1 und 5 bezeichneten Personen erlöschen, wenn seit dem Ablauf des Kalenderjahrs, in dem der Vortrag oder die Aufführung stattgefunden hat, fünfzig Jahre verstrichen sind.

(2) Die §§ 11, 12, 13, 15 Abs. 1, § 16 Abs. 1 und 3, §§ 16a, 23, 24, 25 Abs. 1, 2, 3 und 5, §§ 26, 27, 28 Abs. 1, §§ 29, 31, 32, 33 Abs. 2, §§ 59a und 59b gelten entsprechend; an die Stelle der im § 31 Abs. 2 genannten Frist von fünf Jahren tritt jedoch eine solche von einem Jahr.

Schutz geistiger Interessen

§ 68. (1) Auf Verlangen eines nach § 66 Abs. 1 Verwertungsberechtigten ist sein Name (Deckname) auf den Bild- oder Schallträgern anzugeben. Ohne seine Einwilligung darf das nicht geschehen. Die Einwilligung kann zurückgenommen werden, wenn ein Bild- oder Schallträger den Vortrag oder die Aufführung mit solchen Änderungen oder so mangelhaft wiedergibt, daß seine Benutzung geeignet ist, den künstlerischen Ruf des Verwertungsberechtigten zu beeinträchtigen.

(2) Die im Abs. 1 bezeichneten Rechte enden keinesfalls vor dem Tode des nach § 66 Abs. 1 Verwertungsberechtigten. Nach seinem Tode stehen sie bis zum Erlöschen der Verwertungsrechte den Personen zu, auf die die Verwertungsrechte übergegangen sind.

(3) Die Abs. 1 und 2 gelten nicht für Personen, die bloß im Chor oder Orchester oder auf ähnliche Art mitwirken.

Ausnahmen

§ 69. (1) Zur Vervielfältigung und Verbreitung gewerbsmäßig hergestellter Filmwerke und anderer kinematographischer Erzeugnisse bedarf es der sonst nach § 66 Abs. 1 erforderlichen Einwilligung der Personen nicht, die an den zum Zweck der Herstellung des Filmwerkes oder des kinematographischen Erzeugnisses vorgenommenen Vorträgen oder Aufführungen in Kenntnis dieses Zweckes mitgewirkt haben.

(2) Zum eigenen Gebrauch darf jedermann durch Rundfunk gesendete Vorträge oder Aufführungen sowie die mit Hilfe eines Bild- oder Schallträgers bewirkte Wiedergabe eines Vortrages oder einer Aufführung auf einem Bild- oder Schallträger festhalten und von diesem einzelne Vervielfältigungsstücke herstellen. Solche Bild- oder Schallträger dürfen weder verbreitet noch zu einer Rundfunksendung oder öffentlichen Wiedergabe des Vortrages oder der Aufführung verwendet werden. Der § 42 Abs. 5 bis 7 gilt entsprechend.

(3) Der § 56 Abs. 1 und 3 gilt entsprechend.

2. Verwertung im Rundfunk

§ 70. (1) Der Vortrag oder die Aufführung eines Werkes der Literatur oder Tonkunst darf nur mit Einwilligung der Personen, deren Einwilligung nach § 66 Abs. 1 und 5 zur Festhaltung auf Bild- oder Schallträgern erforderlich ist, durch Rundfunk gesendet werden (§ 17); § 33 Abs. 1 und § 66 Abs. 6 gelten entsprechend.

(2) Die nach Abs. 1 erforderliche Einwilligung ist für eine Rundfunksendung mit Hilfe von Bild- oder Schallträgern nicht erforderlich, es sei denn, daß diese nach § 66 Abs. 7 oder § 69 Abs. 2 zu einer Rundfunksendung nicht benutzt werden dürfen.

3. Verwertung zur öffentlichen Wiedergabe

§ 71. (1) Vorträge oder Aufführungen eines Werkes der Literatur oder Tonkunst dürfen nur mit Einwilligung der Personen, deren Einwilligung nach § 66 Abs. 1 und 5 zur Festhaltung auf Bild- oder Schallträgern erforderlich ist, durch Lautsprecher oder durch eine andere technische Einrichtung außerhalb des Ortes (Theater, Saal, Platz, Garten u. dgl.), wo sie stattfinden, öffentlich wiedergegeben werden; § 66 Abs. 6 gilt entsprechend. Doch bedarf es nur der Einwilligung des Veranstalters der Vorträge oder Aufführungen, wenn diese mit Hilfe von Bild- oder Schallträgern oder Rundfunksendungen vorgenommen werden, die hierzu nach den Vorschriften dieses Abschnittes benutzt werden dürfen.

(2) Eine dem § 70 entsprechende Rundfunksendung des Vortrages oder der Aufführung eines Werkes der Literatur oder Tonkunst darf zu einer öffentlichen Wiedergabe des Vortrages oder der Aufführung durch Lautsprecher oder durch eine andere technische Einrichtung benutzt werden.

4. Gemeinsame Vorschriften

§ 72. (1) Die §§ 66 bis 71 gelten auch dann, wenn die vorgetragenen oder aufgeführten Werke der Literatur oder Tonkunst den urheberrechtlichen Schutz dieses Gesetzes nicht genießen.

(2) § 41 gilt für die an Vorträgen und Aufführungen bestehenden Schutzrechte entsprechend.

(3) Zur Berichterstattung über Tagesereignisse dürfen Vorträge und Aufführungen, die bei Vorgängen, über die berichtet wird, öffentlich wahrnehmbar werden, in einem durch den Informationszweck gerechtfertigten Umfang auf Bild- oder Schallträgern festgehalten, durch Rundfunk gesendet und öffentlich wiedergegeben werden; solche Bild- oder Schallträger dürfen in diesem Umfang vervielfältigt und verbreitet werden. Ob und inwieweit in einem solchen Fall die nach § 66 Abs. 1 Verwertungsberechtigten verlangen können, daß ihr Name auf dem Bild- oder Schallträger angegeben wird, ist nach den im redlichen Verkehr geltenden Gewohnheiten und Gebräuchen zu beurteilen.

(4) Die Benutzung einzelner Vorträge oder Aufführungen von Werken der Literatur oder Tonkunst zu Zwecken der Wissenschaft oder des Unterrichts in einem durch den Zweck gerechtfertigten Umfang ist zulässig.

(5) Vorträge oder Aufführungen von Werken der Literatur oder Tonkunst dürfen durch den Veranstalter auf einem Bild- oder Schallträger festgehalten und mit Hilfe eines solchen Bild- oder Schallträgers oder einer anderen technischen Einrichtung innerhalb des Gebäudes, in dem die Veranstaltung stattfindet, zu dem Zweck wiedergegeben werden, die Veranstaltung in einem anderen Raume wahrnehmbar zu machen.

(6) Für den Vortrag einer der im § 43 bezeichneten Reden durch den Redner selbst gelten die Vorschriften der §§ 66 bis 71 nicht.

II. Abschnitt · **Schutz von Lichtbildern, Schallträgern und Rundfunksendungen**

1. Lichtbilder

§ 73. (1) Lichtbilder im Sinne dieses Gesetzes sind durch ein photographisches Verfahren hergestellte Abbildungen. Als photographisches Verfahren ist auch ein der Photographie ähnliches Verfahren anzusehen.

(2) Derart hergestellte Laufbilder (kinematographische Erzeugnisse) unterliegen, unbeschadet der urheberrechtlichen Vorschriften zum Schutze von Filmwerken, den für Lichtbilder geltenden Vorschriften.

Schutzrecht

§ 74. (1) Wer ein Lichtbild aufnimmt (Hersteller), hat mit den vom Gesetz bestimmten Beschränkungen das ausschließliche Recht, das Lichtbild zu vervielfältigen, zu verbreiten, durch optische Einrichtungen öffentlich vorzuführen und durch Rundfunk zu senden. Bei gewerbsmäßig hergestellten Lichtbildern gilt der Inhaber des Unternehmens als Hersteller.

(2) Die dem Hersteller nach Abs. 1 zustehenden Verwertungsrechte sind vererblich und veräußerlich.

(3) Hat der Hersteller ein Lichtbild mit seinem Namen (Decknamen, Firma) bezeichnet, so sind auch die von anderen hergestellten, zur Verbreitung bestimmten Vervielfältigungsstücke mit einem entsprechenden Hinweis auf den Hersteller zu versehen. Gibt ein derart bezeichnetes Vervielfältigungsstück das Lichtbild mit wesentlichen Änderungen wieder, so ist die Herstellerbezeichnung mit einem entsprechenden Zusatz zu versehen.

(4) Bei den mit einer Herstellerbezeichnung versehenen Vervielfältigungsstükken darf auch die Gegenstandsbezeichnung von der vom Hersteller angegebenen nur so weit abweichen, als es der Übung des redlichen Verkehrs entspricht.

(5) Nach dem Tode des Herstellers kommt der ihm durch die Abs. 3 und 4 gewährte Schutz den Personen zu, auf die die Verwertungsrechte übergehen. Werden die Verwertungsrechte auf einen anderen übertragen, so kann dem Erwerber auch das Recht eingeräumt werden, sich als Hersteller des Lichtbildes zu bezeichnen. In diesem Falle gilt der Erwerber fortan als Hersteller und genießt, wenn er als solcher auf den Lichtbildstücken genannt ist, auch Schutz nach den Vorschriften der Abs. 3 und 4.

(6) Das Schutzrecht an Lichtbildern erlischt dreißig Jahre nach der Aufnahme, wenn aber das Lichtbild vor dem Ablauf dieser Frist veröffentlicht wird, dreißig Jahre nach der Veröffentlichung. Die Fristen sind nach § 64 zu berechnen.

(7) Die §§ 5, 7, 8, 9, 11, 12, 13, 14 Abs. 2, § 15 Abs. 1, §§ 16, 16a, 17, 18 Abs. 3, § 23 Abs. 2 und 4, §§ 24, 25 Abs. 2 bis 6, §§ 26, 27 Abs. 1, 3, 4 und 5, § 31 Abs. 1, § 32 Abs. 1, § 33 Abs. 2, §§ 36, 37, 41, 42a, 54 Abs. 1 Z 3 und 4 und Abs. 2, §§ 56, 59a und 59b sowie die für Werke der bildenden Künste geltenden Bestimmungen des § 42 Abs. 1 bis 3 und 5 bis 7 gelten für Lichtbilder entsprechend.

Sondervorschriften für Lichtbildnisse von Personen

§ 75. (1) Von einem auf Bestellung aufgenommenen Lichtbildnis einer Person dürfen, wenn nichts anderes vereinbart ist, der Besteller und seine Erben sowie der Abgebildete und nach seinem Tode die mit ihm in gerader Linie Verwandten und sein überlebender Ehegatte einzelne Vervielfältigungsstücke herstellen oder durch einen anderen, auch gegen Entgelt, herstellen lassen, in einem photographischen Verfahren aber nur dann, wenn sie sich in einem solchen Verfahren hergestellte Vervielfältigungsstücke von dem Berechtigten überhaupt nicht oder nur mit unverhältnismäßig großen Schwierigkeiten beschaffen können.

(2) Vervielfältigungsstücke, deren Herstellung nach Abs. 1 zulässig ist, dürfen unentgeltlich verbreitet werden.

2. Schallträger

§ 76. (1) Wer akustische Vorgänge zu ihrer wiederholbaren Wiedergabe auf einem Schallträger festhält (Hersteller), hat mit den vom Gesetz bestimmten Beschränkungen das ausschließliche Recht, den Schallträger zu vervielfältigen und zu verbreiten. Unter der Vervielfältigung wird auch die Benutzung einer mit Hilfe eines Schallträgers bewirkten Wiedergabe zur Übertragung auf einen anderen verstanden. Bei gewerbsmäßig hergestellten Schallträgern gilt der Inhaber des Unternehmens als Hersteller.

(2) Dem Abs. 1 zuwider vervielfältigte oder verbreitete Schallträger dürfen zu einer Rundfunksendung (§ 17) oder öffentlichen Wiedergabe nicht benutzt werden.

(3) Wird ein zu Handelszwecken hergestellter Schallträger zu einer Rundfunksendung (§ 17) oder öffentlichen Wiedergabe benutzt, so hat der Benutzer dem Hersteller (Abs. 1), vorbehaltlich des § 66 Abs. 7 und des vorstehenden Abs. 2, eine angemessene Vergütung zu entrichten. Die im § 66 Abs. 1 bezeichneten Personen haben gegen den Hersteller einen Anspruch auf einen Anteil an dieser Vergütung. Dieser Anteil beträgt mangels Einigung der Berechtigten die Hälfte der dem Hersteller nach Abzug der Einhebungskosten verbleibenden Vergütung. Die Ansprüche des Herstellers und der im § 66 Abs. 1 bezeichneten Personen können

nur von Verwertungsgesellschaften oder durch eine einzige Verwertungsgesellschaft geltend gemacht werden.

(4) Zum eigenen Gebrauch darf jedermann eine mit Hilfe eines Schallträgers bewirkte Wiedergabe auf einem Schallträger festhalten und von diesem einzelne Vervielfältigungsstücke herstellen. Solche Schallträger dürfen weder verbreitet noch zu einer Rundfunksendung oder öffentlichen Wiedergabe benutzt werden. Der § 42 Abs. 5 bis 7 gilt entsprechend.

(5) Das Schutzrecht an Schallträgern erlischt fünfzig Jahre nach der Aufnahme, wenn aber der Schallträger vor dem Ablauf dieser Frist veröffentlicht wird, fünfzig Jahre nach der Veröffentlichung. Die Fristen sind nach § 64 zu berechnen.

(6) Die §§ 5, 7, 8, 9, 11, 12, 13, 14 Abs. 2, § 15 Abs. 1, § 16 Abs. 1 und 3, §§ 16a, 23 Abs. 2 und 4, §§ 24, 25 Abs. 2, 3 und 5, §§ 26, 27 Abs. 1, 3, 4 und 5, § 31 Abs. 1, § 32 Abs. 1, § 33 Abs. 2, §§ 41, 42a, 56, 72 Abs. 4 und § 74 Abs. 2 bis 5 gelten entsprechend; im Fall der Abs. 2 und 4 gelten ferner die §§ 59a und 59b entsprechend.

3. Rundfunksendungen

§ 76a. (1) Wer Töne oder Bilder durch Rundfunk oder auf eine ähnliche Art sendet (§ 17, Rundfunkunternehmer), hat mit den vom Gesetz bestimmten Beschränkungen das ausschließliche Recht, die Sendung gleichzeitig über eine andere Sendeanlage zu senden, die Sendung auf einem Bild- oder Schallträger (besonders auch in Form eines Lichtbildes) festzuhalten, diesen zu vervielfältigen und zu verbreiten. Unter der Vervielfältigung wird auch die Benutzung einer mit Hilfe eines Bild- oder Schallträgers bewirkten Wiedergabe zur Übertragung auf einen anderen verstanden.

(2) Dem Abs. 1 zuwider vervielfältigte oder verbreitete Bild- oder Schallträger dürfen zu einer Rundfunksendung (§ 17) oder zu einer öffentlichen Wiedergabe nicht benutzt werden.

(3) Zum eigenen Gebrauch darf jedermann eine Rundfunksendung auf einem Bild- oder Schallträger festhalten und von diesem einzelne Vervielfältigungsstücke herstellen. Solche Bild- oder Schallträger dürfen weder verbreitet noch zu einer Rundfunksendung oder zu einer öffentlichen Wiedergabe benutzt werden.

(4) Das Schutzrecht an Rundfunksendungen erlischt dreißig Jahre nach der Sendung. Die Frist ist nach § 64 zu berechnen.

(5) Die §§ 5, 7, 8, 9, 11, 12, 13, 14 Abs. 2, § 15 Abs. 1, § 16 Abs. 1 und 3, §§ 16a, 18 Abs. 2, § 23 Abs. 2 und 4, §§ 24, 25 Abs. 2, 3 und 5, §§ 26, 27 Abs. 1, 3, 4 und 5, § 31 Abs. 1, § 32 Abs. 1, § 33 Abs. 2, §§ 41, 42a, 56, 59a, 72 Abs. 4 und § 74 Abs. 2 bis 5 gelten entsprechend.

III. Abschnitt · **Brief- und Bildnisschutz**

Briefschutz

§ 77. (1) Briefe, Tagebücher und ähnliche vertrauliche Aufzeichnungen dürfen weder öffentlich vorgelesen noch auf eine andere Art, wodurch sie der Öffentlichkeit zugänglich gemacht werden, verbreitet werden, wenn dadurch berechtigte Interessen des Verfassers oder, falls er gestorben ist, ohne die Veröffentlichung gestattet oder angeordnet zu haben, eines nahen Angehörigen verletzt würden.

(2) Nahe Angehörige im Sinne des Abs. 1 sind die Verwandten in auf- und absteigender Linie sowie der überlebende Ehegatte. Die mit dem Verfasser im ersten Grade Verwandten und der überlebende Ehegatte genießen diesen Schutz zeit ihres Lebens, andere Angehörige nur, wenn seit dem Ablauf des Todesjahres des Verfassers zehn Jahre noch nicht verstrichen sind.

(3) Briefe dürfen auch dann nicht auf die im Abs. 1 bezeichnete Art verbreitet werden, wenn hiedurch berechtigte Interessen dessen, an den der Brief gerichtet ist, oder, falls er gestorben ist, ohne die Veröffentlichung gestattet oder angeordnet zu haben, eines nahen Angehörigen verletzt würden. Abs. 2 gilt entsprechend.

(4) Die Abs. 1 bis 3 gelten ohne Rücksicht darauf, ob die im Abs. 1 bezeichneten Schriften den urheberrechtlichen Schutz dieses Gesetzes genießen oder nicht. Die Anwendung urheberrechtlicher Bestimmungen auf solche Schriften bleibt unberührt.

(5) Die Abs. 1 bis 3 gelten nicht für Schriften, die, wenngleich nicht ausschließlich, zum amtlichen Gebrauch verfaßt worden sind.

(6) Die Vorschriften des § 41 gelten entsprechend.

Bildnisschutz

§ 78. (1) Bildnisse von Personen dürfen weder öffentlich ausgestellt noch auf eine andere Art, wodurch sie der Öffentlichkeit zugänglich gemacht werden, verbreitet werden, wenn dadurch berechtigte Interessen des Abgebildeten oder, falls er gestorben ist, ohne die Veröffentlichung gestattet oder angeordnet zu haben, eines nahen Angehörigen verletzt würden.

(2) Die Vorschriften der §§ 41 und 77 Abs. 2 und 4 gelten entsprechend.

IV. Abschnitt · **Nachrichtenschutz, Schutz des Titels von Werken der Literatur und der Kunst**

Nachrichtenschutz

§ 79. (1) Presseberichte der im § 44 Abs. 3 bezeichneten Art, die in Zeitungskorrespondenzen oder anderen der entgeltlichen Vermittlung von Nachrichten an Zeitungen oder Zeitschriften dienenden Mitteilungen enthalten sind, dürfen in Zeitungen oder Zeitschriften erst dann wiedergegeben werden, wenn seit ihrer Verlautbarung in einer vom Nachrichtensammler dazu ermächtigten Zeitung oder Zeitschrift mindestens 12 Stunden verstrichen sind.

(2) Bei der Anwendung des Abs. 1 stehen den Zeitungen und Zeitschriften alle anderen Einrichtungen gleich, die die periodische Verbreitung von Nachrichten an jedermann besorgen. § 59a gilt jedoch entsprechend.

Titelschutz

§ 80. (1) Im geschäftlichen Verkehr darf weder der Titel oder die sonstige Bezeichnung eines Werkes der Literatur oder Kunst noch die äußere Ausstattung von Werkstücken für ein anderes Werk auf eine Weise verwendet werden, die geeignet ist, Verwechslungen hervorzurufen.

(2) Abs. 1 gilt auch für Werke der Literatur und der Kunst, die den urheberrechtlichen Schutz dieses Gesetzes nicht genießen.

III. Hauptstück · **Rechtsdurchsetzung**

I. Abschnitt · **Zivilrechtliche Vorschriften**

Unterlassungsanspruch

§ 81. (1) Wer in einem auf dieses Gesetz gegründeten Ausschließungsrecht verletzt worden ist oder eine solche Verletzung zu besorgen hat, kann auf Unterlassung klagen. Der Inhaber eines Unternehmens kann hierauf auch dann geklagt werden, wenn eine solche Verletzung im Betrieb seines Unternehmens von einem Bediensteten oder Beauftragten begangen worden ist oder droht.

(2) Einstweilige Verfügungen können erlassen werden, auch wenn die im § 381 der Exekutionsordnung bezeichneten Voraussetzungen nicht zutreffen.

Beseitigungsanspruch

§ 82. (1) Wer in einem auf dieses Gesetz gegründeten Ausschließungsrechte verletzt wird, kann verlangen, daß der dem Gesetz widerstreitende Zustand beseitigt werde.

(2) Der Verletzte kann insbesondere verlangen, daß die den Vorschriften dieses Gesetzes zuwider hergestellten oder verbreiteten sowie die zur widerrechtlichen Verbreitung bestimmten Vervielfältigungsstücke vernichtet und daß die ausschließlich zur widerrechtlichen Vervielfältigung bestimmten Mittel (Formen, Steine, Platten, Filmstreifen u. dgl.) unbrauchbar gemacht werden.

(3) Enthalten die im Abs. 2 bezeichneten Eingriffsgegenstände oder Eingriffsmittel Teile, deren unveränderter Bestand und deren Gebrauch durch den Beklagten das Ausschließungsrecht des Klägers nicht verletzen, so hat das Gericht diese Teile in dem die Vernichtung oder Unbrauchbarmachung aussprechenden Urteil zu bezeichnen. Bei der Vollstreckung sind diese Teile, soweit es möglich ist, von der Vernichtung oder Unbrauchbarmachung auszunehmen, wenn der Verpflichtete die damit verbundenen Kosten im voraus bezahlt. Zeigt sich im Exekutionsverfahren, daß die Unbrauchbarmachung von Eingriffsmitteln unverhältnismäßig große Kosten erfordern würde, und werden diese vom Verpflichteten nicht im voraus bezahlt, so ordnet das Exekutionsgericht nach Einvernehmung der Parteien die Vernichtung dieser Eingriffsmittel an.

(4) Kann der dem Gesetz widerstreitende Zustand auf eine andere als die im Abs. 2 bezeichnete, mit keiner oder einer geringeren Wertvernichtung verbundenen Art beseitigt werden, so kann der Verletzte nur Maßnahmen dieser Art begehren. Namentlich dürfen Werkstücke nicht bloß deshalb vernichtet werden, weil die Quellenangabe fehlt oder dem Gesetz nicht entspricht.

(5) Statt der Vernichtung von Eingriffsgegenständen oder Unbrauchbarmachung von Eingriffsmitteln kann der Verletzte verlangen, daß ihm die Eingriffsgegenstände oder Eingriffsmittel von ihrem Eigentümer gegen eine angemessene, die Herstellungskosten nicht übersteigende Entschädigung überlassen werden.

(6) Der Beseitigungsanspruch richtet sich gegen den Eigentümer der Gegenstände, die den der Beseitigung des gesetzwidrigen Zustandes dienenden Maßnahmen unterliegen. Der Anspruch kann während der Dauer des verletzten Rechtes so lange geltend gemacht werden, als solche Gegenstände vorhanden sind.

Unterlassungs- und Beseitigungsanspruch bei Werken der bildenden Künste

§ 83. (1) Ist ein Urstück eines Werkes der bildenden Künste unbefugt geändert worden, so kann der Urheber, soweit im folgenden nichts anderes bestimmt ist, nur verlangen, daß die Änderung auf dem Urstück als nicht vom Schöpfer des Werkes herrührend gekennzeichnet oder daß eine darauf befindliche Urheberbezeichnung beseitigt oder berichtigt werde.

(2) Ist die Wiederherstellung des ursprünglichen Zustandes möglich und stehen ihr nicht überwiegende öffentliche Interessen oder überwiegende Interessen des Eigentümers entgegen, so kann der Schöpfer des Werkes nach seiner Wahl an Stelle der im Abs. 1 bezeichneten Maßnahmen verlangen, daß ihm die Wiederherstellung gestattet werde.

(3) Bei Werken der Baukunst kann der Urheber auf Grund des § 81 eine unbefugte Änderung nicht untersagen. Auch kann er nicht verlangen, daß Bauten abgetragen, umgebaut oder ihm nach § 82 Abs. 5 überlassen werden. Doch ist auf sein Verlangen je nach der Sachlage eine der im Abs. 1 bezeichneten Maßnahmen zu treffen oder auf dem Nachbau eine der Wahrheit entsprechende Urheberbezeichnung anzubringen.

Unterlassungs- und Beseitigungsanspruch in den Fällen der §§ 79 und 80

§ 84. (1) Im Falle des § 79 können Unterlassungs- und Beseitigungsansprüche nicht nur vom Nachrichtensammler geltend gemacht werden, sondern auch von jedem Unternehmer, der mit dem Täter in Wettbewerb steht, sowie von Vereinigungen zur Förderung wirtschaftlicher Interessen von Unternehmern, wenn diese Interessen durch die Tat berührt werden.

(2) Im Falle des § 80 können Unterlassungs- und Beseitigungsansprüche von einer solchen Vereinigung sowie von jedem Unternehmer geltend gemacht werden, der sich damit befaßt, Stücke des Werkes, dessen Titel, Bezeichnung oder Ausstattung für ein anderes Werk verwendet wird, in Verkehr zu bringen oder es öffentlich vorzutragen, aufzuführen oder vorzuführen, und dessen Interessen durch die Tat beeinträchtigt werden. Bei urheberrechtlich geschützten Werken ist dazu stets auch der Urheber berechtigt.

(3) Eingriffsgegenstände unterliegen in den Fällen der §§ 79 und 80 dem Beseitigungsanspruch nur, wenn sie zur widerrechtlichen Verbreitung bestimmt sind. Ein Anspruch auf Überlassung von Eingriffsgegenständen oder Eingriffsmitteln (§ 82 Abs. 5) besteht in diesen Fällen nicht.

Urteilsveröffentlichung

§ 85. (1) Wird auf Unterlassung oder Beseitigung oder Feststellung des Bestehens oder Nichtbestehens eines auf dieses Gesetz gegründeten Ausschließungsrechtes oder der Urheberschaft (§ 19) geklagt, so hat das Gericht der obsiegenden Partei, wenn diese daran ein berechtigtes Interesse hat, auf Antrag die Befugnis zuzusprechen, das Urteil innerhalb bestimmter Frist auf Kosten des Gegners zu veröffentlichen. Die Art der Veröffentlichung ist im Urteil zu bestimmen.

(2) Die Veröffentlichung umfaßt den Urteilsspruch. Auf Antrag der obsiegenden Partei kann jedoch das Gericht einen vom Urteilsspruch nach Umfang oder Wortlaut abweichenden oder ihn ergänzenden Inhalt der Veröffentlichung bestimmen. Dieser Antrag ist spätestens vier Wochen nach Rechtskraft des Urteils zu stellen. Ist der Antrag erst nach Schluß der mündlichen Streitverhandlung gestellt worden, so hat hierüber das Gericht erster Instanz nach Rechtskraft des Urteils mit Beschluß zu entscheiden.

(3) Das Gericht erster Instanz hat auf Antrag der obsiegenden Partei die Kosten der Veröffentlichung festzusetzen und deren Ersatz dem Gegner aufzutragen.

(4) Die Veröffentlichung auf Grund eines rechtskräftigen Urteils oder eines anderen vollstreckbaren Exekutionstitels ist vom Medienunternehmer ohne unnötigen Aufschub vorzunehmen.

Anspruch auf angemessenes Entgelt

§ 86. (1) Wer unbefugt

1. ein Werk der Literatur oder Kunst auf eine nach den §§ 14 bis 18 dem Urheber vorbehaltene Verwertungsart benutzt,
2. den Vortrag oder die Aufführung eines Werkes der Literatur oder Tonkunst dem § 66 Abs. 1 und 5 zuwider auf einem Bild- oder Schallträger festhält oder diesen vervielfältigt oder dem § 66 Abs. 1 und 5 oder dem § 69 Abs. 2 zuwider verbreitet,
3. den Vortrag oder die Aufführung eines Werkes der Literatur oder Tonkunst dem § 66 Abs. 7, § 69 Abs. 2, §§ 70 oder 71 zuwider durch Rundfunk sendet oder öffentlich wiedergibt,
4. ein Lichtbild oder einen Schallträger auf eine nach den §§ 74 oder 76 dem Hersteller vorbehaltene Verwertungsart benutzt oder
5. eine Rundfunksendung auf eine nach § 76a dem Rundfunkunternehmer vorbehaltene Verwertungsart benutzt,

hat, auch wenn ihn kein Verschulden trifft, dem Verletzten, dessen Einwilligung einzuholen gewesen wäre, ein angemessenes Entgelt zu zahlen.

(2) Auf ein solches Entgelt besteht aber kein Anspruch, wenn eine Rundfunksendung oder öffentliche Wiedergabe nur deshalb unzulässig gewesen ist, weil sie mit Hilfe von Bild- oder Schallträgern oder Rundfunksendungen vorgenommen worden ist, die nach dem § 50 Abs. 2, § 53 Abs. 2, § 56 Abs. 3, § 66 Abs. 7, § 69 Abs. 2, §§ 70, 71, 74, 76 oder 76a Abs. 2 und 3 dazu nicht verwendet werden durften, und wenn diese Eigenschaft der Bild- oder Schallträger oder Rundfunksendungen ihrem Benutzer ohne sein Verschulden unbekannt gewesen ist.

(3) Wer einen Pressebericht dem § 79 zuwider benutzt, hat, wenn ihn kein Verschulden trifft, dem Nachrichtensammler ein angemessenes Entgelt zu bezahlen.

Anspruch auf Schadenersatz und auf Herausgabe des Gewinnes

§ 87. (1) Wer durch eine Zuwiderhandlung gegen dieses Gesetz einen anderen schuldhaft schädigt, hat dem Verletzten ohne Rücksicht auf den Grad des Verschuldens auch den entgangenen Gewinn zu ersetzen.

(2) Auch kann der Verletzte in einem solchen Fall eine angemessene Entschädigung für die in keinem Vermögensschaden bestehenden Nachteile verlangen, die er durch die Handlung erlitten hat.

(3) Der Verletzte, dessen Einwilligung einzuholen gewesen wäre, kann als Ersatz des ihm schuldhaft zugefügten Vermögensschadens (Abs. 1), wenn kein höherer Schaden nachgewiesen wird, das Doppelte des ihm nach § 86 gebührenden Entgelts begehren.

(4) Wird ein Werk der Literatur oder Kunst unbefugt vervielfältigt oder verbreitet, so kann der Verletzte, dessen Einwilligung einzuholen gewesen wäre, auch die Herausgabe des Gewinnes verlangen, den der Schädiger durch den schuldhaften Eingriff erzielt hat. Dasselbe gilt, wenn der Vortrag oder die Aufführung eines Werkes der Literatur oder Tonkunst dem § 66 Abs. 1 zuwider oder eine Rundfunksendung dem § 76a zuwider auf einem Bild- oder Schallträger verwertet oder wenn ein Lichtbild dem § 74 zuwider oder ein Schallträger dem § 76 zuwider vervielfältigt oder verbreitet wird.

(5) Neben einem angemessenen Entgelt (§ 86) oder der Herausgabe des Gewinnes (Abs. 4) kann ein Ersatz des Vermögensschadens nur begehrt werden, soweit er das Entgelt oder den herauszugebenden Gewinn übersteigt.

Anspruch auf Rechnungslegung

§ 87a. (1) Wer nach diesem Gesetz zur Leistung eines angemessenen Entgelts oder einer angemessenen Vergütung, zum Schadenersatz oder zur Herausgabe des Gewinnes verpflichtet ist, hat dem Anspruchsberechtigten Rechnung zu legen und deren Richtigkeit durch einen Sachverständigen prüfen zu lassen. Wenn sich dabei ein höherer Betrag als aus der Rechnungslegung ergibt, sind die Kosten der Prüfung vom Zahlungspflichtigen zu tragen.

(2) Wer nach § 42 Abs. 5 als Bürge und Zahler haftet, hat dem Anspruchsberechtigten auch anzugeben, von wem er das Trägermaterial bezogen hat, sofern er nicht die Vergütung für dieses Trägermaterial leistet.

(3) Die Abs. 1 und 2 gelten sinngemäß auch für denjenigen, der nach § 42 Abs. 5 letzter Satz von der Haftung ausgenommen ist.

Anspruch auf Auskunft

§ 87b. Wer im Inland Werkstücke verbreitet, an denen das Verbreitungsrecht durch Inverkehrbringen in einem Mitgliedstaat der Europäischen Wirtschaftsgemeinschaft oder der Europäischen Freihandelsassoziation erloschen ist (§ 16 Abs. 3) hat dem Berechtigten auf Verlangen richtig und vollständig Auskunft über Hersteller, Inhalt, Herkunftsland und Menge der verbreiteten Werkstücke zu geben. Anspruch auf Auskunft hat, wem das Recht, die Werkstücke im Inland zu verbreiten, im Zeitpunkt des Erlöschens zugestanden ist.

Haftung des Inhabers eines Unternehmens

§ 88. (1) Wird der einen Anspruch auf angemessenes Entgelt (§ 86) begründende Eingriff im Betrieb eines Unternehmens von einem Bediensteten oder Beauftragten begangen, so trifft die Pflicht zur Zahlung des Entgeltes den Inhaber des Unternehmens.

(2) Hat ein Bediensteter oder Beauftragter im Betrieb eines Unternehmens diesem Gesetz zuwidergehandelt, so haftet, unbeschadet einer allfälligen Ersatzpflicht dieser Personen, der Inhaber des Unternehmens für den Ersatz des dadurch verursachten Schadens (§ 87 Abs. 1 bis 3), wenn ihm die Zuwiderhandlung bekannt war oder bekannt sein mußte. Auch trifft ihn in einem solchen Falle die Pflicht zur Herausgabe des Gewinnes nach § 87 Abs. 4.

Haftung mehrerer Verpflichteter

§ 89. Soweit derselbe Anspruch auf ein angemessenes Entgelt (§ 86), auf Schadenersatz (§ 87 Abs. 1 bis 3) oder auf Herausgabe des Gewinnes (§ 87 Abs. 4) gegen mehrere Personen begründet ist, haften sie zur ungeteilten Hand.

Verjährung

§ 90. (1) Die Verjährung der Ansprüche auf angemessenes Entgelt, angemessene Vergütung, Herausgabe des Gewinnes und Auskunft richtet sich nach den Vorschriften für Entschädigungsklagen.

(2) Die Ansprüche der einzelnen Anspruchsberechtigten oder Gruppen von Anspruchsberechtigten gegen die Verwertungsgesellschaft verjähren ohne Rücksicht auf die Kenntnis des Anspruchsberechtigten von den die Zahlungspflicht der Verwertungsgesellschaft begründenden Tatsachen in drei Jahren ab diesem Zeitpunkt.

§ 90 a. (1) Trägermaterial im Sinn des § 42 Abs. 5, das zum freien Verkehr oder zum Eingangsvormerkverkehr zum ungewissen Verkauf oder zur Einlagerung in ein offenes Lager auf Vormerkrechnung im Sinn der zollrechtlichen Bestimmungen eingeführt wird, ist von dem, der die Anmeldung nach § 52 Zollgesetz 1988 abgibt, nach Maßgabe der Verordnungen nach den Abs. 3 und 4 mit einem eigenen Anmeldeschein anzumelden. Im Anmeldeschein sind Stückzahl, Art, Spieldauer und Warenzeichen des Trägermaterials sowie der Name und die Anschrift des Anmelders und des Empfängers des Trägermaterials anzugeben. Der Anmeldeschein ist eine für die Abfertigung erforderliche Unterlage im Sinn des § 52 Abs. 4 Zollgesetz 1988. Die Anmeldescheine sind von den Zollämtern den Verwertungsgesellschaften, die Ansprüche nach § 42 Abs. 5 und in Verbindung damit aus § 69 Abs. 3, § 74 Abs. 7 und § 76 Abs. 4 geltend machen, zu übersenden.

(2) Von der Anmeldepflicht nach Abs. 1 sind Sendungen ausgenommen, die nach den zollrechtlichen Vorschriften zollfrei bleiben oder nicht mehr als 100 Stück umfassen.

(3) Der Bundesminister für Justiz hat im Einvernehmen mit dem Bundesminister für Finanzen durch Verordnung zu bestimmen, welche nach den Nummern des Zolltarifs (Zolltarifgesetz 1988, BGBl. Nr. 155/1987, in der jeweils geltenden Fassung) bezeichnete Waren unter die Anmeldepflicht nach Abs. 1 fallen und welchen Verwertungsgesellschaften die Anmeldescheine zu übersenden sind; die Verordnung hat auch Form und Inhalt des Anmeldescheins zu bestimmen. Die Verordnung hat auf den erforderlichen Verwaltungsaufwand und auf die Bedürfnisse der Verwertungsgesellschaften angemessen Bedacht zu nehmen.

(4) Der Bundesminister für Justiz kann im Einvernehmen mit dem Bundesminister für Finanzen durch Verordnung weitere Ausnahmen von der Anmeldepflicht vorsehen, wenn das Interesse an der Erleichterung des Warenverkehrs oder der Verwaltungsvereinfachung das Interesse der Verwertungsgesellschaften an der Anmeldung überwiegt.

(5) Der Anmelder und der im Anmeldeschein genannte Empfänger des Trägermaterials haben den im Abs. 1 bezeichneten Verwertungsgesellschaften auf

deren Verlangen richtig und vollständig Auskunft über die für die Entstehung der Zahlungspflicht maßgeblichen Umstände zu geben.

II. Abschnitt · **Strafrechtliche Vorschriften**

Eingriff

§ 91. (1) Wer einen Eingriff der im § 86 Abs. 1 bezeichneten Art begeht, ist mit Freiheitsstrafe bis zu sechs Monaten oder mit Geldstrafe bis zu 360 Tagessätzen zu bestrafen.

(1 a) Ebenso ist zu bestrafen, wer Mittel in Verkehr bringt oder zu Erwerbszwecken besitzt, die ausschließlich dazu bestimmt sind, die unerlaubte Beseitigung oder Umgehung technischer Mechanismen zum Schutz von Computerprogrammen zu erleichtern.

(2) Ebenso ist zu bestrafen, wer als Inhaber oder Leiter eines Unternehmens einen im Betrieb des Unternehmens von einem Bediensteten oder Beauftragten begangenen Eingriff dieser Art (Abs. 1 und 1 a) nicht verhindert.

(3) Der Täter ist nur auf Verlangen des in seinem Recht Verletzten zu verfolgen.

(4) § 85 Abs. 1, 3 und 4 über die Urteilsveröffentlichung gilt entsprechend.

(5) Das Strafverfahren obliegt dem Einzelrichter des Gerichtshofes erster Instanz.

Vernichtung und Unbrauchbarmachung von Eingriffsgegenständen und Eingriffsmitteln

§ 92. (1) In dem Urteil, womit ein Angeklagter des Vergehens nach § 91 schuldig erkannt wird, ist auf Antrag des Privatanklägers die Vernichtung der zur widerrechtlichen Verbreitung bestimmten Eingriffsgegenstände sowie die Unbrauchbarmachung der ausschließlich zur widerrechtlichen Vervielfältigung bestimmten und der im § 91 Abs. 1 a bezeichneten Eingriffsmittel anzuordnen.

(2) Kann keine bestimmte Person verfolgt oder verurteilt werden, so hat das Strafgericht auf Antrag des Verletzten die im Abs. 1 bezeichneten Maßnahmen im freisprechenden Erkenntnis oder in einem selbständigen Verfahren anzuordnen, wenn die übrigen Voraussetzungen dieser Maßnahmen vorliegen. Im selbständigen Verfahren erkennt hierüber das Gericht, das zur Durchführung des Strafverfahrens zuständig wäre, nachdem die etwa erforderlichen Erhebungen gepflogen worden sind, nach mündlicher Verhandlung durch Urteil. Auf die Verhandlung, die Entscheidung und ihre Veröffentlichung sowie auf die Anfechtung der Entscheidung sind die Vorschriften entsprechend anzuwenden, die für die Entscheidung über den Strafanspruch gelten. Für den Kostenersatz gelten dem Sinne nach die allgemeinen Vorschriften über den Ersatz der Kosten des Strafverfahrens; wird dem Antrag stattgegeben, so trifft die Kostenersatzpflicht die an dem Verfahren als Gegner des Antragstellers Beteiligten.

(3) In den Fällen der Abs. 1 und 2 sind, soweit es möglich ist, auch die Eigentümer der der Vernichtung oder Unbrauchbarmachung unterliegenden Gegenstände zur Verhandlung zu laden. Sie sind, soweit es sich um die gesetzlichen Voraussetzungen dieser Maßnahmen handelt, berechtigt, tatsächliche Umstände vorzubringen, Anträge zu stellen und gegen die Entscheidung die nach der Strafprozeßordnung zulässigen Rechtsmittel zu ergreifen. Wegen Nichtigkeit können sie das Urteil auch dann anfechten, wenn das Gericht die ihm nach den Abs. 1 und 2 zustehenden Befugnisse überschritten hat. Sie können ihre Sache selbst oder durch einen Bevollmächtigten führen und sich eines Rechtsbeistandes aus der Zahl der in die Verteidigerliste eingetragenen Personen bedienen. Die Frist zur Erhebung von Rechtsmitteln beginnt für sie mit der Verkündung des Urteils, auch wenn sie dabei nicht anwesend waren. Gegen ein in ihrer Abwesenheit gefälltes Urteil können sie keinen Einspruch erheben.

Beschlagnahme

§ 93. (1) Zur Sicherung der auf Grund des § 92 beantragten Maßnahmen können die ihnen unterliegenden Eingriffsgegenstände und Eingriffsmittel auf Antrag des Privatanklägers vom Strafgericht in Beschlag genommen werden.

(2) Das Strafgericht hat über einen solchen Antrag sofort zu entscheiden. Es kann die Bewilligung der Beschlagnahme von dem Erlag einer Sicherstellung abhängig machen. Die Beschlagnahme ist auf das unbedingt notwendige Maß zu beschränken. Sie muß aufgehoben werden, wenn eine angemessene Sicherheit dafür geleistet wird, daß die beschlagnahmten Gegenstände nicht auf eine unerlaubte Art benutzt und dem Zugriff des Gerichtes nicht entzogen werden.

(3) Wird die Beschlagnahme nicht schon früher aufgehoben, so bleibt sie bis zur rechtskräftigen Erledigung des Verfahrens über den Antrag auf Vernichtung der Eingriffsgegenstände oder Unbrauchbarmachung der Eingriffsmittel und, wenn im Urteil hierauf erkannt wird, bis zur Vollstreckung der angeordneten Maßnahmen aufrecht.

(4) Gegen Beschlüsse, betreffend die Anordnung, Einschränkung oder Aufhebung der Beschlagnahme, kann binnen drei Tagen Beschwerde erhoben werden; sie hat nur dann aufschiebende Wirkung, wenn sie sich gegen die Aufhebung oder Beschränkung der Beschlagnahme richtet.

(5) Erkennt das Gericht nicht auf Vernichtung oder Unbrauchbarmachung der beschlagnahmten Gegenstände, so hat der Antragsteller dem von der Beschlagnahme Betroffenen alle hiedurch verursachten vermögensrechtlichen Nachteile zu ersetzen. Kommt es infolge einer von den Parteien getroffenen Vereinbarung zu keiner Entscheidung über den Antrag auf Vernichtung oder Unbrauchbarmachung, so kann der Betroffene den Anspruch auf Ersatz nur erheben, wenn er sich ihn in der Vereinbarung vorbehalten hat.

(6) Der Anspruch auf den nach Abs. 5 gebührenden Ersatz ist im ordentlichen Rechtswege geltend zu machen.

IV. Hauptstück · **Anwendungsbereich des Gesetzes**

1. Werke der Literatur und der Kunst

Werke der Staatsbürger

§ 94. Ein Werk genießt ohne Rücksicht darauf, ob und wo es erschienen ist, den urheberrechtlichen Schutz dieses Gesetzes, wenn der Urheber (§ 10 Abs. 1) oder ein Miturheber österreichischer Staatsbürger ist.

Im Inland erschienene und mit inländischen Liegenschaften verbundene Werke

§ 95. Den urheberrechtlichen Schutz dieses Gesetzes genießen ferner alle nicht schon nach § 94 geschützten Werke, die im Inland erschienen sind, sowie die Werke der bildenden Künste, die Bestandteil oder Zugehör einer inländischen Liegenschaft sind.

Nicht im Inland erschienene und nicht mit inländischen Liegenschaften verbundene Werke von Ausländern

§ 96. (1) Für Werke ausländischer Urheber (§ 10 Abs. 1), die nicht nach § 94 oder nach § 95 geschützt sind, besteht der urheberrechtliche Schutz unbeschadet von Staatsverträgen unter der Voraussetzung, daß die Werke österreichischer Urheber auch in dem Staat, dem der ausländische Urheber angehört, in annähernd gleicher Weise geschützt sind, jedenfalls aber im selben Ausmaß wie die Werke der Angehörigen dieses Staates. Diese Gegenseitigkeit ist dann anzunehmen, wenn sie in einer Kundmachung des Bundesministers für Justiz im Hinblick auf die in dem betreffenden Staat bestehende Rechtslage festgestellt worden ist. Darüber hinaus können die zuständigen Behörden die Gegenseitigkeit mit einem anderen Staat vertraglich vereinbaren, wenn dies zur Wahrung der Interessen von österreichischen Urhebern geboten erscheint.

(2) Für die Berechnung der Dauer des Schutzes, den ausländische Urheber für ihre Werke in Österreich nach dem Welturheberrechtsabkommen vom 6. September 1952, BGBl. Nr. 108/1957, oder nach dem Welturheberrechtsabkommen, revidiert am 24. Juli 1971, BGBl. Nr. 293/1982, genießen, sind ihre Art. IV Z 4 Abs. 1 bzw. Art. IV Abs. 4 lit. a anzuwenden.

2. Vorträge und Aufführungen von Werken der Literatur und der Tonkunst

§ 97. (1) Vorträge und Aufführungen von Werken der Literatur und der Tonkunst, die im Inland stattfinden, sind nach den Vorschriften der §§ 66 bis 72 ohne Rücksicht darauf geschützt, welchem Staate die Personen angehören, deren Einwilligung nach § 66 Abs. 1 und 5 zur Festhaltung des Vortrages oder der Aufführung auf einem Bild- oder Schallträger erforderlich ist.

(2) Bei Vorträgen und Aufführungen, die im Ausland stattfinden, gelten die §§ 66 bis 72 zugunsten österreichischer Staatsbürger. Ausländer werden bei solchen Vorträgen und Aufführungen unbeschadet von Staatsverträgen unter der Voraussetzung geschützt, daß die Vorträge und Aufführungen österreichischer Staatsbürger auch in dem Staat, dem der Ausländer angehört, in annähernd gleicher Weise geschützt sind, jedenfalls aber im selben Ausmaß wie Vorträge und Aufführungen der Angehörigen dieses Staates. Diese Gegenseitigkeit ist dann anzunehmen, wenn sie in einer Kundmachung des Bundesministers für Justiz im Hinblick auf die in dem betreffenden Staat bestehende Rechtslage festgestellt worden ist. Darüber hinaus können die zuständigen Behörden die Gegenseitigkeit mit einem anderen Staat vertraglich vereinbaren, wenn dies zur Wahrung der Interessen von österreichischen nach § 66 Abs. 1 Verwertungsberechtigten geboten erscheint.

3. Lichtbilder

§ 98. (1) Für die Anwendbarkeit der Vorschriften zum Schutze von Lichtbildern (§§ 73 bis 75) gelten die Vorschriften der §§ 94 bis 96 entsprechend.

(2) Ist der Hersteller eine juristische Person, so ist dem Erfordernis der österreichischen Staatsbürgerschaft genügt, wenn die juristische Person ihren Sitz im Inland hat.

4. Schallträger und Rundfunksendungen

Schallträger

§ 99. (1) Schallträger werden nach § 76 ohne Rücksicht darauf geschützt, ob und wie sie erschienen sind, wenn der Hersteller österreichischer Staatsbürger ist. § 98 Abs. 2 gilt entsprechend.

(2) Andere Schallträger werden nach § 76 Abs. 1, 2 und 4 bis 6 geschützt, wenn sie im Inland erschienen sind.

(3) Schallträger ausländischer Hersteller, die nicht im Inland erschienen sind, werden nach § 76 Abs. 1, 2 und 4 bis 6 unbeschadet von Staatsverträgen unter der Voraussetzung geschützt, daß Schallträger österreichischer Hersteller auch in dem Staat, dem der ausländische Hersteller angehört, in annähernd gleicher Weise geschützt sind, jedenfalls aber im selben Ausmaß wie die Schallträger der Angehörigen dieses Staates. Diese Gegenseitigkeit ist dann anzunehmen, wenn

sie in einer Kundmachung des Bundesministers für Justiz im Hinblick auf die in dem betreffenden Staat bestehende Rechtslage festgestellt worden ist. Darüber hinaus können die zuständigen Behörden die Gegenseitigkeit mit einem anderen Staat vertraglich vereinbaren, wenn dies zur Wahrung der Interessen österreichischer Hersteller von Schallträgern geboten erscheint.

(4) Nicht im Inland erschienene Schallträger ausländischer Hersteller werden ferner nach § 76 Abs. 1, 2 und 4 bis 6 geschützt, wenn der Hersteller einem Vertragsstaat des Übereinkommens vom 29. Oktober 1971, BGBl. Nr. 294/1982, zum Schutz der Hersteller von Tonträgern gegen die unerlaubte Vervielfältigung ihrer Tonträger angehört.

(5) Auf den Schutz nach § 76 Abs. 3 haben Ausländer jedenfalls nur nach Maßgabe von Staatsverträgen Anspruch.

Rundfunksendungen

§ 99 a. Rundfunksendungen, die nicht im Inland ausgestrahlt werden, sind nur nach Maßgabe von Staatsverträgen geschützt.

5. Nachrichtenschutz und Titelschutz

§ 100. (1) Ausländern, die im Inland keine Hauptniederlassung haben, kommt der Schutz nach den §§ 79 und 80 nur nach Maßgabe von Staatsverträgen oder unter Voraussetzung der Gegenseitigkeit zu; der Bundesminister für Justiz ist ermächtigt, im Bundesgesetzblatt kundzumachen, daß und allenfalls wieweit die Gegenseitigkeit nach den innerstaatlichen Rechtsvorschriften des fremden Staates verbürgt ist.

(2) Dem Urheber eines geschützten Werkes und den Personen, denen ein Werknutzungsrecht daran zusteht, wird der im § 80 bezeichnete Schutz auch dann gewährt, wenn die im Abs. 1 bezeichneten Voraussetzungen nicht vorliegen.

V. Hauptstück · **Übergangs- und Schlußbestimmungen**

§ 101. (1) Die urheberrechtlichen Vorschriften dieses Gesetzes gelten, soweit es nichts anderes bestimmt, auch für die vor seinem Inkrafttreten[1] geschaffenen Werke der Literatur und der Kunst, die nicht schon früher infolge Ablaufs der Schutzfrist freigeworden sind.

(2) Werke, die zur Zeit des Inkrafttretens dieses Gesetzes[1] urheberrechtlichen Schutz genießen, weil sie nach älteren Vorschriften als im Inland erschienen anzusehen sind, bleiben gleich den im Inland erschienenen Werken geschützt, auch wenn sie nach § 9 nicht zu den im Inland erschienenen Werken gehören.

(3) Der durch Verordnung gewährte Gegenseitigkeitsschutz im Verhältnis zu fremden Staaten erstreckt sich auch auf den Schutz nach diesem Gesetze.

§ 102. (1) Wem das Urheberrecht an den aus unterscheidbaren Beiträgen verschiedener Mitarbeiter gebildeten, gleichwohl ein einheitliches Ganzes darstellenden Werken, die vor dem Inkrafttreten dieses Gesetzes[1] von Behörden, Korporationen, Unterrichtsanstalten und öffentlichen Instituten, von Vereinen oder Gesellschaften herausgegeben worden sind (§ 40 des Urheberrechtsgesetzes, StGBl. Nr. 417/1920)[2], zusteht, ist nach dem neuen Gesetz zu beurteilen. Doch stehen die Werknutzungsrechte an solchen Sammelwerken im Zweifel den genannten Herausgebern zu.

(2) Wem das Urheberrecht an einem gegen Entgelt bestellten Porträt (§ 13 des Urheberrechtsgesetzes, StGBl. Nr. 417/1920)[3] zusteht, das vor dem Inkrafttreten des neuen Gesetzes[1] geschaffen wurde, ist nach diesem zu beurteilen. Doch stehen die Werknutzungsrechte an einem solchen Porträt im Zweifel dem Besteller zu.

§ 103. Ist die Ausübung des Urheberrechtes vor dem Inkrafttreten dieses Gesetzes[4] einem anderen beschränkt oder unbeschränkt überlassen worden, so erstreckt sich diese Verfügung im Zweifel nicht auf Befugnisse, die dem Urheber durch dieses Gesetz neu eingeräumt werden.

§ 104. Die Verwertungsrechte an einem gewerbsmäßig hergestellten Filmwerk stehen auch dann, wenn es vor dem Inkrafttreten dieses Gesetzes[1] geschaffen worden ist, nach § 38 dem Filmhersteller zu, soweit dem nicht eine diese Rechte des Filmherstellers einschränkende Vereinbarung der Parteien entgegensteht. Will der Urheber ein nach § 38 dem Filmhersteller zukommendes Verwertungsrecht an einem solchen Werke für sich in Anspruch nehmen, so muß er sein Recht bei sonstigem Verlust binnen einem Jahre nach dem Inkrafttreten dieses Gesetzes[1] geltend machen.

---

1 1. Juli 1936

2 § 40 UrhG 1920 hatte folgenden Wortlaut: „Bei Werken, welche von Behörden, Korporationen, Unterrichtsanstalten und öffentlichen Instituten, von Vereinen und Gesellschaften herausgegeben sind, endet das Urheberrecht des Herausgebers (§ 8) dreißig Jahre *[durch die SchutzfristverlängerungsV BGBl. 1933/555 geändert in fünfzig Jahre]* nach dem Erscheinen."

3 § 13 UrhG 1920 hatte folgenden Wortlaut: „(1) Bei Porträts, welche gegen Entgelt bestellt wurden, sie mögen Werke der bildenden Künste oder der Photographie sein, stehen die Rechte des Urhebers dem Besteller zu. (2) Bei Photographieporträts ist die Ausübung des Urheberrechtes in allen Fällen an die Zustimmung der dargestellten Person oder ihrer Erben gebunden; ausgenommen sind Photographieporträts zu amtlichen Zwecken."

4 1. Juli 1936. Art. II Abs. 2 SchutzfristverlängerungsV BGBl. 1933/555 lautete: „Hat der Urheber oder dessen Erbe vor dem Inkrafttreten dieser Verordnung *[22. 12. 1933]* die Ausübung des Urheberrechtes ganz oder teilweise einem anderen überlassen, so erstreckt sich diese Verfügung im Zweifel nicht auf die durch Art. I bewirkte Verlängerung der Schutzfrist. Wer jedoch das Recht, eine urheberrechtliche Befugnis auszuüben, gegen Entgelt erworben hat, bleibt gegen Bezahlung einer angemessenen Vergütung hiezu auch während dieser Verlängerung der Schutzfrist berechtigt."

§ 105. Die Rechte der Urheber von Übersetzungen, die vor dem Inkrafttreten dieses Gesetzes[1] erlaubterweise erschienen sind, ohne daß es der Einwilligung des Urhebers des übersetzten Werkes bedurfte[2], werden durch dieses Gesetz nicht berührt.

§ 106. (1) Soweit die freie Verbreitung von Vervielfältigungsstücken eines Werkes nach den bisherigen Vorschriften zulässig ist[3], dürfen vor dem Inkrafttreten dieses Gesetzes[1] hergestellte Vervielfältigungsstücke auch weiterhin frei verbreitet werden, wenngleich ihre Verbreitung ohne Einwilligung des Berechtigten nach den Vorschriften dieses Gesetzes über freie Werknutzungen nicht erlaubt ist.

(2) Die Gesetzmäßigkeit der Beschaffenheit von Vervielfältigungsstücken, die vor dem Inkrafttreten dieses Gesetzes[1] hergestellt worden sind, ist nach den bisherigen Vorschriften zu beurteilen.

§ 107. Der zu einem Werke der Tonkunst gehörige Text, der vor dem Inkrafttreten dieses Gesetzes[1] erlaubterweise (§ 25 Z. 5 des Urheberrechtsgesetzes, StGBl. Nr. 417 aus 1920)[4] in Verbindung mit dem Werke der Tonkunst herausgegeben worden ist, darf in dieser Verbindung auch weiterhin auf die nach § 47 Abs. 1 und 3 zulässige Art benutzt werden. Dabei ist jedoch die Vorschrift des § 47 Abs. 2 anzuwenden.

§ 108. Ist ein Werk der Literatur oder Tonkunst vor dem Inkrafttreten dieses Gesetzes[1] auf eine Vorrichtung zur mechanischen Wiedergabe für das Gehör übertragen worden, so erlischt mit dem Inkrafttreten dieses Gesetzes das nach § 23 Abs. 3 und § 28 Abs. 2 des Urheberrechtsgesetzes, StGBl. Nr. 417/1920, an der Übertragung bestehende Urheberrecht der danach als Bearbeiter geltenden Personen.[5] Das vom Urheber einem anderen eingeräumte Recht, ein Werk zur mechanischen Wiedergabe für das Gehör zu verwerten, bleibt unberührt. Doch erstreckt sich dieses Recht im Zweifel weder auf Mittel, die zur gleichzeitigen wiederholbaren Wiedergabe für Gesicht und Gehör bestimmt sind, noch darauf, das Werk mit Hilfe von Schallträgern öffentlich vorzutragen oder aufzuführen oder durch Rundfunk zu senden.

---

1 1. Juli 1936

2 § 28 Abs. 1 UrhG 1895 lautet: „Das ausschließliche Recht zur Herausgabe einer Übersetzung eines rechtmäßig erschienenen Werkes steht dem Urheber in der Regel nur dann zu, wenn er sich dieses Recht hinsichtlich aller oder gewisser Sprachen vorbehalten hat." § 29 UrhG 1895 lautet: „Ohne einen Vorbehalt hat der Urheber das ausschließliche Recht zur Herausgabe von Übersetzungen: 1. Insolange das Werk noch nicht rechtmäßig herausgegeben ist; 2. wenn das Werk zuerst in einer toten Sprache rechtmäßig herausgegeben ist, hinsichtlich der Übersetzung in lebende Sprachen; wenn das Werk gleichzeitig in verschiedenen Sprachen rechtmäßig herausgegeben ist, hinsichtlich der Übersetzung in eine dieser Sprachen." Art. V Abs. 4 UrhG Nov. 1920 (in Kraft getreten am 1. 8. 1920) lautet: „Vor dem Tage des Wirksamkeitsbeginnes dieses Gesetzes ganz oder teilweise erschienene, bisher erlaubte Bearbeitungen, insbesondere Übersetzungen, bleiben auch weiterhin erlaubt; die Befugnisse der Urheber solcher Bearbeitungen werden durch das gegenwärtige Gesetz nicht berührt."

3 Art. V Abs. 5 UrhG Nov 1920 (in Kraft getreten am 1. 8. 1920) lautet: „Bisher erlaubte Vervielfältigungen und Nachbildungen, mit deren Herstellung am Tage des Wirksamkeitsbeginnes dieses Gesetzes bereits begonnen war, dürfen vollendet, vorhandene Vorrichtungen zur Herstellung solcher Vervielfältigungen und Nachbildungen (wie Formen, Platten und Steine) noch durch drei Jahre benützt, die derart hergestellten und die am genannten Tage vorhandenen, bisher erlaubten Vervielfältigungen und Nachbildungen auch weiterhin verbreitet werden" (betrifft z. B. Anthologien zu literarischen oder künstlerischen Zwecken: § 25 Z 2 UrhG 1920).

(Fortsetzung s. S. 798)

§ 109. (1) Vorrichtungen, die zur mechanischen Wiedergabe von Werken der Literatur oder Tonkunst für das Gehör dienen, dürfen noch bis zum Ablauf des Jahres 1936 wie bisher (§ 25 Z. 6 und § 30 Z. 5 des Urheberrechtsgesetzes, StGBl. Nr. 417/1920) zu öffentlichen Vorträgen und Aufführungen frei verwendet werden.

(2) Abs. 1 gilt nicht für Mittel, die zur gleichzeitigen wiederholbaren Wiedergabe für Gesicht und Gehör bestimmt sind.

§ 110. (1) Die Vorschriften der §§ 66 bis 72 gelten zugunsten der im § 66 Abs. 1 bezeichneten Personen auch dann, wenn der Vortrag oder die Aufführung eines Werkes der Literatur oder Tonkunst vor dem Inkrafttreten dieses Gesetzes[1] stattgefunden hat.

(2) Ist der Vortrag oder die Aufführung vor dem Inkrafttreten dieses Gesetzes mit Einwilligung der nach § 66 Abs. 1 Verwertungsberechtigten auf einem Bild- oder Schallträger festgehalten worden, so ist mit dieser Einwilligung dem Hersteller des Bild- oder Schallträgers im Zweifel auch das ausschließliche Nutzungsrecht eingeräumt worden, diesen auf die dem Verwertungsberechtigten nach § 66 vorbehaltene Art zu vervielfältigen und zu verbreiten. Auch enthält die Einwilligung in einem solchen Fall im Zweifel die Erteilung der Erlaubnis, die Bild- oder Schallträger mit dem Namen der vortragenden oder aufführenden Person zu bezeichnen.

§ 111. Für die vor dem Inkrafttreten dieses Bundesgesetzes[1] aufgenommenen Lichtbilder (§§ 73 bis 75) gelten die Vorschriften der §§ 101 bis 103 und 106 entsprechend.

§ 112. Schallträger sind nach § 76 geschützt, auch wenn die Aufnahme der akustischen Vorgänge vor dem Inkrafttreten dieses Gesetzes[1] stattgefunden hat.

§ 113. (1) Das Urheberrechtsgesetz, RGBl. Nr. 197 aus 1895, wird in seiner derzeit geltenden Fassung (Vollzugsanweisung StGBl. Nr. 417/1920 und Verordnung BGBl. Nr. 555/1933) aufgehoben. Desgleichen wird die Verordnung BGBl. Nr. 347/1933 außer Kraft gesetzt.

(2) § 1172 ABGB. hat zu lauten:

„Durch den Verlagsvertrag verpflichtet sich der Urheber eines Werkes der Literatur, der Tonkunst oder der bildenden Künste oder sein Rechtsnachfolger, das Werk einem anderen zur Vervielfältigung und Verbreitung für eigene Rechnung zu überlassen, dieser (der Verleger) dagegen, das Werk zu vervielfältigen und die Vervielfältigungsstücke zu verbreiten."

(Fortsetzung von S. 797)

4 § 25 Z 5 UrhG 1920 lautet: „Als Nachdruck ist nicht anzusehen: . . . 5. der Abdruck des zu einem Tonwerk gehörigen, bereits erschienenen Textes, wenn er in Verbindung mit dem Tonwerk oder nur zur Benützung bei dessen Aufführung mit Andeutung dieser Bestimmung erfolgt; unzulässig ist jedoch der Abdruck zur Benützung bei Aufführungen mittels Vorrichtungen, die zur mechanischen Wiedergabe für das Gehör dienen, und überhaupt der Abdruck von Texten zu Oratorien, Opern, Operetten und Singspielen; . . ."

5 § 23 Abs. 3 UrhG 1920 lautet: „Die Übertragung eines Werkes der Literatur auf Vorrichtungen zur mechanischen Wiedergabe für das Gehör gilt als Bearbeitung, wenn sie durch persönlichen Vortrag bewirkt wird; als Bearbeiter gilt der Vortragende, bei gewerbsmäßig hergestellten Vorrichtungen der Inhaber des Betriebes." § 28 Abs. 2 UrhG 1920 lautet: „Die Übertragung eines Werkes der Tonkunst auf Vorrichtungen zur mechanischen Wiedergabe für das Gehör gilt als Bearbeitung, wenn sie durch persönlichen Vortrag bewirkt wird oder wenn sie durch Lochen, Stanzen, Anordnen von Stiften oder eine ähnliche Tätigkeit erfolgt und diese Tätigkeit als eine künstlerische Leistung anzusehen ist. Als Bearbeiter gilt der Vortragende (Dirigent eines Orchestervortrags) oder wer sonst die Übertragung bewirkt, bei gewerbsmäßig hergestellten Vorrichtungen der Inhaber des Betriebes."

(3) Im § 9 des Bundesgesetzes gegen den unlauteren Wettbewerb, BGBl. Nr. 531/1923, sind die Worte „das nicht den Schutz gemäß § 22 des Urheberrechtsgesetzes genießt" durch die Worte zu ersetzen „für das § 80 des Urheberrechtsgsetzes nicht gilt".

(4) § 57 Abs. 4 des Patentgesetzes, BGBl. Nr. 366/1925[2], bleibt unberührt.

§ 114. (1) Dieses Bundesgesetz tritt am 1. Juli 1936 in Kraft.

(2) Mit seiner Vollziehung ist der Bundesminister für Justiz betraut, hinsichtlich des § 90a Abs. 1 bis 4 jedoch im Einvernehmen mit dem Bundesminister für Finanzen.

(3) Auf Grund dieses Bundesgesetzes können Verordnungen von dem auf seine Kundmachung folgenden Tag an erlassen werden; doch treten sie frühestens mit diesem Gesetz in Kraft.

2 · **Bundesgesetz vom 2. Juli 1980, mit dem das Urheberrechtsgesetz geändert wird** (Urheberrechtsgesetznovelle 1980 – UrhGNov. 1980)

(öst. BGBl. Nr. 321/1980)

– in der Fassung des Gesetzes vom 2. 7. 1986 (Anhang III 4) –

Der Nationalrat hat beschlossen:

Artikel I · **Änderungen des Urheberrechtsgesetzes**

Das Urheberrechtsgesetz, BGBl. Nr. 111/1936, in der Fassung der Bundesgesetze BGBl. Nr. 206/1949, BGBl. Nr. 106/1953, BGBl. Nr. 175/1963 und BGBl. Nr. 492/1972 sowie der Kundmachung BGBl. Nr. 142/1973, wird wie folgt geändert:

[*Im Text eingearbeitet.*]

Artikel II · **Anwendung des Verwertungsgesellschaftsgesetzes**

(1) Für Unternehmen, die darauf gerichtet sind, Ansprüche

1. aus § 42 Abs. 5 bis 7 und in Verbindung damit aus § 69 Abs. 3, § 74 Abs. 7 und § 76 Abs. 4 Urheberrechtsgesetz in der Fassung dieses Bundesgesetzes oder
2. aus § 59a und in Verbindung damit aus § 67 Abs. 2, § 74 Abs. 7, § 76 Abs. 6 und § 76a Abs. 5 Urheberrechtsgesetz in der Fassung dieses Bundesgesetzes

geltend zu machen, sind bezüglich ihres gesamten Tätigkeitsbereiches, soweit für sie das Verwertungsgesellschaftengesetz, BGBl. Nr. 112/1936, nicht schon bisher anzuwenden war, das Verwertungsgesellschaftengesetz und die auf der Stufe eines Bundesgesetzes stehende Verordnung BGBl. Nr. 188/1936 nach Maßgabe der Abs. 2 bis 6 und des Artikels III entsprechend anzuwenden. Soweit für sie das Verwertungsgesellschaftengesetz schon bisher gegolten hat, gilt es nur für den im vorstehenden Satz umschriebenen Tätigkeitsbereich dieser Unternehmen nach Maßgabe der Abs. 2 bis 6 und des Artikels III entsprechend; im übrigen bleibt es unberührt.

---

1 1. Juli 1936

2 An die Stelle dieser Bestimmung, die durch das Bundesgesetz Nr. 78/1969 aufgehoben wurde, ist § 57 Abs. 4 PatG (BGBl. Nr. 128/1950) getreten.

(1 a) Das gleiche gilt für Unternehmen, die darauf gerichtet sind, in gesammelter Form

1. Rechte an Werken und verwandte Schutzrechte im Sinne des Urheberrechtsgesetzes dadurch nutzbar zu machen, daß den Benutzern die zu ihrer Nutzung erforderlichen Bewilligungen gegen Entgelt erteilt werden, oder
2. im Abs. 1 nicht genannte Ansprüche nach dem UrhG geltend zu machen.

(2) Über die Abgeltung der in Abs. 1 und 1a genannten Ansprüche können Gesamtverträge abgeschlossen und Satzungen erlassen werden. Die für Veranstalterorganisationen geltenden Bestimmungen des Verwertungsgesellschaftengesetzes gelten für Organisationen der Zahlungspflichtigen entsprechend.

(3) Bewerben sich zwei oder mehr Antragsteller um die gleiche Genehmigung zum Betrieb einer Verwertungsgesellschaft (Abs. 1 und 1 a), so ist sie demjenigen zu erteilen, der nach den Ergebnissen des Ermittlungsverfahrens die größere Gewähr für eine ordentliche und umfassende Erfüllung der Aufgaben bietet; bieten sie alle gleich große Gewähr, so ist sie dem Antragsteller zu erteilen, der glaubhaft macht, daß den Ansprüchen, mit deren Wahrnehmung er betraut worden ist, die größere wirtschaftliche Bedeutung zukommen wird; ist auch die wirtschaftliche Bedeutung gleich groß, so entscheidet das Zuvorkommen.

(4) Die Genehmigung zum Betrieb einer Verwertungsgesellschaft (Abs. 1) zur Wahrnehmung von Ansprüchen von Rundfunkunternehmern aus § 76a Urheberrechtsgesetz in der Fassung dieses Bundesgesetzes in Verbindung mit seinem § 59a umfaßt auch die Befugnis, Ansprüche aus § 67 Abs. 2, § 74 Abs. 7 und § 76 Abs. 6 Urheberrechtsgesetz in der Fassung dieses Bundesgesetzes, letztere drei Bestimmungen jeweils in Verbindung mit seinem § 59a, geltend zu machen, soweit Berechtigter ein Rundfunkunternehmer ist.

(5) Verwertungsgesellschaften (Abs. 1 und 1 a) müssen die zu ihrem Tätigkeitsbereich gehörenden Ansprüche auf Verlangen der Berechtigten zu angemessenen Bedingungen wahrnehmen, wenn diese österreichische Staatsbürger sind oder ihren ordentlichen Wohnsitz im Inland haben, es sei denn, daß die Einnahmen des betreffenden Bezugsberechtigten den auf ihn entfallenden Verwaltungsaufwand nicht decken.

(6) Verwertungsgesellschaften (Abs. 1 und 1 a) können für ihre Bezugsberechtigten und deren Angehörige

a) sozialen Zwecken und
b) kulturellen Zwecken

dienende Einrichtungen schaffen.
Verwertungsgesellschaften, die angemessene Vergütungen nach Abs. 1 Z 2 verteilen, haben Einrichtungen nach lit. a zu schaffen, sofern sie nicht ausschließlich Rundfunkunternehmer als Bezugsberechtigte haben. Verwertungsgesellschaften, die angemessene Vergütungen nach Abs. 1 Z 1 verteilen, haben Einrichtungen nach lit. a und b zu schaffen und diesen den überwiegenden Teil der Gesamteinnahmen aus diesen Vergütungen abzüglich der darauf entfallenden Verwaltungskosten zuzuführen.

Artikel III · **Schiedsstelle**

§ 1. (1) Beim Bundesministerium für Justiz wird eine Schiedsstelle eingerichtet.

(2) Die Schiedsstelle entscheidet über Streitigkeiten über die in Artikel II Abs. 1 genannten Ansprüche.

(3) (Verfassungsbestimmung) Die Schiedsstelle hat auf Antrag der Verwertungsgesellschaft oder der Organisation der Zahlungspflichtigen eine Satzung über die Abgeltung der in Artikel II Abs. 1 genannten Ansprüche zu erlassen. Diese hat die Wirkung, die einem Gesamtvertrag zukommt.

§ 2. (Verfassungsbestimmung) Die Schiedsstelle hat eine Satzung nach § 1 Abs. 3 aufzuheben, wenn die Verwertungsgesellschaft und die Organisation der

Zahlungspflichtigen über den durch die Satzung geregelten Gegenstand einen Gesamtvertrag abgeschlossen haben, der in dem in § 3 Abs. 2 genannten Zeitpunkt in Kraft treten soll.

§ 3. (1) Der Bundesminister für Justiz hat Verordnungen der Schiedsstelle nach § 1 Abs. 3 und § 2 unverzüglich im „Amtsblatt zur Wiener Zeitung" kundzumachen.

(2) Die Verordnungen treten vorbehaltlich des Abs. 3 mit dem auf die Kundmachung im „Amtsblatt zur Wiener Zeitung" folgenden Tag in Kraft.

(3) Die Schiedsstelle kann bestimmen, daß eine Satzung mit dem Tag des Einlangens des Antrags auf ihre Erlassung bei der Schiedsstelle in Kraft tritt, es sei denn, es ist über den Gegenstand, der durch die Satzung geregelt werden soll, ein Gesamtvertrag in Kraft.

§ 4. (1) Die Schiedsstelle besteht aus neun Mitgliedern. Für jedes Mitglied sind zwei Ersatzmitglieder zu ernennen. Eines der Mitglieder und zwei der Ersatzmitglieder müssen dem Richterstand angehören.

(2) (Verfassungsbestimmung) Alle Mitglieder der Schiedsstelle sind in Ausübung ihres Amtes unabhängig und an keine Weisungen und Aufträge gebunden.

§ 5. (1) Die Mitglieder der Schiedsstelle bestellt der Bundespräsident auf Vorschlag der Bundesregierung für die Dauer von fünf Jahren.

(2) Die Vorbereitung des Vorschlags der Bundesregierung für die Bestellung der Mitglieder der Schiedsstelle obliegt dem Bundesminister für Justiz.

(3) Die Bundesregierung hat für ein Mitglied und für zwei Ersatzmitglieder einen übereinstimmenden Besetzungsvorschlag von den Verwertungsgesellschaften einzuholen.

(4) Die Bundesregierung hat für ein Mitglied und für zwei Ersatzmitglieder einen übereinstimmenden Besetzungsvorschlag von den Organisationen der Zahlungspflichtigen, denen der Bundesminister für Unterricht und Kunst die Gesamtvertragsfähigkeit zuerkannt hat, einzuholen.

(5) Die Bundesregierung hat für ein Mitglied und für zwei Ersatzmitglieder einen Besetzungsvorschlag von repräsentativen Vereinigungen aus dem Bereich der Kunst einzuholen.

(6) Erstatten die nach den Abs. 3 bis 5 Vorschlagsberechtigten keine oder keine übereinstimmenden Vorschläge, so geht das Vorschlagsrecht auf den Bundesminister für Justiz über.

(7) Für zwei Mitglieder und für vier Ersatzmitglieder hat die Bundesregierung einen Besetzungsvorschlag der Bundeskammer der gewerblichen Wirtschaft einzuholen.

(8) Für zwei Mitglieder und für vier Ersatzmitglieder hat die Bundesregierung einen Besetzungsvorschlag des Österreichischen Arbeiterkammertages einzuholen.

(9) Hinsichtlich des Vorsitzenden und zweier Ersatzmitglieder hat die Bundesregierung Beamte des Bundesministeriums für Justiz vorzuschlagen. Hinsichtlich eines weiteren Mitglieds und zweier Ersatzmitglieder hat die Bundesregierung dem Richterstand angehörende Personen vorzuschlagen.

(10) Zu Mitgliedern dürfen nur Personen bestellt werden, die zum Nationalrat wählbar sind.

§ 6. (1) Das Amt eines Mitglieds der Schiedsstelle erlischt vorzeitig mit dem Tod, wenn das Mitglied auf sein Amt verzichtet, sonst mit dem 31. Dezember des Jahres, in dem das Mitglied das 65. Lebensjahr vollendet hat.

(2) Das Amt erlischt ferner, wenn eine in § 5 Abs. 9 und 10 genannte Voraussetzung für die Bestellung wegfällt.

(3) Weiter erlischt das Amt, wenn ein Mitglied der Schiedsstelle drei aufeinanderfolgenden Einladungen zu einer Sitzung ohne genügende Entschuldigung keine Folge geleistet hat.

(4) Die Schiedsstelle hat das Erlöschen des Amtes eines Mitglieds, im Fall der Abs. 2 und 3 nach dessen Anhörung, festzustellen.

(5) Scheidet ein Mitglied der Schiedsstelle aus, so ist an seiner Stelle unter Bedachtnahme auf § 5 ein neues Mitglied zu ernennen.

§ 7. Der Bundesminister für Justiz hat der Schiedsstelle das nötige Personal zur Verfügung zu stellen.

§ 8. (1) Die Mitglieder und Schriftführer der Schiedsstelle haben Anspruch auf ein Sitzungsgeld, das von der Bundesregierung auf Vorschlag des Bundesministers für Justiz durch Verordnung unter Bedachtnahme auf die Bedeutung und den Umfang der von der Schiedsstelle zu besorgenden Aufgaben festzusetzen ist.

(2) Für die Inanspruchnahme der Schiedsstelle ist eine Gebühr zu entrichten, deren Höhe durch eine vom Bundesminister für Justiz zu erlassende Verordnung festzulegen ist. Die Gebühren sind so festzulegen, daß der durch die Inanspruchnahme der Schiedsstelle und des für sie zur Verfügung gestellten Personals verursachte Aufwand im Durchschnitt gedeckt wird.

(3) Die Schiedsstelle hat mit Rücksicht auf den Umfang ihrer bezüglich eines Antrags entfalteten Tätigkeit und den dadurch verursachten Aufwand die Gebühr nach Abs. 2 zu bestimmen und dem Antragsteller oder dessen Gegner oder beiden von ihnen nach billigem Ermessen die Bezahlung dieser Gebühr aufzuerlegen.

§ 9. (1) Die Schiedsstelle verhandelt und entscheidet unter der Leitung des Vorsitzenden. Der Vorsitzende hat Verfahrensanordnungen zu treffen. Ferner hat der Vorsitzende die übrigen Mitglieder zu den Verhandlungen und Sitzungen einzuberufen. Sofern kein anderes Mitglied dem widerspricht, können Mitglieder der Sitzung fernbleiben und ihre Stimme schriftlich abgeben; hiefür haben sie keinen Anspruch nach § 8 Abs. 1.

(2) Die Schiedsstelle entscheidet mit einfacher Mehrheit der abgegebenen Stimmen. Bei Stimmengleichheit gibt die Stimme des Vorsitzenden den Ausschlag. Stimmenthaltung ist unzulässig.

(3) Der Vorsitzende der Schiedsstelle hat Verordungen nach § 1 Abs. 3 und § 2 sowie eine Feststellung nach § 6 Abs. 4 unverzüglich dem Bundesminister für Justiz mitzuteilen.

§ 10. (1) Ist der Vorsitzende oder ein anderes Mitglied der Schiedsstelle verhindert, so tritt das für den Vorsitzenden beziehungsweise für das Mitglied bestellte Ersatzmitglied, im Fall dessen Verhinderung das zweite Ersatzmitglied an dessen Stelle.

(2) Ist ein Mitglied der Schiedsstelle verhindert, so hat es dies unverzüglich dem Vorsitzenden oder dem diesen vertretenden Ersatzmitglied mitzuteilen.

(3) Die Mitglieder der Schiedsstelle haben jeden Wohnungswechsel unverzüglich dem Vorsitzenden mitzuteilen.

§ 11. (1) Die Entscheidungen der Schiedsstelle unterliegen nicht der Aufhebung oder Abänderung im Verwaltungsweg. Gegen Bescheide der Schiedsstelle ist die Beschwerde an den Verwaltungsgerichtshof zulässig.

(2) Auf das Verfahren der Schiedsstelle findet das Allgemeine Verwaltungsverfahrensgesetz 1950 mit Ausnahme der §§ 74 bis 79 Anwendung.

(3) Die Schiedsstelle hat binnen drei Monaten, gerechnet vom Zeitpunkt des Einlangens des Antrags, zu entscheiden.

Artikel IV · **Abgabenbefreiung**

§ 1. Die Verwertungsgesellschaften (ihre Einrichtungen) sind, soweit sie im Rahmen des in ihrer Genehmigung umschriebenen Tätigkeitsbereiches handeln (Verwertungsgesellschaftengesetz, BGBl. Nr. 112/1936 und Art. II der Urheberrechtsgesetznovelle 1980), von allen bundesgesetzlich geregelten Abgaben vom Einkommen, vom Ertrag und vom Vermögen befreit.

§ 2. Schenkungen und Zweckzuwendungen (§§ 3 und 4 Erbschafts- und Schenkungssteuergesetz, BGBl. Nr. 141/1955) der Verwertungsgesellschaften (ihrer Einrichtungen) für die im Artikel II Abs. 6 Urheberrechtsgesetznovelle 1980 genannten sozialen und kulturellen Zwecke sind von der Schenkungssteuer befreit.

Artikel V · **Übergangs- und Schlußbestimmungen**

(1) Ein Unternehmen der in Artikel II Abs. 1 umschriebenen Art, das die Erteilung der nach § 1 Abs. 1 Verwertungsgesellschaftengesetz erforderlichen Genehmigung bis 1. Dezember 1980 beantragt, darf die von ihm bei Inkrafttreten dieses Bundesgesetzes ausgeübte Tätigkeit bis zur Entscheidung über diesen Antrag auch ohne Genehmigung weiter ausüben.

(2) Die Betriebsgenehmigungen der „Gesellschaft der Autoren, Komponisten und Musikverleger (A.K.M.), registrierte Genossenschaft mit beschränkter Haftung“ und der „Staatlich genehmigten literarischen Verwertungsgesellschaft (L.V.G.), registrierte Genossenschaft mit beschränkter Haftung“ umfassen auch die Geltendmachung von Ansprüchen nach Artikel II Abs. 1 Z. 2, soweit sie den Rechten entsprechen, die bisher auf Grund ihrer Betriebsgenehmigung wahrgenommen worden sind.

(3) Dieses Bundesgesetz tritt vorbehaltlich des Abs. 4 mit Ablauf des Tages der Kundmachung in Kraft.

(4) Die Z. 5, 8 und 10 des Art. I sowie seine Z. 9, soweit sich diese auf § 42 Abs. 5 bis 7 bezieht, treten für Schallträger am 1. Jänner 1981, für Mittel, die zur gleichzeitigen wiederholbaren Wiedergabe für Gesicht und Gehör bestimmt sind (Bild- und Schallträger) am 1. Juli 1982 in Kraft.

(5) Mit der Vollziehung dieses Bundesgesetzes sind betraut:

1. hinsichtlich des Art. III §§ 5 und 8 die Bundesregierung,
2. hinsichtlich des Art. II der Bundesminister für Unterricht und Kunst und
3. hinsichtlich des Art. IV der Bundesminister für Finanzen und
4. im übrigen der Bundesminister für Justiz.

3 · Bundesgesetz vom 19. Feber 1982, mit dem das Urheberrechtsgesetz geändert wird

(Urheberrechtsgesetznovelle 1982 – UrhGNov. 1982)

(öst. BGBl. Nr. 295/1982)

Der Nationalrat hat beschlossen:

Artikel I · Änderungen des Urheberrechtsgesetzes

Das Urheberrechtsgesetz, BGBl. Nr. 111/1936, in der Fassung der Bundesgesetze BGBl. Nr. 206/1949, BGBl. Nr. 106/1953, BGBl. Nr. 175/1963, BGBl. Nr. 492/1972 und BGBl. Nr. 321/1980 sowie der Kundmachung BGBl. Nr. 142/1973 wird wie folgt geändert:

[*Im Text eingearbeitet.*]

Artikel II · Übergangsbestimmungen

(1) Der Bundesminister für Unterricht und Kunst hat das nach der Verordnung BGBl. Nr. 171/1936 geführte Urheberregister mit den nach den Verordnungen RGBl. Nr. 198/1895 und BGBl. Nr. 92/1921 geführten Urheberregistern samt allen Aktenstücken, die diese Register betreffen, unverzüglich dem Bundesminister für Justiz zu übergeben.

(2) Für die Einsicht in diese Register sowie für die Ausfertigung von Auszügen und die Ausstellung von Zeugnissen gilt der § 61c Abs. 2 Urheberrechtsgesetz in der Fassung dieses Bundesgesetzes.

Artikel III · Schlußbestimmungen

(1) Dieses Bundesgesetz tritt vorbehaltlich des Abs. 2 mit 1. Juli 1982 in Kraft.

(2) Der Art. I Z. 35 tritt an dem Tag in Kraft, an dem das Übereinkommen vom 29. Oktober 1971, BGBl. Nr. 294, zum Schutz der Hersteller von Tonträgern gegen die unerlaubte Vervielfältigung ihrer Tonträger für Österreich in Kraft tritt.

(3) Mit dem Inkrafttreten dieses Bundesgesetzes treten außer Kraft:

1. die Verordnung des Bundesministers für Unterricht im Einvernehmen mit den beteiligten Bundesministern über das Urheberregister, BGBl. Nr. 171/1936,
2. das Bundesgesetz vom 7. November 1956, BGBl. Nr. 109/1957, zur Durchführung des Welturheberrechtsabkommens vom 6. September 1952, BGBl. Nr. 108/1957.

(4) Mit der Vollziehung dieses Bundesgesetzes ist der Bundesminister für Justiz, hinsichtlich des Art. II Abs. 1 im Einvernehmen mit dem Bundesminister für Unterricht und Kunst, betraut.

4 · Bundesgesetz vom 2. Juli 1986 über Änderungen der Urheberrechtsetznovelle 1980

(öst. BGBl. 2327)

Der Nationalrat hat beschlossen:

Artikel I · **Änderungen der Urheberrechtsgesetznovelle 1980**

Das Bundesgesetz vom 2. Juli 1980, BGBl. Nr. 321, mit dem Urheberrechtsgesetz geändert wird (Urheberrechtsgesetznovelle 1980 – UrhGNov. 1980), wird wie folgt geändert

1. Nach Art. II Abs. 1 wird folgender Abs. 1 a eingefügt:
„(1 a) Das gleiche gilt für Unternehmen, die darauf gerichtet sind, in gesammelter Form
1. Rechte an Werken und verwandte Schutzrechte im Sinn des Urheberrechtsgesetzes dadurch nutzbar zu machen, daß den Benutzern die zu ihrer Nutzung erforderlichen Bewilligungen gegen Entgelt erteilt werden, oder
2. im Abs. 1 nicht genannte Ansprüche nach dem UrhG geltend zu machen."

2. In den Art. II Abs. 2, 3 und 5 tritt an die Stelle der Anführung „Abs. 1" die Anführung „Abs. 1 und 1 a".

3. Art. II Abs. 6 lautet:
„(6) Verwertungsgesellschaften (Abs. 1 und 1 a) können für ihre Benutzungsberechtigten und deren angehörige
a) sozialen Zwecken und
b) kulturellen Zwecken
dienende Einrichtungen schaffen.
Verwertungsgesellschaften, die angemessene Vergütungen nach Abs. 1 Z 2 verteilen, haben Einrichtungen nach lit. a zu schaffen, sofern sie nicht ausschließlich Rundfunkunternehmer als Bezugsberechtigte haben. Verwertungsgesellschaften, die angemessene Vergütungen nach Abs. 1 Z 1 verteilen, haben Einrichtungen nach lit. a und b zu schaffen und diesen den überwiegenden Teil der Gesamteinnahmen aus diesen Vergütungen abzüglich der darauf entfallenden Verwaltungskosten zuzuführen."

4. Art. III § 9 Abs. 1 lautet:
„(1) Die Schiedsstelle verhandelt und entscheidet unter der Leitung des Vorsitzenden. Der Vorsitzende hat Verfahrensanordnungen zu treffen. Ferner hat der Vorsitzende die übrigen Mitglieder zu den Verhandlungen und Sitzungen einzuberufen. Sofern kein anderes Mitglied dem widerspricht, können Mitglieder der Sitzung fernbleiben und ihre Stimme schriftlich abgeben; hiefür haben sie keinen Anspruch nach § 8 Abs. 1."

5. Nach Art. III wird eingefügt:

„Artikel IV · **Abgabenbefreiung**

§ 1. Die Verwertungsgesellschaften (ihre Einrichtungen) sind, soweit sie im Rahmen des in ihrer Genehmigung umschriebenen Tätigkeitsbereiches handeln (Verwertungsgesellschaftengesetz, BGBl. Nr. 112/1936 und Art. II der Urheberrechtsgesetznovelle 1980), von allen bundesgesetzlich geregelten Abgaben vom Einkommen, vom Ertrag und vom Vermögen befreit.

§ 2. Schenkungen und Zweckzuwendungen (§§ 3 und 4 Erbschafts- und Schenkungssteuergesetz, BGBl. Nr. 141/1955) der Verwertungsgesellschaften (ihrer Einrichtungen) für die im Artikel II Abs. 6 Urheberrechtsgesetznovelle 1980 genannten sozialen und kulturellen Zwecke sind von der Schenkungssteuer befreit."

6. Der bisherige Art. IV erhält die Bezeichnung „Artikel V".

7. Im bisherigen Art. IV wird nach Abs. 5 Z 2 unter Ersetzung des Wortes „und" durch einen Beistrich eingefühgt:
„3. hinsichtlich des Art. IV der Bundesminister für Finanzen und"

8. Im bisherigen Art. IV Abs. 5 erhält die Z 3 die Bezeichnung ‚4' ".

Artikel II · **Schluß- und Übergangsbestimmungen**

§ 1. Art. I Z 1 und 2 tritt am 1. Jänner 1987 in Kraft.

§ 2. Art. I Z 3 tritt rückwirkend mit 23. Juli 1980 in Kraft. Dies gilt jedoch nicht für Ansprüche, über die bereits vor dem 1. Juli 1986 vor einem inländischen Gericht ein Verfahren abhängig war.

§ 3. Art. IV § 1 Urheberrechtsgesetznovelle 1980 in der Fassung dieses Bundesgesetzes ist in allen Fällen anzuwenden, in denen die Abgaben noch nicht rechtskräftig festgesetzt sind.

§ 4. Art. IV § 2 Urheberrechtsgesetznovelle 1980 in der Fassung dieses Bundesgesetzes ist auf Sachverhalte anzuwenden, die nach dem 31. Dezember 1986 verwirklicht werden.

§ 5. Hat der Bundesminister für Unterricht, Kunst und Sport eine nach diesem Bundesgesetz erforderliche Betriebsgenehmigung vor der Kundmachung dieses Bundesgesetzes erteilt, so gilt sie mit 1. Jänner 1987 als nach diesem Bundesgesetz erteilt.

§ 6. Verwaltungsakte können auf Grund dieses Bundesgesetzes bereits von seinem Inkrafttreten vorgenommen werden; sie werden jedoch frühestens mit seinem Inkrafttreten wirksam.

§ 7. Mit der Vollziehung dieses Bundesgesetzes sind betraut
(1) sofern im folgenden nichts anderes angeordnet wird, der Bundesminister für Justiz,
(2) hinsichtlich Art. I Z 1 bis 3 der Bundesminister für Unterricht, Kunst und Sport,
(3) hinsichtlich des Art. I Z 5 der Bundesminister für Finanzen.

5 · Bundesgesetz vom 19. Oktober 1988, mit dem das Urheberrechtsgesetz geändert wird
(Urheberrechtsgesetznovelle 1988 – UrhGNov. 1988)

(Öst. BGBl. 3960)

Der Nationalrat hat beschlossen:

Artikel I · Änderungen des Urheberrechtsgesetzes

Das Urheberrechtsgesetz, BGBl. Nr. 111/19376, zuletzt geändert durch das Bundesgesetz BGBl. Nr. 295/1982, wird geändert wie folgt:

1. § 16 Abs. 3 hat zu lauten wie folgt:
„(3) Dem Verbreitungsrecht unterliegen Werkstücke nicht, die mit Einwilligung des Berechtigten durch Übertragung des Eigentums in Verkehr gebracht worden sind. Ist aber die Einwilligung nur für ein bestimmtes Gebiet erteilt worden, so bleibt das Recht, die dort in Verkehr gebrachten Werkstücke außerhalb dieses Gebietes zu verbreiten, unberührt; diese Ausnahme gilt nicht für Schallträger, die in einem Mitgliedstaat der Europäischen Wirtschaftsgemeinschaft oder der Europäischen Freihandelsassoziation mit Einwilligung des Berechtigten in Verkehr gebracht worden sind."

2. Nach § 87 a wird der folgende § 87 b samt Überschrift eingefügt:

„Anspruch auf Auskunft

§ 87 b. Wer im Inland Schallträger verbreitet, an denen das Verbreitungsrecht durch Inverkehrbringen in einem Mitgliedstaat der Europäischen Wirtschaftsgemeinschaft oder der Europäischen Freihandelsassoziation erloschen ist (§ 16 Abs. 3), hat dem Berechtigten auf Verlangen richtig und vollständig Auskunft über Hersteller, Inhalt, Herkunftsland und Menge der verbreiteten Schallträger zu geben. Anspruch auf Auskunft hat, wem das Recht, die Schallträger im Inland zu verbreiten, im Zeitpunkt des Erlöschens zugestanden ist."

3. § 90 Abs. 1 hat zu lauten wie folgt:
„(1) Die Verjährung der Ansprüche auf angemessenes Entgelt, angemessene Vergütung, Herausgabe des Gewinnes und Auskunft richtet sich nach den Vorschriften für Entschädigungsklagen."

Artikel II · Schlußbestimmungen

(1) Dieses Bundesgesetz tritt mit 1. Jänner 1990 in Kraft.

(2) Mit der Vollziehung dieses Bundesgesetzes ist der Bundesminister für Justiz betraut.

6 · Bundesgesetz vom 29. November 1989, mit dem das Urheberrechtsgesetz und die Urheberrechtsgesetznovelle 1980 geändert werden

(Urheberrechtsgesetznovelle 1989 – UrhGNov. 1989

(öst. BGBl. 4141)

Der Nationalrat hat geschlossen:

Artikel I

Das Urheberrechtsgesetz, BGBl. Nr. 111/1936, zuletzt geändert durch das Bundesgesetz BGBl. Nr. 601/1988, wird geändert wie folgt:

1. Dem § 42 Abs. 5 sind die folgenden Sätze anzufügen:

„Wer Trägermaterial im Inland gewerbsmäßig entgeltlich, jedoch nicht als erster, in den Verkehr bringt oder freihält, haftet wie ein Bürge oder Zahler. Von dieser Haftung ist ausgenommen, wer im Vierteljahr Schallträger mit nicht mehr als 5000 Stunden Spieldauer und Bildträger mit nicht mehr als 10000 Stunden Spieldauer bezieht.“

2. Nach § 59a ist folgende 4. Unterabschnitt einzufügen:

„4. Übernahme von Satellitenprogrammen

§ 59b. Sofern ein über Satellit nicht vom Inland aus ausgestrahltes Programm gleichzeitig, vollständig und unverändert übernommen wird, dürfen Werke mit Zustimmung des Programmveranstalters auf die im § 17 Abs. 2 bezeichnete Art gesendet werden; jedoch gebührt dem Urheber hiefür eine angemessene Vergütung. Solche Ansprüche können nur von Verwertungsgesellschaften geltend gemacht werden. Für die Bemessung der Vergütung gilt § 59a Abs. 2.“

3. § 67 Abs. 2 hat zu lauten:

„(2) Die §§ 11, 12, 13, 15 Abs. 1, § 16 Abs. 1 und 3, §§ 23, 24, 25 Abs. 1, 2, 3 und 5, §§ 26, 27, 28 Abs. 1, §§ 29, 31, 32, 33 Abs. 2, §§ 59a und 59b gelten entsprechend; an die Stelle der im § 31 Abs. 2 genannten Frist von fünf Jahren tritt jedoch eine solche von einem Jahr.“

4. § 74 Abs. 7 hat zu lauten:

„(7) Die §§ 5, 7, 8, 9, 11, 12, 13, 14 Abs. 2, § 15 Abs. 1, §§ 16, 17, 18 Abs. 3, § 23 Abs. 2 und 4, §§ 24, 25 Abs. 2 bis 6, §§ 26, 27 Abs. 1, 3, 4 und 5, § 31 Abs. 1, § 32 Abs .1, § 33 Abs. 2, §§ 36, 37, 41, 42a, 54 Z 3 und 4, §§ 56, 59a und 59b sowie die für Werke der bildenden Künste geltenden Bestimmungen des § 42 Abs. 1 bis 3 und 5 bis 7 gelten für Lichtbilder entsprechend.“

5. § 76 Abs. 6 hat zu lauten:

„(6) Die §§ 5, 7, 8, 9, 11, 12, 13, 14 Abs. 2, § 15 Abs. 1, § 16 Abs. 1 und 3, § 23 Abs. 2 und 4, §§ 24, 25 Abs. 2, 3 und 5, §§ 26, 27 Abs. 1, 2, 4 und 5, § 31 Abs. 1, § 32 Abs. 1, § 33 Abs. 2, §§ 41, 42a, 56, 72 Abs. 4 und § 74 Abs. 2 bis 5 gelten entsprechend; im Fall der Abs. 2 und 4 gelten ferner die §§ 59a und 59b entsprechend.“

6. Der § 87a ist als § 87a Abs. 1 zu bezeichnen; ihm sind die folgenden Abs. 2 und 3 anzufügen:

„(2) Wer nach § 42 Abs. 5 als Bürge und Zahler haftet, hat dem Anspruchsberechtigten auch anzugeben, von wem er das Trägermaterial bezogen hat, sofern er nicht die Vergütung für dieses Trägermaterial leistet.

(3) Die Abs. 1 und 2 gelten sinngemäß auch für denjenigen, der nach § 42 Abs. 5 letzter Satz von der Haftung ausgenommen ist."

7. Nach § 90 ist die folgende Bestimmung einzufügen:

„§ 90 a. (1) Trägermaterial im Sinn des § 42 Abs. 5, das zum freien Verkehr oder zum Eingangsvormerkverkehr zum ungewissen Verkauf oder zur Einlagerung in ein offenes Lager auf Vormerkrechnung im Sinn der zollrechtlichen Bestimmungen eingeführt wird, ist von dem, der die Anmeldung nach § 52 Zollgesetz 1988 abgibt, nach Maßgabe der Verordnungen nach den Abs. 3 und 4 mit einem eigenen Anmeldeschein anzumelden. Im Anmeldeschein sind Stückzahl, Art, Spieldauer und Warenzeichen des Trägermaterials sowie der Name und die Anschrift des Anmelders und des Empfängers des Trägermaterials anzugeben. Der Anmeldeschein ist eine für die Abfertigung erforderliche Unterlage im Sinn des § 52 Abs. 4 Zollgesetz 1988. Die Anmeldescheine sind von den Zollämtern den Verwertungsgesellschaften, die Ansprüche nach § 42 Abs. 5 und in Verbindung damit aus § 69 Abs. 3, § 74 Abs. 7 und § 76 Abs. 4 geltend machen, zu übersenden.

(2) Von der Anmeldepflicht nach Abs. 1 sind Sendungen ausgenommen, die nach den zollrechtlichen Vorschriften zollfrei bleiben oder nicht mehr als 100 Stück umfassen.

(3) Der Bundesminister für Justiz hat im Einvernehmen mit dem Bundesminister für Finanzen durch Verordnung zu bestimmen, welche nach den Nummern des Zolltarifs (Zolltarifgesetz 1988, BGBl. Nr. 155/1987, in der jeweils geltenden Fassung) bezeichnete Waren unter die Anmeldepflicht nach Abs. 1 fallen und welchen Verwertungsgesellschaften die Anmeldescheine zu übersenden sind; die Verordnung hat auch Form und Inhalt des Anmeldescheins zu bestimmen. Die Verordnung hat auf den erforderlichen Verwaltungsaufwand und auf die Bedürfnisse der Verwertungsgesellschaften angemessen Bedacht zu nehmen.

(4) Der Bundesminister für Justiz kann im Einvernehmen mit dem Bundesminister für Finanzen durch Verordnung weitere Ausnahmen von der Anmeldepflicht vorsehen, wenn das Interesse an der Erleichterung des Warenverkehrs oder der Verwaltungsvereinfachung das Interesse der Verwertungsgesellschaften an der Anmeldung überwiegt.

(5) Der Anmelder und der im Anmeldeschein genannte Empfänger des Trägermaterials haben den im Abs. 1 bezeichneten Verwertungsgesellschaften auf deren Verlangen richtig und vollständig Auskunft über die für die Entstehung der Zahlungspflicht maßgeblichen Umstände zu geben."

8. § 114 Abs. 2 hat zu lauten:

„(2) Mit seiner Vollziehung ist der Bundesminister für Justiz betraut, hinsichtlich des § 90 a Abs. 1 bis 4 jedoch im Einvernehmen mit dem Bundesminister für Finanzen.

Artikel II

Das Bundesgesetz vom 21. Juli 1980, BGBl. Nr. 321, mit dem das Urheberrechtsgesetz geändert wird (Urheberrechtsgesetznovelle 1980 – UrhGNov. 1980), zuletzt geändert durch das Bundesgesetz BGBl. Nr. 375/1986, wird geändert wie folgt:

1. Art. III § 1 Abs. 2 hat zu lauten:

„(2) Die Schiedsstelle stellt die Vergütungssätze fest, nach denen die Höhe der im Art. II Abs. 1 angeführten Ansprüche zu berechnen ist."

2. Nach Art. III § 1 ist der folgende § 1 a einzufügen:

„§ 1 a. Sind in einem Rechtsstreit über die im Art. II Abs. 1 angeführten Ansprüche die Vergütungssätze strittig, nach denen die Höhe der im Art. II Abs. 1

angeführten Ansprüche zu berechnen ist, so hat das Gericht auf Antrag einer Partei das Verfahren zu unterbrechen. Wenn keine der Parteien binnen einem Monat ab Zustellung des Unterbrechungsbeschlusses nachweist, daß sie bei der Schiedsstelle einen Feststellungsantrag nach § 1 Abs. 2 gestellt hat, sowie nach Beendigung des Verfahrens vor der Schiedsstelle hat das Gericht das Verfahren auf Antrag oder von Amts wegen aufzunehmen."

Artikel III

(1) Dieses Bundesgesetz tritt mit 1. Jänner 1990 in Kraft.
(2) Art. II Z 1 gilt nicht für Verfahren, die im Zeitpunkt des Inkrafttretens dieses Bundesgesetzes bei der Schiedsstelle anhängig sind.
(3) Mit der Vollziehung dieses Bundesgesetzes ist der Bundesminister für Justiz betraut.

7 · Bundesgesetz, mit dem das Urheberrechtsgesetz geändert wird
(Urheberrechtsgesetz-Novelle 1993 – UrhGNov. 1993)

(öst. BGBl. 1166)

Der Nationalrat hat beschlossen:

Artikel I

Das Urheberrechtsgesetz, BGBl. Nr. 111/1936, zuletzt geändert durch das Bundesgesetz BGBl. Nr. 612/1989, wird geändert wie folgt:

1. § 2 Z 1 hat zu lauten:
„1. Sprachwerke aller Art einschließlich Computerprogrammen (§ 40 a);"

2. § 16 Abs. 3 hat zu lauten:
„(3) Dem Verbreitungsrecht unterliegen – vorbehaltlich des § 16 a – Werkstücke nicht, die mit Einwilligung des Berechtigten durch Übertragung des Eigentums in Verkehr gebracht worden sind; ist aber die Einwilligung nur für ein bestimmtes Gebiet erteilt worden, so bleibt das Recht, die dort in Verkehr gebrachten Werkstücke außerhalb dieses Gebietes zu verbreiten, unberührt; diese Ausnahme gilt nicht für Werkstücke, die in einem Mitgliedstaat der Europäischen Wirtschaftsgemeinschaft oder der Europäischen Freihandelsassoziation mit Einwilligung des Berechtigten in Verkehr gebracht worden sind."

3. Nach § 16 ist folgender § 16 a einzufügen:

„Vermieten und Verleihen

§ 16 a. (1) § 16 Abs. 3 gilt nicht für das Vermieten (Abs. 3) von Werkstücken.
(2) § 16 Abs. 3 gilt für das Verleihen (Abs. 3) von Werkstücken mit der Maßgabe, daß der Urheber einen Anspruch auf angemessene Vergütung hat. Solche Ansprüche können nur von Verwertungsgesellschaften geltend gemacht werden.
(3) Im Sinn dieser Bestimmung ist unter Vermieten die zeitlich begrenzte, Erwerbszwecken dienende Gebrauchtsüberlassung zu verstehen, unter Verleihen die zeitlich begrenzte, nicht Erwerbszwecken dienende Gebrauchsüberlassung durch eine der Öffentlichkeit zugängliche Einrichtung (Bibliothek, Bild- oder Schallträgersammlung, Artothek und dergleichen).
(4) Die Abs. 1 und 2 gelten nicht

1. für das Vermieten und Verleihen zum Zweck der Rundfunksendeung (§ 17) sowie des öffentlichen Vortrags und der öffentlichen Aufführung und Vorführung (§ 18),
2. für Werke der angewandten Kunst (des Kunstgewerbes).

(5) Gestattet ein Werknutzungsberechtigter oder der nach § 38 Abs. 1 berechtigte Filmhersteller gegen Entgelt anderen das Vermieten oder Verleihen von Werkstücken, so hat der Urheber gegen den Werknutzungsberechtigten beziehungsweise den Filmhersteller einen unverzichtbaren Anspruch auf einen angemessenen Anteil an diesem Entgelt. Steht der Vergütungsanspruch für das Verleihen von Werkstücken nach dem Gesetz oder auf Grund eines Vertrages einem anderen zu, so hat der Urheber einen unverzichtbaren Anspruch auf einen angemessenen Anteil an der Vergütung."

4. Nach § 40 ist folgender VI a. Abschnitt einzufügen:

„VI. a. Abschnitt · **Sondervorschriften für Computerprogramme**

Computerprogramme

§ 40 a. (1) Computerprogramme sind Werke im Sinn dieses Gesetzes, wenn sie das Ergebnis der eigenen geistigen Schöpfung ihres Urhebers sind.

(2) In diesem Gesetz umfaßt der Ausdruck „Computerprogramme" alle Ausdrucksformen einschließlich des Maschinencodes sowie das Material zur Entwicklung des Computerprogramms

Dienstnehmer

§ 40 b. Wird ein Computerprogramm von einem Dienstnehmer in Erfüllung seiner dienstlichen Obliegenheiten geschaffen, so steht dem Dienstgeber hieran ein unbeschränktes Werknutzungsrecht zu, wenn er mit dem Urheber nichts anderes vereinbart hat. In solchen Fällen ist der Dienstgeber auch zur Ausübung der in § 20 und § 21 Abs. 1 bezeichneten Rechte berechtigt; das Recht des Urhebers, nach § 19 die Urheberschaft für sich in Anspruch zu nehmen, bleibt unberührt.

Werknutzungsrechte

§ 40 c. Werknutzungsrechte an Computerprogrammen können, wenn mit dem Urheber nichts anderes vereinbart worden ist, ohne dessen Einwilligung auf einen anderen übertragen werden. Die Vorschriften des § 29 gelten für Werknutzungsrechte an Computerprogrammen nicht.

Freie Werknutzungen

§ 40 d. (1) § 42 gilt für Computerprogramme nicht.

(2) Computerprogramme dürfen vervielfältigt und bearbeitet werden, soweit dies für ihre bestimmungsgemäße Benutzung durch den zur Benutzung Berechtigten notwendig ist; hiezu gehört auch die Anpassung an dessen Bedürfnisse.

(3) Die zur Benutzung eines Computerprogramms berechtigte Person darf
1. Vervielfältigungsstücke für Sicherungszwecke (Sicherungskopien) herstellen, soweit dies für die Benutzung des Computerprogramms notwendig ist;
2. das Funktionieren des Programms beobachten, untersuchen oder testen, um die einem Programmelement zugrunde liegenden Ideen und Grundsätze zu ermitteln, wenn sie dies durch Handlungen zum Laden, Anzeigen, Ablaufen, Übertragen oder Speichern des Programms tut, zu denen sie bereichtigt ist.

(4) Auf die Rechte nach Abs. 2 und 3 kann wirksam nicht verzichtet werden; dies schließt Vereinbarungen über den Umfang der bestimmungsgemäßen Benutzung im Sinn des Abs. 2 nicht aus.

Dekompilierung

§ 40e. (1) Der Code eines Computerprogramms darf vervielfältigt und seine Codeform übersetzt werden, sofern folgende Bedingungen erfüllt sind:
1. Die Handlungen sind unerläßlich, um die erforderlichen Informationen zur Herstellung der Interoperabilität eines unabhängig geschaffenen Computerprogramms mit anderen Programmen zu erhalten;
2. die Handlungen werden von einer zur Verwendung des Vervielfältigungsstücks eines Computerprogramms berechtigten Person oder in deren Namen von einer hiezu ermächtigten Person vorgenommen;
3. die für die Herstellung der Interoperabilität notwendigen Informationen sind für die unter Z 1 genannten Personen noch nicht ohne weiteres zugänglich gemacht; und
4. die Handlungen beschränken sich auf die Teile des Programms, die zur Herstellung der Interoperabilität notwendig sind.

(2) Die nach Abs. 1 gewonnenen Informationen dürfen nicht
1. zu anderen Zwecken als zur Herstellung der Interoperabilität des unabhägig geschaffenen Programms verwendet werden;
2. an Dritte weitergegeben werden, es sei denn, daß dies für die Interoperabilität des unabhängig geschaffenen Programms notwendig ist;
3. für die Entwicklung, Vervielfältigung oder Verbreitung eines Programms mit im wesentlichen ähnlicher Ausdrucksform oder für andere, das Urheberrecht verletztende Handlungen verwendet werden.

(3) Auf das Recht der Dekompilierung (Abs. 1) kann wirksam nicht verzichtet werden."

5. Dem § 45 ist folgender Abs. 3 anzufügen:

„(3) Für die Vervielfältigung und Verbreitung nach Abs. 1 und für die Rundfunksendung nach Abs. 2 steht dem Urheber ein Anspruch auf angemessene Vergütung zu. Solche Ansprüche können nur von Verwertungsgesellschaften geltend gemacht werden."

6. Der bisherige § 51 erhält die Absatzbezeichnung „(1)". Als neuer Abs. 2 ist anzufügen:

„(2) Für die Vervielfältigung und Verbreitung nach Abs. 1 steht dem Urheber ein Anspruch auf angemessene Vergütung zu. Solche Ansprüche können nur von Verwertungsgesellschaften geltend gemacht werden."

7. Der bisherige § 54 erhält die Absatzbezeichnung „(1)". Als neuer Abs. 2 ist anzufügen:

„(2) Für die Vervielfältigung und Verbreitung nach Abs. 1 Z 3 steht dem Urheber ein Anspruch auf angemessene Vergütung zu. Solche Ansprüche können nur von Verwertungsgesellschaften geltend gemacht werden."

8. Im § 67 Abs. 2 ist das Zitat „§§ 23," durch „§§ 16a, 23," zu ersetzen.

9. Im § 74 Abs. 7 ist das Zitat „§§ 16," durch „§§ 16, 16a," und das Zitat „54 Z 3 und 4" durch „54 Abs. 1 Z 3 und 4 und Abs. 2" zu ersetzen.

10. Im § 76 Abs. 6 ist das Zitat „§ 23 Abs. 2 und 4," durch „§§ 16a, 23 Abs. 2 und 4," zu ersetzen.

11. Im § 76a Abs. 5 ist das Zitat „§ 18 Abs. 2," durch „§§ 16a, 18 Abs. 2," zu ersetzen.

12. § 87b hat zu lauten:

„Anspruch auf Auskunft

§ 87 b. Wer im Inland Werkstücke verbreitet, an denen das Verbreitungsrecht durch Inverkehrbringen in einem Mitgliedstaat der Europäischen Wirtschaftsgemeinschaft oder der Europäischen Freihandelsassoziation erloschen ist (§ 16 Abs. 3), hat dem Berechtigten auf Verlangen richtig und vollständig Auskunft über Hersteller, Inhalt, Herkunftsland und Menge der verbreiteten Werkstücke zu geben. Anspruch auf Auskunft hat, wem das Recht, die Werkstücke im Inland zu verbreiten, im Zeitpunkt des Erlöschens zugestanden ist."

13. Im § 91 ist nach dem Abs. 1 folgender Abs. 1 a einzufügen:

„(1 a) Ebenso ist zu bestrafen, wer Mittel in Verkehr bringt oder zu Erwerbszwekken besitzt, die ausschließlich dazu bestimmt sind, die unerlaubte Beseitigung oder Umgehung technischer Mechanismen zum Schutz Computerprogrammen zu erleichtern."

14. § 91 Abs. 2 hat zu lauten:

„(2) Ebenso ist zu bestrafen, wer als Inhaber oder Leiter eines Unternehmens einem im Betrieb des Unternehmens von einem Bediensteten oder Beauftragten Eingriff dieser Art (Abs. 1 und 1 a) nicht verhindert."

15. § 92 Abs. 1 erster Satz hat zu lauten:

„In dem Urteil, womit ein Angeklagter des Vergehens nach § 91 schuldig erkannt wird, ist auf Antrag des Privatklägers die Vernichtung der zur widerrechtlichen Verbreitung bestimmten Eingriffsgegenstände sowie die Unbrauchbarmachung der ausschließlich zur widerrechtlichen Vervielfältigung bestimmten und der im § 91 Abs. 1 a bezeichneten Eingriffsmittel anzuordnen."

Artikel II

(1) Dieses Bundesgesetz tritt vorbehaltlich des Abs. 2 mit 1. März 1993 in Kraft.

(2) § 16 a UrhG in der Fassung dieses Bundesgesetzes tritt mit 1. Jänner 1994 in Kraft.

(3) § 16 a UrhG in der Fassung dieses Bundesgesetzes gilt auch für Werkstücke, an denen das Verbreitungsrecht nach § 16 Abs. 3 UrhG vor dem 1. Jänner 1994 erloschen ist. Solche Werkstücke dürfen jedoch bis 31. Dezember 1994 vermietet werden; der Urheber hat hiefür einen Anspruch auf angemessene Vergütung. § 16 a Abs. 2, 4 und 5 UrhG in der Fassung dieses Bundesgesetzes gilt für diesen Vergütungsanspruch sinngemäß.

(4) Abs. 3 gilt auch für die entsprechende Geltung des § 16 a nach Art. I Z 8 bis 11.

(5) Die §§ 40 b und 40 c UrhG in der Fassung dieses Bundesgesetzes gelten nicht für Computerprogramme, die vor dem 1. März 1993 geschaffen worden sind.

(6) Art. I Z 5 bis 7 gilt nicht für Werkstücke, die vor dem 1. März 1993 erstmals verbreitet (§ 16 UrhG) worden sind. Dies gilt auch für Art. I Z 9, soweit er sich auf die entsprechende Geltung des § 54 Abs. 2 bezieht.

(7) Mit der Vollziehung dieses Bundesgesetzes ist der Bundesminister für Justiz betraut.

Anhang IV · Schweiz

1 · Bundesgesetz über das Urheberrecht und verwandte Schutzrechte (Urheberrechtsgesetz – URG)

vom 9. Oktober 1992 (BBl. 1992 VI 74)

Die Bundesversammlung der Schweizerischen Eidgenossenschaft, gestützt auf die Art. 31bis Abs. 2, 64 und 64bis der Bundesverfassung, nach Einsicht in eine Botschaft des Bundesrats vom 19. 6. 1989 (BBl. 1989 III 477), beschließt:

1. Titel · Gegenstand

Art. 1

(1) Dieses Gesetz regelt:

a) den Schutz der Urheber und Urheberinnen von Werken der Literatur und Kunst;

b) den Schutz der ausübenden Künstler und Künstlerinnen, der Hersteller und Herstellerinnen von Ton und Tonbildträgern sowie der Sendeunternehmen;

c) die Bundesaufsicht über die Verwertungsgesellschaften.

(2) Völkerrechtliche Verträge bleiben vorbehalten.

2. Titel · Urheberrecht

1. Kapitel: Das Werk

Art. 2 Werkbegriff. (1) Werke sind, unabhängig von ihrem Wert oder Zweck, geistige Schöpfungen der Literatur und Kunst, die individuellen Charakter haben.

(2) Dazu gehören insbesondere:

a) literarische, wissenschaftliche und andere Sprachwerke;

b) Werke der Musik und andere akustische Werke;

c) Werke der bildenden Kunst, insbesondere der Malerei, der Bildhauerei und der Graphik;

d) Werke mit wissenschaftlichem oder technischem Inhalt wie Zeichnungen, Pläne, Karten oder plastische Darstellungen;

e) Werke der Baukunst

f) Werke der angewandten Kunst;

g) fotografische, filmische und andere visuelle oder audiovisuelle Werke;

h) choreographische Werke und Pantomimen.

(3) Als Werke gelten auch Computerprogramme.

(4) Ebenfalls geschützt sind Entwürfe, Titel und Teile von Werken, sofern es sich um geistige Schöpfungen mit indiviudellem Charakter handelt.

Art. 3 Werke zweiter Hand. (1) Geistige Schöpfungen mit individuellem Charakter, die unter Verwendung bestehender Werke so geschaffen werden, daß die verwendeten Werke in ihrem individuellem Charakter erkennbar bleiben, sind Werke zweiter Hand.

(2) Solche Werke sind insbesondere Übersetzungen sowie audiovisuelle und andere Bearbeitungen.

(3) Werke zweiter Hand sind selbständig geschützt.

(4) Der Schutz der verwendeten Werke bleibt vorbehalten.

Art. 4 Sammelwerke. (1) Sammlungen sind selbständig geschützt, sofern es sich bezüglich Auswahl oder Anordnung um geistige Schöpfungen mit individuellem Charakter handelt.

(2) Der Schutz von in das Sammelwerk aufgenommenen Werken bleibt vorbehalten.

Art. 5 Nicht geschützte Werke. (1) Durch das Urheberrecht nicht geschützt sind

a) Gesetze, Verordnungen, völkerrechtliche Verträge und andere amtliche Erlasse;

b) Zahlungmittel;

c) Entscheidungen, Protokolle und Berichte von Behörden und öffentlichen Verwaltungen;

d) Patentschriften und veröffentlichte Patentgesuche.

(2) Ebenfalls nicht geschützt sind amtliche oder gesetzlich geforderte Sammlungen und Übersetzungen der Werke nach Abs. 1.

2. Kapitel · **Urheber und Urheberin**

Art. 6 Begriff. Urheber oder Urheberin ist die natürliche Person, die das Werk geschaffen hat.

Art. 7 Miturheberschaft. (1) Haben mehrere Personen als Urheber oder Urheberinnen an der Schaffung eines Werks mitgewirkt, so steht ihnen das Urheberrecht gemeinschaftlich zu.

(2) Haben sie nichts anderes vereinbart, so können sie das Werk nur mit Zustimmung aller verwenden; die Zustimmung darf nicht wider Treu und Glauben verweigert werden.

(3) Jeder Miturheber und jede Miturheberin kann Rechtsverletzungen selbständig verfolgen, jedoch nur Leistung an alle fordern.

(4) Lassen sich die einzelnen Beiträge trennen und ist nichts anderes vereinbart, so darf jeder Miturheber und jede Miturheberin den eigenen Beitrag selbständig verwenden, wenn dadurch die Verwertung des gemeinsamen Werkes nicht beeinträchtigt wird.

Art. 8 Vermutung der Urheberschaft. (1) Solange nichts anderes nachgewiesen ist, gilt als Urheber oder als Urheberin, wer auf den Werksexemplaren oder bei der Veröffentlichung des Werks mit dem eigenen Namen, einem Pseudonym oder einem Kennzeichen so genannt wird.

(2) Solange die Urheberschaft ungenannt oder bei einem Pseudonym oder einem Kennzeichen unbekannt bleibt, kann diejenige Person das Urheberrecht ausüben, die das Werk herausgibt. Wird auch diese Person nicht genannt, so kann das Urheberrecht ausüben, wer das Werk veröffentlicht hat.

3. Kapitel · **Inhalt des Urheberrechts**

1. Abschnitt · **Verhältnis des Urhebers oder der Urheberin zum Werk**

Art. 9 Anerkennung der Urheberschaft. (1) Der Urheber oder die Urheberin hat das ausschließliche Recht am eigenen Werk und das Recht auf Anerkennung der Urheberschaft.

(2) Der Urheber oder die Urheberin hat das ausschließliche Recht zu bestimmen, ob, wann, wie und unter welcher Urheberbezeichnung das eigene Werk erstmals veröffentlicht werden soll.

(3) Ein Werk ist veröffentlicht, wenn der Urheber oder die Urheberin es selber erstmals außerhalb eines privaten Kreises im Sinne von Art. 19 Abs. 1 Buchst. a einer größeren Anzahl Personen zugänglich gemacht oder einer solchen Veröffentlichung zugestimmt hat.

Art. 10 Verwendung des Werks. (1) Der Urheber oder die Urheberin hat das ausschließliche Recht zu bestimmen, ob, wann und wie das Werk verwendet wird.

(2) Der Urheber oder die Urheberin hat inbesondere das Recht:

a) Werkexemplare wie Druckerzeugnisse, Ton-, Tonbild- oder Datenträger herzustellen;

b) Werkexemplare anzubieten, zu veräußern der sonstwie zu verbreiten;

c) das Werk direkt oder mit Hilfe irgendwelcher Mittel vorzutragen, aufzuführen, vorzuführen oder es anderswo wahrnehmbar zu machen;

d) das Werk durch Radio, Fernsehen oder ähnliche Einrichtungen, auch über Leitungen, zu senden;

e) gesendete Werke mit Hilfe von technischen Einrichtungen, deren Träger nicht das ursprüngliche Sendeunternehmen ist, insbesondere auch über Leitungen, weiterzusenden;

f) Sendungen und Weitersendungen wahrnehmbar zu machen.

(3) Der Urheber oder die Urheberin eines Computerprogramms hat zudem das ausschließliche Recht, dieses zu vermieten.

Art. 11 Werkintegrität. (1) Der Urheber oder die Urheberin hat das ausschließliche Recht zu bestimmen:

a) ob, wann und wie das Werk geändert werden darf;

b) ob, wann und wie das Werk zur Schaffung eines Werks zweiter Hand verwendet oder in ein Sammelwerk aufgenommen werden darf.

(2) Selbst wenn eine Drittperson vertraglich oder gesetzlich befugt ist, das Werk zu ändern, oder es zur Schaffung eines Werkes zweiter Hand zu verwenden, kann sich der Urheber oder die Urheberin jeder Entstellung des Werks widersetzen, die ihn oder sie in der Persönlichkeit verletzt.

(3) Zulässig ist die Verwendung bestehender Werke zur Schaffung von Parodien oder mit ihnen vergleichbaren Abwandlungen des Werks.

2. Abschnitt · **Verhältnis der Urheberschaft zum Eigentum am Werkexemplar**

Art. 12 Erschöpfungsgrundsatz. (1) Hat ein Urheber oder eine Urheberin ein Werkexemplar veräußert oder der Veräußerung zugestimmt, so darf dieses weiterveräußert oder sonstwie verbreitet werden.

(2) Hat ein Urheber oder eine Urheberin ein Computerprogramm veräußert oder der Veräußerung zugestimmt, so darf dieses gebraucht oder weiterveräußert werden.

(3) Ausgeführte Werke der Baukunst dürfen vom Eigentümer oder von der Eigentümerin geändert werden; vorbehalten bleibt Art. 11 Abs. 2.

Art. 13 Vermieten von Werkexemplaren. (1) Wer Werkexemplare der Literatur und Kunst vermietet oder sonstwie gegen Entgelt zur Verfügung stellt, schuldet dem Urheber oder der Urheberin hierfür eine Vergütung.

(2) Keine Vergütungspflicht besteht bei:

a) Werken der Baukunst;

b) Werkexemplaren der angewandten Kunst;

c) Werkexemplaren, die für eine vertraglich vereinbarte Nutzung von Urheberrechten vermietet oder ausgeliehen werden.

(3) Die Vergütungsanspruche können nur von zugelassenen Verwertungsgesellschaften (§ 40 ff.) geltend gemacht werden.

(4) Dieser Artikel findet keine Anwendung auf Computerprogramme. Das ausschließliche Recht nach Art. 10 Abs. 3 bleibt vorbehalten.

Art. 14 Zutritts- und Ausstellungsrecht des Urhebers oder der Urheberin. (1) Wer ein Werkexemplar zu Eigentum hat oder besitzt, muß es dem Urheber oder der Urheberin so weit zugänglich machen, als dies zur Ausübung des Urheberrechts erforderlicht ist und kein berechtigtes eigenes Interesse entgegensteht.

(2) Der Urheber oder die Urheberin kann die Überlassung eines Werkexemplars zur Ausstellung im Inland verlangen, sofern ein überwiegendes Interesse nachgewiesen wird.

(3) Die Herausgabe kann von der Leistung einer Sicherheit für die unversehrte Rückgabe des Werkexemplars abhängig gemacht werden. Kann das Werkexemplar nicht unversehrt zurückgegeben werden, so haftet der Urheber oder die Urheberin auch ohne Verschulden.

Art. 15 Schutz vor Zerstörung. (1) Müssen Eigentümer und Eigentümerinnen von Originalwerken, zu denen keine weiteren Werkexemplare bestehen, ein berechtigtes Interesse des Urhebers oder der Urheberin an der Werkerhaltung annehmen, so dürfen sie solche Werke nicht zerstören, ohne dem Urheber oder der Urheberin vorher die Rücknahme anzubieten. Sie dürfen dafür nicht mehr als den Materialwert verlangen.

(2) Sie müssen dem Urheber oder der Urheberin die Nachbildung des Originalexemplars in angemessener Weise ermöglichen, wenn die Rücknahme nicht möglich ist.

(3) Bei Werken der Baukunst hat der Urheber oder die Urheberin nur das Recht, das Werk zu fotografieren und auf eigene Kosten Kopien der Pläne herauszuverlangen.

4. Kapitel · **Rechtsübergang; Zwangsvollstreckung**

Art. 16 Rechtsübergang. (1) Das Urheberrecht ist übertragbar und vererblich.

(2) Die Übertragung eines im Urheberrecht enthaltenen Rechtes schließt die Übertragung anderer Teilrechte nur mit ein, wenn dies vereinbart ist.

(3) Die Übertragung des Eigentums am Werkexemplar schließt urheberrechtliche Verwendungsbefugnisse selbst dann nicht ein, wenn es sich um das Originalwerk handelt.

Art. 17 Rechte an Programmen. Wird in einem Arbeitsverhältnis bei Ausübung dienstlicher Tätigkeiten sowie in Erfüllung vertraglicher Pflichten ein Computerprogramm geschaffen, so ist der Arbeitgeber oder die Arbeitgeberin allein zur Ausübung der ausschließlichen Verwendungsbefugnisse berechtigt.

Art. 18 Zwangsvollstreckung. Der Zwangsvollstreckung unterliegen die in Art. 10 Abs. 2 und 3 sowie 11 genannten Rechte, soweit der Urheber oder die Urheberin sie bereits ausgeübt hat und das Werk mit der Zustimmung des Urhebers oder der Urheberin bereits veröffentlicht worden ist.

5. Kapitel · **Schranken des Urheberrechts**

Art. 19 Verwendung zum Eigengebrauch: (1) Veröffentlichte Werke dürfen zum Eigengebrauch verwendet werden. Als Eigengebrauch gilt:

a) jede Werkverwendung im persönlichen Bereich und im Kreis von Personen, die unter sich eng verbunden sind, wie Verwandte oder Freunde;

b) jede Werkverwendung der Lehrperson für den Unterricht in der Klasse;

c) das Vervielfältigen von Werkexemplaren in Betrieben, öffentlichen Verwaltungen, Instituten, Kommissionen und ähnlichen Einrichtungen für die interne Information oder Dokumentation.

(2) Wer zum Eigengebrauch berechtigt ist, darf die dazu erforderlichen Werkexemplare auch durch Dritte herstellen lassen; als Dritte im Sinne dieses Absatzes gelten auch Bibliotheken, die ihren Benützern Kopiergeräte zur Verfügung stellen.

(3) Außerhalb des privaten Kreises sind nicht zulässig:

a) die vollständige oder weitgehend vollständige Vervielfältigung im Handel erhältlicher Werkexemplare;

b) die Vervielfältigung von Werken der bildenden Kunst;

c) die Vervielfältigung von graphischen Aufzeichnungen von Werken der Musik;

d) die Aufnahme von Vorträgen, Aufführungen oder Vorführungen eines Werkes auf Ton-, Tonbild- oder Datenträger.

(4) Dieser Artikel findet keine Anwendung auf Computerprogramme.

Art. 20 Vergütung für den Eigengebrauch. (1) Die Werkverwendung im privaten Kreis gemäß Art. 19 Abs. 1 Buchst. a ist unter Vorbehalt von Abs. 3 vergütungsfrei.

(2) Wer zum Eigengebrauch nach Art. 19 Abs. 1 Buchst. b oder Buchstabe c oder wer als Drittperson nach Art. 19 Abs. 2 Werke auf irgendwelche Art vervielfältigt, schuldet dem Urheber oder der Urheberin hierfür eine Vergütung.

(3) Wer Leerkassetten und andere zur Aufnahme von Werken geeignete Ton- und Tonbildträger herstellt oder importiert, schuldet dem Urheber oder der Urheberin für die Werkverwendung nach Art. 19 eine Vergütung.

(4) Die Vergütungsansprüche können nur von zugelassenen Verwertungsgesellschaften geltend gemacht werden.

Art. 21 Entschlüsselung von Computerprogrammen. (1) Wer das Recht hat, ein Computerprogramm zu gebrauchen, darf sich die erforderlichen Informationen über Schnittstellen zu unabhängig entwickelten Programmen durch Entschlüsselung des Programmcodes beschaffen oder durch Drittpersonen beschaffen lassen.

(2) Die durch Entschlüsselung des Programmcodes gewonnenen Schnittstelleninformationen dürfen nur zur Entwicklung, Wartung sowie zum Gebrauch von interoperablen Computerprogrammen verwendet werden, soweit dadurch weder die normale Auswertung des Programms noch die rechtmäßigen Interessen der Rechtsinhaber und -inhaberinnen unzumutbar beeinträchtigt werden.

Art. 22 Verbreitung gesendeter Werke. (1) Die Rechte, gesendete Werke zeitgleich und unverändert wahrnehmbar zu machen oder im Rahmen der Weiterleitung eines Sendeprogrammes weiterzusenden, können nur über zugelassene Verwertungsgesellschaften geltend gemacht werden.

(2) Die Weitersendung von Werken über technische Einrichtungen, die von vorneherein auf eine kleine Empfängerzahl beschränkt sind, wie Anlagen eines Mehrfamilienhauses oder einer geschlossenen Überbauung, ist erlaubt.

(3) Dieser Artikel ist nicht anwendbar auf die Weiterleitung von Programmen des Abonnementsfernsehens und von Programmen, die nirgends in der Schweiz empfangbar sind.

Art. 23 Zwangslizenz zur Herstellung von Tonträgern. (1) Ist ein Werk der Musik mit oder ohne Text im In- oder Ausland auf Tonträger aufgenommen und in dieser Form mit der Zustimmung des Urhebers oder der Urheberin angeboten, veräußert oder sonstwie verbreitet worden, so können alle Hersteller und Herstellerinnen im Inland vom Inhaber oder von der Inhaberin des Urheberrechts gegen Entgelt die gleiche Erlaubnis für die Schweiz ebenfalls beanspruchen.

(2) Der Bundesrat kann die Bedingung der gewerblichen Niederlassung im Inland gegenüber den Angehörigen von Ländern, die Gegenrecht gewähren, außer Kraft setzen.

Art. 24 Archivierungs- und Sicherungsexemplare. (1) Um die Erhaltung des Werks sicherzustellen, darf davon eine Kopie angefertigt werden. Ein Exemplar muß in einem der Allgemeinheit nicht zugänglichen Archiv aufbewahrt und als Archivexemplar gekennzeichnet werden.

(2) Wer das Recht hat, ein Computerprogramm zu gebrauchen, darf davon eine Sicherungskopie herstellen; diese Befugnis kann nicht vertraglich wegbedungen werden.

Art. 25 Zitate. (1) Veröffentlichte Werke dürfen zitiert werden, wenn das Zitat zur Erläuterung, als Hinweis oder zur Veranschaulichung dient und der Umfang des Zitats durch diesen Zweck gerechtfertigt ist.

(2) Das Zitat als solches und die Quelle müssen bezeichnet werden. Wird in der Quelle auf die Urheberschaft hingewiesen, so ist dies ebenfalls anzugeben.

Art. 26 Museums-, Messe- und Auktionskataloge. Ein Werk, das sich in einer öffentlich zugänglichen Sammlung befindet, darf in einem von der Verwaltung der Sammlung herausgegebenen Katalog abgebildet werden; die gleiche Regelung gilt für die Herausgabe von Messe- und Auktionskatalogen.

Art. 27 Werke auf allgemein zugänglichem Grund. (1) Ein Werk, das sich bleibend an oder auf allgemein zugänglichem Grund befindet, darf abgebildet werden; die Abbildung darf angeboten, veräußert, gesendet oder sonstwie verbreitet werden.

(2) Die Abbildung darf nicht dreidimensional und auch nicht zum gleichen Zweck wie das Original verwendbar sein.

Art. 28 Berichterstattung über aktuelle Ereignisse. (1) Soweit es für die Berichterstattung über aktuelle Ereignisse erforderlich ist, dürfen die dabei wahrgenommenen Werke aufgezeichnet, vervielfältigt, vorgeführt, gesendet, verbreitet oder sonstwie wahrnehmbar gemacht werden.

(2) Zum Zweck der Information über aktuelle Fragen dürfen kurze Ausschnitte aus Presseartikeln sowie aus Radio- und Fernsehberichten vervielfältigt, verbreitet und gesendet oder weitergesendet werden; der Ausschnitt und die Quelle müssen bezeichnet werden. Wird in der Quelle auf die Urheberschaft hingewiesen, so ist diese ebenfalls anzugeben.

6. Kapitel · **Schutzdauer**

Art. 29 Im allgemeinen. (1) Ein Werk ist urheberrechtlich geschützt, sobald es geschaffen ist, unabhängig davon, ob es auf einem Träger festgehalten ist oder nicht.

(2) Der Schutz erlischt:

a. 50 Jahre nach dem Tod des Urhebers oder der Urheberin für Computerprogramme;

b. 70 Jahre nach dem Tod des Urhebers oder der Urheberin für alle anderen Werke.

(3) Muß angenommen werden, der Urheber oder die Urheberin sei seit mehr als 50 beziehungsweise 70 Jahren tot, so besteht kein Schutz mehr.

Art. 30 Miturheberschaft. (1) Haben mehrere Personen an der Schaffung eines Werks mitgewirkt (Art. 7) so erlischt der Schutz:

a. 50 Jahre nach dem Tod der zuletzt verstorbenen Person für Computerprogramme;

b. 70 Jahre nach dem Tod der zuletzt verstorbenen Person für alle anderen Werke.

(2) Lassen sich die einzelnen Beiträge trennen, so erlischt der Schutz der selbständig verwendbaren Beiträge 50 beziehungsweise 70 Jahre nach dem Tod des jeweiligen Urhebers oder der jeweiligen Urheberin.

(3) Bei Filmen und anderen audiovisuellen Werken fällt für die Berechnung der Schutzdauer nur der Regisseur oder die Regisseurin in Betracht.

Art. 31 Unbekannte Urheberschaft. (1) Ist der Urheber oder die Urheberin eines Werks unbekannt, so erlischt dessen Schutz 70 Jahre nach der Veröffentlichung oder, wenn das Werk in Lieferungen veröffentlicht wurde, 70 Jahre nach der letzten Lieferung.

(2) Wird vor Ablauf dieser Schutzfrist allgemein bekannt, welche Person das Werk geschaffen hat, so erlischt der Schutz:
a. 50 Jahre nach ihrem Tod für Computerprogramme;
b. 70 Jahre nach ihrem Tod für alle anderen Werke.

Art. 32 Berechnung. Die Schutzdauer wird vom 31. 12. desjenigen Jahres an berechnet, in dem das für die Berechnung maßgebende Ereignis eingetreten ist.

3. Titel · **Verwandte Schutzrechte**

Art. 33 Rechte der ausübenden Künstler und Künstlerinnen. (1) Ausübende Künstler und Künstlerinnen sind die natürlichen Personen, die ein Werk darbieten oder an der Darbietung eines Werks künstlerisch mitwirken.

(2) Die ausübenden Künstler und Künstlerinnen haben das ausschließliche Recht, ihre Darbietung:

a) außerhalb des Raumes, in welchem sie erbracht wird, wahrnehmbar zu machen;

b) durch Radio, Fernsehen oder ähnliche Verfahren, auch über Leitungen, zu senden, sowie die gesendete Darbietung mit Hilfe von technischen Einrichtungen, deren Träger nicht das ursprüngliche Sendeunternehmen ist, weiterzusenden;

c) auf Ton-, Tonbild- oder Datenträger aufzunehmen und solche Aufnahmen zu vervielfältigen;

d) als Vervielfältigungsexemplare anzubieten, zu veräußern oder sonstwie zu verbreiten;

e) wahrnehmbar zu machen, wenn sie gesendet oder weitergesendet wird.

Art. 34 Mehrere ausübende Künstler. (1) Haben mehrere Personen an einer Darbietung künstlerisch mitgewirkt, so steht ihnen das Schutzrecht gemeinschaftlich zu.

(2) Bei einer Chor-, Orchester- oder Bühnenaufführung ist für eine Verwendung der Darbietung nach Art. 33 die Zustimmung folgender Personen erforderlich:

a) der Solisten und Solistinnen;

b) des Dirigenten oder der Dirigentin;

c) des Regisseurs oder der Regisseurin;

d) der Vertretung der mitwirkenden Künstlergruppe oder, wenn eine solche nicht besteht, des Leiters oder der Leiterin der Gruppe.

(3) Solange die Gruppe keine Vertretung bezeichnet hat und ihr Leiter oder ihre Leiterin unbekannt bleibt, kann das verwandte Schutzrecht im Sinne der Geschäftsführung ohne Auftrag ausüben, wer die Darbietung veranstaltet, von ihr Vervielfältigungsexemplare hergestellt oder sie gesendet hat.

Art. 35 Vergütungsanspruch für die Verwendung von Ton- und Tonbildträgern. (1) Werden im Handel erhältliche Ton- oder Tonbildträger zum Zweck der Sendung, der Weitersendung, des öffentlichen Empfangs (Art. 33, Abs. 2, Buchst. e) oder der Aufführung verwendet, so haben ausübende Künstler und Künstlerinnen Anspruch auf Vergütung.

(2) Der Hersteller oder die Herstellerin des benutzten Trägers ist an der Vergütung für die ausübenden Künstler und Künstlerinnen angemessen zu beteiligen.

(3) Die Vergütungsansprüche können nur von zugelassenen Verwertungsgesellschaften geltend gemacht werden.

(4) Ausländischen ausübenden Künstlern und Künstlerinnen, die ihren gewöhnlichen Aufenthalt nicht in der Schweiz haben, steht ein Anspruch auf Vergütung nur

zu, wenn der Staat, dem sie angehören, den schweizerischen Staatsangehörigen ein entsprechendes Recht gewährt.

Art. 36 Rechte des Herstellers oder der Herstellerin von Ton- und Tonbildträgern. Der Hersteller oder die Herstellerin von Ton- und Tonbildträgern hat das ausschließliche Recht, die Aufnahmen zu vervielfältigen und die Vervielfältigungsexemplare anzubieten, zu veräußern oder sonstwie zu verbreiten.

Art. 37 Rechte der Sendeunternehmen. Das Sendeunternehmen hat das ausschließliche Recht:
a) seine Sendung weiterzusenden;
b) seine Sendung wahrnehmbar zu machen;
c) seine Sendung auf Ton-, Tonbild- oder Datenträger aufzunehmen und solche Aufnahmen zu vervielfältigen;
d) die Vervielfältigungsexemplare seiner Sendung anzubieten, zu veräußern oder sonstwie zu verbreiten.

Art. 38 Rechtsübergang, Zwangsvollstreckung und Schranken des Schutzes. Die Bestimmungen der Art. 12 Abs. 1 und Art. 13 sowie das 4. und 5. Kapitel des zweiten Titels dieses Gesetzes finden sinngemäß Anwendung auf die Rechte, die den ausübenden Künstlern und Künstlerinnen sowie den Herstellern und Herstellerinnen von Ton- oder Tonbildträgern und dem Sendeunternehmen zustehen.

Art. 39 Schutzdauer. (1) Der Schutz beginnt mit der Darbietung des Werks durch die ausübenden Künstler und Künstlerinnen, mit der Herstellung der Ton- oder Tonbildträger sowie mit der Ausstrahlung der Sendung; er erlischt nach 50 Jahren.
(2) Die Schutzdauer wird vom 31. 12. desjenigen Jahres an berechnet, in dem das für die Berechnung maßgebende Ereignis eingetreten ist.

4. Titel · **Verwertungsgesellschaften**

1. Kapitel · **Der Bundesaufsicht unterstellte Verwertungsbereiche**

Art. 40. (1) Der Bundesaufsicht sind unterstellt:
a) die Verwertung der ausschließlichen Rechte zur Aufführung und Sendung nichttheatralischer Werke der Musik und zur Herstellung von Tonträgern oder Tonbildträgern solcher Werke;
b) das Geltendmachen der in diesem Gesetz vorgesehenen Vergütungsansprüche nach den Art. 13, 20, 22 und 35.
(2) Der Bundesrat kann weitere Verwertungsbereiche der Bundesaufsicht unterstellen, wenn es das öffentliche Interesse erfordert.
(3) Die persönliche Verwertung ausschließlicher Rechte durch den Urheber oder die Urheberin oder deren Erben ist nicht der Bundesaufsicht unterstellt.

2. Kapitel · **Bewilligung**

Art. 41 Grundsatz. Wer Rechte verwertet, die der Bundesaufsicht unterstellt sind, braucht eine Bewilligung des Bundesamtes für geistiges Eigentum.

Art. 42 Voraussetzungen. (1) Bewilligungen erhalten nur Verwertungsgesellschaften, die:

a) nach schweizerischem Recht gegründet wurden, ihren Sitz in der Schweiz haben und ihre Geschäfte von der Schweiz aus führen;
b) die Verwertung von Urheberrechten oder verwandten Schutzrechten zum Hauptzweck haben;
c) allen Rechtsinhabern und -inhaberinnen offenstehen;
d) den Urhebern und Urheberinnen und den ausübenden Künstlern und Künstlerinnen ein angemessenes Mitbestimmungsrecht einräumen;
e) für die Einhaltung der gesetzlichen Vorschriften, insbesondere aufgrund und ihrer Statuten, Gewähr bieten;
f) eine wirksame und wirtschaftliche Verwertung erwarten lassen.
(2) In der Regel wird pro Werkkategorie und für die verwandten Schutzrechte je nur einer Gesellschaft eine Bewilligung erteilt.

Art. 43 Dauer; Veröffentlichung. (1) Bewilligung wird für fünf Jahre erteilt; sie kann jeweils für weitere fünf Jahre erneuert werden.
(2) Erteilung, Erneuerung, Änderung, Entzug und Nichterneuerung der Bewilligung werden veröffentlicht.

3. Kapitel · Pflichten der Verwertungsgesellschaften

Art. 44 Verwertungspflicht. Die Verwertungsgesellschaften sind gegenüber den Rechtsinhabern und -inhaberinnen verpflichtet, die zu ihrem Tätigkeitsgebiet gehörenden Rechte wahrzunehmen.

Art. 45 Grundsätze der Geschäftsführung. (1) Die Verwertungsgesellschaften müssen ihre Geschäfte nach den Grundsätzen einer geordneten und wirtschaftlichen Verwaltung führen.
(2) Sie müssen die Verwertung nach festen Regeln und nach dem Gebot der Gleichbehandlung besorgen.
(3) Sie dürfen keinen eigenen Gewinn anstreben.
(4) Sie schließen nach Möglichkeit mit ausländischen Verwertungsgesellschaften Gegenseitigkeitsverträge ab.

Art. 46 Tarifpflicht. (1) Die Verwertungsgesellschaften stellen für die von ihnen geforderten Vergütungen Tarife auf.
(2) Sie verhandeln über die Gestaltung der einzelnen Tarife mit den maßgebenden Nutzerverbänden.
(3) Sie legen die Tarife der Schiedskommission (Art. 55) zur Genehmigung vor und veröffentlichen die genehmigten Tarife.

Art. 47 Gemeinsamer Tarif. (1) Sind mehrere Verwertungsgesellschaften im gleichen Nutzungsbereich tätig, so stellen sie für die gleiche Verwendung von Werken oder Darbietungen einen gemeinsamen Tarif nach einheitlichen Grundsätzen auf und bezeichnen eine unter ihnen als gemeinsame Zahlstelle.
(2) Der Bundesrat kann weitere Vorschriften über ihre Zusammenarbeit erlassen.

Art. 48 Grundlagen der Verteilung. (1) Die Verwertungsgesellschaften sind verpflichtet, ein Verteilungsreglement aufzustellen und es der Aufsichtsbehörde (Art. 52 Abs. 1) zur Genehmigung zu unterbreiten.
(2) Mit Zustimmung des obersten Organs der Gesellschaft können Teile des Verwertungserlöses zum Zweck der Sozialvorsorge und einer angemessenen Kulturförderung verwendet werden.

Art. 49 Verteilung des Verwertungserlöses. (1) Die Verwertungsgesellschaften müssen den Verwertungserlös nach Maßgabe des Ertrags der einzelnen

Werke und Darbietungen verteilen. Sie haben zur Feststellung der Berechtigten alle ihnen zumutbaren Anstrengungen zu unternehmen.

(2) Ist diese Verteilung mit einem unzumutbaren Aufwand verbunden, so dürfen die Verwertungsgesellschaften das Ausmaß des Ertrags schätzen; die Schätzungen müssen auf überprüfbaren und sachgerechten Gesichtspunkten beruhen.

(3) Der Erlös soll zwischen den ursprünglichen Rechtsinhabern und -inhaberinnen und anderen Berechtigten so aufgeteilt werden, daß den Urhebern und Urheberinnen und den ausübenden Künstlern und Künstlerinnen in der Regel ein angemessener Anteil verbleibt. Eine andere Verteilung ist zulässig, wenn der Aufwand unzumutbar wäre.

(4) Das Verteilungsreglement hebt vertragliche Abmachungen der ursprünglichen Rechtsinhaber und -inhaberinnen mit Dritten nicht auf.

Art. 50 Auskunfts- und Rechenschaftspflicht. Die Verwertungsgesellschaften müssen der Aufsichtsbehörde alle Auskünfte erteilen und alle Unterlagen zur Verfügung stellen, die für die Durchführung der Aufsicht erforderlich sind, sowie jährlich in einem Geschäftsbericht Rechenschaft über ihre Tätigkeit ablegen.

4. Kapitel
Auskunftspflicht gegenüber den Verwertungsgesellschaften

Art. 51. (1) Soweit es ihnen zuzumuten ist, müssen die Werknutzer und -nutzerinnen den Verwertungsgesellschaften alle Auskünfte erteilen, welche diese für die Gestaltung und die Anwendung der Tarife sowie die Verteilung des Erlöses benötigen.

(2) Die Verwertungsgesellschaften sind verpflichtet, Geschäftsgeheimnisse zu wahren.

5. Kapitel · Aufsicht über die Verwertungsgesellschaften

1. Abschnitt · Aufsicht über die Geschäftsführung

Art. 52 Aufsichtsbehörde. (1) Das Bundesamt für geistiges Eigentum (Aufsichtsbehörde) beaufsichtigt die Verwertungsgesellschaften.

(2) Die Aufsichtsbehörde erhebt für ihre Tätigkeit Gebühren; der Bundesrat erläßt den Gebührentarif.

Art. 53 Umfang der Aufsicht. (1) Die Aufsichtsbehörde überwacht die Geschäftsführung der Verwertungsgesellschaften und sorgt dafür, daß sie ihren Pflichten nachkommen. Sie prüft und genehmigt den Geschäftsbericht.

(2) Sie kann über die Auskunftspflicht (Art. 50) Weisungen erlassen.

(3) Zur Ausübung ihrer Befugnisse kann sie auch nicht zur Bundesverwaltung gehörende Bauftragte beiziehen; diese unterstehen der Schweigepflicht.

Art. 54 Maßnahmen bei Pflichtverletzungen. (1) Kommt eine Verwertungsgesellschaft ihren Pflichten nicht nach, so setzt die Aufsichtsbehörde eine angemessene Frist zur Herstellung des rechtmäßigen Zustandes; wird die Frist nicht eingehalten, so ergreift sie die notwendigen Maßnahmen.

(2) Bei Ungehorsam gegen Verfügungen kann die Aufsichtsbehörde nach entsprechender Androhung die Bewilligung einschränken oder entziehen.

(3) Die Aufsichtsbehörde kann rechtskräftige Verfügungen auf Kosten der Verwertungsgesellschaft veröffentlichen.

2. Abschnitt · **Aufsicht über die Tarife**

Art. 55 Eidgenössische Schiedskommission für die Verwertung von Urheberrechten und verwandten Schutzrechten. (1) Die Eidgenössische Schiedskommission für die Verwertung von Urheberrechten und verwandten Schutzrechten (Schiedskommission) ist zuständig für die Genehmigung der Tarife der Verwertungsgesellschaften (Art. 46).

(2) Der Bundesrat wählt die Mitglieder. Er regelt Organisationen und Verfahren der Schiedskommission im Rahmen des Bundesgesetzes über das Verwaltungsverfahren.

(3) Die Schiedskommission nimmt für ihre Entscheidungen keine Weisungen entgegen; das Personal des Kommissionssekretariats untersteht für diese Tätigkeit dem Kommissionspräsidenten beziehungsweise der Kommissionspräsidentin.

Art. 56 Zusammensetzung der Schiedskommission. (1) Die Schiedskommission besteht aus dem Präsidenten beziehungsweise der Präsidentin, zwei beisitzenden Mitgliedern, zwei Ersatzleuten sowie weiteren Mitgliedern.

(2) Die weiteren Mitglieder werden von den Verwertungsgesellschaften und den maßgebenden Nutzerverbänden von Werken und Darbietungen vorgeschlagen.

Art. 57 Besetzung für den Entscheid. (1) Die Schiedskommission entscheidet mit fünf Mitgliedern: dem Präsidenten beziehungsweise der Präsidentin, zwei beisitzenden Mitgliedern und zwei weiteren Mitgliedern.

(2) Der Präsident beziehungsweise die Präsidentin bezeichnet für jedes Geschäft die zwei weiteren Mitglieder, die sachkundig sein müssen. Dabei ist jeweils ein auf Vorschlag der Verwertungsgesellschaften und ein auf Vorschlag der Nutzerverbände gewähltes Mitglied zu berücksichtigen.

(3) Die Zugehörigkeit eines der sachkundigen Mitglieder zu einer Verwertungsgesellschaft oder einem Nutzerverband ist für sich allein kein Ausstandsgrund.

Art. 58 Administrative Aufsicht. (1) Das Eidgenössische Justiz- und Polizeidepartement ist administrative Aufsichtsbehörde der Schiedskommission.

(2) Die Schiedskommission erstattet dem Departement alljährlich Bericht über ihre Geschäftsführung.

Art. 59 Tarifgenehmigung. (1) Die Schiedskommission genehmigt einen ihr vorgelegten Tarif, wenn er in seinem Aufbau und in den einzelnen Bestimmungen angemessen ist.

(2) Sie kann nach Anhörung der am Verfahren beteiligten Verwertungsgesellschaft und der Nutzerverbände (Art. 46 Abs. 2) Änderungen vornehmen.

(3) Rechtskräftig genehmigte Tarife sind für die Gerichte verbindlich.

Art. 60 Grundsatz der Angemessenheit. (1) Bei der Festlegung der Entschädigung sind zu berücksichtigen:

a) der aus der Nutzung des Werks, der Darbietung, des Ton- oder Tonbildträgers oder der Sendung erzielte Ertrag oder hilfsweise der mit der Nutzung verbundene Aufwand;

b) die Art und Anzahl der genutzten Werke, Darbietungen, Ton- oder Tonbildträger oder Sendungen;

c) das Verhältnis geschützter zu ungeschützten Werken, Darbietungen, Ton- oder Tonbildträger oder Sendungen sowie zu anderen Leistungen.

(2) Die Entschädigung beträgt in der Regel höchstens zehn Prozent des Nutzungsertrags oder -aufwands für die Urheberrechte und höchstens drei Prozent für die verwandten Schutzrechte; sie ist jedoch so festzusetzen, daß die Berechtigten bei einer wirtschaftlichen Verwaltung ein angemessenes Entgelt erhalten.

(3) Die Werkverwendungen nach Art. 19 Abs. 1 Buchst. b sind tariflich zu begünstigen.

5. Titel · **Rechtsschutz**

1. Kapitel · **Zivilrechtlicher Schutz**

Art. 61 Feststellungskläge. Wer ein rechtliches Interesse nachweist, kann gerichtlich feststellen lassen, ob ein Recht oder Rechtsverhältnis nach diesem Gesetz vorhanden ist oder fehlt.

Art. 62 Leistungsklagen. (1) Wer in seinem Urheber- oder verwandten Schutzrecht verletzt oder gefährdet wird, kann vom Gericht verlangen:

a) eine drohende Verletzung zu verbieten;

b) eine bestehende Verletzung zu beseitigen;

c) die beklagte Person zu verpflichten, die Herkunft der in ihrem Besitz befindlichen, widerrechtlich hergestellten oder in Verkehr gebrachten Gegenstände anzugeben.

(2) Vorbehalten bleiben die Klagen nach dem Obligationenrecht auf Schadenersatz, auf Genugtuung sowie auf Herausgabe eines Gewinns entsprechend den Bestimmungen über die Geschäftsführung ohne Auftrag.

Art. 63 Einziehung im Zivilverfahren. (1) Das Gericht kann die Einziehung sowie die Vernichtung oder Unbrauchbarmachung von widerrechtlich hergestellten oder verwendeten Gegenständen anordnen, die sich im Besitz der beklagten Person befinden.

(2) Ausgenommen sind ausgeführte Werke der Baukunst.

Art. 64 Gerichtsstand. (1) Zuständig zur Beurteilung von Klagen betreffend Urheber- oder verwandte Schutzrechte ist das Gericht vom Wohnsitz der beklagten Person oder am Ort, wo die Handlung begangen wurde oder am Ort, wo der Erfolg eingetreten ist.

(2) Können mehrere Beklagte belangt werden und stützen sich die Ansprüche im wesentlichen auf die gleichen Tatsachen und Rechtsgründe, so kann bei jedem zuständigen Gericht gegen alle geklagt werden; das zuerst angerufene Gericht ist ausschließlich zuständig.

(3) Die Kantone bezeichnen das Gericht, das für das ganze Kantonsgebiet als einzige kantonale Instanz für Zivilklagen zuständig ist.

Art. 65 Vorsorgliche Maßnahmen. Macht eine Person glaubhaft, daß sie in ihrem Urheber- oder verwandten Schutzrecht verletzt wird oder eine solche Verletzung befürchten muß und daß ihr aus der Verletzung ein nicht leicht wiedergutzumachender Nachteil droht, so kann sie die Anordnung vorsorglicher Maßnahmen beantragen.

(2) Sie kann insbesondere verlangen, daß das Gericht Maßnahmen zur Bewiessicherung, zur Ermittlung der Herkunft widerrechtlich hergestellter oder in Verkehr gebrachter Gegenstände, zur Wahrung des bestehenden Zustandes oder zur vorläufigen Vollstreckung von Unterlassungs- und Beseitigungsansprüchen anordnet.

(3) Für den Erlaß vorsorglicher Maßnahmen ist zuständig:

a) das Gericht am Ort, an welchem die Klage hängig ist;

b) falls noch keine Klage hängig ist, das nach Art. 64 Abs. 1 zuständige Gericht.

(4) Im übrigen sind die Art. 28c–28f des Schweizerischen Zivilgesetzbuchs sinngemäß anwendbar.

Art. 66 Veröffentlichung des Urteils. Das Gericht kann auf Antrag der obsiegenden Partei anordnen, daß das Urteil auf Kosten der anderen Partei veröffentlicht wird. Es bestimmt Art und Umfang der Veröffentlichung.

2. Kapitel · **Strafbestimmungen**

Art. 67 Urheberrechtsverletzung. (1) Auf Antrag der in ihren Rechten verletzten Person wird mit Gefängnis bis zu einem Jahr oder mit Buße bestraft, wer vorsätzlich und unrechtmäßig:

a) ein Werk unter einer falschen oder einer anderen als der vom Urheber oder von der Urheberin bestimmten Bezeichnung verwendet;

b) ein Werk veröffentlicht;

c) ein Werk ändert;

d) ein Werk zur Schaffung eines Werks zweiter Hand verwendet;

e) auf irgendeine Weise Werkexemplare herstellt;

f) Werkexemplare anbietet, veräußert oder sonstwie verbreitet;

g) ein Werk direkt oder mit Hilfe irgendwelcher Mittel vorträgt, aufführt, vorführt oder anderswo wahrnehmbar macht;

h) ein Werk durch Radio, Fernsehen oder ähnliche Verfahren, auch über Leitungen, sendet oder ein gesendetes Werk mittels technischer Einrichtungen, deren Träger nicht das ursprüngliche Sendeunternehmen ist, weitersendet;

i) ein gesendetes oder weitergesendetes Werk wahrnehmbar macht;

k) sich weigert, der zuständigen Behörde die Herkunft der in seinem Besitz befindlichen, rechtswidrig hergestellten oder in Verkehr gebrachten Werkexemplare anzugeben;

l) ein Computerprogramm vermietet.

(2) Wer eine Tat nach Abs. 1 gewerbsmäßig begangen hat, wird von Amts wegen verfolgt. Die Strafe ist Gefängnis und Buße bis zu 100 000 Franken.

Art. 68 Unterlassung der Quellenangabe. Wer es vorsätzlich unterläßt, in den gesetzlich vorgesehenen Fällen (Art. 25 und 28) die benützte Quelle und, falls er in ihr genannt ist, den Urheber anzugeben, wird auf Antrag der in ihren Rechten verletzten Person mit Buße bestraft.

Art. 69 Verletzung von verwandten Schutzrechten. (1) Auf Antrag der in ihren Rechten verletzten Person wird mit Gefängnis bis zu einem Jahr oder mit Buße bestraft, wer vorsätzlich und unrechtmäßig:

a) eine Werkdarbietung durch Radio, Fernsehen oder ähnliche Verfahren, auch über Leitungen, sendet;

b) eine Werkdarbietung auf Ton-, Tonbild- und Datenträger aufnimmt;

c) Vervielfältigungsexemplare einer Werkdarbietung anbietet, veräußert oder sonstwie verbreitet;

d) eine gesendete Werkdarbietung mittels technischer Einrichtungen, deren Träger nicht das ursprüngliche Sendeunternehmen ist, weitersendet;

c) eine gesendete oder weitergesendete Werkdarbietung wahrnehmbar macht;

f) einen Ton- oder Tonbildträger vervielfältigt, die Vervielfältigungsexemplare anbietet, veräußert oder sonstwie verbreitet;

g) eine Sendung weitersendet;

h) eine Sendung auf Ton-, Tonbild- oder Datenträger aufnimmt;

i) eine auf Ton-, Tonbild- oder Datenträger festgelegte Sendung vervielfältigt oder solche Vervielfältigungsexemplare verbreitet;

k) sich weigert, der zuständigen Behörde die Herkunft der in seinem Besitz befindlichen rechtswidrig hergestellten oder in Verkehr gebrachten Träger einer nach den Art. 33, 36 oder 37 geschützten Leistung anzugeben.

(2) Wer eine Tat nach Abs. 1 gewerbsmäßig begangen hat, wird von Amts wegen verfolgt. Die Strafe ist Gefängnis und Buße bis zu 100 000 Franken.

Art. 70 Unerlaubte Geltendmachung von Rechten. Wer ohne erforderliche Bewilligung (Art. 41) Urheber- oder verwandte Schutzrechte geltend gemacht, deren Verwertung der Bundesaufsicht unterstellt ist (Art. 40), wird mit Haft oder Buße bestraft.

Art. 71 Widerhandlungen in Geschäftsbetrieben. Für Widerhandlungen in Geschäftsbetrieben, durch Beauftragte und dergleichen sind die Art. 6 und 7 des Bundesgesetzes über das Verwaltungsstrafrecht anwendbar.

Art. 72 Einziehung im Strafverfahren. Ausgeführte Werke der Baukunst können nicht nach Art. 58 des Schweizerischen Strafgesetzbuches eingezogen werden.

Art. 73 Strafverfolgung. (1) Die Strafverfolgung ist Sache der Kantone.

(2) Widerhandlungen nach Art. 70 werden vom Bundesamt für geistiges Eigentum nach dem Bundesgesetz über das Verwaltungsstrafrecht verfolgt und beurteilt.

3. Kapitel
Rekurskommission und Verwaltungsgerichtsbeschwerde

Art. 74. (1) Verfügungen der Aufsichtsbehörde können mit Beschwerde bei der Rekurskommission für geistiges Eigentum angefochten werden.

(2) Gegen Beschwerdeentscheide der Rekurskommission für geistiges Eigentum und Entscheide der Schiedskommission kann beim Bundesgericht Verwaltungsgerichtsbeschwerde geführt werden.

(3) Es gelten die Bestimmungen über die Bundesverwaltungsrechtspflege.

4. Kapitel · Hilfeleistung der Zollverwaltung

Art. 75 Anzeige verdächtiger Sendungen. Die Zollverwaltung ist ermächtigt, die Inhaber oder Inhaberinnen der Urheber- oder der verwandten Schutzrechte sowie die konzessionierten Verwertungsgesellschaften auf bestimmte Sendungen aufmerksam zu machen, wenn der Verdacht besteht, daß die Einfuhr von Waren bevorsteht, deren Verbreitung im Inland gegen das Urheberrecht oder die verwandten Schutzrechte verstößt.

Art. 76 Antrag auf Hilfeleistung. (1) Haben Inhaber und Inhaberinnen von Urheber- oder von verwandten Schutzrechten konkrete Anhaltspunkte dafür, daß die Einfuhr von Waren bevorsteht, deren Verbreitung im Inland gegen das Urheberrecht oder die verwandten Schutzrechte verstößt, so können sie bei der Zollverwaltung schriftlich beantragen, daß sie die Freigabe der Waren verweigert.

(2) Die Antragsteller haben alle ihnen greifbaren zweckdienlichen Angaben zu machen, welche die Zollverwaltung benötigt, um über den Antrag entscheiden zu können. Sie übergeben ihr namentlich eine genaue Beschreibung der Waren.

(3) Die Zollverwaltung kann eine Gebühr zur Deckung der Verwaltungskosten erheben.

Art. 77 Zurückbehalten von Waren durch die Zollverwaltung. (1) Hat die Zollverwaltung aufgrund eines Antrags nach Art. 76 den begründeten Verdacht, daß die Einfuhr einer Ware gegen das Urheberrecht oder die verwandten Schutzrechte verstößt, so teilt sie dies dem Antragsteller oder der Antragstellerin mit.

(2) Die Zollverwaltung behält die betreffenden Waren während höchstens zehn Arbeitstagen vom Zeitpunkt der Mitteilung nach Abs. 1 an zurück, damit der Antragsteller oder die Antragstellerin vorsorgliche Maßnahmen erwirken kann.

(3) Der Antragsteller oder die Antragstellerin hat den durch das Zurückhalten von Waren entstandenen Schaden zu ersetzen, wenn vorsorgliche Maßnahmen nicht angeordnet werden oder sich als unbegründet erweisen.

6. Titel · **Schlußbestimmungen**

1. Kapitel: **Vollzug und Aufhebung bisherigen Rechts**

Art. 78 Ausführungsbestimmungen. Der Bundesrat erläßt die Ausführungsbestimmungen.

Art. 79 Aufhebung von Bundesgesetzen. Es werden aufgehoben:

a) das Bundesgesetz vom 7. 12. 1922 betreffend das Urheberrecht an Werken der Literatur und Kunst;

b) das Bundesgesetz vom 25. 9. 1940 betreffend die Verwertung von Urheberrechten.

2. Kapitel · **Übergangsbestimmungen**

Art. 80 Bestehende Schutzobjekte. (1) Dieses Gesetz gilt auch für Werke, Darbietungen, Ton- und Tonbildträger sowie Sendungen, die vor seinem Inkrafttreten geschaffen waren.

(2) War die Verwendung eines Werkes, einer Darbietung, eines Ton- und Tonbildträgers oder einer Sendung, die nach diesem Gesetz widerrechtlich wäre, bisher erlaubt, so darf sie vollendet werden, wenn sie vor dem Inkrafttreten dieses Gesetzes begonnen wurde.

Art. 81 Bestehende Verträge. (1) Vor Inkrafttreten dieses Gesetzes abgeschlossene Verträge über Urheber- oder verwandte Schutzrechte und aufgrund solcher Verträge getroffene Verfügungen bleiben nach dem bisherigen Recht wirksam.

(2) Soweit nichts anderes vereinbart ist, sind diese Verträge nicht anwendbar auf Rechte, die erst durch dieses Gesetz geschaffen werden.

Art. 82 Bewilligung für die Verwertung von Urheberrechten. Die nach dem Bundesgesetz vom 25. 9. 1940 betreffend die Verwertung von Urheberrechten zugelassenen Verwertungsgesellschaften müssen innerhalb sechs Monaten nach Inkrafttreten dieses Gesetzes um eine neue Bewilligung (Art. 41) nachsuchen.

Art. 83 Tarife. (1) Nach altem Recht genehmigte Tarife der konzessionierten Verwertungsgesellschaften bleiben bis zum Ablauf ihrer Gültigkeitsdauer in Kraft.

(2) Vergütungen nach den Art. 13, 20 und 35 sind ab Inkrafttreten dieses Gesetzes geschuldet; sie können ab Genehmigung des entsprechenden Tarifes geltend gemacht werden.

3. Kapitel · **Referendum und Inkrafttreten**

Art. 84. (1) Dieses Gesetz untersteht dem fakultativen Referendum.

(2) Der Bundesrat bestimmt das Inkrafttreten.

2 · Verordnung über das Urheberrecht und verwandte Schutzrechte (Urheberrechtsverordnung – URV)

vom 26. April 1993 (Systematische Sammlung des Bundesrechts 231.11)

Der Schweizerische Bundesrat, gestützt auf die Artikel 55 Absatz 2 und 78 des Bundesgesetzes vom 9. Oktober 1992 über das Urheberrecht und verwandte Schutzrechte (Urheberrechtsgesetz, URG) sowie auf Artikel 4 des Bundesgesetzes vom 4. Oktober 1974 über Maßnahmen zur Verbesserung des Bundeshaushaltes, verordnet:

1. Kapitel · Eidgenössische Schiedskommission für die Verwertung von Urheberrechten und verwandten Schutzrechten

1. Abschnitt · Organisation

Art. 1 Wahl. (1) Bei der Wahl der Mitglieder der Eidgenössischen Schiedskommission für die Verwertung von Urheberrechten und verwandten Schutzrechten (Schiedskommission) sorgt der Bundesrat für eine ausgewogene personelle Zusammensetzung, welche die Fachkunde, die vier Sprachgemeinschaften, die Regionen des Landes sowie beide Geschlechter angemessen berücksichtigt.

(2) Der Bundesrat bezeichnet den Präsidenten oder die Präsidentin, die beisitzenden Mitglieder, deren Ersatzleute sowie die weiteren Mitglieder. Aus dem Kreis der beisitzenden Mitglieder wird der Vizepräsident beziehungsweise die Vizepräsidentin bestimmt.

(3) Das Eidgenössische Justiz- und Polizeidepartement (Departement) läßt Namen, Vornamen und Wohnort der erstmals gewählten Mitglieder im Bundesblatt veröffentlichen.

(4) Soweit für Wahlen und administrative Geschäfte der Bundesrat zuständig ist, stellt ihm das Departement Antrag.

Art. 2 Rechtsstellung. (1) Die Amtsdauer und das Ausscheiden aus der Schiedskommission richten sich nach der Verordnung vom 2. März 1977 über außerparlamentarische Kommissionen, Behörden und Vertretungen des Bundes und die Entschädigungsansprüche nach der Verordnung vom 1. Oktober 1973 über die Entschädigung für Kommissionsmitglieder, Experten und Beauftragte.

(2) Die Mitglieder unterstehen dem Amtsgeheimnis.

Art. 3 Administrative Leitung. (1) Der Präsident oder die Präsidentin ist für die administrative Leitung der Schiedskommission zuständig. Bei Verhinderung übernimmt der Vizepräsident oder die Vizepräsidentin diese Aufgabe.

(2) Zur Unterstützung in der administrativen Tätigkeit kann das Sekretariat (Art. 4) beigezogen werden.

Art. 4 Sekretariat. (1) Das Bundesamt für geistiges Eigentum (Bundesamt) stellt das erforderliche Personal und die Infrastruktur für das Sekretariat der Schiedskommission zur Verfügung; es ernennt im Einvernehmen mit dem Präsidenten oder der Präsidentin der Schiedskommission den juristischen Sekretär oder die juristische Sekretärin.

(2) Das Sekretariat ist in der Ausübung seiner Funktionen von den Verwaltungsbehörden unabhängig und nur an die Weisungen des Präsidenten oder der Präsidentin gebunden.

(3) Der juristische Sekretär oder die juristische Sekretärin erfüllt insbesondere folgende Aufgaben:

a) Redaktion von Verfügungen, Vernehmlassungen und Mitteilungen an Parteien und Behörden;
b) Protokollführung;
c) Führung der Dokumentation, Information der Schiedskommission und redaktionelle Bearbeitung der für die Veröffentlichung geeigneten Entscheide.
(4) Der juristische Sekretär oder die juristische Sekretärin hat in Verhandlungen, in denen er oder sie das Protokoll führt, beratende Stimme.

Art. 5 Information. Die Schiedskommission informiert die Öffentlichkeit über ihre Praxis. Sie veröffentlicht insbesondere Entscheide von grundsätzlicher Bedeutung in der „Verwaltungspraxis der Bundesbehörden" oder, im Einvernehmen mit der Bundeskanzlei, in anderen amtlichen oder außeramtlichen Organen, die der Information über die Verwaltungsrechtspflege dienen.

Art. 6 Sitz. Die Schiedskommission hat ihren Sitz in Bern.

Art. 7 Rechnungsführung. Das Bundesamt besorgt die Rechnungsführung der Schiedskommission und stellt deren Personal- und Sachkosten sowie deren Einnahmen gesondert in den Voranschlag ein.

Art. 8 Gebühren und Auslagen der Schiedskommission. Die Gebühren und Auslagen der Schiedskommission richten sich nach der Verordnung vom 19. Oktober 1977 über die Gebühren des Bundesamtes für geistiges Eigentum und der Eidgenössischen Schiedskommission für die Verwertung von Urheberrechten und verwandten Schutzrechten.

2. Abschnitt · **Verfahren**

Art. 9 Antragstellung. (1) Mit dem Antrag auf Genehmigung eines Tarifs reichen die Verwertungsgesellschaften die erforderlichen Unterlagen sowie einen kurzen Bericht über den Verlauf der Verhandlungen mit den maßgebenden Nutzerverbänden (Art. 46 Abs. 2 URG) ein.
(2) Die Anträge auf Genehmigung eines neuen Tarifs müssen der Schiedskommission mindestens sieben Monate vor dem vorgesehenen Inkrafttreten vorgelegt werden. In begründeten Fällen kann der Präsident oder die Präsidentin von dieser Frist abweichen.
(3) Wurden die Verhandlungen nicht mit der gebotenen Einläßlichkeit geführt, so kann der Präsident oder die Präsidentin die Akten unter Ansetzung einer Frist zurückweisen.

Art. 10 Einleitung des Verfahrens. (1) Der Präsident oder die Präsidentin leitet das Genehmigungsverfahren ein, indem er oder sie gestützt auf Artikel 57 URG die Spruchkammer einsetzt und unter deren Mitgliedern Ausfertigungen der Eingaben samt Beilagen und allenfalls weitere Akten in Umlauf setzt.
(2) Der Präsident oder die Präsidentin stellt den Antrag auf Genehmigung eines Tarifs den maßgebenden an den Verhandlungen mit den Verwertungsgesellschaften beteiligten Nutzerverbänden unter Ansetzung einer angemessenen Frist zur schriftlichen Vernehmlassung zu.
(3) Geht aus dem Genehmigungsantrag eindeutig hervor, daß die Verhandlungen mit den maßgebenden Nutzerverbänden (Art. 46 Abs. 2 URG) zu einer Einigung geführt haben, kann auf eine Vernehmlassung verzichtet werden.

Art. 11 Zirkularbeschluß. Entscheide ergehen auf dem Zirkulationsweg, soweit die maßgebenden Nutzerverbände dem Tarif zugestimmt haben und nicht ein Antrag eines Mitgliedes der Spruchkammer auf Einberufung einer Sitzung gestellt wird.

Art. 12 Einberufung einer Sitzung. (1) Der Präsident oder die Präsidentin legt den Sitzungstermin fest, bietet die Mitglieder der Spruchkammer auf und teilt den am Verfahren beteiligten Verwertungsgesellschaften und Nutzerverbänden rechtzeitig den Zeitpunkt der Sitzung mit.

(2) Die Sitzungen finden in der Regel am Sitz der Schiedskommission (Art. 6) statt.

Art. 13 Anhörung. Die beteiligten Parteien haben das Recht auf mündliche Anhörung.

Art. 14 Beratung. (1) Führt die Anhörung nicht zu einer Einigung unter den Parteien, so schreitet die Spruchkammer unmittelbar zur Beratung.

(2) Die Beratung und die anschließende Abstimmung finden unter Ausschluß der Parteien statt.

(3) Bei Stimmengleichheit gibt der Präsident oder die Präsidentin den Stichentscheid.

Art. 15 Anpassung der Tarifvorlage. (1) Hält die Spruchkammer einen Tarif oder einzelne Bestimmungen eines Tarifes nicht für genehmigungsfähig, so gibt sie vor ihrem Entscheid der Verwertungsgesellschaft Gelegenheit, ihre Tarifvorlage so zu ändern, daß eine Genehmigung möglich ist.

(2) Macht die Verwertungsgesellschaft von dieser Möglichkeit keinen Gebrauch, so kann die Spruchkammer die notwendigen Änderungen selbst vornehmen (Art. 59 Abs. 2 URG).

Art. 16 Eröffnung des Entscheids. (1) Nach Abschluß der Beratung wird der Entscheid durch den Präsidenten oder die Präsidentin mündlich eröffnet.

(2) Er oder sie prüft und genehmigt den Entscheidentwurf vor der schriftlichen Eröffnung in der Regel selbständig; wirft die Abfassung Fragen auf, so können diese auf dem Zirkulationsweg den anderen Mitgliedern der Spruchkammer zur Prüfung unterbreitet werden.

(3) Der Entscheid ist mit Begründung den am Verfahren beteiligten Verwertungsgesellschaften und Nutzerverbänden schriftlich zu eröffnen; für den Beginn der Rechtsmittelfrist ist die schriftliche Eröffnung maßgebend.

(4) Im Entscheid werden die Mitglieder der Spruchkammer sowie der juristische Sekretär oder die juristische Sekretärin mit Namen genannt; der juristische Sekretär oder die juristische Sekretärin unterzeichnet den Entscheid neben dem Präsidenten oder der Präsidentin.

2. Kapitel · **Schutz von Computerprogrammen**

Art. 17. (1) Der nach Artikel 12 Absatz 2 URG zulässige Gebrauch eines Computerprogramms umfaßt:

a) die bestimmungsgemäße Verwendung des Programms, zu der das Laden, Anzeigen, Ablaufen, Übertragen oder Speichern sowie die im Rahmen dieser Tätigkeiten erforderliche Herstellung eines Werkexemplares durch den rechtmäßigen Erwerber oder die rechtmäßige Erwerberin gehören;

b) das Beobachten des Funktionierens des Programms, das Untersuchen oder Testen desselben zum Zweck der Ermittlung der einem Programmelement zugrundeliegenden Ideen und Grundsätze, wenn dies im Rahmen der Handlungen zur bestimmungsgemäßen Verwendung erfolgt.

(2) Nach Artikel 21 Absatz 1 URG erforderliche Informationen über Schnittstellen sind solche, die zur Herstellung der Interoperabilität eines unabhängig geschaffenen Programms mit anderen Programmen unerläßlich und dem Benutzer oder der Benutzerin von Programmen nicht ohne weiteres zugänglich sind.

(3) Eine unzumutbare Beeinträchtigung der normalen Auswertung des Programms im Sinne von Artikel 21 Absatz 2 URG liegt insbesondere vor, wenn die im

Rahmen der Entschlüsselung gewonnenen Schnittstelleninformationen für die Entwicklung, Herstellung oder Vermarktung eines Programms mit im wesentlichen ähnlicher Ausdrucksform verwendet werden.

3. Kapitel · **Hilfeleistung der Zollverwaltung**

Art. 18 Umfang. Die Hilfeleistung der Zollverwaltung erstreckt sich auf die Einfuhr von Waren, deren Verbreitung im Inland gegen das Urheberrecht oder die verandten Schutzrechte verstößt, sowie auf die Lagerung solcher Waren in einem Zollager.

Art. 19 Antrag auf Hilfeleistung. (1) Die Berechtigten müssen den Antrag auf Hilfeleistung bei der Oberzolldirektion stellen. In dringenden Fällen kann der Antrag unmittelbar beim Zollamt gestellt werden, bei dem widerrechtlich hergestellte Waren eingeführt werden sollen.

(2) Der Antrag gilt während zwei Jahren, wenn er nicht für eine kürzere Geltungsdauer gestellt wird. Er kann erneuert werden.

Art. 20 Zurückbehalten von Waren. (1) Behält das Zollamt Waren zurück, so verwahrt es sie gegen Gebühr selbst oder gibt sie auf Kosten der Antragsteller oder der Antragstellerinnen einer Drittperson in Verwahrung.

(2) Die Antragsteller oder die Antragstellerinnen sind berechtigt, die zurückbehaltenen Waren zu besichtigen. Die zur Verfügung über die Waren Berechtigten können an der Besichtigung teilnehmen.

(3) Steht schon vor Ablauf der Frist nach Artikel 77 Absatz 2 URG fest, daß die Antragsteller oder die Antragstellerinnen vorsorgliche Maßnahmen nicht erwirken können, so werden die Waren sogleich freigegeben.

Art. 21 Gebühren. Die Gebühren für die Behandlung des Antrags auf Hilfeleistung sowie für die Verwahrung zurückbehaltener Waren richten sich nach der Verordnung vom 22. August 1984 über die Gebühren der Zollverwaltung.

4. Kapitel · **Schlußbestimmungen**

Art. 22 Aufhebung bisherigen Rechts. Es werden aufgehoben:

a) die Vollziehungsverordnung vom 7. Februar 1941 zum Bundesgesetz betreffend die Verwertung von Urheberrechten;

b) die Verordnung des EJPD vom 8. April 1982 über die Erteilung von Bewilligungen zur Verwertung von Urheberrechten;

c) das Reglement vom 22. Mai 1958 der Eidgenössischen Schiedskommission betreffend Verwertung von Urheberrechten.

Art. 23 Inkrafttreten. Diese Verordnung tritt am 1. Juli 1993 in Kraft.

Anhang V · **Europäische Gemeinschaften**

1 · Richtlinie des Rates vom 14. 5. 1991 über den Rechtsschutz von Computerprogrammen

(Abl. EG Nr. L 122/42 vom 17. 5. 1991)

Der Rat der Europäischen Gemeinschaften –
gestützt auf den Vertrag zur Gründung der Europäischen Wirtschaftsgemeinschaft, insbesondere auf Art. 100a,
auf Vorschlag der Kommission,
in Zusammenarbeit mit dem Europäischen Parlament,
nach Stellungnahme des Wirtschafts- und Sozialausschusses,
in Erwägung nachstehender Gründe:

Derzeit ist nicht in allen Mitgliedstaaten ein eindeutiger Rechtsschutz von Computerprogrammen gegeben. Wird ein solcher Rechtsschutz gewährt, so weist er unterschiedliche Merkmale auf.

Die Entwicklung von Computerprogrammen erfordert die Investition erheblicher menschlicher, technischer und finanzieller Mittel. Computerprogramme können jedoch zu einem Bruchteil der zu ihrer unabhängigen Entwicklung erforderlichen Kosten kopiert werden.

Computerprogramme spielen eine immer bedeutendere Rolle in einer Vielzahl von Industrien. Die Technik der Computerprogramme kann somit als von grundlegender Bedeutung für die industrielle Entwicklung der Gemeinschaft angesehen werden.

Bestimmte Unterschiede des in den Mitgliedstaaten gewährten Rechtsschutzes von Computerprogrammen haben direkte und schädliche Auswirkungen auf das Funktionieren des Gemeinsamen Marktes für Computerprogramme; mit der Einführung neuer Rechtsvorschriften der Mitgliedstaaten auf diesem Gebiet könnten sich diese Unterschiede noch vergrößern.

Bestehende Unterschiede, die solche Auswirkungen haben, müssen beseitigt und die Entstehung neuer Unterschiede muß verhindert werden. Unterschiede, die das Funktionieren des Gemeinsamen Marktes nicht in erheblichem Maße beeinträchtigen, müssen jedoch nicht beseitigt und ihre Entstehung muß nicht verhindert werden.

Der Rechtsrahmen der Gemeinschaft für den Schutz von Computerprogrammen kann somit zunächst darauf beschränkt werden, grundsätzlich festzulegen, daß die Mitgliedstaaten Computerprogramme als Werke der Literatur Urheberrechtsschutz gewähren. Ferner ist festzulegen, wer schutzberechtigt und was schutzwürdig ist, und darüber hinaus sind die Ausschließlichkeitsrechte festzulegen, die die Schutzberechtigten geltend machen können, um bestimmte Handlungen zu erlauben oder zu verbieten, sowie die Schutzdauer.

Für die Zwecke dieser Richtlinie soll der Begriff „Computerprogramm" Programme in jeder Form umfassen, auch solche, die in die Hardware integriert sind; dieser Begriff umfaßt auch Entwurfsmaterial zur Entwicklung eines Computerprogramms, sofern die Art der vorbereitenden Arbeit die spätere Entstehung eines Computerprogramms zuläßt.

Qualitative oder ästhetische Vorzüge eines Computerprogramms sollten nicht als Kriterium für die Beurteilung der Frage angewendet werden, ob ein Programm ein individuelles Werk ist oder nicht.

Die Gemeinschaft fühlt sich zur Förderung der internationelen Standardisierung verpflichtet.

Die Funktion von Computerprogrammen besteht darin, mit den anderen Komponenten eines Computersystems und den Benutzern in Verbindung zu treten und zu operieren. Zu diesem Zweck ist eine logische und, wenn zweckmäßig, physische

Verbindung und Interaktion notwendig, um zu gewährleisten, daß Software und Hardware mit anderer Software und Hardware und Benutzern wie beabsichtigt funktionieren können.

Die Teile des Programms, die eine solche Verbindung und Interaktion zwischen den Elementen von Software und Hardware ermöglichen sollen, sind allgemein als „Schnittstellen“ bekannt.

Diese funktionale Verbindung und Interaktion ist allgemein als „Interoperabilität“ bekannt. Diese Interoperabilität kann definiert werden als die Fähigkeit zum Austausch von Informationen und zur wechselseitigen Verwendung der ausgetauschten Informationen.

Zur Vermeidung von Zweifeln muß klargestellt werden, daß der Rechtsschutz nur für die Ausdrucksform eines Computerprogramms gilt und daß die Idee und Grundsätze, die irgendeinem Element des Programms einschließlich seiner Schnittstellen zugrunde liegen, im Rahmen dieser Richtlinie nicht urheberrechtlich geschützt sind.

Entsprechend diesem Urheberrechtsgrundsatz sind Ideen und Grundsätze, die der Logik, den Algorithmen und den Programmsprachen zugrunde liegen, im Rahmen dieser Richtlinie nicht urheberrechtlich geschützt.

Nach dem Recht und der Rechtsprechung der Mitgliedstaaten und nach den internationalen Urheberrechtskonventionen ist die Ausdrucksform dieser Ideen und Grundsätze urheberrechtlich zu schützen.

Im Sinne dieser Richtlinie bedeutet der Begriff „Vermietung“ die Überlassung eines Computerprogramms oder einer Kopie davon zur zeitweiligen Verwendung und zu Erwerbszwecken; dieser Begriff beinhaltet nicht den öffentlichen Verleih, der somit aus dem Anwendungsbereich der Richtlinie ausgeschlossen bleibt.

Zu dem Ausschließlichkeitsrecht des Urhebers, die nicht erlaubte Vervielfältigung seines Werks zu untersagen, sind im Fall eines Computerprogramms begrenzte Ausnahmen für die Vervielfältigung vorzusehen, die für die bestimmungsgemäße Verwendung des Programms durch den rechtmäßigen Erwerber technisch erforderlich sind. Dies bedeutet, daß das Laden und Ablaufen, sofern es für die Benutzung einer Kopie eines rechtmäßig erworbenen Computerprogramms erforderlich ist, sowie die Fehlerberichtigung nicht vertraglich untersagt werden dürfen. Wenn spezifische vertragliche Vorschriften nicht vereinbart worden sind, und zwar auch im Fall des Verkaufs einer Programmkopie, ist jede andere Handlung eines rechtmäßigen Erwerbers einer Programmkopie zulässig, wenn sie für eine bestimmungsgemäße Benutzung der Kopie notwendig ist.

Einer zur Verwendung eines Computerprogramms berechtigten Person sollte nicht untersagt sein, die zum Betrachten, Prüfen oder Testen des Funktionierens des Programms notwendigen Handlungen vorzunehmen, sofern diese Handlungen nicht gegen das Urheberrecht an dem Programm verstoßen.

Die nicht erlaubte Vervielfältigung, Übersetzung, Bearbeitung oder Änderung der Codeform einer Kopie eines Computerprogramms stellt eine Verletzung der Ausschließlichkeitsrechte des Urhebers dar.

Es können jedoch Situationen eintreten, in denen eine solche Vervielfältigung des Codes und der Übersetzung der Codeform im Sinne des Art. 4 Buchst. a) und b) unerläßlich ist, um die Informationen zu erhalten, die für die Interoperabilität eines unabhängig geschaffenen Programms mit anderen Programmen notwendig sind.

Folglich ist davon auszugehen, daß nur in diesen begrenzten Fällen eine Vervielfältigung und Übersetzung seitens oder im Namen einer zur Verwendung einer Kopie des Programms berechtigten Person rechtmäßig ist, anständigen Gepflogenheiten entspricht und deshalb nicht der Zustimmung des Rechtsinhabers bedarf.

Ein Ziel dieser Ausnahme ist es, die Verbindung aller Elemente eines Computersystems, auch solcher verschiedener Hersteller, zu ermöglichen, so daß sie zusammenwirken können.

Von einer solchen Ausnahme vom Ausschließlichkeitsrecht des Urhebers darf nicht in einer Weise Gebrauch gemacht werden, die die rechtmäßigen Interessen des Rechtsinhabers beeinträchtigt oder die im Widerspruch zur normalen Verwendung des Programms steht.

Zur Wahrung der Übereinstimmung mit den Bestimmungen der Berner Übereinkunft über den Schutz literarischer und künstlerischer Werke sollte die Dauer des Schutzes auf die Lebenszeit des Urhebers und 50 Jahre ab dem 1. Januar des auf sein Todesjahr folgenden Jahres oder im Fall eines anonymen Werkes auf 50 Jahre nach dem 1. Januar des Jahres, das auf das Jahr der Erstveröffentlichung des Werkes folgt, festgesetzt werden.

Der Schutz von Computerprogrammen im Rahmen des Urheberrechts sollte unbeschadet der Anwendung anderer Schutzformen in den relevanten Fällen erfolgen. Vertragliche Regelungen, die im Widerspruch zu Art. 6 oder den Ausnahmen nach Art. 5 Abs. 2 und 3 stehen, sollten jedoch unwirksam sein.

Die Bestimmungen dieser Richtlinie lassen die Anwendung der Wettbewerbsregeln nach den Art. 85 und 86 des Vertrages unberührt, wenn ein marktbeherrschender Anbieter den Zugang zu Informationen verweigert, die für die in dieser Richtlinie definierte Interoperabilität notwendig sind.

Die Bestimmungen dieser Richtlinie sollten unbeschadet spezifischer Auflagen bereits bestehender gemeinschaftlicher Rechtsvorschriften für die Veröffentlichung von Schnittstellen im Telekommunikationssektor oder von Ratsbeschlüssen betreffend die Normung im Bereich der Informations- und Telekommunikationstechnologie gelten.

Diese Richtlinie berührt nicht die in den einzelstaatlichen Rechtsvorschriften in Übereinstimmung mit der Berner Übereinkunft vorgesehenen Ausnahmeregelungen für Punkte, die nicht von der Richtlinie erfaßt werden –

hat folgende Richtlinie erlassen:

Art. 1 Gegenstand des Schutzes. (1) Gemäß den Bestimmungen dieser Richtlinie schützen die Mitgliedstaaten Computerprogramme urheberrechtlich als literarische Werke im Sinne der Berner Übereinkunft zum Schutze von Werken der Literatur und der Kunst. Im Sinne dieser Richtlinie umfaßt der Begriff „Computerprogramm" auch das Entwurfsmaterial zu ihrer Vorbereitung.

(2) Der gemäß dieser Richtlinie gewährte Schutz gilt für alle Ausdrucksformen von Computerprogrammen. Ideen und Grundsätze, die irgendeinem Element eines Computerprogramms zugrunde liegen, einschließlich der den Schnittstellen zugrundeliegenden Ideen und Grundsätze, sind nicht im Sinne dieser Richtlinie urheberrechtlich geschützt.

(3) Computerprogramme werden geschützt, wenn sie individuelle Werke in dem Sinne darstellen, daß sie das Ergebnis der eigenen geistigen Schöpfung ihres Urhebers sind. Zur Bestimmung ihrer Schutzfähigkeit sind keine anderen Kriterien anzuwenden.

Art. 2 Urheberschaft am Programm. (1) Der Urheber eines Computerprogramms ist die natürliche Person, die Gruppe natürlicher Personen, die das Programm geschaffen hat, oder, soweit nach den Rechtsvorschriften der Mitgliedstaaten zulässig, die juristische Person, die nach diesen Rechtsvorschriften als Rechtsinhaber gilt. Soweit kollektive Werke durch die Rechtsvorschriften eines Mitgliedstaats anerkannt sind, gilt die Person als Urheber, die nach den Rechtsvorschriften des Mitgliedstaats als Person angesehen wird, die das Werk geschaffen hat.

(2) Ist ein Computerprogramm von einer Gruppe natürlicher Personen gemeinsam geschaffen worden, so stehen diesen die ausschließlichen Rechte daran gemeinsam zu.

(3) Wird ein Computerprogramm von einem Arbeitnehmer in Wahrnehmung seiner Aufgaben oder nach den Anweisungen seines Arbeitgebers geschaffen, so ist

ausschließlich der Arbeitgeber zur Ausübung aller wirtschaftlichen Rechte an dem so geschaffenen Programm berechtigt, sofern keine andere vertragliche Vereinbarung getroffen wird.

Art. 3 Schutzberechtigte. Schutzberechtigt sind alle natürlichen und juristischen Personen gemäß dem für Werke der Literatur geltenden innerstaatlichen Urheberrecht.

Art. 4 Zustimmungsbedürftige Handlungen. Vorbehaltlich der Bestimmungen der Art. 5 und 6 umfassen die Ausschließlichkeitsrechte des Rechtsinhabers im Sinne des Art. 2 das Recht, folgende Handlungen vorzunehmen oder zu gestatten:

a) die dauerhafte oder vorübergehende Vervielfältigung, ganz oder teilweise, eines Computerprogramms mit jedem Mittel und in jeder Form. Soweit das Laden, Anzeigen, Ablaufen, Übertragen oder Speichern des Computerprogramms eine Vervielfältigung erforderlich macht, bedürfen diese Handlungen der Zustimmung des Rechtsinhabers;

b) die Übersetzung, die Bearbeitung, das Arrangement und andere Umarbeitungen eines Computerprogramms sowie die Vervielfältigung der erzielten Ergebnisse, unbeschadet der Rechte der Person, die das Programm umarbeiten;

c) jede Form der öffentlichen Verbreitung des originalen Computerprogramms oder von Kopien davon einschließlich der Vermietung. Mit dem Erstverkauf einer Programmkopie in der Gemeinschaft durch den Rechtsinhaber oder mit seiner Zustimmung erschöpfen sich in der Gemeinschaft das Recht auf die Verbreitung dieser Kopie; ausgenommen hiervon ist jedoch das Recht auf Kontrolle der Weitervermietung des Programms oder einer Kopie davon.

Art. 5 Ausnahmen von den zustimmungsbedürftigen Handlungen. (1) In Ermangelung spezifischer vertraglicher Bestimmungen bedürfen die in Art. 4 Buchst. a) und b) genannten Handlungen nicht der Zustimmung des Rechtsinhabers, wenn sie für eine bestimmungsgemäße Benutzung des Computerprogramms einschließlich der Fehlerberichtigung durch den rechtmäßigen Erwerb notwendig sind.

(2) Die Erstellung einer Sicherungskopie durch eine Person, die zur Benutzung des Programms berechtigt ist, darf nicht vertraglich untersagt werden, wenn sie für die Benutzung erforderlich ist.

(3) Die zur Verwendung einer Programmkopie berechtigte Person kann, ohne die Genehmigung des Rechtsinhabers einholen zu müssen, das Funktionieren dieses Programms beobachten, untersuchen oder testen, um die einem Programmelement zugrundeliegenden Ideen und Grundsätze zu ermitteln, wenn sie dies durch Handlungen zum Laden, Anzeigen, Ablaufen, Übertragen oder Speichern des Programms tut, zu denen sie berechtigt ist.

Art. 6 Dekompilierung. (1) Die Zustimmung des Rechtsinhabers ist nicht erforderlich, wenn die Vervielfältigung des Codes oder die Übersetzung der Codeform im Sinne des Art. 4 Buchst. a) und b) unerläßlich ist, um die erforderlichen Informationen zur Herstellung der Interoperabilität eines unabhängig geschaffenen Computerprogramms mit anderen Programmen zu erhalten, sofern folgende Bedingungen erfüllt sind:

a) die Handlungen werden von dem Lizenznehmer oder von einer anderen zur Verwendung einer Programmkopie berechtigten Person oder in deren Namen von einer hierzu ermächtigten Person vorgenommen;

b) die für die Herstellung der Interoperabilität notwendigen Informationen sind für die unter Buchst. a) genannten Personen noch nicht ohne weiteres zugänglich gemacht; und

c) die Handlungen beschränken sich auf die Teile des ursprünglichen Programms, die zur Herstellung der Interoperabilität notwendig sind.

(2) Die Bestimmungen von Abs. 1 erlauben nicht, daß die im Rahmen ihrer Anwendung gewonnenen Informationen

a) zu anderen Zwecken als zur Herstellung der Interoperabilität des unabhängig geschaffenen Programms verwendet werden;

b) an Dritte weitergegeben werden, es sei denn, daß dies für die Interoperabilität des unabhängig geschaffenen Programms notwendig ist;

c) für die Entwicklung, Herstellung oder Vermarktung eines Programms mit im wesentlichen ähnlicher Ausdrucksform oder für irgendwelche anderen, das Urheberrecht verletzenden Handlungen verwendet werden.

(3) Zur Wahrung der Übereinstimmung mit den Bestimmungen der Berner Übereinkunst zum Schutz von Werken der Literatur und der Kunst können die Bestimmungen dieses Artikels nicht dahin gehend ausgelegt werden, daß dieser Artikel in einer Weise angewendet werden kann, die die rechtmäßigen Interessen des Rechtsinhabers in unvertretbarer Weise beeinträchtigt oder im Widerspruch zur normalen Nutzung des Computerprogramms steht.

Art. 7 Besondere Schutzmaßnahmen. (1) Unbeschadet der Art. 4, 5 und 6 sehen die Mitgliedstaaten gemäß ihren innerstaatlichen Rechtsvorschriften geeignete Maßnahmen gegen Personen vor, die eine der nachstehend unter den Buchst. a), b) und c) aufgeführten Handlungen begehen:

a) Inverkehrbringen einer Kopie eines Computerprogramms, wenn die betreffende Person wußte oder Grund zu der Annahme hatte, daß es sich um eine unerlaubte Kopie handelt;

b) Besitz einer Kopie eines Computerprogramms für Erwerbszwecke, wenn diese betreffende Person wußte oder Grund zu der Annahme hatte, daß es sich um eine unerlaubte Kopie handelt;

c) das Inverkehrbringen oder der Erwerbszwecken dienende Besitz von Mitteln, die allein dazu bestimmt sind, die unerlaubte Beseitigung oder Umgehung technischer Programmschutzmechanismen zu erleichtern.

(2) Jede unerlaubte Kopie eines Computerprogramms kann gemäß den Rechtsvorschriften des betreffenden Mitgliedstaats beschlagnahmt werden.

(3) Die Mitgliedstaaten können die Beschlagnahme der in Abs. 1 Buchst. c) genannten Mittel vorsehen.

Art. 8 Schutzdauer. (1) Die Schutzdauer umfaßt die Lebenszeit des Urhebers und 50 Jahre nach seinem Tod bzw. nach dem Tod des letzten noch lebenden Urhebers; für anonym oder pseudonym veröffentlichte Computerprogramme oder für Computerprogramme, als deren Urheber in Übereinstimmung mit Art. 2 Abs. 1 aufgrund der einzelstaatlichen Rechtsvorschriften eine juristische Person anzusehen ist, endet die Schutzdauer 50 Jahre, nachdem das Programm erstmals erlaubterweise der Öffentlichkeit zugänglich gemacht worden ist. Die Dauer des Schutzes beginnt am 1. Januar des Jahres, das auf die vorgenannten Ereignisse folgt.

(2) Die Mitgliedstaaten, in denen bereits eine längere Schutzdauer gilt als die, die in Abs. 1 vorgesehen ist, dürfen ihre gegenwärtige Schutzdauer so lange beibehalten, bis die Schutzdauer für urheberrechtlich geschützte Werke durch allgemeinere Rechtsvorschriften der Gemeinschaft harmonisiert ist.

Art. 9 Weitere Anwendung anderer Rechtsvorschriften. (1) Die Bestimmungen dieser Richtlinie stehen sonstigen Rechtsvorschriften, so für Patentrechte, Warenzeichen, unlauteres Wettbewerbsverhalten, Geschäftsgeheimnisse und den Schutz von Halbleiterprodukten, sowie dem Vertragsrecht nicht entgegen. Vertragliche Bestimmungen, die im Widerspruch zu Art. 6 oder zu den Ausnahmen nach Art. 5 Abs. 2 und 3 stehen, sind unwirksam.

(2) Die Bestimmungen dieser Richtlinie finden unbeschadet etwaiger vor dem 1. Januar 1993 getroffener Vereinbarungen und erworbener Rechte auch auf vor diesem Zeitpunkt geschaffene Programme Anwendung.

Art. 10 Schlußbestimmungen. (1) Die Mitgliedstaaten erlassen die erforderlichen Rechts- und Verwaltungsvorschriften, um dieser Richtlinie vor dem 1. Januar 1993 nachzukommen.

Wenn die Mitgliedstaaten diese Vorschriften erlassen, nehmen sie in ihnen selbst oder durch einen Hinweis bei der amtlichen Veröffentlichung auf diese Richtlinie Bezug. Sie regeln die Einzelheiten der Bezugnahme.

(2) Die Mitgliedstaaten teilen der Kommission die innerstaatlichen Rechtsvorschriften mit, die sie auf dem unter diese Richtlinie fallenden Gebiet erlassen.

Art. 11. Diese Richtlinie ist an die Mitgliedstaaten gerichtet.

2 · Richtlinie des Rates vom 19. November 1992 zum Vermietrecht und Verleihrecht sowie zu bestimmten dem Urheberrecht verwandten Schutzrechten im Bereich des geistigen Eigentums

(ABl. EG Nr. L 346/61 v. 27. 11. 1992)

Der Rat der Europäischen Gemeinschaften –

gestützt auf den Vertrag zur Gründung der Europäischen Wirtschaftsgemeinschaft, insbesondere auf Art. 57 Abs. 2, Art. 66 und Art. 100 a,

auf Vorschlag der Kommission,

in Zusammenarbeit mit dem Europäischen Parlament,

nach Anhörung des Wirtschafts- und Sozialausschusses,

in Erwägung nachstehender Gründe:

Die zwischen den Mitgliedstaaten bestehenden Unterschiede in den Rechtsvorschriften und Praktiken hinsichtlich des Rechtsschutzes für urheberrechtlich geschützte Werke und Gegenstände der verwandten Schutzrechte in bezug auf das Vermieten und Verleihen sind Ursache von Handelsschranken und Wettbewerbsverzerrungen und geeignet, die Verwirklichung und das Funktionieren des Binnenmarktes zu beeinträchtigen.

Die Unterschiede im Rechtsschutz könnten dadurch noch größer werden, daß die Mitgliedstaaten neue und unterschiedliche Rechtsvorschriften einführen oder daß die nationale Rechtsprechung sich unterschiedlich entwickelt.

Diese Unterschiede sollten daher entsprechend der in Art. 8 a des Vertrages niedergelegten Zielsetzung, einen Raum ohne Binnengrenzen zu schaffen, beseitigt werden, um so gemäß Art. 3 Buchst. f) des Vertrages ein System zu errichten, das den Wettbewerb innerhalb des Gemeinsamen Marktes vor Verfälschungen schützt.

Das Vermieten und Verleihen von urheberrechtlich geschützten Werken und Gegenständen der verwandten Schutzrechte spielt insbesondere für die Urheber und die ausübenden Künstler sowie für die Hersteller von Tonträgern und Filmen eine immer wichtigere Rolle, und die Piraterie stellt eine zunehmende Bedrohung dar.

Dem angemessenen Schutz von urheberrechtlich geschützten Werken und Gegenständen der verwandten Schutzrechte durch Vermiet- und Verleihrechte sowie dem Schutz von Gegenständen der verwandten Schutzrechte durch das Aufzeichnungsrecht, Vervielfältigungsrecht, Verbreitungsrecht, Senderecht und Recht der öffentlichen Wiedergabe kommt daher eine grundlegende Bedeutung für die wirtschaftliche und kulturelle Entwicklung der Gemeinschaft zu.

Der Schutz, den das Urheberrecht und verwandte Schutzrecht gewähren, muß an neue wirtschaftliche Entwicklungen, wie z. B. an neue Nutzungsarten, angepaßt werden.

Um ihre Tätigkeit ausüben zu können, bedürfen Urheber und ausübende Künstler eines angemessenen Einkommens als Grundlage für weiteres schöpferisches und künstlerisches Arbeiten. Die insbesondere für die Herstellung von Tonträgern und Filmen erforderlichen Investitionen sind außerordentlich hoch und risikoreich. Die Möglichkeit, ein solches Einkommen sicherzustellen und solche Investitionen abzusichern, kann nur durch einen angemessenen Rechtsschutz für die jeweils betroffenen Rechtsinhaber wirkungsvoll gewährleistet werden.

Diese schöpferischen, künstlerischen und unternehmerischen Tätigkeiten sind großenteils selbständige Tätigkeiten, und ihre Ausübung muß durch die Schaffung eines gemeinschaftsweit harmonisierten Rechtsschutzes erleichtert werden.

Soweit dieses Tätigkeit hauptsächlich Dienstleistungen darstellen, muß auch ihre Erbringung erleichtert werden, indem ein gemeinschaftsweit harmonisierter rechtlicher Rahmen geschaffen wird.

Die Angleichung der Rechtsvorschriften der Mitgliedstaaten sollte in der Weise erfolgen, daß die Rechtsvorschriften nicht in Widerspruch zu den internationalen Übereinkommen stehen, auf denen das Urheberrecht und die verwandten Schutzrechte in vielen Mitgliedstaaten beruhen.

Der rechtliche Rahmen der Gemeinschaft in bezug auf das Vermiet- und Verleihrecht und bestimmte verwandte Schutzrechte kann sich darauf beschränken festzulegen, daß die Mitgliedstaaten Rechte in bezug auf das Vermieten und Verleihen für bestimmte Gruppen von Rechtsinhabern vorsehen und ferner die Rechte der Aufzeichnung, Vervielfältigung, Verbreitung, Sendung und öffentlichen Wiedergabe festlegen, die bestimmten Gruppen von Rechtsinhabern im Bereich der verwandten Schutzrechte zustehen.

Es ist erforderlich, die Begriffe „Vermietung“ und „Verleihen“ im Sinne dieser Richtlinie zu definieren.

Der Klarheit halber ist es wünschenswert, von „Vermietung“ und „Verleihen“ im Sinne dieser Richtlinie bestimmte Formen der Überlassung, z. B. die Überlassung von Tonträgern und Filme (vertonte oder nicht vertonte Filmwerke oder Laufbilder) zur öffentlichen Vorführung oder Sendung sowie die Überlassung zu Ausstellungszwecken oder zur Einsichtnahme an Ort und Stelle auszuschließen. Unter „Verleihen“ im Sinne dieser Richtlinie fällt nicht die Überlassung zwischen der Öffentlichkeit zugänglichen Einrichtungen.

Wird bei einem Verleihen durch eine der Öffentlichkeit zugängliche Einrichtung ein Entgelt gezahlt, dessen Betrag das für die Deckung der Verwaltungskosten der Einrichtung erforderliche Maß nicht überschreitet, so liegt keine unmittelbare oder mittelbare wirtschaftliche oder kommerzielle Nutzung im Sinne dieser Richtlinie vor.

Es wird eine Regelung benötigt, durch die ein unverzichtbares Recht auf angemessene Vergütung für die Urheber und ausübenden Künstler gewährleistet wird, denen zugleich die Möglichkeit erhalten bleiben muß, mit der Wahrnehmung dieses Rechts an ihrer Stelle tätig werdende Verwertungsgesellschaften zu beauftragen.

Die angemessene Vergütung kann in Form einer oder mehrerer Zahlungen jederzeit bei Abschluß des Vertrages oder später entichtet werden.

Diese angemessene Vergütung muß dem Umfang des Beitrages der beteiligten Urheber und ausübenden Künstler zum Tonträger bzw. Film rechnung tragen.

Die Rechte zumindest der Urheber müssen außerdem in bezug auf das öffentliche Verleihwesen durch Einführung einer Sonderregelung geschützt werden. Ausnahmen auf der Grundlage des Art. 5 müssen jedoch mit dem Gemeinschaftsrecht, insbesondere mit Art. 7 des Vertrages, vereinbar sein.

Die Artikel des Kapitels II dieser Richtlinie hindern die Mitgliedstaaten weder, den Vermutungsgrundsatz gemäß Art. 2 Abs. 5 auf die ausschließlichen Rechte dieses Kapitels auszudehnen, noch, für die in diesen Artikeln genannten ausschließlichen Rechte der ausübenden Künstler eine widerlegbare Vermutung der Einwilligung in die Auswertung vorzusehen, sofern eine solche Vermutung mit dem Internationalen Abkommen über den Schutz der ausübenden Künstler, der Hersteller von Tonträgern und der Sendeunternehmen (im folgenden Rom-Abkommen genannt) vereinbar ist.

Die Mitgliedstaaten können einen weiterreichenden Schutz für Inhaber von verwandten Schutzrechten vorsehen, als er in Art. 8 dieser Richtlinie vorgeschrieben ist.

Die harmonisierten Vermiet- und Verleihrechte und der harmonisierte Schutz im Bereich der dem Urheberrecht verwandten Schutzrechte dürfen nicht in einer Weise ausgeübt werden, die eine verschleierte Beschränkung des Handels zwischen den Mitgliedstaaten darstellt oder dem in dem Urteil des Gerichtshofs in der Rechtssache „Cinéthèque gegen FNCF" anerkannten Grundsatz der Chronologie der Auswertung in den Medien zuwiderläuft –

hat folgende Richtlinie erlassen:

Kapitel I · **Vermiet- und Verleihrecht**

Art. 1 Regelungszweck. (1) In Übereinstimmung mit den Bestimmungen dieses Kapitels sehen die Mitgliedstaaten vorbehaltlich Art. 5 das Recht vor, die Vermietung und das Verleihen von Originalen und Vervielfältigungsstücken urheberrechtlich geschützter Werke und anderer in Art. 2 Abs. 1 bezeichneter Schutzgegenstände zu erlauben oder zu verbieten.

(2) Für die Zwecke dieser Richtlinie bedeutet „Vermietung" die zeitlich begrenzte Gebrauchsüberlassung zu unmittelbarem oder mittelbarem wirtschaftlichen oder kommerziellen Nutzen.

(3) Für die Zwecke dieser Richtlinie bedeutet „Verleihen" die zeitlich begrenzte Gebrauchsüberlassung, die nicht einem unmittelbaren oder mittelbaren wirtschaftlichen oder kommerziellen Nutzen dient und durch der Öffentlichkeit zugängliche Einrichtungen vorgenommen wird.

(4) Die in Abs. 1 genannten Rechte werden weder durch die Veräußerung von in Art. 2 Abs. 1 bezeichneten Originalen und Vervielfältigungsstücken von urheberrechtlich geschützten Werken und anderen Schutzgegenständen noch durch andere darauf bezogene Verbreitungshandlungen erschöpft.

Art. 2 Rechtsinhaber und Gegenstand des Vermiet- und Verleihrechts. (1) Das ausschließliche Recht, die Vermietung und das Verleihen zu erlauben oder zu verbieten, steht zu:
– dem Urheber in bezug auf das Original und auf Vervielfältigungsstücke seines Werkes,
– dem ausübenden Künstler in bezug auf Aufzeichnungen seiner Darbietung,
– dem Hersteller der erstmaligen Aufzeichnung eines Films in bezug auf das Original und auf Vervielfältigungsstücke seines Films. Für die Zwecke dieser Richtlinie bedeutet „Film" vertonte oder nicht vertonte Filmwerke, audiovisuelle Werke oder Laufbilder.

(2) Für die Zwecke dieser Richtlinie gilt der Hauptregisseur eines Filmwerks oder audiovisuellen Werks als sein Urheber oder als einer seiner Urheber. Die Mitgliedstaaten können vorsehen, daß weitere Personen als Miturheber gelten.

(3) Vermiet- und Verleihreicht an Bauwerken und Werken der angewandten Kunst fallen nicht unter diese Richtlinie.

(4) Die in Abs. 1 bezeichneten Rechte können übertragen oder abgetreten werden oder Gegenstand vertraglicher Lizenzen sein.

(5) Schließen ausübende Künstler mit einem Filmproduzenten einen Vertrag als Einzel- oder Tarifvereinbarung über eine Filmproduktion ab, so wird unbeschadet des Abs. 7 vermutet, daß der unter diesen Vertrag fallende ausübende Künstler, sofern in den Vertragsbestimmungen nichts anderes vorgesehen ist, sein Vermietrecht vorbehaltlich Art. 4 abgetreten hat.

(6) Die Mitgliedstaaten können eine ähnliche Vermutung wie in Abs. 5 in bezug auf die Urheber vorsehen.

(7) die Mitgliedstaaten können vorsehen, daß die Unterzeichnung des zwischen einem ausübenden Künstler und einem Filmproduzenten geschlossenen Vertrages über eine Filmproduktion als eine Ermächtigung zur Vermietung zu betrachten

ist, sofern der Vertrag eine angemessene Vergütung im Sinne von Art. 4 vorsieht. Die Mitgliedstaaten können ferner vorsehen, daß dieser Absatz sinngemäß auch für die Rechte des Kap. II gilt.

Art. 3 Vermietung von Computerprogrammen. Art. 4 Buchst. c der Richtlinie 91/250/EWG des Rates vom 14. 5. 1991 über den Rechtsschutz von Computerprogrammen bleibt unberührt.

Art. 4 Unverzichtbares Recht auf angemessene Vergütung. (1) Hat ein Urheber oder ein ausübender Künstler sein Vermietrecht an einem Tonträger oder an dem Original oder einem Vervielfältigungsstück eines Films an einen Tonträgerhersteller oder Filmproduzenten übertragen oder abgetreten, so behält er den Anspruch auf eine angemessene Vergütung für die Vermietung.

(2) Auf den Anspruch auf eine angemessene Vergütung für die Vermietung kann der Urheber oder ausübende Künstler nicht verzichten.

(3) Die Wahrnehmung dieses Anspruchs auf eine angemessene Vergütung kann Verwertungsgesellschaften, die Urheber oder ausübende Künstler vertreten, übertragen werden.

(4) Die Mitgliedstaaten können regeln, ob und in welchem Umfang zur Auflage gemacht werden kann, daß der Anspruch auf eine angemessene Vergütung durch eine Verwertungsgesellschaft wahrgenommen werden muß, und gegenüber wem diese Vergütung gefordert oder eingezogen werden darf.

Art. 5 Ausnahme vom ausschließlich öffentlichen Verleihrecht. (1) Die Mitgliedstaaten können hinsichtlich des öffentlichen Verleihens Ausnahmen von dem ausschließlichen Recht nach Art. 1 vorsehen, sofern zumindest die Urheber eine Vergütung für dieses Verleihen erhalten. Es steht den Mitgliedstaaten frei, diese Vergütung entsprechend ihren kulturpolitischen Zielsetzungen festzusetzen.

(2) Bringen die Mitgliedstaaten das ausschließliche Verleihrecht im Sinne von Art. 1 in bezug auf Tonträger, Filme und Computerprogramme nicht zur Anwendung, so führen sie eine Vergütung zumindest für die Urheber ein.

(3) Die Mitgliedstaaten können bestimmte Kategorien von Einrichtungen von der Zahlung der Vergütung im Sinne der Absätze 1 und 2 ausnehmen.

(4) Die Kommission erstellt vor dem 1. 7. 1997 im Benehmen mit den Mitgliedstaaten einen Bericht über das öffentliche Verleihwesen in der Gemeinschaft. Sie übermittelt diesen Bericht dem Europäischen Parlament und dem Rat.

Kapitel II · **Verwandte Schutzrechte**

Art. 6 Aufzeichnungsrecht. (1) Die Mitgliedstaaten sehen für ausübende Künstler das ausschließliche Recht vor, die Aufzeichnung ihrer Darbietungen zu erlauben oder zu verbieten.

(2) Die Mitgliedstaaten sehen für Sendeunternehmen das ausschließliche Recht vor, die Aufzeichnung ihrer Sendungen zu erlauben oder zu verbieten, unabhängig davon, ob es sich hierbei um drahtlose oder drahtgebundene, über Kabel oder durch Satelliten vermittelte Sendungen handelt.

(3) Einem weiterverbreitenden Kabelsendeunternehmen, das lediglich Sendungen anderer Sendeunternehmen über Kabel weiterverbreitet, steht das Recht nach Abs. 2 jedoch nicht zu.

Art. 7 Vervielfältigungsrecht. (1) Die Mitgliedstaaten sehen das ausschließliche Recht, die unmittelbare oder mittelbare Vervielfältigung zu erlauben oder zu verbieten, vor:
- für ausübende Künstler in bezug auf die Aufzeichnung ihrer Darbietungen,
- für Tronträgerhersteller in bezug auf ihre Tonträger,
- für Hersteller der erstmaligen Aufzeichnungen von Filmen in bezug auf das Original und auf Vervielfältigungsstücke ihrer Filme,

– für Sendeunternehmen in bezug auf die Aufzeichnungen ihrer Sendungen nach Maßgabe des Art. 6 Abs. 2.

(2) Das in Abs. 1 bezeichnete Vervielfältigungsrecht kann übertragen oder abgetreten werden oder Gegenstand vertraglicher Lizenzen sein.

Art. 8 Öffentliche Sendung und Wiedergabe. (1) Die Mitgliedstaaten sehen für ausübende Künstler das ausschließliche Recht vor, drahtlos übertragene Rundfunksendungen und die öffentliche Wiedergabe ihrer Darbietungen zu erlauben oder zu verbieten, es sei denn, die Darbietung ist selbst bereits eine gesendete Darbietung oder beruht auf einer Aufzeichnung.

(2) Die Mitgliedstaaten sehen ein Recht vor, das bei Nutzung eines zu Handelszwecken veröffentlichen Tonträgers oder eines Vervielfältigungsstücks eines solchen Tonträgers für drahtlos übertragene Rundfunksendungen oder eine öffentliche Wiedergabe die Zahlung einer einzigen angemessenen Vergütung durch den Nutzer und die Aufteilung dieser Vergütung auf die ausübenden Künstler und die Tonträgerhersteller gewährleistet. Besteht zwischen den ausübenden Künstlern und den Tonträgerherstellern kein diesbezügliches Einvernehmen, so können die Bedingungen, nach denen die Vergütung unter ihnen aufzuteilen ist, von den Mitgliedstaaten festgelegt werden.

(3) Die Mitgliedstaaten sehen für Sendeunternehmen das ausschließliche Recht vor, die drahtlose Weitersendung ihrer Sendungen sowie die öffentliche Wiedergabe ihrer Sendungen, wenn die betreffende Wiedergabe an Orten stattfindet, die der Öffentlichkeit gegen Zahlung eines Eintrittsgeldes zugänglich sind, zu erlauben oder zu verbieten.

Art. 9 Verbreitungsrecht. (1) Die Mitgliedstaaten sehen
– für ausübende Künstler in bezug auf die Aufzeichnungen ihrer Darbietungen,
– für Tonträgerhersteller in bezug auf ihre Tonträger,
– für Hersteller der erstmaligen Aufzeichnung von Filmen in bezug auf das Original und auf Vervielfältigungsstücke ihrer Filme,
– für Sendeunternehmen in bezug auf die Aufzeichnungen ihrer Sendungen nach Maßgabe von Art. 6 Abs. 2

das ausschließliche Recht vor, diese Schutzgegenstände sowie Kopien davon der Öffentlichkeit im Wege der Veräußerung oder auf sonstige Weise zur Verfügung zu stellen (nachstehend „Verbreitungsrecht“ genannt).

(2) Das Verbreitungsrecht in der Gemeinschaft hinsichtlich eines der in Abs. 1 genannten Gegenstände erschöpft sich nur mit dem Erstverkauf des Gegenstands in der Gemeinschaft durch den Rechtsinhaber oder mit seiner Zustimmung.

(3) Die besonderen Bestimmungen des Kap. 1 insbesonders die des Art. 1 Abs. 4, werden durch das Verbreitungsrecht nicht berührt.

(4) Das Verbreitungsrecht kann übertragen oder abgetreten werden oder Gegenstand vertraglicher Lizenzen sein.

Art. 10 Beschränkung der Rechte. (1) Die Mitgliedstaaten können Beschränkungen der in Kap. II genannten Rechte in folgenden Fällen vorsehen

a) für eine private Benutzung;

b) für eine Benutzung kurzer Bruchstücke anläßlich der Berichterstattung über Tagesereignisse;

c) für eine ephemere Aufzeichnung, die von einem Sendeunternehmen mit seinen eigenen Mitteln und für seine eigenen Sendungen vorgenommen wird;

d) für eine Benutzung, die ausschließlich Zwecken des Unterrichts oder der wissenschaftlichen Forschung dient.

(2) Unbeschadet des Abs. 1 kann jeder Mitgliedstaat für den Schutz der ausübenden Künstler, Tonträgerhersteller, Sendeunternehmen und Hersteller der erstmaligen Aufzeichnungen von Filmen Beschränkungen der gleichen Art vorsehen, wie sie für den Schutz des Urheberrechts an Werken der Literatur und der Kunst vorgesehen sind. Zwangslizenzen können jedoch nur insoweit vorgesehen

werden, als sie mit den Bestimmungen des Rom-Abkommens vereinbar sind.

(3) Abs. 1 Buchst. a läßt bestehende und künftige Rechtsvorschriften in bezug auf die Vergütung für die Vervielfältigung zur privaten Benutzung unberührt.

Kapitel III · **Schutzdauer**

Art. 11 Dauer der Urheberrechte. Unbeschadet einer weiteren Harmonisierung erlöschen die in dieser Richtlinie genannten Rechte der Urheber nicht vor Ablauf der Frist, die in der Berner Übereinkunft zum Schutz von Werken der Literatur und Kunst vorgesehen sind.

Art. 12 Dauer der verwandten Schutzrechte. Unbeschadet einer weiteren Harmonisierung erlöschen die in dieser Richtlinie genannten Rechte der ausübenden Künstler, Tonträgerhersteller und Sendeunternehmen nicht vor Ablauf der entsprechenden Fristen, die im Rom-Abkommen vorgesehen sind. Die in dieser Richtlinie genannten Rechte der Hersteller von erstmaligen Aufzeichnungen von Filmen erlöschen nicht vor Ablauf einer Frist von zwanzig Jahren, gerechnet vom Ende des Jahres an, in dem die Aufzeichnung erfolgte.

Kapitel IV · **Gemeinsame Vorschriften**

Art. 13 Zeitliche Anwendbarkeit. (1) Diese Richtlinie findet auf alle von dieser Richtlinie erfaßten urheberrechtlich geschützten Werke, Darbietungen, Tonträger, Sendungen und erstmaligen Aufzeichnungen von Filmen Anwendung, deren Schutz durch die Rechtsvorschriften der Mitgliedstaaten auf dem Gebiet des Urheberrechts und der verwandten Schutzrechte am 1. 7. 1994 noch besteht oder die zu diesem Zeitpunkt die Schutzkriterien im Sinne dieser Richtlinie erfüllen.

(2) Diese Richtlinie findet unbeschadet etwaiger vor dem 1. 7. 1994 erfolgter Nutzungshandlungen Anwendung.

(3) Die Mitgliedstaaten können vorsehen, daß davon auszugehen ist, daß die Rechtsinhaber die Vermietung oder das Verleihen eines in Art. 2 Abs. 1 bezeichneten Gegenstands gestattet haben, wenn dieser nachweislich vor dem 1. 7. 1994 Dritten zu den genannten Zwecken überlassen oder erworben worden ist. Die Mitgliedstaaten können inbesondere im Falle von Digitalaufnahmen jedoch vorsehen, daß die Rechtsinhaber einen Anspruch auf eine angemessene Vergütung für die Vermietung oder das Verleihen des betreffenden Gegenstands haben.

(4) Die Mitgliedstaaten brauchen Art. 2 Abs. 2 auf vor dem 1. 7. 1994 geschaffene Filmwerke und audiovisuelle Werke nicht anzuwenden.

(5) Die Mitgliedstaaten können festlegen, von wann an Art. 2 Abs. 2 Anwendung finden soll; der Zeitpunkt darf jedoch nicht nach dem 1. 7. 1997 liegen.

(6) Unbeschadet des Abs. 3 und vorbehaltlich der Abs. 8 und 9 werden Verträge, die vor der Annahme dieser Richtlinie geschlossen worden sind, von ihr nicht berührt.

(7) Vorbehaltlich der Abs. 8 und 9 können Mitgliedstaaten vorsehen, daß bei Rechtsinhabern, die gemäß den zur Umsetzung dieser Richtlinie erlassenen nationalen Rechtsvorschriften neue Rechte werben und vor dem 1. 7. 1994 einer Nutzung zugestimmt haben, davon ausgegangen wird, daß sie die neuen ausschließlichen Rechte abgetreten haben.

(8) Die Mitgliedstaaten können festlegen, von wann an das unverzichtbare Recht auf eine angemessene Vergütung nach Art. 4 besteht; dieser Zeitpunkt darf jedoch nicht nach dem 1. 7. 1997 liegen.

(9) Bei vor dem 1. 7. 1997 geschlossenen Verträgen kommt das unverzichtbare Recht auf eine angemessene Vergütung gemäß Art. 4 nur zur Anwendung, wenn die Urheber oder die ausübenden Künstler oder deren Vertreter vor dem 1. 1. 1997 einen entsprechenden Antrag stellen. Können sich die Rechtsinhaber nicht über die Höhe der Vergütung einigen, so können die Mitgliedstaaten die Höhe der angemessenen Vergütung festsetzen.

Art. 14 Beziehung zwischen Urheberrecht und verwandten Schutzrechten. Der Schutz von dem Urheberrecht verwandten Schutzrechten gemäß dieser Richtlinie läßt den Schutz der Urheberrechte unberührt und beeinträchtigt ihn in keiner Weise.

Art. 15 Schlußbestimmungen. (1) Die Mitgliedstaaten erlassen die erforderlichen Rechts-und Verwaltungsvorschriften, um dieser Richtlinie spätestens ab 1. 7. 1994 nachzukommen. Sie setzen die Kommission unverzüglich davon in Kenntnis.

Wenn die Mitgliedstaaten Vorschriften nach Unterabsatz 1 erlassen, nehmen sie in den Vorschriften selbst oder durch einen Hinweis bei der amtlichen Veröffentlichung auf diese Richtlinie Bezug. Die Mitgliedstaaten regeln die Einzelheiten der Bezugnahme.

(2) Die Mitgliedstaaten teilen der Kommission die wichtigsten innerstaatlichen Rechtsvorschriften mit, die sie auf dem unter diese Richtlinie fallenden Gebiet erlassen.

Art. 16. Diese Richtlinie ist an die Mitgliedstaaten gerichtet.

3 · Richtlinie 93/83/EWG des Rates vom 27. September 1993 zur Koordinierung bestimmter urheber- und leistungsschutzrechtlicher Vorschriften betreffend Satellitenrundfunk und Kabelweitervorbereitung

(ABl. EG Nr. L 248/15 vom 6. 10. 1993)

Der Rat der Europäischen Gemeinschaften –

gestützt auf den Vertrag zur Gründung der Europäischen Wirtschaftsgemeinschaft, insbesondere auf die Artikel 57 Absatz 2 und 66,

auf Vorschlag der Kommission,

in Zusammenarbeit mit dem Europäischen Parlament,

nach Anhörung des Wirtschafts- und Sozialausschusses,

in Erwägung nachstehender Gründe:

(1) Die im Vertrag niedergelegten Ziele der Gemeinschaft umfassen einen immer engeren Zusammenhang der europäischen Völker und engere Beziehungen zwischen den Staaten der Gemeinschaft sowie die Sicherung des wirtschaftlichen und sozialen Fortschritts ihrer Länder durch gemeinsames Handeln, das auf die Beseitigung der Europa trennenden Schranken gerichtet ist.

(2) Zu diesem Zweck sieht der Vertrag die Errichtung eines Gemeinsamen Marktes und eines Raumes ohne Binnengrenzen vor. Dazu gehören insbesondere die Beseitigung der Hindernisse für einen freien Dienstleistungsverkehr und die Gewährleistung eines unverfälschten Wettbewerbs innerhalb des Gemeinsamen Marktes. Zu diesem Zweck kann der Rat Richtlinien zur Koordinierung der Rechts- und Verwaltungsvorschriften der Mitgliedstaaten über die Aufnahme und Ausübung selbständiger Tätigkeiten erlassen.

(3) Grenzüberschreitende Rundfunksendungen innerhalb der Gemeinschaft, insbesondere über Satellit und Kabel, sind eines der wichtigsten Mittel zur Förderung der vorgenannten Ziele der Gemeinschaft, die zugleich politischer, wirtschaftlicher, sozialer, kultureller und rechtlicher Art sind.

(4) Zur Erreichung der vorgenannten Ziele hat der Rat bereits die Richtlinie 89/552/EWG vom 3. Oktober 1989 zur Koordinierung bestimmter Rechts- und Verwaltungsvorschriften der Mitgliedstaaten über die Ausübung der Fernseh-

tätigkeit verabschiedet und darin Regelungen zur Förderung der europäischen Programmverbreitung und -produktion sowie auf den Gebieten von Werbung, Sponsoring, Jugendschutz und im Bereich des Gegendarstellungsrechts getroffen.

(5) Dennoch bestehen bei der grenzüberschreitenden Programmverbreitung über Satelliten gegenwärtig ebenso wie bei der Kabelweiterverbreitung von Programmen aus anderen Mitgliedstaaten noch eine Reihe unterschiedlicher nationaler Urheberrechtsvorschriften sowie gewisse Rechtsunsicherheiten. Dadurch sind die Rechtsinhaber der Gefahr ausgesetzt, daß ihre Werke ohne entsprechende Vergütung verwertet werden oder daß einzelne Inhaber ausschließlicher Rechte in verschiedenen Mitgliedstaaten die Verwendung ihrer Werke blockieren. Vor allem bildet die Rechtsunsicherheit ein unmittelbares Hindernis für den freien Verkehr der Programme innerhalb der Gemeinschaft.

(6) So besteht gegenwärtig eine urheberrechtliche Ungleichbehandlung der öffentlichen Wiedergabe über Direkt- und derjenigen über Fernmeldesatelliten. Angesichts des bei beiden Satellitentypen möglichen und heute wirtschaftlich vertretbaren Individualempfangs ist diese unterschiedliche rechtliche Regelung nicht länger zu rechtfertigen.

(7) Behindert ist die freie Rundfunksendung von Programmen im weiteren durch die augenblickliche Rechtsunsicherheit, ob die Sendung über Satelliten, deren Signale direkt empfangen werden können, nur die Rechte im Ausstrahlungsland oder aber kumulativ zugleich die Rechte in allen Empfangsländern berührt. Aufgrund der urheberrechtlichen Gleichbehandlung von Fernmelde- und von Direktsatelliten betrifft diese Rechtsunsicherheit jetzt nahezu alle in der Gemeinschaft über Satelliten vorbereiteten Programme.

(8) Darüber hinaus fehlt es an der für den freien Verkehr von Rundfunksendungen innerhalb der Gemeinschaft erforderlichen Rechtssicherheit, wo Programme grenzüberschreitend in Kabelnetze eingespeist und weiterverbreitet werden.

(9) Die Entwicklung des vertraglichen Rechteerwerbs durch Erlaubnis trägt schon jetzt nachhaltig zur Schaffung des angestrebten europäischen audiovisuellen Raumes bei. Das Fortbestehen solcher vertraglichen Vereinbarungen ist mithin sicherzustellen und ihre möglichst reibungslose Durchführung in der Praxis nach Möglichkeit zu fördern.

(10) Gegenwärtig können Kabelnetzbetreiber insbesondere nicht sicher sein, tatsächlich alle Rechte an den Programmen erworben zu haben, die Gegenstand einer solchen vertraglichen Vereinbarung sind.

(11) Schließlich unterliegen nicht alle Beteiligten in allen Mitgliedstaaten gleichermaßen Verpflichtungen, die sie daran hindern, Verhandlungen über den Erwerb der zur Kabelweiterverbreitung erforderlichen Rechte ohne triftigen Grund zu verweigern oder scheitern zu lassen.

(12) Die durch Richtlinie 89/552/EWG festgelegten rechtlichen Rahmenbedingungen für die Schaffung eines einheitlichen audiovisuellen Raumes bedürfen mithin in bezug auf das Urheberrecht einer Ergänzung.

(13) So sollte die in den Mitgliedstaaten unterschiedliche Behandlung der Verbreitung von Programmen über einen Fernmeldesatelliten beseitigt und gemeinschaftsweit einheitlich darauf abgestellt werden, ob Werke und andere Schutzgegenstände öffentlich wiedergegeben werden. Dadurch erfahren auch die Anbieter grenzüberschreitender Rundfunkprogramme eine Gleichbehandlung unabhängig davon, ob sie sich zur Programmverbreitung eines Direktstrahl- oder eines Fernmeldesatelliten bedienen.

(14) Die die grenzüberschreitende Programmverbreitung über Satelliten behindernde Rechtsunsicherheit im Hinblick auf die zu erwerbenden Rechte läßt sich beseitigen, indem die öffentliche Wiedergabe geschützter Werke über Satellit auf Gemeinschaftsebene definiert wird, wodurch gleichzeitig auch der Ort der öffentlichen Wiedergabe präzisiert wird. Eine solche Definition ist

notwendig, um die kumulative Anwendung von mehreren nationalen Rechten auf einen einzigen Sendeakt zu verhindern. Eine öffentliche Wiedergabe über Satellit findet ausschließlich dann und in dem Mitgliedstaat statt, wo die programmtragenden Signale unter der Kontrolle und Verantwortung des Sendeunternehmens in eine nicht unterbrochene Übertragungskette über Satellit bis zur Rückkehr der Signale zur Erde eingebracht werden. Normale technische Verfahren betreffend die programmtragenden Signale dürfen nicht als Unterbrechung der Übertragungskette betrachtet werden.

(15) Der vertragliche Erwerb ausschließlicher Senderechte muß dem Urheberrecht und dem Leistungsschutzrecht des Mitgliedstaats entsprechen, in dem die öffentliche Wiedergabe über Satellit erfolgt.

(16) Der Grundsatz der Vertragsfreiheit, auf den sich diese Richtlinie stützt, gestattet weiterhin eine Einschränkung der Verwertung dieser Rechte, insbesondere was bestimmte Übertragungstechniken oder bestimmte sprachliche Fassungen anbelangt.

(17) Bei der Vereinbarung der Vergütung für die erworbenen Rechte sollten die Beteiligten allen Aspekten der Sendung, wie der tatsächlichen und potentiellen Einschaltquote und der sprachlichen Fassung, Rechnung tragen.

(18) Die Anwendung des in dieser Richtlinie vorgesehenen Ursprungsland-Grundsatzes könnte zu Problemen hinsichtlich bereits bestehender Verträge führen. In dieser Richtlinie sollte ein Übergangszeitraum von fünf Jahren vorgesehen werden, in dessen Verlauf bestehende Verträge gegebenenfalls im Sinne der Richtlinie anzupassen sind. Demzufolge sollte der Ursprungsland-Grundsatz dieser Richtlinie nicht für bereits bestehende Verträge gelten, deren Laufzeit vor dem 1. Januar 2000 endet. Sollten die Vertragsparteien zu jenem Zeitpunkt noch Interesse an dem Vertrag haben, so sollten sie die Vertragsbedingungen erneut miteinander aushandeln können.

(19) Laufende Verträge über internationale Koproduktionen sind unter Berücksichtigung des wirtschaftlichen Zwecks und des Vertragsumfangs, welche die Parteien bei der Unterzeichnung im Auge hatten, auszulegen. Bislang war die öffentliche Wiedergabe über Satellit im Sinne dieser Richtlinie in Verträgen über internationale Koproduktionen häufig nihct ausdrücklich und spezifisch als besondere Form der Nutzung vorgesehen. Grundlage vieler laufender Verträge über internationale Koproduktionen ist ein Konzept, nach dem die Rechte an der Koproduktion von jedem Koproduzenten getrennt und unabhängig ausgeübt werden, indem die Nutzungsrechts nach territorialen Gesichtspunkten unter ihnen aufgeteilt werden. Generell gilt, daß in den Fällen, in denen eine von einem Koproduzenten genehmigte öffentliche Wiedergabe über Satellit den Wert der Nutzungsrechte eines anderen Koproduzenten schmälern würde, der laufende Vertrag normalerweise dahingehend auszulegen wäre, daß der letztere Koproduzent der Genehmigung der öffentlichen Wiedergabe über Satellit durch den ersteren Koproduzenten seine Zustimmung geben müßte. Die sprachlichen Exklusivrechte des letzteren Koproduzenten werden beeinträchtigt, wenn die Sprachfassung(en) der öffentlichen Wiedergabe einschließlich synchronisierter oder mit Untertiteln versehener Wiedergabefassungen der (den) Sprache(n) entspricht (entsprechen), die in dem dem letzteren Koproduzenten vertraglich zugeteilten Gebiet weitgehend verstanden wird (werden). Der Begriff Exklusivrechte sollte in einem weitergehenden Sinne verstanden werden, wenn es sich um die über Satellit erfolgende Wiedergabe von Werken handelt, die nur aus Bildern bestehen und keinerlei Dialog oder Untertitel enthalten. Es bedarf einer klaren Regelung für jene Fälle, in denen Verträge über internationale Koproduktionen nicht ausdrücklich eine Aufteilung der Rechte im spezifischen Fall der öffentlichen Wiedergabe über Satellit im Sinne dieser Richtlinie vorsehen.

(20) Sendungen aus Drittstaaten, die öffentlich über Satellit wiedergegeben werden, können unter bestimmten Bedingungen als Sendungen angesehen

werden, die innerhalb eines Mitgliedstaats der Gemeinschaft erfolgen.

(21) Es muß gewährleistet werden, daß der Schutz der Urheber, ausübende Künstler, Hersteller von Tonträgern und Sendeunternehmen in allen Mitgliedstaaten gewährt und daß dieser Schutz von einer gesetzlichen Lizenz abhängig gemacht wird. Nur so lassen sich Wettbewerbsverzerrungen aufgrund eines möglichen Schutzgefälles innerhalb des Gemeinsamen Marktes verhindern.

(22) Es steht zu erwarten, daß die Verwendung der neuen Technologien Auswirkungen auf Qualität und Quantität der Verwertung von Werken und sonstigen Leistungen hat.

(23) In Anbetracht dieser Entwicklung sollte der Schutz, der allein in den Geltungsbereich dieser Richtlinie fallenden Rechtsinhabern in deren Rahmen gewährt wird, laufend geprüft werden.

(24) Die in dieser Richtlinie vorgesehene Rechtsangleichung erfordert, daß die Vorschriften zur Gewährleistung eines hohen Schutzniveaus für Urheber, ausübende Künstler, Hersteller von Tonträgern und Sendeunternehmen harmonisiert werden. Aufgrund dieser Angleichung sollte ein Sendeunternehmen nicht Nutzen aus einem Schutzgefälle ziehen können, indem es den Standort seiner Tätigkeiten auf Kosten der audiovisuellen Produktion verlagert.

(25) Die leistungsschutzrechtlichen Vorschriften für die öffentliche Wiedergabe über Satellit sind an der Richtlinie 92/100/EWG auszurichten. Auf diese Weise wird sichergestellt, daß die ausübenden Künstler und Hersteller von Tonträgern für die öffentliche Wiedergabe ihrer Leistungen oder Tonträger über Satellit eine angemessene Vergütung erhalten.

(26) Die Bestimmungen von Artikel 4 dieser Richtlinie hindern die Mitgliedstaaten weder, den Vermutungsgrundsatz gemäß Artikel 2 Absatz 5 der Richtlinie 92/100/EWG auf die ausschließlichen Rechte gemäß Artikel 4 auszudehnen, noch für die in diesem Artikel genannten ausschließlichen Rechte der ausübenden Künstler eine wiederlegbare Vermutung der Einwilligung in die Auswertung vorzusehen, sofern eine solche Vermutung mit dem Internationalen Abkommen über den Schutz der ausübenden Künstler, der Hersteller von Tonträgern und der Sendeunternehmen vereinbar ist.

(27) Die Kabelweiterverbreitung von Programmen aus anderen Mitgliedstaaten stellt eine Handlung dar, die in den Bereich des Urheberrechts und gegebenenfalls der Leistungsschutzrechte fällt. Daher benötigt ein Kabelnetzbetreiber für jeden weiterverbreiteten Programmteil die Genehmigung sämtlicher Rechtsinhaber. Nach dieser Richtlinie sollten diese Genehmigungen grundsätzlich vertraglich zu erteilen sein, soweit nicht für bereits bestehende gesetzliche Lizenzen eine zeitweilige Ausnahme vorgesehen wird.

(28) Damit das reibungslose Funktionieren vertraglicher Vereinbarungen nicht durch den Einspruch von Außenseitern, die Rechte an einzelnen Programmteilen innehaben, in Frage gestellt werden kann, sollte, soweit die Besonderheiten der Kabelweiterverbreitung dies erfordern, durch Einführung einer Verwertungsgesellschaftspflicht eine ausschließlich kollektive Ausübung des Verbotsrechts vorgesehen werden. Das Verbotsrecht als solches bleibt dabei erhalten, lediglich die Art seiner Ausübung wird in bestimmten Umfang geregelt. Daraus folgt zugleich, daß die Kabelweiterverbreitungsrechte nach wie vor abtretbar sind. Die Ausübung des Urheberpersönlichkeitsrechts wird vom Regelungsbereich dieser Richtlinie nicht erfaßt.

(29) Die in Artikel 10 vorgesehene Ausnahmeregelung wirkt sich nicht einschränkend auf die Möglichkeit der Rechtsinhaber aus, ihre Rechte einer Verwertungsgesellschaft zu übertragen und sich so eine direkte Beteiligung an der vom Kabelunternehmen für die Kabelweiterverbreitung gezahlten Vergütung zu sichern.

(30) Darüber hinaus sollen die vertraglichen Vereinbarungen über die Genehmi-

gung der Kabelweiterverbreitung durch eine Reihe von Maßnahmen gefördert werden. Will ein Beteiligter einen allgemeinen Vertrag abschließen, sollte er verpflichtet sein, kollektive Vorschläge für eine Vereinbarung zu unterbreiten. Außerdem soll allen Beteiligten jederzeit die Anrufung unparteiischer Vermittler offenstehen, die Verhandlungshilfe leisten und Vorschläge unterbreiten können. Solche Vorschläge oder Einwände gegen diese Vorschläge sollten den Beteiligten nach den für die Zustellung von Rechtsdokumenten geltenden Regeln, wie sie insbesondere in den bestehenden internationalen Übereinkommen niedergelegt sind, zugestellt werden. Schließlich muß dafür gesorgt werden, daß die Vertragsverhandlungen nicht ohne triftigen Grund blockiert werden und daß die Teilnahme einzelner Rechtsinhaber an diesen Verhandlungen nicht ohne triftigen Grund verhindert wird. Keine dieser Maßnahmen zur Förderung des Rechtserwerbs stellt den vertraglichen Charakter des Erwerbs der Kabelweiterverbreitungsrechte in Frage.

(31) Für eine Übergangszeit sollte den Mitgliedstaaten die Aufrechterhaltung bestehender Stellen erlaubt sein, die in ihrem jeweiligen Hoheitsgebiet zuständig sind, mit Fällen befaßt zu werden, in denen das Recht der öffentlichen Weiterverbreitung eines Programms durch Kabel von einem Sendeunternehmen ohne stichhaltigen Grund verweigert oder zu unangemessenen Bedingungen angeboten worden ist. Dabei wird vorausgesetzt, daß das Recht der betreffenden Parteien auf Anhörung durch die Stelle gewährleistet ist und die Existenz der Stelle die betreffenden Parteien nicht daran hindert, den normalen Rechtsweg zu beschreiten.

(32) Dagegen erscheint eine gemeinschaftliche Regelung für all diejenigen Sachverhalte nicht erforderlich, deren Auswirkungen, mit Ausnahme allenfalls eines wirtschaftlich nicht ins Gewicht fallenden Teils, lediglich innerhalb der Grenzen eines Mitgliedstaates spürbar werden.

(33) Es sollten die notwendigen Mindestvorschriften festgelegt werden, um die freie, ungestörte grenzüberschreitende Rundfunksendung über Satelliten sowie die zeitgleiche, unveränderte Kabelweiterverbreitung von Rundfunkprogrammen aus anderen Mitgliedstaaten auf grundsätzlich vertraglicher Grundlage zu verwirklichen und zu gewährleisten.

(34) Diese Richtlinie sollte weitere Harmonisierungsmaßnahmen im Bereich des Urheberrechts und der verwandten Schutzrechte sowie der kollektiven Wahrnehmung solcher Rechte nicht präjudizieren. Die den Mitgliedstaaten eingeräumte Möglichkeit, die Tätigkeit von Verwertungsgesellschaften zu regeln, beeinträchtigt nicht die in dieser Richtlinie vorgesehene freie vertragliche Aushandlung der Rechte; hierbei wird jedoch davon ausgegangen, daß solche Verhandlungen im Rahmen allgemeiner oder spezifischer nationaler Rechtsvorschriften betreffend das Wettbewerbsrecht oder die Verhinderung der mißbräuchlichen Ausnutzung von Monopolstellungen geführt werden.

(35) Den Mitgliedstaaten sollte es daher vorbehalten bleiben, die zur Verwirklichung der in dieser Richtlinie angestrebten Ziele erforderlichen Rahmenbedingungen durch einzelstaatliche Rechts- und Verwaltungsvorschriften auszufüllen, soweit sie den mit dieser Richtlinie verfolgten Zielen nicht entgegenwirken und mit dem Gemeinschaftsrecht in Einklang stehen.

(36) Die Bestimmungen dieser Richtlinie lassen die Anwendung der Wettbewerbsregeln nach den Artikeln 85 und 86 des Vertrages unberührt –

hat folgende Richtlinie erlassen:

Kapitel I · **Definitionen**

Art. 1 Definitionen. (1) Für die Zwecke dieser Richtlinie bedeutet „Satellit" einen Satelliten, der auf Frequenzbändern arbeitet, die fernmelderechtlich dem Aussenden von Signalen zum öffentlichen Empfang oder der nichtöffentlichen

Individual-Kommunikation vorbehalten sind. Im letzteren Fall muß jedoch der Individualempfang der Signale unter Bedingungen erfolgen, die den Bedingungen im ersteren Fall vergleichbar sind.

(2) a) Für die Zwecke dieser Richtlinie bedeutet „öffentliche Wiedergabe über Satellit" die Handlung, mit der unter der Kontrolle des Sendeunternehmens und auf dessen Verantwortung die programmtragenden Signale, die für den öffentlichen Empfang bestimmt sind, in eine ununterbrochene Kommunikationskassette, die zum Satelliten und zurück zur Erde führt, eingegeben werden.

b) Die öffentliche Wiedergabe über Satellit findet nur in dem Mitgliedstaat statt, in dem die programmtragenden Signale unter der Kontrolle des Sendeunternehmens und auf dessen Verantwortung in eine ununterbrochene Kommunikationskette eingegeben werden, die zum Satelliten und zurück zur Erde führt.

c) Sind die programmtragenden Signale kodiert, so liegt eine öffentliche Wiedergabe über Satellit unter der Voraussetzung vor, daß die Mittel zur Dekodierung der Sendung durch das Sendeunternehmen selbst oder mit seiner Zustimmung der Öffentlichkeit zugänglich gemacht worden sind.

d) Findet eine öffentliche Wiedergabe über Satellit in einem Drittstaat statt, in dem das in Kapitel II vorgesehene Schutzniveau nicht gewährleistet ist, so gilt folgendes:

i) Werden die programmtragenden Signale von einer in einem Mitgliedstaat gelegenen aussendenden Erdfunktion an den Satelliten geleitet, so gilt, daß die öffentliche Wiedergabe über Satellit in diesem Mitgliedstaat stattgefunden hat, und die in Kapitel II vorgesehenen Rechte sind gegenüber der Person ausübbar, die die aussendende Erdfunkstation betreibt.

ii) Wenn keine in einem Mitgliedstaat gelegene aussendende Erdfunkstation verwendet wird, ein in einem Mitgliedstaat niedergelassenes Sendeunternehmen die öffentliche Wiedergabe jedoch in Auftrag gegeben hat, so gilt, daß die Wiedergabe in dem Mitgliedstaat stattgefunden hat, in dem das Sendeunternehmen seine Hauptniederlassung innerhalb der Gemeinschaft hat, und die in Kapitel II vorgesehenen Rechte sind gegenüber dem Sendeunternehmen ausübbar.

(3) Für die Zwecke dieser Richtlinie bedeutet „Kabelweiterverbreitung" die zeitgleiche, unveränderte und vollständige Weiterverbreitung einer drahtlosen oder drahtgebundenen, erdgebundenen oder durch Satellit übermittelten Erstsendung von Fernseh- oder Hörfunkprogrammen, die zum öffentlichen Empfang bestimmt sind, aus einem anderen Mitgliedstaat durch Kabel- oder Mikrowellensysteme.

(4) Für die Zwecke dieser Richtlinie bedeutet „Verwertungsgesellschaft" jede Organisation, die Urheber- oder verwandte Schutzrechte als einziges Ziel oder als eines ihrer Hauptziele wahrnimmt oder verwaltet.

(5) Für die Zwecke dieser Richtlinie gilt der Hauptregisseur eines Filmwerks oder audiovisuellen Werks als sein Urheber oder als einer seiner Urheber. Die Mitgliedstaaten können vorsehen, daß weitere Personen als Miturheber des Werks gelten.

Kapitel II · **Satellitenrundfunk**

Art. 2 Senderecht. Gemäß den Bestimmungen dieses Kapitels sehen die Mitgliedstaaten für den Urheber das ausschließliche Recht vor, die öffentliche Wiedergabe von urheberrechtlich geschützten Werken über Satellit zu erlauben.

Art. 3 Erwerb von Senderechten. (1) Die Mitgliedstaaten sorgen dafür, daß die Erlaubnis nach Artikel 2 ausschließlich vertraglich erworben werden kann.

(2) Ein Mitgliedstaat kann vorsehen, daß ein kollektiver Vertrag, den eine Verwertungsgesellschaft mit einem Sendeunternehmen für eine bestimmte Gruppe von Werken geschlossen hat, auf Rechtsinhaber derselben Gruppe, die nicht durch die Verwertungsgesellschaft vertreten sind, unter der Voraussetzung ausgedehnt werden kann, daß

– gleichzeitig mit der öffentlichen Wiedergabe über Satellit von demselben Sendeunternehmen über erdgebundene Systeme gesendet wird und
– der nicht vertretene Rechtsinhaber jederzeit die Ausdehnung des kollektiven Vertrags auf seine Werke ausschließen und seine Rechte entweder individuell oder kollektiv wahrnehmen kann.

(3) Absatz 2 findet keine Anwendung auf Filmwerke einschließlich der Werke, die durch ein ähnliches Verfahren wie Filmwerke geschaffen worden sind.

(4) Sehen die Rechtsvorschriften eines Mitgliedstaats die Ausdehnung eines kollektiven Vertrages gemäß Absatz 2 vor, so teilt dieser Mitgliedstaat der Kommission mit, welche Sendeunternehmen diese Rechtsvorschriften in Anspruch nehmen können. Die Kommission veröffentlicht diese Angaben im Amtsblatt der Europäischen Gemeinschaften (Reihe C).

Art. 4 Rechte der ausübenden Künstler, der Tonträgerhersteller und der Sendeunternehmen. (1) Für die Zwecke der öffentlichen Wiedergabe über Satellit sind die Rechte der ausübenden Künstler, der Tonträgerhersteller und der Sendeunternehmen gemäß den Artikeln 6, 7, 8 und 10 der Richtlinie 92/100/EWG geschützt.

(2) Für die Zwecke von Absatz 1 sind „drahtlos übertragene Rundfunksendungen" gemäß der Richtlinie 92/100/EWG so zu verstehen, daß sie die öffentliche Wiedergabe über Satellit umfassen.

(3) Im Hinblick auf die Ausübung der in Absatz 1 genannten Rechte gelten Artikel 2 Absatz 7 und Artikel 12 der Richtlinie 92/100/EWG.

Art. 5 Beziehung zwischen Urheberrecht und verwandten Schutzrechten. Der Schutz der dem Urheberrecht verwandten Schutzrechte gemäß dieser Richtlinie läßt den Schutz der Urheberrechte unberührt und beeinträchtigt ihn in keiner Weise.

Art. 6 Mindestschutz. (1) Die Mitgliedstaaten können für die Inhaber von dem Urheberrecht verwandten Schutzrechten weitergehende Schutzvorschriften vorsehen als die, die in Artikel 8 der Richtlinie 92/100/EWG vorgeschrieben sind.

(2) Die Mitgliedstaaten beachten bei Anwendung von Absatz 1 die Definitionen des Artikels 1 Absätze 1 und 2.

Art. 7 Übergangsbestimmungen. (1) Hinsichtlich der zeitlichen Anwendbarkeit der in Artikel 4 Absatz 1 dieser Richtlinie genannten Rechte gilt Artikel 13 Absätze 1, 2, 6 und 7 der Richtlinie 92/100/EWG. Artikel 13 Absätze 4 und 5 der Richtlinie 92/100/EWG gilt sinngemäß.

(2) Für Verträge über die Verwertung der Werke und anderer urheberrechtlich geschützter Gegenstände, die zu dem in Artikel 14 Absatz 1 genannten Zeitpunkt bereits bestehen, gelten Artikel 1 Absatz 2 sowie die Artikel 2 und 3 ab 1. Januar 2000, sofern diese Verträge nach diesem Zeitpunkt ablaufen.

(3) Sieht ein Vertrag über internationale Koproduktion, der vor dem in Artikel 14 Absatz 1 genannten Zeitpunkt zwischen einem Koproduzenten eines Mitgliedstaats und einem oder mehreren Koproduzenten aus anderen Mitgliedstaaten oder Drittländern geschlossen worden ist, ausdrücklich eine Regelung zur Aufteilung der Nutzungsrechte zwischen den Koproduzenten nach geographischen Betrieben für alle Mittel der öffentlichen Wiedergabe ohne Unterscheidung zwischen der auf die öffentliche Wiedergabe über Satellit anwendbaren Regelung und den auf andere Übertragungswege anwendbaren Bestimmungen vor und würde die öffentliche Wiedergabe der Koproduktion über Satellit die Exklusivrechte, insbesondere die sprachlichen Exklusivrechte eines der Koproduzenten oder seiner Rechtsnachfolger in einem bestimmten Gebiet beeinträchtigen, so ist für die Genehmigung der öffentlichen Wiedergabe über Satellit durch einen der Koproduzenten oder seine Rechtsnachfolger die vorherige Zustimmung des Inhabers dieser Exklusivrechte – unabhängig davon, ob es sich um einen Koproduzenten oder einen Rechtsnachfolger handelt – erforderlich.

Kapitel III · **Kabelweiterverbreitung**

Art. 8 Kabelweiterverbreitung. (1) Die Mitgliedstaaten sorgen dafür, daß die Kabelweiterverbreitung von Rundfunksendungen aus anderen Mitgliedstaaten in ihrem Staatsgebiet unter der Beachtung der anwendbaren Urheberrechte und verwandten Schutzrechte und auf der Grundlage individueller oder kollektiver Verträge zwischen den Urheberrechtsinhabern, den Leistungsschutzberechtigten und den Kabelunternehmen erfolgt.

(2) Unbeschadet des Absatzes 1 können die Mitgliedstaaten am 31. Juli 1991 bestehende oder nach einzelstaatlichem Recht ausdrücklich vorgesehene Regelungen für gesetzliche Lizenzen bis zum 31. Dezember 1997 beibehalten.

Art. 9 Ausübung des Kabelweiterverbreitungsrechts. (1) Die Mitgliedstaaten sorgen dafür, daß das Recht der Urheberrechtsinhaber und der Inhaber verwandter Schutzrechte, einem Kabelunternehmen die Erlaubnis zur Kabelweiterverbreitung zu erteilen oder zu verweigern, nur durch Verwertungsgesellschaften geltend gemacht werden kann.

(2) Hat ein Rechtsinhaber die Wahrnehmung seiner Rechte keiner Verwertungsgesellschaft übertragen, so gilt die Verwertungsgesellschaft, die Rechte der gleichen Art wahrnimmt, als bevollmächtigt, seine Rechte wahrzunehmen. Nimmt mehr als eine Verwertungsgesellschaft Rechte dieser Art wahr, so steht es dem Rechtsinhaber frei, unter diesen Verwertungsgesellschaften diejenige auszuwählen, die als zur Wahrung seiner Rechte bevollmächtigt gelten soll. Für einen Rechtsinhaber im Sinne dieses Absatzes ergeben sich aus der Vereinbarung zwischen dem Kabelunternehmen und der Verwertungsgesellschaft, die als bevollmächtigt zur Wahrung seiner Rechte gilt, die gleichen Rechte und Pflichten wir für Rechtsinhaber, die diese Verwertungsgesellschaft bevollmächtigt haben; er kann diese Rechte innerhalb eines von dem betreffenden Mitgliedstaat festzulegenden Zeitraums geltend machen, der, gerechnet vom Zeitpunkt der Kabelweiterverbreitung an, die sein Werk oder andere urheberrechtlich geschützte Gegenstände umfaßt, nicht kürzer als drei Jahre sein darf.

(3) Ein Mitgliedstaat kann vorsehen, daß bei einem Rechtsinhaber, der die Erstsendung eines Werks oder eines anderen urheberrechtlich geschützten Gegenstands im Hoheitsgebiet dieses Mitgliedstaats gestattet, davon ausgegangen wird, daß er damit einverstanden ist, seine Kabelweiterverbreitungsrechte nicht auf individueller Grundlage, sondern gemäß dieser Richtlinie auszuüben.

Art. 10 Ausübung des Kabelweiterverbreitungsrechts durch Sendeunternehmen. Die Mitgliedstaaten sorgen dafür, daß Artikel 9 auf die Rechte, die ein Sendeunternehmen in bezug auf seine eigenen Sendungen geltend macht, keine Anwendung findet, wobei es unerheblich ist, ob die betreffenden Rechte eigene Rechte des Unternehmens sind oder ihm durch andere Urheberrechtsinhaber und/oder Inhaber verwandter Schutzrechte übertragen worden sind.

Art. 11 Vermittler. (1) Kommt keine Vereinbarung über die Erteilung einer Erlaubnis zur Kabelweiterverbreitung einer Rundfunksendung zustande, so gewährleisten die Mitgliedstaaten, daß jeder der Beteiligten einen oder mehrere Vermittler anrufen kann.

(2) Die Vermittler haben die Aufgabe, Verhandlungshilfe zu leisten. Sie können den Beteiligten auch Vorschläge unterbreiten.

(3) Erhebt keine der Parteien innerhalb von drei Monaten nach Übermittlung eines Vorschlags nach Absatz 2 Einwände gegen diesen Vorschlag, so gilt dieser als von den Parteien angenommen. Der Vorschlag sowie jedweder Einwand dagegen ist den betreffenden Parteien nach den für die Zustellung von Rechtsdokumenten geltenden Regeln zuzustellen.

(4) Bei der Auswahl der Vermittler ist sicherzustellen, daß diese die volle Gewähr für Unabhängigkeit und Unparteilichkeit bieten.

Art. 12 Verhinderung des Mißbrauchs von Verhandlungspositionen. (1) Die Mitgliedstaaten sorgen durch entsprechende zivil- oder verwaltungsrechtliche Vorschriften dafür, daß die Beteiligten Verhandlungen über die Erlaubnis der Kabelweiterverbreitung nach Treu und Glauben aufnehmen und diese Verhandlungen nicht ohne triftigen Grund be- oder verhindern.

(2) Verfügt ein Mitgliedstaat zu dem in Artikel 14 Absatz 1 genannten Zeitpunkt über eine für sein Hoheitsgebiet zuständige Stelle, der die Fälle unterbreitet werden können, in denen das Recht der öffentlichen Weiterverbreitung eines Programms durch Kabel in diesem Mitgliedstaat ohne stichhaltigen Grund verweigert oder von einem Sendeunternehmen zu unangemessenen Bedingungen angeboten worden ist, so kann er diese Stelle beibehalten.

(3) Absatz 2 gilt für eine Übergangszeit von acht Jahren, gerechnet ab dem in Artikel 14 Absatz 1 genannten Zeitpunkt.

Kapitel IV · **Allgemeine Bestimmungen**

Art. 13 Kollektive Wahrnehmung von Rechten. Die Regelung der Tätigkeit von Verwertungsgesellschaften durch die Mitgliedstaaten bleibt von dieser Richtlinie unberührt.

Art. 14 Schlußbestimmungen. (1) Die Mitgliedstaaten erlassen die erforderlichen Rechts- und Verwaltungsvorschriften, um dieser Richtlinie bis zum 1. Januar 1995 nachzukommen. Sie setzen die Kommission unverzüglich davon in Kenntnis.

Wenn die Mitgliedstaaten Vorschriften nach Unterabsatz 1 erlassen, nehmen sie in den Vorschriften selbst oder durch einen Hinweis bei der amtlichen Veröffentlichung auf diese Richtlinie Bezug. Die Mitgliedstaaten regeln die Einzelheiten der Bezugnahme.

(2) Die Mitgliedstaaten teilen der Kommission den Wortlaut der innerstaatlichen Rechtsvorschriften mit, die sie auf dem unter dieser Richtlinie fallenden Gebiet erlassen.

(3) Die Kommission legt dem Europäischen Parlament, dem Rat und dem Wirtschafts- und Sozialausschuß spätestens zum 1. Januar 2000 einen Bericht über die Anwendung dieser Richtlinie vor und unterbreitet gegebenenfalls Vorschläge zur Anpassung der Richtlinie an die Entwicklungen im Rundfunk- und Fernsehsektor.

Art. 15. Diese Richtlinie ist an die Mitgliedstaaten gerichtet.

4 · Richtlinie 93/EWG des Rates vom 30. Oktober 1993 zur Harmonisierung der Schutzdauer des Urheberrechts und bestimmter verwandter Schutzrechte

(bei Drucklegung dieser Auflage noch nicht veröffentlicht)

Der Rat der Europäischen Gemeinschaften –

gestützt auf den Vertrag zur Gründung der Europäischen Wirtschaftsgemeinschaft, insbesondere auf die Artikel 57 Absatz 2, 66 und 100a,

auf Vorschlag der Kommission,

in Zusammenarbeit mit dem Europäischen Parlament,

nach Stellungnahme des Wirtschafts- und Sozialausschusses,

in Erwägung nachstehender Gründe:

1. Die Berner Übereinkunft zum Schutz von Werken der Literatur und Kunst und das Internationale Abkommen über den Schutz der ausübenden Künstler, der Hersteller von Tonträgern und der Sendeunternehmen (Rom-Abkommen) sehen nur eine Mindestschutzdauer vor und überlassen es damit den Vertragsstaaten, die betreffenden Rechte längerfristig zu schützen. Einige Mitgliedstaaten haben von dieser Möglichkeit Gebrauch gemacht. Andere Mitgliedstaaten sind dem Rom-Abkommen nicht beigetreten.
2. Diese Rechtslage und die längere Schutzdauer in einigen Mitgliedstaaten führen dazu, daß die geltenden einzelstaatlichen Vorschriften über die Schutzdauer des Urheberrechts und der verwandten Schutzrechte Unterschiede aufweisen, die den freien Warenverkehr sowie den freien Dienstleistungsverkehr behindern und die Wettbewerbsbedingungen im Gemeinsamen Markt verfälschen können. Es ist daher im Hinblick auf das reibungslose Funktionieren des Binnenmarktes erforderlich, die Rechtsvorschriften der Mitgliedstaaten zu harmonisieren, damit in der gesamten Gemeinschaft dieselbe Schutzdauer gilt.
3. Die Harmonisierung darf sich nicht nur auf die Schutzdauer als solche erstrecken, sondern muß auch einige ihrer Modalitäten wie den Zeitpunkt, ab dem sie berechnet wird, betreffen.
4. Die Bestimmungen dieser Richtlinie berühren nicht die Anwendung von Artikel 14 bis Absatz 2 Buchstaben b, c und d und Absatz 3 der Berner Übereinkunft durch die Mitgliedstaaten.
5. Die Mindestschutzdauer, die nach der Berner Übereinkunft fünfzig Jahre nach dem Tod des Urhebers umfaßt, verfolgte den Zweck, den Urheber und die ersten beiden Generationen seiner Nachkommen zu schützen. Wegen der gestiegenen durchschnittlichen Lebenserwartung in der Gemeinschaft reicht diese Schutzdauer nicht mehr aus, um zwei Generationen zu erfassen.
6. Einige Mitgliedstaaten haben die Schutzdauer über den Zeitraum von fünfzig Jahren nach dem Tod des Urhebers hinaus verlängert, um einen Ausgleich für die Auswirkungen der beiden Weltkriege auf die Verwertung der Werke zu schaffen.
7. Bei der Schutzdauer der verwandten Schutzrechte haben sich einige Mitgliedstaaten für eine Schutzdauer von fünfzig Jahren nach der erlaubten Veröffentlichung oder der erlaubten öffentlichen Wiedergabe entschieden.
8. Nach dem Standpunkt der Gemeinschaft für die Verhandlungen der Uruquay-Runde im Rahmen des Allgemeinen Zoll- und Handelsabkommens (GATT) sollte die Schutzdauer für die Hersteller von Tonträgern fünfzig Jahre nach der ersten Veröffentlichung betragen.
9. Die Wahrung erworbener Rechte gehört zu den allgemeinen Rechtsgrundsätzen, die von der Gemeinschaftsrechtsordung geschützt werden. Eine Harmo-

nisierung der Schutzdauer des Urheberrechts und der verwandten Schutzrechte darf daher nicht zur Folge haben, daß der Schutz, den die Rechtsinhaber gegenwärtig in der Gemeinschaft genießen, beeinträchtigt wird. Damit sich die Auswirkungen der Übergangsmaßnahmen auf ein Mindestmaß beschränken lassen und der Binnenmarkt in der Praxis funktionieren kann, ist die Harmonisierung auf eine lange Schutzdauer auszurichten.

10. In ihrer Mitteilung vom 17. Januar 1991 „Initiativen zum Grünbuch – Arbeitsprogramm der Kommission auf dem Gebiet des Urheberrechts und der verwandten Schutzrechte" betont die Kommission, daß die Harmonisierung des Urheberrechts und der verwandten Schutzrechte auf einem hohen Schutzniveau erfolgen müsse, da diese Rechte die Grundlage für das geistige Schaffen bilden; weiter hebt sie hervor, daß durch den Schutz dieser Rechte die Aufrechterhaltung und Entwicklung der Kreativität im Interesse der Autoren, der Kulturindustrie, der Verbraucher und der ganzen Gesellschaft sichergestellt werden können.
11. Zur Einführung eines hohen Schutzniveaus, das sowohl den Anforderungen des Binnenmarktes als auch der Notwendigkeit entspricht, ein rechtliches Umfeld zu schaffen, das die harmonische Entwicklung der literarischen und künstlerischen Kreativität in der Gemeinschaft fördert, ist die Schutzdauer folgendermaßen zu harmonisieren: siebzig Jahre nach dem Tod des Urhebers bzw. siebzig Jahre, nachdem das Werk erlaubterweise der Öffentlichkeit zugänglich gemacht worden ist, für das Urheberrecht und fünfzig Jahre nach dem für den Beginn der Frist maßgebenden Ereignis für die verwandten Schutzrechte.
12. Sammlungen sind nach Artikel 2 Absatz 5 der Berner Übereinkunft geschützt, wenn sie wegen der Auswahl und Anordnung des Stoffes geistige Schöpfungen darstellen; diese Werke sind als solche geschützt, und zwar unbeschadet der Rechte der Urheber an jedem einzelnen der Werke, die Bestandteile dieser Sammlungen sind; folglich können für die Werke in Sammlungen spezifische Schutzfristen gelten.
13. In allen Fällen, in denen eine oder mehrere natürliche Personen als Urheber identifiziert sind, sollte sich die Schutzfrist ab ihrem Tod berechnen; die Frage der Urheberschaft an einem Werk insgesamt oder an einem Teil eines Werks ist eine Tatsachenfrage, über die gegebenenfalls die nationalen Gerichte zu entscheiden haben.
14. Die Schutzfristen sollten entsprechend der Regelung in der Berner Übereinkunft und im Rom-Abkommen am 1. Januar des Jahres beginnen, das auf den rechtsbegründenden Tatbestand folgt.
15. Gemäß Artikel 1 der Richtlinie 91/250/EWG des Rates vom 14. Mai 1991 über den Rechtsschutz von Computerprogrammen haben die Mitgliedstaaten Computerprogramme urheberrechtlich als literarische Werke im Sinne der Berner Übereinkunft zu schützen. Die vorliegende Richtlinie harmonisiert die Schutzdauer für literarische Werke in der Gemeinschaft, Artikel 8 der Richtlinie 91/250/EWG, der nur eine vorläufige Harmonisierung der Schutzdauer für Computerprogramme vorsieht, ist daher aufzuheben.
16. Die Artikel 11 und 12 der Richtlinie 92/100/EWG des Rates vom 19. November 1992 zum Vermietrecht und Verleihrecht sowie zu bestimmten dem Urheberrecht verwandten Schutzrechten im Bereich des geistigen Eigentums sehen unbeschadet einer weiteren Harmonisierung nur eine Mindestschutzdauer der Rechte vor. Die vorliegende Richtlinie bezweckt diese weitere Harmonisierung. Folglich ist es notwendig, diese Artikel außer Kraft treten zu lassen.
17. Der Schutz von Fotografien ist in den Mitgliedstaaten unterschiedlich geregelt. Damit die Schutzdauer für fotografische Werke insbesondere bei Werken, die aufgrund ihrer künstlerischen oder professionellen Qualität im Rahmen des Binnenmarktes von Bedeutung sind, ausreichend harmonisiert werden kann, muß der hierfür erforderliche Originalitätsgrad in der vorliegenden Richtlinie festgelegt werden. Im Sinne der Berner Übereinkunft ist ein fotografisches

Werk als ein individuelles Werk zu betrachten, wenn es die eigene geistige Schöpfung des Urhebers darstellt, in der seine Persönlichkeit zum Ausdruck kommt: andere Kriterien wie z. B. Wert oder Zwecksetzung sind hierbei nicht zu berücksichtigen. Der Schutz anderer Fotografien kann durch nationale Rechtsvorschriften geregelt werden.

18. Um Unterschiede bei der Schutzdauer für verwandte Schutzrechte zu vermeiden, ist für deren Berechnung in der gesamten Gemeinschaft ein und derselbe für den Beginn der Schutzdauer maßgebliche Zeitpunkt vorzusehen. Die Darbietung, Aufzeichnung, Übertragung, erlaubte Veröffentlichung oder erlaubte öffentliche Wiedergabe, d. h. die Mittel, mit denen ein Gegenstand eines verwandten Schutzrechts Personen in jeder geeigneten Weise generell zugänglich gemacht wird, werden für die Berechnung der Schutzdauer ungeachtet des Landes berücksichtigt, in dem die betreffende Darbietung, Aufzeichnung, Übertragung, erlaubte Veröffentlichung oder erlaubte öffentliche Wiedergabe erfolgt.
19. Das Recht der Sendeunternehmen an ihren Sendungen, unabhängig davon, ob es sich hierbei um drahtlose oder drahtgebundene, über Kabel oder durch Satelliten vermittelte Sendungen handelt, sollte nicht zeitlich unbegrenzt währen; es ist deshalb notwendig, die Schutzdauer nur von der ersten Ausstrahlung einer bestimmten Sendung an laufen zu lassen; diese Vorschrift soll verhindern, daß eine neue Frist in den Fällen zu laufen beginnt, in denen eine Sendung mit einer vorhergehenden identisch ist.
20. Es steht den Mitgliedstaaten frei, andere verwandte Schutzrechte beizubehalten oder einzuführen, insbesondere in bezug auf den Schutz kritischer und wissenschaftlicher Ausgaben; um die Transparenz auf Gemeinschaftsebene sicherzustellen, müssen die Mitgliedstaaten, die neue verwandte Schutzrechte einführen, dies jedoch der Kommission mitteilen.
21. Es empfiehlt sich klarzustellen, daß sich die in dieser Richtlinie vorgesehene Harmonisierung nicht auf die Urheberpersönlichkeitsrechte erstreckt.
22. Bei Werken, deren Ursprungsland im Sinne der Berner Übereinkunft ein Drittland ist und deren Urheber kein Gemeinschaftsangehöriger ist, sollte ein Schutzfristenvergleich angewandt werden, wobei die in der Gemeinschaft gewährte Schutzfrist die Frist nach dieser Richtlinie nicht überschreiten darf.
23. Die in dieser Richtlinie vorgesehene Schutzdauer der verwandten Schutzrechte sollte auch für Rechtsinhaber gelten, die nicht Angehörige eines Mitgliedstaats der Gemeinschaft sind, die jedoch aufgrund internationaler Vereinbarungen einen Schutzanspruch haben, ohne daß diese Schutzdauer die des Drittlands überschreitet, dessen Staatsangehöriger der Rechtsinhaber ist.
24. Die Anwendung der Bestimmungen über den Schutzfristenvergleich darf nicht zur Folge haben, daß die Mitgliedstaaten mit ihren internationalen Verpflichtungen in Konflikt geraten.
25. Damit der Binnenmarkt reibungslos funktionieren kann, sollte diese Richtlinie ab 1. Juli 1995 anwendbar sein.
26. Den Mitgliedstaaten sollte es freistehen, Bestimmungen zu erlassen, die die Auslegung Anpassung und weitere Erfüllung von Verträgen über die Nutzung geschützter Werke oder sonstiger Gegenstände betreffen, die vor der sich aus dieser Richtlinie ergebenden Verlängerung der Schutzdauer geschlossen wurden.
27. Die Wahrung erworbener Rechte und die Berücksichtigung berechtigter Erwartungen sind Bestandteil der gemeinschaftlichen Rechtsordnung. Die Mitgliedstaaten sollten insbesondere vorsehen können, daß das Urheberrecht und verwandte Schutzrechte, die in Anwendung dieser Richtlinie wiederaufleben, unter bestimmten Umständen diejenigen Personen nicht zu Zahlungen verpflichten, die die Werke zu einer Zeit gutgläubig verwertet haben, als diese gemeinfrei waren.

Hat folgende Richtlinie erlassen:

Art. 1 Dauer der Urheberrechte. (1) Die Schutzdauer des Urheberrechts an Werken der Literatur und Kunst im Sinne des Artikels 2 der Berner Übereinkunft umfaßt das Leben des Urhebers und siebzig Jahre nach seinem Tod, unabhängig von dem Zeitpunkt, zu dem das Werk erlaubterweise der Öffentlichkeit zugänglich gemacht worden ist.

(2) Steht das Urheberrecht den Miturhebern eines Werkes gemeinsam zu, so beginnt die Frist nach Absatz 1 mit dem Tod des längstlebenden Miturhebers.

(3) Für anonyme und pseudonyme Werke endet die Schutzdauer siebzig Jahre, nachdem das Werk erlaubterweise der Öffentlichkeit zugänglich gemacht worden ist. Wenn jedoch das vom Urheber angenommene keinerlei Zweifel über die Identität des Urhebers zuläßt oder wenn der Urheber innerhalb der in Satz 1 angegebene Frist seine Identität offenbart, richtet sich die Schutzdauer nach Absatz 1.

(4) Sieht ein Mitgliedstaat besondere Urheberrechtsbestimmungen in bezug auf Kollektivwerke oder in bezug auf eine als Inhaber der Rechte zu bestimmende juristische Person vor, so wird Schutzdauer nach Absatz 3 berechnet, sofern nicht die natürlichen Personen, die das Werk als solches geschaffen haben, in den der Öffentlichkeit zugänglich gemachten Fassungen dieses Werks als solche identifiziert sind. Dieser Absatz läßt die Rechte identifizierbare Beiträge in diesen Werken enthalten sind, unberührt; für diese Beiträge findet Absatz 1 oder Absatz 2 Anwendung.

(5) Für Werke, die in mehreren Bänden, Teilen, Lieferungen, Nummern oder Episoden veröffentlicht werden und für die die Schutzfrist ab dem Zeitpunkt zu laufen beginnt, in dem das Werk erlaubterweise der Öffentlichkeit zugänglich gemacht worden ist, beginnt die Schutzfrist für jeden Bestandteil einzeln zu laufen.

(6) Bei Werken, deren Schutzdauer nicht nach dem Tod des Urhebers oder der Urheber berechnet wird und die nicht innerhalb von 70 Jahren nach Ihrer Schaffung erlaubterweise der Öffentlichkeit zugänglich gemacht worden sind, erlischt der Schutz.

Art. 2 Filmwerke oder audiovisuelle Werke. (1) Der Hauptregisseur eines Filmwerks oder eines audiovisuellen Werks gilt als dessen Urheber oder als einer seiner Urheber. Es steht den Mitgliedstaaten frei, vorzusehen, daß weitere Personen als Miturheber benannt werden können.

(2) Die Schutzfrist für ein Filmwerk oder ein audiovisuelles Werk erlischt 70 Jahre nach dem Tod des Längstlebenden des folgenden Personen, unabhängig davon, ob diese als Miturheber benannt worden sind; Hauptregisseur, Urheber des Drehbuchs, Urheber des Drehbuchs, Urheber der Dialogie und Komponist der speziell für das betreffende Filmwerk oder audiovisuelle Werk komponierten Musik.

Art. 3 Dauer der verwandten Schutzrechte. (1) Die Rechte der ausübenden Künstler erlöschen fünfzig Jahre nach der Darbietung. Wird jedoch eine Aufzeichnung der Darbietung innerhalb dieser Frist erlaubterweise veröffentlicht oder erlaubterweise öffentlich wiedergegeben, so erlöschen die Rechte fünfzig Jahre nach der betreffenden ersten Veröffentlichung oder ersten öffentlichen Wiedergabe, je nachdem, welches Ereignis zuerst stattgefunden hat.

(2) Die Rechte der Hersteller von Tonträgern erlöschen fünfzig Jahre nach der Aufzeichnung. Wird jedoch der Tonträger innerhalb dieser Frist erlaubterweise veröffentlicht oder erlaubterweise öffentlich wiedergegeben, so erlöschen die Rechte fünfzig Jahre nach der betreffenden ersten Veröffentlichung oder ersten öffentlichen Wiedergabe, je nachdem, welches Ereignis zuerst stattgefunden hat.

(3) Die Rechte der Hersteller der erstmaligen Aufzeichnung eines Films erlöschen fünfzig Jahre nach der Aufzeichnung. Wird jedoch der Film innerhalb dieser Frist erlaubterweise öffentlich wiedergegeben, so erlöschen die Rechte fünfzig Jahre nach der betreffenden ersten Veröffentlichung oder öffentlichen

Wiedergabe, je nachdem, welches Ereignis zuerst stattgefunden hat. Für die Zwecke dieser Richtlinie bedeutet „Film“ vertonte oder nicht vertonte Filmwerke, audiovisuelle Werke oder Laufbilder.

(4) Die Rechte der Sendeunternehmen erlöschen fünfzig Jahe nach der Erstsendung unabhängig davon, ob es sich hierbei um drahtlose oder drahtgebundene, über Kabel oder durch Satelliten vermittelte Sendungen handelt.

Art. 4 Schutz zuvor unveröffentlichter Werke. Wer ein zuvor unveröffentlichtes Werk, dessen urheberrechtlicher Schutz abgelaufen ist, erstmals erlaubterweise veröffentlicht bzw. erlaubterweise öffentlich wiedergibt, genießt einen den vermögensrechtlichen Befugnissen des Urhebers entsprechenden Schutz. Die Schutzdauer für solche Rechte beträgt 25 Jahre ab dem Zeitpunkt, zu dem das Werk erstmals erlaubterweise veröffentlicht oder erstmals erlaubterweise öffentlich wiedergegeben worden ist.

Art. 5 Kritische und wissenschaftliche Ausgaben. Die Mitgliedstaaten können kritische und wissenschaftliche Ausgaben von gemeinfrei gewordenen Werken urheberrechtlich schützen. Die Schutzfrist für solche Rechte beträgt höchstens 30 Jahre ab dem Zeitpunkt der ersten erlaubten Veröffentlichung.

Art. 6 Schutz von Fotografien. Fotografien werden gemäß Artikel 1 geschützt, wenn sie individuelle Werke in dem Sinne darstellen, daß sie das Ergebnis der eigenen Schöpfung ihres Urhebers sind. Zur Bestimmung ihrer Schutzfähigkeit sind keine anderen Kriterien anzuwenden. Die Mitgliedstaaten können den Schutz anderer Fotografien vorsehen.

Art. 7 Schutz im Verhältnis zu Drittländern. (1) Für Werke, deren Ursprungsland im Sinne der Berner Übereinkunft ein Drittland und deren Urheber nicht Staatsangehöriger eines Mitgliedstaates der Gemeinschaft ist, endet der in den Mitgliedstaaten gewährte Schutz spätestens mit dem Tag, an dem der Schutz im Ursprungsland des Werkes endet, ohne jedoch die Frist nach Artikel 1 zu überschreiten.

(2) Die Schutzdauer nach Artikel 3 gilt auch für Rechtsinhaber, die nicht Angehörige eines Mitgliedstaats der Gemeinschaft sind, sofern ihnen der Schutz in den Mitgliedstaaten gewährt wird. Jedoch endet der in den Mitgliedstaaten gewährte Schutz, unbeschadet der internationalen Verpflichtungen der Mitgliedstaaten, spätestens mit dem Tag, an dem der Schutz in dem Drittland endet, dessen Staatsangehöriger der Rechtsinhaber ist, und darf die in Artikel 3 festgelegte Schutzdauer nicht überschreiten.

(3) Mitgliedstaaten, die zum Zeitpunkt der Annahme dieser Richtlinie insbesondere aufgrund ihrer internationalen Verpflichtungen eine längere Schutzdauer als die in den Absätzen 1 und 2 vorgesehene gewährt haben, dürfen diesen Schutz bis zum Abschluß internationaler Übereinkommen zur Schutzdauer des Urheberrechts oder verwandter Schutzrechte beibehalten.

Art. 8 Berechnung der Fristen. Die in dieser Richtlinie genannten Fristen werden vom 1. Januar des Jahres an berechnet, das auf das für den Beginn der Frist maßgebende Ereignis folgt.

Art. 9 Urheberpersönlichkeitsrechts. Diese Richtlinie läßt die Bestimmungen der Mitgliedstaaten zur Regelung der Urheberpersönlichkeitsrechte unberührt.

Art. 10 Zeitliche Anwendbarkeit. (1) Wann eine Schutzfrist, die länger als die entsprechende Schutzfrist nach dieser Richtlinie ist, zu dem in Artikel 13 Absatz 1 genannten Zeitpunkt in einem Mitgliedstaat bereits läuft, so wird sie durch diese Richtlinie in dem betreffenden Mitgliedstaat nicht verkürzt.

(2) Die in dieser Richtlinie vorgesehene Schutzfrist findet auf alle Werke oder Gegenstände Anwendung, die zu dem in Artikel 13 Absatz 1 genannten Zeitpunkt

zumindest in einem der Mitgliedstaaten aufgrund der Anwendung nationaler Bestimmungen im Bereich des Urheberrechts oder verwandter Schutzrechte geschützt werden, oder die zu diesem Zeitpunkt die Schutzkriterien der Richtlinie 92/100/EWG erfüllen.

(3) Nutzungshandlungen, die vor dem in Artikel 13 Absatz 1 genannten Zeitpunkt erfolgt sind, bleiben von dieser Richtlinie unberührt. Die Mitgliedstaaten treffen die notwendigen Bestimmungen, um insbesondere die erworbenen Rechte Dritter zu schützen.

(4) Die Mitgliedstaaten brauchen Artikel 2 Absatz 1 auf vor dem 1. Juli 1994 geschaffene Filmwerke und audiovisuelle Werke nicht anzuwenden.

(5) Die Mitgliedstaaten können festlegen, von wann an Artikel 2 Absatz 1 Anwendung finden soll; der Zeitpunkt darf jedoch nicht nach dem 1. Juli 1997 liegen.

Art. 11 Technische Anpassungen. (1) Artikel 8 der Richtlinie 91/250/EWG wird aufgehoben.

(2) Die Artikel 11 und 12 der Richtlinie 92/100/EWG werden aufgehoben.

Art. 12 Meldeverfahren. Die Mitgliedstaaten teilen der Kommission unverzüglich jeden Gesetzentwurf zur Einführung neuer verwandter Schutzrechte mit und geben die Hauptgründe für ihre Einführung sowie die vorgesehene Schutzdauer an.

Art. 13 Allgemeine Bestimmungen. (1) Die Mitgliedstaaten erlassen die erforderlichen Rechts- und Verwaltungsvorschriften, um den Bestimmungen der Artikel 1 bis 7 dieser Richtlinie bis zum 1. Juli 1995 nachzukommen.

Wenn die Mitgliedstaaten die Vorschriften nach Unterabsatz 1 erlassen, nehmen sie in diesen Vorschriften oder durch einen Hinweis bei der amtlichen Veröffentlichung auf diese Richtlinie Bezug. Die Mitgliedstaaten regeln die Einzelheiten dieser Bezugnahme.

Die Mitgliedstaaten teilen der Kommission die innerstaatlichen Rechtsvorschriften mit, die sie auf dem unter diese Richtlinie fallenden Gebiet erlassen.

(2) Die Mitgliedstaaten wenden die Bestimmungen des Artikels 12 ab dem Tag der Bekanntgabe dieser Richtlinie an.

Art. 14 Diese Richtlinie ist an die Mitgliedstaaten gerichtet.

Anhang VI · **Fundstellenverzeichnis**

Anhang VI

1. Nach BGHZ zitierte Entscheidungen des Bundesgerichtshofes

BGHZ	Datum	AktZ	Schlagwort	GRUR	UFITA	FuR/ZUM	Schulze	LM	MDR	NJW	Sonstige
2, 331	15. 6. 51	I ZR 121/50	Filmverwertungsvertrag	51, 471	18, 122	–	BGHZ 6	(1) 440 BGB	–	51, 705	BB 51, 710
5, 1	22. 1. 52	I ZR 68/51	Hummelfiguren I	52, 516	–	–	BGHZ 7	(2) 25 WZG	–	52, 784	BB 52, 707
5, 116	12. 2. 52	I ZR 115/51	Parkstraße 13	52, 530	–	–	BGHZ 2	(1) 2 LUG	–	52, 662	BB 52, 708
8, 88	21. 11. 52	I ZR 56/52	Magnettonbänder	55, 351	–	–	BGHZ 3	(2) 15 LUG	–	53, 540	–
9, 237	17. 4. 53	I ZR 81/52	Schelmenroman	53, 497	–	–	BGHZ 27	(1) 1 VerlG	–	53, 1062	–
9, 262	21. 5. 53	I ZR 110/52	Lied der Wildbahn I	53, 299	–	–	–	–	–	–	–
9, 273	22. 4. 53	I ZR 143/52	Schwanenbilder	–	–	–	–	(2) 157 (o) BGB	–	53, 937	–
10, 385	28. 10. 53	II ZR 149/52	–	–	–	–	–	–	–	54, 70	–
11, 135	6. 11. 53	I ZR 77/52	Schallplatten-Lautsprecherübertragung	54, 216	18, 214	–	BGHZ 4	(12) 22a LUG	–	54, 305	BB 54, 113
13, 5	27. 2. 54	II ZR 17/53	–	–	–	–	–	(1) 39 BGB	–	54, 833	–
13, 115	23. 4. 54	I ZR 139/53	Volksbühnenplatzzuschüsse	54, 112	18, 206	–	BGHZ 9	(4) 8 LUG	–	54, 1080	–
13, 334	25. 5. 54	I ZR 211/53	Hjalmar Schacht	55, 197	18, 370	–	BGHZ 10	(2) 1 LUG	–	54, 1404	BB 54, 727
14, 163	6. 7. 54	I ZR 38/53	Constanze II	55, 97	19, 237	–	–	(12) 1004 BGB	–	54, 1682	BB 54, 786
15, 209	19. 11. 54	I ZR 241/52	Ludwig Thoma	55, 256	19, 346	–	BGHZ 29	(1) 17 VerlG	–	55, 260	BB 55, 48
15, 249	26. 11. 54	I ZR 266/52	Cosima Wagner	55, 201	19, 353	–	BGHZ 12	(8) 11 LUG	–	55, 260	BB 55, 48
15, 338	30. 11. 54	I ZR 143/52	GEMA	55, 351	20, 111	–	BGHZ 13	(9) 11 LUG	–	55, 382	–
16, 4	14. 12. 54	I ZR 65/53	Mantelmodell	55, 445	20, 122	–	BGHZ 30	(1) 2 KUG	–	55, 460	
17, 160	30. 4. 55	II ZR 202/53	–	–	–	–	–	(3) 1822 BGB	–	55, 1067	–
17, 266	18. 5. 55	I ZR 8/54	Tonband/Grundig-Reporter	55, 492	20, 314	61, Nr. 7, S. 12	BGHZ 15	(3) 15 LUG	–	55, 1276	BB 55, 460
17, 376	24. 6. 55	I ZR 178/53	Betriebsfeier/-fest	56, 515	20, 340	–	BGHZ 17	(1) 27 LUG	–	55, 1356	BB 55, 672
18, 44	24. 6. 55	I ZR 88/54	Fotokopie	55, 504	20, 346	–	BGHZ 18	(12) 11 LUG	–	55, 1433	–
18, 149	6. 7. 55	GSZ 1/55	–	–	–	–	–	(8) 847 BGB	–	55, 1675	–
18, 175	20. 9. 55	I ZR 194/53	Nachschlagewerk	65, 598	21, 65	–	BGHZ 31	(13) 11 LUG	–	55, 1753	BB 55, 976
18, 319	25. 10. 55	I ZR 200/53	Bebauungsplan	56, 88	21, 77	–	BGHZ 20	(4) 1 LUG	–	55, 1918	BB 56, 62
19, 69	17. 11. 55	II ZR 222/54	–	–	–	–	–	–	–	56, 58	–

BGHZ	Datum	AktZ	Schlagwort	GRUR	UFITA	FuR/ZUM	Schulze	LM	MDR	NJW	Sonstige
19, 227	6. 12. 55	I ZR 39/54	Rosenmontagsfest	56, 131	21, 245	–	BGHZ 22	(2) 27 LUG	–	56, 377	–
19, 235	6. 12. 55	I ZR 55/55	Schützenfest	56, 134	21, 250	–	BGHZ 23	(3) 27 LUG	–	56, 379	–
19, 382	24. 1. 56	VI ZR 147/54	Gedächtniskapelle	56, 234	21, 327	–	–	(6) 631 BGB	–	56, 627	BB 56, 182
20, 219	16. 3. 56	I ZR 162/54	Rheinmetall-Borsig II	56, 284	22, 219	–	BGHZ 32	(25) 519 ZPO	–	56, 870	–
20, 345	8. 5. 56	I ZR 62/54	Paul-Dahlke-Fall	56, 427	22, 361	–	BGHZ 25	(1) 823 (Ah) BGB	–	56, 1554	BB 56, 609
22, 209	27. 11. 56	I ZR 57/55	Europapost	57, 291	23, 207	57, Nr. 4, S. 11	BGHZ 33	(2) 2 UWG	–	57, 220	BB 57, 91
22, 247	29. 11. 56	III ZR 40/55	Clemens Laar	57, 387	–	–	BGHZ 34	(1) 4 FleischbeschauG	–	57, 261	BB 57, 132
22, 286	4. 12. 56	I ZR 106/55	Klasen-Möbel	57, 348	–	–	–	(29) 3 UWG	–	57, 504	WRP 57, 73 BB 57, 132
24, 55	29. 3. 57	I ZR 236/55	Ledigenheim	57, 391	24, 226	–	BGHZ 35	(3) 2 KUG	–	57, 1108	BB 57, 560
24, 200	10. 5. 57	I ZR 234/55	Spätheimkehrer	57, 494	25, 89	–	BGHZ 36	–	–	57, 1315	BB 57, 560
26, 52	15. 11. 57	I ZR 83/56	Sherlock Holmes	58, 354	25, 337	58, Nr. 5, S. 8	BGHZ 41	(27) 16 UWG	–	58, 459	–
26, 349	14. 2. 58	I ZR 151/56	Herrenreiter-Fall	58, 408	25, 452	58, Nr. 8, S. 10	BGHZ 43	(12) 847 BGB	58, 305	58, 827	BB 58, 354
27, 90	15. 4. 58	I ZR 31/57	Die Privatsekretärin	58, 504	26, 90	59, Nr. 1, S. 12	BGHZ 83	(9/10) 8 LUG	58, 580	58, 1583	BB 58, 721
27, 264	22. 4. 58	I ZR 67/57	Boxprogrammheft	58, 549	26, 224	–	BGHZ 45	(68) 1 UWG	58, 657	58, 1486	WRP 58, 269
27, 284	20. 5. 58	VI ZR 104/57	Heimliche Tonbandaufnahme	58, 615	26, 230	58, Nr. 8, S. 11	–	–	–	58, 1344	BB 58, 748
27, 351	30. 5. 58	I ZR 21/57	Candida-Schrift	58, 562	–	–	BGHZ 44	(4) 2 KUG	58, 581	58, 1585	BB 58, 677
28, 234	17. 10. 58	I ZR 180/57	Verkehrs-Kinderlied	59, 197	27, 58	–	BGHZ 50	(1) 19 LUG	59, 99	59, 336	–
29, 62	9. 12. 58	I ZR 112/57	Rosenthal-Vase	59, 289	28, 214	–	BGHZ 53	(23) 25 WZG	59, 366	59, 882	BB 59, 322 WRP 59, 122
29, 217	22. 1. 59	III ZR 186/57	–	–	–	–	–	(11) Hess. AufbauG	–	59, 771	–
30, 162	4. 6. 59	VII ZR 217/58	–	–	–	–	–	(7) 683 BGB	–	59, 1725	–
31, 224	26. 11. 59	VII ZR 120/58	Architektenvertrag	–	–	–	–	–	–	–	–
31, 308	22. 12. 59	VI ZR 175/58	Alte Herren	60, 449	31, 242	–	BGHZ 72	(6) Art. 5 GG	–	60, 476	BB 60, 151
32, 67	11. 2. 60	VII ZR 206/58	–	–	–	–	–	(23) 675 BGB	–	60, 958	–
32, 103	26. 2. 60	I ZR 159/58	Vogeler	60, 490	–	–	–	(29) 12 BGB	60, 470	60, 1008	BB 60, 421
32, 123	9. 2. 60	I ZR 142/58	Kommentar	60, 636	31, 353	–	BGHZ 73	(1) 8 VerlG	60, 562	60, 1055	BB 60, 460
33, 1	31. 5. 60	I ZR 53/58	Künstlerlizenz-Schallplatten	60, 619	32, 200	–	BGHZ 76	–	60, 821	60, 2051	BB 60, 919
33, 20	31. 5. 60	I ZR 64/58	Figaros Hochzeit	60, 614	32, 223	–	BGHZ 77	–	60, 822	60, 2043	–

BGHZ	Datum	AktZ	Schlagwort	GRUR	UFITA	FuR/ZUM	Schulze	LM	MDR	NJW	Sonstige
33, 38	31. 5. 60	I ZR 87/58	Künstlerlizenz Rundfunk	60, 627	32, 243	–	BGHZ 79	–	60, 823	60, 2048	BB 60, 919
33, 48	31. 5. 60	I ZR 71/58	Orchester Graunke	60, 630	32, 236	–	BGHZ 78	–	60, 824	60, 2055	–
35, 363	19. 9. 61	VI ZR 259/60	Ginseng-Wurzel	62, 105	35, 364	–	BGHZ 89	(18) 847 BGB	61, 1008	61, 2059	BB 61, 1102
37, 1	27. 2. 62	I ZR 118/60	AKI	62, 470	37, 308	62, Nr. 10, S. 9	BGHZ 94	(1) 3 KUG	62, 636	62, 1295	BB 62, 658
38, 356	18. 12. 62	I ZR 54/61	Fernsehwiedergabe von Sprachwerken	63, 213	39, 104	63, Nr. 4, S. 13	BGHZ 101	(27) 11 KUG	63, 200	63, 651	BB 63, 161
39, 124	5. 3. 63	VI ZR 55/62	Fernsehansagerin	63, 490	40, 152	–	BGHZ 103	(11) Art. 5 GG	63, 491	63, 902 63, 1403	BB 63, 410
39, 306	27. 3. 63	I b ZR 129/61	Rechenschieber	63, 633	40, 177	–	BGHZ 105	(11) 1 LUG	63, 657	63, 1877	BB 63, 744
39, 352	24. 5. 63	I b ZR 62/62	Vortragsabend Werner Finck	63, 575	40, 192	–	BGHZ 106	(125) 1 UWG	63, 822	63, 1742	BB 63, 831
42, 118	29. 5. 64	I b ZR 4/63	Personalausweise	65, 104	43, 134	–	BGHZ 112	(9) 15 LUG	64, 992	64, 2157	BB 64, 1232
44, 288	13. 10. 65	I b ZR 111/63	Apfel-Madonna	66, 503	47, 258	–	BGHZ 125	(161) 1 UWG	66, 214	66, 542	BB 66, 51
44, 372	12. 1. 66	I b ZR 5/64	Messmer-Tee II	66, 375	–	–	–	(58) 24 WZG	66, 393	66, 823	BB 66, 261
45, 296	21. 6. 66	VI b ZR 261/64	Höllenfeuer	66, 693	49, 261	–	BGHZ 136	–	66, 831	66, 1617	BB 66, 874
48, 12	9. 5. 67	I b ZR 59/65	–	–	–	–	–	(5) Rechts-beratungsG	–	67, 1558	–
50, 133	20. 3. 68	I ZR 44/66	Mephisto	68, 552	51, 337	68, 110	BGHZ 151	(27) Art. 5 GG	68, 737	68, 1773	–
50, 147	3. 4. 68	I ZR 83/66	Kandinsky I	68, 607	52, 223	–	BGHZ 152	(1) 51 UrhG	68, 740	68, 1875	BB 68, 807 DB 68, 1483
50, 340	8. 5. 68	I ZR 67/65	Rüschenhaube	69, 90	59, 225	–	–	–	69, 27	68, 2193	BB 68, 1353
55, 1	29. 4. 70	I ZR 30/69	Maske in Blau	71, 35	60, 247	71, 50	BGHZ 174	(1) 39 UrhG	71, 29	70, 2247	–
55, 77	11. 12. 70	I ZR 38/69	Hausanstrich	–	–	–	BGHZ 201	–	71, 277	–	BB 71, 199
55, 378	1. 3. 71	III ZR 37/68	–	–	–	–	–	(6) 2314 BGB	–	71, 842	–
55, 381	3. 3. 71	KZR 5/70	UFA-Musikverlage	71, 326	61, 221	71, 276	BGHZ 264	–	71, 460	71, 879	BB 71, 499 DB 71, 864 WRP 71, 315
56, 256	7. 6. 71	I ZR 32/70	Pechstein/Urheber-folgerecht	71, 519	62, 292	–	–	–	71, 825	71, 2021	DB 71, 1907
56, 317	2. 7. 71	I ZR 58/70	Gasparone II	71, 522	62, 229	–	–	–	71, 826	71, 2023	–
58, 96	24. 1. 72	III ZR 166/69	–	–	–	–	–	(23) 839 BGB	–	72, 577	–
58, 270	10. 3. 72	I ZR 140/71	Werkbücherei	72, 617	66, 301	–	BGHZ 193	–	72, 679	72, 1270	BB 72, 965

BGHZ	Datum	AktZ	Schlagwort	GRUR	UFITA	FuR/ZUM	Schulze	LM	MDR	NJW	Sonstige
58, 262	10. 3. 72	I ZR 30/70	Landesversicherungs-anstalt	72, 614	67, 181	–	BGHZ 191	–	72, 679	72, 1273	–
59, 286	10. 3. 72	I ZR 160/70	Doppelte Tarifgebühr	73, 379	–	–	BGHZ 192	–	73, 204	–	–
60, 168	19. 1. 73	I ZR 39/71	Modeneuheit	73, 478	71, 131	–	–	–	73, 481	73, 96	JZ 73, 790 BB 73, 631
61, 88	18. 5. 73	I ZR 119/71	Wählamt	73, 663	70, 286	73, 527	BGHZ 206	–	73, 915	73, 1696	DB 73, 1745
61, 180	27. 6. 73	IV ZR 50/73	–	–	–	–	–	(8) 2314 BGB	–	73, 1876	–
62, 331	31. 5. 74	I ZR 10/73	Schulerweiterung	74, 675	73, 241	–	BGHZ 221	(3) 39 UrhG	74, 911	74, 1381	DB 74, 1380
63, 369	15. 1. 75	VIII ZR 80/73	Jawlensky	75, 612	77, 212	75, 873	–	–	75, 395	75, 970	DB 75, 493
64, 145	20. 3. 75	VII ZR 91/74	Wohnhausneubau	75, 445	74, 291	–	BGHZ 224	(2) 2 UrhG	75, 658	75, 1165	DB 75, 1020 BB 75, 625
64, 164	21. 3. 75	I ZR 109/73	Te Deum	75, 447	74, 294	–	BGHZ 225	(1) 71 UrhG	75, 644	75, 1219	DB 75, 2081
64, 183	16. 4. 75	I ZR 40/73	August Vierzehn	75, 561	74, 303	75, 515	BGHZ 226	(1) 121 UrhG	75, 734	75, 1220	BB 75, 1163
67, 56	30. 6. 76	I ZR 63/75	Schmalfilmrechte	77, 42	78, 189	76, 790	BGHZ 236	–	77, 121	76, 2164	BB 76, 1535
68, 132	25. 2. 77	I ZR 165/75	Der 7. Sinn	77, 543	80, 352	77, 347	BGHZ 249	–	77, 644	77, 951	–
70, 268	27. 1. 78	I ZR 97/76	Buster-Keaton-Filme	78, 300	83, 208	78, 345	BGHZ 245	Deutsch-amer. Urheberrechts-Abkommen	78, 554	78, 1110	–
72, 63	23. 6. 78	I ZR 112/77	Jeannot I	78, 639	85, 235	78, 652	BGHZ 277	(4) Bern Ü	78, 817	78, 2449	BB 78, 1078
73, 288	15. 12. 78	I ZR 26/77	Flughafenpläne	79, 464	85, 254	–	BGHZ 257	(3) 2 UrhG	77, 731	79, 1548	BB 79, 1257 DB 79, 1793
74, 144	15. 2. 79	III ZR 108/76	–	–	–	–	–	(35) 839 (B) BGB	–	79, 1354	–
79, 350	7. 11. 80	I ZR 24/79	Kabelfernsehen in Abschattungs-gebieten	81, 413	91, 211	81, 272	BGHZ 273	(3) 15 UrhG	81, 471	81, 1042	–
81, 282	6. 5. 81	I ZR 92/78	Schallplattenexport	82, 100	94, 257	–	BGHZ 294	(11) EWG-Vertr.	82, 204	82, 1221	JZ 82, 115
82, 299	24. 11. 81	X ZR 7/80	Kunststoff-hohlprofil II	32, 301	–	–	–	–	–	82, 1154	DB 82, 1006
82, 310	24. 11. 81	X ZR 36/80	Fersenabstüt-zungsvorrichtung	82, 286	–	–	–	–	82, 490	82, 1151	DB 82, 1006
83, 52	27. 1. 82	I ZR 61/80	Point	82, 431	94, 310	82, 505	BGHZ 308	(84) 16 UWG	82, 550	82, 2255	–
83, 251	23. 3. 82	KZR 5/81	Verankerungsteil	82, 411	–	–	–	(1) 15 PatG 1981	82, 293	83, 1790	BB 82, 1258

BGHZ	Datum	AktZ	Schlagwort	GRUR	UFITA	FuR/ZUM	Schulze	LM	MDR	NJW	Sonstige
84, 237	8. 6. 82	VI ZR 139/80	Satirisches Gedicht	82, 627	95, 309	82, 452	BGHZ 299	–	–	–	WRP 83, 14
85, 1	1. 7. 82	I ZR 118/80	Presseberichterstattung und Kunstwerk-Wiedergabe I	83, 25	96, 226	–	BGHZ 300	(1) 50 UrhG	83, 112	83, 1196	–
87, 126	17. 3. 83	I ZR 186/80	Zoll- und Finanzschulen	83, 562	97, 203	83, 337	BGHZ 313	(3) 52 UrhG	–	–	–
87, 281	19. 5. 83	I ZR 74/81	Tarifüberprüfung I	84, 52	97, 209	–	BGHZ 304	–	83, 909	84, 1113	–
90, 219	24. 11. 83	I ZR 147/81	Filmregisseur	84, 730	99, 268	84, 454	–	(4) 73 UrhG	84, 734	84, 2582	–
92, 54	28. 6. 84	I ZR 65/82	Zeitschriftenauslage im Wartezimmer	85, 134	–	–	–	–	–	85, 435	–
94, 279	9. 5. 85	I ZR 52/83	Inkassoprogramm	85, 1041	–	–	BGHZ 330	(18) 2 UrhG	–	–	BB 85, 1747
95, 229	11. 7. 85	I ZR 50/83	Puccini	86, 69	–	86, 57	–	(2) 64 UrhG	86, 122	86, 1251	–
95, 274	5. 6. 85	I ZR 53/83	GEMA-Vermutung I	86, 62	–	86, 48	BGHZ 334	(16) 31 UrhG	86, 559	86, 1244	–
95, 285	13. 6. 85	I ZR 35/83	GEMA-Vermutung II	86, 66	–	86, 53	BGHZ 335	(15) 97 UrhG	86, 560	86, 1247	–
97, 37	22. 1. 86	I ZR 194/83	Filmmusik	86, 376	–	86, 280	–	(6) 16 UrhG	86, 645	–	–
98, 12	11. 3. 86	X ZR 65/85	Flugkosten-minimierung	86, 531	–	–	–	(69) 1 PatG	–	–	–
99, 162	4. 12. 86	I ZR 189/84	Filmzitat	87, 362	–	87, 242	BGHZ 357	–	–	87, 1408	AfP 87, 491
105, 374	3. 11. 88	I ZR 242/86	Präsentbücher	–	–	–	–	§§ 1 AbzG	–	–	–
107, 384	8. 6. 89	I ZR 135/87	Emil Nolde	–	–	90, 180	–	§ 11 UrhG	–	–	AfP 89, 728
112, 243	27. 9. 90	I ZR 244/88	Grabungsmaterialien	91, 523	–	91, 580	BGHZ 385	§ 2 UrhG	91, 410	91, 1480	–
112, 264	4. 10. 90	I ZR 139/89	Betriebssystem II	91, 449	–	91, 246	–	§ 2 UrhG	91, 503	91, 1231	DB 91, 587 CR 91, 80
113, 159	13. 12. 90	I ZR 21/89	Einzelangebot	91, 316	–	–	–	§ 17 UrhG	91, 959	91, 1234	WRP 91, 234 CR 91, 404
114, 368	6. 6. 91	I ZR 26/90	Liedersammlung	91, 903	–	92, 357	–	§ 46 UrhG	92, 39	92, 1686	–
115, 69	27. 6. 91	I ZR 7/90	Keltisches Horoskop	93, 40	–	92, 94	–	§ 36 UrhG	–	92, 232	–
116, 136	21. 11. 91	I ZR 190/89	Leitsätze	92, 382	–	93, 23	–	§ 3 UrhG	92, 467	92, 1316	WRP 92, 301
116, 305	12. 12. 91	I ZR 210/89	Altenwohnheim II	92, 386	–	92, 200	–	§ 52 UrhG	92, 357	92, 1171	–
118, 394	17. 6. 92	I ZR 182/90	ALF	92, 697	–	93, 187	–	§ 97 UrhG Art. 5 RBÜ	92, 1043	92, 2824	–
120, 67	22. 10. 92	I ZR 300/90	Filmhersteller	93, 472	–	93, 482	–	§ 94 UrhG	–	93, 1470	–

2. Nach GRUR zitierte Entscheidungen des Bundesgerichtshofes

GRUR	Datum	AktZ	Schlagwort	UFITA	FuR/ZUM	Schulze	LM	MDR	NJW	Sonstige
55, 447	14. 1. 55	I ZR 75/53	Pechmarie	–	–	BGHZ 14	–	–	–	–
55, 549	24. 6. 55	I ZR 176/53	Betriebsfest	–	–	–	–	–	–	–
55, 596	13. 7. 55	I ZA 1/55	Lied der Wildbahn II	20, 358	–	BGHZ 19	(3) 15 a KUG	–	55, 1398	–
56, 515	19. 6. 56	I ZR 104/54	Tanzkurse	23, 121	–	BGHZ 26	(11) 11 LUG	–	56, 1553	–
57, 611	14. 6. 57	I ZR 143/55	Bel ami I	24, 406	57, Nr. 10, S. 14	BGHZ 37	(5) 8 LUG	–	57, 1555	MBl 57, 119
57, 614	18. 6. 57	I ZR 39/56	Ferien vom Ich	25, 94	57, Nr. 10, S. 15	BGHZ 40	(6) 8 LUG	–	57, 1555	MBl 57, 119
58, 402	4. 2. 58	I ZR 48/57	Lili Marleen	25, 445	58, Nr. 10, S. 12	BGHZ 42	(58) 1 UWG	58, 305	58, 789	WRP 58, 144
58, 500	1. 4. 58	I ZR 49/57	Mecki-Igel I	26, 220	–	BGHZ 57	(1) 16 KUG	58,749	58, 1587	BB 58, 721
59, 147	26. 9. 58	I ZR 81/57	Bad auf der Tenne I	27, 50	59, Nr. 8, S. 9	BGHZ 48	(9) 185 BGB	55, 22	59, 34	BB 58, 1182
59, 200	21. 11. 58	I ZR 98/57	Der Heiligenhof	28, 201	–	BGHZ 51	(8) 8 LUG	59, 185	59, 576	BB 59, 93
59, 251	25. 11. 58	I ZR 15/58	Einheitsfahrschein	28, 208	–	BGHZ 52	(7) 1 LUG	59, 276	59, 252	BB 59, 136
59, 331	19. 12. 58	I ZR 153/57	Dreigroschenroman II	28, 324	–	BGHZ 54	(14) 823 BGB	59, 548	59, 934	BB 59, 354
59, 335	3. 3. 59	I ZR 17/58	Wenn wir alle Engel wären	28, 225	59, Nr. 8, S. 9	BGHZ 56	(1) 6 LUG	59, 462	59, 1137	–
59, 379	30. 1. 59	I ZR 82/57	Gasparone I	30, 193	–	BGHZ 55	(2) 411 LUG	59, 635	59, 724	BB 59, 505
59, 428	12. 4. 57	I ZR 28/56	Michaelismesse	–	–	BGHZ 39	–	–	–	–
60, 197	16. 10. 59	I ZR 10/58	Keine Ferien für den lieben Gott	32, 188	–	BGHZ 61	–	–	–	–
60, 251	8. 12. 59	I ZR 131/58	Mecki-Igel II	31, 233	–	BGHZ 64	(2) 15 KUG	60, 281	60, 573	–
60, 256	18. 12. 59	I ZR 27/58	Cherie	–	–	–	(2) 5 GeschmMG	60, 376	60, 523	–
60, 340	22. 1. 60	I ZR 41/58	Werbung für Tonbandgeräte	31, 335	61, Nr. 7, S. 12	BGHZ 68	(5) 15 LUG	–	60, 741	–
60, 346	2. 2. 60	I ZR 137/58	Naher Osten	31, 347	–	BGHZ 99	(10) 12 LUG	60, 471	60, 768	BB 60, 341
60, 443	10. 11. 59	I ZR 105/58	Orientteppich	31, 104	–	BGHZ 62	(1) 42 LUG	60, 375	60, 241	–
60, 447	29. 3. 60	I ZR 1/59	Comics	31, 365	–	BGHZ 69	(13) 8 LUG	60, 643	60, 1154	–
60, 604	18. 3. 60	I ZR 121/58	Eisrevue I	32, 348	–	BGHZ 74	–	60, 906	60, 1900	–
60, 606	18. 3. 60	I ZR 75/58	Eisrevue II	32, 343	–	BGHZ 75	–	60, 736	60, 1902	–
60, 609	12. 4. 60	I ZR 173/58	Wägen und Wagen	32, 77	60, Nr. 8, S. 5	BGHZ 85	(14) 8 LUG	60, 643	60, 1451	BB 60, 885
60, 642	8. 7. 60	I ZR 36/59	Drogistenlexikon	–	–	BGHZ 80	–	60, 998	60, 214	BB 60, 997
61, 85	15. 11. 60	I ZR 58/57	Pfiffikus-Dose	–	–	–	(98) 1 UWG	61, 113	–	BB 61, 9
61, 97	7. 10. 60	I ZR 17/59	Sportheim	33, 99	–	BGHZ 81	(25) 11 LUG	61, 28	61, 121	BB 60, 1302
61, 138	17. 11. 60	I ZR 87/59	Familie Schölermann	34, 86	–	BGHZ 82	(4) 23 UWG	61, 114	61, 558	BB 61, 9
61, 631	23. 6. 61	I ZR 105/59	Fernsprechbuch	–	62, Nr. 12, S. 14	BGHZ 88	–	61, 912	61, 1860	BB 61, 954
61, 635	27. 2. 61	I ZR 127/59	Stahlrohrstuhl I	34, 337	–	BGHZ 87	(5) 2 KUG	61, 572	61, 1210	BB 61, 549
62, 51	17. 10. 61	I ZR 24/60	Zahlenlotto	36, 229	–	BGHZ 95	–	–	–	DB 61, 1690

GRUR	Datum	AktZ	Schlagwort	UFITA	FuR/ZUM	Schulze	LM	MDR	NJW	Sonstige
62, 153	21. 11. 61	VI ZR 73/61	Bund der Vertriebenen	36, 240	–	–	(9) Art. 5 GG	62, 123	62, 152	–
62, 256	19. 1. 62	I ZR 71/60	Im weißen Rößl	37, 202	–	BGHZ 93	–	–	–	–
62, 370	13. 2. 62	I ZR 27/60	Schallplatteneinblendung	37, 212	62, Nr. 9, S. 10	BGHZ 96	(8) 2 LUG	62, 460	62, 1006	BB 62, 429
62, 531	22. 5. 62	I ZR 20/60	Bad auf der Tenne II	–	63, Nr. 4, S. 8	BGHZ 97	(2) 6 LUG	62, 798	62, 1613	BB 62, 820
63, 40	19. 10. 62	I ZR 174/60	Straßen – gestern und morgen	38, 340	–	BGHZ 100	–	–	–	–
63, 441	2. 11. 62	I ZR 48/61	Mit Dir allein	39, 267	63, Nr. 4, S. 10	BGHZ 98	(8) 12 LUG	63, 199	–	BB 63, 57
64, 91	12. 6. 63	Ib ZR 23/63	Tonbänder-Werbung	40, 362	–	BGHZ 107	(7) 15 LUG	63, 913	63, 1736	BB 63, 914
64, 94	26. 6. 63	Ib ZR 127/62	Tonbandgeräte-Händler	40, 371	–	BGHZ 108	(8) 15 LUG	63, 913	63, 1739	BB 63, 955
64, 326	13. 12. 63	Ib ZR 75/62	Subverleger	42, 178	–	BGHZ 110	(4) 1 VerlG	64, 393	–	BB 64, 238
65, 45	3. 7. 64	Ib ZR 146/62	Stadtplan	43, 156	–	BGHZ 118	(12) 1 LUG	64, 907	64, 2153	BB 64, 1024
65, 323	18. 12. 64	Ib ZR 112/62	Cavalleria rusticana	44, 141	–	BGHZ 119	(17) 8 LUG	65, 366	65, 743	–
66, 390	31. 1. 66	VII ZR 43/64	Werbefilm	–	66, 114	BGHZ 129	(10) 377 HGB	66, 496	–	BB 66, 302
66, 567	25. 2. 66	Ib ZR 30/64	GELU	50, 195	67, 207	BGHZ 133	–	–	–	–
66, 570	9. 3. 66	Ib ZR 36/64	Eisrevue III	48, 261	–	BGHZ 130	(35) 287 ZPO	–	–	–
66, 629	5. 1. 66	Ib ZR 62/64	Curt-Goetz-Filme I	47, 278	66, 120	BGHZ 128	(18) 8 LUG	66, 481	–	BB 66, 425
66, 691	15. 6. 66	Ib ZR 55/64	Schlafsäcke	–	–	BGHZ 135	–	–	66, 1602	BB 66, 996
67, 315	4. 11. 66	Ib ZR 77/65	skai-cubana	–	–	BGHZ 140	(1) 72 UrhG	67, 381	67, 723	BB 67, 225 DB 67, 458
68, 152	5. 7. 67	Ib ZR 113/65	Angélique	50, 994	–	BGHZ 142	(3) 28 VerlG	–	67, 2354	BB 67, 1220 DB 67, 1803
68, 321	3. 11. 67	Ib ZR 123/65	Haselnuß	51, 295	68, 145	BGHZ 144	(1) 3 UrhG	68, 385	68, 594	BB 68, 265
68, 329	11. 10. 67	Ib ZR 144/65	Der kleine Tierfreund	–	–	–	(2) 413 BGB	68, 211	68, 392	–
68, 607	3. 4. 68	I ZR 83/66	Kandinsky I	–	–	BGHZ 152	(1) 51 UrhG	68, 740	68, 1875	BB 68, 607 DB 68, 1486
69, 143	2. 10. 68	I ZR 107/66	Curt-Goetz-Filme II	54, 272	69, 154	BGHZ 153	(20) 8 LUG	69, 119	–	BB 69, 292
69, 283	4. 12. 68	I ZR 17/67	Schornsteinauskleidung	–	–	–	(201) 1 UWG	69, 288	–	BB 69, 152 DB 69, 255
69, 364	2. 10. 68	I ZR 1/67	Fernsehauswertung	54, 278	69, 156	BGHZ 154	(21) 8 LUG	69, 457	–	BB 69, 292
69, 551	29. 1. 69	I ZR 50/67	Der deutsche Selbstmord	–	–	–	–	–	–	–
70, 40	11. 6. 69	I ZR 54/67	Musikverleger I	59, 257	–	BGHZ 165	(2/3) 17 VerlG	70, 213	69, 2239	–
70, 200	30. 1. 70	KZR 3/69	Tonband-Geräte-Importeur	61, 205	70, 154	–	(41) 551 Nr. 1 ZPO	–	–	BB 70, 416
70, 250	18. 12. 68	I ZR 85/65	Hummelfiguren III	–	69, 54	BGHZ 168	–	–	–	–
70, 370	17. 3. 70	VI ZR 151/68	Nachtigall	58, 282	70, 371	BGHZ 172	(38) 847 BGB	70, 580	70, 1077	DB 70, 1125

GRUR	Datum	AktZ	Schlagwort	UFITA	FuR/ZUM	Schulze	LM	MDR	NJW	Sonstige
71, 35	29. 4. 70	I ZR 30/69	Maske in Blau	60, 247	71, 50	BGHZ 174	(12) 39 UrhG	71, 29	70, 2247	–
71, 266	5. 6. 70	I ZR 44/68	Magdalenenarie	60, 260	–	BGHZ 175	(1) 24 UrhG	70, 991	–	–
71, 269	27. 11. 70	I ZR 32/69	Das zweite Mal	62, 265	71, 173	BGHZ 180	(32) 138 (Bb) BGB	71, 372	–	BB 71, 629
71, 362	20. 11. 70	I ZR 50/69	Kandinsky II	64, 255	–	BGHZ 179	–	–	–	–
71, 480	30. 4. 71	I ZR 75/69	Schwarzwaldfahrt	–	–	–	–	–	–	–
71, 525	5. 3. 71	I ZR 94/69	Petite Jacqueline	60, 312	71, 243	BGHZ 181	(1) 35 KUG	71, 459	71, 885	BB 71, 541
71, 588	26. 3. 71	I ZR 77/69	Disney-Parodie	62, 265	–	BGHZ 182	(2) 24 UrhG	71, 990	71, 2169	–
72, 38	21. 5. 69	I ZR 42/67	Vasenleuchter	–	–	BGHZ 169	–	–	–	–
72, 141	16. 6. 71	I ZR 120/69	Konzertveranstalter	64, 274	–	BGHZ 147	(6) 96 UrhG	71, 991	71, 2173	–
72, 143	19. 11. 71	I ZR 31/70	Biografie: Ein Spiel	64, 288	–	BGHZ 186	(2) 3 UrhG	72, 124	72, 198	–
72, 432	14. 1. 72	I ZR 91/70	Schulbuch	66, 290	–	BGHZ 190	(1) 46 UrhG	72, 397	–	JZ 72, 96
72, 713	28. 4. 72	I ZR 108/70	Im Rhythmus der Jahrhunderte	81, 179	–	BGHZ 194	(1) 5 UrhG	72, 845	–	–
73, 88	19. 5. 72	I ZR 42/71	Goldrausch II	69, 217	72, 421	BGHZ 195	(2) BernÜ	73, 115	–	–
73, 152	28. 6. 72	VIII ZR 60/71	Madonna mit Kind	67, 214	–	–	(18) 463 BGB	73, 44	72, 1658	DB 72, 1865
73, 216	22. 9. 72	I ZR 6/71	Handbuch moderner Zitate	67, 215	–	BGHZ 198	(2) 51 UrhG	73, 33	72, 2304	DB 72, 2207
73, 328	1. 12. 72	I ZR 81/70 u. I ZR 18/71	Musikverleger II	69, 241	–	BGHZ 199	(1) 41 UrhG	73, 294	73, 328	BB 73, 394
73, 426	23. 2. 73	I ZR 70/71	Medizin-Duden	69, 248	–	BGHZ 202	(3) 2 VerlG	73, 563	73, 802	BB 73, 459
74, 35	11. 5. 73	I ZR 145/71	Musikautomat	71, 149	–	BGHZ 205	(2/3/4/5) WahrnG	73, 998	–	DB 73, 381
74, 50	14. 3. 73	VIII ZR 137/71	Nottestamentsmappe	71, 144	–	–	(32) 459 BGB	73, 576	–	BB 73, 494 DB 73, 815
74, 53	13. 7. 72	I ZR 101/72	Nebelscheinwerfer	–	74, 538	BGHZ 208	(16) 249 BGB	73, 914	73, 1837	BB 73, 1503 DB 73, 1940
74, 480	22. 2. 74	I ZR 128/72	Hummelrechte	71, 192	74, 411	BGHZ 220	(1) 43 UrhG	74, 557	74, 904	–
74, 669	25. 5. 73	I ZR 2/72	Tierfiguren	76, 313	–	BGHZ 219	–	–	–	–
74, 672	9. 11. 73	I ZR 114/72	Celestina	71, 163	74, 198	BGHZ 209	(1) 73 UrhG	74, 292	–	–
74, 740	10. 10. 73	I ZR 93/73	Sessel	72, 305	–	BGHZ 210	(1) 2 UrhG	74, 473	–	–
74, 786	26. 4. 74	I ZR 137/72	Kassettenfilm	74, 324	74, 616	BGHZ 212	(2) 31 UrhG	74, 826	–	BB 74, 1223 DB 74, 1861
74, 789	5. 12. 73	I ZR 51/72	Hofbräuhauslied	71, 175	–	BGHZ 232	(22) 242 (Be) BGB	74, 473	–	–
74, 797	4. 6. 74	VI ZR 68/73	Fiete Schulze	73, 248	–	BGHZ 213	(35) Art. 5 GG	74, 921	74, 1371	BB 74, 1568
75, 33	12. 7. 74	I ZR 68/73	Alters-Wohnheim	73, 278	74, 689	BGHZ 217	–	75, 36	74, 1872	JZ 74, 713

GRUR	Datum	AktZ	Schlagwort	UFITA	FuR/ZUM	Schulze	LM	MDR	NJW	Sonstige
75, 85	3. 7. 74	I ZR 65/73	Clarissa	–	–	–	(2) 14 GeschmMG	75, 36	–	–
75, 323	24. 1. 75	I ZR 106/73	Geflügelte Melodien	77, 217	–	BGHZ 218	(5) 97 UrhG	75, 382	–	–
75, 495	12. 11. 74	I ZR 78/73	Die lustige Witwe	76, 334	75, 515	BGHZ 222	–	75, 557	75, 1030	DB 75, 973
75, 500	20. 9. 74	I ZR 99/73	Schloß Tegel	76, 319	75, 869	BGHZ 238	(136) 1004 BGB	75, 470	75, 778	DB 75, 881
75, 667	23. 5. 75	I ZR 22/74	Reichswehrprozeß	77, 247	75, 867	BGHZ 227	–	76, 27	75, 2064	DB 75, 2035
76, 35	23. 5. 75	I ZR 51/74	Bar-Filmmusik	77, 242	–	BGHZ 228	(6) 97 UrhG	76, 27	–	BB 75, 1276
76, 317	28. 2. 75	I ZR 101/73	Unsterbliche Stimmen	77, 223	–	BGHZ 223	(1) UrhG / ÄndG	75, 556	–	–
76, 382	7. 11. 75	I ZR 54/74	Kaviar	78, 179	–	BGHZ 230	–	76, 441	–	–
76, 434	20. 2. 76	I ZR 64/74	Merkmalklötze	–	–	–	(2) 1 UWG	76, 558	–	WRP 76, 308
76, 649	30. 6. 76	I ZR 126/74	Hans-Thoma-Stühle	78, 226	–	BGHZ 235	–	–	–	–
76, 706	26. 3. 76	I ZR 187/74	Serigrafie	78, 194	–	BGHZ 233	–	–	–	–
77, 114	3. 2. 76	VI ZR 22/73	VUS	–	–	–		77, 556	77, 1062	DB 77, 766 WRP 77, 332
77, 539	18. 2. 77	I ZR 115/75	Prozeßrechner	–	–	–	(8) 17 UWG	–	–	–
77, 547	21. 1. 77	I ZR 68/75	Kettenkerze	–	–	–	(14) 1 GeschmMG	77, 557	–	–
77, 551	25. 2. 77	I ZR 67/75	Textdichteranmeldung	79, 313	–	BGHZ 237	–	–	77, 1777	WRP 77, 817
78, 194	3. 5. 77	VI ZR 24/75	Profil	81, 197	77, 870	BGHZ 241	(9) 32 ZPO	–	–	–
78, 244	11. 11. 77	I ZR 56/75	Ratgeber für Tierheilkunde	84, 173	–	BGHZ 243	(10) 612 BGB	78, 295	–	DB 78, 742 WRP 78, 123
78, 302	27. 1. 78	I ZR 4/77	Wolfsblut	83, 214	78, 350	BGHZ 246	(1) 64 UrhG	78, 555	78, 1112	–
78, 305	20. 12. 77	I ZR 37/76	Schneewalzer	83, 201	78, 208	BGHZ 244	(3) 24 UrhG	–	–	DB 78, 633
78, 360	9. 12. 77	I ZR 73/76	Hegel-Archiv	83, 195	–	BGHZ 250	(1) 13 UrhG	–	–	–
78, 474	14. 4. 78	I ZR 111/76	Vervielfältigungsstücke	83, 227	78, 344	BGHZ 252	–	–	–	DB 78, 1222
79, 396	19. 1. 79	I ZR 13/77	Herren und Knechte	86, 209	–	BGHZ 258	–	79, 646	79, 2389	–
79, 429	31. 1. 79	I ZR 77/77	Daktari	86, 218	–	BGHZ 266	–	79, 730	–	–
79, 637	23. 2. 79	I ZR 27/77	White Christmas	85, 259	–	BGHZ 260	–	77, 996	79, 2610	–
79, 705	21. 5. 79	I ZR 117/77	Notizklötze	–	–	–	–	–	–	–
80, 227	7. 12. 79	I ZR 157/77	Monumenta Germaniae Historica	87, 277	–	BGHZ 263	(4) 2 UrhG	80, 682	–	–
80, 234	19. 12. 79	I ZR 130/77	Play-Family	–	–	–	–	–	–	WRP 80, 140
80, 849	13. 5. 80	X ZB 19/78	Antiblockiersystem	–	–	–	(55) 1 PatG	80, 932	–	–
80, 853	8. 2. 80	I ZR 32/78	Architektenwechsel	–	–	BGHZ 268	–	–	–	–
81, 196	13. 6. 80	I ZR 45/78	Honorarvereinbarung	92, 139	–	BGHZ 278	(8) 31 UrhG	81, 382	–	–

GRUR	Datum	AktZ	Schlagwort	UFITA	FuR/ZUM	Schulze	LM	MDR	NJW	Sonstige
81, 267	26. 9. 80	I ZR 17/78	Dirlada	90, 125	–	–	(5) 2 UrhG	81, 641	–	–
81, 352	21. 11. 80	I ZR 106/78	Staatsexamensarbeit	90, 143	–	BGHZ 280	(6) 2 UrhG	81, 641	–	JZ 81, 281
81, 355	19. 12. 80	I ZR 126/78	Video-Recorder	93, 148	–	BGHZ 274	(1) 53 UrhG	81, 642	81, 925	–
81, 360	23. 1. 81	I ZR 170/78	Erscheinen von Tonträgern	92, 177	81, 329	BGHZ 276	(1) 6 UrhG	–	81, 1036	–
81, 419	14. 11. 80	I ZR 73/78	Quizmaster	90, 132	–	BGHZ 279	–	–	81, 2055	–
81, 517	23. 1. 81	I ZR 48/79	Rollhocker	92, 190	–	BGHZ 293	(351) 1 UWG	81, 821	81, 2252	WRP 84, 514
81, 520	27. 2. 81	I ZR 20/79	Fragensammlung	92, 203	–	BGHZ 286	(3) 3 UrhG	81, 822	–	–
81, 587	27. 2. 81	I ZR 186/78	Schallplattenimport I	92, 210	81, 385	BGHZ 285	(1) 85 UrhG	81, 643	81, 1906	–
81, 652	13. 2. 81	I ZR 43/79	Stühle und Tische	92, 199	–	BGHZ 284	(37) 242 (Ce) BGB	–	–	–
81, 676	13. 5. 81	I ZR 65/79	Architektenwerbung	–	–	–	–	–	–	WRP 82, 85
81, 820	27. 5. 81	I ZR 102/79	Stahlrohrstuhl II	–	–	BGHZ 288	(8) 2 UrhG	–	82, 108	–
82, 37	10. 6. 81	I ZR 95/79	WK-Dokumentation	94, 270	–	–	(9) 2 UrhG	82, 295	–	–
82, 41	2. 10. 81	I ZR 81/79	Musikverleger III	94, 291	–	BGHZ 290	(24) 626 BGB	82, 204	82, 641	–
82, 51	10. 7. 81	I ZR 124/79	Rote-Punkt-Garantie	–	–	–	(53) 25 WZG	–	81, 2572	–
82, 102	3. 7. 81	I ZR 106/79	Masterbänder	94, 185	–	BGHZ 295	(4) 15 UrhG	82, 381	82, 335	–
82, 104	18. 9. 81	I ZR 43/80	Tonfilmgeräte	93, 161	–	BGHZ 296	(2) 53 UrhG	82, 460	82, 642	–
82, 107	2. 10. 81	I ZR 137/79	Kirchen-Innenraum-Ausstattung	–	–	BGHZ 302	(10) 2 UrhG	82, 294	82, 639	–
82, 305	23. 10. 81	I ZR 62/79	Büromöbelprogramm	–	–	–	(11) 2 UrhG	82, 551	82, 222	–
82, 308	21. 1. 82	I ZR 182/79	Kunsthändler	94, 301	–	–	–	–	–	–
82, 369	13. 11. 81	I ZR 168/79	Allwetterbad	93, 170	–	–	(10) 649 BGB	–	82, 2553	–
82, 727	13. 5. 82	I ZR 103/80	Altverträge	96, 203	82, 580	BGHZ 298	(23) 8 LUG	–	82, 2733	–
82, 743	9. 5. 82	I ZR 5/80	Verbundene Werke	96, 221	–	–	–	–	–	–
83, 22	27. 5. 82	I ZR 114/80	Tonmeister I	96, 213	83, 340	BGHZ 310	(3) 3 UrhG	83, 198	–	–
83, 28	1. 7. 82	I ZR 119/80	Presseberichterstattung und Kunstwerkwiedergabe II	96, 233	–	BGHZ 301	(2) 50 UrhG	–	83, 1199	–
83, 371	25. 11. 82	I ZR 136/80	Mausfigur	96, 247	–	–	–	–	–	–
83, 565	1. 6. 83	I ZR 98/81	Tarifüberprüfung II	97, 213	83, 662	BGHZ 305	–	–	–	–
84, 45	18. 2. 82	I ZR 81/80	Honorarbedingungen: Sendevertrag	–	–	BGHZ 309	(5) 9 (Cb) AGBG	–	–	–
84, 54	9. 6. 83	I ZR 70/81	Kopierläden	–	83, 658	BGHZ 314	(4) 16 UrhG	84, 201	84, 1106	BB 83, 2213 DB 84, 665
84, 117	30. 6. 83	I ZR 129/81	VOB/C	98, 209	84, 37	BGHZ 306	(3) 5 UrhG	84, 290	84, 1621	–

GRUR	Datum	AktZ	Schlagwort	UFITA	FuR/ZUM	Schulze	LM	MDR	NJW	Sonstige
84, 119	22. 9. 83	I ZR 40/81	Synchronisationssprecher	98, 216	84, 100	BGHZ 307	(2) 75 UrhG	84, 291	84, 1112	WM 84, 238
84, 518	22. 2. 84	I ZR 200/81	Herstellerbegriff I	98, 222	84, 383	BGHZ 315	–	–	84, 2291	DB 84, 2088
84, 528	15. 3. 84	I ZR 218/81	Bestellvertrag	98, 225	84, 379	BGHZ 317	(5) 1 VerlG	–	–	WM 84, 1325
84, 656	1. 3. 84	I ZR 217/81	Vorentwurf	100, 225	84, 317	BGHZ 316	–	84, 913	84, 2818	JZ 84, 635 WM 84, 1340
84, 659	29. 3. 84	I ZR 32/82	Ausschreibungsunterlagen	98, 230	84, 458	BGHZ 318	(14) 2 UrhG	–	85, 1631	DB 84, 2028
84, 734	7. 6. 84	I ZR 57/82	Vollzugsanstalten	–	–	–	–	–	84, 2884	–
85, 129	10. 5. 84	I ZR 85/82	Elektrodenfabrik	–	84, 652	BGHZ 331	(16) 2 UrhG	85, 120	–	DB 85, 587
85, 131	28. 6. 84	I ZR 84/82	Zeitschriftenauslage beim Friseur	–	84, 647	BGHZ 322	(3) 17 UrhG	85, 294	85, 437	DB 85, 228
85, 280	29. 11. 84	I ZR 96/83	Herstellerbegriff II	–	85, 162	BGHZ 324	(5) 53 UrhG	85, 383	85, 1637	DB 85, 856
85, 284	29. 11. 84	I ZR 58/83	Herstellerbegriff III	–	85, 168	BGHZ 325	(6) 53 UrhG	85, 383	85, 1637	DB 85, 857
85, 287	13. 12. 84	I ZR 64/83	Herstellerbegriff IV	–	85, 260	BGHZ 326	(7) 53 UrhG	85, 466	85, 1637	–
85, 378	13. 12. 84	I ZR 141/82	Illustrationsvertrag	–	85, 317	–	–	85, 910	–	–
85, 529	6. 2. 85	I ZR 179/82	Happening	–	85, 369	BGHZ 327	(17) 2 UrhG	85, 554	85, 1633	–
85, 531	14. 2. 85	I ZR 162/83	Herstellervergütung	–	85, 430	BGHZ 328	(8) 53 UrhG	–	85, 1634	–
85, 874	18. 4. 85	I ZR 24/83	Schulfunksendung	–	85, 437	–	(1) 47 UrhG	85,909	–	–
85, 924	21. 3. 85	I ZR 166/82	Schallplattenimport II	–	85, 505	BGHZ 329	–	85, 822	85, 2135	–
86, 59	23. 5. 85	I ZR 28/83	Geistchristentum	–	86, 141	BGHZ 348	–	–	86, 131	AfP 86, 41
86, 454	14. 11. 85	I ZR 68/83	Bob Dylan	–	86, 202	BGHZ 350	–	–	86, 1253	–
86, 458	28. 11. 85	I ZR 104/83	Oberammergauer Passionsspiele	–	86, 346	BGHZ 341	–	–	87, 1404	–
86, 668	20. 2. 86	I ZR 153/83	Gebührendifferenz IV	–	86, 533	BGHZ 342	–	–	86, 3025	GRUR Int. 86, 724
86, 736	6. 3. 86	I ZR 208/83	Schallplatten- vermietung	–	86, 678	BGHZ 344	–	–	–	NJW-RR 86, 1183 AfP 86, 361
86, 739	17. 4. 86	I ZR 213/83	Anwaltsschriftsatz	–	86, 539	BGHZ 345	–	–	87, 1332	AfP 86, 360
86, 742	15. 5. 86	I ZR 22/84	Videofilm- vorführung	–	86, 543	–	–	–	–	NJW-RR 86, 1251 AfP 86, 361
86, 885	20. 3. 86	I ZR 179/83	METAXA	–	87, 39	–	–	87, 117	–	NJW-RR 87, 103

GRUR	Datum	AktZ	Schlagwort	AfP	FuR/ZUM	Schulze	LM	MDR	NJW	Sonstige
87, 36	3. 7. 86	I ZR 159/84	Liedtext-wiedergabe II	–	86, 683	–	–	87, 28	–	NJW-RR 86, 1382
87, 37	10. 7. 86	I ZR 102/84	Videolizenzvertrag	–	87, 83	–	–	87, 117	–	NJW-RR 87, 181 AfP 86, 243
87, 128	14. 10. 86	VI ZR 10/86	NENA	–	87, 460	BGHZ 356	–	87, 305	–	NJW-RR 87, 231
87, 166	9. 10. 86	I ZR 145/84	AOK-Merkblatt	–	87, 458	BGHZ 355	–	87, 291	–	NJW-RR 87, 185 AfP 86, 335
87, 360	20. 11. 86	I ZR 160/84	Werbepläne	–	87, 335	–	–	87, 557	–	BB 87, 506
87, 463	22. 1. 87	III ZR 271/85	Architektenwettbewerb	–	–	–	(6) 661 BGB	87, 741	87, 2369	–
87, 630	5. 2. 87	I ZR 210/84	Raubpressungen	–	–	–	–	87, 734	87, 2876	–
87, 704	12. 3. 87	I ZR 71/85	Warenzeichen-lexika	–	87, 525	–	–	87, 908	–	NJW-RR 87, 1081
87, 817	20. 11. 86	I ZR 188/84	Die Zauberflöte	–	87, 462	–	–	87, 732	–	–
88, 300	26. 2. 87	I ZR 25/85	Fremdenverkehrsbroschüre	–	–	BGHZ 361	§ 97 UrhG	87, 909	–	NJW-RR 87, 1146
88, 206	4. 6. 87	I ZR 117/85	Kabelfernsehen II	88, 18	88, 35	BGHZ 362	§ 15 UrhG	88, 289	88, 1022	–
88, 33	2. 7. 87	I ZR 232/85	Topografische Landeskarten	88, 105	–	–	§ 13 GVG	88, 117	88, 337	WRP 88, 233 CR 88, 205
88, 296	15. 10. 87	I ZR 96/85	GEMA-Vermutung IV	88, 185	88, 241	BGHZ 369	§ 31 UrhG	88, 469	88, 1847	–
88, 373	28. 10. 87	I ZR 164/85	Schallplattenimport III	88, 185	88, 410	BGHZ 370	§ 17 UrhG	88, 558	–	NJW-RR 88, 829
88, 301	26. 11. 87	I ZR 26/86	Videorecorder-Vernichtung	–	88, 532	BGHZ 377	§ 98 UrhG	88, 470	89, 391	JZ 88, 315
88, 533	10. 12. 87	I ZR 198/85	Vorentwurf II	–	88, 245	BGHZ 378	§ 2 UrhG	88, 558	–	NJW-RR 88, 1204 CR 88, 389
88, 810	3. 2. 88	I ZR 143/86	Fantasy	–	88, 34	BGHZ 380	§ 24 UrhG	88, 839	89, 386	–
88, 812	3. 2. 88	I ZR 142/86	Ein bißchen Frieden	88, 403	88, 571	BGHZ 379	§ 24 UrhG	88, 837	89, 387	–
88, 690	14. 4. 88	I ZR 99/86	Kristallfiguren	–	–	BGHZ 381	§ 2 II UrhG	88, 933	89, 383	–
88, 606	28. 4. 88	I ZR 79/88	Differenzlizenz	–	–	BGHZ 391	§ 812 BGB	88, 934	–	CR 661
88, 604	21. 4. 88	I ZR 210/86	Kopierwerk	–	88, 574	BGHZ 382	§ 97 UrhG	88, 934	89, 389	CR 661

GRUR	Datum	AktZ	Schlagwort	UFITA	FuR/ZUM	Schulze	LM	MDR	NJW	Sonstige
89, 106	13. 10. 88	I ZR 15/87	Oberammergauer Passionsspiele	–	89, 89	BGHZ 392	§ 14 UrhG	89, 230	89, 384	–
89, 198	1. 12. 88	I ZR 190/87	Künstlerverträge	–	89, 293	BGHZ 383	§ 31 UrhG	89, 520	–	NJW-RR 89, 746
89, 416	19. 1. 89	I ZR 6/87	Bauaußenkante	–	89, 419	BGHZ 393	§ 2 UrhG	89, 716	–	NJW-RR 89, 618
89, 417	2. 2. 89	I ZR 100/87	Kauf mit Rückgaberecht	–	–	BGHZ 394	§ 27 I und § 97 UrhG	89, 716	–	CR 89, 605 CR 89, 988
89, 819	29. 6. 89	I ZR 179/87	Gesetzliche Vermutung I	–	–	BGHZ 372	§ 97 UrhG § 13 b WahrnG	90, 26	–	CR 89, 994
90, 669	8. 11. 89	I ZR 14/88	Bibelreproduktion	90, 30	–	BGHZ 398	§ 3 UrhG	90, 697	–	NJW-RR 90, 1061
90, 353	16. 11. 89	I ZR 15/88	Raubkopien	–	–	BGHZ 399	§ 97 UrhG	90, 698	–	NJW-RR 90, 997
90, 443	14. 12. 89	I ZR 56/88	Musikverleger IV	–	–	BGHZ 384	§ 8 UrhG	90, 890	90, 1989	–
90, 1008	22. 3. 90	I ZR 59/88	Lizenzanalogie	–	90, 573	BGHZ 401	§ 97 I UrhG	90, 986	–	NJW-RR 90, 1377
90, 1003	26. 4. 90	I ZR 79/88	DIN-Normen	–	90, 576	–	§ 5 UrhG	91, 217	–	NJW-RR 90, 1452
90, 1005	31. 5. 90	I ZR 233/88	Salome	–	–	BGHZ 402	§ 242 BGB	91, 217	91, 1478	–
91, 456	7. 6. 90	I ZR 191/88	Goggolore	90, 298	–	BGHZ 403	§ 10 UrhG	91, 217	91, 1484	–
91, 130	12. 7. 90	I ZR 16/89	Themenkatalog	–	–	–	§ 2 UrhG	91, 216	–	–
91, 523	27. 9. 90	I ZR 244/88	Grabungsmaterialien	–	91, 580	BGHZ 385	§ 2 UrhG	91, 410	91, 1480	–
91, 449	4. 10. 90	I ZR 139/89	Betriebssystem II	–	91, 246	BGHZ 404	§ 2 UrhG	91, 503	91, 1231	DB 91, 587 CR 91, 80
91, 133	11. 10. 90	I ZR 59/89	Videozweitauswertung	91, 408	–	BGHZ 386	§ 31 UrhG	91, 410	–	NJW-RR 91, 429 WRP 91, 166
91, 316	13. 12. 90	I ZR 21/89	Einzelangebot	–	–	–	§ 17 UrhG	91, 959	91, 1234	WRP 91, 234 CR 91, 404
91, 531	24. 1. 91	I ZR 78/89	Brown Girl I	–	91, 492	BGHZ 406	§ 24 UrhG	91, 1056	91, 810	–
91, 533	24. 1. 91	I ZR 72/89	Brown Girl II	–	91, 41	BGHZ 405	§ 3 u. § 23 UrhG	91, 1057	91, 812	–
91, 595	31. 1. 91	I ZR 101/89	Gesetzliche Verwertung II	–	–	BGHZ 387	§ 27 UrhG	91, 615	91, 2025	–

GRUR	Datum	AktZ	Schlagwort	UFITA	FuR/ZUM	Schulze	LM	MDR	NJW	Sonstige
91, 529	28. 2. 91	I ZR 88/89	Explosionszeichnungen	–	91, 425	BGHZ 407	§ 2 UrhG	91, 1159	–	NJW-RR 91, 1189 DB 91, 1773
91, 903	6. 6. 91	I ZR 26/90	Liedersammlung	–	92, 357	BGHZ 408	§ 46 UrhG	92, 39	92, 1686	–
91, 901	27. 6. 91	I ZR 22/90	Horoskop-Kalender	–	93, 141	–	§ 36 UrhG	92, 38	91, 3150	WRP 91, 779
92, 310	12. 12. 91	I ZR 165/89	Taschenbuch-Lizenz	–	93, 30	–	§ 31 UrhG	92, 360	92, 1320	–
92, 382	21. 11. 91	I ZR 190/89	Leitsätze	–	93, 23	–	§ 3 UrhG	92, 467	92, 1316	WRP 92, 301
92, 386	12. 12. 91	I ZR 210/89	Altenwohnheim II	–	92, 200	BGHZ 411	§ 52 UrhG	92, 359	92, 1171	–
92, 605	21. 5. 92	I ZR 175/90	Schadensbegrenzungsvergleich	–	93, 184	–	§ 249 BGB	–	–	NJW-RR 92, 1196
92, 845	25. 6. 92	I ZR 155/90	Cliff Richard	–	–	–	§ 125 UrhG	93, 134	92, 3056	WRP 93, 12
93, 34	10. 10. 91	I ZR 147/89	Bedienungsanweisung	–	92, 427	–	§ 2 UrhG	92, 658	92, 689	WRP 92, 160
93, 37	16. 1. 92	I ZR 36/90	Seminarkopien	–	93, 86	BGHZ 412	§ 97 UrhG	92, 760	92, 1310	WRP 92, 373
93, 40	27. 6. 91	I ZR 7/90	Keltisches Horoskop	–	92, 94	BGHZ 409	§ 31 UrhG	–	92, 232	–
92, 527	12. 3. 92	I ZR 58/90	Plagiatsvorwurf II	–	93, 89	–	§ 13 UrhG	92, 955	–	NJW-RR 92, 936
93, 553	28. 1. 93	I ZR 34/91	Readerprinter	–	–	–	§ 54 UrhG	93, 1072	93, 2118	–
93, 550	18. 2. 93	I ZR 71/91	The Doors	–	93, 531	–	§ 80 UrhG	93, 856	93, 2183	–
–	11. 3. 93	I ZR 264/91	Alcolix/Asterix-Persiflagen	–	93, 537	–	–	–	–	–
93, 822	12. 11. 92	I ZR 194/90	Katalogbild	–	–	–	–	93, 525	–	–
93, 899	24. 6. 93	I ZR 148/91	Dia-Duplikate	–	–	–	§ 72 UrhG	93, 1193	–	NJW-RR 93, 1321

3. An anderer Stelle zitierte Entscheidungen des Bundesgerichtshofes

Gericht	Datum	AktZ	Schlagwort	Fundstellen
BGH	8. 2. 52	I ZR 92/51	–	NJW 52, 538
BGH	24. 2. 54	I ZR 3/54	–	UFITA 18, 115
BGH	8. 2. 57	I ZR 167/55	Lied der Wildbahn II	UFITA 24, 399 = FuR 58, Nr. 4, S. 12 = Schulze BGHZ 38
BGH	27. 2. 57	I ZR 183/55	Ritter Blaubart	UFITA 32, 170
BGH	26. 11. 57	VIII ZR 232/56	Synchronoptische Weltgeschichte	UFITA 25, 232 = NJW 58, 138 = LM (4) 459 I BGB = BB 57, 1246
BGH	22. 10. 58	I ZR 154/57	München 1945	UFITA 32, 183
BGH	3. 7. 59	I ZR 184/57	Die Rache des schwarzen Adlers	UFITA 32, 186
BGH	12. 1. 60	I ZR 30/58	Plagiatsvorwurf I	LM (49) 1004 BGB
BGH	9. 6. 60	II ZR 221/58	Auf geht's	UFITA 32, 356
BGH	10. 4. 62	I ZR 145/60	–	UFITA 40, 135 = FuR 64, Nr. 3, S. 25
BGH	10. 5. 62	VII ZR 11/61	Hochspannung	UFITA 37, 336 = Schulze BGHZ 131
BGH	2. 7. 62	VIII ZR 12/61	–	NJW 62, 1909
BGH	24. 5. 63	I b ZR 213/62	Spielautomat	WRP 68, 50
BGH	5. 5. 64	VI ZR 64/63	Kapfinger	UFITA 42, 338 = Schulze BGHZ 111 = NJW 64, 1471 = MDR 64, 669 = BB 64, 820 = LM (14) Art. 5 GG
BGH	9. 11. 65	VI ZR 276/64	Lexikon	UFITA 48, 248 = Schulze BGHZ 126 = NJW 66, 245 = MDR 66, 137 = LM (21) Art. 5 GG
BGH	11. 6. 65	I ZR 35/64	Rundfunkempfang im Hotelzimmer II	UFITA 53, 277 = Schulze BGHZ 132
BGH	25. 4. 66	3 StR 1/66	Ketzeraphorismen	Schulze BGHSt 6
BGH	3. 11. 67	I b ZR 125/65	Gaudeamus igitur	UFITA 51, 315 = FuR 68, 145 = Schulze BGHZ 145
BGH	10. 1. 69	I ZR 48/67	Triumph des Willens	UFITA 55, 313 = FuR 69, 151 = Schulze BGHZ 160
BGH	28. 3. 69	I ZR 57/67	Arrangements Kühn	Schulze BGHZ 163
BGH	21. 5. 69	I ZR 42/67	Vasenleuchter	Schulze BGHZ 169
BGH	6. 3. 70	I ZR 87/68	Der Transport	UFITA 70, 273 = FuR 74, 407
BGH	26. 1. 71	VI ZR 95/70	Pariser Liebestropfen	UFITA 60, 292 = FuR 71, 292 = Schulze BGHZ 187 = LM (41) 847 BGB = MDR 71, 382 = NJW 71, 698
BGH	2. 3. 73	I ZR 132/71	Kandinsky III	UFITA 69, 272 = Schulze BGHZ 203
BGH	3. 7. 73	VI ZR 38/72	–	NJW 73, 1684
BGH	18. 1. 74	I ZR 105/72	–	UFITA 71, 184 = FuR 74, 344
BGH	2. 7. 74	VI ZR 121/73	Nacktaufnahmen	UFITA 73, 263 = Schulze BGHZ 215 = LM (52) 823 (Ah) BGB = MDR 75, 47 = NJW 74, 1947

Gericht	Datum	AktZ	Schlagwort	Fundstellen	
BGH	12. 7. 74	I ZR 67/73	Postjugendheim	UFITA 73, 286	= Schulze BGHZ 216
BGH	3. 6. 75	VI ZR 123/74	Der Geist von Oberzell	UFITA 77, 252	= FuR 76, 286 = Schulze BGHZ 229 = MDR 75, 920 = NJW 75, 1882
BGH	30. 1. 76	I ZR 109/74	Schmalfilm	UFITA 78, 189	= FuR 76, 501
BGH	12. 7. 77	VI ZR 159/75	–	NJW 77, 2259	
BGH	13. 7. 77	I ZR 9/77	Tangerine Dream II	UFITA 86, 240	
BGH	12. 7. 79	III ZR 154/77	Herstatt	NJW 79, 1879	
BGH	16. 5. 80	V ZR 91/79	–	NJW 80, 2187	
BGH	23. 1. 81	I ZR 40/79	PAM-Kino	UFITA 92, 184	= NJW 81, 1439
BGH	13. 11. 81	I ZR 168/69	Allwetterbad	UFITA 93, 170	= NJW 82, 2553 = LM (10) 649 BGB
BGH	19. 9. 83	VIII ZR 84/82	–	NJW 84, 48	= BB 83, 1873 = LM (2) 6 AGBG
BGH	7. 3. 85	I ZR 70/82	Liedtextwiedergabe I	ZUM 85, 435	
BGH	5. 12. 85	I ZR 137/83	GEMA-Vermutung III	ZUM 86, 199	= Schulze BGHZ 337 = NJW 86, 1249
BGH	12. 11. 92	I ZR 194/90	Katalogbildfreiheit	AfP 93, 483	= LM § 58 UrhG

4. Entscheidungen der Instanzgerichte

Gericht	Datum	AktZ	Schlagwort	Fundstellen	
BayObLG	8. 4. 65	4a St 177/64	Raubdrucke	UFITA 32, 6	
BayObLG	12. 5. 82	4 St RR 64/92	Verwertung von Computerspielen	GRUR 92, 508	
KG	15. 8. 27	10 U 9903/27	Salonlöwen	UFITA 1, 233	
KG	27. 4. 29	10 U 14027/28	Bearbeitung	UFITA 2, 557	
KG	4. 5. 36	27 U 7231/35	Carmen	Schulze KGZ 13	
KG	3. 12. 36	27 U 4946/36	Speyerer Domfestmesse	UFITA 10, 186	
KG	5. 8. 37	27 U 1735/37	Tantiemegarantie	UFITA 11, 281	
KG	19. 2. 52	5 U 15/52	Hein ten Hoff	GRUR 52, 533	= UFITA 20, 199 = Schulze KGZ 4
KG	24. 11. 53	5 U 1128/53	Der Sänger mit der Maske	Schulze KGZ 16	
KG	24. 11. 53	5 U 1377/53	Seh'n Se, das war Berlin	Schulze KGZ 17	
KG	16. 8. 55	5 U 1165/55	Wenn der weiße Flieder wieder blüht	Schulze KGZ 18	
KG	16. 3. 56	5 U 1911/55	Karpfhammer Fest	GRUR 57, 45	
KG	5. 9. 57	5 U 1309/57	Felix Krull	UFITA 25, 246	= FuR 57, Nr. 12, S. 11
KG	28. 3. 58	5 U 2090/57	Musikbox-Aufsteller	GRUR 59, 150	= Schulze KGZ 26
KG	7. 4. 59	5 W 533/59	Ein Lied geht um die Welt	UFITA 30, 105	= FuR 59, Nr. 7, S. 6 = Schulze KGZ 31
KG	23. 6. 59	5 U 1175/59	Und das am Montag morgen	UFITA 30, 222	= FuR 60, Nr. 4, S. 22 = Schulze KGZ 30
KG	6. 11. 63	5 U 566/60	Es fuhr ein Seemann hinaus	Schulze KGZ 34	
KG	2. 3. 65	5 U 48/62	Die goldene Stimme	UFITA 48, 274	= FuR 65, Nr. 4, S. 78 = Schulze KGZ 39
KG	9. 7. 65	5 U 2217/64	Der goldene Pavillon	Schulze KGZ 41	
KG	14. 12. 65	5 U 1974/65	Dick und Doof	UFITA 47, 340	= FuR 66, 181 = Schulze KGZ 42
KG	17. 12. 65	5 U 1083/65	Sanatorium	UFITA 66, 310	= Schulze KGZ 38
KG	21. 12. 65	5 U 983/65	Kampf ums Matterhorn	FuR 66, 195	= Schulze KGZ 43
KG	16. 6. 66	9 W 1570/66	Angelika	UFITA 54, 291	= FuR 67, 41
KG	10. 8. 67	5 U 1258/67	Farbgebung	Schulze KGZ 45	
KG	8. 2. 68	5 U 1293/66	Jeder von uns	UFITA 58, 285	
KG	22. 10. 68	5 U 1169/68	Aktfotos	Schulze KGZ 50	
KG	26. 11. 68	5 U 1462/68	Extradienst	UFITA 54, 296	= Schulze KGZ 48
KG	27. 6. 69	5 U 644/68	Kriminalspiel	UFITA 59, 279	
KG	10. 10. 69	5 U 558/69	Photographiererlaubnis für Pressefotografen im Zoo	Schulze KGZ 52	
KG	19. 12. 69	5 W 13133/69	Die Feuerzangenbowle	UFITA 64, 298	
KG	13. 1. 70	5 U 1457/69	Eintänzer	GRUR 70, 616	= UFITA 63, 221 = Schulze KGZ 54

Gericht	Datum	AktZ	Schlagwort	Fundstellen
KG	9. 6. 70	5 U 2256/69	Puppenfee	Schulze KGZ 55
KG	10. 11. 70	5 U 768/70	Kattnigg	Schulze KGZ 53
KG	28. 11. 70	5 U 305/70	Zille-Ball	Schulze KGZ 56
KG	22. 1. 71	5 U 2412/70	Buchstabenschütteln	GRUR 71, 368 = UFITA 63, 226
KG	18. 5. 71	5 U 359/71	Brennender Sand	Schulze KGZ 57
KG	28. 8. 71	5 W 1413/71	Erotik im Beruf	UFITA 64, 302
KG	16. 2. 73	5 U 1607/72	Hauptmann-Tagebücher	GRUR 73, 602 = UFITA 71, 206 = FuR 74, 474 = Schulze KGZ 59
KG	9. 3. 73	5 U 1339/75	Lesezirkelmappen	GRUR 75, 87 = UFITA 71, 213
KG	19. 6. 73	5 U 385/73	Altenheim	UFITA 74, 311
KG	27. 11. 73	5 U 1710/73	Tod eines Fremden	Schulze KGZ 60
KG	14. 12. 73	5 U 247/73	Lieber reich, aber glücklich	Schulze KGZ 63
KG	29. 11. 74	5 U 1736/74	Gesicherte Spuren	GRUR 76, 264
KG	11. 7. 75	5 U 1153/74	Tangerine Dream I	UFITA 86, 230
KG	9. 4. 76	5 U 731/76	Köhnlechner	UFITA 80, 368 = Schulze KGZ 65 = WRP 77, 187
KG	20. 9. 77	5 U 2384/76	Verwertungsgesellschaft	GRUR 78, 247 = Schulze KGZ 67
KG	17. 1. 78	5 U 3650/76	Leonard-Muster	UFITA 87, 299
KG	26. 1. 79	5 U 1342/78	Boxweltmeisterschaft	UFITA 86, 249 = Schulze KGZ 70
KG	16. 2. 79	5 U 3016/78	Jeannot II	GRUR 79, 467 = UFITA 85, 247 = FuR 79, 442 = Schulze KGZ 76
KG	22. 5. 81	5 U 2295/81	Totenmaske I	GRUR 81, 742 = UFITA 93, 193 = Schulze KGZ 79
KG	17. 9. 82	5 U 2956/81	Happening	GRUR 84, 507
KG	1. 12. 82	(2)Ss 169/82 (30/82)	Video-Raubkassetten	GRUR 83, 174 = FuR 83, 619
KG	8. 2. 83	5 U 376/82	Totenmaske II	GRUR 83, 507 = ZUM 85, 385 = Schulze KGZ 82
KG	11. 3. 86	5 U 4735/84	Kinderoper	GRUR 86, 536
KG	8. 5. 90	5 U 3207/88	Schopenhauer-Ausgabe	GRUR 91, 596
KG	5. 7. 91	5 U 2298/91	Parallelveröffentlichung	GRUR 92, 167
KG	5. 3. 91	5 U 4433/91	DIA-Kopien	GRUR 92, 168
OLG Braunschweig	23. 9. 54	2 U 84/54	Hamburg geht zu E . . .	GRUR 55, 205 = Schulze OLGZ 12
OLG Bremen	7. 3. 85	2 U 115/84	Asterix-Plagiate	GRUR 85, 536
OLG Celle	13. 11. 57	3 U 130/56	La Chatte	GRUR 61, 141
OLG Celle	27. 6. 69	13 U 9/69	–	Schulze OLGZ 105
OLG Düsseldorf	23. 4. 54	2 W 298/53	Knickfaltenlampen	GRUR 54, 417
OLG Düsseldorf	19. 2. 57	2 U 202/56	Garantiezusage	GRUR 58, 94
OLG Düsseldorf	25. 6. 68	20 U 60/68	Geschichtsbuch für Realschulen	GRUR 69, 550 = UFITA 54, 301 = Schulze OLGZ 99

Gericht	Datum	AktZ	Schlagwort	Fundstellen	
OLG Düsseldorf	28. 10. 69	20 U 50/69	Studio 2000	UFITA 58, 321	= Schulze OLGZ 106
OLG Düsseldorf	26. 5. 70	20 U 194/69	Fernrepetitorium	Schulze OLGZ 139	
OLG Düsseldorf	9. 6. 70	U (Kart) 7 u. 8/70	Verwaltungskostenschaden	BB 70, 981	
OLG Düsseldorf	10. 6. 75	20 U 188/74	Auftragskomposition	Schulze OLGZ 157	
OLG Düsseldorf	1. 12. 77	20 U 46/77	fahr'n auf der Autobahn	GRUR 78, 640	= Schulze OLGZ 210
OLG Düsseldorf	19. 9. 78	20 U 19/78	Laufbilder	GRUR 79, 53	= FuR 79, 95 = Schulze OLGZ 204
OLG Düsseldorf	30. 1. 79	20 U 149/78	Treppenwangen	GRUR 79, 318	= Schulze OLGZ 208
OLG Düsseldorf	30. 7. 81	20 U 77/81	Wanderausstellung	Schulze OLGZ 246	
OLG Düsseldorf	17. 8. 81	2 U 102/81	Geheimhaltungsinteresse und Besichtigungsanspruch	GRUR 83, 741	
OLG Düsseldorf	14. 7. 83	20 U 64/83	Anwaltsschriftsatz	GRUR 83, 758	= FuR 84, 104
OLG Düsseldorf	27. 9. 83	20 U 74/83	Standeinrichtung oder Ausstellung	GRUR 83, 760	= FuR 84, 390
OLG Düsseldorf	22. 3. 88	20 U 166/87	Warenkatalogfotos	GRUR 88, 541	
OLG Düsseldorf	21. 2. 89	20 U 54/87	Automatenspielplan	GRUR 90, 263	
OLG Düsseldorf	14. 3. 89	20 U 104/88	Grünskulptur	GRUR 90, 191	
OLG Düsseldorf	22. 1. 91	20 U 96/90	Armutsgelübde	GRUR 91, 759	
OLG Düsseldorf	10. 7. 90	20 U 217/89	Pressespiegel	GRUR 91, 908	
OLG Düsseldorf	21. 1. 92	20 U 165/90 (nicht rechtskräftig)	Joseph Beuys	GRUR 92, 436	= NJW 92, 1334 = ZUM 93, 95
OLG Frankfurt	23. 3. 53	6 W 636/52	Gaststätte	GRUR 55, 210	
OLG Frankfurt	6. 6. 63	6 U 71/62	Plexiglas	GRUR 64, 561	= UFITA 44, 367
OLG Frankfurt	24. 3. 66	6 U 72/65	Archiv	GRUR 67, 151	= UFITA 48, 298 = NJW 66, 1462 = Schulze OLGZ 72
OLG Frankfurt	14. 12. 67	6 U 68/67	Sozialwerk der Bundesbahn	GRUR 69, 52	= UFITA 58, 309 = FuR 68, 169 = Schulze OLGZ 84 = NJW 68, 1144 = BB 68, 229
OLG Frankfurt	4. 12. 69	6 U 57/69	Heilstätten	FuR 70, 213	= BB 70, 1371
OLG Frankfurt	29. 5. 70	6 U 55/67	Taschenbuch für Wehrfragen	UFITA 59, 306	= Schulze OLGZ 107
OLG Frankfurt	8. 2. 73	6 U 44/72	Orgware	BB 73, 1230	= WRP 73, 162
OLG Frankfurt	4. 12. 75	6 U 156/75	Götterdämmerung	GRUR 76, 199	= UFITA 77, 267 = FuR 76, 142 = Schulze OLGZ 159 = NJW 76, 677
OLG Frankfurt	1. 6. 78	6 U 152/77	Kunstszene Frankfurt am Main	Schulze OLGZ 201	
OLG Frankfurt	22. 2. 79	6 U 75/77	Glückwunschkarte	GRUR 79, 466	= UFITA 85, 279 = Schulze OLGZ 212
OLG Frankfurt	8. 5. 80	6 U 99/79	Folgerecht ausländischer Künstler	GRUR 80, 916	= UFITA 90, 182
OLG Frankfurt	16. 10. 80	6 U 44/80	Kalle – Portrait eines Unternehmens	UFITA 90, 192	= FuR 80, 666 = Schulze OLGZ 232

Gericht	Datum	AktZ	Schlagwort	Fundstellen
OLG Frankfurt	19. 3. 81	6 U 160/79	Lounge Chair	GRUR 81, 739 = UFITA 94, 316
OLG Frankfurt	22. 8. 81	15 U 198/80	Unternehmen Tannenberg	GRUR 90, 124
OLG Frankfurt	11. 1. 82	6 W 148/81	–	UFITA 94, 322
OLG Frankfurt	21. 1. 82	6 W 175/81	Raubkassette	UFITA 94, 325 = FuR 82, 111 = Schulze OLGZ 252
OLG Frankfurt	11. 10. 82	6 W 134/82	Testkauf	FuR 83, 349
OLG Frankfurt	13. 6. 83	6 W 34/83	Pengo	GRUR 83, 759 = FuR 83, 426
OLG Frankfurt	21. 7. 83	6 U 16/83	Donkey Kong Junior I	GRUR 83, 757
OLG Frankfurt	4. 8. 83	6 U 19/83	Donkey Kong Junior II	GRUR 84, 509 = FuR 84, 41
OLG Frankfurt	7. 11. 83	6 W 102/83	Erhöhungsgebühr bei Orchestervorstand	GRUR 84, 162 = UFITA 93, 197 = FuR 84, 224
OLG Frankfurt	8. 12. 83	6 U 82/83	AGB-Übertragung von Nutzungsrechten	GRUR 84, 515 = UFITA 100, 266 = FuR 84, 263 = Schulze OLGZ 254
OLG Frankfurt	23. 2. 84	6 U 189/83	Schlümpfe II	GRUR 84, 520 = UFITA 100, 261
OLG Frankfurt	20. 9. 84	6 U 142/83	Operneröffnung	GRUR 85, 380 = ZUM 85, 214
OLG Frankfurt	6. 11. 84	14 U 188/81	Baustatikprogramm	GRUR 85, 1049
OLG Frankfurt	18. 12. 84	6 W 152/84	Verkehrsanwalt bei konzentrierter Zuständigkeit	GRUR 85, 328
OLG Frankfurt	10. 1. 85	6 U 30/84	Gesetzessammlung	GRUR 86, 242
OLG Frankfurt	19. 5. 88	6 U 108/87	Stadtpläne	GRUR 88, 816
OLG Frankfurt	22. 12. 88	6 U 19/88	Wüstenflug	GRUR 89, 203
OLG Frankfurt	11. 2. 89	6 U 182/85	USM-Haller	GRUR 90, 121
OLG Frankfurt	9. 3. 89	6 U 76/85	Verletzerzuschlag	GRUR 89, 419
OLG Frankfurt	4. 4. 89	6 U 31/89	Eiweißkörper	GRUR 89, 589
OLG Frankfurt	8. 5. 90	6 U 62/90	Steuerberater	GRUR 91, 49
OLG Frankfurt	19. 6. 90	6 U 01/90	FCKW-Produktion	GRUR 91, 209
OLG Frankfurt	12. 7. 90	6 U 103/89	Verlagsvertrag	ZUM 92, 143
OLG Frankfurt	7. 11. 91	6 U 140/90	Prospekt	NJW-RR 92, 740
OLG Frankfurt	12. 12. 91	6 U 100/90 (nicht rechtskräftig)	Katalogbildfreiheit	ZUM 93, 97
OLG Frankfurt	18. 5. 92	6 U 47/92	Friedhofsmauer	GRUR 92, 699
OLG Frankfurt	6. 8. 92	6 U 69/92	Parodius	GRUR Int. 93, 171
OLG Hamburg	12. 5. 54	5 U 1/54	Trabrennen	GRUR 55, 206
OLG Hamburg	29. 5. 55	3 U 131/55	Waerland-Rezepte	UFITA 23, 222
OLG Hamburg	7. 7. 60	3 U 87/59	AKI-Fernsehwiedergabe	GRUR 61, 100 = FuR 60, Nr. 9, S. 11 = Schulze OLGZ 46

Gericht	Datum	AktZ	Schlagwort	Fundstellen	
OLG Hamburg	2. 10. 64	36 W 38/64	Goldfinger	UFITA 44, 211	= Schulze OLGZ 92
OLG Hamburg	22. 7. 65	3 U 204/65	Die Super-Schells	UFITA 48, 292	= Schulze OLGZ 63
OLG Hamburg	10. 3. 66	3 U 372/65	Mephisto	Schulze OLGZ 64	
OLG Hamburg	27. 7. 67	6 U 1048/67	Tirolerhut	UFITA 53, 322	= Schulze OLGZ 86
OLG Hamburg	4. 4. 68	3 U 158/67	Flugpläne	UFITA 51, 383	= Schulze OLGZ 88
OLG Hamburg	21. 11. 68	3 U 88/68	Kleine Münze	Schulze OLGZ 89	
OLG Hamburg	10. 4. 69	3 U 111/68	Werbeinformation	UFITA 59, 297	
OLG Hamburg	5. 6. 69	3 U 21/69	Heintje	GRUR 70, 38	= UFITA 64, 307 = Schulze OLGZ 104
OLG Hamburg	19. 2. 70	3 U 39/69	Prinzessin Irene	UFITA 60, 322	= Schulze OLGZ 115
OLG Hamburg	5. 11. 70	3 U 180/69	–	UFITA 65, 284	= Schulze OLGZ 109
OLG Hamburg	25. 2. 71	3 U 160/70	Skizze	UFITA 65, 290	
OLG Hamburg	15. 7. 71	3 U 178/70	Mini-Spione	GRUR 72, 430	= Schulze OLGZ 112
OLG Hamburg	28. 10. 71	3 U 108/70	Polydor II	GRUR 72, 375	= UFITA 64, 323
OLG Hamburg	20. 4. 72	3 U 6/72	Die englische Geliebte	UFITA 67, 245	= Schulze OLGZ 120
OLG Hamburg	21. 12. 72	3 U 158/71	Kopierfehler	UFITA 71, 227	= FuR 73, 404
OLG Hamburg	4. 1. 73	3 U 145/72	Staatstheater	Schulze OLGZ 127	
OLG Hamburg	27. 9. 73	3 U 38/73	Gartentor	GRUR 74, 165	= Schulze OLGZ 136
OLG Hamburg	1. 11. 73	3 U 74/73	Weihnachten	GRUR 74, 413	= Schulze OLGZ 138
OLG Hamburg	7. 3. 74	3 U 120/73	–	Schulze OLGZ 148	
OLG Hamburg	12. 12. 74	3 U 82/74	Verlagslexikon	Schulze OLGZ 152	
OLG Hamburg	16. 1. 75	3 U 175/74	Kyldex I/II	Schulze OLGZ 153	
OLG Hamburg	5. 6. 75	3 U 119/78	Soulful Dynamics	Schulze OLGZ 167	
OLG Hamburg	22. 1. 76	3 U 77/75	Zwischen Marx und Rothschild	GRUR 77, 556	= UFITA 79, 322 = FuR 77, 132 = Schulze OLGZ 162
OLG Hamburg	20. 5. 76	3 U 190/75	Staatstheater	GRUR 76, 708	= UFITA 79, 331 = FuR 77, 206 = Schulze OLGZ 171
OLG Hamburg	24. 6. 76	3 U 185/75	Bauentwurf	UFITA 79, 343	= Schulze OLGZ 172
OLG Hamburg	8. 7. 76	3 U 199/75	Brigitte Gymnastik	Schulze OLGZ 173	
OLG Hamburg	26. 8. 76	3 U 79/76	–	Schulze OLGZ 174	
OLG Hamburg	26. 8. 76	3 U 130/76	–	Schulze OLGZ 175	
OLG Hamburg	5. 5. 77	3 U 136/76	membran	GRUR Int. 78, 140	
OLG Hamburg	4. 8. 77	3 U 101/77	Häschenschule	UFITA 86, 289	= Schulze OLGZ 190
OLG Hamburg	15. 12. 77	3 U 97/77	Geschäft seines Lebens	UFITA 86, 296	= Schulze OLGZ 192
OLG Hamburg	23. 11. 78	3 U 84/78	Der Ratgeber	Schulze OLGZ 207	
OLG Hamburg	15. 11. 79	3 U 28/79	Toilettensitz	WRP 80, 159	
OLG Hamburg	21. 2. 80	3 U 110/79	Gebrauchsgrafik für Werbezwecke	GRUR 80, 909	= UFITA 90, 174 = Schulze OLGZ 225

Gericht	Datum	AktZ	Schlagwort	Fundstellen	
OLG Hamburg	3. 4. 80	3 U 140/79	Tiffany	GRUR 80, 998	= UFITA 87, 322 = Schulze OLGZ 227
OLG Hamburg	17. 7. 80	3 U 24/80	Brigitte Rezepte	Schulze OLGZ 229	
OLG Hamburg	7. 1. 82	3 U 150/81	–	UFITA 95, 339	
OLG Hamburg	19. 4. 84	3 U 103/83	Bildplatten	ZUM 85, 440	
OLG Hamburg	10. 5. 84	3 U 28/84	Video Intim	GRUR 84, 663	= UFITA 100, 250 = FuR 84, 661
OLG Hamburg	4. 10. 84	3 U 68/84	Die Zauberflöte	ZUM 85, 371	
OLG Hamburg	31. 3. 83	3 U 192/82	Puckman	GRUR 83, 436	= UFITA 100, 255
OLG Hamburg	16. 2. 89	3 U 68/84	Die Zauberflöte	GRUR 89, 525	
OLG Hamburg	11. 5. 89	3 U 250/88	Kabelfernsehen	GRUR 89, 590	
OLG Hamburg	21. 6. 89	3 U 77/89	Schmerzensgeld	GRUR 90, 36	
OLG Hamburg	13. 7. 89	3 U 30/89	Begleiterin	GRUR 90, 35	
OLG Hamburg	27. 7. 89	3 U 29/89	Foto-Entnahme	GRUR 90, 36	
OLG Hamburg	3. 8. 89	3 U 49/89	Spiegel-Foto	GRUR 89, 912	
OLG Hamburg	5. 8. 89	3 W 45/89	Heinz Erhardt	GRUR 89, 666	
OLG Hamburg	12. 10. 89	3 U 75/89	Super Mario III	GRUR 90, 127	
OLG Hamburg	1. 3. 90	3 U 210/89	Rundfunkwerbung	GRUR 91, 599	
OLG Hamburg	10. 1. 91	3 U 107/90	The Doors	NJW-RR 92, 744	
OLG Hamburg	18. 4. 91	3 U 146/90	GEMA-Berechtigungsvertrag	ZUM 92, 303	
OLG Hamburg	18. 4. 91	3 W 38/91	Tonträgersampling	GRUR Int. 92, 390	
OLG Hamburg	16. 5. 91	3 U 237/90	Konzertmitschnitt	NJW-RR 92, 746	
OLG Hamburg	29. 8. 91	3 U 139/90	Filmzitat	ZUM 93, 35	
OLG Hamburg	28. 11. 91	3 U 89/91	Prince	GRUR 92, 512	= ZUM 92, 551 = NJW 92, 1326
OLG Hamburg	28. 11. 91	3 U 118/90	Yachtkonstruktion	ZUM 92, 547	
OLG Hamburg	19. 12. 91	3 U 71/91 (nicht rechtskräftig)	The Rolling Stones	GRUR 92, 437	
OLG Hamm	5. 10. 58	4 U 85/58	Konservenetikett	UFITA 28, 352	= Schulze OLGZ 47
OLG Hamm	19. 10. 65	4 U 99/65	Deutsche Bauzeitschrift	GRUR 67, 153	= Schulze OLGZ 71
OLG Hamm	22. 7. 66	4 U 105/66	Irene van Velden	GRUR 67, 260	= UFITA 50, 1024 = Schulze OLGZ 73
OLG Hamm	16. 12. 66	4 U 67/66	Baupläne	GRUR 67, 608	= Schulze OLGZ 78
OLG Hamm	21. 5. 68	4 U 236/67	Bauzeitschrift	Schulze OLGZ 98	
OLG Hamm	9. 9. 69	4 U 160/69	Realschulpläne	GRUR 70, 565	= Schulze OLGZ 101
OLG Hamm	6. 12. 79	4 U 228/79	Prüfungsformulare	GRUR 80, 287	= Schulze OLGZ 223
OLG Hamm	20. 8. 80	4 U 98/80	Preislisten-Druckvorlage	GRUR 81, 130	= UFITA 90, 217 = Schulze OLGZ 235

Gericht	Datum	AktZ	Schlagwort	Fundstellen
OLG Hamm	30. 9. 80	4 U 95/80	2½-Zimmer-Wohnung	UFITA 91, 236
OLG Hamm	1. 10. 80	4 U 197/80	Sang-Do Kwan	UFITA 91, 242 = FuR 80, 672
OLG Hamm	12. 5. 81	4 U 15/81	Video-Film-Kassetten	GRUR 81, 743 = UFITA 92, 223 = FuR 82, 110 = Schulze OLGZ 242
OLG Hamm	14. 7. 81	4 U 97/81	Kirchliche Heime	UFITA 93, 209 = Schulze OLGZ 245
OLG Hamm	18. 2. 82	4 U 247/81	Auch ein Fenster will gepflegt sein	UFITA 96, 265
OLG Hamm	13. 1. 83	4 U 97/82	Musikuntermalung bei Porno-Kassetten	GRUR 83, 575
OLG Hamm	16. 2. 89	4 W 163/88	Bildflicken	GRUR 89, 502
OLG Hamm	14. 5. 91	4 U 281/90	Computer-Spiele	ZUM 92, 99
OLG Hamm	27. 8. 91	4 U 153/91	Strahlende Zukunft	GRUR 91, 907
OLG Karlsruhe	19. 4. 56	4 U 96/55	Trotzkopf	GRUR 57, 359 = Schulze OLGZ 23
OLG Karlsruhe	26. 3. 65	10 U 115/65	Unfälle	UFITA 45, 347 = FuR 65, 192
OLG Karlsruhe	19. 12. 73	1 U 81/73	Bestelltes Gruppenportrait	UFITA 73, 392
OLG Karlsruhe	27. 6. 79	6 U 160/78	Remission	GRUR 79, 771
OLG Karlsruhe	24. 6. 81	6 U 50/80	Emanzipation und Familie	UFITA 92, 229 = Schulze OLGZ 244
OLG Karlsruhe	27. 11. 81	10 W 72/81	Alle reden vom Frieden (Stadt-Plakat)	NJW 82, 647
OLG Karlsruhe	9. 2. 81	6 U 150/81	Inkasso-Programm	GRUR 83, 300
OLG Karlsruhe	6. 5. 83	6 W 43/83	Außenbezirksanwalt	GRUR 83, 605
OLG Karlsruhe	14. 12. 83	5 U 246/83	Beschränkte Nutzung bei Videokassetten	GRUR 84, 198
OLG Karlsruhe	14. 3. 84	6 U 269/83	Atari-Spielkassetten	GRUR 84, 521
OLG Karlsruhe	9. 5. 84	6 U 142/83	Herrensitze in Schleswig-Holstein	GRUR 84, 522
OLG Karlsruhe	27. 6. 84	6 U 301/83	Egerlandbuch	GRUR 84, 812
OLG Karlsruhe	14. 11. 84	6 U 102/84	Volvo-Reklame	GRUR 85, 136
OLG Karlsruhe	27. 2. 85	6 U 242/83	Architektenplan	GRUR 85, 534
OLG Karlsruhe	27. 5. 87	6 U 31/86	Referendarkurs	GRUR 87, 818
OLG Karlsruhe	18. 8. 89	14 W 105/88	Unfallfoto	GRUR 89, 823
OLG Koblenz	18. 11. 66	2 U 437/66	Barockputten	GRUR 67, 262 = UFITA 50, 1033 = Schulze OLGZ 67 = BB 67, 1061
OLG Koblenz	14. 7. 67	2 U 14/67	Liebeshändel in Chioggia	GRUR Int. 68, 164 = UFITA 70, 331 = Schulze OLGZ 93
OLG Koblenz	27. 11. 67	2 U 651/67	Liefersperre	BB 68, 5
OLG Koblenz	18. 12. 86	6 U 1334/85	Verfremdete Fotos	NJW-RR 87, 1341
OLG Köln	14. 10. 52	4 U 82/52	Memoiren	GRUR 53, 499

Gericht	Datum	AktZ	Schlagwort	Fundstellen	
OLG Köln	7. 2. 62	11 W 1/62	Der Mensch lebt nicht vom Lohn allein	GRUR 62, 534	= UFITA 48, 305 = FuR 62, Nr. 9, S. 13 = Schulze OLGZ 52
OLG Köln	11. 1. 72	15 U 123/71	Urlaubsphoto	Schulze OLGZ 129	
OLG Köln	28. 8. 73	4 U 177/72 u. 4 U 120/70	Handbuch moderner Zitate II	Schulze OLGZ 135	
OLG Köln	17. 12. 73	12 U 81/73	Varieté-Zauber	UFITA 76, 366	
OLG Köln	6. 6. 78	Ss 313/78	–	AfP 78, 223	
OLG Köln	27. 4. 79	6 U 8/79	Der vierte Platz	UFITA 87, 331	= FuR 80, 214 = Schulze OLGZ 217
OLG Köln	19. 3. 80	6 U 213/79	Presseschau CN	GRUR 80, 913	= UFITA 89, 250 = Schulze OLGZ 226
OLG Köln	19. 9. 80	6 U 44/79	Psychiatrisches Krankenhaus	UFITA 90, 212	= FuR 80, 669 = Schulze OLGZ 230 = BB 80, 1546
OLG Köln	26. 1. 81	6 W 46/80	TÜLAY	UFITA 93, 203	
OLG Köln	11. 11. 81	39 S 704/81	Maria und Josef	NJW 82, 657	
OLG Köln	17. 12. 82	6 U 109/82	Gewinnherausgabe	GRUR 83, 752	= Schulze OLGZ 253
OLG Köln	4. 3. 83	6 U 212/82	Metallgießer	FuR 83, 348	
OLG Köln	24. 6. 83	6 U 11/83	Video-Kopieranstalt	GRUR 83, 568	= FuR 83, 442
OLG Köln	11. 1. 84	6 U 220/84	Tonmeister II	GRUR 84, 345	= FuR 84, 213 = Schulze OLGZ 225
OLG Köln	29. 6. 84	6 U 53/84	Designer	GRUR 85, 80	= ZUM 85, 221
OLG Köln	19. 9. 86	6 U 199/85	ARD-1	GRUR 86, 889	
OLG Köln	15. 4. 88	6 U 208/87	Filmdrehbuch	GRUR 88, 762	
OLG Köln	12. 2. 89	6 U 80/88	Freischwinger	GRUR 90, 356	
OLG Köln	6. 12. 91	6 U 106/91	Prince	GRUR 92, 388	
OLG München	25. 2. 52	6 U 133/51	Dreigroschenroman I	GRUR 53, 302	= Schulze OLGZ 2
OLG München	12. 12. 52	6 W 1124/52	–	Schulze OLGZ 5	
OLG München	25. 2. 53	6 U 133/51	Dreigroschenroman II	GRUR 53, 302	
OLG München	15. 10. 53	6 U 923/53	Der Lindenbaum	UFITA 21, 81	
OLG München	31. 12. 53	4 U 721/53	Säuglingspflege	Schulze OLGZ 7	
OLG München	30. 6. 55	6 W 1267/55	Bierflaschenetikett	GRUR 56, 231	
OLG München	24. 11. 55	6 U 916/55	Solange Du da bist	GRUR 56, 432	= UFITA 23, 214 = Schulze OLGZ 14
OLG München	29. 10. 56	6 W 1589/56	Bis daß der Tod Euch scheidet	UFITA 23, 217	= FuR 57, Nr. 2, S. 13
OLG München	8. 11. 56	6 U 1318/56	Gießkanne	GRUR 57, 145	= UFITA 23, 218 = Schulze OLGZ 15
OLG München	14. 3. 57	6 U 1974/56	Nils Holgerson	UFITA 24, 251	
OLG München	26. 6. 57	6 U 2071/56	Der liebe Augustin	UFITA 25, 561	= Schulze OLGZ 29
OLG München	3. 10. 57	6 U 1073/57	Berufsehre	UFITA 27, 65	
OLG München	31. 10. 57	6 U 1179/57	Kirchenfoto	GRUR 58, 458	= UFITA 25, 471 = Schulze OLGZ 39

Gericht	Datum	AktZ	Schlagwort	Fundstellen	
OLG München	6. 6. 58	6 U 612/58	–	UFITA 26, 353	
OLG München	7. 8. 58	6 U 950/58	Stimme	UFITA 28, 342	= FuR 59, Nr. 3, S. 9 = Schulze OLGZ 34
OLG München	26. 3. 59	6 U 1961/58	Frauenarzt Dr. R.	GRUR 60, 42	= FuR 59, Nr. 12, S. 12
OLG München	27. 5. 60	6 U 777/61	Franz Marc	Schulze OLGZ 49	
OLG München	24. 5. 62	6 U 1926/61	Die schweigende Welt	UFITA 38, 354	= FuR 62, Nr. 12, S. 10 = Schulze OLGZ 56
OLG München	21. 3. 63	6 U 1809/62	–	UFITA 41, 211	= Schulze OLGZ 60
OLG München	28. 7. 66	6 U 1051/66	Das Wunder des Malachias	UFITA 48, 287	= FuR 66, 230 = Schulze OLGZ 66
OLG München	12. 6. 67	6 AR 24/67	Geschäftskarten	UFITA 51, 377	= Schulze OLGZ 81
OLG München	12. 6. 67	6 AR 22/67	Minicar-Minipreis	UFITA 51, 375	= Schulze OLGZ 80
OLG München	3. 7. 67	6 U 1270/66	Werbegrafik	GRUR 69, 146	= UFITA 57, 327 = Schulze OLGZ 82
OLG München	27. 7. 67	6 U 1048/67	Tirolerhut	UFITA 53, 322	= FuR 69, 56 = Schulze OLGZ 86
OLG München	23. 10. 67	6 U 2334/66	Und keiner schämte sich	UFITA 58, 290	= FuR 68, 113
OLG München	3. 7. 67	6 U 1270/66	Bundeswehrplakat	Schulze LGZ 82	= WRP 68, 235
OLG München	11. 1. 68	6 U 2288/67	Grabmal	UFITA 56, 315	
OLG München	8. 5. 69	6 U 2386/68	Einfamilienhaus	Schulze OLGZ 96	
OLG München	8. 10. 70	6 U 1118/70	Vorstufen zum Drehbuch	UFITA 60, 317	= FuR 70, 376 = Schulze OLGZ 140
OLG München	7. 1. 71	6 U 1312/70	Casanova	UFITA 60, 320	= FuR 71, 110
OLG München	3. 6. 71	6 U 3237/70	Klinik	Schulze OLGZ 111	
OLG München	21. 9. 72	6 U 2386/72	Anneliese Rothenberger	GRUR 79, 39	
OLG München	5. 4. 73	6 U 3029/72	–	Schulze OLGZ 144	
OLG München	20. 12. 73	6 U 3019/73	Mord ohne Mörder	Schulze OLGZ 145	= BB 74, 337
OLG München	28. 2. 74	6 U 2654/73	Betonstrukturplatten	GRUR 74, 484	= UFITA 72, 332 = Schulze OLGZ 150
OLG München	14. 3. 74	6 U 4079/73	Brasiliana	UFITA 74, 320	
OLG München	16. 1. 75	6 U 3481/74	Eddi	GRUR 77, 555	= UFITA 84, 202 = Schulze OLGZ 179
OLG München	31. 1. 75	3 W 2/75	Herzen haben keine Fenster	Schulze OLGZ 154	
OLG München	20. 1. 77	6 U 4589/76	Pol(h)itparade	Schulze OLGZ 178	
OLG München	21. 9. 78	6 U 4941/77	Transvestitenshow	GRUR 79, 152	
OLG München	22. 3. 79	6 U 3229/78	Zeitschriftenauslage II	GRUR 79, 546	= UFITA 86, 264 = FuR 79, 329
OLG München	26. 4. 79	6 AR 16/78	Gesamtvertrag	Schulze OLGZ 216	
OLG München	17. 5. 79	6 U 2622/78	Brother of the wind	UFITA 90, 166	= Schulze OLGZ 258
OLG München	21. 6. 79	6 U 1075 u. 3869/78	Kommissionsverkauf	GRUR 79, 641	= FuR 79, 441 = Schulze OLGZ 218
OLG München	28. 6. 79	6 U 2979/78	Segelyacht Miranda	Schulze OLGZ 219	

Gericht	Datum	AktZ	Schlagwort	Fundstellen	
OLG München	24. 1. 80	6 U 2050/79	Tagespressedienst	GRUR 80, 234	
OLG München	28. 2. 80	6 U 2669/79	Genoveva	GRUR 80, 912	
OLG München	9. 12. 82	6 U 2386/82	Vervielfältigung von Schulfunksendungen	FuR 83, 273	
OLG München	3. 2. 83	6 U 1659/82	Tosca	GRUR 83, 295	
OLG München	17. 2. 83	6 U 3285/82	Tierabbildungen	GRUR 84, 516	= FuR 83, 345 = Schulze OLGZ 251
OLG München	24. 2. 83	6 U 1806/82	Bob Dylan	GRUR 83, 312	= FuR 84, 51
OLG München	19. 5. 83	6 U 3773/82	Spielfilm-Videogramme	GRUR 83, 571	
OLG München	1. 12. 83	6 U 1082/83	Sex- und Pornofilme	GRUR 84, 122	
OLG München	5. 4. 84	6 U 1679/83	Nachtblende	GRUR 84, 524	
OLG München	28. 6. 84	6 U 2460/83	Auskunftsanspruch	ZUM 85, 269	
OLG München	4. 10. 84	6 U 5269/85	Laterna Teutonika	ZUM 85, 113	
OLG München	21. 12. 84	6 W 2866/84	Gerhard Polt – Kehraus	ZUM 85, 223	
OLG München	18. 4. 85	6 U 2385/84	Breitband Kabelanlage II	GRUR 85, 537	= ZUM 85, 376
OLG München	1. 8. 85	29 U 2114/85	Die unendliche Geschichte	GRUR 86, 460	
OLG München	18. 9. 86	29 U 3498/85	Wohnlage	GRUR 87, 290	
OLG München	21. 1. 88	29 U 2426/87	Cinderella	GRUR 89, 55	
OLG München	19. 5. 88	29 U 2068/87	Goggolore	GRUR 89, 55	
OLG München	6. 7. 89	29 U 4462/88	Josefine Mutzenbacher	GRUR 90, 446 u. GRUR 91, 51	
OLG München	21. 12. 89	6 AR 6/89	Doppelmitgliedschaft	GRUR 90, 358	
OLG München	15. 3. 90	29 U 4346/89	Forsthaus Falkenau	GRUR 90, 674	
OLG München	15. 12. 90	29 U 5500/89	Postvertrieb	GRUR 90, 677	
OLG München	7. 2. 91	29 U 3265/90	Medienspiegel	NJW-RR 92, 748	
OLG München	6. 6. 91	6 U 5317/90 (nicht rechtskräftig)	Corbusier-Möbel	ZUM 92, 305	
OLG München	13. 6. 91	29 U 6848/90	Rechtsgutachten	NJW-RR 92, 741	= ZUM 92, 97
OLG München	4. 7. 91	29 U 6511/90	Verlagsvertrag	ZUM 92, 147	
OLG München	4. 7. 91	29 U 6196/90 (nicht rechtskräftig)	Asterix	ZUM 92, 252	
OLG München	11. 7. 91	6 U 3078/89	Werbekatalog	ZUM 92, 152	
OLG München	18. 7. 91	29 U 3050/91	Konzertmitschnitt	NJW-RR 92, 742	
OLG München	19. 9. 91	6 U 2093/88	Rätsel	GRUR 93, 510	= ZUM 92, 431

Gericht	Datum	AktZ	Schlagwort	Fundstellen	
OLG München	26. 9. 91	29 U 3929/91	Schlager	ZUM 92, 202	
OLG München	26. 9. 91	29 U 2285/89 (nicht rechtskräftig)	Christoph Columbus	ZUM 92, 307	
OLG München	9. 1. 92	6 U 5276/91	Abdullah Ibrahim	GRUR Int. 93, 85	
OLG München	25. 6. 92	6 U 5537/91	Betty Carter and her Trio	GRUR Int. 93, 88	
OLG München	17. 9. 92	6 U 5536/91	Yosuki Yamashita Quartett	GRUR Int. 93, 90	
OLG Nürnberg	14. 5. 54	3 U 39/54	Texas-Bill	Schulze OLGZ 9	
OLG Nürnberg	2. 4. 57	3 U 59/57	Reformationsgedächtnis-Kirche	UFITA 25, 361	= Schulze OLGZ 28
OLG Nürnberg	11. 1. 72	3 U 114/71	Standesamtsformulare	GRUR 72, 435	= UFITA 65, 299 = Schulze OLGZ 128
OLG Nürnberg	12. 7. 91	3 U 1447/91	Betreiberabgabe	ZUM 92, 154	
OLG Saarbrücken	20. 9. 76	1 W 26/76	Politische Geschichte des Saarlandes	Schulze OLGZ 176	
OLG Saarbrücken	15. 12. 76	1 U 79/76	das gras wies wächst	UFITA 84, 225	
OLG Saarbrücken	29. 8. 84	1 U 35/84	Vermietung von Programmkassetten	ZUM 85, 508	
OLG Saarbrücken	18. 12. 85	1 U 124/85	Bergmannsfigur	GRUR 86, 310	
OLG Schleswig	11. 7. 80	3 U 118/78	Louisenlund	GRUR 80, 1072	= Schulze OLGZ 234
OLG Schleswig	12. 2. 85	6 U 64/84	Tonfiguren	GRUR 85, 289	
OLG Stuttgart	24. 11. 55	5 U 101/55	JA... JACoBI	GRUR 56, 481	
OLG Stuttgart	29. 6. 56	2/5 W 77/55	Hohenzollerntonband	GRUR 56, 519	= Schulze OLGZ 25
OLG Stuttgart	23. 7. 63	5 U 22/63	Druckerei	UFITA 41, 218	= Schulze OLGZ 70
OLG Stuttgart	17. 10. 79	4 U 59/79	Jugenddörfer	Schulze OLGZ 220	
OLG Stuttgart	30. 3. 84	2 U 162/83	Der Pate	FuR 84, 393	
LG Berlin	28. 6. 27	18 Q 135/27	Salonlöwe	UFITA 1, 233	
LG Berlin	30. 10. 30	6 O 268/30	Eden-Hotel	Schulze LGZ 64	
LG Berlin	16. 2. 53	17/16 Q 41/52	Rathaus Friedenau	Schulze LGZ 65	
LG Berlin	20. 5. 57	17 Q 14/57	Welt und Kaffeehaus I	UFITA 25, 239	= FuR 57, Nr. 7, S. 15
LG Berlin	12. 12. 60	17 O 100/59	Maifeiern	GRUR 62, 207	= UFITA 34, 345 = FuR 61, Nr. 4, S. 14
LG Berlin	29. 3. 67	16 S 2/67	Schallplatten-Espresso	Schulze LGZ 98	
LG Berlin	22. 1. 69	16 S 9/68	Alfred-Kerr-Briefe	UFITA 56, 349	= Schulze LGZ 121
LG Berlin	29. 9. 69	16 O 13/69	Werbeverpackung	Schulze LGZ 122	
LG Berlin	12. 11. 69	16 O 242/69	Schauspieler	Schulze LGZ 125	
LG Berlin	11. 2. 70	16 O 15/70	Emil und die Detektive	Schulze LGZ 126	
LG Berlin	29. 6. 70	16 O 156/70	Bert Brac	GRUR 71, 229	
LG Berlin	3. 7. 72	16 O 317/71	Schmalfilmvertrieb	GRUR 73, 36	= FuR 72, 384
LG Berlin	13. 12. 72	16 O 208/72	Von Kopf bis Fuß	GRUR 74, 231	= UFITA 71, 249 = Schulze LGZ 138

Gericht	Datum	AktZ	Schlagwort	Fundstellen	
LG Berlin	2. 5. 73	16 S 5/72	Clubhaus der FU	Schulze LGZ 135	
LG Berlin	18. 2. 74	16 S 3/73	Werbeprospekt	GRUR 74, 412	= UFITA 74, 356 = Schulze LGZ 141
LG Berlin	26. 5. 77	16 S 6/76	Terroristenbild	GRUR 78, 108	= UFITA 81, 296 = FuR 77, 646 = Schulze LGZ 153 = NJW 78, 109
LG Berlin	6. 12. 77	16 O 353/77	Strafanstalten	UFITA 84, 231	= Schulze LGZ 161
LG Berlin	28. 11. 78	16 S 6/78	Heim für Jugendarbeit	Schulze LGZ 167	
LG Berlin	11. 7. 78	27 O 196/78	Der eiserne Gustav	UFITA 86, 813	= Schulze LGZ 170
LG Berlin	27. 2. 79	16 O 402/77	Lili Marleen	UFITA 85, 282	= FuR 79, 332 = Schulze LGZ 172
LG Berlin	24. 1. 80	16 O 475/79	Filmkopien	UFITA 90, 222	= FuR 81, 375 = Schulze LGZ 175
LG Berlin	23. 11. 82	16 O 139/82	Joseph Roth	GRUR 83, 438	
LG Berlin	9. 6. 83	16 S 5/83	Portraitbild	GRUR 83, 761	= FuR 83, 557
LG Berlin	20. 9. 83	16 O 562/83	Gib Gas ich will Spaß	ZUM 85, 222	
LG Berlin	30. 5. 89	16 O 33/89	Satellitenfoto	GRUR 90, 269	
LG Düsseldorf	25. 2. 64	4 O 293/63	Bienenkorb-Spardose	GRUR 66, 156	
LG Düsseldorf	14. 2. 68	17 O 265/67	Buchungsfibel der Bauindustrie	Schulze LGZ 104	
LG Düsseldorf	21. 7. 72	17 O 4/70	Zimmerschlacht	UFITA 77, 282	
LG Frankfurt	7. 12. 55	2/6 O 101/54	Schwedenmädel	UFITA 22, 372	= Schulze LGZ 44
LG Frankfurt	22. 9. 64	7 O 52/64	Großzitat	Schulze LGZ 94	
LG Frankfurt	23. 2. 66	2/6 O 270/64	Wochenend und Sonnenschein	FuR 66, 158	
LG Frankfurt	18. 12. 68	2/6 O 282/68	Yearning	GRUR 79, 155	= UFITA 57, 342 = FuR 69, 55 = Schulze LGZ 106
LG Frankfurt	3. 10. 73	2/6 S 2/73	Gastarbeiterwohnheim	Schulze LGZ 136	
LG Frankfurt	21. 9. 77	2/6 O 159/77	Landesfinanzschule	Schulze LGZ 154	
LG Frankfurt	23. 7. 81	2/6 O 263/81	Lachende Sonne	UFITA 94, 334	
LG Freiburg	17. 1. 85	3 S 234/84	Fachwerkhaus	GRUR 85, 544	
LG Hamburg	26. 2. 58	15 O 81/57	Welt und Kaffeehaus II	UFITA 26, 244	= FuR 59, Nr. 4, S. 15
LG Hamburg	21. 12. 60	15 O 46/60	–	FuR 61, Nr. 4, S. 17	
LG Hamburg	2. 2. 66	15 Q 571/65	Apollon Musagète	UFITA 50, 280	= Schulze LGZ 96
LG Hamburg	17. 8. 66	15 Q 341/66	Spiegel-Artikel	UFITA 54, 324	= Schulze LGZ 97
LG Hamburg	26. 3. 71	74 O 380/69	–	Schulze LGZ 128	
LG Hamburg	11. 7. 75	74 O 14/75	Rundfunksprecher	GRUR 76, 151	= UFITA 78, 264 = Schulze LGZ 146
LG Hamburg	24. 6. 88	74 S 5/88	Neonrevier	GRUR 89, 591	
LG Hannover	9. 6. 78	18 S 1/78	–	Schulze LGZ 165	

Gericht	Datum	AktZ	Schlagwort	Fundstellen
LG Köln	19. 11. 48	10 Q 65/48	Urfaust	UFITA 18, 374
LG Köln	15. 10. 63	5 O 284/62	Peterchens Mondfahrt	UFITA 42, 209 = FuR 64, Nr. 6, S. 17 = Schulze LGZ 92
LG Köln	6. 1. 70	5 O 237/68	Bauwettbewerb	Schulze LGZ 123
LG Köln	14. 1. 72	5 O 401/71	Kinder in Not	GRUR 73, 88 = Schulze LGZ 134
LG Köln	24. 1. 75	5 O 357/73	Unveröffentlichte Dissertation	UFITA 78, 270
LG Köln	11. 7. 84	28 O 2/83	Der weiße Hai	ZUM 85, 455
LG Köln	13. 11. 91	28 O 156/91	Filmeinspeisung	ZUM 92, 206
LG Mannheim	12. 6. 81	7 O 143/81	Datenverarbeitungsprogramm	BB 81, 1543
LG Mannheim	26. 7. 91	7 O 85/91	Erbfolge	ZUM 92, 205
LG München I	15. 2. 55	7 Q 8/55	–	Schulze LGZ 41
LG München II	11. 7. 56	3 O 6/56	Kopfschmerzepidemie	UFITA 24, 265
LG München I	18. 12. 56	7 O 59/56	Dunja	UFITA 23, 345 = FuR 57, Nr. 3, S. 10 = Schulze LGZ 48
LG München I	9. 5. 61	7 O 32/61	Die Zerstörung der Person	UFITA 35, 223
LG München II	29. 3. 62	3 O 111/60	Blauer Reiter	Schulze LGZ 84
LG München I	10. 11. 64	7 O 150/64	–	FuR 65, 92
LG München I	8. 3. 65	48 Cs 762/62	Deutschlandfahrt mit Ypsilon	UFITA 46, 369 = FuR 65, 173
LG München I	21. 12. 65	7 O 160/65	Ziertücher	Schulze LGZ 100
LG München I	2. 8. 66	7 O 117/66	Änderung eines Werbe-Plakates	Schulze LGZ 119
LG München I	21. 3. 67	7 O 154/66	Wanda der Wunderelefant	UFITA 54, 320 = FuR 67, 149 = Schulze LGZ 129
LG München I	26. 3. 68	7 S 1/68	Wenn die Elisabeth	UFITA 52, 247 = Schulze LGZ 105
LG München I	17. 12. 68	7 O 142/68	Putten im Stil des Barock	Schulze LGZ 120
LG München I	16. 9. 69	7 S 3/69	–	GRUR 70, 566
LG München I	8. 12. 70	7 O 124/70	Emilio Pucci	Schulze LGZ 127
LG München I	3. 2. 71	7 O 326/70	Fotomodell	Schulze LGZ 133
LG München I	5. 12. 72	7 O 190/72	Fragebogen-Katalog	FuR 75, 66
LG München I	10. 7. 73	7 O 53/73	Glücksspirale	UFITA 74, 361 = Schulze LGZ 140
LG München I	26. 8. 75	7 S 5972/75	Kampf der Klassenjustiz	UFITA 77, 289 = Schulze LGZ 155
LG München I	11. 5. 76	7 O 22988/75	Geld und Kredit	Schulze LGZ 148
LG München I	24. 8. 76	7 O 9099/76	Henri Rousseau	Schulze LGZ 156
LG München I	9. 12. 76	7 O 2345/75	Wohndach-Doppelbungalow	Schulze LGZ 157
LG München I	28. 6. 77	7 O 4269/77	Schäferhunde	Schulze LGZ 159
LG München I	29. 5. 79	7 S 21373/75	Godspell	UFITA 87, 335 = Schulze LGZ 185
LG München I	21. 6. 79	7 O 5761/78	Brannislav Nusic	Schulze LGZ 173

Gericht	Datum	AktZ	Schlagwort	Fundstellen	
LG München I	18. 9. 79	7 S 6349/79	Photographie	UFITA 87, 338	= Schulze LGZ 186
LG München I	20. 11. 79	7 O 13373/79	Hymnen	FuR 80, 217	
LG München I	22. 1. 80	21 O 13235/79	Schlümpfe I	Schulze LGZ 176	
LG München I	18. 3. 80	7 O 17352/79	Schlumpf-Gläser	Schulze LGZ 178	
LG München I	9. 9. 80	7 O 7038/80	Entmannt alle Wüstlinge	Schulze LGZ 182	
LG München I	28. 10. 80	7 O 6572/80	Die Neuberin	UFITA 90, 227	
LG München I	8. 12. 81	7 O 17562/79	Hajek/ADAC	FuR 82, 510	= Schulze LGZ 190
LG München I	9. 9. 83	21 S 7144/83	Faßbinder-Maske	UFITA 100, 294	= FuR 83, 561
LG München I	30. 9. 83	21 O 22160/82	Mädchen in Uniform	FuR 83, 668	
LG München I	18. 10. 83	21 S 11870/83	Monitor	FuR 84, 475	
LG München I	15. 5. 84	21 O 13408/83	All about Eve	FuR 84, 534	
LG München I	13. 7. 84	21 S 20913/83	Bauherrenmodell-Prospekt	GRUR 84, 737	
LG München	29. 11. 85	21 O 17164/85	Hubschrauber mit Damen	GRUR 88, 36	
LG München I	10. 3. 87	21 S 20816/86	Briefmarke	GRUR 87, 436	
LG München	22. 7. 88	21 O 20143/86	BMW-Motor	GRUR 89, 503	
LG München	10. 11. 89	21 O 6222/89	Geschäftsbedingungen	GRUR 91, 50	
LG München I	8. 3. 91	21 O 24635/90	DDR-Sendelizenzen	GRUR 92, 169	
LG München I	17. 5. 91	21 O 19309/90	Duo Gismondi-Vasconcelos	GRUR Int. 93, 82	
LG München II	10. 3. 92	4 Qs 11/91	Computerprogramme	ZUM 93, 147	
LG Nürnberg-Fürth	14. 10. 87	3 O 1372/87	dpa-Fotos	GRUR 88, 817	
LG Oldenburg	21. 4. 88	5 S 1656/87	Grillfest	GRUR 88, 694	
LG Oldenburg	22. 9. 88	5 O 466/88	Motorsäge	GRUR 89, 49	
LG Oldenburg	14. 11. 88	13 U 72/88	Oben ohne-Foto	GRUR 89, 344	
LG Saarbrücken	13. 2. 62	4 O 93/60	Der erste Schritt zur Weltraumfahrt	Schulze LGZ 81	
LG Stuttgart	21. 6. 56	6 O 291/55	Buchbesprechung	UFITA 23, 244	
LG Stuttgart	9. 3. 62	3 S 317/61	Sendehonorar	Schulze LGZ 83	
LG Stuttgart	7. 8. 80	17 O 150/80	Farbdias	Schulze LGZ 181	
LG Wuppertal	5. 10. 88	8 S 116/88	Lichtbild-Negative	GRUR 89, 54	
AG Düsseldorf	10. 6. 88	43 C 88/87	Werbeplakat	AfP 92, 320	
AG Hamburg	18. 7. 89	36 C 806/87	Bayreuther Orchester	GRUR 90, 267	
AG Hamburg	4. 9. 90	36 a C 288/90	Normalbürger	GRUR 91, 910	
AG Kaufbeuren	19. 1. 88	1 C 787/88	Sauna-Foto	GRUR 88, 452	
AG München	20. 9. 82	71 Js 331 Ss 15440/81	Raubdruck	GRUR 83, 509	
AG München	22. 2. 91	1102 C 3784/90	Folgerecht	GRUR 91, 606	

5. Entscheidungen anderer deutscher Gerichte

5.1 Bundesverfassungsgericht

BVerfGE	Datum	AktZ	Schlagwort	Fundstellen
7, 377	11. 6. 58	1 BvR 596/56	Apothekenurteil	NJW 58, 1035 = BB 58, 603
10, 89	29. 7. 59	1 BvR 394/58	Erftverband	MDR 59, 821 = NJW 59, 1675
30, 269	24. 2. 71	1 BvR 435/68	Mephisto	UFITA 62, 327 = MDR 73, 737 = NJW 71, 1645
31, 229	7. 7. 71	1 BvR 765/66	Kirchen- und Schulgebrauch	GRUR 72, 481 = MDR 72, 32 = Schulze BVerfG 8
31, 248	7. 7. 71	1 BvR 764/66	Bibliotheksgroschen	GRUR 72, 485 = MDR 72, 25 = Schulze BVerfG 10
31, 255	7. 7. 71	1 BvR 775/66	Tonbandvervielfältigung	GRUR 72, 488 = MDR 72, 26 = Schulze BVerfG 11
31, 270	7. 7. 71	1 BvR 276/71	Schulfunksendungen	GRUR 72, 487 = MDR 72, 24 = Schulze BVerfG 9
31, 275	8. 7. 71	1 BvR 766/66	Schallplatten	GRUR 72, 491 = MDR 72, 118 = Schulze BVerfG 12
34, 269	14. 2. 73	1 BvR 112/65	Soraya	UFITA 69, 282 = NJW 73, 1221
35, 79	29. 5. 73	1 BvR 421/71 u. 1 BvR 325/72	Niedersächsisches Vorschaltgesetz	NJW 73, 1176
49, 382	25. 10. 78	1 BvR 352/71	Kirchenmusik	GRUR 80, 44 = UFITA 84, 317 = Schulze BVerfG 18
54, 251	1. 7. 80	1 BvR 349/75u. 1 BvR 378/76	Berufsvormund	
66, 313	28. 3. 84	2 BvR 275/83	–	
–	19. 3. 84	2 BvR 1/84	Sprayer von Zürich	NJW 84, 1293
67, 213	17. 7. 84	1 BvR 816/82	Anachronistischer Zug	NJW 85, 261 = FuR 84, 655
77, 263	4. 11. 87	1 BvR 1611 u. 1669/84	Zeitschriftenauslage	GRUR 88, 687 = NJW 88, 1371
79, 29	11. 10. 88	1 BvR 743/86	Vollzugsanstalten	GRUR 89, 193
79, 1	11. 10. 88	1 BvR 777/85	Leerkassette	NJW 92, 1303 = ZUM 89, 183
81, 12	3. 10. 89	1 BvR 775/88	Vermietungsvorbehalt	GRUR 90, 183 = AfP 89, 725
81, 208	23. 1. 90	1 BvR 306/86	Bob Dylan	GRUR 90, 438 = NJW 90, 2189

5.2 Arbeitsgerichte

Gericht	Datum	AktZ	Schlagwort	Fundstellen	
BAG	24. 11. 60	5 AZR 261/60	Nahverkehrschronik	GRUR 61, 491	= UFITA 35, 92 = Schulze ArbG 3
BAG	8. 6. 67	5 AZR 461/66	Kameramann	BAGE 19, 324	= UFITA 52, 254 = NJW 67, 1982
BAG	11. 11. 68	1 AZR 16/68	Mitgliederversammlung konkurrierender Gewerkschaften	NJW 69, 861	
BAG	9. 3. 77	5 AZR 110/76	Fernsehreporterin	UFITA 81, 324	
BAG	15. 3. 78	5 AZR 818/76	Fernsehredakteur und Reporter	UFITA 85, 305	
BAG	15. 3. 78	5 AZR 819/76	Freie Mitarbeiter	UFITA 85, 294	
BAG	23. 4. 80	5 AZR 426/79	Drehbuchautor und Regisseur II	UFITA 92, 242	
BAG	7. 5. 80	5 AZR 593/78	Orchestermusiker	UFITA 82, 248	
BAG	21. 5. 81	2 AZR 1117/78	Normalvertrag Solo	UFITA 93, 226	
BAG	13. 9. 83	3 AZR 371/81	Statikprogramme	GRUR 84, 429	= UFITA 98, 232
BAG	18. 4. 86	7 AZR 114/85	Befristeter Arbeitsvertrag	ZUM 89, 202	
BAG	24. 8. 86	4 AZR 400/85	Teiltheaterbetriebszulage	ZUM 89, 201	
BAG	17. 9. 87	6 AZR 560/84	Probezeit	ZUM 88, 203	
BAG	30. 9. 87	4 AZR 33/87	Freie Tage bei Opernchor	ZUM 88, 584	
BAG	27. 4. 88	7 AZR 457/87	Befristeter Arbeitsvertrag	ZUM 89, 150	
BAG	8. 3. 89	5 AZR 92/88	Honorarregelung eines ausübenden Künstlers	ZUM 89, 475	
BAG	15. 3. 89	7 AZR 316/88	Nichtverlängerungsmitteilung	ZUM 90, 258	
BAG	30. 11. 89	6 AZR 333/88	Wechselhornisten	ZUM 90, 425	
BAG	28. 3. 90	4 AZR 536/89	Altersversorgung für Redakteure	ZUM 90, 587	
BAG	26. 4. 90	6 AZR 589/88	Gastspielreise	ZUM 92, 155	
BAG	26. 4. 90	6 AZR 462/88	Sonntagsprobe	ZUM 92, 157	
BAG	31. 10. 90	4 AZR 114/90	Dienstreisezeiten	ZUM 91, 602	
BAG	27. 3. 91	5 AZR 194/90	Status des Lektors	ZUM 91, 604	
BAG	29. 5. 91	7 AZR 79/90	Nichtverlängerungsmitteilung	ZUM 92, 104	
BAG	23. 10. 91	7 AZR 56/91	Nichtverlängerungsmitteilung	ZUM 92, 575	
BAG	29. 1. 92	7 ABR 25/91	Status Bildberichterstatter	ZUM 92, 652	
BAG	13. 2. 92	6 AZR 622/89	Musikinstrumente	ZUM 92, 650	
LAG Berlin	4. 9. 51	2 LAG 344/51	Tod des Handlungsreisenden	UFITA 24, 134	= Schulze ArbG 1
LAG Berlin	29. 11. 65	2 Sa 682/65	Die schwedische Jungfrau	UFITA 50, 298	

Gericht	Datum	AktZ	Schlagwort	Fundstellen
LAG Berlin	21. 8. 72	5 Sa 86/72	Filmschaffende	UFITA 67, 286
LAG Berlin	18. 12. 89	9 Sa 83/89	Gastverträge	ZUM 90, 201
LAG Düsseldorf	3. 9. 80	2 LA 287/80	Die Ostindien-Fahrer	UFITA 92, 293
LAG Niedersachsen	29. 4. 91	5 Ta BV 73/90	Arbeitszeitfestlegung	ZUM 92, 318
LAG Saarbrücken	22. 9. 65	2 Sa 45/64	Monsieur Quinot	UFITA 47, 347
ArbG München	3. 12. 65	12 Ca 974/65	Von Mäusen und Menschen	UFITA 50, 303

5.3 Sonstige Gerichte

Gericht	Datum	AktZ	Schlagwort	Fundstellen
Bühnen-oberschiedsgericht	6. 12. 62	OSch 4/62	Oper	Schulze SchG 3
BFH	9. 12. 83	III R 6/76	Bewertung von Tonträgern	GRUR 84, 586

5.4 Reichsgericht in Zivilsachen

Gericht	Datum	AktZ	Schlagwort	Fundstellen	
Reichsgericht	13. 1. 96	IV 236/95	Stempelabgabe	RGZ 37, 294	
Reichsgericht	19. 6. 07	I 403/06	Theaterprogramme	RGZ 66, 227	
Reichsgericht	7. 11. 08	I 638/07	Nietzsche-Briefe	RGZ 69, 401	
Reichsgericht	9. 2. 09	I 56/08	Kataloge	RGZ 70, 266	
Reichsgericht	10. 6. 11	I 133/10	Drucktypen	RGZ 76, 339	
Reichsgericht	27. 3. 12	I 150/11	Der zerbrochene Krug	RGZ 79, 156	
Reichsgericht	8. 6. 12	I 382/11	Felseneiland mit Sirenen	RGZ 79, 397	= Schulze RGZ 4
Reichsgericht	28. 5. 13	I 435/12	Fassade	RGZ 82, 333	
Reichsgericht	18. 9. 15	I 45/15	Afma	RGZ 87, 215	
Reichsgericht	27. 11. 16	VI 275/16	Erlengasse	RGZ 89, 136	
Reichsgericht	21. 1. 21	II 344/20	Pseudonym	RGZ 101, 226	
Reichsgericht	7. 11. 23	I 21/23	Gottfried Keller	RGZ 107, 277	
Reichsgericht	30. 1. 24	I 239/23	Wanderkarte	RGZ 108, 62	
Reichsgericht	8. 4. 25	I 251/24	Riviera	RGZ 110, 393	
Reichsgericht	9. 10. 25	II 552/24	Brehms Tierleben	RGZ 112, 2	
Reichsgericht	12. 5. 26	I 287/25	Der Tor und der Tod	RGZ 113, 413	= Schulze RGZ 5
Reichsgericht	29. 10. 27	I 76/27	Verfilmung	RGZ 118, 282	
Reichsgericht	29. 10. 27	I 76/27	Musikantenmädel	RGZ 118, 282	
Reichsgericht	14. 1. 28	I 60/27	Elfenreigen II	RGZ 119, 408	
Reichsgericht	29. 6. 28	III 480/27	Rechentabellen	RGZ 121, 353	
Reichsgericht	30. 6. 28	I 29/28	Emser Depesche	RGZ 121, 357	
Reichsgericht	16. 2. 29	I 320/28	Wilhelm Busch	RGZ 123, 312	= Schulze RGZ 6
Reichsgericht	25. 6. 30	I 21/30	Operettenführer	RGZ 129, 252	
Reichsgericht	20. 9. 30	I 91/30	Emile Zola	RGZ 130, 11	
Reichsgericht	5. 11. 30	I 150/30	codex aureus	RGZ 130, 196	
Reichsgericht	14. 11. 31	I 9/31	Schallplattenrechte	RGZ 134, 198	= Schulze RGZ 7
Reichsgericht	28. 5. 32	I 310/31	Patent	RGZ 136, 320	
Reichsgericht	11. 6. 32	I 348/31	Musik zu gewerblichen Zwecken	RGZ 136, 377	= Schulze RGZ 2
Reichsgericht	4. 2. 33	I 152/32	Neues Wilhelm-Busch-Album	RGZ 139, 327	
Reichsgericht	18. 2. 33	V 174/32	–	RGZ 140, 37	
Reichsgericht	5. 3. 33	I 175/32	Tonfilm	RGZ 140, 231	= Schulze RGZ 3

Gericht	Datum	AktZ	Schlagwort	Fundstellen
Reichsgericht	5. 4. 33	I 223/32	Hampelmann	RGZ 140, 255
Reichsgericht	17. 2. 34	I 212/33	T-System	RGZ 143, 412
Reichsgericht	3. 3. 34	I 227/33	Renntips	RGZ 144, 75
Reichsgericht	28. 3. 36	I 281/36	Babbit-Übersetzung	RGZ 151, 50
Reichsgericht	2. 12. 36	I 332/35	Horst-Wessel-Lied	RGZ 153, 71
Reichsgericht	28. 2. 37	VI 291/36	–	RGZ 153, 338
Reichsgericht	14. 4. 37	I 165/36	Singkamerad	RGZ 155, 33
Reichsgericht	28. 2. 42	I 4/42	Lichtbild	RGZ 169, 109

5.5 Reichsgericht in Strafsachen

Gericht	Datum	AktZ	Schlagwort	Fundstellen
Reichsgericht	5. 7. 06	III 209/06	–	RGSt 39, 100
Reichsgericht	9. 7. 12	IV 490/12	–	RGSt 46, 159
Reichsgericht	10. 6. 14	V 235/14	–	RGSt 48, 330

6. Entscheidungen internationaler und ausländischer Gerichte

Land	Gericht	Datum	AktZ	Schlagwort	Fundstellen
EG	EuGH	18. 3. 80	62/79	Le Boucher	GRUR Int. 80, 602
EG	EuGH	9. 4. 87	–	Vorführungsgebühr	GRUR Int. 88, 243
EG	EuGH	17. 5. 88	–	Warner Brothers / Christiansen	GRUR Int. 89, 668
EG	EuGH	24. 1. 89	–	Schutzfristunterschiede	GRUR Int. 89, 319
EG	EuGH	13. 7. 89	–	Ministère Public / Tournier	GRUR Int. 89, 622
Belgien	Cour de Cassation	27. 4. 89	–	–	GRUR Int. 90, 863
Benelux	Gerichtshof	22. 5. 87	–	Autovorhang	GRUR Int. 88, 679
Dänemark	Ostre Landsret	9. 10. 89	–	The many face of Jesus Christ	GRUR Int. 89, 378
	Hojesteret	29. 9. 89	–	Bistro Kanne	GRUR Int. 89, 646
Frankreich	Cour d'appel de Paris	18. 4. 56	–	Zeichentrickfilm	UFITA 25, 106
	Cour de cassation	23. 11. 71	–	Le Printemps	GRUR Int. 74, 147
	Cour de cassation	22. 3. 88	–	Droit de destination	GRUR Int. 89, 844
	Cour de cassation	19. 4. 88	–	Droit de destination II	GRUR Int. 89, 845
	Tribunal de grande instance de Paris	29. 6. 88	–	Logo La Cing	GRUR Int. 89, 936
	Cour d'appel de Paris	6. 10. 88	–	Kristallfiguren	GRUR Int. 90, 153
	Cour d'appel de Paris	6. 7. 89	–	John Huston	GRUR Int. 89, 937
	Cour d'appel de Paris	27. 2. 90	–	SPEDIDAM	GRUR Int. 91, 912
	Cour de cassation	22. 1. 91	–	Utrillo I, Utrillo II	GRUR Int. 92, 135
	Cour de cassation	28. 5. 91	–	John Huston II	GRUR Int. 92, 304
Griechenland	Areopag	–	Nr. 525/85	Kinderspielzeug	GRUR Int. 88, 364
	Areopag	–	Nr. 512/86	Dollars und Träume	GRUR Int. 88, 859
	Berufungsgericht Athen	–	Nr. 3340/86	Tonträgervertrieb	GRUR Int. 88, 943
	Areopag	–	Nr. 422/90	Videokassetten	GRUR Int. 91, 381
Großbritannien	High Court of Justice, London	29. 11. 72	–	Webvorlagen	GRUR Int. 73, 567
	Court of Appeal	10. 12. 86	–	The Pink Panther	GRUR Int. 88, 426
	House of Lords	12. 5. 88	–	Doppelkassettendecks II	GRUR Int. 89, 62
	Copyright Tribunal	1. 1. 91	–	MCPS-Einheitsverträge	GRUR Int. 92, 391
	High Court of Justiz	11. 1. 91	–	Fußball-Weltmeisterschaft	GRUR Int. 92, 305
	House of Lords	6. 6. 91	–	B.B.C.-Decoder	GRUR Int. 91, 819
Hongkong	Poiry Council	5. 5. 88	–	Interlego	GRUR Int. 89, 946
Indien	High Court	8. 8. 86	–	Manner Bhandori	GRUR Int. 88, 64

Land	Gericht	Datum	AktZ	Schlagwort	Fundstellen
Italien	Pretura di Torino	6. 12. 71	–	Wer ist's	GRUR Int. 72, 494
	Corte di Cappazione	6. 2. 87	–	Computersoftware	GRUR Int. 88, 262
	Corte di Firenze	4. 2. 89	–	Le Corbusier Möbel	GRUR Int. 91, 743
	Corte di Cappazione	5. 7. 90	–	Stoffmuster Airisionist	GRUR Int. 92, 666
Island	Oberstes Gericht	27. 6. 89	–	Deckenkonstruktion	GRUR Int. 91, 146
Japan	LG Tokio	26. 5. 76	–	Sazaesan	GRUR Int. 77, 210
Kanada	Federal Court of Appeal	13. 6. 86	–	Bayliner	GRUR Int. 88, 430
	Federal Court of Appeal	1. 10. 87	–	Apple II plus	GRUR Int. 88, 690
	Supreme Court	21. 6. 90	–	Apple Kanada	GRUR Int. 91, 304
Neuseeland	Court of Appeal	14. 12. 88	–	Caroma	GRUR Int. 90, 392
	Privy Council	18. 7. 89	–	Opportunity	GRUR Int. 90, 535
Niederlande	Hoge Raad	20. 11. 87	–	Free Record Shop	GRUR Int. 90, 235
	Hoge Raad	1. 6. 90	–	Fotostylist	GRUR Int. 91, 649
	Hoge Raad	26. 6. 92	–	Damave-Zeichnungen	GRUR Int. 92, 929
Österreich	Öst. OGH	17. 2. 54	3 Ob 90/54	Polyval – Polydyn	UFITA 19, 245
	Öst. OGH	1. 6. 55	3 Ob 266/55	Wetterleuchten am Dachstein	UFITA 21, 377
	Öst. OGH	12. 10. 55	3 Ob 500/55	Jahrbuch der öst. Filmwirtschaft 1955	UFITA 24, 147
	Öst. OGH	18. 4. 56	3 Ob 190/56	Heimatbuch der Steiermark	UFITA 23, 357
	Öst. OGH	12. 2. 65	4 Ob 303/65	Silberbauer	UFITA 45, 363
	Öst. OGH	30. 5. 72	–	Bosse-Figuren	GRUR Int. 73, 204
	Öst. OGH	25. 6. 74	4 Ob 321/74	Gemeinschaftsantenne Feldkirch	GRUR Int. 75, 68
	Öst. OGH	10. 12. 74	4 Ob 347/74	Fotokopierdienst	GRUR Int. 75, 251
	Öst. OGH	10. 6. 75	4 Ob 320/75	1000-S-Banknote	ÖBl. 75, 150
	Öst. OGH	23. 9. 75	4 Ob 336/75	Elektrogeräte-Katalog	ÖBl. 76, 141
	Öst. OGH	13. 9. 77	4 Ob 381/77	Evviva Amico	ÖBl. 78, 54
	Öst. OGH	7. 3. 78	4 Ob 317/78	Stichwörterverzeichnis	GRUR 86, 351 = GRUR Int. 78, 368
	Öst. OGH	15. 5. 79	4 Ob 344/79	Thorn News	ÖBl. 80, 51
	Öst. OGH	13. 1. 81	4 Ob 399/80	Bacher-Krippenfiguren	UFITA 92, 353
	Öst. OGH	29. 6. 82	4 Ob 386/81	Glücksreiter	GRUR Int. 83, 310
	Öst. OGH	16. 6. 87	4 Ob 339/87	Verlegerkonkurs	GRUR Int. 88, 519
	Öst. OGH	14. 7. 87	4 Ob 361/86	Einbehaltungsverpflichtung	GRUR Int. 88, 365
	Öst. OGH	17. 11. 87	4 Ob 306/86	Hainberg-Gutachten	GRUR Int. 88, 786
	Öst. OGH	12. 4. 88	4 Ob 7/88	AKM-Vermutung	GRUR Int. 89, 153

Land	Gericht	Datum	AktZ	Schlagwort	Fundstellen
	Öst. OGH	11. 11. 88	1 Ob 26/88	Der Aufstand	GRUR Int. 90, 236
	Öst. OGH	15. 11. 88	4 Ob 76/88	Lichtbildherstellerbezeichnung	GRUR Int. 90, 327
	Öst. OGH	13. 12. 88	4 Ob 72/88	RTL Plus	GRUR Int. 89, 422
	Öst. OGH	22. 2. 89	3 Ob 194/88	Kaufvertragsentwurf	GRUR Int. 89, 950
	Öst. OGH	14. 3. 89	4 Ob 121/88	Schallplattenparallelimport	GRUR Int. 89, 699
	Öst. OGH	23. 5. 89	4 Ob 31/89	Kopfsalat	GRUR Int. 90, 239
	Öst. OGH	12. 9. 89	4 Ob 106/89	Adolf-Loos-Werke	GRUR Int. 91, 56
	Öst. OGH	19. 12. 89	4 Ob 157/89	Mart Stam-Stuhl II	GRUR Int. 92, 265
	Öst. OGH	3. 4. 90	4 Ob 12/90	Piccadilly	GRUR Int. 92, 142
	Öst. Oberstes Gericht	18. 9. 90	4 Ob 139/90	Sachverständigenprüfung	GRUR Int. 91, 650
	Öst. OGH	9. 10. 90	4 Ob 91/90	Le Corbusier Möbel	GRUR Int. 91, 384
	Öst. OGH	23. 10. 90	4 Ob 136/90	Danone Werbung	GRUR Int. 91, 652
	Öst. OGH	28. 5. 91	–	Tele-Uno II	GRUR Int. 91, 920
	Öst. OGH	26. 6. 91	1 Ob 11/91	200 Jahre Diözese Linz	GRUR Int. 92, 556
	Öst. OGH	5. 11. 91	4 Ob 95/91	Le Corbusier-Liege	GRUR Int. 92, 674
	Öst. OGH	20. 11. 91	1 Ob 28/91	Tonbildschauen	GRUR Int. 92, 930
	Öst. OGH	17. 12. 91	4 Ob 3/92	Game Boy	GRUR Int. 92, 677
	Öst. OGH	14. 1. 92	4 Ob 125/91	Campingkarte	GRUR Int. 92, 836
	Öst. OGH	18. 2. 92	4 Ob 127/91	Auf bald beim Wienerwald	GRUR Int. 92, 838
	Öst. OGH	18. 2. 92	4 Ob 106/91	Videokassetten	GRUR Int. 92, 932
	Öst. OGH	7. 4. 92	4 Ob 13/92	Robert Stolz-Biographie	GRUR Int. 93, 176
	Öst. OGH	16. 6. 92	4 Ob 44/92	Direktsatellitensendung III	GRUR Int. 92, 933
	Öst VwGH	18. 2. 82	1004/78	Gartenarchitekten	ÖBl. 83, 150
	Oberlandesgericht Graz	6. 12. 90	3 R 71, 72/90	Tele Uno	GRUR Int. 91, 386
	Oberlandesgericht Innsbruck	10. 5. 89	3 R 148/89	Elvis Presley-Aufnahmen	GRUR Int. 91, 55
	Oberlandesgericht Wien	30. 11. 89	–	Direktsatellitensendung	GRUR Int. 90, 537
	Oberlandesgericht Wien	27. 5. 91	–	Direktsatellitensendung	GRUR Int. 91, 925
	Landesgericht Wien	23. 6. 53	27 Cg 292/52	Reigen	UFITA 20, 377
Schweiz	Schweiz. BG	3. 11. 70	–	Goldrausch I	GRUR Int. 72, 25 = UFITA 65, 331
	Schweiz. BG	14. 2. 73	–	Werbung mit Banknoten	GRUR Int. 74, 295
	Schweiz. BG	28. 5. 74	–	Ladenumbauprojekt	GRUR Int. 75, 145
	Schweiz. BG	21. 1. 75	–	Lüscher Farbtest	GRUR Int. 76, 180
	Schweiz. BG	20. 1. 81	C 357/79	Kabelfernsehanlage Rediffusion	GRUR Int. 81, 404

Land	Gericht	Datum	AktZ	Schlagwort	Fundstellen
	Schweiz. BG	20. 3. 84	C 483/82	Gemeinschaftsantenne Altdorf	GRUR Int. 85, 412 = UFITA 99, 279
	Schweiz. BG	7. 3. 86	–	Kabeltarife	GRUR Int. 88, 74
	Schweiz. BG	5. 5. 87	–	Le Corbusier-Möbel	GRUR Int. 88, 263
	Schweiz. BG	17. 6. 87	–	Huj Hellmuth-Biographien	GRUR Int. 88, 867
	Schweiz. BG	25. 4. 91	–	Bahnhof-Neubau Luzern	GRUR Int. 92, 233
	Schweiz. BG	24. 9. 91	–	Schulhausumbau II	GRUR Int. 92, 473
	Schweiz. BG	12. 11. 91	–	Nosferatu	GRUR Int. 92, 839
	Kantongericht Genf	6. 8. 86	–	CAO-Programm	GRUR Int. 88, 948
	Obergericht Zürich	13. 5. 82	–	Stadtplan Zürich	GRUR Int. 84, 539
	Bezirksgericht Horgen	4. 2. 88	–	Benutzerhandbuch	GRUR Int. 89, 331
Schweden	Oberlandesgericht Göteborg	19. 11. 87	–	–	GRUR Int. 88, 704
Slowakei	Oberstes Gericht	28. 9. 89	3 Cz 54/89	Figurenzeichnungen	GRUR Int. 93, 180
Südafrika	Supreme Court	15. 12. 86	–	–	GRUR Int. 88, 439
Ungarn	Oberstes Gericht	25. 2. 87	PF IV 20465/86/19	Buchhaltungs-System	GRUR Int. 88, 790
	Oberstes Gericht	31. 3. 88	PF III 20309/87/17	Kabelfernsehen	GRUR Int. 89, 155
	Oberstes Gericht	12. 9. 90	PF IV 20540/90/4	Softwarebearbeitung	GRUR Int. 92, 235
	Oberstes Gericht	13. 3. 92	PF IV 20189/92/3	Kleinrechte Gebühren	GRUR Int. 93, 262
USA	Court of Appeals	17. 3. 72	–	Jesus Christ Superstar	GRUR Int. 73, 118
	Court of Appeals	12. 8. 85	–	Schaufensterpuppen	GRUR Int. 88, 267
	Court of Appeals	24. 4. 86	–	Balanchine Nußknacker	GRUR Int. 88, 78
	Court of Appeals	29. 10. 86	–	Baltimore Orioles	GRUR Int. 88, 791
	Court of Appeals	14. 4. 87	–	Rockwell Illustrationen	GRUR Int. 88, 602
	District Court of New York	24. 6. 87	–	Steinbergs The New Yorker-Zeitung	GRUR Int. 89, 157
	Court of Appeals	27. 4. u. 22. 7. 88	–	Merry-Go-Round	GRUR Int. 89, 237
	Court of Appeals	20. 5. 88	–	Thirld World America	GRUR Int. 89, 708
	Court of Appeals	25. 5. 88	–	Sebastian	GRUR Int. 89, 75
	District Court of New York	10. 6. 88	–	Telerate	GRUR Int. 90, 885
	Court of Appeals	20. 6. 88	–	Kopierschutz	GRUR Int. 90, 880
	Court of Appeals	22. 7. 88	–	Bette Midler	GRUR Int. 89, 338
	Court of Appeals	17. 1. 89	–	Hotel Videodisc Verleih	GRUR Int. 90, 330
	District Court of California	6. 2. 89	–	Mikroprogramm	GRUR Int. 90, 396
	Supreme Court	5. 6. 89	–	Third World America II	GRUR Int. 90, 876 GRUR Int. 92, 679

Land	Gericht	Datum	AktZ	Schlagwort	Fundstellen
	Court of Appeals	31. 7. 91	–	Oscar	
	District Court of New York	9. 8. 91	–	Adapter	GRUR Int. 92, 840
	Court of Appeals	18. 9. 91	–	The Moms Mabley play	GRUR Int. 92, 846

Stichwortverzeichnis

Die erste Zahl bezeichnet den Paragraphen, die Zahlen nach dem Komma die Bemerkungsnummern in den Erläuterungen.
Die Bezeichnungen der gerichtlichen Entscheidungen sind durch Schrägdruck gekennzeichnet.